ALLE LÄNDER UNSERER ERDE

ALLE LÄNDER UNSERER ERDE

L - Z

DEUTSCHLAND · SCHWEIZ · ÖSTERREICH

Das vorliegende Lexikon ALLE LÄNDER UNSERER ERDE in zwei Bänden
basiert auf dem Werk Unsere Welt heute in 10 Bänden,
konzipiert und produziert vom Bertelsmann Lexikon Verlag GmbH, Gütersloh/München
und von Mitchell Beazley Ltd., London.

© Bertelsmann Lexikon Verlag GmbH, Gütersloh/München,
Mitchell Beazley Ltd., London, World Book Inc., Chicago

Verantwortliche Redakteure: James Hughes, Monika Unger
Redakteure: Ursula Blombach-Schäfer, Annabel Else, Julia Gorton,
Alfred LeMaitre, Hans Georg Michel, Reela Veit
Art Director: Ted McCausland
Assistenz des Art Directors: Iona McGlashan, Hans Verkroost
Kartographie: Julia Gorton, Andrew Thompson
Bildbeschaffung: Jan Croot, Ursula Nöll-Kaske
Länderstatistiken: Elke Christoph
Herstellung: Günter Hauptmann, Sarah Schumann, Ted Timberlake
Projektleitung: Wolf-Eckhard Gudemann, Frank Wallis

Karten © RV Reise- und Verkehrsverlag GmbH München, Stuttgart
© Mitchell Beazley Ltd., London
© Uitgeverij Het Spectrum BV
Weltgloben © Dirk Fortuin
Flaggen © Bertelsmann Lexikon Verlag GmbH
Mitchell Beazley Ltd.
Uitgeverij Het Spectrum BV
Reproduktion: Scantrans Pte Ltd, Singapur

Autorisierte Sonderausgabe für Reader´s Digest Deutschland, Schweiz, Österreich
© Bertelsmann Lexikon Verlag GmbH, Gütersloh/München 2001

Projektleitung und Redaktion: Wolf-Eckhard Gudemann
Bildredaktion: Ulrike Roland
Produktion: Josch Werbeagentur GmbH, Essen

Alle Rechte vorbehalten. Nachdruck, auch auszugsweise, verboten.
Das Werk, einschließlich aller seiner Teile, ist urheberrechtlich geschützt.
Jede Verwendung außerhalb der Grenzen des Urheberrechtsgesetzes ist ohne Zustimmung
des Verlages unzulässig und strafbar. Das gilt insbesondere für Vervielfältigungen, Übersetzungen,
Mikroverfilmungen und die Einspeicherung und Verarbeitung in elektronischen Systemen.

Druck und Bindung: MOHN Media - Mohndruck GmbH, Gütersloh
Printed in Germany

ISBN 3-87070-973-1

Verzeichnis der Sonderthemen

Mittelmeer
   Naturraum   962/963
   Ökologische Belastung   964/965

Nil   1056/1057

Nordsee   1062/1063

Ostafrikanischer Graben   1080/1081

Ostsee   1098/1099

Ozeanien
   Ozeanien: ein Paradies?   1100/1101
   Erschließung   1102/1103

Sahara
   Naturraum   1210/1211
   Lebensraum   1212/1213
   Oasen   1214/1215
   Die Tuareg   1216/1217

Wallace-Linie   1570/1571

Algenschwemme an der Mittelmeerküste *(oben)*. – Altstadtkulisse in Danzig an der Ostsee *(unten)*.

LAOS

Bizarr geformt und begrenzt von der Annamitischen Kordillere im Osten und dem mächtigen Mekong-Strom im Westen, von den chinesischen Bergen im Norden und den Ebenen Kambodschas im Süden, ist Laos der einzige Binnenstaat Südostasiens.

Das »Land der Millionen Elefanten«

Ursprünglich gehörten die Lao zu einer Gruppe von Thai-Völkern, die im 8. Jahrhundert in Südchina das Königreich Nanchao gegründet hatten. Zu unterschiedlichen Zeiten wanderten die einzelnen Thai-Völker nach Südostasien ein und siedelten entlang der großen Flüsse, so die Lao am Mekong.

Zu einer ersten losen Einigung der verschiedenen Lao-Stämme im neuen Siedlungsgebiet kam es 1353, als der Thai-Prinz Fa Ngum das Königreich Lan Chang (»Land der Millionen Elefanten«) gründete. Unter der Regierung seines Sohnes Sam Sene Thai (1373–1416) wurde ein Jahrhunderte überdauerndes Verwaltungssystem entwickelt.

Unter König Souligna Vongsa (reg. 1637–1694) erlangte das Reich seine größte Ausdehnung. Die Grenze zu Annam wurde ethnisch festgelegt: Gebiete, in denen Menschen in Häusern auf Pfählen lebten, kamen zu Lan Chang, die anderen zu Annam. Im Jahre 1707 zerfiel das einst mächtige Reich in die drei miteinander rivalisierenden Teilkönigreiche Luang Prabang im Norden, Vientiane (Vieng Chang) und Champassak im Süden.

Zu Beginn des 19. Jahrhunderts führte Vieng Chang Krieg mit Siam, das daraufhin in mehreren Feldzügen das Land verwüstete, viele laotische Familien zwangsweise nach Siam umsiedelte und das einstige Königreich zur siamesischen Provinz erklärte.

In der zweiten Hälfte des 19. Jahrhunderts drangen Armeen aus China auf das heutige Gebiet von Laos vor und versetzten vor allem das Königreich Luang Prabang in Angst und Schrecken. Der Befehlshaber der zu Hilfe gerufenen siamesischen Truppen »arrangierte« sich jedoch mit den Chinesen und annektierte neben Luang Prabang auch Champassak.

Kolonialherrschaft und Bürgerkrieg

Zur Wiedervereinigung der einstigen Teilkönigreiche kam es erst 1893, als Franzosen, die bereits Vietnam und Kambodscha besetzt hatten, von Siam die Abtrennung des Gebiets östlich des Mekong erzwangen, es einseitig zu ihrem Protektorat erklärten und 1917 zu einem Teil von Französisch-Indochina machten. Verglichen mit den Invasionen der Nachbarstaaten war die französische Protektoratszeit, in der Laos in seinen heutigen Grenzen geschaffen wurde, eine eher friedliche Zeit. Unter der französischen Oberherrschaft behielten die laotischen Prinzen und »großen Familien« ihre feudale Machtstellung, für die mittlere Verwaltung wurden Vietnamesen ins Land geholt.

Verzeichnis der Sonderthemen

Mittelmeer
   Naturraum   962/963
   Ökologische Belastung   964/965

Nil   1056/1057

Nordsee   1062/1063

Ostafrikanischer Graben   1080/1081

Ostsee   1098/1099

Ozeanien
   Ozeanien: ein Paradies?   1100/1101
   Erschließung   1102/1103

Sahara
   Naturraum   1210/1211
   Lebensraum   1212/1213
   Oasen   1214/1215
   Die Tuareg   1216/1217

Wallace-Linie   1570/1571

Algenschwemme an der Mittelmeerküste *(oben).* – Altstadtkulisse in Danzig an der Ostsee *(unten).*

LAOS

Bizarr geformt und begrenzt von der Annamitischen Kordillere im Osten und dem mächtigen Mekong-Strom im Westen, von den chinesischen Bergen im Norden und den Ebenen Kambodschas im Süden, ist Laos der einzige Binnenstaat Südostasiens.

Das »Land der Millionen Elefanten«

Ursprünglich gehörten die Lao zu einer Gruppe von Thai-Völkern, die im 8. Jahrhundert in Südchina das Königreich Nanchao gegründet hatten. Zu unterschiedlichen Zeiten wanderten die einzelnen Thai-Völker nach Südostasien ein und siedelten entlang der großen Flüsse, so die Lao am Mekong.

Zu einer ersten losen Einigung der verschiedenen Lao-Stämme im neuen Siedlungsgebiet kam es 1353, als der Thai-Prinz Fa Ngum das Königreich Lan Chang (»Land der Millionen Elefanten«) gründete. Unter der Regierung seines Sohnes Sam Sene Thai (1373–1416) wurde ein Jahrhunderte überdauerndes Verwaltungssystem entwickelt.

Unter König Souligna Vongsa (reg. 1637–1694) erlangte das Reich seine größte Ausdehnung. Die Grenze zu Annam wurde ethnisch festgelegt: Gebiete, in denen Menschen in Häusern auf Pfählen lebten, kamen zu Lan Chang, die anderen zu Annam. Im Jahre 1707 zerfiel das einst mächtige Reich in die drei miteinander rivalisierenden Teilkönigreiche Luang Prabang im Norden, Vientiane (Vieng Chang) und Champassak im Süden.

Zu Beginn des 19. Jahrhunderts führte Vieng Chang Krieg mit Siam, das daraufhin in mehreren Feldzügen das Land verwüstete, viele laotische Familien zwangsweise nach Siam umsiedelte und das einstige Königreich zur siamesischen Provinz erklärte.

In der zweiten Hälfte des 19. Jahrhunderts drangen Armeen aus China auf das heutige Gebiet von Laos vor und versetzten vor allem das Königreich Luang Prabang in Angst und Schrecken. Der Befehlshaber der zu Hilfe gerufenen siamesischen Truppen »arrangierte« sich jedoch mit den Chinesen und annektierte neben Luang Prabang auch Champassak.

Kolonialherrschaft und Bürgerkrieg

Zur Wiedervereinigung der einstigen Teilkönigreiche kam es erst 1893, als Franzosen, die bereits Vietnam und Kambodscha besetzt hatten, von Siam die Abtrennung des Gebiets östlich des Mekong erzwangen, es einseitig zu ihrem Protektorat erklärten und 1917 zu einem Teil von Französisch-Indochina machten. Verglichen mit den Invasionen der Nachbarstaaten war die französische Protektoratszeit, in der Laos in seinen heutigen Grenzen geschaffen wurde, eine eher friedliche Zeit. Unter der französischen Oberherrschaft behielten die laotischen Prinzen und »großen Familien« ihre feudale Machtstellung, für die mittlere Verwaltung wurden Vietnamesen ins Land geholt.

LAOS

Seit 1941 unter japanischer Besatzung, erklärte das laotische Königshaus 1945 – nach Abzug der Japaner – Laos einseitig für unabhängig. Daraufhin kehrten noch im selben Jahr die französischen Kolonisten zurück und setzten durch einen Putsch eine pro-französische Regierung ein. Als Reaktion gründeten laotische Patrioten die »Lao Issara« (Freies Laos), eine vorwiegend bäuerliche Bewegung mit dem Ziel, die nationale Unabhängigkeit wiederherzustellen. Doch Meinungsverschiedenheiten über den künftigen Weg des Landes führten – auch nachdem Frankreich Laos 1949 als autonomem Königreich innerhalb der Französischen Union die Unabhängigkeit gewährte – zur Spaltung. Die eine Fraktion verfolgte einen gemäßigten Kurs und setzte sich für eine Zusammenarbeit mit Frankreich ein. Der radikale Flügel, aus dem sich die national-kommunistische und mit den sozialistischen Ländern kooperierende Volksfront »Pathet Lao« bildete, trat für die Fortsetzung des Widerstands gegen die Fremdherrschaft ein. Der »rote Prinz« Souphanouvong (1912–1995) zog sich ins Bergland zurück und setzte den Kampf gegen die Franzosen an der Seite Kaysone Phomvihanes (1920–1992), dem Gründer der Laotischen Revolutionären Volkspartei (LRVP), und der Viet-Minh fort. Die Unterstellung der nördlichen Provinzen unter die Verwaltung der Revolutionsregierung nach Einmarsch der Viet-Minh-Verbände aus Nordvietnam kam einer Teilung des Landes gleich und löste einen Bürgerkrieg aus. 1954 erklärte die Genfer Indochinakonferenz unter Auflage der Neutralität und des Abzugs aller kommunistischen und französischen Truppen die Unabhängigkeit von Laos.

Die seither mehrmals gebildeten Koalitionsregierungen unter Beteiligung der Neutralisten, Kommunisten und Konservativen (1957, 1962 und 1974) brachen jedoch immer wieder auseinander – nicht zuletzt unter dem massiven politischen Druck der USA, die durch den wachsenden Einfluß linker Kräfte in Südostasien eine mögliche kommunistische Machtergreifung befürchteten.

Unterdessen dauerte der Bürgerkrieg in Laos an. Die UdSSR und Nordvietnam, dessen Nachschubverbindung, der Ho-Tschi-Minh-Pfad, zum Teil durch Laos verlief, unterstützten die Kommunisten, während die pro-westlichen Parteien von den USA Hilfe erhielten. Somit wurde der laotische Bürgerkrieg zum dramatischen Nebenschauplatz des Vietnamkriegs und das laotische Schicksal sogar von dessen Ausgang bestimmt. Doch trotz des US-amerikanischen Bombardements auf das von der »Pathet Lao« kontrollierte Gebiet konnte die Guerillabewegung ihre Einflußsphäre weiter ausdehnen. Als mit dem Waffenstillstandsabkommen von Paris 1973 der Abzug aller ausländischen Truppen aus Indochina eingeleitet wurde, war in Laos der Weg frei für eine Machtübernahme der »Pathet Lao«.

LAOS: DER STAAT

Eine Straße in der laotischen Hauptstadt Vientiane *(rechts)* liegt im Licht der Morgensonne. Die Menschen sind mit ihren Fahrrädern auf dem Weg zum morgendlichen Markt.

Nach dem Waffenstillstandsabkommen 1973 unterzeichneten Vertreter der königlichen Regierung und der »Pathet Lao« ein »Abkommen über die Wiederherstellung des Friedens und die Herbeiführung der nationalen Einheit«.

Nachdem im April 1975 die Nationalkommunisten in Südvietnam und Kambodscha den Indochinakrieg durch einen militärischen Sieg für sich entschieden hatten, übernahm in Laos die »Pathet Lao« die Regierungsmacht. Begleitet von Demonstrationen dankte König Savang Katthana noch im selben Jahr aus »eigenem Entschluß« ab. Damit endete die über 600 Jahre alte Tradition der Monarchie, und die »Laotische Demokratische Volksrepublik« wurde proklamiert. Staatspräsident und Vorsitzender des »Obersten Rates des Volkes« wurde Prinz Souphanouvong, Regierungschef wurde der Generalsekretär der kommunistischen Partei Kaysone Phomvihane. In starker Anlehnung an die vietnamesische Führung begannen sogleich die Bemühungen, alle gesellschaftlichen und wirtschaftlichen Bereiche im sozialistischen Sinne umzuwandeln. Doch damit begannen auch die Probleme. Nach dreißigjährigem Bürgerkrieg und noch längerer französischer Fremdherrschaft gab es in Laos kaum Produktionsmittel, die vergesellschaftet, kaum Industrie, die verstaatlicht werden konnte.

Die Sozialstruktur war von Kleinbauerntum mit Subsistenzwirtschaft geprägt. Nennenswerten Großgrundbesitz und eine zahlenmäßig ins Gewicht fallende Arbeiterschaft hatte es in Laos nie gegeben. Die Kollektivierungsversuche der Landwirtschaft führten zu Versorgungsschwierigkeiten, da die Bauern lieber ihren Besitz vernichteten, als ihn in Kolchosen einzubringen. Zudem waren seit Machtübernahme der Kommunisten rund 300 000 Menschen, vor allem Mitglieder des laotischen Mittelstands, der Intelligenz und der zahlreich in Laos vertretenen Minderheiten, aus dem Land geflohen. Mit der Verfolgung der buddhistischen Mönche war ein empfindlicher Einschnitt in das laotische Schul- und Gesundheitssystem vollzogen worden. Der Sozialismus schien in Laos in eine Sackgasse zu führen.

Laos' »sanfter« Sozialismus

Partei- und Regierungschef Kaysone Phomvihane erkannte frühzeitig die Gefahren und suchte in der Folgezeit den Weg eines auf die laotischen Verhältnisse zugeschnittenen Sozialismus. Die Kollektivierung wurde bereits 1979

Daten und Fakten

DAS LAND
Offizieller Name:
Demokratische Volksrepublik Laos
Hauptstadt:
Vientiane (Viangchan)
Fläche:
236 800 km²
Landesnatur:
Stark zerschluchtetes Gebirgsland, im O Annamitische Kordillere, sonst mit Ausnahme einiger Flußebenen hügelig u. plateauartig (Ebene der Tonkrüge)
Klima:
Randtropisches Monsunklima, durch die Höhenlage gemildert
Hauptflüsse:
Mekong, Bang Hieng

Höchster Punkt:
Phou Bia 2820 m
Tiefster Punkt:
Kaum unter 500 m
DER STAAT
Regierungsform:
Sozialistische Republik mit Einparteiensystem
Staatsoberhaupt:
Präsident des »Obersten Volksrates«
Regierungschef:
Ministerpräsident
Verwaltung:
16 Provinzen, 1 Sonderregion, Hauptstadt-Präfektur
Parlament
Nationalversammlung mit 99 für 5 Jahre gewählten Mitgliedern
Nationalfeiertag:
2. Dezember

DIE MENSCHEN
Einwohner (Ew.):
5 297 000 (1999)
Bevölkerungsdichte:
22 Ew./km²
Stadtbevölkerung:
24 %
Analphabeten:
38 %
Sprache:
Lao, Französisch
Religion:
Buddhisten 58 %, Anhänger von traditionellen Religionen 34 %, Christen 2 %
DIE WIRTSCHAFT
Währung: Kip
Bruttosozialprodukt (BSP):
1641 Mio. US-$ (1998)
BSP je Einwohner:
330 US-$

Das in seinen Umrissen an ein Schlüsselloch erinnernde Laos *(rechts)* ist durch dichte Wälder, hohe Gebirgsplateaus und ein tropisches Klima gekennzeichnet. In Laos herrschten bis zur Machtübernahme durch die kommunistische Regierung 1975 jahrelang bürgerkriegsähnliche Zustände.

wieder eingestellt, doch der entscheidende Wandel begann 1986, als Phomvihane den Kurs des »neuen Denkens« einschlug. Aus den Umerziehungslagern wurden die meisten politischen Gefangenen freigelassen, und der Buddhismus wurde offiziell rehabilitiert. Die Bauern bekamen ihr Land zurück und können heute ihre Ernte meistbietend an den Staat oder an private Händler verkaufen. Privatinitiative ist wieder gefragt und zeigt bereits erste Erfolge. Zwar gehört Laos zu den ärmsten Ländern Asiens, ist aber bei den Grundnahrungsmitteln, und hier vor allem bei Reis, autark. Nach rund einem Jahrzehnt fast vollständiger Abkapselung von der kapitalistischen Welt soll ein sehr liberales Investitionsgesetz wieder Kapital aus westlichen und asiatischen Staaten in das erst am Beginn seiner industriellen Entwicklung befindliche Land bringen. 1991 erhielt Laos die erste Verfassung seit der kommunistischen Machtübernahme im Jahr 1975. Kaysone Phomvihane wurde Staatspräsident mit umfassenden exekutiven Vollmachten. Nach seinem Tod im November 1992 übernahm Khamtay Siphandone (*1924) die Parteiführung. Neues Staatsoberhaupt wurde Nouhak Phoumsavanh. Im Februar 1998 löste ihn Khamtay Siphandone in diesem Amt ab.

Die Tatsache, daß Laos im Gegensatz zu Vietnam und Kambodscha immer volle diplomatische Beziehungen zu den USA unterhielt, kann ebenso als Zeichen laotischer Eigenständigkeit angesehen werden wie seine Dialogbereitschaft mit nichtsozialistischen Staaten. Thailand, mit dem Laos historisch und ethnisch mehr verbindet als mit Vietnam, ist auch ökonomischer Orientierungspunkt. In Vientiane wurde der Zentralmarkt an Händler aus Thailand verpachtet, und in den Geschäften werden heute vorwiegend Konsumgüter aus Thailand und Singapur angeboten.

Inflationsrate: 16,3 % (1990–98)
Importgüter: Nahrungsmittel, Futtermittel, Erdölprodukte, Maschinen
Exportgüter: Kaffee, Teakholz, elektr. Energie, Zinn, Reis, Tee, Baumwolle, Gewürze; Opium, Gold u. Edelsteine (illegal)
Handelspartner: Thailand, Vietnam, Japan, EU-Länder, USA, Indonesien
Straßennetz: 14 130 km
Fernsehgeräte je 1000 Ew.: o.A.

LAOS: DAS LAND

Landesnatur

Der Binnenstaat Laos besteht zum großen Teil aus schwer zugänglichen Bergländern, die auf weite Strecken eine Verbindung zu den Nachbarstaaten behindern.

Der Norden von Laos, als »Bergland zwischen Mekong und Rotem Fluß« bezeichnet, ist der unwegsamste Landesteil mit steilen Bergrücken, tief eingeschnittenen, oft schluchtenartigen Tälern und reißenden Flüssen. Die durchschnittlich über 2000 m hohen Bergketten und Massive werden von einer Reihe größerer flachwelliger Hochplateaus unterbrochen. Das südöstlich von Luang Prabang gelegene, 1000–1200 m hohe Tran-Ninh-Plateau wurde während des Indochinakrieges unter dem Namen »Ebene der Tonkrüge« bekannt. Hier fand man große Stein- und Tonurnen aus der frühen Siedlungsgeschichte. An der Südgrenze dieser Hochebene erhebt sich der Phou Bia, mit 2820 m der höchste Berg des Landes.

Der schmalere und insgesamt wesentlich niedrigere Südteil des Landes wird im Osten in seiner gesamten Länge von der Annamitischen Kordillere begrenzt, die sich sanft zum Mekong hin abdacht. Die Übergangszone bildet ein terrassenförmig abfallendes, stark zerschnittenes Plateau- und Hügelland. Im äußersten Süden befindet sich das Bolovenplateau, das die umliegenden Landschaften mit Höhen bis zu 1700 m inselhaft überragt.

Den Kernraum des Landes bilden die von Gebirgszügen unterbrochenen schmalen Ebenen entlang des Mekong. Der 4500 km lange Strom entspringt auf dem Hochland von Tibet und bildet über viele hundert Kilometer die Grenze zu Thailand. Im Norden hat sich der Mekong mit steilen, über 1000 m hohen Uferhängen tief eingeschnitten und bildet nur an den Einmündungen der Nebenflüsse kleine Talbekken. Beginnend mit der Niederung um Vientiane folgt flußabwärts eine Reihe von großen Becken, die von Reisanbauflächen eingenommen werden. Das Gefälle des Mekong ist hier nur noch gering, doch verhindern Stromschnellen eine durchgehende Schiffahrt.

Laos liegt im Bereich des tropischen Monsunklimas, das jedoch durch die Höhenlage gemildert wird. Die sommerliche Regenzeit von April bis September ist in tieferen Lagen durch schwüle Hitze gekennzeichnet. Die Regenzeit bringt über 80 % der jährlichen Niederschläge, deren Höhe in den Tälern zwischen 1200–1800 mm liegen, aber an Gebirgshängen bis auf 4000 mm ansteigen können.

Wirtschaft

Mehr als die Hälfte des Landes wird von tropischem Regenwald und lichten Monsunwäldern mit gemischtem Baumbestand von immergrünen und laubabwerfenden Baumarten bedeckt. Nur ein kleiner Teil des Landes wird landwirtschaftlich genutzt. Dennoch bildet der Agrarbereich, von dem rund drei Viertel der Bevölkerung leben, das Rückgrat der laotischen Wirtschaft. Aufgrund veralteter Produktionsmittel und Anbaumethoden ist der Ertrag sehr gering und reicht nur für die Eigenversorgung. Wichtigstes Arbeitstier der zumeist kleinbäuerlichen Betriebe ist der Wasserbüffel.

Angebaut wird in Laos von altersher Reis, vor allem als Naßreis in den Flußtälern. Reis ist aber nicht nur das Grundnahrungsmittel, sondern auch ein wesentlicher Bestandteil der laotischen Kultur. Das laotische Verb für essen lautet »kin khao« (Reis essen). Alle Tätigkeiten der Reisbauern, von der Aussaat bis zur Ernte, werden von religiösen Riten begleitet.

Die Bergstämme bauen auf Waldlichtungen neben Trockenreis auch Mais, Knollenfrüchte, Gemüse, Bananen und Zuckerrohr an. Und trotz des staatlichen Verbots ist im Norden – im »Goldenen Dreieck« Asiens, wo Laos, Thailand und Myanmar zusammenstoßen – der Mohnanbau zur Opiumherstellung noch weit verbreitet. Die Bauern schlagen dafür alle zwei bis drei Jahre neue Breschen in den schon stark in Mitleidenschaft gezogenen Wald.

Noch gehören die regengrünen Monsunwälder zu den bedeutendsten Naturschätzen des Landes. Da eine geregelte Forstwirtschaft fehlt, werden meist nur die Edelhölzer, vor allem Teak (Tectona grandis), geschlagen.

Neben noch weitgehend unerschlossenen Waldgebieten und großen Bodenreserven für die Landwirtschaft besitzt Laos reiche Bodenschätze wie Zinn, Eisenerz und Kohle, Magnesium, Kupfer, Gold, Blei, Pottasche und sogar Erdöl. Darüber hinaus verfügt Laos über beachtliche Wasserkraftreserven, die in wachsendem Maße zur Stromgewinnung genutzt werden. Etwa die Hälfte der laotischen Gesamtproduktion wird in dem mit westlicher Hilfe errichteten Ngum-Kraftwerk nördlich von Vientiane gewonnen. Doch wenn auch Elektrizität zum wichtigsten Exportartikel geworden ist, stellt die Stromversorgung des eigenen Landes immer noch ein großes Problem dar. So wird der laotische Energiebedarf aus Mangel an Stromleitungen überwiegend durch Holz gedeckt, und deshalb bleibt die industrielle Entwicklung, die auf der Verarbeitung von land- und forstwirtschaftlichen Produkten basiert, bis auf weiteres vornehmlich auf den Raum Vientiane beschränkt.

Üppige Vegetation überschattet die Häuser um einen Platz in Luang Prabang (rechts). Die ehemalige »königliche Hauptstadt« von Laos liegt in dem sich entlang des Mekong erstreckenden fruchtbaren Tiefland. Südöstlich der Stadt liegt das Tran-Ninh-Plateau, die »Ebene der Tonkrüge«.

Schwerbeladen verläßt dieser Autobus (rechts außen) die laotische Hauptstadt Vientiane. In Laos gibt es keine Eisenbahnen, und die Straßen sind im allgemeinen in schlechtem Zustand. Der Mangel an effizienten Verkehrswegen behindert die wirtschaftliche Entwicklung des Landes.

LAOS

Naßreis *(unten)* wird in ganz Asien auf dieselbe Weise angebaut. Zuerst werden Reissamen, die aus der vorhergegangenen Ernte stammen, in ein kleines Saatbeet (1) gepflanzt. Während die Saat keimt, wird das Hauptreisfeld gepflügt (2). Das Feld wird überflutet, bevor die jungen Reispflanzen in das Reisfeld versetzt werden (3). Während der Reis wächst (4), wird Unkraut gejätet. Enten werden auf das Reisfeld gelassen, um Insektenschädlinge, die den Reis befallen, zu fressen. Wenn das Getreide reift (5), wird das Wasser abgelassen. Eine tiefgoldene Farbe zeigt, daß es erntereif ist (6). Der Reis wird sorgfältig zu Stapeln gebündelt, um zu trocknen, bevor man ihn zum Dreschen (7) bringt.

Blick in den Nähsaal einer Gerberei *(unten)*, wo Lederkleidung hergestellt wird. Die wenigen laotischen Industriebetriebe verarbeiten zumeist landwirtschaftliche Produkte.

Frisches Grün *(links)* umgibt einen Nebenfluß des Mekong. Wasser ist für den Reisanbau notwendig. Laos produziert genügend Reis, um die einheimische Bevölkerung zu ernähren.

LAOS: DIE MENSCHEN

Laos ist auf weite Strecken sehr dünn besiedelt und im Vergleich mit seinen Nachbarstaaten noch weitgehend unerschlossen. Aufgrund der starken Kammerung und der Unzugänglichkeit des Landes ist nirgendwo sonst in Südostasien der Anteil der nationalen Minderheiten so hoch wie hier – nur etwa jeder zweite Bewohner gehört dem Staatsvolk der Lao an. Schwer abzuschätzen ist, welchen genauen Anteil die Lao an der Gesamtbevölkerung haben. Zum einen hat es nie eine wirklich umfassende Volkszählung gegeben, und zum anderen ist den Lao die Vorstellung einer pluralistischen Gesellschaft fremd. Alle anderen Gruppen sollen sich der Lao-Kultur anpassen, was teilweise auch geschehen ist und zu einer Verschleierung der ethnischen Vielfalt führt. In diesem Sinne ist auch die offizielle Einteilung der rund 70 verschiedenen Volksgruppen in vier Kategorien zu sehen: in Lao-Loum (Flußtal-Lao), Lao-Thai (Stammesthai), Lao-Thoeung (Berg-Lao) und Lao-Soung (Gebirgs-Lao).

Das Volk der Lao, von denen nur ein kleiner Teil in dem nach ihnen benannten Staat lebt, gilt als besonders lebensfrohes, liebenswürdiges und friedfertiges Volk. Sein Leben war bis in die Gegenwart stärker von traditionellen Vorstellungen und Verhaltensweisen geprägt als das der meisten seiner Nachbarn. Dies äußert sich auch darin, daß die Lao überwiegend Reisbauern waren und bis heute noch sind. Sie leben zum Großteil entlang dem Flußlauf des oberen Mekong und seiner Nebenflüsse in über 9000 Dörfern, deren Einwohnerzahl kaum einige Hundert überschreitet. Jedes größere Dorf hat eine Pagode oder einen kleinen Tempel. Das typische Lao-Haus steht auf 1–2 m hohen Pfählen. Zu jedem Gehöft gehört auch ein erhöht stehender Reisspeicher.

Die Lao gehören dem Selbsterlösungs-Buddhismus (auch Theravada: »Lehre der Alten« oder Hinayana: »Kleines Fahrzeug«) an, der bis zur Machtübernahme der »Pathet Lao« Staatsreligion war und nach wie vor einen großen Einfluß auf die Lebens- und Denkweise der Menschen ausübt.

Staatssprache ist Lao, ein Thai-Dialekt, der nur von den Lao selbst beherrscht wird. Entfernt verwandt damit sind die Idiome der Meo- und Man-Stämme. Alle Thai-Sprachen werden zu den sino-tibetischen Sprachen gerechnet, deren bedeutendste das Chinesische ist. Die übrigen Stammesgruppen sprechen überwiegend die Mon-Khmer-Sprachen.

Die Meo (Miao) und Man (Yao) erinnern nicht nur sprachlich an ihre entfernten Verwandten in China. Sie sind auch stark von chinesischer Kultur beeinflußt worden. Die ersten Gruppen erschienen in Laos um 1850 und gehören damit zu den jüngsten Einwanderern. Charakteristisch ist, daß sie ihre Siedlungen grundsätzlich nicht in Höhen unter 1000 m anlegen. Sie betreiben von allen Stämmen in Laos den ausgedehntesten Brandrodungsfeldbau. Die

Die Angehörigen des Meo-Stammes *(unten)* leben im Norden von Laos, an der Grenze zu Thailand und Myanmar. Die Meo betreiben Brandrodungsfeldbau. Ihre Felder liegen oft einen Tagesmarsch vom Dorf entfernt.

Buddhistische Mönche *(ganz unten)* während einer Ruhepause im Schlafsaal eines ländlichen Klosters. Sie tragen die für die Buddhisten ganz Asiens charakteristischen traditionellen orangefarbenen Gewänder.

Die diesige Nachmittagssonne *(links)* wirft ihr Licht auf die eindrucksvolle Landschaft im zentralen Laos, südlich der Stadt Luang Prabang. Da es bisher nur wenige Brücken gibt, müssen noch viele Flüsse nassen Fußes durchquert werden.

Laotische Frauen *(oben)* bereiten in einem buddhistischen Kloster die Essensgaben für die Mönche zu. Neben Reis ist auch Fisch, der häufig mit vielen scharfen Gewürzen als feuriger Eintopf verzehrt wird, ein wichtiges Grundnahrungsmittel.

Felder liegen bis zu einem Tagesmarsch vom Dorf entfernt. Für die Überwachung der Felder bis zur Ernte werden provisorische Unterkünfte errichtet.

Die Meo sind die bedeutendsten Opiumproduzenten in Laos. Aber auch Viehzucht spielt bei ihnen eine, wenn auch nicht so bedeutende Rolle. Das Vieh wird zum Eigenverzehr, als Opfertier und zum Verkauf auf den Märkten gezüchtet. Die Meo haben zahlreiche Elemente der laotischen Kultur übernommen, halten aber an vielen Besonderheiten ihrer eigenen Kultur, wie zum Beispiel bei der Kleidung, fest. Innerhalb der einzelnen Meo-Stämme herrscht ein hohes Maß an sozialer und politischer Solidarität, die aber kaum auf entferntere Gruppen, selbst in benachbarten Regionen, ausgedehnt wird. So gab es innerhalb einzelner Provinzen während des laotischen Bürgerkrieges Stämme, die auf seiten der Royalisten und solche, die auf seiten der »Pathet Lao« kämpften. Die systematische Verfolgung und zwangsweise Umsiedlung der königstreuen Stämme in der Zeit nach 1975 durch laotisches und vietnamesisches Militär gehört zu den dunkelsten Kapiteln der jungen Volksrepublik.

Die Thai-Stämme leben hauptsächlich in den Bergtälern der nördlichen Landesteile. Die einzelnen Stammesgruppen werden unterschiedlich bezeichnet; die bekanntesten Namen sind aber die der Tai Dam (Schwarze Thai), Tai Khao (Weiße Thai) und Tai Deng (Rote Thai). Die Bezeichnungen beziehen sich auf einzelne typische Kleidungsstücke. Die Schwarzen Thai sollen noch besonders ursprüngliche Lebensformen bewahrt haben. Das Beharren auf ihrer alten Thai-Kultur wird auf ihren schwer zugänglichen Lebensraum in den hoch gelegenen engen Gebirgstälern zurückgeführt. Andererseits haben sie eine Schriftkultur, die sich einer von südindischen Alphabeten abgeleiteten Schrift bedient.

Städte in Laos

Die Zahl der Städte ist gering. Nur die Landeshauptstadt Vientiane weist »großstädtisches« Leben auf. Hier konzentriert sich die bescheidene verarbeitende Industrie des Landes und ein Großteil der Ausländer – vor allem Chinesen, die weitgehend Handel und Gewerbe beherrschen, sowie die in der Kolonialzeit eingewanderten Vietnamesen. Luang Prabang, Savannakhet und Pakse sind dagegen eher verträumte Provinzstädte. Die übrigen »städtischen« Siedlungen sind kleine Verwaltungszentren, deren bescheidene Infrastruktur oft noch aus der französischen Kolonialzeit stammt. Auf den Marktplätzen trifft man regelmäßig Angehörige der Bergstämme an, die aus Entfernungen von ein bis vier Tagesreisen in diese Orte kommen, um ihre zumeist landwirtschaftlichen Produkte anzubieten.

LESOTHO

Lesotho trägt den Beinamen »Königreich der Berge« zu Recht. Der überwiegende Teil des Landes liegt über 2000 m hoch; viele Gipfel der Drakensberge, die den Nordosten des Landes einnehmen, erreichen mehr als 3000 m Höhe. Im Westen erstreckt sich ein 30–40 km breiter Streifen auf etwa 1000 m Höhe. Dies ist das Hauptwirtschaftsgebiet des Landes. Das Klima ist gemäßigt warm und weist infolge der Höhenlage große tägliche und jährliche Temperaturschwankungen auf. Die Niederschläge fallen überwiegend im Sommer.

Wirtschaft

Die Wirtschaft Lesothos ist einseitig von der Landwirtschaft geprägt. Die überwiegend gebirgige Landesnatur läßt Ackerbau nur in geringem Maße zu, ist aber für die Viehzucht gut geeignet. Jedoch hat die seit Generationen betriebene Überweidung die Bodenqualität verschlechtert. Es werden überwiegend Schafe und Ziegen gezüchtet, wobei die Haltung von Angoraziegen eine herausragende wirtschaftliche Bedeutung aufweist: Lesotho ist einer der wichtigsten Mohairexporteure. Trotz einer relativ geringen Bevölkerungsdichte kann sich das Land nicht selbst ernähren und muß fast die Hälfte aller Grundnahrungsmittel einführen. Die wenigen Industriebetriebe befinden sich fast ausnahmslos im Westen des Landes, unmittelbar an der Grenze zur Republik Südafrika. Die hier gelegene Hauptstadt Maseru bildet das wirtschaftliche Zentrum. Die ungünstige Verkehrslage erschwert die wirtschaftliche Situation des Landes. Alle wichtigen Wege von und nach Lesotho führen durch die Republik Südafrika, von der das Königreich wirtschaftlich abhängig ist. Weit über 100 000 Staatsbürger Lesothos, d. h. rund 5 % der Bevölkerung, arbeiten in Südafrika, die meisten als Wanderarbeiter in den Bergwerken. Für die Wirtschaft des Landes ist diese Arbeit lebenswichtig, da sie direkt und indirekt auch dem Staat Einnahmen verschafft. Etwa 90 % des Außenhandels werden mit der Republik Südafrika abgewickelt.

Reich ist das sonst so arme Land an einem »Bodenschatz«, der im Nachbarland Südafrika knapp zu werden droht – Wasser. Die ergiebigen Regenfälle Lesothos könnten Wasser in Zukunft zum wichtigsten Exportgut werden lassen. Mit Unterstützung von UNO, Europäischer Union und Weltbank sollen in den nächsten Jahrzehnten in einem großangelegten Projekt zahlreiche Flüsse angezapft werden, um die Wasserversorgung für die südafrikanische Industrie am Witwatersrand sicherzustellen. In Lesotho erhofft man sich durch das Projekt nicht nur eine langfristig sichere Einnahmequelle, sondern durch Anlage von Wasserkraftwerken, wie am neuen Katse-Staudamm, auch eine Verbesserung der Energieversorgung und wesentliche Impulse zur Erschließung des Gebirgslandes.

Geschichte und Gegenwart

Ursprünglich lebten die Sotho weiter westlich im Kernland des heutigen Freistaates, einer Provinz der Republik Südafrika. Als aber in den 20er Jahren des vorigen Jahrhunderts der Zuluhäuptling Tschaka (1787–1828) seine Herrschaft brutal ausweitete und damit eine Verschiebung ganzer Stammesgebiete im östlichen Südafrika verursachte, wurden die Sotho nach Osten verdrängt. Der Stamm von Häuptling Moshoeshoe (1786–1870) zog sich in die Bergfestung Thaba Bosigo (»Berg der Nacht«) zurück und sammelte die Flüchtlinge anderer

Daten und Fakten

DAS LAND
Offizieller Name: Königreich Lesotho
Hauptstadt: Maseru
Fläche: 30 355 km²
Landesnatur: Tief eingeschnittenes Hochplateau, im O Drakensberge
Klima: Warm-gemäßigtes bis kühles Klima
Hauptfluß: Orange
Höchster Punkt: Thabana Ntlenyana 3482 m
Tiefster Punkt: nicht unter 1000 m

DIER STAAT
Regierungsform: Parlamentarische Monarchie
Staatsoberhaupt: König
Regierungschef: Ministerpräsident
Verwaltung: 10 Distrikte
Parlament: Nationalversammlung mit 80 Mitgliedern, Senat aus Häuptlingen mit 8 nominierten Mitgliedern
Nationalfeiertag: 4. Oktober

DIE MENSCHEN
Einwohner (Ew.): 2 108 000 (1999)
Bevölkerungsdichte: 69 Ew./km²
Stadtbevölkerung: 23 %
Analphabeten: 20 %
Sprache: Sesotho, Englisch
Religion: Katholiken 44 %, Protestanten 30 %

DIE WIRTSCHAFT
Währung: Loti
Bruttosozialprodukt (BSP): 1775 Mio. US-$ (1998)
BSP je Einwohner: 570 US-$
Inflationsrate 7,7 % (1990–98)
Importgüter: Nahrungsmittel
Exportgüter: Wolle, Mohair, Viehzuchtprodukte, Diamanten, Fertigwaren (Textilien, Schuhe), chem. Produkte
Handelspartner: Überwiegend Republik Südafrika
Eisenbahnnetz: o.A.
Straßennetz: 5324 km
Fernsehgeräte je 1000 Ew.: 26

Stämme sowie die dort ansässigen Nguni um sich. Im Kampf gegen die Zulus und die Buren formierte sich ein Sothovolk. 1867 begaben sich die Sotho aus Furcht vor weiteren Vorstößen der Buren unter britischen Schutz. Mit der Gründung des Protektorats Basutoland erkannten die Briten die Eigenständigkeit dieser Volksgruppe an. Während des britischen Protektorats blieb die innere Selbstverwaltung teilweise erhalten. 1966 erhielt Basutoland, unter dem Namen Lesotho, die volle Souveränität. Als König Moshoeshoe II. (1944–1996) nach der Unabhängigkeit seinen politischen Einfluß, gemäß dem traditionellen Recht, geltend machen wollte, wurde er von Premierminister Leabua Jonathan (1914–1987) vorübergehend ins Exil geschickt und nach seiner Rückkehr zu politischer Abstinenz verpflichtet. Da sich bei den Wahlen 1970 ein Sieg der Opposition abzeichnete, annullierte Jonathan das Wahlergebnis, erklärte den Ausnahmezustand und ließ die Oppositionsführer verhaften. In den folgenden Jahren pflegte er innenpolitisch einen autokratischen Regierungsstil. Außenpolitisch löste er Lesotho aus der südafrikanischen Abhängigkeit und führte eine Schaukelpolitik zwischen West und Ost.

1986 putschten die Militärs, übertrugen König Moshoeshoe II. zwar alle Exekutiv- und Legislativfunktionen, übten aber über einen Militärrat unter Generalmajor Justin Lekhanya (* 1938) selbst die Macht aus. Die ersten außenpolitischen Aktivitäten des Militärrats waren auf eine Verbesserung der Beziehungen zur Republik Südafrika ausgerichtet. 1991 wurde Lekhanya entmachtet und 1993 endete die Militärherrschaft endgültig. König ist heute Letsi III. (* 1963), ein Sohn Moshoeshoes.

Weiße Fahnen in den Händen zweier Reiter *(oben)* zeigen an, daß diese Gruppe auf dem Weg zu einem Hochzeitsfest ist. Hier im Hochland, wo Straßenverbindungen fehlen, sind Pferde auf den unbefestigten Wegen das beste Transportmittel.

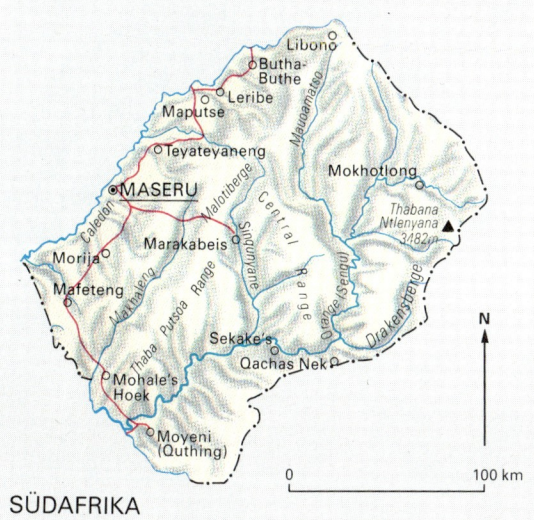

Dieser junge Basuto *(rechts)* hätte vermutlich eine leichtere Jugend, wenn er ein Mädchen wäre. Knaben beginnen im Alter von fünf bis sechs Jahren mit der Arbeit als Hütejungen; deshalb sind die Mädchen unter den 75 % der Kinder, die eine Schulbildung erhalten, weit in der Überzahl.

Das Königreich Lesotho *(rechts)*, das frühere britische Protektorat Basutoland, wird ganz von Südafrika umschlossen. Der Großteil seines Gebiets liegt mehr als 1830 m über dem Meeresspiegel. Die niedriger gelegene Ebene im Westen des Landes, die Lowlands, ist das Hauptsiedlungsgebiet.

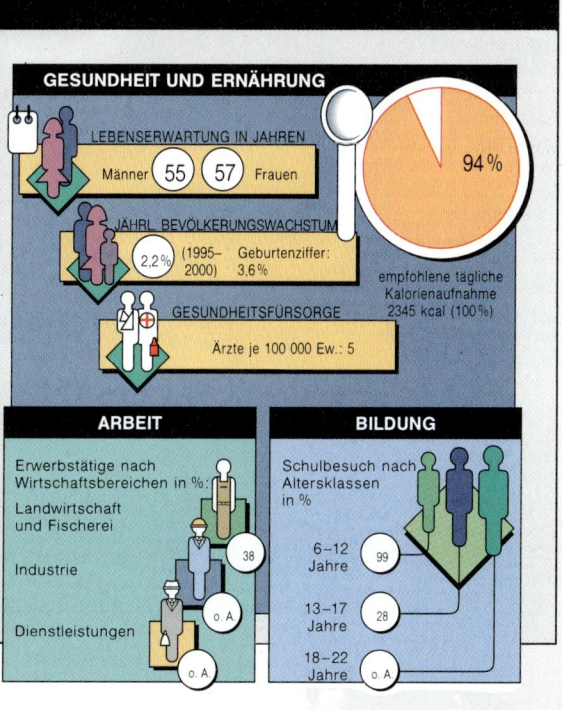

LETTLAND

Die Republik Lettland ist ein eiszeitlich geformtes, im Moränenbereich hügeliges Land. Höchste Erhebung ist der Gaising (310 m) in den Livländischen Höhen im Osten des Landes. Kennzeichnend für die Landesnatur sind die rund 1000 Seen, die zahlreichen Moore und die ausgedehnten Wälder, die fast ein Drittel des Landes bedecken.

Nur 55 % der Bevölkerung sind Letten. Durch Deportationen unter Stalin und im Rahmen der Russifizierung wurden nach dem Zweiten Weltkrieg in großer Zahl Russen angesiedelt, die heute knapp ein Drittel der Bevölkerung stellen. Außerdem leben noch Weißrussen, Ukrainer und Polen im Land. Die Minderheitenpolitik der lettischen Regierung führte immer wieder zu innenpolitischen Kontroversen und zu Verstimmungen mit Rußland. In dem Bestreben, die lettische Identität des Staates, wie er bis 1940 bestand, wiederherzustellen und die lettische Sprache zu fördern (Sprachengesetz 2000), wurden die meisten Nicht-Letten nach der Wiederherstellung der Souveränität von der Staatsbürgerschaft und damit dem Wahlrecht (vorerst) ausgeschlossen. Die Einbürgerung von Personen und Familien, die vor 1940 keine lettischen Staatsbürger waren, wurde nach dem Staatsbürgerschaftsgesetz von 1994 von verschiedenen Voraussetzungen abhängig gemacht, z. B. Alter, Sprachkenntnisse, Verzicht auf doppelte Staatsbürgerschaft, feste Arbeitsstelle.

Die Landwirtschaft Lettlands, ehemals die wirtschaftliche Basis des Landes, spielt heute nur noch eine untergeordnete Rolle, obgleich fast zwei Drittel des lettischen Territoriums genutzt werden und Mitte der 1990er Jahre noch 18 % der Erwerbstätigen in der Landwirtschaft arbeiteten. Von Bedeutung ist dagegen der Fischfang – vor allem Sprotten und Heringe – und vor allem die vielseitige Industrie, die jedoch in hohem Maße mit der sowjetischen Wirtschaft verflochten war. Wichtigste Branchen sind der (allerdings an Bedeutung verlierende) Maschinen- und Fahrzeugbau, die Holzverarbeitung, chemische, elektrotechnische und Nahrungsmittelindustrie. Der Übergang von der Plan- zur Marktwirtschaft brachte große wirtschaftliche Schwierigkeiten mit sich. 1996 setzte aber ein Wirtschaftsaufschwung ein, der sich Ende der 1990er Jahre verstärkte, aber 1999 infolge der russischen Finanzkrise einen Dämpfer erhielt. Lettland strebt eine EU-Mitgliedschaft an; 1995 trat ein Assoziierungsabkommen in Kraft, und 2000 wurden Beitrittsverhandlungen aufgenommen.

Geschichte

Der Deutsche Orden kolonisierte das Land seit Anfang des 13. Jahrhunderts und verbündete sich im Mittelalter gegen Rußland mit Polen. Während das »überdünische Livland« zunächst an das polnisch-litauische Reich und danach an Schweden überging, konnte zumindest das südlich der Düna gelegene Gebiet als Lehen – Herzogtum Kurland und Semgallen – gesichert werden. Zar Peter dem Großen gelang es, die livländische Ritterschaft zu unterwerfen, und Zarin Katharina II. sicherte sich bei einer der Teilungen Polens Kurland. Da Lettgallen bereits mit der ersten Teilung Polens 1772 an Rußland gefallen war, stand jetzt ganz Lettland unter russischer Herrschaft.

Vom Machtwechsel der Herrscher unberührt, lebte die lettische Bevölkerung bis ins 19. Jahr-

Daten und Fakten

DAS LAND
Offizieller Name: Republik Lettland
Hauptstadt: Riga
Fläche: 64 600 km²
Landesnatur: Eiszeitlich geformtes Land mit Hügellandschaften u. Ebenen; zahlreiche Moore und Seen; Flachküste mit Dünen
Klima: Gemäßigtes Seeklima, nach O zunehmend kontinental
Hauptflüsse: Daugava (Düna), Gauja
Höchster Punkt: Gaising 310 m
DER STAAT
Regierungsform: Parlamentarische Republik
Staatsoberhaupt: Präsident

Regierungschef: Ministerpräsident
Verwaltung: 26 Distrikte, 7 Stadtbezirke
Parlament: Parlament (Saeima) mit 100 Mitgliedern; Wahl alle 4 Jahre
Nationalfeiertag: 18. November
DIE MENSCHEN
Einwohner (Ew.): 2 389 000 (1999)
Bevölkerungsdichte: 37 Ew./km²
Stadtbevölkerung: 74 %
Bevölkerung unter 15 Jahren: 18,5 %
Analphabetenquote: 1 %
Sprache: Lettisch, Russisch
Religion: Protestanten (Lutheraner) und Katholiken

DIE WIRTSCHAFT
Währung: Lats
Bruttosozialprodukt (BSP): 5933 Mio. US-$ (1998)
BSP je Einwohner: 2430 US-$
Inflationsrate: 71,1 % (1990–98)
Importgüter: Maschinen, Transportmittel, elektr. Ausrüstungen, chem. Produkte
Exportgüter: Holz und -produkte, Textilien, Rohmetalle
Handelspartner: Deutschland, Großbritannien, Schweden, Rußland, Finnland
Eisenbahnnetz: 2400 km
Straßennetz: 21 430 km (befestigt)
Fernsehgeräte je 1000 Ew.: 492

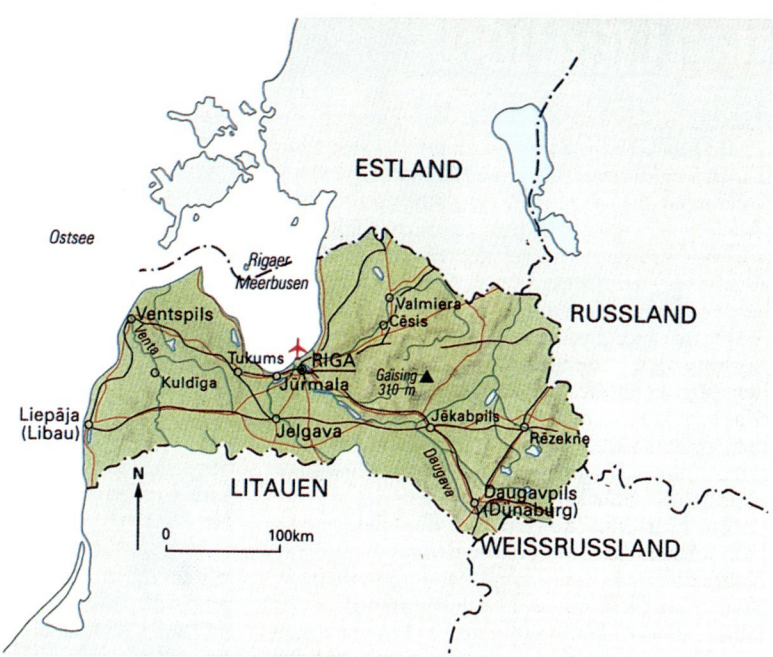

hundert weiter als Leibeigene der deutsch-baltischen Rittergutsbesitzer. Auch die Städte waren deutsch geprägt. Mit Beginn der Industrialisierung Ende des 19. Jahrhunderts nahm die Bedeutung der lettischen Bevölkerung in den Städten zu. Die nationale Unterdrückung seitens des Zaren und die soziale Benachteiligung durch die deutsch-baltischen Großgrundbesitzer trieb Teile der Letten in der ersten russischen Revolution von 1905 auf die Seite der russischen Revolutionäre.

Nach dem Sturz des Zarismus 1917 begannen die Letten erneut um ihre nationale Unabhängigkeit zu streiten. Nach langen Kämpfen erreichte Lettland 1920 die Unabhängigkeit, jedoch nur für kurze Zeit. Als Resultat des Hitler-Stalin-Paktes wurde Lettland 1940 an die Sowjetunion angeschlossen. Nach 1945 wandelten die Sowjets das ehemals agrarisch geprägte Land in eine moderne Industrieregion um. So war z. B. der Grad der Industrialisierung und der Verkehrserschließung von Lettland weit höher als der sowjetische Durchschnitt. Allerdings profitierten die Letten nicht vom Reichtum ihrer Republik. Im Rahmen der sowjetischen Wirtschaftsplanung mußte der größte Teil der Fertigprodukte in die anderen Sowjetrepubliken »exportiert« werden.

Die Reformpolitik unter Gorbatschow ermöglichte auch in Lettland Ende der 80er Jahre erstmals wieder nationale Bestrebungen. Das verstärkte Streben nach Unabhängigkeit seit 1989 führte zu Konflikten mit Moskau. Doch nach dem Scheitern des Putsches in Moskau wurde dann die Unabhängigkeit am 21.8.1991 endgültig in Kraft gesetzt und am 6.9.1991 von der Sowjetunion anerkannt.

Lettland *(oben)*, der mittlere der baltischen Staaten, wird von der Daugava (Düna) durchflossen. Zwischen den Kurländischen Höhen im Westen und den Livländischen Höhen (bis 310 m) im Osten liegt die Niederung von Riga.

Blick über Riga *(links)*. Die lettische Hauptstadt, an der Mündung der Daugava (Düna) in den Rigaer Meerbusen gelegen, ist schon seit dem 13. Jahrhundert, damals als eines der Handelszentren der Hanse (Deutschland–Rußland), ein bedeutender Ostseehafen.

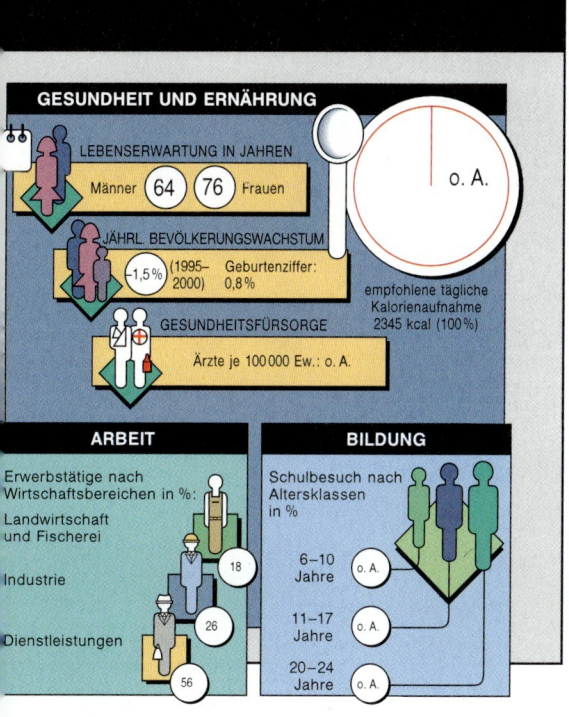

Teilnehmer eines Sängerfestes *(links)*. Auf solchen Veranstaltungen, die in Lettland eine lange Tradition haben, werden vor allem die heimischen Volkslieder und -tänze aufgeführt. Für die lettische Chormusik sind polyphone Choräle bezeichnend, in denen sich slawische Einflüsse und westeuropäische Musiktradition vereinen.

LIBANON

Libanon war im Altertum das Land der Phönizier, die von ihren Hafenstädten Sidon (heute Sayda), Tyros (Tyrus, Sur) und Byblos (Jubayl) aus zwischen dem 12. und 8. Jahrhundert v. Chr. den Handel des östlichen, später zeitweise des gesamten Mittelmeerraumes beherrschten. Auch unter der Oberhoheit von Assyrern und Persern dauerte die führende Position des phönizischen Seehandels an, dem die Zerstörung von Tyros (332 v. Chr.) durch Alexander den Großen (356–323 v. Chr.) noch kein Ende setzte. Erst seit der römischen Herrschaft (64 v. Chr.) kann von einer eigenen phönizischen Kultur keine Rede mehr sein.

Das Holz der Zedern von den Bergen des Libanons bildete das erste wichtige Exportgut. Heute ziert die Zeder zwar das Landeswappen, ist aber aus dem Landschaftsbild fast völlig verschwunden. Auf die phönizische Tradition und nicht in erster Linie auf eine arabische berufen sich viele im Libanon, allen voran die Maroniten, die bis zum Bürgerkrieg von 1975 die dominierende Kraft waren.

Die christliche Volksgruppe der Maroniten hatte sich im 7. Jahrhundert in das nördliche Libanongebirge zurückgezogen, um Schutz vor der arabischen Eroberung zu finden. Sie entwickelte sich unter der losen Oberhoheit wechselnder islamischer Dynastien zu einer praktisch unabhängigen »Nation«. Auf enge Kontakte in der Kreuzfahrerzeit geht ihre Verbindung mit der römischen Kirche (1181) und mit Frankreich (Schutzbrief Ludwigs IX. 1250) zurück. Im Südlibanon breitete sich seit dem 11. Jahrhundert die aus schiitischen Wurzeln hervorgegangene Sekte der Drusen aus.

Maroniten und Drusen lebten unter loser türkischer Hoheit meist friedlich zusammen. Nach blutigen Bürgerkriegen im 19. Jahrhundert bedurfte es allerdings erheblicher Bemühungen der türkischen Regierung und europäischer Einflußnahme, um einen Modus vivendi für ein friedliches Zusammenleben im »Mont Liban«, dem autonomen Libanongebirge, zu finden.

Nach dem Ersten Weltkrieg wurde der Libanon französisches Völkerbundsmandat. Dabei wurde das Gebiet des Mont Liban durch überwiegend islamisch besiedelte Gebiete im Norden, Süden und Osten sowie die Küstenstädte Beirut, Tripoli (Tarabulus Ash-Sham), Sidon und Tyros erweitert. Die Maroniten bildeten zwar noch die größte Bevölkerungsgruppe, aber nicht mehr die Mehrheit. Grundlage der bestehenden politischen Ordnung und Machtverteilung ist ein mündlich vereinbarter »Nationalpakt« aus dem Jahre 1943, der zwischen dem damaligen christlichen Staatspräsidenten und dem moslemischen Ministerpräsidenten ausgehandelt worden war und bis heute gültig blieb. Danach ist der Staatspräsident immer ein Maronit, der Ministerpräsident ein Sunnit, der Präsident des Parlaments ein Schiit. Der Sinn des »Nationalpakts« war nicht nur die sorgfältige Verteilung von Ämtern und Positionen, sondern

LIBANON

auch die Festlegung der Grundlinien der Außenpolitik. Die Christen hatten sich verpflichtet, das Land nicht einseitig an eine westliche Macht (gedacht war an Frankreich) zu binden, die Moslems versprachen, ohne die Zustimmung der Christen keinen Anschluß an ein arabisches Land anzustreben (gedacht war an Syrien, das, gestützt auf die Verwaltungsgliederung der Türkenzeit, bis heute Ansprüche erhebt).

Der Libanon ist unter den arabischen Ländern, mit Ausnahme des Inselstaats Bahrain, das kleinste. Nicht nur in der ethnischen und religiösen Zusammensetzung seiner Bevölkerung, sondern auch im Landschaftscharakter bietet der Libanon eine große Vielfalt. Bevor das Land 1975–90 im Chaos des Bürgerkriegs versank, erinnerte es in den Landschaftsformen, in der Wirtschaftsstruktur und im Lebensstil der Bewohner eher an Südeuropa als an den Orient.

Landschaftlich gliedert sich der Libanon in vier von Westen nach Osten aufeinanderfolgende schmale Streifen. In der dichtbesiedelten, meist intensiv bewässerten Küstenzone, die über gute natürliche Häfen verfügt, gedeihen Zitrusfrüchte, Bananen und Dattelpalmen. Hier liegt, ziemlich genau in der Mitte des Landes, die Hauptstadt Beirut, vor 1975 eine elegante, westlich wirkende Metropole und Wohnort etwa der Hälfte aller Libanesen (schätzungsweise 1,8 von 3,5 Millionen), bevor ab März 1989 nach erneuten heftigen Kämpfen ein partieller Exodus erfolgte. Bis 1990 flohen nach offiziellen Angaben 800 000 Libanesen ins Ausland.

Recht dicht besiedelt und intensiv bebaut ist auch die der Küste zugewandte Westflanke des Libanongebirges, während die höheren Lagen meist verkarstet und kahl sind. Die dritte Zone, die Talebene der Beqaa, ein tektonischer Graben, ist im Süden hinreichend beregnet für den Ackerbau, während im Nordteil der intensivere Anbau auf Bewässerungsoasen begrenzt ist. In einem dieser Becken liegt der ausgedehnte, aus der römischen Kaiserzeit stammende, prächtige Ruinenkomplex von Ba'labakk (Baalbek). Östlich schließen sich die relativ trockenen und kahlen, in höheren Lagen teilweise bis weit in den Sommer schneebedeckten Ketten des Antilibanon und des Hermon an, auf denen die syrische Grenze verläuft. Auch hier beschränkt sich die Landwirtschaft auf Oasen am Fuß der Berge. Insgesamt werden 7 % der Landesfläche für den Bewässerungsanbau genutzt, zwei Drittel sind unproduktiv.

1998 erwirtschaftete der Agrarsektor rd. 12 % des Bruttoinlandsprodukts, die Industrie 27 %. Über 60 % erbringt der Dienstleistungsbereich. Nach dem Ende des Bürgerkrieges legte die Wirtschaftsleistung bis 1998 im Jahresdurchschnitt um circa 7,7 % zu. Der Wiederaufbau des Landes wird zu großen Teilen von der arabischen Welt wie auch durch europäische Staaten und die Weltbank finanziert. Schwerpunkt war bislang die Instandsetzung von Infrastruktur, Telekommunikation und Energieversorgung.

LIBANON: DER STAAT

Nach dem israelischen Unabhängigkeitskrieg 1948 befanden sich etwa 80 000 Flüchtlinge im Land, die größtenteils in der Wirtschaft integriert wurden. Bis 1967 stellten sie keine politische Belastung dar. Die vom ägyptischen Präsidenten Gamal Abd An Nasser (1918–1970) ausgelöste panarabische Unruhe führte 1958 zum Bürgerkrieg, der durch die bloße Anwesenheit eines von Präsident Camille Chamoun (1900–1987) gerufenen Kontingents von US-Marineinfanterie so weit gedämpft wurde, daß die Ruhe durch die Überlassung einiger Posten in Regierung, Armee und Verwaltung an Nasser-Anhänger wiederhergestellt werden konnte.

Nach dem Sechstagekrieg 1967 begannen die Palästinenser von Libanon aus mit Angriffen gegen Israel, die Gegenschläge und eine Fluchtbewegung aus dem Süden nach Beirut auslösten. Die Armee und später christliche Milizen konnten die Palästinenser nicht bremsen. Diese bereiteten systematisch die Situation vor, die dann 1975 den Bürgerkrieg auslöste. Obwohl sie 1969 als Gegenleistung für die Erlaubnis, in ihren Lagern bewaffnete Einheiten aufzustellen und im Grenzgebiet Stützpunkte zu errichten, versprochen hatten, die Souveränität des Libanon zu achten, destabilisierten sie das Land.

Aus Überfällen und örtlichen Gefechten wurde ein offener Bürgerkrieg. Die Palästinenser hatten sich mit linksgerichteten Milizen und Verbänden der Drusen verbündet und diese auch aufgerüstet. Als 1976 die Palästinenser und ihre Verbündeten, die vom Drusenführer Kamal Djumblat (1919–1977) geführt wurden, vor dem Sieg standen, griffen die Syrer, die bisher die Palästinenser gestützt hatten, zugunsten der Christen ein, weil ein palästinensisch beherrschter Libanon nicht im Interesse Syriens lag. Die

Daten und Fakten

DAS LAND
Offizieller Name:
Libanesische Republik
Hauptstadt:
Beirut
Fläche:
10 400 km²
Landesnatur:
4 küstenparallele Großlandschaften von W nach O: schmale Küstenebene, Libanongebirge, Beqaaebene, Westhänge des Hermon und des Antilibanon
Klima:
Mediterranes Klima
Hauptflüsse:
Nahr al-Litani, Orontes, Nahr Ibrahim, Hasbani
Höchster Punkt:
Qurnat as Sawda 3083 m

DER STAAT
Regierungsform:
Parlamentarisch-präsidiale Republik
Staatsoberhaupt:
Staatspräsident (maronitischer Christ)
Regierungschef:
Ministerpräsident (sunnitischer Moslem)
Verwaltung:
5 Provinzen
Parlament:
Nationalversammlung mit 128 für 4 Jahre gewählten Mitgliedern (je zur Hälfte Moslems und Christen); Parlamentspräsident muß schiitischer Moslem sein
Nationalfeiertag:
22. November

DIE MENSCHEN
Einwohner (Ew.):
3 236 000 (1999)
Bevölkerungsdichte:
311 Ew./km²
Stadtbevölkerung: 90 %
Bevölkerung unter 15 Jahren: 33 %
Analphabetenquote:
14 %
Sprache:
Arabisch
Religion:
Moslems 60 %, Christen 40 %
DIE WIRTSCHAFT
Währung:
Libanesisches Pfund
Bruttosozialprodukt (BSP):
14 989 Mio. US-$ (1998)
BSP je Einwohner:
3560 US-$

Stadtansicht von Beirut *(links)* mit dem Grand Cafe und dem mondänen Carlton-Hotel, die im östlichen, überwiegend von Christen bewohnten Stadtviertel liegen. Hier sind die Spuren des Bürgerkriegs schon nicht mehr sichtbar.

Der Libanon *(rechts)* wird durch die in nord-südlicher Richtung verlaufenden Gebirgszüge, die die dichtbesiedelte Küstenebene und das fruchtbare Beqaa-Tal umschließen, gegliedert. Die Bevölkerung gehört vielen verschiedenen Religionen an. In der Verfassung ist festgelegt, daß alle Gruppen bei der Besetzung öffentlicher Ämter angemessen berücksichtigt werden. Konflikte zwischen den verschiedenen Gruppen bestimmen jedoch nach wie vor das Leben in Libanon.

Syrer gingen bald wieder zur Unterstützung der Palästinenser über. Eine kurze Besetzung des Südlibanon durch Israel (1978), der Einsatz einer UNO-Friedenstruppe und einer Miliz aus Christen und Schiiten unter dem ehemaligen libanesischen Major Haddad, die mit Israel zusammenarbeitete, und auch ein mit Hilfe der USA 1981 ausgehandelter Waffenstillstand sorgten immer nur vorübergehend für Ruhe an Israels Nordgrenze. Ab Juni 1982 besetzten israelische Truppen erneut den Süden und stießen bis Beirut vor. Ein großer Teil der PLO-Verbände wurde in West-Beirut eingeschlossen, von wo sie nach einem Waffenstillstand in andere arabische Länder evakuiert wurden.

Israel zog seine Truppen bis zum Juni 1985 mit Ausnahme einer schmalen Sicherheitszone an seiner Nordgrenze zurück. Es hatte zwar die PLO erheblich geschwächt (ein übriges taten die Syrer, indem sie immer wieder Kämpfe zwischen rivalisierenden Gruppen schürten), seine Hoffnung auf ein dauerhaftes Bündnis mit einem christlich beherrschten Libanon aber erfüllte sich nicht. Der Bürgerkrieg flackerte stets erneut auf, obwohl syrische Truppen immer größere Teile des Landes besetzten. Besonders kompliziert wurde die Lage, nachdem 1988 alle Versuche scheiterten, einen neuen Präsidenten durch das Parlament wählen zu lassen. Als letzte Amtshandlung ernannte der scheidende Amtsinhaber Amin Gemayel (* 1942, ab 1982) den christlichen Armeeführer Michel Aoun zum Chef einer Übergangsregierung, neben der aber die bisherige Regierung unter dem Sunniten Salim al-Hoss (* 1929) weiter amtierte. Aoun versuchte, die Waffenimporte der Milizen unter Kontrolle zu bringen, wodurch es ab März 1989 zu einer Verschärfung des Bürgerkriegs und zur direkten Konfrontation mit den Syrern kam. Nach verlustreichen Kämpfen vermittelte die Arabische Liga im September 1989 einen Waffenstillstand, der aber brüchig blieb. Im Oktober 1990 wurden die Truppen Aouns endgültig geschlagen. Das Land stand nun unter syrischer Kontrolle und die Milizen wurden entwaffnet. Nach den Parlamentswahlen 1992, die von der christlichen Opposition boykottiert wurden, wurde Rafik Al Hariri (* 1944) neuer Regierungschef (bis 1998, erneut ab 2000). Seine Regierung begann mit dem wirtschaftlichen Wiederaufbau des schwer geschädigten Libanon. Sie mußte sich dabei auch an Syrien orientieren, das 40 000 Soldaten im Land stationiert hatte. Ein innenpolitischer Machtfaktor, vor allem im Süden des Landes, blieb die schiitische Hisbollah (Hizbullah), die in den 1990er Jahren immer wieder militärisch gegen Israel und die Streitkräfte in der Sicherheitszone operierte. Die Situation änderte sich im Mai 2000, als Israel seine Truppen abzog und die Hisbollah sowie die libanesische Armee und UNO-Friedenstruppen in die Stellungen nachrückten.

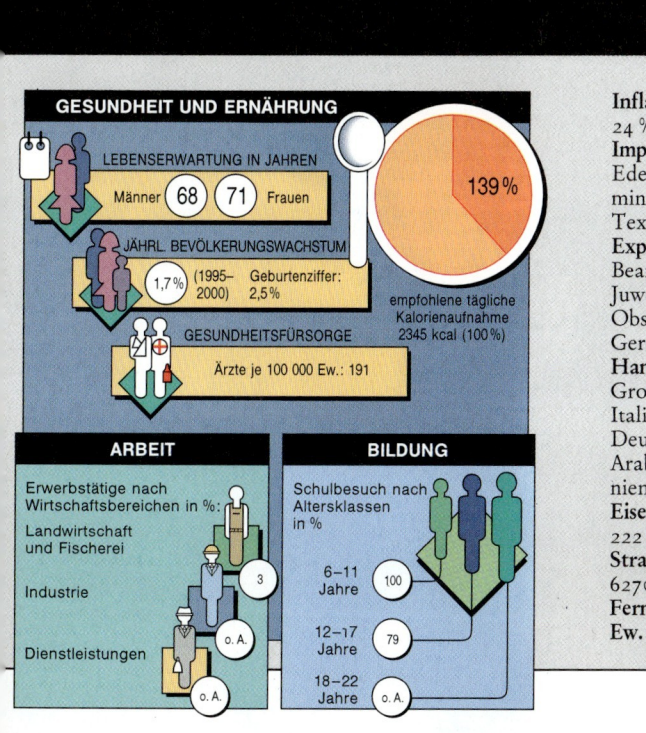

Inflationsrate: 24 % (1990-98)
Importgüter: Edelmetalle, Maschinen, mineralische Produkte, Textilien, Fahrzeuge
Exportgüter: Bearbeitete Edelmetalle, Juwelen, Textilien, Obst, Wolle, Gemüse, Gerste, Baumwolle
Handelspartner: Großbritannien, USA, Italien, Frankreich, Deutschland, Saudi-Arabien, Syrien, Jordanien
Eisenbahnnetz: 222 km
Straßennetz: 6270 km (befestigt)
Fernsehgeräte je 1000 Ew.: 375

LIBANON: BEIRUT

Die Phönizier begründeten eines der ersten großen Handelsimperien der Erde. An der heimatlichen Küste gründeten sie eine Reihe von Stadtstaaten, darunter Beirut. Der Name dieser Stadt entstand um 2000 v. Chr. Er ist abgeleitet von den Be'erot (»Brunnen«), die den Zugang zum kostbaren Grundwasser ermöglichen. Seitdem besteht die Tradition Beiruts als wichtiger Handelsplatz, dessen Bedeutung nach dem Zweiten Weltkrieg stieg und zu den Glanzzeiten des libanesischen Wirtschaftslebens führte, bis der Bürgerkrieg den stolzen Ruf der Stadt auf tragische Weise zerstörte.

Unter Ägyptern, Hethitern, Assyrern und Griechen, die die Levante nach 1800 v. Chr. eroberten und kolonialisierten, blieb Be'erot eine kleinere Hafenstadt. Unter römischer Herrschaft, die 64 v. Chr. begann, gewann die Stadt als Kolonie Berytus' an Bedeutung. Im geschützten Naturhafen florierte der Handel und jenseits der dreieckigen Halbinsel, der ursprünglichen Siedlung, wurden die vornehmen Villen und eindrucksvollen Tempel der wohlhabenden Vororte errichtet. Die Ruinen des römischen Tempels Bayt Miri stammen aus dieser Periode. Im 4. Jahrhundert n. Chr. kam das Christentum in diese Region.

Im Jahr 551 fand der Wohlstand der römischen und byzantinischen Epoche ein abruptes Ende. Beirut fiel einem verheerenden Erdbeben und der nachfolgenden Flutwelle zum Opfer. Die Araber, die im frühen 7. Jahrhundert die Region eroberten, fanden eine zerstörte Stadt vor, die sie Bayrut nannten. Sie wurde allmählich wiederaufgebaut, der Handel wurde wiederbelebt. Im 12. und 13. Jahrhundert kam es zwischen Arabern und Kreuzfahrern zu heftigen Kämpfen um den Besitz der Stadt. Um 1300 geriet sie unter die Herrschaft der in Ägypten regierenden Mameluken, unter denen sie sich zu einem Zentrum des Gewürzhandels mit dem christlichen Venedig entwickelte. 1516 wurde sie Teil des Osmanischen Reiches.

Blütezeit von Handel und Lehre

Das osmanische Beirut (häufig Bayroth genannt) wurde im 18. Jahrhundert zum Zentrum für den Export libanesischer Seide, und als der Mittlere Osten im frühen 19. Jahrhundert, zur Zeit der industriellen Revolution in Europa, begann, europäische Industrieprodukte zu importieren, wußten die Kaufleute Beiruts ihren günstigen Standort zu nutzen. Der nun bedeutende Handelsplatz wurde zu einem Ort, an dem die arabischen und europäischen Kulturen aufeinandertrafen und erblühten. 1866 gründeten protestantische Missionare die Amerikanische Universität Beirut, eine der einflußreichsten Bildungsstätten des Mittleren Ostens, 1881 wurde die römisch-katholische St. Joseph-Universität ins Leben gerufen. Auch arabische Institutionen der höheren Bildung entstanden, und Bücher und Zeitungen in zahlreichen Sprachen wurden verlegt. Gleichzeitig wurde Beirut immer mehr zu einer christlichen Stadt, zum Zufluchtsort der christlichen Libanesen vor der Verfolgung im Landesinnern.

Beim Zusammenbruch des Osmanischen Reiches im Ersten Weltkrieg bewahrte Beirut seinen kosmopolitischen Status. Die Stadt wurde als Sitz der französischen Verwaltung in Libanon und Syrien von der französischen Kultur beeinflußt. Während des Zweiten Weltkriegs wurde Libanon unabhängig, und nach dem Abzug der französischen Truppen im Jahr 1946 begann die bedeutendste Periode konjunkturellen Aufschwungs. Die im Rahmen der libanesischen »Freihandelspolitik« geltenden Gesetze vereinfachten die Bewegung großer Geldsummen und zogen Großbankiers und internationale Investoren aus aller Welt nach Beirut.

Als eines der größten Finanzzentren der Erde, als ein Mittelpunkt des Öl-, Gold- und Diamantenhandels, und als Umschlagplatz weiterer wertvoller Güter wurde der Libanon zur

Syrische Arbeiter auf einer Großbaustelle *(oben rechts)* im Zentrum Beiruts. Die Hauptstadt des Libanon und einstige Metropole des Nahen Ostens soll durch ein gigantisches Wiederaufbauprogramm bald in neuem Glanz erstrahlen.

Zerstörte Häuserzeile im moslemischen Teil von Beirut *(rechts)*. Um den historischen Stadtkern herum haben sich, auch als eine Folge des Bürgerkriegs, Armenviertel gebildet. Im Bürgerkrieg wurde die einstmals stolze Stadt in ein Trümmerfeld verwandelt.

LIBANON

An der sogenannten Corniche vergnügen sich Jugendliche am Strand *(oben)*. Sie genießen die Normalität des friedlichen Alltags. Corniche ist der einzige öffentliche Strand Beiruts mit Blick auf sündhaft teure Appartements.

Fünfjährige Kinder in einer Grundschule *(links)* in einem Westbeiruter Flüchtlingslager. Beirut wurde durch die Gründung Israels 1948 zum Fluchtpunkt Tausender Palästinenser, die in provisorischen Lagern immer noch auf eine Rückkehr in ihre alte Heimat hoffen.

»Schweiz des Orients«. Bürohochhäuser schossen aus dem Boden, Luxushotels boten Touristen und Geschäftsleuten ihre Dienste an, hochaufragende Wohnhäuser aus Glas und Beton ersetzten die traditionellen, aus Kalksteinziegeln gemauerten Behausungen mit ihren orange-gefliesten Dächern. Moslemische Nationalisten traten jedoch zunehmend in Opposition zur von Christen dominierten Regierung, und durch den palästinensischen Flüchtlingsstrom als Folge des arabisch-israelischen Konflikts nahm der moslemische Bevölkerungsanteil in Beirut stark zu.

Geteilte Stadt im Bürgerkrieg

Der moslemische Aufstand von Juli bis Oktober 1958 wurde mit Hilfe amerikanischer Truppen niedergeschlagen. Mitte der 1970er Jahre, als der offene Bürgerkrieg zwischen moslemischen und christlichen Libanesen ausbrach, war Beirut zu einer geteilten Stadt geworden. Die christliche Miliz beherrschte Ost-Beirut, libanesische moslemische Milizen, bewaffnete Angehörige der Palästinensischen Befreiungsbewegung (PLO) und, nach 1975, syrisches Militär kontrollierten West-Beirut. Dann drang im Juli 1982 Israel in den Libanon ein. Die zehnwöchige Belagerung West-Beiruts war verbunden mit heftigem Beschuß aus land- und seegestützten Waffen sowie der Bombardierung aus der Luft. Unter dieser Strafaktion hatte West-Beirut schrecklich zu leiden. Etwa 28 000 Syrer und Palästinenser mußten die Stadt verlassen. Dennoch blieben zahlreiche palästinensische Flüchtlinge, und als die Israelis am 16. September in West-Beirut einrückten, richteten ihre verbündeten libanesischen Falangisten unter den Palästinensern ein Massaker an. Danach gingen die Kämpfe in Beirut nahezu ununterbrochen weiter bis zum Ende des Bürgerkriegs im Oktober 1990.

Wiederaufbau

Mit dem Abklingen des Bürgerkriegs hält die Moderne wieder Einzug in den Libanon und seine Hauptstadt Beirut: Das Baugewerbe boomt, Hotels sind wieder verfügbar und zumeist gut, Kontakte nach Europa werden stabilisiert, man kann wieder reisen; Kultur und Gesellschaft setzen sich wieder in Szene. Dank der Investitionen von Auslandslibanesen und Geschäftsleuten aus der arabischen Welt wurden im Beirut der 1990er Jahre die ausgedehnten Trümmerfelder zu einem Großteil beseitigt, und im Stadtzentrum entstand ein neues modernes Geschäftsviertel mit zahlreichen neu eröffneten Hotels. Aber auch traditionsreiche Nobelherbergen wie das »Palmyra« locken nicht nur reiche Golfaraber und betuchte Europäer, sondern auch einheimische libanesische Unternehmer (mit ihren Familien) an, die eine funktionierende Infrastruktur (u. a. Wiederaufbau von Hafen und Flughafen) für ihre Geschäfte zu nutzen wissen. Beirut hat daher gute Aussichten, wieder zu einer Drehscheibe des Mittelmeerhandels zu werden. Auch der Wohnungsbau profitierte vom Boom der Nachkriegszeit, so daß in Beirut schon Mitte der 1990er Jahre wieder 1,5 Millionen Menschen leben konnten. Der Fremdenverkehr befindet sich erst langsam wieder im Aufschwung, auch wenn wohlhabende Araber das angenehme Klima in den Gebirgsausläufern der Beiruter Vororte wieder für einen Sommeraufenthalt nutzen und Ende der 1990er Jahre eine halbe Million Touristen schon wieder ihren Weg in das Land der Zeder fanden.

Im Mai 1997 war Papst Johannes Paul II. zu Besuch im Libanon. Rund eine Million Besucher waren nach Beirut gekommen, um den Papst zu sehen, bzw. einer von ihm gehaltenen Messe beizuwohnen. Während seiner Visite traf der Papst mit Vertretern aller Religionsgemeinschaften zusammen und rief die Menschen des Libanon zur Versöhnung und nationalen Einheit auf.

LIBANON: DIE MENSCHEN

Die Bevölkerung des Libanon ist außerordentlich vielfältig zusammengesetzt. Bis in die jüngste Vergangenheit war das Land der einzige arabische Staat, in dem Christen die Mehrheit bildeten und politisch, gesellschaftlich und wirtschaftlich entscheidenden Einfluß hatten. Dies sowie das unternehmerische und händlerische Geschick, das viele Libanesen auf das Erbe der Phönizier zurückführen, begründen die einzigartige Stellung des Libanon im Orient.

Schon seit dem 19. Jahrhundert ist der Libanon ein Auswanderungsland. 1932 lebte über ein Drittel der christlichen Libanesen im Ausland, heute werden es, einschließlich der Nachkommen, zwei Drittel sein. Aber auch viele sunnitische Moslems sind emigriert.

Genaue Angaben über die Gesamtzahl sind ebenso unmöglich wie über die Anteile der einzelnen Volksgruppen. Die Volkszählung von 1932 wurde zur Grundlage des verfassungsmäßigen Konfessions- und Volksgruppenproporzes, auf dem die Staatsordnung basiert. Und alle Schätzungen sind unsicher, da ihre Autoren von dem Interesse geleitet sind, das bestehende System zu stürzen oder zu stützen. Deshalb besagt es nicht viel, wenn die meisten Autoren heute behaupten, daß das Verhältnis von Christen zu Moslems nicht mehr 6:5 sei, sondern 5:6 oder gar 4:6, daß also die Moslems nunmehr die Mehrheit bilden. Andere gehen weiterhin von einer christlichen Mehrheit aus. Jedenfalls ergab die letzte Volkszählung von 1970 insgesamt 2,126 Millionen Einwohner; die statistische Fortschreibung ging 1999 von 3,24 Millionen aus.

Maroniten, Schiiten, Sunniten, Drusen
Es gibt 17 anerkannte Religionsgemeinschaften, davon elf christliche Gruppen, fünf islamische oder aus dem Islam hervorgegangene Gruppen und eine kleine jüdische Minderheit.

Unter den Christen sind die mit der römisch-katholischen Kirche unierten Maroniten die größte Gruppe, die von einem Patriarchen mit Sitz in Bkerke bei Juniyah (Joûniyé) geleitet wird und einen Bevölkerungsanteil von 25 % hat. Von den übrigen katholischen Kirchen ist die griechisch-katholische der Melkiten mit etwa 5 % die größte; daneben gibt es armenische, syrische, chaldäische und römische Katholiken (Lateiner), zusammen etwa 2,5 %. Etwa 7 % sind Griechisch-Orthodoxe, 4 % Armenisch-Orthodoxe (Gregorianer) und zusammen etwa 1 % Syrisch-(Jakobiten) und Assyrisch-Orthodoxe (Nestorianer) sowie knapp 1 % Protestanten.

Heute sollen die Schiiten die größte Religionsgruppe sein; die Angaben liegen bei 32 %. Die Sunniten, bis 1980 stärker als die Schiiten, dürften einen Anteil von etwas mehr als 21 % haben. Daneben gibt es die in Libanon besonders traditionsreichen Drusen (7 %), in deren vor Fremden geheimgehaltenen Glauben der fatimidische Imam-Kalif Al Hakim, der von 996

Im Gesicht dieser Mutter mit ihrem Kind *(oben)* ist nichts mehr von dem Leid zu erkennen, das der langandauernde Bürgerkrieg über die Menschen im Libanon brachte. – Traditionelle Trachten sind heute selten; die Menschen tragen westliche Kleidung.

Ein typischer Kaffeestand in den Straßen Beiruts *(rechts)*. Nach den Schrecken des Bürgerkriegs haben die Menschen wieder Zeit für die Normalität des Alltagslebens. Überall in der Stadt gibt es wieder Treffpunkte zum Diskutieren.

LIBANON

Wie diese Frauen in Trauerkleidung *(links)* lebt der größte Teil der drusischen Volksgemeinschaft im Chouf-Gebirge südlich von Beirut. Die Geheimlehre dieser Sekte ist nur einer ausgewählten Gruppe drusischer Priester zugänglich.

Der Libanon hat eine große Anzahl verschiedener Religionsgruppen *(unten)*. Im »Nationalpakt« von 1943 wurde die anteilmäßige Verteilung der politischen Ämter entsprechend der Größe der einzelnen Bevölkerungsgruppen vereinbart.

Libanesisches Kunsthandwerk *(oben)* hat eine lange Tradition. Hier ein junger Graveur bei der Arbeit an Metallschilden.

- Armenische Christen
- Drusen
- Griechisch-katholische Christen
- Maronitische Christen
- Griechisch-orthodoxe Christen
- Sunnitische Moslems
- Schiitische Moslems

bis 1021 in Ägypten regierte, eine besondere Rolle spielt.

Während Maroniten, Schiiten und Drusen traditionell vorwiegend Landbewohner sind (die Maroniten im gesamten Libanongebirge, die Drusen im südlichen Libanongebirge und die Schiiten im Südlibanon und in der Beqaaebene), konzentrieren sich die Sunniten, mit Ausnahme von einigen Landgebieten im Norden, sowie die kleineren christlichen Gruppen auf die Städte. Viele Maroniten und Schiiten sind auch nach Beirut gezogen bzw. geflohen.

Die soziale Differenzierung ist bei den Christen geringer als bei Moslems und Drusen. Sie wirken dadurch insgesamt wohlhabender. Vor allem die Maroniten verfügen über ein relativ breites, selbständiges Kleinbauerntum und haben einen großen Anteil an der städtischen Mittelschicht, die in Handel, Gewerbe und Verwaltung oder als Facharbeiter tätig ist. Ihr Anteil an der engeren Oberschicht ist dagegen eher geringer als bei Moslems und Drusen, wobei zu den Schiiten und Drusen vor allem Großgrundbesitzer von häufig noch feudalem Zuschnitt und zu den Sunniten die städtischen Kaufmannsfamilien gehören. Der islamische Mittelstand ist weniger ausgeprägt, die Unterschicht um so stärker. Zu ihr gehören auch viele abhängige Kleinpächter, vor allem aber Flüchtlinge und Einwanderer ohne Staatsbürgerschaft. Diese von außen kaum zu durchschauende religiös-sozialen Strukturen führten zu politisch wechselnden Bündnissen unter dem Dach einer komplizierten Verfassungskonstruktion, die auszutarieren den Staat immer wieder vor Probleme stellte.

Der schon in der Türkenzeit nach dem Bürgerkrieg zwischen Drusen und Maroniten (1860) im Libanongebirge eingeführte Konfessionalismus, die weitgehende Autonomie der Einzelgruppen, wurde durch den »Nationalpakt« von 1943 perfektioniert. Danach verteilten sich die Parlamentssitze im Verhältnis 6:5 zwischen Christen und Moslems (mit den Drusen). Nach dem Wahlgesetz von 1995 ist das Verhältnis 1:1, und es sind 128 Abgeordnete, davon 34 Maroniten, 14 Griechisch-Orthodoxe, 8 Griechisch-Katholiken, 5 Armenisch-Orthodoxe, 27 Sunniten, 27 Schiiten und 8 Drusen.

Der Konfessionalismus wirkt trotz der inzwischen erfolgten Verfassungsmodifikationen allen Tendenzen zu einer Verschmelzung und zur Herausbildung einer gemeinsamen nationalen Identität entgegen. Dennoch hat der institutionalisierte religiöse Pluralismus die Freiheit der Minderheiten gesichert und die kulturelle Vielfalt des Libanon begründet.

Wenn all das, was dem Land einst den Beinamen einer »Schweiz des Orients« gab, im Bürgerkrieg zerfiel, weil das Land in den Strudel der Auseinandersetzung um Israel/Palästina geraten war und weil fanatische schiitische Fundamentalisten mit terroristischer Gewalt eine »islamische Republik« erzwingen wollten, so bedeutet das eine Verarmung der ganzen Region.

LIBERIA

Liberia ist die älteste afrikanische Republik und neben Äthiopien der einzige Staat des afrikanischen Kontinents, der auf eine ununterbrochene Unabhängigkeit zurückblicken kann. Sie wurde nicht zuletzt durch die philanthropische Organisation »American Colonization Society« begründet, auf deren Betreiben befreite Sklaven aus Amerika auf einem 1821 von Großbritannien erworbenen Teilgebiet Sierra Leones angesiedelt wurden. Sie gründeten die nach dem US-amerikanischen Präsidenten Monroe benannte Stadt Monrovia und proklamierten 1847 die Republik Liberia. Aber frei in dem »Land der Freiheit« war nur eine Minderheit, denn die Verfassung nach US-amerikanischem Vorbild, die Institutionen und die US-amerikanische Währung dienten allein der kleinen Gruppe der »Amerikano-Liberianer«. Sie betrachteten die einheimischen Afrikaner als zu missionierende und zivilisierende »Wilde« und enthielten ihnen bis in die 40er Jahre selbst das Wahlrecht vor. Unter Führung der seit 1883 alleinregierenden »True-Whig Party« trieben sie die einheimische Bevölkerung zur Zwangsarbeit auf die eigenen Farmen und ausländischen Kautschukplantagen. Als sie in den 20er Jahren dazu übergingen, Zwangsarbeiter an spanische Plantagenbesitzer auf der Insel Fernando Poo (heute Bioko) zu verkaufen, verschlechterten sich die wirtschaftlichen Beziehungen zu den USA und Großbritannien.

Die von Präsident William Tubman (1895–1971) nach dem Zweiten Weltkrieg forcierte »Politik der offenen Tür« brachte umfangreiche ausländische Investitionen ins Land, mit deren Hilfe sich Liberia unter anderem zur Nation mit der größten registrierten Handelsflotte entwickelte. Von den im Land verbleiben-

Daten und Fakten

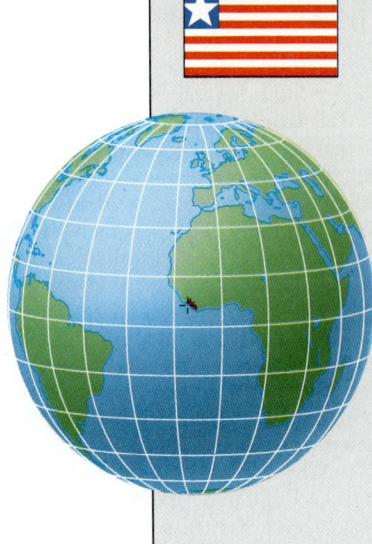

DAS LAND
Offizieller Name: Republik Liberia
Hauptstadt: Monrovia
Fläche: 111 369 km²
Landesnatur: Küstenebene, Anstieg in mehreren Stufen über ein stark zerschnittenes Tafelland zur Oberguineaschwelle
Klima: Tropisch-feuchtheiß
Hauptflüsse: Lofa, St. Paul River, Cess
Höchster Punkt: Mount Nimba 1752 m
DER STAAT
Regierungsform: Präsidiale Republik
Staatsoberhaupt: Staatspräsident

Verwaltung: 11 Bezirke (Counties), 4 Territorien
Parlament: Parlament aus Senat mit 26 Mitgliedern u. Repräsentantenhaus mit 64 Mitgliedern
Nationalfeiertag: 26. Juli
DIE MENSCHEN
Einwohner (Ew.): 2 930 000 (1999)
Bevölkerungsdichte: 26 Ew./km²
Stadtbevölkerung: 48 %
Analphabetenquote: 46 %
Sprache: Englisch
Religion: Moslems 20 %, Anhänger von traditionellen Religionen
DIE WIRTSCHAFT
Währung: Liberianischer Dollar

Bruttosozialprodukt (BSP): 2850 Mio. US-$ (1999)
BSP je Einwohner: 1000 US-$
Inflationsrate: 3 % (1998)
Importgüter: Maschinen, Fahrzeuge, Nahrungsmittel
Exportgüter: Eisenerz, Kautschuk, Nutzholz, Kaffee, Diamanten
Handelspartner: EU-Länder, USA, Japan
Eisenbahnnetz: 493 km
Straßennetz: 6095 km
Fernsehgeräte je 1000 Ew.: 29

Ein Dorf *(oben)* inmitten des immergrünen Regenwaldes. Der größte Teil der liberianischen Landbevölkerung lebt noch in Sippenverbänden und betreibt reine Selbstversorgungswirtschaft.

Gläubige feiern einen Gottesdienst *(links)* in einer christlichen Kirche in Monrovia. Etwa 10 % der Liberianer sind Christen.

Liberia *(rechts)* wurde im Jahre 1822 von amerikanischen Philanthropen als Zufluchtsort für freigelassene schwarze Sklaven aus Amerika gegründet.

den Gewinnen profitierte jedoch nur die kleine Herrschaftselite, so daß sich die sozialen Spannungen vertieften. Diese waren letztendlich für den Militärputsch im Jahre 1980 verantwortlich, bei dem Samuel Doe (1952–1990) die Macht übernahm und die Herrschaft der elitären Minderheit beendete. Doch mit dem Machtwechsel war für den Großteil der Bevölkerung keine Verbesserung der Lebensumstände und keine Normalisierung des politischen Lebens verbunden. Nach kurzzeitigen Kontakten zu einigen sozialistischen Staaten und Libyen intensivierte Doe die alten Beziehungen zu den USA. Nur so konnte er die seit 1980 immer wieder ausbrechenden Aufstände und Putschversuche überleben. Doch 1990 begann eine Rebellenbewegung unter Führung von Charles Taylor einen Guerillakrieg gegen die Regierung Does. Im August 1990 konnten die Rebellen die Hauptstadt erobern und Präsident Doe töten. Zwischen den in rivalisierende Gruppen zerfallenen Rebellen kam es in der Folgezeit zu Machtkämpfen. Erst 1997 konnte Taylor zum Präsidenten gewählt werden.

Landschaft, Bevölkerung und Wirtschaft

Liberia besteht aus drei küstenparallelen Landschaftszonen: der niedrigen und sumpfigen Küstenzone, dem zentralen Plateau, dessen tropischer Regenwald von zahllosen Flußtälern durchzogen ist, und dem bergigen Inneren der Oberguineaschwelle mit dem Mount Nimba als höchster Erhebung (1752 m).

Die Mehrzahl der Liberianer lebt in der Küstenregion. Die zahlenmäßig größte Gruppe stellen die Mande-sprachigen Stämme wie Mandingo und Kapelle. Zu ihr gehören auch die Vai, die als eines der wenigen afrikanischen Völker im 19. Jahrhundert eine eigene Schrift entwickelten. Die zweitwichtigste Gruppe bilden die Kwa, zu denen neben den Bassa auch die an der gesamten Küste Westafrikas lebenden Kru-Fischer gehören. Zur dritten ethnischen Gruppe zählen die vor allem Ackerbau treibenden Gola und Kissi.

Ungeachtet der geringen Einwohnerzahl sah sich die bäuerliche Bevölkerung, die zum Großteil reine Selbstversorgungswirtschaft betrieb, mit einer wachsenden Landknappheit konfrontiert, weil Erzminen und Großplantagen, die sich fast alle in ausländischem Besitz befinden, seit Jahrzehnten einen wesentlichen Teil des Landes beanspruchen. Als Folge des damaligen Staatsbankrotts hatte die Regierung 1926 der »Firestone Company« eine 99-jährige Konzession für die weltgrößte Kautschukplantage eingeräumt. Doch die Anfang der 60er Jahre begonnene Ausbeutung der großen Eisenerzvorkommen von Bomi Hills und Mount Nimba hat die Kautschukplantagen zeitweise bedeutungslos werden lassen. Devisenerlöse und staatliche Einkommen waren somit von den Weltmarktpreisen des Hauptausfuhrproduktes abhängig, sein Preisverfall führte in eine tiefe wirtschaftliche Krise.

Ende der 80er Jahre lehnten der Weltwährungsfonds und einzelne Staaten jeden weiteren Beistand ab, und die als Vorbedingung für weitere Hilfe eingeflogenen 16 amerikanischen Finanzkontrolleure zogen nach wenigen Monaten unverrichteter Dinge wieder ab. Der Bürgerkrieg der 90er Jahre führte Liberia an den Rand des wirtschaftlichen Ruins.

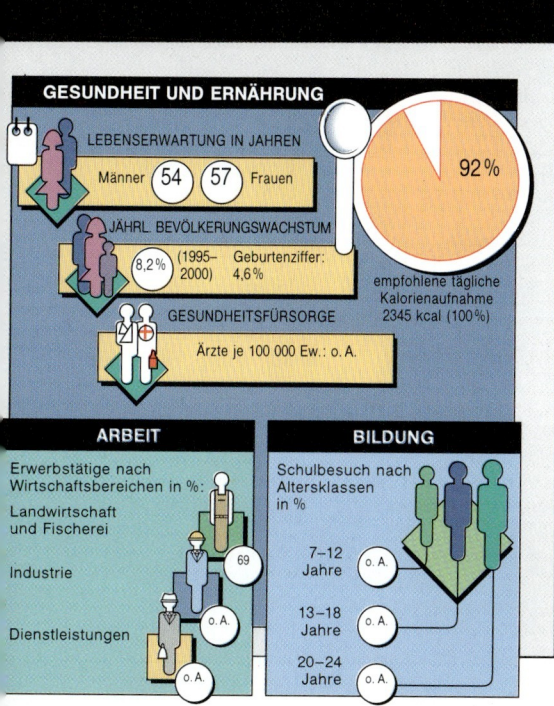

Ein Mädchen *(oben)* aus der Küstenregion Liberias hat ihr Gesicht zum Schutz vor Geistern mit heller Asche bedeckt. Die meisten Liberianer gehören eingeborenen Stammesgruppen an. Die Nachkommen von Sklaven machen nur 5 % der Bevölkerung aus.

LIBYEN

Libyen verfügt über eine geographische Lage, die das Land nicht nur zu einem wichtigen Bindeglied zwischen den französisierten Maghrebstaaten (Marokko, Algerien und Tunesien) im Westen und dem arabischen Osten macht, sondern ihm auch eine wichtige Funktion im Kontakt zwischen dem berberisch-arabischen Mittelmeerraum und Schwarzafrika zuweist. So war Tripolis (Tarabulus Al-Gharb), das »Tor der Sahara«, über Jahrhunderte hinweg Ausgangs- und Endpunkt des Transsaharahandels und des Austausches mit dem Sahel- und Tschadseeraum. Libyen selbst spiegelt intern diese Brückenfunktion wider, weil die Region Tripolitanien eher dem Maghreb zugewandt ist, während der Landesteil Cyrenaica sich (auch sprachlich) an Ägypten orientiert.

Diese divergierenden innenpolitischen Kräfte wurden nach dem Zweiten Weltkrieg bei dem von den Vereinten Nationen eingeleiteten Unabhängigkeitsprozeß für die ehemals italienische Kolonie »Libia« (ab 1911) jedoch kaum zur Kenntnis genommen. Am 24. Dezember 1951 kam es zur Proklamation des Vereinigten Königreich von Libyen, dessen politische Stütze überwiegend die ehemaligen Nomadenstämme der ostlibyschen Provinz Cyrenaica waren. König wurde ein direkter Nachkomme des Begründers der Senussi-Bruderschaft, eines politisch-religiösen Ordens, der sich Mitte des 19. Jahrhunderts in der Cyrenaica ausgebreitet hatte. Ohne bedeutende ökonomische Ressourcen, die ostlibyschen Städte größtenteils zerstört durch die militärischen Operationen des Zweiten Weltkriegs und ohne eigene Fachleute (1951 nur vierzehn libysche Hochschulabsolventen) war Libyen auf internationale Hilfe angewiesen. Erst ab Ende der 50er Jahre nach der Entdeckung reicher Erdölvorkommen wurde es innerhalb weniger Jahre zu einem Kapitalüberflußland, dessen politische, wirtschaftliche und soziale Strukturen allerdings überfordert waren, den damit einhergehenden Einbruch an Modernität zu bewältigen.

Die Machtübernahme durch Ghadafi

Der Sturz von König Mohammed Idris I. As Senussi (1890–1983) am 1. September 1969 durch junge Militärs unter Führung von Muammer Al Ghadafi (* 1942) war eine Reaktion auf die politischen und sozialen Mißstände, die durch ehrgeizige Entwicklungsprogramme in den Bereichen Landwirtschaft, Industrie, Bildungs- und Gesundheitswesen beseitigt werden sollten. Zugleich sollte die politische Mobilisierung der Bevölkerung in der nach ägyptischem Vorbild neu gegründeten Einheitspartei »Arabische Sozialistische Union« einen zeitgerechten institutionellen Rahmen finden. Während die Entwicklungsbemühungen, zwar eingeschränkt durch die klimatischen Gegebenheiten, aber ausgeglichen durch die günstigen finanziellen Bedingungen, durchaus als erfolgreich eingeschätzt werden können, ist die Führung des Landes mit dem von Ägypten übernommenen politischen Konzept des arabischen Sozialismus gescheitert, was sich in der Suche nach einem eigenen ideologischen Programm äußerte. Dieses wurde von Ghadafi seit 1973 ausformuliert und als »Dritte Universale Theorie« bezeichnet, wobei die zu ihrer Umsetzung ab 1976 ausgearbeitete Handlungsanleitung als »Grünes Buch« bekannt wurde. Seit 1976 ist in Anwendung der Prinzipien des Grünen Buches in ganz Libyen ein direkt-demokratisch strukturiertes Regierungssystem entstanden. Basisvolkskonferenzen

Daten und Fakten

DAS LAND
Offizieller Name: Sozialistische Libysch-Arabische Volks-Jamahiriya
Hauptstadt: Tripolis
Fläche: 1 759 540 km²
Landesnatur: Küstenebene im NW, Cyrenaica im NO, überwiegend Wüste
Klima: Mittelmeerklima im N; im Landesinneren Wüstenklima
Höchster Punkt: Pic Bette 2285 m
DER STAAT
Regierungsform: Autoritäre Republik
Staatsoberhaupt: »Revolutionsführer« (de facto); formell: Generalsekretär des Allgemeinen Volkskongresses
Regierungschef: Vorsitzender des Allgemeinen Volkskomitees
Verwaltung: 3 Provinzen und 10 Governorate
Parlament: Allgemeiner Volkskongreß mit rd. 2700 Mitgliedern
Nationalfeiertag: 1. September
DIE MENSCHEN
Einwohner (Ew.): 5 471 000 (1999)
Bevölkerungsdichte: 3 Ew./km²
Stadtbevölkerung: 88 %
Bevölkerung unter 15 Jahren: 38 %
Analphabetenquote: 25 %
Sprache: Arabisch
Religion: Moslems 97 %
DIE WIRTSCHAFT
Währung: Libyscher Dinar
Bruttosozialprodukt (BSP): 39 300 Mio. US-$ (1999)
BSP je Einwohner: 7900 US-$
Inflationsrate: 18 % (1990-98)
Importgüter: Maschinen, Fahrzeuge, Eisen, Stahl, Textilien
Exportgüter: Erdöl, Häute, Felle, Erdnüsse, Olivenöl, Obst, Halfagras
Handelspartner: EU-Länder, Türkei
Straßennetz: 47 590 (befestigt)
Fernsehgeräte je 1000 Ew.: 140

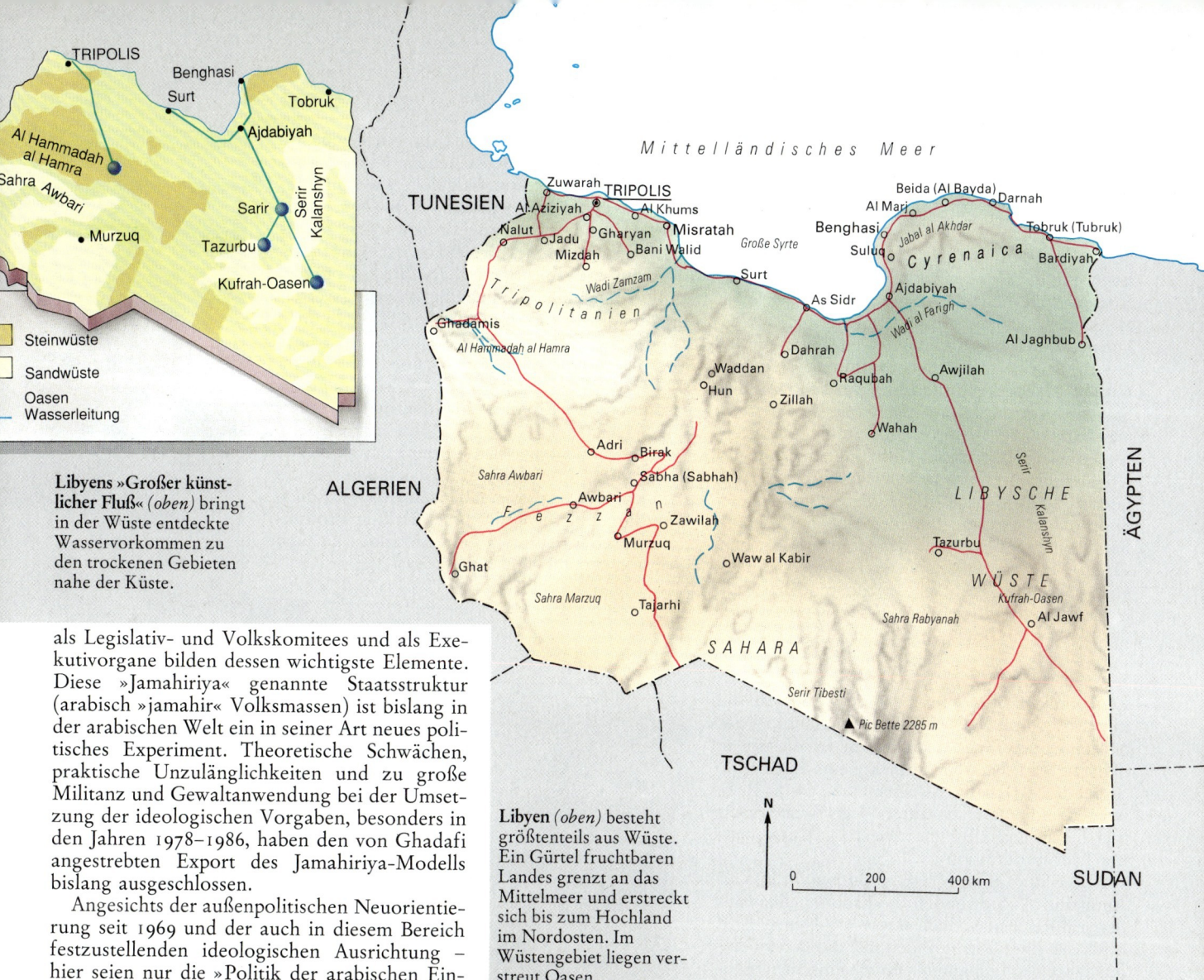

Libyens »Großer künstlicher Fluß« (oben) bringt in der Wüste entdeckte Wasservorkommen zu den trockenen Gebieten nahe der Küste.

Libyen (oben) besteht größtenteils aus Wüste. Ein Gürtel fruchtbaren Landes grenzt an das Mittelmeer und erstreckt sich bis zum Hochland im Nordosten. Im Wüstengebiet liegen verstreut Oasen.

als Legislativ- und Volkskomitees und als Exekutivorgane bilden dessen wichtigste Elemente. Diese »Jamahiriya« genannte Staatsstruktur (arabisch »jamahir« Volksmassen) ist bislang in der arabischen Welt ein in seiner Art neues politisches Experiment. Theoretische Schwächen, praktische Unzulänglichkeiten und zu große Militanz und Gewaltanwendung bei der Umsetzung der ideologischen Vorgaben, besonders in den Jahren 1978–1986, haben den von Ghadafi angestrebten Export des Jamahiriya-Modells bislang ausgeschlossen.

Angesichts der außenpolitischen Neuorientierung seit 1969 und der auch in diesem Bereich festzustellenden ideologischen Ausrichtung – hier seien nur die »Politik der arabischen Einheit« oder die Aufrufe zum »Kampf gegen Israel« und die Israel unterstützenden USA angeführt – sind die von Ghadafi in Libyen selbst eingeleiteten Schritte zur gesellschaftlichen Reform stark in den Hintergrund der Berichterstattung der westlichen Presse getreten. Er hat es jedoch nicht nur vermocht, die auseinanderdriftenden regionalen Kräfte Libyens auszusöhnen und ein neues »libysches« Nationalbewußtsein zu schaffen, sondern auch hinsichtlich der Emanzipation der libyschen Frauen und der Reform des Islam durchaus positive Ansätze entwickelt.

Ab 1987 zeichnete sich ein innenpolitischer Kurswechsel ab. Die Regierung leitete eine politische und ökonomische Liberalisierung ein, die sich u. a. in der Zulassung privater Unternehmen und der Annahme einer Menschenrechtscharta äußerte. Im April 1999 lieferte Libyen die mutmaßlichen »Lockerbie-Attentäter« aus; daraufhin wurden die seit 1992 bestehenden UN-Sanktionen ausgesetzt und Libyen erhielt wieder Lebensmittel und Medikamente. 1994 räumten libysche Truppen den seit 1973 besetzten Aouzou-Streifen im Norden des Tschad.

Muammer Al Ghadafi (oben) hat ein neues libysches Nationalbewußtsein geschaffen. Er verfolgt auch eine Reform zur Gleichstellung der Frauen.

LIBYEN: DAS LAND

Landesnatur

Der Landschaftscharakter Libyens ist vielfältig aber klar gegliedert: An der Mittelmeerküste findet sich in Tripolitanien die 30–70 km breite, fruchtbare, dem Steilabhang des Nafusahgebirges (bis 981 m) vorgelagerte Jeffara (Gefara)-Ebene; in der Cyrenaica, neben einem schmalen Küstenstrich, liegt der relativ regenreiche Jabal al Akhdar (Grünes Gebirge) mit Bergen bis zu 900 m Höhe. Diese beiden Regionen sind die bislang landwirtschaftlich am intensivsten genutzten Flächen, die allerdings nur rund 5 % des Staatsterritoriums einnehmen. Der Rest besteht aus Sand- und Steinwüsten mit eingelagerten Oasen wie z. B. Kufrah, Ghat oder den Jufrah-(Al-Dschufra) Oasen bzw. fruchtbaren Oasentälern (Wadis), insbesondere den Wadis in der Südprovinz Fezzan mit der neuen Wüstenhauptstadt Sabha und den traditionsreichen Orten Murzuq und Zawilah. Daneben gibt es eindrucksvolle, aber schwer zugängliche Vulkanlandschaften wie den Al-Haruj al-Aswad, der bis 1200 m hoch ist.

Wirtschaft

Zentrum der ökonomischen Aktivitäten ist die klimatisch erträglichere Küstenzone entlang des Mittelmeeres. Eine Ausnahme bildet die tief in den afrikanischen Kontinent einschneidende Syrtebucht (Khalij as-Sirt), die trotz ihres lebensfeindlichen Charakters – die Wüste reicht hier bis an das Mittelmeer heran – Mittelpunkt der Erdölproduktion ist.

In As-Suwaitina, Marsá al-Burayqah, Ras al-Anuf und As Sidr enden die Erdölpipelines aus den zahlreichen südlich davon gelegenen Erdölfeldern und dort befinden sich die in den letzten Jahren aufgebauten petrochemischen Industrien und zugeordneten Forschungsinstitute. Das Erdöl bildet seit Beginn der 1960er Jahre das wirtschaftliche Rückgrat des Landes. Es stellt bis heute zu fast 100 % das Hauptausfuhrprodukt dar, wenngleich mit der Produktionsaufnahme in den neuen Industriekomplexen an der Syrtebucht zunehmend auch andere petrochemische Produkte zum Export kommen. Das strategische Anliegen der politischen Führung, parallel zur Verbreiterung der industriellen Grundlage auch die Exporte zu diversifizieren, um außenwirtschaftliche Abhängigkeiten abzubauen, wird von der Revolutionsführung seit 1969 verfolgt. Nach der Verstaatlichung der ausländischen Erdölfirmen und Banken Anfang der 1970er Jahre werden besondere Anstrengungen beim Ausbau einer eigenen Schiffahrtsflotte und hinsichtlich der Selbstversorgung im Nahrungsmittelbereich unternommen. Gerade die Nahrungsmittelselbstversorgung soll durch das 1984 begonnene und heute fertiggestellte Bewässerungsprojekt in der Cyrenaica, das auch als »Großer künstlicher Fluß« bezeichnet wird, erreicht werden. Im Rahmen dieses Projekts wurden die in der Nähe von Tazurbu/Kufrah vorhandenen unterirdischen Süßwasserreserven erschlossen. Sie werden durch eine 2000 km lange Pipeline in die Küstenebene von Benghasi (Banghazi) und Tripolis geleitet, wo mit diesem Wasser riesige Flächen agrarischer Nutzung (Getreideanbau) zugeführt werden. Dieses nicht unumstrittene Projekt wird langfristig nicht nur die Kulturlandschaft Libyens prägen, sondern auch die räumliche Bevölkerungsverteilung mit ihrer Konzentration in Tripolitanien (rund zwei Drittel der Bevölkerung, davon rund 1,6 Millionen im Großraum Tripolis) verändern. Die Projektplanung sieht vor, Einwohner aus Tripolitanien als Bauern auf den neugewonnenen Agrarflächen der Cyrenaica anzusiedeln. Demgegenüber wird sich an der relativ dünnen Besiedelung des Sahararaumes, wo weniger als 10 % der Bevölkerung leben, aus klimatischen Gründen und wegen der beschränkten Produktionskraft der Oasen und ihrer Marktferne auch in Zukunft nichts ändern.

Da der Anteil der libyschen Bevölkerung im erwerbsfähigen Alter zur Durchführung der ehrgeizigen Entwicklungsprogramme nicht ausreicht, ist Libyen in hohem Maße auf ausländische Arbeitskräfte, überwiegend aus Ägypten, Tunesien und Bangladesch, angewiesen. Diese sind überwiegend in Industrie und Landwirtschaft tätig, während die libyschen Arbeitskräfte im Dienstleistungsbereich und in der Verwaltung beschäftigt sind. Die Finanzierungskrise hat im Beschäftigungsbereich neben einer Reduzierung der ausländischen Arbeitskräfte zusätzlich den gesellschaftlichen Wandel gefördert, weil nur die verstärkte Integration libyscher Frauen in das Wirtschaftsleben den Verlust der ausgewiesenen ausländischen Arbeitskräfte ausgleichen konnte.

Tourismus

Trotz aller Kapitalinvestitionen ist Libyen industriell und landwirtschaftlich in seiner Entwick-

LIBYEN

lung begrenzt. Bislang völlig ungenutzte Wachstumsmöglichkeiten bietet jedoch der Tourismus. Im Gegensatz zu Ägypten oder Marokko hat Libyen als arabisch-islamisches Land, abgesehen von einigen durchaus sehenswerten Moscheen in Tripolis (zum Beispiel Ahmad Gurgi-Moschee) oder der Kuppelmoschee in Darnah (Darna), wenig an islamischer Architektur zu bieten. Besonders sehenswert sind jedoch die sehr gut erhaltenen antiken Ruinenstätten von Sabratha, Leptis Magna, Cyrene und Apollonia. Wegen ihrer großartigen landschaftlichen Lage und ihren eindrucksvollen Überresten (Theater in Sabratha, Triumphbogen des Septimius Severus in Leptis Magna usw.) stellen sie viele antike Ruinenstätten in Griechenland oder Italien in den Schatten. Zusammen mit den Naturschönheiten der Sahara, den Felsmalereien im Fezzan-Raum und den Vulkanoasen sowie den im Vergleich saubersten Stränden des ganzen Mittelmeeres böte sich Libyen als ein ideales Urlaubsland an. Allerdings stand der touristischen Nutzung bislang eine sehr restriktive Einreisepolitik aus Angst vor einer Verwestlichung entgegen. Der Rückgang der Deviseneinnahmen in den 80er Jahren hat jedoch zu einem Umdenkungsprozeß geführt, so daß in den nächsten Jahren ein kontrollierter Studententourismus zu erwarten ist. Für den Massentourismus fehlen indes nicht nur die Hotelinfrastruktur, sondern auch geschulte Arbeitskräfte.

Diese unfruchtbare Landschaft *(oben)* ist typisch für den größten Teil Libyens, da die Sahara sich über mehr als 90 % des Landes erstreckt. Die Straße durch die Wüste führt zu einem der vielen Ölfelder Libyens.

Tuareg-Nomaden *(ganz links)* sammeln Futter für ihre Kamele. Die einzigen fruchtbaren Gebiete der Wüste liegen um Oasen, die von Grundwasser gespeist werden, und an Stellen, wo trockene Flußbetten (Wadis) sporadisch von Wasser erfüllt sind.

Lasttiere *(links)* in der Sahara, Kamele und Esel, rasten für eine Weile. Solche Szenen, typisch für die jahrhundertealte, traditionelle Lebensweise, werden seit der Entdeckung von Öl in den späten 1950er Jahren in Libyen immer seltener.

Wirtschaft

Herkömmliches libysches Kunsthandwerk, im Bild zarte Silberschmiedearbeiten *(unten)*, stirbt aus, weil immer weniger junge Leute die Fertigkeit von älteren Handwerkern erlernen. Sie gehen in die Ölindustrie oder in die Verwaltung. Die weniger gut bezahlten Arbeiten wie Putzen oder Wartung werden von Gastarbeitern aus anderen islamischen Ländern verrichtet.

Libysche Ölreserven *(unten)* konzentrieren sich im Osten des Landes. Kleinere Vorkommen von Erdöl und Erdgas sind im Westen entdeckt worden.

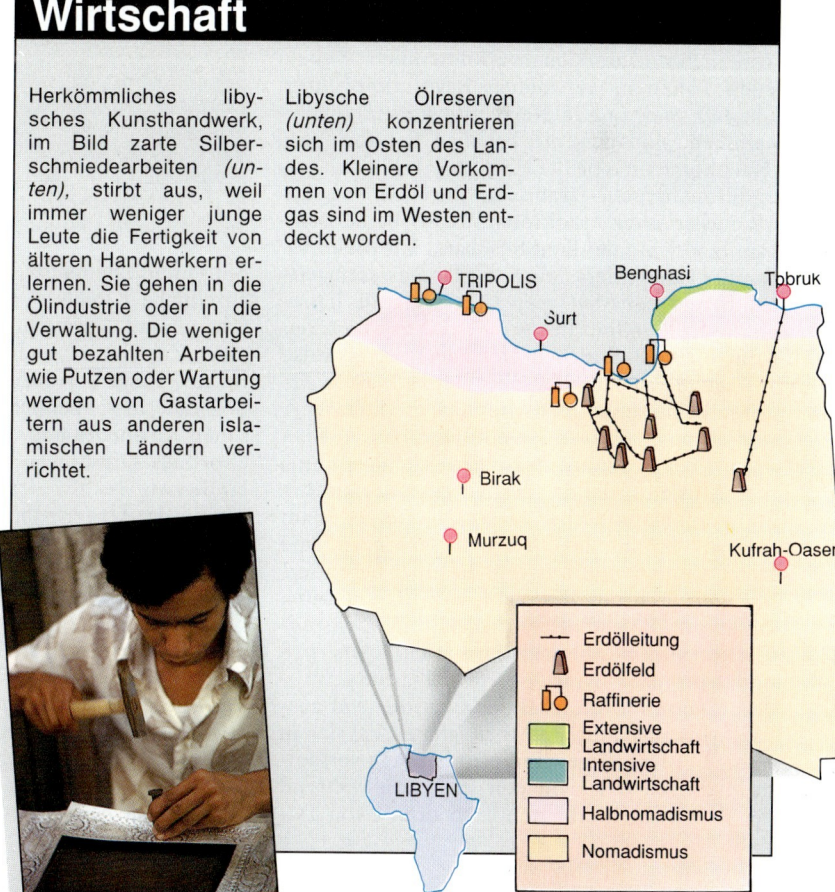

LIBYEN

Die Menschen

»Im Dunkel der Jahrtausende verlieren sich die Spuren der ersten Menschen auf libyscher Erde«, schrieb 1982 Professor Brentjes in seiner Abhandlung über »Libyens Weg durch die Jahrtausende«. Belegt ist die Existenz hellhäutiger Hirten und Bauern auf libyschen Felsbildern, die 5000 Jahre zurückdatieren, und fast ebenso alt scheint der Name »Libu« für die lokale Bevölkerung. Diese hat sich im Laufe der Jahrhunderte erst mit den an der Küste siedelnden Phöniziern und danach mit den Römern und Griechen vermischt. Ab dem 7. Jahrhundert erhielt sie mit dem Vordringen arabischer islamisierter Stämme ihren bis heute prägenden arabischen Charakter. Aber auch die Wandalen, die Byzantiner und die Spanier, die von 1510 bis 1551 Tripolis besetzten, sowie die Janitscharen-Truppen, die während der osmanischen Herrschaftszeit in das Land kamen, haben ebenso wie die bis ins 19. Jahrhundert aus Schwarzafrika in den Mittelmeerraum transportierten Sklaven in der libyschen Bevölkerung ihre Spuren hinterlassen. Diese ist heute zum Großteil eine berberisch-arabische Mischbevölkerung, wobei sich berberische Gruppen nur in wenigen Rückzugsgebieten wie dem Jabal Nafusah oder den Oasen Ghadamis und Awjilah erhalten haben. Teilweise leben sie noch in Höhlenwohnungen. Die berberischen Tuareg leben fast ausschließlich im Südwesten Libyens, im Grenzgebiet zu Algerien und Niger.

Seit der Unabhängigkeit spielt weniger die Volks- oder Stammeszugehörigkeit eine Rolle, als vielmehr die Zugehörigkeit zu den unterschiedlich einflußreichen Großfamilien. Neben jenen Familien, aus denen Revolutionsführer Ghadafi und andere Revolutionsratsmitglieder stammen, sind dies die Familien der Kologhli (Nachkommen von Türken und Libyerinnen), traditionalistische arabische Familien wie die Muntassir oder traditionalistische berberische Familien wie die Ben Shaaban. Die Senussi-Familie ist seit dem Sturz des Königs entmachtet. Bereits seit den 30er Jahren, als die italienische Kolonialmacht (1911–1943) zur besseren Kontrolle alle libyschen Nomaden zwangsweise ansiedelte, ist die libysche Gesellschaft weitgehend eine seßhafte, wofür auch die hohe Verstädterungsrate von 88 % ein Indiz ist.

97 % der libyschen Bevölkerung sind sunnitische Moslems, die der besonders in Afrika verbreiteten, malikitischen Gesetzeslehre des Islam folgen. Nur im Jabal Nafusah lebt noch eine kleine Gruppe von Libyern, die einer besonders strengen Richtung des Islam, dem Ibaditentum, angehört. Die ehemals vor allem in Tripolis ansässigen Juden sind nach Ausschreitungen 1948 und 1967 nach Israel oder Europa ausgewandert. Die in Libyen lebenden Christen sind ausnahmslos ausländische Arbeitnehmer, die sich in wenigen offiziell genehmigten Kirchen versammeln dürfen. Die von den Italienern während der Kolonialzeit erbauten Kathedralen von Tripolis und Benghasi (Banghazi) und andere christliche Kirchen wurden nach 1969 zu Moscheen und Verwaltungsgebäuden umfunktioniert. Zur Unterstreichung des islamischen Charakters Libyens wurde neben dem Alkoholverbot der ausschließliche Gebrauch des islamischen Kalenders und der arabischen Schrift angeordnet. Die Anwendung des traditionellen islamischen Rechts, der Scharia, wird hingegen wegen der Unvereinbarkeit mit dem angestrebten sozialen Wandel abgelehnt.

Der soziale Wandel Libyens wurde durch den großzügigen Ausbau des Bildungswesens, die Einrichtung von inzwischen fünf Universitäten und die drastische Senkung der Analphabetenrate von über 90 % (1951) auf zur Zeit 25 % gefördert. Auslandsstudien sowie die zahlreichen privaten oder beruflich bedingten Auslandsaufenthalte vieler Libyer in den USA, Westeuropa oder den ehemaligen Ostblockstaaten, seit der Aussöhnung 1987 auch wieder ver-

LIBYEN

Säulengänge *(links)* spenden Moslems auf dem Weg zum Gebet in einer der zahlreichen Moscheen in Tripolis Schatten. Von den Phöniziern im 7. Jahrhundert v. Chr. gegründet, kam Tripolis 643 n. Chr. unter arabische Herrschaft.

Der Hafen von Tripolis *(unten)* war jahrhundertelang Quelle des Wohlstandes der Stadt. Heute ein blühender Handelshafen, war es im späten 17. Jahrhundert eine Piratenfestung unter einem praktisch unabhängigen osmanischen Pascha.

Das römische Theater in Sabratha *(links unten)* an der Mittelmeerküste zeigt die schon seit der Antike bestehende Bedeutung der nordafrikanischen Küste. Durch das milde Klima und die fruchtbaren Böden war die libysche Mittelmeerregion sehr begehrt.

Libysche Männer *(unten)* plaudern im Schatten eines gekalkten Hauses, das für Libyens ländliche Gegenden typisch ist. Die meisten Libyer sind Araber. Sie bekennen sich zur sunnitischen Richtung des Islam wie die meisten Moslems in Afrika.

stärkt in Tunesien, haben diesen Prozeß weiter begünstigt. Hinsichtlich des Lebensstandards der Bevölkerung haben die hohen Deviseneinnahmen seit Beginn der 70er Jahre dem Land in vielen Bereichen eine Spitzenstellung innerhalb der afrikanischen Staaten verschafft: ob täglicher Kalorienverbrauch, Fleischkonsum, Anzahl der Fernsehgeräte oder Pkw pro Tausend Einwohner, ob Versorgung mit hygienisch einwandfreiem Trinkwasser oder medizinische Fürsorge – noch nie war die materielle Versorgung des Großteils der Libyer so gut. Auch besteht in Libyen eine relativ ausgeglichene Einkommensverteilung, ohne extreme Kluft zwischen arm und reich wie etwa in Marokko oder Ägypten. Zugleich ist die libysche Gesellschaft eine sehr junge Gesellschaft. Etwa 38 % der Bevölkerung sind unter 15 Jahre alt. Ihnen auch in Zukunft Bildung und Arbeit, Wohnung und eine funktionierende Infrastruktur zu gewährleisten, ist die derzeit größte Herausforderung.

LIECHTENSTEIN

Steueroase, Briefkastenfirmen, Briefmarken – Begriffe, die man mit dem Fürstentum Liechtenstein verbindet. Doch der alpine Kleinstaat hat weitaus mehr zu bieten. Liechtenstein ist ein landschaftlich reizvolles Gebiet, das vom Rheintal in knapp 500 m Höhe bis ins Hochgebirge des Rätikons reicht, mit Vordergrauspitz (2599 m) und Schwarzhorn (2574 m) als höchste Gipfel. In den fruchtbaren Tälern beherrschen Wiesen, Äcker, Gemüse- und Obstgärten das Bild. Rebstöcke, würzige Alpweiden und Wälder überziehen die Berghänge, und unwirtliche Schutt- und Felszonen nehmen die alpine Gipfelflur ein. Nur knapp ein Viertel der Gesamtfläche des Fürstentums entfällt auf das flache Rheintal, wo ein mildes Klima den Anbau von Weizen, Mais und Tabak begünstigt, ansonsten herrscht in Liechtenstein die Vieh- und Forstwirtschaft traditionell vor.

Vom Agrarland zum Industriestaat

Noch vor mehr als 30 Jahren war die Landwirtschaft ein entscheidender Wirtschaftsfaktor des Fürstentums. Heute sind nur noch 1 % der Erwerbstätigen in der Land- und Forstwirtschaft tätig. Liechtenstein kann als ein Wirtschaftswunderland bezeichnet werden, denn innerhalb von wenigen Jahrzehnten hat es sich vom armen, unterentwickelten Bauernland zu einem der reichsten Staaten der Welt entwickelt. Die Industrie konzentriert sich auf die Erzeugung hochwertiger Spezialprodukte. Neben dem seit 1923 bestehenden Währungs-, Wirtschafts- und Zollvertrag mit der Schweiz wirkte sich auch die Steuergesetzgebung positiv auf die Entwicklung zum Industriestaat aus. Das Land ist in internationalen Finanzkreisen als »Steueroase« und Bankplatz geschätzt. Zahlreiche ausländische Unternehmen sind hier als »Briefkastenfirmen« vertreten, und die Besteuerung die-

Das Fürstentum Liechtenstein erstreckt sich vom Tal des Alpenrheins, der Hauptsiedlungszone *(rechts),* bis ins Hochgebirge des Rätikons.

Die Kunstsammlung des Fürsten, im königlichen Schloß *(ganz rechts)* in der Hauptstadt Vaduz, gehört zu den großartigsten Privatsammlungen der Welt.

Alt und Jung – im Bild *(ganz rechts unten)* die jüngsten Teilnehmer – feiert das jährliche Fest zur Unabhängigkeit Liechtensteins, die 1866 erlangt wurde.

Daten und Fakten

DAS LAND
Offizieller Name:
Fürstentum Liechtenstein
Hauptstadt:
Vaduz
Fläche: 160 km²
Landesnatur:
Im W Alpenrheintalebene, im O u. S Seitenkämme des Rätikons
Klima:
Relativ milde Winter, warme Sommer
Hauptflüsse:
Samina, Valorschbach
Höchster Punkt:
Vordergrauspitz 2599 m
Tiefster Punkt:
Ruggeller Riet 430 m

DER STAAT
Regierungsform:
Parlamentarische Monarchie
Staatsoberhaupt:
Fürst
Verwaltung:
11 Gemeinden
Parlament:
Landtag (Parlament), bestehend aus 25 für 4 Jahre vom Volk gewählten Abgeordneten
Nationalfeiertag:
15. August
DIE MENSCHEN
Einwohner (Ew.):
32 000 (1999)
Bevölkerungsdichte:
200 Ew./km²

Stadtbevölkerung:
46 %
Analphabeten: 0 %
Sprache:
Deutsch
Religion:
Katholiken 83 %, Protestanten 7 %
DIE WIRTSCHAFT
Währung:
Schweizer Franken
Bruttosozialprodukt (BSP):
730 Mio. US-$ (1998)
BSP je Einwohner:
23 000 US-$
Inflationsrate:
0,8 % (1996)
Importgüter:
Maschinen, Metallwa-

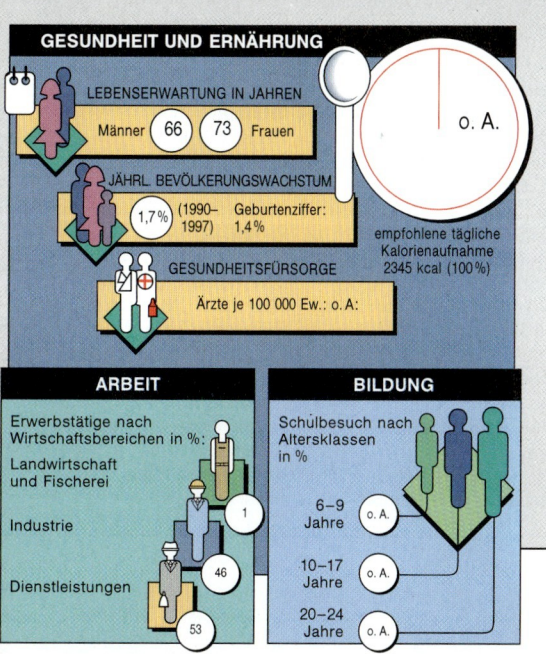

ren, chemische Produkte, Mineralien
Exportgüter: Maschinen u. Transportmittel, Getreide, Wein, Obst, Holz, Vieh
Handelspartner: Schweiz, EU-Länder, EFTA
Eisenbahnnetz: 18,5 km
Straßennetz: 323 km
Fernsehgeräte je 1000 Ew.: 375

ser Gesellschaften bildet eine erhebliche Einnahmequelle des Staates. 1999 geriet das Land in Verdacht, internationale Kriminelle bei illegalen Geldgeschäften zu unterstützen. Briefmarken sind aber in Liechtenstein nach wie vor ein Verkaufsschlager.

Geschichte

1999 feierte das Fürstentum Liechtenstein sein 280-jähriges Bestehen. Die Geburtsstunde war das Jahr 1719, als Kaiser Karl VI. die Grafschaft Vaduz und die Herrschaft Schellenberg, die die Familie Liechtenstein kurz zuvor durch Kauf erworben hatte, zum reichsunmittelbaren Fürstentum erhob. Die Familie Liechtenstein läßt sich bis in das 12. Jahrhundert nachweisen, sie war in Niederösterreich ansässig; ihr Name leitet sich von der Feste Liechtenstein bei Mödling vor Wien ab. Erst 1938 wurde Schloß Vaduz ständige Residenz.

Seit 1866 ist das Fürstentum Liechtenstein ein unabhängiger neutraler Staat. Nach dem Ersten Weltkrieg wurde die starke Bindung an Österreich zugunsten einer engen Anlehnung an die Schweiz aufgegeben.

Mit der Verfassung aus dem Jahr 1921 wurde das Fürstentum Liechtenstein eine konstitutionelle Monarchie mit demokratisch-parlamentarischer Regierungsform.

Staatsoberhaupt ist der regierende Fürst. Die 25 Abgeordneten des Landtags (Parlament) werden auf 4 Jahre gewählt; für Männer über 20 Jahren besteht Wahlpflicht, Frauen haben erst seit 1986 allgemeines Stimmrecht. Nach dem Vorbild der Schweiz hat die Bevölkerung ein Initiativ- und Referendumsrecht. Die Interessen Liechtensteins im Ausland werden durch die Schweiz wahrgenommen.

LITAUEN

Litauen ist die südlichste und größte der drei Baltenrepubliken. Es ist ein eiszeitlich geformtes, nur im Moränenbereich hügeliges Land mit mehr als 3000 Seen, zahlreichen Mooren und lichten Wäldern. Größter Fluß des Landes ist die Memel, die mit einem mehrarmigen Delta in das Kurische Haff der Ostsee mündet.

Die Bevölkerung ist ethnisch wesentlich homogener zusammengesetzt als in den anderen beiden baltischen Republiken Estland und Lettland. Den größten Teil der Bevölkerung stellen mit 81 % die Litauer; außerdem leben noch Russen (8,5 %) und Polen (7 %) im Land. Aufgrund der langen historischen Verbindung mit Polen gehört die Mehrzahl der Litauer der römisch-katholischen Kirche an.

Wirtschaftlich gesehen war die Republik bis 1940 ein reines Agrarland. Noch heute kommt der Landwirtschaft, besonders der Milch- und Fleischerzeugung, große Bedeutung zu. Wichtig ist der Anbau von Zuckerrüben, Flachs, Kartoffeln und Gemüse. Litauen unterhält eine moderne Fischfangflotte. Insgesamt trug der Agrarsektor Ende der 1990er Jahre 10 % zur Wirtschaftsleistung bei. Wichtige Industriezweige sind die Nahrungsmittel-, holzverarbeitende, Textil- und Elektroindustrie. Den Großteil des inländischen Energiebedarfs deckt das Atomkraftwerk Ignalina, das trotz sicherheitstechnischer Verbesserungen veraltet ist; vor allem die Europäische Union, der Litauen beitreten will (Aufnahme der Verhandlungen im Jahr 2000), forderte die Schließung. Bedeutend für die gesamte Wirtschaft im Baltikum und wichtiger Devisenbringer für Litauen ist die von russischen Lieferungen abhängige Erdölraffinerie von Mažeikiai, die 2000 teilprivatisiert wurde.

Litauer bei einer Kundgebung aus Anlaß der Proklamation der Unabhängigkeit am 11. März 1990 *(oben)*.

Geschichte

Im Gegensatz zu Estland und Lettland, die im Mittelalter über Jahrhunderte hinweg unter der Herrschaft des Deutschen Ordens und anderer Ostseemächte standen, herrschten die litauischen Großfürsten Mitte des 14. Jahrhunderts über ein Reich, das von der Ostsee bis fast nach Moskau reichte und dessen südliche Grenze kurzzeitig am Schwarzen Meer lag. Die 1384 erfolgte Heirat des Großfürsten Jagiello (Jogaila) mit Hedwig (Jadwiga), der Königin Polens, hatte weitreichende Folgen. Das litauische Herrscherhaus sowie das litauische Volk wurden katholisch und gingen eine über 400 Jahre währende Union mit Polen ein. Im Laufe der Jahrhunderte wurde der litauische Landesteil erst polnische Provinz und nach der dritten Polnischen Teilung 1795 von Rußland besetzt.

Im Ersten Weltkrieg wurde Litauen von deutschen Truppen besetzt. Aus strategischen Gründen forderte der deutsche Oberbefehlshaber die Loslösung von Rußland und die Trennung von Polen. Nach einem kurzen Zwischenspiel als Sozialistische Räterepublik Litauen und Weißrußland vertrieben polnische Truppen unter Pilsudski die Rote Armee aus Vilnius und dem umliegenden Gebiet. Die historische Hauptstadt Litauens blieb nach weiteren wechselvollen Kämpfen bis 1939 in polnischem Besitz, während Kaunas provisorische Hauptstadt der neu gebildeten Republik Litauen wurde (1923-39 mit Memelland). Entsprechend dem geheimen Zusatzprotokoll zum Hitler-Stalin-Pakt vom 28.9.1939 besetzte die Rote Armee das Land 1940 und machte Litauen einschließlich des Wilnaer Gebiets zur Sowjetrepublik.

Daten und Fakten

DAS LAND
Offizieller Name: Republik Litauen
Hauptstadt: Vilnius (Wilna)
Fläche: 65 200 km²
Landesnatur: Eiszeitlich geformtes Land, Hügelketten im SO und N, dazwischen Ebenen u. Niederungen, Flachküste mit Sanddünen
Klima: Gemäßigtes Seeklima, nach O zunehmend kontinental
Hauptflüsse: Memel (Nemunas)
Höchster Punkt: Juozapines 293 m
DER STAAT
Regierungsform: Präsidiale Republik
Staatsoberhaupt: Präsident
Regierungschef: Ministerpräsident
Verwaltung: 10 Bezirke
Parlament: Parlament (Seimas) mit 141 Mitgliedern, Wahl alle 4 Jahre
Nationalfeiertag: 16. Februar
DIE MENSCHEN
Einwohner (Ew.): 3 682 000 (1999)
Bevölkerungsdichte: 56 Ew./km²
Stadtbevölkerung: 75 %
Bevölkerung unter 15 Jahren: 20,4 %
Analphabetenquote: 2 %
Sprache: Litauisch, Russisch
Religion: Katholiken
DIE WIRTSCHAFT
Währung: Litas
Bruttosozialprodukt (BSP): 9022 Mio. US-$ (1998)
BSP je Einwohner: 2440 US-$
Inflationsrate: 111,5 % (1990-98)
Importgüter: Maschinen, Elektrogeräte, mineralische Rohstoffe, Textilien, chem. Produkte
Exportgüter: Textilien, mineralische Produkte, Maschinen, Ausrüstungen, elektronische Anlagen
Handelspartner: Deutschland, Rußland, Lettland
Eisenbahnnetz: 2000 km
Straßennetz: 60 500 km (befestigt)
Fernsehgeräte je 1000 Ew.: 459

Unabhängigkeit

Infolge der Homogenität der Bevölkerung waren die Ausgangsbedingungen für die Forderung nach weitgehender Autonomie im Rahmen der neuen Politik der Perestrojka recht günstig. Im Oktober 1988 wurde die litauische Volksfront »Sajudis« gegründet. Ihre Zielsetzung war zunächst nicht auf die Loslösung von der UdSSR gerichtet, sondern es wurden unter anderem Forderungen nach Zweisprachigkeit auf der Basis der kulturellen Gleichberechtigung und nach wirtschaftlicher Unabhängigkeit erhoben.

Dabei konnte sich Sajudis auf die Unterstützung der Bevölkerung verlassen. Die Zahl der Demonstranten wuchs über eine kleine Gruppe am 23.8.1987, die an den Hitler-Stalin-Pakt von 1939 erinnerte, binnen Jahresfrist zu einer Massendemonstration von ungefähr einer Viertelmillion an. Die Unabhängigkeitsbestrebungen gingen danach immer schneller voran, und im März 1990 erklärte Litauen seine Unabhängigkeit. Zum Parlamentspräsident (Staatsoberhaupt) wurde Vytautas Landsbergis (Sajudis) gewählt. Die UdSSR reagierte mit einer Wirtschaftsblockade. Nach dem gescheiterten Putsch in Moskau erkannte die Sowjetunion am 6.9.1991 schließlich die Unabhängigkeit Litauens an. Wirtschaftlich brachte die Selbständigkeit große Probleme. Durch den Übergang zur Marktwirtschaft gab es einen Wirtschaftseinbruch mit hoher Inflationsrate und Lebensmittelmangel. Mitte der 1990er Jahre folgte ein zunächst leichter, dann, im Zuge stärkerer Privatisierungen ein deutlicher Aufschwung, allerdings 1999 mit einem Rückschlag infolge der russischen Finanzkrise.

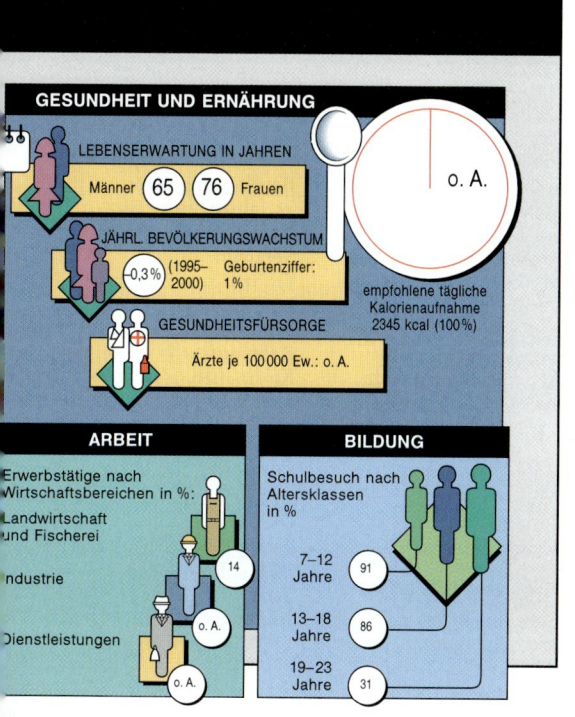

Das Stadttor »Tor der Morgenröte« in Vilnius wurde zu Beginn des 16. Jh. erbaut *(unten)*. Die Renaissance-Attika zeigt ein umlaufendes Adlerfries und das Wappen Litauens als Schmuck. Das Tor ist das einzig erhaltene von ursprünglich 10 Stadttoren.

Litauen *(oben)*, der südlichste und größte der drei baltischen Staaten, ist ein von der Eiszeit geformtes Land mit im Moränenbereich 100–250 m hohen Hügeln, mit vielen Seen, Sümpfen, Mooren, lichten Wäldern und Sanddünen an der Flachküste. Die Länge seiner Ostseeküste beträgt 91 km. Die Memel, der Hauptfluß Litauens, durchfließt von Süden kommend das Land bis Kaunas, wo sie sich nach Westen wendet und mit mehreren Deltaarmen in das Kurische Haff mündet.

LUXEMBURG

Das Großherzogtum Luxemburg, zwischen der Bundesrepublik Deutschland, Belgien und Frankreich gelegen, bezeichnet sich selbst gern als »grünes Herz Europas«. Der kleinste EU-Staat gehört zu den wohlhabendsten Ländern Europas.

Aus europäischer Perspektive ist Luxemburg vor allem ein Teil der Benelux-Länder, d. h., es bildet eine Zoll- und Wirtschaftsunion mit Belgien und den Niederlanden. Luxemburg ist aber auch ein Reiseland, dessen landschaftliche Reize zu entdecken sich lohnt. Besonders das Ösling, ein waldreiches Mittelgebirge im Norden des Landes, Ausläufer der belgischen Ardennen, ist in seiner Ursprünglichkeit erhalten geblieben. Diese reizvolle Landschaft mit tief eingeschnittenen Flußtälern und romantischen kleinen Orten, die oft von einer Burg oder Ruine überragt werden, sowie die »Luxemburgische Schweiz« zwischen Echternach und der Bierstadt Diekirch sind gern besuchte Ziele so mancher Ausflügler. Auch die Hauptstadt und Residenzstadt Luxemburg mit ihrem altertümlichen Stadtbild zieht viele Besucher an.

Der Staat
Der kleine Staat ist als Mitglied der NATO, der UN, des Brüsseler Pakts, des Europarats, der EU und anderer Bündnissysteme ein festes Glied der westeuropäischen und atlantischen Gemeinschaft.

Nach der Verfassung von 1868, die im Laufe der Jahre mehrfach geändert wurde, ist Luxemburg eine konstitutionelle Erbmonarchie, d. h., im politischen Leben Luxemburgs sind die Kompetenzen zwischen dem Großherzog, der als Staatsoberhaupt amtiert, und dem demokratisch gewählten Parlament geteilt.

Das politische System
Trotz seiner formalrechtlich starken Stellung nimmt der Großherzog, der das Land völkerrechtlich vertritt, lediglich repräsentative Aufgaben wahr. Die Volksvertretung wird von der Deputiertenkammer (Chambre des Députés) ausgeübt. Die 60 Parlamentarier werden auf fünf Jahre gewählt. Für alle Bürger, die das 18. Lebensjahr vollendet haben, besteht Wahlpflicht. Wichtige Zuständigkeiten liegen auch beim Staatsrat, der bei der Gesetzgebung beratend mitwirkt. Die Regierung setzt sich aus einem Staatsminister (Regierungschef) und mindestens drei weiteren Ministern zusammen.

Luxemburg hat ein Mehrparteiensystem. Stärkste Partei ist seit Jahrzehnten die Christlich-Soziale Volkspartei, die seit 1917, außer 1925/26 und von 1974 bis 1979 – überwiegend in der Form von Koalitionsregierungen mit der Demokratischen Partei oder der Luxemburger Sozialistischen Arbeiterpartei – die Regierung bildet. Das politische sowie das soziale Klima im Großherzogtum Luxemburg gelten als äußerst ruhig. Das Land wurde seit vielen Jahrzehnten weder von Streiks noch von Unruhen heimgesucht.

Entstehung des Fürstentums
Die Geschichte des kleinen Landes beginnt mit dem Jahr 963, als Graf Siegfried die Festung Lucilinburhuc (Lützelburg, Lütteburg, Letzeburg) an der Stelle der heutigen Hauptstadt erbaute. Im 14. Jahrhundert stellten die Luxemburger vier deutsche Kaiser. Einer von ihnen, Kaiser Karl IV., erhob Luxemburg 1354 zum Herzogtum. 1443 bemächtigten sich die Burgunder des Herzogtums. Dies war der Beginn einer jahrhundertelangen Fremdherrschaft.

Daten und Fakten

DAS LAND
Offizieller Name: Großherzogtum Luxemburg
Hauptstadt: Luxemburg
Fläche: 2586 km²
Landesnatur: Im N der Ösling (Teil der Ardennen), im S das Gutland (Teil des Lothringer Schichtstufenlands)
Klima: Atlantisch-gemäßigtes, feuchtes Klima
Hauptflüsse: Mosel, Alzette, Sauer, Clerf
Höchster Punkt: Buurgplaatz (Ardennen) 565 m
Tiefster Punkt: Mosel 133 m

DER STAAT
Regierungsform: Parlamentarische Monarchie
Staatsoberhaupt: Großherzog
Regierungschef: Ministerpräsident
Verwaltung: 12 Kantone
Legislative: Abgeordnetenkammer mit 60 für 5 Jahre gewählten Mitgliedern; beratender Staatsrat mit 21 Mitgliedern (vom Großherzog nominiert)
Nationalfeiertag: 23. Juni

DIE MENSCHEN
Einwohner (Ew.): 426 000 (1999)
Bevölkerungsdichte: 165 Ew./km²
Stadtbevölkerung: 91 %
Bevölkerung unter 15 Jahren: 18 %
Analphabetenquote: 1 %
Sprache: Französisch, Deutsch, Letzebuergesch (moselfränkischer Dialekt)
Religion: Katholiken 95 %

DIE WIRTSCHAFT
Währung: Euro; bis 31.12.2001 Luxemburgischer Franc
Bruttosozialprodukt (BSP): 18 587 Mio. US-$ (1998)
BSP je Einwohner: 43 570 US-$
Inflationsrate 2,2 % (1990–98)

Auf dem Kirchbergplateau liegt die moderne Neustadt von Luxemburg mit dem Europa-Viertel *(oben)*, wo verschiedene europäische Institutionen, wie die Montanunion, der Gerichtshof, der Rechnungshof, die Investitionsbank und das Sekretariat des Europäischen Parlaments, ihren Sitz haben. Aus diesem Grund gilt das kleine Luxemburg neben Brüssel und Straßburg als eine der drei »Hauptstädte Europas«.

Luxemburg *(oben rechts)* ist ein europäischer Kleinstaat. Der Norden wird vom Ösling, der zu den Ardennen gehört, der Süden vom Gutland, einem Teil des Lothringer Schichtstufenlandes, eingenommen.

Importgüter: Maschinen u. Apparate, Metallprodukte, Mineralölprodukte, Transportmittel, Nahrungsmittel u. Tabakwaren, Textilien
Exportgüter: Metall u. Metallerzeugnisse, chem. u. Kunststoffprodukte
Handelspartner: BRD, Belgien und andere EU-Länder, USA
Eisenbahnnetz: 275 km
Straßennetz: 2863 km (darunter 115 km Autobahn)
Fernsehgeräte je 1000 Ew.: 619

Durch die Heirat Marias von Burgund mit Kaiser Maximilian I. kam Luxemburg 1477 an die Habsburger. Bei der Teilung des Habsburgerreichs 1555 fiel Luxemburg an die spanische Linie, blieb aber Teil des Reichs. 1684 eroberte der französische König Ludwig XIV. Luxemburg, doch schon 1697 wurde es wieder habsburgisch, bis die Franzosen unter ihrem Kaiser Napoleon I. es 1794 erneut eroberten und bis 1815 behielten.

Auf dem Wiener Kongreß (1815) wurde das Land zum Großherzogtum ernannt und Mitglied des neu gegründeten Deutschen Bundes. Gleichzeitig blieb Luxemburg aber durch das oranische Königshaus in Personalunion mit den Niederlanden verbunden. 1839 trat Luxemburg seinen wallonischen Teil an Belgien ab. Erst 1867, nachdem die Versuche des französischen Kaisers Napoleon III., das Großherzogtum in Besitz zu nehmen, gescheitert waren, wurde Luxemburg unabhängig. Es wurde unter den Schutz der eurpäischen Großmächte gestellt und erhielt 1868 eine Verfassung, die mit einigen Abänderungen heute noch gilt. Mit dem Tod Wilhelms III. von Oranien im Jahr 1890 wurde die Personalunion mit den Niederlanden aufgelöst und Herzog Adolf aus dem Hause Nassau-Oranien zum Großherzog erhoben. Diese Dynastie herrscht noch heute.

Im Herbst 2000 fand im Großherzogtum ein Machtwechsel statt. Großherzog Jean (* 1921) trat nach 36-jähriger Amtszeit zurück und übergab seinem ältesten Sohn Henri (* 1955) Amt und Würden des Staatsoberhaupts.

LUXEMBURG: DAS LAND

Luxemburg wird aus den beiden Großlandschaften Ösling (Islek) im Norden und Nordwesten und Gutland im Süden gebildet.

Das Ösling ist ein flachwelliges, 400–600 m hohes Plateau, das von dem Fluß Sauer (Sûre) tief zerschnitten ist. Der eigentümliche Reiz dieser Landschaft liegt in dem ständigen Wechsel von windungsreichen Flußtälern und bewaldeten Hochflächen. An geschützten Berghängen ducken sich kleine, malerische Orte, häufig überragt von mittelalterlichen Burgen. In dem nach Süden anschließenden, tiefer gelegenen Gutland gibt es zahlreiche Schlösser zu besichtigen. Die höheren Erhebungen im Gutland sind bewaldet, während in den niedrigeren Regionen fruchtbare Böden intensiv landwirtschaftlich genutzt werden. Von Norden nach Süden durchfließt die Alzette das Gutland, deren schluchtenartige Täler mancherorts von schroff aufragenden Felsen gesäumt sind. Zwischen Echternach und Diekirch, zerschnitten von den Flußtälern der Weißen und der Schwarzen Ernz, liegt eine bizarre Landschaft aus Felstürmen, Grotten und Schluchten, die »Luxemburgische Schweiz« genannt wird. Im klimatisch begünstigten Tal der Mosel wird seit Jahrhunderten Wein und Obst angebaut.

Die Bevölkerung ist sehr unterschiedlich über das Land verteilt. Dicht besiedelt sind die Ackerbaulandschaften im Gutland und die Industriezone im Süden des Landes sowie die Landeshauptstadt, in der fast ein Viertel der Bevölkerung lebt; das Ösling hingegen ist nur schwach besiedelt. Die Bevölkerungsmehrheit bilden die deutschstämmigen Luxemburger, überwiegend katholische Moselfranken. Mit einem Ausländeranteil von ca. 35 % hält Luxemburg einen europäischen Rekord.

Luxemburg ist dreisprachig. Während die Presse weitgehend deutschsprachig ist, ist im politischen, kulturellen und religiösen Leben die französische Sprache vorherrschend. Die von jedermann gesprochene Umgangs- und seit 1984 auch Landessprache ist das »Letzebuergesch«, ein moselfränkischer Dialekt.

Krise der Montanindustrie

Luxemburgs Wirtschaft war bis Mitte der 70er Jahre entscheidend von seiner Eisen- und Stahlindustrie (z. B. dem 1911 durch Fusion entstandene ARBED-Konzern) geprägt. Große Eisenerzvorkommen vor allem im Süden und Südwesten des Landes bildeten um die Jahrhundertwende die Grundlage des forcierten Ausbaus der Schwerindustrie. Steigende Lohnkosten und die starke Konkurrenz des Auslands führten jedoch zur Stillegung der Eisenzechen. Die letzte wurde 1982 dicht gemacht. Im Zuge der weltweiten Stahlkrise nahm seit 1975 die Bedeutung dieses Industriezweiges langsam, jedoch kontinuierlich ab. Bereits seit den 60er Jahren bemüht sich Luxemburg erfolgreich darum, neue Industriezweige anzusiedeln, um die Abhängigkeit von der Schwerindustrie zu verringern. Im Rahmen des Strukturwandels der Luxemburger Wirtschaft entwickelte sich neben dem Dienstleistungssektor die chemische Industrie – insbesondere die Reifenproduktion – zum wichtigsten Wachstumssektor der Wirtschaft.

Luxemburg – Zentrum europäischer Institutionen und Finanzplatz

Die Hauptstadt Luxemburg fasziniert durch ihre malerische Lage auf einem Felsplateau hoch über den Tälern der Flüsse Alzette und Petrusse. Die nur 80 000 Einwohner zählende Hauptstadt hat sich in den vergangenen Jahrzehnten zu einem weltoffenen, pulsierenden Finanzplatz und einem Zentrum europäischer Institutionen entwickelt, ohne daß dabei ihr spezieller Charme verlorenging.

Wie kam es zu dieser Entwicklung? In Luxemburg bemüht man sich bereits seit längerer Zeit um einen einheitlichen europäischen Binnenmarkt mit freiem Waren- und Kapitalverkehr sowie einer Vereinheitlichung auf dem Gebiet der Steuergesetzgebung. Die Fähigkeit des kleinen Landes, sich europäischen Gegebenheiten anzupassen, sowie seine liberale Haltung in wirtschaftlichen und finanziellen Angelegenheiten erklären den Aufstieg Luxemburgs zu einem der führenden Finanzplätze der Welt. Die Steuergesetzgebung der Regierung hat diese Entwicklung zusätzlich unterstützt. Durch den Ausbau des Privatkundenbereichs der Banken ist die Zahl der Beschäftigten kontinuierlich an-

LUXEMBURG

Die Stadt Luxemburg *(oben)* liegt malerisch in und über den tief eingeschnittenen und geschlungenen Tälern von Alzette und Petrusse, die durch große Eisenbahn- und Straßenviadukte miteinander verbunden sind. Turm und Dachreiter in der rechten Bildhälfte gehören zu Sankt Michel am Fischmarkt.

Banken und Börsen lassen die Bedeutung Luxemburgs als internationales Finanzzentrum erkennen. Das Finanzwesen hat sich zu einem der wichtigsten Wirtschaftszweige des Landes entwickelt. Das hat die Großbanken in vielen Ländern veranlaßt, in Luxemburg Filialen zu errichten. Zur Zeit sind über 200 ausländische Banken hier durch Tochtergesellschaften vertreten. Das Foto *(links)* zeigt das futuristisch anmutende Gebäude der Deutschen Genossenschaftsbank. Sie vertritt als Spitzeninstitut den genossenschaftlichen Bankensektor, zu dem unter anderem die Volksbanken und Raiffeisenbanken gehören.

Die Preisschilder *(oben)* an der Vorderfront eines Ladens weisen darauf hin, daß fast alle Bewohner Luxemburgs neben französisch auch deutsch sprechen.

gestiegen. Trotz des hohen Anteils von fast 40 % ausländischen Arbeitnehmern, die meisten sind Grenzgänger, ist nahezu Vollbeschäftigung erreicht.

In dem kleinen Land Luxemburg gibt es viele Brücken – zur Zeit sind es 110. Der Pont Grande-Duchesse-Charlotte, der die Alzette in einer Höhe von 85 m und mit einer Spannweite von 230 m überquert, ist im wahrsten Sinne des Wortes eine Brücke nach Europa: Sie führt von der Altstadt zum Kirchberg, der modernen Neustadt mit ihren breiten Boulevards, die seit 1966 das Europaviertel mit seinen zahlreichen europäischen Institutionen beherbergt. Hier befinden sich das Sekretariat des Europaparlaments, der EU-Gerichtshof, der Rechnungshof der Europäischen Union, die Europäische Investitionsbank und das Gebäude der Europäischen Montanunion. In Luxemburg arbeiten einige tausend europäische Beamte und Angestellte. Zwischen Brüssel, Straßburg und Luxemburg herrscht schon seit langem ein ständiger Wettstreit um den Rang der »europäischen Hauptstadt«.

MADAGASKAR

Jene für Afrika einmalige Mischung der madagassischen Kultur aus indonesischen, afrikanischen, arabischen und europäischen Elementen ist das lebendige Zeugnis einer außergewöhnlichen Historie.

Die zeitlichen Ursprünge der Siedlungsgeschichte Madagaskars liegen weitgehend im dunkeln. Sicher ist, daß die heute als »afro-asiatisch« bezeichneten Bewohner Madagaskars Nachkommen ostafrikanischer Völker und malaiisch-polynesischer Einwanderer sind. Das dominierende asiatische Element drückt sich bis in die Gegenwart in alten indonesischen Techniken – Reisterrassen, besonderen Formen von Haus- und Schiffbau, in der Nationalsprache »Malagasy«, die deutlich die malaiische Herkunft verrät, sowie in kulturellen und religiösen Traditionen aus. Die Einwanderung der malaiisch-polynesischen Völker erfolgte bis etwa zum 12. Jahrhundert in mehreren Wellen. Seit dem 9. Jahrhundert folgten arabische Stämme, die islamische Kulturbestandteile hinterließen und als Sklavenhändler Schwarzafrikaner auf die Insel brachten. Heute lassen sich ethnisch 18 Stämme unterscheiden, die in klar abgegrenzten Stammesgebieten leben. Zahlenmäßig stärkste und einflußreichste Volksgruppe sind die Merina, die im 19. Jahrhundert ihre Macht auf fast ganz Madagaskar ausdehnen konnten. Der Herrschaftsanspruch der Merina – Bewohner des Hochlands – gegenüber den Küstenbewohnern ruft bei diesen bis heute anhaltende, tief verwurzelte Abneigung hervor. Diese Aversionen wurden mit der Missionierung der Insel durch britische Protestanten im Hochland und französische Jesuiten in der Küstenregion weiter vertieft.

Die Unterwerfung Madagaskars durch die Franzosen zog sich aufgrund des langanhalten-

Blick in eine belebte, malerische Einkaufsgasse *(rechts)* in Antananarivo, der Hauptstadt Madagaskars. Einige Ladenschilder erinnern noch heute an die französische Kolonialherrschaft über die Insel.

Daten und Fakten

DAS LAND
Offizieller Name:
Republik Madagaskar
Hauptstadt:
Antananarivo
Fläche:
587 041 km²
Landesnatur:
Zentrales Hochland mit Inselbergen u. vulkan. Gebirgsstöcken, im W allmähliche Abdachung (Schichtstufen), im O Steilabfall zur Küste
Klima:
Tropisches Klima
Hauptflüsse:
Betsiboka, Mangoky
Höchster Punkt:
Maromokotro 2886 m
DER STAAT
Regierungsform:
Präsidiale Republik

Staatsoberhaupt:
Staatspräsident
Regierungschef:
Ministerpräsident
Verwaltung:
28 Regionen
Parlament:
Nationalversammlung mit 150 für 4 Jahre gewählten Abgeordneten u. Senat
Nationalfeiertag:
26. Juni
DIE MENSCHEN
Bevölkerungszahl:
15 497 000 (1999)
Bevölkerungsdichte:
26 Ew./km²
Stadtbevölkerung:
28 %
Bevölkerung unter 15 Jahren: 30 %
Analphabeten: 19 %

Sprache:
Französisch
Religion:
Protestanten 20 %, Katholiken 25 %, Moslems 5 %, Anhänger von traditionellen Religionen 50 %
DIE WIRTSCHAFT
Währung:
Madagaskar-Franc
Bruttosozialprodukt (BSP):
3794 Mio. US-$ (1998)
BSP je Einwohner:
260 US-$
Inflationsrate:
22,1 % (1990–98)
Importgüter: Maschinen, chem. Erzeugnisse, Erdöl u. -produkte, Reis, Flugzeuge, Fahrzeuge, Eisen, Stahl

den, heftigen Widerstands seitens der Merina über Jahrzehnte hin. Aber auch nachdem die Insel 1896 französische Kolonie geworden war, wehrten sich einzelne Stämme bis 1904 erfolgreich gegen die Kolonialmacht. Erst durch die gewaltsame Unterwerfung der einzelnen madagassischen Völker konnte die politische Einheit des Landes hergestellt werden. Gleichzeitig versuchten die Franzosen, im Sinne der Machterhaltung durch wirtschaftspolitische Maßnahmen die alten Gegensätze zwischen dem entwickelteren Hochland und der Küste noch weiter zu vertiefen.

Erste Unabhängigkeitsbestrebungen in den 30er Jahren und ein 1947 brutal niedergeschlagener Aufstand zeugen von dem Willen der Madagassen nach Souveränität, und als eine der ersten Kolonien wurde Madagaskar 1958 unabhängig.

Schwere Wirtschaftskrise

Die Politik der 1. Republik (1959–1975) lehnte sich außen- und wirtschaftspolitisch bis 1972 eng an Frankreich an. Die danach unternommenen Anstrengungen zur Errichtung eines eigenständigen Sozialismus, der auf vorkolonialen Strukturen fußte, konnten die bittere Not nicht wirksam lindern. Eine zu 90 % agronomische Wirtschaft, die in dorfgemeinschaftlichen Kooperativen organisiert ist, sich auf den Anbau von Reis, Zuckerrohr, Kaffee, Tabak, Baumwolle und Gewürzen konzentriert und den Weltmarkt für Vanille und Nelken anführt, hat das infrastrukturell und industriell noch kaum erschlossene Land nicht von der Liste der fünfzehn ärmsten Länder der Welt verbannen können: Noch immer leiden sieben von zehn Kindern an Unterernährung, die Kindersterblichkeit hat sich sogar in den letzten zehn Jahren fast verdoppelt.

Die Ende der 80er Jahre zu beobachtende Hinwendung zum Westen konnte keine rasche wirtschaftliche Gesundung Madagaskars versprechen. Die vom Internationalen Währungsfonds gewährten Kredite wurden direkt an die strikte Fortsetzung eines Strukturanpassungskonzeptes gekoppelt, das unter anderem den Verzicht auf die Subventionierung der Grundnahrungsmittel beinhaltete. Die Kosten der wirtschaftlichen Liberalisierungsmaßnahmen wurden der Bevölkerung aufgebürdet, die sich einer massenhaften Verelendung ausgesetzt sah.

Da das Regime hohe Erwartungen bei der Bevölkerung geweckt hatte, waren soziale Konflikte in der Folgezeit unvermeidbar. Die politische Krise, in die Madagaskar hineinschlitterte, wurde durch die kritische Haltung der als gesellschaftliche Kraft führenden katholischen Kirche noch verschärft. Mit Beginn der 90er Jahre setzten demokratische Reformen ein. 1998 bekam das Land eine neue Verfassung, die dem Präsidenten (seit 1997 Didier Ratsiraka) mehr Macht einräumt.

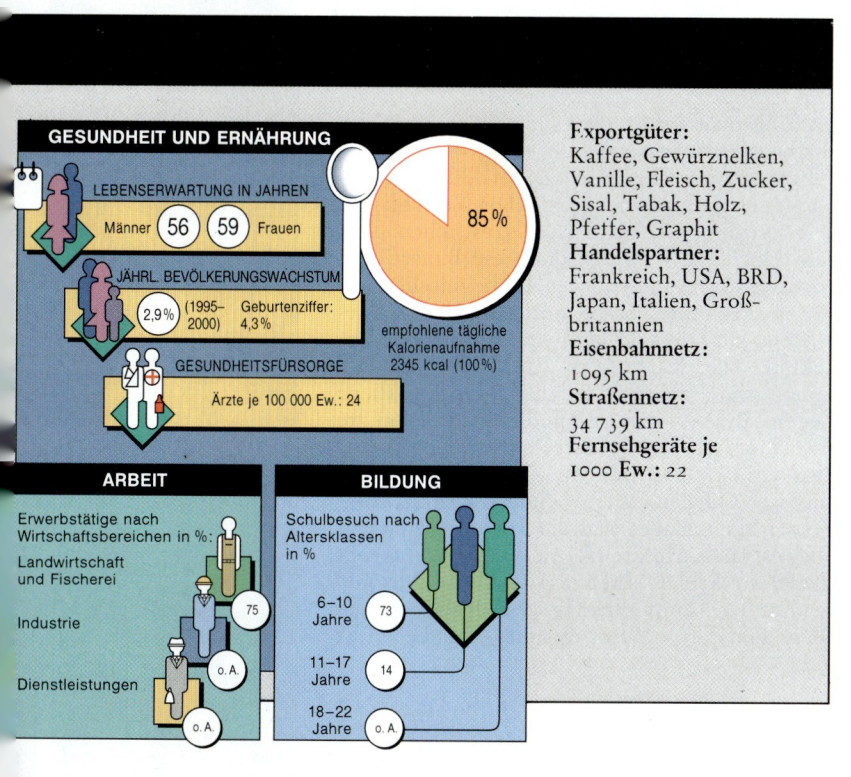

Madagaskar *(unten)* liegt knapp 400 km südöstlich des afrikanischen Festlands im Indischen Ozean. Es ist die viertgrößte Insel der Welt.

MADAGASKAR: DAS LAND

Das zentrale Hochland Madagaskars, das drei Viertel der Insel einnimmt, besteht aus Rumpfflächen, über denen sich Gebirgsstöcke erheben. Auf der Afrika zugewandten Westseite geht das Hochland über Schichtstufen allmählich in weite Küstenebenen über. Nach Osten hin fällt das Hochland steil zur Küste ab. In dem Land sind Überschwemmungen in den Regenzeiten, Dürren in der Trockenzeit und Wirbelstürme häufige Erscheinungen, unter denen besonders die Landwirtschaft zu leiden hat.

Madagaskar mag dort, wo Brandrodungen den tropischen Regenwald noch nicht verwüstet haben und das Land verkarsten ließen, ein einmaliges biologisches und ethnologisches Biotop, interessantes Forschungsobjekt und von seltener natürlicher Schönheit sein, das touristische Paradies des »Vazaha« ist es nicht. »Vazaha« ist das madegassische Wort für den weißen Mann und heißt wörtlich: »Guck mal!« Der Mangel an Hotels, kaum ausgebaute und während der Regenzeit in der Regel nicht befahrbare Straßen locken bislang nur wenige Touristen an.

Auch auf Madagaskar ist inzwischen die Natur bedroht. So ist der »Indri Indri« (wörtlich: »Da ist er«), einer jener seltenen 30 Halbaffenarten (Lemuren), die nur auf dieser Insel zu finden sind, inzwischen vom Aussterben bedroht, weil in den letzten 30 Jahren die Hälfte des Regenwalds heruntergebrannt oder abgeholzt wurde. Bauholz wird zur Errichtung der provisorisch anmutenden Hüttendörfer benötigt. Holzkohle heizt die primitiven Kochmulden und wärmt gegen die Kühle im Hochland. Der Wald muß darüber hinaus neuen Anbauflächen und immer neuen Weideflächen für die Zebu-Rinderherden weichen.

Die Landwirtschaft ernährt die Bevölkerung nicht, prägt aber das Landschaftsbild jenseits der Regenwälder. Grün aufgeschwungene Reisterrassen, so schön wie sonst nur auf Bali, erinnern an das malaiische Erbe, aus dieser Region muß heute Reis importiert werden. Die Düfte der Gewürz- und Parfümstoff-Pflanzungen, von Nelken, Vanille, Pfeffer oder Ylang-Ylang, wecken Gedanken an den Garten Eden. Während Zuckerrohr auf Großplantagen angebaut wird, bestimmt Abwechslung das Gesicht der Insel überall dort, wo kooperativ organisierte Dorfgemeinschaften Kaffee, Sisal, tropische Früchte und Gemüse anbauen.

Traditionelle Bräuche

Gemeinsam sind den verschiedenen Volksgruppen die Riten animistischer Naturreligionen, die vermischt und mit dem Christentum eine Verbindung eingegangen sind. Der Tanz der Frauen führt die Opferschlachtung der Zebus an, und bei der »Tromba« tanzen sie die Nacht hindurch, bis sie in Trance fallen, wenn der Geist dieses Gottes in sie fährt. Besondere Aufmerksamkeit gilt den Toten: bei der »Famadihana«, die sich als Begräbniszeremonie über zwei Tage erstreckt.

Im Bewußtsein des natürlichen Kreislaufs von Werden und Vergehen, das alle Naturreligionen agrarischer Gesellschaftsformen aufrechterhalten haben, feiern die Madagassen das üppige Fest der Reissprößlinge, wenn die tote Erde zu neuer Fruchtbarkeit erwacht und die Ernte beschworen wird.

Die Hauptstadt Antananarivo

In krassem Kontrast zur tropischen Traumwelt der Touristen auf den vorgelagerten Inseln Sainte Marie im Osten oder Nosy Bé im Nordwesten steht das Leben auf dem verarmten Land und in den Slumgürteln der Hauptstadt Antananarivo, an deren Rand die Landflüchtigen in Elendsquartieren hausen. Hunger, Krankheiten und Kriminalität breiten sich in dieser schönen, in altem französischen Kolonialstil erbauten Stadt immer weiter aus. Mit ihren Boulevards und engen Gäßchen, den Kathedralen und Vil-

len fühlt man sich in eine südfranzösische Provinzhauptstadt versetzt.

Freitags, am Tage des »Zoma«-Marktes, erwacht die Stadt aus der friedlichen Verschlafenheit zu frenetischem Handelsgeschehen. Aus dem Hochland kommen dann die Bauern und Handwerker in die von den Einheimischen nur »Tana« genannte Hauptstadt. Das Angebot des Marktes umfaßt von landwirtschaftlichen Produkten, wie Kartoffeln, Reis und Maniok, Äpfeln und Papayas, über kunsthandwerkliche Gegenstände – aus Edelhölzern geschnitzte Schachfiguren und Solitärspiele mit Kugeln aus Edel- und Halbedelsteinen – bis hin zu den aus dubiosen Quellen auftauchenden raren Medikamenten einfach alles, was die Insel zu bieten hat. Abends, nach Marktende, fällt die Stadt abrupt wieder in Schlaf, doch am nächsten Morgen beginnt der Kampf ums tägliche Überleben aufs Neue. Fürwahr, »Mamy ny aina« – das Leben ist süß.

MADAGASKAR

Das grasbedeckte Hochland *(links)* ist typisch für weite Regionen im Inneren Madagaskars. Früher waren die Hochebenen mit dichtem Wald bedeckt, aber ein Großteil der Wälder wurde gerodet – Ursache der anhaltenden Bodenerosion der Insel.

Ein neuer Traktor *(unten)* wird aus einem Transportschiff gefahren. Die fruchtbaren Böden des Nordens bringen den größten Teil der landwirtschaftlichen Produktion hervor: Kaffee, Gewürznelken und Vanille sind wichtige Exportgüter.

Ein Angler in einer einsamen Gegend Madagaskars *(ganz links)*. Eine wachsende Zahl von Touristen kommt jedes Jahr wegen des angenehmen Klimas, der malerischen Städte und der ausgezeichneten Strände auf die Insel.

Malerische Holzbalkone *(links Mitte)* verleihen den schmalen Straßen von Antananarivo ein besonderes Flair. Die Architektur der Hauptstadt von Madagaskar spiegelt die historische Verbindung mit Frankreich wider, das von 1896–1960 das afrikanische Land regierte.

Geflochtene Sisalmatten werden auf einem Straßenmarkt *(links)* zum Kauf angeboten. Die überwiegende Mehrheit der ländlichen Bevölkerung lebt von Landwirtschaft und Viehzucht. Antananarivo ist die einzige große Stadt des Landes.

MADAGASKAR: TIERWELT

Die Insel Madagaskar trennte sich vor rund 100 Millionen Jahren vom afrikanischen Festland. Die Tierwelt verfügt daher über die typischen Merkmale aller Inseltierarten: Sie haben sich aus wenigen Vorfahren entwickelt, aber durch die Isolation von ihren Ahnen recht eigenständige, von ihren Verwandten auf dem Festland unterschiedliche Familien und Stämme gebildet. Allerdings verfügt die Insel durch ihre Größe über viele unterschiedliche Landschaftszonen, vom tropischen Regenwald bis zur Wüste. Man muß daher Madagaskar eher als »Mikrokontinent« denn als bloße Insel einordnen.

Die 12 000 verschiedenen Arten blühender Pflanzen spiegeln zugleich die Vielzahl der natürlichen Lebensräume des Mikrokontinents und den Artenreichtum der Tropen wider. Viele der Pflanzen sind von wirtschaftlicher Bedeutung. Das madagassische Immergrün findet beispielsweise Verwendung für viele wichtige Medikamente gegen Leukämie. Daneben gibt es die Bambuspalme mit vertikalen Blättern, die 10–12 m hoch wird, viele wilde Kaffeesorten mit potentiellem Erntewert und mehr als 1000 verschiedene Orchideenarten.

Vögel und Säugetiere

Die Vogelwelt Madagaskars unterscheidet sich im allgemeinen sehr stark von den Arten des afrikanischen Festlands, obwohl die Straße von Moçambique an ihrer schmalsten Stelle nur 450 km breit ist. Der außergewöhnlichste Vertreter war wohl der inzwischen ausgestorbene Riesenstrauß oder Aepyornis, ein entfernter Verwandter des Vogels Strauß und des Emus. Er war 3 m groß und wog bis zu 450 kg – so viel wie eine Milchkuh. Für die ersten menschlichen Bewohner Madagaskars war er jedoch für die Fleischversorgung wichtig, und durch die Jagd wurde er, wie der Moa Neuseelands, ausgerottet. Berichten zufolge soll es ihn noch im 17. Jahrhundert gegeben haben.

Viele der in Afrika häufig vorkommenden Säugetiere, wie Antilopen oder Elefanten, gibt es auf Madagaskar gar nicht. Am auffälligsten ist, daß es keine Affen gibt, da deren Entwicklung erst vor 30 Millionen Jahren einsetzte, als Madagaskar bereits vom Festland getrennt war. Vor den Affen existierten allerdings eine Vielzahl von primitiveren Primaten, die sogenannten Halbaffen. Dazu gehören die Lemuren, die noch vor der Abdriftung Madagaskars vom Festland die Insel erreichten und die ökologischen Nischen ausfüllen, die in Asien und Afrika von den Affen eingenommen werden. Durch die mannigfaltige Entwicklung der Lemuren auf Madagaskar werden von ihnen sogar Nischen besetzt, die anderswo den Huftieren oder gar den Spechten vorbehalten sind. Außerhalb Madagaskars standen die Lemuren im Wettbewerb mit den anderen Affen und verloren diesen Kampf. Seit Millionen von Jahren ist die große Insel der einzige Ort, an dem sie sich behauptet haben. Auf anderen Kontinenten

Verreaux's Larvensifaka
Propithecus verreauxi verreaux

Großer Wieselmaki
Lepilemur mustel

Katta
Lemur catta

Legende:
- Verreaux's Larvensifaka
- Kleiner Wieselmaki
- Mausmaki
- Vari
- Gabelstreifiger Katzenmaki
- Indri
- Rattenmaki
- Mittlerer Katzenmaki
- Katta
- Großer Wieselmaki
- Coquerels Larvensifaka
- Mongozmaki

Madagaskar (oben) hat eine einzigartige Tierwelt mit einer Vielzahl von Lemurenarten.

Der Aepyornis (oben), ein Riesenstrauß, war 3 m groß und wog 450 kg; er legte Eier von der Größe eines Fußballs. Arabische Legenden berichten von diesem Riesenvogel, der jedoch bereits vor ca. 300 Jahren ausstarb.

Kattas (rechts), auch Katzenmakis genannt, sind die größten Akrobaten der Lemuren.

MADAGASKAR

ähneln die Halbaffen – Buschbabies, Loris, Pottos und Koboldmakis – im allgemeinen nur den primitivsten Lemurenarten.

Die 22 noch vorkommenden Lemurenarten werden meistens in vier Familien unterteilt. Zu den echten Lemuren, die sich gewöhnlich von Früchten ernähren, gehören die Kattas und Varis (braun und schwarzweiß), die in Gruppen leben. Die Mausmakis, die mit ca. 16 cm wohl die kleinsten Primaten sind, zählt man zu den Katzen- und Zwergmakis. Die Fingertiere sind wohl eine der bemerkenswertesten und seltensten Tierarten der Welt. Durch Anpassungsmechanismen können sie Insektenlarven unter der Baumrinde hervorholen und füllen eine ökologische Nische, die sonst vom Specht eingenommen wird. Sie haben riesige fledermausartige Ohren, um das Nagen der Insekten im Holz zu hören, nach vorne gerichtete Zähne, um unter der Rinde zu wühlen, und einen extrem dünnen Mittelfinger. Er wird als eine Art Sonde benutzt, um die Beute herauszuklauben, und beim Gehen und Klettern abgespreizt, damit er nicht verletzt wird.

Die größten und prächtigsten Lemurenarten sind die laubfressenden Indriartigen, zu denen der Wollmaki, zwei Arten von Sifakas und als größte Art von allen der Indri gehören. Der fast schwanzlose Indri ist ca. 70 cm groß, wiegt bis zu 10 kg, hat einen herrlichen dichten, schwarzweißen Pelz, und seine Stimme hat eine Reichweite von 3 km. Er kann 10 m weit von Baum zu Baum springen und bewegt sich auf dem Erdboden mit hüpfenden Sprüngen. Von den Einheimischen wird er als heilig verehrt.

Das bedrohte Ökosystem

Vor der Ausrottung durch den Menschen vor ca. 1000 Jahren gab es auf Madagaskar sogar noch größere Lemuren, von denen eine Art die Größe eines Gorillas erreichte. Die Tragik dieser Ausrottung liegt nicht nur in der Pracht dieses Tieres, sondern auch in der Faszination, die die Natur besonders dann ausübt, wenn sie ein Meisterwerk in verschiedenen Versionen hervorbringt; ein Halbaffen-Gorilla wäre durchaus unter diesem Aspekt zu sehen.

Ein Großteil der einzigartigen Tierwelt Madagaskars ist verschwunden, seitdem die Menschen erstmals vor ca. 2000 Jahren aus Ostafrika auf die Insel kamen. Ungefähr 80 % der Insel sind heute von Grasland bedeckt, und ihre Tier- und Pflanzenwelt gehört zu den am meisten bedrohten Ökosystemen der Erde. Trotz aller Versuche der Naturschützer ist die Ausrottungsquote wahrscheinlich noch im Steigen begriffen, da viele Tiere und Pflanzen mit der zunehmenden Rodung des Waldes verschwinden. Auf weniger als 1 % des gesamten Inselareals ist die Tier- und Pflanzenwelt bisher geschützt; dies erklärt die Notwendigkeit des Eingreifens von internationaler Stelle, wenn das wenige geschützt werden soll, was überhaupt noch vorhanden ist.

MALAWI

Die Oberflächenform des kleinen Binnenstaates Malawi wird von dem Ostafrikanischen Grabenbruchsystem bestimmt. Mit steiler, zum Teil stark zerschnittener Bruchstufe erheben sich seitlich des Grabens weite Hochebenen in 1000 bis 1500 m Höhe. Die einförmige, von Trockenwald bestandene Rumpffläche wird von zahlreichen Inselbergen und Massiven überragt. Das Land erstreckt sich von der Südgrenze Tansanias bis zur Sambesi-Niederung, wo der den Malawisee (Nyasasee) entwässernde Shire in diesen Strom mündet. Die Ost-West-Ausdehnung des Landes beträgt maximal 350 km, die Nord-Süd-Ausdehnung über 850 km. Entsprechend unterschiedlich ist das wechselfeuchte tropische Klima: die Dauer der Regenzeit nimmt von Süden nach Norden von 5 auf 8 Monate zu.

Bevölkerung und Geschichte

Die ursprüngliche Bevölkerung, wahrscheinlich den San verwandte Gruppen, wurde von den Marawi – eingewanderten Bantustämmen wie Tumbuku, Chewa und Tonga – abgedrängt, aufgesogen oder vernichtet. Im 16./17. Jahrhundert gründeten sie ein gut organisiertes Staatswesen, das Königreich »Marawi«, das der heutigen Republik den Namen gab. Später drangen die kriegerischen Viehhalterstämme der Ngoni aus dem südlichen Afrika und die moslemischen Yao ins Land. Der Sklavenhandel, den die mit Arabern verbundenen Yao betrieben, führte zu hohen Menschenverlusten in dieser Region.

Angetrieben durch die Reiseberichte des Afrikaforschers David Livingstone, der die indirekte Schuld seiner europäischen Zeitgenossen am Sklavenhandel anklagte, ließen sich ab 1875 schottische Missionare im Seegebiet nieder. Ihnen folgten Händler und Kaufleute, und 1891 wurde das Land zum Britischen Protektorat erklärt. Die heutigen Grenzen zwischen Sambia und Malawi, damals Njassaland (Nyasaland) genannt, wurden ohne Berücksichtigung der Stammesgrenzen von Großbritannien und der »British South Africa Company« festgelegt. Die Kolonialpolitik sorgte für die Errichtung von Tabak-, Tee- und Kaffeeplantagen.

Im Rahmen der das südliche Afrika von Simbabwe bis zur Republik Südafrika umspannenden Wirtschaftspolitik der Briten wurde in dem bevölkerungsreichen Landstreifen bereits um 1900 durch die Erhebung einer Kopfsteuer ein System errichtet, das die billigen Arbeitskräfte zu Wanderarbeitern machte. Zeitweilig arbeiteten über 100 000 Bürger Malawis (um 1970) in südafrikanischen Bergwerken; im Jahre 1987 waren es noch ca. 15 000, und viele andere müssen auch heute noch ihren Lebensunterhalt in Sambia oder Simbabwe bestreiten.

1953 wurde Njassaland mit Süd- und Nordrhodesien zur Zentralafrikanischen Föderation zusammengeschlossen. Noch im gleichen Jahr erhob die schwarzafrikanische Befreiungsorganisation, der 1944 gegründete »Nyasaland African Congress« (NAC), die Auflösung der Föderation zum nationalen Ziel. Als unumstrittener Führer der Nachfolgeorganisation, der »Malawi Congress Party« (MCP), die den Kampf gegen die weiße Vorherrschaft aufgenommen hatte, konnte Dr. Hastings Kamuzu Banda (1906–1997) 1964 die Unabhängigkeit verkünden. Der streng konservativ ausgerichtete Staat wurde von Banda, der sich als »Ngwazi«, d. h. »Held und Eroberer«, bezeichnen ließ, mittels rigoroser Pressezensur, straff geführtem Einparteiensystem und schlagkräftigem Geheimdienst vor jeglicher Kritik »geschützt«.

Fischer bereiten ihre Kanus zur Ausfahrt auf den Chilwasee vor *(rechts)*. Die Süßwasserfischerei auf Malawis Seen, vor allem auf dem Malawisee, liefert einen wichtigen Beitrag zur Ernährung dieses armen Landes, dessen Wirtschaft fast ausschließlich auf der Landwirtschaft beruht, obwohl nur knapp die Hälfte des Landes dafür geeignet ist.

Daten und Fakten

DAS LAND
Offizieller Name: Republik Malawi
Hauptstadt: Lilongwe
Fläche: 118 484 km²
Geographische Gliederung: Im NO Malawisee mit Ufergebiet, nach S anschließend Shiregraben, dann Shirehochland, im W langgestreckter Hochlandstreifen
Klima: Tropisch-wechselfeucht, in den tieferen Landesteilen sehr heiß
Hauptflüsse: Shire, Bua
Höchster Punkt: Mount Mlanje 3000 m
Tiefster Punkt: Malawisee

DIE REGIERUNG
Regierungsform: Präsidiale Republik
Staatsoberhaupt: Staatspräsident
Verwaltung: 3 Regionen
Parlament: Nationalversammlung (Einkammerparlament) mit 192 für 5 Jahre gewählten Abgeordneten
Nationalfeiertag: 6. Juli

DIE MENSCHEN
Einwohner (Ew.): 10 640 000 (1999)
Bevölkerungsdichte: 90 Ew./km²
Stadtbevölkerung: 15 %
Analphabetenquote: 44 %

Sprache: Englisch, Chichewa, Chitumbuka
Religion: Protestanten 58 %, Katholiken 17 %, Moslems 20 %

DIE WIRTSCHAFT
Währung: Malawi-Kwacha
Bruttosozialprodukt (BSP): 2107 Mio. US-$ (1998)
BSP je Einwohner: 200 US-$
Inflationsrate: 33,2 % (1990–98)
Importgüter: Maschinen, Fahrzeuge, Dieselkraftstoff, Benzin, Garne, Textilwaren, Eisen, Stahl, Papier

Eines der ärmsten Länder der Welt

Die Wirtschaftslage des Staates, der zu den zehn ärmsten Ländern der Welt gehört, ist heute von Zahlungsschwierigkeiten und Zukunftsängsten geprägt. Volkswirtschaft und Außenhandel des an Bodenschätzen sehr armen Landes sind von der Landwirtschaft bestimmt. Über 90 % der Exporte entfallen auf den Agrarsektor. Trotz Bemühungen zur Schaffung einer vielseitigeren Exportstruktur hat die Konzentration innerhalb der landwirtschaftlichen Produkte eher noch zugenommen: Tabak, Tee und Zucker machen zusammen annähernd 90 % der gesamten Exporterlöse aus. In der Landwirtschaft sind über 80 % der Erwerbstätigen beschäftigt, die überwiegend als Selbstversorger vom Anbau ihrer Produkte, wie Mais, Maniok, Hülsenfrüchte und Reis, leben. Die Plantagen sind im Besitz ausländischer Privatpersonen und Konzerne sowie der politischen Führung des Landes. Banda gehörte zu den größten Plantagenbesitzern und kontrollierte erhebliche Teile des Wirtschaftslebens, obwohl ihm durch Auflagen der Weltbank und des Internationalen Währungsfonds, die dem Land Kredite einräumten, der persönliche Zugriff auf die das Wirtschaftsleben bestimmende »Press-Holding« entzogen wurde. Zur Verbesserung der Zahlungsbilanz wurden halbstaatliche Betriebe verkauft und eine Liberalisierung der Importbestimmungen eingeleitet.

Die Ära Banda endete erst 1994. Auf Druck der Opposition mußte der Diktator freie Wahlen auf Basis einer pluralistischen Verfassung zulassen. Der Oppositionspolitiker Bakili Muluzi (* 1943), ein moslemischer Yao, wurde zum neuen Staatschef gewählt und 1999 im Amt bestätigt.

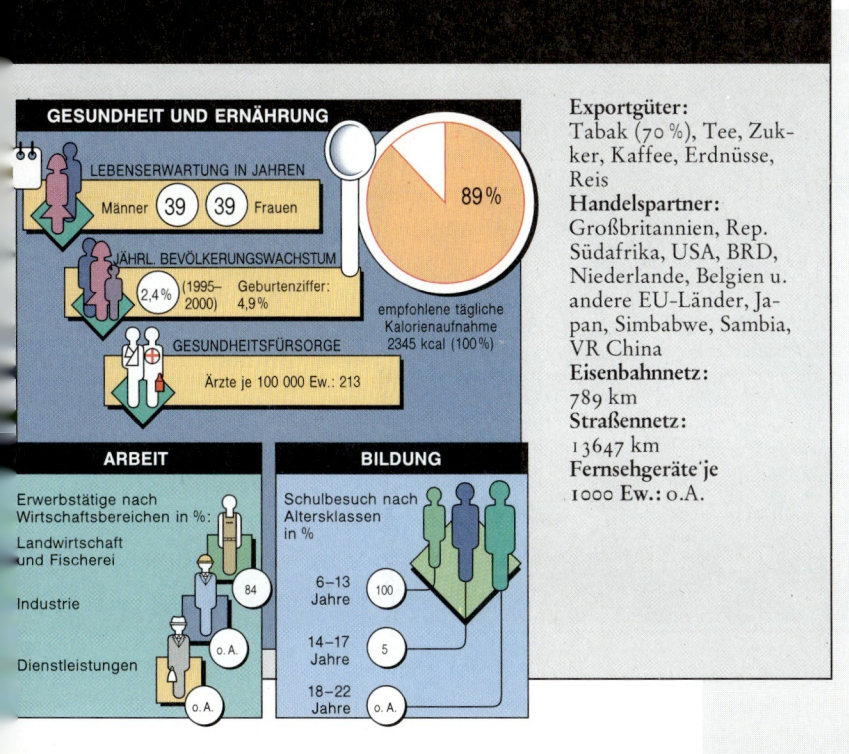

Exportgüter:
Tabak (70 %), Tee, Zukker, Kaffee, Erdnüsse, Reis
Handelspartner:
Großbritannien, Rep. Südafrika, USA, BRD, Niederlande, Belgien u. andere EU-Länder, Japan, Simbabwe, Sambia, VR China
Eisenbahnnetz:
789 km
Straßennetz:
13 647 km
Fernsehgeräte je 1000 Ew.: o. A.

Malawi *(rechts)*, von 1891 an unter britischer Herrschaft als Njassaland bekannt, erlangte 1964 die Unabhängigkeit. Seit 1966 Republik, war es bis 1994 ein Einparteienstaat, beherrscht von seinem Präsidenten Hastings Kamuzu Banda.

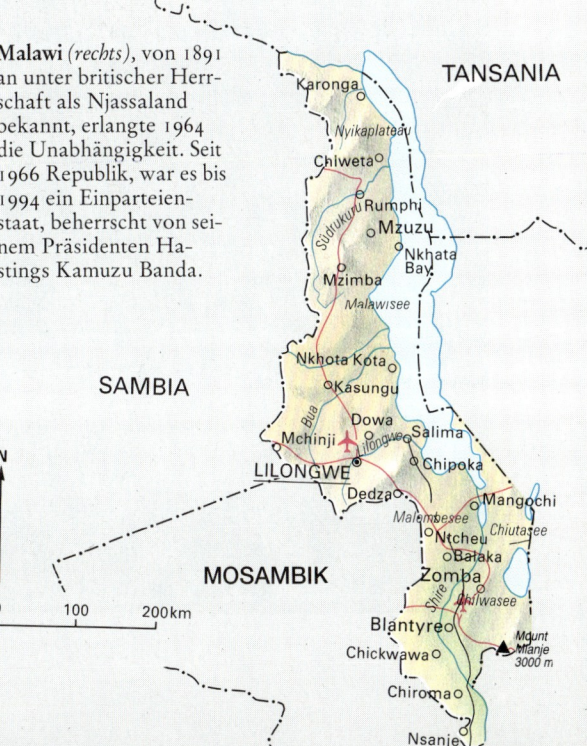

MALAYSIA

MALAYSIA

Malaysia ist wohl das von Fortuna am reichsten beschenkte Land Südostasiens. Große Mengen der Weltproduktion an Kautschuk, Zinn und Palmöl werden hier erzeugt. Der natürliche Reichtum ist so mannigfaltig, daß sich der Vielvölkerstaat, in dem neben Malaien, Chinesen und Indern auch zahlreiche ethnische Minderheiten leben, gar nicht mit einem einzigen Prädikat beschreiben läßt. Zudem befindet sich die über zwanzig Millionen Einwohner zählende Nation in einem tiefgreifenden Wandel. Seit Mitte der 70er Jahre verfolgt das ehemalige Agrarland ein ehrgeiziges Industrialisierungsprogramm, das in Malaysias tropisch-gemächlichen Alltag einen Wertewandel eingeleitet und eine Portion Hektik gebracht hat. Die scheinbar heile Welt des »Kampong«, des traditionellen Bauern- oder Fischerdorfes, ist daher mancherorts dem Untergang geweiht: Industrialisierung, Verstädterung und Landflucht verleihen auch Malaysia ein neues Aussehen, hinter dem sich ein vermehrtes Streben nach wirtschaftlichem Erfolg verbirgt.

Noch finden sich allerdings abgelegene Ecken im Lande, die von der Moderne weitgehend unberührt geblieben sind. Dank seiner bunten Vielfalt vermag Malaysia fast jedem Besucher etwas zu bieten: weiße und mit schattenspendenden Kokospalmen gesäumte Sandstrände in Westmalaysia, romantische Inseln in azurblauer See vor der Küste, dichter tropischer Regenwald mit einer einmaligen Fauna und Flora in Ostmalaysia; und für den, der das Besondere sucht, wartet in Sabah der 4101 m hohe Mount Kinabalu darauf bestiegen zu werden.

Im Kontrast zum natürlichen Reichtum ist Malaysia relativ arm an historisch-kulturellen Zeugnissen. Wer Tempel und Wahrzeichen aus längst vergangenen Tagen sucht, kommt kaum auf seine Rechnung, es sei denn, er besucht Malakka, Malaysias kulturelle Hauptstadt. Dort reichen sich chinesisches, arabisches und abendländisches – vor allem portugiesisches und holländisches – Kulturgut in enger und eher ungewöhnlicher Nachbarschaft die Hand und belegen die bewegte Geschichte dieser einst wichtigen Hafenstadt.

Auch geographisch ist Malaysia kein homogenes Gebilde. Es setzt sich vielmehr aus sehr verschiedenen Regionen zusammen: einerseits das vorwiegend islamische Westmalaysia mit der Hauptstadt Kuala Lumpur, andererseits das im Norden der Insel Kalimantan (Borneo), rund 600 km von Westmalaysia entfernt liegende Sarawak, das zusammen mit dem benachbarten Sabah Ostmalaysia bildet. Während Westmalaysia vor allem Zinnminen sowie Palmöl- und Kautschukplantagen beherbergt, werden im regenwaldreichen Ostmalaysia in erster Linie Erdöl und Edelhölzer gewonnen. Doch die rücksichtslose Rodung des tropischen Regenwalds reduziert zunehmend den Lebensraum der Urwaldstämme und gefährdet das Überleben vieler Urwaldtiere.

MALAYSIA: DER STAAT

Die Föderation Malaysia ist eine relativ junge Nation. Sie wurde am 16. September 1963 aus der Taufe gehoben und umfaßt dreizehn Gliedstaaten. Trotz ihres natürlichen Reichtums ist sie mit den Problemen eines Entwicklungslandes behaftet, die weitgehend wirtschaftlichen und ethnisch-religiösen Ursprungs sind. Das regionale Entwicklungsgefälle innerhalb der Föderation gibt ebenso Anlaß zu Konflikten wie die häufig entlang ethnischer Grenzen verlaufenden Einkommensunterschiede. So ist beispielsweise das Verhältnis zwischen dem wirtschaftlich relativ gut erschlossenen, vorwiegend islamischen Westmalaysia und dem rohstoffreichen, aber von der Infrastruktur her rückständigen Ostmalaysia, dessen Bewohner mehrheitlich Christen sind, zunehmend angespannt. Sowohl in Sabah als auch in Sarawak ist man bemüht, sich von der politischen Dominanz der Malaien zu befreien und im Rahmen der malaiischen Föderation den eigenen, nicht-malaiischen Minderheiten mehr politische Verantwortung zu übertragen.

Doch selbst in Westmalaysia besteht ein teils offen, teils versteckt ausgetragener Streit zwischen den geschäftstüchtigen Chinesen, die wirtschaftlich führend sind, und den sich als »Bumiputra« (»Söhne der Erde«) bezeichnenden Malaien, die traditionell vor allem die Politik bestimmen. Dieser tiefsitzende Konflikt, dessen Ursprung auf die Kolonialzeit zurückgeht, hatte im Mai 1969 erstmals zu blutigen Auseinandersetzungen geführt, in denen mehrere hundert Menschen ihr Leben verloren. Dieser Vorfall bildet eine Zäsur in Malaysias junger Geschichte und führte in Kuala Lumpur zu einem fundamentalen Umdenken. Die führende Regierungspartei, die »United Malay's National

Malaysia (rechts) besteht aus zwei Landesteilen. Die Malaiische Halbinsel ist die südlichste Landspitze des südostasiatischen Festlandes, während die Bundesstaaten Sarawak und Sabah (rechts) an der Nordwestküste von Kalimantan liegen.

Daten und Fakten

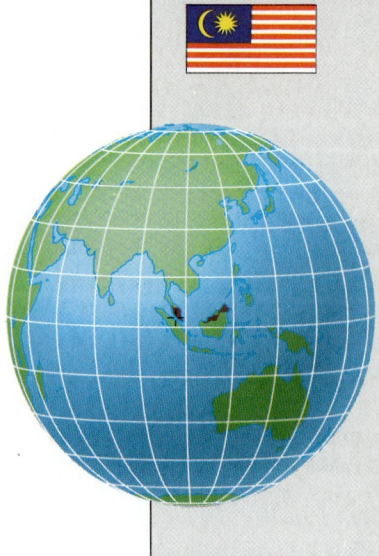

DAS LAND
Offizieller Name: Persekutuan Tanah Malaysia
Hauptstadt: Kuala Lumpur
Fläche: 329 758 km²
Landesnatur: Westmalaysia wird von einem nord-südlich streichenden Gebirgssystem durchzogen; in Ostmalaysia erhebt sich eine zentrale Gebirgslandschaft
Klima: Feuchtheißes tropisches Klima
Hauptflüsse: Rajang, Baram, Pahang, Kinabatangan
Höchster Punkt: Mount Kinabalu 4101 m

DER STAAT
Regierungsform: Wahlmonarchie
Staatsoberhaupt: König
Regierungschef: Premierminister
Verwaltung: 13 Bundesstaaten (davon 9 Sultanate), 2 Bundesterritorien
Parlament: Zweikammerparlament mit Länderversammlung (70 ernannte Mitglieder) u. Volksversammlung (193 für 5 Jahre gewählte Abgeordnete)
Nationalfeiertag: 31. August
DIE MENSCHEN
Einwohner (Ew.): 21 830 000 (1999)

Bevölkerungsdichte: 66 Ew./km²
Stadtbevölkerung: 57 %
Bevölkerung unter 15 Jahren: 34 %
Analphabetenquote: 17 %
Sprache: Malaiisch, Englisch
Religion: Moslems 53 %, Buddhisten 17 %, chin. Volksreligionen 12 %, Hindus 7 %, Christen 7 %
DIE WIRTSCHAFT
Währung: Malaysischer Ringgit
Bruttosozialprodukt (BSP): 79 484 Mio. US-$ (1998)
BSP je Einwohner: 3600 US-$

MALAYSIA

Organisation« (UMNO), die fast ausschließlich auf die Bedürfnisse der Malaien ausgerichtet ist, begann ihre Regierungsverantwortung plötzlich mit den bis dahin auf der Oppositionsbank sitzenden Parteien zu teilen, insbesondere mit der »Malaysian Chinese Association« (MCA), die

Kuala Lumpur, Malaysias Hauptstadt *(links)*, liegt am Ufer des Flusses Kelang. Die Stadt ist das Wirtschaftszentrum des Landes sowie Sitz der Regierung. Zahlreiche Gebäude spiegeln das vielschichtige Erbe wider, in dem sich Elemente der chinesischen, islamischen und malaiischen Kultur verbunden haben.

die Interessen der chinesischstämmigen Wähler vertritt und dem auf die indischstämmigen Bevölkerungsteile blickenden »Malaysian Indian Congress« (MIC). Sie schlossen sich zur »Barisa National« (»Nationalen Front«) zusammen, die seither in wenig veränderter Zusammensetzung ununterbrochen an der Macht ist.

Ungleiche Machtverteilung

Als weitere Folge der blutigen Ausschreitungen von 1969 wird Malaysia seit Beginn der 70er Jahre von einer »Neuen Wirtschaftspolitik« geleitet, deren Initiatoren sich zum Ziel setzten, den Anteil der Bumiputras am Sozialprodukt, der im Jahre 1970 weniger als 10 % betrug, auf rund 30 % anzuheben und somit dem der Chinesen im Land weitgehend gleichzustellen. Parallel dazu sollten die bestehenden politischen Vorrechte der Malaien weiter abgebaut werden, um die beiden zahlenmäßig stärksten Bevölkerungsgruppen nicht nur wirtschaftlich sondern auch politisch einander anzugleichen. Noch existiert in Malaysias politischer Struktur beispielsweise ein neunköpfiger »Rat der Herrschenden«, in dem ausschließlich malaiische Erbsultane sitzen. Seine Hauptfunktion besteht darin, alle fünf Jahre aus den eigenen Reihen in geheimer Wahl einen König für eine Amtszeit zu bestimmen. Der König, Yang di-Pertuan Agong genannt, ist laut Verfassung das malaysische Staatsoberhaupt. Er ernennt den Regierungschef, ist Oberbefehlshaber der Streitkräfte und hat das Recht zur vorzeitigen Auflösung des Abgeordnetenhauses. Die im Jahre 1983 eingeleiteten Bemühungen der Regierung Dato Seri Mahathir (* 1925), den politischen Einfluß der Sultane im Lande einzuschränken, führten erst 1993 zu legislativen Änderungen.

Die Regierung, die die Richtlinien der Politik bestimmt, ist dem Parlament gegenüber verantwortlich. Dieses besteht aus zwei Kammern: dem Oberhaus (Länderversammlung, Dewan Negara) und dem Unterhaus (Volksversammlung, Dewan Ra'ayat). Entscheidenden Einfluß auf die Gesetzgebung haben die vom Volk gewählten Mitglieder des Unterhauses, während das Oberhaus ein aufschiebendes Veto gegen dessen Beschlüsse einlegen kann.

Auch nach über drei Jahrzehnten »Neuer Wirtschaftspolitik« ist das Hauptproblem des Landes, die ungleiche Kapital- und Einkommensverteilung, noch hochaktuell und das gesteckte Ziel nicht erreicht. Ernstzunehmende Stimmen behaupten sogar, die »Neue Wirtschaftspolitik« habe zur Zuspitzung des Rassenproblems geführt. Parallel zu ihren Bemühungen, Malaysia wirtschaftlich zu modernisieren, lancierte die Regierung nämlich auch eine Kampagne zur Rückbesinnung auf traditionelle malaiische Werte, insbesondere die islamische Religion. Diese staatlich geförderte Renaissance des Islam löst allerdings in nicht-moslemischen Bevölkerungskreisen Angst und Mißtrauen aus.

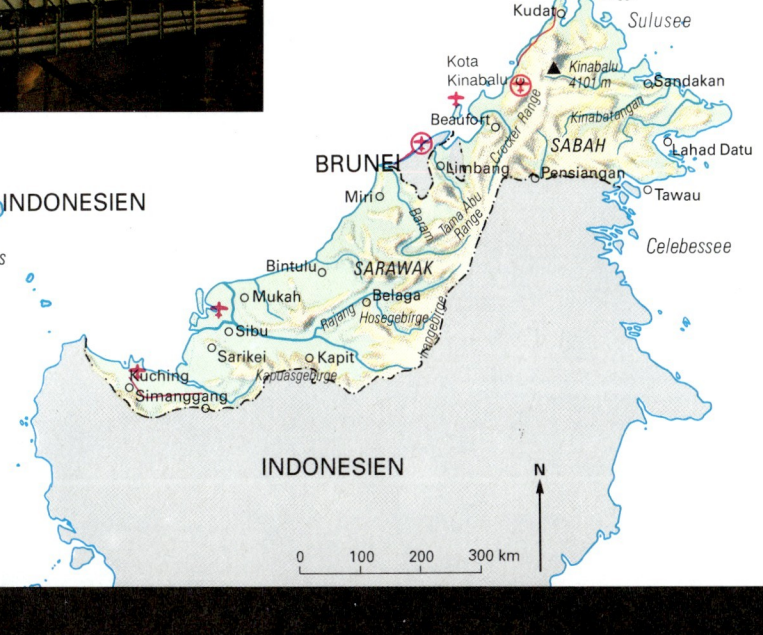

GESUNDHEIT UND ERNÄHRUNG

LEBENSERWARTUNG IN JAHREN
Männer 70 / 74 Frauen

JÄHRL. BEVÖLKERUNGSWACHSTUM
2,0 % (1995–2000) Geburtenziffer: 2,7 %

123 %
empfohlene tägliche Kalorienaufnahme 2345 kcal (100 %)

GESUNDHEITSFÜRSORGE
Ärzte je 100 000 Ew.: 43

ARBEIT
Erwerbstätige nach Wirtschaftsbereichen in %:
Landwirtschaft und Fischerei: 15
Industrie: 38
Dienstleistungen: 47

BILDUNG
Schulbesuch nach Altersklassen in %
6–11 Jahre: 93
12–18 Jahre: 61
19–23 Jahre: o. A.

Inflationsrate: 5,1 % (1990–98)
Importgüter: Maschinen, Fahrzeuge, Erdöl u. -produkte, Nahrungsmittel, Vieh, chem. Erzeugnisse
Exportgüter: Kautschuk, Rohzinn, Rohöl u. Mineralölprodukte, Flüssiggas, Palmöl, Furnierholz, Kopra, Pfeffer, Kakaobohnen
Handelspartner: Japan, USA, ASEAN-Länder, bes. Singapur, EU-Länder, Südkorea
Eisenbahnnetz: 1798 km
Straßennetz: 70 970 km (befestigt)
Fernsehgeräte je 1000 Ew.: 166

MALAYSIA: WIRTSCHAFT

Malaysia hat seit dem Erreichen der politischen Unabhängigkeit im Jahre 1963 einen eindrucksvollen wirtschaftlichen Aufschwung erlebt. Doch trotz der großen wirtschaftspolitischen Anstrengungen seitens der Regierung zählt Malaysia mit einem jährlichen Pro-Kopf-Einkommen von 3600 US-Dollar (1998) immer noch zu den Entwicklungsländern. Dank seines gewaltigen natürlichen Reichtums ist das Land aber seit langem ein international sehr bedeutender Rohstofflieferant. Die Palette reicht von Zinn und Erdöl über Bauxit, Kupfer- und Eisenerz bis hin zu Gold und Silber sowie Nutz- und Edelhölzern. Von überragender Bedeutung für die malaysische Landwirtschaft ist die Erzeugung von Naturkautschuk – etwa 14 % der Weltproduktion – sowie von Palmöl, bei der Malaysia mit 60 % der weltweiten Produktion unschlagbar an der Spitze liegt.

Es kann deshalb auch nicht erstaunen, daß etwa 15 % von Malaysias arbeitsfähiger Bevölkerung noch in Landwirtschaft, Forstwirtschaft und Fischerei tätig ist. Der Arbeitsmarkt in diesem Sektor wird seit Jahren von einem chronischen Arbeitskräftemangel geplagt, vor allem im Plantagenwesen, wo die Entlohnung verhältnismäßig schlecht ist und die Arbeitszeiten lang sind. Viele Jugendliche kehren deshalb der Agrarwirtschaft den Rücken und wandern in die städtischen Industrien ab, deren Aufbau die Regierung von Kuala Lumpur seit vielen Jahren intensiv fördert, um das rohstoffreiche Land wirtschaftlich zu diversifizieren und zu modernisieren. Um diesen Arbeitskräfteschwund wenigstens teilweise wettzumachen, müssen immer mehr Plantagen Gastarbeiter vor allem aus Indonesien und Thailand einstellen. Laut Schätzungen sollen bereits etwa 1 Million Gastarbeiter, größtenteils Schwarzarbeiter, in Malaysia leben und arbeiten.

Industrialisierungspolitik

Den intensiven Industrialisierungsmaßnahmen ist es auch zuzuschreiben, daß der Wert des Primärsektors innerhalb der malaysischen Volkswirtschaft seit Jahren abnimmt. In der Zeit von 1976–1998 reduzierte sich der Anteil der Agrarwirtschaft am Bruttoinlandsprodukt von rund 25,4 auf 13 %, während derjenige der Industrie von 18,3 auf 44 % anstieg. Seit 1987 leistet die Industrie sogar einen höheren Beitrag zum Bruttosozialprodukt als die Landwirtschaft. In einzelnen Gewerbezweigen, wie etwa bei der Produktion von Elektrogeräten und Mikrochips, hat sich Malaysia sogar zu einem international bedeutenden Hersteller entwickelt. Die einst romantische Insel Pinang (Penang), die früher fast ausschließlich vom Zinnabbau und Tourismus lebte, wird heute sogar schon als Malaysias »Silicon Valley« bezeichnet.

Dieser beachtliche Erfolg ist das Resultat einer sehr gezielt verfolgten wirtschaftlichen Exportstrategie. Ähnlich wie die anderen Mitglieder der ASEAN, der Vereinigung südostasiatischer Nationen, bemüht sich auch Malaysia, viele ausländische Unternehmen ins Land zu bringen. Seit Jahren offeriert Kuala Lumpur fremden Unternehmen großzügige steuerliche Anreize. Die Existenz einer gut ausgebildeten und relativ billigen Arbeitnehmerschaft, die zudem meist Englisch spricht, ließ Malaysia zu einem kostengünstigen Produktionsstandort für internationale Unternehmen werden. Mit der Etablierung von zollfreien Exportzonen für die ausländische Industrie schuf die Regierung zusätzliche wirtschaftliche Anreize.

Überschattet wird der ökonomische Erfolg allerdings durch die überaus großen Einkommens- und Besitzunterschiede. Im Zentrum des Konfliktes steht die Tatsache, daß die Malaien, die über die Hälfte der Bevölkerung ausmachen, bloß etwa 15 % der malaysischen Gesamtwirtschaft in Händen halten. Der weitaus größere Teil liegt im Besitz der geschäftstüchtigen Chi-

Kautschuk

Kautschuk (links) wird in ganz Malaysia auf Plantagen erzeugt und in kleinen, nahegelegenen Fabriken (rechts) verarbeitet. Der Milchsaft (Latex) der Bäume wird gefiltert und zur Verfestigung (Koagulation) mit Säure (1) gemischt. Die Masse wird in Bänder (2) getrennt und getrocknet – erst mit Walzen (3) und anschließend in einem Lufttunnel (4). Zuletzt werden die Kautschukblöcke für den Export verpackt (5).

MALAYSIA

nesen, die allerdings nur etwa 30 % der Einwohner stellen. Um diese Diskrepanzen zu korrigieren, initiierte die Regierung Maßnahmen und Gesetze, welche die Malaien in fast allen Wirtschafts- und Sozialbereichen bevorteilen. Die Kehrseite der Medaille ist aber, daß auf diese Weise alle Nicht-Malaien benachteiligt und in ihrer wirtschaftlichen Aktivität eingeschränkt werden.

Diese entwickelte sich zu einem wirtschaftlichen Bremsklotz. Auch wenn die Mehrheit der Bevölkerung und selbst weite Kreise der Nicht-Malaien im Lande dieses Umverteilungskonzept grundsätzlich billigten, verurteilen sie doch die starre Handhabung dieser Politik. Einzelne investitionshemmende Bestimmungen wurden von der Regierung auch wieder modifizieren. Um das Wachstum der Wirtschaft, speziell der Industrie zu sichern, hat die Regierung in der Vergangenheit ständig in die Entwicklung der

Arbeiter in einem Sägewerk *(links)* bei der Pause. Obwohl von Kahlschlag bedroht, sind die Wälder Malaysias noch unermeßlich groß. Tropische Hölzer wie Mahagoni gehören zu den wichtigsten Ausfuhrprodukten.

Ein chinesischer Laden *(oben)* in George Town auf Pinang bietet ein buntes Warenspektrum an. Die Chinesen beherrschen große Bereiche der Wirtschaft, was zu Spannungen mit der malaiischen Bevölkerung führt.

Mit einem Wasserbüffel als Zugtier *(rechts)* eggen zwei Jungen ein Reisfeld. Die mit staatlicher Hilfe entstandenen Bewässerungsanlagen für den Reisanbau haben das Land bezüglich dieses Grundnahrungsmittels fast autark gemacht.

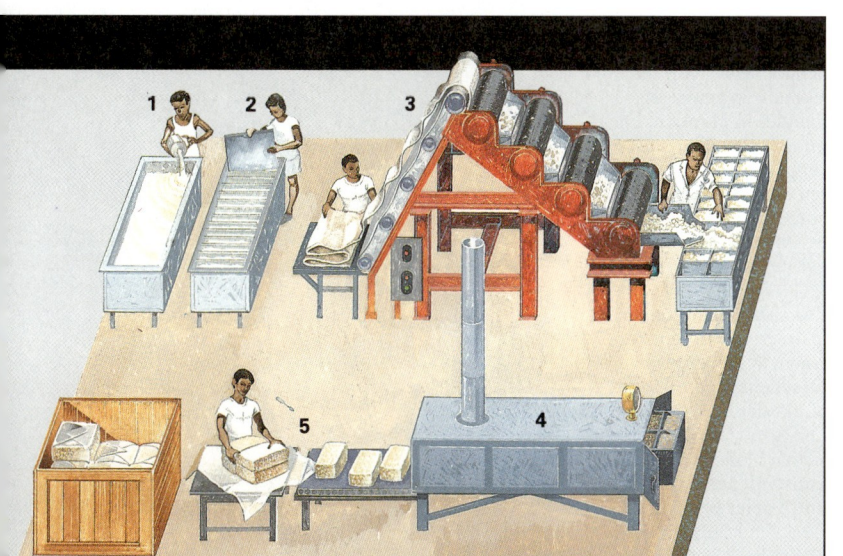

Infrastruktur investiert. Neben einem guten Straßennetz verfügt das Land über fünf internationale Flughäfen (Subang, Penang, Senai, Kota Kinabalu, Kuching) und über fünf große Seehäfen (Port Kelang, Penang, Pasir Gudang, Kuantan Bintulu), die sämtlich für den Containerverkehr ausgerüstet sind.

Penang – touristische »Perle des Orients«

Die touristische Attraktivität von Penang beruht auf dem wohl beispiellosen Nebeneinander großartiger chinesischer, indischer, malaiischer und anderer Kultstätten, ergänzt durch ein angenehmes Klima und paradiesische Strände. Das Leben in der Hauptstadt George Town wird von Chinesen bestimmt, die eine stets geschäftige Atmosphäre verbreiten. Im nach wie vor ländlich geprägten Hinterland der Insel leben hauptsächlich Malaien in Kampong-Siedlungen.

MALAYSIA

Die Urbewohner des Landes

Sie nennen ihn »Orang Asli«, wörtlich den »eingeborenen Menschen«. Er hat häufig negroide Gesichtszüge, braunes gekraustes Haar und einen dunklen Teint. Man begegnet ihm nicht in den Städten Malaysias, selbst auf dem Lande kann man ihn kaum antreffen. Seine Heimat ist vielmehr der Regenwald. Dort lebt er seit Jahren in eigens für ihn geschaffenen Reservaten. Wer ihn besuchen will, bedarf einer offiziellen Bewilligung. Denn die Regierung wacht darüber, daß kein Unbefugter sich diesen Eingeborenenreservaten nähert.

Die Orang Asli sind nur eine von Malaysias zahlreichen ethnischen Minoritäten. Im Gegensatz zu anderen Minderheiten sind sie aber die eigentlichen Urbewohner des Landes. Seit tausenden von Jahren im malaiischen Dschungel lebend, wurden die Orang Asli nach und nach von den im 2. Jahrhundert vor unserer Zeitrechnung aus Indonesien, insbesondere aus Sumatra, einwandernden Malaien verdrängt. Heutzutage leben nur noch etwa 65 000 Orang Asli in ganz Malaysia. Diese unterteilen sich zudem in mehrere Volksgruppen. Die beiden wichtigsten Stämme sind die 40 000 Senoi und die Negritos, die älteste Bevölkerungsgruppe, die überwiegend in Malaysias nördlichen Regenwaldzonen lebt. Die traditionelle Wohnform der Ureinwohner ist das auf Pfählen errichtete Langhaus, in welchem bis zu fünfzig Familien unter einem Dach leben.

Doch mit fortschreitender wirtschaftlicher Entwicklung schrumpfte der tropische Regenwald auf der Malaiischen Halbinsel, und die Orang Asli wurden in die von der Regierung bereitgestellten Reservate umgesiedelt. Malaysias neue Herren, die sich in Abgrenzung von den viel später zugewanderten Chinesen selbstherrlich als »Bumiputras« (»Söhne der Erde«) bezeichnen, zeigen wenig Sympathie für die in einer steinzeitlichen Lebensweise verharrenden negroiden »Eingeborenen«.

Statistisch gesehen sind die Orang Asli heutzutage nur noch ein sehr unbedeutender Stein in Malaysias buntem Mosaik der Rassen, welches von drei Hauptgruppen dominiert wird: 58 % der Einwohner sind Malaien, rund 27 % Chinesen und weitere 8 % der Bevölkerung fallen unter die Kategorie »Inder«, eine ethnische Bezeichnung, unter der die Einwanderer aus Indien, Pakistan, Bangladesch und Sri Lanka zusammengefaßt werden. Sie kamen mit einer Einwanderungswelle ab 1880 ins Land. Die wenigen verbleibenden Prozente teilen sich unzählige Minoritäten, die von den Orang Asli bis hin zu den Regenwaldstämmen der Iban und der Land-Dajak in Sarawak sowie der Kandazan und Bajau in Sabah reichen. Auch wenn diese Minderheiten zahlenmäßig kaum ins Gewicht fallen, so spielen sie vor allem in dem dünnbesiedelten Ostmalaysia, wo die Ureinwohner die Bevölkerungsmehrheit bilden, eine zunehmend wichtigere politische Rolle.

Keramikkacheln *(oben)* am Eingang eines Hauses in Malakka sind ein Vermächtnis der Holländer. Einst wichtigster Hafen Südostasiens, war Malakka das Tor, durch das der Islam im späten 15. Jahrhundert aus Westen nach Malaysia drang.

Ein Iban (See-Dajak) in Sarawak *(rechts)* hält den Schädel eines von seinen Vorfahren getöteten Feindes in Händen. Die kunstvollen Tätowierungen des Mannes waren einst nur Kriegern vorbehalten, die bei Stammesfehden Gegner getötet hatten.

Zwei malaiische Jungen *(ganz rechts)* radeln zu einem Wettkampf im Drachensteigen, Höhepunkt der Feste an der Ostküste der Malaiischen Halbinsel. Die kunstvoll aus Bambus und Papier gefertigten Drachen können über 450 m hoch steigen.

MALAYSIA

Geschäfte, die Räucherstäbchen *(oben)* und andere Gegenstände für die chinesische Andacht verkaufen, sind in der Nähe der chinesischen Tempel besonders zahlreich. Etwa 27 % der malaysischen Bevölkerung sind chinesischer Abstammung.

Rassen und Religionen

Die Rassenvielfalt beschert Malaysia eine ganze Reihe von Feiertagen. Neujahr beispielsweise wird in Malaysia alljährlich mehr als einmal gefeiert: Mit Rücksicht auf die Christen findet es am 1. Januar statt, die malaiisch-islamische Mehrheit zelebriert ihr Neujahr jeweils am Ende der Fastenzeit, während die Chinesen ihre farbenfrohen und geräuschvollen Festivitäten meistens im Februar abhalten. Für die Inder beginnt das neue Jahr im Oktober. Die Regenwald-Minoritäten folgen nochmals ganz anderen Regeln: Für die Dajak in Sarawak beispielsweise stellt sich das neue Jahr nach der Ernte im Mai oder Juni ein.

Malaysias Verfassung garantiert Religionsfreiheit. Trotzdem hat der Islam, zu dem sich über die Hälfte der Bevölkerung bekennt, den Status einer Staatsreligion. So ist etwa eine gewisse Islamisierung in Verwaltung und Justizwesen nicht zu verkennen. Die politisch dominierenden Malaien, aber auch einige Inder und Chinesen sind Moslems. Die meisten Chinesen sind jedoch Buddhisten oder Taoisten und die Inder überwiegend Hindus. Ferner gibt es eine verhältnismäßig starke Minderheit von Christen. Die Dajak sind noch Anhänger von Naturreligionen.

An der Oberfläche herrscht Harmonie zwischen den verschiedenen Rassen und Religionen. Diese äußerlich friedliche Koexistenz kann jedoch nicht darüber hinwegtäuschen, daß die wirtschaftlichen, politischen und religiösen Rivalitäten zwischen den ethnischen Gruppen beachtlich sind. Besonders der Konflikt zwischen den geschäftstüchtigen Chinesen und der ökonomisch relativ im Hintertreffen liegenden malaiischen Mehrheit ist chronischer Natur. Auch fürchten seit der offiziellen Festlegung der malaiischen Sprache »Bahasa Malaysia« zur Nationalsprache viele Nicht-Malaien um ihr eigenes kulturelles Erbe.

MALAYSIA: KULTURELLES ERBE

Eine der größten Attraktionen für den Touristen, der Malaysia erkundet, ist der Marktplatz. Der »pasar minggu« (Wochenmarkt) und der beleuchtete »pasar malam« (Nachtmarkt) haben keinen festen Standort – sie wechseln von einer Straße oder offenem Platz zum anderen. Ob traditionell oder modern eingestellt, hier treffen sich die Chinesen, Inder und Malaien. Zwischen Paraffinkannen und billigen Plastikprodukten wird der Besucher auch altherkömmliche Waren finden, wie die berühmten mit schillernd-farbigen Mustern bedruckten Batikstoffe, kunstvolles Metallhandwerk, Bambusschnitzereien und die wunderbaren »wau« oder Drachen, die hier kein Kinderspielzeug sind, sondern Teil eines Wettkampfsportes der Erwachsenen. Er trifft aber auch Schlangenbeschwörer, Tanzbären, Wahrsager oder Verkäufer chinesischer Medizin, die zum Beispiel getrocknete Geweihe oder präparierte Schildkröten anbieten.

Der Markt ist ein trefflicher Einstieg in ein Land, dessen Geschichte vom Handel geprägt wurde. Seit frühester christlicher Zeit benutzten chinesische und indische Kaufleute die Halbinsel als günstigen Zwischenaufenthalt für ihre Schiffe. Hier konnten sie vor den Monsunwinden Schutz finden und auch solch fremdländische Waren kaufen wie Gold und Gewürze, Rhinozeroshorn, aromatische Hölzer und eßbare Vogelnester. Zudem erkannten sie, daß ein Weg quer durch die Halbinsel es ihnen ermöglichte, den Piraten zu entgehen, die die Straße von Malakka bedrohten.

Diese Händler übten einen großen Einfluß auf die Entwicklung der malaiischen Kultur aus. Die Eingeborenen hatten als halbnomadische Bauern von Landwirtschaft und Fischerei gelebt. Durch die Händler kamen Einflüsse von außen in das Land, welche die malaiischen Gesetze, das politische System und die gesellschaftlichen Bräuche prägten. Mit ihnen kam auch der Hinduismus, der Buddhismus und vor allem der Islam nach Malaysia.

Der Handel brachte Wohlstand und ließ entlang der Küste Siedlungen entstehen, von denen einige blühende Handelsmetropolen wurden. Die wichtigste davon war Malakka, das sich im frühen 15. Jahrhundert unter dem Prinzen Paramesvara († 1424) aus Sumatra zu einem Machtzentrum entwickelte. Unter seiner Herrschaft wurde Malakka 1409 vom Kaiser von China zum Königreich erklärt; der Paramesvara wurde als unabhängiger König anerkannt, der einzig China Treue geloben mußte. Eine Ahnung von Malakkas Bedeutung zu jener Zeit wird aus der Tatsache ersichtlich, daß um 1460 Händler in den Bazaren in 84 verschiedenen Sprachen Tauschhandel trieben.

Im Jahre 1509 hatte die strategische Bedeutung von Malakka die Aufmerksamkeit der Portugiesen geweckt, die das Königreich 1511 eroberten. Um rivalisierenden Großmächten zu widerstehen, errichteten sie das mächtige Fort

A Famosa (»Das Ruhmreiche«), das 130 Jahre lang allen Angriffen standhielt, bis die Niederländer die Festung 1641 eroberten und fast zwei Jahrhunderte lang besetzt hielten. Im Jahr 1824 übergaben sie es den Briten im Austausch für Bencoolen, das auf der anderen Seite der Schiffahrtsstraße lag. Da auch Pinang und Singapur bereits unter britischem Einfluß standen, breitete sich die Macht der Ostindischen Handelsgesellschaft schnell über die gesamte Malaiische Halbinsel aus. Es waren Briten, die das Fort A Famosa zerstörten, und heute erinnert nur noch der große steinerne Torbogen, die Porta de Santiago, an die portugiesische Herrschaft.

Um 1930 standen alle malaiischen Staaten der Halbinsel unter britischem Protektorat, aber innerhalb weniger Jahre entwickelte sich das Streben nach malaiischer Unabhängigkeit, das 1957 in der Geburt der »Föderation von Malaya« gipfelte. 1963 wurde Malaysia geschaffen, das Malaya, Singapur, Sabah und Sarawak umfaßte. Singapur verließ 1965 die Föderation.

Kulturvielfalt

Wohin der moderne Tourist in Malaysia auch schaut, erblickt er Spuren fremder Zivilisationen. Der Islam, heute die Staatsreligion, ist im Grunde das Vermächtnis von arabischen Händlern. Der schwermütige Gesang des Muezzins, der die gläubigen Moslems zum Gebet ruft, die alles umhüllenden »tudungs«, die von vielen moslemischen Frauen getragen werden, und die prachtvollen Moscheen sind noch heute sichtbare Zeugnisse dieser Kultur. Ein Beispiel ist die Moschee Sultan Abu Bakar in Johor Baharu, ein prächtiges weißes Gebäude, in dem bis zu 2000 Gläubige Platz finden. 1900 fertiggestellt, dauerten die Bauarbeiten fast acht Jahre. Man sagt, sie sei die schönste aller moslemischen Moscheen.

Eine Malaiin *(oben links)* vollführt die letzten Handgriffe an einem wau-Drachen. Die Drachen spielen eine wichtige Rolle in der kulturellen Tradition Malaysias. Man läßt sie oft bei Festen steigen, die dem wichtigen Reisgott gewidmet sind.

Galeonen im portugiesischen Stil *(ganz links)* im Hafen von Malakka gehören zu den Feiern anläßlich des Sankt-Peter-Tags. Erinnerungen an Macht und Ruhm der portugiesischen Herrschaft werden in der ehemaligen Kolonie gepflegt.

Die abendliche Skyline von Kuala Lumpur mit den 1997 fertiggestellten Petronas Towers *(oben)*. Die 450 Meter hohen Türme sind die höchsten Gebäude der Welt und symbolisieren die aufstrebende Wirtschaftskraft Malaysias.

Malaien mit Hinduvorfahren *(links)* nehmen am Thaipusam-Fest teil. Diese Zeremonie, die heute in Indien verboten ist, findet in Malaysia jedes Jahr Anfang Februar, z. B. in den Batu Caves genannten Höhlen bei Kuala Lumpur, statt.

Die indische Kultur und hinduistische Religion haben ebenfalls ein bedeutendes Erbe hinterlassen, das vielleicht am eindrucksvollsten zum Ausdruck kommt im jährlich stattfindenden Thaipusam-Fest, das heute in Indien selbst verboten ist. Bei diesem Fest zu Ehren des Gottes Muruga, auch Subramanyam genannt, durchbohren reuige oder dankbare Pilger ihre Wangen und Zungen mit Speeren, bevor sie sich auf den langen Weg zum Tempel des Gottes machen. Ein weiteres Beispiel einer Religion, deren Ursprung in einem anderen Land liegt, ist der Schlangentempel auf Pinang. Hier bewegen sich Betende vertrauensvoll zwischen Scharen von giftigen Schlangen, die als Vettern des mythologischen chinesischen Drachens verehrt werden.

Jenseits dieser Welten von Moscheen und Tempeln ist jeder Aspekt des malaysischen Lebens von einer Vielfalt äußerer Einflüsse geprägt, die so eine einzigartige Atmosphäre schaffen. Nur hier kann der Besucher von der chinesischen Oper zu einem dörflichen Spinnwettbewerb gelangen, oder zum »wayang kulit«, einem Schattenspiel mit Stabpuppen, das sich aus der indischen Tradition herleitet. Moderne Bühnenaufführungen, bei denen Kriegstrommeln aus Borneo bei ultraviolettem Scheinwerferlicht geschlagen werden, drücken die harmonische Verschmelzung der vielen Traditionen Malaysias aus.

MALAYSIA: LANDESNATUR

Das im Herzen Südostasiens gelegene Malaysia besteht aus zwei durch das Südchinesische Meer voneinander getrennten Landesteilen, West- und Ostmalaysia, die selbst an der nächstgelegensten Stelle über 600 km voneinander entfernt sind. Westmalaysia umfaßt die Südspitze der Malaiischen Halbinsel, Ostmalaysia nimmt mit den beiden Bundesstaaten Sabah und Sarawak den Nordteil der Großen Sundainsel Kalimantan (Borneo) ein.

Westmalaysia wird in Fortsetzung der hinterindischen Zentralkette von einem nordsüdlich streichenden Gebirgssystem durchzogen, zwischen dessen zwei parallelen Hauptbögen einige kleinere, gestaffelte Gebirgsketten liegen. Das gesamte Gebirgsland, dessen höchste Erhebung der 2190 m hohe Gunung Tahan in der Perakkette bildet, ist von dichtem, artenreichem tropischem Regenwald bedeckt und wird von landschaftlich reizvollen Tälern durchzogen. Hügelländer und sumpfige Küstentiefländer säumen auf beiden Seiten die Gebirgsregion. Auch diese Tiefländer waren ursprünglich von dichten Regenwäldern bestanden, die im Westen jedoch weitgehend den Kautschukplantagen weichen mußten.

Das von tropischen Regenwäldern bedeckte Ostmalaysia weist ähnliche Oberflächenformen auf wie der westliche Landesteil. Auch hier erhebt sich im Landesinneren eine zentrale Gebirgslandschaft, die sich in mehrere Gebirgsgruppen gliedert. Von Westen nach Osten folgen das Kelingkan-, das Kapuas- und das Irangebirge aufeinander, die mit durchschnittlich 1000 bis 1500 m Höhe die Grenzgebirge Sarawaks und gleichzeitig die Wasserscheide zu den Flußsystemen des indonesischen Inselteils bilden. Die bedeutendste Erhebung bildet im äußersten Norden von Sabah das Massiv des Mount Kinabalu, der mit 4101 m nicht nur der höchste Berg Malaysias, sondern von ganz Südostasien ist. Im mittleren Sarawak und im südlichen Sabah gehen die Gebirgsketten in Plateauflächen über, die von einem außerordentlich dichten Gewässernetz durchzogen werden und daher stark zertalt sind. Der Gebirgs- und Plateauregion ist ein schmaler, lediglich im mittleren Sarawak an Breite gewinnender Küstensaum vorgelagert, dessen weithin versumpftes Tiefland nur an wenigen Stellen von Hügeln und Steilküsten unterbrochen wird. Vor allem Sabah weist einen reichgegliederten Küstenverlauf auf.

Klima

Durch die Lage in der inneren Tropenzone und durch die Nähe zum Meer wird das Klima das ganze Jahr über von feucht-warmen, maritimen Luftmassen bestimmt. Die Tageslängen weisen nur unwesentliche Schwankungen auf, und während des ganzes Jahres ist es gleichmäßig warm. In den Küstengebieten liegen die Tageshöchstwerte zwischen 21 °C und 32 °C. In den höheren Lagen sind die Temperaturen zwar niedriger, doch bleibt auch hier die Jahresschwankung gering. Die relative Luftfeuchtigkeit ist im allgemeinen hoch. Sie liegt bei etwa 80 %, d. h. es ist tropisch schwül.

Regenwald in Gefahr

Sarawak ist die Heimat des ältesten tropischen Regenwaldes unserer Erde. Er beherbergt eine Vielzahl wilder Tiere, die vom bunten und in seiner Schönheit bestechenden Nashornvogel, dem Wahrzeichen des Gliedstaates Sarawak, über Raubkatzen und Honigbären bis hin zum Orang-Utan, dem wohl intelligentesten und faszinierendsten aller Urwaldprimaten, reicht. Der größte Feind dieses »Waldmenschen«, wie die malaiische Bezeichnung Orang-Utan wörtlich übersetzt heißt, ist der moderne »Homo oeconomicus«, denn die von Profitgier getriebenen Menschen treiben einen Raubbau, dem allein in Sarawak täglich bis an die zweihundert Hektar Regenwald zum Opfer fallen. Wenn man diesem Kahlschlag nicht rasch Einhalt gebietet, wird es nach Berechnungen von Fachleuten in naher Zukunft in Ostmalaysia fast keinen Urwald mehr geben.

Schon heute sind viele Urwaldstämme bereits aus dem Regenwald vertrieben. Ihr angestammter Lebensraum mußte den Interessen einer politisch und wirtschaftlich einflußreichen Holzwirtschaft weichen. Eine erste unmittelbare Konsequenz dieses Raubbaus ist schon heute in ganz Malaysia deutlich sichtbar. Die Bodenerosion nimmt rasch zu, und bei jedem tropischen

Hohe Kokospalmen *(unten)* wiegen sich an der Nordküste der Malaiischen Halbinsel im Wind. Die Holzhäuser in den Dörfern in Marang werden auf Pfählen errichtet, um während der Monsunregen vor Hochwasser geschützt zu sein.

Der 4101 m hohe Mount Kinabalu *(rechts)* liegt im äußersten Norden des malaysischen Teilstaates Sabah. Er ist der höchste Berg zwischen Neuguinea und dem Himalaya. Bei klarer Sicht kann man von ihm aus im Norden die Philippinen erblicken.

MALAYSIA

Die Fahrt zur Schule *(oben)* führt an der Ostküste von Malaysia streckenweise durch Regenwald. In diesem tiefliegenden Gebiet gibt es auch Sümpfe, in denen vor allem Mangroven wachsen.

Rinder *(unten)* werden von den malaiischen Bauern in erster Linie zur Fleischversorgung gehalten. Sie setzen die Rinder aber auch als Zugtiere bei der schweren Arbeit auf den Reisfeldern ein.

Regenguß werden wertvolle Teile der fruchtbaren Humusschicht hinweggeschwemmt. Die Flüsse transportieren immer mehr Schlamm ins Deltagebiet und die Flußläufe verbreitern sich rapide.

Dank Regierungsanstrengungen ist ein Stück tropischen Regenwaldes in Malaysia aber schon heute für die Zukunft gesichert: »Taman Negara«, der Nationalpark im Herzen Westmalaysias ist wohl die von Kuala Lumpur aus am raschesten erreichbare Regenwaldregion. Regelmäßige Führungen mit Übernachtungen im Park bieten den Besuchern einen Einblick in das Ökosystem dieses ca. 130 Millionen Jahre alten tropischen Regenwaldes. Mit etwas Glück lassen sich Tiger und Warane erblicken oder es marschiert eine Herde Elefanten vorbei. Selbst wer auf Malaysias modernen Hauptstraßen unterwegs ist, kann gelegentlich am Straßenrand wildlebende Affen beobachten, kann von Rieseneidechsen oder Gürteltieren aufgehalten werden, die die Straße überqueren, und selbst Riesenschlangen auf der in der Tropensonne gleißenden Autospur finden. Doch in dem Maße, wie die Industrialisierung fortschreitet und die Plantagenwirtschaft ausgebaut wird, verschwinden auch die tropischen Tiere. Die schon fast legendäre Geschichte aus dem letzten Jahrhundert, wonach ein malaiischer Expreßzug von einem Elefanten zum Entgleisen gebracht wurde, gehört wohl endgültig der Vergangenheit an.

Am langgestreckten Strand bei Tanjong Rhu *(ganz links)* auf der Insel Kuah kann man das farbenprächtige Schauspiel eines Sonnenuntergangs in Äquatornähe beobachten. Kuah gehört zur Langkawi-Inselgruppe nahe der thailändischen Grenze.

Die Batu Caves genannten Höhlen *(links)*, 13 km nördlich von Kuala Lumpur entstanden im Kalkgestein, aus dem der Untergrund großer Teile der Malaiischen Halbinsel besteht. In der Haupthöhle feiern die Hindus das Thaipusam-Fest.

901

MALAYSIA: TIERWELT

Die Tiere des Regenwaldes haben sich an das Leben in den riesigen Bäumen angepaßt. Zu ihnen gehört auch der asiatische Menschenaffe, der Orang-Utan oder »Waldmensch«, der die meiste Zeit seines Lebens in den Baumkronen verbringt. Orang-Utans leben in den Wäldern von Sarawak und Sabah. Heute zählen sie jedoch zu den bedrohten Arten und sind selten in freier Wildbahn zu sehen. Eine der größten Gefahren für Orang-Utans besteht darin, daß Muttertiere erschossen werden, um ihre Jungen an Zoos verkaufen zu können – oder sogar als exotische Haustiere. Inzwischen sind sie durch Gesetze geschützt, und die Regierung beschlagnahmt alle ungesetzlich gehaltenen Tiere mit dem Ziel, sie wieder in den Wäldern auszusetzen. Solche Jungtiere können aber ohne die Anleitungen ihrer Mütter kaum in den Wäldern überleben. Daher wurde 1964 ein Rehabilitationszentrum für diese Waisen in Sepilok, Sabah, gegründet. Hier und in einigen anderen Zentren werden gerettete Orang-Utans aufgezogen und über mehrere Jahre hinweg auf das Leben in der Wildnis vorbereitet.

Andere Primaten, die in Bäumen leben, sind die knollennasigen Nasenaffen und die anmutigen Schlankaffen sowie Gibbons, die kleinste Affenart. Gibbonaffen sind erstaunliche Akrobaten. Ihre langen, schlanken Glieder ermöglichen es ihnen, in einzigartiger Anmut durch die Baumkronen zu schwingen.

Einige Tiere haben eine Art des »Fliegens« entwickelt, um von Baum zu Baum zu gelangen. Dazu zählen die seltenen Riesengleitflieger oder Kolugos, seltsam aussehende Geschöpfe, die es seit rund 70 Millionen Jahren gibt. Ihre »Flügel« bestehen aus Hautgewebe, das Glieder und Schwanz mit dem Körper verbindet. Ausgebreitet scheint das Tier die Form eines Drachen zu haben, und aufgrund der »Flügel« kann es bis zu 64 m weit gleiten. Zu dieser Tierart gehören auch die Gleithörnchen, Eidechsen, die als Flugdrachen bekannt sind, und sogar eine fliegende Schlange. Obwohl ihr jegliche wirklichen Flugmechanismen fehlen, kann sie ihre Körperform, indem sie die Rippen nach außen stößt und den Bauch einzieht, so anpassen, daß sie über 14 m weit gleiten kann.

Zu den Tieren des Urwaldbodens zählen der ansehnliche Banteng (Wildrind), der Malaya-Gaur oder Seladang (Wildbüffel) und die eindrucksvollen schwarz-weißen Tapire sowie die Haarigel, auch Rattenigel genannt, deren entsetzlicher Gestank jedoch Jäger abschreckt. Die Raubtierarten umfassen katzenartige, gestreifte Zibetkatzen und Binturongs, mittelgroße Jäger, die zu den Mungos gehören, aber im Aussehen eher struppigen, schwarzen Türmatten mit großen gelben Augen ähneln, sowie Malaienbären, die die Eingeborenen für die gefährlichsten Tiere des Waldes halten. Der seltene Nebelparder, dessen malaiischer Name »rimau-dahan« (»Baumtiger«) auf seinen Lebensraum hinweist, ist mit seinen großen, schwarz-umrandeten Tupfern eine der am schönsten gezeichneten Katzen. Bedrohlich wirken die riesigen Netzpythons und die todbringenden Königskobras, die über 3,6 m lang werden können.

Zu den Insekten zählen über 900 Arten von Schmetterlingen, deren Namen so exotisch wie ihre Farben sind, sowie Weberameisen. Diese bauen ihre Nester aus Blättern, die mit Seide verbunden werden, die von ihren eigenen Larven abgesondert wird. Die älteren Ameisen »nähen« die Blätter zusammen, indem sie eine Larve im Kiefer halten und sie wie ein Webschiffchen hin- und herbewegen.

Zu den eindrucksvollsten Vogelarten gehören die Argusfasane mit ihren pfauenähnlichen Schwänzen und die Nashornvögel, wie jene Gattung des Schildhornvogels, dessen helmartigen Schnabelaufsätze von chinesischen Schnitzern begehrt sind, sowie der Rhinozerosvogel mit seinem hornförmigen Aufsatz auf dem Kopf. In den Höhlen des Dschungels machen Millionen von Salanganen aus ihrem eigenen klebrigen Speichel Nester, die von Händlern für die Vogelnestsuppe gesammelt werden.

Schutz im Nationalpark

Malaysias exotische Tierwelt ist seit Jahrhunderten vom Menschen ausgeplündert worden, nicht nur für die lebensnotwendige Jagd, sondern auch für den Handel mit »Zaubermitteln«: Rhinozeroshörner, Tigerbarthaare, Bezoarsteine aus den Mägen der Affen u. a. In jüngerer Zeit haben skrupellose Tierfänger viele Arten weiter dezimiert. Heute bemüht man sich, die bedrohten Tiere mit strengen Jagdgesetzen zu schützen. Elefanten oder Orang-Utans, die Ackerland verwüsten, versucht man anderswo anzusiedeln, statt sie zu töten. So wurden Nationalparks gegründet, wie Taman Negara im Zentralgebirge der Malaiischen Halbinsel und Mount Kinabalu in Sabah mit seinem eindrucksvollen, silbrig schimmernden Nebelwald.

Küstenreservate wurden zum Schutz der Schildkröten errichtet. Die östlichen Strände der Malaiischen Halbinsel sind berühmt als Eiablageplätze aller sieben bekannten Schildkrötenarten, einschließlich der riesigen Lederschildkröte, die bis zu 450 kg schwer und 1,8 m lang werden kann. Von den Tausenden in warmen Sandgruben gelegter Eier überlebt nur ein kleiner Prozentsatz junger Schildkröten, denn die Eier werden in riesigen Mengen von der Bevölkerung gesammelt, nicht nur zum Essen, sondern auch als angebliche Medizin. Schildkröten betreiben keine Brutpflege und die Jungtiere, die aus den übriggebliebenen Eiern schlüpfen, sind auf dem Weg zum Meer durch Raubvögel, Krebse und Insekten gefährdet. In dem Bemühen, diese Kreaturen zu beschützen, sammeln Fischereiaufseher jedes Jahr 40 000 Eier und hüten sie bis zum Schlüpfen in Brutanstalten. Ausgewachsene Schildkröten werden auch wegen ihres schmackhaften Fleisches und der Hornsubstanz ihres Panzers getötet.

Die Tierwelt Malaysias (unten) umfaßt viele charakteristische Arten Südostasiens, wie den Schabrackentapir (7) und eine Vielfalt von Schmetterlingen (1, 9, 10). Orang-Utan (3), Gibbon (6), Riesengleitflieger, die Kolugos (5) und Flugdrachen (13)

MALAYSIA

Schildkröten *(links)* auf Pinang. Auch die riesigen Lederschildkröten kommen alljährlich zur Eiablage zu den malaiischen Stränden. Doch von den Tausenden in Sandgruben abgelegten Eiern schlüpft und überlebt nur ein ganz geringer Teil.

Eine großartige Netzpython *(ganz links)* döst auf einem Ast. Diese Schlangen können bis zu einer Länge von neun Metern heranwachsen. Sie töten ihre Beute, Vögel und kleine Säugetiere, indem sie sie durch Umschlingen ersticken.

leben hoch in den Bäumen, während die krabbenfressenden Javaneraffen (2) in Flußnähe leben. Am Boden ist der Tiger (4) unumstrittener König, während das Krokodil (8) das Wasser kontrolliert. Der Netzpython (11) dienen viele der kleinen Säugetiere, wie der Binturong (15), der Bänderlinsang (14) und der nachtaktive Große Haarigel (16) als Nahrung. Zur Vogelwelt gehören der Argala-Marabu (12) und der Nashornvogel (17).

MALEDIVEN

Die Malediven – das Reich der tausend Inseln – liegen in den tropischen Gewässern des Indischen Ozeans, auf einem unterseeischen Bergrücken. Wie Stecknadelköpfe verlieren sich die vielen aus Korallenkalk gebildeten Inseln in der Weite des Indischen Ozeans, wo sie sich über eine Nord-Süd-Entfernung von ca. 760 km und eine West-Ost-Entfernung von ca. 130 km verteilen. Kaum eine der rund 2000 Inseln ist länger als 2 km und zusammen mißt ihre Landfläche nur 298 km². Die Zahlen schwanken, da ständig Inseln vom Meer zerstört und andere von Korallen neu gebildet werden.

Die tropischen Gewässer des Indischen Ozeans – warm, sauerstoffreich und lichtdurchflutet – bilden den idealen Lebensraum für Korallen, die mit ihren Bauten aus abgestorbenem und lebendem Material die sogenannten Atolle bilden. Für die Malediven sind die ringförmigen Korallenriffe typisch, die aus zahlreichen kleinen Inseln bestehen und als Musterbeispiel der Atolle gelten. Daher wird auch die englische Bezeichnung »atoll« auf das maledivische Wort »atholhu« zurückgeführt.

Das Klima der Malediven ist, bedingt durch die Lage am Äquator, ganzjährig tropisch warm mit ausgeglichenen Temperaturen von durchschnittlich 28 bis 29 °C. Die Luftfeuchtigkeit ist relativ hoch, und die Zeit der sommerlichen und winterlichen Monsunwinde bringt ausgiebige Niederschläge. Die Vegetation auf dem nahezu unfruchtbaren Korallenboden ist sehr einseitig: Die Kokospalme prägt das Erscheinungsbild der Malediven. Es herrscht dagegen Artenreichtum unter Wasser. In den seichten tropischen Gewässern liegt der Zauber der Inselwelt der Malediven und die Haupterwerbsgrundlage der Bevölkerung.

Die meisten Inseln sind unbewohnt. Auf nur 191 Inseln verteilen sich die 278 000 Einwohner. Rund ein Viertel aller Malediver lebt allein auf der Hauptstadt-Insel Male. Sie ist politischer, kultureller und wirtschaftlicher Mittelpunkt der Inselrepublik. Das Wachstum der Bevölkerung, ausnahmslos Moslems, übt einen enormen Druck auf die natürlichen Ressourcen aus. Zum wichtigsten Wirtschaftszweig mit zahlreichen neuen Arbeitsplätzen und hohen Deviseneinnahmen hat sich seit Beginn der 70er Jahre der Tourismus entwickelt. Vor allem die Europäer haben dieses tropische und exotische Ferienparadies mit blauem Meer, weißen Sandstränden und heißer Sonne entdeckt. Aber der Tourismus bringt neben den Erwerbsmöglichkeiten für die konservativ und traditionell lebenden

Daten und Fakten

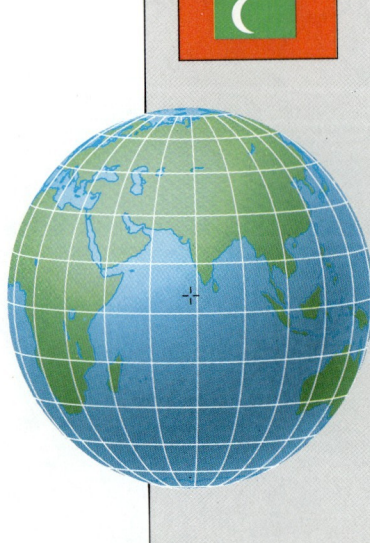

DAS LAND
Offizieller Name: Republik Malediven
Hauptstadt: Male
Fläche: 298 km²
Landesnatur: 2000 Koralleninseln, die in Atollen zusammenliegen, 220 bewohnt
Klima: Tropisch mit hoher Temperatur u. Luftfeuchtigkeit
Höchster Punkt: Auf Wilingili Island 24 m
DER STAAT
Regierungsform: Präsidiale Republik
Staatsoberhaupt: Staatspräsident
Verwaltung: 20 Distrikte und Hauptstadtdistrikt

Parlament: Einkammerparlament mit 42 für 5 Jahre gewählten u. 8 vom Staatspräsidenten ernannten Abgeordneten
Nationalfeiertag: 26. Juli
DIE MENSCHEN
Einwohner (Ew.): 278 000 (1999)
Bevölkerungsdichte: 933 Ew./km²
Stadtbevölkerung: 27 %
Analphabetenquote: 7 %
Sprache: Maledivisch (Divehi), Englisch
Religion: Moslems
DIE WIRTSCHAFT
Währung: Rufiyaa

Bruttosozialprodukt (BSP): 323 Mio. US-$ (1998)
BSP je Einwohner: 1230 US-$
Inflationsrate: 8,2 % (1990-98)
Importgüter: Erdölprodukte, Reis, Zucker, Getreide
Exportgüter: Fische u. Fischprodukte, Kopra, Kokosfasern
Handelspartner: Großbritannien, Sri Lanka, Japan, Indien
Fernsehgeräte je 1000 Ew.: 36

Aus der Luft (links) erkennt man die Koralleninseln. Das leuchtende Weiß der Sandstrände bildet einen Gegensatz zum Blau des Meeres. Seit längerer Zeit macht man sich Sorgen über die Folgen eines möglichen Anstiegs des Meeresspiegels, verursacht durch die anhaltende Erwärmung der Erde, was die nur wenige Meter über die Wasseroberfläche ragenden Malediven bedrohen könnte. Nahe von Male wurde eine 42 km² große Insel aufgeschüttet, um im Notfall 100 000 Menschen Zuflucht zu bieten.

diven gekrönt wurde. Er wurde 1153 zum Islam bekehrt und regierte als erster von 93 Sultanen.

Im Verlauf ihrer Geschichte widerstanden die Malediven häufigen inneren Machtkämpfen und behaupteten ihre Souveränität auch gegenüber ausländischen Mächten, darunter Portugiesen, Niederländer, Franzosen und Briten, die schließlich vorzeitig am 26. Juli 1965 ihr Protektorat über die Malediven abtraten. Noch drei Jahre länger war der letzte Sultan an der Macht, dem ab 1968 Präsident Nasir und ab 1978 (letzte Wiederwahl 1998) der heutige Präsident Maumoon Abdul Gayoom (* 1937) folgte.

Heute ist der unabhängige Zwergstaat ein strategisch wichtiger Partner im Bündnis der südasiatischen Gemeinschaft für regionale Zusammenarbeit. Die Malediven steuern einen Kurs strikter Blockfreiheit und Neutralität, ohne damit die intakten Beziehungen zu den islamischen Bruderländern wie auch zu den Großmächten in West und Ost zu belasten.

islamischen Malediver auch eine starke Gefährdung und Überfremdung ihrer kulturellen Identität. Der Staat verfolgt deshalb konsequent als oberstes Gebot des Fremdenverkehrs die klare Trennung der Fremden von den Einheimischen. Für den Tourismus werden nur unbewohnte Inseln bereitgestellt.

Bekannt waren die Malediven schon im Altertum, was aus historischen Belegen von Schiffbrüchigen und Weltenbummlern hervorgeht. Singhalesen sollen die Insel als erste besiedelt haben. Überreste von Dagobas deuten darauf hin, daß die Bevölkerung buddhistisch war. Ab dem 9. Jahrhundert gelangten zunehmend arabische Einflüsse auf die Malediven. Anfang der belegten Geschichte ist das Jahr 1141, als ein ceylonesischer Prinz zum König über die Male-

Die Inseln (rechts), aus denen Asiens kleinstes Land besteht, reihen sich wie Perlen auf einer Kette. Male ist die Hauptstadt des Landes und hat etwa 63 000 Einwohner. Von den rund 2000 Inseln sind nur 191 ständig bewohnt. Zu den wichtigsten Wirtschaftszweigen zählen Fischfang und Fischverarbeitung sowie der wachsende Fremdenverkehr.

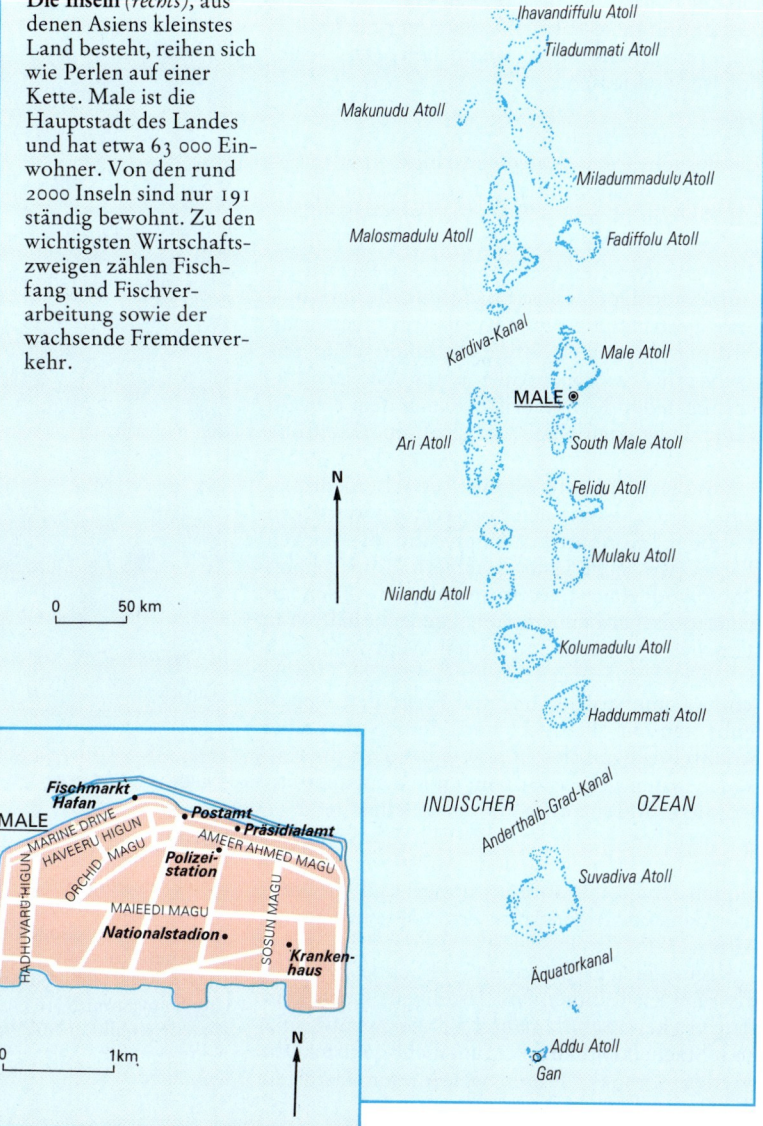

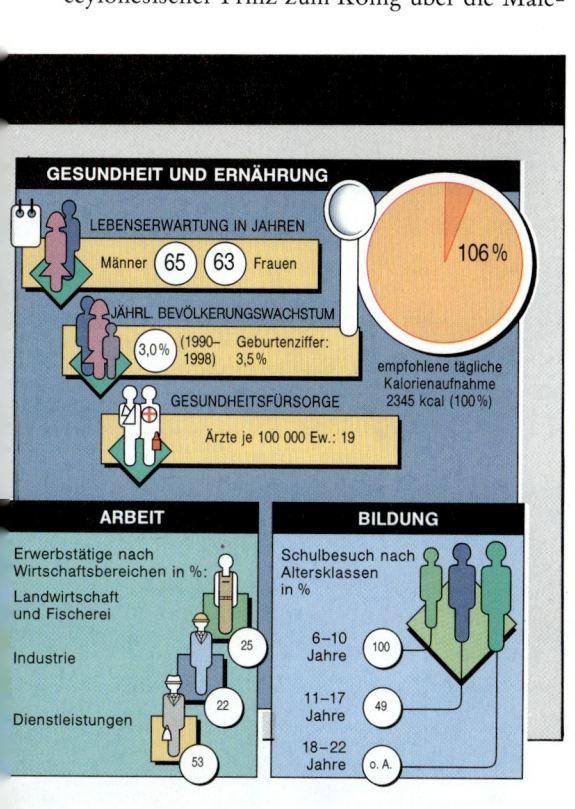

MALEDIVEN: UNTERWASSERWELT

Die Malediven sind das klassische Atollgebiet unserer Erde. Von hier stammen die ersten Beschreibungen dieser ringförmigen Korallenriffe, und nirgendwo anders findet man eine solche Anhäufung von Riffringen wie gerade hier. In den Malediven liegt auch das größte Atoll der Erde, Savadiva (2100 km², davon 90 % Lagune).

Die Atolle entstehen durch Einbrechen der zentralen Partien eines zunächst tischförmig gewachsenen Riffes. Hat dieses eine gewisse Größe erreicht, so finden die im Zentrum stehenden Korallen keine ausreichenden Lebensbedingungen mehr und sterben ab. Korallenschutt und Sand lagern sich ab, während das Korallenwachstum an der Außenseite unvermindert anhält. Da der Unterbau eines Riffes keineswegs massiv ist, gibt er schließlich der Last der Schuttmassen nach. Eine zentrale Lagune bildet sich aus, die sich umso mehr vertieft, je mehr sich das Atoll ausdehnt.

Riffkanäle gewährleisten währenddessen den Gezeitenaustausch zwischen dem offenen Meer und der Lagune. Neue Korallen können sich ansiedeln und neue Riffe entstehen, bis auch diese wiederum in der Mitte einbrechen. Der Kreislauf ist geschlossen.

Lebensraum Korallenriff
Als Besucher der Malediven sollte man unbedingt seinen Kopf unter Wasser stecken, um einen Blick in Neptuns Reich zu werfen. Schließlich verdankt der ganze Archipel seine Entstehung nur dem fleißigen Werk der kleinen Riffbaumeister. Doch gibt es nicht nur die verschiedenst geformten Korallenstöcke zu sehen, man wird geradezu überwältigt von einer schier unerschöpflichen Lebensfülle unter Wasser. Immerhin stellen Korallenriffe – nach dem Urwald – den Lebensraum mit der größten Artenfülle dar.

Paradiesisch geht es hier jedoch nicht zu. Unter den festsitzenden Lebewesen herrscht ein ständiger Konkurrenzkampf um die besten Plätze, wo günstigste Lichtverhältnisse herrschen und eine stete Strömung den Tisch an planktonischer Nahrung reich gedeckt hält. Wer schneller wächst, ist im Vorteil. Man sucht sich gegenseitig zu überwuchern, setzt gar chemische »Kampfstoffe« ein, und rückt den Korallenbauten mit »Hammer und Meißel« zu Leibe. So durchdringen sich im Laufe der Zeit die verschiedensten Lebensformen, und es entsteht das vielfältige Miteinander und Nebeneinander. Außer Steinkorallen prägen vor allem Schwämme, Gorgonien, Muscheln und Moostiere, Seeanemonen, filigrane Röhrenwürmer und die verschiedensten Algenarten das Aussehen eines Riffes.

Krebs, Seeigel, Seesterne und Schnecken sind die reinsten wandelnden Festungen. Doch kein Panzer, kein Schutzmantel ist dick genug und kein Stachelkleid zu spitz, um nicht geknackt zu werden. Deshalb führen viele dieser Tierarten

In der faszinierenden Unterwasserwelt der Malediven betrachtet ein Taucher *(rechts)* die Besiedlung eines liegenden toten Korallenstocks durch leuchtend rote Schwämme. Die Malediven bilden eine Kette von Korallenatollen mit 2000 Inseln.

Eine Blitzlichtaufnahme hebt die natürlichen Farben eines Haarsterns – oder Seelilie – hervor *(ganz links)*. Sie sitzt auf den blattartigen Ästen einer Gorgonia-Koralle. Obwohl ehemals in großer Zahl vorhanden, gibt es heute nur noch wenige Seelilienarten.

Der Clownfisch *(links)*, der hauptsächlich im Indischen Ozean vorkommt, benutzt große Seeanemonen als Schutz vor Feinden. Deren stechende Tentakel können für andere Fische tödlich sein, den Clownfisch verletzt die Anemone jedoch nicht.

Der wunderschön gemusterte Seestern *(oben)*, hier auf Korallenüberkrustungen zu sehen, gehört zu der gleichen Familie wie die Seelilie und der Seeigel. Seine fünf »Arme« haben winzige Saugnäpfe, mit deren Hilfe er sich sicher festhalten kann.

In den Korallenatollen der Malediven leben riesige Schwärme von gelbgestreiften Schnappbarschen *(links)*. Für die Fischer der Inselwelt sind sie der wichtigste Fang. Fische und Fischprodukte sind die wichtigsten Exportgüter.

ein recht verborgenes Dasein, verkriechen sich bei Tag in engen Spalten und Höhlen und verlassen diese erst zu nächtlicher Stunde, wenn ihre Feinde schlafen. Denn wenn das tierische Plankton aus der Tiefe aufsteigt, werden auch die Planktonfresser aktiv. Die Korallenstöcke scheinen dann übersät von unzähligen Sternen, den entfalteten Korallenpolypen, und zauberhaft anmutende Crinoiden und andere Haarsterne breiten ihre gefiederten, klebrigen Arme aus.

Das Riff ist wie eine große Bühne, wo die Akteure ständig wechseln. Jeder sucht seinen eigenen Vorteil und durch bessere Anpassung einen kleinen Vorsprung vor den Konkurrenten zu gewinnen.

Um selbst dem vorzeitigen Gefressenwerden zu entgehen, werden Tarnung und Mimikry immer weiter verfeinert, bessere Verteidigungstechniken entwickelt, Verhaltensweisen und selbst Körperformen allmählich verändert. Es werden auch Schutz- und Trutzbündnisse eingegangen, wie etwa vom Clownfisch, der sich bei Gefahr in den nesselnden Tentakelwald der Seeanemone flüchten kann, ohne daß er dabei zu Schaden kommt. Im Überlebenskampf entstehen ausgefeilte Beutefangtechniken und äußerste Spezialisierungen.

Das Korallenriff mit seinen vielen Spalten, Überhängen und Höhlen bietet einen idealen Lebensraum für solche Fische, die einzeln, paarweise oder in kleinen Schwarmverbänden leben. Dabei besiedeln sie bestimmte Reviere, die sich mit denen anderer Arten überschneiden können. Die Abgrenzung und Verteidigung der Reviergrenzen geschieht nur gegenüber Nahrungskonkurrenten, vornehmlich gegenüber den eigenen Artgenossen. Viele Fische treten aber auch in lockeren Schwarmverbänden auf, die das ganze Riff durchstreifen. Die meisten sind Spezialisten. So haben es die Putzerfische auf die Parasiten anderer Fische abgesehen. Aber es gibt auch Räuber, etwa die Muränen, Rotfeuerfische und die verschiedenen Barsche, die aus dem Versteck heraus auf Beute lauern. Und es stellen sich immer wieder Besucher aus dem offenen Meer ein: Elegante Schwimmer, die, wie zum Beispiel die Makrelen, zumeist in riesigen Schwärmen auftreten, oder die Großfische, Haie, Barakudas und die elegantesten von allen, die Mantas, die jedes Taucherherz höher schlagen lassen.

MALI

Mali gilt heute, über vierzig Jahre nach der Unabhängigkeit von Frankreich, aufgrund seiner Binnenlage im Innern Westafrikas als besonders benachteiligtes Land. In der langen wechselvollen Geschichte galt jedoch genau das Gegenteil. Das 1884 auf der Berliner Afrika-Konferenz aus der Landkarte herausgeschnittene Mali entlieh seinen Namen von einem jener Großreiche, die zeitweise nebeneinander auf dem Gebiet des modernen Nationalstaates existierten. Das Mali-Reich reichte weit über die Grenzen des heutigen Landes hinaus und schloß zu Zeiten seiner größten Ausdehnung im 14. Jahrhundert das benachbarte, im Untergang befindliche Ghana-Reich mit ein. Während dieser Epoche war Mali ein Reich von sagenhaftem Reichtum und hoher sozialer Organisationsform, das unter seinem Herrscher Kankan Mussa (Mansa Musa) zunehmend unter islamischen Einfluß geriet. Der Reichtum, der auch in einer prunkvollen Architektur und in der Entfaltung der schönen Künste zum Ausdruck kam, basierte auf dem Handel mit Gold, Salz und Sklaven. Um das 15. Jahrhundert herum dehnte sich in dem über die Jahrhunderte stets von Wanderungen und Invasionen heimgesuchten Gebiet das Songhai-Reich weiter aus und löste die Dynastie der Mali ab. Als das Interesse der europäischen Kolonialmächte an dem »Goldland« wuchs, war diese Region früher Hochkulturen zwischenzeitlich von Marokko, den Bambara und den Tuareg in Besitz genommen worden. Seit 1870 begann die Eroberung durch die Franzosen, und Mali wurde 1904 als Französisch-Sudan Mitglied Französisch-Westafrikas. Die auf ihre Unabhängigkeit bedachten Tuareg in der Sahara konnten aber erst zwölf Jahre später »befriedet« werden.

Die zeitweise von Nordafrika kommenden Invasionen hatten die Reiche zerstört. Die wirtschaftliche Verbindung großer Städte wie Timbuktu, Mopti, Djenné per Kamelkarawane mit Nordafrika garantierte jedoch deren Überleben und das der gesamten Binnenregion Mali. Die Inbesitznahme durch Frankreich hingegen und die erneute Orientierung des Handels hin zu den Häfen Dakar (Eisenbahnlinie) und Abidjan am Atlantischen Ozean leiteten den wirtschaftlichen Niedergang nicht nur der Handelszentren im Nigerbogen, sondern der gesamten Region ein. Zwangsrekrutierungen für die zwei Weltkriege, Zwangsarbeit und allgemeine Vernachlässigung von Französisch-Sudan hinterließen für das 1960 in die Unabhängigkeit entlassene Mali ein schweres Erbe.

Das erklärt, warum die kleine nationalistische Führung radikal-sozialistischen Ideen anhing. Gegen die nicht überlebensfähige, kleinstaatliche Unabhängigkeit der kolonialen Territorien innerhalb der künstlichen Grenzen suchte der erste Präsident des Landes, Modibo Keita (1915–1977), zunächst zusammen mit dem Staatspräsidenten Senegals, Léopold Sédar Senghor (* 1906), das Heil in der »Mali-Föderation«, einem Zusammenschluß mit dem besser entwickelten Küstenstaat Senegal. Nach nur neun Monaten zerbrach dieser im ehemals Französisch-Westafrika einmalige Versuch jedoch an den Eigeninteressen Senegals und den ideologischen Gegensätzen zwischen den politischen Eliten. Unter Keitas Führung wandte sich Mali dem Ostblock zu und entwickelte den »malischen Sozialismus«. Mit Hilfe von staatlichem Dirigismus, dem forcierten Aufbau von Basisindustrien, Reglementierung der Bauern und Verstaatlichung des Handels versuchte eine

Daten und Fakten

DAS LAND
Offizieller Name:
Republik Mali
Hauptstadt: Bamako
Fläche: 1 240 192 km²
Landesnatur:
Im N Sahara, im NO Gebirgsland Adrar des Iforas, im SW westsudanisches Tafelland, im S Nigerbecken
Klima:
Im S von feuchttropisches Savannenklima, im N Wüstenklima
Hauptflüsse: Niger, Bani, Bafing, Bagoé
Höchster Punkt:
Hombori Tondo
1155 m
Tiefster Punkt:
An der Westgrenze
23 m

DER STAAT
Regierungsform:
Präsidiale Republik
Staatsoberhaupt:
Staatspräsident
Regierungschef:
Ministerpräsident
Verwaltung:
8 Regionen, Hauptstadtdistrikt
Parlament:
Nationalversammlung mit 147 für 5 Jahre gewählten Abgeordneten
Nationalfeiertag:
22. September
DIE MENSCHEN
Einwohner (Ew.):
10 960 000 (1999)
Bevölkerungsdichte:
9 Ew./km²
Stadtbevölkerung:
30 %

Bevölkerung unter
15 Jahren:
46 %
Analphabetenquote:
59 %
Sprache:
Französisch, Bambara
Religion:
Moslems 80 %, Anhänger von traditionellen Religionen
DIE WIRTSCHAFT
Währung:
CFA-Franc
Bruttosozialprodukt (BSP):
2649 Mio. US-$ (1998)
BSP je Einwohner:
250 US-$
Inflationsrate:
9,3 % (1990-98)
Importgüter:
Maschinen, Erdölpro-

Mali *(links)* ist ein großer Binnenstaat in Westafrika. Der Norden Malis gehört zur unwirtschaftlichen Sahara. Weiter südlich schließen sich an den Sahel hügelige, grasbedeckte Ebenen an. Hier ist das Hauptsiedlungsgebiet der Bevölkerung.

Die eindrucksvolle Moschee *(unten)*, die den Marktplatz von Djenné überragt, erinnert an die Zeit, in der diese Stadt ein afrikanisches Zentrum der islamischen Gelehrsamkeit war. Ihr Bedeutungsverlust begann mit der französischen Herrschaft.

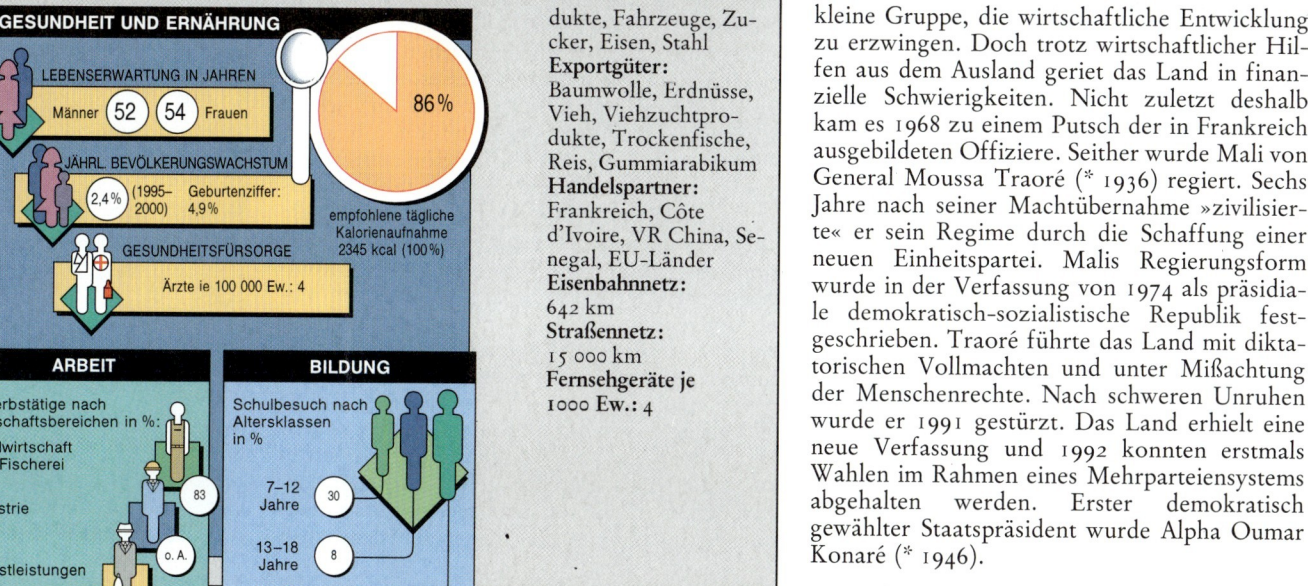

kleine Gruppe, die wirtschaftliche Entwicklung zu erzwingen. Doch trotz wirtschaftlicher Hilfen aus dem Ausland geriet das Land in finanzielle Schwierigkeiten. Nicht zuletzt deshalb kam es 1968 zu einem Putsch der in Frankreich ausgebildeten Offiziere. Seither wurde Mali von General Moussa Traoré (* 1936) regiert. Sechs Jahre nach seiner Machtübernahme »zivilisierte« er sein Regime durch die Schaffung einer neuen Einheitspartei. Malis Regierungsform wurde in der Verfassung von 1974 als präsidiale demokratisch-sozialistische Republik festgeschrieben. Traoré führte das Land mit diktatorischen Vollmachten und unter Mißachtung der Menschenrechte. Nach schweren Unruhen wurde er 1991 gestürzt. Das Land erhielt eine neue Verfassung und 1992 konnten erstmals Wahlen im Rahmen eines Mehrparteiensystems abgehalten werden. Erster demokratisch gewählter Staatspräsident wurde Alpha Oumar Konaré (* 1946).

dukte, Fahrzeuge, Zucker, Eisen, Stahl
Exportgüter: Baumwolle, Erdnüsse, Vieh, Viehzuchtprodukte, Trockenfische, Reis, Gummiarabikum
Handelspartner: Frankreich, Côte d'Ivoire, VR China, Senegal, EU-Länder
Eisenbahnnetz: 642 km
Straßennetz: 15 000 km
Fernsehgeräte je 1000 Ew.: 4

GESUNDHEIT UND ERNÄHRUNG

- **LEBENSERWARTUNG IN JAHREN:** Männer 52, Frauen 54
- **JÄHRL. BEVÖLKERUNGSWACHSTUM:** 2,4 % (1995–2000); Geburtenziffer: 4,9 %
- empfohlene tägliche Kalorienaufnahme 2345 kcal (100 %): 86 %
- **GESUNDHEITSFÜRSORGE:** Ärzte je 100 000 Ew.: 4

ARBEIT
Erwerbstätige nach Wirtschaftsbereichen in %:
- Landwirtschaft und Fischerei: 83
- Industrie: o. A.
- Dienstleistungen: o. A.

BILDUNG
Schulbesuch nach Altersklassen in %:
- 7–12 Jahre: 30
- 13–18 Jahre: 8
- 19–23 Jahre: o. A.

MALI: DAS LAND

Mali erstreckt sich vom fruchtbaren Nigerbogen über die Sahelzone bis in die Wüsten der Sahara. Der südliche Teil des Landes wird vom Nigerbecken geprägt. Der Niger, die wahre Lebensader Malis, durchfließt, aus den regenreichen Bergen des Fouta Djalon in Guinea kommend, nahezu den gesamten Südteil des Landes, bevor er sich im »Nigerknie« bei Bourem wieder nach Süden wendet. Infolge des geringen Gefälles hat sich zwischen den Städten Ségou und Timbuktu ein großes Binnendelta aus zahlreichen Flußarmen, Seen und Sümpfen gebildet. Über die Hälfte des Landes nimmt die Sahara ein. Das flache Zentrum Malis besteht aus der für die Sahelzone typischen Trockensavanne. Noch vor vier bis fünf Jahrzehnten wiesen die Gebiete direkt oberhalb des Nigerbogens eine Vegetation auf, die für die Ernährung von Mensch und Tier ausreichte. Doch auch in Mali schreitet der Prozeß der zunehmenden Verwüstung stetig nach Süden voran. Durch menschliche Eingriffe wird das empfindliche Ökosystem der Sahelzone derartig geschädigt, daß die Wüste ständig neue Gebiete »erobert« und den Lebensraum der Menschen gefährdet.

Die Mehrheit der Bevölkerung lebt in der südlichen Feuchtsavanne, wo es normalerweise noch längere Regenzeiten gibt. Hier haben Landwirtschaft, Viehzucht und Fischfang sowie ein hochentwickeltes Handwerk den Menschen schon in längst vergangenen Zeiten jenes Einkommen eingebracht, das erst den Aufbau von wirtschaftlich und kulturell blühenden Reichen erlaubte.

Die Menschen

Die Bambara, das mit über 3,4 Millionen Menschen zahlenmäßig stärkste Volk, sind Ackerbauern, die in den fruchtbaren Regionen des Landes zwischen den ganzjährig wasserführenden Flüssen Senegal und Niger leben. So wie die Bauern in den beiden großen Dürrekatastrophen Anfang der 70er und Mitte der 80er Jahre große Teile ihrer Ernten einbüßten, so verloren die wandernd oder seßhaft viehzüchtenden Landsleute vom Volk der Fulbe oder Fulani große Teile ihrer Viehherden. Auch die kleineren Völker der Senufo, Sarakolle, Songhai und Malinke sind wiederholt von der Dürre heimgesucht worden. Die Tuareg, die mit ihren Kamelen die Wüsten durchziehen, betrieben früher den Transsahara-Karawanen-Handel in Richtung Nordafrika. Heute hingegen bleibt ihnen nur der Transport der Salzplatten aus den Salinen von Taoudenni im Norden des Landes zur westafrikanischen Küste. Auch die stets auf ihre Unabhängigkeit bedachten »Söhne der Wüste« wurden mit ihren Kamelherden Opfer der Dürren. Soweit sie nicht nach Algerien flohen, fristen die meisten Überlebenden heute ein Dasein in bitterer Armut in den Slums der malischen Städte oder als Bettler an den Straßenrändern in den Großstädten der westafrikanischen Küstenstaaten.

Timbuktu (unten), legendäres Zentrum des Sahel, entstand am Binnendelta des Niger. Vom 14. bis zum 17. Jahrhundert war die Stadt Endpunkt einer der wichtigsten Handelsrouten durch die Sahara und ein Zentrum des Islam.

Djenné (rechts), die tausendjährige Stadt, liegt am verzweigten Flußlauf des Niger, der Lebensader Malis. Die verschiedenen Flußarme fließen durch die ebene Landschaft und sorgen im Süden des Landes für gut bewässerte, fruchtbare Böden.

An den Steilhängen von Bandiagara lebt das faszinierende Volk der Dogon, das seine einzigartige traditionelle Kultur bewahren konnte. Die Zeiten der Dürre hat es dank der neuen handbewässerten Terrassenlandwirtschaft auf winzigen Flächen relativ gut überstanden.

Wirtschaft

Seit der Unabhängigkeit ist das Defizit an Nahrungsmitteln ständig gewachsen. Um die Selbstversorgung wieder zu gewährleisten, setzten alle Regierungen auf die gemeinschaftlich mit den Nachbarn Mauretanien und Senegal geplante, mit europäisch-arabischen Darlehen finanzierte Erschließung des Senegal-Flusses. Ende 1988 wurde der Manantali-Damm auf malischem Staatsgebiet fertiggestellt, doch für den Bau von Bewässerungskanälen wie auch für den Einbau von Turbinen zur Stromerzeugung fehlen die finanziellen Mittel. Ebenso fehlt Geld für die Entwicklung von Transporteinrichtungen, die zur Erschließung der Erz- und Uranvorkommen an der Grenze zu Senegal bzw. in der Wüste notwendig wären. Damit zerschlagen sich die Hoffnungen der Regierung, mit wirksamen Mitteln der zunehmenden Landflucht entgegentreten zu können. Durch die schwierige wirtschaftliche Lage und die Folgen der zwei großen Dürren wird die Bevölkerungsexplosion in der Hauptstadt und den großen Städten vorangetrieben. Rasches ungebremstes Bevölkerungswachstum im überwiegend islamischen

MALI

Mali und Verstädterung haben ungeachtet einer starken Auswanderung das Nahrungsdefizit anwachsen und die Nachfahren der stolzen Bewohner früherer Reiche auf malischem Boden zu Bettlern verkommen lassen.

Imposante Lehmarchitektur, vor allem die der Moscheen, kündet noch vom einstigen Glanz dieser Reiche. Die von den ehemaligen Höfen überkommene Wortkunst, der Gesang, die Musik und die Instrumente leben heute noch in der Alltagskultur selbst der einfachen Malier fort, ebenso die Handwerkskunst der Weber, Goldschmiede und Lederarbeiter. Alle malischen Regierungen haben versucht, sowohl das Erbe der materiellen als auch der schöngeistigen Kultur für einen teuren Exklusiv-Tourismus zu nutzen. Aber mehr noch als weite Distanzen, extreme klimatische Verhältnisse und unterentwickelte Infrastrukturen hat staatlicher Dirigismus diese Entwicklungsmöglichkeit in Westafrikas »afrikanischstem« Land verhindert.

Die bedeutendsten Karawanenstraßen *(unten)* durch die Sahara bestanden bereits um 1000 v. Chr. Gold und Salz waren die wichtigsten Handelsgüter. Das Gold wurde nach Norden, das Salz nach Süden transportiert. Auch andere Waren wie Amber, Moschus und Seide wurden auf diesen Karawanenstraßen befördert. Das in Westafrika abgebaute und an der Mittelmeerküste zu Münzen geprägte Gold war das übliche Zahlungsmittel.

Bamako *(links)*, die Hauptstadt Malis, liegt ebenfalls am Niger. Ihre Bevölkerungszahl steigt immer dann beträchtlich an, wenn während Dürreperioden die Landbevölkerung in die Städte drängt.

Diese Frau *(oben)* benutzt einen Kürbis zum Gießen. Die erfindungsreichen Menschen Malis wissen nahezu jeden Gegenstand zu verwenden.

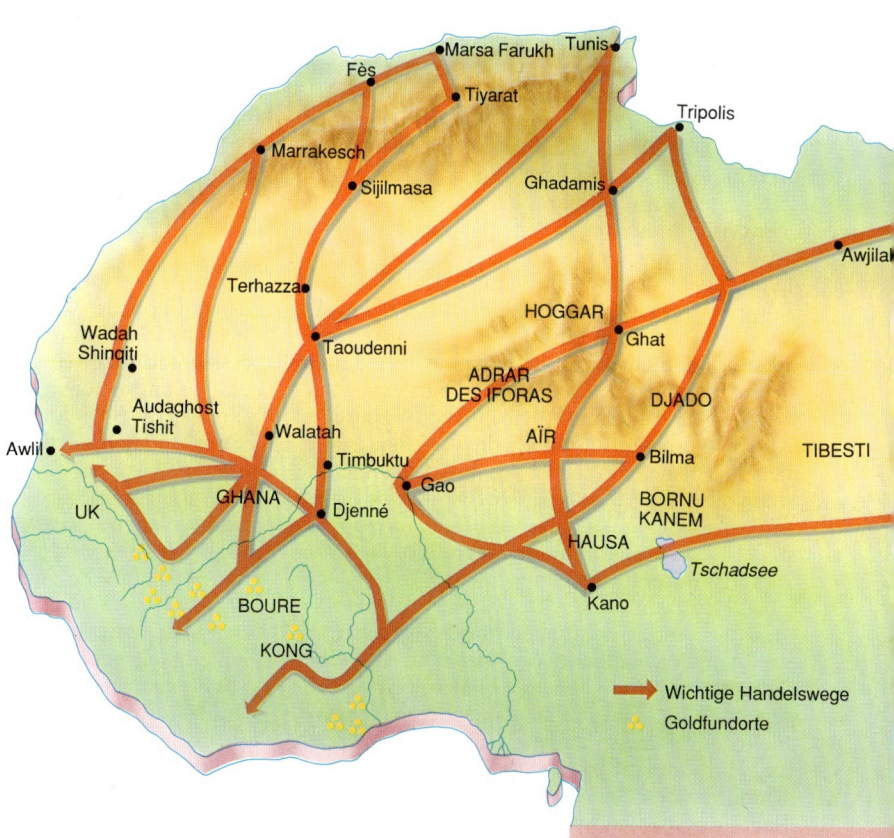

MALI: LEBENDIGE AFRIKANISCHE KULTUR

Die Kulturen Westafrikas sind durch einen großen Reichtum an Mythen und Stammestraditionen gekennzeichnet. Man denkt in diesem Zusammenhang sofort an afrikanische Musik und rituelle Tänze, an die mit abstrakten Mustern bedruckten Gewebe, an die phantasievolle Körperbemalung und an die naturalistischen und stilisierten Skulpturen, zu denen die kunstvollen Holzmasken gehören.

Heute bekennen sich viele Westafrikaner zum moslemischen Glauben. Die Ausbreitung des Islam hatte nicht nur großen Einfluß auf die Religion, sondern auch auf Kunst und Kultur. So könnte in der bildenden Kunst die Tendenz zu abstrakten geometrischen Mustern durch die Mißbilligung der gegenständlichen Kunst durch den Islam erklärt werden. Europäische Einflüsse spielten hingegen eine geringere Rolle, da die Kolonialherren häufig bestrebt waren, die einheimischen Traditionen auszumerzen, die sie als primitiv und unzivilisiert betrachteten.

Musik und Tanz

Ritueller Tanz und Musik bilden den Mittelpunkt der afrikanischen Kultur. Der traditionelle Tanz wird bis heute praktiziert. Eines der berühmtesten Tanzfeste ist das prächtige und mitreißende Dama (Fest des Lebens und des Todes) des Dogon-Stammes. Bei diesem mehrstündigen Tanz tragen die Tänzer kunstvolle Masken, die die Gestalt und die Werke des Schöpfers symbolisieren. Diese Zeremonie soll die Vereinigung der Seelen der Toten mit denen ihrer Ahnen bewirken und die Verbindung zwischen Gott und den Menschen bekräftigen. Ebenso wie die Rituale dient die Musik sowohl der Unterhaltung als auch der Belehrung. Die Stammesgeschichten werden in Liedform überliefert. Die Dweli (Sänger) vom Stamme der Malinke werden bei der Darstellung dieser Erzählungen von der Kora, einem großen Instrument mit 20 und mehr Saiten, begleitet.

Auch weniger traditionelle Musik gehört zur heutigen afrikanischen Kultur. Seit den 40er Jahren erfreut sich die moderne Tanzmusik, »highlife« genannt, die lokale und afro-amerikanische Elemente miteinander verbindet, in Westafrika großer Beliebtheit. Auch westliche Kirchen- und Popmusik haben die afrikanischen Musikstile beeinflußt. Von den Musikern werden neben den traditionellen Instrumenten wie die Kora der Mande und der Kakaki der Hausa (einer mit einem langen Rohr versehenen Trompete) auch solche fremden Ursprungs wie Gitarre und Posaune verwendet.

Die Trommel ist das Instrument, das man am stärksten mit afrikanischer Musik verbindet. Es gibt unterschiedliche Formen afrikanischer Trommeln. Neben den reinen Musikinstrumenten sind die berühmten »sprechenden Trommeln« Westafrikas zu erwähnen, deren Formen an Sanduhren erinnern. Mit ihrem erstaunlichen Klangreichtum bieten sie die Möglichkeit, die Laute der lokalen Sprache zu imitieren.

Beim Dama-Fest der Dogon stellen die Tänzer *(oben)* die Glaubensvorstellungen und die Geschichte dieses alten Volkes dar. Die Stelzen bezeugen die Auffassung, daß die Dogon aus dem Land der Wasserreiher gekommen sind.

Die Moschee in Djenné *(rechts)* in Mali ist das Schmuckstück einer Stadt, die einst als einer der bedeutendsten Handelsplätze der Erde galt. Karawanen, die durch die Sahara zogen, brachten Salz vom Norden, um es gegen Gold einzutauschen.

Ebenso wie die afrikanische Musik ist auch das traditionelle Kunsthandwerk, beispielsweise die Bildhauerei, eng mit dem religiösen Ritual verflochten. Bei den Mande pflegen die Nyambala (Zunftgruppen) die »Mysterien« ihres Handwerks. So bilden Schmiede innerhalb der Stammesgemeinschaft eine besondere, hochangesehene Gruppe, die häufig das alleinige Recht zur Anfertigung von Holzschnitzereien und zu Metallarbeiten besitzt. Die Holzskulptur ist die möglicherweise in der westlichen Welt bekannteste afrikanische Kunstform. Holzschnitzereien werden zumeist mit dem Querbeil angefertigt, das mit erstaunlicher Schnelligkeit und Genauigkeit gehandhabt wird.

Stämme wie die der Bambara und Dogon, die sich bis heute islamischen und europäischen Einflüssen erfolgreich entzogen haben, sind für ihre geschnitzten Ahnenskulpturen und rituellen Masken berühmt. Wenngleich Masken heute überwiegend zum Zwecke des Verkaufs an Tou-

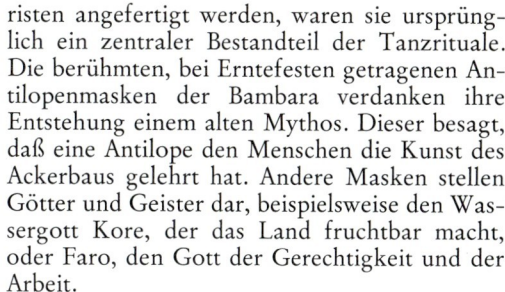

Das Dama-Fest von Leben und Tod beginnt an den Wohnstätten der Ahnen *(unten)*, einer Reihe von in den Fels gehauenen Höhlen. So wird alljährlich die Verbindung zwischen den Lebenden und den Toten erneuert.

Senegalesische Musiker *(ganz unten)* geben im Freien ein Konzert in Dakar. Eindringliche Rhythmen und ein kunstvolles Zusammenspiel kennzeichnen die westafrikanische Musik, die heute weltweit ein großes Publikum findet.

risten angefertigt werden, waren sie ursprünglich ein zentraler Bestandteil der Tanzrituale. Die berühmten, bei Erntefesten getragenen Antilopenmasken der Bambara verdanken ihre Entstehung einem alten Mythos. Dieser besagt, daß eine Antilope den Menschen die Kunst des Ackerbaus gelehrt hat. Andere Masken stellen Götter und Geister dar, beispielsweise den Wassergott Kore, der das Land fruchtbar macht, oder Faro, den Gott der Gerechtigkeit und der Arbeit.

In Westafrika ist die hochentwickelte Kunst des Färbens eine Domäne der Frauen. Importierten Stoffen wird eine dauerhafte Färbung verliehen: Unter Verwendung von Stempeln oder Metallschablonen wird mit Pflanzenstärke ein Muster auf das Gewebe aufgetragen. Die Bambara verwenden bei der Herstellung ihrer berühmten Bokolanfini (»Schlammgewänder«) Ätztechniken. Sie bedrucken besonders behandelten Schlamm auf gelb gefärbten Baumwollstoffen mit abstrakten Dessins.

Obwohl es gelungen ist, althergebrachte Traditionen zu bewahren, stellt der Kontakt mit der Moderne eine Bedrohung für die afrikanische Identität dar. Seit den 50er Jahren versucht insbesondere die Négritude-Bewegung, nichtafrikanische Einflüsse aus der Kunst und aus der Literatur fernzuhalten. Dieser Denkweise wird entgegengehalten, daß diese Einflüsse für die heutige afrikanische Kunst nicht nur einen Verlust, sondern auch eine Bereicherung bedeuten.

MALTA

Die alten Befestigungsanlagen *(unten)* und die dicht aneinander gedrängten Häuser von Valletta, der Hauptstadt und dem wichtigsten Hafen Maltas, bilden für den Betrachter, der über das blaue Wasser des Hafens schaut, einen malerischen Hintergrund.

Der Inselstaat Malta besteht aus der Hauptinsel gleichen Namens, den Nebeninseln Gozo und Comino sowie mehreren unbewohnten Felseilanden. Sie sind die höchsten Erhebungen einer ehemaligen Landbrücke zwischen Sizilien und Afrika. Sie wurden schon früh von Menschen besiedelt und von Seefahrern zu allen Zeiten wegen der zentralen Lage im Mittelmeer geschätzt. Odysseus soll hier bei der göttlichen Nymphe Kalypso verweilt haben; der Apostel Paulus erlitt vor Maltas Küsten Schiffbruch. Als zeitweilige Heimstatt der »Malteser«, der Ritter vom »Orden des heiligen Johannes von Jerusalem«, ist Malta berühmt geworden, ebenso als unversenkbarer Flugzeugträger des Britischen Empire für die Alliierten im Zweiten Weltkrieg. Seit einigen Jahren wächst das Interesse der Touristen für die Insel-Republik, die über das typische Mittelmeerklima verfügt, das die sonnenhungrigen Fremden besonders von Mai bis Oktober verwöhnt.

Geschichte

Die ersten menschlichen Siedlungen entstanden schon in der Steinzeit. Die Tempelanlagen von Tarxien, Hager Qim, Muajdra oder Hal Safleui zeugen von der hohen Kulturstufe jener Zeit. Zwischen 1000 und 600 v. Chr. haben Phönizier die Inseln besetzt. Ihnen folgten bis 218 v. Chr. die Karthager, die Römer und Byzantiner bis 870 und die Araber bis zum Jahre 1090. Sie alle hofften, aus der geographischen Lage militärische und wirtschaftliche Vorteile für sich ziehen zu können. Eine Reihe fremder Herren folgte, bis im Jahr 1530 Malta von Kaiser Karl V. (1500–1558) den Ordensrittern überlassen wurde, die durch die moslemischen Türken von der Insel Rhodos vertrieben worden waren. Die Ordensritter prägten Land und Leute am nachdrücklichsten, sie veränderten das Aussehen der Insel besonders durch die gigantischen Befestigungsanlagen von Valletta, der heutigen Hauptstadt. Steine, das Hauptmerkmal der Insel, wurden in wehrhafte und kunstvolle Formen gebracht, damit Malta als Vorposten der Christenheit gegen das Osmanische Reich dienen und sich zugleich durch zahlreiche Kirchen dieser Bestimmung würdig erweisen konnte.

Napoleon übernahm 1798 auf dem Weg nach Ägypten, ohne einen Schuß zu verlieren, die Macht über Malta. Nach nur zweijährigem französischem Zwischenspiel traten die Briten an die Stelle der Ordensritter, in der Absicht, die Insel im Kreuzungspunkt der Hauptschiffahrtslinien des Mittelmeers für ihre Machtinteressen zu nutzen. Sie blieben über 150 Jahre. Ihre Kolonialherrschaft endete zwar 1964, doch dauerte es noch zehn Jahre, bis aus der maltesischen Selbständigkeit innerhalb des Commonwealth eine unabhängige Republik wurde. Aus den oft leidvollen Erfahrungen mit verschiedenen Herrschern schreibt die heutige Verfassung strikte Neutralität vor, die der Republik lediglich die Annäherung an Italien erlaubt, das wenig besitzergreifend erscheint.

Die Insel-Republik heute

Die Malteser sind ein Mischvolk, hervorgegangen aus den Nachkommen seiner Eroberer. Auch die Sprache ist eine Mischung aus Arabisch und italienischen, aber auch griechischen Dialekten. Maltesisch ist neben Englisch Staatssprache, Italienisch wird verstanden und oft auch gesprochen.

Die Malteser gehören fast ausnahmslos der römisch-katholischen Kirche an, die einen gro-

Daten und Fakten

DAS LAND
Offizieller Name: Republik Malta
Hauptstadt: Valletta
Fläche: 316 km² (einschl. Gozo 67 km² u. Comino 3 km²)
Landesnatur: Im W Plateau, im N Landschaft aus Bergrücken u. Senken, im NO Tieflandzone, im S u. SW Hügelland
Klima: Mittelmeerklima
Höchster Punkt: Bingemma Heights 253 m

DER STAAT
Regierungsform: Republik
Staatsoberhaupt: Staatspräsident
Regierungschef: Ministerpräsident
Verwaltung: 6 Bezirke mit 60 Gemeinden
Parlament: Gesetzgebende Versammlung mit max. 69 für 5 Jahre gewählten Abgeordneten
Nationalfeiertag: 21. September

DIE MENSCHEN
Einwohner (Ew.): 386 000 (1999)
Bevölkerungsdichte: 1222 Ew./km²
Stadtbevölkerung: 89 %
Analphabetenquote: 14 %
Sprache: Maltesisch und Englisch
Religion: Katholiken 93 %

DIE WIRTSCHAFT
Währung: Maltesische Lira
Bruttosozialprodukt (BSP): 3807 Mio. US-$ (1998)
BSP je Einwohner: 10 100 US-$
Inflationsrate: 5,5 % (1990–98)
Importgüter: Halbfertigwaren, Maschinen, Nahrungsmittel
Exportgüter: Textilien, Kartoffeln, Gemüse, kunsthandwerkliche Erzeugnisse
Handelspartner: EU-Länder, USA
Straßennetz: 1604 km
Fernsehgeräte je 1000 Ew.: 725

Malta *(ganz oben rechts)* liegt zwischen der italienischen Insel Sizilien und der nordafrikanischen Küste an einem strategisch günstigen Punkt.

Die bunt gestrichenen Balkone und Erker der hohen Mietshäuser in Valletta *(oben links)* sind ein orientalisches Erbe. Die im 16. Jahrhundert vom Malteserorden erbaute Stadt hat ihr Gesicht seither kaum verändert.

Bunt bemalte Boote *(oben rechts)* sind typisch für den malerisch gelegenen Fischerort Marsaxlokk, dem größten maltesischen Fischereihafen. Die Inseln liegen im Zentrum der Mittelmeerschiffahrt.

ßen Einfluß auf das gesellschaftliche und politische Leben ausübt.

Zwei Parteien teilen sich, zuweilen auf des Messers Schneide, die Gunst der Wähler: die konservative und marktwirtschaftlich orientierte Nationalistische Partei und die sozialistische, neutralistische Labour Party. Das Parlament umfaßt max. 69 Mitglieder, die in geheimen Wahlen bestimmt werden; die stärkere Partei erhält dabei einen Bonus. Staatsoberhaupt ist seit 1999 Guido de Marco, die Regierungsmacht liegt seit 1998 in der Hand des Ministerpräsidenten Edward Fenech Adami.

Wirtschaftlich muß Malta den Mangel an Bodenschätzen und die geringe Fruchtbarkeit des Bodens auszugleichen suchen. Nach der Wahl von 1987, die der Nationalistischen Partei den Sieg brachte, wurden neue Konzepte für verarbeitende Industrie und Dienstleistungsbereich entwickelt, die Malta stärker in die internationale Wirtschaft mit Handelsbeziehungen und Bankverbindungen einbezogen. 1990 beantragte das Land die EG-Mitgliedschaft. Seit Adami Regierungschef ist, wird dieses Ziel verstärkt verfolgt.

MAROKKO

Der arabische Name Marokkos ist »Al Mamlakah al Maghrebija«, was »Königreich des Maghreb« heißt. Und »Maghreb« bedeutet wörtlich nichts anderes als »der Ort, wo die Sonne untergeht«, also der Westen. Diese Bezeichnung ist aus der Perspektive des östlichen Mittelmeerraums eingeführt worden und bezieht sich auf die Länder Nordwestafrikas. Im engeren Sinn versteht man darunter die drei Atlasländer Marokko, Algerien und Tunesien, aber oft werden auch Libyen und Mauretanien dazugezählt. Der Anspruch der marokkanischen Monarchie auf diesen ganzen Bereich wird aus der Geschichte abgeleitet: Die Dynastie der Almohaden hatte im Mittelalter schon den ganzen Maghreb beherrscht, und Marokko ist das einzige Land dieser Region, das nicht durch die Osmanen unterworfen wurde.

Wegen der strategisch günstigen Lage an der Straße von Gibraltar hat Marokko immer wieder das Interesse fremder Mächte auf sich gezogen. Diese haben entweder versucht, das Land zu erobern, oder nur einzelne Stützpunkte errichtet und sich für das Landesinnere nicht weiter interessiert. Prähistorische Funde zeigen, daß auch die Berber nicht die ersten waren, die das heutige Marokko besiedelt haben. Das waren, wie im ganzen Maghreb, die Phönizier, denen dann die Karthager folgten. Vom Jahre 42 n. Chr. bis zum 5. Jahrhundert gehörte das Land zum Römischen Reich. Nach der Herrschaft der Wandalen kam es im 6. Jahrhundert an die Byzantiner.

Ende des 7. Jahrhunderts begannen die Araber, Marokko zu erobern und unter den dort lebenden Berbern den Islam zu verbreiten, um von hier aus die Eroberung Spaniens in Angriff zu nehmen. Nachdem vorerst noch lokale Stammesfürsten das Landesinnere regiert hatten, wurde es unter den Idrisiden vorläufig vereinigt und kam dann vom 11. bis zum 15. Jahrhundert unter die Herrschaft von drei aufeinanderfolgenden Berberdynastien. Die Almoraviden aus dem Süden Marokkos gründeten ein Reich, das sich von Spanien bis Mauretanien erstreckte, wurden aber schon 1147 von den Almohaden abgelöst. Unter ihrer Herrschaft kam Marokko zu einer kulturellen Blütezeit, aber in ihre Zeit fiel auch die erste Niederlage gegen die Kastilier (1212), die den Rückzug der Mauren aus Spanien einleitete. Schließlich besetzten Portugiesen und Spanier verschiedene Küstenstädte (Ceuta 1415, dann Tanger, Safi u. a.).

Seit der ersten Hälfte des 16. Jahrhunderts ist Marokko unter der Herrschaft von Monarchen arabischer Herkunft, deren Souveränität nur durch die Protektoratszeit unterbrochen war. Sie verdrängten die Portugiesen aus dem Land und wehrten die Türken ab, die schon Tunesien und Algerien unter ihre Kontrolle gebracht hatten. 1667 übernahmen schließlich die Aliden (Alawiten) die Führung des Landes. Der berühmteste Sultan dieser Dynastie, Mulai Ismail (Sultan von 1672–1727), eroberte mit einer gro-

MAROKKO

ßen Armee schwarzer Sklaven die Stützpunkte der Spanier und Engländer.

Die Unterstützung des berberischen Emirs Abd Al-Kader (1808–1838) gegen die Franzosen in Algerien durch den marokkanischen Sultan war für diese der Anlaß, auch Marokko anzugreifen. Nach der Beschießung Tangers durch die französische Marine 1844 gab der Sultan nach. Die Franzosen versuchten aber nicht, Marokko zu erobern, da Großbritannien die Unabhängigkeit Marokkos garantierte. Anfang des 20. Jahrhunderts provozierte der deutsche Kaiser Wilhelm II. (1859–1941) eine internationale Krise um Marokko, nachdem deutsche Firmen schon angefangen hatten, die Bodenschätze des Landes zu erschließen. Beim Wettbewerb der Großmächte um die Vorherrschaft über Marokko setzte sich schließlich Frankreich durch, indem es 1912 das Land zu seinem Protektorat erklärte. Nur den Spaniern überließen sie das Rifgebirge und die Küstenebene im Norden, von wo aus General Franco 1936 den Kampf gegen die spanische Republik begann. Nach einem Beschluß von Frankreich, Großbritannien, Italien und Spanien wurde Tanger 1923 zur internationalen Zone erklärt. Unter dem französischen Generalresident Louis Hubert Gonzalve Lyautey (1854–1934) wurde die Infrastruktur des Landes, besonders das Straßennetz, entwickelt und mit der Kolonisierung großer Landflächen durch europäische Siedler die Grundlage für die exportorientierte Landwirtschaft gelegt.

Nach einem ersten Bauernaufstand unter der Führung von Abd Al-Krim (1882–1963) gegen die Spanier und dann gegen die Franzosen, der 1926 niedergeschlagen wurde, kam die nationalistische Opposition zunehmend aus den Reihen der intellektuellen Elite und der Arbeiter der Städte. In den 1930er Jahren wurden verschiedene Parteien gegründet, von denen dann die »Istiklal« die Führung der Unabhängigkeitsbewegung übernahm. Zu Beginn der 1950er Jahre hatte sie das ganze Volk erfaßt und es kam zu Revolten und Aufständen in allen großen Städten. 1956 schließlich entließ Frankreich Marokko in die Unabhängigkeit. Auch Spanien gab 1958 bzw. 1969 seine Besitzungen in Marokko auf und behielt nur noch die Mittelmeerstädte Ceuta und Melilla.

Sultan Mohammed V. (1910–1961) ernannte sich 1957 zum König. Nach seinem Tod 1961 folgte ihm sein Sohn als Hassan II. (1929–1999) auf den Thron, der Anfang der 1970er Jahre zwei Putschversuche überstand. Er vertrat eine stärker nationalistische Politik und annektierte 1976 die frühere spanische Westsahara. Die Belastung der Wirtschaft durch den Krieg gegen die Polisario-Rebellen verschärfte allerdings auch die sozialen Spannungen im Land. Mit der friedlichen Lösung des Westsahara-Konflikts und der Normalisierung der Beziehungen zu Algerien hoffte Hassan II. seinem Traum von einem »Großen Maghreb« näher zu kommen.

MAROKKO: DER STAAT

Marokko ist nach seiner Verfassung eine »konstitutionelle demokratische und soziale Monarchie«, die aber nicht unbedingt an westlichen Vorstellungen von Demokratie und Sozialstaat gemessen werden kann. Der König ist die mächtigste und in allen Fragen entscheidende Instanz des Staates, und die Gesellschaft ist durch große soziale Gegensätze und patriarchalische Strukturen charakterisiert. Im religiösen und kulturellen Bereich ist Marokko eines der liberalsten islamischen Länder.

König Mohammed VI. von Marokko ist der dritte König des Landes und der 18. Monarch der seit über drei Jahrhunderten herrschenden Dynastie der Alawiden. Der König ist nicht nur Staatsoberhaupt Marokkos, sondern auch »Führer der Gläubigen«, also geistliches Oberhaupt der moslemischen Bevölkerung. In der Politik des Landes steht er über allen anderen Institutionen und hat damit mehr Macht als die europäischen Monarchen. Die Bedeutung der Monarchie zeigt sich auch daran, daß der Tag der Thronbesteigung des früheren Königs Hassan, des Vaters von Mohammed VI. Nationalfeiertag ist. Durch seine politischen Funktionen und durch seinen Reichtum, der in einem krassen Gegensatz zur Armut eines großen Teils der Bevölkerung stand, besaß der von 1961 bis 1999 amtierende König Hassan II. auch große wirtschaftliche Macht. Trotzdem hatte Hassan II. durch mehrere Verfassungsrevisionen eine gewisse politische Liberalisierung zugelassen. Die letzte Revision wurde am 13. 9. 1996 per Referendum abgesegnet. Seitdem verfügt das Land über ein parlamentarisches Zweikammersystem. Die erste Kammer ist die Nationalversammlung, deren Mitglieder für eine Legislaturperiode von 5 Jahren direkt gewählt werden. Die Mitglieder der zweiten Kammer (Senat) werden auf regionaler Ebene oder durch Berufsorganisationen bestimmt. Die Partei der Unabhängigkeitsbewegung (»Istiqlal«) und andere linke Parteien (z. B. die »Union Socialiste des Forces Populaires«) waren lange Zeit in der Minderheit. Dies läßt sich durch das in Marokko weit verbreitete System der »Patronage« erklären. Das bedeutet, daß lokale Fürsten, Großgrundbesitzer und Honoratioren dem »kleinen Mann« Arbeit verschaffen und dafür von ihm politische Unterstützung erwarten. Erst 1998 konnten die bisherigen Oppositionsparteien eine Mitte-Links-Regierung bilden. Damit besteht die Hoffnung, daß der König den Kurs einer vorsichtigen Liberalisierung fortsetzt.

Einschließlich der von Marokko besetzten Westsahara ist das Land in 16 Regionen unterteilt. Obwohl Marokko einen geringeren Wüstenanteil als Algerien hat, ist auch hier die Bevölkerung sehr ungleichmäßig über das Land verteilt: Auf einem Zehntel der Fläche – auf dem Küstenstreifen im Nordwesten – leben zwei Drittel der Einwohner des Landes. Durch die wirtschaftliche Entwicklung in den Städten und die Verarmung der ländlichen Gebiete gibt es eine starke Landflucht, durch die in den Zentren die sozialen Probleme noch verschärft werden. Die dünner besiedelten Regionen Marokkos sind die Wohngebiete der ethnischen Minderheiten, der Berber und der Haratin. Die Berber als ursprüngliche Bevölkerungsgruppe haben sich in den Gebirgen ziemlich rein erhalten, während sie sich in den Städten und Ebenen mit der arabischen Bevölkerung vermischt haben. Die Haratin – Nachkommen schwarz-afrikanischer Sklaven – fallen vor allem in den Oasen südlich des Atlasgebirges auf.

Daten und Fakten

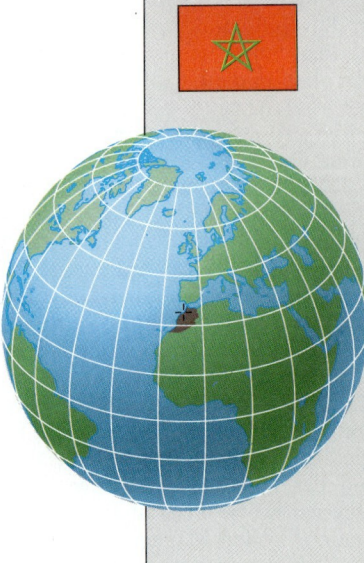

DAS LAND
Offizieller Name: Königreich Marokko
Hauptstadt: Rabat
Fläche: 446 550 km²
Landesnatur: Küstenebene im NW, anschließend die Meseta, von SW nach NO verlaufende Gebirge Hoher Atlas und Mittlerer Atlas, im S der Antiatlas, im N das Rifgebirge, im S Sahara
Klima: Subtropisch
Hauptflüsse: Tansift, S'bu, Umm ar Rabiyah, Muluya
Höchster Punkt: Jabal Tubqal 4165 m

DER STAAT
Regierungsform: Konstitutionelle Monarchie
Staatsoberhaupt: König
Regierungschef: Ministerpräsident
Verwaltung: 16 Regionen
Parlament: Zweikammerparlament: Nationalversammlung mit 325 für 5 Jahre gewählten Mitgliedern und Senat mit 270 für 9 Jahre indirekt gewählten Mitgliedern
Nationalfeiertag: 3. März, 18. November

DIE MENSCHEN
Einwohner (Ew.): 27 867 000 (1999)
Bevölkerungsdichte: 62 Ew./km²
Stadtbevölkerung: 55 %
Bevölkerung unter 15 Jahren: 33 %
Analphabetenquote: 51 %
Sprache: Arabisch, Berbersprachen, Französisch
Religion: Moslems 89 %

DIE WIRTSCHAFT
Währung: Dirham
Bruttosozialprodukt (BSP) 34 764 Mio. US-$ (1998)
BSP je Einwohner: 1250 US-$
Inflationsrate: 3,5 % (1990–98)
Importgüter: Erdöl, Weizen, Stahl, Bleche, chemische Er-

MAROKKO

Rabats Königspalast *(unten)* wurde 1864 erbaut und für Sultan Mohammed V. und seinen Sohn, Hassan II., dem 1999 verstorbenen König, erweitert. Hassan II. kam 1961 an die Macht. Anfangs war er Sultan und Premierminister. Die Verfassung von 1962 trennte diese zwei Funktionen. Der König übt große Macht aus, da jedes Gesetz seine Zustimmung benötigt.

Marokko *(oben)* ist das Europa am nächsten liegende afrikanische Land. Es befindet sich nur 13 km von Spaniens südlichstem Zipfel entfernt und hat eine wichtige strategische Lage. Die Landschaft besteht aus der Küstenebene, deren Hintergrund die Atlasketten bilden, und im Süden des Landes aus den nördlichen Bereichen der trockenen Sahara.

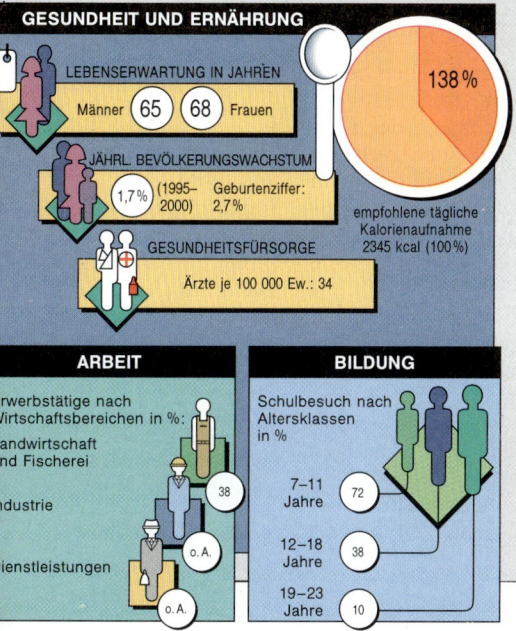

Exportgüter: zeugnisse, Zucker, Honig, Holz, Molkereierzeugnisse, Papier, Pappe, Maschinen
Exportgüter: Bergbauprodukte, Zitrusfrüchte, Wein, Gemüse, Häute, Olivenöl
Handelspartner: Frankreich, Spanien, Deutschland, USA, Italien, Rußland
Eisenbahnnetz: 1907 km
Straßennetz: 30 560 km (befestigt)
Fernsehgeräte je 1000 Ew.: 160

Eine weitere Minderheit sind die Juden, die hier eine bessere gesellschaftliche Stellung haben als in den anderen arabischen Ländern. Nachdem zur Zeit des Protektorats rund 200 000 Juden in Marokko gelebt hatten, sind es heute mit etwa 30 000–40 000 immer noch viel mehr als in den Nachbarländern des Maghreb. Sowohl die Industrie als auch das Bildungs- und Gesundheitswesen sind nach wie vor auf den Einsatz ausländischer Experten – deren Zahl sich gegenwärtig auf etwa 100 000 beläuft – angewiesen. Aber auch mit diesen ist etwa die Versorgung mit Ärzten noch schlecht, vor allem auf dem Land.

Ob sich nach einer Lösung des Westsahara-Konflikts solche Mängel beheben und die soziale Lage der Bevölkerung verbessern lassen, hängt auch vom Weltmarktpreis des Phosphats ab und vom Umfang der Entwicklungshilfe, von der Marokko bisher schon mehr als die anderen Maghreb-Länder profitiert hat.

MAROKKO: DIE BERBER

Das Volk der Berber hat seinen Namen von den Römern verliehen bekommen. Für die Römer waren alle Völker, die nicht der griechischen oder römischen Zivilisation angehörten, »Barbaren«. Später wurde diese Bezeichnung von den Arabern auf die Völker des nordwestlichen Afrika begrenzt und in diesem Sinn von den europäischen Sprachen als »Berber« übernommen. Die Berber selbst nennen sich als Volk »Imazighen«, das heißt »die freien Menschen«. Tatsächlich leben sie in ihren Dörfern auch freier als die Araber, zumindest was die Stellung der Frauen betrifft.

Nur von ihrer Sprache her sind die Berber als Volk zu definieren, und selbst diese ist in eine Vielzahl von Dialekten aufgesplittert. Von der ethnischen Herkunft her ist die Bezeichnung »Berber« dagegen ein Überbegriff für Völker verschiedener Rassen aus Nordafrika, die zur Völkerfamilie der Hamiten gehören.

Nach der Anzahl der verschiedenen Berberdialekte gibt es schätzungsweise über zehn Millionen Berber in Marokko und den anderen Maghreb-Ländern. In Marokko leben Berber vor allem im Rifgebirge und in den Atlasgebirgen sowie in den Oasen südlich davon. Die wichtigsten Volksgruppen der Berber in Algerien sind die Kabylen in der Kabylei, die Chaouia, die Mozabiten und die auch in anderen Saharaländern verbreiteten Tuareg. Auch in Tunesien leben Berber, so die Bewohner der Insel Djerba (Jazirat Jarbah) und die Nomaden im Süden des Landes. Außerdem werden einige Oasen in der östlichen Sahara, zum Beispiel Siwah in Ägypten, von Berbern bewohnt.

Schon bei einem Blick auf die Landkarte fällt bei den von Berbern besiedelten Gebieten auf, daß es dort viele Namen mit einem »t« am Anfang und am Ende gibt, zum Beispiel Telouèt, Tafilal't, Tidekelt. Dieses doppelte »t« weist auf das weibliche Geschlecht der entsprechenden Wörter hin. So heißt der Stier »afunes« und die Kuh »tafunest«. Solche Eigenheiten der Sprache sind allen Dialekten gemeinsam, aber vor allem im Wortschatz und vom Lautsystem her unterscheiden sie sich erheblich.

Die Herkunft der Berber-Schrift, die heute fast nur noch von den Tuareg gebraucht wird, ist größtenteils bekannt. Sie entspricht etwa der Schrift der Garamanten, der früheren Bewohner des heutigen Libyen, die ihr Alphabet von den Phöniziern übernommen hatten.

In den ländlichen Gebieten leben die Berber in »Ksar« genannten befestigten Dörfern, die meistens aus Lehmziegeln gebaut sind. Unterwegs und in diesen Dörfern ist der auffallendste Unterschied zur arabischen Gesellschaft, daß sich die Frauen der Berber unverschleiert zeigen. Auch im Verhältnis zu den Männern sind die Berberfrauen freier als die Araberinnen. Einer vorislamischen Tradition entsprechend, können sie sich ihre Partner sogar, in einem gewissen Rahmen, frei wählen. Für die äußere Erscheinung der Frauen ist bei den Berbern auch der Gebrauch der Hennapflanze mit ihrem roten Farbstoff charakteristisch. Diese hat nicht nur eine kosmetische und dekorative Funktion, sondern soll auch bestimmte Krankheiten heilen und böse Geister vertreiben. Außerdem ist Henna ein Symbol der Eintracht und des Friedens – das Wort »Henna« bedeutet auch »es schenkt Frieden«. Die Dorfversammlungen, in denen Vertreter der Familienclans über die Angelegenheiten des Dorfes beraten und entscheiden, sind jedoch auch bei den Berbern reine Männersache.

Die Berber hatten in ihrer langen Geschichte mehrfach eigene Staaten, wie die Königreiche von Tahert, Tlemcen und Kairouan, aber da sie heute in den Maghreb-Ländern überall eine Minderheit darstellen, haben sie in keinem dieser Länder mehr politische Macht. Die heutigen Konflikte zwischen Arabern und Berbern sind zum Teil von den Franzosen vorbereitet worden, da diese schon in der Kolonialzeit die bei-

Berberfrauen *(rechts)* in traditionellen Gewändern singen zum Tanz bei einem fröhlichen Fest. Von alters her haben die Berber ihren Frauen mehr Freiheit gelassen als die meisten anderen Moslems. Sie tragen z. B. keinen Schleier.

Dieses Zelt *(ganz rechts)* ist das bewegliche Heim einer Berberfamilie in der Sahara. Heute leben nur noch wenige Berber als Nomaden. Der Name »Imazighen«, d. h. freie Menschen, den sich die Berber selbst geben, bezieht sich auch auf das Wanderleben.

MAROKKO

Berberkrieger *(links)* stürmen galoppierend heran. In der Vergangenheit terrorisierten berberische Tuareg auf Pferden oder Kamelen die Dörfer in der Sahara; heute inszenieren sie ihre Angriffe zur Unterhaltung der Touristen.

Berberhirten *(unten)*, eingehüllt in den »burnoose«, einem Übergewand mit Kapuze, hüten ihre Herden. Früher ein Nomadenvolk, lebt heute der größte Teil der Berber in kleinen Gemeinschaften in den Bergregionen.

den Völker gegeneinander ausgespielt und die Elite der Berber bevorzugt hatten.

Das »Berberproblem« in Algerien ist brisanter als in Marokko, da der algerische Staat nach der Unabhängigkeit erst ein Nationalbewußtsein in der Bevölkerung entwickeln mußte und deshalb die Kultur von Minderheiten noch weniger tolerierte, und weil gerade die Kabylen schon vor und während der französischen Kolonialzeit wirtschaftlich und sozial eine führende Rolle gespielt hatten. Die oppositionellen Organisationen der Berber wurden nach der Unabhängigkeit weiterhin von Frankreich unterstützt. 1980 führte die Unzufriedenheit der Kabylen zu gewalttätigen Demonstrationen. Im Zuge der seit Ende der 1980er Jahre begonnenen Liberalisierung werden aber auch in Algerien den Berbern mehr Rechte zugestanden. In Tunesien sind die Berber fast vollständig in die arabische Gesellschaft integriert.

MAROKKO: DAS LAND

Landesnatur

Die Landschaft Marokkos ist – wie auch die Kultur – durch die Zugehörigkeit zu drei geographischen Großräumen geprägt: Atlantik, Mittelmeer und Sahara. Diese Lage bietet auch für die Wirtschaft relativ günstigere Ausgangsbedingungen als etwa im Nachbarland Algerien. Das Klima ist durch den ozeanischen Einfluß feuchter und milder, und das Landesinnere ist nicht überall durch hohe Gebirgsketten vom Meer abgetrennt, so daß das Land mit Verkehrswegen leichter erschlossen werden konnte und vorhandene Ressourcen besser genutzt werden können.

Die Landschaft Marokkos ist durch die Ketten des Atlasgebirges gegliedert, die sich hier parallel zur Atlantikküste von Südwesten nach Nordosten durch das Land ziehen. An den Hohen Atlas, der mit seinen über 4000 m hohen Bergen die Kulisse der Stadt Marrakesch bildet, schließt sich südlich der Sousebene der Antiatlas und im Norden, von der Küste aus gesehen hinter Fès und Meknès, der Mittlere Atlas an. Entlang der Mittelmeerküste verläuft das niedrigere Rifgebirge. Die klimatisch begünstigten und fruchtbaren Ebenen liegen zwischen diesem, den Atlasgebirgen und dem Atlantik. Südlich und östlich der Atlasketten geht die Landschaft langsam in die Ebenen der Sahara über. Hier gibt es am Fuß der Gebirge zahlreiche Oasen. In den Landesteilen, die durch das atlantische Klima reichlichere Niederschläge erhalten (bis zu 1000 mm pro Jahr), besitzt Marokko auch einige ganzjährig wasserführende Flüsse. Die Gebirge sind für die Ebenen ein sicheres Wasserreservoir, durch das dort die Felder auch in der Trockenheit bewässert werden können.

Wirtschaft

Die Landwirtschaft Marokkos ist charakterisiert durch einen großen Gegensatz zwischen dem traditionellen Ackerbau und der Viehzucht und dem modernen, exportorientierten Anbau. Insgesamt sind noch 38 % der Erwerbstätigen in der Landwirtschaft beschäftigt, die etwa 17 % des Bruttoinlandsprodukts erwirtschaftet. Der größte Teil der Agrarwirtschaft konzentriert sich auf die Küstenebenen und die Talbecken um Marrakesch und Fès, wo vor allem Zitrusfrüchte und Frühgemüse für den Export angebaut werden.

Die Erzeugnisse der Viehhaltung (Wolle, Häute und anderes) werden in eher handwerklichen Betrieben zu Teppichen und Lederwaren verarbeitet und sind wichtige Exportgüter. Die großen Schaf- und Ziegenherden in den Bergen können den Bedarf an Fleisch- und Milchproduktion decken.

Die reichen Fischgründe, besonders Sardinen, vor der marokkanischen Atlantikküste werden erst seit der Protektoratszeit intensiv wirtschaftlich genutzt. Die Franzosen bauten die Fischereihäfen aus und errichteten Fischkonservenfabriken, von denen die größten in Safi und Agadir angesiedelt sind.

Teppiche *(unten)*, gewebt in geometrischen Mustern nach islamischer Tradition, bilden den farbenfrohen Hintergrund für eine marokkanische Frau in düsterer »djellaba«. Dieses weite Kapuzengewand wird von Frauen und Männern getragen.

Gemüse und Gewürze *(oben)* bilden eine verlockende Auslage auf einem Markt in Tanger, dem alten Hafen im Nordwesten Marokkos. Die Landwirtschaft nimmt in Marokkos Wirtschaft nach dem Bergbau den zweiten Platz ein.

Sorgsam bearbeitete Felder *(rechts)*, im Vordergrund zu sehen, bilden eine grüne Insel am Fuße dieser relativ spärlich bewaldeten Hügel im Inneren Marokkos. Im Hintergrund erheben sich die Gipfel des Hohen Atlas bis in Höhen von über 4000 m.

Schleppnetzfischer *(rechts)* liegen im Hafen von As Sawirah an Marokkos Atlantikküste vor Anker. As Sawirah, Zentrum der wichtigen Sardinenfischerei und Fischindustrie, wurde von portugiesischen Siedlern im 15. Jahrhundert befestigt.

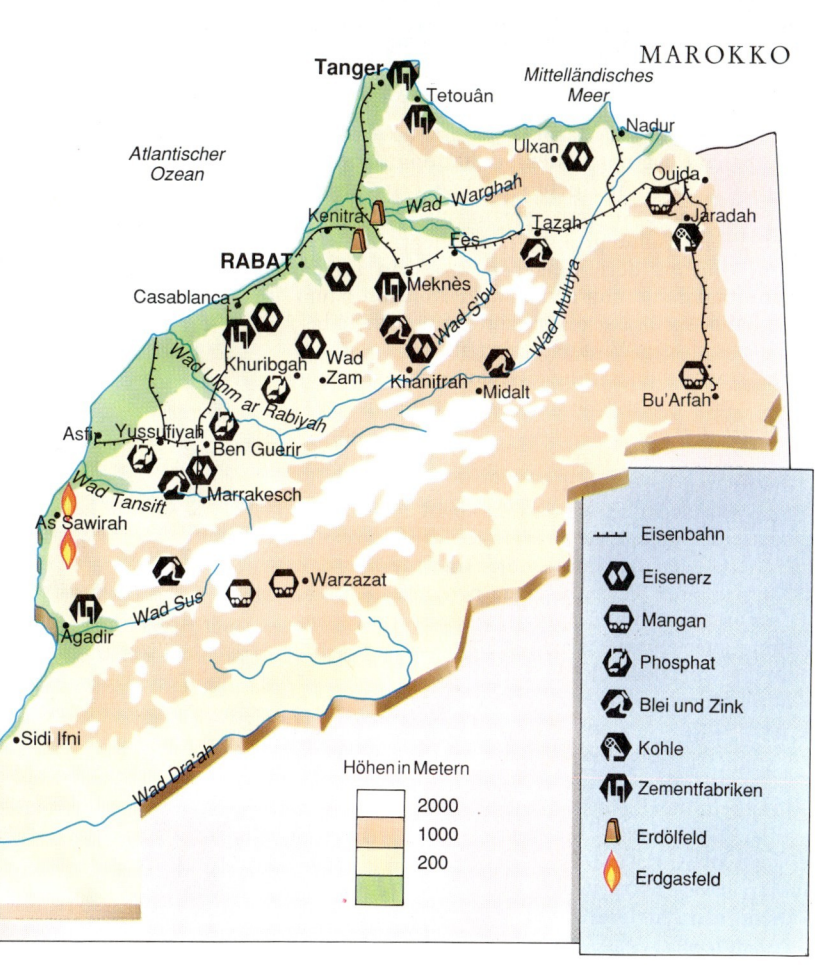

MAROKKO

Marokkos Wirtschaft beruht hauptsächlich auf den Bodenschätzen und der Landwirtschaft *(oben)*. Fast das gesamte kultivierbare Land liegt im Küstentiefland. Im Gebiet südlich der großen Gebirgszüge befinden sich Manganvorkommen.

Die Grundlage der marokkanischen Wirtschaft bildet das Phosphat. Marokko steht bei der Förderung dieses für die Landwirtschaft wichtigen Bodenschatzes zwar nicht mehr an erster Stelle, ist aber der größte Exporteur, da fast die gesamte Fördermenge ausgeführt wird. Einschließlich der in der Westsahara liegenden Ressourcen besitzt Marokko sogar über zwei Drittel der Phosphatreserven der Erde. Bisher wird das Phosphat vor allem bei Khuribgah und Yussufiyah gefördert und von Casablanca und Safi aus verschifft.

Marokko besitzt auch verschiedene weitere Bodenschätze: Eisen, Blei, Kupfer und andere Erze, Schwerspat sowie Erdöl, das nur einen Teil des Eigenbedarfs deckt. Der Bergbau bildet die Grundlage für einen Teil der Industrie, die in den 1970er und 1980er Jahren verstärkt ausgebaut wurde. Es sind dies die Chemieindustrie, die das Phosphat verarbeitet, und die Metallindustrie mit der Erzverhüttung. Andere wichtige Branchen sind die Nahrungsmittelverarbeitung, Textilindustrie und die metallverarbeitende Industrie, zum Beispiel die Montage französischer Automodelle und Lastwagen für den einheimischen Markt.

Als weitere Devisenquelle setzt die marokkanische Regierung auf den Fremdenverkehr, der mit großen Projekten gefördert wird. Mit seinen kilometerlangen Stränden und dem milden Klima an der Küste, aber auch mit seinem kulturellen und landschaftlichen Reichtum zieht Marokko unterschiedliche Kreise von Touristen an. Die jährlich über drei Millionen Touristen bringen über 10 % der Deviseneinnahmen ins Land. Außerdem stellt die Tourismusbranche zahlreiche Arbeitsplätze. Doch die positive Entwicklung in diesem Wirtschaftszweig hat nicht verhindern können, daß es schon lange nicht mehr genug Arbeitsplätze und Verdienstmöglichkeiten gibt. Etwa ein Drittel der Bevölkerung lebt gegenwärtig unterhalb der statistischen Armutsgrenze. Diese Situation wird durch eine halbe Million im Ausland, vor allem in Frankreich, arbeitender Marokkaner etwas gemildert, da diese mit der finanziellen Versorgung ihrer Familien beträchtlich zu den Deviseneinnahmen des Landes beitragen. Trotzdem ist Marokko das ärmste der drei Maghreb-Länder, was zum Teil auch darauf zurückzuführen ist, daß der Konflikt um die Westsahara jahrelang über ein Drittel des Staatshaushalts verschlungen hat.

MAROKKO: TOURISMUS

Die Fahrt durch Marokkos Gebirgszüge und die Sahara beginnt in den Städten und Dörfern des Mittleren Atlasgebirges. Die erste dieser kleinen Städte ist Azru, genannt nach der riesigen Felsabdachung, auf der sie liegt. Sie wird von Pinienwäldern umgeben, wo man in der Morgendämmerung manchmal Affen von Baum zu Baum springen sehen kann. In der Nähe befindet sich der Wintersportort Ifrane. 1929 von den Franzosen gegründet, schaut er genauso aus wie eine französische Stadt in den Alpen.

Im Süden von Azru sind einige der schönsten Landstriche des Mittleren Atlas. Auf der Fahrt durch die Berge in Richtung Khanif erreicht man die tosenden Wasserfälle des Umm ar Rabiyah, der Quelle von Marokkos größtem Fluß. Nahebei liegt das Berberdorf Ain Leuh mit den Ruinen einer Kasbah, einer befestigten Stadt, errichtet von Sultan Mulay Ismail. Von hier aus führt eine Straße nach Midelt, berühmt für ihren Teppich Souk (Markt), durch die Pinien- und Zedernwälder des Gigou-Tals. Auf dem Weg von Azru nach Marrakesch kommt man zu den großartigen Ouzoud-Fällen, hohe Wasserfälle, die vor einem Hintergrund aus tiefroten Felsen in die Tiefe stürzen.

Der Hohe Atlas
Marokkos größter Gebirgszug, der Hohe Atlas, dient als Barriere zwischen den Ebenen des Nordens und der Sahara im Süden. Bis die Franzosen in den 1920er Jahren die »Befriedung« Marokkos begannen, war das Land fast so abgeschieden wie Tibet. Die Feudalherren der Atlasregion beherrschten die drei wichtigsten Pässe des Gebirges, Tizi N Tichka, Tizi N Test und Imi N Tanaout. Auch heute noch mischt sich die Regierung eher selten in die Angelegenheiten der Atlasberber, die kaum Steuern zahlen. Die Berber sprechen noch immer Tachelhait, eine indo-europäische Sprache, die sich von dem semitischen Arabisch unterscheidet, und tanzen den vergleichsweise freien ahouache-Tanz mit ihren Frauen. Die Berberarchitektur in den Bergen zeichnet sich durch Kasbahs und Gemeinschaftskornspeicher aus, die agadir genannt werden. Berberfrauen tragen keinen Schleier und führen die meisten der schweren Arbeiten aus, während die Männer sich dem Handel widmen. Reisende finden die Bergbewohner ausnehmend freundlich.

Wandern im Atlasgebirge ist unter Touristen beliebt und bietet interessante Möglichkeiten. Die höchsten Gipfel des Gebirges liegen im Tubqal-Nationalpark, ca. zwei Stunden Fahrt von Marrakesch entfernt. Man erlebt ein wunderbares Gefühl von Abgeschiedenheit, wenn man sich den Ausläufern des Jabal Tubqal nähert, mit 4165 m Nordafrikas höchster Berg. Hier scheinen die Dörfer übereinander geschichtet zu sein, und die Frauen sieht man in ihren bunten Kleidern von Tal zu Tal wandern. Asni, eine Stadt in diesem Nationalpark, bildet einen guten Ausgangspunkt für Wanderungen.

Die Sahara
Sobald der Hohe Atlas überquert ist, kommt die Sahara in Sicht, mit großartigen Ausblicken über die Flußtäler von Dra'ah, Dadis, Tudghà und Tafilalt. Soweit das Auge reicht, liegen Palmenoasen und Lehmdörfer zerstreut in der Wüste. Die großen maurischen Karawanenrouten führten einst durch dieses Gebiet, weit nach Afrika hinein. Die Mauren tauschten Salz gegen afrikanisches Gold. Aber zur Zeit der französischen Kolonialherrschaft wurden Datteln die Hauptstütze der örtlichen Wirtschaft. Der Oasenort Warzazat liegt ungefähr sechs Stunden von Marrakesch oder Tarudant entfernt. Auf dem Weg dorthin kommt man an vielen agadir oder betürmten kasr (Wüstenburgen) vorbei. Der jäh abfallende Jabal Saghru' (Sarhro), steilster aller Atlasgebirgszüge, liegt zwischen Warzazat und Zaghurah. Hier sind die Bewohner entweder Berber oder Haratin, die schwarzen Nachfahren der sudanesischen Sklaven. Zaghu-

Berbermütter (oben) haben ihre Kleinkinder bei allen Tätigkeiten um sich. Sie tragen sie meist wie hier auf den Rücken gebunden.

Das Sahara-Flußtal von Dadis (links) verläuft in Richtung des Hohen Atlas, dessen nördliche Ausläufer mit ihren schneebedeckten Gipfeln zu sehen sind. Jahrhundertelang zogen hier Karawanen auf ihrem langen Weg durch die Wüste entlang.

Ein Sonnenaufgang im Mittleren Atlas (unten) umhüllt einen Hirten und seine Herde mit den ersten Sonnenstrahlen. Einige der Landstriche in dieser wenig bekannten Gegend ähneln Teilen der Alpen, verbunden mit der Größe Afrikas.

Eine Reisekarte (oben) zeigt Wege durch die unberührten Gegenden des Mittleren und Hohen Atlas mit Marrakesch als Zentrum der Unternehmungen. Zu den Sehenswürdigkeiten zählen Wasserfälle, Wälder, alte Städte und exotische Märkte.

Eine Kasbah (rechts) bewacht die Straße zu der Stadt Sukhurah im Mittleren Atlas. Die reichen Goldkarawanen aus Westafrika, deren Ziel Marokkos Städte waren, benötigten Schutz auf ihren gefährlichen Reisen durch die Atlasgebirge.

rah, ein Zwischenstopp auf dem Weg nach Timbuktu, hat schöne Palmenhaine und eine guterhaltene Kasbah.

Süden und Südwesten

Wer genügend Zeit hat, sollte eine der eindrucksvollsten Reisen in den Süden unternehmen, die Fahrt von Ar Rashidiyah zu der schönen Oase von Fijij. Beinahe an der algerischen Grenze gelegen, zählt diese zu den größten Palmenoasen in Nordafrika. Im Südwesten erreicht man die Küstenstadt Agadir, die 1960 durch ein Erdbeben fast gänzlich zerstört wurde und jetzt nicht viel mehr als eine funktional errichtete Stadt sowie ein beliebter Badeort ist. Weiter im Süden liegt der kleine Hafen von Sidi Ifni, von Spanien erst 1969 an Marokko zurückgegeben, reich an grandioser spanischer Kolonialarchitektur. Die drei wichtigsten Städte im Binnenland des Antiatlas sind Tarudant mit seiner langen Stadtmauer, Tiznit und Gulimin.

Für Reisende ist Marokkos Klima von Mitte Februar bis Juni oder Mitte September bis Ende Oktober am besten. Zwischen November und Februar kann es in den Bergen schneien, überall sonst treten starke Regenfälle auf, aber das Wetter bleibt selten lange Zeit schlecht. Das Land besitzt ein gut ausgebautes Straßennetz, aber Autofahrer sollten genügend Benzinvorräte haben, vor allem, wenn sie in südlicher Richtung unterwegs sind, da die Tankstellen oft weit auseinanderliegen.

Das Essen ist meist köstlich und fast überall billig. Die marokkanische Küche ist zu Recht gut bekannt, außerdem sind französische, spanische und italienische Gerichte in den größeren Städten erhältlich. In abgelegenen Gegenden bieten zahlreiche »chouai« (Rostbratstuben) Fleischspieße und Würste an. Fremde werden von den Einheimischen freundlich aufgenommen, vor allem die Berber sind bekannt für ihre Gastfreundschaft.

MAROKKO: STÄDTE

Marokko ist bekannt durch seine »Königsstädte«, wie es überhaupt ein Land der großen Städte ist. Über ein Drittel der Bevölkerung lebt in großen städtischen Zentren mit mehr als 300 000 Einwohnern. Das liegt zum einen daran, daß die marokkanischen Sultane und Könige seit langem abwechselnd in mehreren Städten residieren, die sich dann als sogenannte Königsstädte zu Großstädten entwickeln konnten. Zum anderen haben auch die Hafen- und Industriestädte die Landbewohner angezogen, so daß Marokko so viele Großstädte besitzt wie ähnlich große europäische Länder.

Königsstädte sind Fès, Marrakesch, Meknès und Rabat, von denen jede ihren eigenen Charakter hat und jede für den König und das Land andere Funktionen erfüllt.

Fès ist die älteste Königsstadt. Seine Altstadt ist Anfang des 9. Jahrhunderts unter den Idrisiden, der ersten in Marokko herrschenden Araberdynastie, gegründet worden. In der Vergangenheit war Fès nicht nur die Hauptstadt Marokkos, sondern auch die wichtigste Stadt des ganzen Maghreb – in religiöser, politischer und kultureller Hinsicht. Aus allen Epochen ihrer Geschichte sind Paläste und Moscheen erhalten, und ihre Universität (gegründet 859) ist zusammen mit der von Kairo die älteste der islamischen Welt. Wegen ihrer historischen Bedeutung ist Fès heute noch der Austragungsort für Gipfelkonferenzen der arabischen Staaten und andere internationale Treffen.

Im Gegensatz zu der arabischen Stadt Fès hat Marrakesch typisch berberischen Charakter. Die auch »Perle des Südens« genannte Stadt gilt als eine der schönsten des Maghreb und ist deshalb nach dem Badeort Agadir das zweite Touristenzentrum des Landes. Wie groß Marrakesch schon früher gewesen ist, zeigt die Medina, die Altstadt arabischer Städte, die von einer 12 km langen Mauer umgeben wird. In der Altstadt befindet sich auch der farbenprächtige Souk (Suk, Suq), das Marktviertel, in dem die Gasse der Färber die größte Attraktion ist.

Meknès, westlich von Fès gelegen, ist die drittälteste der vier Königsstädte Marokkos. Anfang des 18. Jahrhunderts wurde die Stadt von Sultan Mulay Ismail als »marokkanisches Versailles« zur Residenzstadt ausgebaut. Aus dieser Zeit stammt auch das Bab Mansur, das größte Stadttor Marokkos.

Die Hauptstadt Rabat, nach Casablanca die zweitgrößte Stadt des Landes, ist die vierte der Königsstädte. Als Stadt stammt auch Rabat aus dem Mittelalter, aber politische Bedeutung bekam sie erst 1912, als der französische General Lyautey aus ihr die Verwaltungshauptstadt des Protektorats machte. Neben Baudenkmälern aus der Almohadenzeit besitzt Rabat auch das Mausoleum von Mohammed V.

Vier andere große Städte stehen beispielhaft für das moderne Marokko – jede von ihnen aus einem anderen Grund: Tanger (Tanjah), Casablanca, Oujda (Ujdah) und Agadir.

Im Inneren einer Moschee *(unten)* in Meknès finden sich strenge, jedoch beeindruckende Verzierungen mit schlanken Säulen und geometrischen Fliesenmustern. Dies ist in der ganzen islamischen Welt sehr typisch für moslemische Stätten.

Ein wichtiges Touristenziel ist der Markt *(rechts)* auf dem Hauptplatz der Medina (Altstadt) von Marrakesch. Die Stadt wurde im Jahre 1062 gegründet und war bis zum 14. Jahrhundert Zentrum eines großen Berberreiches.

Tanger an der Straße von Gibraltar ist zwar eine der ältesten Städte Marokkos – gegründet als phönizische Handelsniederlassung –, hatte aber seine Blütezeit erst seit Beginn des 20. Jahrhunderts. Diese wurde möglich durch den besonderen Status Tangers während der Protektoratszeit, als die Stadt unter internationaler Verwaltung von Großbritannien, Frankreich, Spanien und Italien stand. In dieser Zeit entwickelte sie sich zu einem bedeutenden Handelszentrum – und zu einer Stadt der Schmuggler und Agenten. Mit der Unabhängigkeit Marokkos wurde auch das Sonderstatut Tangers aufgehoben, nur ein gewisser Mythos ist geblieben.

Auch Casablanca, die mit fast drei Millionen Einwohnern größte Stadt Nordwestafrikas, lebt mit einem Klischeebild, das durch den gleichnamigen Film entstanden ist. In der Realität ist »Casa« eine nach wie vor in stürmischem Wachstum begriffene Hafen- und Industriestadt. Aus der Kleinstadt, die Casablanca bis 1900 gewesen ist, machten die Franzosen durch den Hafen, vor allem für den Phosphatexport, und durch Industrieansiedlungen das wirtschaftliche Zentrum. Bei dem überaus schnellen Wachstum der Stadt konnte der Wohnungsbau nicht mithalten, so daß große »Bidonvilles« (Slums) entstanden, die erst in den 1970er Jahren durch moderne Wohnviertel ersetzt wurden. Durch seine rasche industrielle Entwicklung – mit entsprechender Umweltverschmutzung – und seine sozialen Gegensätze ist Casablanca

MAROKKO

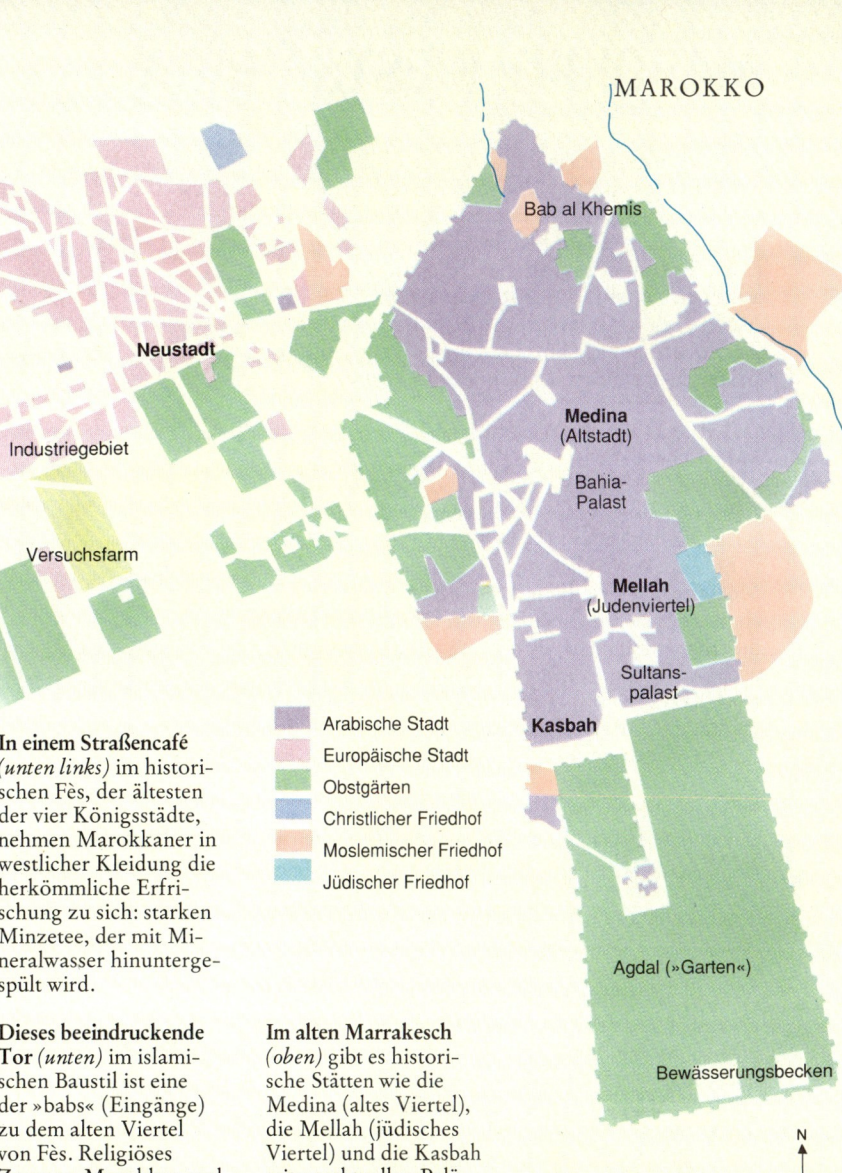

- Arabische Stadt
- Europäische Stadt
- Obstgärten
- Christlicher Friedhof
- Moslemischer Friedhof
- Jüdischer Friedhof

In einem Straßencafé *(unten links)* im historischen Fès, der ältesten der vier Königsstädte, nehmen Marokkaner in westlicher Kleidung die herkömmliche Erfrischung zu sich: starken Minzetee, der mit Mineralwasser hinuntergespült wird.

Dieses beeindruckende Tor *(unten)* im islamischen Baustil ist eine der »babs« (Eingänge) zu dem alten Viertel von Fès. Religiöses Zentrum Marokkos und lange Zeit kulturelle Hochburg des Islam, besitzt Fès viele prächtige Moscheen.

Im alten Marrakesch *(oben)* gibt es historische Stätten wie die Medina (altes Viertel), die Mellah (jüdisches Viertel) und die Kasbah mit prachtvollen Palästen. Außerdem liegen hier die herrlichen Agdal-Gärten mit ihren Bewässerungsbecken.

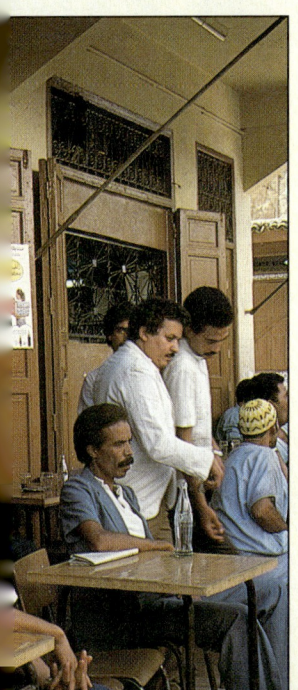

auch ein Symbol für den problematischen Übergang der Dritten Welt zur Industriegesellschaft.

Agadir im Südwesten und Oujda im äußersten Osten Marokkos stehen für die zukünftige Entwicklung des Landes. Agadir bietet schon deshalb das Bild einer modernen Stadt, weil es nach dem schweren Erdbeben von 1960 völlig neu aufgebaut werden mußte. Geprägt wird Agadir vor allem durch die zahlreichen Hotelkomplexe, da es durch seine langen Sandstrände und sein mildes Klima zum wichtigsten Fremdenverkehrszentrum geworden ist. Oujda ist durch die in der Nähe abgebauten Bodenschätze (Anthrazit, Mangan) vor allem eine Industrie- und Handelsstadt. Die Funktion als Handelszentrum wird in nächster Zeit mit der Normalisierung des Verhältnisses zu Algerien noch größere Bedeutung bekommen, da Oujda auch eine wichtige Station für den Eisenbahn- und Straßenverkehr mit dem Nachbarland ist.

MAROKKO: WESTSAHARA

Der »Wüsten-Staat« mit einer Fläche von 266 000 km² ist fast menschenleer, doch reich an Phosphat und – in der 200-Meilen-Zone der Atlantikküste – an Fischvorkommen. Dies erklärt, warum während des Rückzugs Spaniens aus seiner ehemals größten Besitzung in Afrika Mitte der 1970er Jahre die Nachbarn Marokko im Norden und Mauretanien im Süden um ihre Besitzansprüche in diesem Gebiet stritten.

Der Kampf um die Westsahara

Marokkos König Hassan II. (1929-1999) verwies auf die lange gemeinsame Geschichte der Regionen und setzte 1975 mehrere hunderttausend Marokkaner zu Fuß und mit einfachen Fahrzeugen in Bewegung. Diesem »Grünen Marsch« zur friedlichen Besetzung des nördlichen Teils der Westsahara folgte ein Jahr später die marokkanische Armee. Sie bekämpfte die nationalistische Volksfrontbewegung POLISARIO (Frente Popular para la Liberación de Saguia el-Hamra y Río de Oro, so der Name der beiden Landesteile der Westsahara), die ihrerseits die Unabhängigkeitsbestrebungen Westsaharas 1976 durch die Proklamation der »Demokratischen Arabischen Republik Sahara« (DARS) verdeutlichte.

Mauretanien hielt bis 1979 den südlichen Teil des Landes besetzt. Weil der nie offen erklärte Krieg aber immer wieder auf das mauretanische Staatsgebiet übergriff, gab die Regierung in Nouakchott schließlich ihren Anspruch auf und unterstützte fortan die POLISARIO im Kampf gegen Marokko. Das wiederum annektierte nach dem Rückzug Mauretaniens 1979 die gesamte Westsahara. Nach anfänglich militärischen Erfolgen der POLISARIO ließ Marokko einen Teil Westsaharas mit Befestigungswällen umgeben, die seit 1985 mit einer Länge von etwa 2400 km das Gebiet unterteilen.

Inzwischen wurde die POLISARIO von vielen Nationen offiziell als Vertreterin der Sahraouis, der Bevölkerung Westsaharas, anerkannt. Doch Marokko widersetzte sich beharrlich allen Beschlüssen der Vereinten Nationen und der Organisation für Afrikanische Einheit (OAU), in diesem Gebiet das Recht auf Volksabstimmung zuzulassen. Erst 1988 kam es zu einer Annäherung im Westsahara-Konflikt durch den Stimmungswandel des marokkanischen Königs zugunsten eines Referendums. Er hoffte auf Zustimmung der im Land verbliebenen Sahraouis für seine seit 1975 betriebene Investitionspolitik in den phosphatreichen Gebieten der Westsahara. Zusammen mit den Stimmen der im Rahmen der »Marokkanisierung« angesiedelten Marokkaner könnte die Volksabstimmung zugunsten des Anschlusses an Marokko ausfallen, doch das Referendum wurde immer wieder verschoben. Während Marokko vom Westen kontinuierlich mit modernsten Waffen und elektronischen Systemen versorgt wurde, baute die Schutzmacht Algerien allmählich ihre Unterstützung für die Befreiungsbewegung ab. Inter-

Sahraoui-Frauen erholen sich im Zelt eines Lagers der POLISARIO *(oben).* – **Sahraouis** *(oben rechts)* bei der Teilnahme an einem Fest. Die meisten führen noch eine nomadische Lebensweise. – **Feierlichkeiten** *(rechts)* zum Gedenken der Gründung POLISARIO. Mit Verbesserungen im Erziehungswesen und bei der medizinischen Versorgung versucht Marokko, das Wohlwollen der Sahraouis zu gewinnen.

Die Ansprüche Marokkos (rechts) auf die Westsahara führten zur Errichtung eines aus mehreren Abschnitten bestehenden Grenzwalles. Im Jahr 1980 begann Marokko mit dem Bau, um die »nützlichen« Gebiete der Westsahara, einschließlich der Hauptstadt Al Aaiún, der Stadt S'marah und der Phosphatlagerstätten bei Bu Craa, abzuriegeln. Die Verteidigungslinie besteht aus Sandwällen, die durch Minen und Stacheldraht gesichert sind.

MAROKKO

nationale Kritik zwang Marokko 1991 zu einem Waffenstillstand und der Zustimmung zu einem UN-Friedensplan. Seitdem sind UNO-Blauhelme in der Westsahara stationiert. Hinsichtlich der Durchführung des Referendums verfolgte Marokko eine Verschleppungstaktik, um einen Erfolg der POLISARIO zu verhindern. Erst im Jahr 1997 kam es unter Vermittlung der UNO zu einer Einigung, die eine Durchführung der Abstimmung bis Ende 1998 vorsah. Unter Vermittlung der Vereinten Nationen verhandelten Vertreter Marokkos und der POLISARIO im September 2000 über eine politische Lösung des Konflikts. Die Gespräche endeten ohne Ergebnisse.

Bereits während der spanischen Kolonialzeit waren in der Sahara große Phosphatminen eröffnet und das Phosphat zum Hafen Al Aaiún transportiert worden. Die Industrialisierung aber auch die politischen Unruhen haben binnen weniger Jahrzehnte das Leben der Menschen grundlegend verändert. Transsahara-Kamelkarawanen, Hirtennomadismus und Oasen-Landwirtschaft sind wie in den Anrainerstaaten bedeutungslos geworden. Die Mehrheit der Bewohner ist heute in den beiden einzigen Städten Al Aaiún und Ad Dakhlah seßhaft geworden. Viele der früheren Wüsten-Nomaden sind in kürzester Zeit von den Kamelen auf moderne Transportfahrzeuge umgestiegen.

Der Fischfang entlang der Atlantikküste wird in Zukunft einen wesentlichen Beitrag zum Einkommen und zur Ernährung der ansässigen Bevölkerung der »neuen marokkanischen Süd-Provinz« aber auch Marokkos leisten. Schon heute ist Westsahara durch eine Teerstraße an Marokko angebunden und wird sich nach einem endgültigen Friedensschluß touristisch möglicherweise zu einem Anhängsel des von Marrakesch und Agadir operierenden exklusiven Wüsten- oder Abenteuer-Tourismus entwickeln.

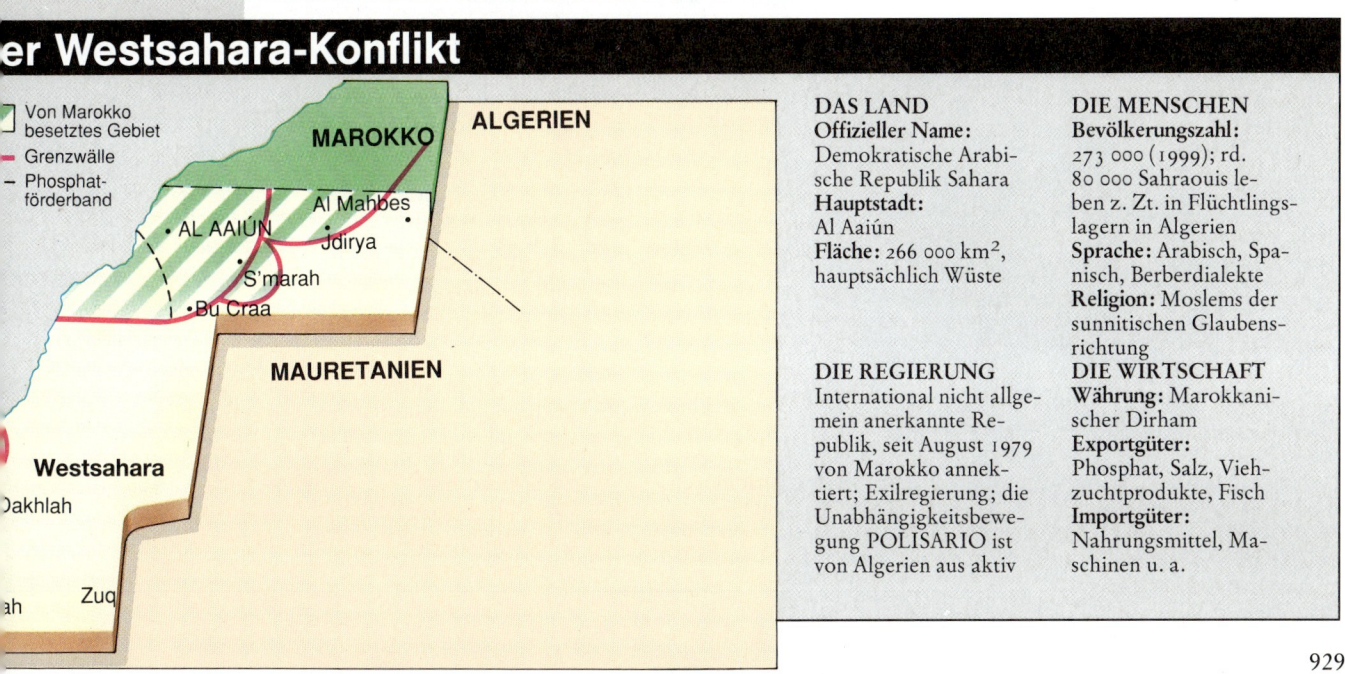

der Westsahara-Konflikt

- Von Marokko besetztes Gebiet
- Grenzwälle
- Phosphatförderband

DAS LAND
Offizieller Name: Demokratische Arabische Republik Sahara
Hauptstadt: Al Aaiún
Fläche: 266 000 km², hauptsächlich Wüste

DIE REGIERUNG
International nicht allgemein anerkannte Republik, seit August 1979 von Marokko annektiert; Exilregierung; die Unabhängigkeitsbewegung POLISARIO ist von Algerien aus aktiv

DIE MENSCHEN
Bevölkerungszahl: 273 000 (1999); rd. 80 000 Sahraouis leben z. Zt. in Flüchtlingslagern in Algerien
Sprache: Arabisch, Spanisch, Berberdialekte
Religion: Moslems der sunnitischen Glaubensrichtung

DIE WIRTSCHAFT
Währung: Marokkanischer Dirham
Exportgüter: Phosphat, Salz, Viehzuchtprodukte, Fisch
Importgüter: Nahrungsmittel, Maschinen u. a.

MARSHALL-INSELN

Im Nordosten Mikronesiens liegen die Marshall-Inseln – über tausend flache Eilande, darunter 34 Atolle und 870 Riffe. Sie verteilen sich über ein Seegebiet zwischen 5° und 15° nördlicher Breite und 162° und 173° östlicher Länge und sind in zwei von Nordwesten nach Südosten ziehende Ketten gegliedert: die Ratak- und die Ralikgruppe. Die Inseln haben viele gut geschützte Naturhäfen. Das Klima ist ozeanisch-kerntropisch mit ausgeglichenen, hohen Temperaturen und einem Jahresniederschlag von 4000 mm, der regelmäßig über das Jahr verteilt fällt. Gelegentlich können Wirbelstürme auftreten, die dann häufig zu Verwüstungen führen. Die natürliche Vegetation sind Kokospalmen.

Die einzelnen Inselgruppen wurden seit 1529 von Seefahrern verschiedener Nationen entdeckt. Benannt wurden sie nach dem britischen Kapitän John Marshall (1755–1835), der einige Inseln 1788 erforschte.

1886 erklärte das Deutsche Reich die Marshall-Inseln zu seinem Schutzgebiet. Das wirtschaftliche Interesse galt vorwiegend dem Kopra. Auf das Leben der Insulaner wurde nur wenig Einfluß genommen. Die Japaner, die 1914 die Inseln besetzten und sie nach dem Ersten Weltkrieg als Völkerbundsmandat verwalteten, kolonisierten die Inseln und bauten sie zur Ausgangsbasis für die geplante Eroberung des Südpazifiks aus. Während des Zweiten Weltkriegs wurden die Marshall-Inseln von den USA erobert und 1947 Teil des von ihnen verwalteten UN-Treuhandgebiets.

Die Mandatsmacht erhielt den Auftrag, Mikronesien wirtschaftlich, sozial und kulturell zu entwickeln und das Gebiet zur Selbstregierung

Das Majuro-Atoll *(rechts Mitte),* auf dem sich die Hauptstadt der Marshall-Inseln befindet, erstreckt sich in einem schmalen Streifen um seine Lagune. Diese ist dadurch vor der überaus starken Meeresbrandung des Pazifik geschützt.

Daten und Fakten

DAS LAND
Offizieller Name: Republik Marshall-Inseln
Hauptstadt: Dalap-Uliga-Darrit
Fläche: 181 km²
Landesnatur: 2 Archipele mit 34 niedrigen Atollen und 1152 Inseln
Klima: Feuchtheißes tropisches Klima
Höchster Punkt: 10 m im Likiep-Atoll
DER STAAT
Regierungsform: Konstitutionelle Republik
Staatsoberhaupt: Präsident

Verwaltung: 24 Bezirke
Parlament: Parlament mit 33 Mitgliedern, Wahl alle 4 Jahre, und Rat der Stammesführer mit 12 Mitgliedern
Nationalfeiertag: 1. Mai
DIE MENSCHEN
Einwohner (Ew.): 62 000 (1999)
Bevölkerungsdichte: 343 Ew./km²
Stadtbevölkerung: 71 %
Bevölkerung unter 15 Jahren: 50 %
Analphabetenquote: 9 %
Sprache: Englisch
Religion: Protestanten

DIE WIRTSCHAFT
Währung: US-Dollar
Bruttosozialprodukt (BSP): 95 Mio. US-$ (1998)
BSP je Einwohner: 1540 US-$
Inflationsrate: 7 % (1990–97)
Importgüter: Brennstoffe, Nahrungsmittel
Exportgüter: Fisch u. -produkte
Handelspartner: USA
Fernsehgeräte je 1000 Ew.: o. A.

zu führen. Erst in den 1960er Jahren kamen die USA ihren Mandatsverpflichtungen nach und entsandten Lehrer, Ärzte und Landwirtschaftsberater nach Mikronesien. Die US-amerikanische Nachkriegspolitik war anfänglich darauf ausgerichtet, Mikronesien in ihren Verteidigungsgürtel zwischen Alaska und Australien einzubeziehen. Das Kwajalein-Atoll, mit einer Ausdehnung von fast 1700 km² eines der größten Atolle der Welt, wurde zu einer riesigen Raketenkontrollstation sowie einer Basis für See- und Luftstreitkräfte ausgebaut. Die Atolle Bikini und Eniwetok (Enewetak) waren von 1946 bis 1958 Schauplätze von US-amerikanischen Atomwaffenversuchen. Die Bewohner mußten ihre Inseln verlassen und durften erst 1973 zurückkehren, nachdem Messungen die Unbedenklichkeit der radioaktiven Verseuchung bescheinigt hatten. Die Freigabe des Atolls zur Wiederansiedlung erfolgte jedoch zu früh, weil die radioaktive Verseuchung höher und damit die Gefährdung der Bevölkerung größer war als zunächst angenommen. Daher mußten die zurückgekehrten Bewohner Bikini zum Teil wieder verlassen, bis schließlich 1997 das Atoll, im Gegensatz zu einigen Inseln des Eniwetok-Atolls, für bewohnbar erklärt wurde. Die von der Zwangsumsiedlung Betroffenen erstritten von der US-Regierung Entschädigungszahlungen, die zusammen mit weiteren Finanzhilfen einen Großteil der Einnahmen der Marshall-Inseln ausmachen.

Seit 1986 hatten die Marshall-Inseln den Status einer teilweise unabhängigen Republik, die in einem Assoziierungsvertrag den USA die Außen- und Verteidigungspolitik übertrug. Lange standen die Inselbewohner vor der Frage, ob sie völlige Selbständigkeit wählen sollen. Man suchte noch nach einer nationalen Identität, einem verbindenden Nationalgefühl, wollte aber auch nicht auf die finanzielle Unterstützung der USA verzichten. Der UNO-Sicherheitsrat erkannte dann 1990 die volle Unabhängigkeit des Inselstaates an. Schon seit 1979 haben die Marshall-Inseln ein modifiziertes parlamentarisches Regierungssystem mit einem, dem Parlament (Nitijela) verantwortlichen Präsidenten, der zugleich Staatsoberhaupt und Regierungschef ist. Dem gewählten Parlament zur Seite steht ein zwölfköpfiger Häuptlingsrat.

Wichtigster Erwerbszweig der Bevölkerung ist nach wie vor die Kopraproduktion. Die übrige Landwirtschaft dient vorwiegend der Selbstversorgung. Der natürliche Fischreichtum der Marshall-Inseln hat als Nahrungsquelle für die Insulaner eine überragende Bedeutung – und ermöglicht darüber hinaus den Aufbau einer Fischverarbeitungsindustrie, der wie auch die Intensivierung des Fischfangs durch die Schaffung einer eigenen Fangflotte mit Hilfe von Investitionen der Volksrepublik China in die Wege geleitet werden soll.

Wichtigster Erwerbszweig auf den Marshall-Inseln ist der Dienstleistungsbereich; der Tourismus spielt keine große Rolle. Hauptarbeitgeber sind die öffentliche Verwaltung und der US-Militärstützpunkt auf Kwajalein, den die USA bis 2016 gepachtet haben. Weil ein großer Teil des Atolls militärisches Sperrgebiet ist, wurde seit den 1960er Jahren ein Großteil der Bewohner von der Hauptinsel auf die unfruchtbare und viel kleinere Nachbarinsel Ebeye umgesiedelt.

Zwei Drittel der Einwohner der Marshall-Inseln leben auf den Atollen Kwajalein und Majuro, wo auch die Hauptstadt Dalap-Uliga-Darrit (Kurzform: DUD) liegt, die rd. 20 000 Einwohner hat.

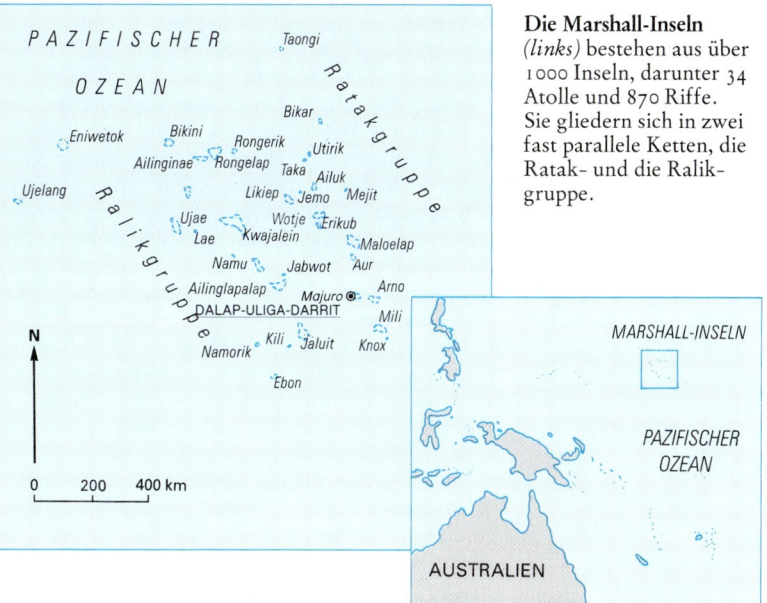

Die Marshall-Inseln (links) bestehen aus über 1000 Inseln, darunter 34 Atolle und 870 Riffe. Sie gliedern sich in zwei fast parallele Ketten, die Ratak- und die Ralikgruppe.

In dem sie mit einem Spaten den radioaktiv verseuchten Boden auf dem Bikini-Atoll aufgraben (oben), geben ehemalige Bewohnerinnen auf symbolische Weise ihrem Wunsch nach Rückkehr in ihre Heimat Ausdruck. Vor mehr als 50 Jahren hatten sie das letzte Mal ihre Füße auf die Insel gesetzt, auf der die USA zwischen 1946 und 1958 23 Atombomben getestet haben. Nachdem die radioaktiv verseuchte Erde entsorgt worden war, wurde die Insel 1997 wieder für bewohnbar erklärt.

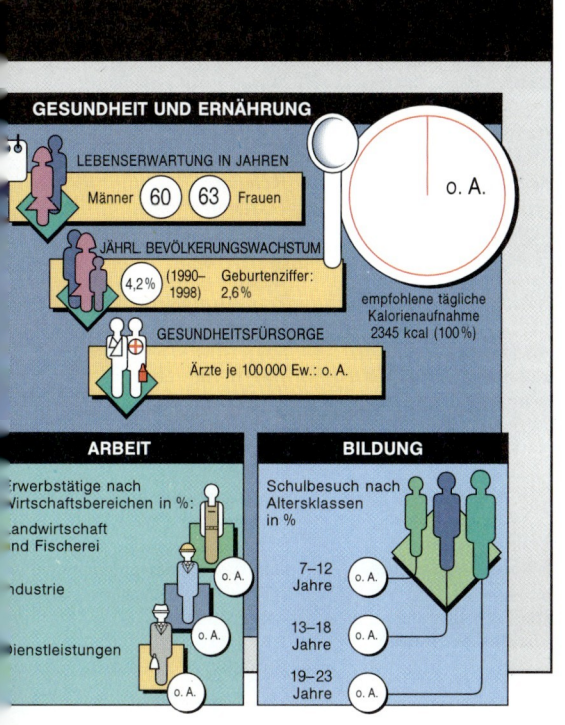

MAURETANIEN

Mauretanien ist ein Wüstenstaat mit einem Flußufer am Senegal im Süden und einem Küstenstreifen am Atlantischen Ozean im Westen. Nur die in den letzten Jahrzehnten entdeckten, für Touristen schwer und nur kostspielig erreichbaren, archäologischen Funde erinnern noch daran, daß das Gebiet des heutigen Wüstenstaates Mauretanien einst zu großen Teilen fruchtbares Land war. Die Ausbreitung der Wüste ist weniger durch die klimatischen Veränderungen als vielmehr durch menschliches Handeln verursacht worden.

Im südlichen Teil Mauretaniens und hier vor allem in der Nähe des Senegal-Flusses lebten über viele Jahrhunderte vorwiegend Ackerbau treibende, schwarz-afrikanische Völker. Im Mittelalter gehörten sie zu dem Einzugsbereich des Großreichs von Ghana. Doch schon seit dem 3. Jahrhundert drangen immer wieder berberische und arabische Stämme von Nordafrika her nach Süden vor. Um das Jahr 1000 beschrieben arabische Reisende den sagenhaften Reichtum und den für die damalige Zeit hohen Entwicklungsstand der Region. Nach erfolgreicher Invasion im 11. Jahrhundert herrschten die Almoraviden, deren Dynastie mit dem Kernreich Marokko bis nach Spanien reichte. Sie islamisierten das Gebiet, doch zerstörten sie dabei die einst blühende Zivilisation in den Gebieten des Senegal-Flusses. Nach dem Zusammenbruch des Almoravidenreichs Mitte des 12. Jahrhunderts verblieb der nördliche Teil des heutigen Mauretaniens bei Marokko, der südliche Teil fiel an Mali. Mit den kriegerischen Auseinandersetzungen im Mali-Reich drängten Araber nach Mauretanien, vertrieben die lokale afrikanische Bevölkerung oder machten die in ihrem Gebiet lebenden schwarzen Bewohner zu Sklaven.

Das Interesse der europäischen Kolonialmächte war aufgrund der schlechten Handelsmöglichkeiten lange Zeit gering. Frankreich, das im 18. Jahrhundert seinen Anspruch am Senegal durchsetzen konnte, dehnte seinen Machtbereich erst im 20. Jahrhundert endgültig auf das mauretanische Gebiet aus. Bis 1934 leisteten einzelne der damals noch überwiegend in der Wüste nomadisierenden Gruppen der französischen Kolonialmacht Widerstand. In der Zeit der nur 26 Jahre dauernden französischen Kolonialherrschaft wurde Mauretanien von Senegal aus mitverwaltet. Das Wüstengebiet erlangte 1960, wie alle französischen Kolonien Westafrikas, seine nationale Unabhängigkeit, blieb aber auch in der Folgezeit noch lange dem Einfluß Frankreichs ausgesetzt. Der erste Staatspräsident der Islamischen Republik Mauretanien und Vorsitzender der Einheitspartei »Parti du peuple mauretanien« (PPM) war Moktar Ould Daddah (* 1924). Er setzte sich erfolgreich gegen den marokkanischen König Hassan II. durch, der das mauretanische Staatsgebiet einem großmarokkanischen Reich eingliedern wollte. Doch ließ Daddah sich auch in die nachkolonialen Wirren der ehemals Spanischen Sahara verwickeln, um deren Phosphatvorkommen Marokko mit Waffengewalt stritt. Nachdem Mauretanien 1975 den südlichen Teil der Westsahara besetzt hatte, trugen die ethnisch mit den Mauretaniern verwandten Guerilleros der POLISARIO den Krieg auch in mauretanisches Staatsgebiet. Über Monate legten sie die wichtigste Einnahmequelle des Landes, die Erzminen von Zouirât, lahm. Daraufhin gab Mauretanien seinen Anspruch auf den Südteil der Westsahara auf und schloß einen Friedensvertrag mit der POLISARIO.

Daten und Fakten

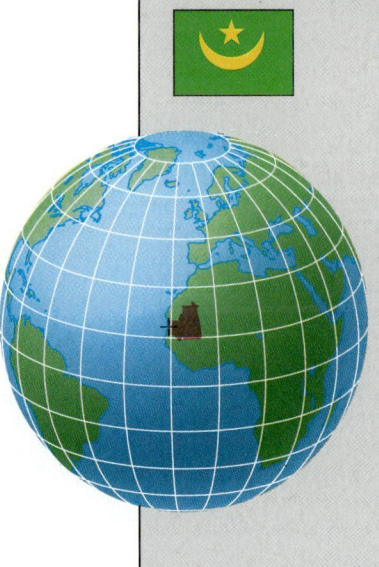

DAS LAND
Offizieller Name: Islamische Republik Mauretanien
Hauptstadt: Nouakchott
Fläche: 1 025 520 km²
Landesnatur: Dornsavanne des Sahel im S, im N Sahara, im W Küstenebene, nach NO anschließend Sandsteinplateaus
Klima: Subtropisches Wüstenklima
Hauptflüsse: Senegal
Höchster Punkt: Kidyat Ijjill 915 m

DER STAAT
Regierungsform: Präsidiale Republik
Staatsoberhaupt: Staatspräsident
Regierungschef: Ministerpräsident
Verwaltung: 13 Regionen
Parlament: Nationalversammlung mit 79 für 5 Jahre gewählten Mitgliedern und Senat mit 56 für 6 Jahre gewählten Mitgliedern
Nationalfeiertag: 28. November

DIE MENSCHEN
Einwohner (Ew.): 2 598 000 (1999)
Bevölkerungsdichte: 3 Ew./km²
Stadtbevölkerung 54 %
Analphabetenquote: 62 %

Sprache: Arabisch, Französisch
Religion: Moslems

DIE WIRTSCHAFT
Währung: Ouguiya
Bruttosozialprodukt (BSP): 1037 Mio. US-$ (1998)
BSP je Einwohner: 410 US-$
Inflationsrate: 5,3 % (1990-98)
Importgüter: Konsumgüter, Nahrungsmittel, Erdölraffinerieprodukte, chemische Erzeugnisse, Maschinen, Fahrzeuge
Exportgüter: Eisenerze, Fisch u. Fischprodukte, Viehzucht-

Ein übervölkerter Außenbezirk von Nouakchott (oben), der Hauptstadt Mauretaniens. Einige verheerende Dürreperioden in den 1970er Jahren veranlaßten zahlreiche Bewohner des Landesinneren, sich nahe der Stadt in Hüttensiedlungen niederzulassen.

Mauretanien (rechts), die ehemalige französische Kolonie, erstreckt sich von der Atlantikküste bis in die Sahara, die den größten Teil des Landes einnimmt. Wegen der geringen Niederschläge kann lediglich im äußersten Süden Landwirtschaft betrieben werden.

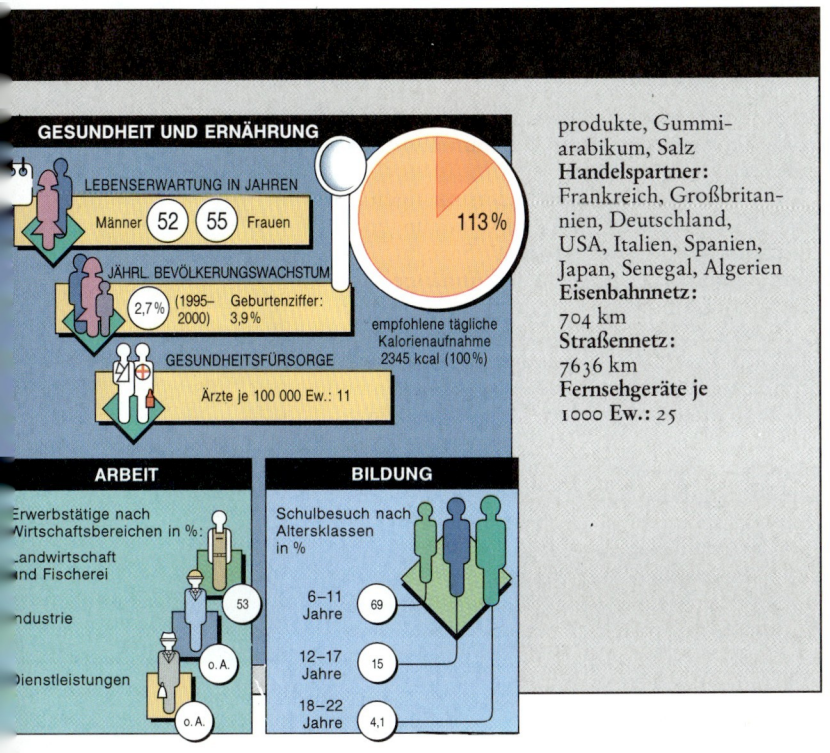

produkte, Gummiarabikum, Salz
Handelspartner: Frankreich, Großbritannien, Deutschland, USA, Italien, Spanien, Japan, Senegal, Algerien
Eisenbahnnetz: 704 km
Straßennetz: 7636 km
Fernsehgeräte je 1000 Ew.: 25

Die wirtschaftliche Krise und die innenpolitische Auseinandersetzung um die Sahara-Politik bewirkten den Sturz der ersten zivilen Regierung im Jahre 1978 und einen raschen Wechsel in der Führung der Militärregierungen. Seit 1984 ist Oberst Mawiya Ould Sid' Ahmed Taya (* 1943) Staatsoberhaupt des Landes. Auch ihm ist es, wie seinen Vorgängern, nicht gelungen, neben der anhaltend schwierigen Situation das ethnische Problem in dem Land zu lösen. Trotz Integrationsversuche ist die Vorherrschaft der weißen Mauren über die schwarze Minderheit ungebrochen. Auch nach der offiziellen Abschaffung der Sklaverei durch das Gesetz von 1980 werden heute immer noch Schwarzafrikaner von den Mauren zur Sklaverei gezwungen. Die »mauretanische Apartheid« verschlechtert zunehmend auch das Verhältnis zum Nachbarstaat Senegal, der nach den großen Dürrekatastrophen für viele Mauretanier zum Zufluchtsort wurde. Die Aufnahme diplomatischer Beziehungen zu Israel in 1999 führte einerseits zu massiven Protesten in arabischen Staaten, andererseits wurden dem Land Schulden in Höhe von über 1 Mrd. US-Dollar erlassen.

MAURETANIEN: DAS LAND

Die Bevölkerung Mauretaniens besteht zu über drei Vierteln aus hellhäutigen Mauren, einer Mischung aus Arabern, Berbern und einem geringen Teil Schwarzafrikanern. Nur im südlichen Teil des Wüstenstaates leben mehrheitlich Schwarzafrikaner, und zwar Volksgruppen der Fulani oder Fulbe, Tukulor und Soninke sowie kleinere Gruppen von Bambara und Wolof. Die unterschiedliche Lebensweise und Sprache schüren seit Jahrhunderten den ethnischen Konflikt zwischen den beiden Bevölkerungsgruppen und erschweren noch heute die Bildung einer Nation, deren einziges verbindendes Element die Staatsreligion, der Islam sunnitischer Richtung, ist.

Seit dem Einzug der Araber im 13. Jahrhundert nahm die schwarzafrikanische Bevölkerung in Mauretanien in der Gesellschaftsstruktur die unterste Ebene der Sklaven ein. Erst 1980 wurde die Sklaverei offiziell abgeschafft, doch noch heute hält die Diskriminierung der Schwarzafrikaner an. Die forcierte Arabisierung drängte die schwarzafrikanische Bevölkerung in Staat und Wirtschaft immer mehr ins Abseits.

Die rasch aufeinanderfolgenden Regierungen waren unfähig, eine der wichtigsten Einnahmemöglichkeiten des Landes, die Fänge ausländischer Fischereiflotten vor ihrer Küste, zum Nutzen der Bevölkerung zu kontrollieren. Die fortschreitende Verwüstung des Landes ließ zudem die ohnehin kleinen Weideflächen im Sahel rasch weiter schrumpfen. Deshalb versuchten die Regierungen mit der Erschließung des schmalen landwirtschaftlich nutzbaren Streifens am Nordufer des Senegal-Flusses, dem Grenzfluß zum Nachbarland Senegal, die Abhängigkeit von lebensnotwendigen ausländischen Nahrungsmittelhilfen zu drosseln.

Wasser, das kostbare Gut
Ende der 80er Jahre waren die beiden gemeinschaftlich von den drei Staaten Mauretanien, Senegal und Mali errichteten Dämme von Diama, nahe der Mündung auf senegalesischem Gebiet, und Manantali, am Oberlauf in Mali, fertiggestellt. Sie sollten eine ganzjährige Bewässerungslandwirtschaft ermöglichen und mit der Schiffbarmachung des Flusses neue Verkehrswege erschließen. Für den Bau von Bewässerungskanälen und anderen landwirtschaftlichen Einrichtungen fehlte jedoch das Geld.

Der Bau der Großdämme hat nicht nur wesentlich zur Verschuldung aller drei Staaten beigetragen. Es verschärften sich auch die seit Jahrhunderten bestehenden Spannungen zwischen den herrschenden, meist nomadisierenden weißen Mauren und den vornehmlich als Ackerbauern lebenden schwarzafrikanischen Völkern. In der Region konkurrierten seit alters die Bauern und die Viehzüchter um das knappe und durch Wasservorräte wertvolle Land. Während die maurischen Viehzüchter früher immer zu Beginn der jährlichen Trockenzeit mit ihrem Vieh an den Fluß gezogen waren, blieben jetzt viele von ihnen an Ort und Stelle. Viehzüchter,

Vom Fischfang *(rechts)* lebt ein Großteil der Bewohner der Westküste Mauretaniens. Die reichen Fischgründe des Atlantik lassen einen starken Gegensatz zum kargen Landesinneren dieses großen Wüstenlandes entstehen.

Die Bevölkerung Mauretaniens *(unten)* besteht aus Mauren, Schwarzen, und aus Mischlingen dieser beiden Bevölkerungsgruppen.

Nouakchott *(rechts)*, die mauretanische Hauptstadt, liegt im Westen des Landes. Ein Teil des Namens von Nouakchott ist von den nahegelegenen Sümpfen »chott« abgeleitet, die ein großes Gebiet nördlich der Stadt einnehmen.

Die Eisenerzlagerstätten bei Zouirât *(rechts außen)* werden im Tagebau erschlossen. Auf der einzigen Eisenbahnstrecke des Landes wird das Erz nach Nouadhibou am Atlantik transportiert, um von dort verschifft zu werden.

die durch die großen Dürren im Sahel viehlos geworden sind, versuchten sich nun als seßhafte Bauern.

Die ethnischen Auseinandersetzungen in Mauretanien führten auch zu Spannungen im Verhältnis zum Nachbarstaat Senegal. Das Land beherbergt nicht nur Anhänger der schwarzafrikanischen mauretanischen Befreiungsbewegung sondern auch mehrere Tausend weiße Mauren, die schon lange als Händler ihren Lebensunterhalt im Senegal verdienen und in den Städten und Dörfern des Landes den gesamten Kleinhandel beherrschen. In Solidarität mit ihren schwarzen Stammesbrüdern begann eine Hetzjagd der Senegalesen gegen die weißen Mauren, die um ihr Leben fürchten mußten. Die Verfolgten wurden mit Hilfe einer Luftbrücke nach Mauretanien ausgeflogen. Im Gegenzug entledigte sich das »weiße« Mauretanien in den Wochen und Monaten danach systematisch seiner schwarzen Mitbürger.

MAURETANIEN

Die massenhafte Rückwanderung der Auslandsmauren und die Verzögerung von geplanten technologischen Vorhaben am Senegal-Fluß verschärften die wirtschaftlichen Probleme des Landes. Das von Dürren, Krieg und durch den Preisverfall seiner Erze geschwächte »Bindeglied zwischen dem weißen und dem schwarzen Afrika« ist ein »weißer«, berberisch-arabisch-islamischer Staat geworden. Im Innern hoffnungslos zerstritten und wirtschaftlich nicht überlebensfähig, wird heute eine stärkere Anbindung an den nordafrikanischen Maghreb gesucht.

Nouakchott

Die Hauptstadt Nouakchott bestand zum Zeitpunkt ihrer Gründung im Jahr der Unabhängigkeit nur aus einer Ansammlung von Zelten. Der kurzfristige Erzboom des Landes förderte den Ausbau von Staat, Verwaltung und modernen Bauten, die im traditionellen Berberstil errichtet worden sind. Heute ist die Stadt zum Wohnort etwa eines Viertels der Gesamtbevölkerung Mauretaniens angewachsen. Zahlreiche Bewohner sind ehemalige maurische Nomaden, die nach dem Verlust ihrer Herden vor der Dürre und der zunehmenden Verwüstung geflohen sind, um in der Hauptstadt ein neues Leben zu beginnen. Doch in der Stadt, in der es kaum Arbeitsplätze in der Industrie gibt, führen sie nicht selten ein Leben in Armut in den Elendsvierteln, den Zeltslums von Nouakchott.

MAURITIUS

Mauritius gilt neben den Seychellen als das Touristenparadies unter den afrikanischen Inseln, das alle Klischees von tropisch verklärten Bilderbuchstränden mit in sanft-warmer Brise wiegenden Palmen vor dem Azur des Indischen Ozeans bestätigt. Doch das Bild stimmt nur begrenzt: Die sogenannten »Mauritius-Orkane« können während der Regenzeit in der ersten Jahreshälfte recht ungemütlich werden und richten auf der Insel immer wieder erhebliche Zerstörungen an. Die Strände säumen oftmals nur Aufforstungen der wenig exotisch wirkenden Casuarina-Bäume, und die Monotonie endloser Zuckerrohrplantagen mit den ärmlichen Hütten der Mietarbeiter sowie die Provisorien langgestreckter Straßendörfer trüben den tropischen Traum. Zu Unrecht, denn die Insel hat viele verborgene Reize, und was den Touristen stören mag, sind die noch heute nicht geheilten Narben kolonialer Ausbeutung.

Drei bizarre vulkanische Gebirgszacken, die über 800 m ansteigen, beherrschen das einsame Landesinnere. Atemberaubend ist der Blick vom erloschenen Vulkankrater Trou aux Cerfs über den ganzen Norden der Insel, über den Ozean bis hinüber nach Réunion, über den heiligen See Grand Bassin, Stätte der rituellen Waschungen der Hindus, bis an die Steilküsten und die weißsandigen Strände. Schöner noch als diese Badestrände scheinen die schwarzsandigen Lavastrandbuchten der zerklüfteten Ostküste mit den kleinen kreolischen und indischen Fischerdörfern zu sein.

Geschichte

Die Geschichte Mauritius' wird gegenwärtig, wenn man einen pulsierenden Markt mit seinem Menschen-, Trachten- und Sprachengewirr erlebt, in dessen Umgebung man eine katholische und eine protestantische Kathedrale, eine Moschee sowie einen Hindutempel in friedlicher Nachbarschaft findet.

Im 15. Jahrhundert entdeckte der Portugiese Pedro de Mascarenhas die Insel, die zusammen mit Réunion zu der nach ihm benannten Gruppe der Maskarenen gehört. Die unbewohnte Insel wurde erst 1598 von der »Holländisch-Ostindischen-Kompanie« in Besitz genommen und nach ihrem damaligen Statthalter, Moritz von Nassau, Mauritius benannt. Das Eiland diente in erster Linie als Versorgungsstation zur Aufnahme von Trinkwasser für die Schiffe, die auf dem Weg nach Indien waren. Außerdem wurden die Edelholzwälder radikal abgeholzt.

Im Jahr 1715 übernahm die französische »Compagnie des Indes« die Insel und begann sieben Jahre später mit der systematischen Besiedelung. Zum Aufbau einer Plantagenkultur – Kaffee, Baumwolle und Zuckerrohr – wurden Tausende von Sklaven aus Madagaskar und vom afrikanischen Festland auf die Insel verschleppt. Die Franzosen gründeten die Hauptstadt Port Louis, legten den weltberühmten botanischen Garten von Pamplemousses an und hinterließen mit einer kreolischen Mischbevölkerung ein immer noch spürbares französisches Element. 1810 kam Mauritius in den Besitz der Briten. Mit ihnen kam die Zuckerrohrmonokultur, kamen nach Ende der Sklaverei (1835) die billigen indischen Arbeitskolonnen, teilweise auch Chinesen, und es kam die stabilisierende Ordnung einer britischen Verwaltung, die sich mehr um den Ausbau einer Infrastruktur als um eine kulturelle Dominanz im insularen Rassengemisch bemühte. 1968 schließlich wurde Mauritius unabhängig.

Daten und Fakten

DAS LAND
Offizieller Name: Republik Mauritius
Hauptstadt: Port Louis
Fläche: 2040 km²
Landesnatur: Vulkaninsel mit steiler Küste, im Inneren Hochplateau; zahlreiche Koralleninseln
Klima: Wechselfeuchtes, tropisches Klima
Hauptflüsse: Rivière Noire, Grande Rivière
Höchster Punkt: Piton de la Rivière Noire 826 m

DER STAAT
Regierungsform: Republik
Staatsoberhaupt: Staatspräsident
Regierungschef: Premierminister
Verwaltung: 9 Distrikte und 3 Dependenzen
Legislative: Nationalversammlung mit 62 für 5 Jahre gewählten Abgeordneten u. 8 zusätzlichen Mitgliedern als Vertretung der Minderheiten
Nationalfeiertag: 12. März

DIE MENSCHEN
Einwohner (Ew.): 1 150 000 (1999)
Bevölkerungsdichte: 564 Ew./km²
Stadtbevölkerung: 44 %
Analphabeten: 17 %
Sprache: Englisch, kreolisches Französisch und indische Sprachen (Bhojipuri u.a.)
Religion: Hindus 52 %, Christen 30 %, Moslems 13 %, Buddhisten 2 %

DIE WIRTSCHAFT
Währung: Mauritius-Rupie
Bruttosozialprodukt (BSP): 4288 Mio. US-$ (1998)
BSP je Einwohner: 3700 US-$
Inflationsrate: 6,2 % (1990–98)
Importgüter: Nahrungsmittel (Reis, Fleisch, Milchprodukte),

Mauritius (oben) besteht aus der Insel Mauritius selbst sowie der Insel Rodrigues, den Agalega- und den Cargados-Inseln. Port Louis auf Mauritius ist die Hauptstadt des Landes.

Eine große Auswahl an Meeresmuscheln (oben rechts) aus dem Indischen Ozean füllt das Boot dieses mauritischen Fischers. Sie werden vorwiegend an Urlauber verkauft.

Ein Blick auf Port Louis (rechts) vom Signal Hill aus. Im Jahre 1736 von französischen Siedlern gegründet, wurde die Stadt nach König Ludwig XV. von Frankreich benannt.

GESUNDHEIT UND ERNÄHRUNG

LEBENSERWARTUNG IN JAHREN
Männer 68 / 75 Frauen

JÄHRL. BEVÖLKERUNGSWACHSTUM
1,3% (1990–1998) Bevölkerung unter 15 Jahren: 30%

GESUNDHEITSFÜRSORGE
Ärzte je 100 000 Ew.: 85

125% empfohlene tägliche Kalorienaufnahme 2345 kcal (100%)

ARBEIT
Erwerbstätige nach Wirtschaftsbereichen in %:
Landwirtschaft und Fischerei 14
Industrie 38
Dienstleistungen 48

BILDUNG
Schulbesuch nach Altersklassen in %
5–10 Jahre: 100
11–17 Jahre: 59
18–22 Jahre: 4,8

Textilrohstoffe, chem. Erzeugnisse, Fahrzeuge, Erdölprodukte
Exportgüter: Bekleidung, Zucker, Tee, Melasse, Rum, Kaffee, Tabak, Spielwaren, Elektrogeräte, Edelsteine, Uhren, opt. Geräte
Handelspartner: Großbritannien, Frankreich, Rep. Südafrika, USA, Japan, VR China, BRD, Italien, Indien, Singapur
Straßennetz: 1831 km
Fernsehgeräte je 1000 Ew.: 228

Wirtschaft

Die Insel hat in den letzten Jahren einen für Afrika einmaligen wirtschaftlichen Aufschwung erlebt. Neben dem Tourismussektor hat dazu eine Politik der forcierten exportorientierten Industrialisierung beigetragen. Grundlage waren die gut ausgebaute Infrastruktur, ein hohes Bildungsniveau der Bevölkerung sowie billige Arbeitskräfte. Die Errichtung einer Freihandelszone, die eine Befreiung von Importzöllen auf Investitionsgüter, Rohstoffe und Halbwaren sowie weitreichende Steuervorteile garantiert, und der zoll- und kontingentfreie Zugang zum europäischen Markt – Mauritius ist assoziiertes EU-Mitglied – fördern die Ansiedlung von ausländischen Betrieben. Die neu entstandenen Arbeitsplätze übersteigen inzwischen das Angebot des lokalen Arbeitsmarktes, so daß die überwiegend Textilien produzierenden Unternehmen besonders arbeitsintensive Bereiche nach Madagaskar ausgelagert bzw. modernste Technologien eingeführt haben. Dieses Wirtschaftswachstum hat den Ausbau eines Sozialstaats ermöglicht.

MAZEDONIEN

Millionen von Griechenlandtouristen durchquerten in früheren Jahren Mazedonien. Wie viele mögen gewußt haben, daß es ein Fehler ist, dieses Land lediglich als drückend heiße und staubige Transitetappe zu betrachten? So sind es vor allem Einheimische und Touristen aus dem benachbarten Serbien, die Erholung suchen an den drei großen Seen des Landes: dem Ohridsee, der fast zur Hälfte Albanien gehört, dem Prespasee, dessen südlichen Teil sich Albanien und Griechenland teilen, und dem Dojransee im Osten an der Grenze zu Griechenland. Doch nicht nur unberührte Seen entgehen dem Transitreisenden, auch wilde Gebirgslandschaften wie im Nationalpark Bistra-Gebirge und im Sar-Gebirge.

Die Mehrzahl der Touristen kommt an den Ohridsee, den größten und zugleich auch schönsten See Mazedoniens. Dieses Prädikat hat er nicht allein seinem kristallklaren Wasser, seinen Stränden und den ihn umgebenden Bergen zu verdanken, sondern auch den Kleinodien byzantinischer und bulgarischer Baukunst an seinem Ufer. Die Architektur der malerischen Altstadt von Ohrid erinnert daran, daß die Stadt im Mittelalter Hauptstadt des bulgarischen Königreichs war, und weist zugleich auf die wechselhafte Geschichte Ohrids wie der gesamten Region hin.

Geschichte

Das heutige Mazedonien ist nur ein Teil der gleichnamigen historischen Landschaft, die 1913 nach den Balkankriegen je zu einem Drittel (Vardar-, Pirin- und Ägäis-Mazedonien) an Serbien, Bulgarien und Griechenland fiel. Im frühen Mittelalter hatte Mazedonien dem Bul-

Die Klosterkirche des Heiligen Panteleimon von Nerezi *(rechts)* in der Nähe von Skopje. Der Fünfkuppelbau wurde 1164 erbaut. Den Auftrag dazu gab Alexios, ein Enkel von Kaiser Alexios I. Komnenos. Die ausdrucksstarken Fresken im Innern sind ein bedeutendes Zeugnis der byzantinischen Malerei des 12. Jahrhunderts.

Der Staat Mazedonien *(unten)*, bis 1991 eine Teilrepublik Jugoslawiens, liegt im Südosten der Balkanhalbinsel. Das gebirgige Land hat keinen Zugang zum Meer.

Daten und Fakten

DAS LAND
Offizieller Name: Ehemalige jugoslawische Republik Mazedonien (provisorische Bezeichnung durch UNO seit 8.4.1993
Hauptstadt: Skopje
Fläche: 25 713 km²
Landesnatur: Gebirgsland, durch Täler in zahlreiche Beckenlandschaften gegliedert
Klima: Subtropisches, kontinentales Klima
Hauptflüsse: Vardar
Höchster Punkt: Korab 2764 m

DER STAAT
Regierungsform: Präsidiale Republik
Staatsoberhaupt: Staatspräsident
Verwaltung: 123 Gemeinden
Parlament: Parlament (Sobranje) mit 120 Mitgliedern, Wahl alle 4 Jahre
Nationalfeiertag: 2. August

DIE MENSCHEN
Einwohner (Ew.): 2 011 000 (1999)
Bevölkerungsdichte: 78 Ew./km²
Stadtbevölkerung: 62 %
Bevölkerung unter 15 Jahren: 23 %
Analphabetenquote: 6 %
Sprache: Mazedonisch, Albanisch
Religion: Mazedonisch-orthodoxe Christen, Moslems

DIE WIRTSCHAFT
Währung: Denar
Bruttosozialprodukt (BSP): 2 539 Mio. US-$ (1998)
BSP je Einwohner: 1290 US-$
Inflationsrate: 1,1 % (1990–98)
Importgüter: Maschinen u. Transportmittel, Brennstoffe, Nahrungsmittel
Exportgüter: Textilien, Eisen u. Stahl
Handelspartner: Deutschland, Jugoslawien, Griechenland, USA
Eisenbahnnetz: 920 km
Straßennetz: 5500 km (befestigt)
Fernsehgeräte je 1000 Ew.: 250

garischen, im 11./12. Jahrhundert dem Byzantinischen und im 13./14. Jahrhundert dem Großserbischen Reich angehört.

Nach der Schlacht auf dem Amselfeld (1389) geriet die Region für mehr als 500 Jahre unter osmanische Herrschaft. Das Königreich Serbien brachte 1918 das ihm fünf Jahre zuvor zugesprochene Vardar-Mazedonien als Teil Serbiens in das neu geschaffene Königreich der Serben, Kroaten und Slowenen ein.

1945 verliehen die Kommunisten Mazedonien den Status einer eigenen Republik und proklamierten die Existenz einer den Serben, Kroaten, Slowenen und Montenegrinern gleichgestellten mazedonischen Nation. Das Mazedonische, eine dem Bulgarischen sehr verwandte Sprache, die bis dahin nicht als eigene Schriftsprache anerkannt war, wurde Amtssprache. 1967 konnte die orthodoxe Kirche Mazedoniens ihre Unabhängigkeit von der serbisch-orthodoxen Kirche durchsetzen.

Nicht zuletzt mit Blick auf Griechenland, aber auch aus dem Bestreben heraus, sich vom mächtigen serbischen Nachbarn abzugrenzen, entwickelte sich unter den jugoslawischen Mazedoniern allmählich eine eigene nationale Identität, die jedoch nach dem Zerfall Jugoslawiens und der Bildung neuer Staaten und Grenzen mit den Ansprüchen der hauptsächlich in Westmazedonien ansässigen Albaner kollidierte. Durch eine hohe Geburtenrate und Zuwanderung aus dem benachbarten Kosovo, das zu Serbien gehört, haben die Albaner, die überwiegend Moslems sind, inzwischen einen Anteil von mindestens 20 % an der Gesamtbevölkerung Mazedoniens erreicht.

Das unabhängige Mazedonien

Mazedonien gehört zu den wirtschaftlich rückständigen und armen Ländern dieser Region. Die Mazedonier werden wegen ihrer hohen Produktionsziffern beim Reis-, Gemüse-, Obst- und Tabakanbau zwar als das »Volk der Gärtner« beschrieben, gigantische industrielle Fehlinvestitionen, z. B. Nickel-, Eisen- und Eisen-Stahl-Kombinate, haben das Land jedoch in seiner wirtschaftlichen Entwicklung weit zurückgeworfen.

Im November 1990 fanden die ersten freien Wahlen statt, an denen sich mehr als 80 % der Wahlberechtigten beteiligten. Keine der Parteien erreichte die absolute Mehrheit. Stärkste Partei wurde nach zwei Wahlgängen die nationalistische, antikommunistisch ausgerichtete Innere Mazedonische Revolutionäre Organisation (VMRO) mit 37 Parlamentssitzen. Die VMRO forderte die Vereinigung der Republik Mazedonien mit dem bulgarischen Pirin- und dem griechischen Ägäis-Mazedonien. Die ehemaligen Kommunisten, die Partei für die Demokratische Umgestaltung (SKM-PDP), stellten 31 Abgeordnete. Die Partei der Albaner rangierte mit 25 Sitzen vor dem sozialistisch orientierten Bund der Reformkräfte Mazedoniens (SRSM) auf dem dritten Platz.

Präsident der Republik wurde im Januar 1991 der altgediente Kiro Gligorov, ein ehemaliger Mitstreiter Titos. Gligorovs Politik war darauf ausgerichtet, die Unabhängigkeit Mazedoniens gegenüber den Nachbarstaaten zu sichern und die Republik aus den Kriegen in Ex-Jugoslawien herauszuhalten. Im Oktober 1991 erklärte Mazedonien seine Unabhängigkeit und wurde 1993 als »Ehemalige Jugoslawische Republik Mazedonien« in die UNO aufgenommen. Während Mazedonien seine Beziehungen zu Griechenland, nachdem es zunächst lange Streit mit Griechenland um Namen und nationale Symbole bzw. Ansprüche gegeben hat, sowie Serbien und Bulgarien bis 1999 normalisierte, war die Stabilität im Innern gefährdet: durch den Kosovo-Krieg 1999, der über 200 000 albanische Flüchtlinge nach Mazedonien brachte, und durch Auseinandersetzungen mit den Albanern im Land selbst.

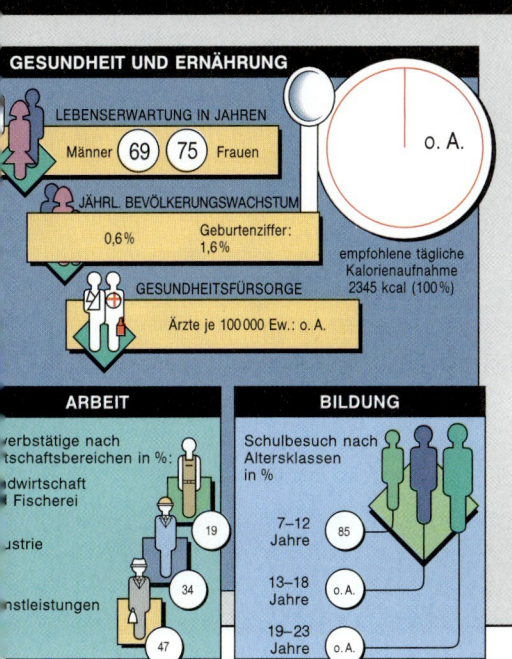

Auf der Balkan-Gipfelkonferenz in der mazedonischen Hauptstadt Skopje im Februar 2001 erörterten die Präsidenten der Republiken des früheren Jugoslawien Themen der wirtschaftlichen Kooperation. Im Bild *(oben)* unterzeichnen der mazedonische Präsident Boris Trajkovski (rechts) und sein jugoslawischer Amtskollege Vojislav Koštunica einen Grenzvertrag.

MEXIKO

MEXIKO

Während viele Länder mit wenigen Stichworten gekennzeichnet werden können, gelingt dies bei Mexiko nicht. Das gilt schon für den politischen Bereich. Zwar hat das Land von 1910 bis 1917 eine blutige Agrar-Revolution erlebt, doch seit Jahrzehnten zeigt es eine erstaunliche Stabilität, zumal im Vergleich mit dem übrigen Lateinamerika. Die Mexikaner sind zwar das größte Volk spanischer Sprache, aber daneben sind noch rund 50 präkolumbianische Sprachen lebendig. Entsprechend vielfältig ist das Volksleben. Aber auch an Zeugnissen der altamerikanischen Kulturen, der Kolonialarchitektur und der Kunst des 20. Jahrhunderts wird Mexiko im lateinamerikanischen Subkontinent kaum übertroffen.

In der Naturlandschaft reicht das Spektrum vom aktiven Vulkanismus bis zum ewigen Schnee, vom tropischen Regenwald bis zur Wüste; und dem entspricht die Fülle unterschiedlichster Agrarprodukte. Zur Naturausstattung gehören das Silbererz, jahrhundertelang die Hauptquelle des Reichtums, sowie enorme Erdölvorräte, aber auch die Lage zwischen zwei »warmen« Meeren, wodurch Mexiko zum wichtigsten Touristenziel der Tropen wurde.

Verteilung und Erscheinungsformen von Siedlung und Bevölkerung sind in Mexiko außerordentlich vielgestaltig. Einfachsten Waldlandindianern und Waldhackbauern, die noch kaum einen Kontakt zur Außenwelt haben, aber auch zahlreichen Analphabeten in den Städten, stehen qualifizierte Fabrikarbeiter und Kaufleute, hochspezialisierte Wissenschaftler und international anerkannte Künstler gegenüber.

Als einziges Land der Dritten Welt grenzt Mexiko an den höchstentwickelten Industriestaat der Erde. Doch der Versuch, diese Grenze zu überschreiten, um Arbeit in den USA zu finden, bleibt für viele Mexikaner eine unerfüllte Hoffnung. Dabei gehört die Bevölkerungszunahme Mexikos zu den höchsten der Welt, und es steht zu befürchten, daß die Hauptstadt bald zur größten Metropole überhaupt heranwächst. Immerhin hat eine beachtliche Industrialisierung Mexiko zu einem sogenannten Schwellenland werden lassen, doch in ihrer Folge ist es auch zur gefährlichen Auslandsverschuldung gekommen.

Das Schlagwort »Land der Gegensätze« ist demnach wohl gerechtfertigt. Und es gilt auch für Mexikos Lagebeziehungen, in denen einerseits eine Übergangsstellung, andererseits scharfe Abgrenzungen zwischen dem Norden und dem Süden der Neuen Welt zum Ausdruck kommen. In der Kulturentwicklung kommt Mexiko eine trennende Rolle zu. Die kaum besiedelten Trockenräume im Norden bildeten in vorspanischer Zeit einen breiten Grenzsaum der mesoamerikanischen Hochkulturen, wie beispielsweise die der Azteken und Maya, gegenüber den Indianern Nordamerikas, die über die Wildbeuterstufe nicht oder erst spät hinausgekommen waren. Das spanische Interesse im Norden beschränkte sich auf die isoliert liegenden Silberminen.

MEXIKO: DER STAAT

Mexiko ist eines der bedeutendsten Länder Lateinamerikas und der sogenannten Dritten Welt. Diese Stellung verdankt es nicht nur seiner Größe, sondern vor allem seiner Wirtschaftskraft und politischen Stabilität. Nach einem Jahrhundert ständiger Unruhen hat es seit sieben Jahrzehnten nur noch friedliche Regierungswechsel erlebt.

Die Verfassung verleiht dem Präsidenten während seiner sechsjährigen Amtszeit eine große Machtfülle, darunter die Ernennung der Gouverneure der 31 Bundesstaaten und des Bundesdistrikts (»Distrito Federal«) der Hauptstadt Mexico-Stadt. Eine Wiederwahl ist jedoch ausgeschlossen. Da mit ihm immer die Minister und die höheren Beamten wechseln, mangelt es an Kontinuität in der staatlichen Verwaltung, die trotz jüngster Reformen weitgehend zentralisiert ist.

Immerhin konnte in den letzten Jahrzehnten die Modernisierung des Landes vorangetrieben werden mit dem Ausbau des Straßen-, Autobahn- und Telefonnetzes, mit Staudammbauten zur Bewässerung und Elektrifizierung und mit der Förderung des Fremdenverkehrs. Besonders wichtig war der Aufbau eines Gesundheits- und Schulsystems bis in entlegene Landgebiete sowie die Gründung vieler Universitäten. Doch das starke Wachstum der Bevölkerung hat dazu geführt, daß zwar der Prozentsatz der Analphabeten von 1970 bis 1999 von 26 % auf 9 % zurückging, aber die absolute Zahl der Analphabeten nur geringfügig zurückgegangen ist.

Die wirtschaftliche und sozio-kulturelle Entwicklung und die naturräumliche Ausstattung Mexikos zeigen große regionale Gegensätze. Letztere treten am deutlichsten zutage zwischen dem wüstenhaften, kaum besiedelten Norden und dem tropischen südlichen Mexiko, das von kleinbäuerlichen Indios dicht bevölkert ist. Zwischen beiden liegt das zentrale Hochland mit günstigen Bedingungen für Landwirtschaft und Industrie. Erstere dokumentieren sich im unterschiedlichen Entwicklungsstand von Stadt und Land sowie zwischen den verschiedenen Städten. So sind z. B. die mexikanischen Grenzstädte im Norden rapide gewachsen, da sie als Freihandelszonen viele Wirtschaftsimpulse erhalten. Zum weiteren Ballungsraum der dominierenden Metropole Mexico-Stadt zählen Industriestädte wie Toluca, Cuernavaca und Puebla. Nur die Millionenstädte Guadalajara und Monterrey sind eigenständige Großzentren. An der Strecke Queretaro – León hat sich eine Entwicklungsachse ausgebildet. Rohstofforientierte Industriezentren liegen isoliert, etwa Torreón, das Hauptanbaugebiet von Baumwolle, oder Mérida, wo Agaven-Fasern verarbeitet werden. Hochöfen und Stahlwerke wurden nahe der Eisenerzminen errichtet, z. B. in der neuen Stadt Lázaro Cárdenas an der Mündung des Río Balsas. Einen Aufschwung durch Erdölförderung und Landwirtschaft gibt es schließlich an der Golfküste.

Mexikanisches Wunder?

So wurde Mexiko nach seinem Entwicklungsstand zu einem sogenannten Schwellenland, dessen Wirtschaftswachstum von 1950 bis 1970 mit 6 % pro Jahr größer war als die Bevölkerungszunahme von 3,5 %. Schon daher war man geneigt, vom »Milagro mexicano«, dem Mexikanischen Wunder, zu sprechen. Dazu kamen in den 1970er Jahren ungeahnte Erdölfunde. Mit diesem Boom hoffte die Regierung das nachlassende Wachstum auffangen zu können.

Daten und Fakten

DAS LAND
Offizieller Name: Vereinigte Mexikanische Staaten
Hauptstadt: Mexiko-Stadt (Ciudad de México)
Fläche: 1 958 201 km²
Landesnatur: Von W nach O: Halbinsel Niederkalifornien, pazifische Küste, im N als Tief-, im S als Bergland ausgeprägt; westl. Sierra Madre, Hochland von Mexiko, östl. Sierra Madre u. Küstenebene am Golf von Mexiko. Nach S wird das Hochland von jungvulkanischem Gebirge begrenzt. Im SO die Halbinsel Yucatán
Klima: Im N subtropisch, im S tropisch feucht-heiß
Hauptflüsse: Balsas, Santiago, Yaqui
Höchster Punkt: Citlaltépetl 5700 m
Tiefster Punkt: nahe Mexicali – 10 m
DER STAAT
Regierungsform: Präsidiale Bundesrepublik
Staatsoberhaupt: Staatspräsident
Verwaltung: 31 Bundesstaaten und Bundesdistrikt Mexiko-Stadt
Parlament: Parlament mit Abgeordnetenkammer (500 für 3 Jahre gewählte Abgeordnete) u. Senat (128 für 6 Jahre gewählte Mitglieder)
Nationalfeiertag: 16. September
DIE MENSCHEN
Einwohner (Ew.): 95 365 000 (1999)
Bevölkerungsdichte: 50 Ew./km²
Stadtbevölkerung: 74 %
Bevölkerung unter 15 Jahren: 33 %
Analphabetenquote: 9 %
Sprache: Spanisch
Religion: Katholiken 90 %, Protestanten 5 %
DIE WIRTSCHAFT
Währung: Mexikanischer Peso
Bruttosozialprodukt (BSP): 380 917 Mio. US-$ (1998)

Die Republik Mexiko (oben) besteht aus 31 Bundesstaaten und dem Bundesdistrikt mit der Landeshauptstadt. Mexiko teilt seine lange nördliche Grenze mit den Vereinigten Staaten von Amerika, erstreckt sich 2012 km nach Süden, wo es an Guatemala grenzt. Der Norden des Landes ist eine trockene und kaum besiedelte Wüstenlandschaft. Der tropische Süden ist wesentlich dichter bevölkert; hier gibt es Bergregionen und Hochebenen.

BSP je Einwohner: 3970 US-$
Inflationsrate: 19,5 % (1990-98)
Importgüter: Maschinen u. Geräte, Getreide, Rohstoffe
Exportgüter: Erdöl, Metalle, Textilien, Baumwolle, Zucker, Chemikalien, Maschinen, Kaffee
Handelspartner: USA, EU-Länder, Japan, Kanada, Antillen
Eisenbahnnetz: 26 595 km
Straßennetz: 104 060 km (befestigt), darunter 5920 km Autobahn
Fernsehgeräte je 1000 Ew.: 272

Tatsächlich war die internationale Finanzwelt im Vertrauen auf Stabilität und Erdölgewinne zu fast unbegrenzten Krediten für ehrgeizige Großprojekte bereit, obwohl Zeichen für einen Abschwung erkennbar waren, z. B. die rapide steigende Inflation, das zunehmende Außenhandelsdefizit und die extreme Auslandsverschuldung.

Es ist zu befürchten, daß die damit verknüpften Probleme ausschließlich unter finanzpolitischen Aspekten betrachtet werden. Ihre Hintergründe liegen jedoch, neben der hohen Geburtenrate, größtenteils im gesellschaftlichen Gefüge, z.B in den sozialen Gegensätzen, der unausgewogenen Agrarstruktur, der öffentlich diskutierten Korruption und dem allgemeinen Vertrauensschwund sowie der daraus folgenden Kapitalflucht.

Nach seinen reichen Naturschätzen und der bereits vorhandenen Infrastruktur hat Mexiko durchaus eine realistische Chance, diese oben beschriebenen Schwierigkeiten zu meistern. Es bleibt allerdings abzuwarten, ob es die Kraft für die dafür notwendigen politischen und gesellschaftlichen Reformen aufbringen kann.

MEXIKO: WIRTSCHAFT

Über Jahrhunderte bildete der Bergbau die Hauptgrundlage der mexikanischen Wirtschaft, und noch immer spielt er eine beträchtliche Rolle. Nach wie vor ist Mexiko der weltweit größte Silberproduzent; beim Schwefel nimmt das Land die vierte Position ein und auch bei anderen Bergbauprodukten gehört es zu den wichtigsten Erzeugerländern. Neuerdings findet es sich an fünfter Stelle der Erdölförderung, die durch die Entdeckung von tiefer gelegenen Vorkommen und Offshore-Gebieten einen außergewöhnlichen Aufschwung genommen hat. Die ersten Lagerstätten an der Golfküste wurden freilich schon 1907 ausgebeutet, und Mexiko stand in den 1920er Jahren an zweiter Stelle der Weltproduktion.

Es war daher ein außerordentlicher Affront gegenüber den USA und Großbritannien, als Präsident Lázaro Cárdenas (1895–1970) im Jahr 1938 die Erdölwirtschaft verstaatlichte, die in den folgenden Jahrzehnten in erster Linie zur Deckung des eigenen Bedarfs ausgebaut wurde. Über den steilen Gebirgsanstieg wurden mehrere Pipelines in das Hochland gebaut, durch die alle wichtigen Städte mit Erdölprodukten und Erdgas versorgt werden. Letzteres hat sich allgemein als Hausbrennstoff durchgesetzt und damit wenigstens in den Städten die übermäßige Nutzung von Holz und Holzkohle eingedämmt. Die Erdölzentren Poza Rica, Coatzacoalcos und Minatitlán zeigen alle Merkmale planlos wachsender Pionierstädte mit einer Umweltbelastung durch großchemische Anlagen, die selbst für Entwicklungsländer unvorstellbare Ausmaße angenommen hat.

Insgesamt hat die Industrie nach beachtlichen Ansätzen um die Jahrhundertwende in jüngerer Zeit einen enormen Aufschwung erlebt. Dabei hat die Regierung ganz bewußt eine Politik der Importsubstitution verfolgt, d. h. es darf kein Erzeugnis importiert werden, das in vergleichbarer Qualität im Lande hergestellt werden kann. Auf diese Weise werden heute nicht nur Bekleidung und Lebensmittel, sondern auch fast sämtliche Haushaltsartikel, Bau- und Installationsmaterial sowie Kraftfahrzeuge in Mexiko produziert und teilweise exportiert.

Einen Sonderfall stellen die »Maquiladoras« an der Grenze zu den USA dar. Es sind Lohnveredlungsbetriebe in ausländischer Hand, die Halbfertigwaren wie Textilien oder Elektronikbauteile aus dem Ausland beziehen und nach der Verarbeitung das Endprodukt wieder dorthin ausführen. Sie arbeiten also nicht für den Binnenmarkt, sondern nutzen lediglich das niedrige Lohnniveau Mexikos gegenüber dem reichen Nachbarland aus und schaffen damit Arbeitsplätze.

Auch in der Landwirtschaft hat es bemerkenswerte Produktionssteigerungen gegeben, allerdings mit deutlichen regionalen Unterschieden. Die bewässerten Ackerflächen in den Trockengebieten des Nordens wurden wesentlich erweitert, vor allem durch Staudämme in

Kaffeefelder umgeben die Gebäude *(unten)* einer Plantage im südlich gelegenen Bundesstaat Chiapas. Große Plantagen wie diese sind die produktivste Art der Landwirtschaft. Ferner werden Baumwolle, Zuckerrohr, Tabak und Weizen angebaut.

Ein Ölarbeiter *(rechts)* steht auf einer Bohranlage in der Nähe von Ciudad del Carmen am Golf von Mexiko. Mexiko ist das fünftgrößte erdölproduzierende Land der Welt und exportiert fast die Hälfte seiner Erdöl- und Erdgasproduktion.

Näherinnen erlernen ihr Handwerk im Dorf Tarahumara *(oben)*. Mexikos niedrige Löhne haben viele ausländische Firmen angezogen, die »Maquiladoras« (Verarbeitungsfabriken) aufgebaut haben. Diese schaffen Arbeitsplätze und bringen Devisen.

Eine Maske aus Silber *(rechts)* aus Taxco, Zentrum des Silberhandels, verkörpert uralte Handwerkskunst. Silber wird in Mexiko seit dem 16. Jahrhundert abgebaut, als die Spanier Minen im heutigen Bundesstaat Zacatecas erschlossen.

MEXIKO

Eine Campesino-Frau (Bauersfrau) zieht Tomaten und Melonen *(oben)* auf der Halbinsel Yucatán. Auf kleinen Höfen wie diesem pflanzen die Bauern herkömmliche Feldfrüchte wie Mais, Bohnen und Obst an. Diese kleinen Höfe, deren Ackerbaumethoden jedoch oft veraltet sind, machen 59 % von Mexikos landwirtschaftlich genutzter Fläche aus. Mexiko hat Anteil an verschiedenen Klimazonen, so daß eine große Auswahl an Feldfrüchten, Gemüse und Früchten angebaut werden kann.

der Sierra Madre Occidental, die eine gesteigerte Landnutzung in den Küstenebenen von Sinaloa und Sonora ermöglichen. Insgesamt konnte die landwirtschaftliche Produktion, sowohl in der Viehwirtschaft als auch im Ackerbau, durch den Einsatz von Düngemitteln, neuen Techniken und Neuzüchtungen erheblich gesteigert werden. Dies geschah überwiegend durch moderne Agrarunternehmer. Viele von ihnen leben in den Städten und gehen dort einem anderen Beruf nach. Sie haben nur wenig mit den alten Großgrundbesitzern, den sogenannten Hacendados, zu tun, noch weniger freilich mit der Masse der als Campesinos bezeichneten Kleinbauern, die ihre kaum veränderte altindianische Brandrodungswirtschaft mit dem Anbau von Mais, Bohnen und ein paar Früchten betreiben und nur mit Mühe die Grundbedürfnisse ihrer großen Familien befriedigen können. Letztere bilden den zweitgrößten Teil der Bevölkerung mit annähernd 24 % der Erwerbstätigen gegenüber 22 % im Industriesektor und über 50 % in Dienstleistungen, Handel und Gastgewerbe.

Der Ruf der Campesinos nach Land und Freiheit (»Tierra y Libertad«) war zwar nicht das auslösende Moment des Aufstandes gegen den Diktator Porfirio Díaz (1830–1915) im Jahr 1910, wohl aber die wichtigste Triebkraft für den langjährigen blutigen Bürgerkrieg. So forderte nach dem Sieg der Revolution die neue Verfassung von 1917 unter anderem eine umfassende Bodenreform. Je nach Klima- und Bodenverhältnissen sollten den privaten Landbesitzern Flächen bis zu 200 ha im Ackerbau und bis zu 500 ha in der Weidewirtschaft bleiben. Alles übrige Land fiel dem Staat zu, der es als sogenannte Ejidos an Siedlungsgemeinschaften zur individuellen oder genossenschaftlichen Nutzung weitergeben sollte. Insgesamt wurden 83 Millionen ha an 2,8 Millionen Berechtigte verteilt, das sind immerhin 59 % der Agrarfläche und 74 % der landwirtschaftlichen Betriebe. Doch die Reform ist über die Verteilung des Bodens kaum hinausgekommen. Es fehlen ergänzende Maßnahmen wie Schulung, günstige Kredite für Saatgut, Düngemittel, Maschinen usw. Nach wie vor dienen große Teile der Nutzfläche nur der Selbstversorgung, die aber in vielen Fällen nicht gesichert ist. Zahlreiche Campesinos müssen vor der Ernte Mais für die eigene Ernährung kaufen. Hinzu kommt der auf dem Lande ungebrochene Kinderreichtum, so daß trotz stetiger Abwanderung immer mehr Menschen von denselben Flächen leben müssen.

Fast zwei Drittel seines Außenhandels wickelt Mexiko mit den USA ab, die beide zur Nordamerikanischen Freihandelszone (NAFTA) gehören. Japan und die Europäische Union sind auch wichtige Käufer. Erdöl und Erdölprodukte machen den Löwenanteil des Außenhandels aus. Als nach 1981 die Ölpreise fielen, geriet Mexiko in eine tiefe Schuldenkrise. Die Wirtschaft brach fast zusammen und ein Finanzdesaster konnte gerade noch verhindert werden.

MEXIKO: DIE HAUPTSTADT

Es ist schon etwas widersinnig: Verwaltung und Einwohner von Mexico-Stadt (Ciudad de México) beklagen sich zu Recht über die Unbewohnbarkeit ihrer Stadt und vermelden doch voller Stolz, daß sie nun bald New York und Tokio übertroffen haben werden, denn beim derzeitigen Wachstum muß man in wenigen Jahren mit insgesamt 20 Millionen Einwohnern rechnen. So genau weiß das niemand; alle Statistiken sind Schätzungen, die im Zweifelsfall nach oben korrigiert werden müssen. Außerdem gibt es Unklarheiten in der Abgrenzung, denn der Ballungsraum von Mexico-Stadt ist im Norden und Osten längst über das Verwaltungsgebiet des Bundesdistrikts in den benachbarten Bundesstaat Estado de México hinausgewachsen.

Keimzelle war das aztekische Tenochtitlán auf einer Insel im flachen Texcocosee, die durch Dämme und Aquädukte mit dem Festland verbunden war. Bereits in der Kolonialzeit wurden große Teile des Sees trockengelegt, um die Überschwemmungen während der Regenzeit zu kontrollieren. Doch erst der 1910 fertiggestellte, große Abwasserkanal Gran Canal de Desagüe, der durch einen 10 km langen Tunnel zum Río Tula geleitet wird, bannte endgültig die Überschwemmungsgefahr. Herausragendes Problem der Gegenwart ist die Versorgung des Molochs Mexico-Stadt mit Trinkwasser. Leitungen über mehrere hundert Kilometer, die Wasser aus der Sierra Madre Oriental in die Hauptstadt transportieren, sind daher schon im Bau. In der Metropole Mexikos drängen sich nicht nur die meisten Menschen auf engem Raum, sondern auch Industrie, staatliche Behörden, Handel und jegliche Art von Dienstleistungsbetrieben. Kein Wunder, daß sich der innerstädtische Verkehr zu einem fast unlösbaren Problem entwickelt hat, obwohl schon um 1960 ein Netz von Stadtautobahnen gebaut wurde, das bezüglich der Länge dasjenige jeder europäischen Stadt übertraf. Es wurde durch ein Gittersystem von Verkehrsachsen ergänzt; doch die sind zu den Stoßzeiten schon ebenso überfüllt wie die 1969 eingeweihte und laufend erweiterte Untergrundbahn. Zu den gefährlichen Folgen eines Ballungsraumes gehört die unvorstellbare Luftverschmutzung durch Industrie- und Autoabgase. Sie legen sich während der monatelangen Trockenzeit im Winter als stabile Smogschicht über die Stadt. Angesichts dieser immensen Umwelt- und Versorgungsprobleme staunt der Europäer eher darüber, wie viel normalerweise funktioniert, als darüber, daß gelegentliche Mängel auftreten.

Innerhalb des Verstädterungsgebietes bestehen allerdings krasse räumliche Unterschiede. Die spanische Kolonialstadt Mexico-Stadt wurde auf den Trümmern des völlig zerstörten Tenochtitlán aufgebaut: der Regierungspalast des Eroberers Hernando Cortés (1485–1547) wurde unmittelbar auf dem Palast des letzten Aztekenherrschers Moctezuma (1467–1520) und die Kathedrale etwa auf der ehemaligen Hauptpyramide errichtet. Doch das koloniale Zentrum mit den Fassaden aus dunkelrotem Vulkangestein hat sich ähnlich gewandelt wie die europäischen Altstädte. Hier liegen zwar noch Banken und Ministerien, doch die anschließenden Wohnviertel sind zu Slums verkommen.

Bei dem starken Zustrom armer Landbevölkerung kann man sich leicht vorstellen, daß weithin äußerst kümmerliche Wohnverhältnisse herrschen, vor allem zwischen den Industriezonen im Norden und Osten. Im Westen entstanden dagegen Villenviertel, zunächst am breiten Paseo de la Reforma, wo sie aber längst von Büro- und Hotelhochhäusern verdrängt wurden, dann am Park von Chapultepec und schließlich an den Berghängen. Neuerdings wird das Ambiente kolonialer Ortskerne wie San Angel, Coyoacán oder Tlalpan wiederentdeckt und im Hacienda-Stil renoviert. Dazwischen liegen mehr oder weniger planlos Behörden, Kliniken, Universitätsinstitute und hochmoderne Einkaufszentren, oft in einer eigenwilligen neuzeitlichen Architektur.

Eine Attraktion von Mexico-Stadt sind die Chinampas von Xochimilco. Es sind künstliche Beete für Gemüse- und Blumenanbau im ehemaligen See, von dem nur noch ein Kanalnetz übriggeblieben ist. Alt und jung unternehmen hier am Wochenende Spazierfahrten auf girlandengeschmückten Kähnen.

Kinder spielen zwischen Hütten *(oben)* in einer der »ciudades perdidas« (verlorenen Städte) von Mexico-Stadt. Durch Abwanderung aus den ländlichen Gegenden und eine hohe Geburtenrate breiten sich immer mehr Elendsviertel aus.

Die »Schwimmenden Gärten« von Xochimilco *(rechts)* bei Mexico-Stadt sind ein beliebtes Ausflugsziel. Blumenbedeckte Boote gleiten in einem Labyrinth von Kanälen dahin. Auf den künstlichen Inseln werden Gemüse und Blumen angebaut.

MEXIKO

Ansicht von der Metropole Mexico-Stadt vom Torre Latino-Americana *(ganz links)*. Selten ist der Blick über die Hauptstadt Mexikos so ungetrübt. Häufig hängt dichter Smog über der Stadtsilhouette.

Ein Straßenhändler *(links)* in Mexico-Stadt. Ein reges Straßenleben prägt diese übervölkerte Stadt, wo arm und reich sich den gleichen Raum teilen müssen. Arbeitslosigkeit stellt jedoch eine allgegenwärtige Bedrohung für viele dar.

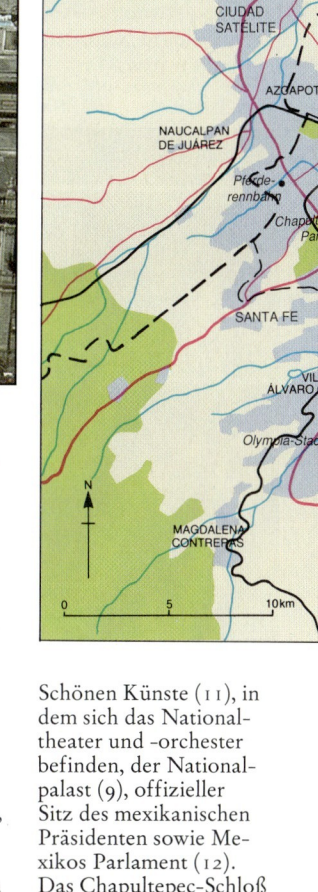

Einst Hauptstadt des Aztekenreichs, befinden sich in Mexico-Stadt *(rechts)* viele Sehenswürdigkeiten wie die Kathedrale (1), das Revolutions-Denkmal (2), das Museum für Moderne Kunst (6), das Kolumbus-Denkmal (3), das Cuauthémoc-Denkmal (4), das Anthropologische Museum (5), das Schätze aus Mexikos alten Kulturen zeigt, der Palast der Schönen Künste (11), in dem sich das Nationaltheater und -orchester befinden, der Nationalpalast (9), offizieller Sitz des mexikanischen Präsidenten sowie Mexikos Parlament (12). Das Chapultepec-Schloß (7), Zoo (10) und Stierkampfarena (8) sind weitere Attraktionen.

MEXIKO: DIE MENSCHEN

Mexiko ist die größte spanischsprachige Nation und nach Brasilien der bevölkerungsreichste Staat in Lateinamerika. Das mexikanische Volk besteht überwiegend aus Mestizen, also Mischlingen zwischen Weißen und Indios, denn die weißen Eindringlinge begannen bald nach der Eroberung zu Beginn des 16. Jahrhunderts, sich mit den einheimischen Indios zu mischen. Immerhin sind heute noch rund 14 % reine Indios, unter denen die Nahua (Azteken) im zentralen Hochland und die Maya in Yucatán die größten Gruppen darstellen. Heute werden noch etwa fünfzig Sprachen und Dialekte gesprochen.

Seit jeher ist auch die Bevölkerungsdichte sehr ungleich. Die Trockengebiete und die tropischen Waldregionen sind sehr dünn besiedelt. In ländlichen Räumen des Hochlandes werden dagegen über 100 Einwohner pro km² gezählt. Das ist durchaus mit europäischen Verhältnissen vergleichbar. Mexiko gehört zu den Ländern Lateinamerikas, in denen seit den 1940er Jahren die sogenannte Bevölkerungsexplosion ausbrach, nachdem durch systematischen Einsatz des Insektenvernichtungsmittels DDT viele Seuchen wie Malaria und Pocken in kurzer Zeit eingedämmt worden waren. In den vier Jahrzehnten von 1940 bis 1980 sank deshalb die Sterberate auf ein Drittel des ursprünglichen Wertes. Da aber die Geburtenrate erst in jüngster Zeit durch eine Politik der Familienplanung etwas zurückgegangen ist, gibt es seither einen jährlichen Geburtenüberschuß, der eine Verdoppelung der Bevölkerungszahl in immer kürzeren Zeiträumen bewirkt. Waren für die erste Verdoppelung der Bevölkerung noch siebzig Jahre nötig, so fand die letzte in einem Zeitraum von nur zwanzig Jahren statt. Damit nimmt selbstverständlich der Anteil der Jugendlichen immer weiter zu. So bleibt auf längere Sicht das große Problem bestehen, wie für diesen enormen Zuwachs wenigstens die Grundbedürfnisse an Lebensmitteln, Kleidung, Wohnraum, Ausbildung und Arbeitsplätzen zu beschaffen sind.

Eine rasante Verstädterung

Zu den auffälligsten Folgen der Bevölkerungszunahme gehört die Verstädterung. Bei der letzten Volkszählung 1995 lebten bereits 21,5 Mio. Menschen, also über 20 % der Gesamtbevölkerung, in den drei größten Stadtregionen Mexico-Stadt, Guadalajara und Monterrey, während 1940 das ganze Land nur 19,7 Mio. Einwohner hatte. Insgesamt hat sich die Bevölkerung der zehn größten Städte seit 1940 etwa verzehnfacht. Eklatanteste Beispiele für die Bevölkerungszunahme innerhalb weniger Jahrzehnte sind Tijuana und Acapulco. Diese Städte sind von 22 000 Einwohnern auf 992 000 bzw. von 23 000 auf 697 000 angewachsen. Die Randzonen dieser Städte sind von unzähligen Hütten besiedelt, denen meist ein Anschluß an das städtische Versorgungssystem fehlt.

Doch Städte sind in Mexiko keine Errungenschaft der modernen Zeit. Vielmehr gab es schon vor der Eroberung durch die Spanier eine hoch entwickelte Stadtkultur, und in der Kolonialzeit wurden zahlreiche Städte nach einheitlicher Planung gegründet. Der beachtliche Wohlstand dieses Silberbergbaulandes entfaltete eine blühende Baukunst. Sie äußerte sich in großzügigen Innenhöfen, den sogenannten Patios, der privaten und öffentlichen Gebäude sowie in zahlreichen Klöstern und Kirchen.

Die gesellschaftlichen Wandlungsprozesse der letzten Jahrzehnte haben fast überall zum Auszug der Oberschicht aus den Innenstädten geführt und Platz für moderne Geschäftsbauten geschaffen. Die verbleibenden Patiohäuser wurden mit zahlreichen armen Familien überbelegt und verkamen so zu Slums. Neuerdings sind allerdings auch in Mexiko Bemühungen um die Wahrung des kulturellen Erbes zu beobachten. So werden außer Baudenkmälern auch ganze Straßenzüge renoviert. Sanierungen mit dem Ziel einer nachhaltigen Verbesserung der Wohnverhältnisse für die unteren Schichten sind dagegen noch sehr selten. Das ist aufgrund fehlender Mittel zwar verständlich, aber die Zukunftsperspektiven der Innenstädte erscheinen in einem wenig erfreulichen Licht. In den Randbereichen gibt es mehr oder weniger ausgedehnte Viertel der verschiedenen sozialen Gruppen sowie meist sehr modern und großzügig angelegte Schulen, Krankenhäuser, Behördenbauten usw.

Ein mexikanischer Lehrer unterrichtet eine Klasse von Flüchtlingen aus Guatemala *(oben)* in Cuahutemoc nahe der guatemaltekischen Grenze. Mexiko hat vielen Flüchtlingen aus dem kriegsumtobten Mittelamerika Zuflucht gewährt.

Mestizenmädchen *(rechts)* gehen in Taxco zur Schule. Nur wenige Mexikaner sind von rein weißer oder indianischer Abstammung, und die meisten sind stolz darauf, Mestizen, d. h. Mischlinge mit indianischem und weißem Elternteil, zu sein.

MEXIKO

Eine Indianerin *(links)* verkauft Kräuter und Gewürze auf einem Markt in Ocotlan im Bundesstaat Oaxaca. Märkte dienen als Treffpunkte, wo die Campesinos, die oft indianischen Ursprungs sind, ihren Lebensunterhalt verdienen.

Campesinos (Bauern) aus dem südlichen Bundesstaat Chiapas *(oben)* sind in ihrer Landestracht gekleidet und tauschen Neuigkeiten aus. In dieser hügeligen Region leben viele Stammesgruppen, die von den vorhispanischen Maya abstammen.

Mexikos Bevölkerung *(unten)* wächst jährlich um über 1,5 %. Dieser Zuwachs wirkt sich am stärksten in den Städten aus. Die ländliche Bevölkerung strömt auf der Suche nach besseren Lebensbedingungen immer zahlreicher in die Städte.

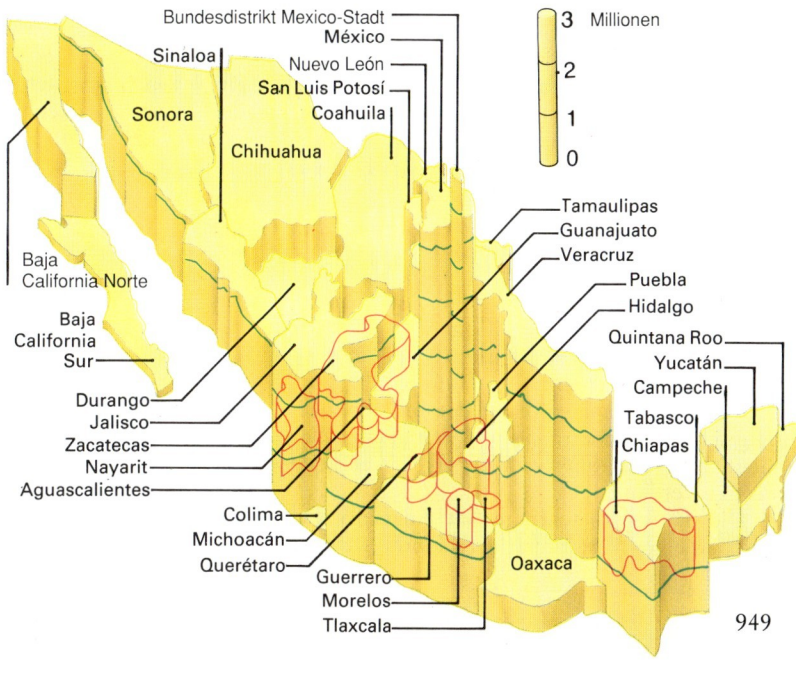

949

MEXIKO: VOLKSKULTUR

Die Volkskultur Mexikos ist in jeder Beziehung derart reichhaltig, daß sie mit wenigen Beispielen nur unvollkommen beschrieben werden kann. Das gilt für Musik, Tanz und kultische Zeremonien ebenso wie für jegliche Art von Gebrauchsgegenständen und Trachten. Die Ursachen für die heutige Vielfalt des Volkslebens liegen in der farbigen Geschichte Mexikos mit ihren unterschiedlichen politischen, wirtschaftlichen und kulturellen Einflüssen. Es haben ja nicht nur die großen, von den Spaniern überwältigten Indianervölker, also die Nahua (Azteken und Tolteken), die Maya, Zapoteken, Mixteken, Totonaken, Tarasken usw. ihre Spuren hinterlassen. Hinzu kamen viele kulturelle Elemente aus Spanien, aber auch aus anderen europäischen Ländern, aus Nordamerika und aus Afrika. So ist es oft gar nicht so einfach, die ursprünglichen Formen, Farben und Muster von den späteren Zutaten zu unterscheiden; und manche sogenannten »traditionellen« Souvenirs sind überhaupt erst unter dem Einfluß der touristischen Nachfrage entstanden, wie z. B. das viel gekaufte »papel amate«. Es wird zwar nach altmexikanischer Technik aus dem Bast bestimmter Bäume hergestellt, aber erst etwa seit dem Jahr 1960 mit bunten Zeichnungen bemalt und an Touristen verkauft.

Neben den Mariachikapellen aus Geigen, Trompeten und Gitarren ist die Marimbamusik für Südmexiko und Guatemala besonders typisch. Es handelt sich hier um große Xylophone mit hölzernen Resonanzkörpern, die meist von drei Musikern gespielt werden.

Die eigentümlichste Form eines kultischen »Tanzes« führen die »Indios voladores« der Totonaken vor. Zunächst tanzt ein Indio auf einer kleinen Plattform, die oben auf einem Mast angebracht ist, im Kreise herum, während er auf einer Flöte spielt und dazu trommelt. Dann lassen sich vier »fliegende Indios« an Seilen, die um die Spitze des hohen Mastes gewickelt wurden, kopfüber hinunter. Das Herabschweben vom Himmel soll auf die Beziehung zwischen den Göttern und der Erde mit der belebten Natur hinweisen und deutlich machen, daß die Nahrungspflanzen himmlischer Herkunft sind. Das wird auch dadurch symbolisiert, daß in dem Erdloch, in dem der Mast verankert ist, Feldfrüchte und das Blut geschlachteter Tiere versenkt wurden. Noch in den 1960er Jahren konnte man diesen Tanz nur bei einheimischen Festen sehen. Heute wird er in vielen Touristenorten vorgeführt.

Weben und Flechten gehören seit Urbeginn der Menschheit in vielen Gegenden der Welt zum existentiellen Handwerk. Als typisch mexikanisches Beispiel sind die im alten Stil gewebten Gürtel zu nennen, die zu den meisten mexikanischen Frauentrachten gehören und die heute auch in großer Zahl für Touristen angefertigt werden.

Die Touristennachfrage hat einerseits vielfach zu einer Verarmung der Handwerkskunst

Masken und Maskentänze *(unten)* gibt es in Mexiko wie in anderen alten Kulturen in vielfältigen Formen. Einige Tänze sind europäischen Ursprungs. Spanische Missionare ermunterten die Indianer, ihre alten Lieder und Tänze zu bewahren.

Die Marimbamusik *(rechts)* ist neben den Mariachikapellen aus Geigen, Trompeten und Gitarren für Mexiko besonders typisch. Es handelt sich um große Xylophone mit hölzernen Resonanzkörpern, die meist von drei Musikern gespielt werden.

geführt, andererseits alte Techniken und traditionelle Formen erhalten oder wiederbelebt sowie viele neue Muster hervorgebracht. Auf den kleinen einheimischen Märkten, die kaum von Touristen besucht werden, findet man jedoch immer noch die für die jeweilige Region typische Handwerkskunst.

Wurzeln mexikanischer Kultur

Die Vielfalt dieser Tradition wurzelt in der abwechslungsreichen Geschichte Mexikos und den zahlreichen politischen, wirtschaftlichen und kulturellen Einflüssen, die über Jahrhunderte hinweg in den Schmelztiegel der Nation eingingen. Die mächtigen indianischen Reiche der Maya, Azteken, Tolteken, Mixteken und Zapoteken haben alle nicht nur in archäologischer Hinsicht, sondern auch in der Folklore ihre Spuren hinterlassen.

Diese Elemente wurden mit kulturellen Einflüssen aus Spanien und anderen europäischen Ländern, aus Nordamerika bis Afrika, vermischt. Das mexikanische Allerseelenfest am 3. November ist ein klassisches Beispiel für diese Verschmelzung von verschiedenen Kulturen. Es wird als der Tag der Toten gefeiert, ein fröhlicher Festtag, an dem ganze Familiengruppen an Gräbern picknicken und gebackene, verzierte Skelette essen, die bekannt sind als Brot der Toten: eine Tradition, die zurückgeht auf das aztekische Ritual, geformtes Brot zu essen, das »Fleisch der Götter«.

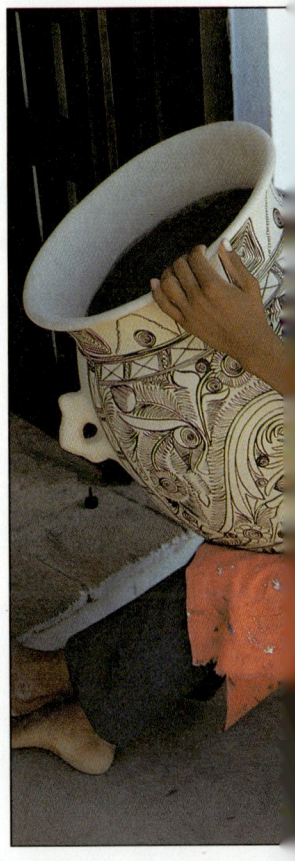

MEXIKO

Eine Indianerfrau bestickt einen Gürtel mit Glas- oder Keramikperlen *(oben)*. Diese Gürtel sind mit geometrischen Figuren oder Vögel- und Tiermustern verziert. Sie trägt ein Huipil, ein Kleid, das in ähnlicher Weise bestickt ist.

Totonac-Indianer *(links)* führen einen der ältesten mexikanischen Tänze auf. Vier »Fliegende Indianer« lassen sich langsam an Seilen herab, die um das obere Ende eines hohen Pfahls geschlungen sind. Der Tanz stellt die Beziehung der Götter zur Erde dar.

Mexikanische Töpferware *(ganz links)*, von Touristen geschätzt, ist eine gute Erwerbsquelle. Es gibt eine Fülle von Stilarten. Überlieferte Methoden und neue Muster sichern den Bestand dieses Handwerks.

951

MEXIKO: GESCHICHTE

Der Glanz altmexikanischer Hochkulturen zeigt sich am deutlichsten in den unzähligen Pyramiden, die als religiöse Kultbauten ihre Umgebung steil überragen und Zeichen mächtiger Herrschaftsstrukturen sind. Sie gehörten mit Tempeln, Palästen und Ballspielplätzen zu planmäßig angelegten Zeremonialzentren und bedeuteten im ersten Jahrtausend n. Chr. große städtebauliche Leistungen. Doch erste Funde seßhafter Lebensweise mit Maisanbau reichen rund 5000 Jahre vor diese klassische Epoche Altmexikos zurück.

Die Kulturentwicklung vollzog sich in verschiedenen Regionen mehr oder weniger unabhängig voneinander: im zentralen Hochland mit Tolteken und Azteken, im Golfküstengebiet mit Olmeken und Totonaken, in Oaxaca mit Zapoteken und Mixteken sowie in Chiapas und Yucatán mit den Maya. Dazu kamen einige Volksstämme im Westen des Landes. Sie alle haben eigenständige Stilmerkmale und bemerkenswerte Kunstfertigkeiten in verschiedenen Materialien und Techniken bei der Ausgestaltung ihrer Gebrauchsgegenstände sowie bei der Darstellung ihrer religiösen Vorstellungen entfaltet.

Bei der Eroberung des Landes zu Beginn des 16. Jahrhunderts fanden die spanischen Konquistadoren große ökonomische, soziale und kulturelle Unterschiede vor. Die Azteken in ihrer prachtvollen Lagunenstadt Tenochtitlán, dem heutigen Mexico-Stadt, hatten verschiedene Völker und Stämme unterworfen oder lagen mit ihnen in ständiger Fehde, während die Maya ihre Hochkultur zum großen Teil schon wieder verloren hatten und andere Gruppen noch als Jäger oder Sammler lebten.

Die spanische Kolonialherrschaft war in erster Linie an der Ausbeutung der Silbererze interessiert. Zu diesem Zweck drangen die Spanier schon früh nach Norden vor und brachten ausgedehnte Räume des heutigen Südwestens der USA unter ihre Herrschaft.

Zur Christianisierung der Indios und zur Stützung einer effizienten Zentralverwaltung wurden zahlreiche Klöster und Städte gegründet. Im sogenannten Encomienda-System wurden den Eroberern und ihren Nachfahren nicht nur Ländereien, sondern auch Indios als Arbeitskräfte zugeteilt und damit die Basis für die riesigen Großgrundbesitzungen, die sogenannten Latifundien, mit einer Art Leibeigenschaft der Landarbeiter gelegt.

Die 1810 durch den Pfarrer Miguel Hidalgo y Costilla (1753–1811) proklamierte und nach langen Kämpfen 1821 erreichte Unabhängigkeit von Spanien bescherte Mexiko zwar eine recht fortschrittliche Präsidialverfassung nach angloamerikanischem Muster, doch ständige Bürgerkriege und Auseinandersetzungen mit den USA führten zwischen 1823 und 1854 zu 32 Regierungswechseln. Dadurch gingen von 1845 bis 1853 die heutigen US-Staaten von Texas bis

- **20 000 v.Chr.** Erste menschliche Besiedlung
- **600–900 v.Chr.** Die Kultur der Maya erreicht ihren Höhepunkt
- **1370** Die Azteken gründen Tenochtitlán und unterwerfen die benachbarten Stämme
- **1519** Der Aztekenherrscher Moctezuma ergibt sich den Spaniern
- **1521** Die Spanier unter Hernando Cortés zerstören Tenochtitlán
- **1535** »Vizekönigreich Neuspanien«
- **1810** Miguel Hidalgo y Costilla proklamiert die Unabhängigkeit
- **1821** Nach langen blutigen Revolutionswirren erlangt Mexiko die Unabhängigkeit
- **1821–1823** Mexikanisches Kaiserreich
- **1824** Einführung einer föderativen Verfassung
- **1845–1853** Verlust der nördlichen Staatsgebiete in Kriegen mit den USA
- **1864** Erzherzog Maximilian von Österreich wird Kaiser von Mexiko
- **1867** Erschießung Kaiser Maximilians
- **1877–1911** Der »ewige Diktator«, Porfirio Díaz, regiert
- **1910** Revolution aus Unzufriedenheit mit der politischen Situation
- **1917** Eine neue Verfassung beendet die Revolutionskämpfe
- **1929** Gründung der PRI, einer Partei mit sozialer Grundhaltung
- **1934–1940** Präsident Lázaro Cárdenas setzt u.a. eine Bodenreform durch
- **1942** Eintritt in den Zweiten Weltkrieg auf Seiten der Alliierten
- **1955** Einführung des Frauenwahlrechts
- **1968** Austragung der Olympischen Sommerspiele in Mexico-Stadt
- **1982** Inflation und Schuldenkrise erreichen ihren Höhepunkt
- **1985** Erdbeben in Mexico-Stadt, über 10 000 Menschen sterben
- **1994** NAFTA-Abkommen tritt in Kraft
- **1999** Freihandelsabkommen mit der EU

1 Hernando Cortés (1485–1547)
2 Lázaro Cárdenas (1895–1970)
3 Francisco (Pancho) Villa (1878–1923)

MEXIKO

Der Tempel der Tänzer *(oben)* ist der Mittelpunkt von Monte Albán, einer der wichtigsten archäologischen Stätten Mexikos. Sie befindet sich im Bundesstaat Oaxaca.

Die Straße der Toten und die 65,5 m hohe Mondpyramide *(links)* beherrschen die Ruinen von Teotihuacán, eine Stadt, die die Azteken »Platz der Götter« nannten. Vor 1200 Jahren wurde die Stadt aufgegeben.

Spanische Abenteurer landeten 1517 in Mexico-Stadt *(unten)* und unterwarfen das Aztekenreich innerhalb von fünf Jahren. Spaniens neue Territorien erstreckten sich nördlich bis nach California, New Mexico und Texas.

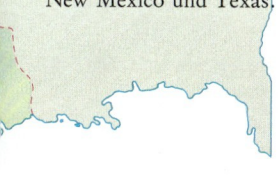

Mexico-Stadt (Tenochtitlán)

exiko 1521–1853
Republik Mexiko 1824
Aztekenreich

Auf seinem Wandbild »Die Unabhängigkeit« *(oben)* stellte der Maler Juan O'Gorman Mexikos langen Kampf um die Unabhängigkeit von Spanien dar. Wandgemälde sind seit jeher eine wichtige Kunstform in Mexiko. Dieses Detail zeigt den Priester Miguel Hidalgo y Costilla, der den Volksaufstand von 1810 gegen die spanische Herrschaft anführte. Ein langer und erbitterter Kampf führte 1821 zur Unabhängigkeit. Mexikos heutige Verfassung geht auf die Revolution von 1910 bis 1917 zurück.

California, d. h. über ein Drittel des mexikanischen Territoriums, an den nördlichen Nachbarn verloren. Die Reformgesetze von Benito Juárez (1806–1872) im Jahr 1859 brachten keine Verbesserungen für die Unterschicht, zumal die französische Intervention (1862–1867) mit dem unglücklichen Zwischenspiel des aus Österreich stammenden Kaisers Maximilian (1832–1867) einen Rückschritt bedeutete.

Das Problem der Bodenbesitzreform

In der Regierungszeit des »ewigen Diktators« Porfirio Díaz (1830–1915), der 1877 bis 1911 regierte, hatte sich das Latifundiensystem derart ausgeweitet, daß im Jahre 1910 rund 97 % der Landbewohner kein Land besaßen. Er war es auch, der die Modernisierung des Landes vorantrieb, durch Erweiterung des Bergbaus, Erschließung reicher Erdölfelder, Gründung zahlreicher Industriebetriebe, besonders für Textilien, und durch die Anlage eines ausgedehnten Eisenbahnnetzes. Doch trotz dieser wirtschaftlichen Erfolge regte sich beim aufstrebenden Mittelstand Unzufriedenheit über das autoritäre politische System. So bildeten die Forderungen nach freien Wahlen und einem Verbot der Wiederwahl des Präsidenten im Jahre 1910 den Anlaß für die Revolution. Diese wurde von aufständischen Bauern unter ihren legendären Führern Francisco (Pancho) Villa (1878–1923) und Emiliano Zapata (1879 oder 1883–1919) zum Sieg geführt. Die Verfassung von 1917 war ihrer Zeit hinsichtlich der Arbeitsgesetzgebung, der Bodenbesitzreform und des Erziehungswesens weit voraus. Ihre Durchsetzung wurde infolge interner Auseinandersetzungen verzögert.

Ausschlaggebend für die Stabilisierung der politischen Verhältnisse war einerseits der 1929 erfolgte Zusammenschluß unterschiedlicher Gruppen zu einer Einheitspartei mit sozialer Grundhaltung, die 1946 den Namen »Partido Revolucionario Institucional« (PRI) annahm, andererseits die Persönlichkeit des Präsidenten Lázaro Cárdenas (1895–1970), der von 1934 bis 1940 regierte. Gestützt auf die Zustimmung breiter Massen, setzte er wesentliche soziale und nationale Forderungen der Verfassung in die Tat um, darunter die Bodenreform, die Enteignung der ausländischen Erdölgesellschaften und die Sozialgesetzgebung.

Die folgenden Präsidenten bemühten sich in ihrer Amtszeit mit bemerkenswertem Erfolg um politische Stabilität und wirtschaftlichen Aufschwung. Erst in den 1970er Jahren kam es zu stärkeren Erschütterungen, und zwar im Zusammenwirken weltwirtschaftlicher Krisen und interner Spannungen, ausgelöst durch das soziale Gefälle zwischen dem Norden und Süden. Das 1994 in Kraft getretene Abkommen mit Kanada und den USA über die Nordamerikanische Freihandelszone (NAFTA) und das 1999 vereinbarte Freihandelsabkommen mit der Europäischen Union (EU) sollen zu langfristiger Prosperität des Landes führen.

MEXIKO: TOURISMUS

Kaum ein Land der Welt kann eine ähnliche Vielfalt an touristischen Anziehungspunkten aufweisen wie Mexiko. Unter dem fast unermeßlichen Reichtum an kulturellen Sehenswürdigkeiten treten die archäologischen Stätten der Maya, Azteken, Zapoteken usw. mit ihren Pyramiden besonders hervor. Sie haben ihresgleichen nur im benachbarten Guatemala. Dasselbe gilt für die in vielen Gebieten lebendigen Volkskulturen mit traditionellen Siedlungsformen, Trachten und Festen sowie einer Kunsthandwerksproduktion, die nach Formen, Materialien und Arbeitstechniken kaum überschaubar ist. Sehenswert sind aber auch viele Stadtbilder mit Kirchen, Klöstern und Palästen der spanischen Kolonialzeit sowie bestens ausgestattete Museen und eindrucksvolle Bauten der modernen Architektur.

Hinzu kommt eine großartige Naturlandschaft mit Vulkanen, schluchtenreichen Gebirgen, immergrünen Tropenwäldern, trockenen Kakteenlandschaften und unendlichen Sandstränden an der Karibik und am Pazifischen Ozean: das Ganze unter einem randtropischen Klima mit ausgeprägter Trockenzeit im Winter. Kein Wunder, daß Mexiko zum beliebtesten Reiseziel in der Dritten Welt wurde, nicht zuletzt auch deshalb, weil sich eine der wichtigsten Reisenationen der Welt, nämlich die USA, gleich nebenan findet. Generell nimmt Mexiko als Reiseziel für die Nordamerikaner eine ähnliche Stellung ein wie das Mittelmeergebiet für die Europäer.

Ein früher Ansatz für den außerordentlich regen Grenzverkehr von jährlich rund sechzig Millionen Tagesbesuchern aus dem Nachbarland hatte aber ganz andere Ursachen, nämlich die Prohibition der 1920er Jahre in den USA, als in Mexiko Alkohol, Glücksspiel und Prostitution geduldet wurden und eine Ehescheidung sehr einfach war. Später haben in Tijuana Marinesoldaten aus San Diego die Szene beherrscht. Heute überwiegen Familienausflüge und Reisegruppen, die einmal kurz diese für sie »exotische Welt« erleben und auf dem Rückweg große Mengen kunstgewerblicher Souvenirs mitnehmen wollen.

In Verbindung mit der schon vorhandenen Attraktivität hat die gezielte staatliche Förderung, zu der letztlich auch die Ausrichtung der Olympischen Sommerspiele 1968 sowie der Fußballweltmeisterschaften in den Jahren 1970 und 1986 gehörte, dazu beigetragen, daß die Zahl der Touristen, die mehrere Tage das Land besuchen, sechs Millionen pro Jahr deutlich überschritten hat. Viele von ihnen unternehmen Rundreisen zu den zahlreichen Sehenswürdigkeiten, doch die meisten buchen einen Urlaub am Strand. Dabei kann man beobachten, wie stark sich die einheimische Mittel- und Oberschicht den Verhaltensweisen der Industriegesellschaften angepaßt hat; denn in allen Badeorten überwiegen im Jahresdurchschnitt die mexikanischen Besucher.

Blick auf die Bucht von Acapulco (unten). Acapulco gehört zu den schönsten Seebädern der Welt mit vielen Luxushotels und Spielcasinos, wovon zahlreiche Touristen angezogen werden. Die Hafenstadt hat auch große wirtschaftliche Bedeutung.

Palenque (rechts), eine Ruinenstätte der Maya mit Tempel- und Palastbauten, hatte ihre Blütezeit zwischen 600 und 900 n. Chr. Rechts ist der Sonnentempel zu sehen. Vom tropischen Wald überwuchert, wurde Palenque erst 1746 entdeckt.

Dies gilt selbst für den internationalen Treffpunkt Acapulco, der sich nach dem Bau einer Autostraße um 1930 zum ersten Seebad des Landes entwickelte. Mit seiner ausgesprochen malerischen Lage in einer weitgespannten Bucht, aus der felsige Granithänge wie ein Amphitheater aufsteigen, übertrifft dieser alte Hafen alle Konkurrenten. Doch während im Strandbereich immer größere Hotelkomplexe errichtet wurden, ließ sich ein steigender Strom von Zuwanderern an den Hängen nieder. Dies bescherte der Stadt neben den allgemeinen Versorgungsschwierigkeiten vor allem das große Problem der Arbeitsbeschaffung, denn der Tourismus allein kann so viele Menschen nicht mehr beschäftigen.

Um das Hotelangebot für internationale Gäste zu steigern und gleichzeitig die Siedlungserweiterung besser zu steuern, wurde von der Regierung um 1970 ein großzügiges Tourismus-Förderprogramm in Gang gesetzt. Es sollte die Ausstattung und das Erscheinungsbild bestehender Badeorte verbessern und neue Zentren schaffen. Es hat beachtliche Erfolge aufzuweisen: So wurden die kleinen Fischerhäfen Los Cabos, Puerto Vallarta, Manzanillo, Zihuatanejo und Puerto Escondido zu Touristenzentren ausgebaut. Ganz neu entstanden Ixtapa bei Zihuatanejo und Huatulco, das sich mit seiner kleingliedrigen Architektur recht geschickt in mehrere Buchten der Küste von Oaxaca einfügt.

MEXIKO

Als besonders erfolgreich hat sich die Gründung von Cancún auf der Halbinsel Yucatán erwiesen. Seine wirtschaftliche Bedeutung hat die der Inseln Cozumel und Isla Mujeres inzwischen weit überflügelt. Mehr als 120 Hotels wurden gebaut, einschließlich einer modernen und vollständigen Infrastruktur, die auch eine Kläranlage, deren gereinigtes Wasser zur Beregnung des Golfplatzes dient, umfaßt. Die integrierte Planung sah neben der Hotelzone und einem Kongreßzentrum, die auf einer langgestreckten Koralleninsel liegen, den Bau einer kompletten Stadt für die zuwandernde Bevölkerung vor, denn 1970 lebten im Umkreis nur etwa 400 Menschen. Doch von den über 110 000 Einwohnern, die heute geschätzt werden, lebt rund die Hälfte in selbst gebauten Hütten ohne Wasser- und Kanalanschluß und über ein Viertel ohne Elektrizität. Immerhin sind die Arbeitsmöglichkeiten bei dem steigenden Touristenstrom recht gut. Im Gegensatz zu den Badeorten an der Pazifikküste hat Cancún den Vorteil einer günstigen Lage zu bedeutenden Ruinenstätten der Maya wie Chichén Itzá und Tulum, die in Tagesausflügen erreicht werden können, so daß sich hier Erholungsurlaub und Kulturtourismus leicht verbinden lassen.

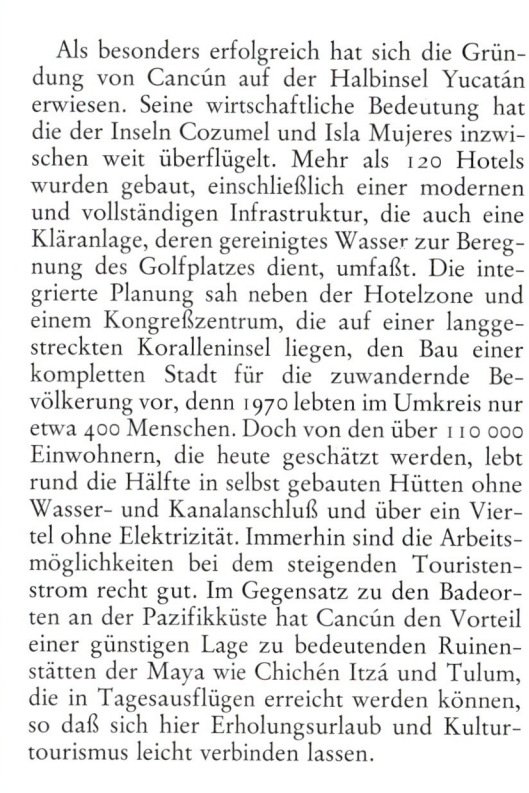

Das Folklore-Ballett von Mexiko *(links)* hat internationalen Ruhm erlangt. Sein Repertoire, das viele Volkstänze aus vorhispanischer Zeit enthält, liefert den Besuchern ein hinreißendes Schauspiel von Musik und Farbenpracht.

Kinder spielen im Seebad La Isla Mujeres *(unten),* Teil der Touristenanlage in Cancún. Mit Hilfe geschickter Investitionen wurden die natürlichen Vorzüge dieses tropischen Paradieses genutzt.

Totenschädel aus Zukkergebäck *(links)* gehören zum Allerseelenfest, das im November begangen wird. In ganz Mexiko gibt dieses religiöse Ereignis Gelegenheit zu Feiern und Gebeten; das Fest geht auf alte Sitten der Azteken zurück.

MEXIKO: LANDESNATUR

Naturgeographisch kommt Mexiko eine Brückenfunktion zu, denn es verknüpft die nordamerikanischen Kordilleren mit der zentralamerikanischen Landbrücke. Der Hauptteil des Landes wird von einem Hochlandblock gebildet, der den südlichen Ausläufer des nordamerikanischen Kontinents darstellt. Seine Breite nimmt von rund 1600 km an der Grenze zu den Vereinigten Staaten von Amerika auf 210 km am Isthmus von Tehuantepec ab. Hier wird vielfach die »natürliche Grenze« Zentralamerikas angenommen. Das anschließende Bergland von Chiapas sowie die verkarstete Kalktafel der Halbinsel Yucatán gehören aber beide zum Staatsgebiet von Mexiko.

Das Hochland steigt von rund 1200 m im Norden auf über 2000 m im Bereich der Hauptstadt Mexico-Stadt an. Es setzt die Strukturen der nordamerikanischen Kordillerenregion mit Hochflächenlandschaften fort, die durch parallel streichende Ketten gegliedert sind. Sie sind von sehr steil nach außen abfallenden, tief zerschluchteten Randgebirgen gerahmt: der Sierra Madre Occidental im Westen und der Sierra Madre Oriental im Osten. Diese überragen die inneren Becken zum Teil nur wenig, so daß man bei der Annäherung vom Hochland aus gelegentlich den Eindruck gewinnt, man ginge in das Gebirge »hinunter«. Beiderseits sind hügelige Küstentiefländer vorgelagert. Westlich des Golfs von Kalifornien stellt die wüstenhafte Halbinsel Niederkalifornien (Baja California) eine Fortsetzung des nordamerikanischen Küstenberglands dar.

Das zentrale Hochland (Mesa Central) wird im Süden von der Sierra Neovolcánica abgeschlossen, die sich aus einer großen Zahl geologisch junger Vulkane zusammensetzt. Dazu gehören die höchsten Berge des Landes: Pico de Orizaba oder Citlaltépetl (5700 m), Popocatépetl (5452 m) und Iztaccíhuatl (5286 m), aber auch der erst 1943 entstandene Parícutin. Die große Senke des Río Balsas trennt die Mesa Central vom Bergland von Oaxaca und von der Sierra Madre del Sur, die unmittelbar zum Pazifik abbricht.

Das Klima unterliegt im Osten dem Einfluß der Passatwinde, die über dem Golf von Mexiko Feuchtigkeit aufnehmen und den Flanken des Hochlandes während des ganzen Jahres Regen bringen. Das übrige Land hat, entsprechend seiner randtropischen Lage, einen trockenen Winter mit Nachtfrösten und eine Regenzeit im Sommer mit Niederschlägen, die von 800 mm bis 1000 mm im südlichen Hochland auf weniger als 100 mm im Nordwesten abnehmen und meist als starke Schauer fallen. Regenmengen über 2000 mm erhalten nur die Sierra Madre del Sur und die Sierra von Chiapas. Im äußersten Nordwesten vollzieht sich der Übergang zum Winterregengebiet Kaliforniens.

Bei der großen Massenerhebung des Landes sind die klimatischen Höhenstufen für die Pflanzenwelt und den Anbau von großer Bedeutung.

Lacandones-Indianer paddeln auf einem Dschungelfluß *(unten)* im Flachland von Chiapas im Süden Mexikos, das durch den Usumacinta entwässert wird. Die Lacandones hatten bis zum 18. Jahrhundert kaum Kontakt mit der Außenwelt.

Die Stadt Mexico *(rechts)*, Hauptstadt der Republik Mexiko, liegt im südlichen Teil des dichtbesiedelten Hochlands von Mexiko in einer Höhe von 2277 m. Im Vordergrund des Luftbildes sieht man eine Kette erloschener Vulkankegel.

Hier läßt sich ein stockwerkartiges Übereinandergreifen tropischer und gemäßigter Pflanzenformationen erkennen. Die unterste Stufe, die sogenannte Tierra caliente (heiße Stufe), umfaßt die Mangroven- und Palmenküsten sowie, auf der südlichen Ostseite, immergrüne Regen- und Bergwälder als nördlichste Ausläufer feucht-tropischer Vegetation. Die trockenere Westseite dagegen weist Trockenwälder und Buschlandschaften auf. Die Höhengrenze dieser Stufe wird in etwa 700 m angenommen und mit derjenigen von Kakaoanbau und Vanillepflanzungen gleichgesetzt, die hier heimisch sind. Diese Höhenstufe ist das Hauptanbaugebiet für Tabak, Baumwolle, Zuckerrohr, Bananen, Orangen und viele andere tropische Früchte wie Papayas, Mangos, Ananas usw.

Die zweite Höhenstufe, die Tierra templada (warm gemäßigte Stufe), reicht mit teilweise laubwerfenden Wäldern bis zur Obergrenze des Zuckerrohr- und Baumwollanbaus, die bei etwa 1600 m liegt. Dies ist das Hauptverbreitungsgebiet des Kaffeestrauches. In der sich anschließenden Höhenstufe, der Tierra fria (kühle Stufe), ist schon seit langer Zeit ein großer Teil der ursprünglichen Nadelwälder zugunsten des Mais- und Bohnenanbaus abgeholzt worden. Gebackene Maisfladen (tortillas) und schwarze Bohnen (frijoles) bilden mit scharfen Chilisoßen die Grundlage der mexikanischen Ernährung. In Höhen über 2500 m wird der Mais von Weizen, Gerste und Kartoffeln abgelöst. Dazu

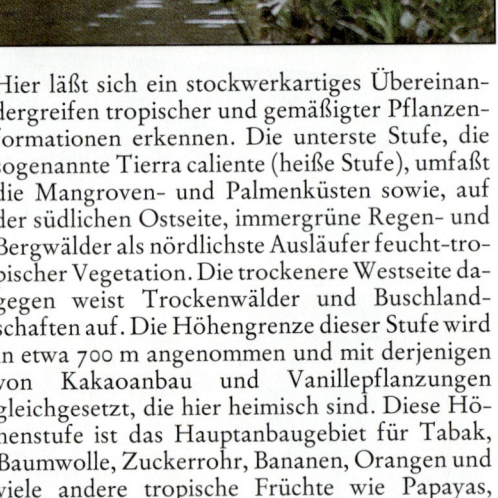

MEXIKO

Eine Drahtseilbahn überspannt den Chapalanga in der Sierra Madre *(unten)*. Die Sierra Madre wird in drei Gebirgszüge gegliedert und bildet einen Ring um das zentrale Hochland von Mexiko. Jahrhundertelang haben diese Berge den Transport zwischen dem Hochland und der Küste behindert. Sie fangen auch die wolkenreichen Passatwinde vom Golf von Mexiko ab. Während so die Küstengebiete genügend Niederschlag erhalten, bleibt das innere Mexiko trocken und karg.

kommen verschiedene Agavensorten, deren Saft zur Herstellung von Pulque, dem Nationalgetränk, und von Mesqualwein dient.

In den trockenen Binnenbecken breiten sich, im Regenschatten der Randgebirge, in fast allen Höhenstufen Trockenwälder und Dornstrauchsavannen aus. Sie gehören mit ihren unzähligen Kakteen- und Agavenarten zu den typischsten Landschaften Mexikos. Die Nutzung beschränkt sich hier, abgesehen von Agaven zur Schnapsgewinnung und Kaktusfrüchten, auf extensive Weidewirtschaft, meist mit Ziegen und Schafen. Ackerbau lohnt nur mit künstlicher Bewässerung, wirft aber, z. B. bei der Baumwolle, gute Erträge ab. Die verkarstete Kalktafel von Yucatán ist durch ausgedehnte Pflanzungen der Henequen-Agave geprägt, aus deren Fasern Taue, Säcke und grobe Teppiche hergestellt werden. Diese Produktion hat freilich unter der Konkurrenz von Kunstfasern zu leiden.

Mexikos Nationalparks, wie El Rosario *(links)*, sind durch den Bedarf der Bauern an mehr Ackerland zur Versorgung der wachsenden Bevölkerung Mexikos bedroht. Viele Nationalparks wurden unter Präsident Lázaro Cárdenas angelegt.

Ein Jäger sitzt vor dem Eingang zu einer ehemaligen indianischen Höhlenwohnung in der Provinz Chihuahua *(ganz links)*. Der Norden Mexikos ist eine trockene, bergige Region. Hier werden die reichen Silbervorkommen abgebaut.

MEXIKO: NATURKATASTROPHEN

Was wäre Mexiko ohne seine Vulkane, ohne die Fünftausender-Riesen mit ewigem Schnee und den unaussprechlichen Namen – Popocatépetl, Iztaccíhuatl, Citlaltépetl –, aber auch ohne die unzähligen Kegelberge unterschiedlichster Größe? Sie prägen weithin das Landschaftsbild im zentralen Hochland, in Michoacán und weiter bis zum Nevado de Colima und den Inseln Tres Marías an der Westküste sowie in den Tuxtla-Vulkanen an der Golfküste. Geologisch betrachtet, sind sie alle jung. Das ist schon an den ausgedehnten Lavafeldern zu sehen, auf denen z. B. die Universitätsstadt von Mexico-Stadt errichtet wurde. Einige stammen jedoch aus jüngster Zeit. So studierte Alexander von Humboldt (1769–1859) voller Interesse den Jorullo, der 1759 ausgebrochen, aber bei seiner Mexiko-Reise im Jahr 1803 schon wieder erloschen war.

Doch so weit braucht man nicht zurückzugehen, denn am 20. Februar 1943 entstand auf dem Acker des Bauern Dionisio Polido bei Parícutin ein ganz neuer Vulkan, der in den neun Jahren seiner Tätigkeit auf 460 m Höhe anwuchs, dabei rund 39 km² mit Lava bedeckte und zwei Dörfer darunter begrub. Von dem einen Dorf erhielt er seinen Namen, die Kirchenruine des anderen ragt aus dem erstarrten Lavastrom heraus und dient als willkommenes Touristenziel. Noch aktueller, obwohl von der Weltöffentlichkeit kaum beachtet, war der Ausbruch des Vulkans El Chinchónal in Chiapas, der im Jahre 1982 größere Aschenmengen herausschleuderte als der berühmte Mount St. Helens in den Vereinigten Staaten. Über 100 Tote waren zu beklagen, 30 000 Menschen wurden obdachlos. Der Ausbruch des Popocatépetl im Dezember 2000 war die stärkste Eruption des Vulkans während der vergangenen 500 Jahre.

Der Vulkanismus in Mexiko hat seine Ursache in einer Schwächezone unserer Erdkruste, die sich rings um den Pazifischen Ozean erstreckt und auch für die zahlreichen Erdbeben verantwortlich ist, von denen das Land sehr häufig betroffen wird. Besonders verheerend war das Beben mit der Stärke 8 auf der nach oben offenen Richter-Skala, das am 19. September 1985 die Hauptstadt heimsuchte. 7000 Menschen starben, 400 Häuser wurden zerstört und Hunderte schwer beschädigt, darunter zahlreiche Hochhäuser, z. B. im Sanierungsgebiet von Tlatelolco. Hier rächte sich die mangelhafte Bauqualität, die keine Rücksicht auf die wenig verfestigten Seeablagerungen im Untergrund genommen hatte; denn im Gegensatz dazu blieb das höchste Gebäude, der schon in den 1950er Jahren besonders stabil gebaute Lateinamerika-Turm im Zentrum, völlig unversehrt.

Hurrikan »Gilbert«

Als ob Mexiko mit seinen unsicheren tektonischen Verhältnissen nicht schon genug geplagt wäre: nein, auch das Klima trägt seinen Teil zu den Naturkatastrophen bei, und zwar in Form von Hurrikanen. Das sind tropische Wirbelstürme, die im Sommer und Herbst auftreten. Sie entstehen in der Regel über dem Karibischen Meer und ziehen mehrere Tage lang auf einer gebogenen Zugbahn nach Westen und Nordwesten. Dabei verursachen sie an den Küsten durch orkanartige Windgeschwindigkeiten bis etwa 300 km/h, Flutwellen und enorme Niederschlagsmengen schwerste Schäden. Als jüngstes Beispiel hier der »Lebenslauf« des Hurrikans »Gilbert«: Er entstand am 9. September 1988 bei Barbados, überquerte am 12. mit etwa 185 km/h Jamaika, richtete am 14. in den mexikanischen Badeorten Cozumel und Cancún mit etwa 280 km/h schlimme Verwüstungen an und verursachte am 17. bei Monterrey Regenfälle von 210 mm, was zu großen Überschwemmungen und dem Verlust von 200 Menschenleben führte. Hunderttausende wurden binnen einer Woche obdachlos.

Gesteinsplatten *(rechts)* von etwa 100 km Mächtigkeit bilden die Erdkruste. Das Aneinanderreiben dieser treibenden Schollen verursacht Erdbeben und Vulkanausbrüche entlang der Schollenbruchlinien.

Die Stadt Mexico *(unten)* nach dem Beben von 1985. Heftige Erschütterungen ließen Beton wie Plastik bersten und brechen. Hunderte von Gebäuden stürzten ein.

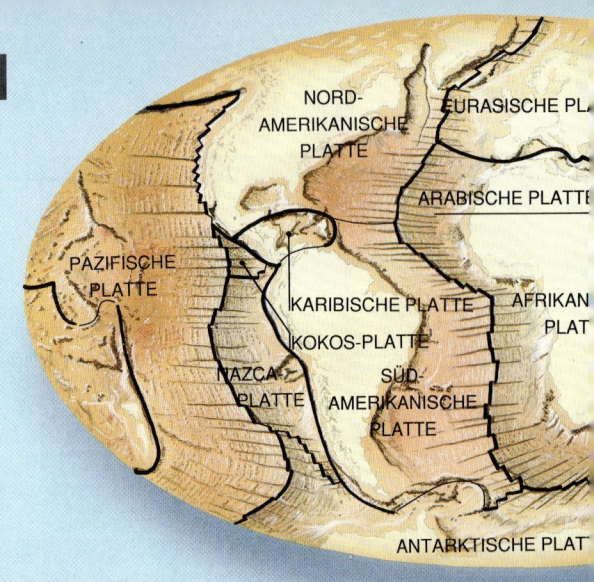

Erdbeben

Das Erdbeben 1985 in Mexiko (rechts) war dadurch verursacht worden, daß sich die schwere Kokos-Platte unter die Nordamerikanische Platte schob. Als die Kokos-Platte am 19. September 1985 brach, pflanzten sich zwei heftige Stoßwellen nach außen fort. Mexico-Stadt wurde am stärksten betroffen. Das Erdbeben tötete mehr als 7000 Menschen. Die Lage der Stadt in einem ausgetrockneten Seebett verstärkte noch zusätzlich die Erschütterungen.

MIKRONESIEN

Die Karolinen, die größte Inselgruppe Mikronesiens, bestehen aus vielen kleinen Inseln und Atollen, die sich wie eine Perlenkette durch den westlichen Pazifik ziehen. Sie liegen im Bereich des Nordostpassats, unter dessen Einfluß ein tropisches Seeklima mit ausgeglichenen Temperaturen herrscht.

Die Vegetation wechselt zwischen Regen- und Mangrovenwäldern auf den Inseln vulkanischen Ursprungs und den Kokospalmenhainen auf den nur wenige Meter aus dem Wasser ragenden Koralleninseln und Atollen.

Die Föderierten Staaten von Mikronesien sind ein mit den USA assoziierter Bund der nach ihren Hauptinseln bzw. -atollen benannten Inselgruppen Kosrae, Pohnpei (Ponape), Chuuk (Truk) und Yap. Dieser ist 1979 aus dem ehemals von den USA verwalteten UN-Treuhandgebiet hervorgegangen, nachdem die nördlichen Marianen, die Marshall-Inseln und Teile der Karolinen abgetrennt worden waren, um künftig selber unabhängige Staaten zu bilden; die Marianen blieben in US-Besitz. Der Assoziierungsvertrag gewährt der Föderation eine eigene Staatsregierung und eine eigene Verfassung sowie finanzielle Beihilfen von den USA, über

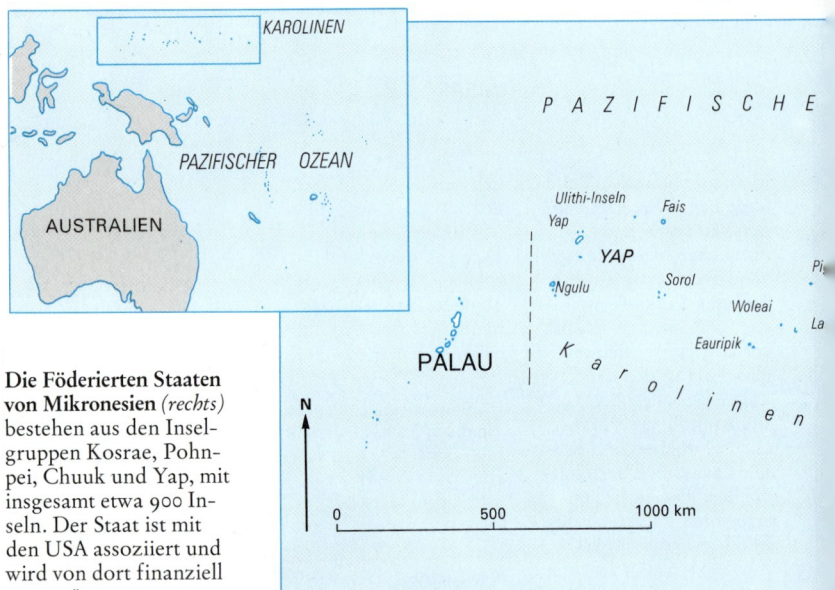

Die Föderierten Staaten von Mikronesien *(rechts)* bestehen aus den Inselgruppen Kosrae, Pohnpei, Chuuk und Yap, mit insgesamt etwa 900 Inseln. Der Staat ist mit den USA assoziiert und wird von dort finanziell unterstützt.

Die Kommandobrücke eines im Zweiten Weltkrieg in der Chuuk-Lagune gesunkenen Schiffes *(oben)* ist inzwischen das Heim für Fische, Korallen und andere Meeresbewohner geworden.

Daten und Fakten

DAS LAND
Offizieller Name: Föderierte Staaten von Mikronesien
Hauptstadt: Kolonia
Fläche: 702 km²
Landesnatur: 4 große Inselgruppen mit 607 Inseln; überwiegend flache Korallenatolle
Klima: Tropisches, maritimes Klima
Höchster Punkt: 791 m Totolom
DER STAAT
Regierungsform: Bundesrepublik
Staatsoberhaupt: Präsident
Verwaltung: 4 Teilstaaten (Yap, Chuuk, Pohnpei, Kosrae)
Parlament: Parlament (Kongreß) mit 14 Mitgliedern, von denen 4 alle 4 Jahre, die übrigen alle 2 Jahre gewählt werden
Nationalfeiertag: 10. Mai
DIE MENSCHEN
Einwohner (Ew.): 116 000 (1999)
Bevölkerungsdichte: 165 Ew./km²
Stadtbevölkerung: 28 %
Bevölkerung unter 15 Jahren: o. A.
Analphabetenquote: 19 %
Sprache: Englisch
Religion: Katholiken, Protestanten
DIE WIRTSCHAFT
Währung: US-Dollar
Bruttosozialprodukt (BSP): 203 Mio. US-$ (1998)
BSP je Einwohner: 1800 US-$
Inflationsrate: 3,9 % (1990–98)
Importgüter: Nahrungsmittel, Brennstoffe, Maschinen u. Ausrüstungen
Exportgüter: Fisch und -produkte
Handelspartner: USA, Japan
Straßennetz: 240 km
Fernsehgeräte je 1000 Ew.: o. A.

deren Verwendung alljährlich der amerikanischen Regierung Bericht erstattet werden muß. Im März 1979 wurden die Wahlen zum ersten Kongreß, dem Einkammerparlament, der Föderierten Staaten von Mikronesien abgehalten. Das Staatsoberhaupt ist gleichzeitig Regierungschef. Jeder Bundesstaat hat eigene Verfassungsorgane.

Die Karolinen, 1525 durch einen Portugiesen entdeckt, wurden 1686 unter die spanische Herrschaft Karls II. (1661-1700) gestellt. Doch die spanische Kolonialmacht beschränkte sich im wesentlichen auf Missionsarbeit und auf die Sicherung der Seewege zwischen den Philippinen und Mexiko. Im Jahre 1899 verkaufte Madrid die Inselgruppen der Marianen und Karolinen an das deutsche Kaiserreich.

Aber nicht erst beim Anblick spanischer und deutscher Kolonialrelikte, vielmehr an den Ruinen von Nan Madol auf Pohnpei erkennt man, daß Mikronesien nicht geschichtslos ist. Auf Riffen im Ostteil der Insel liegt eine geheimnisvolle, aus riesigen Basaltblöcken geformte Anlage von Königspalästen, Verwaltungsbauten, Wohnhäusern und Kultstätten – Überbleibsel einer verschwundenen, nur noch in Legenden fortlebenden Kultur, die nach einem Erdbeben teilweise im Meer versunken ist. Das Rätselraten über die Blütezeit Nan Madols geht weiter, doch besteht kein Zweifel, daß die Basaltbauten von einer hochentwickelten Zivilisation errichtet worden sind.

Der deutsche Kolonialbesitz in Mikronesien kam nach dem Ersten Weltkrieg unter japanische Treuhandschaft. Japan betrachtete Mikronesien in erster Linie als Siedlungsraum. Systematisch wurden die einzelnen Inselgruppen japanisiert. 1939 gab es in Mikronesien mehr Japaner als Eingeborene. Nach dem Zweiten Weltkrieg gingen die Inselgruppen als UN-Treuhandgebiet an die USA.

Bevölkerung und Wirtschaft

Während auf Pohnpei und Chuuk seither der amerikanische Lebensstil vorherrscht, blieb auf Kosrae und den Yapinseln noch viel von der früheren Lebensart Mikronesiens erhalten. Yap gilt als der »urwüchsigste« Winkel Mikronesiens, mit einer noch stark an den alten Hierarchien orientierten Sozialstruktur.

Die Regierung wirbt auf Plakaten für den Gebrauch von Kokosnußseife »Made in Yap«. An Kokosnüssen, aus denen unter anderem Kopra und Öl gewonnen werden, herrscht auf den Inseln kein Mangel, jedoch werden die Früchte der Kokospalme noch vorwiegend als Schweinefutter verwendet, das Borstenvieh ist auf Yap allgegenwärtig. Allerdings zeigt das Angebot an Musikkassetten, Videogeräten und Konserven, daß die Konsumansprüche längst über die bäuerliche Selbstversorgung hinausgehen.

Einerseits geht das Bestreben dahin, die traditionelle Lebensart zu erhalten, andererseits erliegt man, wie überall in Mikronesien, dem »American way of life« und finanziellen Beihilfen der USA. Diese haben die Wohlfahrtsmentalität der Insulaner gefördert und zum Nachlassen der Bemühungen auf eine Selbstversorgung geführt.

Dabei sind Kapitalinvestitionen für Modernisierungsmaßnahmen im Bereich der Fischerei ebenso erforderlich wie die Lösung des Bewässerungsproblems in der Landwirtschaft und eine Verbesserung der Infrastruktur. Auch der Fremdenverkehr gewinnt zunehmend an Bedeutung.

Kopra, hier wird es gerade in Säcken abgewogen *(unten)*, ist das Fleisch der Kokosnuß, das in der Sonne oder in Öfen getrocknet wird. Es enthält Öle, die zur Herstellung von Margarine und Seife verwendet werden.

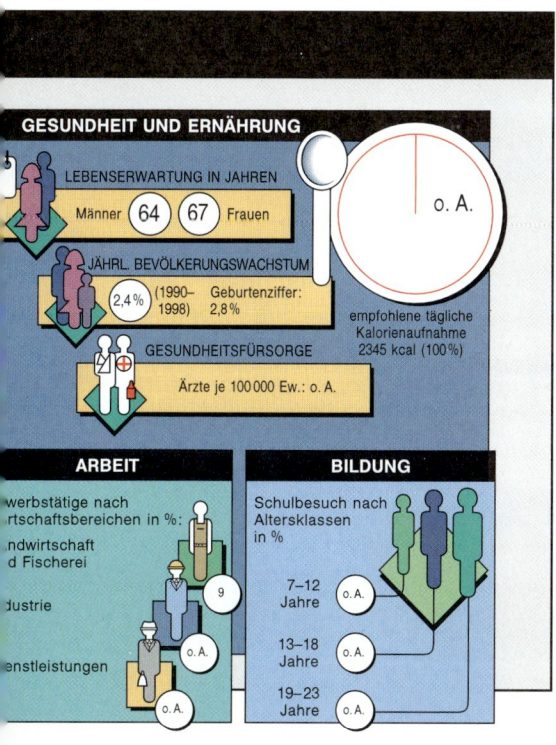

Mittelmeer: Naturraum

Die jahrtausendelange Funktion des europäischen Mittelmeeres als Kreuzungspunkt zwischen den Kontinenten Europa, Asien und Afrika hat jene vielfältige Kulturlandschaft entstehen lassen, die gerne als die »Wiege des Abendlandes« bezeichnet wird.

Vielfältig und im Aufbau kompliziert ist aber auch der Naturraum des Mittelmeeres, das in seiner heutigen Ausdehnung nur noch ein Überbleibsel des wesentlich größeren Urmittelmeeres, der Tethys, darstellt. Im Zuge intensiver Veränderungen der Erdkruste seit Ende des Erdmittelalters vor ca. 170 Millionen Jahren drifteten verschiedene Platten der Erdkruste aufeinander zu. An ihren Rändern wurden in langen geologischen Prozessen Gebirge aufgefaltet, so zum Beispiel das Atlasgebirge, die Alpen, der Apennin, die Dinariden, das Pontische Gebirge und der Taurus.

Im gleichen Zusammenhang sind auch andere Teile der Erdkruste unterschiedlich tief abgesunken. Dies hat dazu geführt, daß das Mittelmeer heute ein vielfach gegliedertes System von Becken und Schwellen bildet. Das Algerisch-Provençalische, das Ionische und das Levantische Becken erreichen Tiefen von mehr als 4000 m. Demgegenüber sind das Adriatische und das Ionische Meer sowie die Ägäis wesentlich flacher.

Erdbeben und Vulkanismus

Die Veränderungen der Erdkruste im und um das Mittelmeer sind bis heute nicht zum Abschluß gekommen. Jährlich werden über 700 Erdbeben oder Erdstöße registriert.

Ebenso deutet der Vulkanismus auf die anhaltende erdgeschichtliche Entwicklung hin. Die Vulkane Ätna, Stromboli, Vesuv und die Vulkaninsel Santorin dokumentieren bis in die jüngste Vergangenheit die Labilität der Erdkruste im Mittelmeerraum. Für die Anrainerstaaten des Mittelmeers sind von diesem Naturphänomen oft große Gefahren ausgegangen. Tausende von Menschen wurden unter Lavaströmen und Ascheregen begraben und ganze Kulturen zerstört.

Wasserqualität und Umweltverschmutzung

Zu den Besonderheiten des Mittelmeeres gehören die Eigenschaften seines Wassers. Das Meer verfügt nur über wenige Süßwasserzuflüsse, die bis auf den Nil alle von Norden einfließen. Die größten sind Tiber, Po, Rhône und Ebro. Durch die Dardanellen besteht eine Verbindung zum Schwarzen Meer, durch den Suezkanal mit dem Indischen Ozean und durch die Straße von Gibraltar mit dem Atlantik. Wegen seiner hohen Verdunstung liegt der Salzgehalt des Mittelmeeres über dem Wert des Atlantik. Da das spezifische Gewicht des Wassers mit zunehmendem Salzgehalt steigt, kommt es zu einem interessanten Austauschphänomen zwischen Atlantik und Mittelmeer. Das spezifisch schwerere Mittelmeerwasser fließt in einer Tiefenströmung durch die Straße von Gibraltar in den Atlantik, während an der Oberfläche ein Ausgleichsprozeß in Gegenrichtung erfolgt. Die Gezeiten sind im Mittelmeer nur wenig ausgeprägt. Mit der nur geringen Möglichkeit des Wasseraustausches sind die Voraussetzungen für einen Selbstreinigungsprozeß des Wassers stark eingeschränkt. Kein anderes Meer ist in seinen Gestaden so dicht besiedelt, und seit Jahrtausenden erfolgte daher auch eine immer intensivere Nutzung der natürlichen Fischbestände. Gleichzeitig nahm die Zufuhr von Abwässern aus den Siedlungs- und Industrieräumen zu, ganz zu schweigen von den Öltransporten, die ihre »Spuren« im Mittelmeer hinterlassen. Man schätzt, daß jährlich ca. 1,5 Millionen Tonnen Erdöl in das Mittelmeer gepumpt werden. So sind die vergleichsweise geringen Bestände an Fischen und Schalentieren durch die zunehmende Umweltverschmutzung stark gefährdet.

Die Vegetation, eine zerstörte Welt

Wie unwiederbringlich Ökosysteme zerstört werden können, läßt sich gerade im Mittelmeerraum an den natürlichen Vegetationsformen erkennen. Jahrtausendelanger Raubbau hat die

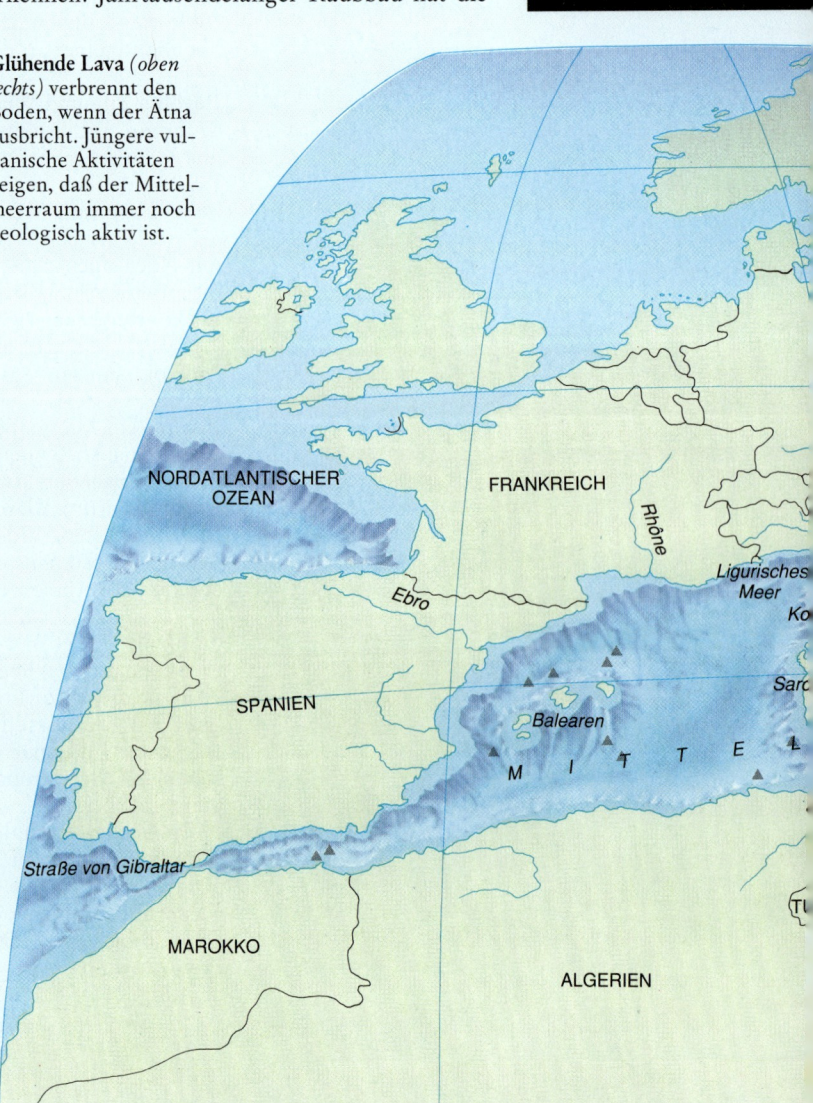

Glühende Lava (oben rechts) verbrennt den Boden, wenn der Ätna ausbricht. Jüngere vulkanische Aktivitäten zeigen, daß der Mittelmeerraum immer noch geologisch aktiv ist.

MITTELMEER

Das Europäische Mittelmeer *(unten)* ist beinahe vollständig von den Kontinenten Europa, Afrika, und Asien umgeben. Nur an seinem westlichen Ende besteht durch die Straße von Gibraltar ein Ausgang, der die Verbindung zwischen Mittelmeer und Atlantischem Ozean bildet. Nach Osten gibt es einen Ausgang zum Marmarameer und zum Schwarzen Meer. Darüber hinaus führt durch den Suezkanal ein künstlicher Ausgang zum Roten Meer und damit zum Indischen Ozean. Unter der Wasseroberfläche teilt ein System von Bergketten den Meeresboden in verschiedene Meeresbecken ein. Seine größte Tiefe beträgt – 5121 m.

ursprünglich typischen Waldbestände nahezu zerstört. Unter den gegebenen klimatischen Bedingungen, dem Wechsel von trocken-heißen Sommern und mild-feuchten Wintern, haben sich in der Folge lediglich »Ersatzgesellschaften« ausbilden können. Gemeint ist eine Formation, die von einer undurchdringlichen Strauch- und Buschvegetation bis zur spärlichen Felsheide reicht. Charakteristisch für diese Pflanzengesellschaften von immergrünen Gewächsen sind unter anderem Baumheide, Erdbeerbaum, Zistrosen, Ginster, Mastixstrauch, Kermeseiche, Myrte, Lorbeer, Wacholder, Zypresse, Lavendel, Thymian, Rosmarin, Salbei und zahlreiche Wildtulpen. An Baumarten finden sich Seestrand-, Aleppo- und Schirmkiefer, Stein- und Korkeiche.

Die Charakterpflanze des Mittelmeerraumes ist der Ölbaum, der bis heute auch als wichtige Erwerbsgrundlage im ländlichen Raum dient. Gleiches gilt für die Weinrebe, die mediterrane Kulturpflanze schlechthin. Trotz gestiegenen Umweltbewußtseins ist die Vegetation im Mittelmeerraum heute erheblich gefährdet, denn jährlich werden große Waldbestände bei Bränden zerstört.

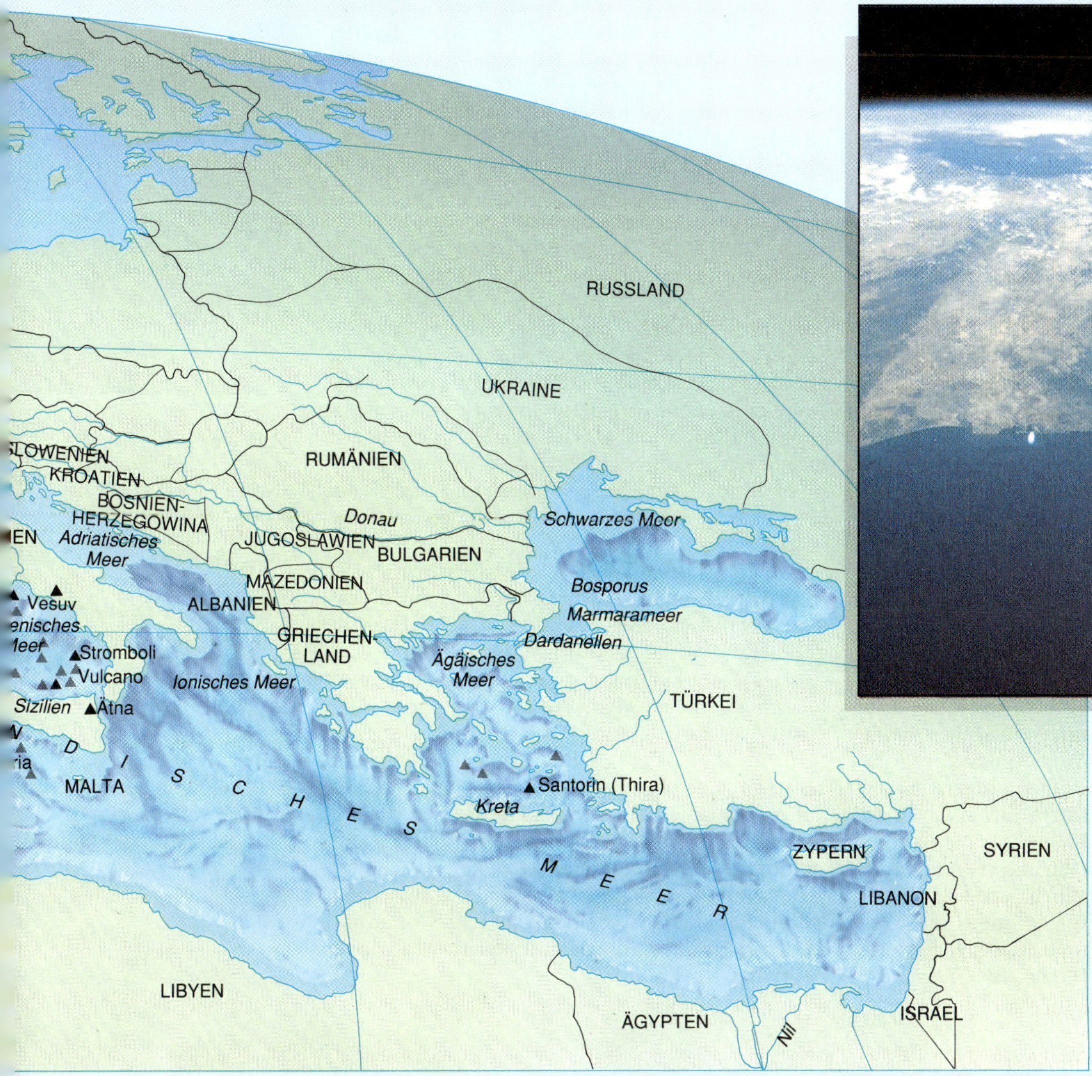

Eine Satellitenaufnahme *(oben)* zeigt das westliche Mittelmeer und verdeutlicht den Begriff »mediterran«: »in der Mitte von Land«. Die Straße von Gibraltar (Mitte) verbindet das Mittelmeer mit dem Atlantischen Ozean.

Mittelmeer: Ökologische Belastung

Die Millionen von Besuchern, die jedes Jahr in die Länder des Mittelmeerraumes strömen, werden angezogen von sonnigen Stränden, faszinierenden Landschaften, historischen Stätten, altberühmten Denkmälern und eleganten, an Schätzen reichen Städten. Überreichlich von der Natur mit angenehmem Klima, reizvollen Landschaften, wunderschönem Pflanzenwuchs und wohlschmeckenden Speisen bedacht, hat der Mittelmeerraum den Ruf als Europas paradiesischer Tummelplatz verdient. Hier haben seit frühesten Zeiten Völker und Kulturen aus Europa, Asien und Afrika unvergeßliche Spuren hinterlassen. Überall scheint die Sonne fast das ganze Jahr über auf eine wunderbare Mischung aus Vergangenheit und Gegenwart. Aber die Zukunft mag weniger strahlend werden, wie viele Fachleute schon heute warnen.

Ein Binnenmeer
Die Straße von Gibraltar, die vor ca. 5,5 Millionen Jahren gebildet wurde, verbindet den Atlantischen Ozean mit dem Mittelmeer, das andernfalls ein Binnenmeer wäre. Ohne den atlantischen Zustrom würde das beinahe gezeitenlose Mittelmeer in etwa 1000 Jahren einfach verdunsten (wie in der geologischen Vergangenheit geschehen). Das Ozeanwasser fließt in das Mittelmeer, reinigt und erneuert es.

Aber dieser Reinigungsprozeß reicht nicht aus, um die Folgen menschlichen Tuns auszugleichen. Die Umweltverschmutzung beginnt, auf dem trügerisch klaren Wasser des Mittelmeeres Spuren zu hinterlassen. Die natürliche Pflanzenwelt und das Tierleben sind beinahe überall in Gefahr: Bauprojekte für den Tourismus und die Industrie drängen in die natürlichen Lebensräume hinein, während Meerestiere unter den eingeleiteten Abwässern leiden. Sogar bei Gibraltar, wo der Ozean und das Mittelmeer aufeinandertreffen, werden Delphine immer seltener, und viele andere Arten, wie die Klappschildkröten, sind inzwischen vom Aussterben bedroht.

Industrie und Tourismus
Die Industrie ist Hauptverursacher bei der Verschmutzung des Mittelmeeres. Viele Gemeinden im Mittelmeerraum haben begonnen, den Tourismus für eine bessere Arbeitsquelle als die Industrie zu halten. Der Tourismus baut auf arbeitsintensive Tätigkeiten zu einer Zeit, in der die Automatisierung Arbeitsplätze in der Industrie verringert. Auch ist er unwiderlegbar sauberer als die meisten Arbeitsprozesse in der Industrie. Aber das Problem ist hier, daß der bloße Druck des Tourismusgewerbes zur massiven Veränderung der Landschaft mit allen ihren negativen Folgen führt.

In einer Zeit, in der beinahe alle Gegenden im nördlichen Mittelmeerraum bebaut oder zur Bebauung vorgesehen sind, beginnen die Geschäftsleute bereits, zu der vergleichsweise unterentwickelten nordafrikanischen Küste zu blicken. Länder wie Marokko sollen »auf einer Goldmine sitzen«, was die touristischen Möglichkeiten betrifft.

Industrielle Katastrophen wie der Ölteppich, der Marokkos Küstenstrich im Januar 1990 beinahe überschwemmte, können eine schon gefährliche ökologische Situation zum Kippen bringen. Heute glauben viele, daß der Mittelmeerraum, einst Kernland der westlichen Zivilisation und jetzt Europas Hauptferiengebiet, sich in Kürze Umweltkatastrophen ausgesetzt sieht, wenn nicht sofort wirksame Gegenmaßnahmen eingeleitet werden. Das Maß der Umweltverschmutzung ist nicht bekannt, da Daten, wenn überhaupt, nur schwer zu bekommen sind. In einer UN-Statistik wird geschätzt, daß hier jedes Jahr etwa 500 000 m³ an meist unbehandelten Abwässern anfallen, die ins Meer geleitet werden. Hepatitis, Ruhr, Kinderlähmung, ja sogar Cholerafälle treten gehäuft auf. Hierdurch aufgeschreckt, verhalten sich viele Touristen abwehrend und kehren überfüllten Badeorten ihren Rücken.

Die Zukunft des Mittelmeerraumes
Ungefähr 380 Millionen Menschen leben heute im Mittelmeerraum, und der Touristenstrom führt saisonal zur Verdopplung der Küstenbevölkerung. Überall sind Hotelburgen entstanden, aber bis vor kurzem wurde wenig an die Probleme gedacht, die aus dieser riesigen Nachfrage entstehen. Der Tourismus ist eine wichtige Einnahme- und Devisenquelle, aber in den meisten Mittelmeerländern gibt es immer weniger Raum für Bauprojekte, und viele der bestehenden Badeorte sind hoffnungslos überlaufen.

Einige Experten sagen die Zerstörung der Mittelmeerufer in den nächsten 50 Jahren voraus, wenn nicht der Bauboom unter Kontrolle gebracht wird. Die Natur ist eine begrenzte Resource, die unbedingt geschützt werden muß. Jedoch ist jeder Meter Küste ein potentieller attraktiver Entwicklungsschwerpunkt. Der Ausblick in die Zukunft scheint düster, wenn man an einen gesättigten Markt mit vielen Touristen denkt, oder die Bebauung sieht, die sich vervielfacht und die Landschaft zerstört, und wenn sich die Qualität der Strände weiter verschlechtert. Ökologen drängen auf einen Neubeginn. Vereinzelt sind schon Bauprojekte gestoppt und die Flächen mit Bäumen und Sträuchern wieder bepflanzt worden.

Mykonos *(rechts)* hat viele der Merkmale, welche die griechischen Inseln zu den begehrtesten Ferienplätzen der Welt machen. Schöne Strände, viel Sonne und eine malerische Umgebung ziehen jährlich Millionen von Besuchern an. Die griechischen Inseln faszinieren ihre Besucher durch ihre große landschaftliche Vielfalt. Da die meisten Inseln mit Hilfe von regelmäßig verkehrenden Schiffen leicht zu erreichen sind, erfreut sich hier das sogenannte Inselhüpfen besonderer Beliebtheit.

Benidorm *(ganz oben rechts)*, ein beliebter spanischer Ferienort, ist dem Ansturm der Touristenmassen kaum noch gewachsen. Die spanische Regierung versucht der durch den Tourismus verursachten Landschaftszerstörung Einhalt zu gebieten.

Perast *(oben rechts)*, malerisch in der Bucht von Kotor in Montenegro gelegen, hat den Status eines Nationaldenkmals. Seine ruhige Atmosphäre und vergleichsweise unverdorbene Landschaft verdankt der Ort seiner entlegenen Lage.

MITTELMEER

Algenschwemme im Mittelmeer *(links):* Die Verschmutzung des Mittelmeeres hat in einigen Gebieten inzwischen bedenkliche Ausmaße angenommen. Nur noch wenige Küstenabschnitte sind ökologisch intakt. Das durch seine geringe Wasserzirkulation anfällige Binnenmeer wird durch Industrieabwässer und durch den wachsenden Tourismus in Griechenland, Italien und Spanien überbeansprucht.

MOLDAWIEN

Die Republik Moldau, auch Moldova oder Moldawien genannt, liegt im äußersten Südwesten der ehemaligen Sowjetunion, an der Grenze zu Rumänien. Das Land hat eine Fläche von 33 700 km². Es umfaßt den Hauptteil der historischen Landschaft Bessarabien (zwischen Pruth und Dnjestr). »Moldova« ist die rumänische Namensform des alten Fürstentums Moldau, dessen östlicher Teil Bessarabien zeitweise war.

Der Norden Moldawiens wird von der waldlosen, äußerst fruchtbaren Belzysteppe eingenommen. Im zentralen Teil erhebt sich ein größtenteils bewaldetes, bis 400 m ansteigendes Hügelland, an das sich nach Süden flaches und trockenes Steppenland anschließt. Durch das günstige Klima mit langen, warmen Sommern und milden Wintern gehörte die Republik zu den in der Sowjetunion führenden Erzeugern von Tabak, Wein und Obst. Die Hauptstadt ist Chişinău (russisch Kischinjow).

Von den knapp 4,4 Millionen Einwohnern sind 65 % Rumänen (Moldawier), 14 % Ukrainer, 13 % Russen und 4 % Gagausen (Angaben von 1989). Das Moldawische ist ein rumänischer Dialekt; das Gagausische gehört zu den Turksprachen.

Die Wirtschaft Moldawiens beruht vor allem auf der intensiven Landwirtschaft auf fruchtbaren Schwarzerdeböden, deren wichtigste Anbauprodukte Wein, Obst (vor allem Weintrauben), Tabak, Weizen und Sonnenblumen sind. Außerdem werden Rinder- und Schweinezucht sowie Schafhaltung betrieben. Die Industrie ist wenig entwickelt und beschränkt sich in erster Linie auf die Nahrungs- und Genußmittel-, Baustoff- und Konsumgüterindustrie. Moldawien hat keine nennenswerten Bodenschätze.

Geschichte

Der Norden Bessarabiens wurde im 14. Jahrhundert mit dem Fürstentum Moldau vereinigt. Seit dem 15. Jahrhundert stand ganz Bessarabien unter türkischer Oberherrschaft. Nach einem russisch-türkischen Krieg fiel es 1812 an Rußland. 1918, nach dem Ersten Weltkrieg, kam es (wie 1856-78) zum Königreich Rumänien. Durch den Hitler-Stalin-Pakt von 1939 wurde Bessarabien der sowjetischen Einflußsphäre zugeschlagen. Daraufhin zwang die UdSSR 1940 Rumänien zur Abtretung des Gebiets. Der südliche Teil wurde der Ukraine angeschlossen; der Hauptteil wurde mit der 1924 gegründeten kleinen Moldawischen ASSR, nur ein schmaler Landstreifen am Ostufer des Dnjestr, zur Moldawischen Sozialistischen Sowjetrepublik vereinigt. Während des Zweiten Weltkriegs kam das Gebiet vorübergehend wieder unter rumänische Herrschaft. Im Pariser Friedensvertrag von 1947 erkannte Rumänien die sowjetische Annexion an.

Die Sowjetführung betrieb in Moldawien – ebenso wie in den anderen nichtrussischen Republiken – eine massive Russifizierung. Hunderttausende Moldawier wurden ins Innere der UdSSR deportiert; dafür wurden Russen und Ukrainer angesiedelt. Auf verantwortlichen Posten in Staat und Wirtschaft waren vorwiegend Russen tätig. Die engen ethnischen und sprachlichen Beziehungen zu Rumänien wurden offiziell geleugnet. Das Rumänische, eine romanische Sprache, mußte mit kyrillischen Buchstaben geschrieben werden, ebenso Gagausisch. Private Kontakte zwischen Moldawiern und Rumänen waren praktisch unmöglich, obwohl Rumänien inzwischen ein »sozialistisches Bru-

Daten und Fakten

DAS LAND
Offizieller Name: Republik Moldau
Hauptstadt: Chişinău (Kischinjow)
Fläche: 33 700 km²
Landesnatur: Im N fruchtbare Belzysteppe, im zentralen Teil Hügelland, im S flaches Steppenland
Klima: Gemäßigt kontinentales Klima
Hauptflüsse: Dnjestr, Pruth
Höchster Punkt: 429 m in den Kodren
DER STAAT
Regierungsform: Republik
Staatsoberhaupt: Staatspräsident

Verwaltung: 40 Bezirke, 10 Stadtbezirke; Sonderterritorien Gagusien (mit Autonomiestatus) und Dnjestr-Republik
Parlament: Parlament mit 104 Mitgliedern; Wahl alle 4 Jahre
Nationalfeiertag: 27. August
DIE MENSCHEN
Einwohner (Ew.): 4 380 000 (1999)
Bevölkerungsdichte: 129 Ew./km²
Stadtbevölkerung: 55 %
Bevölkerung unter 15 Jahren: 24 %
Analphabetenquote: 1 %
Sprache: Moldawisch (Rumänisch), Russisch
Religion: Russisch-orthodoxe Christen

DIE WIRTSCHAFT
Währung: Moldau-Leu
Bruttosozialprodukt (BSP): 1762 Mio. US-$ (1998)
BSP je Einwohner: 410 US-$
Inflationsrate: 174 % (1990–98)
Importgüter: Brennstoffe u. Energie, Maschinen u. elektrotechnische Produkte, Bekleidung
Exportgüter: Nahrungsmittel, Tabak, Textilien
Handelspartner: Rußland, Rumänien, Ukraine, Deutschland
Eisenbahnnetz: 1330 km
Straßennetz: 13 145 km (befestigt)
Fernsehgeräte je 1000 Ew.: 297

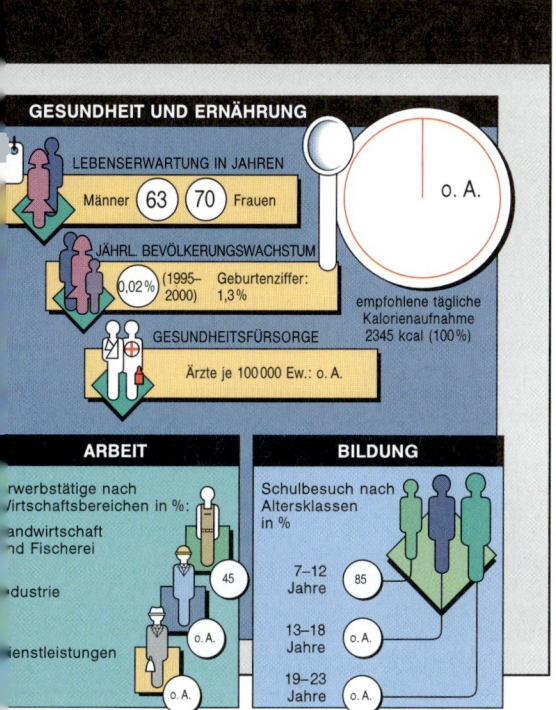

Der Staat Moldawien (amtlich Republik Moldau, *oben rechts*) liegt im südlichen Osteuropa, ohne einen eigenen Meereszugang.

Zwei Reiter *(ganz oben)* trinken auf das Wohl eines Hochzeitspaares. Bei solchen Gelegenheiten trägt man noch gerne Tracht: kurzes, gesticktes, ein wenig über die Hose fallendes Hemd, weiße, gestickte Weste; typisch für die moldawische Volkstracht ist die Schaffellmütze der beiden Reiter.

Apfelernte *(oben)* in einer Obstplantage. Der größte Teil des Landes wird landwirtschaftlich genutzt. Überregionale Bedeutung haben vor allem Wein- und Obstbau.

derland« geworden war, das freilich zunehmend eigene Wege ging. Der rumänische Diktator Nicolae Ceaușescu gab wiederholt zu verstehen, daß für ihn in der Frage der annektierten rumänischen Gebiete das letzte Wort noch nicht gesprochen sei.

Nationale Bestrebungen konnten sich in Moldawien erst wieder mit Gorbatschows Reformpolitik regen. 1989 wurde für die rumänische Sprache das lateinische Alphabet wieder eingeführt. Im Sommer 1990 erklärte Moldawien seine Souveränität; Moldawisch wurde offizielle Staatssprache. Nach dem Scheitern des kommunistischen Putsches in Moskau erklärte sich Moldawien im August 1991 für unabhängig. Obwohl das Land allen Bestrebungen zur Erneuerung der Union ablehnend gegenüberstand, schloß es sich im Dezember 1991 der GUS an. Die in fünfzig Jahren entstandenen wirtschaftlichen Bindungen waren nicht von heute auf morgen zu kappen.

Nationalitätenprobleme

Problematisch ist das Verhältnis zwischen der rumänischen Bevölkerungsmehrheit und den nationalen Minderheiten. Die Russen am Ostufer des Dnjestr haben eine unabhängige Republik »Dnjestr-Republik« (rd. 60 000 Einwohner) ausgerufen, die Gagausen im Süden eine unabhängige Republik »Gagausien«. Die Regierung in Chișinău erkennt diese Gründungen nicht an. Der Konflikt mit Gagausien wurde 1994 durch ein Autonomiestatut beendet. Der »Dnjestr-Republik« wurde im Mai 1997 durch ein Memorandum weitreichende Autonomie zugesichert, doch kontrolliert die Regierung in Chișinău das Gebiet östlich des Dnjestr nicht, nachdem 1992 der Konflikt militärisch eskaliert war. Seitdem wird die Grenze zu »Transnistrien« durch eine moldawisch-russische Friedenstruppe gesichert.

MONACO

Der Grand Prix von Monaco *(unten)*, ein spannendes Autorennen auf den steilen Straßen des Fürstentums, ist jedes Jahr ein Höhepunkt der Motorrennsportveranstaltungen.

Das Fürstentum von Monaco, nach der Verfassung von 1911 eine konstitutionelle Monarchie, gilt heute als einer der reichsten Staaten Europas und als Steuerparadies für prominente Großverdiener. In einer Reisebeschreibung aus dem beginnenden 19. Jahrhundert wird diese Region noch als »einer der ärmlichsten Orte der französischen Riviera« bezeichnet.

Zum Territorium des zweitkleinsten Staates der Welt gehören die auf einem Felssporn gelegene Hauptstadt Monaco, die Gemeinde La Condamine im Hafenbereich sowie die Stadt Monte Carlo, die sich an der Südflanke der französischen Seealpen ausbreitet. Bis 1959 umfaßte Monaco eine Fläche von rund 150 ha, seitdem wurden durch künstliche Aufschüttung mehr als 40 ha hinzugewonnen, die den Stadtteil Fontvieille bilden.

Die Ursprünge einer bereits vorgeschichtlichen Besiedlung liegen auf dem Felssporn, der heute von der Hauptstadt eingenommen wird. Um 600 v. Chr. nutzten die Phönizier den strategisch günstigen Platz für die Anlage eines Hafens. Von ihrem Gott Melkart soll der Name des späteren Fürstentums abgeleitet worden sein. Während der römischen Herrschaft im 2. Jahrhundert v. Chr. wurde der Hafen weiter ausgebaut.

Erst im Zusammenhang mit den hochmittelalterlichen Auseinandersetzungen zwischen den Grafen der Provence und den Genuesern findet Monaco wieder Erwähnung. Kaiser Heinrich VI. (1165–1197) bestätigte 1191 den Genuesern den Besitz von Monaco als Gegenleistung für deren Unterstützung bei seinen eigenen Territorialinteressen in Italien. Die dort bestehende Rivalität zwischen den Anhängern der Kirche, den Guelfen, und denen des Kaisers, den Ghi-

Daten und Fakten

DAS LAND
Offizieller Name: Fürstentum Monaco
Hauptstadt: Monaco
Fläche: 1,95 km²
Landesnatur: Schmaler, gebirgiger Küstenstreifen am Mittelmeer
Klima: Mediterranes Klima mit feuchtmilden Wintern u. trocken-heißen Sommern
Höchster Punkt: Tête de Chiem 573 m

DER STAAT
Regierungsform: Parlamentarische Monarchie
Staatsoberhaupt: Fürst
Regierungschef: Regierungsrat (Staatsminister und Regierungsrat)
Verwaltung: 4 Distrikte
Parlament: Nationalrat mit 18 für 5 Jahre gewählten Abgeordneten
Nationalfeiertag: 19. November

DIE MENSCHEN
Einwohner (Ew.): 32 000 (1999)
Bevölkerungsdichte: 16 462 Ew./km²
Stadtbevölkerung: 100 %
Analphabetenquote: 0 %
Sprache: Französisch
Religion: Katholiken ca. 90 %

DIE WIRTSCHAFT
Währung: Euro; bis 31.12.2001 Französischer Franc
Bruttosozialprodukt (BSP): 12 300 Mrd. US-$ (1999)
BSP je Einwohner: 10 400 US-$
Inflationsrate: 6,8 % (1999)
Importgüter: Konsumgüter aller Art
Exportgüter: kosmet. u. pharmazeut. Produkte, Elektronik, Kunststoff, Konserven
Handelspartner: EU-Länder
Eisenbahnnetz: 1,7 km
Straßennetz: 50
Fernsehgeräte je 1000 Ew.: 8906

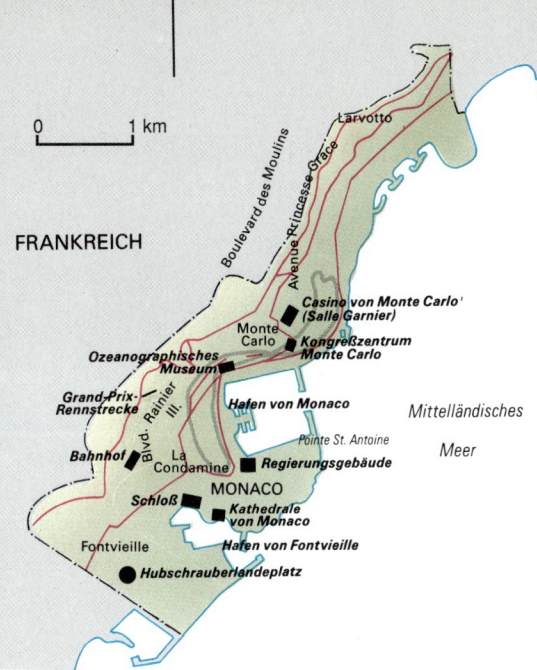

zur Republik, doch schon ein Jahr später wurde es mit Frankreich vereinigt. Allerdings erhielt Monaco beim Wiener Kongreß 1815 seine Selbständigkeit zurück, stellte sich aber fortan unter den Schutz des Königs von Sardinien. Diese Schutzherrschaft dauerte bis 1860 und wurde dann von Frankreich übernommen. Dieses erhielt als Gegenleistung von Monaco die Städte Rocquebrune und Menton. Seither besteht Monaco in seinen heutigen territorialen Grenzen und hat die traditionell starke Bindung an Frankreich nie aufgegeben. So besteht seit 1865 die bis heute gültige Zoll- und Währungsunion.

Wirtschaftlich bedeuteten die politischen Wirren über Jahrhunderte hinweg die Verarmung des Fürstentums. Um sich aus dieser Lage zu befreien, gründete Karl III. (1818–1889) im Jahre 1861 die »Société des Bains de Mer«, die als Betreiber einer Spielbank rasch an Bedeutung gewann. Gleichzeitig entwickelte sich Monaco aufgrund des Klimas zum

bellinen, erfaßte im 13. Jahrhundert auch den Stadtstaat Genua. 1297 zog Francesco Grimaldi, der als Anhänger der Guelfen aus Genua fliehen mußte, in Monaco ein. In der Folgezeit verstand es die Aristokratenfamilie der Grimaldis, sich von Genua zu lösen und ihre Herrschaft aufzubauen. Seit 1458 konnte sie unbedrängt in Monaco regieren und mit Hilfe Frankreichs sogar ihren Besitz ausweiten. Innen- und außenpolitische Wirren begleiteten das Land im 16. und 17. Jahrhundert, in deren Verlauf die Oberhoheit mehrfach wechselte. Die Grimaldi-Dynastie blieb jedoch stets an der Macht und nahm 1659 den Fürstentitel an.

Während der Französischen Revolution erklärten die Monegassen das Fürstentum 1792

Über der Einfahrt zum Hafen von Monaco *(oben links)* liegt Monte Carlo, die größte der drei Städte, die das Fürstentum Monaco bilden. Das Casino ist eine der Hauptattraktionen für die Touristen. Die günstigen Steuergesetze ziehen zahlreiche ausländische Bewohner an.

Das Fürstentum Monaco *(oben)* liegt an der französischen Mittelmeerküste und wird auf drei Seiten vom französischen Département Alpes-Maritimes begrenzt.

Das Fürstenschloß *(oben rechts)* in der Altstadt ist der Sitz der Familie Grimaldi, die seit dem 15. Jahrhundert die Fürsten von Monaco stellt.

Zentrum des europäischen Winterkurtourismus. Inzwischen spielt auch der Sommertourismus eine wichtige Rolle, doch ist Monaco aufgrund seiner Steuervorteile zur Residenz einer reichen, internationalen Gesellschaft geworden.

Das Fürstentum hat sich aber auch zu einer Industrie- und Verwaltungsmetropole entwickelt mit zahlreichen Klein- und Mittelbetrieben in den Bereichen Kosmetik, Nahrungsmittel, Textilien und Elektronik. Die monegassische Staatsdruckerei ist weit über die Landesgrenzen bekannt. Darüber hinaus verfügt Monaco über ein reiches kulturelles Angebot mit vielbeachteten Theaterinszenierungen, einem sehenswerten Opernhaus und zahlreichen Museen. Das unter Fürst Albert I. (1848–1922) angelegte Ozeanographische Museum genießt Weltruf. Besonders Monte Carlo hat sich im Verlauf von nur wenigen Jahrzehnten zu einem exklusiven Badeort entwickelt, in dem Villen, tropische Gärten und Luxushotels aus der Belle Époque das Bild bestimmen. Die Stadtsilhouette wird heute jedoch zunehmend durch moderne Appartementhochhäuser geprägt.

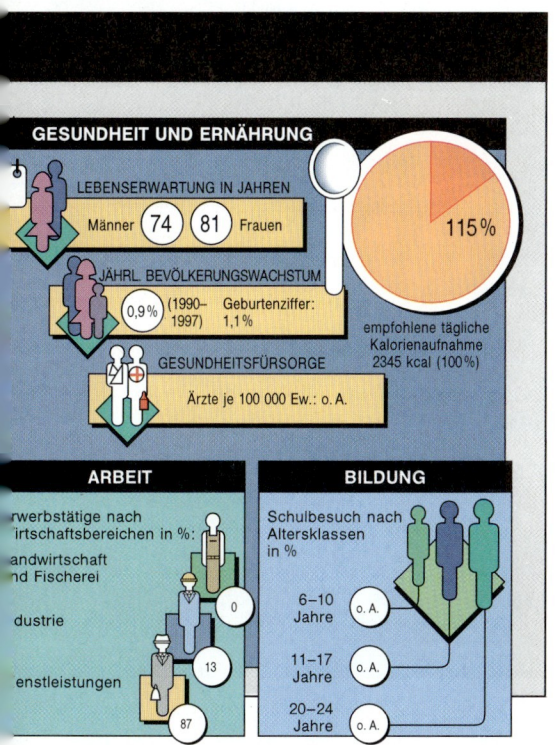

969

MONGOLEI

Wer Zeugnisse der ruhmreichen mongolischen Vergangenheit sucht, muß viele Länder bereisen. Die Mongolei selbst kann nur vergleichsweise wenige historische Bauwerke vorweisen und ist geblieben, was sie immer war: freie, weite Steppe, Taiga und Wüste – die dünnbesiedelte Heimat eines Volkes, das einst auszog, ein Weltreich zu schaffen, welches das römische Imperium weit in den Schatten stellte.

Das Kernland der Mongolen, die sich aus Nomadenstämmen zusammensetzten, lag südöstlich des Baikalsees zwischen den Flüssen Onon und Kergulen. Es war wiederholt Bestandteil größerer Reiche gewesen: des der Hunnen, später der Awaren und der Uiguren. Der Eintritt in die Weltgeschichte aber begann 1206, als der Mongolenfürst Temudschin (um 1167–1227) zum Groß-Chan gewählt und unter dem Titel Tschingis Chan (sinngemäß Weltenherrscher) formell als Beherrscher aller Völker der Mongolei bestätigt wurde.

Temudschin, der diese Stellung seit 1188 durch Bündnisse und Kämpfe gegen benachbarte mongolische und türkische Stämme errungen hatte, setzte die Expansion fort.

Sein Imperium wurde in vier Teilreichen vererbt: sie umfaßten China, wo die Mongolen 1279 bis 1368 als Yuan-Dynastie den Kaiserthron innehatten, mit Korea, der Mongolei und Tibet unmittelbar unter dem Groß-Chan, das Tschagatai-Chanat in Ost- und Westturkestan, das Il-Chanat Persien mit Mesopotamien und Teilen Kleinasiens und das Chanat der »Kiptschak« (»Goldenen Horde«) in Südrußland. Im Osten wurde 1234 Nord-China eingenommen, unter Kublai Chan bis 1279 auch Süd-China. Unter Batu Chan, einem Enkel Tschingis Chans, wurden im großen Europafeldzug (1237–1241) die Grenzen des Reiches bis fast an die Ostsee verschoben. Seine Reiterheere unterwarfen die altrussischen Fürstentümer, Polen und Schlesien, und um dieselbe Zeit tauchten andere mongolische Truppen an der Adria auf. Nur der Tod des Groß-Chans Ögädäi 1241 veranlaßte die Mongolen, sich wieder ostwärts zurückzuziehen.

Die Grundlage ihres militärischen Erfolges bildeten die Schlagkraft und Wendigkeit der Reiterheere und die rasch übernommenen modernen Belagerungstechniken. Aber Siege waren nur ein Aspekt ihrer Herrschaft: Auf der anderen Seite zeigten sie sich weltanschaulich tolerant und vollbrachten zivilisatorische Leistungen, wie die Schaffung eines einheitlichen Rechts durch die Gesetzessammlung Yassa unter Tschingis Chan oder den Aufbau eines Systems von Poststationen im Großreich, das 200 000 Pferde umfaßte und Tagesreisen von über 300 km ermöglichte. Ögädäi ließ bereits 1236 gedrucktes Papiergeld einführen. Auch die bildenden Künste erreichten ein hohes Niveau, wie u. a. der Franziskaner Wilhelm Rubruk, der sich 1253/54 am Hofe des Groß-Chans in Karakorum aufhielt, und der Venezianer Marco

MONGOLEI

Polo, 1275 bis 1292 im Dienste Kublai Chans, berichtet haben und zahlreiche Kunstgegenstände noch heute bezeugen.

Das Groß-Imperium war jedoch nicht von Dauer: Die Teilbereiche begannen schon von der 2. Hälfte des 13. Jahrhunderts an, sich immer mehr zu verselbständigen. Dabei wurden die Mongolen zunehmend zurückgedrängt. Ab 1543 bestand keine Zentralgewalt mehr. Der Süden unterwarf sich allmählich den Mandschu, die auf China vorstießen, um dort von 1644 bis 1911 als Qing-Dynastie zu regieren. Er ist bis heute Teil Chinas geblieben. Die Nord-Mongolei – gebietsmäßig nahezu identisch mit der heutigen Mongolei – wurde nach internen Kämpfen 1691 zum chinesischen Außenterritorium gemacht und erhielt zur Befriedung chinesische Garnisonen.

Dieser Status dauerte über zweihundert Jahre an. Aber im Gefolge der ersten Chinesischen Revolution von 1911, die der Herrschaft der Mandschu ein Ende setzte, rief im Dezember jenen Jahres die Nord-Mongolei mit russischer Unterstützung die Unabhängigkeit aus. König wurde das Oberhaupt der lamaistischen Kirche, der Bogdo-Gegen. Im Ersten Weltkrieg überließ das zaristische Reich 1915 die Nord-Mongolei als Autonome Region »Äußere Mongolei« wieder der Kontrolle Chinas, das sie 1919 vollends annektierte.

Der russische Bürgerkrieg, der von weißrussischen Truppen und ausländischen Interventionsmächten gegen das neue revolutionäre Rußland geführt wurde, griff auch auf den Fernen Osten über. »Weiße« unter der Führung von Baron von Ungern-Sternberg besetzten das Land. Als Reaktion darauf schlossen sich zwei mongolische Untergrundbewegungen zur »Mongolischen Volkspartei« (MVP) zusammen. Sie trat für Unabhängigkeit, freie Wahlen, mehr soziale Gerechtigkeit und eine Konsolidierung des vorherrschenden lamaistischen Glaubens ein. Zur Vertreibung der russischen Besatzer nahm die MVP Kontakt zu den sowjetrussischen Truppen in Sibirien auf. Im März 1921 hielt die MVP auf russischem Gebiet ihren ersten Parteitag ab und bildete eine provisorische revolutionäre Regierung. Danach marschierten sowjetische Truppen in die (Äußere) Mongolei ein und konnten, unterstützt von Bewaffneten der MVP, die weißrussischen Einheiten schlagen.

Im Juli 1921 wurde in Urga – dem heutigen Ulan Bator – die angestrebte pro-sowjetische Regierung eingesetzt. Der Bogdo-Gegen blieb zwar König, jedoch mit auf religiöse Angelegenheiten beschränkten Machtbefugnissen. 1922 begann eine erste Welle von »Säuberungen«, 1924 benannte sich die MVP in »Mongolische Revolutionäre Volkspartei« (MRVP) um. Als der Bogdo-Gegen am 20.4.1924 starb, wurde kein Nachfolger für ihn proklamiert und am 13.6.1924 die »Mongolische Volksrepublik« (MVR) ausgerufen.

MONGOLEI: DER STAAT

Die enge Bindung der Mongolischen Volksrepublik (MVR) an die Sowjetunion hielt über den Zweiten Weltkrieg an. Das Wirtschaftshilfeabkommen mit der Volksrepublik China, das 1956 unterzeichnet worden war, lief in den frühen 60er Jahren wieder aus, als sich die MVR im sino-sowjetischen Konflikt auf die Seite der UdSSR stellte.

Die Reformen Michail Gorbatschows machten an der Grenze zur Mongolei keinen Halt. Außenpolitisch wurde diese Wende mit der Unterzeichnung mehrerer Verträge mit der VR China ab 1986 und der Aufnahme diplomatischer Beziehungen zu den USA 1987 vollzogen. Im Rahmen der sowjetischen Truppenreduzierung in Asien leitete die UdSSR 1989 den Abzug des größeren Teils ihrer Truppen ein, die noch 1988 aus ca. 65 000 Soldaten bestanden, im Februar 1990 kündigte sie den vollständigen Abzug an. Damit erhielt das Land außenpolitisch einen größeren Spielraum, der 1994 zum Abschluß eines mongolisch-chinesischen Freundschaftsvertrages führte.

Innenpolitisch setzte die »Mongolische Revolutionäre Volkspartei« von Beginn an ihren Herrschaftsanspruch gewaltsam durch. Die Geschichte der ersten zwei Jahrzehnte der MVR weist viele Parallelen zur sowjetischen auf: Während zunächst nur dem Feudaladel Privilegien entzogen wurden, führten eine 1929 eingeleitete Zwangskollektivierung der Landwirtschaft und eine gleichzeitige Propagandakampagne gegen die lamaistische Kirche 1932 zu Aufständen, die nur noch mit Hilfe sowjetischer Truppen unterdrückt werden konnten. Analog zum stalinistischen Terror der »Säuberungen« in den 30er Jahren wurden unter Marschall Tschoibalsan große Teile der alten Garde von

Mongolische Bürger versammeln sich in Ulan Bator *(rechts)* kurz vor den Wahlen von 1990. Obwohl die kommunistische Mongolische Revolutionäre Volkspartei (MRVP) wieder an die Macht gelangte, gab es in den ersten freien Parlamentswahlen der Mongolei beträchtlichen Zuspruch für die nichtkommunistischen Oppositionsparteien.

Daten und Fakten

DAS LAND
Offizieller Name:
Monggol Ulus
Hauptstadt:
Ulan Bator
Fläche:
1 566 500 km²
Landesnatur: Wüsten- u. steppenhaftes Hochland, im NW bewaldete Hochgebirge, im W Mongolischer Altai, im S Wüste Gobi
Klima: Kontinentales Klima mit großen Temperaturschwankungen
Hauptflüsse:
Selenga, Kerulen
Höchster Punkt:
Nayramdal Uur 4374 m
Tiefster Punkt:
Nicht unter 518 m

DER STAAT
Regierungsform:
Republik
Staatsoberhaupt:
Staatspräsident
Regierungschef:
Ministerpräsident
Verwaltung:
21 Provinzen, davon 3 Stadtbezirke
Parlament:
Parlament »Großer Volks-Chural« mit 76 für 4 Jahre gewählten Mitgliedern
Nationalfeiertag:
11.–13. Juli
DIE MENSCHEN
Einwohner (Ew.):
2 621 000 (1999)
Bevölkerungsdichte:
2 Ew./km²
Stadtbevölkerung: 62 %

Analphabetenquote:
18 %
Sprache:
Mongolisch
Religion:
Buddhisten lamaistischer Richtung 90 %
DIE WIRTSCHAFT
Währung:
Tugrik
Bruttosozialprodukt (BSP):
1034 Mio. US-$ (1998)
BSP je Einwohner:
400 US-$
Inflationsrate:
87,2 % (1990–98)
Importgüter:
Maschinen, Fahrzeuge, Erdöl u. -erzeugnisse, Zucker, Mehl
Exportgüter:
Vieh, Fleisch, Wolle,

Die Mongolei (rechts) ist eines der am dünnsten besiedelten Länder der Erde. Die ausgedehnte Wüste Gobi nimmt weitestgehend die südliche Hälfte des Landes ein. Berge, Seen und Hochebenen beherrschen den Norden.

Revolutionären und Politikern sowie etwa 80 % der höheren Offiziere hingerichtet.

Das Resultat war ein bis in die jüngste Vergangenheit »gefestigtes« Regime sowjetischen Typs mit Einparteiensystem. Die politische Macht lag bei der MRVP bzw. ihrem Zentralkomitee (ZK), dessen Politbüro und vor allem dem Generalsekretär des ZK, der dazu oft in Personalunion als Vorsitzender des Präsidiums des »Großen Volks-Chural« das Amt des Staatschefs innehatte. Die verschiedenen personellen Veränderungen Ende der 60er und Anfang der 70er Jahre sowie der 1984 erfolgte Sturz von Staatschef Zedenbal verwiesen jedoch auf erhebliches Konfliktpotential innerhalb der Führungsspitze.

Unter seinem Nachfolger als Staats- und Parteichef, Jambyn Batmunch, wurden vorsichtige Reformen eingeleitet, die jedoch den Rücktritt von Parteiführung und Regierungsspitze im Frühjahr 1990 nicht mehr verhindern konnten. Bei den ersten freien Wahlen im Juli 1990 erlangte die regierende MRVP über 70 % der Mandate im »Großen Volks-Chural« und mehr als 50 % der Sitze in der neuen gesetzgebenden Versammlung, dem »Kleinen Volks-Chural«, wobei die Oppositionsparteien wegen der kurzen Vorbereitungszeit nur etwa ein Viertel ihrer Kandidaten aufstellen konnten. Am 12. 2. 1992 trat eine neue Verfassung in Kraft und der Staatsname wurde in Mongolei geändert. Bei neuerlichen Parlamentswahlen im Juni 1992 gewann die MRVP 70 von 76 Mandaten. Die Unzufriedenheit der Bevölkerung mit der wirtschaftlichen Entwicklung führte zum Erstarken der politischen Opposition, die mit dem Parteienbündnis Demokratische Union auch die Parlamentswahlen 1996 gewinnen konnte. Bei den Präsidentschaftswahlen 1997 triumphierte mit Natsagiyn Bagabandi (* 1950) allerdings wieder der Kandidat der MRVP, die bei den Parlamentswahlen im Juli 2000 die absolute Mehrheit erreichte.

Wirtschaft

Zwar bildet in einem Land, von dessen Fläche 80 % landwirtschaftlich nutzbar sind – wovon wiederum 98 % aus Naturweiden bestehen –, die Viehwirtschaft nach wie vor eine wichtige ökonomische Grundlage. Daneben ist aber immer stärker die Industrie getreten, die seit Ende der 80er Jahre bereits ein Drittel zum Bruttoinlandsprodukt beiträgt und über 80 % der Exporte liefert. Sie umfaßt außer einem noch unzureichenden verarbeitenden Gewerbe die Veredelung von Bergbauprodukten. Wichtige Industriezentren sind durch die Eisenbahn verbunden, die Anschluß an das russische und chinesische Bahnnetz hat. Der Übergang von der Plan- zur Marktwirtschaft ist für die Bevölkerung mit großen Entbehrungen verbunden und kann noch längst nicht als abgeschlossen gelten.

MONGOLEI: DAS LAND

Die Mongolei reicht in ihrer Nord-Süd-Erstreckung vom borealen Nadelwaldgürtel bis zum asiatischen Wüstengürtel. Das großräumige Landschaftsbild ist durch Hochebenen geprägt, die von Gebirgssystemen randlich begrenzt oder umschlossen werden.

Geographisch läßt sich das Land in fünf Großräume einteilen: Im Westen liegt der Mongolische Altai mit seinen von ewigem Schnee bedeckten Gipfeln, die bis weit über 4000 m aufsteigen. Östlich schließt sich eine große Senke mit zahlreichen, z. T. salzwasserhaltigen Seen an, darunter der Uvssee und der Khöbsgölsee. Im Norden liegt die Zentralmongolei, das bevorzugte Siedlungsgebiet, mit dem Changai-Kentai-Mittelgebirgsmassiv, dessen Berghänge oft weiche Konturen zeigen und in weite Täler übergehen und das von einem dichten Gewässernetz mit den Hauptflüssen Selenga und Orkhon durchzogen wird. In diesem fruchtbaren Gebiet lag auch die alte Hauptstadt Karakorum. Im Osten erstreckt sich ein Hochplateau, das die besten Weidegebiete, aber auch Wälder umfaßt, während sich im Süden und Südosten schließlich über gut ein Drittel des Landes die nahezu baumlose Gobi ausdehnt – größtenteils ein Steppengebiet mit spärlicher Vegetation.

Entsprechend dieser Zergliederung der Landschaft verlaufen die Vegetationszonen nicht überall zusammenhängend. Ganz grob sind für den Norden Tundra, Taiga und Bergsteppen typisch, für den breiten mittleren Gürtel, der in Ost-West-Richtung fast die gesamte Mongolei durchzieht, weite Steppen und Wüstensteppen und für den Süden die lebensfeindlichen Stein- und Sandwüsten, als Teil des zentralasiatischen Wüstengürtels.

Klima

Die Mongolei hat ein ausgeprägtes Kontinentalklima mit langen, sehr kalten und meist schneearmen Wintern, die etwa von Oktober bis April dauern, sowie kurzen, warmen und relativ niederschlagsreichen Sommern. Frühling und Herbst währen in der Regel nicht mehr als jeweils sechs Wochen und bringen einen raschen Temperaturwechsel. In der Hauptstadt Ulan Bator liegt die monatliche Durchschnittstemperatur im Januar bei fast −26 °C, im Juli bei +16 °C (mit Extremwerten von etwa −48 °C bis +37 °C), die jährliche Niederschlagsmenge beträgt etwa 205 mm.

Viele Flüsse sind im Winter von Eis überzogen, kleinere sogar bis zum Grund gefroren. Da im Winter kaum Niederschläge fallen und sich somit keine schützende Schneeschicht bildet, kann der Frost bis zu mehreren Metern tief in den Boden eindringen. Der kurze Sommer mit seinen warmen Tagestemperaturen und kühlen Nächten taut den Boden aber nur oberflächlich auf. Aus diesem Grund reicht hier die Dauerfrostbodenzone südlicher als in jedem anderen Staat der Erde.

Bevölkerung

Als »Mongolen« wird eine zum tungiden Zweig der mongoliden Rasse gehörende Gruppe von Völkern mit unterschiedlichen, aber verwandten Sprachen bezeichnet.

Nur der kleinere Teil der Mongolen lebt heute in der Mongolei; gut doppelt so viele haben ihren Sitz in der benachbarten VR China, insbesondere in der Autonomen Region »Innere Mongolei«. Infolge der chinesischen Bevölkerungspolitik, die eine große Anzahl von Han-Chinesen umsiedelte, stellen sie dort heute nur rund ein Siebtel der Bevölkerung. Aber auch in Rußland, vor allem in Burjatien, einer autonomen Republik am Baikalsee, leben mongolische Bevölkerungsgruppen.

Innerhalb der Mongolei sind die Khalcha (Ostmongolen), die etwa drei Viertel der Bevölkerung ausmachen, die größte mongolische Gruppe, gefolgt von Kalmücken im Westen und Burjaten im Norden des Landes. Die größte Minderheit im Land stellen Angehörige der Turkvölker (überwiegend Kasachen im Mongolischen Altai), aber auch Russen und Chinesen leben in kleiner Anzahl im Land.

Die Mongolei ist außerordentlich dünn besiedelt: Im Durchschnitt kommt auf 1 km² nur ein Einwohner, ohne die Bevölkerung von Ulan Bator sogar nur knapp ein Einwohner.

Im Gegensatz zu den meisten asiatischen Staaten, die unter dem Problem der Überbevöl-

Nomadische Hirten in der Wüste Gobi *(oben)* bewachen ihre Kamele an einer Wasserstelle. Diese Lebensweise wird immer seltener, da die Regierung die Hirten dazu bringen möchte, als seßhafte Viehzüchter in Staatsgütern zu leben und zu arbeiten.

Herkömmliche und moderne Transportmittel, wie Kamel und Kleinlastwagen *(rechts)*, in einer Siedlung auf der Hochebene der Inneren Mongolei. Im Hintergrund: die Gipfel des Mongolischen Altai, die Höhen von über 4000 m erreichen.

MONGOLEI

Eine mongolische Familie *(links)*, die auf einer staatlichen Viehfarm lebt und moderne Annehmlichkeiten wie Strom und Radio genießt, ißt zu Abend Hammelfleisch. Mit 1 Einwohner pro km² ist die Mongolei sehr dünn besiedelt.

Ein mongolisches Kind *(oben)*, gut vermummt gegen die beißende Winterkälte im Altaigebirge, macht sich auf den Weg zur Schule.

kerung leiden, hat die mongolische Regierung Ende der 70er Jahre verschiedene Maßnahmen zur Beschleunigung des Bevölkerungswachstums eingeleitet, da die geringe Anzahl von Arbeitskräften den gewünschten wirtschaftlichen und sozialen Aufschwung verhinderte. In der vorrevolutionären Mongolei war die Bevölkerungsentwicklung rückläufig, und auch in den ersten Jahrzehnten der Mongolischen Volksrepublik verhinderte die schlechte Gesundheitsversorgung ein schnelles Anwachsen der Bevölkerung. Als Folge der eingeleiteten Maßnahmen, vor allem auf dem Gebiet der Gesundheitsversorgung, ist in den Jahren von 1980 bis 1986 eine Wachstumsrate von 3,2 % registriert worden. Das Ergebnis ist eine außerordentlich junge Bevölkerung: 1995 waren etwa 51 % aller Einwohner jünger als 15 Jahre.

Ein weiterer Wandel hat sich in den letzten Jahrzehnten in der Bevölkerungsverteilung vollzogen: Immer mehr Einwohner, etwa 62 %, leben in Städten – rund 25 % (1998) allein in Ulan Bator, wenn auch z. T. noch in den traditionellen Jurten. In Verbindung mit einigen industriellen Großprojekten sind städtische Ballungszentren buchstäblich aus der Erde gestampft worden – allen voran Darchan und Erdenet. Darüber hinaus konnten auf dem Lande, durch Einrichtung großer Futterfarmen für die Tierzucht und andere Maßnahmen, immer mehr Araten seßhaft gemacht werden.

MONGOLEI: LAND DER PFERDE UND NOMADEN

Pferde und Reitkunst sind seit Jahrhunderten ein wichtiger Bestandteil des Alltagslebens in der Mongolei. Schon von jeher lebten in den zentralasiatischen Steppen viehzüchtende Nomaden. Dieses abgehärtete Reitervolk zog mit seinen Tieren – Schafen, Ziegen und Kamelen – von Weideplatz zu Weideplatz.

Aus der Mongolei kommen auch die letzten echten Wildpferde der Welt, die Przewalski-Pferde. Alle anderen »wilden« Pferde sind Nachkommen von wildlebenden Hauspferden.

Das Przewalski-Pferd

Nikolai Przewalski, ein russischer Forscher, entdeckte im Jahre 1881 in Zentralasien den Schädel und das Fell eines Wildpferdes. Auf seinen ausgedehnten Reisen durch die Region beobachtete er Tiere und Pflanzen und hielt seine Betrachtungen schriftlich fest. Seine Entdeckung führte neugierige Tierforscher auf der Suche nach dem Wildpferd nach Zentralasien. Um 1900 gelang es ihnen, 32 Jungtiere zu fangen und sie in die Ukraine, nach London und New York zu bringen. Die Fohlen waren jedoch sehr jung und brauchten die Milch der Mutter. Einheimische Stuten sollten als Ersatzmütter dienen, aber sie weigerten sich, die jungen Wildpferde zu säugen, bis man ihre eigenen Fohlen tötete und deren Fell über die jungen Tiere legte.

Heute sind die Nachkommen von elf jener Fohlen die einzigen Überlebenden dieser Rasse. Mitte des 20. Jahrhunderts führte eine Reise auf der Suche nach Wildpferden in der Mongolei zu der Erkenntnis, daß alle Pferde, die 1900 gelebt hatten, mit domestizierten Pferden gekreuzt worden waren und somit ihre charakteristischen Merkmale verloren hatten. Heute leben etwa 1000 Przewalski-Pferde in Tiergehegen rund um die Welt, und einige überleben in freier Wildbahn. Die mongolische Regierung stimmte nämlich einem Plan zu, 50 in Tiergehegen gezüchtete Pferde wieder in ihre angestammten Lebensräume zurückzuführen. Ein neues Pferdereservat wurde dafür in der mongolischen Wüste Gobi errichtet.

Das Przewalski-Pferd hat die gedrungene, kräftige Statur des Zebras, jedoch ein graubraunes Fell. Ein weiteres Merkmal ist die schwach entwickelte Stehmähne sowie der fehlende Stirnschopf zwischen den Ohren. Ein dunklerer Streifen verläuft über den Rücken und endet in einem kurzen Schweif.

Der Erfolg von Tschingis Chan

Die berittenen Bogenschützen des mongolischen Kriegsführers Tschingis Chan eroberten im 13. Jahrhundert fast die Hälfte der damals bekannten Welt. Ein Teil ihrer Stärke lag in der Fähigkeit, in vollem Galopp lange Strecken zurückzulegen und dabei Pfeile abzuschießen.

Es ging das Gerücht um, die mongolischen Pferde seien so groß, daß man zum Aufsteigen eine Treppenleiter brauche. Das war jedoch vollkommen falsch. Die kleinen, zähen Pferde, die es gewohnt waren, auf dem kalten mongolischen Hochland zu grasen, besaßen eine große Widerstandskraft und Ausdauer. Ihre Reiter waren genauso zäh – sie lebten von »Kumyß« oder »Airik«, einem schäumenden Getränk aus gegorener Stutenmilch.

Die mongolischen Reiter ritten mit wenig Gepäck, ihre Nomadenzelte waren auf Packtiere gegurtet. Ein mongolisches Pferd kann rund 160 km an einem Tag im Galopp zurücklegen, darf aber am nächsten Tag nicht geritten werden. Daher führte das mongolische Reiterheer bis zu 20 Ersatzpferde pro Mann mit sich.

Mongolische Sitten

Traditioneller nomadischer Lebensstil und alte Bräuche sterben in der modernen Mongolei aus. Aber die spaßliebende, freundliche Natur der Mongolen ändert sich nicht. Folklore und Sport

greifen auf Vergangenes zurück. Am besten ist dies beim großen Nadam-Fest zu sehen, mit dem die Unabhängigkeit der Mongolei jedes Jahr am 11. Juli gefeiert wird. Pferderennen, Ringen und Bogenschießen zählen zu den wichtigsten Festereignissen. Die Reiter sind zwischen vier und zwölf Jahre alt. Die Mongolen sagen, daß man ein Pferd frei galoppieren lassen muß, und Kinder lassen den Pferden am ehesten freien Lauf.

Um die mongolische Unabhängigkeit zu feiern, legen die Mongolen den »Del« an. Dabei handelt es sich um eine lange Seidentunika, die durch eine buntfarbene Schärpe um die Hüfte zusammengehalten wird. Der Del wird auch noch im täglichen Leben getragen.

Auf ihren Wanderschaften leben die nomadischen Mongolen von alters her in einer Jurte, einem runden, filzbespannten Zelt. Sie besteht aus einem leichten, scherengitterartigen, zusam-

MONGOLEI

menlegbaren Holzgerüst. Dieses Gerüst wird mit mehreren Lagen dicker Filzmatten bedeckt. Die Jurte ist leicht zu transportieren und sehr bequem. Das Innere ist mit bunten Teppichen geschmückt, und Lederbeutel mit Kumyß hängen vom Holzgerüst. Es gibt einen Ofen, dessen Rauch durch eine runde Öffnung im Dach abzieht. Hirten, die ständig auf Wanderschaft sind, haben wenig Besitz – aber gewöhnlich nehmen sie ein Musikinstrument mit. Die Mongolen lieben es, zu singen und spannende Geschichten über ihre lange Stammesgeschichte zu erzählen.

Die traditionelle Reiterkultur gerät inzwischen ins Hintertreffen. Statt Wanderhirtentum wird immer mehr Ackerbau betrieben, neue Fabriken und Minen werden eröffnet, statt auf Pferden sitzen junge Mongolen heute mit Kopfhörern auf japanischen Motorrädern und rasen durch die Wüste Gobi.

Im Inneren einer Jurte *(ganz links)* ist es warm und gemütlich. Teppiche bedecken die Wände und den Boden und schützen so gegen die beißende Kälte außerhalb der Jurte. Der einzige Raum wird zum Kochen, Essen und Schlafen benutzt.

Pferderennen *(links)*, die beliebteste Sportart der Mongolen, finden während des ganzen Jahres statt. Bei einigen Wettkämpfen muß der Teilnehmer aus dem Sattel heraus mit dem Bogen schießen, um seine Jagdkünste unter Beweis zu stellen.

Ein Mongole *(oben)* in einem kunstvoll gearbeiteten Seidengewand spielt auf einer Querflöte. Eine andere beliebte Freizeitbeschäftigung ist Schach.

Eine Gruppe von Jurten *(links)* steht neben einer Schafhürde auf der zerklüfteten Hochebene im Norden der Mongolei. Aus Schafwolle werden die isolierenden Matten hergestellt, die unter den äußeren Zeltbahnen der Jurten liegen.

Die typische Jurte *(oben)* wird nach einem einfachen Prinzip errichtet. Ein Gittergerüst aus Kiefernholz bildet den Rahmen, der vergrößert werden kann. Pfähle stützen das kegelförmige Dach und die wasserdichten Matten.

MOSAMBIK

Mosambik in seinen heutigen Grenzen ist ein Produkt der Kolonialzeit. Seine Geschichte reicht jedoch weit in die Vergangenheit zurück. Die Besiedlung des Landes durch die in das südliche Afrika vorstoßenden Bantuvölker fand in den ersten Jahrhunderten unserer Zeitrechnung statt. Auf der Hochebene nach Simbabwe zu (Simbabwe-Reich, Monomotapa-Reich) und im südlichen Flachland bildeten sich einige staatlich organisierte Königreiche.

Die Geschichte des nördlichen Küstenstriches wurde seit dem 7. Jahrhundert von den Arabern bestimmt, nachdem schon Jahrhunderte vorher Beziehungen zwischen Indien, Persien, der indonesischen Inselwelt sowie der ostafrikanischen Küste und ihrem Hinterland bis ins Hochland hinein bestanden hatten. Die Araber dehnten ihre Einflußzone an der ostafrikanischen Küste nach Süden bis Beira aus. Von den Hafenplätzen führten zahlreiche Handelswege ins Innere Afrikas.

Als die Portugiesen 1497/98 unter Vasco da Gama (1469–1524) an die ostafrikanische Küste kamen, übernahmen sie die Insel Mosambik als ihren Hauptsitz, blockierten von der See her lange Küstenstriche, eroberten den wichtigsten südlichen Hafen des arabischen Einflußbereiches, Beira, besetzten andere arabische Plätze und errichteten Stützpunkte, Forts und Faktoreien. Zur Sicherung der Handelswege zum Goldreich des Monomotapa, im weiten Gebiet zwischen Sambesi und Save, legten die Portugiesen Stützpunkte an.

Erste Maßnahme zur Kolonisierung im Sambesital war die Vergabe von Landstrichen als Erblehen seitens des portugiesischen Königs. Damit begann sich am unteren Sambesi der später vorherrschende Charakter Mosambiks als landwirtschaftliche Rohstoffkolonie abzuzeichnen. Die auf der Berliner Konferenz 1884/85 erfolgte Aufteilung des südlichen Afrika unter den Kolonialmächten sprach Mosambik in seinen heutigen Grenzen Portugal zu.

Unabhängigkeit und Bürgerkrieg

Schon in den ersten Jahrzehnten dieses Jahrhunderts entstanden schwarzafrikanische Organisationen, die sich vor allem auf Intellektuelle und Studenten stützten. Als 1960 Hafen- und Landarbeiter streikten und demonstrierten, reagierte das Kolonialregime mit brutalem Terror. Das Massaker von Mueda beschleunigte die Entstehung einer nationalen Unabhängigkeitsbewegung, der »Frente Libertação de Moçambique« (FRELIMO), die 1964 den bewaffneten Kampf aufnahm. Gestützt auf eine militärpolitische Strategie der »befreiten Gebiete«, in denen Schulen und Gesundheitszentren errichtet wurden, die ihr die anhaltende Unterstützung der Bevölkerung sicherte, und durch die sogenannte Nelkenrevolution in Portugal beschleunigt, unterzeichneten die Kolonialmacht und die FRELIMO das Lusaka-Abkommen. Dieses legte die Modalitäten der Machtübergabe fest. Am 25.6.1975 wurde Mosambik unabhängig.

Seit der Unabhängigkeit hat Mosambik einen einschneidenden wirtschaftlichen Niedergang erleben müssen. Hauptursache für die katastrophale Wirtschaftentwicklung war der seit 1976 aufgeflammte Bürgerkrieg zwischen der FRELIMO und der »Resistencia Nacional Moçambicana« (RENAMO). Der RENAMO, nach Auffassung des US-Außenministeriums eine Terrororganisation, gelang es mit Unterstützung der Republik Südafrika, die Infrastruktur des Landes fast vollständig zu zerstören. Dem

Daten und Fakten

DAS LAND
Offizieller Name: Republik Mosambik
Hauptstadt: Maputo
Fläche: 801 590 km²
Landesnatur: Küstenzone, anschließend als weit ins Landesinnere Tieflandzone, im N niedrige Plateaufläche, im NW mittlere Plateaus, im W Bergland
Klima: Wechselfeuchtes, vom Monsun bestimmtes Tropenklima, im S subtropisch
Hauptflüsse: Sambesi, Limpopo, Lugenda
Höchster Punkt: Monte Binga 2436 m

DER STAAT
Regierungsform: Republik
Staatsoberhaupt: Staatspräsident
Regierungschef: Ministerpräsident
Verwaltung: 10 Provinzen und Hauptstadtdistrikt
Parlament: Volksversammlung (Einkammerparlament) mit 250 für 5 Jahre gewählten Abgeordneten
Nationalfeiertag: 25. Juni
DIE MENSCHEN
Einwohner (Ew.): 19 286 000 (1999)
Bevölkerungsdichte: 24 Ew./km²

Stadtbevölkerung: 40 %
Bevölkerung unter 15 Jahren: 45 %
Analphabetenquote: 56 %
Sprache: Portugiesisch, Bantusprachen
Religion: Christen 31 %, Moslems 13 %, Anhänger von traditionellen Religionen
DIE WIRTSCHAFT
Währung: Metical
Bruttosozialprodukt (BSP): 3559 Mio. US-$ (1998)
BSP je Einwohner: 210 US-$
Inflationsrate: 41,1 % (1990–98)

Bürgerkrieg fielen Hunderttausende zum Opfer, und die Zahl der Flüchtlinge ging in die Millionen.

Die industrielle Produktion brach aufgrund von Devisen-, Material- und Energiemangel weitgehend zusammen. Die 1981 erfolgte Ablehnung des formalen Aufnahmeantrags in den Rat für gegenseitige Wirtschaftshilfe (RGW) bestätigte die Krisensituation und führte zu neuen Konzeptionen und einer Öffnung zum Westen. Nach dem Beitritt zu Weltbank, IWF und Lomé-Abkommen begann 1987 auf der Grundlage wichtiger Liberalisierungs- und Entstaatlichungsmaßnahmen ein vom Ausland finanziell unterstütztes wirtschaftliches Wiederaufbauprogramm. Erst 1992 konnte der Bürgerkrieg endgültig beendet werden. 1994 und 1999 fanden freie Wahlen statt, bei denen der seit 1986 amtierende Präsident Chissano (* 1939) im Amt bestätigt wurde.

Der Zentralbahnhof in der Hauptstadt Maputo *(oben)* wurde 1910 gebaut. Von ihm führen Verbindungen zu anderen großen Städten im südlichen Afrika.

Mosambik *(rechts)* wurde nach 400 Jahren portugiesischer Kolonialherrschaft 1975 unabhängig. Doch der Bürgerkrieg hielt das Land bis 1992 in Atem.

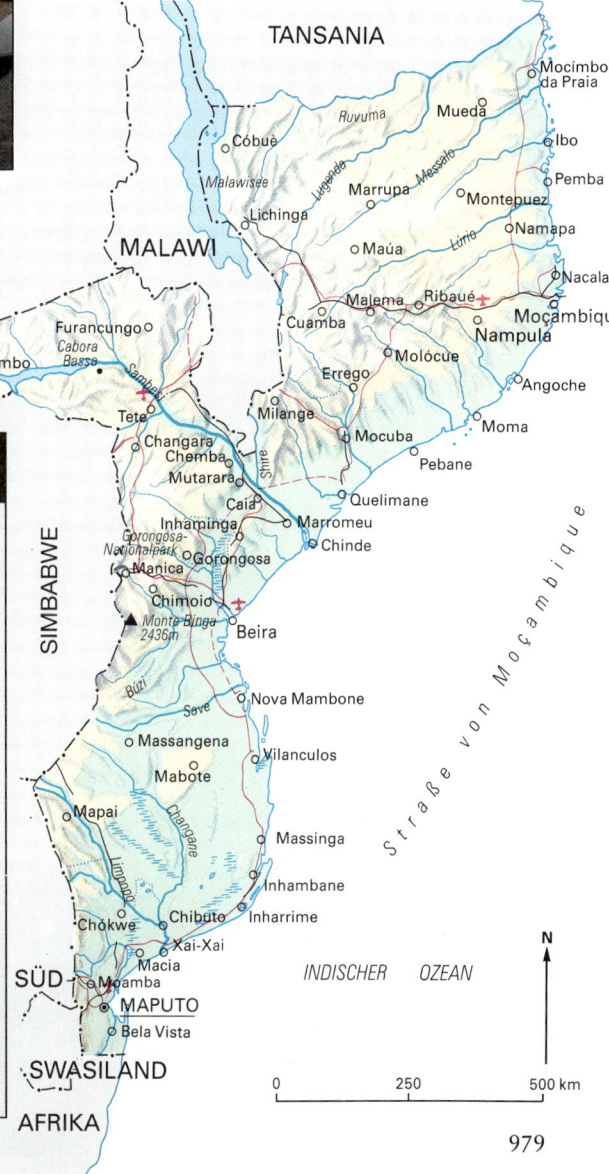

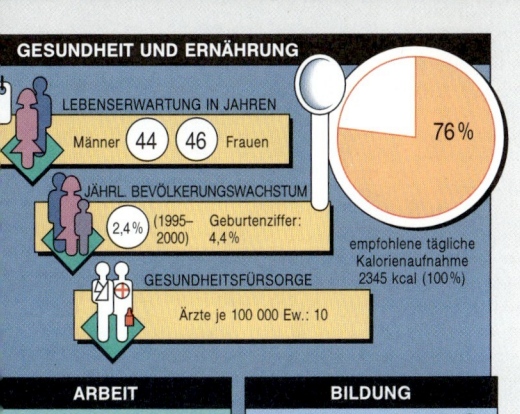

Importgüter: Nahrungsmittel u. a. Konsumgüter, Erdöl u. -produkte
Exportgüter: Krustentiere, Rohbaumwolle, Textilien, Cashewnüsse, Tee, tropische Harze (Kopal), Edelhölzer, Sisal, Zukker, Erze
Handelspartner: Rep. Südafrika, USA, Portugal, BRD, Spanien, Japan
Eisenbahnnetz: 2759 km
Straßennetz: 91 800 km
Fernsehgeräte je 1000 Ew.: 5

MOSAMBIK: DAS LAND

Mosambik liegt im Übergangsbereich vom östlichen zum südlichen Afrika. Das Land läßt sich geographisch, soziokulturell und wirtschaftlich in vier unterschiedliche Regionen einteilen. Nord-Mosambik nimmt den größten Raum des Landes ein. Die nördlichen Provinzen Njassa und Cabo Delgado sind kaum erschlossen, während die Provinzen Nampula und Sambésia die bevölkerungsreichsten des ganzen Staates sind. Südlich der Njassa-Bahn liegt das niederschlagsreiche, hochgelegene Gurué-Bergland, die wichtigste Teeregion des Landes, der sich südlich intensive Agrarzonen in der Provinz Sambésia anschließen. Insgesamt ergeben buchtenreiche Mangrovenküsten, leicht ansteigende Ebenen, hohe Gebirgsländer am Malawisee und die Grabenbruchzone eine Reihe von Einzellandschaften.

Das sich südlich anschließende untere Sambesibecken stellt eine großflächige Deltaregion mit feucht-warmem Klima dar. Das Tiefland gehört zu den landwirtschaftlich produktivsten Zonen des Landes, vor allem mit Zuckerrohrplantagen auf großen Schwemmlandflächen, Sisalanbau und Kopragewinnung.

In Mittel-Mosambik beträgt die Ausdehnung von der Küste bis zum afrikanischen Gebirgsrand nur 200–400 km. Das Klima wird nach Süden zum Savefluß hin zunehmend trockener, Trockensavanne und Trockenwald sind die vorherrschenden Vegetationsformen. Bevölkerungsdichte und Produktionsaufkommen konzentrieren sich um den Hafen Beira und im Chimoio-Bergsland. Die trockenen Zonen im Nordwesten und Süden dieses Landesteils sind unentwickelte Räume. Dazu gehört der nationale Wildpark im Uremagraben am Rande der Gorongosa-Berge.

In Süd-Mosambik reicht das Küstentiefland bis an die Landesgrenze. Es ist der trockenste Teil des Landes. Nur der feuchtere Küstenstrich mit dem Hafen Inhambane und die große Tal-

Güterzüge *(rechts)* transportieren die Produkte aus dem Inneren Südostafrikas zu den Häfen Mosambiks.

Der Sambesi *(unten)* ist ebenfalls ein wichtiger Transportweg für die landwirtschaftlichen Produkte.

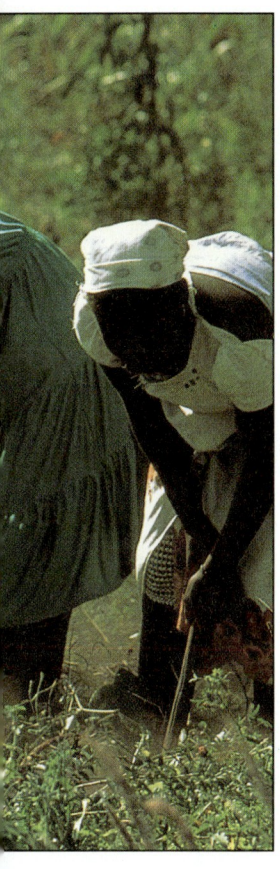

Die Bauern benutzen einfache Werkzeuge zur Bodenbearbeitung *(links)*. Die Politik der großen Kollektivfarmen, von der Regierung nach 1975 eingeführt, erwies sich als Fehlschlag. Jetzt werden kleine Familienbetriebe unterstützt.

Diese Dorffrauen mit ihren Kindern *(unten)* sind typisch für die Landbevölkerung Mosambiks, die ca. 60 % der Einwohner ausmacht. Fast alle sind Bantu sprechende Afrikaner; wenige sprechen Portugiesisch.

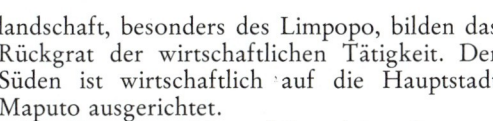

landschaft, besonders des Limpopo, bilden das Rückgrat der wirtschaftlichen Tätigkeit. Der Süden ist wirtschaftlich auf die Hauptstadt Maputo ausgerichtet.

Die Einwohner Mosambiks gehören fast ausschließlich zu den Bantuvölkern. Das Bevölkerungsbild entspricht dem Charakter eines Transitlandes mit vielen Mischstämmen und Stammesgruppen, deren Mehrheit in den Nachbarstaaten lebt. Die wichtigsten ethnischen Gruppen sind die Makua, die fast die Hälfte der Bevölkerung ausmachen, die Tsonga, die Malawi, die Shona und die Yao.

Agrarwirtschaft

Der Agrarsektor Mosambiks ruht im wesentlichen auf zwei Säulen, den kleinbäuerlichen Familienbetrieben und den großen Privatfarmen. Die nach der Unabhängigkeit gegründeten Produktionsgenossenschaften und die Staatsfarmen erwiesen sich – trotz modernster landwirtschaftlicher Methoden – wirtschaftlich als ineffizient, und die Regierung ist daher dazu übergegangen, die Kleinbauern zu fördern. Diese müssen den Bedarf an Grundnahrungsmitteln wie Maniok, Mais und Hirse abdecken, erwirtschaften aber in letzter Zeit auch den Großteil der Marktprodukte wie Baumwolle und Kopra. Die Bedeutung dieses Sektors wird in den nächsten Jahren stark zunehmen müssen, da die Privatfarmen, die noch vor zwei Jahrzehnten den gesamten Tee- und Sisalanbau kontrollierten, nach der Abwanderung vieler portugiesischer Farmer nur noch wenige Produkte auf den Markt bringen.

Die ehemals breit gefächerte Exportstruktur – Tee, Sisal, Kopra, Zucker und vor allem Cashew-Nüsse – ist infolge von Bürgerkrieg, Dürren und zuletzt verheerenden Überschwemmungen nach sintflutartigen Regenfällen fast vollkommen zerstört. Die Viehwirtschaft wird traditionell betrieben, ist allerdings, bedingt durch das Auftreten der Tsetsefliege, wenig leistungsfähig. Die Fischereiwirtschaft, die seit der Unabhängigkeit stark ausgebaut worden ist, kann erheblich zur Deckung des Proteinbedarfs der Bevölkerung beitragen. Dennoch ist die Versorgungslage prekär, und das Land ist dringend auf internationale Nahrungsmittellieferungen angewiesen.

Rohstoffe und Industrie

Mosambik hat bedeutende Rohstoffvorkommen und Energiequellen, die jedoch wegen des Bürgerkriegs nur zu einem geringen Teil erschlossen sind. Der Bergbau beschränkt sich auf den Abbau von Kohle bei Moatize und einiger seltener Mineralien. Tantalit, Kupfer, Bentonit, Titan und hochwertige Eisenerze wurden in wirtschaftlich abbauwürdigen Größenordnungen gefunden, doch fehlt es ebenso wie bei Erdgas an Investoren.

Der Industriesektor spielt weiterhin eine untergeordnete Rolle, wobei die Verarbeitung heimischer Agrarprodukte und Rohstoffe im Vordergrund steht. Die bei weitem wichtigste Deviseneinnahmequelle ist immer der Transportsektor gewesen, vor allem im Transitbereich. Das Land ist zur Finanzierung seines Handelsbilanzdefizits auf Deviseneinnahmen aus der Benutzung seines Dienstleistungssektors durch die Nachbarstaaten angewiesen. Der Warenumschlag in den drei Häfen Maputo, Beira und Nacala, die mit Eisenbahnen ans Hinterland angebunden sind, ist wegen der Sicherheitslage der Eisenbahnfracht stark zurückgegangen. Die Rückgewinnung des Transitverkehrs ist, ebenso wie die Wiederaufnahme des Stromexports, entscheidend für den Ausweg aus der wirtschaftlichen Krise. Die Stromproduktion in Cabora Bassa, Afrikas größtem Wasserkraftwerk am Sambesi, ist infolge der systematischen Sprengungen der Strommasten seitens der »Resistencia Nacional Moçambicana« (RENAMO) fast vollständig zum Erliegen gekommen.

MYANMAR

Dem Reisenden aus dem Ausland wird sich Myanmar kaum erschließen. Sein Visum erlaubt kaum einen zweiwöchigen Aufenthalt, und er kommt auf der vorgeschriebenen Route von Rangun über Pagan nach Mandalay aus dem Becken des Irrawaddy nicht hinaus.

Dabei ist Myanmar der größte Staat der südostasiatischen Halbinsel. Er erstreckt sich über rund 2000 km vom Himalaya im Norden bis weit auf die Halbinsel Malakka im Süden und gliedert sich in drei Großlandschaften: das Westbirmanische Randgebirge, das Schan-Hochland im Osten und dazwischen das Becken des Irrawaddy. Doch Hochland und Gebirge sind kaum zugänglich, und nur wenige Straßen führen durch die dichten tropischen Wälder, die von den Milizen aufständischer Volksgruppenminderheiten beherrscht werden. Und neben geographischer Unwegsamkeit und politischer Unwägbarkeit erschwert auch die Sprachbarriere den Weg durch das Land und den Zugang zu seinen freundlichen und hilfsbereiten Menschen. Englisch ist seit kolonialen Zeiten eher verpönt, und die birmanische Sprache mit über hundert Dialekten ist ein kompliziertes Konstrukt sino-tibetischer Herkunft mit Wurzeln bis ins Sanskrit, während die kalligraphisch sich rundende Schrift vom alten Pali der buddhistischen Mönche abstammt.

Das Tal des Irrawaddy

Die einzig funktionierende »Straße« des Landes, gleichzeitig wasserspendende Lebensader, ist der breite Strom des Irrawaddy. Er entspringt im südlichen Himalaya und durchquert Myanmar von Norden nach Süden, wo er in einem neunarmigen Delta in die Andamanensee mündet. Endlose während der Regenzeit unter Wasser stehende Reisfelder prägen die Deltalandschaft des zentralen Beckens in Nieder-Myanmar, doch auch die trockeneren Savannen Ober-Myanmars bleiben dank ausgedehnter Bewässerungssysteme im Irrawaddy-Becken landwirtschaftlich nutzbar.

So ist das Tal des trägen Flusses, der eine Breite von über zehn Kilometern annehmen kann, der eigentliche Kernraum Myanmar. Pagoden säumen seinen Lauf und erzählen bei Pagan von alter buddhistischer Hochkultur. Mandalay Hill grüßt den Fluß mit zahllosen Tempeln und Klöstern, die heute jene Kultur bewahren. Kleine Dörfer hängen mit ihren hölzernen Pfahlbauten über die Ufer in den Fluß hinein, an dem sich der Alltag der Menschen abspielt. Der Fluß ist Straße und Treffpunkt, Waschstelle und Küche, Kindergarten und Wäscherei sowie Tränke und Suhlgrube für das Vieh. Ruhig wie der Strom scheint das Leben, das er spendet. Die Stille, die mit grandiosen Sonnenuntergängen über das Wasser fällt, scheint Jahrtausende alt, und mit der Sonne versinkt aller Zeitbegriff. In diesen Augenblicken scheinen Buddhas Lehren von Meditation und friedfertigem Verzicht nahe.

MYANMAR

Das zentrale Becken des Irrawaddy mit den weniger bedeutenden Nachbarflüssen Sittang und Saluen wird von Bergen umschlossen. Das in mehrere Gebirgszüge geteilte Westbirmanische Randgebirge, die Fortsetzung der jungen Faltengebirgszüge des Himalaya, trennt Myanmar von den Tiefländern Bengalen und Assam, von Bangladesch und Indien, und grenzt die buchtenreiche Westküste gegen das Binnenland ab. Im Norden erreichen das Hochland von Manipur und das Patkaigebirge Höhen über 3000 m, im Süden fällt das Kettengebirge Arakan Yoma – im Durchschnitt 2100 m hoch – zum Kap Negrais, der Südwestspitze Myanmars bis auf 430 m ab. Der östliche Teil des Landes umfaßt das von Gebirgszügen umgebene Schan-Hochland, das vom Saluen auf seinem Lauf von Tibet zum Golf von Martaban in großartigen Schluchten und Stromschnellen durchflossen wird. Es findet weiter südlich mit dem Bergland von Tenasserim, der langgezogenen Grenze zu Thailand, seine Fortsetzung.

Reichtum der Wälder

Die Berglandschaften erhalten vor allem an ihren Westflanken während der Regenzeit von Mai bis Oktober extrem hohe Monsunniederschläge; an der Küste von Akyab fallen bis zu 5000 mm im Jahr. An den Osthängen sind die Niederschlagsmengen geringer, hier gedeihen immergrüne Monsunwälder, deren Bestand heute durch Raubbau gefährdet ist. Wertvolle Teakholzbestände machen die Monsunwälder wirtschaftlich interessant. Auch der Eisenholzbaum und der Kurchirindenbaum sind begehrte Holzlieferanten, und die lichten Bambusgehölze werden für den Hausbau rigoros gerodet. Ein effektiver Schutz der Regenwälder wird sich in Myanmar vor dem Hintergrund des wirtschaftlichen und politischen Chaos kaum durchsetzen lassen.

Dort, wo die Wälder noch intakt sind, gedeiht im Schutz ihrer Unwegsamkeit Myanmars heimlicher Exportschlager: das Opium. Und Schutz bieten die Wälder auch einer überaus vielfältigen Fauna. Tiger, Leoparden, Büffel, Wildhunde, Rotwild und Wildschweine, Bären, ungezählte Affenarten und auch wilde Elefanten finden hier noch ihren Lebensraum. Oberhalb der Baumgrenze trifft man seltene, den Gemsen verwandte Takin. Die Wälder sind ein schillerndes Paradies tropischer Vögel und Schmetterlinge, die Ebenen aber auch eine höllische Schlangengrube.

Ein erheblicher Reichtum Myanmars liegt unter der Erde und ist bis auf die Edelsteinvorkommen kaum erschlossen. Rubine und Saphire kommen aus dem Norden bei Mogok, Jadeit aus Mogaung im Kachin-Gebiet. Erdöl gibt es im Irrawaddy-Becken, im Golf von Martaban und vor der Küste Arakans. Erze und Edelmetalle warten auf den Abbau, aber dem Land, das sich von aller übrigen Welt abgeschlossen hat, fehlen die Mittel, seine Schätze zu bergen.

MYANMAR: DER STAAT

Die »Sozialistische Republik der Birmanischen Union«, die sich 1948 nach Erlangung der Unabhängigkeit bildete und 1989 in »Union Myanmar« umbenannt wurde, ist als nationale Einheit eine Fiktion geblieben, wie zuvor die drei historischen Königreiche. Viele der alten Volksgruppen in den Gebirgen und Hochländern jenseits des Irrawaddy-Tales erkannten die Zentralregierung in Rangun nicht an, und die Rebellen der Kachin, Schan, Karen und Mon liefern abwechselnd sich selbst und dem Regime bis heute einen verwirrenden Sezessionskampf. Daher ist Myanmar nur nominell eine Nation, während faktisch viele Gebiete mal von völkischen Separatisten, mal von politischen Rebellen und mal auch nur von schmuggelnden Banditen-Clans beherrscht werden.

Die föderative Staatsunion unter dem ersten Regierungschef U Nu von der AFPFL wurde 1962 durch einen Staatsstreich von General Ne Win (* 1911) und seinem »Revolutionären Rat« aufgehoben. Ne Win verbot alle Parteien bis auf die neugegründete BSPP (»Partei des birmanischen Weges zum Sozialismus«) und führte die Planwirtschaft ein. Unter dem Schlagwort »Birmanisierung« wurden Industrie und Landwirtschaft verstaatlicht und Inder, Chinesen und Pakistani als die besseren Geschäftsleute und Verwaltungspraktiker aus dem Land vergrault. Die Verordnung eines eigenständigen Wegs zum Sozialismus, die Abschottung vom Weltmarkt und eine konsequente blockfreie Politik führten das ohnehin kaum regierbare Land zunehmend in eine hoffnungslose Situation. Eine vorsichtige Öffnung nach Westen schien auch für Ne Win unvermeidlich. Doch während der damit erwartete wirtschaftliche Aufschwung im Dickicht aus ideologischer Verbohrtheit, Bürokratie, Ineffizienz, Korruption und Schwarzmarktgeschäften steckenblieb, wuchs im Lande die Opposition. Es kam zu Studentenunruhen und erbitterten Kämpfen zwischen den Regierungstruppen und den Rebellen.

Schließlich gewann die oppositionelle »Nationale Liga für Demokratie« (NLD) im Mai 1990 bei den ersten freien Wahlen 397 der 485 Parlamentssitze. Die Militärregierung erklärte zwar die Bereitschaft zu Gesprächen, verweigerte aber bis heute die Machtübergabe an die NLD.

Die Versorgungslage der Bevölkerung ist katastrophal, aber auf dem Schwarzmarkt ist für wenige Privilegierte noch fast alles zu haben. Myanmar ist mit Bodenschätzen reich gesegnet, aber noch fehlt es zu deren Bergung an Infrastruktur und Technologie, und nur die üppigen Edelsteinvorkommen sind hinreichend erschlossen. Zwei Drittel Myanmars waren einst mit Wald bedeckt, aber das begehrte Teakholz wurde und wird schonungslos gerodet. Die ökologischen Schäden als Folge von Raubbau und Brandrodung bedrohen die Reisernten, die heute kaum noch die Birmanen selbst ernähren, während sie früher fast den Gesamtbedarf der britischen Kolonien in Asien deckten.

Mandalay und Rangun

Myanmar ist historisch, politisch und wirtschaftlich betrachtet eine Welt des Chaos. Daß sich vor dieser Kulisse eine für die Welt einmalige Hochkultur des Buddhismus entwickeln und bis heute erhalten konnte, gehört zu den Unbegreiflichkeiten der Weltgeschichte. Die, die heute aufeinander schießen, finden ihr gemeinsames geistiges Zentrum noch immer auf den Hügeln von Mandalay, wo Tausende von

Daten und Fakten

DAS LAND
Offizieller Name:
Union Myanmar
Hauptstadt:
Rangun (Yangon)
Fläche:
676 578 km²
Landesnatur:
Im W Randgebirge, im O Schan-Hochland, dazwischen Tiefländer u. Becken des Irrawaddy u. Chindwin
Klima: Monsunklima
Hauptflüsse:
Irrawaddy, Saluen, Chindwin
Höchster Punkt:
Hkakabo Razi 5881 m
DER STAAT
Regierungsform:
Autoritäre präsidiale Republik

Staatsoberhaupt:
Vorsitzender des Staatsrates
Verwaltung:
7 Staaten, 7 Divisions
Parlament
Nationalkonvent (Verfassunggebende Versammlung) mit 700 Delegierten (darunter 600 von der Armee ernannt) seit 1993
Nationalfeiertag:
4. Januar
DIE MENSCHEN
Einwohner (Ew.):
45 059 000 (1999)
Bevölkerungsdichte:
67 Ew./km²
Stadtbevölkerung:
28 %
Analphabetenquote:
15 %

Sprache:
Birmanisch
Religion:
Buddhisten 87 %, Christen 5 %, Moslems 4 %
DIE WIRTSCHAFT
Währung:
Kyat
Bruttosozialprodukt:
59,4 Mrd. US-$ (1999)
BSP je Einwohner:
1200 US-$
Inflationsrate:
25,9 % (1990-98)
Importgüter:
Fahrzeuge, Maschinen, Metalle u. Metallwaren, Chemikalien, Baumwollgarn
Exportgüter:
Landwirtschaftl. Produkte: Reis u. Holz, Ölsaaten, Rohkautschuk

MYANMAR

Die vergoldeten Stupas *(links)* der Shwedagon-Pagode in der Hauptstadt Rangun. Der berühmteste buddhistische Tempel Myanmars ist ein bedeutendes Pilgerzentrum; fast 90 Prozent der Bevölkerung bekennt sich zum Buddhismus.

Myanmar *(unten)*, das bis 1989 offiziell Birma hieß, war nicht in die Kriege in Südostasien seit den 1950er Jahren verwickelt. Die wirtschaftliche Entwicklung des Landes wurde allerdings durch innenpolitische Schwierigkeiten erheblich behindert.

Mönchen in kaum zu zählenden Klöstern Pilgerströme aus ganz Myanmar vorübergehend zum buddhistischen Ritual vereinigen.

Als kultureller Mittelpunkt des Landes wirkt Mandalay mit seinen hübschen Holzhäusern in den liebevoll gepflegten Kleingärten eher wie ein zur Stadt gewachsener Schrebergartenverein, aber auch in der Hauptstadt Rangun mit ihrem verblühten kolonialen Charme bleibt das Tempo gemächlich, das auf den Straßen von britischen Oldtimern und Ochsenkarren diktiert wird. Die goldenen Kuppeln der zwischen Märchen und Mythen gestimmten Architektur der legendären Shwedagon-Pagode überragen die wenigen Bank- und Geschäftshäuser, die in Rangun nicht in den Himmel wachsen.

u. Baumwolle; Erdöl, Bergbauprodukte
Handelspartner: Japan, EU-Länder, Singapur, VR China, Indonesien, Malaysia, Südkorea
Eisenbahnnetz: 4701 km
Straßennetz: 24 325 km
Fernsehgeräte je 1000 Ew.: 6

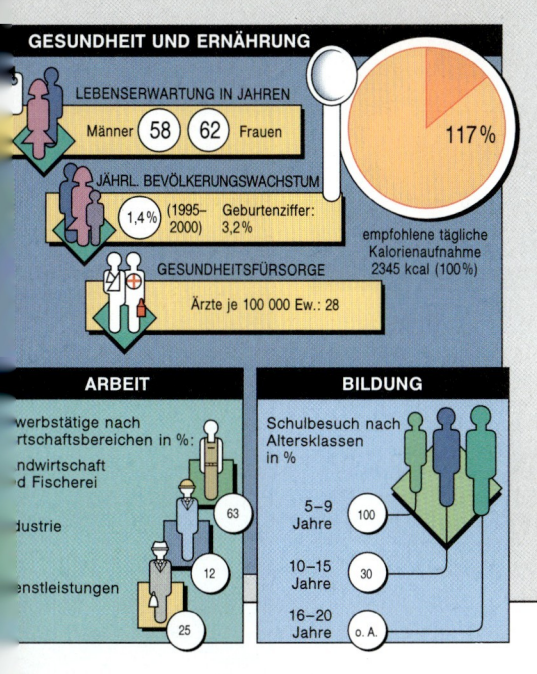

MYANMAR: GESCHICHTE

In Südostasien überlagern sich indische und chinesische Einflüsse. Myanmar ist ältestes Kulturland und gehört seit je zum indischen Einflußbereich. Es wurde vor allem durch die Kultur der indischen Gupta-Zeit (4./5. Jahrhundert) geprägt. Bereits um 200 v. Chr. war der Buddhismus von Indien her eingedrungen. Die ersten Könige sollen der Legende nach Buddhas Familie entstammen.

Myanmar wurde von Norden und Süden entlang der Flüsse besiedelt. In den ersten nachchristlichen Jahrhunderten entstanden fast gleichzeitig zwei indisierte Reiche, beide von mongolenstämmigen Völkern gegründet. Im Norden schufen die aus Zentralasien kommenden Pyu im nördlichen Irrawaddy-Delta ein blühendes Königreich. Es zerfiel Mitte des 9. Jahrhunderts nach dem Überfall der mongolischen Nan-chao und wurde von den Mon, die im südlichen Birma den Staat Pegu geschaffen hatten, erobert.

Die birmanischen Reiche

Im 9. und 10. Jahrhundert wanderte das Volk der Birmanen aus Tibet in das Land ein und eroberte sich eine starke Vormacht.

Alle Völker Birmas waren Buddhisten, und die Machtkämpfe unter ihnen waren oft auch als Glaubenskämpfe um die richtigere Auslegung der komplexen Lehre getarnt. Der König der Birmanen Anawratha, der 1044 den Thron seiner Hauptstadt Pagan bestieg, zerschlug die Herrschaft der Mon in Buddhas Namen. Dieser Sieg markiert das Aufblühen der Pagan-Dynastie, denn wenn die Birmanen die besseren Militärs waren, die mit dem Einsatz von Elefanten als »Kampfpanzer« das Land beherrschten, so waren die nach Pagan verschleppten Mon die größeren Baumeister, deren Tempelanlagen und Pagoden den Ruhm des ersten birmanischen Reiches unsterblicher gemacht haben als seine Kriegsleistungen.

Die Nachfolger des großen Anawratha erwiesen sich als schwächere Herrscher, und Pagans Macht zerbrach, als 1287 die Mongolen aus China Pagan zerstörten. Im 13. Jahrhundert drangen die Thai ein, und seit dem 14. Jahrhundert unterstanden Pagan und der größte Teil des heutigen Myanmar thaistämmigen Schanfürsten.

Für mehrere hundert Jahre zerfiel Birma in einander bekriegende Reiche. Die befreiten Mon gründeten um die Stadt Pegu herum ihr Königreich, während die Schan in Oberbirma die Stadt Ava zum Zentrum ihrer Dynastie machten. Während sich in den anderen Landesteilen durch kriegerische Auseinandersetzungen die Macht- und Besitzverhältnisse immer wieder änderten, konnte sich Pegu zu einem bedeutenden kulturellen und religiösen Zentrum entwickeln. Doch die Vereinigung ganz Birmas zu einem zweiten Gesamt-Königreich gelang erst dem Geschick eines Herrschers der birmanischen Volksgruppe.

Die Reichsgründung Jabinshwetis, der 1550 den Thron bestieg, hielt nur nominell bis Mitte des 18. Jahrhunderts, denn schon bald nach dem Tod des integrierenden Reichsgründers setzten die Rivalitäten zwischen den Volksgruppen erneut ein und schwächten die Einheit des Reiches, das 1752 mit der Eroberung Avas durch die Mon sein Ende fand. Ein Jahr später unternahm der Birmane Alaungpaya einen dritten Anlauf, ganz Birma zu einigen. Dies gelang nur mit brutaler Gewalt, die alles niederhielt, was nach Rebellion einzelner Volksgruppen oder nach usurpatorischen Gelüsten rivalisierender Thronanwärter roch.

Die Fremdherrschaft

Bei der Kolonialisierung Birmas verstanden es die Briten, die seit dem 17. Jahrhundert Handelsniederlassungen in den Küstenstädten errichtet hatten, geschickt die Spannungen in dem Land und seine Grenzkonflikte mit Indien so zu nutzen, daß die schrittweise Vereinnahmung des Reiches in mehreren Feldzügen durchaus als legitime Intervention erschien.

In drei anglo-birmanischen Kriegen wurde ganz Birma erobert und 1886 zur Provinz erklärt, die von Britisch-Indien aus regiert wurde. Nachdem es in Birma zahlreiche Aufstände gegeben hatte, trennten die Briten 1937 das Land von Indien und machten es zur separaten Kronkolonie.

Guerillakämpfer *(oben)* aus dem Volk der Karen rufen zum Widerstand gegen die Regierung in Rangun auf. Seit der Unabhängigkeit Birmas im Jahr 1948 verlangen die Karen und zahlreiche weitere ethnische Minderheiten ihre Autonomie.

Der Königspalast in Mandalay *(rechts)* wurde 1885, nach der Eroberung Birmas durch die Briten, in Fort Dufferin umbenannt. Nur die Außenmauern und der Palastgraben haben die im Zweiten Weltkrieg geführten Gefechte überstanden.

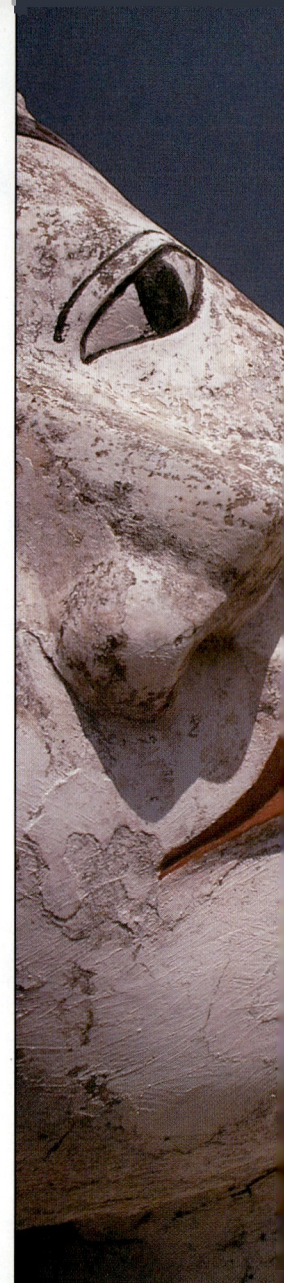

MYANMAR

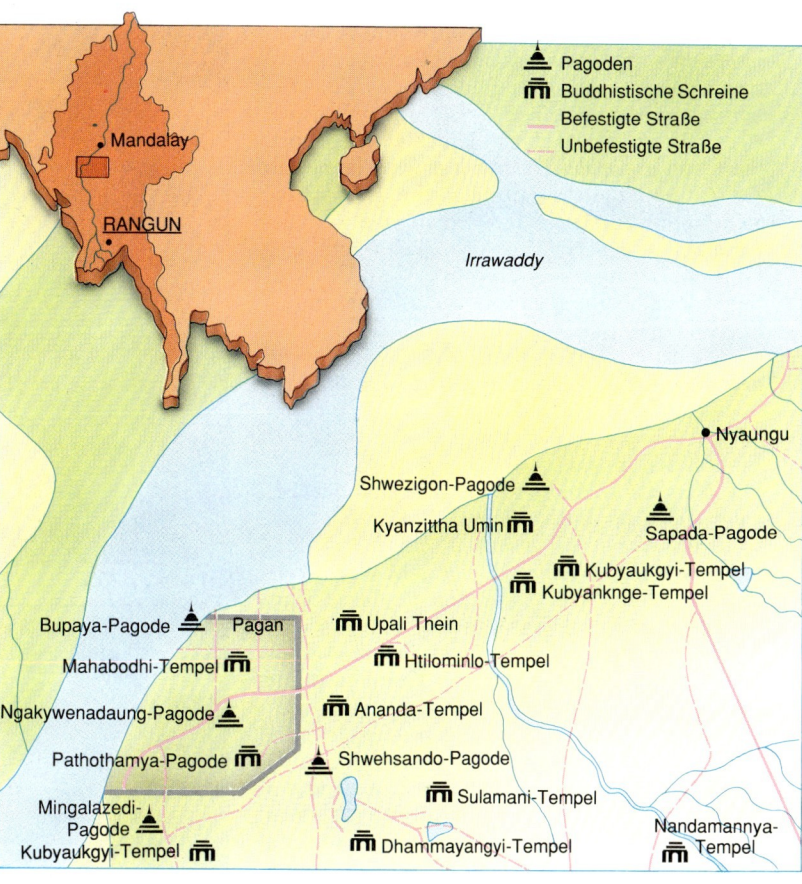

In Pagan *(oben)* durchdrang die Mon-Kultur die vorherrschende Birmanen-Kultur, wodurch eine einzigartige Stadt mit einer Fülle von buddhistischen Tempeln, riesigen Buddhastatuen *(links)* und Pagoden entstand.

Ein junger Pilger *(oben)*, dessen weiße Kleidung seine Reinheit symbolisieren soll, bei der Andacht in einem buddhistischen Tempel.

Das britische Interesse an Birma war vor allem wirtschaftlich begründet: Reis, edle Tropenhölzer und Bodenschätze lohnten den Aufbau einer Infrastruktur und die opferreiche Verwaltung des schwierigen Landes. Wie unglücklich die Zwangsehe zwischen Briten, Birmanen und Indern im fernöstlichen Alltag tatsächlich verlief, schildert der Roman »Burmese Days« des Schriftstellers George Orwell.

1942 besetzten die Japaner Birma und lieferten sich mit dem Kriegsgegner Großbritannien einen gnadenlosen Dschungelkrieg. Dessen unvorstellbare Grausamkeit richtete sich bald auch gegen die Birmanen selbst, die in den Japanern zunächst die Befreier begrüßt, bald aber die neuen Unterdrücker erkannt hatten. Gegen Ende des Zweiten Weltkrieges kämpfte eine Nationalarmee, die von der »Anti-Fascist People's Freedom League« (AFPFL) unterstützt wurde, auf seiten der Briten gegen Japan. Nach der japanischen Kapitulation 1945 gelang es den Briten nicht, die alte Kolonialherrschaft wiederherzustellen. Mit einem die gesamte Verwaltung lähmenden Streik zwangen die Birmanen die britische Krone zu Verhandlungen über die Autonomie, und 1948 wurde das Land in die Unabhängigkeit entlassen: ein vom Krieg verwüstetes Land, gespalten in rivalisierende Volksgruppen und sich befehdende politische Kräfte, in dem auch heute noch Not und Terror herrschen.

MYANMAR: DIE MENSCHEN

Der Buddhismus kennt die Lehre vom »Großen Fahrzeug« und vom »Kleinen Fahrzeug« und meint damit die Erlösung der ganzen Menschheit oder des einzelnen Wesens im Nirwana. Aber wer zu den wenigen Glücklichen gehört, die schon in diesem Leben mit einem klapprigen Auto durch Ranguns gemächliche Rush-Hour steuern dürfen, der ist für birmanische Verhältnisse ein gesegneter Mann. Sein selbstgefälliges Glück aber mag die »Nats« verlocken: Das sind ungezählte böse und gute Geister, die den anfälligen Vergaser des Oldtimers verstopfen, aber auch dafür sorgen können, daß sich zwischen den vielfältigen Wundern des Schwarzmarktes noch ein Ersatzteil findet.

Einfluß der »Nats«

Die Nats als koboldhafte Geister sind eine Besonderheit des birmanischen Buddhismus, die wohl aus älteren Schichten animistischer Naturreligionen in die Lehre Buddhas hineinspuken, die die frühen Siedlungsvölker der Mon, Thai und Birmanen nach Birma brachten.

Die Nachkommen der frühen Siedlungsgruppen, ihre jeweiligen Reiche und Kulturen mit je eigenen Prägungen der komplexen buddhistischen Religion, ihre Spannungen untereinander und ihre Unfähigkeit zu nationaler Integration bestimmen bis heute Myanmar als ein Land des politischen und wirtschaftlichen Ruins und doch auch als eine Region kultureller, religiöser und architektonischer Hochblüte seit dem Beginn birmanischer Geschichte. Es scheint, als habe die einigende Kraft Buddhas über Jahrtausende eine Kultur zusammengehalten, um deren Zerrüttung und Zersplitterung sich die Nats ebensolange bemühen.

Dabei haben die Nats immer leichtes Spiel gehabt, denn die komplexe ethnische Struktur Birmas begünstigte stets ein Klima von Krieg und Intrige zur Durchsetzung heterogener Interessen der einzelnen Ethnien: Macht- und Wirtschaftsinteressen allemal, immer von dieser Welt, für deren törichten Ehrgeiz die Nats kluge Symbole, nicht aber Ursache sind.

Über 45 Millionen Einwohner zählt das Land, die sich im Tiefland der Stromtäler und an den Küsten in Hundertschaften auf dem Quadratkilometer drängen, während in den unwegsamen Gebirgen kaum zehn Menschen die gleiche Fläche teilen. Die Bauern, die das Land nicht ernährt oder die mal vor den Rebellen, mal vor den regulären Truppen fliehen, laufen in die Fallen der Slumgürtel um Rangun (Yangon) und Mandalay, um Moulmein (Mawlamyine) und Pegu (Bago), wo keine Geschäfte außer den illegalen blühen.

Das Leid aus politischem Chaos und wirtschaftlichem Mangel ebenso wie den spirituellen und kulturellen Reichtum des Landes teilen sich mehrere Völker und Volksstämme, die fast ausnahmslos mongolischer Abstammung und mit den großen ost- und südostasiatischen Völkern verwandt sind.

In einer belebten Straße in Rangun *(oben)* sind Wäscheleinen zwischen den Wohnhäusern gespannt. Knapp 30 % der Birmanen leben in Städten. Viele von ihnen sind Staatsbedienstete oder arbeiten im Dienstleistungsgewerbe oder in der Industrie.

Zu einem Floß zusammengebundene Bambusrohre *(rechts)* auf dem Irrawaddy. Seit Mitte der 80er Jahre hat das unkontrollierte Abholzen den birmanischen Wäldern schwere Schäden zugefügt. Die Plattform dient als Wasch- und Trockenplatz.

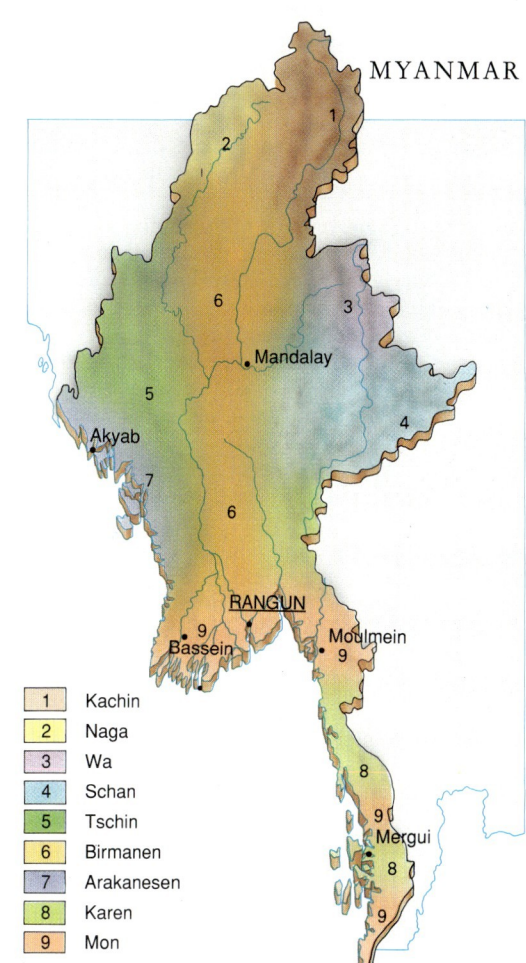

Bauern im Delta des Irrawaddy bringen die Reisernte ein *(links außen)*. In Myanmar wird mehr als die Hälfte des Ackerlandes für den Anbau von Reis genutzt. Reis ist neben Fisch das Hauptnahrungsmittel der Bevölkerung.

Ein Straßenhändler *(links)* bietet auf seinem Wagen eine Vielzahl von Getränken an, darunter Tee, eisgekühlte alkoholfreie Getränke und die »hingyo«, eine Fleischbrühe, die mit frischen Gemüseblättern garniert wird.

Die Bevölkerungsminderheiten *(rechts)* siedeln am Rande der Hauptsiedlungsgebiete der birmanischen Bevölkerungsmehrheit. Feindschaft zwischen den Birmanen und den Minderheiten besteht seit Errichtung einer Barriere durch die britischen Kolonialherren.

MYANMAR

1 Kachin
2 Naga
3 Wa
4 Schan
5 Tschin
6 Birmanen
7 Arakanesen
8 Karen
9 Mon

Rund 70 % der einheimischen Bevölkerung sind Birmanen, die ebenso wie die Minderheiten der Tschin und Kachin zu den Tibeto-Birmanen gehören und als Bauern im Irrawaddy-Becken der Planwirtschaft ihre Handvoll Reis abtrotzen. Die übrigen Völker, deren Stammbäume bei den Mon-Khmer und den Thai-Chinesen wurzeln, leben im Gebirge und im Hochland sowie in den Grenzgebieten, aus deren Unzugänglichkeit heraus sie ihre separatistischen Kämpfe führen. Ihr Terror gegen Ranguns Diktatur, die mit gleichem Terror antwortet, erscheint nicht nur separatistischer Hader, sondern oft auch als ferngesteuert von fremden Interessen aus China, von den Khmer aus Kambodscha oder von der Profitgier schmuggelnder Banden.

Die Wirtschaft

Die Landflüchtigen rivalisierender Völkergruppen, die nie zu gesichertem Aufstieg zugelassenen Mittelständler der Städte, die privilegierten Militärs, die kulturtragenden Mönche – sie alle treffen sich in sonst nicht zu findender Einigkeit im Schwarzmarktgeschäft. Die Gesetze des schwarzen Marktes als einzige Quelle des Volkes für ein Minimum an Konsum sind die einzig funktionierenden Gesetze des zerfallenden Landes. Es sind dies wieder die Gesetze der Nats, deren unstete Art den schwarzen Wechselkurs der wertlosen Währung bestimmt und das Glück, ob man mit ein paar gefährlich ergaunerten Devisen etwas von den ersehnten Dingen ergattern kann, die die reichen Länder jenseits der Meere ausgemustert und hier abgelagert haben. Mit der alten Nähmaschine ließe sich eventuell eine Existenz gründen, mit Ersatzteilen aus dem Automobilmuseum könnte das Taxi wieder laufen, und die abgelaufene Medizin aus Übersee hilft vielleicht etwas mehr als die klösterlichen Heilkräuter.

Wo Kobolde das Leben bestimmen, wo Nats Geschichte und Gegenwart grotesk, aber grausam verwirren, müßte man verzweifeln – oder wie die Birmanen Witz und Freundlichkeit als Prinzip des Überlebens üben. Das »Pwe« ist eine alle birmanischen Künste von Musik über Literatur zum Marionettentheater, vom aktuell satirischen Stegreifspiel bis zum meditativ religiösen Gehalt alter Legenden vereinigende Form des Straßentheaters, das wie der Schwarzmarkt alle Menschen des zerrissenen Landes zusammenkommen läßt, wo immer es spielt. Geduld mit dem stundenlangen Spiel und das einmütige Gelächter über seinen dem Ausländer unverständlichen Witz, den alte Überlieferung und aktuelle Not speisen, zeigen die Menschen Myanmars jenseits ihrer verheerenden Probleme doch als überlegene buddhistische Gemeinschaft, deren Glauben politische Drangsal und alltägliche Dürftigkeit in Gelassenheit und Gelächter aufzulösen versteht.

MYANMAR: FESTE UND FEIERN

Durch seine zahlreichen Völker ist die Kultur Myanmars von großem Abwechslungsreichtum geprägt. Gemeinsame Grundlage sind aber von jeher geistige und religiöse Strömungen, insbesondere Buddhismus und Animismus, also der Glaube daran, daß allen Naturkräften und -objekten eine Seele innewohnt.

Das Verhalten und die Handlungen der Menschen in Myanmar unserer Tage werden zu einem erheblichen Teil von den Lehren des unverfälschten Buddhismus, vermischt mit alten animistischen Tendenzen, bestimmt. Außerdem mögen die Menschen Musik, Theater, das Gespräch, leuchtende Farben, haben einen ausgeprägten Sinn für Humor und pflegen einen sehr liebevollen Umgang mit Kindern. In jedem Monat des Jahres werden Feste gefeiert und Feiertage begangen, und jedes Fest weist sowohl religiöse als auch spielerische Elemente auf. Während die Erwachsenen meditieren, haben die Kinder ihren Spaß. Dieses harmonische Verhältnis ist von den Einflüssen der modernen Welt unberührt geblieben.

Das Wasserfest
Die Birmanen lieben Feste, und diese bieten auch Gelegenheit zu religiösen Aktivitäten. Das Wasserfest oder »Thingyan« ist, zumindest unter den Kindern, das wohl beliebteste Fest des Jahres. Es kennzeichnet den Beginn des neuen Jahres und ist, obwohl auch religiöse Bräuche gepflegt werden, am wenigsten im Buddhismus verwurzelt. Die Feiern sind vor allem der Verehrung Thagyamins, des Königs der Nats, gewidmet.

Das Thingyan dauert normalerweise drei Tage und findet in der heißesten Jahreszeit statt. Sowohl die Kinder als auch die Erwachsenen sind vom frühen Morgen bis zum Ende des Tages damit beschäftigt, jeden mit Wasser zu begießen, dessen sie habhaft werden können. Lediglich bei Mönchen und Alten wird eine Ausnahme gemacht. Es ist eine Zeit ausgeprägter Heiterkeit.

Aber auch religiöse Feiern sind ein wichtiger Bestandteil dieses Festes. Neben der Belustigung, dem Lärm, der Musik und den Wasserspielen wird von Kindern und Erwachsenen erwartet, daß sie während der Festtage die »Fünf Grundwahrheiten« beachten, die in etwa mit den christlichen »Zehn Geboten« vergleichbar sind. Indem sie Mönchen, Nachbarn und Armen Essensgaben überreichen, Buddhafiguren abwaschen und meditieren, erwerben die Erwachsenen zusätzliche Verdienste. Auch von den Kindern wird verlangt, daß sie sich entsprechend verhalten. Thagyamin, der König der Nats, besucht für drei Tage die Erde und führt Bücher mit sich, in denen die Namen derer aufgelistet sind, die im vergangenen Jahr durch ihre Taten Verdienste erworben oder auch eingebüßt haben. Ansprechendes Verhalten am allseits beliebten Thingyan-Fest führt zur Vergebung vergangener Verfehlungen.

Nach diesem feuchten Beginn des neuen Jahres folgt im birmanischen Kalender eine Vielzahl von nationalen und regionalen Festen und Feiertagen. Die meisten gedenken Ereignissen aus dem Leben Buddhas, sind aber auch mit dem Wechsel der Jahreszeiten verbunden. Mildtätige Werke, wie die Überreichung von Opfergaben an Mönche, Arme und Alte, sind Bestandteil aller Feste. Viele weisen allerdings auch Bezüge zur Verehrung der Nats auf, die im Gegensatz zu den Lehren Buddhas steht. Die Birmanen sind jedoch ein pragmatisches Volk und beziehen die mystischen Überbleibsel älterer Religionen mit ein, ohne einen Widerspruch zu empfinden.

Das Fest des Lichts
Das abhängig vom Mondkalender im September oder Oktober stattfindende Fest des Lichts bildet einen Kontrast zu den ungestümen Späßen des Wasserfestes. Es kennzeichnet den

Übergang zu einer kühleren Jahreszeit und feiert gleichzeitig ein Ereignis aus Buddhas Leben. In allen Dörfern und Städten schmücken Girlanden aus bunten Laternen, Kerzen und andere Lichtquellen jeden Quadratzentimeter der Gebäude, des Bodens und sogar der Sträucher und Bäume. Drei Tage lang bietet diese Beleuchtung ein wirklich sehenswertes Schauspiel. Es werden auch »pwes« abgehalten, Jahrmärkte, die durch Musik- und Theateraufführungen unter freiem Himmel und, wie immer, durch Buden und Verkaufsstände zur Beköstigung der Menschen gekennzeichnet sind.

Der Beitrag der Kinder zu den Feiern besteht aus dem Zünden von Feuerwerkskörpern und dem Schwenken von Wunderkerzen. Es wird ihnen erlaubt, sehr lange aufzubleiben. Die Kinder schlafen während dieses Festes einfach dort, wo sie sich gerade aufhalten. Die Birmanen neigen überhaupt dazu, es mit der Schla-

MYANMAR

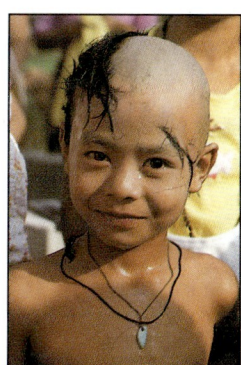

Ein Handwerker arbeitet an einer Buddhastatue *(links außen)*. Trotz der Tatsache, daß der Buddhismus seit rund 200 v. Chr. in Myanmar verbreitet ist, werden auch noch die vielen Naturgeister, die sogenannten Nats, verehrt und respektiert.

Ein junger Novize *(oben)* beginnt sein Klosterleben mit der Rasur seines Kopfes. Viele Birmanen werden allerdings nur für einen kurzen Zeitraum Mönch.

Beim Thingyan, dem Wasserfest *(links unten)*, wird jeder mit Wasser begossen. Dieses Fest kennzeichnet den Beginn des neuen Jahres und verbindet buddhistische Bräuche mit Feiern zu Ehren von Thagyamin, dem König der Nats (Geister).

Kinder *(oben)* tragen bei den Zeremonien zur feierlichen Initiation buddhistischer Mönche *(oben links)* reichverzierte Gewänder. Die prachtvolle Kleidung der Kinder bildet einen starken Kontrast zu den einfachen Gewändern der Mönche.

fenszeit der Kinder nicht so genau zu nehmen. Das Fest des Lichts ist auch die Zeit, in der man den Älteren und Gebrechlichen seine Aufwartung macht. Die sie besuchenden Kinder bringen ihnen Kleidung, Lebensmittel und Kerzen. Dafür werden sie gesegnet und erhalten kleine Geldgeschenke, die sie ihren Eltern zur Aufbewahrung übergeben.

Spaß, mildtätige Werke und der Erwerb von Verdiensten im buddhistischen Sinne sind konstante Themen der Rituale und Zeremonien aller birmanischen Feste. Die Gesamtwirkung ist jedoch durch die Verschmelzung zweier bedeutender Einflüsse gekennzeichnet: des Buddhismus und des Animismus. Die Lehren Buddhas mögen zwar ausdrücklich die Verehrung von Geistern verbieten, die Birmanen legen allerdings eine originelle zweiseitige Betrachtungsweise an den Tag. Sie glauben an die Lehren Buddhas, besänftigen aber »sicherheitshalber« weiterhin die Nats.

NAMIBIA

Namibia, größtenteils im Bereich einer subtropischen Hochdruckzone gelegen, besteht zum großen Teil aus Wüste und Halbwüste. Es lassen sich drei Großlandschaften unterscheiden: Die gesamte Küstenzone wird in 80–130 km Breite von der Namib, einer der trockensten Wüsten der Welt, eingenommen. Nach Osten steigt das Land in einer großen Stufe auf etwa 1200–1700 m Höhe an. Das sich anschließende Hochland wird vereinzelt von Bergen überragt. Die Temperaturen sind im Hochland deutlich höher als an der Küste, aber nachts kann es empfindlich kalt werden. Nur gelegentlich, an wenigen Tages des Jahres, fällt einmal Regen. Dann kann es zu gewaltigen Wolkenbrüchen kommen, die die sonst trocken liegenden Flußbetten in kürzester Zeit zu reißenden Strömen werden lassen. Die dritte Großlandschaft Namibias gehört zur Kalahari. Die kärgliche Vegetation dieser Trockensavanne geht nach Osten in Halbwüste über. Nur im Norden, in der Region Kavango, fällt so viel Regen, daß Ackerbau betrieben werden kann. Hier liegt auch die größte Sehenswürdigkeit des Landes, das Naturschutzgebiet Etoschapfanne. In der Regenzeit sammelt sich in dieser flachen Senke das Wasser und dient einer artenreichen Tierwelt – Zebras, Gnus, Elefanten, Löwen und anderem Großwild – als Tränke.

Der farbenprächtige Kopfschmuck (*oben*) dieser Hererofrau gehört zur herkömmlichen Tracht ihres Volkes. Eine Bluse und ein Reifrock vervollständigen das Bild.

Bergbau und Viehwirtschaft

Wichtigste Grundlage für die Wirtschaft des Landes ist der Bergbau, der sich mit wenigen Ausnahmen im Besitz ausländischer, zumeist südafrikanischer Gesellschaften befindet. Neben Diamanten, dem wichtigsten Exportgut, werden Kupfer, Blei, Zink und Uran abgebaut. Die verschlechterte Absatz- und Ertragssituation hatte Mitte der 80er Jahre zu Rationalisierungen und Kapazitätsabbau geführt. Hiervon waren insbesondere Schwarze betroffen, die ihre Arbeitsplätze verloren.

Der Agrarsektor ist vor allem als Arbeitsmarkt von Bedeutung, mehr als 40 % der Erwerbspersonen sind hier beschäftigt. Der überwiegende Teil von ihnen muß jedoch infolge der ungleichen Besitzverhältnisse in Armut leben. Die weißen Viehzüchter, die in der Dornsavanne des Hochlandes extensive Weidewirtschaft betreiben, vor allem Rinder und Karakulschafe, verfügen über drei Viertel der landwirtschaftlichen Nutzfläche. Von Bedeutung ist auch die Küstenfischerei.

Daten und Fakten

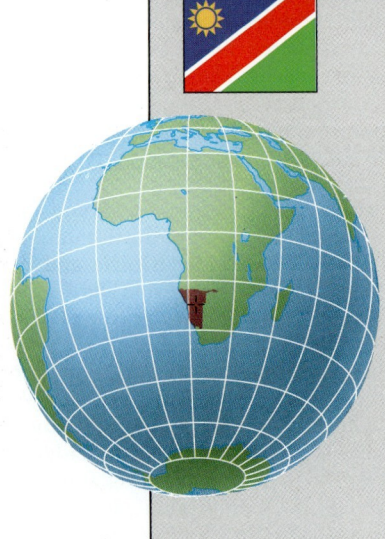

DAS LAND
Offizieller Name: Republik Namibia
Hauptstadt: Windhuk
Fläche: 824 292 km²
Landesnatur: Küstenstreifen, anschließend Wüste Namib, im Inneren flachwelliges Zentralplateau als Teil der Großen Randstufe, überragt von einzelnen Gebirgsstöcken, im O Kalaharibecken mit Dornsavanne
Klima: Subtropisches Trockenklima mit unregelmäßig verteilten Niederschlägen
Hauptflüsse: Okavango, Kunene, Großer Fischfluß
Höchster Punkt: Brandberg 2610 m

DER STAAT
Regierungsform: Republik
Staatsoberhaupt: Staatspräsident
Regierungschef: Ministerpräsident
Verwaltung: 13 Regionen
Parlament: Nationalversammlung mit 72 für 5 Jahre gewählten und ernannten Abgeordneten, Nationalrat mit 26 für 6 Jahre gewählten Mitgliedern
Nationalfeiertag: 21. März

DIE MENSCHEN
Einwohner (Ew.): 1 695 000 (1999)
Bevölkerungsdichte: 2 Ew./km²
Stadtbevölkerung: 38 %
Bevölkerung unter 15 Jahren: 42 %
Analphabetenquote: 24 %
Sprache: Afrikaans, Englisch, Deutsch, Bantu- u. andere afrikan. Sprachen
Religion: Protestanten über 60 %, Katholiken 20 %, Anhänger von traditionellen Religionen

DIE WIRTSCHAFT
Währung: Namibia-Dollar
Bruttosozialprodukt (BSP): 3224 Mio. US-$ (1998)

Herero, Nama, Ovambo und Weiße

Namibia weist ethnisch eine vielschichtige Bevölkerung auf. Die Herero, ein Viehzüchtervolk, wurden in Kriegszügen der deutschen Kolonialherren vom zentralen Hochplateau vertrieben und leben heute in den Wüstenausläufern. Viele von ihnen müssen ihren Lebensunterhalt auf den Farmen der Weißen verdienen. Zu den Hirtenvölkern zählen auch die Nama, Nachkommen der aus dem Kapland verdrängten südafrikanischen Urbevölkerung.

Die Ovambo, die die Hälfte der Bevölkerung stellen, leben im Norden des Landes, wo Ackerbau betrieben werden kann. Der äußerste Norden ist das am dichtesten besiedelte Gebiet Na-

Festungsähnliche Felsformationen *(oben links)*, im Laufe von Millionen von Jahren durch Erosion entstanden, überragen die Hochebene in der Nähe von Khorixas am Rand der Namib.

Namibia *(oben)* ist Afrikas zweitjüngster Staat. Als Südwestafrika bekannt, kam es 1916 unter südafrikanische Herrschaft. Anfang 1990 erlangte das Land die Unabhängigkeit.

mibias. Die Weißen, Nachkommen deutscher Siedler oder britischer, portugiesischer und südafrikanischer Herkunft, stellen zwar nur rund 6 % der Gesamtbevölkerung, bestimmen aber auch nach Erlangung der Unabhängigkeit bis heute das wirtschaftliche und politische Leben.

Geschichte und Gegenwart

Nach über hundertjähriger Fremdherrschaft hat Namibia als vorletztes Land Afrikas 1990 seine Unabhängigkeit erlangt. Die ehemals deutsche Kolonie Südwestafrika war nach dem Ersten Weltkrieg im Auftrag des Völkerbundes von der Südafrikanischen Union verwaltet worden. 1966 entzogen die Vereinten Nationen der Republik Südafrika das Recht zur weiteren Verwaltung und forderten die Selbstbestimmung für die in Namibia lebenden Menschen. Da die südafrikanische Regierung fürchtete, ein freies Namibia könne entsprechend den Mehrheitsverhältnissen in der Bevölkerung zu einem unbequemen Gegner der Apartheid werden, wurden die Pläne der UNO mit allen Mitteln bekämpft. Erst nach langen Auseinandersetzungen und unter dem Druck der Weltöffentlichkeit war Südafrika zur Erfüllung der UNO-Forderungen bereit.

Nach dem stufenweisen Abzug südafrikanischer Truppen konnten Ende 1989 allgemeine Wahlen für eine Verfassunggebende Versammlung durchgeführt werden. Bei den Wahlen gewann die Befreiungsbewegung »South West Africa People's Organization« (SWAPO) die absolute Mehrheit der abgegebenen Stimmen. Namibia ist nach der im Februar 1990 verabschiedeten Verfassung eine Republik, an deren Spitze der vom Parlament gewählte Präsident steht, der zugleich Regierungschef und Oberbefehlshaber der Streitkräfte ist. Sam Nujoma (* 1929), der Führer der SWAPO, wurde in dieses Amt gewählt und 1999 erneut bestätigt.

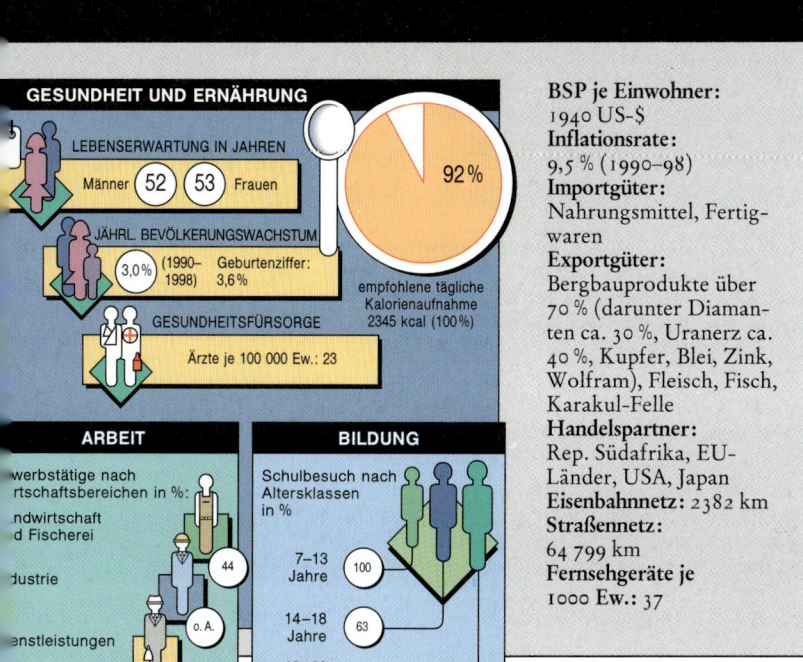

BSP je Einwohner: 1940 US-$
Inflationsrate: 9,5 % (1990–98)
Importgüter: Nahrungsmittel, Fertigwaren
Exportgüter: Bergbauprodukte über 70 % (darunter Diamanten ca. 30 %, Uranerz ca. 40 %, Kupfer, Blei, Zink, Wolfram), Fleisch, Fisch, Karakul-Felle
Handelspartner: Rep. Südafrika, EU-Länder, USA, Japan
Eisenbahnnetz: 2382 km
Straßennetz: 64 799 km
Fernsehgeräte je 1000 Ew.: 37

NAMIBIA: DIE WÜSTE NAMIB

Die kühle und trockene Wüste Namib liegt zwischen dem Atlantik und dem südwestafrikanischen Hochland, das in einer mächtigen Landstufe, der Großen Randstufe, steil zur Küste hin abbricht. Die Namib erstreckt sich entlang der Küste des neuen Staates Namibia und ist durch den extrem geringen und unregelmäßigen Niederschlag eines der trockensten Gebiete der Erde. In der Landessprache heißt »namib« Leere.

Der südliche Teil dieses Wüstenbandes, das an keiner Stelle breiter als 160 km ist, ist sandig und weist einige der größten Sanddünen der Welt auf. Sie verlaufen in Nord-Süd-Richtung und können bei einer Länge von 32 km oder mehr Höhen von 300 m erreichen. Der nördliche Teil der Namib ist eher steinig und gebirgig, und durch Winderosion ist eine Vielzahl skurriler Landschaftsformen entstanden.

Mit dem Benguelastrom, dem Meeresstrom, der vom Kap der Guten Hoffnung nordwestwärts bis zum Äquator fließt, kommen kalte Gewässer vor die namibische Küste. Dies ist die Ursache für das ungewöhnliche Klima und Ökosystem der Namib. Über den kalten Küstengewässern kühlt sich die herangeführte Luft ab, und es entstehen dicke Dunst- und Nebelbänke, die sich landeinwärts bewegen und der fast regenlosen Wüste Feuchtigkeit bringen. Zwar fällt in der Namib tatsächlich kein regelmäßiger Niederschlag, dennoch erreicht die Luftfeuchtigkeit über der Wüste den Sättigungspunkt. Nebel und Tau sind für eine Reihe entsprechend angepaßter Pflanzen und Tiere lebensspendend.

Der Regenmangel führt dazu, daß die meisten Flußbetten das ganze Jahr über oder auch über mehrere Jahre hinweg trocken bleiben. Zwar kann der Niederschlag die Flüsse nur für ein oder zwei Tage vor ihrer erneuten Austrocknung speisen, dennoch gibt es einige große Grundwasservorräte. Sie sind eine wertvolle Quelle für die Bewässerung der Pflanzen und werden an einigen Stellen zur Wasserversorgung der wenigen Bevölkerungszentren angezapft. Der Oranje als südliche Begrenzung Namibias ist zwar ständig wasserführend, die politische Grenze verläuft jedoch am nördlichen Flußufer, und Namibia besitzt keine Wasserrechte.

Das Leben in der Wüste

Durch Kälte und Trockenheit ist das Leben in der Wüste einem sehr großen Unsicherheitsfaktor ausgesetzt. Außer den Stämmen, die mit ihren Viehherden durch das unwirtliche Terrain ziehen, wird das Gebiet nur von wenigen Menschen bewohnt. Die Dünen beherbergen eine Vielzahl von Käfern, Wanzen und anderen Insekten, die durch optimale Anpassung an das trockene Klima überleben können. Die am besten angepaßten Insekten verfügen über dicke, undurchdringliche Panzer, die die Verdunstung reduzieren. Sie dienen einigen Reptilien, wie Eidechsen, Geckos und Schlangen, als Nahrung. Sowohl die Insekten als auch die Reptilien haben oftmals spezielle Gliedmaßen entwickelt, mit deren Hilfe sie sich leicht über die Sandoberfläche fortbewegen können.

Eine einmalige Art

Eine botanische Besonderheit, die nur in der Namib auftritt und keine uns bekannten verwandten Arten aufweist, ist die Welwitschia. Als wohl bemerkenswertestes Beispiel für Pflanzenanpassung in der Namib besteht diese Pflanze aus einem kurzen, rübenförmigen Stamm, von dem zwei mehrere Meter lange Blätter abzweigen, welche in Falten über dem Boden hängen und sich spalten, wenn sie von Wind und Sand gepeitscht oder zerfetzt werden. Durch tiefe Pfahl- und ausgedehnte Seitenwurzeln als Anpassung an die Trockenheit kann die Welwitschia soviel Wasser wie eben möglich aufnehmen.

Die Pflanzen erzeugen eine Vielzahl von Samen. Allerdings ist es für junge Pflanzen unter den trockenen Bedingungen schwer, zu überleben oder zu keimen. Eine einmal entstandene Welwitschia kann jedoch 2000 Jahre alt werden. Gleichzeitig ist sie die Wirtspflanze für einen weiteren einzigartig angepaßten Wüstenbewohner, eine Feuerwanze der Familie Pyrrhocoridae, die nur auf weiblichen Welwitschiapflanzen zu finden ist.

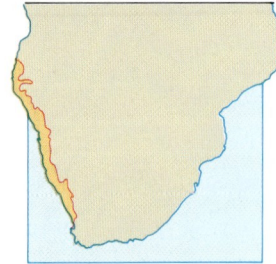

Die kalte Küstenwüste Namib (oben) erhält sehr wenig Regen. Die Luft ist jedoch normalerweise mit Feuchtigkeit gesättigt, die meist von den Nebeln stammt, die der kühle, nordwärts fließende Benguelastrom verursacht.

Das Satellitenbild (rechts) der Namib zeigt langgestreckte Sanddünenzüge, die Höhen bis zu 300 m erreichen.

Schlangen (rechts oben) und andere Tierarten haben ihre Fortbewegung speziell dem lockeren Sand angepaßt.

Die Welwitschia (oben) ist eine einzigartige Pflanze, die nur in der Namib vorkommt und unter internationalem Naturschutz steht. Sie hat tiefe Pfahlwurzeln, um Feuchtigkeit aufzunehmen, einen dicken, niedrigen Stamm und bildet nur zwei ledrige Blätter aus, die mehrere Meter lang werden können. Sie wachsen während des gesamten Pflanzenlebens, das Hunderte von Jahren betragen kann, an der Basis nach und sterben an den Enden ab.

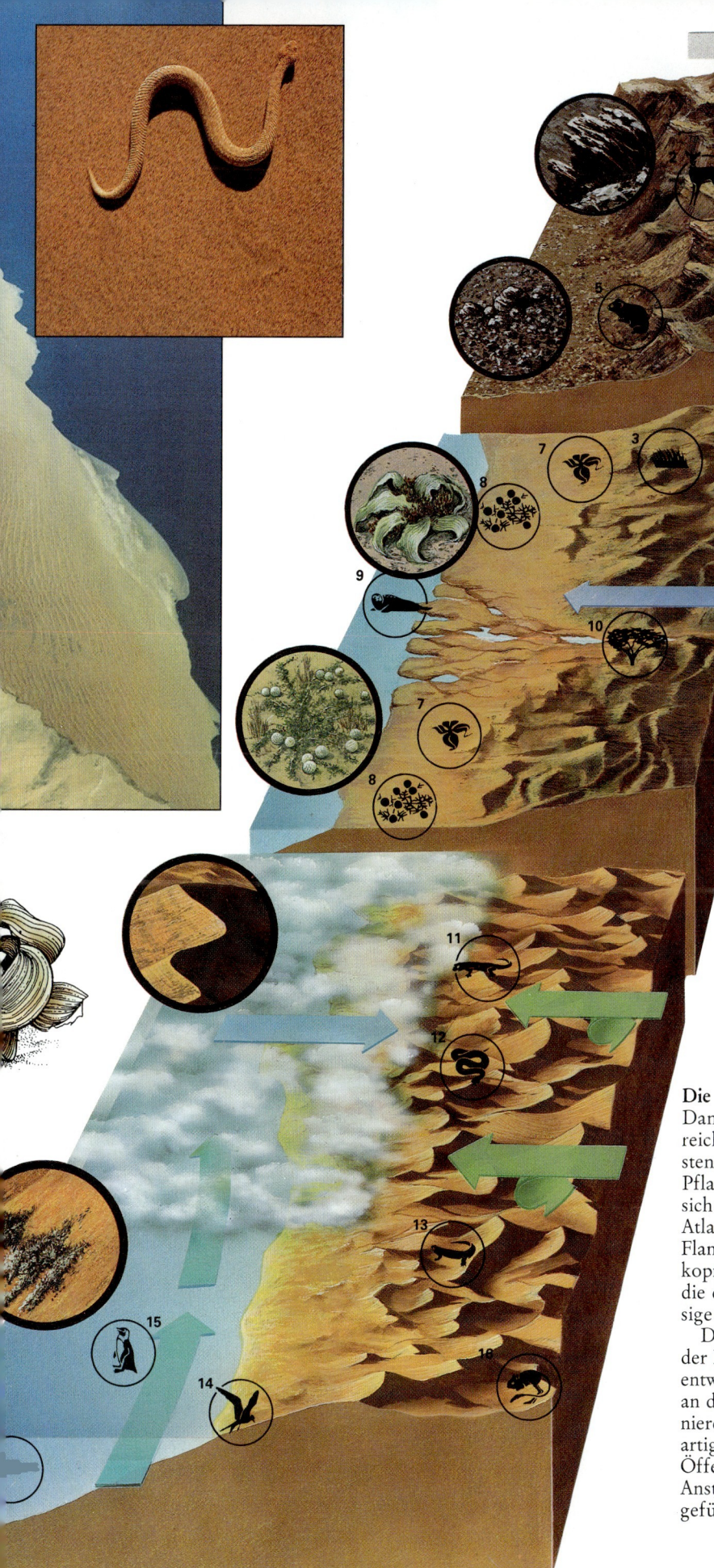

NAMIBIA

1 Mönchsgeier
2 Klippspringer
3 Gras
4 Kaphase
5 Kap-Klippschliefer
6 Hartmann-Bergzebra
7 Welwitschia
8 Naraspflanze
9 Südafrikanischer Seebär
10 Flußtal-Vegetation
11 Wüstengecko
12 Zwergpuffotter
13 Sand-Schildechse
14 Damara-Seeschwalbe
15 Brillenpinguin
16 Rennmaus
17 Fisch

Die Wüste Namib *(links)* erstreckt sich als relativ schmaler Streifen über die ganze Länge von Namibia. Der nördliche Teil, der als Kaokoveld bekannt ist, besteht hauptsächlich aus Schottern, mit Gesteinsformationen, die vom Wind erodiert wurden. Die Küstenregion hat, obwohl eigentlich trocken, feucht-gesättigte Luft durch die Nebel, die der Benguelastrom verursacht. Südlich dieser Region, bei Kap Cross, gibt es Kolonien von Seelöwen. Viele Vogelarten ernähren sich vom reichen Fischangebot. Die südliche Namib zeigt ein bedrohliches Gesicht mit den vielen hohen Sanddünen, die bis zum Horizont reichen. Doch dieses offensichtlich unfruchtbare Land birgt viele speziell angepaßte Pflanzen und Tiere.

Die Küste
Dank des kalten Benguelastroms und seines reichhaltigen Fischbestands ermöglicht der Küstensaum der Namib ein reicheres Tier- und Pflanzenleben als das Wüsteninnere. Hier teilen sich Pinguine, die typisch für den südlichen Atlantik sind, ihren Lebensraum mit tropischen Flamingos. Am Kap Cross, nördlich von Swakopmund, gibt es eine Gruppe von Kaprobben, die dort zu Hause sind. Daneben existieren riesige Kolonien von Seevögeln.
  Die Namib führt ihren Namen als ein »Ort der Leere« zu Recht. Allerdings ist sie durch die entwickelte Anpassung der Pflanzen und Tiere an die Umwelt auch ein interessantes und faszinierendes Gebiet. In jüngster Zeit ist der einzigartige Naturraum der Namib mehr ins Licht der Öffentlichkeit gerückt, was zu einem starken Anstieg der Touristenzahlen in diesem Gebiet geführt hat.

NAURU

Im Gegensatz zu den übrigen Inselstaaten des Pazifischen Ozeans besteht die Republik Nauru nur aus einer einzigen Insel. Sie ist so klein, daß sie sich in wenigen Stunden umwandern läßt. Kein Wunder, daß Nauru selbst unter den Zwergstaaten einer der kleinsten ist.

Wie viele kleinere Inseln im Pazifischen Ozean ist Nauru das Ergebnis jahrtausendelangen Wirkens von Korallen, deren verfestigte Kalkskelette bis in eine große Tiefe den Untergrund der Insel bilden. Mehrfach in der geologischen Geschichte der Insel muß das oberste Stockwerk des Korallenriffs über den Meeresspiegel gelangt sein – sei es durch Hebung des Untergrundes oder durch Absinken des Meeresspiegels. Der Verwitterung ausgesetzt, bildeten sich in dem löslichen Kalkgestein an der Oberfläche tiefe Trichter und spitze Kegel, ideale Nistplätze für Seevögel. Im Laufe von Hunderttausenden von Jahren häuften sich die Exkremente von Millionen und Abermillionen von Seevögeln in den Trichter und bedeckten schließlich fast die gesamte Insel mehrere Meter hoch. Der Guano, wie die Ablagerungen von Vogelexkrementen genannt werden, wandelte sich mit der Zeit unter dem Einfluß der Witterung zu Kalziumphosphat von höchster Reinheit um. Der Abbau dieses Phosphatgesteins, dem wichtigsten Grundstoff zur Herstellung von Düngemitteln, ist der Reichtum Naurus und die Quelle des Wohlstands seiner Bevölkerung.

Das Phosphat wird heute mit modernster Technik abgebaut. Riesige Schaufelbagger legen die alte Kalksteinoberfläche wieder frei. Über lange Förderbandanlagen wird das gemahlene Phosphatgestein zu den Schiffen transportiert. Da Nauru über keinen natürli-

Daten und Fakten

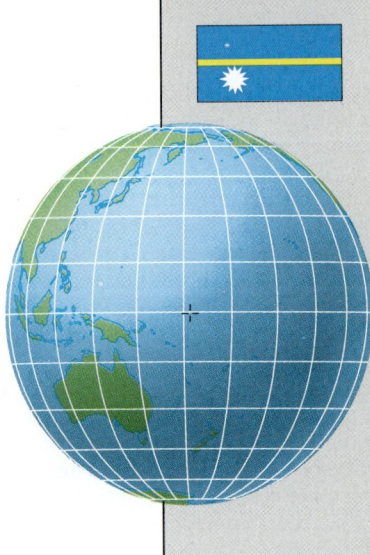

DAS LAND
Offizieller Name: Republik Nauru
Hauptstadt: Yaren
Fläche: 21 km²
Landesnatur: Koralleninsel, deren Oberfläche aus Kalziumphosphat besteht, umsäumt von einem Wallriff; durch Phosphatabbau weitgehend verwüstete Oberfläche
Klima: Tropisches Klima
Höchster Punkt: 70 m
DER STAAT
Regierungsform: Präsidiale Republik
Staatsoberhaupt: Staatspräsident

Verwaltung: 14 Distrikte
Parlament Einkammerparlament mit 18 für 3 Jahre gewählten Abgeordneten
Nationalfeiertag: 31. Januar
DIE MENSCHEN
Einwohner (Ew.): 11 000 (1999)
Bevölkerungsdichte: 524 Ew./km²
Stadtbevölkerung: 48 %
Analphabetenquote: 1 %
Sprache: Englisch, polynesisches Nauruisch
Religion: Protestanten ca. 60 %, Katholiken 30 %
DIE WIRTSCHAFT
Währung: Australischer Dollar

Bruttosozialprodukt (BSP): 175 Mio. US-$ (1994)
BSP je Einwohner: 13 000 US-$
Inflationsrate: 3,6 % (1993)
Importgüter: Nahrungsmittel, Maschinen, Fahrzeuge, Möbel, Schuhe, Medikamente, Wasser
Exportgüter: Phosphat, Kokosprodukte und Bananen
Handelspartner: Australien, Neuseeland, Niederlande, Japan, Philippinen
Eisenbahnnetz: 3,9 km
Straßennetz: 30 km
Fernsehgeräte je 1000 Ew.: 45

chen Hafen verfügt und ein äußeres Korallenriff die Insel von der offenen See abschirmt, müssen die größeren Frachter weit vom Ufer entfernt festmachen.

Um die Jahrhundertwende, als die Insel noch unter deutscher Kolonialherrschaft stand, wurde ihr natürlicher Reichtum entdeckt. 1905 begann der systematische Phosphatabbau. Über 80 Millionen Tonnen Phosphat wurden bis heute abgebaut, aber erst seit der Unabhängigkeit kommt die Bevölkerung in den Genuß der daraus resultierenden Gewinne. Es ist abzusehen, daß schon in einigen Jahren die Vorräte an Phosphat erschöpft sein werden. Zurückbleiben wird eine weithin verwüstete Insel. Die bescheidene Landwirtschaft, die wegen des porösen Bodens und der unregelmäßig fallenden Niederschläge ohnehin nur auf die Küstenregion beschränkt ist, reicht schon längst nicht mehr aus, um die Bevölkerung Naurus zu ernähren. Daher werden inzwischen mit den Erlösen aus der Phosphatgewinnung neue Einnahmequellen erschlossen, um die Zukunft der Insel zu sichern.

So besitzt Nauru heute bereits eine Fluggesellschaft und eine Reederei mit acht Schiffen. Dem gleichen Zweck dienen der Erwerb von Grundstücken und Immobilien in Australien, Amerika und Asien sowie Kapitalgeschäfte an den internationalen Börsen. Die Zinserlöse sollen den Nauruern auch nach Erschöpfung der Phosphatvorkommen ein Leben in Wohlstand ermöglichen. Bislang scheinen die Menschen auf Nauru noch im Schlaraffenland zu leben. Eine Einkommensteuer ist unbekannt, Häuser werden vom Staat zu niedrigsten Preisen zur Verfügung gestellt, Bildungs- und Gesundheitswesen sind ebenso kostenlos wie die Stromversorgung und die importierten Lebensmittel sind dank staatlicher Subventionen preiswert.

Von der heutigen Bevölkerung Naurus sind rund 60 % Nachfahren der Urbevölkerung, die ethnisch den Polynesiern sehr nahe stehen. Neben einer kleineren Zahl von Chinesen sowie Einwohnern europäischen Ursprungs leben auf Nauru Gastarbeiter, die von anderen Inseln Ozeaniens stammen.

Geschichte

Die Insel nahe dem Äquator wurde erstmals 1798 von einem Europäer, dem britischen Seefahrer John Fearn, gesichtet. 1888 kam Nauru zusammen mit den Marshall-Inseln als Kolonie an das Deutsche Reich. Ende des 19. Jahrhunderts erschienen die ersten christlichen Missionare, die auf das Leben und den Glauben der Nauruer starken Einfluß nahmen. Nach dem Ersten Weltkrieg wurde die Insel als Völkerbundsmandat Australien, Neuseeland und Großbritannien unterstellt. Während des Zweiten Weltkriegs besetzten Japaner die Insel. Ein großer Teil der Bevölkerung wurde nach Japan in Arbeitslager deportiert. 1947 kam Nauru als UN-Mandat wieder unter die Verwaltung der ehemaligen Völkerbundsmächte bis es im Jahr 1968 endlich die Unabhängigkeit erreichte. Der Inselstaat blieb Mitglied des Commonwealth und ist bis heute wirtschaftlich eng mit Australien verbunden.

Ein Hochseefrachter wird mit Phosphat beladen *(ganz oben)*. Im Vordergrund Auslegerkanus, mit denen sich die Nauruer auf dem Wasser fortbewegen.

Seevögel *(ganz links)* hinterließen auf Nauru im Laufe der Jahrhunderte Schichten von tierischem Dung, aus dem sich kostbarer Kalziumphosphat bildete. Der Wohlstand der Bewohner hängt von der Phosphatausfuhr ab.

Die Nauruer *(oben links)* sind ein Mischvolk mit überwiegend polynesischem Einschlag. Zur Bevölkerung gehören heute zahlreiche Ausländer, die vor allem in der Phosphatindustrie arbeiten.

Die Republik von Nauru *(rechts)*, drittkleinstes Land der Welt, besteht aus einer einzigen Koralleninsel. Sie liegt nahe dem Äquator.

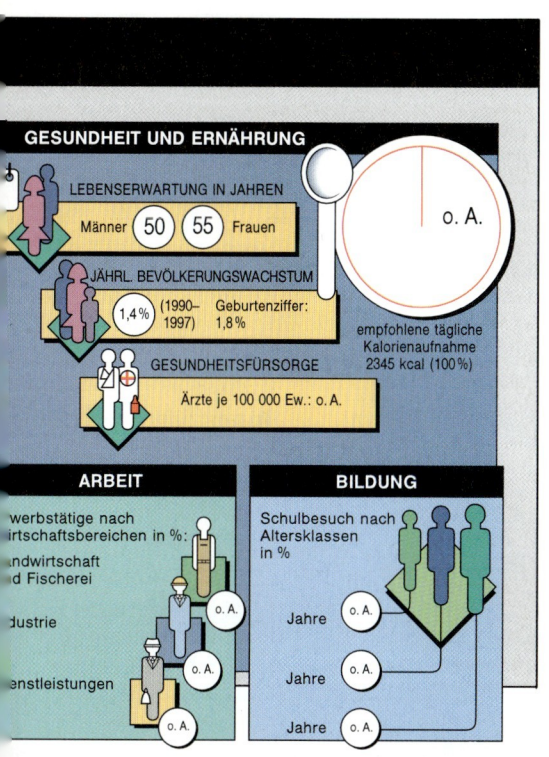

NEPAL

Der Blick in die wechselvolle Geschichte Nepals geht weit zurück in die von Legenden und Mythen, von Göttern und Naturgewalten bestimmte Vorzeit. Überlieferte Reiseberichte schildern, daß das Tal von Katmandu zwischen 1000 und 700 v. Chr. von mongolenstämmigen Newar besiedelt worden ist, gefolgt von einigen indischen Völkergruppen. Im Jahre 563 v. Chr. wurde Gautama Buddha, der spätere Gründer des Buddhismus, in Lumbini geboren. Der Buddhismus breitete sich in Nepal aus und wurde von seinen Anhängern bis Tibet und China getragen. Eine Pilgerfahrt des indischen Kaisers Aschoka (etwa 270–232 v. Chr.) an die Geburtsstätte Buddhas um das Jahr 250 v. Chr. leitete den sich durch die gesamte Geschichte des Landes ziehenden indischen Einfluß auf Nepal ein. Seit dem 4. Jahrhundert wurde Nepal hintereinander von verschiedenen indischen Dynastien beherrscht. Die Licchavi aus Bihar waren Anhänger des Hinduismus und gründeten einen Staat, der weit über das Katmandutal hinausging. Unter der Herrschaft der Thakur seit 750 n. Chr. folgten Zeiten ständiger Unruhen und des Verfalls, bis mit der aus Indien stammenden Mala-Dynastie zwischen 1200 und 1768 die Periode des Friedens und des Wohlstandes in Nepal begann. Aus der späteren Zeit jener Malafürsten, in der das Land zeitweise in mehrere Fürstentümer aufgeteilt war, stammen viele der bis heute erhaltenen Sehenswürdigkeiten in Bhatgaon, Patan und Katmandu. Zahlreiche berühmte Tempelanlagen, Palastbauten und einige Wohnhäuser, mit den aus allerfeinsten Schnitzereien bestehenden Holzgitterfenstern und Türen der Newar-Oberschicht, lassen bis heute die tiefe Religiosität und den Wohlstand der Menschen jener Zeit erahnen.

Die Geburtsstunde des heutigen Nepal wird in der Regel erst ins Jahr 1768 datiert, als es Prithivi Narajan Schah (1742–1775) aus der indischen Gurkha-Dynastie gelang, die kleinen Fürstentümer zum Königreich Nepal zu vereinigen. Hauptstadt wurde, dank seiner günstigen Verkehrslage an den Handelswegen nach Tibet und Indien, Katmandu. Innerhalb von wenigen Jahrzehnten weitete die Schah-Dynastie das Reich bis nach Kaschmir, auf Sikkim und Darjeeling sowie bis in die Gangesebene und kurzzeitig sogar nach Tibet aus. Gestoppt wurde der Expansionsdrang der Gurkhas erst von den Briten, die, als Kolonialmacht auf dem Subkontinent, die Gurkhas im Krieg von 1814–1816 auf das Territorium des heutigen Nepal zurückdrängten. In einem Friedensvertrag wurden die Staatsgrenzen besiegelt. Gleichzeitig erkannte und sicherte Großbritannien Nepals Funktion als Pufferstaat zwischen China und dem britischen Kolonialreich in Form eines Schutzabkommens.

Währenddessen wuchsen die inneren Spannungen in Nepal und die Macht der Rana-Familie. Nach blutigen Machtkämpfen riß der General Jung Bahadur aus der Familie der Rana 1846 diktatorisch die Staatsführung an sich und dehnte seine Machtbefugnisse aus, während der König zu einer Marionette degradiert wurde. Die eigentliche Regierungsgewalt oblag für ein Jahrhundert dem von den Rana gestellten Premierminister, der sich selbst den Rang eines Maharadschas gab. Das autoritäre Regime, das sich sowohl gegen das nepalesische Volk als auch gegen das Königtum richtete, wurde 1951 mit Hilfe Indiens gestürzt. Damit war die Gewaltherrschaft des Adels beendet und die Macht des Königs wiederhergestellt. Nepal öffnete

Daten und Fakten

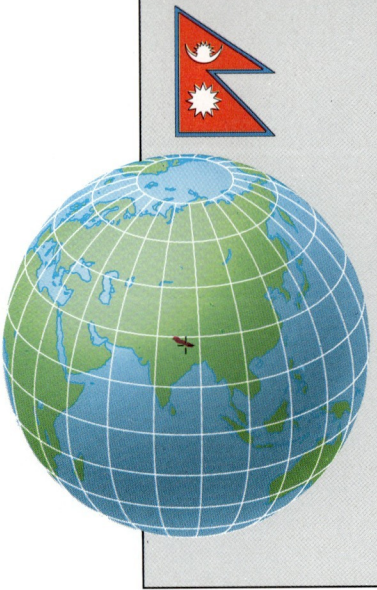

DAS LAND
Offizieller Name: Königreich Nepal
Hauptstadt: Katmandu
Fläche: 147 181 km²
Landesnatur: Im N Hoch-Himalaya, nach S anschließend Vorderer Himalaya und Siwalikkette, Tarai-Sumpfgebiet
Klima: Gemäßigtes, randtropisches Monsunklima
Hauptflüsse: Seti, Karnali, Bheri, Sun Kosi, Tamur, Arun
Höchster Punkt: Mount Everest 8846 m
Tiefster Punkt: –46 m

DER STAAT
Regierungsform: Parlamentarische Monarchie
Staatsoberhaupt: König
Regierungschef: Ministerpräsident
Verwaltung: 14 Regionen
Parlament: Repräsentantenhaus mit 205 für 5 Jahre gewählten Abgeordneten und Nationalrat mit 60 alle 6 Jahre ernannten Mitgliedern
Nationalfeiertag: 28. Dezember

DIE MENSCHEN
Einwohner (Ew.): 23 385 000 (1999)
Bevölkerungsdichte: 159 Ew./km²
Stadtbevölkerung: 12 %
Bevölkerung unter 15 Jahren: 41 %
Analphabeten: 73 %
Sprache: Nepali
Religion: Hindus 89 %, Buddhisten 5 %, Moslems 3 %

DIE WIRTSCHAFT
Währung: Nepalesische Rupie
Bruttosozialprodukt (BSP): 4799 Mio. US-$ (1998)
BSP je Einwohner: 210 US-$
Inflationsrate: 8,9 % (1990–98)
Importgüter: Erdöl u. -erzeugnisse, Fahrzeuge, Baumwollgewebe, Tiere u. Nah-

Das Gebiet Nepals *(unten)* schließt einen großen Teil des Himalaya mit ein. Eine Reihe von Bergen und Tälern gestalten den mittleren Teil Nepals, während die Region Tarai, eine fruchtbare Ebene, den südlichen Rand des Landes bildet.

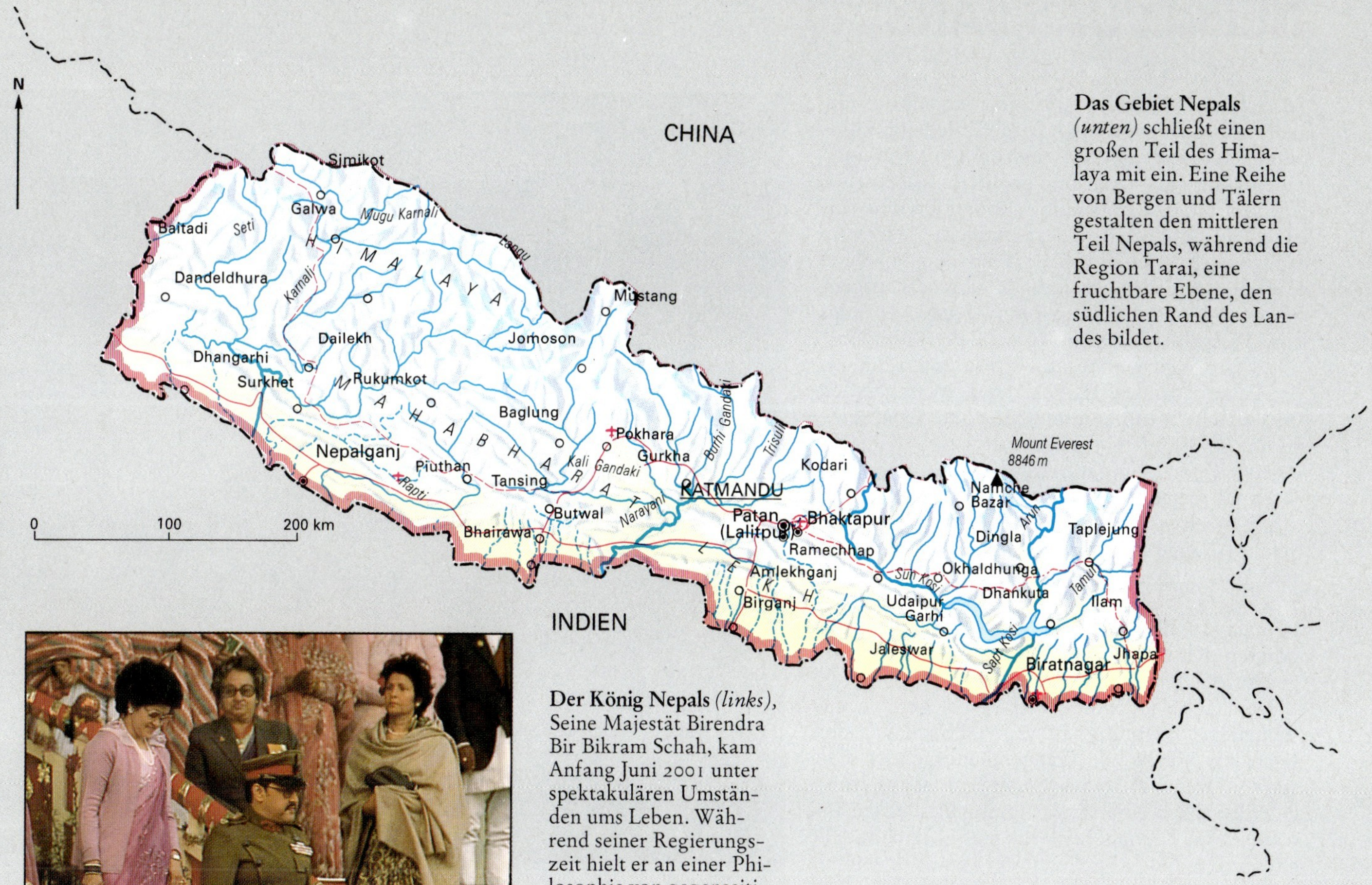

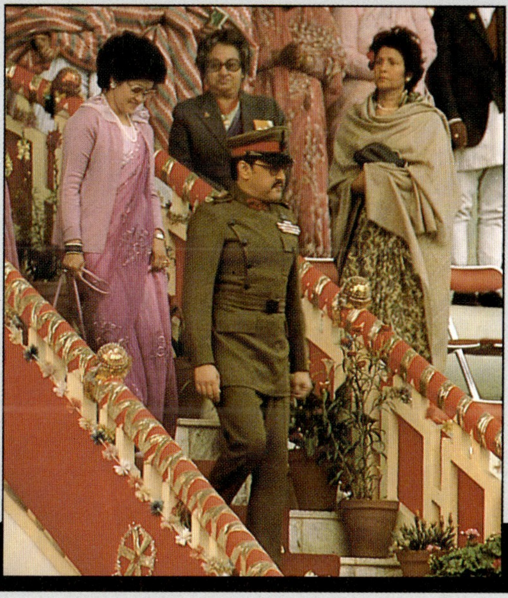

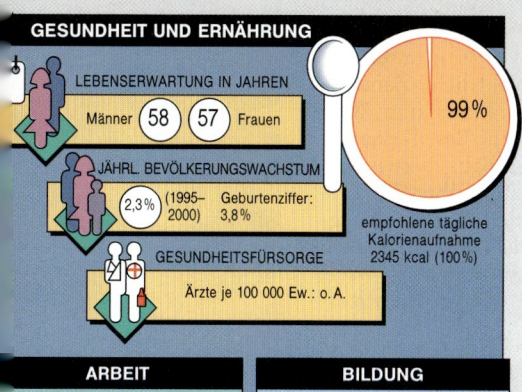

Der König Nepals *(links)*, Seine Majestät Birendra Bir Bikram Schah, kam Anfang Juni 2001 unter spektakulären Umständen ums Leben. Während seiner Regierungszeit hielt er an einer Philosophie von gegenseitiger Toleranz und friedvollem Zusammenleben fest.

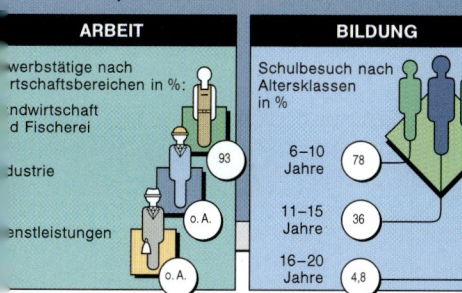

rungsmittel, Eisen u. Stahl, chemische Erzeugnisse
Exportgüter:
Jute, Reis, Ziegenfelle, Wollteppiche, Edelhölzer, Arzneipflanzen, Vieh
Handelspartner: Indien, Japan, EU-Länder, USA, China
Eisenbahnnetz:
101 km
Straßennetz:
3360 km (befestigt)
Fernsehgeräte je 1000 Ew.: 6

seine Grenzen. Der versprochene Demokratisierungsprozeß blieb jedoch zunächst aus. Das erst 1959 gewählte Parlament wurde bereits 1960 wieder aufgelöst und die geltende Verfassung aufgehoben. Damit hatten sich die konservativen Hofkreise durchgesetzt. Die 1962 erlassene Verfassung sah keine Parteien mehr vor. Das Land blieb Monarchie mit dem König als höchster politischer und geistlicher Autorität. 1972 wurde Birendra Bir Bikram Schah (1945–2001) neuer König, ohne daß die institutionellen Rahmenbedingungen geändert wurden. Ende der 80er Jahre entwickelte sich vor allem in den Städten eine Demokratiebewegung, die inspiriert war von der Umgestaltung im Ostblock. Nach mehreren blutigen Unruhen stimmte der König schließlich 1990 einer neuen Verfassung zu. Nepal wurde parlamentarische Monarchie mit einem Mehrparteiensystem. Eine innenpolitische Stabilisierung ist aber bis heute noch nicht zu erkennen.

NEPAL: DAS LAND

Im Schutz und in der Abgeschiedenheit des Himalaya hat Nepal seine landschaftliche und kulturelle Identität ebenso eindrucksvoll wie auch eigenwillig entwickelt und größtenteils bewahrt. Die landschaftliche Vielfalt des letzten und einzigen Hindukönigreiches erstreckt sich vom subtropischen Dschungel bis zu den höchsten Gipfeln der Erde. Das Land alter hinduistischer Heiligtümer und Geburtsort Buddhas vereinigt eine Vielzahl ethnischer, sprachlicher, religiöser und kultureller Gegensätze sowie unterschiedliche Lebensformen. Als Pufferstaat zwischen den Großmächten Indien und China hat Nepal seine strategisch günstige Lage stets zur Wahrung eigener Interessen genutzt.

Nepal besteht aus einem schmalen Landschaftsstreifen im zentralen Himalaya von etwa 800 km Länge und einer Breite zwischen rund 100 und 260 km. Wie übereinandergelagerte Stockwerke verlaufen in Nepal parallel zum Himalaya mehrere Teillandschaften mit ausgeprägten Klimazonen und weithin eigenständigen Wirtschafts- und Siedlungsräumen.

Der Tarai, im Süden Nepals gelegen, ist ein schmaler Vorgebirgssaum des Himalaya, der noch zur nördlichen Gangesebene gehört. Die starken Regenfälle des Sommermonsuns bringen alljährlich Überschwemmungen über das im tropischen Klimabereich liegende Dschungelgebiet. Das fruchtbare Schotter- und Schwemmland bietet aber auch günstige Voraussetzungen für ackerbauliche Nutzung und ist Lebensraum von rund einem Drittel aller Nepalesen.

Es folgt die gegen das Gebirge sanft ansteigende Bhabar-Zone, die aus den flachen, oft vielarmigen Schwemm- und Schuttfächern der Himalayaflüsse gebildet worden ist. Der aus extrem wasserdurchlässigen, groben Schottern und Sanden bestehende Boden eignet sich wegen des tiefliegenden Grundwasserspiegels nicht für landwirtschaftliche Nutzung. Stattdessen ist die Bhabar-Zone von Salwäldern großräumig bedeckt und weitgehend unbesiedelt.

Die Berge der Siwalik- oder Churiaketten bilden den Übergang zwischen dem Himalayavorland und dem Vorderen Himalaya. Sie liegen in Höhen zwischen 800 und 1000 m, sind überwiegend bewaldet, aber kaum zugänglich und daher dünn besiedelt. Nur die großen, bis zu 30 km breiten Talweitungen der Himalayaflüsse boten schon altnepalesischen Volksgruppen Lebensraum. Auf Grund der günstigen Voraussetzungen für den Reisanbau sind diese Täler heute bevorzugtes Neusiedlungsgebiet.

Die Mahabharatketten bilden den südlichsten Teil des aus mehreren parallelen Gebirgszügen bestehenden Vorderen Himalaya. Wie eine Wand erheben sie sich über die Siwalikketten und erreichen dabei Höhen von über 3500 m. In den von Flüssen extrem gegliederten und zerschnittenen Gebirgsketten des zentralen Vorderen Himalaya, die bis auf 4000 m Höhe ansteigen, liegen oft weite Beckenlandschaften, darunter auch das Tal von Katmandu mit den

Die beschauliche Klostersiedlung Thame *(oben)* im ca. 3810 m hohen Dudh-Kosi-Tal (Khumbu) mit der grandiosen Kulisse des Thamserku (6608 m) und Taboche (6367 m) im Hintergrund. Der Ort liegt an einer einst bedeutenden Karawanenroute nach Tibet.

Terrassenkulturen *(rechts)* ermöglichen eine landwirtschaftliche Nutzung der steilen Hänge, schwächen aber deren Stabilität. In einem Land mit derart wenigen ebenen Flächen müssen sogar die ganz steilen Hanglagen genutzt werden.

historischen Städten von Katmandu, Patan und Bhatgaon. Trotz des unwegsamen Naturraums ist hier, klimatisch geschützt, seit alters in Höhen um 1350 m das wirtschaftliche Zentrum Nepals mit intensivem Reis-, Mais- und Weizenanbau. Wegen des starken Bevölkerungswachstums dringt der Feldbau inzwischen immer stärker aus den Flußtälern über die Terrassen auf die höher gelegenen, oft steilen Berghänge vor, wo der Ackerbau mit erheblichen Risiken der Bodenerosion verbunden ist. Viele Täler sind heute übervölkert und in ihren Ressourcen an nutzbarem Ackerland längst erschöpft.

Über allem thront der Hohe Himalaya, gekrönt von den stark vergletscherten Massiven mit den höchsten Gipfeln der Erde. Allein neun Achttausender, darunter der Mount Everest, mit 8846 m der höchste aller Berge, liegen auf nepalesischem Territorium. Das unwirtliche Gebiet bietet in einigen Hochtälern noch Siedlungsraum für Volksgruppen, die aus Tibet stammen und in gewohnter Höhenluft an regenreichen Südhängen Feldbau betreiben. Ursprünglich wurde das Leben der Bewohner aber vom Handel mit Tibet bestimmt, der über die hohen Gebirgspässe erfolgte.

Nepal liegt überwiegend im Bereich des regenbringenden Monsuns an der Südseite des Himalaya. Abgesehen von kleinräumigen Änderungen der Vegetation durch lokale Unterschiede des Klimas ist die Pflanzenwelt von den verschiedenen Höhenstufen und somit von der Temperaturabnahme abhängig. An die Salwälder des Himalayavorlandes schließen sich Tannenwälder an, gefolgt von immergrünen Höhen- und Nebelwäldern des Vorderen Himalaya mit meterhohen Rhododendren-Arten, subalpinen Birkenwäldern, feuchten alpinen Matten mit Herbstenzian und Gebüschen und zuletzt alpinen Steppen, die den Übergang zu den vergletscherten Hochgebirgsregionen bilden. Doch ist fast überall die natürliche Vegetation durch menschliche Eingriffe stark zurückgedrängt worden. Nepal gehört zu den ärmsten Ländern der Welt und über 90 % seiner Bevölkerung lebt von der Landwirtschaft. Zur Gewinnung von neuen Nutzflächen wurden bislang unkontrolliert Wälder abgeholzt. Inzwischen wird dem Raubbau mit Wiederaufforstungsmaßnahmen begegnet.

Kleinere Industriebetriebe *(oben)* wie diese Färberei in Kirtipur, eine für ihre Webereien berühmte Stadt bei Katmandu, ernähren viele Nepalesen.

Die Region Tarai (oder Terai) im Süden Nepals *(rechts)* dehnt sich bis nach Indien aus. Sie bietet als ehemaliges Sumpfgebiet (Tarai bedeutet feuchtes Land) einer großen Anzahl interessanter und oftmals seltener, nur hier anzutreffender Arten wilder Tiere und Pflanzen eine Heimat. Die Vogelarten schließen Silberreiher (A), Weißbart-Seeschwalbe (C), Raubwürger (E), Gelbschnabelelstern (M), Fasane (N) und Bienenfresser (O) mit ein. Die Raubkatzen sind durch den Leoparden (B) und Tiger (L) vertreten. Elefanten (D) durchstreifen mit den sehr seltenen indischen Nashörnern (K) die offenen Graslandschaften. Die Wälder bieten wilden Rindern (I), Büffeln und mehreren Hirscharten Schutz, so dem Gangesreh (H), dem Sambar- (G) und dem Sumpfhirsch (F). Auch sind seltene Wildpflanzen, einschließlich zahlreicher Orchideen- und Lilienarten, vorhanden. Der starke Bevölkerungsdruck bedeutet jedoch eine große Bedrohung für die ursprüngliche Flora und Fauna dieses Gebietes.

NEPAL: DIE MENSCHEN

Nepal ist ein Mosaik zahlreicher Volksgruppen mit großen Unterschieden in Sprache, Religion und Kultur. Dennoch überwiegt das harmonische Zusammenleben, und die Vielfalt eigenständiger Lebensformen wird in der Einheit des Königreichs verkörpert. Die Bevölkerung setzt sich aus zahlreichen Stämmen zusammen, die im Norden des Landes überwiegend tibeto-birmanischer, im Süden dagegen indo-arischer Abstammung sind. Zur letzteren Gruppe gehören die Nepalesen, die die gleichnamige Nationalsprache sprechen, und der fast zwei Drittel aller Einwohner in Nepal angehören. Die Nepalesen sind Nachkommen der im 12. Jahrhundert eingewanderten und vor den moslemischen Eroberern aus Indien geflohenen Brahmanen. Mit ihnen kam der Hinduismus nach Nepal. Er verdrängte den Buddhismus im Land und ist bis heute Staatsreligion, zu der sich rund 90 % aller Einwohner Nepals bekennen. Gleichzeitig mit dem Hinduismus wurde auch das Kastenwesen in Nepal eingeführt, das jedoch in seiner gesellschaftlichen Bedeutung geringer ausgeprägt ist als in Indien. Zur tibeto-birmanischen Sprach- und Volksgruppe in Nepal gehören viele altnepalesische Stämme, wie etwa die Newar. Einige erst später zugewanderte Stämme aus dem benachbarten Tibet, so auch die Sherpa, sind ebenfalls mongolischer Abstammung. Die meisten tibeto-birmanischen Stämme gehören dem Buddhismus an, wobei die im Norden des Landes lebenden Bhotiya Anhänger des Lamaismus sind. Jeder dieser Volksstämme spricht seine eigene Sprache, die noch vor der Nationalsprache Nepali rangiert.

Begünstigt wurden die Entwicklung und Erhaltung eigenständiger Kulturformen durch die Abgeschiedenheit der Lebensräume in den schwer zugänglichen Tälern und entlegenen Bergregionen. Zu den ältesten Siedlungsgebieten Nepals gehört das Tal von Katmandu, wo sich in historischer Zeit die Einflüsse der indogermanischen und tibeto-birmanischen Gruppen begegneten, ohne daß jedoch die charakteristischen Züge der einzelnen Stämme verlorengegangen wären. Die Hauptstadt Katmandu ist bis heute lebendiges Zeichen für die Sprachen- und Völkervielfalt Nepals, sie ist Schmelztiegel verschiedenster Kulturen und Schnittpunkt von Mittelalter und Neuzeit.

Die zahlreichen Sprachen und Dialekte stellen das Land auf dem Weg in die Moderne aber auch vor große Probleme. Die über weite Teile des Landes schroffe Gebirgsnatur, verbunden mit den häufig isolierten Lebensräumen und den tradierten Lebensgewohnheiten einzelner Stämme, erschwert die seit einigen Jahren angestrebte Alphabetisierung der Einwohner, von denen heute nur rund 27 % lesen und schreiben können. Der unwegsame Naturraum des Hochgebirgslandes behindert ebenso den Aufbau eines wirksamen Gesundheitswesens. Zwar ist die Regierung bemüht, sich vorrangig um bessere hygienische Verhältnisse und um die Beseitigung

NEPAL

Der Svayambhunath-Tempel *(links)* wacht seit 2000 Jahren als Ort der Anbetung von einem westlich der Stadt gelegenen Berg über Katmandu. Darin befindet sich ein vor langer Zeit errichtetes Kloster und eine von den Mönchen versorgte Affenherde.

Ein Geflügelfarmer in Katmandu vor seinem Wohnhaus *(unten)*. Das Tal im Herzen Nepals, in dem viele Rassen zusammentrafen, hat eine Bevölkerung hervorgebracht, die für ihre Energie und ihren Charme bekannt ist.

der noch weit verbreiteten Mangel- und sogar Unterernährung zu kümmern, doch noch immer sterben viele Nepalesen, deren Lebenserwartung bei 58 Jahren liegt, an Malaria, Tuberkulose, Thyphus und Cholera. Da an den nur langsam erzielten sozialen und kulturellen Fortschritten großenteils auch die unzureichende Verkehrsstruktur Schuld trägt, hat die Regierung in letzter Zeit den Bau ausreichender Allwetterstraßen im ganzen Lande forciert. Das Land hat auf Grund seiner geographischen Gegebenheiten jedoch eine verkehrsmäßig ungünstige Ausgangssituation, und Anfang der 50er Jahre besaß es praktisch keine Straßen. Der ganze Lastenverkehr mußte auf Kuli- und Tragtierpfaden erfolgen. Heute, fünfzig Jahre später, erstreckt sich die Gesamtlänge der befestigten Straßen auf einige tausend Kilometer. Zukunftsweisend sind ebenso die insgesamt 42 Flugplätze Nepals, darunter der internationale Flughafen von Katmandu.

Nepalesische Mönche *(ganz links)* vor einem für eine Zeremonie mit vielfarbigen Gebetsfahnen geschmückten Schrein. Obwohl der Hinduismus offizielle Religion ist, wird dem buddhistischen Glauben der gleiche Respekt entgegengebracht.

Nepalesische Babys *(links)* begleiten ihre Mütter überallhin und profitieren von dem engen Körperkontakt. Aber die Notwendigkeit zu arbeiten, zwingt viele Frauen, die Versorgung ihrer Kinder deren älteren Geschwistern zu überlassen.

Früher als seine Nachbarländer hat Nepal aus politischen und wirtschaftlichen Gründen seine jahrhundertealten Schranken zur Außenwelt geöffnet. Damit war der Weg auch für die Touristen frei. Schnell entwickelten sich Katmandu und die benachbarten alten, ebenso kulturträchtigen Städte Patan und Bhatgaon, seit alters die kulturellen Zentren des Landes, zu den beliebtesten Anziehungspunkten der Besucher. In der touristischen Attraktivität konkurrieren die kultur- und religionshistorischen Sehenswürdigkeiten der hinduistischen sowie buddhistischen Sakralwelt mit der einzigartigen Naturschönheit des Himalaya. Die positive Entwicklung des Fremdenverkehrs birgt aber auch Gefahren für die Menschen und die Natur Nepals. Immer stärker wird die Bevölkerung mit fremdartigen Sozial- und Kulturkreisen konfrontiert und eine allmählich fortschreitende »Verwestlichung« gefährdet inzwischen die kulturelle Identität der Nepalesen.

NEPAL: DIE GURKHAS

Die Gurkhas stammen aus den Tälern Nepals *(oben)* westlich von Katmandu. Qualifizierte Bewerber der militärischen Elite gehören einem der fünf Hauptstämme an: der Gurung, Magar, Tamang, Rai und Limbu.

Das Kukri *(oben)*, ein Kampfmesser mit einer gebogenen Klinge, die etwa 33 cm lang ist, ist eines der meistgeschätzten Besitztümer der Gurkha-Soldaten. Man sagt, daß ein einmal aus seiner Scheide gezogenes Kukri »Blut schmecken« muß, bevor es zurückgesteckt werden kann.

Selten haben britische Soldaten so wohlwollend von ihren Feinden gesprochen wie im Fall der Stammesangehörigen eines wenig bekannten Königreichs im Himalaya an der nördlichen Grenze Indiens. Die Briten kämpften gegen sie im frühen 19. Jahrhundert. »Sie flüchteten nicht und schienen keine Angst vor dem Tod zu haben«, sagte ein britischer Offizier über die 600 Verteidiger der Festung Kalunga. Nach einer einmonatigen Belagerung durch 4000 Rotjacken, die auch 20 schwere Kanonen einsetzten, hatte sich ihre Zahl auf weniger als 100 reduziert. Ein anderer britischer Offizier bemerkte, daß »sie mit uns wie Männer einen fairen Kampf führten und uns in den Feuerpausen offene Höflichkeit entgegenbrachten«.

Diese tapferen Gegner waren die Gurkhas in Nepal, deren Bestreben, das Territorium ihres kleinen Landes zu vergrößern, 1814–1816 zu einem Krieg mit der Ostindienkompanie führte. Diese war eine aggressive britische Macht, die sich zu jener Zeit in Indien ausdehnte. Beide Seiten respektierten sich. »Wir könnten unter Männern wie Ihnen dienen«, sagte ein Stammesangehöriger zu einem gefangenen britischen Offizier – und noch vor dem Ende der Kämpfe wurden 4000 Gurkhas für die Armeen der Kompanie rekrutiert. Erst nach dem Krieg räumten Verträge den Briten das Recht ein, in dem sonst neutralen Nepal Truppen einzuziehen. Das erste Regiment der Gurkhas, das »Sirmoor-Battalion«, wurde 1815 gegründet.

Genaugenommen haben die Gurkhas den Rang von Söldnern, die gegen Bezahlung einer ausländischen Macht dienen. Aber die Loyalität der Gurkhas hat nie geschwankt, und sie haben sie in 175 Jahren in den zehn aufgestellten Regimentern gegenüber den britischen Offizieren stets bewiesen. Ihrem Mut sind sie in zahlreichen Kämpfen gerecht geworden: Von der indischen Meuterei 1857 bis zum Falklandkrieg 1982, von der klirrenden Kälte in den Schützengräben der Westfront im Ersten Weltkrieg (dort dienten mehr als 200 000 Gurkhas) bis hin zu den vor Hitze dampfenden Dschungeln Malaysias und Birmas im Zweiten Weltkrieg. Die Gurkhas kämpften nach ihrem Motto: »Kaphar hunno Bhanda manu ramro« (Es ist besser zu sterben, als ein Feigling zu sein).

Nicht alle Gurkhas sind Soldaten. Eigentlich ist ein Gurkha ein Mitglied von einem der zahlreichen mongolischen Stämme, deren historisches Gebiet sich auf Gurkha (früher Gorkha oder Goorkha genannt) im Zentrum Nepals erstreckt. Der Name ist von den nepalesischen Wörtern »Go« (Kuh) und »Rakh« (Verteidiger) abgeleitet. Er zeugt von einer der Hauptbeschäftigungen der Gurkhas als Hirten, »Verteidiger der Kühe« und weist auf den hinduistischen Glauben der meisten Gurkhas hin.

Der typische Gurkha, der in den Ausläufern des Himalaya lebt, ist klein, meistens nicht größer als 1,63 m, stämmig, mit den besonders muskulösen Beinen eines Bergsteigers, hat oliven-

Gurkha-Regimenter *(rechts)* waren bei der Beerdigung von Lord Louis Mountbatten (1900–1979) in voller Uniform angetreten. Nur favorisierten britischen Einheiten war eine Teilnahme erlaubt. Als Zeichen des Respekts tragen sie ihre Gewehre mit der Mündung nach unten.

Alte Soldaten *(unten)* kehren oftmals nach Beendigung ihrer Dienstkarriere in ihre Heimatstädte in den Bergen Nepals zurück. Sie genießen großen Respekt, da sie vergleichsweise wohlhabend sind und wertvolle Erfahrungen sammelten.

»Johnny Gurkha« *(unten rechts)*, ein Havildar-Major (dienstälterer, nicht bevollmächtigter Offizier) eines Schützenbataillons in leichter Uniform. Die Gurkhas dienen seit 1815 in der britischen Armee.

NEPAL

farbige Haut und Mandelaugen. Durch eine harte, entbehrungsreiche Erziehung im bescheidenen Milieu entwickelt er Widerstandskraft und Selbstvertrauen. Der berühmte Humor der Gurkhas tendiert dazu, etwas makaber zu sein: »Kulbir machte unseren Offizieren viel Ärger, als er noch aus einem Stück bestand«, bemerkte ein Gurkha-Soldat, der gerade gesehen hatte, wie sein Kamerad von einer Granate getötet worden war; »Auf die Götter kommt jetzt etwas zu, wo er aus sechs Teilen besteht!«

Rekrutierung der Gurkhas

Die Hauptalternative im Leben eines jungen Gurkha zu der Tätigkeit in der gerade für die Eigenversorgung ausreichenden Landwirtschaft ist der Dienst in der britischen oder indischen Armee. Hier besteht die Aussicht, daß er mit Ersparnissen, Abfindungen, einer Rente und einem Ansehen zurückkehrt, durch das er einen Platz im »panchayat« (Rat) des Dorfes einnehmen kann. Wenn eine Rekrutierung angekündigt wird, wandern Tausende von Gurkhas zu den Versammlungszentren in Dharan Bazar im Osten und Pokhara im Westen Nepals. Weniger als 10 % können angenommen werden. Sie werden aufgrund medizinischer Untersuchungen und sonstiger Tests nach ihrer physischen und geistigen Tauglichkeit ausgewählt.

Die »kriegerischen Stämme«, von denen die meisten Gurkha-Soldaten rekrutiert werden, sind die Magar (der weitverbreitetste Stamm in Nepal, der etwa 30 % der Bevölkerung ausmacht), die Gurung im westlich-zentralen Nepal, und die Limbu, Tamang und Rai im Norden und Osten. Aufgrund ihrer Sprachen und Dialekte können sich die einzelnen Stämme oft untereinander nicht verständlich machen. Diese Schwierigkeiten bestehen sogar bei Angehörigen desselben Stammes (so haben die Rai etwa 10 Sprachen und 70 Dialekte). Aber eine Redewendung der Gurkha ist weltweit berühmt geworden: der Kriegsruf »Ayo Gurkhali«! (Hier kommen die Gurkha!). Ähnlich berühmt ist das Gurkha-Messer, das »kukri«. Seine rasiermesserscharfe, einschneidige Klinge ist einschließlich schwerem Griff etwa 33 cm lang und ist über dem Griff mit einer Kerbe versehen, um das Messer des Gegners abzufangen.

Die Gurkhas nach der Unabhängigkeit Indiens

Nach der Unabhängigkeit Indiens wurden die Gurkha-Regimente zwischen Großbritannien und Indien aufgeteilt. Heute dienen etwa 12 000 Gurkha in der indischen Armee und ca. 8000 in der britischen. Von den letzteren waren vier Bataillone in Hongkong stationiert, wo sie bis zur Rückgabe von Hongkong an die Volksrepublik China im Jahre 1997 Verteidigungsaufgaben wahrgenommen hatten.

In Winchester, im Süden Großbritanniens, zeigt ein Gurkha-Museum alles Wichtige zur Geschichte der Gurkhas seit 1815 bis in die Gegenwart.

NEUSEELAND

NEUSEELAND

Der Inselstaat Neuseeland liegt im südlichen Pazifik etwa 1600 km südöstlich der australischen Küste. Er besteht aus zwei langgestreckten Inseln: die Nordinsel ist etwas kleiner als die Südinsel, wird jedoch von einer weitaus größeren Bevölkerung bewohnt. Eine ganze Reihe weiterer Pazifikinseln steht unter neuseeländischer Verwaltung, darunter die Cook-Inseln, die Kermadec-Inseln, Niue und die Tokelau-Inseln. Auckland ist die größte Stadt und Wellington die Hauptstadt Neuseelands.

Das Land ist mit seinem von alpinen bis zu subtropischen Landschaften reichenden Spektrum außerordentlich reizvoll. Heiße Quellen und Gletscher tragen zur besonderen Faszination der Südinsel bei, auf der sich Bergketten bis weit über 3000 m erheben. Neuseeland hat eine Bevölkerung von nur 3,8 Millionen, und die Mehrzahl der Menschen – etwa 87 % – lebt in Städten. Das dünn besiedelte Land ist zum überwiegenden Teil noch in unberührtem Zustand, und die landschaftliche Schönheit Neuseelands zieht in zunehmendem Maße Touristen an. Milford Sound an der Fjordküste der Südinsel gehört zu den eindrucksvollsten Landschaften.

Einwanderer aus Polynesien ließen sich vor etwa 1000 Jahren auf den Inseln nieder. Sie fanden ein fruchtbares Land vor, das vor allem durch einen großen Vogelreichtum und fischreiche Küstengewässer gekennzeichnet war. Dieses Volk, die Maori, hat heute wieder einen Anteil von 10 % an der Gesamtbevölkerung.

Die Besiedlung durch Europäer setzte im späten 18. Jahrhundert ein. 1840 erwarben die Briten das Besitzrecht und gewährten den Siedlern eine verantwortliche Selbstregierung. 1907 erhielt Neuseeland den Dominionstatus und ist heute Mitglied im Commonwealth of Nations.

Zunächst florierte die Wirtschaft, deren Schwergewicht bei der Viehzucht, in erster Linie der Aufzucht von Rindern und Schafen, lag. Die großen Herden lieferten Fleisch, Wolle und Butter für den Export. In den letzten Jahren ist die wirtschaftliche Entwicklung jedoch beeinträchtigt, hauptsächlich als Folge der eingeschränkten Handelsbeziehungen mit Großbritannien.

Neuseeland war einer der ersten Staaten, der ein umfassendes Wohlfahrtsprogramm einführte, das öffentliche Gesundheitspflege, soziale Sicherheit, Altersversorgung und Arbeitslosenunterstützung beinhaltete. In den 80er Jahren wurde die Bevölkerung Neuseelands sowohl mit wirtschaftlichen Schwierigkeiten als auch mit Umweltproblemen konfrontiert. Die Wirtschaft paßte sich an die veränderten Bedingungen im Welthandel an, die durch die geringere europäische Nachfrage nach den traditionellen Exportprodukten des Landes verursacht wurden. Und viele Neuseeländer engagieren sich in umweltpolitischen Fragen, insbesondere im Widerstand gegen Nuklearwaffen und Umweltverschmutzung.

NEUSEELAND: DER STAAT

Neuseeland ist eine konstitutionelle Monarchie auf der Grundlage einer parlamentarischen Demokratie. Das Staatsoberhaupt ist die britische Königin. Sie wird durch einen Generalgouverneur, seit 1996 Sir Michael Hardie Boys, vertreten, der aber nur geringe Machtbefugnisse hat.

Neuseeland besitzt keine vollständig niedergeschriebene Verfassung, vielmehr sind die Rahmenbedingungen der verfassungsmäßigen Ordnung in einer Vielzahl von Regierungsdokumenten und Gerichtsurteilen festgehalten. In einer im Jahr 1986 verabschiedeten Verfassungsurkunde ist die gesamte, die Verfassung betreffende Gesetzgebung zusammengefaßt.

Die Legislative liegt in Händen des Repräsentantenhauses, der einzigen Kammer des Parlaments. Von den 120 Parlamentssitzen sind fünf den Maori vorbehalten. 65 der Parlamentarier werden direkt gewählt, 55 über Parteilisten. Dieses System wurde erstmals bei den Parlamentswahlen 1996 praktiziert. Vorher wählten die Neuseeländer nach britischem Vorbild. Alle Staatsbürger über 18 Jahre sind berechtigt, an den alle drei Jahre stattfindenden Wahlen teilzunehmen.

Abschied vom Versorgungsstaat

Der moderne Wohlfahrtsstaat hatte in Neuseeland eine lange Tradition. 1962 ernannte es als erster nicht-skandinavischer Staat einen Regierungsbeauftragten (»Ombudsmann«), der den Beschwerden einzelner Bürger gegenüber der Verwaltung nachgeht. Die Errungenschaften des Landes auf dem Gebiet der öffentlichen Gesundheitspflege, der Sozialfürsorge und des Bildungswesens waren lange Zeit vorbildlich. Ein medizinisches Regierungsprogramm garantierte jedem Neuseeländer die kostenlose Gesundheitsversorgung. Mit der Einführung der Altersrente, des Tarifrechts und der Regelung von Arbeitsbedingungen reichten die sozialpolitischen Maßnahmen bis ins 19. Jahrhundert zurück, und 1893 war es auch Neuseeland, das als erstes Land der Welt das Frauenstimmrecht einführte.

Nachdem das Land in den 70er Jahren in eine wirtschaftliche Rezession geraten war, setzte die Regierung seit Mitte der 80er Jahre auf neoliberale Wirtschaftskonzepte. Verstärkte Deregulierungen und Privatisierungen sowie erhebliche Einschnitte in die sozialen Sicherungssysteme sanierten die öffentlichen Haushalte. Erste Erfolge zeigten sich in einem starken Anstieg des Bruttoinlandproduktes, in einer signifikanten Reduzierung der Arbeitslosigkeit und in einem erheblichen Wirtschaftswachstum. Auch auf kommunaler Ebene gab es einschneidende Veränderungen. Eine Verwaltungsreform, die eine Trennung von politischer und operativer Verantwortung bewirkte, steigerte die Dienstleistungsqualität auf kommunaler Ebene und wirkte sich gleichzeitig kostenmindernd aus. Der Abschied vom Versorgungsstaat alten Musters führte allerdings gleichzeitig zu einer starken Abnahme der sozialen Sicherheit. Trotzdem wurde das neuseeländische Reformmodell im Zuge der Globalisierung zum Vorbild auch für andere westliche Industriestaaten.

Das regierungsunabhängige Rechtssystem Neuseelands ist nach britischem Vorbild aufgebaut. Örtliche Friedensrichter entscheiden kleinere Streitfälle, die nächsthöhere Ebene bilden die Amtsgerichte. Schwerwiegende Fälle werden vor dem Höchsten Gericht verhandelt, dessen Entscheidungen an das Appellationsgericht weitergeleitet werden können.

Daten und Fakten

DAS LAND
Offizieller Name: New Zealand
Hauptstadt: Wellington
Fläche: 270 534 km²
Landesnatur: Südinsel: beherrscht von den Neuseeländischen Alpen, im O Hügelland, im S Fjorde; Nordinsel: geprägt vom vulkanischen Hochland
Klima: Warm-gemäßigt, im N subtropisch
Hauptflüsse: Clutha, Waitaki, Rangitikei, Wanganui
Höchster Punkt: Mount Cook 3764 m

DER STAAT
Regierungsform: Parlamentarische Monarchie
Staatsoberhaupt: Königin Elisabeth II., vertreten durch einen Generalgouverneur
Regierungschef: Ministerpräsident
Verwaltung: 16 Regionen, 3 Außenbezirke
Parlament: Einkammerparlament mit 120 für 3 Jahre gewählten Mitgliedern
Nationalfeiertag: 6. Februar
DIE MENSCHEN
Einwohner (Ew.): 3 828 000 (1999)
Bevölkerungsdichte: 14 Ew./km²

Stadtbevölkerung: 87 %
Bevölkerung unter 15 Jahren: 23 %
Analphabetenquote: 1 %
Sprache: Englisch; Maori
Religion: Anglikaner 22 %, Presbyterianer 16 %, Katholiken 15 %
DIE WIRTSCHAFT
Währung: Neuseeland-Dollar
Bruttosozialprodukt (BSP): 55 787 Mio. US-$ (1998)
BSP je Einwohner: 14 700 US-$
Inflationsrate: 1,6 % (1990–98)

NEUSEELAND

Im kreisrunden »Bienenstock« (oben) in der Nähe des Parlamentsgebäudes befinden sich die Büros der Kabinettsmitglieder. Neuseeland wurde erst im 19. Jahrhundert von Europäern besiedelt und war bis zum Jahre 1907 eine britische Kolonie. Heute ist das Land Mitglied des Commonwealth of Nations.

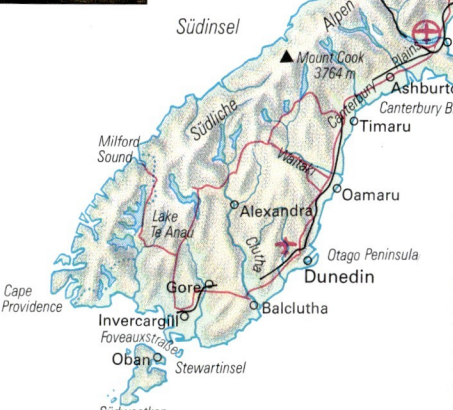

Neuseeland (links) besteht aus zwei großen Inseln – der Nord- und der Südinsel – und einer Reihe kleiner Inseln im Südpazifik. Die Südinsel kann sich einiger der großartigsten Landschaften der Erde rühmen.

Parteienlandschaft

Das politische Leben Neuseelands wird seit Jahren von den beiden wichtigsten Parteien des Landes, der »Labour Party« und der »National Party« bestimmt. Bis in die 80er Jahre stellte das Programm der Labour Party staatliche Lenkung und Planung sowie Verstaatlichungen in den Vordergrund, während die National Party freie Marktwirtschaft und Privatinitiative favorisierte. 1984 begann die Labour-Regierung nicht nur, weitreichende wirtschaftliche Reformen voranzutreiben, sondern auch bedeutende Umweltprobleme in Angriff zu nehmen. Insbesondere die Erklärung Neuseelands zur atomwaffenfreien Zone, verbunden mit der Verbannung aller Nuklearwaffen und atomgetriebenen Schiffe, fand weltweite Beachtung und führte zu Auseinandersetzungen mit den Vereinigten Staaten. Durch die Abschaffung des reinen Mehrheitswahlrechts hat heute neben den beiden Traditionsparteien unter anderem auch die »New Zealand First Party«, die vor allem gegen die zunehmende Einwanderung aus Asien agitiert, eine wichtige Rolle im politischen System des Landes. 1996 bildete sie eine Regierungskoalition mit der National Party, die mit Jenny Shipley (* 1953) auch die Regierungschefin stellte. Die Wahlen von 1999 brachten wieder die Labour Party an die Regierung. Sie bildete eine Koalition mit der linksgerichteten Alliance Party. Neue Regierungschefin wurde Helen Clark (* 1950).

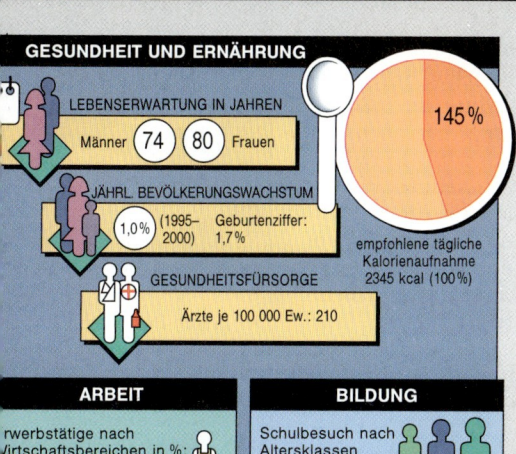

Importgüter: Erdöl u. -produkte, Maschinen, Fahrzeuge, chem. Erzeugnisse, Elektroausrüstungen
Exportgüter: Fleisch, Molkereierzeugnisse, Wolle, Häute, Felle, Fisch, Früchte, Konserven, Holz, Holzprodukte, Maschinen
Handelspartner: EU-Länder, Japan, Australien, USA, Singapur, Indonesien
Eisenbahnnetz: 3973 km
Straßennetz: 53 570 km (befestigt)
Fernsehgeräte je 1000 Ew.: 508

1009

NEUSEELAND: WIRTSCHAFT

Neuseeländer weisen ausländische Besucher gerne darauf hin, daß es in ihrem Land 20mal mehr Schafe und dreimal mehr Rinder als Menschen gibt. Keine andere Nation der Welt verzeichnet so viele landwirtschaftliche Nutztiere pro Kopf der Bevölkerung. Da mehr als die Hälfte der Fläche der Weidewirtschaft dient, entsteht leicht der Eindruck, daß die neuseeländische Wirtschaft überwiegend landwirtschaftlich orientiert ist.

Obwohl die Landwirtschaft ein wichtiger Wirtschaftszweig ist, arbeiten dreimal so viele Menschen in der Industrie, während der Handel und der Dienstleistungssektor achteinhalbmal mehr Menschen beschäftigt wie der Agrarsektor. Im großen und ganzen sind in der Landwirtschaft etwa 8 % der Erwerbstätigen beschäftigt und sie erwirtschaftet etwa 9 % des neuseeländischen Bruttosozialprodukts.

Dennoch ist der Anteil des Agrarsektors an den Ausfuhrerlösen immer noch beachtlich. Mitte der 60er Jahre bestanden über 84 % der neuseeländischen Exporte aus Wolle und Molkereiprodukten. In den frühen 80er Jahren sank dieser Anteil auf 55 %. Die neuesten verfügbaren Zahlen zeigen, daß noch knapp 45 % der Exporte aus landwirtschaftlichen bzw. forstwirtschaftlichen Erzeugnissen bestehen, in erster Linie Fleisch, Molkereiprodukte und Wolle bzw. Zellstoff und Papier, während bereits knapp 40 % der Ausfuhrerlöse auf Industrieprodukte entfallen.

Neuseelands Wirtschaft ist in erheblichem Maß von Importen abhängig. Etwa 70 % der Importe sind Fertigwaren, Maschinen und Fahrzeuge. In den letzten Jahren hatte das Land große Schwierigkeiten, seine Außenhandelsbilanz positiv zu gestalten, und war gezwungen, neue Absatzmärkte für die inländischen Produkte zu erschließen.

Zwischen 1965 und 1981 sanken die Erlöse aus dem Export in die Europäische Gemeinschaft um die Hälfte. Heute geht nur noch ein Fünftel der Ausfuhren in die Länder der EU. Nach dem Rückgang des Absatzes auf den traditionellen Märkten in Europa, besonders in Großbritannien, liegen die neuen Chancen der neuseeländischen Wirtschaft hauptsächlich in Japan, den USA und den Ländern des Nahen Ostens.

Die Wirtschaftsentwicklung

Die Grundlagen der Wirtschaft im modernen Neuseeland wurden im späten 19. und frühen 20. Jahrhundert geschaffen, als die Regierung mit einem System staatlicher Interventionen und Lenkung begann. Der Architekt dieses staatlich geförderten Investitions- und Entwicklungsprogramms war der koloniale Schatzmeister Julius Vogel. Er war überzeugt, daß Neuseeland ein gewaltiges wirtschaftliches Potential besaß, das durch die Aufnahme hoher Kredite zur Investition in die nationale Wirtschaft aktiviert werden könne.

Eine Schafherde blockiert eine Straße in den Weidegebieten des neuseeländischen Hügellandes (*rechts*). Schaf- und Rinderhaltung bilden die Grundlage der Wirtschaft. Die wichtigsten Ausfuhrerzeugnisse sind Wolle, Lammfleisch und Molkereiprodukte.

Ein Schaf (*oben*) läßt geduldig die alljährliche Schur über sich ergehen. Schafscheren ist in Neuseeland auch beliebt als Schnelligkeitswettbewerb.

Bei der Schaffung einer modernen Infrastruktur – dem Ausbau des Straßen- und Eisenbahnnetzes, der Elektrizitäts- und Wasserversorgung und dem Bau von Brücken – machte der Staat hohe Schulden. Darüber hinaus gewährte der Staat den Einwanderern beträchtliche finanzielle Unterstützung, um ihnen den Landkauf und die Landerschließung zu ermöglichen. Diese Politik führte zu einer Hochkonjunktur. Die Immigration nahm zu, so daß sich zwischen 1870 und 1880 die Bevölkerung Neuseelands verdoppelte.

Die steigende Schuldenlast beendete diese Periode wirtschaftlichen Aufschwungs. Die Wirtschaft erholte sich erst Mitte der 1890er Jahre, als die steigende Nachfrage nach neuseeländischen Exportprodukten und die Entwicklung von Kühlschiffen den Massenexport von Fleisch, Milch und Butter erlaubte.

In den frühen Jahren der wirtschaftlichen Entwicklung legten die aufeinanderfolgenden Regierungen mit sozialpolitischen Reformen, wie der Einführung der Altersrente im Jahr 1898, den Grundstein für einen modernen Wohlfahrtsstaat. Dick Seddon, von 1893 bis 1906 liberaler Premierminister, führte die von Julius Vogel initiierte Politik fort und schuf den Rahmen für die Wirtschaft des modernen Neuseeland.

Der Zweite Weltkrieg hatte große Auswirkungen auf Neuseeland, das Großbritannien militärische Unterstützung gewährte. Wie im

Der Hafen Port Nicholson von Wellington (*oben*) macht diese Stadt zu einem der bedeutendsten Wirtschaftszentren Neuseelands. Gute Schneeverhältnisse für Skifahrer (*rechts*) bieten die Südalpen und der Tongariro-Nationalpark.

NEUSEELAND

Das geothermische Kraftwerk von Wairakei *(unten)*, südlich von Rotorua, nutzt die in tieferen Erdschichten gespeicherte Energie zur Elektrizitätsgewinnung. In Form heißer Quellen oder Geysiren gelangt der Wasserdampf an die Erdoberfläche.

Geothermische Energie

Die geothermische Energie (unten) spielt bei der Energieversorgung Neuseelands eine wichtige Rolle. Sie wird dem Vulkanplateau von Rotorua auf der Nordinsel entnommen. Dem Erdmantel aufliegende, undurchlässige Grundgesteinsschichten (1) leiten die Wärme zu durchlässigen Gesteinsschichten (2), in denen das Wasser bis auf Temperaturen von 250 bis 350 °C erhitzt wird. Der aufwärts drängende Wasserdampf trifft auf undurchlässige Deckschichten (3). Risse und Spalten (4) lassen den unter hohem Druck stehenden Wasserdampf an die Oberfläche entweichen. Es kommt zur Bildung von Geysiren und heißen Quellen. Indem man Rohre tief in die Erde treibt, kann dieser Wasserdampf Turbinen zugeführt werden, die Elektrizität erzeugen. In Wairakei wird der heiße Dampf aus dem Erdinnern auch für ein Thermalbad genutzt.

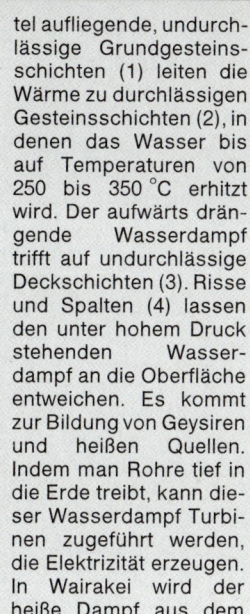

Ersten Weltkrieg dienten Tausende von Neuseeländern in Übersee. Das verstärkte Engagement der US-Amerikaner nach 1945 im pazifischen Raum führte, auf Kosten einer Schwächung der traditionellen Bindung an Großbritannien, zu einer engeren wirtschaftlichen Zusammenarbeit mit den USA.

In den 70er Jahren mußte sich Neuseeland der Herausforderung sinkender Weltmarktpreise für seine Hauptausfuhrerzeugnisse, steigender Ölpreise und dem Eintritt Großbritanniens in die EG, der den Absatz in einem der wichtigsten Abnehmerländer drastisch einschränkte, stellen. Konsequenz war, daß die Entwicklung des Lebensstandards, der in den 50er Jahren einer der höchsten der Welt war, mit dem anderer Länder nicht Schritt halten konnte.

All diese Probleme beantwortete die neuseeländische Regierung neben verstärkten Bemühungen um den Industrieaufbau mit den traditionellen Verfahren staatlicher Interventionen und Kontrolle. 1984 leitete jedoch die neu gewählte Labour-Regierung eine Wende in Richtung freier Marktwirtschaft ein. In einem umstrittenen Reformpaket wertete die Labour-Administration den Neuseeland-Dollar ab und gab den Wechselkurs frei, beseitigte zahlreiche Beschränkungen im Finanzwesen und bei den Importen, verkaufte staatliche Unternehmen, schaffte die kostspieligen Agrarsubventionen ab und reformierte das Steuersystem.

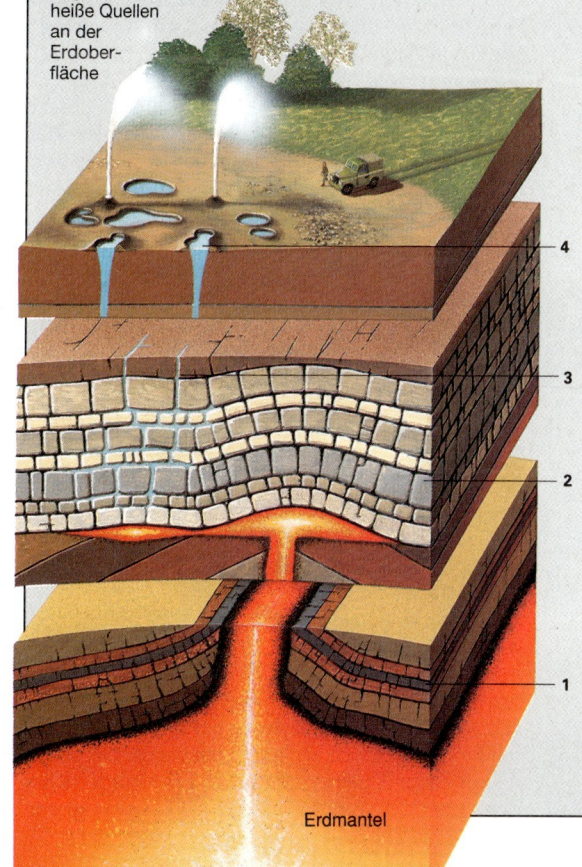

Geysire und heiße Quellen an der Erdoberfläche

Erdmantel

NEUSEELAND

Die Menschen

Obwohl Neuseeland die gleiche Fläche einnimmt wie Japan oder Großbritannien, hat es lediglich eine Bevölkerung von etwa 3,8 Millionen Menschen. Rund 87 % der Bewohner leben in Städten, mehr als die Hälfte allein in Auckland, Wellington, Christchurch, Manukau, Hamilton und Dunedin.

Ein gemächliches Tempo und eine entspannte Atmosphäre sind charakteristisch für Neuseelands Städte, die im Vergleich zu ihren amerikanischen und europäischen Gegenstücken weniger überfüllt und gehetzt wirken. Auckland ist vielleicht die Stadt, die der Atmosphäre westlicher Städte am nächsten kommt: ein geschäftiges, kosmopolitisches Zentrum mit einem großen Bevölkerungsanteil von Maori und Polynesiern, der Auckland zur größten polynesischen Stadt der Welt macht. Die meisten anderen Städte haben sich jedoch eine beschauliche Kleinstadtatmosphäre bewahrt.

Lebensstandard

Neuseeländer genießen seit langem einen hohen Lebensstandard und pflegen ihr wohlentwickeltes und kostspieliges Wohlfahrts-, Gesundheits- und Bildungssystem. Obwohl Neuseeländer zu ausgeprägtem Individualismus neigen, sind sie kooperativ und gemeinschaftlichen Unternehmungen gegenüber aufgeschlossen. Dies zeigt sich nicht zuletzt in ihrer Begeisterung für den Sport, wobei das Rugby einen besonders hohen Stellenwert einnimmt.

Die meisten Menschen in Neuseeland sind Hausbesitzer und nahezu jede Familie verfügt über ein Auto sowie eine Vielzahl moderner Konsumartikel. Wenig überraschend für ein Land, in dem die Viehhaltung einen derart wichtigen Wirtschaftszweig darstellt, ist die Tatsache, daß in Neuseeland der Konsum von Fleisch und tierischen Erzeugnissen höher ist als in jedem anderen Land der Erde.

Neuseeländer lieben das Landleben und flüchten wann immer sie können aufs Land. Viele besitzen kleine Landhäuser oder Hütten, die sie an Wochenenden und in den Ferien aufsuchen. Obwohl der typische Neuseeländer ein Städter ist, haben die meisten noch eine enge Beziehung zum Land und erinnern sich ihrer Vorfahren, die vor wenigen Generationen die Wegbereiter der Erschließung der ländlichen Regionen waren. Auch die Maori-Kultur trägt mit ihrer Betonung der harmonischen Beziehung zwischen Mensch und Land zur tief verwurzelten Achtung vor den ländlichen Gebieten bei.

Umweltbewußtsein

Alle Neuseeländer sind sich bewußt, daß auch heute ihr Lebensstandard von den Agrarexporten abhängig ist. Dies trägt zu einem großen Interesse am Umweltschutz bei, der in Neuseeland in den letzten 20 Jahren zu einem der meist diskutierten Themenkomplexe geworden ist. In den 60er Jahren initiierten Umweltschützer

Die berühmten All Blacks, hier während eines Länderspiels gegen die Nationalmannschaft von Fidschi *(oben)*, erzielen auf dem Rugbyfeld große sportliche Erfolge für Neuseeland. Rugby ist die populärste Sportart des Landes. In Auckland, Wellington, Christchurch und Dunedin werden internationale Begegnungen ausgetragen. - **Anti-Atomtest-Demonstration** *(rechts)* gegen französische Atomtests im Südpazifik.

Der Cathedral Square *(rechts)* ist das Zentrum von Christchurch, einer ruhigen Stadt mit schönen Alleen und Landschaftsgärten des 19. Jahrhunderts. Studenten des Christ College *(oben)* in Uniform rufen die englische Tradition in Erinnerung.

NEUSEELAND

Das Marktgeschehen *(oben)* in den größeren Städten verschafft dem Besucher ein vortreffliches Bild von der Zusammensetzung der neuseeländischen Bevölkerung aus britischen und polynesischen Einwanderern und Maori.

engagierte Kampagnen, um die ländlichen Regionen vor Schäden durch exzessive Nutzung und den Bau von Dämmen und Wasserkraftwerken zu bewahren.

Zuletzt haben die Umweltschützer ihre Aufmerksamkeit auch weitreichenderen Problemen zugewandt, wie den Atomwaffentests der Franzosen auf Mururoa in Französisch-Polynesien. Im Juli 1985 war die neuseeländische Nation schockiert, als französische Geheimdienstagenten im Hafen von Auckland das Greenpeace-Schiff Rainbow Warrior versenkten, mit dem eine Protestfahrt gegen die französischen Atomtests vorbereitet wurde. Dieser Zwischenfall wirkte sich negativ auf die neuseeländisch-französischen Beziehungen aus.

Schon 1983 verbot Neuseeland nuklear betriebenen oder bewaffneten Kriegsschiffen das Befahren neuseeländischer Gewässer. Dies belastete die Beziehungen sowohl zu den USA wie auch zu Australien und führte zur Aufkündigung des ANZUS-Verteidigungspakts.

Dessen ungeachtet setzt das Land, das Sitz zahlreicher Umweltorganisationen ist, sein Engagement zur Erhaltung der Umwelt fort. Größte Sorge bereitet den Neuseeländern die allmähliche Auflösung der Ozonschicht über der Antarktis.

Aufgrund seiner wundervollen Landschaft wird Neuseeland immer mehr zu einem beliebten Ziel für Touristen aus aller Welt. 1990 war Auckland Austragungsort der Commonwealth-Spiele. Zur gleichen Zeit liefen auch die an der Whitbread-Hochseesegelregatta teilnehmenden Jachten in den Hafen ein. Im Jahr 2000 verzeichnete Neuseeland eine Zahl von etwa 1,6 Millionen Auslandsgästen. Der Tourismus wird sicherlich ein bedeutender Wirtschaftszweig werden. Dennoch wollen die Neuseeländer es nicht zulassen, daß der Zustrom von Besuchern ihre Lebensweise oder die Landschaft, auf die sie so stolz sind, zerstört.

NEUSEELAND: MAORI-KULTUR

Um 800 n. Chr. erreichte das Volk der Maori die Inseln des heutigen Neuseeland. Damit begann die menschliche Besiedlung einer der letzten großen unbewohnten Regionen der Erde. Die Einwanderung der Maori war Teil der Wanderungsbewegung polynesischer Völker, die von Südostasien aus auf dem Weg über Fidschi und Tonga, später auch über die östlich gelegeneren polynesischen Inseln, die heute als die Cook- und die Gesellschaftsinseln bekannt sind, Neuseeland erreichten.

Um 1200 waren ihre Siedlungen weit verbreitet. Es ist jedoch nicht sicher, ob dies die Folge anhaltender Migration oder der Ausbreitung der ursprünglich eingewanderten Gruppen war. Die Maori bauten Feldfrüchte an und brachten auch Hunde und Ratten, möglicherweise auch Tierarten, die nicht mehr erhalten sind, ins Land. Die Entwicklung der Maori-Kultur wurde im Wesentlichen durch die Auseinandersetzung der Menschen mit ihrer neuen Umgebung geprägt. In Neuseeland fanden die Maori ein reichhaltiges Nahrungsangebot vor, und auch Klima und Vegetation waren abwechslungsreicher als in der Heimat ihrer polynesischen Vorfahren. Größere Bäume bedeuteten mehr Holz für größere Kanus, und die Holzschnitzkunst wurde zu einem wichtigen Bestandteil der Maori-Kultur. Durch den Vogelreichtum, insbesondere durch das Vorkommen der großen, flugunfähigen Moas, war Nahrung im Überfluß vorhanden.

Die Sozialordnung der Maori war sehr komplex. Großfamilie (»Whanau«) und Sippe (»Hapu«) waren die Säulen des verwandtschaftlichen Zusammengehörigkeitsgefühls. Weitere Bande bildeten sich häufig um die »Waka«, die Gruppe, die sich aus den Nachkommen der Maori zusammensetzte, die im gleichen Boot eingewandert waren. Zeitweise kooperierten die Stämme. Die Konkurrenz um das ihre Siedlungen (»Kainga«) umgebende Gebiet führte jedoch häufig zu kriegerischen Auseinandersetzungen und zum Bau befestigter Siedlungen, der »Pa«.

Die Legenden der Maori berichten von Eroberungen und Bündnissen, von Landgewinnen und Landverlusten ihrer Vorfahren und vor allen Dingen von der Ehre, dem Prestige- und Machtzuwachs, der damit einherging. Es war eine Zivilisation im Fluß, eine Gruppe unabhängiger Gemeinschaften, die sich befehdeten.

Der Kontakt mit Europäern setzte 1642 ein, als der holländische Seefahrer Abel Tasman (1603–1659) Neuseelands Westküste entdeckte und in nördlicher Richtung erkundete. 1769, als James Cook (1728–1779) Neuseeland erreichte, blühte die Maori-Kultur. Zu diesem Zeitpunkt sollen etwa 250 000 Maori auf den Inseln gelebt haben.

Zuerst war Neuseeland lediglich eine Anlaufstation für europäische Walfangexpeditionen im Südpazifik. Im 19. Jahrhundert brachte allerdings das zunehmende Tempo der europäischen

Tätowierungen (unten rechts) deuteten einst Rang und gesellschaftliche Stellung der Maori an. – **Die Sängerin** Kiri Te Kanawa (rechts) ist wohl eine der berühmtesten Maori.

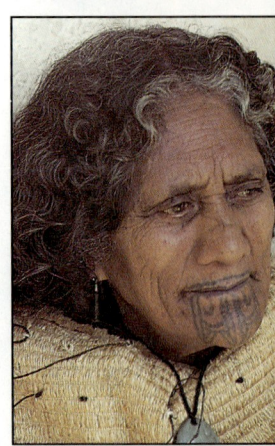

Die Maori wanderten um 800 n. Chr. aus Polynesien ein (oben) und besiedelten frühzeitig die Küstengebiete der Hauptinseln. Im Waitangi-Vertrag (1840) anerkannten sie die britische Herrschaft.

NEUSEELAND

Im Gemeinschaftshaus *(ganz links)* finden die Stammesfeiern der Maori statt. Es bildet den Mittelpunkt des Stammeslebens. Die Gebäudeteile symbolisieren häufig die Körperteile eines Vorfahren mit dem stilisierten Gesicht am Giebel.

Die Schnitzereien *(links)* der Maori verdeutlichen den Glauben, daß alle Dinge eine innere geistige Kraft besitzen. Die Holzschnitzerei ist das bedeutendste Kunsthandwerk der Maori und wird in Rotorua in einer Schnitz-Schule weiter gepflegt.

In Aucklands Mount Smart Stadion eröffnen Maori-»Krieger« mit gespielter Darstellung ihrer Tapferkeit die Commonwealth-Spiele des Jahres 1990 *(unten)*. Nur wenige Maoris leben noch in den überkommenen Lebensformen.

Einwanderung und Besiedlung die Maori in Bedrängnis. Die Neuankömmlinge brachten Krankheiten mit, gegen die die Maori keine natürlichen Abwehrkräfte besaßen. Die Folge war eine hohe Sterberate, die die Maori-Bevölkerung um die Hälfte dezimierte.

Die schwerwiegendste Konfrontation ergab sich jedoch bei der Auseinandersetzung um das Land. Zunächst schienen die Maori gewillt zu sein, Land an die Einwanderer zu verkaufen. Nach Streitigkeiten um Besitzansprüche unter den Stämmen bedeutete für die Maori der Verkauf eher eine Bestätigung für die Macht des Verkäufers als die Abtretung der Besitzrechte an den Käufer. Auch konnten die Maori sich nicht vorstellen, daß die Europäer auf die ausschließliche Nutzung des von ihnen erstandenen Landes bestehen würden.

Der 1840 ratifizierte Waitangi-Vertrag sollte die Landfrage klären und die britische Oberherrschaft bekräftigen. Im Vertrag wurden, im Gegenzug für die Anerkennung der rechtmäßigen Macht der britischen Krone durch die Maori, der Schutz und die gesetzlichen Garantien für die Besitzrechte der Eingeborenen erweitert. Leider führten Mißstimmigkeiten über den genauen Wortlaut zu 30 Jahre andauernden Kämpfen, den sogenannten »Land Wars«.

Diese ließen eine gewisse Einheit unter den Maori-Stämmen entstehen, man einigte sich sogar auf einen gemeinsamen König. 1845 trat Te Wherowhero als Pototau I. dieses Amt an. Dennoch fehlte den Maori aufgrund der traditionellen Stammesfehden der Zusammenhalt. Dies erleichterte es den Briten, den Widerstand zu unterdrücken.

Seit Beginn des 20. Jahrhunderts werden die Maori zunehmend zu Städtern, was häufig mit dem Verlust der eigenen Identität verbunden ist. 1945 lebten noch mehr als 80% von ihnen in ländlichen Gebieten. Heute liegt dieser Anteil bei weniger als 10%.

Lange Zeit rühmten sich die Neuseeländer wegen des vorbildlichen Verhältnisses zwischen Maoris und Weißen, den sogenannten Pakehas. Untersuchungen verdeutlichen jedoch das Ausmaß der gesellschaftlichen Benachteiligung der Maori. Die Regierung reagierte mit der Verabschiedung des »Race Relation Act«, der Einführung des Maori-Sprachunterrichts an Schulen und der Errichtung des Waitangi-Tribunal, das sich mit den Beschwerden der Maori, die sich auf den ursprünglichen Waitangi-Vertrag berufen, beschäftigt.

Als die Regierung in den späten 80er Jahren beabsichtigte, einige staatliche Besitztümer zu veräußern, wurde der Inhalt des Vertrages nochmals genau studiert. Denn zahlreiche dieser Grundstücke, die man an private Nutzer zu verkaufen gedachte, befinden sich in von den Maori beanspruchten Gebieten. Bis die Landfrage endgültig geklärt ist, bedarf es sicherlich noch langwieriger juristischer und verfassungsrechtlicher Auseinandersetzungen.

NEUSEELAND: TIERE UND PFLANZEN

Die natürliche Tierwelt Neuseelands unterscheidet sich von der Fauna jeder anderen Region der Erde. Hier lebt auf einigen kleinen Inseln in der Cookstraße und vor der Nordküste der Nordinsel ein einzigartiges Reptil, die Brückenechse oder Tuatara, die einer riesigen Eidechse gleicht, aber mit den Dinosauriern verwandt ist. Das Land ist auch Lebensraum für eine große Schar flugunfähiger Vögel, zu denen einst Geschöpfe gehörten, die nahezu die Größe von Giraffen erreichten. Neuseelands berühmtester Vogel ist ohne Zweifel der flügellose Kiwi, etwa so groß wie ein Huhn – und Landessymbol.

Driftende Kontinente

Neuseeland bildete einst mit den heutigen Kontinenten bzw. Subkontinenten Australien, Antarktis, Südamerika, Afrika und Indien eine zusammenhängende Landmasse, den Urkontinent Gondwana. Der Ursprung der meisten einheimischen Pflanzen und Tiere Neuseelands kann auf diese Landmasse zurückgeführt werden. Da aber Neuseeland zu einem sehr frühen Zeitpunkt – vor etwa 150 Millionen Jahren – die Landverbindung mit der restlichen Welt verlor, konnten sich hier nicht die allerersten Säugetiere verbreiten, deren Entwicklung nach dieser Zeit stattfand.

Das Überleben und die frühere Dominanz der als Laufvögel bezeichneten, flugunfähigen Vogelarten ist das vielleicht bemerkenswerteste Ergebnis der säugetierfreien Isolation. Zu diesen Vögeln der südlichen Erdhalbkugel gehören der afrikanische Strauß, der südamerikanische Nandu, der australische Emu, die Kasuare Australiens und Neuguineas und der neuseeländische Kiwi. Einige Zoologen behaupten, daß die Laufvögel den Versuch der Vogelwelt darstellen, nach dem Verschwinden der Dinosaurier vor 60 Millionen Jahren und bevor die Säugetiere richtig Fuß gefaßt hatten, die Vorherrschaft auf der Erde zu übernehmen. In Neuseeland, wo es keine Konkurrenz durch am Boden lebende Säugetiere gab, waren die von den Maori als Moas bezeichneten Laufvögel weit verbreitet.

Die Größe der ehemals 24 Moa-Arten reichte bis zu vier Metern. Der größte dieser Laufvögel, der Riesenmoa Dinornis maximus, starb wahrscheinlich erst Mitte des vorigen Jahrhunderts aus. Als mit dem Eintreffen der Maori aus Polynesien, die Jäger und Sammler waren, um etwa 900 v. Chr. die menschliche Besiedlung einsetzte, gab es noch rund 15 Moa-Arten. Auf Inseln lebende Tiere sind leicht auszurotten, da sie im Gegensatz zu den Tieren auf dem Festland keine Ausweichmöglichkeiten besitzen. Die Maori hatten leichtes Spiel mit den Moas. Die Vernichtung der großen Vögel widerspricht dem Mythos, daß der Jagd und Sammeltätigkeit nachgehende Völker in natürlicher Harmonie mit ihren tierischen Gefährten existieren.

Importierte Flora und Fauna

Durch die Einführung einiger ihrer Feldfrüchte, darunter dem Taro, und zumindest eines Säugetieres, des Kiore oder der polynesischen Ratte, fügten die Maori der einheimischen Pflanzen- und Tierwelt weiteren Schaden zu. Die im 18. Jahrhundert eintreffenden Europäer halfen den Maori, die letzten Moas zur Strecke zu bringen. Auch brachten sie eine Vielzahl von Pflanzen und Tieren aus ihren Herkunftsländern mit. Deshalb haben heute große Teile Neuseelands eine auffällige Ähnlichkeit mit Europa. Ewa 560 eingeführte Pflanzengattungen haben sich auf den Inseln durchgesetzt und etwa 240 sind im ganzen Land verbreitet.

Die ursprüngliche Vegetation besteht aus immergrünen, winterharten Pflanzen. Brombeerstrauch, Adlerfarn und Oleander wurden gemeinsam mit den Getreidesamen ins Land gebracht und beherrschen heute das Bild in weiten Gebieten Neuseelands. Auch der Eukalyptus war ursprünglich nicht in Neuseeland heimisch. Er wurde, wie die europäische Weide und Pappel, eingeführt. Im Hochland wurde gegen die fortschreitende Bodenerosion die Monterey-Kiefer aus Kalifornien mit großem Erfolg eingebürgert. Die Überreste der ehemals vorhandenen immergrünen Mischwälder halten sich heute nur noch in unbebaubaren Winkeln und Naturparks. An der Westküste und in den »Südlichen Alpen« der Südinsel werden einige

Die Küstenstraße (oben) ist eine reizvolle Route durch die Landschaft der Bay of Plenty, die an der Ostküste der Nordinsel liegt. Die Bay of Plenty erhielt ihren Namen von James Cook, der damit die natürliche Fruchtbarkeit des Landstrichs würdigte.

Der mächtige Mount Cook (rechts) ist mit seinen 3764 m der höchste Berg Neuseelands. Von den Maori Aorangi (»Wolkendurchdringer«) genannt, krönt der Mount Cook den Süden der Neuseeländischen Alpen an der Westseite der Südinsel.

NEUSEELAND

Die Wairarapa-Region auf der Nordinsel Neuseelands befindet sich am südlichen Ende eines schmalen Landwirtschaftsgürtels, der sich vom Ostkap bis zur Cookstraße erstreckt. Entlang der Küste bauen die Farmer Obst und Gemüse an, während Weiden, auf denen Schafe und Rinder in großer Zahl gehalten werden, die Hügel im Inselinnern bedecken. Die Nordinsel besitzt ein flachwelliges Relief. Im Westen sowie in ihrem Zentrum befinden sich aktive Vulkane und Thermalquellen *(links)*.

der Laubbaumarten für Wiederaufforstungen kultiviert.

Viele der heute in Neuseeland vorkommenden Säugetiere wurden bewußt eingeführt, andere dagegen (wie die rotbraune Wanderratte und die Hausmaus) rein zufällig. So sollten auch die wahrscheinlich im frühen 19. Jahrhundert eingeführten europäischen Hauskaninchen der Erweiterung des Speisezettels dienen, während man Hermeline, Wiesel und Frettchen ins Land brachte, um der Nager Herr zu werden. Diese kleinen Raubtiere haben die Kiwis stark dezimiert. Zum Hochwild gehören das europäische Dam- und Rotwild, der nordamerikanische Wapiti, der Weißwedelhirsch und der Elch sowie Sika-, Timor- und Sambarhirsch aus Asien. Auch gibt es Hausschweine, Rinder, Ziegen, Schafe sowie in den Bergen europäische Gemsen und den Himalayatahr.

Zu den aus Australien eingeführten Beuteltieren zählen der Fuchskusu (»Australisches Opossum«) und vier Arten von Wallabys, kleineren Kängeruhs. Die eingebürgerten Vogelarten reichen vom Schwarzen Schwan und dem Gelbhaubenkakadu Australiens bis zu Amseln und Saatkrähen.

Man ist in Neuseeland bestrebt, die in vielen Fällen stark bedrohte heimische Flora und Fauna zu erhalten. Die mehr als 1000 Naturreservate Neuseelands sind hierbei die größten Aktiva.

Moa (Dinornithidae) Euryapteryx

Takahe (Notornis mantelli)

Streifenkiwi (Apteryx australis)

Die flugunfähigen Vögel *(oben und rechts)* Neuseelands sind das Ergebnis des in Urzeiten Nichtvorhandenseins großer Säugetiere. Ohne die Notwendigkeit, sich des Zugriffs von Raubtieren entziehen zu müssen, verloren daher zahlreiche Vögel ihre Fähigkeit zu fliegen. Einige wuchsen zu beachtlicher Größe heran. Besonders stattlich waren der prähistorische Euryapteryx und der Riesenmoa, der bis 4 m groß wurde. Zu seinen modernen Verwandten gehören der sehr seltene Takahe und der Kiwi.

NEUSEELAND: COOK-INSELN

Die überragende Persönlichkeit unter den Entdeckern des Pazifischen Ozeans war der englische Seefahrer James Cook (1728–1779). Wie kein anderer hat er die Inseln Ozeaniens in das Blickfeld Europas gerückt. Auf seinen insgesamt drei Entdeckungsreisen zwischen 1768 und 1779 stieß er auf zahlreiche Inseln im Pazifischen Ozean und lernte dabei die reizvolle Inselwelt Polynesiens und die außerordentliche Gastfreundschaft seiner Bewohner kennen.

Die Entdeckung der einzelnen Cook-Inseln erfolgte zwischen 1595 und 1834 durch verschiedene Seefahrer. James Cook, der die Inseln dreimal aufsuchte, gab ihnen zunächst den Namen Harvey-Inseln. Ihren bis heute gültigen Namen erhielten sie erst durch den russischen Seefahrer und Kartographen Adam Johann Krusenstern (1770–1846).

Die 15 Inseln sind in eine südliche Gruppe mit der Hauptinsel Rarotonga und in eine nördliche Gruppe zusammengefaßt. Unter diesen Eilanden ist jeder Typ einer Ozeaninsel vertreten, vom flachen, nur aus kurzer Entfernung wahrnehmbaren Korallenatoll im Norden bis zur hochragenden Vulkaninsel im Süden.

Von den knapp 20 000 Inselbewohnern lebt etwa die Hälfte auf Rarotonga, das wegen seiner üppigen Flora auch »Blumeninsel« genannt wird. Von der 33 km langen Inselrundstraße führen Seitenwege in die Täler des 652 m hohen Vulkans Te Manga. Man kann den die Inseln bedeckenden Regenwald von einer Inselseite zur anderen zu Fuß durchqueren, wobei man – wie auf vielen anderen Südseeinseln – sehen kann, daß die Fauna nicht so reich ist wie die Flora und auch nicht so vielfältig wie die Fischpopulation in der Lagune und im Meer.

Wirtschaft und Bevölkerung

Auf Rarotonga gedeihen auf fruchtbarem Vulkanboden Zitrusfrüchte, Ananas und Bananen, Brotfrüchte, Maniok und Kartoffeln. Die Erträge reichen für die Selbstversorgung, kaum für den Export. Der größte Teil der Konsumgüter muß eingeführt werden. Für alles, was nicht auf den Inseln produziert wird, hat die Inselbevölkerung einen hohen Preis zu zahlen, denn es gibt nur wenige Arbeitsplätze in der Verwaltung und in ein paar kleinen Frucht- und Textilverarbeitungsbetrieben. In den fischreichen Gewässern sind die Eingeborenen mit ihren kleinen Booten gegenüber den Trawlern aus Japan, Taiwan, Südkorea und Rußland trotz einer 200-Meilen-Zone heute nicht mehr konkurrenzfähig.

Starkes Bevölkerungswachstum und zunehmende Lebensansprüche lassen viele Insulaner auswandern. In Neuseeland leben bereits mehr Cook-Insulaner als auf den Inseln selbst. Man spricht in diesem Fall von einer »Inselflucht«, auch von »Zivilisationssehnsucht«, die Tausende veranlaßt, in industrialisierten Ländern ein besseres Leben zu suchen. Frauen, Kinder und alte Menschen, die auf den Inseln zurückbleiben, leben vielfach von den Geldüberweisungen die-

Mit dem traditionellen Bastrock Polynesiens bekleidet *(rechts)*, macht ein älterer Insulaner Musik auf einer Schlitztrommel. Die Cook-Insulaner pflegen viele altertümliche Bräuche, wie die erzählende Tanzzeremonie, die als »Hula« bekannt ist.

Cook-Insulaner *(ganz rechts)* beim Kirchgang. Die meisten Insulaner, die rassisch mit den Maori und den Menschen Samoas und Tahitis gleichzusetzen sind, konvertierten im Laufe des 19. Jahrhunderts zum protestantischen Glauben.

Eine zerklüftete Bergspitze *(links)*, die, wie viele der Cook-Inseln, durch vulkanische Aktivitäten entstanden ist, überragt die Küste. Der fruchtbare Vulkanboden, der eine üppige Vegetation trägt, bringt reiche Ernten hervor.

Die Cook-Inseln *(rechts)* breiten sich über eine große Fläche im Südpazifik aus. Die größte der fünfzehn Inseln, Rarotonga, liegt in der Südgruppe der Inseln.

Die Kermadec-Inseln *(unten)*, ein unbewohntes neuseeländisches Schutzgebiet, erstrecken sich im Südwesten der Cook-Inseln. Üppige Wälder bedecken den Großteil der vier kleinen Eilande.

ser Gastarbeiter. Den Rückkehrern fällt die Wiederanpassung an die überkommen Gesellschaftsstrukturen schwer.

Wer nach Rarotonga kommt, wird nach traditionellem Brauch mit einer Blumenkette oder einer Blumenkrone begrüßt. Der internationale Tourismus hat für die Cook-Inseln bisher kaum Bedeutung. Für Luxus- wie für Massentourismus fehlt ohnehin die touristische Infrastruktur. Camping und Speerfischen sind verboten, damit das ökologische Gleichgewicht nicht gestört wird. Um das Landschaftsbild zu bewahren, darf kein Haus höher als eine Kokospalme sein. Saloppe Kleidung und freizügiges Baden sind verpönt. Missionare der Londoner Missionsgesellschaft haben aus den einstigen Animisten und Fetischisten eifrige Kirchgänger gemacht, anglikanischer Puritanismus ist auf Schritt und Tritt zu spüren.

Die Bewohner der Cook-Inseln sind Verwandte der Maori, der Samoaner und Tahitianer. Vor allem in ihren traditionellen Tänzen bringen sie ihre Lebensfreude und ihren Kummer zum Ausdruck. Mädchen und junge Männer in Baströcken und Tapa-Schürzen treten getrennt und gemeinsam auf. Mit ihren Hüften und Füßen folgen die Hula-Tänzerinnen dem Rhythmus, der schwelgenden Melodie, mit den Händen beschreiben sie ein Ereignis – einen Fischfang oder eine Liebesgeschichte. Die kraftvollen, oft von Trommelspiel begleiteten Männertänze nehmen mehr Bezug auf heroische Taten, wie die legendäre Fahrt der Maori-Flotte nach dem »Land der langen, weißen Wolken«, dem heutigen Neuseeland.

Die Cook-Inseln, ebenso die Nachbarinseln Niue und Tokelau, sind heute Außengebiete Neuseelands mit voller innerer Autonomie. Schon 1892 hatten die Briten, von 1888 bis 1901 die Protektoratsmacht, dem traditionellen Häuptlingsrat ein gewähltes Parlament zur Seite gestellt. 1901 wurden die Inseln mit Neuseeland zu einer Verwaltungseinheit verbunden. Die Neuseeländer bereiteten die Außengebiete etappenweise auf die Selbstverwaltung vor. Im Jahre 1965 fanden Wahlen zu einer gesetzgebenden Versammlung statt. Das neue Parlament entschied sich für die Selbstregierung in »innenpolitischen« Angelegenheiten, eingedenk der großzügigen Haushaltshilfe und Freizügigkeit, die Neuseeland den halbunabhängigen Inselstaaten gewährt. Für Außenpolitik und Verteidigung ist Neuseeland weiterhin zuständig.

NICARAGUA

Nicaragua ist mit 130 000 km² das größte Land Zentralamerikas. In westöstlicher Richtung – vom Pazifik zum Atlantik – lassen sich mehrere Landschaftstypen unterscheiden. Aus der schmalen pazifischen Küstenebene erhebt sich parallel zur Küste eine 240 km lange Kette von Vulkankegeln. Elf von ihnen sind noch aktiv. Vom Golf von Fonseca bis zur Südgrenze verläuft die Nicaraguasenke, in die der Nicaraguasee (8200 km²) und der Managuasee (1042 km²) eingebettet sind. An den Rändern dieses geologischen Grabens bebt häufig die Erde. Das anschließende Gebirgsland der zentralamerikanischen Kordilleren, die hier in der Cordillera Isabella bis ca. 1700 m ansteigen, ist das Kernland Nicaraguas. Es lassen sich fünf Gebirgszüge unterscheiden, die von Westen nach Osten bzw. Nordosten verlaufen.

Der Ostteil des Landes wird von einem weiten Tiefland eingenommen, das etwa die Hälfte des Staatsgebiets umfaßt. Die karibische Küste zeichnet sich durch einen breiten Gürtel mit Lagunen, Dünen und Nehrungen aus. Große Teile dieser Tiefebene sind mit Regenwald bedeckt, der an der Mosquitoküste in Mangroven- und Sumpfwald übergeht. In den dicht besiedelten Gebieten im Südwesten finden sich dagegen nur noch Reste der ehemaligen Savannen- und Regenwaldvegetation. Die Kordilleren trennen das Land in zwei charakteristische Klimazonen: Die Pazifikregion mit einem tropisch wechselfeuchten Klima und das karibische Tiefland mit einem tropisch immerfeuchten Klima.

Erdbeben und Wirbelstürme

Nicaragua war mehrmals Schauplatz verheerender Naturkatastrophen in diesem Jahrhundert. Zweimal, nämlich 1931 und 1972, zerstörten Erdbeben die Hauptstadt Managua. Jedesmal kamen dabei mehrere tausend Menschen ums Leben. Noch heute sind in Managua die Schäden, die das letzte schwere Erdbeben verursachte, gut sichtbar. 1988 wurde das Land erneut von einer Naturkatastrophe heimgesucht. Ende Oktober fegte der Wirbelsturm »Joan« über die Karibikküste hinweg. Dem Orkan folgten sintflutartige Regengüsse. »Joan« zerstörte die Pflanzungen auf der Corn-Insel und die Hafenstadt Bluefields fast vollständig, machte fast 200 000 Menschen obdachlos, vernichtete 80 % der Ölpalmen, die Hälfte der Bananenernte und ein Viertel der Reis- und Bohnenfelder. Im November 1998 forderten der Wirbelsturm »Mitch« sowie eine Schlammlawine, die durch einen mit Regenwasser gefüllten und auseinanderbrechenden Vulkankrater entstanden war, mehrere tausend Tote.

Nicarao, Miskito, Mestizen und Zambos

Etwa zwei Drittel der fast 5 Millionen »Nicas«, der Einwohner Nicaraguas, leben in der Pazifikregion, die nur 15 % der Gesamtfläche ausmacht; rund eine Million leben in der Hauptstadt Managua. Am dünnsten ist die karibische Tiefebene besiedelt, wo auf mehr als der Hälfte der Staatsfläche nur ca. 9 % der Bevölkerung leben. Dies liegt in der klimatischen Ungunst dieser Region begründet. Zwei Drittel der Einwohner zählen sich zu den Mestizen. Die Indiovölker der Chontal, Chorotega, Cholutega und Nicarao, die vor der Ankunft der spanischen Eroberer in der Pazifikregion gesiedelt hatten, haben sich weitgehend mit den weißen Einwanderern vermischt. Die Nicarao gaben dem Land den Namen. Unvermischt geblieben sind nur die Wald- und Flußindianer im Osten

Daten und Fakten

DAS LAND
Offizieller Name: Republik Nicaragua
Hauptstadt: Managua
Fläche: 130 000 km²
Landesnatur: Im W die pazifische Küstenebene, östlich anschließend die Vulkankette, gefolgt von der Nicaraguasenke, das Bergland der Zentralamerikanischen Kordilleren und im O die karibische Tiefebene
Klima: Tropisches Klima
Hauptflüsse: Río Coco, Río Grande, Río Escondido, Río San Juan

Höchster Punkt: In der Cordillera Isabella 1963 m
DER STAAT
Regierungsform: Präsidiale Republik
Staatsoberhaupt: Staatspräsident
Verwaltung: 16 Departamentos
Parlament: Nationalversammlung mit 93 für 5 Jahre gewählten Mitgliedern
Nationalfeiertag: 15. September
DIE MENSCHEN
Einwohner (Ew.): 4 938 000 (1999)
Bevölkerungsdichte: 38 Ew./km²
Stadtbevölkerung: 65 %

Bevölkerung unter 15 Jahren: 43 %
Analphabetenquote: 36 %
Sprache: Spanisch
Religion: Katholiken 89 %, Protestanten 5 %
DIE WIRTSCHAFT
Währung: Córdoba
Bruttosozialprodukt (BSP): 1874 Mio. US-$ (1998)
BSP je Einwohner: 390 US-$
Inflationsrate: 38,9 % (1990–98)
Importgüter: Erdöl, Maschinen, Textilien, Getreide, Arzneimittel, Düngemittel, Eisen u. Stahl, Fahrzeuge

Der Nicaraguasee *(unten)* ist das größte Süßwasserreservoir Zentralamerikas. Neben vielen wirtschaftlich bedeutenden Fischarten lebt hier auch der wilde Tarpon, ein bei Angelsportlern sehr beliebter Fisch, der im südlichen Teil des Sees verbreitet ist.

Nicaragua *(rechts)* liegt im mittleren Teil der zentralamerikanischen Landbrücke. Das gesamte Land ist dünn besiedelt. Die bedeutendsten Städte sind Managua, die heutige Hauptstadt, León, Hauptstadt während der Kolonialzeit, und Granada. Sie liegen nahe der Pazifikküste.

Exportgüter:
Baumwolle, Kaffee, Fleisch, Zucker, Bananen, Fischprodukte, Holz, Edelmetalle, chem. Erzeugnisse
Handelspartner:
USA, EU-Länder, Costa Rica, Panama, El Salvador, Mexiko, Japan
Eisenbahnnetz:
300 km
Straßennetz:
15 286 km
Fernsehgeräte je 1000 Ew.: 68

und Nordosten, die Miskito, Sumo und Rama, die zusammen nur noch eine schwindende Minderheit von etwa 4 % bilden.

Die Miskito gerieten wegen kontrovers diskutierter Umstände in die internationalen Schlagzeilen: Sind sie nach Honduras geflohen, weil ihnen die Sandinisten das kulturelle Eigenleben nehmen und sie in ein Barackendorf im Landesinneren umsiedeln wollten? Oder wurden sie von den »Contras« mit Geld und Schauermärchen zum Land- und politischen Lagerwechsel verführt? Nachdem ihnen die Sandinisten in der neuen Verfassung weitgehende kulturelle Autonomie garantierten, sind die meisten Miskitos wieder aus den trostlosen Flüchtlingslagern in Honduras an die Mosquitoküste zurückgekehrt. Hier leben sie neben Schwarzen, Mulatten und schwarz-indianischen Mischlingen, den Zambos, die zusammen bereits auf einen Anteil von 13 % angewachsen sind. Sie sprechen nicht die Staatssprache Spanisch, sondern ein kreolisch gefärbtes Englisch und leben in einer Kultur, die sich durch Sprache, Musik, protestantische Religion und Tradition von der »nationalen Kultur« der Mestizen unterscheidet.

NICARAGUA: GESCHICHTE

Nicaragua ist nach der Verfassung von 1995 eine präsidiale Republik, an deren Spitze ein vom Volk gewählter Präsident steht. Das von ihm ernannte Kabinett unterstützt ihn bei der Verwaltung des Landes. Das Staatsoberhaupt wird für eine Amtszeit von 5 Jahren gewählt. Eine unmittelbare Wiederwahl ist nicht möglich. Die Nationalversammlung hat 93 Mitglieder, die für 5 Jahre gewählt sind. Wichtigste Parteien sind das Wahlbündnis Liberale Allianz (AL) und die Sandinistische Nationale Befreiungsfront (FSLN).

Nicaragua sieht sich mit großen ökonomischen Schwierigkeiten konfrontiert. Der Bürgerkrieg, der 1979 begonnen hatte, zerstörte viele Produktionsanlagen und Versorgungseinrichtungen. Das in- und ausländische Kapital und viele Fachkräfte waren ins Ausland geflüchtet. Anastasio Somoza, der letzte Präsident der Familiendynastie, hatte, als er das Land verlassen mußte, einen großen Teil des Nationalvermögens mitgenommen.

Zurückgeblieben war ein für viele Jahre verarmtes Land. Sechs Jahre nach der Flucht Somozas verschlimmerten die Vereinigten Staaten von Amerika, ehemals der wichtigste Handelspartner Nicaraguas, die Situation, indem sie ein Handelsembargo beschlossen. Einer internationalen Studie aus dem Jahr 1997 zufolge ist Nicaragua das mit Abstand ärmste Land in Zentralamerika.

Frühe Nicaraguaner

1502 erkundete Christoph Kolumbus das Gebiet des heutigen Nicaragua und beanspruchte es für Spanien. Er traf zu jener Zeit auf verschiedene Eingeborenenstämme. Der bedeutendste Stamm lebte unter der Führung des Häuptlings Nicarao an den Ufern des Nicaraguasees. 1550 wurde Nicaragua an das Generalkapitanat Guatemala angegliedert. Englische, französische und holländische Piraten benutzten die Mosquitoküste als Operationsbasis für ihre Aktionen gegen die spanische Handelsflotte. Während des 17. Jahrhunderts übernahmen die Engländer die Herrschaft über die in dieser Region lebenden Indianer, und dieser Teil der Pazifikküste wurde zum britischen Protektorat.

Nicaragua und andere mittelamerikanische Staaten erklärten 1821 ihre Unabhängigkeit von Spanien und gründeten die Vereinigten Staaten von Zentralamerika. In der Konföderation kam es jedoch bald zu Spaltungstendenzen und 1839 wurde Nicaragua zur unabhängigen Republik. Zu jener Zeit rangen die beiden bedeutendsten Städte des Landes, das liberale León und das konservative Granada, um die Vorherrschaft. Die Liberalen engagierten William Walker (1824–1860), einen amerikanischen Abenteurer. 1855 kam er mit nur 56 Kampfgefährten nach Nicaragua und es gelang ihm, die Stadt Granada zu erobern. Daraufhin erklärte er sich selbst zum Präsidenten, ein Akt, der die Bürger beider Städte erzürnte. Die früheren Streitigkeiten waren durch den gemeinsamen Widerstand vergessen und die Bevölkerung vertrieb Walker aus dem Land. Mit der Ernennung des zwischen León und Granada gelegenen Städtchens Managua zur Hauptstadt wurde die Kontroverse um die Vorherrschaft beigelegt. Etwa dreißig Jahre lang blieben die Verhältnisse unter der konservativen Regierung relativ stabil. Im Jahr 1893 ergriff jedoch der Diktator José Santos Zelaya (1853–1919) die Macht. Dessen Versuche, seinen Einfluß auch auf die anderen zentralamerikanischen Staaten auszudehnen, beunruhigten die USA und Mexiko, die mehrmals eine Intervention erwogen. Doch im Jahr 1909 wurde Zelaya sogar von seinen eigenen Landsleuten gestürzt.

Marktstände in Managua (oben), einem der größten Märkte Mittelamerikas, bieten eine bunte Auswahl an Nahrungsmitteln. Die Volkswirtschaft ist stark von der Landwirtschaft abhängig. Baumwolle, Kaffee, Zuckerrohr und Bananen sind die Hauptexportprodukte.

Nicaraguas Kanal

Der Plan, einen Kanal durch das südliche Nicaragua zu bauen, der das Karibische Meer mit dem Pazifik verbindet, besteht bereits seit dem späten 19. Jahrhundert. Es war vorgesehen, dem Lauf des Flusses San Juan bis zum Nicaraguasee zu folgen, der 32 m über dem Meeresspiegel liegt. Die Strecke von 19 km, die den See vom Pazifik trennt, sollte der Kanal überwinden. Unstimmigkeiten bei der Planung und die Erdbebengefahr in diesem Gebiet führten dazu, daß man sich 1902 für die Alternativroute durch Panama entschied. In den späten 1980er Jahren stellten die politischen Krisen in Zentralamerika eine Bedrohung für die Sicherheit und die Zukunft des Panamakanals, dessen Kontrolle Ende des 20. Jahrhunderts von den USA an Panama überging, dar, so daß der Bau des Nicaraguakanals wieder diskutiert wird.

NICARAGUA

Der 1. Mai wurde, wie in vielen marxistischen Ländern, mit einer Massenkundgebung in der Hauptstadt Managua begangen *(links)*. Das Beispiel von Nationalhelden wie Augusto Sandino hat die Revolution beeinflußt. Mit großen Portraits und dem stürmischen Slogan »Sie werden nicht durchkommen« feierte man diese Vorbilder.

Nicaraguanische Wachmannschaften patrouillieren an der honduranischen Grenze *(unten)*. Es besteht ständig die Gefahr, daß die Contras, die von grenznahen Stützpunkten Honduras aus operieren, versuchen, ins Land einzudringen.

Da die innenpolitischen Verhältnisse inzwischen verworren und instabil geworden waren, ersuchte Präsident Adolfo Diaz (1875–1964) die Vereinigten Staaten 1912 um Hilfe bei der Wiederherstellung der Ordnung im eigenen Land. In den folgenden 20 Jahren war der Einfluß der amerikanischen Politik in Nicaragua sehr stark. Bis die Marinesoldaten 1933 das Land endgültig verließen, sorgten sie für die ordnungsgemäße Durchführung von Wahlen und verteidigten die Interessen der Vereinigten Staaten.

Im Jahr 1916 wurde ein Vertrag zwischen Nicaragua und den Vereinigten Staaten geschlossen, wonach diese gegen eine Zahlung von 3 Millionen Dollar das Recht erwarben, einen Kanal durch Nicaragua zu bauen. Dieses Anrecht der USA besteht bis zum heutigen Tage.

Somoza-Regime und Sandinisten

Im Jahr 1936 wurde der Diktator General Anastasio Somoza (1896–1956) Präsident Nicaraguas. Von diesem Zeitpunkt an wurde Nicaragua über 40 Jahre lang bis 1979 von Mitgliedern der Familie Somoza beherrscht, die entweder die Präsidenten stellte oder hinter den Kulissen die Fäden zog.

In den 1970er Jahren wurde der Widerstand gegen die Regierung durch eine Guerillagruppe organisiert, die sich selbst als Sandinistische Nationale Befreiungsfront bezeichnete. Sie war nach Augusto César Sandino (1895–1934) benannt, einem berühmten Widerstandskämpfer, den General Somoza im Jahr 1934 hatte hinrichten lassen.

Im Jahr 1979 gelang es den Sandinisten, die Familie Somoza zu stürzen, und 1980 errichteten sie ein linksgerichtetes Regime. Während der 1980er Jahre wurden die Sandinisten durch die von den USA unterstützten Contras (Kontrarevolutionäre) – einer vor allem aus ehemaligen, im Exil lebenden Mitgliedern der Nationalgarde Somozas bestehenden Gruppe – bekämpft. Die Sandinisten unter ihrem 1984 gewählten Präsidenten Daniel Ortega (* 1945) knüpften daraufhin engere Kontakte zu Kuba und zur Sowjetunion. Im März 1988 vereinbarten Regierung und Contras einen Waffenstillstand, der Ende 1989 jedoch wieder aufgehoben wurde. Erst 1990 endete der Bürgerkrieg, der mit über 15 000 Toten, 30 000 Verletzten und 250 000 obdachloser Menschen dem Land tiefe Wunden geschlagen hat. Bei den Präsidentenwahlen im gleichen Jahr verloren die Sandinisten ihre Mehrheit an die oppositionelle »Union nacional Opositora« (UNO). Neue Präsidentin wurde Violeta Barrios de Chamorro (* 1929). Die neue Regierung entwaffnete die Contras und suchte den Ausgleich mit den Sandinisten. Darüber zerbrach 1992 das Parteienbündnis UNO. Seit 1997 ist Arnoldo Alemán Lacayo (* 1946), Kandidat der rechten Liberalen Allianz, Staatschef des Landes. Umstritten ist zwischen Regierung und FSLN-Opposition vor allem die Frage des Landbesitzes.

NICARAGUA: LEBEN MIT DER KRISE

Nicaraguas Bürgerkrieg zwischen den bis 1990 regierenden Sandinisten und den sogenannten Contras hat dazu geführt, daß die verarmte und gefährdete Landbevölkerung in einem Niemandsland lebt. Sie schaut in der Hoffnung auf Erleichterung nach beiden Seiten. Die Sandinisten können auf beeindruckende Erfolge verweisen. Das Gesundheits- und das Erziehungswesen wurden reformiert und Maßnahmen gegen die hohe Analphabetenrate in die Wege geleitet. Heute können die meisten Menschen zumindest ihren eigenen Namen schreiben. Ein Drittel der Ackerfläche wurde verstaatlicht und in Form von kleinen Pachtbetrieben und Gemeinschaftsfarmen gerechter verteilt.

Die Sandinisten praktizierten eine strenge Kontrolle der Wirtschaft. Sie setzten die Preise für Baumwolle und andere wichtige Feldfrüchte fest und regulierten auch den Import von Düngemitteln und anderen Gütern. Die tiefgreifenden Sparmaßnahmen waren schmerzhaft, konnten jedoch hohe Preissteigerungsraten und ein Absinken der Reallöhne nicht verhindern. Die Arbeitslosigkeit stieg, Geschäfte und Märkte wurden immer leerer, die verknappten Nahrungsmittel und Gebrauchsgüter immer teurer und der Córdoba, Nicaraguas Währung, wurde immer weniger wert. Gegen Ende der 1980er Jahre lag die jährliche Inflationsrate bei 359 bis 500 %. Der Schwarzmarkt war allgegenwärtig und die Wechselkurse ausländischer Währungen hatten astronomische Höhen erreicht. Fluggesellschaften weigerten sich bei der Bezahlung der Flugtickets, die Nationalwährung zu akzeptieren.

Die Contras forderten dagegen die Rückkehr zu einer kapitalistischeren Gesellschaft. Während der ersten Kriegsjahre, als die USA großzügig zu ihrer Finanzierung beitrugen, konnten die Contras ihre Stellung halten. Als aber diese Geldquelle versiegte, verdunkelte sich das Bild. 1989 ging das Gerücht um, daß sich hungernde Rebellen von Pflanzen und Blumen ernähren müßten. In den verarmten Dörfern, die sie solange unterstützt hatten, mißbrauchten die Contras die freundliche Aufnahme. Ohne Bargeld und mit leeren Mägen richteten sie ihre Gewehre auf ebenso hungrige Dorfbewohner, die nichts hatten, was sie ihnen hätten geben können. Jugendliche Rekruten mußten barfuß marschieren und mit Holzstöcken exerzieren. Eine Wende und Beschleunigung des Demokratisierungsprozesses erhoffte man sich von den Wahlen 1990. Die Sandinisten verloren gegen ein konservatives Parteienbündnis. Man begann mit einem Wiederaufbauprogramm und führte eine Währungsreform durch.

Die Bevölkerung Nicaraguas hat gelernt mit dem Mangel und mit Ersatzlösungen zu leben. Die Maschinen zeigen Abnutzungserscheinungen und es gibt kaum Hoffnung auf Ersatz. Aber anstatt den Dingen bis zum endgültigen Kollaps ihren Lauf zu lassen, werden alle Arten von Geräten, die normalerweise ausrangiert

Nicaraguanische Soldaten waren bis zu Beginn der 1990 Jahre allgegenwärtig *(rechts)*, auch auf dem Marktplatz von Masaya. Nicaragua unterhielt ehemals eine große Armee.

Wandmalerei *(unten)* belebt eine Mauer in Esteli. Die Nicaraguaner erweisen sich bei ihrem Bemühen, das Beste aus jeder Situation zu machen, als Meister an Erfindungsgabe.

NICARAGUA

Barackensiedlungen in Managua *(Mitte)* kennzeichnen das rasche Wachstum der Stadt. Mehr als ein Fünftel der Landesbevölkerung lebt in der Hauptstadt; die Zuwachsraten sind doppelt so hoch wie im übrigen Nicaragua.

Pferdekutschen *(links)* sind das traditionelle Verkehrsmittel, mit dem die Bewohner Granadas in ihren Osterurlaub aufbrechen.

werden würden, von den Nicaraguanern wiederverwendet. Es wird kaum etwas weggeworfen. Eine Nation von Mechanikern und Kesselflickern vollbringt wahre Wunderdinge. Alte Autos, Fahrräder, Kochgeräte und Nähmaschinen oder auch nur Teile davon liefern die vielbegehrten Metallobjekte. Ausgeschlachtet und unter Einsatz von reger Phantasie neu zusammengesetzt, erscheinen sie üblicherweise als etwas vollkommen anderes.

Stille Opposition

Die hauptsächliche Opposition zur ehemaligen sandinistischen Regierung wurde von der antisandinistischen Zeitung La Prensa und der römisch-katholischen Kirche getragen. Viele wunderten sich darüber, daß La Prensa, dieser Dorn im Auge der Sandinisten, in den späten 1980er Jahren für kurze Zeit ihr Erscheinen einstellen mußte, bald jedoch ihre Tätigkeit fortsetzen konnte. Diese Demonstration der Pressefreiheit verfolgte in erster Linie außenpolitische Ziele, da sie im Ausland Zustimmung fand.

Nicaragua ist offiziell zu 89 % katholisch. Die Kirche ist jedoch gespalten: manche Priester unterstützten die Sandinisten, andere standen ihnen feindlich gegenüber. Einige Priester nahmen hohe Regierungsämter ein. Der Vatikan war jedoch gegen die Sandinisten, da sie sich offen zum Marxismus und damit auch zum Atheismus bekannten. Einstweilen überlassen die anspruchslosen Bauern die hohe Kirchenpolitik den Priestern. Sie ziehen es vor, unzählige Heiligentage mit atemberaubenden Fiestas zu feiern. Der Eifer, mit dem sie an den manchmal 24 Stunden dauernden Umzügen teilnehmen, ist möglicherweise auf halbvergessene indianische Glaubensriten zurückzuführen. Für viele von ihnen sind diese Gelegenheiten aber auch die einzige Möglichkeit, Abstand von einem trostlosen Alltag zu gewinnen.

Der seit 1997 amtierende Staatschef Arnoldo Alemán Lacayo hat zur Überwindung der sozialen, wirtschaftlichen und politischen Krise einen »Nationalen Dialog« initiiert, an dem Vertreter von Parteien, Gewerkschaften, Wirtschaft und Kirchen teilnehmen.

NIEDERLANDE

NIEDERLANDE

Das Königreich der Niederlande wird volkstümlich meist als »Holland« bezeichnet, wenngleich dieser Name eigentlich nur für das Marschland im Westen mit den Provinzen Nord- und Südholland gilt. »Holland« ist in politischer, kultureller und wirtschaftlicher Hinsicht das Herz des Landes, das die charakteristischen Eigenschaften der Niederlande am besten verkörpert. Soweit der Blick reicht, erstreckt sich ebenes, grünes Land, das der Mensch zum Teil in hartem Kampf dem Meer abgetrotzt hat. Die unter dem Meeresspiegel gelegenen Gebiete werden von vielen Entwässerungsgräben und Kanälen durchzogen, die das Grün der Polder in geradlinige Muster zerteilen. Der Weg in das nächste Dorf oder die nächste Stadt führt oftmals nur über eine der vielen Zugbrücken, die auch das Passieren größerer Schiffe »mitten durch Gemüsefelder und Weiden« ermöglichen. Ein charakteristisches Merkmal der holländischen Landschaft sind die Windmühlen, die früher die Aufgabe hatten, das Wasser aus den Sammelgräben in die Kanäle zu befördern. Heute erfüllen Elektropumpen diese Aufgabe.

Im Frühjahr sind weite Teile der Niederlande von einem farbenprächtigen, duftenden Blumenteppich überzogen. Tulpen-, Narzissen- und Hyazinthenfelder locken Hunderttausende von Touristen in die Niederlande. Folkloristische »Farbtupfer« wie Umzüge, Feste, Märkte und Jahrmärkte gibt es in den Niederlanden mehr als genug. Der Käsemarkt in Alkmaar, die Blumenauktionen in Aalsmeer, Dörfer, in denen noch Trachten getragen werden, sind Ausdruck einer langen Tradition. Im Sommer üben die Seebäder der Nordseeküste die größte Anziehungskraft aus: Scheveningen, Noordwijk, Zandvoort und Egmond – um nur die wichtigsten zu nennen. Während die ausgedehnten Dünengebiete Nordhollands dem Besucher ein einmaliges Naturerlebnis bieten, schätzen Wassersportler besonders das IJsselmeer und die vielen Seen und Kanäle.

Eine der beliebtesten Sport- oder besser Fortbewegungsarten der Niederländer ist das Fahrradfahren. Etwa 11 Millionen »fiets« (Fahrräder) und 11 000 km ausgebaute Fahrradwege soll es in den Niederlanden geben. Nationalsport der Niederländer ist jedoch das Schlittschuhlaufen, das seinen Höhepunkt in der »Elfstedentocht« (Elf-Städte-Tour) findet. Auf zugefrorenen Kanälen und Grachten der Provinz Friesland wird durch elf Städte eine 199 km lange Strecke gelaufen.

Die Niederlande bieten viele Sehenswürdigkeiten auf engstem Raum, wobei der idyllisch-ruhige Norden einen starken Kontrast zu dem Ballungsraum der »Randstad Holland« bildet. Doch sogar Amsterdam, die pulsierende Hauptstadt des Landes mit großstädtischem Flair, zeigt sich in ihrem Stadtbild – einer Kulisse aus historischen Kaufmannshäusern, Hunderten von Grachten und zahllosen Brücken – typisch niederländisch.

NIEDERLANDE: DER STAAT

Wie die Gesellschaft der Niederlande, so ist auch ihre staatliche Ordnung traditionsgebunden und zugleich offen für Wandlungen und Neuerungen. Die Tradition der »Republik der Vereinigten Niederlande«, die 1581 nach langen Kämpfen gegen die spanische Oberherrschaft gegründet wurde, wird vor allem durch das Königshaus verkörpert. Die Königinnen und Könige der Niederlande sind Nachkommen des Prinzen Wilhelm I. von Oranien, der von 1572 bis 1581 den schließlich erfolgreichen Kampf um religiöse und politische Freiheiten anführte. Seitdem haben die Niederländer darauf gebaut, daß ihr Anspruch auf staatliche Selbständigkeit und republikanische Freiheiten von den Oraniern verteidigt wird. Auch in der modernen parlamentarischen Demokratie, die sich auf der Grundlage der Verfassung von 1848 entwickelt hat, war deshalb nie umstritten, daß an der Spitze des Staates ein Monarch aus dem Hause Oranien steht.

Regierung und Parlament

Nach dieser mehrfach reformierten, in den Grundzügen aber immer noch geltenden Verfassung zählt das Königreich der Niederlande zu den konstitutionellen Monarchien Europas. Die Königin ist also nicht nur Repräsentantin des Staates. Sie wirkt auch bei der in den Niederlanden oft schwierigen Regierungsbildung mit. Und sie kann zusammen mit dem von ihr berufenen Staatsrat auch die Gesetzgebung beeinflussen.

Praktisch wird die Gesetzgebung freilich weitgehend von der Regierung und vom Parlament, den »Generalstaaten«, vollzogen. Der Name »Generalstaaten« geht auf die ständische Vertretung in der Zeit der burgundischen Niederlande zurück, die erstmals 1464 zusammengerufen wurde. Im Jahr 1814 ging der Name auf das Parlament über. Das Parlament umfaßt zwei Kammern, die für jeweils vier Jahre gewählt werden: die 75 Abgeordneten der Ersten Kammer von den Landtagen der zwölf Provinzen, die 150 Abgeordneten der Zweiten Kammer direkt vom Volk. Während die Zweite Kammer Gesetzesvorlagen der Regierung verändern oder auch selbst in der Gesetzgebung initiativ werden kann, kann die Erste Kammer Gesetzesentwürfen nur zustimmen oder sie ganz ablehnen.

Die politische Kultur

Religiöse und sozialpolitische Gegensätze bestimmten lange Zeit das Parteiensystem und das Verbandswesen. Vor allem das Vielparteiensystem, historisch gewachsen und verfestigt – man spricht deshalb von »Versäulung« –, wurde von der konfessionellen Struktur des Landes bestimmt. Auf der einen Seite formierten sich die mehrheitlich calvinistischen Protestanten ebenso wie die Katholiken in eigenen Parteien, Gewerkschaften, Unternehmerorganisationen, Bauernverbänden usw. Den konfessionellen Parteien standen die liberale Partei und die Arbeiterpartei gegenüber, die zwar unterschiedliche Klasseninteressen vertraten, aber gemeinsam auf eine Trennung zwischen dem weltlich-staatlichen und dem kirchlich-religiösen Bereich bedacht waren. Doch äußere Bedrohungen, gruppenübergreifende Interessen und nicht zuletzt die seit langer Zeit ausgeprägte Bereitschaft zur Toleranz verhinderten tiefgreifende gesellschaftliche Konflikte und führten in den letzten beiden Jahrzehnten zu einem erheblichen Abbau der Spannungsfelder zwischen den

Daten und Fakten

DAS LAND
Offizieller Name: Königreich der Niederlande
Hauptstadt: Amsterdam
Regierungssitz: Den Haag
Fläche: 41 526 km²
Landesnatur: Der Hauptteil des Landes liegt unter 0 m, im N u. W schützender Dünengürtel, im SO Vorderardennen u. Nordrand des Rheinischen Schiefergebirges
Klima: Ozeanisch geprägtes mildfeuchtes Klima
Hauptflüsse: Maas, Waal, Lek, IJssel
Höchster Punkt: Vaalser Berg 322 m
Tiefster Punkt: Prins Alexander Polder – 6,6 m

DER STAAT
Regierungsform: Parlamentarische Monarchie
Staatsoberhaupt: Königin
Regierungschef: Ministerpräsident
Verwaltung: 12 Provinzen
Parlament: Zweikammerparlament; Erste Kammer mit 75 Abgeordneten, die für 4 Jahre indirekt von den Provinzialparlamenten gewählt werden; Zweite Kammer mit 150 für 4 Jahre gewählten Abgeordneten
Nationalfeiertag: 30. April

DIE MENSCHEN
Einwohner (Ew.): 15 735 000 (1999)
Bevölkerungsdichte: 379 Ew./km²
Stadtbevölkerung: 89 %
Bevölkerung unter 15 Jahren: 19 %
Analphabetenquote: 1 %
Sprache: Niederländisch, Westfriesisch in Friesland und Groningen
Religion: Katholiken 36 %, Protestanten 26 %

DIE WIRTSCHAFT
Währung: Euro; bis 31.12.2001 Holländischer Gulden
Bruttosozialprodukt (BSP): 388 682 Mio. US-$ (1998)

NIEDERLANDE

Der Binnenhof *(links)*, einst Schloß der Grafen von Holland im 13. Jahrhundert, steht im Zentrum der Stadt Den Haag. In dem Gebäude tagt das niederländische Parlament.

Die Niederlande *(rechts)* sind ein kleines Land im Nordwesten Europas. Man unterscheidet vier Landschaftseinheiten: die unfruchtbaren Dünen, das dem Meer abgerungene Marschland, die sogenannten Polder, die östlichen Sandebenen und den Mittelgebirgssaum im Süden. Das sumpfige Deltagebiet im Südwesten wird von der Maas, der Schelde und den Mündungsarmen des Rheins gebildet.

GESUNDHEIT UND ERNÄHRUNG

LEBENSERWARTUNG IN JAHREN: Männer 75, Frauen 80

JÄHRL. BEVÖLKERUNGSWACHSTUM: 0,4 % (1995–2000); Geburtenziffer: 1,3 %

GESUNDHEITSFÜRSORGE: Ärzte je 100 000 Ew.: 260

138 % empfohlene tägliche Kalorienaufnahme 2345 kcal (100 %)

ARBEIT
Erwerbstätige nach Wirtschaftsbereichen in %:
- Landwirtschaft und Fischerei: 4
- Industrie: 22
- Dienstleistungen: 74

BILDUNG
Schulbesuch nach Altersklassen in %:
- 6–11 Jahre: 97
- 12–17 Jahre: 97
- 18–22 Jahre: 47

BSP je Einwohner: 24 760 US-$
Inflationsrate: 2,1 % (1990–98)
Importgüter: Erdöl, Maschinen, Nahrungsmittel, chem. Produkte, Fahrzeuge
Exportgüter: Mineral. Brennstoffe, Nahrungsmittel, chem. Produkte, Maschinen
Handelspartner: BRD, Belgien/Luxemburg, Frankreich, Großbritannien, Italien, Dänemark, USA, Schweden
Eisenbahnnetz: 2813 km
Straßennetz: 127 000 km, darunter 2300 km Autobahn
Fernsehgeräte je 1000 Ew.: 543

großen Gruppen. Die christlichen Parteien haben sich 1980 zum »Christlich-demokratischen Appell« (CDA) zusammengeschlossen, und die sozialdemokratische Arbeiterpartei (PvdA) hat sich mehr und mehr anderen sozialen Wählergruppen geöffnet. Auch in den Gewerkschaften und Arbeiterorganisationen kam es zu Zusammenschlüssen. Soziale Bewegungen und Bürgerinitiativen tragen überdies dazu bei, daß das politische Leben der Niederlande überaus vielfältig bleibt. PvdA und CDA regierten ab 1989 in einer großen Koalition, die 1994 von einer sozialliberalen Regierung abgelöst wurde. 1998 wurde die rechtsliberale VVD nach der PvdA zur zweitstärksten politischen Kraft.

NIEDERLANDE: LANDGEWINNUNG

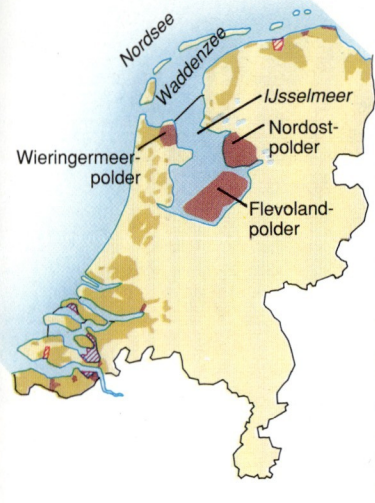

Die Landgewinnung *(oben)* hat die landwirtschaftliche Nutzfläche der Niederlande erheblich vergrößert.

Landgewinnung
- 14. bis 19. Jh.
- 20. Jh.
- der Gegenwart

Ein altes Sprichwort besagt, daß Gott zwar die Welt, die Niederländer aber die Niederlande erschaffen haben. Dies mag zwar prahlerisch klingen, entspricht jedoch, zumindest soweit es den für unsere Vorstellung von der niederländischen Landschaft so charakteristischen flachen Polder betrifft, durchaus der Wahrheit.

Den gewaltigen Anstrengungen, die Generationen von Landwirten, Ingenieuren, einfachen Grabenbauern und einfallsreichen Erfindern unternommen haben, ist es heute zu verdanken, daß etwa die Hälfte dieses kleinen und dichtbesiedelten Landes trockengelegt werden konnte. An die Stelle der einstigen ausgedehnten Sümpfe, Moore und seichten Flußmündungen – Paradiese für Stelzvögel, aber von geringem Nutzen für den Menschen – sind Tausende von Morgen fruchtbaren Ackerlandes getreten, und die Landgewinnungsmaßnahmen werden ständig weitergeführt.

Die welligen Sanddünen, die das Festland vom Meer trennen, gewähren entlang der Küste keinen ausreichenden Schutz vor der Erosion durch Stürme, Gezeiten und wechselnde Strömungen. So wurden an der gesamten Küste die natürlichen Schutzwälle sorgsam verstärkt. Dies geschah teilweise durch Errichtung kompakter Hindernisse wie Dämme und Wellenbrecher, teilweise einfach durch die Erhaltung oder Anpflanzung von Gräsern und Büschen, deren Wurzeln den Boden verfestigen und so die Bodenabtragung verhindern.

Das Oosterschelde-Sperrwerk *(unten)* ist das Kernstück des ehrgeizigen Deltaprojekts. Er wurde gebaut, um eine Wiederholung der Sturmflut von 1953 zu verhindern. Umweltschützer haben die Regierung dazu veranlaßt, die Oosterschelde nicht abschließen zu lassen, sondern einen offenen Pfeilerdamm zu errichten. Durch die Verbindung mit der Nordsee konnte der Lebensraum von Fischen und Vögeln in diesem Mündungsgebiet erhalten bleiben.

Windmühlen *(rechts)* pumpten früher das überschüssige Wasser aus den tiefliegenden Poldern ab. Die gewaltigen Windmühlenflügel drehen das Hauptrad, das über die Hauptspindel und über ein Zahnrad die überdimensionale Archimedes-Schraube in Bewegung setzt. Ein ständiger Wasserstrom wird nach oben befördert und kann auf einer höheren Ebene freigesetzt werden. Große Gebiete wurden auf diese Weise entwässert, und die gewonnene Energie wurde zum Mahlen von Getreide genutzt.

Die verheerende Sturmflut 1953 *(unten)* verwüstete das südwestliche Deltagebiet. Sie forderte 1800 Menschenleben und zerstörte 152 000 Hektar Ackerland.

NIEDERLANDE

Die landeinwärts gelegenen Polder werden von einem Netzwerk aus Kanälen, Gräben und Dämmen durchzogen. Da dieses Marschland zumeist unterhalb des Meeresspiegelniveaus liegt, hat es keinen natürlichen Abfluß, und der Wasserstand muß das ganze Jahr über geregelt werden. Ursprünglich wurde dies mit Hilfe der zahlreichen Windmühlen bewerkstelligt, heute haben elektrische Pumpstationen diese Aufgabe übernommen.

Der Kampf der Niederländer mit dem Meer dauert bereits viele Jahrhunderte an. Als im Mittelalter der Meeresspiegel dramatisch anstieg, dehnte sich die Zuidersee, bis dahin ein Flußmündungsgebiet, aus, und es entstand eine riesige Bucht. Auf die Meereseinbrüche an der Küstenlinie reagierten die Niederländer mit dem Bau von Deichen und Schleusen, die den Lauf der Flüsse regulieren und das Land vor den heftigen winterlichen Gezeitenströmungen schützen sollten. Die Errichtung des Dammes an der Amstel, der die Geburtsstunde der Stadt Amsterdam bedeutete, erfolgte im Jahre 1257. Zahlreiche weitere Deiche folgten.

IJsselmeerprojekt und Deltaplan

In den südwestlichen Niederlanden wurde im 17. Jahrhundert mit dem Bau von Schutzwerken gegen Überschwemmungen begonnen. In dieser Periode wurden erstmals Windmühlen eingesetzt, mit deren Hilfe größere Flächen trockengehalten werden konnten. Es war eine natürliche Konsequenz, daß die Niederländer mit ihrem wachsenden Wissen über die Landgewinnung auch immer mehr Land trockenlegen konnten. 1932 wurde durch die Fertigstellung eines 32 km langen Abschlußdeichs der südliche Teil der Zuidersee von der Nordsee abgetrennt. Der entstandene große Binnensee erhielt den Namen IJsselmeer. Nach und nach wurden immer mehr Polder trockengelegt. Heute werden 1839 km² neu gewonnenen Landes, das ist ein Sechstel der Gesamtfläche der Niederlande, landwirtschaftlich genutzt.

Trotz ihrer Kenntnisse, sich vor den Gewalten des Meeres zu schützen, wurden die Niederländer 1953 von einer verheerenden Sturmflut heimgesucht. Die Deiche im südwestlichen Deltagebiet konnten den tobenden Stürmen und der Flut nicht standhalten und brachen; riesige Wassermassen ergossen sich ins Land. 1800 Todesopfer waren zu beklagen, eine halbe Million Menschen wurde obdachlos, die Ernte war vernichtet, das Vieh verloren, und die sorgfältig gepflegten Böden waren nun brackig und wertlos. Niemals mehr sollte eine solche Katastrophe möglich sein. Um dies zu erreichen, nahmen die Niederländer ihr ehrgeizigstes Projekt, den Deltaplan, in Angriff. Die letzten Arbeiten an dieser gewaltigen Unternehmung wurden im Jahr 1987 vollendet. Eine Reihe neuer Deiche hat die Küstenlinie um 780 km verkürzt und das Risiko weiterer Überschwemmungen entscheidend verringert.

Bau eines modernen Seedeiches *(unten)*. Zunächst wird parallel zur Uferlinie ein Graben im Flachwasserbereich ausgehoben (1). Der Graben wird mit Erde aufgefüllt (2), und ein flacher Damm wird aufgeschüttet (3). Dieser Erdwall wird durch eine Kiesschicht zu einem hohen Damm auf der Seeseite (4) und einem niedrigeren auf der landwärtigen Seite (5) erhöht. Die Mulde dazwischen (6) wird mit Erde aufgefüllt. Zur Abdeckung der Kiesschicht auf der seewärtigen Seite verwendet man heute synthetische Materialien (7). Die Abdeckung wird mit einer Lage Felsblöcke befestigt (8), danach wird die gesamte Seeseite des Deiches mit einer Backsteinschicht (9) abgesichert. Zum Schluß wird Mutterboden aufgebracht und mit Gras bedeckt (10). Auf der landwärtigen Seite werden Straßen gebaut (11), die durch den höhergelegenen Kiesdamm auf der Meeresseite geschützt sind.

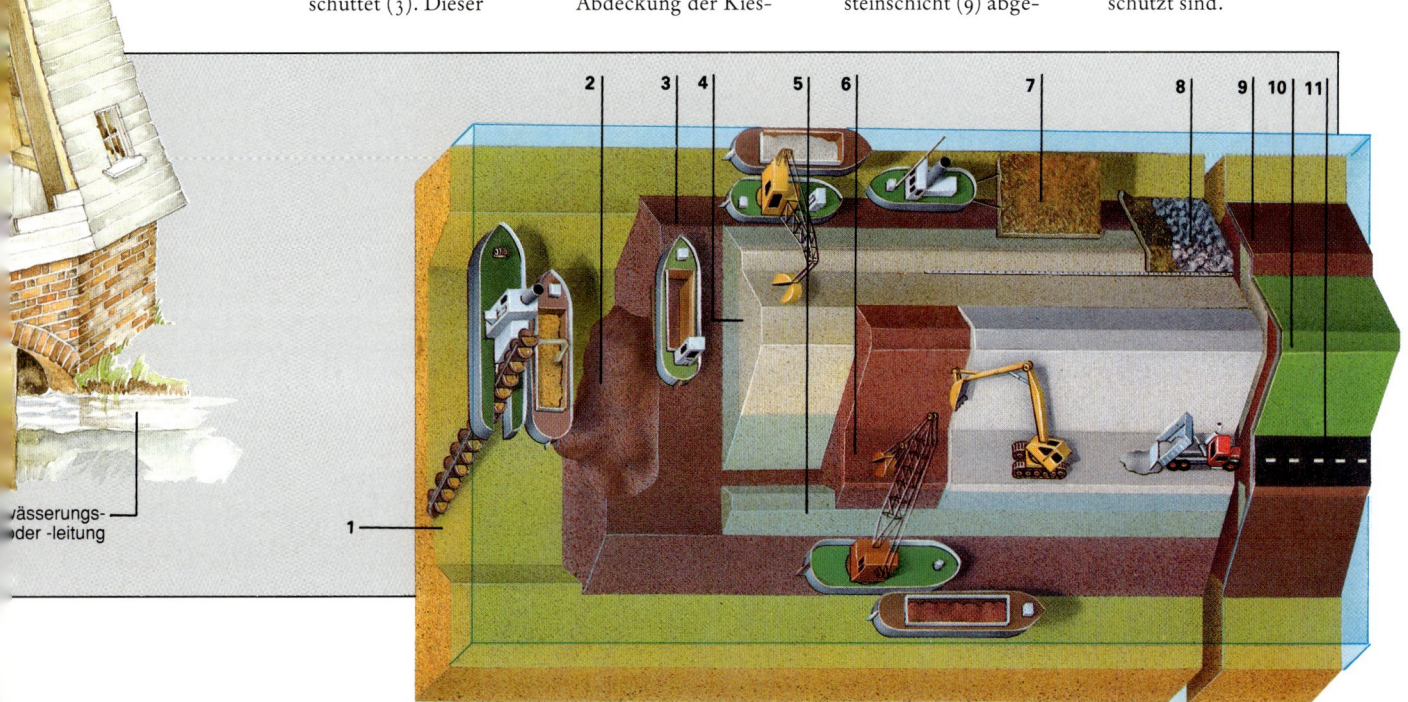

NIEDERLANDE: DIE MENSCHEN

Die Niederländer – ein Volk, das im Laufe der Jahrhunderte aus Friesen, Sachsen und Niederfranken zusammenwuchs – sind durch ihre gemeinsame Sprache miteinander verbunden. Das Niederländische hat sich aus dem Altniederdeutschen entwickelt und ist seit dem 17. Jahrhundert eine selbständige Schriftsprache. Es bestehen jedoch gewisse Unterschiede zwischen den Provinzen. So haben die Friesen, die überwiegend in den Provinzen Friesland und Groningen leben, ihre eigenständige Sprache, das nach dem Zweiten Weltkrieg als »zweite Landessprache« offiziell anerkannte Westfriesisch, bis heute bewahrt – es gibt zweisprachige Grundschulen, seit 1938 ein »Friesische Akademie« in Leeuwarden, mehrere Universitätsstühle und eine lebendige westfriesische Literatur. Aber nicht nur in ihrer Sprache, sondern auch in ihren Bräuchen und Sitten heben sie sich stark von den Bewohnern der anderen Provinzen ab.

Noch bis weit in die 60er Jahre bargen die religiösen und weltanschaulichen Unterschiede zwischen den Konfessionen – Katholiken sowie Protestanten in den verschiedensten Kirchen, vor allem in der Niederländisch-Reformierten Kirche – häufig Zündstoff für Auseinandersetzungen. Die scharfe Trennung zwischen Protestantismus und Katholizismus hat eine lange Tradition, die bis auf den Freiheitskampf der Niederländer im 16. und 17. Jahrhundert zurückreicht. Wenn heute die starren Fronten weitgehend aufgeweicht sind, kann dies zum einen der als besonders reformfreudig und progressiv geltenden niederländischen katholischen Kirche als Verdienst angerechnet werden. Zum anderen ist diese Entwicklung auch das Resultat einer fortschreitenden Abwendung – vor allem der jüngeren Generation – von konfessionellen Bindungen. In den 90er Jahren gehörten über 35 % der Niederländer keiner Glaubensgemeinschaft an; 36 % waren Katholiken, 26 % Protestanten und 3 % Moslems. Die nachlassenden kirchlichen Bindungen lassen sich auch am Bedeutungsverlust der Christdemokraten ablesen, die nach 1994 erstmals seit 1917 nicht mehr an einer Regierung beteiligt waren und bei den Parlamentswahlen 1998 nur noch 17,5 % der Stimmen erhielten.

Minderheiten

Aus den ehemaligen Kolonien der Niederlande in Südamerika, der Karibik und Südostasien kam seit 1949 eine Vielzahl von Einwanderer ins Land. Die stärkste Gruppe stellen die etwa 100 000 Surinamer, die aus dem ehemaligen Niederländisch-Guayana (seit 1975 unabhängig als Suriname) im Nordosten Südamerikas stammen. Mit mehreren aufsehenerregenden Aktionen machten die Molukker von der asiatischen Inselgruppe der Molukken (zum ehemaligen Kolonialgebiet Niederländisch-Indien, heute zu Indonesien gehörend) in den 70er Jahren auf ihre Entwurzelung aufmerksam. Daraufhin versuchte die Regierung, sie stärker als bisher in die Gesellschaft einzubeziehen und bot ihnen aber gleichzeitig auch Möglichkeiten für die Wahrung ihrer kulturellen Identität. Insgesamt leben in den Niederlanden gegenwärtig rund 750 000 Ausländer; sie kommen meist aus der Türkei und Marokko.

Die »Randstad Holland«

Die Niederlande sind eines der am dichtesten besiedelten Länder der Welt. Bei fast 16 Millionen Einwohnern kommen auf jeden Quadratkilometer – und ein großer Teil des Landes liegt unterhalb des Meeresspiegels – rund 380 Menschen. Auch der Anteil der in Städten lebenden Bevölkerung ist mit knapp 90 % sehr hoch. Die städtische Siedlungsweise hat besonders stark das flache Land durchdrungen, so daß in den Niederlanden die ländliche Lebensweise fast völlig verschwunden ist.

Die Konzentration von Dienstleistungen, Handel, Industrie und Schiffahrt sowie die günstige Lage als Bindeglied zwischen dem hochindustrialisierten europäischen Hinterland und Übersee ließ zwischen Utrecht/Hilversum im Nordosten und Dordrecht im Südwesten auf einer Länge von etwa 70 km und einer Breite bis zu 60 km ein ringförmiges städtisches Ballungsgebiet, die »Randstad Holland«, entstehen. In ihr leben fast 50 % der gesamten

Trachten (unten) werden in Marken und anderen Orten am IJsselmeer noch vielfach von Jung und Alt getragen. Auch Holzschuhe, praktisch bei morastigem Boden, sind dort noch üblich; sie werden beim Betreten des Hauses vor der Tür stehengelassen.

Der landwirtschaftlichen Nutzung (rechts) dienen etwa zwei Drittel der Landesfläche. Große Teile des Landes sind dem Meer abgerungen und müssen durch Kanäle entwässert werden, die zugleich als Verkehrs- und Transportwege genutzt werden.

Stattliche Schiffe, wie dieses Kriegsschiff (oben), begründeten den Aufstieg der Niederlande zur Seemacht im 17. Jahrhundert. Niederländische Handelsgesellschaften gründeten Kolonien im südlichen Afrika, in Indonesien und Amerika.

NIEDERLANDE

Indonesier *(oben)* bilden nach den Surinamern die zweitstärkste Gruppe der farbigen Minderheit, die aus den ehemaligen Überseegebieten zuwanderte; kleinere Bevölkerungsanteile stammen von den Niederländischen Antillen und den Molukken.

Die zugefrorenen Wasserwege *(unten)* dienen im Winter häufig als »Straßen«, die täglichen Wege werden dann vielfach auf Schlittschuhen zurückgelegt. Obwohl das Klima im allgemeinen mild ist, sind strenge Fröste nicht ungewöhnlich.

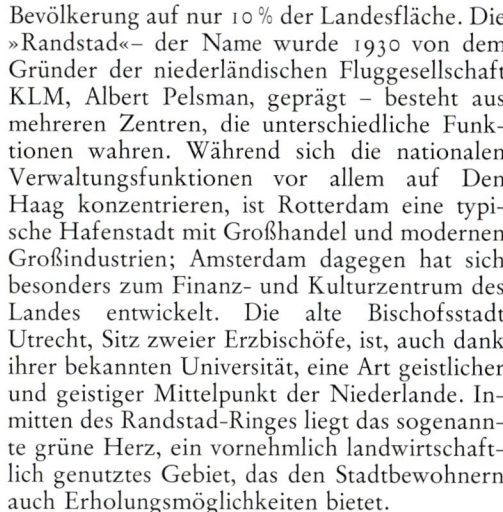

Bevölkerung auf nur 10 % der Landesfläche. Die »Randstad« – der Name wurde 1930 von dem Gründer der niederländischen Fluggesellschaft KLM, Albert Pelsman, geprägt – besteht aus mehreren Zentren, die unterschiedliche Funktionen wahren. Während sich die nationalen Verwaltungsfunktionen vor allem auf Den Haag konzentrieren, ist Rotterdam eine typische Hafenstadt mit Großhandel und modernen Großindustrien; Amsterdam dagegen hat sich besonders zum Finanz- und Kulturzentrum des Landes entwickelt. Die alte Bischofsstadt Utrecht, Sitz zweier Erzbischöfe, ist, auch dank ihrer bekannten Universität, eine Art geistlicher und geistiger Mittelpunkt der Niederlande. Inmitten des Randstad-Ringes liegt das sogenannte grüne Herz, ein vornehmlich landwirtschaftlich genutztes Gebiet, das den Stadtbewohnern auch Erholungsmöglichkeiten bietet.

Die künftige regionale Siedlungsentwicklung soll sich auch auf die bedeutenderen Provinzhauptstädte Maastricht (Limburg) mit Heerlen, Zwolle (Overijssel), Groningen (Groningen) und Leeuwarden (Friesland) als städtische Knotenpunkte konzentrieren, ferner auf die Industriestädte Enschede/Hengelo (Twente, Provinz Overijssel). Dazu kommen als weitere »Ballungszentren« Geleen und Sittard in Süd-Limburg, Almelo in Twente und Alkmaar in Nordholland, ferner die übrigen Provinzhauptstädte im überwiegend ländlichen Norden und Osten sowie im äußersten Südwesten und Südosten.

Reiseziel Niederlande

Man bezeichnet die Niederlande gerne als das Land der Windmühlen und Tulpen. Endlose bunte Tulpenfelder bieten sich im Frühling dem Besucher an der »Bollenstreek« zwischen Haarlem und Leiden dar. Hier liegt auch der bekannte Blumenpark Keukenhof.

Die tolerante Einstellung und die gelassene Lebenshaltung der Niederländer, ihr geschäftssinn, die Mischung aus kleinstädtischem Stolz und Weltoffenheit – fehlende Gardinen erlauben (meist) einen unverstellten Blick in die »gute Stube« – sowie das vielfältige Kultur- und Freizeitangebot ließen die Niederlande zu einem der beliebtesten europäischen Urlaubsländer werden. Auf verhältnismäßig kleinem Raum bietet das Land ein facettenreiches Bild: altholländische Städte mit Grachten, Brücken und Kaufmannshäusern aus dem 17. Jahrhundert; buntes Völkergemisch, internationale Kultur und europäische Kunst in Amsterdam und Rotterdam, familienfreundliche Seebäder, die Dünenlandschaften der westfriesischen Inseln, faszinierende Einblicke in die reiche Erfahrung der Niederländer bei der Bändigung der Nordsee, z. B. das Sperrwerk an der Oosterschelde in der Provinz seeland zwischen den Inseln Schouwen und Walcheren. Die Gelegenheit zum Wassersport bieten sowohl die Seebäder an der Nordseeküste als auch die vielen Seen im Binnenland und die Kanäle, die das ganze Land durchziehen.

1033

NIEDERLANDE: WIRTSCHAFT

Nach dem Ende des Zweiten Weltkrieges entwickelten sich die Niederlande von einem überwiegend agrarisch geprägten Land zu einem leistungsstarken Industriestaat. Auf der Grundlage günstiger Rahmenbedingungen – geringes Lohnniveau, preiswerte Immobilien, gut ausgebaute Infrastruktur –, die Investitionen begünstigten, setzte in den 50er Jahren ein forciertes Wirtschaftswachstum ein. Das Wirtschaftssystem beruht auf den Grundsätzen der freien Marktwirtschaft; dennoch nimmt die Regierung zum Teil erheblichen Einfluß auf die Wirtschaft, indem sie z. B. mit staatlichen Hilfen regionale Strukturverbesserungen in unterentwickelten Regionen anstrebt.

Als rohstoffarmes Land – einzige Ausnahme ist Erdgas – sind die Niederlande auf intakte Außenhandelsbeziehungen angewiesen. Wichtigste Handelspartner sind die Mitgliedsländer der Europäischen Union, mit denen das Land fast zwei Drittel seiner Importe und drei Viertel seiner Exporte abwickelt.

Landwirtschaft

Die Niederlande verfügen nur über eine relativ kleine landwirtschaftliche Nutzfläche. Dennoch hat der Agrarsektor traditionell eine große Bedeutung. Hauptanbauprodukte sind Getreide, Kartoffeln, Rüben und Gartenbauprodukte. Besonders erfolgreich sind die Niederländer bei der Produktion von Blumen und Blumenzwiebeln. Aushängeschild der niederländischen Blumenzucht ist von jeher die Tulpe, die im 16. Jahrhundert aus Asien nach Holland importiert wurde. In der Folgezeit erlebten Tulpe und Tulpenzwiebel einen einzigartigen Aufstieg, der darin gipfelte, daß das Vermögen der Menschen zeitweise in Tulpenzwiebeln berechnet wurde. Bis heute sind über 6000 verschiedene Tulpensorten gezüchtet worden, die gemeinsam mit anderen Blumen und Blumenzwiebeln in alle Welt exportiert werden. Ein Großteil dieser Blumen wird in Treibhäusern angebaut. Die Anbaufläche von ca. 9000 ha unter Glas wird von keinem anderen Land der Erde erreicht. Zu den »Sonderkulturen«, die in den Treibhäusern neben den Blumen angebaut werden, gehören vor allem Tomaten, Gurken und Erdbeeren. Weit weniger bekannt ist die Leistungsfähigkeit der Niederlande bei der Champignonerzeugung: hier steht das Land bei der Ausfuhr frischer Champignons unschlagbar an der Weltspitze.

Die Viehwirtschaft trägt mit ihren Milchprodukten etwa zwei Drittel zur landwirtschaftlichen Gesamtleistung bei. Eine herausragende Rolle spielt dabei der Käse, der zum größten Teil exportiert wird. »Käse aus Holland« ist weltweit ein Qualitätsbegriff.

Die Küsten- und Hochseefischerei hat, trotz des hohen Exportanteils, für die Nahrungsmittelindustrie des Landes einen hohen Stellenwert. Jährlich werden ca. 500 000 t Fisch (Hering, Scholle, Makrele, Kabeljau, Dorsch, Seezunge und Muscheln) angelandet.

Der Rotterdamer Hafen *(rechts)* bezeugt die starke Abhängigkeit der niederländischen Wirtschaft vom Außenhandel. Das Land, das abgesehen von Erdgasvorkommen über keine nennenswerten Bodenschätze verfügt, baut auf Fertigwaren und Agrarexporte. Die Fabrikation von Flugzeugen, Personen- und Lastkraftwagen sowie die chemische und die Elektronikindustrie sind expandierende Industriezweige. Auch Finanzwesen und Fremdenverkehr sind bedeutend.

Ein Fischkutter *(oben)* in küstennahen Gewässern. Garnelen und Aale machen hier einen Großteil des Fangs aus. Die Hochseefischerei, die Heringe, Kabeljau und verschiedene andere Fischarten anlandet, leidet unter der Abnahme des Fischbestandes.

Rotterdam

Der Europoort *(rechts)* nimmt ein großes Areal zwischen Rotterdam und der Nordsee ein. Er ist der Haupthafen der Europäischen Union. Über eine 10 km lange Fahrrinne in der Nordsee ist der Europoort für Schiffe mit einem Gewicht bis zu 400 000 t erreichbar. Er besitzt Entladevorrichtungen für modernste Tanker, Erz- und Kohlefrachter und ist ein wichtiger Erz- und Containerumschlagplatz sowie Industriestandort. In der Nähe des Hafens sind häufig ölverarbeitende Industriezweige anzutreffen. Von Rotterdam aus führt eine 259 km lange Öl-Pipeline bis nach Köln. Ein dichtes Netz von Autobahnen und Schienen erschließt weitere Transportmöglichkeiten. Ein Flugplatz auf dem Hafengelände steht ausschließlich für den Güterverkehr zur Verfügung. 1998 betrug der Warenumschlag im Hafen von Rotterdam 307 Mio. Tonnen.

Der Gartenbau *(links und oben)* trägt seit mehr als drei Jahrzehnten entscheidend zum Wohlstand der Niederlande bei. Blumen und Blumenzwiebeln werden auf Feldern und in riesigen Gewächshäusern gezogen und in die ganze Welt exportiert.

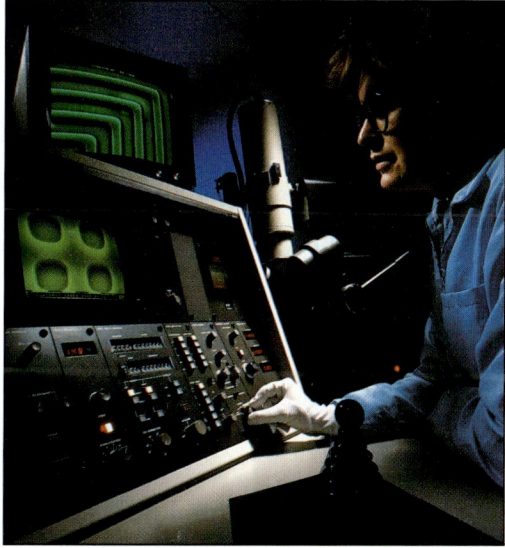

Die High-Tech-Industrie verzeichnet in den Niederlanden ein starkes Wachstum. Im Bild die Herstellung von Rasterelektronenmikroskopen *(oben)* beim Elektronikgiganten Philips.

Die Industrie

Die einstige europäische Spitzenstellung hatte die niederländische Industrie im Gefolge der weltweiten Wirtschaftskrise Ende der 70er Jahre verloren. In fast allen Wirtschaftszweigen nahm die Beschäftigtenzahl ab, so daß die Arbeitslosenquote in den 80er Jahren immer über 10 % lag. Dabei handelte es sich nicht nur um einen konjunkturellen Einbruch, sondern um eine Strukturkrise der Wirtschaft, die einen anhaltenden Strukturwandel einleitete. Einst traditionsreiche Wirtschaftszweige schrumpften, so vor allem der Schiffbau. Andere Branchen hingegen, wie die chemische und die Erdgas- und Erdölindustrie, verzeichnen erhebliche Zuwachsraten. Die umsatzstärksten Bereiche sind die Nahrungsmittelproduktion, die chemische, die Erdgas- und Erdölindustrie sowie die Elektroindustrie und der Maschinenbau. Die internationale Verflechtung der niederländischen Wirtschaft und ihre Abhängigkeit vom Außenhandel brachten für die Niederlande früher als anderswo die Notwendigkeit, sich in den 90er Jahren auf die Forderung der Globalisierung einzustellen. Dies bedeutete Einsparungen im Staatshaushalt, Einschnitte im Sozialbereich und eine Reduzierung der Arbeitskosten, um die Konkurrenzfähigkeit der Wirtschaft wiederherzustellen und den Eintritt in die Europäische Wirtschafts- und Währungsunion nicht zu gefährden. Daß dies eindrucksvoll gelang, zeigen niedrige Arbeitslosigkeit, stetiges Wirtschaftswachstum und Haushaltsüberschüsse. Vorbildfunktion haben die Niederlande vor allem durch den Ausbau der Teilzeitarbeit und ihre marktgerechten Sozialreformen, z. B. im Gesundheitswesen.

Von speziellem Wert für den Energiebedarf der Industrie sind die Erdgasreserven des Landes. Nach Norwegen verfügen die Niederlande mit geschätzten 2000 Milliarden m³ über die zweitgrößten Erdgasreserven in Europa. Neben Vorkommen im Raum Groningen sind dies vor allem die untermeerischen Lagerstätten auf dem Nordseeschelf.

Die Niederlande zeichnen sich durch ihre verkehrsgünstige Lage am offenen Meer und am Rhein aus. Darauf ist die Entwicklung des Rotterdamer Hafens zurückzuführen, der heute der größte Containerumschlagplatz der Welt und der größte Erdölumschlagplatz Europas ist. Jährlich werden in Rotterdam über 300 Millionen Tonnen Güter umgeschlagen. Etwa 40 % davon entfällt auf Rohöl. Der Verschiffung von Massengütern dient vor allem der 1958–81 erbaute Europoort, der auch Standort großer Betriebe der Chemie- und metallverarbeitenden Industrie ist.

NIEDERLANDE: STÄDTE

Der Aufschwung der niederländischen Städte begann im Spätmittelalter mit der Blüte des Fernhandels zwischen Flandern, England und den deutschen Handelsstädten. Als Folge des sich entwickelnden Textilgewerbes, der Fayencenherstellung und des Schiffbaus entstanden im 15. bis 17. Jahrhundert wichtige Handelsorte, z. B. Leiden, Delft, Gouda und Haarlem; Seehäfen wie Amsterdam, Edam und Rotterdam entwickelten sich zu bedeutenden Umschlagplätzen. Besonders kleinere Städte, wie Delft oder Edam, vermitteln mit ihren schlanken, spitzwinkligen Bürgerhäusern und den alten Handelskontoren, die sich an den Grachten erheben, noch heute ein typisches Bild der alten holländischen Architektur.

Den Haag

Die Geschichte der Stadt begann 1250, als Wilhelm (Graf von Holland und deutscher König) ein Jagdschloß der Grafen von Holland zur königlichen Residenz erklärte. Der amtliche Name Den Haags, 's-Gravenhage, bedeutet »Hain des Grafen« und bezieht sich auf das Jagdgebiet, welches das Schloß umgab.

Heute ist Den Haag die Hauptstadt der Provinz Südholland, Residenz des Königshauses und Sitz der niederländischen Regierung und des Parlaments. Die Stadt, die als eine der gepflegtesten und vornehmsten Wohnstädte Europas gilt, ist internationales Parkett: Der Internationale Gerichtshof der Vereinten Nationen, der Ständige Schiedshof sowie zahlreiche ausländische Botschaften und Ministerien haben hier ihren Sitz. Zentrum Den Haags ist der malerische Binnenhof, ein rechteckiger Platz, umgeben von Gebäudetrakten, die um das ehemalige gräfliche Schloß entstanden sind. Im Mittelpunkt steht der Rittersaal, in dem die Königin alljährlich feierlich das Parlament eröffnet. In der Nähe des Schlosses befindet sich die Königliche Gemäldegalerie Mauritshuis, die eine erlesene Sammlung alter holländischer Meister und die größte Rembrandt-Sammlung der Niederlande beherbergt. Im Herzen der Altstadt liegt der Groenmarkt (Gemüsemarkt) mit dem Alten Rathaus (16. Jahrhundert) und der Grote Kerk (15./16. Jahrhundert) mit dem größten Glockenspiel der Niederlande. Unter den vielen Museen sind besonders das Reichsmuseum Mesdag mit französischer und niederländischer Kunst des 19. Jahrhunderts sowie das Städtische Museum mit der größten Piet-Mondrian-Sammlung der Welt hervorzuheben. Im Haagse Bos, einem weitläufigen, parkähnlichen Gelände, befindet sich das ehemalige Lustschloß Huis Ten Bos (17.–18. Jahrhundert), zeitweilig Wohnsitz der königlichen Familie.

Utrecht

Die Hauptstadt der gleichnamigen Provinz liegt im Rheindelta am Amsterdam-Rhein-Kanal auf der Landschaftsgrenze zwischen Marsch und Geest. Als Mittelpunkt des Straßen- und Eisen-

Alkmaar *(unten)* ist berühmt für seinen originellen Käsemarkt. Käseträger in traditionellen Trachten bringen Tausende von Käselaiben auf hölzernen Tragen zur Waage im historischen Zentrum. Der Markt findet im Sommer jeden Freitag statt.

Scheveningen *(rechts)*, heute Den Haag eingemeindet, ist ein elegantes Nordseebad mit vielen Freizeitmöglichkeiten. Auf dem 381 m langen Pier befinden sich Geschäfte, Restaurants, Sonnenterrassen, ein Aussichtsturm und ein Aquarium.

NIEDERLANDE

Der Leidseplein in Amsterdam *(links)* zieht mit einer Fülle von Cafés und Nachtlokalen die Nachtschwärmer der Stadt an. Die beliebtesten Treffpunkte der Einheimischen sind jedoch die alten, kleinen »braunen Cafés« *(oben links)*.

Delfter Fayencen *(unten)* machten die malerische Stadt Delft im 17. Jahrhundert weltberühmt. In der Werkstatt »De Porceleyne Fles« kann der Delft-Besucher bei der Herstellung der Fayencen nach den traditionellen Mustern zuschauen.

bahnnetzes entwickelte sich die Stadt zum Zentrum des Binnenhandels mit bedeutenden Messen. Utrecht, als Traiectum ad Rhenum seit 48 n. Chr. Standort der Römer, ist eine der ältesten Städte der Niederlande. Die Stadt ist seit 695 Bischofssitz und war schon im Mittelalter durch ihr malerisches Stadtbild mit den vielen Kirchen und Klöstern berühmt.

Die von Wassergräben umgebene und von Grachten durchzogene Altstadt mit ihren prachtvoll verzierten Giebelhäusern zieht alljährlich zahlreiche Touristen aus nah und fern an. Das Wahrzeichen Utrechts ist der gotische Dom St. Martin (13.–16. Jahrhundert) mit seinem isoliert stehenden Turm, dem höchsten Turm der Niederlande (112 m), von dem man eine herrliche Aussicht bis zum IJsselmeer hat. In der Nähe des Doms liegt die 1636 gegründete Universität, die heute eine der größten des Landes ist. Lohnend ist auch ein Museumsbesuch, wobei sich besonders das Zentralmuseum (Altertumssammlungen, Gemälde, Skulpturen), das Erzbischöfliche Museum, das Niederländische Spieldosen- und Drehorgelmuseum und das Niederländische Eisenbahnmuseum anbieten. Einen starken Kontrast zu dem mittelalterlichen Stadtkern bildet das ultramoderne Einkaufszentrum Hoog Catharijne mit Kongreß- und Musikzentrum.

Delft

Delft liegt zwischen Den Haag und Rotterdam in der Provinz Südholland. Die Stadt wurde im 11. Jahrhundert gegründet und erhielt 1246 Stadtrecht. Bereits im Mittelalter galt sie als ein blühendes Handelszentrum, in dem Tuchweberei und Bierbrauerei beheimatet waren. Zu großem Wohlstand gelangte Delft jedoch besonders im 17. und 18. Jahrhundert durch seine berühmten Porzellanmanufakturen. Die einst angesehensten Fayencen der Welt, das »Delfter Blau«, werden auch heute noch in zwei Manufakturen nach überlieferten Vorbildern gefertigt. Gleichzeitig wirkte hier die Delfter Malerschule von Jan Vermeer und Jan Steen. Die Stadt konnte den architektonischen Reichtum ihrer Blütezeit weitgehend erhalten und gilt heute als eine der schönsten Städte der Niederlande. Ein Spaziergang durch die buckelig gepflasterten Gassen mit den zahlreichen Antiquitätenläden, an den schmalen Grachten entlang, über die geschwungene Brücken führen, durch Binnenhöfe und über bunte Märkte ist ein lohnenswertes Erlebnis. Am Markt, dem Mittelpunkt der Altstadt, steht die gotische Nieuwe Kerk mit dem Grabmal Wilhelms I. von Oranien, des Begründers der niederländischen Unabhängigkeit. Ganz in der Nähe befindet sich das Rathaus mit prächtiger Renaissancefassade und Gemälden aus dem 16. bis 18. Jahrhundert sowie die Oude Kerk (13. Jahrhundert). Im Prinsenhof, seit 1573 Residenz Wilhelms von Oranien, der hier 1584 ermordet wurde, ist heute ein historisches Museum untergebracht.

NIEDERLANDE: AMSTERDAM

Amsterdam, die Hauptstadt der Niederlande, ist eine Stadt der Widersprüche: elegant und lässig, kultiviert und schäbig zugleich, ein international bedeutendes Handelszentrum mit der freundlichen und entspannten Atmosphäre eines geschäftstüchtigen Städtchens. Die Stadt ist auf unzähligen tief in den Untergrund getriebenen Holzpfählen erbaut, die die Errichtung der eleganten Häuser auf dem morastigen Boden an der Amstelmündung erst ermöglichten. Der Ruhm Amsterdams gründet auf der Erinnerung an sein längst vergangenes goldenes Zeitalter, das 17. Jahrhundert, doch es ist gleichzeitig eine tolerante, neuen Ideen gegenüber aufgeschlossene Stadt.

Damrak, die Hauptstraße, mündet in den früheren Marktplatz von Amsterdam, den Dam. Hier stehen das auf den ersten Blick düster erscheinende Königliche Schloß und die Neue Kirche (Nieuwe Kerk), die zugleich als Kunstgalerie dient. Die Verlängerung von Damrak ist Rokin, eine von Geschäften und Restaurants gesäumte Straße, die im Münzplatz (Munt Plein) endet. Von hier aus kann man einen Blick auf eine der Haupttouristenattraktionen Amsterdams werfen, die Rembrandtsplein. Westlich der Hauptstraße Damrak verläuft die Kalverstraat, eine überfüllte und eher ungemütliche Einkaufsstraße.

Das beeindruckende Historische Museum Amsterdams und einige in den winzigen, auf der westlichen Seite abzweigenden Gäßchen versteckt gelegene Lokale stimmen den kritischen Betrachter wieder versöhnlich. Am Leitseplein, dem Zentrum der Freizeitindustrie, befinden sich die meisten der dreißig Amsterdamer Kinos, das Stadttheater (Stadsschouwburg) und ein Großteil der über 1200 Amsterdamer Bars und Kneipen. Im Winter wird dort sogar eine künstliche Eisbahn unter freiem Himmel installiert. Nur ein paar hundert Meter weiter südlich schließt sich das Museumsviertel an, in dem man den Kulturspaziergang mit einem Einkaufsbummel verbinden kann. Öffentliche Museen wie das Reichsmuseum (Rijksmuseum), in dem Rembrandts »Nachtwache« ausgestellt ist, und das Van-Gogh-Museum sind am Museumsplein konzentriert. Gegenüber dem Reichsmuseum liegt das weltberühmte Concertgebouw. Westlich des Museumsviertels verläuft die PC Hoofstraat, mit ihren zahlreichen Bekleidungs- und Schuhgeschäften die Einkaufsstraße der Amsterdamer Szene.

Stadt der Grachten und Fahrräder

Amsterdams leuchtend gelbe Straßenbahnen fahren kreuz und quer durch die Stadt. Die meisten Einwohner ziehen es jedoch vor, mit dem Fahrrad zu fahren. Sie bahnen sich gelassen ihren Weg durch den Verkehr. Alternativ dazu kann man sich auf einer Kanalfahrt einen Eindruck von Amsterdam verschaffen und dabei den herrlichen Blick auf die alten Grachtenhäuser genießen.

Empfehlenswert ist es jedoch vor allem, Amsterdam zu Fuß zu erkunden. Man schlendert an den reizvollen Kanälen entlang, die von Linden und alten, schmalen Stadthäusern mit den unterschiedlichsten Giebeln gesäumt werden. Es fällt sofort auf, daß es keine hohen Gebäude oder gar Wolkenkratzer gibt; seit der Errichtung der Häuser ist die Skyline nahezu unverändert geblieben. Hinter den schmalen Fassaden der Grachtenhäuser versteckt sich jedoch ein sehr tiefes und geräumiges Inneres (diese Bauweise läßt sich am Beispiel des Anne-Frank-Hauses erkennen, dem Ort, an dem sich Anne Frank mit ihrer Familie während der deutschen Besetzung vor den Nazis verborgen hielt). Sparsame Kaufleute bauten auf diese Weise, um die damals nach den Ausmaßen der Vorderfront und der Türbreite bemessenen Steuern möglichst niedrig zu halten.

Der Distrikt Jordaan wurde als Wohnviertel für die Bediensteten der großen Kanalhäuser geplant. Er wird von vielen kleinen gepflasterten Gassen durchzogen, in denen sich zahlreiche winzige Kneipen, Geschäfte und Handwerksbetriebe aneinanderreihen.

Architektonisch Interessierte sollten sich die Arbeitersiedlung an der nordwestlich gelegenen Spaarndammerbuurt nicht entgehen lassen, die 1915 nach den Entwürfen von Michel de Klerk, einem der bedeutendsten Architekten der Amsterdamer Schule, errichtet wurde und auch heute noch ihrem ursprünglichen Zweck dient. Der Bezirk Oud-Zuid im Süden der Stadt wurde von H. P. Berlage (1856–1934) im Art-Deko-Stil gestaltet.

Das wirkliche Amsterdam kann man am ehesten erleben, wenn man das bunte Treiben auf den Straßen verfolgt: Da die meisten der 715 000 Einwohner in engen Apartments leben, treffen und unterhalten sie sich gerne in den zahlreichen Bars und Cafés der Stadt, insbesondere in den »braunen Cafés«, kleinen schiefen Räumen mit tabakgeschwärzten Wänden, die in ein sanftes, durch Buntglasfenster gefiltertes Licht getaucht sind. Hier kann man etwas trinken, lesen, Schach oder Billard spielen oder einfach nur dasitzen und Amsterdam genießen. Man kann Amsterdam aber auch zuhören: dem Glockenspiel der zahlreichen Kirchen im Hintergrund, dem beharrlichen Bimmeln der Straßenbahnen und dem beschwörenden Spiel der Drehorgeln.

Um Amsterdam in Aktion zu erleben, sollte man einen der Märkte aufsuchen. Der berühmteste ist der täglich stattfindende Albert-Cuyp-Markt, auf dem Lebensmittel und Kleidung angeboten werden, beeindruckend wegen seiner Größe, Geschäftigkeit und der kosmopolitischen Atmosphäre. Seine Spezialitäten aus Suriname und Indonesien zeigen noch die einst so enge Verbindung zu den früheren Überseegebieten. Der Flohmarkt auf dem Waterlooplein im alten jüdischen Viertel hatte einmal den Ruf, der größte und beste in Europa zu sein.

NIEDERLANDE

Amsterdams zahlreiche Kanäle *(links außen)* dienen als Transportwege und zur Entwässerung des sumpfigen Untergrunds. Das Grachtensystem, in das allnächtlich Frischwasser eingeleitet wird, ist über 100 km lang und bietet Liegeplätze für 3000 Wohnboote.

Haarschnitt *(links)* unter freiem Himmel, ein Brauch, der am Geburtstag der Königin im Vondelpark traditionell gepflegt wird. Hier finden im Sommer auch Feiern, Open-Air-Konzerte und Theateraufführungen statt.

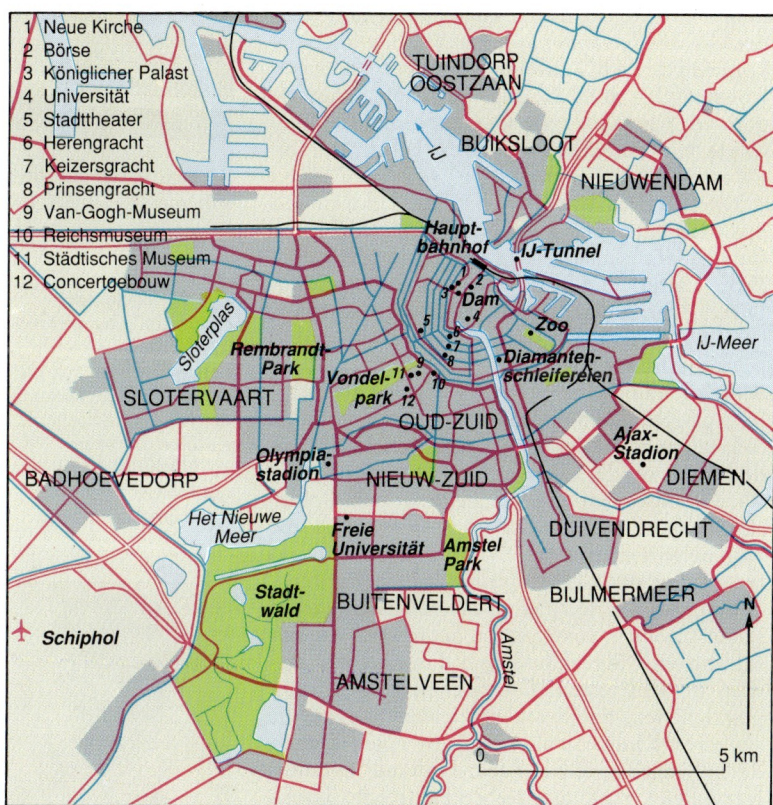

Fahrräder *(links)* gibt es in Amsterdam weit mehr als Personenwagen. Nur wenige Dinge werden nicht per Fahrrad transportiert.

Die Magere Brug *(links außen)*, eine hölzerne Zugbrücke, ist eine der vielen hundert Brücken Amsterdams.

Amsterdams Innenstadt *(oben)* hat einen halbmondförmigen Grundriß. Die größeren Kanäle (Grachten) – wie die Herengracht (6) mit ihren glanzvollen Patrizierhäusern – verlaufen in konzentrischen Halbkreisen, die kleineren dagegen radial vom Zentrum nach außen. Den Kern der Innenstadt bildet der Dam, wo sich der Königliche Palast (3) und die Neue Kirche (1) befinden. Der Leidseplein ist das Zentrum des Amsterdamer Nachtlebens. Mit dem Reichsmuseum (10) und dem Van-Gogh-Museum (9) genießt Amsterdam Weltruf.

NIEDERLANDE: NIEDERLÄNDISCHE ANTILLEN

Wenn von den Niederländischen Antillen die Rede ist, denkt man wohl zuerst an die sogenannten ABC-Inseln Aruba, Bonaire und Curaçao vor der Küste Venezuelas, weniger an die weiter nordöstlich gelegenen Inseln Sint Eustatius, Saba und das zwischen Niederländern und Franzosen geteilte Sint Maarten bzw. Saint Martin. Die der venezolanischen Küste vorgelagerten Inseln bestehen aus kreidezeitlichem Gestein und Korallenkalk, die flache Hügel bilden. Höchste Erhebung ist mit 372 m der Sint Christoffelberg auf Curaçao. Die Inseln im Bereich der Inseln über dem Winde hingegen sind vulkanischen Ursprungs mit Höhen über 800 m auf Saba und über 500 m auf Sint Eustatius.

Die ABC-Inseln

1499 wurde die Curaçao-Inselgruppe entdeckt und Anfang des 16. Jahrhunderts von Spaniern besetzt, die die Inseln jedoch lediglich als Ausgangspunkt für die Eroberung des südamerikanischen Kontinents nutzten. Schon bald wurden die Niederländer von den reichen Salzvorkommen der ABC-Inseln, dem unentbehrlichen Rohstoff für ihre Heringswirtschaft, angezogen. 1634 besetzten sie Curaçao, und 1648 erfolgte die Anerkennung ihrer Eroberung im »Westfälischen Frieden«.

Die Feindschaft zwischen Niederländern und Spaniern entsprang zum Teil religiösen Gegensätzen, doch beim Sklavenhandel arbeiteten Protestanten und Katholiken Hand in Hand. Die Niederländer machten ein gutes Geschäft, indem sie Afrikaner, die auf spanischen und portugiesischen Schiffen nach wochenlanger Seereise halbverhungert in Willemstad eintrafen, pflegten und versorgten, um sie auf den Sklavenmärkten der Karibik feilzubieten. Nach dem Verbot der Sklaverei verlegten sich die Niederländer auf die Herstellung von Pomeranzenlikör, den Anbau von Aloe sowie die Sammelwirtschaft von Divi-Divi, einer Hülsenfrucht, aus der Gerbstoffe gewonnen wurden.

Curaçao wurde zu einer der reichsten karibischen Inseln. Davon zeugen heute noch die ansehnlichen Bürgerhäuser um das Fort Amsterdam in Willemstad. Die spitzgiebeligen, bunt gestrichenen, mit Stuck verzierten Bauten, die sauberen Klinkerstraßen und die roten Ziegeldächer machen dieses Klein-Holland zu einem reizvollen Ort. Heute ziehen zahlreiche Touristen durch die klimatisierten Läden und Genever-Stuben zwischen »Herrenstraat« und »Wilhelminaplein« und lassen sich zwischen alten Festungskanonen vor dem Gouverneurspalast fotografieren.

Daß die geschäftstüchtigen Niederländer auch ein Herz für religiös und politisch Verfolgte hatten, zeigen Gebäude wie die große Synagoge, das älteste jüdische Gotteshaus auf amerikanischem Boden, sowie ein achteckiger Pavillon, in dem der südamerikanische Freiheitsheld Simón Bolívar eine Zeitlang wohnte.

Hohe Giebelhäuser *(oben)* sind charakteristisch für die Altstadt von Willemstad auf Curaçao, die Hauptstadt der Niederländischen Antillen. Diese im 19. Jahrhundert erbauten Häuser begrenzen die schmalen Straßen.

Ein kleines Mädchen afrikanischer Herkunft *(oben)* von den Niederländischen Antillen mit farbenfrohem Haarschmuck äugt schüchtern in die Kamera.

Aruba *(unten links)* erhielt 1986 einen Sonderstatus und ist keine Verwaltungseinheit der Niederländischen Antillen mehr.

Auf Curaçao *(unten Mitte)* liegt die Hauptstadt Willemstad. Ihre bedeutendsten Wirtschaftszweige sind die Erdölverarbeitung und der Tourismus.

Bonaire *(unten rechts)* ist wie Curaçao eine flache, felsige und trockene Insel. Hauptattraktionen sind eine reiche Vogelwelt und herrliche Korallenriffe.

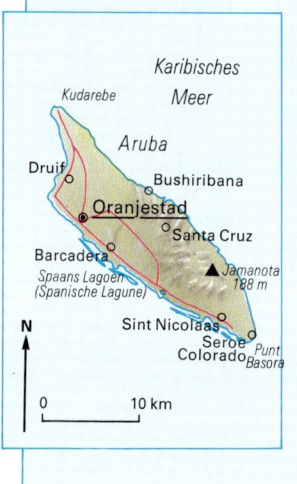

Alle nur denkbaren Früchte *(links)* werden auf dem Markt bei den Docks der Hauptstadt Willemstad auf Curaçao angeboten. Der Großteil der Lebensmittel muß jedoch eingeführt werden, da Curaçao selbst weithin felsig und unfruchtbar ist.

Palmen beschatten die Treppe eines Hauses im Kolonialstil *(oben)* auf der Insel Bonaire. Von den Holländern seit dem 17. Jahrhundert kolonisiert, sind die Niederländischen Antillen heute ein autonomer Teil des Königreichs der Niederlande.

Wirtschaftliche Entwicklung

Seit dem Zweiten Weltkrieg profitieren Curaçao und Aruba von einem der begehrtesten Rohstoffe des 20. Jahrhunderts, dem Erdöl. In den Mammutraffinerien der Royal Dutch Shell wird nicht nur »Schwarzes Gold« aus Venezuela verarbeitet, es entstanden auch riesige Tankareale für importiertes Erdöl aus aller Welt sowie Trockendocks für Supertanker.

Mit der Industrialisierung wurde eine wirtschaftliche Grundlage für die geplante Unabhängigkeit gelegt. Heute bemüht man sich, die Wirtschaft zu diversifizieren, den Tourismus auszubauen und ein günstiges Investitionsklima zu schaffen. Ziel der Insulaner ist es, ohne die finanzielle Unterstützung des Mutterlandes auszukommen. Seit 1954 sind die fünfeinhalb Inseln ein autonomer, gleichberechtigter Teil des niederländischen Königreichs. Die Niederlande sind nur noch für die Außen- und Verteidigungspolitik zuständig. Den Inseln ist es freigestellt, die völlige Unabhängigkeit zu wählen und sich zu einem Staatenbund zusammenzuschließen.

Während sich die Bewohner von Aruba, Curaçao und Sint Maarten einiges auf ihren Fortschritt zugute halten, scheint auf Bonaire, Saba und Sint Eustatius die Zeit stehengeblieben zu sein. Salzpolder und Vogelschutzgebiete bestimmen auf Bonaire das Inselbild, weltvergessen wirkt auch Sint Eustatius.

NIGER

Der an der Nahtstelle zwischen weißem und schwarzem Afrika gelegene Staat Niger ist das größte westafrikanische Land. In den letzten Jahrzehnten gemachte Funde beweisen, daß schon vor Beginn des christlichen Zeitalters im Gebiet des heutigen Staates Niger auf der Basis spezialisierten Handwerks und des Handels komplexe und hochentwickelte soziale Organisationen existierten. In der Neuzeit lagen Teile oder ganz Niger im Einzugsbereich des westlich gelegenen Mali- bzw. Songhai-Reiches. Die Stadt-Königreiche oder Emirate der Hausa kontrollierten die zentralen und südlichen Regionen, während die Bornu-Dynastie neben Teilen von Nigeria und Tschad auch den Osten Nigers beherrschte. Alle Königreiche basierten auf Sklavenhaltung und waren durch eine bis heute in der Gesellschaft fortwirkende, stark hierarchische Struktur geprägt. Ein anderes bestimmendes Element war die bereits im 10. Jahrhundert einsetzende Islamisierung, besonders der Oberschicht. Bei der Masse der ländlichen Bevölkerung setzte sich der Islam jedoch erst rund neun Jahrhunderte später durch.

Seit Beginn des 19. Jahrhunderts bereiste eine Vielzahl europäischer »Entdecker« das heutige Niger, doch erst gegen Ende des Jahrhunderts entsandte Frankreich Militär-Expeditionen in das Land, um die heftigen Widerstände der Bevölkerung, vor allem der Tuareg, niederzuringen und eine sichere Verbindung zwischen seinen Kolonien Französisch-Westafrika und Französisch-Zentralafrika zu schaffen. Auch nachdem das Gebiet 1901 zum »Militär-Territorium« erklärt worden war, dauerten die blutigen Aufstände noch bis zur Eingliederung der Kolonie in den Verbund Französisch-Westafrika Anfang der 20er Jahre an. Um auch nur eine minimale Kontrolle zu gewährleisten, setzte Frankreich eigens willfährige Häuptlinge ein, doch die wahre Macht blieb in den Händen der entsandten französischen Kommandanten. Als Folge der Zwangsrekrutierungen in den beiden Weltkriegen wanderten wesentliche Teile der nigrischen Jugend in die anglophilen Küstenkolonien ab. In den 50er Jahren entwickelte sich gegen das von Frankreich gefestigte Feudalsystem ein Nationalismus, der zur Gründung der »Fortschrittspartei« (Parti Progressiste Nigérien) führte. 1958 wurde Niger autonome Republik innerhalb der französischen Gemeinschaft. Noch vor Erlangung der Unabhängigkeit im Jahre 1960 wurden die radikalen Führer der »Fortschrittspartei«, die auch Einheitspartei war, ins Exil gezwungen, von wo sie über mehrere Jahre, zum Teil guerillaartig, gegen die neue Staatsführung operierten.

Das Regime unter dem konservativen Präsidenten Hamani Diori (1916–1989) wurde auch nach der Staatsgründung von den im Land verbliebenen französischen Truppen unterstützt. Diori setzte sich für eine prowestliche Außenpolitik und eine weiterhin starke Anlehnung an Frankreich ein. Der wirtschaftlich kaum überlebensfähige Staat verkam jedoch zum »Kein-Parteien-Staat«. Die Kontrolle übte eine kleine Gruppe von Beamten der Hausa aus, aber noch stärker war der Einfluß einer Elite der Hausa und reicher Händler.

Die vornehmlich im südlichen Sahel-Streifen lebenden Hausa stellen mehr als die Hälfte der Einwohner Nigers. Jede Rücksichtnahme auf die künstlichen nationalen Grenzen im Bereich der Groß-Sahara ablehnend, haben viele der in Niger lebenden, kleinen Volksgruppen sämtliche nigrischen Regime immer wieder gewaltsam

Daten und Fakten

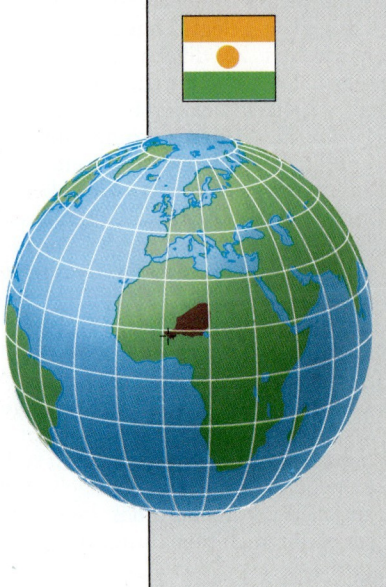

DAS LAND
Offizieller Name: Republik Niger
Hauptstadt: Niamey
Fläche: 1 267 000 km²
Landesnatur: Im SW Nigerbecken, im SO Tschadbecken, im N Aïr-Gebirge, im W Wüste Talak, im O Sandwüste Ténéré, im NO Plateau du Djado
Klima: Trockenheißes Klima, im SW Sudanklima mit Sommerregen, nach NO in extremes Wüstenklima übergehend
Hauptflüsse: Niger
Höchster Punkt: Gréboun 1944 m
Tiefster Punkt: Ufer des Tschadsee 240 m

DER STAAT
Regierungsform: Präsidiale Republik
Staatsoberhaupt: Staatspräsident
Regierungschef: Ministerpräsident
Verwaltung: 8 Départements
Parlament: Nationalversammlung mit 83 für 5 Jahre gewählten Mitgliedern
Nationalfeiertag: 18. Dezember

DIE MENSCHEN
Einwohner (Ew.): 10 400 000 (1999)
Bevölkerungsdichte: 8 Ew./km²
Stadtbevölkerung: 21 %
Analphabeten: 84 %
Sprache: Französisch, Ful, Hausa
Religion: Moslems 80 %, Anhänger von traditionellen Religionen

DIE WIRTSCHAFT
Währung: CFA-Franc
Bruttosozialprodukt (BSP): 1927 Mio. US-$ (1998)
BSP je Einwohner: 190 US-$
Inflationsrate: 6,8 % (1990–98)
Importgüter: Maschinen, elektro-

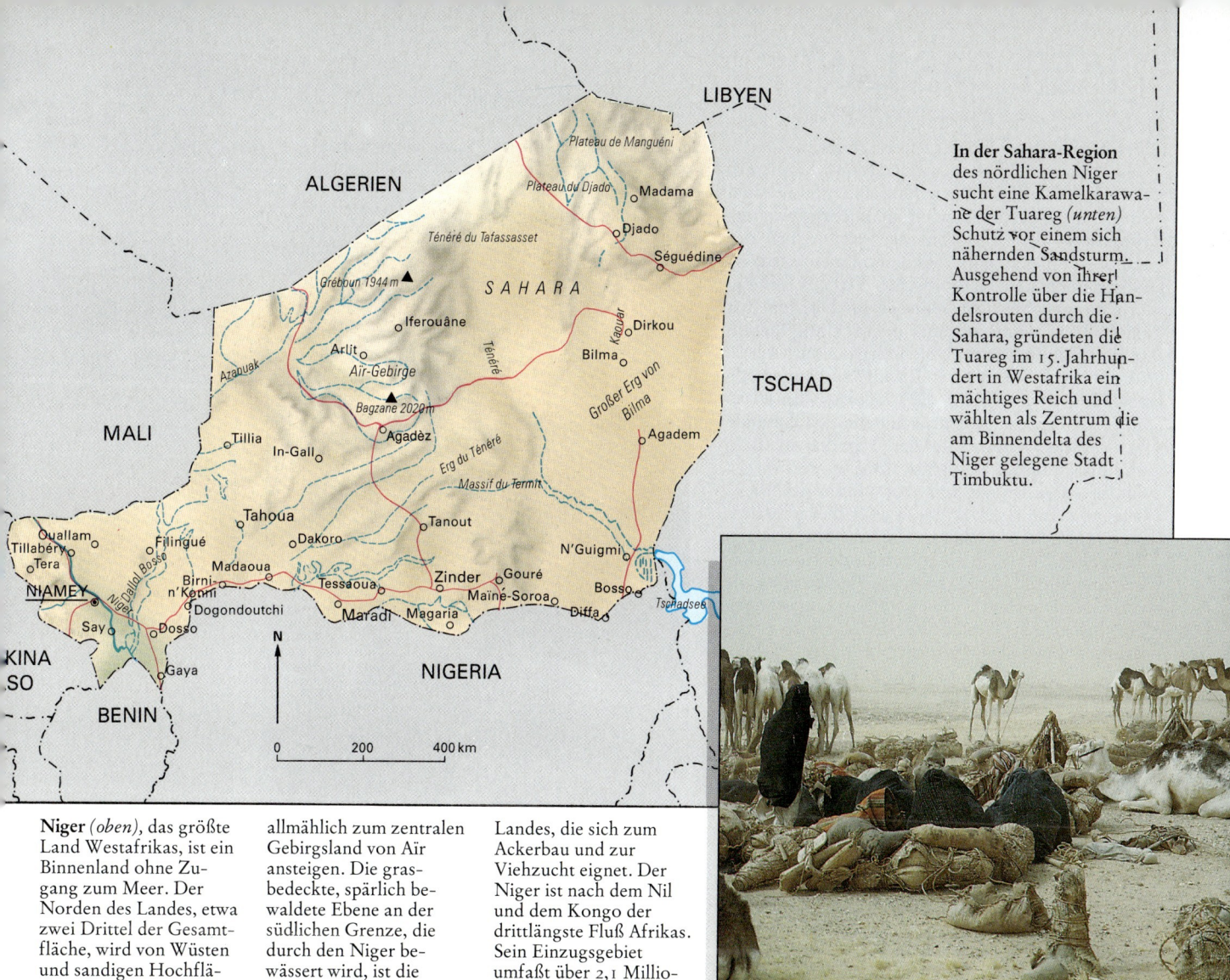

In der Sahara-Region des nördlichen Niger sucht eine Kamelkarawane der Tuareg (unten) Schutz vor einem sich nähernden Sandsturm. Ausgehend von ihrer Kontrolle über die Handelsrouten durch die Sahara, gründeten die Tuareg im 15. Jahrhundert in Westafrika ein mächtiges Reich und wählten als Zentrum die am Binnendelta des Niger gelegene Stadt Timbuktu.

Niger (oben), das größte Land Westafrikas, ist ein Binnenland ohne Zugang zum Meer. Der Norden des Landes, etwa zwei Drittel der Gesamtfläche, wird von Wüsten und sandigen Hochflächen eingenommen, die allmählich zum zentralen Gebirgsland von Aïr ansteigen. Die grasbedeckte, spärlich bewaldete Ebene an der südlichen Grenze, die durch den Niger bewässert wird, ist die einzige Region des Landes, die sich zum Ackerbau und zur Viehzucht eignet. Der Niger ist nach dem Nil und dem Kongo der drittlängste Fluß Afrikas. Sein Einzugsgebiet umfaßt über 2,1 Millionen km².

techn. Erzeugnisse, Nahrungsmittel, Fahrzeuge
Exportgüter: Uranerze, Erdnüsse, Gemüse, Vieh, Zinn, Fische, Gummiarabikum, Salz
Handelspartner: Frankreich, Nigeria, Deutschland, Japan, Algerien
Straßennetz: 13 800 km
Fernsehgeräte je 1000 Ew.: 12

herausgefordert. Mehr noch als die anderen Völker des Niger wurden die Tuareg und ihre Herden Opfer der beiden großen Dürren Anfang der 70er und Mitte der 80er Jahre. Die erste große Dürre war es auch, die im April 1974 den Sturz des ersten Präsidenten durch eine Militärjunta und die Machtübernahme durch Seyni Kountché (1931–1987) auslöste. Gegen die skandalöse Bereicherung des alten Regimes setzte Kountché eine rigorose Erziehungsdiktatur. Er löste das Parlament auf und verbot alle Parteien, doch setzte er sich ebenso energisch für die Belange der Masse von Bauern und Viehzüchter ein. Nur kurze Zeit nach einem mißglückten Putschversuch verstarb Kountché Ende 1987. Sein Nachfolger Ali Seybou (* 1940) ließ Anfang der 90er Jahre einen politischen Demokratisierungsprozeß zu. Bei den Präsidentschaftswahlen im Jahr 1993 konnte sich der Sozialdemokrat Mahamane Ousmane durchsetzen. Er wurde bereits 1996 durch einen Militärputsch gestürzt. Neuer Machthaber wurde Ibrahim Baré Maïnassara. Nach dessen gewaltsamen Tod wurde Mamadou Tandja (* 1938) im November 1999 zum Staatsoberhaupt gewählt.

NIGER: DAS LAND

Der Name dieses Staates leitet sich zwar von der westafrikanischen Lebensader, dem Niger, ab, doch hat das Land nur im äußersten Südwesten Anteil an diesem einzigen ganzjährig wasserführenden Fluß. Obwohl der größte Teil des Landes von der Sahara eingenommen wird, ist Niger noch kein Wüstenstaat. Das bis auf die Erhebungen des Aïr-Gebirges im Norden fast flache Land droht in seiner Entwicklung diesem Bild jedoch immer schneller entgegenzustreben. Aber nicht die Wüste »rollt wie eine Dampfwalze« südwärts, sondern die moderne »Entwicklung« ist die Hauptursache für die zunehmende Verwüstung. Mit Hilfe der Veterinärmedizin und durch das Bohren ganzjährig wasserführender Brunnen ist seit den 30er Jahren der Viehbestand ständig gewachsen. Die früher üblichen, jahreszeitlichen Wanderungen unterblieben weitgehend und die anfälligen Böden in der Sahelzone wurden kahlgefressen. Ferner löste die verbesserte gesundheitliche Versorgung einen in der bisherigen Geschichte der Region unbekannten Bevölkerungsanstieg aus, der zu Versorgungsschwierigkeiten führte. Um die Steuern an den Kolonial- dann National-Staat entrichten zu können, waren die Bauern gezwungen, immer größere landwirtschaftliche Nutzflächen mit den für den Export bestimmten Produkten, wie Erdnuß und Baumwolle, zu bestellen, und vernachlässigten dadurch den Anbau lebenswichtiger Nahrungsmittel. Die im Sahel erforderlichen langen Brachezeiten unterblieben. Schon geringfügige Regenausfälle verursachten Defizite bei den Ernteerträgen, wodurch die Lebensmittelversorgung nachhaltig gestört wurde und Massenhunger drohte.

Ende der 60er Jahre schien das in der Wüste bei Arlit geförderte Uran eine Lösung der wirtschaftlichen Probleme zu bringen. Seit der Machtübernahme Kountchés wurde das zeitweise hohe Deviseneinkommen zugunsten der Bauern und Viehzüchter eingesetzt. Beiden Gruppen wurden Steuern erlassen, so daß vor allem die Bauern von den Exportkulturen wieder auf Nahrungsmittel für den Eigenbedarf umstellen konnten. Durch den raschen Bau von Straßen konnten Hirse, Sorghum und andere typisch afrikanische Nahrungsmittel aus Überschußgebieten in Defizitgebiete transportiert werden. Zeitweise konnte Niger sogar Überschüsse in Dürreländer exportieren.

Hausa, Djerma, Songhai und Fulani

Durch den raschen Ausbau von Telefon, Radio und Fernsehen wurden nationale Kommunikation, Erziehung und das Zusammenwachsen der verschiedenen Völker gefördert. Von den geschätzten 10,4 Millionen Einwohnern gehören über 50 % der Volksgruppe der Hausa an, die vornehmlich im südlichen Sahel-Streifen leben. Die vor allem im Südwesten lebenden Djerma und Songhai stellen etwa 21 % der Bevölkerung. Das in ganz Westafrika anzutreffende, meist viehzüchtende Volk der Fulani lebt eng mit den Hausa zusammen. Zahlenmäßig deutlich kleiner sind die in Niger lebenden Gruppen der Kanuri in der Nähe des Tschadsees im Osten, der Tibbu an der Grenze zu Tschad und Libyen sowie der Tuareg.

Zu den in Niger immer wieder ausbrechenden sozialen Unruhen hat auch eine Reihe von Entwicklungen außerhalb der nationalen Grenzen beigetragen. Schon immer war ein großer Teil der bäuerlichen Jugend Nigers in das Erdölland Nigeria abgewandert. Nach Ausbruch einer dortigen Wirtschaftskrise wurden mehrere hunderttausend Nigrer binnen Wochenfrist ausgewiesen. Durch eine fast zweijährige Grenzschließung kamen zumindest der offizielle Export von Vieh und die dringend benötigten Benzinimporte aus Nigeria zum Erliegen. Die Wirtschaftskrise in den Küstenstaaten Côte d'Ivoire, Togo und Benin und der dadurch geförderte Fremdenhaß haben dort ebenfalls eine massive Rückwanderung von jungen Nigrern ausgelöst.

Mehr noch als den Erfolg der »Pan-Sahara«-Propaganda des libyschen Staatschefs Al Ghadafi bei den Tuareg, fürchten die Regierungen in Niamey den Einfluß der islamischen Fundamentalisten. Deren »Kreuzzüge« haben im ethnisch verwandten, grenznahen Hausaland in Nigeria seit 1980 bereits Tausende von Toten gefordert. Um dieser Gefahr zu begegnen, hatte Kountché versucht, das traditionelle dörfliche System der »Samaria« oder Jugendgruppen wie-

Im nordnigerischen Bilma spielt die Salzgewinnung eine wichtige Rolle *(unten)*. Salzhaltiges Wasser wird in Becken eingelassen, wo es in der Wüstenhitze verdunstet und eine Salzkruste zurückläßt.

Kamelkarawanen *(rechts)* ziehen wie seit Jahrhunderten auch heute noch durch die karge Landschaft der Sahara. Früher brachten sie Gold aus Westafrika nach Norden und Salz nach Süden.

Hilfsgüter aus den Vereinigten Staaten *(rechts)* und zahlreichen anderen Ländern trugen zur Entspannung der Versorgungslage in den von Dürreperioden heimgesuchten Ländern der Sahelzone bei.

Sahara

Die Sahara hat sich in den vergangenen 350 Jahren in dramatischer Weise ausgedehnt *(rechts)*. Bevölkerungsdruck und die daraus resultierende Überweidung durch Vieh haben zum Verlust der schützenden Bodenbedeckung geführt. Struktur und Fruchtbarkeit der empfindlichen Böden verändern sich, und schließlich kommt es zur Verwüstung. Viele der Bewohner der Sahelzone erinnern sich noch an die Zeit, als Gebiete, in die nun die Wüste Einzug gehalten hat, als Weiden genutzt wurden.

NIGER

Der Fluß Niger (oben), dem das Land seinen Namen verdankt, entspringt in Guinea und mündet in einen weit gefächerten Delta in Nigeria: Er ist die Lebensader zahlreicher westafrikanischer Staaten. In Niger bewässert er lediglich das südwestliche Gebiet. Nur das Land in der Nähe des Flusses und einige verstreute Oasen im Norden sind für die Landwirtschaft nutzbar.

derzubeleben. Mit diesem System sollte nicht nur soziale Kontrolle ausgeübt und die Kriminalität bekämpft, sondern auch die Selbsthilfe auf dörflicher und städtischer Ebene angeregt werden. In diese Bewegung sollten auch die immer noch einflußreichen, feudal gesinnten Kräfte und die vermögenden Hausa-Händlerfamilien eingebunden werden. Das Militärregime sollte allmählich durch eine »Entwicklungsgesellschaft« ersetzt werden. Konkrete Versuche kamen aber seit Mitte der 80er Jahre durch wirtschaftliche Krisen, durch eine von der Weltbank auferlegte Sparpolitik, durch soziale Unruhen und durch Putsche zum Erliegen. Unter Kountchés Nachfolgern Ali Seybou, M. Ousmane, I. B. M. Maïnassara und Mamadou Tandja hatten diese Entwicklungsprogramme bisher wenig Chancen. Ebenso wenig wie die in der vorwiegend islamischen Gesellschaft mit großer Vorsicht unternommenen Versuche, durch Aufklärungskampagnen das viel zu rasche Bevölkerungswachstum einzudämmen.

NIGERIA

Nigeria ist ein reiches Land. Kein anderer Staat in Schwarzafrika hat so viele Menschen, so viel Geld. Es ist reich an Völkern, Kulturen, Religionen und reich an schmerzlichen Erfahrungen, die sich aus dem Zusammenleben der Völkervielfalt innerhalb der von den Kolonialherren willkürlich gezogenen Grenzen ergeben haben. Schmerzlich ist aber auch die Erkenntnis, daß der unerwartete Reichtum aus dem Erdölgeschäft nicht über Nacht aus einem Agrarstaat eine Industrienation machen kann, daß die Probleme eines Entwicklungslandes nicht allein mit Geld zu lösen sind.

Zu keiner Zeit vereint, versucht Nigeria heute eine Art »Nationalbewußtsein« zu entwickeln, aus der reichen, aber verwirrend vielfältigen Tradition ein selbstbewußtes Zusammengehörigkeitsgefühl entstehen zu lassen.

Geschichte

Von der prähistorischen Kultur, die wahrscheinlich im ersten Jahrtausend v. Chr. auf diesem Gebiet blühte, zeugen die erst in den 40er Jahren entdeckten Terracotta-Figuren von Nok, die ältesten bekannten Plastiken südlich der Sahara. Verschiedentlich werden Beziehungen zwischen den Kulturen von Nok und Igbo-Ukwu, die in das 7. Jahrhundert n. Chr. datiert werden, wie auch der Ife-Kultur im Yorubagebiet angenommen, deren Reich im 10. Jahrhundert gegründet wurde. Sicher ist hingegen, daß das Benin-Reich, dessen Beginn in das 12. Jahrhundert zurückreicht, die künstlerischen Formen der Ife übernommen und sie auf einen Höhepunkt schwarzafrikanischer Kunst gebracht hat.

Im Norden entstand im 8. Jahrhundert das Reich von Kanem, das bereits früh mit dem Islam in Berührung kam. Auch in den Hausa-Staaten, die sich seit dem 11. Jahrhundert weiter westlich und unabhängig von Kanem-Bornu entwickelten, faßte der Islam Fuß.

Das Königreich der Nupe, den Yoruba-Reichen gegenüber am rechten Nigerufer gelegen, entstand um 1350. Die Nupe, ein reiches Händlervolk, wurden wiederholt von Yoruba und Hausa unterworfen. Sie nahmen im 18. Jahrhundert den Islam an.

Im 15. Jahrhundert beschrieben arabische Reisende die blühenden Stadtstaaten mit ihren Wällen und lebhaften Märkten im Norden des Landes, europäische Reisende den Reichtum und die hohe Organisationsform der Yoruba-Königreiche im Süden. Der im 16. Jahrhundert einsetzende Sklavenhandel löste jedoch eine massive Entvölkerung im Siedlungsgebiet der Yoruba und anhaltende, schwächende interne Kriege aus, wodurch die Inbesitznahme durch Großbritannien entscheidend erleichtert wurde. Im Norden Nigerias hingegen hatte der »Heilige Krieg« (jihad) unter dem Fulbe Usman dan Fodio zu Beginn des 19. Jahrhunderts noch einmal zu einer Stärkung der Feudalherrschaft in den dreizehn ehemaligen Hausa-Staaten geführt.

NIGERIA

Der Kolonialstaat

Britische Handelsgesellschaften, vor allem die »Royal Niger Company«, hatten bereits geraume Zeit vor der »Zuteilung« Nigerias an Großbritannien auf der Afrika-Konferenz von 1884 weite Teile des südlichen Nigeria unter ihre Kontrolle gebracht. Da Nigeria mit seinem feucht-heißen Klima und seinem Reichtum an tropischen Krankheiten jedoch als das »Grab des weißen Mannes« galt, bedienten sie sich zur Beschaffung von Palmöl oder Kautschuk einheimischer Mittelsmänner, die nicht nur selbst großen Reichtum anhäuften, sondern auch bald gegen die Praktiken der weißen Händler opponierten, so daß sich Großbritannien 1900 zur völligen Übernahme der »Company« gezwungen sah.

Vor allem im Gebiet der Yoruba in Lagos, Abeokuta und Oyo und der Efik in Calabar waren die verschiedenen Missionen parallel zu den Händlern tätig geworden. Seit Mitte des 19. Jahrhunderts hatte sich eine kleine schwarze, viktorianisch-bürgerliche Schicht mit eigenen Zeitungen, Kleinverlagen und politischen Diskussionszirkeln herausgebildet, die den Kern für die spätere nationalistische Bewegung bilden sollte. Erst nach der gewaltsamen Niederwerfung der Fulbe-Emirate und von Bornu konnte der Gouverneur des »Protektorats Nord-Nigeria«, Lord Lugard, das System der »indirekten Herrschaft« einführen, das 1914 nach Verschmelzung des Nordens mit dem »Protektorat Süd-Nigeria« und der Kolonie Lagos zu Nigeria auch in anderen Landesteilen Anwendung finden sollte. Mit dem aus Britisch-Indien übernommenen System wurde die Ausübung tagtäglicher Herrschaft inklusive der Steuereintreibung weiterhin bei den Emiren und anderen traditionellen Herrschern belassen, während die Kolonie als Gesamtes von Großbritannien regiert wurde.

Im feudalen islamischen Norden war diese Art der britischen Kolonialverwaltung bis in die 50er Jahre hinein gültig und erfolgreich. Weniger erfolgreich war sie im Bereich der bereits zuvor geschwächten Yoruba-Königreiche, deren Bevölkerung bereits wesentlich christianisiert und an Europa assimiliert worden war, und noch weniger bei den östlichen Ibo mit ihrer eher demokratischen Sozialstruktur.

Hier entwickelten sich bereits in den 20er Jahren nationalistische Bewegungen, aus denen sich nach dem Zweiten Weltkrieg zunächst eine Gewerkschaftsbewegung, dann auch Parteien formierten, die sich sehr rasch tribal, also nach Stämmen, aufspalteten. Bis in die 80er Jahre bestimmten auf seiten der Ibo der frühere Journalist Nnamdi Azikiwe (1904–1996) und dessen »National Council of Nigerian Citizens« (NCNC) sowie deren Nachfolgeorganisation die Politik, während bei den Yoruba der frühere Rechtsanwalt Obafemi Awolowo (1909–1987) bis zu seinem Tod die beherrschende Persönlichkeit blieb.

NIGERIA: DER STAAT

Bereits 1956 erreichten die Ibo unter Nuamdi Azikiwe und die Yoruba unter Obafemi Awolowo die lokale Selbstverwaltung der westlichen bzw. östlichen Region unter britischer Vorherrschaft. Der »Northern People's Congress« (NPC) unter Führung des aus der Fulani-Feudalschicht stammenden Sardauna von Sokoto (1903–1988) wehrte sich indes bis 1959 gegen eine nationale Unabhängigkeit, aus Angst vor einer Vorherrschaft des wirtschaftlich stärker erschlossenen Südens und seiner christlichen Eliten.

Die sehr heterogene Zusammensetzung der Bevölkerung aus Völkern alter hoher Kulturen ist für Nigeria bis heute ein großes Problem, und der alles überschattende Nord-Süd-Gegensatz beherrscht das politische Leben, seit Nigeria 1960 in die Unabhängigkeit entlassen wurde. Das parlamentarisch-demokratische Regierungssystem, in dem die Konservativen des Nordens (NPC) das Übergewicht hatten, vermochte nicht, die ethnischen und religiösen Konflikte zugunsten eines Nationalbewußtseins zu überwinden und Nigeria als Staatenbund zu einen. Daneben sorgten nicht zuletzt zunehmende Korruption sowie die Machtgier von Politikern und Beamten, Wahlfälschungen und politischer Terror für das rasche Ende der Ersten Republik. Der Staatsstreich unter Umurakwe Ironsi (1924–1966), vom Volk der Ibo, leitete 1966 die dreizehnjährige Ära der Militärregierungen ein. Doch noch im selben Jahr kam es unter Yakubu Gowon (* 1934) zu einem Putsch von Offizieren des Nordens gegen die verordnete Umwandlung Nigerias in einen zentralistischen Einheitsstaat. Die Wiedereinführung eines in 12 Bundesstaaten gegliederten föderativen Systems löste indes den von einer bürgerlichen Schicht der Ibo unter Odumegwu Ojukwu (* 1933) getragenen Sezessionsversuch der als »Biafra« bezeichneten Ostregion aus.

Der Biafra-Krieg

Es folgten die blutigen 27 Monate des Biafra-Krieges, der vor allem von den christlichen Kirchen als ein »Religionskrieg der Moslems gegen die christlichen Ibo« verfälscht wurde. Biafra wurde außer von den Kirchen lediglich von Frankreich, dem faschistischen Portugal und drei afrikanischen Staaten unterstützt, während sowohl Großbritannien als auch die Sowjetunion die Einheit Nigerias unterstützten. 1970 verlor Biafra den nigerianischen Bruderkampf, der auch ein Kampf gegen die Hungersnot war. Doch zur großen Verwunderung der Kirchen und der Weltöffentlichkeit gelang es der Regierung unter General Gowon nach dem Krieg, das unerträgliche Mißtrauen zwischen beiden Seiten abzubauen. Die politische Entwicklung Nigerias war daraufhin weniger von tribalen Auseinandersetzungen als vielmehr von der wirtschaftlichen Entwicklung, durch das seit 1972 reichlich fließende Erdöl, durch massive Verschwendungssucht, Korruption und Kapitalflucht, geprägt. Gegen Gowon putschte 1975 während dessen Abwesenheit in Uganda der sozialreformerisch angehauchte General Murtala Mohammed, der jedoch nach wenigen Monaten bei einem erneuten Umsturzversuch ums Leben kam. Unter dem 1976 an die Macht gekommenen Olusegun Obasanjo (* 1937) wurde das Reformprogramm Mohammeds weiterverfolgt, das u. a. die Zulassung politischer Parteien umfaßte, bis er 1979 die Regierung an den gewählten zivilen Präsidenten Shehu Shagari (* 1925) übergab.

Daten und Fakten

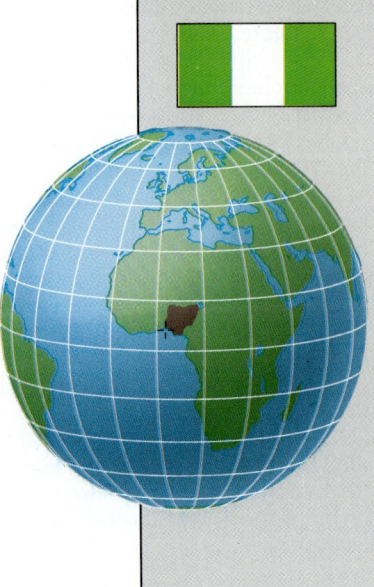

DAS LAND
Offizieller Name:
Bundesrepublik Nigeria
Hauptstadt:
Abuja
Fläche:
923 768 km²
Landesnatur: Küstentiefland, im Zentrum Nordnigerianisches Plateau, im SW u. SO Hügelländer, im NO Sokotoebene, im NW Bornuebene
Klima:
Tropisch-feuchtheiß
Hauptflüsse:
Niger, Benue
Höchster Punkt:
Dimlang 2042 m
DER STAAT
Regierungsform:
Präsidiale Bundesrepublik

Staatsoberhaupt:
Staatspräsident
Verwaltung:
36 Bundesstaaten, Territorium der Hauptstadt Abuja
Parlament:
Nationalversammlung mit Repräsentantenhaus (360 Mitglieder) und Senat (109 Mitglieder); Wahl alle 4 Jahre
Nationalfeiertag:
1. Oktober
DIE MENSCHEN
Einwohner (Ew.):
108 945 000 (1999)
Bevölkerungsdichte:
118 Ew./km²
Stadtbevölkerung:
44 %
Bevölkerung unter 15 Jahren: 43 %

Analphabetenquote:
39 %
Sprache:
Englisch, Kura-Sprachen
Religion:
Moslems 45 %,
Protestanten 26 %,
Katholiken 12 %,
Afrikan. Christen 11 %
DIE WIRTSCHAFT
Währung: Naira
Bruttosozialprodukt (BSP):
36 377 Mio. US-$ (1998)
BSP je Einwohner:
300 US-$
Inflationsrate:
38,7 % (1990–98)
Importgüter:
Maschinen, Fahrzeuge, Eisen, Stahl
Exportgüter:
Erdöl, Kakao, Palm-

Nigeria (links) hat Anteil an verschiedenen tropischen Landschaften. Die heterogene Zusammensetzung seiner Bevölkerung ist Nigerias größtes Problem. Mehr als 115 Millionen Einwohner machen es zu Afrikas bevölkerungsreichstem Land. Erdöl und Landwirtschaft sind die Grundpfeiler der Wirtschaft.

Der bereits damals auf dubiose Weise an die Macht gelangte Fulbe ließ sich 1983 auf noch dubiosere Weise wiederwählen, während Familienmitglieder und Parteifreunde die bei fallenden Rohölpreisen bereits merklich geleerte Staatskasse vollends ausräumten und den Schuldenberg bis auf 30 Milliarden US-Dollar anhäuften.

Die Zweite Republik und der Versuch, eine Demokratie in Nigeria zu etablieren, scheiterten 1983 mit dem Sturz Shagaris durch das Militär unter Mohammed Buhari (* 1942). Die anhaltenden wirtschaftlichen und sozialen Schwierigkeiten in Nigeria führten 1985 zu einem erneuten Machtwechsel.

Kampf um Demokratie

Danach versuchte General Ibrahim Babangida (* 1941), die schwierige wirtschaftliche Situation in den Griff zu bekommen, und setzte sich darüber hinaus zum Ziel, ab 1992 zu einer »zivilen und zivilisierten Regierung der Dritten Republik« zurückzukehren. Sein Übergangsprogramm beinhaltete den Entwurf einer neuen präsidialen Verfassung, die Bannung von 50 000 Mitgliedern der alten politischen Garde aus der aktiven Politik, die Abhaltung parteiloser Kommunalwahlen und einer glaubwürdigen Volkszählung als Basis der späteren Sitzverteilung im Parlament, die Beschränkung der zugelassenen »nationalen« Parteien auf zwei sowie die Organisation allgemeiner freier Wahlen vor Übergabe der Macht. Im Jahr 1991 ließ Ibrahim Babangida eine Verwaltungsreform durchführen, die die Zahl der Bundesstaaten auf 36 erhöhte. Außerdem wurde Abuja zur neuen Hauptstadt proklamiert. Die von blutigen Unruhen überschatteten Präsidentschaftswahlen 1993 ließ Babangida annullieren. Er trat im August 1993 als Staatschef zurück und übertrug die Macht auf eine Interimsregierung, deren politische Legitimation jedoch zweifelhaft blieb. Im November 1993 übernahm wieder das Militär die Regierungsgewalt. Der neue Machthaber General Sani Abacha (* 1943) ließ jedoch auch weiterhin die demokratische Opposition trotz internationaler Proteste rigoros unterdrücken. Große Hoffnungen ruhen auf Olusegun Obasanjo, der 20 Jahre nach seiner Demission als Präsident im Mai 1999 erneut zum Staatschef gewählt wurde.

nüsse u. -öl, Erdnüsse, Kautschuk, Baumwolle, Zinn, Holz, Kohle, trop. Früchte, Häute
Handelspartner: USA, Großbritannien, BRD u. andere EU-Länder, Brasilien, Japan, Indien, China
Eisenbahnnetz: 3505 km
Straßennetz: 37 000 km (befestigt)
Fernsehgeräte je 1000 Ew.: 66

GESUNDHEIT UND ERNÄHRUNG
- LEBENSERWARTUNG IN JAHREN: Männer 49 / Frauen 51
- JÄHRL. BEVÖLKERUNGSWACHSTUM: 2,3% (1995–2000), Geburtenziffer: 4,4%
- GESUNDHEITSFÜRSORGE: Ärzte je 100 000 Ew.: 21
- 111% empfohlene tägliche Kalorienaufnahme 2345 kcal (100%)

ARBEIT
Erwerbstätige nach Wirtschaftsbereichen in %:
- Landwirtschaft und Fischerei: o. A.
- Industrie: 36
- Dienstleistungen: o. A.

BILDUNG
Schulbesuch nach Altersklassen in %:
- 6–11 Jahre: 89
- 12–17 Jahre: 30
- 18–22 Jahre: o. A.

NIGERIA: DAS LAND

Landesnatur

Nigeria erstreckt sich mit einer annähernd trapezförmigen Gestalt von der Atlantikküste im Süden über die weiten Hochflächen des Nordnigerianischen Plateaus bis zum Sahel im Norden. Große Bedeutung für die Ausprägung der Landschaft hat das Klima, das durch die Nähe des Äquators gekennzeichnet ist.

Der niedrig gelegene und unter Gezeitenwirkung stehende Küstensaum besteht aus einem meist schmalen, allein im Nigerdelta bis zu 100 km breiten, flachen, mangrovenbestandenen Sumpfgebiet mit Lagunen, Sandbänken, Brackwassersümpfen und seichten Wasserläufen. Hinter den Lagunen erhebt sich auf der gesamten Breite Nigerias das bis auf 300 m Höhe ansteigende und rund 100 km breite hügelige Küstentiefland, das bis vor wenigen Jahrzehnten noch mit artenreichem Regenwald bestanden war. Heute sind die tropischen Edelhölzer weitgehend abgeholzt und durch Sekundärwald mit einer Vielzahl von Palmenarten ersetzt worden. Außerdem stellt die Erdölförderung in unmittelbarer Küstennähe wie auch in dem Gebiet der Lagunen und Süßwassersümpfe erhebliche Risiken für die Flora und Fauna dieser Region dar. Darüber hinaus sind weite Gebiete, vor allem um die Großstädte, seit den 60er Jahren so intensiv genutzt worden, daß die Verwüstung gleichsam »inselhaft« um die Städte herum von der Küste in Richtung Sahel fortschreitet.

Nordwärts schließt sich an die Küstenregion das sanftwellige, bis 600 m hohe Hügelland an: das Yorubaplateau im Westen sowie die wegen ihrer Kohlevorkommen wirtschaftlich bedeutenden Udi Hills und die Oban Hills, die jenseits der breiten Talungen des Niger und Benue allmählich zu den weiten Hochflächen des Nordnigerianischen Plateaus überleiten. Von der Waldgrenze im Süden bis in diesen Zentralraum Nigerias hinein dehnt sich mit zusammenhängender Grasfläche und reichhaltigem Baumbestand die Feuchtsavanne aus. Im Zentrum dieser weitgespannten gleichförmigen Rumpffläche erhebt sich das Jos- oder Bauchiplateau mit einer durchschnittlichen Höhe von 1200 m.

Nach Nordwesten fällt das zentrale Hochland zur Sokotoebene ab. Hier lassen weite Sandflächen fossiler Sanddünen bereits die Nähe der Sahara ahnen. Nach Nordosten senkt es sich in der Landschaft Bornu zu den tonigen Schwemmlandebenen am Tschadsee. Die Dorn- und Buschsteppe des Nordens geht in Sümpfe und Schilfdickichte über.

Segen und Fluch des Erdöls

Die natürlichen Gegebenheiten Nigerias bieten günstige Voraussetzungen für landwirtschaftliche Nutzung. Bis Anfang der 70er Jahre bestanden Nigerias Exporte zu wesentlichen Teilen aus unverarbeiteten landwirtschaftlichen Erzeugnissen, wie Erdnüssen, Kakao, Palmöl, Kautschuk, und nur zu einem geringen Teil aus gefördertem Zinn vom Josplateau. Nach dem

Nigerianische Arbeiter *(unten)* schichten mit Erdnüssen gefüllte Säcke zu Pyramiden. Bei ausreichender Trockenheit können die Erdnüsse im Freien lagern. Nigeria ist einer der führenden Erdnußproduzenten und -exporteure der Welt.

Eine Erdölplattform *(rechts)* im Delta des Niger. Der Aufschwung der nigerianischen Wirtschaft geht auf den Ölboom der 70er Jahre zurück. Die Erdölprodukte bilden mit mehr als 95 % der Exporterlöse die wichtigste Einnahmequelle.

Blick auf Lagos, die größte Stadt Nigerias *(oben)*. Sie ist der Haupthafen sowie Wirtschafts- und Kulturzentrum des Landes. Die Stadt erstreckt sich über mehrere Inseln entlang der Bucht von Benin. Von 1954 bis 1991 war Lagos Hauptstadt.

Ein Hirtenjunge *(rechts)* treibt seine Herde Zeburinder auf der Suche nach einem Weideplatz den Weg entlang. Die Fulbe sind traditionell nomadisierende Rinderhirten. Die Viehzucht ist auf die von der Tsetsefliege freien Gebiete in Nordnigeria begrenzt.

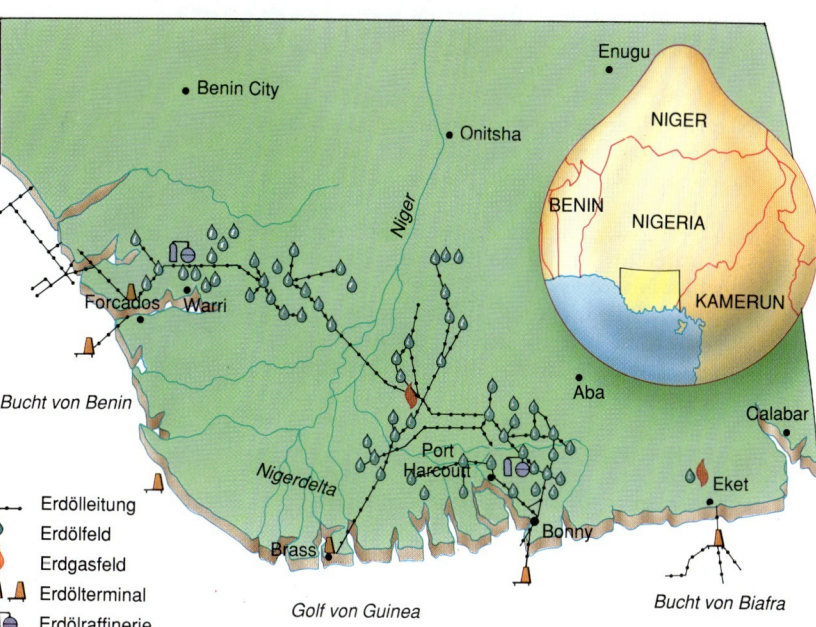

Rund ums Nigerdelta (oben) liegt der Großteil von Nigerias Öl- und Gasreserven. Die Einnahmen aus dem Ölgeschäft förderten zwar die wirtschaftliche Entwicklung des Landes, doch die Masse der Bevölkerung profitierte davon nicht.

Ende des Bürgerkrieges entwickelte sich die Förderung des Anfang der 60er Jahre im feuchtheißen Nigerdelta entdeckten hochwertigen Erdöls zum wichtigsten Wirtschaftszweig, von dem heute rund 95 % der Ausfuhrerlöse abhängen. Mit dem Erdöl flossen auch die Devisen. Sie verschafften Nigeria einen bis dahin unvorstellbar großen finanziellen Reichtum und der rasch wachsenden Beamtenschaft merkliche Erhöhungen ihrer Gehälter. In jener Zeit versammelte sich vor Lagos die größte Schiffsarmada, beladen mit Konsumgütern, Autos und vor allem Zement. Viele Millionen Tonnen Zement wurden seither in Stadt- und Überland-Autobahnen, Wolkenkratzern, Fabriken, Verwaltungsgebäuden, Universitäten, Schulen, Krankenhäusern, Wohnsilos und Villen »verbetoniert« und verwandelten Nigerias Städte und weite Teile des Hinterlandes auf einmalige Weise. Mit Hilfe der Erlöse aus dem Erdölgeschäft und einem ehrgeizigen Fünfjahresplan sollte der Agrarstaat in kürzester Zeit eine Industrienation werden. Den Grundstein dafür bildeten die überdimensionierten Stahlwerke von Aladja und Ajaokuta. Doch diese erwiesen sich so wie die aus politischen Gründen über das ganze Land verstreuten und deshalb unökonomischen Walzwerke bereits kurz nach der Fertigstellung als kostspielige »weiße Elefanten«. Nigeria, dem die nötige Infrastruktur und vor allem technisches Know-How fehlen, muß alle erforderlichen Rohstoffe einführen und ist deshalb auf dem Weltmarkt nicht konkurrenzfähig.

Bis in die jüngste Zeit unterblieben die – notwendigerweise umfangreichen – Investitionen in eine auf Erdöl basierende, zukunftsorientierte chemische Industrie sowie in die Verflüssigung des seit Jahrzehnten nutzlos abgefackelten Erdgases. Stattdessen gab man dem Aufbau einer verarbeitenden Industrie den Vorrang, die die einheimischen Rohstoffe nur in geringem Maße nutzt und im wesentlichen importierte Teile zusammensetzt.

Doch die Zeiten des endlos geglaubten Devisenflusses sind vorbei. Nach dem rapiden Verfall der Ölpreise auf dem Weltmarkt Anfang der 80er Jahre zeigte sich, daß das Ölland Nigeria ein hochverschuldetes, bitterarmes Land ist. Der Mangel an Geld ließ alte Wunden wieder aufbrechen. Neben den ausländischen Firmen profitierte nur die einheimische Führungselite von dem wirtschaftlichen Aufschwung. Für die Masse der Bevölkerung fiel vom Reichtum so gut wie nichts ab. Jetzt rächte sich, daß die Nigerianer in der Zeit des Erdölrauschs ihre einst blühende Landwirtschaft verkommen ließen. Ohne teure Lebensmitteleinfuhren kann sich das Land heute nicht einmal mehr selbst ernähren. Die sich stetig verschlechternde Wirtschaftslage des hoch verschuldeten und vom Erdöl abhängigen Staats zwang die Regierung zum Umdenken. Unter dem Schlagwort »Rückkehr auf das Land« soll die völlig marode Landwirtschaft in Nigeria, das in Wirklichkeit nie aufgehört hat, ein Agrarland zu sein, neue Impulse erhalten.

In den 90er Jahren erfolgte der Übergang von Fünf- auf Dreijahrespläne mit dem langfristigen Ziel, die Wirtschaft zu einer vorwiegend marktorientierten Ökonomie voranzutreiben. Die Zeit ist knapp, die Korruption weit verbreitet und der politische Spielraum sehr eng, aber dennoch besteht für Nigeria die Chance eines Neubeginns.

NIGERIA: DIE MENSCHEN

Nigeria ist der volkreichste Staat Afrikas. Schon vor Inbesitznahme durch Großbritannien war das Gebiet des heutigen Nigeria relativ dicht besiedelt. Bis heute findet eine anhaltende Zuwanderung sowohl aus den benachbarten Küstenstaaten als auch aus den armen Staaten des Sahel im Norden statt.

Lange Zeit war das Gebiet deshalb auch attraktiv für die Sklaventreiber, die von hier vermutlich mehrere zehn Millionen Menschen nach Brasilien, in die Karibik und in die USA verschifften. Ungeachtet dieses Aderlasses ist Nigeria heute der bevölkerungsreichste Staat in Schwarzafrika, wenngleich die Bevölkerungsangaben aus politischen und wirtschaftlichen Gründen vermutlich manipuliert sind. Allen Schätzungen zufolge wird bei einem Zuwachs von über 3 % pro Jahr die Bevölkerung bis zum Jahr 2010 wohl auf 168 Millionen angewachsen sein. Diese Perspektive hat angesichts zunehmender Arbeitslosigkeit und Armut, bei weit fortgeschrittener und wachsender Verstädterung und Zerstörung der natürlichen Umwelt den Ruf nach einer staatlichen »Bevölkerungspolitik« immer lauter werden lassen. 1989 forderte die Regierung Babangida deshalb unter dem Slogan »Ein-Mann-vier-Kinder« eine Geburtenkontrolle – ein angesichts der in weiten Teilen des Landes starken islamischen Tradition und der afrikanischen Polygamie schwer zu realisierendes Unterfangen.

Die Bevölkerung Nigerias *(oben)* besteht aus mehr als 250 Völkern.

Die islamisierten Fulbe *(oben)* sind traditionell nomadisierende Rinderhirten. Sie leben in den Savannen West- und Zentralafrikas.

Unter freiem Himmel werden auf einem Markt in Maiduguri *(rechts)*, im Nordosten Nigerias, Schlafmatten zum Kauf angeboten. Diese Region ist das Heimatland der Kanuri, die ihre Ursprünge auf das Moslemreich von Kanem zurückführen.

NIGERIA

Nigerianische Moslems *(links)* nehmen an einer Prozession teil, um das Ende des islamischen Fastenmonats Ramadan zu feiern. Etwa 50 % der Nigerianer sind Moslems, unter ihnen fast alle Hausa und Fulbe, die im Norden des Landes siedeln.

Das Golfspielen *(unten)* gehört zu jenen unverzichtbaren Gepflogenheiten, die die Briten während ihrer Kolonialherrschaft in Nigeria »importierten«. Nur wenige Geschäftsleute und Touristen können sich heutzutage dieses teure Hobby leisten.

Völkervielfalt in Nigeria

Die Bevölkerung Nigerias setzt sich – regional ungleich verteilt, aber im ganzen Land bereits stark verstädtert – vermutlich aus 250 verschiedenen Völkern zusammen.

Die mit ca. 40 % wahrscheinlich größte Gruppe stellen die vorwiegend im Norden lebenden, voll islamisierten Hausa und die seit dem »Heiligen Krieg« (»jihad«) zu Beginn des 19. Jahrhunderts eng mit ihnen verbundenen »Stadt«-Fulbe. Die auch in den Sahel-Nachbarstaaten lebenden halb-nomadischen, viehzüchtenden Fulbe stellen hingegen nur einen kleinen Teil der nördlichen Bevölkerung.

Sowohl die Emire der früheren 13 Hausa-Stadtstaaten als auch der Sultan von Sokoto als geistlicher Führer sind seit der Unabhängigkeit Nigerias zunehmend in den Strudel der Parteipolitik geraten, was ihr traditionelles Ansehen stark gemindert hat. Ihre Bereicherung bzw. die der Mitglieder ihrer weitverzweigten Familien gab nicht nur der sozialreformerischen, innerislamischen politischen Opposition, sondern seit Ausbruch der Wirtschaftskrise im Jahr 1980 auch den radikal-fundamentalistischen Gruppierungen einen starken Auftrieb, so daß es seither immer wieder zu sehr blutigen Auseinandersetzungen gekommen ist.

Das Volk der Kanuri im Nordosten, an der Grenze zu Kamerun, Niger und Tschad, ist zwar seit dem 11. Jahrhundert weitgehend islamisiert, jedoch nie von den Fulbe unterworfen worden. Im Süden des ehemaligen »Nord-Nigeria«, im sogenannten Middle Belt zwischen islamischem Norden und früher animistischem Süden, lebt eine Vielzahl von zahlenmäßig kleinen Völkern. Die bedeutendsten sind die Tiv und Nupe, die zu wesentlichen Teilen christianisiert wurden.

Im Südwesten mit den Millionenstädten Lagos und Ibadan leben die Yoruba, das mit 21 % der Bevölkerung vermutlich zweitgrößte Volk Nigerias. Sie hatten bereits vor Ankunft der Europäer stark strukturierte Königreiche mit dem geistlichen Zentrum Ife und dem weltlichen Zentrum Oyo gebildet. Die Yoruba sind zudem bekannt für ihre hoch ausgebildete Schnitzkunst sowie für eine Wortkunst oder Oratur, die auch in der modernen Literatur fortlebt. Mit Wole Soyinka (* 1934) stellten sie 1986 auch den ersten afrikanischen Nobelpreisträger für Literatur. Heute sind sie noch mehr als schon in der vorkolonialen Geschichte verstädtert und an europäische Normen assimiliert, beweisen aber mit ihrer gleichzeitigen tiefen Verwurzelung in der eigenen Kultur eine in der Welt fast einmalige Fähigkeit zur Symbiose.

Das drittgrößte Volk Nigerias mit geschätzten 18 % stellen die mehrheitlich östlich des Niger lebenden Ibo. Sie bildeten in der Geschichte weder feudale Stadtstaaten noch Königreiche, sondern waren auf dörflicher Ebene eher demokratisch organisiert. Diese Tradition und die Tatsache, daß ihre Region schon seit langem überbevölkert ist, bewirkten seit den 30er Jahren eine wachsende Abwanderung in andere Teile Nigerias, in denen sie als geschätzte Handwerker im modernen Wirtschaftsleben und als Beamte des Staates eine dominierende Rolle spielen.

Daneben gibt es weit mehr als 200 Völker oder ethnische Gruppen, die bereits in kolonialer Zeit gegen die Vorherrschaft des jeweiligen Mehrheitsvolkes einer Region opponierten. Aufeinanderfolgende zivile und militärische Regierungen haben deshalb nach und nach die Zahl der Bundesstaaten bis auf heute 36 erhöht, um so der Forderung nach Selbstverwaltung zumindest teilweise zu entsprechen.

Das nigerianische Bewußtsein

Dennoch führen Stammesgegensätze und -rivalitäten immer wieder zu blutigen Auseinandersetzungen, ist das Denken in Stammes-Loyalitäten (Tribalismus) immer noch ein sozial beherrschendes Moment. Dies gilt vor allem in Zeiten wirtschaftlicher Krisen, in denen die Solidarität von Volk, Stamm, Clan und afrikanischer Großfamilie das fehlende staatliche Sozialsystem ersetzen muß.

Andererseits aber lassen die heutige moderne Erziehung, die zunehmende Verstädterung und Proletarisierung sowie der Kadergeist in Staat, Armee, Verwaltung und Industrie allmählich ein gesamtnigerianisches Bewußtsein entstehen.

NIGERIA: ALTE KULTUREN

Eine Sammlung von geschnitzten Holzmasken und Kultgegenständen aus Äquatorialafrika, die in Paris Anfang des 20. Jahrhunderts ausgestellt wurde, war die Initialzündung für das Interesse der westlichen Welt an afrikanischer Kunst. Die zum Teil grotesken, aber außergewöhnlich ausdrucksstarken Schnitzereien inspirierten europäische Künstler wie zum Beispiel Picasso dazu, sich von einer naturalistischen, »lebensnahen« Darstellung der Welt zu lösen. Durch die »Abstraktion« einiger Bestandteile und das Weglassen von anderen gaben die afrikanischen Künstler, wie es schien, eine direkte, spontane Vorstellung wieder, die in ihren Ausdrucksmitteln stilisiert war und oft mit dem Etikett des Primitiven versehen wurde.

Die Entdeckung der Skulpturen in den nigerianischen Städten Benin und Ife enthüllte jedoch eine künstlerische Tradition, die sich deutlich von den abstrakten, »primitiven« Masken der Pariser Ausstellung abzuheben schien. Diese bronzenen, metallenen und aus Terrakotta (gebranntem Ton) gefertigten Skulpturen waren vom Stil her so realistisch, daß es ihren europäischen Entdeckern schwer fiel, sie als das Werk »primitiver« Afrikaner anzuerkennen. Heute vermuten die Gelehrten, daß die abstrakten, sogenannten primitiven Schnitzereien »einen langen kollektiven Prozeß des geistigen Experimentes« darstellen, wohingegen die Werke aus Ife und Benin die mächtigen Herrscher ehren, welche die Gegend vor und noch während der Kolonialzeit unter ihrer Gewalt hatten. Beide Traditionen weisen ein Niveau künstlerischer und technischer Geschicklichkeit auf, das dem jeder anderen Kultur gerecht wird.

Die Ursprünge

Die frühesten bekannten Beispiele westafrikanischer Skulpturen gehen bis etwa ins Jahr 500 v. Chr. zurück. In den 40er Jahren unseres Jahrhunderts legten Zinnbergleute, die in der Gegend von Nok in Nigeria arbeiteten, Darstellungen von Tieren und Menschen frei. Diese und andere Fundstücke sind zwischen 10 cm und etwa 122 cm groß. Sie wurden auf die frühe Eisenzeit, zwischen 500 v. Chr. und 200 n. Chr., datiert. Viele Jahrhunderte liegen zwischen den Skulpturen von Nok und Ife, doch lassen Gemeinsamkeiten vermuten, daß das Volk von Nok der kulturelle Ahnherr der Yoruba gewesen ist, welche die unvergleichlichen Skulpturen von Ife hervorgebracht haben.

Die Künstler von Ife

Ife ist heute eine kleine Stadt im Südwesten von Nigeria, 120 km von der Küste entfernt gelegen. Es ist noch heute die heilige Stadt der Yoruba, die einst Königssitz ihrer Ahnen war. 1911 besuchte der deutsche Forscher Frobenius Ife und fand eine Anzahl schöner Terrakottafiguren, die jetzt im Museum für Völkerkunde in Berlin zu sehen sind.

1938 entdeckte man beim Hausbau in Ife 18

außergewöhnliche Bronzeköpfe, die handwerklich perfekt hergestellt waren. Diese und andere Werke wurden auf die Zeit zwischen dem späten 13. Jahrhundert und dem Jahr 1400 datiert; sie verherrlichen aufeinanderfolgende Onis (Herrscher). Ihr naturalistischer Stil spiegelt wohl das Bedürfnis wider, eher wirklich existierende Menschen zu ehren als spirituelle oder übernatürliche Kräfte.

Die Skulpturen bezeugen die Behauptung der Yoruba, daß Ife einst ein bedeutendes kulturelles Zentrum gewesen sei. Auch bezeichnet die Überlieferung der Yoruba Ife als den Ort, zu dem sich die Götter an einer eisernen Kette herabließen, um die Welt zu schaffen und sie zu bevölkern. Der Schöpfer und erste Herrscher der Welt war Odudawa, und seine Nachkommen verbreiteten sich über das Land, um eigene Königreiche zu gründen.

Diese Herrscher und ihre Nachfolger hatten den Status von Gottkönigen, und ein Abglanz dieser Eigenschaft tritt auch in den bronzenen Portraitköpfen von Ife zutage. Sie sind leicht an den typisch negroiden aufgeworfenen Lippen und den senkrecht verlaufenden Schraffurlinien zu erkennen. Es gab aber auch überlebensgroße Halb- und Ganzfiguren. Im 16. Jahrhundert kam es zum Niedergang der politischen Bedeutung Ifes, doch blieb es auch weiterhin ein wichtiger kultischer Ort. Noch heute rühmt sich Ife seines Oni, und immer noch umgibt ein doppelter Wall die Stadt.

Das königliche Benin

Während Ifes Niedergang im 16. Jahrhundert hatte bereits eine andere nigerianische Stadt, etwa 160 km südöstlich gelegen, eine ebenso bedeutende kulturelle Blüte. Dies war Benin, die Heimatstadt der Bini oder Edo, die ihre Glanzzeit zwischen der Mitte des 15. und 17. Jahrhunderts hatten. Im Gegensatz zu Ife, das nie ein mächtiges Königreich war, kontrollierte Benin

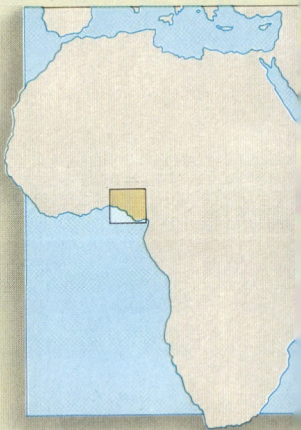

Westnigeria *(rechts)* ist eine wenig erforschte Schatzkammer alter Skulpturen und Schnitzereien. Gelehrte haben dabei eine Kontinuität festgestellt, die, ausgehend von der Nok-Kultur (500 v. Chr. bis 200 n. Chr.) in den Skulpturen von Ife (etwa 1000 n. Chr. bis 1500 n. Chr.) ihren Gipfel erreicht. Das Königreich von Benin führte die Tradition bis ins 17. Jahrhundert fort.

NIGERIA

Ein Portrait *(links)* aus Ife (13. Jahrhundert) belegt durch den Detailrealismus die Genialität seines Schöpfers. Eine Terrakottabüste *(ganz links)*, die etwa 700 Jahre früher in Nok entstand, gehört zu den ältesten bekannten Plastiken südlich der Sahara.

Eine Schnitzerei aus Benin *(unten)* stellt den Kampf zweier Männer, bei denen es sich möglicherweise um Portugiesen handelt, dar. Europäische Abenteurer waren von der Pracht und Machtentfaltung am Hofe des Herrschers von Benin beeindruckt.

Auf einer Bronzeplatte *(ganz unten)* aus dem Palast des Oba ist ein Tanz abgebildet, der Teil eines Kriegsrituals zu Ehren des Gottes Ogun war. Tausende solcher Bronzeplatten geben Szenen aus dem Leben am Hofe von Benin wieder.

ein weites Gebiet des nigerianischen Küstenlandes zwischen Lagos und Bonny. Seine Macht resultierte aus seiner Lage an einer wichtigen Handelsroute. Zu Beginn der Kolonialzeit kollaborierten die Herrscher Benins mit den Portugiesen im Sklavenhandel, um Feuerwaffen zur Erweiterung ihrer Macht in die Hand zu bekommen.

Europäische Reisende brachten Berichte über Wohlstand, Rang und Pracht der Stadt Benin und des Palastes seiner Obas (Herrscher) mit in ihre Heimat zurück. Ihre Schilderungen wurden unterstützt durch zahlreiche Skulpturen aus Bronze, Messing und Elfenbein, die Geschehnisse und Persönlichkeiten am Hofe des Oba abbildeten.

Es sind mehr als 7000 Platten erhalten, die uns ein eindringliches Bild vom Leben in diesem Königreich geben. Da gibt es Jagdszenen, Hofrituale, Portraits des Oba inmitten seiner Würdenträger und Bilder der Königinmutter mit ihren Dienerinnen und Leibwächtern. Außerdem fertigten die Künstler aus Benin kunstvolle Elfenbeinarbeiten an, wobei sie auch portugiesische Besucher zum Gegenstand ihrer Portraits machten. Im Jahr 1897 wurde das Königreich schließlich von den Briten erobert. Es hat heute noch einen Oba, der jedoch keinerlei politische Macht mehr ausübt.

Nil

Der schmale Streifen landwirtschaftlich nutzbaren Landes an den Ufern des Nil bildet die Voraussetzung für die seit über 7000 Jahren in den Wüsten Nordafrikas blühenden Kulturen. In kaum einer anderen Region lebt die Bevölkerung seit einer vergleichbar langen Zeit in einer derart großen Abhängigkeit von einem Fluß. Heute dient der Nil zahlreichen afrikanischen Staaten als lebenswichtiger Verkehrsweg, und insbesondere Ägypten hat begonnen, die Entwicklungsmöglichkeiten, die dieser Fluß für den Tourismus bietet, zu nutzen.

Ohne den Nil wäre der größte Teil der Region, einschließlich nahezu des gesamten Staates Ägypten, eine unfruchtbare und siedlungsfeindliche Wüste. Fast 10 % der Fläche Afrikas wird vom Nil bewässert. Seine trüben Wassermassen ermöglichen die Existenz eines schmalen Streifens fruchtbaren Kulturlandes inmitten der Wüste. Durch den Bau von Dämmen, Stauwehren und ausgedehnten Bewässerungssystemen konnte man die natürliche Nilflut zur Erhöhung der landwirtschaftlichen Produktion und Förderung der Industrialisierung nutzen.

Angaben zur Länge und zur Quelle des Nil waren lange Zeit umstritten. Der Nil hat, wenn man seine Wegstrecke vom Victoriasee bis zum Nildelta nimmt, eine Gesamtlänge von 5472 km, berücksichtigt man jedoch seinen entferntesten Quellfluß, den Luvironza in Burundi, so beträgt seine Gesamtlänge 6671 km. Der Weiße Nil erhält einen großen Teil seines Wassers aus dem Victoriasee.

Ein zuversichtlicher Fischer *(unten)* »schlägt« auf das Wasser des Nil. Diese Fangtechnik hat eine jahrhundertealte Tradition und führt zu guten Fangergebnissen. Der Nilbarsch ist einer der zahlreichen, hier vorkommenden Speisefische.

1 RUANDA
2 BURUNDI
3 DEM. REP. KONGO
4 UGANDA
5 TANSANIA

Der Nil *(oben)* erweitert sich jenseits des im Süden Ägyptens gelegenen Assuan-Hochdammes. Mit Hilfe des Dammes wird das Wasser der Nilflut im Nasser-See gespeichert. Das aufgestaute Wasser wird auch zur Gewinnung elektrischer Energie genutzt.

Der Nil *(links),* mit einer Gesamtlänge von 6671 km der längste Fluß der Erde, fließt durch einige der trokkensten Länder der Welt. Von den 50 Millionen Menschen, die an seinen Ufern leben, wird das Nilwasser sowohl zur Bewässerung des Ackerlandes als auch zur häuslichen Wasserversorgung verwendet. Bis zur Fertigstellung des Assuan-Hochdammes im Jahr 1968 sorgte der während der alljährlichen Nilflut abgelagerte Nilschlamm für die regelmäßige Erneuerung der Bodenfruchtbarkeit.

Dennoch ist der Beitrag des Weißen Nil zum Nilwasser geringer als der des Blauen Nil, der südlich des Tanasees im Abessinischen Hochland Äthiopiens entspringt. Dessen rasch dahinfließende Wassermassen haben sich in beeindruckenden steilwandigen Tälern tief in den Untergrund eingeschnitten.

Auf seinem Weg nach Norden fließt der Nil im Sudan durch das ausgedehnte Sumpfgebiet des Sudd. Die hohen Temperaturen in dieser äquatorialen Region führen dazu, daß der Weiße Nil einen großen Teil seines Wassers durch Verdunstung verliert.

Da die Wasserführung des Weißen Nil wesentlich gleichmäßiger ist als die des Blauen Nil, verursacht der Blaue Nil mit seinen Abflußschwankungen das alljährliche Nilhochwasser. Er trägt dann mehr als 80 % zum Nilwasser bei. Durch die Errichtung von Staudämmen und Bewässerungsprojekten ist es inzwischen gelungen, das Nilhochwasser zu regulieren.

Die Beherrschung des Nilwassers stellt seit dem Beginn der menschlichen Zivilisation eine Herausforderung dar. Möglicherweise haben die ersten seßhaften Ackerbauern ihre Siedlungen an den Ufern des Nil gegründet.

Die Ägypter des Altertums machten bei der Bestellung ihrer Felder Gebrauch von der Beckenbewässerung. Wenn im Spätsommer der Wasserstand des Flusses anstieg, wurde das Flutwasser in große, von Erdwällen umgebene Bassins geleitet und blieb dort für etwa zwei Monate, in denen sich der mitgeführte Nilschlamm ablagerte und der Boden durchfeuchtet wurde. Beim Zurückgehen der Flut wurde das restliche Wasser abgelassen, und auf die nun fruchtbaren und feuchten Felder konnten die Bauern die Wintersaat aufbringen. Die Überflutung durch den Nil entfernte auch die schädlichen Salze, die sich im Boden angesammelt hatten.

Der große Nachteil der Beckenbewässerung war, daß sie nach dem Hochwasser jährlich nur eine Ernte ermöglichte. In moderner Zeit konnten im Zuge zahlreicher durchgeführter Bauvorhaben immer größere Gebiete von den Vorzügen der Dauerbewässerung profitieren.

In Ägypten wurde 1902 mit dem Bau des ersten Assuandammes das Hochwasser reguliert und für die Bewässerung genutzt. Seitdem ist der Assuandamm zweimal erhöht worden. Die Errichtung des Assuan-Hochdammes hat zur Entstehung eines der größten künstlichen Seen der Erde, des Nasser-Sees, geführt. Folglich konnte in Ägypten die Anbaufläche erheblich erweitert werden, außerdem versorgen nun riesige Generatoren das Land mit elektrischer Energie.

Bewässerungsprojekte

Im Sudan wurde mit dem in den 1920er Jahren begonnenen Gesira-Projekt im Gebiet zwischen dem Blauen und dem Weißen Nil der Anbau von Baumwolle ermöglicht. In den 1950er Jahren führte die sogenannte Manakilerweiterung zu einer Ausweitung des Bewässerungsfeldbaus. 1966 erlaubte die Fertigstellung des Staudammes bei Ar Rusayris die Dauerbewässerung in einem noch größeren Areal.

Häufig wird behauptet, daß die Landwirtschaft in keinem anderen Land der Erde stärker von künstlicher Bewässerung abhängig ist als in Ägypten. Man kann jedoch gleichzeitig sagen, daß kein anderes Land über eine solch hervorragende Wasserversorgung und über solche qualitativ hochwertigen Böden verfügt. Seit Tausenden von Jahren liefert der Nil das Wasser und erneuert die Böden. Dadurch lebt die auf 4 % der Gesamtfläche des Landes konzentrierte Bevölkerung Ägyptens in einer der am dichtesten besiedelten Region der Erde.

Die durch den Nil ermöglichte Bewässerung erlaubt nahezu auf der gesamten kultivierten Fläche zwei Ernten im Jahr und ist verantwortlich dafür, daß Ägypten im weltweiten Vergleich zu den Staaten mit den reichsten landwirtschaftlichen Erträgen gehört.

Dennoch leidet Ägypten unter großen wirtschaftlichen Problemen und muß angesichts einer rasch zunehmender Bevölkerungszahl und einer nur begrenzt zu erweiternden Anbaufläche ständig darum bemüht sein, die Produktivität der Landwirtschaft zu steigern. Wie in der Vergangenheit eröffnet das Nilwasser jedoch vielversprechende Erfolgsaussichten.

NORDKOREA

Die »Demokratische Volksrepublik Korea« (DVK) wurde 1949 gegründet. Bereits 1945 hatten sowjetische Truppen den nördlichen Teil der koreanischen Halbinsel besetzt und eine provisorische Regierung mit entsprechender Verwaltung errichtet. Auch die heutige »Partei der Arbeit Koreas« (PAK) ist ursprünglich weitgehend ein Erzeugnis sowjetischer Besatzungspolitik. Die leitenden Kader der Partei waren im politischen Troß der Sowjetarmee nach Korea gekommen. In einem mehr als zehnjährigen Macht- und Fraktionskampf gelang es ihnen bis 1958, die Kräfte des »einheimischen« Kommunismus zu vernichten und die aus dem chinesischen Exil zurückgekehrten Anhänger der chinesischen Linie (»Yanan-Fraktion«) auszuschalten. Bis zu diesem Zeitpunkt hatte sich die politische Macht im neuen Staat auf eine einzige Persönlichkeit konzentriert, den Parteivorsitzenden Kim Il Sung (1912–1994). Unter Kims diktatorischer Führung wurde Nordkorea in mancher Hinsicht zum Nachfolgestaat des alten koreanischen »Einsiedelreiches«. Es verschloß sich sowohl dem Nachbarn China als auch gegenüber der Sowjetunion.

Kim Il Sung – »Die Sonne der Revolution«

Die Herrschaft Kim Il Sungs zeigte ein extrem autokratisches Gesicht. Das politische Bewußtsein der Gesellschaft wurde nicht auf das abstrakte Prinzip der Parteiherrschaft ausgerichtet, sondern vielmehr auf die Person des »großen Führers, Lehrers und Revolutionärs«. Offiziell verkörperte Kim das Vaterland.

Der Kim-Kult war ausgeprägter und umfassender als es je ein Personenkult gewesen ist. Seit Mitte der 70er Jahre wurde dieser Kult durch die starke Förderung seines Sohnes Kim Jong Il (* 1941) erweitert. Die Anstrengungen Kim Il Sungs, seine politisch-ideologische Herrschaft auf den Sohn zu übertragen, deuteten auf seine Befürchtungen hin, daß sein Werk die eigene Lebensspanne nicht überdauern könnte. Trotzdem verlief der Machtwechsel nach dem Tode Kim Il Sungs 1994 nicht reibungslos. Obwohl Kim Jong Il bereits 1991 Oberbefehlshaber der Streitkräfte wurde, erfolgte die Ernennung zum Generalsekretär der PAK erst 1997. Möglicherweise ein Zeichen dafür, daß es zu internen Machtkämpfen innerhalb der politischen Führung gekommen war.

Wirtschaft

Die Wirtschaft Nordkoreas stagniert seit fast vier Jahrzehnten. Noch zu Beginn der 60er Jahre war ihr Leistungsvermögen deutlich größer als das der südkoreanischen. Heute hat sich der Schwerpunkt wirtschaftlichen Wachstums klar zu Gunsten des Südens verlagert. Die Differenz im wirtschaftlichen Nord-Süd-Vergleich ist der Preis, den die nordkoreanische Gesellschaft für die Aufrechterhaltung ihrer politisch-ideologischen Ordnung zu zahlen hat. Nach anfänglichen wirtschaftlichen Erfolgen kam es in den 70er Jahren zu wachsenden Problemen, als die Lieferungen moderner Technologie aus der Sowjetunion und der VR China zurückgingen. Als Resultat ist die dominierende Schwerindustrie immer noch durch einen hohen Arbeitskräfteeinsatz geprägt. Die kapitalintensive Konsumgüterindustrie ist bis heute unterentwickelt.

Die Landwirtschaft liegt fast vollständig in den Händen von Kollektiv- oder Staatsbetrieben. Die ungünstigen natürlichen Voraussetzungen sowie die bewußt herbeigeführte Abwanderung ländlicher Arbeitskräfte in die städti-

Daten und Fakten

DAS LAND
Offizieller Name: Demokratische Volksrepublik Korea
Hauptstadt: Phyongyang (Pjöngjang)
Fläche: 120 538 km²
Landesnatur: Gebirgszüge von NO nach SW verlaufend, im N Kama-Hochland, im W flache Berghänge u. breite Ebenen
Klima: Kontinentales Klima
Hauptflüsse: Changjin, Taedong, Imjin
Höchster Punkt: Paektu-san 2744 m

DER STAAT
Regierungsform: Sozialistische Republik mit Einparteiensystem
Staatsoberhaupt: Generalsekretär des ZK der Kommunistischen Partei der Arbeit und Vorsitzender der Verteidigungskommission
Regierungschef: Ministerpräsident
Verwaltung: 9 Provinzen, 2 Stadtbezirke
Parlament: Oberste Volksversammlung (Einkammerparlament) mit 687 für 5 Jahre gewählten Abgeordneten
Nationalfeiertag: 9. September

DIE MENSCHEN
Einwohner (Ew.): 24 702 000 (1999)
Bevölkerungsdichte: 197 Ew./km²
Stadtbevölkerung: 62 %
Bevölkerung unter 15 Jahren: 28 %
Analphabetenquote: 1 %
Sprache: Koreanisch, Russisch, Chinesisch
Religion: Buddhisten, Konfuzianer

DIE WIRTSCHAFT
Währung: Won
Bruttosozialprodukt (BSP): 22 600 Mio. US-$ (1999)

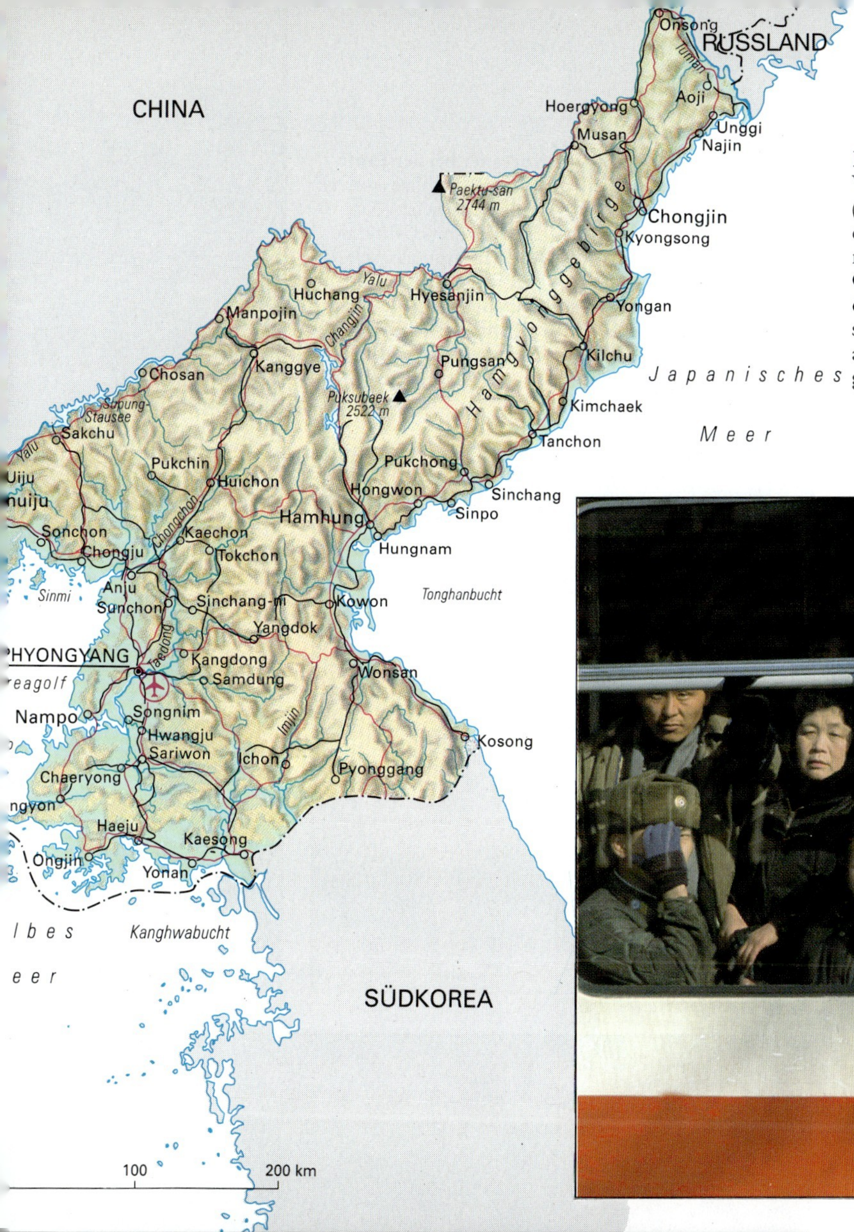

Die Demokratische Volksrepublik Korea *(links)* nimmt den nördlichen Teil der koreanischen Halbinsel ein. Gebirgszüge bestimmen die Landschaft. Hauptsiedlungsgebiet sind aber die nordwestlich gelegenen Ebenen.

Ausrangierte Straßenbahnen *(unten)* aus der ehemaligen DDR befördern heute die Einwohner in der Hauptstadt Phyongyang. Die wenigen fahrtüchtigen Bahnen sind meist hoffnungslos mit Menschen überfüllt.

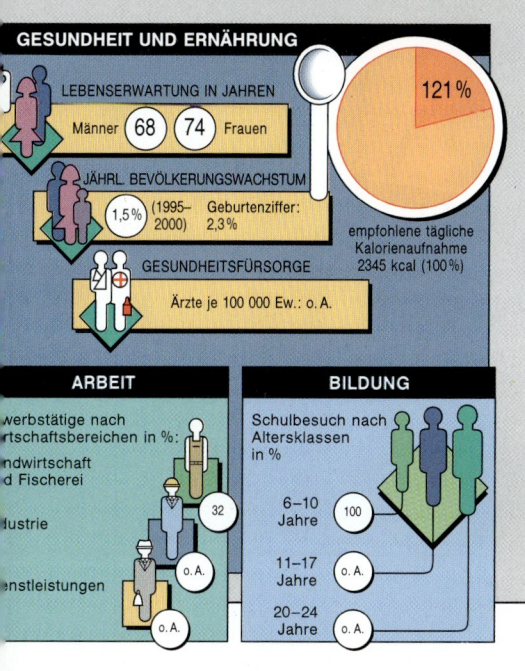

BSP je Einwohner: 1000 US-$ (1999)
Inflationsrate: o.A.
Importgüter: Maschinen, Fahrzeuge, Erdöl u. -produkte, chem. Erzeugnisse, Weizen, Kohle, Koks, Eisen, Stahl, Garne, Textilien
Exportgüter: Bergbauprodukte (Eisenerz, Kohle, Wolfram, Gold, Graphit), Industrieprodukte
Handelspartner: VR China, Japan, Indien
Eisenbahnnetz: 5214 km
Straßennetz: 1870 km (befestigt)
Fernsehgeräte je 1000 Ew.: 53

schen Räume sollten durch eine agrotechnische Modernisierung überwunden werden. Aber die zentrale Planung, mangelnde fachliche Qualifikation und fehlende Anreize für die Bauern verhinderten den Erfolg. Schwere Naturkatastrophen 1995 und 1996 haben die Versorgungslage der Bevölkerung dramatisch verschlechtert. Seit Mitte der 90er Jahre hat das Land mit Hungersnöten zu kämpfen. Die Auslandsverschuldung hat besorgniserregende Formen angenommen, die durch die Einführung moderner Technologien und die Aufwendungen zum Erhalt der großen Armee bedingt sind. Wegen mangelnder Kreditwürdigkeit muß Nordkorea heute Außenhandelsgeschäfte bar abwickeln.

Außenpolitisch ist das Land weitgehend isoliert. Seit 1993 kam es zu Spannungen mit den USA über die nordkoreanische Atompolitik. Die seit 50 Jahren bestehenden Wirtschaftssanktionen hoben die USA 1999 zum Teil auf. Die Staatschefs Nord- und Südkoreas unterzeichneten im Juni 2000 ein Versöhnungsabkommen, das als Fernziel eine mögliche Wiedervereinigung beider Staaten formuliert.

NORDKOREA: DAS LAND

Die koreanische Halbinsel liegt am Ostrand des asiatischen Kontinents und wird vom Gelben und vom Japanischen Meer umgeben. Im Norden hat die »Demokratische Volksrepublik Korea« (DVK) eine ca. 1000 km lange Grenze zur Volksrepublik China, die hauptsächlich vom westwärts fließenden Yalu und vom ostwärts strömenden Tuman gebildet wird. Im Mündungsgebiet des Tuman schließt sich die nur 25 km lange Grenze zu Rußland an. Die koreanische Halbinsel bildet ein Bindeglied zwischen dem asiatischen Festland, der größten Landmasse der Erde, und den Inselketten am Rande des Pazifik. Diese Tatsache führt zu ausgeprägten klimatischen Gegensätzen. Während im äußersten Süden, in der »Republik Korea«, nahezu tropisches Klima vorherrscht, wird der Norden der Halbinsel durch das rauhere Festlandsklima beeinflußt.

Rund drei Viertel der Staatsfläche Nordkoreas bestehen aus Bergland, das bei mittleren absoluten Höhen durch außerordentlich steile Reliefunterschiede gekennzeichnet ist. Durch die starken Hangneigungen ist landwirtschaftliche Nutzung nur in schmalen Tälern und an den unteren flacheren Hangpartien möglich. Insgesamt beträgt der Anteil landwirtschaftlicher Nutzfläche im Bergland weniger als ein Zehntel der Gesamtfläche. Im Gegensatz zur Mitte und zur Ostküste des Landes befinden sich an der Westküste größere Ebenen. Insbesondere die Schwemmlandebenen an den Unterläufen der großen Flüsse sind wichtige Agrarräume. Naturgemäß befinden sich hier auch die Siedlungszentren.

Die »Rückseite« des Landes wurde erst seit Beginn dieses Jahrhunderts aufgrund des anhaltenden Bevölkerungswachstums in nennenswertem Maß besiedelt. Dennoch ist die regionale Verteilung der Bevölkerung bis heute durch ein starkes West-Ost-Gefälle gekennzeichnet. Während die westlichen Ebenen mit den regionalen Schwerpunkten in den Provinzen Süd-Hwanghae und Süd-Phyongyang eine Bevölkerungsdichte von ca. 200 Einwohnern je km² aufweisen, sind die inneren Landesteile und die nördliche und östliche Berglandschaft ausgesprochen dünn besiedelt.

Klimatisch herrscht in Nordkorea während des Winters Kälte und Trockenheit vor. Die Januar-Mitteltemperaturen betragen im äußersten Norden weniger als –20 °C. Im Gegensatz dazu wird das Sommerhalbjahr durch vorwiegend feucht-heißes Klima bestimmt. Im Süden Nordkoreas ermöglichen diese Temperaturen eine sommerliche Naßreisernte, im Norden eine Trockenfeldernte. Insgesamt ist auf 38 % aller Felder Reisanbau möglich.

Das landschaftliche Bild der südwestlichen Kerngebiete Nordkoreas wird vor allem durch Hügelländer geprägt, die durch Trockenfeldbau genutzt werden. Neben Pfeffer, Sesam und Sojabohnen werden vor allem Tabak und Ginseng angebaut. An diese Hügelländer schließt sich,

Kinder in Nordkorea *(unten)* müssen elf Jahre lang zur Schule gehen. Die Schulausbildung ist kostenlos; Kindertagesstätten erlauben es den Müttern, weiterzuarbeiten. Für ein Studium ist die Zustimmung der kommunistischen Partei erforderlich.

Koreaner bei der Ernte von Kohlgemüse *(rechts)*. In der Landwirtschaft sind rund ein Drittel der Erwerbstätigen beschäftigt. Sie wird fast ausschließlich in Kollektiv- oder Staatsbetrieben durchgeführt. Auf fast 40 % der Nutzfläche wird Reis angebaut.

NORDKOREA

durch Gebirge von der Kernregion getrennt, die Beckenlandschaft des Taedong an, die traditionell auf die Hauptstadt Phyongyang ausgerichtet ist. Hier konnte der Naßreisanbau durch große Bewässerungsprojekte während der letzten Jahrzehnte deutlich erweitert werden. Nach Norden hin wird das Land wieder gebirgig. Der Maisanbau löst die Reiskultur ab.

Die Bergländer Kang-won-dos und Hamgyong-dos im Nordosten Nordkoreas sind erst während der japanischen Kolonialzeit wirtschaftlich erschlossen worden. Die reichen lokalen Bodenschätze und die vorhandene Wasserkraft machten den Aufbau der heutigen nordkoreanischen Schwerindustrie möglich. Der Nordosten ist heute noch überwiegend bewaldet. Mais, Hirse und Kartoffeln werden nur zum eigenen Verbrauch angebaut.

Bevölkerung

Nordkorea ist ebenso wie Südkorea einer der wenigen asiatischen Staaten ohne Minderheitenprobleme. Das Gemeinschaftsbewußtsein der koreanischen Bevölkerung begann bereits weit vor der christlichen Zeitrechnung. Die koreanische Sprache weist im Vergleich zu anderen Sprachen der Region nur geringfügige Dialektunterschiede auf.

Das bevölkerungspolitische Hauptproblem Nordkoreas liegt in einer allgemeinen Unterbevölkerung und in dem daraus folgenden Arbeitskräftemangel. Nach Ende der Fluchtbewegung im Anschluß an den Koreakrieg lebten nur noch 8 Millionen Koreaner in der Volksrepublik Korea. Die Bevölkerungspolitik war deshalb auf eine Erhöhung der Geburtenrate und auf eine Förderung aller Sozial- und Gesundheitsmaßnahmen zur Senkung der Sterblichkeitsrate ausgerichtet. Heute sind etwa 28 % des auf über 24 Millionen Menschen angewachsenen Staatsvolkes jünger als 15 Jahre, und die durchschnittliche Lebenserwartung ist auf 71 Jahre angestiegen.

In den letzten Jahren kam es zu einem starken Urbanisierungsprozeß, der sich an der Verschiebung des Verhältnisses zwischen Stadt- und Landbevölkerung deutlich aufzeigen läßt. Während der 50er Jahre lebten nur knapp 20 % der Bevölkerung in städtischen Gebieten. Heute stellen die Stadtbewohner knapp zwei Drittel der Gesamtbevölkerung. Dieser von der nordkoreanischen Führung systematisch herbeigeführte Umbruch in der Gesellschaft hat zwangsläufig zu einer Auflösung traditioneller Gesellschaftsformen beigetragen. Erklärtes Zukunftsziel der Regierung Kim Il Sung war es, »das Leben des Volkes reichhaltig und kulturvoll zu gestalten«. Die Sozialleistungen der alten traditionellen konfuzianischen Familie sollten durch staatliche Institutionen wie Kindergärten und Kinderkrippen sowie durch ein altersbezogenes Rentenwesen ersetzt werden. Wie weit dieser Prozeß in der Wirklichkeit fortgeschritten ist, läßt sich kaum feststellen.

Mitglieder einer landwirtschaftlichen Produktionsgenossenschaft bei der Arbeit auf den Reisfeldern *(links)*. In den 50er Jahren faßte die Regierung kleine Höfe zu Genossenschaften zusammen. Reis ist das wichtigste Anbauprodukt des Landes.

Junge Pioniere marschieren im Gleichschritt und singen Parteilieder *(oben)*. Das Leben der Nordkoreaner ist von Kindheit an auf absoluten Gehorsam dem kommunistischen System gegenüber ausgerichtet. Kontakte ins Ausland sind verboten.

Nordsee

Die flache und häufig stürmische Nordsee erstreckt sich zwischen der Straße von Dover und dem Europäischen Nordmeer. Sie hat eine Ausdehnung von etwa 580 000 km² und trennt die Britischen Inseln von Kontinentaleuropa. Bis zum Ende der letzten Eiszeit lag dieses Gebiet über dem Meeresspiegelniveau.

Erst in den späten 60er und frühen 70er Jahren wurden zwischen Schottland und Norwegen Erdöl- und Erdgasvorkommen entdeckt. Bei der Ausbeutung der qualitativ hochwertigen fossilen Brennstoffe mußten große technische Schwierigkeiten überwunden werden – Probleme, die sich nicht durch die Tiefe der Nordsee, etwa 30 m im Süden und 120 m im Norden, ergaben, sondern durch die oft stürmischen Windverhältnisse. Zur Verankerung der Plattformen zur Gas- und Ölgewinnung mußten unter dem Meeresboden standhaftere Konstruktionen entwickelt werden. Diese Stahl- und Betonplattformen müssen hurrikanartigen Windböen und 30 m hohen Wellen widerstehen.

Großbritannien und Norwegen sind die Hauptnutznießer der fossilen Brennstoffe. 1998 war Norwegen der achtgrößte Ölproduzent der Erde, Großbritannien folgte an 9. Stelle. Die Offshore-Ölproduktion hat inzwischen ihren Höhepunkt schon erreicht; stattdessen werden nun aber zunehmend die reichhaltigen Erdgasfelder erschlossen.

Ölgewinnung und Umwelt

Die Bohrtürme der Nordsee tragen überraschend wenig zur Verschmutzung des Meeres bei. Trotz einiger Unfälle, wie dem Feuer auf der Bohrinsel Piper Alpha im Jahr 1988, schätzen Umweltschützer, daß nur rd. 15 % der Öleinleitungen in die Nordsee von den Ölbohrtürmen verursacht werden.

Andere Faktoren sind eine weitaus größere Bedrohung für die Nordsee. Seit langem wird sie als Müllabladeplatz für Abwässer, Öl sowie industrielle und radioaktive Abfälle benutzt. Die Folgen lassen sich durch vielfältige Krankheiten der Fische, Krustentiere, Seevögel und Meeressäuger nachweisen. 1988 starben Tausende von Seehunden an einer Virusinfektion, die Symptome einer Lungenentzündung hervorrief. Einige Experten vertraten die Ansicht, daß die Epidemie zum Teil auf die Zerstörung des Immunsystems der Seehunde durch toxische Abfälle zurückzuführen war. Eine ökologische Katastrophe ereignete sich im Oktober 1998. Nachdem der italienische Frachter »Pallas« in Brand geraten war, liefen rund 50 Tonnen Öl in die Nordsee.

Trotz der Verschmutzung ist die Nordsee immer noch ein bevorzugtes Laichgebiet zahlreicher Fischarten, darunter Kabeljau, Schellfisch, Hering, Makrele, Scholle, Seezunge und Weißfisch. Die jährliche Fangmenge liegt bei ungefähr 2,5 Millionen Tonnen. Überfischung hat jedoch zu einer besorgniserregenden Verminderung verschiedener Fischarten geführt.

Die Karte der Nordsee *(rechts)* zeigt die bedeutendsten Öl- und Gasfelder, die Pipelines und die wichtigsten Fischgründe. Dargestellt sind auch die nationalen Zonen der Öl- und Gasgewinnung, auf die die Anliegerstaaten sich geeinigt haben. Die Frage des Anspruchs auf die Lagerstätten wurde durch die Einigung auf eine von Norden nach Süden in gleichem Abstand von der Küste des Vereinigten Königreichs und Kontinentaleuropas verlaufende Grenzlinie gelöst. Die Festlegung der Grenzen in der östlichen Nordsee gestaltete sich weitaus schwieriger, was langwierige Verhandlungen zur Folge hatte. Die bedeutendsten Gasvorkommen befinden sich im Süden. Dort bildete sich das Gas in tiefgelegenen Kohleflözen, die im Karbon, vor ungefähr 300 Millionen Jahren, entstanden. Das leichte Gas drang langsam nach oben und sammelte sich in Speichergesteinen. Erdöl und Erdgas im zentralen und nördlichen Teil der Nordsee sind jüngeren Ursprungs. Sie entstanden im Jura, vor ungefähr 130 Millionen Jahren.

Die Ursachen der Nordseeverschmutzung sind auf der Karte zu erkennen *(unten rechts)*. Die Ausbeutung der Öl- und Gaslager hat im Vergleich zur Verklappung von Industrieabfällen und zum Einleiten von Abwässern nur einen geringen Anteil.

Die Seehunde *(oben)* in der Nordsee wurden 1988 von einer Virusinfektion befallen, die vermutlich durch die Verschmutzung des Meeres hervorgerufen wurde. Pfleger im niederländischen Wattenmeer konnten nur die Symptome behandeln. Trotz ihrer oft an die Grenzen der eigenen Kräfte gehenden Bemühungen mußten zahlreiche Seehunde sterben.

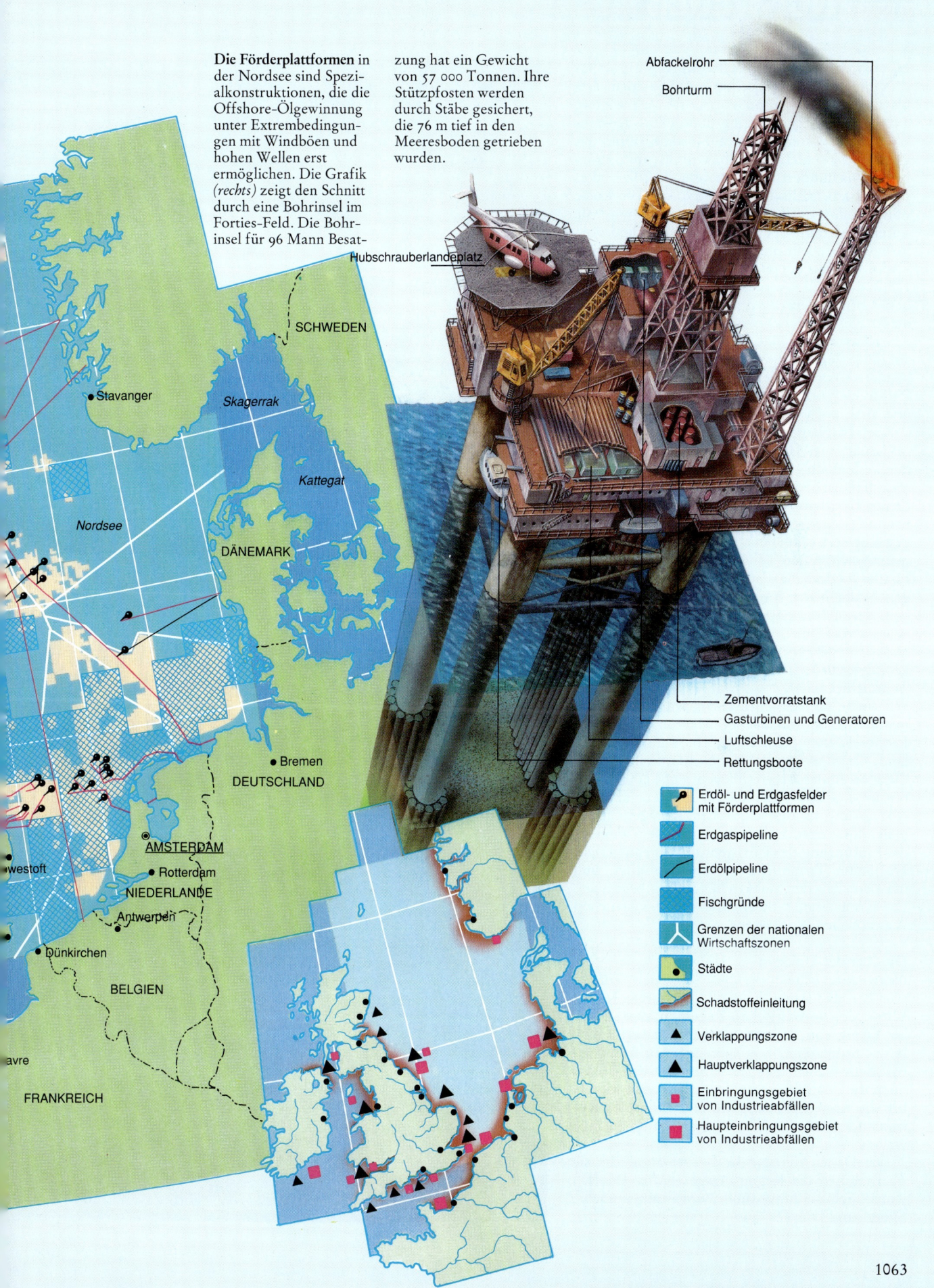

NORWEGEN

Norwegen erstreckt sich vom Kap Lindesnes im Süden über 1700 km Luftlinie nordwärts bis zum Nordkap und von dort noch weitere 250 km nach Osten. Seine überdehnte Küstenlinie säumt das europäische Nordmeer, und das gebirgige Hinterland ist im Durchschnitt kaum breiter als hundert Kilometer, bei Narvik sind es nur sechs, bei Oslo immerhin 430 km. Die Küste mißt in der Luftlinie 2650 km, doch wird sie unter Einschluß der Fjorde, Buchten und vorgelagerten Inseln um das Zehnfache verlängert – und wird zu einem Naturschauspiel besonderer Art.

Einst waren es die alten Wikinger, die von dieser Küste zur Eroberung Europas und sogar Amerikas aufbrachen, heute sind es Touristen aus aller Welt, die an Norwegens atemberaubenden Klippen oder in der stillen Tiefe der Fjorde ein vorzeitliches Naturerlebnis suchen – und auch noch finden können.

Aber Norwegen ist nicht nur ein Naturereignis, sondern es ist ältestes europäisches Kulturland, deutlich gezeichnet von einer langen abendländischen Geschichte. Zahlreiche Steindenkmäler beweisen, daß Norwegen bereits in der Jungsteinzeit etwa um 3000 v. Chr. besiedelt gewesen sein muß. Aus der Bronzezeit, als Germanen sich in den Tälern und an der Küste des Landes niederließen, stammen die Felszeichnungen in der Nähe von Trondheim. Die Siedlungen, deren Namen auf -vik oder -heim enden, zeugen von frühen Kleinkönigtümern, die erstmals 872 von Harald Schönhaar zu einem Reich geeinigt wurden, das aber schon bald wieder in Teilreiche zerfiel.

Vom 9. bis 11. Jahrhundert waren die Normannen in den nördlichen Meeren gefürchtete Eroberer. Ihre Schiffe erreichten England, Island, Grönland und sogar Nordamerika. Doch die Herren der Meere blieben nicht lange Herren im eigenen Land. Im 11. und 12. Jahrhundert gelang es den dänischen Königen mehrmals, Norwegen zu besetzen und den Weg für die Einführung des Christentums zu ebnen. Das Erzbistum Trondheim wurde gegründet, und mit dem Bau der Stabkirchen wurde begonnen. Diese hölzernen Gotteshäuser sind bis heute ein Wahrzeichen Norwegens.

Die Zeit der Unionen

Norwegen, Dänemark und Schweden wurden von der dänischen Königin Margarete I., der Witwe des norwegischen Regenten, dessen Vater König von Schweden war, 1397 vertraglich in der Kalmarer Union vereinigt. Mit dem Austritt Schwedens zerbrach zwar 1523 die Union, doch die dänischen Könige blieben auch weiterhin die Könige Norwegens, und das stolze Küstenland wurde für Jahrhunderte dänische Provinz.

Die Dänen führten die Reformation ein, sie übernahmen die Regierungsgeschäfte, Dänisch wurde Schul-, Amts- und Verwaltungssprache, Silber und Kupfer aus Norwegens Gebirgen

NORWEGEN

füllten die Kasse der dänischen Krone. Durch die dänische Niederlage in den Napoleonischen Kriegen ging Norwegen 1814 an Schweden über. Die Norweger bestanden indes auf ihre Selbständigkeit und gaben sich noch im selben Jahr eine liberale Verfassung. In der von Schweden diktierten Personalunion, die Norwegen jedoch anerkennen mußte, blieb die norwegische Verfassung in Kraft.

Der unabhängige Staat

Mitte des 19. Jahrhunderts erwachte in Norwegen ein verstärktes Nationalbewußtsein, das seinen Ausdruck besonders in einem erbitterten Sprachenstreit fand. Die Unabhängigkeit kam 1905, und in einer Volksabstimmung entschieden sich die Norweger für den Erhalt der Monarchie. Die Wahl fiel auf den dänischen Prinzen, der als Haakon VII. (1892–1957) zum norwegischen König gekrönt wurde. Das selbständige Norwegen besann sich seiner Seefahrer-Tradition, und mit dem Aufstieg seiner Handelsflotte erlebte es im Ersten Weltkrieg, in dem es politisch neutral blieb, einen erheblichen wirtschaftlichen Aufschwung. Während des Zweiten Weltkriegs wurde Norwegen von deutschen Truppen besetzt, um von seiner langen Seeflanke englische Übergriffe auf den Kontinent abzuwehren. Der König und die Regierung gingen ins Exil.

Heute gehört Norwegen als freies Land zu allen bedeutenden westlichen Bündnissen wie NATO und EFTA, während ein Beitritt zur EU an zwei Volksreferenden (1972 und 1994) scheiterte. Selbst die historische Kalmarer Union fand im Nordischen Rat, zu dem sich 1951 Norwegen, Dänemark und Schweden, später auch Finnland, zusammenschlossen, eine freiwillige und freizügige Wiederauflage.

Norwegens Beitrag zur europäischen Kultur

Norwegens Kultur ist Europas Tradition verpflichtet, hat diese sogar entscheidend bereichert. Vom Christentum zeugen die eigenwilligen Stabkirchen oder der Nidaros-Dom in Trondheim als eine Perle nordischer Gotik. Die »Eismeerkathedrale« in Tromsø, das Rathaus in Oslo oder die »Jugendstil-Stadt« Ålesund zeigen in Norwegens Architektur Strömungen der europäischen Moderne. In Malerei und Literatur sind es Norweger, die jener Moderne entscheidende Impulse gaben: Edvard Munch zählt zu den Wegbereitern des Expressionismus, Henrik Ibsen wurde zum Vorbild des modernen Theaters, und auch Norwegens eigenste Stimmen blieben nicht provinziell, sondern gewannen Weltruhm. Von der Stille und der Schwermut des Landes am Meer, aber auch von der Gespaltenheit seiner Menschen zwischen Ernst und archaischer Lust erzählen ebenso die Kompositionen Edvard Griegs wie auch die Romane Knut Hamsuns. Ihnen zuzuhören, ist die beste Art, Norwegen und seine Geheimnisse verstehen zu lernen.

NORWEGEN: DER STAAT

Ein demokratisches Volkskönigtum scheint ein Widerspruch in sich selbst, doch in Norwegen ist es alltägliche Wirklichkeit. Fragt man Repräsentanten des 4,4 Millionen zählenden Volkes, für wen oder was in ihrem Land sie durchs Feuer gehen würden, so wird man vom Kommunisten bis zum Republikaner wohl nur eine Antwort hören: für den König.

Die Popularität der Monarchie und ihre Einbindung in eine demokratische Verfassung als konstitutionelle Erbmonarchie wurzelt in Geschichte und Tradition. Schon die germanischen Kleinreiche hatten als König ihren »jarle«, aber die Thing-Versammlungen der Wikinger trugen schon vordemokratische Züge, auch wenn die Argumentation dort oft herber verlaufen sein mag als im heutigen »Storting«, dem norwegischen Parlament.

Norwegens Könige standen stets als Symbol für die nationale und kulturelle Selbständigkeit des erst 1905 autonom gewordenen Landes. Als König Haakon VII. (1872–1957) im Zweiten Weltkrieg vor der deutschen Gefangennahme zusammen mit der Regierung nach London ins Exil fliehen mußte, wuchs ihm im Ausland die Rolle der Integrationsfigur des norwegischen Widerstandes zu. Und auch sein Sohn König Olav V. (1903–1991), dem wegen seines Engagements in der Widerstandsbewegung Ehre zuteil wurde, war ein Volkskönig im besten Sinne. Als Olympiasieger im Segeln vertrat er Norwegen 1928 vor der Welt ebenso wie als Diplomat, nachdem er 1957 das Erbe seines Vaters angetreten hatte, während ihn seine Herzlichkeit und Bescheidenheit im eigenen Land zu einem menschlichen Vorbild machte. Diese populistische Tradition setzt sein Sohn, König Harald (* 1937), fort.

Politische Kultur im Wohlfahrtsstaat

Zeugnis für die hohe demokratische Kultur des Landes ist die Tatsache, daß die traditionell stärkste Partei der Nachkriegszeit, die sozialdemokratische »Arbeiterpartei« (DNA), sich durchaus auch von koalierenden bürgerlichen Parteien auf die Oppositionsbank schicken läßt, ohne daß darüber ein politischer Hader ausbräche. Im Gegenteil, der Umgangston ist auffallend moderat, wohl auch, weil die programmatische Annäherung der etablierten Parteilager – DNA auf der einen Seite, die konservative Höyre-Partei sowie das bäuerliche Zentrum und die Christliche Volkspartei auf der anderen Seite – in den letzten Jahren zu einer Konfliktreduzierung in grundsätzlichen Fragen geführt hat.

Und wenn es im »Storting« tatsächlich einmal etwas lauter zugeht, so verliert sich aller politischer Lärm spätestens hinter dem Polarkreis: In der Weite dieser Gebiete findet sich kaum ein Zuhörer dafür. Denn in der Finnmark lebt statistisch gesehen auf jedem Quadratkilometer nur ein Mensch, während in Südnorwegen etwa achtzig die gleiche Fläche teilen. Rund 75 % der Bevölkerung leben an der Küste und in den Städten, die Entvölkerung des Binnenlandes wird zum Problem. Gleichwohl bleiben die Menschen dem Landleben verbunden und ziehen über das Wochenende und in den Ferien hinaus in die unvergleichliche Natur.

Norwegen bietet auch Platz für Minderheiten. Rund 40 000 Lappen leben noch heute besonders in der Finnmark nach traditioneller Lebensweise als Fischer und Rentierzüchter. Sie pflegen ein typisches Brauchtum, tragen ihre malerische Tracht, und wenn sie mit ihren prächtigen Herden die Fjorde überqueren, gerät

Ein Markthändler (oben) in Bergen bindet einen Strauß Blumen zum Verkauf. Obst und Gemüse müssen in Norwegen aufgrund der klimatischen Bedingungen zum größten Teil importiert werden.

Daten und Fakten

DAS LAND
Offizieller Name: Königreich Norwegen
Hauptstadt: Oslo
Fläche: 323 877 km² (ohne arktische Gebiete Svalbard und Jan Mayen)
Landesnatur: Größtenteils Gebirgsland mit stark vergletscherten Hochflächen, das zum Atlantik steil, nach O hin flach abfällt, im S schmales Küstentiefland; an der Westküste Fjorde u. Inseln (Schärengürtel)
Klima: An der Küste ozeanisch, sonst kontinental

Hauptflüsse: Glåma, Lågen, Otra
Höchster Punkt: Glittertind 2470 m
DER STAAT
Regierungsform: Parlamentarische Monarchie
Staatsoberhaupt: König
Regierungschef: Ministerpräsident
Verwaltung: 19 Provinzen
Parlament: Einkammerparlament (Storting) mit 165 für 4 Jahre gewählten Abgeordneten
Nationalfeiertag: 17. Mai
DIE MENSCHEN
Einwohner (Ew.): 4 442 000 (1999)

Bevölkerungsdichte: 14 Ew./km²
Stadtbevölkerung: 74 %
Bevölkerung unter 15 Jahren: 20 %
Sprache: Norwegisch, Samisch
Religion: Protestanten 89 % (überwiegend evangelisch-lutherische Christen)
DIE WIRTSCHAFT
Währung: Norwegische Krone
Bruttosozialprodukt (BSP): 152 082 Mio. US-$ (1998)
BSP je Einwohner: 34 330 US-$
Inflationsrate: 1,8 % (1990–98)

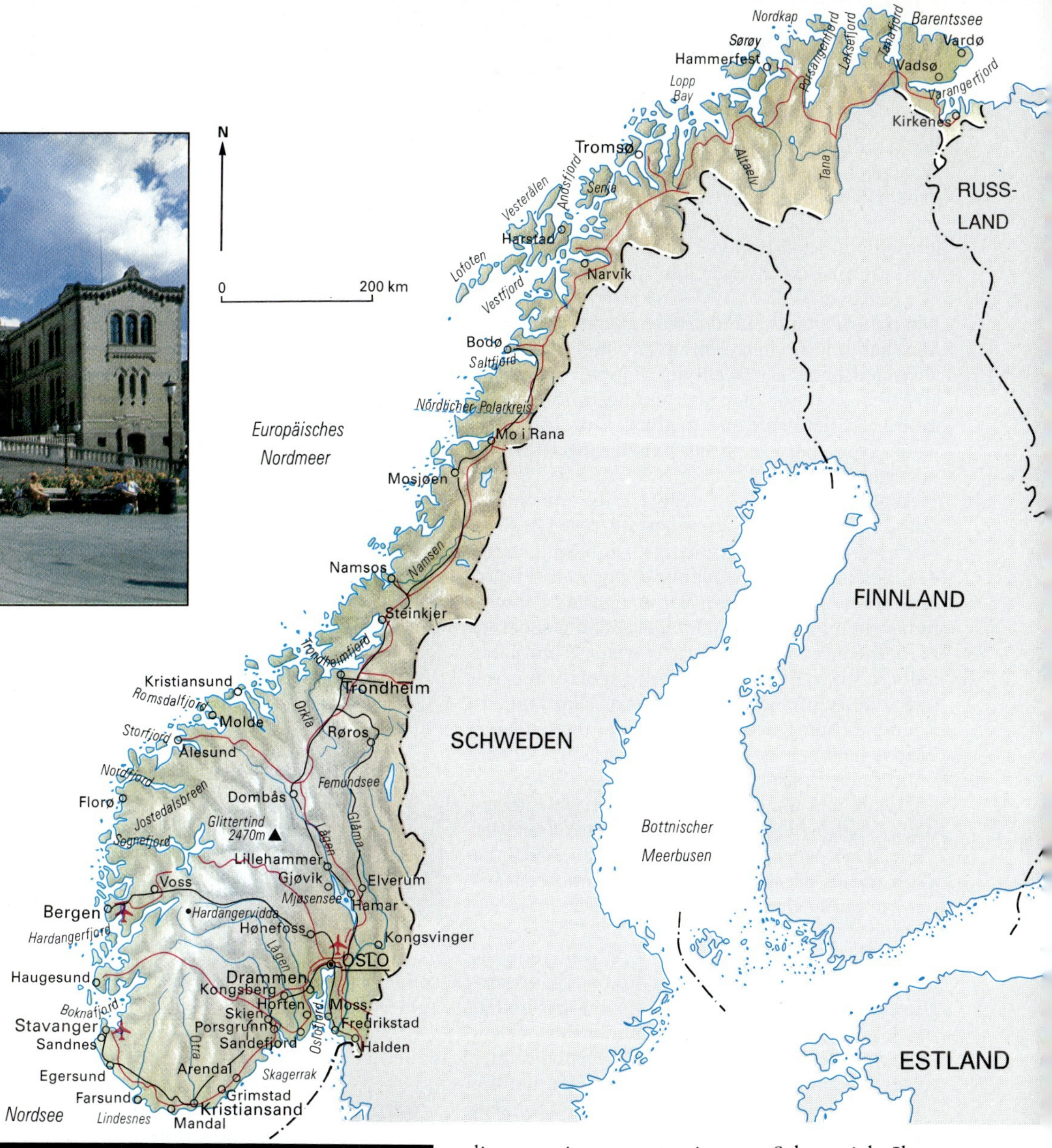

Das norwegische Parlament, der Storting *(oben)*, hat seinen Sitz in der Hauptstadt Oslo.

Norwegen *(rechts)* liegt im Norden Europas. Etwa ein Drittel des Landes liegt nördlich des Polarkreises und ist mit einer permanenten Schnee- und Eisdecke überzogen. Weiter südlich wird das zentrale Hochland von einer stark gegliederten Fjordküste gesäumt, der Tausende von Inseln vorgelagert sind.

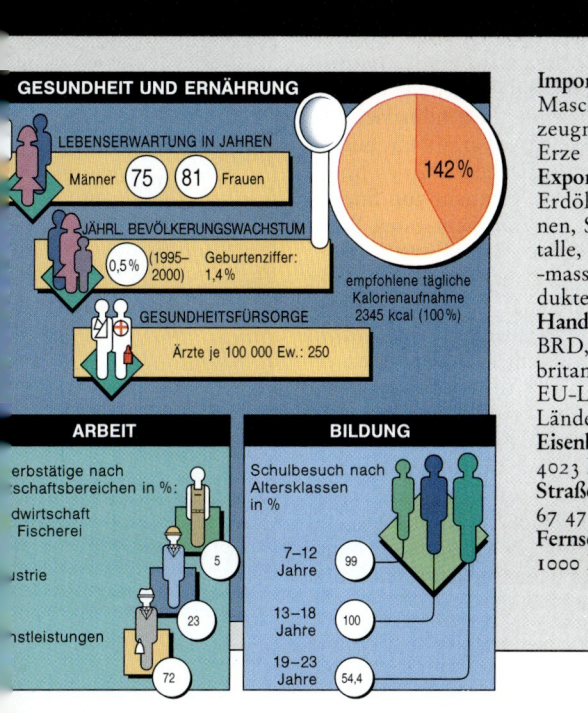

Importgüter: Maschinen, chem. Erzeugnisse, Fahrzeuge, Erze

Exportgüter: Erdöl, Erdgas, Maschinen, Schiffe, Erze, Metalle, Holz, Papier u. -masse, Fisch u. -produkte, Chemikalien

Handelspartner: BRD, Schweden, Großbritannien und andere EU-Länder, EFTA-Länder, USA

Eisenbahnnetz: 4023 km

Straßennetz: 67 473 km (befestigt)

Fernsehgeräte je 1000 Ew.: 579

dies zu einem ganz eigenen Schauspiel. Ihre Sprache ist finnisch-ugrischen Ursprungs und verbindet sie mit einer weiteren Minderheit: Etwa 12 000 Kwänen bewahren als finnischer Stamm ihre spezielle Prägung.

Die norwegische Sprache kennt zwei offizielle Formen: das an das Altnorwegische angelehnte und aus ländlichen Dialekten entstandene Nynorks – früher einmal »Landsmal« genannt – und die vom Großteil der Bevölkerung bevorzugte, dem Dänischen verwandte Buch- und Schriftsprache, die Bokmal.

Rund 89 % der Bevölkerung gehören der evangelisch-lutherischen Staatskirche an. Darin gleichen sich die skandinavischen Länder. Und ähnlich wie die Nachbarländer hat auch Norwegen nach 1945 ein breites Sozialfürsorgesystem und Gesundheitswesen aufgebaut, das vom vorbildlichen Schul- und Ausbildungswesen bis zur staatlich gesicherten Altersversorgung reicht. Der Wohlfahrtsstaat ermöglicht jedem Bürger ein Leben ohne materielle Not und wacht durch seine Steuerpolitik über eine gerechte Verteilung des Wohlstandes.

NORWEGEN: WIRTSCHAFT

Früher drehte sich in Norwegen alles um das Wasser, heute dreht sich alles um das Erdöl. Früher lebten die Norweger nicht schlecht von ihren traditionellen Wirtschaftszweigen, heute leben sie gut bei hohen Löhnen und überteuerten Preisen einer überhitzten Konjunktur.

Die natürlichen Reichtümer des Landes

Die geographischen Voraussetzungen für die wirtschaftliche Entwicklung Norwegens sind eher schlecht: nördlichste Randlage und unwegsames Binnenland mit großen Entfernungen, wenig fruchtbare Landschaften, dafür viel Küste und viel Wasser.

Aber die Norweger wußten die Nachteile schon früh zu ihrem Vorteil zu nutzen. Die Seefahrt wurde ihr Hauptgeschäft: Eroberungszüge der Wikingerschiffe, Handelszüge der Hanse und ihrer Kauffahrtei, Beutezüge der Fischindustrie bis zur heutigen Überfischungsgefahr, moderne Exportschiffahrt, deren Rentabilität jedoch inzwischen zunehmend gefährdet ist, weil die Schiffsbesatzungen der Billigflaggen-Länder kostengünstiger fahren als die Seeleute Norwegens, eines Landes mit hohen Löhnen und hohen Preisen.

Doch nicht nur als Fischerei- und Schiffahrtsnation gehört Norwegen zu den größten der Welt. Das Meer und die Binnengewässer, die Wasserfälle der Gebirge und die Stauseen auf den unbesiedelten Fjellflächen, dieses riesige Potential an Wasserkraft, haben die Norweger zum führenden Erzeuger von umweltfreundlichem Strom gemacht. Rund 30 000 Kilowattstunden stehen pro Einwohner zur Verfügung, die Überschüsse werden im Rahmen des Energieverbundes NORDEL in die Nachbarländer exportiert, und es bleibt immer noch genug, um ein spezielles norwegisches Wirtschaftskonzept zu bedienen. In der Nähe der Wasserkraftwerke sind Industrien mit einem extrem hohen Energieverbrauch angesiedelt worden, deren Bedarf andere Länder kaum ohne Kohle- und Kernkraftwerke decken könnten. Aluminium, Magnesium und Kunstdünger werden so in Norwegen mit umweltfreundlichem Strom produziert, womit allerdings ein neues Problem entstand: Smog, denn das Kaltluftklima der Fjorde kann die Abgase jener Industrien nicht hinreichend auflösen.

Industrie und Landwirtschaft

Seefahrt und Energieerzeugung auf Weltniveau haben Schiffbau und Kraftwerktechnik Norwegens einen internationalen Standard gesichert. Und von dem dabei gesammelten Know-how profitieren auch der Maschinenbau, der die heimische Holz-, Textil- und Nahrungsmittelindustrie bedient, und in den letzten Jahren zunehmend der Ausbau einer modernen Hochtechnologie als neuer Wirtschaftszweig.

Meer und Wasserreichtum als Keimzelle eines vernetzten Wirtschaftskonzeptes lassen die Landwirtschaft scheinbar in den Hintergrund

Auf Holzgestellen wird im Freien Fisch getrocknet *(unten)*, um ihn haltbar zu machen. Nach 6-8 Wochen Trockenzeit enthalten die Fische nur noch 12-15 % Wasser. Vor dem Verzehr müssen sie deshalb ausgiebig gewässert werden.

Eine Ölförderplattform *(rechts)* vor der Fertigstellung im Hafen von Stavanger. – **Der natürliche Reichtum** von Norwegens Wirtschaft *(rechts außen)* beruht auf Holz, Erdöl und Wasserkraft. Die verarbeitende Industrie wird mit Hydroenergie versorgt.

treten. Ohnehin sind nur 3 % des kargen Landes agrarisch nutzbar und davon wiederum nur ein Teil für den Ackerbau. Die traditionell kleinbäuerlichen Betriebe können kaum rentabel arbeiten und zwingen die Bauern zum Nebenerwerb. Dafür nutzen auch diese die spezielleren Reichtümer des Landes. Riesige Wälder bedienen seit Jahrhunderten eine bedeutende Holzindustrie, und strenge ökologische Gesetze und Aufforstungen garantieren den Bestand auch für kommende Zeiten. Und in der natürlichen Heimat von Nerz und Blaufuchs entwickelte sich eine bedeutende Pelzindustrie. Die partiell überfischten Gewässer erlauben jenseits der kriselnden Hochseefischerei eine hochmoderne Aquakultur: Die Aufzucht von Speisefischen gehört zu den gewinnträchtigsten Wirtschaftszweigen Norwegens.

Ob zu Wasser oder zu Lande: im Mittelpunkt der norwegischen Wirtschaft steht die Fähigkeit, Mangel durch Spezialisierung in Nutzen zu verwandeln. Allein damit hat Norwegen erheblichen Wohlstand erwirtschaftet, und die Gesellschaft erfuhr eine eindeutige Prägung durch das Muster der so entstandenen Industrien: die Fischer und Kapitäne der Handelsmarine, die Reeder und Kaufleute des Exportgeschäftes sowie die Fachleute der Wasser- und Waldwirtschaft als eher behäbige Führungsschicht, in ihrem Gefolge ein breiter Mittelstand und eine ärmere Bauernschaft.

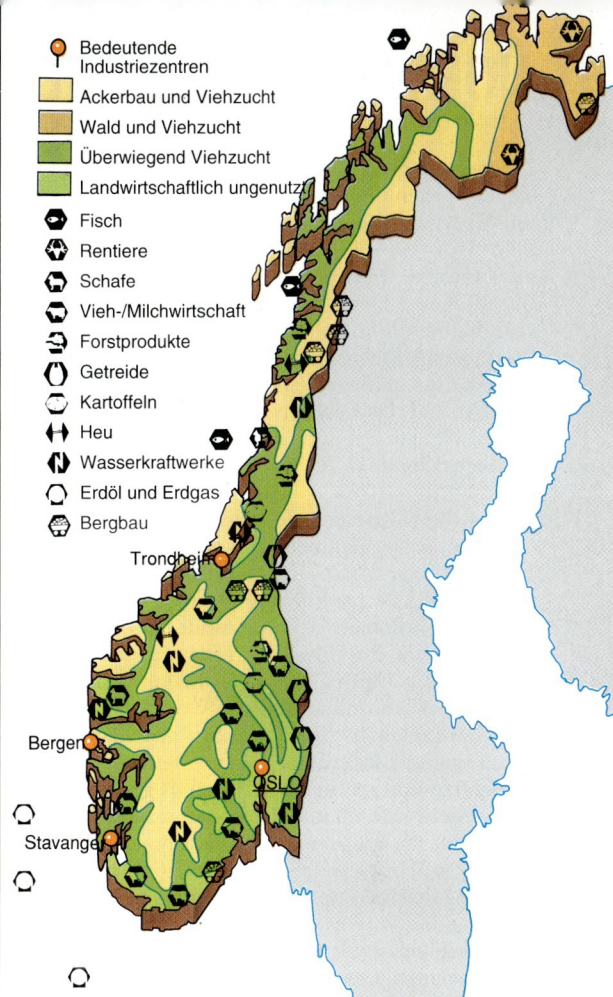

Die Holzindustrie *(links)* ist in Norwegen seit dem 16. Jahrhundert von großer wirtschaftlicher Bedeutung. Das Holz wird beim Hausbau und zur Herstellung von Möbeln verwendet, ein Teil wird zu Papier verarbeitet.

Norwegen *(oben)* ist einer der führenden Fischereistaaten. Die Fische (z. B. Kabeljau, Kapelan, Schellfisch, Hering und Makrele) und Schalentiere werden von großen Fabrikschiffen gefangen und an Bord direkt verarbeitet.

Norwegens Wirtschaft im Zeitalter des Erdöls

Seit 1976 gehört Norwegen zu den erdöl- und erdgasexportierenden Ländern. Erdöl und Erdgas sind heute die Hauptausfuhrprodukte des von landwirtschaftlichen Importen abhängigen Landes. Sie verschafften Norwegen ein beträchtliches Wirtschaftswachstum. Doch der Verfall der Ölpreise Mitte der 80er Jahre verursachte eine schwere Wirtschaftskrise. Die schwierige Bergung des flüssigen Goldes aus der stürmischen Nordsee ließ mit den gigantischen Bohrinseln bei Ekofisk oder Frigg technische Wunderwerke entstehen, die zu teuer wurden. Und mit dem Verfall der Ölpreise zeigte sich auch die Schwäche der herkömmlichen Industrie: Eine eher traditionell funktionierende Wirtschaft hatte sich ins Öl verrannt und über ihre Verhältnisse gelebt. Doch die Norweger haben daraus gelernt. Bei einem normalen Weltmarktpreis bedeutet das Öl für Norwegen inzwischen eine wesentliche Stütze seines Wohlergehens, aber die Gewinne werden auch zur Reformierung der traditionellen Industriezweige investiert. Dieser Umbruch wird von einer neuen Generation von Norwegern getragen, denn der Ölboom hat neben den wirtschaftlichen auch die gesellschaftlichen Strukturen verändert: Die Magnaten weichen den Managern. Was gewinnträchtiger ist, zeigt die Gegenwart, was wertvoller war oder werden wird, muß die Zukunft zeigen.

NORWEGEN: STÄDTE

Die weithin gebirgige Landesnatur läßt die Norweger vornehmlich in dem nur rund 15 km breiten Übergangsbereich von Meer und Land siedeln. Dort, wo Fischerei und Handel gute Voraussetzungen bieten, liegen Norwegens Städte, überwiegend kleine Städte, denn nicht einmal eine Handvoll von ihnen hat mehr als einhunderttausend Einwohner. Seit Erdöl vor Norwegens Küste gefördert wird, verändert sich das Gesicht und das Leben in den großen Städten – hinterläßt der Ölboom eine mehr oder weniger deutliche Spur.

Oslo – die Hauptstadt des Landes

Christiania, gegründet um 1000, seit 1814 Hauptstadt und 1924 in Oslo umbenannt, zählt heute rund 500 000 Einwohner. Man rühmte die Stadt schon immer für ihre wunderschöne Lage am Fjord, für ihre glasklare Luft und das beste Trinkwasser Europas. Das Holmenkollen-Skigelände in Stadtnähe genießt Weltruf, Wälder und Parkanlagen, Seen und Strände liegen in Spaziergang-Entfernung. Ausgestellte Wikingerschiffe und die Festung Åkerhus grüßen aus Norwegens Mittelalter. Oslo war bisher kaum eine moderne Metropole. Die behäbige Stadt, in der das wuchtige, eher schlichte Königsschloß, der Ziegelsteinkomplex des Rathauses mit seinen beiden unverwechselbaren Türmen als Wahrzeichen sowie das nordische, italienische, sogar maurische Stile vereinigende Stortinggebäude das Stadtbild beherrschen, hat Charakter und gelassene Urbanität.

Seit dem Ölboom hat sich Oslo merklich verändert. Das Tempo ist schneller geworden, das kulturelle Angebot internationaler, die Straßen sind trotz des großzügigen Ausbaus von Nahverkehrssystem und Ausfallstraßennetz mittlerweile verstopft. Das Stadtbild nimmt neue Züge an: teils durch liebevolle Renovierung alter Substanz, teils durch lieblose Neubauten kapitalkräftiger Firmen. Die Zahl der Cafés und Restaurants nimmt zu, und die Norweger entdecken ihr Gefallen an der »haute cuisine«. Oslo ist weltoffener geworden, nicht mehr ganz so behaglich behäbig. Aber noch immer ist es eine Stadt, die sich durch ihre Lebensqualität auszeichnet.

Stavanger – das Zentrum der Erdölindustrie

Die mittelalterliche Domkirche im Stadtzentrum erinnert daran, daß Stavanger vom 12. bis 17. Jahrhundert Bischofssitz des Landes war, und die kleine Altstadt mit den hübsch gestrichenen Holzhäusern verrät die Tradition als alte Fischer- und Hafenstadt, die im 18. Jahrhundert eine eigene Handelsflotte besaß. Doch das Erdöl, das rund 300 km vor der Küste gefördert wird, hat Stavanger umgekrempelt. Die Industrie hat sich gänzlich auf Fördertechnik umgestellt, die Glas- und Stahlpaläste der Ölkonzerne dominieren die Kulisse, und Bohrinseln, zum Ausschleppen bereit, verstellen den Blick auf das Meer. Was aus der neuen »Ölhauptstadt« werden wird, wenn die Erdölerträge sinken, mag niemand vorausbestimmen.

Bergen ist die zweitgrößte Stadt und hat den geschäftigsten Hafen Norwegens. An der Nordseite des Hafens befindet sich das Stadtviertel Bryggen *(unten)* mit malerischen Holzhäusern.

Norwegens Hauptstadt *(rechts)* liegt an der Spitze des Oslofjords. Oslo, das kulturelle und wirtschaftliche Zentrum des Landes, besitzt eine berühmte Universität, viele Museen sowie einen Skulpturenpark.

Bergen – die schönste Stadt des Landes

Bergen, 1070 in malerischer Fjordlage gegründet und bis 1300 Hauptstadt Norwegens, ist heute mit 225 000 Einwohnern die zweitgrößte Stadt des Landes. Der historische Charme der alten Hansestadt ist im Hafenviertel Bryggen ungebrochen. Die pittoresk verschachtelten Holzhäuser, Kontore und Lagerschuppen der früheren Hansekaufleute, die Salz gegen Stockfisch zwischen Bergen und Hamburg schipperten, sind von der UNESCO auf die Liste des kulturellen Welterbes gesetzt worden.

Doch weder Bryggen noch die drei mittelalterlichen Kirchen, weder die Festung Bergenhus noch das alte Rathaus, weder das stille Musikerhaus Edvard Griegs noch der traditionelle Blumen- und Fischmarkt mit seinem trotzig mediterranen Kolorit im ewigen Regen Bergens können darüber hinwegtäuschen, daß sich die Stadt angesichts des Ölbooms verändert hat. Im Zentrum schießen Konzerthochhäuser aus dem Boden, am Rand und an den so schönen Ufern des Fjordes wird allenthalben gebaut. Im Zuge neuer Industrien, die mit dem Erdöl zusammenhängen, entstehen neue Wohnviertel, schneiden sich neue Straßen in die umliegenden Berge, zerteilen neue Brücken den Fjord. Das eigentliche Bergen wird zunehmend Museum.

Die Autobrücke von Tromsø *(unten)* verbindet den Westteil der Stadt, der auf einer nahen Insel liegt, mit dem Stadtteil auf dem Festland. Tromsø ist die größte Stadt Nordnorwegens.

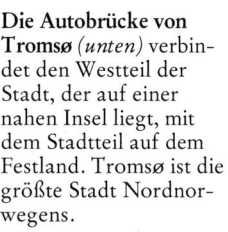

Das Geschäftszentrum Stavanger *(links)* verdankt seine Bedeutung der Lage an der Südwestküste Norwegens. Diese macht Stavanger zum idealen Standort für die Organisation der Ausbeutung norwegischer Erdölfelder in der Nordsee.

Hölzerne Lagerhäuser auf Pfählen *(oben)* erheben sich in Trondheim über dem Wasser des Nidelv, der die Innenstadt fast vollständig umschließt. Das von kleineren Hügeln umgebene Trondheim ist die drittgrößte Stadt Norwegens.

Trondheim – Wiege des norwegischen Reiches

Trondheim wurde 997 gegründet und war bis ins 13. Jahrhundert Königsresidenz. Heute ist es die liebenswürdigste und drittgrößte Stadt Norwegens. Hier im Verwaltungs- und Handelszentrum, dem letzten großstädtischen Tor zum Norden, verliert sich die »Ölspur«. Das Tempo im übersichtlichen Stadtzentrum ist gelassen, die alten Speicherhäuser am Nidelvfluß und die Straßenzüge, gesäumt von den schmucken Holzhäusern in traditioneller Bauweise, lassen das »Ölzeitalter« schnell vergessen. Zwar hat auch Trondheim seine modernen Industrien und eine bedeutende Technische Hochschule, aber das Gesicht der freundlichen Stadt trägt kaum Narben der Neuzeit. Von der barocken Festung Kristiansten fällt der Blick auf die »Mönchsinsel« mit ihrem mittelalterlichen Kloster und dem Stadtkern mit dem Stiftsgarden, dem wohl größten Holzpalais Europas. 1770 erbaut und in sanftem Ocker gestrichen, wirkt die ehemalige königliche Residenz weniger protzig als gemütlich, weshalb der König bei seinen Besuchen in Trondheim auch heute noch gerne dort wohnt. Nicht weit davon liegt Norwegens Krönungsstätte, der Nidaros-Dom, romanisch begonnen und gotisch vollendet. In seiner anrührenden Schlichtheit gehört er zu den schönsten Kirchen Europas und zu den bedeutendsten mittelalterlichen Bauwerken Norwegens.

NORWEGEN: LANDESNATUR

»Wenn die Vereinigten Staaten Gottes eigenes Land sind, dann wurde Norwegen mindestens vom Heiligen Geist erschaffen«, schrieb der erste Literatur-Nobelpreisträger Norwegens (1903), Björnstjerne Björnson.

Grenzenlos und geheimnisvoll

Der Salzgeschmack des allgegenwärtigen Meeres auf der Zunge, die Haut prickelt leicht von einer Luft klar und kühl wie Champagner, das Auge verliert sich im Gewirr der Inseln oder in der weiten Wildnis des urweltlichen Hochlandes – und über allem liegt jene besondere Stille, die man hören kann: Norwegen ist eine Symphonie aus Wasser, Urgestein und Licht. Wenn jenseits des Polarkreises das Licht für Monate fehlt und gewaltige Schneemassen die karge Finnmark mit bizarren Skulpturen überziehen, wirkt das Land dennoch nicht düster. Die geheimnisvolle Stimmung der langen Polarnacht scheint phantastisch belebt vom irrlichternden Spiel des Mondes und der Gestirne auf dem Spiegel von Wasser, Eisberg und Schneekristall. Zur Zeit der Mitternachtssonne aber glänzen Berge und Fjorde tagsüber wie Silber, und die Nacht legt Purpur über Wälder und Seen, das keiner Dunkelheit weicht bis zum Morgen, wenn die Wolkentürme des weiten nordischen Himmels sich neu entzünden.

Stahlblau alles Wasser, tiefgrün von Wiese und Wald alles bewachsene Land und rostbraun jene Einöden, denen polare Kälte oder alpine Höhe kaum Vegetation erlauben. Zweimal im Jahr aber erleben die kräftigen Grundfarben Norwegens pastellene Brechungen. Im Frühjahr schwellen die zahllosen Wasserfälle von der Schneeschmelze an und legen einen diamantenen Schleier über die in zartesten Farben erwachende Natur, die selbst in die Moor- und Moos-Tundren bunte Blütenteppiche webt. Der Herbst überzieht Küsten und Klippen, Täler und Hänge mit seinem Laubkostüm, das zwischen sanftem Gelb und sattem Rot alles Land in ein einziges impressionistisches Gemälde verwandelt.

Geprägt von Fels, Meer und den Eiszeiten

Diese Naturschauspiele dankt Norwegen dem Golfstrom. Ohne eine maritime Heizung aus der Karibischen See wäre Norwegen unwirtlich wie Ostgrönland oder Nordsibirien, die – etwa auf gleichem Breitengrad wie die Lofoten – kein Leben erlauben, während noch auf den nördlichsten Inseln Norwegens auch im Winter Schafe weiden können und die Küsten meist ganzjährig eisfrei bleiben. Der Golfstrom und die atlantischen Westwinde sorgen aber auch für viel Regen. Und der sorgt wiederum für das satte Grün des norwegischen Sommers, der weniger kühl ist, als man fürchten mag, während die Winterfröste hart, aber immer noch erträglich bleiben. Ungemütlich wird es erst jenseits des Nordkaps, dem nördlichsten Punkt des europäischen Festlandes oder auf den polaren

Diese Wald- und Seenlandschaft *(unten)* im südwestlichen Tiefland ist typisch für die Gegend um Oslo. Das flachwellige Gebiet ist zur land- und forstwirtschaftlichen Nutzung gut geeignet. Hier liegen auch die größten Bevölkerungszentren.

Die untergehende Sonne taucht einen Fjord *(rechts)* in rosa Licht. Seine fast senkrechten Hänge wurden während der Eiszeiten durch mächtige Gletscher gestaltet. Die tiefen Fjorde gehören zu den eindrucksvollsten Naturerlebnissen Norwegens.

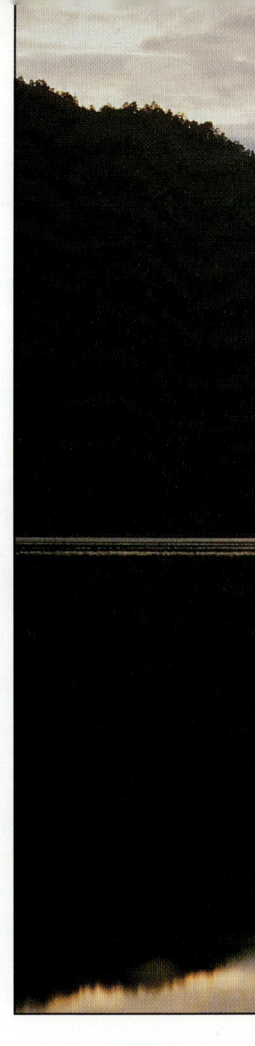

Inseln Spitzbergen und Jan Mayen sowie auf der Bäreninsel, die zu Norwegen gehören. Doch die bizarren Eisgebirge, die sich hier aus der See türmen, fesseln als dramatisches Naturtheater: »Eine kühne Riesenform wilder und schöner als die andere. Es ist eine Märchenwelt für sich, ein Traumland«, schrieb der Polarforscher Fridtjof Nansen.

Norwegens eindrucksvolle Landschaften sind ein Geschenk der Eiszeiten, die von der Westküste bis zur schwedischen Landesgrenze deutliche Spuren hinterlassen haben. Auf den vorgelagerten Inseln und der schmalen Strandflate drängen sich die bunten Holzhäuser der Fischer. Die fruchtbaren Böden sind ein Geschenk des Meeres, das mineralreiche Sedimente zurückgelassen hat. Nur die Lofoten zeigen scharfe Berggrate. Die Fjorde, die wie tiefe Risse in das steil aufragende skandinavische Gebirge einschneiden und oft über hundert Kilometer ins Land reichen, wurden vom Eis der mächtigen Talgletscher ausgeschürft und später vom Meerwasser überflutet. Vom großen alles überdeckenden Inlandeis zeugen nur noch Eisreste auf dem hohen Fjell. Diese kleinen Plateaugletscher gelten als besondere Attraktion für naturbegeisterte Touristen. Das in nordsüdlicher Richtung verlaufende Skandinavische Gebirge durchzieht Norwegen auf seiner gesamten Länge. Es erreicht Höhen bis zu 2470 m, und über die Hochebenen jenseits der Baumgrenze

1

NORWEGEN

Stabkirchen *(oben)*, die in nordgermanischer Holzbauart errichteten Gotteshäuser, sind geschmückt mit einer reichen Tierornamentik.

Der Stigfoss-Wasserfall *(links)* stürzt tosend von den steilen Hängen des zentralnorwegischen Hochlandes ins Tal hinab. Mit ihren hohen Bergen, ihren Gletschern und Fjorden bieten Norwegens Landschaften ein sehr abwechslungsreiches Bild.

Norwegens Fjorde *(unten)* haben eine lange Entstehungsgeschichte. Nach der Hebung eines flachen Hügellandes erodierten sich die Flüsse immer tiefer ein. Es entstanden enge, zum Meer orientierte Kerbtäler (1). In den Eiszeiten vergletscherte das skandinavische Gebirge. Das von den Hochregionen abfließende mächtige Eis hobelte steilwandige U-Täler aus (2). Besonders am Ende der Tiefenlinien, wo das Eis steil abstieg, wurden die Talböden stark übertieft. Die heutige Wassertiefe im Sognefjord erreicht dort 1245 m. Am meerseitigen Ende sind die Fjorde oft nur 150 m tief. Nach dem Abtauen des Eises überflutete das Meer die Täler (3).

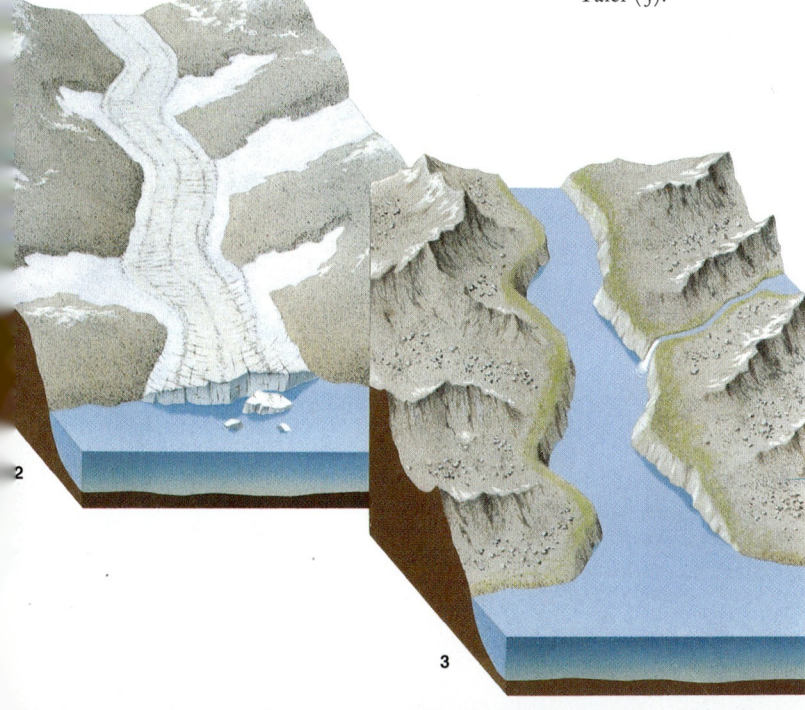

dehnen sich die endlosen Viddas und Fjells, deren Steppen und Tundren von Moos und Heide überzogen und von Seen und Mooren unterbrochen werden.

Das Land der Stille

Nur wenige Straßen erschließen die Wildnis, und die kurvenreiche Fahrt um die Fjorde erfordert Geschick. Lange Zeit waren Teile der Küste nur mit dem Schiff erreichbar, und noch heute ist der Post- und Frachtliniendienst der berühmten Hurtigroute, die sich durch Schären und Fjorde zu den entlegensten Häfen wie zu den großen Städten schlängelt, eines der beliebtesten Transportmittel auch der Touristen.

Zwar gehört Norwegen zu Europas populärsten Reiseländern, aber der Tourismus ist sanft und nicht zerstörend. Die Feriengäste finden Erholung in den freundlichen Holzhäusern und Hütten, die als bunte Tupfen über das einsame Land verstreut sind. Norwegen hat genug Platz für alle – auch für seine Tierwelt: Rotwild, Elche und Rentierherden, aber auch Biber, Wolf und Luchs, Polarhase und Polarfuchs sind hier zu Hause.

Wer nach Norwegen kommt, sucht keinen Rummel, den er ohnehin auch nicht finden würde. Was er in jener Stille finden kann, sind neue Wege zu sich selbst, denn keine Ablenkung steht zwischen ihm und der Natur mit ihren grandiosen Eindrücken.

NORWEGEN: SPITZBERGEN

Wer auf Spitzbergen wandern will, muß gut ausgerüstet sein. Plötzliche Wettereinbrüche mit Schnee, starken Stürmen und Nebel könnten sonst leicht verhängnisvoll werden. Wer aber diese Gefahren nicht scheut, wird von einer einmalig schönen arktischen Landschaft belohnt. Tiefe, dunkle Fjordeinschnitte in ein bizarres, eisüberdecktes Gebirge vermitteln eine überirdische Ruhe. Weißglänzende Gletscher durchströmen fast alle Täler und erreichen meist das Meer. Kalbende Gletscher sind die Quelle für große Eisberge, die später lange im Packeis treiben. Mehr als 15 000 Passagiere lassen sich jährlich auf eleganten Schiffen in die eindrucksvollen Eislandschaften Spitzbergens bringen. Aber nur etwa 2000 Wanderer wagen sich allein oder in Gruppen ins Innere. Der weiche, aufgetaute Boden auf dem bis über 100 m tief gefrorenen Dauerfrostboden macht das Gehen mühsam. Der sehr fragilen Tundravegetation bekommt eine andauernde Belastung überhaupt nicht. Dort, wo Eis im Boden mangels der isolierenden Pflanzendecke auftaut, bilden sich tiefe Wasser- und Schlammlöcher. Inzwischen dürfen 44 % des Inselareals als Nationalpark- oder Naturschutzgebiet überhaupt nicht mehr oder nur noch auf bestimmten, kontrollierten Wegen betreten werden. Seitdem 1975 ein Flugplatz nahe dem norwegischen Hauptort Longyearbyen eröffnet wurde, kann Spitzbergen schneller und bequemer erreicht werden. Verständlich, daß umweltbesorgte Naturschützer den immer stärker zunehmenden Touristenzahlen mit gemischten Gefühlen gegenüberstehen.

Ein weit entferntes Naturparadies

Die norwegische Inselgruppe Spitzbergen am nördlichen Rand der eurasischen Kontinentplatte umfaßt mit all ihren Haupt- und Nebeninseln eine Fläche von insgesamt 62 000 km². Diese vom Nordpolarmeer umspülten Grenzposten der Zivilisation sind über 500 km von Norwegen entfernt, vom Nordpol trennen sie 1250 km Packeis.

Ihren höchsten Punkt erreichen die Inseln mit 1717 m im Newtontoppen auf der Insel Spitzbergen. Die stark gefalteten metamorphen Gesteine aus dem Prädevon bilden im Westen schroffe, von Gletschern zerschnittene Gebirgszüge mit spitzen Gipfeln – Spitzbergen, wie Barents es nannte!

Svalbard – kalte Küste – nannten die Wikinger 1194 die abweisende Inselgruppe, und Svalbard ist heute die Bezeichnung für das norwegische Verwaltungsgebiet, zu dem ferner die Büreninsel, Hopen und einige andere kleine Inseln gehören. Lange Zeit völlig vergessen, wurde Spitzbergen von Willem Barents im Juni 1596 wiederentdeckt.

Kohle für Norwegen und Rußland

Kohlevorkommen sind bereits seit 1610 bekannt. Die eigentliche Ausbeutung begann aber

Die Westküste Spitzbergens, der Hauptinsel der gleichnamigen Inselgruppe, liegt in der dunstigen Sommersonne *(ganz oben)*. Auf der Insel Jan Mayen leben heute noch Eisbären *(oben)*. Hier herrschen ähnliche naturräumliche Verhältnisse wie auf Spitzbergen.

Die Kohlevorkommen Spitzbergens *(rechts)*, seit 1610 bekannt, werden seit 1906 abgebaut. Longyearbyen wird von norwegischen Bergarbeitern bewohnt, Barentsburg und Pyramiden von russischen. Die Inseln haben auch Phosphat-, Asbest- und Eisenerzvorkommen.

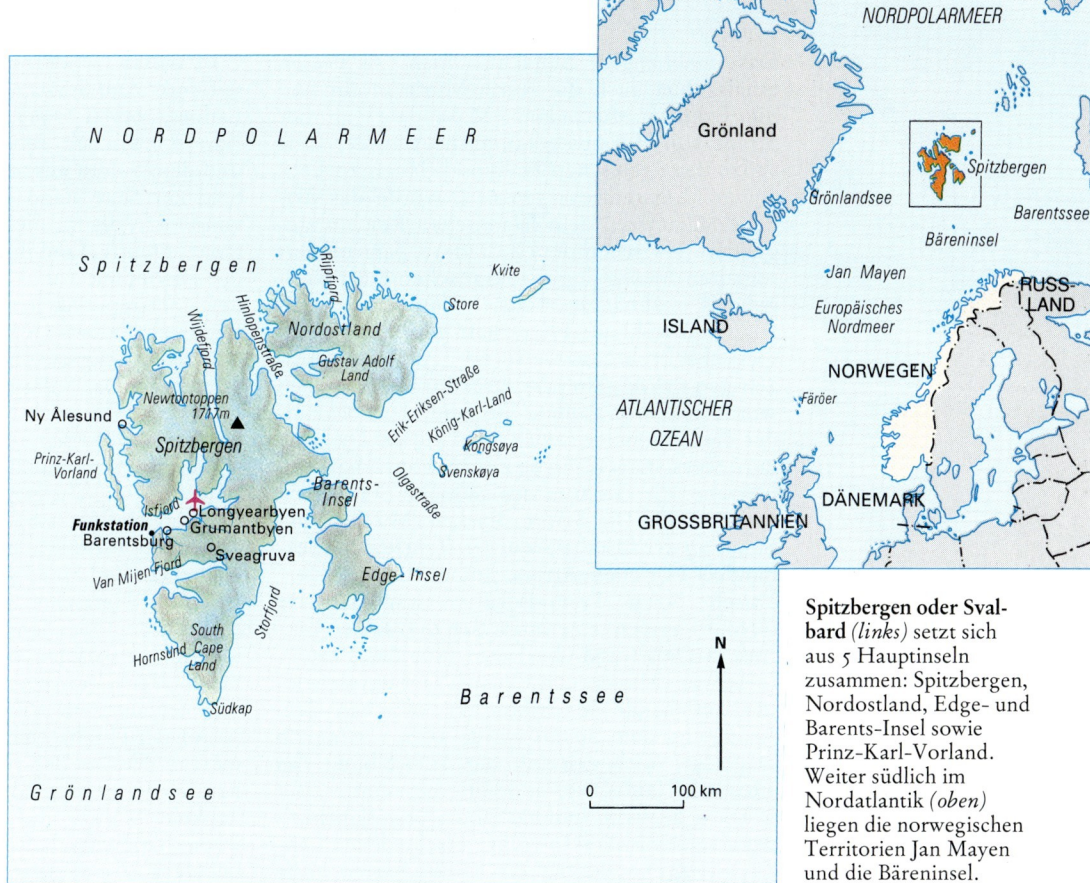

Spitzbergen oder Svalbard *(links)* setzt sich aus 5 Hauptinseln zusammen: Spitzbergen, Nordostland, Edge- und Barents-Insel sowie Prinz-Karl-Vorland. Weiter südlich im Nordatlantik *(oben)* liegen die norwegischen Territorien Jan Mayen und die Päreninsel.

erst 1906 unter der amerikanischen Longyears Arktischen Kohlengesellschaft. Damit begann aber auch der Streit um den eigentlichen Besitz des Archipels. In den Pariser Vorortverträgen von 1920 erhielt Norwegen die Souveränität über die Inselgruppe, mußte aber den 41 Unterzeichnerstaaten gleichberechtigten Zugang zu den Bodenschätzen garantieren. Neben den Norwegern machen heute nur die Russen Gebrauch von diesen Abbaurechten.

Seit Beginn des Kohlebergbaus ist Spitzbergen ständig besiedelt. Von den etwa 1400 norwegischen Bewohnern arbeiten knapp ein Viertel für die staatliche Kohlegesellschaft. Die Zahl der russischen, z. T. ukrainischen Bergleute betrug mit Angehörigen gut 1100.

Tundra und Meer als Jagdgebiete

Die wenigen Baumarten erreichen keine Baumwuchshöhen mehr. Die widerstandsfähige Polarweide kriecht auf dem Boden, und die Zwergbirke erscheint als niedriger Strauch. Dominant sind Flechten, Moose und niedrige Gräser. Im Herbst glüht die Tundra in kräftigsten Gelb- und Rottönen. Nach der schnellen Schneeschmelze im späten Frühjahr blüht die Tundra, und Millionen Wandervögel kommen aus dem Süden zurück, um auf den steilen Kliffs zu brüten.

Die großen Landsäuger – Eisbär, Weißer und Blauer Fuchs sowie das Rentier – wurden von jeher bejagt. Die Meeressäuger, Robben, Walrosse und Wale, wurden bis in die jüngste Vergangenheit rücksichtslos getötet. Heutige Schutzbestimmungen versuchen, den Restbestand zu erhalten.

Für Touristen praktisch unerreichbar ist die Bäreninsel. Die 178 km² große Insel, zwischen Spitzbergen und Norwegen gelegen, beheimatet seit 1918 lediglich eine norwegische Funk- und Wetterstation. Über der Steilküste erreichen die Höhen maximal 536 m.

Jan Mayen, die unwirtliche Vulkaninsel

Zwischen Grönland, Island und Norwegen liegt einsam im Nordatlantik die 53 km lange und 16 km breite Insel Jan Mayen. Sie wurde 1607 von dem britischen Seefahrer Henry Hudson entdeckt. Ihren Namen erhielt sie nach dem niederländischen Kapitän Jan Jacobzoon May, der einige Jahre nach der Entdeckung auf der Insel eine Walfangstation errichtete. Die seit 1929 Norwegen eingegliederte Insel überragt als Teil der mittelatlantischen Schwelle den Meeresspiegel und ist aus vulkanischen Gesteinen aufgebaut.

Noch 1970 war der im Norden gelegene Vulkan Beerenberg (2277 m) tätig. Die rauhe, oft von Nebel verhangene Insel ist bis auf eine norwegische Wetter- und eine amerikanische Radarstation unbewohnt. Eine NATO-Landebahn macht die Insel leicht erreichbar.

OMAN

Das unabhängige Sultanat Oman, zu dessen Staatsgebiet auch die Kuria-Muria-Inseln und die Exklave Musandam (Masandam) an der Straße von Hormus gehören, liegt an der Ostspitze der Arabischen Halbinsel. Noch zu Lebzeiten Mohammeds (570–632) wurde das östliche Südarabien dem Islamischen Reich angegliedert. Zwischen dem 8. und 18. Jahrhundert regierten Imame den theokratischen Staat weitgehend unabhängig. Danach wurden die geistige und weltliche Herrschaft getrennt. Portugiesische Eroberungsversuche hatten nur kurzzeitigen Erfolg. Ein persischer Invasionsversuch wurde 1741 von Ahmed Ibn Said, dem Begründer der noch heute regierenden Sultan-Dynastie zurückgeschlagen. Er baute das Herrschaftsgebiet über die Grenzen des heutigen Staatsterritoriums aus. Die Städte Maskat (Muscat) und Suhar an der Ostküste wurden Zentren des Seehandels zwischen Afrika, Indien und Persien. Durch einen Freundschaftsvertrag sicherte Großbritannien seine Interessen und seinen Einfluß in Oman und übernahm 1890 das Protektorat von »Maskat und Oman«. Der immer wieder auflebende Machtkonflikt zwischen dem Imam und dem Sultan wurde 1920 vertraglich beigelegt, doch erst mit der Vertreibung des Imams im Jahre 1957 endgültig beseitigt.

Die einzelnen Stämme lebten über Jahrhunderte relativ isoliert in völlig verschiedenen Landesteilen. Die Vielfalt der Landschaften hatte unterschiedliche Lebensweisen hervorgebracht. In den abgelegenen Provinzen hatte der in der Hauptstadt Maskat residierende Sultan nur wenig Einfluß. Die Unterentwicklung auf dem Lande verstärkte die Konflikte zwischen dem Sultan und den Stämmen der Hinawi und den Ghafiri bis in die jüngste Vergangenheit.

In Dofar (Dhofar), dem südlichen und erst seit 1905 zum Staatsgebiet gehörenden Teil des Landes, brach 1963 ein erbittert geführter Kampf zwischen rebellischen Bergbewohnern und dem Sultan aus, dem Großbritannien beratend zur Seite stand. Die Befreiungsbewegung von Dofar, die für die Machtübernahme im Sultanat kämpfte, fand ihrerseits Unterstützung bei der Sowjetunion und Kuba, aber vor allem bei der Volksrepublik Jemen. Dies dürfte Großbritannien dazu bewogen haben, Sultan Kabus Ibn Said zum Staatsstreich gegen seinen Vater zu ermutigen. Das Sultanat wurde umbenannt, und innerhalb der nächsten sieben Jahre räumte Großbritannien seine Stützpunkte.

Der gestürzte Sultan hatte das Land während seiner vierzigjährigen Herrschaft gegen alle äußeren Einflüsse abgeschirmt und die jahrhundertealten Produktionsmethoden in Ackerbau, Viehzucht und Handwerk unverändert gelassen. Der neue Herrscher nutzte die Einnahmen aus den seit den 70er Jahren begonnenen Ölexporten, um die sozialen, politischen und wirtschaftlichen Verhältnisse in kurzer Zeit zu ändern. Das Schulsystem wurde ausgebaut, ein internationaler Flughafen errichtet und die verkehrsmäßige Erschließung des Landes vorangetrieben. Neue Straßen boten den Bauern die Möglichkeit, Märkte entfernt liegender Städte mit ihren landwirtschaftlichen Überschüssen zu beliefern. Vor allem in der Küstenebene Al Batinah (Batina) im Norden und auf der im Landesinneren westlich der Hauptstadt Maskat gelegenen Hochebene Gharbiya benutzen die Bauern noch heute traditionelle Bewässerungssysteme. Waren früher die einzelnen Stämme für den Bau und die Unterhaltung dieser »Falaj« genannten Systeme verantwortlich, so hat heute der Staat

Daten und Fakten

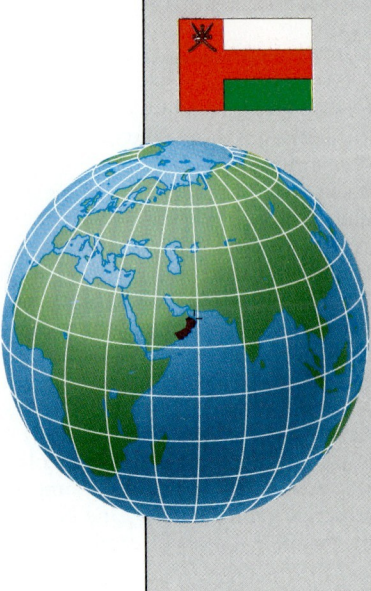

DAS LAND
Offizieller Name: Sultanat Oman
Hauptstadt: Maskat
Fläche: 212 457 km² (einschl. Kuria-Muria-Inseln)
Landesnatur: Küstenebene (Batinah), Omangebirge, innere Wüstengebiete (Rub al Khali), Landschaft Dofar
Klima: Randtropisches Klima, sehr heiß und trocken, an der Küste mit relativ hoher Luftfeuchtigkeit
Höchster Punkt: Jabal ash Sham 3035 m
DER STAAT
Regierungsform: Absolute Monarchie
Staatsoberhaupt: Sultan

Verwaltung: 59 Provinzen
Parlament: Konsultativrat mit 87 für 3 Jahre vom Sultan ernannten Mitgliedern und Staatsrat mit 41 vom Sultan ernannten Mitgliedern
Nationalfeiertag: 18. November
DIE MENSCHEN
Einwohner (Ew.): 2 460 000 (1999)
Bevölkerungsdichte: 12 Ew./km²
Stadtbevölkerung: 80 %
Analphabetenquote: 20 %
Sprache: Arabisch
Religion: Moslems 85 %, Hindus
DIE WIRTSCHAFT
Währung: Rial Omani

Bruttosozialprodukt (BSP): 19 600 Mio. US-$ (1999)
BSP je Einwohner: 8000 US-$
Inflationsrate: -0,2 % (1985–95)
Importgüter: Fahrzeuge, Nahrungsmittel, Maschinen
Exportgüter: Erdöl, Datteln, Fische, Obst, Perlen
Handelspartner: Japan, Deutschland, USA, Großbritannien, Vereinigte Arabische Emirate
Straßennetz: 5885 km
Fernsehgeräte je 1000 Ew.: 650

Die Dörfer im kargen Landesinneren des Sultanats Oman *(unten)* bestehen aus Lehm- oder Steinhäusern mit Flachdächern. Die meisten Bauern bestellen ihre Felder noch wie ihre Vorfahren. Neben vielen Dörfern findet man Überreste alter Festungen, die zur Kontrolle der oft aufständischen Bevölkerung gebaut wurden.

Das Sultanat Oman *(rechts)* liegt in einer strategisch wichtigen Position am Ausgang des Persischen Golfs. Die Wüste Rub al Khali nimmt einen Großteil des weiten, flachen Landesinneren im Westen ein. Die Al-Hajar-Berge trennen die Wüste von der Küstenebene Al Batinah. Das fruchtbare Dofargebiet liegt im Süden des Landes.

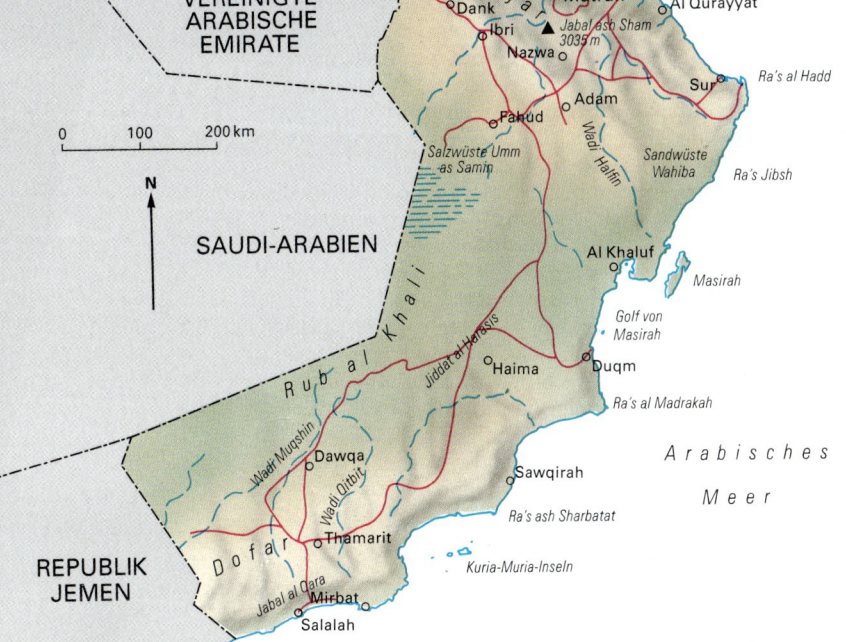

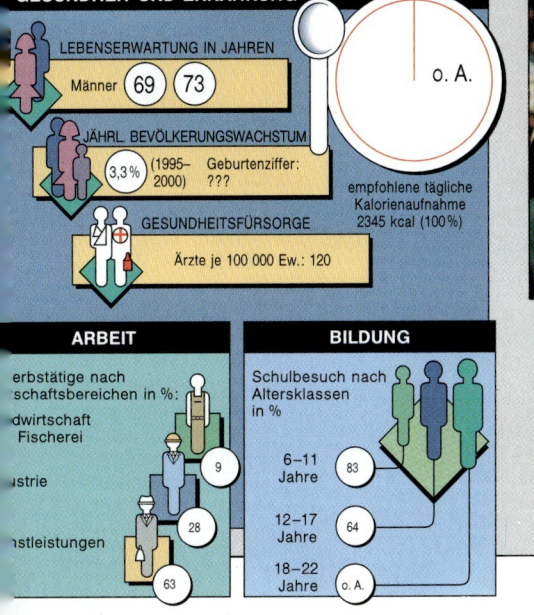

Omanische Frauen *(oben)* verbergen ihre bunte Kleidung durch einen schwarzen Umhang. Außerdem verhüllen sie ihr Gesicht mit einem schwarzen Schleier.

die Wartungsarbeiten an den Bewässerungsnetzen übernommen. Dadurch wird die landwirtschaftliche Produktion subventioniert und gleichzeitig die Macht der etwa hundert Stämme des Landes geschwächt.

Heute leben nur noch 20 % der Omanis auf dem Lande. Viele der Bauern, deren Ernteerträge meist nur zum Überleben reichen, sind mittlerweile Staatsangestellte und beziehen z. B. als Soldaten oder Polizisten regelmäßige Einkünfte.

Die Erdölexporte haben eine erneute Phase der Öffnung des Landes eingeleitet. Dabei hat Sultan Kabus Ibn Said die Gewinne aus den Ölexporten genutzt, um das Gebiet der Hauptstadt Maskat zu einem Verwaltungs- und Wirtschaftszentrum zu entwickeln. Rebellionen wie zur Zeit der Herrschaft seines Vaters gehören der Vergangenheit an, obwohl er wie dieser als absoluter Monarch herrscht. Er allein bestimmt die Regierung, und bis heute gibt es kein Parlament. Auch die Mitglieder einer sogenannten Staatsversammlung ernennt der Sultan persönlich. Der neue Reichtum hat auch die traditionellen Konflikte mit den Stämmen gedämpft. Durch die wirtschaftlichen und sozialen Veränderungen werden die alten Strukturen ausgehöhlt. Zudem erhalten die Stammesoberhäupter aus der Hauptstadt eine Art Pension. Da die Ölvorkommen noch mehrere Jahrzehnte reichen werden, dürfte sich an diesen politischen Verhältnissen kaum etwas ändern.

OMAN: SEEHANDEL

Vor mehr als 1000 Jahren bauten unerschrockene arabische Seefahrer des Persischen Golfs einen Seehandel auf, der Kontinente miteinander verband. In ihren einfach gebauten Segelschiffen, den sogenannten Dhauen, nutzten sie die saisonalen Monsunwinde aus, um ihre Reisen gen Süden entlang der afrikanischen Küste oder gen Osten nach Indien, Sri Lanka, Indonesien und sogar China zu unternehmen. Auch heute noch betreiben die Händler in fast unveränderter Form ihr Gewerbe und wagen eine Fahrt durch die Straße von Hormus über das Arabische Meer nach Bombay oder entlang der afrikanischen Küste nach Madagaskar.

Der griechische Historiker Procopius, ca. 500 n. Chr., beschrieb, wie Schiffe auf dem direkten Seewege von Arabien nach Indien fuhren. Für ihren Hinweg nutzten sie die Zeit zwischen Juli und Oktober, wenn die vorherrschenden Winde aus Südwesten kommen, und legten ihre Rückreise so, daß sie mit den Nordostwinden zwischen November und März zusammentraf. Plötzliche Windböen sind für den Juli-Oktober-Monsun kennzeichnend, und viele kleine Boote haben möglicherweise niemals ihr Ziel erreicht. Auch heute noch verschwinden manchmal Dhauen mit der gesamten Besatzung bei ihrer Reise über das Arabische Meer. Aber die Unerschrockenheit der Seeleute zusammen mit dem hohen Wert des Handels, den sie trieben, gewährleistete ein schnelles Wachstum.

Die Kapitäne der Handelsschiffe und ihre Mannschaften handelten mit einer breiten Palette von Gütern: von Reis über Zucker, Salz, Kupfer und Holz bis hin zu Luxusartikeln wie Gewürzen, Perlen, Elfenbein, Porzellan und edlen Stoffen. Manchmal bestand die Ladung aus lebenden Tieren: Pferde aus Arabien und Somalia wurden als Kavalleriepferde nach Indien exportiert; sogar Elefanten aus Birma und Sri Lanka fanden ihre Käufer. Viele Jahrhunderte lang gelangten chinesisches Porzellan, Seide und andere Luxusgüter auf den soliden Dhauen in den Westen.

Die Bauweise einer Dhau

Was sind das für Schiffe, die einen erstaunlichen interkontinentalen Handel zu einer Zeit ermöglichten, als europäische Schiffe sich kaum außer Sichtweite der Küste wagten? Einfach, aber genial gebaut, tragen sie Latein-Segel, die lang und dreieckig sind und mittels einer Rah oder großen Spier in einem Winkel zum Mast gesetzt sind. Latein-Segel sind verstellbar, so daß die Schiffe in einem bestimmten Winkel zum Wind segeln können und daher manövrierfähiger sind als ihre damaligen europäischen Gegenstücke. Ihr Rumpf läuft an beiden Enden spitz zu und besteht aus Planken, die flach auf einem Holzrahmen aufliegen. Im Persischen Golf gibt es nur wenig Eisen und daher werden die Planken nicht aufgenagelt, sondern mit Kokosnußgarn festgenäht. Um seine Position zu bestimmen, richtete der Kapitän sich früher nach den Ster-

Eine frühe arabische Dhau (oben), die sorgfältig rekonstruiert wurde, hat vieles mit den heutigen Schiffen gemeinsam. Durch das dreieckige Latein-Segel kann sie im Winkel zum Wind fahren, ohne sich auf Rückenwind verlassen zu müssen.

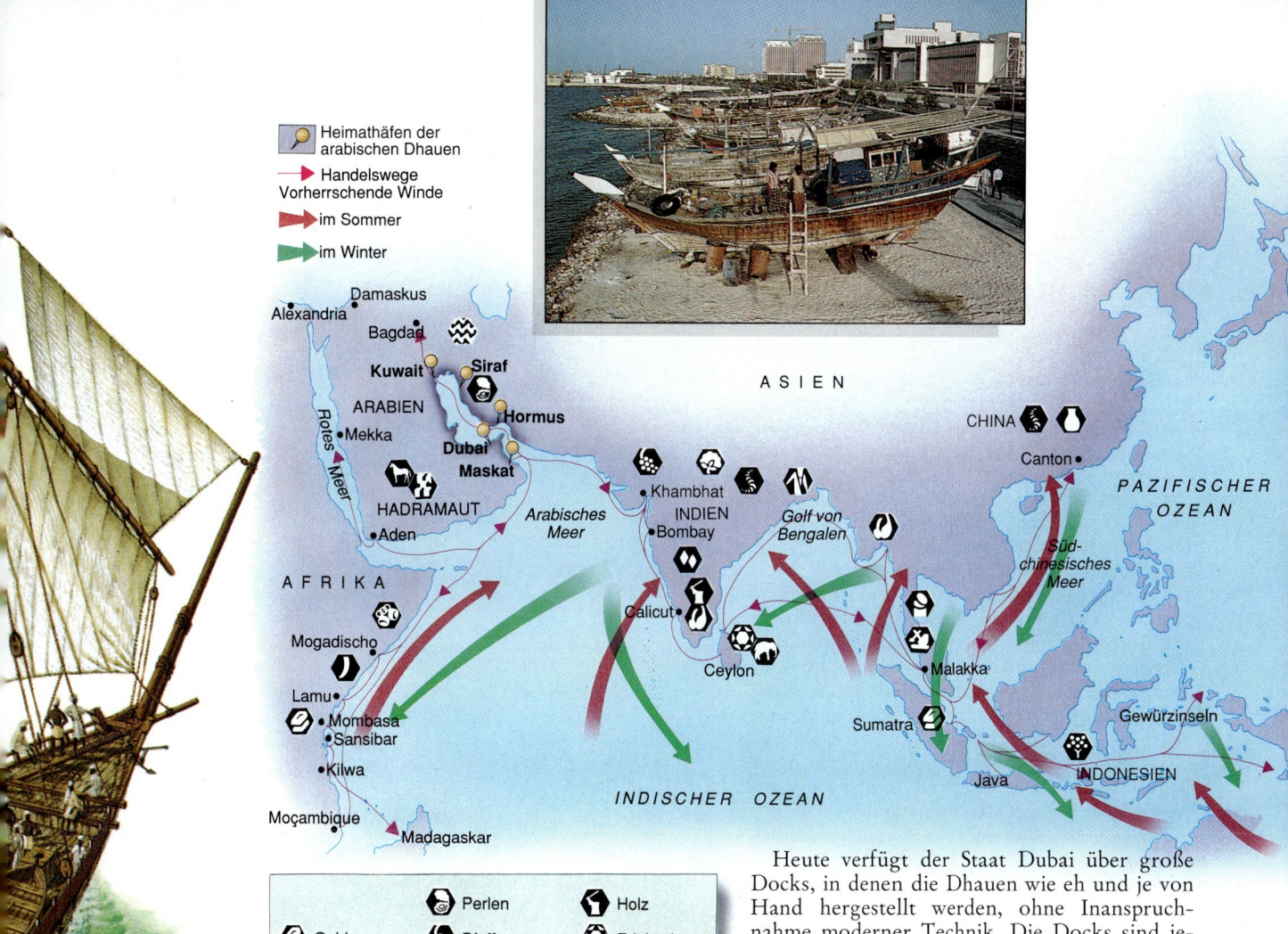

Der Dhau-Handel
(*oben*) erfaßte vor etwa 1000 Jahren 3 Kontinente, als die Seeleute vom Persischen Golf mit ihren Waren China und den Südosten Afrikas erreichten. Ein großes Schiff konnte schwere Güter transportieren, sogar Elefanten. Die heutigen Dhauen (*oben rechts*) setzen die alte Tradition fort. Gefährliche Bedingungen im Golf haben Kapitäne und ihre Mannschaften nicht abgeschreckt. In jüngster Zeit ist die Nachfrage nach Transporten mit Dhauen wieder beträchtlich angestiegen.

nen und einem »Kamal«, einem arabischen Sextanten, und erreichte ein erstaunliches Maß an Navigationsgenauigkeit.

In seiner Blütezeit vor 600 bis 700 Jahren verband der Dhau-Handel die Städte des Persischen Golfs mit Ostasien und Afrika. Im modernen China gibt es Moslem-Gemeinden, in denen viele Nachkommen der islamischen Seefahrer leben, die einst bis zur Ankunft der Portugiesen im Jahre 1498 die östlichen Meere beherrschten. Als findige und aggressive Kolonialisten erlangten die Portugiesen und ihre europäischen Nachfolger im Osten die militärische Übermacht, und somit ist die frühere arabische Seeherrschaft nur noch ein Schatten ihrer selbst. Jedoch ist der Handel nie völlig ausgestorben, und in letzter Zeit haben sich die Aktivitäten wieder vermehrt. Der Handel mit Dhau-Segelschiffen war während des Golfkrieges zwischen Iran und Irak der Rettungsanker für den Iran.

Heute verfügt der Staat Dubai über große Docks, in denen die Dhauen wie eh und je von Hand hergestellt werden, ohne Inanspruchnahme moderner Technik. Die Docks sind jedoch kein Museum; vielmehr repräsentieren die fertigen Schiffe den soliden kommerziellen Erfolg, denn sie sollen ihren Platz in einer geschäftigen Welt einnehmen, indem sie Datteln, Sultaninen und Pistazien vom Persischen Golf nach Bombay transportieren, Mangrovenhölzer von Tansania nach Kuwait, Salz und getrockneten Fisch von Hadramaut nach Mombasa – und noch vieles mehr, was befördert werden muß. Sie sind dafür bekannt, geschmuggeltes Gold und andere Schmuggelware vom Golf nach Indien gebracht zu haben. Sie segeln mit einer Durchschnittsgeschwindigkeit von 8 Knoten (10 Meilen) pro Stunde, setzen dabei immer noch ihre ehrwürdigen und graziösen Latein-Segel und benutzen altertümliche und oftmals unzuverlässige Dieselmotoren.

Auch bei der Navigation fehlt jegliche Art von moderner Technologie – man verläßt sich lieber auf den Sextanten als auf Radar oder gar Funk. Der Kapitän und seine Mannschaft kommen oft aus den gleichen Familien, teilen ihre Güter und arbeiten in allen Bereichen des Unternehmens eng zusammen. Als Überbleibsel einer vorindustriellen Zeit verkörpert die arabische Dhau einen romantischen Lebensstil, der sogar bis heute noch kommerzielle Bedeutung hat. So nimmt sie eine einzigartige Stellung in der Geschichte der Seefahrt ein, einer Geschichte, die mehr als 1000 Jahre zurückreicht.

Ostafrikanischer Graben

Das Ostafrikanische Grabensystem (Rift Valley) setzt sich aus einer ganzen Reihe von geologischen Gräben zusammen, die sich durch Ostafrika und Südwestasien ziehen. Es erstreckt sich vom Sambesi in Mosambik bis zum Jordantal in Syrien und markiert ein jahrmillionenaltes Bruchsystem der Erdkruste.

Die Grabenhorste erheben sich auf beiden Seiten mehr als 1500 m über die dazwischenliegende Grabensohle, deren Breite rund 30–40 km beträgt. Der Verlauf des Bruchsystems ist auf jeder Karte anhand der zahlreichen Seen erkennbar. Der Victoriasee liegt außerhalb des Ostafrikanischen Grabensystems, in einem Senkungsbereich zwischen zwei Zweigen dieses Systems.

Die Entstehung des Grabens

Der Ostrand des afrikanischen Kontinents liegt auf einem sogenannten »Hot spot«. Dies sind Streifen geschmolzenen Gesteins unterhalb der Erdkruste, die eine extreme Labilität der darüberliegenden Schicht verursachen. Wie eine gigantische Narbe an der Außenseite des Kontinents kennzeichnet das Ostafrikanische Grabensystem die Grenzlinie, entlang derer die alte Landmasse gewaltigen Kräften nachgab, es zu Brüchen und Verwerfungen kam und ein komplexes System tiefer Täler entstand.

Afrika und Südamerika würden offensichtlich ineinanderpassen. Ebenso verhält es sich mit Afrika und der Arabischen Halbinsel: ein Hinweis darauf, daß sie vor langer Zeit zusammengehörten. Nur das Afar-Dreieck zwischen Ostafrika und Arabien scheint nicht in das riesige Puzzle zu passen. Der steile Abhang am nördlichen Ende des Hochlands von Äthiopien weist einen ungleichmäßigen Rand auf. Hier löste sich Arabien und driftete nach Norden. Die entstandene Spalte wird ständig durch vulkanische Lava und Sedimente aufgefüllt. So ist Dschibuti, das den größten Teil des Dreiecks einnimmt, das am schnellsten wachsende Land Afrikas: jedes Jahr vergrößert sich seine Fläche durch die hervorquellende und erstarrende Lava um einige Zentimeter.

Das Grabensystem besteht aus drei Hauptzweigen: Einer bildet das Rote Meer, ein anderer den Golf von Aden, und der dritte verläuft gewunden in südlicher Richtung, bis er sich beiderseits des Victoriasees in zwei Grabenzüge aufspaltet. Dieser südliche Teil mit seinen östlichen und westlichen Zweigen wird als Ostafrikanischer Graben bezeichnet.

Der Prozeß, der diese Gräben entstehen ließ, begann vor 5 Millionen Jahren und wird möglicherweise eines Tages zur Abtrennung des Landes östlich des Grabensystems führen. Bisher wird die Spalte zwischen den sich voneinander weg bewegenden Teilen der Erdkruste durch aus dem Erdinneren emporquellendes Magma geschlossen. Sollte die Spalte jedoch allmählich zu breit werden, so könnte sie den Grund eines neuen Meeres bilden.

Der Kegel eines erloschenen Vulkans, des Nabayatom (*oben*), erhebt sich über dem Turkanasee, einem der schönsten Seen des Grabensystems. Trotz seiner starken Versalzung ist er die Heimat einer Vielzahl von Tier- und Pflanzenarten.

Klippenartige Felswände markieren den Verlauf des Grabens (*rechts*). Schmale, aber sehr tiefe Täler bilden einen langen Nord-Süd-Korridor, der die Wanderungen der Tiere in dieser Richtung vereinfacht, in Ost-West-Richtung jedoch blockiert.

Flamingos *(links außen)* fühlen sich im alkalischen Wasser des Nakurusees in Kenia sehr wohl. Etwa 60 % der weltweit 500 000 Flamingos leben an den Seen des Ostafrikanischen Grabensystems. Besonders zahlreich sind sie am Nakurusee.

Das Ostafrikanische Grabensystem *(rechts)* und seine Entwicklung: vor 7 Millionen Jahren bildeten Afrika und die Arabische Halbinsel eine Landmasse, in weiteren 30 Millionen Jahren wird sich vielleicht Somalia als Insel ablösen.

Geschmolzenes Gestein *(links)* dringt im Ostafrikanischen Graben auch aus tief unter die Erdoberfläche reichenden Spalten nach oben. Die flüssigen Gesteinsmassen, die man als Lava bezeichnet, ergießt sich über das ältere Gestein.

Erdbeben und Vulkanausbrüche in Gebieten entlang des Grabenbruchs bezeugen die offensichtliche Instabilität der Region. Sie führte zur Herausbildung der höchsten Gipfel Afrikas. Der Mount Kenya ist zwar erloschen, und die drei Gipfel des Kilimandscharo sind heute untätig, verstärkte Vulkantätigkeit entlang des aktiveren westlichen Teils des Grabensystems deutet jedoch darauf hin, daß die Platten immer noch auseinanderdriften.

Das Leben am Graben

Der Verlauf des Grabenbruchs wird auch auf Karten deutlich, die die Bevölkerungsdichte darstellen. Die fruchtbaren vulkanischen Böden entlang des Grabenbruchs ziehen seit Jahrtausenden Menschen an. Tatsächlich gilt das Tal heute als Heimat der ersten Menschen. Funde in Ostafrika weisen darauf hin, daß die Vorfahren des Menschen bereits vor 4 Millionen Jahren hier gelebt haben. Zu diesen Funden gehört auch ein »menschlicher« Fußabdruck, der bei einem der zahlreichen Vulkanausbrüche in der ausgeströmten Lava hinterlassen worden ist. Der Verursacher des Abdrucks ernährte sich vermutlich von der Jagd auf die in großer Zahl vorhandenen Tiere in dieser Region. Auch heute ist das Tal die Heimat vieler Menschen und Tiere, vor allem Säugetiere. Hierzu gehören Zebras, Gazellen und Gnus, die bei ihren jährlichen Wanderungen dem Verlauf des Grabens folgen.

Eine Vielzahl ethnischer Gruppen bevölkert die Grabenzone. Einige, wie beispielsweise die nomadischen Massai Kenias und Tansanias, sind Viehhirten in den ausgedehnten Ebenen der Serengeti. Andere leben vom Fischfang in den fischreichen Seen, wo Fischarten wie der Tilapia und der Nilbarsch den Eiweißgehalt ihrer Kost ergänzen.

Das Ostafrikanische Grabensystem dient heute als verkehrsgünstiger Nord-Süd-Korridor, der jedoch gleichzeitig ein riesiges Hindernis bei der Durchquerung des Kontinents in Ost-West-Richtung bildet. In der fernen Zukunft könnte der Graben so breit werden, daß der Ozean die Barrieren an beiden Enden durchbricht und ihn überflutet. Die Platte der Erdkruste, auf der sich Somalia befindet, bewegt sich ostwärts und könnte sich möglicherweise vom übrigen Afrika lösen.

ÖSTERREICH

ÖSTERREICH

Bauten wie das frühere kaiserliche Schloß Schönbrunn und die Wiener Hofburg zeugen von der einstigen Größe der Donaumonarchie, deren Reich sich über den größten Teil des Einzugsgebietes der Donau erstreckte. Die Österreicher schafften zwar 1918 die Monarchie ab, aber in manchen Traditionen haben sich Reste davon erhalten, nicht zuletzt in kulinarischen Bezeichnungen wie dem »Kaiserschmarrn«.

Ein Relikt des Reiches Österreich-Ungarn ist auch die unverhältnismäßige Größe der Hauptstadt, in der ein Fünftel der Bevölkerung lebt. Wien war und ist aber nicht nur eine politische Hauptstadt, sondern auch ein kulturelles Zentrum, von dem auch nach dem Ersten Weltkrieg noch bedeutende Impulse für die moderne Welt ausgegangen sind. Berühmte Künstler, Philosophen und Wissenschaftler, von Arnold Schönberg (1874–1951) bis Sigmund Freud (1856–1939), begründeten die Bedeutung Wiens für unsere Zeit. Einen Eindruck der Atmosphäre dieser Zeit geben die letzten alten Wiener Kaffeehäuser, die Treffpunkte der Intellektuellen und anderer Bürger. Politisch ist die Stadt nach wie vor das Tor Mitteleuropas zum Balkan, und durch die Neutralität der Republik war Wien auch oft der Ort von Verhandlungen zwischen Ost und West.

Die größeren Provinzstädte bilden sowohl kulturell als auch wirtschaftlich ein deutliches Gegengewicht zu Wien: Salzburg – die Mozartstadt, Graz – das Zentrum der neueren Literatur und Bregenz mit den Festspielen auf der Seebühne. Neben der hohen Kunst der Festspiele und der Konzertsäle gilt Österreich durch seine Künstler und Kabarettisten auch als das Land der blühenden Phantasie und des schwarzen Humors. Volksmusik mit Geigen, Zithern und Ziehharmonika begleitet stimmungsvolle Stunden mit Heurigem und Tanz. Zur österreichischen Kochkunst und Küchenkultur haben die Nachbarländer aller Himmelsrichtungen beigetragen; berühmt sind vor allem die Mehl- und Süßspeisen, von den leichten Salzburger Nockerln bis zu den variationsreichen Knödeln.

Auch wenn Österreich ein kulturell sehr vielseitiges und reiches Land ist, kommen doch die meisten Fremden wegen der Landschaft, der Berge und Seen. Im Gegensatz zu den höheren Westalpen laden die österreichischen Alpen eher auch weniger ambitionierte Bergwanderer ein, sie auf eigenen Füßen zu entdecken. Die großen, wildreichen Waldzonen der Ostalpen bieten im Sommer schattige Wege und bereichern zur Jagdzeit im Herbst die Speisekarte. Auch für die Auto-Touristen wurden hier die Berge schon frühzeitig erschlossen. Auf der bereits 1935 fertiggestellten Großglockner-Hochalpenstraße können sie fast bis an den Gletscher des Großglockners heranfahren und diesen höchsten Berg des Landes vom Parkplatz oder der Sonnenterrasse des Berggasthauses aus bewundern.

ÖSTERREICH: DER STAAT

Österreich ist ein demokratischer Staat, der einen festen Platz in der internationalen Völkergemeinschaft hat. 1955 trat Österreich den Vereinten Nationen, 1956 dem Europarat bei. Im Juni 1994 stimmte eine Mehrheit der Bevölkerung für den Beitritt zur Europäischen Union, der im Januar 1995 vollzogen wurde. Durch den Bau des Internationalen Zentrums Wien, inoffiziell UNO-City genannt, wurde die Stadt nach New York und Genf die dritte Stadt der Vereinten Nationen.

Das heutige politische System des Landes entstand nach dem Ende des Zweiten Weltkrieges. Die Österreicher knüpften dabei an die Tradition der Verfassung von 1920 an, die nach dem Zusammenbruch der k. u. k. Monarchie erarbeitet worden war. Das Land ist ein demokratischer Bundesstaat mit einem parlamentarischen Zweikammersystem. Dieses besteht aus dem Nationalrat und dem Bundesrat.

Die Abgeordneten des Nationalrats werden nach dem Verhältniswahlrecht für vier Jahre gewählt. Der Bundesrat nimmt die Interessen der neun Länder wahr. Seine Mitglieder werden von den Landtagen entsandt. Der Bundesrat kann gegen die Beschlüsse des Nationalrats ein aufschiebendes Veto einlegen, das dieser durch erneuten Beschluß aufzuheben vermag.

National- und Bundesrat bilden zusammen die Bundesversammlung. Ihr obliegt die Amtseinführung des Bundespräsidenten. Der Bundespräsident ist das auf sechs Jahre vom Volk direkt gewählte Staatsoberhaupt. Er ernennt und entläßt den Bundeskanzler, außerdem auf dessen Vorschlag die Minister. Der Bundespräsident hat auch das Recht zur Auflösung des Nationalrats und ist oberster Befehlshaber des Bundesheeres.

Parteienlandschaft

Bis in die 80er Jahre hinein war die österreichische Parteienlandschaft durch eine auffallende Kontinuität und Stabilität gekennzeichnet. Die Regierung wurde von Vertretern der beiden großen Parteien im Nationalrat – der »Sozialistischen Partei Österreichs« (SPÖ) und der »Österreichischen Volkspartei« (ÖVP) – gebildet, die über Jahre hinweg eine Große Koalition eingegangen waren. Erst der zunehmende Wahlerfolg der »Freiheitlichen Partei Österreichs« (FPÖ), die 1983 zusammen mit der SPÖ die Regierungsverantwortung übernahm, beendete das traditionelle Zweiparteiensystem. Die immer offener zutage tretenden rechtskonservativen Tendenzen innerhalb der FPÖ ließen jedoch nach vorgezogenen Neuwahlen 1986 die Tradition der Großen Koalition neu aufleben, die im Februar 2000 von einer Regierungskoalition aus ÖVP und FPÖ abgelöst wurde. 1991 benannte sich die SPÖ in Sozialdemokratische Partei um. Die FPÖ heißt seit 1995 »Die Freiheitlichen«.

In Österreich ist die Verflechtung von Politik und Wirtschaft, vor allem zwischen Interessen- und Berufsverbänden sowie den Gewerkschaften, deutlich zu beobachten. Begünstigt durch ihre »bündische« Struktur, beherrscht der Wirtschaftsbund der ÖVP die Handelskammern ebenso wie der Bauernbund die Landwirtschaftskammern.

Landschaft und Klima

Das österreichische Staatsgebiet erstreckt sich vom Bodensee bis zum Neusiedler See. Beherrschender Landschaftstyp ist das Gebirge, das zwei Drittel der Staatsfläche einnimmt.

An die Ostalpen, die sich in die Nördlichen Kalkalpen, die kristallinen Zentralalpen und die

Daten und Fakten

DAS LAND
Offizieller Name: Republik Österreich
Hauptstadt: Wien
Fläche: 83 859 km²
Landesnatur: Im S Ostalpen (²/₃ der Fläche), im NO Alpenvorland, weiter östl. Fortsetzung im Karpatenvorland, im O Wiener Becken, im N Österreichisches Granit- u. Gneisplateau
Klima: Mitteleuropäisches Übergangsklima, im O kontinentales, in höheren Lagen alpines Klima
Hauptflüsse: Donau, Inn, Drau
Höchster Punkt: Großglockner 3798 m
Tiefster Punkt: Neusiedler See 115 m
DER STAAT
Regierungsform: Parlamentarische bundesstaatliche Republik
Staatsoberhaupt: Bundespräsident
Regierungschef: Bundeskanzler
Verwaltung: 9 Bundesländer
Parlament: Bundesversammlung bestehend aus dem Nationalrat (183 für 4 Jahre gewählte Abgeordnete) u. Bundesrat (64 von den Länderregierungen ernannte Mitglieder)
Nationalfeiertag: 26. Oktober

DIE MENSCHEN
Einwohner (Ew.): 8 177 000 (1999)
Bevölkerungsdichte: 98 Ew./km²
Stadtbevölkerung: 65 %
Bevölkerung unter 15 Jahren: 17 %
Analphabetenquote: 1 %
Sprache: Deutsch, regional Slowenisch und Kroatisch
Religion: Katholiken 78 %, Protestanten 5 %
DIE WIRTSCHAFT
Währung: Euro; bis 31.12.2001 Schilling
Bruttosozialprodukt (BSP): 217 163 Mio. US-$ (1998)

Südlichen Kalkalpen gliedern, schließt nach Norden und Nordosten das Alpen- und Karpatenvorland an, letzteres als Weinviertel bekannt. Das Alpenvorland wird nach Norden durch die Donau begrenzt, die auf 345 km Länge Österreich durchfließt. Enge Durchbruchstäler wechseln mit weiten Senken und Stromebenen, zu denen auch das Wiener Becken gehört. Nördlich der Donau erstreckt sich die wellig-hügelige Hochfläche des Waldviertels und Mühlviertels. Im Osten reicht Österreich mit dem Burgenland in die Randgebiete der Kleinen Ungarischen Tiefebene.

Österreich hat ein mitteleuropäisches Übergangsklima mit zunehmend kontinentalen Zügen gegen Osten.

Die Republik Österreich *(oben)* liegt in Mitteleuropa und grenzt an acht Länder. Die Alpen beherrschen fast zwei Drittel der Landesfläche. Im Norden Österreichs erstreckt sich ein weiteres Hochland, das Granitplateau des Waldviertels und des Mühlviertels. Im Donautal und in den weiten Ebenen im Südosten liegen die wichtigsten Siedlungsschwerpunkte, wie Graz und die Hauptstadt Wien.

GESUNDHEIT UND ERNÄHRUNG

LEBENSERWARTUNG IN JAHREN
Männer 73 80 Frauen

JÄHRL. BEVÖLKERUNGSWACHSTUM
0,5 % (1995-2000) Geburtenziffer: 1,2 %

GESUNDHEITSFÜRSORGE
Ärzte je 100 000 Ew.: 327

142 %
empfohlene tägliche Kalorienaufnahme 2345 kcal (100 %)

BSP je Einwohner: 26 850 US-$
Inflationsrate: 2,5 % (1990-98)
Importgüter: Maschinen, Apparate, Fahrzeuge, Energierohstoffe, industrielle Rohstoffe
Exportgüter: Eisen, Stahl, Maschinen, Apparate, Verkehrsmittel, Holz, Papier
Handelspartner: BRD, andere EU-Länder, EFTA-Länder, USA, Japan
Eisenbahnnetz: 5600 km
Straßennetz: 200 000 km, darunter 1613 km Autobahn
Fernsehgeräte je 1000 Ew.: 525

ARBEIT
verbstätige nach rtschaftsbereichen in %:
ndwirtschaft d Fischerei 1
ustrie 31
nstleistungen 68

BILDUNG
Schulbesuch nach Altersklassen in %
6–9 Jahre 100
10–17 Jahre 100
18–22 Jahre 43,2

Wiens Parlamentsgebäude *(oben)* mit dem Athenebrunnen im Vordergrund und dem Uhrenturm des neugotischen Rathauses im Hintergrund. Das Parlament wurde von Theophil Edvard Hansen in Form eines klassischen griechischen Tempels errichtet. Seit 1918 werden in seinen Räumen die Sitzungen des Nationalrats und des Bundesrats abgehalten. Ehemals Hauptstadt und Zentrum des Habsburgerreiches, genießt Wien heute eine Rolle als Tagungsort von Weltrang.

ÖSTERREICH: GESCHICHTE

In der frühen Geschichte Österreichs bildet das Jahr 976 einen wichtigen Markstein; denn obwohl die Ostmark damals noch zum Herzogtum Bayern gehörte, erhielt sie in diesem Jahr mit dem aus dem fränkischen Raum stammenden Geschlecht der Babenberger neue Markgrafen, die eine eigenständige Entwicklung ihres Besitzes tatkräftig vorantrieben. 1156 erlangten sie schließlich auch ihre Unabhängigkeit von Bayern und erhielten den Titel »Herzöge von Österreich«. Nur neunzig Jahre lang konnten sich die Babenberger ihren Besitz erhalten, dann starb 1246 das Geschlecht aus, und für kurze Zeit gliederte König Ottokar II. Přemysl (1233–1278) das Herzogtum seinem Königreich Böhmen an. In der Schlacht auf dem Marchfeld verlor er gegen den deutschen König Rudolf von Habsburg (1218–1291) Leben und Besitz, und Rudolf übertrug Österreich und die Steiermark seinen Söhnen.

Österreich unter den Habsburgern

Damit setzte sich das aus dem Aargau in der Schweiz stammende Geschlecht in den Donau- und Alpenländern fest und behielt hier für mehr als sechshundert Jahre die Herrschaft. Es gelang ihm, mit Ausnahme des Herzogtums Bayern, den gesamten südöstlichen Alpenraum seinem Machtbereich einzugliedern. Selbstverständlich bildeten diese habsburgischen Besitzungen einen Teil des Heiligen Römischen Reiches Deutscher Nation. 1438 wurde Albrecht II. von Habsburg (1397–1439) zum deutschen Kaiser gewählt, und fortan blieb die Kaiserkrone mit nur einer dreijährigen Unterbrechung im Besitz des Hauses Habsburg.

Ihre geschickte Heirats- und Erbpolitik setzten die Habsburger vor allem im 15. und 16. Jahrhundert fort. Durch die Heirat Maximilians I. (1459–1519) mit Maria von Burgund (1457–1482) fielen ihnen Burgund und die Niederlande und durch die Heirat ihres Sohnes Philipp (1478–1506) mit Johanna der Wahnsinnigen (1479–1555) mit Kastilien und Aragón auch der größte Teil Spaniens zu. Nach dem Tode des letzten ungarischen Königs 1526 erhielten die Habsburger durch Erbvertrag auch Böhmen, Mähren, Schlesien und den von den Türken nicht besetzten Teil Ungarns. Dieser gewaltige Besitz, den Kaiser Karl V. (1500–1558) vereinigte, wurde nach dessen Abdankung in eine spanische und eine österreichische Linie aufgeteilt.

Während weite Teile des Deutschen Reiches von der Reformation erfaßt wurden, gelang es den Habsburgern in Österreich, die Gegenreformation erfolgreich durchzuführen und durch Ausschaltung der protestantischen Stände (z. B. in Böhmen) noch während des Dreißigjährigen Krieges eine absolutistische Herrschaft aufzubauen. Mit der Übernahme des ungarischen Erbes hatte das Land auch die Last des Kamp-

- 976 Babenberger werden Markgrafen
- 1192 Erwerbung der Steiermark
- 1272 R. von Habsburg deutscher König
- 1278 Schlacht auf dem Marchfeld
- 1519–1556 Karl V. deutscher Kaiser, zugleich König von Spanien; Habsburg wird Weltmacht
- 1529 Erste Türkenbelagerung Wiens
- 1556 Habsburgische Erbteilung in eine österreichische und spanische Linie
- 1618 Dreißigjähriger Krieg
- 1648 Ende des Dreißigjährigen Krieges: gesicherte Stellung Habsburgs in Österreich
- 1683 Zweite Türkenbelagerung Wiens
- 1740–1780 Maria Theresia Kaiserin
- 1740–1748 Österreichischer Erbfolgekrieg: Preußen annektiert Schlesien
- 1804–1806 Franz II. begründet das Kaisertum in Österreich
- 1809 Tiroler unter Andreas Hofer revoltieren gegen die Franzosen
- 1814–1815 Wiener Kongreß
- 1821–1848 Klemens von Metternich Staatskanzler
- 1848–1849 Revolutionäre Erhebungen werden niedergeschlagen
- 1866 Krieg mit Preußen: Österreich verliert den Kampf um die deutsche Führungsmacht
- 1867 Doppelmonarchie Österreich-Ungarn als Realunion zweier autonomer Staaten
- 1914 Attentat von Sarajewo: Erster Weltkrieg
- 1918 Kriegsende; Ende der Donaumonarchie
- 1938 Anschluß Österreichs an Deutschland
- 1945 Gründung der Zweiten Republik
- 1955 Österreich erhält Souveränität, Verpflichtung zur Neutralität
- 1995 Beitritt zur EU
- 1999 Beitritt zur Europäischen Währungsur

Kaiserin Maria Theresia von Österreich *(rechts)* gehörte in der zweiten Hälfte des 18. Jahrhunderts zu den mächtigsten Herrschern Europas.

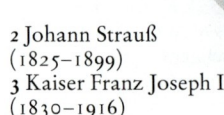

1 Klemens Fürst von Metternich (1773–1859)

2 Johann Strauß (1825–1899)

3 Kaiser Franz Joseph I. (1830–1916)

ÖSTERREICH

Die Niederlage der Türken vor Wien im Jahre 1683 *(oben)* begründete den Ruhm Kaiser Leopolds I. als Bewahrer der Christenheit. Den eigentlichen Sieg hatte der polnische König Johann III. Sobieski mit seinem Entsatzheer erfochten.

Das Reich der Habsburger *(unten)* entwickelte sich aus den Ländern der Ostmark (heute Ost-Österreich), die einst den Babenbergern gehörte. 1526 waren Böhmen, Ungarn und Schlesien Bestandteil des Habsburger Hauses, das ferner über weite Teile von Burgund und die Niederlande herrschte. Das habsburgische Haus stieg zum mächtigsten Europas auf, obwohl sich seine Herrschaftsgebiete während der nächsten Jahrhunderte stets änderten. 1919 wurde die Republik Österreich gegründet.

fes gegen die Türken auf sich genommen. 1529 und 1683 standen die Türken vor Wien, erst danach gelang es, dank der Siege des Prinzen Eugen von Savoyen (1663–1736), die Türkengefahr zu bannen.

Da Kaiser Karl VI. (1685–1740) ohne männliche Erben blieb, suchte er mit der Pragmatischen Sanktion die Nachfolge seiner Tochter Maria Theresia (1717–1780) durchzusetzen. Als diese dann 1740 das österreichische Erbe übernahm, mußte sie es im sogenannten Österreichischen Erbfolgekrieg und in den Schlesischen Kriegen gegen Preußen, Bayern, Sachsen, Frankreich und Spanien verteidigen und verlor dabei Schlesien an Preußen. Sie heiratete Franz von Lothringen (1708–1765) und begründete mit ihm die Dynastie Habsburg-Lothringen, die nun bis 1918 in Österreich herrschte. Während der Napoleonischen Kriege suchte Österreich den französischen Truppen – mit wechselndem Glück – entgegenzutreten. 1804 nahm Franz II. (1768–1835) die erbliche Würde eines »Kaisers von Österreich« an und legte zwei Jahre danach die römisch-deutsche Kaiserkrone nieder. Nach dem Wiener Kongreß von 1814/15 wurde Österreich unter der Lenkung des Staatskanzlers Fürst Klemens von Metternich (1773–1859) zum führenden Verteidiger der neuen europäischen Ordnung. Die Revolution von 1848 brachte wenig greifbare Ergebnisse für das Land. Dazu gehörte die Thronbesteigung des jungen Kaisers Franz Joseph I. (1830–1916), der bis 1916 regierte. Die Monarchie wurde in den folgenden Jahren von mehreren schweren Krisen erschüttert. Nach dem Verlust der italienischen Provinzen und dem von Preußen im Krieg von 1866 erzwungenen Ausscheiden aus dem Deutschen Bund erfolgte 1867 durch Umwandlung in eine Doppelmonarchie Österreich-Ungarn die Teilung der Macht zwischen Deutschen und Magyaren. Die Ermordung des Thronfolgers Franz Ferdinand (1863–1914) löste 1914 den Ersten Weltkrieg aus, der 1918 mit dem Zusammenbruch und der Auflösung der Habsburger Monarchie endete. Der letzte Kaiser (seit 1916) war Karl I.

Die Republik Österreich

Österreich wurde eine auf ihre deutschen Landesteile reduzierte Republik, die mit erheblichen wirtschaftlichen und innenpolitischen Schwierigkeiten zu kämpfen hatte. Nach einem ersten vergeblichen Versuch der Machtübernahme durch Nationalsozialisten während des Dollfuß-Putsches 1934 gelang Adolf Hitler (1889–1945) 1938 die Eingliederung des Landes als »Ostmark« in das »Großdeutsche Reich«. Nach Ende des Zweiten Weltkrieges wurde die Republik wiederhergestellt und erhielt 1955 von den Besatzungsmächten ihre volle Unabhängigkeit zurück. Seitdem bemühte sie sich um eine klare Neutralität zwischen den verschiedenen Machtblöcken, die bis Anfang der 90er Jahre bestanden.

ÖSTERREICH: WIEN

Kultur und Tradition der k. u. k. Monarchie sind bis heute in Wien lebendig geblieben, und überall trifft man auf Zeugnisse einer glanzvollen Vergangenheit, die hier schon immer gegenwärtiger schien als die Gegenwart selbst. Die traditionellen Kaffeehäuser – Orte des gesellschaftlichen Lebens schlechthin – sind ein selbstverständlicher Teil der Wiener Lebensart, und die Heurigenschenken zwischen Grinzing und Meidling sind nicht nur ein beliebtes Ziel der Touristen, sondern auch der Wiener.

Die Donaumetropole

Wien ist die Hauptstadt der Republik Österreich und seit dem Jahr 1921 auch ein eigenes Bundesland. Die Stadt, in der heute rund 1,6 Millionen Menschen leben, liegt an den Hängen des Wienerwaldes, der bogenförmig das rechte Donauufer säumt, dort, wo einst die Römer an Stelle einer keltischen Siedlung das Militärlager Vindobona errichteten. Durch die Lage am Schnittpunkt der Verkehrslinie entlang der Donau mit dem alten Verbindungsweg von der Ostsee zum Mittelmeer entwickelte sich Wien – seit dem 13. Jahrhundert Residenzstadt der Habsburger – zum Mittelpunkt eines ausgedehnten Wirtschaftsraumes. Unter Kaiserin Maria Theresia wurde es gesellschaftliches und politisches Zentrum der Monarchie; im 18. und 19. Jahrhundert entfalteten sich Kunst und Kultur zu glanzvoller Blüte. Als Hauptstadt des Kaiserreichs Österreich war Wien Schauplatz des Wiener Kongresses, der nach dem Sturz Napoleons I. dem Europa des 19. Jahrhunderts seine politische Gestalt gab. Und als Hauptstadt des Vielvölkerreiches wurde es zum Sammelbecken von Zuwanderern aus allen Teilen der k. u. k. Monarchie, zum Treffpunkt der verschiedensten Nationalkulturen – durch die Wiener Wesensart, die geprägt ist von der Grundstimmung »leben und leben lassen«, zwar nicht miteinander vereint, aber zur spannungsreichen Vielfalt zusammengefaßt. Durch die jüngsten politischen Veränderungen im Osten Europas gewinnt Wien als traditionelle Drehscheibe zwischen Ost und West neuerlich wieder an besonderer Bedeutung.

Architektonisches Mosaik aus Jahrhunderten

Vom südlichen Chorturm des Stephansdoms, Österreichs bedeutendstem gotischen Baudenkmal und mit 136 m einem der höchsten Kirchtürme der Welt, überblickt man das Gewirr der engen, teilweise noch kopfsteingepflasterten Gassen mit den Höfen und Durchhäusern, den Plätzen und Palästen der Wiener Altstadt. Hier im Ersten Bezirk schlägt, liebevoll restauriert, das Herz der Donaumetropole. Unweit des »Steffls«, wie die Wiener das Wahrzeichen ihrer Stadt nennen, befinden sich die Peters- und Ruprechtskirche, die in ihrer ersten Anlage auf das 8. Jahrhundert zurückgehen. Das Kernstück der Wiener Hofburg ist der im 13. Jahrhundert vollendete Schweizertrakt. Im Michaelertrakt finden heute die Dressurvorführungen der berühmten Spanischen Reitschule statt. Die Franziskaner- und Jesuitenkirche sowie die Kapuzinerkirche mit der Kapuzinergruft, seit 1633 die letzte Ruhestätte der Habsburger, zeigen den Baustil des Frühbarocks. Im 17. und 18. Jahrhundert entstanden neben der Karlskirche, dem Hauptwerk Fischer von Erlachs, die Hofbibliothek, Schloß Belvedere und Schloß Schönbrunn, das Schwarzenbergpalais und das jetzige Bundeskanzleramt am Ballhausplatz.

Die Ringstraße, die nach 1858 im Zuge der Stadterweiterung an Stelle der alten Stadtbefestigung angelegt wurde, ist ein in Europa einzigartiges Beispiel des Historismus der Gründerzeit, bei dem auf mehreren Kilometern staatliche Repäsentationsbauten wie Hoftheater, Neue Universität, Oper, Parlament und Rathaus mit den vornehmen Wohnpalästen und Mietshäusern eines zu wirtschaftlicher und gesellschaftlicher Macht emporstrebenden Bürgertums wetteifern. Im Schatten der Prachtstraße lagen die Wohn- und Elendsquartiere einer schnell anwachsenden Industriearbeiterschaft. Der Karl-Marx-Hof, ein Gebäudekomplex mit mehr als 1300 Wohneinheiten, ist Teil und Musterbeispiel eines umfangreichen sozialreformerischen Bauprogramms, mit dem in den 20er Jahren die Wohnsituation von rund einem Siebtel der damals über zwei Millionen Einwohner zählenden Stadt verbessert wurde. Das wohl

In der Spanischen Reitschule *(unten)* führen Reiter in historischen Kostümen Lipizzanerhengste vor. Die Schule wurde im 16. Jahrhundert gegründet, als Kaiser Maximilian II. das Züchten spanischer Pferde in Österreich einführte.

Der Stephansdom *(rechts)* bildet den Mittelpunkt der Wiener Innenstadt. Der Südturm, der von 1359 bis 1433 erstellt wurde, ist das Wahrzeichen Wiens und bietet einen herrlichen Blick über die Hauptstadt.

ÖSTERREICH

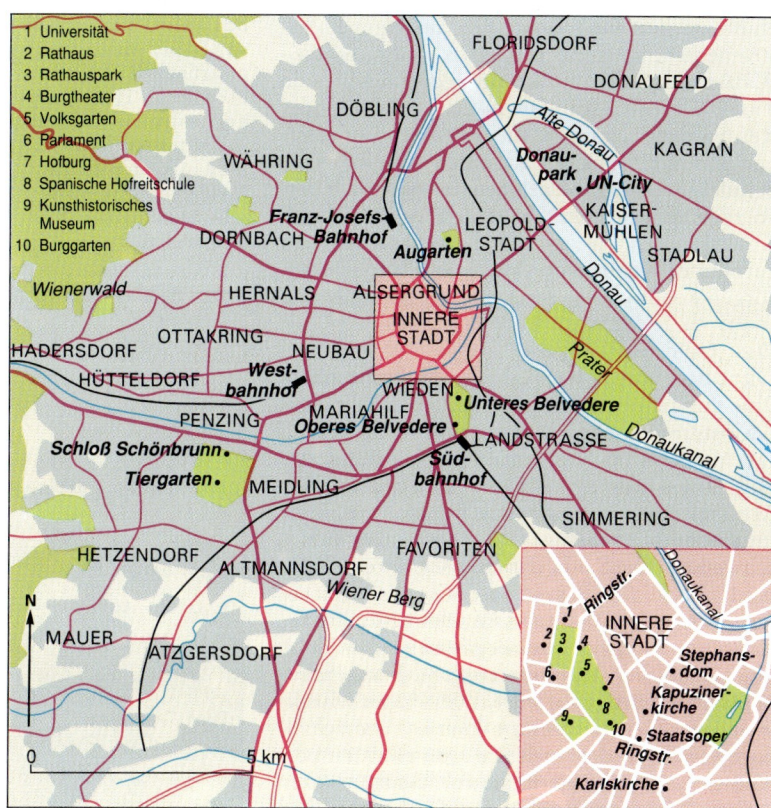

Wien *(oben)* liegt an der Donau am Rand des Wienerwalds. Obgleich Österreich heute nur noch ein kleines Land ist, hat die Hauptstadt ihr internationales Flair bewahrt. Im Zentrum liegt die Altstadt mit eindrucksvollen Museen, historischen Gebäuden, zahlreichen Restaurants und Kaffeehäusern sowie den exklusivsten Geschäften. Im Altstadtviertel befinden sich auch die beiden schönsten Parkanlagen der Donaumetropole, der Volksgarten mit seinen Rosenstöcken und der Burggarten.

Kuchen und anderes Backwerk *(links)* sind bei den Einwohnern von Wien sehr beliebt. Sie essen dieses am liebsten nachmittags zum Kaffee, vorzugsweise in einem der zahlreichen Straßencafés. Die Wiener Kaffeehaustradition reicht über Jahrhunderte zurück.

spektakulärste Beispiel für den modernen kommunalen Wohnungsbau ist die 1985 fertiggestellte »Märchenburg« des Malers Friedensreich Hundertwasser (1928-2000). Im Kontrast dazu ragen zwischen »Neuer« und »Alter Donau« die mächtigen konkaven Fronten der Bürohochhäuser der UN-City empor. Wien ist Amtssitz zahlreicher UN-Organisationen und Tagungsort Internationaler Konferenzen wie der OPEC und der OSZE.

Das Wirtschafts- und Kulturzentrum

Wien, die Messe- und Kongreßstadt, ist sowohl Österreichs bedeutendstes Handels- und Dienstleistungszentrum als auch der wichtigste Industriestandort des Landes, vor allem für die Elektro- und Nahrungsmittelindustrie, die Betriebe des Chemie- und Maschinenbausektors sowie die Mode- und Kunstgewerbeindustrie. Für das wirtschaftliche Leben der Stadt sind aber auch die vielen Touristen von Bedeutung, denen der Verkehrsknotenpunkt die Anreise leicht macht. Die Touristen werden von der Kulturmetropole angezogen. Burgtheater, Staatsoper, Theater in der Josephstadt, Akademie- und Volkstheater, Wiener Symphoniker und Wiener Philharmoniker genießen Weltruf. Neben der 1365 gegründeten Universität, zahlreichen Hochschulen, der Akademie der Wissenschaften und der Akademie der Künste gibt es berühmte Sammlungen, Archive und Museen.

ÖSTERREICH: MUSIKLEBEN

Musik spielt im Alltagsleben der Österreicher eine entscheidende Rolle. Ob auf eigenen Instrumenten, im Konzert oder im Radio, Strauß-Walzer oder Blasmusik erklingen überall – in Taxis, Warenhäusern und in Cafés. Schulkinder werden dazu angeregt, ein Instrument zu erlernen und in einem Chor zu singen – wie ernst die Schüler ihre Aufgabe nehmen, beweisen die hervorragenden Wiener Sängerknaben, ein durch Konzertreisen international bekannter und berühmter Knabenchor, der keine Nachwuchssorgen kennt.

Das »Goldene Zeitalter«
Diese bedeutende musikalische Tradition reicht über 200 Jahre zurück. Im »Goldenen Zeitalter« der österreichischen Musik – von Mitte des 18. Jahrhunderts bis zum frühen 19. Jahrhundert – zog Wien wie ein Magnet die brillantesten Musiker und Komponisten Europas an. Eine Flut deutschsprachiger Komponisten überschwemmte die Stadt, darunter Christoph Willibald Gluck aus Bayern, der Ost-Österreicher Joseph Haydn, Wolfgang Amadeus Mozart aus Salzburg, Ludwig van Beethoven, der Sohn eines deutschen Hofmusikers, und Franz Schubert, ein gebürtiger Wiener. Die Wiener Musikwelt jener Zeit glich einem kleinen, überschaubaren Club, in dem sich alle Komponisten persönlich kannten; eine Reihe von Gedenkstätten – Geburtshäuser, Wohnungen, Grabstätten und Denkmäler zu Ehren der großen Wiener Komponisten – bewahrt die Erinnerung an die vertraute Atmosphäre dieser künstlerischen Blütezeit. So können Wienbesucher das Haus, in dem Haydn seine letzten Lebensjahre verbrachte, besichtigen. Das Geburtshaus Schuberts und sein Sterbezimmer sind ebenfalls für die Öffentlichkeit zugänglich, wie auch die Wohnung, in der Mozart »Die Hochzeit des Figaro« niederschrieb, und das Haus, in dem Beethoven die Symphonie »Eroica« komponierte, ferner die Wohnung, in der Johann Strauß zur Komposition des Walzers »An der schönen blauen Donau« inspiriert wurde.

Fortsetzung der Musiktradition
Durch eine zweite Welle bedeutender Komponisten, die die Stadt angelockt hatte, setzte sich die Kreativität des Wiener Musiklebens bis ins späte 19. und frühe 20. Jahrhundert hinein fort: Johannes Brahms kam als 29jähriger nach Wien und verbrachte fast sein gesamtes Leben dort, Hugo Wolf aus der Steiermark ließ sich in Wien nieder und entwickelte die von Schubert ins Leben gerufene Tradition des deutschen Liedes weiter; Gustav Mahler, eines der bedeutendsten musikalischen Talente Österreichs, wurde Direktor der Wiener Staatsoper und der Wiener Philharmoniker, und der gebürtige Münchner Richard Strauß übernahm einige Jahre später ebenfalls die Leitung der Staatsoper.

Das Wiener Musikleben im frühen 20. Jahrhundert ist durch weitreichende Veränderungen und Umbruchserscheinungen charakterisiert. Dies kommt in den expressionistischen Kompositionen Arnold Schönbergs und seiner Schüler Alban Berg und Anton Webern zum Ausdruck – eine Gruppe, die später als »Zweite Wiener Schule« bekannt wurde.

Musikfestspiele
Im Mai und Juni jeden Jahres kommen Besucher aus aller Welt in die österreichische Hauptstadt – angelockt von den Wiener Festwochen. Obgleich auch besondere Theateraufführungen und Kunstausstellungen geboten werden, liegt der Hauptakzent auf musikalischen Darbietungen; in den beiden bedeutendsten Opernhäusern und den vielen Konzerthallen der Stadt erklingen Werke beliebter österreichischer Komponisten. Einige Aufführungen werden in der berühmten Wiener Staatsoper inszeniert, deren Repertoire mehr als fünfzig Opern und zahlreiche Ballette umfaßt. Das zweite Opernhaus der Stadt, die Volksoper, bringt Operetten, die im späten 19. Jahrhundert große Beliebtheit erlangten, und komische Opern auf die Bühne.

Musikfestspiele sind nicht auf die Hauptstadt allein beschränkt, sie finden über das ganze Jahr verteilt in verschiedenen Gegenden Österreichs statt – so in Salzburg, der schönen Geburtsstadt von Mozart, die Sommer-Festwochen, außerdem kleinere Festspiele im Januar (Mozartwoche) und an Ostern. Die Aufführungen spie-

Die Wiener Sängerknaben *(unten)* wurden 1498 von Kaiser Maximilian I. ursprünglich als Knabenchor für die Hofkapelle gegründet. Sie sind heute in der ganzen Welt bekannt und wohl das berühmteste musikalische Aushängeschild Österreichs.

Die Wiener Staatsoper *(rechts)* genießt internationales Ansehen im Hinblick auf Opern- wie auch Ballettaufführungen. Die frühere Bezeichnung »Hof-Oper« spiegelt den ehemaligen Status Wiens als Kaiserresidenz der Habsburger wider.

Straßenmusikanten *(oben)* gehören in vielen Städten zum Alltagsbild. Zum Teil sind sie junge Musikstudenten, großenteils aber gehören sie zu den Roma und Sinti. Ihre Musik reicht von alten volkstümlichen Melodien bis zu klassischen Walzern.

ÖSTERREICH

len sich vor malerischer Kulisse ab: das Alte Festspielhaus entstand aus dem erzbischöflichen Hofmarstall, die ehemalige Reitschule wird als Bühne genutzt. Ein drittes Festspielhaus ist in eine Bergwand hinter den alten Stallungen geschlagen. Darüber hinaus veranstaltet das Mozarteum, eine Akademie, an der begabte junge Künstler ausgebildet werden, während der Konzertsaison und zu den Festspielen Kammermusikkonzerte, Mozart-Matineen und Soloinstrumentalkonzerte.

Die Bregenzer Festspiele finden von Ende Juli bis Ende August statt; das Freilichtfestspielhaus gibt den Blick auf eine schwimmende Bühne auf dem Bodensee frei – eine Kulisse, die natürlich für spektakuläre Inszenierungen mit üppiger Ausstattung wie geschaffen ist. Die Linzer Festspiele werden zu Ehren Anton Bruckners abgehalten, der als Domorganist in der Stadt wirkte. Innsbruck inszeniert seinen eigenen »Tiroler Sommer«, mit geistlicher und Kammermusik in den Kirchen und Konzerthallen der Stadt, mit Blaskapellen, Tiroler Volksmusik und Volkstänzen im Freien.

Musik hört man fast an jeder Straßenecke, wo junge Konservatoriumsstudenten – vielleicht die berühmten Solisten von morgen – vor Passanten spielen; Musik erfüllt die Kaffeehäuser, Militärkapellen spielen Märsche, und Geigen, Zithern und Hörner gehören zum Klang der alpenländischen Volksmusik.

Die Salzburger Getreidegasse *(rechts)* ist eine der bekanntesten Straßen der Stadt; dort steht Mozarts Geburtshaus. Bei den Salzburger Festspielen, die im Juli und August stattfinden, werden auch viele andere große Musiker Österreichs gefeiert.

Das kärglich eingerichtete Zimmer *(unten)*, in dem Mozart »Die Zauberflöte« komponierte, wurde in den Garten des Salzburger Mozarteums verlegt. Die »Zauberflöte« wurde im Jahr 1791 uraufgeführt und zählt zu Mozarts beliebtesten Opern.

ÖSTERREICH: DER OSTEN

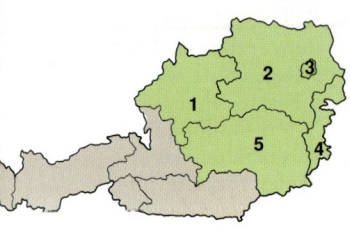

1 Oberösterreich
2 Niederösterreich
3 Wien
4 Burgenland
5 Steiermark

Wien
Wien ist die Hauptstadt der Republik Österreich und zugleich ein selbständiges Bundesland (siehe Seite 1088/1089).

Oberösterreich
Oberösterreich erstreckt sich beiderseits der Donau zwischen dem Böhmerwald im Norden und dem Dachstein im Süden, dem Unterlauf des Inns im Westen und der Enns im Osten. Die Seenregion des Salzkammerguts zählt zu den schönsten Teilen Österreichs – mit Atter-, Mond-, Traun- und Wolfgangsee.

An der Donau und ihrem Nebenfluß, der Enns, entstand eine Reihe von Großkraftwerken, z. B. das Jochenstein-Kraftwerk. Die Landwirtschaft nutzt je rund ein Viertel der Landesfläche als Ackerland bzw. als Grünland. Der Anbau von Getreide, Zuckerrüben und Obst sowie die hochentwickelte Viehzucht konzentrieren sich auf das Alpenvorland.

Die Salzgewinnung im Salzkammergut war schon in vorgeschichtlicher Zeit bedeutend und führte zur Ausbildung der Hallstattkultur. Linz und Steyr sind die wichtigsten Standorte der Schwer-, Maschinen- und chemischen Industrie Österreichs. In Steyr haben sich die Steyr-Daimler-Puch-Werke zu einem bekannten Traktoren-, Lastkraftwagen- und Kugellagerproduzenten entwickelt. In Ranshofen arbeitet eine der größten Aluminiumhütten Europas.

Zentren des Fremdenverkehrs, der das Wirtschaftsleben im Alpengebiet Oberösterreichs beherrscht, sind die Seen des Salzkammergutes, die Gebirgslandschaften sowie die Heilbäder und Kurorte wie Bad Ischl, Bad Schallerbach, Bad Hall, Gallspach (im Bezirk Grieskirchen) und Bad Goisern.

Niederösterreich
Niederösterreich, das größte Bundesland, ist das historische Kernland Österreichs. Einst zentral gelegen, wurde es durch den Zerfall der Habsburger Monarchie zum Grenzland.

Das Land erstreckt sich zu beiden Seiten der Donau, an der elektrische Energie produzierende Großkraftwerke entstanden sind.

Hauptstadt Niederösterreichs ist St. Pölten, Sitz der Landesbehörden ist Wien. Weitere größere Städte sind Wiener Neustadt, Baden, Klosterneuburg, Krems, Mödling und Schwechat, Standort des internationalen Flughafens von Wien und einer Erdölraffinerie.

Die Landwirtschaft erzeugt neben Weizen und Zuckerrüben ein Drittel des österreichischen Weins. Weine aus der Wachau, aus Gumpoldskirchen, Baden oder Vöslau sind beliebt. Im südlichen Wiener Becken befinden sich Großbetriebe der chemischen sowie der Eisen- und Metallindustrie, aber auch der Textil-, Nahrungs- und Genußmittelindustrie. Die Wachau, das Gebiet um den Semmeringpaß, das Höllental sowie die Orte am Alpenostrand sind Zentren des Fremdenverkehrs.

Burgenland
Das Burgenland, östlichstes Bundesland, ist historisch und geographisch ein Grenzland. Es umfaßt sowohl Ausläufer der Alpen als auch die Randflächen des Oberungarischen Tieflandes mit dem Neusiedler See, einem beliebten Ausflugsziel für die Bevölkerung Wiens. Das Land hat zudem zahlreiche Wehrburgen und Schlösser aufzuweisen. Im Norden reicht es fast bis zur Donau und stößt südlich der Raab an die jugoslawische Grenze.

Über 90 % der Bevölkerung sprechen Deutsch als Muttersprache; 9 % sind Kroaten, 1,5 % ungarischer Herkunft. Als ein Erbe der Zugehörigkeit zu Ungarn ist der Anteil der protestantischen Bevölkerung (14 %) größer als in jedem anderen österreichischen Bundesland. Es gibt im Burgenland nur sechs Städte, die bekanntesten sind die Hauptstadt Eisenstadt, Neusiedl am See, Mettersburg und Rust.

Das Burgenland ist überwiegend ein Agrarland. Angebaut werden Weizen, Mais, Obst, Gemüse, Zuckerrüben, Wein und Sonderkulturen wie Edelkastanien und Tabak. Die wichtigsten Industriezweige des Landes sind die Zuckerherstellung und die Konservenerzeugung. Das Burgenland kam 1921 zu Österreich. Es ging aus den vier vormaligen ungarischen Gebieten Preßburg, Ödenburg, Eisenburg und Wieselburg hervor. Aufgrund einer Volksabstimmung verblieb Ödenburg bei Ungarn.

ÖSTERREICH

Die Wachau *(links)*, ein rund 30 km langes und klimatisch begünstigtes Durchbruchstal der Donau zwischen Melk und Krems in Niederösterreich, gilt allgemein als schönster Teil des Donautals. Der Böhmerwald im Nordwesten und der Dunkelsteiner Wald im Südosten fallen zum Fluß hin ab, der durch diese reizvolle Landschaft fließt, bevor er fruchtbaren Ackerboden bewässert. Verstreut liegen malerische alte Städte, von Weinfeldern und Obstplantagen umgeben, auf die alte Festungen herabblicken.

Die Benediktinerabtei Stift Melk *(oben)* erhebt sich hoch über der Donau. Die Abtei, die zwischen 1702 und 1738 erbaut wurde, steht auf einer ehemaligen Burganlage. Blickfang der barocken Klosteranlage ist die prachtvolle Stiftskirche.

Bergarbeiter am Erzberg in der Steiermark *(oben)*. Hier wird seit dem 12. Jahrhundert Eisenerz abgebaut. In der Umgebung gibt es wichtige Betriebe der Eisen- und Stahlindustrie.

Die Wilhering-Abtei *(rechts)*, am Südufer der Donau nahe Linz gelegen, wurde im Jahr 1146 gegründet. Der reichverzierte Innenraum entstand Mitte des 18. Jahrhunderts; er enthält kostbare Fresken.

Steiermark

Die Steiermark ist das zweitgrößte Bundesland. Im Nordwesten hat sie Anteil an den Kalkbergen des Salzkammergutes. Die Kernlandschaft ist ein von den Flüssen Mur und Mürz gebildetes Tal mit der Hauptstadt Graz, deren pittoreske Altstadt vom Schloßberg mit dem Uhrturm überragt wird. Graz ist Sitz einer Universität sowie einer Technischen Universität.

Im fruchtbaren Hügelland der Voralpen werden Weizen, Mais, Obst und Wein angebaut, ebenso in den breiten Flußtälern von Mur, Mürz und Enns. In höheren Lagen wird auf Almweiden Viehzucht betrieben. In den waldreichen Gebirgen entwickelte sich eine rege Holz-, Papier- und Zelluloseindustrie. Der wichtigste Bodenschatz ist das Eisenerz, das vor allem am 1465 m hohen Erzberg seit dem 12. Jahrhundert im Tagebau abgebaut wird. Hier befinden sich auch wichtige Betriebe der Eisen- und Stahlindustrie. Daneben gibt es reiche Magnesitvorkommen.

Das Gebiet der heutigen Steiermark kam 1050 an die Grafen von Steyr. 1180 wurde die Steiermark selbständiges Herzogtum, genannt nach der Hauptburg des Markgrafengeschlechts, Steyr. 1282 fiel sie an die Habsburger. 1918 wurde der Südteil mit der Stadt Marburg an Jugoslawien abgetreten, das übrige Gebiet ist seitdem – abgesehen von 1938–45 als es Reichsgau war – österreichisches Bundesland.

ÖSTERREICH: DER WESTEN UND SÜDEN

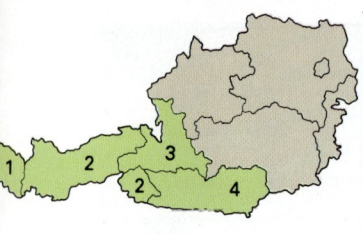

1 Vorarlberg
2 Tirol
3 Salzburg
4 Kärnten

Vorarlberg
Zwischen dem Ufer des Bodensees und den vereisten Gipfeln der Silvrettagruppe (Piz Buin, 3312 m), zwischen dem Rheintal und dem Skigelände des Arlbergs, bietet Vorarlberg alle landschaftlichen Schönheiten der nördlichen Ostalpen auf kleinem Raum. Im Zentrum des Bundeslandes liegen die sanften Hügel und Berge des Bregenzer Waldes, durchschnitten von dem Tal der Bregenzer Ache.

Die Vorarlberger sprechen Alemannisch, eine deutsche Mundart. Die randliche Lage zum österreichischen Kerngebiet und die verwandtschaftliche Bindung zur alemannischen Bevölkerung im Allgäu, am Bodensee, in der Ostschweiz und im Fürstentum Liechtenstein führten dazu, daß sich intensive wirtschaftliche Beziehungen zum benachbarten Ausland bildeten. Tausende von Grenzgängern aus Vorarlberg arbeiten in Liechtenstein und im Kanton St. Gallen (Schweiz).

In der Wirtschaft überwiegt die Viehzucht, die große Mengen an Milch, Butter und Käse produziert. Die Vorarlberger Textilindustrie ist über die Grenzen hinaus bekannt. Eine bedeutende Rolle im Wirtschaftsleben spielt im Sommer wie im Winter der Fremdenverkehr.

Seit etwa 900 gehörte Vorarlberg den Grafen von Bregenz, dann den Grafen von Montfort. Seit dem Jahre 1363 kauften die Habsburger die einzelnen Vorarlberger Grafschaften auf, zuletzt 1814 Lustenau. Ab 1782 gab es mit Tirol eine gemeinsame Verwaltung, die 1918 aufgelöst wurde. Seitdem ist Vorarlberg ein selbständiges Bundesland.

Tirol
Das Alpenland Tirol ist eines der berühmtesten Feriengebiete Europas. Seit Abtretung Südtirols an Italien im Jahre 1919 zerfällt es in zwei räumlich getrennte Teile, Nord- und Osttirol.

Landschaftlich gehört Tirol ganz zum Alpengebiet. Das breite, fruchtbare Inntal bildet die Kernlandschaft Nordtirols. Seitentäler führen in eine grandiose Bergwelt (z. B. Zillertal und Ötztal). In Osttirol erhebt sich mit dem Großglockner (3798 m) der höchste Berg Österreichs.

Die Hauptstadt Innsbruck liegt im Tal des Inn am Fuße des Karwendelgebirges. Die alte Bischofs- und Universitätsstadt erlebte ihre Blütezeit um 1500 unter Kaiser Maximilian I. Unter den zahlreichen prächtigen historischen Bauwerken ist das »Goldene Dachl«, ein spätgotischer Erker aus dem Jahre 1501, besonders berühmt.

Innerhalb der Industriewirtschaft genießen die Industrieunternehmen Metallwerk Plansee (Pulvermetallurgie), Jenbacher Werke (Dieselmotoren, Fahrzeuge) und Swarovski (optische Geräte) internationalen Ruf.

Der Fremdenverkehr gehört zu den größten Devisenbringern. Tirol ist eine der Drehscheiben des europäischen Verkehrs: Die Inntal- und die Brenner-Autobahn sind Europa-Straßen: der

rund 14 km lange Arlberg-Straßentunnel ist eine wintersichere Verbindung zwischen Vorarlberg und Tirol.

1363 kam Tirol an die Habsburger und damit zu Österreich. 1805 mußte Österreich Tirol an Bayern abtreten. Beim Ausbruch des österreichisch-französischen Krieges von 1809 erhoben sich die Tiroler jedoch unter der Führung von Andreas Hofer gegen die bayerisch-französische Herrschaft, scheiterten aber nach beträchtlichen Anfangserfolgen. Hofer wurde verraten und in Mantua 1810 hingerichtet. Erst 1815 fiel ganz Tirol wieder an Österreich. 1919 kam das Gebiet südlich des Brenners »aus strategischen Gründen« an Italien.

Salzburg
Mozarts Geburtsstadt Salzburg, im Tal der Salzach gelegen, ist die Hauptstadt des gleichnamigen österreichischen Bundeslandes.

ÖSTERREICH

In der mittelalterlichen Altstadt von Innsbruck *(oben)* locken die malerischen Erkerhäuser, die engen Gassen und bunten Straßencafes Tausende von Touristen an. Zu den bekanntesten Sehenswürdigkeiten zählt das Goldene Dachl.

Das Stadtbild Salzburgs *(links),* Hauptstadt des gleichnamigen Bundeslandes, wird von der mächtigen, über 1000 Jahre alten Festung Hohensalzburg beherrscht.

Die wunderschöne Kirche St. Maria Wörth *(unten)* liegt auf einer Halbinsel am Wörther See, dem größten Alpensee des beliebten Urlaubslandes Kärnten.

Die Altstadt am linken Salzachufer wird vom Mönchsberg (505 m) und vom Festungsberg (542 m) mit der im Jahre 1077 gegründeten Feste Hohensalzburg überragt. Ihr Zentrum ist der Residenzplatz mit der erzbischöflichen Residenz (1595–1793). Südlich steht der 1614 bis 1628 erbaute Dom. Wichtige Bauwerke links der Salzach sind ferner das erzbischöfliche Palais, die Benediktinerabtei St. Peter mit der Stiftskirche, die gotische Franziskanerkirche, der seit 1924 zum Festspielhaus umgebaute ehemalige Marstall und Mozarts Geburtshaus. In den Stadtteilen rechts der Salzach sind besonders Schloß Mirabell und das Mozarteum, die Musikhochschule, zu erwähnen. In der Umgebung der Stadt liegen die Schlösser Leopoldskron, Hellbrunn mit Barockpark und in Wals-Siezenheim Kleßheim.

Als Festspielstadt (seit 1920) gehört Salzburg zu den beliebtesten Zielen des Fremdenverkehrs. Das Land Salzburg umfaßt im wesentlichen das Flußgebiet von Salzach und Saalach mit den umgrenzenden Bergen. In der Wirtschaft überwiegen Industrie, Bergbau (unter anderem Salzgewinnung) und Elektrizitätserzeugung (Tauernkraftwerke im Kapruner und Stubachtal). Zentren des Fremdenverkehrs sind neben der Landeshauptstadt das Gasteiner Tal mit den Hauptorten Badgastein und Hofgastein sowie Zell am See. Salzburg, ehemals ein Fürstentum sowie geistiges und kulturelles Zentrum im süddeutschen Raum, kam erst im Jahr 1803 zu Österreich.

Kärnten

Österreichs »Sonnenbalkon« wird Kärnten genannt. Südlich des zentralen Alpenwalls gelegen, ist es das Land, das ein mildes, schon südländisches Klima hat. Das Klagenfurter Becken ist der Kernraum Kärntens. Nahe der slowenischen und italienischen Grenze liegt Villach, ein bedeutender Verkehrsknotenpunkt. Ackerbau, Forst- und Almwirtschaft, Holz- und Papierindustrie sowie Bergbau (Braunkohle, Eisen-, Blei- und Zinkerze) sind neben dem Fremdenverkehr die wichtigsten Erwerbszweige der Bevölkerung. Berühmt für seine Jagdwaffen ist das Ferlacher Büchsenmachergewerbe.

Beliebte Ziele in- und ausländischer Feriengäste sind die Badeorte an den schönen Seen, wie Wörther, Millstätter, Ossiacher und Klopeiner See. Zu den Eigenarten dieser Seen gehören ihre hohen Wassertemperaturen im Hochsommer. Ein weiterer Anziehungspunkt ist Schloß Hochosterwitz auf einem 160 m hohen Felsen bei Sankt Veit an der Glan.

Kärnten wurde 1335 habsburgisches Erbland und 1849 österreichisches Kronland. Nach dem Ersten Weltkrieg, als die Donaumonarchie aufgelöst wurde, beanspruchte Jugoslawien Südkärnten. Der Abwehrkampf der Kärntner 1918–1920 verhinderte jedoch die Abtrennung von Österreich (Kärntner Volksabstimmung vom 10. Oktober 1920).

ÖSTERREICH: WIRTSCHAFT

Bei den zahlreichen ausländischen Besuchern, die es alljährlich in die Touristengebiete der Alpenrepublik zieht, entsteht leicht der Eindruck, daß Österreich nur vom Fremdenverkehr und von der Landwirtschaft lebe. Dabei wird jedoch übersehen, daß das beliebte Reise- und Urlaubsland eine moderne Industrienation ist, deren umfangreiche Palette hochwertiger Fertigwaren den Namen »Made in Austria« in alle Welt trägt. Der Beitrag der einst im Vordergrund stehenden Land- und Forstwirtschaft zum Bruttoinlandsprodukt (BIP) nimmt seit Ende des Zweiten Weltkrieges stetig ab, während der Dienstleistungssektor immer schneller anwächst. Dienstleistungen im weiteren Sinn erwirtschaften heute über die Hälfte des BIP und beschäftigen mehr Menschen als alle anderen Bereiche zusammen.

Landwirtschaft und Fremdenverkehr

Aufgrund der gebirgigen Natur werden in Österreich 41% der Gesamtfläche landwirtschaftlich genutzt. Rund 40% davon entfallen auf Ackerland, weitere 3% auf Garten-, Obst- und Rebkulturen, der Rest sind Wiesen und Weiden. Zentren des Acker- und Gartenbaus sind das Wiener Becken, das Burgenland, die Grazer Bucht und das Klagenfurter Becken. Hauptanbauprodukte sind Weizen, Gerste, Mais, Kartoffeln und Zuckerrüben. In den sogenannten Wärmeinseln Niederösterreich, Burgenland und Steiermark ist der Weinbau verbreitet. In den alpinen Gebieten überwiegt die Vieh- und Forstwirtschaft. Österreich gehört zu den waldreichsten Gebieten Westeuropas. Etwa 47% der Staatsfläche werden von Forstflächen eingenommen, und forstwirtschaftliche Erzeugnisse leisten einen wichtigen Beitrag für die österreichische Wirtschaft. Die Holznutzung ist für den Export wichtig.

Die Entwicklung anderer Wirtschaftsbereiche führte in den letzten Jahrzehnten zur starken Abwanderung von landwirtschaftlichen Arbeitskräften, besonders aus den Berg- und Grenzgebieten. Dennoch konnte Österreich seine Agrarproduktion steigern. Den überwiegenden Teil seines Nahrungsmittelbedarfs deckt das Land aus eigener Herstellung. Dies konnte nur mit Hilfe einer staatlichen Förderungspolitik erreicht werden, zu deren Maßnahmen unter anderem die Modernisierung der zumeist klein- und mittelständischen Betriebe gehört. Doch trotz »Grünen Plans« werden Almen verlassen, und selbst in tieferen Gebieten können die Bergbauern nicht allein von der Landwirtschaft leben. Unter dem Motto »Ferien auf dem Bauernhof« ist der Fremdenverkehr zu einem wichtigen bäuerlichen Nebenerwerb geworden. Der Fremdenverkehr hat sich generell für Österreich zu einem unverzichtbaren Wirtschaftsfaktor entwickelt, denn seiner reizvollen Landschaft verdankt Österreich die hohen Deviseneinnahmen, die für den Ausgleich seiner Zahlungsbilanz nötig sind.

Industrieanlage für die Spanplattenfertigung bei Salzburg *(links)*. Das Salzburger Land ist nicht nur ein beliebtes Feriengebiet, sondern auch eines der wichtigsten Wirtschaftszentren Österreichs mit Papier-, Möbel-, chemischer u.a. Industrie.

ÖSTERREICH

Ein Berghof in der Nähe des Dorfes Gosau *(links)* bietet eine schöne Aussicht auf die mächtigen Gipfel der Dachsteingruppe. Die Gegend ist so steinig, daß nur ca. 20 % des Landes bewirtschaftet werden können. Herkömmliche Ackerbaumethoden sind in entlegeneren Gebieten noch verbreitet, viele Bauern wenden sich aber auch moderneren Maschinen und wissenschaftlichen Methoden in der Landwirtschaft zu. Als Folge davon deckt Österreich mehr als 75 % des inländischen Nahrungsmittelbedarfs selbst.

Weinberge *(rechts)* bedecken die Hänge um die Stadt Rust am Neusiedler See im Burgenland. In dieser fruchtbaren Gegend liegen viele, jedoch eher kleine Höfe. Der Weinanbau wird durch das sommerheiße und wintermilde Klima begünstigt.

Tagebau auf dem Steirischen Erzberg *(oben)*. Eisenerz gehört zu den wichtigsten Bodenschätzen Österreichs. Es wird seit 1000 Jahren hauptsächlich bei Kapfenberg in den Eisenerzer Alpen, ein Gebirgsmassiv östlich der Niederen Tauern, abgebaut.

Natürliche Ressourcen und Industrie

Im Vergleich zu anderen westeuropäischen Ländern ist Österreich reich an Bodenschätzen. Dennoch spielt der Bergbau innerhalb der Wirtschaft nur eine untergeordnete Rolle. Knapp zwei Drittel des Bedarfs an mineralischen Roh- und Grundstoffen müssen importiert werden. Zu den wichtigsten Bodenschätzen gehört Eisenerz, und zwar sogenanntes Spateisen mit rund 33 % Eisengehalt. Es wird in den Eisenerzer Alpen abgebaut und war seit Mitte des 19. Jahrhunderts Grundlage für die Entstehung vielfältiger Verarbeitungsindustrien. Der Schwerpunkt des Bergbaus liegt jedoch auf der Braunkohleförderung. Von den vermuteten Braunkohlereserven, vor allem in der Steiermark und Oberösterreich, ist aufgrund der ungünstigen Abbaubedingungen jedoch nur ein Teil wirtschaftlich nutzbar. Mit einer Jahresförderungsmenge von etwa 1 Million Tonnen Rohmagnesium nimmt Österreich eine führende Stellung unter den magnesitproduzierenden Ländern ein. Den Erdöl- und Erdgasbedarf kann Österreich zu einem geringen Teil aus eigener Produktion im Wiener Becken decken. Dank seiner Gebirgslage ist die Stromversorgung vorwiegend durch Wasserkraftwerke sichergestellt.

Österreichs exportorientierte Industrie ist, verglichen mit anderen kleinen Industriestaaten, sehr vielseitig. Nach dem Zweiten Weltkrieg wurden die drei Großbanken und nahezu alle großen Industriebetriebe des Landes, vor allem aus den Bereichen der Eisen- und Stahlindustrie, des Maschinenbaus und der petrochemischen Industrie sowie der Energiewirtschaft, und der Bergbau verstaatlicht. Lange Zeit galt das österreichische Modell als Musterbeispiel für das funktionierende Nebeneinander von Staats- und Privatindustrie, doch mit Beginn der 80er Jahre traten einige erhebliche Schwächen offen zutage. Zum einen erwies es sich als nachteilig, daß der größte Teil der staatlichen Aktivitäten sich auf Branchen konzentrierte, die von der weltweiten Rezession besonders stark betroffen waren. Andererseits waren Entscheidungen, die darauf abzielten, die internationale Wettbewerbsfähigkeit zu verbessern, nicht durchsetzbar, da sich betriebliche Entscheidungen an dem politischen Ziel der Erhaltung von Arbeitsplätzen zu orientieren hatten. Die Folge war, daß die Österreichische Industrie-Verwaltungs AG (ÖIAG), die Dachgesellschaft der verstaatlichten Unternehmen, rund ein Viertel der industriellen Arbeitskräfte beschäftigte, jedoch nur 17 % der gesamten Industrieproduktion erwirtschaftete. Die jährlich neu anfallenden Verluste in Milliardenhöhe mußten aus dem eng bemessenen Staatsetat ausgeglichen werden. Angesichts der immer stärker anwachsenden Staatsverschuldung entschied sich die Regierung daher notgedrungen für eine Teilprivatisierung bestimmter öffentlicher Betriebe.

Ostsee

Vom Skagerrak bis zum Bottnischen Meerbusen erstreckt sich die Ostsee über eine Fläche von 380 000 km². Anrainerstaaten sind Schweden, Finnland, Rußland, Estland, Lettland, Litauen, Polen, Deutschland und Dänemark. Vergleicht man dieses Nebenmeer des Atlantischen Ozeans mit anderen Meeren, so könnte man es für ein riesiges Binnengewässer halten. Von der Entstehungsgeschichte her ist die Ostsee tatsächlich ein Binnensee, der erst vor einigen tausend Jahren eine Verbindung zum Meer erhielt.

Die Ostsee – ein junges Meer

Die Ostsee verdankt ihre Entstehung einem über 3000 m mächtigen Eispanzer, der sich während der letzten Kaltzeit langsam von Nordskandinavien nach Süden und Osten bewegte und den Untergrund im Ostseebereich ausschürfte. Dabei entstanden, je nach Mächtigkeit des Eises und der Widerstandskraft des Untergrundes, unterschiedlich tiefe, im Durchschnitt aber nur 55 m tiefe Becken.

Als sich das Inlandeis vor 14 000 bis 10 000 Jahren zurückzog, bildete sich aus dem Schmelzwasser zunächst im südlichen Teil der heutigen Ostsee ein rasch größer werdender Eisstausee. Im Nordosten bestand zeitweilig Verbindung zum Weißen Meer und im Südwesten über den Großen Belt und den Öresund zur Nordsee; über die mittelschwedische Senke, bis heute durch die großen schwedischen Seen gekennzeichnet, bestand zeitweilig ebenfalls eine Verbindung zur Nordsee. Da sich der Untergrund nach der Entlastung von dem Eispanzer allmählich hob, bildeten die Ränder des Ostseebeckens wiederum Barrieren, die den Austausch mit dem Meer verhinderten. Jetzt wurde die Ostsee zum Binnensee. Nachdem sich die Hebung des Ostseebeckens vor etwa 7000 Jahren verlangsamt hatte, wurde die südwestliche Barriere am Großen Belt und am Öresund erneut überflutet.

Der Zufluß von Süß- und Salzwasser beeinflußt den Lebensraum der Ostsee. Das Süßwasser bringen die Flüsse sowie auch Schnee und Regen ins Meer. Das Salzwasser kommt von der Nordsee. Das kalte, salzhaltige und deshalb besonders schwere Nordseewasser vermischt sich allerdings kaum mit dem Oberflächenwasser. Diese geringe Durchmischung des Wassers ist die Ursache dafür, daß die Ostsee auf Meeresverschmutzung besonders empfindlich reagiert.

Die Ostsee – ein sterbendes Meer

Eine große Gefahr für das Leben in der Ostsee birgt die Verschmutzung durch den Menschen. Direkt durch Einleitung von Industrieabwässern, indirekt über Flüsse und durch die Luft gelangen große Mengen von Schadstoffen in die Ostsee. Durch den Einsatz von stickstoff- und phosphorhaltigen Mitteln zur Düngung der Äcker in den Anrainerstaaten gelangen

Danzig, polnisch Gdansk *(oben)*, ist ein bedeutender Hafen und das Schiffbauzentrum Polens. Am Mottlau-Ufer steht das Krantor aus dem 15. Jahrhundert. Es ist das Wahrzeichen von Danzig.

Eine Bronzekanone *(kleines Bild rechts oben)* des schwedischen Kriegsschiffs Kronan, das 1676 vor Kalmar in Schweden sank. Da im Brackwasser der Ostsee keine holzzerstörenden Seeorganismen sind, ist sie eine Schatzkammer für Archäologen. Denn hier können die Wracks als Zeugen der Vergangenheit »überleben«.

Memel *(rechts oben)*, litauisch Klaipeda, liegt am Kurischen Haff und kam im Jahre 1923 zu Litauen. Memel hat große Werftanlagen. Der Hafen wurde nach 1950 stark erweitert.

Die Ostsee *(rechts)* hat nur eine schmale Verbindung mit der Nordsee, wodurch sie fast zum Binnenmeer wird.

⬡ Chemieprodukte
⬡ Papier und Zellstoff
⬡ Stahl und Metall

• Wichtige Städte
Fährverbindungen

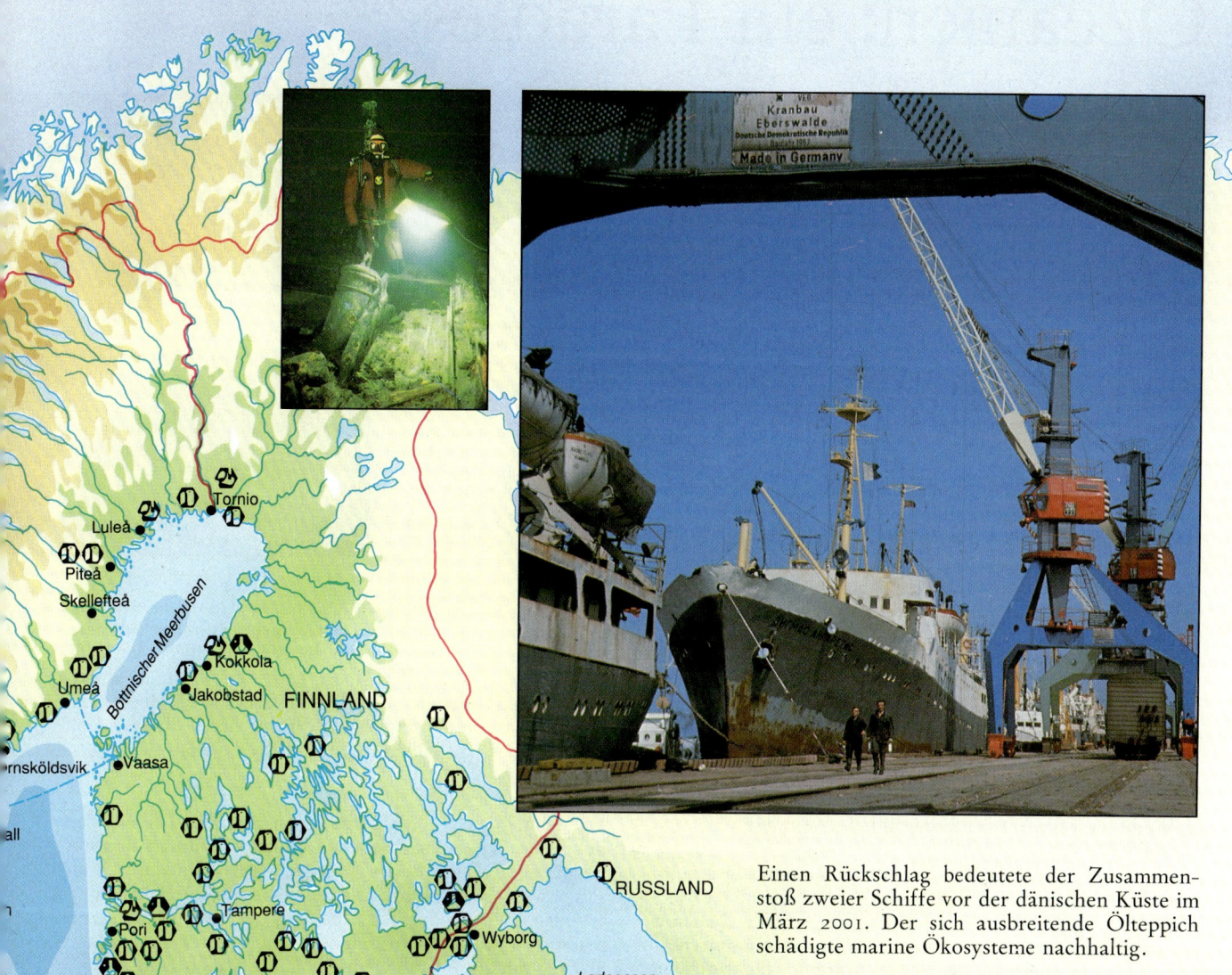

organische Stoffe in die Ostsee, die den Nährstoffgehalt des Wassers erhöhen. Durch diese »Überernährung« (Eutrophierung) kommt es zunächst zu einer gewaltigen Vermehrung des pflanzlichen Planktons. Wenn dieses abstirbt und zu Boden sinkt, geht es in Verwesung über, und dabei werden dem Wasser große Mengen von Sauerstoff entzogen. Bei den Abbauprozessen bildet sich zudem Schwefelwasserstoff, der nahezu jedes Leben verhindert.

In Teilen der Ostsee ist diese Entwicklung weit fortgeschritten; dort gibt es tatsächlich schon ein »totes Meer«. Um die Einleitung von Schadstoffen zu stoppen, haben die Anrainerstaaten eine enge Zusammenarbeit zur Rettung der Ostsee vereinbart. Wichtigste Organisation ist die 1974 begründete Helsinki-Kommission, zu deren vorrangigen Zielen die Erforschung der komplizierten meeresökologischen Zusammenhänge sowie die Durchsetzung der Pläne zur Verringerung der Schadstoffbelastung der Ostsee gehören.

Einen Rückschlag bedeutete der Zusammenstoß zweier Schiffe vor der dänischen Küste im März 2001. Der sich ausbreitende Ölteppich schädigte marine Ökosysteme nachhaltig.

Wirtschaftliche Nutzung der Ostsee

Die Ostsee ist seit dem frühen Mittelalter ein vor allem für den Verkehr zwischen den Anrainerstaaten genutztes Meer. Öresund und Großer Belt, die beiden Eingangstore zur Ostsee, sind vielbefahrene Wasserstraßen. Der Bau des Nord-Ostsee-Kanals und des Ladogakanals schaffte zusätzliche künstliche Zufahrtsmöglichkeiten: Über das russische Wasserstraßensystem ist ein durchgehender Verkehr bis zum Weißen Meer und sogar bis zum Schwarzen Meer möglich geworden.

Heute zählt die Ostsee zu den verkehrsreichsten Meeresräumen der Erde. Neben dem Schiffsverkehr haben die Fährlinien für den europäischen Güter- und Personenverkehr an Bedeutung gewonnen. Eine neue Entwicklung ist der Fährverkehr entlang der Südküste der Ostsee, so beispielsweise mit Eisenbahnfähren zwischen Mukran (Insel Rügen) und Klaipeda in Litauen sowie mit Autofähren zwischen Danzig und Travemünde.

Natürlich spielt der Fischfang von alters her eine wichtige wirtschaftliche Rolle. Eine lange Tradition hat auch der Tourismus. Zudem wird der Erforschung mariner Rohstofflagerstätten große Aufmerksamkeit geschenkt.

Ozeanien: ein Paradies?

Der Pazifische Ozean bedeckt mehr als ein Drittel der Erdoberfläche. Besonders in seinem Westteil konzentrieren sich die Inselscharen, die im politischen und englischen Sprachgebrauch unter Pazifische Inseln zusammengefaßt werden. Der von Geographen bevorzugte Begriff Ozeanien schließt meist auch Australien und Neuseeland mit ein. Im engeren Sinne umfaßt der »nasse Kontinent« die Inselwelt Melanesien, »das Schwarzinselland«, einschließlich Neuguinea, sowie Polynesien, das »Vielinselland« und Mikronesien, das »Kleininselland«. Diese bis heute gebräuchlichen Bezeichnungen stammen aus dem Griechischen und wurden 1832 von einem französischen Forschungsreisenden geprägt.

Hohe und niedrige Inseln

Über einen Meeresraum von rund 66 Millionen km² verteilen sich fast zehntausend Inseln mit einer Gesamtfläche von 1,25 Millionen km². Es gibt gebirgige und tellerflache, wildbewachsene und kahle, winzige und stattlich große Inseln. Einige sind vulkanischen Ursprungs und werden als »hohe Inseln« bezeichnet, andere sind durch den Baueifer der Korallentiere entstanden und werden »niedrige Inseln« genannt. Manche Inseln liegen wie einsame Oasen in der Wasserwüste, andere bilden einen Archipel.

Melanesien, im westlichen Pazifik gelegen, leitet seinen Namen nicht von den dunkelhäutigen Bewohnern her, deren Vorfahren wahrscheinlich aus Australien kamen, sondern von den gebirgigen und bewaldeten »hohen Inseln«, die vom Meer aus dunkel wirken. Die Polynesier scheinen vorwiegend malaiischer Herkunft zu sein, während die Mikronesier mongolide Rassenmerkmale aufweisen.

Es gibt geschichtslose, und es gibt geheimnisvolle Inseln, wie etwa die zwischen Tahiti und Chile liegende Osterinsel, die durch ihre rätselhaften Steinstatuen bekannt wurde. Nicht weit davon liegt Pitcairn, eine kaum fünf Quadratkilometer große britische Kolonie, die 1790 von Meuterern des Schiffes »Bounty« besiedelt wurde.

An den Namen mancher Inseln zerbrechen sich Europäer und Amerikaner die Zunge – Nukulaelae, Niuatoputapu, Tabiteuea, Kapingamarangi. Nicht wenige Südseeinseln wurden von europäischen Entdeckern benannt – so die Loyalitäts-, die Christmas-, die Sandwich- und die Disappointment-Inseln.

Reisende haben viele dieser Inseln als Paradiese beschrieben, sie haben das angenehme Leben, den üppigen Pflanzenwuchs, die Liebenswürdigkeit der Bewohner gelobt. Freilich, mancher Soldat, mancher Plantagenbesitzer wußte auch von Dschungelhinterhalten, moskitoverseuchten Sümpfen und verhängnisvollen Pflanzenkrankheiten zu berichten. In den Augen der Kolonisatoren galten die Insulaner als Barbaren, grausame Kopfjäger und Kannibalen, scheußlichen Götzendiensten und Ritualen zugetan. Dieser einseitigen Betrachtungsweise wurde das nicht minder überzeichnete Bild vom »edlen Wilden« gegenübergestellt.

Manche Inseln und Archipele sind inzwischen zu Tummelplätzen des internationalen Tourismus geworden. Honolulu, Tahiti, Guam und die Fidschi-Inseln sind Hauptdrehscheiben des Flugverkehrs in Ozeanien. Das Betörende einer Inselwelt besteht darin, daß man wissen möchte, wie es auf der nächsten Insel aussieht. Man mag in einem Paradiese leben, doch die Neugier nach anderen Ufern veranlaßt zum Aufbruch. Von Neugier und Abenteuerlust, nicht allein von Nahrungsmangel und der Bedrängnis feindseliger Stämme, waren wohl auch die Eingeborenen Ozeaniens getrieben, als sie mit ihren Auslegerbooten das größte aller Meere befuhren. Ohne Seekarten und Kompaß, geleitet von den Gestirnen und Meeresströmungen, vom Flug der Vögel und Zug der Wolken, kreuzten sie zwischen Vulkaninseln und Korallenatollen.

Der Nautilus (*rechts*) ist eine Gattung der Weichtiere, die im indopazifischen Raum verbreitet ist. Wegen der schimmernden, perlmuttrig glänzenden Innenschicht ihres großen Gehäuses nennt man sie »Perlboote«. Von den Südsee-Insulanern werden sie als Nahrung verwendet und das Gehäuse zu Schmuck verarbeitet.

Klima

Das Klima der in der Mehrzahl zwischen den beiden Wendekreisen liegenden Inseln wird einerseits durch den ausgleichenden Einfluß des Meeres, andererseits durch die Passatwinde bestimmt. Die jahreszeitlichen Änderungen ergeben sich aus der Verschiebung der äquatorialen Luftmassen im Juli nach Norden über den Äquator und im Januar nach Süden. Im Juli weht der Südostpassat zum Äquator und im Januar der Nordostpassat.

Alle Inseln empfangen Regen. Die westlichen Inseln haben zu allen Jahreszeiten Niederschläge mit einem Jahresdurchschnitt von 3000 mm und mehr. Im äquatorialen Kerngebiet treten fast täglich in den Nachmittagsstunden heftige Gewitterregen auf. Hingegen haben die Inseln an den Wendekreisen eine Regenzeit im Winter der jeweiligen Halbkugel. Die Temperaturen der Inseln sind ziemlich ausgeglichen. Die mittleren Jahrestemperaturen liegen am Äquator im Osten bei 25,5 °C und im Westen um 27,7 °C. Die täglichen Temperaturschwankungen betragen zwischen 5 und 9 °C. Der hohe Feuchtigkeitsgehalt der Luft, im Mittel 80 bis 90 %, bei gleichmäßig warmen Temperaturen ist von Angehörigen weißer Völker nur schwer zu ertragen.

Besiedlung

Die Südseeforschung steht noch vor vielen Rätseln. Ziemlich sicher ist, daß die Inselwelt Ozeaniens der letzte große Siedlungsraum der Erde war, den der Mensch eroberte. Die meisten Theorien gehen davon aus, daß sowohl Melanesien als auch Polynesien seit Ende der letzten Eiszeit zu verschiedenen Zeiten in mehreren Einwanderungswellen von Südostasien, den Philippinen und Indonesien aus besiedelt worden sind. Der Norweger Thor Heyerdahl (* 1914) versuchte 1947 indes zu beweisen, daß Polynesien von südamerikanischen Altperuanern besiedelt wurde. Mit seiner spektakulären, 97-tägigen Floßexpedition »Kon-Tiki« von Peru bis nach Raroia, eine der Tuamotu-Inseln in Französisch-Polynesien, hat er zwar die Durchführbarkeit derartiger Fahrten bewiesen, jedoch nicht die Theorie der Besiedlung von Südamerika aus. Wahrscheinlicher ist, daß von den bereits besiedelten Gebieten Polynesiens einzelne Insulaner auf ihren Erkundungsfahrten auch die Küsten Südamerikas erreichten. Die Mikronesier sind wahrscheinlich erst um 2500 v. Chr. aus Ostasien in den Pazifik eingewandert.

Auswirkungen der modernen Zivilisation

Heute dürfte es unter den Inseln Ozeaniens kaum noch ein Eiland geben, das nicht zu irgendeiner Zeit weiße Besucher gesehen hat. Die weiße Zivilisation hat die Inselbewohner von primitivem Dämonenglauben und von furchtbaren Tropenkrankheiten befreit, gleichzeitig ruinierte sie die Eingeborenen durch eingeschleppte Seuchen und Alkohol. Sie hat barbarische Stammesfehden unterbunden, während sie Rassenprobleme in die Südseewelt brachte. Hochbegabte Inselvölker verloren ihre künstlerischen Fähigkeiten und wurden zu Abnehmern industriell gefertigter Souvenirs. Sogar der Blumenschmuck, der nach altem Brauch jedem Gast umgehängt wird, besteht manchmal aus Plastik. Männer verließen ihre angestammten Inseln, ihre Frauen und Kinder, um auf anderen Inseln in Bergbauminen und auf Plantagenpflanzungen zu arbeiten. Leichtgläubige verloren ihr Land an weiße Spekulanten und wurden von Händlern ausgenutzt. Unschuldige mußten ohnmächtig der atomaren Verseuchung ihrer Inseln zusehen, da sie machtlos dem Schacher westlicher Großmächte ausgesetzt waren. Die Auseinandersetzungen von morgen werden den kleinen, wenig beachteten Inselvölkern Ozeaniens keine Schonzeit bringen. Schon der Entdecker James Cook, der auf seiner dritten großen Reise auf Hawaii im Jahre 1779 den Tod fand, stellte fest: »Es wäre weit besser gewesen für diese Leute, sie hätten uns nie gekannt«.

Aber: Viele Pazifik-Staaten sind an Tourismus interessiert. Dem Besucher lösen sie gerne das Klischee ein vom Traumurlaub bei friedlichen, sorglosen Menschen in einer verschwenderischen Natur. Man ist dort heute bemüht, die traditionelle Kultur zu erhalten und sie nicht nur in kitschigen Souvenirs feilzubieten.

Atolle

Atolle und Korallenriffe bilden sich im warmen Meereswasser des Pazifik häufig um vulkanische Inseln (1). Korallenriffe sind Kalksteinablagerungen, entstanden aus winzigen Tieren und Pflanzen. Sie bilden einen Ring um den Küstensaum (2). Mit dem Anstieg des Meeresspiegels oder dem Absinken eines Vulkans wächst das Korallenriff nach oben (3). Die Korallenbildung hört auch nach dem Verschwinden der ursprünglichen Insel nicht auf. Auf dem Korallenriff (4) wachsen auch Pflanzen. Die natürliche Vegetation sind Kokospalmen.

Ozeanien: Erschließung

Der Pazifik mit seinen kleinen und kleinsten Inseln wurde mit Beginn des 16. Jahrhunderts von Europäern allmählich entdeckt und in Besitz genommen. Der erste von ihnen, der sich in die Weite der Südsee wagte, war Fernão de Magalhães (Fernando Magellan, um 1480 bis 1521), ein portugiesischer Seefahrer in spanischen Diensten. Nach der Umsegelung Südamerikas durch die später nach ihm benannte Magellanstraße brach er 1520 in das »Südmeer« auf, das er wegen der zahlreichen Flauten als »Mar pacífico« – Stillen Ozean – bezeichnete. Von den Taifunen und Zyklonen, die den Pazifischen Ozean häufig in ein wildes Meer verwandeln, war Magellan nämlich verschont geblieben. Als er endlich auf die bewohnte Insel Guam stieß, war er zuvor ahnungslos an Polynesien und Melanesien vorbeigesegelt. Auf dem weiteren Weg nach Westen erreichte er sein Ziel, zu den Gewürzinseln Asiens, den Molukken, vorzudringen. Die Ostroute zu der indonesischen Inselgruppe wurde von den ebenfalls auf Einflußsphären und Handelswege bedachten Portugiesen beansprucht. Dies bedeutete den Beginn einer neuen, nicht mehr eigenständigen Entwicklung Ozeaniens.

Den Seefahrern folgten Beamte, Soldaten und Mönche, danach kamen Walfänger und Freibeuter, Händler und Pflanzer. Kolonien wurden mit Kreuz und Schwert erobert. Es war der Beginn eines goldenen europäischen Zeitalters, einer Ära der Machtexpansion, der Glaubensausbreitung und der großen Geschäfte.

Europa verdankt Männern wie Magellan und dem spanischen Seefahrer Alvaro Mendaña de Neyra (1541–1595) die ersten Kenntnisse über die pazifische Inselwelt. Ihnen folgten Holländer, Franzosen und Engländer, wie beispielsweise die Gebrüder Schouten, Abel Janszoon Tasman, William Dampier, Jean-François La Pérouse und der alle überragende James Cook (1728–1779), der mit seinen Forschungsreisen den Beweis für die Nichtexistenz eines riesigen Südkontinents erbrachte. Seit dem Beginn des 19. Jahrhunderts mehrten sich auch russische Weltumsegelungen, bei denen sich unter anderem Adam Johann Krusenstern (1770–1846) der wissenschaftlichen Untersuchung Indonesiens und Polynesiens widmete.

Europäischer Forschungsdrang und die Suche nach den Reichtümern legendärer Länder waren gleichermaßen bestimmend für die Entdeckungsreisen im Pazifik während des 16. und 17. Jahrhunderts. Spanien kolonisierte die Philippinen, die Marianen und Karolinen, Portugal nahm die Gewürzinseln südlich des Äquators in Besitz, die Niederlande versuchte, sich in Neuseeland und Australien festzusetzen, Frankreich konnte auf Neukaledonien und auf den Gesellschaftsinseln Fuß fassen. Im Verlauf des 19. Jahrhunderts wurde jedoch Großbritannien nach der Eingliederung Australiens und Neuseelands in das Empire zur dominierenden Kolonialmacht im Südpazifik. Erst Ende des 19. Jahrhunderts kamen deutsche Kolonisatoren nach Samoa sowie an die Gestade Melanesiens und Mikronesiens. Der Spanisch-Amerikanische Krieg von 1898 brachte die Nordamerikaner auf die Bildfläche. Hawaii war schon im Jahre 1851 zum Protektorat der Vereinigten Staaten von Amerika erklärt worden. Fünfzig Jahre später erfolgte die formelle Annexion, 1959 wurde die Inselgruppe in den US-amerikanischen Staatenbund aufgenommen.

Im Jahre 1900 hatten sich die Häuptlinge Ost-Samoas zur Abtretung der Inseln überreden lassen. Die US-Amerikaner bauten den fjordartigen Hafen von Pago-Pago zu einem Stützpunkt ihrer Kriegs- und Handelsflotte im Pazifik aus. Guam, die dritte Bastion, ist seit 1898 in US-amerikanischem Besitz.

Bis zum Ende des 19. Jahrhunderts vollzogen die europäischen Mächte und die Vereinigten Staaten die restlose Aufteilung und Besitzergreifung des »Inselkontinents«. Auf Landkarten findet man ihn seither in Rechtecke unterschiedlicher Größe aufgeteilt.

Nicht lange konnten sich die Deutschen ihres Kolonialbesitzes im Pazifik erfreuen. Nach dem Ersten Weltkrieg erhielt Australien den deutschen Teil Neuguineas sowie die Nebeninseln Neupommern und Neumecklenburg im Bismarckarchipel. West-Samoa in Polynesien ging an Neuseeland, der deutsche Besitz in Mikronesien kam nach Kriegsende unter japanische

Die Reisen von Kapitän James Cook, der im Jahre 1774 auf den Neuen Hebriden *(oben)* landete, führten den englischen Seefahrer auch nach Australien und Hawaii, wo er 1779 erschlagen wurde.

Die Ureinwohner von Ozeanien *(rechts)* begannen ihre Völkerwanderung aus Asien vor mehr als 5000 Jahren. Sie zogen auf Einbäumen und Katamaranen *(oben)* von Insel zu Insel und wandten bereits hochentwickelte Navigationsmethoden an. Ozeanien besteht aus drei verschiedenen Kulturräumen: Melanesien und Mikronesien wurden zuerst besiedelt, einige Jahrhunderte später folgte die Kolonisierung Polynesiens. Europäer kamen im 16. Jahrhundert zum ersten Mal nach Ozeanien – nach Magalhães Pazifiküberquerung im Jahre 1521. Spanien, Frankreich, Deutschland, Großbritannien und später auch Japan und die Vereinigten Staaten von Amerika erlangten Besitzungen in der Südsee. Nach dem Zweiten Weltkrieg wurden zahlreiche Inselgruppen unabhängig.

OZEANIEN

Treuhandschaft. Die Japaner benutzten die Inseln Mikronesiens im Zweiten Weltkrieg als Sprungbrett für die Eroberung der Philippinen, Indonesiens, Neuguineas, der Salomonen und Neuen Hebriden und für ihren Angriff auf Pearl Harbor. In Australien und Neuseeland, auf den Inseln Hawaiis, Polynesiens und Melanesiens organisierten die US-Amerikaner und ihre Alliierten die Gegenoffensive. Zäh und verlustreich wurde um starkbefestigte Inselstützpunkte und unbewohnte Atolle gekämpft. Nach der Niederlage Japans wurden die Vereinigten Staaten immer mehr zur beherrschenden Macht im Pazifik. Sie unterstützten zwar den Unabhängigkeitsprozeß junger Inselstaaten, waren aber gleichzeitig auch darauf bedacht, die Inselgruppen in ihr Verteidigungssystem zwischen Alaska und Australien einzubinden.

Viele junge unabhängige Kleinstaaten wie Kiribati, Tuvalu und Vanuatu sind ohne ausländische Unterstützung nicht lebensfähig. An seinen Rändern ist der pazifische Raum zu einem wirtschaftlichen Kraftfeld erster Ordnung geworden. Heute werden bereits mehr Warenströme durch den Pazifik geleitet als durch den Atlantik. Manche Geostrategen prophezeien dieser Region eine ähnlich wichtige Rolle, wie sie der Atlantik in unserer Zeit spielt und das Mittelmeer in der Antike gespielt hat. Der umfassendste politische und wirtschaftliche Zusammenschluß im Pazifikraum ist die Südpazifik-Konferenz mit Sitz in Nouméa (Neukaledonien), in der außer den selbständigen Staaten der Region auch die abhängigen Gebiete sowie Großbritannien, Frankreich und die USA vertreten sind. Stärker politisch orientiert ist das Südpazifik-Forum, dessen 16 Mitgliedsstaaten sich zu regelmäßigen Konferenzen in Suva (Fidschi) treffen. Neben politischen Themen, wie die Beendigung der Atomwaffentests, werden wirtschaftliche Probleme, Fragen des Handels und der Telekommunikation sowie Umweltfragen behandelt.

🇵🇰 PAKISTAN

Pakistan ist ein noch junges Land, das mit der Unabhängigkeit des kolonialen Britisch-Indien im Jahre 1947 erstmals auf der politischen Landkarte Südasiens erschien und in seinen heute gültigen Grenzen erst seit 1971 besteht. Geschichte und Kultur Pakistans sind jedoch ungleich älter und reicher. Sie lassen die von innenpolitischen Krisen und nationalen Identitätsproblemen häufig erschütterte Republik Pakistan als eines der geschichts- und kulturträchtigsten Länder erscheinen.

Eine 5000 Jahre alte Zivilisation, die bis in die Bronzezeit zurückverfolgt werden kann, wird durch zahlreiche antike Fundstellen der Induskultur dokumentiert, am spektakulärsten durch die ausgegrabenen Städte Mohenjo-Daro am Indusfluß und Harappa, das am Ufer des Ravi im Punjab liegt. Die Ausgrabungen dokumentieren eine erstaunlich hohe Zivilisationsstufe. Die antike Blüte in dieser Region, begründet durch eine geniale Bewässerungskultur am Indus und seinen Nebenflüssen im Punjab, setzte sich durch die weitere Geschichte fort. So spektakulär auch der Vormarsch von Alexander dem Großen (356–323 v. Chr.) über den Hindukusch bis an den Indus war, die deutlichsten historischen Prägungen des Landes stammen aus verschiedenen persischen und indischen Reichen und Dynastien, womit zugleich islamische sowie buddhistische und hinduistische religiöse wie geistige Strömungen einzogen. Die zur Gründung Pakistans führende Zugehörigkeit zum Islam, der bis heute die staatstragende Religion ist, stammt aus der Herrschaftszeit der Großmogul, die Anfang des 16. Jahrhunderts den Subkontinent eroberten und die Verbreitung des Islam durchsetzten. Als das Großmogul-Reich während der britischen Kolonialzeit auseinanderbrach, mußte der Islam seine religiöse und geistige Führungsrolle auf dem Subkontinent an den Hinduismus abtreten. Ihre islamische Prägung behielten allerdings der Nordwesten des Subkontinents und Bengalen, die im Zuge der britisch-kolonialen Hinduisierung ihre islamische Bindung eher noch intensivierten, womit sich zugleich der hinduistisch-islamische Kontrast bzw. Konflikt im kolonialen Britisch-Indien verschärfte.

Die Geburt Pakistans als ein eigenständiger Staat für die Moslems wurde durch keinen Geringeren als den berühmten Urdu-Schriftsteller und Philosophen Muhammad Iqbal (1873 bis 1938) in einer Rede auf der Jahrestagung der Moslem-Liga im Jahre 1930 initiiert. Die schon 1906 gegründete Moslem-Liga verstand sich als Sprachrohr und Plattform für die religiöse, kulturelle und politische Emanzipation der moslemischen Minderheit Britisch-Indiens gegenüber den Hindus und ihrer »Indian National Congress Party«. Iqbals Vision eines moslemischen Staates im Nordwesten des Subkontinents griff zusehends auf die Regionen der zukünftigen Provinzen Punjab, Kaschmir, Sindh, Belutschistan und North West Frontier Province über:

1104

PAKISTAN

aus ihren Namen wurde schon 1930 der Name des neuen, projektierten Staates, »Pakistan« konstruiert.

Die Vision wurde zur Forderung, als auf der Jahrestagung der Moslem-Liga 1940 die sogenannte »Pakistan Resolution« verabschiedet und damit zugleich die »Zwei-Nationen-Theorie« manifestiert wurde; dabei sollten die Rechte von Hindus und Moslems durch zwei eigenständige Staaten gewährleistet werden. Ergänzt wurde die Forderung nach einem einzigen moslemischen Staat Pakistan durch die Einbeziehung von Bengalen, die tatsächlich auch mit der Unabhängigkeit des kolonialen Britisch-Indien Realität wurde: Der neue, im Jahr 1947 gegründete Staat Pakistan bestand aus den beiden, über 1500 km getrennt voneinander liegenden Landesteilen West- und Ostpakistan.

Trotz des Grundprinzips der Grenzziehung zwischen Pakistan und Indien, das die mehrheitlichen Religionsverhältnisse berücksichtigte, war die territoriale Neugliederung des Subkontinents mit erheblichen Problemen verbunden. Gewaltige Flüchtlingsströme bewegten sich zwischen den beiden neuen Staaten, die die Wirtschaft mit unersetzbaren Abwanderungen auf der einen und mit nicht zu verkraftenden Zuwanderungen auf der anderen Seite belasteten; darüberhinaus verschärften sich die Probleme der religiösen Minderheiten in den Abwanderungsgebieten. Die praktizierte Grenzziehung zerteilte im Falle des Punjab und Bengalens auch zwei geographisch homogene Räume, und im Falle von Jammu und Kaschmir bestehen bis heute noch provisorische, aus dem Waffenstillstand von 1948 resultierende Grenzen. Wie prekär im Falle des Punjab die Grenzziehung war, zeigt sich am Schicksal der Sikhs: Aufgrund ihres angespannten Verhältnisses zu den Moslems verließ ein großer Teil der Sikhs ihre angestammte Heimat im westlichen Punjab, als dieser dem neuen Staat Pakistan zufiel.

Der territoriale Zusammenschluß zu Pakistan erfolgte aus ungleichen Räumen, die sich – trotz des religiösen Bindeglieds – in ihrer geschichtlichen und kulturellen Tradition wie auch in der räumlichen Ausstattung unterschieden. Zum Landesteil Westpakistan wurden Sindh, Belutschistan, die North West Frontier Province und Teile des Punjab mit einer Reihe von kleinen Prinzenstaaten zusammengelegt.

Der von Westpakistan durch über 1500 km indischen Territoriums getrennte Landesteil Ostpakistan wurde aus den östlichen Teilen von Bengalen und dem größeren Teil des Sylhet-Distrikts gebildet. Nach der Größe und Einwohnerzahl ergaben sich für beide Landesteile sehr unterschiedliche Anteile. Flächenmäßig dominierte Westpakistan mit 85 % der Gesamtfläche, während auf Ostpakistan 15 % entfielen. Hinsichtlich der Einwohnerzahl aber dominierte Ostpakistan mit 54 % gegenüber 46 % für Westpakistan. In beiden Landesteilen war die Landwirtschaft der einzige Wirtschaftszweig.

PAKISTAN: DER STAAT

Mit der Gründung des eigenständigen Staates Pakistan im Jahre 1947 hatten sich die Forderungen nach einem islamischen Heimatland auf dem indischen Subkontinent erfüllt. Für den jungen Staat Pakistan galt es zu demonstrieren, daß der Islam als religiöses Fundament auch ein geistiges und politisches Instrument auf dem Wege zu einer homogenen Nation darstellen und den Gefahren eines Regionalismus zwischen beiden Landesteilen begegnen kann.

Pakistan hat dieses zu hoch gesteckte Ziel nicht erreicht. Sowohl politisch als auch wirtschaftlich war das Land auf die Unabhängigkeit kaum vorbereitet. Die Kräfte zur Durchsetzung der geistig-religiösen Ziele des jungen Staates erlahmten, als schon ein Jahr nach der Gründung Pakistans dessen geistiger Vater Mohammed Ali Jinnah (1876–1948) starb und drei Jahre später der erste Ministerpräsident Liakat Ali Khan (1895–1951) ermordet wurde. Die Folge waren Unruhen, Streiks und Massendemonstrationen, die nur zwei Jahre nach der Verabschiedung der ersten Verfassung von 1956 sowie der Ausrufung der »Islamischen Republik Pakistan« zur Ablösung der Demokratie durch eine elf Jahre dauernde Militärdiktatur führte. Die zweite Verfassung, 1962 verabschiedet, berücksichtigte zwar in stärkerem Maße die Interessen Ostpakistans und zeitigte sogar teilweise als vorbildlich anerkannte wirtschaftliche Erfolge, dennoch blieb eine dauerhafte innenpolitische und wirtschaftliche Stabilisierung aus. Der stärker werdenden öffentlichen Kritik beugte sich der Militärdiktator Ayub Khan (1907–1974), dessen Nachfolger General Jahja Khan (1917–1980) im Jahre 1969 die Verfassung außer Kraft setzte, die Nationalversammlung auflöste und das Kriegsrecht verhängte.

Im Zeichen wachsender Entfremdung der bengalischen Bevölkerung Ostpakistans fanden gegen Ende 1970 die ersten freien und direkten Wahlen zur Nationalversammlung statt. Das Wahlergebnis bestätigte jede der beiden Regionalparteien für ihren Landesteil als Wahlsieger und untermauerte offenkundig die Teilung Pakistans. Durch das Ergebnis der Wahlen hinsichtlich der Autonomiebestrebungen bestärkt, führte der sich immer stärker artikulierende ostpakistanische Regionalismus zur Proklamation des eigenständigen Staates Bangladesch. Nach dem Einmarsch westpakistanischer Truppen griff auch Indien in den Bürgerkrieg ein und erzwang als Verbündeter Ostpakistans die Kapitulation Westpakistans.

Damit war die Sezession Ostpakistans als neuer Staat Bangladesch vollzogen, und gleichzeitig erfolgte im Dezember 1971 die Berufung des westpakistanischen Wahlsiegers Zulfikar Ali Bhutto (1928–1979) zum neuen Präsidenten. Sein Versuch einer Konföderation mit Ostpakistan scheiterte, was den Bruch zwischen den beiden pakistanischen Landesteilen endgültig besiegelte.

Unter Bhutto gab sich Pakistan im Jahre 1973 eine neue Verfassung, die am staatstragenden Prinzip des islamischen Sozialismus auf der Grundlage einer föderativen Republik festhielt. Nach dem Wahlsieg des Präsidenten und seiner regierenden »Pakistan People's Party« 1977 kam es zu blutigen Unruhen und Streiks, da man Wahlfälschungen der Regierungspartei vermutete. Nach einem Militärputsch übernahm General Mohammed Zia ul-Haq (1924–1988) die Macht in Pakistan, verbannte den abgewählten Präsidenten ins Gefängnis und ließ ihn 1979 hinrichten. Zias sozialistisches Regime endete

Daten und Fakten

DAS LAND
Offizieller Name: Islamische Republik Pakistan
Hauptstadt: Islamabad
Fläche: 796 095 km²
Landesnatur: Im N Karakorum u. Himalaya, dann Hügelland, im SW Mittelgebirge u. Hochflächen, im SO Industrieland
Klima: Subtropisch-kontinentales Klima
Hauptflüsse: Indus, Chanab, Sutlej
Höchster Punkt: Mount Godwin Austen (K 2) 8611 m
DER STAAT
Regierungsform: Republik
Staatsoberhaupt: Staatspräsident
Regierungschef: Ministerpräsident
Verwaltung: 4 Provinzen
Parlament: Zweikammerparlament, bestehend aus Nationalversammlung (217 für 5 Jahre gewählte Mitglieder) u. Senat (87 für 6 Jahre indirekt gewählte Mitglieder)
Nationalfeiertag: 23. März
DIE MENSCHEN
Einwohner (Ew.): 152 331 000 (1999)
Bevölkerungsdichte: 191 Ew./km²
Stadtbevölkerung: 37 %
Bevölkerung unter 15 Jahren: 42 %
Analphabetenquote: 56 %
Sprache: Urdu, Pandschabi, Sindhi, Paschtu
Religion: Moslems 97 %, Hindus 2 %
DIE WIRTSCHAFT
Währung: Pakistanische Rupie
Bruttosozialprodukt (BSP): 63 159 Mio. US-$ (1998)
BSP je Einwohner: 480 US-$
Inflationsrate: 11,1 % (1990–98)
Importgüter: Erdöl u. -produkte,

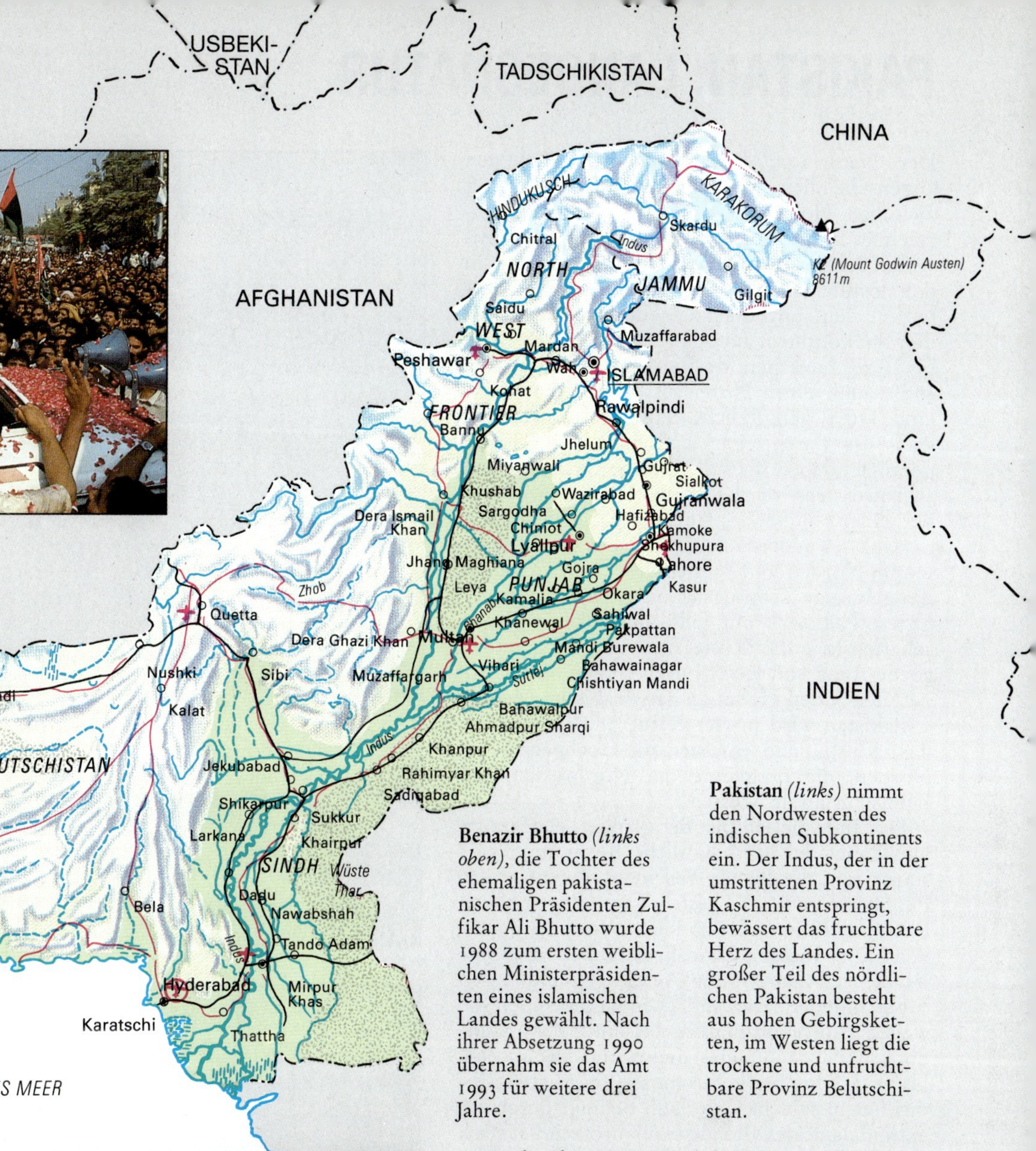

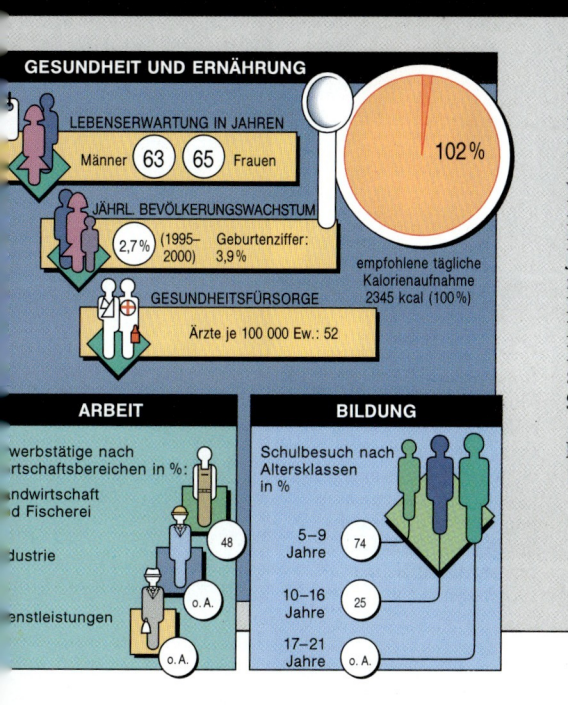

Benazir Bhutto (links oben), die Tochter des ehemaligen pakistanischen Präsidenten Zulfikar Ali Bhutto wurde 1988 zum ersten weiblichen Ministerpräsidenten eines islamischen Landes gewählt. Nach ihrer Absetzung 1990 übernahm sie das Amt 1993 für weitere drei Jahre.

Pakistan (links) nimmt den Nordwesten des indischen Subkontinents ein. Der Indus, der in der umstrittenen Provinz Kaschmir entspringt, bewässert das fruchtbare Herz des Landes. Ein großer Teil des nördlichen Pakistan besteht aus hohen Gebirgsketten, im Westen liegt die trockene und unfruchtbare Provinz Belutschistan.

1988 durch seinen Tod bei einem Flugzeugunglück. Die anschließenden Wahlen gewann Benazir Bhutto (* 1953) an der Spitze der von ihrem Vater gegründeten »Pakistan People's Party«. Sie bildete eine Koalitionsregierung, die jedoch bereits 1990 wegen des Vorwurfs der Korruption vom Staatspräsidenten entlassen wurde. Auch die islamistische Regierung von Nawaz Sharif (* 1949) konnte sich nur kurze Zeit im Amt halten. Nach den vorgezogenen Neuwahlen 1993 übernahm wieder Benazir Bhutto das Amt des Regierungschefs. Schon bald zeigte sich, daß auch diese neue Regierung Bhutto nicht in der Lage war, die vielfältigen innenpolitischen Probleme des Landes zu lösen. Dies betraf sowohl das Erstarken des islamischen Fundamentalismus als auch die schlechte Wirtschaftslage. Vor diesem Hintergrund konnte die erneute Amtsenthebung Benazir Bhuttos im Oktober 1996 nicht überraschen. Nach wiederum vorgezogenen Neuwahlen wurde Nawaz Sharif Premierminister. Im Oktober 1999 wurde die Regierung durch einen Putsch gestürzt. Die Regierungsgeschäfte übernahm ein sogenannter Sicherheitsrat.

Fahrzeuge, Transportausrüstungen, Maschinen, chem. Produkte
Exportgüter: Baumwollgarne u. -gewebe, Rohbaumwolle, Reis, Häute, Felle
Handelspartner: Japan, USA, Großbritannien, BRD u. andere EU-Länder, Saudi-Arabien, Indonesien, VR China
Eisenbahnnetz: 8163 km
Straßennetz: 128 120 km (befestigt)
Fernsehgeräte je 1000 Ew.: 88

PAKISTAN: LANDESNATUR

Der Naturraum Pakistans wird durch den augenscheinlich zutagetretenden Gegensatz zwischen Hochgebirge und Tiefland gekennzeichnet. An der Nordwestflanke des südasiatischen Subkontinents gelegen, hat Pakistan in den nördlichen und westlichen Landesteilen Anteil an den jungen Faltengebirgssystemen, die den Subkontinent umrahmen. Vom Gebirgsfuß bis zum Arabischen Meer erstreckt sich das vom Indus und seinen Nebenflüssen gebildete Tiefland. Die gegensätzliche Naturlandschaft Pakistans ist durch eine landschaftliche Vielfalt geprägt, deren Extreme karge Wüsten und schroffe, teils vergletscherte Hochgebirge auf der einen, blühende, fruchtbare Schwemmländer auf der anderen Seite sind. Die Gebirgsketten im Norden und Westen des Landes leiten in das gebirgige Zentralasien über; dagegen ist der Osten Pakistans mit teils unwirtlichen Landschaften (wie die Wüste Thar und die Salztonebene Rann von Kutch) nach Indien hin geöffnet, der Süden grenzt an das Arabische Meer.

Pakistan wird in vier Naturräume unterteilt: das Industiefland im Osten, die Hochgebirge im Norden, die Bergländer im Nordwesten und Belutschistan im Westen.

Das Industiefland ist der größte Lebensraum und damit der wirtschaftliche Kernraum Pakistans. Sein nördlicher Teil heißt Punjab – das Fünfstromland. Es besteht aus den flachen Schwemmfächern der im Himalaya entspringenden Flüsse Jhelum, Chanab, Ravi, Beas und Sutlej, die sich zum Punjnad vereinigen und in den Indus münden. Den südlichen Teil nehmen die weiten Aufschüttungsebenen und das Mündungsdelta des unteren Indus ein. Der in eine bis zu 150 km breite Stromoase eingebettete Indus hat in seinem Unterlauf, bedingt durch ein extrem niedriges Gefälle und jahreszeitlich stark schwankende Abflußmengen, im Laufe der Geschichte häufig sein Flußbett verändert und dabei große Flächen bewässerten Kulturlands zerstört. Die Wasserführung des Indus variiert bei Hochwasser im Sommer und Niedrigwasser im Winter/Frühjahr zwischen 30 000 und 560 m³/sec. Die hohe Sedimentfracht des Indus hat dazu geführt, daß sich das Delta in den vergangenen 2000 Jahren um 60 bis 100 km meerwärts vorgeschoben hat. Mit zunehmender Intensivierung der Bewässerungslandwirtschaft und dem Bau von modernen Stauwerken am Indus ist die Sedimentfracht zwar nicht reduziert, aber die Ablagerungen sind stromaufwärts sowie auf die Nebenflüsse verlagert worden.

Pakistan hat im Norden Anteil an den Gebirgssystemen Karakorum (mit dem K2, dem zweithöchsten Berg der Erde, 8611 m), Himalaya und Hindukusch. Die teils vergletscherten und unwegsamen Gebirgszüge sowie die entlegenen Hochtäler bilden den gebirgigsten und damit am schwersten zugänglichen Landesteil. In die abgeschiedenen Hochtäler haben sich kleine Völker mit ausgeprägter sprachlicher und kultureller Eigenständigkeit zurückgezogen

In der Provinz Sindh im Südosten Pakistans befahren diese Boote *(oben)* einen der zahlreichen Wasserwege am Unterlauf des Indus. Seit jeher bilden die verzweigten Seitenarme des Indusdeltas das bedeutendste Verkehrsnetz dieser Region.

Der strategisch wichtige Bolanpaß *(rechts)* verbindet das Industiefland mit Quetta, der Hauptstadt der Provinz Belutschistan. Dieses ausgedehnte, trockene Steppen- und Wüstenhochland gehört zum Iranisch-Afghanischen Hochland.

PAKISTAN

Dichter Zedernwald *(links)* bedeckt die Hügel nahe des Fürstenpalastes von Swat. Intensive landwirtschaftliche Bearbeitung hat die Täler im Norden Pakistans in fruchtbare Ackerbaugebiete verwandelt.

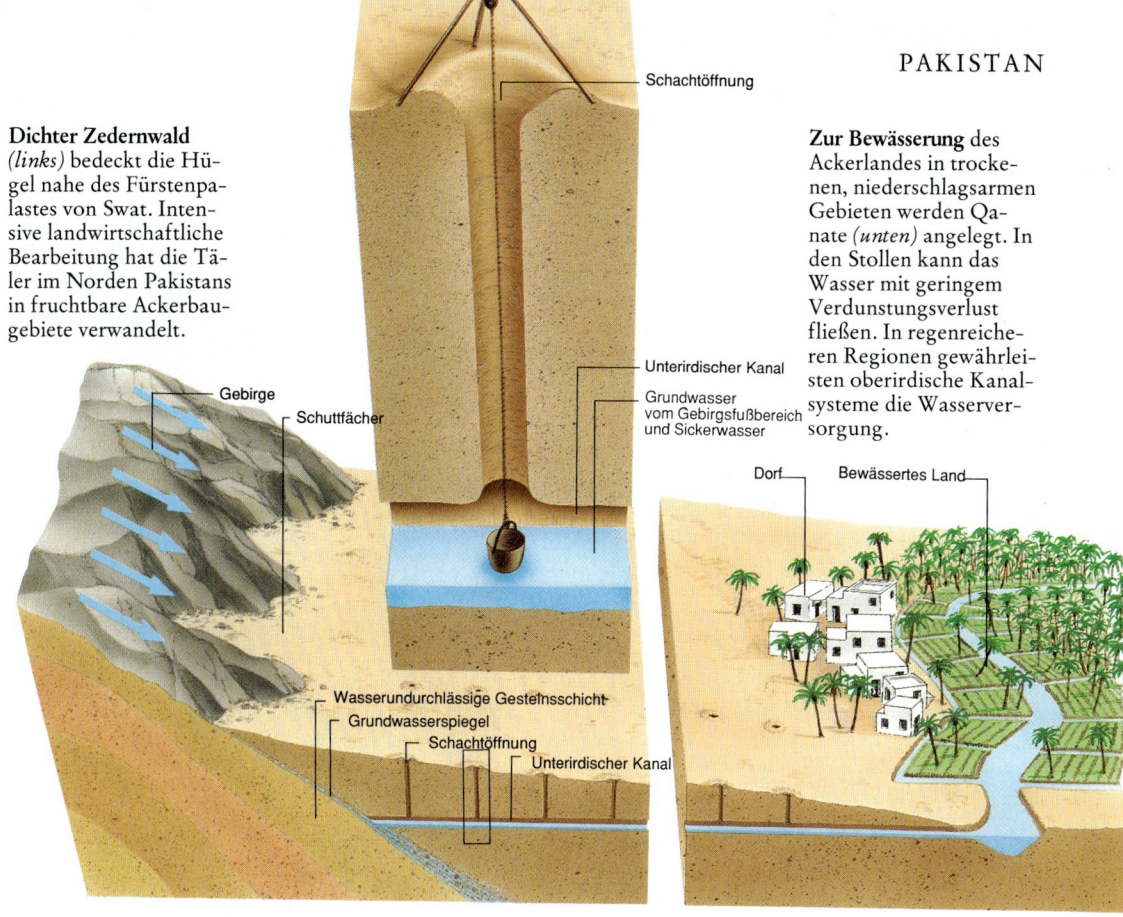

Zur Bewässerung des Ackerlandes in trockenen, niederschlagsarmen Gebieten werden Qanate *(unten)* angelegt. In den Stollen kann das Wasser mit geringem Verdunstungsverlust fließen. In regenreicheren Regionen gewährleisten oberirdische Kanalsysteme die Wasserversorgung.

und Fürstentümer, z. B. Swat, Chitral und Dir, gebildet. Bis zur Staatsgründung von Pakistan konnten sie ihre politische Autonomie bewahren. Mit dem Bau des Karakorum Highway durch das Hunza-Tal sind sie auch verkehrsmäßig angebunden, so daß sie für Handel und Tourismus geöffnet sind.

Die Bergländer im Nordwesten Pakistans sind überwiegend kahl, zum Teil verkarstet, aber dank zahlreicher eingesenkter Becken, von denen Peshawar, Bannu und Kohat die wichtigsten sind, seit altersher durch intensive künstliche Bewässerung blühende Agrarregionen. Seitdem die reichlich vorhandene Wasserkraft zur Energiegewinnung genutzt wird, haben sich hier einige der bedeutendsten Industriestandorte Pakistans entwickelt. Zentrum dieser überwiegend von Pathanen bewohnten Region ist Peshawar, dessen traditionell große wirtschaftliche Bedeutung durch die Lage am östlichen Zugang zum Khaibarpaß begründet ist.

Die zum Iranisch-Afghanischen Hochland gehörende Region Belutschistan besteht in ihrem östlichen Teil aus zahlreichen Gebirgsketten aus Kalken und Sandsteinen, die nach Süden hin fingerförmig und zugleich verflachend auseinanderstreben, während den westlichen Teil abflußlose Hochbecken, Sandwüsten und Salztonebenen einnehmen. Die durch die ariden klimatischen Verhältnisse spärlichen landwirtschaftlichen Ressourcen ermöglichen nur eine auf die Selbstversorgung gerichtete Oasenwirtschaft, ergänzt durch nomadische Viehhaltung.

In Pakistan herrschen große klimatische Unterschiede. Das Tiefland im Süden des Landes liegt im subtropischen Klimabereich und wird östlich der Sülaimanketten von den Ausläufern des Monsuns beeinflußt. Westlich der Gebirgsketten und zu den Hochgebirgen hin geht es in Kontinentalklima über mit einer langen Winterperiode von Oktober bis April. Während dieser Zeit sinken die Temperaturen auf Werte, die deutlich unter dem Gefrierpunkt liegen.

Hier liegt auch die Regenzeit im Winter mit Niederschlägen über 1000 mm, dagegen fallen im Süden in den Monaten Mai bis September, zur Zeit extrem hoher Temperaturen (über 30 °C), die Hauptniederschläge bei einem Jahresmittel von 100 bis 200 mm.

Die Pflanzenwelt ist in Pakistan aufgrund der landschaftlichen Vielfalt sehr artenreich und reicht von tropischer und subtropischer Vegetation bis zu den tundrenartigen Rasen der Hochgebirgsregion. Doch die Gras- und Strauchfluren der Steppen und Wüsten beherrschen das Landschaftsbild und gehören zu den charakteristischen Vegetationsformationen des Landes. Überweidung und Abholzung haben das spärliche Pflanzenkleid und die Wälder entlang der Flüsse weitestgehend vernichtet. Auch in den Gebirgen sind die einst ursprünglichen Eichen- und Koniferenwälder stark zurückgedrängt worden. Heute sind nur noch 2 % der Landesfläche bewaldet.

PAKISTAN: WIRTSCHAFT

Pakistans Wirtschaft ist trotz begleitender politischer Krisen von einem ständigen Wachstum gekennzeichnet, dank finanzieller Unterstützung aus dem Ausland. Aufgrund der natürlichen Ressourcen genießt die Landwirtschaft, speziell der Feldbau, die größte volkswirtschaftliche Bedeutung. Viehzucht wird als extensive Weidewirtschaft in den nicht-bewässerbaren Teilen des Industieflandes oder als nomadische Viehhaltung in Belutschistan und in den nordwestlichen Bergländern betrieben.

Bedingt durch die geographischen Verhältnisse können in Pakistan nur rund 30 % der Gesamtfläche landwirtschaftlich genutzt werden. Unerläßliche Voraussetzung für den Ackerbau ist die künstliche Bewässerung, die durch Kanalbewässerung auf drei Viertel des gesamten Ackerlandes eine sichere Feldbestellung gewährleistet. Dabei sorgen die sommerlichen Monsunregen wie auch die Regenfälle im Winter zusammen mit der Schnee- und Gletscherschmelze des Indus und seiner Nebenflüsse für ausreichende Wassermengen. Das größte geschlossene Bewässerungsgebiet ist der Punjab, wo durch ein weitverzweigtes, geniales Netz von Haupt- und Nebenkanälen die Flüsse Jhelum, Chanab und Ravi miteinander verbunden sind und dadurch die Wassermassen reguliert werden können. Den Grundstein dieser Technik legten die britischen Kolonialherren, die mit Stauanlagen und Kanalbauten eine systematische und flächendeckende Erschließung des Punjab durchführten und die bis dahin dürftigen Weidegründe nomadisierender Viehhalter in fruchtbares, sicher zu nutzendes Ackerland mit zwei Ernten im Jahr verwandelten.

Mit der Unabhängigkeit des südasiatischen Subkontinents und der Teilung des Punjab durch die indisch-pakistanische Grenze traten vor allem im pakistanischen Teil erhebliche Engpässe in der Kanalbewässerung auf. Die Ursache dafür war, daß die Quellgebiete und Oberläufe aller fünf Ströme des Punjab auf indisches Territorium fielen und Indien die Wassermassen auf sein Gebiet lenken konnte. Der erst 1960 mit Hilfe der Weltbank geschlichtete »Kanalwasserstreit« sprach Pakistan das Recht zu, die Abflußspende der drei westlichen Ströme Indus, Jhelum und Chanab für sich zu nutzen. Zusätzlich bemühte sich Pakistan durch gigantische Staudämme und Wasserkraftwerke, die Bewässerungs- und zugleich Energiekapazität des Landes zu steigern.

Trotz der günstigen bewässerungstechnischen Voraussetzungen des auf den Weizenanbau konzentrierten Feldbaus hat die Landwirtschaft mit Problemen zu kämpfen, die sich in dem trockenen Klima als Folge der Vernässung und Versalzung der Böden ergeben.

Basierend auf kräftigen staatlichen Subventionen für Hochertragssorten und für einen vermehrten Einsatz von Handelsdünger und Pflanzenschutz, gelang Pakistan bereits in den 60er Jahren eine Steigerung seiner Agrarproduktion,

PAKISTAN

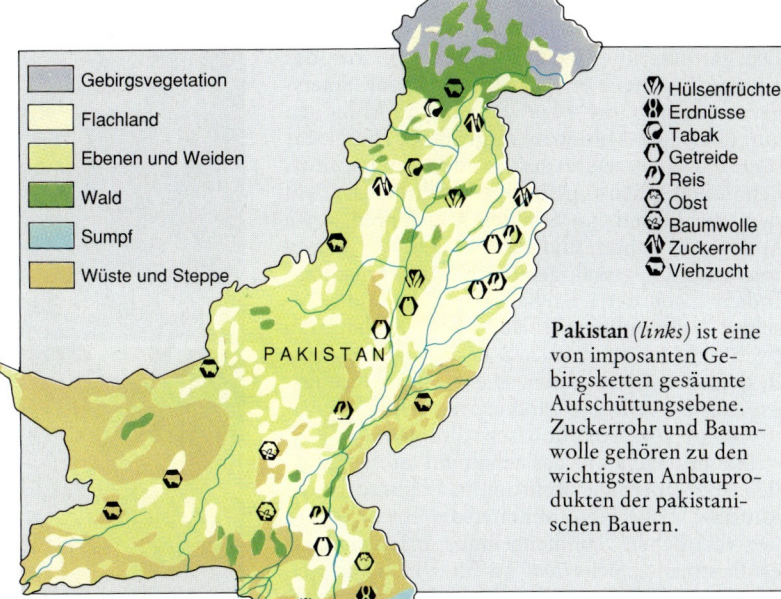

Die grünen Felder von Hunza *(links)* im Karakorum bezeugen die Fruchtbarkeit dieses kleinen Tales. Viele Hunza werden über 90 Jahre alt, möglicherweise aufgrund des mineralhaltigen Gebirgswassers.

Pakistanische Teppichknüpfer *(unten)*, hier zwei Arbeiter in einer Fabrik in der im Punjab gelegenen Stadt Lahore, sind für die von ihnen hergestellten kunstvollen Teppiche berühmt. In unserer Zeit wurde dieses Handwerk mechanisiert.

Pakistan *(links)* ist eine von imposanten Gebirgsketten gesäumte Aufschüttungsebene. Zuckerrohr und Baumwolle gehören zu den wichtigsten Anbauprodukten der pakistanischen Bauern.

Auf einem Markt in Belutschistan werden Büffel und Ochsen zum Kauf angeboten *(rechts außen)*. Obwohl die Regierung die Modernisierung fördert, sind diese Tiere für die Bauern bei der Bearbeitung des Landes immer noch unverzichtbar.

Frisch gepflückte Baumwolle *(links)* vor dem Abtransport in die Verarbeitungsbetriebe. Baumwolle ist der Rohstoff für den bedeutendsten Industriezweig des Landes: Baumwollkleidung und -garn sind die Hauptausfuhrprodukte Pakistans.

deren Anerkennung im Ausland das Schlagwort von der »Zweiten Grünen Revolution« in Pakistan auslöste. Die Entwicklung hielt hinsichtlich des Getreides, wie Reis und Weizen, und der Hülsenfrüchte, aber auch der Industriepflanzen wie Baumwolle, Tabak und Hanf in den 70er und 80er Jahren an und führte zu einer weitestgehenden Eigenversorgung des Landes mit Nahrungsmitteln. Die in der Vergangenheit praktizierte Flächenintensivierung des Ackerbaus gilt auch für die Zukunft als Garant für eine landwirtschaftliche Produktionssteigerung.

Die Industrie ist in Pakistan erst relativ gering entwickelt. Das Land verfügt nur über begrenzte Ressourcen für eine nicht-agrarische Wirtschaftsentwicklung. Am bedeutendsten sind die Vorkommen an Chrom- und Eisenerzen sowie an Uranerz. Die Erdgasvorkommen im Industietiefland und die Nutzung der Wasserkraft, die noch beträchtlich ausgebaut werden kann, decken einen Teil des Energiebedarfs. Die Vorräte an Erdöl und Kohle sind begrenzt. Daher beschränkt sich das produzierende Gewerbe hauptsächlich auf die Verarbeitung der im Land angebauten Agrarprodukte. Führende Industriezweige sind die Textil- und die Nahrungsmittelindustrie. Ursprünglich kleingewerblich und auf die Heimindustrie ausgerichtet, hat sich eine moderne Textilindustrie auf die Weiterverarbeitung der heimischen Baumwolle spezialisiert. Sie liefert Baumwollgarne und -gewebe als wichtiges Exportprodukt. Kunstseiden und -fasern haben die Baumwollverarbeitung ergänzt und die Bedeutung des Textilsektors weiter gesteigert. Für die Nahrungsmittelindustrie ist die Zuckergewinnung auf der Grundlage des heimischen Zuckerrohrs bedeutsam.

Aber auch das traditionsreiche Kunsthandwerk, besonders die Produkte der Teppichknüpferei und -weberei, finden im Ausland große Anerkennung. Pakistan ist heute der bedeutendste Teppichexporteur der Welt.

PAKISTAN: DIE MENSCHEN

Die Bevölkerung Pakistans, bezogen auf das heutige Staatsgebiet, hat sich nach der Staatsgründung im Jahre 1947 von rund 30 Millionen auf über 150 Millionen vergrößert. Dieser rasante Zuwachs erklärt sich aus den durchschnittlich hohen Wachstumsraten von jährlich 4,7 % in den 60er Jahren, 2,9 % in den 70er Jahren, 3,3 % in den 80er Jahren und 2,8 % in den 90er Jahren sowie aus den gewaltigen Flüchtlingsströmen aus Indien (nach der Unabhängigkeit des südasiatischen Subkontinents) und aus Afghanistan (während der sowjetischen Besatzung des Landes) in den 80er Jahren. Diese »Bevölkerungsexplosion« stellt das Land inzwischen vor schier unlösbare sozio-ökonomische Probleme.

Hauptursache für das anhaltend rasche natürliche Bevölkerungswachstum in Pakistan ist die konstant hohe Geburtenrate, die ein Scheitern der staatlichen Familienplanung offenbart. Da es an sozialer Sicherheit im Alter mangelt, gelten viele Kinder immer noch als beste Altersversorgung. Die Sterberate ist nach wie vor ziemlich hoch, was auf schlechte hygienische und sanitäre Verhältnisse und auf mangelnde Ernährung mit der Folge eines insgesamt anfälligen Gesundheitszustandes weiter Kreise der Bevölkerung schließen läßt. Wenn 12 % der Neugeborenen vor Vollendung des ersten Lebensjahres und 25 % vor Vollendung des fünften sterben, wenn annähernd drei Viertel der Bevölkerung noch keinen Zugang zu sauberem Trinkwasser haben, so sind das untrügliche Zeichen für eine unzureichende Gesundheitsvorsorge der Bevölkerung. Die von staatlicher Seite unternommenen Anstrengungen zur Verbesserung der sozialen Infrastruktur des Landes werden von der Bevölkerungsexplosion aufgezehrt. Eine Senkung der hohen Wachstumsrate der Bevölkerung bleibt deshalb die Grundforderung, deren Durchsetzbarkeit angesichts zu vieler sozialer Defizite allerdings in den nächsten Jahren kaum möglich sein wird.

Neben einer starken Überjüngung der Bevölkerung – über 40 % aller Einwohner sind unter 15 Jahre – bedeutet auch die extrem ungleiche Verteilung der Bevölkerung eine demographische Belastung. Allein über die Hälfte aller Einwohner lebt in dem nur ein Viertel des Landes umfassenden Punjab. Im Vergleich zum Flächenanteil ist auch das untere Industieland, vor allem die Provinz Sindh, relativ übervölkert, ebenso, in jedoch noch stärkerem Maße, die nordwestlichen Bergländer bzw. die North West Frontier Province.

Mit den vier großen Landesteilen stimmt weitgehend die ethnische Gliederung der Bevölkerung überein, die zugleich auch eine sprachliche ist. Danach ist Punjabi die führende, von der Hälfte aller Einwohner gesprochene Sprache, mit großem Abstand gefolgt von den Sindhi sprechenden Einwohnern des Sindh und den Paschtu sprechenden Bewohnern der nordwestlichen Bergländer. Sprachlich und ethnisch in der Minderzahl sind auch die Volksgruppen der Brahui und Belutschi in Belutschistan. Amtssprache in Pakistan ist Urdu, während Arabisch Kultursprache des Islam und Englisch die Umgangssprache der Elite und Oberschicht ist. Die Vielfalt der gesprochenen und geschriebenen Sprachen erschwert den nationalen Zusammenhalt Pakistans.

Die Grenzlage des Landes zwischen Vorder- und Südasien hat im Laufe der Zeit zu vielfältigen rassischen Einflüssen wie auch Vermischungen geführt, sichtbar in verschiedenartigsten Farb- und Typschattierungen.

Das soziale und religiöse Leben ist nachdrücklich vom Islam, dem fast alle Einwohner angehören, und in praktischer Hinsicht von der Lehre und den Pflichten des Koran und von der Tradition geprägt. Zu den religiösen Pflichten gehören das fünfmalige tägliche Gebet, das Fasten im Monat Ramadan, die Armensteuer und die Pilgerfahrt nach Mekka. Im pakistanischen Alltag ist der Freitag der höchste Feiertag, der vor allem mit dem Mittagsgebet und der Predigt in den Moscheen begangen wird; das Geschäftsleben soll am Nachmittag ruhen. Auch in zahlreichen religiösen Sitten schlägt sich die starke islamische Bindung nieder, wobei in Pakistan mehr als anderswo der Geburtstag des Propheten den ganzen dritten Mondmonat hindurch gefeiert wird. Vielerorts in Pakistan finden auch lokale Heiligenfeste statt.

Pakistans Bevölkerung lebt bis heute zum überwiegenden Teil auf dem Lande, und Dörfer

Das Polospiel (*unten*) verlangt eine hervorragende Beherrschung der Pferde. Es wurde vor mehr als 3000 Jahren in Persien erfunden. Die Regeln der modernen Sportart sind allerdings im 19. Jahrhundert von britischen Offizieren entwickelt worden.

PAKISTAN

In Peshawar versammeln sich Moslems aus Anlaß eines religiösen Festes *(links)*. 1947 als moslemischer Staat gegründet, führt das Land seit 1957 den offiziellen Namen »Islamische Republik Pakistan«. Etwa 97 % der Bevölkerung gehören dem Islam an.

Ein Kalash-Mädchen *(unten)* mit traditionellem Kopfschmuck. Die Kalash sind eine kleine ethnische Gruppe, die in den Bergen der Region Chitral lebt. Sie sind keine Moslems und werden von den Pakistani als »kafir« (Ungläubige) bezeichnet.

bilden die typische Siedlungsform. In ihnen ist nach wie vor die traditionelle Gliederung der Einwohnerschaft in zwei tragende soziale Gruppen anzutreffen: die Landbesitzer und die Handwerker. Zu diesen Gruppen hinzu kommt ein breites Bauerntum aus freien Bauern mit eigenem Landbesitz, Halbpächtern, Kleinpächtern und Landarbeitern.

Der Anteil der städtischen Bevölkerung wächst überproportional schnell, bedingt durch einen starken Zustrom Jugendlicher vom Lande und insbesondere durch die gewaltigen Flüchtlingsströme, die in die Städte und dabei vor allem nach Karatschi gerichtet sind. Die erste Hauptstadt Pakistans (bis 1959) hat sich seit 1947 von rund 800 000 auf heute knapp 10 Millionen Einwohner (unter Einbeziehung des städtischen Umlands) explosionsartig vergrößert – mit nicht mehr zu verkraftenden jährlichen Wachstumsraten zwischen 6 und 8 %, die das hoffnungslos übervölkerte Karatschi in ein unvorstellbares Chaos an sozialen und hygienischen Mißständen stürzen. Die von Menschenmassen überquellende Stadt, deren Elendsviertel und Slums in schockierender Weise ausgeufert sind, kann längst nicht mehr ihre öffentlichen Versorgungs- und Dienstleistungsaufgaben erfüllen. Die Strom- und Wasserversorgung ist für große Teile der Stadt nicht gegeben; die Mißstände der sozialen Infrastruktur sind unaufholbar geworden.

Auf einem ländlichen Jahrmarkt *(rechts)* in der Nordwestprovinz fesselt ein Schlangenbeschwörer sein aus Angehörigen der Paschtunenstämme bestehendes Publikum. Diese Darbietung ist weniger grausam als die hier beliebten Hahnenkämpfe.

PAKISTAN: STADTKULTUREN AM INDUS

Auf der breiten Straße zwischen den Backsteinhäusern herrscht lebhaftes Treiben. Ladenbesitzer stellen ihre Waren aus, Bauern bringen Wagenladungen Getreide in die Stadt, städtische Arbeiter leeren die am Straßenrand aufgestellten Abfalleimer und warten die unterirdische Kanalisation. Kinder spielen mit mechanischem Spielzeug, mit Stieren mit beweglichen Köpfen oder Tonäffchen, die sie an Schnüren tanzen lassen. Der Verkehr besteht aus Ochsenkarren und nicht aus motorisierten Fahrzeugen, die Menschen sind mit Baumwolldecken und Lendenschurzen bekleidet, und dennoch würde heutigen Stadtbewohnern vieles an dieser Szene vertraut erscheinen. Diese Stadt blühte und verlosch jedoch vor Tausenden von Jahren, in der Bronzezeit. Heute ist sie eine gewaltige Ruine, die unter der Sindhi-Bezeichnung Mohenjo-Daro (»Stadt der Toten«) bekannt ist.

Bis zur Ausgrabung der Ruinen von Harappa im Jahr 1921 war die Existenz dieser Kultur unbekannt. Die Archäologen waren über die Freilegung einer ausgedehnten Stadt, die nach einem strengen und ausgefeilten Plan angelegt war, verwundert. 1922 wurde in einer Entfernung von etwa 550 km eine weitere Stadt ausgegraben, Mohenjo-Daro, deren Anlage auffallende Ähnlichkeiten aufwies. Man vermutet, daß beide Städte einen Umfang von fast 5 km hatten und von 30 000–40 000 Menschen bewohnt wurden. Die Ausgrabungen lieferten den Beweis für die Existenz der frühesten indischen Hochkultur. Mehr als 250 Ausgrabungsstätten sind untersucht worden. Trotz des gewaltigen Areals, über das sie verstreut sind, verweist die Einheitlichkeit der Stadtplanung, der Baustile und -materialien auf die Zugehörigkeit zu einer einzigen hochentwickelten Kultur.

Jede Stadt besteht aus Wohnhäusern, die durch breite Hauptverkehrs- und schmalere Nebenstraßen getrennt sind und von einem nach Westen gerichteten Erdwall oder einer Zitadelle beherrscht werden, auf dem bzw. in dessen Nähe sich die wichtigsten Bauten befinden. Dazu gehören riesige Getreidespeicher und in Mohenjo-Daro ein großes öffentliches Bad (11,9 x 7 m). Die Häuser sind von einheitlicher Bauart. Sie unterscheiden sich lediglich in ihrer Größe. Diese reicht von Bauten mit einem Raum bis zu großen Gebäuden, die mit mehreren Räumen und Innenhöfen versehen sind. Zur Hauptstraße sind die Hauswände geschlossen, da die Fenster und Türen zu den Seitenstraßen hin gerichtet sind. Diese bronzezeitlichen Wohnungen boten Annehmlichkeiten wie individuelle Wasserversorgung mit einem Brunnen in nahezu jedem Haus und überraschend modern anmutenden Badezimmern mit aus Ziegelsteinen gemauerten Sitztoiletten, die über eine Straßenkanalisation entsorgt wurden. Auch Werkstätten von Färbern, Töpfern und Kunsthandwerkern, die Metall verarbeiteten und Perlen- sowie Muschelschmuck herstellten, können nachgewiesen werden.

Diese alten Städte bezeugen eine hochentwickelte Kultur mit einer eindrucksvollen Zentralverwaltung. Die standardisierte Stadtplanung und die ungeheure Größe solcher Gebäude wie der kommunalen Getreidespeicher, in denen das Getreide aus dem Königreich gesammelt wurde, setzt ein hohes Niveau des Verkehrswesens voraus. Kanalisation und sanitäre Einrichtungen brauchen einen Vergleich mit heutigen Verhältnissen nicht zu scheuen. Über die Jahrhunderte wurden durch Überschwemmungen oder durch Erosion zerstörte Anlagen mehrfach in identischer Form wiederaufgebaut.

Das Straßensystem und die leistungsfähigen Abwasserkanäle verbergen jedoch von der Lebensweise der Bewohner Harappas ebensoviel wie sie uns offenbaren. Wir wissen, daß sie Landwirtschaft und Handel betrieben, Getreide und Baumwolle anbauten und die Überschüsse ins gesamte Industiefland exportierten. Über ihre Götter, Herrscher und ihren Verhaltens-

Die Ruinenstadt Mohenjo-Daro (unten) enthält eine ganze Reihe eindrucksvoller Bauwerke. Zur ausgedehnten Ausgrabungsstätte gehört das »Große Bad« (1), das sowohl als Gotteshaus als auch als öffentliches Bad genutzt wurde. Ein viele Jahrhunderte später erbauter buddhistischer Sakralbau (2) krönt die Zitadelle (3), in der sich auch ein Getreidespeicher (4) befindet. Das wohldurchdachte Straßennetz wurde unter Einbeziehung eines komplizierten Kanalisationssystems geplant.

In Mohenjo-Daro führen diese guterhaltenen Treppenstufen (oben) zu den Überresten eines Wohnhauses. Archäologische Ausgrabungen haben hier die Ruinen einer bedeutenden Stadt der Induskultur freigelegt, die von 2500 bis 1700 v. Chr. blühte.

PAKISTAN

kodex wissen wir jedoch nur wenig. Ihre piktographische Schrift ist lediglich in kurzen Inschriften überliefert und kann bis heute nicht entziffert werden. Es sind weder Tempel noch Paläste gefunden worden und nur wenige Kunstgegenstände sind erhalten geblieben.

Es gibt jedoch Hinweise, daß die Religion der Harapper im modernen Indien Spuren hinterlassen hat. Tönerne Tierfigürchen und sowohl reale als auch mythologische auf steinernen Stempeln eingravierte Tiere deuten auf eine Beziehung zur Tierwelt, die mit dem heutigen Hinduismus vergleichbar ist. Die sitzende gehörnte Gottheit auf einigen der Stempel ist der in Jogastellung dargestellte Hindugott Shiva. Wenn, wie man annimmt, das »Große Bad« in Mohenjo-Daro ein Gotteshaus war, so wurde dort die von den Hindus praktizierte rituelle Waschung vorweggenommen.

Ebenso bleibt der Beginn und das Ende der Harappa-Kultur ein Rätsel. Niemand weiß, wie sich aus den steinzeitlichen bäuerlichen Gemeinschaften eine Hochkultur entwickeln konnte. Man vermutet, daß der Indus selbst die notwendigen Voraussetzungen geschaffen hat. Die Fruchtbarkeit seines Tales machte es möglich, daß die Siedlungen zu blühenden Städten heranwuchsen und um ihren Wohlstand zu erhalten, waren die Menschen bei Hochwasser zu gemeinsamem Handeln gezwungen. Für die Landwirtschaft in dieser Region ist das Wasser des Indus auch heute noch lebenswichtig.

Seit etwa 1700 v. Chr. wurden die Indusstädte allmählich aufgegeben. Möglicherweise hat die zu intensive landwirtschaftliche Nutzung die Böden überbeansprucht oder die Verwaltungsstrukturen dieser weit verbreiteten Kultur zerbröckelten allmählich. Fast 4000 Jahre lang gerieten sie in Vergessenheit. Dennoch verdanken die städtischen Traditionen und einige der religiösen Glaubensanschauungen des modernen Indien der Induskultur ihren Ursprung.

Eine in Mohenjo-Daro gefundene kleine weibliche Tonfigur *(links außen)* verdeutlicht die Kontinuität der Religionen des indischen Subkontinents. Wie die heutigen Hindus verehrten sie die spirituelle Energie in Form der weiblichen Gestalt.

Dieses Tonspielzeug *(links)* erfreute im Altertum die Kinder von Mohenjo-Daro. Mit Ausnahme des Materials unterscheidet sich diese einfache Version eines Widders auf Rädern kaum von den Spielzeugen heutiger Kleinkinder.

PALAU

Schon beim Anflug sind die berückend schönen Inselgärten um Koror auszumachen – dichtbewachsene, aus türkisblauem Meer aufragende Eilande. Man nennt sie Rock Islands oder »Schwimmende Gärten«. Es sind Korallen- und Kalksteinbuckel, die durch jahrtausendelange Unterspülung vielfach ein pilzartiges Aussehen erhalten haben und wie prächtige Blumenschalen auf dem spiegelglatten, riffgeschützten Wasser schwimmen.

Es reizt ungemein, mit dem Boot durch diese Inselwelt zu fahren, sich von ständig wechselnden Ansichten überraschen zu lassen, lianenverhängte Höhlen zu betreten, im smaragdfarbenen Wasser zu schwimmen und zu tauchen, die exotisch bunten Fische zu beobachten und an unberührten Stränden zu träumen. Es ist eine Welt wie vor dem Sündenfall, die man erlebt – sofern man nicht durch übriggebliebene Trümmer des Zweiten Weltkrieges und Reste eines Trinkgelages aus dem Paradies in die Realität zurückgeholt wird.

Die Inselgärten gehören zu den westlichsten Karolineninseln, zur jungen Republik Palau oder Belau, wie die Bewohner sagen. Das Archipel besteht aus acht großen und über 300 kleinen Inseln; er gehört zum Gebiet von Mikronesien und wurde um 200 v. Chr. erstmals besiedelt. Größte Insel ist Babelthuap (Babeldaob), zwei Drittel der Bevölkerung leben jedoch auf dem erheblich kleineren Koror, das sich südlich anschließt. Etwa 85 % der Einwohner Palaus sind Mikronesier, 10 % Filipinos, die übrigen Chinesen, Weiße und Polynesier. Nur elf Inseln sind überhaupt bewohnt. Starkes Bevölkerungswachstum verbunden mit Bodenknappheit zwingt viele Palauer zur Auswanderung.

Traditionelles Kunsthandwerk *(oben)*, wie das Holzschnitzen, wird in Palau von Insulanern ausgeübt. Deren Arbeiten werden heute an Touristen verkauft.

Nach rund zweihundertjähriger spanischer Herrschaft war Palau 1898–1918 deutsche Kolonie. Zwischen den Weltkriegen stand es unter japanischem Völkerbundmandat und war bis zur Unabhängigkeit im Jahre 1994 UN-Treuhandgebiet der USA. Heute ist der Staat UNO-Mitglied. Da die Inselrepublik auf sich selbst gestellt kaum lebensfähig ist, schloß die Regierung einen Assoziierungsvertrag mit den USA, der die Außenpolitik und Verteidigung Palaus den Amerikanern überläßt. Washington verpflichtete sich, Wirtschaftshilfe in Höhe von 1 Milliarde US-Dollar an Palau zu leisten. Auf diese Einnahmequelle ist Palau dringend angewiesen, da die

Daten und Fakten

DAS LAND
Offizieller Name:
Republik Palau
Hauptstadt:
Koror
Fläche:
459 km²
Landesnatur:
Über 300 Inseln innerhalb eines Barriereriffs; landschaftliche Vielfalt von vulkanischen Gebirgen und Korallenatollen
Klima:
Tropisches Klima
Höchster Punkt:
Mount Ngerchelchauus 239 m
DER STAAT
Regierungsform:
Präsidiale Republik
Staatsoberhaupt:
Präsident

Verwaltung:
16 States
Parlament:
Zweikammerparlament mit Abgeordnetenhaus (16 Mitglieder) und Senat (14 Mitglieder); Wahl alle 4 Jahre
Nationalfeiertag:
1. Oktober
DIE MENSCHEN
Einwohner (Ew.):
19 000 (1999)
Bevölkerungsdichte:
41 Ew./km²
Stadtbevölkerung: 71 %
Bevölkerung unter 15 Jahren: 27 %
Analphabetenquote: 2 %
Sprache:
Englisch, Palauisch
Religion:
Katholiken, Protestan-

ten, Anhänger traditioneller Religionen
DIE WIRTSCHAFT
Währung: US-Dollar
Bruttosozialprodukt (BSP):
160 Mio. US-$ (1997)
BSP je Einwohner:
8800 US-$
Inflationsrate: o. A.
Importgüter:
Brennstoffe, Nahrungsmittel, Maschinen, Ausrüstungen
Exportgüter:
Fisch und -produkte, Muscheln, Kokosnüsse, Kopra
Handelspartner:
USA, Japan
Straßennetz: 61 km
Fernsehgeräte je 1000 Ew.: 579

Der Inselstaat Palau *(rechts)* liegt 800 km östlich der Philippinen und bildet einen Teil von Mikronesien. Acht größere Inseln sind von einem Korallenriff umgeben. Größte Insel ist Babelthuap (Babeldaob).

meisten Konsumgüter importiert werden müssen. Diesem Abkommen stimmte die Bevölkerung nach sieben gescheiterten Referenden erst 1993 zu. Auf der Basis dieses Vertrages wurde am 1.10.1994 die Unabhängigkeit proklamiert. Von der Opposition bekämpft wurde vor allem die Absicht der USA, den Hafen von Koror weiterhin mit Atomwaffen bestückten Kriegsschiffen anzulaufen. Erst nach Herabsetzung des Quorum für die Volksabstimmung von 75 % auf 50 % wurde das Abkommen schließlich angenommen. Der Tourismus entwickelte sich in den 1990er Jahren zur wichtigsten Devisenquelle. Daneben verkauft Palau Fischereilizenzen.

Viele dichtbewachsene, kleine Inseln *(links)* bilden eine grüne Kette im azurblauen Meer. Die nördlichen Inseln der Republik Palau sind sehr fruchtbar. Die südlichen Inseln sind nahezu baumlos. Korallenriffe schützen die Inseln vor der Meeresbrandung.

Amerikanischer Lebensstil

Die enge Bindung Palaus an die USA und der starke amerikanische Einfluß, der bis in das tägliche Fernsehprogramm reicht, führte bei der Bevölkerung zur Veränderung ihrer bisherigen Wertvorstellungen. Doch die Amerikanisierung scheint den Mikronesiern nicht zu bekommen, auch wenn es ihnen heute materiell besser geht als je zuvor. Früher versorgten sie sich mit Nahrung aus den fischreichen Gewässern und den eigenen Gemüsegärten. Heute liegt die einheimische Wirtschaft darnieder, und die meisten Nahrungsmittel werden eingeführt. Soziale Fürsorge ergab sich früher aus dem Zusammenhalt der Sippe. Die amerikanische Subventionspolitik hat viele Palauer zu Wohlfahrtsempfängern gemacht.

In Koror trägt heute niemand mehr einen Grasrock oder ein Lendentuch. Die jungen Palauer folgen der universalen Mode, viele von ihnen besuchen Schulen in Guam, Hawaii und Nordamerika. Die traditionellen »Männerklubhäuser«, die in ihrer hochentwickelten, selbst für Ozeanien seltenen Baukunst errichtet worden waren, sind auf den Inseln verschwunden. Lediglich auf dem Museumsgelände von Koror ist ein nachgebautes Exemplar zu bewundern, mit Schnitzarbeiten an den Außenwänden, die Sagen und geschichtliche Begebenheiten schildern. Die im Museum ausgestellten Schiffsmodelle, Flechtarbeiten, Schmuckstücke aus Muscheln und Korallen, vor allem die Holzschnitzereien, sind hervorragende Zeugnisse handwerklichen Könnens.

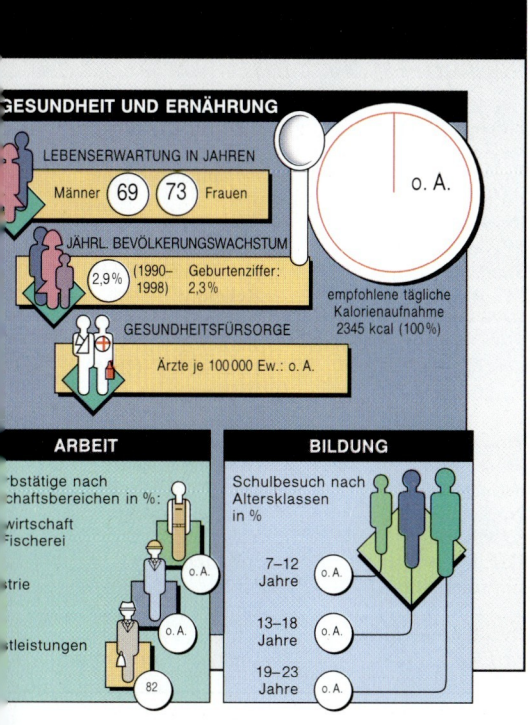

Eine farbenprächtige Bemalung eines traditionellen Männerhauses zeigt Insulaner *(rechts unten)*, wie sie der deutsche Maler Max Pechstein (1881–1955) 1914 von einer Reise nach Palau beschrieb: »Schlanke, bronzene Gestalten, in göttlicher Nacktheit, die Weiber nur mit kleinen Schürzen aus Kokos- oder Pisangfasern um die Hüften bekleidet. Wahrlich ein Paradies, wie ich es ersehnt hatte.«

PANAMA

Panama ist die jüngste der amerikanischen Republiken und verdankt seine Existenz eigentlich nur dem Kanal. Schon die spanischen Eroberer, die unter Rodrigo Galván de Bastidas (1460 bis 1526) 1502 das Land zum ersten Mal betraten, erkannten in der Landenge eine ideale Verbindungsmöglichkeit zwischen dem Atlantischen und dem Pazifischen Ozean. Bald gewann die Landenge ihre strategische Bedeutung als Verbindungsstück zu den Silberminen Perus. Die Überseetransporte wurden im karibischen Hafen Portobelo für die Überfahrt zusammengestellt. Nach der Eröffnung anderer Land- und Seerouten verlor Panama seine Bedeutung als Transitland. 1739 wurde es dem neuen Vizekönigreich von Neugranada (Großkolumbien) eingegliedert. Während sich die anderen Provinzen Zentralamerikas nach 1821 ihrer turbulenten »Freiheit« erfreuten, blieb Panama trotz einiger Abnabelungsversuche bis 1903 ein Anhängsel Kolumbiens.

Es waren dann die USA, die mit Hilfe von Kanonenbooten zur »Unabhängigkeit« verhalfen. Als Gegenleistung mußte die »Quasikolonie« vertraglich eine etwa 15 km breite Zone beiderseits des 1914 vollendeten Kanals auf »unbegrenzte Zeit« an die USA abtreten. Die neue Schutzmacht installierte zur »Verteidigung des Kanals« große Militärbasen in der Kanalzone mit sicherheitspolitischen Aufgaben für Mittel- und Südamerika. Für Panama war dagegen der Nutzen des Kanals ziemlich gering. Erst 1978 kamen nach mehreren vergeblichen Anläufen zwei Vertragswerke zustande, die bis zum 31. 12. 1999 eine stufenweise Übergabe von Kanal und Kanalzone in die alleinige Verfügungsgewalt von Panama vorsahen und seine Einnahmen aus dem Kanalbetrieb deutlich

Der Panamakanal *(unten)* verläuft mitten durch das Staatsgebiet der Republik Panama. Auf beiden Seiten schließt sich ein schmaler Gebietsstreifen an, die Kanalzone; sie gehörte seit dem Jahr 1903 zum Hoheitsgebiet der USA. Es wurde ein Vertrag zwischen Panama und den USA geschlossen, demzufolge die Hoheitsrechte sowohl am Kanal selbst als auch an der Kanalzone bis zum Jahr 2000 schrittweise an Panama übergingen, bei permanenter Neutralität in der Kanalzone.

Daten und Fakten

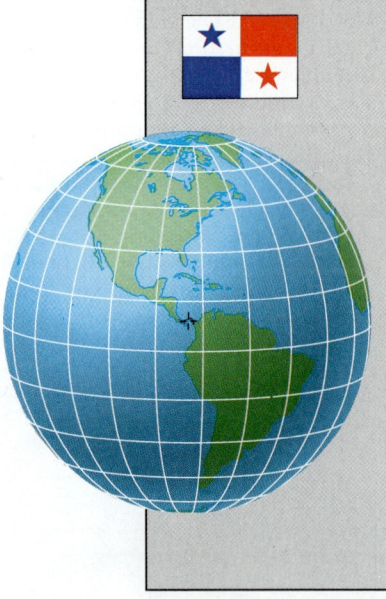

DAS LAND
Offizieller Name: Republik Panama
Hauptstadt: Panama City
Fläche: 75 517 km²
Landesnatur: Im W die vulkanische Gebirgskette Serranía de Tabasará, im O die Gebirgszüge der Cordillera de San Blas und der Serranía del Darién, die karibischen bzw. pazifischen Küstenebenen im N und S
Klima: Tropisches Klima mit hohen Temperaturen u. einer kurzen Trockenzeit
Hauptflüsse: Chucunaque, Túira, Bayano

Höchster Punkt: Vulkan Chiriquí 3475 m
DER STAAT
Regierungsform: Präsidiale Republik
Staatsoberhaupt: Präsident
Verwaltung: 9 Provinzen, 1 autonomes Indianer-Territorium
Parlament: Gesetzgebende Versammlung mit 71 für 5 Jahre gewählten Abgeordneten
Nationalfeiertag: 3. November
DIE MENSCHEN
Einwohner (Ew.): 2 812 000 (1999)
Bevölkerungsdichte: 37 Ew./km²

Stadtbevölkerung: 58 %
Analphabetenquote: 8 %
Sprache: Spanisch, Englisch, indianische Sprachen
Religion: Katholiken 96 %, Protestanten 2 %
DIE WIRTSCHAFT
Währung: Balboa
Bruttosozialprodukt (BSP): 8522 Mio. US-$ (1998)
BSP je Einwohner: 3080 US-$
Inflationsrate: 2,2 % (1990–98)
Importgüter: Erdöl, Maschinen, Fahrzeuge, chemische Produkte

PANAMA

Panama ist die jüngste der amerikanischen Republiken und verdankt seine Existenz eigentlich nur dem Kanal. Schon die spanischen Eroberer, die unter Rodrigo Galván de Bastidas (1460 bis 1526) 1502 das Land zum ersten Mal betraten, erkannten in der Landenge eine ideale Verbindungsmöglichkeit zwischen dem Atlantischen und dem Pazifischen Ozean. Bald gewann die Landenge ihre strategische Bedeutung als Verbindungsstück zu den Silberminen Perus. Die Überseetransporte wurden im karibischen Hafen Portobelo für die Überfahrt zusammengestellt. Nach der Eröffnung anderer Land- und Seerouten verlor Panama seine Bedeutung als Transitland. 1739 wurde es dem neuen Vizekönigreich von Neugranada (Großkolumbien) eingegliedert. Während sich die anderen Provinzen Zentralamerikas nach 1821 ihrer turbulenten »Freiheit« erfreuten, blieb Panama trotz einiger Abnabelungsversuche bis 1903 ein Anhängsel Kolumbiens.

Es waren dann die USA, die mit Hilfe von Kanonenbooten zur »Unabhängigkeit« verhalfen. Als Gegenleistung mußte die »Quasikolonie« vertraglich eine etwa 15 km breite Zone beiderseits des 1914 vollendeten Kanals auf »unbegrenzte Zeit« an die USA abtreten. Die neue Schutzmacht installierte zur »Verteidigung des Kanals« große Militärbasen in der Kanalzone mit sicherheitspolitischen Aufgaben für Mittel- und Südamerika. Für Panama war dagegen der Nutzen des Kanals ziemlich gering. Erst 1978 kamen nach mehreren vergeblichen Anläufen zwei Vertragswerke zustande, die bis zum 31. 12. 1999 eine stufenweise Übergabe von Kanal und Kanalzone in die alleinige Verfügungsgewalt von Panama vorsahen und seine Einnahmen aus dem Kanalbetrieb deutlich

Der Panamakanal *(unten)* verläuft mitten durch das Staatsgebiet der Republik Panama. Auf beiden Seiten schließt sich ein schmaler Gebietsstreifen an, die Kanalzone; sie gehörte seit dem Jahr 1903 zum Hoheitsgebiet der USA. Es wurde ein Vertrag zwischen Panama und den USA geschlossen, demzufolge die Hoheitsrechte sowohl am Kanal selbst als auch an der Kanalzone bis zum Jahr 2000 schrittweise an Panama übergingen, bei permanenter Neutralität in der Kanalzone.

Daten und Fakten

DAS LAND
Offizieller Name: Republik Panama
Hauptstadt: Panama City
Fläche: 75 517 km²
Landesnatur: Im W die vulkanische Gebirgskette Serranía de Tabasará, im O die Gebirgszüge der Cordillera de San Blas und der Serranía del Darién, die karibischen bzw. pazifischen Küstenebenen im N und S
Klima: Tropisches Klima mit hohen Temperaturen u. einer kurzen Trockenzeit
Hauptflüsse: Chucunaque, Túira, Bayano

Höchster Punkt: Vulkan Chiriquí 3475 m
DER STAAT
Regierungsform: Präsidiale Republik
Staatsoberhaupt: Präsident
Verwaltung: 9 Provinzen, 1 autonomes Indianer-Territorium
Parlament: Gesetzgebende Versammlung mit 71 für 5 Jahre gewählten Abgeordneten
Nationalfeiertag: 3. November
DIE MENSCHEN
Einwohner (Ew.): 2 812 000 (1999)
Bevölkerungsdichte: 37 Ew./km²

Stadtbevölkerung: 58 %
Analphabetenquote: 8 %
Sprache: Spanisch, Englisch, indianische Sprachen
Religion: Katholiken 96 %, Protestanten 2 %
DIE WIRTSCHAFT
Währung: Balboa
Bruttosozialprodukt (BSP): 8522 Mio. US-$ (1998)
BSP je Einwohner: 3080 US-$
Inflationsrate: 2,2 % (1990–98)
Importgüter: Erdöl, Maschinen, Fahrzeuge, chemische Produkte

Panama *(unten)* nimmt den schmalsten und südlichsten Teil der zentralamerikanischen Landbrücke ein. Das Land ist etwas größer als das deutsche Bundesland Bayern, jedoch mit 55 km an der schmalsten Stelle nur unwesentlich breiter als der Ärmelkanal. Panama verfügt über die längste Küstenlinie aller zentralamerikanischen Staaten – 1223 km am Pazifik und 756 km am Karibischen Meer.

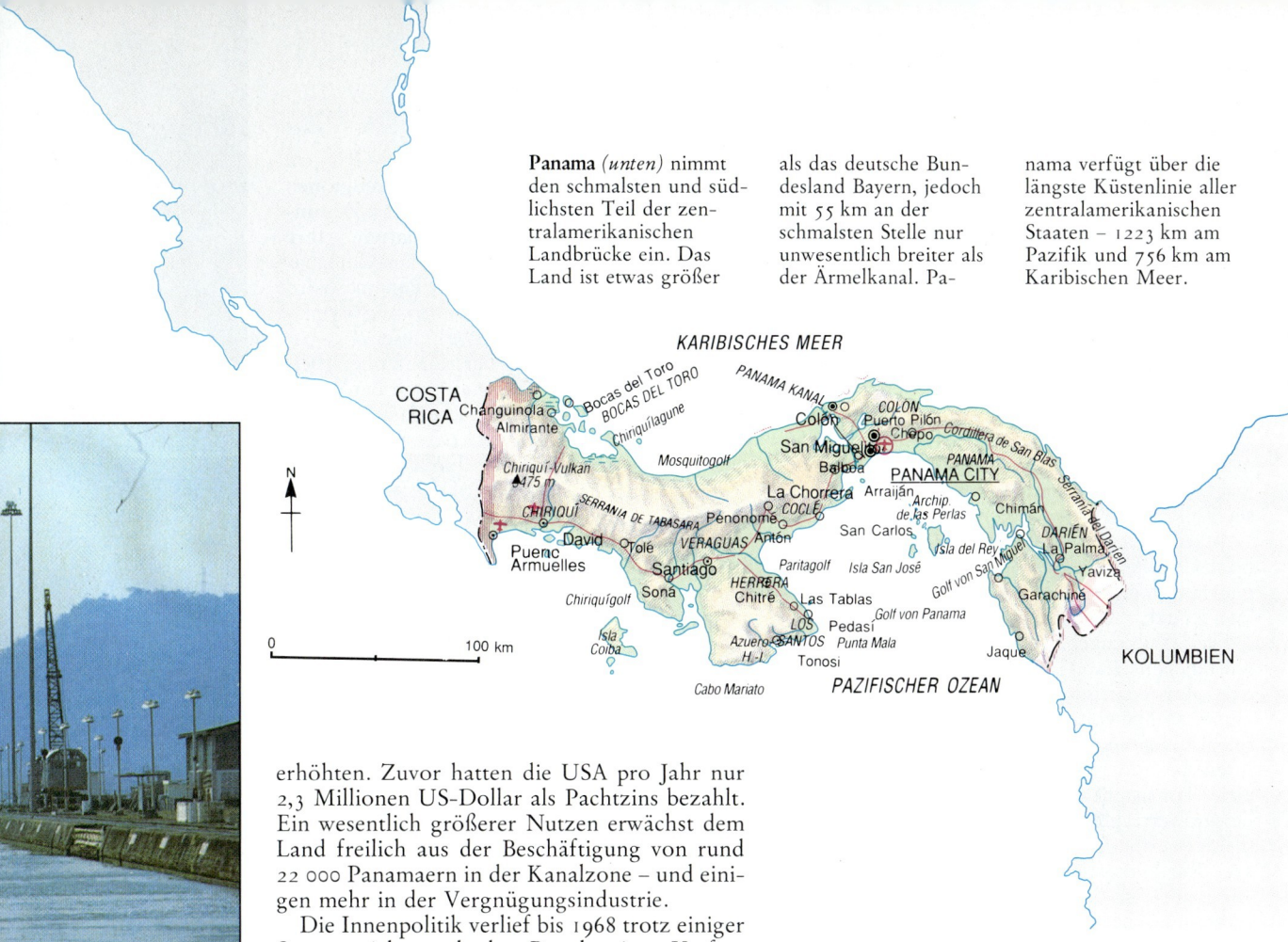

erhöhten. Zuvor hatten die USA pro Jahr nur 2,3 Millionen US-Dollar als Pachtzins bezahlt. Ein wesentlich größerer Nutzen erwächst dem Land freilich aus der Beschäftigung von rund 22 000 Panamaern in der Kanalzone – und einigen mehr in der Vergnügungsindustrie.

Die Innenpolitik verlief bis 1968 trotz einiger Staatsstreiche nach den Regeln einer Verfassung, die die Präsidialdemokratie der USA kopiert hatte. Die Verfassung trennt Judikative, Exekutive und Legislative. Letztere besteht aus der Nationalversammlung, einer Kammer mit 71 Mitgliedern, die für fünf Jahre gewählt werden. An der Spitze des Kabinetts mit fünf Ressorts steht der Präsident, der ebenfalls alle fünf Jahre neu gewählt wird. In den Jahren 1968 bis 1978 baute General Omar Torrijos Herrera (1929–1981) als »oberster Führer der panamaischen Revolution« ein mit kubanischen Systemelementen und Parolen garniertes Regime auf. Der Volkstribun mobilisierte zwar die »Volksmacht« der Unterschichten, stützte sich aber auf die Nationalgarde. Nach seinem Rückzug in die militärische Garnison ließ er – bis zu seinem mysteriösen Unfalltod 1981 – aus dem Hinterzimmer der Macht die politischen Puppen tanzen. Der Versuch von General Manuel Antonio Noriega (* 1934), dieses Spiel fortzusetzen, führte in den Jahren 1987 bis 1989 zu politischen Turbulenzen. Ein »Bürgerkreuzzug« beschuldigte ihn des politischen Mordes und Wahlbetrugs, zwei US-Gerichte verdächtigten ihn des Drogen- und Waffenschmuggels. Weder Massendemonstrationen noch Wirtschaftssanktionen der USA konnten ihn zur Abdankung bewegen. Als die Opposition an die Macht zu kommen drohte, wurden die Wahlen von 1989 annulliert. Es kam zur Besetzung Panamas durch US-amerikanische Truppen, Noriega wurde verhaftet und einem amerikanischen Gericht überstellt. Diese Turbulenzen bescherten den USA einen weiteren Problemfall in ihrem »Hinterhof«. 1994 wurde Ernesto Pérez Balladares Staatspräsident. Er wurde 1999 von Mireya Elisa Moscoso abgelöst.

PANAMA: DAS LAND

Landesnatur
Panama liegt am schmalsten Stück der Landbrücke, die Nord- und Mittelamerika mit Südamerika verbindet. Von den meisten Berggipfeln des Landes hat man einen Blick auf die beiden großen Weltmeere, den Pazifischen und den Atlantischen Ozean. Die Kanalzone trennt das Land, das etwas größer als Bayern ist, an der mit 55 km schmalsten Stelle in zwei Teile. Den Westen durchzieht eine vulkanische Gebirgskette, die an die Cordillera de Talamanca in Costa Rica anschließt. Höchster Berg ist der Vulkan Chiriquí (3475 m), dessen vulkanisches Innenleben fast erloschen ist. Dennoch bebt die Erde in dieser Vulkanzone gelegentlich. Im Osten geht die Westkordillere Kolumbiens in die rund 1000 m hohe Cordillera de San Blas über. Diese von Regenwald überzogene Grenzprovinz zu Kolumbien ist nahezu menschenleer.

Das Vulkangebirge fällt in zwei flache Küstenebenen ab. Der karibischen Küste sind 630, der pazifischen Küste 116 kleine und zumeist unbewohnte Inseln vorgelagert. Zahlreiche Buchten verleihen der pazifischen Küste ihren besonderen landschaftlichen Reiz, der viele Touristen anzieht. Sie ist aufgrund des besser verträglichen Klimas auch wesentlich dichter besiedelt als die größtenteils unerschlossene Karibikküste.

Panama ist das heißeste Land Zentralamerikas. Die karibische Küstenebene liegt das ganze Jahr unter feuchter Hitze. Sie ist noch größtenteils von Regenwald bedeckt, der in Küstennähe gelegentlich von Schneisen für Bananen- und Kokospalmenplantagen unterbrochen ist. Der immergrüne Urwald greift nur in der im Osten des Landes gelegenen Provinz Darién auf die pazifische Küstenebene über.

Die Wälder lassen an zugänglichen Stellen tiefe Narben des Raubbaus erkennen. Die in den Savannen der pazifischen Küstenregion großflächig betriebene Viehwirtschaft dringt bereits tief in die Waldbestände der Serranía de Tabasará ein. Auch die durch Brandrodung erweiterten Anbauflächen für Nahrungsmittel machen vor dem vielfach als nutzlos erachteten Wald nicht halt.

Bevölkerung
Rund 67 % der Bevölkerung zählen sich zu den Mestizen. Größer als in den anderen Ländern der Region ist mit 13 % der Anteil von Schwarzen und Mulatten, die als Arbeiter zum Kanal- und Eisenbahnbau und auf die Plantagen aus der Karibik geholt wurden und heute vorwiegend an der karibischen Küste leben. Die rund 8 % Indios konnten auch deshalb ihre Traditionen und Sprachen besser bewahren als in den Nachbarländern, weil für sie Reservate mit eigenen Verwaltungen eingerichtet wurden. Die Mehrheit der Cuna lebt in dem 1982 gegründeten Reservat Comarca de San Blas an der östlichen Karibikküste, die Guaymí siedeln dagegen in den westlichen Randprovinzen Chiriquí und Bocas del Toro. Nur kleinere Gruppen konnten christianisiert werden. Naturreligionen und überlieferte Bräuche prägen das Zusammenleben der Indio-Gemeinschaften. Ihre Sprachen gehören größtenteils zur Chibcha-Sprachgruppe. Die Rassenvielfalt Panamas wird ergänzt durch etwa 10 % Weiße sowie 2 % Asiaten, hauptsächlich Inder und Chinesen.

Weil viele Panamaer in der Kanalzone arbeiten und sich über 100 internationale Banken in der Hauptstadt Panamas niedergelassen haben, wurde Englisch zur zweiten Umgangssprache. Das tägliche Leben wurde durch die massive Präsenz der USA stark amerikanisiert und mit afro-karibischen Beigaben vermengt. Rassenvielfalt bedeutet auch kulturelle Vielfalt, aber diese Vielfalt wird von einer »herrschenden Kultur« in die Folklore abgedrängt. Panama ist zwar ein Schmelztiegel der Rassen, aber die mit der Hautfarbe verbundenen sozialen Unterschiede werden dadurch nicht geringer.

Wirtschaft
Die Wirtschaft Panamas ist in hohem Maße von Fremdeinflüssen abhängig: von der Nachfrage und den weltmarktbedingten Preisschwankungen für die Hauptexportgüter Bananen, Kaffee, Zucker, Schalentiere und Produkte der Erdölraffinerie, von Pachtzinsen und Gebühren für den Kanal sowie von Steuern und anderen Vorteilen, die das internationale Bankenzentrum

Bananen (oben), Zucker und Kaffee sind die Hauptausfuhrprodukte Panamas. Die reichen Fischgründe vor den Küsten bescheren dem Land die höchsten Fangquoten Zentralamerikas; besonders der Krabbenfang ist von großer Bedeutung.

Die Chocó (rechts) sind ein ursprünglich in Südamerika beheimateter Indianerstamm. Ihr Zusammenleben basiert auf Gütergemeinschaft. Sie jagen, fischen und betreiben Ackerbau. Die Nahrungsmittel werden unter der Gemeinschaft aufgeteilt.

abwirft. Ehrgeizige Projekte, der Zerfall der Exportpreise und das stagnierende Bankengeschäft brachten das pro Kopf am höchsten verschuldete Land Lateinamerikas an den Rand des Bankrotts. Zu lange setzten die Regierungen auf die Vorteile der geographischen Lage und auf die Plantagenwirtschaft; zu lange vernachlässigten sie die eigene Landwirtschaft, die trotz großer Landreserven unfähig ist, die kleine Bevölkerung ausreichend mit Nahrungsmitteln zu versorgen. Die Verstaatlichung von Plantagen verschaffte dem Land zwar ein Stück mehr politische Selbstachtung, aber keine wirtschaftlichen Vorteile.

General Torrijos' »Revolution« hat den Unter- und Mittelschichten einige Verbesserungen gebracht, aber nicht die Besitz- und Einkommensverhältnisse revolutioniert. Vielmehr blieb die Einkommensverteilung weiterhin ungleicher als im übrigen Lateinamerika.

Die Provinz Chiriquí *(links)* ist das Zentrum der bedeutenden panamaischen Rinderzucht. Um Platz zu schaffen für die neuen Bauerngehöfte und hochwertigen Weiden, werden weiterhin große Flächen der immergrünen Urwälder gerodet.

Das Fort San Lorenzo *(unten)* in der Nähe von Portobelo dient Kindern als Spielplatz. Diese Kinder sind Nachkommen von Schwarzen, die als Arbeiter für die Plantagen oder den Kanalbau von den Westindischen Inseln nach Panama gekommen sind.

Die Cuna *(unten)* tragen farbenprächtige Kleidung und typischen Schmuck, z. B. Halsketten aus Tausenden von Glasperlen. Die goldenen Nasenringe werden den Frauen bereits in früher Kindheit angelegt. Die Cuna haben ihre kulturelle Identität bewahren können und nur jene Neuerungen übernommen, die ihnen selbst nützlich erschienen. So benutzen sie Motorboote, um von den San-Blas-Inseln zum panamaischen Festland zu gelangen, wo sie kleine Parzellen bewirtschaften.

PANAMA: DER KANAL

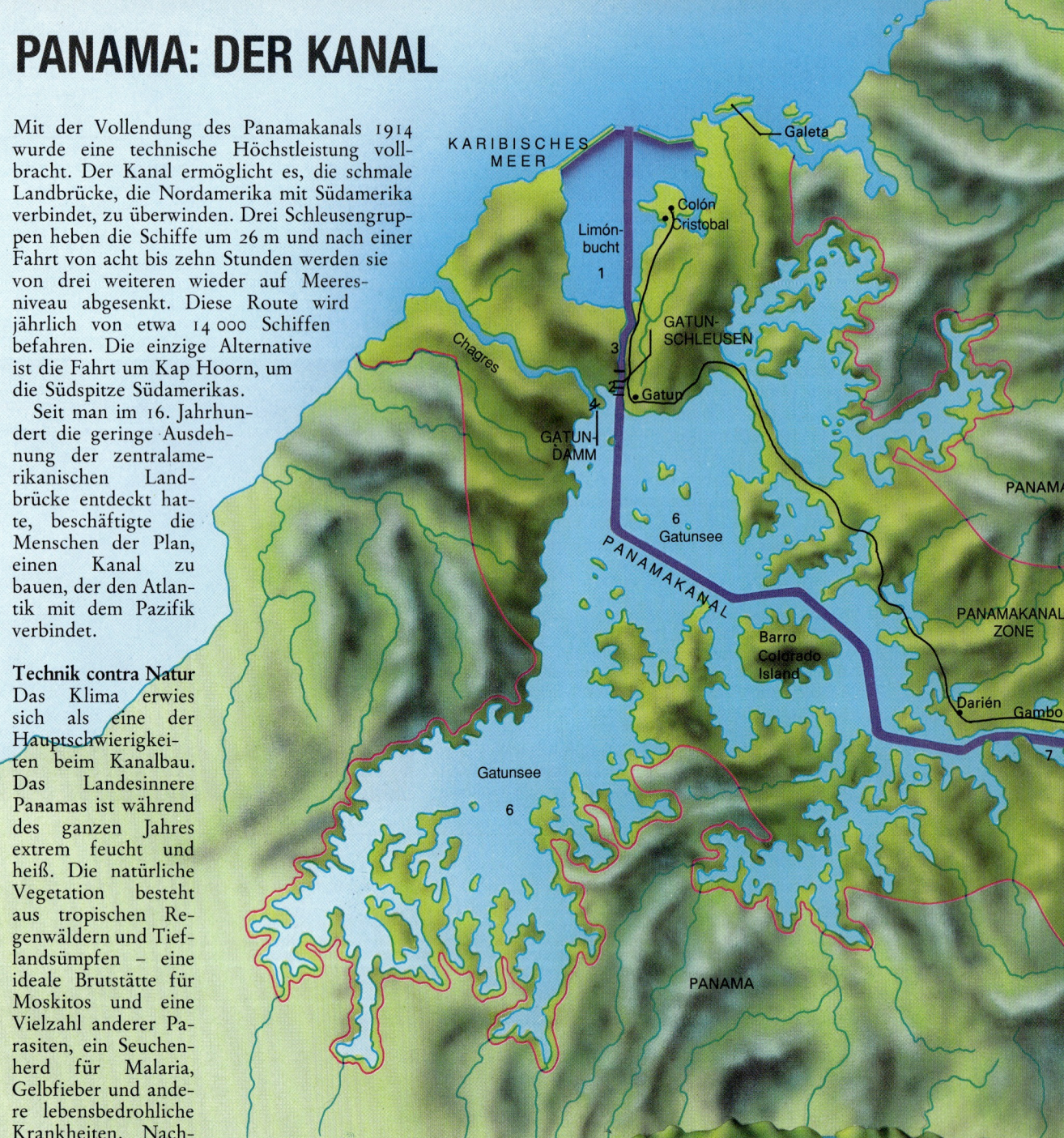

Mit der Vollendung des Panamakanals 1914 wurde eine technische Höchstleistung vollbracht. Der Kanal ermöglicht es, die schmale Landbrücke, die Nordamerika mit Südamerika verbindet, zu überwinden. Drei Schleusengruppen heben die Schiffe um 26 m und nach einer Fahrt von acht bis zehn Stunden werden sie von drei weiteren wieder auf Meeresniveau abgesenkt. Diese Route wird jährlich von etwa 14 000 Schiffen befahren. Die einzige Alternative ist die Fahrt um Kap Hoorn, um die Südspitze Südamerikas.

Seit man im 16. Jahrhundert die geringe Ausdehnung der zentralamerikanischen Landbrücke entdeckt hatte, beschäftigte die Menschen der Plan, einen Kanal zu bauen, der den Atlantik mit dem Pazifik verbindet.

Technik contra Natur
Das Klima erwies sich als eine der Hauptschwierigkeiten beim Kanalbau. Das Landesinnere Panamas ist während des ganzen Jahres extrem feucht und heiß. Die natürliche Vegetation besteht aus tropischen Regenwäldern und Tieflandsümpfen – eine ideale Brutstätte für Moskitos und eine Vielzahl anderer Parasiten, ein Seuchenherd für Malaria, Gelbfieber und andere lebensbedrohliche Krankheiten. Nachdem die Franzosen 1878 die Konzession für den Bau eines dem Verlauf der Panamabahn folgenden Kanals auf Meeresniveau erhalten hatten, begannen sie 1879 mit dem Bau. Doch der französische Plan hatte die Unwegsamkeiten des Geländes nicht ausreichend berücksichtigt, die Kosten stiegen höher als vorgesehen, und das gesamte Unternehmen wurde von einem Finanzskandal erschüttert. Letztlich war jedoch die Gesundheitsgefährdung in diesem tropischen Gebiet – 20 000 Arbeiter starben an Malaria und Gelbfieber – ausschlaggebend für das endgültige Scheitern.

1902 verkaufte die französische Aktiengesellschaft ihre Rechte an die USA. Diese verfügten über die finanziellen Mittel, ein solches Projekt durchzuführen. Auch war man sich bewußt, daß vor dem Beginn der eigentlichen Arbeiten menschenwürdige Arbeitsbedingungen geschaffen werden mußten. Die Rolle der Moskitos als Krankheitsüberträger war schließlich erkannt worden, und 1904 führte Oberst William Gorgas umfangreiche Sanierungsmaßnahmen durch, die die gesamte Region von Moskitos befreiten. Innerhalb von nur zwei Jahren wurden die Verursacher des Gelbfiebers ausgemerzt, es gab keine

Die Fahrt vom Karibischen Meer zum Pazifik beginnt mit dem Passieren der Limónbucht (1). Die Schleusen von Gatun (2) überwinden in drei Stufen den Höhenunterschied von 26 m zum Gatunsee. Rechts liegen die Überreste des ursprünglichen französi-

PANAMA

Der Panamakanal *(oben)* ist auch für große Seeschiffe befahrbar, ausgenommen die größten Militärschiffe und Öltanker. Daher werden Pläne für seine Erweiterung bzw. für eine neue Kanalroute diskutiert.

schen Kanals (3). Weiter westlich liegt der Gatundamm (4), der den Wasserzufluß vom Río Chagres (5) regelt und den Gatunsee (6) aufstaut. Der ursprüngliche Flußlauf dient den Schiffen als Fahrrinne durch den seichten Gatunsee. Auf halber Strecke geht die Gamboa- (7) in die Empirekanalroute (8) über. Das Wasserkraftwerk am Maddendamm (9) versorgt die Kanalzone mit Energie. Im 14,5 km langen Gaillard Cut (10) durchschneidet der Kanal die kontinentale Wasserscheide. Die Schleusen von Pedro Miguel (11) senken die Schiffe um 9,5 m auf das Niveau des Mirafloressees (12) ab. Am Ende dieses Sees passieren sie die Schleusenanlage von Miraflores (13), wo sie in zwei Stufen um 16,5 m auf Meeresniveau abgesenkt werden.

Ratten mehr, die die Beulenpest hätten verbreiten können, und die Malaria befand sich auf dem Rückzug. Die Gesamtkosten des Kanalbaus beliefen sich auf 380 Millionen US-Dollar. Zehn Jahre lang bahnten sich Tausende von Arbeitern mit Schaufelbaggern und Bulldozern ihren Weg durch Regenwald und Sümpfe. 1914, sieben Wochen nach Ausbruch des Ersten Weltkriegs, wurde der Panamakanal eröffnet und erwies sich alsbald als strategisch und kommerziell bedeutendster Schiffahrtsweg zwischen Pazifik und Karibischem Meer.

Mit der Konzession für den Bau und die Unterhaltung des Kanals erwarben die USA auch die Hoheitsrechte in einem schmalen Gebietsstreifen beiderseits des Wasserwegs, der sogenannten Panamakanalzone. Zwischen den Wäldern und den armen ländlichen Gebieten Panamas gelegen, erscheint die geschäftige Kanalzone wie ein Stück aus einer anderen Welt. Und deren Bewohner werden bezeichnenderweise auch »Zonians« genannt. Das ganze Jahr über strömen Touristen an den Kanal, um den regen Betrieb zu beobachten; mit einem speziellen Ausweis ist dies auch nachts möglich. Die Szenerie wird von Millionen von Bogenlampen beleuchtet. Am 31. Dezember 1999 erhielt Panama von den Vereinigten Staaten gemäß eines 1977 geschlossenen Vertrages die volle Souveränität über den Panamakanal.

PAPUA-NEUGUINEA

»Ich komme aus der Steinzeit«. – Mit diesen Worten beschrieb der österreichische Anthropologe Heinrich Harrer (* 1912) vor bald vierzig Jahren einen längeren Aufenthalt in Neuguinea. Rund ein Viertel des Inselgebietes, insbesondere das Landesinnere, galt zu dieser Zeit noch als Sperrgebiet. Wer in solche Gebiete vordringen wollte, tat dies auf eigene Verantwortung und mußte stets damit rechnen, unterwegs von einem Schwarm giftiger Pfeile überrascht zu werden. Denn Neuguineas Urwald- und Bergstämme mißtrauten jedem Fremden. Sie wehrten sich auch gegen das Vordringen des weißen Mannes, insbesondere gegen dessen »stählerne Vögel«, die Flugzeuge, die bei den Eingeborenen als Vorboten künftigen Unglücks angesehen wurden.

Vieles hat sich seit Harrers Tagen gewandelt, doch einiges erscheint dem heutigen Besucher immer noch als urtümlich. Abgesehen von einzelnen Orten im Westen der Insel oder im zentralen Hochland gibt es praktisch keine Sperrgebiete mehr. Der gewaltsame Widerstand der Einheimischen ist gebrochen. Ökonomische Interessen haben das rohstoffreiche Land geöffnet, so daß zumindest Teilgebiete des neuen Staates von Verwaltung und Wirtschaft erschlossen wurden. Doch auch heute gibt es auf Papua-Neuguinea noch zahlreiche Gebiete, in denen man sich in die Steinzeit zurückversetzt fühlen kann. Es lassen sich Stämme finden, deren Angehörige, bloß mit Lenden- oder Penisschutz bekleidet, fast ausschließlich von der Jagd und Sammlertätigkeit leben, und deren Jagdwerkzeuge Pfeil und Bogen sind. Und noch immer zirkulieren Gerüchte, wonach selbst heute, im dunklen Herzen der Insel Kannibalen anzutreffen seien.

Papua-Neuguinea wirkt auf fremde Besucher seit eh und je wie ein Mythos. Seit den Tagen, da die Europäer vor mehr als 470 Jahren diese Insel erstmals betraten, begegnen Ausländer den häufig fremd und gefährlich wirkenden Eingeborenen mit einer eigenartigen Mischung aus Neugier und Respekt. Die exotisch klingende Bezeichnung Papua ist nicht etwa dem lokalen Sprachschatz entnommen, sondern geht auf Inigo Ortiz de Retez zurück, der 1545, rund zwanzig Jahre nachdem der erste Weiße die Insel betreten hatte, in Neuguinea gelandet und das Land als »Ilhas dos Papuas«, wörtlich als die »Insel der Kraushaarigen« beschrieb. Diese Bezeichnung hat sich im offiziellen Landesnamen gehalten.

Auch wenn Neuguinea erst im 16. Jahrhundert vom weißen Mann entdeckt wurde, ist die Insel, wie archäologische Funde zeigen, schon seit über 50 000 Jahren bevölkert. In mehreren Schüben kamen Einwanderer aus Südostasien auf die Insel. Die Vielzahl von Stämmen auf Neuguinea – heutzutage werden noch rund 700 unterschiedliche Sprachen gesprochen – rührt daher. Die Vermischung zwischen den Stämmen ist gering, denn dichter tropischer Regenwald und eine bis über 4000 m hohe Bergkette mit schneebedeckten Gipfeln wirken als natürliche Barrieren.

Dieser wilden Natur ist es auch zuzuschreiben, daß Neuguinea von den europäischen Kolonialmächten, nachdem diese bereits auf fast allen umliegenden Gebieten Fuß gefaßt hatten, lange Zeit vernachlässigt wurde. Und als die Niederländer, Briten und Deutschen sich schließlich ab Mitte des 19. Jahrhunderts auch in Neuguinea niederließen, beschränkten sie ihre Präsenz nur auf die Küstengebiete: Der

Daten und Fakten

DAS LAND
Offizieller Name: Unabhängiger Staat Papua-Neuguinea
Hauptstadt: Port Moresby
Fläche: 462 840 km² (Ostteil der Insel Neuguinea, Bismarckarchipel, Bougainville und Buka [Salomonen-Inselgruppe] u. etwa 600 kleinere Inseln
Landesnatur: Neuguinea: Zentralgebirge mit eingelagerten Hochtälern, beiderseits vorgelagertes Tiefland, besonders ausgedehnt im SW; viele Inseln im Ostteil des Landes
Klima: Feuchtheißes tropisches Klima

Hauptflüsse: Fly, Sepik, Purari
Höchster Punkt: Mount Wilhelm 4694 m
DER STAAT
Regierungsform: Parlamentarische Monarchie
Staatsoberhaupt: Königin Elisabeth II., vertreten durch einen Generalgouverneur
Regierungschef: Ministerpräsident
Verwaltung: 19 Provinzen und Hauptstadtdistrikt
Parlament: Nationalparlament (Einkammerparlament) mit 109 für 5 Jahre gewählten Abgeordneten

Nationalfeiertag: 16. September
DIE MENSCHEN
Einwohner (Ew.): 4 702 000 (1999)
Bevölkerungsdichte: 10 Ew./km²
Stadtbevölkerung: 17 %
Bevölkerung unter 15 Jahren: 39 %
Analphabetenquote: 24 %
Sprache: Englisch, melanesisches Pidgin, Papua-Sprachen
Religion: Protestanten 58 %, Katholiken 33 %
DIE WIRTSCHAFT
Währung: Kina
Bruttosozialprodukt (BSP): 4095 Mio. US-$ (1998)

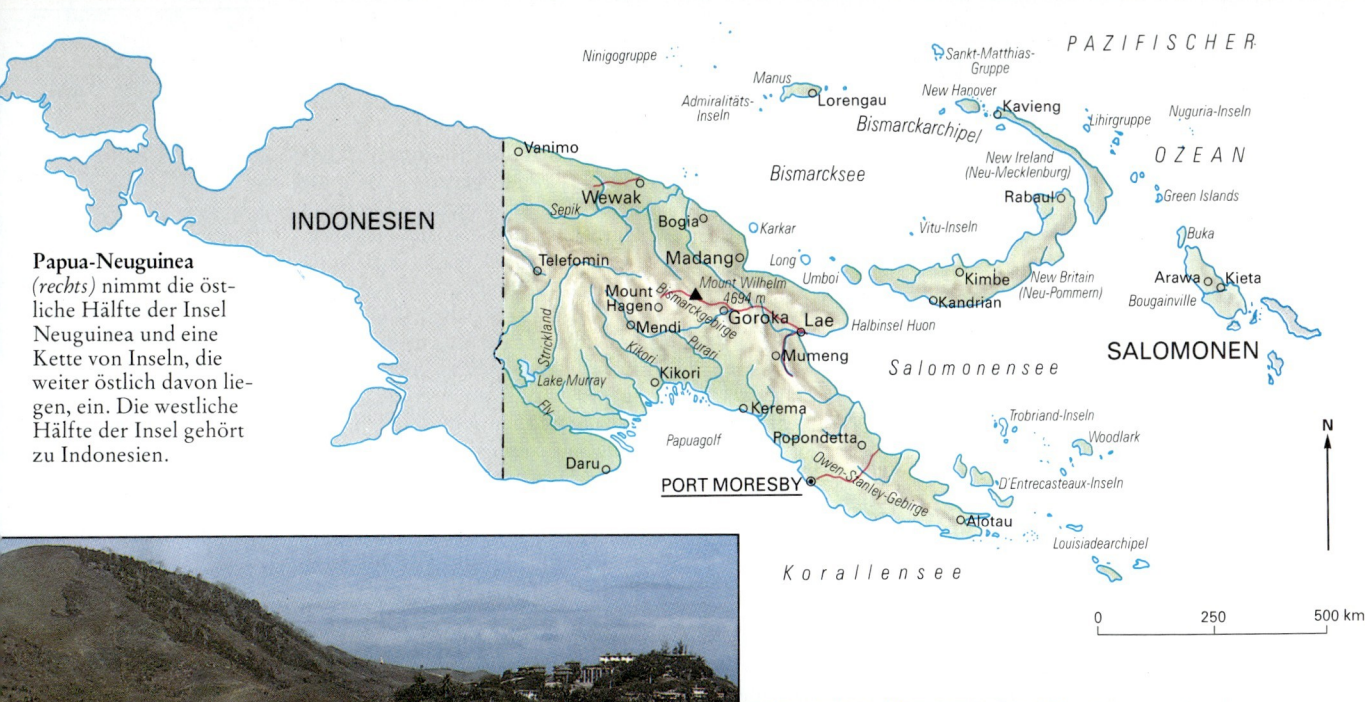

Papua-Neuguinea *(rechts)* nimmt die östliche Hälfte der Insel Neuguinea und eine Kette von Inseln, die weiter östlich davon liegen, ein. Die westliche Hälfte der Insel gehört zu Indonesien.

Die Sprachen Papua-Neuguineas *(links)* schließen zwei Pidgin-Versionen, Pidgin-Englisch (als »Tok Pisin« bekannt) und »Police-Motu«, ein.

Port Moresby *(Mitte links)* liegt an der Südküste einer Halbinsel, die sich östlich des Festlandes von Neuguinea ausdehnt. Die Hauptstadt der Nation hat viele moderne Gebäude, jedoch leben die meisten Menschen in auf Stelzen gebauten Häusern.

Nordosten kam als Kaiser-Wilhelm-Land 1884 in deutsche Hand. Im Süden schufen die Briten im selben Jahr das Protektorat Britisch-Neuguinea und auf dem westlichen Teil der Insel hatten schon zu Beginn des Jahrhunderts die Niederländer Niederländisch-Neuguinea etabliert, welches sich die Indonesier 1962 mit militärischer Gewalt und politischem Geschick aneigneten und im folgenden Jahr als Provinz Irian Jaya ihrem Lande eingliederten. Im Ersten Weltkrieg mußten die Deutschen ihre Besitzungen an die Australier abtreten, die nach dem Zweiten Weltkrieg sogar den ganzen Ostteil der Insel als UN-Treuhandgebiet verwalteten.

Im Dezember 1973 erhielt das heutige Papua-Neuguinea zunächst innenpolitisch die Eigenverantwortung übertragen und zwei Jahre später wurde in der Hauptstadt Port Moresby die unabhängige Republik ausgerufen. Papua-Neuguinea ist seither eine konstitutionelle Monarchie. Staatsoberhaupt ist die britische Königin, die durch einen Generalgouverneur vertreten wird. Das Volk wählt die Vertreter des Einkammerparlaments, dem die Regierung verantwortlich ist.

BSP je Einwohner: 890 US-$
Inflationsrate: 7,1 % (1990–98)
Importgüter: Maschinen, Fahrzeuge, Erdöl u. -produkte, Nahrungsmittel
Exportgüter: Gold, Palmöl, Kopra, Kaffee, Kakao, Tee, Gummi, Kupfer, Holz u. Holzprodukte
Handelspartner: BRD, Japan, Australien, Großbritannien, USA, Singapur
Straßennetz: 21 433 km
Fernsehgeräte je 1000 Ew.: 9

PAPUA-NEUGUINEA: DAS LAND

»Einer der unverdorbensten Plätze der Welt.« Mit diesem Slogan preist das Inserat von Papua-Neuguineas junger Fluggesellschaft »Air Niugini« das wilde, nur wenige Grad südlich des Äquators gelegene Land an. Die Werbung hat Recht. In Papua-Neuguinea, das einen großen Teil von Neuguinea, der zweitgrößten Insel der Welt hinter Grönland, einnimmt, geben die Kräfte der Natur und nicht die über 4,7 Millionen Einwohner den Ton an. Die Natur präsentiert sich in wilder und atemberaubender Schönheit: Tropischer Regenwald und schneebedeckte Berge wechseln sich im Herzen Neuguineas unvermittelt ab; tiefe Täler mit sich windenden Flüssen liegen in unmittelbarer Nachbarschaft zu rauchenden Vulkanen und kahlen Felsen. Die Küstenregion ist von Mangrovesümpfen und breiten Korallenbänken gesäumt und somit nur unter erschwerten Bedingungen zu erreichen. Weiße Sandstrände sind hier eher die Ausnahme.

Der geographische Steckbrief Papua-Neuguineas liest sich wie folgt: Der Hauptteil des Staatsgebietes besteht aus dem Ostteil Neuguineas. Zum Territorium von Papua-Neuguinea gehören außer den Admiralitäts-Inseln, den nördlichen Salomonen-Inseln Buka und Bougainville, den D'Entrecasteaux-Inseln und dem Louisiadearchipel noch die Inseln des Bismarckarchipels.

Neuguinea wird von den parallel verlaufenden Ketten des Zentralgebirges durchzogen, zwischen denen Hochtäler eingelagert sind. Die höchsten Erhebungen sind der Mount Wilhelm (4694 m) im Bismarckgebirge, der Mount Giluwe (4088 m) in der zentralen Gebirgskette und der Mount Victoria (4073 m) im Owen-Stanley-Gebirge. Dem Zentralgebirge sind beiderseits weite Flach- und Hügelländer vorgelagert. Die größten Flüsse sind der Fly und der Sepik; sie bilden streckenweise ausgedehnte Sumpfgebiete.

Das feuchtheiße tropische Klima, das durch hohe Niederschläge gekennzeichnet ist, weist nur geringe Schwankungen auf. In Abhängigkeit von der Höhenlage verändern sich aber die Temperaturen.

Neuguineas topographische Vielfalt ist ebenso beeindruckend wie das auf dieser Insel existierende weite Spektrum im Pflanzen- und Tierreich. Wo sonst auf der Welt finden sich 45 verschiedene Arten von Paradiesvögeln, dieser wegen ihrer außergewöhnlich langen Federn und ihrer leuchtenden Farben wohl zu Recht als paradiesisch bezeichneten Tiere? Welch anderes Land beherbergt größere und buntere Schmetterlinge? Im übrigen ist die Tierwelt so urtümlich wie die Australiens. Es gibt Baumkängurus, eierlegende Säugetiere – die Ameisenigel – und einen Hund, den Hallstrom-Dingo, der von verwilderten Haushunden der ersten Einwanderer abstammt.

Papua-Neuguinea ist der Traum jedes Naturfreundes. Während in anderen Gebieten der Welt der Mensch mit seiner modernen Zivilisation Flora und Fauna bereits ernsthaft bedroht, sind auf Papua-Neuguinea noch Pflanzen und Tiere anzutreffen, die in keiner wissenschaftlichen Systematik aufgeführt sind.

Wirtschaft

Der Wildheit der Natur ist es auch zuzuschreiben, daß die infrastrukturelle und wirtschaftliche Erschließung des Landes nur langsam vorankommt. Zwar existiert hier seit vielen Jahren ein blühender Bergbau, dem auch in Zukunft ein weiteres kräftiges Wachstum zugetraut werden kann, doch betreibt ein Großteil der einheimischen Bevölkerung nach wie vor Selbstversorgungswirtschaft. Daneben gibt es aber auch Plantagen sowie landwirtschaftliche Kleinbetriebe, die markt- und exportorientiert sind. Die wichtigsten Güter sind Kakao, Tee, Kaffee, Kokosnüsse und Kokospalmenöl. Obschon Papua-Neuguinea einer der wichtigsten Goldproduzenten der Welt ist und auch Kupfer sowie Silber fördert, mangelt es der jungen Vielvölker-Nation an Straßen und billigen Transportmitteln, die eine vermehrte binnenwirtschaftliche Aktivität, vor allem den Ausbau des verarbeitenden Gewerbes, ermöglichten. In den 80er Jahren verfügte Papua-Neuguinea gerade erst über 640 km geteerte Überlandstraßen. Wie wenig das ist, wird klar, wenn man berücksichtigt, daß das Straßennetz im moder-

Ein Regierungsbeauftragter *(oben)* zeigt ortsansässigen Bauern, wie man durch das Pflanzen von jungen Bäumen dem Wald helfen kann, sich selbst zu regenerieren. Diese Bäume ersetzen diejenigen, die gefällt wurden, um das Land zu kultivieren.

Ein dicht bewaldetes Gebirge *(oben rechts)* bildet das Rückgrat der Insel Neuguinea. Vereinzelt haben sich kleine Ackerbaugemeinschaften gebildet, die gerodete Landstücke bebauen. Häufig werden Kaffeesträucher angepflanzt.

Ein Jäger aus Neuguinea *(rechts)* trägt seine gesamte Ausrüstung mit sich. Die Gesichtsbemalung unter Benutzung hausgemachter Gemüsepigmente *(ganz rechts)* bereitet ein Mitglied einer anderen ethnischen Gruppe für eine religiöse Zeremonie vor.

Neuguineas Küstenregionen *(links)* sind meist sumpfig mit brackigem Wasser und Mangrovevegetation; im Meer liegen Korallenriffe.

Mangroven *(rechts)* wachsen in salzigen, tropischen Gewässern, auch an vielen Küsten von Neuguinea. In Anpassung an den sauerstoffarmen Boden bilden sie senkrecht aus dem Wasser ragende Luftwurzeln (A). Stelzwurzeln (B) helfen auch den Schlamm zu festigen und bilden so eine stabile Umgebung für Jungpflanzen.

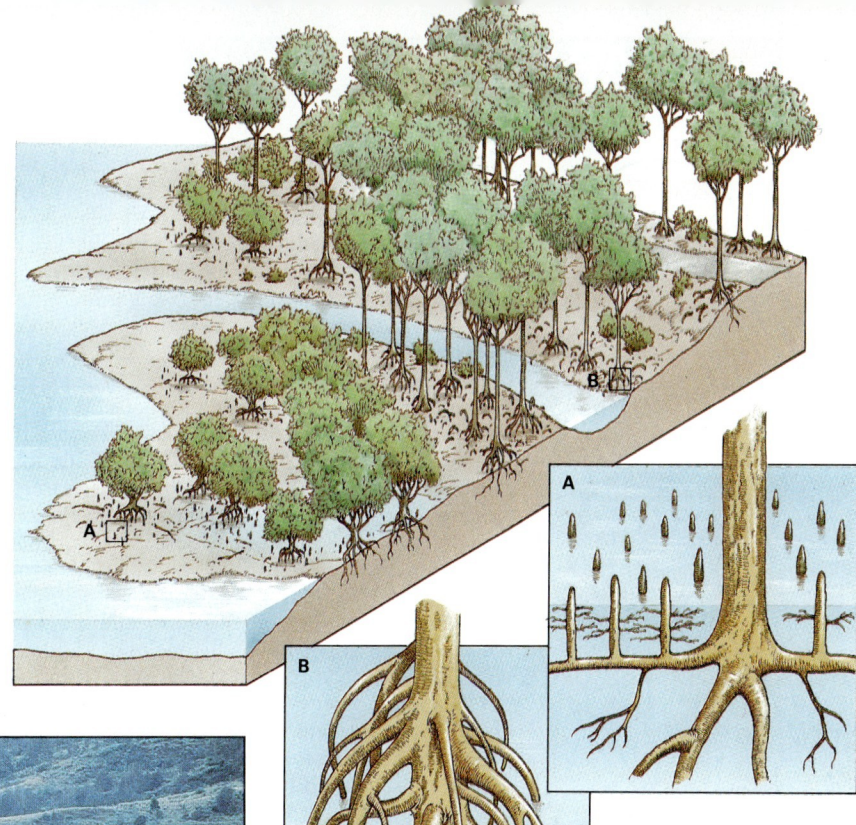

nen Zwergstaat Singapur zur gleichen Zeit bereits mehr als 2600 km umfaßte. Außerdem befinden sich die wichtigsten Kupfer- und Goldminen auf der Insel Bougainville und nicht auf Neuguinea selber, wo die Mehrheit der Bevölkerung lebt. Zudem unterliegen sowohl Kupfer als auch Gold den starken Preisschwankungen des Weltmarktes.

Bevölkerung

Die Eingeborenen – vor allem Papua, daneben aber auch Papua-Melanesier, Negritos, Mikronesier und Polynesier – gliedern sich in über 700 Stämme. Die im Distrikt Mandang lebenden Stämme der Negritos befinden sich noch auf der Kulturstufe der Steinzeit und ernähren sich hauptsächlich von Produkten des primitiven Landbaus, weniger von der Jagd, da ihnen Pfeil, Bogen und Lanze unbekannt sind. Auch viele Papua-Stämme leben noch auf einer steinzeitlichen Kulturstufe.

Weiße haben sich vorwiegend an der Küste niedergelassen, entweder in Städten oder auf den Plantagen. Vor dem Ersten Weltkrieg wurden Indonesier und Chinesen als Aufseher für die Plantagen angeworben. Ihre Nachkommen bilden heute nennenswerte Minderheiten.

Seit vielen Jahrzehnten sind auf Neuguinea christliche Missionen tätig, die die animistischen Glaubensvorstellungen der Eingeborenen mit Elementen des christlichen Glaubens beeinflußt, jedoch nicht verdrängt haben.

PARAGUAY

Zum ersten Mal seit über 34 Jahren fand im Februar 1989 in den Straßen der Hauptstadt Asunción eine Demonstration statt, die nicht von der Polizei niedergeknüppelt wurde. Etwa 70 % der Bürger der »República del Paraguay« hatten so etwas noch nie erlebt. Sie kannten nur die Militärdiktatur Alfredo Stroessners, die Anfang Februar 1989 durch einen Putsch des General Andrés Rodríguez beendet worden war. Es schien unfaßbar: Mehrere zehntausend Menschen fanden sich ohne jede Angst zur Abschlußkundgebung vor dem »Panteón de los Héroes« ein, um Domingo Laíno zu hören, einen der profiliertesten demokratischen Politiker, der noch 1986 bei einem seiner wiederholten Versuche, aus dem Exil zurückzukehren, ausgewiesen worden war. Jetzt sprach nicht mehr Stroessner vor dem Panteón, und es war die Rede von freien und allgemeinen Wahlen, vom Ende der Korruption, der Staatswillkür, der Gewalt und der Folter. Die gigantische Stroessnerstatue auf dem Hügel der Hauptstadt, die gleich ihrem herrschenden Ebenbild alles und jeden zu sehen und zu kontrollieren schien, hatte ihren Schrecken verloren.

Die Militärdiktatur Alfredo Stroessners

General Alfredo Stroessner (* 1912), Sohn einer guaraníischen Mutter und eines deutschen Vaters, war 1954 als Oberbefehlshaber der Streitkräfte an die Macht gekommen. Er konnte sich dabei auf eine autoritäre Verfassung stützen, die in einer langen Tradition wechselnder Diktaturen entstanden war. Aufgrund der 1967 verabschiedeten Verfassung, die die demokratischen Grundrechte und politischen Rechte garantierte, wurde Stroessner mit großer Mehrheit insgesamt achtmal in seinem Amt bestätigt. Die verfassungsmäßigen Garantien standen jedoch im ständigen Widerspruch zu der politischen Praxis, in der der Ausnahmezustand zum Dauerzustand erklärt wurde. Nur alle fünf Jahre wurde er für 24 Stunden aufgehoben, aus Anlaß von Stroessners sogenannter Wiederwahl, der jeweils besonders brutale Strafaktionen gegen Andersdenkende vorausgingen. Die Position und die Autorität Stroessners wurden nicht in Frage gestellt, zumindest nicht öffentlich. Der Opposition war es nur innerhalb der von der Diktatur festgelegten Grenzen erlaubt zu agieren. Somit konnte Paraguay auf die längste und stabilste Regierung Südamerikas zurückblicken.

In Eintracht mit den bestimmenden sozialen Schichten des Landes regierte Stroessner das Land mit diktatorischen Vollmachten gleich einem Privatbesitz. Zur Konsolidierung seiner Macht bediente er sich der Korruption und des »institutionalisierten« Schmuggels, eine Kette, die mit amerikanischen Zigaretten und Alkohol begann und mit Rauschgift endete.

Wesentliche Stützen des Diktators waren das Militär, die Polizei und der Geheimdienst – ein Staatssicherheitsapparat, der mit Hilfe von Zensur, Bespitzelungen und Willkür so diffus wie wirksam alle Bereiche der Gesellschaft durchdrang. Zum anderen fand Stroessner Rückhalt bei der Mehrheit der konservativen Colorado-Partei, die während seiner Amtszeit zur Staatspartei avancierte. Vom Richter und Offizier bis hin zum Studenten oder Straßenkehrer konnte letztlich niemand mehr ohne den Mitgliedsausweis der Partei überleben.

Die Zeit nach Stroessner

Nach dem Sturz Stroessners sprachen sich fast alle Colorado-Politiker für die demokratische

Daten und Fakten

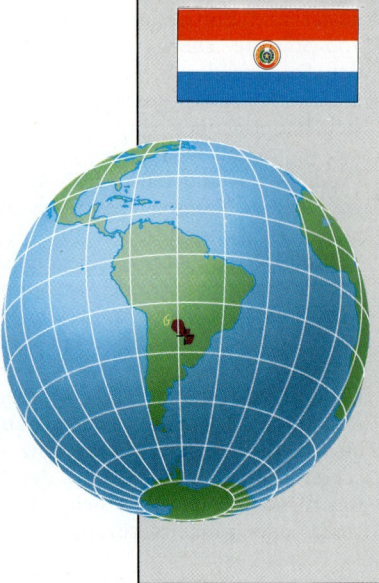

DAS LAND
Offizieller Name: Republik Paraguay
Hauptstadt: Asunción
Fläche: 406 752 km²
Landesnatur: Im W Aufschüttungsebene des Gran Chaco, im O Hügel- u. Tafelland, im Zentrum Tiefland des Paraguay
Klima: Im N tropisch, sonst subtropisch
Hauptflüsse: Paraguay, Paraná, Río Verde
Höchster Punkt: 680 m nahe Villarrica
Tiefster Punkt: 55 m am Zusammenfluß von Paraguay und Paraná

DER STAAT
Regierungsform: Präsidiale Republik
Staatsoberhaupt: Staatspräsident
Verwaltung: 17 Departamentos
Parlament: Zweikammerparlament, bestehend aus dem Senat mit 45 und dem Abgeordnetenhaus mit 80 jeweils für 5 Jahre gewählten Abgeordneten
Nationalfeiertag: 15. Mai

DIE MENSCHEN
Bevölkerungszahl: 5 358 000 (1999)
Bevölkerungsdichte: 13 Ew./km²
Stadtbevölkerung: 56 %
Bevölkerung unter 15 Jahren: 39 %
Analphabetenquote: 7 %
Sprache: Spanisch, Guaraní
Religion: Katholiken 94 %

DIE WIRTSCHAFT
Währung: Guaraní
Bruttosozialprodukt (BSP): 9166 Mio. US-$ (1998)
BSP je Einwohner: 1760 US-$
Inflationsrate: 14,6 % (1990–98)
Importgüter: Erdöl u. -produkte, Transportmittel, Maschinen, chem. u. phar-

Im Bild der Präsidentenpalast López *(links)* in der Hauptstadt Asunción. Das Stadtbild beherrschen zahlreiche Gebäude, die nach europäischen Vorbildern erbaut wurden. Asunción ist der wirtschaftliche und kulturelle Mittelpunkt des Landes.

Paraguay *(oben)*, einer der ärmsten Staaten Südamerikas, liegt zwischen Brasilien, Bolivien und Argentinien. Der Westen wird vom Grasland des für die Viehzucht geeigneten »Gran Chaco« eingenommen. Im Osten gibt es tropische Regenwälder.

Öffnung Paraguays aus. Dabei war der Anlaß des Putsches weniger der Wunsch nach Wiederherstellung demokratischer Verhältnisse oder Achtung der Menschenrechte als vielmehr die zunehmende Verschlechterung der Wirtschaftslage des Landes und der bedenkliche Gesundheitszustand des Diktators. Die Frage nach der Zukunft löste innerparteiliche Auseinandersetzungen aus, bei denen Andrés Rodriguez (* 1923) den gemäßigten Flügel vertrat. Rodríguez, dreißig Jahre lang treuer Gefolgsmann Stroessners, konnte anschließend bei den Präsidentschaftswahlen im Mai 1989 den Sieg davontragen.

Für die Opposition war die erste Wahl seit 1954, bei der das Ergebnis nicht schon vor der Stimmabgabe bekannt war, mit vielen Schwierigkeiten verbunden. Der Hauptanteil der Oppositionsstimmen entfiel auf Laíno und die »Partido Liberal Radical Autentico«. Sie trat wie alle Oppositionsparteien für gemäßigte Sozial- und Wirtschaftsreformen in einem demokratischen Rechtsstaat ein. Paraguay hat sich aus einem Alptraum befreit, in dem einzig die katholische Kirche als weder zerstörbare noch gleichschaltbare Institution Repräsentant der Menschenrechte, der Gerechtigkeit und der Freiheit war. Die zweiten Präsidentschaftswahlen nach dem Ende der Ära Stroessner gewann 1993 Juan Carlos Wasmosy (* 1938), der ebenfalls der regierenden Colorado-Partei angehört. Er wurde 1998 von seinem Parteifreund Raúl Cubas Grau (* 1943) abgelöst. Nach dessen Rücktritt wurde Luis Angel Gonzáles Macchi (* 1949) Staatschef.

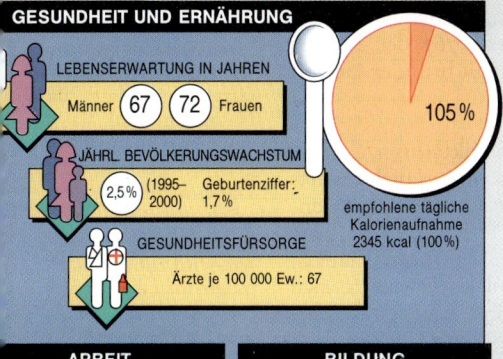

mazeut. Produkte, Eisen- u. Stahlwaren, Tabakwaren, Nahrungsmittel
Exportgüter: Sojabohnen, Ölsaaten, Baumwolle, Fleisch, Holz, Pflanzenöl, Tabak, Quebracho-Extrakte, Häute, Felle
Handelspartner: Brasilien, EU-Länder, USA, Japan, Argentinien, Algerien
Eisenbahnnetz: 3004 km
Straßennetz: 52 000 km
Fernsehgeräte je 1000 Ew.: 101

PARAGUAY

Annäherung an eine Nation

Eine der faszinierendsten und individuellsten Möglichkeiten, sich einem Land und seinen Bewohnern zu nähern, führt über die offenen Wege und die verschlungenen Pfade seiner Geschichte, seiner Kultur und somit auch der Literatur. Für die Guaraní-Nation, das gerühmte Volk der »Dichter und Helden«, gilt dies in besonderem Maße. Es wird deutlicher, wenn man berücksichtigt, daß inmitten des demokratischen Aufbruchs nach dem Ende der Diktatur Stroessners mit der politischen Öffnung und der Aufhebung der Zensur die kulturelle Isolation der Bevölkerung aufgebrochen wird. Seitdem werden die Verbannten unter den Helden, die Künstler, mit offener Begeisterung bei der Heimkehr ins Land empfangen. Unter ihnen auch Paraguays bedeutendste zeitgenössische Schriftsteller Rubén Bareiro Saguier (* 1930) und Augusto Roa Bastos (* 1917), dessen literarisches Werk in alle Weltsprachen übersetzt ist. Die Werke der beiden Vertreter des »magischen Realismus« sind ergreifende Reiseführer in das Leben eines Volkes, in das Licht über dem Land, seine Farben und Töne – Werke, die verdeutlichen, wie reich und komplex in Paraguay die Wirklichkeiten sind, wie prägend und lebendig in allem die Geschichte ist.

Der Jesuitenstaat

Das Land zwischen Río Paraná und Río Paraguay wurde seit Mitte des 16. Jahrhunderts von den Spaniern in Besitz genommen. Die indianische Urbevölkerung, die Guaraní, konnten der Eroberung nur schwachen Widerstand leisten, so daß das Gebiet 1543 in das spanische Vizekönigtum Peru überging und als erster Ort auf amerikanischem Boden unter die Verwaltung eines mestizischen Gouverneurs gestellt wurde. Die Mestizen, die aus der Verbindung zwischen Spaniern und Guaraní hervorgingen, betrachteten sich als die »weiße Oberschicht« und begannen, die Indianer auszubeuten und sie zu Leibeigenen zu machen. Erst die Jesuitenmissionare konnten das Vertrauen der Indianer zu den Europäern zurückgewinnen. Die Padres faßten im 17. Jahrhundert die verschiedenen Stämme der Guaraní in eigene, selbstverwaltete Siedlungen, die sogenannten Reduktionen, zusammen und bauten ein Gemeinwesen auf, in dem alle Bewohner gleiche Rechte und Pflichten besaßen.

Zu einer Zeit, als man in Europa noch darüber stritt, ob die Indianer überhaupt eine Seele hätten, förderten die Jesuiten neben den praktischen auch die künstlerischen und geistigen Fähigkeiten der Indianer. So wurden die Jesuiten zu Vätern des Staatsvolkes der Guaraní und zu Vorläufern der »Theologie der Befreiung«. Der »Jesuitenstaat«, in dem Handel und Gewerbe blühten, unterstand zwar der spanischen Oberhoheit, war aber souverän und nach außen hermetisch abgeriegelt. Jedoch führte die mangelnde Kooperationsbereitschaft der Missionare mit den weißen Siedlern dazu, daß die Spanier die Jesuiten 1767 des Landes verwiesen und die Guaranís mit brutaler Gewalt verfolgen oder töten ließen.

Unabhängigkeit, Kriege und Diktaturen

Als sich mit Beginn des 19. Jahrhunderts Lateinamerika die politische Autonomie gegenüber den Kolonialmächten erkämpfte, trennte sich die Provinz Paraguay 1811 vom Vizekönigtum Río de la Plata und konstituierte sich 1813 als selbständige Republik. Aus den Machtkämpfen, die der Unabhängigkeit folgten, ging José Gaspar Rodríguez Francia (1766–1849) als Sieger hervor. Er ließ sich ein Jahr später vom paraguayischen Kongreß zum »Supremo de la Republica« wählen. Francia, der die Eigenständigkeit und Eigenart seines Landes zu wahren suchte, riegelte das Land weitgehend von der Außenwelt ab und regierte bis zu seinem Tod,

Ein Straßenhändler *(oben)* genehmigt sich in einer freien Minute ein Glas »Yerba Mate«, das Nationalgetränk, das manchmal auch »Paraguaytee« genannt wird. Dieses anregende Getränk, welches einen hohen Koffeingehalt hat, wird zubereitet, indem man die Blätter und Schößlinge der Stechpalme mit heißem Wasser übergießt. Der Anbau von Mate ist in Paraguay ein bedeutender Wirtschaftszweig; große Mengen werden in andere südamerikanische Länder und nach Übersee exportiert.

PARAGUAY

Diese geschnitzte Heiligenstatue *(rechts)* geht auf das späte 16. Jahrhundert zurück, als Jesuitenmissionare mit der Christianisierung der Guaraní-Indianer begannen. Im Jahre 1767 wurden die Jesuiten vom spanischen König ausgewiesen.

Römisch-katholische Priester *(rechts Mitte)* bei einer christlichen Zeremonie: Sie nehmen Gläubigen die Beichte ab. Der Katholizismus ist in Paraguay Staatsreligion und wird von über 90 % der Bevölkerung praktiziert.

Ein Dorfbewohner in Paraguay *(rechts)* trägt zur Feier des Unabhängigkeitstages einen handgewebten Überwurf in den Nationalfarben des Landes. Wie rund 90 % der paraguayischen Bevölkerung gehört er der Gruppe der Mestizen an.

einem Despoten gleich, mit Strenge und Brutalität. Er galt als unbestechlich, als er die Oligarchie entmachtete, die Konzentration des Privatkapitals verhinderte und den Großgrundbesitz auflöste. Darüber hinaus legte er den Grundstein für eine breitgefächerte Industrie. Produziert wurde jedoch nur das, was für die Ernährung der Bevölkerung notwendig und zur Deckung ihrer Grundbedürfnisse erforderlich war. Damit war der Grundstein für die politische und soziale Struktur eines liberalen Bürgerstaates geschaffen, auf denen Francias Nachfolger weitgehend ihre Politik aufbauten. Durch die Aufgabe der Isolation setzte in Paraguay eine kulturelle und wirtschaftliche Entwicklung ein, die es zu einem der fortschrittlichsten Staaten Lateinamerikas machte. Doch mit der Unabhängigkeit geriet Paraguay in das Spannungsfeld zwischen seinen großen Nachbarn Argentinien und Brasilien. Beide versuchten, es sich im blutigen Tripelallianz-Krieg zwischen 1864 und 1870 – dem Großen Krieg, wie die Paraguayer bis heute sagen – einzuverleiben. Der Versuch kostete Paraguay große Teile seines Staatsgebietes und rund 80 % der Bevölkerung das Leben. Von diesem Aderlaß hatte sich das Land bis zum Ausbruch des Chaco-Krieges gegen Bolivien (1932–1935) nicht erholt.

Die Geschichte des nach diesen Kriegen völlig verarmten und entvölkerten Landes ist seit 1870 durch andauernde Unruhen und Bürgerkriege bestimmt worden, die jeden Aufbauversuch nahezu unmöglich machten. Die innenpolitische Situation wurde maßgeblich von den beiden traditionellen Parteien Paraguays – den Colorados und den Liberalen – getragen, ohne daß eine der Parteien stabile Regierungen hätte bilden können. Eine Diktatur löste die andere ab, eine Kontinuität, die mit dem Sturz von General Alfredo Stroessner 1989 hoffentlich ein Ende gefunden hat.

PARAGUAY

Paraguay, das Land im Herzen Südamerikas, erschließt seine Einzigartigkeit dem Reisenden nur langsam. Es lockt weder durch sichtbare Zeugnisse indianischer Kulturen noch durch herausragende koloniale Bauwerke oder spektakuläre landschaftliche Phänomene.

Paraguay ist neben Bolivien der einzige südamerikanische Staat ohne Zugang zum Meer. Der Río Paraguay – jener Strom, der dem Staat seinen indianischen Namen gab – durchzieht das Land und bildet eine Grenze zwischen dem flachen und dem gebirgigen Teil, »La Occidental« und »La Oriental« genannt.

Die Landschaften

Der westliche Teil, der Chaco Boreal, nimmt fast zwei Drittel der gesamten Landesfläche ein. Er umfaßt den nördlichen Teil der Großlandschaft Gran Chaco, der zentralen Tieflandzone Südamerikas. Sandige und tonige Ablagerungen bilden eine kaum merklich nach Westen ansteigende Aufschüttungsebene, die durch inselförmige Erhebungen unterbrochen wird. Die Böden sind nur wenig fruchtbar, boten kaum Anreiz zu Kolonisation und werden erst in letzter Zeit partiell, meist für die Rinder- und Schafzucht, genutzt.

Die Ostregion, das historische Paraguay und Kernland des heutigen Staates, gliedert sich in das Zentrale Tiefland und das durch eine breite Bruchstufe davon abgesetzte, nach Osten anschließende Amambayplateau, das bereits zum Brasilianischen Bergland gehört. Das hügelige Zentrale Tiefland, ein 100 bis 200 km breiter Streifen entlang des Ostufers des Paraguay, ist der eigentliche Kernraum und relativ dicht besiedelt. Im mittleren Abschnitt ragen isolierte Tafelberge, massive Gebirgsstöcke und kuppige Einzelberge auf. Durch seine Regenwälder setzt sich dieses vielgestaltige Bergland deutlich von dem Tiefland ab, das durch den Wechsel von offenen Graslandern mit Baumgruppen, lichten Baumsavannen und Galeriewäldern an den Flußläufen parkähnlichen Charakter aufweist. Nach Südwesten geht diese Parklandschaft in ein schwer zugängliches Sumpfgebiet über, die Neembucússümpfe.

Die Wirtschaft

Der Flußlauf des Paraná, der in Brasilien entspringt und bei Buenos Aires in den Río de la Plata mündet, wurde ebenso wie die meisten Städte und Dörfer der Ostregion durch den Bau des Itaipú-Wasserkraftwerks stark verändert. Um auch in Paraguay die nötigen infrastrukturellen Voraussetzungen für eine Wirtschaftsentwicklung zu schaffen, wurde in den 70er Jahren mit dem Bau des paraguayisch-brasilianischen Gemeinschaftsprojekts begonnen. Heute beliefert es vor allem die Industriemetropole São Paulo mit Billigstrom, während Paraguay, wie vorauszusehen, kaum mehr als 3 % der verfügbaren Energie verbrauchen kann. Von dem weiter stromabwärts gemeinsam mit Argentinien errichteten Wasserkraftwerk Yaciretá, das infolge von Finanzierungsschwierigkeiten allerdings erst im Herbst 1994 in Betrieb genommen werden konnte, werden vor allem bessere Wirtschaftsimpulse erwartet.

Noch immer leidet Paraguay unter der unzureichenden Verkehrserschließung, dem Mangel an Rohstoffen und ausgebildeten Arbeitskräften, fehlendem Kapital sowie dem schwach entwickelten Binnenmarkt. Deshalb wurde die Förderung exportorientierter Produktionszweige zum Hauptziel der Wirtschaftspolitik, begleitet von umfangreichen staatlichen Maßnahmen, wie z. B. Steuer- und Zollvergünstigungen, durch die multinationale Konzerne sowie private ausländische Investoren ins Land gelockt wurden. So entstanden neben mehreren industriellen Anlagen für die Be- und Verarbeitung land-, vieh- und forstwirtschaftlicher Erzeugnisse neue Privat-Latifundien sowie rund 600 deutsche, japanische und brasilianische »landwirtschaftliche Kolonien«. Dadurch erfuhr Paraguay seit dem Amtsantritt Stroessners eine Phase langsamer, aber stetiger wirtschaftlicher Aufwärtsentwicklung. Den Preis des Fortschritts müssen jedoch die armen Leute und kleinen Bauern zahlen, jene große Mehrheit, die am Rande des Existenzminimums lebt. Viele Bauern und Indio-Gemeinschaften hoffen seither auf Neuzuteilungen von Land, nachdem sie ausländischen Industrieunternehmen und Land-

PARAGUAY

Malerischer Sonnenuntergang am Ufer des Ypacarai-Sees *(links)*, der südlich der Hauptstadt Asunción in der Nähe des Río Paraguay liegt. Wasserwege sind nach wie vor wichtige Transportrouten in Paraguay, da knapp 50 % des Straßennetzes nicht asphaltiert sind.

Eine Bäuerin vor ihrem Straßenstand *(unten rechts)*. Paraguays wichtigste Anbauprodukte für den heimischen Markt sind Maniok, Reis und Mais. Baumwolle, Sojabohnen, Tabak und Zuckerrohr werden vor allem für den Export angebaut. Etwa drei Viertel der landwirtschaftlichen Nutzfläche sind in der Hand von Großgrundbesitzern. Forst- und Viehwirtschaft sorgen für die bescheidenen Exporteinnahmen, denn das Land besitzt kaum moderne Industrien.

käufern weichen mußten und überwiegend unter Einsatz nackten Terrors seitens der Polizei- und Militäreinheiten vertrieben worden waren. Trotz Agrarreform befinden sich auch weiterhin über drei Viertel der landwirtschaftlichen Nutzfläche im Besitz einer Handvoll Großgrundbesitzer, wobei das ausländische Kapital stark vertreten ist.

Die Bevölkerung

Die Bevölkerung Paraguays verteilt sich entsprechend den natürlichen Voraussetzungen äußerst ungleichmäßig über das Land. Größter Anziehungspunkt sind die Hauptstadt Asunción und ihr Hinterland, in dem heute rund drei Viertel der Bevölkerung leben.

Da Paraguay im 19. Jahrhundert kaum von den Masseneinwanderungen aus Europa berührt wurde, entwickelte es sich zu einem der ethnisch homogensten Länder Lateinamerikas. Etwa 90 % der Bevölkerung sind Mestizen, Mischlinge aus der indianischen Urbevölkerung und den altspanischen Siedlern, die die Gegensätze beider Kulturen in sich vereinen und sie zu ihrer eigenen, unverwechselbaren Identität machten. Die Nachkommen der Ureinwohner bilden heute eine kleine, stark gefährdete Minderheit. Es ist nur ein schwacher Trost für sie, daß ihre Sprache Guaraní als zweite Landessprache heute noch von allen Paraguayern gesprochen wird.

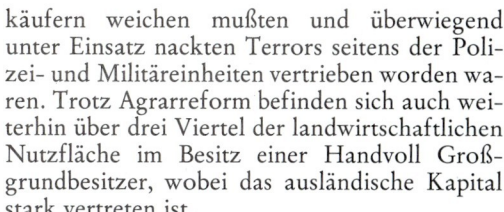

Arbeiter machen den Weg frei für eine Dampflokomotive *(links)* mit riesigem »Kuhfänger«. In Paraguay gibt es nur eine größere Bahnverbindung: die 441 km lange Strecke zwischen Asunción und Encarnación.

Diese primitive Hüttensiedlung *(unten)* in der Hauptstadt Asunción liegt nicht weit vom Parlamentsgebäude entfernt. Obwohl das Land arm und unterentwickelt ist, findet man in Paraguay keine ausgedehnten Slumgebiete.

1133

PERU

Auf der Suche nach den legendären Schätzen des Goldlandes Pirú war im Jahre 1531 der fürchterlichste aller Konquistadoren, Francisco Pizarro (um 1478–1541), ein ehemaliger Schweinehirt aus dem spanischen Estremadura, mit einer kleinen Streitmacht von zweihundert Mann gegen das Inka-Reich vorgerückt.

Das politische System im Inka-Reich entsprach einem autoritären Staatssozialismus. Ein umfangreiches Straßennetz, Brücken, Bewässerungsanlagen und ein ausgeklügeltes Nachrichtensystem hielten die Inka-Hauptstadt Cuzco in ständiger Verbindung mit den entferntesten Orten des Reiches. Stafettenläufer überbrachten in kürzester Zeit Informationen und Befehle. Der allgegenwärtige Verwaltungsapparat hatte die Menschen jedoch zu gehorsamen, blind ergebenen Untertanen erzogen, und das sollte diesem Volk zum Verhängnis werden. Ohne Führer erwies es sich nämlich als hilf- und wehrlos.

Niedergang des Inka-Reichs

An das niederträchtige Vorgehen der Spanier erinnert in Cajamarca die Cuarto de Rescate, die Lösegeldkammer. Dort, im Norden Perus, war Pizarros überlegene Streitmacht mit dem etwa 20 000 Soldaten starken Heer des Inka-Häuptlings Atahualpa zusammengetroffen. Zunächst tauschte man Geschenke aus. Weil der »Sohn der Sonne« nichts mit der Bibel anzufangen wußte und sie zu Boden warf, nahmen ihn die Spanier gefangen. Unter den führerlosen Inka-Truppen machten sich Schrecken und Entsetzen vor dem unbekannten Donner der Kanonen und den nie gesehenen Pferden der aus dem Hinterhalt angreifenden Fremden breit. Die Eingeborenen waren außerdem in dem Glauben befangen, weiße Götter, die Peru übers Meer nach Westen verlassen hatten, würden eines Tages zurückkehren.

Pizarro versprach Atahualpa die Freiheit, falls der Inka den Raum seines Gefängnisses vollständig mit Gold füllen ließe. Doch nachdem die Kammer mit Schätzen gefüllt war, ließ Pizarro den letzten Inka-Herrscher erwürgen. Dann zog er mit seinen Mannen nach Cuzco und zerstörte auch diese Stadt.

Auf den Trümmern der Tempel und Paläste bauten die Spanier ihre Kirchen. Die Nachkommen der alten Inka-Kultur versanken in Elend, Apathie und Abhängigkeit. Ein Enkel Atahualpas zog sich mit einigen hundert Stammesangehörigen auf einen Bergsattel bei Cuzco zurück. Das 2400 m hoch gelegene Machu Picchu blieb den spanischen Eroberern verborgen und wurde erst 1911 von dem Amerikaner Hiram Bingham entdeckt.

Die Dynastie der Inka entstammte der Völker- und Sprachgruppe der Ketschua. Die Hochkultur der Inka-Völker, ihre erstaunliche Baukunst, Keramik, Bildhauerei, Weberei, Metallverarbeitung und Medizin, ist aus früheren Kulturen hervorgegangen.

PERU

Am Anfang stand wahrscheinlich die Kultur von Chavín in einem jetzt weltverlorenen Bergwinkel Nordperus. In 3700 m Höhe war hier etwa 900 v. Chr. ein religiöses Zentrum entstanden. Manche Kunst- und Architekturformen aus Chavín weisen auf Verbindungen zu Tiahuanaco hin, dem geheimnisvollen Kultzentrum am Titicacasee. Die bis ins erste Jahrtausend nach Christus reichende Tiahuanaco-Kultur mit ihren großen Monolithbauten wird der klassischen Zeit zugerechnet, ihr berühmtestes Relikt ist das Sonnentor von Tiahuanaco.

Nazca- und Moche-Kultur

In jener Zeit konnten sich an der Küste zwei Oasenkulturen entwickeln: im Süden die Nazca-Kultur und im Norden die Moche-Kultur. Inmitten einer wüstenhaften, lebensfeindlichen Umwelt gelang es den Bewohnern, das Wasser der von den Anden kommenden Flüsse in Kanäle umzuleiten und weitflächige Felder anzulegen. Wie überall in der Welt entwickelten sich hier Kulturen auf der Grundlage einer blühenden Landwirtschaft. Den hohen künstlerischen Standard der Paracas- und Nazca-Kultur bezeugen kostbare Grabbeigaben, vor allem Stickereien auf äußerst fein gewebten Totentüchern. Rätsel geben die sogenannten Scharrbilder von Nazca auf: geometrische Figuren auf grau-braunen Geröllschichten, tier- und menschenähnliche Gebilde, die vielfach nur aus der Vogelperspektive erkennbar sind und größtenteils erst im Flugzeitalter entdeckt wurden. Die Gelehrten sind sich noch nicht einig, ob die Scharrbilder durch Erosionskräfte oder von Menschenhand entstanden sind.

In der Nähe der nördlichen Hafenstadt Trujillo sind zwei weltberühmte archäologische Stätten zu besichtigen: die dem Mond und der Sonne geweihten, aus Millionen von Lehmziegeln erbauten Pyramiden der Moche-Kultur und das weite Ruinenfeld von Chanchán, der Hauptstadt des im Jahre 1471 von den Inka unterworfenen Chimú-Reiches.

Die spanischen Konquistadoren kamen mit Schwert und Kreuz nach Peru, getrieben von Habgier und missionarischem Eifer. Einerseits waren sie und ihre Nachfolger auf schnellen Reichtum bedacht, andererseits hatten sie den Ehrgeiz, den indianischen Kulturen etwas Gleichwertiges entgegenzusetzen. In Cuzco, Lima, Cajamarca, Trujillo, Ayacucho, Puno und Arequipa hinterließen sie höchst eindrucksvolle Kolonialbauwerke. Sie verbanden europäische Bauformen mit indianischen Stilelementen zu einem prunkvollen Kolonialbarock.

Das von den Konquistadoren gegründete spanische Vizekönigreich Peru umfaßte außer dem Gebiet des heutigen Staates Peru fast ganz Südamerika ohne das portugiesische Brasilien. Vom Silberreichtum seiner Kolonien profitierten vor allem Städte und Klöster im spanischen Mutterland.

1135

PERU: DER STAAT

Ein Blick in die jüngere Geschichte Perus macht die derzeitige politische Situation verständlicher: Unter dem Einfluß der Französischen Revolution hatte 1810 in Südamerika der Unabhängigkeitskampf begonnen, im Norden unter der Führung von Simón Bolívar (1783–1830). Peru blieb noch eine Zeitlang die Hauptbastion der Spanier. Erst der Sieg über die Royalisten in der Schlacht von Ayacucho (1824) beendete die Kolonialzeit in Peru.

Unverändert blieb bis ins 20. Jahrhundert die Feudalstruktur aus der Kolonialzeit. Auf der untersten Stufe des sozialen Lebens in Peru stehen die Indios. In Lateinamerika nennt man sie Indígenas. Fast die Hälfte der Peruaner sind Nachkommen der Ketschua, Aymará und anderer Indiogruppen. Sie leben großenteils als Kleinbauern auf dem Altiplano, den Hochebenen der Anden.

Rund 37 % der Peruaner gelten als Mestizen, Nachfahren aus der frühen Kolonialzeit, als sich die Europäer mit Eingeborenenfrauen verbanden. Vielfach rückten Mischlinge in gehobene Positionen auf, doch ein großer Teil bildet ein landflüchtiges Stadtproletariat.

Nur rund 15 % der Bevölkerung sind Weiße. Aus ihnen bildet sich vornehmlich die Oberschicht der Fabrikanten und Großgrundbesitzer, der Armeeoffiziere, Verwaltungsdirektoren, Hochschullehrer, Rechtsanwälte und des oberen Klerus.

Politik in den 80er und 90er Jahren

Im politischen Leben agierten bis 1990 verschiedenste Parteien: die sozialdemokratisch geprägte APRA (»Alianza Popular Revolucionaria Americana«), die christlichsoziale PPC (»Partido Popular Cristiano«), die rechtsliberale AP (»Acción Popular«) und die kommunistisch-maoistische IU (»Union de Izquierda Revolucionaria«).

Im Untergrund operierte die Terrorbewegung »Sendero Luminoso« (»Leuchtender Pfad«). Den blutigen Gewaltaktionen der linksextremen Guerilla fielen Menschen aller Schichten zum Opfer. Wiederholt wurde der Ausnahmezustand über verschiedene Regionen verhängt. Der Terror forderte das Militär zu unnachsichtiger Gegengewalt heraus.

Die Regierungen der 80er Jahre vermochten nicht der bedrückenden Probleme des Landes Herr zu werden: gescheiterte Landreformen, Bevölkerungsexplosion, Massenarbeitslosigkeit, Wohnungsnot, Rauschgifthandel, hohe Auslandsverschuldung, galoppierende Inflation, Streikwellen ohne Ende.

Der ehemalige Staatspräsident Alán García Pérez (* 1949), der 1985 als erster Angehöriger der APRA dieses Amt antrat, glaubte durch Einstellung der Zinszahlungen an internationale Gläubiger einen Teil der Probleme lösen zu können. Seine Politik wurde anfangs von vielen Peruanern begrüßt, doch sie erwies sich als verfehlt und beschleunigte den wirtschaftlichen Niedergang, weil Kreditgeber und Investoren ausblieben. Mario Vargas Llosa (* 1936), Perus erfolgreichster Schriftsteller, umriß die soziale Problematik mit den Worten: »200 000 Peruaner, die besser leben als Nordamerikaner, und achtzehn Millionen auf afrikanischem Niveau«. Die Unzufriedenheit breiter Schichten mit dieser Situation begünstigte 1990 den Wahlsieg Alberto Fujimoris (* 1938), der als Kandidat der neugegründeten Bewegung Cambio 90 gegen Vargas Llosa angetreten war. Fujimori löste 1992 das Parlament auf und setzte die Verfas-

Daten und Fakten

DAS LAND
Offizieller Name: Republik Peru
Hauptstadt: Lima
Fläche: 1 285 216 km²
Landesnatur: Im W Küstenebene, anschließend nach O Gebirgsland der Anden; im O Bergland (»Montaña«), das das östl. Andenvorland u. obere Amazonasbecken umfaßt
Klima: Tropisch, an der Küste Wüstenklima
Hauptflüsse: Amazonas, Marañón, Ucayali
Höchster Punkt: Huascarán 6768 m

DER STAAT
Regierungsform: Präsidiale Republik
Staatsoberhaupt: Staatspräsident
Regierungschef: Ministerpräsident
Verwaltung: 25 Departamentos
Parlament: Kongreß mit 120 für 5 Jahre gewählten Mitgliedern
Nationalfeiertag: 28. Juli
DIE MENSCHEN
Einwohner (Ew.): 25 230 000 (1999)
Bevölkerungsdichte: 20 Ew./km²
Stadtbevölkerung: 73 %
Bevölkerung unter 15 Jahren: 34 %

Analphabetenquote: 10 %
Sprache: Spanisch, Ketschua, Aymará
Religion: Katholiken 89 %
DIE WIRTSCHAFT
Währung: Neuer Sol
Bruttosozialprodukt (BSP): 61 079 Mio. US-$ (1998)
BSP je Einwohner: 2460 US-$
Inflationsrate: 33,7 % (1990–98)
Importgüter: Maschinen, Kohle, Erdölprodukte, Düngemittel, Nahrungsmittel
Exportgüter: Bearbeitete Nichteisenmetalle, metallurgische

Die Plaza de Armas in Arequipa *(oben)* ist typisch für die weitläufigen, baumbestandenen Plätze, die in vielen peruanischen Städten das Zentrum und damit der beliebte Treffpunkt sind. Der Platz ist umgeben von kolonialzeitlichen Bauten.

Peru *(rechts)*, an der Westküste Südamerikas gelegen, könnte ein wohlhabendes Land sein, da es viele Bodenschätze, reiche Fischgründe und fruchtbares Farmland besitzt. Aber eine positive wirtschaftliche Entwicklung wurde lange durch die politische Instabilität behindert. Guerillaaktionen, vom »Leuchtenden Pfad« geführt, machten große Teile Perus unregierbar. Viele Menschen, vor allem die Indios, die fast die Hälfte der Bevölkerung ausmachen, leben auch heute noch in ungünstigen sozialen Verhältnissen

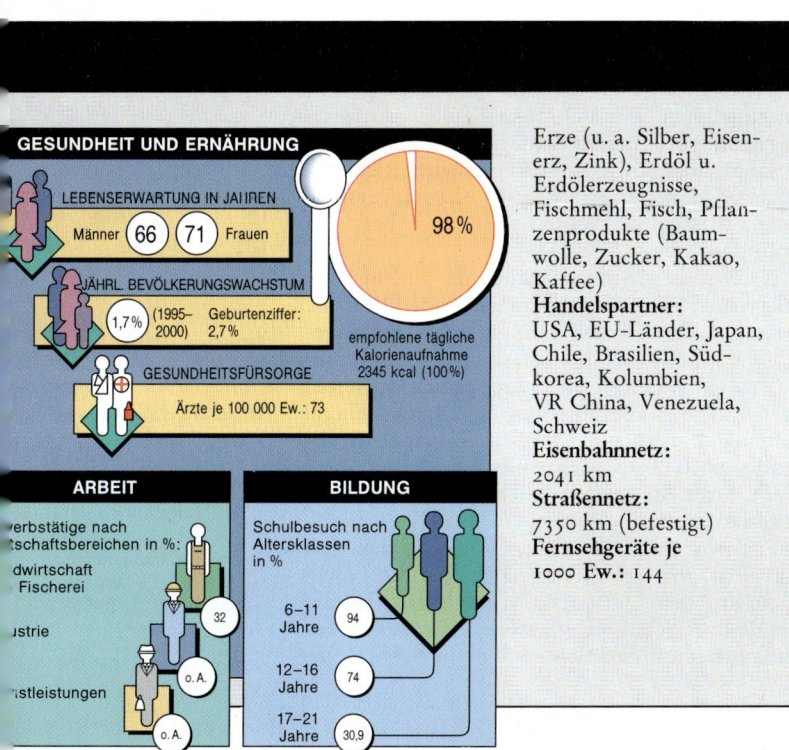

Erze (u. a. Silber, Eisenerz, Zink), Erdöl u. Erdölerzeugnisse, Fischmehl, Fisch, Pflanzenprodukte (Baumwolle, Zucker, Kakao, Kaffee)
Handelspartner:
USA, EU-Länder, Japan, Chile, Brasilien, Südkorea, Kolumbien, VR China, Venezuela, Schweiz
Eisenbahnnetz:
2041 km
Straßennetz:
7350 km (befestigt)
Fernsehgeräte je 1000 Ew.: 144

sung außer Kraft. Das Militär stellte sich hinter diesen institutionellen Staatsstreich. Im Jahr 1993 stimmte die Bevölkerung in einem Referendum einer neuen Verfassung zu. Im Jahr 1995 kam es zu einem militärischen Grenzkonflikt mit Ecuador. Bei Wahlen im selben Jahr wurde Fujimori, der auch entscheidende Erfolge im Kampf gegen den Sendero Luminoso vorweisen konnte, im Präsidentenamt bestätigt. Fujimori erklärte im November 2000 seinen Rücktritt. Sieger der Präsidentenwahl Anfang Juni 2001 wurde Alejandro Toledo.

Peru gilt als ein potentiell reiches und entwicklungsfähiges Land. Es ist nicht nur reich an Silbervorkommen, sondern besitzt auch Kupfer und andere Bodenschätze, für die sich schon früh die aufstrebenden Industriestaaten Europas und Nordamerikas interessiert hatten.

Zu den Erzlagern von Cerro de Pasco bauten britische Ingenieure die höchstgelegene Eisenbahn der Welt. Die Erdölausbeute im Amazonasbecken wurde von den Nordamerikanern durch den Bau einer Ölpipeline über die Kordillere vorangetrieben.

PERU: DIE INKA

Im frühen 16. Jahrhundert erstreckte sich das von den Inka regierte Reich entlang des Pazifik vom Gebiet des heutigen Ecuador bis nach Chile, also etwa über eine Entfernung von New York bis zum Panamakanal. Die Inka herrschten über eine Bevölkerung von mehr als 10 Millionen Menschen, zusammengesetzt aus ca. 100 Volksgruppen und Stämmen mit vielen verschiedenen Sprachen. Als offizielle Reichssprache wurde den unterworfenen Stämmen jedoch das Ketschua der Inka aufgezwungen. Ihre Hauptstadt Cuzco, hoch in den Anden gelegen, besaß elegante Paläste und Tempel, die meisterhafte Gold- und Silberarbeiten sowie wunderschöne Textilien bargen; große Vorratslager sicherten die Ernährung.

Obwohl sie keine Schrift kannten, wurden Botschaften, Informationen und Statistiken übermittelt. Die Inka wußten so genauestens Bescheid über den jeweiligen Bestand an Rohstoffen und Nahrungsmitteln sowie über die Lage der Menschen in ihrem Reich, die in abgabepflichtige Einheiten von 100 bis zu 10 000 Personen zusammengefaßt waren. Ein hervorragendes Straßennetz und Meldesystem ermöglichte der Inka-Führung in Cuzco, schnell auf Ereignisse in irgendeinem Teil ihres Machtbereiches zu reagieren. An strategisch wichtigen Positionen waren Festungen mit Truppen und Lagerhäuser für Grundnahrungsmittel angelegt. Trotz dieser hervorragenden staatlichen Organisation brach das riesige Reich Mitte des 16. Jahrhunderts zusammen.

Woher die Inka kamen, ist ungewiß. Vermutlich ließen sie sich um 1250 im Tal von Cuzco im heutigen Peru nieder. Erst etwa 200 Jahre später begannen sie, ihr Herrschaftsgebiet auszudehnen, doch schon um 1463 beherrschten die Inka den größten Teil Perus. Ihr Regent zu jener Zeit war Pachacutec Yupanqui, ein glänzender Heeresführer und Administrator. Er und sein Sohn Topa versuchten, das Reich nach Norden zu erweitern, und 1471 hatten sie Quito, Hauptstadt des heutigen Ecuador, erreicht. Im gleichen Jahr übernahm Topa die Führung, und als er 1493 starb, folgte ihm sein Sohn Huayna Capac auf den Thron. Huayna Capac zog von Quito aus ins ecuadorianische Tiefland und eroberte große, um das heutige Guayaquil gelegene Gebiete. Im Norden rückte er bis zur heutigen kolumbianischen Grenze vor.

Das Unheil schlägt zu

Um 1527 wurden Huayna Capac und der größte Teil seines Hofstaates von den Pocken dahingerafft, die von den Spaniern in die Neue Welt eingeschleppt worden waren. Seine zwei Söhne, Huascar und Atahualpa, kämpften um das Erbe. Huascar, mit Sitz in Cuzco, soll der legitime Nachfolger gewesen sein, aber Atahualpa, der mit einer mächtigen Armee über Ecuador herrschte, zweifelte dessen Anspruch an. Ein Bürgerkrieg brach aus. Atahualpas kriegserfahrene Berufsgeneräle schlugen bald Huascars Truppen und marschierten von Quito aus in Peru ein; die Dörfer und Städte auf ihrem Weg wurden niedergemacht.

Im Jahre 1531 landete Francisco Pizarro (ca. 1478–1541), der spanische Konquistador, in Ecuador. Er nutzte den Inka-Bürgerkrieg für sich aus und führte seine knapp 200 Männer südwärts nach Cuzco. Mit Dreistigkeit und Täuschungen gelang es ihm, Atahualpa gefangenzunehmen. Für den Inka-König wurde als Lösegeld ein Zimmer voller Gold und Silber verlangt, aber sowie sämtliche Schätze sicher in Pizarros Händen waren, brach er sein Versprechen, Atahualpa freizulassen, und ließ ihn erwürgen.

Nach dem Mord an Atahualpa schienen die Inka von Peru wie gelähmt zu sein. Doch die Inka Ecuadors waren aus anderem Holz geschnitzt. Tausende von Atahualpas schwerbewaffneten Männern im Quito-Bezirk dürsteten nach Rache. Angeführt vom Inka-General Ruminahui stieg ein Kommando seiner Streitkräfte nach Cajamarca hinab, zerstörte die Stadt, grub Atahualpas Leiche aus und ließ sie in Quito wieder bestatten.

Pizarros großer Wunsch, Quito und den Rest von Ecuador zu unterwerfen, beruhte nicht allein auf dem Verlangen, diese letzte Festung des Inka-Reiches zu zerstören. Er wollte für seine Herren in Spanien noch mehr Schätze zu-

Die terrassenartig angelegten, wuchtigen Mauern von Sacsayhuaman *(rechts)* spiegeln die einstige Macht der Inka wider. In der Nähe ihrer Hauptstadt Cuzco gelegen, enthält der Bau riesige Felsblöcke, die fugenlos zusammengesetzt sind.

Eine Ketschua-Frau *(oben)* trägt goldenen Ohrschmuck – eine Erinnerung an die hochentwickelte Goldschmiedekunst ihrer Vorfahren.

In Stein gefaßte Bewässerungskanäle *(oben)* bei Tambomachay in Peru zeugen von den technischen Fähigkeiten der Inka. Ein umfangreiches Netz von Wasserleitungen stellte die Wasserversorgung der Bevölkerung und der Äcker sicher.

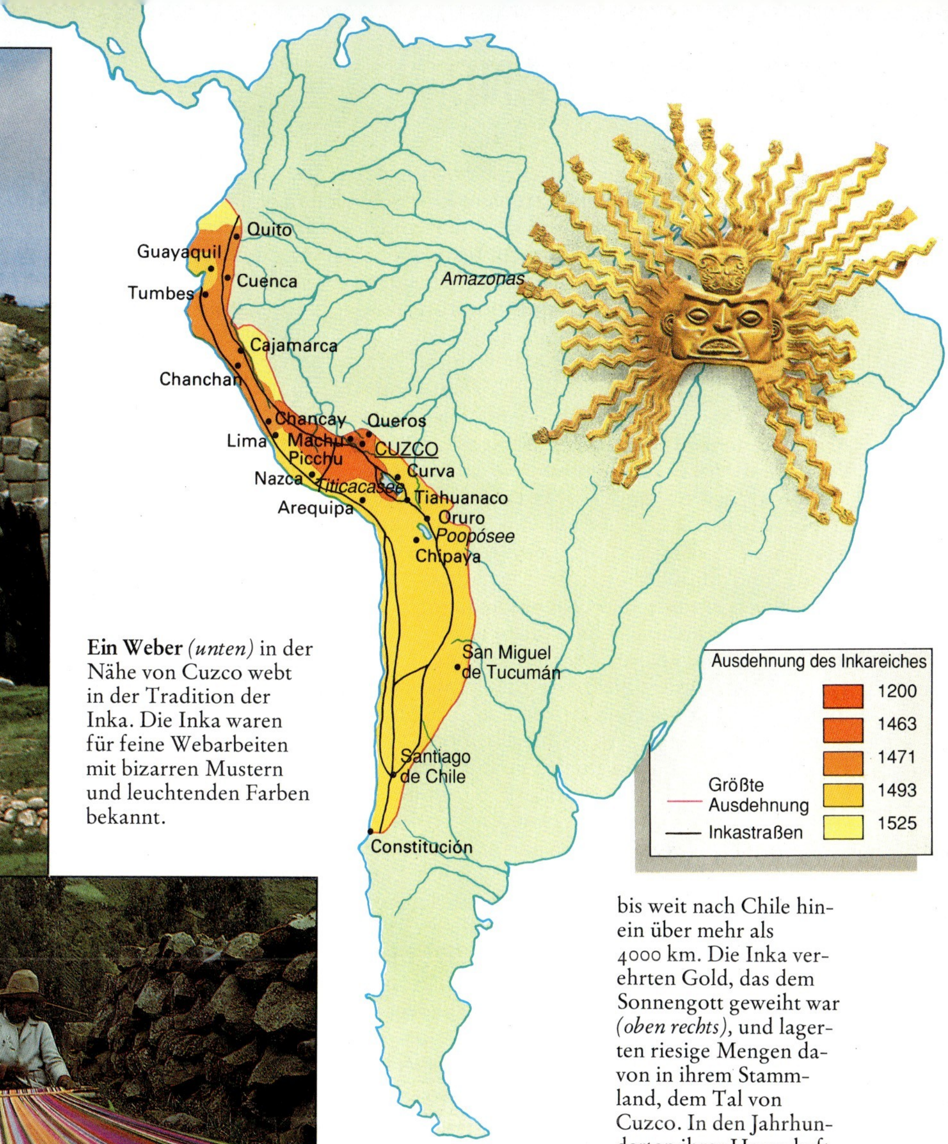

Ein Weber *(unten)* in der Nähe von Cuzco webt in der Tradition der Inka. Die Inka waren für feine Webarbeiten mit bizarren Mustern und leuchtenden Farben bekannt.

Bevor 1532 die Spanier einfielen, erstreckte sich das Inkareich *(oben)* entlang der südamerikanischen Küste vom heutigen Ecuador über Peru bis weit nach Chile hinein über mehr als 4000 km. Die Inka verehrten Gold, das dem Sonnengott geweiht war *(oben rechts)*, und lagerten riesige Mengen davon in ihrem Stammland, dem Tal von Cuzco. In den Jahrhunderten ihrer Herrschaft hatten die Inka ihr Reich fortlaufend vergrößert und zur Überwachung ein Straßennetz und Meldesystem aufgebaut.

Inka-Nachfahren *(rechts)* feiern das Fest des Sonnengottes Viracocha mit folkloristischen Darbietungen, wie dem »Tanz des Kondors«. Die meisten Indios sind zum katholischen Glauben übergetreten, aber vorchristliche Rituale leben dennoch weiter fort.

sammenraffen, die die Inka seiner Meinung nach in Quito und Tomebamba (das heutige Cuenca in Ecuador) versteckt hatten. Bald sah sich Ruminahui einer doppelten Bedrohung seines ecuadorianischen Machtbereiches ausgesetzt. Ein 200 Mann starkes spanisches Heer unter Sebastian de Benalcázar (1495-1551) marschierte von Peru aus gen Norden, während der große Eroberer Pedro de Alvarado (um 1485-1541) von Guatemala aus aufgebrochen war, um im Norden Ecuadors zu landen.

Nach einer Reihe furchtbarer Schlachten drangen Benalcázars Männer im Juni 1534 in Quito ein. Spanische Reiterei sowie spanische Schwerter und Lanzen waren zu viel für die tapferen ecuadorianischen Inka mit ihren primitiven Waffen; das Inka-Reich wurde zur spanischen Kolonie. Später gewährten die Spanier in Quito und Guayaquil den Inka eine Art Selbstverwaltung.

PERU: DAS LAND

Der Besucher der peruanischen Hauptstadt Lima bewegt sich zwischen Extremen: Einerseits ist er geblendet von den großartigen Relikten der Vergangenheit – der Kathedrale mit dem Sarg Pizarros, dem stucküberladenen Präsidentenpalais, den Stätten der Inquisition in stilvollem Kolonialbarock, den alten Stadtpalästen mit Bauteilen aus Ebenholz, den Schätzen der Museen und den Wohnvierteln der Reichen. Andererseits ist er schockiert, wenn er sich in den Armenvierteln aus Lehmziegeln, Blechkanistern, Papp- und Holzresten umsieht.

Ciudad de los Reyes, »Stadt der Könige«, nennt sich Perus Hauptstadt. Zur Zeit der spanischen Vizekönige war Lima die reichste, größte und kultivierteste Stadt in Südamerika. Wie alle peruanischen Küstenstädte ist die Oasenstadt am Rimac-Fluß von einer Sand- und Staubwüste umgeben. Es regnet selten in dieser Gegend; vormittags liegt die Stadt im Nebeldunst, im Winter kommt wochenlang die Sonne nicht hervor. Die auf weite Strecken öde Pazifikküste und die ungestüme, vom Humboldtstrom stark unterkühlte Brandung reizen nur an wenigen Stellen zum Wassersport.

Doch die Hauptstadt gibt nur ein unzulängliches Bild von Land und Leuten. Wer nur Lima kennt, weiß nichts von der vielfältigen Landesnatur Perus – von dem trostlosen Einerlei rotbrauner Sanddünen im Norden, von der grünen Üppigkeit des Urwalds an den Nebenströmen des Amazonas, von der Majestät eisbedeckter Berge in der Cordillera Blanca und von der melancholischen Verlorenheit der endlos weiten Hochplateaus.

Die Landschaften

Peru, drittgrößtes Land Südamerikas, teilt sich in mehrere Großlandschaften auf: in die Costa, die über 2000 km lange, schmale Küstenregion, in die Sierra, die steil aufragenden Anden mit dem 6768 m hohen Huascarán, in die Montaña, das östliche Andenvorland und in die Selva, die unendlich erscheinende, flache Urwaldregion mit rund achttausend Baumarten. Fast die Hälfte der Bevölkerung lebt in der Küstenregion, dem wirtschaftlichen Zentrum. Die kalte Meeresströmung und die Wüste bestimmen hier das Klima. In einigen Küstenzonen sorgen Wolken zeitweilig für Feuchtigkeit, erlaubt der »Garúa«, der nässende Küstennebel, eine Oasenwirtschaft. Im Sommer verursacht »El Niño«, ein im Abstand mehrerer Jahre auftretender Warmwasserstrom vom Äquator, mitunter sintflutartige Niederschläge.

In den Tälern und auf den Hochplateaus der Sierra, in einer Durchschnittshöhe von 3000 m, leben die Kleinbauern hauptsächlich von der Subsistenzwirtschaft. Zehn Berge in den peruanischen Anden sind über 6000 m hoch. Nebenströme des Amazonas, die hier entspringen, haben tiefe Canyons gebildet.

Unmittelbar jenseits der Schnee- und Gletscherberge beginnt im Osten die dünnbesiedelte Dschungelregion, Perus »Grüne Hölle«. Das ganze Jahr über herrscht dort feucht-schwüle Tropenhitze mit 26 °C Durchschnittstemperatur, und es regnet viel. Nur etwa 10 % der Gesamtbevölkerung lebt hier, in Flußsiedlungen und einigen Indianerreservaten. Flußboote und Flugzeuge sind das Hauptverkehrsmittel. In der Selva wird Erdöl gefördert, daneben gibt es Kautschuk-, Jute-, Zitrus- und Kaffeeplantagen. Sämtliche Ein- und Ausfuhren werden größtenteils über den Amazonas abgewickelt. Die wenigen Straßen sind in der Regenzeit meist unpassierbar.

Arme und Reiche

In den Dörfern auf dem Altiplano ist die Zeit stehengeblieben, dort leben die Campesinos wie ihre Vorfahren von der Selbstversorgung. Sie tragen bunte Klappmützen, Ponchos und gewickelte Kniebundhosen, die Frauen weiße Zylinder oder Melonenhüte, selbstgewebte Tragetücher und mehrere, übereinandergestülpte Röcke. Hinter den Lehmhütten weiden Schafe, Ziegen, Lamas und Alpakas, die Milch, Fleisch und Wolle liefern.

Die Hochlandbewohner wurden zum Christentum bekehrt, doch in ihren Riten leben noch die alten Gottheiten. Begleitet von Flöten- und Trommelspiel treten sie bei ihren alkoholseligen Fiestas in farbigen Vermummungen auf. Im übrigen verharren sie schicksalsergeben in ihrer

Hochlandindios wachen über ihre Lamaherde *(oben)*. Diese robusten Tiere werden von den Indios auf den steilen Gebirgspfaden als Lasttiere benutzt. Ein Lama kann mit einer etwa 60 kg schweren Last bis zu 30 km am Tag zurücklegen.

Eine Indiofrau bei der Kartoffelernte *(rechts)*. Kartoffeln sind eines der Hauptnahrungsmittel der Andenbewohner. Getreide, Früchte und Maniok werden ebenfalls angebaut. Kleinwild aus den Wäldern ergänzt die Nahrungspalette.

Am Stadtrand von Lima haben sich Slums ausgebreitet *(links)*, in denen die Armen in notdürftigen Unterkünften leben. Diese bedrückenden Elendsviertel werden beschönigend »pueblos jóvenes« (junge Ortschaften) genannt.

Eine lautlose Waffe, das Blasrohr *(unten links),* wird von einem Jivaro-Indio aus dem peruanischen Amazonasurwald vorgeführt. Die geschnitzten Pfeile in seinem Köcher aus Baumrinde wurden in Gift eingetaucht.

Diese intensiv genutzte Agrarlandschaft in der Nähe von Cuzco erstreckt sich bis zum Horizont, der von den schneebedeckten Gipfeln der Anden *(oben)* beherrscht wird. Einst war hier das Stammland des Inkareiches.

Bedürfnislosigkeit. Der englische Kulturhistoriker Arnold Toynbee (1889–1975) schrieb über sie: »Wenn es die moderne zivilisierte Welt jemals fertigbringen sollte, sich selbst durch eine perverse Kombination von technischem Können, Wahnsinn und Sünde zu vernichten, dann wären diese erdverbundenen Bauern immer noch da, um sich zu vermehren und die Erde wieder mit Menschen zu füllen.«

Derweil nimmt die Verstädterung Perus rapide zu, die Slums der Hauptstadt Lima weiten sich immer mehr ins Uferlose aus. Sie werden hier offiziell als »pueblos jóvenes« (junge Ortschaften) bezeichnet. Mehr als die Hälfte der 6,3 Millionen zählenden Einwohner Limas hat sich in diesen staubgrauen, stinkenden, vielfach wasser- und stromlosen Vororten angesiedelt. Dennoch sieht man auf zahlreichen Hütten Fernsehantennen, obwohl die meisten Bewohner unter dem Existenzminimum vegetieren. Eine allgegenwärtige Konsumreklame nährt den Traum von einem besseren Leben. Die Straßen in der Innenstadt sind von knallbunten Werbeplakaten, schiefen Strommasten und halbverfallenen Häusern gesäumt. Dagegen scheint es der kleinen Oberschicht an nichts zu fehlen. Limas Villenviertel atmen einen Hauch von Hollywood. Die luxuriösen Boutiquen, Restaurants und Diskotheken, die bewachten, von gepflegtem Rasen und Swimmingpools umgebenen Villen hinter hohen Mauern erfüllen anspruchsvollste Bedürfnisse.

PERU: DIE HÖCHSTE EISENBAHN DER WELT

Die höchstgelegene Eisenbahnlinie der Welt beginnt auf Meereshöhe. Doch nach 175 km befindet sie sich schon auf einer Höhe von fast 4800 m – die Höhe des Mont Blanc –, bevor sie an ihrem tief in den Anden gelegenen Zielort Huancayo ankommt. Für Reisende bedeutet Perus Callao-Huancayo-Strecke einen unvergeßlichen Ausflug in eine der schönsten und aufregendsten Landschaften der Welt.

In den letzten Jahrzehnten des 19. Jahrhunderts wurde die Eisenbahn gebaut, um eine direkte und schnelle Verbindung zwischen Perus großen Erzvorkommen im Hochland und dem Hafen Callao am Pazifischen Ozean zu schaffen. Die Strecke wurde von dem Amerikaner Henry Meiggs konzipiert und der Bau von dem Peruaner Ernesto Malinowski überwacht. Meiggs starb 1877, ein Jahr nach Baubeginn. Zu dem Zeitpunkt hatte er seinen Anspruch, »wo ein Lama hingelangt, gelangt auch mein Zug hin«, erfüllt. Sein Ziel, eine Strecke über die Anden nach Cuzco zu bauen, wurde nicht realisiert. Die Strecke endet bei Huancayo, aber dennoch ist der Bau eines der technischen Wunder unserer Erde.

Von der Küste zu den Bergen

Der Zug beginnt seine 346 km lange Fahrt durch die Anden in Callao, dem Hafen von Lima. Aber die meisten Fahrgäste besteigen den Zug direkt in Lima, am Desemparados-Bahnhof (»Die Verlassenen«). Hier sollen die gelb-orangefarbenen Wagen der ENAFER (»Empresa Nacional de Ferrocarriles«) täglich um 7.40 Uhr abfahren, um ca. 10 Stunden später in Huancayo, der Hauptstadt des Altiplano, anzukommen. Aber viele Reisende haben darauf hingewiesen, daß »Desemparados« ein passender Name für eine Verbindung ist, bei der oftmals eher mit Verspätungen von Tagen als von Stunden zu rechnen ist. Die Umtriebe von Perus maoistischer Guerrilla, dem »Sendero Luminoso« (»Leuchtender Pfad«), sind ein zusätzlicher Unsicherheitsfaktor bei einer Bahnfahrt, die den Fahrgast über 61 Brücken und durch 65 Tunnels führt, bevor die eisigen Höhen des Andenhochlandes erreicht werden.

Die Reise ist von Gegensätzen geprägt. Lima ist heiß und stickig. Während die Wagen den Desemparados-Bahnhof verlassen, erblickt der Reisende ein riesiges Slumgebiet, das sich an den Ufern des Rimac ausbreitet. Die Strecke führt weiter durch Perus schmale, beinahe wasserleere Küstenebene und nimmt Kurs auf die scheinbar undurchdringlichen Anden. Der Zug fährt durch einen sehr engen Cañon bei Chosica und beginnt dann seinen außergewöhnlichen Anstieg in das Hochland. Mit zunehmender Höhe wird es kälter. Steile Abhänge beherrschen die Aussicht, manchmal nur einige Meter von den Zugfenstern entfernt, während die Lokomotive mühsam ihren Weg im Zickzack-Kurs fortsetzt. An einigen Stellen ist die Steigung sogar für Spitzkehren zu steil, und der Zug muß

Durch unvergleichliche Berglandschaften (oben) führt Perus berühmte Eisenbahnlinie den Zugreisenden im Andenhochland. Die Strecke wurde im späten 19. Jahrhundert gebaut.

Auf den zahlreichen Stationen (ganz rechts) der höchstgelegenen Bahnlinie der Welt bieten Indiohändler den Fahrgästen Ponchos, Pullover, Mützen, Obst und verschiedenste Andenken zum Kauf an. Bei längeren Stopps werden auch gut gewürzte Speisen gereicht.

Während der Fahrt durch das Andenhochland kauern die Indios auf den Wellblechdächern der Eisenbahnwaggons (rechts). Dies ist keine bequeme Art des Reisens in sauerstoffarmer Luft. Der Zug steigt vom Meeresspiegel bis auf knapp 4800 m Höhe.

PERU

deshalb zuerst auf eine Rampe und dann auf das nächste Gleis geschoben werden. Alle Arbeiten werden von Hand ausgeführt. Sie erfordern dadurch viel Zeit und tragen so zu der langen Reisedauer bei.

Über den Wolken

Wenn der Zug in Matucana eintrifft, hat er bereits 103 km zurückgelegt und einen Höhenunterschied von 2390 m in nur wenigen Stunden bewältigt. Nun ist die europäisierte Welt von Lima zusammen mit ihren wuchernden Slums aus dem Bewußtsein des Reisenden gewichen, und das zeitlose Leben in den Anden nimmt ihn gefangen. Auf den zahlreichen Stationen warten Indios in herkömmlicher Kleidung mit ihren Lamas und Ziegen auf die Einfahrt des Zuges. Eine Vielzahl von Gerichten, oftmals scharf gewürzt, wird ebenso angeboten wie Wollponchos, Astrachanpullover und Mützen aus Vikunjafell.

In diesen Höhen leiden viele Fahrgäste unter »soroche« – der Höhenkrankheit. Anzeichen sind unter anderem Schwindel, Kurzatmigkeit und Übelkeit. Aber Zugbegleiter in weißen Jakken verkaufen sauerstoffgefüllte Ballons, die schnell Erleichterung verschaffen. Viele Indios kauen Kokablätter, Gespräche und Geschäftigkeiten verebben, während die Passagiere sich an die sauerstoffarme Luft in dieser Höhe gewöhnen müssen.

Wenn der höchste Halt, Galera, erreicht ist, entspannen sich die Fahrgäste, da sie wissen, daß das Schlimmste nun überstanden ist. Der Zug läßt einen durchdringenden Pfiff ertönen, um seine Anwesenheit auf dem Dach Südamerikas anzukündigen. Die Anden erstrecken sich bis zum Horizont und verlieren sich in der Ferne. Der nächste Halt ist La Oroya, einst für kurze Zeit Hauptstadt der Konquistadoren. Die Bahnlinie teilt sich hier: Eine Strecke führt nordwärts zu den Zinn- und Kupferminen des Cerro de Pasco, die andere gen Süden entlang der Hochebene zwischen den Andenkordilleren. In der Vergangenheit transportierte die Bahn große Mengen an Gold, Silber, Blei und Quecksilber von den einträglichen Bergminen zum Hafen von Callao.

Huancayo

Viele Touristen legen ihren Ausflug nach Huancayo so, daß er mit dem Sonntagsmarkt zusammenfällt, wenn Ketschua sprechende Indios aus den umliegenden Bergen herbeiströmen, um ihr wunderschönes, traditionsreiches Kunsthandwerk zu verkaufen. Hier kann man den gespenstischen Ton der Indioflöten hören und Tänze und Feste sehen, die Jahrhunderte vor der Eroberung durch die Europäer entstanden sind. Die Fahrt aus dem modernen Lima zu dem zeitlosen Frieden der Anden ist ein Erlebnis, das kein Reisender je vergessen wird.

Die höchstgelegene Eisenbahnstrecke der Welt (rechts) wurde von dem Amerikaner Henry Meiggs gebaut. Um 1850 war er auf der Flucht vor seinen Gläubigern nach Südamerika gekommen. Er wurde einer der größten technischen Baumeister des Kontinents, und mit dem Bau der Anden-Eisenbahn, die er bis Cuzco plante, gelang ihm sein Meisterstück. Nur 173 km lang ist der Schienenstrang von Lima bis zum höchsten Punkt bei Galera, der mit 4781 m fast die Höhe des Mont Blanc erreicht.

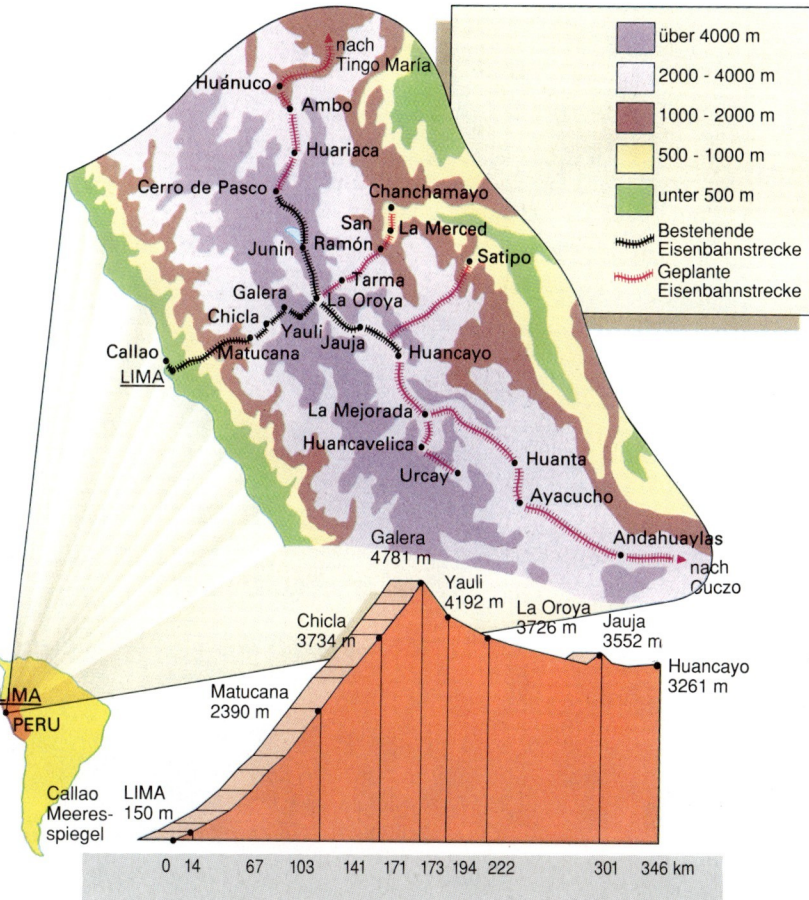

PHILIPPINEN

PHILIPPINEN

Kein asiatisches Land ist so sehr von Europa bevormundet und später von den USA gegängelt worden wie die Philippinen. Der Staatsname geht auf den spanischen König Philipp II. zurück. Die Grenzen sind das Ergebnis der Absprachen europäischer Kolonialmächte. Der im Land vorherrschende Katholizismus ist Folge dieser Fremdbestimmung. Das öffentliche und private Leben der Gegenwart ist vom »American Way of Life« durchdrungen. Viele Probleme der philippinischen Entwicklung sowie die spannungsgeladene Suche nach eigener Identität und politisch eigenständigem Weg wurzeln in der historischen Weichenstellung, die 1521 erfolgte, als die Flotte des Fernão de Magalhães (F. Magellan) – Portugiese in spanischem Auftrag – die philippinische Inselwelt entdeckte. Magellan wurde zwar auf der Insel Mactan von Einheimischen getötet, seine Schiffe segelten jedoch auf der Suche nach den legendären Gewürzinseln weiter und legten somit den Grundstein der spanischen Kolonialherrschaft.

Die Philippinen, das sind 7100 große, kleine und kleinste Inseln, Atolle und Felsriffe, von denen viele namenlos und unbewohnt sind. Die Inselgruppe entstand durch vulkanische Kräfte und tektonische Erdverschiebungen. Von den großen Kulturströmen aus dem südlichen Asien wurden die Philippinen kaum berührt. Dies machte die Bewohner so empfänglich für die europäischen Einflüsse. »Perle des östlichen Meeres, du unser verlorenes Eden!« besang José Rizal (1861–1896) seine philippinische Heimat. Geschmeidige Anpassung an wechselnde Machtverhältnisse und zugleich dauerhafter Widerstand kennzeichnen die neuere Geschichte der Philippinen und seiner Bewohner, der Filipinos.

»Wo Asien ein Lächeln trägt«, heißt die philippinische Selbstdarstellung, die der tropischen Region touristischen Zuspruch und ihren Menschen viel Sympathie einbringt. Auf den Philippinen erreicht das dem Fremden zuteilwerdende »Mabuhay!«, der Willkommensgruß, einen Grad an Herzlichkeit, in dem eine liebenswerte Mischung von Neugier, Wärme und Spontanität steckt, die so offenkundig und direkt kein anderes Land Asiens zu bieten vermag. Die Filipinos haben eine Einstellung zum Leben, zum Sterben und zum Überleben entwickelt, die von Leidensfähigkeit ebenso geprägt ist wie von heiterer Sinnenlust. Diese Grundeinstellung haben die Einwohner gerade während der vergangenen Jahre in erstaunlicher Weise die Probleme ihres Staates erdulden lassen. Der Inselstaat ist zunehmend in die politische Zerreißprobe geraten. Der vermeintliche Frieden, den so viele Landschaftsbilder vermitteln, ist trügerisch. Hinter der freundlichen Fassade macht der Staat einen Wandlungsprozeß durch, dessen Ende völlig ungewiß ist. Die hellwache Öffentlichkeit auf den Philippinen spielt dabei ebenso eine aktive Rolle wie das west-östliche Interesse an den strategisch bedeutsamen Inseln.

PHILIPPINEN: DER STAAT

Kein Machtwechsel der jüngeren Geschichte Asiens wurde weltweit so aufmerksam verfolgt und ist in den Massenmedien so personifiziert worden wie der auf den Philippinen. 1986 mußte Ferdinand E. Marcos (1917–1989) das Land verlassen und wurde von den US-Amerikanern unfreiwillig ins Exil auf Hawaii geflogen. Nachfolgerin im Präsidentenamt wurde Corazon (»Cory«) Aquino (* 1933), getragen von einer breiten Volksbewegung, die als »Peoples Power« Schlagzeilen machte. »Ich bin stolz, ein Filipino zu sein«, ließen sich die Leute auf ihre T-Shirts drucken. Doch die Tage, als sich hinter solcher Bekundung eine emotional aufgeheizte Solidarität und Verbrüderung von links bis weit ins liberale Lager und sogar in Kreise der Militärs ausbreitete, gingen schnell vorüber. Der vermeintliche demokratische Neuanfang Ende der 80er Jahre wurde im Gestrüpp der Interessengeschäfte einer in feudalistischen Herrschaftstraditionen verhafteten Gesellschaft erstickt.

Formal sind mit der Volksabstimmung über eine neue Verfassung Anfang 1987, die mit rund 80 % der abgegebenen Stimmen angenommen wurde, und den Wahlen zum Senat und zum Abgeordnetenhaus im Mai 1987 die demokratischen Instrumente wieder eingesetzt worden, die während der zwei Jahrzehnte dauernden Regierungszeit Präsident Marcos außer Kraft gesetzt waren. Doch Kritiker wandten ein, daß auch weiterhin die Mehrheit des Volkes von den Entscheidungen in Politik und Wirtschaft ausgeschlossen wird und keines der grundsätzlichen Probleme aus dem Erbe der Marcos-Ära bisher gelöst worden ist. Nach wie vor bestimmt eine kleine Wirtschaftselite die politischen Geschicke des Landes.

In der sowohl politisch als auch militärisch geführten Auseinandersetzung um die Zukunft der Philippinen stehen sich folgende drei Gruppen gegenüber.

Die liberalen Kreise der Mittel- und Oberschicht, gestützt von Kapital und ausländischen Geschäftsleuten, sind an politischer Stabilität, nicht aber an Veränderungen der kapitalistischen Gesellschaftsordnung interessiert. Diese Kreise treten für eine Fortsetzung der engen Beziehungen zu den USA ein und werden zum Teil von der katholischen Kirche unterstützt. In diesen Kreisen ist Verhandlungsbereitschaft mit den linken und kommunistischen Herausforderern des Systems erkennbar.

Die zweite Gruppe bilden die konservativen und reaktionären Kräfte innerhalb des Militärs, die aus der blutigen Praxis der Marcos-Politik, die einherging mit der Stärkung der Armee, die Überzeugung gewannen, gesellschaftspolitische Widersprüche ließen sich mit Waffengewalt lösen.

Die dritte Gruppe schließlich, die linken und kommunistischen Kreise, strebt eine neue Gesellschaftsform und einen eigenständigen politischen Kurs an. Eine ihrer Forderungen ist die Auflösung der amerikanischen Militärstützpunkte auf philippinischem Gebiet. Zu den Besonderheiten der philippinischen Politszene gehört es, daß einzelne, auch prominente Repräsentanten der verschiedenen Kreise, durchaus die Fronten wechseln und sich dadurch immer wieder neue Fraktionen bilden.

Seit 1968 kämpfte der militante Arm der »Kommunistischen Partei der Philippinen« (CPP), die »Neue Volksarmee« (NPA), im Untergrund gegen das Marcos-Regime. Bis in die Gegenwart halten die Guerillaaktionen unver-

Daten und Fakten

DAS LAND
Offizieller Name: Republik der Philippinen
Hauptstadt: Manila
Fläche: 300 000 km²
Landesnatur: Mehr als 7000 Inseln mit Gebirgen u. z. T. noch tätigen Vulkanen
Klima: Tropisch-heißes Monsunklima
Hauptflüsse: Pampanga, Magat, Cagayan, Agusan, Pulangi
Höchster Punkt: Mount Apo 2954 m
DER STAAT
Regierungsform: Präsidiale Republik

Staatsoberhaupt: Staatspräsident
Verwaltung: 16 Regionen
Parlament: Zweikammerparlament, bestehend aus Senat (24 Senatoren) u. Repräsentantenhaus (208 gewählte u. 52 ernannte Abgeordnete)
Nationalfeiertag: 12. Juni
DIE MENSCHEN
Einwohner (Ew.): 74 454 000 (1999)
Bevölkerungsdichte: 248 Ew./km²
Stadtbevölkerung: 59 %
Bevölkerung unter 15 Jahren: 37 %
Analphabetenquote: 5 %

Sprache: Filipino (Tagalog), Cebuano, Englisch, Spanisch
Religion: Katholiken 84 %, Anhänger der Unabhängigen Philippinschen Kirche 6 %, Moslems 5 %
DIE WIRTSCHAFT
Währung: Philippinischer Peso
Bruttosozialprodukt (BSP): 78 896 Mio. US-$ (1998)
BSP je Einwohner: 1050 US-$
Inflationsrate: 8,5 % (1990–98)
Importgüter: Mineral. Brennstoffe, nichtelektr. Maschinen,

PHILIPPINEN

Blick auf die Manilabucht in Luzón (oben). Die Skyline der Hauptstadt mag darüber hinwegtäuschen, daß die Philippinen ein armes Land mit hohen Auslandsschulden und innenpolitischen Problemen ist. Die Millionenmetropole ist von unterschiedlichen Kulturen geprägt und die einzelnen Stadtteile weisen extreme soziale Unterschiede auf.

Mehr als 7000 Inseln (rechts), von denen jedoch nur jede fünfte bewohnt ist, bilden die Republik der Philippinen. Auf den elf größten Inseln, die rund 95 % der gesamten Landesfläche ausmachen, lebt der Großteil der Bevölkerung. Die Insel Luzon mit der philippinischen Hauptstadt Manila ist geprägt von fruchtbaren Ackerbaugebieten.

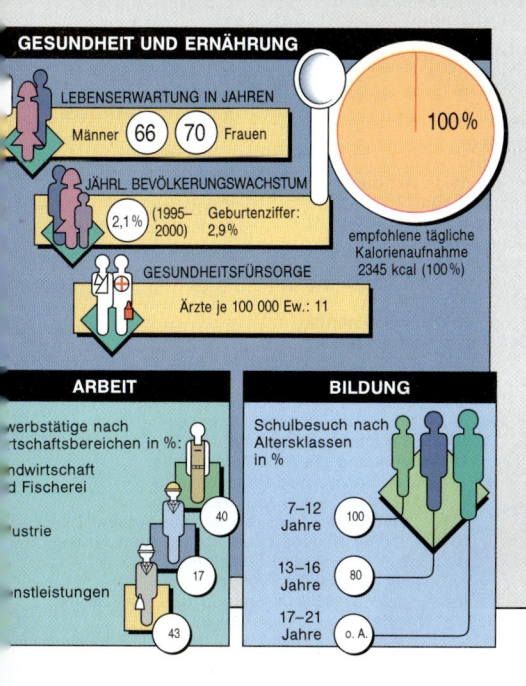

Industrieausrüstungen, Fahrzeuge
Exportgüter:
Elektr. Halbleiterprodukte, Textilien, Zucker, Kokosnüsse u. -öl, Kopra, Bananen, Ananas, Holz, Kupfer
Handelspartner:
USA, Japan, EU-Länder, Malaysia, Singapur, Hongkong, VR China
Eisenbahnnetz:
897 km
Straßennetz:
161 313 km
Fernsehgeräte je
1000 Ew.: 108

mindert an. Ihre militärische Schlagkraft hat in einigen Regionen, vor allem im Innern einiger Inseln, die reguläre Armee vertrieben. Der 60-tägige Waffenstillstand, der zum Jahreswechsel 1986/87 zwischen der Regierung Aquino und der »Nationaldemokratischen Front« (NDF), dem Dachverband der linken Untergrundorganisationen, vereinbart worden war, erwies sich für eine Neuordnung der konkurrierenden politischen Kräfte als nicht tragfähig. 1992 verzichtete Corazon Aquino auf eine Wiederwahl. Ihr Vertrauter, der Verteidigungsminister Fidel Ramos (* 1928) wurde neuer Präsident. Ihm gelang 1996 die Unterzeichnung eines Friedensabkommens mit den separatistischen Moro im Süden des Landes. Wirtschaftspolitisch versuchte Ramos, eine Modernisierung in die Wege zu leiten. Die 1997 einsetzende schwere Wirtschaftskrise in Südostasien behinderte dieses Vorhaben. Aus den Präsidentschaftswahlen vom Mai 1998 ging Joseph Estrada als Sieger hervor. Vorwürfe des Amtsmißbrauchs zwangen ihn zum Rücktritt. Im Januar 2001 wurde Gloria Macapagal Arroyo (* 1947) neues Staatsoberhaupt.

PHILIPPINEN: GESCHICHTE

Die ersten Einwanderer erreichten den philippinischen Archipel vermutlich in prähistorischer Zeit, als noch eine Landbrücke zum asiatischen Kontinent bestand. Erste nachweisbare Kontakte mit China sollen seit Beginn unserer Zeitrechnung bestanden haben, denen seit dem 8. Jahrhundert rege Handelsbeziehungen folgten. Zu jener Zeit gewannen die indonesischen Handelsreiche auf den Philippinen an Bedeutung. Über die Handelswege von Indonesien drang auch im Laufe des 15. Jahrhunderts der Islam vor. Auf einigen südlichen Inseln entstanden moslemische Fürstentümer, doch die meisten Filipinos lebten in kleinen Stammesgemeinschaften, den »Barangays«, zusammen und folgten Naturreligionen.

Als die spanischen Eroberer im Gefolge des Fernão de Magalhães (um 1480–1521) Mitte des 16. Jahrhunderts damit begannen, den gesamten Archipel unter ihre Herrschaft zu bringen, stießen sie, mit Ausnahme des moslemischen Südens, nur auf geringen Widerstand. Die Mehrzahl der Filipinos trat in der Folgezeit zum Katholizismus über. Die eroberten Inseln wurden vom spanischen Vizekönigreich Mexiko mitverwaltet.

Bis zum Ende des 18. Jahrhunderts hielten die Spanier das einträgliche Handelsmonopol zwischen China und Mexiko. Nach der Aufhebung des Monopols wurden mit Zwangsarbeit und der Vergabe von Latifundien an Spanier und Mestizen die Grundlagen der Landbesitzverhältnisse geschaffen, die bis in die Gegenwart wirken. Aus Kreisen der Mestizen und des einheimischen Klerus formierten sich zum Ende des 19. Jahrhunderts die Gegner der spanischen Kolonialherrschaft.

Männer wie José Rizal (1861–1896), beeinflußt von den abendländischen Ideen der Menschenrechte, brachten die nationale Bewegung voran und förderten das Nationalbewußtsein. Er wurde daher 1896 von den Spaniern standrechtlich erschossen. Das Land hatte einen Märtyrer und der Funke nationalen Aufbegehrens ließ sich nicht mehr löschen.

Unter der Führung Emilio Aguinaldos (um 1869–1964) wurde 1898 die erste unabhängige Philippinische Republik proklamiert, die erste Republik in Südostasien. Zwar war die Herrschaft der Spanier gebrochen, doch eine neue Weltmacht meldete Ansprüche an: die USA. Nach kriegerischen Auseinandersetzungen gegen Spanien besetzten sie die Philippinen. Die Inseln und ihre Wirtschaft gerieten in die amerikanische Interessensphäre. Die einheimischen Zuckerbarone und Feudalherren sowie die meisten Politiker stellten sich auf die neue Machtkonstellation ein und profitierten davon. 1935 erhielten die Philippinen von den USA die Teilautonomie. Ende 1941 wurde der Inselstaat von

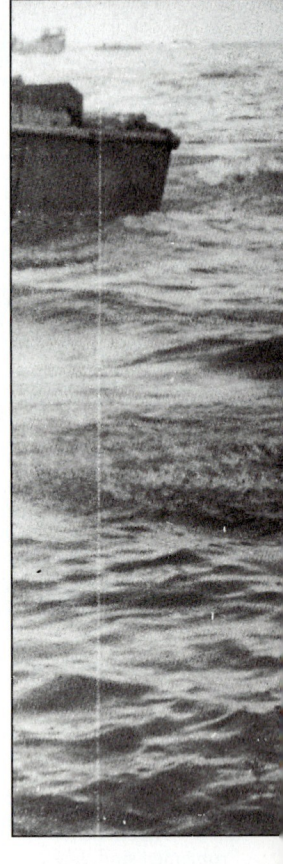

Ein Versprechen von 1942 haltend, ging General Douglas MacArthur 1944 vor Leyte an Land *(oben rechts)*. Er führte die US-Streitkräfte bei der Befreiung der Philippinen aus japanischer Besatzung. Zwei Jahre später wurden die Philippinen unabhängig.

1 Fernão de Magalhães (um 1480–1521)

2 Emilio Aguinaldo (um 1869–1964)

3 Corazon Aquino (*1933)

- ca. 22 000 v. Chr. Früheste Zeugnisse menschlichen Lebens
- ca. 3 000 v. Chr. Indo-Malaien siedeln an
- 1100 n. Chr. Chinesischer Einfluß wächst
- 14. Jh. Einführung des Islam
- 1475 Moslemischer Staat auf Mindanao
- 1521 Magalhães landet auf Samar
- 1543 Spanische Expedition benennt die Inseln nach König Philipp II.
- 1565 De Legaspi beansprucht die Inseln für Spanien
- 1571 Eroberung Manilas; Spanien baut eine befestigte Stadt
- 1572–1811 Fahrten der »Manila-Galeone«
- 1600–1647 Angriffe der holländischen Flotte
- 1602 Erster der vier Aufstände der chinesischen Bevölkerung
- 1872 Spanische Unterdrückung führt zur Filipino-Nationalbewegung
- 1896 Großer Nationalistenaufstand
- 1898 Spanisch-amerikanischer Krieg: spanische Flotte unterliegt; Nationalistenführer Aguinaldo ruft die Philippinische Republik aus
- 1900–1902 USA unterwerfen nationalistische Gruppen
- 1901–1915 Aufstand der Moros
- 1935 USA versprechen die Unabhängigkeit für 1945
- 1941 Japan greift die Philippinen an
- 1942–1944 Japanische Besetzung
- 1944 US-Streitkräfte landen auf Leyte
- 1946 Gründung der Republik der Philippinen
- 1947 USA pachten militärische Stützpunkte
- 1949–1954 Kommunistischer Aufstand
- 1954 Gründung der SEATO in Manila
- 1965 F. Marcos wird Präsident
- 1972 Marcos verhängt das Kriegsrecht
- 1983 Ermordung von Benigno Aquino
- 1986 Marcos dankt ab; Corazon Aquino wird Präsidentin
- 1989 Tod von Marcos
- 1998 J. Estrada zum Präsidenten gewählt
- 2001 G. Arroyo zur Präsidentin gewählt

- Einwanderung aus Südasien (bis 500 v. Chr.)
- Moslemische Händler und Missionare (14. - 15. Jh.)
- Reise von Magalhães 1521
- Spanische Eroberung 1565
- Handelsrouten (17. - 18. Jh.)
- Route der »Manila Galeonen«
- Moslemische Gebiete
- Von Spanien beherrschte Gebiete
- Spanische koloniale Expansion
- Städte

PHILIPPINEN

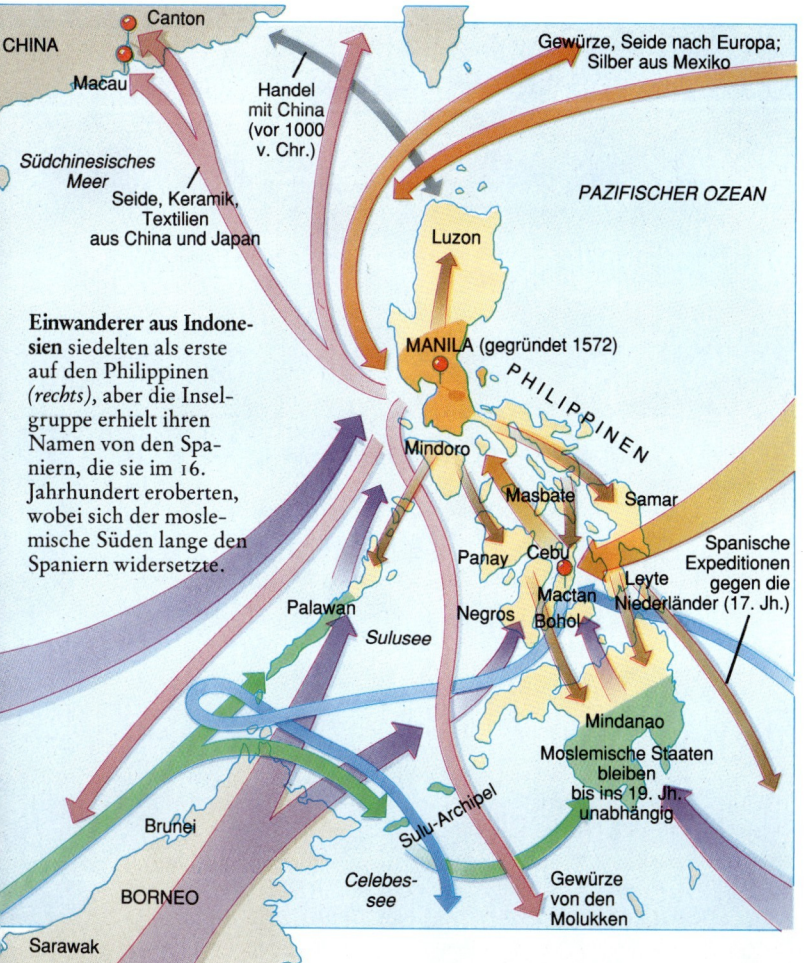

Einwanderer aus Indonesien siedelten als erste auf den Philippinen (rechts), aber die Inselgruppe erhielt ihren Namen von den Spaniern, die sie im 16. Jahrhundert eroberten, wobei sich der moslemische Süden lange den Spaniern widersetzte.

japanischen Truppen besetzt. Die neugeschlossene Widerstandsbewegung »Hukbalahap« erzwang 1943 von Tokio die Unabhängigkeit, doch die Bildung einer Marionetten-Regierung machte sie wertlos. Im Februar 1944 eroberten die USA ihre Stützpunkte auf den Philippinen zurück. Mit dem »Bell-Trade-Act« sicherten sie sich weitreichende Privilegien im Wirtschaftsleben und in der Politik sowie ihre Militärbasen. Auf dieser Grundlage wurde am 4. Juli 1946 die Unabhängigkeit der Philippinen proklamiert. Die Philippinen gaben sich eine Verfassung nach US-amerikanischem Vorbild und schlossen mit den USA ein gemeinsames Verteidigungsabkommen. Aufgrund dieses Abkommens beteiligten sich die Philippinen auf amerikanischer Seite am Vietnamkrieg.

Ein Diktator wird gestürzt

Bis zum Jahre 1965 hatte die Republik fünf Präsidenten. Dann trat ein Mann ins Scheinwerferlicht, der die jüngere Geschichte der Republik nachhaltig geprägt hat: Ferdinand E. Marcos (1917–1989) wurde zum Präsidenten gewählt und 1969 in diesem Amt durch Wahlen bestätigt. Als er mit eisernem Willen daran ging, gegen Korruption zu kämpfen, die konkurrierenden Clans zu entmachten und 1972 das Kriegsrecht ausrief, um – mit diktatorischen Vollmachten ausgestattet – an der Macht bleiben zu können, war ihm noch die Unterstützung des Volkes gewiß. Doch bald mußten die Filipinos feststellen, daß das Etikett »Neue Gesellschaft« nur eine andere Verpackung für die alten Verhältnisse war. Die Philippinen gerieten immer mehr in die verhängnisvolle Wechselwirkung von staatlicher Repression und Militarisierung einerseits und sich formierenden Gegenkräften andererseits.

Der 21. August 1983 wurde zum politischen Wendepunkt. Der frühere Senator und langjährige Gegenspieler Marcos Benigno Aquino (1932–1983) kehrte aus dem US-amerikanischen Exil zurück. Noch auf dem Flugplatz in Manila wurde Aquino erschossen.

Danach setzte eine beispiellose Bewegung populären Widerstandes ein. Als die USA die innenpolitische Stabilität immer mehr gefährdet sahen, verlor Marcos auch in Washington den Rückhalt. Mit den für den 7. Februar 1986 kurzfristig angesetzten Wahlen schien sich Marcos noch sicher zu sein, die Macht zu behalten. Daß ausgerechnet die Witwe des ausgeschalteten Widersachers Aquino seine Herausforderin sein würde, gehört zu den großen Überraschungen philippinischer Zeitläufe. Corazon Aquino (* 1933), die personifizierte Hoffnungsträgerin der Nation, wurde noch im selben Monat mit breiter Zustimmung des Volkes ins Präsidentenamt berufen. Marcos und seine engsten Mitarbeiter flohen ins Exil nach Hawaii. Mit Präsidentin Aquino wurde ein neues Kapitel philippinischer Geschichte aufgeschlagen.

PHILIPPINEN: LANDESNATUR

Die Philippinen sind nicht nur politisch gesehen eine spannungsgeladene Region, auch die Natur birgt für die Bewohner immer wieder unliebsame Überraschungen.

Der Archipel liegt im Einzugsgebiet der Monsunwinde, die Klima und Niederschläge bestimmen. Der Südwestmonsun bringt zwischen Juni und November die Regenzeit, der Nordostmonsun zwischen Dezember und Juni die Trockenzeit. Die zeitlichen Übergänge sind fließend; die Regenmenge schwankt zwischen 1000 und 4500 mm/Jahr, je nach Höhenlage und geographischer Lage der Inseln. Mit ziemlicher Regelmäßigkeit werden die nördlichen Inseln, vor allem Luzon, alljährlich während der Regenzeit von Taifunen heimgesucht. Mit Windgeschwindigkeiten über 200 km/h richten die Wirbelstürme, »Bagny« genannt, stets große Verwüstungen an und lösen Überschwemmungen und Erdrutsche aus.

Die Philippinen gehören zu den Inselbögen im nordwestlichen Randgebiet des pazifischen Gebirgsgürtels. Sie sind die Reste eines älteren, in jüngerer geologischer Vergangenheit zerbrochenen, in seiner Bildung aber noch nicht abgeschlossenen Gebirgssystems, das immer wieder von Erdbeben und vulkanischen Aktivitäten erschüttert wird. Von den 47 registrierten Vulkanen sind noch zahlreiche aktiv. Der höchste ist mit 2954 m der Mount Apo im südlichen Mindanao. Der formvollendetste Vulkankegel ist der Mount Mayon (2421 m) an der südöstlichen Landzunge von Luzon. Er ist in besonderer Weise sowohl Symbol der Zerstörung als auch der Fruchtbarkeit. 1814 begruben Lava und Asche die Stadt Cagsawa und mehrere tausend Menschen unter sich. Dennoch kehren die Menschen immer wieder dorthin zurück, weil der Boden durch die mineralhaltigen Auswürfe besonders ertragreich ist. Im Juni 2001 erfolgte der bislang letzte Ausbruch. Durch die vulkanischen Aktivitäten des Pinatubo auf Luzon wurde die Inselbevölkerung während des gesamten Jahres 1991 in Angst und Schrecken gehalten. Sein plötzlicher Ausbruch im Juni kostete über 500 Menschen das Leben.

Von besonderer Attraktion ist die Karstlandschaft der sogenannten Chocolate Hills nahe der Ortschaft Carmen auf der Insel Bohol. Unter dem Einfluß des feucht-warmen Tropenklimas sind hier auf einer etwa 500 m über dem Meeresspiegel liegenden Hochfläche mehrere hundert kegelförmige, 30 bis 40 m hohe Hügel entstanden.

Die Inselwelt der Philippinen wird administrativ in 72 Provinzen und 16 Regionen, geographisch in vier Landesteile unterteilt: Luzon und benachbarte Inseln im Norden, die Visayas mit den Hauptinseln Cebu und Bohol im Zentrum, Mindanao und der Sulu-Archipel im Süden sowie in Randlage die Insel Palawan im Südwesten.

Der gesamte Archipel wird von tropisch-heißem Klima beherrscht. Die durchschnittliche

Der türkisfarbene Taalsee *(unten)* füllt den Krater eines erloschenen Vulkans. Vulkanismus hat die Landschaft der Philippinen geschaffen und Erdbeben sind noch heute auf den Inseln an der Tagesordnung.

Eine der vielen Felseninseln *(rechts)*, die zum Territorium der Philippinen gehören. Die Insel ist infolge des tropischen Klimas üppig bewachsen, aber wegen der steilen Felshänge nicht bewohnbar.

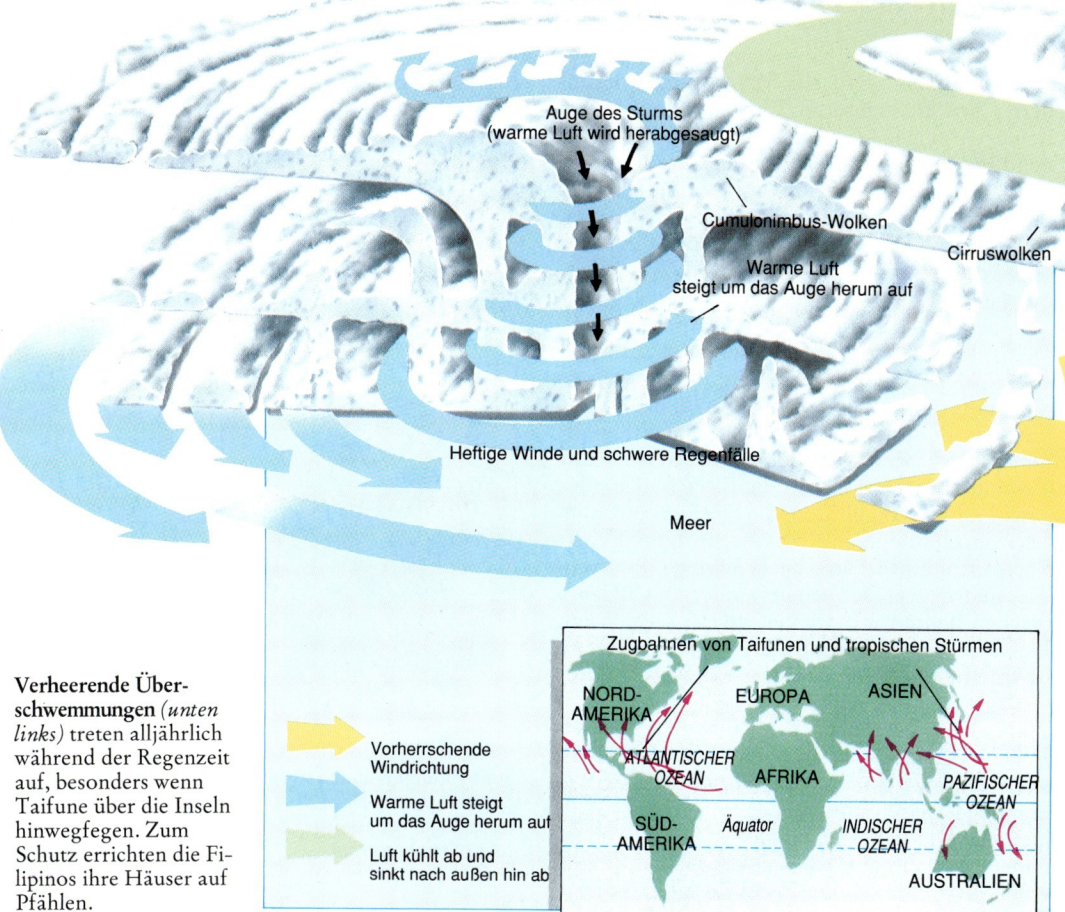

Verheerende Überschwemmungen *(unten links)* treten alljährlich während der Regenzeit auf, besonders wenn Taifune über die Inseln hinwegfegen. Zum Schutz errichten die Filipinos ihre Häuser auf Pfählen.

Jahrestemperatur liegt im küstennahen Tiefland bei 27 °C. Es gibt keine wesentlichen Temperaturschwankungen zwischen den Jahreszeiten, wohl aber zwischen Flach- und Bergland.

Flora und Fauna

Die Vegetation ist infolge der reichlichen Niederschläge und ganzjährig hoher Temperaturen üppig und immergrün. Der Übergangszone zwischen drei Pflanzenreichen entspricht auch die Vielfalt von Pflanzenarten verschiedenster Herkunft und macht die Philippinen diesbezüglich zu einem der reichsten Länder der Welt. Allein die Zahl der Orchideenarten wird auf rund 900 geschätzt. Die natürliche Fruchtbarkeit wird jedoch durch Ausbreitung menschlicher Siedlungen, durch die intensive wirtschaftliche Nutzung der verfügbaren Flächen und durch Umweltschäden mehr und mehr verringert. Bis vor wenigen Jahren waren noch 40 % des Staatsgebietes mit tropischem Regenwald, mit Mangroven, Bambus, Palmen, Philippinischer Kiefer, Zeder und anderen wertvollen Harthölzern bedeckt. Brandrodung und zunehmend kommerzieller Holzeinschlag mit modernsten Maschinen haben diesen natürlichen Reichtum dramatisch reduziert.

Der Reis bestimmt seit vielen Generationen Kultur und gesellschaftliches Leben. Er wird als Naßreis vornehmlich in den Tiefebenen des zentralen und in der Bergregion des nördlichen

Wirbelstürme *(oben)* verwüsten oft die Philippinen und andere Teile des westlichen Pazifik. Diese kreisförmigen Tiefdruckgebiete entstehen am Äquator. Dabei wirbelt warme Luft um das Sturmzentrum, »Auge« genannt, und kühlt in großer Höhe ab. Der Sturm zieht immer mehr Luft ein, wodurch starke Winde und heftige Regenschauer in Meereshöhe entstehen. Die Windgeschwindigkeit erreicht bis zu 240 Stundenkilometer.

Luzon angebaut. Weitere Kulturpflanzen, die hauptsächlich für den Export großflächig angebaut werden, sind Zuckerrohr, Kokospalmen, Ananas, Tabak, Gummibäume, Kaffee und Kakao. Die süß duftende, rot blühende Sampaguita ist die philippinische Nationalblume und ziert das Haar mancher Filipina.

Die Tierwelt war wegen der insularen Lebensbedingungen nie so reichhaltig vertreten wie in kontinentalen Tropenländern. Großwild kommt nicht vor. In den Wäldern leben, sofern von menschlichen Eingriffen verschont, Wildschweine, Rehe und Affen sowie zahlreiche Schlangenarten und andere Reptilien. Vielfältig und artenreich ist die Welt der Vögel und der Insekten. Berühmt ist der Fischreichtum, der leider ebenfalls in seiner Vielfalt bedroht ist.

Wichtigstes Nutztier ist der Wasserbüffel, Carabao genannt. Jedes Dorf betreibt Hühnerhaltung und, mit Ausnahme der islamischen Wohngebiete im Süden, Schweinezucht.

PHILIPPINEN: DIE MENSCHEN

Die Philippinen sind ein Schmelztiegel besonderer Art. In mehreren Einwanderungswellen ist der Archipel in prähistorischer Zeit, beginnend vor 50 000 Jahren, vom asiatischen Festland aus besiedelt worden. Immer wieder trafen neue Sippen auf bereits bodenständige Siedler, verdrängten diese in küstenferne Regionen oder vermischten sich mit ihnen. Als Nachkommen der ältesten Bewohner gelten die Negritos, auf den Philippinen »Aëta« genannt. Zusammen mit den Nachfahren der ersten Einwanderer, den sogenannten Altindonesiern, zu denen die Volksgruppen der Igorot, der Ifugao und der Bontok gerechnet werden, stellen sie knapp 10 % der heutigen Bevölkerung. Die Jungindonesier, zu denen die Bisayas, Tagalen, Biscol und Iloco gehören, die Filipinos im engeren Sinne, bilden mit 70 % die Mehrheit der Bevölkerung. Die erst nach dem 15. Jahrhundert in größerer Zahl eingewanderten Chinesen machen heute etwa 10 % der Bevölkerung aus. Doch bei Statistiken aus Entwicklungsländern ist Vorsicht geboten.

Das Erbe der christlichen Missionare
In keinem anderen asiatischen Land hat die Kolonialzeit auch in der Bevölkerungsstruktur so deutliche Spuren hinterlassen wie auf den Philippinen. Die zahlreichen spanischen Familiennamen und die christlichen Vornamen künden vom Missionseifer der Europäer und zugleich davon, daß sie keine Scheu hatten, einheimische Frauen zu heiraten. Auch die chinesischen Einwanderer blieben keineswegs unter sich. Die meisten Filipinos haben daher entweder Europäer oder Chinesen oder beide unter ihren Vorfahren.

Wenn man arabische Einflüsse auf die moslemische Minderheit im Süden des Landes und das Erbe aus Mischehen mit Amerikanern hinzurechnet, wird deutlich, wie verzweigt und wurzelreich der philippinische Stammbaum ist. Christianisierung und Hispanisierung breiteten sich vor allem dort aus, wo sich Handel, Landwirtschaft und der Abbau von Naturschätzen lohnte und kein dauerhafter Widerstand der einheimischen Bevölkerung bekämpft werden mußte, wie im moslemisch geprägten Süden. Dies führte zu Abgrenzungen innerhalb der Gesellschaft, die noch heute bestehen. Über 90 % der Bevölkerung sind Christen und überwiegend in der römisch-katholischen Kirche organisiert. Etwa 6 % schlossen sich der 1902 gegründeten, national-katholischen Kirche der Aglipayaner an, rund 4 % sind Protestanten. Der Anteil der Sekten, die stark amerikanisch geprägt sind, steigt.

Die in abgelegenen Regionen lebenden Minderheiten blieben von der Christianisierung weitgehend unberührt. Sie folgen bis heute ihren angestammten Naturreligionen und pflegen ihre Riten, die von spanischen Einflüssen frei geblieben sind. Gerade diese Minderheiten aber sind in ihrem Fortbestehen gefährdet, weil

Am »Carabao-Tag«, dem 14. Mai *(rechts)*, werden in Pulilan auf der Insel Luzon die gezähmten Wasserbüffel gefeiert. Der Großauftrieb der Lasttiere verursacht Jahr für Jahr in den Straßen starke Behinderungen für die moderneren Transportfahrzeuge.

Ein Moro *(oben)* der Sulu-Inseln im Süden der Philippinen lächelt freundlich – aber die Menschen dieser moslemischen Minderheit sind für ihre glühend verteidigte Unabhängigkeit bekannt.

Junge Filipinas *(oben)* in ihren schönsten Kleidern auf dem Weg zur Kirche. Rund 84 % der Bevölkerung gehören dem katholischen Glauben an, der im 16. Jahrhundert von den Spaniern eingeführt wurde.

PHILIPPINEN

Diese Filipina *(Mitte links)* ist stolz auf ihren Job als Sicherheitsaufseherin. Bis vor kurzem hatten nur wenige Frauen solche Positionen inne, aber nach der Wahl Corazon Aquinos zur Präsidentin im Jahr 1986 verbesserte sich die Stellung der Frauen.

Der kunstvolle Kopfschmuck *(links)* zeichnet diesen Mann als Würdenträger seines Stammes aus, der wie manche andere kleine Gruppe in den entlegenen Bergregionen lebt und zu den »Altindonesiern« gehört, die etwa 10 % der Bevölkerung stellen.

sie nach dem Willen der christianisierten Filipinos in das moderne Wirtschaftsleben eingegliedert werden sollen. Im Gegensatz zu den städtisch geprägten Filipinos, bei denen sich im vorigen Jahrhundert eine nationale Identität entwickelt hat, haben die meisten Angehörigen der ethnischen Minderheiten keine Beziehung zu ihrem Staat, sondern sind nur auf ihre Volksgruppe fixiert.

Konfliktgeladen ist das Verhältnis zwischen den Christen und den Moslems. Diese Spannungen sind weniger religiös, sondern mehr wirtschaftlich begründet. Unter christlichem Vorzeichen ist der Lebensraum der moslemischen Volksgruppen von Anfang an eingeengt worden. Als die Europäer zu Beginn des 16. Jahrhunderts mit Machtanspruch auftraten, verdrängten sie die bis dahin seßhaften Moslems. Christliche Siedler strömten in die traditionell von Moslems besiedelten Regionen, vor allem nach Mindanao. Der vermeintliche Religionsstreit ist im wesentlichen ein Problem der Landverteilung. Der Kampf um Autonomie zieht sich durch die Jahrhunderte und flammte mit gestärktem moslemischen Selbstbewußtsein und neuer militanter Organisation in den 70er Jahren wieder auf.

Landflucht und Verstädterung

Der Archipel ist von einer ungleichen Bevölkerungsdichte geprägt. 70 % der Filipinos siedeln auf Luzon, den Inseln der Visayas und auf Mindanao. Die Hälfte der Bevölkerung lebt als Bauern auf dem Lande. Die Tendenz zur Verstädterung und die Abwanderung von den Dörfern in die urbanen Zentren ist auch auf den Philippinen unverkennbar. Größter Magnet ist die Hauptstadt Manila mit etwa 8 Millionen Menschen (Metro-Manila). Die Hoffnung auf Arbeit und regelmäßiges Einkommen erfüllt sich für die meisten Zuwanderer jedoch nicht. Ihnen bleiben nur die Slums von Manila, die zu den größten Asiens zählen.

Familienplanung ist bislang kein populäres Thema, obwohl das Bevölkerungswachstum mit 2,6 % (1990–98) im asiatischen Vergleich in den vergangenen Jahren einen Spitzenwert erreichte. Der Einfluß konservativ katholischer Kreise verhinderte bislang breit angelegte Aufklärungskampagnen. Hochrechnungen sagen eine Gesamtbevölkerung von etwa 80 Millionen Menschen in wenigen Jahren voraus.

Auf den Philippinen werden etwa 90 regionale Sprachen gesprochen, die zur austronesischen Sprachfamilie gehören. Die wichtigste Sprache ist Tagalog, die Muttersprache von rund einem Viertel der Bevölkerung, dessen standardisierte Form, Filipino genannt, heute Staatssprache ist. Darüber hinaus gibt es weitere regional verbreitete Haupt- und Verkehrssprachen wie Cebuano, das ebenfalls von rund einem Viertel der Bevölkerung gesprochen wird. Außerdem hat Englisch immer noch eine besondere Bedeutung als Handelssprache.

PHILIPPINEN: STÄMME UND VÖLKER

Die Zusammensetzung der philippinischen Bevölkerung gleicht einem Mosaik aus vielen verschiedenen Stammesgruppen und Volksgemeinschaften. Von einer besonderen Regierungsabteilung betreut, wird diesen Stammesgruppen ein Überleben ihrer faszinierenden Kulturen ermöglicht.

Im 14. Jahrhundert, etwa 200 Jahre bevor die Spanier auf die Philippinen kamen, begannen moslemische Stammesfürsten von Johor und Sumatra aus einen Eroberungs- und Bekehrungsfeldzug. Der islamische Glaube faßte auf den Sulu-Inseln und auf Mindanao festen Fuß. Alle Bemühungen der spanischen Missionare, diese südlichen Inseln später zum Katholizismus zu bekehren, mißlangen. Somit waren die Spanier gezwungen, die Eigenständigkeit der dort lebenden Stammesgemeinschaften anzuerkennen. Sie nannten die Bewohner »Moros«, in Anlehnung an die moslemischen Mauren aus Nordafrika, die einst über Spanien geherrscht hatten. Die US-Amerikaner, die 1898 die Kolonialherrschaft von den Spaniern übernahmen, versuchten wenig erfolgreich, die Moros in den Moro-Kriegen (1901–1915) zu unterwerfen. Die Unabhängigkeit der Philippinen 1946 führte zur Forderung der Moros nach einem autonomen islamischen Staat. Offener Widerstand herrschte von 1969–1974 auf Mindanao, und vereinzelte Guerillakämpfe zwischen Moro-Nationalisten und Regierungstruppen kommen noch heute vor.

Seefahrer

Von den über 5 Millionen zur »kulturellen Minderheit« zählenden Bewohnern der Philippinen sind etwa 3 Millionen Moros. Die größten Gruppen sind die Tausug von Jolo und Zamboanga auf den Sulu-Inseln sowie die Maranoa und Moguindanao auf Mindanao. Die Tausug, erfahrene Seefahrer, waren vormals berüchtigte Piraten und Schmuggler. Ihre langen, schlanken Motorboote, »Kumpits« genannt, machen sie zu den Herrschern des Handels zwischen den Inseln der Sulusee. Eine andere große Morogruppe auf den Sulu-Inseln sind die Samal. Sie sind wie die Tausug seefahrendes Volk und leben auf ihren Booten. Sie sind aber eher Fischer als Händler. Die charakteristischen Dörfer der Tausug und Samal bestehen aus am Meer gelegenen Gebäuden, die auf Pfählen über dem Wasser errichtet sind. Die Badjao, die Seezigeuner von Sulu, leben in ihren »Lipa«, den schmalen, zwölf Meter langen Holzbooten, direkt auf dem Wasser. Obwohl sie an Land die islamischen Gebote einhalten, beten sie auf dem Meer zu den Geistern des Windes und der Wellen.

Die Maranao werden »Menschen des Sees« genannt, da sie auf der Hochebene um den Sultuan Alonto-See in Nordmindanao leben. Sie befolgen die religiösen Vorschriften strenger als andere Moros. Viele Maranao pilgern nach Mekka und ihre größte Stadt, Marawi City, ist ein Zentrum der islamischen Lehre. Die Bauern

Die Bergstämme in Nordluzon (unten), wie die Kalinga, waren einst berüchtigte Kopfjäger, die mit den erbeuteten Schädeln ihre Hütten schmückten. In ihrer Religion gibt es für alle Bereiche des Lebens, der Kultur und der Umwelt eine eigene Gottheit.

Ein Pfahldorf (rechts) der Samal und Tausug in der Sulusee. Die Samal sind in erster Linie Fischer, während die Tausug als Händler von Insel zu Insel segeln. Zur typischen Behausung gehören auch die Lipa, die traditionellen Wohnboote der Badjao.

sind auch für ihr Kunsthandwerk berühmt, vor allem für Messingarbeiten und Weberei. Die kleinste Gruppe der Moros stellen die Yakan auf der Basilan-Insel. Auch sie sind hervorragende Weber. Frauen wie Männer der Yakan tragen von alters her hauteng, vielfarbige Baumwollhosen und leuchtendfarbige Hemden, die mit Goldknöpfen verziert sind.

Von den vielen »vergessenen Stämmen« der Philippinen, den Urbewohnern in den Bergen und Wäldern, hat eine Gruppe, die Tasaday, viel Aufsehen erregt. Dieser 27 Personen zählende Stamm wurde 1971 in den tropischen Regenwäldern von Südmindanao »entdeckt«, wo er anscheinend in der »Steinzeit« lebte. Viele Anthropologen glauben heute, daß die Tasaday von einem Beamten »erfunden« wurden. Er bestach ansässige Stammesangehörige, als »Höhlenmenschen« aufzutreten, in der Hoffnung, die Gegend abzuriegeln, um so ihre Bodenschätze ausbeuten zu können.

Die Stämme der nördlichen Berge

Obwohl sie keine »Höhlenbewohner« sind, führen die Negrito-Stämme der entlegeneren Bergregionen auf den nördlichen Inseln, vor allem auf Ostluzon, noch immer ein relativ primitives Dasein. Sie sind die Nachfahren der philippinischen Urbevölkerung. Nicht mehr als 30 000–40 000 an der Zahl, nennen sie sich selber einfach »Männer« oder »Leute«: Aëta, Alta,

1154

PHILIPPINEN

1	Negritos
2	Mangayan
3	Moros (Moslems)
4	Mapun
5	Kalinga
6	Bontok
7	Ifugao
8	Pala'wan
9	T'boli (Tagabili)
10	Tasaday
11	Badjao

Auf Südwestmindanao ist das Volk der T'boli *(links)*, von denen es ca. 60 000 gibt, beheimatet. Die einzelnen Familien jeder Gruppe leben in freistehenden Langhäusern, die zum Schutz vor Regen und Tieren auf Holzpfählen errichtet werden.

Viele der Stämme und Völker, die auf den Philippinen *(oben)* beheimatet sind, leben im Süden, vor allem auf der Insel Mindanao, die Heimat der größten moslemischen Minderheit ist. Aber auch in Nordluzon sowie auf den Palawan- und Visayan-Inseln haben in entlegenen Gebieten viele Stämme ihre traditionelle Lebensweise bewahren können. Durch verschiedene Projekte soll allerdings die Entwicklung dieser Stämme gefördert werden. Sie stellen rund 10 % der Gesamtbevölkerung.

Ita, Ati oder Agta. Dunkelhäutig und von kleiner Statur, leben sie als nomadische Bauern und Jäger.

Weniger primitiv, jedoch genauso unabhängig, sind die Bergstämme von Nordluzon, die Ifugao, Bontok, Kalinga, Apayao und Benguet, manchmal zusammenfassend Igorot genannt. Ihre Vorfahren kamen rund 3000 Jahre später auf die Philippinen als die der Negritos. Die Ifugao sind die Erbauer der Reisterrassen von Banaue in der Cordillera Central, die viele als das »Achte Weltwunder« bezeichnen.

Die Igorot waren vormals Kopfjäger. Heute halten sie aber eher den Schädel eines Schweines, das den Stammesgöttern geopfert wurde, als den eines Mannes für die angemessene Verzierung der Türpfosten ihrer Behausungen. Zur traditionellen Ausstattung eines Bontok oder Kalinga gehört aber immer noch das »Kaman«, eine kleine Axt, mit der der Kopf eines besiegten Feindes abgetrennt wurde.

Eine Angehörige der Bukidnon *(oben)*, die in Nordmindanao leben, in einem Gebiet mit gemischter moslemisch-christlicher Bevölkerung.

PHILIPPINEN: MANILA

Manila, die Hauptstadt der Philippinen, ist heute eine Metropole mit etwa 8 Millionen Einwohnern im Ballungsraum. Entlang der Küste der Manilabucht gelegen, beeindruckt die Stadt mit imposanten öffentlichen Gebäuden, führenden Ausbildungsstätten, schönen Parks und einem wichtigen Hafen. Trotzdem lebt ein großer Teil der Bevölkerung in Armut, meist in Elendsvierteln am Stadtrand.

König Philipp II. von Spanien (1527–1598), nach dem die Philippinen benannt sind, hörte nur ungern, daß eine größere Siedlung auf den Inseln noch immer unter ihrem Tagalog-Namen May Nilad (»Dort ist ein Mangrovensumpf«) bekannt war. Die Stadtgründer benannten sie daher um in »La Insigne y siempre Leal Ciudad« (»Die edle und stets ergebene Stadt«). Aber obwohl die spanische Herrschaft mehr als 300 Jahre dauerte, behielten die größte Stadt und der Hafen den Namen »Manila«, der ihr in den Tagen der moslemischen Herrschaft gegeben worden war.

1571 erkannte der Eroberer Miguel López de Legaspi Manilas Bedeutung für die spanische Seeherrschaft. Am östlichen Ufer der Manilabucht begannen Legaspis Männer, eine Festung zu bauen und versuchten, die Filipinos zum Katholizismus zu bekehren.

Am Südufer des Pasig, der die Manilabucht mit dem großen Süßwassersee verbindet, erbauten die Spanier die sogenannte »Intramuros«, eine Stadt innerhalb der Mauern. Das dreieckähnliche Gebiet war von einer rund 4 km langen Ziegel- und Steinmauer mit sieben Toren und von einem Graben umgeben. Nur Spaniern war es gestattet, innerhalb der Mauern zu leben. Die geschützte Stadt war im spanischen Stil erbaut und beherbergte Paläste für den Gouverneur und den Erzbischof, Kirchen, Klöster, Kasernen, Krankenhäuser und seit 1611 die Universität von Santo Tomás.

Schatzschiffe

Die Schönheit und der Reichtum der spanischen Stadt verliehen ihr den Namen »Perle des Orients«. Manilas Wohlstand gründete sich auf seine Stellung als wichtigster Handelsort zwischen Spanien und dem Fernen Osten. Chinesische Handelsflotten brachten die Reichtümer Indiens – Seide, Gewürze, Juwelen und Kunsthandwerk – nach Manila, wo von 1572 bis 1811 jedes Jahr die herrlichsten Schätze an Bord der »Manila Galeone« zur Verschiffung nach Spanien geladen wurden.

Im Laufe der Jahre widerstand Manila Angriffen der mit Spanien rivalisierenden Kolonialmächte, hauptsächlich den Niederländern im 17. Jahrhundert und den Briten, die die Stadt von 1762–1764 belagerten. Die Intramuros hielten auch den regelmäßig auftretenden Erdbeben stand, von denen das schwerste 1863 stattfand. Im Zweiten Weltkrieg erlitt Manila große Schäden durch die japanische Eroberung der Philippinen, und 1945 erlebte es in seinen

Das Geschäftsviertel von Manila *(rechts)*, der Hauptstadt der Philippinen, erstreckt sich entlang des Nordufers des Pasig. Die Stadt bildet das Herz von Metro-Manila, das sich mit rund 8 Millionen Einwohnern über 636 km² ausdehnt.

Fisch und andere Meeresfrüchte *(oben)* warten in einem Markt auf Käufer. Fisch und Reis sind die Hauptnahrungsmittel.

Volkskunst auf Rädern *(unten):* ein Jeepney in Manila. Aus US-Jeeps hergestellt, transportieren diese Taxis bis zu einem Dutzend Fahrgäste. Sie sind mit Scheinwerfern, Maskottchen, Spruchbändern, Bildern und Parolen verziert.

PHILIPPINEN

Straßen einen erbitterten Kampf zwischen japanischen und amerikanischen Truppen, der große Zerstörung hinterließ. Trotz der ehrgeizigen Pläne für den Wiederaufbau sind heute immer noch Teile der spanischen Stadtmauern und andere historische Gebäude Ruinen. Die Kirche San Agustin, in den Jahren 1599 bis 1605 erbaut, hat dies alles überdauert. Sie zeichnet sich durch ein reichverziertes Inneres aus und beherbergt Legaspis Grabmal sowie ein Museum der spanischen Kolonialkunst.

Moderne Stadt – alte Traditionen

Jenseits der Intramuros hat sich Manila seit dem 19. Jahrhundert entlang beider Ufer des Pasig ausgedehnt. Heute ist es eine Metropole im westlichen Stil, das Zentrum einer unkontrollierten Stadtausdehnung, die Metro-Manila genannt wird. Es herrschen jedoch noch immer die Farbenpracht und das pulsierende Leben einer asiatischen Stadt vor, da im Herzen des Geschäftszentrums Chinatown liegt. Hier ist der Friedhof gesellschaftlicher Treffpunkt, an dem sich allwöchentlich die Familien um die kunstvoll gearbeiteten Gräber ihrer Vorfahren versammeln.

Die Kirche im Stadtteil Quiapo ist Schauplatz eines Marktes, auf dem wunderwirkende Kräuter und Zaubermittel verkauft werden. Jeden Freitag jedoch weicht der Markt den Massen von Gläubigen, die die heilenden Kräfte des Schwarzen Nazarenen beschwören. Es handelt sich hierbei um eine Darstellung des kreuztragenden Christus, die aus schwarzem Hartholz geschnitzt und im 17. Jahrhundert von Mexiko nach Manila gebracht wurde. Die Verehrung erreicht ihren Höhepunkt alljährlich am 9. Januar, wenn das Kreuz während einer Prozession umhergetragen wird.

Fahrt in einem Jeepney

Von einem Jeepney aus sieht man Manila auf ganz neue, einzigartige Weise. Diese Sammeltaxis entstanden aus Jeeps, die von den US-Streitkräften nach dem Zweiten Weltkrieg zurückgelassen wurden. Mit verlängerten und verstärkten Fahrgestellen transportieren sie bis zu 12 Fahrgäste: zwei neben dem Fahrer und bis zu zehn auf den Sitzbänken, die in Längsrichtung dahinter aufgestellt sind. »Jeepney Jockeys« wetteifern miteinander bezüglich ihres aggressiven Fahrstils und der Verzierungen an ihren Fahrzeugen. Der typische Jeepney, mit zahllosen chromglänzenden Verzierungen, Scheinwerfern und Seitenspiegeln, ist mit einer stattlichen Anzahl von Maskottchen, Aufklebern und Amuletten behängt. An den Seitenteilen drängeln sich grellgemalte Porträts von Filmstars und beliebten Sängern, religiöse Darstellungen und politische Parolen. Girlanden aus Sampaguita, der Nationalblume der Philippinen, sowie kunstvoll gerüschte Gardinen zieren die Fenster, und farbige Plastikstreifen flattern im Fahrtwind.

Die Slums von Manila (links), mit mehr als 1 000 000 »Hausbesetzern«, bilden die dunkle Seite der philippinischen Hauptstadt. Im berüchtigten »Tondoviertel« im Nordwesten der Stadt leben rund 200 000 Menschen.

Manila (rechts), einst eine moslemische Siedlung, verdankt ihre modernen Anfänge der »Intramuros«, der von den Spaniern von 1571–1739 errichteten Festung an der Flußmündung des Pasig. Der Malacañang-Palast ist der Sitz des Staatspräsidenten. Die Universität von Santo Tomás, im Jahre 1611 gegründet, ist eine der ältesten im Fernen Osten.

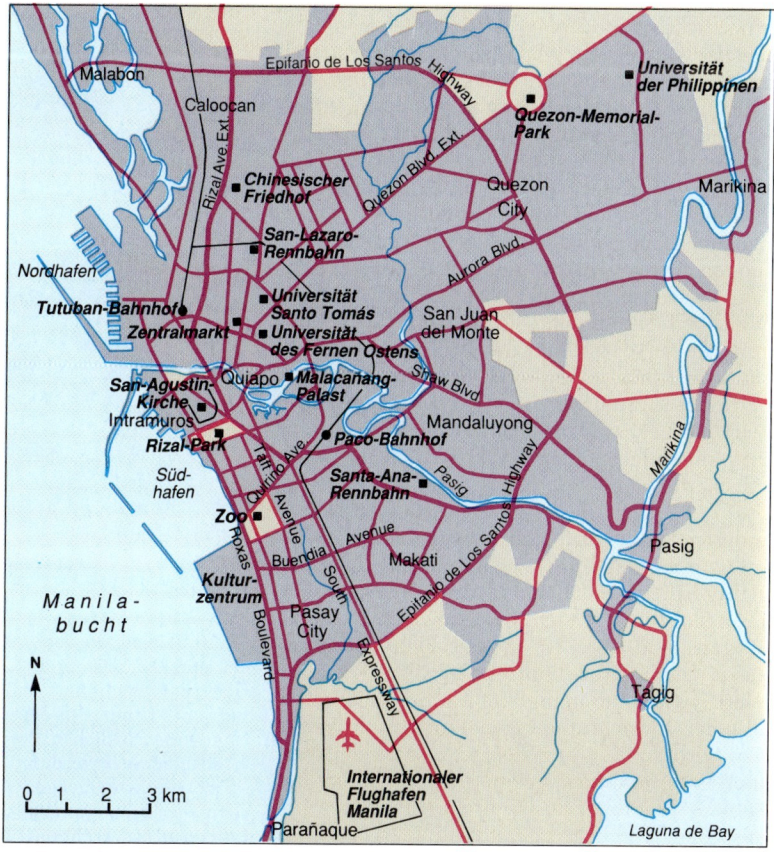

PHILIPPINEN: WIRTSCHAFT

Die Philippinen sind mit ihren natürlichen Reichtümern, den Bodenschätzen und landwirtschaftlichen Nutzflächen ein wohlhabendes Land. Sie verfügen über abbauwürdige Vorkommen an Kupfer, Nickel, Eisen, Blei, Manganerz, Kalkstein, Chromeisenerz, Gold und Silber, außerdem Zink, Kobalt und Kohle. Dennoch sind die Philippinen geblieben, was sie seit Jahrhunderten waren: ein Agrarland. Die meisten Inseln können landwirtschaftlich genutzt werden. Es werden Naß- und Trockenreis, Zuckerrohr, Kokospalmen, Mais, Obst, Nüsse und diverse Gemüsesorten angebaut. Doch die Mehrzahl der Filipinos bleibt vom nationalen Reichtum ausgeschlossen. Seit der spanischen Kolonialzeit gibt es eine verschwindend kleine Oberschicht in Wirtschaft und Politik, die den größten Nutzen aus den natürlichen Reichtümern der Philippinen zieht. Wenn der Ruf nach Um- und Neuverteilung immer lauter wird und er sich zunehmend politisch und militant Geltung verschafft, dann ist dies das Ergebnis einer über Jahrhunderte verfehlten und auch in jüngster Zeit ungerecht gestalteten Wirtschaftspolitik. Seit Jahrzehnten sind zwar von Regierungsseite immer wieder neue Ansätze zu einer Landreform unternommen worden, doch ist es bis heute zu keiner gerechten Aufteilung des Landes und dessen Nutzung gekommen.

Die Mehrzahl der Filipinos kann sich nicht ausreichend ernähren (etwa 30 % leben unterhalb der Armutsgrenze). Andererseits stammt ein guter Teil der Exporterlöse aus landwirtschaftlichen Erträgen: Kokosnußerzeugnisse, die als Rohstoff für Margarine, Kosmetika und Seifen dienen, Zucker, Ananas, Bananen und Tabak. Was bei den Ausfuhren die lohnenden Profite bringt, stammt von den Besitzungen der Großunternehmer. Auf der Insel Negros etwa wird in großem Stil Zuckerrohr angebaut.

Welche Vergeudung an natürlichen Reichtümern betrieben wird, läßt sich an den schrumpfenden Regenwäldern erkennen. Ende der 40er Jahre waren noch drei Viertel des Landes mit Wald bedeckt. Damals waren die grünen Lungen, die für das Klima der Erde lebenswichtig sind, noch intakt. Ende der 90er Jahre war der bewaldete Anteil bereits auf 20 Prozent reduziert, und es ist inzwischen zu befürchten, daß in wenigen Jahren der Wald gänzlich vernichtet sein wird.

Industriezonen für die Exportproduktion
Industriebetriebe spielen als Arbeitgeber eine viel geringere Rolle als Landwirtschaft und Dienstleistungsbereich. Etwa 16 % der Erwerbstätigen sind in der industriellen Fertigung beschäftigt. Drei Fünftel der Fabriken und Werkstätten sind in und um Manila angesiedelt. Mit der Einrichtung sogenannter Industriezonen wird seit Anfang der 70er Jahre der Versuch unternommen, sowohl neue Standorte anzubieten als auch ausländische Investoren anzulocken. Was in Mariveles auf der Halbinsel

Ein Bauernmädchen *(oben)* beim Setzen von Reispflanzen, die das Hauptnahrungsmittel liefern. Obwohl nur 17 % des Landes für den landwirtschaftlichen Anbau genutzt werden, reicht die Erntemenge beinahe aus, um die Bevölkerung zu ernähren.

PHILIPPINEN

Reich ist die Auswahl an tropischen Früchten und Gemüsen, die hier auf einem Markt in Baguio, Mittelluzon, angeboten werden *(links)*. Bei vielen einheimischen Gerichten dürfen Tomaten, Knoblauch, Sojakeimlinge u. a. Gemüse nicht fehlen.

Eine silbrig glänzende Ernte aus dem Meer *(unten):* zum Trocknen ausgelegte Anchovis. Die Philippinen besitzen gute Fischgründe. Makrelen und Thunfisch werden reichlich in der heimischen Küche verwendet, Garnelen sind wertvolle Ausfuhrgüter.

Amerikanische Matrosen *(links)* gehen am US-amerikanischen Flottenstützpunkt von Olongapo an Land. Die Philippinen wurden 1946 unabhängig, aber die USA unterhalten Militärstützpunkte als Gegenleistung für ihre Wirtschaftshilfe.

Schweißtreibende Arbeit unter Tage *(oben)* ist das Los dieser Bergarbeiter, die Kupfererz abbauen. Kupfer ist das wichtigste Mineral der philippinischen Bodenschätze. Daneben spielen auch Gold, Chromeisenerz, Nickel und Blei eine große Rolle.

Bataan, in Bagui oder auf Mactan produziert wird, wird zum größten Teil exportiert. Ausländische Unternehmen, zu 80 % japanische und US-amerikanische, bringen Kapital und Know-how mit; von den Filipinos wird nur deren niedrig bezahlte Arbeitskraft verlangt. So entstehen vor allem Textilien und elektronische Bauteile, seit den frühen 80er Jahren die einträglichsten Exportartikel.

Wirtschaftsprobleme

Ein zentrales Problem der philippinischen Wirtschaft ist die hohe Auslandsverschuldung. Die Philippinen gehören zu den Ländern der sogenannten Dritten Welt, die mit den höchsten Verpflichtungen bei den westlichen Banken verschuldet sind. Ein ganzes Bündel von Ursachen, hausgemachten und solchen, die durch außenwirtschaftliche Veränderungen ausgelöst worden sind, hat die philippinische Wirtschaft in die roten Zahlen getrieben.

Sinkenden Rohstoffpreisen für die klassischen Exportgüter standen explosiv steigende Preise gegenüber, die das Land für Erdöl aufbringen mußte. Die optimistischen Erwartungen, bei Palawan eigene ergiebige Erdölquellen zu finden, haben sich nicht erfüllt. Dort werden nicht einmal 2 % des philippinischen Ölverbrauchs zu Tage gefördert. Mit Erdöl wird aber mehr als die Hälfte aller im Lande verbrauchten Energie erzeugt. Dabei weist die Elektrizitätsversorgung, besonders der ländlichen Gebiete, große Defizite auf. Diese weltwirtschaftlich ungünstigen Gegebenheiten wurden zusätzlich durch inländisches Mißmanagement und grobe Planungsfehler sowie hemmungslose Korruption und persönliche Bereicherung der Elite dramatisch verschärft.

Die Arbeitslosigkeit wird offiziell mit 10 % angegeben, dürfte aber deutlich höher liegen. Als unterbeschäftigt gelten mehr als 20 % der arbeitsfähigen Filipinos. Die desolaten Wirtschaftsverhältnisse werden durch das Bevölkerungswachstum verschärft. Jedes Jahr müßten 600 000 neue Arbeitsplätze geschaffen werden, um den Bedarf zu decken. Zwischen 500 000 und 700 000 Filipinos arbeiten daher im Ausland, überwiegend im Mittleren Osten. Einen hohen Anteil machen philippinische Seeleute auf allen Weltmeeren aus. Die Geldüberweisungen der Auslands-Filipinos in die Heimat haben für die Wirtschaft eine große Bedeutung, entsprechen sie doch etwa einem Drittel der gesamten Exporterlöse. Auch der Tourismus mit über zwei Millionen Auslandsgästen pro Jahr ist inzwischen zu einem wichtigen Devisenbringer geworden.

Es sieht ganz danach aus, daß die Armen im Lande noch lange warten müssen, ehe sich ihr Anteil am nationalen Einkommen nennenswert vergrößert. Das Gefälle ist eindeutig: 20 % der Bevölkerung besitzen 80 % des nationalen Reichtums. 80 % der Bevölkerung müssen sich die restlichen 20 % teilen.

POLEN

Polen war im ausgehenden Mittelalter die politische und militärische Führungsmacht in Osteuropa. Der Wawel in Krakau war bis 1596 die Residenz der polnischen Könige. Nachdem Polen zuvor schon Gebiete verloren hatte, teilten jedoch 1795 Rußland, Preußen und Österreich das Land unter sich auf. »Finis Poloniae« hieß es damals –»Das Ende Polens ist gekommen«. Doch das Volk hörte nicht auf, gegen dieses scheinbar unabänderliche Schicksal zu rebellieren.

»Noch ist Polen nicht verloren...« hieß es in einem 1796 entstandenen Lied, das später zur polnischen Nationalhymne wurde. Das trotzige Aufbegehren gegen das Schicksal wurde zu einem wesentlichen Charakterzug des polnischen Volkes. Die tragischen Niederlagen, mit denen alle Aufstände des 18. und 19. Jahrhunderts endeten, brachten ein populäres Geschichtsverständnis hervor, das Polen als den Christus der Völker sah. So wie Christus für die Menschheit gelitten habe, so habe Polen am Kreuz Europas für die anderen Völker leiden müssen. Diese im Volk verbreitete Auffassung erhielt neue Nahrung, als der 1918 gegründete polnische Staat nach nur zwei Jahrzehnten unabhängiger Existenz erneut ausgelöscht wurde. Das Deutsche Reich und die Sowjetunion vereinbarten seine definitive Streichung von der Landkarte. Hitler wollte Polen zu einer deutschen Kolonie machen und hatte seiner Bevölkerung das Los von Arbeitssklaven zugedacht. Nach seinem Willen sollte die polnische Nation untergehen. Er gab die Parole aus: Germanisieren oder Ausrotten! Doch auch diesem Urteil beugten sich die Polen nicht. Aus dem Untergrund heraus leisteten sie den Okkupanten erbitterten Widerstand, und außerhalb Polens kämpfte ihre Exilarmee gegen Hitler-Deutschland.

Als das Martyrium der deutschen Besatzung vorbei war, entstand wieder ein polnischer Staat – jedoch unter sowjetischer Herrschaft. Auch dagegen rebellierte das Volk, bis es das ihm aufgezwungene Gesellschaftsmodell Ende der 80er Jahre abschütteln konnte.

Zur Niederlage des Kommunismus trug jeoch nicht allein der historisch gewachsene Widerstandswille des polnischen Volkes bei. Polen war und ist ein katholisches Land und daher kein günstiges Terrain für eine atheistische sozialistische Gesellschaft. Mehr als 90 % seiner fast 39 Millionen Einwohner sind katholisch getauft. Seit über 1000 Jahren bekennen sich die Polen zum katholischen Glauben. Sie selbst sahen sich stets als Bollwerk des christlichen Abendlandes gegen heidnische Eroberer wie Mongolen und Türken. Gleichzeitig waren sie der Fels des Katholizismus zwischen dem orthodoxen Rußland und dem »ketzerisch« protestantischen Preußen.

In den Jahren 1795–1918, als der polnische Staat aufgelöst war, lebte die Mehrheit der Polen im orthodoxen Rußland bzw. im protestantischen Preußen und sah sich einem permanenten

1160

POLEN

Druck der Russifizierung bzw. Germanisierung ausgesetzt. Weder in Preußen noch im zaristischen Rußland duldete man Volks- und Oberschulen oder gar Hochschulen mit Polnisch als Unterrichtssprache. Das nationale Bindeglied war das gemeinsame Bekenntnis zur katholischen Religion sowie die gemeinsame Sprache. Neben literarischen Werken halfen auch Gesang- und Gebetbücher die polnische Sprache zu bewahren. Die katholische Kirche wurde zur nationalen Sammlungsbewegung und zum Symbol des Polentums. Daher ist es gerechtfertigt, zu sagen: »Pole« gleich »Katholik«.

Während der deutschen Besatzung im Zweiten Weltkrieg teilte der Klerus die Leiden des Volkes. Ein großer Teil der katholischen Geistlichen in Polen starb in Gefängnissen und Konzentrationslagern. Im Zeichen des Stalinismus zu Beginn der 50er Jahre tobte ein Kirchenkampf in Polen. Kardinal Wyszynski wurde eingekerkert, konnte jedoch 1956 im Triumphzug nach Warschau zurückkehren. Trotz der Liberalisierung in den folgenden Jahrzehnten blieb der sonntägliche Gang zur Kirche ein Zeichen des inneren Widerstands gegen den zwangsweise verordneten Kommunismus und ein Bekenntnis zum Polentum.

Polen ist bereits seit undenklichen Zeiten ein Land der Marienfrömmigkeit. Die berühmte Schwarze Madonna von Tschenstochau wurde im Jahre 1656 durch königlichen Beschluß zur »Königin der Krone Polens« erhoben. Nach allgemeiner Überzeugung hatte sie ein Wunder getan und dem Land in aussichtsloser Lage einen Sieg gegen die Schweden geschenkt. Sie gilt noch heute als Schutzpatronin Polens.

Die 1978 erfolgte Wahl Karol Wojtylas zum Papst festigte das Selbstwertgefühl der Polen enorm. Dabei haben sie ohnehin keinen Mangel an weltberühmten Männern, vor allem in Kunst und Literatur. Besonders in der schöngeistigen Literatur sind viele Werke polnischer Autoren zu finden, die die Weltliteratur bereichert haben. Jüngste Nobelpreisträgerin ist die Lyrikerin Wislawa Szymborska; vor ihr erhielten W. St. Reymont, Henryk Sienkiewicz und Czesław Miłosz diese Auszeichnung. Schriftsteller wie Hłasko, Mrozek, Andrzejewski, Lem und Przypiorski werden nicht nur von Literaturkritikern geschätzt, sondern haben auch beim internationalen Publikum großen Anklang gefunden. Die ausgeprägte Liebe der Polen zur Musik hat der Welt nicht nur die Tänze Mazurka und Polonaise beschert, die durch Frédéric Chopin in die klassische Musik eingeführt wurden; der Geiger Henryk Szeryng und die Komponisten Witold Lutosławski und Krzysztof Penderecki haben im 20. Jahrhundert Weltruf erlangt. Im Bereich des Films sind die Regisseure Andrzej Wajda, Krzysztof Zanussi, Krzysztof Kieslowski und Roman Polanski anerkannte Meister ihres Faches. Die hier genannten Namen geben nur einen kleinen Ausschnitt aus dem reichen kulturellen Leben des Landes wieder.

POLEN: DER STAAT

Polen wandelt sich gegenwärtig von einem sozialistischen System zu einer marktwirtschaftlich orientierten parlamentarischen Demokratie. Die Wirtschaftsreform ist in vollem Gange. Das Land befindet sich in einem totalen Umbruch, der nicht ohne wirtschaftliche Einschränkungen seitens der polnischen Bevölkerung vonstatten geht.

Der Sommer der Hoffnung

Die gegenwärtigen Umwälzungen sind nur zu verstehen, wenn man einen Blick auf die Ereignisse des Jahres 1980 zurückwirft. Damals versuchte die polnische Führung, der drastischen Verschlechterung der Wirtschaftslage durch Lebensmittelverteuerungen entgegenzutreten. Damit rief sie massive Proteste der Arbeiterklasse hervor, die in eine das ganze Land erfassende Streikwelle mündeten. Der regierenden »Polnischen Vereinigten Arbeiterpartei« (PVAP) fehlte die politische Kraft zur gewaltsamen Niederschlagung der Streikbewegung. Sie war gezwungen, sich auf Verhandlungen mit dem Streikkomitee der Danziger Lenin-Werft einzulassen, dem Jacek Kuron (* 1934) und andere Mitglieder des »Komitees zur gesellschaftlichen Selbstverteidigung« (KOR) beratend zur Seite standen. In einem Abkommen mit der Regierung erreichte das Streikkomitee unter Vorsitz des früheren Werftarbeiters Leszek (Lech) Wałęsa (* 1943) die Zulassung von unabhängigen Gewerkschaften als »authentische Vertreter der Arbeiterklasse«.

Im September desselben Jahres wurde das »Nationalkomitee für Solidarität« (Solidarność) gegründet, das innerhalb kürzester Zeit 10 Millionen Mitglieder gewann. Obwohl die sehr heterogen zusammengesetzte Solidarität eine grundlegende Demokratisierung der Gesellschaft forderte, tastete sie zunächst die Führungsrolle der PVAP nicht an. Als sie aber eine Volksabstimmung über die Glaubwürdigkeit der Regierung forderte, sahen die Kommunisten das Machtmonopol der PVAP in Frage gestellt.

Der Militärputsch vom 13.12.1981

Unter dem Druck der Sowjetunion, die energische Maßnahmen einforderte, rief die polnische Regierung am 13.12.1981 das Kriegsrecht aus. Die Macht übernahm ein »Militärrat zur nationalen Rettung« unter Vorsitz von General Jaruzelski (* 1923). Fast die gesamte Führung der Solidarność und ihre Berater wurden verhaftet. Aus dem Untergrund setzte die als aufgelöst erklärte Solidarność unter Leitung des im April 1982 entstandenen »Provisorischen Nationalen Koordinierungsausschusses« ihre Tätigkeit fort. Es war ein Triumph für Solidarność, als Lech Wałęsa im Jahre 1983 den Friedensnobelpreis erhielt. Verhaftungswellen und Amnestien lösten sich in den nächsten Jahren ab, bis im Herbst 1986 fast alle politischen Gefangenen aus der Haft entlassen wurden.

Die katholische Kirche wurde jetzt zur dritten Kraft, die eine Mittlerrolle zwischen Regierung und Gewerkschaft einnahm. Die Partei konnte an der Kirche nicht mehr einfach »vorbeiregieren«. Um die innenpolitische Situation nicht zu verschärfen, mußten die politischen Entscheidungen die Zustimmung der Kirche finden. Die stürmisch bejubelten Papst-Besuche in den Jahren 1983 und 1987 verdeutlichten die tiefe Verwurzelung der polnischen Bevölkerung in der Kirche und unterstrichen die Autorität der Kirche gegenüber der Regierung.

Daten und Fakten

DAS LAND
Offizieller Name: Republik Polen
Hauptstadt: Warschau
Fläche: 323 250 km²
Landesnatur: Im N ausgedehnte Tieflandzone, anschließend schmale Mittelgebirgsregion, im äußersten S Anteil an den Karpaten
Klima: Übergangszone zwischen ozeanischem u. kontinentalem Klima
Hauptflüsse: Weichsel, Warthe, Oder
Höchster Punkt: Rysy (Meeraugspitze) 2499 m

DER STAAT
Regierungsform: Republik
Staatsoberhaupt: Staatspräsident
Regierungschef: Ministerpräsident
Verwaltung: 16 Bezirke (Woiwodschaften)
Parlament: Zweikammerparlament, bestehend aus dem Sejm mit 460 Abgeordneten u. dem Senat mit 100 Mitgliedern; Wahl alle 4 Jahre
Nationalfeiertag: 3. Mai
DIE MENSCHEN
Einwohner (Ew.): 38 740 000 (1999)
Bevölkerungsdichte: 120 Ew./km²

Stadtbevölkerung: 66 %
Bevölkerung unter 15 Jahren: 20 %
Analphabetenquote: 1 %
Sprache: Polnisch
Religion: Römisch-katholische Christen (91 %)
DIE WIRTSCHAFT
Währung: Złoty
Bruttosozialprodukt (BSP): 150 798 Mio. US-$ (1998)
BSP je Einwohner: 3900 US-$
Inflationsrate: 26,9 % (1990–98)
Importgüter: Maschinen, Fahrzeuge,

POLEN

Die Ablösung der kommunistischen Herrschaft

Erneute Preiserhöhungen lösten 1988 eine Streikwelle aus. Daraufhin schlug Innenminister Kiszcak (* 1925) der Opposition einen Dialog am »Runden Tisch« vor. Kernstück der Verhandlungen waren die Zulassung der Bürgerkomitees für Solidarność und die Beteiligung der Opposition an Wirtschaftsreformen. Eine Verfassungsnovelle gewährte dem Staatspräsidenten weitreichende Kompetenzen. Als Gegenleistung wurden der Opposition freie Wahlen für eine neugeschaffene zweite Kammer des Parlaments – den Senat – zugesagt. Die Wahlen zum Senat wurden zu einer Abrechnung mit der PVAP: Die von der Solidarność unterstützten Kandidaten erhielten 99 von 100 Sitzen. Im Sejm, dem Parlament, waren den

Polen *(oben)* liegt im östlichen Teil Mitteleuropas. Der größte Teil ist Tiefland, nur im Süden erheben sich Gebirge. Nach über 40 Jahren kommunistischer Herrschaft kam es Ende der 80er Jahre zu weitreichenden politischen Veränderungen, an denen die unabhängige Gewerkschaft Solidarność (1980 gegründet) maßgeblich beteiligt war. Seit Anfang der 90er Jahre ist Polen ein demokratischer Staat, der bestrebt ist, die freie Marktwirtschaft einzuführen.

Ein Priester nimmt in Tschenstochau, dem berühmten polnischen Wallfahrtsort mit der »Schwarzen Madonna« im Paulinenkloster Jasna Góra, die Beichte ab *(rechts)*. Über 90 % der Polen bekennen sich zum Katholizismus.

Erdöl u. -produkte, chem. Erzeugnisse, Nahrungsmittel
Exportgüter: Maschinen, Transportmittel, Kohleprodukte, Schwefel, Kupfer, Chemikalien, Eisen, Stahl, Textilien, Zement, Viehzuchtprodukte
Handelspartner: BRD, Rußland, Italien, Großbritannien
Eisenbahnnetz: 23 210 km
Straßennetz: 247 720 km (befestigt)
Fernsehgeräte je 1000 Ew.: 413

Kommunisten und den mit ihnen verbündeten Blockparteien von vornherein 65 % aller Mandate zugesichert worden. Doch entgegen allen Erwartungen gingen die Blockparteien – Vereinigte Bauernpartei und Demokratische Partei – ein Bündnis mit der Parlamentsfraktion von Solidarność ein. Tadeusz Mazowiecki (* 1927) wurde zum ersten nichtkommunistischen Ministerpräsidenten gewählt. Als Relikt der alten Kräfte amtierte bis ins Jahr 1990 noch der alte Staatspräsident General Jaruzelski, der sich jedoch der neuen Regierung gegenüber loyal verhielt. Die ersten freien Präsidentschaftswahlen 1990 gewann Lech Wałęsa. Er löste General Jaruzelski als Staatspräsident ab und trieb den demokratischen Wandel voran. Die Präsidentschaftswahlen im November 1995 gewann Aleksander Kwasniewski (* 1954) als Kandidat der aus den früheren Kommunisten hervorgegangenen Parteienallianz Bund der demokratischen Linken. Im Mai 1997 billigte die Bevölkerung per Referendum eine neue Verfassung. Polen wurde im März 1999 Mitglied der NATO. Bei den Wahlen im Oktober 2000 wurde Kwasniewski als Staatschef bestätigt.

POLEN: GESCHICHTE

Durch die Geschichte Polens zieht sich wie ein roter Faden der Kampf um nationale Unabhängigkeit. Zeitweise eine osteuropäische Großmacht, dann über Jahrhunderte als Staat von den Landkarten verschwunden, blieb das Credo der polnischen Geschichte: »Nie damy sie« – »Wir lassen uns nicht unterkriegen«.

Aufstieg zur osteuropäischen Großmacht
Die im polnischen Kerngebiet zwischen Kruschwitz und Gnesen lebenden polnischen – Poleni bedeutet Feldbewohner – Stämme schlossen sich um die Mitte des 10. Jahrhunderts unter Herzog Mieszko I. aus dem Geschlecht der Piasten zusammen. Dieser trat 966 zum Christentum nach lateinischem Ritus über. Unter seinem Sohn Bolesław dem Tapferen, der sich 1025 zum König krönen ließ, dehnte sich das Reich aus. Als im 14. Jahrhundert die Dynastie der Piasten ausstarb, waren Pommern und Schlesien wieder verloren, und Polen war durch den neu entstandenen Staat des Deutschen Ordens von der Ostsee abgeschnitten und splitterte sich in Teilfürstentümer auf.

In der Zeit der Jagiellonen (1386–1572) entwickelte sich Polen zu einem multinationalen Großreich. Durch die Heirat der polnischen Thronerbin Hedwig (Jadwiga) mit dem Großfürsten Jagiełło kam die Personalunion Polens mit Litauen zustande. Im 15. Jahrhundert stieg das neue Großreich nach Siegen über den Deutschen Ritterorden zur politischen und militärischen Führungsmacht in Osteuropa auf. König Kasimir IV. gewann für seinen Sohn Władysław 1471 die böhmische und 1490 die ungarische Krone. Während Böhmen und Ungarn 1516 an die Habsburger verlorengingen, schloß sich Polen 1569 in der »Realunion« noch enger mit Litauen zusammen. Nachdem die Dynastie der Jagiellonen 1572 erloschen war, begann die Periode des Wahlkönigtums (1573–1795).

Im letzten Jahrzehnt des 15. Jahrhunderts hatte sich Polen in einen Ständestaat verwandelt. Auf Kosten der Bauern, die 1496 zu Leibeigenen wurden, und der Städte hatten die adeligen Grundherren – die Szlachta – ihre Stellung ausgebaut. Diese übten faktisch die Herrschaft aus, beriefen jedoch regelmäßig einen Ausländer zum König, der nicht mehr war als eine machtlose Galionsfigur. Die Reformation faßte in Polen zunächst schnell Fuß, mußte jedoch in der zweiten Hälfte des 16. Jahrhunderts der von Jesuiten geführten Gegenreformation weichen, die die dominierende Rolle des Katholizismus begründete. Seit 1652 galt im polnischen Reichstag das berüchtigte »Liberum veto«, d. h. jeder Abgeordnete konnte jede Beschlußfassung durch sein nicht zu begründendes Veto verhindern. So entstand eine Art institutionalisierte Anarchie ohne funktionierende Zentralgewalt.

Die Arbeiter der Lenin-Werft in Danzig streikten 1980 *(rechts)* und forderten höhere Löhne, freie Gewerkschaften und politische Reformen. Sie zwangen die kommunistische Regierung zur Anerkennung der unabhängigen Gewerkschaft Solidarność.

1 Tadeusz Kościuszko (1746–1817)

2 Frédéric Chopin (1810–1849)
3 Lech Wałęsa (*1943)

- **6.–7. Jahrhundert** Einwanderung von Slawen
- **966** Mieszko I. konvertiert zum Christentum
- **1025** Königskrönung Bolesław I.
- **1386** Begründung der Dynastie der Jagiellonen
- **16. Jahrhundert** »Goldenes Jahrhundert«, das Königreich Polen auf dem Höhepunkt seiner Macht
- **1596** Sigismund III. verlegt Residenz und Hauptstadt von Krakau nach Warschau
- **1772** Erste Polnische Teilung
- **1793** Zweite Polnische Teilung
- **1795** Dritte Polnische Teilung, Polen unter Fremdherrschaft
- **1815** Wiener Kongreß, Kongreßpolen
- **1918** Ausrufung der Republik Polen
- **1919** Versailler Vertrag, neue Westgrenze Polens
- **1920** Polnisch-russischer Krieg, Gebietszuwachs im Osten
- **1939** Deutscher Überfall auf Polen; Aufteilung Polens zwischen Deutschland und Sowjetunion
- **1944** »Warschauer Aufstand«; Zerstörung der Stadt
- **1945** Kommunistische Regierung; Festlegung der heutigen Grenzen
- **1955** Polen tritt dem Warschauer Pakt bei
- **1956** Arbeiterunruhen
- **1970** Streiks und Unruhen
- **1980** Gründung der unabhängigen Gewerkschaft Solidarność/Solidarität
- **1981** Verhängung des Kriegsrechts und Verbot der Solidarność
- **1983** Friedensnobelpreis an Lech Wałęsa
- **1989** Zulassung der Solidarność; erster nichtkommunistischer Regierungschef
- **1990** Lech Wałęsa Staatspräsident
- **1995** Aleksander Kwasniewski Staatspräsi
- **1999** Beitritt zur NATO

Die Ikone der »Schwarzen Madonna« von Tschenstochau *(oben)* wird von den polnischen Katholiken verehrt.

Krakau *(links)*, im Süden Polens gelegen, war bis zum Jahr 1596 die Hauptstadt des polnischen Königreiches. Die Tuchhallen aus dem 14. Jahrhundert zeugen vom Reichtum der Stadt im Mittelalter.

Nation ohne Staat – die polnischen Teilungen

Die Schwäche Polens nutzten seine drei großen Nachbarn Rußland, Preußen und die Habsburger Monarchie aus und teilten 1772 das Land zum ersten Mal. Rußland nahm sich das Land östlich der Düna und des Dnjepr, Österreich erhielt Galizien, während Preußen sich Westpreußen einverleibte. Doch dies war nur der Anfang vom Ende. Denn der zweiten Teilung Polens (1793) folgte 1795 die dritte, die den Staat von der Landkarte tilgte. Polen existierte nicht mehr, es begann die Periode der Fremdherrschaft, die bis 1918 andauerte, d. h. einen Zeitraum von gut drei Generationen.

Doch das in drei Teile zerrissene polnische Volk bewahrte das Bewußtsein seiner nationalen Zusammengehörigkeit und seine kulturelle Identität. Napoleon I. hob mit dem Herzogtum Warschau einen neuen polnischen Staat aus der Taufe. Doch Napoleons Ende bedeutete auch wieder das Ende aller Sehnsucht der Polen. Der Wiener Kongreß schuf 1815 »Kongreßpolen«, einen vom Zaren beherrschten Marionettenstaat. Zahlreiche Aufstände gegen die russische und preußische Oberherrschaft scheiterten. Doch die Politik der Russifizierung und Germanisierung konnte den Polen nicht ihre nationale Identität rauben.

Das 20. Jahrhundert

Die Niederlage des Deutschen Reiches und der Habsburger Doppelmonarchie im Ersten Weltkrieg sowie die Russische Revolution bildeten die Grundlage für die Entstehung eines neuen polnischen Staates. Nach Siegen über die Rote Armee (1920/21) dehnte Polen seine östlichen Grenzen beträchtlich aus: Ukrainer, Weißrussen, Litauer, Juden und Deutsche stellten ein Drittel seiner Bevölkerung.

Im September 1939 wurde Polen von Deutschland überfallen und im Einvernehmen zwischen Hitler und Stalin erneut von der Landkarte getilgt. Staat und Nation waren der Vernichtung preisgegeben. Über sechs Millionen Polen überlebten den Krieg nicht, darunter fast drei Millionen Juden.

Nach Kriegsende erfolgte auf der Potsdamer Konferenz die Neuregelung der polnischen Grenzen. Während der Grenzverlauf im Osten der sogenannten Curzon-Linie, fast analog dem Hitler-Stalin-Pakt, folgt, wurde die Westgrenze Polens an der Oder-Neiße-Linie festgelegt. Die meisten Deutschen wurden vertrieben und Polen aus den ehemaligen polnischen Ostgebieten angesiedelt. Der neue polnische Staat geriet nun unter sowjetische Oberhoheit. Doch die Polen gaben sich noch nicht auf. Die teilweise blutig niedergeschlagenen Arbeiterunruhen – 1956 in Posen, 1970 in Danzig und Gdingen, 1976 in Radom und Ursus sowie 1980 in allen Ostseehäfen – leiteten das Ende der kommunistischen Herrschaft in Polen ein.

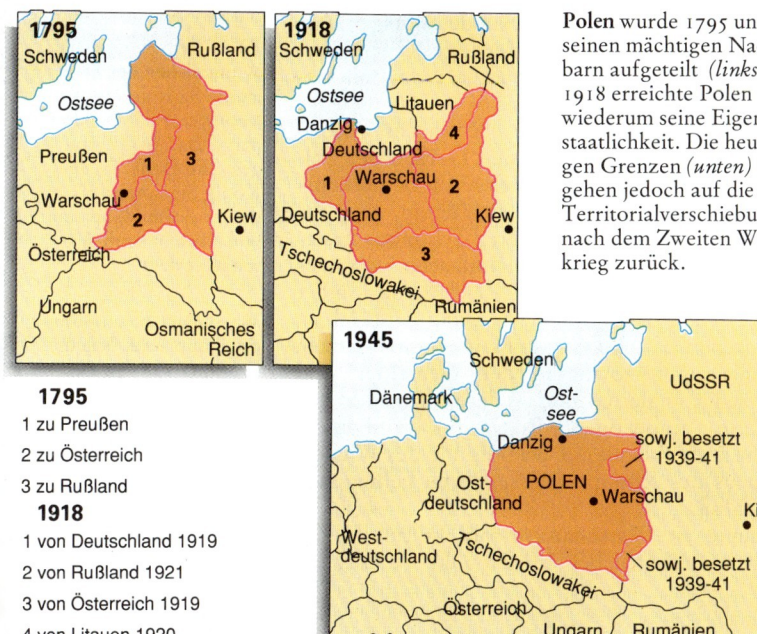

Polen wurde 1795 unter seinen mächtigen Nachbarn aufgeteilt *(links)*. 1918 erreichte Polen wiederum seine Eigenstaatlichkeit. Die heutigen Grenzen *(unten)* gehen jedoch auf die Territorialverschiebung nach dem Zweiten Weltkrieg zurück.

1795
1 zu Preußen
2 zu Österreich
3 zu Rußland

1918
1 von Deutschland 1919
2 von Rußland 1921
3 von Österreich 1919
4 von Litauen 1920

POLEN: WARSCHAU

Die Altstadt

Am Rande der Warschauer Altstadt liegt das Königsschloß, das 1971–1981 in frühbarockem Stil wiederaufgebaut wurde. Heute kann man dort eine herrliche Sammlung von Wandteppichen und Gemälden besichtigen, darunter Stadtansichten Warschaus, die der venezianische Künstler Bernardo Benedetto (1720–1780), genannt Canaletto, schuf.

Mitten auf dem Schloßplatz erhebt sich die Sigismundsäule, die 1643–1644 zum Andenken an den Monarchen, der die polnische Hauptstadt von Krakau nach Warschau verlegte, errichtet wurde. Unterhalb des Schlosses am Weichselhang liegt das Palais Lubomirski, das auch »Pod Blacha«, übersetzt »unter dem Blechdach«, genannt wird und insbesondere für die kunstvollen Fassadendekorationen des steilen Dachgeschosses bekannt ist.

Von ähnlichen Dachaufbauten, den sogenannten »Warschauer Türmchen«, werden auch viele der drei- oder vierstöckigen Häuser gekrönt, die den Marktplatz (Rynek) der Altstadt flankieren. Die farbenfrohen Stuckarbeiten verleihen den Häusern und Geschäften ein besonders auffallendes Aussehen. Auf die angebotenen Produkte wird hier durch uralt erscheinende schmiedeeiserne Schilder hingewiesen. Blumenbänke schirmen die Cafés ab, ein beliebtes Ziel für Warschauer, die Entspannung suchen. Der Altstädter Markt ist einer der schönsten Plätze Europas. Wie zahlreiche weitere Gebäude des alten Warschau ist die heutige Bausubstanz des Altstädter Marktplatzes jedoch nicht älter als 50 Jahre.

Das Historische Museum der Stadt Warschau an der Nordseite des Altstädter Marktplatzes bietet die Erklärung für diese mysteriöse Tatsache. Das Museum dokumentiert, daß – betrachtet man die wechselvolle Geschichte der Stadt – ihr lateinischer Wahlspruch »Contemnit procellas«, »Herausforderer der Stürme«, mehr als gerechtfertigt ist.

Im Laufe ihrer 700-jährigen Geschichte unternahmen Invasoren dreimal den Versuch, die Stadt vollständig zu zerstören. 1656 wurde Warschau von schwedischen Heeren verwüstet. 1794, nach der Zweiten Teilung Polens, wurden im Zuge des Aufstands der Warschauer gegen die Teilungsmächte Rußland und Preußen große Teile der Stadt in Schutt und Asche gelegt. Die bei weitem größten menschlichen Verluste und materiellen Schäden erlitt die Stadt jedoch im Zweiten Weltkrieg. 1939 war Warschau bei der deutschen Invasion bereits schwersten Bombardements ausgesetzt. Während des verzweifelten jüdischen Aufstands, als das Warschauer Getto dem Erdboden gleichgemacht wurde, folgten 1943 weitere schwere Verwüstungen. 1944 erhob sich die polnische Heimatarmee (Armia Kraiowa) in Warschau gegen die deutsche Besatzungsmacht. Nach dreimonatigem Widerstand wurde der Warschauer Aufstand brutal niedergeschlagen.

Der Wiederaufbau der Stadt

Während der deutschen Besetzung im Zweiten Weltkrieg wurden 85 % der Bevölkerung Warschaus getötet oder aus ihrer Stadt vertrieben. 1945, als Warschau als Hauptstadt der unter sowjetischem Einfluß stehenden Volksrepublik Polen eine zumindest begrenzte Freiheit wiedererlangte, begannen die Rückkehrer mit dem Wiederaufbau ihrer Stadt. Bald beherrschten gewaltige, hochaufragende Wohnblocks, große Fabrikanlagen und bedrückende Amtsgebäude die Silhouette. Der 1955 fertiggestellte Palast der Kultur und der Wissenschaft war ein Geschenk Stalins an die Stadt.

Das alte Warschau und ebenso das historische Polen lebten aber in den Herzen der polnischen Bevölkerung weiter. Mit bemerkenswerter Hingabe machte sie sich daran, die »Altstadt« wieder in ihrer früheren Schönheit erstehen zu lassen. Die noch auffindbaren Fragmente wurden in die sorgfältige Rekonstruktion der historischen Baudenkmäler, bei der man sich an erhaltenen Bauplänen von Häusern und ganzen Straßenzügen sowie an den Gemälden und Skizzen Canalettos und anderer Künstler orientierte, einbezogen. Erst 1981 fand diese große Aufgabe mit der Beendigung des Wiederaufbaus des Königsschlosses ihren gelungenen Abschluß.

Heute ist Warschau sowohl kultureller als auch wirtschaftlicher Mittelpunkt Polens. Da

Das Schloß Wilanow *(oben)* liegt im Süden von Warschau. Der Barockbau wurde im 17. Jh. im Auftrag von Jan III. Sobieski zur königlichen Residenz umgebaut, die heute als Museum dient. Es beherbergt u.a. die Ahnengalerie der polnischen Könige.

Eines der bekanntesten Wahrzeichen der Stadt ist die Sigismundsäule *(rechts)* auf dem Schloßplatz. Das 1644 fertiggestellte Denkmal ehrt König Sigismund III., der 1596 die Hauptstadt von Krakau nach Warschau verlegte.

Warschau *(rechts außen)*, die Hauptstadt Polens, liegt im östlichen Zentralpolen an der Weichsel. Mit über 1,6 Millionen Einwohnern ist Warschau die größte Stadt Polens und das bedeutendste wirtschaftliche und kulturelle Zentrum.

POLEN

Der Altstädter Marktplatz *(oben)* mit seinen kunstvollen Fassaden wurde bis 1953 nach alten Plänen wiederaufgebaut. – **Von der Stadtmauer,** die einst die Altstadt schützte, ist noch das wuchtige Eingangstor erhalten *(rechts)*.

die Wirtschaft des Landes sich allmählich der Marktwirtschaft nach westlichem Vorbild annähert, kommen westliche Konsumgüter in immer größeren Mengen auf die Ladentische in der Marszałkowska-Straße. Viele Warschauer folgen dieser breiten Straße in südlicher Richtung zum Łazienki-Park mit seinem berühmten rekonstruierten »Palast auf der Insel«; dieser wurde im 18. Jahrhundert als königliche Sommerresidenz auf einer künstlich in einem See aufgeschütteten Insel erbaut. Unter den vielen Denkmälern des Łazienki-Parks befindet sich auch das Denkmal des berühmten Komponisten Frédéric Chopin (1810–1849), der in der Nähe von Warschau geboren wurde. Ihm zu Ehren veranstaltet die Stadt Warschau alle fünf Jahre einen Pianisten-Wettbewerb von internationalem Renommee.

Am südlichen Stadtrand von Warschau liegt die barocke Schloßanlage Wilanów. Sie wurde 1681–1694 von König Johann III. Sobieski als Sommerresidenz erbaut. Wilanów gehört zu den kostbarsten Schloßanlagen Polens.

Vor dem Großen Theater, einem der zahlreichen berühmten Schauspiel- und Konzerthäuser der Stadt, befindet sich die Statue der Siegesgöttin Nike, die an die Helden des Zweiten Weltkrieges erinnert. In der wiederaufgebauten St.-Johannes-Kathedrale ist der große patriotische Schriftsteller und Nobelpreisträger Henryk Sienkiewicz (1846–1916) bestattet.

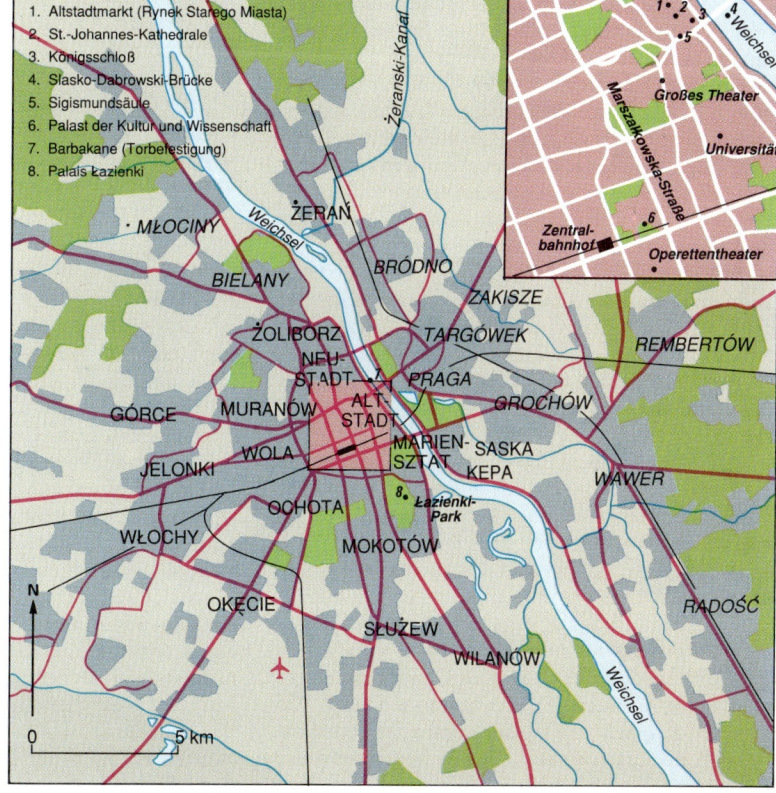

1. Altstadtmarkt (Rynek Starego Miasta)
2. St.-Johannes-Kathedrale
3. Königsschloß
4. Slasko-Dabrowski-Brücke
5. Sigismundsäule
6. Palast der Kultur und Wissenschaft
7. Barbakane (Torbefestigung)
8. Palais Łazienki

POLEN: LANDESNATUR

Polen liegt im Osten Mitteleuropas und weist dieselbe zonale Dreigliederung von Tiefland, geologisch altem Schollen- und Mittelgebirgsland und jung gefaltetem Hochgebirge auf, wie sie für ganz Mitteleuropa typisch ist. Von der Ostseeküste mit ihren größtenteils flachen, breiten Sandstränden steigt das Land über die Seenplatte Pommerns, Pommerellens und Masurens sowie die Hügel und Sander des Baltischen Landrückens weiter über das ausgedehnte Polnische Tiefland zum schmalen Mittelgebirgsgürtel der Sudeten und der Kleinpolnischen Hochfläche an. Den Abschluß bilden im Südosten die Karpaten.

Flaches Land, endlose Wälder, zahlreiche Seen
Polen wartet mit einem der schönsten Abschnitte der Ostseeküste auf: bis zu 60 m hohe Dünenwälle, von Strandhafer und Kiefernwäldchen am Wandern gehindert, vereinzelt auch Steilhänge, dazu sandige Nehrungen, wie die Frische Nehrung oder die Halbinsel Hela, mit abgeriegelten Buchten, seichten Haffen oder abgeschlossenen Strandseen. An der weit ins Land reichenden Mündungsbucht der Oder sowie im Mündungsdelta der Weichsel liegen Stettin, Danzig und Gdingen.

Im Hinterland der Küste schließt sich eine typische Moränenlandschaft mit Wäldern und Gewässern an: die Seenplatte Pommerns, Pommerellens und Masurens. In Masuren durchbrechen immer noch – wie im Volkslied besungen – wilde Schwäne mit ihrem rauschenden Flügelschlag die nächtliche Stille, und Störche zieren mit ihren Nestern Bauernhäuser und Kirchtürme. In dieser an urwüchsig herben Naturschönheiten reichen, an fruchtbarem Boden jedoch armen Region sind unzählige kleinere und größere Seen zwischen dunklen Wäldern und grünen Wiesen versteckt. Die Seen sind größtenteils durch Flüsse und Kanäle miteinander verbunden. Das »Masurische Meer«, der Spirdingsee, ist mit einer Fläche von 122 km² Polens größter Binnensee und Heimat einer größeren Zahl der selten gewordenen Graureiher. Bei Lötzen befindet sich auf der Hohen Insel ein großes Naturschutzgebiet für Kormorane – Polen ist ein Land mit ausgeprägtem Natur- und Landschaftsschutz.

Das sehr niedrig gelegene Mittelpolnische Tiefland bietet ein von den Eiszeiten geformtes Landschaftsbild: Flache Lehmplatten werden von breiten, sanderfüllten, vielfach auch versumpften Talfurchen – den Urstromtälern – zerschnitten. Dort, wo im Vorland von Endmoränen Geröll und Sand, sogenannte Sander abgelagert wurden, dehnen sich heute Heideflächen aus, die wie die Tucheler und Johannisburger Heide von Kiefernwäldern bestanden sind. Wo sich jedoch Schmelzwasser sammelte, entstanden breite Urstromtäler, denen heute teilweise Oder und Netze, Warthe, Weichsel und Bug folgen. Mittelpolen ist überwiegend ein ausgedehntes Ackerbaugebiet mit einigen bewalde-

ten Hügeln. Östlich der Weichsel finden sich jedoch noch nahezu unberührte, riesige Wälder mit altem Baumbestand. Ein Paradies besonderer Art ist die Puszcza Kampinoska in Masowien, ein Wald-, Sumpf- und Dünengebiet zwischen der Weichsel und ihrem Nebenfluß Bzura, in dem Elche, Wölfe, Füchse und Wildschweine ein beschütztes Dasein führen. Da die Weichsel inzwischen so verschmutzt ist, daß sie bereits als »toter Fluß« gilt, sind die Tage des Paradieses allerdings gezählt.

Ein Refugium für sportliche Aktivitäten
Über der niederschlesischen Lößebene im Südwesten erhebt sich das bewaldete Gebirgsland der Sudeten. Das Riesengebirge mit der 1602 m hohen Schneekoppe ist der bekannteste Teil der 300 km langen Bergkette der Sudeten. Hier leben in einem großen Naturschutzpark unter anderem noch Mufflons. Östlich der Oder setzt sich das Mittelgebirge in der Kleinpolnischen Hochfläche fort.

Die südöstliche Grenze Polens bilden die Karpaten, die über eine von Flüssen durchzogene Hügellandschaft zu den Gebirgsketten der Hohen (West-)Beskiden, der Hohen Tatra und der Niederen (Ost-)Beskiden ansteigen. Die sanften Kuppen der Beskiden sind dicht bewaldet, nur wenige Gipfel ragen über die Waldgrenze hinaus – so der Babia Gora (1725 m) in den Hohen Beskiden. In den Niederen Beskiden

POLEN

Die Stadt Lyck, polnisch Ełk *(links),* liegt im seenreichen östlichen Masuren in Ostpreußen am Lycksee (polnisch Jezioro Ełkie), der eine Fläche von knapp 5 km² hat. Die Stadt hat über 50 000 Einwohner und ist Zentrum eines Agrargebiets.

Breite Sandstrände *(unten),* häufig mit anschließendem Wanderdünengürtel, säumen die lange Ostküste Polens. Im Bild das Strandufer auf der Halbinsel Hela, eine 34 km lange Landzunge vor der westlichen Danziger Bucht.

Die Gipfel der Hohen Tatra *(links)* in der Nähe von Zakopane sind ein Teil der Westkarpaten. Die dichten Wälder der reizvollen Landschaft im polnisch-slowakischen Grenzgebiet sind der Lebensraum einer artenreichen Tierwelt.

Seenidylle in Masuren *(oben).* Die an Wäldern, Seen und Mooren reiche Landschaft Masuren wurde durch eiszeitliche Gletscher gestaltet. Die dünn besiedelte Region ist ein beliebtes Feriengebiet. Die größten Seen sind der Spirdingsee und der Mauersee.

finden sich in einem Nationalpark noch unberührte Urwälder mit Bären, Wölfen, Wisenten und Luchsen.

Eiszeitlich überformte Gipfel, durch Gletschererosion verbreiterte und übertiefte Täler sowie tosende Wasserfälle verleihen der Hohen Tatra Hochgebirgscharakter. Über dunkle Fichten- und Lärchenwälder, auf die in höheren Lagen grüne Almen mit ihren im Herbst rot leuchtenden Vogelbeerbäumen folgen, erheben sich kahle Felsgipfel mit schroffen Wänden, Graten und Karen, in die malerische, kristallklare Bergseen, die sogenannten Meeraugen, eingebettet sind. Der höchste Berg ist mit 2499 m der Rysy (Meeraugspitze).

Das Klima: beständig wechselhaft

Der geographischen Lage entsprechend liegt Polen im Übergangsbereich zwischen ozeanisch geprägtem mitteleuropäischen und kontinentalem osteuropäischen Klima. Da natürliche Lufthindernisse fehlen, ist der Verlauf der Jahreszeiten bei meist unbeständigem Wetter recht unterschiedlich. Die Winter sind entweder trockenkalt mit langen, jedoch meist von Tauwetter unterbrochenen Frostperioden oder warm und feucht. Die Niederschläge (zwischen 600 mm in den Ebenen und 1000 mm in den Gebirgen) fallen vorwiegend in den verhältnismäßig warmen Sommern, in denen Temperaturen von 30 °C keine Seltenheit sind.

POLEN: WIRTSCHAFT

Galoppierende Inflation, eine schnell anwachsende Auslandsverschuldung, weitgehend veraltete Fabriken, Versorgungskrisen, endlose Käuferschlangen vor den Geschäften und Streiks – so könnte man den Zustand der polnischen Wirtschaft in den 80er Jahren schlagwortartig umreißen. Die Inflation wuchs sich 1989 zur Hyperinflation aus und erreichte eine schwindelerregende Höhe. Die Auslandsverschuldung Polens, die 1983 bei 29 Milliarden US-Dollar gelegen hatte, stieg bis Ende 1998 auf über 47 Milliarden Dollar an. Trotz kostspieliger Umschuldungsaktionen, die notwendig wurden, weil Polen zu den jeweiligen Fälligkeitsterminen Tilgung und Zins nicht zahlen konnte, stiegen die Zinsrückstände weiter an.

Binnenwirtschaftlicher Krisenindikator waren die periodisch auftretenden Versorgungsengpässe. Bei den staatlich diktierten geringen Preisen waren die privaten Bauern nicht bereit, ihre Produktion auszuweiten, und so wurden Fleisch, Obst und Gemüse ebenso zur Mangelware wie Kaffee, Speiseöl und Zucker.

»Polnische Wirtschaft«

Die Ursachen der chronischen Wirtschaftsmisere gehen unter anderem auf Sünden der Vergangenheit zurück.

Im Einklang mit dem sowjetischen Vorbild begann Polen seit 1949 den Aufbau der Schwerindustrie. Um den Verpflichtungen im Rat für Gegenseitige Wirtschaftshilfe (RGW) nachzukommen, mußte die polnische Führung die erwirtschafteten Mittel im Bergbausektor und in der Schwerindustrie einsetzen. Dabei wurde bis 1970 die Entwicklung der Konsumgüterindustrie, aber auch der Ausbau der Infrastruktur, d. h. Straßenbau, Transportwesen und Telekommunikation, sträflich vernachlässigt. Um sich aus diesem Dilemma zu befreien, baute man die Handelsbeziehungen zum Westen aus. Über Kredite wurde die Konsumgüterindustrie angekurbelt und der Industriegütersektor, der exportorientiert die Rückzahlung der Kredite finanzieren sollte, modernisiert. Doch typische Fehler der schwerfälligen Planungsbürokratie und die Veränderung der weltwirtschaftlichen Rahmenbedingungen – Verteuerung der Rohstoff- und Energiepreise sowie ein schwindender Absatzmarkt für polnische Waren – ließen das ehrgeizige Investitionsprogramm in einem Desaster enden.

Der drohende ökologische Kollaps

Die Lebensqualität wird auch durch eine starke Umweltverschmutzung beeinträchtigt, für die vor allem die Stahlwerke in Nowa Huta und Kattowitz, aber auch zahlreiche Wärmekraftwerke verantwortlich sind. Das oberschlesische Industrierevier gilt als das meistverschmutzte Gebiet Europas. Jährlich gelangen mehrere Milliarden Kubikmeter industrielle und kommunale Abwässer in die polnischen Flüsse. Daher verschärft sich das Trinkwasserproblem mit jedem

Fördertürme des Steinkohlebergwerks Rozpark in Bytom (Beuthen) im oberschlesischen Industrierevier *(rechts)*. Polen besitzt die größten Kohlevorkommen Europas. Fast zwei Prozent der Erwerbstätigen verdienen in der Bergbauindustrie ihren Lebensunterhalt.

Landarbeiter beim Pflücken von Gurken *(oben)*. Der Gemüseanbau findet hauptsächlich im Umland von Städten statt.

Arbeiter beim Kupfergießen im Bergbau- und Hüttenkombinat Polska Miedz SA in Glogow bei Lubin in Niederschlesien *(oben)*. Das Werk ist einer der größten Kupferproduzenten der Welt.

Arbeiter der Adtranz Pafawag in Breslau führen Schweißarbeiten an einem Fahrgestell aus *(rechts)*. Das polnische Unternehmen Pafawag wurde 1996 von der Daimler Benz AG übernommen.

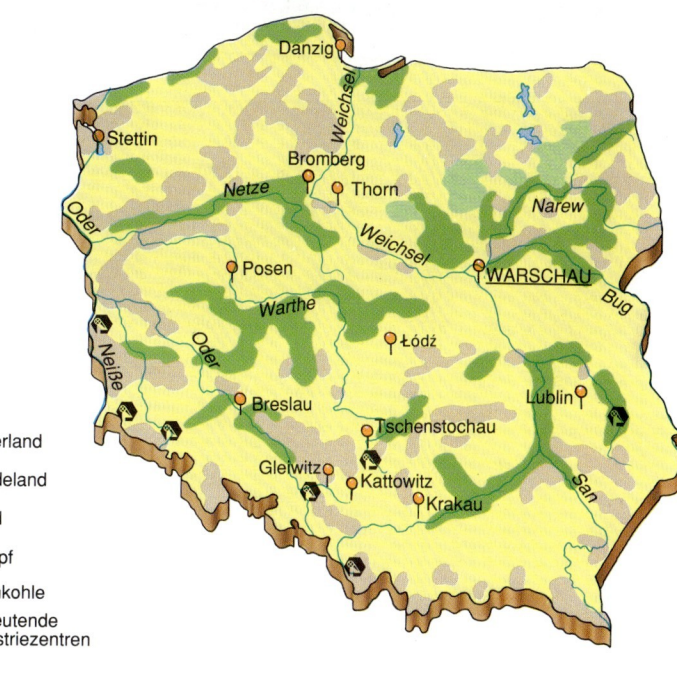

Die Wirtschaftskarte *(rechts)* zeigt die Verteilung von Agrar- und Forstfläche. Die Industriezentren sind an die großen Städte gebunden, die Kohlenreviere konzentrieren sich in Oberschlesien. Der Wald beansprucht fast 30 % der Fläche.

Ein Tankwagen holt die frische Milch beim Bauern ab *(unten)*. Die meisten der polnischen Landwirtschaftsbetriebe sind kleine Familienbetriebe, die sich auch während der kommunistischen Herrschaft überwiegend in Privatbesitz befanden.

Tag: Der Bug ist bereits ein toter Strom, Oder und Weichsel sind schwer belastet. In ihrem Mündungsbereich ist die Verschmutzung so stark, daß viele Ostseestrände zeitweise für Badegäste gesperrt werden mußten.

Wirtschaftsreform

Die erste nichtkommunistische Regierung Polens hatte, als sie im August 1989 ihr Amt antrat, nach eigener Aussage ein bankrottes Land übernommen. Dennoch hat sie voller Mut einen Weg eingeschlagen, der von der zentralen Kommandowirtschaft zur Marktwirtschaft westlicher Prägung führen soll. Zu den gezielten Maßnahmen zur radikalen Umgestaltung der polnischen Wirtschaft gehörte die 1990 eingeführte »Schocktherapie«. Sie beinhaltete die Freigabe der Preise, die Streichung von Subventionen und die strikte Kontrolle der Löhne. Damit wurden bewußt Reallohneinbußen von 20–25 % in Kauf genommen. Staatsbetriebe wurden privatisiert, die rohstoffintensive Schwerindustrie wurde zugunsten der Leichtindustrie zurückgedrängt.

Dieses Programm, vom Internationalen Währungsfonds mit einem Kreditabkommen unterstützt, zeigte bald erste Erfolge, wie gefüllte Regale und eine neue Einstellung zur Arbeit beweisen. Die Privatisierung ist weit fortgeschritten. Nicht verkaufte Staatsbetriebe wurden in Aktiengesellschaften umgewandelt, an denen auch die Belegschaft Anteile erwerben kann. 1998 stammten bereits 66 % des Bruttoinlandsprodukts aus dem privaten Sektor; über zwei Drittel aller Beschäftigten sind schon in der Privatwirtschaft tätig. Seit 1993 wächst die Wirtschaft, 1998 betrug ihr Wachstum knapp 6 %. Auch die Inflationsrate sinkt. Kredite aus dem Westen unterstützen die Wirtschaft.

Doch es gibt auch eine Kehrseite. Für viele Polen sind die angebotenen Waren unerschwinglich. Rentner, Kranke und Alleinstehende gehören zu den sozial besonders benachteiligten Gruppen. Nach Schätzungen kirchlicher Experten sind mehr als 10 Millionen Polen in ihrem Standard unter das Sozialhilfeniveau abgesackt. In Warschau und in vielen anderen Städten wurden Suppenküchen für Arme eingerichtet, um das größte Elend zu lindern.

Mehr und mehr Arbeiter unrentabler Betriebe wurden entlassen. Trotz des Wirtschaftswachstums lag die Arbeitslosigkeit 1999 bei 13 %. Besonders betroffen ist die schlecht ausgebildete Landbevölkerung, die früher in staatlichen Landwirtschaftsbetrieben beschäftigt war. 1997 wurde die Danziger Werft geschlossen, die 3800 dort noch Beschäftigten entlassen. Die heftigen Proteste der Solidarność und der Werftarbeiter mündeten in schweren Tumulten.

Doch letztlich ist die polnische Bevölkerung für Freiheit und Marktwirtschaft auch zu schmerzlichen Opfern bereit.

PORTUGAL

PORTUGAL

Portugal hat dem Fremden viel zu bieten. Dies gilt für den internationalen Tourismus ebenso wie für Industrie, Wirtschaft und Kultur, Sport und, last not least, für Gourmets und Weinliebhaber.

Dem freundlichen Portugiesen ist jeder Besucher willkommen; auch für den weniger Begüterten öffnen sich die Türen, zumal der bescheiden lebende Durchschnitt der Bevölkerung eher mitfühlend ist und kein neidvolles Statusdenken kennt. Auf dem Lande, beim einfachen Bürger, wie bei diesen Fischern, wird Gastlichkeit groß geschrieben. Doch auch der anfänglich introvertiert wirkende Großstädter ist immer hilfsbereit. Er wird aufgeschlossener, wenn man ihm nicht mit Überheblichkeit begegnet, wenn er geachtet wird und eine gute Kinderstube spürt.

Was andere Völker in der Schule lernen müssen, haben die Lusitanier im Blut: Kultur. Sie ist gepaart mit einem gesunden Nationalbewußtsein und Patriotismus. Dabei sind sie gleichzeitig ziemlich formalistisch veranlagt, was den Hang zur Bürokratie sehr fördert.

Folkloristisch ist Portugal geradezu eine Fundgrube. Es präsentiert sich je nach Region mit besinnlichen, heiteren und schwermütigen Gesängen. Tänzer und Tanzgruppen in ihren farbenprächtigen, in Handarbeit kunstvoll bestickten Trachten vermitteln in ihrer Laien-Choreographie ein ungebrochenes Heimatgefühl. In den Liedern und ausdrucksvollen Chören offenbaren sich Stolz und Heimatverbundenheit. Abertausende sind arm und gehen deshalb als Gastarbeiter in andere Länder; aber sie kommen mit ihren Ersparnissen meistens zurück, um sich für den Lebensabend das eigene Haus »na minha terra« (meine eigene Heimat) zu bauen.

Fast jeder Ort hat seinen eigenen Ortsheiligen, der an seinem bestimmten Festtag verehrt wird. Die höchsten Ehren genießt aber »Maria, Muttergottes vom Rosenkranz« im bedeutenden katholischen Wallfahrtsort Fátima im Distrikt Santarém. An den jährlich allerwichtigsten Festtagen von Fátima am 13. Mai und 13. Oktober pilgern über eine Million Gläubige aus aller Welt dorthin, um das Erlebnis von drei Hirtenkindern nachzuempfinden. Diese hatten nach ihrer Erzählung am 13. der Monate Mai bis Oktober 1917 eine Marienerscheinung.

Doch wer Portugal bereist, wird feststellen, daß er nicht nur einer Gegenwartskultur begegnet. Zahlreiche Ruinen aus antiker Zeit erinnern an die römische Besatzung und im Hafen von Lissabon steht der Besucher vor dem Denkmal Heinrichs des Seefahrers, jenes Mannes, der im 15. Jahrhundert mit den Entdeckungsfahrten die Voraussetzungen für Portugals Aufstieg zur kolonialen Weltmacht schuf. Das Erbe dieser Zeit hat Portugal sich bis heute bewahrt. Eine kulturelle Renaissance, die ihresgleichen sucht, verdankt die Republik der Gulbenkianstiftung, die der armenische Erdölmagnat Calouste Sarkis Gulbenkian (1869–1955) 1955 in Lissabon gründete.

PORTUGAL: DER STAAT

Ein Blick zurück in die Vergangenheit Portugals zeigt, daß die Bevölkerung schon manche Revolution und manchen Putsch überstanden hat. Die letzte Revolution erlebte das Land im Jahr 1974, als junge Offiziere, die sich in der Bewegung der Streitkräfte (MFA) zusammengefunden hatten, das faschistische Regime stürzten, unter dem das Zehnmillionenvolk fast fünfzig Jahre nahezu weltabgeschnitten gelebt hatte. Mit der »Nelkenrevolution«– wie der Volksmund den befreienden Militärputsch nannte – erlebte die portugiesische Bevölkerung einen bedeutsamen historischen Wandel hin zu demokratischen Verhältnissen.

In der MFA waren zunächst sozialrevolutionär orientierte Kräfte bestimmend, die eine sozialistische Entwicklung anstrebten. Die einschneidendsten Veränderungen bestanden in der Verstaatlichung größerer Wirtschaftsunternehmen und der Enteignung des Großgrundbesitzes. Nach rechts- und linksradikalen Putschversuchen setzten sich Ende 1975 innerhalb der MFA gemäßigte Gruppen durch. Die 1975 gewählte, verfassunggebende Versammlung verabschiedete 1976 eine radikal-demokratische Verfassung. Die Parlamentswahlen des folgenden Jahrzehnts erbrachten keine klaren Mehrheitsverhältnisse, so daß die Regierungen häufig wechselten. Eine stabile absolute Mehrheit errang erstmals die bürgerlich-liberale »Demokratische Volkspartei« (PSD) unter Anibal Cavaco Silva (* 1939), der bis 1995 Ministerpräsident blieb. Aus den Parlamentswahlen 1995 gingen die Sozialisten als stärkste Partei hervor. Ihr Führer Antonio Manuel de Oliveira Guterres (* 1949) ist seitdem Ministerpräsident.

Nach den von der MFA bestimmten Präsidenten António de Spínola (1910–1996) und Francisco Costa Gomes (* 1914) war der erste gewählte Präsident 1976–1986 General Antonio Ramalho Eanes (* 1935); ihm folgte 1986 der Sozialist Mário Alberto Soares (* 1924). Seit 1996 ist der Sozialist Jorge Sampaio (* 1939) Staatsoberhaupt.

Das koloniale Erbe

Eine weitere tiefgreifende Folge der Revolution war die weitgehende Abschaffung der kolonialen Besitzungen. Nachdem schon 1962 Portugiesisch-Indien (Goa, Daman, Diu) an Indien gefallen war, entließ Portugal 1974/75 die meisten Kolonien in die Unabhängigkeit. In Afrika wurden Guinea-Bissau, Cabinda, São João Baptista de Ajuda (im heutigen Benin), die Kapverdischen Inseln, Moçambique und Angola sowie São Tomé und Príncipe selbständig. 1976 annektierte Indonesien Ost-Timor. Die Azoren und Madeira sind als »anliegende Inseln« dem Mutterland zugehörig. Vom früheren Kolonialbesitz blieb nur Macau übrig, das – seit 1974 ein »chinesisches Territorium unter portugiesischer Verwaltung« – 1999 an China zurückgegeben wurde.

Das politische System

Die mehrmals geänderte Verfassung von 1976 ist liberal-demokratisch geprägt. Staatsoberhaupt ist der auf fünf Jahre vom Volk direkt gewählte Staatspräsident. Ihm kommt eine außerordentliche Bedeutung zu, da er neben den rein repräsentativen Aufgaben noch weitere Funktionen wahrnimmt. So wird der Ministerpräsident als Chef der Regierung nicht vom Parlament gewählt, sondern vom Staatspräsidenten ernannt, der dabei aber die Ergebnisse der Parlamentswahlen berücksichtigen muß.

Daten und Fakten

DAS LAND
Offizieller Name: Portugiesische Republik
Hauptstadt: Lissabon
Fläche: 91 982 km² (einschl. Azoren 2352 km² u. Madeira 795 km²)
Landesnatur: Im N Gebirgsland, weiter südlich Mittelgebirge, im W Tiefland des Tejo u. Sado, im S Hügelland von Alentejo u. Algarve
Klima: Ozeanisch beeinflußtes Klima, nach S zunehmend mediterran
Hauptflüsse: Tejo (Tajo), Guadiana, Mondego, Douro (Duero), Sado
Höchster Punkt: Serra da Estrela 1991 m
DER STAAT
Regierungsform: Republik
Staatsoberhaupt: Staatspräsident
Regierungschef: Ministerpräsident
Verwaltung: 18 Verwaltungsbezirke, 2 autonome Regionen
Parlament: Nationalversammlung mit 230 für 4 Jahre gewählten Abgeordneten
Nationalfeiertag: 10. Juni
DIE MENSCHEN
Einwohner (Ew.): 9 873 000 (1999)
Bevölkerungsdichte: 107 Ew./km²
Stadtbevölkerung: 38 %
Bevölkerung unter 15 Jahren: 17 %
Analphabetenquote: 8 %
Sprache: Portugiesisch
Religion: Katholiken 90 %
DIE WIRTSCHAFT
Währung: Euro; bis 31.12.2001 Escudo
Bruttosozialprodukt (BSP): 106 376 Mio. US-$ (1998)
BSP je Einwohner: 10 690 US-$
Inflationsrate: 5,8 % (1990–98)
Importgüter: Erdöl, Maschinen, Fahrzeuge, Getreide

PORTUGAL

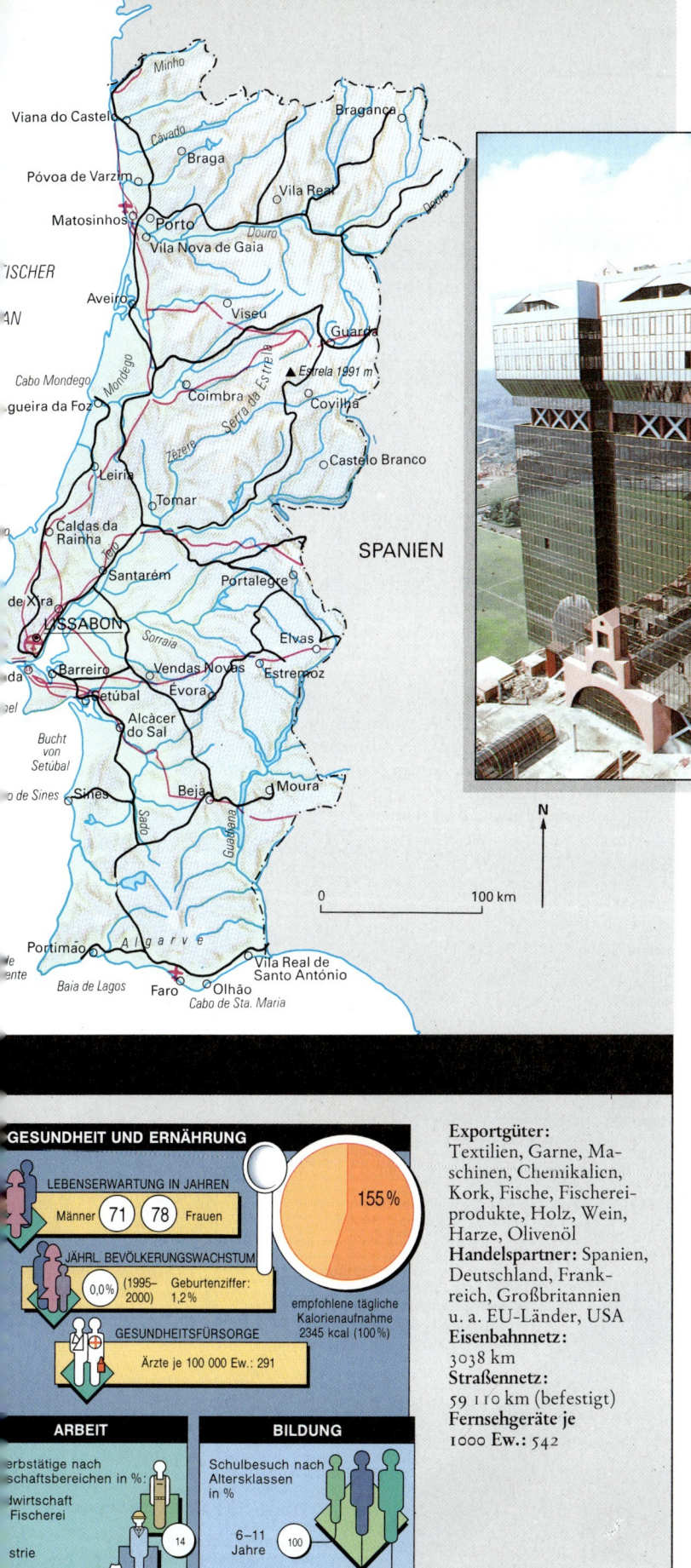

Portugal (*ganz links*) ist das westlichste Land des europäischen Kontinents. Jenseits der Flachküsten im Westen und Süden besteht Portugal hauptsächlich aus Ebenen, die von bewaldeten Gebirgszügen durchzogen sind. Der Fluß Tejo trennt den Norden vom Süden des Landes. Zu Portugal zählen auch die Azoren sowie Madeira mit Nebeninseln – weit draußen im Atlantik gelegen.

Das moderne Büro- und Einkaufszentrum Amoreiras (*links*) in Lissabon. Die Mitgliedschaft in der EU läßt neue Investitionen nach Portugal fließen; dank einer hohen Wachstumsrate hat das Land den Anschluß an den europäischen Standard gefunden.

Außerdem steht ihm das Vetorecht gegenüber den Gesetzesbeschlüssen der Legislative zu, das nur mit einer Zweidrittelmehrheit der Parlamentsabgeordneten aufgehoben werden kann. Schließlich ist der Präsident auch Oberbefehlshaber der Streitkräfte.

Portugal stellt die Weichen für die Zukunft
Die wichtigste Zäsur nach 1974 fand für Portugal am 1.1.1986 statt. Seither ist das Land Mitglied der »Europäischen Gemeinschaft«. Ebenso nutzt Portugal die Möglichkeiten, die sich aus der NATO-Mitgliedschaft ergeben. Die Europäische Union und die NATO sind die Eckpfeiler der expandierenden portugiesischen Wirtschaft und der damit verbundenen Stabilität geworden.

Die volle wirtschaftliche Integration bedurfte allerdings einer langen Übergangszeit bis weit in die 90er Jahre. Diese Frist diente der Harmonisierung der portugiesischen Volkswirtschaft mit denen der übrigen EU-Länder und der schrittweisen Liberalisierung des Handels.

Die Entwicklung Portugals zu einer Industrienation geht einher mit einer weitgehenden Liberalisierung der Gesellschaft. Vor allem die Jugend lebt heute frei und ungezwungen. Sie hat Zugang zu allen Bildungsstätten. Es besteht allgemeine Schulpflicht bis zur Vollendung des 14. Lebensjahres. Insgesamt hat das Volk die einstige Staatsbevormundung restlos abgeschüttelt. Gleichberechtigung wurde zur Maxime im öffentlichen Leben.

PORTUGAL: GESCHICHTE

Der Raum des heutigen Portugal war in der Antike Siedlungsgebiet iberisch-keltischer Stämme, im Süden lagen karthagische Kolonien. Im Jahr 72 v. Chr. wurde das Gebiet römisch. Um 430 gründeten die Sueben im Westen der Iberischen Halbinsel das Reich »Portu-Cale«. Von diesem Namen, der auf eine von den Römern an der Mündung des Douro gegründete Stadt zurückgeht, leitet sich der heutige Staatsname ab. »Portucalia« hieß dann eine kleine Grafschaft des nordspanischen Königreichs León, die am Unterlauf des Douro und damit an der Grenze zu dem seit dem 8. Jahrhundert etablierten islamisch-arabischen Reich lag. Diese Grafschaft löste sich unter Heinrich von Burgund, der mit dem Besitz belehnt worden war, im Jahre 1109 von León. Sein Sohn, Alfons Heinrich (1110–1185), ließ sich 1139 zum König ausrufen. 1143 wurde das kleine Königreich von León und Kastilien anerkannt. Im Zuge der »Reconquista«, der Rückeroberung des von den Arabern beherrschten Teils der Iberischen Halbinsel, konnten die Könige von Portucalia die Südgrenze ihres Reichs immer weiter vorschieben. So entstand in der Mitte des 13. Jahrhunderts das portugiesische Staatsgebiet, dessen Grenzen sich seither kaum verändert haben.

Wie Spanien verbindet auch Portugal vieles mit der Zivilisation der römischen Herrschaft. Das Portugiesische hat sich aus dem Volkslatein entwickelt und viele Städte stehen auf römischen Fundamenten. Ähnlich wie in Spanien wirkten auch arabisch-islamische Kultureinflüsse nach, z. B. bei den Techniken des Landbaus, in der Architektur und in den Wissenschaften.

Die Grenze zwischen dem Königreich Portucalia und dem benachbarten Kastilien markierte zunächst nur Herrschaftsgebiete und beschrieb keine Scheidelinie zwischen Völkern, Sprachen und Kulturen. Als Vormacht Spaniens erhob Kastilien wiederholt Anspruch auf Portugal, so 1383, als der portugiesische König ohne Nachfolger starb, und 1578, als der junge König Sebastian (1554–1578) in einem Marokkofeldzug fiel. Während der erste Versuch der Machtübernahme rasch scheiterte, konnte sich Portugal nach der Besetzung des Landes durch die Spanier 1580 erst 1640 von deren Herrschaft wieder befreien.

Daß der Widerstand gegen die Kastilier schon 1383 vor allem vom Volk getragen worden war, zeugt von einem früh entwickelten Nationalbewußtsein. Es wurde durch die fortschrittliche Reformpolitik gefördert, die die portugiesischen Könige nach dem Ende der Reconquista betrieben. Sie gewährten Bürgern und Städten eigene Rechte und schufen sowohl eine relativ moderne Verwaltung als auch eine Wirtschaftsverfassung, in der der Staat als Geldgeber und Unternehmer einen starken Ein-

- **ca. 5500 v. Chr.** Mesolithische Kultur
- **ca. 900 v. Chr.** Kelten dringen auf der Iberischen Halbinsel ein
- **6. Jh. v. Chr.** Phönizische Einflüsse
- **201 v. Chr.** Römische Invasion
- **3. Jh. n. Chr.** Einführung des Christentums
- **4. Jh.** Einfall germanischer Stämme
- **711** Die maurische Invasion beginnt
- **868** Erster Aufstand gegen die Mauren
- **1143** Alfons Heinrich wird König des unabhängigen Portugal
- **1212** Schlacht von Navas de Tolosa zerbricht die maurische Macht
- **1297** Kastilien erkennt die Grenzen des portugiesischen Königreichs an
- **1418** Prinz Heinrich der Seefahrer veranlaßt die erste Entdeckungsfahrt
- **1494** Im Abkommen von Tordesillas wird die Neue Welt zwischen Portugal und Spanien aufgeteilt
- **1497–1498** Vasco da Gama segelt um das Kap der Guten Hoffnung nach Indien
- **1500** Pedro Alvares Cabral beansprucht Brasilien für Portugal
- **1580–1640** Spanien beherrscht Portugal
- **1807–1811** Französische Invasion
- **1822** Brasilien erklärt die Unabhängigkeit
- **1908** Ermordung König Carlos' I.
- **1910** Portugal wird Republik
- **1914–1918** Portugal kämpft im Ersten Weltkrieg auf alliierter Seite
- **1926** Armee übernimmt die Macht
- **1926–1968** »Estado Novo« - Diktatur von A. Salazar, gefolgt von M. Caetano
- **1955** Portugal tritt der UNO bei
- **1960er** Aufstände in afrikanischen Kolonien
- **1974** April-Revolution; bewaffnete Truppen stürzen die Diktatur
- **1975** Portugiesische Kolonien unabhängig
- **1976** Freie Wahlen
- **1986** Portugal tritt der EG bei
- **1996** Jorge Sampaio wird Staatspräsident
- **1999** Beitritt zur Europäischen Währungs

1 Prinz Heinrich der Seefahrer (1394–1460)

2 Marquês von Pombal (1699–1782)
3 Mario Soares (*1924)

PORTUGAL

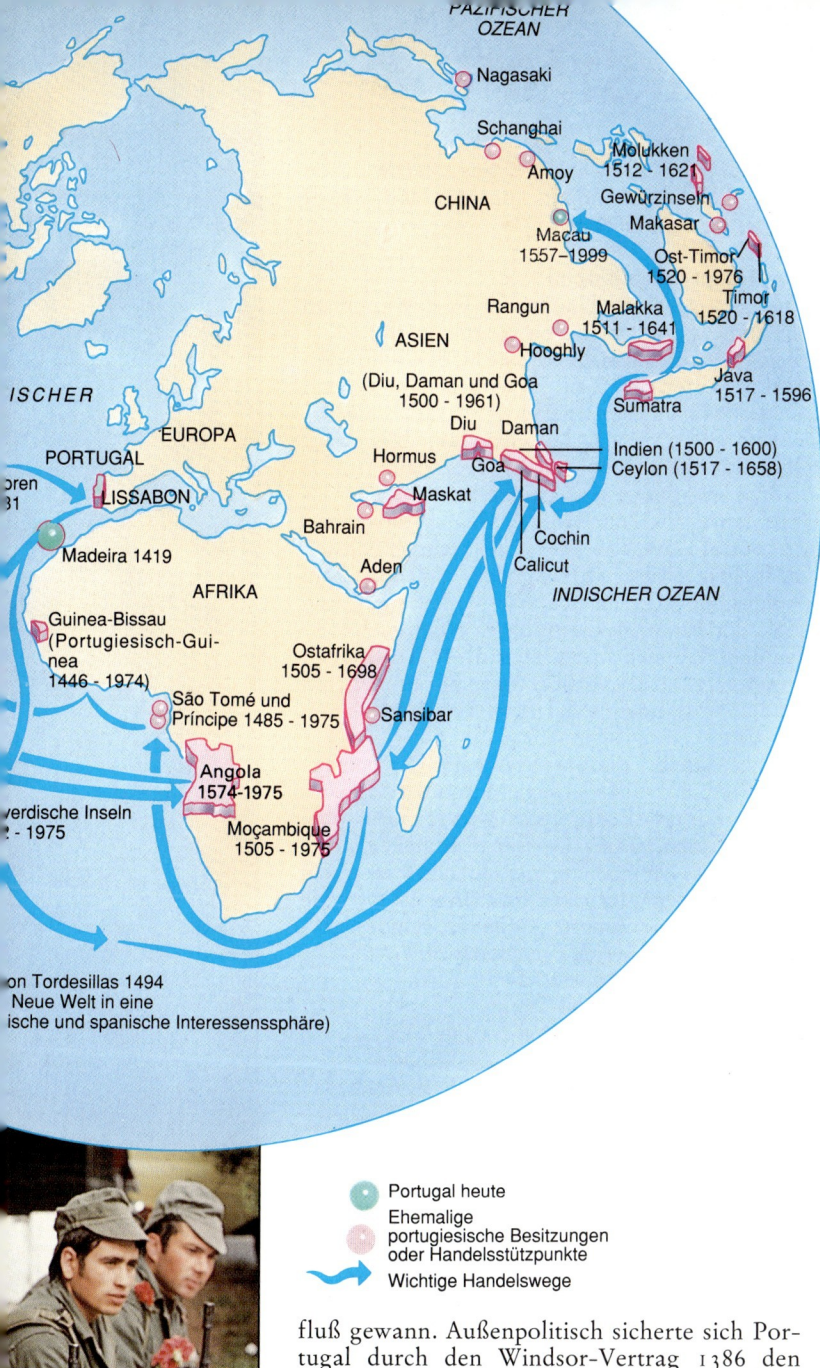

Portugals ausgedehntes Kolonialreich *(links)* erstreckte sich einst über den gesamten Erdball. Im 15. Jahrhundert segelten portugiesische Seefahrer bis nach Indien und in den Fernen Osten und sicherten Portugal den Gewürzhandel. Mit der Erforschung von Brasilien im 16. Jahrhundert bekam Portugal große Landflächen in der Neuen Welt. Im 17. Jahrhundert lag das Land mit Spanien, England und den Niederlanden im Wettstreit bei der Inbesitznahme von Land in Übersee.

Portugiesische Soldaten *(oben)* tragen die rote Nelke, das Symbol der Revolution von 1974, die das Land von der Diktatur befreite. Geführt von der Armee, ebnete die Revolution den Weg für Portugals Rückkehr zu einer Demokratie.

fluß gewann. Außenpolitisch sicherte sich Portugal durch den Windsor-Vertrag 1386 den langjährigen Beistand der Engländer.

So konnten die von der Krone auf mannigfache Weise unterstützten portugiesischen Seefahrer im Zeitalter der Entdeckungen zu Pionieren des Welthandels und des Kolonialismus werden. Nachdem Heinrich der Seefahrer (1394–1460), der Sohn König Johanns I., die afrikanische Westküste hatte erforschen lassen, gelangte 1487 Bartolomëu Diaz bis zum Kap der Guten Hoffnung. 1498 fand Vasco da Gama den Seeweg nach Indien. 1500 entdeckte Pedro Alvarez Cabral Brasilien. Und 1519–1522 umsegelte Fernão de Magalhães erstmals die ganze Erde.

Lissabon wurde zeitweilig zum Zentrum des Welthandels. Der einträgliche Gewürzhandel mit Indien, der Handel mit Negersklaven aus Westafrika für die Plantagen der Kolonie Brasilien und die Ausrichtung der eigenen Landwirtschaft auf den Weinexport brachten viel Geld in das Land. Infolge des Reichtums wurden auch die Künste und die Wissenschaften großzügig gefördert.

Die rasch gewonnene Weltmachtstellung ließ sich jedoch nicht lange aufrechterhalten. Ansprüche und Ausgaben der Krone sowie des Adels wuchsen schneller als die Einnahmen. Die auch gegen konvertierte Juden gerichtete Inquisition zwang nach 1536 die wirtschaftlich aktivste Bevölkerungsgruppe zur Auswanderung. Schließlich wurde das Land auch durch die spanische Besatzung ab 1580 gelähmt.

Im Kampf gegen Spanien war Portugal auf die Unterstützung Englands angewiesen. Dies nutzten die Engländer aus: sie kontrollierten mehr und mehr den portugiesischen Überseehandel sowie den weitgehend auf landwirtschaftliche Güter, insbesondere Wein, beschränkten Export und öffneten den portugiesischen Markt für englische Fertigwaren. Mehrere Versuche, das Land aus der dadurch bedingten wirtschaftlichen Rückständigkeit herauszuführen, scheiterten. Großgrundbesitzer (Adel und hoher Klerus) widersetzten sich Reformen. Weder der Marquês von Pombal (1699–1782), der als Außen- und Premierminister im Geist des aufgeklärten Absolutismus Reformen einleitete, noch die liberal gesonnenen Politiker, die nach den Wirren der napoleonischen Zeit und der Revolution von 1820 die politische Führung übernommen hatten, konnten die verfestigten Strukturen aufbrechen. In den folgenden Jahrzehnten sollte das Land in Partei- und Verfassungskämpfen nicht zur Ruhe kommen.

Die Republik

Gegen Ende des 19. Jahrhunderts spitzten sich die sozialen Gegensätze so zu, daß die nach dem Sturz der Monarchie 1910 errichtete Republik die starken sozialen und politischen Spannungen zwischen Industrie- und Landproletariat, Bürgertum und den alten Mächten Adel und Klerus nicht zu überwinden vermochte. Die Ära des Diktators Antonio de Oliveira Salazar (1889–1970) währte von 1928–1968. Er stützte sich auf die Armee, die Kirche, die Großgrundbesitzer und eine im Unternehmerinteresse staatlich gelenkte Wirtschaft und beendete auch die Reformpolitik der Republikaner. Salazar baute einen autoritären Einparteienstaat auf und verbot jegliche Opposition.

PORTUGAL: MENSCHEN UND STÄDTE

Irgendjemand beschrieb Portugal einst als »sonnigen Gemütszustand am Meer«. Eine solche Beschreibung mag zutreffen, aber die erstaunliche physische, kulturelle und wirtschaftliche Vielfalt dieses kleinen, freundlichen Landes widerstrebt einer Verallgemeinerung. Die quietschenden Ochsenkarren im Trás-os-Montes, der abgelegenen inneren Region »hinter den Bergen«, ist Welten entfernt vom kosmopolitischen Flair der Hauptstadt Lissabon. Die Bürger der geschäftigen Stadt Porto haben ein Sprichwort: »Coimbra singt, Braga betet, Lissabon protzt und Porto arbeitet.« In diesem Gefühl mag ein Körnchen Wahrheit stecken, denn die Einwohner Nordportugals sind meist konservativer und geschäftstüchtiger als die Menschen der sonnenverwöhnten südlichen Regionen des Alentejo und der Algarve.

Leben in den Städten

Porto ist eines der wichtigsten Wirtschaftszentren Portugals. Die malerische Stadt mit fast einer Million Einwohner in der Agglomeration liegt aber etwas abseits der Touristenströme. Es ist heute ein großer Finanz- und Bankenplatz, doch seit Jahrhunderten ist ihr Name mit dem Weinhandel verbunden. Im 18. Jahrhundert ließen sich englische Firmen in Porto nieder, um hier Portwein zu kaufen und zu verschiffen. Sie legten damit den Grundstein für die langandauernden politischen und wirtschaftlichen Bindungen zwischen Portugal und England.

Coimbra mit seinen steilen Straßen aus Kopfsteinpflaster ist Sitz der ältesten Universität Portugals und hat seinen Ursprung in der Römerzeit. Zusammen mit seiner akademischen Atmosphäre bewahrt es die Tradition des »fado«, einer beliebten portugiesischen Gesangsform. Üblicherweise von der Gitarre begleitet, beklagt der Fado die Härte des Lebens in von »saudade« (Heimweh, Sehnsucht) erfüllten Tönen und bittersüßer Nostalgie. Fado kann auch freudig sein wie ein »fado corrida«, den man nach Stierkämpfen singt. Die Traditionen variieren je nach Region. Der Fado von Coimbra ist ernst und intellektuell und nur von einem langsamen rhythmischen Metrum begleitet. International bekannt wurde der Fado durch die Lieder von Amália Rodrigues.

Bragas blumengeschmückte Hauptstraßen umrahmen die größte Osterprozession in Portugal und bestärken den Anspruch der Stadt, das »portugiesische Rom« zu sein. Die Portugiesen sind gläubige Katholiken; Protestanten, Juden und Moslems stellen nur kleine Minderheiten. Religiöse Feste füllen den Kalender, und die meisten Leute nehmen ihre religiösen Pflichten ernst. Eines der größten römisch-katholischen Heiligtümer liegt in Fátima, einem Wallfahrtsort, der ungefähr 105 km nördlich von Lissabon liegt. Hier soll am 13. Mai 1917 die Jungfrau Maria drei Hirtenkindern erschienen sein und der Welt Frieden prophezeit haben. Sechsmal soll die Erscheinung stattgefunden haben. Seitdem versammeln sich Pilger aus aller Welt am 12. und 13. jeden Monats von Mai bis Oktober in Fátima zum Gebet.

Die Hauptstadt Lissabon

Die portugiesische Hauptstadt ist das Zentrum der Nation. Auf mehreren Hügeln nördlich des Tejo-Ufers gelegen, gehört sie zu den schönsten Hauptstädten der Welt. Es wird behauptet, daß Odysseus hier zuerst gelandet sei, doch die Archäologen datieren die Gründung Lissabons eher auf etwa 5000 v. Chr. Trotzdem ist der größte Teil der gegenwärtigen Stadt weniger als 250 Jahre alt. Am Morgen des 1. November 1755 traf Lissabon eines der schrecklichsten Erdbeben. Riesige Flutwellen brachen vom Atlantischen Ozean über die Stadt herein, und viele der Einwohner ertranken. Noch mehr fielen den Flammen zum Opfer, die in den Ruinen wüteten. Als alles vorüber war, gab es mehr als 30 000 Tote und zwei Drittel Lissabons waren zerstört.

Die Männer, die unter Führung des damaligen Premierministers, dem Marquês von Pombal (1699–1782), die Stadt wieder aufbauten, waren Künstler von großem Einfallsreichtum. Sie schufen die großzügigen Prachtstraßen, ein mit Mosaiken verziertes Straßenpflaster sowie perfekt proportionierte Gebäude. Leider zerstörte ein Großfeuer im Sommer 1988 viele schöne alte Gebäude aus dieser Zeit.

Ein Fischer in Nazaré *(unten)* an Portugals mittlerer Atlantikküste flickt seine Netze auf traditionelle Weise. Von altersher ein seefahrendes Volk, segeln portugiesische Fischer noch immer weit über den Atlantik, um Tiefseefische zu fangen.

Der von G. Eiffel erbaute Fahrstuhl *(rechts)* verbindet Oberstadt (Bairro Alto) und Unterstadt (Cidade Baixa). Der Marquês von Pombal ließ nach dem verheerenden Erdbeben von 1755 die Unterstadt im regelmäßigen Rechteckschema wieder aufbauen.

PORTUGAL

Die Brücke des 25. April, die Lissabons Naturhafen überspannt, ist eine der längsten Hängebrücken der Welt. Die Baixa oder Untere Stadt liegt in der Nähe des Hafens. Eine müßige, an frühere Zeiten erinnernde Atmosphäre durchdringt ihre eleganten Geschäfte. Das älteste Viertel von Lissabon, die Alfama, ist maurischen Ursprungs, und sein Gewirr von kopfsteingepflasterten Straßen und winkligen Gassen fasziniert jeden Besucher.

Zu den über 2 Millionen Einwohnern in der Agglomeration der Hauptstadt Lissabon zählen viele Menschen aus den ehemaligen Kolonien, und das Bevölkerungsgemisch spiegelt die Bedeutung der Stadt als Hafen wider, wo Personen- und Frachtschiffe aus Südamerika, Karibik und Afrika anlegen. Sommer wie Winter laden zu einem Bummel auf der Avenida da Liberdade oder durch Parkanlagen ein, wo die Rufe exotischer Vögel die Luft erfüllen.

Die Alfama *(unten Mitte),* beliebter Treffpunkt für gesellige Stunden, ist Lissabons ältestes Viertel. Seine steilen, engen Gassen schränken den Verkehr ein und bewahren so das historische Aussehen dieser ehemals maurischen Stadt.

Eine alte Frau *(oben links)* in den Weinbergen des Dourotals im Norden Portugals. Sie strahlt jene Freundlichkeit und Wärme aus, für die die Portugiesen berühmt sind. Ein großer Teil der Bevölkerung lebt noch immer in ländlichen Gebieten.

In Tomar *(unten),* im mittleren Portugal, findet alle vier Jahre diese prächtige Erntedankfestprozession statt. Die Religion spielt immer noch eine große Rolle im Leben der Portugiesen, wie die zahlreichen religiösen Feiertage belegen.

PORTUGAL: WIRTSCHAFT

Portugal hat seit Mitte der 80er Jahre einen gewaltigen Wirtschaftsaufschwung erlebt. Das »Armenhaus Europas« hat seine Wirtschafts- und Infrastruktur tiefgreifend verändert. Dies veranlaßte die Weltbank und den Internationalen Währungsfond, Portugal nicht länger als Entwicklungs- und Schwellenland zu führen. 1989 wurde es in die Liste der Industrieländer aufgenommen.

13 % der Erwerbstätigen sind in der Landwirtschaft beschäftigt, deren Anteil am Bruttosozialprodukt rund 5 % beträgt. Für die geringe Produktivität dieses Wirtschaftszweigs, der über 30 % des Bodens nutzt und nur die Hälfte des Nahrungsmittelbedarfs stellen kann, gibt es mehrere Ursachen: Ein geringer Mechanisierungsgrad, fehlende Bewässerungsanlagen, Kapitalmangel und vor allem die Besitzersplitterung im Norden des Landes: die Betriebe sind kleine Selbstversorgungswirtschaften. Ihre Größe nimmt durch die Realteilung weiter ab. Im Süden dagegen existieren traditionell größere Unternehmen, die seit der Agrarreform oft nach dem Genossenschaftsprinzip organisiert sind.

Zwischen dem Douro und dem Tejo liegen die Hauptanbaugebiete. In den warmen Flußtälern gedeihen Weinkulturen. Vornehmlich im Süden werden Südfrüchte, Pfirsiche und Mandeln angebaut. Auf den Hochflächen ist neben den Korkeichenwäldern von Olivenhainen durchsetztes Ackerland vorherrschend. Weizen, Mais, Hafer und Roggen sind die wichtigsten Feldfrüchte. Die Viehzucht konzentriert sich im Norden auf Rinder und Ziegen, im Süden auf Schafe, Esel und Maultiere.

Zwei landwirtschaftliche Exportartikel sind traditionell von großer Bedeutung: Portwein und Kork. Portwein gilt nicht nur als ein »Botschafter Portugals«, sondern auch als höchst wertvoller Devisenbringer. Von den englischen Erfindern kurz »Port« genannt, wird er als Likör- oder Dessertwein in über hundert Länder exportiert. Portwein unterliegt einer rigorosen Herstellungs- und Qualitätskontrolle. Mit über 700 000 ha Korkeichenfläche ist Portugal der weltweit größte Produzent von Kork. Die Unternehmen der Kork-Branche sind heute nicht mehr nur ausschließlich Rohwarenexporteure, sondern auch Lieferanten von Halb- und Fertigprodukten aus eigener Fabrikation.

Eine große Tradition hat die Seefischerei, die einen wichtigen Beitrag zur Versorgung der Bevölkerung und zum Außenhandel leistet. Sardinen und Thunfisch in Öl sind Hauptausfuhrprodukte der Fischereiwirtschaft. Neben diesen, in küstennahen Gebieten gefischten Arten werden vor allem Schellfische vor der nordamerikanischen Küste zwischen Neufundland und Grönland gefangen. Die weitgehend überalterte portugiesische Fischereiflotte wird zur Zeit ausgebaut und modernisiert.

Bodenschätze, unter ihnen Steinsalz, Steinkohle, Quarz, Eisen-, Zinn- und Wolframerze, sind mit ergiebigen Vorkommen vorhanden, jedoch schwer abbaubar. An Uranerzen besitzt Portugal ebenfalls bedeutende Vorräte.

Der wichtigste Industriezweig ist die Textilindustrie. Bei Lissabon und Porto entwickelte sich die petrochemische Industrie. Bedeutung hat ferner der Maschinen- und Dieselmotorenbau, die Kraftfahrzeugmontage sowie die Herstellung von Zement, Phosphaten und Papier. Die Industriestandorte konzentrieren sich auf Nord- und Mittelportugal. Der größte Teil der Betriebe im verarbeitenden Gewerbe hat kleinindustriellen bzw. handwerklichen Charakter mit unter zwanzig Beschäftigten.

Der Fremdenverkehr hat sich seit Beginn der 60er Jahre vor allem in der Algarve entwickelt. Portugal legt Wert auf einen gehobenen Tourismus, weil für den Massentourismus die Unterkünfte fehlen. Dennoch hat sich der Reiseverkehr zu einer wichtigen Devisenquelle und einem bedeutenden Arbeitsplatzreservoir ent-

Die Korkeiche

Portugals Korkeichen (rechts) decken die Hälfte des Weltbedarfs an Kork. Die Korkeiche, ein immergrüner Baum, gedeiht nur im Mittelmeerklima. Kork wird aus den äußeren Rinden der Korkeiche gewonnen; er ist porös, leicht, wasserdicht und recht gut zu verarbeiten. Eine Korkeiche braucht 15 Jahre, um genügend Rinde zum Abschälen zu produzieren und ergibt zuerst rauhen, minderwertigen Kork. Die Rinde erneuert sich in-

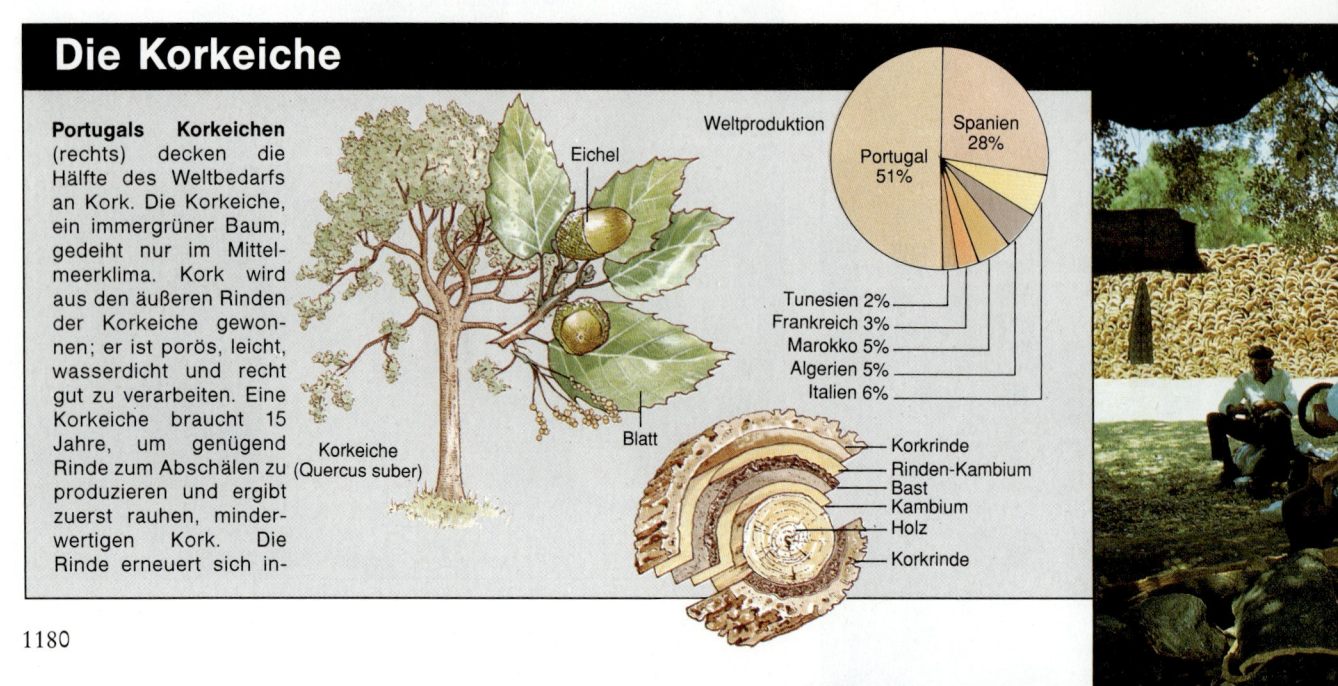

PORTGUAL

Mit Weinfässern beladene Boote *(links)*, deren Segel mit den Namen bekannter Weinhändler geschmückt sind, liegen auf den ruhigen Wassern des Douro. Diese Barken zählen zu den wenigen erhaltenen Exemplaren der »barcos rabelos«, der flachbauchigen Segelboote, die man in früheren Zeiten zum Transport des Portweins von den Lagerhäusern der Weinhändler den Douro flußabwärts nach Porto benutzte, von wo aus er nach Übersee verschifft wurde. Jedes Jahr findet am 24. Juni ein Wettsegeln statt.

wickelt. Zentren des Fremdenverkehrs sind die Algarve, die Hauptstadt Lissabon, die Hafenstadt Porto und das Dourotal sowie Madeira und die Azoren im Atlantik.

Ein entscheidendes Ereignis für die portugiesische Wirtschaft war der Eintritt des Landes in die EG. Seit dem 1. Januar 1986 ist Portugal Vollmitglied. Die EG- bzw. EU-Mitgliedschaft bringt Portugal große Vorteile. Für die Modernisierung seiner Industrie und zur Verbesserung der Infrastruktur fließen ihm erhebliche Mittel zu. Der Europäische Binnenmarkt macht Investitionen in Portugal attraktiv; ein niedriges Lohnniveau und geringe Arbeitsausfallzeiten tragen dazu bei. Mit dem Zusammenbruch des Ostblocks trat jedoch eine Abschwächung des Wirtschaftswachstums ein, da in den Staaten Osteuropas eine neue Konkurrenz erwuchs. Das wirtschaftspolitische Ziel, die Teilnahme an der Europäischen Währungsunion, wurde am 1. Januar 1999 erreicht.

nerhalb von 8 bis 10 Jahren und erzeugt einen qualitativ besseren, den »nachgewachsenen« Kork. Die dünnen Borken werden mit einer besonders gekrümmten Säge abgeschält und danach einige Wochen lang in der Sonne getrocknet (links), bevor sie je nach Qualität sortiert werden. Aus Kork werden vor allem Schwimmwesten, Glasflaschenkorken, Golfbälle und Isoliermaterialien für das Bauwesen hergestellt.

Fischer *(oben)* in Mira prüfen nach einer Fahrt ihre Netze. Im Hintergrund sind Boote im traditionellen Stil zu sehen – flachbauchig und zu einem hohen, zugespitzten Bug und Heck auslaufend. Ochsen ziehen die Boote aus dem Wasser.

Tomaten *(rechts)*, im landwirtschaftlich genutzten Alentejo gezogen, werden sortiert. Die portugiesischen Tomaten sind für ihren Geschmack berühmt: in der französischen Küche werden Speisen mit Tomatensoße à la Portugaise zubereitet.

1181

PORTUGAL: LANDESNATUR

Portugal nimmt den atlantischen Saum der Iberischen Halbinsel ein. Vom unteren Minho, der im Norden die Grenze gegen Spanien bildet, erstreckt sich das Land in einem 150 bis 200 km breiten Streifen nach Süden über die Westabdachung des Iberischen Hochlands, die Meseta. Als Fortsetzung des Kastilischen Scheidegebirges durchzieht im mittleren Abschnitt die Serra da Estrela mit ihren Ausläufern das Land und gliedert es in einen nördlichen Teil, zu dem das gebirgige Hochportugal und das mittelportugiesische Hügel- und Küstenland zählen, sowie in das vorwiegend flache bis hügelige Südportugal.

Nordportugal

Der nördliche Teil Hochportugals zwischen den Flüssen Minho und Douro bildet die Fortsetzung des kristallinen Berglands von Galicien, das zu welligen bis hügeligen Rumpfflächen abgetragen ist, die durch Flüsse stark zertalt sind. Vor allem der Douro hat sich tief eingeschnitten und bildet ein enges, sonnenbeschienenes Tal, an dessen steilen, terrassierten Schieferhängen die Reben für den berühmten Portwein angebaut werden. Wiesen und Felder, im Wechsel mit Eichen- und Buchengehölzen, bedecken die niedrig und mittelhoch gelegenen Flächen in der küstennahen Region mit ihren vielen kleinen Weilern und Dörfern. In dem höher gelegenen, winterkalten Bergland von Trás-os-Montes e Alto Douro im Nordosten sind dagegen meist nur die Sohlen und Flanken der Täler intensiv bebaut, während die Hochflächen zwischen 500 und 750 m vielfach Buschwald und ausgedehnte, öde Heiden tragen. Südlich des Douro setzt sich Hochportugal in der sanft nach Westen einfallenden Rumpffläche von Beira fort, einem 600 bis 1000 m hohen, von Olivenhainen und Macchien bedeckten Berg- und Hügelland. Den Abschluß gegen Südportugal bildet die stark herausgehobene Gebirgsscholle der Serra da Estrela, deren völlig kahle, eiszeitlich überformte Granithöhen bis fast 2000 m aufragen.

Dem Berg- und Hügelland von Beira ist westlich eine breite, von 200 m Höhe sanft zum Meer hin abfallende Küstenebene vorgelagert, die in einer dünenbesetzten Lagunenküste endet. Reisfelder nehmen die flachen überschwemmbaren Talauen ein; auf dem trockeneren, höheren Gelände liegen Getreidefelder, deren Ackerraine zum Schutz vor Winderosion mit Baumreihen bepflanzt sind. Das Hügelland von Estremadura prägen große Dörfer inmitten von Olivenhainen, Wein- und Getreidefeldern. Olivenbäume, Rebstöcke, Fruchtgärten, Weizen- und Reisfelder bedecken auch das zu den fruchtbarsten Gebieten Portugals zählende Tiefland des Ribatejo, ein weites, von Meeresablagerungen erfülltes Senkungsfeld am unteren Tejo. Eine Folge der bisher noch nicht zum Stillstand gekommenen Absenkung dieses Gebietes sind häufige Erdbeben.

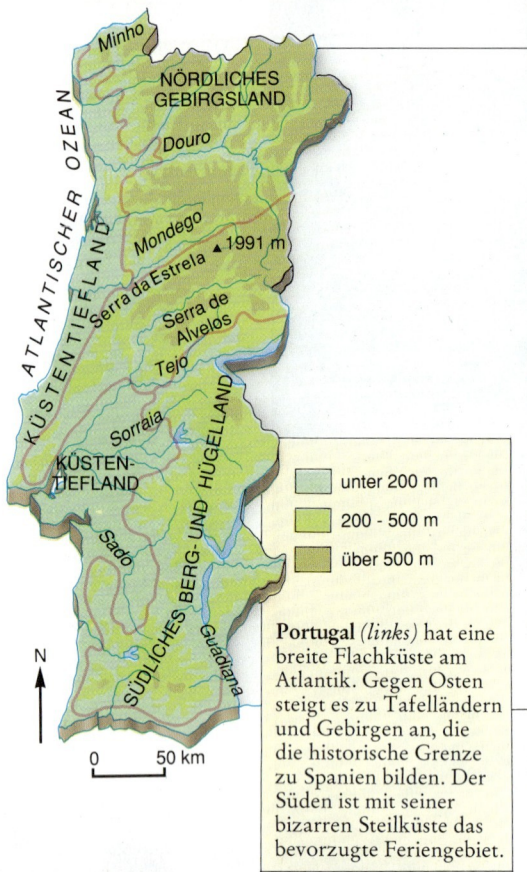

Portugal *(links)* hat eine breite Flachküste am Atlantik. Gegen Osten steigt es zu Tafelländern und Gebirgen an, die die historische Grenze zu Spanien bilden. Der Süden ist mit seiner bizarren Steilküste das bevorzugte Feriengebiet.

Die ausgedehnten Kiefernwälder *(oben)* im Norden Portugals liefern Harz, das zur Herstellung von Teer und Terpentin sowie zum Behandeln von Nutzholz für Gebäude und Möbel benötigt wird. Kiefern nehmen 40 % der Wälder ein.

Sandstrände *(rechts)*, klares Wasser und bizarre Küstenformen machen die Algarve an der Südküste zu einem beliebten Ferienzentrum. Südportugal ist im Sommer heiß und trocken, Extreme werden aber durch den Einfluß des Atlantik abgemildert.

PORTUGAL

Südportugal

Südportugal wird zum größten Teil von den weitgespannten Rumpfflächen der Landschaft Alentejo eingenommen, einer niedriggelegenen Fortsetzung der Meseta von Neukastilien. Endlose Weizenfelder, durchsetzt von macchiebedeckten Brachfluren beherrschen das eintönige, flachwellige Hügelland, das in Küstennähe in ausgedehntes Weideland und zahlreiche Sümpfe übergeht.

Lediglich die höheren Hügelzüge und Sierren tragen noch Reste der einstigen Eichen- und Kiefernwälder. Nach Süden gehen die Rumpfflächen Alentejos allmählich in das Bergland der Hochalgarve über, das stark zerschnitten und in zahllose gerundete Kuppen aufgelöst ist. Sie sind weitgehend entwaldet und deshalb sehr starker Bodenabspülung ausgesetzt. Während hier extensiv genutzte Felder und Strauchmacchie vorherrschen, weist der südliche Kü-

Im Hügelland am Nordrand der Sierra de Monchique *(ganz oben)* dominieren Weideland und Weizenfelder. Typisch für den Süden Portugals sind größere Bauernhöfe, während im Norden kleinere Gehöfte und Waldgebiete vorherrschen.

Der Douro *(oben)* ist einer der wichtigsten Wasserwege Portugals. Der 895 km lange Fluß entspringt in der Sierra de Urbión in Spanien, bewässert eines der Hauptweinanbaugebiete Portugals und mündet bei Porto in den Atlantischen Ozean.

stensaum, die Niederalgarve, eine üppige Gartenlandschaft mit zahllosen Fruchthainen auf, in denen Mandel-, Oliven-, Feigen-, Apfelsinen- und Johannisbrotbäume gedeihen. Verbreitet treten noch Pinien, Korkeichen und wilde Ölbäume auf.

Das Klima Portugals ist stark ozeanisch beeinflußt, zeigt aber nach Süden zunehmend mediterranen Charakter. Die Niederschläge nehmen von Norden nach Süden und von Westen nach Osten ab. Die höchsten Niederschläge (1500 bis 3000 mm jährlich) fallen im nordwestlichen Bergland, nach Osten sinken sie auf 500 bis 1000 mm in Nordportugal und auf weniger als 400 mm im Süden. Die Sommer sind allgemein sehr warm, die Winter jedoch nur im Süden kurz und milde, während im Norden auf den höheren Gebirgen oft wochenlang Schnee liegt. Im Küstenbereich dagegen herrschen das ganze Jahr über ausgeglichene Temperaturen.

1183

PORTUGAL: AZOREN UND MADEIRA

Die Azoren liegen im Atlantischen Ozean rund 1600 km von Portugal entfernt. Als »anliegende Inseln« gehören sie zum portugiesischen Mutterland und bilden eine autonome Region.

Die neun Inseln liegen auf dem langgestreckten Mittelatlantischen Rücken, dessen nördlicher Teil vom Äquator bis nach Island durch den Atlantik verläuft. Alle Inseln sind vulkanischen Ursprungs. Sie entstanden entlang großer Bruchspalten, die sich bei der allmählichen Aufwölbung des Azorensockels bildeten.

Das Landschaftsbild wird durch große Vulkankegel und mächtige Krater, die oft von Seen erfüllt sind, gekennzeichnet. Bis in die jüngste Zeit veränderte sich das Bild der Oberfläche und der Küstenlinien, zuletzt 1957 durch den Ausbruch des neuen Vulkans Capelinhos vor der Westküste der Insel Faial.

Das Klima der Azoren hat extrem maritimen Charakter mit ständigen, oft stürmischen Winden und Niederschlägen zu allen Jahreszeiten. Ursache ist die Lage der Inseln in der Austauschzone von polaren und tropischen Luftmassen. Das »Azorenhoch«, eine im Sommer ausgebildete Hochdruckzone, hat großen Einfluß auf das europäische Wetter.

Sieht man einmal von der Insel Flores, die durch eine Vielzahl verschiedener Blumen und eine geradezu verschwenderische Hortensienpracht hervorsticht, ab, ist die wildwachsende Flora ausgesprochen spärlich. Die ursprüngliche Pflanzenwelt wurde zudem im Laufe der Besiedlung weitgehend zerstört. Bis etwa 800 m wuchs einst immergrüner Lorbeerwald. Wo er oberhalb von 500 m noch vorhanden ist, hat er sich zu einer Gebüsch- und Strauchvegetation zurückentwickelt; unter 500 m mußte er den Kulturflächen weichen.

Etwa die Hälfte der Bevölkerung lebt von der Landwirtschaft und der Fischerei. Durch den Gebirgscharakter der Inseln lassen sich verschiedene Arten der Bodennutzung unterscheiden. In den tieferen Gebieten herrscht intensiver Acker- und Gartenbau vor mit den Hauptanbauprodukten Mais, Kartoffeln, Weizen, Tabak, Gemüse, Obst, Südfrüchten und Wein. Zum Schutz gegen die heftigen Atlantikwinde sind die Felder häufig von Mauern, Pappelreihen oder Hortensienhecken umgeben. Zwischen 350 und 650 m Höhe erstrecken sich die Weiden für die Mast- und Milchviehzucht. Einen auffallenden Kontrast bilden hier die im 19. Jahrhundert eingeführten Teekulturen sowie die Flachsfelder.

Die gewerbliche Herstellung von Ton- und Lederwaren, Textilien und anderen Kunstgewerbeartikeln stellt sich immer mehr auf den langsam zunehmenden Fremdenverkehr ein.

Karthagische Münzfunde auf den Azoren beweisen, daß die Inselgruppe schon in der Antike bekannt war. 1432 leiteten die Portugiesen die Besiedlung der Insel ein. Es kamen aber auch Flamen und Bretonen sowie Kastilier, Andalusier und Galicier. Obwohl die Inseln nie Kolo-

Für diesen Bauern und seinen Sohn *(unten)* ist der Pferderücken noch immer das beste Transportmittel in den steilen Bergen der Azoren. Die Wirtschaft der Inseln ist unterentwickelt. Exportiert werden hauptsächlich landwirtschaftliche Produkte, Fischkonserven und handgefertigte Kunstgewerbeartikel wie Stickereien, Töpfer- und Lederwaren. Viele Inselbewohner sind angesichts mangelnder Erwerbsmöglichkeiten nach Europa oder Nordamerika ausgewandert. – **Blaugrüne Seen** *(ganz unten)* füllen den Krater eines erloschenen Vulkans auf der Azoreninsel São Miguel. Sie bezeugen den vulkanischen Ursprung der Inseln, die noch immer unter Erdbeben leiden.

PORTUGAL

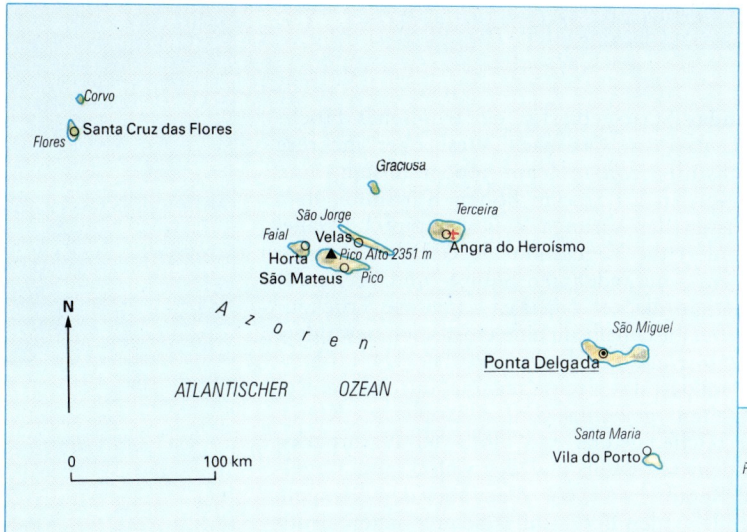

Die Azoren (links) sind eine Gruppe von Vulkaninseln, die sich über den Mittelatlantischen Rücken erheben. Hier, wo zwei Kontinentplatten aufeinandertreffen, entstehen vulkanische Aktivitäten, die als Erdbeben auf den Inseln spürbar sind.

Madeira (links) weist im Nordosten eine bis über 400 m hohe Kliffküste auf. Entlang dieses Küstenabschnittes müssen die Fischer vorsichtig navigieren. Weite Teile des Landesinnern sind für die landwirtschaftliche Nutzung und Besiedlung ungeeignet. Hier herrscht immergrüner Lorbeerwald vor, nur der Süden ist kultiviert worden.

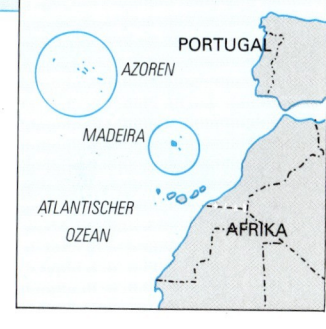

Madeira (oben) besteht aus einer Gruppe von Inseln vor der Nordwestküste von Afrika. Eine große Insel und viele kleine Inselchen bilden diese portugiesische Provinz. Die Römer nannten sie die »Purpur-Inseln«, während Madeira heute als der »Gesteinsgarten des Atlantik« für seine Berglandschaft und ungewöhnliche Pflanzenvielfalt bekannt ist. Madeira wurde im 15. Jahrhundert ein Teil von Portugal. Prinz Heinrich der Seefahrer (1394–1460) unterstützte die Kolonisation der Inseln.

nie, sondern immer Bestandteil Portugals waren, errichteten Großbritannien und die USA auf den Azoren während des Ersten und Zweiten Weltkriegs Stützpunkte, die »stationären Flugzeugträger«. Auch heute unterhalten die USA im Rahmen der NATO einen Flughafen auf den Azoren.

Madeira – die Sonneninsel

Die Entdeckung Madeiras im Jahre 1419 bildete den Auftakt zur Gründung des portugiesischen Überseereichs. Ihren Namen »Holzinsel« verdankt die Insel dem dichten Wald, der sie überzog, bevor die Kolonisation einsetzte.

Im 15. Jahrhundert begann die Besiedlung, vor allem an der Südküste. Außer Portugiesen wanderten auch Juden und Mauren ein.

Die Insel liegt westlich von Marokko im Atlantik, am Rand der untermeerischen Azorenschwelle. Zusammen mit der benachbarten Insel Porto Santo, der kleinen Insel Selvagens und den Ilhas Desertas bildet sie die autonome Region Funchal des portugiesischen Mutterlandes. Der Archipel von Madeira ist 797 km² groß.

Vulkanische Basalt- und Tuffdecken sowie Schlackenablagerungen bestimmen den geologischen Aufbau der gebirgigen, durch tiefe Täler zerschnittenen Insel Madeira, die im Pico Ruivo de Santana 1861 m Höhe erreicht. Heute sind die Vulkane auf allen Inseln längst erloschen. Die Nordküste Madeiras wird durch bis über 400 m hohe Kliffe geprägt, die im Nordosten besonders wild geformt sind.

Mit Ausnahme des Winters, in dem Zyklonen vorbeiziehen, beherrscht der Nordostpassat das Klima. Er bringt der relativ kühlen Nordseite reiche Niederschläge. Die Südseite ist dagegen sonnig, warm und recht trocken.

Immergrüner Lorbeerwald charakterisiert die Nordseite der Insel. An der Südseite ist die natürliche Vegetation – weitgehend durch die Trockenheit bestimmt – lichter und schon seit langem größtenteils Kulturland gewichen oder durch eingeführte Pflanzen (Stieleiche, Pinie, Seekiefer) umgestaltet worden.

Die zum Teil sehr intensive Landwirtschaft bildet die Lebensgrundlage der Bevölkerung. Zuckerrohr, Bananen, Wein und Ananas, in höheren Lagen Kartoffeln, Weizen, Hülsenfrüchte und Gemüse werden auf den wegen der Steilheit der Hänge meist terrassierten und kleinparzellierten Feldern angebaut. Exportiert werden vor allem Wein, Zucker, Bananen und Gemüse, Produkte der Rinderzucht und der recht bedeutenden Fischerei, die von einigen industriellen Betrieben hergestellt werden. Für den Fremdenverkehr arbeiten das traditionelle Stickereigewerbe und die Spitzenherstellung.

Im Gegensatz zu den Azoren ist der Fremdenverkehr auf Madeira seit langem hochentwickelt. Die Gäste, überwiegend Briten, schätzen vornehmlich das milde Klima.

RUANDA

Ruandas Staatsgebiet ist ein tropisches Hochland, das von Ost nach West über mehrere Bruchstufen von 1500 auf 3000 m ansteigt und im Norden im 4507 m hohen Karisimbi, dem höchsten der Virunga-Vulkane, gipfelt. Dabei verändert die Vegetation ihr Gesicht: Sie geht von einer ausgedehnten Sumpf- und Seenlandschaft, an die sich eine fast baumlose Trockensavanne anschließt, in eine einst reich bewaldete Bergzone und Feuchtsavanne über. Die Höhenlage mildert das wechselfeuchte, durch zwei Regenzeiten gekennzeichnete tropische Klima. Der reichen Fauna und Flora der Naturparks, die dem Großwild und der vielfältigen Vogel- und Reptilienwelt, vor allem aber den wenigen, noch lebenden Berggorillas Schutz bieten, droht seit Jahrzehnten von skrupellosen Wilderern große Gefahr.

Bevölkerung und Landwirtschaft

Die Bevölkerung Ruandas setzt sich aus den Völkern der Hutu, die die überwiegende Mehrheit stellen, und der Tutsi sowie einer kleinen Gruppe von Twa zusammen. Die ethnischen Konflikte zwischen den verfeindeten Völkern der Hutu und Tutsi haben sich auch angesichts der Überbevölkerung des Landes immer weiter verschärft. Ruanda ist der am dichtesten besiedelte Staat des afrikanischen Festlandes. Zu viele Menschen teilen sich zu wenig Land und geraten in den Teufelskreis von Überbevölkerung und Unterernährung. Ein Programm zur Beschränkung des Bevölkerungswachstums ist bisher ohne Erfolg geblieben. Die katholische Kirche, die in Ruanda über Mission, Schulwesen und soziale Hilfsprojekte seit langem starken Einfluß gewonnen hat, bleibt auch hier bei ihrem kategorischen »Nein« zur künstlichen

Daten und Fakten

DAS LAND
Offizieller Name: Republik Ruanda
Hauptstadt: Kigali
Fläche: 26 338 km²
Landesnatur: Binnenhochland; östl. Landesteil Plateau mit abflußlosen Seen, im NO Kagera-Grabensenke, im W Gebirgsrand des Zentralafrikanischen Grabens, der steil zum Kivusee abfällt; im NW Virunga-(Kirunga-)Vulkane
Klima: Wechselfeuchtes, tropisches Klima, infolge der Höhenlage gemäßigt
Hauptflüsse: Akanyaru, Kagera

Höchster Punkt: Karisimbi 4507 m
Tiefster Punkt: Grabensohle am Kivusee 1460 m ü. M.
DER STAAT
Regierungsform: Präsidiale Republik
Staatsoberhaupt: Staatspräsident
Regierungschef: Ministerpräsident
Verwaltung: 11 Präfekturen
Parlament: Parlament mit 70 für 5 Jahre gewählten Mitgliedern
Nationalfeiertag: 1. Juli
DIE MENSCHEN
Einwohner (Ew.): 7 235 000 (1999)

Bevölkerungsdichte: 275 Ew./km²
Stadtbevölkerung: 6 %
Bevölkerung unter 15 Jahren: 43 %
Analphabetenquote: 39 %
Sprache: Französisch, Kinyaruanda, Englisch
Religion: Katholiken 65 %, Protestanten 9 %, Moslems 10 %
DIE WIRTSCHAFT
Währung: Ruanda-Franc
Bruttosozialprodukt (BSP): 1864 Mio. US-$ (1998)
BSP je Einwohner: 230 US-$
Inflationsrate: 18,1 % (1990–98)

Geburtenkontrolle. Doch auch im archaischen Weltbild der animistischen Naturreligionen, die noch immer die Lebenswelt breiter Bevölkerungskreise bestimmen, ist für moderne Familienplanung kein Platz.

Die günstigen Klimabedingungen ermöglichen in den meisten Gebieten des Landes zwei Ernten pro Jahr. In den tiefer gelegenen Regionen werden Bohnen, Mais, Maniok und Bananen angebaut, in den höheren Erbsen und Kartoffeln. Zwei Faktoren verhindern trotz der guten natürlichen Ausgangsbedingungen eine ausreichende Versorgung der Bevölkerung: Nach altem Recht werden bei jedem Erbfall die kleinen Parzellen abermals für die Söhne geteilt, so daß die kleinen Betriebsgrößen heute kaum zur Selbstversorgung der Familien ausreichen. Auch kann mit den traditionellen Anbaumethoden die Produktion nur in geringem Umfang gesteigert werden. Zudem sind die ökologischen Folgen des seit 600 Jahren betriebenen Wanderhackbaus katastrophal. Der exportorientierte Anbau von Tee und Kaffee bietet dem Land angesichts sinkender Weltmarktpreise keine erfolgversprechende Perspektive. Die langen Verkehrswege des Binnenlandes ohne Hafen, Eisenbahn und feste Straßen erschweren die bergbauliche und industrielle Erschließung.

Die seit Jahrhunderten fortschreitende Parzellierung ließ kaum dörfliche oder gar städtische Zentren entstehen. Ausnahmen sind die Hauptstadt Kigali, das Handels- und Verwaltungszentrum, und Butare, das dank eines sehenswerten Nationalmuseums und der Universitätsgründung im Jahr 1963 als kultureller Mittelpunkt der Republik gilt. Typischer für Ruanda sind die über das »Land der 1000 Hügel« verstreuten Einzelgehöfte mit den traditionellen Rundhütten aus Holz, Lehm und Bananenstroh.

Geschichte und Gegenwart

Ruanda ist mit der schweren Hypothek des historischen Konflikts zwischen der Minderheit der Tutsi und der Mehrheit der Hutu genauso belastet wie der Nachbarstaat Burundi. In einem Referendum unter UN-Aufsicht entschied sich die Mehrheit der Bevölkerung 1961 für die Abschaffung der Tutsi-Monarchie. Bei den darauffolgenden Parlamentswahlen erhielt die Hutu-Partei PARMEHUTU die Mehrheit. In den ersten Jahren nach der 1962 erfolgten Unabhängigkeit kam es zu vereinzelten Auseinandersetzungen zwischen beiden Völkern. Seit 1973 regierte der durch einen Militärputsch an die Macht gekommene Hutu-General Juvénal Habyarimana (1937-1994). Nach seinem Tod kam es mehrfach zu schweren Massakern, denen über 500 000 Menschen zum Opfer fielen. Im April wählte das Parlament den Tutsi Paul Kagame (* 1958) zum neuen Staatschef.

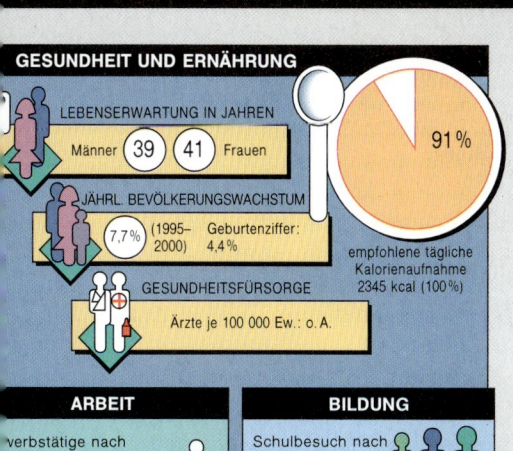

Eine Hecke schützt die Farmgebäude einer Plantage (ganz links). Ruandas wichtigste Exportprodukte sind Kaffee, Tee und Pyrethrum, ein Rohstoff, aus dem Insektizide hergestellt werden.

Hutu-Mädchen (links); der Stamm der Hutu stellt die Mehrheit der Bevölkerung. Knapp 14 % gehören zu den Tutsi.

Ruanda (rechts) wurde 1962 unabhängig, als das unter UN-Treuhandverwaltung stehende Ruanda-Urundi entlang der ethnischen Grenzen aufgeteilt wurde. Die Hutu erhoben sich öfters in blutigen Kriegen gegen die Minderheit der Tutsi.

GESUNDHEIT UND ERNÄHRUNG
LEBENSERWARTUNG IN JAHREN: Männer 39, Frauen 41
JÄHRL. BEVÖLKERUNGSWACHSTUM: 7,7 % (1995-2000), Geburtenziffer: 4,4 %
empfohlene tägliche Kalorienaufnahme 2345 kcal (100 %) — 91 %
GESUNDHEITSFÜRSORGE: Ärzte je 100 000 Ew.: o. A.

Importgüter: Maschinen, Transportausrüstungen, Brennstoffe, Nahrungsmittel, Konsumgüter
Exportgüter: Kaffee, Tee, Zinn, Wolfram, Baumwolle, Ölfrüchte, Pyrethrum, Tabak
Handelspartner: Belgien, BRD, Niederlande u. andere EU-Länder, Kenia, Tansania, Japan, USA, Demokratische Republik Kongo, Iran
Straßennetz: 14 560 km
Fernsehgeräte je 1000 Ew.: o. A.

ARBEIT — Erwerbstätige nach Wirtschaftsbereichen in %: Landwirtschaft und Fischerei 91, Industrie o. A., Dienstleistungen o. A.

BILDUNG — Schulbesuch nach Altersklassen in %: 7–13 Jahre 77, 14–19 Jahre 10, 20–24 Jahre o. A.

RUMÄNIEN

Die Geschichte des heutigen Rumäniens beginnt im 14. Jahrhundert mit der Entstehung der beiden Fürstentümer Moldau und Walachei, die jedoch schon bald unter osmanische Oberhoheit kamen. 1711 verpachtete die Hohe Pforte die walacho-moldauischen Fürstensitze an ihr ergebene Griechen. Diese sogenannte Phanariotenherrschaft wurde im Rahmen des griechischen Unabhängigkeitskrieges 1821 beendet. Danach gerieten die beiden Fürstentümer mehr und mehr in das Spannungsfeld von Österreich und Rußland und wurden bis zum Krimkrieg 1856 russisches Protektorat. 1859 schlossen sie sich zusammen und erklärten sich 1881 zum Königreich Rumänien.

Im Zweiten Balkankrieg 1913 erzwangen sie von Bulgarien die Abtretung der Süd-Dobrudscha, und nach dem Ersten Weltkrieg erfüllte sich der Traum von einem großrumänischen Königreich. Auch die Bukowina, Bessarabien, das östliche Banat und Siebenbürgen wurden zu Lasten der Sowjetunion und vor allem Ungarns hinzugewonnen.

Innenpolitisch entwickelte sich Rumänien in der Zwischenkriegszeit von einem Scheinkonstitutionalismus zu einer »Königsdiktatur«. Nach dem Zweiten Weltkrieg mußte Rumänien, von 1941 bis 1944 mit dem Deutschen Reich verbündet, Bessarabien und die Nordbukowina an die Sowjetunion sowie die Süd-Dobrudscha an Bulgarien abtreten.

Not und Leid der Bevölkerung

Die Umwandlung von der Monarchie zur Volksrepublik vollzog sich rasch unter dem Druck der Roten Armee. Im Inneren entfaltete sich jedoch ein stalinistisches Herrschaftssystem, das bis zu seinem Sturz mit Terrormethoden der Geheimpolizei Securitate Angst und Schrecken verbreitete. In den letzten Jahren nahm der Personenkult um den 1965 an die Macht gekommenen Diktator Nicolae Ceauşescu (1918–1989), der sich »Conducator« (Führer) titulieren ließ und gern mit goldenem Zepter und Reichsapfel in Erscheinung trat, groteske Züge an. Die Prachtentfaltung des Potentaten und die Verschwendungssucht seines Familienclans, dem er wichtige Posten in Regierung und Partei übertrug, standen in eklatantem Kontrast zum desolaten Zustand des Landes.

Bereits 1955 spielte Rumänien eine Sonderrolle im Rat für gegenseitige Wirtschaftshilfe (RGW) und im Warschauer Pakt. Zum einen nahm es nicht die von der Sowjetunion gewünschte Rolle eines Rohstoff- und Agrarproduzenten für den RGW ein. Zum anderen bemühte sich Rumänien um eine relativ unabhängige Außenpolitik und kritisierte unverhohlen Teile der sowjetischen Außenpolitik.

Wirtschaftspolitisch setzte Rumänien auf den forcierten Ausbau der Industrie. Da es sich dabei nicht auf die Sowjetunion stützen konnte, wurde der rigorose Aufbau des Landes mit Hilfe westlicher Kredite und der Ausbeutung der Arbeiter und Angestellten vorangetrieben. Als das Land Anfang der 80er Jahre in eine Zahlungskrise geriet, wurde ein Programm verkündet, das die vollständige Rückzahlung der Auslandsschulden beschloß.

Der Sturz des Tyrannen

Die unerträgliche ökonomische Lage und die chauvinistische Nationalitätenpolitik gegenüber Ungarn und Deutschen ließen das letzte absolutistische Regierungssystem Europas zusammenbrechen. Die Protestkundgebungen in Braşov

Daten und Fakten

DAS LAND
Offizieller Name: România
Hauptstadt: Bukarest
Fläche: 238 391 km²
Landesnatur: Im Zentrum Karpatenbogen, im W Transsilvanisches Hochland, im NO Hügellandschaft der Moldau, südlich anschließend das Tiefland der Walachei
Klima: Gemäßigt-kontinental
Hauptflüsse: Donau, Mureş, Olt, Prut, Siret
Höchster Punkt: Moldoveanu 2543 m
DER STAAT
Regierungsform: Republik

Staatsoberhaupt: Staatspräsident
Regierungschef: Ministerpräsident
Verwaltung: Hauptstadtbezirk, 41 Bezirke
Parlament: Abgeordnetenhaus mit 343 und Senat mit 143 Mitgliedern; Wahl alle 4 Jahre
Nationalfeiertag: 1. Dezember
DIE MENSCHEN
Einwohner (Ew.): 22 402 000 (1999)
Bevölkerungsdichte: 94 Ew./km²
Stadtbevölkerung: 58 %
Bevölkerung unter 15 Jahren: 19 %
Analphabetenquote: 2 %

Sprache: Rumänisch
Religion: Rumänisch-orthodoxe Christen 87 %, Katholiken 5 %
DIE WIRTSCHAFT
Währung: Leu
Bruttosozialprodukt (BSP): 31 254 Mio. US-$ (1998)
BSP je Einwohner: 1390 US-$
Inflationsrate: 113,8 % (1990–98)
Importgüter: Kunststoffe, mineral. Rohstoffe, Metalle, Maschinen, Transportmittel, chem. Produkte, Nahrungsmittel

Rumänien *(unten)* liegt in Osteuropa. Der Karpatenbogen zieht sich durch das Land und trennt Transsilvanien im Westen von Walachei und Moldauplatte sowie der Dobrudscha und der Schwarzmeerküste.

Ein Blumenstand *(oben)* am Rand eines ruhigen Platzes in Bukarest. Als Vorbild für die Stadtplaner von Bukarest diente die französische Hauptstadt Paris mit ihren breiten von Bäumen gesäumten Boulevards.

Exportgüter:
Brenn- u. Rohstoffe, Maschinen, Transportmittel, Verbrauchsgüter, Nahrungsmittel
Handelspartner:
Rußland, BRD, Italien, Griechenland, Frankreich, Österreich
Eisenbahnnetz:
11 374 km
Straßennetz:
78 210 km (befestigt)
Fernsehgeräte je
1000 Ew.: 233

(Kronstadt) 1987 waren ein erstes Zeichen dafür, daß das Regime die Leidensfähigkeit der Bevölkerung überschätzt hatte. Im Dezember 1989 brach in Timișoara (Temesvar) ein Volksaufstand los, der bald das ganze Land erfaßte und wegen des erbitterten Widerstands der Securitate mehr als tausend Tote kostete. Noch vor der Hinrichtung des Diktators und seiner Ehefrau Elena übernahm die »Front zur Nationalen Errettung« die Führung des Landes. Einer ihrer Köpfe, der unter Ceaușescu in Ungnade gefallene ehemalige Spitzenfunktionär Ion Iliescu (* 1930), wurde neues Staatsoberhaupt.
Bei den Wahlen im Mai 1990 war die Opposition massiven Behinderungen ausgesetzt. Dennoch waren sich westliche Beobachter einig, daß das Wahlergebnis – Iliescu erreichte 85 % der Stimmen, und die »Front« gewann mit 70 bzw. 69 % die Mehrheit in beiden Häusern des Parlaments – korrekt zustandegekommen war. Im Jahr 1996 wurde Emil Constantinescu (* 1939), Mitbegründer des Parteienbündnisses Demokratische Konvention, Staatspräsident Rumäniens. Im Dezember 2000 wurde Ion Iliescu erneut zum Staatspräsidenten gewählt.

RUMÄNIEN: DIE MENSCHEN

Umgeben von Slawen und Ungarn bilden die Rumänen eine romanische Sprachinsel weit im Osten Europas. Ursprünglich war das Gebiet der heutigen Republik Rumänien von Dakern und Geten bewohnt, bevor die Region 160 Jahre lang von römischen Truppen besetzt gehalten wurde. Als diese 271 abzogen, rollte die Völkerwanderung über das Land.

Slawen, Magyaren und Türken siedelten sich später an, ohne jedoch die romanische Mundart verdrängen zu können. Allerdings sorgten sie dafür, daß das Rumänische neben seinen lateinischen auch bulgarische, türkische, ungarische, vor allem aber slawische Bestandteile aufweist. Latinisierungsbestrebungen führten im 19. Jahrhundert zur Ablösung der kyrillischen Buchstaben durch lateinische.

Ein neuer Vielvölkerstaat

Durch den territorialen Zugewinn nach dem Ersten Weltkrieg verwandelte sich Rumänien in einen Vielvölkerstaat. Daran hat sich auch heute nichts geändert. Die stärkste Minderheit sind die im Westen des Landes in einem zusammenhängenden Siedlungsgebiet lebenden fast 1,6 Millionen Ungarn – rund 7 % der Gesamtbevölkerung. Die Ungarn können auf eine jahrhundertelange Siedlungsgeschichte in dieser Region zurückblicken. Magyaren eroberten im 9. Jahrhundert Siebenbürgen und siedelten dort den magyarisch-türkischen Volksstamm der Székler zum Grenzschutz an. Magyaren, Székler und die im 12. und 13. Jahrhundert angeworbenen »Sachsen« bildeten in Siebenbürgen die drei »regierenden Nationen«. Auch im sich südlich anschließenden rumänischen Teil des Banats waren bereits im Mittelalter einige magyarische Wehrbauern ansässig. Gemeinsam mit den »Banater Schwaben«, die zu Beginn des 18. Jahrhunderts von Maria Theresia angesiedelt wurden, verwandelten sie das fruchtbare Land in eine dichtbesiedelte Kulturlandschaft.

Die Siebenbürger Sachsen, die keineswegs aus Sachsen, sondern überwiegend aus dem Niederrheingebiet eingewandert waren, sprachen sich 1919 ebenso wie die Banater Schwaben für die Zugehörigkeit zum neuen rumänischen Staat aus, der ihnen weitreichende nationale Freiheiten und Rechte zugesichert hatte. Mit den Deutschen, die in den von der Sowjetunion und Bulgarien an Rumänien abgetretenen Gebieten Bessarabien, Bukowina und Dobrudscha lebten, wuchs die deutsche Minderheit damals auf rund 780 000 Menschen an.

Unterdrückung der Minderheiten

In der Mitte der 90er Jahre ist vom ehedem harmonischen Zusammenleben der Völker wenig verblieben. Der Anteil der in Rumänien lebenden Deutschen ist infolge des Krieges und sich anschließender Vertreibung und Flucht stark zurückgegangen. Ihr Exodus und die katastrophale wirtschaftliche Situation in Rumänien haben dazu geführt, daß die malerischen Orte

der Siebenbürger Sachsen dem Verfall preisgegeben sind. Noch bewahrt Siebenbürgen ein Stück altertümliches Mitteleuropa. Doch auf dem Lande verfallen Gehöfte, bleibt der Boden unbestellt. Kirchen sind verriegelt, die Türen mit Brettern vernagelt. In Sibiu (Hermannstadt) ebenso wie in Braşov (Kronstadt), Cluj-Napoca (Klausenburg), Alba Julia (Karlsburg) und Schäßburg bröckeln die Fassaden der alten Bürgerhäuser; Regen fällt durch verrottete Dächer und zerstört allmählich die Gemäuer. Als Ring fader Trostlosigkeit umziehen neue Wohnblocks den alten Stadtkern.

Und die Minderheit hält es immer weniger in Rumänien. Von den nur noch maximal 100 000 Deutschen haben die meisten einen Antrag auf Ausreise in die Bundesrepublik Deutschland gestellt. Das in der Verfassung garantierte Recht auf Unterricht in ihrer Muttersprache können Ungarn und Deutsche zwar in den staatlichen Schulen wahrnehmen. Aber der fast ausschließliche Gebrauch des Rumänischen als Um-

RUMÄNIEN

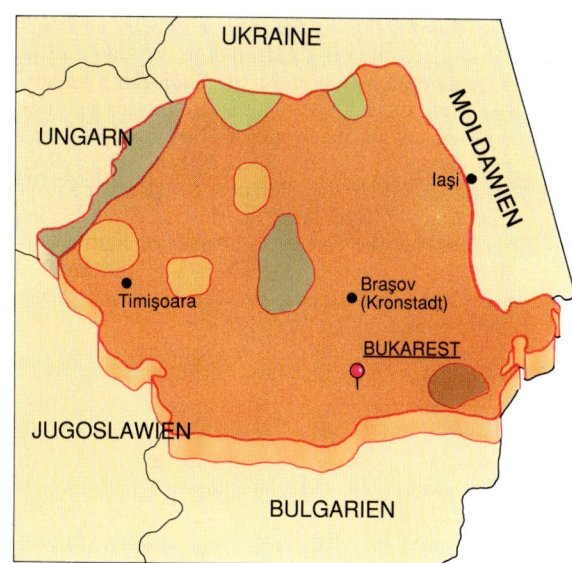

Religionsausübung *(ganz links oben)* war während der kommunistischen Herrschaft in Rumänien verboten. Trotzdem gingen viele Menschen weiterhin zum Gottesdienst. Die Mehrzahl der Rumänen gehört der rumänisch-orthodoxen Kirche an.

Menschen deutscher Herkunft *(ganz links unten)* machen weniger als 0,5 % der Bevölkerung aus. Sie haben sich im 12./13. und im 18. Jahrhundert hier angesiedelt. In den Schulen wird neben der Amtssprache auch in Ungarisch und Deutsch unterrichtet.

Ein Mineralbrunnen am Freiheitsplatz in Timişoara (Temesvar) bietet den Menschen erfrischendes Wasser *(links)*. In der Stadt, sie war einst Zentrum der Banater Schwaben, lebt eine starke ungarische Minderheit.

Ein Fischer *(links)* stakt sein flaches Boot durch dichtes Schilf im Donaudelta. Einer der vielen Fische, die in diesem Gebiet gefangen werden, ist der Stör, von dem der Kaviar gewonnen wird, eine hochbezahlte Delikatesse.

Auf dem Lande *(unten)* leben noch rund 42 % der Bevölkerung. Ihre Lebensweise ist stark von herkömmlichen Traditionen bestimmt. Hierzu zählt auch bei den Frauen und jungen Mädchen das Tragen von bunten Kopftüchern.

Zur Bevölkerung Rumäniens *(oben)* gehört auch die starke Minderheit der Ungarn, die 7 % beträgt und vornehmlich im Westen an der ungarischen Grenze lebt. Die deutsche Minderheit siedelt in Siebenbürgen und im Banat.

gangs-, Behörden- und Berufssprache und die Isolierung vom deutschen Sprach- und Kulturraum haben bewirkt, daß immer weniger Deutsche die Sprache ihrer Väter beherrschen.

Die Entwicklung der Ungarn verlief unter anderen Vorzeichen. Sie konnten sich – in direkter Nachbarschaft zum Mutterland lebend – dem Assimilierungsdruck besser widersetzen. Doch auch sie mußten unter Bukarests Minderheitenpolitik leiden. Die Mißachtung und Verletzung der Menschenrechte der Minderheiten kam in brutaler Weise in dem sogenannten Systematisierungsgesetz zum Ausdruck. Ceauşescu plante 1988, über die Hälfte der 13 000 Dörfer einebnen zu lassen, um Raum für riesige agrarindustrielle Komplexe zu schaffen. Proteste aus dem Ausland bremsten zwar das Wahnsinnsprojekt, konnten aber Ceauşescu nicht zum Umdenken bewegen. Endgültig gestoppt wurden die Bulldozer erst mit dem Sturz des Diktators, der nicht zufällig in Temesvar, einer Stadt, in der viele Ungarn leben, eingeleitet wurde. In Rumänien sind heute insgesamt 18 nationale Minderheiten anerkannt. Sie werden durch den »Rat der Nationalen Minderheiten« mit 15 Sitzen im Parlament vertreten. Die ungarische Minderheit gründete zur Wahrung ihrer Interessen die Demokratische Union der Ungarn Rumäniens (UDMR), die seit der Wahl von 1996 auch an der Regierung beteiligt ist. Den Ungarn wurde 1999 die Einrichtung eigener Fakultäten an den Hochschulen zugestanden.

RUMÄNIEN: LANDESNATUR

Rumänien zeigt ein äußerst reizvolles und vielfältiges Landschaftsbild. In einem großen, weitschwingenden Bogen durchziehen die Karpaten das Balkanland von Nord nach Südwest und umrahmen als mächtiger Gebirgswall das Siebenbürger Hochland. Den Abschluß der Südkarpaten bildet das Banater Bergland, das bereits zum Westbalkan überleitet. Nach außen senken sich die Karpaten über Hügellandschaften zum Großen Ungarischen Tiefland im Westen, zur Moldauplatte im Osten und zur Walachei im Süden.

Das Klima Rumäniens hat in erster Linie kontinentalen Charakter mit verhältnismäßig heißen Sommern und kalten Wintern. Nach Osten wachsen die jahreszeitlichen Temperaturschwankungen, gleichzeitig nimmt aber die jährliche Niederschlagsmenge ab.

Die Karpaten – Rückgrat und Scheidegebirge

Die Karpaten sind ein relativ junges Gebirge und gehören zum großen Alpen-Himalaya-Gebirgssystem. Die Ostkarpaten, die von der ukrainischen Grenze mit ihren Ausläufern fast bis nach Bukarest reichen, haben überwiegend Mittelgebirgscharakter. Die Südkarpaten erreichen hingegen alpine Ausmaße und Formen mit Höhen bis über 2500 m. Mit steilem Anstieg erheben sich ihre zackigen Kämme über die niedrigen Hochebenen. Enzian und Edelweiß blühen hier ebenso wie die angeblich mit Zauberkräften ausgestattete Nelke Craioli, die sich sonst nirgendwo findet.

Die Karpaten zogen mit ihrer noch heute urwüchsigen und nahezu unzerstörten Natur, in der es noch eine große Zahl von Füchsen, Luchsen, Dachsen, Wölfen und sogar Bären gibt, schon frühzeitig Bergtouristen an. Markierte Wanderwege führen über Karsthöhen, schroffe Felsen und durch Schluchten, aber auch durch Laub- und Nadelwälder und über Bergwiesen. In den Ostkarpaten ist der Bicaz-Stausee sowohl Anziehungspunkt für Wanderer als auch für Angler – wie Rumänien mit seinen fischreichen Flüssen und Seen überhaupt ein Angler-Paradies ist. Die Südkarpaten sind mit den Orten Poiana Brașov, Predeal und Sinaia ein beliebtes Wintersportgebiet.

Im Herzen Rumäniens

Innerhalb der wallartigen Gebirgsumrahmung liegt Siebenbürgen, auch Transsilvanien genannt. Dieser Name ist eng mit der schaurigen Figur des Grafen Dracula verknüpft. Die blutrünstige Schreckensherrschaft von Vlad Țepeș, der im 15. Jahrhundert lebte und den Beinamen »der Pfähler« trug, bildet den Hintergrund all der Gruselgeschichten, die zwar in Transsilvanien spielen, jedoch gar nicht zu der friedlichen, beschaulichen Landschaft passen wollen. Die malerischen Städte, Kirchenburgen, Dörfer und fränkischen Gehöfte haben das von breiten Tälern zerschnittene Hochland in eine typisch mitteleuropäische Landschaft mit ländlichem Charakter verwandelt. Der fruchtbare Lößboden wird intensiv zum Mais- und Weizenanbau und an den Südhängen der Täler auch zum Obst- und Weinbau genutzt.

Burg Bran oder Törzburg (unten) in den **Südkarpaten** (rechts) wird oft mit der Legende um Graf Dracula in Verbindung gebracht. Die Geschichte des blutsaugenden Grafen, die durch Bram Stokers Roman von 1897 berühmt wurde, geht auf Fürst Vlad Țepeș, »den Pfähler«, einen rumänischen Herrscher des 15. Jahrhunderts zurück, der befremdliche und grauenerregende Hinrichtungen an seinen türkischen Feinden und an seiner eigenen rebellischen Landbevölkerung vollziehen ließ.

Zwischen Karpaten und Donau

Im Osten des Landes ist den Karpaten als Teil der weiträumigen russischen Steppentafel die Moldaulandschaft vorgelagert. Die ursprüngliche Steppe ist jedoch längst von Getreidefeldern verdrängt, und auch die Talauen der beiden Flüsse Prut und Siret werden landwirtschaftlich intensiv genutzt. Einen besonderen Reiz in der Hügel- und Waldlandschaft des früheren Fürstentums Moldau üben die zahlreichen Klöster und Kirchen aus, die hier im 14. und 16. Jahrhundert als Zentren des orthodoxen Christentums entstanden.

Den Süden des Landes nimmt die Walachei ein, deren von Flüssen zerschnittenes Hügelland zur lößbedeckten Donauniederung abfällt. Das Donautiefland ist heute fruchtbares, teilweise bewässertes Ackerland.

Im Westen durchbricht die Donau am Eisernen Tor das Banater Bergland und speist dort ein großes rumänisch-jugoslawisches Wasserkraftwerk. Im Osten ist ihr durch die Dobrudscha, ein tafelartiges Gebirge, an dessen Osthängen ein vorzüglicher Wein wächst, der direkte Zugang zum Schwarzen Meer verwehrt. Die Donau muß einen Umweg nach Norden

RUMÄNIEN

machen, um dann – angereichert mit Industrieabwässern – in einem fast rechtwinkligen Knick wieder nach Osten in Richtung Meer zu fließen. Bei der Stadt Galaţi verliert sie sich in einem großen dreiarmigen Delta mit zahlreichen Abzweigungen. Auf einer Länge und Breite von 70 km ist ein Gewirr von Flüßchen, Inseln, Seen, Schilf, Teichen und Bächen entstanden – ein Brut- und Rastplatz von einigen hundert Vogelarten, darunter auch Kormorane und Pelikane, neben unzähligen Wildgänsen, Schwänen und Reihern.

Die 200 km lange rumänische Schwarzmeerküste bietet sich für Badefreuden an. Die von Mai bis Oktober sonnensicheren feinen Sandstrände erstrecken sich im Süden über eine Länge von 70 km. Neben reinen Touristenzentren mit nüchterner »Zweckbau-Architektur« gibt es Bade- und Luftkurorte mit Tradition wie Mamaia, Eforie und Mangalia.

Schiffer im Donaudelta *(oben)*. Der ungeheure Artenreichtum im Wildtierbestand dieses Deltas am Schwarzen Meer mit seinen vielen Sümpfen und Schilfinseln ist heute durch industrielle Verschmutzung bedroht.

Eine Rinderherde *(ganz links)* wird an einem Fluß in der Walachei getränkt.

Frauen in traditioneller Tracht *(links)* in der Moldaulandschaft beim Heuen. Diese ostrumänische Region ist nur dünn besiedelt, obwohl sie großenteils bestes Ackerland aufweist.

RUSSLAND

RUSSLAND

Rußland war das Kernland der Sowjetunion. Häufig wurden die beiden Begriffe im Ausland als Synonyme gebraucht. Das war zwar nicht korrekt, hatte aber insofern Berechtigung, als die Sowjetunion die direkte Nachfolge des russischen Kaiserreichs angetreten hatte, das schon seit Jahrhunderten ein Vielvölkerstaat war. Russen waren die Gestalter und Machthaber in der UdSSR. Es gab jedoch eine große Ausnahme: den Georgier Jossif Dschugaschwili, der aber unter seinem Parteinamen »Stalin« ein radikaler russischer Nationalist wurde.

»Einen unzerstörbaren Bund freier Republiken hat das große Rußland auf ewig gestiftet«– mit diesen Worten begann die sowjetische Staatshymne, die unter seiner Herrschaft 1943 eingeführt wurde. Bei allem Pathos klingt in den Versen dann auch die politische Wirklichkeit durch: Die Sowjetunion war kein freiwilliger Zusammenschluß selbständiger Staaten, sondern das Ergebnis jahrhundertelanger russischer Expansionspolitik. Vom Großfürstentum Moskau ging seit dem 14. Jahrhundert die »Sammlung der russischen Erde« aus, die später imperialistische Züge annahm und erst an den Küsten des Pazifik, des Schwarzen Meeres und der Ostsee haltmachte. Bei der ersten systematischen Volkszählung im Jahre 1897 ergab sich, daß 55 % der Untertanen des Zaren nichtrussischen Völkerschaften angehörten. Sie wurden einer brutalen Russifizierung unterworfen.

Die Bolschewiki, die 1917 die Macht ergriffen und 1922 die Sowjetunion gründeten, bekannten sich theoretisch zum Selbstbestimmungsrecht der Völker, gewährten es aber nur jenen, die sie ohnehin nicht im Reichsverband festhalten konnten, wie den Polen, Finnen und Balten. Im übrigen wurde der Besitzstand der Zarenzeit mit Waffengewalt gesichert oder wiederhergestellt, so in der Ukraine und in Transkaukasien. Die fünfzehn Sowjetrepubliken, aus denen die Union seit 1940 bestand, waren nominell gleichberechtigt; tatsächlich blieb die russische Vorherrschaft ungebrochen: noch 1988 saßen im Politbüro, dem obersten Machtorgan, neben zehn Russen nur zwei Nichtrussen.

Nach den Umwälzungen des Herbstes 1991 erklärten im Dezember Rußland, Weißrußland und die Ukraine die Sowjetunion für aufgelöst und bildeten eine »Gemeinschaft Unabhängiger Staaten« (GUS). Estland, Lettland und Litauen waren schon im September aus der Union ausgeschieden. Der GUS traten schließlich außer den baltischen Staaten alle früheren Sowjetrepubliken bei. Sie ist ein lockeres, aber von Rußland dominiertes Bündnis geblieben. Auch wenn Rußland seinen Anspruch als Großmacht verbal einfordert und rücksichtslos versucht, seine Herrschaft an den Rändern, so im Kaukasus, zu sichern, so kann es doch die weltpolitische Rolle der Sowjetunion schon allein aus ökonomischer Schwäche nicht mehr ausfüllen. Für die nichtrussischen Mitgliedsstaaten steht die eigene Unabhängigkeit im Vordergrund.

RUSSLAND: DER STAAT

Rußland hat über 147 Millionen Einwohner. Den Großteil der Bevölkerung stellen mit 81,5 % die Russen (Stand 1989), dennoch ist es ein Vielvölkerstaat. Das Land beherbergt rund einhundert Minderheiten, von denen die Tataren, Ukrainer, Tschuwaschen, Dagestaner, Baschkiren, Weißrussen und Mordwinen die größten Gruppen sind. In der Sowjetära wurden für diese Nationalitäten 16 Autonome Republiken, 5 Autonome Gebiete und 10 Autonome Kreise eingerichtet, wo sie in sehr begrenztem Maße ihre nationale Eigenständigkeit pflegen konnten. Unter den neuen Verhältnissen fordern sie größere Rechte (z. B. die Tataren), manche sogar die volle Unabhängigkeit, wie die Tschetschenen.

Bis 1993 entstanden insgesamt 89 sog. Föderationssubjekte, darunter 21 Republiken mit eigener Staatlichkeit und Verfassung. Die übrigen sind »Regionen« und »Gebiete«, innerhalb derer östlich des Urals auch »Autonome Kreise« einheimischer Völker und Nationalitäten liegen (Ausnahme: Jüdisches »Autonomes Gebiet« Birobidschan), sowie Moskau und Sankt Petersburg mit Sonderstatus. Die Ausgestaltung der Kompetenzen dieser Föderationssubjekte sind sehr unterschiedlich. Häufig stehen den Regionen und Gebieten direkt vom Volk gewählte Gouverneure oder Präsidenten vor, die sich mitunter ohne Beachtung gesamtrussischer Vorgaben ein hohes Maß an Autonomie sicherten. Das zentrale Verfassungsorgan der Föderationssubjekte ist der Föderationsrat (178 Sitze). Präsident Wladimir Putin (ab 2000) setzte durch, daß dort ab 2002 nicht mehr die Gouverneure und Parlamentsvorsitzenden ihren Sitz wahrnehmen, sondern diese nur noch Vertreter nach Moskau entsenden. Auch kann der Präsi-

Ein Kriegsveteran (oben) zeigt stolz seine Auszeichnungen. Die Russen kämpften in beiden Weltkriegen und erlitten hohe Verluste.

Das Schauspielhaus in Kaliningrad (oben), dem ehemaligen Königsberg, das 1945 von sowjetischen Truppen besetzt wurde und 1946 zusammen mit dem nördlichen Ostpreußen der Sowjetunion eingegliedert wurde. Das 15 100 km² große Gebiet Kaliningrad ist heute eine russische Exklave zwischen Polen und Litauen mit dem Status einer freien Handels- und Wirtschaftszone (»Jantar« genannt), deren Hauptstadt gleichen Namens einer der wichtigsten Ostseehäfen Rußlands ist. – **Die Präsidenten** von Rußland (W. Putin, Mitte), Weißrußland (A. Lukaschenko, rechts) und der Ukraine (L.

DAS LAND
Offizieller Name: Russische Föderation
Hauptstadt: Moskau
Fläche: 17 075 400 km²
Landesnatur: Im W Osteuropäische Tiefebene, Ural als Grenze zwischen Europa und Asien, nach O folgen Westsibirisches Tiefland, Mittelsibirisches Bergland und Ostsibirisches Gebirgsland, im S Steppengürtel
Klima: Von N nach S Übergang vom arktischen über gemäßigtes zum subtropischem Klima
Hauptflüsse: Ob, Lena, Irtysch, Jenissej, Wolga, Don, Ural, Angara, Amur
Höchster Punkt: Elbrus (Kaukasus) 5642 m
DER STAAT
Regierungsform: Präsidiale Republik
Staatsoberhaupt: Präsident
Regierungschef: Ministerpräsident
Verwaltung: 7 Generalgouvernements, 21 Republiken, 49 Gebiete (Oblast), 6 Bezirke (Kraj), 10 autonome Nationale Kreise (Okrug), Birobidschan (Jüdisches Autonomes Gebiet), Moskau und St. Petersburg mit Sonderstatus
Parlament: Zweikammerparlament mit Staatsduma (450 für 4 Jahre direkt gewählte Mitglieder) und Föderationsrat (178 für 4 Jahre ernannte Mitglieder aus den Verwaltungseinheiten der Föderation)
Nationalfeiertag: 12. Juni
DIE MENSCHEN
Einwohner (Ew.): 147 196 000 (1999)
Bevölkerungsdichte: 9 Ew./km²
Stadtbevölkerung: 78 %
Bevölkerung unter 15 Jahren: 19 %
Analphabetenquote: 0,6 %
Sprache: Russisch; Sprachen der autonomen Nationalitäten
Religion: Russisch-orthodoxe Christen, Moslems
DIE WIRTSCHAFT
Währung: Rubel

RUSSLAND

dent Provinzchefs wegen Verfassungsverstöße absetzen.

Eigentliche Volksvertretung und zentrales Legislativorgan ist die für vier Jahre gewählte Staatsduma mit 450 Abgeordneten. Ihr steht ein mit großer Machtfülle ausgestatteter Präsident gegenüber, der gegen Gesetze sein Veto einlegen und (was in der Praxis geschieht) per Erlaß (Ukas) regieren kann. Auch ernennt und erläßt er den Ministerpräsidenten und die Regierung. Sie müssen zwar durch die Duma bestätigt werden, im Fall mehrmaliger Ablehnung darf der Präsident das Parlament aber auflösen.

Vor der russischen Revolution bekannte sich die Mehrzahl der Russen zum orthodoxen Christentum. Unter dem massiven Druck der kommunistischen Machthaber verlor die russisch-orthodoxe Kirche jedoch einen Großteil ihrer Gläubigen. Nach dem politischen Machtwechsel erlebte sie einen starken Zulauf, obwohl sie sich durch die Integration in den sowjetischen Herrschaftsapparat zum Teil diskreditiert hatte.

Kutschma, links) trafen sich im Mai 2000 (rechts) zum Gedenken an das Ende des Zweiten Weltkrieges auf dem ehemaligen Schlachtfeld von Kursk bei Prochorowka, wo sich im Sommer 1943 deutsche und sowjetische Truppen eine der schwersten Panzerschlachten der Geschichte lieferten.

Die Wirtschaft Rußlands erlebte mit dem Zerfall der Sowjetunion eine starken Einbruch, sowohl in der Industrieproduktion als auch in der Landwirtschaft. Der nach 1993 wieder einsetzende Aufschwung blieb 1998 in einer nur durch internationale Finanzintervention behobenen Finanzkrise stecken, so daß die Wirtschaftsleistung zu Beginn des 21. Jahrhunderts längst noch nicht wieder das Niveau von 1990 erreichte. Während der Übergang von der Plan- zur Marktwirtschaft einen ungehemmten Kapitalismus mit aus »Raubprivatisierungen« hervorgegangenen großen Unternehmenskomplexen (»Oligarchen«) hervorbrachte und eine kleine Schicht Neureicher entstehen ließ, verarmten große Teile der Bevölkerung. Hemmend auf die wirtschaftliche Entwicklung wirkten sich ausbleibende Investitionen aus: Gründe waren u.a. Korruption sowie fehlende Rechtssicherheit und Unternehmenskultur. Bestimmende Branchen und verantwortlich für den größten Teil der Deviseneinnahmen sind der Energiesektor und die rohstoffverarbeitende Industrie, die meist noch unter entscheidendem Einfluß des Staates stehen. Im Agrarsektor versorgen nicht die unproduktiven ehemaligen Kolchosen und Staatsgüter die Bevölkerung, sondern wie zu Sowjetzeiten die Nebenerwerbslandwirtschaft. Die Zahl der freien Bauern ist auch aus historischen Gründen verschwindend gering.

Trotz ihrer Vorzugsstellung als »staatstragende« Nation wurden auch die Russen von der Woge nationalen Aufbegehrens erfaßt, die in den 1980er Jahren durch die Sowjetunion ging. Man wollte sich auf die nationalen Wurzeln und Traditionen besinnen, wollte bewußt wieder Russe und nicht bloß Sowjetbürger sein. Der neue russische Nationalismus hat viele Gesichter. Die extreme Richtung will zurück zum dörflichen »echten Russentum«; sie verabschiedet den »dekadenten Westen«, lehnt Demokratie und Individualismus ab und geht meist mit Antisemitismus einher. Diese dumpfe Ideologie hatte Anfang der 1990er Jahre bedrohlich viele Anhänger gewonnen, auch unter Intellektuellen. Die Mehrheit vertritt einen demokratischen Patriotismus, der durch den Sieg des Volkes über die reaktionären Putschisten im August 1991 einen mächtigen Auftrieb erfahren hatte. Sie will Rußland zu einem modernen, westlich orientierten Land machen. Ihr führender Repräsentant war Boris Jelzin, ab Juni 1991 – erneut gewählt 1996 – der erste vom Volk gewählte Präsident Rußlands (bis 1999), dessen Amtsführung freilich auch autoritäre Züge zeigte.

Die politische Kultur genügt daher nur zu einem geringen Teil demokratischen Standards; die Bildung von Parteien ist, mit Ausnahme der Kommunistischen Partei der Russischen Föderation, weniger von politischen Anschauungen als von einzelnen Personen und ihren Interessen (auch des Präsidenten) inspiriert. Die Pressefreiheit wird durch massive Interventionen »aus dem Kreml« immer wieder bedroht.

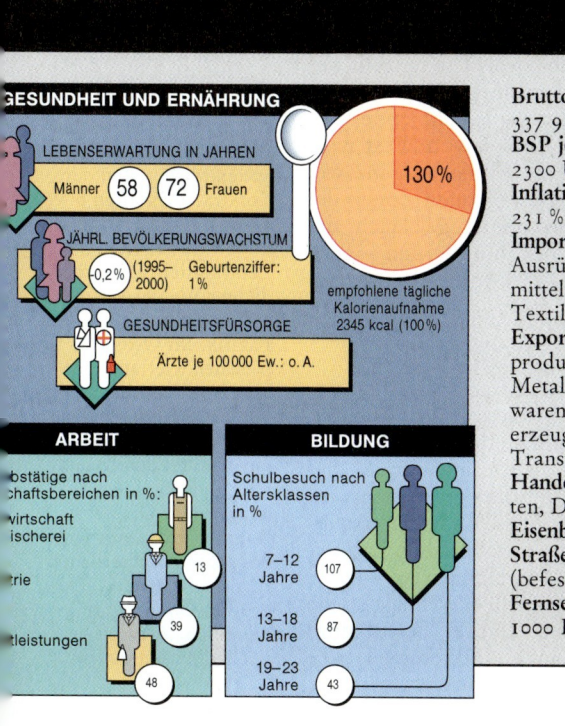

GESUNDHEIT UND ERNÄHRUNG
LEBENSERWARTUNG IN JAHREN
Männer 58 Frauen 72
JÄHRL. BEVÖLKERUNGSWACHSTUM
-0,2% (1995–2000) Geburtenziffer: 1%
GESUNDHEITSFÜRSORGE
Ärzte je 100 000 Ew.: o. A.
130%
empfohlene tägliche Kalorienaufnahme 2345 kcal (100%)

ARBEIT
Erwerbstätige nach Wirtschaftsbereichen in %:
...wirtschaft ...fischerei
...trie 13
39
...leistungen 48

BILDUNG
Schulbesuch nach Altersklassen in %
7–12 Jahre 107
13–18 Jahre 87
19–23 Jahre 43

Bruttosozialprodukt (BSP): 337 914 Mio. US-$ (1998)
BSP je Einwohner: 2300 US-$
Inflationsrate: 231 % (1990–98)
Importgüter: Maschinen u. Ausrüstungen, Transportmittel, Nahrungsmittel, Textilien, chem. Produkte
Exportgüter: Energieprodukte, Eisen, Metalle u. Metallerzeugnisse, Holzwaren, Zellstoff u. Papiererzeugnisse, Maschinen u. Transportmittel
Handelspartner: GUS-Staaten, Deutschland, USA, China
Eisenbahnnetz: 86 600 km
Straßennetz: 388 000 km (befestigt)
Fernsehgeräte je 1000 Ew.: 410

RUSSLAND: LANDESNATUR

Die Russische Föderation ist ein Land von kontinentalem Ausmaß. Es ist mit über 17 Millionen km² fast doppelt so groß wie die USA und erstreckt sich von der Ostsee und dem Schwarzen Meer im Westen über Osteuropa und Sibirien bis zum Pazifik im Osten. Die osteuropäische Tiefebene ist das Kernland Rußlands. Es ragt nur in den flachwelligen Höhenrücken, die ebenso wie die Seenplatten das Ergebnis der pleistozänen Vereisung sind, über die 200-Meter-Höhenlinie hinaus. Nach Osten wird es vom 2000 km langen Uralgebirge begrenzt, das mit seinem steilen und unvermittelten Ostabfall die orographische Grenze zwischen Europa und Asien bildet. Östlich des Urals folgen das Westsibirische Tiefland, das zu den größten Tiefländern der Erde zählt, das Mittelsibirische Bergland und das Ostsibirische Gebirgsland. Im Süden Rußlands erstreckt sich ein breiter ebener Steppengürtel, der von mächtigen Lößdecken überzogen ist.

Der geeignete Schlüssel zum Verständnis des sich 9000 km von West nach Ost und 4000 km vom nördlichen Eismeer bis zu den Hochgebirgen von Kaukasus, Altai, Sajan und Transbaikalien im Süden erstreckenden Landes ist die unterschiedliche regionale Ausprägung des Klimas. Es überlagern sich zwei Tendenzen: zunehmende Sonneneinstrahlung und damit Wärme von Nord nach Süd, zunehmende winterliche Kälte und Trockenheit von West nach Ost (Kontinentalität). Das Klima ist ganz wesentlich an der Bildung der »großen Zonen der Natur« beteiligt, die in der Regel nach der natürlichen Vegetation benannt werden – auch wenn diese heute schon oft durch Kulturvegetation ersetzt ist.

Tundra und Taiga

Südlich der Eismeerküste erstreckt sich die Tundrazone wie ein Band, das wegen der zunehmenden Kontinentalität des Klimas nach Osten hin breiter wird. Selbst am Südrand dieser Zone übersteigen die Sommertemperaturen im Julimittel nicht 10 °C. Die Durchschnittstemperatur im Januar liegt im europäischen Landesteil bei – 8 °C bis – 20 °C, in Sibirien bei – 20 °C bis – 34 °C. Trotz geringer Niederschläge ist die Luftfeuchtigkeit (Nebel, starke Bewölkung) hoch. Hier fehlen Bäume vollkommen. Die

Rußland (oben) bedeckt mit über 17 Millionen km² Fläche 12,5 % der Erdoberfläche und umfaßt fast ein Drittel sowohl Europas als auch Asiens. Die Landschaftszonen reichen von der Tundra im Norden bis zu den Wüsten und hohen Gebirgen in Zentralasien. Ein Gürtel dichter Wälder erstreckt sich von Europa bis zum Pazifik. Im Osteuropäischen Tiefland, das bis zum Ural reicht, lebt der Großteil der Bevölkerung, hier sind die größten Städte und viele Industriezweige angesiedelt. Dieser Raum war das Kernland des spätmittelalterlichen russischen Reiches. Den größten Naturraum nimmt das rohstoffreiche Sibirien ein.

RUSSLAND

Die Winter in Sibirien (links) sind durch strenge Kälte gekennzeichnet. In Ostsibirien können die Januartemperaturen auf Werte unter −60 °C fallen.

Temperatur in °C
- über 0
- −9 bis 0
- −18 bis −9
- −26 bis −18
- −35 bis −26
- unter −35

Die Sommertemperaturen (links) sind hoch, besonders in Zentralasien. Im Norden sind die Sommer kurz und mild, die Tage allerdings sehr lang.

Temperatur in °C
- über 32
- 24 bis 32
- 16 bis 24
- 7 bis 16
- unter 7

Strauchvegetation erreicht in windgeschützten Niederungen Hüfthöhe. Ansonsten dominieren Flechten und Moose. Als Lebensraum für den Menschen kommt die Tundrazone nur inselhaft in Betracht – in Bergbausiedlungen wie Workuta und Norilsk oder Verkehrssiedlungen wie Murmansk.

Nach Süden folgt die Taiga, ein ausgedehnter Waldgürtel des gemäßigten Klimabereichs. Die Durchschnittstemperaturen des wärmsten Monats liegen zwischen 10 °C im Norden und 20 °C im Süden. Die Winter haben im Westen Januarmittel von −10 °C, im Osten bis −45 °C und sind somit kälter als in der Tundra. In der Regel fallen mehr Niederschläge als an Feuchtigkeit verdunstet – außer in den innersten und damit auch wintertrockensten Teilen Sibiriens. Die Böden sind meist mineral- und humusarm und bieten für eine ackerbauliche Nutzung nur begrenzte Möglichkeiten. Dies ändert sich zum Südrand der Taiga. Dort werden die Böden humusreicher, die Temperaturen wärmer und die Vegetationszeiten länger.

Wald- und Steppenland

Im europäischen Landesteil und im Fernen Osten folgen auf die Taiga natürliche Misch- und Laubwaldgebiete. In Sibirien sind sie – wegen der großen Winterkälte – unterbrochen. Der osteuropäische Mischwald ist ein »Geschenk« relativ feuchter atlantischer Luftmassen. Die Wintertemperaturen liegen im Westen um −3 °C, im Osten, etwa an der mittleren Wolga, bei −12 °C. Obwohl dieses Gebiet weder durch Fruchtbarkeit noch mit nennenswerten Rohstoffen gesegnet ist, bildete es das Kernland des spätmittelalterlichen russischen Reiches. Hier liegen Moskau und Sankt Petersburg.

Die nach Süden folgende Waldsteppenzone verbindet die natürlichen Gunstfaktoren von Wald- und Steppenland in beinahe optimaler Weise: die Feuchtigkeit des Waldlandes mit der Sommerwärme und der Länge der Vegetationszeit sowie den humusreichen Böden der Steppe. Besonders im Westen, der heute zum Staatsgebiet der Ukraine gehört, findet die Landwirtschaft hervorragende Verhältnisse vor, vor allem für den Anbau von Weizen und Zuckerrüben. Aus diesem Grund mußte die ursprüngliche Vegetation einer intensiven Kultivierung weichen. Östlich des Dnjepr Richtung Don und Wolga wird die Waldsteppe trocken, Bodenerosion zerreißt die Lößdecke in tiefe Schluchten – gelegentlich versalzen die Böden.

Damit beginnen die Steppen-, Wüstensteppen- und Wüstenzonen der zentralasiatischen Staaten. Anteil an der eurasischen Steppenzone hat Rußland am unteren Don, dem nördlichen Vorland des Kaukasus, an der unteren Wolga und dann – unterbrochen von den Steppenregionen Kasachstans – im Vorland von Altai und Sajan am oberen Irtysch und Ob.

RUSSLAND: SIBIRIEN

Auch wenn Rußland schon an der Ostsee beginnt und seine kulturellen Zentren in Europa liegen, nimmt doch der Landesteil östlich des Urals mit einer Fläche von 10 Millionen km² den größten Teil der Russischen Föderation ein: Sibirien. Mit dem Wort verbinden sich unterschiedliche Vorstellungen: die unendlichen Nadelwälder der Taiga; Sumpf und Myriaden von Mücken im kurzen Sommer, eisige Kälte im langen Winter; reiche Rohstoffvorkommen und gigantische Umweltzerstörung; Verbannung und Straflager; schließlich die heroische Leistungen der Sibiriaken, die Flüsse stauten, Städte und riesige Industriekomplexe aus dem Permafrostboden stampften und Gleise bis an den Pazifischen Ozean verlegten. In Sibirien trifft der imperiale Anspruch Rußlands auf die harte Realität eines Halbkontinents, dessen Erschließung von Wirtschaftsstrategen gefordert, von Ingenieuren geleistet und von der Natur bezahlt wird.

Natur, Wirtschaft, Verkehr

Die Geographen teilen Sibirien in drei Großräume auf: das Westsibirische Tiefland, das Mittelsibirische Bergland zwischen Jenissej und Lena und Ostsibirien bis zur pazifischen Wasserscheide. Im Nordosten erstreckt sich eine gewaltige Gebirgslandschaft, der sich die Tiefebenen der Tundra anschließen. Im Süden speichert der bis 1637 m tiefe Baikalsee, das »heilige Meer« Sibiriens, ein Fünftel der Welt-Süßwasserreserven und gibt, von Gebirgen umrahmt, einer einzigartigen Tierwelt ihren Lebensraum. Das extrem kontinentale Klima mit nur geringem Niederschlag zeigt sich in den großen Temperaturunterschieden zwischen Sommer und Winter, wo an den Kältepolen der Erde bei Werchojansk und Oimjakon im Nordosten schon einmal −70 °C erreicht werden können. Im Winter bleibt die eher dünne Schneedecke dann acht Monate liegen, bevor der kurze Frühling im Mai den Dauerfrostboden an der Oberfläche aufweicht und im sechs- bis achtwöchigen Sommer wieder Schiffe die mächtigen Ströme Sibiriens befahren können.

Der Rohstoffreichtum Sibiriens macht die Bedeutung Rußlands als Industrienation aus. Ohne Brennstoff aus Sibirien, d. h. Erdöl und Erdgas von der Halbinsel Jamal und den sumpfigen Weiten Westsibiriens, Kohle aus dem Kusnezker Becken und Jakutien, Strom aus den Bratsker Turbinen, würden die Hütten-, Stahl- und Aluminiumwerke des Landes stillstehen und die Lichter in weiten Teilen Europas ausgehen. Hinzu kommen die verschiedensten Erze vom Alatau im Süden bis Norilsk im Norden. Rohstoffgewinnung und Erschließung gehören vor allem in Sibirien zusammen. Es ist kein Zufall, daß die seit Ende des 16. Jahrhunderts im Auftrag des Moskauer Zaren angelegten Städte erst mit der Eisenbahn zu großen Industriezentren und Verkehrsknotenpunkten wurden. So wurden die Schienenstränge der 1898–1916 erbau-

Sibirien ist reich an Bodenschätzen. Außer Kohle und Erze werden die gewaltigen Erdgas- und Erdölvorkommen *(oben)* ausgebeutet und durch Pipelines in den europäischen Teil Rußlands transportiert.

RUSSLAND

ten Transsibirischen Eisenbahn und die 1984 in großen Teilen fertiggestellte Baikal-Amur-Magistrale (BAM) zum Mythos, den, die Transsib betreffend, in »voller Länge« aufzuspüren heute in erster Linie ausländischen Touristen vorbehalten bleibt. Das moderne russische »Biziness« hat mit Pipeline und Flugzeug schnellere Transport- und Kommunikationsmittel zur Verfügung.

Die Menschen

Sibirien hat schon den Menschen der Stein-, Bronze- und Eisenzeit Lebensraum geboten. Die vielfältigen Kulturen, die sich auf seinem Boden ausbreiteten und die gar nicht selten über die weiten Steppen nach Westen kamen, leben in den zahlreichen indigenen Völkern des Landes fort, auch wenn sie heute kaum 10 % der Bevölkerung stellen. Ewenken, Jakuten oder Burjaten haben sich dabei kaum der dauerhaften und stellenweise massiven Russifizierung und den Ansprüchen der Industrialisierung widersetzen können. Ihre ursprüngliche Lebensweise hat sich nur noch in Inseln erhalten, gewinnt aber im Zuge eines neuen kulturellen Selbstbewußtseins wieder an Bedeutung. Erleichtert wird die Suche nach der eigenen Geschichte und Identität durch den Wegzug der russischen »Pioniere«, die in der Sowjetzeit durch gute Bezahlung und Privilegien in die unwirtlichen Weiten gelockt und gehalten wurden.

Der (russische) Sibiriak lebt zu zwei Dritteln in der Stadt, wobei »Stadt« sowohl die Millionenmetropolen Nowosibirsk und Omsk als auch verlorene Außenposten wie Tixi am Ufer der Laptewsee bedeuten kann. Die meisten Großstädte Sibiriens liegen im Süden in den klimatisch gemäßigteren Gebieten an Irtysch, Ob, Jenissej und Angara sowie im Kusnezker Becken und weiter ostwärts am Grenzfluß Amur. Die »Kuriere des Zaren« und Kosaken der Kaufleute Stroganow brauchten weniger als 70 Jahre, um den Pazifik zu erreichen. Auch wenn der Zar weit weg in Moskau saß, verkündete er doch am anderen Ende der Welt, gleichsam in Stein gehauen, sein umfassendes Ziel: »Beherrsche den Osten!« – Wladiwostok.

Der Baikalsee im südlichen Sibirien ist mit 1620 m der tiefste See der Erde *(ganz links)*. Er wird von hohen, sehr waldreichen Gebirgen eingerahmt. Ein Teil des Sees und der Uferregion wurden 1996 von der UNESCO zum Weltnaturerbe erklärt.

Einsam gelegenes Dorf in der Tundra im nördlichen Sibirien *(oben)*.

Das Schwimmen und der kurzzeitige Aufenthalt in eiskaltem Wasser ist auch bei den sibirischen Menschen beliebt. Ein dick eingemummtes Mädchen schaut zwei Eisschwimmern zu *(links)*, als sie mit Sekt auf den Jahrtausendwechsel anstoßen.

Die Transsibirische Eisenbahn verbindet Moskau mit der 9 300 km entfernten Hafenstadt Wladiwostok am Japanischen Meer *(rechts)*. Sie ist seit 1938 zweispurig ausgebaut und erschließt die Wirtschaftsräume Sibiriens. Als Verkehrsleitlinie gab sie Anlaß zu zahlreichen Neugründungen von Städten.

Viele arktische Völker haben in Sibirien ihre Heimat. Das Siedlungsgebiet der etwa 22 000 Chanten *(links)* liegt östlich des Ural am Unterlauf des Ob und seinen Nebenflüssen und am Irtysch.

RUSSLAND: GESCHICHTE (BIS 1917)

Um die Mitte des 9. Jahrhunderts errichteten normannische Händler und Krieger (Waräger) auf dem Weg von der Ostsee bis zum Schwarzen Meer ein loses Herrschaftssystem in dem von ostslawischen Völkern dünn besiedelten Land. Dieses diente als Basis für den Handel mit den »Griechen« wie auch für Angriffe auf Byzanz. Nowgorod im Norden und Kiew im Süden wurden die Mittelpunkte des »Kiewer Reiches« (auch »Rus«), das nach der Annahme des Christentums in seiner ostkirchlichen Form (988) eine kulturelle Blüte erlebte. Die Übernahme des orthodoxen Glaubens sollte später mit dazu beitragen, daß Reformation und Renaissance, die das westeuropäische Geistesleben entscheidend formten, an Rußland vorbeigingen. Mit dem Tode Jaroslavs (1019–1054) wurde die Rus durch Erbteilung in zahlreiche Fürstentümer zersplittert.

In eine schwere Krise gerieten die russischen Fürstentümer im 13. Jahrhundert, als die »Goldene Horde« Kiew und andere russische Fürstenstädte verwüstete. Auch nach dem 1241 erfolgten Abzug der Mongolen aus Ostmitteleuropa blieb ein Großteil der russischen Fürstentümer etwa zwei Jahrhunderte lang unter ihrer Oberhoheit.

In dieser Situation begann der Aufstieg Moskaus, eines kleinen Teilfürstentums, das in der zweiten Hälfte des 13. Jahrhunderts zur dauernden Fürstenresidenz wurde. Im 14. und 15. Jahrhundert wuchs es durch die »Sammlung der russischen Erde« zu einem bedeutenden Machtzentrum, dessen Herrscher sich zu Großfürsten, ja zu Zaren erhoben. Das Moskauer Reich trat mit dem katholischen polnisch-litauischen Doppelreich, das in den Besitz eines großen Teils der westlichen russischen Fürstentümer geraten war, in eine jahrhundertelange Konkurrenz.

Das Moskauer Reich vergrößerte im 16. Jahrhundert unter Zar Iwan IV. (1533–1584), dem Schrecklichen, sein Territorium nach Osten zur Wolga und jenseits des Urals. Damit wurde der Herrschaftsanspruch auf Räume ausgedehnt, die nie zur Kiewer Rus gehört hatten und nie russisch besiedelt waren.

Der Aufstieg zur europäischen Großmacht

In der Periode Zar Peter des Großen (1682 bis 1725) begann die Modernisierung Rußlands. Mit Reformen nach westeuropäischem Muster versuchte er, die »moskowitische Rückständigkeit« zu überwinden. Der lange »Nordische Krieg« mit Schweden endete 1721 siegreich: Schwedens Vormacht an der Ostsee war gebrochen, und Rußland – jetzt ein Kaiserreich mit der neu erbauten Hauptstadt Sankt Petersburg – hatte im Baltikum festen Fuß gefaßt. Peter der Große hatte Rußland ins europäische Mächtesystem eingefügt und »das Fenster nach Europa aufgestoßen«.

Das Dreifaltigkeits-Sergius-Kloster in Sergijew Possad *(rechts)*, nordöstlich von Moskau, war jahrhundertelang Schatzkammer russischer Kunst und Literatur. Im 14. Jahrhundert gegründet, spielte es bei der Kolonisierung des Nordostens eine wichtige Rolle.

1 Iwan IV., der Schreckliche (1530–1584)

2 Peter I., der Große (1672–1725)
3 Katharina II., die Große (1729–1796)

9. Jahrhundert n. Chr. Slawische Städte und Handel im europäischen Teil Rußlands. Reichsgründung in Kiew
ca. 988 Wladimir I. nimmt Christentum an
1237–1240 Mongolische Invasion
1240–1242 Alexander Newskij wehrt Deutschen Orden ab
1380 Großfürst Dimitrij schlägt Mongolen in der Schlacht von Kulikowo
Ende 15. Jahrhundert Iwan III. vollendet Einigung des Moskauer Reichs
1480 Iwan III. beendet mongolische Herrschaft über Rußland
1547–1584 Herrschaft Iwan IV. (»der Schreckliche«)
1552–1554 Iwan IV. schlägt Kasan und Astrachan. Russische Truppen erobern Westsibirien
1604–1613 »Zeit der Wirren« - Bürgerkrieg, polnische Invasion, Aufruhr
1613 Michael Romanow wird Zar
17. Jahrhundert Rußland baut Kontrolle über Ukraine und Sibirien aus
1682–1725 Herrschaft von Zar Peter I.
1700–1721 Nordischer Krieg mit Schweden. Rußland wird europäische Großmacht
1703 Peter I. gründet Sankt Petersburg
1762–1796 Herrschaft von Katharina II.
ca.1770–1790 Rußland erwirbt Teile Polens, die Krim und andere türkische Besitztümer
1812 Napoleon führt französische Armee nach Moskau, wird aber zum Rückzug gezwungen
1853–1856 Rußland im Krimkrieg geschlagen
1861 Alexander II. befreit Leibeigene
1904–1905 Japan schlägt Rußland
1905 1. russ. Revolution führt zur Einrichtung der Nationalversammlung (Duma), Dezemberaufstand
1914–1917 Erster Weltkrieg

RUSSLAND

Truppen des Zaren metzelten am 22. Januar 1905 Streikende *(oben)* in Sankt Petersburg nieder. Dieser »blutige Sonntag« war Anlaß für den Ruf nach Reformen. Obwohl Zar Nikolaus II. Zugeständnisse machte, nahm die Unzufriedenheit zu.

Die territoriale Entwicklung Rußlands

- 1360
- 1360 - 1524
- 1524 - 1689
- 1689 - 1917
- Grenzen der Sowjetunion 1990

Peters Nachfolger haben selbst dann, wenn sie schwach waren, sein Erbe nicht verspielt. Aus ihnen ragt vor allem Kaiserin Katharina II. (1762–1796) hervor: Während ihrer Regentschaft stieß Rußland durch die Annexion der südlichen Ukraine auf Kosten des Osmanischen Reiches ans Schwarze Meer vor und beteiligte sich an den »Teilungen« Polens, das damit für über ein Jahrhundert von der Landkarte verschwand.

Bauernbefreiung und Revolution

So grenzte Rußland im 19. Jahrhundert und bis zum Ersten Weltkrieg an Preußen und an Österreich. Rußland zog sich in dieser Zeit als erzkonservative Macht bei den europäischen Liberalen starke Abneigung zu, die bis weit ins 20. Jahrhundert erhalten blieb. Hinzu kam Rußlands Rückständigkeit: Daß es dort zwischen dem Adel und den Massen der bis zur Bauernbefreiung von 1861 noch leibeigenen Bauern nahezu kein Bürgertum gab, behinderte die Industrialisierung, mit der das übrige Europa schon weit vorangekommen war. Erst gegen Ende des 19. Jahrhunderts, rund ein Jahrhundert später als in England, begann die Industrialisierung auch in Rußland und löste einen erheblichen sozialen Wandel aus.

Die erste russische Revolution, die 1905 während des japanisch-russischen Krieges ausbrach, wurde nicht nur von einer bürgerlich-liberalen Bewegung, sondern auch bereits von der Industriearbeiterschaft getragen. Eine erste Rätebewegung wurde zwar noch unterdrückt, der Zar wurde aber gezwungen, durch die Einführung einer Verfassung mit einem Parlament, der Duma, das bis dahin autokratische System zu mäßigen. So war das folgende Jahrzehnt durch Reformen im öffentlichen Leben, auch im Agrarsystem, gekennzeichnet; diese Jahre galten als ein »silbernes Zeitalter der russischen Kultur«.

Es ist eine kaum lösbare Streitfrage, ob der Ausbruch des Ersten Weltkriegs die dennoch bestehenden Spannungen im Russischen Reich eher eingedämmt und die Revolutionen von 1917 verzögert hat oder ob die begonnenen Reformen, wären sie nicht durch den Weltkrieg unterbrochen worden, Rußland auch ohne Revolution auf den Weg einer friedlichen Entwicklung zu einem modernen Industriestaat geführt hätten.

Nach Ausbruch des Ersten Weltkriegs mußte Rußland innerhalb von zwei Jahren empfindliche militärische Niederlagen hinnehmen. Die Wirtschaft stand am Rand des Ruins. Die Blutopfer auf dem Schlachtfeld, der Hunger in den Städten und die ungeklärte Landfrage mündeten im Februar 1917 in Massendemonstrationen und Streiks, bei denen Brot, Frieden und Land gefordert wurden. Als sich die Soldaten in Petrograd (Sankt Petersburg) mit den Demonstranten verbrüderten, war das Ende des Zarismus besiegelt.

RUSSLAND: GESCHICHTE (AB 1917)

Am 3. März 1917 mußte Zar Nikolaus II. abdanken. Nach dem Vorbild der ersten russischen Revolution von 1905 bildete sich ein Arbeiter- und Soldatenrat (Sowjet), der sich als höchste Autorität verstand. Aus liberalen Kreisen der letzten »Duma« entstand parallel dazu eine provisorische Regierung, die die Regierungsgeschäfte übernahm. Keine der beiden Institutionen hatte genug Macht, die Herrschaft selbst zu übernehmen. Dies gelang Lenins (1870–1924) linken Sozialdemokraten, den Bolschewiki, erst unter Leitung des Vorsitzenden des Petrograder Sowjets Leo Trotzkij (1889 bis 1940) in der »Oktoberrevolution« von 1917. Sie errichteten unter Führung Lenins eine Räteregierung.

Stalin usurpiert die Macht

Nach den schwierigen Jahren des Bürgerkriegs (1918–1921) und der Härte des »Kriegskommunismus« wurde die Wirtschaftspolitik im Rahmen der »Neuen ökonomischen Politik« (NEP) neu gestaltet. Das politische Leben – 1922 wurde die Sowjetunion gebildet – wurde jedoch zunehmend restriktiver. Die Herrschaft der Arbeiterklasse wurde durch die Herrschaft der Partei ersetzt, die der Partei durch das Zentralkomitee, und dieses wurde schließlich durch die Diktatur eines einzelnen – Stalins – abgelöst.

Nach dem Tode Lenins begann ein erbitterter Kampf um seine Nachfolge, aus dem schließlich der damalige Generalsekretär Stalin als Sieger hervorging. Dabei ging er wechselnde Bündnisse ein und schaltete so zunächst die »Linken« Trotzkij und Radek (1885–1939), dann Sinowjew (1883–1936) und Kamenew (1883–1936) aus und anschließend den »Block der Rechten« Bucharin (1888–1938), Tomskij und Rykow (1881–1938). Die soziale Basis, auf die er sich in seinem Machtkampf stützen konnte, war die immer weiter ausufernde Partei- und Staatsbürokratie, die mit Privilegien korrumpiert wurde. In den 1930er Jahren wurden die Oppositionellen, fast die gesamte alte Garde der Bolschewiki, in einer Reihe von Schauprozessen als Verräter und Agenten verurteilt und hingerichtet. Den Säuberungswellen der 1930er Jahre fielen neueren Forschungsergebnissen zufolge zwischen sechs und acht Millionen Menschen zum Opfer. Millionen Tote forderte auch der 1928/29 eingeleitete Kurswechsel in der Wirtschaftspolitik: Eine forcierte, auch jugendlichen Enthusiasmus (Komsomolzen) nutzende Industrialisierung und die Kollektivierung der Landwirtschaft ersetzten die NEP. Dadurch wurde eine große Hungersnot, vor allem in der Ukraine, provoziert und ungefähr zehn Millionen Bauern wurden von ihrem Land vertrieben und nach Sibirien verbannt. Dennoch – diese menschenverachtende Politik und die planwirtschaftliche Kommandowirtschaft förderten die wirtschaftliche Entwicklung des Landes.

1917 Nikolaus II. dankt ab, Bolschewisten unter Lenin übernehmen Regierung
1918–1921 Kommunisten (»Rote Armee«) schlagen Anti-Kommunisten (»Weiße Armee«) im Bürgerkrieg
1922 Union der Sozialistischen Sowjetrepubliken gebildet, Jossif W. Stalin wird Generalsekretär der kommunist. Partei
1924 Lenin stirbt
1929 Stalin wird alleiniger Führer der kommunistischen Partei
Mitte 30er Jahre »Große Säuberung«
1941 Deutsche Truppen besetzen das Land im Zweiten Weltkrieg
1942/43 Sowjetischer Sieg bei Stalingrad
1945 Sowjetische Besetzung von Berlin
1953 Stalin stirbt, Nikita S. Chruschtschow wird Nachfolger
1956 Chruschtschow verkündet Politik der friedlichen Koexistenz
1957 UdSSR startet Sputnik-I-Satelliten
1961 Juri Gagarin erster Mann im Weltall; China bricht Beziehungen zur UdSSR ab
1962 Kuba-Krise
1964 Chruschtschow zum Rücktritt gezwungen und von Leonid I. Breschnew als Parteiführer ersetzt
1982 Breschnew stirbt, Andropow und Tschernenko (1984) werden Parteiführer
1985 Tschernenko stirbt. Gorbatschow wird Parteiführer, beginnt Politik der Glasnost und der Perestrojka
1989 Zunehmende Unabhängigkeitsbestrebungen in den Unionsrepubliken. Nationale Konflikte im Kaukasus
1991 Konservativer Putsch scheitert. Auflösung der Sowjetunion, die GUS entsteht
1996 B. Jelzin gewinnt Präsidentschaftswahlen
1999 Rücktritt Jelzins, Wladimir W. Putin wird Nachfolger
2000 Putin gewinnt Präsidentschaftswahlen

1 Wladimir Lenin (1870–1924)

2 Jossif W. Stalin (1879–1953)

3 Boris Jelzin (geb. 1931)

Flugblätter werden bei einer Kundgebung (oben rechts) während der Oktoberrevolution 1917 in die Luft geworfen. In vielen Städten wurde die Zentralbehörde schnell durch Räte, die sogenannten Sowjets, ersetzt.

Bei der deutschen Invasion in die Sowjetunion (ganz rechts unten) 1941 drangen deutsche Truppen tief in die Ukraine, die baltischen Staaten und nach Weißrußland vor. 1942 standen sie kurz vor Moskau. Im Norden belagerten sie Leningrad und im Süden Stalingrad. 1944/45 schlugen die Sowjets die deutschen Truppen zurück und drangen bis nach Berlin vor. Nach dem Krieg errichteten die Sowjets in Osteuropa kommunistische Regierungen (rechte Seite unten links).

RUSSLAND

Ein Arbeitszimmer *(links)* im Winterpalais von Sankt Petersburg nach der Erstürmung durch bewaffnete Arbeiter und Bolschewisten im November 1917. In kurzer Zeit errichteten die Bolschewisten eine rigide kommunistische Regierung.

Im Winter 1942/43 dringt sowjetische Infantrie im Kampf um Stalingrad – heute Wolgograd – vor, vorbei an den Ruinen der Stadt *(Mitte links)*. Nach fünf Monaten harten Kampfes gelang es den Deutschen nicht, die Stadt einzunehmen.

Der »Große Vaterländische Krieg«

Trotz dieser Gewaltmethoden wird Stalin bis heute von Teilen der Bevölkerung geschätzt. Diese Achtung hat er sich in ihren Augen während des Zweiten Weltkrieges, der auf russischer Seite als der »Große Vaterländische Krieg« bezeichnet wird, erworben. Nur – die Sowjetunion hat diesen Krieg nicht wegen Stalin, sondern trotz Stalin gewonnen: Er hatte in den Säuberungen der 1930er Jahre fast das ganze höhere Offizierskorps vernichtet, und er glaubte nicht den vielfältigen Warnungen vor einem deutschen Angriff, weil er (zumindest vorerst) auf den 1939 mit Hitler geschlossenen Nichtangriffspakt vertraute. Nur unter größten Opfern – man spricht von 27 Millionen Kriegstoten – gelang es, den Angreifer zurückzuschlagen. Der Sieg brachte der Sowjetunion beträchtliche Gebietsgewinne und eine große Einflußsphäre durch einen Gürtel von »Satellitenstaaten« in Ost- und Mitteleuropa.

Das Ende der Sowjetunion

Stalin starb 1953. Unter seinem Nachfolger Chruschtschow (1894–1971) wurde der Terror gemildert und etwas mehr Rechtssicherheit und kultureller Spielraum gewährt. Das Wesen der kommunistischen Parteidiktatur blieb in dieser Phase des »Tauwetters« davon unberührt. In den beiden Jahrzehnten der Regierung Breschnews (1906–1982) – später als Stagnationsperiode« bezeichnet – wurden viele Reformen Chruschtschows rückgängig gemacht. Weltpolitisch erreichte die Sowjetunion den strategischen Gleichstand mit den USA.

1985 übernahm Michail Gorbatschow (* 1931) die Führung der Sowjetunion. Unter dem Schlagwort »Perestrojka« (Umbau) leitete er Reformen ein, die das System nicht abschaffen, sondern effizienter machen sollten. Aber die Bewegung, die er in Gang setzte, gewann Eigendynamik. In wenigen Jahren entwickelte sich eine demokratische Bewegung, die das Machtmonopol der KPdSU hinwegfegte. Die Reformer um den russischen Präsidenten – die Ära Jelzins (bis 2000) –, der sich 1993 gewaltsam gegen ein reformfeindliches Parlament durchsetzte, bescherte den Menschen demokratische Freiheiten, die jedoch durch die Ansprüche eines autoritären Staates und soziale Verwerfungen immer wieder bedroht waren.

Bei der Jalta-Konferenz *(rechts)* im Februar 1945 trafen sich die Führer der Alliierten, um über das Nachkriegseuropa zu diskutieren. Sitzend, von links nach rechts: Winston Churchill, Franklin Roosevelt und Jossif W. Stalin.

1 Deutsche Demokratische Republik
2 Polen
3 Tschechoslowakei
4 Ungarn
5 Rumänien
6 Jugoslawien
7 Albanien
8 Bulgarien

— Front im November 1942

Sowjetunion 1939
Erwerbungen 1939–1942
Kommunistische Regime nach dem Zweiten Weltkrieg

RUSSLAND: MOSKAU

Moskau, mit fast 9 Millionen Einwohnern die größte Stadt Rußlands, ist seit Lenins Tagen wieder Hauptstadt. Peter der Große hatte die Residenz 1712 in das von ihm gegründete Sankt Petersburg verlegt (das 1914–1924 Petrograd und 1924–1991 Leningrad hieß). Im Jahre 1918, als der Bürgerkrieg die neue Sowjetmacht erschütterte und die konterrevolutionären Truppen vor den Toren Petrograds standen, siedelte die bolschewistische Regierung nach Moskau über. Damit erhielt die Stadt, die seit dem 14. Jahrhundert als Symbol der nationalen Einigung Rußlands galt, die Bedeutung zurück, die ihr – nach Ansicht vieler slawophiler Russen – von jeher zustand.

Wirtschafts- und Verkehrsmetropole

Obgleich die Sowjetunion formal ein Bundesstaat war und die Regierungen der einzelnen Unionsrepubliken in deren Hauptstädten saßen, war Moskau als Sitz der Parteiführung und aller zentralen Behörden das Machtzentrum der Union. Nach wie vor ist es Regierungssitz Rußlands, zugleich das größte Industriezentrum des Landes und wichtigster Verkehrsknotenpunkt. Hier treffen sich 11 Eisenbahnen auf 9 Kopfbahnhöfen, ferner 13 Fernverkehrsstraßen, zahlreiche Fluglinien auf 4 großen Flugplätzen sowie die Moskwa, der Moskwakanal und der Wolga-Don-Kanal. Hauptverkehrsmittel für die Moskowiter ist die 1935 errichtete Metro, die täglich 5 Mio. Fahrgäste transportiert.

Der Kreml

Der Stadtgrundriß Moskaus ist durch ein radial-ringförmiges Straßensystem um den Kreml charakterisiert. Der 28 ha große Kreml stammt in seiner heutigen Form aus dem späten 15. Jahrhundert, bebaut war sein Gelände schon im 12. Jahrhundert, als die Siedlung auf dem Hügel zwischen Moskwa und der Neglinnaja erstmalig genannt wurde.

Die radialen Straßen führen vom Zentrum in Regionen, die sich schon im Mittelalter in ihrer wirtschaftsräumlichen Ausstattung unterschieden. Die heutigen Ringstraßen zeichnen Befestigungsanlagen aus dem 16. Jahrhundert nach. Die innerste umgab die älteste Handelsvorstadt des Kreml, den Schönen (Roten) Platz und die Vorstadt, die später Kitajgorod hieß. Die Kitajgoroder Mauer wurde in den 30er Jahren zum größten Teil geschleift. Sie umschloß das Altmoskauer Handelsviertel, dessen skurrile Exotik nur noch aus der Literatur bekannt ist. Der heutige Ruy-Boulevard entspricht der nach dem letzten Tatareneinfall (1571) gebauten Mauer. Noch am Ende des 16. Jahrhunderts wurde ein 14 km langer Erdwall um die rasch wachsende »Erdstadt« aufgeworfen. Dieser Wall, dessen Verlauf der Garten-Ring heute folgt, schloß zum ersten Mal auch die Siedlungsgebiete südlich der Moskwa in die Befestigung mit ein. Außerhalb der Befestigung lagen die z. T. noch erhaltenen Wehrklöster.

Käuferscharen aus nah und fern schieben sich durch das GUM *(oben)*, Moskaus berühmtestes Warenhaus, das am Roten Platz liegt und in seinen vielfältigen Fachgeschäften einheimische Produkte sowie ausländische Waren anbietet.

Elegante Straßenlaternen säumen die überfüllte Arbat *(rechts)*, eine Moskauer Straße, die schon lange als Lieblingsplatz von Schriftstellern und Künstlern gilt. Früher war sie die Zufluchtsstätte für intellektuelle Dissidenten.

RUSSLAND

Symbol und Vorbild

Für den traditionsbewußten Russen ist Moskau mehr als eine Arbeits- und Einkaufsstätte. Er sieht in der Kreml-Kathedrale und den Zwiebeltürmen der Basilius-Kathedrale aus dem 16. Jahrhundert auf dem Roten Platz ein Symbol russischer Geschichte und findet immer noch tiefen Gefallen an alten, ehrfurchtsvollen Sprichwörtern über die Stadt, wie das, wonach über Rußland nur Moskau stehe, über Moskau nur der Kreml und über diesem nur Gott allein. Und er sieht sich in diese Wertepyramide einbezogen, ob er nun Gott, den Zaren oder das Staatsoberhaupt an der Spitze der Pyramide stehen sieht. In der kommunistischen Ära sollte das Lenin-Mausoleum auf dem Roten Platz, vor der Kremlmauer und nahe der Basilius-Kathedrale, die Sowjetherrschaft als Vollendung der russischen Geschichte erscheinen lassen. Das Bild hat sich grundlegend gewandelt. Als der Putsch bornierter Parteiführer im August 1991 in den Straßen Moskaus am Widerstand des Volkes scheiterte, erscholl im Jubel über den Sieg der Demokratie immer wieder der Ruf »Rußland!« Seit dem 25. Dezember 1991 weht auf der Kuppel des Alten Senats im Kreml die weiß-blau-rote russische Flagge.

Moskau war für Rußland immer das, was ein Gesandter des deutschen Kaisers im 16. Jahrhundert in einem bekannten Reisebuch beschrieb: »Rußlands Haupt und Mitte«. Und als solche hatte es für Rußland und später für die Sowjetunion immer auch etwas an Schaufensterfunktion. Nicht nur in dem Sinn, daß hier dem Besucher aus der Provinz oder dem Fremden aus dem Ausland etwas vorgemacht wurde. Dies wurde zwar auch getan. Aber die Stadt spielte auch eine Vorbildrolle, nach der sich andere Städte später ausrichteten.

Das gilt für alle Bauepochen der Stadt: für die zwiebeltürmigen Kremlkirchen des 15. Jahrhunderts, für das klassizistische Moskau mit seiner klaren Linienführung in Adelspalästen, öffentlichen Gebäuden und der Straßenführung nach dem Brand von 1813. Das gilt aber auch für manch kühne Entwürfe der frühen Sowjetunion, von denen freilich nur wenige ausgeführt wurden, dem »Zuckerbäckerstil« der Stalinzeit und für die in den 1990er Jahren entstandenen, viele Stilrichtungen aufnehmenden verkitschten Bank-, Büro- und Wohngebäude.

Moskau *(unten),* die Hauptstadt Rußlands und politisches Machtzentrum, breitet sich ringförmig um ihren historischen Kern am Fluß Moskwa aus. Seit ihrer Gründung im Jahre 1147 durch den Fürsten Jurij Dolgorukij war die Stadt bis ins frühe 18. Jahrhundert Hauptstadt des Russischen Reichs und dann erneut nach 1918. Mit rund 9 Millionen Einwohnern ist Moskau die größte Stadt Rußlands und die viertgrößte Stadt der Welt.

Die Mauern des Kreml begrenzen den Roten Platz *(oben links)* im Herzen von Moskau. Die Wachablösung am Lenin-Mausoleum sowie der einbalsamierte Leichnam von W. I. Lenin galten jahrzehntelang als Anziehungspunkt für Moskau-Besucher.

Rote Tulpen werden von einer Straßenverkäuferin in Moskau angeboten *(unten).* Unter dem liberaleren Regime der 90er Jahre begann die Privatwirtschaft in der russischen Hauptstadt zu blühen.

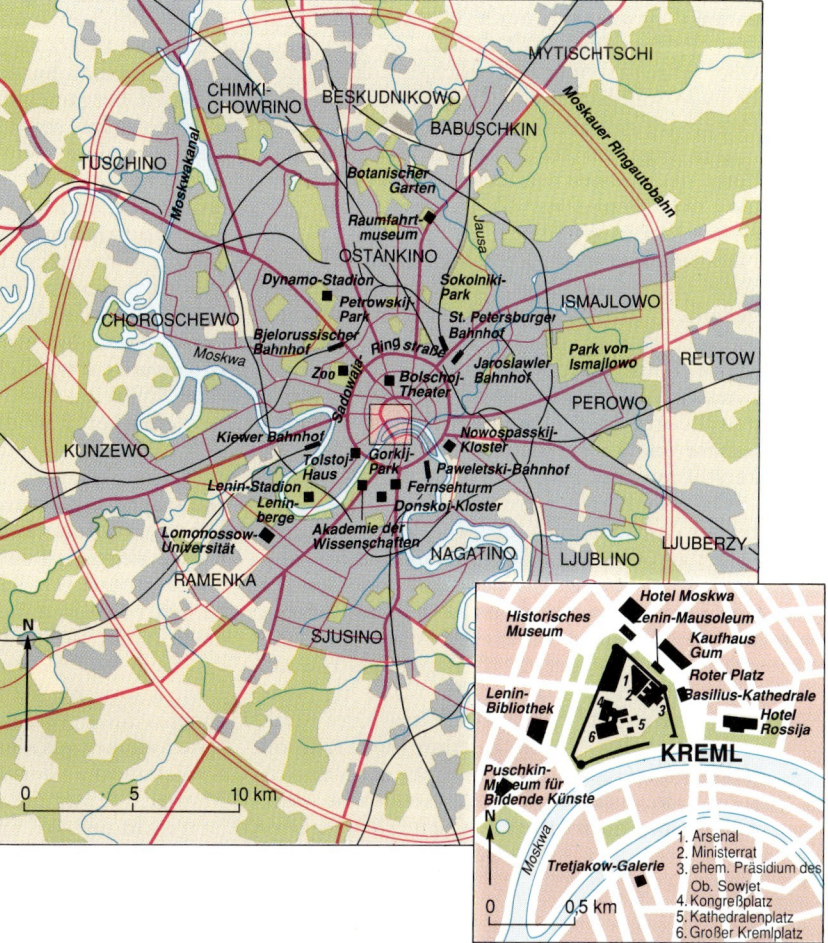

RUSSLAND: SANKT PETERSBURG

Die Geschichte und Gegenwart Sankt Petersburgs (1924-91 Leningrad) sind durch zwei Männer gekennzeichnet, die stellvertretend für ganze Epochen stehen und deren Taten und Denken die Bewohner nachhaltig prägten: Zar Peter der Große und Lenin. Ersterer bereiste als erster Herrscher Rußlands West- und Mitteleuropa und lernte die belebende Wirkung des Meeres auf Denkweise und Wirtschaft maritimer Nationen kennen. Daher verfügte er 1703 den Bau der Stadt. Als archimedischen Punkt, um das alte Rußland aus den Angeln seiner Tradition zu heben und es näher an das fortgeschrittene Mittel- und Westeuropa heranzuhebeln, wählte er die damals unbesiedelten Mündungsmarschen des Newa-Flusses. In ihrer Naturausstattung waren sie denkbar ungeeignet für den Bau einer Stadt: niedrig gelegen, grundwassernah, überschwemmungsgefährdet, aus Schlick bestehend, ohne Stein als Baustoff und ohne geeignetes Bauholz. Die Lage des ausgewählten Standortes mit guter Flußverbindung und die Möglichkeit des Kanalbaues im flachen Hinterland hingegen waren günstig für sein Vorhaben. Zudem setzte Peter alle Mittel für den Bau der neuen Stadt ein: Er verfügte den Einsatz von Zwangsarbeitern, die aus allen Regionen des Reiches stammten. Er holte ausländische Architekten und Stadtplaner an die Newa, überhäufte sie mit Arbeit und gab ihnen russische Helfer an die Hand, die von ihnen lernen sollten. Darüber hinaus verpflichtete Zar Peter der Große Adel und Bürger, in die anfangs unwirtliche Stadt überzusiedeln und dort Paläste und Wohnhäuser zu errichten. Über Jahre verbot er im restlichen Rußland den Bau von Steinhäusern, weil die Maurer in Sankt Petersburg gebraucht wurden.

Das Ergebnis der Anstrengungen von Zar Peter des Großen wie der seiner Nachfolger, die sich demselben Ziel verschrieben, ist erstaunlich: In etwa 150 Jahren erwuchs aus den Newasümpfen eine der schönsten Städte der Welt mit breiten Prachtstraßen, »Prospekte« genannt, barocken und neoklassizistischen Schlössern und Palästen, durchwirkt von Goldkuppeln und goldenen spitzen Turmhelmen, einer Architektur, der auch der Eklektizismus des bürgerlichen Zeitalters nichts anhaben konnte und an der sich auch die »Zuckerbäckerstilisten« der Stalinzeit nicht vergingen.

Darüber hinaus wurde die Stadt ein bedeutendes Zentrum von Kunst, Kultur und Bildung – fast alle Geistesgrößen Rußlands im 18. und 19. Jahrhundert lebten oder wirkten hier, und es gibt kaum einen Literaten des 19. Jahrhunderts, der Sankt Petersburg nicht beschrieb, besang oder heftig kritisierte. Der geistige Hintergrund der Anfangsjahre reicht bis in die Neuzeit hinein: Das Selbstbewußtsein einer stark internationalen Gesellschaft mit der Tradition des »Fensters nach Europa«, d. h. der Vermittlung »westlicher« Werte, Kenntnisse und Fähigkeiten nach Osten, hat sich erhalten. Die-

Petrodworjez (Peterhof, unten), in der Nähe von Sankt Petersburg, das einst Sommerresidenz von Peter dem Großen war, wurde während des Zweiten Weltkriegs völlig zerstört. Im Jahre 1958 war es jedoch bereits weitgehend wiederhergestellt.

Die bronzene Kuppel der Isaak-Kathedrale bestimmt die Skyline vom historischen Zentrum von Sankt Petersburg *(rechts)*. Entlang der Großen Newa liegen die säulenreichen Bauten im klassizistischen Stil. Die goldene Spitze markiert das Admiralitätsgebäude.

ses Gefühl von moderner Weltläufigkeit läßt die Sankt Petersburger auf das eher »provinzielle« Moskau herabblicken.

Den Übergang vom zaristischen Sankt Petersburg zum sowjetischen Leningrad macht das ehemalige Winterpalais deutlich. Einst Winterresidenz der Zaren, war es 1917 Sitz der provisorischen Regierung Kerenskijs, bis Lenin und Trotzkij am 7. November 1917 den Sturm auf das Winterpalais befahlen und die Oktoberrevolution einleiteten. Heute dient es als das größte Museum des Landes.

Brennpunkt sowjetischer Geschichte

Auch im zeitgeschichtlichen Bewußtsein vieler Sowjetbürger hat die Stadt einen zentralen Platz. Hier entfachte Lenin den Oktoberaufstand von 1917. Um beides, um die »Große Sozialistische Oktoberrevolution« wie um Lenins Leben, ranken sich kollektive Erinnerungen – ein Gespinst aus Realität und Legenden, jeweils mit der Stadt als Hintergrund. Sie gehörten zum bevorzugten Lehrstoff im Lande, jedermann kennt sie, und sie werden bei Besuchen der Stadt von jedermann abgerufen. Aber die katalysatorische Wirkung dieser Stadt läßt auch anderes nicht vergessen. Hier erhob sich der erste »linke« Widerstand gegen die junge Sowjetmacht – der Aufstand der Kronstädter Matrosen –, »da die gegenwärtigen Räte (Sowjets) nicht den Willen der Arbeiter und Bauern

RUSSLAND

zum Ausdruck bringen«. Der Kronstädter Aufstand schloß die Forderung nach Beendigung der kommunistischen Vorherrschaft sowie nach Rede- und Pressefreiheit und Befreiung der politischen Gefangenen ein und war insofern ein Vorläufer der osteuropäischen Ereignisse seit 1989. Lenin ließ Trotzkij den Aufstand brutal zusammenschießen. 1934 ermordeten Stalins Schergen den überaus populären Leningrader Parteiführer W. I. Kirow. Die Todesschüsse leiteten den Beginn der Moskauer Schauprozesse und den Terror der 30er Jahre ein.

Im Herbst 1941 erreichten deutsche Truppen den Südrand der Stadt, im Winter begann ihre Blockade von 900 Tagen. In Leningrad herrschten Kälte und Hunger, Artilleriefeuer und Bombenkrieg. Der Süden der Stadt wurde zertrümmert, die Prachtgebäude der Innenstadt zerstört – aber die Bevölkerung hielt in der Stadt aus und verteidigte sie zusammen mit den Soldaten. Nachschub an Verpflegung und Rohstoffen für die Industrie gab es nur über eine kleine Bahnstrecke im Nordosten und über das meterdicke Eis des Ladogasees, den »Weg des Lebens«. In Leningrad bewährte sich die Kombination aus russischem Patriotismus, Überlebenswillen und drakonischer sowjetischer Arbeitsgesetzgebung. Der Piskarjowskoje-Gedenkfriedhof, für die 600 000 Opfer der Belagerung Leningrads, das seit 1991 wieder seinen alten Namen trägt, erinnert an die Toten und mahnt die Lebenden.

Die Smolnyj-Kathedrale (Auferstehungskirche, *links*), vor der Zar Alexander II. Nikolajewitsch am 13.3.1881 durch einen Bombenanschlag der anarchistischen Gruppe Narodnaja Wolja ermordet wurde. Das Gebäude dient heute als Museum und Konzerthaus.

Sankt Petersburg (*rechts*) ist die zweitgrößte Stadt in Rußland. An der Mündung der Newa in den Finnischen Meerbusen wurde die Stadt von Zar Peter dem Großen im 18. Jahrhundert als Rußlands »Fenster nach Europa« gebaut. Peter holte ausländische Ingenieure und Architekten ins Land, zur Entwässerung des sumpfigen Standorts und zur Planung der Stadtanlage. Leningrad, so von 1924–1991 der Name der Stadt, trotzte im Zweiten Weltkrieg einer 900-tägigen Belagerung.

Sahara: Naturraum

Ein arabisches Sprichwort sagt: »Die Sahara ist der Garten Allahs, aus dem er alles überflüssige menschliche und tierische Leben entfernt hat, damit es einen Ort gebe, wo er in Frieden wandeln könne.« Abgesehen von einigen wenigen Stellen, wo die Menschen inzwischen das Bild dieses »Gartens« verändert haben, und wo es zu kriegerischen Auseinandersetzungen kommt, ist diese größte Wüste der Erde auch heute noch eine Landschaft, die diesem Bild entspricht. Von den Arabern hat die Sahara seit dem Mittelalter auch ihren Namen »es-sahhara«, was soviel wie »wüste Ebene« bedeutet.

Die Sahara dehnt sich auf einer Länge von rund 6000 km entlang des nördlichen Wendekreises vom Atlantik bis zum Roten Meer aus und umfaßt mit ca. 8 Millionen km² fast ein Viertel Afrikas. Im Norden wird sie nur durch das Atlasgebirge vom Mittelmeer getrennt. Im Südosten wird die Grenze der Sahara vom äthiopischen Bergland gebildet, ansonsten ist der Übergang zur Sahelzone eher fließend. Als klimatische Grenze wird die etwa von Nouakchott über Timbuktu nach Khartoum verlaufende Linie mit einem durchschnittlichen Jahresniederschlag von 150 mm angesehen.

Die charakteristische Oberflächenform der Sahara ist die Ebene, die nur durch die zwei Hochgebirge Hoggar (Ahaggar) und Tibesti und deren südliche Ausläufer im Zentrum unterbrochen wird. Sie sind vulkanischen Ursprungs und bestehen aus Basalten und Graniten, die zum Teil unter Einfluß von Wind und Sand über Jahrmillionen bizarre Formen entwickelt haben. Hoggar und Tibesti erscheinen mit ihren Nebengebirgen, als sogenannte Mittelsaharische Schwelle, auf der Karte als nach Süden hin offener Bogen, der die Ebenen, wie das als besonders unwirtlich berüchtigte Ténéré, sowie das Aïr-Gebirge umschließt. Außerhalb dieses Bogens liegen die großen Ebenen der libysch-ägyptischen Wüste und der westlichen Sahara mit den isoliertesten Siedlungen Taoudenni und Kufrah.

Die Ebenen sind im Gegensatz zur verbreiteten Vorstellung nur zu einem kleineren Teil von Sanddünen bedeckt. Doch der Eindruck, der von dem Zusammenspiel von Wind und Sand mit all seinen harmonisch gebildeten Formen, den sanft gerundeten Höhenzügen der Sanddünen, ausgeht, hat das Bild der Wüste am nachhaltigsten geprägt. Der größere Teil der Sahara, rund vier Fünftel, besteht aber aus Stein- und Geröllwüsten, wie z. B. Hammada, Reg und Serir. Der Sand der Sahara ist im wesentlichen das Ergebnis von Verwitterung und Erosion, die im Laufe langer Zeiträume mächtige Gebirge und Felsen in wahre Trümmerlandschaften verwandelt haben, bis diese am Ende zu Sand und Staub zerfallen sind. Dieser Prozeß dauert an und verändert noch heute ständig das Landschaftsbild. Der Grund liegt in dem extremen Kontinentalklima mit starken Temperaturschwankungen zwischen den kalten Nächten und der hohen Sonneneinstrahlung am Tag. Auch Regenfälle kommen in der Sahara vor, aber oft dauert es mehrere Jahre, bis ein Wolkenbruch für ein paar Stunden niedergeht und Trockentäler in reißende Ströme und die Wüste in einen blühenden Garten verwandelt.

In vorgeschichtlicher Zeit war die Sahara eine grüne Landschaft, und selbst in der Feuchtperiode nach der letzten Eiszeit gab es in den Gebirgen der zentralen Sahara noch Wälder mit Bäumen. Erst vor rund 5000 Jahren begann durch die allgemeine Erwärmung die Trockenzeit mit dem bis heute vorherrschenden Wüstenklima. Im Rahmen der jüngeren Klimaveränderungen nimmt die Trockenheit der Sahara zwar nicht zu, aber die Wüste breitet sich immer weiter aus. Das Vordringen der Sahara in die ihr vorgelagerte Sahelzone wurde schon in den 1930er Jahren als Folge der menschlichen Zivilisation erkannt.

Die Tierwelt der Wüste (*oben*) ist an die extremen Lebensbedingungen angepaßt. Die Dorkasgazelle (1) hält sich tagsüber am Rand der Wüste auf. Die größere Mendesantilope (2) und die Säbelantilope (3) sind wesentlich seltener. Kleinere Nagetiere wie die Wüstenspringmaus (4) besitzen besonders angepaßte Nieren, um den Urin zu konzentrieren und so den Wasserverlust zu verringern. Die Hornviper (5) schlängelt sich seitwärts durch den Sand, um darin nicht einzusinken. Die Wüstenheuschrecke

SAHARA

»Die Wüste lebt«

Typisch für die Vegetation außerhalb der Oasen sind Dornbüsche und andere kleine Bäume wie Akazien und Tamarisken. Sie kommen vor allem in Niederungen und Tälern vor, in denen die seltenen Regenfälle eine erstaunliche Blütenpracht hervorbringen. In den Gebirgen wachsen zwischen den Steinen und Felsen fast ständig kleinere Pflanzen, deren Blüten durch den Kontrast zur Umgebung um so schöner erscheinen. Alle Pflanzen haben sich den extremen Klimaverhältnissen der Wüste angepaßt und verschiedene Methoden entwickelt, die ihre Existenz in der lebensfeindlichen Umwelt ermöglichen. So erreichen einige Pflanzen durch lange Wurzelbildung noch das spärliche Grundwasser, andere richten ihre Wachstumsperiode nach der Regenzeit aus oder sichern sich durch besondere Blattgestaltung vor der hohen Verdunstung. Absolut vegetationslos sind nur die ebenen Geröllwüsten.

Ebenso wie bei den Pflanzen gilt auch in der Tierwelt das Prinzip der Anpassungsfähigkeit an den Wassermangel, die Hitze, die Temperaturschwankungen und die spärlich vorhandene Nahrung. Neben den als Wüstentiere bekannten Gazellen, Mäusen und Schlangen gibt es auch verschiedenste Arten von Insekten, Vögeln und kleineren Nagetieren. Löwen und andere Großtierarten traf man noch bis zum letzten Jahrhundert in der Sahara an.

Vom Wildreichtum in früheren Zeiten zeugen unter anderem die Felsmalereien im Tassili-Gebirge, die zudem in einer hochentwickelten Darstellungskunst Szenen aus dem Alltagsleben der Steinzeitvölker zeigen.

Die Oasen und ihre Umgebung sind die Gärten der Wüste. Hier sind die Bedingungen für die Vegetation durch den leicht erreichbaren Grundwasserspiegel günstig. Vor allem die grünen Palmenhaine bestimmen das Bild der menschlichen Siedlungen in der Sahara.

(6) tritt in Schwärmen auf. Der Dungkäfer (7) formt den Kot größerer Tiere zu Kugeln. Um die Jungen mit Feuchtigkeit zu versorgen, tränkt das Sandhuhn (8) sein Brustgefieder. Der Wüstenigel (9) ist nur in der Nacht aktiv. Seine großen Ohren und langen Beine erweisen sich für die Senkung der Körpertemperatur als nützlich. Der Sandskink (10) jagt dicht unter der Sandoberfläche nach Käfern. Große Ohren helfen auch dem nachtaktiven Wüstenfuchs (11), seine Körpertemperatur zu senken.

Die Wüste Sahara *(oben)* besteht aus zwei ganz unterschiedlichen Wüstentypen. Die Geröllwüste nimmt vier Fünftel ihrer Gesamtfläche ein, während lediglich ein Fünftel der Sahara aus Wanderdünen und weiten Sandflächen besteht.

Sahara: Lebensraum

Die für Außenstehende so lebensfeindlich erscheinende Sahara ist für etwa fünf Millionen Menschen der Lebensraum. Nur eine kleine Minderheit von ihnen kann jedoch heute noch das traditionelle Nomadenleben führen und ungehindert die Staatsgrenzen überschreiten.

Die ersten Einwohner

Spuren menschlicher Besiedlung gibt es in der Sahara seit der mittleren Steinzeit. In der Jungsteinzeit war sie sogar so dicht besiedelt wie heute die Savannen südlich der Sahelzone. Die einheimische Bevölkerung der Sahara besteht aus Völkern verschiedenster Herkunft und Stämme aus Schwarzafrika, dem Orient und dem Mittelmeerraum. Die Tuareg werden zu der Volksgruppe der Berber gezählt und stellen auch heute den Hauptanteil der Bevölkerung in der Wüste. Seit dem 7. Jahrhundert sind zunehmend Araber in die Region eingedrungen. Sie haben sich vor allem in den Oasen der nördlichen Sahara niedergelassen und zum Teil auch mit den Nomadenvölkern vermischt, wie z. B. die Mauren in Mauretanien.

Feste Siedlungen sind immer bei ausreichenden Wasservorkommen entstanden, an den Kreuzungen von Karawanenwegen entwickelten sich dann kleinere Städte wie Agadèz, Ghat und Kufrah. Zwischen den Landwirtschaft und Handwerk betreibenden Bewohnern dieser Oasen und den Nomaden der Wüste bestand bis ins 20. Jahrhundert eine gegenseitige Abhängigkeit. Die Nomadenvölker lebten außer von ihren Kamelen und Ziegen vor allem vom Handel und Warentransport zwischen den Oasen, den Salzlagerstätten und den Marktstädten südlich der Sahara und versorgten sich von den Seßhaften mit Waren, die sie selbst nicht hatten oder herstellen konnten. Durch die Dürreperioden der letzten Jahre sowie politische und technische Veränderungen, wie dem Warentransport mit Lastwagen, geben viele Nomaden ihre bisherige Lebensweise auf und werden mehr oder weniger unfreiwillig in den Oasenstädten und in der Sahelzone seßhaft.

Doch gerade diese von verschiedenen Wüstenstaaten forcierte »Seßhaftmachung« gefährdet das ohnehin labile Ökosystem der Sahelzone. Dort, wo die Versorgung mit Nahrungsmitteln noch am ehesten gesichert scheint und der Bau von Brunnenanlagen die Wasserversor-

Der Marktplatz von Tahoua *(ganz rechts)* in Niger dient vielen Wüstenbewohnern als beliebter Handels- und Kommunikationstreffpunkt. Ursprünglich überwogen Schwarzafrikaner in der zentralen Sahara. Araber und Berber drängten sie nach Süden ab.

Die Felsbilder *(rechts)* des Tassili-Hochplateaus im Südosten Algeriens sind für die Experten nur äußerst schwierig zu datieren. Die gut erhaltenen Bilder, die aus verschiedenen Epochen stammen, gewähren Einblick in das tägliche Leben der frühen Bewohner.

SAHARA

Ein Dogon-Dorf *(links)* in Mali. Diese Dörfer sind von den Errungenschaften der modernen Technik fast ganz verschont geblieben. Sie zeigen die Anpassung an die harten Lebensbedingungen in der Sahara.

Der Innenraum einer typischen Dorfhütte in Niger *(unten)* ermöglicht die Erholung von der sengenden Wüstenhitze. Auch die lange, weite Baumwollkleidung dient dem Schutz vor der starken Sonneneinstrahlung.

gung sichern soll, drängen sich immer mehr Menschen. Die dringend notwendigen Brachzeiten der Ackerflächen werden nicht mehr eingehalten. Zusammen mit der Überweidung durch den Viehbestand und dem zunehmenden Bedarf an Brennmaterial kommt es zu Veränderungen, die den Prozeß der fortschreitenden Verwüstung der Sahelzone stetig vorantreiben. In manchen Jahren treten Hungerkatastrophen auf, denen Tausende von Menschen zum Opfer fallen und die spontan nur durch Lebensmittelhilfen aus dem Ausland gemildert werden können.

Europäer erforschen die Wüste

Die Erforschung der Sahara durch Europäer begann in der Mitte des 19. Jahrhunderts zunächst aus idealistischen Motiven. Den Abenteurern und Entdeckern folgten dann Missionare. Seit dem Ende des 19. Jahrhunderts wurde die Sahara auch militärisch unterworfen, vor allem von Franzosen und Briten.

Die Erschließung der Sahara mit modernen Verkehrswegen erfolgte seit dem Zweiten Weltkrieg aus militär-strategischen und ökonomischen Interessen, um so die großen Territorien besser kontrollieren zu können und um die Bodenschätze abzubauen und zu den Häfen zu transportieren. Von den in der Wüste reichlich vorhandenen Bodenschätzen wurde nur das Salz schon seit Jahrtausenden genutzt und ist auch heute noch für den westafrikanischen Markt ein wichtiges Wirtschaftsgut. Die ersten in der Sahara abgebauten Bodenschätze waren Phosphat, Kohle und verschiedene Erze im Süden der Maghreb-Länder.

Nach dem Zweiten Weltkrieg wurde in der nördlichen Sahara, vor allem in Algerien und Libyen, gezielt nach Erdöl und Erdgas gesucht. In beiden Ländern wurden in den 50er Jahren große Vorkommen entdeckt, die bald deren Hauptexportgut wurden. Die Erdölförderung in der Wüste hat den umliegenden Regionen tiefgreifende Veränderungen gebracht: Nomaden finden Arbeit in einer Welt, die ihnen vorher völlig fremd war, und mit der reichlich vorhandenen Energie können Brunnen betrieben werden, die, wie in Libyen, landwirtschaftlichen Anbau auf riesigen Flächen ermöglichen.

Für viele Touristen, die mit Geländewagen, Campingbussen oder gar Motorrädern in die Sahara fahren, ist sie nur ein Durchgangsland. Was suchen aber die anderen, für die das Ziel der Reise in der Wüste liegt? Es ist zunächst das Abenteuer. Touristen, die neben ihren defekten Fahrzeugen verdursten, zeigen das Risiko, das heute noch mit einer solchen Reise verbunden ist. Andere besichtigen mit einheimischen Führern Zeugnisse früherer Kulturen wie die zahlreichen prähistorischen Felsbilder und -inschriften. Und schließlich gibt es Touristen, die in die Sahara kommen, um in einer großartigen Landschaft, weit entfernt vom Alltag der Industrieländer, in meditativer Einsamkeit und Ruhe zu sich selbst zu finden.

Sahara: Oasen

In romantischen Büchern und Filmen wird die Oase als grünes Juwel inmitten der Wüste dargestellt, wo Palmen Schatten für die kleinen weißen Häuser, die sich um den Brunnen gruppieren, spenden und weißgekleidete Araber Pfefferminztee schlürfen, während sich am Horizont Kamelkarawanen mühsam ihren Weg durch den Sand bahnen. Oasen, in denen das Wasservorkommen das Gedeihen eines großen Dattelpalmenhains ermöglicht, können diesem Bild entsprechen. Palmen, die bis zu einer Höhe von 12–30 m aufragen, schützen die Siedlung vor der Sonne. Gelblichbraune Dünen oder violette Abhänge bilden einen eindrucksvollen Hintergrund für die mit Innenhöfen versehenen Flachdachhäuser, die am Dorfplatz gelegene Moschee und den Souk (Marktplatz), auf dem fliegende Händler Getreide, Gemüse, Salz, Kamelhaarteppiche, Pantoffeln mit dicken, aus Kamelhaaren bestehenden Sohlen, und Busaadi, die traditionellen langen, schmalen Messer in roten Lederscheiden, anbieten.

Die Festungen der größeren Oasen sind Zeugen einer Zeit, als ein Schutz der Siedler vor den Raubzügen der Nomaden notwendig war. Befestigte Dörfer (Ksar) sind heute Touristenattraktionen: die »Rote Oase« in Timimoun mit ihren in den purpurroten Fels gehauenen weißen Schutzwällen ist eine der berühmtesten Sehenswürdigkeiten der Sahara. Auch einige Forts der Fremdenlegion sind noch erhalten, wie in Warqla (Ouargla). Heute dient die dortige Festung als Saharamuseum.

Die Bewohner der wohlhabenderen Oasen bauen verschiedene Feldfrüchte sowie Dattelpalmen an und halten Ziegen oder Esel. Dagegen ist in den wasserarmen Siedlungen der Boden erschöpft und der Viehbestand besteht lediglich aus Sahara-Zwerghühnern. Die wenigen Lehm- oder Schilfhütten drängen sich um den Brunnen. Das Leben ist ständig bedroht: von Lebensmittelknappheit, vom Flugsand, der die Brunnen zuschüttet, und von giftigen Tieren und Infektionen verbreitenden Insekten.

Oasen ermöglichen zwei unterschiedliche Lebensformen: das seßhafte Bauerntum mit Ackerbau und das Nomadentum, bei dem die Oasen lediglich zur Versorgung mit Wasser genutzt werden. Früher befanden sich viele Oasen im Besitz von Nomaden und wurden von deren Sklaven kultiviert. Heute ist die Lebensform der Nomaden bedroht, während moderne Bewässerungsmethoden für viele Oasen neue Perspektiven eröffneten.

Die Versorgung mit Wasser ist häufig mit harter Arbeit verbunden. Das Wasser der Sahara befindet sich in großer Tiefe und ist, mit Ausnahme der Oasen, unzugänglich. In manchen Oasen liegt das Grundwasser nahe der Oberfläche, tritt in natürlichen Quellen aus und bildet Teiche. Öfter müssen die Menschen allerdings Brunnen graben. Die Methoden des Wasserschöpfens sind häufig altertümlich. Die Dorfbewohner verwenden den Schadoof, einen

Das Grundwasser der Wüste *(rechts)* liegt in großer Tiefe und nähert sich lediglich in den wenigen Oasen der Oberfläche. Mit Hilfe tiefer Brunnen, die häufig noch aus römischer Zeit stammen, wird das Grundwasser angezapft und mit Brunnenschwengeln an die Oberfläche befördert.

Mit einem Schadoof *(unten)*, einem altertümlichen Brunnenschwengel, schöpft man in der algerischen Oase Kerzaz heute noch das zur Bewässerung der Palmenhaine und Gärten notwendige Wasser.

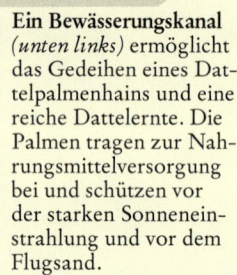

Ein Bewässerungskanal *(unten links)* ermöglicht das Gedeihen eines Dattelpalmenhains und eine reiche Dattelernte. Die Palmen tragen zur Nahrungsmittelversorgung bei und schützen vor der starken Sonneneinstrahlung und vor dem Flugsand.

Dieser Teich *(unten)* bewässert den eigentlich fruchtbaren Wüstenboden. Größere Bäume dienen als Sonnenschutzdächer, unter denen früchtetragende Bäume und Oliven wachsen und Getreide und Gemüse angebaut werden können.

Das Leben in der Oase dreht sich um die Wasserversorgung. Manchmal wird das Wasser aus tiefen, bis zum Grundwasserspiegel reichenden Brunnen *(links außen)* geschöpft. An anderen Orten tritt das Wasser in Form von Quellen oder Teichen an die Oberfläche *(Mitte)*. Ferner kommt ein ausgeklügeltes und jahrhundertealtes Kanalsystem horizontaler Brunnen, Foggara genannt *(links)*, zur Anwendung. Dieses besteht aus leicht geneigten unterirdischen Tunneln, die Grundwasser vom Gebirgsfußbereich zu den Oasen leiten.

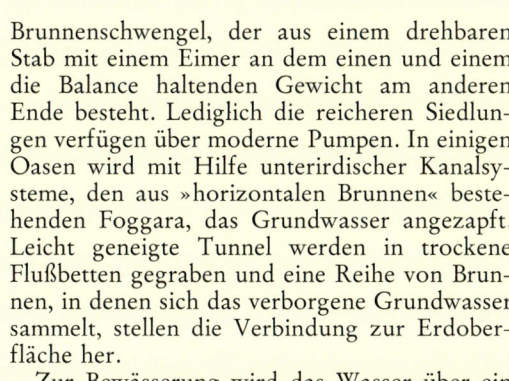

Brunnenschwengel, der aus einem drehbaren Stab mit einem Eimer an dem einen und einem die Balance haltenden Gewicht am anderen Ende besteht. Lediglich die reicheren Siedlungen verfügen über moderne Pumpen. In einigen Oasen wird mit Hilfe unterirdischer Kanalsysteme, den aus »horizontalen Brunnen« bestehenden Foggara, das Grundwasser angezapft. Leicht geneigte Tunnel werden in trockene Flußbetten gegraben und eine Reihe von Brunnen, in denen sich das verborgene Grundwasser sammelt, stellen die Verbindung zur Erdoberfläche her.

Zur Bewässerung wird das Wasser über ein verschlungenes Labyrinth kleiner Kanäle und aus Palmstämmen bestehende Miniaturaquädukte geleitet. Der hohe Salzgehalt des Wassers ist problematisch: Durch die Verdunstung reichert sich immer mehr Salz im Boden an und vermindert dessen Fruchtbarkeit. In Al Wad (El Oued) werden die Dattelpalmen in trichterförmigen Mulden, die 18–27 m tief sind und einen Durchmesser von etwa 820 m haben, gepflanzt. Sie ermöglichen es den Wurzeln, den Grundwasserspiegel zu erreichen. Sichtbar sind lediglich die Palmenkronen. Die Erhaltung dieser Mulden ist für die Bauern mit täglicher mühevoller Arbeit verbunden. Sie schaufeln den Sand nach oben und tragen ihn die steilen Hänge hinauf. Oben wird er zu durch Palmfasermatten verstärkten Sanddämmen aufgehäuft, die die Wüste zurückhalten sollen.

Heute erlauben in manchen Oasen moderne artesische Brunnen eine wesentliche Erweiterung der Kultivierung. Dennoch bleibt die Dattelpalme die wichtigste Nutzpflanze. Wenn sie ein Alter von 10–15 Jahren erreicht hat, beginnt die Pflanze Früchte zu tragen, ermöglicht zwei Ernten im Jahr und kann fast hundert Jahre lang genutzt werden. Ihre vitaminreichen Früchte, ob frisch oder getrocknet, sind das Hauptnahrungsmittel. Es gibt etwa 70 Arten innerhalb dreier Kategorien. Die weiche Dattel, »deglet nour« (»Finger des Lichts«), ist groß und saftig und wird vorwiegend exportiert. Die mittelweiche »deglet beida« (»weißer Finger«), kleiner und weniger saftig, dient dem eigenen Verbrauch. Die weiche, sirupartige und sehr süße »ghars« wird in getrockneter und gepreßter Form als »Karawanenbrot« bezeichnet.

Wenn die Palme keine Früchte mehr trägt, liefert der faserreiche Stamm Holz für den Hausbau, für Bewässerungsrohre, für die Herstellung von Haushaltsgegenständen und Brennmaterial. Aus den Palmwedeln werden Dachwerk, Körbe, Seile und Matten geflochten. Zerstoßene Dattelsamen dienen als Viehfutter. Im Schatten der Palmen können Oliven und andere Früchte, Gemüse und Getreide angebaut werden. Künstliche Bewässerungsmethoden haben es in jüngster Zeit ermöglicht, daß einige Dattelpalmenhaine zu marktorientierten Gartenanlagen erweitert wurden, in denen verschiedene Früchte und Gemüse für den Handel und den Export angebaut werden.

Sahara: Die Tuareg

Einst beherrschte die Adelsschicht des stolzen Volkes der Tuareg die riesige Sahara. Die Tuareg zogen mit ihren Kamel-, Ziegen-, Schaf- und Rinderherden von einer Weidefläche zur nächsten. Aufgrund seiner Wirtschaftsweise war dieses nomadische Hirtenvolk sehr beweglich. Die hellhäutigen Tuareg sind berberischer Abstammung und bilden auch heute noch eine Gemeinschaft mit einzigartigen kulturellen Traditionen. Ihre auf einer starren Klassenstruktur beruhende politische und wirtschaftliche Ordnung wird jedoch zunehmend bedroht.

Auf ihrer Suche nach Weideland befinden sich die Tuareg ständig auf Wanderschaft und versuchen auf diese Weise, die knappen Reserven, die die Wüste zu bieten hat, optimal zu nutzen. Sie bewohnen ein Gebiet, das sich vom Süden Algeriens und Libyens über die Zentralsahara bis nach Niger, in den Norden Malis und in Teile des Tschad erstreckt. In dieser ariden Landschaft heben sich die Hochlandgebiete als relativ fruchtbare, ausreichend mit Wasser versorgte »Inseln« ab. Dennoch kann man sich in Zeiten großer Trockenheit nicht darauf verlassen, daß hier in diesen Regionen ausreichend Weideland verfügbar ist. In solchen Zeiten sterben dann Tausende von Tieren, und ihren menschlichen Begleitern ergeht es oftmals nur unwesentlich besser.

Die Periode der französischen Herrschaft im späten 19. und 20. Jahrhundert markiert den beginnenden Untergang der traditionellen Lebensweise der Tuareg. Die Franzosen, die Algerien besetzt hielten, versuchten, den gewohnheitsmäßigen Raubzügen und dem Sklavenhandel der Tuareg Einhalt zu gebieten. Ihre überlegene Motorisierung, sie verfügten über wüstentaugliche Kettenfahrzeuge, trug zum Gelingen dieses Vorhabens bei. Die politischen Grenzen, die die Franzosen auf den Landkarten dieser Region festlegten, haben das Leben der Tuareg für immer verändert.

Die Gesellschaftsstruktur

Die traditionelle Gesellschaft der Tuareg bestand aus drei Klassen: Adelige, Vasallen und Sklaven. Heute sind die über 1 Million Tuareg in sieben Gruppen oder Bündnissen zusammengeschlossen. Ein Oberhaupt, der Amenukal, ist der Sprecher aller Stammesgruppen. Jede dieser Gruppen setzt sich aus Adeligen, Vasallen und Sklaven (den sogenannten Haratin) zusammen. Früher nahm die Adelsschicht der Tuareg eine privilegierte Stellung ein und betrachtete körperliche Arbeit, insbesondere den Ackerbau, als unter ihrer Würde. Von den übrigen Klassen unterschieden sich ihre Mitglieder in vielerlei Hinsicht – auch in bezug auf Feinheiten ihrer Sprache, Gestik und Körperhaltung (letzteres wurde besonders deutlich, wenn sie auf ihrem bevorzugten Reittier, dem Kamel, saßen). Ehemals kontrollierten sie als furchterregende Krieger und Räuber die durch die Wüsten führenden Karawanenstraßen. Die meisten Karawanen

Nomadische Tuareg *(rechts)* suchen in einer kalten Wüstennacht die Nähe des Feuers. Dieses stolze Volk berberischer Abstammung beherrschte einst die Sahara. Die politischen Veränderungen bedrohen jedoch ihre traditionelle Lebensweise.

Der Lebensraum der nomadischen Tuareg in der Sahara ist auf der Karte *(unten)* dargestellt. Drei größere Hochländer sind als Zentren dieses Volkes erkennbar: die Aïr-Region in Niger, der Hoggar (Ahaggar) in Algerien und das Gebiet des Adrar des Iforas in Mali. Die neuen politischen Grenzen durchschneiden die alten Karawanenstraßen und behindern die Wanderungen der Tuareg. Die Sahelzone bildet die südliche Grenze der Sahara und den Übergang von der Wüste zum fruchtbaren Süden.

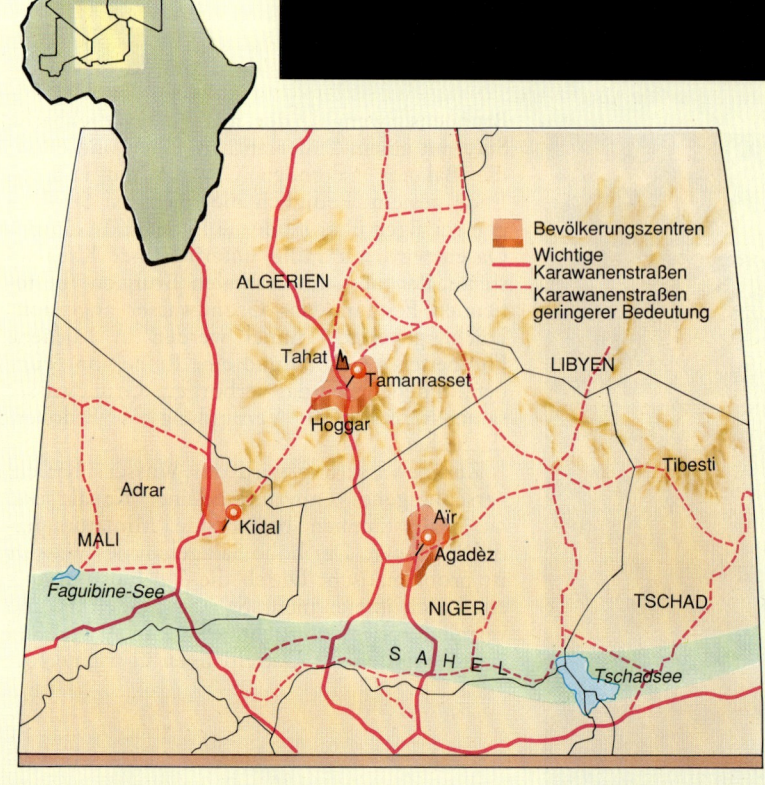

SAHARA

Diese Tuareg-Mutter und ihr Kind *(unten)* tragen die mit Indigo eingefärbten Umhänge, denen die Tuareg den Namen »Blaue Ritter der Wüste« verdanken.

Die Kamelreiter *(unten)* erinnern an eine Zeit, als die Raubzüge der Tuareg in der gesamten Sahara gefürchtet waren. Diese Reiter tragen die traditionelle Kleidung mit dem auffallenden Tagilmust, einer Kombination aus Turban und Schleier.

transportierten Salz nach Süden, und Gold aus Westafrika wurde häufig auf der gleichen Route nach Norden gebracht. Dahingegen beaufsichtigten die Vasallen, die überwiegend negroider Abstammung waren, die Ziegenherden. Sie werden noch heute von den Adeligen Kel Ulli (das Ziegenvolk) genannt. Außerdem bewachten die Vasallen die Zeltlager, die üblicherweise aus kleinen, mit rotgefärbten Tierhäuten oder Matten gedeckten Zeltgruppen bestanden.

Die dritte Klasse, die der Haratin, verrichtete die niedrigsten Arbeiten. In den Oasen kultivierten sie kleine Gärten und lebten in Dauersiedlungen. Die Adeligen beanspruchten drei Viertel der Ernte. Ihre Sklaven mußten sich selbst in Zeiten des Überflusses mit dem Wenigen begnügen, das ihre Herren übrigließen, und während Dürreperioden kam es zu unüberbrückbaren Versorgungsengpässen. Die Folgen für die in großem Elend lebenden Haratin waren Unterernährung und hohe Sterblichkeit.

Zur traditionellen Kleidung der männlichen Tuareg gehört der Tagilmust, eine Kombination aus Turban und Schleier. Er besteht aus einem häufig mit Indigo, einem blauen Farbstoff, gefärbten Baumwollgewebe. Der Farbstoff hinterläßt zuweilen Spuren auf der Haut des Trägers. Aufgrund ihrer Indigo-Kleidung werden die Tuareg auch »Blaue Reiter der Wüste« genannt. Allerdings bezeichnen die Tuareg sich selbst als »Kel Tagilmust« (Schleierträger). Der Schleier dient nicht nur dem Schutz vor dem scharfen Wüstenwind, sondern soll auch verhindern, daß böse Geister in den Mund eindringen. In Gegenwart Fremder und auch der Schwiegereltern ist es Pflicht, den Schleier anzulegen. Auch Frauen tragen solche Tücher. Diese sind aber kleiner und bedecken nur die Mundpartie.

Die Zukunft

1962, nach dem Ende der französischen Kolonialherrschaft, bekam das unabhängige Algerien eine sozialistische Regierung. Von der neuen Regierung wurden Prinzipien wie Gleichheit und Aufhebung von Klassenunterschieden vertreten, die mit den fundamentalen Grundsätzen der Tuareg-Gemeinschaft unvereinbar waren. Die neuen politischen Führer zwangen viele Tuareg dazu, seßhaft zu werden. Sie verboten die Raubzüge und behinderten durch Grenzkontrollen die nomadische Lebensweise. Die Befreiung der Haratin hatte für die Adelsschicht zur Folge, daß sie sich selbst um ihre Nahrungsmittelversorgung kümmern mußte.

In den 60er und 70er Jahren hatten die Tuareg besonders stark unter den Auswirkungen der Dürreperioden in der Sahelzone zu leiden, die zu einer drastischen Reduzierung des verfügbaren Weidelandes führten. Der Tod eines Großteils ihrer Herden bedeutete den wirtschaftlichen Ruin der Tuareg. Ihrer sozialen, ökonomischen und politischen Grundlagen beraubt, wurden viele Tuareg zu seßhaften Ackerbauern.

SAINT KITTS-NEVIS

Regen- und Bergnebelwald bedeckt die Hänge des Nevis Peak *(rechts)* auf der Insel Nevis, der eine Höhe von 983 m erreicht.

Auf den Inseln Saint Kitts und Nevis sind traumhafte Strände zur Belebung des Tourismus eine Seltenheit *(rechts außen)*.

Schwarze *(oben)*, die von afrikanischen Vorfahren abstammen, stellen den Großteil der Inselbevölkerung.

Als 1983 der frischgebackene Zweiinselstaat Saint Kitts-Nevis mit dem unbewohnten flachen Koralleneiland Sombrero den vormals ebenfalls britischen Inselkolonien Barbados, Grenada, Dominica, Saint Lucia, Saint Vincent und Antigua-Barbuda in die Unabhängigkeit folgte, war es für die zumeist schwarze Inselbevölkerung ein Sprung ins Ungewisse. Die Inseln sind in ihren wirtschaftlichen Möglichkeiten stark eingeschränkt und können im Gegensatz zu den Nachbarinseln Antigua und Dominica nicht mit langen weißen Traumstränden sonnenhungrige Touristen anlocken.

Die Insel Saint Kitts wird von einem zerklüfteten Gebirgszug aufgebaut. Im Südosten leitet eine schmale, lange Halbinsel mit einem Salzsee zur Nachbarinsel Nevis über. Immergrüner Regen- und Bergnebelwald überzieht die oberen, Kulturland die unteren Gebirgshänge. Die Eintönigkeit der Zuckerrohrplantagen, der Lebensgrundlage der Inseln, wird auf Nevis von Kokospalmen, auf Saint Kitts von windzerzausten Divi-Divi-Bäumen ein wenig belebt. Nevis lädt Besucher zu einem ruhigen Urlaub in alten Herrenhäusern und Zuckermühlen ein. Saint Kitts bietet Badefreuden an seinem Südende, wo es im Unterschied zu der dunklen Nordküste einen weißen Sandstrand gibt. Doch trotz staatlicher Investitionsprogramme zum Ausbau des Tourismus hängt das Schicksal der Inselbewohner nach wie vor von den Weltmarktpreisen für Zucker ab.

Das Problem schwankender Weltmarktpreise hatten bereits die ersten Siedler im Gefolge des irischen Abenteurers Thomas Warner im 17. Jahrhundert kennengelernt. Britische und französische Pflanzer hatten auf Saint Kitts mit dem Anbau von Tabak begonnen. Als die Tabakpreise in Europa sanken, sahen sie sich jedoch gezwungen, sich auf Zuckerrohranbau umzustellen. Für die strapaziöse Arbeit wurden schwarze Sklaven aus Afrika herbeigeschafft.

Geschichte

Die Kariben hatten die Insel »Liamuiga« (fruchtbares Land) genannt. Christoph Kolumbus (1451–1506), der die Insel 1493 entdeckte, taufte sie nach seinem Namenspatron Saint Christophorus. Unter den Engländern, die wenige Jahre später die Insel in Besitz nahmen, wurde daraus die verkürzte – auch nach der Unabhängigkeit beibehaltene – Bezeichnung Saint Kitts. Der Inselname von Nevis geht auf das spanische Wort »nieve« (Schnee) zurück. Kolumbus und seine Mannen hatten den weißen Wolken- und Nebelmantel, der fast ununterbrochen den 983 m hohen Nevis Peak umgibt, für Schnee gehalten.

Basseterre, die Hauptstadt von Saint Kitts, verdankt ihren Namen den französischen Siedlern. Die Häuser aus der Kolonialzeit haben französisches Gepräge und lassen vergessen, daß Saint Kitts die erste englische Besitzung in der Karibik war. Fast hundert Jahre lang bauten Sklaven an der mächtigen Festung Brimstone Hill. Dieses Bauwerk machte Saint Kitts zum »Gibraltar Westindiens«. Im Gerangel mit Spaniern, Franzosen und Niederländern behielten die Engländer auf Saint Kitts die Oberhand. Im Friedensvertrag von Versailles wurden 1783 Nevis und Saint Kitts endgültig Großbritannien zugesprochen und 1871 zusammen mit Anguilla dem Verband der Leeward Islands angegliedert. Als Großbritannien Saint Kitts-Nevis 1967 mit Anguilla an die Westindischen Assoziierten Staaten anschließen wollte, widersetzte sich An-

Daten und Fakten

DAS LAND
Offizieller Name: Föderation Saint Kitts und Nevis
Hauptstadt: Basseterre
Fläche: 261 km²
Landesnatur: Saint Kitts (Saint Christopher): im Zentrum zerklüfteter Gebirgszug, im SO Halbinsel mit Salzsee; Nevis: großer Vulkankegel
Klima: Feuchttropisches Klima
Höchster Punkt: Mount Misery 1156 m (Saint Kitts)
DER STAAT
Regierungsform: Parlamentarische Monarchie
Staatsoberhaupt: Königin Elisabeth II., vertreten durch einen Generalgouverneur
Regierungschef: Premierminister
Verwaltung: 14 Bezirke
Parlament: Nationalversammlung mit 11 für 5 Jahre gewählten und 3 ernannten Mitgliedern; Nevis hat eigenes Parlament mit 8 Mitgl. und Premierminister
Nationalfeiertag: 19. September
DIE MENSCHEN
Einwohner (Ew.): 39 000 (1999)
Bevölkerungsdichte: 149 Ew./km²
Stadtbevölkerung: 49 %
Analphabetenquote: 10 %
Sprache: Englisch
Religion: Anglikaner 36 %, Methodisten 32 %, Katholiken 11 %
DIE WIRTSCHAFT
Währung: Ostkaribischer Dollar
Bruttosozialprodukt (BSP): 250 Mio. US-$ (1998)
BSP je Einwohner: 6130 US-$
Inflationsrate: 2,9 % (1980–93)
Importgüter: Fast alle Konsumgüter
Exportgüter: Zucker, Melasse, Erdnüsse, Baumwolle
Handelspartner: USA, Großbritannien, Trinidad und Tobago
Straßennetz: 310 km
Fernsehgeräte je 1000 Ew.: 256

guilla. Das nur 91 km² große, hauptsächlich von Fischern bewohnte Eiland erklärte einseitig seine Unabhängigkeit. Doch im Dezember 1980 sorgte Anguilla erneut für Schlagzeilen, als es wieder in den Kreis der Restkolonien zurückkehrte.

Während auf Saint Kitts die führende Labour Party auf Unabhängigkeit drängte, wollte Nevis unter britischer Oberherrschaft bleiben, da es als die kleinere, bevölkerungsschwächere Insel die Vorherrschaft von Saint Kitts fürchtete. Im September 1983 erhielten Saint Kitts und Nevis im Commonwealth of Nations die volle Unabhängigkeit. Bei den Wahlen 1995 und 2000 erreichte die Labour Party die absolute Mehrheit.

Die Vulkaninseln Saint Kitts und Nevis *(rechts)* sind durch die Meerenge »The Narrows«, einen 3,2 km breiten Arm des Karibischen Meers, voneinander getrennt.

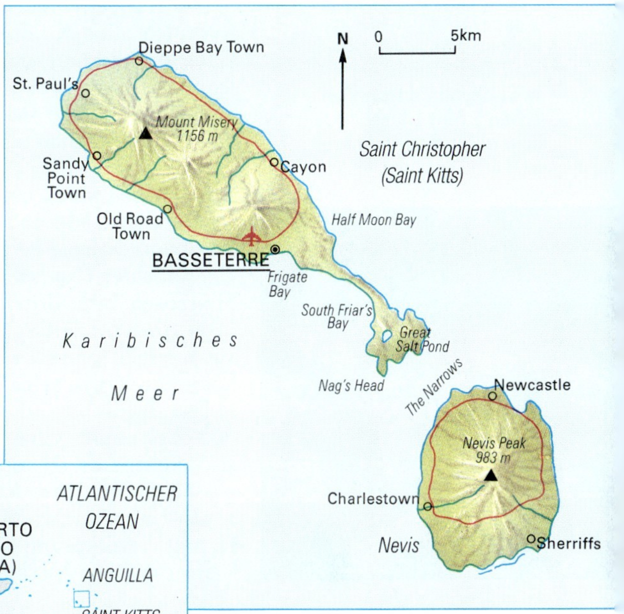

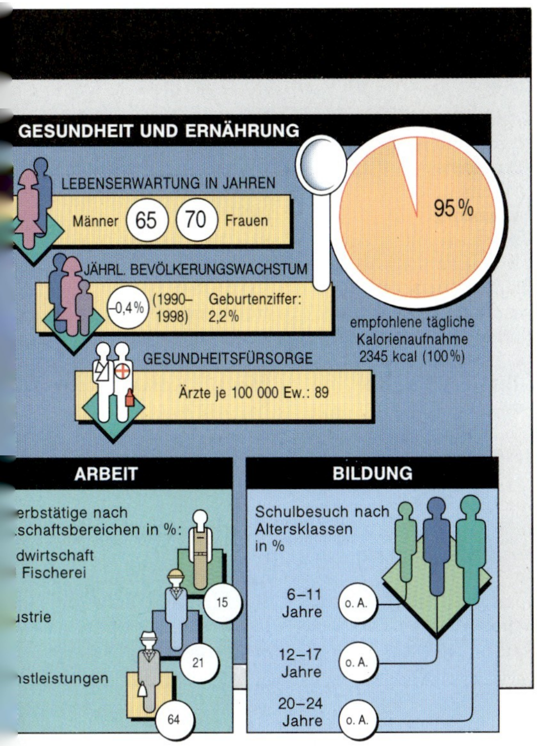

Anguilla

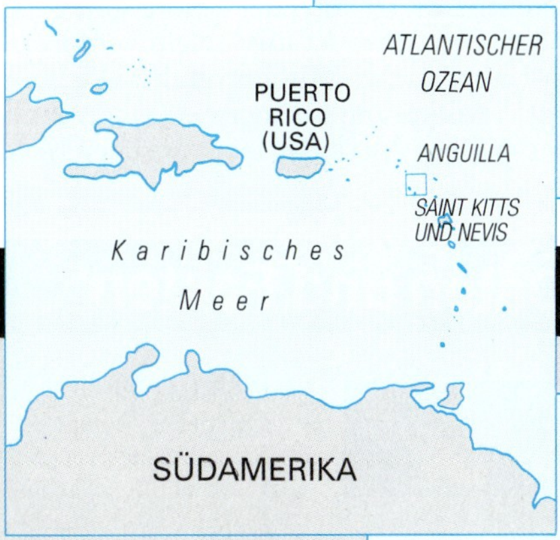

Die Insel Anguilla (rechts) ist ein britisches Schutzgebiet mit 11 000 Einwohnern. Es liegt etwa 112 km nördlich der Inseln Saint Kitts und Nevis, mit denen es von 1882 bis 1967 eine gemeinsame Kolonialverwaltungseinheit bildete. Ihr trockenes, heißes Klima ist ungünstig für eine landwirtschaftliche Nutzung; Fischfang und Tourismus bilden daher das Rückgrat der Inselwirtschaft.

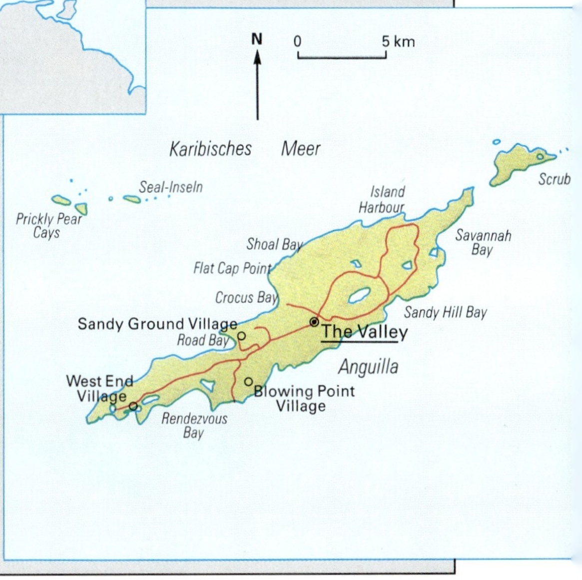

SAINT LUCIA

Von der kleinen Insel Saint Lucia ist weder das Datum der europäischen Entdeckung noch der Entdecker bekannt – eine Seltenheit in der Inselwelt der Karibik. Wenn, wie vermutet, Christoph Kolumbus (1451–1506) die Insel auf seiner vierten Reise entdeckt hat, so geschah es wohl am 18. Juni 1502, dem Namenstag der Heiligen Lucia. Wahrscheinlicher ist jedoch, daß etwa hundert Jahre später Spanier oder Niederländer die Insel entdeckten. Ein um 1602 erbautes niederländisches Fort zeugt von blutigen Kämpfen um die Insel, doch entsprangen die Kriege nicht den üblichen Auseinandersetzungen zwischen den konkurrierenden Kolonialmächten, sondern dem heftigen Widerstand der Ureinwohner.

Die Kariben widersetzten sich viele Jahre erfolgreich allen Kolonisatoren. Die vulkanische Gebirgslandschaft und der undurchdringliche tropische Regenwald, die bis heute den besonderen Reiz dieser naturschönen Insel ausmachen, boten ihnen dabei ausreichend Schutz. Erst ab 1650 gelang es den Franzosen, die Insel den Kariben Stück um Stück zu entreißen.

Zwischen 1660 und 1814 erlebte Saint Lucia die abenteuerliche Seite der karibischen Kolonialgeschichte: Gut zwanzigmal wechselten sich Franzosen und Briten als Herren ab, bis die Insel 1814 endgültig britischer Besitz wurde. 1967 erhielt Saint Lucia innenpolitische Autonomie und 1979 seine Unabhängigkeit.

Das Britischste an der Insel ist ihre Zugehörigkeit zum Commonwealth, das Französischste sind die Namen der Städte und geographischen Orte. Ihre Kultur ist ein verwirrendes anglo-französisches Mischprodukt: Die zu 95 % farbige Bevölkerung ist überwiegend katholisch – ein typisches Merkmal französischer Kolonialvergangenheit; die Amtssprache ist Englisch, die Verwaltung von britischer Ordentlichkeit, die roten Telefonzellen gleichen denen in London. Aber am Telefon wird, wie auf dem malerischen Markt der Hauptstadt Castries, Patois gesprochen, der französische Dialekt der farbigen Inselbewohner, und auf dem Markt herrscht ein gleichermaßen fröhliches wie gelassenes Durcheinander, das eher an den französischen Lebensstil als an englische Organisation erinnert.

Ferienziel des internationalen Tourismus

Die Wirtschaft des jungen Staates ist noch ebenso anfällig wie die Bananenmonokulturen auf der Insel. So setzt auch Saint Lucia auf den Tourismus, der auf der Insel eine vorzügliche Infrastruktur geschaffen hat: Erstklassige Hotels und ein gutes Straßennetz machen dem Besucher den natürlichen Reichtum der Insel, ihre Naturschönheiten, leicht zugänglich. So gibt es auf Saint Lucia den einzigen aktiven Vulkankrater der Erde, in den man mit dem Auto hineinfahren kann. Er gehört zu den beiden Gipfeln der bis auf fast 800 m hochragenden Pitons, den Wahrzeichen Saint Lucias.

Die Hänge der Pitons tragen undurchdringlichen Regenwald. Auch das übrige, stark zerklüftete, von zahlreichen Flußtälern zerschnittene vulkanische Hügelland wird von reicher tropischer Vegetation bedeckt: Wilde Orchideen, Bougainvillea, Hibiskus und Rosen wuchern durch Regenwälder, die von der bunten Vogelwelt der Karibik bevölkert sind und die monotonen Plantagenkulturen immer wieder unterbrechen.

Die unberührte Natur der Bergwälder, die kilometerlangen Sandstrände der Westküste,

Kakao (unten) wird, wie die Bananen, in ausgedehnten Plantagen angebaut. Die meisten Insulaner sind Nachkommen afrikanischer Sklaven, die während der britischen und französischen Kolonialherrschaft auf den Plantagen arbeiten mußten.

Daten und Fakten

DAS LAND
Offizieller Name: Saint Lucia
Hauptstadt: Castries
Fläche: 622 km²
Landesnatur: Vulkanische Insel, im Zentrum gebirgig u. zerklüftet, zur Küste hin Hügelländer
Klima: Feuchttropisches Klima
Hauptflüsse: Cul de Sac, Dennery, Canelles
Höchster Punkt: Mount Gimie 959 m

DER STAAT
Regierungsform: Parlamentarische Monarchie
Staatsoberhaupt: Königin Elisabeth II., vertreten durch einen Generalgouverneur
Regierungschef: Premierminister
Verwaltung: 10 Gemeinden
Parlament: Unterhaus mit 17 für 5 Jahre gewählten Abgeordneten u. Senat mit 9 ernannten Mitgliedern
Nationalfeiertag 13. Dezember

DIE MENSCHEN
Einwohner (Ew.): 152 000 (1999)
Bevölkerungsdichte: 244 Ew./km²
Stadtbevölkerung: 48 %
Analphabetenquote: 20 %
Sprache: Englisch, Patois
Religion: Katholiken 77 %

DIE WIRTSCHAFT
Währung: Ostkaribischer Dollar
Bruttosozialprodukt (BSP): 546 Mio. US-$ (1998)
BSP je Einwohner: 3410 US-$
Inflationsrate: 2,5 % (1990-98)
Importgüter: Fast alle Konsumgüter
Exportgüter: Bananen, Pfeilwurz, stärkehaltige Knollenpflanzen, Süßkartoffeln, Kopra
Handelspartner: EU-Länder (v. a. Großbritannien), USA, Trinidad und Tobago, Japan
Straßennetz: 970 km

tropisches Naturerleben für Taucher, Segler und Wanderer sowie die kulinarischen Genüsse französisch-kreolischer Küche machen Saint Lucia zum gesuchten Feriengebiet des internationalen Tourismus. Der Jachthafen von Marigot Bay und die von internationalen Hotelketten besetzten Strände von Vieux Fort, Gros Islet oder Cap Estate haben die Idylle Saint Lucias noch nicht zerstört: Noch gibt es die kleinen Fischerdörfer, die Leuchttürme, die Spuren legendärer Piratenverstecke, die Ruinen der Forts, den ungeschmälerten Reichtum tropischer Tier- und Pflanzenwelt. Noch ist Soufrière ein Bilderbuchdorf karibischen Lebens, und die Hauptstadt Castries ist trotz schwerer Feuersbrünste 1927 und 1948 immer noch einer der schönsten Antillenhäfen, geprägt von den modernsten Warenhäusern des karibischen Raumes und von den großzügigen Gärten und Baudenkmälern aus viktorianischer Zeit.

Die Nachbarinseln Martinique und Barbados sind eindeutig französisch oder britisch geprägt – Saint Lucia konnte sich nie entscheiden, hat von beiden Kulturen das Angenehmste übernommen, und seine natürliche Schönheit wird nur von Dominica übertroffen.

Ein »Zuckerhutberg« vulkanischen Ursprungs *(links)* beherrscht einen Hafenort auf Saint Lucia. Der überwiegende Teil dieser naturschönen Insel ist gebirgig. Das heiße Klima mit ergiebigen Regenfällen läßt eine üppig wuchernde, tropische Vegetation gedeihen. Die Wirtschaft der Insel beruht in erster Linie auf dem Anbau von Bananen, Kakao und Kokosnüssen. Auch der Tourismus gewinnt mehr und mehr an Bedeutung; in den letzten Jahren wurden zahlreiche Straßen und Hotels gebaut.

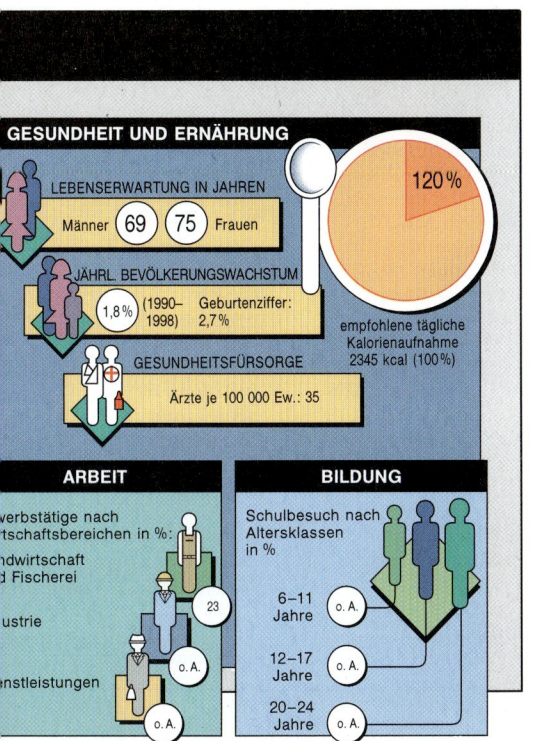

Saint Lucia *(rechts)* ist ein unabhängiger Staat im britischen Commonwealth. Die französische Besiedlung der Insel begann Mitte des 17. Jahrhunderts, und viele Ortsnamen erinnern noch an die französische Herrschaft.

SAINT VINCENT UND DIE GRENADINEN

Die Insel Mustique *(rechts oben)* in der Gruppe der Grenadinen ist als »Spielwiese« des internationalen Jet-Set bekannt geworden. Viele reiche und berühmte Europäer besitzen Ferienhäuser oder Apartments auf dieser Insel.

Holzbungalows mit Blechdächern säumen eine ruhige Straße in den Außenbezirken von Kingstown *(rechts Mitte)*, der Hauptstadt von Saint Vincent und die Grenadinen. Mit etwa 16 000 Einwohnern ist es bei weitem das größte städtische Zentrum der Inseln.

Zum Besuch des Inselstaates Saint Vincent und die Grenadinen bedarf es einiger Geduld und Unverdrossenheit. Nur kleine Maschinen können auf dem Flugplatz Arnos Vale bei Kingstown landen. Im Anflug auf die Hauptinsel blickt man auf die steile, zerklüftete Ostküste. Weniger abweisend ist die grüne Hügellandschaft der Westseite. Den Norden der Insel krönt der 1234 m hohe, immer noch aktive Vulkan La Soufrière. Im April 1979 hat er letztmalig seine Lavamassen ausgespieen und große Teile der landwirtschaftlichen Kulturen vernichtet. Rund ein Fünftel der Inselbevölkerung mußte evakuiert werden.

Saint Vincent wurde 1498 von Christoph Kolumbus (1451–1506) entdeckt. Sowohl Briten wie Franzosen versuchten, die Insel unter ihre Herrschaft zu bringen, doch bis zum Jahre 1765 vermochten eingeborene Kariben die Ansiedlung der Europäer zu verhindern. Als Kariben und Franzosen den britischen Streitkräften unterlagen, ging Saint Vincent 1814 in britischen Besitz über. Die meisten Eingeborenen wurden daraufhin auf die heute zu Honduras gehörende Insel Roatán deportiert. Seit 1979 ist Saint Vincent zusammen mit den nördlichen Grenadinen als konstitutionelle Monarchie im Rahmen des Commonwealth unabhängig.

Das fruchtbare Vulkanland ist heute zumeist im Besitz ehemaliger aus Schwarzafrika stammender Plantagenarbeiter. Die Händler in den Dörfern und Städtchen sind meist Nachfahren asiatischer Kontraktarbeiter, die nach dem Verbot der Sklaverei im 19. Jahrhundert angeworben worden waren. Auf Eselskarren bringen die Kleinbauern ihre Waren – Knollengewächse, Brotfrucht, Erbsen, Kokosnüsse, Ananas – auf den Markt nach Kingstown, der Haupt- und Hafenstadt Saint Vincents. Hier werden Bananen, das Hauptausfuhrprodukt, in Spezialfrachter verladen.

Kingstown bietet das typische Bild vieler Antillenstädte: zwei- bis dreistöckige Büro-, Geschäfts- und Regierungsgebäude im Zentrum, verwahrloste Randviertel mit bunten, wackligen Holzhäuschen, hier und da ein kleiner Straßenmarkt. Dazwischen einige Sehenswürdigkeiten aus der Kolonialzeit: der Pferderennplatz, auf dem auch Kricket gespielt wird, der Botanische Garten – der angeblich älteste der Karibik –, die in bizarrem Mischstil erbaute Saint Mary's-Kathedrale und die anglikanische Kirche Saint George's.

Die meisten Einwohner sind Anhänger christlicher Glaubensrichtungen. Von der neugotischen Kirche bis zum Wellblechschuppen sieht man Gotteshäuser jeden Typs. Singende und klatschende Menschen verfallen zuweilen in tänzerische Bewegungen. Einerseits hat sich in den christlichen Kulten der farbigen Inselbewohner heidnisch-afrikanisches Brauchtum erhalten, andererseits kann man erleben, daß sich manche Inselbewohner englischer geben als die früheren Kolonialherren. In Volksliedern werden die Taten mittelalterlicher Könige aus dem fernen Europa besungen.

Das koloniale Erbe wird auch im Botanischen Garten von Kingstown gepflegt. Dort steht neben einheimischen Gewächsen, die in Europa meist nur als Zierpflanzen im Kleinformat bekannt sind, ein Brotfruchtbaum, dessen Setzling der Bounty-Kapitän Bligh vor 200 Jahren von Tahiti mitbrachte. Die rundliche, bis zu 2 kg schwere Brotfrucht wurde zu einem Grundnahrungsmittel der Insel. Von den Kanarischen Inseln brachten die Europäer das Zuk-

Daten und Fakten

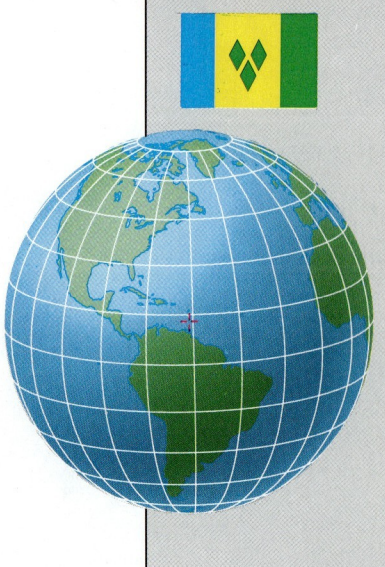

DAS LAND
Offizieller Name: Saint Vincent und die Grenadinen
Hauptstadt: Kingstown
Fläche: 388 km²
Landesnatur: Inseln vulkanischen Ursprungs; Hauptinsel Saint Vincent von vulkan. Gebirgskette durchzogen, im O u. W kleinere Schwemmlandebenen
Klima: Feuchttropisches Klima
Hauptflüsse: Cumberland, Colonarie
Höchster Punkt: La Soufrière 1234 m

DER STAAT
Regierungsform: Parlamentarische Monarchie
Staatsoberhaupt: Königin Elisabeth II., vertreten durch einen Generalgouverneur
Regierungschef: Premierminister
Verwaltung: 6 Bezirke
Parlament: Abgeordnetenhaus mit 15 für 5 Jahre gewählten und 6 ernannten Mitgliedern
Nationalfeiertag: 27. Oktober

DIE MENSCHEN
Einwohner (Ew.): 113 000 (1999)
Bevölkerungsdichte: 291 Ew./km²
Stadtbevölkerung: 25 %
Analphabeten: 18 %
Sprache: Englisch
Religion: Anglikaner 36 %, Methodisten 28 %, Katholiken 9 %

DIE WIRTSCHAFT
Währung: Ostkaribischer Dollar
Bruttosozialprodukt (BSP): 274 Mio. US-$ (1998)
BSP je Einwohner: 2420 US-$
Inflationsrate: 2,5 % (1990–98)
Importgüter: Fast alle Konsumgüter
Exportgüter: Bananen, Pfeilwurz, stärkehaltige Knollenpflanzen, Süßkartoffeln, Kopra
Handelspartner: Großbritannien, Trinidad und Tobago, USA, Japan
Straßennetz: 1109 km

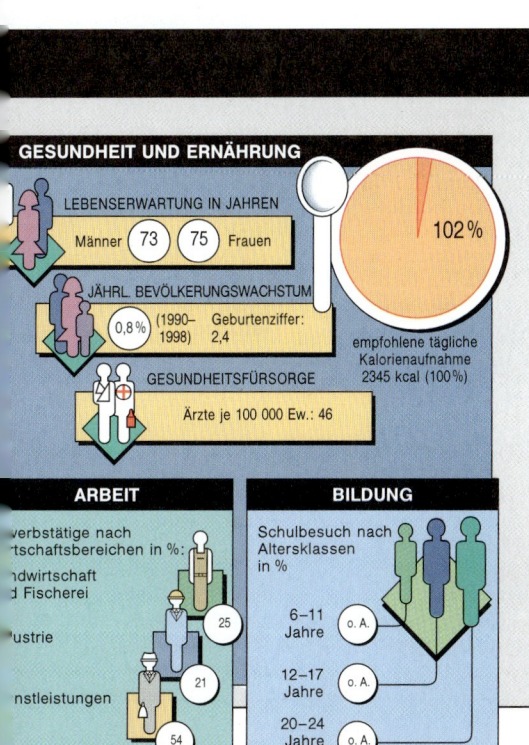

kerrohr in die Karibik. Allerdings gedeiht es auf dem schroffen Inselgelände nicht so gut wie die Arrowroot (Pfeilwurz), eine seltene Pflanze, aus der Stärkemehl zur Herstellung von Papier gewonnen wird.

Besorgniserregend für die zukünftige wirtschaftliche Entwicklung des Inselstaates ist der starke Bevölkerungszuwachs: mehr als die Hälfte der Inselbewohner ist jünger als 20 Jahre. Die verbesserte Gesundheitsfürsorge hat zwar die hohe Kindersterblichkeit, nicht aber die weitverbreitete Unterernährung reduziert.

Gemessen am Bevölkerungszuwachs, sind die Exporterlöse und Steuereinnahmen gering. Oft ist so wenig Geld in der Staatskasse, daß nicht einmal die Beamtengehälter ausgezahlt werden können. Mehr denn je ist Saint Vincent auf Auslandshilfe und Nahrungsmitteleinfuhren angewiesen.

Der Fremdenverkehr, für viele Inselstaaten der Karibik ein Ausweg aus der Abhängigkeit, ist auf Saint Vincent erst schwach entwickelt. Kapitalanleger bevorzugen meist Inseln mit einer besseren Infrastruktur. Die größte touristische Anziehungskraft besitzen die nördlichen Grenadinen. Der Archipel von etwa 40 Eilanden, meist bergig, bewaldet, mit weißen und schwarzen Sandstränden und von langen Korallenriffen umgeben, gehört zu den schönsten Segelgebieten der Karibik.

Saint Vincent und die Grenadinen *(rechts)* umfaßt die große Insel Saint Vincent *(ganz rechts)* und etwa 40 kleinere Inseln des nördlichen Grenadinenarchipels.

SALOMONEN

Das Gebiet des im Jahre 1978 unabhängig gewordenen Staates Salomonen ist weitgehend identisch mit der gleichnamigen Inselgruppe. Allerdings gehören die nördlichsten Inseln der Salomonen bereits zum Nachbarstaat Papua-Neuguinea, und im Süden reicht das Staatsgebiet über die Inselgruppe hinaus und schließt auch die weitab gelegenen Santa-Cruz-Inseln sowie Rennell ein. Die zahlreichen Inseln sind fast alle bewohnt.

Die eigentlichen Salomonen bilden zwei parallel verlaufende Ketten, die sich über rund 1000 km von Nordwesten nach Südosten erstrecken. Sie sind weitgehend durch schroffe Gebirge mit zerklüfteten Hängen gekennzeichnet. Der höchste Gipfel, der auf Guadalcanal gelegene Mount Makarakomburu, erreicht 2447 m Höhe. Die Gebirge im Inneren der meisten Inseln machen die verkehrsmäßige Erschließung äußerst schwierig. Der bis heute bestehende wirtschaftliche und kulturelle Gegensatz zwischen den Küstenregionen und dem Inselinneren ist hierauf weitgehend zurückzuführen.

Die Salomonen sind zwar vulkanischen Ursprungs, doch sind die mächtigen Lavadecken, die den Sockel der Inseln bilden, bereits zu Beginn des Tertiärs, vor rund 60 Millionen Jahren entstanden. Im weiteren Verlauf der geologischen Entwicklung der Erde versanken diese alten Basaltmassive, so daß sich Meeressedimente und Kalk von Korallenriffen über den Lavadecken ablagerten. Durch erneute Hebung und Wiederaufleben des Vulkanismus wurde das heutige Relief geprägt. Wie überall am Rande des Pazifik machen sich auch auf den Salomonen die Bewegungen der Erdkruste in Form von Erdbeben und aktivem Vulkanismus bis in die Gegenwart hinein bemerkbar.

Der gebirgige Charakter der Inseln prägt auch das Klima: feuchtwarme Luftmassen, zum Aufsteigen gezwungen, regnen sich in gewaltigen Niederschlägen ab. Die durchschnittliche Menge liegt bei 3000 mm pro Jahr, kann aber mancherorts 8000 mm pro Jahr erreichen. Die Regenzeit mit gelegentlichen Wirbelstürmen liegt zwischen Dezember und März. Zusammen mit den gleichmäßig hohen Temperaturen sind damit die Voraussetzungen für eine äußerst üppige Vegetation geschaffen. Auch heute noch sind die Inseln weitgehend von dichtem tropischen Regenwald bedeckt.

Abgesehen von einigen Europäern, Japanern und Chinesen leben auf den Inseln überwiegend Melanesier. Nahezu jeder Stamm hat eine eigene Sprache oder zumindest einen eigenen Dialekt, insgesamt werden über 80 Dialekte unterschieden. Zur Verständigung hat sich daher – besonders in den Küstenorten – das sogenannte Pidgin-Englisch durchgesetzt.

Die Zeit der häufigen Stammesfehden ist heutzutage vorbei. Die meisten Menschen gehören einer der christlichen Kirchen an. Allerdings haben sich auch traditionelle Glaubensvorstellungen erhalten, die – etwa in Form von Ahnenkulten – noch gepflegt werden.

Wichtige Erwerbszweige sind die Land- und Forstwirtschaft. Hauptanbauprodukte der Selbstversorgungswirtschaft sind Knollenfrüchte, vor allem Süßkartoffeln, Taro und Yams, sowie verschiedene Sorten Gemüse und Obst. Weit verbreitet ist die äußerst vielseitig nutzbare Kokospalme. Das aus ihren Nüssen gewonnene Kopra war lange Zeit das einzige Exportprodukt. Heute steht Bau- und Nutzholz an erster Stelle unter den Exportgütern, gefolgt von Fisch und Palmöl.

Daten und Fakten

DAS LAND
Offizieller Name: Solomon Islands
Hauptstadt: Honiara
Fläche: 28 896 km²
Landesnatur: Gebirgige Inseln vulkanischen Ursprungs
Klima: Feuchttropisches Klima
Höchster Punkt: Mount Makarakomburu 2447 m

DER STAAT
Regierungsform: Parlamentarische Monarchie
Staatsoberhaupt: Königin Elisabeth II., vertreten durch einen Generalgouverneur
Regierungschef: Ministerpräsident
Verwaltung: 8 Provinzen und Hauptstadt
Parlament: Nationalparlament mit 50 für 4 Jahre gewählten Abgeordneten
Nationalfeiertag: 7. Juli

DIE MENSCHEN
Einwohner (Ew.): 430 000 (1999)
Bevölkerungsdichte: 15 Ew./km²
Stadtbevölkerung: 23 %
Analphabetenquote: 38 %
Sprache: Englisch, melanesische und polynesische Sprachen
Religion: Anglikaner 34 %, Katholiken 19 %, Protestanten 42 %

DIE WIRTSCHAFT
Währung: Salomonen-Dollar
Bruttosozialprodukt (BSP): 311 Mio. US-$ (1998)
BSP je Einwohner: 750 US-$
Inflationsrate: 9,7 % (1990-98)
Importgüter: Maschinen, Fahrzeuge, Brennstoffe, Nahrungsmittel
Exportgüter: Fische, Palmöl, Kopra, Holz, Kakao, Muscheln
Handelspartner: Australien, Japan, USA, Großbritannien, Singapur, Niederlande
Straßennetz: 1835 km
Fernsehgeräte je 1000 Ew.: 7

Mit Auslegerkanus (oben) gehen die Insulaner auf Fischfang. Im Zweiten Weltkrieg waren die Salomonen Schauplatz heftiger Kämpfe zwischen Amerikanern und Japanern. Rostende Feldgeschütze (rechts) auf Guadalcanal erinnern daran.

Die Salomonen (oben) liegen im Westteil des Pazifischen Ozeans, etwa 1600 km nordöstlich von Australien. Auf der Hauptinsel Guadalcanal liegt die Hauptstadt Honiara. Die östlich gelegenen Santa-Cruz-Inseln gehören auch zu dem Inselstaat.

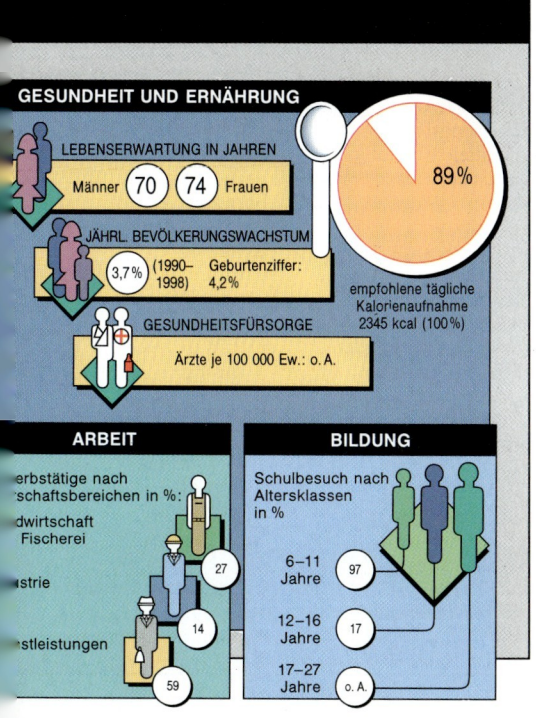

Diese jungen Einwohner der Salomonen (oben) gehören rassisch zu den dunkelhäutigen Melanesiern, die den Großteil der Inselbewohner ausmachen.

Entdeckt wurden die Salomonen bereits 1568 von dem Spanier Alvaro de Mendaña de Neyra (1541–1595). Im Glauben, das sagenhafte Goldland des Königs Salomon entdeckt zu haben, gab er den Inseln ihren Namen. Doch da die Inseln kaum wirtschaftlichen Nutzen versprachen, gerieten sie für lange Zeit nahezu in Vergessenheit. Erst im 19. Jahrhundert interessierten sich zuerst einige Walfänger und Händler, später auch Missionare für die Inseln. 1885 nahm das Deutsche Reich die nördlichen Salomonen in Besitz, während die südlichen Inseln 1893 unter britische Schutzherrschaft gestellt wurden. Größte militärische Bedeutung erhielten die Salomonen im Zweiten Weltkrieg, als sie 1942 von Japanern besetzt und dann in erbitterten Kämpfen von US-amerikanischen Truppen erobert wurden. Großbritannien gewährte den Inseln nach einer Phase der inneren Selbstverwaltung im Jahr 1978 die völlige Autonomie. Die Salomonen sind Mitglied des Commonwealth, Staatsoberhaupt ist Königin Elisabeth II., vertreten durch einen einheimischen Generalgouverneur.

1225

SAMBIA

Wie fast alle Staaten südlich der Sahara ist Sambia in seinen heutigen Grenzen noch ein sehr junger Staat, der auf dem Boden alter afrikanischer Reiche gegen Ende des letzten Jahrhunderts von europäischen Kolonialherren geschaffen wurde.

Wenige Jahre nach den ersten Reiseberichten von David Livingstone (1813–1873) drangen die ersten weißen Missionare in das Gebiet ein. Der »British South Africa Company« (BSAC) unter der Führung von Cecil Rhodes (1853–1902) gelang es über mehrere »Verträge«, das Gebiet nördlich des Sambesi unter britischen Einfluß zu bringen. Von besonderer Bedeutung war der Kontrakt mit Lewanika, dem Herrscher von Barotseland. Die BSAC sicherte sich Handels- sowie Abbaurechte und erkannte als Gegenleistung die traditionellen Rechte der Barotse an. Die bis heute andauernde Sonderstellung des Barotselands (Western Province) leitet sich hieraus ab.

Ab 1892 wurde für die britischen Einflußgebiete nördlich und südlich des Sambesi der Name Rhodesien immer gebräuchlicher. Beide wurden zu Territorien der BSAC und trugen fortan die Namen Nord- bzw. Südrhodesien (heute Sambia und Simbabwe). 1924 wurde Nordrhodesien als britisches Protektorat dem Kolonialamt in London unterstellt.

Wirtschaftlich hatte die junge Kolonie große Bedeutung. Bereits 1902 waren im Norden an der Grenze zum damaligen Belgisch-Kongo (heute Demokratische Republik Kongo) Mangan- und Zinnlager und wenig später in der Nähe von Ndola reiche Kupfervorkommen entdeckt worden. Mit der Förderung und Ausbeutung der Bodenschätze entstand der bis heute bedeutende »Kupfergürtel« (»Copperbelt«).

1953 wurden Nord- und Südrhodesien sowie Njassaland (Malawi) zur Zentralafrikanischen Föderation zusammengeschlossen, um die weiße Minderheitsherrschaft dauerhaft abzusichern. Die Hauptsitze der Minengesellschaften des Copperbelt wurden in die neue Hauptstadt Salisbury (Harare) verlegt.

Die Ära Kaunda

Nach dem Zweiten Weltkrieg intensivierte die afrikanische Unabhängigkeitsbewegung ihre Aktivitäten. 1948 wurde der »Northern Rhodesian Congress« gegründet, der sich ab 1951 »African National Congress« (ANC) nannte. Die gemäßigte Politik dieser Organisation unter der Führung von Harry Nkumbula führte 1958 zum Austritt des militanten Parteiflügels, der sich 1959 zur »United National Independence Party« (UNIP) zusammenschloß.

Uneingeschränkter Führer der UNIP wurde schon im folgenden Jahr Kenneth D. Kaunda (*1924). Bei den Wahlen 1964 erhielt die von den Stämmen des Nordens unterstützte UNIP 55 der insgesamt 75 Sitze und bildete eine Regierung, die Nordrhodesien noch im gleichen Jahr in die Souveränität führte.

In den ersten Jahren nach der Unabhängigkeit kam es zu starken Konflikten bei der Aufteilung der politischen Macht. Die vermeintliche Benachteiligung einiger Provinzen und Stämme des Landes, die neue Parteien bzw. Parteiflügel innerhalb der UNIP entstehen ließ, führte zu bewaffneten Auseinandersetzungen. Zur Beendigung der Unruhen wurde 1973 eine neue Verfassung verabschiedet, die Sambia zum Einparteienstaat machte.

Zur Vorbereitung auf diese »bessere« politische Zukunft des Landes hatte Kaunda 1972 sei-

Daten und Fakten

DAS LAND
Offizieller Name: Republik Sambia
Hauptstadt: Lusaka
Fläche: 752 618 km²
Landesnatur: Hauptsächlich Hochflächen der Lundaschwelle, von Inselbergen überragt, am Sambesi Sumpf- und Überschwemmungsgebiete
Klima: Tropisches Hochlandklima
Hauptflüsse: Sambesi, Luangwa
Höchster Punkt: Muchinberge 1848 m
Tiefster Punkt: Kaum unter 1000 m

DER STAAT
Regierungsform: Präsidiale Republik
Staatsoberhaupt: Staatspräsident
Verwaltung: 9 Provinzen
Parlament: Nationalversammlung mit 150 für 5 Jahre gewählten Mitgliedern, House of Chiefs mit 27 Vertretern ethnischer Gruppen
Nationalfeiertag: 24. Oktober
DIE MENSCHEN
Einwohner (Ew.): 9 715 000 (1999)
Bevölkerungsdichte: 12 Ew./km²
Stadtbevölkerung: 45 %

Bevölkerung unter 15 Jahren: 48 %
Analphabetenquote: 22 %
Sprache: Englisch, Bantusprachen
Religion: Christen 72 %, Anhänger von traditionellen Religionen
DIE WIRTSCHAFT
Währung: Kwacha
Bruttosozialprodukt (BSP): 3190 Mio. US-$ (1998)
BSP je Einwohner: 330 US-$
Inflationsrate: 63,5 % (1990–98)
Importgüter: Maschinen, Fahrzeuge, Erdöl u. -produkte, chem. Er-

Die Victoriafälle *(links)*, 122 m hoch, liegen am Sambesi im Süden von Sambia auf der Landesgrenze zu Simbabwe. – **Sambia** verfügt über reiche Kupferlagerstätten *(unten links)*, die die Hauptstütze der Wirtschaft bilden.

Sambia *(unten)* war früher als Nordrhodesien bekannt und Teil der Föderation von Rhodesien und Njassaland. Es änderte im Jahre 1964 seinen Namen in Sambia, als es die Unabhängigkeit von Großbritannien erlangte.

zeugnisse, lebende Tiere, Nahrungsmittel
Exportgüter: Kupfer, Blei, Kobalt, Mangan, Zink, Tabak, Spinnstoffe
Handelspartner: Japan, USA, Großbritannien, BRD, Frankreich u. andere EU-Länder, Rep. Südafrika, Simbabwe, Indien, VR China, Saudi-Arabien, Thailand
Eisenbahnnetz: 2164 km
Straßennetz: 38 900 km
Fernsehgeräte je 1000 Ew.: 32

nen einstigen Mitstreiter im Kampf um die Unabhängigkeit, Simon Kapwepwe, zusammen mit anderen Führern der oppositionellen »United Progressive Party« (UPP) ohne Gerichtsverfahren inhaftieren lassen. Kapwepwe hatte 1971 als Führer der Stammesgruppe der Bemba die UPP gegründet und die Korruption innerhalb des Regierungsapparates heftig attackiert.

Kaunda predigte fortan die Vorzüge des von ihm geschaffenen sambischen Humanismus, einer afrikanischen Form des Sozialismus auf traditioneller gesellschaftlicher Grundlage.

Kaunda verordnete die Gleichschaltung der Presse, übernahm den Oberbefehl über die Armee sowie zahlreiche weitere hohe Regierungsämter, unterstellte die Gewerkschaften strikter staatlicher Aufsicht und sorgte für Teilverstaatlichung (über 50 %) der Schlüsselindustrien. Die negativen Folgen für die Wirtschaft des Landes waren erheblich. 1990 mußte Kaunda demokratischen Reformen zustimmen. Nach freien Präsidentschaftswahlen 1991 wurde der überzeugte Christ Frederick Chiluba (* 1943) neuer Staatschef. Im November 1996 wurde er im Amt bestätigt.

SAMBIA: DAS LAND

Sambia liegt im Übergangsbereich von Zentral- und Ostafrika zu Südafrika. Die Oberfläche des Landes wird von einem nur schwach gegliederten Hochland zwischen 1000 m und 1500 m Höhe gebildet, das von Süden nach Norden allmählich zur Lundaschwelle ansteigt.

Namengebend für das Land ist der Sambesi, mit 2736 km der längste Strom des südlichen Afrika. Der Sambesi und sein Nebenfluß Kafue haben streckenweise tiefe Schluchten in das 900–1200 m hohe Plateau eingeschnitten, das den Westteil landschaftlich bestimmt. Ein beeindruckendes Naturschauspiel sind die Victoriafälle, wo der Sambesi in mehreren Fällen in eine über 120 m tiefe Schlucht stürzt.

Der Breitenlage entsprechend besitzt Sambia tropisches Klima, das jedoch durch die Höhenlage gemildert wird. Die jährliche Niederschlagsmenge beträgt im Süden des Landes 600–700 mm; sie steigt nach Norden hin auf 1500 mm an. Die Niederschläge fallen im Südsommer von Oktober bzw. November bis April. Die täglichen und jährlichen Temperaturschwankungen sind bei einer mittleren Jahrestemperatur um 21 °C gering.

Noch immer gehört die parkähnliche Savanne mit ihren laubabwerfenden Bäumen zu den wildreichsten Gebieten Afrikas. Nach Gründung der »Wildlife Society of Zambia« (1953) wurden insgesamt achtzehn Nationalparks eingerichtet. Luangwa- und Kafue-Park gehören mit ihrem Artenreichtum und der großen Individuenzahl zu den sehenswertesten Naturschutzgebieten. Eine besondere Attraktion bilden die »Walking Safaris«, bei denen in Begleitung eines bewaffneten Wildhüters Gruppen von maximal sechs Personen zu Fuß zu den Wildherden geführt werden.

Bevölkerung

Trotz des hohen jährlichen Bevölkerungswachstums von über 2 % ist Sambia mit 12 Einwohnern pro km² ein dünn besiedeltes Land. Allerdings schwankt die Bevölkerungsverteilung regional sehr stark. Entlang der Bahnlinie vom »Kupfergürtel« bis nach Livingstone (Maramba), wo die größten Industrie- und Handelsstädte entstanden sind, konzentriert sich die Bevölkerung. Der Grad der Verstädterung ist für afrikanische Verhältnisse sehr hoch.

Wie die meisten afrikanischen Staaten ist auch Sambia ein Vielsprachenstaat, der zudem über keine Verkehrssprache verfügt. Da sich auch keine überregional dominierende Volksgruppe herausgebildet hat, ist die Verständigung schwierig. Die wichtigsten der siebzig verschiedenen Ethnien sind die Bemba, Nyanja, Tonga, Lozi, Lunda und Luvali.

Agrarwirtschaft und Industrie

Die Agrarwirtschaft stellt für fast drei Viertel der Bevölkerung die Existenzgrundlage, obwohl sie zur Gesamtleistung der Volkswirtschaft weniger als ein Fünftel beiträgt und Sambia

Sambische Mädchen *(links)* eines Kirchenchors während einer Messe. Die meisten Sambier sind Christen – zahlenmäßig gibt es soviele Katholiken wie Protestanten. Viele befolgen aber auch noch alte afrikanische Riten.

Eine Maske, umrahmt von einer schwarzen Perücke *(rechts),* gehört zum Kostüm dieses Geistertänzers, der Anhänger eines animistischen (naturanbetenden) Kultes ist. Im Gegensatz zu den Städten sind auf dem Land Naturreligionen noch verbreitet.

Diese Jungen *(links)* kehren müde von einem harten Arbeitstag auf den Feldern in ihr Dorf zurück. Der Boden ist meist nicht sehr fruchtbar, und die Bauern müssen hart arbeiten, um genügend Mais, ihr Grundnahrungsmittel, ernten zu können.

Weite Baum- und Buschflächen *(unten)* sind kennzeichnend für große Teile von Sambia. Dieses Gebiet erstreckt sich im Südosten des Landes entlang des Luangwa-Flusses, dessen Wasserstand während der trockenen Jahreszeit beträchtlich sinkt.

Der »Kupfergürtel« von Sambia *(oben rechts)* verläuft als breites Band im Zentrum des Landes. Dort gibt es vier große und eine Vielzahl kleinerer Kupferminen. Andere Mineralien, wie Kobalt, werden als Nebenprodukte im Zuge des Kupferabbaus gewonnen. Sambia ist das zwölftgrößte kupferproduzierende Land der Welt; Kupfer macht fast 70 % der Exporteinnahmen aus. Da die Minen so wichtig sind, konzentrieren sich hier Afrikas Straßen- und Zugverbindungen.

Wirtschaftlicher Kernraum ist der »Kupfergürtel«. Hier liegen heute große Industrie- und Bergbaustädte. Zentrum der Region ist Ndola, dessen bedeutendstes Unternehmen heute die Erdölraffinerie ist, die über die 1968 fertiggestellte Tanzama-Pipeline von Dar es Salaam aus mit Rohöl versorgt wird. Abgesehen vom Erdöl ist der Staat mit Energieträgern gut ausgestattet. Das Potential zur Stromversorgung aus Wasserkraft ist bedeutend: ein Großteil des gesamten Strombedarfs, der überwiegend im Bergbau entsteht, wird durch Wasserkraftwerke gedeckt. Erzeuger sind fast ausschließlich die Großkraftwerke am Kariba-Damm, in der Kafue-Schlucht und bei den Victoriafällen.

Wichtigstes Bergbau- und Industriezentrum ist Kitwe. Die industrielle Verarbeitung beschränkt sich auf Branchen, die mit relativ einfachen Technologien arbeiten, wie Textil-, Nahrungsmittel- und chemische Industrie. Im nahe gelegenen Mufulira befindet sich die zweitgrößte Untertage-Kupfermine der Welt. Der »Kupfergürtel« ist seit 1975 über die von der VR China gebaute Uhuru-Eisenbahn, deren organisatorische und technische Instandhaltung eine Meisterleistung chinesischer Ingenieurkunst ist, mit dem völlig überlasteten Hafen von Dar es Salaam verbunden.

Seit Jahrzehnten dominiert der teilverstaatlichte Bergbau unverändert die Außenhandelsstruktur Sambias. Ein Großteil der Exporterlöse werden durch Bergbauprodukte erzielt (allein 69 % durch Kupfer, ferner Blei, Kobalt, Mangan, Zink). Trotz des Rückgangs der Kupferproduktion gehört Sambia hier immer noch weltweit zu den führenden Nationen.

Angesichts sinkender Kupfervorräte und der schwankenden Weltmarktpreise ist eine umfassende Strukturveränderung der sambischen Wirtschaft notwendig, um den erreichten Lebensstandard zu sichern.

heute auf die Einfuhr von Grundnahrungsmitteln angewiesen ist. Die Struktur der Landwirtschaft ist äußerst heterogen. Der überwiegende Teil der Menschen betreibt eine zum Leben nicht ausreichende familiäre Selbstversorgungswirtschaft, so daß viele von ihnen in den Städten zusätzlich Lohnarbeit leisten müssen. Mit veralteten Anbaumethoden und Brandrodung wie Wanderfeldbau wird vor allem Mais, Maniok und Hirse geerntet. Kleinbauern, die ihre Ernteüberschüsse auf lokalen Märkten verkaufen, sind in der Minderheit. Ihre Erzeugnisse spielen für die Versorgung der städtischen Bevölkerung nur eine untergeordnete Rolle. Den wirtschaftlich bedeutendsten Sektor bilden einige hundert Großbetriebe, die Ackerbau und Rinderzucht mit modernsten Methoden betreiben. Diese überwiegend in den Regionen entlang der Eisenbahn gelegenen Farmen befinden sich vielfach in ausländischem Besitz.

SAMOA

Charakterstärke drückt das Gesicht dieses älteren Samoaners *(unten)* aus. Er ist ein »matai«, ein Stammesoberhaupt oder Häuptling einer Großfamilie.

Als Samoa 1962 unabhängig wurde, war es der erste selbständige Staat in Ozeanien. Es konnte diesen Status erreichen, weil hier stärker als in anderen ozeanischen Territorien die herkömmlichen Gesellschafts- und Wirtschaftsformen trotz wechselnder Herrschaft europäischer Mächte erhalten geblieben waren und sind.

Der Inselstaat Samoa umfaßt neben den zwei Hauptinseln Savai'i und Upolu sieben zum Teil unbewohnte Koralleninseln. Sie sind die Spitzen einer untermeerischen Vulkankette, was durch den aktiven Vulkan Matavanu auf Savai'i deutlich zum Ausdruck kommt. Diese Insel besteht aus einem stark zerklüfteten, flachgewölbten Basaltgebirge. Die langgestreckte Insel Upolu wird ebenfalls von einer basaltischen Gebirgskette aus erloschenen Vulkanen und kuppenförmigen Bergen gestaltet.

Geheimnisvolle, vulkanische Grotten, kurze Wasserläufe in engen Tälern, imposante Wasserfälle, üppige tropische Vegetation und palmengesäumte Küsten sind die landschaftlichen Reize dieser Inseln, die zu den Schönsten des Südpazifik zählen. Das ozeanische, feucht-tropische Klima weist Temperaturen auf, die nur gering um 27 °C schwanken. Die Niederschlagsmengen liegen im Jahresdurchschnitt bei 3000 mm.

Der samoanische Lebensstil

Da die natürlichen Lebensbedingungen auf Upolu günstiger sind als auf Savai'i, drängt sich die Mehrzahl der Samoaner in dem schmalen, fruchtbaren Küstensaum im Norden und Westen Upolus zusammen. Die Bevölkerung gehört der polynesischen Volksgruppe an. Als einem der wenigen Länder in Ozeanien ist in Samoa eine einheitliche Sprache, Samoanisch, verbreitet. Über die Menschen schreibt die amerikanische Anthropologin Margaret Mead (1901–1978): »Die Samoaner haben unter allen bekannten Völkern den Zusammenstoß mit der abendländischen Kultur am produktivsten aufgefangen und sich ihr am geschicktesten angepaßt. Von der europäischen Technik übernahmen sie Tuch und Messer, Laternen und Petroleum, Seife, Stärke und Nähmaschinen, Papier, Feder und Tinte. Aber sie behielten ihre bloßen Füße, ihre kühlen, kurzen Sarongs und ihre Häuser, die aus einheimischem Material gebaut und mit Kokosfaserseilen befestigt sind. Kommt der Hurrikan, fliegen die metallenen Dachplatten auf den Häusern des weißen Mannes fort und töten manchmal auch Menschen. Das samoanische Haus dagegen fällt bei Beginn des Sturmes elegant zusammen und wird später auf denselben Pfosten wiederaufgebaut.«

Im Gegensatz zu vielen anderen Pazifikinseln konnte die Bevölkerung Samoas ihre Gesellschaftsordnung, beruhend auf einer Sippenverfassung, über die Kolonialzeit erhalten und sie zur Grundlage der gegenwärtigen politischen Struktur – einer Art Häuptlingsaristokratie – machen. Aus ihr geht das Staatsoberhaupt hervor, und im Parlament bestimmen die Stammesfürsten die Richtlinien der Politik.

Neben der alten Kultur, den Bräuchen und der engen Stammes- und Familienbindung sind auch die traditionellen Wirtschaftsstrukturen bis in die Gegenwart hinein weitgehend erhalten geblieben. Die samoanische Wirtschaft stützt sich nach wie vor auf die Landwirtschaft. Der fruchtbare Vulkanboden und die fischreichen Gewässer versorgen die Inselbewohner mit den Grundnahrungsmitteln. Neben dem bäuerlichen Kleinbesitz gibt es Kokos-, Kakao- und Bana-

Daten und Fakten

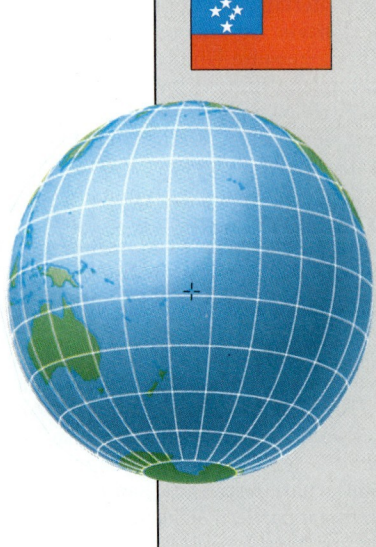

DAS LAND
Offizieller Name: Unabhängiger Staat Samoa
Hauptstadt: Apia
Fläche: 2831 km²
Landesnatur: Gebirgige Inseln vulkanischen Ursprungs
Klima: Feuchttropisches, ozeanisches Klima
Höchster Punkt: Mt. Silisili 1858 m

DER STAAT
Regierungsform: Parlamentarische Monarchie
Staatsoberhaupt: König (auf Lebenszeit, zukünftig durch Wahl für 5 Jahre)
Regierungschef: Premierminister
Verwaltung: 11 Distrikte
Parlament: Gesetzgebende Versammlung (Fono) mit 49 für 5 Jahre gewählten Abgeordneten
Nationalfeiertag: 1. Juni

DIE MENSCHEN
Einwohner (Ew.): 177 000 (1999)
Bevölkerungsdichte: 63 Ew./km²
Stadtbevölkerung: 59 %
Analphabeten: 30 %
Sprache: Samoanisch, Englisch
Religion: Protestanten 71 % (überwiegend Methodisten), Katholiken ca. 22 %

DIE WIRTSCHAFT
Währung: Tala
Bruttosozialprodukt (BSP): 181 Mio. US-$ (1998)
BSP je Einwohner: 1070 US-$
Inflationsrate: 4,3 % (1990–98)
Importgüter: Fast alle Konsumgüter
Exportgüter: Kopra, Kakao, Taro, Holz, Zigaretten
Handelspartner: Neuseeland, Australien, Japan, USA
Straßennetz: 960 km
Fernsehgeräte je 1000 Ew.: 62

Samoa *(rechts)* liegt etwa 2700 km nordöstlich von Neuseeland. Der Staat, eine der kleinsten Nationen der Welt, besteht aus den Hauptinseln Savai'i und Upolu und kleineren Inseln. Die fruchtbaren Böden der Küstenebenen erlauben den Anbau von Bananen, Taro und Kakao, meist in Form der Plantagenwirtschaft. Kokosnuß und Brotfrucht sind ebenfalls wichtige landwirtschaftliche Erzeugnisse. Das Innere der Inseln ist weniger fruchtbar. Es besteht aus bewaldeten Gebirgen.

nenplantagen. Kopra, der Rohstoff für die Gewinnung von Kokosöl und Kokosfett, ist das wichtigste Exportgut. Nahe der Hauptstadt Apia sind kleine Fabriken entstanden, die einfache Konsumgüter herstellen oder Agrarerzeugnisse verarbeiten.

Geschichte
Bis zum Ende des 19. Jahrhunderts hatten die beiden Teile Samoas eine gemeinsame Geschichte. 1878 begannen wirtschaftliche Interessen des Deutschen Reichs wirksam zu werden, zunächst im Einvernehmen mit den USA und Großbritannien. 1899 einigte man sich auf eine Teilung des Gebiets: Deutschland übernahm die Verwaltung des westlichen Teils der Inselgruppe, der Ostteil kam an die USA. 1914 besetzte Neuseeland die deutsche Kolonie, erhielt sie 1920 als Völkerbundsmandat und nach dem Zweiten Weltkrieg als UN-Mandat zugesprochen. Die Neuseeländer investierten wirtschaftlich wenig, förderten aber um so mehr die Demokratisierung, mit dem Ergebnis, daß der Ruf »Samoa den Samoanern« immer lauter wurde. 1962 wurde Samoa unabhängig, das Land unterhält aber weiterhin gute Beziehungen zu Neuseeland.

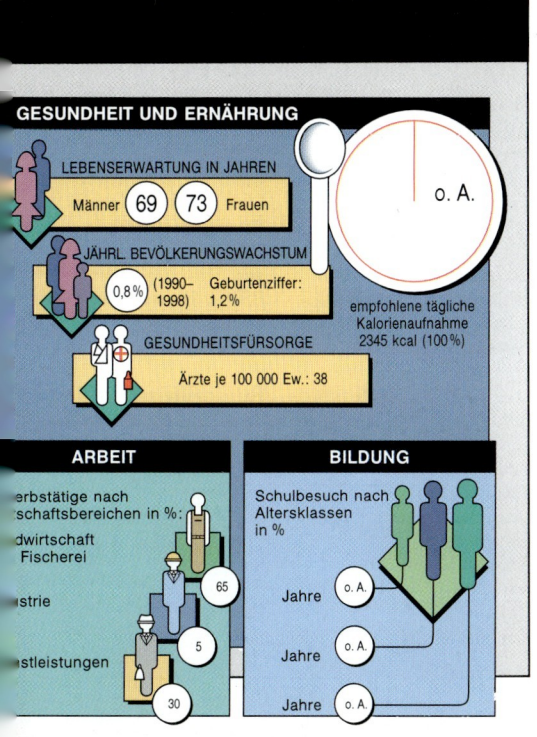

Üppige Vegetation *(oben)* bedeckt den fruchtbaren Boden nahe der Küste. Der im Hintergrund aufsteigende Felsgipfel erinnert daran, daß die Inseln Samoas durch vulkanische Aktivität entstanden sind. – **Der flache Strand** *(rechts)* ist ein idealer Spielplatz für diese Kinder, die zu einer Kindergartengruppe gehören.

SAN MARINO

San Marino ist mit nur 61 km² die kleinste Republik Europas und eine der ältesten der Welt. Sie liegt rund 30 km von Rimini an der italienischen Adria entfernt zwischen der Provinz Forlì, der alten Romagna, im Norden, und dem Montefeltrogebiet in der Provinz Pesaro-Urbino im Süden. Das Staatsgebiet umfaßt den bis zu 755 m hoch ansteigenden Monte Titano im Apennin, einen Kalkfelsen mit steil abfallender Ostwand, und die umliegenden Hügel. Die Bewohner der Republik haben es verstanden, im Schatten naher Kleinstaaten die Unabhängigkeit ihres Bergländchens seit der ersten urkundlichen Erwähnung des Klosters San Marino im Jahre 885 über Jahrhunderte fast ununterbrochen gegen alle Machtansprüche zu behaupten.

Diese Selbständigkeit wurde schon in einem Dokument des 10. Jahrhunderts bezeugt. Die 1263 beschlossene Verfassung wurde bis heute bewahrt. Vielleicht hat der Schutzheilige Marinos, ein während der Christenverfolgung des römischen Kaisers Diokletian hierher geflüchteter Steinmetz aus Dalmatien, der die Siedlung im Jahre 301 gründete, seine Hand über dieses Gemeinwesen gehalten. Nachweislich bestand seit dem 13. Jahrhundert die Schutzherrschaft des Grafen von Urbino. Die Unabhängigkeit wurde San Marino sowohl von Papst Urban VIII. im Jahre 1631 als auch von Napoleon I. im Jahre 1797 und dem Wiener Kongreß von 1815 bestätigt.

Im Zug der nationalen Einigung Italiens verband sich San Marino 1862 in einer bis heute geltenden Zollunion mit dem Königreich und stellte sich unter seinen Schutz, ohne sich ihm anzuschließen. Dieser Status wurde 1897 in einem »Freundschaftsvertrag« mit Italien besiegelt und letztmals 1971 erneuert.

Daten und Fakten

DAS LAND
Offizieller Name: Republik San Marino
Hauptstadt: San Marino
Fläche: 61 km²
Landesnatur: Bergland am Osthang des Apennin
Klima: Gemäßigtes mediterranes Klima
Hauptflüsse: Ausa, Marano
Höchster Punkt: Monte Titano 755 m
Tiefster Punkt: Am Fluß Ausa 50 m

DER STAAT
Regierungsform: Republik
Staatsoberhaupt: 2 jeweils 6 Monate »regierende Kapitäne« (»Capitani reggenti«)
Verwaltung: 9 Kirchengemeinden (Castelli)
Parlament: Parlament (»Consiglio Grande e Generale«) mit 60 für 5 Jahre gewählten Abgeordneten
Nationalfeiertag: 3. September

DIE MENSCHEN
Einwohner (Ew.): 26 000 (1999)
Bevölkerungsdichte: 426 Ew./km²
Stadtbevölkerung: 96 %
Analphabeten: 2 %
Sprache: Italienisch
Religion: Katholiken 95 %

DIE WIRTSCHAFT
Währung: Euro; bis 31.12.2001 Italienische Lira und Lira von San Marino
Bruttosozialprodukt (BSP): 500 Mio. US-$ (1997)
BSP je Einwohner: 20 000 US-$
Inflationsrate: 2 % (1997)
Exportgüter: Briefmarken, Bausteine, Wein, Wolle, Häute, Keramik, handwerkliche Produkte
Handelspartner: Hauptsächlich Italien
Straßennetz: 220 km
Fernsehgeräte je 1000 Ew.: 692

Rund 13 000 Bürger leben in der Republik, etwa noch einmal so viele Sanmarinesen wohnen außerhalb ihres Staates, meist in Italien. Rund ein Fünftel leben in der Hauptstadt San Marino, die übrigen verteilen sich auf die weiteren neun Distrikte. Das Parlament, der Consiglio Grande e Generale, besteht aus 60 Abgeordneten, die jeweils für fünf Jahre gewählt werden. Erst seit den 60er Jahren dürfen auch Frauen in San Marino wählen. Die Funktion des Staatsoberhaupts üben zwei, jeweils für sechs Monate durch den Consiglio gewählte Kapitan-Regenten (Capitani reggenti) aus. Das Parteienspektrum entspricht weitgehend jenem in Italien. Die Regierung wird im Congreso di Stato geführt, dem Staatskongreß, dem zehn Mitglieder, die

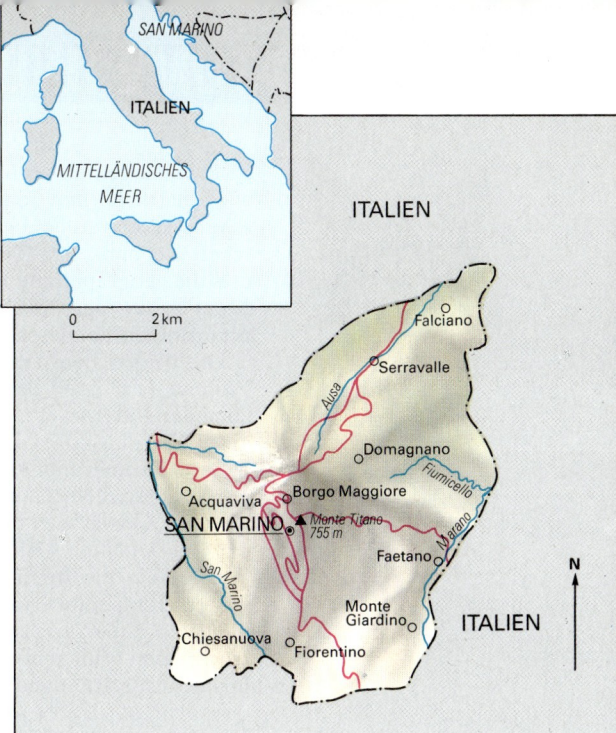

Das von einer Stadtmauer umschlossene San Marino *(oben links)*, Hauptstadt des kleinen Enklaven-Staates in Nordostitalien, bietet durch seine ungewöhnliche Lage auf dem Monte Titano ein faszinierendes Bild. San Marino ist seit etwa 1000 Jahren Republik.

San Marino *(oben)* zieht durch seine malerische Lage und das sonnige Sommerwetter jedes Jahr mehr als drei Millionen Besucher an.

Die unabhängige Republik San Marino *(oben rechts)* ist allseitig von italienischem Gebiet umgeben. Der überwiegende Teil des Landes liegt an den Berghängen des Apennin.

Staatssekretäre, angehören. Seit den Wahlen 1998 regiert eine Koalition aus Christdemokraten und Sozialistischer Partei.

So gleicht vieles, angefangen von der Sprache über Geburtenrate und Lebenserwartung bis hin zu den öffentlichen Einrichtungen den Verhältnissen in Italien. Es gilt auch dieselbe Währung wie in Italien, doch hat San Marino das Recht der eigenen Münzprägung und des Drucks von Briefmarken. Steuervorteile erleichtern das Leben und haben dazu geführt, daß mehr als 2500 Firmen registriert sind. Italien leistet Ausgleichszahlungen dafür, daß die Republik ihre Unabhängigkeit wirtschafts- und finanzpolitisch nicht zu sehr ausnutzt und so ihre Souveränität nicht zum Schaden Italiens gebraucht.

Die Bevölkerung lebt überwiegend von der Landwirtschaft, die wie im benachbarten Italien vor allem Weizen, Wein, Olivenöl und Käse produziert. In kleinen und mittleren Betrieben werden Keramik, Textilien und kunsthandwerkliche Gegenstände hergestellt.

Der Fremdenverkehr bildet die Haupteinnahmequelle. Jährlich kommen über 3 Millionen Touristen in die Zwergrepublik und kaufen als Andenken Schmuck und Keramik, Briefmarken und den süßen Moscato-Wein. Besonders groß ist der Andrang am Nationalfeiertag, dem 3. September, wenn Umzüge in mittelalterlichen Kostümen in der malerischen Hauptstadt stattfinden. Sehenswert sind vor allem die Kirche San Francesco und die im Jahre 1836 im neoklassischen Stil erbaute Basilika San Marino mit den Reliquien des Schutzheiligen Marinus sowie der Palazzo del Governo, der toskanisch-gotische Regierungspalast an der Piazza della Libertà. Von den Festungen, die im 11. und 13. Jahrhundert auf den drei Gipfeln des Monte Titano angelegt worden sind, hat man einen weiten Blick zum Meer und ins italienische Landesinnere.

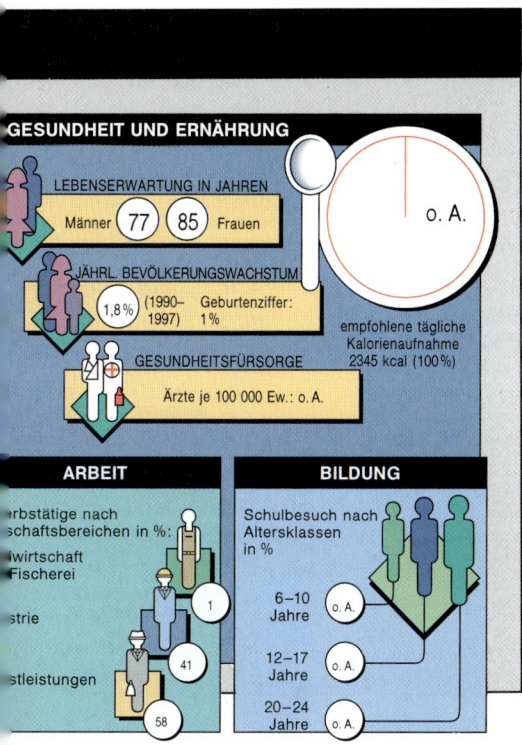

SÃO TOMÉ UND PRÍNCIPE

Zwei wichtige Faktoren beherrschen sowohl das wirtschaftliche und soziale als auch das politische und kulturelle Leben in der Demokratischen Republik São Tomé e Príncipe. Es sind dies die geographische Isolation und die von der Monokultur der Kakaoplantagen maßgeblich beeinflußten Landesstrukturen.

Die beiden Inseln São Tomé (836 km²) und Príncipe (128 km²) liegen – rund 130 km voneinander entfernt – im Golf von Guinea entlang einer Störungszone der Erdkruste, der sogenannten Kamerunlinie. Sie sind hauptsächlich aus vulkanischem Gestein aufgebaut und sehr gebirgig. Gemäß den hohen Niederschlägen des tropisch-feuchten Klimas durchziehen viele Wasserläufe die Inseln in tief eingeschnittenen Tälern. Temperaturen zwischen 21 °C und 29 °C und eine hohe Luftfeuchtigkeit lassen auf den fruchtbaren Vulkanböden eine außerordentlich üppige Vegetation gedeihen.

Die Kolonialzeit

Als die Inseln um 1470 von portugiesischen Seefahrern entdeckt wurden, waren sie unbewohnt. Die Kolonisation begann noch im selben Jahrhundert mit der Ansiedlung von Juden, Strafgefangenen und Afrikanern vom Festland, die als Sklaven in diesem ersten tropischen Pflanzungsgebiet der Welt eingesetzt wurden. Der Beginn des Zuckerrohranbaus war auch der Anfang der Zerstörung des üppigen tropischen Regenwaldes. Die vorrangige Bedeutung São Tomés in den folgenden Jahrhunderten ergab sich jedoch aus der Funktion als Versorgungsstützpunkt für die Seefahrt von Europa nach Asien und als Zwischenstation für den Handel mit Sklaven nach Übersee. Nach Abschaffung der Sklaverei Mitte des 19. Jahrhunderts blühte die Plantagenwirtschaft wieder auf. Sie wurde auf Kakaoanbau umgestellt. Da sich die schwarzafrikanische Bevölkerung von São Tomé gegen die erneuten Versklavungsversuche wehrte, wurden Kontraktarbeiter aus den portugiesischen Überseebesitzungen zur Zwangsarbeit auf den Plantagen herangezogen. Ihr Schicksal unterschied sich jedoch kaum von dem der ehemaligen Sklaven. Die portugiesische Neosklaverei rief zwar internationale Proteste hervor, doch blieben die Kontraktarbeiter aus Angola, Mosambik und den Kapverden auch nach der Umwandlung des Territoriums 1955 in eine portugiesische Überseeprovinz. Es sind

Daten und Fakten

DAS LAND
Offizieller Name: Demokratische Republik São Tomé e Príncipe
Hauptstadt: São Tomé
Fläche: 964 km²
Landesnatur: Inseln vulkanischen Ursprungs, sehr stark gebirgig
Klima: Tropisch-feuchtheiß
Höchster Punkt: Pico de São Tomé 2024 m

DER STAAT
Regierungsform: Republik
Staatsoberhaupt: Staatspräsident
Regierungschef: Ministerpräsident
Verwaltung: Distrikt von São Tomé und Insel Príncipe mit Autonomiestatus
Parlament: Nationalversammlung mit 55 Abgeordneten, Wahl alle 4 Jahre
Nationalfeiertag: 12. Juli

DIE MENSCHEN
Einwohner (Ew.): 144 000 (1999)
Bevölkerungsdichte: 149 Ew./km²
Stadtbevölkerung: 44 %
Analphabetenquote: 40 %
Sprache: Portugiesisch, Crioulo
Religion: Katholiken 93 %, Anhänger von traditionellen Religionen

DIE WIRTSCHAFT
Währung: Dobra
Bruttosozialprodukt (BSP): 40 Mio. US-$ (1998)
BSP je Einwohner: 280 US-$
Inflationsrate: 57,5 % (1990–98)
Importgüter: Konsumgüter, Nahrungsmittel, Brennstoffe
Exportgüter: Kakao, Kopra, Palmkerne, Palmöl, Kaffee, Bananen
Handelspartner: Portugal, Niederlande, Frankreich u. andere EU-Länder, Angola
Straßennetz: 380 km
Fernsehgeräte je 1000 Ew.: 160

Probleme nach der Unabhängigkeit

Erster Staatspräsident wurde Manuel Pinto da Costa (* 1937), Generalsekretär der Einheitspartei MLSTP. Mit der Unabhängigkeit übernahm São Tomé und Príncipe auch die auf der Kakaomonokultur basierende Plantagenwirtschaft. Die Plantagen, die sogenannten »roças«, kontrollierten am Ende der Kolonialzeit über 80 % des Anbaugebiets und befanden sich in der Hand von 28 portugiesischen Kapitalgesellschaften. Die Regierung wandelte sie in staatliche Unternehmen (»empresas«) um. Damit war ein Produktionsrückgang verbunden. Da aber Kakao auch heute noch rund 85 % der Gesamtausfuhren ausmacht, ist die Wirtschaft durch Preisentwicklungen auf dem Weltmarkt extrem verwundbar.

Neue Wirtschaftspolitik

Die Regierung Pinto da Costas, die sich gelegentlichen Angriffen der »Nationalen Widerstandsfront« widersetzen mußte, verfolgte in der jüngsten Vergangenheit einen Liberalisierungskurs und engere Wirtschaftskooperation mit den westlichen Staaten. 1990 wurde die Demokratisierung des Landes eingeleitet. Erster demokratisch gewählter Präsident wurde Miguel Trovoada. Die Schwerpunkte der neuen Wirtschaftspolitik sind die Verleihung von Landrechten an Kleinbauern, die Liberalisierung des Außen- und Binnenhandels, die Diversifizierung der Landwirtschaft und die Förderung des Fischereiwesens. Zukunftschancen werden auch dem Fremdenverkehr vorausgesagt, bietet São Tomé und Príncipe doch mit Vulkanbergen und Kraterseen, Wasserfällen und palmengesäumten Stränden ein lohnenswertes Ziel für Touristen.

Menschen ohne Bürgerrechte, und sie unterscheiden sich damit von der einheimischen Bevölkerung, den Feros, meist Nachkommen der einst nach hier verschleppten Sklaven. Die Beseitigung der menschenunwürdigen Lebensverhältnisse war auch ein Ziel der 1960 im Ausland gegründeten Unabhängigkeitsbewegung, die sich 1972 den Namen »Movimento de Libertadão de São Tomé e Príncipe« (MLSTP) gab. Sie führte die beiden Inseln im Zuge des allgemeinen Befreiungskampfes in den anderen portugiesischen Kolonien 1975 nach mehr als 500-jähriger Kolonialherrschaft in die Unabhängigkeit.

Köhler *(oben links)* versorgen ihren Holzkohlenmeiler. Eine Szene aus der Kolonialzeit von Príncipe, als portugiesische Pflanzer auf den Inseln siedelten.

Die Inseln São Tomé und Príncipe verfügen über viele solcher palmengesäumten Sandstrände *(oben)*, die sie für Touristen attraktiv machen.

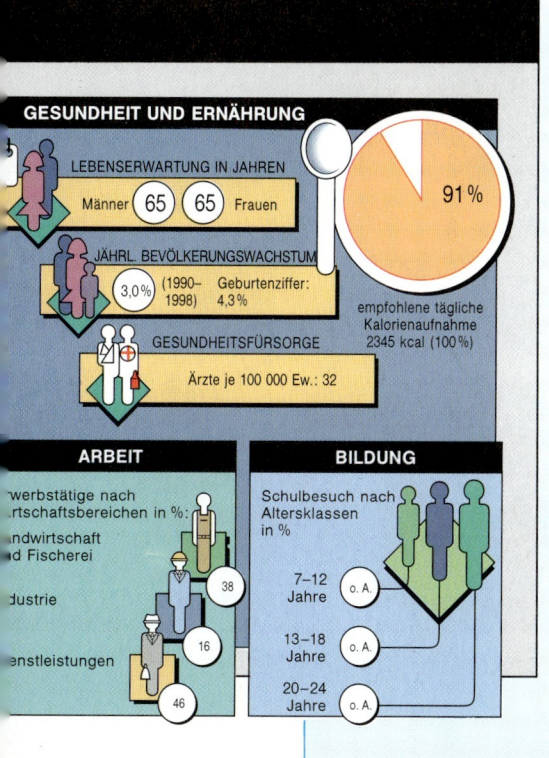

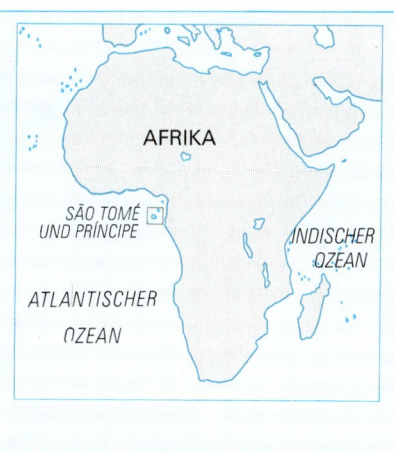

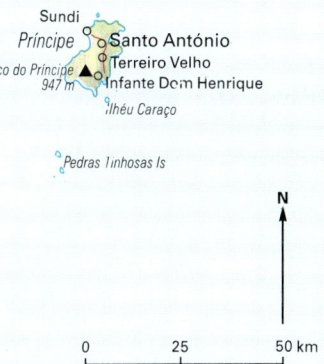

São Tomé und Príncipe *(links)* wurde 1975 unabhängig. Davor waren die Inseln seit etwa 1500 in portugiesischem Besitz. Zwischen den einzelnen Inseln verkehren Schiffe und Flugzeuge einer einheimischen Fluggesellschaft.

SAUDI-ARABIEN

Saudi-Arabien nimmt den größten Teil der Arabischen Halbinsel ein. Die Angaben über die Fläche des Landes schwanken. Saudische Behörden geben 2,5 Millionen km² an, die Vereinten Nationen dagegen sprechen von 2,15 Millionen km². Strittig waren lange Zeit die Abgrenzungen im Süden und Südosten gegen die 1990 wiedervereinte Jemenitische Republik.

Fast 21 Millionen Menschen leben in diesem Staat von der Größe Westeuropas, doch nur 1,8 % seiner Fläche sind Kulturland. Der Rest ist Wüste, Halbwüste und verkarstetes Bergland. Extrem wie die Landschaft ist auch das Klima: die Sommer sind heiß, die Winter kalt, die Niederschlagsmengen gering.

Das Königreich Saudi-Arabien ist das konservativste Land der Region und das einzige der Welt, das mit »Saud« den Namen einer Familie trägt. Tief verankert im Islam mit seinen heiligen Städten Mekka (Makkah) und Medina (Al Madinah) und abgesichert durch einen unerschöpflichen Öl-Ozean unter den Wüsten des Ostens herrscht die Familie Saud uneingeschränkt. Die saudischen Monarchen bezeichnen sich als »Hüter der beiden heiligen Stätten«, ihre Königsherrschaft als die »Statthalterschaft Allahs«. Religion und Politik verschmelzen so zur Einheit. Mit Mekka, dem Geburtsort des Propheten Mohammed, verwalten die Sauds den spirituellen Mittelpunkt der arabischen und islamischen Welt. Jeder Moslem, wo er auch betet, verneigt sich gen Mekka. Und der »Haddsch«, die Wallfahrt nach Mekka, zählt zu den fünf Grundpflichten jedes männlichen Moslems. Jährlich pilgern etwa zwei Millionen Wallfahrer nach Mekka, der mit 630 000 Einwohnern – nach der Hauptstadt Riad (Ar Riyad, rund 3 Millionen) und dem Handelszentrum Jiddah (1,5 Millionen) – drittgrößten Stadt des Königreiches. Noch heute ist Mekka den »Ungläubigen« verschlossen.

Doch nicht nur aus religiösen Gründen pilgern unzählige Menschen zur »Wiege des Islam«. Mehrere Millionen Menschen sind aus ganz materiellen Motiven ins Land gekommen. Denn die saudischen Ölprinzen waren nicht in der Lage, das »schwarze Gold« unter ihren Wüsten allein zu bergen. Und so holten sie Gastarbeiter. Fast 30 % der Bewohner des Königreiches haben heute keinen saudischen Paß. Die meisten Zuwanderer stammen aus Pakistan, Indien und südostasiatischen Ländern. Dazu kommen viele arabische Gastarbeiter – vor allem Jemeniten und Ägypter –, die auch im Bauwesen, auf Ölfeldern und im Dienstleistungsgewerbe arbeiten. Tätigkeiten, die hohes technisches Know-how erfordern, werden von den 100 000 »importierten« Nordamerikanern, Japanern und Europäern verrichtet.

Der märchenhafte Ölreichtum hat das ganze Land so tiefgreifend verändert wie kaum ein anderes. Waren die Saudis bis in die 1960er Jahre überwiegend Beduinen, so sind heute mehr als 80 % der »Wüstensöhne« seßhaft. Vor

SAUDI-ARABIEN

allem in den 70er Jahren ist der Urbanisierungsprozeß mit ungeheuerlichem Tempo fortgeschritten. Innerhalb von nur einer Generation haben die Saudis ihre Beduinenzelte abgebrochen und sind in oft futuristisch wirkende neue Städte gezogen. Und da in arabischen Ländern Nomaden- und Stadtkultur stets in dynamischem Wechselspiel stehen, thematisiert auch die Architektur diesen rasanten Wandel. Wie in einem Spiegel erscheint in der avantgardistischen Dachkonstruktion des König-Fahd-Stadions in Riad ein Kreis von 24 traditionell aufgeschlagenen Nomadenzelten. Städte wie Riad oder Jiddah, in kürzester Zeit um ein Vielfaches gewachsen, schmücken sich in oft gelungener Synthese von alter Tradition und neuer Technik mit Monumenten der Postmoderne. Freilich beherrscht auch in Saudi-Arabien auf weiten Strecken der Einheitsstil gesichtsloser Betonburgen den Blick.

Mag der Reichtum das Land äußerlich auch völlig verändert haben, an einem jedoch halten die Saudis unbeirrbar fest: am Wahhabismus, ihrer gestrengen, puritanischen Auslegung des Islam. Lange waren die wahhabitischen Saudis nicht sehr beliebt. Erst durch ihre Vorherrschaft in der Region wurde diese Glaubensrichtung in der sunnitischen Welt anerkannt. Das Festhalten am Wahhabismus gilt als wichtigster Garant für das Überleben der Monarchie.

Geboren wurde das heutige Saudi-Arabien im Oasengebiet des Najd im östlichen Teil der Halbinsel. Dort ging im späten 18. Jahrhundert Mohammed Ibn Abd Al Wahhab (1720–1792) – Begründer des Wahhabismus – ein Bündnis mit Mohammed Ibn Saud (1735–1766), dem Patriarchen der kriegerischen Beduinensippe Saud, ein. Diese Verbindung von Koran und Kampf ist noch heute Motiv der Flagge des Königreichs: auf dem grünen Banner des Propheten unterstreicht ein Krummschwert das islamische Glaubensbekenntnis. Die verschiedenen saudisch-wahhabitischen Reichsgründungen waren durch lange Phasen des Niedergangs unterbrochen. Im 20. Jahrhundert jedoch brachten die Sauds mit Abd Al Aziz III. Ibn Saud (1880–1953) den genialen Erneuerer des Staatswesens hervor. 1902 brachte er nach blutigen Kämpfen gegen die Najd-Sippe Radschid die Wüstenfestung Riad an sich. In der Folgezeit wußte Abd Al Aziz einerseits die einmalige Konstellation von internationaler und regionaler Politik geschickt zu nutzen und andererseits gelang es ihm, seinen wahhabitischen Kriegern aufgrund ihres fanatischen Glaubens den Nimbus der Unbesiegbarkeit zu verleihen. 1915 stieg er vom Provinzstatthalter zum Emir des Najd auf. 1921 erklärte er sich zum Sultan und 1926, nach der Eroberung des Hedjas (Al-Hijaz) mit Mekka und Al Madinah (Medina), zum König. 1932 machte er sich zum König der neu gegründeten Monarchie Saudi-Arabien. Seit 1982 regiert König Fahd Ibn Abd Al Aziz (* 1922). Er ist der fünfte Herrscher Saudi-Arabiens.

SAUDI-ARABIEN: DER STAAT

Saudi-Arabien besteht aus fünf großen Gebieten: erstens dem Najd, dem zentralen Teil des Landes mit der Hauptstadt Riad; zweitens dem parallel zum Roten Meer verlaufenden Hedjas mit den heiligen Städten Mekka und Al Madinah (Medina), dem Handelszentrum Jiddah und der königlichen Sommerresidenz At-Ta'if (Taif); drittens dem Asir, einer regenreichen Bergregion im Südwesten; viertens der östlichen Ölprovinz Al-Hasa am Persischen Golf und fünftens dem 1934 nach dem Jemenkrieg hinzugekommenen Najran. Rund 90 % der Saudis sind ethnisch Araber. An der Küste des Roten Meeres lebt südlich von Jiddah eine ursprünglich aus Schwarzafrika stammende Bevölkerung und im Osten des Landes finden sich größere Bevölkerungsgruppen iranischer, indischer und indonesischer Herkunft.

Saudi-Arabien ist eine Monarchie auf der Ordnungsgrundlage des wahhabitischen Islam. Eine Verfassung im westlichen Sinne gibt es nicht. Ebensowenig existieren politische Parteien. Parteipolitische Strömungen sind aber in Ansätzen vorhanden. Nach westlichen Begriffen wird das Wüstenkönigreich autokratisch regiert. In der Hand des Monarchen, der in seiner Person die höchsten legislativen, judikativen und exekutiven Ämter vereinigt, liegt die uneingeschränkte Staats- und Regierungsgewalt. Außerdem ist der König auch geistliches Oberhaupt.

Politik im Königreich war und ist in erster Linie immer Politik zur Erhaltung der Saud-Dynastie. Um sich die Herrschaft auch für die Zukunft zu sichern, betreibt das Königshaus eine wohlkalkulierte Personalpolitik. Es versucht, die wirtschaftliche und soziale Entwicklung durch ihm und den alten Werten ergebene Führungsschichten zu kontrollieren. Das aber wird zunehmend schwieriger. Viele Saudis – vor allem der älteren Generation – haben den rasanten Abschied von Kamel und Zelt innerlich noch nicht verkraftet. Das heutige Saudi-Arabien mit seinen modernen Städten und der alles dominierenden westlichen Technologie ist ihnen fremd geworden. Doch während sich die einen von der rapiden und radikalen Umgestaltung des Königreichs überrollt fühlen, beklagen die anderen das schneckenhafte Tempo, mit dem neben westlichem Know-how auch westliche Freiheiten im Lande Fuß fassen. Denn das wachsende Bildungsniveau, die große Zahl saudischer Studenten, die im Ausland freizügigere Lebensweisen kennen- und schätzengelernt haben, die Berichte über den Lebenswandel so mancher Prinzen und der tagtägliche Kontakt mit Gastarbeitern haben den puritanischen Moral- und Sittenkodex der Wahhabiten zumindest in Frage gestellt. Zwar beherrscht den Wüstenstaat auf den ersten Blick ein sittenstrenger islamischer Geist: Frauen sind beinahe gänzlich aus dem öffentlichen Leben verbannt, Alkohol ist – auch für Fremde – absolut tabu und jedwedes Vergnügen bewegt sich schon in der Grauzone zur Sünde. Aber »bei näherer Betrachtung«, so meinen saudische Gesellschaftswissenschaftler, »fällt auf, daß Islam und religiös begründete Herrschaft der Saud-Familie durchaus das öffentliche Leben bestimmen, der Islam aber bei politischen Entscheidungen eine zunehmend geringere Rolle spielt«.

Auch im Palast weiß man um die Gefahren, die diesem Mißverhältnis entwachsen können. Denn weit mehr als liberalistische fürchtet man islamische Umtriebe. Das Schicksal des persischen Schah ist noch in frischer Erinnerung,

König Fahd *(oben)* regiert eines der reichsten Länder der Welt. Er ist Oberhaupt der Saud-Dynastie, die das Land seit der Gründung führt.

Daten und Fakten

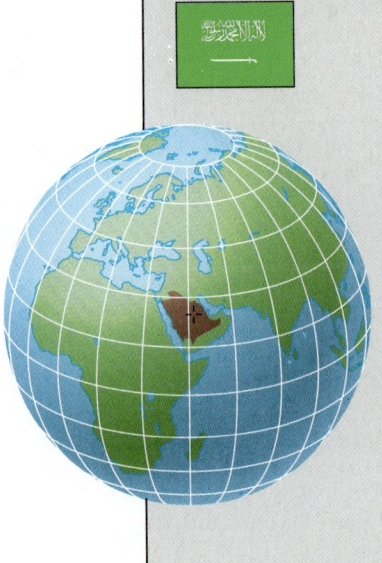

DAS LAND
Offizieller Name: Königreich Saudi-Arabien
Hauptstadt: Riad (Ar Riyad)
Fläche: 2 149 690 km²
Landesnatur: Im Kernraum Hochplateau, im O Arabisches Stufenland, im W Küstengebirge der Hochländer von Hedjas und Asir, im N Wüste An Nafud, im SO Wüste Rub al Khali, im SW die Schwemmlandebene der Tihamah am Roten Meer
Klima: Trockenheißes Wüstenklima

Höchster Punkt: Jabal Sawda 3 133 m
DER STAAT
Regierungsform: Islamische absolute Monarchie
Staatsoberhaupt: König
Verwaltung: 13 Provinzen mit 103 Governoraten
Regierung: Einziges Regierungsgremium ist der vom König ernannte Nationale Konsultativrat mit 90 Mitgliedern, die alle 4 Jahre vom König ernannt werden
Nationalfeiertag: 23. September
DIE MENSCHEN
Einwohner (Ew.): 20 899 000 (1999)

Bevölkerungsdichte: 10 Ew./km²
Stadtbevölkerung: 86 %
Bevölkerung unter 15 Jahren: 40,5 %
Analphabeten: 38 %
Sprache: Arabisch
Religion: Moslems 98 %
DIE WIRTSCHAFT
Währung: Saudi-Riyal
Bruttosozialprodukt (BSP): 143 430 Mio. US-$ (1998)
BSP je Einwohner: 7150 US-$
Inflationsrate: 1,4 % (1990–98)
Importgüter: Maschinen, Eisen, Stahl, Metallwaren, Fahr-

Saudi-Arabien (rechts) ist das größte Land der Arabischen Halbinsel und besitzt mit Mekka die heiligste Stätte des Islam. Ausgedehnte Wüsten gehen im Südosten in Hochländer über. Als größtes ölproduzierendes Land der Welt erfreut sich Saudi-Arabien eines unermeßlichen Reichtums.

GESUNDHEIT UND ERNÄHRUNG

LEBENSERWARTUNG IN JAHREN
Männer 70 Frauen 73

JÄHRL. BEVÖLKERUNGSWACHSTUM
3,3% (1995–2000) Geburtenziffer: 3,6%

116% empfohlene tägliche Kalorienaufnahme 2345 kcal (100%)

GESUNDHEITSFÜRSORGE
Ärzte je 100 000 Ew.: 166

ARBEIT
erbstätige nach ...schaftsbereichen in %:
...dwirtschaft Fischerei
...trie 12
...stleistungen o.A.
o.A.

BILDUNG
Schulbesuch nach Altersklassen in %
6–11 Jahre 60
12–17 Jahre 52
18–22 Jahre 13,9

zeuge, tierische und pflanzliche Erzeugnisse, Nahrungsmittel
Exportgüter: Erdöl und -derivate, Datteln, Häute, Felle, Wolle
Handelspartner: Japan, USA, Deutschland, Großbritannien, u.a. EU-Länder, Bahrain, Südkorea, Indien, Brasilien, VR China
Eisenbahnnetz: 1390 km
Straßennetz: 70 000 km (befestigt)
Fernsehgeräte je 1000 Ew.: 262

und auch die Sauds haben schon mehrere Male ein Vibrieren ihres Throns vernommen. Zum ersten Mal, als sie ein Justizministerium gründeten und damit die wahhabitische Geistlichkeit, die sich um ihr Privileg der Rechtsprechung gebracht sah, erzürnten; danach, als im November 1979 schwerbewaffnete Fundamentalisten die Große Moschee nebst Kaaba in Mekka stürmten und zwei Wochen besetzt hielten. Nach Informationen westlicher Geheimdienste handelte es sich dabei um einen mißglückten Staatsstreich gegen den damaligen König Chaled Ibn Abd Al Aziz (1913–1982). Nicht zufällig erhoben sich beinahe gleichzeitig auch unzufriedene schiitische Stämme des Landes. Auch der von Ayatollah Chomeini angezettelte Pilgeraufstand vom Juli 1987 zeigt, daß die saudische Führungsrolle in der islamischen Welt keinesfalls uneingeschränkt anerkannt wird.

Zukunftsängste plagen die reichen Monarchen in Riad. König Fahd, seit 1982 Regent, ist ein gemäßigter, prowestlicher Modernist. Er verfolgt seine Ziele sehr behutsam. Kronprinz Abdallah, Fahds designierter Nachfolger, rät zu noch mehr Vorsicht. Beiden ist bewußt, daß Saudi-Arabien einen Weg zwischen moderner Welt und alter Tradition finden muß. Daß hier eine Gratwanderung stattfindet, zeigte sich 1990 durch die Golfkrise und die Stationierung US-amerikanischer Soldaten in Saudi-Arabien.

SAUDI-ARABIEN: DAS LAND

»Arabia deserta«, das wüste und öde Arabien nannten die Alten den Raum, den heute zum überwiegenden Teil das Königreich Saudi-Arabien einnimmt. Von der unbarmherzigen Sonne ausgeglühte Sand-, Stein- und Salzwüsten, deren ockergelbe oder kupferrote Farbtöne in scharfem Kontrast zum Schwarz der sie überragenden Plateaudecken stehen, bedecken das Land. Ausgehend vom Süden der Arabischen Halbinsel frißt sich die Wüste Rub al Khali (Ar-Rub'al-Hali), das gefürchtete »Leere Viertel« über Hunderttausende von Quadratkilometern bis tief nach Zentralarabien hinein. »Die Großen Sande« wird sie ehrfürchtig von den an ihren Rändern lebenden Beduinen genannt. Und diesem Namen macht die Rub al Khali alle Ehre. Ist sie doch das größte geschlossene Sanddünenmeer der Erde. Ins Zentrum wagen sich nicht einmal die Beduinen vor, denn ihr Inneres zählt zu den trockensten und somit lebensfeindlichsten Landstrichen der Welt.

Der zentralarabische Najd mit seinen Stein- und Kieswüsten ist ein durch Erosion entstandenes Schichtstufenland. Durchzogen und seltsam gegliedert sind seine Wüsten vom Geäder verzweigter, steilwandiger und abflußloser Senken. Begrenzt wird der Najd im Norden von den Shammar-Bergzügen und den roten Sanddünen der Wüste An Nafud. Nach Westen, zur Küste des Roten Meeres hin, schließen sich die vulkanischen Felslandschaften des Hedjas an. Bizarr geformte Sandsteinberge liegen im Westen der Wüste An Nafud.

Doch das saudische Königreich besteht nicht nur aus lebensfeindlichen Wüsten und karstigen Gebirgs- und Höhenzügen. An vielen Stellen birgt der Boden fossile Wasservorräte. Und wo Wasser an die Oberfläche sickert, aus Brunnen geschöpft wird, da tauchen inmitten von gleißendem Sand und glühenden Steinen überraschend saftig-grüne Oasen wie aus dem Nichts auf. Neben diesen kleinen Palmenparadiesen gibt es aber auch eine geschlossene, sehr fruchtbare Region im Königreich: das Bergland von Asir. Hier sorgen die Monsunwinde für reichlich Niederschläge. Mit seinen bis über 3000 m hohen und manchmal sogar schneebedeckten Gipfeln zieht es sich bis an die Grenze zum Jemen.

Ein wahrer Garten Eden für jeden Taucher liegt vor den Küsten des Königreichs. Sowohl an vielen Abschnitten des Roten Meeres wie an solchen des Persischen Golfs gibt es zahllose Korallenriffe mit üppiger Pflanzen- und in allen Farben schillernder Fischwelt. Am Tourismus allerdings zeigt das sittenstrenge Saudi-Arabien kaum Interesse. Jeder, der das Land bereisen will, braucht – um überhaupt den notwendigen Sichtvermerk zu erhalten – die Einladung eines saudischen Staatsbürgers. Ganz ungnädig nimmt die wahhabitische Männergesellschaft freilich Touristinnen auf.

Auf Devisen aus dem Tourismusgeschäft ist das Königreich auch gar nicht angewiesen.

Die Erdölraffinerie Ra's at Tannurah (Ras Tanura) *(oben)* befindet sich in der Nähe von Saudi-Arabiens wichtigsten Ölfeldern und verarbeitet große Teile des Erdöls, das dann exportiert wird.

Zuleitungsrohre *(rechts)* zum Hafen Yanbu al Bahr befördern das für den Export bestimmte Erdöl. Es bildet unter anderem die Grundlage für die Herstellung von Benzin für Auto- und Flugzeugmotoren.

Der Großteil von Saudi-Arabiens Erdölvorkommen (links) liegt im Osten des Landes, und ständig werden neue Lagerstätten entdeckt. Ölleitungen transportieren Erdöl zu den Häfen am Roten Meer und am Persischen Golf. Saudi-Arabien besitzt ungefähr ein Viertel der Welterdölreserven, ist einer der wichtigsten Erdölexporteure und somit führendes Mitglied der OPEC, der »Organisation erdölexportierender Länder«.

Denn seit sich das Land 1933 amerikanischen Ölkonzessionären öffnete und zwei Jahre später die kalifornische »Standard Oil«, aus der 1944 die heute weitgehend nationalisierte ARAMCO (Arab-American Oil Company) hervorging, in großem Umfang fündig wurde, ist aus dem »öden Arabien« das »reiche Arabien« geworden. Zwar erhielten die Wüstensöhne über drei Jahrzehnte allenfalls bescheidene Trinkgelder für ihr Öl, mit dem Ramadan- bzw. Yom-Kippur-Krieg vom Oktober 1973 jedoch änderte sich das gründlich. Als Protest gegen die Unterstützung Israels drehte das Ölkartell OAPEC (Organisation arabischer erdölexportierender Länder) den westlichen Industrieländern kurzerhand den Ölhahn zu. Und als es seine Lieferungen wieder aufnahm, hatte sich der Preis des lebenswichtigen Rohstoffs vervielfacht. Öl wurde zum »schwarzen Gold«, einfache Ölscheichs zu wahren Ölkalifen.

Ausgesprochen fett waren für Saudi-Arabien die Jahre zwischen 1973 und 1981. In rasendem Tempo veränderte das Land sein Gesicht. Unermeßliche Geldströme flossen vom Abendland in das morgenländische Reich, das beinahe in diesen Geldmengen erstickte. Doch der Einsatz der »Erdölwaffe«, der zunächst wie ein kurzfristiges machiavellistisches Kalkül anmutete, war weit mehr. Die Wüstensöhne hatten ein für allemal ihre Macht erkannt. Und als etliche Golfstaaten hohe Beteiligungen an renommierten westlichen Konzernen und Firmen erwarben, war allerorten schon vom »Ausverkauf des Abendlandes« die Rede.

Saudi-Arabien hält allerdings weniger von solchen Beteiligungen. In Riad setzt man mehr auf zweistaatliche Direktgeschäfte beim »Recycling« der Ölgelder. Doch die ganz fetten Jahre sind auch in Saudi-Arabien erst einmal vorbei. Nicht zuletzt sinkende Einnahmen aufgrund einer weltweiten Ölflaute und Überfremdungsängste haben im Wüstenkönigreich die Rückbesinnung auf die eigenen Kräfte eingeleitet. Man will viele der Gastarbeiter heimschicken und einen saudischen Staatsbürger erziehen, der auch vor Handarbeit – lange als niedere und schweißtreibende Beschäftigung verpönt – nicht zurückschreckt. Nur 10 % aller Fabrikarbeiter sind heute Saudis.

Manches aber hat man in Saudi-Arabien auch schon erreicht. Während Mitte der 70er Jahre kaum ein Getreidehalm wuchs, ernteten die Wüstensöhne zehn Jahre später bereits das Doppelte des Eigenbedarfs. Und seit 1988 exportiert das Wüstenland gar Getreide in Länder der GUS und die Volksrepublik China. Unter Einsatz gigantischer Finanzmittel hat das Land damit Nahrungssicherheit erreicht.

Auch wenn die Ölkalifen heute wieder rechnen müssen, sehen viele in Riad das mit einem traurigen und einem lachenden Auge. Denn die allzu rasante und radikale Umgestaltung des Landes war ihnen ganz und gar nicht geheuer.

Dieser Gegensatz zwischen Tradition und Moderne erhielt durch die Golfkrise 1990, in der Saudi-Arabien US-amerikanische Truppen ins Land rief, neue Brisanz.

Tee trinkend *(links oben)* überbrücken Männer in der südlich gelegenen Stadt Najran die Zeit der glühenden Mittagshitze. Die arabische Kultur legt großen Wert auf Gastfreundschaft, und der Ölreichtum ermöglicht einen angenehmen Lebensstil.

Die meisten Beduinenstämme Saudi-Arabiens *(links)* ziehen nicht mehr mit ihren Herden in der Wüste umher, aber sie bewahren ihre Feste und einen strengen Moralkodex. Die Beduinen legen großen Wert auf religiöse Traditionen.

SAUDI-ARABIEN: ISLAM

Der Islam, eine der Weltreligionen, geht auf den Propheten Mohammed zurück, der um 570 n. Chr. in Mekka geboren wurde. Diese Oasenstadt im Hedjas hatte sich um ein altarabisches Heiligtum, die Kaaba, entwickelt, die den Schwarzen Stein enthält. Nach der moslemischen Überlieferung übergab der Erzengel Gabriel diesen Stein Abraham, dem Ahnherren der Juden und Araber. Die Kaaba, ein würfelförmiger Schrein, wurde erbaut, um diesen Schwarzen Stein aufzunehmen. Für die Moslems ist sie bis heute ein Ort besonderer Verehrung. Der Islam betrachtet sich selbst als die Fortentwicklung von Juden- und Christentum; Abraham, Moses und Christus werden als Propheten und Botschafter Gottes angesehen. Das Wort »Islam« bedeutet »Unterwerfung« (unter den Willen Gottes).

Seit etwa 610 erhielt Mohammed göttliche Offenbarungen, und der Erzengel Gabriel hieß ihn, das Wort Gottes »vorzutragen« (»ikra«). Der Name des Korans, des heiligen Buchs des Islam, geht auf das gleiche Wort zurück, und die Moslems sehen ihn als das authentische Wort Gottes an. Daher ist es für einen Moslem undenkbar, dem Koran zu widersprechen.

Anfänglich überzeugten Mohammeds Predigten die wohlhabenden Kaufleute Mekkas nicht, und im Jahr 622 erzwang ihre Feindschaft seine Abreise nach Al Madinah (Medina). Diese Hedschra (Auswanderung) bezeichnet das Jahr Eins des islamischen Kalenders. Von Al Madinah aus gewann der Islam an Stärke, bis der Prophet mit seiner wachsenden Gemeinde im Jahr 630 im Triumph nach Mekka zurückkehren konnte. Mohammed starb im Jahre 632 in Medina.

Die Grundsätze des Islam

Der Hauptgrundsatz des Islam besagt, daß es nur einen Gott (arabisch Allah) gibt, der verehrt werden muß, und daß Mohammed sein Prophet ist. Höchste Autorität haben der Koran, den Allah der Menschheit als Richtschnur gegeben hat, und die Leitsätze Mohammeds zur Lebensführung (Sunna), die in verläßlichen Augenzeugenberichten (Hadith) aufgezeichnet sind. Von der Sunna leiten die Sunniten, die anhängerstärkste Glaubensrichtung des Islam, ihren Namen her. Sie richten ihr Leben nach dem Koran und der Sunna aus und erkennen die Autorität der vier Kalifen (Stellvertreter) – Abu Bakr, Omar, Othman und Mohammeds Schwiegersohn Ali – an, die nach dem Tode des Propheten gewählt wurden. Die zweitgrößte Gruppierung bilden die Schiiten, welche die Schia (Partei) Alis bilden. Sie meinen, daß die Führung des Islam Ali und seinen Nachkommen gebührt.

Der Islam ruht auf fünf »Säulen«, womit die grundlegenden religiösen Pflichten, die sich aus Koran und Hadith herleiten, gemeint sind: Erstens das Glaubensbekenntnis (Shahada): »Es gibt keinen Gott außer Allah, und Mohammed ist sein Prophet.« Zweitens das Ritualgebet, wel-

Stolz überragt das schlanke Minarett *(rechts)* eine Moschee im Jemen. Von der obersten Galerie des Minaretts ruft der Muezzin fünfmal am Tag die Gläubigen zum Gebet. Zu einer Moschee gehören meist 1 bis 4, selten 6 Minarette.

Die Freitagsmoschee *(unten)* in Isfahan, Iran, erstrahlt in leuchtenden Farben. Da der Islam die figürliche Darstellung alles Lebendigen verbietet, entstand eine abstrakte Dekorationskunst, in der der Kalligraphie große Bedeutung zukommt.

Zu den Vorbereitungen für den Haddsch *(rechts)*, die Pilgerfahrt nach Mekka, gehört auch eine gründliche Rasur, denn der Pilger darf sein Haar nicht abschneiden, bevor er nicht alle Kulthandlungen des Haddsch vollzogen hat. Jeder Moslem ist verpflichtet, wenigstens einmal in seinem Leben die Pilgerreise zu unternehmen, vorausgesetzt allerdings, er ist gesund und verfügt über die nötigen finanziellen Mittel.

SAUDI-ARABIEN

ches fünfmal am Tag verrichtet werden muß (Salat). Freitag ist der heilige Tag des Gebets, an dem die Moslems in die Moschee gehen. Die drei restlichen Säulen des Islam sind das Almosengeben (Zakat), das Fasten von Sonnenaufbis -untergang während des Monats Ramadan und die Pilgerfahrt (Haddsch) nach Mekka.

Die Ausbreitung des Islam

Als nach dem Tod des Propheten Mohammed die bereits von ihm geeinten Beduinenstämme rebellierten, stellte Abu Bakr, der erste Kalif, ein Heer auf, um sie erneut zu unterwerfen. Dieses Heer wurde zur Speerspitze der islamischen Expansion, die sich gegen das Byzantinische Kaiserreich im Westen und das persische Sassanidenreich im Osten richtete. Die Geschwindigkeit der Eroberung war erstaunlich. Um 640 n. Chr. kontrollierten die Araber das heutige Syrien und den Irak; 642 war Ägypten eingenommen; um 650 war das heutige Afghanistan erreicht. Weniger als ein Jahrhundert später hatten sie Spanien erobert und drohten Westeuropa zu überrennen, bis sie 732 in der Schlacht bei Poitiers besiegt wurden. Im Laufe der Zeit sind arabische Traditionen anderen Kultureinflüssen der islamischen Welt gewichen, doch hat Arabisch als Sprache des Koran seinen Stellenwert behauptet.

Später zerfiel die islamische Welt in eine Vielzahl mächtiger Kulturen: Die osmanischen Türken, welche 1453 die byzantinische Hauptstadt Konstantinopel eroberten, gründeten das größte islamische Reich; die Mamluken beherrschten Ägypten und Syrien; die Safawiden begründeten im 17. Jahrhundert eine Dynastie im Iran; die Moguln waren im 16. Jahrhundert die Herren Indiens.

Schon bald nach Mohammeds Tod erreichte der Islam durch moslemische Händler die ostafrikanische Küste, später auch Westafrika. Zwischen 1500 und 1800 verbreitete sich der Islam auf den Inseln Südostasiens, wobei er auf Java mit den traditionellen Religionen des Hinduismus und des Buddhismus eine Koexistenz einging. Auch entwickelte der Islam mit den Sufis eine mystische Richtung, die göttliche Liebe und Erkenntnis über den Weg der direkten Gotteserfahrung suchte. Die Dichtung einiger Sufis gehört zur schönsten der Welt. Die kulturellen, wissenschaftlichen und künstlerischen Errungenschaften vieler islamischer Nationen haben einen einzigartigen Beitrag zur Kulturgeschichte geleistet.

Die europäische Expansion des 18. und 19. Jahrhunderts schwächte die Macht der islamischen Reiche. Dieser Niedergang wurde jedoch durch Reformbewegungen, die im späten 19. Jahrhundert einsetzten, aufgehalten. Sie gewannen nach dem Ölboom der 70er Jahre durch die Bemühungen der moslemischen Ölförderländer erneut an Kraft. Die islamische Revolution im Iran 1979 hat sowohl gemäßigte als auch militante Moslems ermutigt.

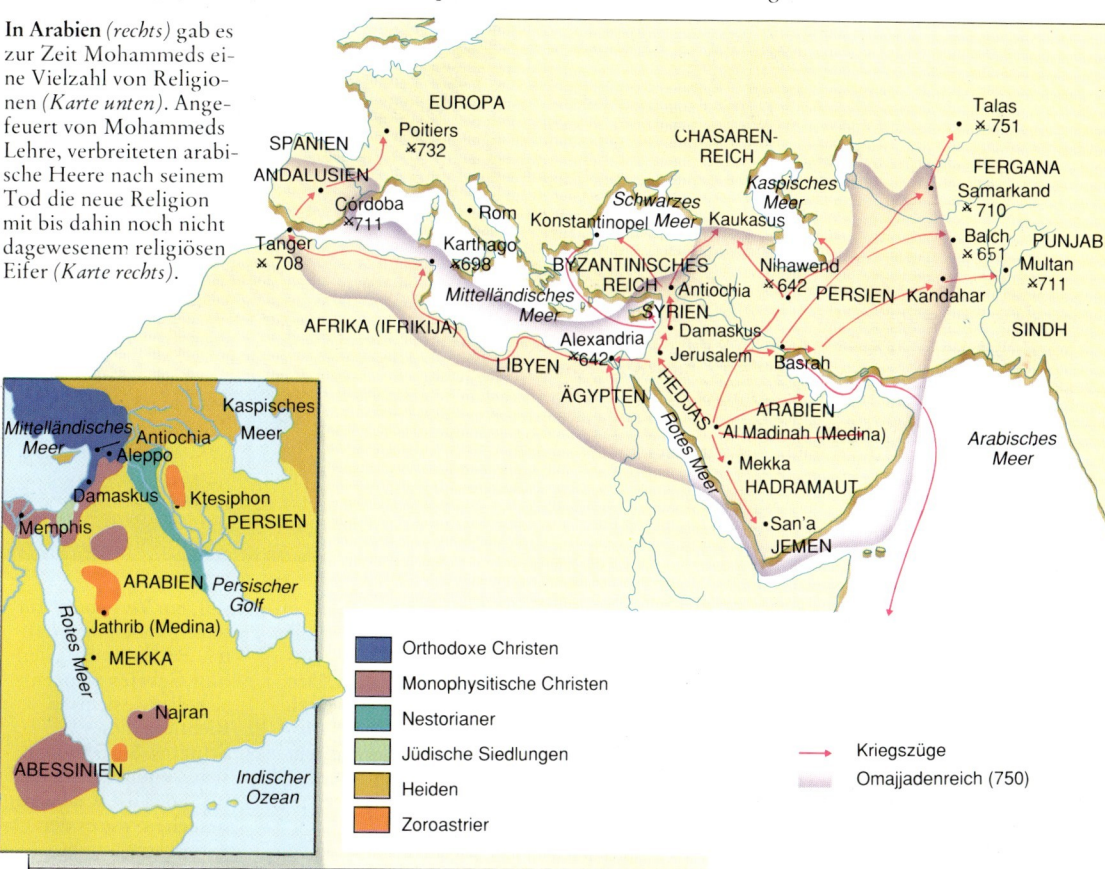

In Arabien *(rechts)* gab es zur Zeit Mohammeds eine Vielzahl von Religionen *(Karte unten)*. Angefeuert von Mohammeds Lehre, verbreiteten arabische Heere nach seinem Tod die neue Religion mit bis dahin noch nicht dagewesenem religiösen Eifer *(Karte rechts)*.

SAUDI-ARABIEN: HEILIGE STÄTTEN

1744 trafen sich zwei Männer in der kleinen Stadt Dir'iyya in der Nähe von Riad, Saudi-Arabiens heutiger Hauptstadt. Ihr Herrscher Mohammed Ibn Saud, Vorfahre der jetzigen Königsdynastie, gelobte Mohammed Ibn Abd Al Wahhab, einem gläubigen Moslem, daß sie die gesamte Arabische Halbinsel wieder zu der Urform des Islam, wie sie vom Propheten Mohammed 600 n. Chr. verkündet worden war, zurückführten.

Die neue Bewegung zog bekehrte Beduinen an, die dem saudischen Aufruf folgten, und 1787 war der größte Teil des Najd (Zentralarabien) eingenommen. 1803 zog Abd Al Aziz Ibn Saud gegen den Hedjas, Arabiens westliches Küstengebiet, wo er den Scherifen (Hüter) von Mekka besiegte und den Haddsch (Wallfahrt) unternahm, der eine der »fünf Säulen des Islam« ist. Die Eroberung Mekkas brachte auch die Kontrolle über Al Madinah (Medina) mit sich, der zweitheiligsten Stadt des Islam, wo der Prophet begraben liegt.

Zwei heilige Städte

Mekka ist die heiligste Stadt des Islam: Geburtsort des Propheten, Stätte seiner ersten Verkündung des Islam und der erste islamische Staat. Im Mittelpunkt des Hofes der heiligen Moschee Al Haram befindet sich die Kaaba, das würfelförmige Gebäude, in dessen Richtung sich alle Moslems beim Gebet wenden. Moslems glauben, daß der Koran, das heilige Buch des Islam, von Gott dem Propheten in Mekka und Al Madinah verkündet wurde. Mit den zwei heiligen Städten unter ihrer Herrschaft erstreckte sich nun die Macht der Saudis von Hasa im Osten bis zum Hedjas im Westen, und im Süden bis zur Stadt Najran.

Der Hedjas war Teil des Osmanischen Reiches, und Sultan Mahmud II. sandte seinen Statthalter in Ägypten, Mohammed Ali, um dieses Gebiet zurückzuerobern. Eine Zeit der Wirren folgte, so daß 1890 der größte Teil der Sauditen gezwungen war zu fliehen. Im Jahr 1902 führte ein Mitglied der verbannten Dynastie Saud, im Westen als Ibn Saud bekannt, einen der tapfersten Feldzüge der jüngsten Geschichte aus. Ibn Saud Abd Al Aziz III. zog mit einer Handvoll Getreuer nach Riad und eroberte die Stadt zurück.

Gegen Ende des Zweiten Weltkriegs schaffte der türkische Nationalistenführer Kemal Atatürk das osmanische Kalifat ab. Zusammen mit der zunehmenden Bestechlichkeit im Hedjas bildete dies eine zusätzliche Herausforderung für Ibn Saud, der sofort gegen Mekka zog. Am Tag nach seiner Eroberung der heiligen Stadt legte sein Heer die Waffen nieder (Waffen sind innerhalb heiliger Stätten verboten), legte den »Litham« (das weiße, saumlose Haddsch-Gewand) an und unternahm den Pilgergang. 1932 verkündete er die Gründung des Königreichs von Saudi-Arabien, wobei er zwei kulturell verschiedene Gebiete vereinigte.

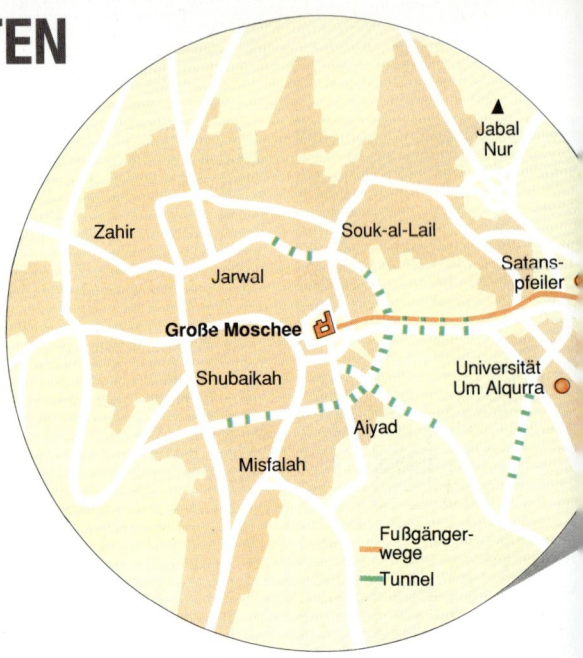

Mekka (rechts), Geburtsort des Propheten Mohammed, ist die heiligste Stadt des Islam. Moslems glauben, daß es nur einen Gott gibt und Mohammed sein Prophet ist. Alle Moslems hoffen, einmal im Leben den Haddsch, die Pilgerfahrt nach Mekka, machen zu können. Etwa 2 Millionen Pilger kommen Jahr für Jahr in die Stadt mit der Großen Moschee. Unter den Pilgerstätten befindet sich der Jabal Nur (»Berg des Lichts«), wo Mohammed zum ersten Mal Gottes Botschaft empfing.

Die Kaaba, das Allerheiligste (oben), ist für alle Moslems der geheiligtste Ort auf Erden. Der Schrein liegt im Mittelpunkt der Großen Moschee in Mekka. Er enthält den Schwarzen Stein, den Adam bei der Vertreibung aus dem Paradies erhalten haben soll, um Vergebung für seine Sünden zu erhalten. Bei ihren täglichen fünf Gebeten wenden sich die Moslems in Richtung dieses Schreins. Sie bemühen sich, zumindest einmal im Leben die Kaaba zu besuchen, wie es der Koran vorschreibt.

Najd-Beduinen in der Wüste (rechts) beten gen Mekka gerichtet zu Allah und erfüllen damit das Gebot des Propheten Mohammed. Sie leben im inneren Hochland des Najd, der dünnbesiedelten Zentralregion der Arabischen Halbinsel.

SAUDI-ARABIEN

Am 9. November 1953 starb König Ibn Saud. Sein Nachfolger, Saud, war nicht zum Herrscher geboren, und 1964, nach schweren politischen und wirtschaftlichen Krisen, trat er zugunsten seines Bruders Faisal zurück. Faisal II. erkannte, daß der wachsende Ölreichtum des Königreichs einem tiefreligiösen Land Probleme verursachen könnte und machte langfristige Pläne, um westliche Technologien mit traditionellen geistigen Werten in Einklang zu bringen.

Faisal war ein guter Diplomat, der den weltgewandten Bewohnern Mekkas gezeigt hatte, daß die ungehobelten Puritaner des Najd gegenüber einem besiegten Volk großzügig sein konnten. Er wurde 1975 ermordet. Die Thronfolge ging an seinen Bruder Chaled Ibn Abd Al Aziz über, obwohl die tatsächliche Machtbefugnis in den Händen des neuen Kronprinzen Fahd lag. Nach Chaleds Tod im Jahre 1982 kam Fahd Ibn Abd Al Aziz auf den Thron.

Die Belagerung von Mekka

1979 wurde das Königreich durch ein Ereignis bis in seine Grundfesten erschüttert: Im November wurde die heilige Moschee in Mekka von rund 250 fanatischen Anhängern des Huhaiman Ibn Saif Al Otaibi besetzt, der den Mahdi (den Auserwählten) innerhalb der Moschee an jenem Tag, dem ersten Tag des moslemischen Jahres 1400, offenbaren sollte. Die Belagerung endete erst nach blutigen Kämpfen, in denen 102 Rebellen und 27 Soldaten getötet wurden. Am 9. Januar 1980 wurden 63 Rebellen in verschiedenen Städten auf Marktplätze geführt und öffentlich enthauptet.

Die Belagerung Mekkas ließ die saudischen Herrscher die Notwendigkeit von Reformen erkennen, ja sogar von einer Versammlung, in der einfache Leute ihre Meinung sagen konnten. 1985 schlug König Fahd die Einrichtung eines gewählten Parlaments vor. 1986 nahm er den Titel »Wächter der zwei heiligen Moscheen« an, womit er den saudischen Schutz über Mekka und Al Madinah formalisierte. Gleichzeitig versuchte er, die moslemischen Fundamentalisten zu beschwichtigen, die fürchteten, daß das Königreich vom westlichen Einfluß verdorben werde.

Diese Maßnahmen konnten jedoch nicht einen ernsten Vorfall im Jahre 1987 verhindern, bei dem die saudische Polizei 400 iranische Pilger tötete, die während des Pilgergangs in Mekka gegen die USA und die saudische königliche Familie demonstriert hatten.

Trotz dieser Probleme haben die Saudis seit der Eingliederung des Hedjas bedeutende Summen in die Vergrößerung und Erhaltung der heiligen Moscheen in Mekka und Al Madinah investiert. Sie haben auch große Mühen unternommen, um für die zwei Millionen Pilger zu sorgen, die jährlich die Pilgerfahrt unternehmen, und haben ihnen Räume und Grundausstattungen zur Verfügung gestellt.

Menschenmengen drängen sich in Mekka *(links oben)*. Millionen von Pilgern unternehmen jedes Jahr den Haddsch. Sie legen damit die Last einer schweren Verantwortung auf die Schultern der saudischen Herrscher über diese heilige Stadt des Islam.

Gläubige in der Neuen Moschee in Riad *(links)*. Der jetzige Herrscher, König Fahd, hat die Einkünfte aus dem Erdölexport unter anderem dazu verwendet, den Pilgern zu den heiligen Stätten eine bessere Versorgung zukommen zu lassen.

SCHWEDEN

Schweden ist das größte Land Skandinaviens. Trotz seiner fast inselartigen Lage ist Schweden doch aufs engste mit den übrigen europäischen Ländern verbunden. Auch der Versuch, sich seit Mitte des 19. Jahrhunderts durch Neutralität aus der Weltpolitik herauszuhalten, hat die starken kulturellen und wirtschaftlichen Beziehungen zu Europa nicht gestört.

Besonders eng sind die Beziehungen naturgemäß zu den unmittelbaren Nachbarn in Nordeuropa. Mit den beiden angrenzenden Staaten Norwegen und Finnland hat Schweden die große Nord-Süd-Erstreckung, die geringe Besiedlungsdichte und die ungleiche Verteilung der Bevölkerung innerhalb des Landes gemeinsam. Gemeinsam ist auch die Notwendigkeit, sich mit den Lebensbedingungen der teilweise noch als halbnomadische Rentierzüchter lebenden Lappen auseinanderzusetzen.

Mit Norwegen und Dänemark ist Schweden durch sprachliche und kulturelle Verwandtschaft sowie durch die Staatsform der parlamentarischen Monarchie verbunden. Im Laufe der Geschichte waren die Beziehungen zwischen Schweden und Dänemark oft gespannt oder sogar feindselig. Der erbitterte Kampf um die Herrschaft im Ostseeraum hat die politische Landkarte Nordeuropas mehrfach grundlegend verändert. Schweden war für mehr als ein Jahrhundert Teil des damaligen dänischen Großreiches. Aber auch das heute als friedliebende Nation geachtete Schweden betrieb zeitweilig eine expansive Großmachtpolitik. Über Jahrhunderte gehörte Finnland zum Königreich Schweden, das sich seit dem 16. Jahrhundert zeitweise bis Estland, Karelien und Livland ausdehnte und nach dem Dreißigjährigen Krieg auch Teile Pommerns und Mecklenburgs zu seinem Herrschaftsgebiet zählte.

Geschichte

Den Namen hat Schweden wohl von dem Volksstamm der Svear erhalten, die etwa seit 300 in Mittelschweden nachweisbar sind. Von ihrer Kultur zeugen Kultstätten und Grabhügel bei Uppsala, wo um das 5. und 6. Jahrhundert das Zentrum der Macht lag. Bis zum 10. Jahrhundert gelang es den Svearn, die im Gebiet des Vänersees lebenden nordgermanischen Gauten sowie die Inseln Gotland und Öland unter ihre Herrschaft zu bringen. Aus diesem um 1100 vollendeten Svea Rike wurde Sverige, das heutige Schweden.

Zwischen dem 9. und 11. Jahrhundert drangen schwedische seefahrende Nordmannen, als Waräger bekannt, teils vom Handel, teils vom Raub lebend, über die Ostsee nach Südosten bis in das Stromgebiet von Wolga und Dnjepr vor. Über das Schwarze Meer erreichten sie Byzanz und donauaufwärts Ungarn. Vom Kaspischen Meer zogen sie bis Bagdad.

Zu jener Zeit verbreitete sich in ihrer Heimat nach ersten, kaum erfolgreichen Versuchen der Missionierung durch den Heiligen Ansgar nach

SCHWEDEN

und nach das Christentum. Mit der Gründung des Erzbistums Uppsala (1164) war die Christianisierung des Landes im wesentlichen abgeschlossen.

Die Kalmarer Union
Ende des 14. Jahrhunderts geriet Schweden unter die Herrschaft der norwegisch-dänischen Königin Margarete I. Die 1397 in der Kalmarer Union besiegelte Aufgabe der schwedischen Eigenstaatlichkeit und das brutale Vorgehen der dänischen Machthaber wollten die Schweden nicht hinnehmen. Als der dänische König 1520 im »Stockholmer Blutbad« Anhänger des nationalen Widerstandes hinrichten ließ, kam es zum offenen Aufstand, in dem Gustav Eriksson Wasa (1496 oder 1497–1560) Schweden von der dänischen Herrschaft befreite. 1523 wurde er als Gustav I. zum König des wieder selbständig gewordenen Schweden gewählt. Dies war der Beginn des straff geführten schwedischen Nationalstaats, der unter Gustav II. Adolf im 17. Jahrhundert zur europäischen Großmacht aufstieg. Während Schweden im Nordischen Krieg (1700–1721) seine beherrschende Stellung im Ostseeraum verlor, begann im Inneren die »Freiheitszeit«, die Herrschaft des Reichstages und des Reichsrates. Der Reichstag wählte 1810 den französischen Marschall Jean-Baptiste Bernadotte (1763–1844) zum schwedischen Thronfolger. Unter seiner Führung erzwang Schweden 1814 nach dem erfolgreichen Feldzug – der letzten kriegerischen Auseinandersetzung der schwedischen Geschichte – gegen Napoleon und seine dänischen Verbündeten die Personalunion mit Norwegen, die bis zum Jahr 1905 bestand.

Industrialisierung und soziale Erneuerung
Die anfangs an heimischen Rohstoffen orientierte Industrialisierung setzte in Schweden vergleichsweise spät ein und erlebte ihren Durchbruch erst in den 70er Jahren des 19. Jahrhunderts. Die soziale Entwicklung des Landes konnte zunächst nicht mit dem wirtschaftlichen Aufschwung Schritt halten. Anderthalb Millionen Menschen suchten in Nordamerika eine neue Heimat.

Schon zu Beginn des 20. Jahrhunderts hatten Ideen sozialer Reformen weite Verbreitung und Popularität erlangt. Die von der 1889 gegründeten Sozialistischen Arbeiterpartei, aber auch von den »Volksbewegungen« und anderen politischen Gruppen geforderte »soziale Erneuerung« bildete in den 20er Jahren die Basis für einen Wohlfahrts- und Sozialstaat. Aus dieser Zeit stammt die von Per Albin Hansson formulierte Idee des »Volksheimes Schweden«, in dem die Gemeinschaft des Volkes dafür Sorge tragen soll, daß möglichst jeder einzelne ein Leben in sozialer Sicherheit und in Wohlstand führen kann. In den folgenden Jahrzehnten wurde Schweden zu einem Wohlfahrtsstaat weiterentwickelt.

SCHWEDEN: DER STAAT

König Karl XVI. Gustav, der 1973 die Nachfolge seines Großvaters antrat, repräsentiert zwar Schweden im In- und Ausland, das entscheidende politische Organ des Landes ist jedoch der Reichstag. Das Königreich Schweden ist seit 1917 eine konstitutionelle Monarchie auf demokratisch-parlamentarischer Grundlage. Seit Mitte des 19. Jahrhunderts verfolgt das Land eine Politik strikter Neutralität, die bis zum heutigen Tag verhindert hat, daß es in Kriege hineingezogen wurde.

Die Verpflichtung zur Neutralität bezieht sich nur auf den militärischen Bereich und ist nicht mit »Meinungsneutralität« zu verwechseln. So ist Schweden bei aller Toleranz ein stets wacher Anwalt im Kampf gegen Unterdrückung und Ausbeutung. Besonders der ehemalige schwedische Ministerpräsident Olof Palme, der sich intensiv mit den Problemen internationaler Politik auseinandersetzte, bezog eindeutig Position im Kampf gegen die Apartheid in Südafrika, für den Freiheitskampf der Sandinisten in Nicaragua wie auch gegen die Weltmachtpolitik der beiden Supermächte USA und UdSSR in Vietnam bzw. Afghanistan.

1969 trat Olof Palme (1927–1986) als Parteichef der Sozialdemokraten und Ministerpräsident die Nachfolge Tage Erlanders (1901 bis 1985) an, doch erreichte er nie dessen Popularität. Unter Erlander hatte der »schwedische Sozialismus«, der sich innerhalb eines kapitalistischen Wirtschaftssystems und mit Unterstützung auch der bürgerlichen Parteien entwickelt hatte, weltweit Symbolcharakter erlangt. Auf der Basis einer Steuerpolitik, die die hohen Einkommen stark belastet, versucht der Staat, ein hohes Maß an sozialer Gerechtigkeit zu erreichen. Ein gut ausgebautes staatliches Fürsorgesystem gewährleistet nahezu jedem ein Leben ohne materielle Not. Hilfe gewährt Schweden aber nicht nur seinen eigenen Staatsbürgern, sondern auch vielen Menschen in der Dritten Welt durch hohe Leistungen in der Entwicklungshilfe.

Kritik an dem Modell wurde erst nach Erlanders Rücktritt laut. Die Finanzierung des schwedischen »Wohlfahrtsstaates« forderte immer größere Summen, die über Steuererhöhungen aufgebracht werden mußten. Nicht zuletzt die fortschreitende Bürokratisierung und der Machtzuwachs der Behörden führte 1976 zum Wahlsieg des »bürgerlichen Blocks«, der sich aus der Zentrumspartei, der Liberalen Partei und den Konservativen zusammensetzt. Die seit 1932 regierenden Sozialdemokraten wurden erstmals in die Opposition verwiesen. Doch schon 1982 kehrte der Sozialdemokrat Palme mit Unterstützung der Kommunisten in das Amt des Regierungschefs zurück, das er bis zu seinem Tod bekleidete. Am 1.3.1986 wurde jener Mann, dessen politische Maximen soziale Gerechtigkeit und Gewaltlosigkeit waren, Opfer eines Mordanschlags. Olof Palme hinterließ seinen Nachfolgern ein schwieriges Vermächtnis. Im Zuge der Globalisierung erfuhr auch die Idee des Volksheims Abstriche. Im November 1994 stimmte die schwedische Bevölkerung in einem Referendum für den Beitritt zur Europäischen Union.

Die Vielfalt in der Einheit

Nach Sprache und Herkunft war die Bevölkerung Schwedens bis vor einigen Jahrzehnten sehr homogen. Lediglich die Gruppe der Lappen im Norden des Landes bildet eine autochthone Minderheit von etwa 6000 Angehörigen. Ihre

Daten und Fakten

DAS LAND
Offizieller Name: Königreich Schweden
Hauptstadt: Stockholm
Fläche: 449 964 km²
Landesnatur: Im N Ostabdachung des Skandinavischen Gebirges, südl. anschließend die mittelschwedische Senke und Hügelland mit zahlreichen Seen
Klima: Kühlgemäßigtes kontinentales Klima
Hauptflüsse: Torneälv, Luleälv, Umeälv, Dalälv
Höchster Punkt: Kebnekajse 2111 m

DER STAAT
Regierungsform: Parlamentarische Monarchie
Staatsoberhaupt: König
Regierungschef: Ministerpräsident
Verwaltung: 21 Bezirke (Län)
Parlament: Einkammerparlament (Riksdag) mit 349 für 4 Jahre gewählten Abgeordneten
Nationalfeiertag: 6. Juni

DIE MENSCHEN
Einwohner (Ew.): 8 892 000 (1999)
Bevölkerungsdichte: 20 Ew./km²
Stadtbevölkerung: 83 %
Bevölkerung unter 15 Jahren: 19 %
Analphabeten: 1 %
Sprache: Schwedisch
Religion: Protestanten 89 % (schwedische Kirche)

DIE WIRTSCHAFT
Währung: Schwedische Krone
Bruttosozialprodukt (BSP): 226 861 Mio. US-$ (1998)
BSP je Einwohner: 25 620 US-$
Inflationsrate: 2,4 % (1990–98)
Importgüter: Erdöl u. -produkte, Maschinen, chem. Erzeugnisse, Fahrzeuge, Nahrungsmittel,

Sprache ist dem Finnischen verwandt. Der größte Teil der Lappen lebt auch heute noch in Nordschweden, doch nur noch einige hundert Familien betreiben weiterhin die traditionelle Rentierzucht. Soweit sie in ihren Dorfgemeinschaften leben, können die Lappen eine Reihe von Sonderrechten in Anspruch nehmen, die erlassen wurden, um die Bewahrung ihrer eigenständigen Kultur zu sichern. Von diesem Minoritätengesetz profitieren auch die Einwanderer. Nach dem Zweiten Weltkrieg suchten viele Menschen aus dem östlichen Mitteleuropa hier eine neue Heimat. In jüngster Zeit wurde Schweden zunehmend zum Zufluchtsort für Asylbewerber und politische Flüchtlinge aus den Balkanstaaten sowie aus Asien und Südamerika.

Vieh, Eisen, Stahl, Garne, Gewebe
Exportgüter: Zellstoff, Holz, Papier (zusammen bis 20 %), Maschinen, Fahrzeuge, Elektroartikel, Ausrüstungen, Eisen, Stahl, Erze, chem. Erzeugnisse
Handelspartner: Deutschland, Großbritannien, Norwegen u. andere EU-Länder, USA
Eisenbahnnetz: 10 998 km
Straßennetz: 98 062 km, darunter 1428 km Autobahn
Fernsehgeräte je 1000 Ew.: 531

Riddarholmen (Insel der Edelleute; *oben links*) liegt im Vordergrund dieses Bildes von Stockholm, der Hauptstadt Schwedens. Seine alten Gebäude, wie die am Platz des Obersten Gerichts, zeigen Schwedens traditionsreiche Vergangenheit.

Schweden (*oben*) ist eines der größten Länder Europas. Die geschickte Nutzung der natürlichen Ressourcen hat dem Land Wohlstand gebracht, der – gleichmäßig verteilt – allen Bevölkerungsschichten einen relativ hohen Lebensstandard garantiert.

SCHWEDEN: LANDESNATUR

Schweden erstreckt sich bei einer mittleren Breite von 300 km über 1500 km von der Tundra im hohen Norden bis zur sommerlich warmen Südwestküste. Mit seinen weiten Wäldern, verträumten Schäreninseln, mit großen Seen und schnell dahineilenden Gebirgsflüssen ist es ein Paradies für jeden Naturfreund.

Urgestein und Eiszeiten

Der größte Teil Schwedens gehört zusammen mit Finnland und dem südlichsten Norwegen zum ältesten Teil Europas, dem Baltischen Schild. Selbst die wesentlich jüngeren Gesteinsschichten des mittleren Erdaltertums, die im westlichen Mittelschweden um Östersund, vereinzelt auch in Südschweden und auf den Inseln Gotland und Öland die Landoberfläche bilden, sind weitaus älter als der größte Teil des übrigen Europa. Typische Gesteine des Baltischen Schildes sind Gneise und Granite, meist schwarzweiß gebändert bzw. gesprenkelt. Das in beträchtlicher Tiefe entstandene Gestein liegt hier an der Oberfläche, weil das Deckgebirge im Verlauf von Jahrmillionen durch Erosion einige tausend Meter abgetragen worden ist. Die Gebirgsketten entlang der Grenze zu Norwegen, Kjöl oder Skanden genannt, bilden die Reste der kaledonischen Faltung. Seit ihrer Entstehung im Erdaltertum fast vollständig abgetragen, erhielten sie ihre jetzige Gestalt und Höhe durch die Eiszeiten und die Landhebung während des Tertiär.

Vom Gebirgsmassiv, dessen höchste schnee- und eisbedeckte Gipfel über 2000 m aufragen, fällt das Land sanft in Richtung Bottnischer Meerbusen ab. Den letzten Schliff – auch im wörtlichen Sinne – erhielten die Landschaften Schwedens durch die Vergletscherung in den Eiszeiten. Zusammen mit Finnland gehörte Schweden zum Nährgebiet der riesigen Inlandeismassen, die mehrfach von hier bis nach Mittel- und Westeuropa vorstießen. Dabei wurde die Landoberfläche durch den Druck des sich langsam bewegenden, bis zu 3600 m mächtigen Eises abgetragen und modelliert.

Gut erkennbar sind in Mittelschweden einzelne Rückzugsphasen der letzten Eiszeit. Weit verbreitet, insbesondere nördlich des Mälaren, sind oft zu kilometerlangen Rücken aufgeschüttete Ablagerungen aus Schotter und Sand. Vom Gletscherwasser mitgerissen, setzten sie sich in den Spalten des Eises fest und blieben nach dessen Abschmelzen als langgestreckte Wälle zurück. Nach dem schwedischen Namen werden sie auch in anderen Vereisungsgebieten als Oser bezeichnet.

Im Abtragungsbereich wurde das feste Gestein vom Eis oft zu buckeligen Felsklötzen abgeschliffen. Wo durch das spätere Vordringen der Ostsee diese Rundhöcker teilweise vom Wasser überflutet wurden, entstand ein kaum überblickbares Gewirr kleiner und kleinster Felsinseln – die Schären vor der Ostküste Mittelschwedens.

Die meisten der unzähligen Seen Schwedens verdanken ihre Entstehung ebenfalls den Eiszeiten. Teils füllen sie Becken, die durch das Eis ausgeschürft wurden, teils liegen sie in Senken, die durch das verzögerte Abschmelzen einzelner Eisblöcke gebildet wurden. Andere entstanden, als Ablagerungen der Schmelzwasserströme ganze Täler abriegelten und das Wasser aufstauten. Sofern später ein Durchbruch des Wassers erfolgte, blieb oft genug auf wasserundurchlässigem Boden Sumpf oder Moor zurück.

Die während der geologischen Vergangenheit schon bestehende Tendenz zur Hebung des Baltischen Schildes setzte sich verstärkt nach dem Abschmelzen der kilometerdicken Eismassen fort. Besonders davon betroffen ist das Küstengebiet um den Bottnischen Meerbusen. Daß diese Landhebung (isostatische Ausgleichsbewegung) auch heute noch wirkt, zeigt sich auch am Beispiel des Mälaren, der noch um 1200 eine meeresoffene Bucht war, heute hingegen ein Binnensee ist.

Vom Mischwald bis zur kahlen Tundra

Klimatisch ist Schweden gegenüber anderen Gebieten gleicher Breitenlage begünstigt. Zwar ist der Ostseeraum durch die norwegischen Gebirge vom Atlantik abgeschirmt, doch der mildernde Effekt des ozeanischen Klimas wirkt sich dennoch auch in Schweden aus. Von Süden

Die zerklüftete Küstenlinie Gotlands *(links)* mit ihren freistehenden Kalksteinpfeilern läßt die Erinnerung an die Vergangenheit der Insel als Hochburg der seefahrenden Wikinger wieder aufleben. Gotland ist die größte der vielen Inseln Schwedens.

- über 400 m
- 200 - 400 m
- unter 200 m

Bohus *(rechts)*, die buchtenreiche Küstenlandschaft Südwestschwedens mit einem breiten Schärenhof, gehört zur Provinz Göteborg und Bohuslän. Die Küstenlinie aus Granitfelsen wurde während der Eiszeiten von den Gletschern glattgeschliffen.

SCHWEDEN

Der Siljan (links) liegt inmitten der Provinz Dalarna in Zentralschweden. Die in traditionellem Stil gebauten Häuser, das waldige Hochland und die abwechslungsreichen Täler ziehen vor allem in der Sommersaison viele Touristen an.

Lichte Birkenwälder (unten) bilden den Rahmen für ein kleines Landhäuschen (Stugor) in der Nähe von Uppsala, nordwestlich von Stockholm. Fast 20 % der Schweden besitzen einen Stugor. Dort genießen sie die unberührte Landschaft.

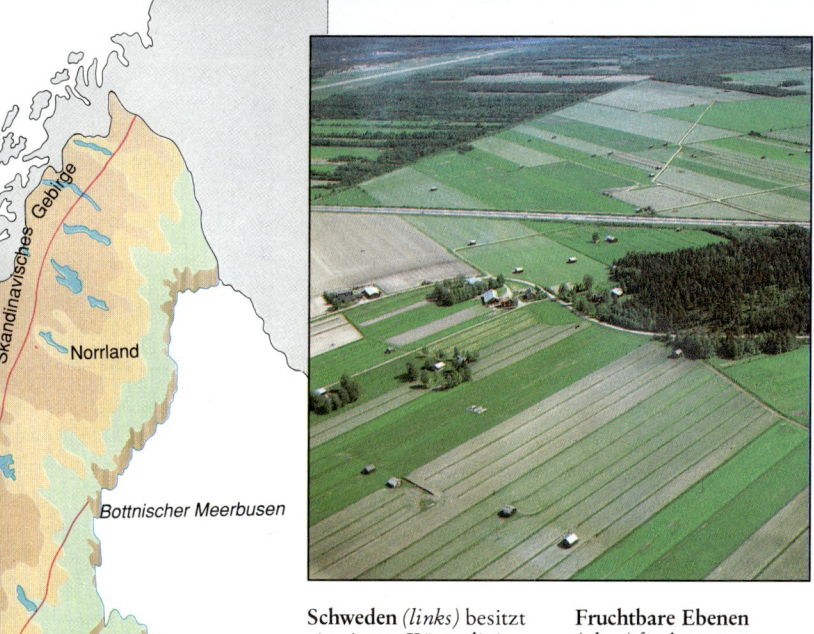

Schweden (links) besitzt eine lange Küstenlinie mit vielen vorgelagerten Inseln. Baumlose Tundra und dichte Wälder beherrschen die kalten Regionen des Nordens, in denen die Lappen zu Hause sind. Die meisten Schweden leben aber im wärmeren Süden.

Fruchtbare Ebenen (oben) findet man in Südschweden. Nur 8 % der Gesamtfläche Schwedens sind landwirtschaftlich nutzbar. Im Süden befinden sich auch viele Seen sowie Schwedens größere Städte mit dem Hauptteil der Bevölkerung.

nach Norden wird das Klima kontinentaler, d.h. die Gegensätze zwischen den oft recht warmen Sommern und den in Lappland bitterkalten Wintern werden größer, während Schnee- und Regenmengen in gleicher Richtung abnehmen. Eine Besonderheit bildet die der Südostküste vorgelagerte Insel Öland, wo weitaus weniger Niederschlag fällt als in den anderen schwedischen Landesteilen. Da der Untergrund der Insel zudem aus durchlässigem Kalkgestein besteht, in dem Wasser schnell versickert, kann Öland zu Recht als eine »Trockeninsel« bezeichnet werden.

Nach dem Abschmelzen der Eismassen drang von Süden her die Pflanzenwelt wieder rasch nach Norden vor. Allerdings ist ihr Artenreichtum in Schweden gering. Der Großteil des Landes (Norrland) ist von borealem Nadelwald bedeckt. Nach Norden wird der Baumbestand immer lichter, machen die Fichten und Kiefern kümmerlichen Birken Platz, bis baumlose Fjellheide und kahle Tundra die gleichförmige Landschaft prägen. Für Südschweden (Svealand und Götaland), wo das Klima auch der Eiche und Buche noch Lebensmöglichkeiten bietet, ist Mischwald charakteristisch. Doch hier wurde durch Rodungen Siedlungsland gewonnen und die natürliche Vegetation mehr oder minder stark verändert. Aber auch im Norden ist unberührter »Urwald« nur noch vereinzelt zu finden und steht dann meist unter Naturschutz.

SCHWEDEN: WIRTSCHAFT

Schweden ist ein hochentwickelter Industriestaat mit einer sehr produktiven Agrarwirtschaft. Durch seine außerordentlich leistungsfähige Wirtschaft gehört es nach dem Pro-Kopf-Einkommen zu den fünfzehn führenden Ländern der Welt. Allerdings hat Schweden erst in den letzten Jahrzehnten diesen Wohlstand erworben. Noch gegen Ende des 19. Jahrhunderts herrschte in vielen Gegenden des Agrarlandes bittere Armut, die viele Bauern und Fischer zur Auswanderung nach Nordamerika trieb. Der wirtschaftliche Aufschwung gründete sich auf die gut erschließbare Wasserkraft als Energielieferant für die exportorientierte Industrie, auf die industrielle Holzverwertung und auf die Eisenerzlager.

Stahl und Papier aus Schweden

Bereits im 14. Jahrhundert begann man die reichen Eisenerzvorkommen von hoher Qualität in Mittelschweden auszubeuten. Von Eisenschmieden über erste Hochöfen und Hammerwerke im 16. Jahrhundert entwickelte sich Schweden zum führenden Eisenproduzenten der Welt. Aus den Hammerwerken entwickelten sich später die Eisen- und Stahlwerke. Erst in jüngerer Zeit kamen neue Standorte in Halmstad und Oxelösund hinzu. In Nordschweden entstand 1940 in Luleå ein großes Stahlwerk zur Verhüttung der Erze aus den Lagerstätten von Kiruna und Gällivare.

Mit den Hütten- und Hammerwerken war teilweise schon im 18. Jahrhundert die Herstellung von Werkzeugen und Gerätschaften für die Landwirtschaft verbunden. Daraus entwickelte sich seit dem Durchbruch der Industrialisierung in den 1870er Jahren eine regional stark spezialisierte Industrie, so etwa die Herstellung von Messern, Klingen und Scheren in Eskilstuna. Die moderne metallverarbeitende Industrie verlagerte sich jedoch weiter südwärts in die breite Tieflandzone an den großen Seen zwischen Stockholm und Göteborg. Typisch ist die Verlagerung der berühmten Waffenfabrik von Finspång in Mittelschweden, wo schon im 17. Jahrhundert Kanonen hergestellt wurden, nach Bofors östlich des Vänern (Vänersees). Heute gehören Maschinen-, Schiffs- und Fahrzeugbau zu den wichtigsten Bereichen der metallverarbeitenden Industrie.

Gleichfalls zu den landestypischen Industriezweigen gehört die holzbearbeitende und holzverarbeitende Industrie. Anfangs auf Sägewerke beschränkt, gewann sie rasch an Bedeutung, nachdem es gelungen war, aus Holz gewonnenen Zellstoff zur Papierherstellung zu nutzen. Ende des 19. Jahrhunderts entstanden die ersten Zellstoffabriken am Vänern. Heute liegen die günstigsten Standorte der holzverarbeitenden Industrie in den Küstenstädten des Nordens. Früher wurden die Baumstämme über die Flüsse an die Küste geflößt. Heute wird der Transport zur Küste immer mehr auf die Straße und die Bahn verlagert.

Die alte Eisenerzstadt Kiruna ist stolz auf ihre Stadthalle (oben), die zu ihrer neuen Rolle als Zentrum wissenschaftlicher Forschung paßt.

Die Rista-Fälle (rechts) stürzen in den Areälv in Zentralschweden. Schwedens zahlreiche Flüsse stellen eine große Herausforderung für abenteuerlustige Touristen dar; sie werden aber auch genutzt, um die Energieversorgung des Landes sicherzustellen.

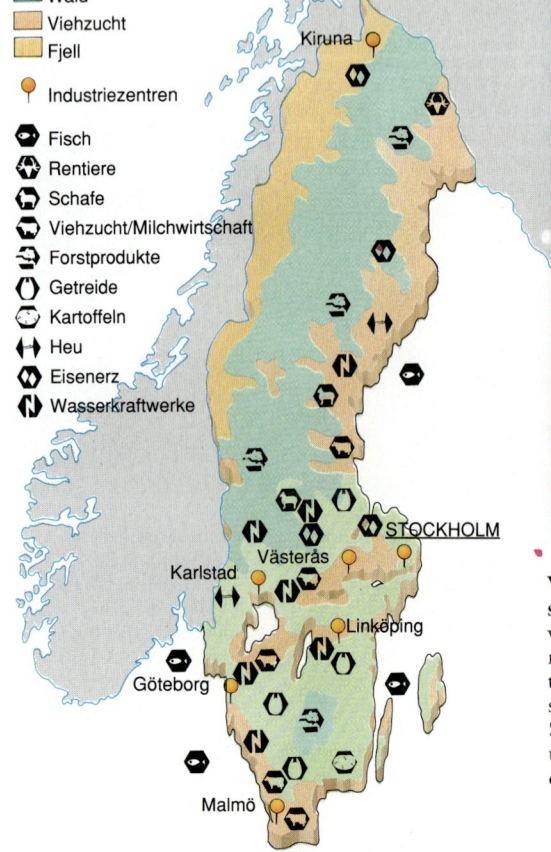

Wald-, Wasser- und Eisenerzressourcen (links) werden in Schweden genutzt. Gute Möglichkeiten für die Landwirtschaft sind nur um die Seen Zentralschwedens und im wärmeren Klima des Südens gegeben.

SCHWEDEN

Das Wasser ist auch wichtiger Rohstoff der holzverarbeitenden Industrie und steht in Schweden reichlich zur Verfügung. Günstig ist auch die Versorgung mit elektrischer Energie aus den großen Wasserkraftwerken des Nordens, die rund die Hälfte des schwedischen Energiebedarfs erzeugen. Die andere Hälfte wird durch Erdölimporte und – aufgrund eigener Uranvorkommen begünstigt – durch Kernenergie gedeckt. Über deren Nutzung wurde jedoch nicht erst seit dem Reaktorunfall in Tschernobyl 1986 viel diskutiert. Auf intensiven öffentlichen Druck entwickelte die Regierung jedoch ein Energieprogramm, das bis zum Jahre 2010 die Stillegung des letzten der insgesamt 12 Kernkraftwerke vorsieht.

Industrie- und Dienstleistungsgesellschaft

Obwohl gerade der Norden mit seinem Reichtum an Wasserkraft, Bodenschätzen und Holz wichtigster Lieferant von Energie und Rohstoffen für die hochspezialisierte und vielseitige verarbeitende Industrie ist, liegen die wirtschaftlichen Zentren Schwedens im Süden. Hier liegen auch die Hauptanbaugebiete der hochtechnisierten Landwirtschaft. Obwohl weniger als ein Zehntel der Gesamtfläche Schwedens der landwirtschaftlichen Nutzung zur Verfügung stehen, können auf dieser Fläche etwa 80 % des Nahrungsmittelbedarfs produziert werden. Trotz der Tendenz zum Zusammenschluß zu größeren und leistungsfähigeren Betrieben herrschen sowohl in der Landwirtschaft als auch in der Industrie noch immer kleinere und mittlere Betriebe vor, die sich überwiegend in Privatbesitz befinden. Doch neben dem Rückgang der Betriebszahlen ist auch ein Rückgang der Beschäftigtenzahlen in den Bereichen Industrie und Landwirtschaft erkennbar. Der bei weitem größte Anteil des Sozialprodukts wird schon seit langem vom »tertiären Sektor«, also von Handel, Verkehr, Dienstleistungen und Verwaltung, erwirtschaftet. Und in diesem Bereich werden auch die meisten Menschen beschäftigt, was auch darauf zurückzuführen ist, daß im schwedischen »Wohlfahrtsstaat« Einrichtungen der Sozial- und Gesundheitsfürsorge und des Bildungswesens besonders gefördert werden. Das einstige Agrarland, das sich zu einem hochmodernen Industrieland entwickelt hat, ist auf dem Weg zur »postindustriellen« Gesellschaft.

Nutzholz treibt über den Klarälv (oben) nach Karlstad. Die alte Holzverarbeitungsstadt ist die Hauptstadt der Provinz Värmland in Zentralschweden.

Fischernetze (oben), die wie hier auf Gotland zum Trocknen aufgehängt sind, spiegeln Schwedens traditionelle Verbundenheit mit der See wider. Das Land hat auch eine große Handelsflotte.

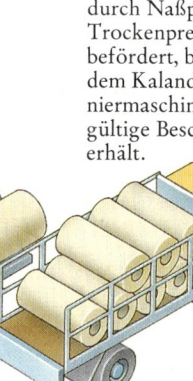

Die Papierproduktion (links) ist in Schweden eine Schlüsselindustrie. Das Diagramm zeigt, wie vorgeschnittene Holzblöcke zu Papierbrei verarbeitet werden, der durch ein Sieb gepreßt wird. Die Masse wird dann über ein Hochgeschwindigkeitsband zum Wasserentzug durch Naßpreß- und Trockenpreßwalzen befördert, bis sie auf dem Kalander (der Satiniermaschine) ihre endgültige Beschaffenheit erhält.

SCHWEDEN: STOCKHOLM

Stadt zwischen den Brücken, Stadt, die auf dem Wasser schwimmt, oder gar Venedig des Nordens – Stockholm hat viele Beinamen, die die enge Verbindung zwischen Stadt und Wasser hervorheben. Einst auf fünfzehn Inseln erbaut, hat sich die schwedische Hauptstadt schon längst auf die benachbarten Ufer ausgedehnt. Im Wechselspiel des Lichts vermischen sich in der nordischen Metropole Wasser, Wald und Fels sowie die farbenfrohe und formenreiche Architektur verschiedenster Epochen zu einer einmaligen Atmosphäre. Der Eindruck einer grenzenlosen Landschaft wird durch die unzähligen Inseln des Schärensaumes, die Stockholm im Osten umgeben, noch unterstrichen. Überall ist ein Hauch von Ostsee spürbar, doch noch näher als das Meer liegt der Mälaren (Mälarsee) im Westen der Stadt.

Das Gebiet des Mälaren ist mit den Siedlungszentren Birka, Uppsala, Sigruna, später auch Eskilstuna, Enköping und Västerås das historische Kernland Schwedens. Der Norrström, der »kürzeste Fluß der Welt«, ermöglichte den Bootsverkehr zur Saltsjön, einer Meeresbucht der Ostsee. Wo sich der Fluß gabelt, liegt auf der Insel Stadsholmen der älteste Kern Stockholms. Hier wurde die Fracht von flachen Booten, die den Mälaren befuhren, auf größere, seegängige Schiffe umgeladen.

Stadtgeschichte
Die früheste Geschichte der Ansiedlung verliert sich jedoch im Dunkel der Sage. 1252 erhielt Stockholm das Stadtrecht, und zugleich wurden Kaufleuten der Hansestadt Lübeck Schutz und Steuerfreiheiten gewährt. Zwar wurde Stockholm keine Niederlassung der Hanse, doch der Einfluß der deutschen Kaufmannschaft war bis ins 16. Jahrhundert hinein sehr groß. Ein Gesetz aus dem Jahre 1350 legte sogar fest, daß die Hälfte der sechs Bürgermeister und 30 Ratsherren Deutsche sein mußten. Viele Gassennamen der Gamlastan, der pitoresken Altstadt mit ihren Torbögen, Höfen und kleinen Plätzen, sowie Gebäudenamen wie die Tyska kyrkan (Deutsche Kirche) erinnern heute noch an jene Zeit.

Mit Schwedens Aufstieg zur europäischen Großmacht wuchs auch die Bedeutung Stockholms, das seit 1634 ständige Haupt- und Residenzstadt des Königreiches wurde. Sie dehnte sich mehr und mehr über den ursprünglichen Kern aus. Norrmalm, in Anlehnung an zwei schon im 13. Jahrhundert gegründete Klöster entstanden, wurde im Jahr 1635 in das Stadtgebiet einbezogen, wenig später folgten Östermalm und Kungsholmen. Im Süden entstand gegen Ende des 17. Jahrhunderts Södermalm, eine planmäßig angelegte Neustadt mit rechtwinkligem Straßennetz. Stockholm wurde zu einer europäischen Barockstadt mit prunkvollen Adels- und Regierungspalästen und unter Gustav III. zu einem bedeutenden kulturellen Mittelpunkt ausgebaut.

Schon im 18. Jahrhundert entstanden die ersten Industriebetriebe in Stockholm. Im 19. Jahrhundert wurde das Verkehrswesen durch Einführung von Dampferlinien und Eisenbahnen verbessert, die Stadt konnte jedoch das rasche Bevölkerungswachstum kaum verkraften. Erst Ende des 19. Jahrhunderts wurde durch weitsichtige Stadtplanung Abhilfe geschaffen. In diese Zeit fällt auch der Funktionswandel der Altstadt. Aus der beengten Insellage hat sich das eigentliche Stadtzentrum nach Norrmalm verlagert. Vereinzelt schon vor dem Zweiten Weltkrieg, hauptsächlich aber in den 50er und 60er Jahren entstanden neue, große Wohngebiete am Rande der Stadt. Durch die gleichzeitig gebaute U-Bahn wurden die Wohnvororte mit der Innenstadt Stockholms verbunden.

Wenngleich Stockholm auch eine der bedeutendsten Industriestädte Schwedens ist, so fallen im Stadtbild Fabrikanlagen der metallverarbeitenden und elektrotechnischen Industrie, der Bekleidungs-, Nahrungsmittel- und chemischen Industrie sowie des Druck- und Verlagswesens kaum auf. Aus Platzmangel siedelten sich viele Firmen in den Vororten an. Im Vergleich zu Malmö und Göteborg spielt der Schiffsbau in Stockholm nur eine untergeordnete Rolle. Auch im Seegüterumschlag wird der Hafen Stockholm von den günstiger gelegenen westlichen Häfen übertroffen.

Schloß Drottningholm liegt auf der Insel Lovö westlich von Stockholm (*oben*). Die schwedische Königsfamilie bewohnt ganzjährig den Südflügel des Schlosses, das einst nur als Sommerresidenz diente.

Strandvägen (*rechts*), eine von Stockholms schönsten Straßen, kann man über die Nybrovik-Bucht hinweg betrachten. Stockholms zahlreiche Wasserwege erlauben es seinen Bewohnern, ihrer Segelleidenschaft zu frönen.

SCHWEDEN

Gamlastan (links), das historische Viertel Stockholms, liegt im Herzen der modernen schwedischen Hauptstadt. Seine engen Gassen und die altertümliche Architektur spiegeln getreu Stockholms Anfänge als mittelalterliche Handelsstadt wider.

Die »Schwimmende Stadt« Stockholm (unten) liegt auf mehreren Inseln und vereint harmonisch Tradition und Moderne. Zu den Sehenswürdigkeiten zählen das Königliche Schloß, die Kathedrale (Storkyrkan), die königliche Krönungs- und Hochzeitskirche, das Ritterhaus (Riddarhuset) und die Riddarholmskirche. Auf dem Festland steht die Stadthalle mit ihrem Vierungsturm als sichtbares Wahrzeichen. Das Nationalmuseum auf der Halbinsel Blasieholmen beherbergt Schwedens Kunstsammlung.

Heute hat die schwedische Handels- und Kongreßstadt rund 740 000 Einwohner. Bezieht man die Bevölkerung der benachbarten Gemeinden ein, so kommt man auf 1,52 Millionen Menschen. Die überregionale kulturelle Stellung der Stadt, die Sitz eines lutherischen und eines römisch-katholischen Bischofs ist, dokumentieren die Universität, zahlreiche Hochschulen, wissenschaftliche Institute und Bibliotheken wie die Königliche Bibliothek, die in den 20er Jahren fertiggestellt wurde, ferner die Nobel-Stiftung, die Königliche Oper, mehrere Theater und über 50 Museen. Zu den bedeutendsten Museen gehört das Nationalmuseum sowie das Freilichtmuseum Skansen.

Zu den ältesten noch erhaltenen Gebäuden Stockholms gehören die Storkyrkan und die Riddarholmskirche aus dem 13. Jahrhundert, ein fünfschiffiger Dom und Grabstätte schwedischer Könige. Die meisten historischen Baudenkmäler stammen aus dem 16. bis 18. Jahrhundert, darunter auch das barocke Riddarhuset und das monumental wirkende Königliche Schloß, das 1697 durch einen Brand zerstört worden war und erst im 18. Jahrhundert wieder aufgebaut wurde. Eine rege Bautätigkeit in der zweiten Hälfte des 19. Jahrhunderts ließ zahlreiche öffentliche Gebäude entstehen. Zu den bedeutendsten Bauwerken der Moderne gehört das Rathaus (Stadshuset), das Wahrzeichen Stockholms.

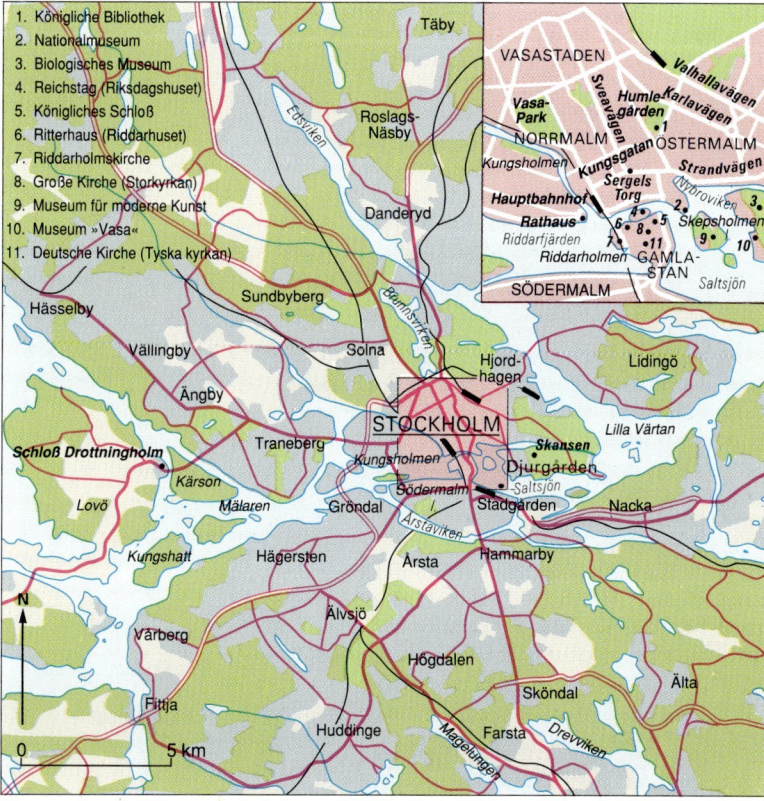

1. Königliche Bibliothek
2. Nationalmuseum
3. Biologisches Museum
4. Reichstag (Riksdagshuset)
5. Königliches Schloß
6. Ritterhaus (Riddarhuset)
7. Riddarholmskirche
8. Große Kirche (Storkyrkan)
9. Museum für moderne Kunst
10. Museum »Vasa«
11. Deutsche Kirche (Tyska kyrkan)

SCHWEDEN: NOBELPREISE

Schweden ist in seiner Geschichte über lange Zeit eine kriegerische Nation gewesen. Bereits seit dem frühen 9. Jahrhundert richteten schwedische Wikinger ihre Überfälle gegen Siedlungen im Baltikum und an den Flüssen Osteuropas. Während des Dreißigjährigen Krieges (1618–1648) errang König Gustav II. Adolf für Schweden viele Siege und dehnte den schwedischen Machtbereich über weite Teile Europas aus. Im 18. Jahrhundert führte Schweden, trotz einer schweren Niederlage bei Poltawa im Jahre 1709, Kriege gegen Rußland. Nach den Napoleonischen Kriegen im 19. Jahrhundert hörte Schweden jedoch auf, eine aktive militärische Rolle zu spielen. Es beteiligte sich nicht an den europäischen Kriegen des 19. Jahrhunderts und blieb in den beiden Weltkriegen des 20. Jahrhunderts neutral.

Krieger des Friedens

Schweden hat seit Mitte des 19. Jahrhunderts unbeirrbar eine Politik der Bündnisfreiheit in Friedenszeiten und der Neutralität im Krieg verfolgt. In diesem Jahrhundert hat es zäh um den Frieden zwischen den Völkern gerungen und internationale Organisationen wie den Völkerbund und seine Nachfolgeorganisation, die UNO, tatkräftig unterstützt.

Im Zweiten Weltkrieg erntete Schwedens Neutralitätsstandpunkt starke Kritik, besonders, als es den Nationalsozialisten den Durchzug deutscher Truppen durch das Land erlaubte; viele glauben jedoch, daß Schwedens Neutralität einer Sorge um die Menschlichkeit Ausdruck gab, die jeden militärischen Beitrag überwog. Graf Folke Bernadotte (1895–1948), Präsident des schwedischen Roten Kreuzes, war bereit, mit dem Nazi-Regime zu verhandeln, um die Entlassung von Tausenden von Skandinaviern und anderen Kriegsgefangenen aus Konzentrationslagern zu erreichen. Im Jahre 1944 versorgte Raoul Wallenberg (* 1912, verschollen 1945) in Budapest Juden, die in die Todeslager gehen sollten, mit schwedischen Pässen. Es wird geschätzt, daß Raoul Wallenberg etwa 100 000 Juden gerettet hat.

So hat Schweden seit dem Zweiten Weltkrieg eine Anzahl mutiger Krieger für den Frieden hervorgebracht, von denen einige sogar dafür gestorben sind. Zu ihnen zählen Dag Hammarskjöld (1905–1961), der Gründer der UN-Friedenstruppe, der bei einem Flugzeugabsturz in Zentralafrika ums Leben kam, und Olof Palme, dessen Ermordung 1986 die Welt schockierte. Eine der weiblichen Kämpferinnen für den Frieden ist Alva Myrdal, Gründungsmitglied von Stockholms Internationalem Institut für Friedensforschung (SIPRI) und Friedensnobelpreisträgerin von 1982.

Der Nobelpreis

In jedem Jahr seit 1901 wird in der norwegischen Hauptstadt Oslo der Friedensnobelpreis an diejenigen verliehen, die in den Augen der

Nobelpreis

Der König von Schweden *(ganz oben)* bei der jährlichen Verleihung der Nobelpreise.

Alfred Nobel (1833–1896; *oben*) stiftete testamentarisch den Nobelpreis.

Albert Schweitzer (1875–1965; *ganz oben rechts*), Friedensnobelpreisträger 1952, war Theologe, Philosoph und Musiker, bevor er als Missionsarzt ein Hospital in Afrika gründete.

Dag Hammarskjöld (1905–1961; *Mitte rechts*), schwedischer Staatsmann, wurde der Nobelpreis nach seinem Tod verliehen.

UN-Friedenssoldaten *(rechts)*, als »Blauhelme« bekannt, haben bei der Eindämmung von schweren Konflikten in vielen Teilen der Welt geholfen.

SCHWEDEN

Berühmte Preisträger

Woodrow Wilson (1919)

Willy Brandt (1971)

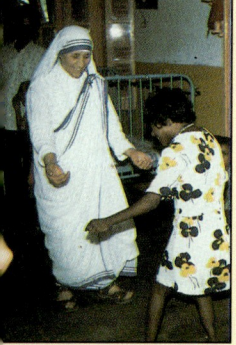
Mutter Teresa (1979)

Aung San Sun Kyi (1991)

1901 Jean Henri Dunant (Schweiz): Gründer des Roten Kreuzes und Schöpfer der Genfer Konvention.
1906 Theodore Roosevelt (USA): Vermittler des Friedens im Russisch-Japanischen Krieg.
1919 Thomas Woodrow Wilson (USA): Arbeitete im Völkerbund für die Friedensordnung nach dem Ersten Weltkrieg.
1922 Fridtjof Nansen (Norwegen): Organisierte die Hilfsaktionen in den von Hungersnot heimgesuchten Gebieten der Sowjetunion.
1926 Aristide Briand (Frankreich)/Gustav Stresemann (Deutschland): Arbeiteten zusammen an deutsch-französischer Verständigung und an den Locarno-Verträgen.
1931 Jane Addams (USA): Arbeit mit der Internationalen Frauenliga für Frieden und Freiheit.
1938 Internationales Flüchtlingswerk: Organisierte die Hilfe für Flüchtlinge.
1952 Albert Schweitzer (in Deutschland geboren): Leistete in Afrika humanitäre Arbeit.
1953 George C. Marshall (USA): Förderte den Frieden durch ein Hilfsprogramm für Europa.
1960 Albert John Luthuli (Südafrika): Kämpfte gegen die Rassenschranken.
1961 Dag Hammarskjöld (Schweden): Kämpfte für den Frieden im Kongo.
1964 Martin Luther King (USA): Kampf um Gleichberechtigung der Schwarzen in den USA.
1965 Kinderhilfswerk der Vereinten Nationen (UNICEF): Weltweite Hilfe für Kinder.
1971 Willy Brandt (Deutschland): Arbeitete für bessere Beziehungen zwischen kommunistischen und nichtkommunistischen Ländern.
1975 Andrej D. Sacharow (Sowjetunion): Fürsprecher für Frieden und Gegner von Gewalt.
1977 Amnesty International: Hilfe für politische Gefangene.
1978 Menachem Begin (Israel)/Anwar As Sadat (Ägypten): Ägyptisch-israelisches Friedensabkommen.
1979 Mutter Teresa (Indien): Hilfe für die Armen Indiens.
1982 Alva Myrdal (Schweden): Trug zu den Abrüstungsverhandlungen der UN bei.
1983 Lech Wałęsa (Polen): Friedlicher Kampf für die Rechte der Arbeiter.
1986 Elie Wiesel (USA): Hilfe für Opfer von Unterdrückung und Rassendiskriminierung.
1990 Michail Gorbatschow (Sowjetunion): Führende Rolle im weltweiten Friedensprozeß.
1991 Aung San Sun Kyi (Birma): Gewaltloser Einsatz für demokratische Reformen.
1994 Izhak Rabin/Shimon Peres (Israel)/Jasir Arafat (Palästina): Bemühungen um Frieden im Nahen Osten.
1997 Internationale Kampagne für das Verbot von Landminen und ihre Sprecherin Jody Williams (USA).

Jury die bedeutendsten Beiträge zum Weltfrieden geleistet haben. Die Kandidaten für den Preis werden von einem internationalen Komitee ausgewählt.

Weitere Nobelpreise werden in Stockholm für die größten Leistungen auf den Gebieten der Physik, Chemie, Physiologie oder Medizin, Literatur und (seit 1969) der Wirtschaftswissenschaften verliehen. All diese Preise haben großes internationales Prestige, doch der Friedensnobelpreis ist wohl der bedeutendste. Der Schweizer Philanthrop Henri Dunant, Gründer des Roten Kreuzes, war 1901 der erste, dem der Preis verliehen wurde. Im Jahr 2000 nahm Südkoreas Präsident Kim Dae Jung die Auszeichnung entgegen, und zwar für seine Bemühungen um Demokratie und Menschenrechte, insbesondere für die Versöhnung mit Nordkorea.

Dennoch liegt dem Nobelpreis ein faszinierendes Paradox zugrunde. Sein Schöpfer, der schwedische Erfinder und Großgeschäftsmann Alfred Nobel (1833–1896), war der Erfinder des hochexplosiven Dynamits und anderer chemischer Explosivstoffe und wird allgemein als der Vater von Schwedens blühender Rüstungsindustrie angesehen. Trotz seiner Neutralitäts- und Bündnisfreiheitspolitik hat Schweden eine bedeutende Rüstungsindustrie und zählt zu den größten Rüstungsexporteuren der Welt. Dies ist großenteils der industriellen Hinterlassenschaft von Nobel selbst zu verdanken. Inzwischen hat Schweden einen guten Ruf als Förderer von Frieden und Abrüstung, als Anlaufpunkt für Flüchtlinge und Asylbewerber sowie als äußerst großzügiger Geldgeber für die Länder der Dritten Welt.

Schwedens Sozialreformen, die seit den 30er Jahren eingeführt wurden, spiegeln das nationale Bemühen um soziale Gerechtigkeit wider, die seitdem in vielen Bereichen verwirklicht wurde; dazu zählen die Rechte der Frau (wozu gehört, daß dem schwedischen Parlament im Verhältnis mehr Frauen als in jedem anderen westlichen Staat angehören), und »grüne« Fragen. Das traditionelle Engagement für die Benachteiligten wurde schon seit langem auf die internationale Bühne übertragen, wo Schwedens Beitrag von keinem Staat übertroffen wird. Doch zählt Schweden auch zu den wirtschaftlichen Großmächten und ermutigt freies Unternehmertum und starken industriellen Wettstreit um internationale Märkte. So geht der schwedische Wunsch, für den Frieden zu kämpfen, Hand in Hand mit der Art von aggressivem Marketing und industriellen Bemühungen, die eine gesunde, auf der Freiheit des Unternehmens beruhende Wirtschaft ausmacht. Dies ist jedoch weniger widersprüchlich als es klingt. Die meisten Schweden würden mit Recht argumentieren, daß der Wunsch nach Frieden, wie stark er auch sein möge, wirkungslos bliebe, wenn er nicht von einer starken wirtschaftlichen und sogar militärischen Kraft unterstützt würde.

SCHWEIZ

SCHWEIZ

Das Matterhorn, jedes Jahr von Hunderten von Bergsteigern bestiegen und von zahllosen Touristen aus sicherer Entfernung bestaunt, ist der bekannteste Berg der Schweizer Alpen, obwohl es von der Höhe her erst an sechster Stelle steht. Sein Aussehen hat den gewaltigen Zacken über Zermatt so berühmt gemacht, und mit diesem Symbol lassen sich auch viele schweizerische Waren in der Welt verkaufen.

Die anderen Besonderheiten der Schweiz sind mindestens ebenso herausragend wie das Matterhorn. Die Demokratie der Schweiz ist so einmalig und einzigartig wie ihre Milizarmee, die jedem Mann sein Sturmgewehr mit nach Hause gibt. Die Bürger können hier immer wieder auf lokaler oder nationaler Ebene über Sachfragen abstimmen, aber einen Regierungswechsel hat es seit Jahrzehnten trotz allem nicht gegeben. Die Schweiz hat auch erst als letzte der europäischen Demokratien das Wahlrecht für Frauen eingeführt, und zum Beitritt zur UN konnte sie sich bis heute nicht entschließen.

Reich ist die Schweiz nicht nur an Naturschönheiten – sie gilt auch finanziell als wohlhabend; nach Lebensstandard und Pro-Kopf-Einkommen zählt sie zu den reichsten Ländern der Welt. Die Schweizer ziehen es aber vor, ihren Besitz nicht zu sehr zu zeigen; die Banken in Zürich machen einen eher bescheidenen Eindruck. Die Produkte, denen die Schweizer einen großen Teil ihres Wohlstandes verdanken, zeugen auch von anderen Eigenschaften, für die die Schweizer bekannt sind: Um Uhren, Apparate und Maschinen herzustellen, braucht es Sauberkeit und Präzision.

Außer Banken und Milch(schokolade)-Kühen in einer idyllischen Landschaft hat die Schweiz auch eine lebendige und bunte Kultur hervorgebracht: Bauern und Alphornbläser in ihren traditionellen Trachten, Schriftsteller wie Max Frisch – und einen Sprayer namens Nägeli, der graue Mauern in Zürich mit geheimnisvollen Graffiti-Figuren verzierte.

Die Schweiz – die Schweizerische Eidgenossenschaft, wie sie offiziell heißt – ist ein so vielfältiges Land, daß man sie fast im Plural schreiben müßte. Aus mehreren Völkern ist seit dem Mittelalter auf einem Gebiet, das von den alpinen Gebirgszügen eher unterteilt als begrenzt wird, eine Nation entstanden, die in sich verschiedene Sprachgemeinschaften, Konfessionen und Mentalitäten vereinigt. Die historisch gewachsenen, sehr unterschiedlich großen Kantone haben dabei ihre Eigenart und auch die politische Autonomie bewahrt. Die gemeinsame Geschichte von Wilhelm Tell und dem Rütlischwur der ersten Eidgenossen bis zur erfolgreichen und friedensbringenden Neutralitätspolitik seit dem 19. Jahrhundert gibt aber den Schweizern die Grundlage ihres Nationalbewußtseins, das diese Vielfalt zusammenhält – wenn auch der Nationalheld Wilhelm Tell nur eine Sagengestalt ist.

SCHWEIZ: DER STAAT

Das politische System der Schweiz ist durch seinen direktdemokratischen und föderalistischen Charakter bestimmt.

Die historischen Wurzeln dieses Systems reichen in die Zeit des 12. und 13. Jahrhunderts zurück. Aus dem Gegensatz zwischen den Herrschaftsbestrebungen der Habsburger und der genossenschaftlichen Tradition der Bauerngemeinden auf dem Gebiet des heutigen Staates entstand die Eidgenossenschaft 1291 durch den Zusammenschluß der drei Urkantone Uri, Schwyz (des späteren Namensgebers des Landes) und Unterwalden.

Aufgrund dieser Ereignisse entwickelte sich ein starkes Nationalbewußtsein, das seinen Ausdruck in der sagenhaften Geschichte vom Rütlischwur und seine Verkörperung im Volkshelden Wilhelm Tell fand. Tell soll der Sage nach von dem habsburgischen Landvogt Geßler gezwungen worden sein, einen Apfel vom Kopf seines Sohnes zu schießen. Die Empörung gegen den Landvogt führte zum Vereinigungsschwur der Urkantone auf der Rütliwiese im Kanton Uri, die westlich des Urner Sees liegt und heute nationale Gedenkstätte ist.

Zwar sind der Rütlischwur und die Existenz Wilhelm Tells historisch nicht zweifelsfrei zu belegen, sie blieben jedoch immer Symbol für das Freiheits- und Unabhängigkeitsstreben der Eidgenossenschaft. 1848 wurde durch die Bundesverfassung (revidiert 1874) der Staatenbund der Kantone, die bis dahin in ihren Bereichen völlig souverän waren, in einen Bundesstaat moderner Prägung mit einer zentralen Regierung in Bern verwandelt. Jeder der 20 Kantone und sechs Halbkantone der heutigen Schweiz hat aber immer noch weitgehende Rechte und staatliche Befugnisse.

Bern ist die Hauptstadt der Schweiz und des Kantons Bern, des zweitgrößten Schweizer Kantons. Die Altstadt *(unten)* konnte bis heute ihren mittelalterlichen Charakter im Stadtbild bewahren. Sie liegt auf dem felsigen Sporn im Inneren einer Aareschleife und wird von dem hohen Turm des spätgotischen Münsters beherrscht. 1191 gegründet, trat die Stadt 1353 der Schweizer Eidgenossenschaft bei. Berns Wappentier ist der Braunbär, der auf dem Wappenschild der Stadt zu sehen ist.

Daten und Fakten

DAS LAND
Offizieller Name: Schweizerische Eidgenossenschaft
Hauptstadt: Bern
Fläche: 41 284 km²
Landesnatur: Von S nach N: Alpen (60 % der Fläche), Mittelland (30 %), Jura (10 %)
Klima: Kontinentales u. Gebirgsklima
Hauptflüsse: Rhône, Aare, Reuss, Rhein, Inn, Tessin
Höchster Punkt: Dufourspitze des Monte-Rosa-Massivs 4637 m
Tiefster Punkt: Lago Maggiore 193 m

DER STAAT
Regierungsform: Parlamentarische bundesstaatliche Republik
Regierungschef: Präsident des Bundesrates
Verwaltung: 26 souveräne Kantone mit 2973 Gemeinden
Parlament: Bundesversammlung, bestehend aus dem Nationalrat (200 für 4 Jahre gewählte Abgeordnete) u. Ständerat (46 Mitglieder; mindestens je 1 aus jedem Kanton)
Nationalfeiertag: 1. August
DIE MENSCHEN
Einwohner (Ew.): 7 344 000 (1999)

Bevölkerungsdichte: 178 Ew./km²
Stadtbevölkerung: 63 %
Bevölkerung unter 15 Jahren: 17 %
Analphabetenquote: 1 %
Sprache: Deutsch, Französisch, Italienisch, Rätoromanisch
Religion: Katholiken 46 %, Protestanten 40 %
DIE WIRTSCHAFT
Währung: Schweizer Franken
Bruttosozialprodukt (BSP): 284 808 Mio. US-$ (1998)
BSP je Einwohner: 40 080 US-$

Die Schweiz *(rechts)* gliedert sich in drei Landschaftseinheiten; die Alpen nehmen über die Hälfte der Fläche ein. Zwischen Genfer See und Bodensee erstreckt sich das Mittelland, im Nordwesten erhebt sich der Schweizer Jura.

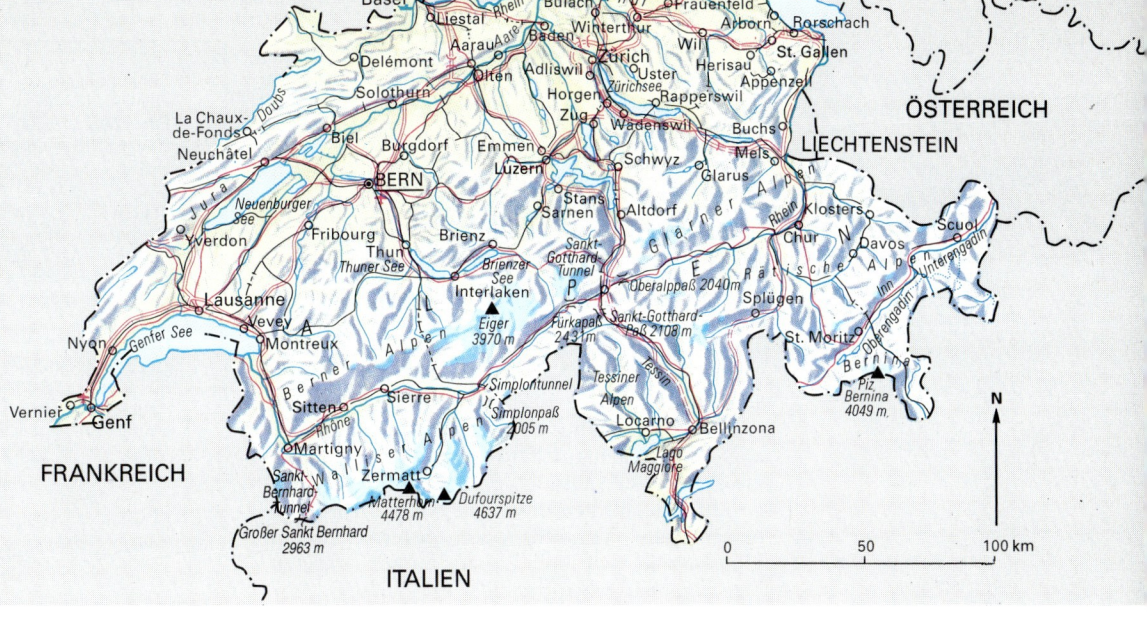

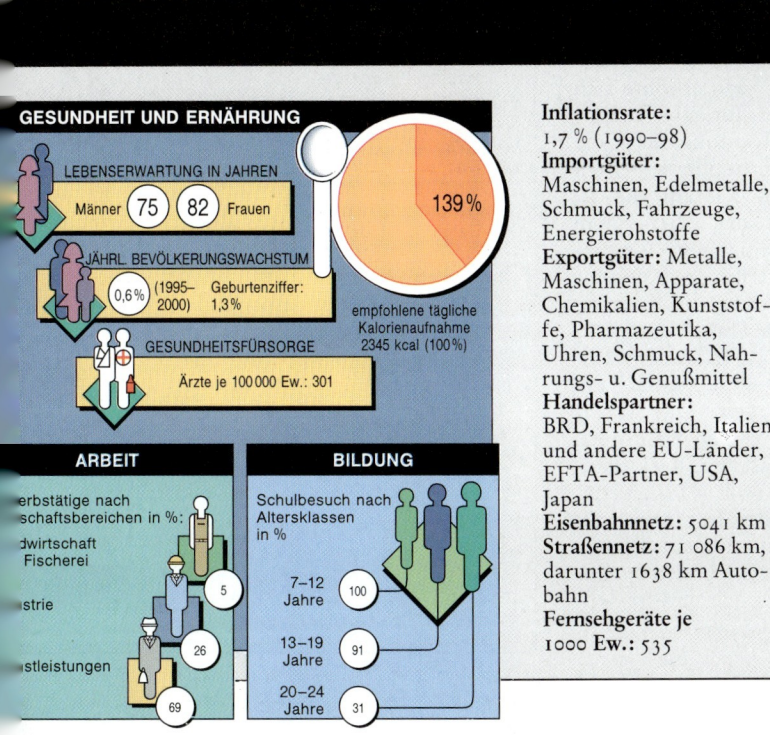

Die Gesetzgebung liegt bei der Bundesversammlung, die sich aus zwei gleichberechtigten Kammern zusammensetzt, dem National- und dem Ständerat. Die 200 Abgeordneten des Nationalrates werden nach den Grundsätzen des allgemeinen, gleichen, geheimen und direkten Wahlrechts gewählt. Erst 1971 wurde das Frauenwahlrecht auf Bundesebene eingeführt. Dies galt jedoch nicht für den Halbkanton Appenzell-Innerrhoden. Hier mußten sich die Frauen ihr Wahlrecht für den Ständerat 1990 durch einen Entscheid des höchsten Gerichts in der Schweiz erzwingen.

Die Regierung des Landes, der Bundesrat, besteht aus sieben Mitgliedern. Sie werden von der Bundesversammlung auf vier Jahre gewählt. Dabei gehören nach einem 1959 vereinbarten Schlüssel je zwei Bundesräte der Christlichdemokratischen Volkspartei (CVP), der Sozialdemokratischen Partei (SPS) und der Freisinnig-Demokratischen Partei (FDP) an. Ein Regierungsmitglied wird von der Schweizerischen Volkspartei (SVP) gestellt.

Die Bundesräte wählen aus ihrer Mitte jährlich den Bundespräsidenten, der den Staat nach außen vertritt. Er ist nicht »Staatsoberhaupt«, sondern als »Erster unter Gleichen« lediglich Vorsitzender des Bundesrats.

Ein wesentliches Merkmal des schweizerischen Staatswesens ist die Idee der unmittelbaren Volksherrschaft. Ein Beispiel dafür ist die in einigen Kantonen gepflegte Institution der Landsgemeinde. Darunter versteht man die Versammlung aller stimmfähigen Bürger unter freiem Himmel zur Ausübung politischer Rechte. Die Landsgemeinde entscheidet z. B. über Verfassungsänderungen und wählt ihren Präsidenten. Jeder Teilnehmer darf das Wort ergreifen und Anträge stellen. Diese in Europa einzigartige Institution wurde jedoch zu Beginn des 21. Jahrhunderts z. T., so in Appenzell, abgeschafft.

Daneben garantiert die Verfassung mit den Mitteln der Volksabstimmung und der Volksinitiative eine umfassende politische Mitwirkung der Bürger. So kann bei jedem gesetzgeberischen Beschluß des Parlaments – mit Ausnahme des Bundeshaushalts – die Abhaltung eines Referendums verlangt werden, wenn 50 000 Bürger oder acht Kantone den Antrag unterstützen. Bei Verfassungsänderungen ist eine Volksabstimmung vorgeschrieben. Referenden finden auf Bundesebene im Durchschnitt mindestens viermal im Jahr statt. Darin geht es um internationale wie nationale Fragen. Die Abstimmungsergebnisse zeigen vielfach, daß die Schweizer nicht gewillt sind, ihre Neutralität zugunsten einer starken Integration, etwa in die EU, aufzugeben.

SCHWEIZ: KANTONE

Europa bestand im Mittelalter fast ausschließlich aus Ländern, die von Feudalherrschern oder Erbkönigen regiert wurden. Eine der wenigen Ausnahmen war die Schweizer Eidgenossenschaft, eine Vereinigung von unabhängigen Kleinrepubliken. Im August des Jahres 1291 hatten die drei Urkantone (»Waldstätte«) Schwyz, Unterwalden und Uri beschlossen, sich zu verbinden. Ihre Vertreter versammelten sich auf einer Wiese oberhalb des Urner Sees und legten den Rütlischwur ab, der sie zu einem »Ewigen Bund« zusammenschließen sollte. Dieser Bund wurde unter dem Namen Schweizer Eidgenossenschaft bekannt.

Die bäuerlichen Gemeinden hatten von jeher eng zusammengearbeitet, besaßen jedoch gleichzeitig ein ausgeprägtes Unabhängigkeitsgefühl. Ihre Einheit diente als Schutz gegen die beständigen Versuche der österreichischen Habsburger, sich ihrer Länder zu bemächtigen. Der sagenhafte Nationalheld der Schweiz, Wilhelm Tell, widersetzte sich angeblich den Truppen des von den Habsburgern ernannten österreichischen Landvogts. Tell soll ihn erschossen und den darauffolgenden Aufstand der Schweizer angeführt haben.

Etliche blutige Schlachten kennzeichnen das 14. Jahrhundert. Ohne viel Erfolg ließen die Habsburger ihre erfahrensten deutschen Ritter gegen die störrischen Schweizer antreten. Beeindruckt von der Ausdauer und dem Widerstand der Eidgenossenschaft, beschlossen einige Nachbarstädte, ihr beizutreten. Dazu gehörten Luzern, Zürich, Glarus, Zug und Bern. Der Kampf jedoch ging weiter, und die von der Eidgenossenschaft eingenommenen Gebiete stärkten ihre Macht noch. Diese Gebietsausdehnung wurde 1515 abrupt durch die Niederlage bei Marignano beendet.

Auf dem Wiener Kongreß im Jahre 1815 wurde die Neutralität der Schweiz bestätigt. Der Staat bestand aus 22 Kantonen (davon 4 Halbkantone: Basel teilte sich erst 1833 in Basel-Landschaft und Basel-Stadt). 1979 erhöhte sich mit der Gründung des Kantons Jura aus französischsprachigen Teilen des Kantons Bern die Zahl auf 23. Mitte des 19. Jahrhunderts stellten Verfassungskämpfe eine große Gefahr für die Einheit der Eidgenossenschaft dar. Nach einem kurzen Bürgerkrieg wurde eine neue Verfassung erarbeitet, die die Religionsfreiheit einschließt. Bis heute bewahrten sich die Kantone viel von ihrer ursprünglichen Unabhängigkeit, denn ihre Eigenstaatlichkeit ist in der Verfassung verankert. Dennoch zeigen sie zugleich ein Bild von erstaunlicher Einigkeit. Die Macht liegt immer noch bei den einzelnen Kantonen: jeder hat seine eigene Verfassung, Gesetzgebung, vollziehende Gewalt und sein eigenes Gerichtswesen. Am Nationalfeiertag wird mit brennenden Leuchtfeuern auf den höchsten Punkten im ganzen Land des Rütlischwurs gedacht. Jedes Feuer leuchtet für sich und ist dennoch Teil eines einheitlichen Ganzen.

1 Schaffhausen
Fläche: 298 km²
Einwohner: 73 600
Hauptort: Schaffhausen
Beitritt zur Eidgenossenschaft: 1501

2 Thurgau
Fläche: 991 km²
Einwohner: 227 300
Hauptort: Frauenfeld
Beitritt zur Eidgenossenschaft: 1803

3 Basel-Landschaft
Fläche: 517 km²
Einwohner: 258 600
Hauptort: Liestal
Beitritt zur Eidgenossenschaft: 1501

4 Basel-Stadt
Fläche: 37 km²
Einwohner: 188 500
Hauptort: Basel
Beitritt zur Eidgenossenschaft: 1501

5 Aargau
Fläche: 1405 km²
Einwohner: 540 600
Hauptort: Aarau
Beitritt zur Eidgenossenschaft: 1803

6 Zürich
Fläche: 1729 km²
Einwohner: 1 198 600
Hauptort: Zürich
Beitritt zur Eidgenossenschaft: 1351

7 Sankt Gallen
Fläche: 2026 km²
Einwohner: 447 600
Hauptort: Sankt Gallen
Beitritt zur Eidgenossenschaft: 1803

8 Appenzell-Außerrhoden
Fläche: 243 km²
Einwohner: 53 700
Hauptort: Herisau
Beitritt zur Eidgenossenschaft: 1513

9 Appenzell-Innerrhoden
Fläche: 172 km²
Einwohner: 14 900
Hauptort: Appenzell
Beitritt zur Eidgenossenschaft: 1513

10 Jura
Fläche: 837 km²
Einwohner: 68 800
Hauptort: Delémont
Beitritt zur Eidgenossenschaft: 1979

11 Solothurn
Fläche: 791 km²
Einwohner: 243 900
Hauptort: Solothurn
Beitritt zur Eidgenossenschaft: 1481

12 Luzern
Fläche: 1492 km²
Einwohner: 345 400
Hauptort: Luzern
Beitritt zur Eidgenossenschaft: 1332
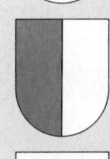

13 Zug
Fläche: 239 km²
Einwohner: 97 800
Hauptort: Zug
Beitritt zur Eidgenossenschaft: 1352

SCHWEIZ

Jährliches Treffen der Landsgemeinde

14 Schwyz
Fläche: 908 km²
Einwohner: 128 200
Hauptort: Schwyz
Beitritt zur Eidgenossenschaft: 1291

15 Glarus
Fläche: 685 km²
Einwohner: 38 700
Hauptort: Glarus
Beitritt zur Eidgenossenschaft: 1352

16 Graubünden
Fläche: 7106 km²
Einwohner: 186 000
Hauptort: Chur
Beitritt zur Eidgenossenschaft: 1803

17 Uri
Fläche: 1076 km²
Einwohner: 35 500
Hauptort: Altdorf
Beitritt zur Eidgenossenschaft: 1291

18 Nidwalden (Kanton Unterwalden)
Fläche: 276 km²
Einwohner: 37 700
Hauptort: Stans
Beitritt zur Eidgenossenschaft: 1291

19 Obwalden (Kanton Unterwalden)
Fläche: 491 km²
Einwohner: 32 200
Hauptort: Sarnen
Beitritt zur Eidgenossenschaft: 1291

20 Bern
Fläche: 5961 km²
Einwohner: 943 400
Hauptort: Bern
Beitritt zur Eidgenossenschaft: 1353

21 Neuchâtel (dt. Neuenburg)
Fläche: 803 km²
Einwohner: 165 600
Hauptort: Neuchâtel
Beitritt zur Eidgenossenschaft: 1815

22 Vaud (dt. Waadt)
Fläche: 3212 km²
Einwohner: 616 300
Hauptort: Lausanne
Beitritt zur Eidgenossenschaft: 1803

23 Fribourg (dt. Freiburg)
Fläche: 1670 km²
Einwohner: 234 300
Hauptort: Fribourg
Beitritt zur Eidgenossenschaft: 1481

24 Valais (dt. Wallis)
Fläche: 5226 km²
Einwohner: 275 600
Hauptort: Sitten
Beitritt zur Eidgenossenschaft: 1815

25 Ticino (dt. Tessin)
Fläche: 2811 km²
Einwohner: 308 500
Hauptort: Bellinzona
Beitritt zur Eidgenossenschaft: 1803

26 Genève (dt. Genf)
Fläche: 282 km²
Einwohner: 403 100
Hauptort: Genf
Beitritt zur Eidgenossenschaft: 1815

1 Schaffhausen
2 Thurgau
3 Basel-Landschaft*
4 Basel-Stadt*
5 Aargau
6 Zürich
7 St. Gallen
8 Appenzell-Außerrhoden*
9 Appenzell-Innerrhoden*
10 Jura
11 Solothurn
12 Luzern
13 Zug
14 Schwyz
15 Glarus
16 Graubünden
17 Uri
18 Nidwalden*
19 Obwalden*
20 Bern
21 Neuchâtel
22 Vaud
23 Fribourg
24 Valais
25 Ticino
26 Genève

* Halbkanton

SCHWEIZ: INTERNATIONALER TREFFPUNKT

Auf den ersten Blick mutet es paradox an: Obwohl in der Schweiz ständig Konferenzen der zahlreichen Fachorganisationen der Vereinten Nationen (UNO) stattfinden, haben sich 1986 rund 75 % der Schweizer in einer Volksabstimmung gegen einen UNO-Beitritt ihres Landes ausgesprochen. Auch lehnten die Stimmbürger 1992 einen Beitritt zum Europäischen Wirtschaftsraum ab. Selbst die vorsichtige Annäherung der Regierung an die EU erhielt 2001 in einer Abstimmung einen Dämpfer. Neutralität und wirtschaftliche Unabhängigkeit scheinen den Schweizern über alles zu gehen. Und eben diese Neutralität ist es, die das Land als Vermittler in internationalen Konflikten so attraktiv macht. Regelmäßig wird von Abrüstungsvorschlägen, Gegenvorschlägen, Entschließungen usw. berichtet, die in der Schweiz ausgehandelt werden. Hier sitzen die Großmächte an einem Tisch. So fanden bzw. finden wichtige internationale Konferenzen auf Schweizer Boden statt (u. a. die Genfer Indochina-Konferenz von 1954 und die Genfer Laos-Konferenz von 1961/62; 1973 die Europäische Sicherheitskonferenz KSZE). Aber auch der Rat Schweizer Politiker im Ausland ist gefragt. Im Interesse der Völkerverständigung haben Schweizer Diplomaten etliche Mandate für die Interessenvertretung solcher Staaten übernommen, die untereinander keine diplomatischen Beziehungen unterhalten.

Die humanitäre Mission der Schweiz

Die Neutralität hat es der Schweiz ermöglicht, sich aus den kriegerischen Auseinandersetzungen des 20. Jahrhunderts herauszuhalten. Sie betrachtet es deshalb als ihre Aufgabe, als Ergänzung zu ihrer Neutralität eine humanitäre Mission zu erfüllen. Diese erstreckt sich heute hauptsächlich auf das Flüchtlingswesen und auf Hilfsaktionen in Kriegs- und Katastrophenfällen. Als Henri Dunant 1863 das »Internationale Komitee zur Unterstützung der Verwundeten« ins Leben rief, konnte er noch nicht ahnen, welche Entwicklung diese weltweit anerkannte Organisation nehmen sollte. Unter dem Zeichen des Roten Kreuzes – einer Umkehrung des Schweizer Wappens – haben sich über 100 nationale Rotkreuzgesellschaften zusammengefunden. Dem Roten Kreuz entspricht in islamischen Staaten der Rote Halbmond. Diese Zeichen sind international geschützt und sichern dem Sanitätspersonal den Schutz nach den Genfer Konventionen von 1949.

Internationales Zentrum Genf

Was die Schweiz als Tagungsort internationaler Verhandlungen angeht, steht Genf als europäische Zentrale der UNO im Vordergrund. Im Gefolge haben sich in Genf zahlreiche UNO-Fachorganisationen und andere internationale Organisationen angesiedelt – insgesamt etwa 180. Dazu gehören beispielsweise die Welthandelsorganisation (WTO), die Europäische Organisation für Kernforschung

Das 50jährige Gründungsjahr der UNO wurde in Genf unter dem Beisein von Delegierten und hochrangigen Persönlichkeiten begangen (*rechts*), unter anderem der ehemalige UNO-Generalsekretär B. Boutros-Ghali, das französische Staatsoberhaupt Jacques Chirac und der PLO-Führer Jasir Arafat.

Auf dem Weltwirtschaftsforum im Januar 2001 in Davos trafen sich über 2000 Teilnehmer aus Politik, Wirtschaft und Wissenschaft. Im Bild Klaus Schwab (*Mitte*), Gründer und Präsident des Weltwirtschaftsforums bei der Eröffnungsrede.

Die Vereinten Nationen (UNO) haben seit 1947 in Genf ihre europäische Zentrale (*unten links*). Zahlreiche Fachorganisationen haben sich im Gefolge ebenfalls in Genf angesiedelt.

Auf einer Tagung des Internationalen Olympischen Komitees (IOC) in Lausanne sprechen die Delegierten ihrem Präsidenten, Juan Antonio Samaranch (*unten rechts*), das Vertrauen aus und wählen ihn für eine weitere Amtszeit bis Ende 2001.

SCHWEIZ

(CERN), die Internationale Arbeitsorganisation (ILO), das Internationale Komitee vom Roten Kreuz (IKRK), die Weltgesundheitsorganisation (WHO), die Welthandelskonferenz (UNCTAD) sowie die Hohen Kommissare für Flüchtlinge und für Menschenrechte (UNHCR bzw. UNHCHR). Auch tagt in Genf seit 1969 die UNO-Abrüstungskonferenz, der es mehrfach gelang, Abkommen zur Begrenzung der ABC-Waffen auf den Weg zu bringen.

Die weltpolitische Rolle Genfs hat eine lange Tradition. Es waren Genfer Bürger, mit deren Namen Ereignisse und Prozesse von weltgeschichtlicher Dimension aufs engste verknüpft sind: besonders zu würdigen sind der Reformator Johannes Calvin, der Vordenker der Aufklärung Jean-Jacques Rousseau und natürlich Henri Dunant.

Aufgrund der Neutralität der Schweiz wurde Genf nach dem Ende des Ersten Weltkrieges Sitz des 1919 gegründeten Völkerbundes, einer internationalen Organisation zur Erhaltung des Friedens, die von der 1945 in San Francisco gegründeten Organisation der UNO abgelöst wurde. Mit der neuen Ordnung der Welt nach dem Zweiten Weltkrieg war Europa nicht mehr das politische Zentrum. Folgerichtig blieb der Hauptsitz der UNO in den USA. Im ehemaligen Genfer Völkerbundpalast wurde nur ein Regionalbüro der UNO eingerichtet.

Ideologische wie praktische Erwägungen der an einer neutralen Tagungsstätte in Europa interessierten Ostblockstaaten und der jungen Staaten Afrikas und Asiens führten allerdings schnell dazu, daß Genf seine Anziehungskraft behielt. Es ist daher nur logisch, daß sich Stadt und Kanton entsprechend der internationalen Bedeutung entwickelt haben. 1950 zählte der Kanton Genf 200 000 Einwohner; bis Ende der 90er Jahre wuchs die Bevölkerung bereits auf über 400 000 an. Dazu beigetragen haben nicht zuletzt die Bediensteten der internationalen Organisationen und ihre Familien, insgesamt über 30 000 Personen.

Als Finanzzentrum mit Niederlassungen internationaler Banken konkurriert Genf mit Zürich. Schönes und Schnelles präsentiert sich auf dem Internationalen Automobilsalon, wie es auch den Sport zum milden Klima des Genfer Sees gezogen hat: In Nyon hat die europäische Fußballunion (UEFA) ihren Sitz, in Lausanne tagt das Internationale Olympische Komitee (IOC) – nur die Funktionäre des Weltfußballverbandes versammeln sich lieber in Zürich. Wissenschaftler aus aller Welt treffen sich in Meyrin bei Genf, wenn sie die Anlagen des Europäischen Kernforschungsinstituts CERN für ihre Arbeit benutzen. Dennoch scheint die internationale Anziehungskraft dem Kanton selbst nicht unbedingt zu Prosperität verholfen zu haben: Denn Genf hatte zu Beginn des 21. Jahrhunderts im Schweizer Vergleich eine hohe Arbeitslosigkeit und war der am stärksten verschuldete Kanton.

SCHWEIZ: WIRTSCHAFT

Es fällt leicht, die typischen Produkte der schweizerischen Wirtschaft zu nennen: Käse, Uhren, Schokolade, feinste Stoffe – und das »Offiziersmesser«, dem man seine Herkunft deutlich ansieht. Und doch machen diese im Ausland überall bekannten Waren nur einen kleinen Teil der Produkte und des Exports der Schweiz aus.

Die Schweiz besitzt kaum Bodenschätze und ist bei den Energierohstoffen wie Kohle, Erdöl und Erdgas auf Importe angewiesen, da sie ihren Energiebedarf nicht allein mit der heimischen Wasserkraft und der besonders geförderten Geothermie decken kann. Die übrigen Voraussetzungen für Produktion und Dienstleistungen sind allerdings günstig, so daß die Wirtschaft der Schweiz trotz einer Flaute zwischen 1993 und 1998 eine der »gesündesten« der Welt ist. Mit einer Wirtschaftsleistung von 40 000 Dollar pro Kopf zählt die Eidgenossenschaft zu den wohlhabendsten Staaten der Welt. Durch ihre zentrale Lage gilt die Schweiz als Drehscheibe Europas, am Schnittpunkt der Verkehrsachsen zwischen Lyon und Wien, zwischen Frankfurt am Main und Mailand. Der dadurch bedingte Transitverkehr ist von jeher nicht nur eine Belastung für Verkehr und Umwelt, sondern hat auch die Entwicklung von Industrie und Dienstleistungsgewerbe gefördert. Auch das Spezialwissen, das eine hochentwickelte Industrienation braucht, kam und kommt zum Teil durch den ständigen Austausch mit den Nachbarländern. Dieses Wissen und die solide Ausbildung der Arbeitskräfte ist die zweite wichtige Grundlage der schweizerischen Wirtschaft. So liegt die Schweiz bei den Erfindungen, d. h. Patentanmeldungen, im Verhältnis zur Einwohnerzahl an der Spitze der Industriestaaten.

Nur etwas mehr als ein Viertel der Fläche der Schweiz kann intensiv landwirtschaftlich genutzt werden, weitere 20 % dienen im Sommer als Viehweide. So kann schon von der Anbaufläche her die Landwirtschaft keinen großen Beitrag zur Volkswirtschaft leisten. Der in vielen Käsereien oft noch handwerklich hergestellte Schweizer Käse, vom Appenzeller bis zum Vacherin Mont d'Or aus dem Jura, macht nur etwa ein Zehntel der deutschen Produktion aus, aber die würzigen Gebirgsweiden geben dem Käse den Geschmack, der ihn auch im Ausland berühmt gemacht hat.

Darüber hinaus ist die Landwirtschaft der Schweiz Grundlage einer wichtigen Industriebranche, der Nahrungsmittelindustrie. Hier ist das bekannteste Produkt – die Schokolade – nur eines von vielen. Außer der Milchschokolade (seit 1875) sind in der schweizerischen Nahrungsmittelindustrie weitere bedeutende Erfindungen gemacht worden, von den Tüten-Suppen des Julius Maggi (1846–1912) bis zum »Nescafé«. Die Bedeutung der Nahrungsmittel-

Schweizer Banken genießen bei in- und ausländischen Geldanlegern und Finanzleuten großes Vertrauen *(oben)*. Sie schätzen neben der Stabilität und Neutralität des Landes vor allem die traditionelle Wahrung des Bankgeheimnisses bei Geldgeschäften. – **Frauen** beim Verpacken von Schokoladenspezialitäten *(rechts)*. Schweizer Schokolade ist wegen ihrer hohen Qualität weltweit berühmt. – **Strenge Kontrollen** *(ganz rechts)* garantieren für die Reinheit des berühmten Emmentaler Käses.

SCHWEIZ

Die Landschaft der Schweiz, wie hier bei Wengen im Berner Oberland *(oben),* zählt zu den größten Aktiva der Wirtschaft. Mehr als 15 Millionen Touristen kommen jedes Jahr in die Schweiz zum Wandern, Bergsteigen, Skifahren sowie um Wassersport zu treiben. Größere Wintersportgebiete sind Davos, Gstaad und St. Moritz.

Swatch-Uhren *(oben)* verkündeten eine Wiederbelebung der schweizerischen Uhrenindustrie. Jahrhundertelang waren Schweizer Uhren für ihre Qualität und ausgezeichnete Verarbeitung berühmt, aber mit den Digitaluhren kam harte Konkurrenz aus dem Fernen Osten auf. Die Swatch-Firmen entwickelten aber neue Produktionsmethoden.

branche zeigt überdies die Tatsache, daß das größte Industrieunternehmen der Schweiz, die Nestlé AG, ihr angehört. Ein weiterer weltweit bedeutender Industriezweig ist die pharmazeutische Industrie, die vor allem im Raum Basel angesiedelt ist.

Von den Schweizer Uhren werden ca. 95 % ausgeführt; sie sind der Exportschlager der schweizerischen Industrie. Die hauptsächlich im Jura und in Genf angesiedelte Uhrenindustrie konnte sich sogar gegen die Konkurrenz aus Ostasien gut behaupten, indem die Fertigung rationalisiert und neue Modelle kreiert wurden, wie die »Swatch«, die modisches Design mit Qualität verbindet. Die Chemie- sowie die Maschinen- und Apparatebauindustrie ist die wichtigste Exportindustrie. In vorwiegend mittleren Betrieben stellt sie Spezialprodukte her, von feinmechanischen Instrumenten über komplizierte Werkzeugmaschinen bis zu Panzerfahrzeugen.

Bankwesen und Tourismus

Die schweizerischen Groß- und Privatbanken, die überwiegend in Zürich und Genf ihren Sitz haben, sind nicht nur wegen der politischen und wirtschaftlichen Stabilität und der Neutralität des Landes für ausländische Anleger attraktiv. Auch das seit 1934 garantierte, allerdings mit dem Gesetz zur Bekämpfung der Geldwäsche aufgeweichte Bankgeheimnis macht sie für Kapitalbesitzer interessant. International in Mißkredit gerieten die Schweizer Banken jedoch, als in den 90er Jahren ihre Beteiligung an Geschäften mit Vermögen von Holocaust-Opfern aufgedeckt wurde und sie sich zu Entschädigungsleistungen verpflichtet sahen. Insgesamt beschäftigen die schweizerischen Banken zusammen mit den Versicherungen ein Zehntel der im Dienstleistungssektor Tätigen, heute insgesamt fast 70 % der Erwerbstätigen in der Schweiz.

Die jährlich über 15 Millionen aus geschäftlichen oder touristischen Motiven in die Schweiz einreisenden Ausländer leisten einen besonderen Beitrag zur Schweizer Wirtschaft. Der Fremdenverkehr (einschließlich der Ausgaben der Touristen in anderen Branchen) ist ein bedeutender Wirtschaftsfaktor; 1999 betrugen die Einnahmen aus dem Tourismus mehr als 11 Milliarden Franken.

Der Tourismus und vor allem der Kapitalverkehr mit dem Ausland bringen der Schweiz eine positive Zahlungsbilanz. Auch die Handelsbilanz (Warenverkehr mit dem Ausland) ist trotz des Imports von Fahrzeugen und Energierohstoffen meist positiv. Wie gut es der Schweizer Wirtschaft geht, zeigen die im europäischen Vergleich geringe Inflationsrate und die niedrige Arbeitslosigkeit. Letzteres liegt vor allem daran, daß die Schweiz keine Strukturprobleme mit alten, unrentablen Industrien hat und sich zudem an die technologische Entwicklung gut anpassen konnte.

SCHWEIZ: DIE MENSCHEN

Die Bevölkerung der Schweiz ist so vielfältig wie die Landschaft. In dem relativ kleinen Land leben mehrere Sprachgemeinschaften, Konfessionen und Nationalitäten zusammen.

Die Gliederung der Schweiz in vier unterschiedlich große Sprachgemeinschaften ist das auffallendste Merkmal dieser inneren Vielfalt. Fast zwei Drittel der Bevölkerung sprechen Deutsch, der Rest verteilt sich auf drei romanische Sprachen: Französisch in der Westschweiz, Italienisch im Tessin und im südlichen Graubünden, Rätoromanisch vor allem im Vorderrheintal und im Engadin. Außer dem Rätoromanischen, das in der Schweiz als »Landessprache« und im Kanton Graubünden als Amtssprache anerkannt ist, sind alle Sprachen auf Bundesebene gleichberechtigt. Auch die deutschsprachige Mehrheit selbst lebt mit zwei Sprach-Varianten, da das Hochdeutsche für sie nur die Schriftsprache ist, während sie sich in fast allen alltäglichen Situationen in den schweizerdeutschen Dialekten verständigt. Dieses südalemannische »Schwyzerdütsch« ist vom Hochdeutschen mindestens so verschieden wie das »Plattdeutsch« in Norddeutschland.

Im Vergleich zu anderen Staaten mit Minderheitssprachen hat die sprachliche Vielfalt der Schweiz nie zu ernsthaften Konflikten geführt. So wurden in den 70er Jahren beispielsweise die Forderungen der französischsprachigen Minderheit innerhalb des Kantons Bern erfüllt, indem ein neuer französischsprachiger Kanton Jura gegründet wurde.

Die Verteilung der beiden großen christlichen Konfessionen ist gleichmäßiger als die der Sprachen. Knapp die Hälfte der Bevölkerung ist katholisch, 40 % sind protestantisch – und beide Konfessionen sind in allen Sprachgebieten vertreten, so daß die sprachlichen Unterschiede nicht durch religiöse verstärkt werden.

Drei Viertel der Bevölkerung leben im »Mittelland« zwischen Alpen und Jura. Hier liegen auch mit Ausnahme von Basel, das in der Oberrheinischen Tiefebene angesiedelt ist, die großen städtischen Zentren: Genf, Lausanne, Bern und Zürich.

Ausländer in der Schweiz

Die Schweiz ist seit langem nicht nur für Touristen attraktiv. Aus religiösen oder politischen Gründen Verfolgte haben in den letzten Jahrhunderten immer wieder in der Schweiz eine neue Heimat gesucht, von den französischen Hugenotten des 17. Jahrhunderts bis zu den Asylsuchenden unserer Zeit. Revolutionäre wie die Russen M. A. Bakunin (1814–1876) und W. I. Lenin (1870–1924) verbrachten hier lange Jahre des Exils, da in der Schweiz bis zum Ersten Weltkrieg liberalere Verhältnisse herrschten als in den meisten Nachbarländern. Und auch schon zu dieser Zeit kamen ausländische Arbeitskräfte ins Land, die für die Industrialisierung der schweizerischen Wirtschaft notwendig waren.

Heute leben etwa 1,4 Million Ausländer in der Schweiz, von denen etwa die Hälfte aus Italien und dem ehemaligen Jugoslawien kommt, außerdem anerkannte Flüchtlinge, von denen 1990 und 2000 in zwei Sonderaktionen rd. 25 000 bzw. 13 000 ein vorläufiges Aufenthaltsrecht erhielten. Der Anteil der Ausländer an der Erwerbsbevölkerung ist wegen der zahlreichen Pendler aus den Nachbarstaaten und der Saisonarbeiter mit fast einem Viertel noch höher als ihr Anteil an der Wohnbevölkerung (1998: 19,4 %).

Das Verhältnis der Schweizer zu ihren ausländischen Mitbürgern ist zwiespältig. Man braucht sie und profitiert von ihnen, aber große Teile der Einheimischen wollen möglichst wenig Kontakte mit den Ausländern. Nachdem schon während und nach dem Ersten Weltkrieg strengere Einwanderungsbestimmungen eingeführt worden waren, wurden seit den 60er Jahren weitere Maßnahmen ergriffen, um den Ausländeranteil sowie die Zahl der Asylsuchenden zu begrenzen.

Wer als Ausländer nicht aus politischen, sondern aus privaten Gründen das Bürgerrecht der Schweiz erlangen will, hat einen mühsamen Weg vor sich. Frühestens nach einem zwölf Jahre langen legalen Aufenthalt kann der Antrag auf Einbürgerung gestellt werden. In einem etwa zwei Jahre langen Verfahren wird dann geprüft, ob der Bewerber sich genügend in das gesellschaftliche Leben der Schweiz integriert hat. Wer dann von den Behörden für würdig befunden wird, Schweizer zu werden, kann sich schließlich zu den stolzen Besitzern eines Schweizer Passes zählen (1999: rd. 20 000 Einbürgerungen). Ein leichter Geburtenüberschuß und eine beständige Einwanderung lassen die Einwohnerzahl steigen. Die Bevölkerung wächst allerdings wie in den meisten Industrieländern bei weitem nicht mehr so stark wie in den früheren Jahrzehnten.

Die Sprachgebiete in der Schweiz (oben) spiegeln die unterschiedliche ethnische Herkunft ihrer Bewohner wider: ungefähr 64 % sprechen Deutsch, 19 % Französisch. Knapp ein Zehntel ist italienischsprachig, weniger als 1 % spricht Rätoromanisch.

SCHWEIZ

Die Schweizer Bergbewohner *(links)* stammen von germanischen Volksstämmen ab, die das Land vor Jahrhunderten besiedelten. Die größte Sprachgruppe ist die deutsche. Sie siedelt im mittleren, nördlichen und östlichen Teil des Landes.

Die französischsprachigen Gebiete der Schweiz haben großenteils ein mildes Klima, in dem Obst und Gemüse vortrefflich gedeihen *(unten)*. Geschützt durch Savoyer und Walliser Alpen, wird diese Gegend oft Schweizer Riviera genannt.

In den Weinbergen der Lavaux *(links)* werden die Trauben für einen trockenen Weißwein geerntet, der unter Kennern als der beste Wein in der Schweiz gilt. Wie ihre Nachbarn in Frankreich, sind auch die Schweizer Meister im Weinanbau.

Viele der italienischsprachigen Schweizer *(oben)* ähneln den Italienern sowohl in der Mentalität als auch in ihrer Liebe zu gutem Essen. Auch vom Klima her ist das italienischsprachige Gebiet mit seinen nach Süden geöffneten Tälern mediterran beeinflußt.

1269

SCHWEIZ: VOLKSFESTE

Die Basler Fasnacht gilt weit über Basel hinaus als das kostbarste Stück im Inventar schweizerischer Folklore. In der Woche nach Aschermittwoch, also zu einer Zeit, da andernorts der Karneval endgültig vorbei ist, bricht in Basel ein archaisch anmutendes Maskentreiben an, dessen Traditionen sich zum Teil bis ins frühe Mittelalter zurückverfolgen lassen. Der berühmte »Morgenstreich« allerdings, mit dem am Fasnachtsmontag früh um vier Uhr die drei tollen Tage eingeleitet werden, ist in seiner heutigen Form kaum älter als 150 Jahre.

Der »Morgenstreich« in Basel
Zum »Morgenstreich« strömen auf dem Marktplatz der Stadt Basel Gruppen von maskierten Trommlern, Pfeifern und Laternenträgern zusammen, die in den sogenannten Fasnachts-Cliquen organisiert sind und sich auf diesen öffentlichen Auftritt oft jahrelang intensiv vorbereitet haben. In fast bedrohlich langsamem Gleichschritt marschieren sie mit dem Glockenschlag vier Uhr von ihren Cliquenlokalen durch die dunklen Gassen, die nur vom Licht der mitgeführten Laternen erhellt werden, in Richtung Marktplatz. Die Atmosphäre hat etwas Gespenstisches, das durchaus die Erinnerung an jene Zeiten wachruft, da man zur Fastnacht nicht so sehr Frohsinn als vielmehr Furcht und Schrecken zu verbreiten suchte – einerseits um die Winterdämonen zu vertreiben, andererseits um lange aufgestauten Aggressionen freien Lauf zu lassen.

Während zum »Morgenstreich« die Teilnehmer »Charivari« tragen, individuelle Masken und Verkleidungen, treten die Cliquen bei ihren nachmittäglichen Umzügen in einheitlichen, für ihr jeweiliges Thema oder »Sujet« neu entworfenen und von Jahr zu Jahr wechselnden Kostümen auf. Der Darstellung dieses Sujets dienen die künstlerisch gestalteten und mit drastischen Sprüchen oder Versen bemalten Laternen, die von jeweils vier bis sechs Mann getragen werden müssen, ebenso wie die sogenannten »Zeedel«-Verse, die beim Umzug ans Publikum verteilt werden.

Zu den standardisierten Maskentypen der Basler Fasnacht gehören Harlekin und Pierrot ebenso wie der »Blätzlibajaß«, der »Glaun« und der »Waggis«, der pausbäckig, mit riesiger Nase, blaukariertem Kittel und elsässischem Jargon die Karikatur jener Sundgauer Bauern darstellt, die einst ihre Erzeugnisse zum Verkauf »in die Stadt« brachten, eben nach Basel.

Vogelnasige, schweinsköpfige, als Foetus, Skelett oder Marsmensch auftretende Masken, die einzeln oder in Gruppen das Bild der Basler Fasnacht außerhalb der Cliquendisziplin beleben, scheinen dagegen eher auf jene halbdämonischen Gestalten zurückzuweisen, die am anderen Ufer des Rheins, im sogenannten Kleinbasel, als Herolde der Fasnacht gefeiert werden. Hier halten die aus mittelalterlichen Korporationen hervorgegangenen Kleinbasler

Die Basler Fasnacht *(oben)* dauert gewöhnlich vier Tage und Nächte und beginnt am Montag nach Aschermittwoch. Maskierte und Kostümierte versammeln sich in »Cliquen« oder Gruppen, bevor sie durch die Stadt ziehen.

Das jährliche Käsefest in Hasliburg *(rechts)* wird im September abgehalten. Der während des Sommers hergestellte Käse wird unter den Dorfbewohnern »verteilt«, d. h. verkauft. Dieses traditionelle »Chästeilet« findet in ländlichen Gebieten der gesamten Schweiz statt.

SCHWEIZ

Ein Almhirt *(oben)*, Senn genannt, beim jährlichen Appenzeller Viehmarkt in der Ostschweiz. Frauen wie Männer tragen Trachten, die mit Blumenstickereien geschmückt sind. Dieser Mann hat ein Bödeli, einen Melkeimer, auf dem Rücken.

Alphornbläser *(ganz oben).* Wie das Jodeln, so entwickelte sich auch das Alphorn als Verständigungsmittel der Almhirten. Hergestellt aus ausgehöhlten Kiefernstämmen, erzeugt das Alphorn einen tiefen, jedoch durchdringenden Ton.

Ehrengesellschaften alljährlich am 13., 20. oder 27. Januar ihr »Gryffemähli« (Greifenmahl) ab, zu dessen Auftakt eines ihrer Ehrenzeichen, der Wilde Mann, unter Böllerschüssen auf einem Floß den Rhein herabschwimmt. Er wird am Kleinbasler Ufer von den Maskengestalten »Vogel Greif« und »Leu« empfangen. Gemeinsam ziehen die drei zunächst auf die Mittlere Rheinbrücke, die Groß- und Kleinbasel verbindet, später auch durch die Straßen des ehemals politisch selbständigen Basler »Vororts«, wobei sie, die Kehrseite konsequent Großbasel zugewandt, jeweils nach einem nur ihnen zugehörigen Trommlermarsch Ehrentänze für Kleinbasel aufführen. Vier »Uelis« begleiten sie und sammeln von den Zuschauern Geldspenden für bedürftige Mitbürger ein.

Andere Feste und Bräuche

Solche auf alte Zunftbräuche zurückgehenden Feste kennt man auch in anderen Städten der Schweiz, so zum Beispiel das »Zürcher Knabenschießen« am zweiten Wochenende im September oder das »Sechseläuten«, das alljährlich im Frühling mit beeindruckenden Aufmärschen nicht nur ortsansässiger Traditionsgruppen begangen wird. Die Luzerner Fasnacht gehört ebenso in diesen Zusammenhang wie der Aarauer Maienzug, der Rutenzug in Brugg, die Escalade in Genf oder das Brunnensingen der zur Pestzeit 1541 gegründeten Sebastians-Bruderschaft in Rheinfelden. Vor allem in den ländlich geprägten Gebieten der Schweiz werden noch zahlreiche Feste des Jahreslaufs gefeiert, von den Lärm- und Heischebräuchen der Mittwinterzeit – zu denen der Umgang der Silvesterkläuse im Appenzeller Hinterland ebenso gehört wie das Klausjagen in Oberägeri am Vorabend des Nikolaustages oder die Räbenkilbi (Rübenkirmes) von Richterswil am Zürichsee – über das Maibärenfest von Bad Ragaz, wo ebenso wie in einigen Landgemeinden des Genfer Raumes in grünes Laub gehüllte Vegetationsdämonen auftreten, bis zu den großen viel besuchten Herbstfesten, die mit Ernte und Almabtrieb verbunden sind.

In Vevey am oberen Genfer See feiert man alle 25 Jahre ein großes Winzerfest zu Ehren der erfolgreichsten Winzer in weitem Umkreis, und vor dem Alpabgang findet Ende September das traditionelle »Chästeilet« (»Käseverteilung«: Käseverkauf) statt. Von den Appenzeller bis zu den Walliser Alpen werden nicht nur Auf- und Abtrieb der Herden festlich begangen, sondern auch mittsommerliche Bergfeste mit Alphornblasen und Fahnenschwingen, mit Kuhkämpfen, bei denen die Leittiere der Herden erkoren werden, und »Schwinget«-Wettkämpfen, in denen die Senner selbst ihre Kräfte messen. Schützenfeste wie das Rütlischießen am Mittwoch vor dem 11. November und Jahrmärkte wie der weithin berühmte Berner »Zirbelimärit« (Zwiebelmarkt) runden das bunte Bild traditionsreicher Schweizer Volksfeste ab.

Senegal

In nur sechs Flugstunden ist der europäische Besucher im Senegal, dem einzigen westafrikanischen Land mit nennenswertem Tourismus. Er wandelt dort auf den Spuren jener portugiesischen, französischen, englischen und anderen europäischen Seefahrer, die auf dem Weg nach Asien oder in die »Neue Welt« zunächst das Europa am nächsten gelegene »Land der Schwarzen« anliefen. Die Entdeckung und der Handel durch die Europäer begannen im 15. Jahrhundert, als die Blütezeit der im Mittelalter vorherrschenden Großreiche Ghana und Mali sich dem Ende neigte. Die Seefahrer liefen zunächst die Flußmündung des Senegals im äußersten Norden des Landes an, um dort ihre Waren gegen Kautschuk, Elfenbein und Spezereien sowie Salz, Leder, Hirse und Gold aus den Königreichen im Innern Afrikas einzutauschen. Der holländische Stützpunkt auf der dem Festland vorgelagerten Insel Gorée war über Jahrzehnte der Drehpunkt im Dreiecksgeschäft zwischen Afrika, Amerika und Europa. Die wichtigste Ware waren Sklaven für die Plantagen Nordamerikas und Westindiens.

Mehrmals wechselte das Gebiet des heutigen Senegal den Kolonialherrn, bis Frankreich 1791 seinen Anspruch durchsetzen konnte. Gambia blieb als englisches Einsprengsel davon ausgenommen.

Als im 19. Jahrhundert der Sklavenhandel verboten wurde, suchte Frankreich nach Mitteln, um auch weiterhin Nutzen aus seiner Besitzung ziehen zu können. Nach langjährigen Versuchen wurde die Pflanze gefunden, mit der die Kolonie ihre eigene Entwicklung finanzieren konnte – die Erdnuß. Sie prägt bis in die heutige Zeit Wirtschaft, Politik und Gesellschaft des Landes.

Die Interessen Frankreichs, besonders die am Erdnußöl, trafen sich sehr bald mit denen einer einheimischen Gruppe, die bis heute das Leben im Senegal bestimmt. Vor der französischen Inbesitznahme hatten interne Kriege bereits die afrikanischen Königreiche geschwächt. In das so entstandene soziale Vakuum stießen die islamischen Erneuerer und Sektengründer des ausgehenden 19. Jahrhunderts, die »Marabuts« oder islamischen Heiligen-Prediger, die bis heute ihre Macht ausüben.

Neben diesem »schwarzen Islam« entwickelte sich Senegal zum Modell französischer Kolonialpolitik. Die hier gewonnenen Erfahrungen bestimmten maßgeblich die Richtung der französischen Politik in ihren afrikanischen Kolonien. So wurde 1833 der Bevölkerung einiger Städte im Senegal von Frankreich das volle Bürgerrecht gewährt. Schon 1848 durften die vier gegründeten Kommunen einen Deputierten in das Pariser Parlament entsenden.

1960 wurde Senegal in die Unabhängigkeit entlassen, nachdem zuvor ein Zusammenschluß mit Mali, die sogenannte Mali-Föderation, gescheitert war. Der erste Staatspräsident wurde der Philosoph und Dichter Léopold Sédar Senghor (* 1906), die Symbolfigur für den gewaltlosen Übergang der Kolonie in einen unabhängigen Staat. Er entwickelte in den 30er Jahren einen schwarz-afrikanischen Nationalismus, die Philosophie der »Négritude«. Die Betonung der eigenen schwarzen Identität setzte er gegen die von Frankreich verfolgte Kulturpolitik der Assimilation. Nach seinem Rücktritt im Jahr 1980 und der Übergabe der Macht an seinen Nachfolger Abdou Diouf (* 1935) wurde er als erster Schwarzer und Nicht-Franzose in die Académie Française aufgenommen.

Daten und Fakten

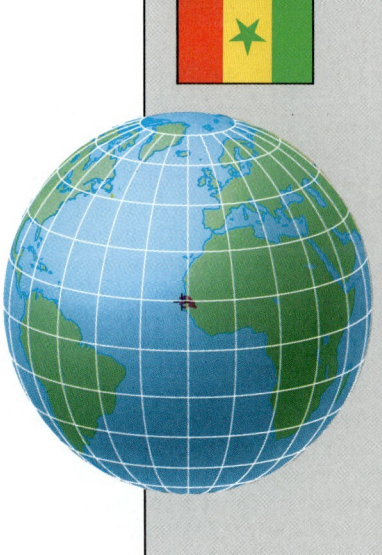

DAS LAND
Offizieller Name: Republik Senegal
Hauptstadt: Dakar
Fläche: 196 722 km²
Landesnatur: Küstenzone, dahinter schwachwellige Ebene, im N Sandsteinplateau, im SO Ausläufer des Berglands von Fouta Djalon, im NO Ferlo-Plateau, südl. von Gambia die Casamance
Klima: Tropisch
Hauptflüsse: Senegal, Saloum, Casamance, Gambia
Höchster Punkt: Im Südosten 498 m

DER STAAT
Regierungsform: Präsidiale Republik
Staatsoberhaupt: Staatspräsident
Regierungschef: Ministerpräsident
Verwaltung: 10 Regionen
Parlament: Nationalversammlung (Einkammerparlament) mit 140 für 5 Jahre gewählten Abgeordneten
Nationalfeiertag: 4. April

DIE MENSCHEN
Einwohner (Ew.): 9 240 000 (1999)
Bevölkerungsdichte: 47 Ew./km²
Stadtbevölkerung: 42 %
Bevölkerung unter 15 Jahren: 45 %
Analphabetenquote: 63 %
Sprache: Französisch, Wolof
Religion: Moslems 94 %, Christen 5 %

DIE WIRTSCHAFT
Währung: CFA-Franc
Bruttosozialprodukt (BSP): 4787 Mio. US-$ (1998)
BSP je Einwohner: 530 US-$
Inflationsrate: 5,6 % (1990–98)
Importgüter: Maschinen, Erdöl, Reis, Weizen, Fahrzeuge, Konsumgüter

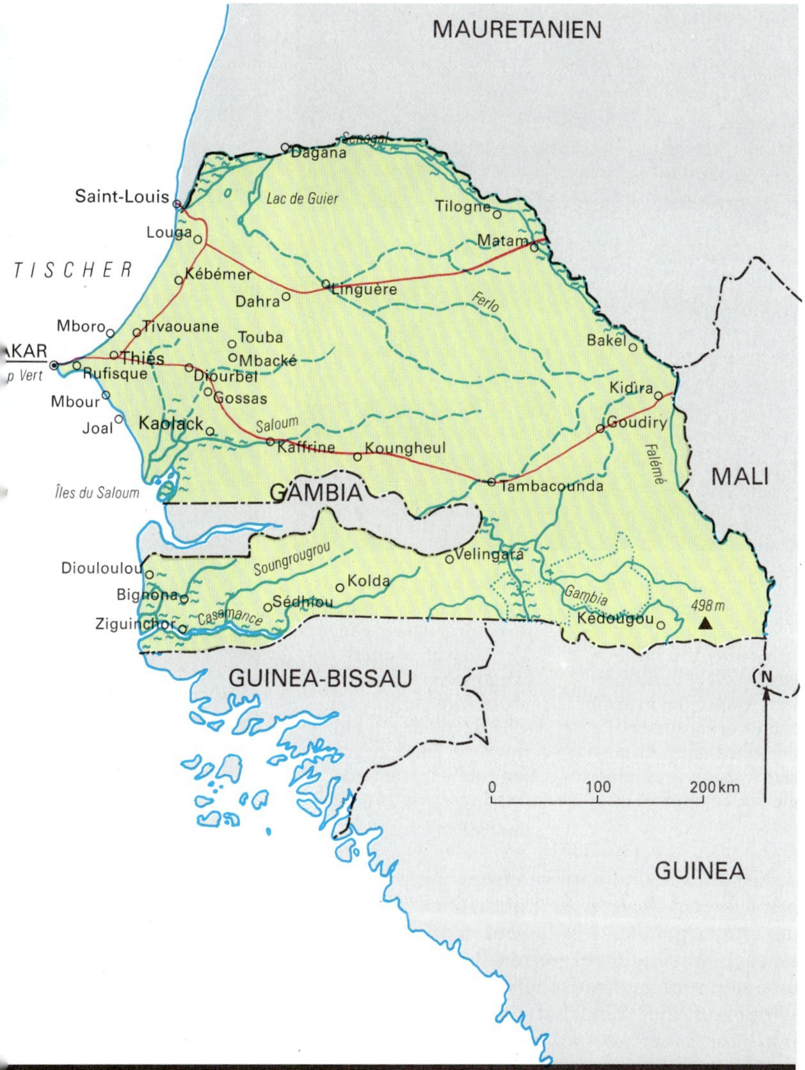

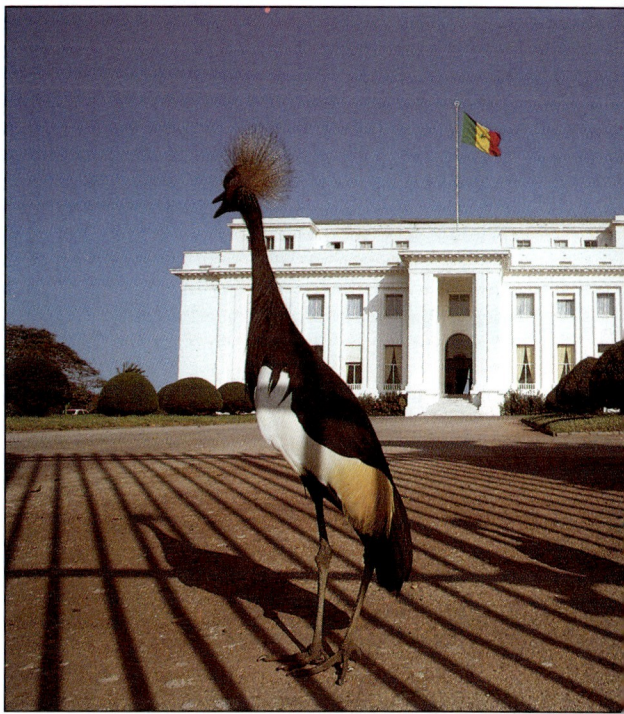

Senegal *(links)*, früher ein Teil von Französisch-Westafrika, ist der westlichste Staat Afrikas. Ein großer Teil des Landes besteht aus sandigen Ebenen, lediglich die Region Casamance südlich der durch den Kleinstaat Gambia gebildeten Enklave ist bewaldet.

Langbeinige Kraniche *(oben)* »bewachen« den Präsidentenpalast in der senegalesischen Hauptstadt Dakar. Ein weiteres modernes Gebäude ist die Universität. Der Bevölkerungszustrom vom Land hat jedoch auch zahlreiche ärmliche Hüttensiedlungen entstehen lassen.

Es gibt in dem Land viele Parteien. Und die Macht der Sozialistischen Partei Senegals (PS), die seit Staatsgründung die Regierung des Landes stellte, ist erst im April 2000 erschüttert worden. Seitdem regiert eine Koalition aus 7 Parteien und der Liberale A. Wade ist Präsident. Die modernen, ausnahmslos in Frankreich ausgebildeten Politiker rückversichern sich bei ihren Entscheidungen stets bei den wirtschaftlich mächtigen Führern der islamischen Sekten und gewähren diesen Privilegien. Ohne die Kalifen wäre Senegal nicht regierbar. Aber auch ohne die Masse der Marabuts geht selbst im kleinsten Dorf nichts.

Zu dem Nachbarland Gambia besteht eine enge Verbindung. 1982 bildete sich die »Konföderation Senegambien«, die unter Beibehaltung der Unabhängigkeit beider Staaten eine Zusammenarbeit in den Bereichen Verteidigung, Außenpolitik und Transportwesen vorsah. Die Kooperation sollte nach dem Wunsch Senegals noch um eine gemeinsame Zollunion und einen Währungsverbund erweitert werden. Aufgrund gambischer Vorbehalte wurde die Konföderation 1989 aufgekündigt.

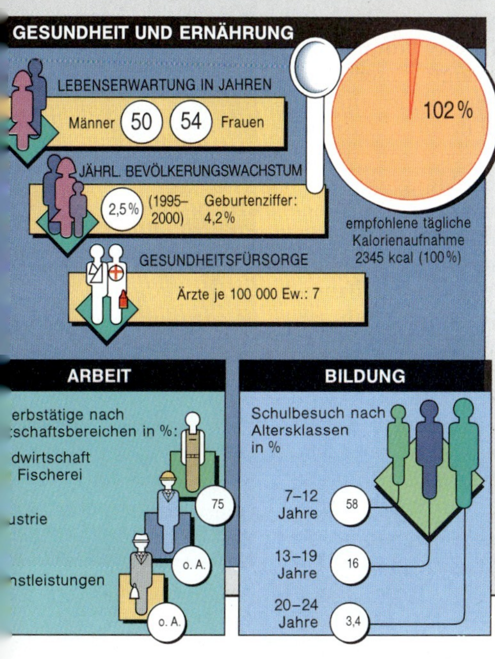

Exportgüter: Erdnüsse, Erdnußöl, Ölkuchen, Phosphate, Häute, Felle, Fisch u. Fischprodukte, Titan, Salz, Erdölprodukte
Handelspartner: Frankreich (über 30 %), Deutschland und andere EU-Länder, USA, afrikanische Staaten (bis 20 %)
Eisenbahnnetz: 904 km
Straßennetz: 15 500 km
Fernsehgeräte je 1000 Ew.: 41

SENEGAL: WIRTSCHAFT

Die Entwicklung des heutigen Senegals fand im wesentlichen im Gebiet der islamischen Wolof statt, die heute das zahlenmäßig stärkste Volk im Senegal sind. Seit dem Ende des 19. Jahrhunderts konnten sie ihre Vorherrschaft über die Völker der Fulani oder Fulbe, Serer, Diola und Malinke bis heute ausbauen. Ihre Sprache und Kultur sind heute im Senegal derart vorherrschend, ihre Kontrolle über Staat und Verwaltung ist derart total, daß sich vor allem die animistisch-christlichen Diola im südlichen Landesteil Casamance immer wieder gegen die Zentralregierung in Dakar gewaltsam erheben.

Die Erdnuß als wichtigste Feldfrucht

Das vorherrschende Interesse der französischen Kolonialherren an der Erdnuß trug wesentlich zur Förderung der sie anbauenden islamischen Bruderschaften bei. Ihre kleinen Gottesstaaten wurden auf dem Boden des sich rasch ausdehnenden Erdnußanbaus errichtet. Die Mitglieder der Koranschulen und die Bewohner neu gegründeter Dörfer rodeten die Dornbuschwälder und trieben die Monokultur immer schneller von der Atlantikküste ostwärts bis weit ins Landesinnere hinein. Ebenso rasch wurden aber auch die anfälligen Böden, weil diese für einen alljährlichen Anbau nicht geeignet sind, für immer zerstört.

Das für Frankreichs Ölmühlen und Seifenfabriken bestimmte Erdnußöl finanzierte den Ausbau der Infrastruktur Senegals wie Eisenbahn, Straßen und Schulen. Der zerfallende architektonische Glanz der Hafen- und ersten Hauptstadt Saint-Louis mit ihren imposanten Gebäuden der einstigen französischen Zentralverwaltung für das gesamte Französisch-Westafrika verrät auch heute noch die damalige Bedeutung der Kolonie. Ferner wird sichtbar, daß sich die reisenden und handelnden weißen Männer, rassisch unvoreingenommen, mit den schönen Frauen des Landes dauerhaft zusammentaten. Die »Signares« sind die Vorfahren der den Senegal bis heute auszeichnenden städtischen Mischlingskultur.

Mit der Unabhängigkeit mußte das Land auf die französischen Subventionen verzichten. Diese Tatsache sowie die zwei großen Dürren im Sahel haben die wirtschaftliche Situation Senegals stetig verschlechtert. Trotzdem zählt Senegal noch zu den am weitesten entwickelten Ländern Schwarzafrikas, das darüber hinaus mit den fischreichsten Gebieten an der westafrikanischen Küste über gute Voraussetzungen für die Weiterentwicklung der industriellen Fischverarbeitung verfügt. Doch Senegal ist auf Zuschüsse angewiesen, die vornehmlich aus den westlichen Industriestaaten kommen. Unter Hinweis auf die islamische Mehrheit der Bevölkerung konnte auch die islamische Solidarität mit den Ölstaaten am Persischen Golf genutzt werden. Auf Grund der besonderen gesellschaftlichen Geschlossenheit der islamischen Elite, die »Wolof spricht und Französisch schreibt«, hatte der islamische Fundamentalismus bislang im Senegal keine Chance. Er konnte sich auch nicht den ständig fallenden Lebensstandard zunutze machen. Vielmehr reagierten Präsident Senghor und sein »technokratischer« Nachfolger Abdou Diouf auf die Wirtschaftskrise Mitte der 70er Jahre mit einer »demokratischen« Öffnung des Landes und initiierten weit in die Zukunft weisende Projekte durch die Senegal den Sprung zur Industrienation schaffen soll. Doch keines der geplanten Großprojekte wie ein Stahlwerk, eine Raffinerie, ein Trockendock und ein Projekt zur Förderung von Schweröl konnte bis heute verwirklicht werden. Einige dieser Projekte, aber mehr noch der unrentabel arbeitende Landwirtschaftssektor und der desolate Zustand der staatlichen Vermarktungsbehörde haben wesentlich zur hohen Verschuldung des ressourcenarmen Staates beigetragen. Es hat Versuche gegeben, den Anbau auf den vorhandenen Flächen zu diversifizieren und die Neuanpflanzung von Hirse, Reis, Zuckerrohr und Baumwolle zu fördern. Sie sind in drei Jahrzehnten staatlich gelenkter Agrarpolitik größtenteils gescheitert. Das Nahrungsdefizit wuchs ständig und Senegal, seit Einführung der Erdnuß-Monokultur an den Konsum von importiertem Reis aus Indochina und Weizen aus Frankreich gewöhnt, kann die lebensnotwendigen Importe nicht mehr bezahlen. Große Hoffnung wurde deshalb auf die ganzjährige Bewässerungslandwirtschaft am Ufer des Senegal gesetzt. Doch

Die elegante Kleidung dieser Senegalesin *(oben)* bezeugt ihren relativen Wohlstand. Allerdings leben die meisten Menschen in ärmlichen Verhältnissen. In der ethnischen Zusammensetzung dominieren die Sudanstämme und die Fulbe.

Fischer in der Nähe von Dakar *(rechts)* beenden ihren Arbeitstag. Die Moschee im Hintergrund weist auf die überwiegend moslemische Bevölkerung hin. Etwa 5 % der Senegalesen sind Christen oder Anhänger von Naturreligionen.

SENEGAL

nach der Fertigstellung der beiden Dämme, in Diama an der Mündung des Senegal in den Atlantischen Ozean und in Manantali am Oberlauf des Flusses in Mali, fehlt das Geld für die Bewässerungskanäle und andere landwirtschaftliche Einrichtungen, die diese Dämme erst sinnvoll werden lassen.

Um die wirtschaftliche Gesundung des Landes herbeizuführen, stützt sich Senegals Regierung auf ein von der Weltbank und dem Internationalen Weltwährungsfond entwickeltes Wirtschaftsprogramm, das die Verringerung der Staatsausgaben und somit den Rückzug des Staates aus Industrie und Landwirtschaft zugunsten einer Liberalisierung und Privatisierung fordert. Der Wegfall staatlicher Subventionen sowie die Rationalisierung des öffentlichen Dienstes lassen jedoch die Arbeitslosigkeit in den Städten rasch anwachsen. Gegen diese »Anpassungspolitik« richtet sich der Widerstand der Oppositionsparteien, denen sich besonders die akademische Jugend angeschlossen hat. Das führte in den letzten Jahren zu einer immer rascheren Abfolge von Streiks, Schul- und Universitätsschließungen und spontanen Unruhen.

Ist es da verwunderlich, daß nur die Allerwenigsten der Sonnen-Touristen sich noch aus den weitab an der »petite côte« und in dem südlichen Landesteil Casamance gelegenen luxuriösen Ferienzentren wagen, um das übrige Land kennenzulernen?

Senegals Hauptstadt Dakar *(links)* liegt auf einer felsigen Landzunge. Der Hafen von Dakar ist eine wichtige Anlaufstelle für Hochseeschiffe.

Die Rallye Paris-Dakar *(unten)* führt auf einer Gesamtstrecke von 13 000 km quer durch die Sahara.

SEYCHELLEN

Dieser Strand auf einer der Koralleninseln der Seychellen *(rechts)* beweist mit seiner natürlichen Schönheit, warum der internationale Tourismus zur Hauptstütze der Wirtschaft geworden ist.

Ein Händler *(unten)* bietet »coco de mer« zum Verkauf an – doppelte Kokosnüsse, die bis zu 50 Pfund wiegen und nur auf den Seychellen wachsen.

Für viele Urlauber sind die Seychellen der gesegnete Archipel, der komfortable Robinsonträume ungetrübt erlaubt. Archipel bedeutet hier: Ein souveräner Staat, der aus 60 Koralleninseln und 32 Granitinseln besteht. Die Inseln sind teils unberührt und unbewohnt, teils in Privatbesitz oder nur mit einer Hotelanlage besetzt. Viele Inseln sind mit einem weißsandigen Palmenstrand vor der glasklaren See umgeben. Auf der Hauptinsel Mahé, die mit der Hauptstadt Victoria den einzigen Ort mit städtischem Flair aufweist, gibt es viele Punkte von überwältigender Schönheit.

Geschichte und Wirtschaft

Die koloniale Hypothek der Seychellen ist nicht leichter gewesen als die anderer Inseln in dieser Region. 1742 wurde die bis dahin unbesiedelte Inselgruppe von den Franzosen entdeckt. Danach folgten typische Phasen der kolonialen Entwicklung: Raubbau an der Natur mit Hilfe schwarzer Sklavenheere zur Anlage von Monokulturen, Vermischung der französischen Herren mit den Schwarzen zur heute dominierenden kreolischen Bevölkerung; 1810 englische Eroberung und nach Abschaffung der Sklaverei Import indischer Arbeitskolonnen zur weiteren Ausbeutung der natürlichen Ressourcen, aber auch Ansätze zu geregelter Verwaltung und Aufbau einer Infrastruktur. Weder der englische Lebensstil noch der wirtschaftliche Einfluß der Inder haben die kreolische Prägung der Inseln verändern können. Die staatliche Souveränität, die das Land 1976 erhielt, strafte die Einschätzung von Teilen der Wirtschaftselite und der dominierenden politischen Partei Lügen, daß ein Kleinstaat der dritten Welt nicht überlebensfähig sei. Nach ersten Unruhen, die schon ein

Daten und Fakten

DAS LAND
Offizieller Name: Republik Seychellen
Hauptstadt: Victoria
Fläche: 455 km²
Landesnatur: Gebirgige Granitinseln und niedrige Koralleninseln
Klima: Feuchttropisches Klima
Höchster Punkt: Morne Seychellois 905 m

DER STAAT
Regierungsform: Präsidiale Republik
Staatsoberhaupt: Staatspräsident
Verwaltung: 23 Distrikte
Parlament: Nationalversammlung mit 34 Mitgliedern

Nationalfeiertag: 5. Juni

DIE MENSCHEN
Einwohner (Ew.): 77 000 (1999)
Bevölkerungsdichte: 169 Ew./km²
Stadtbevölkerung: 59 %
Bevölkerung unter 15 Jahren: 29 %
Analphabetenquote: 15 %
Sprache: Kreolisch, Französisch, Englisch
Religion: Katholiken 90 %, Anglikaner 8 %

DIE WIRTSCHAFT
Währung: Seychellen-Rupie
Bruttosozialprodukt (BSP): 507 Mio. US-$ (1998)

BSP je Einwohner: 6450 US-$
Inflationsrate: 1,4 % (1990-98)
Importgüter: Nahrungsmittel, Maschinen, mineral. Brennstoffe, Konsumgüter
Exportgüter: Kopra, Zimt, Zimtöl, Fisch, Kokosnüsse, Guano
Handelspartner: Italien, Thailand, USA, Jemen, Frankreich, Großbritannien, Rep. Südafrika, Japan
Straßennetz: 330 km
Fernsehgeräte je 1000 Ew.: 143

Jahr nach der Unabhängigkeit eine gemäßigt sozialistische Einheitspartei an die Macht brachten, hat deren Konzept eines »sanften« Tourismus einerseits und einer sich experimentell von den Monokulturen absetzenden Landwirtschaft andererseits dem jungen Inselstaat sozialen Frieden und einen relativen Wohlstand beschert. Erst 1993 wurde ein Mehrparteiensystem eingeführt. 70 % der wirtschaftlichen Leistung stammen inzwischen aus der Tourismusbranche sowie ihren Dienstleistungs- und Zuliefergewerben. Die übrigen 30 % werden von einer vielfältigen Land- und Fischwirtschaft, die auf den Reichtum tropischer Gewässer, auf Früchte und Nutzpflanzen setzt, und einer im Ausbau befindlichen Industrie erwirtschaftet.

Die wirtschaftlichen Einnahmen bilden die Grundlage dafür, daß die Einwohner, die Seychellois, nicht hungern, daß die Regierung ihnen seit Jahren politische Stabilität gewährleistet, der sie bescheidenste Sparkonten auf landeseigenen Banken anlegen ließ, und daß ein für Afrika vorbildliches Schulsystem, eine funktionierende Verkehrsinfrastruktur, eine gesundheitliche und soziale Grundfürsorge finanziert werden konnten. Eine intakte Umwelt trotz Tourismus zu erhalten, fordert seinen Preis, und der »sanfte« Tourismus der Seychellen setzt auf aufgeklärte Reisende, die bereit sind und es sich leisten können, für ein besonderes Naturerlebnis teuer zu bezahlen.

Dafür gibt es auf Praslin den Nationalpark Vallée de Mai mit einer einmaligen Tropenvegetation und den legendären Coco-de-mer-Palmen. Auf den Inseln Bird und Cousin brüten Millionen von Seevögeln. Viele von ihnen stehen auf der Liste aussterbender Arten, ebenso wie die Riesenschildkröten, von denen auf Aldabra noch rund 150 000 leben. Auf La Digue verkehren keine Autos, sondern nur knarrende Ochsenkarren vor der Kulisse verträumter Kolonialdörfer, und in stillen Wäldern erheben sich riesige Bäume zu kathedralenartiger Mächtigkeit. Etwas von all dem ist auch auf Mahé zu finden. Auf allen Inseln der Seychellen verzaubert das helle Sonnenlicht die Unterwasserwelt in den Lagunen und Korallenriffen.

Das Wappen der Seychellen spricht für sich: Es zeigt im Vordergrund eine Riesenschildkröte, paradiesische Inseln und einen Baum der Erkenntnis, in dem – bezeichnenderweise – keine Schlange nistet.

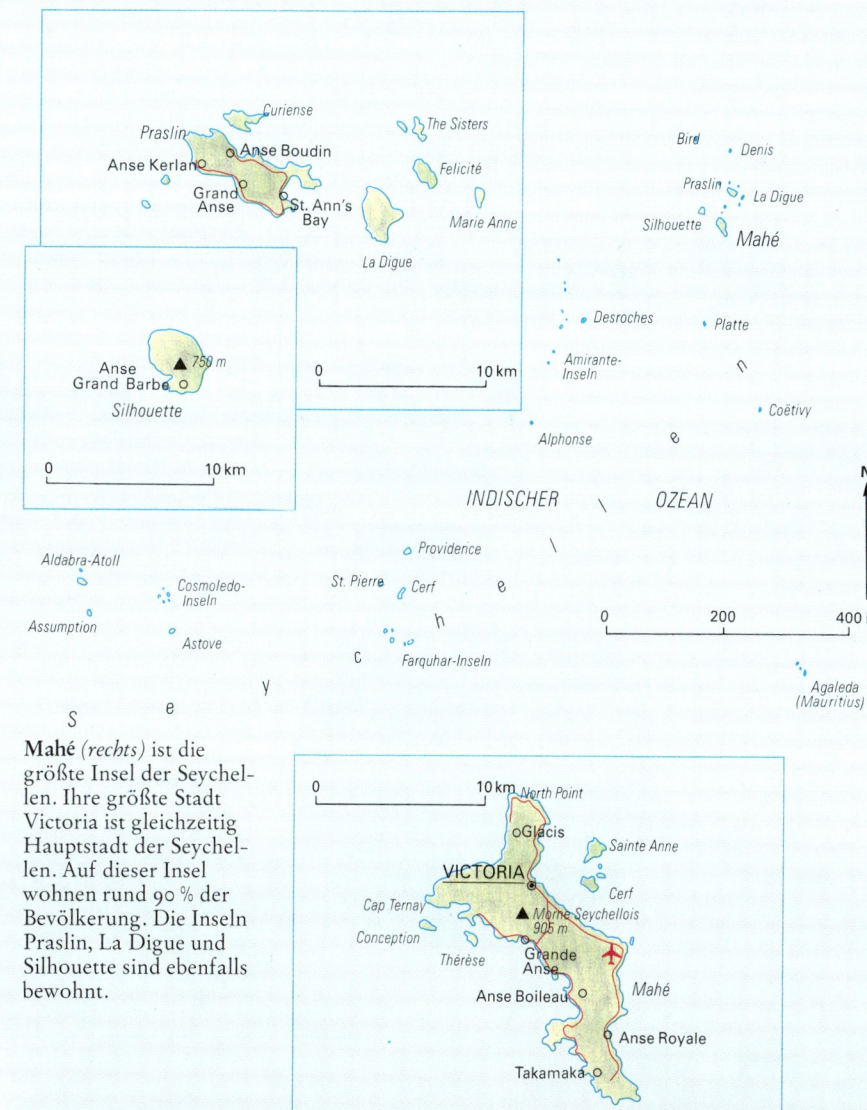

Die Republik Seychellen *(rechts)* besteht aus einer Vielzahl von Korallen- und Granitinseln, die vor der Ostküste Afrikas über den Indischen Ozean verstreut liegen. Ein Großteil der Inseln ist sehr klein und unbewohnt.

Mahé *(rechts)* ist die größte Insel der Seychellen. Ihre größte Stadt Victoria ist gleichzeitig Hauptstadt der Seychellen. Auf dieser Insel wohnen rund 90 % der Bevölkerung. Die Inseln Praslin, La Digue und Silhouette sind ebenfalls bewohnt.

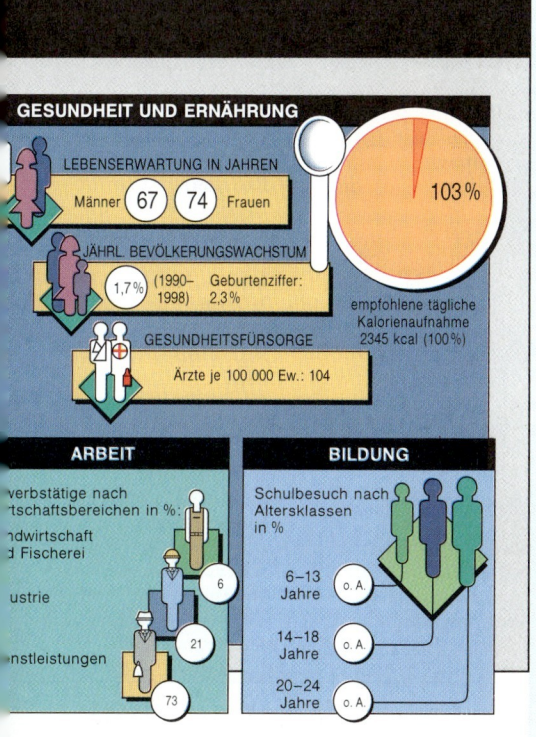

SIERRA LEONE

War es das Grollen der tropischen Gewitterstürme gegen die Bergkette (Sierra) oder die Form der Berge selbst, die den portugiesischen Seefahrer Pedro de Cintra um das Jahr 1460 veranlaßte, dem von ihm entdeckten Küstenstreifen Westafrikas den Namen Sierra Leone (»Löwenberge«) – zu geben? Dabei ist Sierra Leone eigentlich kein Gebirgsland. Es dehnt sich von der durch Flußmündungen und zahlreiche Halbinseln aufgelösten mangrovenbestandenen Küstenebene leicht ansteigend über die große innere Ebene bis auf die trockene, savannenbedeckte Nordguineaschwelle mit Höhen von 1800 m aus. In dem von deutlichen Regen- und Trockenzeiten geprägten Land ist der ursprüngliche tropische Regenwald längst ein Opfer von Brandrodungen und wildem Bergbau geworden.

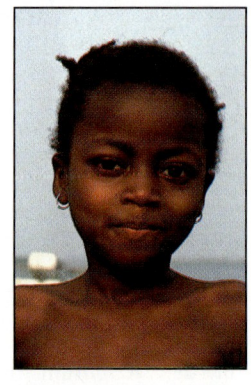

Dieses Mädchen (oben) gehört möglicherweise zu den 50 % der Kinder Sierra Leones, die eine kostenlose Grundschulausbildung erhalten.

Geschichte und Politik

Als Mitte des 16. Jahrhunderts die ersten britischen Händler feste Handelsstützpunkte an der Westküste Afrikas anlegten, waren Sklaven das wichtigste »Handelsgut«. 1797 wurde auf Betreiben der britischen Antisklavenbewegung ein 250 km² großes Gebiet um die spätere Hauptstadt Freetown (»die Stadt der Freien«) erworben, um dort befreite Sklaven sowie einige mittellose Briten auszusiedeln. 1808 wurde der Besitz der Sierra-Leone-Gesellschaft britische Kronkolonie. Gegen die Kolonisierung des Hinterlandes leisteten die Einheimischen bis Ende des 19. Jahrhunderts erbitterten bewaffneten Widerstand, doch wurde es 1896 unter britisches Protektorat gestellt.

Die Nachfahren der aus Europa und Amerika repatriierten Sklaven, die Kreolen oder Krios, sahen sich als »Zivilisatoren« der einheimischen Afrikaner. Sie entwickelten sich zur nationalen Elite in Handel, Verwaltung und Wissenschaft. Heute beträgt ihr Anteil an der Gesamtbevölkerung kaum mehr als 2 %, und ihre wirtschaftliche Vorrangstellung haben sie größtenteils an die kleine Minderheit der im Land lebenden Libanesen verloren. Ihren politischen Einfluß büßten die Kreolen endgültig ein, als Sir Milton Margai (1895–1964) Premierminister der 1961 in die Unabhängigkeit entlassenen parlamentarischen Monarchie wurde. Die antikreolische Sierra Leone People's Party (SLPP), deren Führung Margai 1954 übernahm, wurde von den Stämmen der Temne und Mende unterstützt, die mit jeweils über 30 % den Großteil der aus insgesamt 17 ethnischen Gruppen zusammengesetzten Gesamtbevölkerung stellen.

Daten und Fakten

DAS LAND
Offizieller Name:
Republik Sierra Leone
Hauptstadt:
Freetown
Fläche:
71 740 km²
Landesnatur:
Küstentiefland mit vorgelagerten Inseln, das nach O über Steilstufen zur von Savannen bewachsenen Niederguineaschwelle ansteigt
Klima:
Tropisch-feuchtheiß
Hauptflüsse:
Kaba, Rokel, Sewa
Höchster Punkt:
Loma Mansa 1948 m
DER STAAT
Regierungsform:
Präsidiale Republik
Staatsoberhaupt:
Staatspräsident
Verwaltung:
4 Provinzen und 1 Stadtgebiet
Parlament:
Repräsentantenhaus mit 68 für 5 Jahre gewählten Mitgliedern
Nationalfeiertag:
27. April
DIE MENSCHEN
Einwohner (Ew.):
4 717 000 (1999)
Bevölkerungsdichte:
66 Ew./km²
Stadtbevölkerung:
37 %
Bevölkerung unter 15 Jahren:
45 %
Analphabetenquote:
69 %
Sprache:
Englisch, Mande-Sprachen
Religion:
Moslems 39 %, Christen 8 %, Anhänger von traditionellen Religionen
DIE WIRTSCHAFT
Währung:
Leone
Bruttosozialprodukt (BSP):
680 Mio. US-$ (1998)
BSP je Einwohner:
140 US-$
Inflationsrate:
32,5 % (1990–98)
Importgüter:
Maschinen und Transportausrüstungen, Nahrungsmittel, mineral. Brennstoffe, Schmiermittel, lebende Tiere

1967 gewann die Oppositionspartei »All People's Congress« (APC) unter Führung Siaka Stevens' (1905–1988) die Wahl. Der als progressiv eingeschätzte Stevens hätte verfassungsgemäß das Amt von Albert Margai (1910–1980), seit dem Tod seines Bruders Regierungschef, übernehmen können, doch wurde dies durch einen Militärputsch verhindert. Erst ein Jahr später brachte ihn eine erneute Militärrevolte an die Macht. Nach Gründung der Republik 1971 und Einführung des Einparteiensystems 1978 wurde sein Regime immer autoritärer. Putschversuche und massenhafte Streiks folgten. Als Stevens 1985 seine Präsidentschaft aus Altersgründen an Joseph Saidu Momoh (* 1937) übergab, befand sich die Wirtschaft in einem desolaten Zustand. Seit 1990 kam es zu Kämpfen mit aus Liberia eingedrungenen Rebellen (Revolutionary United Front, RUF). Im Jahr darauf trat eine neue Verfassung in Kraft, die ein Mehrparteiensystem vorsah. 1992 stürzte das Militär Momoh und setzte die Verfassung wieder außer Kraft. Nach einem weiteren Militärputsch gewann Ahmad Tejan Kabbah (* 1932) als Vorsitzender der Sierra Leone People's Party die Präsidentschaftswahlen 1996.

Politische Stabilität kehrte dadurch jedoch nicht ein, da auch die Kämpfe mit der RUF weitergingen. Ein Großteil der Bevölkerung befindet sich auf der Flucht. Nach einem neuerlichen Putsch übernahm 1997 Jonny Paul Koroma (* 1964) die Macht. Erst eine Intervention der Friedenstruppe ECOMOG der Wirtschaftsgemeinschaft westafrikanischer Staaten brachte Kabbah 1998 zurück ins Präsidentenamt. Nach schweren innenpolitischen Unruhen wurde im November 1999 eine Regierung gebildet, der auch RUF-Mitglieder angehören.

Inmitten üppiger Vegetation *(oben)* liegen die ehemaligen Wohnhäuser der britischen Kolonialbeamten. Sierra Leone war von 1808 bis 1961 in britischem Besitz.

In Sierra Leone *(oben rechts)* leben die meisten Menschen von der Landwirtschaft. Kaffee und Kakao sind wichtige Exportprodukte, Diamanten aus den Flüssen des Ostens sind jedoch die Haupteinnahmequelle.

Die Grundlagen der Wirtschaft

Der durch das politische Chaos bedingte wirtschaftliche Niedergang ist um so tragischer, da Sierra Leone über beachtliche Bodenschätze (Diamanten, Chrom, Bauxit, Eisenerz, Titanerz, Gold, Platin), reiche Fischgründe vor der Küste und große, für die Landwirtschaft nutzbare Flächen verfügt. Die mit Brandrodung und Wanderhackbau betriebene landwirtschaftliche Selbstversorgung bildet noch immer die Existenzgrundlage für den überwiegenden Teil der Bevölkerung. Reis, Hirse und Maniok sind neben den Exportprodukten Palmkerne, Kaffee und Kakao die Hauptanbauprodukte.

Auch heute noch gehen mögliche Einnahmen aus dem Export der reichen Gold- und Diamantenvorkommen durch Schmuggel ins Ausland verloren.

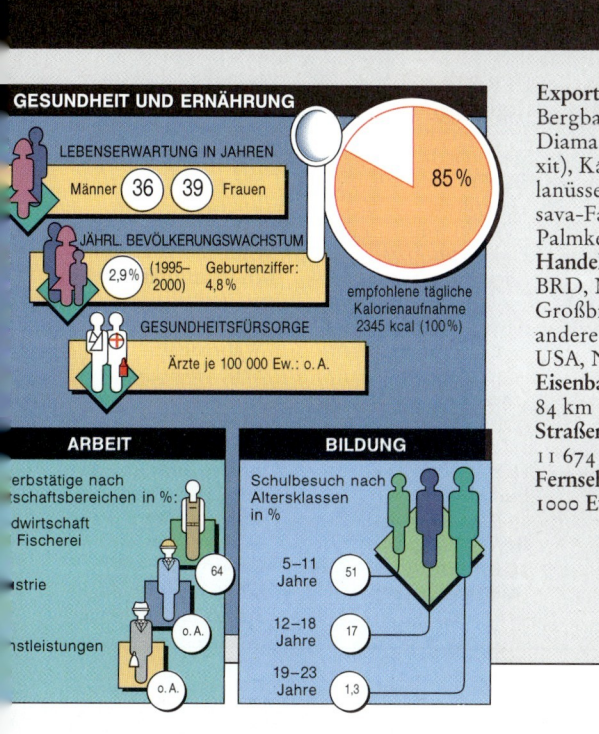

Exportgüter: Bergbauprodukte (Gold, Diamanten, Rutil, Bauxit), Kakao, Kaffee, Kolanüsse, Gewürze, Piassava-Fasern, Tabak, Palmkerne, Palmöl
Handelspartner: BRD, Niederlande, Großbritannien u. andere EU-Länder, USA, Nigeria
Eisenbahnnetz: 84 km
Straßennetz: 11 674 km
Fernsehgeräte je 1000 Ew.: 11

SIMBABWE

Den stärksten, bis heute wirksamen Einfluß auf Simbabwe übte der aus Südengland stammende Cecil John Rhodes (1853–1902) aus. Er war überzeugt, daß das Gebiet des südlichen Afrika als Siedlungsraum für Europäer bestimmt sei. »Your hinterland is there« (»Euer Hinterland ist dort«) war sein Wahlspruch. Damit war das Gebiet nördlich des Kaplandes gemeint. Die von ihm gegründete Kolonialgesellschaft »British South Africa Company« (BSAC) erhielt von der Londoner Regierung weitreichende Vollmachten zur wirtschaftlichen Erschließung bzw. Ausbeutung des nördlich der britischen Kap-Kolonie gelegenen Landes. Die Umgestaltung des »Protektorats« Rhodesien im Sinne der BSAC vollzog sich ab 1891. Das beste Land wurde für weiße Siedler in Besitz genommen, die ortsansässigen Stämme wurden – notfalls mit Gewalt – in sogenannte Tribal Trust Lands verdrängt.

Eine einschneidende Neuordnung brachte das Jahr 1923. Süd-Rhodesien (Simbabwe) erhielt als britische Kolonie Selbstverwaltungsrecht in inneren Angelegenheiten. Daraus entwickelte sich eine weiße Minderheitsregierung, die das Land de facto weitgehend allein beherrschte. Die Diskriminierung der afrikanischen Bevölkerung wurde durch mehrere Gesetze südafrikanischen Vorbilds, wie Rassentrennungsgesetze und Einschränkung ihrer Bewegungsfreiheit, vorangetrieben.

Im Gefolge des Zweiten Weltkriegs kam es zu einem beträchtlichen Wirtschaftsaufschwung. Während sich die Wirtschaft des Landes zuvor auf Bergbauprodukte – überwiegend Gold – und landwirtschaftliche Produkte gestützt hatte, wurde jetzt die Industrialisierung forciert vorangetrieben, und strategisch wichtige Rohstoffe wurden in großem Umfang abgebaut. Der stei-

Daten und Fakten

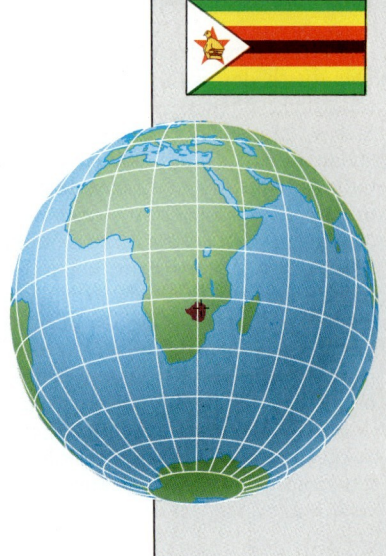

DAS LAND
Offizieller Name: Republik Simbabwe
Hauptstadt: Harare
Fläche: 390 757 km²
Landesnatur: Zentrales Hochland, Abfall in Stufen zur Sambesimulde im N u. zur Limpopomulde im S; im O Randketten, im äußersten W Anteil am Kalaharibecken
Klima: Wechselfeuchtes, tropisches Klima
Hauptflüsse: Sambesi, Limpopo
Höchster Punkt: Inyangani 2596 m

DER STAAT
Regierungsform: Präsidiale Republik
Staatsoberhaupt: Staatspräsident
Verwaltung: 8 Provinzen
Parlament: Abgeordnetenhaus mit 150 Mitgliedern (120 direkt gewählt, 20 ernannt, 10 Stammeshäuptlinge), Wahl alle 6 Jahre
Nationalfeiertag: 18. April
DIE MENSCHEN
Einwohner (Ew.): 11 529 000 (1999)
Bevölkerungsdichte: 30 Ew./km²
Stadtbevölkerung: 35 %

Bevölkerung unter 15 Jahren: 41 %
Analphabetenquote: 15 %
Sprache: Englisch
Religion: Christen 55 %, Anhänger von traditionellen Religionen
DIE WIRTSCHAFT
Währung: Simbabwe-Dollar
Bruttosozialprodukt (BSP): 7130 Mio. US-$ (1998)
BSP je Einwohner: 620 US-$
Inflationsrate: 21,9 % (1990–98)
Importgüter: Chemische Erzeugnisse, Fahrzeuge, Fahrzeug-

Harare *(links)*, Simbabwes Hauptstadt, Verkehrsknotenpunkt und wichtiges Wirtschaftszentrum, liegt im Norden des Landes im Mashonaland. Die Stadt wurde im Jahr 1890 von britischen Siedlern als befestigter Stützpunkt unter dem Namen Salisbury gegründet.

Simbabwe *(rechts)*, der Binnenstaat in Südostafrika, wird von einem ausgedehnten Hochland eingenommen. Weite, von Inselbergen überragte Rumpfflächen bilden die Oberfläche.

gende Bedarf an Arbeitskräften konnte durch eine Einwanderungswelle, die die Anzahl der Weißen binnen zwanzig Jahren auf 221 000 (1961) verdreifachte, und durch den verstärkten Einsatz von Schwarzafrikanern abgedeckt werden. Nach Auflösung der Föderation von Rhodesien und Njassaland forderten die »Rhodesier« ihre Unabhängigkeit von London. Die Briten machten dafür jedoch die volle Gleichberechtigung der Afrikaner zur Bedingung, was auf heftigsten Widerstand der weißen Siedler stieß. Der 1964 zum Premierminister gewählte Ian Douglas Smith (* 1919) erklärte am 11. 11. 1965 einseitig die Unabhängigkeit Süd-Rhodesiens. Großbritannien und viele weitere Länder reagierten daraufhin mit umfassenden Boykottmaßnahmen.

GESUNDHEIT UND ERNÄHRUNG

LEBENSERWARTUNG IN JAHREN
Männer 43   Frauen 44

JÄHRL. BEVÖLKERUNGSWACHSTUM
1,4 % (1995-2000)   Geburtenziffer: 3,8 %

GESUNDHEITSFÜRSORGE
Ärzte je 100 000 Ew.: 14

88 %
empfohlene tägliche Kalorienaufnahme 2345 kcal (100%)

ARBEIT
...rbstätige nach ...schaftsbereichen in %:
...dwirtschaft Fischerei
...trie 66
...stleistungen o. A.

BILDUNG
Schulbesuch nach Altersklassen in %
6–12 Jahre: 100
13–18 Jahre: 44
19–23 Jahre: o. A.

...teile, Erdöl u. -produkte, Eisen, Stahl, Maschinen, Konsumgüter
Exportgüter: Bergbauprodukte (Asbest, Nickel, Chromerz, Gold, Kupfer, Zinn, Wolfram), Tabak, Kaffee, Baumwolle, Tee, Getreide, Zucker, Eisenlegierungen, Textilien
Handelspartner: Rep. Südafrika, Großbritannien, Sambia, USA, BRD, Japan, Botsuana
Eisenbahnnetz: 2759 km
Straßennetz: 8700 km (befestigt)
Fernsehgeräte je 1000 Ew.: 33

Der lange Weg in die Unabhängigkeit

Schon 1966 hatte die von Afrikanern ins Leben gerufene »Zimbabwe African National Union« (ZANU), die unter der Führung von Robert Mugabe (* 1924) als einzige der schwarzafrikanischen Parteien eine konsequente Politik der Nicht-Zusammenarbeit mit der Smith-Regierung betrieb, den Guerillakampf gegen die weiße Minderheitsregierung aufgenommen. Angesichts der weltweiten außenpolitischen Isolierung und des intensivierten Guerilla-Kriegs seitens der ZANU, die seit 1976 mit der ZAPU (»Zimbabwe African People's Union«) des Ndebele-Führers Joshua Nkomo (* 1917) ein gemeinsames militärisches Oberkommando bildete, versuchte das weiße Minderheiten-Regime die politische und wirtschaftliche Macht zu behalten. Ende 1979 kam es jedoch in London zur »Lancaster-House-Konferenz« aller am Konflikt beteiligten Parteien, in der die Modalitäten für die ersten freien Wahlen ausgehandelt wurden. Die dort vereinbarte und für zehn Jahre als unveränderlich festgeschriebene Verfassung sah weitgehende »Schutzrechte« für die weiße Minderheit vor. Aus den folgenden Wahlen ging Mugabes ZANU als Siegerin hervor. Nur im Matabeleland triumphierte die ZAPU.

Der 1987 erfolgte Zusammenschluß von ZANU und ZAPU versuchte endgültig, den ethnischen Konflikt zwischen Shona und Ndebele zu beenden, der im Matabeleland zu bewaffneten Auseinandersetzungen geführt hatte. Nach der Versöhnung zwischen dem mehr und mehr zu Pragmatismus neigenden Mugabe und Nkomo vollzog sich verstärkt der Prozeß zum Einparteienstaat. Außerdem ließ sich Mugabe zum Staatspräsidenten mit umfassenden exekutiven Befugnissen wählen. Er verfolgte einen autoritären Herrschaftskurs. Deshalb wurden die Parlamentswahlen 1995 von der demokratischen Opposition boykottiert. Auch die Wahlen im Juni 2000 waren von Unregelmäßigkeiten begleitet.

SIMBABWE: DAS LAND

Landesnatur

Der im Südosten Afrikas gelegene Binnenstaat Simbabwe wird von einem ausgedehnten Hochland eingenommen, das zu der schwellenartigen Umrahmung des Kalaharibeckens gehört. Das Hochplateau steigt von West nach Ost allmählich an. Im zentralen Hochland (Highveld) wird die leicht gewellte Oberfläche von Inselbergen unterbrochen und geht entlang der östlichen Landesgrenze in die landschaftlich überaus eindrucksvollen Eastern Highlands über. Hier erhebt sich der Inyangani (Nyangani), mit 2596 m der höchste Berg Simbabwes. Als geologische Besonderheit wird das zentrale Mittel- und Highveld auf einer Gesamtlänge von 500 km und einer Breite von 5–6 km von einer Hügelkette, dem »Great Dyke«, durchzogen.

Das Klima wird durch die Lage in den äußeren, wechselfeuchten Tropen geprägt, doch werden die Temperaturen durch die Höhenlage gemildert. Die Niederschläge, die von 1000 bis 1400 mm jährlich in den östlichen Randgebieten auf weniger als 500 mm im äußersten Westen sinken, fallen im Südsommer von November bis März/April. Während dieser Zeit herrscht eine hohe Luftfeuchtigkeit bei Tagestemperaturen bis zu 35 °C. Der Südwinter mit Höchsttemperaturen um 25 °C ist dagegen durch angenehme Trockenheit gekennzeichnet. Doch kann es infolge der starken Ausstrahlung in den klaren Nächten im Juli/August zu Bodenfrost kommen. Die Vegetation des Landes wird – den klimatischen Bedingungen entsprechend – von der Feucht- und Trockensavanne bestimmt. In den Senken wächst lichter, laubabwerfender Trockenwald, der mit zunehmender Feuchtigkeit nach Osten zu dichter wird. Mit Ausnahme der höhergelegenen Randgebirge, deren östliche Hänge mit immergrünen tropischen Bergwäldern und Grasfluren besetzt sind, ist der größte Teil des Landes von Savannen bedeckt.

Das landschaftlich außerordentlich reizvolle Simbabwe weist eine Reihe sehenswerter Nationalparks auf. Der Hwange- (früher Wankie-) Nationalpark ist das größte Schutzgebiet Simbabwes mit ursprünglicher Wildnis. Hier sind fast alle Savannentiere Afrikas vertreten. Der Naturschutz ist vorbildlich und der Wildreichtum auch heute noch außerordentlich groß. Zur Erhaltung des ökologischen Gleichgewichts müssen regelmäßig Tiere erlegt werden. So können vermögende Touristen »wie in alten Zeiten« auf Großwildjagd gehen, auf Elefanten, Löwen, Giraffen und andere Tiere.

An der Grenze zu Sambia liegen im Nordwesten die weltberühmten Victoriafälle, an deren Fuß seit 1905 eine Eisenbahn- und Straßenbrücke über den Sambesi führt. An die Wasserfälle schließt sich im Zick-Zack-Kurs eine 8 km lange, enge Schlucht an. Weit unterhalb der Victoriafälle wurde der Sambesi durch einen 128 m hohen Damm gestaut. Der Kariba-Stausee war bei seiner Fertigstellung im Jahre 1960 der größte Stausee der Welt.

Ein Bergarbeiter (*oben*) steht symbolisch für einen wichtigen Wirtschaftszweig Simbabwes. Bergbauprodukte zählen zu den Hauptausfuhrgütern.

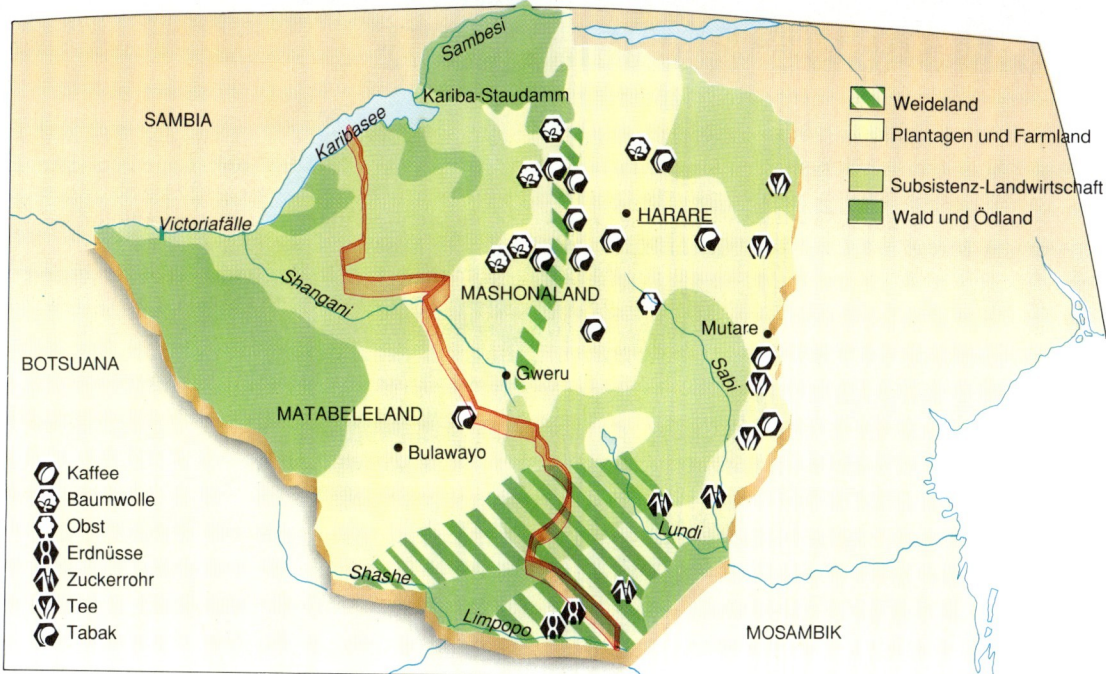

Die Chimanimaniberge *(links)*, die im Mount Binga 2440 m Höhe erreichen, erheben sich entlang Simbabwes östlicher Grenze. In diesem Gebiet befindet sich auch der Chimanimani-Nationalpark, eines der wichtigsten Wildreservate des Landes.

Ein leistungsfähiger Agrarsektor unterstützt die Wirtschaft *(oben)*. Wichtigste Produkte sind Mais, Tee und Tabak. Die Hauptregionen Mashona- und Matabeleland spiegeln die Stammeskonflikte zwischen den Shona und den Ndebele wider.

Landwirtschaft und Industrie

Zwanzig Jahre nach der Unabhängigkeit weist Simbabwe einen leistungsfähigen Agrarsektor auf, der die Eigenversorgung des Staates mit Grundnahrungsmitteln garantiert und zudem in großem Umfang Tabak, Baumwolle, Zucker, Mais und Fleisch exportiert. Für diese positive wirtschaftliche Situation ist in erster Linie die erstaunliche Entwicklung in den ehemaligen Reservaten verantwortlich. Die dort lebenden Kleinbauern, von der Regierung beispielhaft mit Saatgut, Düngemitteln und Beratern unterstützt, konnten eine Rekordernte nach der anderen einfahren. Die Agrarstruktur ist jedoch im wesentlichen unverändert geblieben. Vor der Unabhängigkeit verfügten 5000 Großfarmer und Agrarkonzerne über die Hälfte des Landes, und in der Folgezeit schützte die »Lancaster-Verfassung« die weißen Farmer vor Enteignung. Anfang 2000 wurden mehr als 1000 Höfe weißer Farmer von schwarzen Veteranen des Unabhängigkeitskrieges und landlosen Bauern besetzt. Hintergrund war die bis dato ungelöste Frage der Landreform, die eine gerechtere Verteilung des Ackerlandes erzielen sollte. Bis 1997 wurden ca. 3,4 Millionen Hektar Land vom Staat übernommen, allerdings zum Teil brach liegen gelassen oder aber an Regierungsmitglieder vergeben. Danach befanden sich noch rund 30 % fruchtbaren Ackerlandes im Besitz von 4000 weißen Farmern, die etwa 70 % der landwirtschaftlichen Produkte erzeugten.

Ein Verfassungsreferendum über die entschädigungslose Enteignung wurde von den weißen Farmern abgelehnt. Bei den folgenden gewaltsamen Übergriffen, die durch Präsident Mugabe unterstützt wurden, starben zahlreiche Menschen. Hunderte weißer Farmer wurden vertrieben. Infolge der Farmbesetzungen ging außerdem die landwirtschaftliche Produktion um 30 % zurück. Trotz der Aufforderung des Obersten Gerichtshofes zur Räumung der besetzten Farmen im April 2000 gingen die Gewaltaktionen der regierungstreuen Veteranen gegen weiße Farmer und schwarze Oppositionelle weiter. Mit dem im Mai 2000 per Dekret erlassenen neuen Landgesetz schuf sich die Regierung die juristische Legitimation zur Enteignung der weißen Farmer.

Simbabwe hat reiche Bodenschätze: Neben den bedeutenden Vorkommen hochwertiger Steinkohle werden vor allem Gold, Nickel, Asbest, Kupfer, Chrom und Eisen gefördert. Der industrielle Sektor ist für afrikanische Verhältnisse weit entwickelt. So verfügt das Land über eine eigene metallverarbeitende- und Schwerindustrie. Der Strombedarf wird zum großen Teil durch die Wasserkraftwerke des Kariba-Stausees gedeckt. Das größte Problem der Wirtschaft ist der chronische Devisenmangel, der unter anderem die Ersatzteilversorgung erschwert.

Weiße Farmer begutachten ihre Maispflanzungen *(Mitte links)*. Große Farmen haben Simbabwes landwirtschaftlichen Sektor zu einem der erfolgreichsten in Afrika gemacht. Doch viele weiße Farmer verließen das Land nach der Unabhängigkeit.

Ein maskierter Tänzer *(links)* beschwört die Geister. Viele der Schwarzen in Simbabwe befolgen traditionelle Bräuche, zu denen auch die Verehrung der Vorfahren zählt. Jedoch betrachten sich ca. 55 % der Bevölkerung als Christen.

SIMBABWE: RUINENSTÄTTE

Das Wort »Simbabwe« bedeutet in der Sprache der Shona, die noch heute den Großteil der Bevölkerung ausmachen, »hochgeachtete Häuser« oder »Häuser aus Stein«. Es entspricht der westlichen Auffassung eines königlichen Hofes und der damit verbundenen Vorstellung von Macht und Ansehen. Die Ehrfurcht einflößenden Ruinen von Simbabwe, in der Nähe von Masvingo ca. 240 km südlich von Harare gelegen, bezeugen die Großartigkeit der alten Shona. Die wuchtigen Mauern, Türme, Gänge und Einfriedungen liegen in einem flachwelligen Tal und sind heute eine Quelle des Stolzes und ein bleibendes Symbol der schwarzen afrikanischen Kultur.

Die Ruinen von Simbabwe bestehen aus drei Komplexen: der »Akropolis« oder den Hügelruinen, einer Festung auf einem flachen Granithügel; dem »Großen Haus« mit einer 244 m langen Mauer, ohne Mörtel aus behauenen Quadern zusammengefügt; dazwischen liegen im Tal verstreut Reste von Steinbauten.

Das »Große Haus«

Der dominierende architektonische Mittelpunkt in Simbabwe ist der 9 m hohe Turm innerhalb des »Großen Hauses«, dessen Außenmauern vielleicht den Gottkönig und seine Anhänger beschützten. Die Mauer erhebt sich zu einer Höhe von 10 m und ist am oberen Rand mit einem Zickzackmuster versehen. Flechten bedecken die halbverborgen unter Moos und Farnen gelegenen Ruinen. Innerhalb des »Großen Hauses« summen Bienen in den alten Wolfsmilchbäumen, und Eidechsen huschen über die verwitterten, jedoch immer noch regelmäßigen Steine.

Europäische Forscher, die im späten 19. Jahrhundert auf die Ruinenstätte stießen, hielten es für ausgeschlossen, daß dies das Werk von Afrikanern sei. Einige meinten, es wäre Teil der sagenhaften »Minen des Königs Salomo«, andere wiederum, daß es auf das Land der Königin von Saba hinweise. Aber alle stimmten darin überein, daß sich in den Ruinen große Mengen Gold verbergen müßten. Schatzjäger auf der Suche nach einem afrikanischen El Dorado durchwühlten die Ruinen, und man schätzt, daß die Diebe mindestens 25 kg an Goldgegenständen mitnahmen – die fast alle eingeschmolzen wurden – bevor sie an weiteren Plünderungen gehindert wurden. Der Schaden an der Stätte war von solchem Ausmaß, daß die Archäologen große Schwierigkeiten hatten, den ursprünglichen Zustand wiederherzustellen.

Wahrheit und Legende

Heute nehmen die Archäologen an, daß das geheimnisvolle Königreich, von dem jetzt nur noch die Ruinen erhalten sind, um 800 n. Chr. entstand. Ca. 200 Jahre später errichteten die Vorfahren der Shona Steinbauten aus dem örtlichen Granit. Simbabwe war wahrscheinlich der mächtigste ihrer Höfe, aber es gab noch ca. 200 weitere »Simbabwes« in der Gegend, Machtzentren anderer Herrscher und Regenten. Einige von diesen lagen so weit östlich wie Moçambique, wo die Ruinen von Manikweni nur 50 km von der Küste entfernt liegen.

Im frühen 15. Jahrhundert beherrschte der Shonakönig Mutota seine Rivalen und gründete das mächtige Monomotapa-Reich in einem Gebiet von ca. 25 000 km². Die Stätte von Simbabwe verlor ihre wirtschaftliche Vormachtstellung um 1450, als ihre Herrscher nordwärts zogen. Im späten 15. Jahrhundert zerfiel das Großreich, blieb jedoch für die Region weiterhin die bestimmende politische und wirtschaftliche Macht.

Die Macht des Monomotapa-Reiches beruhte auf Gold, Elfenbein und Kupfer. Dies wurde zur Küste gebracht und gegen chinesisches Porzellan, indisches Tuch und arabische Gewürze gehandelt. Ein portugiesischer Reisender, der

1517 die ostafrikanische Küste bereiste, berichtete über das Ansehen und den Reichtum der Händler aus dem Landesinneren, deren Hauptstadt man nach einer dreiwöchigen Reise erreichte. Dort »stand ein sehr seltsames und gutrichtetes Gebäude, in dem kein Mörtel zu sehen war.« Mutotas Königreich war zu diesem Zeitpunkt geteilt, aber sein Reichtum blieb weiterhin eindrucksvoll. Die Wirtschaft des Reiches gründete sich auf Gold, aber seine wirkliche Stärke lag in der Religion. Es wurde von einer Folge von Mambos (»Gottkönigen«) sowie einer kleinen Elite von wahrscheinlich nicht mehr als 2500 Erwachsenen regiert. Die Autorität des Mambos stützte sich auf seine Stellung als einzige Verbindung zu den Geistern der Vorfahren – »mhondoro«. Sein Wort bedeutete Leben und Tod, und sein persönlicher Reichtum spiegelte das materielle Wohl des Landes wider.

Die Mambo-Priester von Simbabwe benutzten eine Art »Telefonsystem« – eine geologische

SIMBABWE

Abnormität, durch die die Lautstärke der menschlichen Stimme verstärkt wurde –, um ihre Macht zu demonstrieren. Personen, die in einer bestimmten Höhle flüsterten, konnte man im 400 m entfernten Hauptpalast hören. Dieses »Telefonieren« war Teil einer religiösen Zeremonie zu Ehren des Bantu-Gottes Mwari. Der seltsame Klang muß ein furchteinflößendes Mittel gewesen sein, um Respekt und Gehorsam zu erlangen.

Bilder von Simbabwe sind heute überall im Land zu sehen. Eine der berühmtesten Skulpturen, eine Seifensteinplastik von Shiri ya Mwari, dem »Vogel Gottes«, wurde zum Wappenbild und erscheint auf Simbabwes Flagge sowie auf Münzen und Medaillen. Der kegelförmige Turm des »Großen Hauses« ist ein weiteres Wahrzeichen von Simbabwe, das auf Briefmarken und Banknoten abgebildet ist. Die Ruinenstadt Simbabwe wird auch in der UNESCO-Liste der Weltkulturgüter aufgeführt.

Das Monomotapa-Reich *(rechts)* umfaßte einst fast das gesamte jetzige Simbabwe, mit Niederlassungen an der Atlantikküste.

Das »Große Haus« *(rechts unten)*, eine ringförmige Anlage, bleibt bis heute ein Rätsel.

Ein Blick von der »Akropolis« oder den Hügelruinen *(oben)* über das Tal von Simbabwe und die geheimnisvollen Ruinen dieser einst bedeutenden afrikanischen Kultur.

Der konische Turm *(ganz links)* besteht auch in seinem Kern aus Stein. Man nimmt an, daß er rituelle Bedeutung hatte.

Kunstvoll errichtete Doppelmauern *(links)* deuten auf einen Zeremoniengang um das »Große Haus« hin. In ihm befanden sich die Symbole der göttlichen Macht der Herrscher.

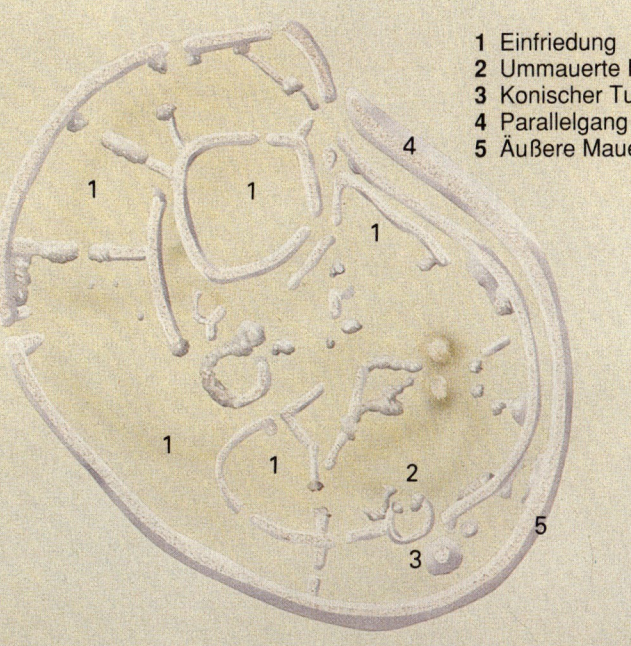

1 Einfriedung
2 Ummauerte Plattform
3 Konischer Turm
4 Parallelgang
5 Äußere Mauer

SINGAPUR

Fremde Besucher begegnen Singapur vielfach mit Klischees: Die einen nennen die Insel wegen ihrer Sauberkeit lobend die Schweiz Südostasiens. Andere bezeichnen den total organisierten und streng kontrollierten Zwergstaat abfällig als »Nation 1984« in Anspielung auf George Orwells Roman. Wieder andere sehen Singapur wegen seiner breiten Straßen und kühnen Autobahnviadukte, seiner Wolkenkratzer und seiner unzähligen Schnellimbißketten nach amerikanischem Vorbild als ein total verwestlichtes Gebilde an, als eine Art asiatisches Houston oder Vancouver.

Historiker setzen die Gründung des modernen Singapur auf das Jahr 1819 fest, als der Gesandte der »British East India Company«, Stamford Raffles (1781–1826), an der damals erst von einigen Fischerfamilien bewohnten Insel an Land ging. Raffles erwarb das Eiland, um dort zum Schutze der britischen Besitzungen in Südostasien und als Gegenpol zu der holländischen Präsenz in Malakka einen britischen Hafen zu errichten. Mit dieser Entscheidung legte er den Grundstein für die Entwicklung Singapurs. Aus dem aus strategischen Gründen gebauten britischen Flottenstützpunkt wurde über die Jahre hinweg ein international bedeutender Handelshafen. 1867 wurde Singapur, das seit 1824 die gesamte Insel umfaßte, zur britischen Kronkolonie ernannt. Noch heute erinnert man sich des britischen Stadtgründers. Das renommierteste Hotel ist immer noch das alte »Raffles«, das inzwischen von einer romantischen Anlage aus der Kolonialzeit in ein Fünfsternehaus internationalen Zuschnitts umgebaut wurde. Es gilt sogar als bestes Hotel der Welt.

Nach der Entlassung in die Unabhängigkeit 1963 hatte der Inselstaat, dessen Hafen heutzutage einer der größten der Welt ist, mehrere Bewährungsproben zu bestehen. Wenige Jahre, genauer 1963–1965, bildete die Insel einen Bestandteil der Föderation Malaysia. Das Zusammengehen mit dem rohstoffreichen Nachbarn basierte auf der Überzeugung, daß Singapur auf sich alleine gestellt keine Überlebenschancen habe, daß ein Hafen ohne ein Hinterland völlig nutzlos sei.

Doch die Integration der rohstofflosen Hafenstadt – Singapur muß sogar sein Trinkwasser aus Malaysia importieren – scheiterte an politischen Gegensätzen. 1965 verließ Singapur die Föderation, um als souveräner Staat einen Neubeginn zu wagen. Kaum hatte sich die junge Nation einigermaßen organisiert, ordnete London die Schließung seiner Flottenbasis in Singapur an. Damit verlor die Hafenstadt einen ihrer bedeutendsten Arbeitgeber. Tausenden drohte eine Zukunft ohne Beschäftigung und für viele Beobachter besiegelte der britische Flottenabzug aus Singapur den Untergang des jungen Inselstaates.

Doch Singapurs Regierung ließ sich von diesen düsteren Prophezeiungen nicht beeindrucken. Vertrauend auf den Überlebenswillen und die Kraft der Bevölkerung, lancierte die Regierung ein ehrgeiziges Industrialisierungsprogramm, mit dem ausländisches Kapital und technisches »Know-how« nach Singapur gelangten. Dies ermöglichte die Schaffung der dringend benötigten neuen Arbeitsplätze. Die Regierung machte im Gegenzug großzügige steuerliche Zugeständnisse an die ausländischen Konzerne. Mit umfassenden neuen Gesetzen sicherte sie politische Stabilität, einen entspannten Arbeitsmarkt und Harmonie unter den verschiedenen Rassen der Inselnation.

Daten und Fakten

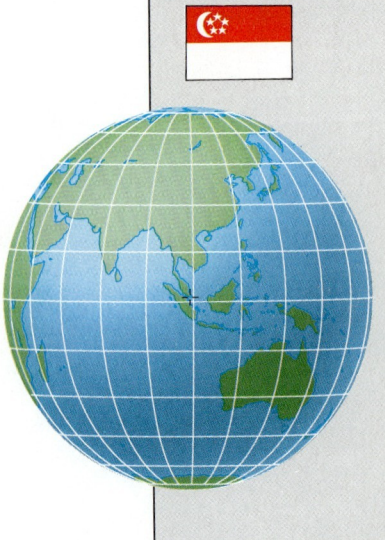

DAS LAND
Offizieller Name: Republik Singapur (Singapore)
Hauptstadt: Singapur
Fläche: 618 km²
Landesnatur: Im Zentrum Granithügel, im SW Schiefer- u. Sandsteinhügel, im S u. O Flachland
Klima: Tropisches, feuchtheißes Klima
Hauptflüsse: Kalang, Rochor, Singapur River
Höchster Punkt: Timah Hill 177 m
DER STAAT
Regierungsform: Republik

Staatsoberhaupt: Staatspräsident
Regierungschef: Premierminister
Verwaltung: 5 Bezirke
Parlament: Parlament mit 83 für 5 Jahre gewählten Mitgliedern
Nationalfeiertag: 9. August
DIE MENSCHEN
Einwohner (Ew.): 3 522 000 (1999)
Bevölkerungsdichte: 5699 Ew./km²
Stadtbevölkerung: 100 %
Bevölkerung unter 15 Jahren: 22 %
Analphabetenquote: 7 %

Sprache: Malaiisch, Englisch, Chinesisch, Tamil
Religion: Buddhisten 32 %, Taoisten 22 %, Moslems 15 %, Christen 13 %
DIE WIRTSCHAFT
Währung: Singapur-Dollar
Bruttosozialprodukt (BSP): 95 095 Mio. US-$ (1998)
BSP je Einwohner: 30 060 US-$
Inflationsrate: 2,1 % (1990–98)
Importgüter: Erdöl, Maschinen, Fahrzeuge, Nahrungsmittel
Exportgüter:

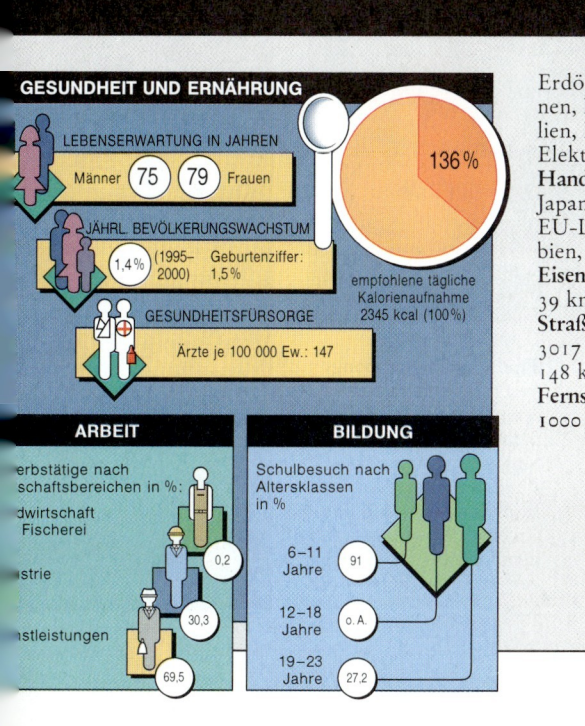

Singapur *(oben)* liegt an der Südspitze der Malaiischen Halbinsel. Der seit 1965 unabhängige Inselstaat setzt sich aus der großen Hauptinsel und über 50 Nebeninseln zusammen. – **Wolkenkratzer** *(oben rechts)* bilden einen Kontrast zu den Gebäuden aus der Kolonialzeit, wie etwa der St.-Andrew's-Kathedrale im Zentrum von Singapur. – **Der Hafen** der Republik Singapur *(rechts)* ist der geschäftigste Hafen in Südostasien.

Erdölprodukte, Maschinen, Fahrzeuge, Textilien, Industriegüter (bes. Elektronik-Produkte)
Handelspartner: Japan, USA, Malaysia, EU-Länder, Saudi-Arabien, VR China
Eisenbahnnetz: 39 km
Straßennetz: 3017 km, darunter 148 km Autobahn
Fernsehgeräte je 1000 Ew.: 388

Das moderne Singapur ist Beweis dafür, daß die Rechnung der Gründerväter aufging. Die seit 1959 in Singapur regierende »People's Action Party« (PAP) verwandelte die ehemals heruntergekommene Hafenstadt, in welcher Bandentum, Korruption, Drogenhandel und Prostitution beheimatet waren, in ein international anerkanntes asiatisches Zentrum moderner Technologie und Finanzwirtschaft, wo die Laster der Vergangenheit auf ein Minimum reduziert worden sind. Mit jedem Jahr, in dem Singapur wirtschaftlich die Leiter weiter hinaufkletterte – offiziell hat sich die Regierung zum Ziel gesetzt, in Singapur einen mit der Schweiz vergleichbaren Lebensstandard zu erreichen – nahm allerdings auch der politische und soziale Druck auf die Bevölkerung zu. Ein Lieblingswort der Regierenden heißt »Excellence«. Singapur soll ein vortrefflicher Staat werden, eine Nation, die aus kollektivem Überlebensdrang alles unternimmt, um ihren rohstoff- und bevölkerungsreichen Nachbarn wirtschaftlich und technisch immer eine Nasenlänge voraus zu sein.

SINGAPUR: BEVÖLKERUNG

Der südostasiatische Inselstaat vor dem Südzipfel der Halbinsel Malakka besteht aus der Insel Singapur (573 km²) und ungefähr fünfzig kleineren Inseln mit insgesamt 45 km² Fläche. Allerdings nehmen diese Flächen von Jahr zu Jahr zu, da durch Aufschüttungen in die See neues Land gewonnen wird.

Die im Timah Hill bis 177 m hohe Hauptinsel ist mit der Malaiischen Halbinsel durch einen 1200 m langen Damm über die Straße von Johor verbunden, der die Straßen- und Eisenbahnverbindungen zum Festland herstellt und daneben Wasserleitungen enthält. Die Oberfläche der Hauptinsel ist flachwellig und von einem verzweigten Kleingewässernetz durchzogen. Die Stadt Singapur nimmt etwa 100 km² Fläche auf dem südlichen Teil der Insel ein.

Das Klima ist während des gesamten Jahres tropisch-warm, feucht und oft drückend schwül. In der Zeit von November bis Januar fallen starke Niederschläge (Jahresdurchschnitt 2400 mm). Der tropische Regenwald, der ursprünglich einen Großteil der Insel bedeckte, ist durch die starke Besiedlung weitgehend zerstört worden.

Singapur-Stadt

Singapur ist eine Stadt des Kontrastes: Modernste Wolkenkratzer mit mehr als siebzig Etagen blicken drohend auf kaum zweistöckige alte chinesische Wohn- und Geschäftshäuser nieder. Auf den Straßen verkehren Luxusautos neben dreirädrigen, mit menschlicher Kraft angetriebenen »Trishaws«. Mitten aus dem alten und leider von staatlichen Baumaschinen schon sehr zubetonierten ehemaligen Chinesenviertel »Chinatown« ragt völlig ortsfremd ein farbenprächtiger hinduistischer Tempel heraus. Auf der Orchard Road, Singapurs führender Einkaufsstraße, tummeln sich Menschen fast aller Rassen und Farben zwischen den in der Tropensonne glitzernden, futuristisch anmutenden Einkaufspalästen und kleinen traditionellen Straßenläden, die eher an das vergangene Jahrhundert erinnern. Auch kulinarisch sind die Gegensätze groß, ist die Auswahl umfassend: Vom auf Bananenblättern servierten Indischen Curry über die diversen pikanten malaiischen Gerichte und die Fülle der jahrtausendealten chinesischen Küche reicht das Angebot in Singapur bis hin zu original japanischen Delikatessen, mexikanischen Spezialitäten und sogar westlichen Tafelfreuden aller Art.

Chinesen, Malaien und Inder

So wie sich Asiatisches und Westliches, Modernes und Rückständiges in Singapur auf Schritt und Tritt ablösen, so bilden auch die verschiedenen, in der Hafenstadt lebenden Rassen ein buntes ethnisches Mosaik. Über drei Viertel aller Singapurer sind chinesischer Abstammung, rund 14 % sind Malaien und etwa 7 % indischtamilischer Herkunft. Alle drei Volksgruppen pflegen ihre kulturellen Sitten und ihre Spra-

Das prachtvolle Raffles Hotel *(unten)* ist eines der elegantesten Häuser, in denen ausländische Besucher in Singapur absteigen können. Es wurde nach dem britischen Handelsagenten Sir Stamford Raffles benannt, der 1819 Singapur erwarb.

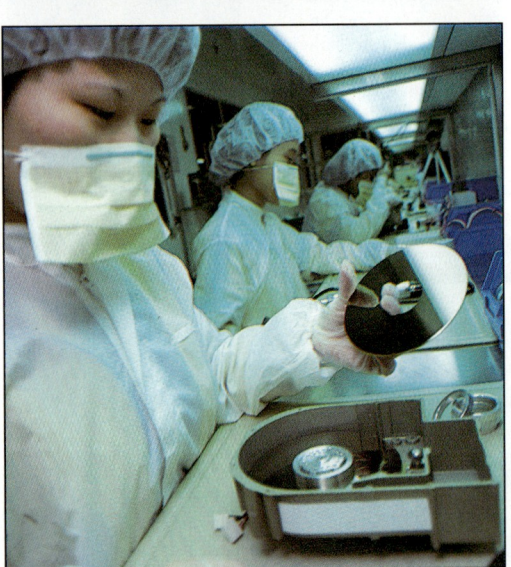

Durch die Herstellung von elektronischen Bestandteilen *(oben)* hat Singapur Wohlstand erlangt. Die Qualitätsarbeit sowie die wettbewerbsfähigen Preise haben das Land weltweit zum Marktführer in diesem Bereich werden lassen.

Während der chinesischen Neujahrsfeiern brodelt das Leben in den festlich geschmückten Straßen von »Chinatown« *(rechts)* schier über. Jeweils in der ersten Februarhälfte begehen die in Singapur ansässigen Chinesen das Neujahrsfest.

Traditionelle Kampongs *(rechts)* sind heute ein seltener Anblick auf der dicht besiedelten Insel Singapur. Nur an drei Plätzen im Zentrum der Insel kann man den Baustil eines Langhauses, in dem mehrere Großfamilien wohnten, noch sehen.

SINGAPUR

Ein chinesischer Kalligraph (Schönschreiber) (*oben*) erholt sich beim Lesen einer Zeitung, während er darauf wartet, daß die Tinte auf einigen seiner letzten Arbeiten trocknet. Die Chinesen machen über drei Viertel der Bevölkerung Singapurs aus.

chen, wobei Englisch als die verbindende Verkehrssprache gilt. Das staatliche Fernsehen ist viersprachig, die abendlichen Radio- und Fernsehnachrichten werden in allen vier Sprachen zu verschiedenen Zeiten und auf unterschiedlichen Kanälen ausgestrahlt und die Kioske bieten einheimische Presseerzeugnisse in den vier Sprachen an.

Vorbei sind die kolonialen Zeiten, als Singapurs drei wichtigsten Völkerstämme in einzelnen Stadtgebieten voneinander getrennt lebten: die Chinesen in und um Chinatown, die Malaien in ihren »Kampongs«, den traditionellen Pfahlbausiedlungen, und die Einwanderer vom indischen Subkontinent in ihrem Quartier an der Serangoon-Road, welches heute noch immer »Little India« heißt.

Im Bemühen, die ansässigen Malaien zusammen mit den eingewanderten Chinesen, Indern und Tamilen und deren Nachfahren zu singapurischen Staatsbürgern zu machen, riß die Regierung die ethnischen Barrieren im wörtlichen wie im übertragenen Sinne ein. Ein großangelegtes soziales Wohnungsbauprogramm, dessen massive Wohnblöcke weit über den Inselstaat verstreut sind, brachte alle Rassen zusammen und machte fast 80 % der Bevölkerung zu Eigentümern. Denn die vom Staat erstellten, billigen Wohnungen können nicht gemietet, sondern nur käuflich erworben werden, wobei ein ausgeklügeltes System von Sozialabgaben sicherstellt, daß fast jeder werktätige Singapurer in den Besitz einer solchen Wohnung kommen kann. Die Regierung spekuliert nämlich darauf, daß jeder, der eine Wohnung besitzt, sich der jungen Nation verpflichtet fühlt und im Krisen- oder Kriegsfall auch bereit ist, diese zu verteidigen.

Überhaupt unternimmt die Regierung gewaltige Anstrengungen, um in der zu 90 % aus Einwanderern oder deren Nachkommen bestehenden Bevölkerung ein Nationalbewußtsein zu wecken. Einerseits führt sie großangelegte Kampagnen zur Volkserziehung nach guter chinesischer Tradition durch, die drakonisch jegliches Fehlverhalten bestrafen. So droht demjenigen, der mehrmals einen Zigarettenstummel auf öffentlichen Boden wirft oder in der supermodernen Untergrundbahn seine Füße auf die Sitzbank legt, eine Buße von bis zu 250 US-$. Andererseits engagiert sie z. B. internationale Public-Relations-Firmen, welche seichte Songs und schöne Klänge zum Thema Nationalbewußtsein komponieren, dank derer das Regierungsanliegen dann sehr direkt ins Unterbewußtsein der Singapurer eindringt. Heroische Kompositionen wie »Stand up for Singapore«, »Singapore my Lady« oder »We are Singapore« schmeicheln sich mit ihren eingängigen Melodien ins Gehör der immer noch sehr jungen singapurischen Bevölkerung – über 30 % der Einwohner des Inselstaates sind unter zwanzig Jahre alt – ein und werden von der Regierung bewußt zu lokalen Hits gemacht.

SLOWAKEI

Der neue Staat
Die Slowakei ist zum ersten Mal in ihrer tausendjährigen Geschichte ein unabhängiger Staat. Bis 1918 gehörte sie zu Ungarn, danach war sie der »Juniorpartner« in der von den Tschechen dominierten Tschechoslowakei. Die Pseudo-Souveränität der Jahre 1939–1945 unter deutscher »Schutzherrschaft« war alles andere als Unabhängigkeit. So hatte es die Slowakei ungleich schwerer als die Tschechische Republik, ihre Staatlichkeit zu organisieren. Immerhin war das institutionelle Gerüst seit der »Föderalisierung« von 1960 vorhanden. Am 17.7.1992 hat sich die Slowakei für souverän erklärt, und am 2.9.1992 hat sie sich eine Verfassung gegeben. Zum ersten Präsidenten der Slowakei wurde am 15.2.1993 Michal Kovač (* 1930) gewählt. Er amtierte bis 1998.

Geschichte
Das westslawische Volk der Slowaken, das im frühen Mittelalter einwanderte, befand sich nach der Episode des Großmährischen Reiches im 10. Jahrhundert bis zum Auseinanderbrechen der Donaumonarchie am Ende des Ersten Weltkriegs unter ungarischer Oberherrschaft. Eine gemeinsame Identität hielt sich in Sprache und Volkskultur. Das Slowakische als Schriftsprache wurde allerdings in der frühen Neuzeit allmählich als Schriftsprache verdrängt und erst im 19. Jahrhundert wiederbelebt. Einen wichtigen Beitrag zum Wirtschaftsleben und zur städtischen Kultur leisteten die Deutschen, die seit dem 13. Jahrhundert östlich der Donau siedelten (Zipser Land, Kaschau, Preßburg).

Zum Zentrum des habsburgisch-katholischen Ungarn mit Preßburg als Haupt- und Krönungsstadt (bis 1784) wurde die Slowakei (als »Oberungarn«) bis zur Zurückdrängung der Türken im 18. Jahrhundert. Allerdings waren die Slowaken ab Ende des 18. Jahrhunderts bis zur Errichtung eines gemeinsamen Staates mit den Tschechen 1918/19 einer intensiven Magyarisierung ausgesetzt. In der Tschechoslowakei sahen sich die Slowaken zunehmend benachteiligt und von Prag bevormundet. Mit der Zerschlagung der Tschechoslowakei durch Hitler erhielten die Slowaken zwar einen eigenen, doch von dem katholischen Priester Jozef Tiso autoritär geführten und von Deutschland abhängigen Staat. Eine Durchsetzung slowakischer Interessen in der kommunistischen ČSSR ab 1948 war nur begrenzt möglich. Eine formale Föderalisierung erfolgte 1960 und 1969. Trotz eines gewissen personellen Einflusses in der Politik (die KP-Führer Alexander Dubček und Gustáv Husák waren Slowaken) konnte die politische Selbstbestimmung erst mit der Bildung eines demokratischen Bundesstaates 1990 erreicht werden. Doch war der slowakische Nationalismus, verkörpert im ersten slowakischen Ministerpräsidenten Vladimir Mečiar (1990/91, erneut 1992 bis März 1994 und Dezember 1994 bis 1998) und seiner Partei, stärker als die Gemeinsamkeiten aus der »samtenen Revolution«. Schließlich trennten sich die Tschechische und Slowakische Republik zum 1.1.1993.

Staat und Politik
Die Slowakei ist eine parlamentarische Demokratie mit einer auf vier Jahre gewählten Volksvertretung, dem Nationalrat (freie Wahlen 1990, 1992, 1994 und 1998), der der Regierung unter einem Ministerpräsidenten verantwortlich ist;

Am 1. Januar 1993 wurde die Tschechoslowakei aufgelöst und in Europa gab es von da ab zwei neue Staaten, die Tschechische Republik und die Slowakische Republik. An der neuen Grenze befestigen Straßenarbeiter ein Schild *(oben)*, das auf die neue souveräne Situation hinweist.

Daten und Fakten

DAS LAND
Offizieller Name: Slowakische Republik
Hauptstadt: Bratislava (Preßburg)
Fläche: 49 012 km²
Landesnatur: Im W und O Berg- und Hügellandschaften, im N das waldreiche Hochgebirge der Hohen Tatra, im S das fruchtbare Pannonische Tiefland
Klima: Gemäßigtes Klima im Übergangsbereich zwischen ozeanischem und kontinentalem Klima
Hauptflüsse: Donau, Waag

Höchster Punkt: Gerlsdorfer Spitze 2654 m
Tiefster Punkt: 94 m nahe der ungarischen Grenze
DER STAAT
Regierungsform: Republik
Staatsoberhaupt: Staatspräsident
Regierungschef: Ministerpräsident
Verwaltung: 8 Bezirke
Parlament: Nationalrat mit 150 Mitgliedern, Wahl alle 4 Jahre
Nationalfeiertag: 1. Januar
DIE MENSCHEN
Einwohner (Ew.): 5 382 000 (1999)

Bevölkerungsdichte: 110 Ew./km²
Stadtbevölkerung: 62 %
Bevölkerung unter 15 Jahren: 20,4 %
Analphabetenquote: o. A.
Sprache: Slowakisch
Religion: überwiegend Katholiken
DIE WIRTSCHAFT
Währung: Slowakische Krone
Bruttosozialprodukt (BSP): 19 950 Mio. US-$ (1998)
BSP je Einwohner: 3700 US-$
Inflationsrate: 11,4 % (1990–98)
Importgüter: Maschinenbauprodukte, Fahrzeuge, Erze u.

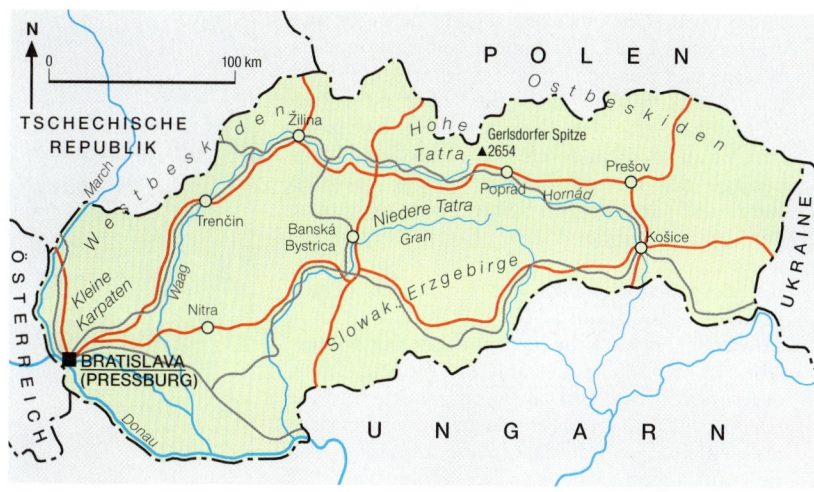

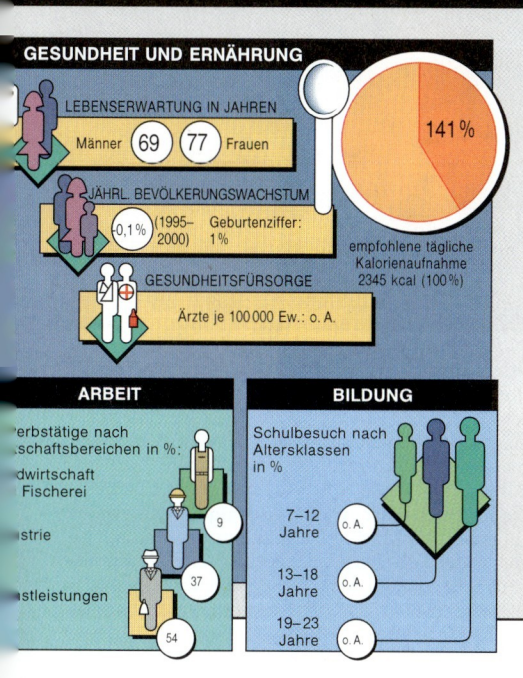

Die Slowakische Republik *(oben rechts)*, ist seit 1993 ein neuer Staat im östlichen Mitteleuropa. – **Die Burg von Spissky Hrad** *(oben links)* wurde zum Schutz vor den Tartaren gebaut.

Am 29. Mai 1999 wurde der deutschstämmige Rudolf Schuster *(links)*, Bürgermeister der ostslowakischen Industriestadt Košice (Kaschau) und Kandidat der Regierungsparteien, zum neuen Staatspräsidenten der Slowakei gewählt.

andere mineralischen Stoffe, chem. Erzeugnisse
Exportgüter: Transportmittel, Metalle u. Metallerzeugnisse, Maschinen, Apparate, elektrotechn. Ausrüstungen, Bekleidung
Handelspartner: Deutschland, Tschechische Republik, Rußland, Italien, Österreich
Eisenbahnnetz: 3665 km
Straßennetz: 37 500 km (befestigt)
Fernsehgeräte je 1000 Ew.: 488

beide werden vom Staatspräsidenten ernannt. Das für fünf Jahre gewählte Staatsoberhaupt, das nach einer Verfassungsänderung 1999 in direkter Volkswahl gewählt wird, hat vorwiegend repräsentative Aufgaben. Die Amtszeit des ersten Präsidenten Kovač war geprägt vom Machtkampf mit Regierungschef Mečiar, der auf allen Ebenen, z. B. Parlament, Geheimdienst und Medien, geführt wurde und teilweise irrationale Züge annahm. Mečiar führte seine Partei, die HZDS, populistisch; sein Regierungsstil nahm autoritäre Züge an, was nicht nur das innenpolitische Klima vergiftete, sondern auch die außenpolitischen Beziehungen, insbesondere zur Europäischen Union und NATO belastete. Bereits 1994 hatte die EU ein Assoziierungsabkommen abgeschlossen und die NATO die Slowakei am Programm »Partnerschaft für den Frieden« beteiligt.

Die zwischen Linken, den ehemaligen Kommunisten, Christdemokraten, Liberalen, Nationalisten sowie der politischen Vertretung der Ungarn zersplitterte Opposition kam, abgesehen von kurzen Episoden 1991/92 und 1994, erst wieder nach der Parlamentswahl 1998 zum Zuge. Die HZDS blieb zwar stärkste Partei, die Regierung bildeten jedoch das aus fünf Parteien bestehende Oppositionsbündnis Slowakisch-Demokratische Koalition (SDK, Christdemokraten und Liberale), die Ungarische Koalition, Linke und andere Bürgerliche. Deren breite Mehrheit im Nationalrat brachte 1999 den Karpatendeutschen und Führer der kleinen »Partei der bürgerlichen Eintracht« (SOP), Rudolf Schuster, ins Präsidentenamt. Die Koalitionsregierung unter Ministerpräsident Mikuláš Dzurinda widmete sich verstärkt den unter Mečiar verzögerten Finanz- und Wirtschaftsreformen, um die Slowakei dem angestrebten EU-Beitritt näher zu bringen. Doch setzte Dzurinda das heterogene Parteiensystem einer erneuten Belastung aus, als er Anfang 2000 seine christdemokratische Partei (KDH) verließ und eine neue christdemokratische Gruppierung (SDK) gründete.

SLOWAKEI: DAS LAND

Die Slowakei ist ein überwiegend bergiges und waldreiches Land. Der äußere Gebirgsbogen im Westen und Norden umfaßt die stark gegliederten Westkarpaten und die langgestreckten Sandsteinketten der Beskiden. Die Kernzone besteht aus der Niederen Tatra und dem Hochgebirge der Hohen Tatra mit dem höchsten Berg, der Gerlsdorfer Spitze (2654 m), sowie der Großen und der Kleinen Fatra. Die zerklüfteten Felsen und Hochwälder mit ihren zahllosen Bergbächen waren das Reich des »guten Räubers« Jurai Janošik, der in zahlreichen alten slowakischen Volksliedern noch immer weiterlebt. In der dicht bewaldeten Hohen Tatra, deren nördlicher Teil zu Polen gehört, sind die sogenannten Meeraugen ein besonderes Erlebnis - kleine, kristallklare Seen, umsäumt von steil aufragenden Felsen. Die Hohe Tatra ist auch einer der touristischen Hauptanziehungspunkte des Landes, vor allem für den Wintersport. Beiderseits der Grenze wird das Gebirge mit seiner vielfältigen Pflanzen- und Tierwelt (u. a. Bären) in einem Nationalpark geschützt. Zwischen dem Liptauer und dem Zipser Becken sowie der Gran im Süden erhebt sich die Niedere Tatra, die im Ďymbier ihre höchste Erhebung hat (2043 m) und ebenfalls einen Nationalpark hat.

Im Slowakischen Erzgebirge südlich der Tatra, das zuerst durch deutsche Bergleute erschlossen wurde, werden Eisen, Magnesit und Antimon gewonnen. Im äußersten Süden reicht die Slowakei bis an die Donau und hat mit einem schmalen Saum Anteil an der Pannonischen Tiefebene. Die fruchtbaren Lößböden haben das Tiefland zur Kornkammer der Slowakei werden lassen. Die früher häufig überschwemmte Große Schüttinsel hat sich zu einem großen Garten mit Obst- und Gemüseanbau entwickelt.

Bevölkerung

Die Slowaken stellen mit 4,6 Millionen Menschen 86 % der Gesamtbevölkerung. Stärkste Minderheit sind die 590 000 Ungarn (11 %), die vorwiegend im Süden des Landes leben. Neben rund 86 000 Roma (1,6 %) leben noch Tschechen, Ukrainer und Russen in der Slowakei. Die Volkskultur der Slowaken, die wie auch die Polen, Tschechen und Sorben zur westslawischen Völkergruppe gehören, zeichnet sich durch eine reiche, bunte Volkstracht und vielfältig entwickelte Figurentänze aus. Der überwiegende Teil der Bevölkerung bekennt sich zur katholischen Kirche. Über den Umfang der kulturellen Rechte für die ungarische Minderheit in der Slowakei, insbesondere die Verwendung der eigenen Sprache, kam es unter der nationalistischen Regierung von Vladimir Mečiar (1992–94 und 1994–98) zu Auseinandersetzungen. Zwischenzeitlich war nur das Slowakische als Amtssprache zugelassen und die Selbstverwaltung wurde suspendiert. Ein neues Gesetz machte das Ungarische dann 1999 in rd. 500 Gemeinden zur

Preßburgs *(ganz oben)* **Wahrzeichen** ist die Burg, die aus dem 15.–17. Jahrhundert stammt. Die Hauptstadt der Slowakei hatte eine wechselvolle Geschichte. Bereits in römischer Zeit waren hier Besatzungstruppen stationiert. Ihnen folgten im 5. Jahrhundert die Slawen. Im Mittelalter gehörte die Stadt zu Ungarn. Als Budapest von den Türken erobert war, wurde Preßburg für ca. 100 Jahre sogar ungarische Hauptstadt. Im Martinsdom wurden von 1563 bis 1680 die ungarischen Könige gekrönt.

Die Hohe Tatra *(oben)* erhebt sich jäh aus dem südlich vorgelagerten Becken von Poprad. Der gleichnamige Ort – im Hintergrund sichtbar – ist Hauptausgangspunkt für Ausflüge in das Gebirge, das durch seinen alpinen Formenschatz beeindruckt.

zweiten Amtssprache. Die Roma sehen sich, wie auch in Tschechien, einer massiven sozialen Benachteiligung ausgesetzt.

Mit 110 Ew./km² ist die Slowakei wesentlich dünner besiedelt als die Tschechische Republik, und die räumliche Verteilung der Bevölkerung ist aufgrund der sehr unterschiedlichen Landschaftsformen sehr ungleichmäßig. Ballungsräume sind vor allem die Hauptstadt Bratislava im Südwesten des Landes, die rund 450 000 Einwohner zählt, und der Ostrand des Slowakischen Erzgebirges um Košice. Sie ist die zweitgrößte Stadt des Landes und hat über 240 000 Einwohner. Bratislava (Preßburg), die einstige Krönungsstadt der ungarischen Könige, ist mit seinen zahlreichen Hochschulen und den gut erhaltenen mittelalterlichen Gebäuden das Kulturzentrum des Landes. Durch die Lage an der Donau in der Nähe des Dreiländerecks Slowakei, Österreich, Ungarn kommt der Stadt auch als Verkehrsknotenpunkt große Bedeutung zu. Ihre geschützte Lage südlich der Ausläufer der Kleinen Karpaten machte sie schon im Altertum zu einem bevorzugten Siedlungsplatz. 1217 zur Stadt erhoben, erhielt sie ihren besonderen Charakter durch das Zusammenwirken ungarischer, deutscher und slowakischer Einflüsse. Die Ungarn verlegten nach der Eroberung ihres Kernlandes die Haupt- und Krönungsstadt nach Preßburg in das damals »Oberungarn« genannte Gebiet. Im 19. Jahrhundert war die Donaustadt vor allem von den Deutschen geprägt, die jedoch in der 1919 gebildeten Tschechoslowakei in die Minderheit gerieten und 1945 schließlich – nach dem Zwischenspiel Preßburgs als Hauptstadt eines formal souveränen, aber vom nationalsozialistischen Deutschland abhängigen Staates (1939–45) – vertrieben wurden.

Wirtschaft

Die Umstrukturierung der Wirtschaft von einer zentral gesteuerten Planwirtschaft zu einer auf dem Weltmarkt konkurrenzfähigen Marktwirtschaft stellte die Slowakei durch die einseitige Industriestruktur (Montanbereich, Rüstungsindustrie) und die starke Ausrichtung des Außenhandels auf den ehemaligen Ostblock vor große Probleme. Hinzu kam die Trennung von der wirtschaftlich wesentlich stärkeren Tschechischen Republik, als deren Folge sich die Geld- und Warenströme aus der tschechischen Schwesterrepublik stark verringert haben. Inzwischen ist der Umbau weit fortgeschritten, der Anteil des Privatsektors betrug 1998 rd. 83 %, und die Wirtschaft verzeichnet seit 1994 wieder ein positives Wachstum. Die Arbeitslosigkeit ist jedoch mit fast 18 % hoch. Auch war die Geldentwertung mit fast 11 % vergleichsweise stark.

Die Industrialisierung der Slowakei wurde vor allem seit 1948 nach sowjetischem Vorbild vorangetrieben, wobei das Schwergewicht einseitig auf den Ausbau der Schwerindustrie gelegt wurde. Eine gewisse Bedeutung erlangten außerdem die chemische, die Textil- und die Nahrungsmittelindustrie sowie der Maschinen- und der Fahrzeugbau, der Ende der 1990er Jahre auch ein Fünftel des Exportwertes erbrachte. Haupthandelspartner der Slowakei waren Deutschland und Tschechien.

Traditionsgemäß spielt die Landwirtschaft in der Slowakei noch eine relativ große Rolle. Sie beschäftigt ca. 9 % der Erwerbstätigen und nutzt die fruchtbaren Böden der Tiefebene für den Anbau von Getreide, Gemüse, Sojabohnen und Tabak. An den Hängen des hügeligen Vorlandes herrschen Wein- und Obstbau vor. In den höher gelegenen Landesteilen dehnen sich Hochweiden aus mit Rinder- und Schafzucht.

Die Wälder der Gebirgsregionen sind wichtige Holzlieferanten und Anziehungspunkte für den zunehmenden Fremdenverkehr (über 800 000 Auslandsgäste pro Jahr). Zur Erweiterung der Energiebasis, die vor allem die Atomenergie (Kernkraftwerk Mochove) bildet, setzte die Slowakei in den 1990er Jahren auf das Wasserkraftwerk Gabčikovo (Große Schüttinsel), das über einen 20 km langen Kanal mit Donauwasser gespeist wird. Ungarn lehnte den 1977 noch mit der ČSSR vereinbarten gemeinsamen Betrieb aus Umweltschutzgründen ab (u. a. Absenkung des Grundwasserspiegels), mußte aber die Gültigkeit des Abkommens 1997 anerkennen und schloß 1999 eine Rahmenvereinbarung mit der Slowakei.

Blick in eine Gießerei in Košice (Kaschau; *unten links*). Die zweitgrößte Stadt des Landes kann als Bergbaustadt auf eine jahrhundertealte Tradition verweisen. Heute ist sie das slowakische Zentrum für Maschinenbau und Eisenverhüttung.

Slowaken in Festtracht (*unten*). Charakteristisch für die lokal sehr stark variierenden Volkstrachten sind die phantasievolle Farbenfreudigkeit, die kostbaren Stickereien, überaus feine Spitzenarbeiten und die in allen Variationen auftretenden Puffärmel.

Die neue Brücke über die Donau in Preßburg (*oben*) gilt auch als Wahrzeichen des slowakischen Nationalaufstands von 1944. Sie verbindet die alte, durch gotische und barocke Bauwerke geprägte Stadt mit einem weitläufigen Neubauviertel.

SLOWENIEN

Slowenien war als jugoslawische Teilrepublik schon immer anders als das übrige Jugoslawien und galt auch innerhalb der Föderation als Vorbild: Es war die am weitesten entwickelte Republik mit dem höchsten Lebensstandard. Mit knapp 2 Millionen Einwohnern stellte Slowenien zwar nur 9 % der jugoslawischen Bevölkerung, erwirtschaftete jedoch fast 19 % des Bruttosozialprodukts der Föderation und erzeugte 20 % ihrer Industrieproduktion. Die Slowenen gelten als fleißig, korrekt, strebsam und werden vielfach als die »Preußen des Balkans« bezeichnet, was keineswegs immer positiv gemeint ist. Ihre Sprache, wenngleich dem Serbo-Kroatischen verwandt, aber dennoch eigenständig, bringt sie in natürliche Distanz zu den anderen südslawischen Völkern. Mit den Kroaten gemeinsam haben sie die Zugehörigkeit zur römisch-katholischen Kirche.

Geschichte

Slowenien war seit dem 14. Jahrhundert als Herzogtum Krain bis 1918 Teil des Habsburger Reiches. Der alpenländische Barock im westlichen Teil der Republik legt Zeugnis ab von Sloweniens österreichischer Vergangenheit, während im hügeligen Nordosten deutlich der ungarisch-pannonische Einfluß spürbar ist. Die istrische Küste hingegen lockt wegen ihres mediterranen Charakters zahlreiche Touristen an. Nach dem Zusammenbruch der Österreichisch-Ungarischen Doppelmonarchie im November 1918 erklärte sich Slowenien für selbständig und wurde Teil des »Königreichs der Serben, Kroaten und Slowenen«. Angesichts des wachsenden italienischen Drucks in Richtung Istrien wie auch aus Furcht, vom österreichischen Nachbarn »germanisiert« zu werden, sah Slowenien in dem neu entstandenen jugoslawischen Staat die einzige Garantie für territoriale Integrität und nationale Identität. Das Motto lautete: »Lieber ein schlechtes Jugoslawien als gar keines!« Allerdings hatten die Slowenen damals nicht ahnen können, daß die zentralistische großserbische Politik des Königshauses ein gleichberechtigtes Nebeneinander der jugoslawischen Völker verhindern würde. Slowenien ging sogar seines Namens verlustig und wurde zum »Banat Drau« degradiert.

Im neuen sozialistischen Jugoslawien erhielt Slowenien, das um italienische Gebiete vergrößert wurde, den Status einer Teilrepublik; slowenische Politiker gehörten zu den wichtigsten politischen Vordenkern und Stützen des Tito-Regimes. In der Nach-Tito-Ära jedoch wurden die slowenischen Kommunisten zum Vorreiter politischer Reformen in Jugoslawien. Ihre seit 1989 immer vehementer vorgetragene Forderung, die jugoslawische Föderation in einen losen Staatenbund unabhängiger Republiken zu verwandeln, brachte sie in direkten Gegensatz zur serbischen Parteiführung. Mit ihrem Austritt aus dem Bund der Kommunisten Jugoslawiens im Frühjahr 1990 leiteten die Slowenen nicht nur das Ende der kommunistischen Herrschaft in Jugoslawien, sondern letztlich auch den allmählichen Zerfall des jugoslawischen Staates selbst ein. In den ersten freien Wahlen im April 1990 errang das oppositionelle Parteienbündnis Vereinigte Demokratische Union (Demos) die absolute Mehrheit im Parlament. Präsident Sloweniens wurde der Ex-Kommunist Milan Kučan, der am 22. April 1990 die Präsidentschaftswahlen gewann.

Hochzeitsgäste in traditioneller Volkstracht in Ljubljana *(oben)*. Typisch sind die weißen gestickten Hauben und die farbigen Schultertücher mit langen Fransen auf weißen Blusen.

Daten und Fakten

DAS LAND
Offizieller Name: Republik Slowenien
Hauptstadt: Ljubljana (Laibach)
Fläche: 20 256 km²
Landesnatur: Im N bewaldete Ausläufer der Kalkalpen, nach S in Hügelländer übergehend, die von Flußtälern und Becken aufgegliedert sind, im W verkarstete Gebirge
Klima: An der schmalen Adriaküste Mittelmeerklima, ansonsten schwach kontinentales Klima
Hauptflüsse: Save, Drau, Mur
Höchster Punkt: Triglav (2863 m) in den Julischen Alpen

DER STAAT
Regierungsform: Republik
Staatsoberhaupt: Staatspräsident
Regierungschef: Ministerpräsident
Verwaltung: 148 Gemeinden
Parlament: Staatsversammlung mit 90 Mitgliedern und Staatsrat mit 40 Mitgliedern; Wahlen alle 4 bzw. 5 Jahre
Nationalfeiertag: 25. Juni

DIE MENSCHEN
Einwohner (Ew.): 1 989 000 (1999)
Bevölkerungsdichte: 98 Ew./km²
Stadtbevölkerung: 53 %
Bevölkerung unter 15 Jahren: 16 %
Analphabetenquote: 1 %
Sprache: Slowenisch
Religion: Überwiegend Katholiken

DIE WIRTSCHAFT
Währung: Tolar
Bruttosozialprodukt (BSP): 19 381 Mio. US-$ (1998)
BSP je Einwohner: 9760 US-$
Inflationsrate: 15 % (1990–96)
Importgüter: Transportmittel, Ausrüstungen, Metalle u. Metallerzeugnisse, chem. Rohstoffe u.

Nachdem sich bereits im Dezember 1990 rd. 88 % der Slowenen für die Selbständigkeit ihrer Republik ausgesprochen hatten, erklärte sich Slowenien am 25. Juni 1991 für unabhängig. Die jugoslawische Volksarmee intervenierte militärisch, mußte aber nach einem »Zehntagekrieg« abziehen. Der gescheiterte Versuch, den Zusammenhalt Jugoslawiens gewaltsam sicherzustellen, bestärkte die Slowenen in ihrem Entschluß, die Föderation zu verlassen.

Der neue Staat

Die Trennung von Jugoslawien und der Krieg in Kroatien brachten dem Land, das sich 1991 eine parlamentarisch-demokratische Verfassung gab, 1991/92 einen Wirtschaftseinbruch und hohe Inflation, zwang es aber gleichzeitig zur raschen Umstellung auf die Marktwirtschaft. Die Einführung einer eigenen Währung 1991, Privatisierungen sowie weitere wirtschafts- und finanzpolitische Maßnahmen ließen Slowenien zum ökonomisch stärksten ostmitteleuropäischen Reformstaat und einem der ersten Kandidaten für eine Mitgliedschaft in der EU werden. Die Aufnahme der Beitrittsverhandlungen erfolgte 1998. Die eindeutige Westorientierung ging einher mit der Klärung von Eigentumsansprüchen von im Jahr 1945 vertriebenen Italienern (1996) und der Klärung strittiger Grenzfragen mit Kroatien (1998). Die von einem instabilen Vielparteiensystem geprägte innenpolitische Szene wurde vom mehrmaligen Ministerpräsidenten Janez Drnovšek bestimmt, dem es immer wieder gelang, mit verschiedenen Partnern Koalitionen zu bilden (1992, 1997 und 2000).

Die Republik Slowenien *(oben)* liegt am Südostrand der Alpen. – **Triglav** heißt der höchste Gebirgsteil der Julischen Alpen, der im Norden Sloweniens gelegen ist *(oben rechts)*. Slowenien ist überwiegend ein Gebirgsland.

Die barocke Wallfahrtskirche »Sankt Maria im See« *(unten)* liegt auf einer Insel im Veldeser See bei Bled.

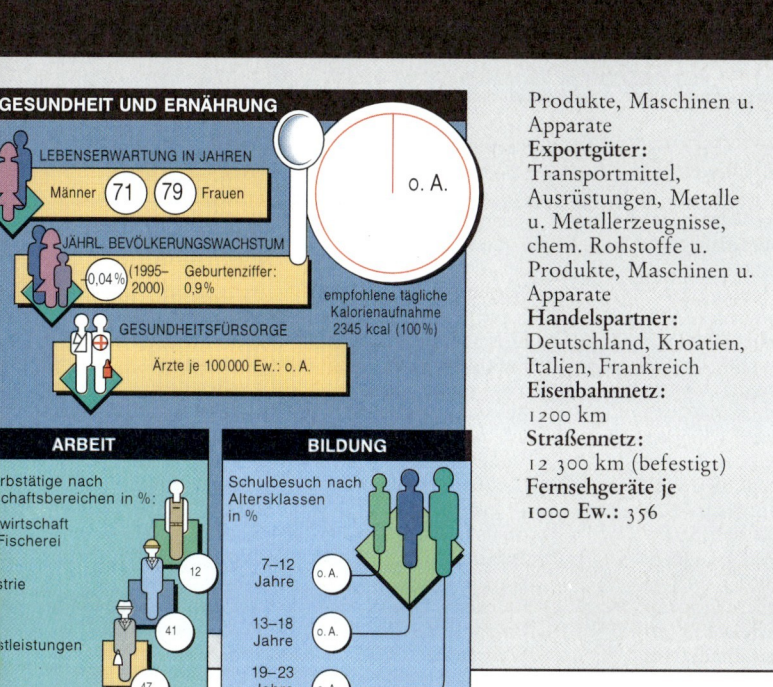

Produkte, Maschinen u. Apparate
Exportgüter: Transportmittel, Ausrüstungen, Metalle u. Metallerzeugnisse, chem. Rohstoffe u. Produkte, Maschinen u. Apparate
Handelspartner: Deutschland, Kroatien, Italien, Frankreich
Eisenbahnnetz: 1200 km
Straßennetz: 12 300 km (befestigt)
Fernsehgeräte je 1000 Ew.: 356

SOMALIA

Staub und Wind, Fels und Sand. Zerzauste Akazien, Hitze und Fliegen. Flüchtlingslager, trockene Brunnen, Hunger. Der Alltag am Horn von Afrika scheint der Anstrengung nicht wert, Somalia näher kennenzulernen.

Den Pharaonen dagegen lag vor 3500 Jahren viel an dem »Götterland« Punt, das ihnen Weihrauch und Myrrhe, Elfenbein und Leopardenfelle lieferte. Die Griechen nannten das Horn »Azanía«, (»dürr«). Dies beschreibt genau die Natur der weiten Buschsavannen, die den größten Teil Somalias einnehmen. Nur im Norden steigen Berge über 2000 m an. Im jahreszeitlichen Wechsel der Monsune fallen günstigenfalls 500 mm Niederschlag im Jahr. Das Thermometer klettert im Sommer auf durchschnittlich 36° bis 42°C. Im Süden, wo entlang der einzigen Flüsse Webi Shabelle und Guiba Galeriewald steht, ist es etwas frischer.

Landwirtschaft

Zwischen den Flüssen konzentriert sich Somalias Ackerbau. Aber nur rund ein Achtel der potentiell nutzbaren Ackerfläche wird bislang bebaut. Neben Mais, Hirse und Zuckerrohr für den Eigenverbrauch werden Bananen für den Export angebaut. Ein großer Staudamm bei Baardheere soll die Anbaufläche um 30 % erweitern.

Über die Hälfte der Bevölkerung aber lebt nach wie vor von der Viehzucht, die auch 65 % der Exporterlöse erwirtschaftet. Die riesigen Herden bilden den größten Reichtum Somalias. Das Kamel ist das Prestige-Tier der Nomaden, die hauptsächlich von seiner Milch leben. Die Bedeutung der Herdenwirtschaft ist so groß, daß das Wort »Sozialismus« auf Somali durch »Teilen des Viehs« übersetzt wird.

Ein Volk – vier Staaten

Die Suche nach neuen Weidegründen bestimmt die Geschichte der kuschitischen Somali. Von ihrer Urheimat im Nordosten breiteten sie sich seit dem 10. Jahrhundert in immer neuen Schüben nach Westen und Süden aus. Die alteingesessenen Oromo und Bantu wurden zurückgedrängt oder assimiliert.

Trotz einer gewissen Spannung zwischen Viehzüchtern und Ackerbauern ist die kulturelle und sprachliche Homogenität der Bevölkerung einzigartig in Schwarzafrika. Nomadismus und Islam sind die beiden Hauptpfeiler der somalischen Kultur. Dem kriegerischen Stolz und anarchischen Freiheitsbewußtsein der Nomaden steht ausgleichend die Zugehörigkeit zur islamischen Gemeinde gegenüber.

Schon vor der Verbreitung des Islam gab es in Somalia arabische Küstensiedlungen. Bald entwickelte sich dort eine eigene arabisch-persisch-somalische Mischkultur, wie etwa in der späteren Hauptstadt Mogadischo. Eine wirkliche Islamisierung des Landesinneren erreichten aber erst die mystischen Bruderschaften im 19. Jahrhundert. Aus ihren Reihen speiste sich der Widerstand gegen die Kolonialmächte England, Äthiopien und Italien, die das Land zwischen 1885 und 1900 untereinander aufgeteilt hatten. Die 21 Jahre andauernden Aufstände unter dem Nationalhelden und Dichter Sayid Mohammed Abdullah Hassan (1857–1921) wurden 1920 durch den erstmaligen Einsatz von Flugzeugen in Afrika niedergeschlagen.

Krieg und Vertreibung

Die Unabhängigkeit vereinte 1960 nur Britisch- und Italienisch-Somaliland. Der fünfzackige Stern im Staatswappen verweist auf die übrigen

Daten und Fakten

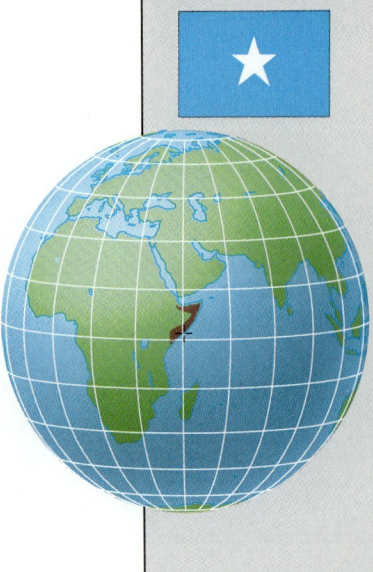

DAS LAND
Offizieller Name: Demokratische Republik Somalia
Hauptstadt: Mogadischu
Fläche: 637 657 km²
Landesnatur: Somalitafel, im SO Tiefland, im N steiler Abfall zum Golf von Aden
Klima: Trockenheißes Klima
Hauptflüsse: Webi Shabelle, Guiba
Höchster Punkt: Surud Ad 2406 m
DER STAAT
Regierungsform: Präsidiale Republik
Staatsoberhaupt: Staatspräsident

Verwaltung: 18 Provinzen
Parlament: Übergangsparlament mit 245 ernannten Mitgliedern
Nationalfeiertag: 1. Juli
DIE MENSCHEN
Einwohner (Ew.): 9 672 000 (1999)
Bevölkerungsdichte: 15 Ew./km²
Stadtbevölkerung: 27 %
Bevölkerung unter 15 Jahren: 44 %
Analphabetenquote: 76 %
Sprache: Somali, Arabisch
Religion: Moslems 99 %
DIE WIRTSCHAFT
Währung: Somalia-Shilling

Bruttosozialprodukt (BSP): 4 300 Mio. US-$ (1999)
BSP je Einwohner: 600 US-$
Inflationsrate: 75,4 % (1985–93)
Importgüter: Getreide, Fahrzeuge, Maschinen
Exportgüter: Lebendes Vieh, Häute, Felle, Bananen, Gemüse, Myrrhe, Weihrauch
Handelspartner: Italien, Großbritannien, Saudi-Arabien, Jemen, USA, Japan, VR China, Kenia
Straßennetz: 21 700 km
Fernsehgeräte je 1000 Ew.: 15

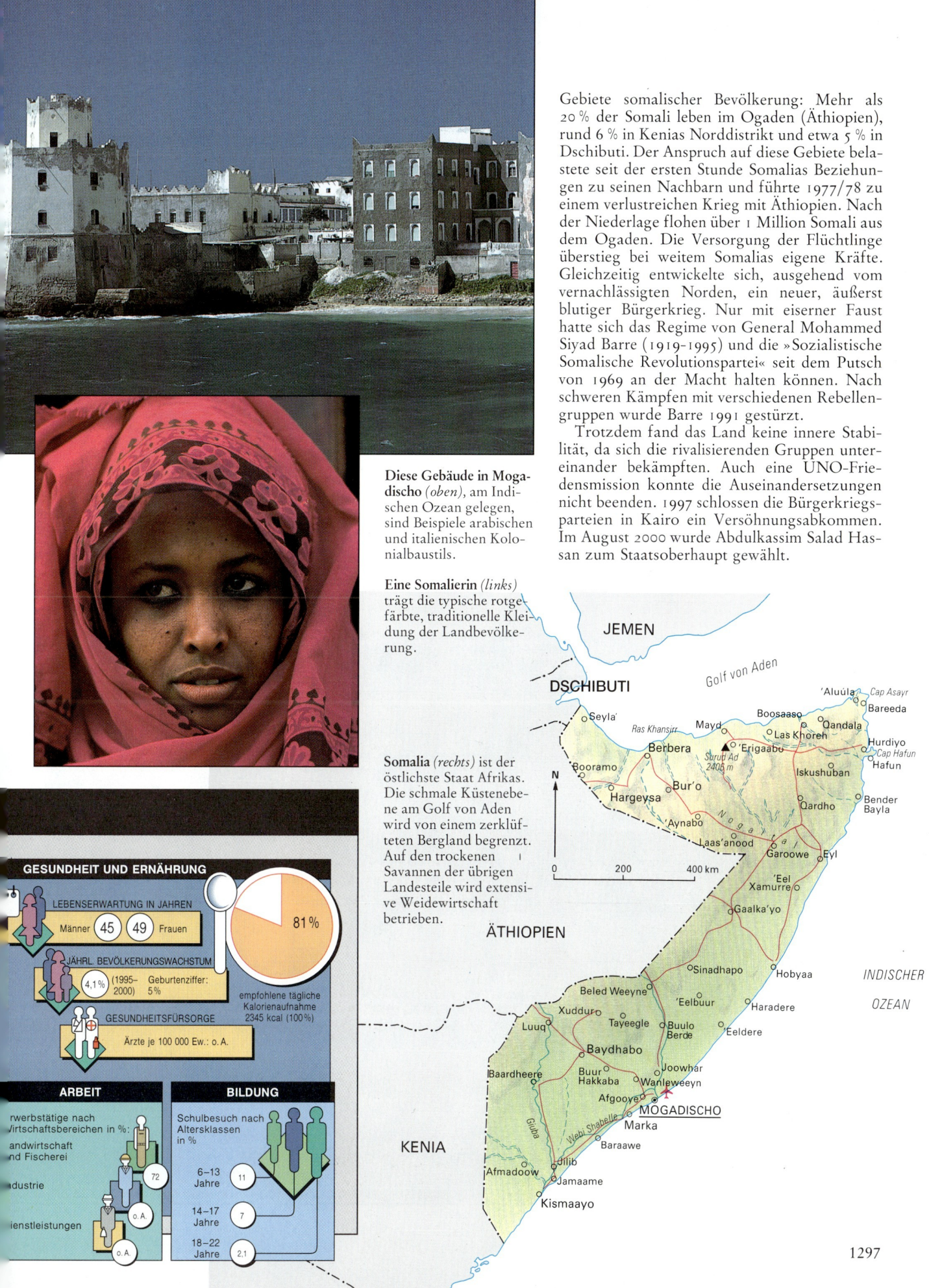

Gebiete somalischer Bevölkerung: Mehr als 20 % der Somali leben im Ogaden (Äthiopien), rund 6 % in Kenias Norddistrikt und etwa 5 % in Dschibuti. Der Anspruch auf diese Gebiete belastete seit der ersten Stunde Somalias Beziehungen zu seinen Nachbarn und führte 1977/78 zu einem verlustreichen Krieg mit Äthiopien. Nach der Niederlage flohen über 1 Million Somali aus dem Ogaden. Die Versorgung der Flüchtlinge überstieg bei weitem Somalias eigene Kräfte. Gleichzeitig entwickelte sich, ausgehend vom vernachlässigten Norden, ein neuer, äußerst blutiger Bürgerkrieg. Nur mit eiserner Faust hatte sich das Regime von General Mohammed Siyad Barre (1919-1995) und die »Sozialistische Somalische Revolutionspartei« seit dem Putsch von 1969 an der Macht halten können. Nach schweren Kämpfen mit verschiedenen Rebellengruppen wurde Barre 1991 gestürzt.

Trotzdem fand das Land keine innere Stabilität, da sich die rivalisierenden Gruppen untereinander bekämpften. Auch eine UNO-Friedensmission konnte die Auseinandersetzungen nicht beenden. 1997 schlossen die Bürgerkriegsparteien in Kairo ein Versöhnungsabkommen. Im August 2000 wurde Abdulkassim Salad Hassan zum Staatsoberhaupt gewählt.

Diese Gebäude in Mogadischo (oben), am Indischen Ozean gelegen, sind Beispiele arabischen und italienischen Kolonialbaustils.

Eine Somalierin (links) trägt die typische rotgefärbte, traditionelle Kleidung der Landbevölkerung.

Somalia (rechts) ist der östlichste Staat Afrikas. Die schmale Küstenebene am Golf von Aden wird von einem zerklüfteten Bergland begrenzt. Auf den trockenen Savannen der übrigen Landesteile wird extensive Weidewirtschaft betrieben.

SPANIEN

SPANIEN

Trotz seiner Randlage war Spanien immer einer der Stützpfeiler Europas; zweifellos ist es auch einer seiner ältesten und wichtigsten Kulturträger. Von hier aus wurde einst ein großer Teil des Kontinents regiert – unter Karl V. (1500–1558) etwa, der bei den Spaniern Karl I. hieß. Von hier aus wurde vor rund 500 Jahren auch Amerika entdeckt. Dies brachte dem Land ursprünglich große Reichtümer ein, die es aber durch seine – auch vom missionarischen Glaubenseifer bestimmte – Herrschsüchtigkeit wieder verspielte. Der nachfolgende Machtverfall brachte einen gewissen wirtschaftlichen und kulturellen Rückgang mit sich. Dieser ging zudem mit einer jahrhundertelangen Abkapselung gegenüber dem nördlichen Europa einher.

Heute öffnet sich Spanien wieder gegenüber Europa und versucht, sich – mit Erfolg – der Wirtschaftsentwicklung seiner Nachbarländer anzuschließen. Dabei kommen dem immer noch armen Staat die Einkünfte aus dem Tourismus zuhilfe: Dank seines milden Klimas, seiner weitläufigen – freilich immer stärker verbauten – Strände, seiner großartigen Landschaften, z. B. La Mancha mit den berühmten Windmühlen, und seiner Kunstschätze aus einer glorreichen Vergangenheit lockt es jährlich über sechzig Millionen Besucher an. Doch für die Zukunft baut Spanien mehr auf die Fortentwicklung von Industrie und Handel. Aber auch in seinem Kulturleben hat Spanien wieder Anschluß an das europäische Niveau gefunden. Es hat zudem den schnellsten sozialen Wandel in Europa vollzogen.

Die Zeiten des »stolzen« Spaniers sind denen des lernwilligen gewichen: Heute zählen Modernität, Gewerbefleiß und Geschäftsideen sowie der mit Hilfe der EU erzielte Fortschritt mehr als die Bewahrung der ursprünglichen Eigenart. Die Unbeugsamkeit Don Quijotes ist der Flexibilität Sancho Pansas gewichen. Smarte Bankiers und clevere Unternehmer oder auch erfolgreiche Fußballspieler und Stierkämpfer sind die neuen Idole – neben den Frauen, die es in der Politik, in der Geschäftswelt oder im Fernsehen zu etwas gebracht haben.

Dabei gibt es noch immer scharfe Gegensätze zwischen dem kärglichen Leben in manchen ländlichen Gebieten und der vom neuen Wohlstand bestimmten Hektik der Großstädte – wie Spanien ohnehin ein Land der starken Kontraste ist: zwischen feuchten und gebirgigen Zonen im Norden und ausgesprochenen Steppengebieten im Südosten, zwischen den rauhen Hochebenen des Inlands und den freundlichen Mittelmeerregionen, zwischen dem reichen Bestand an malerischen, oft ziemlich verfallenen historischen Monumenten und den teils von beispielhaft eleganter Architektur geprägten, teils abstoßend häßlichen, neuen Vierteln der Städte, zwischen äußerster Armut und ungeniert zur Schau getragenem, neuem oder eher vorsichtig gezeigtem, über Generationen vererbtem Reichtum.

SPANIEN: DER STAAT

Das »Königreich Spanien« ist heute eine stabile Demokratie mit einer parlamentarischen Monarchie. Die 1978 durch Volksabstimmung beschlossene Verfassung definiert das Land als einen sozialen Wohlfahrts- und Rechtsstaat. Symbolfigur des Landes ist der im Exil geborene König Juan Carlos I. (* 1938), der einen entscheidenden Beitrag zum Übergang von der autoritären Herrschaft des »Generalissimus« Francisco Franco Bahamonde (1892–1975) zur heutigen Staatsform leistete. Zusammen mit seiner Familie hat er einen so hohen Grad der Anerkennung erreicht, daß selbst Republikaner zu Anhängern der Monarchie wurden.

Der Enkel des 1931 vor der republikanischen Regierung geflohenen Königs Alfons XIII. (1886–1941), von Franco als Erbe ausersehen und im Sinne des konservativen Regimes erzogen, stieß mit seinen Reformvorstellungen zunächst bei Linken und Rechten auf Unverständnis und Unglauben. Innere Konflikte mit wirtschaftlichen Schwierigkeiten, Streiks und Terroranschlägen bestimmten die innenpolitische Lage des Landes, als der junge König nach dem Tode Francos 1975 sein Amt antrat mit den Worten: »Heute beginnt eine neue Epoche Spaniens.« 1981, beim gescheiterten Versuch eines Militärputsches, erwies sich Juan Carlos I. als Garant der Demokratie: Er wurde zur Integrationsfigur seines Landes.

Adolfo Suárez (* 1932), aus der rechten »Bewegung« stammend und 1976 vom König zum Ministerpräsidenten ernannt, unterstützte tatkräftig die politische Erneuerung nach der Diktatur, die 39 Jahre gewährt hatte. Sie hatte ihrerseits eine konfliktgeladene Epoche abgelöst, die zum Bürgerkrieg von 1936–1939 geführt hatte. Suárez leitete bis 1981 eine Regierung der bürgerlichen Mitte. Leopoldo Calvo-Sotelo löste ihn für kurze Zeit ab. Die bis dahin regierende konservative rechte UCD-Partei, der beide Ministerpräsidenten entstammten, brach auseinander.

Den endgültigen Wechsel für das politische System Spaniens brachte Ende 1982 der Wahlsieg der gemäßigten Sozialistischen Arbeiterpartei Spaniens (PSOE) unter Felipe González (* 1942). Die seit 1936 von der Macht ausgesperrte »Linke« lenkte danach die Geschicke des Staates. Die konservative Opposition, vereinigt in der Volkspartei (PP), konnte ihr die Macht und die Mehrheit im Abgeordnetenhaus mit seinen 350 Sitzen sowie in dem mehr regional bestimmten Senat mit seinen 255 Abgeordneten lange nicht streitig machen. Erst nach den Wahlen 1996 gelang der Volkspartei der Sprung in die Regierungsverantwortung. Seitdem ist José María Aznar López (* 1953) spanischer Ministerpräsident.

Das Militär, dessen Zugehörigkeit zur NATO 1982 beschlossen und durch eine Volksbefragung 1986 bekräftigt worden war, arbeitet aktiv in der Verteidigungsgemeinschaft mit. Seine Verfassungstreue steht heute nicht mehr in Frage. Die Aufteilung des Landes in siebzehn »autonome« Regionen mit eigenen Regierungen und mehreren Verwaltungsprovinzen schafft eine Machtbalance zwischen dem von Madrid aus regierten Zentralstaat und den divergierenden Bevölkerungsteilen, in denen es auch separatistische Bewegungen gibt.

In die Zeit des politischen Wandels fiel auch eine gründliche Reform der spanischen Wirtschaft. Mit dem Beitritt zur EG im Jahr 1986 fand Spanien Anschluß an die weltweite Aufwärtsbewegung der Wirtschaft (Globalisie-

Daten und Fakten

DAS LAND
Offizieller Name: Königreich Spanien
Hauptstadt: Madrid
Fläche: 505 992 km² (einschl. Balearen 5014 km², Kanarische Inseln 7242 km² sowie Ceuta und Melilla)
Landesnatur: Inneres Hochland (Meseta) mit Randgebirgen, im NW und SO Randlandschaften, im NO Ebrobecken; im SW Andalusien; Balearen und Kanaren
Klima: Im N ozeanisch, sonst mediterran
Hauptflüsse: Tajo, Guadiana, Ebro, Duero, Guadalquivir
Höchster Punkt: Pico de Teide 3718 m (Teneriffa), Mulhacén 3478 m

DER STAAT
Regierungsform: Parlamentarische Monarchie
Staatsoberhaupt: König
Regierungschef: Ministerpräsident
Verwaltung: 17 autonome Regionen, 52 Provinzen (darunter die Enklaven Ceuta und Melilla)
Parlament: Abgeordnetenhaus mit 350 für 4 Jahre gewählten Abgeordneten und Senat mit 255 (208 direkt gewählt, 47 Delegierte aus den autonomen Regionen) für 4 Jahre gewählten Mitgliedern
Nationalfeiertag: 12. Oktober

DIE MENSCHEN
Einwohner (Ew.): 39 634 000 (1999)
Bevölkerungsdichte: 78 Ew./km²
Stadtbevölkerung: 78 %
Bevölkerung unter 15 Jahren: 15 %
Analphabetenquote: 2 %
Sprache: Spanisch, Katalanisch, Galicisch, Baskisch
Religion: Katholiken 96 %

DIE WIRTSCHAFT
Währung: Euro; bis 31.12.2001 Peseta
Bruttosozialprodukt (BSP): 553 690 Mio. US-$ (1998)
BSP je Einwohner: 14 080 US-$
Inflationsrate: 4,2 % (1990–98)

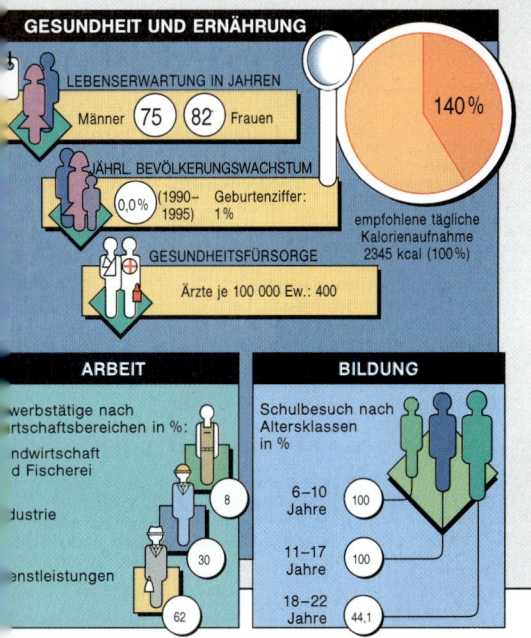

Spanien (*oben*) ist das viertgrößte Land Europas. Zu Spanien gehören auch die Balearen, die Kanaren sowie die nordafrikanischen Städte Ceuta und Melilla.

Importgüter: Erdöl, mineral. Stoffe, Maschinen, Apparate, Getreide
Exportgüter: Maschinen, Fahrzeuge, Chemikalien, Erdölprodukte, landwirtschaftl. Produkte, Bergbauprodukte (Eisenerz, Quecksilber), Textilien
Handelspartner: USA, Deutschland, Frankreich, Saudi-Arabien, Großbritannien, Benelux-Länder, Italien, Schweiz, Schweden, Brasilien, Argentinien, Japan
Eisenbahnnetz: 14 170 km.
Straßennetz: 346 858 km, darunter über 9000 km Autobahn
Fernsehgeräte je 1000 Ew.: 506

rung). Immer mehr Frauen gliederten sich im Rahmen ihrer neuen Gleichstellung in das Arbeitsleben ein. Gleichzeitig wurde die traditionelle Familie mit ihrer großen Kinderschar »unmodern«. Das ging nicht nur mit der soziologischen Entwicklung, sondern auch mit einer zunehmenden Säkularisierung einher. In dem heute nicht mehr – wie noch zur Franco-Zeit – klerikal bestimmten Staat, hält sich nur noch ein Drittel der fast ausschließlich katholischen Bevölkerung an die Weisungen der Kirche.

Der soziale Wandel Spaniens hat angesichts der zunehmenden Industrialisierung zu einer Steigerung des Wohlstands vor allem in den Städten geführt. Er wird auch in der wachsenden Motorisierung sichtbar und macht den zunehmenden Ausbau der Verkehrswege nötig. Doch bleibt dem Land hier ebenso wie bei seinen Eisenbahnen, aber auch auf dem Gesundheitssektor, auf dem Feld der Kommunikation wie bei anderen Problembereichen der Infrastruktur noch ein großer Nachholbedarf. Die Fortentwicklung der EU sollte hier unterstützend wirken.

SPANIEN: GESCHICHTE (BIS 1492)

Bis zum späten Mittelalter begrenzte der Atlantik die »Alte Welt«. Die Pyrenäen bildeten eine schwer überwindbare Barriere zwischen Westeuropa und Spanien. Dessen lange Mittelmeerküste ließ sich dagegen von Nordafrika – und seit dem Beginn der Seefahrt auch von Osten – leicht erreichen.

Schon in der frühen Altsteinzeit, also vor mehr als 100 000 Jahren, wanderten aus Afrika kommende Jäger und Sammler nach Spanien ein. Die eindrucksvollen Felsmalereien in Höhlen Nordwestspaniens gehören zu den späten Zeugnissen ihrer Kultur. Nach der Jungsteinzeit, aus der zahlreiche große Steingräber erhalten sind, kamen neue Siedler über das Mittelmeer. Sie wurden von ergiebigen Erzvorkommen angezogen und bildeten bereits um 2000 v. Chr. eine hochentwickelte frühe Kultur und Zivilisation aus. Die seit ca. 900 v. Chr. von Norden einwandernden Kelten vermischten sich mit ihnen zu den sogenannten Keltiberern. Von der Eigenständigkeit ihrer Kultur zeugen ein iberisches Alphabet und Funde kunstvoll bearbeiteten Gold- und Silberschmucks.

Nachdem Phönizier (um 1100 v. Chr.) und Griechen (um 800 v. Chr.) Handelskolonien gegründet hatten, gerieten Teile der Halbinsel unter den Einfluß der mächtigen nordafrikanischen Handelsstadt Karthago.

Im dritten Jahrhundert v. Chr. kam es zwischen Karthago und Rom zu einem Konflikt um die Vorherrschaft im westlichen Mittelmeer, der im Zweiten Punischen Krieg (218–201 v. Chr.) gipfelte; er endete mit der Niederlage der von Hannibal (247–183 v. Chr.) angeführten Karthager. Mit dem an Spaniens Südwestküste errichteten »Neuen Karthago«, dem heutigen Cartagena, mußten sie auch ihren Anspruch auf Spanien aufgeben. So begann die Eroberung der Iberischen Halbinsel durch die Römer. Aufgrund des starken Widerstands der Keltiberer war sie jedoch erst nach fast zwei Jahrhunderten ganz in ihrer Hand.

Kein Teil des Römischen Reichs ist in der folgenden Zeit so stark romanisiert worden wie die spanischen Provinzen. Auf ihrem Boden wurden 33 römische Kolonialstädte gegründet. Viele andere Städte und Stadtgründungen glichen sich diesen Kolonien an. Latein wurde zur Landessprache. Schon 74 n. Chr. – nahezu 150 Jahre vor den anderen Teilen des Römischen Reichs – erhielten die Bewohner der spanischen Provinzen die römischen Bürgerrechte. Wer aus Spanien kam, konnte in Rom hoch aufsteigen. Einige der bedeutendsten römischen Schriftsteller, unter ihnen Quintilian und Seneca d. J., der auch römischer Konsul war und den späteren Kaiser Nero erzogen hat, stammten ebenso aus Spanien wie die Kaiser Hadrian und Trajan.

Wie in anderen Teilen des Römischen Reichs

Die Moschee von Córdoba *(rechts)* in Andalusien stand im Herzen einer bedeutenden maurischen Handelsstadt. Zu ihrem Bau verwendeten arabische Architekten Bruchstücke von römischen und westgotischen Gebäuden.

Die Alhambra *(rechts)* ist eine imposante Schloßanlage über der andalusischen Stadt Granada, die im 14. Jahrhundert zur Hauptstadt der letzten maurischen Enklave in Spanien und zur Residenz der Nasriden-Dynastie wurde.

nach 25000 v. Chr. Frühe Spanier (Paläospanier), Jäger und Sammler; Felsmalereien (Altamira)
ca. 1000 v. Chr. Königreich Tartessos in Südspanien
11. Jh. v. Chr. Phönizier kolonisieren die spanische Ost- und Westküste
ca. 900 v. Chr. Kelten in Nordspanien
ca. 600 v. Chr. Zweite keltische Einwanderungswelle; Griechen gründen Handelsstützpunkte; Iberische Kultur; erstes Alphabet
5. Jh. v. Chr. Karthager erobern Teile Spaniens
2. Jh. v. Chr. Hannibal greift von Spanien aus Rom an
218–201 v. Chr. 2. Punischer Krieg, Karthager von Rom besiegt. Römer beginnen mit der Eroberung der Iberischen Halbinsel
ca. 50 n. Chr. Spanien römische Provinz
4. Jh. Einführung des Christentums
5. Jh. Westgoten, Vandalen und Sueben vertreiben Römer aus Spanien
711–718 Islamische Invasion aus Afrika; Mauren beherrschen Spanien; Blüte des Handels, der Kultur und Städte
756 Begründung der Omajjaden-Dynastie
801 Karl d. Gr. errichtet Spanische Mark
frühes 11. Jh. Schwächung der maurischen Zentralgewalt; Entstehung maurischer Königreiche und freier Städte
1031 Christliche Königreiche im Norden beginnen mit Rückeroberung Spaniens
1085 König Alfons VI. und El Cid erobern Toledo zurück
1143 Gründung des Königreiches Portugal
1212 Schlacht von Navas de Tolosa – christliche Armee besiegt die Mauren
1280 Königreich Granada letzter maurischer Staat in Spanien; Aragon, Kastilien und Navarra dominieren

1 El Cid (1043–1099)
2 Averroës (1126–1198)
3 Ferdinand II. von Kastilien (um 1200–1252)

SPANIEN

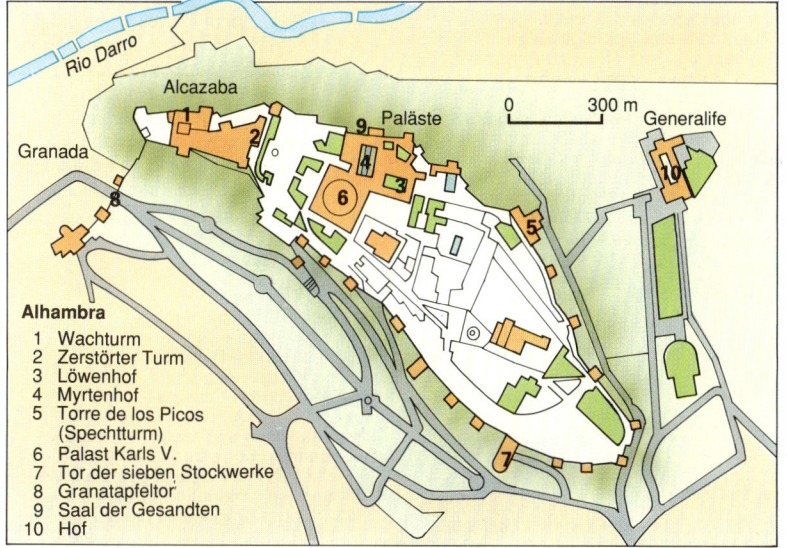

Alhambra
1. Wachturm
2. Zerstörter Turm
3. Löwenhof
4. Myrtenhof
5. Torre de los Picos (Spechtturm)
6. Palast Karls V.
7. Tor der sieben Stockwerke
8. Granatapfeltor
9. Saal der Gesandten
10. Hof

fielen um 400 kriegerische Germanenstämme – Sueben, Vandalen, Westgoten – auch in Spanien ein. Die bereits christianisierte, auf sieben Millionen geschätzte Bevölkerung leistete ihnen wenig Widerstand. In Kämpfen zwischen den germanischen Stämmen konnten die Westgoten die Herrschaft über weite Teile Spaniens an sich reißen. Die römisch-iberische Bevölkerung zwang die neuen Herrscher allerdings, sich kulturell anzupassen.

Die Mauren in Spanien

Spanien wäre deshalb zu einem Teil des römisch-christlichen Europas geworden, wenn nicht 711 eine der westgotischen Herrscherfamilien in einem Streit über die Königswürde die neuen islamischen Machthaber Nordafrikas zu Hilfe gerufen hätte. Sie drangen mit ihrem schlagkräftigen Berberheer rasch und weit vor. Die Iberische Halbinsel südlich des Duero wurde ein Teil des neuen islamischen Weltreichs. Im Norden entstanden unter christlicher Herrschaft kleine Königreiche: Asturien, Katalonien, Aragón, Navarra, León-Kastilien. Zur erstrebten »Reconquista«, zur Wiedereroberung der ganzen Iberischen Halbinsel, waren sie zunächst zu schwach. Sie gelang erst im 12. und 13. Jahrhundert, als Nordspanien am wirtschaftlichen Aufschwung und dem Bevölkerungswachstum des hochmittelalterlichen Europa teilhatte. Bei Navas de Tolosa erlitten die Mauren 1212 eine vernichtende Niederlage im Kampf gegen die von Kreuzrittern unterstützten christlichen Königreiche. Nur das kleine Königreich Granada blieb noch bis 1492 islamisch.

In den frühen Jahrhunderten maurischer Herrschaft war die Islamisierung des Südens weit fortgeschritten. Die Mehrheit der dort lebenden Bevölkerung – die arabische Aristokratie, viele ihrer Sklaven, die das Heer stellenden Berber, konvertierte Christen – bekannten sich zum Islam. Wie die großen europäischen Wallfahrten nach Santiago de Compostela Nordspanien mit der kulturell-religiösen Entwicklung Westeuropas verbanden, so ermöglichten die regelmäßigen Pilgerzüge nach Mekka (Makkah) den Anschluß des islamischen Spanien an die Zentren der arabischen Kultur, mit der dort aufblühenden Literatur, Wissenschaft, Kunst und Architektur. In Städten wie Córdoba, Granada, Sevilla, Toledo entstanden bedeutende Bauten. Die handwerklichen Künste wurden ebenso gepflegt wie Literatur und Wissenschaft. Spanien konnte so auch zu einer Brücke zwischen dem arabischen Osten, der vieles vom antiken Erbe aufgenommen hatte, und dem christlichen Westeuropa werden. Allerdings hemmte der Islam die wirtschaftliche Entwicklung des Südens. Und wie die politische Zersplitterung des Nordens stand auch die Vielfalt der Völker, Religionen und Kulturen im wiedereroberten Spanien in einem schroffen Gegensatz zur Idee der Reconquista: zur Idee eines geeinten christlichen Reichs.

SPANIEN: GESCHICHTE (SEIT 1492)

Bei der Wiedereroberung des Südens der Iberischen Halbinsel waren die Grenzen der im Norden und Nordwesten gelegenen Königreiche Aragón, Kastilien und Portugal von Nord nach Süd verlängert worden. Die Halbinsel wurde so politisch dreigeteilt. Zu den drei großen Königreichen kam im Norden noch das kleine, von den Pyrenäen bis zum Oberlauf des Ebro reichende Navarra hinzu.

Große Gebiete des wiedereroberten Südens waren entvölkert. Die neuen christlichen Grundherren übernahmen von den Arabern die extensive Schafhaltung und verkauften die Wolle nach Flandern. Durch die Verfolgung der Moriscos, der Kleinbauern islamischen Glaubens, und der Juden, die in den Städten wirtschaftlich führend waren, wurde die Wirtschaft jedoch weiter geschwächt.

Trotz seiner politischen Zersplitterung, seiner wirtschaftlichen Schwäche und seiner geringen Bevölkerung konnte Spanien im 16. Jahrhundert alle europäischen Mächte überrunden. Dieser erstaunliche Aufstieg wurde möglich, weil sich im Land die Kräfte des Mittelalters und der beginnenden Neuzeit vereinten: Im Kampf gegen den Islam war der spanische Katholizismus zu einer missionarischen Macht geworden. Der von Ignatius von Loyola (1491–1556) gegründete, überaus strenge Jesuitenorden, dessen Mitglieder wissenschaftlich geschult waren, bildete deren Speerspitze. Während sich in Mittel- und Westeuropa die Reformation ausbreitete, drohten in Spanien den Ungläubigen Inquisition und Vertreibung. Spanien konnte so zum Bollwerk des Papsttums und der Gegenreformation werden.

Den Weg zur politischen Einheit haben Isabella I. von Kastilien (1451–1504) und Ferdinand II. von Aragón (1452–1516) durch ihre Ehe bereitet. Die ihnen nachfolgenden Habsburger Karl I. (1500–1558) und Philipp II. (1527–1598) nutzten die Chance, die ihnen die zunächst nur lockere Verbindung der beiden Königreiche bot. Karl I., als Kaiser Karl V. auch römisch-deutscher Kaiser, konnte den Adel für sich gewinnen, indem er ihm Steuerfreiheit gewährte und ihm in seinen Königreichen hohe Staats- und Kirchenämter öffnete.

Der Aufstieg Spaniens zur stärksten Macht Europas wäre nicht gelungen, wenn nach der Entdeckung Amerikas (1492) durch Christoph Kolumbus die Eroberung Mexikos (1519–1521) und Perus (1531–1533) die spanische Krone nicht in den Besitz großer Mengen von Gold und Silber gebracht hätte. Erst die Schätze der Azteken, Mayas und Inkas und die Ausbeutung der dortigen Erzgruben ermöglichten den Ausbau der Flotte und des Heeres.

Mit deren Hilfe konnte Philipp II. Spanien auf den Höhepunkt seiner Macht führen. Madrid, in dessen Nähe Philipp das berühmte Klosterschloß El Escorial errichtete, wurde zum

Der spanische König **Juan Carlos I.** *(rechts)* – im Bild mit seiner Frau Königin Sophia – regiert eine stabile parlamentarische Monarchie. Spanien hatte zuvor 36 Jahre unter der Diktatur General Francos gelitten.

1 Isabella I. von Kastilien (1451–1504)

2 Philipp II. (1527–1598)
3 Federico García Lorca (1898–1936)

- **1469** Vermählung Isabellas von Kastilien und Ferdinands von Aragon
- **1479** Aragon und Kastilien vereint
- **1492** Katholische Könige erobern das maurische Königreich Granada; Kolumbus entdeckt Amerika
- **1512** König Ferdinand eignet sich Navarra an; Vereinigung ganz Spaniens
- **1549** Karl I. von Spanien wird (als Karl V.) zum Kaiser des Heiligen Römischen Reiches gekrönt
- **1550** Spanien kontrolliert große Teile des südlichen Nordamerika sowie Mittel- und Südamerikas
- **1556–1558** Höhepunkt der spanischen Macht unter Philipp II.
- **1588** Niederlage der spanischen Armada
- **1701–1714** Spanischer Erbfolgekrieg bestätigt die Herrschaft Philipps V.; Spanien verliert europäische Besitzungen
- **1808** Armeen Napoleons erobern Spanien
- **1808–1813** Spanische, portugiesische und englische Streitkräfte kämpfen gegen französ. Fremdherrschaft
- **1834–1839** 1. Karlisten-Krieg zwischen Monarchisten und Liberalen
- **1872–1876** 2. Karlisten-Krieg
- **1874** Wiedereinführung der Monarchie
- **1898** Spanien verliert im spanisch-amerikanischen Krieg die Kolonien Kuba, Puerto Rico und die Philippinen
- **1923–1930** Diktatur Primo de Riveras
- **1931** Spanien wird demokratische Republik
- **1936–1939** Spanischer Bürgerkrieg endet mit dem Sieg General Francos
- **1953** Spanien und die USA unterzeichnen ein Wirtschafts- und Militärabkommen
- **1975** Tod Francos. König Juan Carlos leitet einen Demokratisierungsprozeß ein
- **1978** Spanien erhält neue Verfassung
- **1982** Eintritt Spaniens in die NATO
- **1986** Eintritt Spaniens in die EG
- **1996** José M. Aznar López Ministerpräsid.
- **1999** Beitritt zur Europäischen Währung

SPANIEN

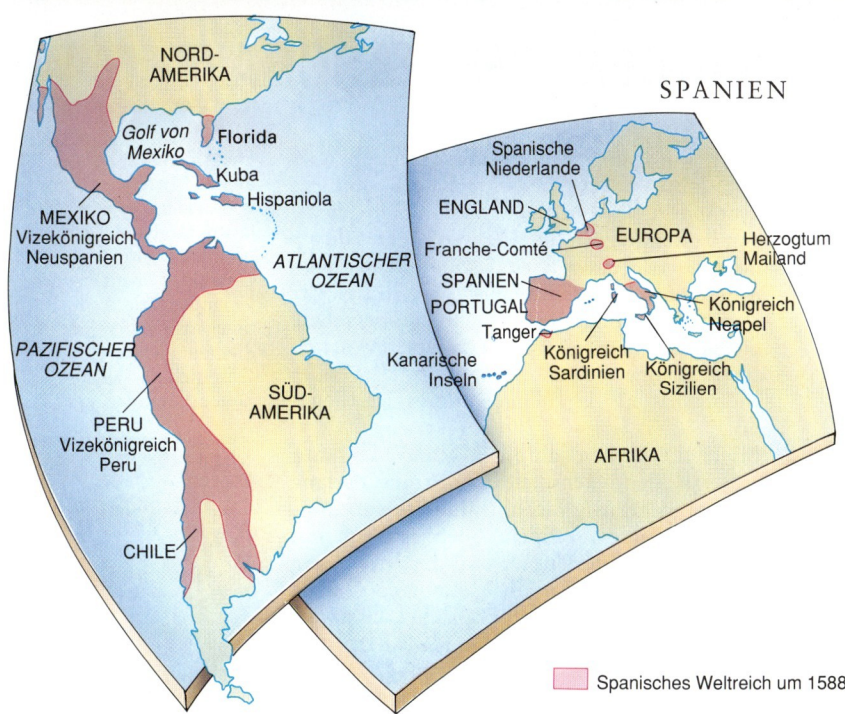

Das spanische Weltreich in der Neuen Welt *(oben)* erstreckte sich von Kalifornien bis Chile. Gold und Silber aus den Kolonien brachten Spanien große Reichtümer ein, die den Ausbau der Flotte und des Heeres ermöglichten.

El Grecos »Toledo im Wetterleuchten« *(links)* ist eines der Meisterwerke aus dem Goldenen Zeitalter Spaniens. Der auf Kreta geborene Maler arbeitete im späten 16. Jahrhundert in Toledo, in einer Zeit, in der auch viele literarische Werke entstanden.

Mittelpunkt seines Weltreichs und Sevilla zum Zentrum des Handels. Der Sieg über die Türken in der Seeschlacht von Lepanto (1571) sicherte die spanische Vorherrschaft im Mittelmeer. Auch Portugal geriet, wenn auch nur für kurze Zeit, unter habsburgische Herrschaft. Mit Cervantes (1547–1616), Calderón (1600–1681), Lope de Vega (1562–1635), El Greco (1541–1614) und Velázquez (1599–1660) erreichten die spanische Literatur und Malerei Weltgeltung.

Dem straff organisierten Herrschaftsgefüge des spanisch-habsburgischen Weltreichs fehlte indes das wirtschaftliche Fundament. Spanien blieb unterentwickelt. Nicht wenige Spanier verließen das ohnehin bevölkerungsschwache Mutterland in der Hoffnung auf einen in den Kolonien rasch zu erwerbenden Reichtum. Die herrschende Klasse regierte und konsumierte was Grundbesitz und Eroberung einbrachten, war wirtschaftlich aber nicht produktiv.

So stießen die Spanier nicht zufällig in den wirtschaftlich mächtigen Niederlanden und vor Englands Küste an die Grenzen ihrer Macht. 1579 sagten sich die niederländischen Nordprovinzen von Spanien los. 1588 unterlag die zur Invasion nach England ausgeschickte spanische Flotte, die Armada, den Engländern, die damit zur führenden Seemacht aufstiegen. Da der spanische König Karl II. (1661–1700) kinderlos starb und den nächst erbberechtigten deutschen Habsburgern von Frankreich die spanische Thronfolge streitig gemacht wurde, kam es zum Spanischen Erbfolgekrieg, der sich zu einem europäischen Krieg ausdehnte. Frankreich konnte die Thronfolge der Bourbonen in Spanien durchsetzen, Gibraltar blieb (seit 1704) in englischer Hand, der größte Teil der spanischen Nebenländer – die Niederlande und Gebiete in Italien – ging verloren.

In Spanien selbst hatte die absolutistische Herrschaft indes bis zur Eroberung des Landes durch napoleonische Truppen (1808) Bestand. Napoleons Sieg schwächte auch Spaniens Kolonialmacht. Anfang des 19. Jahrhunderts verlor es die meisten seiner überseeischen Besitzungen. Im spanisch-amerikanischen Krieg (1898) mußte es zuletzt auch Kuba, Puerto Rico und die Philippinen an die USA abtreten.

Das Spanien der nachnapoleonischen Zeit wurde durch wachsende politische Gegensätze gespalten. Weder den Monarchen noch den bürgerlichen Politikern, noch den Generälen gelang es, die auseinanderstrebenden Kräfte wieder zusammenzuführen. Die Gegensätze zwischen Liberalen, ultra-konservativen Rechten, linken Republikanern, Sozialisten und Anarcho-Syndikalisten brachen immer wieder auf. Sie verschärften sich in der von Krisen geschüttelten 2. Republik (1931–1936) bis zum Bürgerkrieg (1936–1939), den die bis in die 70er Jahre unter General Francos Führung herrschende, nationalistische Rechte gewann.

SPANIEN: GESELLSCHAFT IM WANDEL

Richard Ford, ein berühmter Spanienliebhaber im 19. Jahrhundert, sprach von dem Land als »unverändert und unveränderbar«. Seit damals haben Reisende gern die Rückständigkeit dieses Landes hervorgehoben, und sogar heute noch gibt es einige, die es im Geist zum Mittelalter zählen. Sie scheinen die Tatsache zu übersehen, daß Spanien sich seit dem Tod von Francisco Franco Bahamonde (1892–1975) grundlegender geändert hat als irgendein anderes westliches Land.

Bis in die letzten Jahre der Franco-Diktatur hinein, als der wachsende Tourismus entlang der Mittelmeerküste die jahrhundertelange Isolation des Landes beendete, blieb Spanien, fest in der Kontrolle der Armee und der Kirche, ein Land, in dem andersartige Meinungen rigoros unterdrückt wurden. Nach Francos Tod erwarteten nur wenige Positives von seinem persönlich erwählten Nachfolger, König Juan Carlos I. (* 1938). Aber entgegen allen Voraussagen half dieser Mann – von vielen für eine reine Marionette gehalten –, sein Land fast über Nacht zu verändern.

Ein demokratischer Monarch

Im Dezember 1976 wurde das spanische Volk auf Betreiben von Juan Carlos aufgefordert, für oder gegen politische Reformen zu stimmen: die überwältigende Mehrheit war dafür. Die Pressezensur wurde im April 1977 abgeschafft, und zwei Monate später hielt Spanien die ersten allgemeinen Wahlen seit über vierzig Jahren ab. Unter Spaniens neugewählter Regierung bestätigte eine »demokratische Verfassung« die Rechte aller politischen Parteien, und Francos Name wurde von unzähligen spanischen Straßenschildern entfernt. Ein ernsthafter Versuch, den Prozeß der Demokratisierung aufzuhalten, war ein versuchter Staatsstreich am 23. Februar 1981. Er wurde durch Eingreifen des Königs vereitelt, der dadurch an Anerkennung und Beliebtheit gewann. Seit 1982 wird Spanien von einer demokratischen Regierung zunächst unter Felipe González (* 1942), seit 1996 unter José María Aznar López (* 1953) geführt. Das Schreckgespenst einer Rückkehr zur Diktatur scheint ferner denn je.

Spaniens neue Herrscher mußten sich mit zwei Problemfeldern auseinandersetzen, die schon immer Ursache für die lang zurückreichende Geschichte sozialer Unruhen gewesen sind: Landbesitz und regionale Selbstverwaltung. Seit römischen Zeiten sind große Teile spanischer Landstriche in riesige Landsitze aufgeteilt worden, die abwesenden Grundeigentümern gehörten und von schlecht bezahlten Saisonarbeitern bestellt wurden. Spaniens jetzige Regierung hat viele dieser Landbesitze übernommen und den Arbeitern größere Sicherheit gegeben, indem sie sie auch während der Monate bezahlt, in denen sie nicht beschäftigt sind. Die Regierung hat zudem Francos Politik der Machtkonzentration in der Hauptstadt Ma-

Die Alhambra (rechts), der im Mittelalter von den Mauren erbaute Palast in Granada, verkörpert den »zeitlosen« Charakter Spaniens, der vielen Künstlern so teuer ist. Doch erlebt die heutige spanische Gesellschaft weitgehende Veränderungen.

Ein kostümierter Teilnehmer bei einem Umzug in Barcelona (oben) verdeutlicht die heute in Spanien herrschende Stimmung von Freude und Ausgelassenheit.

Ein Obst- und Gemüsemarkt (unten) in Andalusien zeigt die ländliche Lebensweise vieler Spanier. Seit Francos Tod haben Landreformen auch dem ärmsten spanischen Landarbeiter mehr soziale Sicherheit gebracht.

SPANIEN

drid sowie das Verbot von Regionalsprachen, wie jene in Katalonien und im Baskenland, aufgehoben. Heute wird Katalanisch und Baskisch in den Schulen unterrichtet; die größeren Regionen haben ihre eigenen Fernsehkanäle, und alle spanischen Regionen haben ihre eigenen Regionalregierungen.

Eine neue Gesellschaft

In den 60er Jahren und Anfang der 70er Jahre, als Amerika und das übrige Europa einen gesellschaftlichen Umbruch erlebten, herrschten in Spanien noch ungebrochen die traditionellen sozialen Bindungen und Zwänge. Vor allem Frauen litten im alten Spanien darunter, ans Haus gebunden zu sein und oft nur in Begleitung einer Anstandsdame in männliche Gesellschaft gelassen zu werden. Heute scheint das Land im Gegensatz dazu viele der positiven und angenehmen Seiten der 60er Jahre zu genießen, wobei sich einige bereits an einer allzu großen Freizügigkeit stören. Tolerantes Verhalten von offizieller Seite, so sagen sie, führe zu einem Anstieg der Bagatellstraftaten, vor allem in Madrid (zu Francos Zeiten war Straßenkriminalität praktisch nicht vorhanden). Andere weisen mit Recht darauf hin, daß Spanien ohne Zweifel lebendiger und optimistischer ist als während der Franco-Diktatur.

Spaniens neu erblühendes kulturelles Leben spiegelt diese Vitalität wider. Während der Franco-Diktatur waren die meisten führenden Künstler und Schriftsteller gezwungen, im Ausland zu arbeiten. Aber jetzt sind sie nach Spanien zurückgekehrt und haben eine Regierung vorgefunden, die die Kunst in einer bemerkenswert großzügigen und vorurteilsfreien Art fördert. Madrid hat mit dem Centro Reina Sofia eines der schönsten Kulturzentren Europas erhalten. Madrid und Barcelona sind als Pioniere in den Bereichen Mode, Design, Architektur und Malerei hervorgetreten. Das Engagement und die Freude, mit denen alle Kunstrichtungen auf die neugefundene Freiheit reagiert haben, war äußerst bemerkenswert. Spanien ist seither zum Zentrum wilden Experimentierens sowie hervorragend aufgeführter traditioneller Schauspiele geworden.

Die europäische Verbindung

Spaniens Verbindung mit dem übrigen Europa ist heute enger als je zuvor, und seit 1986 ist das Land Mitglied in der Europäischen Gemeinschaft bzw. in der EU. In gewissen Dingen ist vielleicht der Wunsch, sich den Gewohnheiten eines modernen Europas anzupassen, zu weit gegangen, wie beispielsweise in dem Versuch, die spätnächtlichen Eß- und Trinkgewohnheiten der Spanier zu beschränken und die dort bisher üblichen Büroarbeitszeiten zu regulieren. Für Spanienliebhaber stellt sich inzwischen die Frage, wie weit das Land sich in Europa integrieren kann, ohne seine wunderbare Eigenständigkeit zu verlieren.

Die baskische Bevölkerung *(links)* fordert seit langem eine größere Unabhängigkeit von der Zentralregierung. Dies wurde vom Franco-Regime scharf abgelehnt. Seit 1975 erlaubt aber die Wende zur regionalen Selbstverwaltung den Unterricht der baskischen Sprache an den Schulen. Die Region verfügt nun über ein eigenes Parlament und eigene Polizeistreitkräfte. Viele Probleme bestehen noch, aber seit dem Tode Francos lockert die spanische Regierung die zentralistische Verwaltung der Provinzen immer weiter.

SPANIEN: WIRTSCHAFT

Längst ist Spanien kein Agrarland mehr, obwohl die Landwirtschaft noch vielen Landstrichen ihr Gepräge gibt, und die Orange noch immer eine Art Nationalsymbol ist. Bauern und Fischer machen zwar noch etwa 8 % der arbeitenden Bevölkerung aus, tragen aber nur rund 3 % zum Nationaleinkommen bei. Wirtschaftlich weit bedeutender ist angesichts des starken Gewichts des Tourismus das Dienstleistungsgewerbe, das auch Handel, Geldwirtschaft und Verkehr einschließt: Auf diesen Sektor entfielen fast zwei Drittel des Bruttoinlandsprodukts von 1998, das sind etwa 14,9 Billionen Peseten oder rund 553,2 Milliarden US-Dollar, während Industrie und Bauwesen zusammen ein gutes Drittel erwirtschafteten.

Die Entwicklung der Industrie

In der jüngsten Zeit – und besonders seit dem EG-Beitritt im Januar 1986 – verzeichnete die Wirtschaft hohe Wachstumsraten. Dennoch lag das Bruttosozialprodukt pro Kopf der Bevölkerung im Vergleich zum EU-Durchschnitt noch bei nur 64 %. Während der Franco-Zeit hatte die Industrie nur für den Landesbedarf produziert: Diese Einschränkung hatte die Wirtschaft in den 50er Jahren angesichts des wachsenden Importbedarfs an den Rand des Ruins gebracht. Eine Öffnung nach außen, eine gewisse Liberalisierung und eine zunehmende Industrialisierung wurden notwendig.

Vor allem die Energiekrise von 1973 setzte dieser ersten Wachstumsphase ein Ende. Viele Betriebe, besonders in der Schwer- und Textilindustrie, erwiesen sich als veraltet. Nach der Demokratisierung in den 70er Jahren kam es zu einer vorübergehenden Sanierung. Die weltwirtschaftliche Rezession erfaßte Ende der 70er Jahre auch Spanien und führte zu einem drastischen Arbeitsplatzabbau. Erst die sozialistische Regierung von Ministerpräsident González konnte ab Ende 1982 eine Aufwärtsbewegung einleiten – und wurde bei ihren Bemühungen von einer Belebung der Weltwirtschaft und einem Rückgang der Ölpreise unterstützt. Mit ihrem damals noch guten Rückhalt bei den Gewerkschaften konnte sie auch eine Umstrukturierung der veralteten Großindustrie in Gang setzen. Die Rationalisierungsmaßnahmen setzten allerdings erneut eine große Zahl von Beschäftigten frei. Die Arbeitslosenquote lag 1999 bei 15,8 % und damit etwa doppelt so hoch wie der EU-Durchschnitt.

Herausforderung durch die EG

Die Öffnung des Marktes gegenüber den Waren aus dem übrigen Europa im Rahmen der EG-Mitgliedschaft schuf jedoch ein starkes Ungleichgewicht zwischen den noch immer unterentwickelten Exportmöglichkeiten der spanischen Unternehmen und den Einfuhren. Bei den Importen fielen freilich auch die Maschinen ins Gewicht, die zur Modernisierung der industriellen Anlagen nötig waren und die künftig die

Ein Atomkraftwerk *(links)* offenbart den wirtschaftlichen Aufschwung Spaniens. Automobil-, Stahl- und chemische Industrie sind die wichtigsten Wirtschaftszweige. Die meisten Arbeitskräfte sind jedoch im Dienstleistungssektor beschäftigt.

Die spanische Wirtschaft *(rechts)* hat die aus begrenzten Bodenschätzen resultierenden Nachteile überwunden und verzeichnet heute eindrucksvolle Wachstumsraten. Die Industrie konzentriert sich im Norden, Agrarwirtschaft ist überall wichtig.

Schafe	Zitrusfrüchte	Kohle	• Bedeutende Industriestadt		
Rinder	Weintrauben	Eisen	Überwiegend Ackerland		
Weizen	Oliven	Uran	Weideland		
Gerste	Tourismus	Quecksilber	Wälder und Bergland		
Kork	Fischfang	Blei, Zink			

Weinlese in der Weinbauregion Rioja *(ganz links)*; spanischer Wein hat in den letzten Jahren immer mehr Liebhaber im Ausland gewonnen. Wein ist neben den Zitrusfrüchten eines der wichtigsten landwirtschaftlichen Exportprodukte.

Eine Schafherde *(oben rechts)* auf einem Weizenfeld in der Meseta. Die Schafhaltung ist der wichtigste Zweig der spanischen Viehwirtschaft. – **Der Fischfang** *(links)* spielt in den Küstenregionen auch heute noch eine große wirtschaftliche Rolle.

Konkurrenzfähigkeit der spanischen Wirtschaft anheben sollen. Doch gab es auch einen »Nachholbedarf« an Luxusgütern – zum Beispiel an Autos der Luxusklasse, die nicht im Land produziert wurden. Aber gleichzeitig entwickelte sich Spanien in diesen Jahren zu Europas drittwichtigstem Autoproduzenten und Autoexporteur.

Um Madrid wie um die katalonische Metropole Barcelona, zum Teil aber auch um die einst mit Hilfe britischer Fabrikanten zum Industriezentrum entwickelte baskische Hafenstadt Bilbao haben sich die wichtigsten Unternehmen angesiedelt. Doch auch viele andere Küstenstädte beherbergen Betriebe der Stahl-, Energie- und Chemieindustrie. Der EG-Beitritt hat sich für viele als Herausforderung zur Modernisierung erwiesen.

Das gilt auch für die Landwirtschaft: Spanien ist mittlerweile zum »Frühbeet Europas« für Gemüse und Obst – etwa für Erdbeeren – geworden. Seine Zitrusfrüchte, die nicht mehr nur in Ostspanien angebaut werden, wie in der riesigen Huerta, dem »Garten« von Valencia, sondern die vermehrt auch im südlichen Andalusien wachsen, finden ihren Absatzmarkt in ganz Europa. Auf zunehmende Anerkennung – bei ständiger Qualitätssteigerung – trifft im Ausland auch der kräftige spanische Rotwein und der zum Teil mit neuesten, aromaschonenden Methoden hergestellte Weißwein sowie seine perlende Abwandlung, die »Cava« – der in Flaschengärung hergestellte Schaumwein. Ungebrochene Beliebtheit bewahrte sich der zu einem guten Teil nach Großbritannien exportierte Sherry aus dem andalusischen Jeréz de la Frontera. Spaniens Bauern sind auch die wichtigsten Erzeuger von Olivenöl in Europa.

Für die Spanier ist frischer Fisch wichtig: Sie gehören zu den häufigsten Verbrauchern von Meeresgetier in der Welt. Ihre knapp 20 000 Schiffe zählende, zum Teil veraltete Fischereiflotte sowie ein eingespieltes Transportsystem sorgen dafür, daß die Fänge frisch das Inland erreichen. Doch werden die Fanggründe mit Rücksicht auf den Artenschutz durch die europäischen Abmachungen zum Leidwesen der Fischer und der weiteren Beschäftigten in dieser Branche immer weiter eingeschränkt.

Der Fremdenverkehr

Diese Geschäftszweige werden jedoch nach wie vor vom Tourismus in den Schatten gestellt: Der Fremdenverkehr macht allein etwa ein Zehntel der gesamten Wirtschaftstätigkeit aus und beschäftigt 11 % aller spanischen Arbeitnehmer. Die mehr als fünfzig Millionen ausländischen Besucher pro Jahr, die in den mehr als eine Million Fremdenbetten unterkommen, bringen jährlich netto mehr als 30 Milliarden Dollar an Devisen ins Land und leisten so einen unentbehrlichen Beitrag zum Ausgleich des Handelsdefizits.

SPANIEN: MADRID

Der Reiz Madrids liegt nicht in äußerlichen Attributen, sondern in der außerordentlichen Vitalität begründet, einer charakteristischen Eigenschaft, die die Stadt seit dem 17. Jahrhundert kennzeichnet, als sie sich zu einer bedeutenden Metropole entwickelte. Obwohl die Stadt möglicherweise auf eine über einer prähistorischen Stätte errichtete römische Siedlung zurückgeht, war sie bis zur maurischen Zeit unbedeutend. Die Mauren erbauten auf einem ausgedehnten steilen Bergkamm, der sich über dem Fluß Manzanares erhebt, einen Alcázar (Festung). Nach der Eroberung durch die Christen im Jahr 1083 begann der lange Schlaf Madrids, das 1561, als Philipp II. (1527–1598) beschloß, den Ort zum ständigen Sitz seines Hofes zu machen, lediglich eine öde Provinzstadt war. Nachdem sein erster Enthusiasmus erloschen war, konzentrierte er sich eher auf den Bau des Klosters und des Palastes von El Escorial am Südhang der Sierra de Guadarrama als auf die neue Hauptstadt.

Eine wachsende Stadt

Unter den Nachfolgern Philipps II. begann sich Madrid mit großer Geschwindigkeit auszudehnen. Im frühen 17. Jahrhundert rühmte es sich einer Bevölkerung, die größer war als die der meisten europäischen Städte und eines im ganzen Land unerreichten kulturellen Lebens. 1605 wurde in Madrid ein Roman veröffentlicht, der Spanien einen Platz auf der literarischen Landkarte Europas bescherte: »Don Quijote« von Miguel de Cervantes Saavedra (1547–1616). Bald danach zog der Maler Diego Velázquez (1599–1660) von Sevilla nach Madrid, eine Entscheidung, die auch von vielen seiner Kollegen aus dem Süden getroffen werden sollte. Zur gleichen Zeit wurde das Erscheinungsbild Madrids radikal verändert. Zahlreiche imposante Gebäude und Plätze entstanden, von denen viele bis heute erhalten geblieben sind. Eine der größten Touristenattraktionen aus dieser Periode ist die Plaza Mayor, ein großer, einfacher, völlig von Arkadenhäusern eingeschlossener Platz, der unter anderem Schauplatz von Ketzerverbrennungen und Stierkämpfen war.

Um die nahegelegene Plaza Puerta del Sol, ein Platz, der einst die südöstliche Stadtgrenze markierte, entstand der kommerzielle Mittelpunkt Madrids. Während die Plaza Mayor heute in erster Linie einen Anziehungspunkt für Touristen darstellt, ist die Puerta del Sol immer noch der lärmende und lebhafte Treffpunkt, den ein Reisender im 17. Jahrhundert mit einer »Meeresbucht, immer in Bewegung« verglich.

Aufgrund des rapiden Wachstums der Stadt wurde Madrid mit extremen Gegensätzen zwischen reich und arm konfrontiert. Die Kriminalität und der Gestank von Madrid waren berüchtigt. Es dauerte jedoch bis zur Herrschaft des aufgeklärten Königs Karl III. (1716–1788), bis schließlich Reformen zur Verbesserung der städtischen Infrastruktur eingeleitet wurden, darunter die Installierung einer Kanalisation. Dieser König ließ auch ein königliches Anwesen an der östlichen Peripherie der Stadt zu einem öffentlichen Park (den Retiro) gestalten, der auch heute noch als eine der prächtigsten städtischen Parkanlagen Europas gilt. Des weiteren veranlaßte Karl den Bau des Prado, der zu den berühmtesten Kunstmuseen der Welt zählt.

Als Spanien im 19. Jahrhundert als Urlaubsziel in Mode kam, neigten die damaligen Touristen dazu, Madrid aus dem gleichen Grund zu besuchen wie die heutigen – zur Besichtigung des Prado. Die Stadt selbst interessierte sie weniger, da sie hier die malerische Schönheit vermißten, die sie an Spanien so sehr schätzten. Denn Madrid befand sich inmitten eines rapiden Industrialisierungsprozesses und beherbergte eine Bevölkerung, die ein britischer Reisender beschrieb als »die außergewöhnlichste, vitalste Menschenmenge, die auf dem gesamten Erdball anzutreffen ist«.

Zu Beginn des 20. Jahrhunderts wurde ein großer Teil des alten Zentrums von Madrid durch den Bau der Gran Vía zerstört. Das kulturelle Leben der Stadt war jedoch in dieser Periode durch eine bemerkenswerte Lebendigkeit gekennzeichnet. Zahlreiche Schriftsteller und Künstler der Stadt – wie der Dichter Federico García Lorca, der Maler Salvatore Dalí und

Der Retiro-Park (oben) mit der Reiterstatue König Alfons XII. war einmal Teil der königlichen Güter. Heute besteht er aus einer Gartenanlage mit einem See, auf dem man sogar rudern kann, und einem berühmten botanischen Garten.

Eine Kunststudentin (rechts) hat auf einer Straße in Madrid mit Kreide das Meisterwerk »Las Meninas« (Die Hofdamen) von Velázquez kopiert. Das Originalgemälde befindet sich im Museo del Prado, der berühmten Madrider Kunstgalerie.

SPANIEN

Die Plaza de España (links) im Herzen Madrids. Von der Westseite des Platzes blickt man über den Río Manzanares auf die Hochebenen Kastiliens. Breite baumbestandene Straßen sind typisch für diese äußerst vitale Stadt.

Madrid (unten) lädt den Besucher zu einem Bummel durch die zahlreichen eleganten Alleen des Stadtzentrums ein. Hier befindet sich auch eine Fülle von Sehenswürdigkeiten und beeindruckenden Baudenkmälern. Dazu gehören das Edificio de España, der Palacio Real und das Teatro Real, die Kirche San Francisco el Grande und die Kathedrale San Isidro, die Akademie der Schönen Künste und der Prado, der Justizpalast, das Archäologische Museum und die Nationalbibliothek.

der Filmregisseur Luis Buñuel – engagierten sich in der Residencia de Estudiantes, einer zukunftweisenden Bildungseinrichtung. Der kulturelle Aufbruch dieser Jahre fand mit dem Spanischen Bürgerkrieg von 1936–1939 ein Ende.

Mit dem Tod Francos im Jahre 1975 stellte sich in Madrid wieder die frühere Lebhaftigkeit ein, und die Stadt begann wieder eine wichtige Rolle in der modernen Gesellschaft zu spielen. Die breite Hauptverkehrsstraße, die nun wieder ihren ursprünglichen Namen, Castellana, führt, schmücken seit einigen Jahren herrlich phantasievolle und anmutige Reihen neu errichteter Gebäude. Madrid ist auch zu einem bedeutenden Modezentrum geworden, eine Stadt, die im gesamten Spanien für ihre »Movida« oder Trendsetter bekannt ist. Vor allen Dingen ist Madrid wieder die Stadt, in der – mit den Worten Hemingways – »niemand zu Bett geht, bevor er die Nacht nicht hinter sich gebracht hat«. Um die ganze Vielfältigkeit Madrids zu erleben, muß man lediglich in einer Sommernacht die Castellana aufsuchen, dann trifft man auf eine große, aus Menschen jeden Alters bestehende Menge, die sich bis zum Anbruch der Morgendämmerung bummelnd und plaudernd amüsiert. Kaum eine andere europäische Stadt verfügt über solch ein intensives Straßenleben, wie die geschichtsträchtige spanische Hauptstadt.

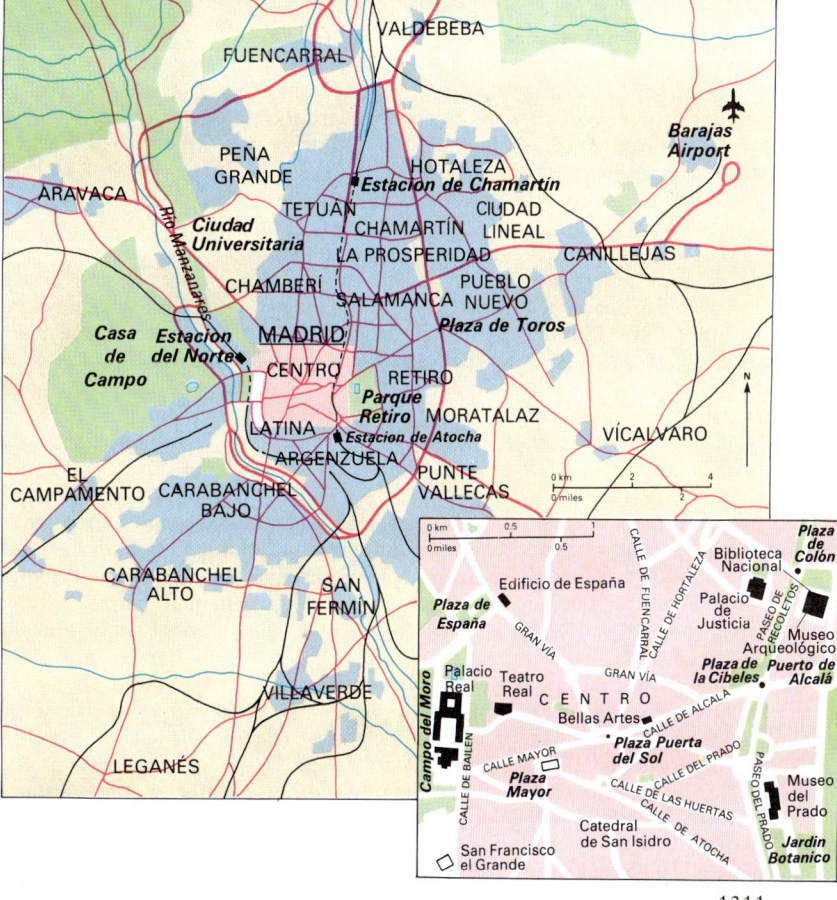

SPANIEN: DIE MENSCHEN

Spaniens Bevölkerung hat sich seit 1900 mehr als verdoppelt. Sie konzentriert sich vor allem auf die Großstädte und zunehmend auch auf die freundlicheren Küstenregionen. Allein im Großraum Madrid mit fast fünf Millionen Menschen und im Agglomerationsbereich von Barcelona mit rund 1,5 Millionen lebt etwa ein Viertel der Gesamtbevölkerung. Wer dagegen das spanische Binnenland durchfährt, hat oft das Gefühl, ein leeres Land zu durchqueren: Auf langen Strecken gibt es nur weit auseinanderliegende, winzige Dörfer und ab und zu ein kleines Städtchen. Nur 78 Einwohner kommen in Spanien auf den Quadratkilometer, in den ausgedehnten Hochflächen des Landeszentrums sind es – die Region Madrid ausgenommen – weniger als 30.

Vor allem in den 60er Jahren, als Spanien einen anhaltenden wirtschaftlichen Aufschwung erlebte, setzte eine große innere Wanderungsbewegung aus den verarmten ländlichen Gebieten in die Industriezentren ein: Architektonisch abstoßende Neubauviertel zeugen in fast allen Großstädten von den oft allzu eilfertig unternommenen Maßnahmen zur Beschaffung von Wohnraum. An vielen Orten wurde durch die damit einhergehende Bauspekulation viel von der alten Substanz der Städte zerstört. Umso mehr Menschen versuchen sich heute im Gefolge der ökonomischen Aufwärtsentwicklung ein Eigenheim in den Außenbezirken der Städte zu sichern. Mit der Verstädterung – in nur 7 % der rund 8000 selbständigen Gemeinden leben über drei Viertel der Bevölkerung – ging auch viel vom Eigencharakter der einzelnen Landesteile verloren.

Millionen von Spaniern verließen im 20. Jahrhundert auf der Suche nach reicheren Gefilden als »Gastarbeiter« das Land. Nicht wenige kamen in jüngster Zeit angesichts des Wirtschaftsaufschwungs wieder zurück in ihre angestammte Heimat.

Die durchschnittliche Lebenserwartung liegt in Spanien höher als in den meisten anderen Ländern Europas: Es beträgt 82 Jahre für Frauen und 75 für Männer. Dennoch sind die Spanier kein »altes« Volk: Starker Nachwuchs sorgte noch bis vor kurzem für eine Verjüngung der Bevölkerung. Dieses freilich hat sich seit etwa 1980 entscheidend verändert, denn die traditionelle Familie mit ihrer großen Kinderschar erscheint heute mit dem Streben nach Wohlstand und freier Persönlichkeitsentfaltung wie mit der Übervölkerung der Städte nicht mehr vereinbar: Spaniens Frauen bringen heute nur noch durchschnittlich 1,15 Kinder zur Welt.

Die regionalen Volksgruppen
In Spanien, das im Mittelalter aus mehreren Völkern zusammenwuchs, war der Regionalismus immer stark ausgeprägt, und viele der originalen Gebietsteile haben sich auch ihre spezifische Eigenart und ihre Traditionen bewahren können.

Deshalb sind jedoch noch lange nicht alle Galicier zurückgebliebene Kleinbauern oder auch gelehrte Poeten, ebensowenig wie alle Basken gute Köche oder fanatische Bombenleger sind, wie es nach den gängigen Einstufungen scheinen möchte. Auch sind nicht alle Katalanen Geizkragen oder auch nur tüchtige Geschäftsleute. Zwar sind viele Andalusierinnen »glutäugig«, wie andere Spanierinnen auch – mit Ausnahme eines beachtlichen Anteils an blauäugigen Blondinen von der Nordküste. Und es sind nicht alle Andalusier Stierkämpfer und Flamenco-Tänzer oder verträumte Phantasten: Die »verträumten« Herumsteher auf den Marktplätzen der andalusischen Landstädte sind meist Tagelöhner, die auf eine Gelegenheit für einen bescheidenen Verdienst warten.

Die neuen Regierungen seit 1975 mußten nach dem rigorosen Zentralismus der Franco-Zeit den Eigenarten der »Völker« an der Peripherie des Landes mit der Gründung von auto-

SPANIEN

Mit traditionellen Tonwaren *(links)* ist der Esel eines Händlers in Toledo in Zentralspanien beladen. Das farbenfrohe Angebot soll die Aufmerksamkeit der Touristen auf der Suche nach Souvenirs auf sich ziehen. Spanien wird jährlich von über 60 Millionen Touristen besucht. Bis zur Entwicklung der Tourismusindustrie in den 60er Jahren waren viele Spanier gezwungen, in Frankreich oder der Bundesrepublik Deutschland zu arbeiten. Heute beschäftigt der Fremdenverkehr Hunderttausende.

Eine Landfrau *(oben)* bietet in einer Straße in Madrid Maronen und Kastanien an. Oft nehmen die Menschen weite Wege in Kauf, um ihre Waren in den städtischen Zentren zu verkaufen, wo sie bessere Absatzmöglichkeiten finden.

Ein älterer Landbewohner *(links)* im Gebiet von Asturiens Picos de Europa auf dem Weg zu seinem Garten. Sein schwarzes Barett, das vor allem an das Baskenland erinnert, ist die traditionelle Kopfbedeckung der Landarbeiter.

nom verwalteten Regionen Rechnung tragen. Vor allem die Gebietsteile mit ursprünglich eigenen Sprachen hatten eine solche Autonomie verlangt – oder gar ihre Unabhängigkeit. Und allein durch den Terror der baskischen Separatisten der ETA – die Abkürzung steht für »Baskenland und Freiheit« – kamen bisher rund 850 Menschen ums Leben. Nicht konfliktfrei, aber doch zunehmend erfolgreich, ist heute die Wiedereinführung der Regionalsprachen, deren Gebrauch während des Franco-Regimes verboten war. Vor allem das schon immer weitverbreitete Katalanische hat sich wieder durchgesetzt. Doch auch das schwierige Baskisch findet zunehmend Anhänger, während das dem Portugiesischen verwandte Galicische, das in vergangenen Jahrhunderten die Sprache der Poeten war, trotz aller Sprachpflege eher nur als Volksdialekt weiterexistiert.

Kommt auch das Arabische wieder auf, das während der Maurenherrschaft zum Kastilischen einen guten Teil seiner Vokabeln beitrug? Heute leben wieder Zehntausende von Arabern – vor allem aus Marokko – in Spanien, wenn auch meist als illegale Einwanderer. Immerhin stellen sie einen beachtlichen Anteil unter den Hunderttausenden von Fremden, die mit oder ohne gültige Erlaubnis im Land weilen und unter denen besonders die Souvenirhändler aus Schwarzafrika auffallen. Genaue Zahlen gibt es nicht. Rund 460 000 Ausländer haben sich mit offizieller Aufenthaltsgenehmigung niedergelassen. Wichtig sind dabei für Spanien die Tausende von Technikern und Managern, die für Firmen aus der EU oder auch aus Japan und den USA arbeiten. Auch einige tausend amerikanische Soldaten sind im Land stationiert. Hinzu kommt eine wachsende Zahl von mehr oder weniger wohlhabenden Rentnern und »Aussteigern«, die in den Feriensiedlungen für den größeren Teil des Jahres einen Platz an der Sonne sucht.

SPANIEN: DIE FIESTA

Der Tourist, der Spanien zum ersten Mal besucht, wird sicherlich über den unersättlichen Hunger des Landes nach Festen, den »Fiestas«, erstaunt sein, die sich durch einen Grad von Ausgelassenheit auszeichnen, der in anderen europäischen Ländern nicht seinesgleichen findet. Sie sind seit langem Bestandteil des spanischen Lebens, und Richard Ford, ein Engländer, der das Land in den dreißiger Jahren des 19. Jahrhunderts bereiste, stand nicht allein mit der Frage, wie es den Spaniern gelingt, ihren Lebensunterhalt zu erwerben, da »jeder Tag ein Feiertag zu sein scheint«.

Über das ganze Jahr hinweg findet irgendwo in Spanien ein größeres Fest statt. Die Eigenarten dieser Feste unterscheiden sich jedoch regional beträchtlich: Die Fiestas von Katalonien und Valencia zeichnen sich durch unzählige Feuerwerke und Freudenfeuer aus; in Andalusien, im Süden, wirbeln die Pünktchenkleider zum Klang der Kastagnetten und Gitarren. Andalusien ist wohl Spaniens festseligste und, in mancher Hinsicht, »typischste« Region.

Der jährliche Reigen spanischer Feste beginnt im Februar mit Karnevalsveranstaltungen in vielen Städten, vor allem in der andalusischen Hafenstadt Cádiz. Hier sind die Straßen voller bunt kostümierter Menschen, die historische Ereignisse auf humorvolle Weise nachspielen. Ihr Humor ist meistens von Respektlosigkeit gegenüber der Obrigkeit gekennzeichnet. Es kann daher nicht überraschen, daß Karnevalsveranstaltungen während der Zeit der Franco-Diktatur gänzlich verboten waren.

Die Karwoche

Fröhlichkeit und Ausgelassenheit der Karnevalsveranstaltungen weichen zu Ostern den eher ernst begangenen Feierlichkeiten der »Semana Santa« (Karwoche). In Spaniens Karprozessionen – den bekanntesten und eindrucksvollsten in Europa – kommen in der Feier vom Tod und der Auferstehung des Herrn und dem Leiden der Jungfrau Maria deutlich die frohen und düsteren Züge des spanischen Wesens zum Vorschein.

Diese Feiern sind allerdings regional recht unterschiedlich, doch zieht bei den meisten eine lange Reihe von »Büßern« mit: Männer und Knaben in Umhängen und spitzen Hüten, ähnlich denen des Ku-Klux-Klan in Amerika. Einige dieser Büßer nehmen aus aufrichtiger Bußfertigkeit teil, barfuß und mit schweren Kreuzen beladen (früher trugen sie sogar Ketten und geißelten sich); andere hingegen gehen einfach aus Spaß an der Verkleidung mit. Feinere Details der Karprozession, wie die genaue Art der Kleidung oder des Tragens eines der Heiligenbilder, mögen dem Touristen wenig bedeuten; die reine Freude am Schauspiel jedoch und die Verwandlung einer ganzen Stadt in ein riesiges, mit Tausenden von Darstellern bevölkertes Bühnenbild wird aber immer einen bleibenden Eindruck beim Betrachter hinterlassen.

In Sevilla, wo die Karwoche prächtiger als an jedem anderen Ort Europas begangen wird, ist Ostern erst mit dem Beginn der Feria vorüber. Sevillas Feria – die berühmteste Spaniens – geht auf einen mittelalterlichen Pferde- und Viehmarkt zurück. Heute ist sie eine einwöchige Festivität, die in farbenprächtigen Zelten stattfindet. Die Frauen Sevillas, die sich seit alters benachteiligt fühlen, da es ihnen nicht erlaubt ist, während der Karwoche Büßer darzustellen, putzen sich mit farbenfrohen Flamenco- oder Zigeunerkostümen heraus, zu denen lange Schleppen, kleine Punktmuster und Seidenschals gehören. In den Zelten reißen Gesang und Tanz nicht ab, wobei reichlich Sherry getrunken wird. Trotzdem wird man kaum Grobheiten erleben, da man in Sevilla der Meinung ist, daß Frohsinn und gutes Benehmen einander nicht ausschließen.

Der Stierkampf

Ein wichtiger Bestandteil der Feria in Sevilla ist der Stierkampf, eine Veranstaltung, in der die spanische Liebe zum Ritual überdeutlich hervortritt. Viele Ausländer, wie der amerikanische Schriftsteller Ernest Hemingway, waren und sind von der Schönheit dieses Schauspiels, von dem Wagemut und der Gewandtheit seiner Akteure begeistert; eine gleichgroße und auch steigende Zahl von Spaniern verurteilt ihn als rohe Schlächterei und fordert seine Abschaffung. Die Hauptanziehungskraft des Stierkampfs beruht auf dem Gepränge und den Ritualen des Ereignisses, dem Treiben auf den Rängen, der Farbenpracht der Kostüme und dem Spiel der Kapelle während der Höhepunkte. Zuweilen jedoch gibt es Momente von reinem, unerklärlichem Zauber, wenn der Matador, dessen Aufgabe es ist, den Stier zu töten, eine außergewöhnlich elegante oder wagemutige Bewegung ausführt und dabei das Publikum begeistert.

In farbenfrohen Kostümen wirbeln Tänzer *(oben rechts)* bei der Feria de Caballo in Jerez zu den packenden, rhythmischen Klängen des Flamenco umher. Dieser andalusische Tanz hat seine Ursprünge in den Zigeunerliedern.

Büßer mit Spitzhüten *(rechts)* nehmen jedes Jahr während der Karwoche an Prozessionen durch Sevilla teil. Viele Prozessionen werden nur vom Singen der Klagelieder begleitet. Das Ende der Osterwoche ist der Anfang der Feria.

SPANIEN

Pilgerreise in die Vergangenheit

Von allen Festen Spaniens ist vermutlich die Pilgerfahrt nach El Rocío das bemerkenswerteste. Sie findet zu Pfingsten statt, nur kurze Zeit nach der Feria von Sevilla. El Rocío, ein einsam gelegener Weiler, etwa 96 km von Sevilla entfernt, liegt an einem Ort, an dem im Mittelalter ein wundertätiges Bild der Jungfrau Maria zum Vorschein gekommen sein soll. Noch früher scheint die Gegend bereits Zentrum eines Fruchtbarkeitskultes gewesen zu sein. Heute reisen Pilger in Flamencokostümen aus allen Teilen Spaniens nach El Rocío, wobei viele ihre Habseligkeiten in ochsenbespannten Wagen transportieren, die denen des amerikanischen Wilden Westens gleichen.

Die Festlichkeiten weisen Züge sowohl der Karwoche als auch der Feria auf und vereinen harmonisch religiöse und weltliche Elemente. Hier verläßt man die alltägliche moderne Welt, um in einer unvergleichlichen Dünen- und Marschlandschaft eine schlaflose Woche voll ununterbrochener Aktivität zu erleben. So ist es denn schwer, nach solch einer Erfahrung zur Realität zurückzufinden.

Zum Glück für die Freunde der Fiesta läßt Spanien wenig Zeit zu ernsthafter Reflektion. Jetzt kommen die Sommermonate und mit ihnen viele Festveranstaltungen im ganzen Land. Kein Wunder, daß die Spanier manchmal von dem Gefühl beschlichen werden, zu ihrem Vergnügen zu leiden.

Die Pilgerfahrt nach El Rocío *(links)* in Andalusien ist eines der ältesten religiösen Feste Spaniens. Traditionsgemäß kommen die Pilger in Planwagen, die oft mit farbigen Bändern geschmückt sind. Die Feierlichkeiten dauern mehrere Tage an.

Menschliche »Türme« *(rechts)*, die sich über die jubelnde Menge erheben, sind Bestandteil der Fiestas in Katalonien. Feuerwerk, riesige Puppenfiguren, katalanische Musik und Tanz tragen ebenfalls zur ausgelassenen Stimmung bei.

SPANIEN: LANDESNATUR

Die Iberische Halbinsel ist die größte der drei südeuropäischen Halbinseln. Von der Fläche dieses eigenen »Kleinkontinents« nimmt Spanien fünf Sechstel ein, der Rest entfällt auf Portugal, den Zwergstaat Andorra und die britische Kronkolonie Gibraltar. Zum spanischen Staatsgebiet kommen allerdings noch eine Reihe von Inseln hinzu, so daß es insgesamt 505 992 km² umfaßt. Das Festland wird oft mit einer Burg verglichen: Von den Küsten ragen steile Gebirge auf, die das Hochland im Innern wie Mauern schützend umschließen.

Die Abschottung durch die Berge trägt dazu bei, daß der zwischen dem 36. und dem 43. Breitengrad liegende Staat, obwohl er vom Mittelmeer und vom Atlantik umgeben ist, ein verhältnismäßig trockenes, im Sommer ziemlich heißes Klima aufweist. In den langen Wintern bleibt es dagegen im größten Teil Spaniens reichlich kühl und oft auch frostig. Die mediterranen oder subtropischen Regionen an seinen palmenbestandenen Südküsten stehen im starken Kontrast zu den höhergelegenen Gegenden, wo in vielen Berggebieten sogar bis weit in das Frühjahr hinein Wintersport betrieben werden kann. Das gilt selbst für die im heißen Andalusien gelegene Sierra Nevada, die – wörtlich übersetzt – »Beschneite Säge«, mit dem höchsten Berg des Festlands, dem 3478 m hohen Mulhacén.

Etwa 2,5 % des spanischen Territoriums machen seine Inseln aus, von denen die 1000 km südlich von der Iberischen Halbinsel gelegenen und 100 km von der afrikanischen Westküste entfernten Kanaren sowie die Balearen im Mittelmeer die wichtigsten sind. Zu Spanien gehören auch zwei kleine Städte an der nordafrikanischen Küste, Ceuta (Sebta) und Melilla (Melîlia). Die Enklaven werden von Marokko beansprucht, während Spanien seinerseits von Großbritannien die Rückgabe der Kronkolonie Gibraltar verlangt, die als eindrucksvolle Felsenhalbinsel am Südende Spaniens in die Straße von Gibraltar hineinragt und einst als eine der »Säulen des Herkules« bekannt war.

Die Großlandschaften

Die Nähe zu Afrika – der »Schwarze Kontinent« liegt über die Meerenge hinweg nämlich nur 14 km entfernt – hatte starken Einfluß auf die geschichtliche und kulturelle Entwicklung Spaniens, zumal das Land im Norden durch die im Mittel 2000 m hohen Pyrenäen vom übrigen Europa abgeschnitten ist. Die Pyrenäen, die im 3404 m hohen Pico de Aneto in der Maladetagruppe gipfeln, setzen sich nach Westen, am Golf von Biscaya entlang, in den baskischen, kantabrischen und asturischen Bergen fort. Im Kantabrischen Gebirge entspringt als wichtigster Fluß der Ebro, der in Katalonien (Cataluña) ins Mittelmeer mündet. Weiter im Süden fließen der Duero, der Tajo – der längste Fluß der Iberischen Halbinsel – und der Guadiana durch Portugal dem Atlantischen Ozean zu. An Spaniens Südküste mündet der andalusische Guadalquivir in den Atlantik. Die großen Flußbecken gehören neben einigen Küstenstreifen zu den fruchtbarsten Gebieten des Landes. In einer Vielzahl von kleinen und großen Staubecken werden die Winterregen zur Bewässerung gespeichert. Eine Reihe von – freilich immer stärker gefährdeten – Feuchtgebieten birgt eine reiche Fauna und sichert auch einem Teil der europäischen Zugvögel ihre Rastplätze bei der herbstlichen Reise in den Süden.

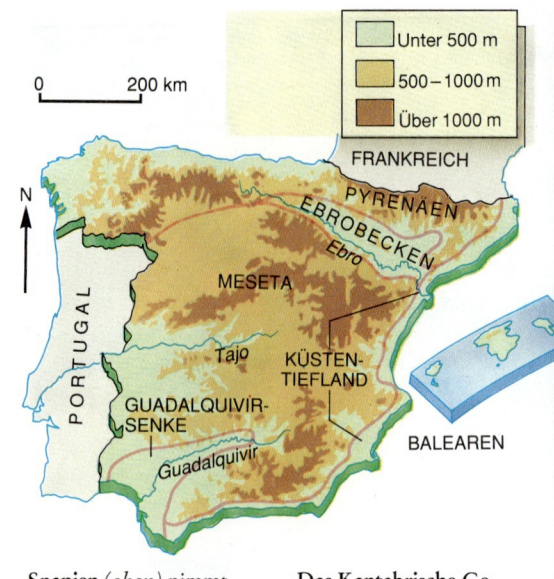

Spanien (oben) nimmt den größten Teil der Iberischen Halbinsel ein. Den Kern des Landes bildet das Meseta-Plateau, das von Gebirgen und fruchtbaren Ebenen gesäumt wird. Im Nordosten bilden die Pyrenäen die Grenze zu Frankreich.

Das Kantabrische Gebirge (rechts) in der nördlichen Region Asturien ist Teil einer Gebirgskette, zu der auch die Picos de Europa und die Pyrenäen gehören. Große Gebiete Nordspaniens bestehen aus bewaldeten Gebirgen.

Madrid liegt nahe dem geographischen Mittelpunkt des Landes. Spaniens Hauptstadt ist gleichzeitig das Zentrum der riesigen kastilischen Meseta, einer zwischen 650 und 1000 m Höhe liegenden trockenen und kargen Hochfläche, die fast die Hälfte Spaniens ausmacht. Sie wird von einigen kleineren Gebirgen durchzogen, der Sierra von Toledo etwa und den bis über 2500 m hohen, bei der Hauptstadt liegenden Gredos- und Guadarrama-Bergen. Die Meseta, auf der vielfach nur Steineichen und Strauchvegetation wachsen, wo aber – im Norden – auch Weizen- und Kichererbsenanbau betrieben wird und wo sich – im Süden – die riesigen Weinfelder der Mancha ausbreiten, ist weitgehend identisch mit dem wegen seiner vielen Festungen und Kastelle »Kastilien« genannten Kernland Spaniens. Hier hat auch die Hauptsprache, das Kastilische, seine Heimat.

Im Norden der Meseta liegt der wesentliche Teil des »feuchten Spanien«: am weitesten

SPANIEN

Die Sierra Nevada *(oben)* trennt das südliche Andalusien vom Mittelmeer. Viele ihrer Gipfel sind schneebedeckt – ihr höchster, Mulhacén, erreicht eine Höhe von 3478 m. – **Andalusien** *(unten links)* gehört mit seinen welligen Ebenen und ausgedehnten Gebirgen zu den malerischsten Gegenden Spaniens. Hier herrscht ein trockenheißes Klima vor. – **Die Costa Brava** *(unten)* an der katalanischen Küste ist mit ihren langen Sandstränden eines der bekanntesten spanischen Fremdenverkehrsgebiete.

westlich das an seinen Küsten von »Rias«, schmalen Buchten, durchzogene Galicien (Galicia), an das sich die Bergbau- und Viehzuchtregionen Asturien (Asturias) und Kantabrien (Cantábrica) anschließen. Das ebenso grüne wie von Fabriken durchsetzte Baskenland bildet zusammen mit dem benachbarten Navarra und der für seinen Wein berühmten Region Rioja das Zentrum des Nordens. Weit nach Mittelspanien hinein ragt das zu einem guten Teil von den Pyrenäen und seinen Vorgebirgen bestimmte einstige Königreich Aragonien.

In Katalonien spürt man den Einfluß des benachbarten Frankreich am deutlichsten. Abgesehen von den Stränden an der buchtenreichen Costa Brava prägen ein intensiv agrar genutztes Hügelland und die Industriegebiete um Barcelona die Landschaft.

Andalusien

Das »typische« Spanien wird am ehesten in dem ans Mittelmeer und an den Atlantik angrenzenden Andalusien gesehen. Hier wirkt Spanien am wenigsten »europäisch« angesichts des meist subtropischen Klimas und der dunkelhaarigen Bewohner, die in ihrem Temperament wie in ihrer getönten Hautfarbe arabisch beeinflußt sind. In vielen Städten haben hier die einstigen Maurenfürsten und die späteren christlichen Herrscher ebenso aufwendige wie dekorative Bauwerke hinterlassen: Granada mit seiner Alhambra, Córdoba mit seiner zur Kirche umgewandelten Moschee und Sevilla mit seiner Kathedrale und dem Alcázar.

Zusammen mit Andalusien haben die am Mittelmeer gelegenen Städte Valencia und Murcia mit ihrer von Orangenbäumen und Reisfeldern geprägten Umgebung im Ausland das Bild von Spanien mehr geprägt als das kastilische Kernland oder die an Portugal anschließende Extremadura mit ihren riesigen, von Stein- und Korkeichen bestandenen Weiden.

SPANIEN: BALEAREN

Abgehoben vom Charakter des spanischen Festlands liegen die Inseln der 5014 km² umfassenden Balearen-Gruppe im westlichen Mittelmeer. Wie immer ihre Verschiedenartigkeit vom Festland bewertet wird, so sind sie doch als bevorzugte Touristenziele die wichtigsten Begegnungsstätten der Fremden mit »Spanien«.

Die Balearen bestehen aus den Inseln Mallorca, Menorca, Ibiza und Formentera sowie aus über hundert kleinen, unbewohnten Felseneilanden. Sie stellen Restpfeiler einer einst zusammenhängenden, abgesunkenen Gebirgsgruppe dar, die die Fortsetzung der Gebirge des Festlands bildet. Hauptort und Verwaltungssitz ist Palma de Mallorca. Ibiza und Formentera sind auch unter dem Namen »Pityusen« (Kieferninseln) bekannt, eine Bezeichnung, die sich von dem griechischen Wort für die Wacholderart »Juniperus phoenica« herleitet. Doch nicht nur ihre Lage im Mittelmeer und die Reize der Landschaft lassen die Balearen für sonnenhungrige Urlauber besonders attraktiv erscheinen – vor allem das mediterrane Klima mit trocken-heißen Sommern und meist sehr milden Wintern (auch im Januar, dem kältesten Monat, sinkt die Mitteltemperatur nicht unter 10 °C) macht die Inseln zu einem ganzjährig attraktiven Ferienziel. Vor allem auf Mallorca »überwintern« inzwischen zahlreiche Pensionäre und Rentner.

Die Geschichte der Inseln

Die Talayots, massive Rund- oder Vierecktürme, und Grabbauten zeugen noch heute von einer eigenständigen Kultur auf den Balearen während der Bronze- und Eisenzeit. Die Karthager eroberten die spanische Provinz, die schon früh auch von Phöniziern und Griechen aufgesucht wurde, und zwangen im 6. Jahrhundert v. Chr. die Einheimischen, im karthagischen Heer zu dienen. Im Jahr 123 v. Chr. eroberte Rom die Inseln und gründete die Hauptstadt Palma. Nachdem während der Völkerwanderung unter anderem Vandalen und Westgoten und seit Ende des 8. Jahrhunderts Araber die Inselgruppe besetzt hatten, eroberte Jakob I. (1208–1276) von Aragón 1229–1235 die Balearen. 1262 übergab er seinem jüngerem Sohn Mallorca als selbständiges Königreich. 1348/49 vereinigte jedoch Peter IV. (1319–1387) die Balearen wieder mit Aragón. Seit dieser Zeit gehören sie fast ununterbrochen zu Aragón bzw. später zu Spanien. Nur die Insel Menorca war im 18. und zu Beginn des 19. Jahrhunderts vorübergehend britisch.

Viele der landwirtschaftlichen Terrassenkulturen auf Mallorca gehen auf die Zeit der Mauren zurück. Auf diese weisen auch die noch zahlreich vorhandenen, heute aber meist ungenutzten Windmühlen sowie die arabischen Siedlungsnamen hin. Im 13. Jahrhundert wurden Katalanen angesiedelt. Ein Teil der maurischen Bevölkerung blieb, zunächst als Sklaven, auf der Insel zurück und ging später in der

Ein Dorf *(rechts)* schmiegt sich an einen Berghang. Auf Mallorca schützt im Nordwesten ein Küstengebirge, an dessen Hängen seit Jahrhunderten Terrassenwirtschaft betrieben wird, die fruchtbaren inneren Ebenen.

Eine alte Einwohnerin Formenteras *(ganz rechts)* trägt den für die Inselbevölkerung typischen Sonnenhut, der als Sonnenschutz dient. Nur wenige Einwohner beherrschen noch das Mallorquinische, einen ostkatalanischen Dialekt.

Ein mit reicher Steinmetzarbeit verziertes Portal *(unten)* erstrahlt im Sonnenlicht einer der alten Straßen von Ciudadela, Menorca. Während des 18. Jahrhunderts war die Insel britischer Besitz, seine Hauptstadt Mahón eine wichtige Flottenbasis.

Sonne, See und Sand *(rechts)* locken jedes Jahr Schwärme von Touristen zu den Stränden Mallorcas. Das günstige westmediterrane Klima der Balearen, mit heißen, trockenen Sommern und milden Wintern, macht die Insel zu jeder Jahreszeit zu einem Mekka für Urlauber. Die meisten Touristen konzentrieren sich auf die Strände der Balearen, nur wenige besuchen auch die eindrucksvollen historischen Stätten, wie die bronzezeitlichen Siedlungen und die gotische Kathedrale von Palma.

SPANIEN

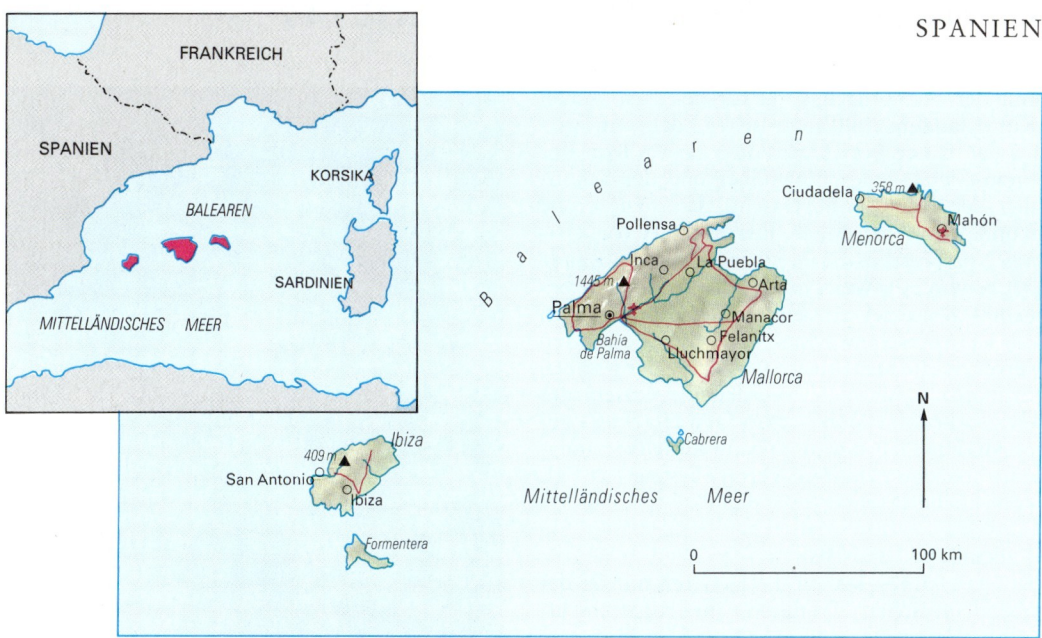

Die Balearen (oben), vor der spanischen Ostküste gelegen, umfassen vier Hauptinseln und viele kleine, unbewohnte Inseln. Geologisch gesehen sind sie Berggipfel, die vom Grunde des Mittelmeers aufragen. Mallorca ist die größte, Formentera die kleinste und am wenigsten vom Massentourismus erschlossene Insel. Zusammen bilden die Balearen eine spanische Provinz. Die Geschichte der Inseln begann mit den Iberern der Antike; seitdem haben zahlreiche Invasoren die Balearen beherrscht.

romanischen Bevölkerung auf. Auf Mallorca spricht man offiziell die Amtssprache Spanisch, daneben jedoch Mallorquinisch, einen ostkatalanischen Dialekt. Durch die Übernahme von Bestandteilen des Provençalischen und des Norditalienischen hebt sich das Mallorquinische aber in Klang und Wortbildung vom Katalanischen des Festlands ab.

Mallorca ist trotz seiner vielfach verbauten Küsten die »Perle des Mittelmeers« geblieben: Seine hübschen – und manchmal immer noch verschwiegenen – Buchten, sein eindrucksvoller, bis zu 1445 m hoher Bergkamm im Norden und seine fruchtbaren welligen Ebenen im Zentrum mit ihren Orangen-, Oliven- und Johannisbrotbäumen geben der Insel ihr besonderes Gesicht. Freundlich wie die Landschaft und die alten Orte – der alten wie neuen Wohlstand ausstrahlenden Hauptstadt Palma de Mallorca – sind auch die etwas verschlossenen und durch ihr Inseldasein geprägten Einwohner. George Sand, die Mallorca in Begleitung Frédéric Chopins 1838/39 einen Winter lang besuchte, hat sie in ihren Schilderungen in allzu ungünstigem Licht dargestellt.

Mehr Ursprünglichkeit als Mallorca hat sich das kleinere Menorca bewahrt. Hinter einer zerklüfteten Küste dehnt sich eine niedrige Kalkplatte aus, die nur im Norden von einigen, bis zu 358 m hohen Schieferhöhen überragt wird. Die Nordküste ist durch fjordartige Buchten gegliedert und erinnert an die Küsten Schottlands.

Der einstige Seeräuber-Schlupfwinkel Ibiza und ebenso das lange unentdeckte Formentera sind heute zur Sommerzeit außer von Fischern weitgehend von den Fremden und den von ihnen lebenden Kunsthandwerkern geprägt.

Das als »Hippie-Insel« und Jet-Set-Treffpunkt bekannt gewordene Ibiza zeichnet sich durch steile Küsten und Bergketten aus, die das Innere der Insel durchziehen. Als Touristeninsel steht es – wie andere Ferienlandschaften auch – im Spannungsfeld zwischen einsamen Stränden mit kristallklarem Wasser und dem umweltbedrohenden Massentourismus.

Formentera, die kleinste der bewohnten Baleareninseln, wird wegen ihrer wunderschönen weiten Sandstrände, der Unberührtheit weiter Landstriche und seines einzigartigen Lichts von vielen auch heute immer noch als Paradies bezeichnet.

SPANIEN: KANARISCHE INSELN

Auf der Suche nach Land für den kastilischen König landete ein französischer Edelmann 1402 an der Küste von Lanzarote. Er war von der Freundlichkeit der Einwohner und der Schönheit der Insel so überrascht, daß seine frohe Kunde den Anstoß gab, den Archipel vor Afrikas Nordwestküste zu erobern. Einst am Rande der bewohnten Welt, sind die Kanaren heute beliebtes Reiseziel des europäischen Tourismus, mit subtropischem Klima und einer Vegetation versehen, die beinahe alle Gewächse der warmen Erdzonen umfaßt. Sie werden die »Inseln des ewigen Frühlings und des ewigen Herbstes« genannt. Für Platon waren sie die Reste des sagenumwobenen Atlantis, Vergil besang sie als »glückliche Inseln«.

Vulkanische Landschaften

Seit 500 Jahren stehen die Kanaren nun in der abendländischen Tradition, ihr erdgeschichtliches Alter wird zwischen 16 und 20 Millionen Jahre geschätzt. Die These, sie seien Teil eines untergegangenen Kontinents oder hätten sich vom afrikanischen Festland gelöst, ist inzwischen von der Wissenschaft widerlegt worden. Die Kanarischen Inseln sind vulkanischen Ursprungs. Sie wuchsen im Tertiär aus der Tiefe des Atlantischen Ozeans empor. Die Auswirkungen des Vulkanismus sind bis in die jüngste Vergangenheit spürbar. 1971 explodierte der Teneguia auf La Palma, doch die größte Katastrophe der neueren Erdgeschichte fand 1730 auf Lanzarote statt. Sechs Jahre lang explodierte dort die Erde, schleuderte glutflüssiges Magma über die Insel. Jahrelang war die Sonne nicht zu sehen, und als sich die Erde beruhigt hatte, war ein Viertel der Insel mit Kratern bedeckt und unter einer bis zu zehn Meter mächtigen Decke aus Asche, Vulkangestein und Lavabrocken begraben. An einigen Stellen hat sich das Bild auf Lanzarote seither nicht verändert. Der Boden erreicht noch heute, nur wenige Zentimeter unter der Erdoberfläche, beträchtliche Temperaturen.

Das Relief der Inseln wird durch das vulkanische Zentralgebirge bestimmt, das durch tief eingeschnittene Trockenschluchten, die »Barrancos«, zerschnitten wird. Aufgrund der früheren Entstehung sind auf Lanzarote und Fuerteventura im Gegensatz zu den jüngeren westlichen Inseln durch den lange währenden Abtragungsprozeß die steilen Vulkanhänge zu sanften Bergformen abgerundet worden.

Die größten der sieben Hauptinseln sind Teneriffa mit dem 3718 m hohen Vulkangipfel Pico de Teide, Fuerteventura und Gran Canaria. Fuerteventura ist die geologisch älteste, Hierro – erst vor zwei oder drei Millionen Jahren entstanden – die jüngste Insel.

Klima und Vegetation

Die Kanaren haben ein Schönwettermonopol. Jenes paradiesische Klima ist die Ursache, daß diese Inselwelt besonders unter Touristen be-

Bananen *(oben)* wachsen in den höhergelegenen Regionen auf La Palma, der nordwestlichsten Insel der Kanaren. Das Klima der Inselgruppe ist trocken und heiß auf Meeresniveau und wird oberhalb von etwa 400 m gemäßigt bis subtropisch.

Wüstenähnliche Bedingungen *(rechts)* herrschen in den Bergen von Fuerteventura. Einzelne Siedlungen ringen dem vulkanischen Boden ihren Lebensunterhalt ab, aber oft ist es zu trocken, um Landwirtschaft ohne Bewässerung zu betreiben.

liebt ist. Der stets über die Inselgruppe hinwegziehende Passat sorgt dafür, daß das Land nicht von der Sonne verbrannt wird. Innerhalb der Kanaren sind klimatische Unterschiede vorhanden, die durch die Lage zum Nordostpassat und durch die Höhenlage bestimmt werden. Im allgemeinen sind die Sommer heiß und trocken, die Winter warm und regenreich – mit inseltypischen Abweichungen. So sind Lanzarote und Fuerteventura zu flach, um die Feuchtigkeit der Passatwinde auffangen zu können. Je weiter man sich nach Westen bewegt, desto merklicher nimmt das ozeanische Klima zu. La Palma ist aufgrund seiner exponierten Nordwestlage regenreicher und daher auch wasserreicher als die übrigen Inseln.

Die Temperaturen fallen selten unter 18 °C, die Durchschnittswerte liegen zwischen 20 und 25 °C, und wenn die trockenen Winde aus der Sahara über den Archipel wehen, kann sich die Luft bis über 45 °C aufheizen.

SPANIEN

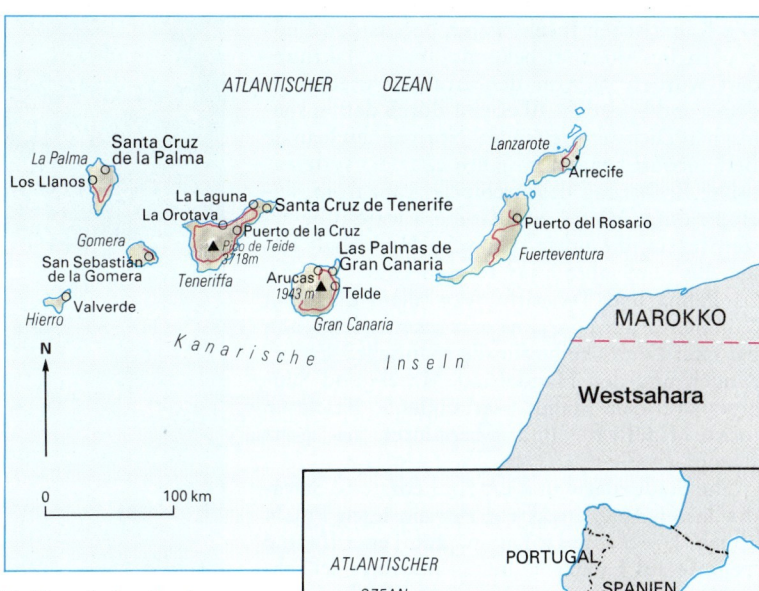

Die Kanarischen Inseln (*oben*) sind in zwei spanische Provinzen gegliedert. Während die östlichen Inseln weitgehend wüstenhaft sind, werden die westlichen Inseln von einem ozeanischen Klima geprägt, das eine artenreiche Vegetation erlaubt.

Hinter vulkanischen Formationen (*unten links*) auf Teneriffa erhebt sich der imposante Pico de Teide, Spaniens höchster Gipfel. Mit einer Höhe von 3718 m ist er höher als der Mulhacén auf dem spanischen Festland.

Ein Geysir (*oben*) zeugt vom vulkanischen Ursprung der Kanaren. Trotz Wasserknappheit machen die vulkanischen Böden die Inseln fruchtbar.

Entsprechend der Klimazonen unterscheiden sich auf den Kanarischen Inseln auch die Vegetationszonen. Weniger nach dem jahreszeitlichen Rhythmus als nach Trocken- und Höhengraden gliedern sie sich in trockene Gebüschzone, immergrüne Baumzone, Waldzone und Hochgebirgszone. Entscheidend für das Wachstum ist der Einfluß des Passat. Dadurch sind viele ursprünglich hier nicht heimische Pflanzen auf die Inseln geweht worden, zahlreiche Gewächse gibt es jedoch auch schon, solange die Inseln existieren.

Der kanarische Urbaum ist Dracaena draco, der aus der Tertiärzeit stammende Drachenbaum. Einen kleinen Wald jener »lebenden Fossilien« gibt es auf La Palma. Auf Hierro stehen Regenbäume, Sabina oder Garoe genannt. Auch die Palmenbäume und die wilden Ölbäume sind endemischen Ursprungs. Die tropische Vegetation bestimmt vor allem die Inseln La Palma, die auch »grüne Insel« genannt wird, Teneriffa, Gomera und Hierro. Wüstenhaft wird dann die Vegetation auf Fuerteventura und Lanzarote, wo in schwarzer Lavalandschaft das blaue Echium (Natternkopf) und die gelben Ruthea herbanica blühen. Die geringen Niederschläge lassen nur spärliche Vegetation in zumeist abgegrenzten »Oasen« zu. Der erhebliche Wassermangel für Pflanzen und Menschen muß oft durch teuren Import des kostbaren Elixiers ausgeglichen werden.

SPANIEN: DIE MENSCHEN DER KANAREN

Die Kanarischen Inseln waren bereits den Phöniziern im Altertum bekannt. Im 11. Jahrhundert wurden sie von den Arabern wiederentdeckt und besiedelt. Aber erst durch den in spanischen Diensten stehenden Normannen Jean de Béthancourt begann im Jahre 1402 die systematische Eroberung des Archipels. Lanzarote, Fuerteventura, Hierro und Gomera waren die ersten Inseln, die unter spanische Herrschaft fielen. Bis zum Jahre 1495 folgten Gran Canaria, La Palma und Teneriffa. Vor allem die Stadt Santa Cruz auf La Palma entwickelte sich schon bald zur Drehscheibe für die spanischen Eroberungen und den Handel mit Mittel- und Südamerika. Der damit verbundene Reichtum lockte Kaufleute und Abenteurer aus ganz Europa an.

Die Stadtpaläste und die Kathedrale El Salvador lassen noch etwas von der einstigen Pracht ahnen. Die Städte La Laguna auf Teneriffa und Teguise auf Lanzarote gelten mit ihrer schachbrettartigen Anlage als Vorbilder für die neuen spanischen Stadtgründungen in Südamerika. Seit 1927 ist die Inselgruppe in die Provinzen Santa Cruz de Tenerife und Las Palmas de Gran Canaria aufgeteilt. Das Autonomie-Statut erhielten sie 1982.

Die Insulaner

Der Ursprung der Canarios liegt im Dunkeln der Geschichte. Vermutlich gehören die Ureinwohner, die Guanchen, dem cromagniden Typ an, der von Südfrankreich über Nordafrika zu den Kanarischen Inseln wanderte. Unklar ist, wie die Menschen, die zum Zeitpunkt der spanischen Eroberung den Schiffbau nicht kannten, die Inseln erreichen konnten. Bedeutende »Schriftfunde« sind die gemeißelten Steine von Zonzamas auf Lanzarote und die »leteros« von Hierro und La Palma.

Auf allen Inseln herrschte eine reine Klassengesellschaft, wobei die Frauen eine starke politische Stellung einnahmen; von Fuerteventura sind uns zwei Frauenreiche bekannt. Auf Gomera, besonders in abgelegenen Seitentälern, ist noch der Glaube an Geister und Zauberer lebendig geblieben. Eine Besonderheit ist »El Silbo«, die altkanarische Pfeifsprache, mit der man sich über Entfernungen von mehreren Kilometern verständigen konnte. Bei einigen Hirten und Bauern hat sich diese Kunst bis in die Gegenwart erhalten können.

Heute verbindet jedoch die spanische Sprache die Inseln miteinander. Die überwiegend katholische Inselbevölkerung besteht aus den Nachkommen normannischer, südspanischer und irischer Einwanderer, die sich mit den Guanchen vermischt haben.

Langsam verändern die »europäischen« Inseln ihren Charakter, ändern die Bewohner ihren Lebensrhythmus, der jahrhundertelang vom trägen Gang der Esel bestimmt worden war. Wo der Arbeiter seinen computergeschriebenen Lohnzettel mit einem Fingerabdruck quittiert

Auf langbeinigen Dromedaren reitet eine Touristengruppe *(rechts)* durch die Vulkanlandschaft der Insel Lanzarote. Moderne Ferienanlagen versorgen auf den Kanarischen Inseln eine steigende Zahl von Touristen.

SPANIEN

Die weißen Bauernhäuser auf Lanzarote *(links)* erinnern an die arabische Architektur Nordafrikas. Die terrassierte Hügellandschaft verdeutlicht die Notwendigkeit, das spärliche Oberflächenwasser auf Fuerteventura und Lanzarote aufzufangen.

Ein Schafhirte *(rechts)* mit kegelförmigem Wollhut. Die ersten Einwohner der Kanaren waren die Guanchen, Abkömmlinge eines Bervolkes. Während des 15. Jahrhunderts legten normannische Ritter Güter auf den Kanarischen Inseln an; Gran Canaria, La Palma und Teneriffa – wo die eingeborene Bevölkerung dichter siedelte – kamen in den letzten Jahren des 15. Jahrhunderts unter kastilische Herrschaft. Die bald darauf einsetzende spanische Besiedlung hatte die Assimilation der Guanchen zur Folge.

oder der Tanklastzug dem Dromedargespann die Vorfahrt lassen muß, wird deutlich, wie sich die archaische Lebensart mit der modernen Technik arrangiert.

Die Wirtschaft

Das subtropische Klima läßt auf der Inselgruppe Tomaten und Bananen, Kartoffeln und Avocados, Mais und Zuckerrohr, Äpfel und Zitronen ebenso gedeihen wie Rosen und Tulpen, Dattelpalmen und Eukalyptus. Nach Schätzungen von Botanikern wachsen rund 1500 Pflanzenarten auf dem Archipel, z. B. in den dichten Wäldern des Anagagebirges von Teneriffa, in Plantagen oder in der Lavawüste von Fuerteventura.

Die Landwirtschaft ist großenteils auf Bewässerung angewiesen, auf Lanzarote und Fuerteventura wird eine besondere Art des Trockenfeldbaus mit erstaunlichen Ergebnissen angewandt. Wein, Zwiebeln, Kartoffeln und Mais gedeihen so auf der dünnen Lehmschicht, auf die eine Schicht poröser Vulkansteinchen, Lapilli, geschüttet wird. Sie speichert die geringe Feuchtigkeit des Passatwinds und des nächtlichen Taus und bewahrt den Boden vor dem Austrocknen. Insgesamt wird heute auf rund 10 % der landwirtschaftlich genutzten Fläche Wein angebaut. Wichtig ist der Export von Tomaten, Zwiebeln, Frühkartoffeln und Bananen.

Seit einigen Jahren ist die Nachfrage nach Cochenille-Läusen, die vor allem auf Lanzarote und La Palma gezüchtet werden, wieder angestiegen. Jene Laus, die auf den Opuntien-Kakteen lebt, liefert einen karminroten Farbstoff, der in der Nahrungsmittel- und Kosmetikindustrie geschätzt wird.

Wichtiger Erwerbszweig ist neben Fremdenverkehr und Landwirtschaft die Hochseefischerei; gefangen werden vor allem Sardinen, Sardellen und Tintenfische. Da die industrielle Entwicklung nur in Ansätzen vorhanden ist, spielt der Fremdenverkehr eine bedeutende Rolle. Mehr als zwei Drittel der Bevölkerung sind im Tourismus beschäftigt, die Einnahmen machen rund drei Viertel des Bruttosozialprodukts aus. Noch vor zwanzig Jahren war der Archipel nur wenigen Europäern bekannt. Doch angesichts der strahlenden Sonne, des blauen Meeres und der frischen Brise, die die Hitze erträglich macht, entwickelten sich die Kanarischen Inseln zu einem beliebten Ferienziel. Heute besuchen jährlich mehr als sechs Millionen Menschen die sieben bewohnten Inseln. Sie haben den Insulanern Wohlstand gebracht, aber auch die Erkenntnis, sich vom Tourismus abhängig gemacht zu haben. Konjunkturschwankungen und touristische Launen wirken sich sofort und massiv aus. Da es aber keine Alternative zu diesem Wirtschaftszweig zu geben scheint, versuchen die Kanarischen Inseln ihr Angebot zu erweitern, ihre Kapazitäten dem Bedarf der nächsten Jahre anzupassen und die Qualität ihrer Leistungen zu verbessern.

SRI LANKA

»Strahlend schönes, königlich leuchtendes Land« nennen die Einwohner die Insel, die offiziell Sri Lanka heißt, aber unter dem Namen Ceylon eine noch höhere Wertschätzung genießt – als »Perle des Indischen Ozeans«. Viele Namen krönen ihre lange Geschichte und bescheinigen auf ihre Weise eine kaum vorstellbare Faszination und Anziehungskraft: der »Teich der Lotosblüten«, das »Land der Hyazinthen und Rubine«, die »Löweninsel«, die »Juwelen-, Gewürz- und Teeinsel«.

Sri Lanka hat viele Gesichter: Tropeninsel, Entwicklungsland, Bevölkerungsexplosion, sozial-religiöse und sprachliche Spannungen, wirtschaftliche Rückständigkeit, folgenschwerer Traditionalismus, historische Baudenkmäler, touristische Attraktionen, faszinierende Landschaften. Sie ist nicht mehr die ferne, unerreichbare exotische Trauminsel und auch nicht mehr nur die »Riviera am Indischen Ozean«.

Sri Lanka ist eine Insel, deren Umriß einer Perle ähnelt, einem Tropfen gleich, der sich von Indiens Südspitze gelöst hat. An ihrer breitesten Stelle mißt sie rund 225 km, ihre längste Nord-Süd-Ausdehnung beträgt ungefähr 430 km. Die Insel liegt nur wenig nördlich vom Äquator und somit in den Tropen. Geprägt wird Sri Lanka darüber hinaus von dem auf über 2500 m ansteigenden zentralen Bergland, das Klimascheide zwischen dem feuchten und fruchtbaren Südwesten und den trockenen östlichen und nördlichen Landesteilen ist.

Das tropisch-monsunale Klima zeigt weder größere jahreszeitliche noch tägliche Temperaturschwankungen. Deutlich spürbar ist nur die Abnahme der Temperatur von den heißen Tiefländern bis in die relativ kühlen hohen Bergländer. Die Niederschläge unterliegen dem jahreszeitlichen Rhythmus zwischen dem Sommer- und Wintermonsun (bzw. Südwest- und Nordostmonsun). Daraus ergeben sich die höchsten Niederschlagsmengen an der Westseite des Berglandes (bis zu 5000 mm im Jahr). In den übrigen Gebieten liegt die durchschnittliche Niederschlagsmenge etwa bei 1000 bis 2000 mm im Jahr.

Typisch tropisch ist auch die üppige Vegetation, deren natürliches Pflanzenkleid jedoch durch die intensive landwirtschaftliche Nutzung erheblich verkleinert und nur noch auf Überreste, oft in Naturschutzgebieten, zurückgedrängt worden ist. Tropische Urwälder mit Farn- und Baumriesen, Teak- und Ebenholz, Lianen, Kakteen und Rhododendren bedecken nur noch die unwegsamen Bergregionen. Stattdessen ist ein als »Dschungel« bezeichneter Buschwald über große Teile im östlichen Sri Lanka anzutreffen, der oft von weiten Grasländern durchsetzt ist. Gekrönt wird das reiche und vielfältige Pflanzenkleid durch unzählige Blumen und Blüten, besonders durch die vielen leuchtenden und strahlenden Orchideenarten.

Vielfalt und Fremdartigkeit prägen auch die Tierwelt. Am eindrucksvollsten offenbart sie

SRI LANKA

sich in den zahlreichen Schutzgebieten oder den Nationalparks Yala und Wilpattu. Dort leben von menschlichen Eingriffen ungestört Affen, Hirsche, Schlangen, Mungos, Warane, Schildkröten und eine Vogelwelt, die in ihrem Artenreichtum und ihrer Farbenpracht mit der Pflanzenwelt vergleichbar ist. Die Zahl der dort lebenden Elefanten wird auf 3000 geschätzt. Der Elefant ist darüber hinaus aus dem Alltagsleben der Insel als Arbeits- und Haustier neben dem Wasserbüffel nicht mehr fortzudenken.

Die Wirtschaft des Landes beruht auf der Landwirtschaft. Reis ist seit jeher das wichtigste Anbauprodukt und Hauptnahrungsmittel. Schon seit frühen, vorchristlichen Zeiten hatten die Könige auf Sri Lanka ein kluges und raffiniertes Stauteich-System entwickelt. Dabei dienen Erdmulden als Speicherbecken für die Monsunregen. Solche zahlreichen »Wewas« und »Kulams«, wie die Stauteiche heißen, und die oft viele Kilometer langen Kanäle beweisen die hohe Wasserbautechnik der antiken Könige. Heute knüpft Sri Lanka an die hohe Bewässerungskultur jener Zeit an. Bei dem Mahaweli-Projekt wird der größte Strom der Insel an drei Stellen im Mittellauf gestaut und die Stauwasser für die Reisbewässerung und Stromgewinnung genutzt.

Zu den Grundlagen der Landwirtschaft gehören die drei Plantagenprodukte Tee, Kautschuk und Kokosnüsse. Wichtigstes Exportprodukt ist der Tee. Von den Briten nach Sri Lanka eingeführt, eroberte der Teestrauch nach der Eröffnung der ersten Teeplantage (1867) binnen drei Jahrzehnten das gesamte Bergland. Bis heute unverändert erfolgt die Teelese per Hand und nach der bewährten Pflückregel »zwei Blätter und die Knospe«.

Der auf Sri Lanka erst seit Beginn dieses Jahrhunderts systematisch angepflanzte Kautschukbaum ist sowohl nach seiner Verbreitung als auch nach dem Exportanteil die zweitwichtigste Dauerkultur. Der Gewürzanbau spielt nur noch eine untergeordnete Rolle. Zwar werden immer noch Pfeffer, Kardamom, Ingwer, Nelken und Muskatnuß exportiert, aber nur bei Zimt, der auf der Insel seine Heimat hat und den kolonialen Anreiz der Insel ausübte, ist Sri Lanka führender Weltmarktlieferant.

Die Industrie steckt trotz staatlicher Förderung und ausländischer Entwicklungshilfen in den Anfängen. Hauptursache hierfür sind der Mangel an Bodenschätzen (außer Edelsteinen und Graphit) sowie die einseitigen kolonialbritischen Agrarinteressen, die eine industrielle Erschließung bis 1948 vernachlässigten. Und der Tourismus? Sri Lanka verspricht sich vom Fremdenverkehr einen erfolgreichen Beitrag zur Sanierung seiner schwachen Wirtschaft. Aber der in den 70er Jahren stark expandierte Badetourismus, gekoppelt mit einer Bildungs-Rundreise durch das Landesinnere, ist seit den schweren ethnischen Auseinandersetzungen, die 1983 einsetzten, stark geschwächt.

SRI LANKA: DER STAAT

Wie in vielen Ländern haben auch in Sri Lanka bzw. Ceylon für die Geschichte Mythos und Tradition, Legende und Phantasie, aber auch ein Stück historische Wahrheit Pate gestanden. Dem Mythos nach soll Adam nach der Vertreibung aus dem Paradies auf dem nach ihm benannten Berg (Adam's Peak) einen überdimensionalen Fußabdruck hinterlassen haben. Die geschichtlichen Wurzeln bleiben zwar ein Rätsel, aber Einigkeit besteht darüber, daß sich Sri Lanka als das Land der Lehre Buddhas sieht. Die offizielle Chronik beginnt mit dem Jahr 483 v. Chr. Es war das Jahr, in dem der Legende nach der Todestag Buddhas mit der Ankunft des indischen Prinzen Vijaya zusammenfiel – jenes Prinzen, der mit 700 Gefolgsleuten aus Nordindien kommend in Sri Lanka eindrang und zum Stammesvater der Singhalesen wurde.

In Anuradhapura, der ersten Hauptstadt, residierten bis zum Jahr 1017 insgesamt 119 Könige. Über 1500 Jahre war Anuradhapura geistiger Mittelpunkt der singhalesischen Kultur und religiöses Zentrum des Buddhismus Ceylons. Es waren Epochen des Glanzes, aber auch des Elends. Dem wachsenden Druck südindischer Dynastien konnte Ceylon Ende des 10. Jahrhunderts nicht mehr standhalten. Im Jahre 993 eroberten Tamilen die Hauptstadt und dehnten ihre Macht über das Anuradhapura-Reich aus. Sie errichteten als neue Hauptstadt Polonnaruwa, das nach 200 Jahren durch innere Machtkämpfe und ständige Konfrontation mit südindischen Dynastien zerfiel. Es folgten Teilungen des Landes in zunächst zwei, dann drei Königreiche mit wechselnden Hauptstädten. Der letzte König wurde erst 1815 abgesetzt, als auf Ceylon schon seit über drei Jahrhunderten Kolonialherren regierten.

Glanz und Ruhm von beinahe 2500 Jahren königlicher Herrschaft spiegeln sich in vielen gut erhaltenen und restaurierten Kultbauten wider. Anuradhapura, zugleich verehrt als bedeutendste heilige Stadt Sri Lankas, beherbergt einige gigantische Dagobas, die zu den größten buddhistischen Bauwerken überhaupt zählen; hinzu kommen Buddhastatuen und Klosteranlagen, die einmal mehr die von den Königen erbrachte Verehrung des Buddhismus dokumentieren.

Ab 1505 setzt die dreimal rund eineinhalb Jahrhunderte dauernde Kolonialherrschaft ein, die von Portugiesen (bis 1658), Niederländern (bis 1796) und Briten (bis zur Unabhängigkeit 1948) bestimmt war. Die Kolonialinteressen der Portugiesen und Niederländer beschränkten sich überwiegend auf die Edelsteine und den auf der Insel wachsenden Zimt. Unter den britischen Kolonialherren entwickelte sich Ceylon durch die großangelegte Plantagenwirtschaft schnell zu einem blühenden Agrarproduzenten, vor allem für Tee, Kautschuk und Gewürze. Darüber hinaus war die verkehrsgünstige Lage besonders für die Briten von großem Interesse, und Ceylon wurde zum Brückenkopf zwischen Europa auf der einen und Fernost und Australien auf der anderen Seite. Die Briten hinterließen die deutlichsten Spuren auf Ceylon: so prägten sie das Rechts- und Verwaltungswesen, führten das Wahlrecht ein und stellten die Weichen für die spätere Wirtschaft.

Als Ceylon 1948 seine politische Unabhängigkeit erhielt, wurde die Verfassung nach britischem Vorbild aufgebaut. Staatsoberhaupt des Dominion, das dem Commonwealth of Nations angehörte, war die britische Königin. Mit dem Inkrafttreten einer neuen Verfassung im Jahre

Daten und Fakten

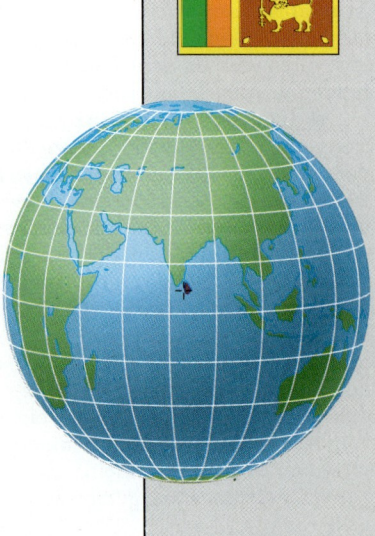

DAS LAND
Offizieller Name: Demokratische Sozialistische Republik Sri Lanka
Hauptstadt: Colombo
Fläche: 65 610 km²
Landesnatur: Zum größten Teil Tiefland, nur im Inneren zentrales Hochland
Klima: Tropisches feuchtheißes Klima
Hauptflüsse: Mahaweli, Kala, Aruvi
Höchster Punkt: Pidurutalagala 2524 m
DER STAAT
Regierungsform: Sozialistische präsidiale Republik

Staatsoberhaupt: Staatspräsident
Regierungschef: Ministerpräsident
Verwaltung: 9 Provinzen (Palat)
Parlament: Nationalversammlung mit 225 für 6 Jahre gewählten Abgeordneten; 196 werden direkt gewählt, 29 Sitze werden nach Parteienproporz verteilt
Nationalfeiertag: 4. Februar
DIE MENSCHEN
Einwohner (Ew.): 18 639 000 (1999)
Bevölkerungsdichte: 284 Ew./km²
Stadtbevölkerung: 24 %

Bevölkerung unter 15 Jahren: 27 %
Analphabetenquote: 8 %
Sprache: Singhalesisch, Tamil
Religion: Buddhisten 69 %, Hindus 16 %, Moslems 8 %, Christen 7 %
DIE WIRTSCHAFT
Währung: Sri-Lanka-Rupie
Bruttosozialprodukt (BSP): 15 196 Mio. US-$ (1998)
BSP je Einwohner: 810 US-$
Inflationsrate: 9,7 % (1990–98)
Importgüter: Erdöl, Nahrungsmittel, sonstige Konsumgüter,

Sri Lanka *(links),* auch als Ceylon bekannt und »Perle des Indischen Ozeans« genannt, liegt ca. 32 km vor der Südostküste Indiens.

Obst und Gemüse *(oben)* in farbenfroher Auslage auf einem Markt in Colombo. Neben den Grundnahrungsmitteln wie Reis und Maniokwurzeln sowie den Ausfuhrgütern wie Tee, Kopra und Kakao produziert Sri Lanka eine Vielfalt an tropischen Früchten.

Maschinen, Transportmittel, Kunstdünger
Exportgüter:
Tee, Textilien, Kautschuk, Kopra, Kokosöl, Kakao, Graphit, Edelsteine, Erdölprodukte
Handelspartner:
EU-Länder, USA, Japan, Vereinigte Arabische Emirate, China, Indien, Singapur
Eisenbahnnetz:
1501 km
Straßennetz:
39 680 km (befestigt)
Fernsehgeräte je 1000 Ew.: 92

1972 wurde Ceylon unter dem Namen Sri Lanka zur Republik erklärt, mit einem eigenen Staatspräsidenten, dem 1977 auch die politische Exekutive übertragen wurde.

Die parlamentarische Macht besaßen in mehrmaligen Wechseln die »United National Party«(UNP) und die »Sri Lanka Freedom Party«(SLFP). Seit 1994 regiert das von der SLFP geführte Parteienbündnis »People's Alliance«. Staatspräsidentin ist Chandrika Bandaranaike Kumaratunga (* 1945).

Sri Lanka steckt seit 1983 in seiner größten politischen Zerreißprobe seit der Unabhängigkeit. Aus dem 1956 erlassenen Sprachengesetz, das Singhalesisch anstelle von Englisch zur offiziellen Sprache erhob, erwuchsen die bis heute ungelösten ethnischen Spannungen zwischen den Singhalesen und Tamilen. Sie gipfelten in der Forderung nach einem selbständigen Tamilenstaat »Eelam« im Norden und Osten der Insel und entluden sich in einem bis heute andauernden blutigen Bürgerkrieg. Friedensgespräche über eine föderative Lösung scheiterten genauso wie die Bemühungen der Armee, eine militärische Entscheidung zu erzwingen.

SRI LANKA: DIE MENSCHEN

Schon vor Beginn der offiziellen Chronik lebte auf Sri Lanka ein Volk von Jägern und Sammlern, die Weddas. Sie wurden durch die aus Indien stammenden Singhalesen und Tamilen schnell und weitgehend in abgelegene Bergregionen zurückgedrängt. Daher ist der indische Einfluß in Sri Lanka auf die Kultur, Ethnien und Religionen sehr groß. Er stellt sich in vielen Erscheinungsformen des alltäglichen Lebens dar: von der Hautfarbe über Kleidungssitten, Eßgewohnheiten und Umgangsformen bis zum Baustil und dem Kastenwesen. Untrennbar ist die Geschichte und Kultur des Landes von der Lehre Buddhas, die nur auf Sri Lanka in ihrer spezifischen, kaum abgewandelten Form überlebt hat. Die singhalesischen Könige waren immer vom Buddhismus geprägte Herrscher. Die schon früh hoch entwickelte Kulturstufe der Insel zeigt sich in den beiden ersten Königsstädten Anuradhapura und Polonnaruwa, deren Bauwerke geradezu meisterhaft den Verbund zwischen weltlicher Königsmacht und buddhistischer Frömmigkeit demonstrieren. Für das Volk, das sich bis heute eine unverändert tiefe Religiosität erhalten hat, ist die Religion eine alltagsbestimmende Kraft und ein Element des Nationalbewußtseins. Wie stark selbst heutzutage die Verehrung des buddhistischen Klerus ist, zeigt sich in der Mitbeteiligung der großen Mönchsorden in der politischen Entscheidungsfindung und bei allen wichtigen politischen Anlässen. Sie waren durch die Geschichte hindurch neben ihrem religiösen Hauptauftrag auch Träger von Literatur und Dichtung, Malerei und Theater, ja selbst von Naturheilkunde und Astronomie. Dadurch wurden die religiösen Grundsätze des Buddhismus auch zu den geistigen und musischen Idealen.

Es entspricht aber dem Wesen dieser Religion und ihrer Anhänger, Toleranz gegenüber Andersgläubigen zu üben. Unter dem Schutz der Religionsfreiheit konnten die Tamilen den Hinduismus, die Mauren den Islam und die Europäer und Eurasier das Christentum pflegen. Die tiefe Verehrung, die allen Religionen zuteil wird, zeigt sich eindrucksvoll bei der Teilnahme von Andersgläubigen an den großen religiösen Festen. Die starke Frömmigkeit bei allen Religionsanhängern drückt sich neben der großen Anzahl von sakralen Bauwerken auch sichtbar aus in den buddhistischen und hinduistischen Umzügen, in christlichen Prozessionen und nicht zuletzt am spektakulärsten in der hinduistischen Zeremonie des »Feuerlaufes«. Keineswegs unvereinbar mit der Lehre des Buddhismus und des Hinduismus, sondern als selbstverständlich erachtet ist der Aberglaube an Götter, Geister und Dämonen, die ihren Ausdruck in der Erstellung persönlicher Horoskope und vorausgesagten Glückszeiten finden.

Die über 18,5 Millionen Einwohner zählende Bevölkerung auf Sri Lanka ist ethnisch stark differenziert. Sie unterscheidet sich nicht nur nach ihren ethnologischen Wesensmerkmalen und kulturellen Eigenschaften, sondern auch nach ihrer Anzahl und räumlichen Verbreitung. Die fast drei Viertel der Bevölkerung ausmachenden Singhalesen wie auch die knapp 20 % Tamilen stammen aus Nord- bzw. Südindien und sind somit indo-arischer oder dravidischer Abstammung. Innerhalb dieser Bevölkerungsgruppen gibt es aber noch weitere Unterscheidungen.

Übereinstimmend behaupten Singhalesen und Tamilen, als erste Sri Lanka besiedelt zu haben, um daraus ihren Anspruch auf Heimatrecht ableiten zu können. Die Tamilen, bei denen sich das Bewußtsein der ethnischen Diskriminierung verschärft, fordern deshalb seit Jahren mit wachsendem Nachdruck einen autonomen Tamilenstaat »Eelam«.

Die soziokulturellen und politischen Spannungen zwischen den Singhalesen und den Tamilen prägen das Bild der Insel so stark, daß den übrigen, kleineren Bevölkerungsgruppen, den Mauren, Malaien, Burghern und Eurasiern, aber auch den Weddas, eine wesentlich geringere Bedeutung zukommt.

Colombo

Schmelztiegel der ethnischen und religiösen Vielfalt Sri Lankas ist die Hauptstadt Colombo, das kosmopolitische Zentrum des Landes, das Harmonie und Verträumtheit ausstrahlt, ohne allerdings die großen Sehenswürdigkeiten anderer Metropolen Asiens anbieten zu können. Die

SRI LANKA

Im Tempel des Zahns *(links)* in Kandy wird eine buddhistische Reliquie verehrt: ein Zahn, von dem man glaubt, daß er nach der Verbrennung von Buddhas Körper gerettet wurde. Diese Kostbarkeit wird in einem Goldkästchen aufbewahrt.

Einem Standbild von Ganesha *(unten)*, einem Hindu-Gott, werden Gaben dargebracht. In Sri Lanka sind die meisten Tamilen, ein Volk südindischer Abstammung, Hindus. Zahlenmäßig werden sie von den buddhistischen Singhalesen übertroffen.

als geschlossenes Siedlungsband an die Küste über eine Länge von über 15 km geschmiegte, aber nur wenige Kilometer ins Hinterland reichende Millionenstadt zeigt beachtliche funktionale und soziale Unterschiede: Das Banken- und Verwaltungszentrum, das den eigentlichen Stadtkern bildet, das Hafen- und das orientalische Einkaufsviertel »Pettah«, Tempel und Kirchen aller Glaubensrichtungen, Arbeiterwohnviertel und Wellblechsiedlungen, vornehme Villenviertel mit Parkanlagen und Industriegebiete.

In Colombo konzentriert sich die Industrie Sri Lankas. Zu nennen sind vor allem die Textil-, Metall- und Nahrungsmittelindustrie. Aber selbst im Banne der pulsierenden Agglomeration Colombo präsentiert sich Sri Lanka als »strahlend schönes und königlich leuchtendes Land«, dort wo das ehrwürdige Mount Lavinia Hotel mit seinen verlockenden Stränden ein Stück vom vielzitierten Paradies darstellt.

Die Felsenfestung von Sigiriya *(unten links)* im Inneren Sri Lankas. Nur diese riesigen Pranken sind von der Steinfigur eines Löwen erhalten geblieben, der dieser im 5. Jahrhundert erbauten Festung ihren Namen gab: »Löwenfelsen«.

Ein buddhistisches Fest *(unten)* in Sri Lanka bildet Teil der Esala-Perahera-Feierlichkeiten. Sie werden jedes Jahr in Kandy abgehalten, um den Heiligen Zahn zu ehren. Tänzer und Akrobaten begleiten geschmückte Elefanten.

SRI LANKA: SINGHALESEN UND TAMILEN

Von Sri Lankas 18 639 000 Einwohnern (1999 Schätzung) sind knapp 74 % Singhalesen und 20 % Tamilen. Beide Rassen sind indischen Ursprungs, die Singhalesen aus Nordindien und die Tamilen aus Südindien, und beide sprechen vom Indischen abstammende Sprachen. Die meisten Singhalesen sind Buddhisten und die meisten Tamilen Hindus, beide jedoch haben ein Kastensystem. Strittig zwischen ihnen ist die politische Zukunft Sri Lankas: Die Singhalesen wollen einen einheitlichen Staat erhalten, den sie zahlenmäßig beherrschen. Die Tamilen erstreben für die nördlichen und östlichen Provinzen, in denen sie die Mehrheit darstellen, die Unabhängigkeit.

Der Ursprung des Konflikts reicht weit zurück. Gemäß der Überlieferung wurde Ceylon 500–480 v. Chr. von dem nordindischen Herrscher Vijaya unterworfen, dessen Nachkommen die singhalesische Herrschaft im ganzen Land durchsetzten. Vijayas Dynastie trat um 250 v. Chr. zum Buddhismus über. Ein Tamileneinfall aus Südindien um 1000 n. Chr. führte zur Teilung Ceylons in zwei, später in drei Königreiche. Die europäische Vormachtstellung, durch die Portugiesen im Jahre 1505 begonnen und von den Niederländern ab 1658 fortgeführt, erreichte ihren Höhepunkt unter den Briten, die Ceylon 1802 zur Kronkolonie machten. Unter britischer Herrschaft gediehen der Anbau von Kautschuk und Tee wie auch der Wohlstand der Tamilen, die dem Kaufmännischen mehr zugeneigt sind als die Singhalesen.

1948, als Ceylon innerhalb des Britischen Commonwealth die Unabhängigkeit erlangte, wurde durch die von Singhalesen beherrschte Nationalpartei (UNP) eine Regierung gebildet. Die Sorge der Tamilen angesichts der Einführung von Singhalesisch als Staatssprache (worin sie einen weiteren Schritt zu ihrer Unterdrückung durch die Singhalesen sahen) wuchs, als die stark nationalistische Freiheitspartei SLFP (»Sri Lanka Freedom Party«) 1956 an die Macht kam. Blutige Krawalle brachen über dem Sprachenproblem aus, und 1959 wurde der SLFP-Premier, Solomon Bandaranaike, ermordet. Seine Witwe, Sirimavo Bandaranaike, wurde seine Nachfolgerin und zugleich die erste Premierministerin der Welt. Der Zusammenbruch der Weltpreise in den internationalen Kautschuk- und Teemärkten belastete Ceylons Wirtschaft. Damals wurde auch die Zahl der Tamilen bei einem gleichzeitig stattfindenden raschen Bevölkerungsanstieg durch ein Indisch-Ceylonesisches Abkommen (1964) gesenkt. Es sah die Rückführung vieler »Indien-Tamilen« nach Indien vor, Nachkommen der Plantagenarbeiter, die während der Britischen Kolonialzeit herübergebracht worden waren und nie die volle Staatsangehörigkeit erhalten hatten.

Von der UNP 1965 geschlagen, kam Frau Bandaranaikes SLFP 1970 wieder an die Macht und verkündete im Mai 1972 die Republik (seit 1978 die Demokratische Sozialistische Republik) Sri Lanka. Sie überstand heftigen Widerstand der extrem linksorientierten Singhalesischen Befreiungsfront (»Janata Vimukhti Peramuna«, JVP), die im April–Juni 1971 in Colombo eine blutige Übernahme versuchte. 1977 wurde sie jedoch von der UNP unter Junius Jayawardene geschlagen, der 1982 als Präsident Staatsoberhaupt wurde. Die Wahlen von 1977 wurden von Krawallen, Brandstiftungen und Mordanschlägen begleitet. Als die Tamilen die Singhalesen immer mehr im Streit miteinander sahen, forderten sie ein selbständiges »Tamil Eelam« (»Tamil Ceylon«).

Im Juli 1983, als 13 Regierungssoldaten durch eine Bombe von Terroristen in der Tamilenhochburg von Jaffna getötet worden waren, massakrierte ein singhalesischer Mob im Süden rund 400 Tamilen und veranlaßte Tausende, in den Norden oder nach Indien zu fliehen, wo die indische Regierung den Tamilen-Freischärlern gestattete, Trainingslager einzurichten. Eine Anzahl von paramilitärischen Gruppen, unter dem Oberbegriff »Tiger« der vorherrschenden Befreiungsfront von Tamil Eelam (LTTE) bekannt, begann einen Feldzug gegen die Regierung. Internationale Sympathie für die Tiger verflog größtenteils im Mai 1985, als ein Tiger-»Kommando« fast 150 Zivilisten in Anuradhapura tötete. Indien zog seine Unterstützung zurück und schickte im Juli 1987 eine friedenserhaltende Truppe nach Jaffna.

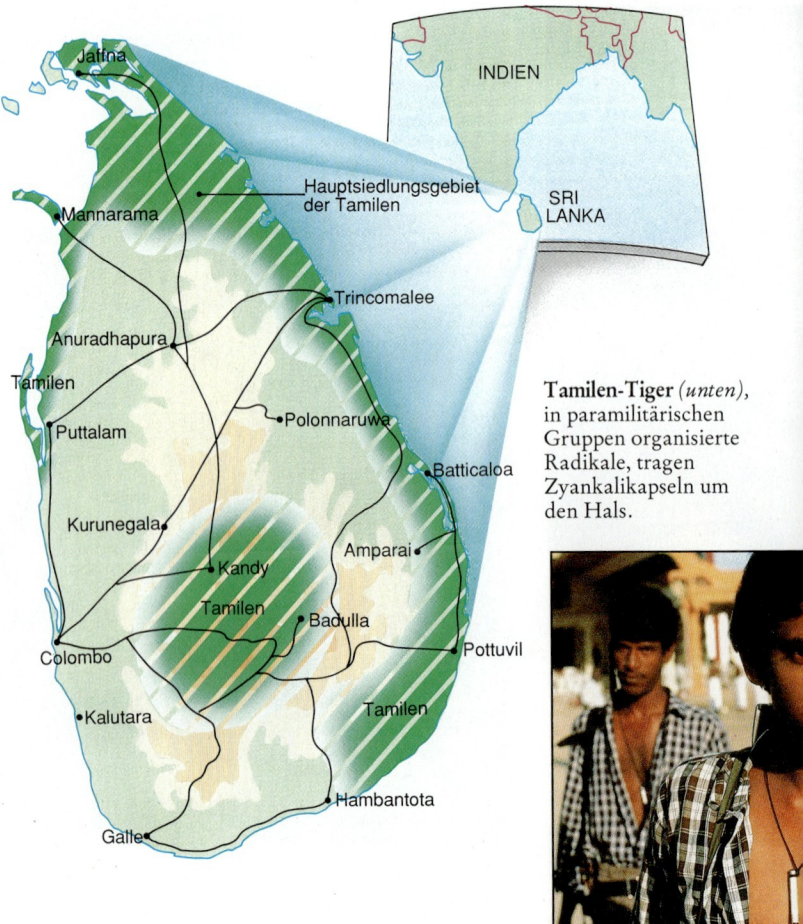

Tamilen-Tiger (unten), in paramilitärischen Gruppen organisierte Radikale, tragen Zyankalikapseln um den Hals.

SRI LANKA

Der Frieden währte nicht lange. Tamilen-Splittergruppen kämpften nicht nur gegeneinander, sondern auch gegen indische Truppen. Im Süden ließ die singhalesische JVP ihre Terrorkampagne gegen die Regierung wiederaufleben. Die Gewalt verbreitete sich im November 1988 über die Grenzen Sri Lankas hinaus, als etwa 70 Mitglieder der Befreiungsbewegung Tamil Eelam erfolglos versuchten, die Regierung der Malediven zu stürzen. Im Juli 1989, als in Sri Lanka jeden Tag schätzungsweise 170 politische Anschläge verübt wurden, bot Indien an, seine Truppen bis März 1990 zurückzuziehen, was auch erfolgte. Trotzdem gingen die Auseinandersetzungen mit unverminderter Härte weiter. Mit der Einnahme der Rebellenhochburg Jaffna 1996 erreichten die Kämpfe einen neuen Höhepunkt. Die tamilischen Verbände zogen sich von Jaffna in unwegsames Gelände zurück. Bis heute forderte der Bürgerkrieg über 50 000 Todesopfer.

Die militärische Präsenz in einem Einkaufsviertel *(links)* spiegelt die Gewalt wider, die seit 1985 in Sri Lanka herrscht. Radikale auf beiden Seiten haben sich die leidvolle Situation zunutze gemacht und Massaker verursacht.

Ein von aufständischen Tamilen zerstörter Zug *(unten)* versinnbildlicht die Gewalttaten, die das Land zum Stillstand gebracht haben. An Tausenden von unschuldigen Zivilisten – Tamilen wie Singhalesen – wurden Greuel begangen.

Der Lebensraum in Sri Lanka *(links)* wird von buddhistischen Singhalesen und hinduistischen Tamilen geteilt. Beide Volksgruppen kamen vor Jahrtausenden bzw. Jahrhunderten aus Indien und ließen sich im Norden und Süden der Insel nieder.

Ein entweihter Buddha *(unten)* ist Zeuge des religiösen Konflikts zwischen Sri Lankas Buddhisten und Hindus. 1985 führte das Massaker an 146 Singhalesen in der heiligen buddhistischen Stadt Anuradhapura zu Vergeltungsmaßnahmen.

1331

SÜDAFRIKA

SÜDAFRIKA

Jahrhundertelang beflügelte Afrika die Phantasie der Seefahrer. Dem Umriß des Kontinents folgend, wagten sie sich im Atlantischen wie im Indischen Ozean immer weiter nach Süden vor. Wohin führte die nicht enden wollende Küste? Das fragten sich schon die phönizischen Seefahrer, dann die Griechen, die Karthager, die Araber und schließlich an der Wende zur Neuzeit die portugiesischen Seefahrer. Wer nun tatsächlich der erste war, der die Südspitze Afrikas umfuhr, bleibt umstritten. Nachgewiesen ist die Fahrt Bartolomëu Diaz', der im Jahre 1488 das Kap der Guten Hoffnung passierte.

Mit der Umrundung der Südspitze Afrikas war der Weg frei für die Eroberung eines neuen Weltmeeres. Die Erkundung des Seeweges nach Indien trug entscheidend dazu bei, daß sich Portugal als Weltmacht etablieren konnte. Die Blockade der alten Handelswege von Europa nach Asien durch das Vordringen islamischer Mächte im östlichen Mittelmeer war damit wirkungslos geworden.

Heute ist Südafrika in wenigen Stunden per Flugzeug erreichbar. Viel wird über das Land und seine Probleme berichtet. Es offenbart sich zugleich in seiner natürlichen, atemberaubenden Schönheit und seiner jahrzehntelangen abgrundtiefen Menschenverachtung. Zwar wurden bereits 1991 alle wesentlichen Gesetze der Apartheidpolitik aufgehoben und in der Folgezeit die Alleinherrschaft der weißen Bevölkerung beendet, dennoch sind die Wunden der Vergangenheit immer noch allgegenwärtig.

Die Holländer und später die Briten erkannten die Bedeutung des Landes am Kap für die Sicherung des Seeweges zwischen den beiden Weltmeeren. Auch heute noch gilt Südafrikas Lage als strategisch wichtig. Von dort könne der Seeverkehr zwischen Atlantischem und Indischem Ozean kontrolliert werden, heißt es. Doch liegen zwischen Kap und Antarktis einige tausend Kilometer hoher See. Selbst wenn Südafrika einen Sinn darin sähe, den Seeweg unter seine Kontrolle zu bringen, so wäre das Land zu einer Blockade kaum in der Lage.

Strategische Bedeutung gewinnt das Land allerdings auch durch seine Bodenschätze. Nicht nur bei Gold, sondern auch bei Chrom, Mangan, Vanadium und Antimon verfügt die Republik Südafrika über einen solch hohen Anteil an der Weltförderung, daß ein Ausfall der Lieferungen die Wirtschaft der Industrieländer und ihre Waffenproduktion empfindlich treffen würde.

Als Bartolomëu Diaz das Kap der Guten Hoffnung umsegelte, nannte er es »Cabo tormentoso«, das »stürmische Kap«. Jahrzehntelang bezweifelte man, daß das Kap den neuen Namen zu Recht trägt. Doch die gegenwärtige politische Entwicklung gibt Anlaß, daß sich die »gute Hoffnung« endlich erfüllen wird. Dennoch wird eine tiefgreifende Verbesserung der Lebenssituation der schwarzen Bevölkerung eine geraume Zeit benötigen.

SÜDAFRIKA: DER STAAT

Aussagen über Staat und Gesellschaft der Republik Südafrika sind schwierig, weil sich das Land nach den langen Jahren der Apartheid im Umbruch befindet.

Die Apartheidpolitik

Die Politik der Apartheid, von offizieller Seite als »getrennte Entwicklung der Rassen« beschönigt, war nicht auf das Wahlrecht beschränkt, sondern bestimmte das gesamte gesellschaftliche Leben: Das getrennte Bildungswesen, die Unterbringung der sogenannten städtischen Schwarzen in außerhalb der Stadt gelegenen »Townships« sowie die ungleiche Entlohnung der Schwarzen waren nur Facetten der allumfassenden Diskriminierung.

Natürlich war es die Apartheid, die die Gesellschaftsstruktur der südafrikanischen Bevölkerung prägte. Aber auch innerhalb der »Nationen« bestanden deutliche Gegensätze: Die Weißen unterschieden sich vor allem ihrer Herkunft nach in Buren und britische Nachkommen. Diese alte Trennungslinie wird heute überlagert durch eine voranschreitende soziale Differenzierung. Die weiße Unter- und Mittelschicht, die die Konkurrenz nicht-weißer Gruppen fürchtet, setzte sich im verstärkten Maße für die Beibehaltung der Apartheid ein, während es Teilen der Oberschicht ratsamer erschien, Zugeständnisse an die nicht-weißen Gruppen zu machen, um das Gesamtsystem zu stabilisieren. Die Inder, überwiegend in Natal lebend, haben ihre kulturelle Identität weitgehend erhalten können. Politisch schwankte diese Bevölkerungsgruppe zwischen Unterstützung der schwarzen Bevölkerungsmehrheit und der Hoffnung, eine stärkere Rolle im weißen Lager spielen zu können. Auch die schwarze Bevölkerung ist in sich alles andere als einheitlich. Von Landarbeitern, die als Siedler mit ihren Familien innerhalb der weißen ländlichen Gebiete leben, über die Arbeiterschicht bis hin zur Entstehung einer städtischen Mittelschicht aus Angestellten, Händlern und Freiberuflern reicht die gesellschaftliche Spannbreite. Ihr vorgelagert ist die Zugehörigkeit zu unterschiedlichen Stämmen mit eigener Sprache und kultureller Tradition, die jedoch an Prägekraft verliert.

Auf dem Weg zu einer neuen Gesellschaft

Das Jahr 1989 stellte einen Wendepunkt dar. Präsident Pieter Willem Botha (* 1916) trat zurück. In seine 10-jährige Ägide fielen zwar auch begrenzte Reformen wie die neue Verfassung von 1984, die den Mischlingen und Asiaten eine partielle parlamentarische Regierung zubilligte. Aber vor allem wird er als derjenige in die Geschichte eingehen, der eine rigorose Umsiedlungspolitik der afrikanischen Bevölkerungsmehrheit vorantrieb, der den Ausnahmezustand verhängte, der Massenverhaftungen von Apartheidsgegnern veranlaßte, der schwarze Siedlungen militärisch besetzen ließ und dem es dennoch nicht gelang, die Proteste und den Widerstand einzudämmen.

Sein Nachfolger Frederik Willem de Klerk (* 1936), im Innersten lange von der Rechtmäßigkeit der Apartheid überzeugt, betrieb jedoch eine Politik des Dialogs und der Verhandlung. Die 1990 erfolgte Freilassung des anerkannten Führers der schwarzen Bevölkerungsmehrheit Nelson Mandela sowie die Aufhebung des Verbots der schwarzen Befreiungsorganisation ANC waren erste Schritte zur friedlichen Überwindung der Apartheid. Die Entwicklung gewann rasch an Eigendynamik. Bereits 1991 wur-

Daten und Fakten

DAS LAND
Offizieller Name:
Republik Südafrika
Hauptstadt:
Pretoria
Parlamentssitz:
Kapstadt (Cape Town)
Fläche:
1 221 037 km²
Landesnatur:
Entlang der Küste
Große Randstufe, im O Drakensberge, im Inneren flachwellige Hochebene, im N Kalaharibecken, im NO Limposenke, im S Kapketten
Klima:
Subtropisch
Hauptflüsse:
Oranje, Vaal, Limpopo
Höchster Punkt:
Cathkin Peak 3360 m

DER STAAT
Regierungsform:
Republik
Staatsoberhaupt:
Staatspräsident
Verwaltung:
9 Provinzen
Parlament:
Nationalversammlung mit mindestens 360, maximal 400 direkt gewählten Mitgliedern und Nationalrat der Provinzen mit 90 Mitgliedern, Wahl alle 5 Jahre
Nationalfeiertag:
27. April
DIE MENSCHEN
Einwohner (Ew.):
39 900 000 (1999)
Bevölkerungsdichte:
33 Ew./km²
Stadtbevölkerung: 50 %

Bevölkerung unter
15 Jahren: 35 %
Analphabetenquote:
18 %
Sprache: Afrikaans, Englisch, Ndebele, Nordsotho, Südsotho, Setswana, Swati, Tsonga, Venda, Xhosa, Zulu
Religion: 78 % Christen, Anhänger von traditionellen Religionen 10 %
DIE WIRTSCHAFT
Währung:
Rand
Bruttosozialprodukt (BSP):
119 001 Mio. US-$
(1998)
BSP je Einwohner:
2880 US-$
Inflationsrate:
10,6 % (1990–98)

Die Republik Südafrika *(rechts)* breitet sich über die Südspitze Afrikas aus. Den größten Teil des Landes nimmt eine muldenförmige Hochebene ein, die von Gebirgszügen oder Inselbergen überragt wird. Nach außen hin fällt das Binnenhochland in der Großen Randstufe zum schmalen Küstensaum ab.

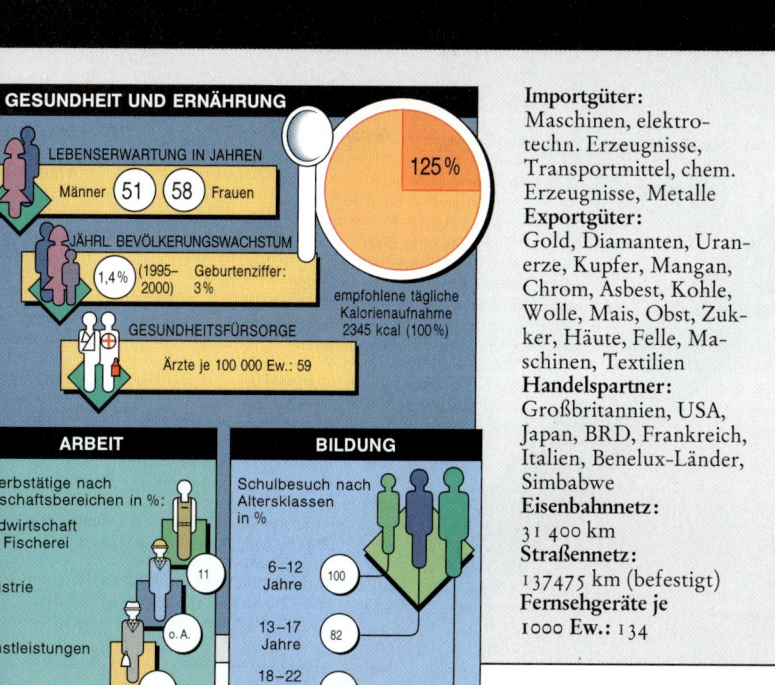

Importgüter: Maschinen, elektrotechn. Erzeugnisse, Transportmittel, chem. Erzeugnisse, Metalle
Exportgüter: Gold, Diamanten, Uranerze, Kupfer, Mangan, Chrom, Asbest, Kohle, Wolle, Mais, Obst, Zucker, Häute, Felle, Maschinen, Textilien
Handelspartner: Großbritannien, USA, Japan, BRD, Frankreich, Italien, Benelux-Länder, Simbabwe
Eisenbahnnetz: 31 400 km
Straßennetz: 137 475 km (befestigt)
Fernsehgeräte je 1000 Ew.: 134

den alle wesentlichen Apartheidgesetze aufgehoben. Mandela wurde zum Präsidenten des ANC gewählt. In einem Referendum stimmte die weiße Bevölkerung 1992 für eine Fortsetzung des Reformprozesses, obwohl blutige Auseinandersetzungen zwischen dem ANC und der Zulu-Partei Inkatha das innenpolitische Klima stark belasteten. Die politisch motivierte Gewalt eskalierte in der Folgezeit. Trotzdem gelang es dem seit Dezember 1991 tagenden Konvent für ein demokratisches Südafrika, die Umgestaltung des politischen Systems voranzutreiben. 1993 konnte eine Übergangsverfassung verabschiedet werden, mit der die Alleinherrschaft der weißen Bevölkerung beendet wurde. 1994 fanden freie Wahlen statt, die zu einem überwältigenden Erfolg des ANC führten. Mandela wurde neuer Staatspräsident. ANC, Nationalpartei und Inkatha-Freiheitspartei bildeten eine Regierung der nationalen Einheit. Im selben Jahr ging das zwischen Südafrika und Namibia umstrittene Gebiet der Walfischbucht endgültig in namibischen Besitz über.

1996 konnte eine neue Verfassung verabschiedet werden, die 1997 in Kraft trat. Bei den Parlamentswahlen im Juni 1999 erreichte der ANC die absolute Mehrheit. Zum neuen Staatspräsidenten wurde der ANC-Politiker Thabo Mbeki (* 1942) gewählt. Eine Wahrheits- und Aussöhnungskommission hat den Auftrag, die unheilvolle Vergangenheit aufzuarbeiten.

SÜDAFRIKA: GESCHICHTE

Nach den Forschungsergebnissen der Anthropologen ist Afrika vermutlich die »Wiege der Menschheit«. Auch in Südafrika, vor allem in Transvaal, wurden Knochenreste des Australopithecus gefunden, die auf ein Alter von etwa 1,5 Millionen Jahren schließen lassen.

Vor Ankunft der ersten Europäer war das Land dünn besiedelt: San (Buschmänner) und Khoi-Khoin (Hottentotten) lebten im Hinterland der heutigen Kapprovinz. Im Norden und im Zentrum der heutigen Republik Südafrika lebten bantusprechende afrikanische Stämme.

Bartolomëu Diaz (1450–1500) umsegelte 1488 das Kap der Guten Hoffnung. Doch die neuere Geschichte Südafrikas begann erst 1652 mit der Gründung einer Versorgungsstation – Kapstadt – für die Schiffe der Niederländisch-Ostindischen-Kompanie. Danach siedelten sich vor allem protestantische Niederländer, aber auch deutsche und hugenottische Einwanderer an und entwickelten eine gemeinsame Sprache, das »Afrikaans«, der sie ihren Namen »Buren« (Bauern) verdanken. Die Zahl der Siedler nahm rasch zu. Land gab es genug, doch fehlte es an Arbeitskräften. Deshalb wurden Sklaven aus Westafrika, Angola, Moçambique und selbst aus Java eingeführt. Immer weiter dehnte sich das kolonisierte Land in einem großen Halbkreis um Kapstadt aus. Wenn die Böden zu wenig hergaben, begaben sich die Viehzüchter auf die Suche nach neuem Land. Dabei verdrängten sie rücksichtslos die einheimische Bevölkerung. Die San wurden verfolgt und getötet. Die Khoi-Khoin zogen sich in bislang nicht besiedelte Gebiete zurück oder traten als Rinderhirten in den Dienst der Weißen. Auch die Bantubevölkerung mußte den Siedlern weichen.

Buren gegen Briten

1806 übernahm Großbritannien die Macht im Land. Mit den Briten kamen neue Siedler, die sich durch Sprache, Religion und Geisteshaltung von den calvinistischen Buren unterschieden. Verwaltungsreformen, wie die Einführung des Englischen als Amtssprache, die Gleichstellung freier Nicht-Weißer mit Weißen, und das Verbot der Sklaverei, führten zu tiefgehenden Spannungen und Auseinandersetzungen zwischen Briten und Buren. In den 1830er Jahren brachen deshalb 2000 Burenfamilien mit ca. 12 000 Angehörigen zum »Großen Treck« Richtung Nordosten auf, um neues Siedlungsland zu suchen. Sie gründeten die Burenrepubliken Transvaal und Oranjefreistaat.

Als in Transvaal 1868 bei Kimberley Diamantenvorkommen und in den 1880er Jahren Gold entdeckt wurden, strömten Tausende von europäischen Einwanderern nach Johannesburg, dem Zentrum des neuen Reichtums. Geradezu sprunghaft entwickelte sich die Stadt zur Wirtschaftsmetropole. Als billige Arbeitskräfte zur Ausbeutung der Minen dienten schwarze Wan-

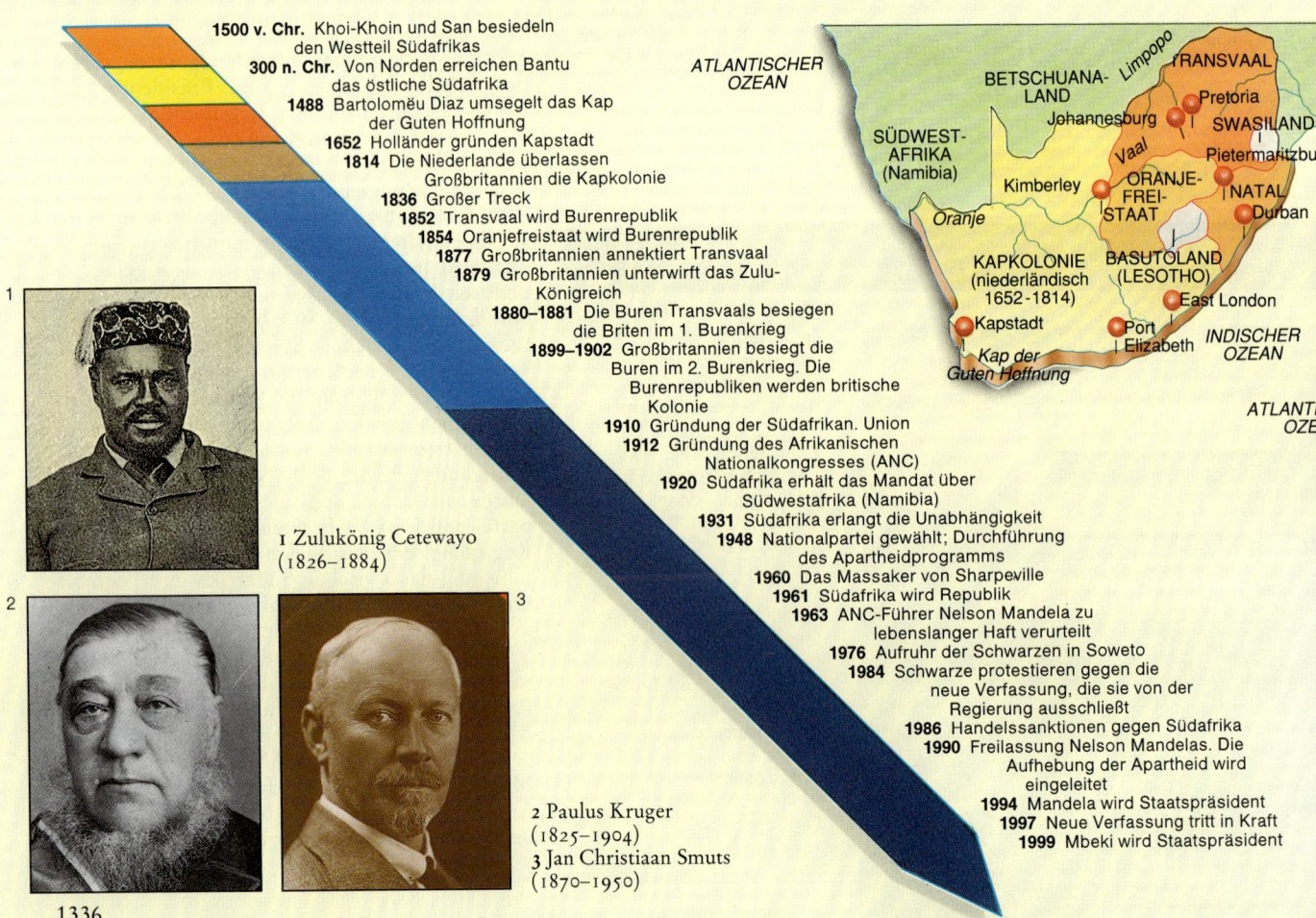

Britische Truppen (oben), hier beim Einzug in die Stadt Ladysmith in der Provinz Natal, kämpften im 2. Burenkrieg (1899–1902). 1910 garantierte Großbritannien der Südafrikanischen Union die Selbstregierung.

1500 v. Chr. Khoi-Khoin und San besiedeln den Westteil Südafrikas
300 n. Chr. Von Norden erreichen Bantu das östliche Südafrika
1488 Bartolomëu Diaz umsegelt das Kap der Guten Hoffnung
1652 Holländer gründen Kapstadt
1814 Die Niederlande überlassen Großbritannien die Kapkolonie
1836 Großer Treck
1852 Transvaal wird Burenrepublik
1854 Oranjefreistaat wird Burenrepublik
1877 Großbritannien annektiert Transvaal
1879 Großbritannien unterwirft das Zulu-Königreich
1880–1881 Die Buren Transvaals besiegen die Briten im 1. Burenkrieg
1899–1902 Großbritannien besiegt die Buren im 2. Burenkrieg. Die Burenrepubliken werden britische Kolonie
1910 Gründung der Südafrikan. Union
1912 Gründung des Afrikanischen Nationalkongresses (ANC)
1920 Südafrika erhält das Mandat über Südwestafrika (Namibia)
1931 Südafrika erlangt die Unabhängigkeit
1948 Nationalpartei gewählt; Durchführung des Apartheidprogramms
1960 Das Massaker von Sharpeville
1961 Südafrika wird Republik
1963 ANC-Führer Nelson Mandela zu lebenslanger Haft verurteilt
1976 Aufruhr der Schwarzen in Soweto
1984 Schwarze protestieren gegen die neue Verfassung, die sie von der Regierung ausschließt
1986 Handelssanktionen gegen Südafrika
1990 Freilassung Nelson Mandelas. Die Aufhebung der Apartheid wird eingeleitet
1994 Mandela wird Staatspräsident
1997 Neue Verfassung tritt in Kraft
1999 Mbeki wird Staatspräsident

1 Zulukönig Cetewayo (1826–1884)

2 Paulus Kruger (1825–1904)
3 Jan Christiaan Smuts (1870–1950)

SÜDAFRIKA

derarbeiter, die für eine begrenzte Zeit von ihren Familien getrennt wurden und in den weißen Siedlungsgebieten bleiben mußten – eine Art der »Arbeitskräftebeschaffung«, die teilweise bis heute anhält.

Doch wer war denn jetzt der Herr im Lande – die Buren oder die Briten? Der Burenkrieg (1899–1902) endete mit einem Kompromiß: Die Burenrepubliken Transvaal und Oranje wurden britische Kronkolonien, konnten jedoch ihre inneren Angelegenheiten selbst verwalten. Dies galt auch für die Frage des Wahlrechts der nicht-weißen Bevölkerung. 1910 schlossen sie sich mit der Kapprovinz und Natal zur Südafrikanischen Union zusammen. 1931 erhielt die Union die volle Souveränität innerhalb des Commonwealth.

Nach und nach wurde der Einfluß der Buren im Staate stärker. Die Rechte der nicht-weißen Bevölkerung hingegen wurden mehr und mehr beschnitten, das ohnehin nur beschränkte Wahlrecht der Schwarzen wurde 1936 abgeschafft. Die systematische Rassentrennungspolitik stieg nach dem Zweiten Weltkrieg zur Staatsideologie auf. Die entscheidenden Gesetze wurden 1950 und 1951 erlassen und später noch verschärft.

Die Homelands

Im »Group Area Act« wurde das Land in verschiedene Regionen für die einzelnen Bevölkerungsgruppen aufgeteilt. Die Gründung von »Homelands« für alle größeren Stammesgruppen und die zwangsweise Zuordnung der schwarzen Bevölkerung bedeutete praktisch, daß die Menschen ausgebürgert und ihrer Rechte weitgehend beraubt wurden. Sechs der zehn Homelands, nämlich Gazankulu, Kangwane, KwaNdebele, KwaZulu, Lebowa und Qwaqwa, galten als »Autonomstaaten«, wobei von tatsächlicher Autonomie jedoch nicht die Rede sein konnte. Als »unabhängige Republiken« wurden Bophuthatswana, Ciskei, Transkei und Venda bezeichnet. Da es in diesen »Staaten« außerhalb der Landwirtschaft kaum Erwerbsmöglichkeiten gab, arbeitete ein großer Teil der Bevölkerung mit zeitlich beschränkter Erlaubnis im Gebiet der weißen Bevölkerung. Neben dieser sogenannten »Großen Apartheid« existierte über Jahrzehnte hinweg die »Kleine Apartheid«, die von der Rassentrennung im gesellschaftlichen Leben – getrennte Schulen, Krankenhäuser, öffentliche Verkehrsmittel, Restaurants usw. – bis zum Eheverbot zwischen Weißen und Nicht-Weißen reichte.

Die Menschenrechtsverletzungen durch Anwendung der Apartheidgesetze führten zu internationalen Protesten. Mehrere UNO-Resolutionen verurteilten die anhaltende Apartheidpolitik. Erst die 1989 eingeleitete politische Wende brachten Südafrika auch international wieder ein besseres Renommee. Das Land wurde Mitglied der OAU und trat auch wieder dem Commonwealth bei.

Studentenproteste *(rechts)* brachen 1976 aus, weil die Regierung versuchte, Afrikaans in Soweto zu lehren. Die Unruhen hatten über 600 Tote zur Folge; es kam zur internationalen Verurteilung der Apartheid.

Niederländische Siedler landeten 1652 am Kap der Guten Hoffnung, doch hatte die Besiedlung Südafrikas *(links)* viel früher begonnen. 1814 errang Großbritannien die Kontrolle über die Kapkolonie. Viele Buren lehnten sich gegen die britische Politik auf und machten sich 1836 zu Tausenden auf den Großen Treck *(unten)*. Sie gründeten Natal, Oranjefreistaat und Transvaal und zogen so die bis heute gültigen Landesgrenzen *(ganz links)*.

SÜDAFRIKA

Bevölkerung
Die Bevölkerung Südafrikas setzt sich heute aus zahlreichen Gruppen zusammen, die sich nicht nur durch Hautfarbe und Herkunft, Sprache und Kultur, sondern auch durch ihre politische Einflußnahme und ihre gesellschaftliche Stellung ganz erheblich unterscheiden.

San (Buschmänner) und Khoi-Khoin (Hottentotten), heute nahezu ausgestorben, bilden die älteste Bevölkerungsschicht des Landes. Die Buschmänner, die sich durch hellbraune bis rötliche Hautfarbe und geringe Körpergröße (unter 1,50 m) von den übrigen Bevölkerungsgruppen unterscheiden, waren Jäger und Sammler. Mit Pfeil und Bogen ausgerüstet, gingen die Männer auf die Jagd, während die Frauen durch Sammeln von Wurzeln, Knollen und Kleintieren zur Ernährung beitrugen. In kleinen Gruppen, ohne feste Siedlungsgebiete, streiften die San durch das Land, bis sie von den Buren in brutalen Verfolgungsjagden vernichtet oder in unwirtliche Gebiete der Nachbarländer zurückgedrängt wurden.

Die Widerstandskraft der etwas größeren, ebenfalls hellhäutigen Khoi-Khoin wurde gewaltsam gebrochen. Als Nomaden mit der Viehzucht vertraut, beschäftigte man sie teilweise als Hirten. Die Nama, eine Khoi-Khoin-Gruppe, die das Expansionsstreben der Buren überlebte, sind heute in Namibia ansässig.

Zulu, Xhosa und Sotho
Die Stämme und Völker der schwarzen Bevölkerung Südafrikas unterscheiden sich in ethnischer und kultureller Hinsicht zum Teil erheblich voneinander. Die Verwandtschaft ihrer Sprachen hat jedoch dazu geführt, daß sie zusammenfassend als Südost-Bantu (wörtlich »Menschen«) bezeichnet werden. Die Zulu bilden die bevölkerungsreichste Gruppe. Der überwiegende Teil von ihnen lebt im ehemaligen »Autonomstaat« KwaZulu, viele von ihnen mußten jedoch ihr »Homeland« verlassen und arbeiten als Bergleute oder Industriearbeiter in Kwazulu/Natal oder Gauteng. Soweit die traditionelle Lebensweise noch beibehalten werden kann, leben die Zulu in Großfamilien in umzäunten Gehöften aus grasgedeckten Kuppelhütten.

Die zweitgrößte Bevölkerungsgruppe sind die Xhosa. Über die Hälfte von ihnen lebt im Bereich der Südostküste nördlich von East London, der Rest überwiegend als Arbeiter in den Industrie- und Bergbaugebieten des Nordens. Es gibt noch Wesensmerkmale der traditionellen Lebensweise bei der Landwirtschaft treibenden Bevölkerung an der Südostküste (ähnlich wie bei den Zulu), dennoch kann man nicht mehr von intakten Sozialstrukturen sprechen, da bei gleichbleibender Landfläche und wachsender Bevölkerung das traditionelle Zusammenleben nicht mehr möglich ist.

Weitere große Volksgruppen der Bantu sind die Sotho (unterschieden in Nord- und Südsotho), die Tswana, Tsonga, Swasi, Ndebele und

»Zulukrieger« (oben) rufen die Traditionen ihrer Ahnen in Erinnerung. Das Bantuvolk der Zulu bildet eine der größten schwarzen Ethnien Südafrikas. Sie üben über die Inkathabewegung auch politische Macht aus.

Bei den Frauen der Ndebele (rechts) wiesen einst die aufeinandergesetzten Messing- oder Kupferringe den verheirateten Stand einer Frau aus. Geometrische Muster in Kleidung und Wandmalereien sind typisch für die Ndebele.

Nelson Mandela

Nelson Mandela (Xhosa) ist zur Symbolfigur des Kampfes gegen das Apartheidsystem Südafrikas geworden. 1944 trat er dem »African National Congress« (ANC) bei, gründete die ANC-Jugendliga und wurde ein einflußreicher Führer der schwarzen Befreiungsbewegung. Sein politisches Engagement führte 1956 zu seiner Festnahme wegen Landesverrats. 1963 wurde Mandela zusammen mit dem befreundeten ANC-Führer Walter Sisulu und neun anderen wegen Sabotage vor Gericht gebracht. Mandela wurde zu lebenslanger Haft verurteilt und in das Gefängnis auf Robben Island, nahe Kapstadt, gebracht. Als man ihn im Jahre 1990 freiließ, wurde er zu einer Schlüsselfigur in den Verhandlungen mit der Regierung über eine Verfassungsreform.

SÜDAFRIKA

Barackenlager wie das außerhalb von Kapstadt gelegene Crossroads *(links)* sind Heimatstadt für schwarze Arbeiter, die in den Städten Arbeit suchen. Die Apartheid schrieb vor, daß Schwarze nicht innerhalb der »weißen« Städte leben durften.

Zwei Südafrikaner, eine Schwarze und ein Weißer, sitzen gemeinsam auf einer Bank *(links unten).* Obwohl die weiße Bevölkerung das Land seit Jahrhunderten beherrscht hat, ändert die Abschaffung der Apartheid das Leben für alle Südafrikaner.

Venda. Hinzu kommen einige hunderttausend Wanderarbeiter aus Mosambik, Lesotho, Malawi, Botsuana und Swasiland, die teils für beschränkte Zeit angeworben wurden, sich teils aber auch illegal im Lande aufhalten.

Außerhalb der »Homelands« konnten die Schwarzen ihren Wohnsitz nicht frei wählen. Der größte Teil der schwarzen Bevölkerung lebt in besonderen Wohnvierteln, »Township« oder »Blacktown« genannt. In den meist armseligen Hütten herrscht bedrückende Enge. Die als Soweto bekannte South West Township am Rande von Johannesburg ist die größte Stadt Südafrikas. Auch in anderen Ballungsräumen sind die Townships der Schwarzen oft bevölkerungsreicher als die Wohnstädte der Weißen.

Weiße, Inder und Coloureds

Von der weißen Bevölkerung, insgesamt etwa 5 Millionen Menschen, sprechen mehr als die Hälfte Afrikaans als Muttersprache; es sind Nachfahren der Buren. Die späteren Zuwanderer aus Großbritannien haben ihre Muttersprache bewahrt. Auch die meisten Einwanderer aus anderen Ländern haben Englisch als Muttersprache angenommen, so daß heute etwa ein Drittel der weißen Bevölkerung sich als englischsprachig bezeichnet. Die meisten weißen Südafrikaner beherrschen beide Sprachen. Zwischen den Buren und der Bevölkerung englischer Abstammung herrschte früher tiefes Mißtrauen. Auch heute noch sind die Beziehungen zwischen den beiden weißen Volksgruppen gelegentlich gespannt.

Die Vorfahren der vor allem im Umkreis von Durban am Indischen Ozean lebenden Inder (über 800 000) sind im vergangenen Jahrhundert als Plantagenarbeiter von der britischen Kolonialmacht nach Natal gebracht worden. Viele Inder sind heute in Berufen des Mittelstandes tätig, einige haben sich auch beachtlichen Wohlstand erarbeitet.

Der Mischlingsbevölkerung mit etwa 3,4 Millionen Angehörigen wurden bis 1991 nach den Apartheidsgesetzen alle Menschen zugeordnet, die weder als Schwarze noch als Weiße, auch nicht als Asiaten eingestuft werden. Unter diesen sogenannten Coloureds sind Mischlinge aus Khoi-Khoin, San, Europäern, Malaien, Bantu und ehemaligen Sklaven aus Westafrika zu finden. Die Mehrheit von ihnen hat Afrikaans als Muttersprache angenommen. Um eine weitere Vermischung der Rassen und eine »Schwächung« der weißen Minderheit zu verhindern, waren Eheschließungen, aber auch sexuelle Beziehungen zwischen Schwarzen und Weißen bei Strafandrohung bis weit in die 80er Jahre verboten.

Eine besondere Gruppe bilden im Raum Kapstadt die Kapmalaien, Nachkommen der von den früheren Landesherren von Niederländisch-Indien hierher verschleppten Bevölkerung. Wie den Indern wurde auch den Mischlingen eine beschränkte Möglichkeit zur politischen Mitsprache eingeräumt.

1918 Geburt in Qunu
1939 Immatrikulation an der juristischen Fakultät in Fort Hare
1942 Magistergrad; Eintritt in die Universität von Witwatersrand
1944 Gründung der Jugendliga des ANC
1947 Sekretär der ANC-Jugendliga
1952 Die Regierung »ächtet« Mandela
1960 Verhaftung Mandelas nach dem Massaker von Sharpeville
1964 Verurteilung zu lebenslanger Haft
1990 Freilassung
1991 Präsident des ANC
1994 Staatspräsident

SÜDAFRIKA: WIRTSCHAFT

Bei einer Fahrt durch Johannesburg, über großzügig angelegte Stadtautobahnen, vorbei an Hochhäusern mit glitzernden Fassaden, mag der Eindruck entstehen, Südafrika sei ein moderner, mit allen Reichtümern gesegneter Industriestaat. Ein Besuch in Soweto, der Wohnstadt der schwarzen Bevölkerung, wird Zweifel an der Richtigkeit dieses Eindrucks aufkommen lassen. In ein unterentwickeltes Land versetzt fühlt man sich angesichts der bescheidenen, ja ärmlichen Lebensbedingungen in einem der ehemaligen »Homelands«. Wie steht das Land als Wirtschaftsmacht da? Ist es wirklich der moderne Industriestaat, wie gelegentlich behauptet wird? Welche Kennziffern des Wirtschaftslebens auch angeführt werden: Bruttosozialprodukt, Pro-Kopf-Einkommen, Anteil am Welthandel oder Verteilung der Erwerbstätigen nach Wirtschaftssektoren – im statistischen Vergleich mit anderen Ländern nimmt Südafrika eine eher bescheidene Position ein. Unter den Industrieländern bildet Südafrika das Schlußlicht, und selbst von einigen Entwicklungsländern wird es übertroffen. Andererseits steht außer Zweifel, daß Südafrika über eine hochentwickelte Industrie verfügt, über modernste Einrichtungen des Kommunikations- und Transportwesens und über weltweit anerkannte Forschungseinrichtungen.

Bodenschätze und Industrie

Seinen heutigen wirtschaftlichen Entwicklungsstand verdankt das Land den im Überfluß vorhandenen Bodenschätzen. Abgesehen von Erdöl, Erdgas und Bauxit gibt es kaum einen wichtigen Bodenschatz, der in Südafrika nicht in beachtlichen Lagerstätten vorhanden wäre. Bei der Förderung von Chrom, Gold, Platin, Mangan und Uran steht Südafrika unter den drei führenden Ländern der Erde. Der Goldbergbau am Witwatersrand, dem reichsten Goldvorkommen der Welt, bringt eine jährliche Ausbeute von über 598 000 kg Gold hervor. Um ein Kilogramm Feingold zu gewinnen, müssen die Bergleute riesige Mengen rohgoldhaltigen Erzes abbauen. Die Republik Südafrika ist der größte Goldproduzent der Welt. Der Goldbergbau ist jedoch auf die große Zahl gering bezahlter schwarzer Minenarbeiter angewiesen, die aus dem gesamten südlichen Afrika kommen.

Die bergbauliche Erschließung des Landes begann im vorigen Jahrhundert (1866 Entdeckung der Diamantenfelder bei Hopetown, 1884 Goldfunde am Witwatersrand). Wie der Bergbau ist auch die Industrie, auf die rund drei Viertel des exportierten Warenwerts entfallen, durch niedrige Lohnkosten für die vorwiegend schwarze Arbeiterschaft begünstigt. Die guten Profitaussichten förderten die Bereitschaft ausländischer Investoren, sich im Land niederzulassen, wodurch in starkem Maße der Ausbau der südafrikanischen Industrie begünstigt wurde. Neben der Schwerindustrie, die in den letzten Jahrzehnten weiter ausgebaut worden ist, wurde besonders die Ausweitung des Maschinenbaus, der chemischen Industrie und der Konsumgüterindustrie vorangetrieben. Die in den großen Industriezentren des Landes im Süden der Provinz Gauteng um die Städte Johannesburg und Vereeniging sowie in den Hafenstädten Port Elizabeth, Durban und Kapstadt entstandenen Arbeitsplätze, erforderten qualifizierte Fachkräfte, die der »weiße« Arbeitsmarkt nicht mehr hergab. Hierin ist die Ursache zu sehen, daß ein Grundpfeiler der Apartheid, die »job reservation« für weiße Arbeitskräfte aufgegeben wurde. Schwarze Arbeiter wurden seither so ausgebildet, daß sie den Anforderungen einer modernen industriellen Fertigung gewachsen sind. Mit der Ausweitung einer schwarzen Facharbeiterschaft wurden die Ausgangsbedingungen für die schwarze Gewerkschaftsbewegung erheblich verbessert. Als Folge der weltweiten Proteste gegen die anhaltenden Menschenrechtsverletzungen hatten aber vor allem britische und US-amerikanische Firmen ihre Niederlassungen aufgegeben.

Südafrikas Wirtschaftspolitik war bis zum Ende der Apartheidpolitik bemüht, das Land von Lieferungen aus dem Ausland weitgehend unabhängig zu machen. Zu dieser Politik fühlten sich die Südafrikaner genötigt, um auch ein mögliches Handelsembargo, wie es wegen der Apartheidspolitik immer wieder diskutiert worden ist, überstehen zu können. Bei Nahrungs-

Weinreben *(oben)*, die auf bewässertem Land in der südlichen Kapprovinz angebaut werden, bringen die berühmten Kapweine hervor, die auch auf den europäischen Märkten beliebt sind. Im Bild das Spritzen der Weinreben gegen Schädlinge.

Elektrische Lokomotiven *(rechts)* warten auf den Gleisen des Rangierbahnhofs von Durban. Der Ausbau des südafrikanischen Eisenbahnnetzes begann 1860. Heute verfügt das Land mit Abstand über das beste Transportsystem in Afrika.

SÜDAFRIKA

Das »Große Loch« oder »Big Hole« von Kimberley *(links)* im nordöstlichen Kapland geht auf die 70er Jahre des 19. Jahrhunderts zurück, als das große Diamantenfieber grassierte. Die Minen von Kimberley sind aber bereits seit 1915 geschlossen.

Arbeiter durchbrechen mühevoll das Gestein *(unten)* am Witwatersrand, dem Gebiet der Goldvorkommen rund um Johannesburg. Die wirtschaftliche Entwicklung Südafrikas beruhte großenteils auf dem Goldbergbau.

mitteln war das Ziel der Selbstversorgung weitgehend erreicht: nur 2 % der Importe entfielen auf diesen Sektor – weitaus weniger als in den europäischen Industrieländern mit 10–15 %.

Auf die Autarkiebestrebung geht auch die Entwicklung von Kohleverflüssigungsanlagen zurück. In mehreren riesigen Anlagen des Staatskonzerns SASOL wird die reichlich vorhandene Steinkohle für die Herstellung von Treibstoffen und Grundprodukten der chemischen Industrie genutzt. Die Abhängigkeit von Rohölimporten konnte hierdurch stark verringert werden. Im Zusammenhang mit den Autarkiebestrebungen ist auch der Aufbau einer eigenen Rüstungsindustrie zu betrachten, die den Staat heute zu einem der zehn größten Waffenexporteure der Welt macht.

Landwirtschaft

Südafrika kann sich weitgehend selbst mit Nahrungsmitteln versorgen. Die marktorientierte, überwiegend in burischem Besitz befindliche Landwirtschaft wird auf großen Farmen, die oft über mehr als 1000 Hektar verfügen, unter Einsatz billiger schwarzer Landarbeiter und mit Hilfe moderner Landmaschinen betrieben. Hauptanbauprodukte sind Mais und Weizen. Die Trockengebiete in den Provinzen Nord- und Ost-Kap werden als Weidegebiete für die Schafhaltung genutzt. Wolle bzw. Felle von Merino- und Karakulschafen sind traditionelle Ausfuhrprodukte. In der im Süden gelegenen Provinz West-Kap sind Wein- und Obstanbau wichtig. Zitrusfrüchte werden auf Plantagen in der Nord-Provinz angebaut. Der Zuckerrohranbau in der Provinz Kwazulu/Natal ist Grundlage der Zuckerindustrie, die auch den Weltmarkt beliefert. Neben der marktorientierten Landwirtschaft besteht eine vor allem in den ehemaligen Homelands betriebene Selbstversorgungswirtschaft. Angebaut werden dort neben Gemüse hauptsächlich Mais und Sorghum.

Arbeiter in einer Diamantenmine *(links)* bei der Auslese von Mineralien. Die Republik Südafrika verfügt über die ergiebigsten Diamantenvorkommen der Welt. Um ein Karat Rohdiamanten aus einer Lagerstätte zu gewinnen, sind durchschnittlich etwa 4-5 Tonnen Gestein zu fördern und zu bearbeiten, d. h. zerkleinern, sortieren und waschen. Der Diamantenabbau ist auf eine große Zahl gering bezahlter schwarzer Arbeiter angewiesen, die aus dem gesamten südlichen Afrika kommen.

SÜDAFRIKA

Landschaften

Wüsten und Hochgebirge, weite Plateaus und tief eingeschnittene Täler, wilde Steilküsten und einladende Sandstrände – das alles ist in Südafrika anzutreffen. Das Landschaftsbild Südafrikas ist vielfältig.

Den größten Teil des Landes nehmen ausgedehnte Hochflächen ein, die von hohen Randstufen umrahmt und somit gegen das Küstenland abgegrenzt werden. Der südafrikanische Block, Teil der großen Afrikanischen Tafel, besteht aus Gneisen, kristallinen Schiefern und Graniten, die zu den ältesten der Erde gehören. Von nur niedrigen Höhenzügen durchschnitten und gelegentlichen Bergkegeln (Kopjes) überragt, erreicht das muldenförmige Binnenhochland mittlere Höhen um 1000 m. Von den Magaliesbergen senkt sich das Land langsam im Bosveld nach Norden zur Niederung des Limpopo. Gegen Süden und Südwesten leitet das Highveld allmählich zur Oberen Karoo (Karru) und zum Kalaharibecken über. Nach außen hin fällt das Plateau in großen Randstufen steil zum meist schmalen, wenig gegliederten Küstenraum ab. Die Große Randstufe (Great Escarpment) ist keine Bruchstufe, sondern entlang einer weiträumigen Verbiegung der Gesteinsschichten durch die abtragende Kraft des fließenden Wassers herausgearbeitet worden. Diese Abtragungsstufe bildet verschiedenartige Landschaftsformen aus und besitzt ihr markantestes Erscheinungsbild im Osten des Landes. Dort, wo harte Basaltschichten die Abtragung verzögern, erheben sich die – wegen ihrer Ähnlichkeit mit einem gezackten Drachenrücken genannten – »Drakensberge« bis über 3000 m.

Im Nordosten, zwischen der Großen Randstufe und den Lebombobergen, erstreckt sich das Lowveld. Die südliche Abdachung wird durch ein stark abgetragenes Faltengebirge gegliedert, das in den »Swartbergen« 2326 m erreicht. Zwischen den Kapketten sind die Beckenlandschaften der Großen und Kleinen Karoo eingelagert. Vom Hochplateau isoliert erhebt sich aus der Kapebene das 1088 m hohe Sandsteinmassiv des Tafelbergs, an dessen Fuß Kapstadt liegt.

Klima und Vegetation

Südafrika liegt im Bereich des Trockengürtels, der die Erde entlang des südlichen Wendekreises umspannt. Das Klima ist im allgemeinen subtropisch mit langen Trockenzeiten und durch die Höhenlage gemilderten Temperaturen. Da in Südafrika nicht der Westwind vom Atlantik, sondern der Ostwind vom Indischen Ozean der Hauptregenbringer ist, nehmen die Niederschläge – und somit auch die Üppigkeit der Pflanzenwelt – generell von Osten nach Westen ab. Im östlichen Hochland, vor allem an der steil aufragenden Großen Randstufe, regnen sich die feuchten Luftmassen ab. Für das jenseits der Berge gelegene Landesinnere bleibt nur wenig Regen übrig.

Die schroffen Drakensberge (oben) im Südosten Südafrikas sind Teil der Großen Randstufe, mit der das Hochland zur Küstenniederung abfällt. Sie erreichen im Cathkin Peak, dem höchsten Berg Südafrikas, eine Höhe von 3360 m.

Wie ein Teppich dehnt sich das offene Grasland des Veld (unten) über Südafrikas Hochebene aus. Diese Region fällt allmählich zum Landesinneren hin ab. Sie wird in die drei Hauptlandschaften – Highveld, Middleveld und Lowveld – gegliedert.

Die Riesenprotea (oben), Nationalblume Südafrikas, gehört zu den immergrünen Sträuchern. Viele Arten der Proteusgewächse mit den auffallenden Blütenköpfen findet man in der Kapregion. Die Riesenprotea benötigt zur Keimung extreme Hitze.

SÜDAFRIKA

Gedeihen an der Küste Natals noch Palmen, sind die Randberge der Küstenzone zumindest vereinzelt noch von Wald bedeckt, so ist das innere Hochland nahezu baumlos. Im Osten des Hochlandes bestimmen – da die winterliche Kälte den Bäumen das Überleben erschwert – weite Grasfluren, in Südafrika »Veld« genannt, das Landschaftsbild. Im westlichen Hochland, in der Oberen Karoo – in der Sprache der Nama »Gebiet ohne Wasser«– gedeiht nur dürftige Trockenvegetation, überwiegend niedrige dornenbewehrte Büsche und wasserspeichernde Sukkulenten. An der Westküste erstreckt sich ödeste Wüste. Nur im Randbereich der winterfeuchten Kapprovinz ändert sich das Bild. Mehrere tausend Pflanzenarten, von denen manche einige Meter hoch wachsen, bestimmen hier die Landschaft.

An der Grenze zu Mosambik dehnt sich eine weite, durch Eingriffe des Menschen kaum veränderte Savannenlandschaft aus, in der zahlreiche Wildtiere beheimatet sind. Seit 1898 steht das Gebiet, heute als Krüger-Nationalpark bekannt, unter besonderem Schutz. In den übrigen Teilen des Landes ist hingegen der Bestand an größeren wildlebenden Tieren aufgrund der fortschreitenden Besiedlung durch den Menschen stark zurückgegangen. Selbst das südafrikanische Wappentier, der früher in riesigen Herden umherziehende Springbock, ist außerhalb der Nationalparks selten geworden.

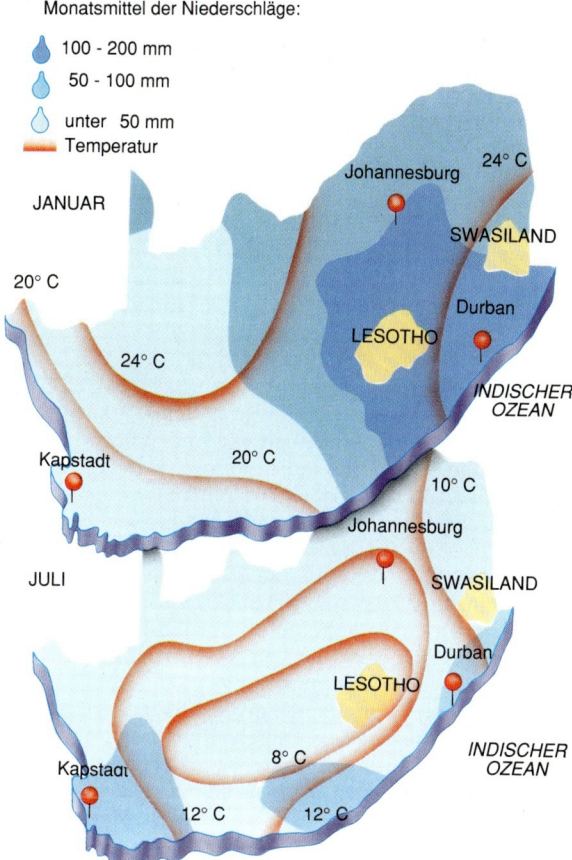

Ein Teppich gelber Dubbeltjies oder Teufelsdornen *(unten)* sprießt nach einem Regenguß in der Kalahari im Nordwesten Südafrikas. Diese Wüste bedeckt auch weite Teile Botsuanas und Namibias. Die rote Farbe des Sandes stammt von Eisenablagerungen her.

Das Klima Südafrikas *(oben rechts)* ist im allgemeinen trocken und sonnig, nur in den Küstengebieten ist es feucht-heiß. Der Nordwesten ist extrem trocken. Auf der Hochebene kann die Temperatur im Winter sogar unter den Gefrierpunkt sinken.

Die Wasserknappheit – Problem Nr. 1

Nahezu überall in Südafrika ist das Wasser, die Lebensgrundlage für Pflanze, Tier und Mensch, begrenzt. Regenmangel ist chronisch, Dürrephasen treten periodisch auf und die Verwüstung schreitet voran. Grundwasser in großen Mengen findet sich nur in der Provinz Transvaal und an der Kapküste. Im Westen des Landes liegen die Flußbetten oft monate- oder sogar jahrelang trocken. Ganzjährig Wasser führen lediglich die Flüsse der Gebirgsregionen im Osten und Süden des Landes.

Der Oranje, dessen Quellflüsse im Bergland Lesothos entspringen, ist der größte Fluß des Landes. Den trockenen Westen durchfließt er als sogenannter Fremdlingsfluß: hier verliert er durch Verdunstung einen großen Teil seines Wassers, bevor er nach mehr als 2000 km als Grenzfluß zwischen Namibia und Südafrika in den Atlantik mündet.

Der Oranje ist der wichtigste Wasserspender des Landes. Drei riesige Dämme stauen den Fluß, so daß das kostbare Naß für den Bedarf der Landwirtschaft und zur Elektrizitätsgewinnung genutzt werden kann. Mit Hilfe von Fernleitungen, Tunnels und Kanalsystemen soll künftig noch mehr Land in die Bewässerung einbezogen werden. Dennoch wird Wasser auch in Zukunft knapp bleiben und die Lösung des Wasserproblems wird sich langfristig wohl nur in enger Zusammenarbeit mit den Nachbarstaaten lösen lassen.

1343

SÜDAFRIKA: DER KRÜGER-NATIONALPARK

Im Laufe der Evolution hatten sich auf jedem Kontinent viele verschiedene Tierarten entwickelt. Heute ist Afrika der einzige Kontinent, der etwas von der früheren Vielfalt der Tierwelt erhalten konnte: er beheimatet 85 verschiedene Antilopenarten, 3 Zebraarten (und viele Unterarten), Giraffen, Büffel, schwarze und weiße Nashörner, Flußpferde und Elefanten. Nicht weniger beeindruckend sind Vögel und andere Tiere, aber besonders die Vielfalt und Menge der Säugetiere machen die Besonderheit des Kontinents aus.

Vielfalt der Säugetiere

In Südafrikas Krüger-Nationalpark kann ein Großteil dieser Reichhaltigkeit noch bewundert werden. Der Park beherbergt 20 der afrikanischen Antilopenarten, von einem Bestand von 150 000 Schwarzfersenantilopen bis hin zu nur wenigen Exemplaren der seltenen Pferdeantilopen. Auch alle anderen großen afrikanischen Pflanzenfresser sind vertreten. Zu den großen Fleischfressern gehören drei große Katzenarten – Löwen, Leoparden und Geparden – sowie Hyänen und Wildhunde.

Wie aber konnten die großen Säugetiere Afrikas der Ausrottung entgehen, während sie auf anderen Kontinenten stark reduziert bzw. völlig vernichtet wurden? Ein Grund mag darin liegen, daß große Gebiete Afrikas für den Menschen,

Der Krüger-Nationalpark (rechts) umfaßt ein Gebiet von 19 485 km²; er erstreckt sich über eine Länge von 320 km bei einer Breite von 40–80 km.

Die Vielzahl der Landschaften im Park bietet vielen unterschiedlichen Tierarten Lebensmöglichkeiten. Die Flußpferde (rechts) finden auf den Sandbänken des Olifants den ihnen angemessenen feuchten Lebensraum. Südlich des Olifants jagen gefleckte Hyänen (ganz rechts) in der Savanne. Nördlich des Flusses erstreckt sich ein Waldland, während die Berge im Osten für eine Vielzahl anderer Tierarten den entsprechenden Lebensraum bieten.

besonders für den Europäer, als Lebensraum weniger geeignet sind, da dort zahlreiche Parasiten wie die Malariamücke und die Tsetsefliege auftreten.

Die erstaunliche Vielfalt der Säugetiere ist auch auf die Tatsache zurückzuführen, daß einige Arten wie Zebras und Weißbartgnus dem reicheren Nahrungsangebot nach Niederschlägen durch Wanderungen folgen, während andere immer am gleichen Ort bleiben. Die Vegetation ist sehr unterschiedlich, und im Krüger-Nationalpark sind allein mindestens 35 verschiedene Vegetationsgebiete auszumachen. Die verschiedenen Pflanzenfresser bevorzugen auch jeweils eine unterschiedliche Vegetation, was deren separate Entwicklung verursacht. Auch Fleischfresser spezialisieren sich in der Auswahl ihrer Nahrung. Einzeljäger wie Leoparden und Geparden suchen sich eine Beute aus, die kleiner ist als sie selbst, während Tiere, die in der Gruppe jagen – Löwen, Hunde und Hyänen – beim Angriff großer Tiere wie Zebras oder sogar Büffel zusammenarbeiten können. Lediglich Elefanten haben keine Raubtiere zu fürchten, denn sie sind groß, verstehen es, zu kooperieren und sind außerdem schlau.

Den jagenden Tieren folgen Aasfresser, wie Geier und Marabus, knochennagende Nagetiere und ein ganzer Schwarm Wirbelloser, die alle dafür sorgen, daß nichts verkommt. Aber auch ein so ausgeglichener Naturhaushalt erfordert Pflege, selbst bei der Größe eines Krüger-Nationalparks. Die Verantwortlichen des Parks haben schon bei seiner Gründung Ende des 19. Jahrhunderts begriffen, daß ein Tierbestand gehegt und gepflegt werden muß, um sein Überleben auch für die Zukunft zu gewährleisten und sicherzustellen.

Die Betreuung des Tierbestandes im Park

Heute wird diese praxisbezogene Einstellung durch biologische Theorien und die moderne Technologie (wie Beobachtungen aus der Luft, Gebrauch von Betäubungspfeilen und Impfungen, Überwachung durch Sender) unterstützt: Seltene Tierarten kann man durch regelmäßig verabreichte Impfungen schützen, während man bei anderen, die sich zu schnell vermehren, eine Auslese trifft. Elefanten beispielsweise vermehren sich zwar durch Fortpflanzung langsam, nehmen jedoch zahlenmäßig sehr stark zu, da sie keine natürlichen Feinde haben. Diese Auslese mag »unnatürlich« erscheinen, aber in der Vergangenheit muß der Bestand an Elefanten,

SÜDAFRIKA

möglicherweise in Jahrhundertabständen, dramatisch gestiegen und gefallen sein. Wenn den Elefanten ein ganzer Kontinent zur Verfügung stünde, wäre eine solche »Wachset und vermehret euch«-Strategie durchaus vertretbar. In einem begrenzten Raum, selbst wenn er so groß ist wie der Krüger-Nationalpark, müssen jedoch riesige Bestandsveränderungen gedämpft werden.

Im Krüger-Nationalpark zeigen sich viele der Probleme, mit denen Naturschützer heute auch an anderen Orten konfrontiert werden. Er ist groß, aber nicht grenzenlos groß, und somit muß das ganze Geschehen innerhalb dieser Grenzen unter Kontrolle gehalten werden. Unter dem ständigen Druck der Bergarbeiter und Farmer ist der Nationalpark politisch, sozial und wirtschaftlich verwundbar. Er überlebt durch den unermüdlichen Einsatz der Menschen und ist besonders abhängig von den zahlreichen Touristen, die ihn besuchen.

Ein Kudu *(links)* stolziert durch das Waldland – einer der vielen natürlichen Lebensräume im Krüger-Nationalpark. Der Park umfaßt heute noch eine große Palette der ursprünglich vorhandenen afrikanischen Tier- und Pflanzenwelt.

Geier *(ganz links)* versammeln sich um einen Kadaver. Als Aasfresser gewährleisten sie, daß auch tote Tiere verwertet werden. Die Wahrung des ökologischen Gleichgewichts im Park hängt von der sorgfältigen Betreuung ab.

SUDAN

»Bilad al-Sudan«, Land der Schwarzen, nannten die Araber jene Gegenden hinter der großen Wüste, aus denen Gold und Elfenbein kamen und fern in den Mondbergen der mächtige Nil entsprang. Jahrhundertelang lockte die Tiefe Afrikas mit sagenhaften Schätzen. Heute dagegen bestimmen Dürre und Flut, Krieg und Hunger die Schlagzeilen. Schwerpunktland deutscher Entwicklungshilfe, scheint der flächenmäßig größte Staat Afrikas ohne ausländische Unterstützung kaum überlebensfähig.

Seit ältesten Zeiten ist das Schicksal des Sudan eng mit seinem nördlichen Nachbarn verbunden. Ägypten war einerseits Quell entscheidender kultureller Einflüsse, andererseits strebte es stets danach, den Oberlauf des Nil und die dort vermuteten Reichtümer unter seine Kontrolle zu bringen. Die Haßliebe der Sudanesen zu dem überlegenen Bruderland im Norden rührt aus tiefwurzelnder Erfahrung.

Im Schatten des Pharaonenreiches entfaltete sich ab 1000 v. Chr. in Nubien der Staat Kusch, der am ägyptischen Erbe festhielt, als dieses in Ägypten selbst bereits zerfiel. Von 745–655 v. Chr. saßen die Könige von Kusch sogar auf dem Pharaonenthron. Später verlagerte sich das Zentrum des Reiches nach Süden, wo in Meroë eine faszinierende Synthese aus ägyptischer Tradition, hellenistischer Modernität und nubischer Eigenständigkeit gelang; die meroitische Schrift harrt bis heute ihrer Entzifferung. Während Ägypten und Äthiopien nach dem 2. bzw. im 4. oder 5. Jahrhundert christlich wurden, bewahrte Nubien den Isis-Kult, und als 640 islamische Heere das Niltal eroberten, verteidigte Nubien den eben erst übernommenen byzantinischen Glauben.

Drei christliche Staaten entstanden, die nur langsam, zwischen 1200 und 1500, von arabischen Nomaden und ägyptischen Kaufleuten unterwandert wurden. 1504 gründeten die schwarzafrikanischen Fundsch das Reich von Sannar (Sennar). Zunächst nur oberflächlich islamisiert, holten die neuen Herrscher zu ihrer Unterstützung Missionare aus Arabien, Ägypten und Marokko, die zusammen mit dem Islam die mystischen Bruderschaften und die arabische Sprache einführten. So entwickelte sich im Niltal die typisch sudanesisch-islamische Kultur, die ihr nubisches Gesicht nicht verleugnet, zugleich aber tiefe Bindungen an die übrige islamische Welt empfindet.

Unabhängig von Sannar entstand seit dem 17. Jahrhundert im Westen, am fruchtbaren Marrahgebirge, das Sultanat von Darfur, ebenfalls auf Karawanenhandel und Ackerbau gegründet. Dieses zweite große islamische Zentrum im Sudan, das sich jedoch der Arabisierung widersetzte, verlor seine politische Unabhängigkeit endgültig erst 1916 und bewahrt bis heute kulturelle Eigenständigkeit.

Der Südsudan trat dagegen erst im Zuge der Kolonialisierung ins Licht der Geschichte. 1821 hatte der ägyptische Vizekönig Mohammed Ali

SUDAN

(1769–1849), der Ägypten zu einer Großmacht europäischen Stils machen wollte, das Reich von Sennar erobert. 1839 ließ er die bis dahin unzugänglichen Sümpfe und Wälder für den Sklavenhandel öffnen. Gewalt und Ausplünderung bestimmten auf Dauer das Bild, das die schwarzafrikanischen Völker des Südens von der Regierung in der neugegründeten Hauptstadt Khartoum (Al-Khartum) bekamen. Doch auch der Norden litt schwer unter den fremden Steuereintreibern. Gegen die harte Ausbeutung einigte 1885 der Mahdi Mohammed Ahmed (1844–1885) die Völker, vor allem des Nordens, unter der Fahne eines gereinigten und erneuerten Islam. Bei der Eroberung von Khartoum wurde der britische Gouverneur, General Charles Gordon (1833–1885), getötet. Europa empfand diesen ersten Erfolg einer antikolonialen Bewegung in Afrika als Affront, den es wieder gutzumachen galt. 1898 fielen bei Omdurman über 10 000 Sudanesen unter dem Kugelhagel britischer Maschinengewehre.

Die britische Kolonialzeit war durch eine effektive und sparsame Verwaltung gekennzeichnet. Baumwollanbau wurde zum Zentrum der Wirtschaftsaktivität, und die Infrastruktur des Landes wurde ganz auf den Abtransport der Baumwolle ans Rote Meer ausgerichtet.

1956 von Großbritannien in die Unabhängigkeit entlassen, fanden sich zwei Landesteile zusammengeworfen, die kulturell entgegengesetzt gepolt und wirtschaftlich verschieden stark entwickelt waren. Diese Spannungen – im Westen oft als religiöse mißverstanden – führten sofort zu einem Bürgerkrieg, der erst 1972 beigelegt werden konnte. Aber als General Numeiri (* 1930), der den Frieden geschlossen hatte, die Autonomie des Südens aushöhlte und 1983 die islamische Gesetzgebung (Scharia) einführte, griff die »Befreiungsarmee der Völker des Sudan« (SPLA) wieder zu den Waffen. Seither verschlingt der Krieg ein Fünftel der Staatsausgaben und forderte auch unter der Zivilbevölkerung unzählige Menschenleben.

Oft wird in Khartoum der Sudan als Brücke zwischen der arabischen und der afrikanischen Welt dargestellt. Dabei wird allerdings impliziert, die Kultur des Nordens sei der wahre Ausdruck der Verschmelzung der beiden Welten. Die SPLA empfindet das als Bevormundung und kämpft für eine Zurückdrängung des islamischen Einflusses, insbesondere die Abschaffung der Scharia. Khartoum verspricht dem Süden rechtliche Autonomie. Was aber soll mit den nichtmoslemischen Minderheiten im Norden geschehen? Dort lebt inzwischen auch ein Drittel aller Südsudanesen. Arbeitsmigration, Dürre und Krieg haben die ethnische Landkarte durcheinandergeworfen. Die sudanesischen Politiker stehen vor ganz neuen Herausforderungen. Werden diese nicht ernstgenommen, so wird der Zyklus von Militär- und Zivilregierungen weiter anhalten und damit auch eine Beendigung des Bürgerkriegs unwahrscheinlich.

SUDAN: DER STAAT

Ein Lächeln, eine hilfsbereite Hand, ein offenes Haus und ein brüderliches Herz: Gastfreundschaft ist die vornehmste Tugend der Sudanesen. Ihre unaufdringliche, selbstverständliche Bereitschaft, alles mit dem Fremden zu teilen, selbst wenn tags darauf der Hunger droht, hinterläßt einen bleibenden Eindruck bei jedem Besucher. In der tätigen Anteilnahme am Geschick des Nächsten liegt zwar auch ein Element sozialer Kontrolle, doch sind persönlicher Stolz und Toleranz der Eigenheit des »Bruders« (die häufigste Anredeform im täglichen Umgang) ebenso tief verwurzelt.

Wieso kommt es dann zu keiner Einigung in dem schier endlosen Bürgerkrieg? Der Sudan leidet schwer unter dem Erbe des 19. Jahrhunderts, nämlich unter der europäischen Vorstellung von einem zentralisierten, einheitlichen Nationalstaat. Die Intellektuellen, die in den 30er Jahren die Unabhängigkeitsbewegung begründeten, blickten auf den Erfolg der westlichen »Nationen« und machten sich daran, ein einheimisches Gegenmodell, eine »sudanesische Nation«, zu schaffen. Aber diese ersten Kinder eines westlichen Bildungssystems kamen alle aus dem nördlichen Niltal. Nur dort hatten die Briten reguläre Schulen errichtet; der Süden war zum »geschlossenen Distrikt« erklärt und christlichen Missionaren überlassen worden. Daher erklärten die Nationalisten die nubisch-islamische Kultur wie selbstverständlich zur national-sudanesischen. Die Vielfalt anderer Lebensformen in den übrigen Landesteilen hatten sie nie kennengelernt, als sie 1956 die Macht übernahmen. Dieser Mangel an Verständnis bildet bis heute die größte Hürde für eine Beendigung des Krieges. Die wenigen Versuche, den damaligen neun Regionen des Landes – davon

Baumwolle (rechts) gedeiht in der fruchtbaren, zwischen dem Blauen und Weißen Nil gelegenen Gesira-Ebene. Über 60 % der Arbeitskräfte des Sudan sind in der Landwirtschaft beschäftigt. Baumwolle ist das bedeutendste Anbauprodukt.

drei im Süden – größere Autonomie zu gewähren, blieben halbherzig und änderten an der ungleichen Verteilung politischer und wirtschaftlicher Macht nichts.

Die Absolventen dieser Schulen stellen heute das größte Reservoir eines politisierten Islam, der zum Kampf gegen die alten Führer und ihre Ideologien antritt. Ihre kompromißlos vorgetragene Forderung nach der Scharia erschwert den Konflikt mit dem Süden erheblich, da er die Handlungsfreiheit auch der gemäßigten nördlichen Politiker einengt. Viele Studenten, Techniker und Angestellte, deren traditionelle Bindungen ins Wanken geraten sind, sehen in der Anpassung aller Bereiche von Staat, Wirtschaft und Gesellschaft an islamische Prinzipien die

Daten und Fakten

DAS LAND
Offizieller Name: Republik Sudan
Hauptstadt: Khartoum
Fläche: 2 505 813 km²
Landesnatur: Im Zentrum nach N geöffnete Beckenlandschaft des Weißen Nil, im N Nubische und Libysche Wüste, im W Wadai-Dafur-Schwelle mit Jabal Marrah, im SW Asandeschwelle, im S Imatong-Berge, im O Äthiopisches Hochland und Bergland am Roten Meer
Klima: Tropisch
Hauptflüsse: Nil, Weißer Nil, Blauer Nil, Atbarah

Höchster Punkt: Kinjeti 3187 m
DER STAAT
Regierungsform: Islamische Republik
Staatsoberhaupt: Staatspräsident
Verwaltung: 26 Provinzen
Nationalfeiertag: 1. Januar
DIE MENSCHEN
Einwohner (Ew.): 28 855 000 (1999)
Bevölkerungsdichte: 12 Ew./km²
Stadtbevölkerung: 36 %
Bevölkerung unter 15 Jahren: 45 %
Analphabetenquote: 43 %

Sprache: Arabisch, nilosaharanische, kuschitische, kordofanische Sprachen
Religion: Moslems 73 %, Christen 9 %, Anhänger von traditionellen Religionen
DIE WIRTSCHAFT
Währung: Sudanesischer Dinar
Bruttosozialprodukt (BSP): 8221 Mio. US-$ (1998)
BSP je Einwohner: 290 US-$
Inflationsrate: 74,4 % (1990–98)
Importgüter: Erdölprodukte, Maschinen, Maschinenersatzteile, Transport-

Der Sudan (rechts) hat eine gastfreundliche Bevölkerung. Die Spannungen zwischen dem arabischen Norden und dem schwarzafrikanischen Süden haben jedoch zu einem langandauernden Bürgerkrieg geführt.

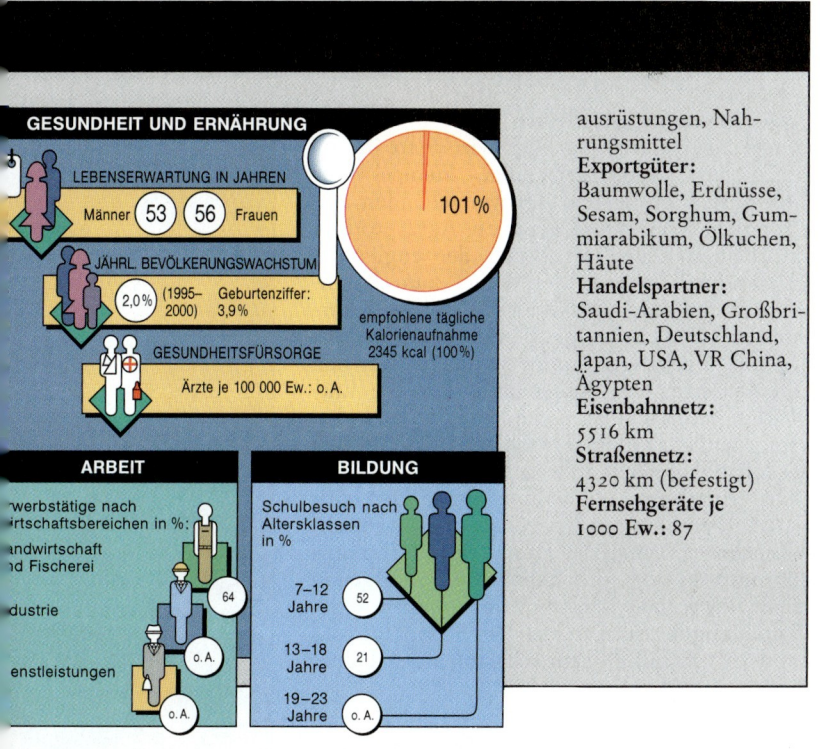

letzte Möglichkeit, ihre eigene Identität in der modernen Welt zu sichern.

In den Städten hat die neue islamische Bewegung viel Zulauf. Auf dem Land allerdings dominieren auch weiterhin die mystischen Bruderschaften, deren Führer als Träger besonderer religiöser Kraft verehrt werden. Vielen dieser Heiligen errichtet man nach ihrem Tod Gräber mit zuckerhutförmigen Kuppeln, die die flachen Lehmhäuser oder Strohhütten der weitläufigen Ortschaften des Nordens überragen. Diese Gräber sind Symbole einer Volksfrömmigkeit, die den sudanesischen Islam von Anfang an kennzeichnete, die aber heute gegen die fundamentalistischen Angriffe zäh um ihr Leben kämpfen muß.

GESUNDHEIT UND ERNÄHRUNG

LEBENSERWARTUNG IN JAHREN
Männer 53 — 56 Frauen

JÄHRL. BEVÖLKERUNGSWACHSTUM
2,0 % (1995–2000) Geburtenziffer: 3,9 %

GESUNDHEITSFÜRSORGE
Ärzte je 100 000 Ew.: o. A.

101 %
empfohlene tägliche Kalorienaufnahme 2345 kcal (100 %)

ARBEIT
Erwerbstätige nach Wirtschaftsbereichen in %:
Landwirtschaft und Fischerei 64
Industrie o. A.
Dienstleistungen o. A.

BILDUNG
Schulbesuch nach Altersklassen in %
7–12 Jahre: 52
13–18 Jahre: 21
19–23 Jahre: o. A.

ausrüstungen, Nahrungsmittel
Exportgüter: Baumwolle, Erdnüsse, Sesam, Sorghum, Gummiarabikum, Ölkuchen, Häute
Handelspartner: Saudi-Arabien, Großbritannien, Deutschland, Japan, USA, VR China, Ägypten
Eisenbahnnetz: 5516 km
Straßennetz: 4320 km (befestigt)
Fernsehgeräte je 1000 Ew.: 87

Bei der Unabhängigkeit 1956 erbte der Sudan eine parlamentarische Ordnung nach britischem Muster. Obwohl das Land seither nur zehn Jahre Demokratie erlebte, blieb eine starke demokratische Tradition stets lebendig. Doch der Machtkampf zwischen den beiden größten Parteien, der Umma (»Volkspartei«) und der DUP (»Unionisten«), legte alle seit 1956 gewählten Regierungen lahm. Keine inhaltlichen Unterschiede, sondern traditionelle regionale Loyalitäten waren dafür verantwortlich. Seit Beginn der 80er Jahre boten sich die Fundamentalisten als ideologische Alternative an. Nach dem Sturz Numeiris 1985 gelang keine innenpolitische Stabilisierung. 1989 putschte erneut das Militär. Der neue starke Mann Omar Hassan Ahmad Al Bashir (* 1942) begann umgehend mit der Umwandlung des Landes in eine islamische Republik. Dadurch rückte ein Ausgleich mit den Rebellen des Südens in weite Ferne. Auch internationale Vermittlungsbemühungen brachten bis in die heutige Zeit keinen Frieden. Bislang sind fast 4 Millionen Menschen aus den Bürgerkriegsgebieten geflohen. Eine ausreichende Lebensmittelversorgung ist nicht gesichert.

SUDAN: DAS LAND

Endlose Ebenen bestimmen das Landschaftsbild in den meisten Teilen des Sudan. Der Reisende wird zum Punkt, der sich in der Unermeßlichkeit langsam fortbewegt, tage-, vielleicht sogar wochenlang. Fast nirgendwo gibt es befestigte Straßen. Lastwagen, günstigenfalls mit ein paar Bänken aufgerüstet, sind das verbreitetste Transportmittel auf den rauhen Pisten durch Wüste und Savanne. Spitzentempo: 300 km in acht Stunden, wenn kein Regen den Wagen im Schlamm stecken läßt.

Die Wüste wächst
Die mangelhafte Infrastruktur ist eines der Hauptprobleme in diesem nordostafrikanischen Land, Dürre und Verwüstung sind ein anderes. Bei Tageshöchsttemperaturen von bis zu 50 °C im Sommer und 40 °C im Winter ist die Verdunstung enorm. Sie beträgt das sechzigfache des jährlichen Niederschlags. 45 % der Staatsfläche sind Wüste und Halbwüste, 10 % gehören zu der Sahelzone, deren durch leichten Bewuchs befestigte Sanddünen in der sogenannten Qozzone durch Überweidung und Brennholzeinschlag stark bedroht sind. Jährlich wächst die Wüste hier um 5–10 km. Die sommerliche Regenzeit erbringt im Sahel bis zu 500 mm Niederschlag. Die Menge schwankt dabei von Jahr zu Jahr sehr stark und bewegt sich immer um das für die Landwirtschaft kritische Minimum. Seit 1930 sind die Regenfälle aber insgesamt rückläufig. Daher haben die immer wieder auftretenden Trockenperioden zunehmend schlimmere Auswirkungen. 1984/85 beraubte eine Dürre drei Millionen Menschen ihrer Lebensgrundlage – ähnliches hatte der Sudan seit 1889 nicht mehr erlebt. Die Überbeanspruchung der schützenden Vegetation, die auf der einen Seite zu Austrocknung führt, läßt aber auf der anderen Seite auch das vorhandene Wasser schneller abfließen. Die starke Verkarstung Äthiopiens war eine Ursache für die Flutkatastrophe 1988, die über zwei Millionen Menschen obdachlos machte und rund 25 000 ha Ackerland vernichtete.

Der Nil ist die wichtigste permanente Wasserquelle des Landes. In Khartoum vereinigt sich der Blaue Nil, der in Äthiopien entspringt, mit dem Weißen Nil, der von den Ostafrikanischen Seen her kommt und nur halb soviel Wasser führt. Über die Hälfte geht durch Verdunstung in den Sümpfen des Sudd (As-Sudd, As-Sadd, arabisch »Barriere«) verloren. Diese riesige Wildnis ständig wechselnder Kanäle, Lagunen und schwimmender Inseln aus Wasserpflanzen bildete vor der Einführung des Dampfschiffs eine unüberwindliche Grenze für das Vordringen der Mittelmeervölker nach Schwarzafrika. An und in den Flüssen leben Krokodile und Flußpferde. Der übrige Teil des Südsudan ist Savanne, von hohen Gräsern und zahllosen Akazienarten bewachsen. Im äußersten Süden finden sich Reste tropischer Regenwälder. Wie diese wurden jedoch auch die Wildtiere immer weiter zurückgedrängt. Von den Löwen, Giraffen und Elefanten, die vor 150 Jahren sogar noch im Norden beobachtet wurden, ist heute selbst im Süden nicht mehr viel zu sehen.

Der Hausviehbestand ist dagegen beträchtlich. Es gibt Millionen Rinder, Schafe, Ziegen und Kamele; ein beträchtlicher Teil davon fiel allerdings der letzten schweren Dürre zum Opfer. Von den Tieren wird mehr die Milch als das Fleisch genutzt. Vollnomadismus findet sich nur vereinzelt. Die meisten Viehzüchter betreiben auch Ackerbau, was angesichts der labilen ökologischen Verhältnisse eine Notwendigkeit ist. In der traditionellen Selbstversorgungswirtschaft werden vor allem Hirse (Sorghum) als Grundnahrungsmittel, ein wenig Gemüse sowie Datteln im nördlichen Niltal angebaut. Obst wurde erst von den Briten eingeführt und gedeiht heute besonders in Kassala und im Marrahgebirge.

Die Briten waren es auch, die der Entwicklung der sudanesischen Volkswirtschaft im 20. Jahrhundert den bleibenden Stempel der Exportorientierung und der weitgehenden Abhängigkeit von einem einzigen Agrarprodukt aufdrückten. Zur Versorgung der englischen Textilindustrie wurde der Sudan zum Baumwollieferanten. In der Gesira südlich von Khartoum entstand ein riesiges Bewässerungsprojekt, das alle Entwicklungsanstrengungen auf sich konzentrierte. Der Binnenmarkt und die Entwicklung einer einheimischen Industrie wurden demgegenüber völlig vernachlässigt. Auch nach der Unabhängigkeit änderte sich diese Situation nicht grundlegend, obwohl es einige Diversifizierungsbemühungen gegeben hat. Durchschnittlich erbringt die Baumwolle heutzutage nur noch 15-20 % der Exporterlöse. Aufgrund seiner schwachen Marktposition – nur 1 % der Welterzeugung stammt aus dem Sudan – ist das Land jedoch hilflos dem schwankenden Diktat

SUDAN

Baumwolle *(ganz links)* entwickelte sich zu einem wichtigen Ausfuhrprodukt und macht heute etwa 15-20 % des Exporterlöses aus. Die Baumwollpreise und damit die Exporterlöse leiden jedoch unter der rückläufigen Nachfrage auf dem Weltmarkt.

Das Grabmahl des Mahdi *(oben Mitte)* in Omdurman bezeugt die Dominanz des Islam im Norden des Sudan. Sie äußert sich in wirtschaftlichen und kulturellen Gegensätzen zum nichtislamischen Süden.

In Khartoum *(oben)* vereinigen sich Weißer und Blauer Nil. Die Wassermassen beider Flüsse machen die dazwischenliegende Gesira-Ebene zur fruchtbarsten Region des Landes.

Khartoum *(links)* war während der Kolonialzeit eine bedeutende Wirtschaftsmetropole in Afrika.

der Nachfrage ausgeliefert. Hinzu kommt die Unberechenbarkeit des Wetters: In schlechten Jahren gibt es wenig zu verkaufen, in guten drückt das Überangebot die Preise.

Die Schuldenkatastrophe

Überdimensionierte, kapitalintensive Entwicklungsvorhaben der 70er Jahre nahmen auf diese ungleichgewichtige Wirtschaftsstruktur keine Rücksicht. Von ausländischen Investoren bestürmt, sollten Maschinenparks den Sudan zum Brotkorb des Nahen Ostens machen. Der Bau des Jonglei-Kanal durch den Sudd versprach 6 % mehr Wasser im Nil. Die Zuckerfabrik von Kenana wurde zum Symbol der süßen Hoffnungen, die vorerst durch gewaltige Kredite finanziert wurden. Ab Mitte der 80er Jahre, so glaubte man, würde das im Süden entdeckte Erdöl (auf über 800 Millionen Barrel geschätzt) alle Zahlungsschwierigkeiten beheben. Die völlige Mißachtung der Binnenwirtschaft und der steigende Importbedarf für die Großprojekte, die dabei immer noch keinen Profit abwarfen, führten zusammen mit den Naturkatastrophen und dem Bürgerkrieg schließlich zum Kollaps. Im Jahr 1998 beliefen sich die Auslandsschulden auf rund 17 Milliarden US-Dollar, der Schuldendienst wird auf ein Mehrfaches der Exporteinnahmen geschätzt. Der Sudan hängt am Tropf des Internationalen Währungsfonds. Abhilfe kann nur noch eine radikale Umorientierung schaffen.

SUDAN: DIE MENSCHEN

Der Norden und der Süden Afrikas grenzen im Sudan aneinander, daraus entsteht eine bunte und lebhafte, aus sechs ethnischen Gruppen bestehende Mischung. Hier verschmilzt auch das arabische Nordafrika mit den Stammeskulturen des Südens. Der Islam, die Staatsreligion, koexistiert mit dem Christentum und dem animistischen Glauben der Naturreligionen zahlreicher Stämme. Stämme wie die Nuba, Nuer, Dinka und Azande verkörpern das Überleben unterschiedlicher Lebensweisen, die so alt sind wie die lebensspendenden Flüsse.

Die Nuba

Die Nuba leben in den Nubabergen im Zentrum des Sudan, einer Region an der Südgrenze der Wüste und dem nördlichen Rand des Gebiets, dessen Böden ihre Fruchtbarkeit den regelmäßigen Überschwemmungen verdanken. Ihr Ursprung geht auf eine Gruppe von Hirten zurück, die vor mehr als fünf Jahrhunderten in den Bergen Schutz vor den Arabern suchte.

Den größten Teil des Jahres weiden die Nuba ihr Vieh auf den Ebenen, in der sommerlichen Regenzeit treiben sie es zumeist in die Berge. Dornige Zäune schützen das Vieh vor dem Zugriff wildlebender Tiere, und Rauchfeuer aus brennendem Dung vertreiben die krankheitsübertragenden Moskitos. Da diese Hochlandregion niederschlagsreicher ist als die sie umgebenden Ebenen oder die von den Nuer und Dinka bewohnten Sumpfgebiete, sind ihre Dörfer das ganze Jahr über bewohnbar.

Viele der Nubastämme bekennen sich zum Islam, die südlichen Gruppen glauben allerdings an die Existenz einer starken Lebenskraft, begründet in erster Linie auf der Fruchtbarkeit, die für das Leben im gesamten Universum verantwortlich ist. Dieser Glaube äußert sich in einem auf die physische Kraft und den menschlichen Körper zentrierten Kult. Zur Erntezeit tragen die stolzen, von Kopf bis Fuß mit heiliger Asche bedeckten jungen Männer der Nuba Ringerwettkämpfe aus.

Die Nuer

Das außergewöhnlich hochgewachsene Volk der Nuer bewohnt das Feuchtgebiet am Zusammenfluß des Weißen Nil mit zwei seiner wichtigsten Nebenflüsse. Inmitten der Reihen hoher Papyrusstauden blockieren häufig aus treibenden Pflanzen bestehende Inseln die Flüsse. Daher rührt auch der Name dieser Region: Sudd (arabisch »Barriere«). Wenn die Flüsse über die Ufer treten, wandern die Nuer regelmäßig in höhergelegene Gebiete.

Die Rinder bestimmen das Leben der Nuer, die sich hauptsächlich von Milch und Milchprodukten ernähren. Das Ansehen eines Mannes ist von seinem Viehbesitz abhängig, und bei der Zeremonie der Einführung in das Mannestum erhalten die jungen Männer Rinder als Geschenk. Streitigkeiten um das Vieh sind alltäglich und führen häufig zu langen Fehden.

Die Dinka

Westlich der von den Nuer bewohnten Gebiete leben die Dinka, eine Stammesgruppe, die ihre Rinder über alles schätzt. Die Dinka bauen auch Hirse an, eines ihrer Hauptnahrungsmittel. Entwicklungshelfer scherzen oft darüber, daß ein Dinka sein Vieh ebensowenig zum Pflügen verwenden würde wie ein Bewohner des Abendlandes sein Auto. Das Vieh ist von wirtschaftlicher, sozialer und religiöser Bedeutung, und die Größe des Viehbesitzes bestimmt das Prestige des einzelnen in der Gemeinschaft. In ihren Liedern und Tänzen imitieren sie ihre Rinder, und die jungen Männer führen den Namen des Ochsen, der ihnen während ihrer Initiationszeremonie geschenkt wurde, ihr Leben lang.

In der Regenzeit wandern die Dinka von den Weiden an den Flüssen in die höhergelegenen Savannen. Aufgrund ihrer alljährlichen Wanderung haben die Dinka außer einigen Kleidungsstücken und Werkzeugen nur wenig persönli-

Zu den nomadischen Stämmen des Sudan gehören die Azande (*rechts*), die Schilluk (*Mitte*) und die stattlichen Kawahla (*rechts außen*). Im letzten Jahrhundert beherrschten die Azande noch ein großes Reich, heute sind ihre Lebensformen stark bedroht, und ihre Geburtenrate sinkt. Die Schilluk, die ihre Herkunft auf pränilotische Stämme zurückführen, schmücken sich mit Narbentätowierungen. Die Kawahla sind Kamelzüchter und folgen auf ihrer saisonalen Wanderung den spärlichen Regenfällen.

chen Besitz. Anstelle eines Oberhaupts wählen sie den »Meister des Fischspeers«, eine Repräsentationsfigur, von deren Gesundheit das Wohlergehen des Stammes abhängig ist. Wie die anderen Völker des südlichen Sudan kennen die Dinka keine Klassenunterschiede.

Weiter südlich leben die Azande, eine Gemeinschaft von Ackerbauern, die die Wälder und Savannen an der Grenze zur Demokratischen Republik Kongo bewohnen. Die dortige Verbreitung der Tsetsefliege macht die Viehzucht unmöglich. Daher leben sie in Dauersiedlungen, und ihre Ackerflächen sind die Grundlage ihrer Gemeinschaft.

Die Lebensweise der vielen ethnischen Gruppen des Sudan wird heute durch die wirtschaftliche Entwicklung und die im Verlauf des langen Bürgerkriegs zwischen der Regierung und den Rebellengruppen des Südens entstandene Verunsicherung gefährdet. Die Nuba bewohnen ein Gebiet, in dem wertvolle Uranerzvorkommen entdeckt wurden. Der Jonglei-Kanal, dessen Bau 1983 eingestellt wurde, sollte den Lauf des Weißen Nils durch die Sümpfe des Sudd verändern und hätte die Lebensweise der Nuer zerstört. In den 70er und 80er Jahren veranlaßten Dürren, die die Nahrungsmittelversorgung zum Problem werden ließen, viele Landbewohner, in die Stadt zu ziehen. 1988 bedeuteten katastrophale Überschwemmungen für das Land eine weitere Belastung.

Eine Dinka-Siedlung *(links)* bietet diesem halbnomadischen Volk während der Regenzeit Schutz. Das Leben der Dinka dreht sich um ihren Viehbesitz – zur Nahrungssicherung sowie zur Wahrung der Position innerhalb der Gruppe.

Die nomadischen Stämme des Sudan *(unten)* leben überwiegend im Süden des Landes. Durch starke religiöse und kulturelle Gegensätze zum islamischen Norden ist die Bewahrung der traditionellen Lebensformen schwierig.

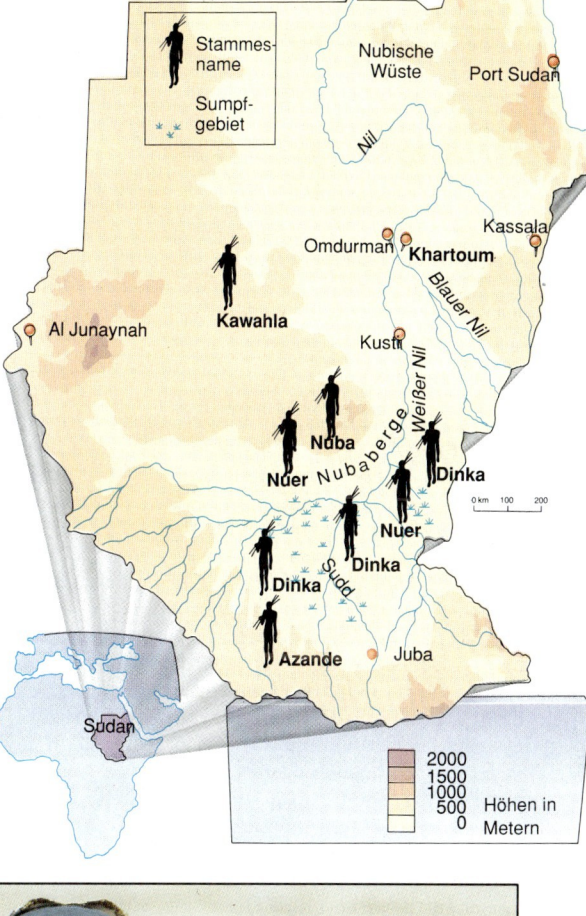

SÜDKOREA

Südkorea ist nicht länger ein »fernes Land«. Spätestens seit den Olympischen Spielen von Seoul 1988 ist es der Weltöffentlichkeit als wirtschaftlich dynamisches Land mit einer lebhaften und mit großem Organisationstalent ausgestatteten Bevölkerung bekannt geworden. Auch als Reiseland ist der jahrhundertelang von der Außenwelt systematisch abgeriegelte Staat zunehmend in den Vordergrund gerückt.

Ein ausgeprägter Wirklichkeitssinn hat es der südkoreanischen Bevölkerung ermöglicht, innerhalb weniger Jahrzehnte aus der Abgeschiedenheit in das Weltgeschehen zu treten und sich dort zu bewähren. Der Übergang von der traditionellen ländlichen Lebensweise zu einer modernen kapitalistischen Gesellschaft ist jedoch mit erheblichen ökonomischen und sozialen Belastungen des einzelnen verbunden. Die alte Lebensform war geprägt von einer streng hierarchischen Lebensauffassung mit starker Ausrichtung auf die Familie. Oberhalb dieser bäuerlichen Gesellschaft existierte nur eine schmale Staatselite. Diese alte Welt ist heute allenfalls noch in entlegenen Randgebieten anzutreffen. Der Einfluß westlicher Ideen und die rasche wirtschaftliche Entwicklung des Landes haben zur Auflösung der alten Organisations- und Lebensformen geführt, aber noch nicht zu einer festen Neuordnung. Dies erklärt die »Labilität« und die in den städtischen Ballungszentren häufig zu beobachtende »Bindungslosigkeit«, die in den 1980er Jahren in einer hohen Bereitschaft zu Unruhen und gewalttätigem Protest zum Ausdruck kam.

Wie radikal die Umstellung von einer Lebensweise dörflicher Geborgenheit zu städtischer Anonymität für viele Koreaner sein muß, deutet ein Blick auf die Bevölkerungszahlen der Hauptstadt Seoul an. Vor fünfzig Jahren lebten in Seoul 300 000 Menschen, vor dreißig Jahren rund 3 Millionen und heute fast 11 Millionen. In der erweiterten Region mit den Zentren Seoul und Inchon sind es mittlerweile sogar 18 Millionen, das heißt rund 40 % der koreanischen Bevölkerung. Diese gewaltigen Zuzugsbewegungen haben einen chronischen Wohnungsmangel ausgelöst und zu einem extremen Ungleichgewicht in der Wohnungsverteilung geführt. Seit Beginn der 80er Jahre wurden zwar jährlich rund 200 000 Wohnungen gebaut, doch die Engpässe auf dem Wohnungsmarkt konnten dadurch nicht behoben werden.

Neue Gesellschaftsschichten

Es wird noch Jahrzehnte dauern, ehe die allmählich erkennbare Herausbildung neuer sozialer Schichten abgeschlossen sein wird. Statt der früher einheitlichen Staatselite besteht die heutige Führung des Landes aus mehreren Gruppen, zu denen auch Unternehmer und Manager zählen, die in der Vergangenheit allenfalls ein durchschnittliches Sozialprestige genossen. Die in der traditionellen Gesellschaft unbekannten Mittelschichten sind ebenfalls

SÜDKOREA

verhältnismäßig heterogen zusammengesetzt. Zum einen rekrutieren sie sich aus der industriellen Facharbeiter- und Angestelltenschaft, zum anderen aus selbständigen Gewerbetreibenden und Freiberuflern. Als dritter großer Gesellschaftsbereich gelten die ländlichen Haushalte, die von der städtischen Entwicklung nur indirekt berührt werden. Sie fühlen sich häufig ins soziale Abseits gedrängt. Dies um so mehr, als Südkorea seine Probleme im ländlichen Bereich bisher vorwiegend durch »passive Sanierung« gelöst hat, d. h., die Dorfbewohner waren zunehmend gezwungen, in die Städte abzuwandern, um für sich neue Erwerbsquellen zu erschließen. Dort reihten sie sich in die Schicht der ungelernten Arbeiter ein. Hohe Mieten, niedrige Löhne und ein nur gering entwickeltes System der sozialen Sicherheit führte zu sozialer Unzufriedenheit, die sich mitunter gewaltsam entlud. Der Lebensstandard hat sich zwar deutlich verbessert, Einkommenshöhe und soziale Absicherung erreichen aber bei weitem nicht den Stand entwickelter Industrieländer.

Zur Sicherung des Lebensunterhalts müssen auch Frauen verstärkt in das Arbeitsleben eintreten. Heute sind gut 40 % aller in der Industrie beschäftigten Kräfte Frauen, die gewöhnlich schlechter entlohnt werden als Männer und in der Regel 50 Stunden in der Woche arbeiten. Während sie in der Industrie kaum in verantwortliche Positionen gelangen, ist die Zahl weiblicher Beschäftigter in führenden Positionen des Sozial- und Gesundheitswesens aber deutlich angestiegen. Der Eintritt der Frau ins Berufsleben hat zu einem einschneidenden Umbruch im Leben der traditionellen, durch konfuzianische Wertvorstellungen geprägten Familie geführt.

Ein Volk von Lernwilligen

Einen wesentlichen Beitrag zur erfolgreichen Modernisierung der koreanischen Gesellschaft hat das nationale Bildungswesen geleistet. Der Ausbildung wird allgemein große Bedeutung beigemessen, wie am schnellen Ausbau des Bildungssystems und an der hohen Zahl der Schüler und Studenten abzulesen ist. In den 1990er Jahren wurde die Dauer der Schulpflicht von sechs auf neun Jahre erhöht, der sechsjährigen Grundschule folgt die Mittelstufe. Die Schulpflicht gilt für 6- bis 15-jährige Kinder. Der Besuch der Grundschule ist kostenfrei. Rund 90 % aller Schüler besuchen danach die dreijährige Oberstufe. 98 % der erwachsenen Bevölkerung sind des Lesens und Schreibens kundig. Rund ein Viertel aller Südkoreaner nimmt ein Studium an den fast 500 Hochschuleinrichtungen des Landes auf. Dadurch kam es in den 1980er Jahren zu einem Überangebot an akademisch ausgebildeten Kräften. Doch ermöglicht der gute Ausbildungsstand den Koreanern eine schnelle Anpassung an eine globalisierte Wissens- und Informationsgesellschaft.

SÜDKOREA: DER STAAT

Seit Gründung der Republik Korea im Jahr 1948 haben politische Parteien, in denen Gefolgschaftsprinzipien, persönliche Interessen und Vorteilsdenken weit verbreitet waren, eine wichtige Rolle bei der Machterhaltung für die Präsidenten gespielt. Dies galt auch für die beiden Herrschaftsperioden der Generale Park Chung Hee (1917–1979) und Chun Doo Hwan (* 1931), deren autoritäre Regime auf der Grundlage eines hierarchisch geprägten konfuzianischen Wertekataloges basierten und durch den Rückhalt im Militär abgesichert waren. Park und Chun mußten die Mitsprache der verschiedenen Teileliten – die der Staatsverwaltung und Wirtschaft, insbesondere aber die der Streitkräfte – anerkennen. Die Generalität war durch Berufung in Staatsämter immer an der Macht beteiligt. Die parlamentarischen Möglichkeiten der jeweiligen Opposition waren zwar durch das undemokratische Wahlrecht beschränkt, aber innerhalb des gegebenen Spielraums setzten sie sich gegen den Alleinherrschaftsanspruch der jeweiligen Präsidenten durchaus erfolgreich zur Wehr.

Im Gegensatz zu der fast zwanzigjährigen Diktatur Parks, die durch ein harsches, wirtschaftsorientiertes Regime gekennzeichnet war, fühlte sich Chun während seiner Amtszeit seit Beginn der 80er Jahre gezwungen, gegenüber den politischen und sozialen Forderungen der Intelligenz, der Arbeiterschaft und der Kirchen Zugeständnisse zu machen. Chun konnte sich jedoch nie von dem Makel befreien, durch die blutige Niederschlagung von Massendemonstrationen in der Stadt Kwangju im Mai 1980 an die Macht gekommen zu sein. 1986 brachen die Konflikte zwischen Regierung, Oppositionsparteien und verschiedensten Organisationen der Intelligenz, insbesondere der Studentenschaft, offen aus, in deren Folge sich Regierung und Opposition auf eine neue demokratische Verfassung einigten.

Zwischen den Führungspersönlichkeiten der Opposition Kim Young Sam (* 1927) und Kim Dae Jung (* 1924) kam es zu Rivalitäten und heftigen gegenseitigen Angriffen, durch die der Wahlsieg des Ex-Generals Roh Tae Woo (* 1932) ermöglicht wurde. Mit den Wahlen und der Verfassungsreform im Oktober 1987 wurde jedoch eine Tendenz zur politischen Demokratisierung sichtbar, die von vielen ausländischen Beobachtern zuvor für kaum möglich gehalten wurde. Die neue Verfassung garantiert ein Mehrparteiensystem, schränkt die Macht des Staatspräsidenten ein und verpflichtet das Militär zur politischen Neutralität. Es gibt keine Zensur mehr. Den Gewerkschaften wird das Recht auf kollektive Verhandlungen und das Streikrecht zugestanden. Damit wurden die Voraussetzungen für ein pluralistisch-parlamentarisches System geschaffen. Bei den Präsidentschaftswahlen 1992 siegte Kim Young Sam (* 1927); er war der erste zivile Präsident seit 1960. Während seiner Amtszeit verurteilte die Justiz die ehemaligen Präsidenten Chun Doo Hwan und Roh Tae Woo wegen Hochverrats. Seit 1996 geriet das Land in einen wirtschaftlichen Abwärtsstrudel, der mit Streik- und Demonstrationswellen zu einer schweren innenpolitischen Krise führte, die für den seit 1998 amtierenden Präsidenten Kim Dae Jung, der als Kandidat der Opposition gewählt wurde, zur großen Herausforderung wurde.

Außenpolitik

Die Außenpolitik wird durch die Tatsache der Teilung bestimmt. Ihre Grundlagen sind neben

Daten und Fakten

DAS LAND
Offizieller Name: Republik Korea
Hauptstadt: Seoul
Fläche: 99 268 km²
Landesnatur: Im S Riasküste mit 3500 Inseln, sonst Gebirgsland, nach W in flacheres Hügelland übergehend
Klima: Kühl-gemäßigtes Klima, im S subtropisches Klima
Hauptflüsse: Han, Nakton
Höchster Punkt: Halla-san 1950 m

DER STAAT
Regierungsform: Präsidiale Republik
Staatsoberhaupt: Staatspräsident
Regierungschef: Ministerpräsident
Verwaltung: 9 Provinzen, 6 Stadtprovinzen
Parlament: Nationalversammlung (Einkammerparlament) mit 273 für 4 Jahre gewählten Abgeordneten
Nationalfeiertag: 15. August

DIE MENSCHEN
Einwohner (Ew.): 46 480 000 (1999)
Bevölkerungsdichte: 468 Ew./km²
Stadtbevölkerung: 86 %
Bevölkerung unter 15 Jahren: 21 %
Analphabetenquote: 2 %

Sprache: Koreanisch, Englisch
Religion: Protestanten 31 %, Konfuzianer 22 %, Buddisten 22 %, Katholiken 7 %

DIE WIRTSCHAFT
Währung: Won
Bruttosozialprodukt (BSP): 369 890 Mio. US-$ (1998)
BSP je Einwohner: 7970 US-$
Inflationsrate: 6,4 % (1990–98)
Importgüter: Erdöl u. -produkte, chem. Produkte, Holz, Baumwolle, Rohzucker, Schiffe, Maschinen

der Verpflichtung, die Wiedervereinigung zu erreichen, das Sicherheitsbündnis mit den USA und die Entspannung des Verhältnisses zu Japan. Die südkoreanische Wiedervereinigungs- bzw. »Nordpolitik« läßt sich ohne die Erinnerung an den Koreakrieg nicht verstehen. Mit Verbitterung mußte man 1953 zur Kenntnis nehmen, daß die während des Krieges beinahe vollzogene Wiedervereinigung verhindert wurde und daß es zu einer Wiederherstellung des Status quo, der Teilung entlang des 38. Breitengrades, kam. Während der folgenden Jahrzehnte war die Außenpolitik von einem rigorosen Antikommunismus diktiert. Erst seit den 80er Jahren entspannte sich das Verhältnis zu Nordkorea zumindest phasenweise. 1991 vereinbarten beide koreanischen Staaten einen Nichtangriffspakt sowie weitere Schritte zur Aussöhnung und Zusammenarbeit, die allerdings erst 1997 mit der Aufnahme von Friedensverhandlungen, unter Beteiligung der Vereinigten Staaten von Amerika und der Volksrepublik China, konkretere Formen annahmen. Die »Sonnenscheinpolitik« des neuen Präsidenten Kim Dae Jung, die auf vorsichtige Annäherung und Kooperation setzt, machte 2000 das erste innerkoreanische Gipfeltreffen möglich.

Seouls mächtiges Südtor *(oben rechts)* ist ein letztes Symbol des alten Korea. Die während des Koreakrieges stark zerstörte Stadt zeigt heute ein modernes Gesicht. 1988 war Seoul Austragungsort der Olympischen Sommerspiele.

Die Republik Korea *(unten rechts)*, oder Südkorea, nimmt den südlichen Teil der Halbinsel Korea ein, die überwiegend aus Gebirgsland besteht. Die westlichen und südlichen Küstenebenen sind jedoch die Hauptsiedlungsgebiete.

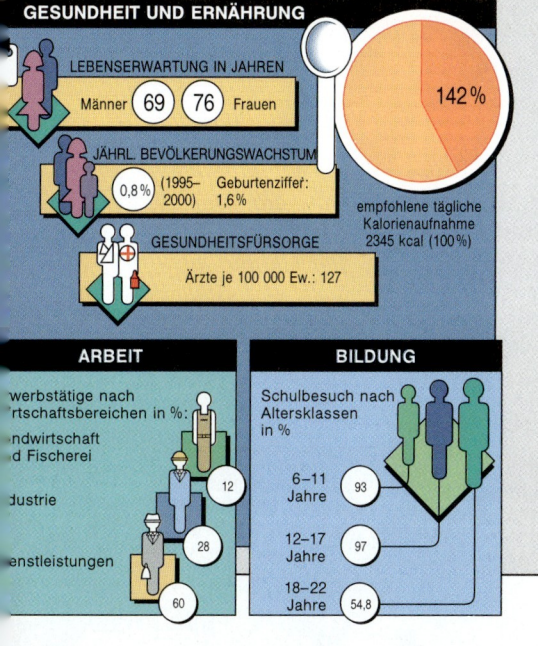

Exportgüter: Bekleidung, Schuhe, Textilgewebe, Maschinen, Chemikalien, Industrieprodukte, Fisch, Holz, Häute, Felle, Reis, Eisenerz, Wolfram, Graphit, Früchte
Handelspartner: Japan, USA, VR China, Deutschland
Eisenbahnnetz: 6600 km
Straßennetz: 64 800 km (befestigt)
Fernsehgeräte je 1000 Ew.: 346

SÜDKOREA: DAS LAND

Die Republik Korea nimmt mit einem Territorium von 99 268 km² den südlichen Teil der rund 1000 km langen koreanischen Halbinsel ein. Nach Osten hin ist die wenig gegliederte Küste durch das Taebaekgebirge begrenzt. Die Ausläufer des Gebirges fallen im Südosten steil zum Japanischen Meer ab. Die südliche Küste ist ein geradezu klassisches Beispiel für eine Riasküste. Sie wurde am Ende der letzten Kaltzeit infolge des allgemeinen Meeresspiegelanstiegs überflutet, so daß das Meer die küstennahe kleingekammerte Landfläche in unzählige große und kleine Inseln und Halbinseln aufgelöst hat. Dort münden auch zahlreiche Flüsse. Die größte der südlichen Inseln ist Cheju, auf der sich auch der höchste Berg Südkoreas, der Halla-san, erhebt (1950 m). Ähnlich stark zerklüftet ist die Westküste. Aufgrund der zahlreichen Berge und Flüsse bezeichnen die Koreaner stolz ihr Land oft als »Land, das mit goldener Stickerei geschmückt ist«. Von besonderer Bedeutung sind die Flüsse Naktong und Han, die als wichtige Reservoire sowohl für die landwirtschaftliche Bewässerung als auch für die Industrie genutzt werden.

Insgesamt ist Südkorea etwas weniger gebirgig als Nordkorea. Dennoch bestehen rund 60 % der Staatsfläche aus Bergzügen. Die weite Ausdehnung des Berglandes schränkt die agrarisch nutzbare Fläche deutlich ein. Nur gut ein Viertel steht dem Feldbau zur Verfügung, davon jedoch weit mehr als die Hälfte in Form von Naßfeldern für den Reisanbau. Das Hügelland, das ein weiteres knappes Fünftel der Staatsfläche einnimmt, wird in erster Linie zum Anbau von Trockenfeldfrüchten genutzt. Dichter Hochwald wie in Mitteleuropa ist selten anzutreffen. Nur das Gebirgsland und die aufgeforsteten Berghänge sind mit spärlicher Vegetation bedeckt.

Klima

Südkorea liegt in der Übergangszone des kontinentalen Klimas Innerasiens zum maritimen subtropischen der Monsune. Das Land wird durch vier verschiedene Jahreszeiten geprägt. Der Sommer ist im allgemeinen heiß und feucht, während der Winter trocken und kalt ist. Die durchschnittliche Temperatur beträgt in Seoul im Juli 25 °C, im Januar -5 °C. Die Temperaturunterschiede zwischen Sommer und Winter nehmen nach Norden hin zu. Während sich das Sommerklima im Süden nur geringfügig vom Nordteil der Halbinsel unterscheidet, sind die Winterperioden, insbesondere im südlichen Teil Südkoreas, deutlich wärmer. An der Südküste und auf den vorgelagerten Inseln herrschen beinahe subtropische Temperaturen. Einige Male im Sommer berühren Taifune die koreanische Halbinsel und bringen heftige Stürme und starke Regenfälle. Als schönste Jahreszeit gilt der Herbst mit zumeist frischer Luft und tiefblauem Himmel. Berühmt sind die zahllosen Goldschattierungen der herbstlichen Laubwälder.

Die Menschen

Mit fast 470 Einwohnern pro km² ist Südkorea eines der am dichtesten besiedelten Flächenstaaten der Erde. Die Hauptstadt Seoul zählt zu den weltgrößten Städten; Millionenstädte sind außerdem noch Pusan, Taegu, Inchon, Taejon und Kwangju. Während 1970 erst 41 % der Bevölkerung in Städten über 50 000 Einwohnern lebten, waren es Mitte der 1990er Jahre schon 84 %. Nach 1945, als mit der militärischen Niederlage der Japaner im Zweiten Weltkrieg auch ihre 35-jährige Herrschaft über Korea endete, und vor allem infolge des Koreakrieges (1950–53) kamen bzw. flohen ungefähr 3 Millionen Koreaner aus Japan und dem kommunistischen Nordteil der Insel in den Süden. Heute leben etwa 1,6 Millionen Koreaner im Ausland. Das jährliche Bevölkerungswachstum lag zwischen 1990 und 1998 bei 1,1 %. Der noch bis Anfang der 1960er Jahre hohe Zuwachs von rd. 3 % pro Jahr senkte sich infolge staatlicher Familienplanungsprogramme, der Zunahme des Lebensstandards und der sozialen Entfremdung zur traditionellen Lebensweise auf dem Land.

Für Südkorea gilt ebenso wie für den Norden, daß die Bevölkerung im Vergleich zu anderen Ländern ethnisch ausgesprochen homogen ist. Es gibt kein Minderheitenproblem. Auch sprachlich bestehen nur verhältnismäßig geringe Unterschiede. Die einheitliche Sprache, die ab Ende des 10. Jahrhunderts entstand, wird von Koreanern als wesentlicher Faktor einer eigenen nationalen Identität gewertet. Nach allgemeiner Ansicht ist sie der ural-altaischen Sprachfamilie zuzurechnen. Starken Einfluß übte über Jahrhunderte hinweg vor allem die chinesische Schriftsprache auf das Koreanische aus. Während des 15. Jahrhunderts wurde eine eigenständige koreanische Schrift, allgemein als Hangul bekannt, entwickelt. Diese Schrift sollte den

Ein aus Roßhaar gefertigter Hut *(oben)*, wie ihn dieser alte Koreaner trägt, gehört zur traditionellen Kleidung der Männer.

SÜDKOREA

Der Sorak-san-National-park *(oben links)* besticht durch seine landschaftliche Schönheit. Sorak-san bedeutet »schneebedeckte Bergspitze«, doch im Park befinden sich mehrere Berge. Sie bilden den koreanischen Gebirgskamm.

Blick über ein friedliches Fischerdorf *(oben)* mit kleinem Hafen an der Südküste Südkoreas im Licht der Abendsonne.

Zahlreiche Rad- und Rollschuhfahrer nehmen jeden Sonntag Seouls riesigen Yoido-Platz in Beschlag *(Mitte links)*. Die Apartmenthochhäuser am Rande der Stadt verdeutlichen die voranschreitende Verstädterung Südkoreas.

Die Imbißbuden vom Südtormarkt *(links)* bieten eine verlockende Auswahl an frischem Fisch, Gemüse und Muschelgerichten.

bis dahin vorherrschenden Gebrauch chinesischer Schriftzeichen ablösen. Im Gegensatz zu Nordkorea, das ausschließlich die koreanische Schrift verwendet, wird in Südkorea jedoch häufig eine Kombination der eigenen Schrift und chinesischer Schriftzeichen verwandt.

Die koreanische Kultur ist auf dem Boden des chinesischen Kulturkreises gewachsen, konnte aber ihre Eigenständigkeit wahren. Besonders deutlich wird das fruchtbare Spannungsverhältnis zwischen individueller Entwicklung und chinesischem Einfluß in der koreanischen Architektur, die wie die chinesische in erster Linie auf der Holzbauweise beruhte.

Die eigenständige Entwicklung Koreas wird in der traditionellen Kleidung sichtbar. Die Alltagstracht war vor allem durch die Farbe Weiß gekennzeichnet. Zu besonderen Anlässen, insbesondere für den religiösen und höfischen Gebrauch, existierten jedoch bereits verhältnismäßig früh sehr aufwendige Textilien, so daß bereits während des 9. Jahrhunderts auf königliche Anordnung Einschränkungen der Prachtentfaltung erfolgten.

Die zahlreichen Glaubensvorstellungen, die im Laufe der Jahrhunderte nach Korea vordrangen und miteinander sowie mit der ursprünglich gegebenen einheimischen Religiosität verschmolzen, förderte gerade das ausgeprägte Streben nach Wahrung der eigenen koreanischen Identität.

SÜDKOREA: WIRTSCHAFT

Die Republik Korea gehört zu den wirtschaftlich dynamischsten Ländern der Welt. Ein hohes jährliches Wirtschaftswachstum seit Beginn der 1960er Jahre brachte Südkorea in die Reihen der (ost)asiatischen »Tigerstaaten«.

»Wirtschaftswunder« Südkorea
Der Boom der südkoreanischen Wirtschaft begann 1961 unter der Regierung von General Park Chung Hee. Das Land entwickelte eine neue Wirtschaftsstrategie, in deren Mittelpunkt eine entschlossene Ausrichtung auf den Weltmarkt stand. Durch staatliche Reglementierungsmaßnahmen wurde die wirtschaftliche Entwicklung gesteuert. Großunternehmen wurden bevorzugt gefördert. Finanziert wurde die exportorientierte Politik durch ausländische Kredite und Anleihen. In der ersten Entwicklungsphase waren die Hauptträger des Wachstums die Importsubstitutionsindustrien, die Nahrungsmittel, Getränke, Tabak, Textilien und Bekleidung herstellten. Gegen Ende der 60er Jahre gingen diese traditionell arbeitsintensiven Industrien allmählich zur Exportproduktion über. Durch die geringen Lohnkosten waren die Waren auf dem Weltmarkt konkurrenzfähig.

Während der 1970er Jahre erlebte Südkorea weitere tiefgreifende Strukturveränderungen. Zum einen begannen die wichtigen Investitionsgüterindustrien gegenüber den Konsumgüterproduzenten deutlich an Gewicht zu gewinnen. Branchen wie Eisen und Stahl, Maschinenbau und Transportausrüstungen, insbesondere der Schiffbau, erlebten ihre erste intensive Expansion. An die Stelle der Importe trat die einheimische Produktion. Bis zum Ende des Jahrzehnts gingen diese Investitionsgüterindustrien, mit Ausnahme des allgemeinen Maschinenbaus, zur Exportproduktion über. Von der Wertschöpfung her überholen sie die traditionellen Konsumgüterindustrien. Inzwischen sind die Produktion von elektrischen und elektronischen Erzeugnissen, von Transportausrüstungen sowie die Chemieindustrie einschließlich der Petrochemie neben der Textil- und Bekleidungsindustrie zu den größten Branchen herangewachsen. Auch die Kraftfahrzeugproduktion hat seit Beginn der 80er Jahre zunehmend an volkswirtschaftlicher Bedeutung gewonnen. Sie gehörte in den 1990er Jahren inzwischen zu den wichtigsten Exportbranchen der südkoreanischen Wirtschaft.

Nach Jahrzehnten großer Wachstumsschübe in der industriellen Produktion erreichte das verarbeitende Gewerbe einen Anteil von über 40 % am Bruttosozialprodukt. Eine Größenordnung, die den entsprechenden Anteilen westlicher Industrieländer und Japans nahekam. Der Anteil der Landwirtschaft ging relativ zurück. Lag er vor fünfzehn Jahren noch bei rund einem Viertel, so war er Ende der 90er Jahre auf etwa 5 % abgesunken. Der Dienstleistungssektor erwirtschaftet mit mehr als 50 % den größten Anteil am Sozialprodukt.

Der Hafen von Pusan im Südosten des Landes, wo Händler an der Versteigerung des Tagesfangs teilnehmen *(oben)*, ist für Südkoreas Fischereiflotte von großer Bedeutung. Drückerfische, Austern und Schellfische werden hauptsächlich gefangen.

Das Setzen der Reispflanzen *(rechts)* ist äußerst mühselig. Südkoreanische Bauern pflanzen sowohl Naß- wie auch Trockenreis an. Der Reis ist die wichtigste Getreideart Koreas, die Produktion deckt inzwischen den Eigenbedarf des Landes.

Die große Hyundai-Schiffswerft *(rechts)* bei Ulsan an Südkoreas Ostküste zählt zu den wichtigsten Schiffbauern der Welt, eine Entwicklung, auf die der Werftarbeiter *(ganz rechts)* stolz und zufrieden sein kann.

Die Herstellung von Mikrochips *(oben)*, Computern und anderen hochtechnisierten Produkten ist ein stark wachsender Zweig.

SÜDKOREA

Das rasche Wachstum und die starke Orientierung der südkoreanischen Wirtschaft auf den Weltmarkt spiegelten sich nicht zuletzt in den wachsenden Größenordnungen des Außenhandels wider. Bemerkenswert ist, daß der Exportanteil während des letzten Jahrzehnts deutlich schneller gestiegen war als der Importanteil. Die Rezession in Europa, der Preisverfall vieler Güter und die Konkurrenz der anderen asiatischen Staaten auf dem Weltmarkt haben in den 1990er Jahren so wichtige Branchen wie den Schiffs- und Kraftfahrzeugbau und die Halbleiterindustrie in Bedrängnis gebracht. Ein gewaltiges Leistungsbilanzdefizit, Auslandsverschuldung in Rekordhöhe sowie Zahlungsprobleme von Großunternehmen (z. B. Daewoo) ließen das Land 1997/98 in den Sog der asiatischen Finanzkrise geraten. Die folgende Rezession (1998) wurde zwar (mit Hilfe internationaler Finanzorganisationen) überwunden, machte jedoch die Notwendigkeit von Reformen im Banken- und Unternehmenssektor offenkundig.

Agrarwirtschaft
Im Gegensatz zur Industrie wuchs der Agrarsektor wesentlich langsamer. Bis Mitte der 70er Jahre wurde ein durchschnittliches jährliches Wachstum von knapp 3 % erzielt, seither liegt die Steigerungsrate bei etwa 2 %. Schwankungen sind vor allem auf die großen Einbrüche in der Getreidewirtschaft zurückzuführen. Trotz anhaltender Anstrengungen zur Diversifizierung ist der Getreideanbau für die südkoreanische Landwirtschaft immer noch der entscheidende Faktor. Er stellt nahezu die Hälfte des gesamten landwirtschaftlichen Produktionswertes. Beim Reisanbau hat das Land aufgrund intensiver Bemühungen inzwischen den Selbstversorgungsgrad erreicht, allerdings zu deutlich überhöhten Kosten gegenüber dem Weltmarkt. Der Reis als wichtigstes landwirtschaftliches Produkt wird zum größten Teil in Terrassenkulturen auf Naßfeldern angebaut und ist daher sehr arbeitsintensiv. In der Agrarwirtschaft sind dennoch inzwischen nur noch 12 % aller Erwerbstätigen beschäftigt. Bei anderen Getreidearten, insbesondere Weizen und Mais, ist Südkorea aber noch auf unabsehbare Zeit gezwungen, Mengen einzuführen, die annähernd der gesamten inländischen Ernte entsprechen.

SÜDKOREA: KULTURELLES ERBE

Die Koreaner leben schon seit der Jungsteinzeit auf der koreanischen Halbinsel. Ein koreanischer Einheitsstaat entstand durch Vereinigung der drei Königreiche Silla, Paekche und Kokuryo unter Silla im Jahre 668 n. Chr. Korea erhielt zahlreiche kulturelle Impulse von den Chinesen, die zur Zeit des frühen Christentums einen Teil Koreas beherrschten. Später gab das Land diese kulturellen Einflüsse an die Japaner weiter.

Religion

Die Vorfahren der Koreaner kamen von ihrem zentralasiatischen Ursprungsland auf die koreanische Halbinsel. Wie bei den Türken und mongolischen Volksstämmen aus Zentralasien wurzelt ihre Sprache im altaischen Zweig der asiatischen Sprachenfamilie. Ihre ursprüngliche Religion war eine Art von Animismus, gegründet auf den Glauben, daß alles in der Natur von Geistern bewohnt sei. Damit der einzelne in Harmonie leben sowie Frieden und Wohlstand erlangen konnte, mußte er sich bemühen, die Bedürfnisse der Geister zu befriedigen. Gemäß dem koreanischen Glauben ist die wichtigste religiöse Person der Schamane, dessen geistige Fähigkeiten oder Talente eine direkte Verbindung zu den Geistern ermöglichen. Der Schamane ist daher in der Lage, das Verhalten der Geister zu beeinflussen, böse Geister zu bannen und gute herbeizurufen.

In früheren Zeiten besaß der Schamane großes Ansehen in der koreanischen Gesellschaft, und auch heute noch erbitten viele Koreaner seine Hilfe. Inmitten der Geschäftigkeit des modernen Seoul und vor dem Hintergrund der Wolkenkratzer werden daher immer noch Zeremonien von Schamanen abgehalten.

Die Vielfalt an religiösen Strömungen in Korea zeigt, daß der Glaube eine bedeutende Rolle spielt. Zu den wichtigen religiösen und moralischen Einflüssen zählt nicht nur der Schamanismus sondern auch der Buddhismus, Daoismus und Konfuzianismus, die alle aus China stammen. Das Christentum wurde erst später übernommen, fand aber ebenfalls einen festen Platz innerhalb der vielfältigen religiösen Glaubensrichtungen Koreas. Diese Vielfalt reicht allerdings nicht bis nach Nordkorea, wo der Kult um den ehemaligen Präsidenten Kim Il Sung mit der nationalistischen »Juche«-Ideologie den Platz der Religionen einnimmt.

Tradition und Moderne

Auch in anderen Bereichen spiegelt sich im koreanischen Leben eine Mischung aus Tradition und Moderne wider. Bei wichtigen Anlässen, wie Hochzeiten, wird die ursprüngliche Tracht angelegt, aber während der restlichen Zeit tragen die meisten Koreaner westliche Kleidung. Die traditionelle koreanische Medizin, bekannt als Hanyak, basiert auf der Heilkraft der Kräu-

SÜDKOREA

Trommler auf der Insel Wando *(links)* schlagen den Rhythmus zu einem Bauerntanz. Sie spielen auf der Changgo, die in der koreanischen Musik viel benutzt wird. Die beliebte koreanische Volksmusik bietet ein großes Repertoire an Liedern und Tänzen.

Ein Drache *(unten)* schmückt den Sangwonsa-Tempel im Odaesan-Nationalpark. Der Sage nach wurde der Tempel 646 n. Chr. gegründet. Zusammen mit Schildkröte, Einhorn und Phoenix symbolisiert der Drache Glück und Erfolg.

Der Pulguk-sa-Tempel *(links)* bei Kyongju wurde um 750 begründet. Besonders sehenswert sind seine reich verzierten Eingangstore (1), der vergoldete Buddha der Kuknakjon-Halle (2), die Gebetshalle (3) und die Versammlungshalle (4).

Die Nachkommen der koreanischen Yi-Dynastie *(ganz links)*, die von 1392 bis 1910 herrschte, ehren ihre Vorfahren in einer konfuzianischen Zeremonie am Chongmyo-Schrein. Der Konfuzianismus hat eine lange Tradition im religiösen Leben Koreas.

ter und auf den daoistischen Prinzipien von Yin und Yang oder dem Gegensatz zwischen schwach und stark, negativ und positiv. Hanyak ist weit verbreitet und wird auch heute noch, neben der technisch fortschrittlicheren »westlichen« Medizin, angewandt. Eines der berühmtesten koreanischen Heilkräuter ist Ginseng (panax ginseng), in Korea als Insam bekannt. Er soll die Yang-Energie fördern und erfreut sich auch im Westen großer Beliebtheit. Wissenschaftler behaupten, daß er das zentrale Nervensystem stimuliere. Weitere traditionelle Heilmethoden sind unter anderem Chi'ap, eine Art von Druckpunktmassage, und Chi'im, der koreanische Name für Akupunktur.

Musik und Kunst

Die koreanische Musik hat eine lange Tradition. Die Koreaner lieben Musik und Tanz, und Volksmusik wird noch wie in alten Zeiten gespielt. Die Musik Koreas basiert auf einer Fünftonleiter – im Gegensatz zu der Siebentonleiter, die vor allem in der europäischen Musik angewandt wird. Die Musiker spielen eine Vielzahl von Instrumenten, wie die Changgo, eine Trommel, die Kayagum, ein der Zither ähnliches Instrument mit zwölf Saiten, das P'iri, eine Bambuspfeife, das Taegum, eine Bambusflöte, sowie Windglocken aus Metall oder Stein.

Koreanische Tänzer bewegen ihre Füße nur wenig, die Armbewegungen sind dagegen weit wichtiger. Der Zweck der Tänze ist im allgemeinen nicht, eine Geschichte zu erzählen, sondern Gefühle und Emotionen auszudrücken. In Südkorea werden die traditionellen koreanischen Tänze noch häufig aufgeführt. In Nordkorea jedoch nutzte die Regierung die Begeisterung für Tanz und Musik, um große Tanztruppen zu bilden. Diese Gruppen führen bei besonderen Anlässen kunstvoll choreographierte Paraden und Schautänze zu Ehren des Präsidenten auf.

Zu den südkoreanischen Tänzen zählen Volkstänze, religiöse sowie höfische Tänze. Auch die Volkstänze haben oft einen religiösen Hintergrund, und viele gehen auf uralte religiöse Quellen aus der langen Geschichte des koreanischen Volkes zurück.

Die Koreaner ermuntern Ausländer, den großen Reichtum ihrer Kultur zu bewundern. Dazu gehören die buddhistischen Schätze der Silla-Epoche, das blaßgrüne Porzellan aus der Koryo-Dynastie, aber auch das einzigartige phonetische Alphabet, das Han'gul. Korea entwickelte schon ca. 200 Jahre vor Gutenberg den Druck mit beweglichen Lettern.

Die koreanische Architektur möchte eine harmonische Beziehung zwischen den Gebäuden und der sie umgebenden Landschaft herstellen. Die Verwendung von Holz und Naturstein, die beide reichlich vorhanden sind, verleiht den koreanischen Häusern, die dem scharfen Wind der Halbinsel trotzen müssen, ein stabiles Aussehen. In ländlichen Gebieten sind die Wohnhäuser oft bunt bemalt.

SURIName

Die Republik Suriname liegt an der südamerikanischen Nordküste. Begrenzt wird das Tropenland im Norden vom Atlantischen Ozean, im Süden von Brasilien, im Westen von Guyana und im Osten von Französisch-Guyana. Hauptstadt und bedeutendster Hafen des Landes ist Paramaribo, wo fast jeder zweite Surinamer lebt. Fast 200 000 Menschen mit einem Paß der »Republiek van Suriname« leben jedoch in den Niederlanden.

Landschaftlich ist die äquatornahe Republik in drei Zonen gegliedert. Der am dichtesten besiedelte nördliche Landesteil liegt auf Meereshöhe. Wie in der niederländischen Heimat der einstigen Kolonialherren ist auch in dieser Küstenebene das fruchtbare Land stets von den salzigen Fluten bedroht. Weite Küstenabschnitte sind daher durch das altholländische Poldersystem vor Überflutung gesichert.

Südlich schließt sich an die Küstenebene ein nur dünn besiedelter, 50 bis 60 km breiter Regenwaldgürtel an. Alle Versuche, dieses zentrale Gebiet landwirtschaftlich zu nutzen, brachten indes nur magere Ergebnisse.

Drei Viertel der gesamten Landesfläche werden von einem unzugänglichen, feuchtheißen Dschungelgebiet eingenommen. Der wildromantische Süden des Landes ist bergig und erreicht im Julianatop 1280 m Höhe.

Bevölkerung

Trotz geringer Größe und Einwohnerzahl herrscht in Suriname ein babylonisches Völker- und Sprachengewirr. Offizielle Landessprache ist zwar Niederländisch, aber nur eine Minderheit beherrscht die Sprache der einstigen Kolonialherren. Längst hat Hindi dem Niederländischen den Rang abgelaufen. Daneben wird

Sorgfältig geflochtenes Haar *(unten)* ist das Kennzeichen der »Buschneger«. Abkömmlinge afrikanischer Sklaven machen heute weniger als 10 % der Bevölkerung Surinames aus.

Daten und Fakten

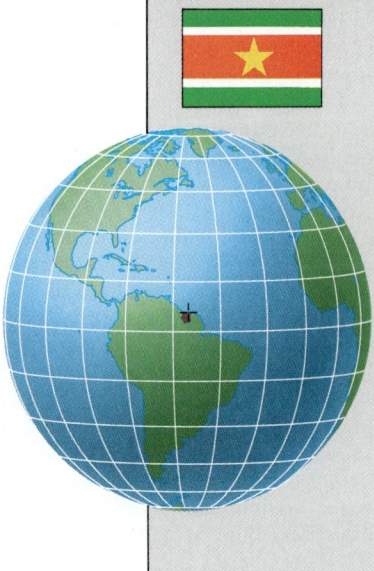

DAS LAND
Offizieller Name:
Republik Suriname
Hauptstadt:
Paramaribo
Fläche:
163 265 km²
Landesnatur:
Von N nach S: Küstenebene, anschließend breiter Lehm- u. Sandstreifen, von Bauxitdecken überzogenes Hügelland, im Zentrum Bergland von Guyana
Klima:
Feuchtheißes, tropisches Klima
Hauptflüsse:
Coppename, Saramacca, Suriname, Marowijne
Höchster Punkt:
Julianatop 1280 m

DER STAAT
Regierungsform:
Präsidiale Republik
Staatsoberhaupt:
Staatspräsident
Regierungschef:
Ministerpräsident
Verwaltung:
9 Distrikte und Hauptstadtdistrikt
Parlament:
Nationalversammlung mit 51 für 5 Jahre gewählten Abgeordneten
Nationalfeiertag:
25. November
DIE MENSCHEN
Einwohner (Ew.):
415 000 (1999)
Bevölkerungsdichte:
3 Ew./km²
Stadtbevölkerung:
50 %

Bevölkerung unter 15 Jahren: 32 %
Analphabetenquote:
7 %
Sprache:
Niederländisch, Hindi, Javanisch
Religion:
Hindus 27 %, Moslems 20 %, Katholiken 23 %, Protestanten 19 %
DIE WIRTSCHAFT
Währung:
Suriname-Gulden
Bruttosozialprodukt (BSP):
685 Mio. US-$ (1998)
BSP je Einwohner:
1660 US-$
Inflationsrate:
48,5 % (1985–95)
Importgüter:
Konsumgüter, Fahr-

Regenwälder *(links)* bedecken etwa 75 % der Fläche Surinames. Das Äquatorialklima mit hohen Temperaturen und Niederschlägen, die jährlich im Schnitt bei 2150 mm liegen, bringt ein üppiges Wachstum in der Natur hervor.

Suriname *(rechts)* liegt an der Nordküste Südamerikas. Ein Großteil der Bevölkerung lebt in der fruchtbaren Küstenebene, wo vor allem Reis angebaut wird. Die sich anschließende 16–80 km breite Ebene geht in ein waldreiches Bergland über.

auch Javanisch gesprochen und um die polyglotte Vielfalt zu vervollständigen, wird Englisch als Geschäftssprache und ein im Volksmund schlicht »Taki-Taki« genanntes Idiom als Umgangssprache bevorzugt.

Mit einem Bevölkerungsanteil von 34 % stellen die Surinamer indischer Herkunft die größte ethnische Gruppe dar, dicht gefolgt von den Kreolen, die in Suriname dem Vermischungsprozeß von Schwarzen und Weißen entstammen. Die Vorfahren jedes siebten Einwohners kamen einst aus dem indonesischen Java, und jeder zehnte Einwohner zählt zu den »Marons«, wie die Nachkommen der ehemals ins Landesinnere entflohenen schwarzen Sklaven genannt werden. Kleinere Gruppen von Europäern – zumeist Niederländer –, Indianern und Chinesen ergänzen das ethnische Mosaik.

Entsprechend ausgeprägt ist auch das religiöse Leben, in dem Hindus, Moslems und Katholiken etwa gleichstarke Gruppen bilden. Viele Schwarze, vor allem aber die Marons, sind auf ihrer Suche nach einer eigenen Identität zu den Mythen und Mysterien ihrer afrikanischen Heimat zurückgekehrt. Und auch die meisten Indianer haben sich wieder auf die Götter ihrer Ahnen besonnen.

Die Mehrzahl der Bevölkerung Surinames ist in der Landwirtschaft tätig. Endlose Reisfelder prägen heute das Gesicht der Landschaft, stellenweise unterbrochen von Zuckerrohr- und Bananenplantagen. Nach den Produktionswerten ist jedoch der Bergbau der führende Wirtschaftszweig. Trotz aller Anstrengungen, die fatale Abhängigkeit vom Bauxitbergbau einzuschränken, machen dessen Produkte, wie Tonerde und Aluminium, immer noch den Löwenanteil des Exports aus.

Geschichte

Suriname wurde Ende des 15. Jahrhunderts entdeckt. Die erste erfolgreiche europäische Besiedlung fand jedoch erst 1651 durch die Engländer statt. 1667 trat England den Niederlanden dieses Gebiet ab.

Kakao-, Kaffee-, Zuckerrohr- und Baumwollplantagen brachten der Kolonie Wohlstand. Für die schweißtreibenden Arbeiten wurden schwarze Sklaven aus Afrika in das Land gebracht. Als 1863 die Sklaverei abgeschafft wurde, holten die Plantagenbesitzer »Kontraktarbeiter« aus Indien, Java und China. 1866 erhielt das Land eingeschränkte und 1954 volle Autonomie, bis es 1975 in die Unabhängigkeit entlassen wurde. 1980–1987 und 1990/91 regierte eine Militärregierung. Seitdem haben zivile Regierungen das Land geführt. Das Militär hat noch großen Einfluß.

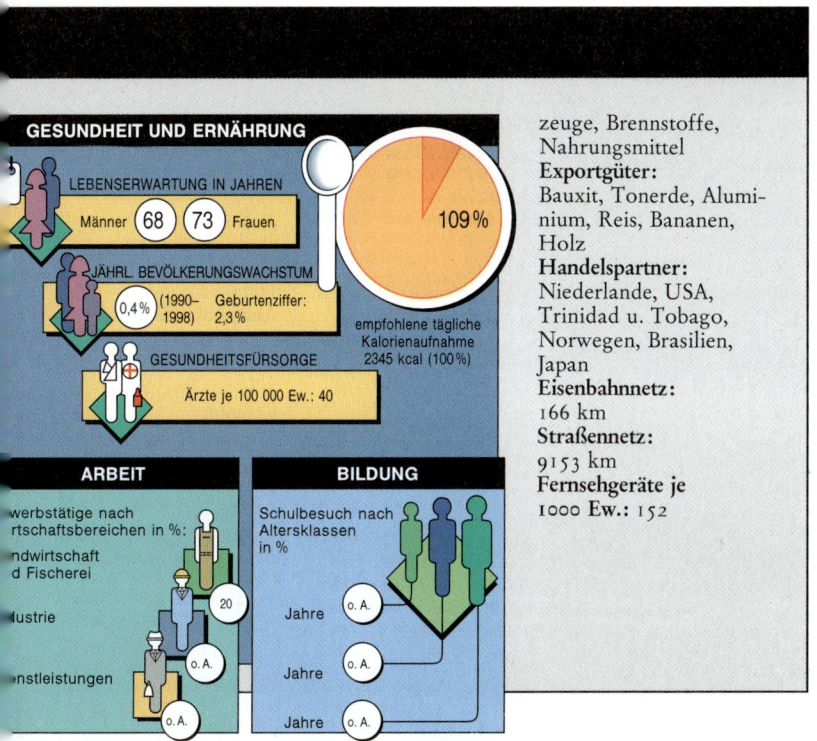

zeuge, Brennstoffe, Nahrungsmittel
Exportgüter: Bauxit, Tonerde, Aluminium, Reis, Bananen, Holz
Handelspartner: Niederlande, USA, Trinidad u. Tobago, Norwegen, Brasilien, Japan
Eisenbahnnetz: 166 km
Straßennetz: 9153 km
Fernsehgeräte je 1000 Ew.: 152

SWASILAND

Das Königreich Swasiland ist nach Gambia der kleinste selbständige Staat des afrikanischen Festlandes. Es hat keinen Zugang zum Meer und ist, bis auf die östliche Grenze zu Mosambik von der Republik Südafrika umgeben.

Das an der östlichen Abdachung des südafrikanischen Binnenhochlandes gelegene Swasiland läßt sich von Westen nach Osten in vier nord-südlich verlaufende Landschaftszonen gliedern: Das regenreiche Hochland (Highveld) besteht aus 1000–1300 m hohen Plateaus und Bergländern. Ausgedehnte Landstriche dienen der Viehwirtschaft (Schafe) als Winterweide. Großflächige Aufforstungen von Kiefern, Pinien, Eukalyptus und Pappeln bilden die Grundlage einer leistungsfähigen Holzindustrie, die mit dem Export von Holz und Holzprodukten zu den wichtigsten Einnahmequellen des Landes zählt.

Das Middleveld in 700–800 m Höhe ist das wirtschaftliche Zentrum des Landes und daher dicht besiedelt. Das annähernd subtropische Klima mit durchschnittlichen Jahresniederschlägen von 750 mm und mittleren Temperaturen von 19 °C bietet die besten Bedingungen für Ackerbau und Viehzucht. Hauptanbauprodukte sind Mais, Baumwolle, Tabak und Ananas. Das Tiefland (Lowveld) ist 200 bis 300 m hoch und tropisch heiß und trocken. Die geringen Niederschläge von 500 mm erlauben nur extensive Viehzucht und einen dürftigen Maisanbau. Die vierte Landschaftszone wird durch die etwa 800 m hohen Lebomboberge (Lubombo-Plateau) an der Grenze zu Mosambik gebildet. Dieses Hügelland ist im Klima dem Middleveld verwandt. Der größte Teil der landwirtschaftlich genutzten Fläche dient als Weideland für Rinder.

Wirtschaftliche Abhängigkeit

Wie viele Länder im südlichen Afrika ist Swasiland in starkem Maße wirtschaftlich von der Republik Südafrika abhängig. Die Wirtschaft wird zwar immer noch durch die Exporte von Zucker, Holz, Zellstoff sowie von Asbest, Steinkohle und Eisenerz entscheidend bestimmt, doch in den letzten Jahren nahm die Bedeutung der verarbeitenden Industrie stark zu. Hierfür ist in erster Linie die Ansiedlung von exportorientierten Großbetrieben verantwortlich. Der zunehmende Protest gegen die Südafrika-Politik internationaler Konzerne hat einige von ihnen veranlaßt, ihre Betriebe in Südafrika zu schließen und nach Swasiland umzusiedeln. Dennoch bietet die Wirtschaft zu wenig Arbeitsplätze, so daß viele Menschen legal oder illegal Arbeit in Südafrika suchen. Den umgekehrten Weg nehmen südafrikanische Urlauber, die den Tourismus zu einer wichtigen Einnahmequelle Swasilands machen.

Bevölkerung

Die Swasi bilden mit einem Anteil von 97 % die Bevölkerungsmehrheit Swasilands. Sie stellen eine für Afrika bemerkenswert einheitliche Nation und verfügen über eine gemeinsame Sprache, Kultur und Geschichte. Die Swasi gehören der Nguni-Sprachengruppe der Südost-Bantu an. Im Gefolge der Zulu-Raubzüge in der ersten Hälfte des letzten Jahrhunderts kamen die Swasi-Völker in ihr heutiges Territorium und unterwarfen die dort lebenden Sothos. Ihren Namen verdanken sie König Mswati: in der Zulusprache wird das »t« zum »z« und so nannten die Zulus sie »Swazi«.

Die Gesellschaftsstruktur ist auf dem Lande, wo rund zwei Drittel der Bevölkerung leben,

Daten und Fakten

DAS LAND
Offizieller Name: Königreich Swasiland
Hauptstadt: Mbabane
Fläche: 17 364 km²
Landesnatur: Im W Bergland des Highveld, im Zentrum das Hügelland des Middleveld, im O das flachwellige Lowveld, im NO Lebomboberge
Klima: Subtropisches Klima, in höheren Lagen gemäßigt mit hohen Niederschlägen
Hauptflüsse: Komati, Schwarzer Umbeluzi, Mkondo
Höchster Punkt: Emlembe 1862 m

DER STAAT
Regierungsform: Parlamentarische Monarchie
Staatsoberhaupt: König
Regierungschef: Premierminister
Verwaltung: 4 Distrikte
Parlament: Zweikammerparlament, bestehend aus der Nationalversammlung mit 55 direkt gewählten und 10 ernannten Abgeordneten u. dem Senat mit 20 vom König ernannten u. 10 durch Nationalversammlung (Häuptlinge) gewählten Mitgliedern
Nationalfeiertag: 6. September

DIE MENSCHEN
Einwohner (Ew.): 980 000 (1999)
Bevölkerungsdichte: 56 Ew./km²
Stadtbevölkerung: 31 %
Bevölkerung unter 15 Jahren: 46 %
Analphabetenquote: 23 %
Sprache: SiSwati, Englisch
Religion: Christen 77 %, Banturreligionen

DIE WIRTSCHAFT
Währung: Lilangeni
Bruttosozialprodukt (BSP): 1384 Mio. US-$ (1998)
BSP je Einwohner: 1400 US-$

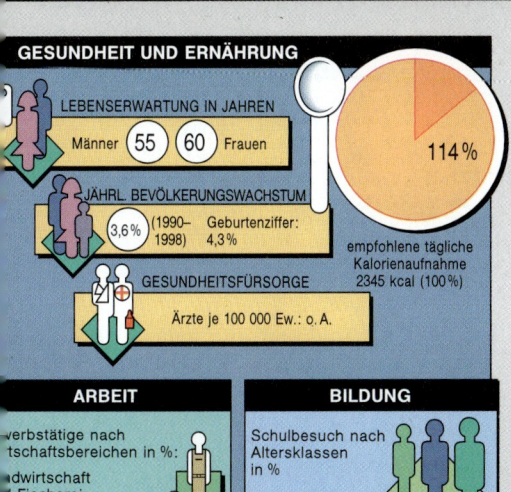

Ein Dorf liegt versteckt in einem lieblichen Tal *(oben links)* im subtropischen Middleveld Swasilands. Die Gebäude sind teils in traditionellem, teils in westlichem Stil erbaut.

Swasiland *(oben)* hat eine abwechslungsreiche Landschaft und ist reich mit Bodenschätzen gesegnet. 45 % des Grund und Bodens befinden sich jedoch in ausländischem Besitz.

Das Oberhaupt eines Swasi-Dorfes *(links)* posiert mit seinen Frauen und seinem Sohn vor der Kamera. Swasimänner dürfen mehrere Frauen haben, wobei jeder eine eigene Hütte mit Garten zusteht.

Inflationsrate: 12,4 % (1990-98)
Importgüter: Maschinen, Fahrzeuge, Fertigwaren
Exportgüter: Rohzucker, Fleischprodukte, Baumwolle, Tabak, Holz, Zitrusfrüchte, Asbest, Eisenerz, Steinkohle, Diamanten
Handelspartner: Rep. Südafrika, Großbritannien, Niederlande u. andere EU-Länder, Mosambik, Sambia, Kenia, Japan, Australien
Eisenbahnnetz: 320 km
Straßennetz: 2960 km
Fernsehgeräte je 1000 Ew.: 22

traditionell geprägt. Grund und Boden gehören dem König, der das Land den Häuptlingen der Stämme zur Verfügung stellt, die es wiederum den einzelnen Familien zur Nutzung zuteilen. Die meist sehr kleinen Flächen dienen fast ausschließlich der Selbstversorgung. 45 % des Bodens sind in der Hand von ausländischen, teilweise eingebürgerten weißen Großgrundbesitzern. Die Weißen, zahlenmäßig eine unbedeutende Minderheit, verfügen aber über einen bedeutenden Wirtschaftseinfluß.

König und Stammeshäuptlinge

Swasiland wurde nach dem Burenkrieg 1906 britisches Protektorat, jedoch blieben König und Stammeshäuptlinge in inneren Angelegenheiten die entscheidenden Autoritäten. 1973 wurde die Verfassung Swasilands, das 1968 seine volle Souveränität erlangt hatte, außer Kraft gesetzt, und der König übernahm die Alleinherrschaft. Die neue Verfassung von 1978 ersetzte das parlamentarische Regierungssystem durch die traditionelle Form der Stammesausschüsse. Damit ist der entscheidende Einfluß des Monarchen konstitutionell abgesichert worden. Nach dem Tod von Sobhuza II. (1899–1982), der 61 Jahre lang regiert hatte, wurde das Land von 1982 bis 1986 durch heftige Machtkämpfe, in denen verschiedene Fraktionen innerhalb des Königshauses um die Macht rangen, zerrüttet. Mit der Inthronisierung des auf Ausgleich bedachten Königs Mswati III. (* 1968) begann eine Phase der Machtkonsolidierung und Demokratisierung.

SYRIEN

Abseits von den Strömen des Massentourismus gelegen, bietet Syrien dem Reisenden den Blick in ein einzigartiges Kaleidoskop alter Hochkulturen. Als Rom gegründet wurde, konnten Damaskus und Aleppo bereits auf eine mehrhundertjährige verbriefte Geschichte verweisen. Seine Lage an der Schnittstelle dreier Kontinente bestimmte das Schicksal Syriens über Jahrtausende hinweg und machte es zum Durchgangsland früher Großmächte, aber auch zur Begegnungsstätte angrenzender Kulturen, die jeweils ihre Spuren hinterließen. Aus Ugarit, einer ehemals bedeutenden Handelsstadt an der syrischen Küste, stammt das erste Alphabet, das aus dem 14. Jahrhundert vor unserer Zeitrechnung datiert; die Ruinenfelder der Oasenstadt Palmyra (Tadmor) zeugen vom Weltreich der legendären Königin Xenobia im 3. Jahrhundert, die Wüstenschlösser und Moscheen von der Zeit der islamischen Eroberung, als Damaskus unter den Omajjaden zum Zentrum des ersten moslemischen Weltreichs wurde; trutzige Kreuzritterburgen erinnern an den Konflikt zwischen Islam und Christentum, Orient und Okzident; und nicht zuletzt läßt der Gang durch die schattigen Bazare von Damaskus und Aleppo die Farben, Düfte und den Zauber von »Tausendundeiner Nacht« aufleben.

Ein Blick auf die Landkarte zeigt bereits, daß die Grenzen des heutigen Syrien mit dem Lineal am grünen Tisch gezogen wurden. Das historische »Großsyrien« umfaßte das Gebiet zwischen dem Taurusgebirge im Norden, dem Mittelmeer und der Sinai-Halbinsel im Süden. Im Osten fehlte jedwede natürliche Begrenzung; hier, in der arabischen Wüste, lebten die Beduinen, die mit ihren Herden den Raum des heutigen Jordanien und Irak durchquerten und sogar bis nach Saudi-Arabien vorstießen. Gleichzeitig war diese Region das Hinterland für den Fernhandel zwischen der arabischen Halbinsel, der Küste und Asien. Die Städte, die sich einer Perlenschnur gleich im fruchtbaren Ackerland zwischen Gebirge und Steppe aneinanderreihen, bildeten schon früh wichtige wirtschaftliche Zentren. Sie waren Ausgangspunkte für Karawanen und später die jährliche Pilgerfahrt nach Mekka, dem wichtigsten Heiligtum des Islam.

In die Zeit der römischen Herrschaft über Syrien fiel die schnelle Ausbreitung des Christentums. Die Geschichte von der Wandlung des Saulus zum Paulus auf dem Weg nach Damaskus oder die Legende des Säulenheiligen Simeon – die Ruinen des St. Simeons-Klosters sind noch heute ein lohnendes Ziel für jeden Touristen –, die jedes Kind im Religionsunterricht hört, zeigen, wie eng unsere christliche Kultur mit diesem Teil des Mittelmeerraums verknüpft ist.

Mit der islamischen Eroberung in der zweiten Hälfte des 7. Jahrhunderts wurde eine neue Seite im Buch der Geschichte des Landes aufgeschlagen. Die arabische Sprache und der Islam als eine Religion, die alle Lebensbereiche um-

SYRIEN

faßt, bildeten die Eckpfeiler einer neuen Kultur, die bis heute fortwirkt.

In der Periode der Kreuzzüge prallten beide Welten aufeinander – die des christlichen Europa und die des islamischen Orient. Die den Kreuzzügen zugrundeliegenden Gedanken – der der Pilgerfahrt nach Jerusalem und der des »heiligen Krieges« gegen die Ungläubigen, ein Terminus, den wir heute eher mit islamischen Fundamentalisten verbinden – schlug sich in einem weiteren Kapitel militärischer Eroberungszüge nieder. An der Küste entstanden kleinere Lehensstaaten, aber die wichtigsten Städte des Landes – Damaskus, Homs, Hama und Aleppo – entgingen dem Beutegriff der Eindringlinge. Eine der letzten Bastionen der Kreuzritter war das Fischereistädtchen Tartus an der Mittelmeerküste, heute ein beliebtes Ausflugsziel syrischer Familien. Wenn auch die Kreuzzüge letztendlich gescheitert sind, so wirkt doch die Abgrenzung von der islamisch-arabischen Welt im christlich-europäischen Kulturraum bis heute fort. Im Zuge der Vertreibung der Kreuzritter setzten sich die ägyptischen Mamluken durch, die das Land zwei Jahrhunderte lang kontrollierten. Oberflächlich betrachtet, brachten die Mamluken eine gewisse Stabilität, aber Mißwirtschaft, fünf Pestepidemien und Hunger höhlten ihre Herrschaft aus. Die Mongolen versetzten ihnen den Todesstoß und zogen eine Spur der Verwüstung durch die syrischen Städte. Die türkischen Osmanen, die gegen den Mongolenfürsten Timur Leng (1336–1405) zu Felde zogen, unterwarfen das Land. Von 1516 bis zum Ende des Ersten Weltkrieges blieb Syrien 400 Jahre lang Teil des Osmanischen Reiches.

Mit dem Niedergang des Osmanischen Reiches im 19. Jahrhundert stieg der Einfluß des Westens, gleichzeitig mündete eine Wiederbelebung der arabischen Literatur und Kultur schnell in die Forderung nach einer Beteiligung an der Macht und stärkerer Dezentralisierung. Die ersten Rufe nach Autonomie wurden laut. Nach der Niederlage der Türken traten erneut europäische Mächte auf den Plan, die die Neuaufteilung der Region unter sich regelten. Nach dem Sykes-Picot-Abkommen von 1916 wurde Syrien zum französischen Einflußbereich erklärt und von französischen Truppen besetzt. Die Kontrolle durch das ferne Paris ließ sich nur nach dem Motto »Teile und Herrsche« durch das Ausspielen von unterschiedlichen religiösen und ethnischen Gruppen gegeneinander, vor allem durch die Bevorzugung der christlichen Maroniten, realisieren. 1941 wurde Syrien von den Truppen der Alliierten besetzt. Obwohl Vertreter des Freien Frankreich Syrien die Unabhängigkeit zugesichert hatten, forderte die Pariser Regierung bei ihrem Truppenrückzug nach Kriegsende einen Sonderstatus. Dies löste eine Erhebung gegen die Besatzungsmacht aus. Eine britische Intervention zwang Frankreich schließlich zum Rückzug. Im April 1946 wurde Syrien unabhängig.

SYRIEN: DER STAAT

Seit Anfang der 80er Jahre wird Damaskus von einem Wahrzeichen beherrscht, das die politischen Verhältnisse klarstellt: Auf einem der Gebirgskette vorgelagerten Berg mit steil zur Stadt hin abfallenden Hängen erhebt sich, einer mittelalterlichen Trutzburg und schwer einnehmbaren Festung gleich, der Palast des Präsidenten. Auch sonst wurde der Besucher nicht im Zweifel darüber gelassen, in wessen Herren Land er sich aufhält, denn das Konterfei von Hafez Al Assad hing in jedem Büro, in vielen Geschäften und zierte bei besonderen Gelegenheiten ganze Hauswände an zentralen Plätzen. Seit seinem Putsch im Jahre 1970 wurde Assad zum wiederholten Male zum Präsidenten gewählt. Im Dezember 1991 trat er, auch diesmal als einziger Kandidat, erneut an und konnte bezeichnende 99,98 % der Stimmen auf sich vereinigen. Er galt bis zu seinem Tod im Juni 2000 als herausragender politischer Taktiker, der jedoch auch vor Gewaltanwendung nicht zurückschreckte.

Die Baathpartei

Die Partei des Präsidenten, die »Sozialistische Partei der Arabischen Renaissance«, kurz Baath, lenkt bereits seit 1963 die Geschicke Syriens. Sie verficht ein Programm des arabischen Sozialismus, das den Islam nicht als alleinige Grundlage politischen Handelns betrachtet. In der Verfassung ist festgehalten, daß der Präsident ein Moslem sein muß. Dieser Passus löste eine Kontroverse aus, da Assad der religiösen Mehrheit der Alawiten angehörte, die von vielen Moslems als abtrünnige Sekte angesehen wird. Über einen aufgeblähten Militär- und Sicherheitsapparat halten die Machthaber auch unter Assads Sohn und Nachfolger Baschar die Bevölkerung fest im Griff. Die Medien unterstehen der Kontrolle der Regierung. Die größten Tageszeitungen sind »Al Baath«, das Organ der Partei, »Al Thaura«, das Blatt der Regierung sowie seit dem Oktoberkrieg gegen Israel »Tishrin«. Ausländische, vor allem libanesische Zeitungen sind erhältlich, gelegentlich muß der Leser jedoch feststellen, daß die Seiten mit der Nahost-Berichterstattung vorher herausgerissen wurden. Unter diesen Umständen überrascht es kaum, daß sich die Baathpartei niemals in freien, demokratischen Wahlen dem Votum der Bevölkerung gestellt hat.

Die Aufgaben, die der Baathpartei bei ihrer Machtübernahme harrten, waren immens, galt es doch, einen unabhängigen, modernen Staat aufzubauen. Die allgemeine Grundschulpflicht für Jungen und Mädchen wurde erst Anfang der 70er Jahre eingeführt, aber auch 1998 betrug die Zahl der Analphabeten noch 27 %. Darunter fallen vor allem Ältere, Frauen und Bewohner ländlicher Gebiete. Aufgrund der weltlichen Ideologie des Regimes sieht man in den Straßen der großen Städte relativ wenige verschleierte Syrerinnen. Die Berufstätigkeit von Frauen hat zugenommen, man trifft sie in den Büros von Industrie und öffentlichem Dienst, und im Bildungsbereich liegt ihr Anteil bei fast 50 %.

In den Familien sehen sich modern eingestellte junge Frauen allerdings nach wie vor oft mit der traditionellen Haltung von Vätern oder älteren Brüdern konfrontiert, ungeachtet ihrer jeweiligen politischen Ausrichtung. Möglichkeiten zum Ausgehen gibt es nur wenige, die für den Durchschnittssyrer unerschwinglichen Bars und Diskotheken der großen Hotels genießen nicht immer ein gutes Ansehen. Wer es sich leisten kann, besucht mit Freunden oder Familie

Hafez Al Assad (1930 bis 2000; *oben*) war von 1970 bis zu seinem Tod Syriens Präsident. Er verhalf seinem Land zu einer Führungsrolle im Nahen Osten.

Daten und Fakten

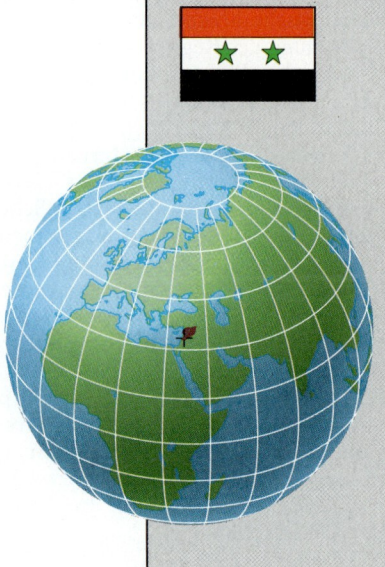

DAS LAND
Offizieller Name: Arabische Republik Syrien
Hauptstadt: Damaskus (Dimashq)
Fläche: 185 180 km²
Landesnatur: Von W nach O: Küstenebene, Alawitengebirge, Syrisches Tafelland, Syrische Wüste
Klima: Mediterranes Klima
Hauptflüsse: Euphrat, Khabour, Orontes, Balikh
Höchster Punkt: Hermon 2814 m
DER STAAT
Regierungsform: Präsidiale Republik mit Mehrparteiensystem
Staatsoberhaupt: Staatspräsident
Regierungschef: Ministerpräsident
Verwaltung: 13 Provinzen und Hauptstadtdistrikt
Parlament: Volksversammlung mit 250 für 4 Jahre gewählten Abgeordneten
Nationalfeiertag: 17. April
DIE MENSCHEN
Einwohner (Ew.): 15 725 000 (1999)
Bevölkerungsdichte: 85 Ew./km²
Stadtbevölkerung: 54,5 %
Bevölkerung unter 15 Jahren: 42 %
Analphabetenquote: 39 %
Sprache: Arabisch
Religion: Moslems 90 %, Christen 9 %
DIE WIRTSCHAFT
Währung: Syrisches Pfund
Bruttosozialprodukt (BSP): 15 583 Mio. US-$ (1998)
BSP je Einwohner: 1120 US-$ (1998)
Inflationsrate: 8,9 % (1990–98)
Importgüter: Nahrungsmittel, Maschinen, Eisen u. Stahl, Textilien, Fahrzeuge
Exportgüter: Erdöl u. Erdölderivate,

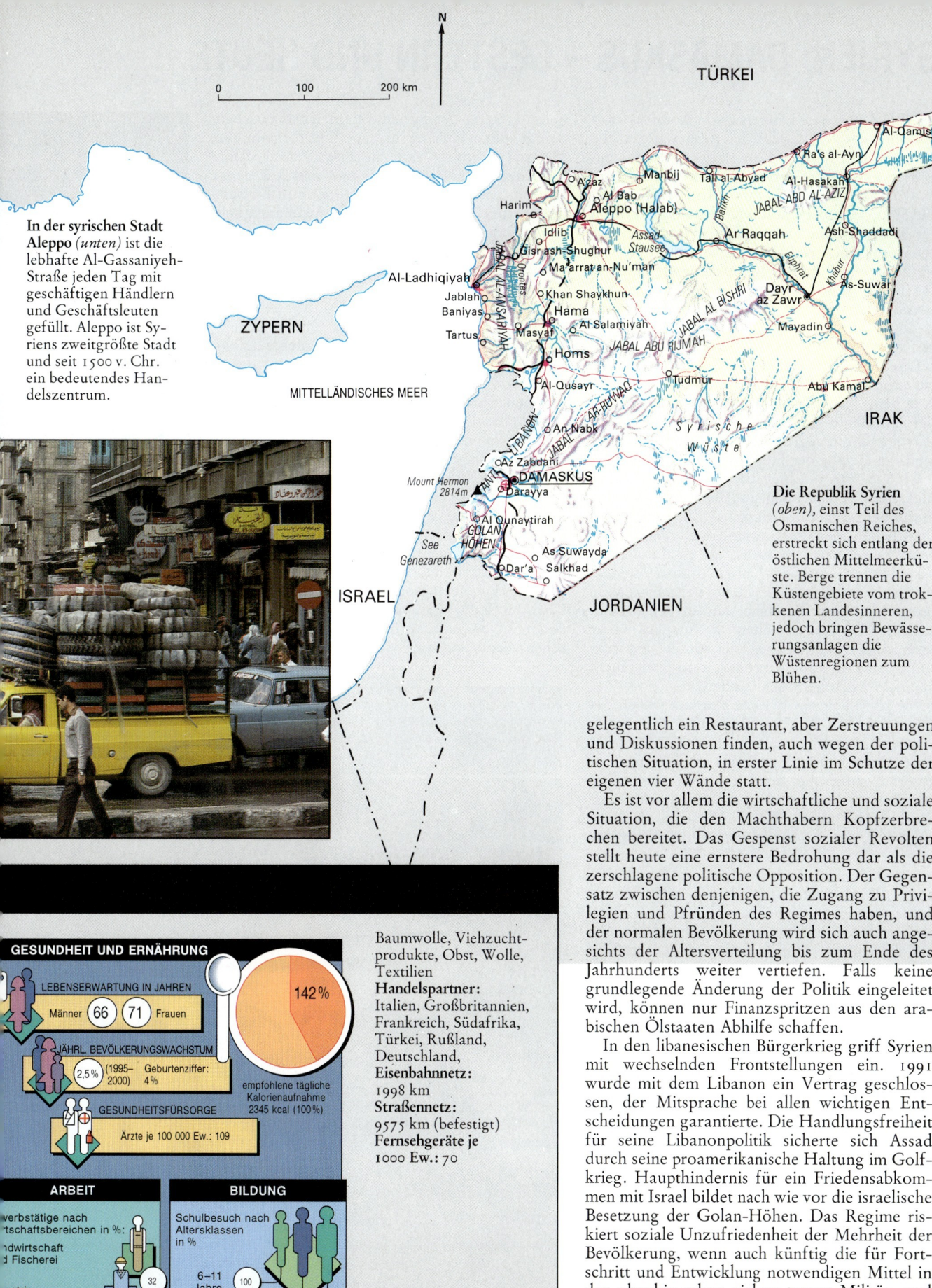

In der syrischen Stadt Aleppo *(unten)* ist die lebhafte Al-Gassaniyeh-Straße jeden Tag mit geschäftigen Händlern und Geschäftsleuten gefüllt. Aleppo ist Syriens zweitgrößte Stadt und seit 1500 v. Chr. ein bedeutendes Handelszentrum.

Die Republik Syrien *(oben)*, einst Teil des Osmanischen Reiches, erstreckt sich entlang der östlichen Mittelmeerküste. Berge trennen die Küstengebiete vom trockenen Landesinneren, jedoch bringen Bewässerungsanlagen die Wüstenregionen zum Blühen.

GESUNDHEIT UND ERNÄHRUNG

LEBENSERWARTUNG IN JAHREN
Männer 66 — 71 Frauen

JÄHRL. BEVÖLKERUNGSWACHSTUM
2,5% (1995–2000) — Geburtenziffer: 4%

GESUNDHEITSFÜRSORGE
Ärzte je 100 000 Ew.: 109

142% empfohlene tägliche Kalorienaufnahme 2345 kcal (100%)

Baumwolle, Viehzuchtprodukte, Obst, Wolle, Textilien
Handelspartner: Italien, Großbritannien, Frankreich, Südafrika, Türkei, Rußland, Deutschland,
Eisenbahnnetz: 1998 km
Straßennetz: 9575 km (befestigt)
Fernsehgeräte je 1000 Ew.: 70

ARBEIT
Erwerbstätige nach Wirtschaftsbereichen in %:
Landwirtschaft und Fischerei — o.A.
Industrie — 32
Dienstleistungen — o.A.

BILDUNG
Schulbesuch nach Altersklassen in %
6–11 Jahre: 100
12–17 Jahre: 45
18–22 Jahre: o.A.

gelegentlich ein Restaurant, aber Zerstreuungen und Diskussionen finden, auch wegen der politischen Situation, in erster Linie im Schutze der eigenen vier Wände statt.

Es ist vor allem die wirtschaftliche und soziale Situation, die den Machthabern Kopfzerbrechen bereitet. Das Gespenst sozialer Revolten stellt heute eine ernstere Bedrohung dar als die zerschlagene politische Opposition. Der Gegensatz zwischen denjenigen, die Zugang zu Privilegien und Pfründen des Regimes haben, und der normalen Bevölkerung wird sich auch angesichts der Altersverteilung bis zum Ende des Jahrhunderts weiter vertiefen. Falls keine grundlegende Änderung der Politik eingeleitet wird, können nur Finanzspritzen aus den arabischen Ölstaaten Abhilfe schaffen.

In den libanesischen Bürgerkrieg griff Syrien mit wechselnden Frontstellungen ein. 1991 wurde mit dem Libanon ein Vertrag geschlossen, der Mitsprache bei allen wichtigen Entscheidungen garantierte. Die Handlungsfreiheit für seine Libanonpolitik sicherte sich Assad durch seine proamerikanische Haltung im Golfkrieg. Haupthindernis für ein Friedensabkommen mit Israel bildet nach wie vor die israelische Besetzung der Golan-Höhen. Das Regime riskiert soziale Unzufriedenheit der Mehrheit der Bevölkerung, wenn auch künftig die für Fortschritt und Entwicklung notwendigen Mittel in den ohnehin schon viel zu teuren Militär- und Sicherheitsapparat fließen werden.

SYRIEN: DAMASKUS – GESTERN UND HEUTE

Als T.E. Lawrence (Lawrence von Arabien) 1917 während des Aufstandes der Araber gegen die osmanischen Türken Damaskus erreichte, beschrieb er »stille Gärten, verschwommen grün im Dunst des Flusses, in ihrer Mitte schimmernd die Stadt, wunderschön wie eh, einer Perle in der Morgensonne gleich«. Leider ist Damaskus heute nur noch ein Schatten seiner selbst. Die Stadt, die die Plünderung durch Mongolenhorden um 1200 sowie unzählige andere Angriffe überstand, mußte den Planierraupen nachgeben, die ihre schönen Gebäude niederwalzten zugunsten neuer Betonbauten.

Das Buch der Genesis berichtet, daß Damaskus schon vor der Zeit Abrahams bestand (der in einem Nachbardorf geboren wurde), und viele Fachleute glauben, daß die Stadt vor mehr als 5000 Jahren gegründet wurde. Berühmt während der Reiche der Hethiter, Assyrer und Perser (1600–332 v.Chr.), fiel sie 332 v.Chr. an Alexander den Großen und 64 v.Chr. an den römischen General Pompeius. Zu Beginn des christlichen Zeitalters befand sich Paulus auf dem Weg nach Damaskus, als er durch eine Vision vom Gegner des Christentums zu seinem eifrigsten Apostel wurde. Heute befinden sich in Damaskus zwei Kirchen, die in seiner Geschichte eine Rolle spielten: St. Ananias, wo er nach seiner Ankunft in der Stadt versteckt wurde, und St. Paul, wo er sich auf seiner Flucht in einem Korb herabsenken ließ.

Im Jahre 634 n.Chr. war Damaskus Teil des Byzantinischen Reiches, als es von den moslemischen Heeren unter Khalid Ibn al Walid angegriffen wurde. Es scheint, daß die meisten Syrer freudig die neue Religion des Islam annahmen, so unbeliebt war der byzantinische Kaiser Heraklios. Kalif Moawija I. (um 603–680), der Begründer der Omajjadendynastie, machte Damaskus 661 n.Chr. zu seiner Hauptstadt. Die Stadt erreichte so den Höhepunkt ihrer Macht und schöpferischen Kraft. Jedoch zerfiel die Dynastie im Jahre 750 n.Chr., besiegt durch einen blutigen Aufstand der Abbasiden, die die Hauptstadt des Islam nach Bagdad verlegten.

Saladin (1138–1193), der moslemische Held, der mit Tapferkeit und Mut gegen die Kreuzritter gekämpft hatte, zog sich ein paar Jahre, nachdem er Jerusalem von den Christen zurückerobert hatte, nach Damaskus zurück. Dort starb er 1193 und wurde in einem Grab bestattet, das noch heute besichtigt werden kann. Um 1200 fiel Damaskus an die Mongolenheere Hülägüs, dessen Leitspruch »Erst Türme aus Schädeln, dann Türme aus Stein« war. In ihrem Kampf gegen den Islam ging die christliche Welt ein zynisches Bündnis mit den Mongolen ein und verstärkte so die Macht der christlichen Gemeinde in Damaskus, die bis auf den heutigen Tag besteht (obwohl in kleinerem Maße). Die Mamluken, eine »Sklaven«-Dynastie, die Damaskus einige großartige Bauwerke hinterließ, herrschten bis zum Angriff des Osmanen Selim I. 1516, der Syrien zu einer osmanischen Sanjak oder Provinz machte. Die osmanische Herrschaft endete erst, als Prinz Faisal, Sohn des Königs Hussain von Hedjas, und sein Berater T.E. Lawrence 1917 im Triumph in Damaskus einzogen. Von 1920 bis zur Unabhängigkeit 1946, während der schwierigen Zeit zwischen den zwei Weltkriegen, wurde Syrien von den Franzosen als Mandatsgebiet des Völkerbunds regiert und verwaltet.

Am Ende der Bogengänge des 1883 gebauten al-Hamadieh-Suk (Markt), ein Ort voller Leben, Farben und tausend Wohlgerüchen, steht die Omajjaden- oder Große Moschee, deren Bau um 600 vom Kalifen al Walid in Auftrag gegeben wurde. In ihr befinden sich Reste der christlichen Kirche Sankt Johannes, die wiederum den römischen Jupitertempel ersetzt haben soll. Die ausgezeichneten Mosaiken und Statuen der Moschee sowie die geschickte Wiederverwendung byzantinischen Materials stellen eine einzigartige Mischung aus byzantinischen und moslemischen omajjadischen Stilarten dar. Solchermaßen war die religiöse Harmonie, die in der Frühzeit des Islam zwischen den Glaubensrichtungen herrschte, daß Moslems und Christen sogar zusammen in dieser Moschee beteten. Damaskus verbindet noch immer Menschen verschiedenen Glaubens.

SYRIEN

Der große Suk oder Markt *(oben)* von al-Hamadieh pulsiert mit Leben und geschäftigem Treiben. In diesem überdachten Markt findet man eine große Auswahl schön gearbeiteten Kunsthandwerks; gleichzeitig dient er als beliebter Treffpunkt.

Die Große Moschee *(oben links)*, auch Omajjaden-Moschee genannt, steht auf den Ruinen einer christlichen Kirche. Um 600 n. Chr. errichtet, wurde sie im 14. und 18. Jahrhundert restauriert. Moslems und Christen beteten einst gemeinsam unter ihrem Dach.

Die Maurischen Gärten *(links)* lassen die Eleganz erkennen, die Damaskus in seiner Glanzzeit ausstrahlte. Leider sind viele historische Viertel abgerissen worden, um Platz für die wachsende Bevölkerung zu schaffen. Dennoch findet man immer noch Spuren ihrer ehemaligen Größe.

Der Azem-Palast, 1794 erbaut, liegt in der Mitte von Damaskus' berühmter Rue Droite oder »Geraden Straße« (die römische Via Recta). Er besteht aus einem Gebäude für Männer und einem für Frauen, in dem sich auch die Badeabteilung befindet. Hier werden verschiedene Baderäume zu langsam ansteigenden Temperaturen aufgeheizt. Dahinter erstreckt sich der al-Hamadieh-Suk, der nach seinem Gründer, dem osmanischen Sultan Abdul Hamid benannt ist.

Hier kann man Kunsthandwerk aus Messing, Wolle, Stroh, Leder, Silber und Gold kaufen. In der Nähe der Großen (oder Omajjaden-) Moschee am Ende des Suks steht ein Museum mit einer großen Auswahl an Kunstgegenständen des Landes. Nahebei befinden sich die elegante Süleiman-Moschee sowie der Nationale Kunsthandwerksbazar.

Zum Nachteil für die klassische Architektur von Damaskus stieg zwischen 1959 und 1973 die Bevölkerung der Stadt von einer halben Million auf geschätzte 1,46 Millionen (zum Teil als Folge des Arabisch-Israelischen Krieges von 1967). Heute beträgt die Einwohnerzahl in der Agglomeration über 2,8 Millionen, ein ernsthaftes Problem. Trotzdem bleibt die Faszination der Stadt so groß, daß die Stadt jährlich rund 2 Millionen Auslandsgäste verzeichnet. Zu den kulturellen Sehenswürdigkeiten von Damaskus zählen neben den Museen die berühmte Universität, die Nationalbibliothek sowie zahlreiche Theater. Die Altstadt wurde von der UNESCO zum Weltkulturerbe erklärt.

SYRIEN: DAS LAND

Syrien ist ein Land der Kontraste. Die abwechslungsreiche Landschaft zwischen Mittelmeer und arabischer Wüste, das Wechselspiel von Farben und Formen, der oft scharfe Gegensatz zwischen Licht und Schatten hat schon viele Besucher bezaubert. Die Töne dieser Palette rangieren von allen erdenklichen Ocker-Nuancen über das Weiß des Kalksteins bis zum Schwarz des Basalts, vom satten Grün des paradiesisch anmutenden Tals des Orontes bis zum silbrigen Schimmer der Blätter der Olivenhaine. Die reizvolle Vielfalt der geographischen Formationen findet ihre natürliche Entsprechung in den verschiedenen Klimazonen, die die gesamte Breite von fruchtbaren, regenreichen Gebieten bis hin zur extremen Trockenheit der Wüsten umfassen und die Möglichkeiten der Landwirtschaft bestimmen.

Die mediterrane Küsten- und Berglandschaft ähnelt mit ihren terrassierten Hängen und kahlen Kuppen der des ganzen Mittelmeerraumes. Durch Abholzung ist der ursprüngliche Baumbestand stark verringert worden. Wirtschaftliche Bedeutung haben hier vor allem der Anbau von Tabak, Oliven und Wein. An die Bergkette schließen sich im Osten die fruchtbaren Regenfeldbaugebiete Mittelsyriens an, in der mit Ausnahme der Hafenstadt Latakia alle großen Städte des Landes und die wichtigsten Industriestandorte liegen. In dem von Flußtälern durchzogenen Tafelland, einem schon seit jeher besiedelten Gebiet, wachsen Wintergetreide, Baumwolle, Obst und Gemüse. Die Basaltlandschaft des Hauran im Süden ist das bevorzugte Anbaugebiet von Weizen, das schon den Römern als Kornkammer diente. Im Nordosten nimmt der Niederschlag bereits ab; doch kurze Regenschauer im Herbst und Frühjahr ermöglichen auch hier noch den Ackerbau ohne Bewässerung. Diese Region geht über in die von den fruchtbaren Flußtälern des Euphrat und Khabour durchzogene Hochebene. Erst nach der Unabhängigkeit Syriens wurden hier die Methoden der modernen Bewässerungswirtschaft eingeführt, die mit der Fertigstellung des Staudamms bei Ar Raqqah einen erneuten Auftrieb erhielten. Hier wird überwiegend Baumwolle angebaut, das wichtigste agrarische Exportgut des Landes. Aleppo ist wichtigstes Handels- und Umschlagszentrum dieser Region.

Der größte Teil des Landes besteht aus Steppen- und Wüstengebieten. Nicht länger aus Stein, sondern aus gebrannten Lehmziegeln errichtete Häuser fügen sich farblich nahtlos in diese Umgebung ein und deuten bereits den Übergang nach Mesopotamien an. Die Region leidet unter größter Trockenheit mit dem für extremes Kontinentalklima typischen hohen Temperaturgefälle zwischen Tag und Nacht.

Knapp ein Drittel der syrischen Bevölkerung ist in der Landwirtschaft tätig, die etwa 26 % des Bruttoinlandprodukts erwirtschaftet. Diese Zahl zeigt, daß Syrien kein reines Agrarland und in diesem Sinne auch kein typisches Entwicklungs-

Ein Schöpfrad *(unten)* am Orontes macht die Kraft des Wassers in traditioneller Weise nutzbar. Gespeist von den vielen Wasserläufen aus dem Nusayriyah Gebirge, versorgt der Orontes die Bewässerungsanlagen mit dem kostbaren Wasser.

Im Süden Nordsyriens *(rechts)* breitet sich grünes und fruchtbares Ackerland aus. Knapp ein Drittel der Syrer ist in der Landwirtschaft tätig. Das Land besitzt auch große Erdölreserven. Die Industrie macht nur einen kleinen Teil der Wirtschaft aus.

land ist. Es fehlen auch die riesigen Elendsgürtel, die die Ballungsräume nordafrikanischer Staaten umgeben. Doch der Gegensatz zwischen Stadt und Land, der sich wie ein roter Faden durch die Geschichte Syriens zieht, ist auch heute noch stark ausgeprägt. Ländliche Gebiete sind oftmals von Armut gezeichnet, und als einzige Möglichkeit des sozialen Aufstiegs bleibt oft nur die Armee. In den Städten, die seit der Antike blühende Wirtschaftszentren sind, findet ein großer Teil der Bevölkerung in Handwerk, Gewerbe und im Dienstleistungssektor sein Auskommen. Die wichtigsten Industriezweige sind die Textil- und Nahrungsmittelindustrie, die Baustoffproduktion und der Maschinenbau.

Die Verstaatlichungspolitik in Landwirtschaft und Industrie nach einem Militärputsch im Jahre 1963 ist nach einem weiteren Staatsstreich unter Hafez Al Assad 1970 mittlerweile einer Förderung von Privatbesitz und ausländischen Investitionen gewichen. Wichtiger Handelspartner blieb die Sowjetunion bzw. das heutige Rußland, wobei die wirtschaftliche Zusammenarbeit mit Westeuropa in den 80er Jahren immer mehr zunahm. Doch die grundlegende Orientierung wurde auch im Zuge der sogenannten »Korrekturbewegung« von Assad nicht aufgegeben. Der staatliche Sektor spielt nach wie vor eine herausragende Rolle. Ein bürokratischer Wasserkopf (auf einen Arbeiter kommen zwei Angestellte), lange Dienstwege und ein System von lukrativen

SYRIEN

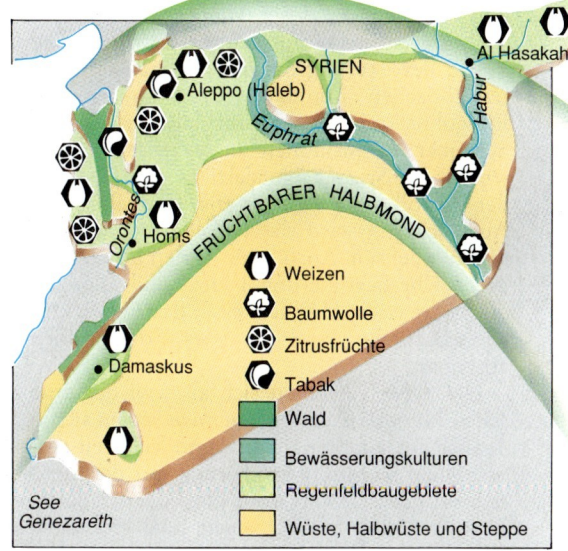

Der Fruchtbare Halbmond *(unten)*, ein ausgedehnter Landbogen, der von den Flüssen in Mesopotamien bewässert wird, bietet den syrischen Bauern fruchtbares Land. Sich vom Persischen Golf bis zum Mittelmeer erstreckend, war diese Gegend vor mehr als 5000 Jahren Geburtsstätte der Hochkultur der Sumerer. Heute werden hier Zitrusfrüchte und Baumwolle angebaut. Im Nordwesten von Syrien fällt häufig Regen und speist die Flüsse Orontes, Tigris und Euphrat.

Ein ruhiger Gasthof *(links)*, Teil der Karawanserei in Aleppos Marktviertel, zeigt an, wo die Karawanen auf ihrem Weg zwischen Asien und dem Mittelmeer Rast machten.

Ein Kürbisfeld *(unten)* im Nordwesten von Syrien wird abgeerntet. Bewässerungsanlagen mit Wasser aus dem Euphrat machen einen extensiven Ackerbau möglich.

Kommissionen für syrische Vermittler, die häufig bei der Planung eher den Ausschlag geben als die Bedürfnisse von Unternehmern und Bevölkerung, münden in Versorgungsengpässen. Die verstaatlichte Industrie arbeitet nur zur Hälfte ausgelastet, private Investitionen stagnieren. Außerdem wird ein großer Teil des Budgets – Schätzungen beliefen sich 1992 auf 60 % – vom Militär sowie den verschiedenen Sicherheitskräften und Geheimdiensten aufgefressen. Schmuggel über die Türkei und den Libanon, wo syrische Truppen bis heute einen großen Teil des Landes besetzt halten, trugen zur Bildung einer florierenden Schattenwirtschaft bei. Überall in der Hauptstadt bekommt man von illegalen Händlern ausländische Zigaretten angeboten.

Ein notorisches Problem des Landes ist die Devisenknappheit, da Syrien nur über wenige Bodenschätze verfügt. Dazu zählt vor allem Erdöl, aber verglichen mit den Mitgliedsländern der OPEC sind seine Erdölvorräte von geringem Ausmaß, hinzu kommen noch Phosphat- und Eisenerzvorkommen. Die Folge: Ein Zahlungsbilanzdefizit und eine negative Handelsbilanz. Der chronische Devisenmangel schlägt sich in Nachschubproblemen für die Industrie, das öffentliche Transportsystem und bestimmte Güter des täglichen Bedarfs wie Medikamente nieder, zieht einen rasanten Währungsverfall sowie Preissteigerungen nach sich und ist damit für die Bevölkerung direkt spürbar.

SYRIEN: DIE MENSCHEN

Auf den ersten Blick scheint Syrien, das über Jahrtausende hinweg Stätte des Aufeinanderprallens unterschiedlicher Kulturen war, eine überraschend homogene Bevölkerung aufzuweisen: Etwa 90 % der Einwohner sprechen Arabisch und sind Moslems. Die Gebetsrufe, die fünfmal am Tag von den Lautsprechern der Minarette schallen, erinnern den Touristen daran, daß er sich in einem islamisch geprägten Land aufhält. Doch hinter der klaren Sprache der Zahlen verbirgt sich ein Puzzle nationaler und vor allem religiöser Minderheiten, die zum Teil in uralten Traditionen verwurzelt sind.

Die Bevölkerung Syriens, das zu Beginn des französischen Mandats ganze 1,3 Millionen Einwohner zählte, war zur Jahrtausendwende auf über 15 Millionen angewachsen. Ähnlich wie in den Staaten Nordafrikas sind über 40 % der Bevölkerung jünger als fünfzehn Jahre. Auch künftig wird die Bevölkerung weiterhin rapide wachsen. Auch wenn Syrien bislang nicht unter Überbevölkerung leidet, sind angesichts der begrenzten Möglichkeiten der Entwicklung wirtschaftliche und soziale Folgeprobleme absehbar.

Die Syrer verstehen sich als Teil der arabischen Nation. Genau genommen setzen sich die Araber aus einer sprachlich und kulturell völlig assimilierten Mischbevölkerung aus den Nachfahren der Einwanderer von der arabischen Halbinsel und verschiedenen alteingesessenen Völkern zusammen. Die Lebensweise und Werte der islamischen Eroberer werden heute von den etwa 200 000 Beduinen repräsentiert. Sie haben den arabischen Gesellschaften ihren Stempel aufgedrückt, etwa, was die Achtung der Gastfreundschaft anbelangt, auch wenn sie in einer Zeit von Nationalstaaten, städtischer Kultur und technologischer Entwicklung eine Art Gegenpol bilden. Zu den Arabern zählen auch die rund 230 000 Palästinenser, die in der Umgebung von Damaskus und Homs leben.

Wie alle seine Nachbarstaaten, hat auch Syrien seine nationalen Minderheiten: Im Norden des Landes die Kurden, deren Heimat, Kurdistan, zwischen der Türkei, dem Irak, Iran, Armenien, Aserbaidschan und Syrien aufgeteilt ist und die ihr Frühjahrsfest zu politischen Manifestationen nutzen; die Armenier, die bereits im 5. Jahrhundert eine eigene christliche Gemeinde etablierten; die Tscherkessen, die ursprünglich aus dem Kaukasus stammen und in der Zeit des Osmanischen Reiches als Wehrbauern angesiedelt wurden; die Türken und Turkmenen, die im westlichen Grenzgebiet leben, und die Assyrer, die sich im 6. Jahrhundert als unabhängige Kirche konstituierten. Zu den Minderheiten zählen schließlich auch die wenigen im Land verbliebenen Juden. Die meisten von ihnen leben in Damaskus und Aleppo in der Nähe der alten Christenviertel.

Die Beispiele der Armenier oder Assyrer verweisen bereits auf die religiöse Zersplitterung. Das gilt selbst für den moslemischen Teil der Bevölkerung. Rund 70 % der Syrer zählen zur sunnitischen Mehrheitsströmung des Islam. Die Minderheitsströmung des Schiismus, eine Spaltung, die auf die Frühzeit des Islam zurückgeht, stellt 16 % und zerfällt wiederum in verschiedene Strömungen. Fast die Hälfte der Schiiten sind Alawiten. Ihr Kernland ist das sogenannte Alawitengebirge bei Al-Ladhiqiyah. Sie sind eine traditionell bäuerliche Gemeinschaft, die ärmer und weniger gebildet ist als der Durchschnitt der syrischen Bevölkerung. Unter dem alawitischen Staatschef Hafez Al Assad eroberten sie Schlüsselstellungen in der herrschenden Baathpartei, in der staatlichen Verwaltung und dem Militär. Zu den schiitischen Minderheiten gehören auch die Drusen im Hauran und die Ismailiten, die sich in der Stadt Salamiyah konzentrieren.

Ein entscheidender Anteil an der Verbreitung europäischer Gedanken und Ideologien kommt

den syrischen Christen zu, die rund 9 % der Bevölkerung stellen. So war der Gründer der Baathpartei, Michel Aflaq (1910–1989), der für einen arabischen Sozialismus warb, ein Christ. Auch in Palästinenser-Organisationen, die traditionell linken Dogmen folgen, ist der Anteil der Christen relativ hoch. Die Christen in Syrien sind ebenfalls in eine Vielzahl von Kirchen zersplittert, Spaltungen, die größtenteils auf theologische Kontroversen im 5. Jahrhundert zurückgehen. In der Stadt Aleppo gibt es beispielsweise elf verschiedene christliche Gemeinschaften. Zwei Drittel der Christen folgen dem orthodoxen Ritus, der im Orient entstanden ist und gemäß der Überlieferung von den Aposteln Petrus und Paulus begründet wurde. Es gibt in Syrien heute noch drei Bergdörfer, in denen Aramäisch, die Sprache Christi, gesprochen wird. Im Falle von Ma'lúla mußte erst der Fels

SYRIEN

Ein Buchbinder *(ganz links)* arbeitet in seinem Stand in dem geschäftigen Suk (Bazar) von Damaskus. Er bestätigt den Ruf der Damaszener, lern- und wißbegierig zu sein. Frühere Einwohner Syriens entwickelten eines der ersten Alphabete.

In dem entlegenen Dorf Ma'lúla *(links)* in den Bergen von Nordsyrien sprechen Mitglieder der christlichen Minorität des Landes immer noch aramäisch, die semitische Sprache, die von Jesus und seinen frühesten Anhängern gesprochen wurde.

Knapp die Hälfte von Syriens Bevölkerung lebt in Dörfern wie Halawa *(ganz unten)* in Nordsyrien. In diesen kleinen Gemeinden tragen die Frauen noch immer buntleuchtende Trachten. Heute haben Syriens Frauen ein größeres Maß an Freiheit.

Syrische Bauern, hier beim Bau einer Pumpe *(oben),* genießen die Vorteile der Bewässerungsanlagen. Obwohl die seßhafte Landwirtschaft knapp ein Drittel der Bevölkerung beschäftigt, wandern einige nomadische Beduinenstämme noch immer mit ihren Herden durch die Wüsten des südlichen Syrien. Die meisten Syrer leben im westlichen Teil des Landes. Städte wie Aleppo, Hama, Homs und die Hauptstadt Damaskus ziehen eine wachsende Zahl von Menschen an.

gesprengt werden, um den Ort für Fahrzeuge zugänglich zu machen. Die Gebirgskette entlang der Küste war Rückzugsgebiet für religiöse Minderheiten. Dies gilt auch für die Maroniten im Libanon und die Alawiten Syriens, beides Gemeinschaften, die heute großen Einfluß auf die Politik ihrer Länder haben.

Die religiöse Zersplitterung bildet ein Kernproblem der politischen Verhältnisse: Obwohl die Sunniten die weitaus größte religiöse Gemeinschaft stellen, spielen sie an den Schaltstellen der Macht nur eine untergeordnete Rolle, während Minderheiten wie Drusen, Ismailiten und Christen überrepräsentiert sind – eine wesentliche Ursache für Spannungen in der Gesellschaft, die sich wiederholt in blutigen Auseinandersetzungen entluden. Zu einem Höhepunkt dieser Konflikte kam es im Jahre 1982, als ein Aufstand der sunnitisch-fundamentalistischen Moslem-Brüder in Hama von der Luftwaffe niedergeschlagen wurde.

TADSCHIKISTAN

Tadschikistan liegt in Mittelasien. Es grenzt im Osten an China, im Süden an Afghanistan. Das Land, das eine Fläche von 143 100 km² umfaßt, wird größtenteils von Hochgebirgen eingenommen. Am höchsten ragen die waldlosen, stark vergletscherten Ketten des Pamir auf, die im Ismoil Somoni (früher Pik Kommunisma, 7483 m) gipfeln. Das Klima ist durch die Höhenlage relativ kühl und im Pamir sowie in den von Gebirgskämmen eingeschlossenen Tälern ausgesprochen trocken. Die Flüsse werden von den Schmelzwassern der Gletscher gespeist und dienen der landwirtschaftlichen Bewässerung. Außerdem wird ihr starkes Gefälle durch zahlreiche Wasserkraftwerke genutzt, so daß Tadschikistan elektrische Energie exportieren kann.

Die rauhe, gebirgige Landesnatur schränkt die landwirtschaftliche Nutzung stark ein. Von Bedeutung ist der Baumwollanbau und die Viehwirtschaft. Die starke Reliefenergie behindert auch den Ausbau einer leistungsfähigen Infrastruktur und die Entwicklung der Industrie. Das Land gehört zu den stark erdbebengefährdeten Gebieten der Erde, so wurde die Region 1989 von einem Erdbeben heimgesucht.

Die Tadschiken – ein iranisches Volk

Von den 6,1 Millionen Einwohnern Tadschikistans stellen die namengebenden Tadschiken, die auch im benachbarten Afghanistan leben, weniger als zwei Drittel. Im Unterschied zu den benachbarten Turkmenen, Usbeken und Kirgisen, die zu den Turkvölkern zählen, gehören die Tadschiken zur iranischen Völkerfamilie, bekennen sich aber wie die Nachbarvölker zum Islam sunnitischer Richtung. Die größten Minderheiten in Tadschikistan sind die Usbeken

(etwa ein Viertel der Gesamtbevölkerung) und die Russen. Insgesamt leben ein Dutzend Nationalitäten und Völkerschaften in Tadschikistan.

Die Tadschiken, die eine indoeuropäische Sprache sprechen, waren möglicherweise schon in vorchristlicher Zeit in Mittelasien ansässig. Im Lauf der Jahrhunderte wurde ihr Wohngebiet von wechselnden Eroberern heimgesucht. Seit dem 17. Jahrhundert waren sie dem usbekischen Emirat Buchara untertan. Das führte zu einer starken Assimilation an die Usbeken. Als Rußland im 19. Jahrhundert nach Innerasien vordrang, wurde der Norden des heutigen Tadschikistan dem russischen Generalgouvernement Turkestan einverleibt; der Süden verblieb beim Emirat Buchara, das im Zarenreich eine autonome Stellung behielt.

Daten und Fakten

DAS LAND
Offizieller Name:
Republik Tadschikistan
Hauptstadt:
Duschanbe
Fläche:
143 100 km²
Landesnatur: Hochgebirgsland (rd. die Hälfte liegt über 3000 m), stark zertalt, zum Teil schroff und schwer zugänglich; im O und SO stark vergletscherte Bergketten des Pamir, im N Ausläufer des Tian Shan und Alai und des fruchtbaren Ferganabeckens, im S breite Täler
Klima: Kontinentales Klima mit heißen Sommern, in Höhenlagen relativ kühl und rauh

Hauptflüsse:
Serawschan, Wachsch, Pjandsch
Höchster Punkt:
Ismoil Somoni
7483 m
DER STAAT
Regierungsform:
Präsidiale Republik
Staatsoberhaupt:
Staatspräsident
Verwaltung:
2 Provinzen und Hauptstadtbezirk; Autonome Republik Berg-Badachschan
Parlament:
Unterhaus mit 63 Mitgliedern und Oberhaus mit 33 Mitgliedern, Wahl alle 5 Jahre
Nationalfeiertag:
9. September

DIE MENSCHEN
Einwohner (Ew.):
6 104 000 (1999)
Bevölkerungsdichte:
43 Ew./km²
Stadtbevölkerung:
33 %
Bevölkerung unter 15 Jahren: 41 %
Analphabetenquote:
0,8 %
Sprache:
Tadschikisch, Russisch
Religion:
Moslems
DIE WIRTSCHAFT
Währung:
Somoni
Bruttosozialprodukt (BSP):
2140 Mio. US-$ (1998)
BSP je Einwohner:
350 US-$

Geschichte im 20. Jahrhundert

Nach Errichtung der Sowjetherrschaft und mehreren Veränderungen der Verwaltungsgliederung wurde 1924 die Tadschikische Autonome Sozialistische Sowjetrepublik im Rahmen der Usbekischen SSR gebildet; 1929 wurde sie in den Rang einer Unionsrepublik erhoben. Damit erhielten die Tadschiken erstmals in ihrer Geschichte ein eigenes Staatswesen, das freilich unter der kommunistischen Parteidiktatur keine wirkliche Selbstbestimmung genoß. Immerhin entwickelte sich ein tadschikisches Nationalbewußtsein, das auch durch die Pflege der tadschikischen Schriftsprache gefördert wurde. In den »Säuberungen« der 1930er Jahre wurden ta-

Eine einsame Straße schlängelt sich durch die karge Berglandschaft im Grenzgebiet von Tadschikistan und Afghanistan *(oben)*. Solche entlegenen Wege werden auch gerne von Schmugglern benutzt.

Die Tadschiken *(rechts)* gehören mit 4–5 Millionen Angehörigen zu den großen Völkern in Vorder- und Zentralasien. Im Bild eine Gruppe tadschikischer Männer.

Inflationsrate: 300 % (1990–98)
Importgüter: Brennstoffe, Maschinen u. Transportmittel, Nahrungsmittel
Exportgüter: Metalle u. Metallprodukte, Textilien, Bergbaugüter
Handelspartner: Usbekistan, Rußland, Niederlande, Großbritannien, Schweiz
Eisenbahnnetz: 480 km
Straßennetz: 11 300 km (befestigt)
Fernsehgeräte je 1000 Ew.: 285

dschikische Intellektuelle verfolgt. Wie in der ganzen ehemaligen Sowjetunion kam es auch in Tadschikistan in den 1980er Jahren zu einem nationalen Aufbegehren. Am 24.8.1990 erklärte sich Tadschikistan für souverän, am 9.9.1991 für unabhängig; am 21.12.1991 trat es der GUS bei. Es kam zu einem blutigen Machtkampf zwischen orthodox-kommunistischer Regierung und islamisch-demokratischen Gruppen. 1992 wurde I. Rachmanow Präsident (Wiederwahl 1994 und 1999). Nur mit Hilfe von GUS-Truppen konnte er die Opposition nach Afghanistan vertreiben. Die Kämpfe wurden trotz vereinbarten Waffenstillstands fortgesetzt. Erst Anfang 1997 begannen Friedensverhandlungen, am 27.6.1997 wurde ein Friedensabkommen unterzeichnet. Der Bürgerkrieg, weniger ein ethnisch-religiöser Konflikt als ein Kampf rivalisierender Clanchefs und Milizen, forderte rund 100 000 Menschenleben.

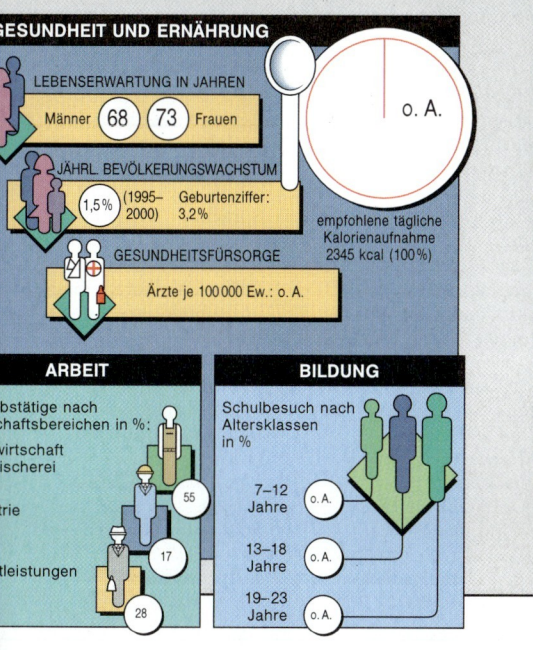

TAIWAN

»Tiger-Staaten« nennt man jene Länder Indochinas, deren wirtschaftliche Kraft nicht nur stark genug ist, sich selbst zu tragen, sondern auch im Geflecht weltwirtschaftlicher Zusammenhänge mitbestimmend zu wirken – und Taiwan ist ein mächtiger Tiger. Seine Industrie erlebte in den letzten vierzig Jahren einen Boom, der weltweit beispielhaft ist. Schon 1964 konnten die USA ihre Entwicklungshilfe an Taiwan einstellen, da das Land als saniert galt.

Diese rasante Entwicklung hat verschiedene Gründe. In der ersten Hälfte dieses Jahrhunderts bauten die Japaner, denen Taiwan völkerrechtlich zugesprochen war, auf der Insel eine funktionierende Infrastruktur auf, um die reiche wirtschaftliche Ausbeute nach Japan schaffen zu können. Damit legten sie einen der Grundsteine für das heutige taiwanesische Wirtschaftswunder, dessen eigentliche Architekten die vor Mao Zedongs Truppen flüchtenden Nationalchinesen – Armeeangehörige und Kaufleute, Regierungsbeamte und Geschäftsleute, Parlamentsmitglieder und Technokraten – waren. Die nichtkommunistische Welt half mit Krediten und technischem Know-how, und für viele Auslandschinesen, die außerhalb ihrer Heimat zu Geld oder Wissen gekommen waren, bot sich Taiwan zur Einwanderung an. Ihre internationalen Verbindungen, ihre Fachkenntnisse und ihr Kapital unterstützten die erfolgreiche wirtschaftliche Entwicklung Taiwans, flankiert von wirtschaftspolitischen Entscheidungen und Maßnahmen der Regierung. Dazu gehörte auch die Bodenreform, mit der die kleinbäuerlichen Pachtverhältnisse abgeschafft wurden und das Land von denjenigen erworben werden konnte, die es bewirtschafteten. Zum einen handelte es sich dabei um Land, das wäh-

Die riesige Chiang-Kai-shek-Gedenkstätte in Taipeh *(rechts)* erinnert an den Führer der Guomindang (nationalistischen Partei), der den Inselstaat von 1949–1975 regierte. Die chinesische Nationalregierung verließ das chinesische Festland, nachdem Mao Zedong und die Kommunisten 1949 gesiegt hatten. Taiwan erfreute sich eines schnellen Wirtschaftswachstums sowie eines steigenden Lebensstandards, aber Politik und Regierung werden weiterhin von der oft repressiven Guomindang-Regierung beherrscht.

rend der japanischen Kolonialzeit ausschließlich japanischen Siedlern vorbehalten gewesen war, zum anderen um Land der Großgrundbesitzer, die Entschädigungen erhielten, welche es ihnen ermöglichten, in die aufstrebende Industrie zu investieren.

Aus diesen Bausteinen wuchs das taiwanesische Wirtschaftswunder, zumal Taiwan auch ein Billiglohn-Land ist, das preiswerter produzieren kann als die ausländischen Konkurrenten. »Made in Taiwan« steht für netten Schnickschnack und Massenproduktion aus der Textilindustrie, aber auch für hochwertige Elektronik, Präzisionsgeräte und für Computertechnologie, deren günstige Preise den Weltmarkt herausfordern.

Daten und Fakten

DAS LAND
Offizieller Name:
Republik China
Hauptstadt:
Taipeh (T'aipei)
Fläche:
36 000 km²
Landesnatur:
Von N nach S verlaufendes Zentralgebirge, im O steil zum Meer abfallend, im W breite Küstenebene
Klima:
Tropisch bis subtropisch
Hauptflüsse:
Hsiatanshui, Hsilo
Höchster Punkt:
Yu Shan 3997 m
DER STAAT
Regierungsform:
Präsidiale Republik

Staatsoberhaupt:
Staatspräsident
Regierungschef:
Ministerpräsident
Verwaltung:
7 Stadtkreise (Taipeh und Kaohsiung mit Sonderstatus), 16 Landkreise, 7 kreisfreie Städte
Parlament:
Nationalversammlung mit 334 für 4 Jahre gewählten Mitgliedern u. Legislativ-Yüan mit 225 für 3 Jahre gewählten Mitgliedern
Nationalfeiertag:
10. Oktober
DIE MENSCHEN
Einwohner (Ew.):
21 683 000 (1999)
Bevölkerungsdichte:
602 Ew./km²

Stadtbevölkerung:
92 %
Bevölkerung unter 15 Jahren: 22 %
Analphabetenquote:
6 %
Sprache:
Chinesisch
Religion:
Chines. Volksreligionen 49 %, Buddhisten 43 %, Christen 6 %
DIE WIRTSCHAFT
Währung:
Neuer Taiwan-Dollar
Bruttosozialprodukt (BSP):
2 908 000 Mio. US-$ (1999)
BSP je Einwohner:
12 333 US-$
Inflationsrate:
0,2 % (1999)

Der Preis des Fortschritts

Taiwan ist ein hochkapitalistischer Industriestaat, dessen Bevölkerung zu knapp 40 % in der Industrie und über 50 % im Dienstleistungsgewerbe tätig ist. Der Bergbau spielt mangels Ressourcen kaum eine Rolle, und nicht zuletzt deshalb setzt Taiwan hemmungslos auf Kernenergie. Doch expansive Industrie und intensive Landwirtschaft streiten um den knapp werdenden Raum. Nur ein Viertel der Gebirgsinsel ist landwirtschaftlich nutzbar. Die teuren Landgewinnungsprojekte vor der Küste schaffen keine unermeßlichen Räume, die Reisterrassen lassen sich nicht unendlich türmen, die landwirtschaftliche Produktion scheint ihre Grenzen erreicht zu haben. Dennoch: mit intensiver

Taiwan (oben rechts) liegt nur wenige Kilometer von der Küste des chinesischen Festlands entfernt. Die Chinesen besiedelten das Land um 500 n. Chr. 1590 gaben portugiesische Seefahrer der Insel wegen ihrer großen landschaftlichen Schönheit den Namen »Ilha Formosa« (schöne Insel). Von Norden nach Süden verlaufen bewaldete Bergketten. Der größte Teil der Bevölkerung lebt in der Küstenebene im Westen.

Bewässerung und noch intensiverer Düngung gibt es bis zu sieben Ernten jährlich beim Gemüseanbau. Zucker, Tee, Ananas und vor allem Reis werden nicht nur für den Eigenbedarf angebaut, sondern auch für den Export.

Düngemittel – das ist ein Schlüsselbegriff für Taiwans Wachstum, aber auch für seine wachsenden Umweltprobleme. Mit dem Dünger blüht nicht nur die Landwirtschaft, sondern auch die chemische Industrie der Insel, deren Schornsteine die Luft vergiften und deren Produkte die Böden und die Wasserqualität zerstören.

Taiwan steht vor erheblichen ökologischen Problemen als typische Folge seiner explosiven Wirtschaft. Mit dem Wohlstand der Bevölkerung, dessen Indiz ihre den Verkehrsinfarkt zeugende Motorisierung ist, wachsen auch ihre Ansprüche, so daß es mit den billigen Löhnen bald vorbei sein wird. Wenn »Made in Taiwan« teurer wird, mag das zwar die Zoll- und Wirtschaftskämpfe mit den Exportländern befrieden, von denen Taiwans ausfuhrorientierte Industrie gefährlich abhängig ist, aber der soziale Frieden im Land wird brechen, wenn verminderte Konkurrenzfähigkeit auf dem Weltmarkt steigende Arbeitslosigkeit zu Hause schafft.

Taiwan muß umdenken, um mit sanfteren wirtschaftlichen Methoden drohende soziale und ökologische Gefahren abzuwenden. Da die Ethik seiner Menschen letztlich weder kapitalistisch noch kommunistisch, sondern konfuzianisch ist, mag es vielleicht weiser umzudenken wissen als manch westliches Land.

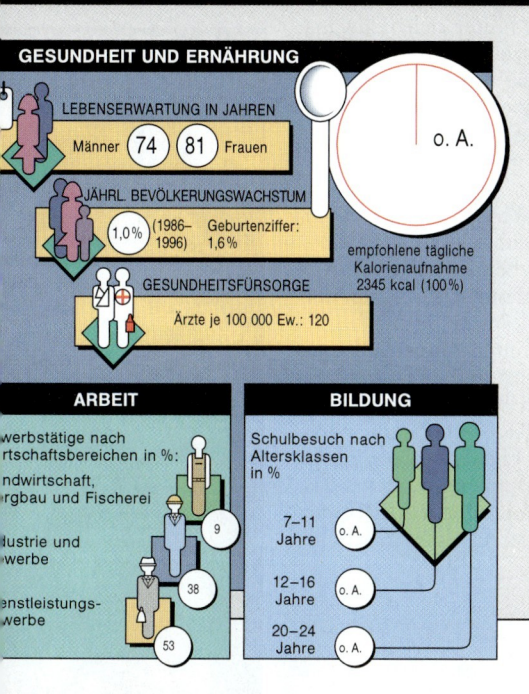

Importgüter: Erdöl, Maschinen, chem. Erzeugnisse, Apparate, Fahrzeuge, Eisen, Stahl, Holz, Kork, Metalle, Rohbaumwolle
Exportgüter: Elektron. Erzeugnisse, Textilien, chem. Produkte, Holzwaren, Agrarprodukte
Handelspartner: USA, Japan, Südkorea BRD und andere EU-Länder, Singapur, Saudi-Arabien
Eisenbahnnetz: 4600 km
Straßennetz: 17 170 km (befestigt)
Fernsehgeräte je 1000 Einwohner: 488

TAIWAN: DAS LAND

Taiwans Anziehungskraft auf die vielen hunderttausend Besucher im Jahr beruht zum einen auf der außergewöhnlichen natürlichen Schönheit der Insel, zum anderen auf der reichen chinesischen Kulturtradition, die auf Taiwan zum großen Teil unverfälscht erhalten geblieben ist. Die Schönheit des Naturparadieses hat indes durch menschliche Eingriffe stark gelitten, und doch gibt es immer noch Plätze, wo nichts den Traum von Formosa stört, der gewebt ist aus satten tropischen Farben und der filigranen Architektur des alten China. Der Sonne-Mond-See in der geographischen Mitte der Insel ist ein solcher Ort. Hier ist jene malerische Einheit zwischen Natur und Kultur erhalten, die für die alten buddhistischen »Inszenierungen« typisch ist, die natürliches Wachstum und Baukunst zu verbinden wußten zu Orten der Meditation. Die Taroko-Schlucht im Zentralgebirge bietet ein vergleichbares Bild in der Komposition aus Felsen, Vegetation und menschlicher Gestaltung: Zahlreiche Wasserfälle stürzen über die Bergkämme in die Schlucht, Marmorbrücken und der »Schrein des ewigen Frühlings« erhöhen den Zauber dieser scheinbar unberührten Naturlandschaft. Proszenien, in denen sich Natur und Kultur zur Feier der Weltordnung Buddhas einen: auch das ist das nach Taiwan gerettete Altchina, und es ist die Sprache des südostasiatischen Raumes, die im Abendland nichts Vergleichbares hat.

Taiwan bedeutet Terrassenland
Taiwan liegt am Westrand des pazifischen Tiefseegrabens an der Nahtstelle des Ryukyu- und des philippinischen Inselbogens. Zum Staatsgebiet der Inselrepublik gehören ebenfalls die vulkanischen Pescadores-Inseln in der nur 70 m tiefen Formosastraße sowie die Inseln Quemoy und Matsu unmittelbar vor dem chinesischen Festland.

Als Teil des jungen Faltengebirges, das den ostasiatischen Inselbogen aufbaut, erhebt sich auf Taiwan, gleichsam als Rückgrat der Insel, das vielfach gefaltete und zerbrochene Chungyanggebirge. Teils schwer zugänglich und von tropischem Regenwald überwuchert, sind in den höheren Gebirgslagen – mehr als 60 Gipfel übersteigen 3000 m – deutliche Spuren einer eiszeitlichen Vergletscherung vorhanden. Nach Osten fällt der mittlere Gebirgsabschnitt steil zur Taitosenke ab, die durch das vulkanische Küstengebirge in einer atemberaubenden Abbruchkante bis zu 1000 m schroff vom Pazifischen Ozean getrennt wird. Die westliche Gebirgsabdachung ist nicht so spektakulär. Und wenn die »Ilha Formosa« heute »Taiwan« heißt, so findet man hier die Begründung, denn die Übersetzung aus dem Chinesischen bedeutet »Terrassenland«– und über ein terrassenförmiges Berg- und Hügelland neigt sich die Insel vom Zentralgebirge bis zu der flachen, fruchtbaren und von weiten Wattflächen, Haffs und Nehrungen gesäumten Küstenebene.

Das Klima auf Taiwan ist sehr niederschlagsreich und in den Nehrungen subtropisch warm. Da die Insel im Einflußbereich des jahreszeitlich wechselnden Monsuns liegt und das Zentralgebirge als Klimascheide wirkt, sind die klimatischen Bedingungen regional sehr unterschiedlich. In den Sommermonaten, wenn der Süden des Landes sein Niederschlagsmaximum erreicht und die Luftfeuchtigkeit bis auf 80 % ansteigt, wird die Insel häufig von Taifunen heimgesucht.

Tradition und moderner Industriestaat
Komplizierte Bewässerungssysteme und intensive Düngung treiben die Reisfelder in Terrassen die Berge hinauf, und wenn auch der flache Küstensaum bevorzugtes Siedlungsgebiet ist und das unwegsame Gebirge einsam bleibt, so stimmt dieses traditionelle Siedlungsmuster nur noch zum Teil: Wo immer Agrartechnologie Anbau noch möglich macht, findet er statt; wo immer Infrastruktur Industriegebiet noch erschließt, wird betoniert.

Zwar finden die etwa 400 000 Ureinwohner der Insel, die als Malay-Polynesier ihre vorzeitlichen Lebensgewohnheiten – Sammelwirtschaft, Jagd, Hackbau – nie ganz aufgegeben haben, noch Fluchträume immer weiter zurückgezogen in den Gebirgen, aber im ganzen gelten auch auf Taiwan nicht Geographie und alte Bevölkerungsmuster als prägende Elemente, sondern wie in jedem modernen Industriestaat regelt das Erwerbsleben den Alltag miteinander. Schließlich sind die Taiwanesen in erster Linie Chinesen, und zwischen den Einwohnern, Einwanderern und Flüchtlingen schafft gemeinsamer Erwerb mit relativem Wohlstand auch relativen Frieden. Der relative Friede entspringt zum Teil der gemeinsamen buddhistischen Religion; der relative Wohlstand schafft soziale Ruhe und ist statistisch dokumentiert durch die hohe Zahl privater Versicherungsabschlüsse: Wer Leben und Hausstand versichert, hat die existentiellen Sorgen schon hinter sich. Taiwans Bevölkerung spalten nicht wie in vielen Ländern Indochinas historische Risse und ideologische Grenzen, sondern eher kapitalistische Interessenkonflikte, ökologische Diskussionen oder der nachbarliche Wettkampf um das größere Haus, das schnellere Auto. Doch parallel zur Organisation als liberaler Wirtschaftsstaat ist in taiwanischen Bräuchen – selbst der Manager – altchinesische Tradition lebendig und mildert der Buddhismus die schneidenden Konturen der Wirtschafts- oder Karrierekämpfe.

Und fernab der ausgedehnten Industriezonen und der Regionen organisierten Tourismus findet man auf Taiwan in den Bergen immer noch Reste unberührter Regenwälder und sogar noch Strände, die unverdorben blieben – so gibt es auf Taiwan von allem etwas, aber von nichts das Ganze: ein bißchen Natur, ein bißchen Altchina, konfuzianische Tugend versus kapitalistische Moral.

TAIWAN

Die Taroko-Schlucht *(ganz links)*, eine wildromantische Gebirgsschlucht im Zentralgebirge, zählt zu den großartigsten Landschaften Taiwans. An einem kleinen Wasserfall liegt der buddhistische »Schrein des ewigen Frühlings«.

Ein Ami-Bauer *(links)* in seinem reifen Reisfeld in der Nähe von Hualien an der Ostküste Taiwans. Die Ami gehören noch zur Urbevölkerung der Insel, deren prozentualer Anteil an der Gesamtbevölkerung des Landes jedoch ständig zurückgeht.

Qualitätsprüfung *(unten links)* in einer Motorradfabrik. Ausländische Finanzmittel halfen in den 50er Jahren, Taiwans industrielles Wachstum zu fördern. Die Stärke der Wirtschaft ging erst Ende der 90er Jahre etwas zurück.

Elektronische Geräte *(unten)*, wie diese Stereoanlagen in einem Geschäft in Taipeh, zählen zusammen mit Textilien, besonders Kleidung, Plastikartikeln aller Art sowie Agrarprodukten zu den wichtigsten Ausfuhrprodukten der Inselrepublik.

In der modernen Millionenmetropole Taipeh gibt es außer Kinos und Fast-Food-Restaurants *(oben)* noch viele andere Freizeitangebote, die sich an westlichen Vorbildern orientieren und bei den jungen Taiwanesen beliebt sind. Ausländische Besucher, die nach Taipeh kommen, werden aber eher die landestypischen kleinen Freiluft-Restaurants und duftenden Garküchen vorziehen, um in fernöstlicher Atmosphäre die schmackhaften und würzigen Speisen der südwestchinesischen Küche zu probieren.

1383

TAIWAN: GESCHICHTE

»Ilha Formosa«, die schöne Insel, so tauften die portugiesischen Entdecker 1590 jene Insel vor der chinesischen Festlandsküste, die seit Ende des Zweiten Weltkriegs unter ihrem amtlichen chinesischen Namen Taiwan wiederholt in den Mittelpunkt des Weltinteresses gerückt ist. Nur eine 150 km breite Meeresstraße trennt die fast 22 Millionen Inselbewohner von ihren Landsleuten auf dem chinesischen Festland. Doch dort herrschen Präsidium und Partei der Volksrepublik China, während in Taipeh, der Hauptstadt der nationalchinesischen Inselrepublik, bis heute der Anspruch aufrechterhalten wird, das wahre China zu repräsentieren. Zum Teil scheint dieser Anspruch gerechtfertigt, denn schnell gewinnt man in Taipeh den Eindruck, daß das alte China hier seine Hauptstadt gefunden habe und Taiwan Siegelbewahrerin seiner Kultur ebenso wie seiner alltäglichen Sitten geblieben ist. Im Lungshan-Tempel – dem ältesten und kunsthistorisch wertvollsten Buddhistentempel – zelebrieren die Menschen buddhistische Rituale, opfern Räucherstäbchen und befragen die Wurforakel der Mönche. Das quirlige Treiben auf dem Nachtmarkt Taipehs und die exotischen Angebote aus seinen brodelnden Garküchen, die Schlangenbeschwörer auf den Plätzen und das lärmige Geschäftsleben in den Straßen zeigen ein temperamentvolleres und bunteres China als das des kommunistischen Kader-Drills. Das Nationale Historische Museum verfügt über die größte und bedeutendste Kunstsammlung ganz Chinas: Die meisten dieser Schätze haben die vor Mao flüchtenden Nationalchinesen mitgebracht.

Geschichte

Ursprünglich lebte auf der Insel Taiwan eine malaiisch-polynesische Bevölkerung, die seit dem 13. Jahrhundert von einwandernden Festlandchinesen allmählich in die abgeschiedenen Bergregionen zurückgedrängt wurde. 1590 entdeckten Portugiesen die unter chinesischer Oberhoheit stehende Insel. Vom Ruf der »Schönen Insel« angelockt, errichteten Holländer und Spanier umfangreiche Festungsanlagen. Die Holländer, die sich schließlich gegenüber den Spaniern erfolgreich auf Taiwan behaupteten, bauten es zu ihrem Handelszentrum in Ostasien aus. Doch 1662 gelang es, mit Hilfe der Restarmee der Ming-Dynastie unter dem heute noch als Nationalheld verehrten General Zheng Chenggong (portugiesisch: Koxinga), die Holländer zu vertreiben. 1683 wurde Taiwan Teil des Mandschu-Reiches und verlor als Provinz Festlandchinas seine Eigenständigkeit.

Aufgrund des verlorenen ersten Chinesisch-Japanischen Krieges mußte China Taiwan 1895 an Japan abtreten, das die Insel im Friedensvertrag von Shimonoseki völkerrechtlich zugesprochen bekam. Gleichermaßen mußte Japan – nach seiner Niederlage im Zweiten Weltkrieg 1945 – die Kolonie an das inzwischen Republik gewordene China zurückgeben.

»Die wahre Republik China«

1949 wurde Taiwan zur neuen Heimat für zwei Millionen Nationalchinesen. Es waren Anhänger der Guomindang-Regierung unter Chiang Kai-shek (1887–1975), die vor der Roten Armee Mao Zedongs vom Festland auf die Insel flüchteten. Chiang Kai-shek und der mit ihm geflohene Apparat von Verwaltung und Militär übernahmen die Regierung der Insel und erklärten Taiwan zur völkerrechtlich allein legitimierten Vertretung ganz Chinas.

Die nichtkommunistische Welt akzeptierte diesen Anspruch zunächst und unterstützte ihn mit Wirtschafts- und Militärhilfe. Taiwan wurde zum Eckpfeiler des südostasiatischen Verteidigungssystems der USA. Doch im Zuge der weltpolitischen Veränderungen der 60er Jahre und mit der vorsichtigen Öffnung der Volksrepublik nach Westen wendete sich das Blatt. 1971 verlor Taiwan die Vertretung Chinas in den »Vereinten Nationen« an die Volksrepublik. 1979 erkannten die USA die Volksrepublik an. Sie brachen ihre diplomatischen Beziehungen zu Taiwan ab und kündigten das Verteidigungsabkommen, während jedoch die wirtschaftlichen Beziehungen weiter bestehen blieben. 1980 wurde das Land weiter isoliert und von der Mitarbeit im Internationalen Währungsfond und der Weltbank ausgeschlossen. Gegenüber der Volksrepublik hielt die Regierung in Taipeh an ihrer »Politik der drei Nein« (keine Verhandlungen, keine Kontakte, keine Kompromisse) weiter fest. Die Regierung in Peking verstärkte ihrerseits besonders nach dem britisch-chinesischen Abkommen von 1984 über Hongkong das Werben um Taiwan.

Im Innern wurden die Forderungen der taiwanesischen Bevölkerung nach politischer Mit-

Kunstvoll geschnitzte Säulen und farbige Lampen schmücken die Veranda eines Tempels (oben) in Taipeh. Heutzutage dient dieser Vorhof auch als Abstellplatz für die Fahrräder der Tempelbesucher.

Chiang Kai-shek

Chiang Kai-shek (rechts) führte ab 1949 die chinesische Nationalregierung auf Taiwan. Chiang wurde 1918 Mitglied in Sun Yatsens Guomindang (Nationalpartei) und leitete die Militärakademie von Whampoa. 1926 übernahm er das Kommando über die Nationalarmee und begann mit kommunistischer Unterstützung einen Feldzug zur Vereinigung Chinas. Er eroberte Mittel- und Nordchina, wendete sich jedoch bald gegen die Kommunisten. 1928 gründete er in Nanjing eine Nationalregierung. Bis 1937 bemühte sich Chiang, Chinas Wirtschaft und Regierung zu reformieren. Die japanische Invasion in China zwang die Nationalisten und Kommunisten, gemeinsam Front zu machen. Nach Ende des Chinesisch-Japanischen Krieges begann der Endkampf zwischen beiden Parteien. Ende 1949 floh Chiang nach Taiwan, wo er 1975 starb.

Der Festlandchinese Chiang Kai-shek (oben), er stammt aus der Provinz Zhejiang, war von 1949 bis zu seinem Tod im Jahre 1975 Staatsoberhaupt von Taiwan.

Reklameschilder beherrschen die Straßen *(oben rechts)* von Taipeh, der Inselhauptstadt, und zeigen die Abhängigkeit des Landes vom Handel. Taiwan bewahrt jedoch auch seine traditionelle chinesische Kultur.

Farbenfroh gekleidete Tänzer *(rechts)* feiern das Erntedankfest der Ami von Hualien. Die Ami, die als Bergbauern im östlichen Gebirge leben, sind die Nachfahren von Taiwans Urbevölkerung.

Der Bürgerkrieg in China *(links)* machte Chiang Kai-shek und seine Nationalarmee zu Gegnern von Mao Zedongs Kommunisten. Nach dem Langen Marsch (1934–35) gründeten die Kommunisten Stützpunkte in Nordchina, während Chiang den Süden hielt. Beide Seiten kämpften während des Zweiten Weltkriegs gegen die Japaner. Nach 1945 rückten die Kommunisten nach und nach gen Süden, bis Chiang Kai-shek und die Guomindang-Regierung sich 1949 gezwungen sahen, nach Taiwan zu fliehen.

sprache, politischen Reformen und weitgehender Demokratisierung immer lauter. Es regte sich Widerstand gegen die Alleinherrschaft der Guomindang-Festlandchinesen. Erst Präsident Chiang Ching-kuo (1910–1988), Sohn und Nachfolger Chiang Kai-sheks, leitete in seinem letzten Amtsjahr eine behutsame innenpolitische Liberalisierung ein. Doch seitdem wuchs das Selbstbewußtsein der Bewohner, die in zunehmendem Maße für einen Verzicht auf eine chinesische Wiedervereinigung zugunsten der eigenen politischen Unabhängigkeit eintreten, was allerdings nach wie vor nicht der offiziellen Regierungslinie entspricht. Mit Lee Teng-hui (* 1923) amtierte ab 1988 erstmals ein gebürtiger »Taiwanese« als Staatspräsident. Er ließ 1991 die ersten direkten und freien Wahlen zur Nationalversammlung seit 1947 zu und wurde 1996 in der ersten direkten Volkswahl im Amt bestätigt. Bei den Präsidentschaftswahlen im März 2000 wurde Chen Shui-bian (* 1951), Kandidat der oppositionellen Demokratischen Fortschrittspartei, neuer Staatspräsident. Damit endete die seit mehr als 50 Jahren währende Herrschaft der Guomindang.

TANSANIA

Kilimandscharo – das bedeutet »Der Berg des Bösen Geistes«. Doch der Name täuscht, denn der böse Geist, der in der Geschichte und Gegenwart Ostafrikas immer wieder Unruhe und Not stiftet, ist in Tansania gezähmt. Treffender ist der Name der ehemaligen Hauptstadt Dar es Salaam – »Tor zum Frieden«, denn auf dem Kontinent, der von politischen Krisen, blutigen Stammesfehden, Menschenrechtsverletzungen und Hunger heimgesucht wird, zeigt Tansania die andere Seite Afrikas, nimmt das Gesicht Afrikas maßvolleren Ausdruck. Dies gilt auch für den Charakter seiner Menschen, von denen der langjährige Präsident Nyerere einmal sagte, daß sie lieber miteinander reden und trinken würden anstatt sich gegenseitig in Stammeskriegen zu verfolgen – es gilt aber vor allem auch für die Natur des Landes.

Die beeindruckende Landschaft des Hochlands läßt die gängigen Klischeebilder Ostafrikas Gestalt annehmen: Das von Menschenhand nicht kultivierte Land öffnet sich dem Betrachter in unermeßlicher Weite. Das Auge verliert sich am Horizont des tief gewölbten Himmels und kann nur festmachen am mächtigen Schattenriß der Akazienschirme. Ein nicht enden wollendes Land, das nur seinen Tieren gehört und eine friedvolle Stille atmet – als habe die Schöpfung gerade erst begonnen.

Das Land der unendlichen Weiten

Tansania, der größte Staat Ostafrikas, erstreckt sich vom Indischen Ozean über 1100 km landeinwärts bis zum Ostafrikanischen Seenhochland. Das Hochland nimmt den größten Teil von Tansania ein. Unendliche Trockensavannen ziehen sich in einer durchschnittlichen Höhe von 1200 m über die flache bis leichtgewellte Hochebene. Im Westen wird es vom Zentralafrikanischen Graben mit dem langgestreckten Tanganjikasee begrenzt und im Osten von dem weniger deutlich ausgeprägten Ostafrikanischen Graben durchzogen und so in einen westlichen und einen östlichen Hochlandblock gegliedert. Lichter Trockenwald, im mittleren Teil von versumpften Senken unterbrochen, bedeckt weithin diese äußerst eintönige Rumpffläche. Der Süden des östlichen Binnenhochlandes – das Iringaplateau – wird von Nebelwald und Feuchtsavanne bedeckt, die nach Osten in Dornbuschsavanne übergeht. Nach Norden senkt sie sich sanft zum Victoriasee ab. An der Grenze zu Kenia erhebt sich aus dem alten Vulkanmassiv der von drei Gipfeln gekrönte Kilimandscharo, dessen leuchtende Eishaube weithin sichtbar ist. Er ist die touristische Hauptattraktion Tansanias. Im Gegensatz zum Massentourismus Kenias mit all seinen negativen Begleiterscheinungen ist Tansania touristisch noch weitgehend unerschlossen. Die Anreise zum höchsten Berg Afrikas organisiert man am besten von der unmittelbar südlich gelegenen Stadt Moshi aus. Die Besteigung des Gipfels, die selbst Ungeübten möglich ist, verspricht ein einmaliges, unvergeßliches

TANSANIA

Erlebnis. Starkes Interesse können auch die zwölf Nationalparks und die siebzehn Wildreservate (Game Reserves), die fast ein Sechstel der gesamten Landesfläche einnehmen, für sich verbuchen. Wenn auch der Safari-Tourismus in Tansania, allein bedingt durch den Straßenzustand, weniger bequem ist als in Kenia und die Unterkünfte in den Nationalparks oft in einem recht bescheidenen Zustand sind, so machen doch Artenvielfalt und Landschaft die Parks zu den schönsten Ostafrikas. Es fällt schwer, aus der Fülle des Angebots einige besonders herauszustellen. Die endlosen Savannen der Serengeti sind durch die von Bernhard Grzimek initiierte Kampagne »Serengeti darf nicht sterben« weltweit bekannt geworden. Im größten Reservat, dem Selous-Wildreservat, dessen nördlicher Teil touristisch erschlossen ist, leben Elefanten, Büffel, Kuh- und Säbelantilopen, Nashörner, Giraffen, Löwen, Zebras und viele andere Tiere.

Die intensiven, mit hohen Kosten verbundenen Bemühungen der Regierung, Natur und Tierwelt zu schützen, verdienen den Respekt der Besucher. Es wird sich aber zeigen müssen, ob der angestrebte Ausbau des Safari-Tourismus ohne negative ökologische und soziale Folgen zu bewerkstelligen ist.

Die fruchtbare Küstenregion

Die Hochebene fällt zum Flachland an der Küste des Indischen Ozeans ab, das im Hinterland von Tanga als nur 50 km breiter Streifen beginnt und sich nach Süden auf etwa 400 km Breite ausdehnt. Weite Kokos-, Cashew- und Sisal-Plantagen prägen das Bild der landschaftlich intensiv genutzten Region. Viele kleine Dörfer leben vom Fischfang. Auch die größeren Städte liegen an der Küste. Zwar ist Dodoma im Landesinneren an der alten Karawanen- und Sklavenhandelsroute die offizielle Hauptstadt des Landes, doch mit seiner deutschen Kolonialarchitektur wirkt es gegenüber der Hafen-Metropole Dar es Salaam eher verschlafen. Neben wenigen kolonialen Relikten zeigt »Dar«-City die eher nüchterne Architektur einer modernen Handels- und Industriestadt. Die Atmosphäre um den Kariakoo-Markt mutet jedoch exotisch an und sehr afrikanisch durch die typischen Suaheli-Häuser in rechteckiger Lehmbauweise und mit den Dächern aus Palmstroh oder Wellblech.

Unmittelbar vor der Küste liegt die Insel Sansibar, die aus leicht gehobenen Korallenkalken aufgebaut ist. Dort wird ebenso wie auf der benachbarten Koralleninsel Pemba das arabische Erbe bewahrt, das in den engen Gassen der Altstadt, dem orientalischen Schmuck der Häuser und den Ruinen der Paläste sichtbar wird. Lichte Palmenwälder, verträumte Dörfer und Strände, die nur den Fischern gehören – all dies überlagert vom Duft der Gewürznelken – versetzen den Besucher in eine längst vergangene Zeit.

TANSANIA: DER STAAT

Die Vereinigte Republik Tansania (links) wurde 1964 gegründet, als sich das zuvor britische Tanganyika auf dem östlichen afrikanischen Festland mit der vorgelagerten Inselgruppe Sansibar zusammenschloß. Die Wirtschaft des Landes wird heute weitgehend von landwirtschaftlichem Anbau und Viehzucht bestimmt.

Daten und Fakten

DAS LAND
Offizieller Name: Vereinigte Republik Tansania
Hauptstadt: Dodoma
Regierungssitz: Dar es Salaam
Fläche: 883 749 km²
Landesnatur: Zwischen dem Zentralafrikan. Graben im W und dem Ostafrikan. Graben im Zentrum liegt das Hochbecken von Unyamwesi mit dem Victoriasee, im O Küstentiefland mit vorgelagerten Koralleninseln
Klima: Tropisches Klima

Hauptflüsse: Ruvuma, Rufiji, Ugalla, Pangani
Höchster Punkt: Kilimandscharo 5892 m
DER STAAT
Regierungsform: Föderative präsidiale Republik
Staatsoberhaupt: Staatspräsident
Regierungschef: Premierminister
Verwaltung: 25 Regionen
Parlament: Nationalversammlung mit 232 für 5 Jahre gewählten Mitgliedern; zusätzlich eigenes Parlament mit 75 Mitgliedern für Sansibar und Pemba
Nationalfeiertag: 26. April

DIE MENSCHEN
Einwohner (Ew.): 32 793 000 (1999)
Bevölkerungsdichte: 37 Ew./km²
Stadtbevölkerung: 28 %
Bevölkerung unter 15 Jahren: 45 %
Analphabetenquote: 25 %
Sprache: Kisuaheli, Englisch
Religion: Moslems 35 %, Katholiken 32 %, Protestanten 13 %
DIE WIRTSCHAFT
Währung: Tansania-Shilling
Bruttosozialprodukt (BSP): 6747 Mio. US-$ (1998)
BSP je Einwohner: 210 US-$

TANSANIA

Der Kilimandscharo *(oben)* im Norden von Tansania überragt eines der vielen Wildreservate, die mit den Nationalparks ein Sechstel des Landes einnehmen.

Die überlieferte Geschichte Tansanias beginnt mit der Besiedlung der Küsten und ihrer vorgelagerten Inseln durch Araber und Perser, die dort Handelsniederlassungen gründeten. Die Araber trieben von dort aus Handel mit den schwarzafrikanischen Stämmen im Binnenland, die bereits über hochentwickelte Techniken der Eisenverarbeitung verfügten. Die schriftlichen Hinterlassenschaften – in Suaheli abgefaßte Gedichte und Epen – zeugen von einer hochentwickelten Kultur. Im Überseehandel mit Indien wurde das feine afrikanische Elfenbein gegen Baumwoll- und Seidenstoffe getauscht. Zu Beginn des 16. Jahrhunderts besetzten die Portugiesen das blühende Handelsreich der Orientalen. Mitte des 17. Jahrhunderts gelang es dem Sultanat von Oman, die Portugiesen zurückzudrängen und den eigenen Herrschaftsbereich an der ostafrikanischen Küste auszudehnen. Um 1830 verlegte Sultan Sayyid Said (1806–1856) sogar seinen Hof von Maskat nach Sansibar und errichtete eine Stadt, deren alte Viertel noch heute vergessen lassen, daß dieses Stück Altarabien geographisch zu Schwarzafrika gehört.

Um Festland und Inseln stritten sich Ende des 19. Jahrhunderts Deutschland und Großbritannien. Mit zweifelhaften »Verträgen« und militärischen Mitteln übernahm schließlich das Deutsche Reich das Festlandterritorium des heutigen Tansania als Kolonie. Sansibar hingegen gelangte durch einen Tauschhandel mit der in britischem Besitz befindlichen Nordseeinsel Helgoland zum britischen Empire. Die deutsche Kolonialmacht begann mit der technischen und wirtschaftlichen Erschließung der neuen Kolonie. Der Bau von Eisenbahnen und Straßen bildete die Grundlage einer Infrastruktur zum Transport der auf den Plantagen geernteten Waren. Das Ende des Ersten Weltkrieges beendete Deutschlands überseeische Herrschaft: Als Völkerbundmandat fiel das damals Tanganyika genannte Festland an Großbritannien.

Unter Führung von Julius Nyerere (1922 bis 1999) entstand 1954 die »Tanganyika African National Union« (TANU) als erste afrikanische Massenpartei. Da die Briten den Unabhängigkeitsbestrebungen keinen ernsthaften Widerstand entgegensetzten, erhielt das Festland 1961 seine volle völkerrechtliche Souveränität, die 1963 auch der Sultan von Sansibar, dessen Herrschaft auch zu Zeiten der britischen Kolonialverwaltung angedauert hatte, reklamieren konnte. Ein Jahr später schlossen sich Tanganyika und Sansibar, silbenmäßig vereint unter dem neuen Namen Tansania, unter der Präsidentschaft Nyereres zu einer Republik zusammen.

Obwohl beide Landesteile auch nach dem Zusammenschluß weitgehend autonom blieben, wurden die Gründerjahre von tiefgreifenden inneren Konflikten überschattet, nicht zuletzt als Folge ihrer unterschiedlichen kulturhistorischen Erbschaften. Während die Insel Sansibar nach einer Revolte der schwarzafrikanischen Bevölkerung gegen die arabische Oberschicht unter der Führung von Abeid Amani Karume (1905–1972) in autokratischer Weise und mit Hilfe eines Revolutionsrates regiert wurde, fanden auf dem Festland im Jahr 1965 zum ersten Mal in einem afrikanischen Einparteienstaat demokratische Wahlen statt.

Der »Ujamaa-Sozialismus«

Ohne Festlegung auf Ost und West, deren Unterstützung als Hilfe zur Selbsthilfe verstanden wird, entwickelte Staatspräsident Nyerere einen auf sein Land zugeschnittenen Sozialismus, der in der »Deklaration von Arusha« 1967 festgelegt wurde. Den Schwerpunkt bildete neben der Verstaatlichung von Banken und anderen Wirtschaftsunternehmen die Umstrukturierung der kleinbäuerlichen Selbstversorgung in genossenschaftlich organisierte Dörfer mit Schulen und Gesundheitszentren, um die auf- und ausgebaute soziale Infrastruktur effektiver greifen zu lassen. Die Durchsetzung des Programms »Ujamaa«, der Brüderlichkeit und des Miteinanders, erfolgte nicht ohne Zwang und konnte mit Korruption und bürokratischer Wirrnis die Kinderkrankheiten des Sozialismus nicht überwinden. Doch trotz aller Mißwirtschaft war der spezifisch afrikanische »Ujamaa«-Sozialismus ein beachtenswerter Weg, denn innerer Friede, Sicherheit vor Hunger und Seuchen, Verminderung des Analphabetentums, respektierte Rechte und menschenrechtliches Engagement zeichneten Tansania vor seinen Nachbarstaaten aus.

Ein gutes Zeugnis von dem Zustand der politischen Kultur war der 1985 friedlich vollzogene Regierungswechsel von Nyerere an Ali Hasan Mwinyi (* 1925). Seit 1995 ist Benjamin William Mkapa Staatspräsident.

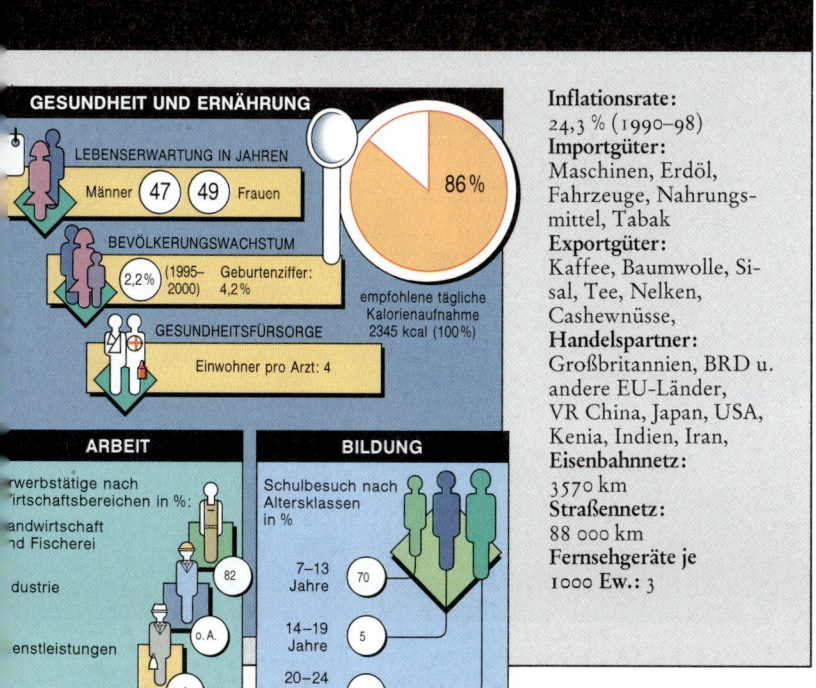

TANSANIA: DAS LAND

Zwar gehört Tansania zu den ärmsten Entwicklungsländern der Welt, doch leidet es nicht unter den inneren Spannungen und sozialen Problemen, von denen sowohl Geschichte wie unmittelbare Gegenwart seiner Nachbarländer in hohem Maße geprägt sind. So sind zum Beispiel die tribalistischen Risse durch die Gesellschaft in Tansania weniger ausgeprägt, denn unter seinen rund 120 verschiedenen Stämmen, die alle das Suaheli als gemeinsame Verkehrs- und Amtssprache angenommen haben, hat sich kein dauerhaft dominierender Stamm herauskristallisiert.

Die Mehrheit der Stämme gehört zur Sprachengruppe der Bantu, zahlenmäßig am stärksten sind die Nyamwezi und Sukuma, Suaheli, Hebet und Bena, Haya und Makonde. Die einst gefürchteten Massai-Krieger gehören zur Völkergruppe der Niloten. Arabische und indische Volksgruppen sind vor allem an der Küste und auf Sansibar und Pemba anzutreffen. Zahlenmäßig gering, spielen sie doch in der Wirtschaft eine bedeutende Rolle. Ihre Vorfahren, orientalische Händler und asiatische Arbeitskräfte, haben ihr religiöses Erbe in den Jahrhunderten, in denen sie das Land prägten, hinterlassen. Immerhin ist der Islam mit 35 % stark vertreten; mehr Menschen (45 %) gehören nur den christlichen Religionen an. Aber auch die alten Naturreligionen der schwarzafrikanischen Binnenvölker haben ihren Platz in der toleranten multikonfessionellen Gesellschaft Tansanias.

Dem raschen Anwachsen der Bevölkerung tritt die Regierung seit Mitte der 80er Jahre mit Familienplanungsprogrammen sowie mit einer besseren medizinischen Versorgung von Müttern und Kindern entgegen. Knapp drei Viertel der Bevölkerung lebt auf dem Land. Bis jetzt ist es der Regierung einigermaßen gelungen, die für alle Entwicklungsländer charakteristische Landflucht einzudämmen. Um die größeren Städte herum haben sich trotz ansteigender Einwohnerzahlen bis jetzt noch keine Elendsgürtel gebildet. Dies mag ein Erfolg des »Ujamaa«-Sozialismus sein, der der ländlichen Bevölkerung in den Zentren kooperativer Landwirtschaft menschenwürdige Lebensbedingungen schafft. Zwar sind die Verhältnisse auch dort einfach, aber es gibt Krankenstationen und ein gut ausgebautes Schulwesen, das die Analphabetenquote merklich senken konnte.

Wirtschaft

Der soziale Erfolg des »Ujamaa«-Sozialismus findet auf wirtschaftlicher Seite keine Entsprechung. Die Wirtschaftsstruktur des Landes ist seit der Unabhängigkeit im wesentlichen unverändert geblieben. Immer noch bildet die Landwirtschaft die Wirtschaftsgrundlage. Dies entspricht dem eingeschlagenen Weg der »self reliance«, d.h. einer Politik, die sich auf die eigenen Kräfte und Ressourcen stützen will. Die Anbauflächen für die landwirtschaftlichen Exportprodukte verteilen sich über das ganze Land: In Teilen des Hochlands werden Kaffee- und Teesträucher angepflanzt, der Anbau von Cashew- und Kokosnüssen sowie Sisal konzentriert sich auf die Küstenregion, während Baumwoll- und Tabakplantagen im Westen vorherrschen. Auf Sansibar und Pemba werden überwiegend Gewürznelken geerntet.

Klimatisch bedingte Mißernten, Verfall der Weltmarktpreise für die Agrarprodukte, niedrige Exporterlöse, der starke Preisanstieg für Erdöl sowie der finanziell sehr aufwendige Krieg mit Uganda brachten das Land Anfang der 80er Jahre in eine prekäre wirtschaftliche Lage. Neben diese äußeren Faktoren trat eine verfehlte Wirtschaftspolitik. Die mit hohen Investitionssummen betriebene Gründung von Industriebetrieben erwies sich angesichts mangelnder Ersatzteile und Rohstoffe als Planungsfehler, der durch unzureichendes Management noch verschärft wurde. Zudem konnte ohne

Ein Dorf auf Sansibar *(unten)* ist von üppiger Vegetation umgeben, ein Zeichen für warmes, humides Klima. Es begünstigt den Anbau von Gewürznelken, Kokosnüssen und weiteren Pflanzen, die ursprünglich aus Indien und Madagaskar stammen.

Schulkinder in der Dorfschule einer kirchlichen Gemeinschaft *(rechts)*. Auf dem Land leben die Menschen in genossenschaftlich organisierten Dörfern mit einem gut ausgebauten Schulsystem und recht guter Infrastruktur mit Gesundheitszentren.

TANSANIA

Kaufkraft kein Absatzmarkt für die produzierten Waren entstehen, und die versäumten, dringend notwendigen Investitionen für den Ausbau der Infrastruktur führten zum Zusammenbruch des Transportwesens. Noch heute ist ein Großteil der Straßen während der Regenzeit nicht befahrbar, und die Hafenanlagen von Tanga und Dar es Salaam eignen sich eher für die alt-ehrwürdigen Dhau-Segler als für moderne Containerschiffe.

Da die Bauern in den »Ujamaa-Dörfern«, denen die festgesetzten Preise für ihre Produkte zu niedrig waren, es vorzogen, entweder zur Subsistenzwirtschaft zurückzukehren oder ihre Waren außer Landes zu schmuggeln beziehungsweise auf dem Schwarzmarkt feilzubieten, mußte die Regierung Mitte der 80er Jahre einen entschiedenen Kurswechsel in ihrer Wirtschaftspolitik einleiten. Die Liberalisierungsmaßnahmen der Regierung zielen auf eine Belebung der Privatwirtschaft und auf die Ansiedlung von ausländischen Investoren.

Ein Hauptproblem Tansanias, der chronische Devisenmangel, der auch durch die Förderung des Fremdenverkehrs nicht ausgeglichen werden konnte, wurde durch Kredite der Weltbank und des Internationalen Währungsfonds vorübergehend gemildert. Damit hat sich ein zentrales Ziel des »Ujamaa«-Sozialismus – die Erlangung der ökonomischen Unabhängigkeit – allerdings nicht erfüllt.

Die Bevölkerung Sansibars *(unten)* kann auf eine lange Geschichte zurückblicken. Der islamische Glaube und die arabische Kultur sind auf die Lage der Insel an den Handelsrouten zwischen Afrika und Arabien zurückzuführen.

Ein Markt in Nordtansania *(rechts)* ist Treffpunkt für die ländliche Bevölkerung der Umgebung. Die Lebensbedingungen sind hart – oft gibt es Dürren, die Böden sind karg, und die Tsetsefliege, die die Schlafkrankheit überträgt, wird zur Plage.

TANSANIA: SERENGETI-NATIONALPARK

Die ersten Europäer, die Serengeti besuchten, waren angesichts der riesigen Weite des wogenden Graslands – »ein Meer von Gras, Gras, Gras, Gras und Gras«, wie einer von ihnen bemerkte – und der Ansammlung von Herden weidender Tiere beeindruckt. »Nie zuvor habe ich etwas ähnliches wie diesen Wildbestand gesehen,« schrieb der Jäger S. White 1915.

Heute, wo es nur noch wenige Landstriche gibt, die vom Menschen unberührt sind, und wo die riesigen Herden wilder Tiere fast vom Erdboden verschwunden sind, bietet der Serengeti-Nationalpark immer noch das gleiche wunderbare Schauspiel. Dank der Arbeit der Naturschützer wird er als einer der wichtigsten Nationalparks Afrikas bewahrt, und Touristen können sich immer noch vom Anblick der riesigen wildlebenden Herden begeistern lassen.

Die großen Wanderungen

Der Serengeti-Nationalpark beeindruckt nicht nur durch seine große Zahl wildlebender Tiere, sondern auch durch die enorme Vielfalt der Tierarten. Zu ihnen gehören Löwen und Elefanten, Stachelschweine und Schuppentiere, Kronenkraniche und Sattelstörche. Doch vor allem fasziniert die hier alljährlich stattfindende Massenwanderung der Herden, eines der beeindruckendsten Schauspiele von Tieren in freier Wildbahn.

In den inneren grasbedeckten Ebenen gibt es nicht ständig Wasser, und so kann sich der enorme Wildbestand nur während der feuchten Jahreszeit von November bis Mai dort aufhalten. Dann grasen hier über 1 Million Weißbartgnus, bis zu 100 000 Thomson-Gazellen und 100 000 Zebras. Sie finden reichlich Gras und Wasser an den Wasserstellen, Suhlen und Flüssen.

In der Trockenzeit von Juni bis Oktober verwandeln sich die Ebenen jedoch in ein ausgedörrtes Ödland. Im Mai oder Juni, wenn Wasser und Nahrung knapp werden, versammeln sich die Weißbartgnus, Zebras und Gazellen, um von der Savanne fortzuziehen. Die Wanderherde erstreckt sich über einige Kilometer, läßt den Boden erzittern und wirbelt riesige Staubwolken auf. Begleitet wird sie von verschiedenen Raubtieren, wie Löwen und Hyänen, die sich von den Nachzüglern ernähren. Vor ihr liegt eine dreitägige Wanderung nach Westen zum Victoriasee, dann geht es langsamer nach Norden. Viele tausend Tiere überschreiten die Grenze Kenias zum Massai-Mara-Wildreservat.

Während der Trockenzeit konzentriert sich der größte Teil des Wildbestands auf die nördliche Spitze des Serengeti-Nationalparks, und nur ein paar Tiere bleiben in den zentralen Ebenen, bis im Dezember schwere Regenfälle die Herden veranlassen, wieder nach Süden zu ziehen. Mit der Regenzeit erwachen die Ebenen wieder zu Leben, und neues Gras sprießt üppig hervor. Die Flüsse, die während der Trockenzeit keine Hindernisse darstellen, verwandeln sich nun in reißende Ströme. Doch der mächtige

Giraffen *(oben)* finden in der Serengeti einen geeigneten Lebensraum. Die einzige Gefahr für eine ausgewachsene Giraffe sind Löwen, ihre Jungen können jedoch auch von Leoparden angefallen werden.

Ein Kaffernadler *(rechts)* hat beim Flug über die riesige Weite der Serengeti mit seinen Krallen einen Klippschliefer gepackt. Die ständige Überwachung der Tierwelt gewährleistet das Überleben vieler Tierarten im Nationalpark.

Wilderei

In den 70er Jahren fielen ca. 85% der Elefanten der Serengeti vor allem wegen ihrer elfenbeinernen Stoßzähne den Wilderern zum Opfer. Viele befürchten, daß das vor kurzem durchgesetzte Verbot des Verkaufs von Elfenbein zu spät kommt.

Die Überwachung des Elefantenbestands war eines der ersten Naturschutzprobleme, die im Serengeti-Forschungsinstitut in Angriff genommen wurden. Das Institut wurde 1962 im Herzen des Parks als internationales Zentrum zum Studium der Ökologie und Naturschutzplanung gegründet. Mit Hilfe von Luftbildaufnahmen überwacht man Veränderungen der Umwelt als Ganzes und treibt detaillierte Studien über einzelne Tierarten, wie die Löwen, wobei zahlreiche Hilfsmittel, wie zum Beispiel Sender an Halsbändern, eingesetzt werden, um die Wanderungen der Tiere genau nachvollziehen zu können.

Von ihren sicheren Autos aus beobachten Touristen ein Rudel Löwen *(links)*. Diese fleischfressenden Raubtiere greifen häufig die Nachzügler riesiger Herden von Weißbartgnus *(oben)* an, wenn diese bei ihrer saisonalen Wanderung zum Victoriasee die Serengeti durchqueren.

Wandertrieb zwingt die Tiere trotzdem, die Flüsse zu durchqueren. Viele Tiere ertrinken dabei und sind eine willkommene Beute für Krokodile und Aasfresser.

Die Rettung der Serengeti

Um den Erhalt dieses Wanderungsgebietes mußte hart gekämpft werden. Der Schutz des Gebietes stand dabei an erster Stelle. 1940, als Serengeti zum Nationalpark erklärt wurde, schlossen seine Grenzen die Wanderrouten nicht vollständig ein. Im Park war die Jagd zwar verboten, sobald die wandernden Herden jedoch die Grenzen des Parks überschritten, stellte man ihnen heftig nach. Außerdem kollidierten die Bedürfnisse der wilden Tiere mit denen der vielen Farmer und ihren Viehherden, Mais- und Tabakfeldern. Jahrelang arbeiteten Naturschützer daran, den Park zu vergrößern, um das komplette Gebiet der Wanderungsbewegungen miteinschließen und die verschiedenen Savannen und Waldgebiete mitaufnehmen zu können.

Die weitverbreitete Wilderei ist seit der Gründung des Nationalparks ein großes Problem. Obwohl die Jagd in diesem Tierschutzgebiet verboten ist, lassen sich die Wilderer vom hohen finanziellen Erlös von Fleisch, Häuten und Luxusgütern wie Elfenbein und dem Horn des Rhinozeros verleiten.

Der Serengeti-Nationalpark *(links)* ist fast 15 000 km² groß und umfaßt eine Vielzahl von Ökosystemen. Durch die sorgfältige Hege und Pflege der Tiere können die Touristen die einzigartige Vielfalt der afrikanischen Tierwelt erleben.

THAILAND

THAILAND

Fast jeder Reisende mit Ziel Südostasien wird auf seinem Weg in Thailands Hauptstadt Bangkok landen. Ihr Flughafen ist die Drehscheibe für alle Ziele jener Region. Über fünf Millionen Einwohner pfercht die Stadt in ihrem fast endlosen Gewirr von Hochhäusern, thailändischen Holzbauten und rostigen Wellblechhütten der Slums zusammen.

Für die einen Endstation, für andere Ort des Aufbruches und wirtschaftliches Mekka, ist Bangkok, einst vielgepriesenes »Venedig des Ostens«, auf unnachahmliche Weise eine Stadt der Gegensätze. Hier werden die Geschäfte und die Politik gemacht, hier laufen die Fäden des blühenden Rauschgift- und Frauenhandels zusammen, hier glänzt als der Welt bestes Hotel das »Oriental« in üppiger kolonialer Architektur, während weiter flußaufwärts die Pfahlbauten der Ärmsten modern. Der Verkehrsinfarkt hat die Stadt längst heimgesucht, der Müllkollaps droht, die Luft ist tropisch-heiß, feucht und verpestet, und die schwimmenden Märkte auf Bangkoks zahllosen Kanälen schaukeln kaum mehr malerisch durch das brackige Wasser.

Aber Bangkok ist auch das Zentrum buddhistischer Tradition, und durch das hektische Treiben der modernen Weltstadt leuchten die hohen roten Tempeldächer, die einst die Silhouette der Stadt prägten. Klöster und Paläste zeugen in ihrer farbenprächtigen und filigranen Architektur von ältester Kultur, in deren traumschönen Gärten Meditation, Mönchsritual oder monarchisches Zeremoniell auch heute ihre idealtypische Kulisse finden. Hier finden auch die weitverbreiteten Vorstellungen vom alten Siam ihre Bestätigung, jener fernöstlichen Märchenatmosphäre mit farbenprächtigen Palästen, anmutigen Frauen und einzigartiger Tropenlandschaft. Der undurchdringliche Regenwald, der einst weite Teile des Landes bedeckte, die Millionen Baumriesen, von Schlingpflanzen umflochten und von Orchideen gekrönt, ist jedoch vom Raubbau bedroht. Tiger, Leoparden und Krokodile sind schon seit langem der Jagdleidenschaft zum Opfer gefallen oder nur noch in unberührten Reservaten aufzufinden. Die malerischen Tropenstrände mit den vorgelagerten grandiosen Riffen wurden stellenweise bereits durch einen blindwütigen Tourismus verdorben. Das 20. Jahrhundert hat seine Spuren hinterlassen, das gilt in gleicher Weise für das Land und seine Städte wie für seine Menschen. Doch noch trotzen älteste Kulturstätten der Überfremdung durch westlichen Übermut, noch ist der Buddhismus für die Thai kein Relikt aus der Vergangenheit, sondern ist bis in die Gegenwart hinein Alltag geblieben, und noch scheint das allgegenwärtige Lächeln in den Gesichtern ein Ausdruck echter mitmenschlicher Zuwendung zu sein. In Thailand liegen Tradition und Veränderung dicht beieinander, und wer mit allen seinen Sinnen wahrnimmt, wird all die widersprüchliche Vielfalt dieses südostasiatischen Landes finden.

THAILAND: DER STAAT

Die Geschichte des modernen Thailand beginnt mit einem Anachronismus: Wenn auch ein Staatsstreich 1932 die Allmacht des Gottkönigtums brach, so wurde die Monarchie, die sich bewährt hatte, nicht abgeschafft, sondern als konstitutionelle Monarchie beibehalten.

Dieser in Südostasien einmalige Vorgang ist Paradigma für die heute noch herrschenden gesellschaftlichen Verhältnisse in Thailand – Stabilität rangiert vor dem Wechsel, Recht und Ordnung vor den Wirren politischer Veränderungen. Zu den einflußreichsten Kräften des thailändischen Systems gehören der Buddhismus als Legitimation des Gottkönigtums, das nach seiner Abschaffung ebensowenig an Bedeutung verlor wie der nur noch konstitutionell regierende Monarch, sowie das Militär. Die Bevölkerung versteht es, so zwischen den drei Mächten Religion, Monarchie und Militär zu lavieren, daß ihr sozialer und gesellschaftlicher Freiraum bewahrt bleibt. Das politische Interesse in der thailändischen Bevölkerung ist nur gering entwickelt. Die Bildung eines politischen Bewußtseins stößt auf die vom Buddhismus gelehrte Tugend der Duldsamkeit, mit der die herkömmliche Ordnung respektiert und der Eingriff in den aus dieser Ordnung resultierenden Ablauf der Dinge ausgeschlossen wird.

So waren es Angehörige der im europäischen Ausland geschulten Elite – vornehmlich des öffentlichen Dienstes und des Militärs –, die sich 1930 in der »Volkspartei« sammelten und nach Beteiligung an der politischen Macht strebten. In einem Staatsstreich erzwangen sie 1932 die Umwandlung der absoluten in eine konstitutionelle Monarchie. Die politische Macht ging an die Vertreter der Volkspartei über. Doch Auseinandersetzungen innerhalb der neuen Machteli-

Thailands König Phumiphol *(rechts)* regiert seit Juni 1946. Das Land ist seit 1932 eine konstitutionelle Monarchie. Obwohl die politische Macht des Königs beschränkt ist, wird ihm von der thailändischen Bevölkerung große Hochachtung entgegengebracht. Historisch gesehen war die Monarchie eine bedeutende Kraft bei der Modernisierung Thailands. Die Vorfahren des Königs bauten Straßen und Eisenbahnlinien, förderten die Wirtschaft sowie die wissenschaftliche Forschung und gründeten Universitäten.

ten, den Führungskadern des Militärs, den Bürokraten und der kleinen Gruppe der zivilen Intelligenz, führten zu zahlreichen Regierungsstürzen und Regierungsneubildungen. Die Phasen parlamentarischer Demokratien – die in dem Massaker von 1976 ihr blutigstes Ende fanden – waren dabei ungleich kürzer als die langanhaltenden Perioden wiederholter Militärregierungen. Daß trotz des politischen Wechselspiels die innere »Stabilität« erhalten blieb, liegt an der unangefochtenen Stellung des Monarchen – der König als Garant von Stabilität, die Monarchie als Symbol der nationalen Einheit, die lediglich von außen bedroht werden kann.

Nach Ausbruch des Zweiten Weltkrieges wurde Thailand 1940 von Japan besetzt. Ein

Daten und Fakten

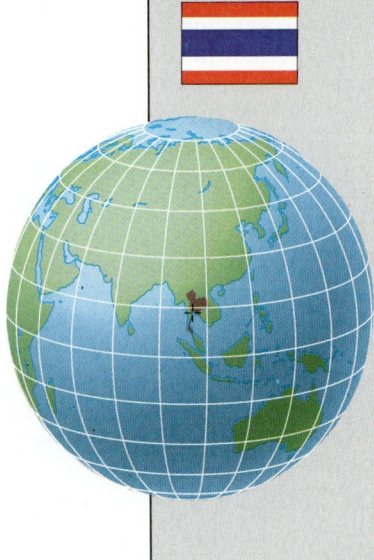

DAS LAND
Offizieller Name:
Königreich Thailand
Hauptstadt:
Bangkok (Krung Thep)
Fläche:
513 115 km²
Landesnatur:
Im S Malakka-Halbinsel, nördlich Schwemmlandebene des Menam, anschließend hinterindische Gebirgsketten, im O Khoratplateau
Klima:
Tropisches Monsunklima
Hauptflüsse:
Mekong, Menam
Höchster Punkt:
Doi Inthanon
2595 m

DER STAAT
Regierungsform:
Parlamentarische Monarchie
Staatsoberhaupt:
König
Regierungschef:
Premierminister
Verwaltung:
5 Regionen, 75 Provinzen
Parlament:
Zweikammerparlament mit Senat (200 Mitglieder) u. Repräsentantenhaus (500 Mitglieder); Wahl alle 4 Jahre
Nationalfeiertag:
5. Dezember
DIE MENSCHEN
Einwohner (Ew.):
60 856 000 (1999)

Bevölkerungsdichte:
119 Ew./km²
Stadtbevölkerung:
22 %
Bevölkerung unter 15 Jahren: 26 %
Analphabetenquote:
4 %
Sprache:
Thai
Religion:
Buddhisten 95 %, Moslems 4 %
DIE WIRTSCHAFT
Währung:
Baht
Bruttosozialprodukt (BSP):
134 433 000 US-$ (1998)
BSP je Einwohner:
2200 US-$
Infaltionsrate:
4,8 % (1990–98)

Jahr später gewannen die Japaner im Krieg gegen die Kolonien Großbritanniens die Freundschaft der Thai. Sie traten die Gebiete des alten siamesischen Reiches wieder an Thailand ab, zur Freude des Königs, des nationalistischen Militärs und des Volkes, die das historische Großreich Siam mit gleichem Stolz erstarken sahen. So erhielten die Japaner freien Durchzug, und Thailand blieb verschont vom japanischen Terror und von den Folgen der Niederlage Japans gegen die USA.

Die USA wurden die neuen Verbündeten, denn um im politisch unruhig gewordenen Südostasien den eigenen traditionalistischen Kurs zu halten, brauchte Thailand den starken Freund im Westen – und dieser brauchte Thailand als »Land der Freien« in seinem zunehmend kommunistischen Ideologien zugewandten Interessengebiet. Seit der Zwischenkriegszeit war Thailand strikt antikommunistisch und nahm auf amerikanischer Seite an den Kriegen in Korea und Vietnam teil.

Nach dem Vietnamkrieg und dem Rückzug der USA aus Südostasien blieb Thailand der letzte »Dominostein« in einem sonst kommunistischen Indochina. Der 1988 an die Regierungsspitze getretene Chatichai Choonhavan (* 1922) – nach dem gescheiterten Demokratieversuch in den 70er Jahren der erste gewählte Präsident – setzte sich für eine Normalisierung der politischen Beziehungen zu Indochina ein und plädierte für intensivere wirtschaftliche Zusammenarbeit mit seinen Nachbarstaaten. 1991 wurde er vom Militär gestürzt. Gegen diese Bestrebungen richteten sich Massendemonstrationen, die 1992 durch den Einsatz der Sicherheitskräfte blutig eskalierten. Nach mehreren Regierungswechseln übernahm 1997 Chuan Leekpai das Amt des Ministerpräsidenten. Im Februar 2001 wurde Thaksim Shinawatra von der Partei Thai Rak Thai neuer Regierungschef.

Thailand (oben rechts) liegt auf dem südostasiatischen Festland und grenzt an Myanmar, Laos und Kambodscha. Es hat eine lange Küstenlinie. Der Isthmus von Kra ist die Verbindung zur Malakka-Halbinsel, auf der die Grenze zu Malaysia liegt.

Importgüter: Maschinen, elektrotechn. Erzeugnisse, Fahrzeuge, Erdöl u. -erzeugnisse, chem. Erzeugnisse

Exportgüter: Reis, Mais, Tapioka, Gemüse, Zinn, Kautschuk, Jute, Teakholz

Handelspartner: Japan, USA, EU-Länder, Singapur, VR China, Malaysia, Indonesien, Taiwan

Eisenbahnnetz: 4623 km

Straßennetz: 64 600 km

Fernsehgeräte je 1000 Ew.: 254

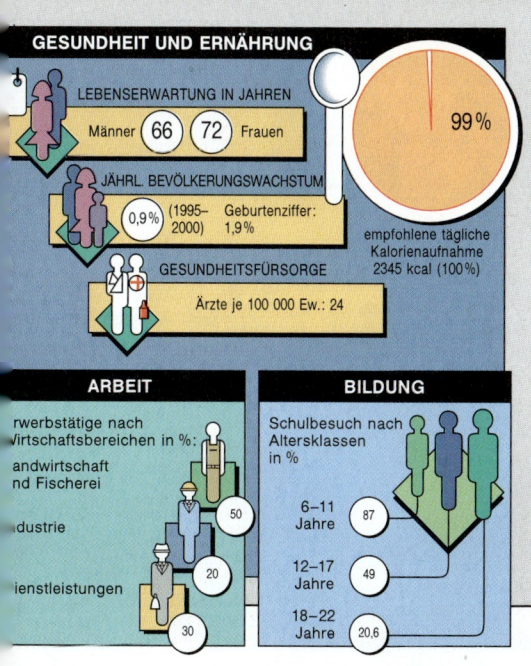

THAILAND: DAS LAND

Landesnatur

Der eigenwillige äußere Umriß von Thailand erinnert an einen Elefantenkopf mit Rüssel. Die Ebene des Menam, das Khoratplateau und der gebirgige Norden lasten massiv auf dem schmalen Landstreifen, der die Andamanensee vom Chinesischen Meer trennt.

Das nördliche und westliche Bergland wird von dem südlichen Ausläufer des jungen Faltengebirgssystems, des Himalaya, gebildet. Zwischen die südlich streichenden Gebirgsketten, die im Norden vielfach Höhen von 2000 m überschreiten, sind zahlreiche Becken in unterschiedlichen Höhenlagen eingesenkt. Diese Becken werden von mäandrierenden Flußläufen durchzogen, die sich jeweils am Beckenende über Stromschnellen hinweg ins nächste Becken ergießen.

Im westlichen Teil des Berglandes trennen steile, tief eingeschnittene, meridional verlaufende Stromtäler mehrere schmale Bergzüge voneinander, die im 2595 m hohen Doi Inthanon ihren höchsten Gipfel erreichen. Die Gipfellinie der Hauptkette bildet einen Großteil der Grenze zwischen Thailand und Myanmar und setzt sich nach Süden bis auf die Malakka-Halbinsel fort. Dort wo ihre strahlenförmig versetzten Bergketten bis dicht an das Wasser der Andamanensee streichen, sind zahlreiche kleine und größere Inseln der Küste vorgelagert. Die Golfseite hingegen ist eine flache Ausgleichsküste, die sich durch die Schwebstoffe der in den Golf von Thailand mündenden Flüsse immer weiter ausdehnt.

Die Mehrzahl der im Norden entspringenden Flüsse vereinigen sich auf ihrem Weg nach Süden zum Menam. Als Hauptstrom und Lebensader durchfließt er das rund 400 km lange und bis zu 150 km breite zentrale Tiefland, eine flache Aufschüttungsebene, die hufeisenförmig von dem Gebirgsland umschlossen wird, bevor er mit einem ausgedehnten Delta im Golf von Thailand mündet. Aufgrund des geringen Gefälles wird die riesige Deltaebene in der Regenzeit nahezu vollständig überflutet.

Die Landschaft Ostthailands wird vom Khoratplateau bestimmt – einem flachen, 200 bis 300 m hohen Becken, dessen aufgebogene Ränder Höhen bis zu 1000 m erreichen.

Das Klima ist tropisch-heiß und wird von den Monsunwinden geprägt. Der Monsun sorgt ein halbes Jahr für Regen, die andere Hälfte für Trockenheit, aber Dürre ist genauso selten wie Kälte. Von Natur und Klima begünstigt, hat sich in Thailand eine üppige Fauna und Flora entwickelt. Die einst großflächigen tropischen Regenwälder sind zunehmend dem Raubbau zum Opfer gefallen, und die Monsunwälder im Inneren des Landes sind durch die Ausdehnung von Kulturland zurückgedrängt worden. Nur die Naturschutzgebiete vermitteln heute noch die ungetrübte Pracht des Dschungels.

Mädchen vom Stamm der Lisu *(links)* tragen bei der Feier des Neujahrsfestes ihren traditionellen Feststaat. Die Lisu, eine Minderheitengruppe in den Bergen des äußersten Nordens, sind Animisten und leben in festen Stammesorganisationen.

Ein abgelegenes Dorf *(oben)* im stark bewaldeten, gebirgigen Norden. Die strohgedeckten Hütten sind typisch für die ländlichen Siedlungen Thailands. Solche Siedlungen sind die Heimat von rund 80 % der thailändischen Bevölkerung.

THAILAND

Schwarze Turbane und rote wollene Borten charakterisieren die traditionelle Tracht der Frauen des Yao-Stammes *(rechts)* aus dem Norden. In den letzten Jahren versucht die Regierung verstärkt, diese Minderheitengruppe zu integrieren.

Kinder spielen am Rande eines Bewässerungsstaudammes *(links)* auf dem den Nordosten Thailands einnehmenden Khoratplateau. Sie sind sich vielleicht noch nicht der großen Bedeutung derartiger Konstruktionen für das Leben in ihrer Region bewußt. Die sandigen Böden dieses dichtestbesiedelten Gebietes Thailands sind kaum in der Lage, Wasser zu speichern. Die durch solche Bewässerungsprojekte erzielte Fruchtbarkeit macht die Region zu einem bedeutenden Reisanbaugebiet.

Die Thai

Der Kernraum Thailands ist das zentrale Tiefland mit einer überaus fruchtbaren, intensiv genutzten Deltaebene, der sogenannten Reiskammer Thailands. Hier ist die Heimat der Thai, die mit rund 80 % ethnisch dominieren. Die stärkste Bevölkerungsdichte weist die Region um Bangkok auf. Hier wie in den deutlich kleineren Städten lebt Thailands größte Minderheit – die Chinesen. Teils assimiliert, teils ihre eigene Identität bewahrend, beherrschen sie als Händler und Geschäftsleute das wirtschaftliche Leben. Nur noch 1 % der Gesamtbevölkerung stellen die Bergstämme des Nordens. In den unzugänglichen Dschungelhöhen haben sie in der Abgeschiedenheit ihre ureigenste Kultur bewahrt.

Thailands Norden bewahrt Alltagsleben, Rituale und Kultur Indochinas, und dort, wo er zugänglich ist, gewährt er dem Reisenden Einblick in das Leben des Fernen Ostens. In den Dörfern blüht überlieferte Handwerkskunst, und die Frömmigkeit in den Tempeln ist noch echt. In und um Chiang Mai hat die Religion mit ihren Tempelbauten und Klöstern älteste Zeugnisse hinterlassen. Buddhistische Ordnung bestimmt auch heute das Bild von Stadt und Land, wenn die Mönche zum Opfergang ausschwärmen oder wenn eines der farbenprächtigen Feste des östlichen Kalenders Dörfer und Stadt überschwemmt.

Im Süden Thailands, wo der »Rüssel« des Landes sich am Ende Malaysia nähert, verläuft die Kulturgrenze zwischen Buddhismus und Islam. Und wenn auch Allah als Gott einer kleinen Minderheit der Thai kaum gegen Buddha antreten könnte, so unterscheidet sich die Malakka-Halbinsel doch deutlich von der Tradition des Nordens. Der Küstenstreifen ist das Land der Touristen: im Westen die Insel Phuket als Mekka westlicher Strandläufer, im Osten die Urlaubsindustrie an Stränden, an denen zuerst die Vietnam-Soldaten lagerten und seitdem Heere von Zivilisationsflüchtlingen campieren. Die Hotelanlagen gleichen Ghettos, die ihre Gäste vor Thailand schützen, die Thai aber nicht vor deren Unsitten.

Jede Darstellung der Menschen in Thailand wäre unvollständig, würde man nicht auch ihre Mentalität erwähnen. Der Schlüsselbegriff zu ihrem Verständnis ist: »Mai pen arai«, »Das macht nichts« – und dazu ein strahlendes Lächeln. Die scheinbare Unbeschwertheit und Gelassenheit, mit der so manches Problem geduldig ertragen wird, hat seine Wurzeln im Buddhismus, der nicht primär auf individuellen Ehrgeiz setzt, sondern lediglich auf ein irdisches Auskommen auf dem Weg durch viele Leben zum erlösenden Nirwana.

Das Lächeln läßt sich hingegen nicht so einfach erklären, denn nicht immer ist es Ausdruck für menschliche Zuneigung. Es kann auch Angst, Scham oder die Verteidigung des eigenen Selbstbewußtseins bedeuten.

THAILAND: WIRTSCHAFT

Bis Mitte der 90er Jahre besaß Thailand die stabilste Wirtschaft aller südostasiatischen Staaten. Wachstumsraten von 10 % und Exportsteigerungen um fast ein Drittel waren bis dahin zu verzeichnen. Inzwischen befindet sich das Land in einer Strukturkrise, der man mit Hilfe eines harten Sanierungsplans begegnen will. Nicht nur Thailand ist von der Wirtschaftskrise betroffen, sondern die ökonomische Stabilität fast aller Staaten Südostasiens.

Das thailändische Wirtschaftswunder

Von Entwicklung, Fortschritt und Einkommenssteigerungen profitierte nur ein zahlenmäßig kleiner Teil der Bevölkerung. Die Masse leidet nach wie vor unter den Begleiterscheinungen des »Wirtschaftswunders«, leidet unter Arbeitslosigkeit, Unterbeschäftigung und einem niedrigen Einkommensniveau. Zwar gibt es in Thailand keine Unterernährung, aber rund ein Drittel der rasch wachsenden Bevölkerung lebt unterhalb der Armutsgrenze, und die sozialen Unterschiede klaffen immer weiter auseinander. Auch die Gegensätze zwischen Stadt und Land werden immer größer. Zwar investiert die Regierung in den Ausbau der Infrastruktur, aber der Norden des Landes ist immer noch weitgehend unerschlossen. Zwar ist das Schulwesen in den Wirtschaftsräumen vorbildlich ausgebaut, bis hin zu zwölf Universitäten, aber auf dem Lande gibt es doch nur Zwergschulen und erheblichen Mangel an gesundheitlicher Betreuung. Im letzten Entwicklungsplan ist deshalb neben der Steigerung der wirtschaftlichen Entwicklung, die in erster Linie durch Diversifikation in den Bereichen Landwirtschaft, Industrie und Dienstleistung erreicht werden soll, auch die »Verbesserung der Lebensqualität« zum Generalziel erklärt worden.

Das »Wirtschaftswunder« hatte seine politischen Gründe. Thailands Rolle als Bollwerk gegen den Kommunismus hat der Westen stets honoriert. An seinen Grenzen endete Maos Revolution, von hier aus operierten die USA im Vietnamkrieg. Als Gegenleistung wurden dem Königreich günstige Wirtschaftsbeziehungen, Kredite und Investitionen garantiert. Unbehelligt von Krieg und im Windschatten des Westens konnte Thailand mit seinem ultraliberalen Wirtschaftsgebaren ein beträchtliches Wachstum erwirtschaften. Die ausgebluteten Nachbarstaaten öffneten sich dem Land als zusätzliche Märkte, auf denen die Thai ihre Produkte gegen die dringend benötigten Rohstoffe tauschten, mit denen die verarmten Nachbarn besser ausgestattet sind.

Thailands Produkte stammen vor allem aus dem Agrarbereich. Trotz wachsender Bevölkerungszahlen ist das Land einer der führenden Reisexporteure der Welt und der größte Kautschukerzeuger. Die Landwirtschaft bildet nach wie vor das Rückgrat der thailändischen Wirtschaft und ist die Grundlage für die verarbeitende Industrie. Aber die starke Ausweitung der

Der Reisanbau (oben) liefert das Hauptnahrungsmittel der Bevölkerung. Reis ist auch ein wichtiges Ausfuhrerzeugnis und stellt trotz der verstärkten Kultivierung weiterer Nutzpflanzen den bedeutendsten thailändischen Wirtschaftszweig dar.

Die Salzgewinnung aus den Seen bei Bangkok (unten) ist heutzutage nur noch von geringer Bedeutung. Inzwischen sind Zinn- und Eisenerz, Bauxit und weitere Minerale sowie Erdgas und Erdöl die wertvollsten Bodenschätze des Landes.

THAILAND

Produktionsfläche bringt das ökologische Gleichgewicht durcheinander, die Überdüngung der Reisfelder gefährdet das Wasser und somit auch den Fischfang. Der Raubbau an den Wäldern tut ein übriges, und wenn auch der Export von Teak inzwischen verboten ist, wird weiter abgeholzt. Den knappen landwirtschaftlich nutzbaren Raum, über ein Drittel der Gesamtfläche Thailands, zersiedeln zudem bäuerliche Kleinstbetriebe. Kaum überlebensfähig, sind ein Drittel der Bauern inzwischen hochverschuldete Pächter: Die Landflucht reißt nicht ab, und in der trügerischen Hoffnung, einen Arbeitsplatz zu finden, drängt alles nach Bangkok, in die Hauptstadt.

Bangkok ist das Zentrum der industriellen Entwicklung – mit Seidenspinnereien, Reismühlen, Zuckerfabriken, Holzbe- und Holzverarbeitungsbetrieben; aber auch Firmen der Petrochemie und der Eisen- und Stahlproduktion haben nahe der Hauptstadt ihren Standort. Thailand gehört weltweit zu den führenden Ländern in der Förderung und Ausfuhr von Zinn. Darüber hinaus verfügt das Land über einen zum Teil noch unerschlossenen Reichtum an mineralischen Reserven wie Braunkohle, Wolfram, Kupfer und Blei. Industrie und Bergbau stehen gegenwärtig in Thailand an der Schwelle des Umbruchs von der traditionellen Produktion und Förderung zur modernen Hochleistungsindustrie. Die dazu nötigen Maschinen und Technologien müssen allerdings nach wie vor aus Übersee eingeführt werden. Vorläufig geben noch ausländische Experten und fremdes Kapital den Ton an.

Das »Goldene Dreieck«

Orchideen oder Rizinusöl, Schwalbeneier oder tropische Früchte – neben diesen Spezialitäten thailändischer Ausfuhren ist der heimliche Exportschlager das Heroin aus dem »Goldenen Dreieck«. Im unzugänglichen Dschungel der Berge zwischen Thailand, Laos und Myanmar pflanzen die Bergstämme den Schlafmohn an. Politik und Militär blieben bisher machtlos und werden es bleiben, solange viele ihrer Mitglieder an den Opiumgeschäften verdienen.

Tourismus

Als Fremde willkommen sind devisenbringende Touristen. Der Tourismus ist eine der Haupteinnahmequellen und bedeutender Arbeitgeber Thailands. Wo er gepflegt funktioniert, erlaubt er ungetrübt tropisches Urlaubserleben. Wo er zum Amüsierbetrieb verkommt, gefährdet er Kultur und Sitte der Menschen – die der Einheimischen, aber auch die der Touristen. Gleichwohl ist die Verständigung zwischen den Völkern der richtige Weg, um den weiteren Ausbau des thailändischen Wirtschaftswunders voranzutreiben und ihn als eine gerade auch menschliche Aufgabe zu begreifen.

Palmenstrand *(oben)* am Golf von Thailand. Die noch relativ unberührten Küstenstriche ziehen in zunehmendem Maße Touristen an. Die Einnahmen aus dem Tourismus sind wichtig für die Volkswirtschaft des Landes. Der Tourismus ist die Hauptdevisenquelle. 1999 kamen fast 9 Millionen Besucher nach Thailand und ließen über 6,5 Milliarden US-Dollar im Land.

Durch Erwärmen der Seidenraupen *(oben)* wird Rohseide gewonnen, aus der verschiedene Textilien gewebt werden. Mit Stickereien geschmückte Seidenstoffe gehören in Thailand zu den beliebtesten Kaufobjekten der Touristen.

Arbeitselefanten

Elefanten spielen in der thailändischen Wirtschaft eine wichtige Rolle. Ihre Kraft und Geschicklichkeit werden benutzt, um Teakholz-Baumstämme aus den Wäldern an die Flüsse zu ziehen, auf welchen man das Holz stromabwärts zu den Sägewerken flößt. Die Elefanten werden von klein auf zusammen mit ihrem Führer, dem »Mahout«, ausgebildet. Gemeinsam trainiert das Paar Bergsteigen, Marschieren und das Ziehen von Baumstämmen. Der Mahout und sein Elefant verbringen auch die Freizeit zusammen, so daß sie sich gut kennenlernen können. Die Beziehung zwischen Elefant und Mahout ist traditionell sehr eng. Das jährliche »Elefanten-Treffen«, eine Vorführung des Könnens von Elefant und Mahout, wird im frühen November in der Provinz Surin abgehalten. Dieses Ereignis zieht auch viele Touristen an.

Ein junger Elefant *(oben)* zieht unter der Aufsicht seines Mahout, der auf seinem Rücken sitzt, geduldig einen großen Teakholz-Baumstamm aus einer Waldlichtung. Mahouts und ihre Elefanten trainieren von klein auf zusammen.

THAILAND: BANGKOK

Die Verkehrssituation in Bangkok überrascht selbst einen erfahrenen Reisenden. Busse, Motorräder, Autos und Fahrräder schlängeln sich Tag und Nacht durch die Stadt. Ständige Verkehrsstauungen und eine völlige Verstopfung Bangkoks sind die Folge. Einige Touristen ziehen es vor, klimatisierte Autos und Busse zu benutzen, viele werden auch mit dem Besitzer eines Tuk-Tuk handelseinig. Tuk-Tuks, die beliebtesten örtlichen Transportmittel, sind offene Kleinwagen. Während der Fahrt entsteht eine angenehme Brise, die dem Fahrgast Kühlung verschafft. Muß das Fahrzeug jedoch anhalten, wird es unerträglich heiß. Aus diesem Grund sind die Fahrer bestrebt, ihr Fahrzeug ständig in Bewegung zu halten.

Dem mörderischen Straßenverkehr entgeht man am besten durch das Ausweichen auf das Wasser. Die typischen langen, schmalen Wassertaxis befahren die Klongs und den Menam mit schier unglaublicher Geschwindigkeit. Viele Thai benutzen dieses Verkehrsmittel, und die Touristen können sich auf diese Art und Weise einen ungefähren Eindruck davon verschaffen, wie das Leben in der Stadt vor 40 Jahren ausgesehen haben dürfte. Dies ist die vielleicht beste Möglichkeit, zu den wichtigsten Touristenattraktionen zu gelangen. Die imposanten Tempelanlagen (»Vats«), der herrliche Königspalast, die königlichen Vergnügungsboote und der alte, einzigartige schwimmende Markt von Thon Buri gewähren einen Einblick in die Vergangenheit Bangkoks. Ein weiterer Markt, der berühmte schwimmende Markt von Damnoen Saduak westlich der Stadt, wird auf zahlreichen Kanälen abgehalten, deren Ufer mit einer Vielzahl verschiedener einheimischer Obstbaumarten bewachsen sind.

Einkaufen und Essen

Trotz des Lärms und der unermüdlichen Geschäftigkeit ist Bangkok eigentlich eine heitere und saubere Stadt. Sie wird von breiten, modernen Alleen durchschnitten, die von hoch aufragenden Hotels, Geschäfts- und Kaufhäusern gesäumt werden. Doch das wahre Bangkok mit seinen Straßenhändlern und seinen endlosen Märkten findet man jenseits dieser Straßen. Die chaotische Ansammlung aneinandergereihter Essensstände bietet jede Art von Imbiß an, von würzigem Fisch bis zum erfrischenden Saft aus tropischen Früchten. In jeder Straße nimmt man den Geruch feiner Kräuter und Gewürze wahr.

Thailand besitzt den Ruf, das Handelszentrum des Ostens zu sein. Die Touristen sind in der Regel an Goldschmuck, Thai-Seide, Lederwaren, maßgeschneiderten Kleidungsstücken sowie an kunsthandwerklichen Arbeiten und Antiquitäten interessiert.

Tausende Händler verkaufen Imitate klangvoller Uhrenmarken, die unterschiedlichsten Kleidungsstücke, die als teure Designermodelle gekennzeichnet sind, und Kopien bekannter

Die mit Früchten und Gemüse beladenen Boote der Händler *(oben)* wetteifern auf einem der Klongs (Kanäle) von Damnoen Saduak, einem der berühmtesten »schwimmenden Märkte« westlich von Bangkok, um eine günstige Verkaufsposition.

Vergoldete Turmspitzen und buddhistische Statuen *(unten rechts)* zieren das Dach des Großen Palastes. Dieser im 18. Jahrhundert als Residenz der Thai-Könige erbaute Gebäudekomplex wird heute nur noch bei zeremoniellen Anlässen genutzt.

Tänzer in kunstvoll bestickten Kostümen *(rechts)* führen den Lakon-Tanz vor. Die Tänze, ursprünglich zur Unterhaltung der Thai-Herrscher entstanden, kommen heute bei Touristenvorstellungen in den Theatern Bangkoks zur Aufführung.

aktueller Videofilme und CD's, die den Originalen aufs Haar gleichen. Die Uhren funktionieren, die Kleider überstehen die Wäsche, und die Videos und CD's können abgespielt werden. Jede erfolgreiche Modeschöpfung und jeder Modestil wird unweigerlich eine thailändische Version erhalten, die dem Original exakt gleicht, aber für einen Bruchteil des Preises zu haben ist. Man sagt, daß ein Tourist für seinen Thailand-Aufenthalt als einziges Gepäck etwas Geld mitbringen muß, aber mit drei Lederkoffern und für das kommende Jahr komplett eingekleidet abreisen wird. Das Einkaufen in Thailand wird zum Erlebnis, wenn man die Hemmschwelle zu feilschen überwunden hat, denn das Handeln kann getrost als thailändischer Nationalsport bezeichnet werden. Der Händler nennt seinen Preis, der Tourist teilt diesen durch vier und nimmt diesen Betrag als Basis für die weitere Preisdiskussion.

THAILAND

Thai-Seide ist eines der wertvollsten einheimischen Erzeugnisse und steht auf der Einkaufsliste der meisten Touristen. Man kann maßgeschneiderte Seidenanzüge und -kleider in Auftrag geben, indem man dem Schneider ein Foto mit dem Beispiel des gewünschten Schnitts vorlegt. Er fertigt daraufhin innerhalb von wenigen Tagen das bestellte Stück an. Das Essen ist eine der weiteren angenehmen Seiten Bangkoks. Die Thai essen zu jeder Tages- und Nachtzeit. An jeder Straßenecke kann ein Imbiß erstanden werden. Eine noch größere Auswahl bieten die großen Kaufhäuser, wo entweder im Erdgeschoß oder auf der obersten Etage Hunderte von Verkäufern bereitstehen, um die hungrigen Kunden zu beköstigen. Die angebotenen Speisen reichen von thailändischen und chinesischen Delikatessen bis zu Spezialitäten aus Laos, Kambodscha und zahlreichen weiteren ostasiatischen Ländern.

Autoschlangen und ständige Staus *(oben)* sind typisch für die Verkehrssituation in Bangkok. Den kleinen und wendigen Tuk-Tuks *(rechts)* gelingt es jedoch meist, sich rasch durch die verstopften Straßen der Hauptstadt hindurchzuschlängeln.

Das Stadtzentrum von Bangkok *(unten)* wird durch den Menam von dem Vorort Thon Buri getrennt. Zahlreiche Kanäle (Klongs) durchziehen die Stadt, die einst als »Venedig des Ostens« bekannt war. Der Große Palast erstreckt sich zusammen mit anderen Palästen und Tempeln entlang des Menam. Die Königliche Kapelle des Smaragd-Buddha ist in den Palasttempel Vat Phra Keo nördlich des Großen Palastes integriert. Die königliche Familie Thailands residiert im Chitralada-Palast.

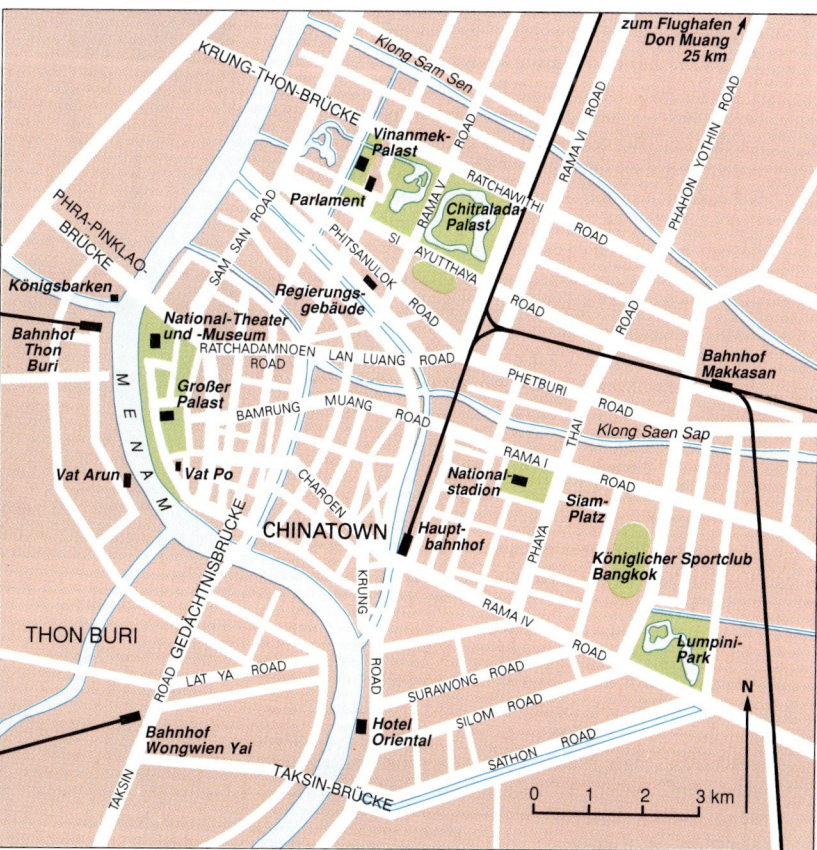

THAILAND: GESCHICHTE UND KULTUR

Der offizielle Name Thailands »Prathet Thai« bedeutet »Land der Freien«. Zwar war es eine der vielen Militärregierungen, die das einstige Siam 1939 umbenannte, doch hatte der Name zu jener Zeit seine historische Berechtigung. Im Verlauf seiner Geschichte konnte der Staat weitgehend seine Unabhängigkeit wahren und geriet auch nicht unter koloniale Herrschaft. Dies dankt das Land vor allem dem Geschick seiner Könige, die es immer verstanden, sich mit den Mächtigen so zu verbünden, daß sie ihre eigene Freiheit behielten. So ist die thailändische Geschichte vor allem eine dynastische Geschichte, in der die Kultur früherer Reiche aufgegangen ist.

Frühgeschichte und Königreich

Schon im 4. Jahrtausend vor Christus war Nordthailand von einer vermutlich negroiden Bauernschaft besiedelt, die sich bereits auf die Kultivierung von Reis und Feldfrüchten verstand. Die nachrückenden Mon-Völker brachten mit ihrer Bewässerungstechnik auch mehr Unabhängigkeit von den Monsunregen und somit mehr Wohlstand. Sie schufen damit die Basis für die Ausbildung ihrer indisch geprägten Kultur. Nur wenig ist von der Kunst der Dvaravati-Periode sichtbar erhalten geblieben.

Mit dem Übergreifen der Khmer-Herrschaft aus dem heutigen Gebiet Kambodschas auf Ostthailand neigte sich die Dvaravati-Periode langsam dem Ende zu. Der Fortbestand des Khmer-Reichs, das zwischen dem 11. und 13. Jahrhundert seine größte Bedeutung erlangte, wurde seinerseits zunehmend durch das Vordringen der Thai aus Südchina gefährdet. Bei ihren bereits seit mehreren Jahrhunderten anhaltenden Wanderungsbewegungen überlagerten und assimilierten die Thai die Kulturen der Mon und der Khmer und die von Birma beeinflußten Völker. Sie gründeten mehrere unabhängige Fürstentümer, die König Indvaditya Mitte des 13. Jahrhunderts geschickt zu vereinen wußte. Das unter seinem Sohn Rama Kamphengen zu machtvoller Blüte geführte Reich erstreckte sich von Vientiane im Osten bis Pegu im Westen, von Luang Prabang im Norden bis Ligor im Süden. Sukhothai, dessen weitläufig verstreuten Ruinen noch heute beeindrucken, wurde die erste Hauptstadt und Wiege der Kultur des bis heute in wechselnden Grenzen unabhängigen Königreiches.

Die Sukhothai-Periode endete, als ein Fürst aus Ayutthaya die Macht an sich riß und sich 1350 als Rama Thibodi I. zum König krönen ließ. Während der Ayutthaya-Periode schufen die Könige in 400 Jahren das wirtschaftlich und kulturell blühende Siam, und Ayutthaya wurde zur prächtigsten Stadt des ganzen Ostens. Als Feldherren vergrößerten sie ihr Reich und waren bei den Nachbarstaaten sehr gefürchtet. Als Diplomaten profitierten sie von den wirtschaftlichen Interessen Europas an Siam, verstanden es aber auch, die Rivalitäten zwischen

Buddhas (unten) sind das Bindeglied des modernen Thailand zu seiner frühesten Geschichte. Die Ausbreitung des Buddhismus läßt sich auf das 3. Jahrhundert v. Chr. zurückführen, als der indische Herrscher Ashoka Missionare aussandte.

Vat Phra Keo (rechts) liegt inmitten der Bangkoker Innenstadt. Der Tempel, 1782 errichtet, um den Smaragd-Buddha, das heiligste Symbol Thailands, aufzunehmen, gilt weltweit als eines der großartigsten architektonischen Kunstwerke.

Neben guterhaltenen Tempeln der verlassenen Stadt Ayutthaya (oben), der ehemaligen Hauptstadt Thailands, weiden heute Ziegenherden. Die 1350 gegründete Stadt war 400 Jahre lang das kulturelle und administrative Zentrum des Landes.

Die Tänze (rechts) beim Kerzenfest von Sukhothai erinnern an das goldene Zeitalter der thailändischen Geschichte. 1238 nach der Vertreibung der Khmer gegründet, war Sukhothai nach der Überlieferung ein Ort des Friedens und des Überflusses.

THAILAND

Der Tempel Vat Phra Singh *(unten)* in Chiang Mai wurde 1345 erbaut. Dort wird eine Buddhastatue aufbewahrt, die mehr als 1500 Jahre alt sein soll. Die im Norden des Landes gelegene, von einem Wassergraben umgebene Stadt Chiang Mai wurde im Jahr 1298 gegründet und rivalisierte lange Zeit mit der Pracht Ayutthayas, verfiel jedoch nach der Eroberung durch die Birmanen im 18. Jahrhundert. Mit ihrem Wiederaufbau wurde 1796 begonnen. Heute ist sie die viertgrößte Stadt Thailands.

den Kolonialmächten so auszuspielen, daß Siam in der Folgezeit selbst nie unter Kolonialherrschaft fiel. Den wiederholten Angriffen der Birmanen mußte es sich jedoch 1767 ergeben, und die Ayutthaya-Periode endete mit der Zerstörung ihrer Hauptstadt, der nur einige entfliehen konnten.

Darunter war auch General Chakri, der 1782 den Thron des wiedererstarkten Reiches bestieg und als Rama I. die bis heute regierende Dynastie gründete. Bangkok wurde als neue Hauptstadt aufgebaut und Siam wieder zur führenden Macht Südostasiens.

Mit Beginn des 20. Jahrhunderts wandten sich die mit absolutistischer Machtfülle regierenden Gottkönige auch innenpolitischen Reformen zu. Soziale Infrastrukturen entstanden, die Leibeigenschaft fiel – und 1932 auch das Gottkönigtum. Doch dem folgte nicht etwa eine Republik, sondern eine konstitutionelle Monarchie: Der König blieb unantastbar.

Kunst und Kultur

Aufgrund seiner geographischen Lage und seiner bewegten Geschichte war Thailand ein Sammelbecken für verschiedene Völker und Kulturströme. In einem Prozeß der Durchdringung, Überlagerung und des Bewahrens gelang es den Thai, daraus eine homogene Kultur zu entwickeln, die durch den Buddhismus, durch einheitliche Sitten und Traditionen geprägt ist und – von allen Dynastien gefördert – zur Hochblüte gebracht wurde.

Einschließlich der Reiche der Mon und der Khmer unterscheidet man bis heute acht Kunstperioden. Die Architektur des Klosters Vat Phra Keo im Bezirk des Großen Palastes von Bangkok geht zurück auf die Anlagen Sukhothais und Ayutthayas, wenn auch Porzellan, Steingut, Fayencen, Glas und Marmor statt Bruchstein die Gestaltung veredeln. Die architektonische Symbolik der Tempel und die Motive der Plastik meinen jedoch immer ein Gleiches: Darstellung und Ehrung des buddhistischen Kosmos mit seinen Göttern, Geistern und der zentralen Gestalt Buddhas.

Ähnliches gilt für das Thai-Theater, das sich als Khon-Pantomime, als Likai-Volkstheater oder Lakon-Tanz stets auf die Ramayana-Epen bezieht. Das Theater ist mit seinen Figurentypen, Masken und filigranen Kostümen sowie seinem eigentümlichen Orchester hohe und hochstilisierte Kunst mit einer in Jahrhunderten tradierten und elaborierten Gestik.

Spätestens mit dem Ende der absoluten Monarchie vollzieht sich auch in der gesamten Kunst und Kultur ein merklicher Wandel. Unter dem immer stärker werdenden westlichen Einfluß wenden sich die Inhalte mehr dem realen Alltagsleben zu. Doch bis heute ist die klassische Kunst als selbstverständliche Überlieferung Teil dieses Alltags. Der Spiegel, der Geschichte, Gegenwart und Identität einer Nation zeigen kann, ist in Thailand nicht blind.

THAILAND: BUDDHISMUS

Die Bevölkerung Thailands, die sich zum überwiegenden Teil zum Theravada-Buddhismus bekennt, glaubt an die Lehre vom »mittleren Weg«, an die Notwendigkeit, ein Leben unter Vermeidung aller Extreme zu führen. Nach buddhistischer Auffassung sollte das Ziel eines Menschen darin bestehen, sich von allen irdischen Sorgen zu befreien und ein Leben, das durch Toleranz und stille Meditation geprägt ist, anzustreben.

Einen weiteren Grundstein des Buddhismus stellt die Mönchsgemeinschaft dar. Die Mönche sollen allen Gläubigen ein Beispiel der richtigen Lebensführung geben. Die in verschiedenen Gelb- und Orangetönen gefärbten Roben der Mönche und die Tempel und Klöster, in denen sie leben, tragen viel zum Reiz Thailands bei. Am frühen Morgen, wenn die Mönche zu Fuß oder in Booten aufbrechen, um an den Ufern der Kanäle oder am Straßenrand von den Gläubigen zubereitete Speisen entgegenzunehmen, bieten sie ein Bild wundervoller Ruhe und Ausgeglichenheit. Den Mönchen wird von allen Mitgliedern der buddhistischen Gemeinschaft Respekt entgegengebracht; sie stehen weit über den Laien. Die Mönchsrobe anzulegen und sich für ein der Religion gewidmetes Leben zu entscheiden, bedeutet, sowohl für die Person selbst als auch für dessen Familie, eine große Ehrung. Die Verdienste, die man damit erwirbt, sind das wichtigste Mittel auf dem Weg zu einem besseren Leben im buddhistischen Sinne.

Auch Frauen können ein religiöses Leben wählen. Allerdings können sie keine regelrechten Nonnen werden. Die Aufnahme in ein Kloster ist ihnen verwehrt. Diese Frauen widmen ihr Leben dem Glauben, wohnen in der Nähe des Tempels, lassen sich, wie die Mönche, einmal monatlich die Haare scheren und tragen weiße, schlichte Gewänder.

Gemeinsam mit ihren Familien entscheiden sich junge und alte Männer dafür, die Mönchsrobe entweder für eine kurze oder eine lange Zeit anzulegen, für wenige Tage oder auch für ein ganzes Leben. Eine beliebte Zeitspanne ist die Regenzeit, die drei Monate der Monsunregen von Juli bis Oktober, in denen für die Reisbauern weniger Arbeit anfällt. Selbst Jungen können in die Gemeinschaft der Mönche eintreten. Bis zum Erreichen einer gewissen Altersgrenze sind sie jedoch keine vollwertigen Mönche, sondern haben den Status von Novizen. Häufig treffen Eltern, die es sich nicht leisten können, ihren Kindern den Schulbesuch zu ermöglichen, diese Entscheidung, damit ihr Nachwuchs eine grundlegende Allgemeinbildung erhält.

Das Leben der Mönche

Nicht allen Thai ist es möglich, die Zeit zu erübrigen, ein Mönch zu werden. Wem es jedoch gelingt, dem sind Respekt und Bewunderung sicher, sowohl in der Zeit als Mönch als auch während des gesamten weiteren Lebens. Das

Arbeit, Gebet und Meditation sind Teil der moralischen Erziehung, die diese jungen Mönche *(unten)* in einem buddhistischen Tempel erfahren. Einige der Novizen tragen die Kutten nur für kurze Zeit und legen sie nach der Ausbildung wieder ab.

Vergoldete Figuren säumen die Wände eines Höhlentempels *(rechts)*, der von einer riesigen Buddha-Statue beherrscht wird. Der Respekt, der Buddha zuteil wird, schreibt vor, daß seine Bildnisse sich stets in erhöhter Position befinden müssen.

Leben eines Mönchs wird durch eine Vielzahl von Regeln und Grundsätzen bestimmt. Er muß für die Ordinationsprüfung Verse in Pali, der alten Sprache des Buddhismus, auswendiglernen und die 227 Verhaltensregeln, die ein vollwertiger Mönch befolgen muß, studieren. Die wichtigsten Regeln sind das Gebot der Keuschheit und das Verbot zu töten. Auch darf ein Mönch zwischen 12 Uhr mittags und Sonnenaufgang keine Mahlzeiten zu sich nehmen. Es ist ihm erlaubt zu trinken, vorausgesetzt, er hat dem Getränk weder Zucker noch Milch zugesetzt. Diese überlieferten, uralten Regeln werden immer noch streng befolgt. Wenn ein Mönch das Gefühl hat, er könne oder wolle diesen Grundsätzen nicht mehr folgen, kann er seinen Abt darum bitten, ihn seiner Verpflichtungen zu entbinden, und in das normale Leben zurückkehren.

Das Ausmaß des Einflusses des Buddhismus auf das Leben der thailändischen Bevölkerung ist sehr unterschiedlich. Die jüngeren Thai neigen dazu, dem Buddhismus eher gleichgültig gegenüberzustehen. Sie bekennen sich zwar dazu, befassen sich aber nicht unbedingt ernsthaft damit. Die älteren Menschen zeigen dagegen ein ausgeprägtes Interesse an ihrer Religion. Sie suchen häufig den Tempel auf, um den Predigten beizuwohnen, und widmen sich gelegentlich auch der Meditation. Buddhisten aller Altersgruppen reagieren aber in bezug auf die

Ein anmutiger goldener Spitzturm *(links)*, ein sogenannter »chedi«, erhebt sich über die übrigen, in traditionellem Baustil errichteten Gebäude auf dem ummauerten Gelände eines buddhistischen Tempels. Solche Vats prägen die Landschaft Thailands.

Mit Bettelschalen, die zu ihren wenigen persönlichen Besitztümern gehören, nehmen buddhistische Mönche *(oben)*, eine Essensgabe in Empfang. Den Mönchen wird großer Respekt zuteil. Sie sind verpflichtet, 227 Verhaltensregeln einzuhalten.

Ehrerbietung, die Buddha und dessen Lehren gezollt wird, sehr sensibel. Über mangelnden Respekt vor ihrer Religion durch Fremde sind sie tief betroffen. So sollten beispielsweise Buddhabildnisse auf das höchste geachtet und immer in einer erhöhten Position zum Menschen aufbewahrt werden – eine Buddhafigur auf einem niedrigen Tisch gilt als Sakrileg.

Der Thai-Buddhismus wird nicht allein durch die Lehren Buddhas geprägt. Die Thai haben den Glauben an Seelen und Geister, der weit über den Zeitpunkt der Einführung des Buddhismus aus Indien im 3. Jahrhundert v. Chr. zurückreicht, nicht aufgegeben. Die Menschen in Thailand respektieren und fürchten die in Bäumen und Felsen wohnenden Geister und suchen sie durch Essensgaben und Weihrauch zu besänftigen. Diese Glaubensanschauung wird als Animismus bezeichnet. Die animistische Religion der Thai ist geschickt in die buddhistischen Traditionen integriert. Selbst der Buddhismus wird zum Schutz vor bösen Geistern in Anspruch genommen. So dient vielen Thai ein an einer Kette um den Hals getragenes tönernes oder steinernes Buddhaamulett als Schutz. Ein solches von einem heiligen Mönch geweihtes Amulett wird aufgrund seiner schützenden Wunderkräfte sehr verehrt und ist äußerst kostbar. Viele Thai sind davon überzeugt, daß diese Amulette selbst vor Schußwunden schützen.

TOGO

Die Republik Togo (to = Gewässer, go = Ufer) an der einstigen Sklavenküste benannte sich bei ihrer Unabhängigkeit 1960 nach dem gleichnamigen Lagunendorf (heute Togoville) in der Nähe der Hauptstadt Lomé.

Erst im 19. Jahrhundert erregte das von portugiesischen Seefahrern schon im 15. Jahrhundert entdeckte Gebiet zunehmend das Interesse europäischer Kaufleute. Den europäischen Wettlauf um die koloniale Inbesitznahme gewann der deutsche Afrikaforscher Gustav Nachtigal (1834–1885), der wenige Stunden vor seinem britischen Konkurrenten einen Vertrag mit König Mlapa III. schloß, wodurch Togo 1884 unter deutsche Schutzherrschaft gestellt wurde. Togo entwickelte sich zur sogenannten deutschen »Musterkolonie«.

Nach dem Ersten Weltkrieg wurde Togo unter teils britische, teils französische Verwaltung gestellt. 1960 erlangte das französische Togo seine Unabhängigkeit, nachdem sich zuvor die Bevölkerung des britischen Teils – mit Ausnahme des in beiden Teilen lebenden Mehrheitsvolks der Ewe – für den Verbleib beim bereits unabhängigen Ghana entschieden hatte. Seither hat es immer wieder gewaltsame Bestrebungen der Ewe zu einem nationalen Zusammenschluß gegeben. 1963 wurde Präsident Sylvanus Olympio (1902–1963) von ehemaligen Kolonialsoldaten unter Führung von Etienne Eyadema (* 1935) ermordet. Sein langjähriger politischer Konkurrent Nicolas Grunitzky (1913–1969) übernahm die Regierung, bis 1967 der im Hintergrund agierende General Eyadema endgültig durch einen Putsch an die Macht kam und seither das Land regiert.

Eyadema, der seinen Vornamen in den afrikanischen Namen Gnassingbé änderte, stammt aus dem Norden des Landes vom Volk der Kabre. Zur Festigung seiner Macht gegen die wirtschaftlich vorherrschende Händlerschicht an der Küste setzte er nicht nur die Politik der sogenannten »afrikanischen Authentizität«, sondern auch eine sehr repressive Innenpolitik ein. Er löste das Parlament auf, gründete 1969 die Einheitspartei »Rassemblement du Peuple Togolais« (RPT) und unterband jegliche Opposition. Wirtschaftlich stützt er sich vornehmlich auf die Hilfe westlicher Industriestaaten, insbesondere des ehemaligen Mutterlands Frankreich. Sowohl aus politischen als auch aus wirtschaftlichen Motiven versucht der General seit Jahren, Togo eine panafrikanische, zwischen anglophonen und frankophonen Staaten vermittelnde Rolle zu verschaffen. 1991 wurde aufgrund starker Proteste der Bevölkerung eine Demokratisierung eingeleitet.

Vielfalt des Landes

Wie ein langer, schmaler Korridor von 50 bis maximal 120 km Breite dehnt sich Togo von der brandungsreichen Guineaküste fast 600 km weit bis an den Rand des westafrikanischen Sahel nach Norden aus.

Sandige Nehrungen und nachfolgende teilweise versandete Lagunen begleiten die Ausgleichsküste und gehen nach Norden in die flachwellige »terre de barre« über, das fruchtbare, gut bewässerte und intensiv kultivierte Roterdegebiet. Über die Roterdeebene mit vereinzelten Inselbergen erfolgt der steile Anstieg zum durchschnittlich 700 m hohen Togo-Atakora-Gebirge. Nordwestlich des Gebirges durchströmt der Oti das stark zertalte Tafelland der Oti-Ebene, das sich nach Norden zum Bergland bis auf 500 m erhebt. Der größte Teil des

Daten und Fakten

DAS LAND
Offizieller Name:
Republik Togo
Hauptstadt:
Lomé
Fläche:
56 785 km²
Landesnatur:
Küstengebiet, anschließend Hügelland, im zentralen Landesteil das Togo-Atakora-Gebirge, im NW Tafelland der Oti-Ebene
Klima:
Tropisches Klima
Hauptflüsse:
Mono, Oti
Höchster Punkt:
Mont Agou 983 m
DER STAAT
Regierungsform:
Präsidiale Republik

Staatsoberhaupt:
Staatspräsident
Regierungschef:
Ministerpräsident
Verwaltung:
5 Regionen, 21 Präfekturen
Parlament:
Nationalversammlung mit 81 für 5 Jahre gewählten Abgeordneten
Nationalfeiertag:
27. April
DIE MENSCHEN
Einwohner (Ew.):
4 512 000 (1999)
Bevölkerungsdichte:
79 Ew./km²
Stadtbevölkerung: 33 %
Bevölkerung unter 15 Jahren: 46 %
Analphabetenquote:
48 %

Sprache:
Französisch, Ewe
Religion:
Katholiken 22 %, Moslems 15 %, Anhänger von traditionellen Religionen
DIE WIRTSCHAFT
Währung:
CFA-Franc
Bruttosozialprodukt (BSP):
1471 Mio. US-$ (1998)
BSP je Einwohner:
330 US-$
Inflationsrate:
8,8 % (1990–98)
Importgüter:
Maschinen, Fahrzeuge, Nahrungsmittel, lebendes Vieh, Baumwollgewebe, Getränke, Erdölprodukte, Tabak

Landes wird von ölpalmreichen Feuchtsavannen eingenommen. Im südwestlichen Togogebirge gibt es Reste immergrünen Regenwalds, der auch die Flußtäler begleitet.

Die ethnische Vielfalt – 40 Völker und Stämme, die vom Mehrheitsvolk der Ewe im Süden über die Kabre-Gruppe bis zu den Hausa und Fulbe im Norden reichen – sowie die relative Unterentwicklung des meist islamischen Nordens gegenüber dem reicheren, christlich geprägten Süden sind die Grundlage für latente soziale Spannungen.

Schon in deutscher Kolonialzeit wurden die Grundlagen für Togos wichtigste Exportkulturen wie Kaffee und Kakao gelegt, die nach der Unabhängigkeit um den Anbau von Baumwolle erweitert wurden. Als Mitte der 70er Jahre der Weltmarktpreis für Phosphat rapide anstieg, bedeutete dies für Togo mit seinen reichen Phosphatvorkommen einen unerwarteten Geldsegen und die Möglichkeit, mit ausländischer Hilfe die Industrialisierung des Landes einzuleiten. Doch seit dem Preisverfall für alle Exportprodukte zu Beginn der 80er Jahre steht das Land vor einem hohen Schuldenberg: überdimensionierte, fehlgeplante, nicht funktionierende und kostspielige Industrievorhaben sowie unrentable Luxushotels haben sich zu einer schweren Bürde für den Staat entwickelt.

Vor den Mauern eines Gotteshauses in Lomé sind Marktstände aufgebaut *(oben),* wo sich die einheimischen Menschen mit Nahrungsmitteln und Gütern für den Haushalt versorgen.

Togo *(rechts)* war in der Vergangenheit ein häufiges Ziel der Raubzüge europäischer Sklavenhändler. Aus diesem Grund erhielt das Gebiet den Namen »Sklavenküste«.

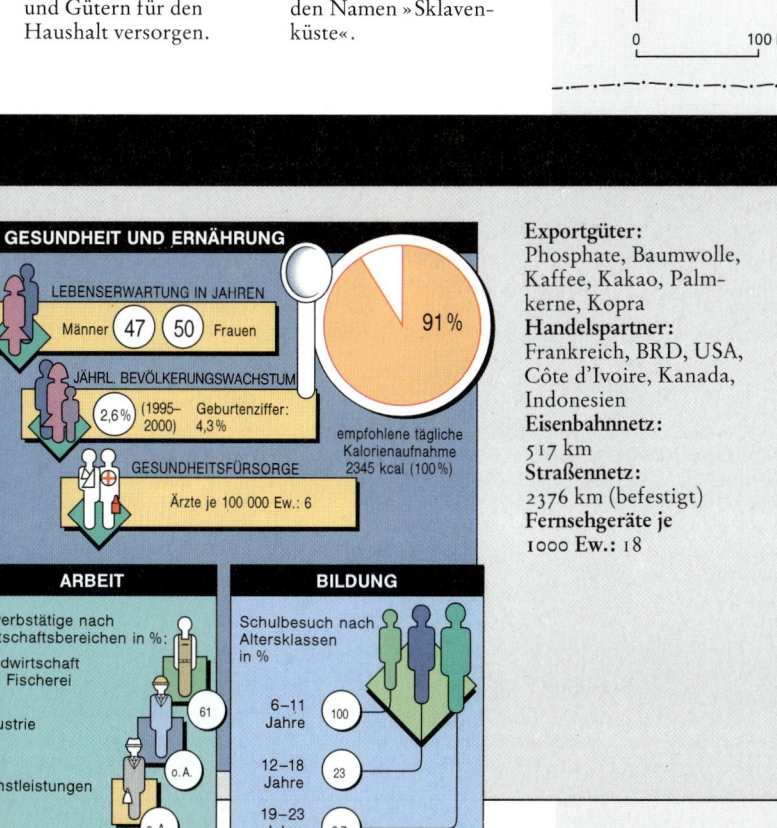

TONGA

Das Königreich Tonga besteht aus den drei Inselgruppen Vava'u, Ha'apai und Tongatapu, die zusammen als Tonga-Inseln oder Freundschaftsinseln bezeichnet werden, sowie einigen weiteren abgelegenen Inseln. Auf Tongatapu, der größten der insgesamt 169 Inseln, entfällt fast die Hälfte der Landesfläche. Sie ist auch politischer und wirtschaftlicher Mittelpunkt des Königreiches. Hier lebt der größte Teil der Tonganer, und hier liegt die kleine Hauptstadt Nuku'alofa mit der Residenz des Königs.

Unter den Staaten des pazifischen Raumes nimmt Tonga eine Sonderstellung ein, denn als einzige Inselgruppe hatten die Tonga-Inseln nie den Status einer Kolonie. Trotzdem stand Tonga zeitweilig unter starkem politischen Einfluß von Europäern.

In seiner heutigen Form als konstitutionelle Erbmonarchie geht der Staat auf die erste Hälfte des 19. Jahrhunderts zurück. Die Tradition des Königtums ist allerdings weitaus älter und läßt sich bis in das 10. Jahrhundert zurückverfolgen. Ursprünglich bestand ein Priesterkönigtum, in dem der von Göttern abstammend geltende König zugleich weltlicher Herrscher und höchster irdischer Repräsentant der Gottheiten war. Im Laufe der Zeit aber wurden weltliche und religiöse Herrschaft getrennt. Endgültig verloren gingen Ämter und Würden des religiösen Führers, als in den 30er Jahren des 19. Jahrhunderts der König und die meisten seiner Untertanen zum Christentum übertraten. Im Jahr 1965 übernahm der heutige König, Taufa'ahau Tupou IV. (* 1918), sein Amt von seiner Mutter, die als Königin Salote Tupou III. seit 1918 regiert hatte.

Die nördlichen Tonga-Inseln wurden bereits 1616 von niederländischen Seefahrern entdeckt und 1643 von dem Niederländer Abel Tasman als erstem Europäer betreten. Dreimal besuchte der englische Seefahrer James Cook (1728–1779) die Inseln. Seinen detaillierten Aufzeichnungen verdanken wir viele unserer Kenntnisse über die frühen Sitten und Gebräuche der Tonganer und über die Geschichte des Königreiches. Obwohl die Inseln auch in der folgenden Zeit gelegentlich von Europäern aufgesucht wurden, blieben sie doch zunächst von fremder Einflußnahme verschont. Die Missionierung durch englische Methodisten begann in den 20er Jahren des 19. Jahrhunderts. Zwischen 1830 und 1860 trat die Mehrzahl der Bewohner zum Christentum über.

Nach lange währenden Machtkämpfen zwischen den Häuptlingen gelang es Taufa'ahau, der sich nach dem britischen König Georg III. ebenfalls König Georg Tupou I. nannte, Tonga 1845 unter seiner Herrschaft zu einen. Er reformierte das Staatswesen, erließ erstmals schriftlich festgehaltene Gesetze und verbot die Sklaverei. Im Jahre 1875 erhielt der Staat eine am britischen Vorbild orientierte Verfassung, die im wesentlichen auch heute noch Gültigkeit hat. Allerdings ging mancher modern anmutende Gedanke der Staatsreform verloren und die Macht blieb nach wie vor beim König. Gegen Ende des 19. Jahrhunderts gewann der ehemalige Missionar Baker zunächst als Berater des Königs, dann als Premierminister so viel Einfluß, daß er die Geschicke des Landes diktatorisch lenken konnte.

Mitte des 19. Jahrhunderts war Tonga der einzige Staat im Südpazifik, der auch von den europäischen Mächten anerkannt wurde. Bereits 1855 schloß es einen Handelsvertrag mit Frankreich, später folgten Freundschafts- und Han-

Daten und Fakten

DAS LAND
Offizieller Name: Königreich Tonga
Hauptstadt: Nuku'alofa
Fläche: 747 km²
Landesnatur: 169 Inseln, davon nur 36 bewohnt; die westlichen Inseln sind von tätigen Vulkanen, die östlichen Inseln von Korallen aufgebaut
Klima: Tropisches Klima
Höchster Punkt: Vulkan Kao 1030 m
DER STAAT
Regierungsform: Konstitutionelle Monarchie mit parlamentarischen Ansätzen
Staatsoberhaupt: König
Regierungschef: Premierminister
Verwaltung: 5 Verwaltungseinheiten
Parlament: Parlament mit 30 Mitgliedern
Nationalfeiertag: 4. Juni
DIE MENSCHEN
Einwohner (Ew.): 98 000 (1999)
Bevölkerungsdichte: 131 Ew./km²
Stadtbevölkerung: 42 %
Bevölkerung unter 15 Jahren: 41,5 %
Analphabetenquote: 7 %
Sprache: Tongaisch, Englisch
Religion: Christen

DIE WIRTSCHAFT
Währung: Pa'anga
Bruttosozialprodukt (BSP): 167 Mio. US-$ (1998)
BSP je Einwohner: 1690 US-$
Inflationsrate: 3,6 % (1990-98)
Importgüter: Fast alle Konsumgüter, Maschinen, Erdöl
Exportgüter: Kokosnußprodukte, Vanille, Gemüse, Obst (Bananen), Fisch
Handelspartner: Neuseeland, Australien, EU-Länder, Japan, Fidschi, USA
Straßennetz: 680 km
Fernsehgeräte je 1000 Ew.: 20

delsverträge mit Deutschland, Großbritannien und den USA. Ein Schutzvertrag mit Großbritannien führte schließlich zur Errichtung des britischen Protektorats Tonga. Die Herrschaft des Königs in innenpolitischen Angelegenheiten blieb davon jedoch weitgehend unberührt. Erst 1970 wurde dieser Status aufgehoben, und Tonga wurde gleichberechtigtes Mitglied im Commonwealth.

Das Königreich Tonga *(links)* im Südpazifik besteht aus mehr als einhundertfünfzig Inseln. Die drei größten Inselgruppen von Norden nach Süden sind Vava'u, Ha'apai und Tongatapu. Sie sind zum Teil vulkanischen Ursprungs, zum Teil Korallenatolle.

Tonganer *(unten)* sind in farbenprächtige Gewänder für eine königliche Hochzeit gekleidet. Tonga, das letzte übriggebliebene Königreich in Polynesien, hat eine monarchische Tradition, die bis ins 10. Jahrhundert zurückverfolgt werden kann.

Wirtschaft

Die meisten Bewohner Tongas verdienen ihren Lebensunterhalt in der Landwirtschaft. Zur Selbstversorgung werden vor allem Maniok, Taro, Brotfrüchte, Zitrusfrüchte und Süßkartoffeln angebaut. Weit verbreitet sind Kokospalmenhaine. Die Kokosnüsse werden gespalten und getrocknet, um als Kopra exportiert zu werden. Neben Fisch ist Kopra traditionell das wichtigste Exportprodukt des Landes. Seit einigen Jahren erfolgt jedoch die Weiterverarbeitung bereits in Tonga, so daß heute auch Kokosöl ausgeführt wird. An Bedeutung gewonnen hat auch der Export von Vanille, von Gemüse und Obst, vor allem von Bananen. Wichtigste Handelspartner sind Australien, Neuseeland und Japan. Der hohe Geburtenüberschuß und die ungünstige wirtschaftliche Situation, vor allem der Mangel an Arbeitsplätzen, hat dazu geführt, daß viele Tonganer auswandern oder zumindest zeitweilig im Ausland Arbeit suchen.

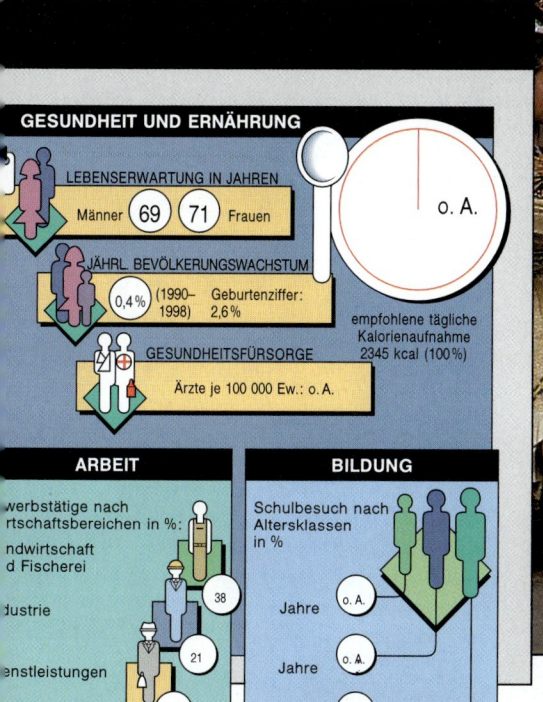

TONGA: DAS LAND

Die 169 Inseln des Königreichs Tonga, von denen weniger als ein Drittel bewohnt sind, gehören zu Polynesien. Sie verdanken ihre Entstehung einerseits dem Vulkanismus, andererseits dem Wirken von riffbauenden Korallen. Die reinen Vulkaninseln, vor allem im Westen, sind durch untermeerische Vulkanausbrüche entstanden.

Koralleninseln können auch eine spektakuläre Entstehungsgeschichte haben, wie etwa die Insel Lateiki, die 1890 noch 480 m über den Meeresspiegel emporragte. Zweimal verschwand sie in der folgenden Zeit im Wasser, bis sie 1979 wieder aus dem Meer auftauchte. Hebungen und Senkungen, die sich in der Regel allerdings weitaus langsamer vollziehen, muß es in der geologischen Geschichte der Tonga-Inseln wohl häufiger gegeben haben – schließlich ragen einige der Koralleninseln, vor allem im Osten des Archipels, bis über 300 m über den Meeresspiegel empor. Um diesen Betrag müssen sie mindestens gehoben worden sein, denn die riffbauenden Korallen können nur im Wasser wenige Meter unter der Meeresoberfläche gedeihen.

Auswirkungen der Plattentektonik

Der Vulkanismus im Gebiet der Tonga-Inseln steht in Zusammenhang mit einer der großen Nahtstellen der Erdkruste, die östlich der Inseln in Nord-Süd-Richtung verläuft. Nach der heute von den meisten Geologen vertretenen Ansicht bewegt sich der Meeresboden des Südwestpazifik allmählich nach Westen und wird im Bereich der Tonga-Inseln unter die angrenzende australische Erdkrustenplatte geschoben. Durch diesen Vorgang, in der Fachsprache der Geologen »Subduktion« genannt, entsteht eine Absenkung des Meeresbodens, die im Tongagraben 10 882 m Tiefe erreicht und sich südwärts im Kermadecgraben fortsetzt. Während die Pazifische Platte abtaucht, wird die Australische Platte am Rand allmählich leicht aufgebogen. Korallenriffe und untermeerische Vulkankegel können durch diesen Hebungsvorgang über den Meeresspiegel gelangen und damit zu Inseln werden.

Die in der geologischen Vergangenheit wie gelegentlich auch in der Gegenwart vorkommenden, gewaltigen Eruptionen der Vulkane und häufigen Erdbeben sind auf derartige plattentektonische Prozesse zurückzuführen. Gegenwärtig gelten im Bereich der Tonga-Inseln nur fünf Vulkane als aktiv, jedoch sind überraschende Ausbrüche anderer Vulkane nicht auszuschließen. Manche Insel ist in ihrer heutigen Form nur der Rest eines früher viel größeren Vulkans, in dessen Explosionskrater das Meer eingedrungen ist.

Viele der geologischen Prozesse im Bereich der Tonga-Inseln, seien es Vulkanausbrüche oder Erdbeben, ereignen sich jedoch in der Tiefe des Meeres, so daß man auf den Inseln hiervon nur selten etwas spürt.

Die geologischen Aktivitäten an der Grenze zwischen pazifischer und australischer Erdkrustenplatte haben dazu geführt, daß viele Korallenriffe mit dem Meeresboden gehoben wurden. Dadurch ragen sie heute als »hohe« Inseln steil aus dem Meer. Viele der größeren Inseln Tongas gehören zu diesem Inseltyp, auch die Hauptinsel Tongatapu und die Insel Eua, deren drei Hebungsphasen deutlich an markanten Terrassenstufen zu erkennen sind.

So zerstörerisch gerade die explosiven Vulkanausbrüche sein können, so nutzbringend sind sie aber für die Tonga-Inseln: die bei einem Ausbruch weithin verteilte vulkanische Asche sorgt auf natürliche Weise für eine Nährstoffanreicherung der Böden.

Auf den Inseln herrscht ein ausgeglichen mäßig feuchtes Tropenklima mit regionalen Unterschieden. Der meiste Regen fällt im Norden. Während der Regenzeit wird die Inselgruppe häufig von tropischen Wirbelstürmen heimgesucht, die schwere Schäden verursachen können. Ursprünglich waren die Inseln von tropischem Regenwald bedeckt, der jedoch infolge der intensiven landwirtschaftlichen Nutzung zurückgedrängt worden ist.

Bevölkerung und Kultur

Die Bevölkerung Tongas besteht nahezu vollständig aus Nachfahren der Polynesier, die vor mehr als 6000 Jahren den Samoa- und Tonga-

Yams *(rechts)*, eine Wurzelfrucht, die das Hauptnahrungsmittel auf den Inseln ist, und andere Gemüsesorten werden auf einem tongaischen Markt zum Kauf angeboten. Die Landwirtschaft ist die Stütze der tongaischen Wirtschaft.

Traditionelle Holzschnitzereien und Korbwaren *(unten)* werden hier Touristen, die vor allem aus Australien und Neuseeland kommen, als Andenken angeboten. Deviseneinnahmen durch den Fremdenverkehr gewinnen immer mehr an Bedeutung.

TONGA

Archipel besiedelten und von hier aus in weiteren Wanderungen große Teile der pazifischen Inselwelt kolonisierten. Infolge der geographischen Isolation entwickelten auch die Tonganer im Laufe der Jahrhunderte eine eigene Kultur und Lebensweise, die sie in ihrer polynesischen Sprache, dem Tongaisch, »Fakatonga«, die traditionelle Lebensweise, nennen. Auf sie sind sie stolz, auch wenn sie in vielen Bereichen des alltäglichen Lebens den Wert der aus der Fremde kommenden Neuerungen bereitwillig akzeptiert haben. Noch heute ist die Gesellschaft stark hierarchisch gegliedert und das Alltagsleben wird vom Standesbewußtsein beherrscht.

Als sich gegen Ende des 18. Jahrhunderts die Kontakte der Tonganer mit den Europäern mehrten, blieb das nicht ohne Einfluß auf die jahrhundertealte Kultur. Die europäisch beein-

flußte Lebensweise wird »Fakapalangi« genannt. Einen entscheidenden Einschnitt im gesellschaftlichen Leben der Bevölkerung bedeutete der Übertritt zum Christentum in den 20er Jahren des 19. Jahrhunderts. Heute sind fast drei Viertel der Bevölkerung Methodisten, der Rest gehört verschiedenen christlichen Gemeinschaften an.

Bei den wichtigsten Ereignissen im Leben der Tonganer, wie beispielsweise bei Geburten, Hochzeiten und Todesfällen, werden auch heute noch viele alte Bräuche gepflegt. Teilweise rituelle Bedeutung hat die Verwendung von »Tapa«, den breiten dekorativen Stoffbahnen, die aus der Bastschicht des hierfür eigens angebauten Papiermaulbeerbaums hergestellt werden. Benutzt wird die Tapa meist noch bei festlichen Anlässen als Bekleidung, als Wandschmuck oder auch als Geschenk. Im Alltagsleben haben sich jedoch weitgehend importierte Textilien durchgesetzt.

Wellen des Südpazifik *(ganz oben)* brechen sich am Inselufer, das hier terrassenförmig ausgebildet ist. Die markanten Terrassenstufen sind ein deutlicher Hinweis darauf, daß diese Insel in der Vergangenheit mehrmals gehoben worden ist.

Tonganer *(oben)*, mit Blumen bekränzt und traditionell gekleidet, machen eine Floßfahrt durch eine ruhige Lagune. Im Heck des Floßes spielen zwei Musikanten auf dem Tritons-Muschelhorn, einem der ältesten Instrumente der Welt.

Tongaische Mädchen *(oben rechts)* in ihrer Schuluniform. Das Gesetz schreibt den Schulbesuch für Kinder von sechs bis vierzehn Jahren vor. Grundschulen stehen unter der Leitung der Regierung, höhere Schulen unter der religiöser Stiftungen.

TRINIDAD UND TOBAGO

Sonne, See und Sand garantieren Entspannung auf Tobago *(rechts oben)*. Die Insel zieht jedes Jahr viele Touristen an ihre großartigen Strände.

Ein junger Fischer *(unten)* auf Tobago. Die Landwirtschaft baut vorwiegend Exportprodukte an. Ein Großteil der Nahrungsmittel muß eingeführt werden.

Wer in den ersten Wochen des Jahres durch die Karibik reist, braucht nicht unbedingt die Sprachen dieser Vielvölkergegend zu verstehen, um aus dem Pidgin-Englisch, Französisch-Patois und Holländisch-Papiamento ein unmißverständliches Wort herauszuhören: Karneval. Der ausgelassenste und aufwendigste Karneval wird auf Trinidad gefeiert, der größten Insel der Kleinen Antillen. Dann finden Menschen aller Hautfarben zueinander und bewegen sich, phantasie- und prachtvoll kostümiert, tanzend, springend und singend zu Calypso- und Limbo-Rhythmen auf den Straßen und Plätzen. Trinidad ist die Heimat des Calypso. Ursprünglich handelte es sich um Sklavenlieder, die spöttische Anspielungen auf die weißen Herrschaften enthielten. Aber erst die Steelbands haben dem Calypso und dem Karneval den unverkennbaren Klang der Karibik gegeben. In Anlehnung an die Shango-Trommel der aus Afrika stammenden Sklaven wandelten schwarze Trinidader nach dem Zweiten Weltkrieg zurückgelassene Öltonnen und Benzinfässer der Alliierten zu Schlaginstrumenten um und entlockten ihnen mit Hilfe von Gummiklöppeln glockenähnliche Töne.

Trinidad wurde 1498 von Christoph Kolumbus (1451–1506) im Namen der spanischen Krone in Besitz genommen. Die indianischen Ureinwohner waren in kurzer Zeit durch eingeschleppte Krankheiten, Fronarbeit und Massenselbstmord ausgerottet worden. Im spanisch-englischen Krieg 1797 hatten die Briten leichtes Spiel, die Insel zu erobern. Wechselvoller war das Schicksal der kleinen Nachbarinsel Tobago: sie ging in 200 Jahren dreißigmal in andere Hände über, bis sie 1814 schließlich dauerhaft in britischen Besitz gelangte und 1889 mit Trinidad zu einer Kronkolonie zusammengefaßt wurde. Im Jahre 1976 löste die seit 1962 unabhängige Monarchie ihre Bindung an die britische Krone und erhielt den Status einer präsidialen Republik im Rahmen des Commonwealth.

Bevölkerung und Wirtschaft

Für die Arbeit auf den Zucker- und Kaffeeplantagen beschafften sich die britischen Pflanzer Sklaven aus Afrika. Nach dem Verbot der Sklaverei im 19. Jahrhundert wurden vermehrt Kontraktarbeiter aus Asien angeworben. Während auf Tobago heute überwiegend die Nachkommen ehemaliger schwarzer Sklaven leben, ist die ethnische Zusammensetzung auf Trinidad gemischter. Schwarze und Mischlinge bilden zwar auch hier den stärksten Bevölkerungsanteil, aber 40 % der Einwohner sind Inder. Die strikte Trennung ihrer Lebensbereiche kommt auch in der Parteienlandschaft zum Ausdruck. Die Regierungspartei »Vereinigter Nationalkongreß« (UNC) stützt sich vornehmlich auf den indischen Bevölkerungsteil, die »People's National Movement« (PNM) auf die schwarze Bevölkerung. Mit Baseo Panday (* 1933), dem Vorsitzenden des UNC, ist seit 1995 erstmals ein indischstämmiger Premierminister im Amt. Er setzt sich sehr für eine Liberalisierung der Wirtschaft ein.

Die Inselwirtschaft gründet sich immer noch auf Zucker und Rum, aber noch mehr auf Erdöl und Erdölprodukte. Nicht nur Trinidads »schwarzes Gold«, auch aus Venezuela importiertes Rohöl wird in den Raffinerien von San Fernando für den einheimischen Markt und für den Export verarbeitet. In der einst vorherrschenden Landwirtschaft sind nur noch etwa

Daten und Fakten

DAS LAND
Offizieller Name: Republik Trinidad und Tobago
Hauptstadt: Port of Spain
Fläche: 5130 km²
Landesnatur: Trinidad: von W nach O von 3 parallelen Bergketten durchzogen; Tobago: Gebirgsland
Klima: Tropisch
Hauptflüsse: Caroní, Ortoire
Höchster Punkt: Mount Aripo 940 m
DER STAAT
Regierungsform: Präsidiale Republik
Staatsoberhaupt: Staatspräsident

Regierungschef: Ministerpräsident
Verwaltung: 8 Counties, 3 Stadtbezirke und Insel Tobago
Nationalfeiertag: 31. August
DIE MENSCHEN
Einwohner (Ew.): 1 289 000 (1999)
Bevölkerungsdichte: 251 Ew./km²
Stadtbevölkerung: 72 %
Analphabetenquote: 2 %
Sprache: Englisch, Hindi
Religion: Christen 40 %, Hindus 24 %, Moslems 6 %
DIE WIRTSCHAFT
Währung: Trinidad- u.-Tobago-Dollar

Bruttosozialprodukt (BSP): 5835 Mio. US-$ (1998)
BSP je Einwohner: 4430 US-$
Inflationsrate: 6,9 % (1990–98)
Importgüter: Konsumgüter, Nahrungsmittel
Exportgüter: Erdöl u. -derivate, Ammoniak, Düngemittel, Eisen, Stahl, Zucker, Rum, Kakao
Handelspartner: USA, Jamaika, Barbados, EU-Staaten, Japan
Straßennetz: 8000 km
Fernsehgeräte je 1000 Ew.: 330

9 %, in der Industrie aber bereits 25 % aller Erwerbstätigen beschäftigt, darunter Gastarbeiter von benachbarten Inseln. Die drittgrößte Einnahmequelle des Landes bildet der schnell wachsende Fremdenverkehr.

Die Landschaft

An landschaftlichen Reizen hat Trinidad weniger zu bieten als die kleinere Schwesterinsel Tobago. Trinidad, von den trüben Fluten des Orinocos umspült und in Sichtweite der venezolanischen Küste, gehört geologisch noch zum südamerikanischen Festland und wird von drei parallel in Ost-West-Richtung streichenden Bergketten geprägt. Hinter der Nordkette, die im Mount Aripo mit 940 m ihren höchsten Punkt erreicht, liegen einige vorwiegend von Einheimischen besuchte Strände. Die Sumpfgebiete und Industrieanlagen um die Hauptstadt Port of Spain sind keine besondere Augenweide. Die Regierungsgebäude aus der Kolonialzeit und die modernen Geschäftshäuser im Stadtzentrum kontrastieren mit den ärmlichen Randvierteln.

Von spröder Schönheit ist der berühmte Asphaltsee bei San Fernando, aus dem Trinidad vor dem Erdölzeitalter sein Hauptausfuhrgut gewann. Der internationale Fremdenverkehr bevorzugt die von der Industrialisierung unberührt gebliebene Nachbarinsel Tobago mit ihren weiten Sandstränden, ihren Buchten und Klippen. Die Tourismuswerbung bezeichnet sie als Robinson-Insel. Angeblich hat sie den englischen Schriftsteller Daniel Defoe zu seinem Abenteuerroman »Robinson Crusoe« angeregt – ein Anspruch, den jedoch die Chilenen für eine der Juan-Fernández-Inseln gleichermaßen stellen.

Die zum Himmel ragenden Schornsteine einer Ölraffinerie *(links)* beherrschen die Bucht von San Fernando an der Südwestküste Trinidads. Die Erdölindustrie ist heute der führende Wirtschaftszweig.

Die Inseln Trinidad und Tobago *(unten),* die früher eine britische Kolonie bildeten, sind seit 1962 eine unabhängige Republik.

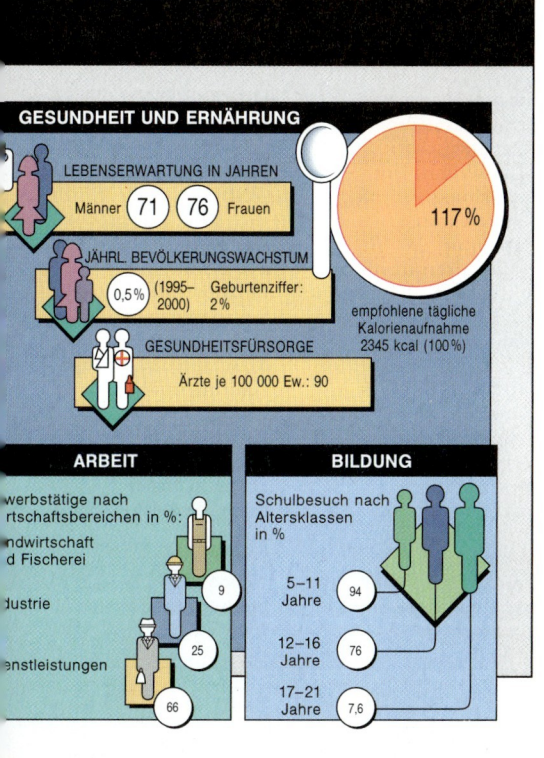

TSCHAD

Tschad liegt genau im geographischen Zentrum des afrikanischen Kontinents. Die Geschichte des heutigen Staatsgebiets wurde deshalb schon lange vor der Unabhängigkeit innerhalb der 1884 auf der Berliner Afrika-Konferenz mit dem Lineal gezogenen Grenzen im wesentlichen durch miteinander konkurrierende und um die Kontrolle des Gebietes kämpfende Völker geprägt. Die nördliche Wüstenregion des Landes, die heutigen Provinzen Borkou, Ennedi und Tibesti, war viele Jahrhunderte unter dem Einfluß der Herrscher Libyens. Sowohl weite Teile der Sahara als auch des im Süden daran anschließenden Sahel gerieten im 9. Jahrhundert unter den Einfluß des Großreichs von Kanem und Bornu, das von arabischen Reisenden als reich und wohlorganisiert beschrieben wurde. Neben der rund tausend Jahre bestehenden Dynastie entstanden im 16. und 17. Jahrhundert die Reiche von Baguirmi und Ouadaï. Die wirtschaftliche Basis dieser stark zentralisierten, bereits früh islamisierten Reiche bildeten vor allem der Sklavenhandel und der Transsahara-Handel zwischen Mittelmeer und Schwarzafrika. Ende des 19. Jahrhunderts fiel der arabische Heerführer Rabeh Zobeir aus dem Sudan ein. Durch Intensivierung des Sklavenhandels baute er einen mächtigen und wohlorganisierten Staat auf. Doch mit dem wachsenden Interesse der europäischen Kolonialmächte drängten 1890 erstmals französische Truppen in das Land, die nach zehn Jahren Rabeh besiegen konnten. Nur in den Nordprovinzen dauerte der Widerstand gegen die französische Inbesitznahme bis zum Jahre 1930 an.

In der relativ kurzen Kolonialzeit war Frankreich im unzugänglichen und wirtschaftlich uninteressanten weitflächigen Norden des Landes

Daten und Fakten

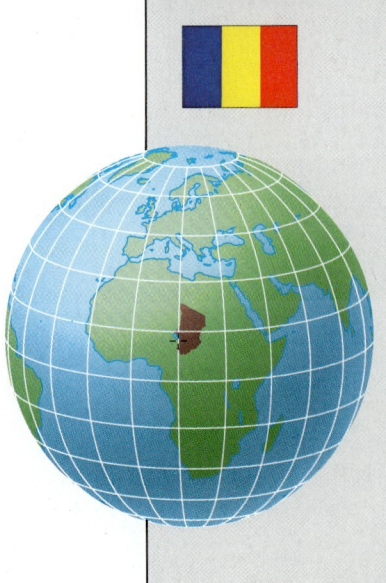

DAS LAND
Offizieller Name: Republik Tschad
Hauptstadt: N'Djamena
Fläche: 1 284 000 km²
Landesnatur: Im W Tschadbekken, im O Hochländer Wadai u. Ennedi, im N Tibesti, Sahara
Klima: Wüstenklima im N, wechselfeuchtes Tropenklima im S
Hauptflüsse: Chari, Bahr Salamat, Logone
Höchster Punkt: Emi Koussi 3415 m
Tiefster Punkt: Bodélé-Senke 160 m
DER STAAT
Regierungsform: Präsidiale Republik

Staatsoberhaupt: Staatspräsident
Regierungschef: Ministerpräsident
Verwaltung: 14 Präfekturen
Parlament: Nationalversammlung mit 125 für 4 Jahre gewählten Mitgliedern
Nationalfeiertag: 11. August
DIE MENSCHEN
Einwohner (Ew.): 7 458 000 (1999)
Bevölkerungsdichte: 6 Ew./km²
Stadtbevölkerung: 24 %
Analphabetenquote: 53 %
Sprache: Französisch, Arabisch
Religion: Moslems 54 %, Katholiken 20 %

DIE WIRTSCHAFT
Währung: CFA-Franc
Bruttosozialprodukt (BSP): 1691 Mio. US-$ (1998)
BSP je Einwohner: 230 US-$
Inflationsrate: 8,3 % (1990–98)
Importgüter: Maschinen, Fahrzeuge, Nahrungsmittel
Exportgüter: Baumwolle, Viehzuchtprodukte, Erdnüsse
Handelspartner: Frankreich, Kamerun, Nigeria
Straßennetz: 32 000 km
Fernsehgeräte je 1000 Ew.: 1

vollauf mit der »Befriedung« der auf Bewegungsfreiheit bestehenden, nomadisierenden, alle Grenzen mißachtenden Wüstenvölker beschäftigt. Durch die Auferlegung einer Vielzahl von Steuern, das Einsetzen steuereintreibender Verwaltungs-Häuptlinge und durch Zwangsarbeit wurde im von Schwarzafrikanern besiedelten Süden gewaltsam der Anbau der neuen Exportkultur Baumwolle forciert. Tschads erste Partei hatte deshalb »Keine Baumwolle, keine Häuptlinge, keine Steuern mehr« zum Motto.

Staatliche- und Missionsschulen bildeten eine kleine Zahl von Lehrern und Schreibern für Verwaltung und Baumwollwirtschaft aus. Ein Produkt dieser minimalen Bildung im südlichen, schwarzen Tschad war François Tombalbaye (1918–1975), der als erster Staatspräsident der unabhängigen Republik Tschad eingesetzt wurde. Er verfolgte eine Politik, die die in Jahrhunderten gewachsenen und von der Kolonialmacht Frankreich geförderten Konflikte zwischen den höchst unterschiedlichen Völkern rasch verschärfte. Zum ersten Mal in der Geschichte des Landes besaßen zwar Vertreter der früher vom Norden versklavten schwarzen Mehrheit die Macht, doch setzten sie diese immer brutaler erst gegen die früher vorherrschenden weißen Mitbürger im Norden, dann auch gegen die eigenen schwarzen Landsleute im Süden ein. Dies führte 1966 zur Gründung der Befreiungsbewegung FROLINAT (Front de Libération Nationale Tchadien) unter der Führung von Hissein Habré (* 1942) und Goukouni Weddeye (* 1944), die beide aus dem islamischen Norden stammen. 1975 wurde Tombalbaye während eines Militärputsches ermordet. In den folgenden Jahren kam es zu einer immer rascheren Abfolge von bewaffneten Kämpfen von mehreren politischen Gruppen, wobei sich auch die ehemals gemeinsamen Führer der FROLINAT nun gegenüberstanden. Sie wurden von Ländern wie Libyen, Sudan, Ägypten, Zaire, Frankreich, USA sowie Israel unterstützt. Der nördliche Nachbar Libyen wurde häufiger zur Hilfe gerufen, dann wieder aus dem Land gebeten oder militärisch bekämpft. Letztendlich obsiegte lange Zeit Hissein Habré. Vor allem auf Drängen der USA und konservativer afrikanischer Präsidenten mußte Frankreich den früher von Libyen unterstützten Habré in zwei Militäreinsätzen vor Libyen retten. Mitte 1988 hatten die meist noch im Kindesalter stehenden Wüstenkrieger vom Volk der Tibbu den ehemaligen Rebellen Habré in der im Süden gelegenen Hauptstadt N'Djamena erfolgreich an die Macht geschossen und so die alte Vorherrschaft des Nordens wiederhergestellt. In der Zentralregion des Tschads entstand schnell eine Widerstandsbewegung gegen das neue Regime. Im Jahr 1990 wurde Hissein Habré von dem Rebellenführer Idrisse Deby (* 1952) gestürzt, der seitdem Staatschef ist.

Langhornrinder *(links)* überqueren eine Brücke über den Fluß Chari (Schari), den bedeutendsten Wasserweg im südlichen Tschad.

Der Tschad *(rechts)* verdankt seinen Namen dem großen, an der südwestlichen Grenze gelegenen See. Der Norden wird von unfruchtbaren Wüsten und felsigen Hochländern eingenommen, die im Zentrum des Landes in grasbedeckte Savannen übergehen. Die fruchtbarsten Gebiete sind am Fluß Chari.

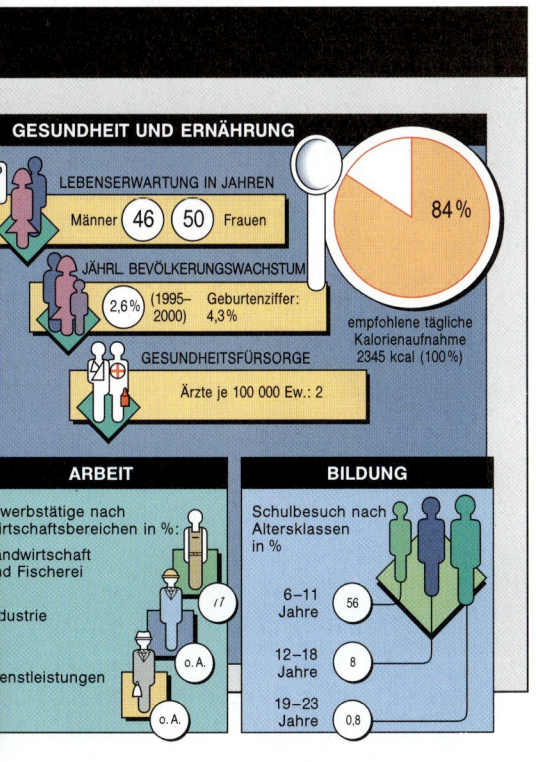

TSCHAD: DAS LAND

Die Republik Tschad ist von einem Nord-Süd-Gegensatz gekennzeichnet, der sich im Landschaftsbild, in der Bevölkerungsverteilung und in der Politik auswirkt.

Das Land liegt im Ostteil des Tschadbeckens, das während der Kaltzeiten mit Wasser gefüllt war. Das küstenferne Land im »Herzen Afrikas« gliedert sich in einen wüstenhaften Norden mit den höchsten Erhebungen im Ennedi und im Tibesti-Gebirge, wo der 3415 m hohe Berg Emi Koussi liegt, und in den äquatorialafrikanischen Süden, der durch die Überschwemmungslandschaften der Flüsse Chari und Logone sowie des Tschadsees gebildet wird. Nur hier in der tropisch-feuchten Landschaft ist Ackerbau möglich. Infolgedessen ist diese Region, die nur ein Viertel der Gesamtfläche einnimmt, für die Hälfte der Bevölkerung des Landes ein bevorzugtes Siedlungsgebiet. Im Tschad leben überwiegend schwarze Sudanvölker mit den Sara und den Hausa als größte Einzelgruppen. Die im Süden lebenden Völker halten größtenteils an ihren alten Naturreligionen fest, nur wenige konnten durch Missionstätigkeit für den christlichen Glauben gewonnen werden. Der sehr dünn besiedelte Norden wird von islamischen arabischen bzw. arabisierten Viehzüchtern oder Nomaden bewohnt, zu denen auch die Tibbu und die Kanuri gehören.

Die traditionellen Auseinandersetzungen zwischen nomadisierenden und seßhaften Völkern nehmen immer wieder äußerst gewaltsame und blutige Formen an, bis hin zum Bruderkrieg unter Einsatz modernster Handfeuerwaffen.

Die ohnehin geringen natürlichen landwirtschaftlichen Ressourcen des Landes konnten wegen der andauernden Kriegshandlungen nicht entwickelt oder neu erschlossen werden. Wie in den Nachbarstaaten litten Landwirtschaft und Viehzucht in der Sahelzone unter den zwei großen, katastrophalen Dürren der 70er und 80er Jahre. Mitte der 80er Jahre bewirkte zudem der rapide Preisverfall für Baumwolle auf dem Weltmarkt, daß sich der früher einmal aufgezwungene Anbau nicht mehr lohnte. Da die Baumwolle jedoch im Süden des Landes mehr als 40 % der Gesamtbevölkerung wenigstens ein minimales Geldeinkommen verschafft, wurde mit Unterstützung politisch motivierter multinationaler Finanzaktionen der bei weitem wichtigste Devisenbringer und Arbeitgeber des Landes vorerst gerettet.

Kein Geld für die Entwicklung

Nach der Verringerung oder gar dem Wegfall der Erlöse aus dem Baumwollexport fehlt dem Tschad eine regelmäßige Einkommensquelle. Lediglich der Tschadsee liefert mit seinem Fischreichtum und der Natrongewinnung Güter für den Export. An den Ausbau einer dringend benötigten modernen Infrastruktur ist aus Kapitalmangel aber nicht zu denken. Wegen fehlender Verkehrswege lassen sich selbst landwirtschaftliche Überschüsse wie Hirse aus dem Sü-

Die Arabisch sprechenden Tibbu (oben) im Norden des Tschad sind Nomaden. Sie folgen ihrem Vieh von einer dürftigen Weide zur nächsten. Sie sammeln getrocknete Palmwedel und stellen daraus Körbe und Vorratsbehälter her.

In Faya-Largeau (rechts), südwestlich des Tibesti-Gebirges gelegen, kreuzen sich zwei durch die Sahara führende Karawanenstraßen. Der Marktplatz bietet den nomadisierenden Tibbu Gelegenheit, ihr Vieh gegen Getreide einzutauschen.

Die traditionellen runden Getreidespeicher *(rechts)* sind charakteristisch für den südlichen Tschad. Im Vergleich zu den übrigen Landesteilen sind die Ebenen des Südens gut bewässert und ermöglichen den Anbau vieler Feldfrüchte.

Der Fischreichtum des Tschadsees *(unten)* wird von vier Staaten genutzt: Niger, Tschad, Kamerun und Nigeria profitieren von ihren Anteilen an diesem Gewässer. Auch die großen Flüsse im Süden des Tschad sind sehr fischreich.

den nicht in weiter nördlich gelegene Defizit-Regionen transportieren. In der Nähe des Tschadsees wurden zwar Öl- und Gasvorkommen ausgemacht, doch fehlen zu ihrer Erschließung und Ausbeutung ebenso die Mittel wie für die im umstrittenen, lange Zeit von Libyen besetzten Aouzou-Streifen im Norden des Landes, wo es Uran und andere Erzvorkommen gibt. Bei fortschreitender Verwüstung der landwirtschaftlich nutzbaren Regionen sind die wirtschaftlichen Aussichten dieses vielleicht künstlichsten aller afrikanischen Kunststaaten denkbar schlecht. Umso schlechter als auch nach dem politischen Sieg Habrés und seiner Stabilisierung durch massive Militär- und Überlebenshilfe sowie nach der Machtübernahme durch Idrisse Deby dauerhafte Sicherheit und Ordnung keineswegs gewährleistet sind.

Mit dem Ende der weltpolitisch überbewerteten Auseinandersetzung zwischen Tschad und Libyen verliert der Tschad zunehmend an Bedeutung und damit auch an Unterstützung. Der schon immer bitterarme, durch drei Jahrzehnte Krieg geschwächte Staat wird heute von den Vertretern der islamisierten Bevölkerungsminderheit beherrscht. Bei sinkenden Hilfsleistungen wird der Staat seine Überlebenschance im schwarzafrikanischen Süden des Landes suchen müssen. Mit Schulen, Krankenhäusern und landwirtschaftlichen Projekten sind hier allein die Kirchen präsent. Ein neuer Konflikt zwischen Kirche und Staat, aber auch zwischen schwarzer Volksmehrheit und den Regierenden ist vorprogrammiert. In der Hauptstadt N'Djamena begann er bereits, als die Vertreter des islamischen Nordens ihre Kinder in die Missionsschulen schicken wollten, um ihnen eine moderne Schulbildung zukommen zu lassen.

Der Rat von europäischen Außenministerien, den unruhigen Tschad bis auf weiteres nicht als Tourist zu besuchen, ist vernünftig und muß wohl noch für einige Zeit Gültigkeit besitzen.

TSCHECHISCHE REPUBLIK

Die im 6. Jahrhundert eingewanderten slawischen Stämme, aus denen im Lauf der Zeit die beiden Völker der Tschechen und der Slowaken hervorgingen, waren im 9. Jahrhundert im Großmährischen Reich vereint. Die Länder Böhmen und Mähren fanden Anschluß an die politische und kulturelle Entwicklung Mitteleuropas. Herzog Wenzel I., der Heilige, Böhmens Landespatron, erkannte 929 den deutschen König als Lehnsherrn an. Die Herzöge von Böhmen erhielten 1198 die erbliche Königswürde und wurden mächtige Reichsfürsten. Sie riefen viele deutsche Siedler ins Land. Unter Kaiser Karl IV., der 1346–1378 regierte, war Prag die Hauptstadt des Heiligen Römischen Reichs; hier wurde 1348 die erste deutsche Universität gegründet. In den Hussitenkriegen des 15. Jahrhunderts mischten sich religiöse und soziale, aber auch nationaltschechische Bestrebungen. Im Jahr 1526 fiel das Königreich Böhmen im Erbgang an das Haus Habsburg. Die Revolte des böhmischen protestantischen Adels gegen das katholische Habsburg, die 1618 den Dreißigjährigen Krieg auslöste, wurde blutig niedergeschlagen. Die seit dem Mittelalter lebendige tschechische Nationalkultur wurde für ein Jahrhundert zurückgedrängt. Im 18. Jahrhundert setzte mit zunehmender Abgrenzung vom deutschen Kulturleben ein neuer Aufschwung ein. Ein neues tschechisches Nationalbewußtsein erwachte und fand im 19. Jahrhundert politischen Ausdruck in der Forderung nach Autonomie im Rahmen der österreichisch-ungarischen Doppelmonarchie.

Der Erste Weltkrieg offenbarte die Brüchigkeit der Donaumonarchie. Tomáš Masaryk (1850–1937) und Edvard Beneš (1884–1948), die an die Spitze der tschechischen Nationalbewegung getreten waren, verwarfen die Autonomieforderung und strebten die volle Unabhängigkeit an. Mit Vertretern der slowakischen Bewegung einigten sie sich auf einen gemeinsamen tschechisch-slowakischen Staat. Sie gewannen die Unterstützung der Westalliierten für ihre Ziele, so daß noch vor dem Kriegsende am 28.10.1918 die Unabhängigkeit ausgerufen und wenig später die Tschechoslowakische Republik (ČSR) mit Masaryk als erstem Präsidenten proklamiert werden konnte.

Tschechoslowakei

Von den 14,7 Millionen Einwohnern der ČSR im Jahr 1930 waren 7,2 Millionen Tschechen, 2,5 Millionen Slowaken, 3,2 Millionen Deutsche (sogenannte Sudetendeutsche), 700 000 Ungarn, 550 000 Ukrainer und 80 000 Polen. Die Minderheiten erhielten entgegen früheren Zusagen keine Autonomie, und auch die Slowaken fühlten sich benachteiligt. Es bestand die Vorherrschaft der zahlenmäßig, kulturell und wirtschaftlich überlegenen Tschechen.

Die Unzufriedenheit der Sudetendeutschen machte sich Hitler zunutze. Er schürte den Konflikt mit Prag und erzwang im Oktober

TSCHECHISCHE REPUBLIK

1938 die Abtretung des Sudetenlandes und zerschlug 1939 die Tschechoslowakei. Böhmen und Mähren wurden als »Protektorat« dem Reich eingegliedert, während die Slowakei ein Vasallenstaat Deutschlands wurde. Gegen die deutsche Besatzungsherrschaft erhob sich Widerstand; er wurde mit Terror beantwortet. Im Zweiten Weltkrieg bildete Beneš in London eine Exilregierung, die von den Mächten der Anti-Hitler-Koalition anerkannt wurde. Nach Kriegsende wurde die Tschechoslowakei in ihren alten Grenzen wiederhergestellt, mit Ausnahme der Karpato-Ukraine, die die Sowjetunion annektierte. Fast 3 Millionen Sudetendeutsche wurden aus ihrer Heimat vertrieben, wobei mindestens 200 000 ihr Leben verloren.

Im erneuerten tschechoslowakischen Staat besaßen die Kommunisten unter Führung von Klement Gottwald (1896–1953) von Anfang an eine starke Stellung. Im Februar 1948 beseitigten sie durch einen Staatsstreich mit sowjetischer Rückendeckung das bürgerlich-demokratische System. Es folgten Jahre des stalinistischen Terrors.

Im Gefolge der »Entstalinisierung« bildete sich in der Parteiführung ein Reformflügel heraus, dem es Anfang 1968 gelang, den Staats- und Parteichef Antonín Novotný (1904–1975) zu stürzen. Die neue Führung mit dem Slowaken Alexander Dubček (1921–1992) an der Spitze erstrebte einen »Sozialismus mit menschlichem Antlitz«. In ihrem Programm sah Moskau eine Gefahr für die kommunistische Herrschaft. Am 21.8.1968 marschierten Truppen des Warschauer Pakts in die Tschechoslowakei ein und machten dem »Prager Frühling« ein Ende. Die Vertreter des Reformkurses wurden entmachtet. Unter dem Schlagwort »Normalisierung« wurden alle Reformen rückgängig gemacht, mit einer Ausnahme: Eine Verfassungsänderung, die die Tschechoslowakei zu einem Bundesstaat aus zwei gleichberechtigten Republiken erklärte, blieb formal in Kraft. Völlig ließen sich die oppositionellen Kräfte nicht unterdrücken. 1977 formierte sich eine Bewegung für Menschen- und Bürgerrechte, die »Charta 77«, an der sich Václav Havel (* 1936), beteiligte. 1989 setzte jenes politische Erdbeben ein, das den Kommunismus im ganzen Ostblock zum Einsturz brachte. Nach Demonstrationen auf dem Prager Wenzelsplatz trat am 24.11.1989 die kommunistische Parteiführung zurück; am 28.12. wurde Dubček, der zwanzig Jahre lang in »innerer Verbannung« gelebt hatte, zum Parlamentspräsidenten gewählt, und einen Tag später vereidigte er den neuen Staatspräsidenten – Václav Havel. Nach den ersten freien Parlamentswahlen brachen auch die lange unterdrückten nationalen Gegensätze auf. Der neuen »Tschechischen und Slowakischen Föderativen Republik« war nur noch ein kurzes Leben beschieden. Am 25.11.1992 stimmte das Bundesparlament dem Teilungsgesetz zu. Am 31.12.1992 hörte die Tschechoslowakei auf zu bestehen.

TSCHECHISCHE REPUBLIK: DER STAAT

Die Tschechische Republik, in der Kurzform auch Tschechien genannt, kann an die großen historischen und kulturellen Traditionen des ehemaligen Königreiches Böhmen anknüpfen. Da sie das Kernland der Tschechoslowakei war, verfügt sie über die meisten zentralen Institutionen des aufgelösten Gesamtstaates. Ihre Verfassung ist seit dem 16.11.1992 in Kraft. Die Republik versteht sich als demokratischer Rechtsstaat; die Charta der Menschenrechte ist Bestandteil der Verfassung. Staatsoberhaupt ist der auf fünf Jahre vom Parlament gewählte Präsident, ab 1993 Václav Havel, der 1998 wiedergewählt wurde. Václav Havel kann sich national wie international einer großen Wertschätzung erfreuen. In Deutschland wurde er mehrfach mit Preisen ausgezeichnet: Friedenspreis des Deutschen Buchhandels (1989), Karlspreis (1991), Westfälischer Friedenspreis (1998).

Das tschechische Parlament besteht aus zwei Kammern, die die Legislative, d. h. die gesetzgebende Gewalt bilden, wobei die vom Präsidenten ernannte Regierung – an der Spitze ein Ministerpräsident – nur dem Abgeordnetenhaus verantwortlich ist. Gegen Gesetzesbeschlüsse kann der Präsident ein aufschiebendes Veto einlegen. In Tschechien gibt es ein Mehrparteiensystem, das sich Anfang der 1990er Jahre nach der sogenannten samtenen Revolution, womit die friedliche Erhebung der Massen unter Führung intellektueller Kreise von 1989/90 bezeichnet wird, gebildet hatte. Stärkste politische Gruppierungen waren nach den Parlamentswahlen von 1998, den zweiten nach der Trennung von Tschechien und Slowakei, die Sozialdemokraten (ČSSD) und die konservativ-liberale Demokratische Bürgerpartei (ODS), die 1997 allerdings durch die Abspaltung der Freiheits-

Nach der Auflösung der Tschechoslowakei mußten auch die Währungen getrennt werden. Dazu wurden die Banknoten mit einem entsprechenden Aufkleber versehen, den hier eine tschechische Bankangestellte auf die 100-Kronen-Banknote aufklebt *(oben)*.

Der Wenzelsplatz in Prag *(oben)* wurde im 16. Jahrhundert als Marktplatz angelegt und ist heute eine der bekanntesten Einkaufs- und Flanierstraßen Prags. Die Moldau-Metropole ist eines der beliebtesten Ziele des Städtetourismus, weshalb sie auch als »Goldene Stadt« bezeichnet wird. Der Wenzelsplatz wurde nach Böhmens Landespatron, dem heiligen Herzog Wenzel I., benannt.

Daten und Fakten

DAS LAND
Offizieller Name: Tschechische Republik
Hauptstadt: Prag
Fläche: 78 866 km²
Landesnatur: Im W Berg- und Hügellandschaften, von einem Mittelgebirgsrahmen gesäumt; im O das im N bergige, im S flachere Mähren
Klima: Gemäßigtes Klima; in den Beckenlandschaften sommerwarm und wintermild
Hauptflüsse: Moldau (Vltava), Elbe (Labe), March (Morava)
Höchster Punkt: Schneekoppe 1602 m

DER STAAT
Regierungsform: Republik
Staatsoberhaupt: Staatspräsident
Verwaltung: Hauptstadtbezirk und weitere 13 Bezirke mit 76 Kreisen
Parlament: Repräsentantenhaus mit 200 Mitgl. (Wahl alle 4 Jahre) und Senat mit 81 Mitgl. (Wahl alle 6 Jahre; ein Drittel wird alle 2 Jahre neu gewählt)
Nationalfeiertag: 28. Oktober

DIE MENSCHEN
Einwohner (Ew.): 10 262 000 (1999)
Bevölkerungsdichte: 130 Ew./km²
Stadtbevölkerung: 66 %
Bevölkerung unter 15 Jahren: 17 %
Analphabetenquote: o.A.
Sprache: Tschechisch
Religion: Katholiken u.a. christliche Gemeinschaften

DIE WIRTSCHAFT
Währung: Tschechische Krone
Bruttosozialprodukt (BSP): 51 843 Mio. US-$ (1998)
BSP je Einwohner: 5 040 US-$
Inflationsrate: 13,7 % (1990-98)
Importgüter: Maschinen und Aus-

TSCHECHISCHE REPUBLIK

Die Tschechische Republik *(rechts)* liegt im Herzen Europas. Sie ist das Kernland der Tschechoslowakei, die 1946–1989 von Kommunisten regiert wurde.

union (US) geschwächt wurde. Der Einfluß der Parteien auf das politische und gesellschaftliche Leben stieß vermehrt auf starke, häufig vom Präsidenten selbst formulierte Vorbehalte, wie sie etwa bei den von einer breiten Unterstützung in der Bevölkerung getragenen Protesten von Journalisten gegen Personalentscheidungen im öffentlich-rechtlichen Fernsehen 2000/01 zum Ausdruck kamen.

Die 1990 eingeführte kommunale Selbstverwaltung erhielt 2000 durch eine Gebietsreform eine Ergänzung auf regionaler Ebene: Aus bis dahin acht Bezirken entstanden 14 neue mit Kompetenzen in der Sozial-, Gesundheits-, Bildungs- und Verkehrspolitik.

Politische Entwicklung

Gewinner der Parlamentswahl im Juni 1992 war mit knapp 30 % der Stimmen die ODS unter Václav Klaus (* 1941). Das zweitbeste Ergebnis (14 %) erzielte der hauptsächlich aus ehemaligen Kommunisten bestehende »Linksblock«; die übrigen Mandate verteilten sich auf sechs weitere Parteien. Klaus bildete eine Koalitionsregierung mit zwei kleinen bürgerlichen Parteien, Demokratischer Bürgerallianz (ODA) und Christdemokraten/Volkspartei (KDUČSL). Klaus verfolgte einen strikt marktwirtschaftlichen und außenpolitisch am Westen orientierten Kurs, der Tschechien in den Europarat (1993), in die erste Reihe der Anwärter auf eine Mit-

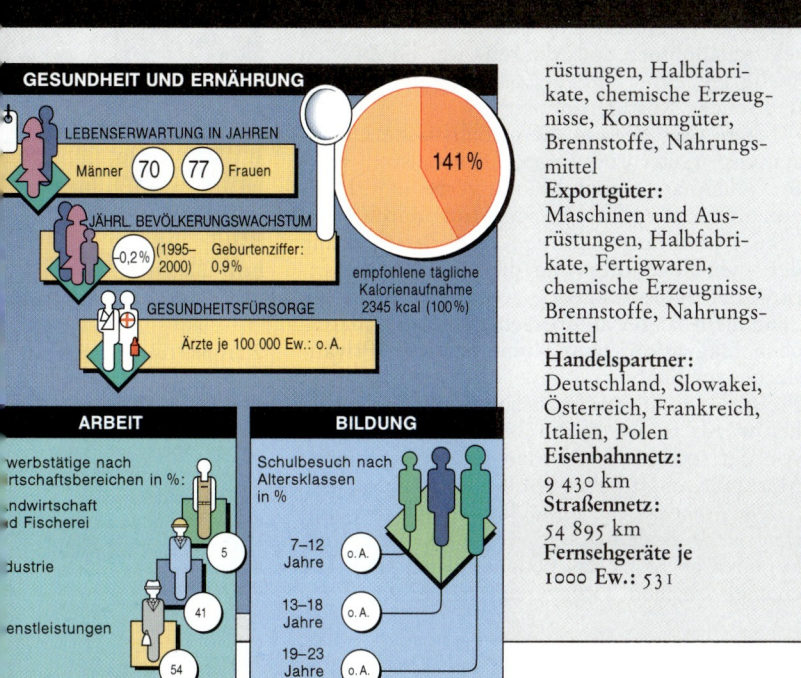

rüstungen, Halbfabrikate, chemische Erzeugnisse, Konsumgüter, Brennstoffe, Nahrungsmittel
Exportgüter: Maschinen und Ausrüstungen, Halbfabrikate, Fertigwaren, chemische Erzeugnisse, Brennstoffe, Nahrungsmittel
Handelspartner: Deutschland, Slowakei, Österreich, Frankreich, Italien, Polen
Eisenbahnnetz: 9 430 km
Straßennetz: 54 895 km
Fernsehgeräte je 1000 Ew.: 531

gliedschaft in der Europäischen Union und in die NATO führte. Die Normalisierung der Beziehungen zu Deutschland verzögerte sich wegen innenpolitischer Auseinandersetzungen in Tschechien und der für die Sudetendeutschen unbefriedigenden Bestätigung der Enteignungen nach dem Zweiten Weltkrieg. 1997 beschlossen dann beide Parlamente eine gemeinsame Erklärung.

Nach den Wahlen von 1996 verlor Ministerpräsident Klaus die parlamentarische Mehrheit und bildete eine von den Sozialdemokraten unter Miloš Zeman tolerierte Minderheitsregierung. Eine Währungskrise und ein Parteispendenskandal führten 1997 zum Sturz der Regierung Klaus und Mitte 1998 zu vorgezogenen Neuwahlen, aus denen die ČSSD als Sieger hervorging. Da alle bisherigen Regierungsparteien eine Koalition mit den Sozialdemokraten ablehnten, kam es erneut zu einer Minderheitsregierung, dieses Mal mit Zeman an der Spitze. Sie wurde von der größten Oppositionspartei, der ODS, gestützt, die seit Anfang 2000 auch bei Regierungsentscheidungen mitwirkt.

TSCHECHISCHE REPUBLIK: DAS LAND

Das Landschaftsbild der Tschechischen Republik wird aufgebaut von den beiden Großlandschaften Böhmen und Mähren. Böhmen, das Kernland im Westen der Republik, bildet ein abwechslungsreiches Mosaik aus Berg- und Hügelketten, Becken und Senken, das mit Ausnahme des Südostens von allen Seiten von Mittelgebirgen umsäumt wird. Im Südwesten erhebt sich der Böhmerwald bis zu einer Höhe von fast 1400 m. Weiter im Norden erstreckt sich das Erzgebirge mit einer Vielzahl sprudelnder Heilquellen. Obwohl einige Kurorte dem Braunkohlenbergbau weichen mußten, gibt es in der Region noch immer über 50 Badeorte, wie z. B. Franzensbad, wo die Moorbäder erfunden wurden, Karlsbad und Marienbad. Im Osten erheben sich die dicht bewaldeten Sudeten mit dem sagenumwobenen Riesengebirge und der Schneekoppe (1602 m). Das Innere Böhmens besteht aus einer sanften Hügellandschaft, unterbrochen von flachwelligen Hochflächen und Becken: im Norden die Tafel- und Schichtstufenlandschaften der Nordostböhmischen Kreidetafel, im Süden die Becken von Pilsen, Budweis und Wittingau.

Die Hügel und Berge Mährens trennen Böhmen von der Slowakei. Im Norden erstrecken sich das rauhe Altvatergebirge – auch Hohes Gesenke genannt – und das niedere Mährische Gesenke, das mit dem Becken von Ostrau ins schlesische Kohlenrevier hineinreicht. Der relativ flache mittlere Teil Mährens wird intensiv von der Landwirtschaft genutzt.

Die Tschechen stellen 94 % der Gesamtbevölkerung. Die Slowaken sind mit 320 000 Angehörigen die stärkste Minderheit. Neben Polen, Ungarn, Ukrainern, Russen und Roma (rd. 270 000) haben noch 49 000 Deutsche ihre Heimat in der Tschechischen Republik. Die stärksten Bevölkerungskonzentrationen weisen der Großraum Prag, die Region um Brünn sowie die Industriezonen Nordböhmens und Nordmährens auf. Die verstärkte Industrialisierung der letzten Jahrzehnte hat den Anteil der städtischen Bevölkerung auf zwei Drittel ansteigen lassen. Größte Stadt ist die Hauptstadt Prag mit ca. 1,2 Millionen Einwohnern. Sie ist nicht nur ein wichtiges kulturelles Zentrum, sondern auch eines der größten Industriezentren des Landes. Am dünnsten besiedelt ist der Böhmerwald im Südwesten. Aufgrund der niedrigen Geburtenrate gab es in den 1990er Jahren einen geringfügigen Bevölkerungsrückgang.

Mehr als ein Drittel der Tschechen gehören der römisch-katholischen Kirche an. Daneben gibt es noch Altkatholiken und Katholiken mit byzantinischem Ritus, eine große Bandbreite an protestantischen Glaubensgemeinschaften, darunter die Böhmischen Brüder und die Hussiten, sowie die orthodoxe Kirche.

Traditionsreiche Industrienation
Bereits zur Zeit der Habsburger Monarchie waren Böhmen und Mähren wichtige Industrieregionen. Die Glasmacherkunst ist der traditionelle jahrhundertealte Industriezweig im nördlichen Böhmen. Auch heute noch ist Böhmisches Glas für seine Qualität bekannt und wird in die ganze Welt exportiert. Die traditionellen Zentren der Schwerindustrie sind Prag, Pilsen, Brünn und Ostrau. Zwischen den Weltkriegen wurde die Industrie ausgebaut, so daß die Tschechoslowakei damals zu den hochindustrialisierten Staaten Europas zählte – das »Protektorat Böhmen und Mähren« war im Zweiten Weltkrieg ein wichtiges Zentrum der »Großdeutschen« Rüstungsindustrie.

Nach 1945 begann die sozialistische Umgestaltung. Güterproduktion, Dienstleistungssektor, Kleinhandel und Kleingewerbe unterlagen von nun an der zentralen Steuerung durch staatliche Verwaltungsbehörden. Die Zerschlagung der alten Strukturen und die einseitige Förderung der Schwerindustrie führten zu einer seit 1960 nicht länger zu übersehenden wirtschaftlichen Stagnation. Durch umfangreiche Privatisierungsmaßnahmen und die Freigabe der Preise sowie mit Hilfe ausländischer Investitionen wurde in den 1990er Jahren der Übergang von der sozialistischen Plan- zur freiheitlichen Marktwirtschaft vollzogen.

Die Tschechische Republik verfügt über umfangreiche Bodenschätze, von denen die Vorkommen an Kohle am bedeutendsten sind. Die ehemals reichen Erzlagerstätten (Eisen, Zink,

Karlsbad (oben), malerisch an der Tepl gelegen, wurde vor über 300 Jahren zum Treffpunkt der europäischen Noblesse und war Inbegriff eines mondänen Kurortes. Der Sage nach entdeckten 1347 die Hunde Kaiser Karls IV. die heißen Quellen.

TSCHECHISCHE REPUBLIK

Die Skoda-Werke in der westböhmischen Stadt Pilsen *(links)* sind ein weltweit bekanntes Maschinenbauunternehmen, das 1859 gegründet wurde. Im Zuge von Umstrukturierungsmaßnahmen entstanden 1991 zwei eigenständige Firmen, das Maschinenbauunternehmen mit Sitz in Pilsen und das Automobilunternehmen mit Sitz in Jungbunzlau, eine Tochtergesellschaft der Volkswagen AG.

Arbeiter bei der Schuhproduktion *(unten)* in Brünn. Schuhe aus Brünn genießen dank ihrer hohen Qualität seit über 100 Jahren weltweit einen hervorragenden Ruf.

Die aufgestaute Moldau im Böhmerwald *(ganz oben).* Der 1958 entstandene Stausee von Lipno wird auch als »Böhmisches Meer« bezeichnet. Der Böhmerwald und das breite Tal der Moldau sind beliebte und vielbesuchte Erholungsgebiete.

Blei, Zinn) sind zu einem erheblichen Teil schon ausgebeutet. Der Tagebau von (minderwertiger) Braunkohle, vor allem in Nordböhmen, führte zu Zeiten der Tschechoslowakei, als, wie in der DDR, aus Devisenmangel der Verbrauch einheimischer Brennstoffe bevorzugt wurde, zu großem Landschaftsverbrauch und wegen fehlender Umweltschutzauflagen zu starker Luftverschmutzung. Die Wasserkräfte, besonders die der Moldau, werden von der Energiewirtschaft genutzt. Neben dem Erdgasimport aus Rußland spielt auch die Stromerzeugung aus Kernenergie eine wichtige Rolle, da sie teilweise die veralteten Braunkohlekraftwerke ersetzen. Wegen mangelnder Sicherheitsstandards waren die Kernkraftwerke sowjetischen Typs in Dukovany und Temelín in den 1990er Jahren umstritten.

Neben der Schwerindustrie und dem Maschinenbau sind chemische, elektrotechnische, Textil-, Glas-, Nahrungs- und Genußmittelindustrie die wichtigsten Branchen. Die böhmische Kristallglasherstellung (Gablonz an der Neiße) sowie die Bierbrauereien in Pilsen, Prag und Budweis setzten in der Vergangenheit Maßstäbe und genießen auch heute noch Weltruf. Insgesamt erwirtschaftete die tschechische Industrie Ende der 1990er Jahre 39 % des Bruttoinlandsproduktes.

Die Landwirtschaft findet in den klimatisch begünstigten, lößbedeckten Becken und in den Flußniederungen günstige natürliche Voraussetzungen. Drei Viertel der landwirtschaftlichen Nutzfläche ist Ackerland. Daneben sind Fischzucht, Vieh- und Weidewirtschaft bedeutend. Die Forstwirtschaft erlitt seit den 1980er Jahren durch die starken Waldschäden Einbußen, vor allem in Nordböhmen und Nordmähren. Im Agrarsektor waren Ende der 1990er Jahre über 5 % der Erwerbstätigen beschäftigt (Anteil an der gesamten Wirtschaftsleistung: rd. 4 %). Ein regional zum Teil bedeutender Wirtschaftssektor ist der Tourismus. Zu den Hauptanziehungspunkten gehören vor allem die Hauptstadt Prag, die traditionsreichen böhmischen Kurorte und die Mittelgebirge Nordböhmens.

Die Entwicklung der tschechischen Wirtschaft wurde besonders durch den raschen, aber nicht ohne Rückschläge erfolgenden Übergang zu marktwirtschaftlichen Strukturen (nach Unternehmensgröße und Sektor abgestufte Privatisierungen ab 1991) und die Anpassung an Vorgaben der EU bestimmt. Nach 1994 befand sich die Wirtschaft im Aufschwung, der jedoch Ende der 1990er Jahre u. a. wegen der zeitweise hohen Leistungsbilanzdefizits und der mangelnden Wettbewerbsfähigkeit von Teilen der Industrie gefährdet war. Die Rezession 1998/99 ging mit Firmenpleiten, einem Anstieg der Arbeitslosigkeit auf mehr als 9 % und einer zeitweisen hohen Geldentwertung einher.

TSCHECHISCHE REPUBLIK: PRAG

Prag, Hauptstadt und größte Stadt der Tschechischen Republik, wird oft als »Goldene Stadt« bezeichnet. Dieser Name umschreibt die außergewöhnliche Schönheit der Stadt mit ihren prächtigen Bauten und ihrer einzigartigen Lage. Wie durch ein Wunder ist die Altstadt Prags im Zweiten Weltkrieg weitgehend vom Bombenhagel verschont geblieben. Die Stadt erstreckt sich entlang der Moldau und hat eine Bevölkerung von ca. 1,2 Millionen. Prag ist nicht nur ein wichtiges kulturelles Zentrum, sondern auch eines der größten Industriezentren der Tschechischen Republik.

Ursprung

Der Sage nach soll Prag um 800 von der Fürstin Libussa gegründet worden sein, die, auf einem felsigen Hügel über dem rechten Ufer der Moldau stehend, die Vision von einer glanzvollen Stadt gehabt haben soll. An dieser Stelle wurde im 10. Jahrhundert die Festung Wyschehrad (tschechisch: Vyšehrad) gebaut. Der eigentliche Siedlungskern von Prag liegt jedoch auf dem gegenüberliegenden Flußufer. Ende des 9. Jahrhunderts errichteten die Přemysliden-Fürsten eine große Festung auf dem Hradschin (Burgberg), der bis heute das Bild der Stadt beherrscht.

Bis 1784 bestand das heutige Prag offiziell aus vier eigenständigen Städten: Hradschin, Altstadt, Kleinseite und Neustadt. Die Altstadt (Staré město) liegt am rechten Moldauufer gegenüber dem Hradschin. Sie entwickelte sich als Kaufmannssiedlung am Schnittpunkt wichtiger Handelsrouten. Mit Beginn des 13. Jahrhunderts wuchs die Bevölkerung aufgrund des Zustroms deutscher Siedler. Innerhalb der Altstadt lebte auch eine große jüdische Gemeinde. Nach dem 13. Jahrhundert wurde sie in ihr ummauertes Getto zurückgewiesen. Ende des 19. Jahrhunderts wurde das Getto abgerissen und die Josephstadt aufgebaut. Eine der erhaltenen Synagogen ist die Altneusynagoge.

Zwischen Hradschin und Moldau gründete König Ottokar II. Přemysl 1257 die Kleinseite (Malá Strana). 1348 schuf Karl IV. die Neustadt (Nové město), die sich südlich der Altstadt zur Burg Wyschehrad hinabzieht. Heute ist die Neustadt das Geschäftsviertel von Prag. Hier liegt auch der Wenzelsplatz, ein breiter Boulevard mit Hotels und Läden.

Das »Goldene Zeitalter«

Unter Karl IV., König von Böhmen und später römisch-deutscher Kaiser, trat Prag als glanzvolle Stadt in Erscheinung. Sie wurde ein bedeutendes wirtschaftliches und politisches Machtzentrum sowie ein international anerkannter kultureller Mittelpunkt. 1348 gründete Karl die Karlsuniversität, die erste Universität Mitteleuropas. An seinen Hof kamen berühmte Künstler, Literaten und Wissenschaftler, wie der italienische Dichter Petrarca (1304–1374). Der deutsche Baumeister Peter Parler (1330–1399) vollendete den Chor des von Matthias von Arras begonnenen Baus des St.-Veits-Doms auf dem Hradschin. Parler baute auch eine der berühmtesten Brücken Europas, die Karlsbrücke.

Prags Blütezeit reichte bis zum Beginn des 17. Jahrhunderts. Im späten 16. Jahrhundert machte der Habsburger König Rudolf II. Prag zu einem Zentrum der Kunst und der Wissenschaften. Er holte führende Astronomen wie Johannes Kepler (1571–1630) und Tycho Brahe (1546–1601) nach Prag. Die Magie hat in der Geschichte Prags stets eine wichtige Rolle gespielt. Der Vorsteher der jüdischen Gemeinde in Prag zu Rudolfs Zeiten, Rabbi Löw, soll hier einen künstlichen Menschen, den Golem, geschaffen haben. Und es war auch in Prag, wo der legendäre Dr. Faustus seine Seele verkaufte und wo Mozart seine Oper »Die Zauberflöte« komponierte.

Religionskriege und Kämpfe zwischen den Habsburgern und dem tschechischen Adel führten zu Beginn des 17. Jahrhunderts zur Verwüstung der Stadt. 1618 löste der 2. Prager Fenstersturz und die folgende Auseinandersetzung zwischen böhmischen Adligen und den Vertretern des Habsburger Königs den verheerenden Dreißigjährigen Krieg aus. Der Sieg sowohl der Habsburger wie auch der römisch-katholischen Kirche führte im späten 17. Jahrhundert zu einem intensiven Wiederaufbau, der der Stadt ihr heutiges Erscheinungsbild gab.

Die astronomische Uhr aus dem 15. Jh. an der Südwand des Altstädter Rathausturms *(unten)* ist eine vielbesuchte Sehenswürdigkeit. Jede volle Stunde öffnen sich die Türchen über der Kalender- und der Uhrenscheibe für den Zug der zwölf Apostel.

Das Stadtgebiet von Prag erstreckt sich beiderseits des Moldau-Flusses *(rechts)*. Alte und neue Brücken ermöglichen den Übergang zu den einzelnen Stadtteilen. Der Moldau wurde musikalisch von B. Smetana 1874 ein Denkmal gesetzt.

TSCHECHISCHE REPUBLIK

Innenansicht vom St.-Veits-Dom *(oben)*, der auf dem Hradschin steht. Der Bau der gotischen Kathedrale wurde im 14. Jh. begonnen. Zum Abschluß kam der Dombau erst 1929. – **Der Altstädter Ring**, einst Marktplatz, Turnier- und Richtstätte, ist heute ein weitläufiger Platz *(unten links)* im historischen Zentrum von Prag. Seit 1915 erinnert ein monumentales Denkmal an den Reformator Jan Hus.

Moderne Zeiten

Während in den Nachbarstädten Wien und Budapest im späten 19. und frühen 20. Jahrhundert breite Prachtstraßen und beeindruckende Luxuswohnblocks errichtet wurden, blieb das alte Zentrum Prags unverändert. Um die Jahrhundertwende lebte die Stadt kulturell wieder auf. Hier schrieb Franz Kafka (1883–1924) seinen Roman »Das Schloß« und traf sich mit seinen Freunden Max Brod und Franz Werfel im Kleinseitner Kaffeehaus. Die bedeutenden Ereignisse der jüngsten tschechischen Geschichte fanden stets auf den Straßen Prags statt. Im Jahr 1968 rollten sowjetische Panzer durch die Stadt, um den kurzen »Prager Frühling« unerbittlich niederzuschlagen. 1989 jedoch drängten sich die Massen voller Hoffnung auf dem Wenzelsplatz, als das kommunistische Regime abdankte und die Tschechoslowakei zur Demokratie zurückkehrte.

Prag *(unten)* liegt an der Moldau im Westen der Tschechischen Republik. Durch den Krieg kaum beschädigt, sind dieser Stadt viele einzigartige künstlerische und architektonische Schätze erhalten geblieben. Der Kern von Prag ist seine Altstadt. Sie erhielt 1255 deutsches Stadtrecht. 1784 wurde sie mit den bis dahin selbständigen Städten Kleinseite, Hradschin und Neustadt vereinigt. Die Neustadt hatte Karl IV. um 1350 planmäßig anlegen lassen.

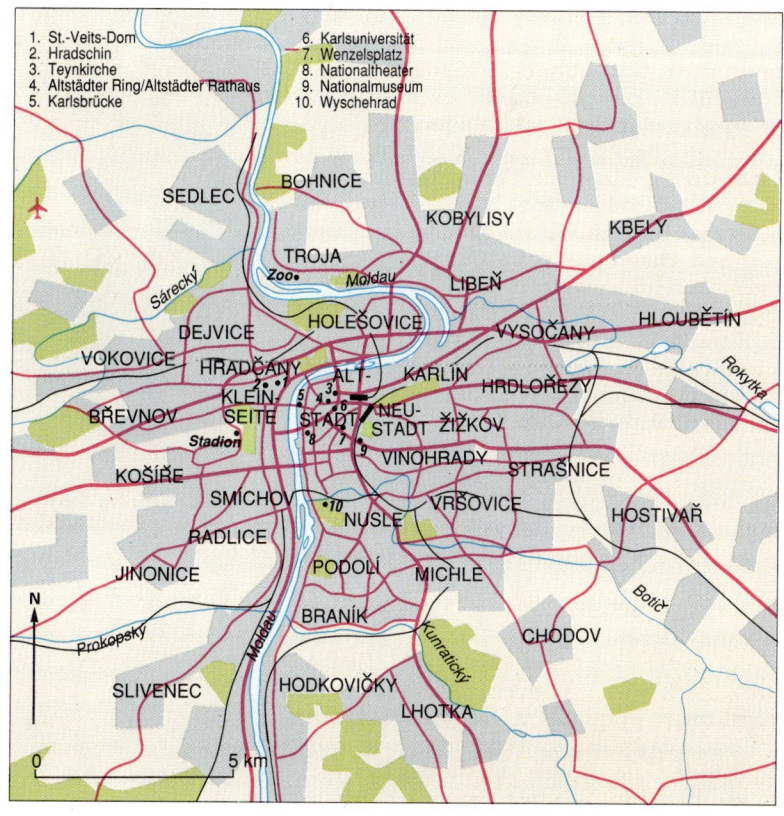

1. St.-Veits-Dom
2. Hradschin
3. Teynkirche
4. Altstädter Ring/Altstädter Rathaus
5. Karlsbrücke
6. Karlsuniversität
7. Wenzelsplatz
8. Nationaltheater
9. Nationalmuseum
10. Wyschehrad

TSCHECHISCHE REPUBLIK: KULTUR

Kunst und Politik waren in Böhmen und Mähren immer eng verbunden. Jüngster Beweis hierfür war 1990 die Wahl Václav Havels zum Staatspräsidenten der 1992 aufgelösten Republik. Durch die tschechische Kultur zieht sich eine liberale und humanistische Strömung. Viele Künstler zeigten in der Geschichte der Tschechoslowakei ihre äußerst menschlichen Anliegen, indem sie die kleinen Ereignisse des täglichen Lebens zum Thema machten. Schriftsteller haben dies oft mit einer charakteristischen tschechischen Liebe zum absurden Humor und leisen Spott verbunden.

Literatur

Der moderne Held der tschechischen Literatur ist Schwejk, eine Figur des Schriftstellers Jaroslav Hašek (1883–1923). Der schäbig gekleidete Schwejk verkauft nach seiner Entlassung aus der Armee als »amtlich beglaubigter Schwachkopf« Hunde. Bei Ausbruch des Ersten Weltkriegs wird er wieder eingezogen. Er macht einen dummen Eindruck, jedoch gelingt es ihm, die gesamte militärische Maschinerie durcheinanderzubringen und lächerlich zu machen. Für Hašek war Schwejk ein Mann, dessen bescheidene Erfolge letzten Endes wichtiger waren als jene Alexanders des Großen. Hašek selbst war eine schillernde Persönlichkeit. Er griff in seinen Werken geschickt die österreichische Herrschaft in der Tschechoslowakei an. Hašek schuf sogar eine Parodie einer politischen Partei, »Die Partei des Gemäßigten Fortschritts innerhalb der Gesetzesgrenzen«. Ständig spielte er aufsehenerregende Streiche. Zum Beispiel trug er sich einmal in das Gästebuch eines führenden Prager Hotels als »Spion« ein. Innerhalb weniger Minuten war das Hotel von Soldaten umringt. Als er nach den Gründen für seine Tat gefragt wurde, antwortete er, daß er die Tüchtigkeit des österreichischen Geheimdienstes habe testen wollen.

Nach dem Ersten Weltkrieg wurde der Historiker und Philosoph Tomáš Garrigue Masaryk erster Staatspräsident der neuen Tschechoslowakischen Republik. Masaryks Regierung förderte die Kunst in ganz besonderem Maße. Unter der deutschen Besatzung und später unter dem Stalinismus übernahm die Kunst dann einmal mehr ihre umstürzlerische Rolle.

Die bürokratischen Absurditäten der sozialistischen Führung lieferten den tschechischen und slowakischen Schriftstellern genügend Stoff für ihre Werke. Ihr Humor wurde das beste Mittel, um mit der humorlosen Bürokratie zurechtzukommen.

Von den tschechischen Schriftstellern der 1950er Jahre ähnelt Bohumil Hrabal (1914–1997) Hašek am meisten. Wie Hašek fand Hrabal viele seiner Themen in den Cafés und Wirtshäusern Prags. Seine sehr phantasiereichen und witzigen Stücke standen nicht in Einklang mit der offiziellen Politik und wurden daher selten veröffentlicht. Wie viele andere Schriftsteller arbeitete Hrabal in einer Vielzahl von Berufen,

Geistig-politische Tradition

Tomáš Garrigue Masaryk (rechts), Professor für Philosophie, der mit fast 40 Jahren in die Politik ging, wurde 1918 erster Staatspräsident der neuen unabhängigen Tschechoslowakischen Republik. Sein Lebenslauf sowie seine Förderung der Kunst repräsentieren die traditionelle tschechische Verbindung zwischen Politik und Kultur. Einer der bekanntesten Autoren, die Humor zur Verspottung der Regierung einsetzten, war Jaroslav Hašek (1883–1923) mit seinem »braven Soldaten Schwejk«. Als die Kommunisten 1948 die Macht übernahmen, setzte sich die Tradition, Behörden ins Lächerliche zu ziehen, fort. In den 1950er Jahren taten sich Bühnenautoren, Musiker, Filmemacher und Schriftsteller zusammen, um eine neue kritische Stimmung in der Tschechoslowakei zu schaffen. Die Bürgerrechtsbewegung »Charta 77« forderte von der Regierung vor allem die Achtung der Menschen- und Bürgerrechte.

In tschechischen Filmen verbinden sich Humor und Gesellschaftskritik, wie in J. Menzels »Liebe nach Fahrplan«, 1966 (oben), und in M. Formans »Der Feuerwehrball«, 1967 (rechts).

Studenten (oben) gingen im November 1989 in Prag und in anderen Städten auf die Straße. So entstand die Bewegung, die als »Samtrevolution« bekannt werden sollte. Künstler, Schriftsteller und sogar Rockmusiker spielten eine Schlüsselrolle bei dieser Erhebung der Massen. Es kam zwar auch zu Ausschreitungen gegenüber den Regierungseinheiten (rechts), insgesamt jedoch blieb es friedlich. Das Laterna-Magica-Theater in Prag diente im wahrsten Sinne als Bühne für diese erfolgreiche Revolution.

TSCHECHISCHE REPUBLIK

Im »Prager Frühling« von 1968 *(oben)* kam es zu Massendemonstrationen gegen die kommunistische Regierung. Sowjetische Panzer schlugen den Aufstand nieder.

Der Slowake A. Dubček *(oben)*, der Held des »Prager Frühlings«, und der Tscheche V. Havel spielten entscheidende Rollen bei der »Samtrevolution«.

vom Straßenkehrer bis zum Gepäckträger. Dies gestattete ihm einen genauen Einblick in die Alltagswelt der Bürger.

Jazzmusik, Literatur, Theater und Film fanden sich in den 1960er Jahren zusammen und schufen eine Stimmung aus großem Optimismus und Lebensfreude, die im »Prager Frühling« von 1968 ihren Höhepunkt fand. Jazz, von den Nationalsozialisten sowie den Stalinisten als dekadent abgetan und bekämpft, wurde ein tschechisches Symbol für Freiheit. Er inspirierte Josef Škvorecký zu seinem Roman »Das Baßsaxophon« (1963), in dem es um den Widerstand des einzelnen gegen graue Gleichförmigkeit geht. Prags »Theater am Geländer«, wo die Uraufführung von Havels ersten Stücken stattfand, wurde zu einem wichtigen Treffpunkt der tschechoslowakischen Dissidenten.

Der tschechische Film

Es war vor allem das Kino, das die Weltöffentlichkeit auf die neue tschechische Lebensfreude aufmerksam machte. Einer der führenden tschechischen Filmemacher jener Zeit, Jiří Menzel, wurde durch die Werke Hrabals zu seinen besten Filmen inspiriert. Menzels »Liebe nach Fahrplan«, das auf einer Novelle von Hrabal beruht, bekam 1966 den Oscar als bester ausländischer Film.

Menzels Zeitgenosse Miloš Forman drehte »Die Liebe einer Blondine« (1965) und »Der Feuerwehrball« (1967). Beide beschreiben auf satirische Weise das Kleinstadtleben sowie die vergeblichen Bemühungen der Behörden, für menschliche Probleme rein rationale Lösungen zu finden.

Forman, Škvorecký und andere Talente mußten nach dem sowjetischen Einmarsch 1968 das Land verlassen. Obwohl offiziell zum Schweigen gebracht, spielte die Kunst weiterhin eine wichtige Rolle in der politischen Entwicklung. Die Charta 77, das Manifest zur Anerkennung der Bürgerrechte, wurde von beinahe allen im Land verbliebenen Intellektuellen und Künstlern unterzeichnet.

Die »Samtrevolution«

Bis 1989 war das literarische Schaffen Reglementierungen ausgesetzt. 1989 bildete das Theater Laterna Magica in Prag auch politisch eine Bühne – für die demokratische Evolution der Tschechoslowakei. Das Theater, 1958 gegründet, ist bekannt für seine einfallsreichen Stücke, die durch die Kombination von Schauspiel mit Lichtbildprojektionen bestechen. Obwohl es immer mehr zu einer beliebten Touristenattraktion wurde, fanden in den Räumen hinter der Bühne auch gutbesuchte Zusammenkünfte systemkritischer Künstler und Schriftsteller statt. Von hier zogen Ende 1989 Václav Havel und Alexander Dubček auf den Wenzelsplatz und verkündeten den Erfolg der friedlichen Revolution, die mit typischer tschechischer Hintergründigkeit »Samtrevolution« genannt wird.

TUNESIEN

Tunesiens antike Geschichte ist eng mit der des Römischen Reiches verknüpft. Davon zeugen noch heute die Ruinen großer römischer Bauwerke und ganzer Städte, von denen Karthago in der Nähe der Hauptstadt Tunis die bedeutendste ist.

Karthago war, wie andere Städte im westlichen Mittelmeerraum, eine Handelsniederlassung der Phönizier. Als Rom, das erst sechzig Jahre später gegründet wurde, noch eine unbedeutende Siedlung war, hatte sich Karthago schon zur wichtigsten Stadt der Phönizier im ansonsten von Berbern besiedelten Maghreb entwickelt. 146 v. Chr. wurde die Stadt aber von den Römern im Dritten Punischen Krieg besiegt und zerstört.

Nachdem, Ende des 2. Jahrhunderts v. Chr., auch der letzte Widerstand des Numider-Königs Jugurtha (nach 160–104 v. Chr.) von den Römern gebrochen worden war, kolonisierten diese das Land. Mit großen Bewässerungsanlagen ermöglichten sie die Entwicklung einer produktiven Landwirtschaft, so daß hier eine der Kornkammern Roms entstand. Unter Gaius Julius Caesar (100–44 v. Chr.) wurde an der Stelle Karthagos eine neue Stadt gebaut, die dann das intellektuelle Zentrum Nordafrikas wurde. Der Einfluß der Römer war so groß, daß die Bewohner des Landes damals vollständig romanisiert wurden und später auch weitgehend den christlichen Glauben annahmen. Nach dem Zusammenbruch des Römischen Reiches gehörte die »Provinz Africa« bis zur Invasion der Araber noch zum Byzantinischen Reich.

Die relativ schnelle Übernahme des Islam gegen Ende des 7. Jahrhunderts zeigt, daß die einheimische Bevölkerung trotz der langen Herrschaft der Römer ihren eigenen Charakter bewahrt hatte. Unter den Arabern wurde »Africa« – heute Tunesien und der Osten Algeriens – dann zur Provinz »Ifriqiya«. In den folgenden Jahrhunderten war das Land abwechselnd unter der Herrschaft einheimischer arabischer und berberischer Fürsten oder von Statthaltern der marokkanischen oder ägyptischen Herrscher.

Nachdem im 12. Jahrhundert unter den Almohaden der ganze Maghreb vereinigt worden war, begründete der Gouverneur von Tunis, Abu Hafs 'Umar (Regierungszeit 1284–1295), ein eigenes Reich und damit die Dynastie der Hafsiden, die Tunesien bis um die Mitte des 16. Jahrhunderts beherrschten.

Die Eroberung Tunesiens durch die Türken wurde durch Piraten vorbereitet. Im Jahre 1574 setzten sie einen Pascha als Statthalter ein. Lange Zeit blieb der türkische Einfluß gering, aber 1705 begründete Hussain Ben Ali die Dynastie der Hussainiden, unter deren Herrschaft die türkische Kultur in der tunesischen Gesellschaft weiter verbreitet wurde. In der folgenden Zeit war das Land relativ unabhängig von den osmanischen Herrschern in Istanbul und öffnete sich für den Handel mit den europäischen Ländern. Als sich die Franzosen in

TUNESIEN

Algerien festsetzten, war auch Tunesien wegen seiner strategisch interessanten Lage im Mittelmeerraum ein begehrtes Ziel der verschiedenen europäischen Mächte. Um eine direkte Kolonisierung durch Europäer zu verhindern, versuchte der damals in Tunis herrschende Bey Ahmad Ibn Mustafa (1806–1855), nach dem Vorbild Ägyptens selbst das Land politisch, wirtschaftlich und kulturell zu modernisieren. Er führte die Gleichberechtigung der Juden ein, schaffte die Sklaverei ab, erlaubte christliche Schulen und organisierte das Militär nach dem Modell europäischer Armeen. Da die Reformen aber auch sehr kostspielig waren und nur durch hohe Kredite finanziert werden konnten, geriet Tunesien bald in finanzielle Abhängigkeit von Frankreich, Italien und Großbritannien.

Als ein in jeder Beziehung schwaches Land konnte Tunesien den Franzosen nicht widerstehen, als diese in Absprache mit den Briten im Jahre 1881 mit einer Armee von 30 000 Mann das Land besetzten. Es erhielt den Status eines französischen Protektorats. Doch die tunesischen Nationalisten organisierten sich schon bald nach der Jahrhundertwende in der Bewegung der »Jungen Tunesier« gegen die Fremdherrschaft. Diese nationalistische Bewegung wurde nach einem ersten Aufstand 1911 unterdrückt. Da sie für Tunesien eine eigene Verfassung forderte, organisierte sie sich ab 1920 neu in einer Partei mit dem Namen »Destour« (arabisches Wort für »Verfassung«). 1934 ging daraus die »Néo-Destour«-Partei hervor, die schon damals von Habib Bourguiba (1903-2000) geführt wurde.

Im Zweiten Weltkrieg wurde Tunesien 1942 von der deutschen Armee besetzt, aber schon nach einem halben Jahr von den Briten befreit, die am Ende des Krieges den Franzosen das Protektorat überließen. Die nationalistische Bewegung nahm den Kampf für die Unabhängigkeit des Landes wieder auf und erreichte schließlich ihr Ziel im Frühjahr 1956, wenige Wochen nachdem Frankreich schon das Protektorat über Marokko aufgegeben hatte.

Ein Jahr nach der Unabhängigkeit entmachtete der neue Regierungschef Bourguiba auch den letzten türkischen Bey, erklärte das Land zur Republik und ließ sich zum Staatspräsidenten wählen.

Die Politik Bourguibas war von Anfang an eher westlich orientiert. Er drängte durch die Abschaffung der Polygamie, die Einführung weltlicher Gerichte und andere Maßnahmen den Einfluß des Islam auf die Gesellschaft erheblich zurück. Wegen wirtschaftlicher und sozialer Probleme wurde Mitte der 60er Jahre vorübergehend eine sozialistische Politik praktiziert, die jedoch nicht von der Bevölkerung angenommen wurde. 1975 ließ sich der immer autoritärer herrschende Staatschef zum Präsidenten auf Lebenszeit wählen, wurde aber zwölf Jahre später entmachtet.

TUNESIEN: DER STAAT

Die »Brotrevolte« 1984 einerseits und der friedliche Übergang zur »Nach-Bourguiba-Zeit« andererseits zeigen, daß Tunesien für die Zukunft größere wirtschaftliche und soziale Probleme zu erwarten hat, die aber wahrscheinlich demokratisch gelöst werden können.

Im Herbst 1987 hatte der greise Staatspräsident Habib Bourguiba, der das Land dreißig Jahre lang in einem zunehmend autoritären Stil regierte, unbewußt seine eigene Entmachtung vorbereitet. Kurz nachdem er den ehemaligen Innenminister Zine el-Abidine Ben Ali (* 1936) zum neuen Premierminister ernannt hatte, setzte dieser am 7. 11. 1987 Bourguiba ab und erklärte sich selbst zum Präsidenten. Ben Ali begründete dies mit der durch ein ärztliches Gutachten festgestellten »Senilität und Amtsunfähigkeit« des damals 84-jährigen Bourguiba.

Ben Ali versprach die Demokratisierung des politischen Lebens und amnestierte zahlreiche politische Gefangene, vor allem Mitglieder der radikal-islamischen Bewegung, obwohl er vorher als Innenminister für eine Kampagne gegen den islamischen Fundamentalismus verantwortlich gewesen war. So setzte er ein Zeichen für einen demokratischeren Umgang mit der Opposition. Anfang 1988 bekam die nationalistische Staatspartei »Destour«, auf die sich Bourguiba gestützt hatte, einen neuen, zeitgemäßeren Namen: »Konstitutionelle Demokratische Sammlungsbewegung«. Auch wurden mit einem neuen Pressegesetz die Einschränkungen der Pressefreiheit abgebaut. Im April 1989 fanden die ersten freien Wahlen seit der Unabhängigkeit des Landes statt, bei denen sich linke und islamische Oppositionsparteien beteiligen konnten, aber nur wenige Sitze im Parlament bekamen. Gleichzeitig wurde Ben Ali mit einer großen Mehrheit zum Präsidenten gewählt, da er auch von der Opposition unterstützt wurde. Mit diesem relativ reibungslosen Übergang wurde die politische Krise vermieden, die vorher für den Fall des Todes Bourguibas erwartet worden war. Als in Frankreich ausgebildeter Offizier ist auch Ben Ali durch westlich europäische Werte geprägt, so daß es außer der politischen Liberalisierung keinen Bruch gegenüber der Politik seines Vorgängers gab.

In den letzten Jahren der Herrschaft Bourguibas hatte es immer wieder soziale Unruhen gegeben. Im Januar 1980 versuchte nach einem Generalstreik eine revolutionäre Gruppe sogar, die Stadt Gafsa (Qafsah) im Südwesten zu besetzen. Die Rebellion wurde mit französischer Hilfe militärisch niedergeschlagen. Vier Jahre später löste die Regierung mit einer Verdoppelung der Preise für die bisher stark subventionierten Grundnahrungsmittel die »Brotrevolte« aus. Die Proteste gingen vor allem von Schülern und Studenten der Städte und von Minenarbeitern im Süden aus und wurden blutig niedergeschlagen. Trotzdem mußte die Regierung die Preiserhöhung zurücknehmen.

Ursache der sozialen Konflikte war und ist in erster Linie die Tatsache, daß Tunesien zwar statistisch eines der reichsten Länder Afrikas ist, die breite Masse der Bevölkerung aber nicht davon profitiert. Für ausländische Investoren ist das Land vor allem wegen der niedrigen Löhne interessant. Das Gros der Arbeiter, das den gesetzlichen Mindestlohn verdient, kann damit gerade die Familie ernähren, aber die Tagelöhner stehen vor großen Versorgungsschwierigkeiten. Die Probleme des Arbeitsmarktes wären noch größer, wenn Tunesien nicht das Bevölkerungswachstum durch staatliche Programme der Fa-

Daten und Fakten

DAS LAND
Offizieller Name: Tunesische Republik
Hauptstadt: Tunis
Fläche: 163 610 km²
Landesnatur: Im N Ausläufer des Atlas, südl. anschließend die Steppen und Ebenen Mitteltunesiens, Küstenregion des Sahel im O, im S Schott Djerid und Kalkplateau Dahar, nach W zum Östlichen Großen Erg abfallend
Klima: Übergang von mediterranem Klima an der Küste zu trocken-saharischem Wüstenklima
Hauptflüsse: Majradah
Höchster Punkt: Jabal Shahambi 1544 m
Tiefster Punkt: Shatt al-Jarsah –23 m

DER STAAT
Regierungsform: Präsidiale Republik
Staatsoberhaupt: Staatspräsident
Regierungschef: Ministerpräsident
Verwaltung: 18 Provinzen
Parlament: Nationalversammlung (Einkammerparlament) mit 182 für 5 Jahre gewählten Abgeordneten
Nationalfeiertag: 20. März

DIE MENSCHEN
Einwohner (Ew.): 9 460 000 (1999)
Bevölkerungsdichte: 58 Ew./km²
Stadtbevölkerung: 63 %
Bevölkerung unter 15 Jahren: 30 %
Analphabetenquote: 29 %
Sprache: Arabisch, Berber-Sprachen, Französisch
Religion: Moslems 99 %

DIE WIRTSCHAFT
Währung: Tunesischer Dinar
Bruttosozialprodukt (BSP): 19 189 Mio. US-$ (1998)
BSP je Einwohner: 2050 US-$
Inflationsrate: 4,8 % (1990–98)

Habib Bourguiba (unten) führte Tunesiens Kampf gegen die französische Kolonialherrschaft an und wurde 1957 der erste Präsident des unabhängigen Landes. 1975 wurde er zum Präsidenten auf Lebenszeit ernannt, jedoch 1987 abgesetzt.

Tunesien (rechts) grenzt im Norden und Osten an das Mittelmeer. Am nördlichsten Punkt befindet sich die Küstenlinie nur 137 km südwestlich der Insel Sizilien. Im Süden und Westen der fruchtbaren Küstenebenen erstrecken sich zwei Ausläufer der Atlaskette – nach Norden hin Atlasgebirge und nach Süden hin Jabal Tibissah genannt – über das nördliche Tunesien und umschließen Hochflächen. Im Süden des Jabal Tibissah fällt eine grasbedeckte Hochebene zur Sahara-Wüste hin ab.

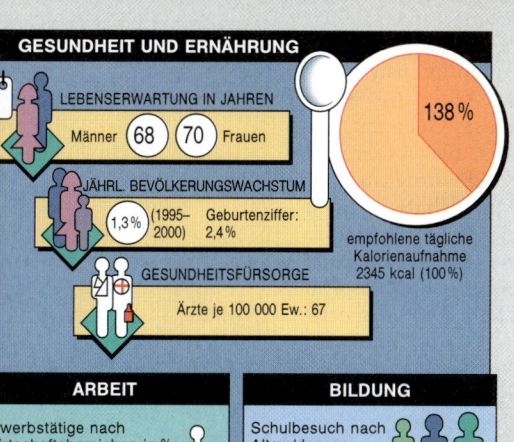

Importgüter: Chem. Produkte, Textilfasern u. -gewebe, Fahrzeuge, Maschinen, Weizen
Exportgüter: Erdöl, Bekleidung, Phosphat, Olivenöl, Wein, Obst, Getreide, Eisen- u. Kupfererze
Handelspartner: Frankreich, Italien, Deutschland u. a. EU-Länder, USA
Eisenbahnnetz: 2170 km
Straßennetz: 18 230 km (befestigt)
Fernsehgeräte je 1000 Ew.: 198

milienplanung reduzieren würde. Aber auch die relativ niedrige Geburtenrate von 2,4 % ist noch zu hoch. Auch die Sterblichkeitsrate konnte durch das ziemlich gut entwickelte Gesundheitswesen gesenkt werden. Außer für die Gesundheit wird auch viel für die Bildung ausgegeben. Von der erwachsenen Bevölkerung sind aber immer noch rund ein Drittel Analphabeten. Präsident Ben Ali, der zuletzt 1999 durch Wahlen im Amt bestätigt wurde, setzt vor allem auf marktwirtschaftliche Reformen. So avancierte die Tourismusbranche zum wichtigsten Wirtschaftszweig. Zur Verbesserung seiner ökonomischen Lage sucht Tunesien auch eine engere Anbindung an die EU, mit der ein großer Teil des Außenhandels abgewickelt wird.

Internationale Politik
Obwohl Tunesien ein relativ kleines Land ist, spielt es in der internationalen Politik eine beachtliche Rolle. Es unterhält gute Beziehungen zu den meisten europäischen Staaten und zu den USA. Innerhalb der arabischen Welt versucht Tunesien oft zwischen anderen Staaten zu vermitteln. 1979 bis 1990, als Ägypten wegen seines Friedensvertrags mit Israel ausgeschlossen war, hatte auch die Arabische Liga ihren Sitz in Tunis. Und trotz seiner eher gemäßigten Position gegenüber Israel wurden 1982 auch die aus dem Libanon evakuierten Kämpfer der PLO und deren Führung aufgenommen.

TUNESIEN: DAS LAND

Tunesien ist das östlichste und kleinste der drei Maghreb-Länder. Es umfaßt ähnliche landschaftliche Großräume wie sein viel größeres Nachbarland Algerien. Die Berge des Atlasgebirges sind hier allerdings niedriger und laufen nach Osten zur Küste hin in Hügellandschaften aus. Ebenso wie in den anderen Atlasländern ist auch der Süden Tunesiens Wüstensteppe, die schließlich in Wüste übergeht.

Die feuchtere, nördliche Hälfte des Landes wird durch den mitteltunesischen Gebirgsrücken (»Dorsale«), der diagonal von den algerischen Monts de Tébessa (Jabal Tibissah) zum Cap Bon verläuft, unterteilt. Dieser erreicht mit dem Jabal Shahambi (Djebel Chambi) eine Höhe von 1544 m. Zwischen der Dorsale und dem nördlichen Küstengebirge liegt das Tal des Wad Majradah (Oued Medjerda), des größten, ständig wasserführenden Flusses des Landes, der nördlich von Tunis ins Meer mündet. Die Küstenebene östlich des Gebirges wird »Sahel« (arabisch für Küste) genannt. Der trockene Süden des Landes liegt bereits im Randgebiet der Sahara. Er besteht im wesentlichen aus der Tiefebene im Westen um den Salzsee Schott Djerid (Shatt al-Jarid), der mit 7700 km² etwa 5 % der Landesfläche einnimmt, und dem Kalkplateau Dahar (Jabal al-Qsur) im Südosten.

Großraum Tunis

Der Großraum Tunis ist die bedeutendste Wirtschaftsregion des Landes. Hier leben 30 % der Bevölkerung, die über die Hälfte des Nationaleinkommens erwirtschaften. In dieser Region gibt es auch die meisten größeren Industriebetriebe des Landes. Etwas nördlich davon, um Bizerte (Binzart), liegt ein kleineres Industriezentrum mit einer Erdölraffinerie und dem Stahlwerk von Menzel Bourguiba.

Die Entwicklung des Großraums Tunis wurde durch die Erschließung mit verschiedenen Verkehrsmitteln ermöglicht. Schon 1872 wurde eine Eisenbahnlinie gebaut, die auf einem Damm durch den früher versumpften See von Tunis die Stadt mit den Küstenorten La Goulette, Karthago und La Marsa verbindet. Von Tunis aus führten auch schon bald weitere Eisenbahnlinien nach Algerien und in den Süden des Landes. Parallel zu der Eisenbahnlinie nach La Goulette wurde noch Ende des 19. Jahrhunderts ein Kanal ausgebaggert, durch den auch Seeschiffe Tunis erreichen können. Der internationale Flughafen von Tunis dient sowohl der Wirtschaft als auch dem Tourismus. Und schließlich wurde in den 80er Jahren die erste Autobahn des Landes von Tunis aus in Richtung Sousse (Susah) gebaut.

Tunis ist aber nicht nur als die alte Hauptstadt des Landes das wirtschaftliche Zentrum, sondern auch wegen seiner Lage inmitten der wichtigsten Landwirtschaftsregion. Zwischen der Gebirgskette, die sich bis zum Cap Bon hinzieht, und der Lagune von Bizerte im Norden liegen große Landgüter aus der Kolonialzeit

Großartige Steinstatuen (unten) kennzeichnen die alte Stadt Karthago in der Nähe von Tunis. Von Phöniziern um 800 v. Chr. gegründet, beherrschte die Stadt große Teile des Mittelmeerraumes. Die Araber zerstörten Karthago 697 n. Chr.

Dattelpalmen (rechts) und weiße Steingebäude kennzeichnen eine Oase in der Nähe von Matmatah im Osten Tunesiens. In diesem Gebiet weicht die fruchtbare Ebene der Ostküste der wüstenartigen Steppe und geht im Süden in die Sahara über.

und kleine Farmen, deren Erzeugnisse über Tunis exportiert werden. Während in den künstlich bewässerten Ebenen des Majradah-Tals Obst und Gemüse angebaut werden, ist die Landwirtschaft in der Hügellandschaft südlich von Tunis auf den Weinbau spezialisiert. Dieser ist in Tunesien schon seit der Antike verbreitet.

Sousse, Sfax und Insel Djerba

Der tunesische Sahel, vor allem am Golf von Hammamat (Khalij al-Hammamat) und südlich von Sousse, ist eine sehr alte Kulturlandschaft, die seit vorgeschichtlichen Zeiten intensiv landwirtschaftlich genutzt wird. Auch die Stadt Sousse selbst, der Hauptort dieses Gebietes, war schon eine Stadt der Phönizier, hieß unter den Römern dann Hadrumetum und wurde im Mittelalter ein bedeutender Handelshafen. Auch wenn heute das Phosphat nicht mehr von hier aus exportiert wird, liefert die Umgebung noch zahlreiche Waren, die über den Hafen von Sousse ausgeführt werden: Salz aus Monastir (Al-Manastir), Alfagras und Olivenöl. Direkt an der Küste zieht sich eine Gartenbauzone hin, in der die Felder durch Brunnen bewässert werden. Das küstennahe Hinterland bis zu den Salzseen ist das traditionelle Gebiet der Ölbaumhaine. Weiter im Landesinneren bis zu den Bergen, die den Sahel begrenzen, wechseln sich Ackerbau und Obstbäume mit Weideflächen ab. Der Sahel ist aber auch eine bedeutende Handwerksre-

TUNESIEN

Farbenfrohe Teppiche *(oben)* werden von einem Händler in Sousse, einem wichtigen Touristenzentrum, zum Kauf angeboten.

Hirtenjungen *(unten links)* hüten ihre Herden auf den Hochlandweiden im nördlichen Tunesien. Hier, im Gebiet zwischen Atlas und Jabal Tibissah, in dem fruchtbaren Wad Majradah (Medjerda-Tal), konzentrieren sich Landwirtschaft und Viehzucht.

Tunesiens reiche Phosphat- und Erdölvorkommen *(unten)* machen mehr als die Hälfte des Volkseinkommens aus. Nur der Norden ist wirtschaftlich entwickelt, während der Süden hauptsächlich aus unerschlossener Wüste besteht.

gion, die auf die Herstellung von Teppichen und auf Weberei spezialisiert ist. In neuerer Zeit kam für die wirtschaftliche Entwicklung des Sahel der Tourismus hinzu. An seiner Küste liegen einige der bekanntesten Badeorte: Nabeul (Nabul), Hammamet, Sousse und Monastir.

Die Stadt Sfax (Safaqis) im südlichen Sahel ist als zweitgrößte Stadt des Landes auch das zweite Industriezentrum Tunesiens. Auch hier basiert die Industrialisierung auf den Agrarprodukten aus dem Hinterland und auf den Bodenschätzen (Phosphat) aus dem Landesinneren. Der sogenannte neue Sahel um Sfax wird noch nicht so lange intensiv landwirtschaftlich genutzt wie der alte, weist jedoch gleichfalls eine hohe Produktivität auf. Eine weitere Industriestadt im Süden ist Gabès (Qabis) mit einem bedeutenden Chemiekomplex.

In der Nähe der Insel Djerba (Jazirat Jarbah), im Hinterland von Sfax und westlich davon in den Bergen wird Erdöl gefördert, das weit mehr als den Eigenbedarf deckt und deshalb neben Phosphat und Eisenerz zu den Bodenschätzen gehört, die exportiert werden.

Außer Badeurlaub nutzen viele Touristen die Besichtigung der berühmten antiken Stätten, wie die Ruinen von Karthago und das Amphitheater von El-Djem. 1999 kamen fast 5 Mio. Besucher aus dem Ausland, die dem Land über 1,6 Mrd. US-Dollar Deviseneinnahmen brachten.

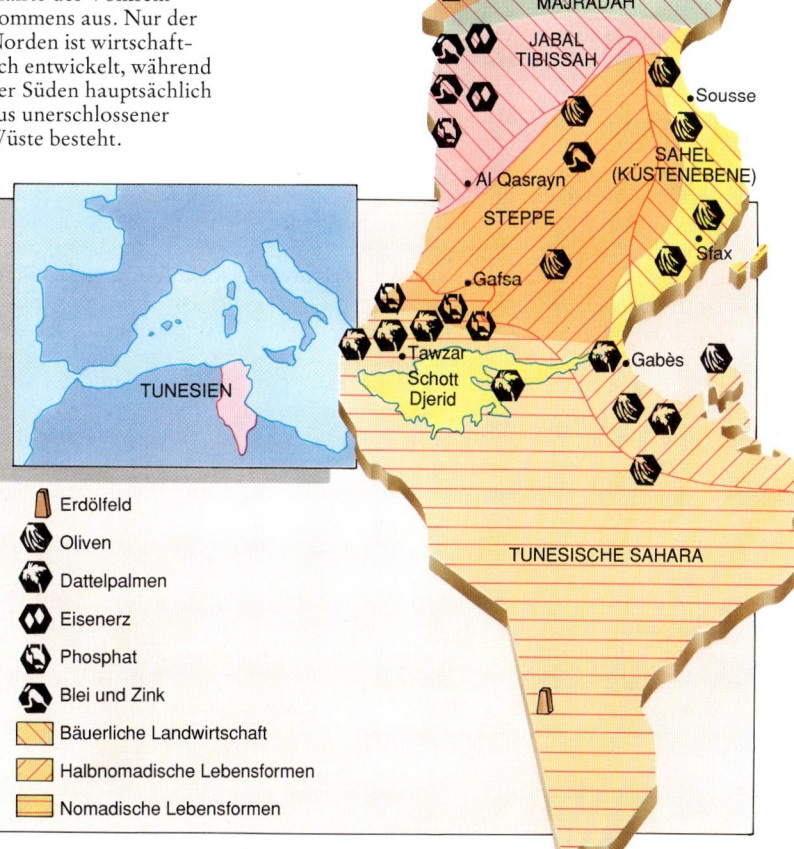

TUNESIEN: DIE MENSCHEN

Tunesien gilt als das arabischste der Maghreb-Länder, denn die Statistik weist 98 % der Tunesier als Araber und arabisierte Berber aus. Da das Land aber in seiner Geschichte verschiedensten Einflüssen ausgesetzt war, zeigen die Städte und Dörfer auch hinsichtlich ihrer Bevölkerung ein vielgestaltiges Bild. Was sowohl in der Metropole Tunis als auch auf dem Land auffällt, ist der Gegensatz zwischen den traditionell orientalisch geprägten Menschen auf dem Land und den europäisch gekleideten Menschen in Tunis. Wegen der starken westlichen Orientierung der Führungsschicht ist die tunesische Gesellschaft wohl auch die europäischste des Maghreb.

Wie in den anderen Maghreb-Ländern wurde auch in Tunesien die ursprünglich berberische Bevölkerung nach und nach arabisiert. Im Gegensatz zu Marokko und Algerien ging dieser Prozeß hier aber so weit, daß es heute nur noch 1,2 % Berber gibt. Da alle Teile des Landes von den Küstenstädten nicht weit entfernt und leicht erreichbar sind, konnte die arabische Kultur leichter bis in die letzten Dörfer vordringen.

Die letzten Gebiete, wo noch Berberdialekte gesprochen werden, sind die Insel Djerba und das Dahargebirge im Süden. Die Djerbi haben eine ähnliche Kultur wie die Mozabiten, die in der Gegend von Ghardaïa (Ghardayah) in der algerischen Sahara leben. Die Berber im Dahargebirge sind durch die Art ihrer Wohnungen bekannt und zu einer touristischen Attraktion geworden. Um Matmatah und Foum Tatahouine leben sie zum Teil heute noch in Höhlen, die sie in die weichen Kalkfelsen gegraben haben. Ihre Vorfahren hatten nämlich schon vor vielen hundert Jahren erkannt, daß diese Art der Behausung dem Klima am besten angepaßt ist. Die Felsen isolieren – ebenso wie anderswo in Afrika die Lehmhäuser – gegen die Kälte der Nacht und gegen die Hitze des Tages. In einem Höhlenhotel kann man als Tourist dort selbst diese Erfahrung machen. Viele Bewohner der Höhlenwohnungen haben diese allerdings inzwischen verlassen und leben jetzt in den Betonwohnblocks der Städte. Die Berberdörfer, in die die Touristengruppen geführt werden, sind oft nur noch künstlich erhaltene Attraktionen.

Auch den Nomaden, die noch im letzten Jahrhundert durch den Süden und Westen Tunesiens gezogen sind, hat die Modernisierung des Landes einschneidende Veränderungen ihres Lebens gebracht. Nur wenige von ihnen bewohnen heute noch ihre schwarzen Zelte und wandern mit ihren Dromedar- und Ziegenherden weiter zu neuen Weideplätzen, wenn die Wüste auch für diese genügsamen Tiere nichts mehr hergibt. Innerhalb der letzten hundert Jahre wurden die meisten Nomaden nach und nach in den Steppengebieten im Landesinneren seßhaft gemacht, wo sie auch weiterhin Viehzucht betreiben, aber auch vom Ackerbau leben. Nur in Dürrejahren werden die Herden noch zu weiter entfernten Weidegebieten geführt.

Das Bild der Bevölkerung in den großen Städten, vor allem in Tunis, ist von einer großen Vielfalt geprägt. Durch die Einflüsse aus dem ganzen Mittelmeerraum und den ständigen Zuzug von Arbeitsuchenden vom Land ist die städtische Bevölkerung eine bunte Mischung von Menschen mit mehr oder weniger heller Hautfarbe, von einfachen Tagelöhnern und wohlhabenden Geschäftsleuten, von verschleierten oder nach Pariser Mode gekleideten Frauen. Die fremden Einwanderer, Eroberer und Kolonisatoren haben nicht nur im Stadtbild ihre Spuren hinterlassen, auch im Erscheinungsbild der Bevölkerung ist ihr Einfluß zu sehen. Diese Auswirkungen sind hier mannigfaltiger als in Algerien und Marokko, da in Tunesien die Türken sich nicht nur als Piraten niedergelassen hatten, sondern während drei Jahrhunderten die Führungsschicht des Landes stellten.

Auch die europäische Kultur wurde und wird nicht allein durch die Franzosen verkörpert, die Tunesien formell beherrschten. Unter den Kolonisatoren befanden sich fast ebensoviele Italiener, und auch heute bilden sie die zweitstärkste europäische Minderheit. Aufgrund der geographischen Nähe bestehen enge wirtschaftliche und kulturelle Beziehungen zu Italien, und viele Tunesier, die im Ausland Arbeit suchen, gehen nach Italien. Trotz seiner Vergangenheit als Kolonialmacht ist aber Frankreich das europäische Land, an dem sich die Tunesier orientieren.

Moslemfrauen (*oben*) in der äußeren Halle der Großen Moschee von Kairouan (Al Qayrawan). Diese viertheiligste islamische Pilgerstätte ist eines der großartigsten Bauwerke der moslemischen Welt und zugleich das älteste des islamischen Maghreb.

TUNESIEN

Französisch ist nach wie vor die Bildungs- und Handelssprache sowie die Sprache der Beziehungen zum Ausland. Da Bourguiba einer der großen Vertreter der Idee der Frankophonie war, gab es in seiner Regierungszeit auch keine Arabisierungskampagnen, wie sie etwa Algerien durchgeführt hat, um sich von der französischen Kultur abzusetzen.

Für die tunesische Jugend ist fast ausnahmslos der europäische Fortschritt, der auch durch die Touristen verkörpert wird, das Ziel der Entwicklung ihres Landes. Europa steht für sie für Arbeit und Wohlstand, Kultur, Unterhaltung und ein freieres Leben – also für alles, was die tunesische Gesellschaft ihnen nicht genügend bietet. Seit den 80er Jahren findet aber auch der konservative islamische Fundamentalismus eine gewisse Resonanz. Solange niemand weiß, wie die Zukunftsprobleme gelöst werden können, bietet für viele Tunesier nur die Rückkehr zur Tradition eine Perspektive.

Höhlenwohnungen *(links)* in Kalksteinfelsen wurden lange von Berbern und den Bewohnern des Dahar (Jabal al-Qsur) im Süden Tunesiens bewohnt.

Eine enge, mit Waren angefüllte Passage *(unten)* im Souk der Medina (Altstadt) von Sousse (Susah). Die Stadt ist ein geschäftiger Mittelmeerhafen und das Touristenzentrum des Landes.

Autoverkehr *(links)* verstopft die Straßen von Tunis, der Hauptstadt Tunesiens. Die Stadt ist das wichtigste kulturelle und politische Zentrum des Landes. Etwa 63 % der Tunesier leben in Städten, die traditionelle »Altstädte«, die Medinas, und moderne, im europäischen Stil gehaltene Stadtviertel, aufweisen.

TÜRKEI

TÜRKEI

Kaum ein Land des Vorderen Orients ist europäischer und trägt dennoch die meisten Insignien des islamisch-orientalischen Kulturkreises mit so viel Stolz und nationaler Würde wie die Türkei. Anatolien, Wiege ältester Kulturen und Zivilisationen, Kernraum großer Reiche von den Hethitern bis hin zu den Osmanen, ist fast immer in irgendeiner Form auch Durchgangsland gewesen, – meist zwischen Ost und West – sei es politisch, wirtschaftlich oder kulturell. Das Land war damit über Jahrtausende Mittler zwischen Einflüssen unterschiedlichster Herkunft und Prägung – und ein Land der Auseinandersetzungen.

Krasser und bunter als anderswo zeigen sich deshalb in den einzelnen Kulturlandschaften der Türkei viele Gegensätze. Oft eng benachbart finden sich Relikte bestechender kultureller Leistungen und Hinweise auf gleichzeitige bittere Entbehrung, bedingt durch Kriege, Unterdrückung oder wirtschaftliche Zwänge. Kaum ein europanahes Reiseland steckt deshalb so voller kultureller Vielfalt. Darüber hinaus bietet das Land aber auch viele landschaftliche Kontraste und starke klimatische Gegensätze.

In kaum einem Land rund um das Mittelmeer ist die Bevölkerung Besuchern gegenüber zuvorkommender und gastfreundlicher als auf der 1500 km langen und 650 km breiten gebirgigen Halbinsel an der Nahtstelle zwischen Asien und Europa. Nicht zuletzt deshalb zählt die Türkei heute mit zu den beliebtesten Reisezielen europäischer Touristen.

Andererseits hat kaum ein Land so nahe vor den Toren Europas so sehr mit sozialen Widersprüchen, wirtschaftlichen Problemen, politischen Zwängen und auch selbst verschuldeten ökologischen Katastrophen zu kämpfen wie die Türkei. Zu nennen sind: soziales und wirtschaftliches West-Ost-Gefälle, auffällige Landflucht, hohe Arbeitslosigkeit, zunehmende Gewässer- und Luftverschmutzung, Bodenerosion, Waldvernichtung, Verbauung der Küsten, unkontrolliertes Wachstum der Städte und brisante ethnische und politische Konflikte.

Nirgendwo spürt man diese kulturellen, sozialen und wirtschaftlichen Gegensätze mehr als in den großen Städten des Landes: An erster Stelle in Istanbul, der heimlichen Hauptstadt eines Landes mit über 65 Millionen Einwohnern, von denen auch heute noch, nach über fünfzig Jahren der Industrialisierung und des wirtschaftlichen Fortschritts, etwa ein Viertel äußerst anspruchslos auf dem Lande lebt und arbeitet.

Für viele Besucher erscheint Istanbul, dieser betriebsame Schmelztiegel von mittlerweile 8 Millionen Menschen unterschiedlichster Herkunft, Volkszugehörigkeit und Glaubensrichtung, mit seinem sprichwörtlich chaotischen Verkehrsgewühl, seinen aufdringlichen Gerüchen und Geräuschen und mit seiner unverwechselbaren Kulisse unzähliger Kuppeln und Minarette, als Brücke nach Asien, als Pforte zu einer uns fremden Kultur – dem Orient.

TÜRKEI: DER STAAT

Nur etwa 3 % des Territoriums der heutigen Türkei entfallen auf Ostthrakien und damit auf Europa, der Rest auf Anatolien. Eine mittlere Höhenlage von über 1000 m zeichnet diese Halbinsel als Gebirgsland aus und signalisiert gleichzeitig die damit verbundenen Probleme und Zwänge für eine wirtschaftliche und verkehrsmäßige Erschließung.

Bevölkerungsentwicklung

Noch 1927 verteilten sich bei einer Bevölkerungsdichte von 17,5 Einwohnern pro km² kaum mehr als 13,6 Millionen Menschen vergleichsweise »bequem« in Dörfern und Städten; ein Teil zählte damals noch zur nichtseßhaften Gruppe der Nomaden bzw. Halbnomaden, und mehr als 75 % der türkischen Bevölkerung lebte und arbeitete als seßhafte Bauern auf dem Lande. Heute dagegen herrscht trotz der Größe des Staatsgebietes vielerorts drangvolle Enge für die mittlerweile auf über 65 Millionen angewachsene Bevölkerung. Vor allem die Industrialisierung, die fortschreitende Technisierung und eine bessere medizinische Versorgung waren dafür verantwortlich, daß sich mit abnehmender Kindersterblichkeit und deutlich höherer Lebenserwartung (1998: 69 Jahre) nicht nur die Einwohnerzahl der Türkei bis Ende des 20. Jahrhunderts beinahe verfünffachen konnte, sondern daß sich auch eine zunehmende Umschichtung innerhalb der Bevölkerung vollzog: Im Staatswesen der Türkischen Republik ist kein Platz mehr für nomadische Gruppen, die militärisch, statistisch und steuerlich nur schwer erfaßbar sind. Ihre Anzahl ist bis heute durch konsequente Ansiedlung stark dezimiert worden. Nur im Osten und Südosten sind sie noch auffällig präsent.

Während die Zahl der städtischen Gemeinden auf fast das Doppelte angewachsen ist, hat die Zahl der Dörfer dagegen um über ein Fünftel abgenommen. Gegenwärtig konzentriert sich bereits rund 73 % der Bewohner in Städten mit jährlichen Zuwachsraten von bis zu 7 % (1990-98 durchschnittlich 1,8 %).

Die moderne Türkei

Als sich am 29. Oktober 1923 die Türkische Republik etablierte, blickte das Land auf eine wechselvolle Geschichte zurück, deren Erbe es abzuschütteln galt, wenn man als fortschrittlicher Staat Anerkennung finden wollte. Der »Kemalismus« brachte die Trennung von Staat und Kirche, d.h. den radikalen Bruch der Türkei mit der Tradition des osmanisch-muselmanischen Gottesstaates und damit die deutliche Hinwendung nach Europa. Der Aufbau einer zeitgemäßen Verwaltung und die Einrichtung der allgemeinen Schulpflicht, eine Gesetzes- und Schriftreform (1926 und 1928), die Einführung der Familiennamen (1934) und die generelle Gleichstellung von Mann und Frau, das alles waren wichtige Mosaiksteinchen auf dem Weg aus der Vergangenheit. Mit dem Übergang zum Mehrparteiensystem nach dem Zweiten Weltkrieg und Wirtschaftsreformen ergaben sich für die junge Republik auch soziale und wirtschaftliche Probleme sowie regionale Disparitäten, die bisweilen in innenpolitischen Radikalisierungen eskalierten, bis hin zur Gefahr eines Bürgerkrieges. Bis heute verstehen sich die türkischen Militärs als Wahrer des atatürkschen Erbes und als Wächter der Demokratisierung des Landes. Bislang dreimal (1960, 1971, 1980) übernahm das Militär die Macht und stellte mit drakonischen Mitteln die innere Ruhe wieder her.

Daten und Fakten

DAS LAND
Offizieller Name: Republik Türkei
Hauptstadt: Ankara
Fläche: 774 815 km²
Landesnatur: Im W inselreiches Küstentiefland, im N Tieflandsaum u. Pontisches Gebirge, im S Küstengebiet u. Taurus, im Inneren Hochland von Anatolien
Klima: Im N warm-gemäßigtes Klima, im S u. W Mittelmeerklima, im Inneren kontinentales Klima
Hauptflüsse: Euphrat, Kizilirmak, Sakarya, Menderes, Aras
Höchster Punkt: Ararat 5165 m

DER STAAT
Regierungsform: Republik
Staatsoberhaupt: Staatspräsident
Regierungschef: Ministerpräsident
Verwaltung: 79 Provinzen
Parlament: Große Nationalversammlung mit 550 für 5 Jahre gewählten Abgeordneten
Nationalfeiertag: 29. Oktober
DIE MENSCHEN
Einwohner (Ew.): 65 546 000 (1999)
Bevölkerungsdichte: 85 Ew./km²
Stadtbevölkerung: 75 %

Bevölkerung unter 15 Jahren: 30 %
Analphabetenquote: 15 %
Sprache: Türkisch, kurdische Sprachen
Religion: Moslems über 98 %
DIE WIRTSCHAFT
Währung: Türkisches Pfund
Bruttosozialprodukt (BSP): 200 505 Mio. US-$ (1998)
BSP je Einwohner: 3160 US-$
Inflationsrate: 79,4 % (1990–98)
Importgüter: Erdöl, chemische Produkte, Eisen u. Stahl

Im eindrucksvollen Atatürk-Mausoleum (links) in Ankara, der Hauptstadt der Türkei, befinden sich die sterblichen Reste Kemal Atatürks (1881–1938), des ersten Präsidenten der Republik Türkei. Atatürk bedeutet »Vater der Türken«.

Die Türkei (oben), Nahtstelle zwischen Europa und Asien, richtet sich heute nach Europa. Taurus und Pontisches Gebirge, die sich über dem fruchtbaren Ackerland des Küstenflachlandes erheben, schließen das Anatolische Hochland ein. Thrakien, wo der Getreideanbau vorherrscht, liegt in Europa, aber die Geschichte der Türkei und die islamische Religion verbinden das Land eng mit Asien. Die Turkvölker, aus Zentralasien kommend, drangen um 1000 n. Chr. in Kleinasien ein.

Exportgüter: Nahrungsmittel, Baumwollgarne u. -stoffe, Bekleidung, Maschinen
Handelspartner: Deutschland u. andere EU-Länder, USA, Saudi-Arabien, Schweiz, Rußland
Eisenbahnnetz: 10 933 km
Straßennetz: 381 890 km, darunter über 1700 km Autobahn
Fernsehgeräte je 1000 Ew.: 286

Doch wurde die demokratisch nicht legitimierte Machtposition der Generäle zu Beginn des 21. Jahrhunderts in Öffentlichkeit und Parlament als Hindernis auf dem Weg zu einem »wirklichen« Rechtsstaat in Frage gestellt. Erste Erfolge hatte schon Turgut Özal (Ministerpräsident 1983–89, Staatspräsident bis 1993); ein deutliches Signal, mit der Beachtung von Menschen- und Bürgerrechten Ernst zu machen, war 2000 die Wahl des Verfassungsrechtlers Ahmet Sezer zum Staatspräsidenten. Auch folgt den alten »Polit-Patriarchen« Bülent Ecevit (*1925) und Süleyman Demirel (*1924) eine neue, weniger an Staatsinterventionismus (in Finanzwesen und Wirtschaft) und kemalistischem Nationalismus orientierten Politikergeneration, die ihr Land in die Europäische Union führen und einen Ausgleich mit den Kurden will. Andererseits gelang es dem Militär den ersten Ministerpräsidenten (1996/97) aus den Reihen der an politischem und gesellschaftlichem Einfluß gewinnenden Islamisten, Neçmettin Erbakan (*1926), und dessen »Wohlfahrtspartei« (nicht aber die Nachfolgerin »Tugendpartei«) aus der aktiven Politik zu verbannen.

TÜRKEI: GESCHICHTE

Die zahllosen Altertümer der Türkei vermitteln das bewegte Bild einer über 10 000 Jahre alten kulturpolitischen Vergangenheit Kleinasiens. Antike Fürstentümer und Großreiche, wie die der Hethiter, Urartäer oder Phryger, hinterließen ihr historisches Erbe. Zahlreiche Einflüsse von Nachbarstaaten, wie Assyrien, Griechenland oder Rom, wurden kulturprägend.

Für die heutige Gesellschaft und Kultur der Türkei sind jedoch weitestgehend nur die Vorgänge von Bedeutung, die aus der inzwischen über neunhundertjährigen islamischen Geschichte des Landes resultieren.

Entscheidend waren vor allem zwei markante Zäsuren: Der Wechsel vom christlichen Byzanz zum moslemischen Osmanenreich nach 1071 und der fast kompromißlose Bruch mit den meisten islamischen Traditionen in der modernen Türkischen Republik durch Mustafa (Kemal Atatürk) nach 1923.

Die Ablösung des Byzantinischen Reiches durch die Osmanen war kein abrupter Machtwechsel. Sie vollzog sich trotz aller kriegerischer Auseinandersetzungen eher als schrittweise und oft ungehinderte Unterwanderung.

Soziale Gegensätze im Innern, Konflikte um die richtige Gottesverehrung, Wirren der Kreuzzüge, Bürgerkriege, Verlust des Seehandels an Venedig und Genua, mehrfache Arabereinfälle hatten das Land so sehr geschwächt, daß dem wachsenden Druck der locker in Stämmen organisierten, meist nomadischen Gruppen der Turkvölker nichts entgegengesetzt werden konnte, als diese nach Anatolien eindrangen. Daß es gerade die Seldschuken waren, die als erste neue staatstragende Macht auftreten konnten, lag fraglos an deren politischer Herkunft und Erfahrung aus dem städtisch-kulturellen Umfeld des persischen Hofes. Aus den folgenden Auseinandersetzungen ging der türkische Stammesverband der Osmanen, geschickt die Wirren der Mongoleneinfälle nutzend, innerhalb von 150 Jahren gegen konkurrierende Stämme und gegen Byzanz als glanzvolle Großmacht hervor.

Aber bereits nach der Blütezeit des Osmanenreiches unter Süleiman II., dem Prächtigen, (um 1494–1566) begann der Niedergang. Eine Vielzahl autonomer »Derebeyliks« (Talfürstentümer) entstand. Sie stürzten bis zum 19. Jahrhundert das Land in ein politisches und wirtschaftliches Chaos.

Noch während das Osmanenreich verfiel, setzten die Sultane Abd ül-Medschid (1823–1861) und Abd ül-Aziz (1830–1876) mit ihren Reformen (Tanzimat, 1839–1876) erste Akzente für einen zeitgemäßen Staat, während fünf europäische Nationen (Großbritannien, Frankreich, Italien, Rußland, Griechenland) mit imperialistischem Interesse bereits über die Aufteilung des »kranken Mannes am Bosporus« spekulierten. Wirtschaftlich war das Land von

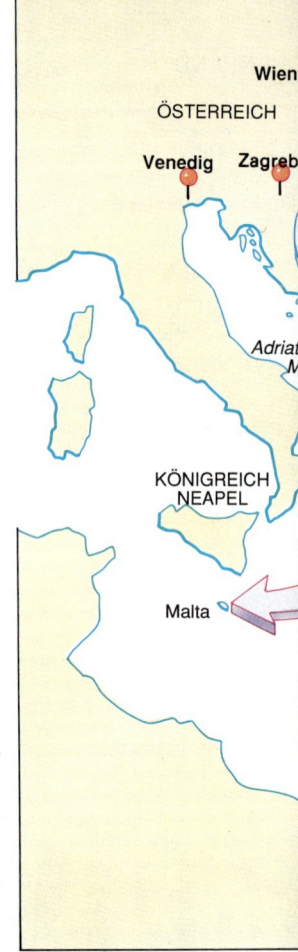

Quasi auf dem Höhepunkt seiner Macht umfaßte das Osmanische Reich 1520 (oben) den Balkan und den Nahen Osten. Osmanische Heere belagerten Wien 1529. Nach dem Ersten Weltkrieg wurde die Türkei von den Alliierten geteilt.

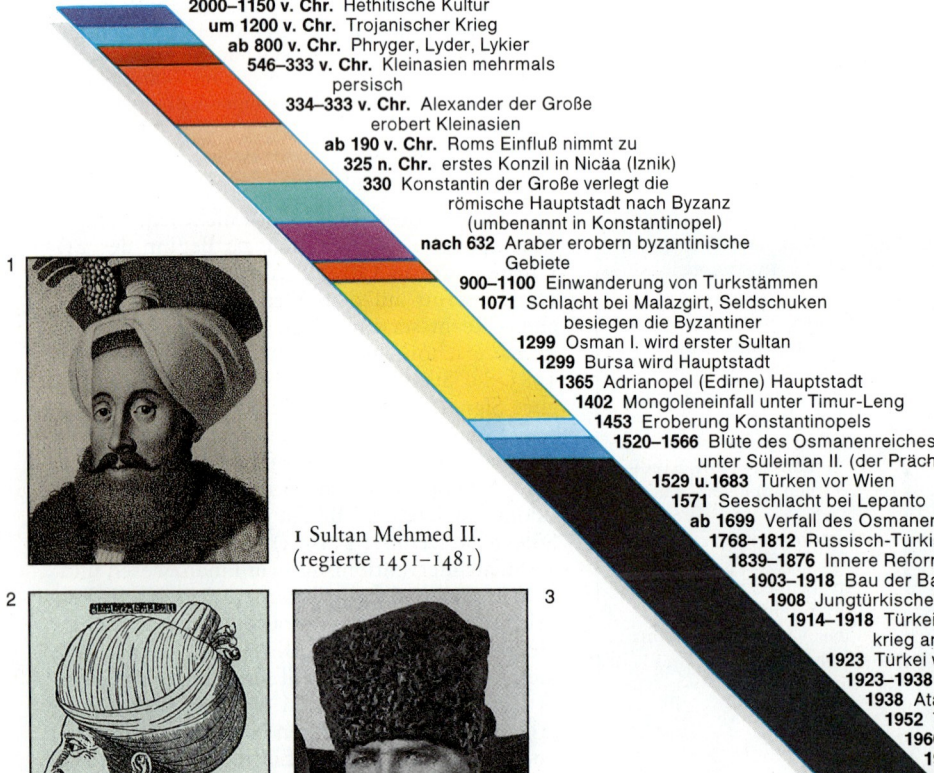

1 Sultan Mehmed II. (regierte 1451–1481)

2 Sultan Süleiman II., der Prächtige (regierte 1520–1566)

3 Kemal Atatürk (1881–1938)

- **2000–1150 v. Chr.** Hethitische Kultur
- **um 1200 v. Chr.** Trojanischer Krieg
- **ab 800 v. Chr.** Phryger, Lyder, Lykier
- **546–333 v. Chr.** Kleinasien mehrmals persisch
- **334–333 v. Chr.** Alexander der Große erobert Kleinasien
- **ab 190 v. Chr.** Roms Einfluß nimmt zu
- **325 n. Chr.** erstes Konzil in Nicäa (Iznik)
- **330** Konstantin der Große verlegt die römische Hauptstadt nach Byzanz (umbenannt in Konstantinopel)
- **nach 632** Araber erobern byzantinische Gebiete
- **900–1100** Einwanderung von Turkstämmen
- **1071** Schlacht bei Malazgirt, Seldschuken besiegen die Byzantiner
- **1299** Osman I. wird erster Sultan
- **1299** Bursa wird Hauptstadt
- **1365** Adrianopel (Edirne) Hauptstadt
- **1402** Mongoleneinfall unter Timur-Leng
- **1453** Eroberung Konstantinopels
- **1520–1566** Blüte des Osmanenreiches unter Süleiman II. (der Prächtige)
- **1529 u. 1683** Türken vor Wien
- **1571** Seeschlacht bei Lepanto
- **ab 1699** Verfall des Osmanenreiches
- **1768–1812** Russisch-Türkische Kriege
- **1839–1876** Innere Reformen (Tanzimat)
- **1903–1918** Bau der Bagdadbahn
- **1908** Jungtürkische Revolution
- **1914–1918** Türkei nimmt am 1. Weltkrieg an der Seite Deutschlands teil
- **1923** Türkei wird Republik
- **1923–1938** Atatürks Reformen
- **1938** Atatürks Tod
- **1952** Türkei wird Mitglied der NATO
- **1960** 1. Militärputsch
- **1971** 2. Militärputsch
- **1974** Invasion auf Zypern
- **1980** 3. Militärputsch
- **1982** Kenan Evren Staatspräsident
- **1997** Mesut Yilmaz Ministerpräsident

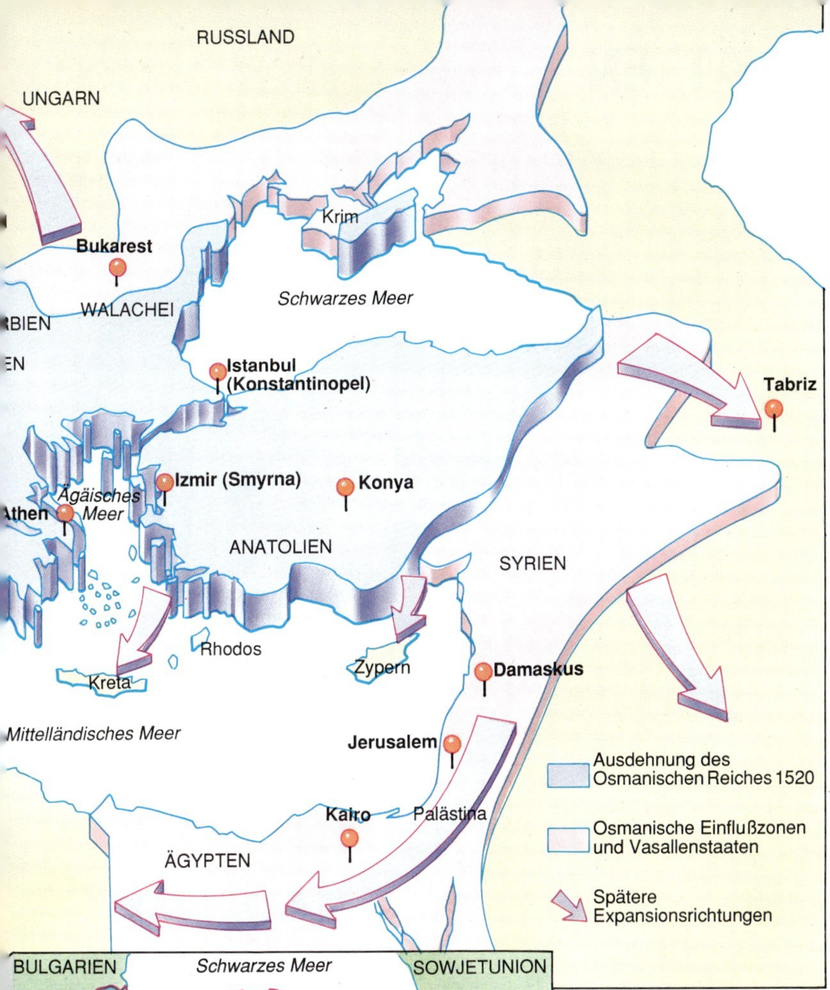

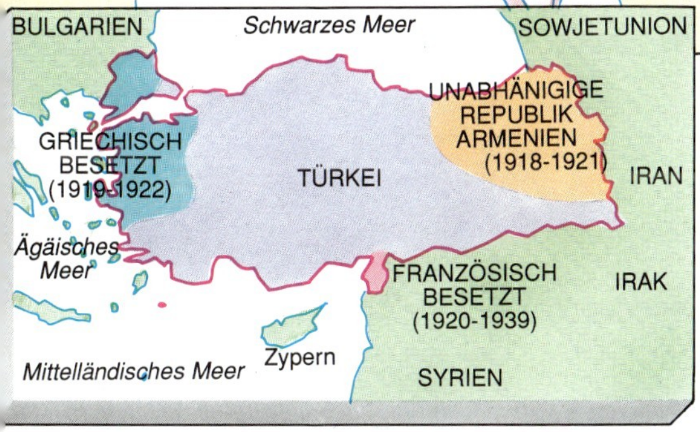

TÜRKEI

diesen Mächten bereits durchdrungen. So beuteten sie Bodenschätze aus, finanzierten den Straßenbau, die Elektrifizierung und den Bau von Eisenbahnlinien.

Kemal Atatürk und der Kemalismus

Es war Mustafa Kemal Pascha (seit 1934 Atatürk), der 1921/22 die Griechen aus Anatolien vertrieb, die türkischen Reserven überzeugend gegen die Alliierten mobilisierte und 1922 das Sultanat beseitigte.

Er tat dies vor dem Hintergrund einer nationalen Bewegung, die aus dem korrupten, ökonomisch abhängigen osmanischen Reststaat einen souveränen modernen türkischen Nationalstaat schaffen wollte. Nach Gründung der Republik im Jahre 1923 begann Atatürk als ihr erster Präsident ein weitreichendes Reformwerk aufzubauen.

Der nach ihm benannte »Kemalismus« beinhaltete Vorstellungen der Verwestlichung (Zivilisierung), der Volksnähe (Populismus), des Wandels (Revolutionismus), der Verweltlichung (Säkularisation), der Wirtschaftslenkung (Etatismus), der nationalen Sammlung und Besinnung (Nationalismus) und einer neuen Staatsform (Republikanismus). Obwohl nicht alles davon realisiert werden konnte, blieb Atatürks reformerisches Werk der Grundstein der modernen Türkei bis heute. Die türkischen Militärs verstehen sich als Vollstrecker des Kemalschen Vermächtnisses und dulden daher auch keine islamistische Einflußnahme auf die Politik.

Seit altersher wird die heutige Türkei von einem Völkergemisch bewohnt, und die Bevölkerung weist auch heute eine bunt gewürfelte ethnisch-religiöse Zusammensetzung auf. Dennoch wird die Existenz von Minderheiten ungerne eingestanden, weil man damit die Einheit der Nation in Frage gestellt sieht.

Ethnisch-religiöse Minderheiten

Als ethnisch-religiöse Minoritäten leben heute mindestens 6,5 Millionen Kurden, mehr als 1,2 Millionen Araber sowie Tscherkessen, Albaner, Bulgaren und Bosnier, Georgier und Lazen islamischer Glaubensrichtung neben christlichen Syrern (Jakobiten), Armeniern, Arabern und Griechen sowie Juden im Land – die meisten von ihnen mit eigener Muttersprache. Ebensowenig wie die restlichen Nomaden durften sich diese Gruppen bislang innenpolitisch artikulieren. Alle Versuche der Minoritäten, besonders der Kurden, die eigene Kultur zu pflegen oder sich gar zu verselbständigen, beschwören beim türkischen Militär, dem »Hüter der nationalen Einheit«, Visionen separatistischer Zustände des 19. Jahrhunderts. So ist es nicht verwunderlich, daß sich seit Mitte der 80er Jahre zwischen der illegalen Kurdischen Arbeiterpartei (PKK), deren Ziel es ist, einen Kurdenstaat zu schaffen, und der Armee ein blutiger Guerillakrieg mit 37 000 Toten und mindestens 1 Million Flüchtlingen entwickelte.

Das herrschaftliche Istanbul, wiedererschaffen durch diese Musiker in osmanischen Gewändern (*unten*), verschmolz Hofintrigen mit der Rolle als Handelsschnittpunkt. Kaufleute aus Genua waren die ersten Europäer, die dieses Reich betraten.

TÜRKEI: HISTORISCHE STÄTTEN

Byzanz, Konstantinopel, Istanbul: das sind die historischen Namen einer der schillerndsten und geheimnisvollsten Städte der Welt. Hauptstadt des Oströmischen Reiches um 300, dann Herz des Christlich-Byzantinischen Reiches bis 1453, verbindet Istanbul zwei Kontinente, da der Bosporus, der die Stadt teilt, auch die Grenze zwischen Europa und Asien ist.

Als der osmanische Sultan Mehmed II. am 29. Mai 1453 Konstantinopel eroberte, verbot er, die Stadt zu plündern. Stattdessen wollte er sie wieder in Glanz erstrahlen lassen, indem er Kirchen wie die Hagia Sophia (»Heilige Weisheit«) zu prachtvollen Moscheen umbauen ließ. Die Hagia Sophia, das Juwel von Konstantinopel, war vom byzantinischen Kaiser Justinian I. in Auftrag gegeben und zwischen 532 und 537 errichtet worden. 500 Jahre lang Moschee, dient sie seit 1935 als Museum, und viele der alten, nach der Übergabe des Gebäudes in weltliche Hände entdeckten Mosaiken sind noch heute erhalten. Die Sultan-Ahmed-Moschee, später von einem Schüler des osmanischen Architekten Sinan gebaut und auch als Blaue Moschee bekannt, ähnelt der Hagia Sophia und ist etwa gleich groß.

1454, nach dem Niedergang Konstantinopels, gab Mehmed II. einen neuen Palast auf dem Gelände der Universität in Auftrag. Topkapi-Palast genannt, war er eine Stadt innerhalb einer Stadt, in der die Familie des Sultans, der Harem und unzählige Diener wohnten. Heute ist er eines der größten und prachtvollsten Museen der Welt. 1853 ließ Sultan Abd ül-Medschid einen neuen Palast errichten, den Dolmabahçe Sarayi an den Ufern des Bosporus, der die Säulenreihen und gewölbten Bögen in seinem Wasser widerspiegelt.

Jenseits des Marmarameers, südlich von Istanbul, erstreckt sich die altehrwürdige Stadt Bursa entlang der Ausläufer des Uludağ. Die Osmanen besiegten 1326 die Byzantiner in Bursa und machten sie zu ihrer ersten großen Hauptstadt. Bis heute hat sich die alttürkische Atmosphäre erhalten. Wenn der Reisende durch die winkligen, mit Brunnen versehenen Gassen schlendert, erblickt er viele prachtvolle Gebäude, vor allem die Ulu Cami (Große Moschee) im Bazarviertel und die Yeşil Cami (Grüne Moschee) mit ihrer zweifachen Kuppel.

Weiter südlich erfreut die Küste von Kleinasien den Touristen mit ihren zahlreichen Badestränden und Häfen. Hier befinden sich aber auch noch gut erhaltene Reste einer Anzahl eindrucksvoller griechisch-römischer Städte, die Zeugnis ablegen von einer Zeit, da dies eine der fortschrittlichsten und wohlhabendsten Gegenden der Welt war. Pergamon, von steilen Hügeln in eindrucksvoller Landschaft umgeben, enthielt einst eine weltberühmte Bibliothek. Izmir (Smyrna), wunderschön am Ägäischen Meer vor der Kulisse der Kara-Burun-Hügel gelegen, ist heute der bekannteste Ferienort der Türkei. Etwas südlich von Izmir liegt Ephesos,

TÜRKEI

eine der schönsten und besterhaltenen griechisch-römischen Städte. Eine vergessene Welt taucht auf, wenn man das glatte Pflaster der Arcadiane beschreitet, der breiten Prachtstraße, die vom ehemaligen Hafen zum Theater mit seinen vielen Steinsitzreihen führt. Als Mittelpunkt des Ost-West-Handels war Ephesos auch Ziel Tausender von Pilgern aufgrund des Tempels der Diana, einer orientalischen Göttin, die von den Griechen »übernommen« wurde.

Viele andere faszinierende Blicke in die Vergangenheit erwarten den Touristen in Kleinasien, aber auch der Osten der Türkei hat erinnerungswürdige Stätten. In Erzurum, einst ein wichtiger Ort an der Seidenstraße, sind noch immer einige schöne seldschukische Bauten erhalten. Östlich von Erzurum liegt Kars, eine der großen armenischen Städte, die lange Zeit die moslemischen Heere in Schach hielt. Auf einem felsigen Gipfel gelegen, war seine Zitadelle einst ein armenischer Palast. Am südöstlichen Ufer des Schwarzen Meeres, vom Pontischen Gebirge überragt, liegt Trabzon. 753 v. Chr. gegründet, hat diese Stadt einen Palast sowie zahlreiche byzantinische Kirchen, die als Moscheen erhalten sind. Im Süden von Trabzon erhebt sich der Nemrut Daği, wo der griechische Herrscher Antiochos I. (62–32 v. Chr.) riesige Statuen griechischer und persischer Götter errichten ließ. Von Erdbeben, Erosion und Stürmen zerstört, liegen sie nun malerisch zerstreut zwischen den Felsen.

Auch in der Mitteltürkei gibt es einiges zu sehen, vor allem in der alten Stadt Konya auf der Anatolischen Hochebene, überragt vom Berg Bozkir Daği. In Konya lebte der berühmte islamische Mystiker Dschelal Ad-Din Rumi (1207–1273), Gründer des Ordens der »Tanzenden Derwische«; hier findet man einige der schönsten Beispiele an seldschukischer Kunst und Architektur, wie die Büyük-Karatay-Medresesi (13. Jh., heute Fayencemuseum).

Die Arcadiane *(oben)* verläuft durch das Herz der griechischen Stadt Ephesos, vom ehemaligen Hafen bis zum Theater. Gegründet um 1000 v. Chr., wurde Ephesos um 300 v. Chr. Handelsstadt; später wurde die Stadt jedoch verlassen.

Im Westen der Türkei *(links)* gibt es zahlreiche griechische Orte und Handelshäfen, wie Pergamon und das sagenumwobene Troja. Griechische, römische, seldschukische und osmanische Überreste bezeugen das reiche Kulturerbe der Türkei.

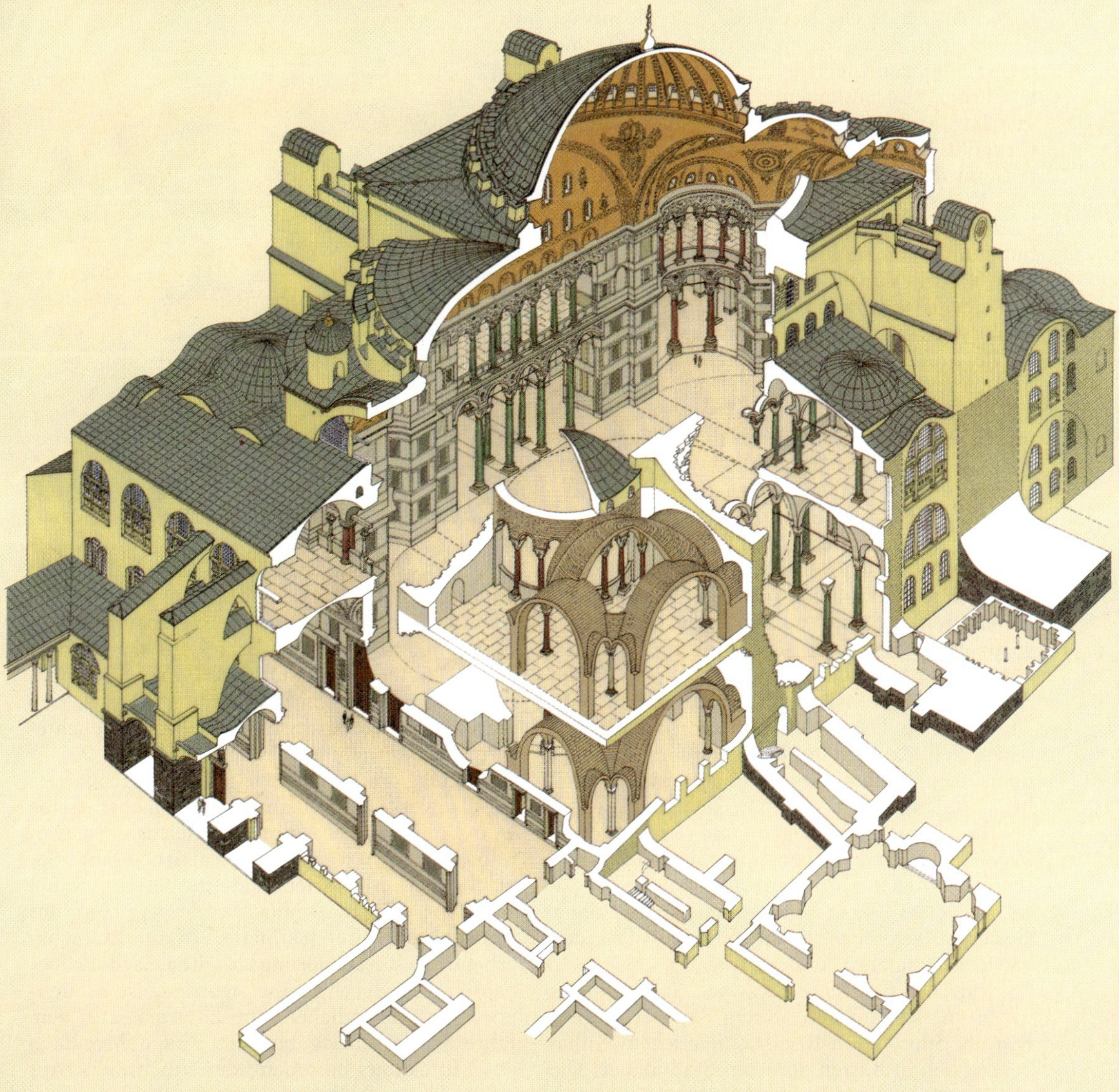

Die Hagia Sophia oder Kirche der Heiligen Weisheit *(rechts)* ließ der christliche byzantinische Kaiser Justinian erbauen. Für den Bau wurden vier riesige Steinpfeiler benutzt, um eine Kuppel von 31 m Durchmesser zu stützen.

TÜRKEI: ISTANBUL – BRÜCKE NACH ASIEN

Das moderne Istanbul ist eine geschäftige und kosmopolitische Stadt, am Tag erfüllt vom Verkehrslärm, nachts vom lauten Rufen und trillernden Pfeifen der bekci-babas (Nachtwächter). Durch den Verkehr drängeln sich »dolmus« (»gefüllte« Taxis) und warten auf Kundschaft. Man nennt sie so, weil sie mit Kunden, die sich das Fahrgeld teilen, wie »dolmas« (gefülltes Gemüse) vollgestopft werden. Dolmas sind ein Hauptbestandteil der türkischen Küche. Hamals (Träger) trotten durch die vielsprachige Menge, ihre turmhohen Lasten werden von einem »arkaluk« (Ledergestell) gehalten. Die türkischen Gesetzgeber haben die »Modernisierung« vorangetrieben, indem sie solch althergebrachte Kleidungsgegenstände wie den Fez verboten. Die meisten Türken tragen nun westliche Kleidung (mit den unverzichtbaren Wollhüten), aber mit dem Wiederaufkommen des islamischen Fundamentalismus sind einige Frauen zu den alles umhüllenden, schwarzen Gewändern zurückgekehrt.

Istanbul erstreckt sich über dem Bosporus, der Meerenge zwischen dem Marmarameer und dem Schwarzen Meer, und steht mit einem Fuß in Europa und mit einem in Asien. Der günstigen Lage an alten Handels- und Kriegswegen verdankt Istanbul die jetzige Stellung als größte Stadt der Türkei. Unter den Namen Byzanz und Konstantinopel als Hauptstadt des Byzantinischen (Oströmischen) Reiches wurde Istanbul dann Hauptstadt des Osmanischen Reiches. Das Goldene Horn, ein Arm des Bosporus, der das europäische Viertel der Stadt teilt, gilt als bester natürlicher Hafen der Welt.

Die drei Meere von Istanbul sind genauso Teil dieser Stadt wie ihre Straßen. Die Wasserwege sind ständig überfüllt. Beladene Fähren und Wasserbusse bahnen sich ihren Weg durch Fischerbootflotten. Einige Boote verkaufen »Fast Food«: Sie haben Kohlenpfannen an Bord, um ihren Fang für den sofortigen Verkauf und Verzehr am Hafen zu braten.

Einige der schönsten Aussichten auf die Stadt, deren Silhouette von den Kuppeln und Minaretten der ca. 500 Moscheen beherrscht wird, erhält man von den zwei Brücken, die sich über das Goldene Horn spannen. Einen Anblick wert ist auch die Bosporusbrücke. Von dem Tag, als Darius einen Ponton aus Booten bauen ließ, damit sein Heer nach Griechenland übersetzen konnte, haben die Menschen jahrhundertelang davon geträumt, den Bosporus zu überbrücken. Michelangelo und Leonardo da Vinci gehörten zu jenen, die solch einen Bau schon planten – aber die erste Bosporusbrücke wurde erst 1973 fertiggestellt. Mit einer Gesamtlänge von 1560 m gehört sie zu den größten Hängebrücken der Welt.

Moderne Bauwerke des 20. Jahrhunderts wechseln sich mit den Stätten der Vergangenheit ab. Spuren von Roms militärischem Ruhm zeigen sich in Resten der alten Stadtmauer. Die Kunst des römischen Bauhandwerks spiegelt sich in emporstrebenden Aquädukten und unterirdischen Wasserspeichern wider. Die größte dieser Zisternen, die Yerebatan Sarayi (»Versunkener Palast«) ist restauriert worden. Seither können Touristen eine Bootsfahrt durch das riesige Gewölbe, in dem 336 gewaltige Steinsäulen durch farbige Lichter beleuchtet werden, unternehmen.

Die Hagia Sophia ist vielleicht das großartigste Bauwerk der byzantinischen Kunst. Seine 56 m hohe Kuppel wölbt sich gleichsam schwerelos über dem, was für mehr als 1000 Jahre der größte von Menschenhand erschaffene Raum war. Die Hagia Sophia wurde 532–537 auf Anordnung Kaiser Justinians errichtet. Obwohl erhebliche Restaurierungsarbeiten nach Erdbebenschäden durchgeführt wurden, ist es dennoch im wesentlichen ein Bauwerk aus dem Jahre 500 n. Chr. geblieben. Einige Mosaiken des Mittelalters bestehen heute noch. Seit 1935 ist die Hagia Sophia ein Museum.

TÜRKEI

Unter den vielen öffentlichen Gebäuden der osmanischen Zeit besticht die Sultan-Ahmed Moschee, aufgrund ihres mit blaugrünen Fayencen ausgestatteten Inneren auch Blaue Moschee genannt. Müde vom Besichtigen der Sehenswürdigkeiten kann der Besucher sich auch in den türkischen Dampfbädern erquicken, bevor er den Gedeckten Bazar besichtigt. Etwa 4000 kleine Läden liegen in einem Labyrinth aus engen Passagen. Schmuck, Teppiche und Brücken werden von Touristen gern gekauft. Zwischen den vielen angebotenen Gegenständen befinden sich auch Tulpenzwiebeln im Yeni Camii (Blumenmarkt). Das erinnert daran, daß die Tulpen im 15. Jahrhundert aus der Türkei in den Westen kamen, und nach dem »tulben«, Teil des Turbans, dem die Blume ähnelt, benannt werden.

Im Herzen des osmanischen Istanbul lag der Topkapi Palast oder Sarayi, ein ausgedehnter Gebäudekomplex aus kunstvoll gearbeiteten Bauten und Gärten. 1462 begonnen, wurde er Sitz der Sultane. Bis zur Gründung der Republik nach dem Ersten Weltkrieg lebten sie dort zurückgezogen in unvorstellbarem Luxus, bewacht und bedient von über 5000 Wächtern und Dienern. Heute ist Topkapi ein großes Museum, in dem sich die Schätze des Osmanischen Reichs befinden. Das mittlere Gebäude enthält solche Heiligtümer wie die Kammern der Heiligen Reliquien, zu denen Barthaare des Propheten Mohammed zählen. Hier befindet sich auch der Harem, in dem die Frauen und Konkubinen des Sultans lebten.

Die eindrucksvolle Sultan-Ahmed-Moschee *(links)* aus dem 17. Jahrhundert, dank der blaugrünen Fayencen auch Blaue Moschee genannt, ist die Hauptmoschee der Stadt. Sie steht neben der berühmten Hagia Sophia, hoch über dem Bosporus gelegen.

Istanbul *(rechts)* bewahrt Spuren des Byzantinischen und Osmanischen Reiches, und ist heute die größte Stadt der Türkei. Zu der Fülle an Sehenswürdigkeiten zählen die Sultan-Ahmed-Moschee (Blaue Moschee), 1617 fertiggestellt (1), der Topkapi Sarayi, Sitz der osmanischen Sultane (2), die Hagia Sophia, vollendet im Jahr 537 (3), der Dolmabahce-Palast (4), Galata, Zentrum des europäischen Istanbul (5) und die Neue Moschee am unteren Ende des Gedeckten Bazars (6).

In den Teegärten von Istanbul *(links)*, wo dieser Losverkäufer seiner Arbeit nachgeht, treffen sich die Türken und besprechen die Angelegenheiten des Tages. Nahe der Universität liegt einer der besten Teegärten Istanbuls.

Gläubige Moslems haben sich im Betsaal (Mihrab) der Sultan-Ahmed-Moschee zum Gebet (Salat) versammelt *(oben)*. Fünfmal am Tag folgen sie dem Aufruf zum Gebet. Am Freitagmittag gehen die Männer in die Moschee; sonst beten sie an jedem sauberen Ort.

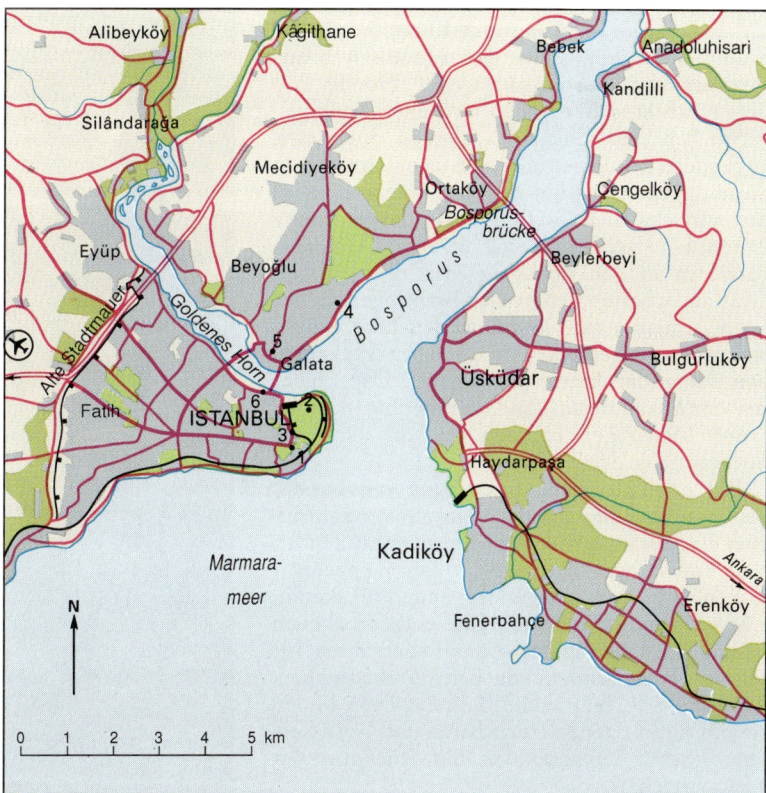

1447

TÜRKEI: LANDESNATUR

Wer die Halbinsel Anatolien an ihrer breitesten Stelle durchquert, mag am ehesten den Aufbau des Landes erkennen, dessen landschaftliche Großgliederung entscheidend ist für die wirtschaftliche Gegenwart der Türkei. Dann wird klar, wieso dieses Land trotz seines überwiegend gebirgigen Charakters in der Lage ist, mit der eigenen Landwirtschaft ein Volk von über 65 Millionen Menschen zu ernähren.

Auffälliger Vulkanismus und heftige Erdbeben entlang von tektonischen Linien kennzeichnen die Gebirgs- und Hochländer Kleinasiens; typisch für das Land sind eine enge Kammerung und Zerstückelung in verkehrsbehindernde Gebirgsstöcke und -ketten, in Senken und zahlreiche Becken unterschiedlicher Größe. Fast alle Gewässer aus dem Hochland müssen deshalb auf ihrem Weg zum Meer in bisweilen eindrucksvollen Schluchten diese Gebirgsbarrieren von Senke zu Senke durchbrechen oder enden in einem der abflußlosen Salzseen (Tuz Gölü).

Wie eine riesige Schüssel, eingebettet und zangenartig umschlossen von Gebirgssträngen des bis zu 4000 m hohen Pontus (Nordanatolisches Gebirge) im Norden und des über 3000 m aufragenden Taurus im Süden, gegliedert durch mehrere große Becken (Tuz Gölü- und Konya-Becken, Senke des oberen Sakarya, Becken von Eskişehir und Afyon), liegt in durchschnittlichen Höhen zwischen 800 und 1200 m die flachwellige Steppenlandschaft des zentralanatolischen Hochlandes – die türkische »Kornkammer«. Zusammen mit den thrakischen Getreidesteppen der nordwestlichen Türkei liefert dieser Agrarraum den Hauptanteil für das türkische Grundnahrungsmittel Brot.

Zur Ägäis hin findet das tektonisch beanspruchte und in steil aufragende Horste und tiefe fruchtbare Gräben zerbrochene westanatolische Bergland seinen Abschluß in einer stark gegliederten, buchtenreichen Küste. Jenseits von Sivas dagegen, bis hin zum Vanseegebiet, liegt der wirtschaftliche »Hinterhof«, der türkische Osten. Hier verzahnen sich die beiden Gebirgsbarrieren in den hochgelegenen, weitläufigen Graslandschaften der sterilen Basaltplateaus des alten Armenien und in den wilden Bergländern Kurdistans – gespickt mit zahllosen Vulkanen, von denen der Ararat (Büyük Agri Daği) nicht nur der bekannteste, sondern mit 5165 m Höhe (neue Messungen ergaben 5137 m) auch der höchste Berg der Türkei ist.

Die geotektonische Entstehung des Landes begünstigte Bildung und Vorkommen zahlreicher Lagerstätten wichtiger Rohstoffe für Industrie und Export in abbauwürdigen Konzentrationen und Mengen, unter anderem Bauxit, Chrom- und Eisenerze. Die eingebrochenen Becken sind häufig nicht nur Lagerstätten für tertiäre Braunkohlen; als tiefe Grabensenken, Talweitungen und breite Küstenebenen bilden sie mit ihren flachen fruchtbaren und bewässerbaren Schwemmlandböden das Rückgrat der Landwirtschaft.

TÜRKEI

Der Ararat *(oben)*, ein erloschenes Vulkanmassiv, erstreckt sich entlang der Grenze der Türkei zum Iran und zu Armenien. Der Berg ragt hoch aus der Landschaft empor, jedoch ist sein Gipfel oft von Wolken verhangen.

Die Anatolische Halbinsel *(oben)* ist eine von Gebirgen und fruchtbaren Küstenebenen umgebene Hochebene. Die Höhenlage beschert der Mittel- und Osttürkei ein sommerheißes Klima, mit kalten, oft schneereichen Wintern. Die Schwarzmeerküste erhält hohe Niederschläge, während sich die ägäische Küste eines typisch milden Mittelmeerklimas erfreut.

Die Felswohnungen von Göreme *(links)* beherbergten einst christliche Gemeinschaften. Die über Jahrhunderte durch Winderosion entstandenen Kegel zählen heute zu den großen Touristenattraktionen des Landes.

Die Insel Akdamar *(ganz oben links)* mit der berühmten armenischen Kirche zum Heiligen Kreuz liegt im Vansee. Wegen seiner alkalischen Beschaffenheit enthält der sehr tiefe und größte See der Türkei keine Fische.

Die Landschaftsformen bestimmen weitgehend auch die klimatischen Bedingungen und damit Vegetationsmuster und landwirtschaftlichen Möglichkeiten der Türkei. Sie reichen vom angenehm kühlen mitteleuropäischen Waldgebirge über die hitzeflimmernde Salzpfannensteppe bis hin zum lichtdurchfluteten Ölbaum- und Zypressensaum am Mittelmeer. Obwohl der geographischen Breite entsprechend ein subtropisches Klima zu erwarten wäre, gilt dies nur für die schmalen Küstenpartien; der Hauptteil Anatoliens liegt dafür viel zu hoch.

Ohne die aufragenden Gebirgsrahmen, die das zentrale Hochland wie eine Mauer abschirmen, wäre das Land wesentlich trockener. Diese Randgebirge fangen die meisten Niederschläge ab. So ergeben sich vielfältige Kontraste zwischen waldreichen, feuchten Höhen und trockenen Senken, zwischen schwülheißen, intensiv kultivierten Küstenebenen und baumarmen Steppen. In den Gras- und Getreidesteppen des Hochlandes und in den Gebirgen stehen sich lange Sommerdürre und extreme Winterkälte gegenüber. Während im frostfreien Küstenbereich des Mittelmeeres Baumwolle, Zitrusfrüchte und Bananen kultiviert werden, erinnern die Feuchtwälder der Pontusregion mit Eichen, Buchen, Tannen und Fichten eher an klimatische Verhältnisse gemäßigter Breiten. Mißt man im Südwesttaurus und Ostpontus nicht selten Jahresniederschläge von über 2000 mm, so fallen im zentralen Hochland und im Südosten teilweise nicht einmal 300 mm. Während in der Regenecke des Nordostens Tee, Haselnüsse, Trauben, Mais und Obst im Überfluß gedeihen und die Rhododendren im Unterholz wuchern, ist Inneranatolien ein trockenes, mitunter sehr karges Steppenland. Deshalb sind ertragreichste Landnutzung auf der einen Seite und Landbau nahe am Existenzminimum auf der anderen Seite Kennzeichen der heutigen türkischen Agrarwirtschaft.

TÜRKEI: TOURISMUS

Das idyllische Klima und die natürliche Schönheit der Südküste der Türkei, von Marmaris im Westen bis zu Antakya nahe der syrischen Grenze, haben ihr den Namen »Türkische Riviera« verliehen. Marmaris selbst, mit seinem exklusiven Yachthafen, zieht immer mehr wohlhabende Touristen an. Aber man braucht keine schnelle Luxusjacht zu besitzen, um sich in dieser wunderschönen Bucht zu vergnügen. Man kann ein kleines Boot oder Motorboot mieten, oder mit dem Dolmus-Wassertaxi fahren, um die einsamen Strände in der Nähe zu erkunden, von denen einige nur vom Meer aus zu erreichen sind. Hier, im Schatten einer der vielen griechischen oder römischen Ruinen, die ein Merkmal der Küste sind, kann man die sonnengetränkte Ruhe genießen und sich vorstellen, Homers Odysseus zu sein, der sich von seinen Reisen auf dem »rotdunklen Meer« ausruht. Obwohl Hoteltürme nun das Bild der bekannten Ferienorte bestimmen, sind große Teile der Küste immer noch so erhalten wie zu den Zeiten des griechischen Wanderers vor 3000 Jahren: eine schmale, friedliche Ebene, durch das Taurusgebirge von der Anatolischen Hochebene getrennt.

Wenn man zur richtigen Jahreszeit reist, kann das Taurusgebirge, ein allgegenwärtiger Hintergrund der Küstengebiete, eine zusätzliche Attraktion des Urlaubs mit Sonne, Sand und Meer bilden. Der größte Touristenort der Küste ist Antalya, vor 1000 Jahren Wintersitz der Seldschuken-Sultane. An einer von zwei Ausläufern des Taurusgebirges umschlossenen Bucht gelegen, erfreut sich Antalya im März und April Tagestemperaturen von mehr als 20 °C. Sogar im Winter betragen die durchschnittlichen Temperaturen entlang der Küste 10 °C. Sportliche Touristen können morgens schwimmen und nachmittags nach Saklikent fahren, nur 42 km landeinwärts, um auf den schneebedeckten Hängen des Taurus Ski zu fahren.

Im Hochsommer, wenn die Durchschnittstemperatur über 26 °C beträgt, bietet Antalya angenehme Strände sowie einen malerischen Hafen und eine Altstadt mit einem geschäftigen Bazar. Als Abwechslung von dem im ganzen Land erhältlichen Gericht aus Fleisch, den »kebabs«, kann man auch einmal Fisch probieren – eine Spezialität des Ortes ist »Sokor«, auf Holzkohle gegrillter Fisch – in einem von Antalyas berühmten Fischrestaurants.

In Antalya hat man auch am leichtesten Zugang zu einer anderen Attraktion der türkischen Riviera: ihrer Fülle an Zeugnissen der Vergangenheit, viele in guterhaltenem Zustand und von Archäologen unerforscht. In Antalya selbst befindet sich das marmorne Hadrianstor aus dem Jahre 130 n. Chr. Eine preiswerte Fahrt in einem »dolmus« bringt einen zu den bekannten Anlagen von Termessos, Perge und Aspendos.

Termessos, von griechischen Siedlern um das 7. Jahrhundert v. Chr. gegründet, erstreckt sich in einer Höhe von 1650 m auf einem Berghang. Innerhalb der Reste dieser ausgedehnten Festungsanlage – einst so großartig, so die Legende, daß sogar Alexander der Große sie nicht einnehmen konnte – liegen ein Theater, die Agora (Marktplatz) und Sportstätten. Nach einem steilen Berganstieg durch die Ruinen zu dem höchsten Punkt hat man nicht nur eine großartige Aussicht über die bewaldeten Hügel und Ebenen bis hin zu der Bucht von Antalya,

Von der felsigen ägäischen Küste bis zu den Stränden von Silifke fasziniert die türkische Riviera *(unten)* den Reisenden. In unmittelbarer Nähe zur Küste bietet dieses Gebiet viele historische Stätten und andere touristische Attraktionen.

Bodrums eindrucksvolle Burg *(rechts)* stammt aus dem Jahr 1402. Die Reste eines Theaters erinnern an seine ruhmreiche Vergangenheit. Bekannt als Halicarnassos, enthielt die Stadt das berühmte Mausoleum, eines der sieben antiken Weltwunder.

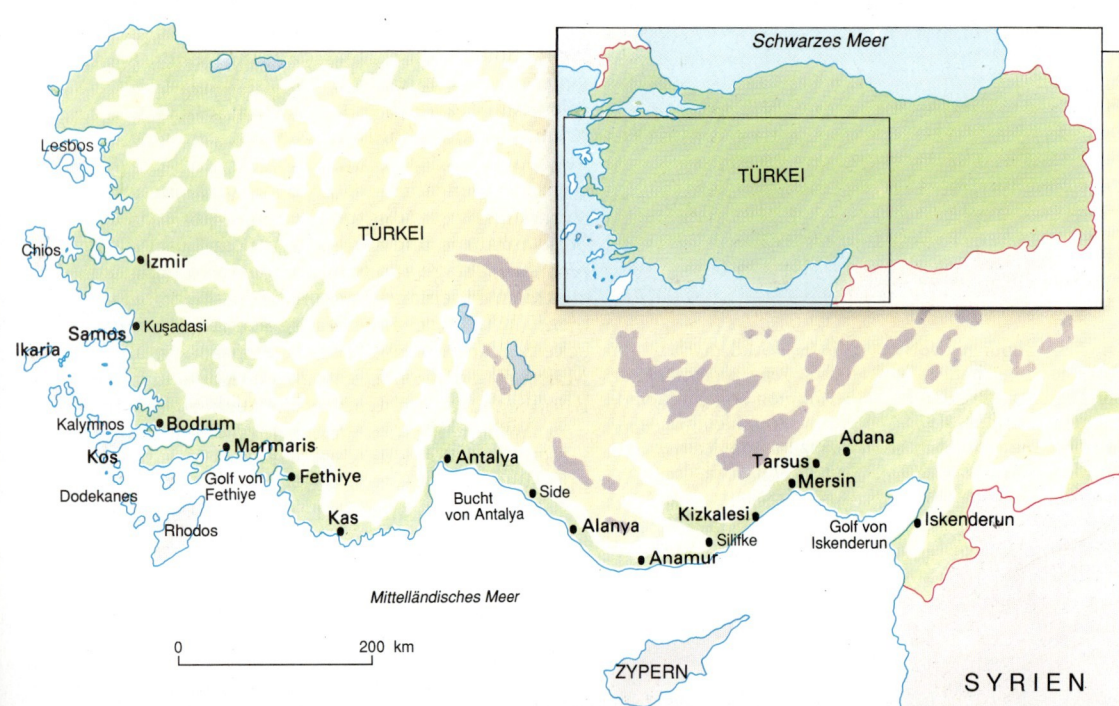

TÜRKEI

Das tiefblaue Meer und die sandigen Strände *(oben)* von Fethiye sind besonders reizvoll. Auch »Türkisküste« genannt, zieht die Mittelmeerküste der Türkei heute jährlich Millionen in- und ausländischer Besucher an.

Trotz der Entwicklung zu einem Touristenzentrum bewahrt die südliche Küste *(oben)* ihren Charme. Vom Taurus umschlossen, ist dieses Gebiet aufgrund des Klimas auch ein wichtiges landwirtschaftliches Zentrum.

sondern erblickt auch die große Nekropolis. Im nahegelegenen Perge schreitet man durch ein griechisches Tor und geht dann auf den Resten einer mit Säulen bestandenen römischen Straße. In Aspendos gibt es ein Amphitheater aus dem späten ersten Jahrhundert n. Chr., klein nach römischen Maßstäben (Sitzplätze für 15 000–20 000 Zuschauer), aber guterhalten und jetzt Schauplatz der jährlichen Sommerfestspiele.

Östlich von Antalya, hinter dem modernen Ferienort von Alanya mit seinen Bars und Diskotheken, liegt Anamur, ein kleiner ruhiger Ort. Hier befindet sich einer der großartigsten Seldschuken-Bauten, die Burg von Anamur (Anamur Kalesi). Um 1230 von einem Korsarenführer gebaut und später zu einer Kreuzritterburg erweitert, steht die Burg direkt am Meer, und die Wellen brechen sich an den Festungstürmen. Das Bauwerk erinnert an die Vergangenheit der »Türkisküste« der Türkei, an der das Meer sich einst rot färbte.

Die Straße verläuft entlang der Küste bis zur Hafenstadt Mersin. Auf der Strecke liegen unzählige Burgen auf den felsigen Abhängen des Taurusgebirges. Verteidigungsmauern umringen noch immer die Stadt Side, während in der Nähe von Kizkalesi, einem kleinen, von türkischen Urlaubern bevorzugten Dorf, die armenischen Könige von Kilikien wuchtige Bollwerke errichteten, die noch heute die Küste beherrschen. Fern im Osten erhebt sich die moderne Stadt Antakya auf den Ruinen von Antiochia, einst Hauptstadt des Kreuzritterreiches.

Westlich von Antalya sind die felsige Küstenlinie sowie unzählige Inseln Grund genug, einen längeren Urlaub entlang der türkischen Riviera zu machen. Wegen der zerklüfteten Küste bleibt der Golf von Fethiye vom Massentourismus einigermaßen verschont, aber seine vielen wunderbaren Strände locken den Reisenden. An der Lagune von Olu Deniz, 14 km von Fethiye entfernt, findet man einige der schönsten Badestrände der Gegend, während die Stadt Kas ein eindrucksvolles griechisches Theater und die Gräber der Insel Castellorizo vorweisen kann.

Eine Reise entlang der türkischen Riviera wäre ohne den Besuch von Bodrum unvollständig. Dieses Urlaubsstädtchen am Ägäischen Meer befindet sich dort, wo einst die griechische Stadt Halicarnassos lag. Mit dem Museum für Meeresarchäologie und dem gutausgerüsteten Hafen zieht die Stadt viele Touristen an.

TÜRKEI: LANDWIRTSCHAFT

Seit Jahrhunderten vernichtet der Mensch in Anatolien eine der wichtigsten natürlichen Ressourcen des Landes, um zu überleben: den Wald. In der Regel geschieht dies aus Armut und aus Not. Etwa ein Drittel des Staatsgebietes sind als Ackerflächen verfügbar. Die Landwirtschaft ist auf die Ausschöpfung jeder Möglichkeit der Nahrungsproduktion angewiesen. Eingebunden in einen teuflischen Kreislauf zwischen Bevölkerungswachstum, steigendem Nahrungsmittelbedarf, Ausdehnung der Ackerflächen, Brennstoffmangel, begrenzten Weidearealen bei intensiver Viehhaltung und geringer Verfügbarkeit von natürlichem Dünger wurden mindestens seit dem 19. Jahrhundert die anatolischen Wälder unkontrolliert geplündert, beweidet und gerodet, d. h. vernichtet. Erst in der Gegenwart hat man den Wert der einst ausgedehnten Waldungen der türkischen Bergländer erkannt und auf riesigen Arealen Neupflanzungen vorgenommen und ganze Forsten eingezäunt, um sie vor wildem Einschlag und Ziegenverbiß zu schützen.

Vor allem in den weitgehend winterkalten, heute waldarmen Gebieten der Türkei sind alternative Heizmaterialien nur als teure moderne Brennstoffe (Kohle, Öl, Gas) verfügbar oder in Form von getrocknetem Mist, der dann den Bauern allerdings als Dünger für ihre ausgelaugten Felder fehlt. Die Erträge sind deshalb entsprechend niedrig, greift man nicht zum Kunstdünger. Der aber ist für viele Kleinbauern unerschwinglich, denn die meisten sind arm.

Auf dem Dorf lebt man sehr einfach, ohne große Ansprüche an Nahrung, Kleidung, Komfort und Hygiene. Mühsame Handarbeit, im Islam tief verwurzelte Traditionen und Normen, überkommene familiär-patriarchalische Sozialbindungen und -vorstellungen, die auf dem Lande durch die atatürkschen Reformen nur ansatzweise geändert bzw. beseitigt werden konnten, bestimmen noch heute Alltagsleben und Wirtschaften auf dem Land. Modernismen halten nur zögernd Einzug, bisweilen mit erschreckenden Konsequenzen: Die Folge besserer medizinischer Versorgung ist reicher Kindersegen – und wachsende Arbeitslosigkeit und sich weiter ausbreitende Armut.

Natürlich gibt es in den zahlreichen Becken, Tälern und Küstenebenen, ja selbst in den Bergregionen günstige Bedingungen für den Anbau von einträglichen Intensivkulturen, wie Tee, Haselnuß, Baumwolle, Gemüse, Zitrus, Tabak, mit denen ein Teil der Landbevölkerung durchaus ein gutes Auskommen hat. Doch obwohl durch Technisierung und Intensivierung in der Landwirtschaft vielerorts deutliche Qualitäts- und Produktionssteigerungen erreicht wurden, betreibt die Mehrzahl der türkischen Bauern auf viel zu kleinen Höfen Landwirtschaft zur Eigenversorgung bei geringer Technisierung.

Noch heute werden die Hälfte des Agrarlandes nicht mit modernem technischen Gerät bearbeitet. Ochsengespann, Hakenpflug, Dreschschlitten, Handsichel und Scheibenradwagen bestimmen noch weitgehend die Arbeitsmethoden, vor allem in den Tälern und Becken der Berglandschaften, wo die Dichte der Bevölkerung zudem auch noch besonders hoch ist. Die Erträge je Hektar liegen hier deutlich unter den in der machanisierten Agrarwirtschaft der Industrieländer üblichen Mengen. Kleinviehhaltung bleibt als einziger Zusatzverdienst.

Wenn die Dörfer mit Strom und Wasser versorgt und durch Straßen erschlossen wurden, konnte auch die Technisierung der Landwirtschaft vorangetrieben werden. Speziell in den ebenen Bereichen der Becken und Hochflächen mit guten Böden gehört der Einsatz moderner Maschinen und der Zusammenschluß der Bauern zu Genossenschaften oft schon zum gewohnten Bild. Ein Hauch von Moderne hielt mit Zeitung, Radio und Fernsehen Einzug in die Dörfer, und das Teehaus als traditionelles Zentrum dörflicher Kommunikation ist ohne »Flim-

TÜRKEI

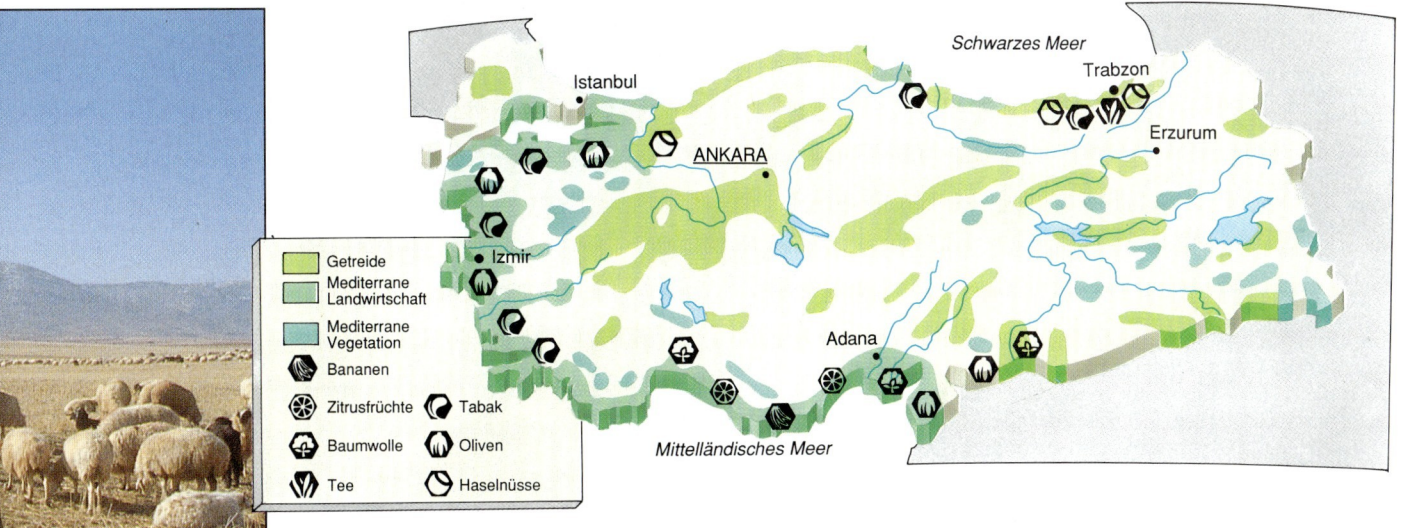

Im ausgedehnten Flachland um Konya, wo Hirten *(ganz links)* ihre Herden weiden, liegen auch große Weizenanbaugebiete. Nur ein Drittel der Türkei gilt als gutes Ackerland, dennoch werden hier genügend Lebensmittel produziert.

Türkische Bauern pflanzen trotz der großen Höhenunterschiede eine Vielzahl von Agrarprodukten an *(oben)*. Auf der Anatolischen Hochebene herrschen Weizen und Getreide vor, in den Küstengebieten gedeihen Oliven, Tee und Zitrusfrüchte.

Für diese Seidenweberin *(links)* in einer kleinen Werkstatt in Alanya bedeutet das Leben in der Stadt eine Möglichkeit, der ländlichen Armut zu entkommen. Viele Bauern könnten daheim ein Handwerk betreiben, aber jedes Jahr zieht es Tausende in die Städte.

Tiere, in erster Linie Esel, sind auf dem Land nach wie vor wichtig für den Transport jeglicher Lasten *(oben)*. Ebenso traditionell ist die Saisonarbeit. Viele Türken arbeiten zeitweise in den Städten und kehren im Sommer in ihre Dörfer zurück.

merkiste« kaum mehr denkbar. Man ist an die Welt angeschlossen – allerdings mit einer entscheidenden Konsequenz: Die neue Straße ins Dorf brachte nicht nur den Fortschritt, sie öffnete auch den Weg nach draußen.

Wer heute die abgelegenen Regionen der Türkei bereist, wird Zeuge eines rasanten Abwanderungsprozesses. In mehr als einem Drittel der Dörfer nimmt die Bevölkerung spürbar ab. Weitere 30 % verzeichnen stagnierende Einwohnerzahlen. In über vier Fünfteln dieser Siedlungen sind durchschnittlich 20 % der Bewohner bereits dauernd abwesend. Die nicht selten ungünstigen Wirtschaftsbedingungen in vielen solcher Regionen zwingen Tausende von Dörflern, ihre Heimatorte zu verlassen. Überall stößt man auf verfallene Gehöfte, oft auf teilweise wüst gefallene Dörfer. Der Drang nach »außen« nimmt seit den 60er Jahren stetig zu. Über 2,5 Millionen Türken gingen ins Ausland, vor allem nach Westeuropa. Allein in Deutschland leben über 2 Millionen Türken, überwiegend schon in der zweiten und dritten Generation.

Es handelt sich bei den Abwanderern nicht nur um Arbeitsemigranten, die in Europa leben und arbeiten, sondern auch um solche, die in der Türkei nach neuen, besseren Chancen suchen. Aus nahezu allen Waldbergland-Siedlungen halten sich fast ein Drittel der Bewohner für längere Zeit außerhalb auf. Allein in die Çukurova, der agrarisch intensiv genutzten Küstenebene um Adana, strömen jährlich etwa 300 000 Wanderarbeiter als saisonale Arbeitskräfte.

TÜRKEI: WIRTSCHAFT

Die Türkei ist ein sogenanntes Schwellenland, wirtschaftlich gesehen also ein Entwicklungsland auf dem Wege zum Industriestaat. Ein Blick auf die Karte der Bevölkerungsverteilung des Landes verdeutlicht markante regionale Unterschiede. Die Bevölkerungskonzentrationen zeichnen vor allem die Küsten des Landes nach und damit die regenbringenden, umrahmenden Gebirge. Sie dokumentieren damit die Lage der wirtschaftlichen Vorzugsräume, ein Muster, das nur dort durchbrochen bzw. variiert wird, wo die wenigen großen Zentren des Binnenlandes als zusätzliche Magneten auf die Landbevölkerung wirken: Die Hauptrichtung der Landflucht führt aus Gebieten natürlicher Ungunst und wirtschaftlichen Rückstandes der Gebirge des Ostens, Nordostens und Südostens in relativ wohlhabende Regionen des Westens und Südens. Die wichtigsten Zielgebiete sind die industriellen Ballungsräume, landwirtschaftlichen Gunstgebiete und großen Dienstleistungszentren: allen voran das Marmara- und westliche Schwarzmeergebiet um Istanbul, gefolgt vom Großraum Ankara, der mittleren Ägäis um Izmir, der Çukurova mit Hatay und der östlichen Schwarzmeerregion. In diesen Landesteilen konzentrieren sich über 60 % der städtischen Bevölkerung und zwei Drittel aller ländlichen Zuwanderer viertel.

Die Idee von einem Job in der Stadt, der Gedanke an einen Arbeitsplatz in der Fabrik mit Aussicht auf regelmäßigen Verdienst besitzt fraglos die größte Zugkraft auf die Landbevölkerung. Deshalb verzeichnen industrielle Ballungszentren den stärksten Zustrom Landflüchtiger – selbst wenn dieser Job keineswegs sicher ist. Im Raum des nordwestlichen Marmaragebietes mit den Agglomerationen um Istanbul, Izmit, Adapazari und Bursa, dem Hauptmagnet für die Landbevölkerung, konzentrieren sich rund 40 % aller türkischen Industriebetriebe. Die jährlichen Wachstumsraten der städtischen Bevölkerung einzelner Zentren in diesem Raum liegen deutlich über dem Landesdurchschnitt. Oft sind weit mehr als die Hälfte der Bevölkerung solcher Ballungsräume ländliche Zuwanderer. Die meisten von ihnen leben in sogenannten »Gecekondu«-Vierteln (d. h. »über Nacht gebaut«) an den unattraktiven Rändern der verschiedenen städtischen Zentren und Subzentren möglichst in der Nähe ausgedehnter Gewerbeflächen. Für Millionen von Landbewohnern bedeutet der Schritt in die Industriegebiete neben dem Verlust ihrer traditionellen Sozialbindungen die Umstellung auf die völlig anderen Lebens-, Arbeits- und Verhaltensweisen des Städters – verbunden mit den fragwürdigen Vorteilen besserer Wirtschafts-, Ausbildungs- und Versorgungsqualität.

Viele Dörfler fürchten den direkten Schritt in die Großstadt. Sie suchen nach Alternativen zum industriellen Ballungsraum. Deshalb sind auch landwirtschaftliche Vorzugsgebiete häufig Abwanderungsziele. Die türkische Südküste zwischen Kale (Antalya) und Iskenderun (Hatay) bietet dafür ideale Bedingungen. Angefangen mit Baumwollkulturen erfolgten in der jüngeren Vergangenheit mehrere agrare Innovationswellen mit Anbau von Zitrusfrüchten, Erdnuß und Frühgemüse in Gewächshäusern. Dabei erlebte die Region eine gelungene und einträgliche Verbindung von Landwirtschaft und verarbeitendem Gewerbe, die bislang Millionen ländlicher Zuwanderer und jährlich Hunderttausende von Wanderarbeitern in die Fabriken und auf die Felder zog.

Auch das prosperierende Fremdenverkehrsgewerbe hat mittlerweile auffällige »Gunsträume« geschaffen. Überall an den attraktiven Küstenpartien des Landes herrscht rege Bautätigkeit. Baugrube reiht sich an Baugrube, Ferienvillen wachsen neben eintönigen Bungalowreihen, Luxushotels und weitläufigen Ferienanlagen. Aber es sind keineswegs nur ausländische Gäste, die hier ihre Ferien verbringen wollen und für die hier gebaut wird. Weit mehr als die Hälfte der Langzeiturlauber in der Türkei sind Türken, und die meisten von ihnen reisen ans Meer, so wie es ihnen die europäischen Urlauber seit Jahren vorgeführt haben. Die türkischen Feriengäste sind offenbar zufrieden mit der Entwicklung, und die Baubranche florierte ungeachtet aller Warnungen vor einer ähnlich negativen Entwicklung wie sie von anderen Küsten-Ferienparadiesen her bekannt ist, wo nachhaltige ökologische, soziale und wirtschaftliche Veränderungen eintraten.

Textilfabriken (*oben*) – hier wird Garn für Teppiche gesponnen – gehören zu den modernsten Industriezweigen der Türkei. Baumwoll- und Wollstoffe und daraus hergestellte Fertigwaren sind wichtige Exportgüter.

Der 1992 fertiggestellte Atatürk-Staudamm (*rechts*) am Euphrat im Südosten der Türkei hat ein großes Staubecken geschaffen, um das trockene Land dieser Gegend zu bewässern und um durch Wasserkraft Strom zu erzeugen.

Industrie

Industrie und Bevölkerung der Türkei sind in der stärker entwickelten westlichen Hälfte des Landes konzentriert. Heute gehört die Türkei zu den wichtigsten Industrienationen des Nahen Ostens und bemüht sich um die Aufnahme in die Europäische Union. Trotz der insgesamt wachsenden Wirtschaft des Landes bleibt die Osttürkei – ein Gebiet natürlicher Ungunst – arm und unterentwickelt. Über 2,5 Millionen Türken leben und arbeiten in Westeuropa, hauptsächlich in Deutschland, in den Niederlanden und in Frankreich.

TÜRKEI

Blick in die Istanbuler Börse *(unten)*, deren Geschäfte Ende 2000 nach dem deutlichen Wertverlust der Türkischen Lira einbrachen. Skeptisch reagierten auch die internationalen Finanzmärkte auf die Maßnahmen, um das marode Bankensystem zu sanieren. Die ökonomische Rezession führte zu einer innenpolitischen Krise und läßt den EU-Beitritt des Landes weiterhin unsicher erscheinen.

TURKMENISTAN

Turkmenistan liegt in Mittelasien. Es grenzt nach Süden an den Iran, nach Westen an das Kaspische Meer, nach Norden an Kasachstan, nach Nordosten an Usbekistan und nach Südosten an Afghanistan. Das Relief des Landes ist recht eben und liegt im Nordwesten gebietsweise sogar unter dem Meeresspiegel (bis −81 m). In den Nordausläufern des Koppeh Dagh erreicht es mit 2942 m seine größte Höhe. Im Westen greift der 13 000 km² große Kara-Bogas-Gol tief ins Land, dessen 488 100 km² große Fläche zu mehr als 85 % von Wüsten und Trockensteppen eingenommen werden. Der größte Teil entfällt auf die Sandwüste Karakum, die am Rand von den Flüssen Amudarja, Murgab und Tedschen durchflossen wird. In diesen Flußtälern, am rund 1400 km langen Karakum-Kanal und in den vereinzelten Oasen am Fuße des Koppeh Dagh wird auf den künstlich bewässerten Feldern Baumwolle, in der Nähe von Städten auch Obst, Gemüse und Mais angebaut. Ansonsten überwiegt die Viehwirtschaft, die traditionell die Haltung von Karakulschafen, Ziegen und Pferden umfaßt. In den Oasen werden Seidenraupen gezüchtet. Nur 3,5 % des Territoriums werden als Ackerfläche genutzt.

Turkmenistan ist wirtschaftlich noch wenig entwickelt. An Bodenschätzen verfügt es neben den bedeutenden Erdgas- und Erdölvorkommen noch über einige Buntmetalle, Schwefel und Baustoffe. Die großen Öl- und Gasreserven machen das Land zu einem begehrten Brennstoff- und Stromlieferanten (u. a. für Rußland, Iran, Afghanistan). Die Glaubersalzvorkommen am Kara-Bogas-Gol gehören zu den größten der Erde und werden von der chemischen Industrie weiterverarbeitet.

Daten und Fakten

DAS LAND
Offizieller Name: Republik Turkmenistan
Hauptstadt: Aschchabad
Fläche: 488 100 km²
Landesnatur: Überwiegend Sandwüsten (Karakum); im O Gebirgszug Kugitangtan und im S Koppeh Dagh
Klima: Kontinentalklima mit großer Trockenheit und extremen Temperaturschwankungen
Hauptflüsse: Amudarja, Murgab
Höchster Punkt: Koppeh Dagh 2942 m

DER STAAT
Regierungsform: Präsidiale Republik
Staatsoberhaupt: Staatspräsident
Verwaltung: 5 Regionen
Parlament: Parlament mit 50 für 5 Jahre gewählten Mitgl.; zusätzlich ein Volksrat bestehend aus 50 gewählten und 10 ernannten Repräsentanten der Regionen und Bezirke, den Regierungsmitgliedern und den Parlamentsmitgliedern
Nationalfeiertag: 27./28. Oktober

DIE MENSCHEN
Einwohner (Ew.): 4 384 000 (1999)
Bevölkerungsdichte: 9 Ew./km²
Stadtbevölkerung: 45 %
Bevölkerung unter 15 Jahren: 38 %
Analphabetenquote: 2 %
Sprache: Turkmenisch, Russisch
Religion: Moslems

DIE WIRTSCHAFT
Währung: Turkmenischer Manat
Bruttosozialprodukt (BSP): 2 987 Mio. US-$ (1998)
BSP je Einwohner: 640 US-$
Inflationsrate: 663,4 % (1990–98)
Importgüter: Maschinen und

In der Sandwüste der Turanischen Senke ist das Kamel das wichtigste Transportmittel *(links)*. Es ist an die besonderen Lebensbedingungen der Hitze am besten angepaßt. – **Säulenfassade** des Parlamentsgebäudes in der Hauptstadt Aschchabad *(ganz links)*. – **Der mittelasiatische Staat** Turkmenistan *(unten)* nimmt den südwestlichen Teil der historischen Landschaft Turkestan ein.

Die Turkmenen und ihr Staat

73 % der 4,4 Millionen Einwohner der Republik sind Turkmenen, die zu den Turkvölkern gehören. Sie bekennen sich zum sunnitischen Islam und sind erst in jüngerer Zeit zur seßhaften Lebensweise übergegangen. Den übrigen Bevölkerungsanteil stellen vor allem Russen (10 %) und Usbeken (9 %); daneben gibt es zahlreiche andere kleinere Volksgruppen (Kasachen, Tataren, Ukrainer, Armenier, Belutschen). Das Bevölkerungswachstum war mit 3,6 % pro Jahr (1990–98) sehr hoch. In Städten leben nur 45 % der Einwohner Turkmenistans.

Die Turkmenen waren jahrhundertelang in zahlreiche Stämme und Clans zersplittert, die sich nur gelegentlich für kriegerische Unternehmungen zusammenschlossen. Von einem turkmenischen Volk kann man daher erst im 20. Jahrhundert sprechen. Zwischen 1869 und 1885 wurden die turkmenischen Stämme von Rußland unterworfen. An dem großen antirussischen Aufstand von 1916 nahmen auch die Turkmenen teil; den Anstoß gab der Versuch des Zarenregimes, Angehörige der mittelasiatischen Völker in die russische Armee einzuziehen. Nach der Errichtung der Sowjetherrschaft gehörten die Turkmenen teils zur Turkestanischen ASSR, teils zu den kurzlebigen Sowjetrepubliken Buchara und Choresm (Chiwa). 1924 wurde die Turkmenische Sozialistische Sowjetrepublik gegründet. Es folgte die für alle Sowjetrepubliken typische Entwicklung: Kollektivierung der Landwirtschaft mit dem Zwang, die nomadische Lebensweise aufzugeben, Industrialisierung, gewaltsame Beseitigung der traditionellen Gesellschaftsordnung, Unterdrückung des religiösen Lebens sowie blutige »Säuberungen«. Positive Züge waren die weitgehende Alphabetisierung und die Schaffung eines modernen Schulsystems.

Im Zeichen der sowjetischen Reformpolitik der 1980er Jahre erhob sich, wie in den Nachbarstaaten auch, in Turkmenien die Forderung nach nationaler Selbstbestimmung. Am 22.8.1990 erklärte sich Turkmenien für souverän, am 27.10.1991 für unabhängig; am 21.12.1991 trat es der Gemeinschaft Unabhängiger Staaten (GUS) bei. Die politische Macht liegt weiterhin bei der Kommunistischen Partei, die sich 1990 in Demokratische Partei Turkmenistans umbenannte. Präsident Saparmurad Nijasow, seit 1985 turkmenischer KP-Chef und seit 1990 im Amt, regiert das Land autokratisch. Er wird in einem teilweise grotesken Personenkult als »Turkmenbaschi« (Führer der Turkmenen) verehrt. Durch eine 1999 vom Parlament beschlossene Verfassungsänderung ließ er seine Amtszeit auf unbegrenzte Zeit verlängern. Nijasow vertritt vor allem aus militärischer Schwäche außenpolitisch einen Neutralitätskurs und will für sein Land wirtschaftliche Autarkie durchsetzen. Nach Beobachtung der OSZE werden in Turkmenistan Menschen- und Bürgerrechte durchweg mißachtet.

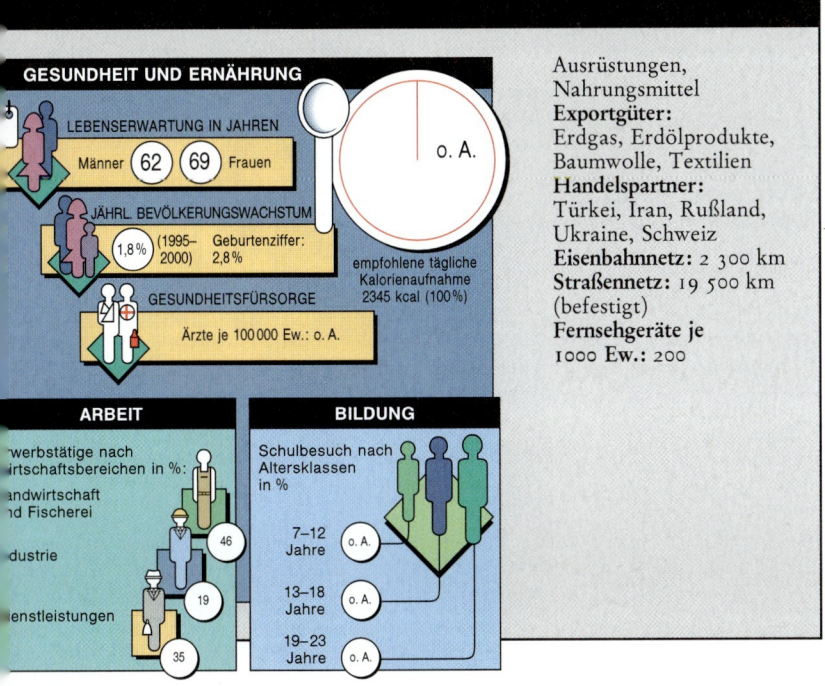

TUVALU

Tuvalu, bis zur Trennung von den Gilbert-Inseln 1976 unter dem Namen Ellice Islands bekannt, ist seit 1978 ein souveräner Staat. Das Inselreich besteht aus neun flachen Atollen, auch wenn der Name Tuvalu übersetzt so viel wie »die acht, die zusammenstehen« bedeutet. Die einzig unbewohnte Insel wurde bei der Namensgebung nicht berücksichtigt.

Die Inseln sitzen auf einem untermeerischen Gebirgszug und bilden eine rund 600 km lange, von Nordwest nach Südost ziehende Kette südlich des Äquators. Das Klima ist feucht-tropisch ohne ausgeprägte Jahreszeiten. Die durchschnittlichen Jahrestemperaturen liegen um 30 °C. Die extreme Hitze wird jedoch während der meisten Zeit des Jahres durch östliche Winde gemildert. Trotz hoher Niederschlagsmengen mangelt es auf den Inseln an Süßwasser, da der Regen in dem porösen Untergrund rasch versickert. Außer Kokosnußpalmen und einheimischen Wurzelgemüsen wächst auf dem kargen unfruchtbaren Boden dieser felsigen Inselgruppe wenig. Daher besteht die Hälfte von Tuvalus jährlichen Importen aus Lebensmitteln. Die Bevölkerung lebt hauptsächlich vom Fischfang und von der Kopraerzeugung. Doch diese beiden traditionellen Erwerbszweige verschaffen dem jungen Staat nicht genügend Einnahmen. Dagegen eröffnete sich in den letzten Jahren für die Bevölkerung Tuvalus eine neue Finanzquelle: Eine immer größere Zahl von Inselbewohnern arbeitet inzwischen im Ausland und überweist die Ersparnisse in die Heimat. Die zwei wichtigsten ausländischen Arbeitgeber sind internationale Fischereiboote, die auf Vertragsbasis in Tuvalus Hoheitsgewässern operieren, und die Phosphatgewinnung auf der Nachbarinsel Nauru.

Mit einem durchschnittlichen jährlichen Pro-Kopf-Einkommen von 800 US-Dollar gilt Tuvalu als eines der ärmsten Länder der Erde. Der Inselstaat ist in hohem Maße von ausländischer Unterstützung abhängig. Australien, Neuseeland, Großbritannien, Japan und seit wenigen Jahren auch Südkorea, Taiwan und die Europäische Union leisten beträchtliche Beiträge zur Entwicklungshilfe.

Tuvalu ist für den Tourismus kaum erschlossen. Er wird erst als letzte Möglichkeit gesehen, um die wirtschaftliche Situation zu verbessern. Man fürchtet die negativen Auswirkungen des Tourismus auf die bis heute weitgehend erhalten gebliebene traditionelle Lebensweise der In-

Daten und Fakten

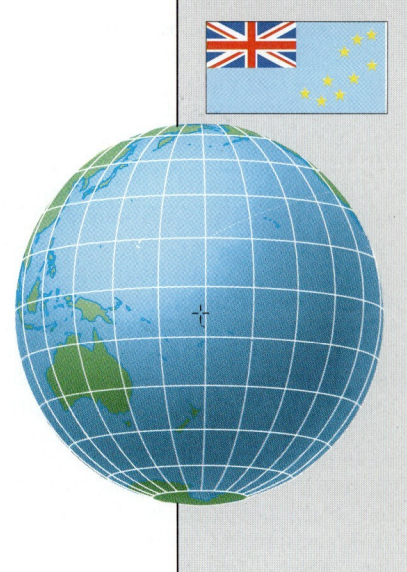

DAS LAND
Offizieller Name: The Tuvalu Islands
Hauptstadt: Vaiaku
Fläche: 26 km²
Landesnatur: 9 Koralleninseln
Klima: Tropisches, feuchtheißes Klima
DER STAAT
Regierungsform: Parlamentarische Monarchie
Staatsoberhaupt: Königin Elisabeth II.
Regierungschef: Premierminister
Verwaltung: 9 Verwaltungsbezirke
Legislative: Einkammerparlament mit 12 für 4 Jahre gewählten Abgeordneten

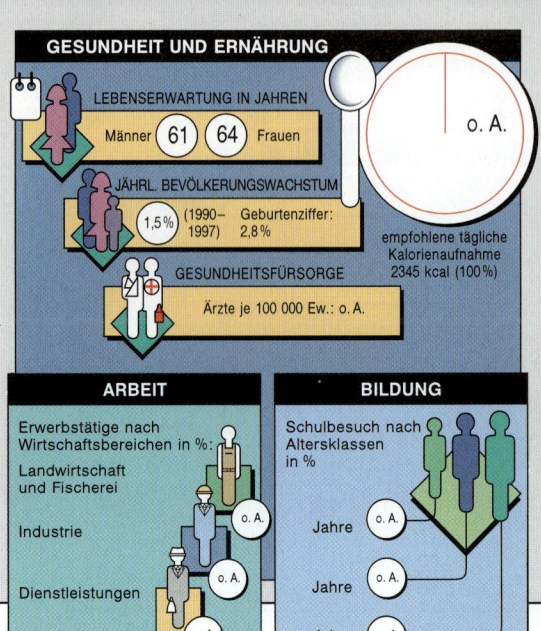

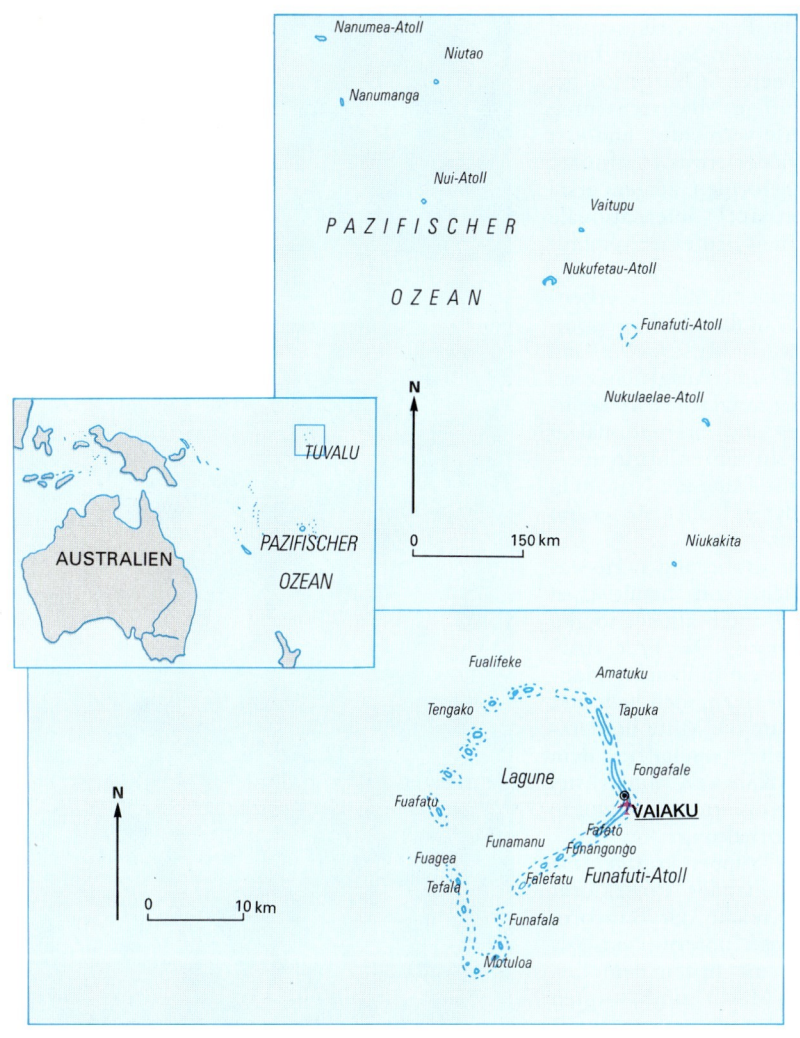

Die Einwohner von Tuvalu *(ganz links)* im Festtagsschmuck bei einer Festveranstaltung. Die meisten von ihnen haben eine gemeinsame polynesische Tradition. Europäische Einflüsse kamen spät, aber die moderne Wirtschaft zwingt heute viele, im Ausland zu arbeiten.

Tuvalu *(links)*, ehemals unter dem Namen Ellice-Inseln bekannt, besteht aus einer Gruppe von neun, hauptsächlich flachen, trockenen und unfruchtbaren Korallenatollen. Die Inseln waren von 1892 bis 1978 Teil eines britischen Protektorates bzw. eine Kronkolonie.

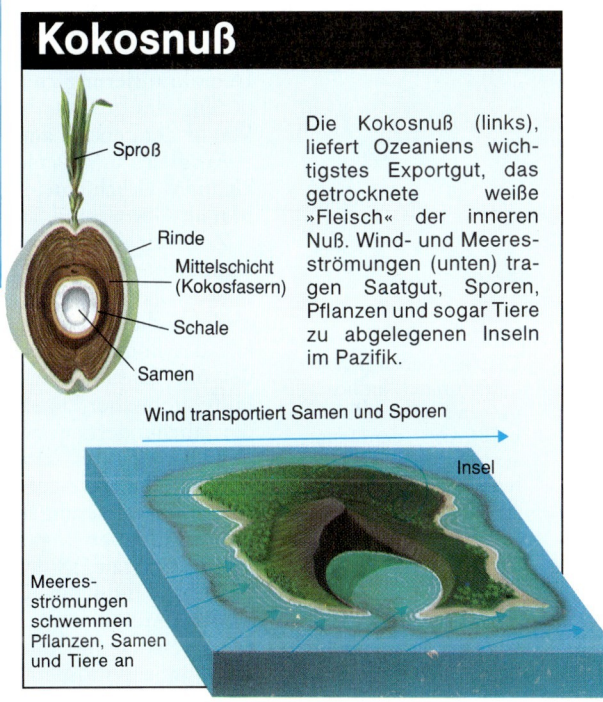

Kokosnuß

Die Kokosnuß (links), liefert Ozeaniens wichtigstes Exportgut, das getrocknete weiße »Fleisch« der inneren Nuß. Wind- und Meeresströmungen (unten) tragen Saatgut, Sporen, Pflanzen und sogar Tiere zu abgelegenen Inseln im Pazifik.

DIE MENSCHEN
Einwohner (Ew.):
11 000 (1999)
Bevölkerungsdichte:
423 Ew./km²
Analphabetenquote: 5 %
Sprache:
Tuvaluisch, Englisch
Religion: Protestanten
DIE WIRTSCHAFT
Währung:
Australischer Dollar
**Bruttosozialprodukt
(BSP):** 7,8 Mio. US-$
(1995)
BSP je Einwohner:
800 US-$
Exportgüter: Kopra, Fische, Briefmarken
Handelspartner:
Fidschi, Australien

---

sulaner. Diese Meinung wird man sicherlich nicht ändern, seitdem die Vermarktung des offiziellen Länderkürzels TV als Internet-Domain dem Inselstaat seit 1999 unverhoffte Deviseneinnahmen bringt.

Die Bevölkerung ist überwiegend polynesischen Ursprungs. Ihre Sprache ähnelt dem Samoanisch. Nach wie vor bestimmt die Gemeinschaft das gesellschaftliche Leben, das aber seit der Missionierung stark von der protestantischen Kirche geprägt wird. Die Menschen auf Tuvalu sind nahezu alle Mitglieder der Church of Tuvalu, doch sind die Bräuche der Naturreligionen und der Glaube an die Geister noch lebendig.

Geschichte

Einige der Inseln Tuvalus wurden im 16. Jahrhundert von dem Spanier Alvaro Mendaña de Neyra (1541–1595) gesichtet. Nach ihm dauerte es 200 Jahre, bis wiederum ein Spanier eines der Atolle erblickte. Das Funafuti-Atoll, die Hauptinsel Tuvalus, wurde von dem amerikanischen Kapitän Arent de Peyster entdeckt, der die Inselgruppe zu Ehren des Schiffseigners Ellice Islands nannte. Seit Beginn des 19. Jahrhunderts ließen sich Walfänger und entlaufene Seeleute hier nieder. Ihnen folgten Sklavenjäger und Menschenhändler. Mitte des 19. Jahrhunderts begann die Christianisierung der Insulaner durch die Londoner Missionsgesellschaft. 1892 wurde die Inselgruppe zusammen mit den Gilbert-Inseln britisches Protektorat, 1915 britische Kolonie.

Seit den 60er Jahren bemühte sich Tuvalu um eine Trennung vom – überwiegend von Mikronesiern bewohnten – Inselreich Kiribati, um die nationale Identität und polynesische Kultur zu bewahren. 1975 wurde die Trennung vollzogen, Tuvalu wurde eigene Kolonie und 1978 unabhängig. Der Staat ist eine konstitutionelle Monarchie innerhalb des Commonwealth mit der britischen Königin Elisabeth II. als Staatsoberhaupt, die durch einen lokalen Generalgouverneur, seit 1998 Tomasi Puapua, vertreten wird. Politische Parteien gibt es bislang nicht. Tuvalu wurde 2000 als 189. Mitglied in die UNO aufgenommen.

UGANDA

Einst galt Uganda als »die Perle Afrikas«, und Kampala lockte als die schönste Stadt im Inneren des Kontinents. Verheerende Bürgerkriege, politisches Chaos und völlige Abwirtschaftung haben den Glanz der Perle vernichtet, und erst seit kurzem schimmert wieder etwas Hoffnung: Umfassende Wirtschaftsreformen zeigen erste Erfolge und veranlassen auch internationale Geldgeber, wie die Weltbank, zu einer vertrauensvolleren Investitionspolitik.

Dahinter steht eine zunehmende Anerkennung der Politik des 1986 an die Macht gekommenen Staatschefs Yoweri Museveni (* um 1944), dessen Bemühen um Ausgleich und Demokratisierung zu einer langsamen Rehabilitierung des geschundenen und international in Verruf geratenen Landes zu führen beginnt.

Ausgleich und Demokratie sind ein Novum in Ugandas Geschichte, in der es bisher immer um Macht, Gewalt und Terror ging.

Zur Zeit der britischen Eroberung ragte das historische Buganda-Reich, von hamitischen Hirtenvölkern gegründet, unter allen anderen afrikanischen Reichen heraus. Die Fruchtbarkeit des Bodens, aber auch ein blühender Handel mit Elfenbein und Sklaven, der sich mit Hilfe arabischer Händler um die Mitte des letzten Jahrhunderts entwickelte, verschafften dem König Bugandas, dem »Kabaka«, die Mittel zum Aufbau einer gut organisierten Verwaltung und einer aufwendigen Hofhaltung.

Mit Hilfe der Buganda-Truppen konnten die Briten ihr seit 1896 bestehendes Protektorat ausdehnen und die Königreiche der Bunyoro, Tooro, Ankole und Busoga unterwerfen. Als Gegenleistung überließen die Briten dem Kabaka innenpolitisch die Macht und sorgten durch eine kluge Politik dafür, daß in der Bevöl-

Gläubige haben sich vor einer römisch-katholischen Kirche in Kampala *(rechts)*, der Hauptstadt Ugandas, versammelt. Über 60 % der Bevölkerung Ugandas sind Christen, und wie viele andere Institutionen haben auch ihre Kirchen unter der Gewaltherrschaft des Diktators Idi Amin Dada in den frühen 70er Jahren stark gelitten.

Daten und Fakten

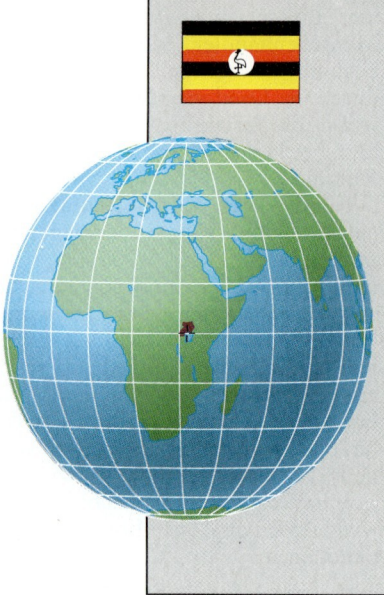

DAS LAND
Offizieller Name:
Republik Uganda
Hauptstadt:
Kampala
Fläche: 241 038 km²
Landesnatur:
Nördlicher Teil des Hochbeckens zwischen dem Ost- und Zentralafrikan. Graben, im SO Anteil am Victoriasee
Klima:
Tropisches Höhenklima
Hauptflüsse:
Albertnil, Victorianil
Höchster Punkt:
Margherita 5109 m
Tiefster Punkt:
Albertsee 619 m
DER STAAT
Regierungsform:
Präsidiale Republik

Staatsoberhaupt:
Staatspräsident
Regierungschef:
Ministerpräsident
Verwaltung:
38 Distrikte
Parlament:
Parlament mit 276 Mitgliedern
Nationalfeiertag:
9. Oktober
DIE MENSCHEN
Einwohner (Ew.):
21 143 000 (1999)
Bevölkerungsdichte:
88 Ew./km²
Stadtbevölkerung:
14 %
Bevölkerung unter 15 Jahren: 51 %
Analphabetenquote: 33 %
Sprache:
Englisch, Kisuaheli

(Amtssprachen), Buganda u. andere Bantusprachen, nilotische Sprachen
Religion:
Katholiken ca. 40 %, Protestanten 26 %, Moslems 6 %, Anhänger von traditionellen Religionen
DIE WIRTSCHAFT
Währung:
Uganda-Shilling
Bruttosozialprodukt (BSP):
6687 Mio. US-$ (1998)
BSP je Einwohner:
320 US-$
Inflationsrate:
15,3 % (1990–98)
Importgüter:
Konsumgüter, Maschinen und Ausrüstungen, Rohstoffe

kerung kein einigender Haß auf die kolonialen Herren entstand.

Die innere Zerstrittenheit Bugandas, religiöse Gegensätze und die Forderung nach politischer Souveränität begünstigten in den anderen Landesteilen das Entstehen von oppositionellen Bewegungen. Stärksten Einfluß gewann die von Milton Obote (* 1925) geführte UPC (»Uganda People's Congress«). Sie stützte sich auf die nilotisch sprechenden Völker im Norden und Nordosten des Landes sowie auf die im Osten und Westen lebenden Bantu. 1962 wurde Obote Premierminister des unabhängig gewordenen Landes. Ein Jahr später erhielt Uganda als Republik eine föderative Verfassung. Obote brach 1966 die Macht der Kabakas und versuchte mit Gewalt und einem strikten Kadersozialismus, die Stämme zu einigen und das Land planwirtschaftlich zu sanieren.

Vom Terror Idi Amins zur Gegenwart

Der 1971 erfolgte Putsch der Armee kam nicht überraschend. Als neuer starker Mann etablierte sich Idi Amin (* 1928), ein ehemaliger Feldwebel der »King's African Rifles« und groteske Karikatur eines Kabakas, der der nilotischen Bevölkerungsgruppe der Kakwa angehörte. Unter seiner Militärdiktatur waren Mord und Folter an der Tagesordnung. Schätzungen gehen davon aus, daß zwischen 200 000 und 250 000 Menschen ihr Leben verloren. 1972 wurde der asiatische Bevölkerungsteil, der Handel, Handwerk und Kleinindustrie unter Kontrolle hatte, des Landes verwiesen. Die hinterlassenen Besitztümer wurden unter dem unberechenbaren Diktator Idi Amin und seinen Gefolgsleuten aufgeteilt. Mit der privaten Bereicherung vollzog sich der fast vollständige Niedergang von Industrie, Finanzwesen und Teilen des öffentlichen Dienstes. Acht Jahre lang dauerte die brutale Gewaltherrschaft. Erst ein von Idi Amin entfachter Grenzkonflikt mit dem Nachbarland Tansania führte, nach dem Einmarsch tansanischer Kampfverbände, zur Vertreibung des Despoten.

Das leidgeprüfte, völlig ruinierte Land kam aber auch in den folgenden Jahren nicht zur Ruhe. Nach der äußerst umstrittenen Wahl des Expremiers Obote zum neuen Staatspräsidenten flammte der Bürgerkrieg erneut auf. Unter der Herrschaft des »zivilen« Präsidenten verübten die Regierungstruppen Massaker unter der Zivilbevölkerung, die sich von denen zu Zeiten Idi Amins in keiner Weise unterschieden. Ein 1985 erfolgter Militärputsch konnte die Machtübernahme der größten Widerstandsbewegung, der NRA (»National Resistance Army«), nur noch verzögern. Die NRA hatte sich in der Zeit des Bürgerkriegs durch einwandfreies moralisches Verhalten und absolute Disziplin ausgezeichnet. In den von ihr kontrollierten Gebieten war die Bevölkerung keinen Gewalttaten ausgesetzt. Unter dem Schutz der Truppen konnte sie zum ersten Mal nach langer Zeit, ohne Angst vor erneuten Zerstörungen, wieder daran gehen, die Felder zu bestellen und die entstandenen Schäden an Gebäuden und Straßen auszubessern.

Seit der Machtübernahme im Jahre 1986 lenkt der im März 2001 letztmals im Amt bestätigte Führer der NRA, Yoweri Museveni, die Geschicke des Landes. Mit einer Politik der nationalen Versöhnung will er das katastrophale Erbe bewältigen.

Der größte Teil Ugandas *(oben)* liegt auf einer Hochebene in 1200 m Höhe. Das Land verfügt über fruchtbare Böden und wichtige Bodenschätze, doch wurde seine Wirtschaft durch die politischen Unruhen nachhaltig behindert.

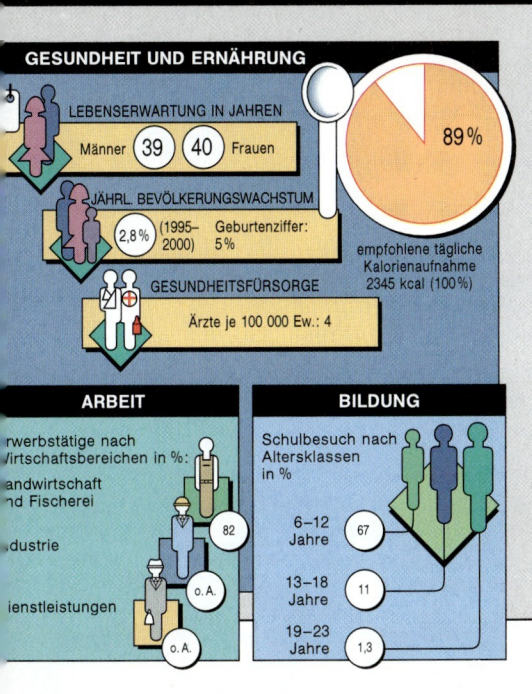

Exportgüter:
Kaffee (bis 70 %), Gold, Baumwolle, Tee, Kupfer, Ölsaaten, Häute, Zinnerz, Tabak
Handelspartner:
Kenia, Großbritannien, USA, BRD, Japan, Italien, Frankreich, Indien
Eisenbahnnetz:
1240 km
Straßennetz:
28 660 km
Fernsehgeräte je 1000 Ew.: 16

UGANDA: DAS LAND

Die tragische Geschichte Ugandas hat ein Land zerstört, das zu den schönsten Afrikas zählen könnte. Auch in der Hauptstadt Kampala, die einst für ihre attraktive Kolonialarchitektur berühmt war und die frühere renommierteste Universität Schwarzafrikas, die Makerere, aufweisen konnte, hat der Krieg seine Spuren hinterlassen.

Landschaft und Natur
Der Binnenstaat Uganda liegt im Hochland Ostafrikas zwischen den großen Bruchsystemen des Zentralafrikanischen Grabens im Westen und des Ostafrikanischen Grabens im Osten. Von den hochaufgewölbten Randschwellen der Gräben senkt sich das Land allmählich zum Nordufer des Victoriasees und dem im Zentrum liegenden Kyogasee und bildet so ein flaches Hochbecken von 1200 bis 1400 m Höhe. Der Oberlauf des Nil durchzieht die weithin offenen Landschaften.

Im Zentrum des flachen Beckens liegt als Herz des Landes die dicht besiedelte Provinz Buganda. Hochgrassavannen mit lichten Baum- und Waldbeständen prägen eine 30 bis 80 km breite Zone im Westen und Norden des Victoriasees, ansonsten herrscht bäuerliche Kulturlandschaft vor. Den Rand des Ostafrikanischen Grabens kennzeichnen eine Reihe markanter Vulkangipfel, die an der Grenze zu Kenia die sanft ansteigenden Hochflächen überragen. Den äußersten Südwesten nimmt das fruchtbare und daher dichtbesiedelte Lavaplateau von Kigezi ein. Aus dem Zentralafrikanischen Graben ragt das über 100 km lange und 50 km breite vergletscherte Hochgebirge des Ruwenzori empor, das in der Margheritaspitze eine Höhe von 5109 m erreicht. Das hohe Gebirge birgt ein bis heute nicht geklärtes Rätsel der Natur: den bizarren Gigantismus einer exotischen, prähistorisch anmutenden Pflanzenwelt aus außergewöhnlich großem Heidekraut und Moospolstern, Farnen, Flechten, Lobelien und Orchideen.

Am Fuße des wildzerklüfteten Gebirges liegt der Ruwenzori-Nationalpark. Seen, Sümpfe, Grassavanne und Regenwald bieten Rhinozeros, Topis, Antilopen, Affen, Leoparden, Baumlöwen sowie afrikanischen Bock- und Büffelarten Schutz. Dieser Nationalpark scheint noch halbwegs seine Aufgaben erfüllen zu können, im Gegensatz zum Park um die Kabalega-Wasserfälle, in denen der Nil in zwei engen Schluchten ungebändigt über 40 m herabstürzt. Dieses einst größte und wohl schönste Reservat, dessen Bestand an Nilpferden, verschiedensten Nashorn- und Antilopenarten, an Elefanten sowie Büffeln und Giraffen einzigartig war, ist während des Bürgerkriegs verkommen. Die Infrastruktur ist weitgehend zerstört, und Wilderer dezimieren die Tierbestände. Die größte Gefahr droht dem Gebiet aber durch den geplanten Bau eines Staudamms, der das ganze Areal überfluten würde.

Die Karamodjong aus Ostuganda leben in traditionellen Rundhütten aus Lehm *(oben)*.

Missionsstellen *(rechts)* teilen täglich Mahlzeiten an Kinder aus, wenn Dürren die Nahrungsmittel in Uganda knapp werden lassen.

Bananen *(ganz rechts)* werden auf dem Gepäckträger eines Fahrrades zum Markt transportiert. Der Großteil der Bananenproduktion wird im eigenen Lande verbraucht, während Kaffee, Tee und Zucker für den Export erzeugt werden.

UGANDA

Die Kabalega-Fälle *(unten)* des Victorianil, der an dieser Stelle über 40 m in die Tiefe herabstürzt, liegen zwischen Mobutu-Sese-Seko-See und Victoriasee. Die Fälle liegen in einem Nationalpark mit einer reichhaltigen Tier- und Pflanzenwelt.

Die Landschaft Ugandas *(rechts unten)* wird größtenteils von grasbedeckten Ebenen, die mit Bäumen durchsetzt sind, geprägt. Im trockeneren Osten des Landes ist der Baumbestand dünner, statt dessen gibt es Buschwerk und vereinzelt Dornbüsche.

Bevölkerung und Wirtschaft

Auf dem Gebiet Ugandas leben über 40 verschiedene Völker und Stämme. Die Völker gehören drei Sprachengruppen an. Die zahlenmäßig bedeutendste, die Bantu, spalten sich in eine östliche Untergruppe, zu der die Baganda, Basoga und Bagisu gehören, und in eine westliche, die sich aus den Banjankore, Batoro, Banyoro sowie den Bakiga zusammensetzt. Zur zweiten Gruppe, den Niloten, deren westliche Gruppe als Luo bezeichnet wird, zählen die Lango, Acholi, Alur und Padhola. Teso und Karamodjong bilden die größten Ethnien der östlichen Niloten. Die dritte ist eine sehr kleine zentralsudanesische Sprachengruppe. Doch nicht nur sprachlich, auch kulturell trennen die verschiedenen Völker Welten.

Heute lebt der weitaus größte Teil der Bevölkerung auf dem Land. Zur kleinbäuerlichen Selbstversorgung pflanzen die Bantu überwie-

gend Hirse, Mais, Süßkartoffeln und Bananen an. Die Kaffee-, Tee-, Zuckerrohr- und Baumwollwirtschaft kommt nur mühsam wieder in Gang und wird zudem von den schwankenden Weltmarktpreisen beeinträchtigt. Erschwerend für den Export wirkt sich die Binnenlage des Landes ohne eigenen Zugang zum Meer aus. Immerhin ist das Straßennetz Ugandas für afrikanische Verhältnisse recht gut ausgebaut, und die Stromversorgung gelingt durch die Nutzung der Wasserkraft des Nil. Aber für einen raschen Ausbau der bescheidenen metallverarbeitenden Industrie fehlen bei einer Analphabetenquote von rund 33 % nicht nur die Fachkräfte, sondern auch die finanziellen Mittel. Dennoch, mit finanzieller Hilfe der Weltbank und des Internationalen Weltwährungsfonds sowie der neu erwachten Tatkraft der Bevölkerung kann das Land nach jahrelangen Wirren wieder optimistisch in die Zukunft schauen.

UKRAINE

Die Ukraine ist ein »junger« Staat. Vom Mittelalter bis zum 20. Jahrhundert zwischen den Großmächten Rußland, Polen-Litauen, Österreich-Ungarn und Deutschland sowie den Freiheitsbestrebungen der Kosaken stehend, bildete sich im 19. Jahrhundert in Reaktion auf die Russifizierung eine nationale Bewegung, für die sich erst nach der Niederlage des Zarenreichs im Ersten Weltkrieg eine Chance bot.

Nach der Oktoberrevolution von 1917 proklamierte die ukrainische Nationalbewegung Anfang 1918 die Unabhängigkeit der Ukraine. Sowjetrußland mußte sie gemeinsam mit den Mittelmächten im Frieden von Brest-Litowsk anerkennen. Im anschließenden Bürgerkrieg, in dem die ukrainische Regierung sich auch gegen polnische Ansprüche und russische Weißgardisten behaupten mußte, konnten sich jedoch die Bolschewiki durchsetzen. Sie proklamierten 1919 die Ukrainische Sozialistische Sowjetrepublik (Sitz: Charkow), die 1922 der UdSSR beitrat. In den ersten Jahren der Sowjetherrschaft wurde den nationalen Interessen, besonders auf kulturellem Gebiet, weitgehend Rechnung getragen. Doch nachdem Stalin seine Macht konsolidiert hatte, setzte Ende der 1920er Jahre eine rigorose Verfolgung der nationalen Kräfte ein. Einer bewußt herbeigeführten Hungersnot im Zuge der Zwangskollektivierung fielen Millionen von Ukrainern zum Opfer.

Einen neuen Aufschwung nahm die ukrainische Nationalbewegung im Reformklima der späten 80er Jahre. Im Sommer 1990 erklärte sich die Ukraine für souverän, im August 1991 nach dem gescheiterten Putschversuch von Altkommunisten in Moskau für unabhängig. Sie nahm zunächst noch an den Beratungen über einen neuen Unionsvertrag teil, wandte sich aber strikt gegen die Schaffung neuer Zentralinstanzen und bestand auf voller Selbständigkeit. Diesen Kurs verfolgt sie auch in der von ihr im Dezember 1991 ins Leben gerufenen GUS. Verstärkt durch seit langem bestehende innere Konfliktlinien schwankte die Ukraine außenpolitisch zwischen »West- und Ostorientierung«. Erschien die Anlehnung an Rußland und die von diesem dominierte GUS ökonomisch geboten und politisch opportun, suchte die ukrainische Staatsführung doch die Nähe von NATO und Europäischer Union. Auf den Status einer Atommacht verzichtete die Ukraine; die strategischen Kernwaffen wurden gemäß eines

Die Ukraine ist abgesehen von Rußland der flächenmäßig größte Staat in Europa *(unten)*.

Daten und Fakten

DAS LAND
Offizieller Name:
Ukraine
Hauptstadt:
Kiew (Kyjiw)
Fläche:
603 700 km²
Landesnatur:
Überwiegend ebenes Land, nur in den Waldkarpaten und im S der Krim gebirgig
Klima:
Gemäßigtes Kontinentalklima, an Südküste der Krim subtropisch
Hauptflüsse:
Dnjepr, Dnjestr, Donez, Bug
Höchster Punkt:
Gowerla 2061 m

DER STAAT
Regierungsform:
Präsidiale Republik
Staatsoberhaupt:
Staatspräsident
Verwaltung:
24 Regionen, Hauptstadtbezirk; Autonome Republik Krim
Parlament:
Parlament mit 450 für 4 Jahre gewählten Mitgliedern
Nationalfeiertag:
24. August
DIE MENSCHEN
Einwohner (Ew.):
50 658 000 (1999)
Bevölkerungsdichte:
84 Ew./km²
Stadtbevölkerung:
73 %

Bevölkerung unter
15 Jahren: 20,5 %
Analphabetenquote: 1 %
Sprache:
Ukrainisch, Russisch
Religion:
Orthodoxe Christen und Katholiken
DIE WIRTSCHAFT
Währung: Griwna
Bruttosozialprodukt (BSP):
42 731 Mio. US-$ (1998)
BSP je Einwohner:
850 US-$
Inflationsrate:
440 % (1990–98)
Importgüter:
Mineralische Rohstoffe, Maschinenbau- u. chemische Produkte, Fahrzeuge, Nahrungsmittel

Die Sophienkathedrale in Kiew *(links)* ist die älteste Kathedrale in der Ukraine und berühmt für ihre Fresken und Mosaiken. – Jedes Jahr am 26. April gedenken Menschen der Opfer des Atomunglücks von Tschernobyl *(unten)*. 1986 war in dem ukrainischen Kernkraftwerk ein Test außer Kontrolle geraten, mit verheerenden Folgen. Eine Wasserstoffexplosion zerstörte das Reaktorgehäuse und eine radioaktive Wolke breitete sich bis nach Nord- und Mitteleuropa aus.

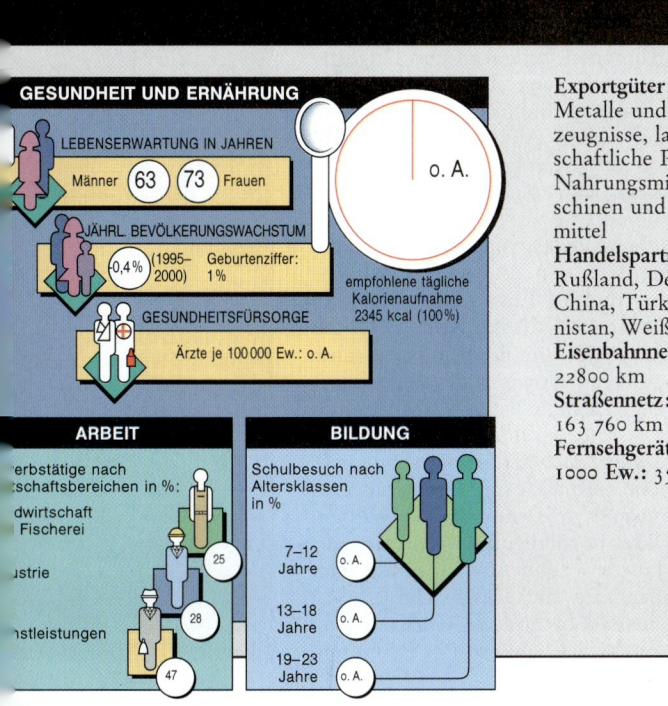

Abkommens 1994 zur Vernichtung an Rußland übergeben. Der Konflikt mit Rußland um die ehemals sowjetische Schwarzmeerflotte konnte mit einem Abkommen über die gemeinsame Nutzung des Marinestützpunkts Sewastopol 1997 vorerst beigelegt werden.

Im Innern bewegten sich die direkt vom Volk gewählten Präsidenten Leonid Krawtschuk (1991–94) und Leonid Kutschma (ab 1994, Wiederwahl 1999) im Bann des wirtschaftlichen Niedergangs auf einem vorsichtigen marktwirtschaftlichen und demokratischen Reformkurs (1995 Gutschein-Privatisierung und Aufnahme in den Europarat, Verfassung 1996). Dagegen opponierte ein meist von Linksparteien dominiertes Parlament. Verschärft wurde das politische Klima 2000/01 durch eine (vorübergehende) Spaltung des Parlaments, ein von Kutschma initiiertes umstrittenes Referendum über eine Verfassungsreform, u. a. zur Stärkung der Präsidentenrechte, und durch die angebliche Verwicklung des Präsidenten in politische Morde.

Geschichte

Der Name Ukraine bedeutet »Grenzland«. Diese Bezeichnung rührt aus der Zeit nach dem Mongoleneinfall im 13. Jahrhundert her. Ursprünglich war das Land, das heute Ukraine heißt, nämlich keineswegs Grenzgebiet, sondern Schauplatz der ersten ostslawischen Staatsbildung. In Kiew, der heutigen ukrainischen Hauptstadt, entstand im 9. Jahrhundert der Staat der »Kiewer Rus«, der als Keimzelle des russischen Reichs angesehen wird. Kiew gilt deshalb als »Mutter der russischen Städte«. Im Jahre 1240 wurde es von den Mongolen zerstört. Das politische Zentrum verlagerte sich nach Nordosten – nach Wladimir, Susdal, schließlich nach Moskau. Von dort aus gesehen lag die immer wieder von mongolischen und tatarischen Reiterscharen heimgesuchte Ukraine tatsächlich am Rande.

In den folgenden Jahrhunderten stand die Ukraine größtenteils unter polnischer und litauischer Oberhoheit. Das Kosakentum, das gegen die polnische Herrschaft aufbegehrte, hatte sich hauptsächlich aus entlaufenen leibeigenen Bauern entwickelt. Der Kosakenhetman Chmielnicki unterstellte 1654 die Ukraine dem Schutz des Moskauer Zaren, der aber vorerst nur das Gebiet links des Dnjepr behaupten konnte. Erst im 18. Jahrhundert gelangte Rußland in den Besitz der gesamten Ukraine (bis auf Galizien, das zu Österreich kam). Inzwischen hatte sich eine eigene ukrainische Schriftsprache herausgebildet. Die russische Regierung erklärte sie jedoch lediglich für einen russischen Dialekt (»Kleinrussisch«) und verbot ihren öffentlichen Gebrauch. Im 19. Jahrhundert entwickelte sich allmählich ein ukrainisches Nationalbewußtsein, und es entstand eine Nationalbewegung, die zunächst allerdings nur kulturelle Autonomie erstrebte; erst im 20. Jahrhundert wurde die Forderung nach staatlicher Selbständigkeit laut.

Exportgüter: Metalle und Metallerzeugnisse, landwirtschaftliche Produkte, Nahrungsmittel, Maschinen und Transportmittel
Handelspartner: Rußland, Deutschland, China, Türkei, Turkmenistan, Weißrußland
Eisenbahnnetz: 22 800 km
Straßennetz: 163 760 km (befestigt)
Fernsehgeräte je 1000 Ew.: 353

UKRAINE: DAS LAND

Landesnatur
Nach ihren Oberflächenformen ist sie ein überwiegend ebenes Land, das nur in den Waldkarpaten (höchste Erhebung: Gowerla, 2061 m) und im Süden der Krim gebirgig wird (bis 1545 m). Der Nordwesten der Ukraine ist von ausgedehnten Mischwäldern bedeckt. In den breiten, flachen Flußniederungen herrscht weitflächige Versumpfung (Pripjatsümpfe). Etwa auf der geographischen Breite von Kiew ändert sich die Landesnatur. Hier beginnt die Waldsteppenzone. Der Wald löst sich in größere Waldinseln auf. Die Böden werden dunkler, der Humusgehalt nimmt zu und mit ihm auch die Fruchtbarkeit: Es werden Getreide, Zuckerrüben, Kartoffeln, Flachs und Hanf angebaut; auf der Krim gedeihen auch Obst, Wein und Tabak. Südlich schließt sich eine Zone natürlicher Steppen an, die bis auf die Flußufer baumlos sind. Während die Böden im Norden noch aus Schwarzerde bestehen, versalzen sie im Süden und Osten zunehmend als Folge starker Trokkenheit. Die fruchtbaren Schwarzerdeböden der mittleren und westlichen Ukraine lieferten zu Zeiten der Sowjetunion mehr als ein Fünftel aller Agrarprodukte. Die Ukraine wurde daher auch als »Kornkammer« der Sowjetunion bezeichnet. Die ursprüngliche Steppenvegetation ist nur noch in Naturschutzgebieten erhalten. Die wichtigsten Flüsse, die die Ukraine von Nordwest nach Südost durchfließen, sind Dnjestr, Südlicher Bug, Dnjepr und Donez.

Im Großteil der Ukraine herrscht warmgemäßigtes Klima, das von Nordwest nach Südost zunehmend kontinentalen Charakter erhält, d. h. die Niederschläge lassen nach, und der Temperaturunterschied zwischen Sommer und Winter wird größer. Der Süden der Krim liegt im Bereich subtropischen Klimas. Die höchsten Niederschlagsmengen gibt es in den Waldkarpaten (bis 1600 mm pro Jahr), die geringsten in den Niederungen der Schwarzmeerküste (300 mm).

Wirtschaft
Große wirtschaftliche Bedeutung hat das Land unter anderem durch seine reichen Rohstoffvorkommen, vor allem Kohle, Eisenerz, Erdöl, Erdgas, Mangan. Eine der weltweit größten Manganerzlagerstätten liegt im Gebiet von Nikopol. Die Ukraine ist ein stark industrialisiertes Land mit einer relativ gut entwickelten Infrastruktur. Die Schwerpunkte der Industrieproduktion liegen in der Dnjepr-Region, weiter ostwärts im Donezbecken sowie an der Schwarzmeerküste. Der Westen der Ukraine ist stärker an der Land- und Forstwirtschaft orientiert. In der Sowjetzeit waren rohstoffgewinnende sowie Montan- und Rüstungsindustrie, Maschinen-, Fahrzeug- und Flugzeugbau in der Ukraine konzentriert. Nach der Unabhängigkeit hatte das Land mit seinen veralteten und nicht konkurrenzfähigen Großunternehmen mit großen Strukturproblemen zu kämpfen, die zusammen mit einem Energiemangel die Kohle- und Erzförderung sowie die Industrieproduktion stark zurückgehen ließen. Bei der Energieversorgung ist die Ukraine auf teure Erdöl- und Erdgaslieferungen aus Rußland, dem bei weitem wichtigsten Handelspartner, sowie die Nutzung der Kernenergie angewiesen. Die G-8-Staaten und die Europäische Union unterstützten die Verbesserung der Sicherheitsstandards, hatten aber keinen Erfolg mit ihrer Forderung, die bis 2001 noch stromproduzierenden Reaktoren des 1986 havarierten Atomkraftwerks von Tschernobyl frühzeitig zu schließen. Insgesamt war die wirtschaftliche Entwicklung in den 1990er Jahren durchweg negativ, die Umstellung auf marktwirtschaftliche Strukturen war noch unvollkommen. Typische Kennzeichen waren die expandierende Schattenwirtschaft, eine trotz Einführung einer neuen Währung 1997 zweistellige Inflationsrate, weitreichende Unterbeschäftigung und eine Auslandsverschuldung von fast 13 Milliarden US-Dollar Ende der 1990er Jahre.

Die Ukraine verfügt über ein relativ gut entwickeltes Verkehrsnetz. Das fast 173 000 km umfassende Straßennetz ist fast vollständig asphaltiert. Die Eisenbahn nutzt ein Schienennetz von fast 23 000 km Länge, das zu rund einem Drittel elektrifiziert ist. Auch der Binnenschiffahrt auf dem Dnjepr, Dnjestr und Donez kommt große Bedeutung zu. Die wichtigsten Seehäfen sind Odessa, Cherson und Sewastopol am Schwarzen Meer sowie Mariupol und Kertsch am Asowschen Meer.

Bevölkerung
Von den über 50 Millionen Einwohnern sind 73 % Ukrainer. Die größte Minderheit bilden die Russen, die 22 % der Gesamtbevölkerung stellen und vor allem im Südosten des Landes leben. Daneben gibt es kleine Gruppen von Weißrussen, Polen, Rumänen, Bulgaren und Ungarn. Auf der Krim, die seit 1992 einen Autonomie-Status besitzt (»Krim-Republik«) hat die russische Bevölkerung einen Anteil von mehr als 60 %. Ab den 1980er Jahren kam es zu einer verstärkten Rückkehr von Krimtataren in ihre angestammte Heimat; sie waren 1941 mit anderen nichtrussischen Volksgruppen von Stalin deportiert worden.

Bei durchschnittlich 84 Einwohnern pro km² ergeben sich höhere Besiedlungsdichten (bis zu 200 Einwohnern pro km²) in den Industrie- und Getreideanbaugebieten sowie auf der Krim. Größte Stadt der Ukraine ist die Hauptstadt Kiew mit mehr als 2,6 Millionen Einwohnern; Millionenstädte sind auch Charkow, Dnjepropetrowsk, Donezk und Odessa. Der Grad der Urbanisierung (1998: 73 %) nimmt von Westen nach Osten zu. Das Bevölkerungswachstum war in den 1990er Jahren wegen Abwanderung und niedriger Geburtenrate rückläufig. Die Ukrainer sind überwiegend orthodoxe Christen (rd. 35 Millionen Angehörige). Allerdings existieren

UKRAINE

neben der russisch-orthodoxen Kirche seit 1992 drei sich einander bekämpfende ukrainisch-orthodoxe Richtungen: die Kirchen des Moskauer und des Kiewer Patriarchats sowie die 1921 gegründete autokephale Kirche, in der vor allem Exil-Ukrainer vertreten sind. Daneben ist die griechisch- bzw. ukrainisch-katholische, seit 1596 mit Rom unierte Kirche mit Zentrum in der Westukraine (Ostgalizien) und ca. 5 Millionen Gläubigen von Bedeutung; sie war seit dem 19. Jahrhundert einem starken, von Moskau geförderten russisch-orthodoxen Assimilierungsdruck ausgesetzt und lebte in der Sowjetzeit als Untergrundkirche fort. Zu den Katholiken zählen noch die ruthenische Kirche in der Karpato-Ukraine und die römisch-katholische Kirche, der vor allem der polnische Bevölkerungsteil angehört.

Halbinsel Krim

Im Süden der Ukraine ragt die 25 600 km² große Halbinsel Krim in das Schwarze Meer. Sie ist durch die 8 km breite Landenge von Perekop mit dem Festland verbunden. Innerhalb der Ukraine genießt dieses Gebiet als Krim-Republik einen autonomen Status. Hauptstadt ist Simferopol. Geschützt durch das bis 1545 m hohe Krimgebirge ist das Klima am südöstlichen Küstenstreifen sehr mild, so daß eine mediterrane Vegetation verbreitet ist: Korkeichen, Oliven, Lorbeerbäume, Zypressen. Es gibt viele Obst- und Weingärten. Diese Küstenregion der Krim ist berühmt und als Erholungsgebiet sehr beliebt. Der bekannteste Ferien- und Kurort ist Jalta, wo 1945, gegen Ende des 2. Weltkrieges, die historische Konferenz von Jalta stattfand.

Platz der Oktoberrevolution in Kiew *(ganz oben links).* Mit seinen weitläufigen Parks und breiten Straßen, von Cafés und Geschäften gesäumt, hat Kiew ein sehr europäisches Flair. Nur die goldenen Zwiebeltürme der Kirchen wirken exotisch.

Fabrik für Lokomotiven in Dnjepropetrowsk *(oben),* dem Schwerindustriezentrum am Dnjepr. – **Mähdrescher bei der Getreideernte** *(links unten).* Die Ukraine gehörte zu den wichtigsten Getreidelieferanten der ehemaligen Sowjetunion.

Käuferschlange *(links)* an einem Obststand in Kiew.

Passagierabfertigungshalle *(oben Mitte)* in Odessa, der Hafenstadt am Schwarzen Meer.

UNGARN

Am 23. Oktober 1989, genau 33 Jahre nach dem Ausbruch des von sowjetischen Panzern niedergewalzten Volksaufstands, läuteten in ganz Budapest die Glocken. Auf dem linken Donauufer hatte sich eine unübersehbare Menschenmenge versammelt. Jubelnd verfolgte sie, wie der zehn Zentner schwere rote Stern, einst als Symbol der kommunistischen Herrschaft in fast hundert Meter Höhe über dem ungarischen Parlament aufgesetzt, erlosch. Die Vorherrschaft Moskaus war vorbei, der Abzug der sowjetischen Truppen wurde eingeleitet.

Damit ist eine vierzigjährige Ära der ungarischen Zwangsintegration in Osteuropa friedlich zu Ende gegangen. Die Ungarn haben nie einen Hehl daraus gemacht, daß sie sich den Traditionen und der Kultur des Westens verpflichtet fühlen. Ihre schrittweise Herauslösung aus dem östlichen Machtbereich gegen Ende der 80er Jahre verfehlte keinesfalls die Signalwirkung auf die übrigen sozialistischen Länder. Ihr mutiges Handeln beim Abbau des »Eisernen Vorhangs« und ihre Entscheidung vom 10. September 1989, Tausenden von DDR-Flüchtlingen die Ausreise in den Westen zu ermöglichen, bleiben unvergessen. Der seinerzeit amtierende ungarische Außenminister Gyula Horn (* 1932) wurde stellvertretend für sein Land mit dem internationalen Karlspreis der Stadt Aachen ausgezeichnet.

Auch in den Jahrzehnten der Zugehörigkeit zur osteuropäischen Staatengemeinschaft war Ungarn immer etwas Besonderes. Während andere Länder des sozialistischen Lagers eher grau, monoton und freudlos wirkten, erschien Ungarn stets bunt, fröhlich und voll pulsierenden Lebens. Diesen Eindruck hatten zumindest die mehr als zehn Millionen Touristen aus Ost und West, die das Land jedes Jahr besuchten. Dabei verfügt Ungarn mit Ausnahme des Plattensees und Budapests über keine Attraktionen, die das Herz des Touristen höher schlagen lassen.

Aber Ungarn avancierte zum beliebten Treffpunkt für Verwandte und Freunde aus den Ländern beiderseits des »Eisernen Vorhangs«. Für den Touristen aus dem Osten war es ein Einkaufsparadies. Für den westlichen Touristen war Ungarn ein Reiseland. Willig akzeptiert er das Piroschka-Paprika-Pußta-Klischee, das man ihm serviert. Er genießt Wein und Zigeunermusik. Seiner Meinung nach sind die Ungarn temperamentvoll, lebensfroh und in fast jeder Fremdsprache zu Hause.

Doch wer sind die Ungarn wirklich, wie sehen sie sich selbst? Sie bezeichnen sich oft als das »einsamste« Volk Europas, weil sie zu ihren engeren und weiteren Nachbarn nicht die geringsten verwandtschaftlichen Beziehungen aufweisen. Zudem sind sie sprachlich völlig isoliert. Ungarisch ist für jeden Nicht-Ungarn zunächst einmal so unverständlich wie Chinesisch. Es gibt keinerlei Brücke oder Beziehung zu den europäischen Hauptsprachen wie Englisch, Französ-

UNGARN

sisch oder Deutsch. Auch mit dem Russischen oder den übrigen slawischen Sprachen ist das Ungarische nicht verwandt. Es gehört zum finnisch-ugrischen Zweig der ural-altaischen Sprachfamilie, d. h. »Verwandte« wären eigentlich die Finnen, Esten und Ostjaken, mit denen sie sich aber nicht mehr verständigen können, weil sich die Sprachen zu sehr auseinanderentwickelt haben.

Die sprachliche und ethnische Isolierung hat eine sehr simple Erklärung. Bis zum 9. Jahrhundert lebten die Ungarn nicht in ihrer heutigen Heimat, sondern als nomadisierendes Reitervolk in dem Gebiet zwischen Wolga und Ural. Nach vielen Jahrzehnten der Westwanderung, auf der sich ihnen zahlreiche andere Völkergruppen anschlossen, erreichten sie das Gebiet des heutigen Ungarn. Ihre Sprache brachten sie mit und bewahrten sie, »umgeben von Slawen und Germanen«, bis heute.

Die Ungarn selbst bezeichnen sich als Magyaren. Namengebend war der Stamm der Megyeri, aus dem die Familie Arpáds, des legendären Führers, hervorging. Die Namensbezeichnung »Ungarn« beruht auf der zeitweiligen Zugehörigkeit zum bulgarischen Onogurenreich nördlich des Schwarzen Meers. In der Sprache ihrer neuen – slawischen – Nachbarn wurde daraus »Ungarn«.

Die Ungarn betrachten sich nicht nur als »einsame«, sondern auch als geteilte Nation. Durch den Friedensvertrag von Trianon (1920) geriet jeder dritte Ungar unter fremde Herrschaft. Die damals gezogenen Grenzen entsprechen im wesentlichen den heutigen. Rund 10 Millionen Ungarn leben im Mutterland und etwa 5 Millionen im Ausland – der größte Teil davon in Rumänien. Dieser rund 1,6 Millionen Menschen umfassenden Minderheit wurden zu Zeiten des Ceauşescu-Regimes fundamentale Rechte verweigert, und sie bildete eine ständige Quelle politischer Auseinandersetzungen zwischen den beiden Staaten. Aber auch in der Slowakei und der Tschechischen Republik, in der jugoslawischen Vojvodina und in der Karpato-Ukraine sind Hunderttausende von Ungarn beheimatet. Die Zersplitterung der Nation auf mehrere Länder wird nach wie vor als schmerzlich empfunden. Als völlig normal hingegen betrachtet man die Tatsache, daß rund 1,5 Millionen Landsleute in den USA und Kanada, in Westeuropa, in Australien und sogar in Afrika zu Hause sind. 200 000 ungarischstämmige Touristen aus diesen Ländern besuchen jedes Jahr die alte Heimat.

Im eigenen Staat stellen die Ungarn heute den absolut größten Teil der Bevölkerung. Obwohl die Roma, die stärkste ethnische Minderheit, das Image Ungarns im Ausland entscheidend prägen, haben sie keinen anerkannten Platz in der Gesellschaft. Die Lebensbedingungen der rund 500 000 Menschen haben wenig mit Zigeunerromantik zu tun; sie sind durch Diskriminierung geprägt.

UNGARN: DER STAAT

Die drei Jahrzehnte nach dem Volksaufstand von 1956 standen ganz im Zeichen von Janos Kádár (1912–1989). Aus dem meistgehaßten Mann Ungarns wurde der populärste KP-Führer der gesamten osteuropäischen Staatengemeinschaft. Zunächst galt er – 1951 selbst Opfer des stalinistischen ungarischen Parteichefs Rákosi (1892–1971) – jedoch als Vertreter Moskaus, der die sowjetischen Truppen zur Niederschlagung des Aufstands von 1956 ins Land holte. Außenpolitisch folgte Kádár dann ganz der Linie Moskaus, um sich einen innenpolitischen Freiraum zu sichern.

Der ungarische »Gulaschkommunismus«

Innenpolitisch versuchte Kádár, das offensichtlich Unvereinbare in Einklang zu bringen: die Aufrechterhaltung der kommunistischen Ordnung und ihre Tolerierung seitens der Bevölkerung. Seit Anfang der 60er Jahre leitete er unter dem Motto »Wer nicht gegen uns ist, ist für uns« eine Versöhnungspolitik gegenüber der eigenen Bevölkerung ein.

Diese Politik des »Burgfriedens« wurde ab 1968 durch ein wirtschaftliches Reformprogramm flankiert, das als »Gulaschkommunismus« berühmt werden sollte. Die Reorganisation der Landwirtschaft, die Förderung der Privatinitiative und die weitgehende Selbständigkeit der Unternehmen machten sich bald bezahlt. Versorgungslage und Lebensstandard besserten sich erheblich. Die Tolerierung der »grauen Wirtschaft« sorgte dafür, daß viele Ungarn in einem zweiten Beruf nach Feierabend zusätzlich Geld verdienen konnten.

Die Verbesserung der ökonomischen Lebensbedingungen wurde von einer Politik der sogenannten »kleinen Freiheiten« begleitet. Die Bür-

Ungarn *(ganz rechts)* ist ein europäischer Binnenstaat. Eine weite, flachwellige Tiefebene nimmt fast den ganzen Südosten des Landes ein, im Norden und Westen erheben sich Berg- und Hügelländer. Die Donau trennt Ungarn in Transdanubien und Alföld.

Blick auf die Matthiaskirche und die Fischerbastei aus weißem Marmor *(rechts)* auf dem Burgberg von Buda. Die Fischerbastei ist vor allem als Aussichtsterrasse populär, weil man von dort einen herrlichen Blick auf die Donau und das Parlamentsgebäude hat.

Daten und Fakten

DAS LAND
Offizieller Name:
Republik Ungarn
Hauptstadt:
Budapest
Fläche:
93 032 km²
Landesnatur:
Zwischen dem Hügelland der Kleinen Tiefebene im NW und der Großen Tiefebene im O liegt das Ungar. Mittelgebirge und Bergland
Klima:
Gemäßigt-kontinentales, relativ trockenes Klima
Hauptflüsse:
Donau, Theiß
Höchster Punkt:
Kékes 1016 m
Tiefster Punkt:
79 m nahe Szeged

DER STAAT
Regierungsform:
Republik
Staatsoberhaupt:
Staatspräsident
Regierungschef:
Ministerpräsident
Verwaltung: Hauptstadt, 19 Komitate
Parlament:
Nationalversammlung mit 386 für 4 Jahre gewählten Abgeordneten
Nationalfeiertag:
20. August
DIE MENSCHEN
Einwohner (Ew.):
10 076 000 (1999)
Bevölkerungsdichte:
108 Ew./km²
Stadtbevölkerung: 67 %
Bevölkerung unter 15 Jahren: 17 %

Analphabetenquote: 1 %
Sprache:
Ungarisch
Religion:
Katholiken 68 %,
Protestanten 25 %
DIE WIRTSCHAFT
Währung:
Forint
Bruttosozialprodukt (BSP):
45 623 Mio. US-$ (1998)
BSP je Einwohner:
4510 US-$
Inflationsrate:
22 % (1990–98)
Importgüter:
Grundstoffe, Halbfabrikate, Energieträger, Maschinen, Transportmittel, Investitionsgüter, Vieh, Nahrungsmittel

...ger konnten ins westliche Ausland reisen. Das kulturelle Leben war relativ wenigen staatlichen Gängelungen ausgesetzt, und der Zugang zu westlichen Medienerzeugnissen war einfacher als im übrigen Ostblock. Bald machte das Wort von der »fröhlichsten Baracke im ganzen Ostblock« die Runde.

Viele Ungarn sagten damals: »Man läßt uns verdienen, man läßt uns reisen. Wir haben etwas vom Leben. Zwar nicht so viel wie im Westen, aber viel mehr als im Osten.« So wurde die gemäßigte Politik des Leben-und-Leben-Lassens populär. Dennoch gab es in der gesamten Kádár-Ära auch ernste soziale Probleme. Zum einen entstand eine gesellschaftliche Differenzierung, die bewirkte, daß ein Teil der Ungarn vom Warenangebot nicht profitieren konnte.

Zum anderen wurde Mitte der 80er Jahre deutlich, daß der durch westliche Kredite finanzierte Wirtschaftsboom abebbte.

Der demokratische Wandel

Im Gefolge einer kritischen Diskussion über die zukünftige Entwicklung Ungarns verabschiedete die regierende Ungarische Sozialistische Arbeiterpartei (USAP) ein weitreichendes wirtschaftliches Reformprogramm. Im Mai 1988 wurde die politische Führung des Landes radikal erneuert, dabei mußte auch Kádár als Parteichef zurücktreten. Zur beabsichtigten Erneuerung des Sozialismus gehörte aber auch der Umbau des politischen Systems. Dem Verzicht auf den verfassungsmäßig garantierten Führungsanspruch der USAP entsprach die Zulassung anderer Parteien und die Zusage, bis spätestens 1990 geheime und freie Wahlen in Ungarn abhalten zu lassen. Es ging jetzt nicht mehr um Reformen, es ging um den Wechsel des Systems. Von besonderer symbolischer Bedeutung war die vollständige Rehabilitierung von Imre Nagy (1896-1958) und die offizielle Anerkennung der Ereignisse des Jahres 1956 als Volksaufstand. Am 23. Oktober 1989, dem Jahrestag der Erhebung, wurde die Republik Ungarn proklamiert. Gemäß der neuen ungarischen Verfassung wurde der Staat eine parlamentarische Demokratie.

Die ersten freien Wahlen 1990 endeten mit einer empfindlichen Niederlage der Reformkommunisten. Die Männer, die die kommunistische Partei zur Selbstauflösung gezwungen und zum Abbau des »Eisernen Vorhangs« beigetragen hatten, mußten sich mit knapp 10 % der Wählerstimmen begnügen. Die Wahlen 1994 ergaben ein anderes Bild. Die Sozialistische Partei gewann unter Führung von Gyula Horn die absolute Mehrheit. 1998 wurde das Wahlbündnis aus Bund Junger Demokraten und Bürgerlicher Partei mit Viktor Orbán an der Spitze stärkste politische Kraft.

Exportgüter: Industriegüter (Maschinen, Verkehrsmittel, Ausrüstungen), Eisen, Stahl, Bergbauprodukte (Bauxit), chemische Erzeugnisse, Nahrungsmittel (Fleisch, Getreide), Textilien

Handelspartner: Deutschland, Italien, Österreich, Frankreich, Großbritannien, USA

Eisenbahnnetz: 7607 km

Straßennetz: 81 680 km (befestigt)

Fernsehgeräte je 1000 Ew.: 435

UNGARN: DAS LAND

Der Binnenstaat Ungarn umfaßt den größten Teil des Pannonischen Beckens, das von den Alpen, den Karpaten und den Dinariden umrahmt wird. Die bestimmende Landschaft ist die Ungarische Tiefebene. Sie wird von Mittelgebirgen in die Kleine Tiefebene (Kisalföld) im Nordwesten und in die Große Tiefebene (Alföld) im Südosten getrennt.

Das Bakony- und Vértesgebirge bilden den transdanubischen Teil des Ungarischen Mittelgebirges, das sich in verschiedene Gebirgszüge gliedert. Malerische Schluchten zwischen Kalk- und Dolomitfelsen, verschlungene Wasserläufe und Eichenwälder laden zum Wandern ein. Die zahlreichen Thermalquellen in Budapest und Umgebung sind der spürbare Beweis dafür, daß die sich östlich der Donau anschließenden Gebirgszüge vulkanischen Ursprungs sind. Im Mátrasgebirge erhebt sich mit 1015 m Ungarns höchster Berg, der Kékes. Fast die gleiche Höhe erreicht das Bükkgebirge mit seinem von dichten Buchenwäldern gesäumten Kalkplateau und den sich nach Eger hin ausdehnenden Weingärten. An den Südhängen des Zemplener Gebirges wächst auf Lößboden und vulkanischem Gestein ein weltberühmter Wein, der Tokajer. Südlich des Bakonygebirges erstreckt sich das »Ungarische Meer«, der Plattensee. Er ist einer der saubersten Seen Europas und im Durchschnitt nur drei Meter tief. Seine Wassertemperatur steigt im Sommer bis auf 30 °C an. Seine Ufer sind überwiegend von üppigen Wein- und Obstgärten gesäumt.

Das Alföld, dessen westliche Grenze die Donau bildet, nimmt fast die Hälfte des Staatsgebiets ein. 150 Jahre Türkenbesatzung hatten den einst fruchtbaren Acker- und Waldboden in die Landschaft verwandelt, die als Klischee das Ungarnbild ganzer Generationen bestimmte: die baumlose Grassteppe der Pußta mit Ziehbrunnen, strohgedeckten Hütten, Rinderherden und wilden Pferden. Von der herben Pußta-Idylle ist heute nur ein 52 200 ha großes Naturschutzgebiet bei Hortobágy übriggeblieben. Im Rahmen der Rekultivierung wurden die Sandgebiete dank künstlicher Bewässerung dem Obst- und Weinbau nutzbar gemacht. Auf den weiten lößbedeckten Flächen gedeihen, durch Hecken vor Wind geschützt, Weizen, Zuckerrüben, Sonnenblumen und Melonen, und wo einst Sümpfe Wasservögeln Zuflucht boten, liegen heute Getreidefelder.

Westlich des Alfölds erstreckt sich ein leicht welliges Hügelland, das von zahlreichen Wasserläufen zerschnitten wird. Im Unterschied zu dem sich im Nordwesten anschließenden Kisalföld erheben sich hier noch bewaldete Hügelrücken zwischen den Weizen-, Mais- und Zuckerrübenfeldern. Die Bauern in Transdanubien begründeten den Ruf der Ungarn, vorzügliche Züchter von Schweinen, Gänsen und Hühnern zu sein. Im Süden liegt inselartig das Mecsekgebirge, eine romantische Waldlandschaft mit Erhebungen um 700 m.

Pferde *(rechts)* gehören immer noch zum romantisch verklärten Bild der ungarischen Pußta, obwohl diese inzwischen zum größten Teil planmäßig kultiviert worden ist. Nur bei Hortobágy ist ein 52 200 ha großes Areal als Nationalpark ausgewiesen.

Ein ländlicher Markt *(oben)* gibt den Dorffrauen nicht nur Gelegenheit, ihre Produkte zu verkaufen, sondern dient auch als Treffpunkt mit anderen.

Zwei Bäuerinnen in der kunstfertig gearbeiteten, farbenfrohen Tracht der Palóczen-Kultur *(oben)* im Dorf Hollókö, wo noch eine traditionelle bäuerliche Kultur, wie sie für die Berglandschaften nordöstlich des Donauknies typisch ist, gepflegt wird.

Der Plattensee *(rechts)* wird wegen seiner Größe »Ungarisches Meer« genannt. Er ist ein beliebtes Urlaubsziel. Wegen der geringen Tiefe erwärmt sich der See bis auf 30 °C und bietet dadurch ideale Bedingungen zum Baden und Wassersport.

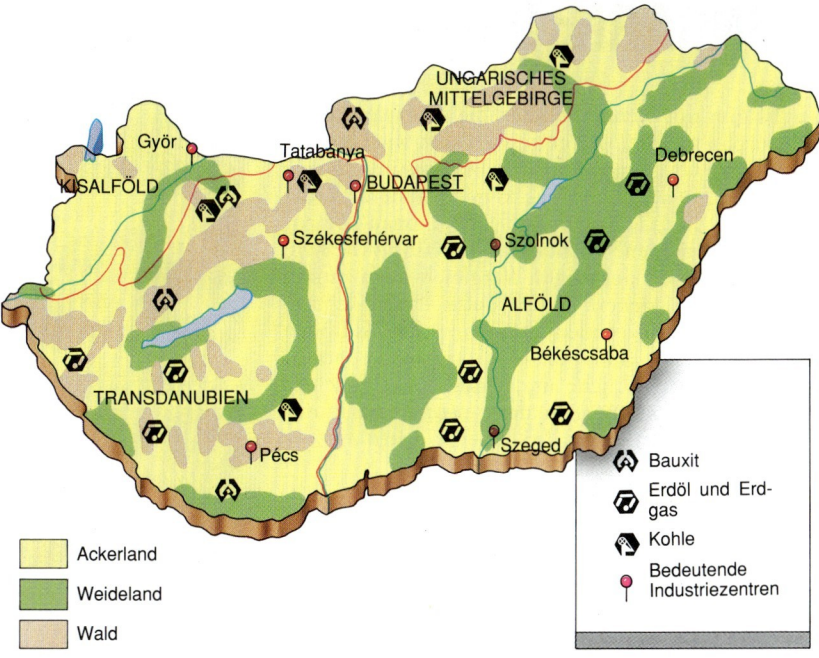

Ungarn (rechts) gliedert sich in vier Naturräume: Kisalföld, Transdanubien, Ungarisches Mittelgebirge und Alföld. Landwirtschaft und Schwerindustrie sind die bedeutendsten Wirtschaftszweige. Exportgüter sind vor allem Fleisch, Obst, Gemüse.

Arbeiter (unten) der Audi Hungaria Motor Kft., einem wichtigen Arbeitgeber im westungarischen Győr. Täglich laufen hier ca. 4000 Motoren vom Band. 90 % aller Audi-Wagen sind mit Motoren aus dem modernen Werk in Győr ausgerüstet.

Ackerland
Weideland
Wald

Bauxit
Erdöl und Erdgas
Kohle
Bedeutende Industriezentren

Trotz Ungarns Lage in der kontinentalen Klimazone sorgen mediterrane Einflüsse für anhaltenden Sonnenschein bis in den Herbst, während atlantische Luftströmungen das ganze Jahr über von West nach Ost abnehmende Niederschläge bringen.

Wirtschaft

Seit Ende des Zweiten Weltkriegs wurde in Ungarn die Industrialisierung nach sowjetischem Muster vorangetrieben, doch hat die Landwirtschaft noch immer wesentliche Bedeutung für Eigenversorgung und Export: Ungarn besitzt mit rund zwei Drittel seiner Gesamtfläche den höchsten Anteil an landwirtschaftlicher Nutzfläche in Europa. Jeder zehnte Ungar arbeitet im Forst- oder Agrarsektor.

Um auf dem Weltmarkt mehr absetzen zu können als Wein, Salami, Gänseleberpastete und das berühmte Porzellan aus Herend, soll durch Kooperation mit dem Westen die Produktivität und Wettbewerbsfähigkeit der verarbeitenden Industrie verbessert werden. Dies ist auch dringend erforderlich, denn nicht nur in der Schwerindustrie, sondern auch in den wichtigsten Zweigen der verarbeitenden Industrie – Elektromechanik, Maschinenbau, Walzlagerindustrie und Fahrzeugbau – sind die Produktionsziffern rückläufig. Die 1968 begonnenen Wirtschaftsreformen, die Plan und Markt miteinander versöhnen sollten, konnten die Erwartungen nicht annähernd erfüllen. Als besonderes Hindernis erwies sich der hohe Konzentrationsgrad der ungarischen Industrie. Die entstandenen großen Industrieagglomerate arbeiteten mit geringer Produktivität und waren aufgrund ihrer »Marktferne« nicht in der Lage, die notwendigen Innovationen einzuleiten. Auch ein seit Ende der 70er Jahre zu beobachtendes Umdenken, das mehr auf Klein- und Mittelbetriebe setzte, konnte die Einführung eines leistungsfähigen industriellen Mittelstands nicht gewährleisten.

Seit 1988 versucht Ungarn, seine Wirtschaft nach westlichem Vorbild in eine Marktwirtschaft umzuwandeln. Auch in der Industrie soll der Privatsektor gefördert werden. Ausländische Investoren genießen seit 1989 zahlreiche Vergünstigungen. Die Umstrukturierung der Wirtschaft ist inzwischen weit fortgeschritten, doch hatte sie auch in Ungarn zunächst negative Folgen wie sinkende Produktion, wachsende Arbeitslosigkeit und die höchste Inflationsrate aller osteuropäischen Reformländer. Der Lebensstandard der Bevölkerung ging stark zurück. Mittlerweile scheint die Krise jedoch weitgehend überwunden zu sein.

Budapest, nicht nur Mittelpunkt des Handels, sondern auch das alles überragende Zentrum der Industrie, setzt große Hoffnung auf die künftige Mitgliedschaft in der Europäischen Union, die von den Mitgliedsstaaten bereits in Aussicht gestellt wurde.

UNGARN: BUDAPEST

Es gibt nur wenige Länder, die so entscheidend durch ihre Hauptstadt geprägt sind wie Ungarn. Überspitzt gesagt: Ohne Budapest wäre Ungarn gar nicht denkbar. Was können andere Städte gegen die alles überstrahlende Donau-Metropole ausrichten? Nichts, und deshalb würde kein Ungar einen derartigen Vergleich auch nur in Erwägung ziehen. Jeder fünfte Ungar lebt in dieser faszinierenden Stadt mit 1,8 Millionen Einwohnern. Budapest ist nicht nur das politische, wirtschaftliche und industrielle Herz des Landes, sondern auch das geistige und kulturelle Zentrum für 15 Millionen Ungarn auf der ganzen Welt.

Stadtgeschichte

1873 entstand das heutige Budapest aus der Vereinigung der bis dahin selbständigen Städte Buda, Óbuda und Pest. Am westlichen Donauufer, das felsig aufragt und von bewaldeten Hügeln eingenommen wird, liegt das alte Buda, seit Mitte des 14. Jahrhunderts ständige Residenz der ungarischen Könige. Hier hatten früher Adel, Militärs und Beamte ihren Wohnsitz. Das am flachen östlichen Donauufer gelegene Pest war von Handwerkern und Händlern bewohnt. Óbuda (Alt-Buda) war ein agrarisch bestimmter Marktflecken.

Die Zeit der k. u. k.-Monarchie brachte eine wirtschaftliche Blüte für Budapest. Maschinenbau, Mühlenindustrie und Eisenhütten erlebten einen raschen Aufschwung. Aber auch Werften, Brauereien und Tabakfabriken gediehen. So entstand eine für damalige Zeiten gigantische Industriestadt, die durch den Zuzug in- und ausländischer Arbeitskräfte eine wahre Bevölkerungsexplosion erlebte. Zwischen 1850 und der Jahrhundertwende wuchs die Einwohnerzahl von 178 000 auf über 700 000. Die fünf Jahrzehnte der Doppelmonarchie (1867–1914), auch »das Goldene Zeitalter der Baumeister« genannt, haben das heutige Stadtbild entscheidend geprägt. Damals entstanden die prachtvollen Brücken über die Donau, die breiten Boulevards, die Ring- und Radialstraßen; schließlich wollte man um keinen Preis hinter der ersten Reichshauptstadt Wien zurückstehen. Der alte, durch Barock und Neoklassizismus bestimmte Stadtkern am Pester Donauufer wurde rigoros geschleift, weil er als zu klein und verspielt galt. Überall entstanden monumentale Bauwerke, die nicht selten die Masken vergangener Stilepochen trugen. Budapest erhielt das größte Parlament des Kontinents, das Wahrzeichen der Stadt, im neugotischen Stil. Der Burgpalast wurde im Stil des Neobarock erbaut, während man die Fischerbastei ins neoromanische Gewand kleidete. Der Maskenball der Stile wird durch Neorenaissancebauten, wie Staatsoper und Akademie der Wissenschaften, komplettiert. Zu dieser Vielfalt gesellen sich prachtvolle Jugendstilhäuser, deren reine Formen und leuchtende Farben bis heute größte Bewunderung hervorrufen.

Dieses Budapester Restaurant *(oben)* geht auf das späte 19. Jahrhundert zurück, als die Stadt eine wichtige Metropole der Doppelmonarchie Österreich-Ungarn war. Aus dieser Zeit stammen auch viele weitere Gebäude von Budapest.

Das Heilbad und Hotel Gellért *(unten)* mit seinen entspannenden Thermalquellen ist eine der bekanntesten Sehenswürdigkeiten von Budapest. Es wurde im Jahre 1912 im Jugendstil errichtet. Schon im Mittelalter bestand hier eine Art Kurhaus.

UNGARN

Die Donau (links) fließt direkt durch Budapest und trennt die früher selbständigen Stadtteile Buda und Pest. Der westliche Stadtteil Buda entwickelte sich um die alte königliche Burg. Gegenüber entstand die Handelsstadt Pest mit ihren prunkvollen Straßenzügen.

Budapest (unten) hat dem Besucher viel zu bieten. Zahlreiche Prachtbauten entstanden während der Blütezeit der Doppelmonarchie Österreich-Ungarn im 19. Jahrhundert. Im Zweiten Weltkrieg wurde die Stadt durch Bomben teilweise zerstört, viele Gebäude sind jedoch wieder im selben Stil aufgebaut worden. Zu den Hauptsehenswürdigkeiten von Budapest gehören seine zahlreichen Paläste, Museen und Galerien, die berühmten Kaffeehäuser, Thermalbäder und Theater.

lassen. Wer auf der Suche nach der verlorenen Zeit der alten k. u. k.-Monarchie ist, stellt immer wieder fest: Budapest ist so, wie man sich Wien vorstellt. Hier gehört der Handkuß noch zum Alltag. Und die Herren der Schöpfung haben nicht wenig von ihren galanten Urgroßvätern abgeschaut, wenn es um den Umgang mit der Damenwelt geht.

Der Charme vergangener Zeiten findet sich nicht nur in Kaffeehäusern mit reichverzierten Stuckdecken, goldglänzenden Säulen und Marmortischchen, man spürt ihn auch in Budapests imposanten Bädern. Wer ins Széchenyi-Bad oder ins »Gellért« geht, findet keinen Zweckbau für medizinische Heilbehandlung vor, sondern einen prunkvollen Palast, ein architektonisches Monument der »Belle Époque«. Mit seinen 123 warmen Quellen, die zwölf Thermalbäder versorgen, ist Budapest seit langer Zeit ein anerkannter Kurort.

Durch die Rückkehr zu Demokratie und Marktwirtschaft eröffnet sich für Budapest die Perspektive, seinen traditionellen Rang als Handelsmetropole und wichtiger Finanzplatz zurückzugewinnen. Schon jetzt strömt ausländisches Kapital in die Hauptstadt. »Joint venture« heißt das magische Wort für die Kooperation mit westlichen Partnern, das den Weg in eine erfolgversprechende Zukunft öffnen soll. Es herrscht eine Atmosphäre des Umbruchs und der Gegensätze.

Die ersten elektrischen Straßenbahnen rollten 1887 durch Budapest; nur neun Jahre später war die U-Bahnlinie unter der Prachtstraße Sugár út fertiggestellt. Als erste Europäer auf dem Kontinent konnten die Budapester auf einer Strecke von vier Kilometern Länge unter der Erde durch ihre Stadt reisen. Ratternd bringen gelblackierte Wagen im Stil jener Zeit noch heute ihre Fahrgäste ans Ziel. Etwas ganz anderes ist die moderne Metro, die inzwischen unter der Donau zwischen Buda und Pest verkehrt. Sie wurde nach Moskauer Vorbild errichtet und ist eine der Hauptschlagadern im Verkehrswesen der Metropole.

1918 hatte Budapest bereits eine Million Einwohner. Doch nach der Zerschlagung der Donaumonarchie verlor Ungarn zwei Drittel seines Territoriums, und Budapest büßte sein natürliches Hinterland ein. Die Stadt wurde, ähnlich wie ihre Schwester Wien, zur kopflastigen Metropole eines Kleinstaats und hatte mit ernsten wirtschaftlichen Problemen zu kämpfen. Zentralistisch denkende Planer in der Volksrepublik Ungarn vergrößerten den »Wasserkopf«. 1950 wurden sieben Satellitenstädte und 16 Dörfer entlang der Ausfallstraßen der Metropole eingemeindet. Erst sehr viel später traf man Maßnahmen, um ein Wachstum ins Uferlose zu verhindern.

Kultur und Traditionen der »Belle Époque« haben einen unauslöschlichen Eindruck hinter-

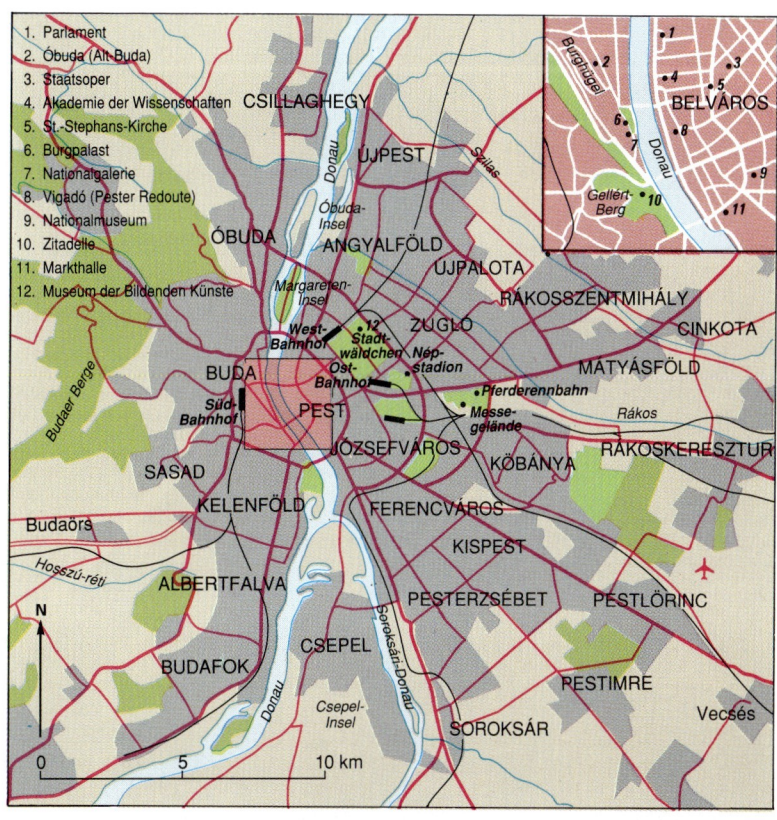

1. Parlament
2. Óbuda (Alt-Buda)
3. Staatsoper
4. Akademie der Wissenschaften
5. St.-Stephans-Kirche
6. Burgpalast
7. Nationalgalerie
8. Vigadó (Pester Redoute)
9. Nationalmuseum
10. Zitadelle
11. Markthalle
12. Museum der Bildenden Künste

UNGARN: GESCHICHTE

Das antike Pannonien, das dem westlichen Teil des heutigen Ungarn entspricht, stand jahrhundertelang unter der Herrschaft der Römer. Im 6. Jahrhundert setzten sich dort die aus Innerasien stammenden Awaren fest, deren Herrschaft erst durch den Frankenkönig Karl den Großen (747–814) im Sommer 796 ein Ende bereitet wurde. Unter dem legendären Anführer Arpád drang Ende des 9. Jahrhunderts das kriegerische Reitervolk der Magyaren (Ungarn) aus ihrer ursprünglichen Heimat zwischen Wolga und Ural nach Pannonien vor und besetzte das Karpatenbecken.

Ihre weitreichenden Raubzüge nach Mittel- und Südeuropa sowie Byzanz machten die Magyaren ein halbes Jahrhundert lang zum Schrekken Europas, bis Otto I. (912–973) sie im Jahre 955 auf dem Lechfeld bei Augsburg entscheidend besiegte.

Die Niederlage zwang die Ungarn, seßhaft zu werden. Stephan I., der Heilige, (um 975–1038) trieb die Christianisierung des Landes voran, und im Jahre 1000 verlieh ihm der römische Papst die Königswürde. Damit waren die Ungarn in die christliche abendländische Völkerfamilie aufgenommen. Ungarn entwickelte sich nun zu einer territorialen Mittelmacht in Europa. Siebenbürgen, Bosnien, Kroatien und Dalmatien wurden hinzugewonnen. Vom Mongolensturm des Jahres 1241 erholte sich Ungarn rasch, und auch die im 15. Jahrhundert heraufziehende Türkengefahr konnte zunächst gebannt werden. Unter Matthias I. Corvinus (1443–1490) erlebte das Königreich Ungarn den Höhepunkt seiner Macht. Territoriale Zugewinne und die Verlagerung der Residenz nach Wien gingen mit einer kulturellen Blüte einher, die im Zeichen der Renaissance und des Humanismus stand. Mit Matthias' Tod aber zerfiel das Reich. Auf dem Schlachtfeld von Mohács 1526 konnte es sich der Türken nicht mehr erwehren.

Türkenherrschaft und Habsburger

Das ungarische Kernland stand damit unter türkischer Herrschaft, in den westlichen und nördlichen Gebieten, dem sogenannten »königlichen Ungarn«, herrschten die Habsburger. Allein das neu entstandene Fürstentum Siebenbürgen konnte seine Unabhängigkeit wahren. Erst 1686 vertrieb die österreichische Armee die Türken. Doch die Freiheit hatte ihren Preis. Die ungarische Krone fiel dem Hause Habsburg zu. Auf Geheiß des österreichischen Hofes zog eine große Zahl von Siedlern in das durch die Türkenherrschaft ausgeplünderte und weitgehend entvölkerte Ungarn: Fast eine Million Schwaben strömte in das Banat und nach Mittelungarn; Rumänen, Slowaken und Südslawen siedelten sich im Inneren des Landes an. So wurden die Magyaren zu einer Minderheit im eigenen Land.

Die Stephanskrone *(rechts)*, die ungarische Königskrone, ist nach Stephan I. benannt. Er soll sie von Papst Silvester II. erhalten haben. Im Nationalmuseum in Budapest wird sie aufbewahrt.

Spätes 9. Jahrhundert Landnahme der Magyaren an Theiß und Donau
1000 Christianisierung unter Stephan I.
1241 Mongoleneinfall
1458–1490 Matthias I. Corvinus; kulturelle Blüte Ungarns
1526 Türkenschlacht bei Mohács; Ungarn verliert Unabhängigkeit
17. Jahrhundert Befreiung von der Türkenherrschaft
1703–1711 Franz II. Rákóczi scheitert mit seiner Freiheitsbewegung
1848 Lajos Kossuth führt den Aufstand gegen die Habsburger und wird im folgenden Jahr geschlagen
1867 Gründung der Doppelmonarchie Österreich-Ungarn; der römisch-deutsche Kaiser Franz Joseph I. wird zum König von Ungarn gekrönt
1914–1918 Erster Weltkrieg; Niederlage Österreich-Ungarns
1918 Ausrufung der Republik
1920–1944 Konteradmiral Miklós Horthy ist Reichsverweser
1920 Vertrag von Trianon; große Gebietsverluste
1941 Eintritt in den Zweiten Weltkrieg
1945 Ungarn und die Alliierten unterzeichnen den Waffenstillstand
1946 Ungarn wird Republik
1946–1949 Die ungarischen Kommunisten übernehmen schrittweise die Macht
1947 Die Alliierten unterzeichnen einen Friedensvertrag mit Ungarn
1955 Beitritt zur UNO
1956 Sowjetische Truppen schlagen Volksaufstand in Budapest nieder
1988 Mehrparteiensystem
1989 Ungarn öffnet den »Eisernen Vorhang«
1990 Demokratische Wahlen
1999 Beitritt zur NATO

1 Stephan I., der Heilige (um 975–1038)

2 Franz Liszt (1811–1886)
3 Imre Nagy (1896–1958)

UNGARN

Bewaffnete Bürger in Budapest *(links)* während des Aufstandes 1956. Ungarn versuchte damals, aus dem Warschauer Pakt, der kommunistischen Militärallianz, auszutreten, aber die Rote Armee unterdrückte brutal diesen Aufstand.

Kunstvoll geschnitzte Gedenkhölzer *(oben)* stehen auf dem Schlachtfeld von Mohács, wo 1526 die Ungarn von den Türken geschlagen wurden.

Als im März 1848 in Wien die Revolution ausbrach, proklamierten die Ungarn unter ihrem Führer Lajos Kossuth (1802–1894) die Unabhängigkeit. Erst mit Hilfe russischer Truppen konnten die Habsburger die Revolution niederwerfen. Ihre Anführer wurden fast ausnahmslos hingerichtet; Kossuth entkam.

Nach dem verlorenen Krieg gegen Preußen und der damit verbundenen Machteinbuße sah sich Österreich gezwungen, 1867 den »Ausgleich« mit Ungarn herbeizuführen. Kaiser Franz Joseph (1830–1916) wurde zum ungarischen König gekrönt, der k. u. k.-Dualismus war geboren. Nur die Außen-, Verteidigungs- und Finanzpolitik war beiden Staaten gemeinsam; im Inneren war Ungarn unabhängig. Der magyarische Adel, dessen Vorrechte voll erhalten blieben, entwickelte sich zur staatstragenden Schicht. Die Magyarisierungspolitik, die als Ausdruck kultureller Überlegenheit zu betrachten ist, machte Ungarisch zur alleinigen Unterrichts- und Amtssprache.

Ein europäischer Kleinstaat

Die Niederlage der Mittelmächte im Ersten Weltkrieg gipfelte für Ungarn im Vertrag von Trianon. Zwei Drittel des Territoriums gingen verloren. Von 18 Millionen Einwohnern blieben dem Rumpfstaat nur noch 7,6 Millionen.

Nach einem kurzen Zwischenspiel als Räterepublik unter Bela Kun (1886–1939) wurde Ungarn von 1920 an ein »Königreich ohne König«. Zum Reichsverweser wurde Konteradmiral Miklós Horthy (1868–1957) gewählt. Unter der Parole: »Nein, nein, niemals!« strebte er nach Revision des verhaßten Vertrags von Trianon und schloß sich im Zweiten Weltkrieg Hitler-Deutschland an, was ein Fehler war. Die Siegermächte bestätigten die Grenzen von Trianon, zudem war Ungarn von sowjetischen Truppen besetzt.

Unter dem Druck der Besatzungsmacht legte Ungarn den Weg zum kommunistischen Einparteienstaat in wenigen Jahren zurück. Enteignungen, Kirchenverfolgung, Verhaftungen, Folterungen, Schauprozesse und Hinrichtungen – für all das zeichnete KP-Chef Mátyás Rákosi (1892–1971) verantwortlich, der als »bester Schüler Stalins« bezeichnet wurde.

Beeinflußt von der sowjetischen Entstalinisierung und der Furcht vor einem Arbeiteraufstand wie in Polen, wurden die führenden ungarischen Stalinisten, wie Rákosi und Gerö (1898–1980), nach einem innerparteilichen Machtkampf abgelöst. Unter Führung von Imre Nagy (1896–1958), dem Premierminister der neuen revolutionären Regierung, wurde ein Kurs eingeleitet, der auf eine demokratisch-pluralistische Ordnung abzielte. Als Nagy am 1. November 1956 Ungarns Austritt aus dem Warschauer Pakt verkündete, marschierte die Rote Armee ein und löste damit einen Volksaufstand aus, der von ihr innerhalb weniger Tage blutig niedergeschlagen wurde.

Die Doppelmonarchie Österreich-Ungarn erreichte ihre größte Ausdehnung kurz vor dem Ersten Weltkrieg *(unten)*. Sie wurde 1867 gegründet. Das kriegsgeschwächte Österreich mußte Ungarn, das seit dem 17. Jahrhundert in seinem Besitz war, Autonomie zuerkennen. Die Ermordung des österreichisch-ungarischen Thronfolgers 1914 löste den Ersten Weltkrieg aus. 1918 wurde Ungarn Republik.

UNGARN: ROMA IN SÜDOSTEUROPA

Man vermutet, daß die Roma, wie die Eigenbezeichnung der Zigeuner lautet, ursprünglich aus Indien stammen und zu Beginn des 15. Jahrhunderts nach Europa kamen. Die meisten gingen entweder nach Ungarn und Rumänien oder nach Spanien. In allen diesen Ländern trugen sie erheblich zur einheimischen Volkskunst bei. Die Roma in Osteuropa haben über die Jahrhunderte hinweg wahrscheinlich mehr gelitten als alle anderen Mitglieder ihrer unterdrückten Rasse.

Die Arbeit mit Eisen ist neben dem Pferdehandel das traditionelle Handwerk dieses fahrenden Volkes. Sie wurde früher mit dem Teufel an seinem Amboß in Verbindung gebracht und trug somit zum schlechten Ruf der Roma bei. Jedoch zögerte der europäische Adel nicht, das Talent der Zigeuner für das Eisenhandwerk auszunutzen. In Spanien wurden angeblich von Roma angefertigte Geschosse benutzt, um die Mauren 1492 bei Granada zu schlagen. In Ungarn waren Roma nicht nur mit der Herstellung von Waffen, sondern auch von Folterinstrumenten beschäftigt. Spanische Roma mögen wenig Lohn erhalten haben, aber zumindest hatten sie eine gewisse Freiheit. Ungarische Roma dagegen waren Sklaven der ungarischen Fürsten.

In Rumänien hatten aufeinanderfolgende Eindringlinge aus dem Osten das Land verwüstet, was die Ablehnung aller Neuankömmlinge zur Folge hatte. Hier traf es die Roma am schlimmsten. Der rumänische Adel brauchte Arbeitskräfte für seine riesigen Ländereien und versklavte die Roma. Die Kirche tat dies ebenfalls und begründete ihre Haltung damit, daß Christus diese Menschen angeblich verflucht habe. Bei öffentlichen Versteigerungen auf Sklavenmärkten verkauft, mußten sie unter den härtesten Bedingungen arbeiten und grausame Strafen erdulden. In späteren Jahrhunderten wurden viele zum Goldschürfen in die Berge geschickt, wo sie wie in Konzentrationslagern lebten.

Verfolgung

Roma wurden jedes abscheulichen Verbrechens für schuldig befunden, von Vergewaltigung bis zur Kindesentführung, und litten regelmäßig unter rassistischen Angriffen. Sie wurden sogar des Kannibalismus bezichtigt. Aufgrund dieser Verleumdung wurden sie 1782 in großer Zahl in Sümpfe getrieben und von ungarischen Soldaten ertränkt.

Langsam entwickelte sich jedoch eine aufgeklärtere Haltung gegenüber den Roma, obwohl sogar dies nicht immer von Vorteil für sie war. 1761 beschloß Kaiserin Maria Theresia von Österreich, die Roma stärker in die ungarische Gesellschaft zu integrieren. Sie sollten nicht mehr Zigeuner genannt werden, sondern »neue Siedler«. Aber Maria Theresias Versuch, den traditionell umherziehenden Lebensstil der Roma zu verändern, die Kinder zur Schule zu schicken und die Männer zur Armee, wurde von den Roma als gefühllos empfunden. Er zeigte wenig Verständnis für ihren Wunsch, abseits der Gesellschaft zu leben. In Rumänien blieben die Roma weiter versklavt, die Abschaffung der Sklaverei 1855 führte zu einem Aufstand von Teilen des Adels.

Der Beitrag der Zigeuner zur Volkskunst

Feindseligkeiten gegenüber Zigeunern waren immer mit einer romantischen Faszination von ihrem traditionellen Lebensstil und einer Anerkennung ihrer Rolle als Unterhalter verbunden. Bis vor kurzem waren reisende Zigeuner mit tanzenden Bären noch eine der wichtigsten Attraktionen in abgelegenen rumänischen Dörfern. In Ungarn wurde ihr musikalisches Talent schon im späten 15. Jahrhundert erkannt, als sie als Musiker am Hof von Matthias I. Corvinus angestellt waren. Sie spielten nicht nur bei Festessen und anderen besonderen Gelegenheiten. Zigeuner wurden auch verlangt, um Truppen in die Schlacht zu führen und Rekruten für die Armee zu werben.

Die ungarische Zigeunermusik hat im kulturellen Leben Ungarns eine wichtige Rolle gespielt, wie die Flamenco-Musik, die Musik der spanischen Zigeuner, in Spanien. Einer der vielen ungarischen Komponisten, die von dieser Musik inspiriert wurden, war der großartige Klaviervirtuose Franz Liszt (1811–1886). Er

Osteuropas Zigeuner, die Roma, ziehen von Land zu Land, ohne auf Grenzen zu achten. Sie bilden in mehreren Staaten eine beachtenswerte Minderheit (oben).

Geschätzter Anteil der Roma an der Gesamtbevölkerung (1990)
- über 4%
- 3 bis 4%
- 2 bis 3%
- unter 2%

Ein zahmer Braunbär (oben) im Schein eines abendlichen Lagerfeuers. Obwohl heute ein seltener Anblick, wurden Bären einst von Zigeunern gehalten und trainiert, um auf Jahrmärkten und anderen Festen zu tanzen und zu ringen.

UNGARN

Die Assoziation von Zigeunern und Eisen überträgt sich heute auf die moderne Version des Schrott- und Gerätehändlers *(links)*. Den Zigeunern wird in vielen Ländern noch immer mit Haß und Angst begegnet.

Eine rumänische Roma *(unten)* trägt die für diese Gegend typischen geblümten Tücher. Viele Frauen der Roma leben als Hausiererinnen und Wahrsagerinnen. Nur wenige ihrer Kinder gehen regelmäßig zur Schule.

behauptete sogar, daß die Zigeuner seit Jahrhunderten alte Musiktraditionen der ursprünglichen Ungarn, der Magyaren, am Leben erhalten hätten.

Die Geige spielt eine besondere Rolle in der ungarischen Zigeunermusik. Sie hat beinahe eine magische Bedeutung für die Zigeuner, die glauben, daß das Holz der ersten Zigeunergeige aus den dichten Wäldern von Transsilvanien stammt. Mit ihrem exotischen, melancholischen Aussehen und den farbenfrohen Trachten gehören Zigeunergeiger heute zu jedem eleganten ungarischen Restaurant.

Sagenhafte Vorstellungen über das Zigeunerleben haben sich bis ins 20. Jahrhundert erhalten, aber auch ihre Leiden. Hitlers »Endlösung« bedeutete nicht nur den Mord an Juden, sondern auch an über 400 000 Roma und Sinti. Von den Nationalsozialisten wurden sie als »rassisch unrein« verurteilt. Später wurden sie von den kommunistischen Regimen in Osteuropa verfolgt, da sie gesellschaftliche Außenseiter waren und nicht zum größeren Wohlergehen der sozialistischen Gesellschaft beitrugen. In den 50er Jahren zeigte das tschechoslowakische Regime kein größeres Feingefühl beim Versuch, die Zigeuner zu integrieren, als Maria Theresia im 18. Jahrhundert. Aber einmal mehr waren es die rumänischen Roma, die am meisten zu leiden hatten. 1990 war eine der wenigen Gemeinsamkeiten in diesem Land eine allgemeine Abneigung gegen die Roma.

Zigeunermusikanten *(rechts)* spielen in Ungarn auf einem Dorffest auf und sorgen für ausgelassene Stimmung. Ihre Musik ist ein charakteristisches Merkmal für ihre Kultur und hat sich regional unterschiedlich weiterentwickelt.

URUGUAY

In der Nacht vom 26. auf den 27. November 1989 wurde Montevideos Hauptstraße, die Avenida 18 de Julio, zum Schauplatz zweier Freudenfeste. Es hatten allgemeine Wahlen stattgefunden, die ersten wirklich freien Wahlen nach einer zwölfjährigen Militärdiktatur (1973–1985). Zum einen trafen sich die Anhänger der alten Konservativen Partei, der »Blancos« (Weiße), um ihren Kandidaten Luis Alberto Lacalle (* 1941) als neuen Staatspräsidenten hochleben zu lassen. Zum anderen feierten die zumeist jungen Anhänger des »Frente Amplio« (Breite Front) die Wahl ihres Kandidaten, des Sozialisten Tabaré Vázquez (* 1940), zum neuen Bürgermeister von Montevideo, jener Stadt, in der knapp die Hälfte der uruguayischen Bevölkerung lebt. Das Volksfrontbündnis aus Christdemokraten, Kommunisten, Sozialisten und Sozialdemokraten war 1971 zum ersten Mal angetreten, um das traditionelle und erstarrte Zwei-Parteien-System der »Blancos« und »Colorados« aufzubrechen. Doch schon zwei Jahre nach seiner Gründung wurde es Opfer der Militärdiktatur. 1994 gewann der Colorado Julio Sanguinetti (* 1936) die Präsidentschaftswahlen. Er hatte dieses Amt bereits von 1985 bis 1990 ausgeübt. Im März 2000 wurde er von Jorge Batlle Ibáñez (* 1927) als Staatschef abgelöst.

Die traditionellen Parteien, in denen fast alle politischen Strömungen vertreten sind, sind seit ihrer Gründung in den Unabhängigkeits- und Bürgerkriegen »Caudillo«-Parteien gewesen. Man wurde als »Blanco« oder »Colorado« geboren, als Mitglied oder Abhängiger »alter« Familien. Keine Partei hatte ein klares Programm, und in ihrer ideologischen Ausrichtung unterschieden sie sich nur in Nuancen.

Anfang und Ende der Militärdiktatur

Die Liberale Partei der »Colorados« sieht sich als Nachfolger des uruguayischen Befreiers und Staatsgründers José Gervasio Artigas (1764–1850). Ihr Kandidat für die Präsidentschaftswahlen 1989 war Jorge Batlle Ibáñez, der Enkel des legendären José Batlle y Ordóñez, dem die »República Oriental del Uruguay« den Ruf verdankte, ein Wohlfahrtsstaat zu sein, und der zum Inbegriff einer toleranten bürgerlichen politischen Kultur wurde. Batlles siegreicher Kontrahent hingegen, Luis Alberto Lacalle, ist der Ururenkel Luis Alberto Herreras, des Begründers der »Blancos«. 1958 erhielten sie zum ersten Mal nach 93 Jahren die Mehrheit im Parlament. Doch der langsame Niedergang wirtschaftlicher Macht seit Beginn der 50er Jahre und die daraus erwachsenden sozialen Spannungen riefen sozialrevolutionäre Kräfte hervor. Aus ihnen entstand 1963 Südamerikas schlagkräftigste Stadtguerilla, die unter dem Namen Tupamaros weltweite Publizität errang. Sie bekämpfte vor allem die bestehenden Herrschaftsstrukturen und fand in breiten Schichten der Bevölkerung Sympathie. Diese schwand jedoch mit Zunahme ihrer bewaffneten Aktionen, die zudem eine Reihe staatlicher Repressalien auslösten. Der aus den Präsidentschaftswahlen 1971 als Sieger hervorgegangene Juan María Bordaberry (* 1928) verhängte mehrmals einen befristeten Ausnahmezustand und rief das Militär zu Hilfe, das mit großer Grausamkeit ohne Wahrung der Menschenrechte die Bewegung zerschlug. Nachdem Bordaberry 1973 die Parlamentsmehrheit verloren hatte, schaltete er, angesichts der Erfolgschancen sozialrevolutionärer Parteien bei freien Wahlen, das Parlament durch einen Staats-

Daten und Fakten

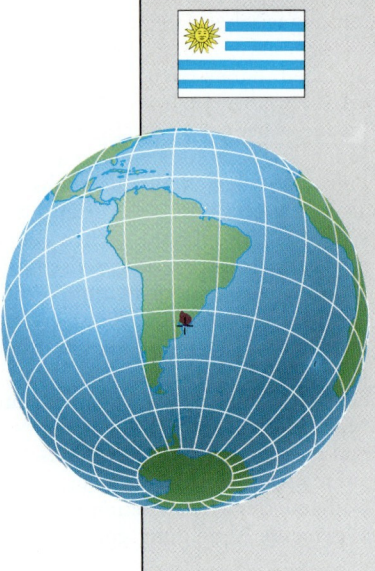

DAS LAND
Offizieller Name: Republik östlich des Uruguay
Hauptstadt: Montevideo
Fläche: 175 016 km²
Landesnatur: Im N leicht welliges Hügelland, im S Graslandebene als Fortsetzung der argentinischen Pampa
Klima: Subtropisches, mäßig feuchtes Klima
Hauptflüsse: Uruguay, Río Negro
Höchster Punkt: Mirador Nacional 501 m
DER STAAT
Regierungsform: Präsidiale Republik
Staatsoberhaupt: Staatspräsident
Verwaltung: 19 Departamentos
Parlament: Zweikammerparlament, bestehend aus Abgeordnetenhaus mit 99 Abgeordneten u. Senat mit 31 Mitgliedern; Wahl alle 5 Jahre
Nationalfeiertag: 25. August
DIE MENSCHEN
Einwohner (Ew.): 3 313 000 (1999)
Bevölkerungsdichte: 19 Ew./km²
Stadtbevölkerung: 91 %
Bevölkerung unter 15 Jahren: 25 %
Analphabetenquote: 3 %
Sprache: Spanisch
Religion: Katholiken 78 %
DIE WIRTSCHAFT
Währung: Uruguayischer Neuer Peso
Bruttosozialprodukt (BSP): 20 335 Mio. US-$ (1998)
BSP je Einwohner: 6180 US-$
Inflationsrate: 40,5 % (1990–98)
Importgüter: Erdöl u. -produkte, Maschinen, chemische Produkte, pflanzliche Erzeugnisse, Kunststoff, Kautschukprodukte

streich aus. Wiederum fand er Unterstützung beim Militär, das seither die bestimmende Kraft im Lande war. Unter dem Vorwand, Uruguay vor Linksextremismus schützen zu müssen, wurden alle liberalen Organisationen verboten. Das Gefängnis, das die Diktatur nach den modernsten Erkenntnissen psychologischer Kriegsführung für ihre Feinde errichten ließ, taufte sie »Libertad« (Freiheit), während sie Uruguay in das »Folterhaus Lateinamerikas« verwandelte; ein Land, in dem es 150 Jahre lang beinahe selbstverständlich gewesen war, die von repressiven Regimen Verfolgten aufzunehmen und zu schützen. Andersdenkende wurden jetzt in Uruguay straflos gemordet oder in die »Freiheit« gebracht. Jeder dritte uruguayische Staatsbürger ist während der Militärdiktatur gefoltert, eine weit größere Zahl ist verhaftet worden. Und dennoch fanden die Uruguayer nach sieben Jahren des Terrors den Mut, ihren Widerstand offen zum Ausdruck zu bringen, nicht zuletzt in dem klaren Nein, mit dem die Mehrheit 1980 eine sogenannte neue Verfassung, durch die die Macht der Militärs gesichert werden sollte, niederstimmte. Ein für das Militär vollkommen überraschendes Nein, das schließlich jedoch zum politischen Kurswechsel zwang.

Punta del Este *(links)* ist ein Seebad an der Südostspitze Uruguays. Die einladenden Strände ziehen Besucher aus Uruguay und Argentinien an. Außerdem finden hier große Welthandelstreffen statt.

Die Republik Uruguay *(unten)* liegt an der Mündung des Río de la Plata. Die fruchtbaren und landwirtschaftlich genutzten Ebenen des Südens und Westens sind das Hauptsiedlungsgebiet der Uruguayer.

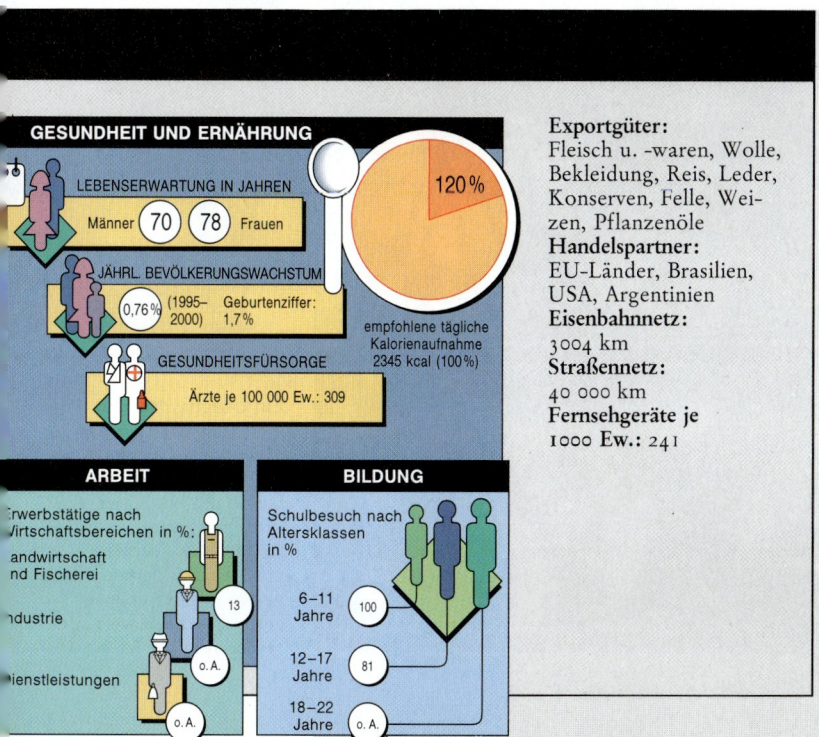

URUGUAY: GESCHICHTE

Die Entdeckung des heutigen Uruguay begann Anfang des 16. Jahrhunderts, als der Spanier Díaz de Solís auf der Suche nach einer Südwestpassage zur pazifischen Seite des Kontinents den Mündungsbereich des Río de la Plata erreichte. Damit begann die sich über mehrere Generationen hinziehende Erforschung und Eroberung der riesigen Ebenen und Waldregionen, der sich die hier ansässigen Ureinwohner ebenso zur Wehr setzten wie den Missionierungsversuchen spanischer Franziskaner und Jesuiten. Dabei machten sich die nomadisierenden Charrua-Indianer die von den Spaniern mitgebrachten Pferde zunutze und entwickelten sich zu einem verwegenen und schlagkräftigen Reitervolk. Doch im Zusammenprall der Weltanschauungen und der Waffen erwiesen sich die Spanier letztendlich als die Stärkeren.

Die erhofften Schätze, deretwegen der Río de la Plata seinen Namen – Silberfluß – erhielt, suchte man vergebens. Dafür entwickelten sich die von den Spaniern ausgesetzten Pferde und Rinder auf den weiten Grasfluren der Pampa zu großen Herden, die die Grundlage für den wirtschaftlichen Reichtum des Landes stellten.

Stationen zur Unabhängigkeit

Im Grenzgebiet zwischen spanischem und portugiesischem Kolonialreich war das Gebiet des heutigen Uruguay im 18. Jahrhundert heftig umkämpft, auch nachdem es 1776 Teil des spanischen Vizekönigreichs Río de la Plata geworden war. 1807 besetzten britische Truppen Montevideo, wurden aber noch im selben Jahr von den Spaniern vertrieben. Deren liberale Zollpolitik förderte jedoch das Unabhängigkeitsstreben der führenden Schicht. 1811 begann der Unabhängigkeitskampf unter der Führung von General José Gervasio Artigas, der 1764 in Montevideo geboren wurde und 1850 im Exil in Paraguay starb. Weil dieser Mann noch heute von den Uruguayern als Nationalheld verehrt wird, seien zwei Stationen aus dem langen Befreiungskrieg herausgehoben, den Artigas gegen zwei Kolonialmächte, gegen Spanien (Argentinien) und Portugal (Brasilien) gleichzeitig führen mußte. Nach dem Sieg über die Spanier bei Las Piedras leitete Artigas die Belagerung von Montevideo ein. Als portugiesische Truppen den bedrängten Spaniern zur Hilfe eilten, mußte er weichen und zog sich mit den Gauchos, die sich »Tupamaros« nannten, zurück. 16 000 Menschen – rund ein Viertel der damaligen Bevölkerung – folgten »dem Beschützer der Hälfte der Neuen Welt« in das Landesinnere, das die heutigen argentinischen Grenzprovinzen am Río Uruguay einschloß. Sie begründeten dort 1815 den »Estado Libre de la Provincia Oriental«, den »freien Staat der Östlichen Provinz«, in dem unter anderem eine Agrarreform, die erste Lateinamerikas, durchgeführt wurde. Sie war eine von ausgeprägtem Gerechtigkeitssinn be-

Ein Farmarbeiter bringt die »Ernte« auf einer Schaffarm ein *(oben)*. Diese Rohwolle wird an die Fabriken Montevideos zur Weiterverarbeitung geliefert. Textilverarbeitung ist eine der Hauptindustrien, und Textilien sind ein wichtiges Exportgut.

Diese Schüler aus Uruguay *(unten)* profitieren von der Schul- und Bildungspolitik des Landes, die eine kostenlose staatliche Erziehung für alle gewährleistet. Etwa 97 % der erwachsenen Bewohner Uruguays können lesen und schreiben.

Ein Uruguayer trinkt das Nationalgetränk Yerba Mate auf traditionelle Art aus einem Kürbisgefäß, in das ein Silberröhrchen gesteckt wird *(oben)*. Der Tee wird zubereitet, indem man heißes Wasser über die getrockneten Blätter der Stechpalme gießt.

URUGUAY

Cafés und Restaurants *(oben)* sind beliebte Treffpunkte für die städtische Mittelklasse, die einen Großteil der Einwohnerschaft Uruguays stellt. Die meisten Uruguayer leben in Städten, allein in der Hauptstadt Montevideo etwa 1 380 000 Menschen. Die größten Arbeitgeber der Stadt am Río de la Plata sind die fleisch- und textilverarbeitenden Betriebe, die zahlreichen in- und ausländischen Regierungsdienststellen und die Einrichtungen, die der Tourismusbranche angehören.

Junge Fußballspieler *(unten)* sind begeistert bei ihrem Spiel. Fußball ist in Uruguay die beliebteste Sportart, und zahlreiche Zuschauer kommen allwöchentlich zu den Fußballveranstaltungen in die hervorragend angelegten Stadien der größeren Städte.

stimmte Reform, die jedoch die noch verbliebenen Ureinwohner, die Charrua-Indianer, vor allen anderen begünstigte. Diese neu geschaffene Welt ging in einem einzigen Blutbad verloren, nachdem Artigas von einem seiner Leute an die portugiesischen Truppen verraten worden war. Das portugiesische Brasilien annektierte Uruguay 1821 als Provinz Cisplatina. Doch Artigas hatte das Nationalbewußtsein der Uruguayer geweckt. Mit argentinischer Hilfe und einer schlagkräftigen Streitmacht unter Führung Juan Antonio Lavallejas wurde 1825 die Unabhängigkeit Uruguays proklamiert, die dank britischer Vermittlung 1828 von Argentinien und Brasilien anerkannt wurde.

Doch mit der ersten Verfassung von 1830 begann weder der Friede im Lande, noch konnte sich Uruguay den Einmischungen seiner beiden großen Nachbarn Brasilien und Argentinien entziehen. Die inneren Streitigkeiten zwischen konservativen Blancos und liberalen Colorados verhinderten die Entwicklung des Landes und entfesselten mehrere Bürgerkriege. Erst die Wirtschafts- und Sozialreformen José Batlle y Ordóñez' (1856–1929) leiteten eine für Südamerika beispiellose lange Phase politischer Stabilität und wirtschaftlichen Aufschwungs ein. In den beiden Perioden seiner Präsidentschaft (1903–1907 und 1911–1915) wurde Uruguay in vieler Hinsicht zum fortschrittlichsten Staat der Welt. Die Verfassung auf Grundlage des Kollegialsystems löste zeitweise das Präsidialsystem ab und brachte Uruguay den Namen »Schweiz Südamerikas« ein. Im Rahmen eines Sozialstaats initiierte Batlle eine vorbildliche Sozial- und Arbeitsgesetzgebung, wie z. B. Festlegung von Mindestlöhnen, Achtstundentag, Arbeitslosenunterstützung, Altersrenten. Er schaffte die Todesstrafe ab, vollzog die Trennung von Staat und Kirche und forderte gleiche Rechte für Frauen. Seine Mißbilligung der Beteiligung von ausländischen Gesellschaften an öffentlichen Unternehmen und der Privatwirtschaft rief starke Proteste bei den Konservativen hervor.

Doch Batlle war ein Demokrat, der weniger herrschen als überzeugen wollte. Als politischer Journalist schrieb er viel und stellte seine Ideen zeitlebens, insbesondere in der Tageszeitung »El Día«, zur Diskussion. Und jeder konnte ihn lesen. Es gab kaum noch Analphabeten in Uruguay, da gemäß seiner Auffassung von sozialer Gerechtigkeit das umfassende und kostenlose Schul- und Bildungssystem zu den Grundlagen gehörte, ohne die das Recht auf Würde und auf Freiheit nicht zu erringen sei.

Batlles Reformen – inzwischen zum Teil weiter ausgebaut – bestimmen bis heute das soziale und wirtschaftliche Leben. Mit Verlangsamung des wirtschaftlichen Wachstums führte aber der enger werdende ökonomische Verteilungsspielraum zu einer spürbaren Verschlechterung der Lebensbedingungen, die eine politische Radikalisierung zur Folge hatte.

URUGUAY: DAS LAND

Uruguay, das Land am nördlichen Ufer des großen Mündungstrichters Río de la Plata, ist flächenmäßig das kleinste der drei La-Plata-Länder. Es liegt im warmgemäßigten Klimabereich und empfängt zu allen Jahreszeiten Niederschläge. Die leicht hügelige Landschaft bietet ein einheitliches und kaum akzentuiertes Bild und stellt sich als Übergangsraum zwischen dem argentinischen Tiefland und dem brasilianischen Bergland dar.

Ausgedehnte Rumpfflächen überspannen den weitgehend eingeebneten, 100 bis 150 m hohen Gebirgssockel, der geologisch noch zum Brasilianischen Schild gehört. Größere Erhebungen bilden lediglich die sporadisch auftretenden langgestreckten Höhenzüge, wie z. B. die Cuchilla de Haedo im Nordwesten oder die Cuchilla Grande im Südwesten, die das Rumpfniveau nur etwa 50 m bis 100 m überragen. Im Süden, wo die argentinische Pampa auf das Gebiet von Uruguay übergreift, ist der Sockel mit einer dünnen Lößschicht überzogen. Nach Osten fällt die Rumpffläche sanft zur Flachküste am Atlantischen Ozean ab, begleitet von einem Dünenwall sowie von zahlreichen Nehrungen und Strandseen. Am Río de la Plata ist dagegen eine Steilküste mit Felsvorsprüngen ausgebildet, zwischen denen sich weiße Sandstrände erstrecken.

Von den einst mächtigen, undurchdringlichen Buschwäldern sind nur noch wenige Restbestände erhalten. Die Waldstücke, meist am Unterlauf der Flüsse, nehmen heute insgesamt knapp 5 % des Staatsgebietes ein. Dennoch ist Uruguay ein grünes Land geblieben, weil es größtenteils mit üppigem, hohem Präriegras bedeckt ist, das als natürliche Weidefläche den »Reichtum« des Landes darstellt. So wie die vielen klaren, bis vor kurzem wenig belasteten, fischreichen Gewässer, die wie Adern das Territorium durchfließen und den Eindruck landschaftlicher Harmonie verstärken.

Wie ein König unter den Flüssen wirkt der Río Uruguay, jener Strom, der dem Land seinen indianischen Namen gab und die Westgrenze zu Argentinien markiert. Sein Lauf folgt einer tektonischen Störungslinie, überwindet dabei die Stromschnellen oberhalb von Salto, ehe er sich – durchsetzt von vielen Inseln – in zahlreiche Arme auflöst, um sich schließlich ganz im Río de la Plata zu verlieren, dem Mündungstrichter des Río Paraná und Río Uruguay, an dessen Bucht sich Buenos Aires und Montevideo gegenüberliegen.

Montevideo

Montevideo, 1724 aus der Rivalität zwischen Spaniern und Portugiesen entstanden, ist eine der jüngsten Hauptstädte Südamerikas. Es ist zugleich Industriemetropole und Hafenstadt sowie erstes Seebad in einer Reihe von beliebten Bade- und Kurorten entlang der Atlantikküste, unter denen das mondäne Punta del Este das weltweit bekannteste ist.

Der älteste Teil Montevideos liegt auf einer in den La Plata vorspringenden Halbinsel. Wie alle spanischen Kolonialstädte ist auch sie nach dem üblichen Schachbrettmuster angelegt worden. Heute greift Montevideo aber weit auf das Festland über. Es ist eine moderne und betriebsame Stadt, in der jedoch alles etwas weniger hektisch zugeht als in der nahegelegenen argentinischen Hauptstadt Buenos Aires. Mehr als andere Städte Südamerikas trägt sie europäische Züge, ist geprägt von den sogenannten 500 »alten Familien«, den Nachfahren der Konquistadoren, sowie den Einwanderern, insbesondere aus Italien und Spanien.

Uruguay gilt generell als eines der »weißesten« Länder Südamerikas. Die indianischen Ureinwohner wurden bis zum Jahre 1832 ausgerottet, und die Zahl der Mischlinge ist so gering, daß kaum noch von einem indianischen Erbe in der uruguayischen Bevölkerung gesprochen werden kann.

Wirtschaft

Rund 91 % der Gesamtbevölkerung Uruguays sind Städter. Und dennoch ist Uruguay kein Industrieland, sondern das Musterbeispiel eines exportorientierten Agrarstaats. Zwar hat die Landwirtschaft nur zu rund 8 % Anteil am Bruttosozialprodukt, doch entfallen auf sie etwa 90 % des Ausfuhrwertes, wobei die tierischen Produkte überwiegen. Die überragende Bedeutung der Viehwirtschaft, besonders der Rinder- und Schafzucht, spiegelt sich auch in der Landnutzung wider. Mehr als vier Fünftel der Gesamtfläche werden landwirtschaftlich genutzt, aber nur etwa 7 % ständig als Acker-

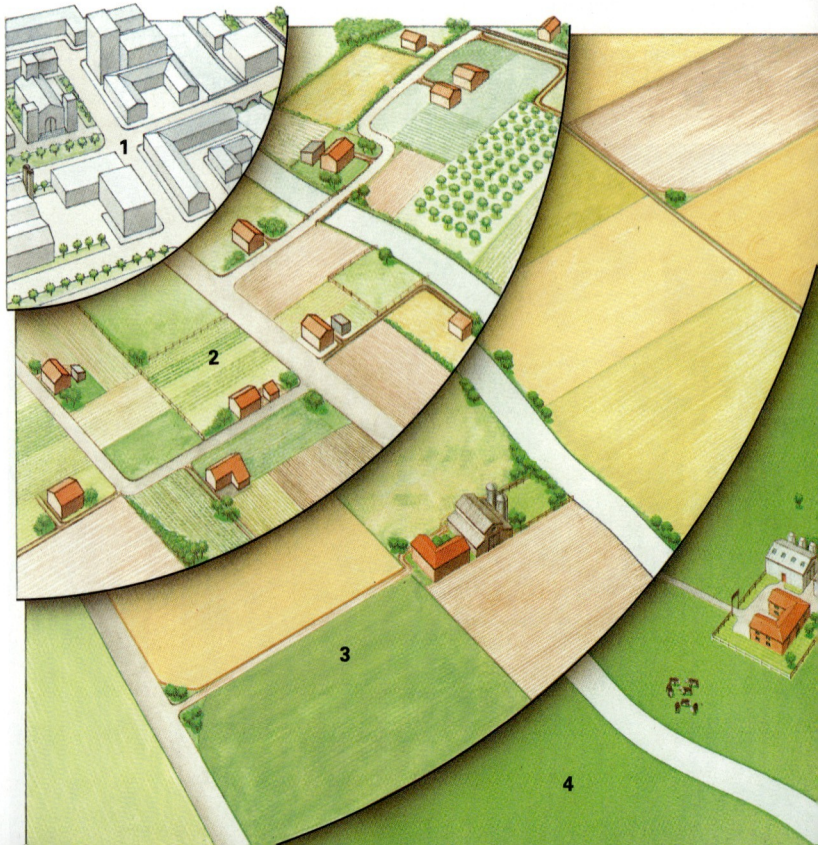

URUGUAY

Wein *(links)* wird hauptsächlich in den Küstenebenen angebaut. Beim Wein ist Uruguay Selbstversorger. Die Landwirtschaft – der bedeutendste Wirtschaftssektor – liefert auch Weizen, Reis und andere Getreidearten, Obst und Zuckerrohr.

Gerber *(oben)* verarbeiten Felle und Häute, die zu den wertvollsten Exportgütern Uruguays gehören. Trotz guter landwirtschaftlicher Bedingungen ist die Wirtschaft aufgrund der hohen Inflation und Arbeitslosigkeit noch schwach entwickelt.

Getreideanbau und Viehzucht *(links)* sind die Grundlage der Landwirtschaft. In Stadtnähe finden sich die Gartenbaubetriebe. Daran schließt sich die Zone der Getreidefarmen an, gefolgt von der Grünlandzone mit den großen Viehzuchtbetrieben.

Farmarbeiter *(oben)*, Gauchos genannt, haben während des Viehtriebs auf einer Schafranch, einer der zahlreichen großen »Estancias«, alle Hände voll zu tun. Die Viehzucht, insbesondere die Rinder- und Schafzucht, ist die Hauptstütze der Wirtschaft.

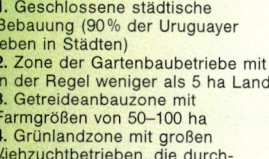

1. Geschlossene städtische Bebauung (90% der Uruguayer leben in Städten)
2. Zone der Gartenbaubetriebe mit in der Regel weniger als 5 ha Land
3. Getreideanbauzone mit Farmgrößen von 50–100 ha
4. Grünlandzone mit großen Viehzuchtbetrieben, die durchschnittlich 1000 ha Land umfassen

land. Angebaut werden vor allem Reis und Weizen, ferner Mais, Zuckerrohr, Sonnenblumen, Leinsaat und Erdnüsse. Fast alle Produkte, die das Land hervorbringt, fließen nach Montevideo, wo sich schon frühzeitig eine verarbeitende Industrie für Agrarprodukte entwickelt hat. Neben der Nahrungs- und Genußmittelindustrie sind die Textil- und die Lederproduktion die wichtigsten Erwerbszweige. Ein schwerwiegendes Hemmnis für den Ausbau agrarunabhängiger Industrien, die seit dem Zweiten Weltkrieg gefördert werden, ist das Fehlen von eigenen Rohstoffen. Für die Energiegewinnung besitzt Uruguay jedoch große Möglichkeiten auf dem Gebiet der Wasserkraftnutzung.

Nach wie vor ist das Land in starkem Maße von der Fleisch- und Wollproduktion und deren Weltmarktpreisen abhängig. Die verschiedenen Wirtschaftskrisen der letzten Jahrzehnte führten zu einer Verlangsamung des wirtschaftlichen Wachstums, was sämtliche soziale Schichten durch empfindliche Einbußen im Realeinkommen zu spüren bekamen. Am stärksten sind aber die Gauchos und Peones – die Viehhirten und Landarbeiter – betroffen, die bis heute vergeblich für die Durchführung einer gerechten Landreform kämpfen. Wie sehr das Land, wie sehr Montevideo von diesen Menschen abhängig ist, wird trotz des für sie geschaffenen Denkmals auf der Plaza Lorenzo Justiniano Pérez oftmals vergessen.

USBEKISTAN

Das mittelasiatische Land erstreckt sich vom Ust-Urt-Plateau im Westen über den Aralsee bis zum Ferganatal im Osten. Es wird überwiegend von Tiefländern und ebenen Gebirgsvorländern eingenommen; nur im Osten greifen Ausläufer des Alai und Tian Shan ins Land. Das Klima Usbekistans ist ausgesprochen kontinental und sehr trocken. Fast vier Fünftel des Landes werden von der Wüste Kysylkum eingenommen. Ackerbau ist daher nur in den Oasen und auf den ausgedehnten Bewässerungsflächen in den Flußtälern von Amudarja, Syrdarja (Fergana-Tal) und Serawschan möglich. Die massive Wasserentnahme zu Bewässerungszwecken führt allerdings zu einer rasch fortschreitenden Austrocknung und Versalzung des Aralsees.

Die tragenden Säulen der Wirtschaft Usbekistans sind die Erdöl- und Erdgasförderung und der Baumwollanbau. Die Landwirtschaft, in der außer Baumwolle noch Reis, Obst, Tabak und Wein angebaut werden, kann die Bevölkerung bei weitem nicht ernähren. Der wichtigste Indu-

Eine junge Frau hält in ihren Armen frisch geerntete weiße Baumwoll-Samenhaare *(oben)*. Baumwolle ist das wichtigste Agrarprodukt in Usbekistan. – **Das neue Parlamentsgebäude** in der usbekischen Hauptstadt Taschkent *(rechts)*. – **Die Republik Usbekistan** ist ein Binnenstaat in Mittelasien *(ganz rechts außen)*.

Daten und Fakten

DAS LAND
Offizieller Name: Republik Usbekistan
Hauptstadt: Taschkent
Fläche: 447 400 km²
Landesnatur: Im W Ust-Urt-Plateau, im O Ferganabecken und Ausläufer des Tian Shan und Alai, sonst überwiegend Tiefländer und ebene Gebirgsvorländer; die Wüste Kysylkum nimmt vier Fünftel des Landes ein
Klima: Ausgeprägtes kontinentales Klima mit hohen Temperaturschwankungen
Hauptflüsse: Amudarja, Syrdarja

Höchster Punkt: 4643 m
DER STAAT
Regierungsform: Präsidiale Republik
Staatsoberhaupt: Staatspräsident
Regierungschef: Ministerpräsident
Verwaltung: 12 Regionen, Autonome Republik Karakalpakien
Parlament: Hohe Versammlung mit 250 für 5 Jahre gewählten Mitgliedern
Nationalfeiertag: 1. September
DIE MENSCHEN
Einwohner (Ew.): 23 942 000 (1999)
Bevölkerungsdichte: 54 Ew./km²

Stadtbevölkerung: 42 %
Bevölkerung unter 15 Jahren: 38 %
Analphabetenquote: 3 %
Sprache: Usbekisch, Russisch
Religion: Moslems
DIE WIRTSCHAFT
Währung: Usbekistan-Sum
Bruttosozialprodukt (BSP): 20 949 Mio. US-$ (1998)
BSP je Einwohner: 870 US-$
Inflationsrate: 357 % (1990–98)
Importgüter: Maschinen und Ausrüstungen, Nahrungsmittel, chem. Produkte

Die Schir-Dor-Medrese in Samarkand *(oben)*. Samarkand ist berühmt für seine islamischen Bauwerke, die zu den schönsten der Welt gehören und Zeugnis von der einstigen Macht und Bedeutung der Stadt ablegen.

Ältere Männer beim Tee *(links)* in einem der zahlreichen Teehäuser unter freiem Himmel.

striezweig ist neben der chemischen Industrie (Kunstdüngerproduktion) die Textilindustrie, in der Baumwolle, Schafwolle, die Felle der Karakulschafe und die Seide aus der Seidenraupenzucht verarbeitet werden.

Von den 24 Millionen Einwohnern Usbekistans sind fast drei Viertel Usbeken, die zu den ehemals nomadisch lebenden mittelasiatischen Turkvölkern gehören und sich zum Islam sunnitischer Richtung bekennen. Minderheiten stellen die Russen, Tadschiken, Kasachen, Tataren, Koreaner und Kirgisen. Das Siedlungsgebiet der Karakalpaken hat seit 1932 einen autonomen Status.

Die Usbeken leiten ihren Namen von Usbek her, dem im 14. Jahrhundert herrschenden Chan der Goldenen Horde, der sie zu einem Stammesverband zusammenschloß. Im 17. Jahrhundert kam es zu usbekischen Staatsgründungen: Es entstanden die Chanate Buchara (seit dem 18. Jahrhundert Emirat), Chiwa und Kokand, die bis ins 20. Jahrhundert Bestand hatten. Ab Mitte des 19. Jahrhunderts erlagen die usbekischen Herrschaftsgebiete der russischen Expansion. Die Russifizierungspolitik des zaristischen Regimes provozierte Aufstände (1898, 1916).

Die Bolschewiki konnten sich erst nach langen Kämpfen Anfang der 1920er Jahre in Mittelasien durchsetzen. 1924 schließlich wurde die Usbekische Sozialistische Sowjetrepublik gegründet, aus der 1929 die Tadschikische ASSR ausgegliedert wurde. Die Sowjetisierung Usbekistans vollzog sich mit der gleichen Gewaltsamkeit wie in den anderen Sowjetrepubliken. Nationale Bestrebungen konnten sich erst in den 1980er Jahren wieder entfalten. Am 20.6.1990 erklärte sich Usbekistan für souverän, am 31.8.1991 für unabhängig.

Ein Problem ist die latente Konfliktbereitschaft der verschiedenen nationalen Gruppen (zum Teil Islamisten). Die schlechte wirtschaftliche und soziale Lage verschärfte die Spannungen. Politisch dominiert die Volksdemokratische Partei des Präsidenten Islam Karimow. Seit 1990 Staatsoberhaupt mit weitreichenden Kompetenzen regiert er das Land autoritär mit Hilfe der einflußreichen Clans.

VANUATU

Die Menschen Vanuatus, so wie dieser Mann, der gerade auf einem Muschelhorn bläst *(unten)*, sind hauptsächlich Melanesier. Asiaten, Europäer und Polynesier machen aber ungefähr 10 % der Bevölkerung aus.

Erst 1980 in die nationale Unabhängigkeit entlassen, ist der Inselstaat Vanuatu einer der jüngsten aller souveränen Staaten im Pazifik.

Die rund 80 vulkanischen Inseln und Felseilande im Südpazifik, zuvor als Neue Hebriden bekannt, sind von Korallenriffen umgeben. Die Vulkankegel ragen meist steil in Höhen von über 1000 m auf. Gelegentlich kommt es noch zu leichten Vulkanausbrüchen und Erdbeben. Das Klima ist tropisch-maritim mit hohen Temperaturen und Jahresniederschlagsmengen zwischen 2000 mm auf den südlichen und 3800 mm auf den von dichtem tropischen Regenwald bedeckten nördlichen Inseln. Auf den trockeneren Westseiten und den südlichen Inseln bestimmen Trockenwälder, Baum- und Grassavannen das Landschaftsbild.

Vanuatu unterscheidet sich besonders in Politik und Geschichte von den meisten übrigen pazifischen Inselstaaten. Politisch gilt die rund 186 000 Einwohner zählende Nation sogar als das »enfant terrible« des Pazifik. Der erste Premierminister, der presbyterianische Priester Walter Lini (* 1942), hatte sich zum Ziel gesetzt, in Vanuatu einen »melanesischen Sozialismus« zu errichten und den Inselstaat außenpolitisch auf einem blockfreien Kurs zu halten. Dieser Politik war es zuzuschreiben, daß die Republik Vanuatu als einziger pazifischer Staat auch diplomatische Beziehungen zu Kuba, Vietnam, Nordkorea und Libyen aufnahm. Die junge Regierung in der Hauptstadt Port Vila setzte sich darüber hinaus auch vehement für einen nuklearfreien Pazifik ein. Dadurch geriet sie aber unwillkürlich mit den früheren französischen Kolonialherren in Konflikt, die regelmäßig atomare Tests auf dem im Südpazifik liegenden Mururoa-Atoll durchführten. Es mag sein, daß Vanuatus beinahe missionarisches und selbstherrliches Vorgehen, welches bei den meisten übrigen, politisch fest im westlichen Lager verankerten pazifischen Nachbarnationen sowohl Bewunderung als auch Sorge auslöste, nur aus der besonderen Geschichte des Inselstaates erklärt werden kann.

Die Inselgruppe wurde 1606 von portugiesischen Seefahrern entdeckt, aber erst rund 150 Jahre später erneut von einem Europäer betreten. 1774 durchkreuzte James Cook (1728 bis 1779) den Archipel und nannte ihn Neue Hebriden. Ab 1840 begann die erfolgreiche Missionierung durch die Presbyterianer und die »Church of England«. Ab Mitte des 19. Jahrhunderts stießen zunehmend britische und französische Interessen auf der Inselgruppe aufeinander, die 1887 zu ersten Absprachen über eine gemeinsame Herrschaft führten. Als zu Beginn des 20. Jahrhunderts das Deutsche Reich seinen Einfluß in diesem Teil des Pazifik ausdehnen wollte, stellten die beiden Kolonialmächte die Neuen Hebriden 1906 unter eine gemeinsame Herrschaft.

Dementsprechend gab es in der Folgezeit drei verschiedene Verwaltungen: die britische, die französische und eine von Paris und London gemeinsam betriebene. Diesem historisch einmaligen Umstand ist es auch zuzuschreiben, daß es in der Praxis drei Gerichte, drei Währungen, drei nationale Haushalte, zwei offizielle Sprachen, zwei Polizeieinheiten sowie zwei Kolonialverwalter gab.

Angezogen von der natürlichen Schönheit der Inseln und dem milden Klima ließen sich ab Mitte des 19. Jahrhunderts französische und britische Siedler auf den Neuen Hebriden nieder. Gegen Ende des Zweiten Weltkrieges

Daten und Fakten

DAS LAND
Offizieller Name: Republik Vanuatu
Hauptstadt: Port Vila
Fläche: 12 189 km²
Landesnatur: Ca. 80, z. T. gebirgige Vulkaninseln
Klima: Feuchtheiß im N, im S lange Trockenzeit
Höchster Punkt: Mount Tabwemasana 1879 m
DER STAAT
Regierungsform: Republik
Staatsoberhaupt: Staatspräsident
Regierungschef: Ministerpräsident

Verwaltung: 6 Provinzen
Parlament: Einkammerparlament mit 52 für 4 Jahre gewählten Abgeordneten sowie Nationalrat der Häuptlinge
Nationalfeiertag: 30. Juli
DIE MENSCHEN
Einwohner (Ew.): 186 000 (1999)
Bevölkerungsdichte: 15 Ew./km²
Stadtbevölkerung: 20 %
Analphabetenquote: 37 %
Sprache: Bislama; Englisch, Französisch
Religion: Presbyterianer 32 %, Katholiken 17 %, Anglikaner 11 %

DIE WIRTSCHAFT
Währung: Vatu
Bruttosozialprodukt (BSP): 231 Mio. US-$ (1998)
BSP je Einwohner: 1270 US-$
Inflationsrate: 4,3 % (1990-98)
Importgüter: Nahrungsmittel, Industriegüter
Exportgüter: Kopra, Fisch, Kaffee, Kakao, Mangan, Gefrierfleisch, Muscheln, Holz
Handelspartner: Australien, Niederlande, Belgien, Frankreich, Japan, Neuseeland, Fidschi
Straßennetz: 1062 km
Fernsehgeräte je 1000 Ew.: 11

waren bereits 36 % des Inselterritoriums in ausländischem Besitz, eine Tatsache, die eine nationalistische Bewegung im Lande hervorrief. Doch gegenüber den nationalen Unabhängigkeitsbestrebungen nahmen Frankreich und Großbritannien jeweils unterschiedliche Positionen ein. Deshalb kamen sie den Forderungen nach Autonomie der »Nagriamel-Bewegung« unter der Führung von Jimmy Stevens und der »Vanua'aku Pati« unter Walter Lini, der in erster Linie die englischsprachige Bevölkerung repräsentiert, nur schrittweise entgegen. Die Fremdherrschaft endete mit der Staatsgründung Vanuatus im Jahre 1980, doch mußte der erste Premierminister Lini gleich nach seiner Amtsübernahme eine von französischen Siedlern gesteuerte militärische Revolte niederschlagen. 1991 stürzte das Parlament Lini durch einen Mißtrauensantrag. Danach näherte sich Vanuatu wieder mehr an Frankreich an. Auch der 1994 gewählte Präsident Jean Marie Léyé gehört ethnisch der frankophonen Bevölkerungsgruppe an. Léyé und Premierminister Serge Vohor sind Mitglieder der frankophonen Partei »Union of Moderate Parties«, während der seit 1999 amtierende Präsident John Bani und der neue Ministerpräsident Barak Sope der »Melanesian Progressive Party« angehören. Vanuatu verfügt über große fruchtbare Landflächen. Bis zur Unabhängigkeit bauten überwiegend französische Siedler auf großen Pflanzungen Kokospalmen, Kaffee und Kakao für den Export an. Wichtigster Wirtschaftszweig ist nach wie vor die Kopraproduktion. Der Anbau von Yams, Taro, Gemüse, Süßkartoffeln und Maniok dient ausschließlich der Selbstversorgung, doch müssen verschiedene Grundnahrungsmittel und vor allem Industriegüter eingeführt werden.

Port Vila *(oben)* ist Vanuatus Hauptstadt. Heftige tropische Stürme *(links)* suchen manchmal die Inselgruppe heim.

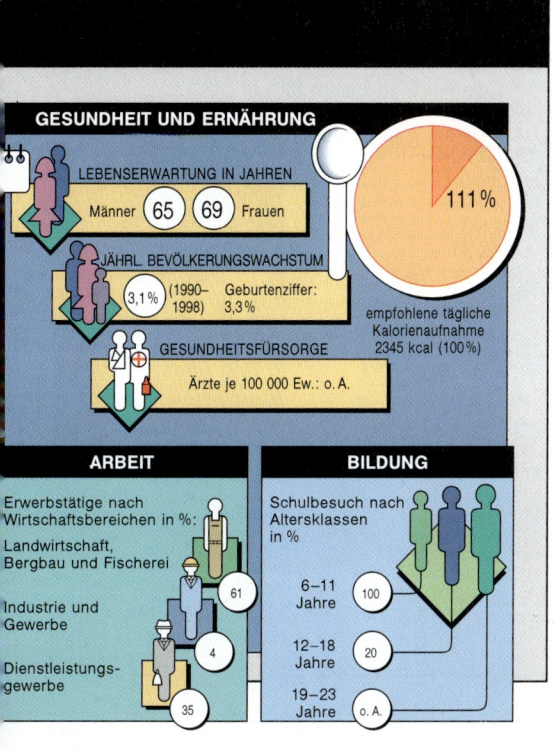

Die Republik Vanuatu *(rechts)* erlangte erst 1980, nach mehr als neunzig Jahren gemeinsamer Kolonialherrschaft Englands und Frankreichs, ihre Unabhängigkeit. Vanuatu, früher als Neue Hebriden bekannt, besteht aus einer Gruppe von ungefähr achtzig Inseln mit einigen aktiven Vulkanen.

VATIKANSTADT

Papst Johannes Paul II. *(unten)* wurde 1978 gewählt. Er ist der erste Pole, der je dieses Amt innehatte. Als geistiges Oberhaupt der römisch-katholischen Kirche ist der Papst ihre Leitfigur und ihr wichtigster Repräsentant.

Die Vatikanstadt ist das staatliche Territorium des Heiligen Stuhls, der einerseits das Amt des Papstes als des Bischofs von Rom bildet und andererseits die Zentralregierung der katholischen Kirche darstellt. Der Name stammt von dem am rechten Tiberufer gelegenen Hügel »Vaticano«. Nach der Überlieferung wurde hier der Apostel Petrus als erster Bischof von Rom nach seinem Märtyrertod beerdigt. Unter Kaiser Konstantin (um 280–337) wurden auf dem Vatikan-Hügel zu Ehren des Petrus eine erste Kirche und für die Päpste eine erste Residenz erbaut. Durch eine gefälschte Urkunde (»Konstantinische Schenkung«) kam der Papst zusätzlich in den Besitz von Ländereien, die er aber im Kampf gegen die Langobarden wieder verlor. Unter der Schutzherrschaft des Frankenkönigs Pippin (um 715–768) wurde die weltliche Macht des Papstes erneuert. Die größte Ausdehnung erfuhr der Kirchenstaat zu Beginn des 16. Jahrhunderts. Während der italienischen Einigungsbestrebungen zwischen 1860 und 1870 wurde der Kirchenstaat in das geeinte Königreich integriert. Das weitgehend von den vatikanischen Mauern abgegrenzte, kaum einen halben Quadratkilometer große Staatsgebiet liegt heute inmitten der Stadt Rom. Erst durch die Lateranverträge von 1929 wurden die Grenzen und die staatliche Souveränität des Papstes von Italien anerkannt. Dadurch ist der Papst als Bischof von Rom und Oberhaupt der katholischen Kirche nicht Untertan eines anderen Staates, sondern besitzt vielmehr alle gesetzgebende, vollziehende und richterliche Gewalt in seinem Staat.

Das Territorium des kleinsten Staates der Welt umfaßt unter anderem den Petersplatz und den Petersdom, den Palast des Papstes mit Amtsräumen für die Verwaltung der katholischen Kirche, die Kurie, sowie die Vatikanischen Museen und die Vatikanischen Gärten. Als exterritoriale Gebiete des Vatikans auf italienischem Territorium gelten einige Kirchen, Paläste und Besitzungen in Rom, wie die Basiliken Santa Maria Maggiore, San Paolo und der Lateran sowie die päpstliche Sommerresidenz von Castel Gandolfo am Albaner See.

Zu den rund 500 Staatsbürgern des Vatikans kommen weitere 460 Bewohner ohne Bürgerrecht und rund 1600 Angestellte hinzu, durch die der Betrieb des Kleinstaates mit eigenem Bahnhof, Post und Gesundheitswesen sowie die Verwaltung der Weltkirche gesichert werden. Der Stadtstaat ist auf Spenden, den Erlös aus der Münzprägerei und aus dem Briefmarkendruck sowie auf die Einnahmen aus Handels- und Gewerbemonopolen angewiesen. Zusammen mit den Erträgen aus Wirtschaftsbeteiligungen und Aktienbesitz werden so unter anderem der eigene Rundfunksender, die vatikanische Tageszeitung »Osservatore Romano« und der Unterhalt der Gebäude finanziert.

Die Verwaltung

Die Verwaltung des Vatikanstaates wird im wesentlichen vom Gouvernorat ausgeübt. Auffälligstes Corps innerhalb der Mauern sind die Schweizer Gardisten, katholische Bürger der Schweiz, die in ihren traditionellen Uniformen den Wachdienst versehen.

Für die Regierung der römisch-katholischen Kirche sind die Organe der Römischen Kurie bestimmt, Kongregationen (Ministerien), Tribunale, Räte, Büros, Kommissionen und Komitees, die von Kardinälen oder Erzbischöfen geleitet werden. Staatsoberhaupt ist derzeit der

Daten und Fakten

DAS LAND
Offizieller Name: Staat Vatikanstadt
Fläche: 0,44 km²
Landesnatur: Niedriger Hügel am rechten Tiberufer
Hauptflüsse: Tiber
DER STAAT
Regierungsform: Souveränes Bistum
Staatsoberhaupt: Papst
Regierungschef: Kardinalstaatssekretär
Parlament: Römische Kurie; Kardinalskollegium (Konsistorium) als höchstes leitendes Gremium

Nationalfeiertag: 22. Oktober
DIE MENSCHEN
Einwohner (Ew.): ca. 500 (1999)
Bevölkerungsdichte: 1136 Ew./km²
Sprache: Italienisch, Latein
Religion: Katholiken 100 %
DIE WIRTSCHAFT
Währung: Euro; bis 31.12.2001 Vatikanische Lira / Italienische Lira

Die farbenprächtige Uniform der Schweizergarde *(oben)* wurde angeblich von dem Renaissancekünstler Michelangelo entworfen.

264. **Bischof von Rom, Papst Johannes Paul II.** (* 1920). Erster und wichtigster Vertreter des Papstes ist der Kardinalstaatssekretär, der an der Spitze des Staatssekretariats, des wichtigsten Amtes der Kurie, steht und zugleich Mitglied des Kardinalskollegiums, des bedeutendsten Gremiums der römisch-katholischen Kirche, ist. Der Heilige Stuhl unterhält Beziehungen zu rund 120 Staaten der Welt sowie allen wichtigen internationalen Organisationen.

Der Vatikan übt auf Besucher aus aller Welt stets eine ungewöhnliche Faszination aus, auf den frommen Pilger ebenso wie auf den interessierten Touristen. Der Petersplatz mit den Kolonnaden Berninis gehört zu den schönsten Platzanlagen der Welt. Die Petersbasilika, die größte und berühmteste Kirche der Christenheit, ist die prächtigste äußerliche Kristallisation des christlichen Glaubens und zugleich eines der eindrucksvollsten Kunstwerke der Menschheit. Die vatikanischen Paläste des Papstes bilden die umfangreichste Palastanlage der Welt. Sie dienen nicht nur dem Papst als Residenz und der Kurie als Verwaltungsstätte, sondern beherbergen auch die Vatikanische Bibliothek und die Vatikanischen Museen. Zu den unermeßlichen Kunstschätzen gehören die Gemälde Michelangelos in der Sixtinischen Kapelle und die Raffaels in den »Stanzen«.

Die Vatikanstadt *(unten)* liegt als Enklave mitten in Rom, der italienischen Hauptstadt. Die herrlichen Gartenanlagen von Papst Leo IV. nehmen etwa die Hälfte des gesamten Areals ein. Der kleinste unabhängige Staat der Erde bietet auch Unterkünfte für seine Bürger, meist Priester und Nonnen, die hier beschäftigt sind. Wichtigstes Bauwerk ist der Petersdom.

Der prächtige Petersplatz *(ganz oben)*, der vom Petersdom beherrscht wird, ist zu Ostern das Ziel vieler tausend Pilger. Von einem Balkon verkündet der Papst seine Osterbotschaft und gibt den Segen »urbi et orbi«.

Kardinäle und Bischöfe *(oben)* versammeln sich während einer Bischofssynode in der Sixtinischen Kapelle. Die Kardinäle aus allen Ländern der Erde tragen gemeinsam die Verantwortung für die Wahl des Papstes.

1 Vatikanische Museen
2 Pinakothek
3 Gewächshäuser
4 Päpstliche Akademie
5 Ehemalige Sternwarte
6 Gobelin-Werkstatt
7 Gouverneurspalast
8 Äthiopisches Kolleg
9 Mauer Leos IV.
10 Radio Vatikan
11 Bahnhof
12 Schule für Mosaikkunst
13 Sakristei von St. Peter
14 Sixtinische Kapelle
15 Papst-Palast
16 Kaserne der Schweizergarde
17 Druckerei
18 Postamt
19 Belvederehof
20 Wohnungen

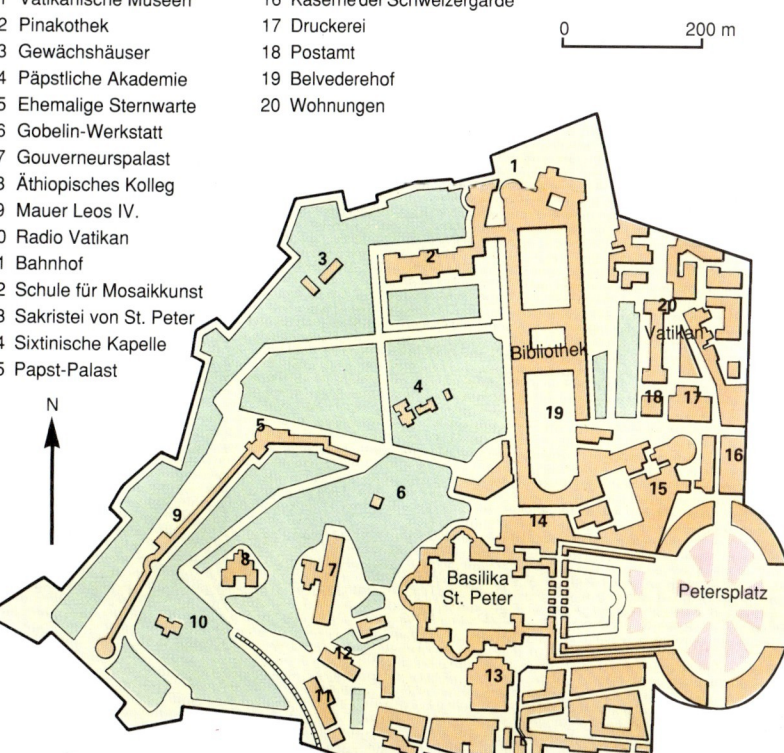

VENEZUELA

Eigentlich hören wir Europäer nur recht selten etwas von Venezuela. Das Tropenland Venezuela liegt im äußersten Norden Südamerikas, im Windschatten der politischen Stürme, die seine Nachbarn in Mittelamerika, in Kolumbien oder Peru erschüttern. Natürlich ist Venezuela keine »Insel der Seligen«, doch scheint diese Nation unter allen südamerikanischen Ländern von der Natur begünstigt zu sein.

Kaum ein zweites Land in den inneren Tropen kann mit solch vielfältigen Landschaften aufwarten: Mit 978 m ist der Salto Angel im Bergland von Guyana der höchste Wasserfall der Erde. Über 3000 km lang sind die traumhaft schönen Küsten an der Karibik und am Atlantik, über 5000 m hoch der Pico Bolívar, Venezuelas höchster Gipfel, in der Cordillera de Mérida. Undurchdringlich sind die Urwälder der Gran Sabana im Südosten, in denen sich plötzlich die Tepuyes, flach abgeschnittene Tafelberge, aus dem Wolkenmeer des Regenwalds erheben. Ohne Anfang und Ende erscheinen dem Besucher die Savannen und Steppen der Llanos (Ebenen) am Orinoco, wie ein Stück Sahara die Sanddünen von Coro am Ufer des Karibischen Meeres.

So verschiedenartig wie die Landschaften sind auch die Menschen Venezuelas: Schwarze, Mulatten, Mestizen, Kreolen, Einwanderer aus Italien, Spanien, Deutschland sowie Turcos, wie man hier die Araber aus der Levante, aus Libanon, Syrien oder Palästina nennt. In Venezuela kann man auch gut anhand der Architektur einen Ausflug in die verschiedenen Phasen der venezolanischen Geschichte unternehmen: vom ultramodernen Caracas (rechts), dessen Hochhäuser und vielspurige Stadtautobahnen sich durchaus mit Los Angeles oder São Paulo messen können, über die Kolonialstädte Colonia Tovar und Coro, in denen das 18. und 19. Jahrhundert noch lebendig ist, bis in die Steinzeit, zu den Urwald-Nomaden der Yanomami-Indios an der brasilianischen Grenze.

Geschichte

Am 5. August 1498 betrat Christoph Kolumbus bei seiner dritten Reise in die »Neue Welt« zum erstenmal den Boden Südamerikas an der Südküste der Halbinsel Paria gegenüber der Orinoco-Mündung. Auf dem Rückweg nach Hispaniola (Haiti) entdeckte er noch die Insel Margarita. Die eigentlichen Entdecker Venezuelas sind jedoch Amerigo Vespucci (1454–1512) – nach dem Amerika benannt wurde – und Alonso de Ojeda (1456–1515). 1499/1500 segelten die beiden an der karibischen Küste entlang bis zum Cabo de la Vela an der Westseite der Guajira-Halbinsel. Dabei fanden sie im See von Maracaibo Pfahlbauten der Indios, denen Venezuela (»Klein Venedig«) seinen Namen verdankt.

Im Norden Venezuelas trafen die Spanier auf zwei große Indianergruppen, die Kariben und die Arawaks. Die Kariben waren ein sehr krie-

VENEZUELA

gerisches Volk von Jägern und Fischern und galten bei den Arawaks, einfachen Ackerbauern, die bereits eine höhere Kulturstufe erreicht hatten, als Kannibalen.

1528 überließ Kaiser Karl V. (1500–1558) dem Augsburger Handelshaus der Welser, dessen größter Schuldner er war, einen Teil Venezuelas. Als erster »deutscher« Gouverneur landete Ambrosius Dalfinger (1500–1532) mit drei Schiffen in Coro, doch blieben alle Versuche, das sagenumwobene El Dorado (spanisch für »der goldene Mann«) zu finden, erfolglos. Auch Nikolaus Federmann (um 1505–1542), der mit dreihundert Deutschen bis nach Bogotá vorstieß, erging es nicht anders. Da auch die Kolonisierung des Landes nicht so recht vorankam, gaben die Welser 1557 ihren Besitz in Amerika wieder auf.

Auch die Spanier konnten zunächst nur die Küstenregion erschließen: 1520 wurde Cumaná, die erste spanische Siedlung in Südamerika, gegründet und 1567 Caracas. Das weite Hinterland, die Llanos, blieb lange unerschlossen, da die Provinz Venezuela für die spanischen Eroberer nicht von großem Interesse war. 1717 kam es mit Kolumbien, Ecuador und Panama zum neu gebildeten Vizekönigreich »Neugranada«. 1786 erhielt Venezuela eine eigene Verwaltung mit Sitz in Caracas.

Die Unzufriedenheit der Kreolen, der in Südamerika geborenen Spanier, mit der Zentralregierung im fernen Madrid nahm Ende des 18. Jahrhunderts immer mehr zu. 1811 erklärte Francisco de Miranda (1750–1816) die Unabhängigkeit Venezuelas, doch bereits drei Jahre später erlangten die Spanier für kurze Zeit noch einmal die Herrschaft. Erst 1821 konnte Simón Bolívar (1783–1830), ein Kreole aus Caracas, in der entscheidenden Schlacht bei Carabobo nicht nur seiner Heimat, sondern dem ganzen spanischen nördlichen und mittleren Südamerika endgültig die Freiheit erkämpfen. Venezuela wurde zusammen mit Kolumbien und Ecuador als »Großkolumbien« unabhängig. Im Dezember 1830, wenige Tage nach dem Tod Simón Bolívars, löste sich »Großkolumbien« auf. Bolívars General José Antonio Páez (1790–1873) wurde der erste Präsident Venezuelas.

Das 19. und die erste Hälfte des 20. Jahrhunderts waren für den jungen Staat eine Zeit politischer Wirren, in der Bürgerkriege und Diktaturen einander ablösten. 1864 wurde das Land eine föderative Republik.

Unter der Herrschaft des Diktators Juan Vicente Gómez (1857–1935) erlebte das Land einen erheblichen wirtschaftlichen Aufschwung: der Erdöl-Boom begann. Nach dem Tode Gómez' bestimmten Spannungen und zunehmende Radikalisierung das politische Leben. 1948 übernahm dann eine Militärjunta die Macht. Ein Staatsstreich brachte Oberst Marcos Pérez Jiménez 1952/53 an die Macht. Sein Sturz ebnete 1958 den Weg zu demokratischen Verhältnissen.

VENEZUELA: DER STAAT

Wie die USA, Brasilien oder Mexiko ist Venezuela eine präsidiale Republik. Der in direkter Wahl für sechs Jahre bestimmte Staatspräsident ist zugleich auch Regierungschef. Das Parlament, der Congreso Nacional, hat 165 Abgeordnete, die alle 5 Jahre gewählt werden. In Venezuela herrscht Wahlpflicht ab 18 Jahre.

Nach der Verfassung sind die 23 Estados, die Bundesstaaten der República Bolivariana de Venezuela, zwar autonom, doch werden ihre Gouverneure vom Staatspräsidenten ernannt, die Estados somit zentralistisch geführt. Direkt der Zentralregierung untersteht das dünn besiedelte Distrito Federal Delta Amacuro (Orinoco-Delta) sowie die Dependencias Federales, 72 Inseln der Kleinen Antillen im Karibischen Meer.

Politik

Seit dem Ende der Diktatur von Pérez Jiménez im Jahr 1958 ist Venezuela eine stabile Demokratie, die für die lateinamerikanischen Nachbarstaaten ein Vorbild ist. In den letzten Jahrzehnten stellten die beiden großen Volksparteien, die AD (Acción Democrática) und die COPEI (Comité de Organización Política Electoral Independiente), zwischen denen kaum weltanschauliche Unterschiede bestehen, den Präsidenten: Unter Carlos Andrés Pérez' (* 1922) erstem Mandat (1974–1979) wurden 1976 die Erdölindustrie und alle mit ihr verbundenen Wirtschaftszweige nationalisiert; von 1979–1984 waren Luis Herrera Campins (* 1925) und von 1984–1989 Jaime Lusinchi (* 1924) Präsidenten. Seit Beginn des Jahres 1989 regierte wieder Carlos Andrés Pérez (AD). Wirtschaftliche Probleme durch den Verfall der Erdölpreise auf dem Weltmarkt verursachten im Frühjahr 1989 schwere Ausschreitungen. Aufgrund einer Anklage wegen der Veruntreuung öffentlicher Gelder wurde Pérez 1993 vom Präsidentenamt suspendiert. Zu seinem Nachfolger wählte die Bevölkerung den früheren Staatschef und COPEI-Mitgründer Rafael Caldera Rodriguez (* 1916), der sich allerdings in der Zwischenzeit von der COPEI distanziert hatte. Im Februar 1999 wurde der populäre Hugo Chávez (* 1954) vom Movimento Quinta República (MVR) mit großer Mehrheit neuer Staatspräsident. Auch seine Partei errang im Parlament die absolute Mehrheit. Damit endete die Vorherrschaft von AD und COPEI. An Chavez knüpft das Volk große Erwartungen.

Gesellschaft

Venezuela gilt als ein reiches Entwicklungsland. Mit seinem durchschnittlichen jährlichen Pro-Kopf-Einkommen liegt es an der Spitze der lateinamerikanischen Länder. Viele Jahrzehnte lang stammten rund 95 % der Export-Einnahmen aus Erdöl und Erdölprodukten – das waren 60 % der Staatseinnahmen. Auch heute noch ist Venezuela einer der größten Erdölexporteure der Welt. Die reichlich fließenden Petro-Dollars ließen Importe großzügig ins Land strömen und trugen dadurch – indirekt – zu einer gewaltigen Auslandsverschuldung bei. Venezuela war 1998 mit ca. 37 Milliarden Dollar im Ausland verschuldet.

Wie in anderen Ölstaaten wurden die Öleinnahmen nicht immer sinnvoll investiert. Man spricht von einem »crecimiento sin desarollo« (Wachstum ohne Entwicklung). Für lateinamerikanische Verhältnisse sind die wirtschaftlichen Daten Venezuelas jedoch recht günstig. Arbeitslosenquote, Inflationsrate und die Anzahl von

Daten und Fakten

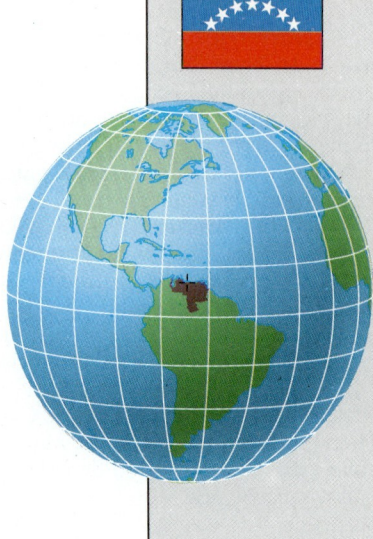

DAS LAND
Offizieller Name: Bolivarische Republik Venezuela
Hauptstadt: Caracas
Fläche: 912 050 km²
Landesnatur: Im N Hochgebirge der venezolanischen Anden, im S Tiefebene u. Tafelländer der Llanos um den Orinoco, im SO Anteil am Bergland von Guyana
Klima: Tropisch warmes und mäßig feuchtes Klima
Hauptflüsse: Orinoco, Apure, Arauca, Caroní
Höchster Punkt: Pico Bolívar 5002 m

DER STAAT
Regierungsform: Präsidiale Republik
Staatsoberhaupt: Staatspräsident
Verwaltung: 23 Bundesstaaten (Estados), Bundesdistrikt mit Hauptstadt, 2 Bundesterritorien
Parlament: Kongreß bestehend aus Nationalversammlung mit 165 für 5 Jahre gewählten Mitgliedern
Nationalfeiertag: 5. Juli

DIE MENSCHEN
Einwohner (Ew.): 23 760 000 (1999)
Bevölkerungsdichte: 26 Ew./km²
Stadtbevölkerung: 87 %
Bevölkerung unter 15 Jahren: 35 %
Analphabetenquote: 8 %
Sprache: Spanisch
Religion: Katholiken 93 %

DIE WIRTSCHAFT
Währung: Bolívar
Bruttosozialprodukt (BSP): 81 347 Mio. US-$ (1998)
BSP je Einwohner: 3500 US-$
Inflationsrate: 49,2 % (1990–98)
Importgüter: Rohstoffe, Maschinen, Anlagen, Ausrüstungen, Konsumgüter

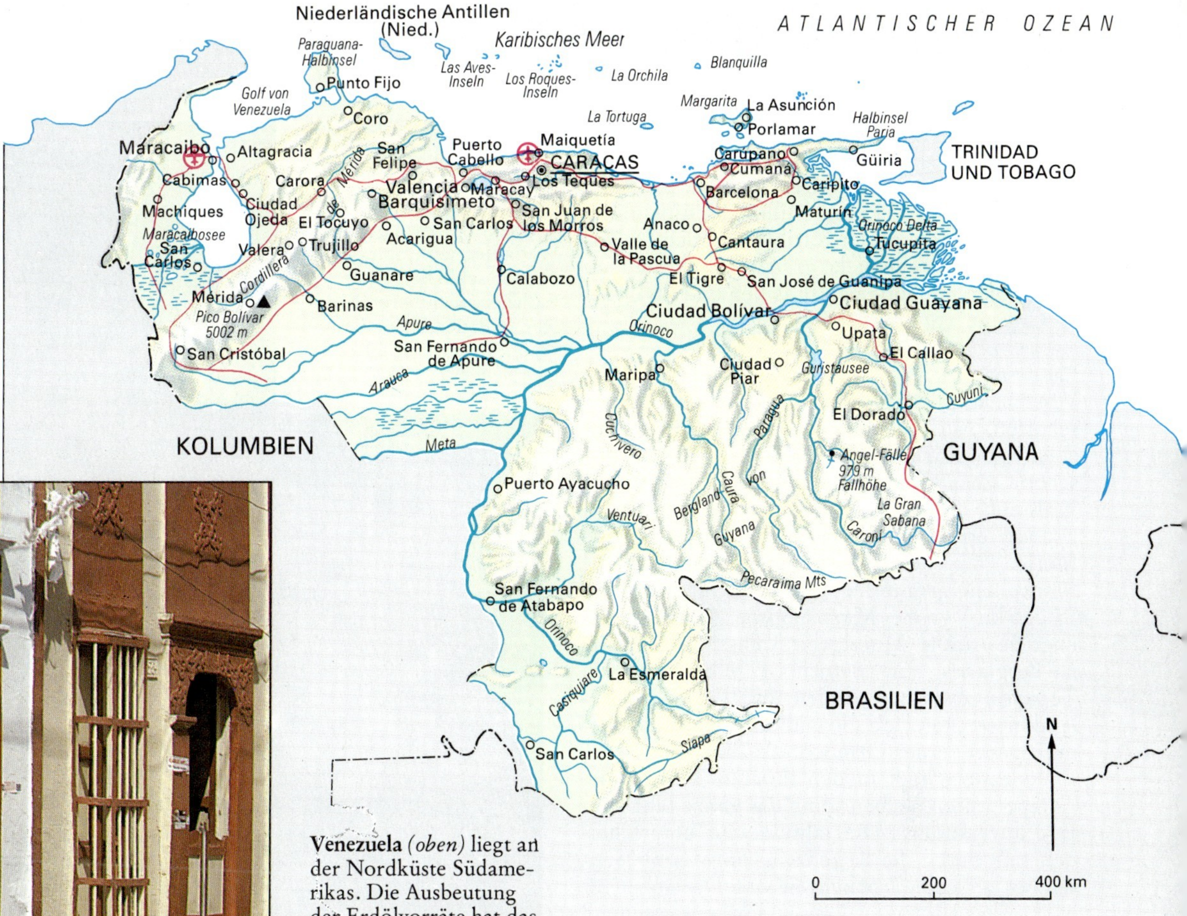

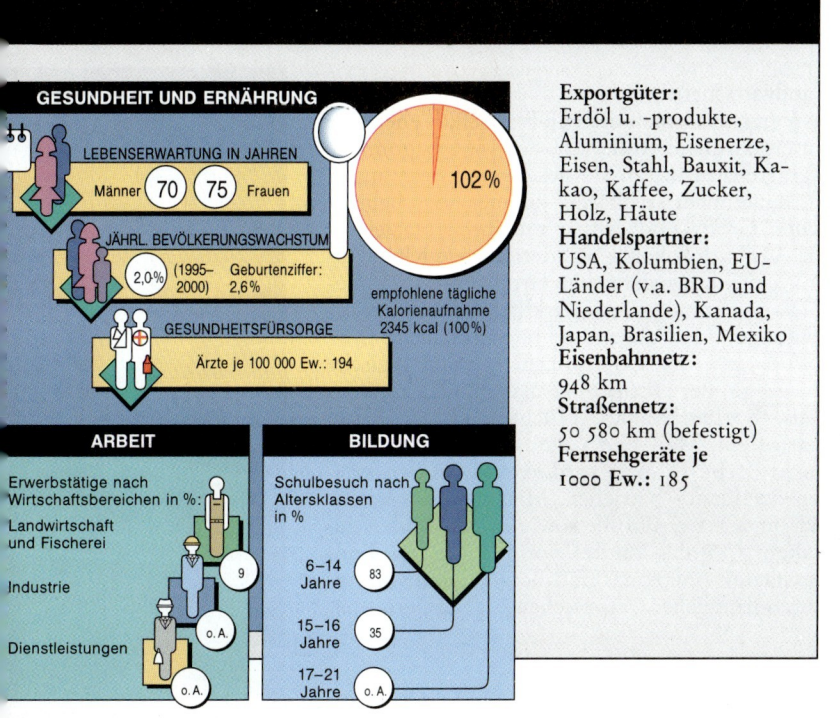

Die farbig gestrichenen Fassaden (unten) der Häuser in einem Wohnviertel in Maracaibo, einer Stadt im Westen Venezuelas, erstrahlen im Sonnenlicht. In den meisten Städten Venezuelas werden die Häuser im traditionellen spanischen Stil inzwischen von hochragenden Appartmenthäusern verdrängt.

Venezuela (oben) liegt an der Nordküste Südamerikas. Die Ausbeutung der Erdölvorräte hat das Land zu einer der reichsten und am weitesten entwickelten Nationen des Kontinents gemacht. Der weltweite Sturz der Ölpreise in den 80er Jahren veranlaßte die Regierung, die Produktion zu streuen: durch Ausweitung der petrochemischen Industrie und der Aluminium- und Stahlproduktion. Der Lebensstandard des Landes ist einer der höchsten in Südamerika. Durch die Massenabwanderung in die Städte ist dort ein beträchtliches soziales Problem entstanden.

Exportgüter: Erdöl u. -produkte, Aluminium, Eisenerze, Eisen, Stahl, Bauxit, Kakao, Kaffee, Zucker, Holz, Häute
Handelspartner: USA, Kolumbien, EU-Länder (v.a. BRD und Niederlande), Kanada, Japan, Brasilien, Mexiko
Eisenbahnnetz: 948 km
Straßennetz: 50 580 km (befestigt)
Fernsehgeräte je 1000 Ew.: 185

Analphabeten (unter 10 %) erwecken den Neid vieler Nachbarländer.

Allerdings ist der Petro-Reichtum recht unterschiedlich verteilt. Während US-amerikanische Straßenkreuzer die Autobahnen von Caracas verstopfen und sich die Käufer in den Einkaufszentren drängen, vegetieren Hunderttausende in bitterer Armut in den »barrios«, den kilometerlangen Elendsvierteln an den Berghängen am Stadtrand von Caracas. Während sich im ganzen Land riesige Haciendas erstrecken, leben viele »campesinos« (Kleinbauern) als Tagelöhner meist von der Hand in den Mund.

Wie in den meisten lateinamerikanischen Staaten gibt es in Venezuela keine offizielle Rassendiskriminierung, doch stellen in der Regel die Weißen die Oberschicht und die Schwarzen und Indios die Unterschicht. Verschärft wird die soziale Situation noch durch eine hohe Geburtenrate; 35 % der Bevölkerung sind unter fünfzehn Jahre alt. Trotzdem ist das Land für die lateinamerikanischen Nachbarn immer noch sehr attraktiv, wie die hohe Zahl illegaler Einwanderer, vor allem aus Kolumbien, zeigt.

VENEZUELA: DAS LAND

Venezuela ist flächenmäßig das sechstgrößte Land Südamerikas. Es ist fast dreimal so groß wie die Bundesrepublik Deutschland. Im Norden wird das knapp 24 Millionen Einwohner zählende Land von der Karibik und dem Atlantik umspült. Venezuela grenzt im Westen an Kolumbien, im Süden an Brasilien und im Osten an Guyana.

Landesnatur

Venezuela gliedert sich in vier große Landschaften: Auf die über 3000 km lange Küstenebene am Karibischen Meer und am Atlantischen Ozean folgen die venezolanischen Anden. Während die Küstenkordillere Höhen bis zu 2700 m erreicht, übertrifft die Cordillera de Mérida mit dem Pico Bolívar die 5000-m-Marke. Die größte Depression ist hier der über 13 000 km² große Maracaibosee. Im Südosten liegt das uralte Mittelgebirgsmassiv des Guyana-Berglands mit seinen Tafelbergen, den Tepuyes. Zwischen Anden und Guyana-Bergland erstrecken sich die endlosen Überschwemmungsebenen des Orinoco, die Llanos.

Venezuela liegt in den inneren Tropen, die Temperaturen bleiben somit das ganze Jahr über fast unverändert. Die Jahreszeiten unterscheiden sich durch die Regenzeit von Mai bis September und die Trockenzeit von Dezember bis März. Das Klima des Landes wird entscheidend durch die verschiedenen Höhenzonen beeinflußt. Venezuela wird gelegentlich von Naturkatastrophen heimgesucht. So lösten sintflutartige Regenfälle im Dezember 1999 Überschwemmungen und Erdrutsche aus, bei denen rund 30 000 Menschen starben.

Die Tierra caliente (heiße Zone, bis 1000 m) umfaßt den größten Teil Venezuelas. Hierzu gehören die Meeresküsten, die Llanos am Orinoco und die Urwälder im südlichen Territorio Amazonas. Tropische Regenwälder, Mangroven an der Karibikküste, Savannen und Steppen mit den charakteristischen, an mitteleuropäische Apfelbäume erinnernden Chaparros in den Llanos und Halbwüsten mit Kakteen und Dornbüschen an der nordwestlichen Karibikküste und Teile der Isla Margarita prägen hier das Landschaftsbild. In der Tierra templada (gemäßigte Zone, 1000–2500 m) wachsen Nebelwälder, Riesenfarne und Orchideen. Jenseits der Baumgrenze, in der Übergangsregion zwischen Tierra fria (kalte Zone, 2500–3600 m) und Tierra helada (eisige Zone, oberhalb 3600 m) dominiert die Páramo-Hochsteppe mit ihrer typischen Vegetation aus Sukkulenten, Lorbeergehölzen und Trockengrasfluren.

Venezuela ist ein ausgesprochenes Vogelparadies. Über 1300 Arten gibt es hier: Flamingos, Pelikane, die roten Coro-Coros, eine Ibisart, den in Höhlen lebenden Guacharo. Kaimane, Riesenschlangen und Wasserschweine tummeln sich an den zahlreichen Tümpeln des Orinoco, Jaguare, Pumas, Faultiere, Affen und Tapire in den undurchdringlichen Regenwäldern.

Ein Bauer (rechts) läßt sein Pferd auf den saftigen Weiden eines Tales im Hochland der Anden grasen. Die zwei parallel verlaufenden Gebirgsketten schließen viele solcher fruchtbarer Täler, in denen kleine Bauernhöfe bewirtschaftet werden, ein.

Der Salto Angel, dessen Wasser 978 m tief stürzen, ist der höchste Wasserfall der Erde (oben). – **Tanker liegen** an den Ladekais (unten rechts) des Handelshafens von Barcelona, der die reichen Ölfelder der östlichen Llanos versorgt.

Landwirtschaft

In Venezuela spielt die Landwirtschaft eher eine untergeordnete Rolle. Da die 1960 begonnene Agrarreform die in sie gesetzten Erwartungen bis heute nicht erfüllt hat – immer noch beherrschen Großgrundbesitzer mit ihren Haciendas die Agrarwirtschaft – wanderten viele Kleinbauern in die industriereichen Großstädte ab. Venezuela muß trotz günstiger klimatischer Voraussetzungen Nahrungsmittel importieren.

Auf 40 % der Landesfläche werden typische Produkte der Tropen (Bananen, Zuckerrohr, Reis, Kaffee, Kakao, Früchte), im Hochland Kartoffeln, Mais und Gemüse angebaut. Viehzucht (Zebu-Rinder) wird extensiv in den Weiten der Llanos betrieben, Milchvieh am Valencia- und Maracaibosee sowie in den Anden gehalten. 50 % des Landes, vor allem in den Bundesstaaten Amazonas und Bolívar, sind von undurchdringlichen tropischen Urwäldern be-

deckt. Eine wichtige Rolle spielt noch der Fischfang in der Karibik (Garnelen, Makrelen, Thunfische).

Bergbau und Industrie

Seit über einhundert Jahren wird in Venezuela Erdöl gefördert: 1878 sprudelten in der Nähe von San Cristóbal an der kolumbianischen Grenze die ersten drei Ölquellen. In den 1920er Jahren brach dann der große »Ölrausch« aus, wurden nach und nach die großen Lagerstätten im Maracaibosee entdeckt, die das Land zu einem der größten Ölexporteure der Erde gemacht haben. 1960 war Venezuela maßgeblich an der Gründung der OPEC beteiligt, 1976 verstaatlichte Präsident Pérez die ausländischen Ölkonzerne.

Inzwischen hat der Ölboom längst seinen Gipfel überschritten, doch ist Erdöl immer noch mit großem Abstand die Haupteinnahmequelle des Landes. Im Orinoco-Gürtel liegen weitere reiche Ölreserven, die allerdings bis jetzt nicht angetastet wurden, da sie nur mit erheblichem Aufwand zu fördern sind.

Mit dem Rückgang der Ölproduktion nehmen die übrigen Bodenschätze Venezuelas ständig an Bedeutung zu: Südlich des Orinoco, bei El Pao und am Cerro Bolívar gibt es riesige Eisenerzlagerstätten. Eisen wurde zu einem weiteren wichtigen Exportartikel. Weitere bedeutende Bodenschätze sind Nickel, Kupfer, Mangan, Uran und Kohle. Im Guyana-Bergland gibt es Bauxit, Diamanten und Gold.

Mit Hilfe der reichlich vorhandenen elektrischen Energie durch das riesige Guri-Wasserkraftwerk entstand in den 1970er Jahren am Orinoco, bei Ciudad Guayana, eines der größten Industriegebiete Südamerikas zur Erzeugung von Stahl. Weitere bedeutende Industriezentren sind die Stadtregion Caracas und die »Industriegassen« zwischen Caracas und Valencia, Barquisimeto und Maracaibo.

1 Kapuzineraffe
2 Roter Brüllaffe
3 Dreifingerfaultier
4 Tamandua
5 Fettschwalm (Guacharo)
6 Schwarzer Klammeraffe
7 Ozelot
8 Roter Sichler
9 Anakonda
10 Puma
11 Skunk
12 Kaiman
13 Kahnschnabel
14 Jaguar
15 Großer Ameisenbär
16 Buschmeister (Grubenotter)
17 Salamander

VENEZUELA: DIE MENSCHEN

Wie in vielen amerikanischen Staaten ist auch die Bevölkerung Venezuelas eine Mischung aus drei ursprünglich ganz verschiedenen Ethnien: den indianischen Ureinwohnern, den spanischen Einwanderern und den von diesen ins Land gebrachten afrikanischen Sklaven.

Mischlinge stellen heute die absolute Mehrheit der Venezolaner: Offiziellen Statistiken zufolge gab es bei der letzten Volkszählung (1990) etwa 69 % Mulatten und Mestizen, 20 % Weiße, 9 % Schwarze und nur noch 2 % Indios. Der Anteil der Weißen ist für das nördliche und mittlere Südamerika relativ hoch. Die Ursache dafür sind mehrere Einwanderungswellen, die durch die Ölfunde und den Zweiten Weltkrieg ausgelöst wurden und vor allem viele Italiener nach Venezuela brachten.

Die verschiedenen Siedlungsgebiete

Die Siedlungsgebiete der einzelnen Bevölkerungsgruppen sind stark von den Klimazonen beeinflußt: So wohnen in den heißen Küstenregionen, vor allem im Barlovento, einem Küstenstrich östlich von Caracas, viele Schwarze und Mulatten. Weiße und Kreolen bevorzugen das milde Klima des »Ewigen Frühlings« in den mittleren Höhen der Anden, etwa in Caracas. Die Mehrzahl der Indianerstämme hat sich in unzugängliche Randgebiete (Guyana-Bergland, Urwälder am Maracaibosee) zurückgezogen.

Um das Jahr 1800 sollen die Indios noch 18 % der Landesbevölkerung ausgemacht haben. Die venezolanischen »indígenas« (Eingeborenen) führen überwiegend noch ihr ursprüngliches Leben als Jäger, Fischer oder einfache Bauern. Sie haben nur geringen Kontakt mit dem modernen Staat und seinen Organen. 1947 schuf man die Comisión Indigenista Nacional, eine Art Indianer-Schutzbehörde, um sie zu betreuen. Intensiver kümmern sich katholische Ordensgeistliche um die Eingeborenen. Kapuziner, Salesianer und auch protestantische Missionare aus den USA haben in den südlichen Dschungelgebieten Missionsstationen eingerichtet. 93 % aller Venezolaner sind Katholiken, doch spielt die katholische Religion in Venezuela keine so große Rolle wie in den ärmeren Andenstaaten.

Neun Zehntel aller Venezolaner wohnen auf etwa einem Drittel der Landesfläche. Fast alle Großstädte liegen auf einem rund 200 km breiten Streifen in den gemäßigten Andenregionen im Norden. Mit der Erschließung der Erdöl- und Bergbaugebiete sind aber auch sehr heiße, ursprünglich nahezu unbesiedelte Zonen hinzugekommen, so z. B. im »venezolanischen Ruhrgebiet« um Ciudad Guayana. Die Ölmetropole Maracaibo im früher unbewohnten Bundesstaat Zulia, dem mit einer Durchschnittstemperatur von 30 °C heißesten Gebiet Südamerikas, ist heute Millionenstadt.

Obwohl das Bevölkerungswachstum Venezuelas bei jährlich 2 % liegt, ist die Bevölkerungsdichte mit rund 26 Einwohnern/km² recht gering. Wie die anderen Staaten der sogenannten Dritten Welt hat Venezuela mit einer enormen Landflucht zu kämpfen. Immer mehr Campesinos drängen in die Barrios (Slums) der Großstädte, immer mehr Ranchos, so heißen die selbstgebauten Ziegelstein- oder Wellblechhütten, wuchern auf den steilen Hügeln von Caracas. Mit Gelegenheitsarbeiten versuchen die Campesinos sich durchzuschlagen. Illegale Einwanderer aus den ärmeren südamerikanischen Nachbarstaaten, angelockt von der glitzernden Wolkenkratzer-Skyline der (ehemaligen) »Wirtschaftswunderstädte« Caracas und Maracaibo, verschärfen noch die soziale Lage.

Sitten und Gebräuche

Spanisch-karibische Einflüsse prägen Musik und Tänze im nördlichsten Land Südamerikas. Cuatro, ein gitarrenähnliches Saiteninstrument, Maracas, eine Art Kastagnetten, und die Harfe begleiten den aus den Llanos stammenden Joropo, den Nationaltanz Venezuelas. Die überwie-

Diese am Fluß lebenden Indianer (oben) führen noch ein Leben wie ihre Vorfahren. Im 16. Jahrhundert stießen Forscher auf Indianer, deren Häuser auf Pfählen gebaut waren. Das inspirierte sie, dem Land den Namen »Klein-Venedig« zu geben.

Das Gesicht einer venezolanischen Frau (rechts) zeugt von ihren europäischen und indianischen Vorfahren. Auch der mit edlen Steinen besetzte Goldschmuck verrät die gemischte Herkunft. 70 % der Bevölkerung Venezuelas sind Mestizen und Mulatten.

VENEZUELA

Diese Hütte *(oben)* ist bezeichnend für die Unterkünfte der Bewohner der »barrios« (Slums), die viele Großstädte umgeben. Sie sind durch Abwanderung aus ländlichen Gebieten und illegale Einwanderung entstanden.

gende Mehrzahl der bei den Umzügen an Weihnachten oder zu Ehren von San Juan oder San Benito vorgetragenen Gesänge und Tänze stammen noch von spanischen Seeleuten. Unverkennbar afrikanisch-karibisch sind dagegen die heißen Merengue-Rhythmen der Isla Margarita.

Natürlich ist es nicht möglich, all die zahlreichen Fiestas aufzuzählen, die es in Venezuela im Laufe des Jahres gibt. Weihnachten wird hier lautstark mit eigenen Schlagern, den Gaitas, gefeiert, während die Semana santa, die Karwoche, überwiegend eine nationale Urlaubswoche ist. Am Fronleichnamstag tanzt die Bevölkerung von San Francisco de Yare als Teufel verkleidet in roten Gewändern und bunten Tiermasken auf der Plaza. Der Johannistag ist der Tag der Schwarzen des Barlovento. Temperamentvoll tanzen, singen und trommeln sie den ganzen Tag.

Daß Venezuela manche Gemeinsamkeit mit dem großen Bruder im Norden, den USA, aufweist, zeigt sich auch im Sport. Nicht Fußball, wie sonst in Südamerika, ist Sportart Nummer eins, sondern Baseball. Beliebt sind die Toros coleados, eine Art Rodeo mit einem Stier. Dabei jagen Reiter einen Stier, versuchen ihn am Schwanz zu packen und zu Boden zu werfen. Nichts für tierliebende, zartbesaitete Menschen sind die überaus populären Hahnen- und Stierkämpfe, die ein Erbe der spanischen Vergangenheit sind.

VEREINIGTE ARABISCHE EMIRATE

Die Vereinigten Arabischen Emirate sind eine Föderation der sieben Scheichtümer Abu Dhabi, Dubai, Ash Shariqah (Sharjah), Ajman, Umm al Qaywayn, Ra's al Khaymah und Al Fujayrah. Sie liegen im Osten der Arabischen Halbinsel, an der Südküste des Persischen Golfs.

Dieser Küstenabschnitt war vor zweihundert Jahren von allen Seefahrern gefürchtet. Handelsschiffe mußten den hier siedelnden arabischen Stämmen Abgaben und Tribute leisten. Zu Beginn des 19. Jahrhunderts operierte vor der sogenannten Piratenküste eine Flotte von etwa 1000 Kaperschiffen mit insgesamt 20 000 Mann Besatzung, die in den Häfen der heutigen Föderation beheimatet waren.

Nach mehreren Strafexpeditionen und der Zerstörung von Ra's al Khaymah gewann Großbritannien 1853 die Kontrolle über die Emirate, Piraterie und Sklavenhandel wurden vertraglich eingestellt, Großbritannien übernahm die Wahrnehmung der Außenpolitik und die Verteidigung der Scheichtümer, die nun »Vertragsstaaten« genannt wurden. Die neue Kolonialmacht ließ jedoch die politischen und sozialen Verhältnisse im Inneren weitgehend unangetastet. Nach dem Ausbleiben der Abgaben lebten die sieben Emirate wie die anderen Scheichtümer an der Golfküste vor allem von Handel und Perlenfischerei.

Obwohl das Verhältnis der sieben Scheichtümer durch jahrhundertealte Rivalitäten, Stammesfehden und Grenzstreitigkeiten geprägt war, schlossen sich Abu Dhabi, Dubai, Ash Shariqah, Al Fujayrah, Umm al Qaywayn und Ajman 1971 beim britischen Rückzug aus der Region zu einer Föderation zusammen. Große Ölfunde ließen die konkurrierenden Scheichs zusammenrücken. Auch das kleine Emirat Ra's al Khaymah trat nach wenigen Monaten dieser jungen Föderation bei.

Die Scheichtümer verpflichteten sich – bei Wahrung der jeweiligen innenpolitischen Souveränität – zu einer gemeinsamen Außen-, Wirtschafts- und Verteidigungspolitik. Staatsoberhaupt wurde der Emir von Abu Dhabi, ein Land, das etwa sieben Achtel des gesamten Staatgebietes einnimmt und auch über die weitaus größten Erdöleinnahmen verfügt. Entscheidendes Gremium der Föderation ist der »Oberste Rat der Herrscher«, dem die Emire aller sieben Scheichtümer angehören und in dem Abu Dhabi und Dubai ein Vetorecht haben. Abu Dhabi nutzt seine Vormachtstellung, um ein Zusammenwachsen der Scheichtümer zu beschleunigen. Dubai, Ash Shariqah und Ra's al Khaymah widersetzen sich jedoch immer wieder einer echten Integration.

Unabhängigkeit und wachsender Wohlstand infolge gewaltiger Ölpreissteigerungen haben das Gesicht der Emirate innerhalb weniger Jahre völlig verändert. Das Analphabetentum wurde zurückgedrängt, Eltern erhielten zu Beginn der 70er Jahre sogar Prämien, wenn sie ihre Kinder zur Schule schickten. Ärztliche Behandlung und der Aufenthalt in modernen Krankenhäusern sind kostenlos. Ist eine Behandlung im Lande selbst nicht möglich, werden Patienten sogar auf Staatskosten ins Ausland geschickt.

Die Emirate haben sich dem Tourismus geöffnet. Aus den beschaulichen kleinen Städten mit den alten Häfen für die traditionellen Dhaus sind moderne Verwaltungszentren geworden. Parks und Freizeitzentren werden von Arbeitern aus Pakistan oder Ägypten täglich bewässert, gepflegt und saubergehalten. Unrat auf die Straßen zu werfen, ist verboten.

Daten und Fakten

DAS LAND
Offizieller Name: Vereinigte Arabische Emirate
Hauptstadt: Abu Dhabi
Fläche: 83 600 km²
Landesnatur: Sandwüste Rub al Khali, im O Omangebirge
Klima: Wüstenklima
Höchster Punkt: Jabal Yibir 1527 m
Tiefster Punkt: Salamiyah (Salzsumpf) knapp unter dem Meeresspiegel
DER STAAT
Regierungsform: Föderation von autonomen Emiraten
Staatsoberhaupt: Staatspräsident; Emir von Abu Dhabi

Regierungschef: Ministerpräsident; Emir von Dubai
Verwaltung: 7 autonome Emirate
Parlament: 7-köpfiger Oberster Rat der Scheichs; Beratende Versammlung mit 40 für 2 Jahre von den Emiraten ernannten Mitgliedern
Nationalfeiertag: 2. Dezember
DIE MENSCHEN
Einwohner (Ew.): 2 398 000 (1999)
Bevölkerungsdichte: 29 Ew./km²
Stadtbevölkerung: 86 %
Bevölkerung unter 15 Jahren: 29 %
Analphabetenquote: 17 %

Sprache: Arabisch, Englisch
Religion: Moslems
DIE WIRTSCHAFT
Währung: Dirham
Bruttosozialprodukt (BSP): 48 673 Mio. US-$ (1998)
BSP je Einwohner: 17 870 US-$
Inflationsrate: 2,4 % (1990–98)
Importgüter: Nahrungsmittel, Konsumgüter, Maschinen, Transportausrüstungen, chem. Erzeugnisse
Exportgüter: Erdöl, Datteln, Vieh, Fische, Perlen
Handelspartner: EU-Länder, Südkorea, Indien, Japan, USA
Straßennetz: 4835 km (befestigt)
Fernsehgeräte je 1000 Ew.: 295

Fortschritt und Tradition

Die Bewohner der Emirate können sich ein Luxusleben leisten, denn das Pro-Kopf-Einkommen in ihrem Staat ist eines der höchsten der gesamten Welt. Von Sparwillen ist nur wenig zu spüren. In den Bazaren erzielen die neuesten Produkte der Unterhaltungselektronik Spitzenumsätze. Zwar werden Geschäfte meist von Indern oder Pakistanis geführt, aber die Gewinne fließen in die Taschen von Einheimischen. Beamte in den Ministerien geben ihren Namen oft für mehrere Unternehmen.

Trotz modernster Technologien haben die Bewohner der Emirate jedoch ihren Sinn für Tradition behalten. Nach wie vor finden in jedem Frühjahr tief in der Wüste zwei Wochen lang Kamelrennen statt. Nur die Preise haben sich geändert. Auf die Besitzer der kostbaren Siegertiere warten hohe Gewinne, z. B. Sportwagen oder allradgetriebene Wüstenfahrzeuge.

Jagd mit abgerichteten Falken ist heute ein Sport der reichen Männer. Mit ihren allradgetriebenen Fahrzeugen fahren sie in die Wüste, um das Wild in der Art ihrer Vorfahren zu jagen. Diente die Falknerei einst dem Ziele, die Familie besser ernähren zu können, so ist sie heute zu einem beliebten Hobby geworden.

Das Hinterland der Emirate mit der erbarmungslos heißen Wüste ist nahezu unbewohnt, da es nur wenige Oasen gibt. Aber gerade die spektakulären Wüstenlandschaften sollen genutzt werden, um wohlhabende Touristen aus der ganzen Welt anzulocken. Die Gäste werden jedoch nicht im Sommer mit der in der Küstenregion bis zu 50 °C feuchten Hitze, sondern im angenehm warmen Winter und vor allem im Frühjahr erwartet, wenn kurze Regenfälle die Wüste zum Blühen bringen.

Die Vereinigten Arabischen Emirate *(oben)*, ein Zusammenschluß von sieben Scheichtümern, erstrecken sich entlang der östlichen Küste der Arabischen Halbinsel. Das Gebiet besteht fast gänzlich aus Wüste, mit Ausnahme einiger Salzsümpfe.

Ein modernes Einkaufszentrum *(oben)* mit Kachelverzierungen im traditionellen islamischen Stil bildet einen Teil des neuen Souks (Bazar) in Ash Shariqah (Sharjah). Derart überzogene Ausgaben für ehrgeizige Bauprojekte folgten auf das arabische Ölembargo von 1974 und brachten den Staat vorübergehend in finanzielle Schwierigkeiten.

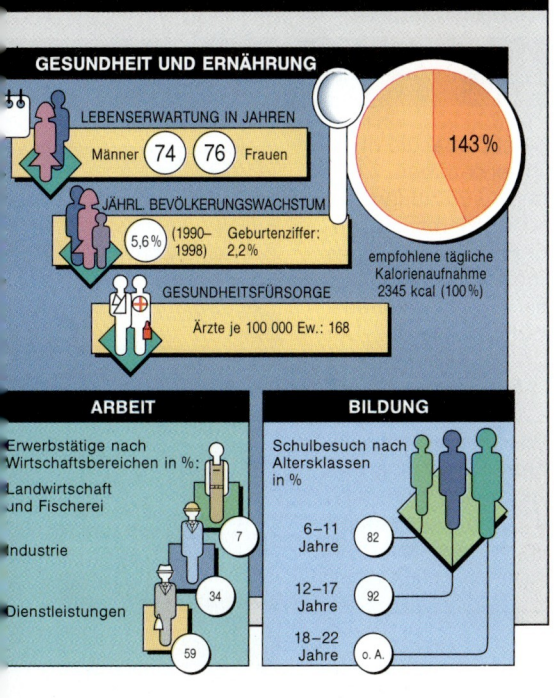

VEREINIGTE ARABISCHE EMIRATE

Abu Dhabi ist das größte der sieben Emirate. Die gleichnamige Hauptstadt liegt auf einer Insel, die durch einen Damm mit dem Festland verbunden ist. Mit gewaltigem Aufwand wurde die Küstenpromenade in eine Grünzone verwandelt. Bis heute ist Abu Dhabi auch Hauptstadt der Föderation. Der Palast des Emirs befindet sich jedoch in Al Ayn. Diese 150 km östlich in der Wüste gelegene Oasenstadt ist auch Sitz einer modernen Universität. An ihr unterrichten und forschen Professoren aus der gesamten arabischen Welt.

Der Reichtum des Emirates gründet sich auf seine Erdölvorkommen. Südlich der Hauptstadt, tief in der Wüste, liegen Öllager; durch Pipelines wird der wertvolle Rohstoff zum Hafen Jabal Dannah geleitet. Die größten Ölvorkommen befinden sich jedoch unter dem Meeresboden der Golfgewässer. Förderplattformen bringen das Öl in diesen »Offshore-Quellen« an die Oberfläche. Bis zu 150 km von der Küste entfernt stehen die Bohrtürme und Förderplattformen im Meer.

Gas wird auch hier immer seltener verbrannt, sondern wie in den anderen Golfstaaten zum Betrieb von Kraftwerken, Entsalzungs- und Industrieanlagen genutzt. Insbesondere Dubai, das zweitgrößte Emirat der Föderation, bietet billige Energien, um internationale Firmen zum Aufbau eigener Produktionsstätten im Scheichtum zu bewegen. 1985 wurde die Freihandelszone Jabal Ali eröffnet, in der Firmen aus aller Welt Kapital anlegen.

Dubai, das im Gegensatz zu Abu Dhabi eine alte Stadt- und Handelstradition besitzt, hatte bereits vor den ersten Erdölfunden mit einem ehrgeizigen Programm den Flug- und den Seehafen ausgebaut. Port Rashid hat sich zu einem Umschlagplatz von Gütern aller Art für die gesamte Region entwickelt. Schiffe aus Europa und Fernost löschen hier ihre Fracht, die dann mit kleinen Booten oder per Lkw weiter verteilt wird. Während des Golfkrieges lief ein Teil der iranischen Importe über den Hafen von Dubai. Dabei erwiesen sich die traditionellen Dhaus wie geschaffen für den Transport von Schmuggelwaren zu abgelegenen Buchten der nur 140 km entfernten iranischen Golfküste.

Vielfach wurden die Lieferungen mit Teppichen bezahlt, so daß Dubai heute einer der bedeutendsten Umschlagplätze für persische Teppiche ist. Wie in Abu Dhabi haben auch in Dubai Import- und Transportfirmen in großzügigen Geschäftshäusern ihre Büros eröffnet. Dubai besitzt auch den wohl schönsten, in einer Wüste angelegten Golfplatz; alljährlich finden dort große Turniere statt, bei denen viele internationale Spitzenspieler starten.

Das Emirat **Ash Shariqah** ist wegen seines Cricketstadions bekannt. Dort treten die besten Mannschaften der Welt bei hochdotierten Turnieren gegeneinander an. Im Gegensatz zu Dubai und Abu Dhabi ist dieses Emirat jedoch tief verschuldet. Der Bau eines eigenen Flughafens

Dubai

Von allen Golf-Emiraten hat Dubai die größten Anstrengungen unternommen, Geschäftsleute und Investoren von außerhalb, speziell aus Europa und Nordamerika, anzulocken. Der Staat begann ein ehrgeiziges Programm: Aufbau eines internationalen Flughafens und eines Hochseehafens, schon bevor Erdöl entdeckt wurde. Der Hafen Port Rashid ist heute ein wichtiges Handelszentrum, das auf den Warenumschlag von Hochseeschiffen auf die allgegenwärtigen Dhaus spezialisiert ist. Einige dieser Dhaus verkehren regelmäßig zwischen Dubai und der nur 140 km entfernten iranischen Küste. Dubai ist einer der Hauptumschlagplätze für den Handel mit persischen Teppichen.

VEREINIGTE ARABISCHE EMIRATE

und die Eröffnung einer eigenen Fernsehstation haben sich als zu kostspielig erwiesen.

Während Ash Shariqah nur geringe Öleinnahmen hat und deshalb versucht, durch Tourismus die Staatseinnahmen zu verbessern, wurden in den kleinsten Emiraten bisher keine Rohstoffvorkommen entdeckt. Die Emirate **Ajman, Ra's al Khaymah** und **Umm al Qaywayn** liegen weiter nördlich Richtung Ausgang des Persischen Golfs, der Meerenge von Hormus. In diesen Scheichtümern leben nur etwa 10 % der Einwohner der Emirate. Sie sind auf die Unterstützung durch Abu Dhabi angewiesen. Ra's al Khaymah war einst das gefürchtete Seeräuberzentrum der Region.

Strategische Bedeutung für die Föderation hat das Emirat **Al Fujayrah,** da es am Indischen Ozean liegt. Während der Kämpfe im Golfkrieg entluden immer mehr Schiffe im Hafen von Al Fujayrah, da die Einfahrt in die Gewässer des Golfs zu gefährlich war.

Eine Festung *(links)* erinnert an die kriegerische Vergangenheit der Emirate. Die Golfstaaten stritten oft über Handelsangelegenheiten, bis ihnen im 19. Jahrhundert Großbritannien eine Reihe von Waffenstillständen auferlegte und somit dem Gebiet seinen ehemaligen Namen gab – die Vertragsküste.

Arabische Musiker *(oben rechts)* unterhalten mit traditionsreichen Gesängen eine Gruppe von Kindern. Die Entdeckung von riesigen Erdölvorkommen in den späten 1950er Jahren bescherte den Emiraten einen unermeßlichen Reichtum, wodurch auch die Errichtung eines Schulsystems ermöglicht wurde.

Entsalzungsanlagen *(unten)* versorgen die Golfstaaten, die keine natürlichen Wasservorkommen besitzen, mit Wasser. Indem man Meerwasser erhitzt und es in einen Tiefdruckbehälter leitet, kondensiert Dampf durch die darüberliegenden, kühleren Einlaufleitungen und fließt als frisches Trinkwasser hinaus.

Ein Hochseecontainerschiff *(links)* wartet auf das Löschen seiner Ware in einer der 66 Entladestationen im modernen, gut ausgerüsteten Umschlaghafen Port Rashid, Dubai.

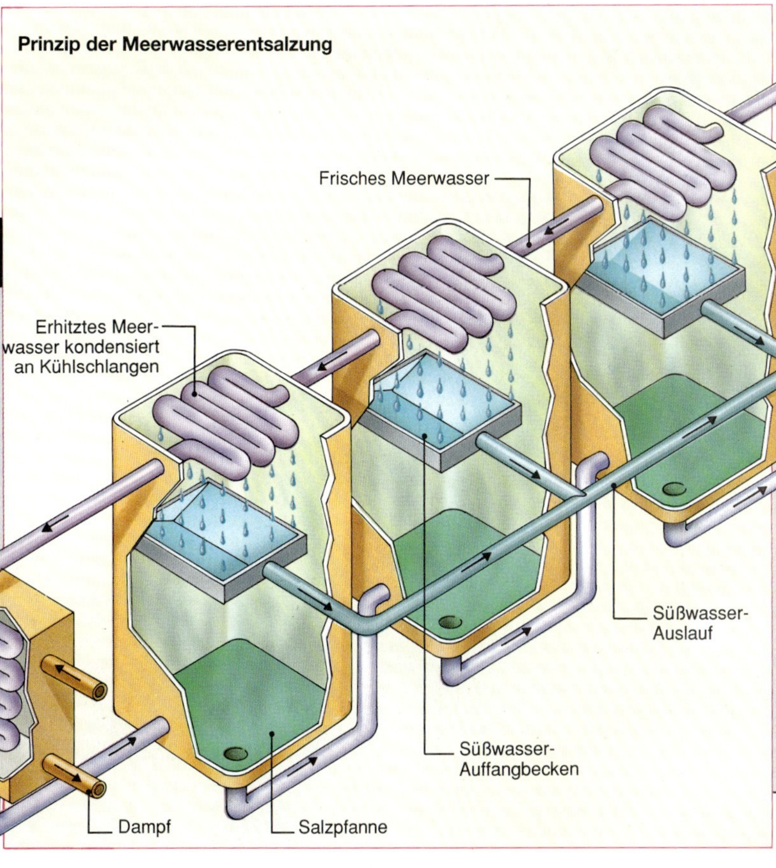

Prinzip der Meerwasserentsalzung

- Frisches Meerwasser
- Erhitztes Meerwasser kondensiert an Kühlschlangen
- Meerwasser wird im dampferhitzten Wärmeaustauscher aufgeheizt
- Dampf
- Salzpfanne
- Süßwasser-Auffangbecken
- Süßwasser-Auslauf

VEREINIGTE STAATEN VON AMERIKA

VEREINIGTE STAATEN VON AMERIKA

Die Vereinigten Staaten von Amerika sind das viertgrößte Land der Erde. Sie erstrecken sich quer über den nordamerikanischen Kontinent vom Atlantischen bis zum Pazifischen Ozean. Die Entfernungen sind riesig und die Naturgebiete gewaltig und schön. Das Hochgebirge der Rocky Mountains, welches das westliche Drittel des Landes einnimmt, ist über 1700 km breit mit zahlreichen Gipfeln, die sich über 4000 m über dem Meeresspiegel erheben. Die Ebenen des Westens und Mittelwestens dehnen sich von Horizont zu Horizont. Der Welt größte Süßwasserseen, die Großen Seen mit den Niagara-Fällen, die mächtigen Ströme, das gewaltige Tal des Grand Canyon, das beeindruckende Monument Valley, die schier endlosen Sümpfe der Everglades in Florida, die Geysire, Sinterterrassen und Schlammvulkane im Yellowstone National Park und die Fjorde, Gletscher und Berge von Alaska gehören zu den eindrucksvollsten Naturwundern der Erde.

Die Vereinigten Staaten von Amerika sind das reichste Land der Erde mit Bodenschätzen aller Art und der größten landwirtschaftlichen Anbaufläche. Die Vereinigten Staaten von Amerika sind auch das freieste Land der Welt. Millionen Verfolgter, Vertriebener und Unterdrückter sind seit über zwei Jahrhunderten ins »Land der unbegrenzten Möglichkeiten« und der garantierten persönlichen Freiheit geflüchtet. Die amerikanischen Bürger leben heute immer noch besser, unbeschwerter und genießen größere persönliche Freiheiten als die Bürger vieler anderer Nationen.

Unter ihrer Nationalflagge, dem Sternenbanner, haben US-Amerikaner zweimal in den beiden Weltkriegen des 20. Jahrhunderts für Freiheit und Demokratie in Europa und Asien gefochten. Seither haben sich die Vereinigten Staaten von Amerika zur führenden Weltmacht und zur Schutzmacht für unterdrückte Völker entwickelt.

Es gibt aber auch eine andere Seite der Vereinigten Staaten von Amerika. In ihren glitzernden Städten voll Luxus und moderner Technologie gibt es auch ausgedehnte Elendsviertel und Hunderttausende sind obdachlos. Vor allem viele Abkömmlinge ehemaliger afrikanischer Sklaven leben noch heute in Gettos in Armut und sozialem Verfall. Nirgendwo gibt es mehr Morde als in diesem Land. Kein einzelnes Bild wird diesem vielschichtigen Land gerecht. Zu jedem Bild gibt es ein Gegenbild. Die Vereinigten Staaten von Amerika sind der Menschheit anspruchsvollstes Experiment, geboren aus dem Traum, daß alle Menschen in Freiheit und Toleranz miteinander leben können. Weil dies Experiment letztlich aber auch nur ein menschliches ist, bleibt es doch nur ein unvollständiger Versuch. Aber es ist ein Versuch, der immer wieder von neuem gewagt wird, von den Abkömmlingen aller Rassen und Völker dieser Erde, die dort zusammenleben, und die nicht aufhören zu hoffen, und das macht das Besondere dieses Landes aus.

VEREINIGTE STAATEN: DER STAAT

Die Vereinigten Staaten von Amerika sind eine Präsidialrepublik mit bundesstaatlicher Verfassung. Die Verfassung (»Constitution«) dieser ersten Republik moderner Geschichte wurde am 17. September 1787 ratifiziert, also erst elf Jahre nachdem sich die dreizehn englischen Kolonien an der Atlantikküste vom Mutterland Großbritannien losgesagt hatten. Als Beginn der Geschichte der Vereinigten Staaten gilt jedoch der 4. Juli 1776, der Tag der Unabhängigkeitserklärung. Er wird seither jedes Jahr als Nationaltag gefeiert. Die Ideen, welche der US-amerikanischen Verfassung zugrunde liegen, entspringen dem Geist der Aufklärung und haben die nur wenige Jahre später erfolgte französische Revolution beeinflußt.

Präsident, Kongreß, Gerichtshof

Der US-amerikanischen Verfassung liegt nach dem Plan der »Gründerväter« eine strenge Dreiteilung der Gewalten zugrunde, welche durch ein kompliziertes, gesetzlich festgelegtes Ausgleichs- und Überwachungssystem vor gegenseitigen Übergriffen geschützt werden. Die Exekutive, also die ausübende Gewalt, hält der Präsident zusammen mit seinem Kabinett inne. Er wird von »Wahlmännern und -frauen«, dem sogenannten »Electoral College«, für vier Jahre gewählt. Eine einmalige Wiederwahl ist möglich. Der Präsident ist zugleich Regierungschef, Oberkommandierender der Streitkräfte und Staatsoberhaupt. Er ist dem Kongreß, der die gesetzgebende Gewalt (Legislative) ausübt, nicht verantwortlich. Er muß aber die Billigung des Kongresses bei der Ernennung des Kabinetts einholen. Der Präsident kann jedoch ohne Billigung des Kongresses persönliche Berater ernennen, die in neuerer Zeit oft zu erhebli-

Daten und Fakten

DAS LAND
Offizieller Name: Vereinigte Staaten von Amerika
Hauptstadt: Washington D.C.
Fläche: 9 363 520 km²
Landesnatur: Von O nach W: atlantische Küstenebene, Appalachen, Great Plains, Rocky Mountains, intramontane Plateaus, Küstenkordillere u. der pazifische Küstenstreifen; im N Alaska
Klima: Große klimatische Unterschiede: von der polaren Zone im N bis zur warmgemäßigten subtropischen Zone im S
Hauptflüsse: Mississippi, Ohio, Missouri, Colorado
Höchster Punkt: Mount McKinley 6194 m
Tiefster Punkt: Death Valley –86 m
DER STAAT
Regierungsform: Bundesstaatliche demokratische präsidiale Republik
Staatsoberhaupt: Präsident
Verwaltung: 50 Staaten, Bundesdistrikt mit Bundeshauptstadt
Parlament: Kongreß, bestehend aus Senat mit 100 auf 6 Jahre gewählten Senatoren u. Repräsentantenhaus mit 435 auf 2 Jahre gewählten Abgeordneten
Nationalfeiertag: 4. Juli
DIE MENSCHEN
Einwohner: 276 218 000 (1999)
Bevölkerungsdichte: 30 Ew./km²
Stadtbevölkerung: 77 %
Bevölkerung unter 15 Jahren: 21 %
Analphabetenquote: 5 %
Sprache: Englisch
Religion: Protestanten 40 %, Katholiken 21 %
DIE WIRTSCHAFT
Währung: US-Dollar
Bruttosozialprodukt (BSP): 7 922 651 Mio. US-$ (1998)
BSP je Einwohner: 29 340 US-$

VEREINIGTE STAATEN

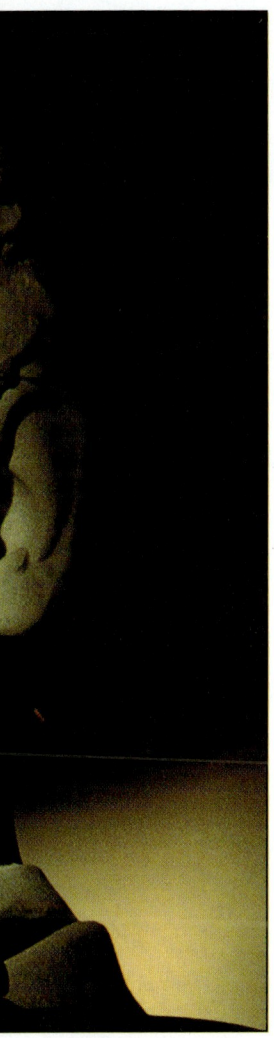

chem Einfluß im Machtapparat der amerikanischen Bundesregierung gelangt sind.

Der Kongreß der Vereinigten Staaten repräsentiert die Legislative der Verfassung und besteht aus zwei »Häusern«. In das Repräsentantenhaus werden 435 Volksvertreter in direkter und geheimer Wahl auf jeweils zwei Jahre gewählt. Der Senat besteht aus 100 Mitgliedern, zwei je Bundesstaat, die auf sechs Jahre mit Drittelerneuerung alle zwei Jahre ebenfalls direkt und geheim gewählt werden. In der Regel gehören die Kongreßabgeordneten und Senatoren entweder der (liberal-sozialen) Demokratischen oder der (konservativen) Republikanischen Partei an. Zu den Machtbefugnissen des Kongresses gehört das Erlassen von Gesetzen, das Erheben von Steuern, die Regelung zwischenstaatlichen Handels und Verkehrs und die Aussprache von Kriegserklärungen. Die Judikative, die richterliche Gewalt, besteht aus dem Obersten Gerichtshof, welcher die Auslegung der Verfassung und der Bundesgesetze vornimmt. Die Ernennung der neun Richter einschließlich des Obersten Richters erfolgt durch den Präsidenten auf Lebenszeit, benötigt aber die Zustimmung des Senats.

Das Lincolndenkmal (links) in Washington D.C. steht am Ende der National Mall, dem mit einer weißen Kuppel gekrönten Kapitol gegenüber. Eine weiße Marmorstatue ehrt den 16. Präsidenten der USA, der während des Sezessionskrieges (1861 bis 1865) an der Spitze der Union stand. Lincoln repräsentiert das amerikanische Ideal von Freiheit und Demokratie. Von bescheidenen Anfängen als Rechtsanwalt brachte er es bis zur Präsidentschaft und setzte die Sklavenbefreiung durch. Er starb an den Folgen eines Attentats.

Bundesstaaten

Die Bundeshauptstadt der USA ist Washington und liegt im Bundesdistrikt »District of Columbia«, der dem Kongreß direkt unterstellt ist. Die fünfzig Bundesstaaten (»States«) haben jeweils eine eigene Verfassung, Exekutive (Gouverneure), Legislative (Volksvertretung) und Judikative. Grundsätzlich gilt, daß alle Gewalt vom Volk ausgeht. Daher ruht die demokratische Regierungsgewalt vorwiegend in den Bundesstaaten. Nur ganz bestimmte und begrenzte Aufgaben und Gewalten, etwa die Außenpolitik oder die Herausgabe von Münzen und Banknoten, wurden durch die Bundesverfassung auf die Bundesregierung übertragen. Dies ist die berühmte amerikanische »Grass Roots Democracy«, die im einfachen Volk selbstverantwortlich getragene und als Verpflichtung empfundene Demokratie. Sie gibt dem Bürger die Überzeugung, daß seine Meinung zählt und daß er Einfluß hat.

Das Bildungswesen

Für das Erziehungs- und Bildungswesen sind nach der Verfassung die einzelnen Bundesstaaten zuständig. Da jeder Staat eigene Schulgesetze erläßt, bestehen in der Regel Unterschiede zwischen den verschiedenen Staaten hinsichtlich der Ausbildungsnormen. Die Dauer der Schulpflicht ist jedoch einheitlich und beträgt bundesweit zwölf Jahre. Ziel des dreistufigen Bildungswesens – Grundschule, Sekundarstufe, höhere Bildung – ist eine umfassende schulische Ausbildung. Dazu gehört neben der Vermittlung des notwendigen Wissens und Könnens vor allem die Bildung der Persönlichkeit. In der Schule sollen die Heranwachsenden zu verantwortungsbewußten Bürgern erzogen werden.

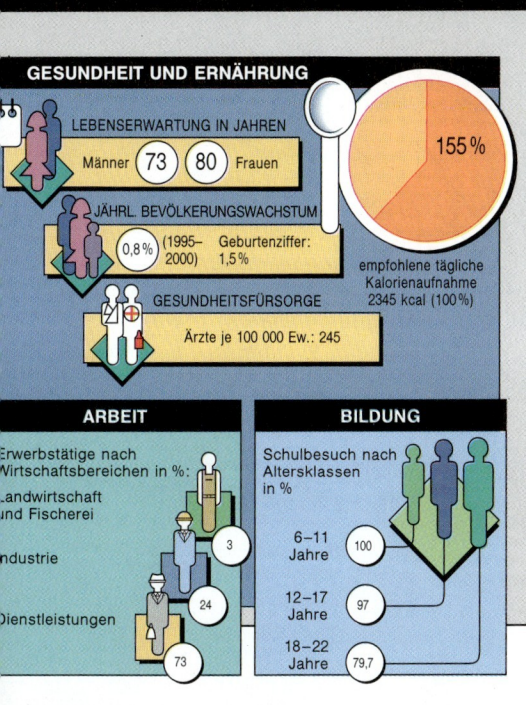

Inflationsrate: 1,9 % (1990–98)
Importgüter: Mineral. Brennstoffe, Maschinen, Fahrzeuge, Vieh, Nahrungsmittel, chem. Produkte
Exportgüter: Fertig- u. Halbfertigwaren, chem. u. pharmazeut. Produkte, Baumwollprodukte, Eisen- u. Stahlwaren, Papier, Erdölprodukte
Handelspartner: Kanada, Japan, Mexiko, Großbritannien, Deutschland, Frankreich, Südkorea
Eisenbahnnetz: 225 540 km
Straßennetz: 6 307 584 km
Fernsehgeräte je 1000 Ew.: 847

Außengebiete der Vereinigten Staaten
PAZIFIK
Nördliche Marianen
Fläche: 464 km²
Einwohner: 74 000
Guam
Fläche: 549 km²
Einwohner: 164 000
Amerikanisch-Samoa
Fläche: 199 km²
Einwohner: 66 000
Johnston-Atoll
Fläche: 2,6 km²
Einwohner: 1200
Midway-Inseln
Fläche: 5 km²
Einwohner: 450 (Militär)
Wake-Insel
Fläche: 7,8 km²
Einwohner: 200 (Militär)

Unbewohnte Inseln:
Baker (1,4 km²), Howland (1,6 km²), Jarvis (4,5 km²), Kingmanriff (1 km²)

KARIBIK
Puerto Rico
Fläche: 8 959 km²
Einwohner: 3 839 000
Amerikanische Jungferninseln
Fläche: 347 km²
Einwohner: 94 000

Unbewohnte Insel:
Navassa (5,2 km²)

VEREINIGTE STAATEN

Landesnatur

Die Vereinigten Staaten von Amerika messen vom 49. Breitengrad an der kanadischen Grenze im Norden bis zum Golf von Mexiko im Süden 2500 km und vom Atlantischen Ozean im Osten bis zum Pazifischen Ozean im Westen über 4500 km, was vier Zeitzonen entspricht. Sie umfassen mit Alaska und Hawaii knapp 9,4 Millionen km², das entspricht etwa 37mal der Fläche Großbritanniens.

Die natürliche Landschaftsgestaltung ist weiträumig. Die kontinentale Gliederung beginnt mit der atlantischen Küstenebene im Osten und setzt sich nach Westen fort mit dem von Nord nach Süd verlaufenden Gebirgssystem der Appalachen. Daran schließen sich, einer gewaltigen Treppe mit breiten Stufen gleich, die großen Inneren Ebenen und die sogenannten Great Plains an, die erst 2000 km weiter im Westen an den Rocky Mountains mit ihren eindrucksvollen Gebirgsketten und hochgelegenen Plateaus enden. Westlich dieses 1700 km breiten Gebirgssystems liegt am Pazifischen Ozean das Küstenland von Kalifornien.

Das Klima der USA wird durch die globale Lage in den mittleren Breiten der Nordhalbkugel bestimmt. Wichtig ist auch das Fehlen einer in Ost-West-Richtung verlaufenden Gebirgsschranke wie sie etwa in Europa die Alpen bilden. Die nordamerikanischen Gebirge erstrecken sich vielmehr in nord-südlicher Richtung und erlauben somit einen ungehinderten Austausch polarer und tropischer Luftmassen über dem größten Teil der USA. Die polar-kontinentalen Luftmassen sind im Winter mit sehr kalten Temperaturen verbunden, die manchmal sogar bis ins subtropische Florida und an die sonst milde Golfküste vordringen. Die tropisch-maritimen Luftmassen aus dem Golf von Mexiko bringen im Sommer dagegen feuchtheiße Luft bis in das Gebiet der Großen Seen. Da die Luftströmungen mit den Jahreszeiten wechseln, herrschen im Winter meist polar-kontinentale Luftmassen vor, während die tropisch maritimen Luftmassen im Sommer bestimmend sind. Dennoch findet, dank der weiten gebirgslosen Ebenen des Landesinneren, während des ganzen Jahres ein häufiger Luftmassenaustausch statt, der jeweils mit großen Temperaturstürzen oder Temperaturanstiegen – bis zu 25 °C in wenigen Stunden – verbunden ist. Mit seinem überwiegend kontinentalen Charakter ist das Klima der USA durch Extreme gekennzeichnet. Es bringt schneereiche und kalte Winter, feuchtheiße Sommer, Dürren, Flutkatastrophen und verheerende Wirbelstürme, die Tornados.

Nur zwei andere Staaten grenzen an die USA: Kanada im Norden und Mexiko im Süden. Alaska im Nordwesten des Kontinents und die Inselgruppe Hawaii im Pazifik sind als Bundesstaaten politisch völlig in die USA integriert. Die karibische Insel Puerto Rico hat den Status eines mit den USA assoziierten Staates mit weitgehender Autonomie.

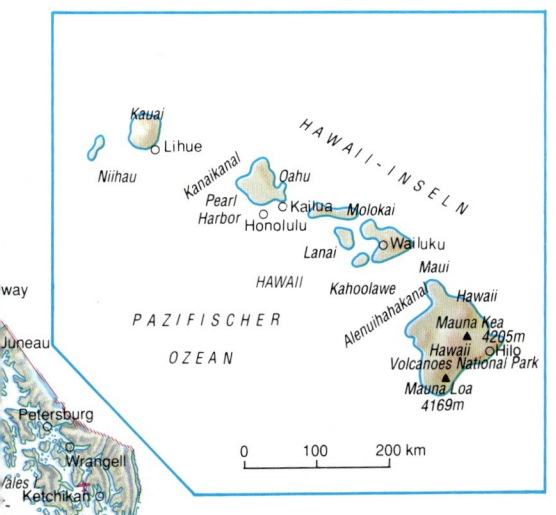

Die Vereinigten Staaten von Amerika bestehen aus 50 Staaten und haben eine Bevölkerung von über 276 Millionen Menschen. Das US-amerikanische Festland nimmt den mittleren Teil des nordamerikanischen Kontinents ein. In Neuengland und den mittelatlantischen Staaten liegen heute zahlreiche städtische Verdichtungsräume, wie Boston und New York. Jenseits der Appalachen, im Bereich der Ebenen des Mississippibeckens, liegen die Staaten des Mittelwestens. Sie sind das Hauptlandwirtschaftsgebiet der USA, zu ihnen gehören auch die hochindustrialisierten Staaten Ohio, Indiana und Illinois. Der Süden erlebt nach langer wirtschaftlicher Stagnation heute ein beachtliches Wirtschaftswachstum. Weiter westlich hat Texas einen Anteil an den Großen Ebenen, die zum Felsengebirge hin ansteigen. Die nordamerikanischen Kordilleren umschließen den Südwesten, ein trockenes Gebiet von großer landschaftlicher Schönheit. Die Staaten an der Westküste sind Washington, Oregon und California. Alaska *(links außen)* und Hawaii *(links)* sind die jüngsten Bundesstaaten.

VEREINIGTE STAATEN: NATIONALPARKS

1807 stieß der Pelztierjäger John Colter auf seinem Weg durch das nördliche Wyoming auf einen märchenhaften Landstrich mit steil abfallenden Schluchten und tosenden Wasserfällen. Bei der weiteren Erkundung offenbarte sich ihm eine erstaunliche Landschaft mit kochend heißen Quellen, blubbernden Schlammlöchern und Geysiren, die in regelmäßigen Abständen hohe heiße Wasserstrahlen in die Luft schleuderten. Colter hatte das heute berühmte Gebiet am Yellowstone entdeckt.

Als Colter drei Jahre später nach St. Louis zurückkehrte, wurde der Beschreibung seiner Entdeckung kein rechter Glaube geschenkt. Da jedoch in den folgenden Jahren andere Trapper seine Geschichte bestätigten, wurden 1870 und 1871 zwei offizielle Expeditionen entsandt, die die Wunder dieser Gegend dokumentierten. 1872 veranlaßte ihr Bericht den Kongreß der Vereinigten Staaten, Yellowstone zum ersten Nationalpark der Erde zu erklären.

Die 367 heute vom National Park Service betreuten Gebiete sind mit einer Gesamtfläche von über 324 000 km² größer als Italien. Zu diesen 367 Gebieten gehören 54 Nationalparks und 77 Nationalmonumente (Natur- und Kulturdenkmäler), die hauptsächlich aufgrund ihrer landschaftlichen Schönheit oder ungewöhnlicher Oberflächenformen ausgewählt wurden. Diese Behörde beaufsichtigt auch zahlreiche historische Gedenkstätten und Erholungsgebiete,

Nationalparks

1 Olympic
2 North Cascades
3 Mount Rainier
4 Glacier
5 Voyageurs
6 Isle Royale
7 Acadia
8 Theodore Roosevelt
9 Crater Lake
10 Yellowstone
11 Grand Teton
12 Wind Caves
13 Badlands
14 Redwood
15 Lassen Volcanic
16 Rocky Mountain
17 Shenandoah
18 Yosemite
19 Great Basin
20 Mammoth Cave
21 Arches
22 Canyonlands
23 Capitol Reef
24 Bryce Canyon
25 Zion
26 Kings Canyon
27 Sequoia
28 Grand Canyon
29 Mesa Verde
30 Great Smoky Mountains
31 Channel Islands
32 Petrified Forest
33 Hot Springs
34 Carlsbad Caverns
35 Guadalupe Mountains
36 Big Bend
37 Everglades
38 Biscayne
39 Gates of the Arctic
40 Kobuk Valley
41 Denali
42 Wrangell-St. Elias
43 Glacier Bay
44 Lake Clark
45 Kenai Fjords
46 Katmai
47 Haleakala
48 Hawaii Volcanoes
49 Dry Tortugas
50 Death Valley
51 East Mojave Park
52 Joshua Tree Park
53 National Capital Parks
54 Virgin Islands

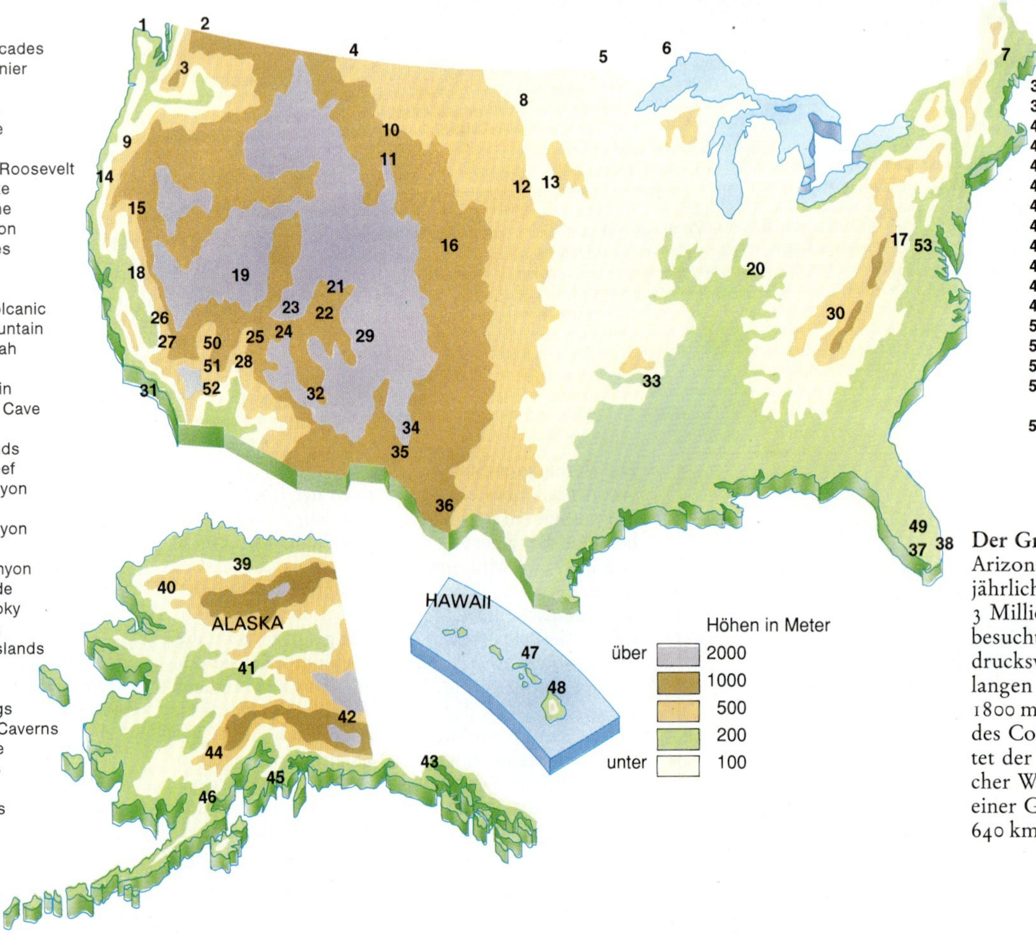

Der Grand Canyon in Arizona *(rechts)* wird jährlich von weit über 3 Millionen Menschen besucht. Neben der eindrucksvollen, 350 km langen und bis zu 1800 m tiefen Schlucht des Colorado River bietet der Park dem Besucher Wanderpfade mit einer Gesamtlänge von 640 km.

VEREINIGTE STAATEN

Im Carlsbad Caverns National Park *(links)* kann man in einem verzweigten System unterirdischer Höhlen die vielfältigsten Formen von Stalaktiten und Stalagmiten besichtigen. Viele der Kalksteinhöhlen sind bis heute unerforscht.

Der Castle Geysir *(oben)* ist einer der 200 Geysire des Yellowstone National Park. Dieser 1872 gegründete Nationalpark ist die älteste Einrichtung dieser Art und mit 8990 km² Fläche das größte Natur- und Wildschutzgebiet der USA.

wie die nationalen Meeresküsten und Seeufer. Erholungsaktivitäten werden gefördert, solange die Menschen ihre Umgebung nicht stören und ihr keinen Schaden zufügen.

In den letzten Jahren beschränkt sich der National Park Service darauf, die Natur sich selbst zu überlassen. Die Tierpopulationen sollen unbeeinflußt ihr Gleichgewicht finden und abgestorbene Bäume werden nicht entfernt – die verwitternden Stämme sind komplexe Ökosysteme für zahlreiche Kleinlebewesen. Einen Streitpunkt bildet jedoch das Verhalten bei Bränden. Nicht alle teilen die Ansicht der Botaniker, daß die Feuer für die Erneuerung des pflanzlichen Lebens unbedingt notwendig seien. Die Kontroverse erreichte im Sommer 2000 einen neuen Höhepunkt, als in zwölf Bundesstaaten zeitgleich Flächenbrände wüteten.

Der vielleicht bekannteste Nationalpark der Vereinigten Staaten ist der Grand Canyon in Arizona, der steil bis zu 1800 m tief abfällt. Auch die herrliche Bergwelt im Yosemite National Park in California, die bei der Überformung durch gewaltige Gletscher entstanden ist, zieht viele Besucher an.

Der Westen besitzt die meisten Nationalparks, unter anderem zwei in Hawaii und acht in Alaska. Im Osten liegen der Acadia National Park an der zerklüfteten Küste Maines, die subtropischen Everglades in Florida und der zum appalachischen Gebirgssystem gehörende Great Smoky Mountains National Park.

Nicht alle Parks dienen ausschließlich der Erhaltung der Naturlandschaft. Im Biscayne National Park in der Nähe Miamis befindet sich ein lebendes Korallenriff; eine Attraktion des Mesa Verde National Park in Colorado sind die prähistorischen indianischen Felsenwohnungen; der Petrified Forest National Park Arizonas ist nach seinen berühmten versteinerten Wäldern benannt; im Redwood National Park in Kalifornien steht der höchste Baum der Erde, während die Nationalparks Carlsbad Caverns, Mammoth Cave und Wind Cave sich der Erhaltung der beeindruckenden unterirdischen Welt der Kalksteinhöhlen widmen.

Anhänger des Naturschutzgedankens auf der gesamten Erdkugel wurden durch die Arbeit des US-amerikanischen National Park Service angespornt. So hat beispielsweise Kanada heute 31 Parks, darunter den Wood Buffalo National Park im Grenzgebiet von Alberta und den Nordwest-Territorien. Dieser größte nordamerikanische Nationalpark ist die Heimat der größten Bisonherde des Kontinents.

Die Zielsetzung der in anderen Staaten bestehenden Nationalparks unterscheidet sich teilweise vom nordamerikanischen Beispiel. Im überbevölkerten Japan wird der Schwerpunkt auf die Bereitstellung von Erholungsmöglichkeiten gelegt, während in einigen britischen Parks die Erhaltung der traditionellen Formen der Landnutzung von besonderer Bedeutung ist.

VEREINIGTE STAATEN: DER NORDOSTEN

Massachusetts, New Hampshire, Rhode Island, Connecticut, New York, New Jersey, Pennsylvania, Delaware, Virginia und Maryland, so hießen die zehn englischen Kolonien in Neuengland und an der Mittelatlantikküste, die zusammen mit den drei Kolonien an der südlichen Atlantikküste North Carolina, South Carolina und Georgia am 4. Juli 1776 ihre Unabhängigkeit von der britischen Krone erklärten und damit zum Kern der Vereinigten »Staaten« von Amerika wurden. Hier ist auch heute noch das klassische Land der »Yankees«, den Nachkommen angelsächsischer Einwanderer. Hier findet man die ältesten Städte des Landes mit historischen Gebäuden aus der »Kolonialzeit« und den frühen Jahren der Unabhängigkeit. Aus der Fülle der Beispiele seien hier genannt: die Libertyhall mit der Freiheitsglocke und die Carpenters' Hall, Tagungsort der »Verfassunggebenden Versammlung« in Philadelphia, das »Weiße Haus« in Washington D.C. oder das Old State House, wo die Unabhängigkeitserklärung verlesen wurde, und The Commons, der alte Anger, in Boston.

In der atlantischen Küstenebene und weiter westlich im fruchtbaren Vorland der Appalachen, dem Piedmontplateau, zeugen noch heute bilderbuchschöne Farmen und hübsche Städtchen und Dörfer mit ihren spitzen weißen Kirchtürmen und prächtigen alten Obst- und Parklandschaften von den Zeiten vor der industriellen Revolution und der modernen Verstädterung. Das Klima ist durch den Einfluß des atlantischen Ozeans mit milden Wintern und feucht-schwülen Sommern gemäßigter als im kontinentalen Landesinneren. Das Appalachengebirge, im Westen der atlantischen Küstenebene und dem Piedmontplateau gelegen, erstreckt sich über 2000 km von Alabama im Südwesten bis zur kanadischen Grenze im Nordosten. Es bildete bis zur Unabhängigkeit der Vereinigten Staaten die Grenzscheide zwischen den englischen Kolonien an der Küste und den Indianerterritorien sowie dem französischen Einflußgebiet im Westen. Während die Küstenebene und das Piedmontplateau vorwiegend von Engländern in Besitz genommen und besiedelt wurden, mußten ärmere Einwanderer der britischen Randgruppen aus Schottland, Wales und Irland mit den weniger fruchtbaren Waldtälern und Hängen der Appalachen vorlieb nehmen: Kohlebergbau und Holzgewinnung brachten nur kurze Zeit einen gewissen wirtschaftlichen Aufschwung. Heute werden die etwa 11 Millionen, vorwiegend ländlichen Bewohner des Appalachengebirges »die Dritte Welt der USA« genannt. Kindersterblichkeit, Analphabetentum, Alkoholismus und Arbeitslosigkeit sind dort mehr als anderswo in den Vereinigten Staaten verbreitet.

Die Ostküstenstädte

Die moderne Wirtschaft mit industrieller und nachindustrieller Entwicklung und städtischem

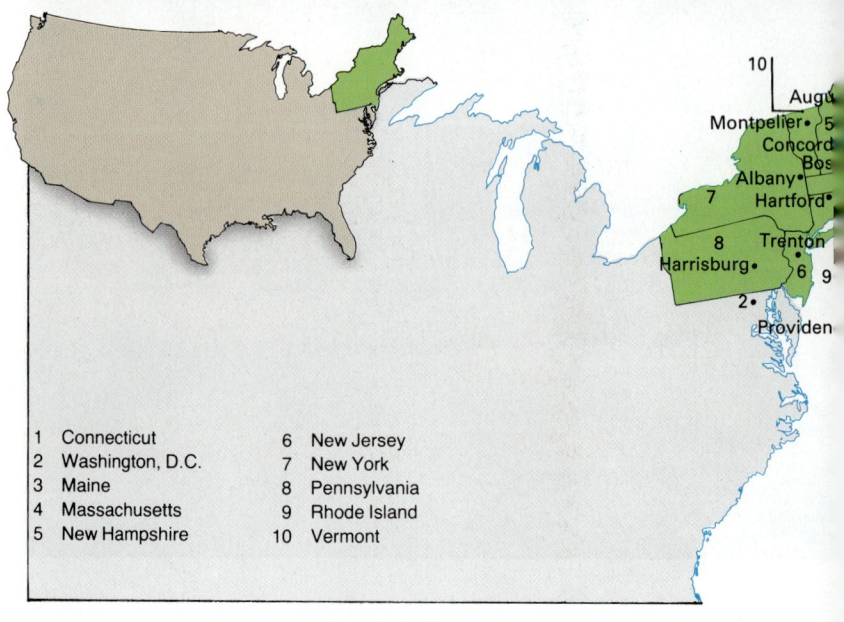

1 Connecticut
2 Washington, D.C.
3 Maine
4 Massachusetts
5 New Hampshire
6 New Jersey
7 New York
8 Pennsylvania
9 Rhode Island
10 Vermont

VEREINIGTE STAATEN

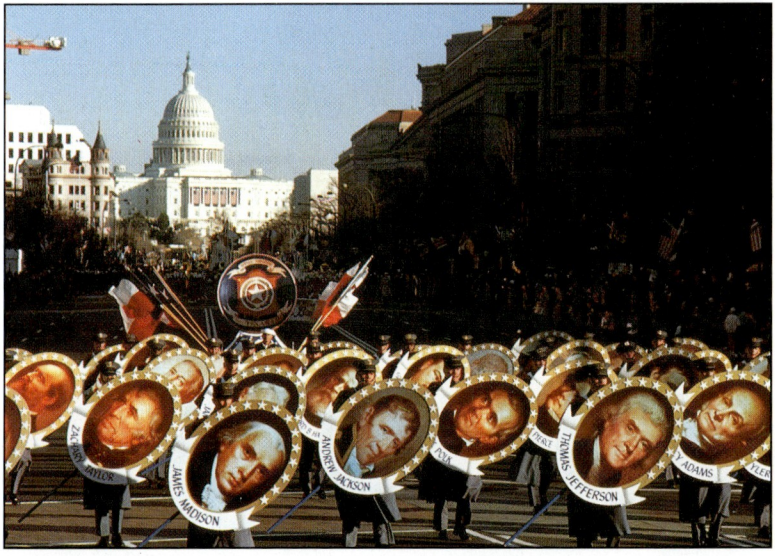

Das »Old State House« *(links außen)* im Zentrum Bostons ist eines der Heiligtümer der frühen amerikanischen Geschichte. Jahrelang war es das Tagungsgebäude des Parlaments von Massachusetts. Es wird heute von Wolkenkratzern überragt.

Landwirtschaftliche Erzeugnisse *(links)*, hier vor allem Kürbisse und Äpfel, bietet die Scribner Farm bei Middlesex in Vermont im Nordosten der USA auf originelle Weise an. Die Gegend ist auch bekannt für ihren Ahornsirup und ihre Skigebiete.

Wachstum bevorzugte das östlich davon gelegene Piedmontplateau und die atlantische Küstenebene. Städte wie Roanoke, Richmond, Newport News und Norfolk (Virginia), Washington D.C., Baltimore sowie der ganze riesige urbane Komplex von Philadelphia über Trenton, Newark, Hartford, Albany, New York, New Haven, Bridgeport, Providence bis nach Boston, auch »Megalopolis« genannt, gehören zu den entwickeltsten Gebieten der Vereinigten Staaten.

Aber auch hier ist die Kehrseite nirgends sehr weit. Die Bundeshauptstadt Washington D.C. hat z. B. heute mit die höchste Mordrate im Lande. 80 % aller Morde stehen, wie auch andernorts, mit Drogenhandel, vor allem Kokain (Crack), in Verbindung. Über 70 % der Bevölkerung von Washington D.C. sind Schwarze. Sie zahlen den schlimmsten Preis der Kriminalität, denn 96 % der Mörder und 89 % der Opfer sind Schwarze und rund 22 000 Schwarze werden jährlich wegen Drogenvergehen verhaftet. Auch in den anderen Städten von »Megalopolis« ist unbeschreibliches Elend nie sehr weit entfernt von Glanz und Dekadenz. Untergrund- und Busbahnhöfe sind vor allem die Orte, wo sich die Ausgestoßenen sowie die armseligsten und gefährlichsten Elemente der amerikanischen Überflußgesellschaft aufhalten: Drogenhändler und Drogenabhängige, Diebe, Räuber, Mörder und Obdachlose. Ausländische Touristen sind entsetzt und können nicht verstehen, wie ein Land des Reichtums solche Zustände toleriert. Sie vergessen, daß der wichtigste Grundwert der amerikanischen Demokratie die individuelle Freiheit ist, der man zum Teil sogar soziale Sicherheit, »Ruhe und Ordnung«, ja selbst Barmherzigkeit unterordnet. Freiheit aber ist mit Risiko verbunden. Das Risiko des Versagens gehört dazu. Das ist in den Vereinigten Staaten kein Widerspruch.

Das kuppelförmige Kapitol in Washington D. C. *(links)* ist das Sitzungsgebäude des Kongresses, der gesetzgebenden Versammlung. Hier ist es Kulisse für die Parade zur Amtseinführung eines neuen Präsidenten der Vereinigten Staaten.

New Yorker drängen sich an einem Frühlingstag in der Fifth Avenue im Zentrum Manhattans *(Mitte)*. Manhattan ist der älteste und bedeutendste New Yorker Stadtteil. Die stark frequentierte Fifth Avenue wird von hohen Appartment- und Bürogebäuden gesäumt.

1513

VEREINIGTE STAATEN: DER MITTELWESTEN

Die kulturellen und historischen Unterschiede zwischen den Yankeestaaten im Nordosten und den Südstaaten im Südosten der USA verbinden sich im jüngeren Siedlungsland des Mittelwestens zu einer Art Symbiose des typischen Amerika. Hier ist der Durchschnittsamerikaner zu Hause, für den die Klischeeattribute der US-amerikanischen Tugenden noch heute zutreffen. Die Menschen in diesem weiten, flachen und fruchtbaren Herzland der USA sind friedliebend, arbeitsam, gottesfürchtig, gutnachbarlich, gastfreundlich und vaterlandstreu.

Der Mittelwesten ist das große Zentrum der Vereinigten Staaten. Der Rest der USA und der Rest der Welt sind so weit entfernt, daß hier auch die anderen Klischeevorstellungen des typischen Amerikaners zutreffen: Naivität, Weltfremdheit, Provinzialismus. Das Gebiet des Mittelwestens besteht aus einem riesigen Dreieck, das bei Pittsburgh im Osten beginnend, sich nach Westen öffnet und bis zur Grenze der kanadischen Provinz Manitoba im Nordwesten und Kansas im Südwesten reicht. Die Region Mittelwesten umfaßt die folgenden zwölf Bundesstaaten: Illinois, Indiana, Iowa, Kansas, Michigan, Minnesota, Missouri, Nebraska, North Dakota, Ohio, South Dakota und Wisconsin. Westlich des 100. Längengrades, wo die Niederschläge merklich nachlassen, geht der Mittelwesten in den Westen und die Rocky Mountain Staaten über.

Chicago, Zentrum des Mittelwestens

Der Mittelwesten ist eine weite, offene Landschaft der fruchtbaren Ebenen mit riesigen Farmen und geschäftigen Städten. Chicago, drittgrößte Stadt der USA, ist das Verkehrs- und Finanzzentrum des Mittelwestens und mit über acht Millionen Einwohnern drittgrößte Stadtregion der USA. Trotz sprichwörtlicher Korruption und allgegenwärtigen Großstadtproblemen ist Chicago auch heute nicht so urban und dekadent wie die alten Städte im Osten, etwa New York, Boston oder Philadelphia. Eine Mischung von Optimismus, Erneuerungsgeist und Fleiß bestimmt die Atmosphäre dieser Stadt, in der man Schweine, Schafe, Sojabohnen, Weizen und Mais an der Börse handelt und wo man weiß, daß nicht weit vom Sears Tower, einem der höchsten Gebäude der Welt, sich riesige Maisfelder erstrecken und unzählige Rinder weiden.

Schmelztiegel der Nationen

Die Besiedlung dieser größten Kornkammer der Welt erfolgte gleichzeitig von Neuengland, den mittelatlantischen und den südatlantischen Staaten aus. Im Gebiet des heutigen Ohio, westlich des gleichnamigen Flusses trafen die Ströme der Siedler aufeinander. Wenn irgendwo in den Vereinigten Staaten die Vorstellung vom Schmelztiegel der Nationen zutrifft, dann hier im Mittelwesten. Denn hier ist ein neuer Mischtyp entstanden, geprägt sowohl von der angelsächsischen Kultur und Religiosität des Nordostens, der Unabhängigkeit und Großzügigkeit des Südens und der Arbeitsmoral und des Gemeinschaftsbewußtseins der Deutschen aus dem »Mittelland« von Pennsylvania.

Industrie im Mittelwesten

Auf der Grundlage der Landwirtschaft entstanden viele prosperierende Industrieunternehmen, die sich heute sogar zu Industriemultis entwickelt haben, wie z. B. Minnesota Mining & Manufacturing Co. und The Pillsbury Co. mit Hauptsitz in Minneapolis. St. Louis (Missouri) und Milwaukee (Wisconsin) wurden Zentren deutscher Bierbrauerei. Caterpillar und McCormick (Bau- und Farmmaschinen), Kraft (Käse und Nahrungsmittel aller Art), Nabisco (Nahrungsmittel), und Oscar Mayer (Wurst und Fleischwaren) sind weitere Beispiele solcher, auf der reichen Farmproduktion des Mittelwestens beruhenden Industrieentwicklung. Die Stadtregionen von Pittsburgh über Akron, Cleveland, Toledo, Dayton, Columbus und Cincinnati (Ohio) bis Detroit (Michigan), Gary (Indiana), Chicago und Milwaukee gehören zum Industriegürtel der USA. Sie sind Standorte einer vielseitigen Industrieproduktion, von der besonders die Automobile (General Motors, Ford, Chrysler, American Motors), Papierprodukte (Kleenex), Motoren (Evinrude), Präzisionsinstrumente (Honeywell), Elektroprodukte (General Electric) erwähnt werden müssen. Das Herz der US-amerikanischen Arbeitswelt schlägt nach wie vor hier. Denn nach einer schwierigen Übergangsphase der Anpassung an moderne Produktionsmethoden hat sich die Industrie dieser Region erholt. Vor allem in den mittelgroßen und kleineren Stadtregionen erlebt der Mittelwesten zur Zeit einen wirtschaftlichen Aufschwung. Die Zeiten, als man diesen Industriegürtel spöttisch »Rostgürtel« (»Rust Belt«) nannte, sind endgültig vorbei.

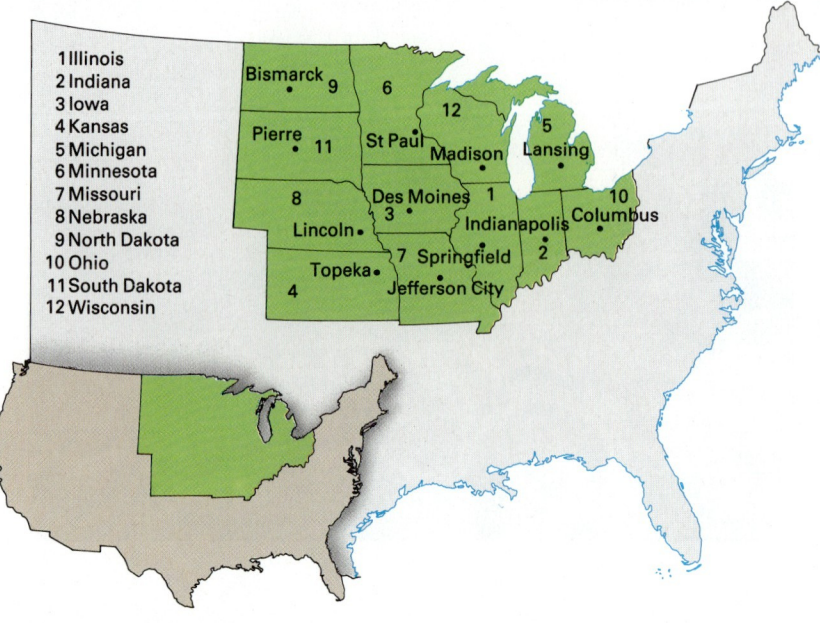

VEREINIGTE STAATEN

Ein Blick auf Milchwirtschaftsbetriebe in Wisconsin *(links außen)* zeigt die Agrarlandschaft im Mittelwesten. Die Milchverarbeitung ist einer der bedeutendsten Industriezweige. Milwaukee, die größte Stadt des Staates, ist berühmt für ihr Bier.

Die lange Wasserfront Chicagos am Michigansee *(links)*, die sogenannte Goldküste Chicagos, hat sich als einer der größten Vorzüge der Stadt erwiesen. Den Hintergrund bildet die Chicagoer City mit dem 100-stöckigen John Hancock Center.

In Alton, im Bundesstaat Illinois, passieren Lastkähne eine Schleuse im Mississippi *(oben)*. Dieser Strom entspringt in Minnesota und bevor er südlich von New Orleans in den Golf von Mexiko mündet, vereinigt er sich mit Ohio und Missouri.

Farmer in Nebraska feiern eine erfolgreiche Maisernte *(links)*. Nebraska, scherzhaft »der Staat der Maisschäler« genannt, ist ein bedeutendes Agrargebiet der USA. Neben Maisanbau spielt die profitablere Viehzucht eine große Rolle.

1515

VEREINIGTE STAATEN: DER SÜDEN

Südlich der Mason and Dixon Line, einer von den englischen Landmessern Charles Mason und Jeremiah Dixon von 1763–1767 gezogenen Grenze zwischen Pennsylvania, Maryland und Virginia, beginnt eine andere Welt der USA, die Welt des US-amerikanischen Südens. Sie umfaßt die Bundesstaaten Alabama, Arkansas, Delaware, Florida, Georgia, Kentucky, Louisiana, Maryland, Mississippi, North Carolina, South Carolina, Tennessee, Virginia und West Virginia. Hier hatte sich eine ländlich-koloniale Plantagenwirtschaft mit Hilfe der gesetzlich erlaubten Haltung von Sklaven entwickelt. Diese menschenverachtende Sozialordnung führte zu Spannungen mit den Nordstaaten und schließlich im Jahr 1861 zur Abspaltung der Südstaaten, die sich in einem neuen Staatenbund, der »Konföderation«, zusammenfanden. Als Folge brach 1861 der sogenannte Sezessionskrieg aus, der 1865 mit der Niederlage der Südstaaten endete und den Niedergang der Plantagenwirtschaft brachte. Der Süden blieb danach bis in die Jahre nach dem Zweiten Weltkrieg wirtschaftlich weit hinter dem Norden zurück und auch kulturell vom Rest des Landes isoliert. Doch gab es deutliche Unterschiede zwischen dem »Oberen« und dem »Unteren Süden«, auch »tiefer Süden« genannt.

In Delaware, West-Virginia, North Carolina, Kentucky, Tennessee, Arkansas und Oklahoma (»Oberer Süden«) ist die Mehrzahl der Bevölkerung angelsächsisch-protestantischer Abstammung. Dieses Gebiet wird auch die »Bibelzone« (»Bible Belt«) der USA genannt, da die Mehrzahl der Bevölkerung einer extrem religiös-konservativen Weltanschauung anhängt. Dieses Gebiet ist entwicklungsmäßig dem Norden zuzurechnen. Im »tiefen Süden« jedoch stammt ein Großteil der Bevölkerung von den ehemaligen schwarzen Sklaven ab, deren noch heute zum Teil exotisch anmutende Lebensweise und Mentalität mit dem humiden subtropischen Klima in Verbindung gebracht wird (Georgia, Alabama, Virginia, Louisiana, Mississippi, South Carolina, Florida). Die Südstaaten sind eine deutlich vom Rest der USA unterschiedene Kulturregion mit dem typisch südlichen Akzent der Sprache, eigener Volkskunst einschließlich Dixieland- und Jazzmusik, besonderen sozialen und politischen Verhaltensweisen und typischen Speisen wie Grütze, Barbecue oder Wassermelone. Millionen armer schwarzer Landarbeiter zogen im Ersten und Zweiten Weltkrieg in die Industriestädte der Nordstaaten. Erst in den 1970er Jahren begann der Süden zu erwachen und ein geradezu revolutionärer Aufschwung setzte ein. Der »Sonnengürtel« (»Sun Belt«) zog Millionen von Rentnern an, die sich hier im wärmeren Klima ansiedelten.

Landwirtschaft und Industrie

In der Landwirtschaft wurden die in traditionellen Monokulturen angebauten Produkte Baumwolle und Tabak von anderen verdrängt, etwa durch den Gemüse- und Obstbau oder durch die Viehzucht, die sowohl Milch als auch Rind- und Schweinefleisch liefert. Auch die verarbeitende Industrie erlebte einen spektakulären Aufrieb. Ursprünglich war Textilerzeugung die vorherrschende industrielle Grundlage der Südstaaten. Noch heute kommen in den USA über 90 % der Baumwoll-, 75 % der synthetischen und 40 % der Wollstoffe aus Fabriken im Süden. Doch ist die industrielle Basis der Südstaaten in den letzten 40 Jahren ganz wesentlich erweitert und vertieft worden. Papier, Möbel, Lebensmittel und Gebrauchsgüter werden in zahllosen neuen Kleinfabriken in den Landstädten produziert. Entlang der Golfküste gibt es Industriebetriebe, die mit eingeführtem Bauxit Aluminium und Aluminiumprodukte herstellen. Eine vielseitige chemische Industrie ist auf der Basis der hier entdeckten reichen Öl- und Erdgasvorkommen entstanden. Stahl wird im Raum Birmingham-Gadsden (Alabama) produziert. In Atlanta (Georgia) ist neben einer weitverzweigten Kleinindustrie vor allem die Flugzeugindustrie zu nennen. Im Dienstleistungssektor sind ebenfalls große Fortschritte gemacht worden. In Florida sind von Jacksonville über Orlando bis Tampa-St. Petersburg und um Miami riesige neue dienstleistungsorientierte Stadt-Land-Regionen entstanden. Unterhaltung und Tourismus, z. B. Disneyworld und Seaworld, High Technology, etwa das Kennedy Space Center bei Orlando, Versicherungs- und Finanzwesen und Großfirmenverwaltungen, sowie die lukrative Kongreßhotelindustrie und andere Dienstleistungen haben die Städte im Süden zu sogenannten »Boomtowns« gemacht. Trotzdem stecken noch große Teile der ländlichen Gebiete in schlimmer Armut. Auch hier ist die »Dritte Welt« der USA nie sehr weit vom Glanz der neuen Städte, der Luxushotels, der Golfplätze, der Country Clubs und der Phantasiewelt von Walt Disney entfernt.

Die Südstaaten (unten) sind eine besondere Region der USA. Der Süden hat sich nur langsam von den Folgen des zerstörerischen Sezessionskrieges (1861–1865) erholt. Heute gehört er zu den sich am schnellsten entwickelnden Regionen der USA.

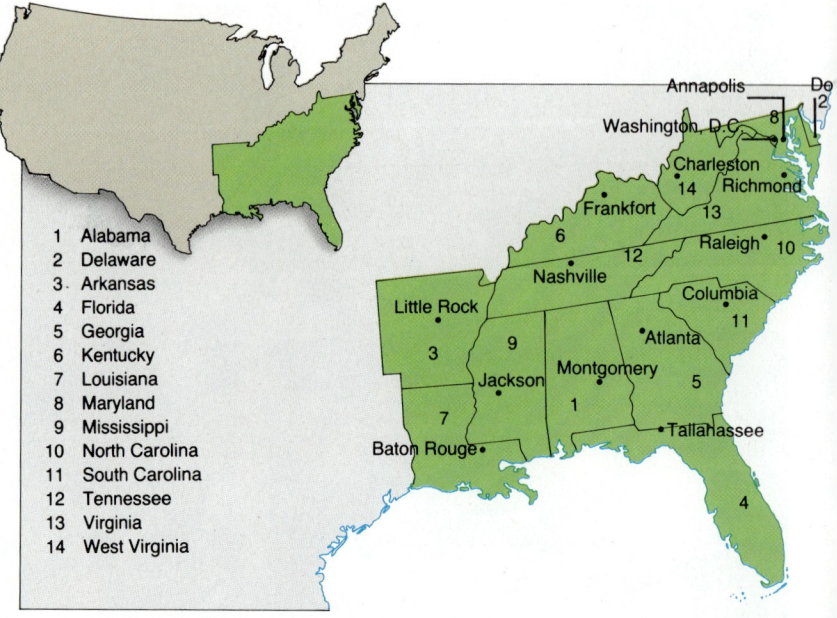

1 Alabama
2 Delaware
3 Arkansas
4 Florida
5 Georgia
6 Kentucky
7 Louisiana
8 Maryland
9 Mississippi
10 North Carolina
11 South Carolina
12 Tennessee
13 Virginia
14 West Virginia

VEREINIGTE STAATEN

Bei New Orleans bildet der hier träge fließende Mississippi viele Seitenarme *(links)*. Der »Old Man River« ist ein bedeutender Schiffahrtsweg. Seine fruchtbaren Talböden werden durch Uferdämme und Deiche vor Überschwemmungen geschützt.

Zahlreiche Wolkenkratzer prägen das Bild der City von Atlanta *(unten)*. Die Stadt ist seit 1868 Hauptstadt von Georgia und das wirtschaftliche und kulturelle Zentrum der Südoststaaten. In Atlanta fanden 1996 die Olympischen Sommerspiele statt.

Ein Vergnügungsdampfer läuft in den Hafen von Miami ein *(links)*. Miami, die größte Stadt Floridas, ist zusammen mit Miami Beach Zentrum eines der größten Fremdenverkehrsgebiete der USA. Hier haben sich auch viele Rentner niedergelassen.

Das grüne New Orleans mit seinen Straßenbahnen *(oben)* und dem eleganten Französischen Viertel ist berühmt für seinen Charme und seine Weltoffenheit. Es wurde 1718 von Franzosen gegründet und nach dem Herzog von Orléans benannt.

1517

VEREINIGTE STAATEN: MISSISSIPPI

Die ersten Menschen, die vor tausenden von Jahren den Mississippi zu Gesicht bekamen, nannten ihn einfach »Großer Fluß« (Missi Siipii). Gewaltiger als sie es sich je vorgestellt haben dürften, durchfließt er auf seinem 3779 km langen Weg von der Quelle nahe der kanadischen Grenze bis zum Golf von Mexiko fast den gesamten Kontinent. Der mächtige Mississippi ist der längste Fluß und der bedeutendste Binnenschiffahrtsweg der USA. Er dient zur Festlegung der Grenzen zwischen zehn verschiedenen Staaten und transportiert jährlich etwa 554 Milliarden m³ Wasser.

Der erste Europäer, der einen beträchtlichen Teil des Flußlaufs erkundete, war der Franzose Sieur de la Salle, der 1684 das gesamte Mississippigebiet für seinen König beanspruchte. Doch die Niederlage Frankreichs im von 1756–1763 währenden britisch-französischen Kolonialkrieg (Siebenjähriger Krieg) bedeutete das Ende der französischen Kontrolle; ein Prozeß, der, nachdem Frankreich im Jahr 1800 das Gebiet zurückerstattet worden war, 1803 mit dem Verkauf von Louisiana an die Vereinigten Staaten von Amerika seinen Abschluß fand. Bis heute ist in der Sprache und den Bräuchen der Bewohner des Deltagebiets das französische Erbe erhalten geblieben.

Im frühen 19. Jahrhundert spielte der Mississippi eine Schlüsselrolle bei der Erschließung des amerikanischen Kontinents. Flußdampfer verkehrten zwischen den Städten New Orleans, Memphis und St. Louis. Sie ermöglichten die zur Expansion nach Westen notwendige Versorgung und dienten als Beförderungsmittel. Auch im Sezessionskrieg (1861–1865) spielte der Mississippi eine wichtige Rolle. Die angreifenden Streitkräfte der Union konnten tief in das konföderierte Territorium eindringen und den Süden in zwei Teile spalten. Dies beschleunigte den Sieg des Nordens. Personifiziert als »Old Man River«, Vater der Ströme, beeinflußt der Mississippi auch die kollektive Phantasie des amerikanischen Volkes. Schulkinder sind von den Abenteuern des legendären Huckleberry Finn und seines Gefährten, des entflohenen Sklaven Jim, begeistert. Und die meisten haben in ihrer Phantasie die Heldentaten der Wanderer während der Floßfahrt auf den Wassern des Mississippi miterlebt. Viele andere Schriftsteller haben diese Route beschrieben, aber keinem ist es besser gelungen als Mark Twain (1835–1910), dem Erfinder von Huck Finn.

Der Mississippi beginnt seine lange Reise am Lake Ithaka im nordwestlichen Minnesota. An seinem Oberlauf, bevor der ungestüme, von einer Reihe von Schleusen und Dämmen gezähmte Fluß Minneapolis erreicht, hat man beim Angeln nach Forellen und Barschen gute Erfolgsaussichten. Auf der etwa 2900 km langen Strecke von Minneapolis bis zum Golf von Mexiko ist der Mississippi schiffbar. Seine Strömung bleibt jedoch stark und häufig unberechenbar.

Illinois und Missouri münden oberhalb von St. Louis in den Hauptstrom, vergrößern noch seine ohnehin beträchtliche Breite und führen ihm seine sedimentäre Fracht zu, die die berühmte braune und trübe Färbung des Mississippi mitverursacht. Weiter südlich, nach dem Zusammenfluß mit dem Ohio in Cairo, Illinois, beginnt die fruchtbare Mississippiebene.

Die enorme Sedimentfracht, die der Mississippi transportiert, setzt sich ab und führt im Mündungsbereich zur Deltabildung. Ihr verdankt der Mississippi die liebevolle Bezeichnung »Old Muddy«, etwa alter Schlammfluß, der »zu dickflüssig zum Trinken und zu dünnflüssig zum Pflügen« ist. Hier schützt die seltsame Wasserwelt der Sümpfe und Altwässer eine einzigartige Flora und Fauna. Von Baton Rouge an allerdings bedrohen die Interessen von Handel und Industrie das natürliche Leben in den Sumpfgebieten. Dort wird der Verkehr auf dem Mississippi von seetüchtigen Schiffen und ihren gewaltigen Tonnagen bestimmt. Am Ende des Flußlaufs werden im Hafen von New Orleans Frachten aus der ganzen Welt verladen. Der Güterumschlag übertrifft den jedes anderen Hafens des Landes. Noch ist New Orleans eine der farbigsten, kreativsten und faszinierendsten Städte der USA, wenn nicht der Erde. Obwohl er den Bedürfnissen eines der fortschrittlichsten und bevölkerungsreichsten Länder der Erde dient, hat sich der Mississippi, ebenso wie seine berühmteste Stadt, seinen Zauber bewahrt.

»Old Man River« *(ganz oben)* ist ein bedeutender Schiffahrtsweg, der bis Baton Rouge auch für Seeschiffe befahrbar ist. Der Mississippi ist der längste Fluß der USA.

Der Gateway Arch in Saint Louis *(oben)*, ein 150 m hoher symbolischer Torbogen, erinnert an die historische Bedeutung der Stadt. Für die Pioniere des 19. Jahrhunderts war sie das Tor zum Westen. 16 km südlich des Zusammenflusses von Mississippi und Missouri gelegen, ist St. Louis ein bedeutender Binnenhafen.

VEREINIGTE STAATEN

Tiere und Pflanzen am Mississippi

Pflanzen und Tiere des Mississippi:

(A) Weißwedelhirsch
(B) Wasserhyazinthe
(C) Dingel (Limodorum)
(D) Carolina-Malve
(E) Schmuckschildkröte
(F) Black Cherry
(G) Grasmücke
(H) Palmettopalme
(I) Nachtreiher
(J) Fischotter
(K) Waschbär
(L) Alligator
(M) Nutria
(N) Monarchfalter
(O) Wasserspinne
(P) Schneegans

Die ursprüngliche Wasserlandschaft des Deltagebietes *(links)* ist trotz der Gegenwart von Ölbohrtürmen, Wasserflugzeugen und allen Errungenschaften moderner Technik noch nicht zerstört. Sie verkraftet auch den von New Orleans stromaufwärts herrschenden regen internationalen Schiffsverkehr. Neue gesetzliche Regelungen zur Verhinderung weiterer Umweltverschmutzung sollen der ökologischen Bedrohung des Flusses durch industrielle und landwirtschaftliche Abwässer entgegenwirken.

VEREINIGTE STAATEN: DER WESTEN

Fast die Hälfte des zusammenhängenden Staatsgebietes der USA liegt im trockenen Klimagebiet westlich des 100. Längengrades. Dieses Gebiet der USA läßt sich in drei Regionen – die Südwest-, Rocky Mountain- und Pazifikküstenstaaten – aufteilen. Die ersten beiden umfassen die Staaten Arizona, New Mexico, Oklahoma und Texas bzw. Colorado, Idaho, Montana, Nevada, Utah und Wyoming. Westlich des 100. Längengrades weichen die feuchteren, fruchtbaren Ackerebenen der Prärien den trockenen Grassteppen, Halbwüsten und Wüsten der Großen Ebenen (Great Plains). Diese Übergangszone zieht sich durch North und South Dakota, Nebraska, Kansas, Oklahoma und Texas. Die Großen Ebenen mit ihren Tafelbergen, den sogenannten Mesas, reichen bis an den Fuß der Rocky Mountains. Von hier bis zum Kaskadengebirge (Cascade Range) und der Sierra Nevada im Westen dehnen sich drei gewaltige Hochebenen aus. Das Columbia Plateau bestimmt das flache, weite Landschaftsbild im östlichen Oregon, in Washington und Idaho. Das riesige Große Becken mit nord-südlich angelegten niedrigen Bergrücken, den sogenannten Ranges, und weiten trockenen Flachtälern und Ebenen ist zumeist im Staatsgebiet von Utah und Nevada gelegen und wird im Osten von der Wasatch Range und im Westen von der Sierra Nevada abgeschlossen. Es mißt von Nord nach Süd und von Ost nach West jeweils fast 1000 km. Sowohl hier als auch im dritten von Bergen eingeschlossenen Hochland, dem Colorado Plateau von Arizona und New Mexico, ist das Klima wüstenhaft, als Beispiele hierfür seien die Gila-Wüste und die Llanos Estacados genannt. Der über 2334 km lange Colorado ist an mehreren Stellen aufgestaut, so am Powell-Stausee und am Lake Mead mit dem berühmten Boulder- oder Hooverdamm. Sein Mittellauf zerschneidet in tiefen Canyons die bunten horizontalen Schichten des Colorado Plateaus. Im Bereich des Grand Canyon hat sich der Colorado bis zu 1800 m tief eingeschnitten. Die Landwirtschaft ist weitgehend nur mit künstlicher Bewässerung möglich. Auch die Siedlungen, sofern sie nicht wie Phoenix, Las Vegas oder Reno Oasenstädte sind, erhalten ihr Wasser aus weit entfernten Gebieten.

Mormonen und Indianer

Am bekanntesten ist das durch Bewässerung erschlossene Land der Mormonensekte in Utah um Salt Lake City, Ogden, Brigham City, Tooele und Provo. Als Kulturregion gehört das Land der Mormonen mehr zum Mittelwesten und unterscheidet sich wesentlich von dem weiter südlich im Gebiet des oberen Rio Grande gelegenen Südwesten der USA, wo der hispanisch-mexikanische und der indianische Einfluß in Kulturlandschaft und Lebensstil vorherrscht. Spanisch-mexikanische Architektur in Stadt und Land, kulinarische Spezialitäten wie Tacos – das sind in Öl gebratene, gerollte Tortillas – oder der scharfe Tequilaschnaps und Folklore (Musik, Tänze, Kostüme) und vor allem der sich immer weiter ausbreitende Gebrauch der spanischen Sprache zeigen auch dem Touristen, daß hier ein hispanisches USA zu finden ist. Auch die Indianer sind hier besonders zahlreich vertreten. In meist wirtschaftlich wertlosen und kaum nutzbaren Gebieten finden sich die größten Indianerreservationen der USA. Der volkreichste Stamm mit etwa 150 000 Angehörigen sind die Navajo, die auf 64 000 km² in New Mexico, Arizona und Utah leben. Die Hopi, ein Stamm der Pueblo-Indianer mit etwa 10 000 Menschen, leben in einer Reservation im nordöstlichen Arizona und betreiben Bewässerungsanbau und Schafzucht. Andere Pueblostämme leben in New Mexico entlang des Rio Grande und im westlichen Teil des Staates. Die Sioux-Indianer, die sich selbst Dakotas nennen, leben vorwiegend in North und South Dakota, Montana und Nebraska. Die Apachen wurden in

Die Staaten des Südwestens und der Rocky Mountains (unten) nehmen ein riesiges Gebiet ein, sind aber nur dünn besiedelt. Grand Canyon und Painted Desert sind zwei der vielfältigen Naturwunder im Südwesten.

1 Arizona
2 Colorado
3 Idaho
4 Montana
5 Nevada
6 New Mexico
7 Oklahoma
8 Texas
9 Utah
10 Wyoming

Das schneebedeckte Boulder Valley *(links)* in Montana gehört zum Felsengebirge. Die Hänge sind hier im unteren Bereich von Fichten-, Kiefern- und Birkenwäldern bestanden. Bedeutende Skigebiete ziehen Tausende von Wintersportlern an.

Auf der Bell Ranch *(links außen)* treibt ein Cowboy Vieh zusammen. Die ersten Siedler, die auf dem Santa Fé Trail nach New Mexico kamen, gründeten große Viehfarmen. Heute ist die Viehzucht der wichtigste Zweig der Landwirtschaft.

Der großartige Felsenpalast *(unten)* im südwestlichen Colorado wurde von Pueblo-Indianern gebaut. Heute sind die Felsenwohnungen Teil des Nationalparks Mesa Verde und gehören zu den zahlreichen Indianerreservaten des Südwestens.

Arizona (Fort Apache und San Carlos Reservation) und in New Mexico (Mescalero und Jicarilla Reservation) angesiedelt, nachdem sie, wie auch die Sioux, Ende des 19. Jahrhunderts in blutigen Kämpfen besiegt worden waren. Der Mythos des »Wilden Westens«, der Cowboys und Indianer, ist durch die US-amerikanische Filmindustrie in alle Welt getragen worden. Viele Touristen zieht es daher immer wieder in diese weiten Gebiete der Wüsten und Kakteen, Steppen und Rinderherden, Tafelberge und Canyons. Wenn auch die Schönheit der Natur nicht enttäuscht, so dämpft doch die Armut und Degeneration in den Reservationen die Freude des Besuchers.

In den Städten ist, wie andernorts in den USA, die moderne nachindustrielle Wirtschaft tonangebend mit Verwaltungs-, Finanz- und Versicherungswesen, Konferenz- und Hotelanlagen und Firmen, die die moderne Computertechnologie produzieren.

Siedlungen für Rentner, wie z. B. Sun City in Arizona, und Vergnügungsstädte wie Las Vegas in Nevada bringen Menschen und Geld von überallher in diese von der Sonne verwöhnte Region. Große Gebiete stehen unter Naturschutz: Grand Canyon, Death Valley, Yellowstone und Rocky Mountain National Park sind die größten dieser die Naturwunder der Wüsten und Berge im amerikanischen Westen schützenden Nationalparks.

Das glitzernde Las Vegas *(links)* wurde nach dem Zweiten Weltkrieg in der Wüste Nevadas gebaut. In der »Welthauptstadt der Unterhaltung« gibt es viele Spielcasinos und Luxushotels. Las Vegas ist die größte Stadt Nevadas, das zu den am dünnsten besiedelten Staaten der USA gehört. Die Wasserversorgung ist ein großes Problem. Der Stausee des Hooverdammes am nahegelegenen Colorado River liefert das Wasser für Las Vegas. In den letzten Jahren haben sich viele Bewohner Kaliforniens hier niedergelassen.

VEREINIGTE STAATEN: PAZIFIK UND HAWAII

Washington, Oregon und California sind die Staaten an der Pazifikküste, Fenster der USA zum Fernen Osten, und Hawaii ist der strategische Stützpunkt im Pazifischen Raum. Von California ist es näher nach Japan als nach Europa.

Die Region der Superlative

Die zusammengewürfelte Bevölkerung ist »amerikanisch« rastlos. Hier werden immer wieder neue Ideen geboren, die sich dann weltweit ausbreiten, wie etwa die Studentenbewegung, der Feminismus, der Umweltschutz, bestimmte Modetrends usw. Das pazifische Küstenland ist landschaftlich nur im Superlativ zu beschreiben: es hat die höchsten Berge, die tiefsten Täler, die heißesten Wüsten, die größten Bäume und die schönsten Landschaftsszenen. An der Pazifikküste teilt sich der westliche Ausläufer der Rocky Mountains in die Küstenkette (Coastal Ranges) und parallel dazu weiter östlich in das Kaskadengebirge und die bis zu 4418 m hohe Sierra Nevada. Dazwischen liegt eine Tiefebene, Central Valley genannt.

Das Klima dieser Region ist extrem unterschiedlich. In Washington und Oregon herrschen maritim-gemäßigte Verhältnisse mit hohen Niederschlägen. California hat ein mildes, mediterranes Klima mit Sommertrockenheit und Winterregen, das weiter südlich in Wüstenklima übergeht. In der Mojave- und der Coloradowüste, vor allem aber im 86 m unter dem Meeresspiegel gelegenen Death Valley werden die höchsten Temperaturen der Welt gemessen. In Washington und Oregon hat der Waldreichtum zur Entwicklung von Holzindustrie geführt.

Fast 6 Millionen Einwohner leben in Washington, in Oregon mehr als 3 Millionen. California ist mit über 33 Millionen Einwohnern der volkreichste Staat der USA. Er wurde 1848 von Mexiko abgetreten und 1850 zum 31. Bundesstaat erklärt. Seit dem Goldrausch von 1848 riß

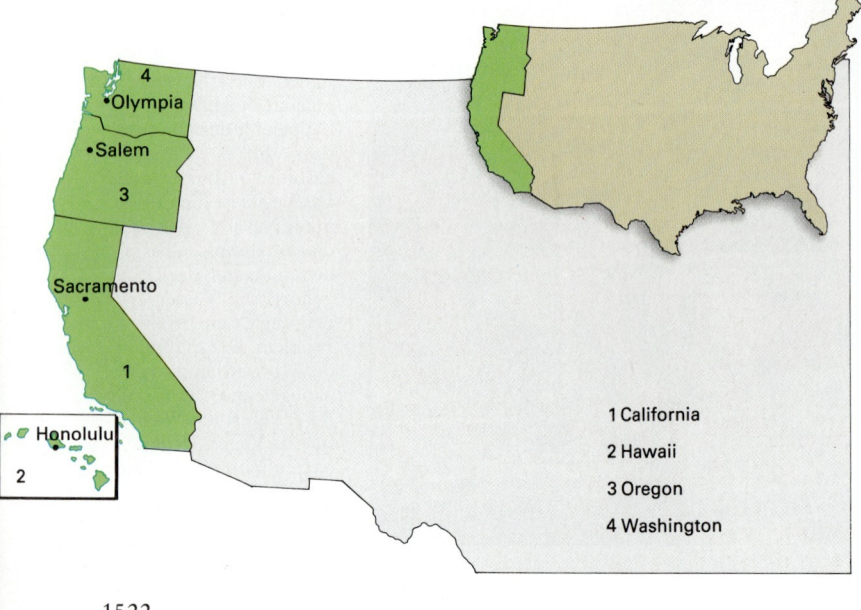

1 California
2 Hawaii
3 Oregon
4 Washington

VEREINIGTE STAATEN

Der Krater des Haleakala *(ganz unten)*, eines erloschenen Vulkans im gleichnamigen Nationalpark auf der Hawaii-Insel Maui, ist der größte der Erde. Er liegt in einer Höhe von 3055 m. Maui ist die zweitgrößte der Hawaii-Inseln.

Die nebelumhüllte Golden Gate Bridge *(links)* spannt sich über die natürliche Einfahrt vom Pazifik in die Bucht von San Francisco. Hier herrscht ein mildes Klima, wenn jedoch die warme Luft auf das kalte Wasser trifft, bildet sich Nebel.

Der kalifornische Sequoia National Park ist für seine Sequoien- und Rotholzwälder berühmt. Gigantische Sequoien ragen hier in den Himmel (links). Der 83,8 m hohe »General Sherman Tree« könnte möglicherweise der älteste Baum der Erde sein.

Die Olympic Mountains *(oben)* auf der atemberaubenden Halbinsel im äußersten Nordwesten Washingtons sind Teil des pazifischen Küstengebirges. Entlang dieser buchtenreichen Küste befinden sich bemooste Feuchtwälder und etwa 50 Gletscher.

der Strom der Zuwanderer nicht ab. Einwanderer aus Asien sind in California besonders zahlreich vertreten, es kommen vor allem Japaner, Chinesen und Vietnamesen. Trotzdem nimmt das hispanische Element am stärksten zu.

California ist wirtschaftlich sehr mächtig. Wäre es ein unabhängiges Land, würde es mit seinem Bruttosozialprodukt nur von den USA, Japan, Deutschland und der Schweiz überflügelt. Es ist in den USA in der Produktion landwirtschaftlicher Erzeugnisse führend. Im Central Valley werden fast 34 000 km² Fläche künstlich bewässert. Die von hier in Dosen oder tiefgefroren versandten Früchte und Gemüse decken mehr als ein Drittel des gesamten Bedarfs der USA. Wein, Tafeltrauben und Baumwolle sind weitere Produkte der kalifornischen Landwirtschaft, die heute in einem Jahr mehr als doppelt so viel einbringt wie die gesamte Ausbeute der damals so berühmten Goldwäscherei.

Die kalifornische Industrie ist stark von Militäraufträgen gefördert worden, vor allem im Flugzeug-, Raketen- und Schiffsbau. Moderne Computertechnologie wird vor allem im berühmten Silicon Valley bei San Francisco entwickelt.

Hawaii, der 50. Bundesstaat

1959 wurde Hawaii als 50. Bundesstaat in die USA aufgenommen. Schon vor dem Zweiten Weltkrieg war diese vulkanische Inselgruppe im Pazifik Hauptstützpunkt der US-amerikanischen Pazifikflotte, die hier am 7. Dezember 1941 durch japanische Kampfflugzeuge in Pearl Harbor versenkt wurde. Hawaii ist heute noch das Hauptquartier der US-amerikanischen Pazifikflotte sowie Trainingsbasis der US-Polaris-U-Boote. Hier sind stets etwa 120 000 Militärpersonen mit ihren Familien stationiert. Oahu mit der Hauptstadt Honolulu ist von den acht Hauptinseln am dichtesten besiedelt. Die polynesische Urbevölkerung kam von den Marquesasinseln und Tahiti und wurde von puritanischen Missionaren christianisiert. Einwanderer aus China, Japan, Korea, den Philippinen und USA machen jedoch heute die Mehrzahl der Bewohner aus. Das mit durchschnittlich 22 bis 26 °C milde Klima, die idyllische Tropennatur und nicht zuletzt die hawaiische Folklore ziehen jährlich viele Besucher, vor allem aus Japan, nach Hawaii.

VEREINIGTE STAATEN: ALASKA

Die Besiedlung der Vereinigten Staaten von Amerika im 19. Jahrhundert, das Vordringen der Zivilisation in zum größten Teil unberührte Naturräume, ist oft mit einem gnadenlosen Kampf zwischen den Menschen und der feindlichen Natur verglichen worden. Große Weiten waren zu überwinden, harte Winter und heiße Sommer zu ertragen, gewaltige Bergketten und riesige Wüsten zu durchqueren, feindliche Ureinwohner zu bekämpfen und endlose Wälder zu roden. Heuschreckenschwärme, Dürre und andere Naturkatastrophen vernichteten die mühsam gepflanzte und gehegte Frucht in den Feldern. Das Erobern und Ausbeuten der unverbrauchten Natur an der »Frontier« genannten Zivilisationsgrenze ist ein Teil des US-amerikanischen Nationalcharakters geworden.

Alaska muß geschützt werden

Langsam erst muß sich auch das US-amerikanische Volk daran gewöhnen, daß auch in diesem scheinbar endlosen und überreichen Kontinent die Natur des Schutzes gegenüber der überwältigenden Technik des Menschen bedarf. Als im Jahre 1959 das über 1,5 Millionen km² große Alaskaterritorium im Nordwesten des nordamerikanischen Kontinents zum 49. Staat der USA erklärt wurde, begannen die ersten ernsthaften öffentlichen Beratungen, wie die zum größten Teil noch unberührte Natur im hohen Norden mit ihrer unbeschreiblichen Schönheit der Tier- und Pflanzenwelt, der Küsten, Fjorde, Berge, Gletscher und Tundren vor dem Angriff des ausbeutenden Menschen zu schützen sei.

1968 wurden größere Ölvorkommen im Küstenland um Prudhoe Bay am Arktischen Ozean entdeckt. Deren Abbau und Transport machte den Bau einer Pipeline von Prudhoe Bay durch das ökologisch äußerst anfällige Land des Dauerfrostbodens, der Karibuherden, Eisbären und Tundraflechten bis nach Valdez im Süden am Golf von Alaska notwendig. Es war der Bau dieser 1977 fertiggestellten Alaska-Pipeline, der durch die angefachte Debatte vielen Menschen in den USA zum ersten Mal zum Bewußtsein brachte, daß Fortschritt und Profit eine so zerbrechliche Naturökologie für immer zerstören könnten, wenn nicht ganz außergewöhnliche Schutzvorkehrungen getroffen würden. Doch dies wurde versäumt. Als am 24. März 1989 der Supertanker Exxon Valdez mit über 176 000 Tonnen Erdöl durch menschliches Versagen im Prince William Sund auf ein Riff auflief und sich über 42 000 Tonnen Rohöl ins Meer ergossen, waren vielmehr die schlimmsten Befürchtungen wahr geworden. Bis zu zwanzig Jahre wird es dauern, bis sich die Fisch-, Vögel- und Säugetierwelt von dieser – in ihren kurz- und langzeitlichen Auswirkungen nur mit den Reaktorunfällen von Three Mile Island (USA) und Tschernobyl (Ukraine) vergleichbaren – Katastrophe erholt haben wird.

27 % von Alaska, der größten Halbinsel der westlichen Hemisphäre, sind als Nationalpark

Ein Ausflugsboot passiert den Muir-Gletscher *(ganz oben)* in Alaskas Glacier Bay National Park. Die 16 Gletscher des Parks fließen in den Golf von Alaska. – **Hundeschlittenrennen mit Huskies** *(oben)* sind in Alaska beliebte sportliche Wettkämpfe, so der »Iditarod-Trail« über 1750 km oder der »Yukon Quest« von Fairbanks nach Whitehorse (Kanada) über ca. 1600 km. – **Die orthodoxe Kirche** auf der Insel Kodiak *(oben rechts)* stammt aus der Zeit, als Alaska noch eine russische Kolonie war.

1524

VEREINIGTE STAATEN

oder Naturreservat schon heute jeder kommerziellen Erschließung und Ausbeutung entzogen. Ausnahmegenehmigungen, wie für die Prudhoe Bay und die Alaska-Pipeline, wurden nach dem verheerenden Tankerunglück nicht mehr so leicht vergeben. Die größten Naturschutzgebiete in Alaska sind: Arctic National Wildlife Refuge, Yukon Flats National Wildlife Refuge, Gates of the Arctic National Park, Noatak National Preserve, Denali National Park, Lake Clark National Park, Yukon-Charley National Preserve, Wrangell-St. Elias National Park, Mt. McKinley National Park, Katmai National Park, Glacier Bay National Park und das gesamte pazifische Waldgebiet im Küsten- und Küsteninselgebiet des südlichen Alaska. Dieser Staat mit der über vierfachen Größe Deutschlands hat eine Gesamtbevölkerung von über 600 000 Menschen, von denen fast die Hälfte im Süden, vor allem um Anchorage und in der Hauptstadt Juneau, leben. Alaska ist die Heimat der zweitgrößten Eskimobevölkerung der Welt (etwa 42 000), nach Grönland (50 000) und vor Kanada (25 000). Andere Ureinwohner sind die Tlingitindianer im südlichen Küstengebiet und die Aleuten, die als Fischer und Otternjäger leben.

Das Klima dieser vom Arktischen Ozean im Norden, dem Beringmeer im Westen und dem Golf von Alaska und Pazifischen Ozean im Süden umschlossenen Halbinsel mit einer Küstenlänge von 55 000 km ist in Küstennähe überwiegend gemäßigt mit durchschnittlichen Temperaturen um 10 °C während der Sommer- und um 0 °C während der Wintermonate. Selbst im arktischen hohen Norden sind die Winter wegen des temperierenden Einflusses des nahen Ozeans mit Temperaturen um −24 °C relativ gemäßigt und die Sommer wegen der langen Sonneneinstrahlung von bis zu 24 Stunden und Temperaturen bis 32 °C überraschend warm. Im Landesinneren herrschen extremere Verhältnisse mit durchschnittlich etwa 24 °C während der Sommer- und −34 °C während der Wintermonate und geringem Niederschlag, nämlich weniger als 255 mm pro Jahr.

Bergbau, Fischfang und Tourismus

Die Wirtschaft des Staates Alaska basiert auf dem Bergbau (Gold, Zinn und andere Erze) sowie auf der Förderung von Erdöl und Erdgas, Fischfang, Pelztierjagd und Tourismus. Erdöl ist der wichtigste Bodenschatz. Die Verarbeitung von Erdöl in zahlreichen Raffinerien ist der zweitwichtigste Industriezweig Alaskas nach der Nahrungsmittelindustrie. Hier dominiert die Verarbeitung von Fisch, vor allem Lachs, Krebse, Heilbutt, Hering und Krabben. Die Zukunft wird zeigen, ob dies auch weiterhin so bleibt. Denn Tankerunglücke und andere Umweltkatastrophen haben nicht nur fatale Auswirkungen auf Vegetation und Tierwelt, sondern auch auf die davon abhängigen Industriezweige und somit auf die Menschen.

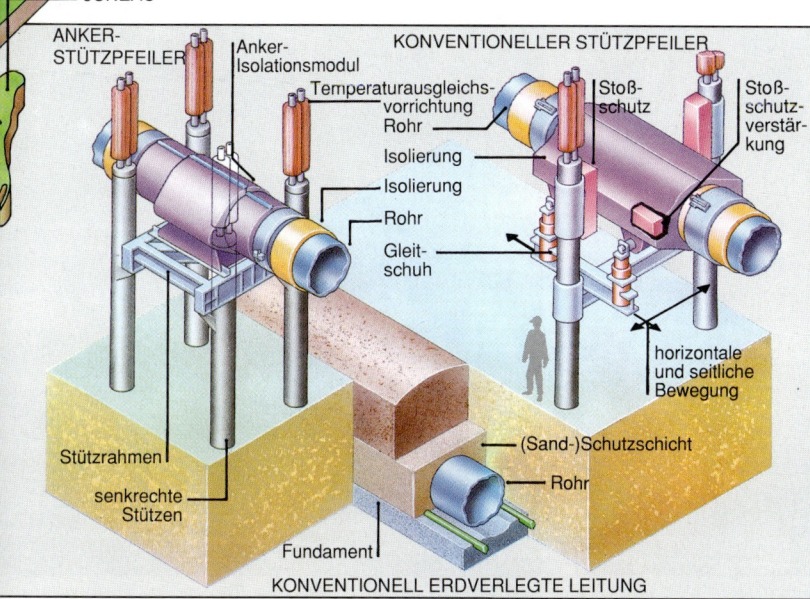

Alaska (links), der größte Staat der USA, ist die Heimat einer artenreichen Tierwelt. Die 1977 fertiggestellte Alaska-Pipeline transportiert Öl von der arktischen Prudhoe Bay nach Valdez am Golf von Alaska. Sie gefährdet dabei die Umwelt.

Um den Dauerfrostboden nicht zu beschädigen, verläuft die Alaska-Pipeline (unten) auf konventionellen Stützen. Anker-Stützpfeiler wurden in erdbebengefährdeten Gebieten benutzt. An Wildwechseln verläuft die Ölleitung in einem Graben.

1525

VEREINIGTE STAATEN: WIRTSCHAFT

Die USA sind die größte Wirtschaftsmacht der Welt und ihre Produktivität kann nur mit Superlativen beschrieben werden. Jahr für Jahr tragen sie etwa 25 % zum Gesamtvolumen der Weltwirtschaft bei. Sie produzieren fast ein Viertel aller Steinkohle und aller elektrischen Energie der Welt. Andererseits verbraucht Nordamerika jährlich über ein Viertel des weltweiten Erdölangebots. Beim Export von elektrotechnischen Geräten im Bereich Haushalt und Unterhaltungselektronik rangiert die USA mit einem Anteil von etwa 16 % hinter Japan an zweiter Stelle. Rund zwei Fünftel der gesamten Eisenbahntransporte der Welt entfallen auf die USA. Die Vereinigten Staaten produzieren ungefähr ein Sechstel der Welternte an Getreide, ein Sechstel des weltweiten Fleischangebots, zwei Fünftel der Mais- und ein Fünftel der Baumwollernte der Welt sowie zwei Fünftel der Weltproduktion an synthetischen Fasern, wie Viskose, Nylon und Perlon.

Die Wirtschaft der Vereinigten Staaten von Amerika ist dynamisch und anpassungsfähig. Mit einer Arbeitslosenquote von 4,2 % im Jahre 1999 sind weniger Menschen in den USA arbeitslos als in den meisten anderen Industrienationen. Ende der 1990er Jahre entstanden jährlich bis zu 3 Millionen neue Arbeitsplätze, die meisten im Dienstleistungsbereich. Im ganzen beschäftigt die US-amerikanische Wirtschaft heute etwa 110 Millionen Menschen.

Grundlagen der Wirtschaft

Im Bereich der natürlichen Rohstoffe aller Art sind die USA so reich beschenkt wie kaum ein anderes Land der Erde. Sie verfügen z. B. über große, wirtschaftlich nutzbare Waldareale. Innerhalb ihres Staatsgebietes fließen mächtige, wasserreiche Flüsse, liegen der Welt größte Süßwasserseen. Die USA besitzen im ganzen gesehen über 15 % der für die Stromerzeugung nutzbaren Wasserkräfte der Welt. Über 30 % aller bekannten Steinkohlevorkommen befinden sich in den Vereinigten Staaten, meist in mächtigen, im Tagebau zu erreichenden Flözen. Die riesigen, weniger wertvollen Braunkohlevorkommen sind in dieser Schätzung nicht enthalten. Fast ein Zehntel aller Erdölvorkommen der Erde sowie große Mengen von Naturgas stehen den USA innerhalb ihrer eigenen Grenzen zur Verfügung. Auf dem Energiesektor ist errechnet worden, daß die gegenwär-

In der Entwicklung von Luft- und Raumfahrzeugen sowie technischem Zubehör *(unten)* sind die USA weltweit führend. – **Die Stahlstadt Mingo Junction** *(unten rechts)*, am Ohio River ist ein bedeutender Industriestandort im Bundesstaat Ohio.

Die in den Verdunstungsbecken in Utah *(rechts)* gewonnene Pottasche wird zu Kalidünger weiterverarbeitet. Pottasche wird vor allem aus Kanada importiert. Ihre Bedeutung hat auch zur Ausbeutung einheimischer Vorkommen geführt.

VEREINIGTE STAATEN

Weltraumtraining *(links)*, von der NASA in Huntsville, Alabama, der Allgemeinheit angeboten, zieht Tausende von »Möchtegernastronauten« an. Trotz Rückschlägen werden sich die Investitionen in die Raumforschung auszahlen.

Der Glen-Canyon-Damm in Arizona *(oben)* nutzt den Colorado River zur Gewinnung von Elektrizität für die industriellen und privaten Verbraucher. Die Wasserkraft hilft den gewaltigen Energiebedarf der US-Nation zu decken.

tig bekannten Vorkommen an Kohle, Erdgas, Erdöl und Uran nach dem derzeitigen jährlichen Energieverbrauch in den Vereinigten Staaten über 1000 Jahre ausreichen würden. Die USA besitzen weiterhin ausreichende Vorkommen an Phosphaten, Pottasche, Schwefel, Nikkel, Kupfer, Blei, Zink, Silber, Eisenerz, Helium, Molybdän, Titan, Salz, Magnesium, Asbest und vielen anderen Bodenschätzen. Die einzigen wichtigen Rohstoffe, die zur Gänze eingeführt werden müssen, sind Bauxit zur Aluminiumherstellung, Zinn und Mangan. Die heute beträchtlichen Erdöleinfuhren könnten im Notfall durch verstärkte eigene Produktion ersetzt werden, was jedoch einen Anstieg des Verbraucherpreises nach sich ziehen würde, denn bis heute sind die Benzinpreise extrem niedrig.

Die Landwirtschaft

Mit der wichtigste natürliche »Rohstoff« der Vereinigten Staaten ist die gewaltige Fläche des landwirtschaftlich nutzbaren Landes. In der Landwirtschaft sind zwar weniger als 3 % aller Beschäftigten oder etwa 3,5 Millionen Menschen tätig, dennoch produzieren die Vereinigten Staaten mehr landwirtschaftliche Produkte als jeder andere Staat der Welt. Fast die Hälfte des gesamten Landes wird für Ackerbau oder Viehzucht genutzt. Hochmechanisierte Großbetriebe überwiegen. Klima und bodenbedingte regionale Spezialisierung ermöglichen Massenproduktion in der Landwirtschaft. Die Vereinigten Staaten führen den Exportmarkt für landwirtschaftliche Produkte an.

Der Außenhandel

Die Vereinigten Staaten beherrschen den Welthandel. Dennoch ist der Umfang ihres Außenhandels, gemessen an der wirtschaftlichen Gesamterzeugung, im Vergleich zu anderen Industrieländern relativ klein. Im Zuge des wirtschaftlichen Booms der 1990er Jahre, der zu einer starken Investitionstätigkeit der Wirtschaft und zur Steigerung des privaten Verbrauchs führte, entstand ein beträchtliches Außenhandelsdefizit. Die wichtigsten Importgüter sind Konsumartikel, Autos und Autozubehör, Computer und Nahrungsmittel. Bei den Exportgütern sind in erster Linie Maschinen und Transportausrüstungen, elektronische Geräte, Nahrungs- und Genußmittel sowie industrielle Rohstoffe anzuführen.

VEREINIGTE STAATEN: INDUSTRIE

Die wichtigste Industrieregion, wo sich über die Hälfte der gesamten US-amerikanischen Industriekapazität findet, ist der sogenannte Industriegürtel, der »Manufacturing Belt«, im Nordosten des Landes. Andere große Industriegebiete liegen im Bereich des Piedmontplateaus in North und South Carolina und Georgia, in Florida, im Golfküstengebiet um Houston und New Orleans sowie in California um Los Angeles, San Diego und San Francisco und um Portland und Seattle. Die verarbeitende Industrie der USA unterscheidet sich von derjenigen anderer Länder besonders dadurch, daß Großbetriebe überwiegen. Einige der größten US-amerikanischen Industriemultis, wie General Motors, General Electric, Beatrice, Nabisco, Dow Chemical, IBM u. a., haben einen Umsatz, der den Jahreshaushalt kleinerer und mittlerer Nationen übersteigt. Die Industrie in den USA ist weitgehend automatisiert und wird darin nur von Japan, der Bundesrepublik Deutschland und der Schweiz übertroffen. Nur noch etwa 24 % der Beschäftigten sind in der verarbeitenden Industrie der USA tätig. Diese hat sich unter anderem auf die Erzeugung von Massenkonsumgütern, Automobilen und Flugzeugen, von Waffen und von Produkten des Kommunikations- und Datenverarbeitungswesens spezialisiert, die besonders großen Kapitaleinsatz, hochqualifizierte Arbeitskräfte und moderne Forschungseinrichtungen voraussetzen.

In der verarbeitenden Industrie waren die USA nach dem Zweiten Weltkrieg absolut führend, doch wachsende Konkurrenz aus Japan, der Europäischen Union und aus Entwicklungsländern wie Taiwan, Südkorea, Hongkong, Singapur und Indien hat die USA auf dem Weltexportmarkt vor allem auf den Gebieten der Stahlerzeugung, der Schuh- und Textilproduktion und der Elektro-, Radio- und Fernsehgeräteherstellung zurückgedrängt. Dennoch sind die USA nach wie vor die mächtigste Industrienation mit der größten Konzentration von Industriewerken, die je in einem Land aufgebaut worden ist.

Die USA verfügen über die reichsten Rohstoffvorkommen der Erde und gehören weltweit zu den wichtigsten Bergbauländern. Am bedeutendsten sind Erdöl, Naturgas und Kohle, aber auch bei der Förderung von Kupfer-, Bleierz und Silber, bei Gold und bei Eisenerz nehmen die USA führende Stellen ein. Das Land verfügt über die umfangreichsten Kohlevorkommen der Erde und fördert weltweit die meisten Kohlemengen. Wegen des hohen Eigenbedarfs – die USA rangieren weltweit als der größte Energieverbraucher – sind bei Erdöl und anderen mineralischen Rohstoffen jedoch große Importe notwendig.

Ein verzweigtes, gut funktionierendes Verkehrsnetz ist die Voraussetzung für jede moderne Wirtschaft. Kein anderes Land vergleichbarer Größe besitzt ein besseres Verkehrsnetz als die USA. Sie verfügen z. B. über ein Eisenbahnschienennetz mit einer Streckenlänge von etwa 220 000 km und über 37 000 km schiffbarer Wasserwege, wobei der Sankt-Lorenz-Seeweg, der als sogenannte »Vierte Küste« die Binnenstädte an den Großen Seen zu Küstenstädten gemacht hat, nicht miteingerechnet ist. Mehr als 6 Millionen km Straßen erster Ordnung und Autobahnen, auch Superhighways oder Freeways genannt, verbinden alle Teile des riesigen Landes miteinander. Das Verkehrsvolumen der US-amerikanischen Zivilluftfahrt übertrifft das aller anderen Länder der Erde zusammengenommen. Die im freien Wettbewerb in der Regel nicht subventionierten US-amerikanischen Luftfahrtgesellschaften verfügen zusammen über die größte zivile Flugzeugflotte der Welt. Um Wartungs- und Personalkosten einzusparen, operieren die Luftlinien von jeweils einem Zentralstandort aus mit Zielverbindungen, die speichenartig in alle Richtungen führen. Große Luftlinienzentren sind z. B. O'Hare International Airport bei Chicago, Atlanta, Dallas, Kansas City, St. Louis, Miami, der John F. Kennedy International Airport in New York und der Los Angeles International Airport. Flugreisen in den USA sind so üblich und preisgünstig wie andernorts Reisen mit dem Bus oder der Eisenbahn.

Der leistungsfähigste Zweig der US-amerikanischen Wirtschaft, der auch bei weitem die meisten Beschäftigten zählt, ist der Dienstleistungssektor. Die Umstellung der US-amerika-

Beim Hochhausbau *(unten)* werden die Stahlträger durch computergesteuerte Kräne bewegt. Der Bau von Wolkenkratzern hat in den USA seinen Ursprung. So wird der in der Stadt nur begrenzt vorhandene Raum maximal genutzt.

Die berühmte Wall Street ist der Sitz der New Yorker Börse *(rechts)*. Der Verkauf von Aktien und Wertpapieren ist Teil des Dienstleistungssektors. Landesweit sind mehr als 73 % der Arbeitskräfte in diesem Sektor beschäftigt.

VEREINIGTE STAATEN

Die Bell-Laboratorien *(links)* gehören zu AT&T, dem weltgrößten Konzern der Nachrichtentechnik. In ihren Forschungs- und Entwicklungsabteilungen wurde unter anderem der Nachrichtensatellit Testar entwickelt und hergestellt.

Bill Gates gründete 1975 zusammen mit seinem Partner Paul Allen die Computersoftwarefirma Microsoft *(unten)*. Sie entwickelte einen Softwarestandard für Personalcomputer und begründete damit die führende Position in der Computerindustrie.

nischen Industrie auf Automation, die billigen Massenimporte aus Übersee, die Umstellung der Kommunikation und Datenverarbeitung auf Elektronik und ein nie endender Bedarf an Dienstleistungen haben die Nachfrage nach dem klassischen Arbeiter mit dem »blauen Kittel« stark reduziert. Demgegenüber ist die Nachfrage nach qualifizierten Arbeitskräften in Büro und Verwaltung seit den 1950er Jahren immer mehr gestiegen. Während der Anteil der Werktätigen in der verarbeitenden Industrie beständig fiel, stieg der Anteil der Beschäftigten im Dienstleistungssektor der Wirtschaft von 60 % im Jahre 1960 auf etwa 73 % heute. Allein im Bereich »Bildung und Erziehung« arbeiten heute mehr Personen als im Bergbau. Die USA sind aus dem industriellen in das nach-industrielle Stadium der Wirtschaftentwicklung eingetreten, d. h., daß der Dienstleistungssektor mit Handel, Geld- und Versicherungswesen und Arbeitsbereiche wie Management, Forschung, Lehre und Unterhaltung die Hauptstützen der US-amerikanischen Wirtschaft darstellen. Die damit verbundenen Veränderungen auf dem Arbeitsmarkt bedeuten nicht nur eine Revolution der Wirtschaft und des gesamten Lebensstils überhaupt, sondern auch eine Umwälzung der Sozialstruktur. Sie sind in ihren wirtschaftlichen, sozialen und politischen Auswirkungen nur mit denen der industriellen Revolution am Ende des 19. Jahrhunderts vergleichbar.

Den »**Freightliner**«, ein großer moderner Truck *(oben)*, sieht man häufig auf amerikanischen Straßen. Er wurde von der Autofirma Daimler-Benz entwickelt und gebaut. Eine spektakuläre Industriefusion lieferte die Autobranche im Jahr 1998, als der deutsche Daimler-Benz-Konzern und Chrysler (USA) sich zum weltweit zweitgrößten Unternehmen der Autobranche – nach General Motors (USA) – zusammenschlossen

VEREINIGTE STAATEN: LANDWIRTSCHAFT

Kein Land der Erde besitzt ein größeres und produktiveres landwirtschaftliches Areal als die USA. Allein rund 130 Millionen ha sind kultivierte Ackerfläche, das entspricht fast der zwanzigfachen Fläche von Deutschland. 241 Millionen ha sind Wiesen und Weiden. Mit Ausnahme von Tropenfrüchten reicht die landwirtschaftliche Produktion zur Selbstversorgung der US-amerikanischen Bevölkerung aus. Die USA erwirtschaften sogar neben Kanada den weltweit größten Überschuß an agrarischen Erzeugnissen, der in die ganze Welt exportiert wird. Trotz der günstigen Möglichkeiten stellt die Landwirtschaft nur noch etwa 2 % des Bruttoinlandprodukts und gibt rund 3 % aller Beschäftigten Arbeit. Großbetriebe, die weitgehend mechanisiert und spezialisiert sind, überwiegen.

Die landwirtschaftlichen Anbaugürtel

Da sich die Landwirtschaft von vornherein auf einen kontinentalen Markt ausrichten konnte, entwickelten sich schon seit Ende des 19. Jahrhunderts ganze Landesteile entsprechend den Klima- und Bodenbedingungen zu landwirtschaftlichen Anbaugürteln, in denen bestimmte Anbauprodukte fast monokulturartig vorherrschen. In den atlantischen Staaten nahe der verstädterten Region von Megalopolis und westlich bis zu den Großen Seen liegt der »Heu- und Milchgürtel« mit eingestreuten Obst- und Gemüseanbaugebieten. Der Mittelwesten, das zentralgelegene Gebiet zwischen den Flüssen Ohio und Missouri und den Großen Seen, entwickelte sich zum »Maisgürtel« (Corn Belt), der landwirtschaftlich produktivsten Zone der USA, mit Fleischerzeugung auf Maisfutterbasis. An den Maisgürtel schließt sich in den Staaten Oklahoma, Kansas, Nebraska, South und North Dakota der »Winterweizengürtel« (Wheat Belt) an. Weiter westlich sind die Bedingungen weniger günstig. In den Großen Ebenen, die bis zu den Rocky Mountains reichen, macht sich das nordamerikanische Klimaregime bemerkbar, das ungefähr westlich des 100. Längengrades eine bemerkenswerte Abnahme der Niederschläge mit sich bringt. Hier, im sogenannten »Wilden Westen«, erscheint auf der Landnutzungskarte der USA die Bezeichnung »Weideland und Bewässerungszone«. Unzählige Ranchbetriebe haben große Viehherden, die nach wie vor überwiegend von Cowboys zu Pferde oder im Jeep gehütet werden. Manche dieser Ranchs sind bis zu 10 000 ha groß. Das Land ist meist nur großflächig nutzbar, so daß die Herden ständig weitergetrieben werden müssen. In der Nähe größerer Städte, so etwa um Denver in Colorado oder um Phoenix in Arizona, sind »Bewässerungsinseln« eingestreut, auf denen vor allem Gemüse und Früchte, aber auch Baumwolle angebaut werden. Der »Baumwollgürtel« (Cotton Belt) in den Südstaaten, von North und South Carolina bis Texas, hat in den letzten dreißig Jahren ein Zurückdrängen der Baumwoll-Monokulturen

Ein Luftbild zeigt das Gebiet um Denver, Colorado *(unten)*, und verdeutlicht das geometrische Muster der modernen US-amerikanischen Agrarlandschaft. Die Landwirtschaft deckt den Eigenbedarf und erwirtschaftet hohe Exportüberschüsse.

In California werden etwa 200 verschiedene Feldfrüchte angebaut *(rechts)*. Der Umsatz der dortigen Landwirtschaft wird von keinem anderen Bundesstaat erreicht. Die abgebildete Peperonierte zeigt den hohen Spezialisierungsgrad der Farmen.

Der Westen der USA ist das Zentrum der Viehhaltung *(rechts außen)*. Mit modernster Technik werden auf den Viehfarmen Fleisch und Milch zur Selbstversorgung und für den Export produziert. Das tägliche Leben stellt an die Menschen hohe Anforderungen.

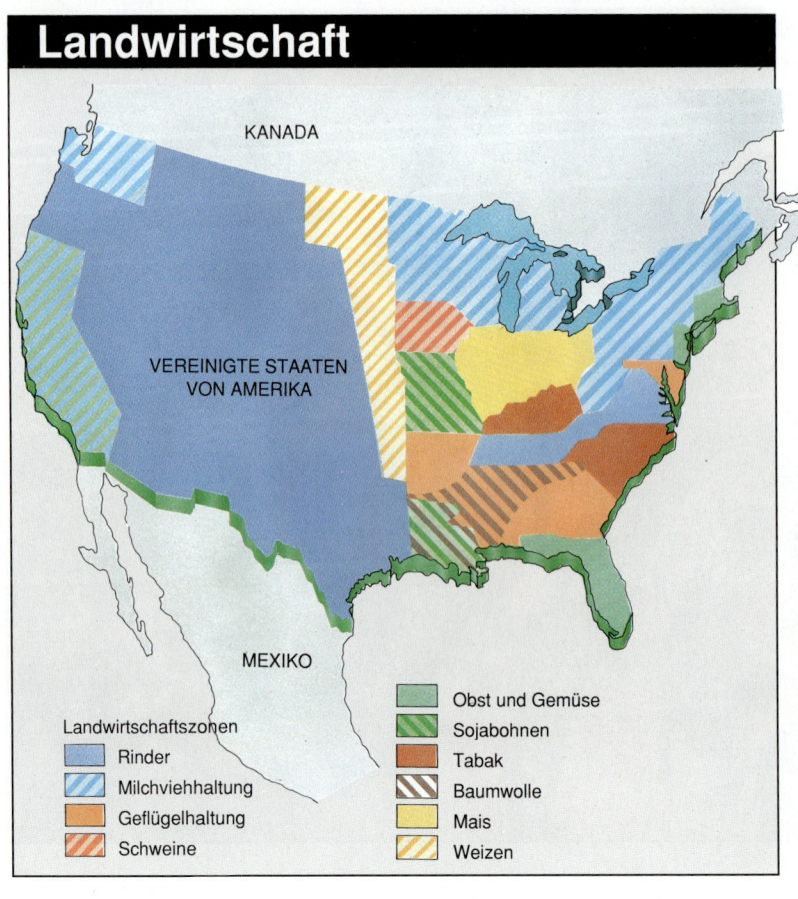

VEREINIGTE STAATEN

Getreide aus Kansas wird am Missouri auf Lastkähne verladen *(unten)*. Kansas liegt inmitten des sogenannten Corn Belt. Der auf den Prärieböden gut gedeihende Weizen macht den Staat zum wichtigsten Weizenproduzenten der USA.

zugunsten anderer, verschiedenartiger Anbauprodukte erlebt. Heute wird mengenmäßig mehr Baumwolle in Texas und California erzeugt als in den traditionellen Baumwollanbaugebieten der Südstaaten.

Im subtropisch mediterranen Klima von California mit den typischen Winterregen und Sommerdürren werden fast 34 000 km² Land künstlich bewässert. Hier wachsen über ein Drittel aller Früchte und ein Drittel des Gemüses der USA. California führt in der Erzeugung von Weintrauben und Wein, Tomaten, Salat, Zuckerrüben und Erdbeeren. Auf den tropischen Inseln von Hawaii werden Zuckerrohr und tropische Früchte angebaut. 40 % der Ananasernte der Welt kommt aus Hawaii.

Die regionale Spezialisierung, die die jeweiligen Klima- und Bodenverhältnisse optimal ausnutzt, sowie der extrem hohe Mechanisierungsgrad erlauben in der Regel eine Überproduktion der US-amerikanischen Landwirtschaft, die oft genug zu Marktproblemen führt. Werden in anderen Ländern, etwa in Rußland, gute Ernten erzielt oder wird der landwirtschaftliche Anbau zunehmend staatlich subventioniert, wie etwa in den Ländern der Europäischen Union und in Japan, sieht sich auch die US-amerikanische Bundesregierung gezwungen, heimische Überschußprodukte aufzukaufen, um die Existenz möglichst vieler Farmer zu gewährleisten. Trotzdem ist die Zahl der Farmen in den USA in den letzten 30 Jahren drastisch zurückgegangen. Die Abhängigkeit der US-amerikanischen Landwirtschaft vom eigenen kontinentalen Markt und vom internationalen Exportgeschäft bevorzugt die Entstehung von Großbetrieben. Kleinere und mittlere Familienbetriebe gehen in diesem Prozeß meist unter. Die USA sind trotzdem nach wie vor einer der wichtigsten Nahrungsmittelproduzenten und werden auch zukünftig mehr und billiger herstellen können als die meisten anderen Länder der Erde.

VEREINIGTE STAATEN: STÄDTE

Die Vereinigten Staaten waren am Anfang ihrer Geschichte ein landwirtschaftlich orientiertes Entwicklungsland. Im Jahr der ersten offiziellen Volkszählung 1790 lebten von den knapp 4 Millionen Einwohnern nur 200 000 Menschen in Städten, von denen die größten, damals Philadelphia und New York, jeweils nur ungefähr 30 000 Einwohner zählten. Die industrielle Revolution setzte in den USA erst richtig nach dem Sezessionskrieg (1861–1865) ein. Der darauf folgende Auf- und Ausbau der Städte war um so hektischer. Überall im Lande wurden neue Städte gegründet. Fünfzig Jahre später lebte bereits über die Hälfte aller US-Amerikaner in Städten. Heute sind über 90 % der US-amerikanischen Bevölkerung im städtischen Milieu zu Hause.

Die Welt, in der die meisten US-Amerikaner heute leben, ist eine technologische, eine städtische Welt. Aber die Städte in den USA sind ganz anders als anderswo: Eleganz und Häßlichkeit, Reichtum und Armut grenzen aneinander. Im alten Stadtzentrum, »Downtown« genannt, ragen dichtgedrängt die Wolkenkratzer, die die Büros von Banken, Versicherungsgesellschaften und großen Firmen beherbergen, zur eindrucksvollen »Skyline« empor. Geschäfte und Kaufhäuser gibt es wenige hier, und am Abend ist Downtown menschenleer. Unmittelbar dahinter, wo früher Lagerhäuser und Fabrikhallen standen, liegt heute ein Niemandsland von Parkplätzen und Ödflächen. Dann kommen die Wohnblocks der Armen, der Schwarzen und der »Hispanics«. Hier, wenige Gehminuten von der Innenstadt, sind die Gettos der Unterklasse, in die sich nachts oft nicht einmal mehr Polizisten wagen, und wo die Gesetze der Straßenbanden (»Gangs«) gelten, wo die Drogenhändler und Zuhälter herrschen. Dahinter dehnt sich, quadratkilometerweit, die neue Außenstadt, von Schnellstraßen und Autobahnen erschlossen, durchsetzt von Grünflächen, Industrieparks, Lagerhausanlagen, Einkaufszentren, Schulen, Golfplätzen, Sportanlagen, Kliniken und schönen, sauberen Wohnvierteln mit schier endlosen Reihen von Einfamilienhäusern, jedes auf seinem eigenen Grundstück. Hier in dieser lichten, begrünten Außenstadt leben all diejenigen, die es sich wirtschaftlich leisten konnten, das alte, triste Zen-

Stadt und Land

Um 1800 *(unten links)* waren die USA eine Nation von Farmern, die sich auf die Atlantikküste beschränkte. Über 90 % lebten auf dem Land.

Um das Jahr 1900 *(Mitte)* verursachten die europäischen Einwanderer ein enormes Städtewachstum. Die Landbevölkerung war aber noch in der Mehrheit.

Um das Jahr 2000 *(unten rechts)* lebten 23 % der US-Bevölkerung außerhalb der großen Städte. Die Mehrheit sind aber Stadtbewohner. Nur 2 % sind Farmer.

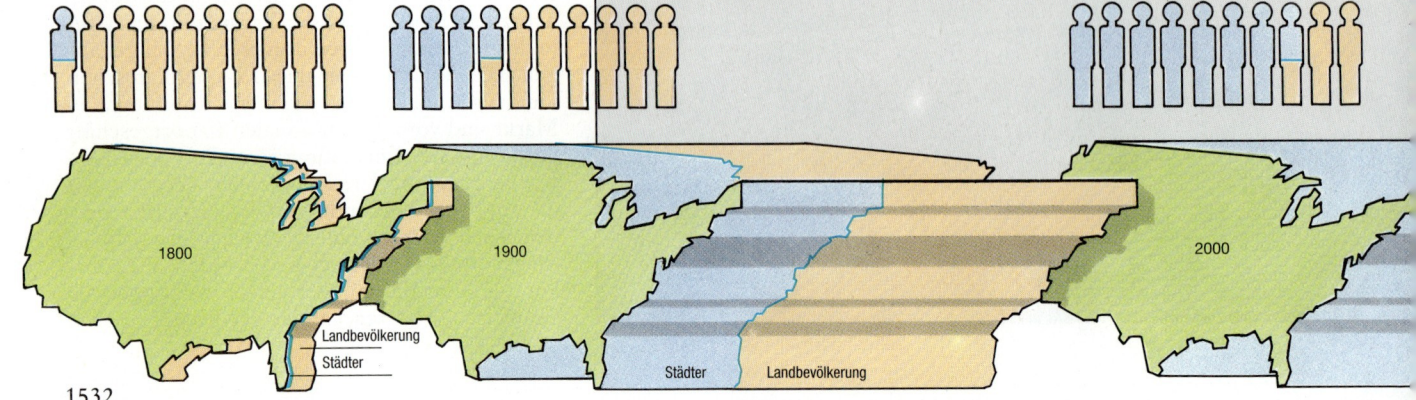

VEREINIGTE STAATEN

Vorortsiedlungen schießen trotz der Befürchtung, daß ungeplantes Wachstum wertvolles Ackerland vernichtet, wie in den Randbereichen von San Francisco *(ganz links)*, wie Pilze aus dem Boden. –
In den grünen Vororten von Washington D.C. *(links)* bieten weiträumige Gartenanlagen Kindern die Möglichkeit zum Spielen. Bessere Straßen und steigende Einkommen förderten das Wachstum der Vororte. –
Vom Sears Tower erscheint der Süden Chicagos *(unten)* wie eine Zusammenballung von Rangierbahnhöfen, Fabriken und Wohngebieten. Chicago war der Standort riesiger Schlachthöfe.

trum der Stadt zu verlassen. Eine neue Art von Stadt ist entstanden, weitgehend aufgelöst und mit der Landschaft verschmolzen. Diese Stadtregionen heißen »Metropolitan Regions«. Es gibt auf der Welt nicht ihresgleichen. Man kann kaum erkennen, wo die Stadt aufhört und wo das Land beginnt. Hier draußen gibt es viele neue Geschäftszentren. Diese »Shopping Centres«, auch Ministädte genannt, besitzen in der Regel ein großes Einkaufszentrum in der Mitte, das jeweils von vier Kaufhäusern flankiert ist und im überdachten und klimatisierten Innern mehrere hundert Geschäfte und Boutiquen aller Art sowie Restaurants und Kinos beherbergt. Um diesen Kern der Ministadt gruppieren sich Drive-in-Banken, Restaurants, Automobilhändler, Gartenzentren, Lebensmittel-Supermärkte, Eigentumswohnungen, Altersheime und verschiedenste Sportanlagen. Auch die verarbeitende Industrie und der Großhandel, die aus dem alten Stadtzentrum geflüchtet sind, haben sich vorwiegend in nächster Nähe der neuen Shopping Centres angesiedelt. Selbst die »Fabrik der nachindustriellen Gesellschaft«, das Bürohaus, bis vor einigen Jahren noch ausschließlich in den Downtowns der Städte zu finden, folgt dem allgemeinen Trend und siedelt sich zunehmend in den neuen Zentren der Außenstadt an. So dehnen sich diese verstädterten Regionen immer weiter aus. Inzwischen bedecken sie bereits eine Fläche von über 180 000 km².

Die größten zusammenhängenden verstädterten Regionen, Megalopolis genannt, dehnen sich entlang der Ostküste von Boston im Norden bis Washington D.C. im Süden über 500 km und vom Atlantik bis zu den Großen Seen bei Chicago und Milwaukee über 2000 km. Ausgedehnte verstädterte Regionen entstanden auch auf der Halbinsel Florida sowie entlang der Küste des Golf von Mexiko in Louisiana und Texas sowie in California vor allem um Los Angeles, San Diego und San Francisco. Etwa 7,5 Millionen Menschen leben im Stadtgebiet von Los Ángeles, das bereits weit über die Grenzen des Verwaltungsbezirks Los Angeles hinausreicht. Los Angeles ist heute die zweitgrößte Stadt der USA.

Der Traum der Amerikaner, gleichsam auf dem Lande zu leben und dennoch an der modernen städtischen Wirtschaft teilzuhaben, ist in der aufgelösten verstädterten Region für die meisten in Erfüllung gegangen. Die gesellschaftlich Unterprivilegierten sind jedoch in den alten Städten zurückgelassen worden.

VEREINIGTE STAATEN: NEW YORK

An der Nordostküste der Vereinigten Staaten, an der Mündung des Hudson River liegt auf einen kleinen Festlandteil und mehrere Inseln verteilt New York, »the Big Apple«, eine der Hauptmetropolen der Welt. Die größte Stadt der USA ist zugleich auch das wirtschaftliche und kulturelle Zentrum des Staates. Das Stadtgebiet unterteilt sich in fünf Verwaltungsbezirke: Manhattan auf der gleichnamigen Insel – berühmt geworden durch seine Skyline von etwa 200 Wolkenkratzern – ist Banken- und Börsenzentrum (Wall Street) sowie historischer Kern der Stadt. Die Bronx liegt als nördlichster Stadtteil auf dem Festland und ist gekennzeichnet durch Industrie- und Hafenanlagen, aber auch durch teilweise zu Slums verkommene, dicht besiedelte Wohngebiete. Im Stadtbezirk Queens wohnt vorwiegend eine Bevölkerung mit mittlerem bis gehobenem Einkommen. In Brooklyn lebt ein Völkergemisch sowie zahlreiche Intellektuelle und Künstler. Der am dünnsten besiedelte Bezirk Richmond ist stark mitteleuropäisch geprägt. Hier zählen die Bewohner vorwiegend zur Gruppe der Weißen. Vor der Südspitze Manhattans steht auf Liberty Island als Wahrzeichen der Stadt die 1886 eingeweihte Freiheitsstatue, die von der UNESCO zum Weltkulturerbe erklärt worden ist.

Historische Anfänge und Stadtentwicklung

New York wurde 1626 als Handelsstation Neu-Amsterdam von den Niederländern gegründet und zur Hauptstadt der Kolonie Neuniederlande erhoben. Als die Briten 1664 das Gebiet eroberten, erhielt die Stadt ihren heutigen Namen. Von 1785 bis 1790 war New York Sitz der Bundesregierung und bis 1797 Hauptstadt des Staates New York. Der Aufstieg zur Weltstadt begann Ende des 18. Jahrhunderts nach Erklärung der Unabhängigkeit von Großbritannien. Bereits um 1800 hatte New York Philadelphia den Rang der bevölkerungsreichsten Stadt in Nordamerika abgelaufen. Doch erst die Masseneinwanderung in der zweiten Hälfte des 19. Jahrhunderts machte New York zur Millionenmetropole. Bedingt durch den raschen Anstieg der Bevölkerung drohte das Wachstum der Stadt außer Kontrolle zu geraten. Es entstand der städtebauliche Plan des heute so berühmten schachbrettartigen Straßenrasters, das mit seinen zwölf in Nord-Süd-Richtung verlaufenden Avenues und den durchnumerierten Querstraßen ganz Manhattan wie ein Netz überzieht. Im Zuge der Ausdehnung nach Norden verlagerte sich das Zentrum von New York immer weiter von der Südspitze weg. Vor und während des Zweiten Weltkriegs wurde New York zum Zufluchtsort für viele Verfolgte des Nazi-Regimes in Deutschland. Nach dem Krieg begann ein bis heute andauernder Zustrom von Menschen, die sich von ihrer neuen Heimat vor allem wirtschaftliche Vorteile erhofften. In den 1950er Jahren wanderten vor allem viele Puertoricaner ein.

Luxus und Elend

Das heutige New York, Welthauptstadt des Kapitals und Sitz der Vereinten Nationen, ist eine Stadt der sozialen Gegensätze, wo verschwenderischer Luxus und bittere Armut aufeinanderprallen. Die Einwanderung hat in New York zu einer ungewöhnlichen ethnischen Vielfalt geführt. Im Kerngebiet der Stadt leben etwa 7,3 Millionen Menschen aller Hautfarben und Religionen. Die Gruppe der Weißen hat schon seit Beginn der 1990er Jahre ihre zahlenmäßige Überlegenheit verloren. Heute gehören vor allem Schwarze, Hispanics, Chinesen, Italiener, Iren, Polen und Griechen zum bunten Völkergemisch. Viele dieser ethnischen Gruppierungen bewohnen ihre eigenen Viertel, wo sie ihre Sprache sprechen, ihre eigenen Geschäfte, Lokale und auch Kirchen unterhalten. So ist Chinatown eine Hochburg der Chinesen, Schwarze leben vor allem in Harlem, Polen und Ukrainer in East Village, Ungarn und Tschechen auf der East Side und Hispanics in East Harlem und in der Bronx. Bis in die 1990er Jahre hinein war New York für seine hohe Kriminalität und die Verwahrlosung einzelner Stadtteile bekannt. Durch die rigorose Politik der Stadtväter hat sich das Image jedoch gewandelt: Heute zählt die quirlige Metropole zu den sichersten Großstädten der Welt.

Wirtschaftsmetropole und Haupthandelsplatz

Obwohl New York City schon einige Male der wirtschaftliche Kollaps prophezeit wurde, gilt die Stadt als weltweiter Handels- und Finanzmittelpunkt. An der Wall Street mit ihren zahllosen Banken und der New York Stock Exchange, der größten Börse weltweit, wechselt täglich mehr Geld den Besitzer als an irgendeinem anderen Platz der Welt.

Von überragender Bedeutung für den Industriestandort sind das Druck- und Textilgewerbe sowie der Fahrzeugbau und die Elektro-, Nahrungsmittel- und chemische Industrie. Einige der größten Medienkonzerne der Welt haben ihren Sitz in New York. Außerdem ist New York mit seinen zahllosen Public-Relations- und Werbeagenturen, den Rundfunk- und Fernsehanstalten eine Hochburg der Massenkommunikation, eine bedeutende Kongreßstadt und natürlich dank der vielen Sehenswürdigkeiten, wie der Freiheitsstatue, dem Central Park, dem Empire State Building, der Brooklyn Bridge, dem Solomon R. Guggenheim Museum, Chinatown, Soho, Greenwich Village und anderen, ein starker Magnet für Touristen aller Nationalitäten. Trotz ihrer großen Wirtschaftskraft befindet sich die Stadt jedoch in einer permanenten Finanzkrise, die in der Vergangenheit schon mehrmals an den Rand der Zahlungsunfähigkeit geführt hat. Ein Grund liegt in der Abwanderung vieler Industrieunternehmen aus der Stadt in das Umland, wodurch der Stadt Steuereinnahmen und Arbeitsplätze verlorengehen.

VEREINIGTE STAATEN

Das Empire State Building war bis 1973 der höchste Wolkenkratzer der Welt *(links)*. Es wurde 1931 von W.F. Lamp im New Yorker Stadtteil Manhattan erbaut. Es ist 380 m hoch (einschl. des Fernsehmastes 449 m), hat 102 Stockwerke und dient als Bürogebäude für 25000 Beschäftigte.

Auf dem Broadway finden häufig Siegesparaden statt *(rechts)*. Wenn herausragende sportliche oder politische Ereignisse dafür Anlaß geben, sind die New Yorker mit Begeisterung dabei.

Der New Yorker Stadtteil Harlem *(unten links)*, im nordöstlichen Teil der Insel Manhattan gelegen, ist ein Viertel, in dem überwiegend Farbige leben.

Zwei junge Mädchen vergnügen sich im New Yorker Central Park beim Inline-Skating *(unten)*. Der Central Park ist die »grüne Lunge« der Stadt.

Kunstmekka und kulturelle Trendschmiede

Nach dem Zweiten Weltkrieg stieg New York zur internationalen Kulturmetropole auf – eine Rolle, die zuvor Paris ausgefüllt hatte. Mit seinen Opernhäusern, Theatern, Orchestern, Jazzbars, Tanzensembles, Museen und Galerien prägt New York immer wieder Kunststile und setzt weltweite Trends. Der 30 km lange Broadway, ein alter Indianerpfad, der heute Manhattan als Hauptverkehrsader durchzieht, ist das Zentrum des amerikanischen Theater- und Musicallebens. Hier wurden zahlreiche Theaterstücke und Musicals aufgeführt, die Theatergeschichte schrieben. Außerdem ist New York die Hochburg der US-Verlage, der Hauptsitz vieler Zeitschriftenredaktionen, Sammelpunkt für Bibliotheken, Buchhandlungen und Antiquariate. Für Lehre und Forschung stehen mehrere Universitäten, wie die Columbia University, und Colleges zur Verfügung sowie zahlreiche Bibliotheken, wie die New York Public Library, und wissenschaftliche Gesellschaften.

VEREINIGTE STAATEN: EINWANDERUNG

Die Vereinigten Staaten von Amerika sind ein klassisches Einwanderungsland mit einer relativ kurzen Geschichte. Die US-amerikanische Nation entstand erst im 18. und 19. Jahrhundert und setzt sich aus Einwanderern und deren Nachkommen aus aller Herren Länder zusammen. Obwohl eine biologische Vermischung im »Schmelztiegel« der USA stattgefunden hat, ist das US-amerikanische Volk immer noch ein buntes Mosaik von Völkern und Rassen, das aber durch ein starkes gemeinsames Nationalbewußtsein verbunden ist.

Im Jahre 1800 hatten die USA eine Bevölkerung von nur 5,5 Millionen einschließlich der afrikanischen Sklaven im Süden des Landes. Heutzutage, also zweihundert Jahre später, beträgt die Einwohnerzahl rund 277 Millionen. Solch ein gewaltiges Wachstum ist nur zum Teil auf natürliche Bevölkerungsvermehrung zurückzuführen. Es entspringt in erster Linie der Einwanderung. Von 1800 bis 1990 sind schätzungsweise 90 Millionen Menschen in die USA gekommen, von denen 55 Millionen nie mehr zurückkehrten und zu US-Amerikanern wurden. Europäer waren unter den Einwanderern am stärksten vertreten.

Einwanderungswellen

Sechs große Einwanderungswellen hat es gegeben. In den Jahren von 1800 bis 1860 überwogen Einwanderer aus England, Irland, Schottland und den deutschsprachigen Gebieten, besonders aus Hessen, Preußen, aus der Rheinpfalz und Österreich. Zwischen 1860 und 1890 waren Deutsche, Briten und Skandinavier am zahlreichsten. Von 1900 bis 1914 überwogen Polen, Ukrainer und Russen sowie Südeuropäer, besonders Italiener. Ihnen folgten nach dem Ersten Weltkrieg weitere Osteuropäer, vor allem Russen, Ukrainer und Balten sowie Deutsche, Österreicher, Tschechen und Ungarn. Die vierte große Einwanderungswelle fand in den Jahren 1933 bis 1955 statt. Europäische Juden und andere politisch Verfolgte sowie Flüchtlinge des Zweiten Weltkrieges fanden in den USA Aufnahme. Die nächsten Einwanderungsschübe kamen aus Ungarn (1956), der Tschechoslowakei (1968), Vietnam und Kambodscha (nach 1974), Nicaragua (seit 1986) und Haiti. Ein nie abreißender Strom oft illegaler Einwanderer – etwa 500 000 pro Jahr – stammt aus den lateinamerikanischen Ländern, besonders aus Mexiko. Die Hispano-Amerikaner (Hispanics) einschließlich der Kubaner, Puertoricaner und Mexikaner sind die am schnellsten anwachsende Minderheit der USA, die heute bereits 30 Millionen Menschen zählt, mehr als doppelt so viele wie noch vor zwanzig Jahren.

Die letzte große überseeische Einwanderungswelle wurde durch den Vietnamkrieg ausgelöst: In den 1970er und 1980er Jahren kamen etwa 400 000 vietnamesische Flüchtlinge in die USA. Neben diesen sind seit etwa 1970 Einwanderer aus Südkorea, Taiwan, China, Hong-

Ein Volk von Einwanderern

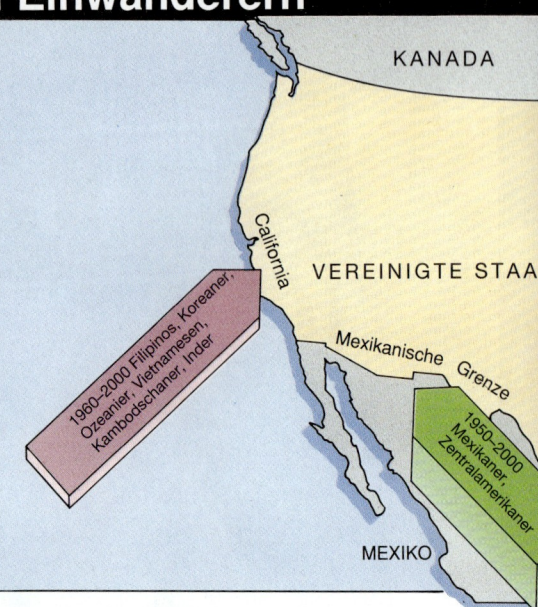

Die Bevölkerung der Vereinigten Staaten ist ein Mosaik von Völkern und Kulturen *(rechts)*. Es können verschiedene Einwanderungswellen unterschieden werden, die vielen Teilen des Landes ihr charakteristisches Gepräge verliehen haben. Tschechen ließen sich beispielsweise in großer Zahl in Texas nieder, während Skandinavier im Mittelwesten eine neue Heimat fanden. Heute kommen jedes Jahr Tausende von Einwanderern aus Mexiko, Mittelamerika und Asien in die USA.

VEREINIGTE STAATEN

Einwohner Chicagos genießen während des Lake Shore Festivals die Sonne *(links außen)*. Die Bevölkerung der USA setzt sich aus Einwanderern aus aller Welt zusammen. Lateinamerikaner und Asiaten bilden die am schnellsten wachsenden Gruppen.

Ein italienisches Feinkostgeschäft bringt einen Hauch von Europa in die Straßen New Yorks *(links)*. Die Italiener sind eine der größten ethnischen Gruppen der USA; in den letzten 150 Jahren sind mehr als 5,2 Millionen eingewandert.

New Yorks Chinatown *(links)* ist das expandierende chinesische Viertel dieser Stadt. In Chinatown leben heute neben den seit langem hier ansässigen chinesischen Bewohnern auch Einwanderer aus Taiwan und Hongkong. In der Canal Street im Herzen des Viertels sind die Feuerwerke aus Anlaß des chinesischen Neujahrsfestes der Höhepunkt eines jeden Jahres. San Francisco an der Westküste der USA hat die größte chinesische Gemeinde außerhalb Chinas.

kong, Kambodscha und von den Philippinen registriert worden. Auf diese Weise ist die asiatische Minderheit in den letzten dreißig Jahren von rund 1,5 Millionen auf knapp 10 Millionen Menschen angestiegen.

Ein neues Mischvolk

Bei ihrer Einwanderung haben manche Volksgruppen gewisse geographische Gebiete vorgezogen. So sind z. B. die Staaten Wisconsin, Minnesota und Iowa vorwiegend von Skandinaviern und Deutschen, Österreichern und Schweizern und der Staat Pennsylvania von Deutschen, Polen und Ukrainern besiedelt und kultiviert worden. Deutsche haben sich auch in großer Zahl in Texas niedergelassen, während mehr als die Hälfte aller Chinesen, fast drei Viertel aller Filipinos und die Mehrzahl der Japaner im Westen der USA, vor allem in California und Hawaii, anzutreffen sind. 75 % aller Kubaner und die Mehrzahl der Flüchtlinge aus Nicaragua leben in Florida, und über 80 % aller Hispano-Amerikaner sind im Südwesten des Landes zu Hause. Im ganzen gesehen hat jedoch ein bemerkenswerter biologischer und geographischer Einschmelzungs- und Mischprozeß stattgefunden, der im Laufe der Zeit Einwanderer aus den verschiedenen Ländern zu einem neuen Volk zusammengeschweißt hat. Über die Hälfte aller US-Amerikaner hat Eltern oder Großeltern verschiedener nationaler Herkunft. Auch Rassenmischung ist sehr häufig. Diesem neuen integrierten Mischvolk der »US-Amerikaner« gehören aber auch heute nicht alle Einwohner des Landes an. Zahlreiche Bevölkerungsgruppen sind nicht hinreichend integriert, vor allem die Schwarzen, auch Afro-Amerikaner genannt, die Hispano-Amerikaner, die asiatischen Volksgruppen, und die »eingeborenen« Indianer. Die Gesetzgebung hinsichtlich der »Gleichen Bürgerrechte« und »Eingliederung« hat seit den 1960er Jahren große Fortschritte auf dem Weg zur Integration dieser Minderheiten gebracht. Grundlagen der Einheit der USA sind die vorherrschenden angelsächsischen Kulturnormen, die englische Sprache und die Stärke der amerikanischen Demokratie und ihre Symbolik: die Fahne, die Nationalhymne und der stolze Treueeid, den schon die Kinder lernen: »I pledge allegiance to the flag of the United States of America, and to the republic for which it stands, one nation under God, indivisible, with liberty and justice for all ...«

VEREINIGTE STAATEN: DIE INDIANER

Heute stammen rund sieben Millionen US-Amerikaner von den Ureinwohnern des Landes, den Indianern, ab. 1,4 Millionen von ihnen bezeichnen sich als Vollblutindianer, von denen 400 000 noch in Reservationen leben. Als die Europäer Anfang des 17. Jahrhunderts in Nordamerika Fuß faßten, gab es insgesamt nur etwa 1,5 Millionen Ureinwohner auf dem Gebiet der heutigen USA. Sie lebten als Jagdnomaden in den Prärien und Wäldern im Osten und Mittleren Westen, als Fischer an den Flüssen und den Küsten von Oregon und Washington im Nordwesten oder als Ackerbauern und Viehzüchter wie die Navaho und Hopi im Südwesten und die heute nicht mehr als Stammesverband existierenden Irokesen und Mohikaner im Osten. Die ersten Begegnungen mit den Europäern verliefen friedlich. Die Indianer beschenkten die Neuankömmlinge mit Mais und Tabak, zwei Produkte, die in der US-amerikanischen Wirtschaft später eine große Rolle spielen sollten, sowie mit Truthähnen und anderen Erträgen ihrer Felder und Wälder. In Erinnerung daran feiern heute noch alle US-Amerikaner jedes Jahr Ende November den »Thanksgiving Day«, ein Erntedankfest, bei dem Truthahn, Süßkartoffeln, Maisbrot und Sumpfpreiselbeeren, alles Produkte der indianischen Landwirtschaft jener Zeit, zubereitet werden.

Auf die Dauer war jedoch ein friedliches Zusammenleben der weißen Siedler mit der einheimischen Indianerbevölkerung unmöglich. Die unerbittlich fortschreitende Landnahme der Weißen fand ihre Rechtfertigung in dem religiös untermauerten Rassen- und Kulturdünkel der englisch-puritanischen Tradition. »Der Wilde« war demzufolge die Ausgeburt an Unkultur, den es zu vernichten galt: »Der beste Indianer ist ein toter Indianer«. Der zum Teil heldenmütige Widerstand der Indianer mißlang. Sie waren allein schon zahlenmäßig unterlegen, untereinander zerstritten und den Weißen vor allem militärisch-technisch nicht gewachsen, auch nachdem sie in den Besitz von Feuerwaffen gelangt waren. Sie wurden durch eingeschleppte Krankheiten, vor allem Pocken, Grippe und Syphilis, gegen die sie nicht resistent waren, dezimiert und durch den Mißbrauch von Alkohol, den sie Feuerwasser nannten, demoralisiert. Das Vorgehen der Weißen in ihrer Landnahme und Verdrängung der Indianer war einfach: Die örtlich besiegten Indianer zogen sich in Gebiete zurück, die noch frei von weißen Siedlern waren, die Siedler stießen nach. Die Bundesregierung wies den Indianern Schutzgebiete zu, war aber den Siedlern gegenüber nachsichtig, die sich das Land der Indianerterritorien abermals aneigneten, welche auf diese Weise immer tiefer in das Landesinnere verdrängt wurden, bis in die unwirtlichen Trockengebiete des Westens. Gegen Ende des 19. Jahrhunderts wurde gezielter Völkermord betrieben, ausgeführt durch Einheiten der Bundestruppen in geplanten Massakern von ganzen Dörfern und Stämmen. Gleichzeitig wurden die Büffel, Lebensgrundlage der Indianer im Westen, zu Millionen abgeschlachtet und so gut wie ausgerottet.

Indianerreservationen

Die letzten Indianer wurden in Reservationen oder »Indianerterritorien« angesiedelt, die bis zur heutigen Zeit eine Gesamtfläche von 200 000 km² einnehmen, aber meist in naturräumlichen Ungunstgebieten liegen.

Innerhalb der Reservationen herrscht indianische Selbstverwaltung. Sie erhalten vom Innenministerium Unterstützungsgelder und Nahrungsmittellieferungen zugeteilt. Doch die Indianerpolitik der Regierung ist in den letzten vierzig Jahren sehr wechselhaft gewesen. Sie schwankte zwischen dem Ziel, die Reservationen allmählich aufzulösen und die Einwohner als Vollbürger zu integrieren, was die Indianer jedoch allgemein ablehnten, und der Politik, die staatliche Unterstützung und Erhaltung der Reservationen fortzuführen. Dies lehnt wiederum die Mehrzahl der US-amerikanischen Steuerzahler ab. Vetternwirtschaft, Korruption und Mißwirtschaft kennzeichnen die Selbstverwaltung der Indianerreservationen. Eine Senatskommission untersuchte 1989 in den Reservationen Bestechungsfälle bei der internen Verwaltung von Regierungsgeldern für Wohnungsbau und Nahrungsversorgung, Fälle von Veruntreuung von Schulfinanzen sowie den

Die Ureinwohner Amerikas

Siedlungsregionen:
- Wald- und Seengebiete im Osten
- Innere Ebenen
- Trockenzonen im Südwesten
- Intramontane Becken und Küstengebirge Kaliforniens
- Waldgebiete im Nordwesten
- Subpolares Alaska
- Arktis

VEREINIGTE STAATEN

Die Navahos sind mit über 200 000 Menschen einer der größten nordamerikanischen Indianerstämme *(links außen)*. Sie leben hauptsächlich in einer 64 000 km² großen Reservation im Grenzgebiet der US-Bundesstaaten Arizona, Utah und New Mexico. Neben der Schaf- und Ziegenhaltung betreiben sie ein hochentwickeltes Kunsthandwerk.

Indianer führen bei einem Powwow *(links)* einen rituellen Tanz auf. Powwows, ursprünglich Ratsversammlungen, sind heute beliebte Feste der Indianer-Gemeinschaft.

In einer Siedlung der Mohawk-Indianer *(oben).* Sie gehören zum Stamm der Irokesen und leben heute im Bundesstaat New York und in der kanadischen Provinz Ontario. Bekannt geworden sind sie für ihre Geschicklichkeit beim Arbeiten in großer Höhe.

Indianische Künstler wie dieser Navaho aus Taos in New Mexico *(links)* beziehen sich mit ihren traditionellen Motiven auf ein reiches kulturelles Erbe. Taos wurden durch Felsenwohnungen berühmt.

verbreiteten öffentlich geduldeten Drogenhandel und die Prostitution. Die Armut der Mehrzahl der Bewohner von Reservationen wird wesentlich durch diese interne Mißwirtschaft der Machteliten der Stämme gefördert. Sehr viele US-amerikanische Bürger vertreten daher die Ansicht, daß die Bundesregierung das Recht haben müsse, in die inneren Angelegenheiten der Reservationen einzugreifen, zumal jährlich Steuergelder in Milliardenhöhe für die insgesamt 400 000 Bewohner der Indianerreservationen ausgegeben werden. Ein solches Ansinnen lehnen jedoch die Reservationsindianer ab.

Die über eine Million Vollblutindianer und die sechs Millionen Mischlinge, die außerhalb der Reservationen leben, werden zusehends integriert und genießen dank der geltenden Chancengleichheitsgesetze bevorzugte Behandlung bei Schul- und Hochschulstipendien und auf dem Arbeitsmarkt.

VEREINIGTE STAATEN: HISPANICS

Nach 1492, in den Jahren nach der großen Fahrt des Christoph Kolumbus, brachten die spanischen Eroberer, Priester und Siedler die spanische Kultur in ein Gebiet, das vom Süden der heutigen USA bis zur Südspitze Südamerikas reicht. Spanien verkaufte 1821 Florida und nach dem verlorenen Krieg gegen die USA (1846–1848) mußte Mexiko ein Gebiet abtreten, das die heutigen Staaten California, Nevada, Utah, den größten Teil Arizonas und New Mexicos sowie Teile von Colorado und Wyoming umfaßt. Die Mexikaner in den eingegliederten Gebieten wurden zu Hispano-Amerikanern, kurz Hispanics genannt.

Ende des 20. Jahrhunderts lebten in den USA rund 30 Millionen Hispanics, die auch als Latinos bezeichnet werden. Einige sind rein spanischer Herkunft, andere sind Mestizen oder Mulatten. Aufgrund ihrer eigenständigen Kultur werden sie vom US Census Bureau, der für die Durchführung regelmäßiger Volkszählungen zuständigen Bundesbehörde, als Minoritätengruppe klassifiziert. Nach den Schwarzen sind sie die zweitgrößte Minderheit in den USA.

Herkunft

Die meisten Hispano-Amerikaner sind Einwanderer oder Nachkommen von Einwanderern aus Lateinamerika. Etwa drei von fünf sind mexikanischer Abstammung und leben im Westen und Südwesten, insbesondere in California und Texas. Die mexikanische Einwanderung größeren Ausmaßes begann im frühen 20. Jahrhundert. Angeworben von amerikanischen Eisenbahn- und Bergbaugesellschaften oder Farmbesitzern kamen viele auf legalem Wege in die USA. Eine große Zahl mexikanischer und anderer lateinamerikanischer Einwanderer kam jedoch, in der Hoffnung auf einen Lebensstandard, den sie in ihrer Heimat nie erreichen würden, illegal in die USA.

Andere Hispano-Amerikaner sind aus Puerto Rico eingewandert, einem mit den USA assoziierten freien Staat, dessen Bewohner US-amerikanische Staatsbürger sind. Die seit 1945 in großer Zahl in die Vereinigten Staaten kommenden Puertoricaner lassen sich überwiegend in New York nieder.

Kuba war das Ursprungsland der dritten Einwanderungswelle spanisch sprechender Menschen, die in den 1960er Jahren, nach der Bildung einer sozialistischen Regierung durch Fidel Castro, die Insel verließen. Viele machten Florida zu ihrer neuen Heimat.

Hispanische Kultur

Da die Vereinigten Staaten viele Millionen Menschen aus aller Welt aufgenommen haben, die mit der Annahme der englischen Sprache und der anglo-amerikanischen Kultur von ihrer Wahlheimat assimiliert worden sind, werden sie häufig als »Schmelztiegel« der Nationen bezeichnet. Heute sind jedoch viele Amerikaner stolz auf die Bewahrung kultureller Charakte-

Hispanics

Die Karte (rechts) zeigt die wichtigsten Herkunftsgebiete lateinamerikanischer Einwanderer auf. California, Texas und andere an Mexiko grenzende Staaten, die ehemals zum mexikanischen Territorium gehörten, sind das Ziel vieler Einwanderer. Der Zustrom aus Kuba ist in erster Linie auf die Unzufriedenheit vieler Kubaner mit dem Regime Fidel Castros zurückzuführen. Puerto Rico hat den Status eines Staates der USA, und die Bevölkerung besitzt seit 1917 die US-Staatsbürgerschaft.

VEREINIGTE STAATEN

Hispano-Amerikaner aus Mexiko bei der Bohnenernte in California *(links außen)*. Insbesondere seit den 1970er Jahren sind Mexikaner und andere Mittelamerikaner in großer Zahl nach California ausgewandert. Spanisch ist mittlerweile die zweite Landessprache.

Miami, Florida, *(links)* ist die Heimat von Tausenden von Flüchtlingen aus dem Kuba Castros. Das Herz der hispanoamerikanischen Gemeinschaft ist »Klein Havanna« mit seiner mondänen Hauptstraße Calle Ocho, wo die Restaurants sich auf kubanische Fischgerichte spezialisiert haben. Hier wird hauptsächlich Spanisch gesprochen, und Schilder verkünden extra, daß auch Englisch gesprochen wird.

Hispano-Amerikanerin an ihrem Arbeitsplatz in einer Zigarrenfabrik in Florida *(links)*. Die Herstellung von Zigarren erfordert geschickte Handarbeit. Für das Deckblatt benötigt man besonders große, dünne Tabakblätter. Die USA sind nach China der zweitgrößte Tabakproduzent.

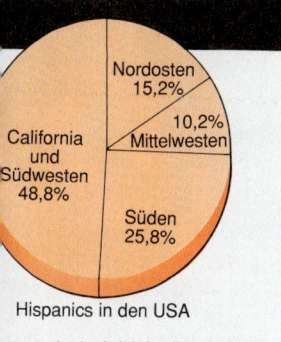

Hispanics in den USA

■ unterdurchschnittl. Anteil (unter 6,4%) an spanisch-sprechender Bevölkerung
■ überdurchschnittl. Anteil (über 6,4%) an spanisch-sprechender Bevölkerung
■ Gebiete, die bis 1835, 1846, 1850 und 1853 zu Mexiko gehörten
■ Spanisch-sprechendes Zentralamerika

ristika ihrer Herkunftsländer. So spricht die Hälfte der Hispano-Amerikaner zu Hause nur Spanisch, obwohl die meisten auch die englische Sprache beherrschen. In Städten wie Houston, Los Angeles oder Miami gibt es spanischsprachige Zeitungen, Radio- und Fernsehstationen. Viele Amerikaner haben durch das Vorhandensein einer eigenständigen hispanischen Kultur erkannt, daß ihre Gesellschaft eher der Ausdruck eines kulturellen Pluralismus ist als ein Schmelztiegel.

Die US-Bürger spanischer und lateinamerikanischer Abstammung unterscheiden sich auch auf andere Weise von der übrigen amerikanischen Bevölkerung. Die Hispano-Amerikaner sind mit einem Durchschnittsalter von 24 Jahren jünger als die Gesamtbevölkerung, deren Durchschnittsalter bei 31 Jahren liegt. Ihre Zahl nimmt sowohl aufgrund der anhaltenden Einwanderung als auch wegen der hohen Geburtenrate schneller zu. Das US Census Bureau hat bekanntgegeben, daß sich die hispanische Bevölkerung zwischen 1980 und 1996 nahezu verdoppelt hat und momentan eine Gesamtzahl von 30 Millionen erreicht hat; davon sind über die Hälfte mexikanischer Abstammung.

Die Hispano-Amerikaner haben sehr enge Bindungen an ihre Gruppe. Sie bilden starke Gemeinschaften und ziehen es vor, in eigenen, deutlich abgegrenzten Vierteln zu wohnen und zu arbeiten. In diesen Gegenden besteht die Forderung, das Spanische und nicht das Englische als erste Schulsprache zu verwenden. Mancher Amerikaner ist durch derartige Tendenzen beunruhigt und sieht sie als Zeichen einer zunehmenden Abgrenzung.

Der Durchschnittsverdienst der meisten hispanischen Familien liegt niedriger als der Landesdurchschnitt. Etwa 85 % der Hispano-Amerikaner leben in städtischen Gebieten, zumeist in ärmeren Vierteln, in denen unter anderem sanitäre Verhältnisse und medizinische Versorgung im Vergleich zu wohlhabenden Wohngegenden einiges zu wünschen übrig lassen. Bildungsniveau, Wohnsituation und Arbeitsmöglichkeiten weisen sie als Benachteiligte aus.

VEREINIGTE STAATEN: SCHWARZE

Die meisten US-Amerikaner sind Nachkommen von Einwanderern und gesellschaftlich weitgehend integriert. Einer Gruppe gelang es aber bis heute nicht, voll eingegliedert zu werden, obwohl sie schon seit über zweihundert Jahren im Lande lebt. Die rund 33 Millionen schwarzen Einwohner bilden die größte Minderheitengruppe in den Vereinigten Staaten. Sie sind größtenteils Nachkommen der 800 000 bis 900 000 Sklaven, die zwischen 1619 und 1808 (Verbot des Sklavenimports) aus Afrika unter Zwang eingeführt wurden. Von dem Tag an, da der erste Sklave aus Afrika an Land gebracht wurde, haben Schwarze in den USA Benachteiligung erfahren.

Der Sieg der Nordstaaten im Sezessionskrieg brachte Freiheit für die Sklaven, doch selbst nach dem Verbot der Sklaverei im Jahre 1865 wurden Schwarze in den USA nicht gleichbehandelt. Gesetze der Einzelstaaten des Südens verwehrten den Schwarzen den Zugang zu Wahlurnen und Wahlämtern, die Mehrheit der weißen Bevölkerung dort versuchte, die Integration der Schwarzen in Wirtschaft und Gesellschaft zu verhindern. Sie mußten noch über hundert Jahre warten, bis sie auch vor dem Gesetz als politisch und sozial gleichberechtigt anerkannt wurden. Bis dahin war es in den Südstaaten den schwarzen US-Amerikanern verboten, öffentlich zugängliche Betriebe, Unternehmen und Einrichtungen wie Restaurants oder Kinos an der Seite ihrer weißen Mitbürger in Anspruch zu nehmen. So mußten sie auf den hinteren Sitzen der Busse reisen, Schulen und Universitäten waren rassengetrennt, und sie durften nur in bestimmten Stadtvierteln wohnen. Es war vor allem der 1968 ermordete schwarze Bürgerrechtler Dr. Martin Luther King, der sich in den 1950er und 1960er Jahren erfolgreich für die Schwarzen einsetzte. Die von ihm ins Leben gerufene gewaltlose Bürgerrechtsbewegung (»Civil Rights Movement«) beseitigte die US-amerikanische »Apartheid«, indem sie die US-amerikanische Regierung zur umfassendsten Gleichberechtigungsgesetzgebung (»Equal Rights Legislation«) in der Geschichte der Vereinigten Staaten zwang. Damit wurden schwarze US-Amerikaner auch vor dem Gesetz gleich. Diskriminierung jeder Art wurde zum Vergehen deklariert, Chancengleichheit und bevorzugte Berücksichtigung der Schwarzen sowie der Indianer, Hispanics und Frauen bei Arbeitseinstellungen wurden gesetzlich verankert. Trotzdem sind die schwarzen US-Amerikaner auch heute noch nicht voll integriert. Immer noch leben die meisten von ihnen in getrennten Wohngettos. Immer noch sind die Schwarzen mit einem Anteil von knapp 13 % an der US-amerikanischen Gesamtbevölkerung weit überdurchschnittlich in den Kategorien der »Armen Arbeiter« mit 25 % und der »Unterklasse« mit 28 % vertreten.

Der Mehrzahl der schwarzen US-Amerikaner geht es heute jedoch erheblich besser als vor

Zwei Arbeiter in New York *(unten)* bei einer Pause. Millionen Schwarze wanderten im frühen 20. Jahrhundert aus dem Süden ab. Die gesetzliche Gleichberechtigung hat dazu beigetragen, die Folgen der früheren Diskriminierung zu lindern.

Martin Luther King *(rechts)* war der Führer der schwarzen Bürgerrechtsbewegung der 1960er Jahre. Sein gewaltloser Protest trug zur Beendigung der Diskriminierung der Schwarzen bei. Heute ist Kings Geburtstag ein öffentlicher Feiertag.

zwanzig Jahren. 56 % gehören den mittleren und oberen Einkommensschichten an. Sie sind erheblich besser gebildet als ihre Eltern. Zum großen Teil sind sie im Dienstleistungsbereich beschäftigt. Über 370 000 schwarze US-Amerikaner sind heutzutage selbständige Unternehmer, das sind doppelt so viele wie vor zwanzig Jahren. Damals gab es nicht einmal 1500 gewählte schwarze Politiker im Lande. Heute sind es mehr als 7000. Zahlreiche große Städte haben oder hatten schwarze Oberbürgermeister, wie z. B. New York, Los Angeles, Washington D. C., Detroit, Atlanta, New Orleans, Newark, Gary, Philadelphia und Chicago.

Slums und »goldene Gettos«

Dennoch ist das Rassenproblem der USA nicht gelöst. Auch die Angehörigen der schwarzen Mittelklasse leben wieder in getrennten Wohnvierteln unter sich, in sogenannten »goldenen Gettos«. Besonders tragisch ist aber die Verrohung und soziale Isolation der schwarzen Unterklasse, die in den Slums der Städte lebt. In diesen Elendsquartieren lebt jede zweite Familie in Armut, ist jeder zweite Jugendliche arbeitslos, ist fast jeder Siebzehnjährige ein Analphabet, und jeder 21. junge Mann muß damit rechnen, ermordet zu werden. Im Vergleich zu den Weißen ist bei den Schwarzen dieser Viertel die Lebenserwartung niedriger, die Kindersterblichkeit und die Scheidungsrate dagegen weitaus höher. Neben Arbeitslosigkeit und

VEREINIGTE STAATEN

Eine Gospelgruppe belebt ein Straßenfest in Los Angeles *(ganz unten)*. Die Schwarzen haben heute einen wesentlich höheren Lebensstandard als vor 30 Jahren und eine bessere Bildung. Dennoch existieren in größeren Städten noch Gettos.

Muhammed Ali (links) boxt gegen Leon Spinks, 1978 *(unten)*. Muhammed Ali, bis 1965 Cassius Clay, wurde 1960 Olympiasieger im Halbschwergewicht. Als Profi war er dreimal Weltmeister im Schwergewicht. 1999 wurde er »Sportler des Jahrhunderts«.

Geldmangel ist es vor allem der Zerfall der Familien, der sich verheerend auswirkt. Viele schwarze Männer verlassen ihre Familien, weil sie diese Verantwortung nicht übernehmen wollen und weil vaterlose Familien vom Sozialsystem bevorzugt werden. So kommt es, daß jedes zweite Kind in den Slums ohne Vater aufwächst und daß die Zahl der unehelichen Teenager-Schwangerschaften sehr hoch ist. Zwar erhält jeder Haushalt in den USA, der unter einem bestimmten Einkommen, der staatlich festgesetzten Armutsgrenze, liegt, Fürsorgegeld und Lebensmittelgutscheine sowie Zuschüsse für Heizung und Miete, freie Krankenversicherung und kostenlose Schulspeisung für die Kinder, doch diese Hilfsmaßnahmen lösen nicht den Teufelskreis aus Armut, mangelnder Schulbildung, Arbeitslosigkeit, Kriminalität und Gewalttätigkeit, in dem sich diese Menschen befinden. Vielleicht können Reformen der Steuer- und Fürsorgegesetze diesen Teufelskreis der Abhängigkeit sprengen helfen. Aber alle Gesetze, Reformen, Hilfeleistungen und gutgemeinten Pläne müssen Stückwerk bleiben, wenn es nicht gelingt, die rassistischen Vorurteile zu beseitigen, die nach wie vor im Lande anzutreffen sind. Die schwarzen US-Amerikaner, auch der mittleren und gehobenen Einkommensschichten, sind im Grunde auch heute noch alleingelassen, ungeliebt, unverstanden, isoliert. Es wird noch lange dauern bis ein Schwarzer Präsident der Vereinigten Staaten werden kann.

VEREINIGTE STAATEN

»American Way of Life«

»Amerika, Du hast es besser« soll Johann Wolfgang von Goethe (1749–1832) gesagt haben. Der natürliche Reichtum des Landes allein ist wohl damit nicht gemeint gewesen. Er wird vielmehr auf die Freiheit, ungehindert nach Erfolg und Glück streben zu können, die so viele Millionen Menschen ins »Land der unbegrenzten Möglichkeiten« gelockt hat, angespielt haben. Hier sind noch heute Karrieren von bescheidensten Anfängen zu märchenhaftem Reichtum oder Ansehen möglich. Freiheit und Unabhängigkeit sind wohl mit die höchsten Werte der US-amerikanischen Gesellschaft.

Für die Freiheit, sein Glück zu versuchen, ganz unabhängig zu sein und niemandem untertan, und zu leben wo und wie er will, verzichtet der US-Amerikaner auf die Sicherheiten des Lebens, die ihm ein Sozialstaat westeuropäischer Prägung verschaffen würde. Der demokratische Präsident John F. Kennedy (1917–1963) rief die Bürger auf, nicht zu erwarten, daß der Staat für sie sorge, sondern sich zu fragen, was sie selbst zur Gemeinschaft beitragen könnten. Die höchsten Werte, Freiheit und Unabhängigkeit, die auf Selbstverantwortung beruhen, verlangen aber auch, daß man Risiken nicht scheut und Mißerfolge, ja Versagen, in Kauf nehmen muß. Die Meinung, daß die Gesellschaft für das Elend Einzelner verantwortlich gemacht werden kann, wird nur von einer Minderheit der Amerikaner vertreten. Sieben von zehn Amerikanern haben vielmehr in Umfragen bekundet, daß die US-amerikanische Gesellschaft ihrer Meinung nach nicht in Besitzende und Besitzlose gespalten sei. Dementsprechend glauben nur 36 % aller US-Amerikaner, daß die Regierung eingreifen und Unterschiede zwischen Reichen und Armen ausgleichen müsse, während dies 63 % der Deutschen, 70 % der Briten, und sogar 81 % der Italiener für angebracht halten.

Der »American Way of Life«, der Lebensstil und die Lebensphilosophie der US-Amerikaner, besteht bei weitem nicht nur aus Kaugummi, großen Autos und Einfamilienhäusern oder Hollywood und Flaggenparaden. Sondern er beruht vor allem auf der Überzeugung der Menschen, zur größten und besten und freiesten Nation der Welt zu gehören. Das geltende Wertungssystem, das dem US-amerikanischen »Sendungsbewußtsein« zugrunde liegt, ankert im Erbe des englisch-demokratischen Selbstverständnisses und in der calvinistisch-protestantischen Ethik der Selbstverantwortung vor Gott und der Welt, die sich zu einem diesseitigen Fortschrittsglauben entwickelt hat. Die vier wichtigsten ideologischen Voraussetzungen für das Wertungssystem des »American Way of Life« sind: 1. Alle Menschen sind mit gleichen Rechten geschaffen worden. 2. Die Menschen sind verbesserungsfähig. 3. Die Welt ist mechanistisch und daher beherrschbar. 4. Der Mensch ist der Beherrscher der Welt. Mit praktischem Sinn und Intelligenz kann er die Zusammenhänge der Welt erkennen, sie manipulieren und für sich nutzbar machen.

In der US-amerikanischen Verfassung hat jeder Mensch Anspruch auf »Chancengleichheit«. Dieses Recht gilt ohne Ansehen der Person, des Geschlechts und der Rassen- und Religionszugehörigkeit. Doch Gleichheit als Resultat von obrigkeitlicher Gleichmacherei gilt als Unwert, als unamerikanisch. Erfolg ist ein hoher Wert, beruht er doch auf eigenen Anstrengungen. Der »Wettbewerbsgeist« gilt daher ebenfalls sehr viel. Er wird durch Freigiebigkeit und Bescheidenheit nach außen, dem sogenannten »Understatement«, abgemildert. Dem Schwächeren, Unglücklicheren, dem Verlierer soll man helfen, aber stets mit dem deutlichen Unterton der freiwilligen Mildtätigkeit. Soziale Gerechtigkeit für alle, verstanden als echter Anspruch auf öffentliche Unterstützung und Fürsorge, gilt nicht als Wert. Dem Erfolglosen haftet das Stigma des »Minderwertigen« an, den man bedauern muß. Ein weiterer Wert ist die von innen her regulierte Moralität, das Gewissen der Menschen im Kollektiv der Demokratie, das ihm sagt, was gut und was schlecht sei und wie weit er innerhalb des Systems aufsteigen kann, ohne anderen zu sehr zu schaden. Angesichts der heutigen Kriminalität beginnt man aber am Vorhandensein dieses Gewissens wenigstens in einem Teil der Gesellschaft zu zweifeln. Aber das Vertrauen und das Sichberu-

Mobile homes, eine Art Häuser auf Rädern *(unten),* sind bei den Amerikanern sehr beliebt. Sie bieten Reisenden alle Bequemlichkeiten des modernen Lebens und ermöglichen es, den Pioniergeist der Vergangenheit wieder aufleben zu lassen.

Die Sportbegeisterung *(rechts)* ist allen Amerikanern gemeinsam und führt zu einem regen Zuschauerzuspruch. Der Superbowl, das Endspiel des American Footballs, zählt zu den wichtigsten sportlichen Höhepunkten eines Jahres.

VEREINIGTE STAATEN

fen auf die Moralität hat oft dazu geführt, daß Korruption oder Machtmißbrauch in Regierung und Wirtschaft durch öffentliche Debatten und selbstkritische Untersuchungen aufgedeckt wurden.

Das US-amerikanische System hat eine bemerkenswerte Kraft der Selbstreinigung und Erneuerung. Diese ist eng mit dem großen Optimismus verbunden, der es den US-Amerikanern immer wieder ermöglicht, sich auch nach Mißerfolgen und Niederschlägen aufzuraffen und neu anzufangen. Die ständige Bereitschaft der Menschen, sich zu verändern, und der Glaube, daß Veränderung den begehrten Fortschritt bedeutet, daß eine freie selbstverantwortliche Stellung des einzelnen in der Gesellschaft gut und daß das Streben des einzelnen nach seinem eigenen Glück ein unveräußerliches Recht ist, das unterscheidet die US-amerikanische Lebensweise wesentlich von anderen in der Welt.

Die »Stars and Stripes«, die amerikanische Nationalflagge *(unten links)*, weht an einem Haus auf Long Island. Der Besitz eines solchen im Kolonialstil errichteten Hauses in diesem Vorort von New York ist der Traum vieler US-Amerikaner.

Werbung hat in den USA die Tendenz, prahlerisch und manchmal auch frech zu sein. Ein Café *(unten)* versucht mit einem riesigen Tierschädel und einer überdimensionalen Eistüte die Aufmerksamkeit potentieller Kunden zu erregen.

VEREINIGTE STAATEN: TOURISMUS

1859 begann Horace Greeley, der Herausgeber der New York Tribune, seine lange Reise nach San Francisco. Als Verkehrsmittel benutzte er Zug, Dampfschiff und Postkutsche. Seine lebendigen Reportagen regten die Phantasie der Leser an, und seine berühmt gewordene Schlagzeile »Geht nach Westen, junge Männer, geht nach Westen«, die als Rat an die Adresse der Arbeitslosen New Yorks gerichtet war, spiegelt den lodernden Pioniergeist wider, der eine der Voraussetzungen für den Aufbau der Vereinigten Staaten war.

Er setzte sich auch für eine »Eisenbahnlinie zum Pazifik« ein. Lediglich 10 Jahre später war sein Wunsch mit der Fertigstellung der ersten transkontinentalen Bahnverbindung durch die USA Wirklichkeit geworden. Es war bald möglich, in weniger als einer Woche von New York nach San Francisco zu reisen, wofür man einst mit dem Planwagen mehr als einen Monat brauchte.

Für die Wirtschaft der Vereinigten Staaten ist die Eisenbahn mit einem Anteil von einem Drittel am nationalen Gütertransport immer noch von großer Bedeutung. Bei der Personenbeförderung spielt sie jedoch nur noch eine untergeordnete Rolle. Wer heute von New York nach San Francisco reist, fliegt entweder mit dem Flugzeug oder fährt mit dem Auto.

Die USA sind die mobilste Nation der Erde. Mehr als 170 Millionen Amerikaner sind im Be-

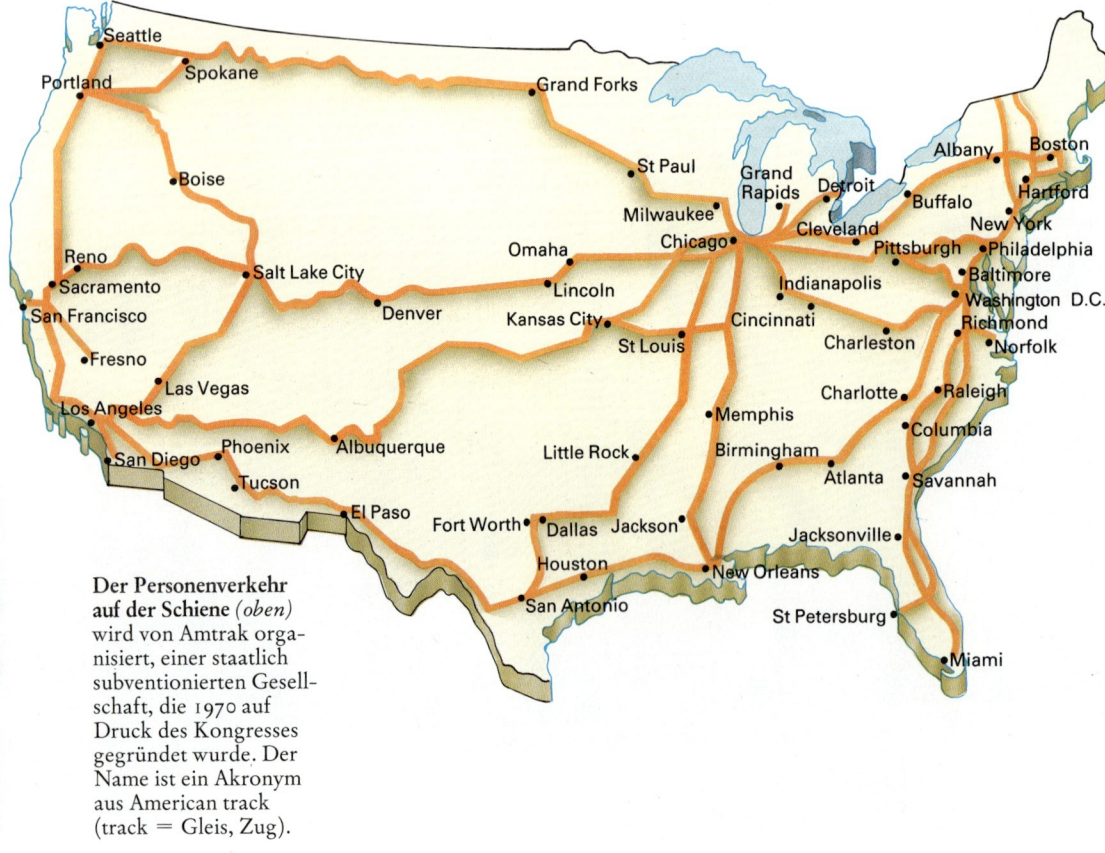

Der Luftverkehr *(oben)* bedeutet für die vielen Millionen jährlich beförderter US-amerikanischer Staatsbürger eine schnelle, effiziente und relativ preiswerte Reisemöglichkeit. Unzählige lokale Fluggesellschaften fliegen auch die kleineren Städte an.

Wichtige Straßen kreuzen sich in Washington D. C. *(Mitte)*. Sie sind Teil des sogenannten Federal Interstate Highway System, eines auf 68 400 km Länge angelegten, gewaltigen Autobahnnetzes, mit dessen Bau in den 1950er Jahren begonnen wurde.

Das Reisen mit der Eisenbahn *(rechts)* hat für die amerikanische Bevölkerung einen besonderen Reiz. 1970 beschloß der Kongreß Maßnahmen zur Erhaltung eines grundlegenden, der Personenbeförderung dienenden Schienennetzes.

Der Personenverkehr auf der Schiene *(oben)* wird von Amtrak organisiert, einer staatlich subventionierten Gesellschaft, die 1970 auf Druck des Kongresses gegründet wurde. Der Name ist ein Akronym aus American track (track = Gleis, Zug).

VEREINIGTE STAATEN

sitz eines Führerscheins und auf 1,3 Personen kommt ein Fahrzeug. Diese Mobilität hat erhebliche Auswirkungen auf die Gesellschaft. Sie hat dazu beigetragen, daß viele Menschen die verfallenden Innenstädte verlassen haben und in die grünen Vororte gezogen sind. Auch bei der Suche nach einer besserbezahlten Stellung sind die Menschen sehr flexibel und lassen sich von großen Entfernungen nicht abschrecken. Amerikaner ziehen im Verlauf ihres Lebens durchschnittlich 13 mal um – wesentlich häufiger als die Bewohner der meisten anderen Länder. Die Mobilität ist auch verantwortlich für den Ausbau eines Straßennetzes mit einer Gesamtlänge von 6,3 Millionen km, für die vielen an den Straßen gelegenen Motelketten, Schnellgaststätten, Autokinos und sogar Drive-in-Banken.

Das Verkehrswesen, das eine entscheidende Rolle bei dem Aufbau der Nation gespielt hat, läßt heute die Menschen näher aneinanderrücken. Und es ermöglicht ihnen, ihr Land besser kennenzulernen.

Als Tourist in den USA

Jedes Jahr lassen Millionen Menschen die Zwänge der Zivilisation hinter sich und entfliehen den Beton- und Glasschluchten der Städte. Viele von ihnen brechen auf, um sich an den Naturwundern des Landes, der sauberen Luft, dem klaren Sternenhimmel, den baumbewachsenen Bergen, schimmernden Wüsten, einsamen Stränden und dem weißen Wasser der amerikanischen Wildbäche zu erfreuen. Manche Autofahrer reisen mit »mobile homes«, einer Art Häuser auf Rädern, andere ziehen öffentliche Campingplätze vor. In etwa einem Drittel der 367 Parks des Landes ist das Zelten erlaubt.

Die Tatkräftigen tragen ihre gesamte Ausrüstung, einschließlich leichter Zelte, in Rucksäcken selbst. Im Sommer und im Herbst erfreuen sich Wanderwege durch die Berge besonderer Beliebtheit. Der berühmte 3200 km lange Appalachian National Scenic Trail zwischen Mount Katahdin in Maine und dem Springer Mountain in Georgia führt durch 14 Bundesstaaten. Das Wandern im Gebirge kann gefährlich sein, und in vielen Parks benötigen Rucksacktouristen eine Genehmigung, wenn sie sich länger als einen Tag aufhalten wollen.

Viele Sehenswürdigkeiten des Landes lassen sich mit dem Omnibus erreichen. In den Vereinigten Staaten gibt es zwei bedeutende transkontinentale Fern-Autobus-Systeme: Greyhound und Trailways. Diese billige Art zu Reisen wird von vielen jungen Menschen gewählt.

Die Vereinigten Staaten sind reich an Nationalparks, in denen Gebiete besonderer landschaftlicher Schönheit, historische Gedenkstätten und Schlachtfelder und auch die Parkways, Ferienstraßen, die dem Autotouristen vorbehalten sind, einem besonderen Schutz unterliegen. Ein Beispiel für eine solche landschaftlich reizvoll gelegene Fernstraße ist der 775 km lange Blue Ridge Parkway in den Appalachen, der jährlich von über 16 Millionen Menschen benutzt wird. Das Angebot der Erholungsgebiete des Landes reicht von den ausgedehnten Vergnügungsparks, wie Disney World in Orlando (Florida), bis zu weitverzweigten Kalksteinhöhlen, vergletscherten Hochgebirgen und den nationalen Meeresküsten und Seeufern.

Um solche Orte zu erreichen, nehmen viele Amerikaner an organisierten Busreisen teil. Im Nordosten fühlen sich zahlreiche Touristen von den wechselnden Färbungen des Herbstlaubs in Neuengland angezogen, während Flitterwöchner traditionell die Niagara-Fälle besuchen. Im Südosten üben auch der Sonnenschein, die Strände und die subtropischen Feuchtgebiete Floridas eine große Anziehungskraft aus. Die größten Naturwunder liegen im Westen. Viele Touristen unternehmen von San Francisco und Los Angeles aus Besichtigungsfahrten mit dem Bus, die kurze Aufenthalte im Grand Canyon, Yosemite National Park oder in einem der vielen anderen Nationalparks mit einem Besuch der Glücksspielstadt Las Vegas verbinden.

VEREINIGTE STAATEN: UNTERHALTUNG

Kunst, Kultur und die in einem Land bevorzugte Unterhaltung erlauben in der Regel Rückschlüsse auf das Wesen des Menschen. Die Vereinigten Staaten sind sowohl hinsichtlich ihrer Ausdehnung als auch ihrer Bevölkerung ein riesiges Land, ein Land mit demokratischer Tradition, einer Mischung aus vielen Völkern und dem Bekenntnis zur Freiheit des Individuums. So überrascht es nicht, daß Kunst und Unterhaltung in den USA ein kraftvolles, positives und breitgefächertes Bild bieten.

Durch den amerikanischen Glauben an das Individuum waren viele Künstler und Schriftsteller in der Lage, sich auszudrücken, ohne sich einer akademischen oder nationalen Tradition verpflichtet zu fühlen. Von Walt Whitman (1819–1892) bis Jack Kerouac (1922–1969) neigten amerikanische Autoren dazu, Autoritäten abzulehnen und individuelle Freiheit und Gleichheit in den Vordergrund zu stellen. Ihre Bücher spiegeln den weiten Horizont der amerikanischen Landschaft wider. In der bildenden Kunst haben Maler wie Jackson Pollock (1912 bis 1956) althergebrachte Konventionen in Frage gestellt.

Populäre Kunstformen wie Jazz, Musicals oder Filme konnten sich durch die Bedeutung, die der Freiheit des Ausdrucks beigemessen wird, in den USA wesentlich leichter entwickeln als in Europa. Es ist zweifelhaft, ob diese typisch amerikanischen Kunstformen auch außerhalb der USA hätten entstehen können. Daneben hat das unbefangene Zusammenwirken von kommerziellen und künstlerischen Interessen die Experimentierfreudigkeit gefördert.

So entstanden beispielsweise in der Architektur, parallel zur raschen Zunahme der wirtschaftlichen Bedeutung der USA, insbesondere in Chicago die charakteristischen amerikanischen Wolkenkratzer. In der Malerei haben Künstler wie Robert Rauschenberg (* 1925) und Andy Warhol (1928–1987) freimütig Motive aus der Werbung und aus billigen Zeitschriften verarbeitet. In die Tanz- und Ballettkunst fanden unter dem Einfluß von Choreographen wie Martha Graham (1893–1991) und Jerome Robbins (* 1918) moderne Tanztechniken Eingang. John Steinbeck (1902–1968) und John Dos Passos (1896–1970) gehören zu den zahlreichen Autoren, die die Beschreibung von alltäglichen Charakteren und Situationen den »ausgefallenen« vorgezogen haben. Und die Musikszene verdankt der Jazz-, Rock- und Country-Musik einen Großteil ihrer Energie, ihrer Brillanz und ihres Gefühls.

Auf dem Gebiet der bildenden Künste und der Bildhauerei hat es der große Reichtum der Vereinigten Staaten ermöglicht, kostbare Kunstsammlungen aus aller Welt zu erwerben und einzurichten. Die Bandbreite reicht von der mittelalterlichen Pracht des Cloister Museums in New York über die Sammlungen alter Meister, die Privatpersonen wie der Stahlmagnat Henry Clay Frick (1849–1919) zusammengetragen haben, bis zum heutigen hyper-modernen Getty Center in Los Angeles, California. In der klassischen Musik und im klassischen Ballett genießen Einrichtungen wie die Bostoner Philharmonie und die New York Ballet Company internationales Ansehen. Die Schauspielkunst profitiert von dem hingebungsvollen Engagement, das Organisationen wie Lee Strasbergs Theaterwerkstatt auszeichnet. Im Gegensatz zu den exklusiven Traditionen in Europa ist die Inspiration in der amerikanischen Kunstszene seit jeher eher populären als akademischen Ursprungs.

Dennoch haben amerikanische Künstler und Schriftsteller bis zur Mitte des 20. Jahrhunderts eine europäische »Bildung« als notwendig für ihre erfolgreiche Entwicklung erachtet. Insbesondere der Romanschriftsteller Henry James (1843–1916) hat in seinen Werken den Kontrast zwischen europäischem Intellektualismus und amerikanischer Schlichtheit hervorgehoben. Viele talentierte Schriftsteller und Künstler, von J. McNeill Whistler (1834–1903) bis Henry Miller (1891–1980), haben viele Jahre des freiwilligen Exils außerhalb ihres Heimatlandes verbracht. Nach dem Zweiten Weltkrieg hat sich dieses Gleichgewicht jedoch verschoben, teilweise aufgrund der Tatsache, daß zahlreiche begabte Künstler aus Europa fliehen mußten. Heute gilt New York und nicht mehr Paris als Welthauptstadt der Kunst.

Die Weigerung, zwischen »hoher« und »populärer« Kunst zu unterscheiden, erlaubte es der Jazz- und der Rock-Musik, Millionen von Menschen zu erfreuen. Musiker wie Louis Armstrong (1900–1971) und Elvis Presley (1935 bis 1977), aus einfachsten Verhältnissen stammend, haben mit ihrer Energie und Inspiration diese gänzlich amerikanischen Kunstformen belebt. Die gleiche Tendenz machte es möglich, daß die Filmindustrie des frühen 20. Jahrhunderts Klassiker des Monumentalfilms wie D.W.

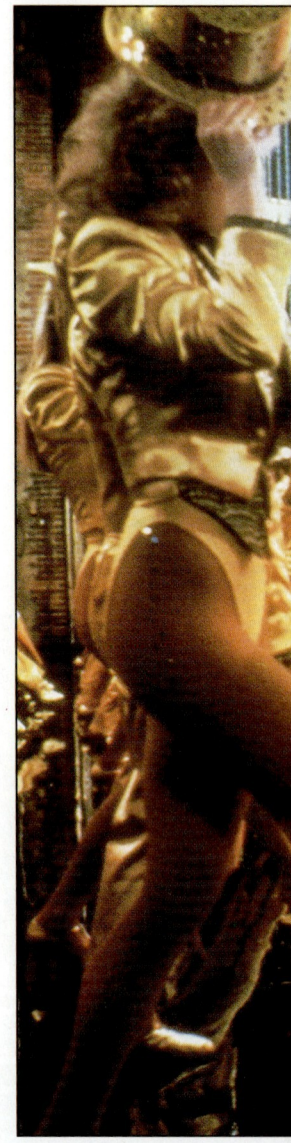

VEREINIGTE STAATEN

Griffiths »Birth of a Nation«, Geburt einer Nation, produzieren konnte, und bildete die Grundlage für die heutigen Erfolge von Regisseuren in Hollywood wie George Lucas oder Steven Spielberg. Inzwischen haben die in den kulturellen Hochburgen Europas jahrelang geringschätzig beurteilten Zeichentrickfilme Walt Disneys einen bleibenden Eindruck auf die Phantasie der gesamten westlichen Welt hinterlassen. Disneyland wird heute von Millionen von Menschen aus aller Welt besucht.

In den wohlhabenden USA erlaubt die den meisten Amerikanern in großem Maße verfügbare Freizeit die aktive oder passive Teilnahme an Sportveranstaltungen sowie den Besuch der mehr als 6000 Museen und Kunstgalerien des Landes. Beliebteste Sportarten sind amerikanischer Fußball, Baseball sowie Golf, Tennis, Schwimmen und Skilaufen. Ein hochentwickeltes Bildungswesen ermöglicht den Zugang zu Kunst und Unterhaltung aller Art.

Auch der Beitrag ethnischer Minderheiten, wie die auf uralten Ritualen und Religionen basierende Kunst der Indianer, ist von Bedeutung. Diese kulturelle Mischung und die Bereitschaft, sich an den Vorlieben der Mehrheit zu orientieren, haben ein enorm dynamisches und kulturelles Leben entstehen lassen.

Eine Tanzgruppe in einer Broadway Revue *(ganz links)* zeigt populäre amerikanische Tanzkunst.

Im Guggenheim Museum (links) ist eine bedeutende Sammlung moderner und zeitgenössischer Kunst zu sehen. Es wurde 1957 von Frank Lloyd Wright entworfen.

Mit Themen und Figuren aus den Filmen des Zeichentrickgenies Walt Disney werden in dem Vergnügungspark Disney World *(links unten)* in Orlando, Florida, jedes Jahr Millionen von Besuchern unterhalten.

Am Mann's Chinese Theatre *(Mitte unten)* haben Filmstars ihre Fußabdrücke in Beton für die Nachwelt hinterlassen.

Ein Konzert unter freiem Himmel im Grant Park von Chicago *(links)* bietet klassische Musik in entspannter und informeller Atmosphäre.

VEREINIGTE STAATEN: GESCHICHTE

Im Jahre 1497 überquerte John Cabot (um 1450–1498) im Dienst der englischen Krone den Nordatlantik. Wie Christoph Kolumbus (1451–1506) suchte auch er einen Seeweg nach Indien, fand aber unbekanntes Land: die Ostküste Nordamerikas. Fortan betrachtete die englische Krone diesen Teil des amerikanischen Kontinents als ihren Besitz. Bis zur Gründung von Kolonien verging indes mehr als ein Jahrhundert. 1607 entstand in Virginia die erste Kolonie, der bald andere folgten.

Neben Siedlern, die durch Aussichten auf Grundbesitz oder gewinnreichen Handel verlockt wurden, auszuwandern, waren es vor allem Angehörige der in den europäischen Religionskriegen bedrohten radikal-protestantischen Gemeinschaften, die Siedlungen an der Ostküste Nordamerikas gründeten. Sie wollten, wie es im Mayflower-Vertrag der puritanischen »Pilgerväter« (1620) heißt, ein »bürgerliches Gemeinwesen zu unserer besseren Ordnung« schaffen. Und sie waren von der Hoffnung auf die Erfüllung biblischer Verheißungen durchdrungen.

Der protestantisch-puritanische Geist dieser glaubensstrengen, anspruchslosen und hart arbeitenden Siedler hat die amerikanische Gesellschaft stark geprägt. Einige Kolonien, so Maryland und Rhode Island, garantierten allen Einwanderern schon früh Religionsfreiheit und die Toleranz ihrer Bekenntnisse. Nordamerika wurde – und blieb – damit Zufluchtstätte für viele religiös oder politisch Verfemte und Verfolgte. Bis weit ins 18. Jahrhundert hinein siedelten die Einwanderer nur im schmalen Küstenstreifen vor den Appalachen. Das Gebiet jenseits der Höhen wurde von Frankreich beansprucht. In zwei Kriegen versuchte Großbritannien, die Herrschaft über Nordamerika zu erringen. Der Siebenjährige Krieg führte 1763 schließlich zum Sieg über Frankreich, das sowohl Kanada als auch den zwischen Mississippi und Appalachen gelegenen Teil »Louisianas« an Großbritannien verlor.

Der Unabhängigkeitskampf

Dieses riesig erweiterte Kolonialreich schien zwar nach außen gesichert, wurde nun aber von innen bedroht. Großbritannien versuchte, seine Kriegsschulden durch eine Steuer- und Handelsgesetzgebung zu mindern, welche vor allem die Kolonien in Nordamerika traf. Der Unmut unter den inzwischen mehr als zwei Millionen Einwohnern äußerte sich in Forderungen nach Mitbestimmung, in Steuerboykotten und Ausschreitungen. Nach der »Boston Tea Party« von 1773, bei der britische Handelsschiffe geplündert wurden, spitzte sich der Konflikt zu. Großbritannien schloß den Hafen und löste das Oberhaus von Massachusetts auf. 1774 kam es bei Boston zu ersten bewaffneten Auseinandersetzungen. 1776 erklärten sich die Kolonien für unabhängig, indem sie sich in einem von Tho-

Mit der Beschießung von Fort Sumter bei Charleston *(oben rechts)* durch konföderierte Truppen am 12. April 1861 begann der Sezessionskrieg. Im Verlauf des vier Jahre dauernden Konflikts verloren über 500 000 Amerikaner ihr Leben.

- 1492 Kolumbus entdeckt Amerika
- 1585 Sir Walter Raleigh errichtet eine erste englische Siedlung (Virginia)
- 1607 Gründung von Jamestown, der ersten permanenten englischen Siedlung
- 1620 Puritaner siedeln in Neuengland
- 1624 Holländer gründen Kolonie Neu-Niederlande
- 1630 Gründung von Boston
- 1636 Gründung des Harvard College
- 1636 Maryland gewährt Religionsfreiheit
- 1664 Briten übernehmen niederländische und schwedische Kolonien
- 1681 Gründung von Pennsylvania
- 1718 Gründung von New Orleans durch Franzosen
- 1756-1763 Siebenjähriger Krieg: Kanada und Louisiana fallen an England
- 1763 Indianer-Aufstand unter Häuptling Pontiac
- 1765 Stamp Act (Stempelsteuergesetz); erste Besteuerung der Kolonien
- 1769 Spanier kolonisieren Kalifornien
- 1773 Boston Tea Party
- 1775-1783 Unabhängigkeitskrieg
- 1776 Unabhängigkeitserklärung
- 1783 Im Frieden von Versailles erkennt Großbritannien die Unabhängigkeit der ehemaligen Kolonien an
- 1787 Bundesverfassung verabschiedet
- 1803 Kauf des Louisianagebiets und Ohios
- 1812-1814 Krieg gegen Großbritannien
- 1819 Spanien tritt Florida an USA ab
- 1823 Monroe-Doktrin (»Amerika den Amerikanern«)
- 1845 Annexion von Texas
- 1846-1848 Krieg gegen Mexiko: USA erhält Neu-Mexiko und Kalifornien
- 1848 Goldrausch in Kalifornien
- 1861 Sezession der Südstaaten: Bürgerkrieg
- 1865 Ermordung von Abraham Lincoln
- 1865 Sieg der Nordstaaten

1 George Washington (1732–1799)

2 Thomas Jefferson (1743–1826)
3 Benjamin Franklin (1706–1790)

VEREINIGTE STAATEN

mas Jefferson (1743–1826) verfaßten und von Ideen der Aufklärung durchdrungenen Dokument auf die Grundrechte ihrer Bürger berufen.

Großbritannien entsandte neue Truppen. Sie zwangen die Aufständischen zum Rückzug. Dem erschöpften, von George Washington (1732–1799) nur noch mit Mühe zusammengehaltenen Aufgebot kam Frankreich zu Hilfe. Dies führte zur Wende. 1781 kapitulierten die Briten. Zwei Jahre später erkannten sie im Frieden von Versailles die Unabhängigkeit der Vereinigten Staaten an.

Bald nach dem Friedensschluß nahmen die Abgeordneten der dreizehn Staaten in Philadelphia die Arbeit an einer Verfassung des Staatenbundes auf, die 1791 in Kraft trat. Es folgte eine Zeit sprunghaften Wachstums. 1848 erreichten die USA mit der Eroberung von Neu-Mexiko und Kalifornien ihre heutigen Grenzen im Südwesten. Die Zahl der Einwohner hatte sich seit dem Unabhängigkeitskrieg verzehnfacht. Indes war es nicht gelungen, den sich immer mehr verschärfenden Konflikt über die Sklavenfrage zu lösen. Die Südstaaten, deren Wirtschaft von der billigen Arbeitskraft der rund vier Millionen Negersklaven abhängig war, bestritten dem Kongreß, der Bundesregierung und dem Obersten Gerichtshof das Recht zu Eingriffen in ihre wirtschaftlichen und sozialen Verhältnisse. Als 1860 Abraham Lincoln (1809–1865), einer der entschiedensten Anwälte der Sklavenbefreiung, zum Präsidenten gewählt wurde, trennten sie sich als »Konföderierte Staaten von Amerika« vom Bund. Alles trieb auf einen Bürgerkrieg zu. Er wurde von den Konföderierten wie von den Truppen der Nordstaaten, die für den Erhalt der Union und die Sklavenbefreiung kämpften, unter hohen Verlusten geführt. Nach vier Kriegsjahren unterlag der Süden der Übermacht des Nordens. Alsbald wurde die rechtliche Gleichstellung der Schwarzen in der Verfassung verankert.

Die Amerikanische Revolution 1775-1783: Staaten in der Reihenfolge ihres Beitritts zur Union

Virginias Plantagenwirtschaft *(unten)* auf einem Schild aus Londons Fleet Street. Die amerikanischen Besitzer haben Millionen schwarzer Sklaven zur Bewirtschaftung ihrer Zucker-, Tabak- und Baumwollplantagen aus Westafrika eingeführt.

1 Delaware
2 Pennsylvania
3 New Jersey
4 Georgia
5 Connecticut
6 Massachusetts
7 Maryland
8 South Carolina
9 New Hampshire
10 Virginia
11 New York
12 North Carolina
13 Rhode Island

VEREINIGTE STAATEN: GESCHICHTE

Geschichte seit 1866

Ein Jahr nachdem 1848 in Kalifornien Gold entdeckt worden war, zog der große kalifornische Goldrausch Tausende von Einwanderern an die Westküste. Es kam zu Auseinandersetzungen zwischen den Siedlern und den Indianerstämmen der Inneren Ebenen und des Südwestens. Eine Reihe grausamer Kriege endete mit der Niederlage der Indianer. 1876 konnten sie jedoch bei der Schlacht am Little Big Horn noch einen grandiosen Sieg erringen.

Mit ihren Plantagen waren die Südstaaten lange Zeit wirtschaftlich mächtiger als viele Staaten des Nordens. Aber seitdem der Westen durch den Bau von Eisenbahnen erschlossen wurde, fiel der Süden gegenüber dem sich industrialisierenden Norden zurück. Der Bürgerkrieg, in dem weite Gebiete des Südens verwüstet wurden, schwächte ihn noch mehr. Die Zukunft der Vereinigten Staaten schien im Norden und im Westen zu liegen. Dorthin zog es die zahlreichen Einwanderer aus Ost- und Südeuropa – zwischen 1870 und 1920 kamen allein über 26 Millionen über den Atlantik.

Während die großen Eisenbahngesellschaften ihre Trassen vorschoben, suchten die Pioniere noch mit Pferdegespannen und Planwagen Wege durch die Wüsten und Gebirge des fernen Westens. Und während sich im Nordosten eine moderne Industriegesellschaft entwickelte, kämpften die Siedler noch mit den Indianern.

Der Raumgleiter Space Shuttle *(unten rechts)* ist ein Weltraumfahrzeug, das immer wieder zur Erde zurückkehren kann. Es bringt auch Astronauten zur Internationalen Raumstation. Bereits 1969 landeten US-amerikanische Astronauten auf dem Mond.

Die Überwindung der Rocky Mountains mit Planwagen *(rechts)*, Kupferstich von Currier und Ives, 1860. Die Erschließung des Landesinneren führte zu Konflikten mit den Indianern. Dennoch besiedelten Millionen Einwanderer den Westen.

Der natürliche Reichtum des riesigen Landes, die rasch wachsende Bevölkerung und der große, nach außen durch Schutzzölle fast vollkommen abgeschlossene Markt ermöglichten indes ein rasches industriell-wirtschaftliches Wachstum. Als der Bau der transkontinentalen Eisenbahnlinien abgeschlossen war, schien die wirtschaftliche Entwicklung jedoch an Grenzen zu stoßen. In der wirtschaftlich und politisch führenden Schicht wuchs der Wunsch nach Eroberung neuer Märkte. Über den Pazifik hinweg wurde der Blick auf Japan und China gerichtet. Auch Mittel- und Südamerika kamen ins Blickfeld. Bereits 1823 hatte Präsident James Monroe (1758–1831) erklärt, daß die Vereinigten Staaten jeden Versuch europäischer Mächte, die Geschicke amerikanischer Staaten zu lenken, als Gefährdung ihrer Sicherheit und ihres Friedens betrachten würden. Mit dieser »Monroe-Doktrin« wurde im Spanisch-Ameri-

- 1867 Kauf Alaskas von Rußland
- 1869 Erste transkontinentale Eisenbahnlinie
- 1876 Schlacht von Little Big Horn
- 1885 Erster Wolkenkratzer in Chicago
- 1898 Spanisch-Amerikanischer Krieg
- 1898 Annexion von Hawaii
- 1903–1914 Bau des Panamakanals
- 1906 Erdbeben von San Francisco
- 1917 USA erklären Deutschland den Krieg
- 1918 W. Wilsons »Vierzehn Punkte« zur Friedensordnung
- 1920 Frauen erhalten Wahlrecht
- 1920–1933 Prohibition (Alkoholverbot)
- 1927 Charles Lindbergh überfliegt Atlantik
- 1927 Erster Tonfilm
- 1929 Börsenkrach in New York
- 1933 F.D. Roosevelts »New Deal«
- 1941 Japan überfällt Pearl Harbor
- 1941 Deutschland und Italien erklären den USA den Krieg
- 1944 Befreiung Frankreichs
- 1945 Abwurf von Atombomben auf Hiroshima und Nagasaki
- 1945 Konferenzen von Jalta und Potsdam
- 1945 Gründung der Vereinten Nationen
- 1947 Hilfsprogramm für Europa (Marshall-Plan)
- 1950–1953 Koreakrieg
- 1962 Kuba-Krise
- 1962 John Glenn umkreist die Erde
- 1963 Ermordung von John F. Kennedy
- 1963 Erste Rüstungskontrollvereinbarung mit der UdSSR
- 1964 Bürgerrechtsbewegung; Gesetze gegen Rassendiskriminierung
- 1965–1973 Vietnamkrieg
- 1969 US-Astronauten landen auf dem Mond
- 1988 USA und UdSSR vereinbaren erstmals Abrüstung von Atomwaffen
- 1991 Golfkrieg; die USA führen einen multinationalen Streitkräfteverband
- 1994 NAFTA-Abkommen tritt in Kraft

Denkmal in Washington D.C. *(rechts)* für die getöteten oder vermißten amerikanischen Soldaten des Vietnamkriegs. Dieser Krieg verursachte eine tiefe Spaltung in der US-amerikanischen Gesellschaft.

1 Woodrow Wilson (1856–1924)

2 Franklin D. Roosevelt (1882–1945)
3 John F. Kennedy (1917–1963)

VEREINIGTE STAATEN

kanischen Krieg (1898) die Ablösung der spanischen Kolonialherrschaft in Mittelamerika und im Pazifik gerechtfertigt. Die Vereinigten Staaten waren wirtschaftlich und politisch zu einer Großmacht geworden.

Die Großmacht USA

Da sie aus wirtschaftlichen und politischen Gründen einen Sieg Deutschlands über Großbritannien und Frankreich nicht dulden konnten, griffen die USA 1917 in den Ersten Weltkrieg ein. Zwar weiteten die USA nach dem Kriegsende ihre wirtschaftliche Einflußzone aus, zogen sich aber bald wieder aus der europäischen Politik zurück. Wirtschaftlich wurden die Vereinigten Staaten als Kreditgeber und als Land der industriellen Produktion für den Massenkonsum führend. Auch kulturell geriet Europa in den Bann der US-amerikanischen Unterhaltungsindustrie. Die Weltwirtschaftskrise 1929 zeigte, wie stark Europa und die USA bereits verflochten waren. Die »goldenen« zwanziger Jahre endeten mit Massenarbeitslosigkeit und -armut. Mit dem »New Deal« leitete Franklin D. Roosevelt (1882–1945) eine neue Wirtschafts- und Sozialpolitik ein, unter der sich das Land langsam erholte.

Die mehrfach erklärte und von der Mehrheit der Bevölkerung geforderte Neutralität ließ sich nicht durchhalten, als das nationalsozialistische Deutschland Europa unter seine Macht zwang und Großbritannien bedrohte. Auf dessen Unterstützung durch US-amerikanische Hilfeleistungen und Hilfsversprechen antworteten Deutschland und Italien 1941 mit einer Kriegserklärung. Wenige Tage zuvor hatte Japan den US-amerikanischen Hafen Pearl Harbor auf Hawaii angegriffen. Der im Pazifik und jenseits des Atlantik geführte Krieg dauerte für die USA mehr als drei Jahre. Er endete mit den Kapitulationen des Deutschen Reichs und Japans sowie der Aufteilung Europas in eine US-amerikanische und eine sowjetische Einflußzone.

Ein Rückzug der USA aus der Weltpolitik war nun nicht mehr möglich. Als wirtschaftlich und militärisch stärkste Großmacht versuchten sie fortan, den Einfluß des Kommunismus einzudämmen. Immer wieder griffen die USA mit wirtschaftlichen, militärischen und politischen Mitteln in Auseinandersetzungen jenseits der eigenen Grenzen ein, so 1950 in Korea, 1965 in Vietnam und 1991 in Kuwait. Mit dem Zusammenbruch des Kommunismus in Osteuropa und der Auflösung der UdSSR endete der Ost-West-Konflikt. Dadurch wurden die USA zur alleinigen globalen Führungsmacht. Unter der Präsidentschaft Bill Clintons (1993–2001) zeigten sich auch innenpolitische Erfolge. Durch eine gelungene Wirtschaftspolitik wurden Millionen neuer Arbeitsplätze geschaffen. Der neue Präsident George W. Bush kündigte den ehrgeizigen Plan einer nationalen Raketenabwehr an, was auf internationalen Protest stieß.

VEREINIGTE STAATEN: PUERTO RICO

Puerto Rico gehört geographisch zur westindischen Inselgruppe der Großen Antillen. Es ist zusammen mit seinen Nebeninseln Mona, Vieques, Culebra u. a. 8875 km² groß. Politisch gehört Puerto Rico seit 1898 zu den USA. Noch ein Jahr zuvor hatte Spanien dem Land die Autonomie versprochen – sie wurde jedoch nicht mehr wirksam. Es kam zwar noch zur Bildung einer neuen Regierung, doch im Spanisch-amerikanischen Krieg von 1898 eroberten US-amerikanische Streitkräfte die Insel, nachdem sie San Juan bombardiert hatten. Spaniens letzte Bastion in der Karibik war gefallen. Im Frieden von Paris 1898 mußte Spanien Puerto Rico offiziell an die USA abtreten. Einer Militärregierung folgte im Jahr 1900 ein vom US-Präsidenten eingesetzter Zivilgouverneur. 1952 ging die Insel eine freiwillige Assoziation mit den USA ein und erhielt die volle innere Autonomie mit einer den US-amerikanischen Bundesstaaten entsprechenden Verfassung.

Puerto Rico hat in fast jeder Hinsicht die Rechte eines Bundesstaates der USA, jedoch entsendet es keinen Abgeordneten in den Kongreß und ist auch im Senat nicht vertreten. Dafür zahlen die in Puerto Rico ansässigen Einwohner keine Bundessteuern, genießen aber sonst fast alle anderen Rechte der US-Staatsbürgerschaft, einschließlich der Freizügigkeit der Ein- und Ausreise in die fünfzig Bundesstaaten.

Staatsoberhaupt und höchstes Exekutivorgan, außer für Verteidigung und Außenpolitik, ist der für vier Jahre direkt gewählte Gouverneur. Er ernennt die Minister und obersten Verwaltungsbeamten, die vom puertoricanischen Kongreß, bestehend aus Senat und Repräsentantenhaus, bestätigt werden müssen.

Seit 1952 haben vier weitere Volksabstimmungen über die politische Zugehörigkeit Puerto Ricos stattgefunden. Jedesmal erhielt der »Commonwealth-Status« die Mehrheit der Stimmen. Auch in der letzten Abstimmung 1993 entschied die Bevölkerung, daß Puerto Rico weiterhin mit den USA assoziiert bleiben soll und nicht als 51. Bundesstaat politisch voll in die Vereinigten Staaten integriert wird. Letztere Lösung wird zur Zeit von einer wachsenden Anzahl der Puertoricaner befürwortet.

Die heute über 3,8 Millionen zählende Bevölkerung von Puerto Rico ist weitgehend von gemischter, spanischer und afrikanischer Herkunft. Über eine Million Puertoricaner leben in Großstädten der USA, vor allem in New York. Mehr als die Hälfte der Bevölkerung Puerto Ricos lebt in den städtischen Regionen von Arecibo, Cagnas, Mayagüez, Ponce und der Hauptstadt San Juan, die mit über 400 000 Einwohnern die größte Stadt der Insel ist.

Puerto Rico liegt im Bereich der Randtropen und hat ein wechselfeuchtes Klima. Die schmalen Küstenebenen der Ost- und Nordküste Puerto Ricos sind dank der vorwiegenden Ost- und Nordostwinde feucht und fruchtbar. Das

Puertoricaner vertreiben sich am Nachmittag die Zeit mit einem Domino-Spiel *(unten)*. Die meisten stammen von spanischen Kolonisten ab, einige aber können ihre Herkunft bis zu den Indianern und den afrikanischen Sklaven zurückverfolgen.

Trockenes Gras bedeckt die Ausläufer des puertoricanischen Gebirgszuges Cordillera Central *(rechts)*. Im Nordwesten der Insel sind Hunderte von Kalksteinbecken entstanden. Diese wildromantische Landschaft lockt zahlreiche Wanderer an.

VEREINIGTE STAATEN

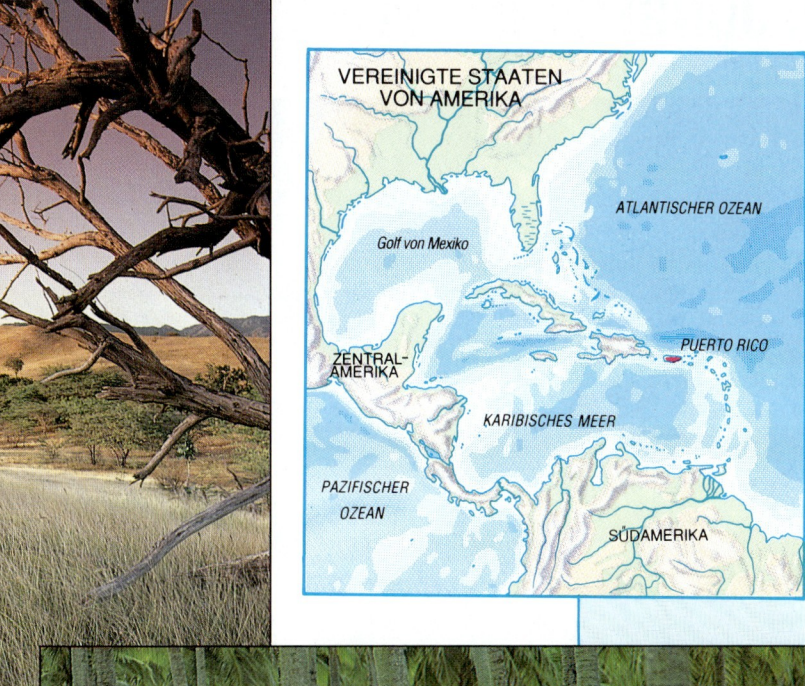
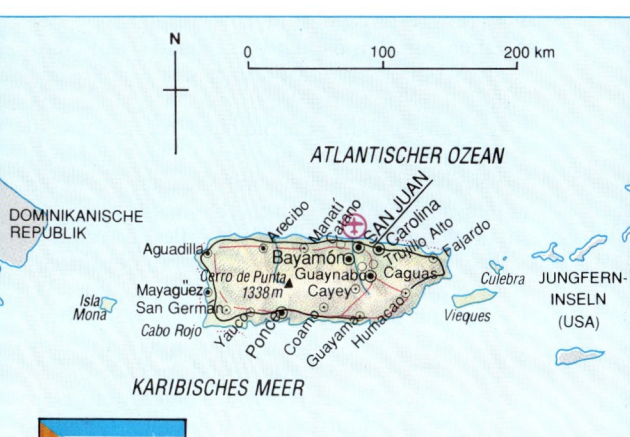

Puerto Rico *(oben)* ist die kleinste und die östlichste Insel der Großen Antillen und liegt im Grenzbereich zwischen dem Atlantischen Ozean und dem Karibischen Meer – ungefähr 1600 km südöstlich von Miami, Florida. Das Commonwealth von Puerto Rico besteht aus einer großen Hauptinsel und verschiedenen kleineren Inseln; die größten davon sind Vieques, Mona und Culebra. Auf all diesen Inseln wachsen zahlreiche herrliche Blumen und Pflanzen – einschließlich tropischer Obstbäume und vieler exotischer Orchideenarten.

Von zahllosen Kokospalmen sind die weiten Strände von Puerto Rico gesäumt *(oben)*. Der traumhafte Luquillo-Strand westlich von San Juan gilt als einer der schönsten der Insel. Das milde Klima zieht viele Touristen an, besonders aus den USA.

Die historisch bedeutsame Festung El Morro *(links)* beherrscht das Bild der Küste nahe San Juan, der Hauptstadt Puerto Ricos. Die Festung, die im 16. Jahrhundert auf einer Halbinsel erbaut wurde, stammt aus der spanischen Kolonialzeit.

Landesinnere ist gebirgig und spärlich besiedelt. Das Zentralgebirge, die Cordillera Central, erhebt sich bis auf 1338 m und wirkt sich als Regenscheide aus. Die Südküste von Puerto Rico ist daher ziemlich trocken.

Die Landwirtschaft

In der Landwirtschaft dominiert immer noch der Großgrundbesitz, da die 1941 eingeleitete Bodenreform nur in Ansätzen verwirklicht worden ist. Dagegen ist es gelungen, die Landwirtschaft von der Zuckerrohr-Monokultur auf eine vielseitigere Basis umzustellen. Tabak, Kaffee und tropische Früchte wie Ananas sind zum Zuckerrohr als wichtige Exportkulturen dazugekommen. Die Erträge aus der Viehzucht, die sich vor allem auf Rinder-, Schweine- und Geflügelhaltung konzentriert, und aus der Produktion pflanzlicher Nahrungsmittel wie Mais und Maniok decken den Eigenbedarf allerdings nicht.

Erfolgreiche Wirtschaftspolitik

Dank gezielter Investitionspolitik gelang es, die ursprünglich weitgehend unterentwickelte und überwiegend landwirtschaftlich orientierte Wirtschaft der Insel zu modernisieren und zu industrialisieren. Die noch während des Zweiten Weltkrieges von der Regierung gegründete Industrieentwicklungsgesellschaft, die 1950 als »Economic Development Association«, populär »Fomento« genannt, direkt in den Verwaltungsaufbau der Regierung überging, hat wesentlich dazu beigetragen, daß Puerto Rico heute mehr Industrie- als landwirtschaftliche Produkte ausführt. Vor allem die Textilindustrie, die chemische Industrie, der Maschinenbau sowie die Erdölverarbeitung sind sehr erfolgreich und beschäftigen eine wachsende Zahl der vorher arbeitslosen ländlichen Bevölkerung. Der allgemeine Lebensstandard hat sich wesentlich verbessert, und seit etwa 1980 hat sich der Strom der »Auswanderer« nach den USA verringert. Seit 1985 kehren mehr Puertoricaner in ihr Land zurück als auswandern.

Eine zusätzliche und wichtige Erwerbsquelle ist der Tourismus. Dies gilt vor allem für die sonnigen, von Kokospalmen gesäumten Badestrände der Südküste von Puerto Rico. Doch auch die Mangrovesümpfe des Küstenbereichs oder die zerklüfteten Gebirge sowie die überaus vielfältige Flora ziehen die Besucher der verkehrsmäßig sehr gut erschlossenen Insel an.

VEREINIGTE STAATEN: JUNGFERNINSELN

Die Jungferninseln sind eine Inselgruppe der Kleinen Antillen östlich von Puerto Rico. Geologisch bilden sie die Fortsetzung der Großen Antillen. Mit Ausnahme von Anegada, das einen kalkigen Untergrund hat, sind sie aus vulkanischem Gestein aufgebaut. Der Archipel, der sechs größere und eine Vielzahl kleinerer Inseln umfaßt, teilt sich in eine britische Kolonie und ein US-amerikanisches Territorium.

Die bewegte Geschichte der Jungferninseln ist in weiten Zügen exemplarisch für die Geschichte des karibischen Raums. Nach ihrer Entdeckung 1493 durch Christoph Kolumbus (1451–1506) waren Kariben und Arawak-Indianer von den Spaniern bald ausgerottet. Den spanischen Konquistadoren folgten im 17. Jahrhundert englische, dann niederländische Kolonisatoren, bis mit den dänischen Siedlern 1680 auch der Sklavenhandel auf die Inseln kam. Die dänische »West India Company« brachte den Pflanzern Reichtum. Ihre Schiffsladungen lockten englische Piraten an, die die Inseln vorübergehend für die britische Krone zurückgewannen. Zwischen 1801 und 1815 regierten abwechselnd englische und dänische Admiräle, bis die Briten ihre Schiffe abzogen. Aber auch die USA entdeckten Mitte des 19. Jahrhunderts ihr Interesse an den Jungferninseln. Doch statt Kanonen setzten sie Geld ein, um den Dänen die Inseln abzukaufen. Nach mehrjährigen Verhandlungen gingen 1917 St. Thomas, St. Croix und St. John in US-amerikanischen Besitz über. Kaufbestimmend war die strategische Lage, und bis heute sind die Inseln für die USA als militärische Option im mittelamerikanischen Raum wichtig.

Leben und Ambiente spiegeln die Geschichte der Inseln wider: amerikanischer Lebensstil vor der Kulisse behäbiger dänischer Kleinstädte, eingetaucht in das Licht der Tropen. Auf jeder der drei Inseln findet man eine Farbe dieser reizvollen Mischung besonders stark ausgeprägt.

St. John und St. Thomas
St. John ist ein 49 km² großes Naturparadies, das seine unberührte Schönheit einem Sklavenaufstand und dem amerikanischen Industriellen L. A. Rockefeller verdankt. 1733 töteten schwarze Sklaven alle weißen Zuckerfarmer und zerstörten die Plantagen, so daß sich nach und nach wieder ein undurchdringlicher Regenwald ausbreitete. 1956 kaufte Rockefeller die der Natur überlassene Insel und vermachte sie dem amerikanischen National Park Service. Heute ist die Insel ein im karibischen Raum einmaliges Naturschutzgebiet, und Lehrpfade führen in den Regenwald, im Riffgebiet der strandumkränzten Trunk Bay wurde sogar ein Unterwasser-Lehrpfad angelegt. Wenige, aber exquisite Hotels verwöhnen den Besucher der kaum zersiedelten Insel, deren 3000 Einwohner farbige Fischer und Händler, aber auch vermögende US-amerikanische Pensionäre sind.

Eine Stunde braucht das Fährboot zur Nachbarinsel St. Thomas. Hier überwiegt das US-amerikanische Element: eine blühende Tourismusindustrie und der zollfreie Handel mit Luxusgütern aus aller Welt haben St. Thomas zum Mekka der Urlauber aus den Vereinigten Staaten von Amerika werden lassen. Deren jährliche Zahl übersteigt die der rund 16 000 Einwohner der Hauptstadt Charlotte Amalie bei weitem. Von den Hügeln der malerischen, terrassenförmig angelegten Stadt hat man einen prächtigen Ausblick über die dänische Altstadt von Charlotte Amalie, den historischen Hafen und auf die karibische See. Rathaus, Postamt sowie die evangelisch-lutherische Kirche St. Frederik und zahlreiche schöne Wohnhäuser aus der Kolonialzeit zeigen einen Baustil, wie er im 18. und 19. Jahrhundert in Dänemark zu finden war.

Wer die 83 km² große Insel über eine 400 m hohe Hügelkette Richtung Norden durchquert, wird auf der atlantischen Seite von St. Thomas mit dem Blick auf die Magens Bay belohnt, deren Strand zu den zehn schönsten der Welt zählen soll.

St. Croix
Mit 212 km² ist St. Croix die größte der US-amerikanischen Jungferninseln, und in ihren beiden Städten Christianstedt und Frederikstedt dominiert das dänische Element nicht nur dem Namen nach. Rote Ziegeldächer, pastell-

VEREINIGTE STAATEN

Kreuzfahrtschiffe und Jachten *(links)* im Hafen von Charlotte Amalie auf der US-amerikanischen Jungferninsel St. Thomas. Die wunderschöne Umgebung, herrliche Strände und das tropische Klima ziehen jedes Jahr mehr als eine Million Touristen an. Auf den Inseln sind mehr als 50 % der Arbeitskräfte in der Tourismusbranche beschäftigt.

Die US-amerikanischen Jungferninseln *(unten)* setzen sich aus den drei Hauptinseln St. John, St. Thomas und St. Croix sowie mehreren kleineren Eilanden *(unten links)* zusammen. Sie zählen zu den Inseln über dem Winde und waren vom Beginn des 18. Jahrhunderts bis 1917, als Dänemark seine Besitzungen in der Karibik an die Vereinigten Staaten von Amerika verkaufte, unter dänischer Herrschaft. farben getünchte Backsteinfronten und schattige Arkaden erinnern in der sorgfältig restaurierten und unter Denkmalschutz stehenden Altstadt von Christianstedt deutlich an Nordeuropa.

Rathaus und Kirche, Postamt und Handelskontor, die Mitte des 18. Jahrhunderts entstanden, sind Zeugnisse des dänischen Klassizismus. Bürgerhäuser erzählen von alter Kaufmannskultur und das stämmige Fort Christiansvaern von der Verteidigung kolonialen Besitzes. Frederikstedt, das 1878 niederbrannte, ist trotz des weitgehenden Verlustes historischer Bausubstanz eine anziehende und beschauliche Kleinstadt geblieben, wo sich Nordsee-Architektur und tropische Farben ausgesprochen harmonisch ergänzen.

Die freundliche Kulisse verdeckt aber starke soziale Spannungen: Rund 90 % der Bevölkerung sind Farbige, von denen die Hälfte in Elendsquartieren lebt; der Rest sind Weiße, die in feudalen Villen residieren.

VEREINIGTE STAATEN: MARIANEN

Auf dem Flug von Tokyo nach Saipan sieht man die nördlichen Marianen wie eine Inselgirlande unter sich liegen. Sie reicht von Farallon de Pajaros im Norden bis Guam im Süden. Die Inseln sind die Gipfel eines riesigen untermeerischen Gebirgssystems, das aus gehobenem Korallenfels mit vulkanischem Kern besteht.

Die Inselgruppe im Nordwesten Mikronesiens liegt am Rande des kerntropischen Bereichs. Das Klima ist ausgeglichen warm und durch hohe Luftfeuchtigkeit gekennzeichnet. Die von Süden nach Norden zunehmenden Niederschlagsmengen liegen zwischen 2000 und 4000 mm im Jahr.

Die Eingeborenen der Marianen nennen sich Chamorros. Die Bevölkerung ist heute eine Mischung aus einheimischen Mikronesiern mit Spaniern, Filipinos und Chinesen. Auf den Inseln sieht man hier und da noch Steinsäulen. Wahrscheinlich handelt es sich dabei um Gebäudereste einer prähistorischen Chamorro-Kultur. Die Chamorro-Dialekte, die nur noch von einer Minderheit gesprochen werden, sind von vielen spanischen und englischen Sprachbrocken durchsetzt. Die Lebensformen sind stark von der spanischen Kolonialkultur geprägt worden. Alte Bräuche haben sich nur wenig erhalten, außer in einigen religiösen Kultformen, die den katholischen Glauben durchdringen. Doch auch auf den Marianen ist der US-amerikanische Einfluß spürbar.

Einige dieser Eilande waren die ersten bewohnten Inseln in Ozeanien, die Fernão de Magalhães (F. Magellan, um 1480–1521) im Jahre 1520 im Pazifik sichtete. Schon 1565 wurden die Inseln zum spanischen Hoheitsgebiet erklärt und zu Ehren der spanischen Königin Maria Anna »Marianen« genannt.

Die Kolonisierung begann einhundert Jahre später mit der Ankunft spanischer Jesuiten. Auf Zwangsbekehrung und Versklavungsversuche folgten blutige Revolten, die noch blutiger niedergeschlagen wurden. Um 1700 wurde die stark dezimierte Bevölkerung von den Spaniern für über hundert Jahre nach Guam zwangsumgesiedelt. Nach dem Spanisch-Amerikanischen Krieg wurde Guam 1898 von den USA in Besitz genommen. Die übrigen Marianen verkaufte Spanien an das deutsche Kaiserreich.

1921 wurden die Marianen, mit Ausnahme von Guam, als Völkerbundsmandat unter japanische Verwaltung gestellt. Die Japaner betrachteten die Inseln jedoch als festen Bestandteil ihres Kaiserreichs und begannen auf einigen Inseln mit dem verstärkten Ausbau von Militärbasen. Die US-Amerikaner hingegen bauten Guam zu einem erstrangigen See- und Luftstützpunkt aus. Während des Zweiten Weltkriegs kam es hier im Pazifik zu erbitterten und verlustreichen Schlachten zwischen Japanern und US-Amerikanern. Noch heute erinnern viele Panzer-, Flugzeug- und Schiffswracks an jene Zeit. Auf der Insel Tinian weist eine Gedenktafel auf den Einsatz der beiden US-amerikanischen Atombomben hin, die hier im August 1945 verladen und über Hiroshima und Nagasaki abgeworfen wurden.

Nach der japanischen Niederlage wurden die Marianen den USA von den Vereinten Nationen als Treuhandgebiet zugesprochen. Während sich in den übrigen Regionen des US-amerikanischen Treuhandgebiets Unabhängigkeitsbestrebungen regten, sprach sich die Bevölkerung der nördlichen Marianen in einer Volksbefragung dafür aus, den Status eines »US-Commonwealth-Territory« zu erhalten. Man war damit dem Beispiel Puerto Ricos gefolgt. Gemäß ihrer seit 1978 gültigen Verfassung sind die Marianen für die Regelung interner Angelegenheiten verantwortlich, während die USA für die Außen- und Verteidigungspolitik zuständig sind. Damit besteht die Möglichkeit, gemeinsam mit der Insel Guam ein US-Bundesstaat zu werden.

Die Insel Saipan, mit dem Verwaltungs- und Geschäftszentrum, hat sich mehr als alle anderen Inseln der Marianen dem Fremdenverkehr verschrieben. Die meisten Touristen, die von den Prachtstränden angezogen werden, sind Japaner. Täglich verkehren Linienflüge von Tokyo und Osaka nach Saipan und Guam.

Guam

Guam untersteht nach wie vor dem US-Innenministerium und wird ungeachtet der lokalen Verwaltung in allen wichtigen Fragen von den USA regiert. Es ist das einzige US-amerikanische Territorium in Ozeanien, strebt aber ebenfalls nach dem Status eines US-amerikanischen Commonwealth-Staates.

Seine Hauptstadt Agaña hat ihren spanischen Namen beibehalten. Stadtmittelpunkt ist nach wie vor die Plaza de España mit der Kathedrale. Ansonsten aber wirkt die Stadt wie ein nach Mikronesien verpflanztes Stück Nordamerika: Supermärkte, Bürohäuser, Drive-in-Kinos und Banken bestimmen das Bild.

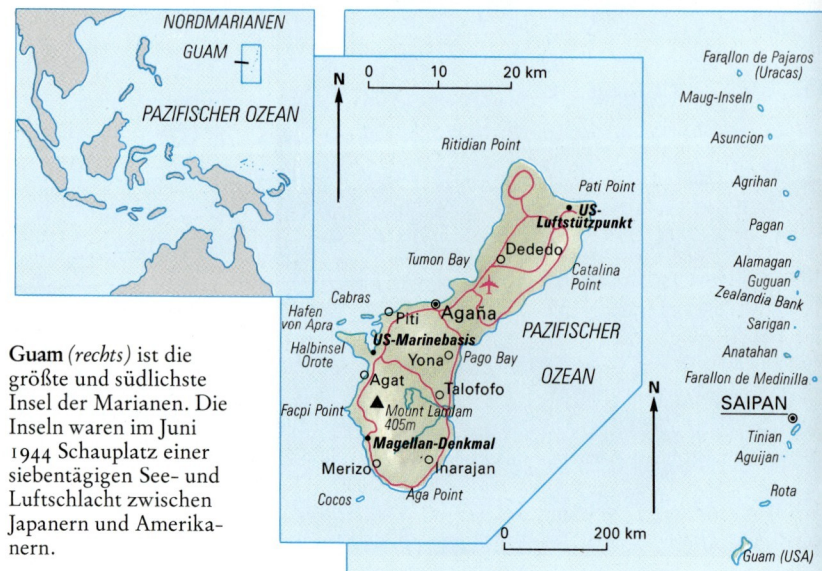

Junge Boogiefahrer *(oben)* warten auf eine perfekte Welle. Mehr als 400 000 Touristen besuchen jährlich die Insel Guam. Vor allem Japaner fliegen gerne zu einem Badeurlaub hierher. Auf Guam befinden sich wichtige Luft- und Marinestützpunkte.

Guam *(rechts)* ist die größte und südlichste Insel der Marianen. Die Inseln waren im Juni 1944 Schauplatz einer siebentägigen See- und Luftschlacht zwischen Japanern und Amerikanern.

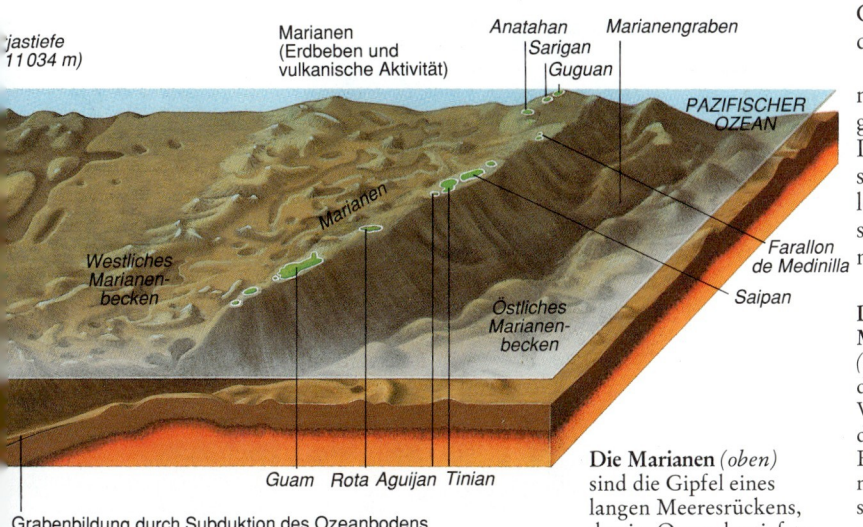

Seeschildkröten, Krabben und große Muscheln *(oben)* werden von einheimischen Fischern angeboten. Die Gewässer der Marianen sind sehr fischreich, aber heute stützt sich die Wirtschaft hauptsächlich auf die Beziehungen zur USA.

Die Insel kann sich nicht selber mit Nahrungsmitteln versorgen. Fischfang und Kopragewinnung, früher die Haupterwerbszweige der einheimischen Bevölkerung, sind inzwischen fast zum Erliegen gekommen. Zwei Drittel der Landfläche ist militärisches Sperrgebiet und fällt somit für die landwirtschaftliche Nutzung aus. Das US-amerikanische Verteidigungsministerium hat Teile der Insel gepachtet und stützt den Inselhaushalt mit beträchtlichen Zahlungen. Auf Guam sind etwa 30 000 US-amerikanische Soldaten stationiert.

Touristisch gesehen ist Guam fest in japanischer Hand. Seine landschaftlichen Reize liegen außerhalb der Hauptstadt, in historischen Inselstädtchen wie Inarajan und Merizo, an schönen Stränden und erfrischenden Wasserfällen. Die bizarre, stark zerschluchtete Berglandschaft im Süden der Insel besteht aus erloschenen, dicht bewaldeten Vulkanen.

Die Marianen *(oben)* sind die Gipfel eines langen Meeresrückens, den im Osten der tiefste Meeresgraben begleitet.

Diese Gruppe junger Mädchen auf Guam *(oben links)* verdeutlicht den Einfluß fremder Völker auf die Kultur der Pazifikinsel. Viele Einwohner der Marianen haben mikronesische, philippinische, amerikanische oder spanische Vorfahren.

Der Talofofo-Wasserfall *(oben Mitte links)* ist der höchste Wasserfall auf Guam und eine der größten touristischen Attraktionen der Insel. Das Wasser mehrerer Flüsse aus dem bis rd. 400 m hoch gelegenen Plateau ergießt sich hier talabwärts.

VEREINIGTE STAATEN: AMERIKANISCH-SAMOA

Ein kurzer Luftsprung von Upolu, der Hauptinsel Westsamoas, ostwärts – und man ist auf Tutuila, der Hauptinsel von Amerikanisch-Samoa. Hier ist die Verwestlichung ungleich weiter gediehen als im benachbarten Westsamoa. Auf den engen Uferstraßen fahren amerikanische Straßenkreuzer und die junge Bevölkerung kleidet sich nach der letzten Mode des Westens. Obwohl die Eingeborenen nicht an den US-amerikanischen Wahlen teilnehmen können, sind sie loyale Staatsangehörige der Vereinigten Staaten. Amerikanisch-Samoa ist seit 1967 ein nicht-integriertes Territorium der USA, das bis Anfang der 50er Jahre als Flottenbasis dem Marineministerium unterstand. Heute ist es dem US-amerikanischen Innenministerium zugeordnet und wird von einem Gouverneur verwaltet. Die Abgeordneten des Inselparlaments werden in allgemeinen Wahlen ermittelt, die Senatsmitglieder werden jedoch nach dem samoanischen Häuptlingssystem gewählt. Mit Westsamoa bestehen enge Kontakte, doch für eine Wiedervereinigung Samoas in nächster Zeit bestehen kaum Aussichten. Die Mehrheit der Bevölkerung entschied sich in einem Referendum für den Verbleib bei den USA – und damit für einen, im Vergleich zu Westsamoa, relativ hohen Lebensstandard.

Das geteilte Samoa ist ein Produkt der Kolonialpolitik. Für Europäer waren die Inseln unbekannt, bis sie der Holländer Jacob Roggeveen 1722 entdeckte. Mitte des 19. Jahrhunderts bemühten sich Deutsche, Briten und US-Amerikaner auf Samoa um Macht und Einfluß. Ein heftiges Tauziehen um Landerwerb und Kopramärkte setzte ein. 1899 zogen sich die Briten aus Samoa zurück. Deutschland und die USA kamen überein, Samoa aufzuteilen. Die Deutschen sicherten sich die im Westen gelegenen Inseln, die US-Amerikaner erhielten die östliche Inselgruppe, bestehend aus Tutuila, Aunu'u, Swains und dem unbewohnten Atoll Rose sowie den Manua-Inseln. Ihr Interesse galt vor allem Pago Pago, dem günstig gelegenen und sichersten Naturhafen des Pazifik.

Landschaft und Natur

Die Inseln Amerikanisch-Samoas sind, mit Ausnahme zweier kleiner Atolle, vulkanischen Ursprungs. Ein zentraler Bergrücken mit steil aufragenden, bis zu 652 m hohen Kuppen, durchzieht die Insel Tutuila. Die Vulkane sind nicht mehr aktiv und die Berge infolge jahrtausendelanger Erosionsprozesse stark zerklüftet. Die Küsten sind mit Ausnahme der Pago Pago Bay nur wenig gegliedert. Das Klima ist tropisch warm und feucht. Die Temperaturen liegen bei etwa 27 °C, und einige Berggebiete erhalten bis zu 5000 mm Niederschlag im Jahr. Etwa die Hälfte der Insel wird von tropischem Regenwald bedeckt. Wegen des unwegsamen Binnenlandes bleibt für die Besiedlung und den Ackerbau nur ein schmaler Streifen entlang der Küsten.

Die Menschen

Als eine der wenigen Inselgruppen Polynesiens wird Amerikanisch-Samoa – wie auch Westsamoa – heute noch zu rund 90 % von einer einheitlichen polynesischen Bevölkerung bewohnt. Das Bild, das die Welt von ihr hat, wurde in starkem Maße von der amerikanischen Anthropologin Margaret Mead geprägt; sie hat die Lebensgewohnheiten verschiedener Südseevölker in jahrelangen Forschungen eingehend untersucht. Über die Samoaner berichtet sie: »Ihre Lebensart ist förmlich und prunkvoll. Häuptlinge und Redner, Dorffürsten und Dorffürstinnen, festgefügte Gruppen von Jungen und Alten vereinen sich beim Pflanzen und Ernten, beim Fischen und Bauen, Festefeiern und Tanzen in einer Welt, in der niemand Eile hat, in der es Nahrung im Überfluß gibt, in der die Natur großzügig und das Leben harmonisch und gelassen ist. Seit über hundert Jahren sind sie Christen und haben die christlichen Lehren ihren eigenen Traditionen angepaßt, sie tragen am Sonntag wundervolle, gestärkte Kattunkleider, gehen dabei aber barfuß. Sie sind stolz auf ihren eigenen Lebensstil«. Und das nicht ohne Grund, nennt man doch Samoa die Wiege Polynesiens, da aus dieser Region die Besiedlung anderer Inseln erfolgt sein soll. Und wenn auch die »Welt von gestern« immer mehr dahinschwindet, in Amerikanisch-Samoa sichtlich schneller als in Westsamoa, so sind die Gesell-

Fischerboote im Hafen von Pago Pago *(rechts oben eingefügt)* bringen einen Fang ein. Der Fischfang hat einen bedeutenden Anteil an der Wirtschaft Amerikanisch-Samoas, und die Herstellung von Fischkonserven ist ein wichtiger Industriezweig.

Diese Seejungfrau *(rechts)* mit dem Sternenbanner ist Teil eines Festzuges in Pago Pago. Die enge Bindung an die Vereinigten Staaten von Amerika bringt materielle Vorteile, schwächt aber die traditionelle samoanische Kultur.

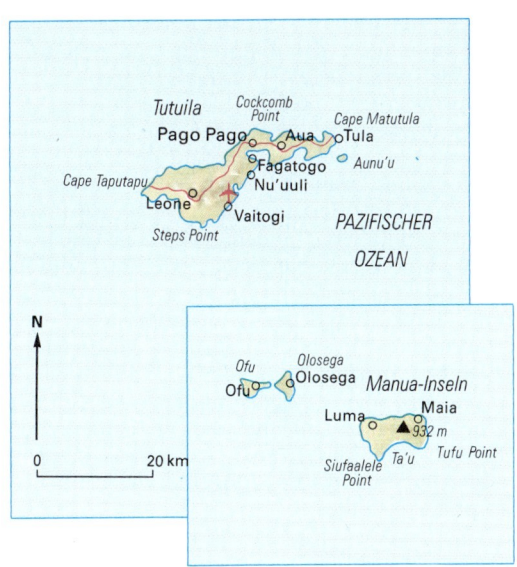

Samoanische Kinder *(ganz links)*, in westlicher und traditioneller Kleidung sitzen auf dem Holzboden eines traditionellen Wohnhauses (fale). Diese Häuser haben keine Mauern. Das Familienleben spielt sich vor aller Augen ab.

Pago Pago *(links)*, Verwaltungssitz und gleichzeitig größte Stadt auf Amerikanisch-Samoa, besitzt einen der schönsten Häfen der gesamten pazifischen Region. Es ist außerdem der einzige Hafen in Samoa, der von Hochseeschiffen angelaufen werden kann.

Amerikanisch-Samoa *(oben)* liegt in Westpolynesien und besteht aus sechs Hauptinseln und der unbewohnten Swains-Insel. Die Inseln bilden ein Territorium der USA und werden vom Innenministerium der Vereinigten Staaten verwaltet. Ein im Jahre 1899 unterzeichneter Vertrag teilte die Kontrolle über Samoa zwischen Deutschland und den Vereinigten Staaten von Amerika auf. Das Marineministerium verwaltete den amerikanischen Teil bis 1951. Pago Pago auf Tutuila ist Flottenstützpunkt und Verwaltungssitz von Amerikanisch-Samoa.

schaftsstrukturen und das familiäre Leben doch weitgehend samoanisch geblieben.

Der Kern des dörflichen Lebens ist die Großfamilie, ihr gewähltes Oberhaupt ist der »Matai«. Die Funktion der einzelnen Familienmitglieder ist genau festgelegt und aufeinander abgestimmt. Individualbesitz ist weitgehend unbekannt, ebenso der Begriff des Stehlens. Da brauchen die Häuser (»fale«) weder Mauern noch Türen, und durch nichts wird der Blick ins Innere verwehrt. Nur bei Wind und Regen werden geflochtene Matten als Jalousien von dem auf Säulen ruhenden Strohdach, heute häufig auch Blechdach, heruntergelassen.

Doch dieses harmonische Zusammenleben läßt sich nur schwer mit dem modernen Stadtleben vereinen. Dort lösen sich die traditionellen Strukturen langsam auf.

Größte Erwerbszweige für die Inselbewohner sind die Verwaltung und die Fischindustrie mit der Konservenfabrikation in Pago Pago. Auch ein Teil der Agrarprodukte dient der Exportwirtschaft. So werden neben den Hauptanbaupflanzen Kokospalmen, Bananen, Yams, Taro und Brotfruchtbaum auch Papayas, Ananas und Apfelsinen angebaut. Obwohl sich die Exportwirtschaft und auch der Fremdenverkehr günstig entwickelt haben, ist Amerikanisch-Samoa weiterhin auf finanzielle Zuschüsse aus den USA angewiesen.

VIETNAM

Die Geschichte Vietnams unterscheidet sich hinsichtlich der kulturellen und religiösen Prägung grundlegend von der anderer Staaten Südostasiens. Während diese unter den Einfluß der indischen Kultur gerieten, die unter anderem in Architektur, Schrift und im Mahayana-Buddhismus zum Ausdruck kam, wurde die Entwicklung Vietnams seit 111 v. Chr. von China dominiert. In dem folgenden Jahrtausend chinesischer Herrschaft sind das Verwaltungswesen, Kunst und Kultur sowie die Staats- und Gesellschaftslehre (Konfuzianismus) nach chinesischem Vorbild ausgerichtet worden.

Nach Abschüttelung der Fremdherrschaft folgte eine über 900 Jahre andauernde Zeit der Unabhängigkeit, in der die vietnamesischen Feudalfürstentümer eine wirksame Barriere gegen ein erneutes Vordringen der chinesischen Großmacht bildeten.

Nationale Identität – fremde Einflüsse

Mit der Überwindung der direkten Fremdherrschaft – es blieb bei einer formellen chinesischen Oberhoheit mit zentralisiertem Verwaltungssystem und an konfuzianischen Prinzipien geschultem Beamtenapparat – entwickelte sich auch eine eigenständige vietnamesische Literatur, die sich allerdings in den Werken der sog. Gelehrtenliteratur bis ins 15. Jahrhundert hinein der chinesischen Sprache bediente, obwohl schon eine vietnamesische Schriftsprache existierte. Das Chinesische, nur weitläufig im Rahmen der sinotibetischen Sprachenfamilie mit dem Vietnamesischen verwandt, konnte sich sogar bis ins 20. Jahrhundert, vorwiegend in Literatur und Wissenschaft, halten. Das gleiche gilt für die Schrift: Vom 13. bis zum 20. Jahrhundert wurden chinesische Zeichen und eine eigene »Nationalschrift« parallel benutzt. Die seit dem 17. Jahrhundert von christlichen Missionaren eingeführte lateinische Transkription wurde erst nach dem Zweiten Weltkrieg offizielle Schrift. In Kunst und Musik verwirklichen die Vietnamesen auch ihren eigenen Stil, indem sie ausländische Einflüsse verarbeiteten, seien es indische, chinesische oder auch europäische. Sprachliche und kulturelle Identität ließen ein Nationalbewußtsein entstehen, auf das die Vietnamesen bauten konnten, als sie ihr Land von den Franzosen, die seit Mitte des 19. Jahrhunderts sich in Indochina ein Kolonialreich erobert hatten, befreien wollten.

Seit jeher drängte es die Herrscher und Staatslenker von Annam auch zur Expansion: zuerst nach Süden, wo das alte, von den indomalaiischen Cham getragene Reich Champa vernichtet und das fruchtbare, Cochinchina genannte Gebiet am Mekong-Delta erobert wurde. Rivalisierende Herrscher ließen das Land, das sich erst 1804 den Staatsnamen »Viet nam« zulegte, jedoch seit dem 16. Jahrhundert meist geteilt und ermöglichten es den Franzosen, ihre Herrschaft schrittweise vom Süden aus über das ganze Land auszudehnen. Vietnamesische

VIETNAM

Angelegenheiten wirkten seitdem auch immer auf Kambodscha und Laos, sei es in den Indochinakriegen oder nach der »Wiedervereinigung« 1975, als das kommunistische Vietnam sich manifest in die Angelegenheiten der Nachbarstaaten einmischte (1979–89). Dies brachte Vietnam auch in deutlichen Gegensatz zu China, das die Roten Khmer in Kambodscha unterstützte. Es kam zu Grenzkriegen (1979, 1984) und wiederholten Konfrontationen im Südchinesischen Meer. – Schon Ho Chi Minh hatte die »nationale Karte« gespielt und versucht, sich durch Annäherung an die Sowjetunion den Ansprüchen des großen kommunistischen Bruders im Norden zu entziehen. Die regionale Führungsrolle ist Vietnam indes kaum zu nehmen, schon allein weil es mit fast 79 Millionen Menschen nach Indonesien der bevölkerungsreichste Staat in Südostasien ist.

Die Menschen

Etwa 87 % der Bevölkerung sind Vietnamesen. Sie leben vorwiegend im Küstentiefland – besonders im Mündungsgebiet des Roten Flusses und des Mekong. Von den über 60 nationalen Minderheiten, die etwa 10–12 % der Einwohner stellen, leben die meisten in den ländlichen Regionen des Hochlandes, zumeist verstreut entlang der Grenze in den ausgedehnten Berg- und Dschungelgebieten. Chinesen mit über einer Million Angehörigen sowie Tay, Thai, Khmer, Meo, Muong und Nung sind die größten ethnischen Minoritäten. Das Verhältnis der Vietnamesen (Annamiten) zu den nationalen Minderheiten, die verschiedenen Sprachgruppen angehören, war und ist problematisch, zumal sich deren Kultur, Sprache und Lebensweise erheblich voneinander unterscheiden (mit Ausnahme der Muong). In den Indochinakriegen versuchten die verschiedenen Kriegsparteien die Bergvölker für ihre Ziele einzuspannen. Heute können sie sich dem Druck aus dem Tiefland immer weniger entziehen, denn ein starkes Bevölkerungswachstum, 1990–98 durchschnittlich 2,1 %, erhöht den Zwang, neue (landwirtschaftlich nutzbare) Gebiete zu erschließen. Auch der umfassende Anspruch des kommunistischen Partei- und Staatsapparats läßt den Minderheiten wenig Raum zur Selbstbestimmung.

Mit durchschnittlich mehr als 235 Einwohnern pro km² und teilweise über 1000 Menschen pro km² im Delta von Mekong und Rotem Fluß gehört Vietnam zu den am dichtesten besiedelten Staaten der Welt. Größte Städte sind Ho-Chi-Minh-Stadt (Saigon, ca. 3,9 Millionen Einwohner) im Süden sowie die Hauptstadt Hanoi (2,2 Millionen) und Haiphong am Golf von Tonkin (1,6 Millionen). Armut, Überbevölkerung und politische Gründe trieben seit 1975 immer wieder Hunderttausende ins Ausland, vor allem in die USA, illegal als »boat people« oder seit Ende der 1990er Jahre legal über Ausreisevisa.

VIETNAM: DER STAAT

Nach dem Ende des zweiten Indochinakrieges wurde die Wiedervereinigung des zerstörten Landes unter dem neuen Namen »Sozialistische Republik Vietnam« (SRV) vollzogen. Saigon wurde in Ho-Chi-Minh-Stadt umbenannt. Die entscheidende Rolle im politischen Leben des Staates spielt auch nach der Verfassungsreform von 1992 die »Kommunistische Partei Vietnams« (KPV). Mehrere Hunderttausend Vietnamesen, Anhänger der alten Machthaber und Kollaborateure, aber auch viele ehemalige Anhänger der Viet-Minh, verließen nach 1975 das Land.

Die Wirtschaftslage gegen Ende der 1980er Jahre war katastrophal: das potentiell reiche Land war zu einem der ärmsten Länder der Welt geworden. Das lange Zeit funktionierende Modell, daß vietnamesische Arbeitslose zur Beseitigung des Arbeitskräftemangels in den sozialistischen Staaten beschäftigt wurden und so zur Qualifizierung wie auch zur Devisenbeschaffung beitrugen, mußte angesichts der politischen Veränderungen in Ostmitteleuropa und der Sowjetunion aufgegeben werden.

Außenpolitisch verfolgten die neuen Machthaber in Hanoi genauso wie die Franzosen und wie ihre kaiserlich-vietnamesischen Vorgänger zunächst eine expansionistische Politik, die ihren Ausdruck fand in »besonderen Beziehungen« zu Laos (u. a. Stationierung von 50 000 Soldaten) sowie der militärischen Besetzung Kambodschas 1979. Daraufhin weiteten sich die schon seit Jahren anhaltenden Grenzzwischenfälle entlang der Grenze zur VR China zum Grenzkrieg aus. In einer als Großoffensive angelegten »Strafexpedition« eroberten die Chinesen Ende 1979 zahlreiche strategisch wichtige Grenzorte, zogen sich aber nach kurzer Zeit

Das monumentale Grabmal von Ho Chi Minh *(rechts)*, der von 1954 bis zu seinem Tod im Jahr 1969 Staatspräsident von Nordvietnam war, steht in der Hauptstadt Hanoi. Ho Chi Minh war der unbestrittene Führer der vietnamesischen Kommunisten und führte Nordvietnam im Kampf gegen das vom Westen unterstützte Südvietnam. Als Vietnam 1976 unter kommunistischer Führung vereinigt wurde, wurde Hanoi zur Hauptstadt des neuen Staates, und Saigon wurde in Ho-Chi-Minh-Stadt umbenannt.

wieder zurück. Die internationale politische und wirtschaftliche Isolierung Vietnams infolge der Kambodscha-Besetzung hatte so nachhaltige Folgen, daß Vietnam 1989 seine Truppen aus Kambodscha abzog.

Glasnost und Perestroika auf vietnamesisch
Doi Moi – Erneuerung der zerrütteten Wirtschaft – war das Motto auf dem 6. Kongreß der KPV im Dezember 1986, der als historischer Wendepunkt zu bezeichnen ist. Angesichts der schweren ökonomischen Krise wählten die Delegierten eine neue Parteiführung und verabschiedeten ein wirtschaftliches Reformprogramm. Die Hälfte der Mitglieder des politischen Entscheidungszentrums, des Politbüros,

Daten und Fakten

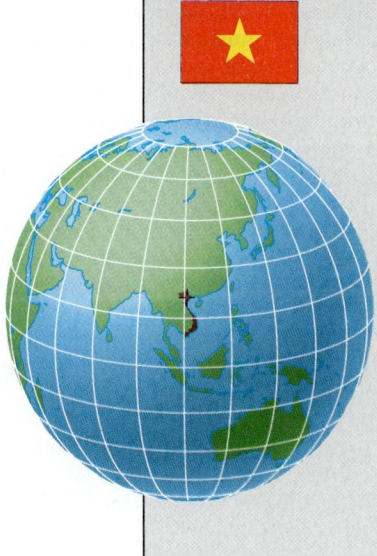

DAS LAND
Offizieller Name: Sozialistische Republik Vietnam
Hauptstadt: Hanoi
Fläche: 331 689 km²
Landesnatur: Im N weite Schwemmlandebene (Kernland), südl. Bergland in Annamitische Kordillere übergehend, im S Mekongdelta
Klima: Im N subtropisches, im S tropisches Klima
Hauptflüsse: Roter Fluß, Mekong
Höchster Punkt: Fan Si Pan 3142 m
DER STAAT
Regierungsform: Sozialistische Republik
Staatsoberhaupt: Vorsitzender des Staatsrats
Regierungschef: Ministerpräsident
Verwaltung: 7 Regionen mit 50 Provinzen, 3 Stadtbezirke
Parlament: Nationalversammlung mit max. 400 für 5 Jahre gewählten Abgeordneten; Staatsrat als ständig amtierendes Gremium
Nationalfeiertag: 2. September
DIE MENSCHEN
Einwohner (Ew.): 78 705 000 (1999)
Bevölkerungsdichte: 237 Ew./km²
Stadtbevölkerung: 20 %
Bevölkerung unter 15 Jahren: 34 %
Analphabetenquote: 7 %
Sprache: Vietnamesisch, Französisch, im S Englisch
Religion: Buddhisten 55 %, Katholiken 5 %
DIE WIRTSCHAFT
Währung: Dong
Bruttosozialprodukt (BSP): 25 617 Mio. US-$ (1998)
BSP je Einwohner: 330 US-$
Inflationsrate: 18,5 % (1990–98)

Die Sozialistische Republik Vietnam (rechts) erstreckt sich über eine Gesamtlänge von mehr als 1600 km über die gesamte Ostküste der Halbinsel Hinterindien. Die schmalste Stelle im Mittelteil beträgt 60 km, die breiteste im Norden 600 km.

wurde erneuert. Zum Generalsekretär als Nachfolger von Truong Chinh wurde Nguyen Van Linh (* 1915) gewählt, der wiederum 1991 von Do Muoi abgelöst wurde.

Das Wirtschaftsprogramm umfaßte weitgehende Liberalisierungsmaßnahmen. Subventionen wurden gestrichen und privatwirtschaftlicher Wettbewerb eingeführt. Ein neues Investitionsgesetz sollte Kapital und moderne Technologie aus dem Ausland anziehen. Danach konnte der externe Kapitalbesitz bei ausländischen Investitionen bis zu 100 % betragen. Der Staat garantierte Schutz vor Verstaatlichung und sicherte freien Gewinntransfer zu. Mit der neuen Verfassung von 1992 erhielt dieser ökonomische Liberalismus auch eine politische Untermauerung. Auch in der Außenpolitik vollzog das Regime in den 1990er Jahren einen Richtungswechsel, um die Beziehungen zu China und anderen Nachbarstaaten zu verbessern. 1995 wurde Vietnam Mitglied der ASEAN. Nachdem die USA 1993 ihr Wirtschaftsembargo aufgehoben hatten, nahmen die beiden Staaten 1995 wieder diplomatische Beziehungen auf. Erster US-amerikanischer Botschafter wurde 1997 der ehemalige Kampfpilot Douglas Peterson. Im selben Jahr vollzog sich auch ein Generationswechsel in der Staats- und Parteiführung. Le Kha Phieu wurde neuer Parteichef und Tran Duc Luong (* 1937) neues Staatsoberhaupt. Durch die Wirtschaftskrise in Südostasien 1997/98 geriet auch die ökonomische Liberalisierung in Vietnam in unruhiges Fahrwasser, zumal die Kommunistische Partei der Bevölkerung weiterhin grundlegende demokratische Freiheiten verweigerte. Dabei besitzt das Land langfristig das Potential zu einer regional führenden Wirtschaftsmacht.

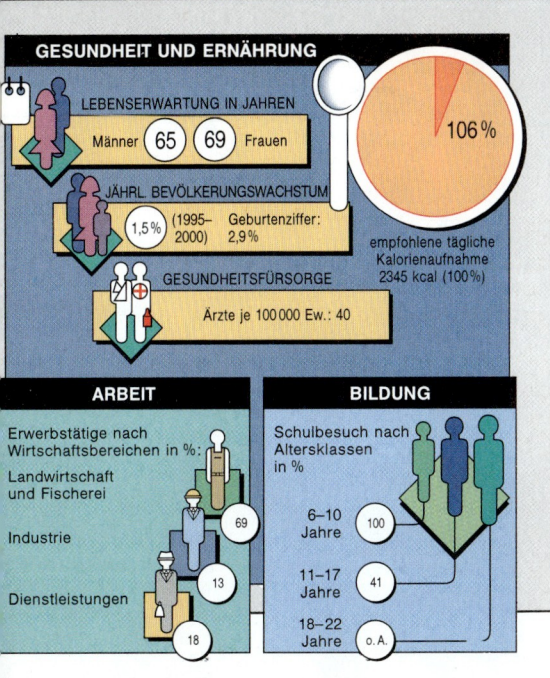

Importgüter: Erdöl, Düngemittel, Maschinen, industrielle Fertigprodukte
Exportgüter: Fische, Krebs- u. Weichtiere, Kautschuk, Kaffee, Tee, Holz, Bergbauprodukte, Garne, Teppiche
Handelspartner: Japan, Singapur, VR China, Taiwan, Australien, Südkorea, USA, EU-Länder
Eisenbahnnetz: 2835 km
Straßennetz: 23 400 km
Fernsehgeräte je 1000 Ew.: 47

VIETNAM: GESCHICHTE

Nach dem 3. Jahrhundert v. Chr. treten erstmals vietnamesische Königreiche in die Geschichte ein, bis die Stammesgebiete der »Yüeh« im Delta des Roten Flusses, im Gebiet »Nord«-Vietnams, von 111 v. Chr. bis 939 n. Chr. zur chinesischen Provinz wurden. Aus den Dörfern heraus kam es jedoch immer wieder zu Aufständen gegen die chinesische Fremdherrschaft, die schließlich 939 n. Chr. endete. Aber auch danach war Vietnam tributpflichtig gegenüber China. Die sich nach einer Übergangszeit etablierende Li-Dynastie verhalf dem Land, das in Dai-Viet (Groß-Viet) umbenannt wurde, zu einer wirtschaftlichen, gesellschaftlichen und kulturellen Blütezeit.

Ab dem 16. Jahrhundert begannen die Vietnamesen, ihr Reich nach Süden hin auszudehnen. Zwischen 1611 und 1697 wurde das Cham-Reich vernichtet, und bis 1759 wurde Cochinchina, der östliche Teil des ehemaligen Khmer-Reiches, unterworfen. Seit der zweiten Hälfte des 16. Jahrhunderts war das Land faktisch in zwei Teile gespalten: in einen nördlichen, der von den Trinh regiert wurde, und einen südlichen, in dem die Nguyen-Dynastie die Macht ausübte. Die Anfang des 19. Jahrhunderts militärisch durchgesetzte Einigung des Landes unter den Nguyen war nicht von Dauer.

Unter Kaiser Napoleon III. begann Frankreich systematisch seinen Einfluß in Indochina zu vergrößern. 1862 wurden das östliche Cochinchina, 1874 Annam sowie das restliche Cochinchina und 1884 Tonkin von französischen Truppen besetzt. Neben Vietnam zählten auch Kambodscha und später Laos zur »Indochinesischen Union«. Von Anfang an wurde die französische Fremdherrschaft bekämpft. Die Gründung der Kommunistischen Partei Indochinas im Jahre 1930 markierte einen folgenreichen Einschnitt im Hinblick auf den nationalen Widerstandskampf.

Nach der Kapitulation der Japaner, die während des Zweiten Weltkriegs die französischen Kolonialgebiete besetzt gehalten hatten, übernahm, gestützt durch die breite Mehrheit der Bevölkerung, die Viet-Minh die Regierung. Selbst der überwältigende Wahlsieg der Viet-Minh bei den allgemeinen Wahlen im Januar 1946 hielt die Franzosen nicht von dem Versuch ab, die »Demokratische Volksrepublik Vietnam« (DRV) erneut zu beherrschen. Die zu diesem Zweck entsandten Truppen konnten jedoch – vom Guerillakrieg der Viet-Minh geschwächt und 1954 in der Schlacht von Dien Bien Phu militärisch vernichtend geschlagen – das Ende der französischen Besatzung nicht verhindern. Die Genfer Indochinakonferenz im gleichen Jahr teilte Vietnam entlang des 17. Breitengrades in eine nördliche und in eine südliche Zone.

Im Süden breitete sich in den nächsten Jahren die Volksbefreiungsfront des sogenannten Viet-Cong in fast allen ländlichen Provinzen immer weiter aus. Die nie durchgeführte Landreform verschafften hier dem Viet-Cong starken Rückhalt bei der oft bettelarmen Landbevölkerung.

Ähnlich erfolgreich war der Viet-Cong bei einigen der zahlreichen Bergstämme, die den größten Teil der Gebirge im Süden bewohnten. Südvietnams Präsident Diem verfolgte in den Stammesgebieten eine strikte Vietnamisierungspolitik, die auf erbitterten Widerstand stieß.

Der Vietnamkrieg

Der immer stärker werdende militärische Druck des Viet-Cong führte am 9. 2. 1962 zur Gründung eines US-Militärhilfekommandos mit Sitz in Saigon. Mit Hilfe amerikanischer Truppen und modernsten Kriegsmaterials würde der Widerstand schnell zusammenbrechen – so dachte jedenfalls die Kennedy-Administration. Sechs Jahre später waren über eine halbe Million junger Amerikaner in Vietnam stationiert. Um den Widerstand zu brechen, wurden vietnamesische Bauern und Bergstämme umgesiedelt und in Wehrdörfern zusammengefaßt. Bei

Bilder von Ho Chi Minh *(unten)* bei einer Kundgebung in Saigon nach der kommunistischen Machtübernahme im April 1975. Die ehemalige südvietnamesische Hauptstadt wurde ihm zu Ehren in Ho-Chi-Minh-Stadt umbenannt.

Bombenkrater *(rechts)*, entstanden durch Luftangriffe auf einen vermeintlichen kommunistischen Stützpunkt, überziehen die Landschaft. Ein großer Teil Vietnams ist durch chemische Kampfstoffe verwüstet worden.

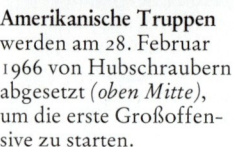

Amerikanische Truppen werden am 28. Februar 1966 von Hubschraubern abgesetzt *(oben Mitte)*, um die erste Großoffensive zu starten.

Kinder, verfolgt von Kamerateams *(rechts)* fliehen vor Napalmbomben der südvietnamesischen Militärs. Als Weltphoto des Jahres 1972 erlangte dieses Bild traurigen Ruhm.

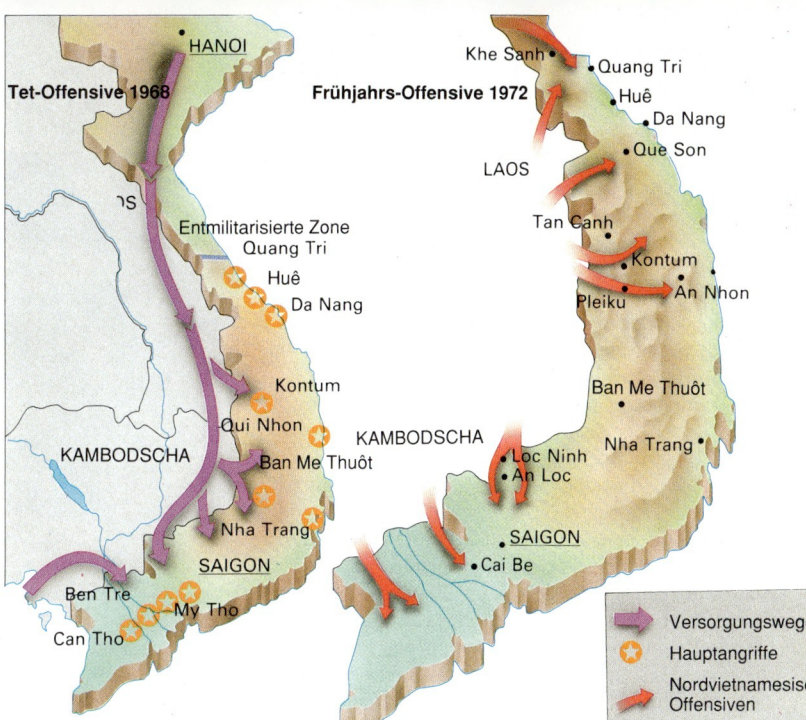

Die militärischen Offensiven (oben) auf strategische Ziele in Südvietnam Anfang 1968 (Tet) und im März 1972. Tet war zwar eine Niederlage der Kommunisten, untergrub aber die US-amerikanische Kampfmoral.

Der Ben-Than-Markt in der Altstadt von Ho-Chi-Minh-Stadt (bis 1976 Saigon, oben). Nach den schrecklichen Kriegsjahren gibt es hier wieder alles zu kaufen.

Operation »Fallschirm« am 8.12.1953 im Indochinakrieg (links). Für den Angriff auf kommunistische Streitkräfte wartet ein Fallschirmjäger auf seine Kameraden.

den systematischen Bombardements gegen Nordvietnam und Kambodscha wurden dreimal so viele Bomben abgeworfen wie während des gesamten Zweiten Weltkriegs. Die Folgen dieser Politik waren: Vergrößerung des sozialen Elends und Stärkung des Widerstands. Der 1969 neugewählte Präsident der USA, Richard Nixon (1913–1994), verfolgte eine Politik der sogenannten Vietnamisierung des Krieges und reduzierte daher die US-Truppen. Die Ursachen hierfür waren die offensichtliche militärische Erfolglosigkeit, Proteste im In- und Ausland sowie die zunehmende Demoralisierung der eigenen Truppen, die angetreten waren, die »Freiheit zu verteidigen«, aber feststellen mußten, daß sie ein verhaßtes, korruptes System stützten.

Nach dem im Pariser Vietnam-Abkommen vom Januar 1973 vereinbarten Abzug der Amerikaner konnte die neu aufgebaute und weitgehend demoralisierte südvietnamesische Armee den Vormarsch der nordvietnamesischen Truppen und der Viet-Cong nicht mehr aufhalten. Mit der bedingungslosen Kapitulation Südvietnams und dem Einmarsch nordvietnamesischer Truppen in Saigon am 30. 4. 1975 endete der zweite Indochinakrieg.

In dem längsten Krieg, den die USA je geführt hatten, wurden ca. 58 000 Amerikaner getötet und etwa 365 000 verwundet. Der wahre Verlierer war jedoch das vietnamesische Volk: Etwa 2 Millionen nord- und südvietnamesische Soldaten verloren ihr Leben, und die Verluste unter der Zivilbevölkerung waren verheerend. Die Wirtschaft lag danieder, und ein großer Teil des Staatsgebietes war durch Flächenbombardierung und aus der Luft versprühte chemische Entlaubungsmittel erheblich in Mitleidenschaft gezogen. Im April 1975 kapitulierte Südvietnam. Die erzwungene Vereinigung brachte jedoch keinen Frieden. Kampfhandlungen mit China und in Kambodscha folgten.

VIETNAM: DAS LAND

Landesnatur

Vietnam wird seiner äußeren Umrisse wegen auch als »Bambusstange mit zwei Reiskörben« bezeichnet. Die »Bambusstange« ist die langgestreckte Annamitische Kordillere, der nur ein schmales Küstentiefland vorgelagert ist. Die »Reiskörbe« sind die im Norden, in Tonkin, bis 600 km und im Süden, in Cochinchina, bis 350 km breiten Landesteile mit den beiden Groß-Deltalandschaften des Mekong im Süden und des Roten Flusses im Norden.

In Tonkin setzen sich die Gebirgszüge Südchinas fort, die sich als langgestreckte, bewaldete Bergketten von Nordwesten nach Südosten ziehen. Die in gleicher Richtung strömenden Flüsse haben sich tief eingeschnitten, vor allem der Rote Fluß und der Schwarze Fluß, die in zwei parallelen, geradlinig verlaufenden Grabentälern das Bergland queren. Meist erreichen die Hochflächen nur Höhen zwischen 1000 und 1500 m, einige Bergketten westlich des Roten Flusses steigen jedoch bis über 3000 m auf; hier liegt auch der höchste Berg Vietnams, der Fan Si Pan mit 3142 m. Der größte Teil der Ebene von Tonkin liegt nur 3 m über dem Meeresspiegel und wird immer wieder von Überschwemmungen heimgesucht, da der Wasserspiegel des Roten Flusses während der Regenzeit um 10 m ansteigen kann. Deiche und Kanäle, alte Flußarme, Terrassen und Uferdämme sind die einzigen Gliederungselemente des fruchtbaren Schwemmlands, das mit seinen riesigen Reisfeldern oft recht eintönig wirkt.

Die sich anschließende Annamitische Kordillere weist trotz Höhen von über 2500 m nur selten alpinen Hochgebirgscharakter auf. Vorherrschend sind vielmehr ausgedehnte Hochflächen, vor allem in den Deckschichten des Südens, wo die Gebirgskette meist unter 1000 m Höhe bleibt. Der von dichtem tropischen Wald bedeckte steile Abbruch des Gebirges im Osten läßt an der Küste kaum Raum für schmale Küstenebenen.

Die Landschaft Cochinchinas wird vom ausgedehnten Tiefland des Mekongdeltas bestimmt. Der in Kambodscha liegende See Tonlé-Sap dient als natürlicher Flußregulator für den Mekong, so daß hier große Überschwemmungen ausbleiben. Die ganz im Süden liegende Halbinsel Ca Mau ist teilweise noch bewaldet. Hier gedeihen im sumpfigen Brackwasserschlamm die zur Nutzholzgewinnung (Haus- und Bootsbau, Holzkohle) so wichtigen Rhizophora-Mangrovenbäume.

Das Klima wird von den halbjährlich wechselnden Monsunwinden bestimmt. Im Sommer weht der vom Meer kommende feucht-warme Südwestmonsun, der zu heftigen, bis in den Spätherbst anhaltenden Regenfällen führt. Nordöstliche, vom Festland kommende Luftströmungen herrschen dagegen im Winter vor, die dann im Norden und Süden des Landes Trockenheit verursachen und nur der Küste Regen bringen. Die durchschnittliche jährliche Niederschlagsmenge liegt im Tiefland zwischen 1000 bis 2200 mm, in den Bergregionen kann sie auf 3000–4000 mm ansteigen. Während im Süden das ganze Jahr über ausgeglichene Temperaturen um 26 °C herrschen, nehmen nach Norden die Temperaturschwankungen erheblich zu.

Wirtschaft

Der Süden ist der landwirtschaftlich ertragreichere Teil des Landes, ist aber die an Bodenschätzen ärmere Region. Dagegen besitzt der Norden zahlreiche Bodenschätze und die Zentren der Schwerindustrie, während im Süden die von den USA vorangetriebene Konsumgüterindustrie und der Dienstleistungssektor stärker entwickelt sind. Die Agrarwirtschaft ist immer noch der wichtigste Sektor der vietnamesischen Volkswirtschaft. Dort werden 26 % des Bruttoinlandsproduktes erwirtschaftet; auch machen

VIETNAM

Arbeiter in einem Reisfeld *(links außen)*. Die beiden »Reiskörbe« des Landes, die fruchtbaren Niederungen im Deltagebiet des Roten Flusses im Norden und das Mekongdelta im Süden, sind die Kernzonen der Landwirtschaft und die Hauptsiedlungsgebiete.

Straßenhändler *(links)* in Ho-Chi-Minh-Stadt, dem früheren Saigon, bieten Gemüse an. Im Süden Vietnams haben seit der Machtübernahme der Kommunisten Fahrräder die Autos als wichtigstes Verkehrsmittel ersetzt.

Auf einem Holzfloß *(oben)* transportiert dieser Bauer seine Waren und sein Fahrrad flußabwärts. Er will seine landwirtschaftlichen Produkte auf dem Markt in der Stadt verkaufen. Die Flüsse sind wichtige Transportwege in Vietnam.

Kinder *(links)* sind unverzichtbare Arbeitskräfte bei der Landarbeit. Bereits in jungen Jahren verrichten sie mit den Büffeln schwere Feldarbeit. Büffel sind in Vietnam weit verbreitete Lasttiere und wichtige Fleischlieferanten.

Erzeugnisse der Land- und Forstwirtschaft sowie der Fischerei fast die Hälfte des Exportwertes aus. Reis ist das bei weitem wichtigste Anbauprodukt des Landes. Die Ernte konnte zwar von 1975 bis 1985 um ein Drittel gesteigert werden, doch danach stagnierte das Ernteergebnis. Taifune, Überschwemmungen, aber auch mangelnde Anreize in der kollektivierten Landwirtschaft sind hierfür verantwortlich. Dennoch stieg Vietnam Ende der 1990er Jahre hinter Thailand zum zweitgrößten Reisexporteur der Welt auf.

Allgemein leidet die Wirtschaft Vietnams bis heute an den Folgen des Krieges, der etwa zwei Drittel der gesamten Produktionsstätten Nordvietnams, das Transportwesen sowie die Dammanlagen zerstörte. Darüber hinaus standen die sozialistische Planwirtschaft mit ihrer starken Zentralisierung und der wuchernden Staatsbürokratie sowie die Korruption einer positiven Entwicklung des Landes entgegen.

Mit dem Ende der 1980er Jahre begonnenen liberalen Wirtschaftsprogramm, in dessen Rahmen Marktelemente gestärkt und die Zentralisierung abgebaut wurden, sowie der Erlaubnis von Privateigentum an Produktionsmitteln (1992) wurden die Weichen zu einer grundlegenden wirtschaftlichen Gesundung des Landes gestellt. Der Rückzug der vietnamesischen Truppen aus Kambodscha und die veränderte weltpolitische Sicherheitslage bot die Möglichkeit, über erhebliche Einsparungen im Militärhaushalt – Vietnams Armee gehörte zu den fünf größten der Welt – das Problem der Staatsverschuldung und die Hyperinflation in den Griff zu bekommen; von einer dreistelligen Geldentwertung Ende der 1980er Jahre gelang es bis 1999 auf 0,1 % herunterzukommen. Trotz eines hohen durchschnittlichen Wirtschaftswachstums von 8,4 % (1990-98) gehörte Vietnam mit seinem starken Bevölkerungswachstum weiterhin zu den ärmsten Ländern der Welt.

Wallace-Linie

Mitte des 19. Jahrhunderts führte Alfred Russell Wallace (1823–1913), ein britischer Naturforscher, eine großangelegte Untersuchung über die Tierwelt Asiens und Australasiens durch. Besonders faszinierten ihn dabei die Tiere und Vögel Indonesiens. Nach vielen Jahren der Forschung stellte er fest, daß diese Region die Grenze zwischen zwei der größten »tiergeographischen« Zonen – jener Gebiete der Erdoberfläche, zu der Tiere derselben Evolutionsgruppe gehören – enthielt. Er versuchte eine imaginäre Linie zwischen den asiatischen und australasiatischen Tiergruppen zu ziehen. Diese Linie wurde bekannt als Wallace-Linie und das betreffende Gebiet bekam den Namen »Wallacea«. Die sechs größten heute von der Wissenschaft anerkannten tiergeographischen Regionen entsprechen ungefähr den Kontinenten. Sie sind im wesentlichen wie folgt zu unterteilen: nearktisch (Nordamerika), neotropisch (Zentral- und Südamerika), paläarktisch (Europa, Nordafrika und der größte Teil Asiens), orientalisch (Indien und Südostasien), äthiopisch (der größte Teil Afrikas, Arabien und Madagaskar) und australasiatisch (Neuguinea und Australien). Jede dieser Regionen hat ihre eigene charakteristische Fauna. Die Mehrzahl der Tiere gibt es nur in einer Region, in einigen Fällen kommen die Arten jedoch auch in zwei oder mehr Regionen vor.

Die Bedeutung von Bali und Lombok

Die Unterteilung zwischen den orientalischen und australasiatischen Regionen schien am stärksten verwischt. Deshalb konzentrierte Wallace seine Forschungen darauf. 1858 hatte er festgestellt, daß der indonesische Archipel von zwei grundlegend verschiedenen Vogelarten bewohnt wurde. Zum Beispiel gab es auf der Insel Bali Bartvögel und Spechte, die auf der Insel Lombok nicht vorkamen, und auf Lombok gab es Kakadus und Zuckervögel, die auf Bali nicht zu finden waren. Im Laufe seiner ausgedehnten Reisen durch die Inselwelt Indonesiens trug Wallace umfassende Ergebnisse über die Tierwelt zusammen. Er war nicht verwundert, als er herausfand, daß die Vögel auf der Insel Bali auch typisch für Java waren: die beiden Inseln liegen nur 3,2 km voneinander entfernt. Es war allerdings überraschend, daß es auf der nächsten Insel im Archipel, Lombok, obwohl nur 32 km entfernt, eine so wesentlich andere Fauna gab. Während die Tiere auf Bali und Java und den anderen westlich gelegenen Inseln im Prinzip in ihrer Verwandtschaft asiatisch sind, werden die Tiere auf Lombok und weiter östlich zunehmend australisch. Als Resultat seiner weitreichenden Reisen in diesem Areal war Wallace 1863 in der Lage, eine hypothetische Linie zu ziehen, von der er annahm, daß sie die Trennung zwischen den zwei Regionen genau skizziere. Im Norden der Sunda-Inseln führt die Trennlinie durch die Makasarstraße zwischen Borneo (Kalimantan) und Celebes (Sulawesi) entlang und knickt südlich von Mindanao in den Philippinen gen Osten ab. Es ist keine gerade Linie, und der Schlüssel zu ihrem Geheimnis liegt in der Tiefe des Meeres. Sie folgt faktisch dem tiefen Wasser und spiegelt das Ausmaß der Isolation, welche die zwei Regionen vor Tausenden von Jahren trennte, wider.

Die südostasiatische Landbrücke

Während der pleistozänen Vereisungen, als der Meeresspiegel manchmal bis zu neunzig Meter niedriger lag als heute, waren die Inseln Borneo, Sumatra und Java sowie die anderen Inseln westlich der Wallace-Linie durch eine Landbrücke mit der malaiischen Halbinsel verbunden. Westlich der Wallace-Linie kommen die für Asien typischen Säugetiere wie Maulwürfe, Gleit- und Spitzhörnchen, Loris, Gibbons, Elefanten, Rhinozerosse, Bären, Katzen und Tapi-

Ein junger Orang-Utan *(rechts)* in seiner Waldheimat. Der malaiische Name bedeutet »Mensch des Waldes«, aber mit dem Abholzen der Wälder wird ihr natürlicher Lebensraum immer weiter eingeschränkt.

Das Baumkänguruh *(ganz rechts)*, ein Beuteltier, verbringt die meiste Zeit hoch oben im Geäst der Bäume, einem Lebensraum, an den es sehr gut angepaßt ist.

Komodowarane *(unten)* – die größten Echsen – werden bis zu drei Metern lang. Sie leben auf drei Inseln im Osten von Java.

Die Welt *(rechts)* kann in sechs tiergeographische Zonen eingeteilt werden. Jedes dieser Zonen hat eine unterschiedliche Tierwelt. Die Tiere wechseln von einer Region zur anderen, wenn eine Verbindung wie eine Landbrücke (A) besteht, aber sie neigen nicht dazu, größere Hindernisse (B) wie etwa Wüsten und Bergländer zu überqueren. Inseln können ihnen als Sprungbrett dienen (C). In der Region, die als Wallacea (unten rechts) bekannt ist, ist die Trennlinie zwischen den Tieren Südostasiens und Australiens unscharf. Die Tiere haben erfolgreich von einer Insel auf die andere gewechselt, konnten aber nicht den Graben zwischen Celebes (Sulawesi) und Neuguinea überwinden. Die Tiere mit blauen Symbolen haben ihren Ursprung in Südostasien, während die rot gekennzeichneten von Australien kommen. Jene mit lila Symbolen kommen auf beiden Seiten der Wallace-Linie vor, in einer Zone, wo sich die unterschiedlichen Arten mischen.

Paradiesvögel *(oben)*, die auf der Insel Neuguinea verbreitet sind. Zu ihnen gehören der Prachtreifelvogel (1), der Königsparadiesvogel (2), der Große Raggi-Paradiesvogel (3) und der Kleine Paradiesvogel (4). Sie stammen vermutlich alle von einem krähenähnlichen Vogel ab, der Tausende von Jahren zuvor nach Neuguinea kam.

re vor, östlich dieser Linie aber nicht. Selbst Süßwasserfische asiatischen Ursprungs haben es nicht geschafft, Celebes zu erreichen. Obwohl diese Fische auf der Insel im Süßwasser auftreten, stammen sie alle von Arten ab, die eine gewisse Toleranz gegenüber Salzwasser haben, die es ihnen ermöglichte, eine Meerenge zu durchqueren. Die meisten Arten der auf Celebes vorkommenden Tiere sind asiatischen Ursprungs: Arten wie zum Beispiel Makaken, Koboldmakis, Eichhörnchen, Hirsche, Wildrinder, Schweine und Zibetkatzen. Nur zwei Säugetierarten sind eindeutig australischen Ursprungs: die beiden Kuskus-Arten. Dieses Faktum hebt die umstrittene Position Celebes in ihrer Beziehung zur Wallace-Linie hervor.

Die Fauna Celebes faszinierte Zoologen auch weiterhin, und als mehr und mehr über die Tierwelt dieser Region bekannt wurde, wurde es immer offensichtlicher, daß es sich nicht um eine einzige Linie handeln könne. 1910, nur drei Jahre vor seinem Tod kam Wallace nach neuerlichen Überlegungen zu dem Schluß, daß die Linie östlich von Celebes verlaufen müsse, womit er die Unklarheit, die über die Stellung der Insel herrschte, weiter unterstrich. Während die von Wallace anfangs gezogene Linie die Begrenzung des ursprünglich mit Asien verbundenen Landes markierte, gab es andere Eingrenzungen für die Fauna. Eine durch den Zoologen Weber gezeichnete Linie, die östlich von Timor, aber westlich von Neuguinea und den Molukken verläuft, kennzeichnet die westliche Abgrenzung der Tiere, die eindeutig australischen Ursprungs sind.

Der englische Naturforscher Thomas Henry Huxley, der Verfechter der Evolutionstheorie (die auch Wallace völlig unabhängig von Darwin ausgearbeitet hatte), nannte diese Entdeckung zu Ehren von Wallace »Wallace-Linie«, und dieser Name wird seither in tiergeographischen Abhandlungen auch dafür benutzt.

1571

WEISSRUSSLAND

Weißrußland oder offiziell Belarus grenzt im Westen an Polen, im Norden an Litauen und Lettland, im Osten an Rußland und im Süden an die Ukraine. Es umfaßt eine Fläche von insgesamt 207 600 km². Das »Weiß« im Landesnamen kann als »nördlich« gedeutet werden: Von der Kiewer Rus aus gesehen lag das Land im Norden.

Weißrußland ist ein eiszeitlich geformtes, überwiegend flaches Land. Nur im Bereich der Moränenzüge, wie dem Weißrussischen Landrücken, ist es stark hügelig. Das Land gehört zur sogenannten Mischwaldzone Osteuropas. Etwa ein Viertel der Landesfläche wird von Wald und Buschwald eingenommen. Das Gebiet ist für osteuropäische Verhältnisse recht niederschlagsreich. Kennzeichnend für seine Landesnatur sind die mit Wald durchsetzten Sümpfe, feuchte, mit Wiesen bestandene Niederungen und die zahlreichen Seen. Die meist lehmigen und sandigen Böden sind wenig fruchtbar. Aus diesem Grund überwiegt die Viehwirtschaft (Schweinezucht und Milchviehwirtschaft). Die wichtigsten Anbauarten sind Flachs, Kartoffeln, Roggen und Futterpflanzen.

An Bodenschätzen hat Weißrußland lediglich Kohle, Salze, Erdöl und Torf, die von der heimischen Industrie genutzt werden. Der verhältnismäßig hohe Ausbildungsstand hat die industrielle Spezialisierung vorangetrieben. Wichtige Zweige sind der Maschinen- und Fahrzeugbau, die metallverarbeitende und die Chemieindustrie. Die Hauptstadt Minsk ist mit 1,75 Millionen Einwohnern die größte Stadt und der bedeutendste Industriestandort.

Das Land hat über 10 Millionen Einwohner, davon sind 78 % Weißrussen, 13 % Russen, 4 % Polen, 3 % Ukrainer und 1 % Juden. Die Mehrheit der Bevölkerung sind orthodoxe Christen, vornehmlich der russisch-orthodoxen Richtung. Durch die lang andauernde Verbindung mit Polen und Litauen fand aber auch der römisch-katholische Glaube weite Verbreitung, vor allem im Westen des Landes.

Geschichte

Im Mittelalter war Weißrußland Teil des ersten ostslawischen Staatsgebildes, der Kiewer Rus. Nach deren Niedergang zerfiel es in mehrere Fürstentümer und kam im 14. Jahrhundert unter die Herrschaft des Großfürstentums Litauen, das 1385 eine Personalunion mit Polen einging. Polen übte einen starken kulturellen Einfluß in Weißrußland aus, insbesondere auf den

Weißrußland ist ein Binnenstaat in Osteuropa (*unten*). Im amtlichen zwischenstaatlichen Verkehr wird es Republik Belarus genannt.

Daten und Fakten

DAS LAND
Offizieller Name: Republik Weißrußland; russ. Belarus
Hauptstadt: Minsk
Fläche: 207 600 km²
Landesnatur: Eiszeitlich geformtes, überwiegend ebenes Land; nur im Weißrussischen Landrücken (Moränenzüge) hügelig; zahlreiche Seen und versumpfte Niederungen im S (Pripjatsümpfe)
Klima: Gemäßigtes Klima
Hauptflüsse: Dnjepr, Pripjat, Beresina, Neman
Höchster Punkt: Dzerzinskaja 346 m

DER STAAT
Regierungsform: Präsidiale Republik
Staatsoberhaupt: Staatspräsident
Regierungschef: Ministerpräsident
Verwaltung: 6 Regionen und Hauptstadtbezirk
Parlament: Repräsentantenhaus mit 110 Mitgl. und Republikrat mit 64 Vertretern der Regionen und 8 vom Präsidenten ernannten Mitgl.; Wahl alle 4 Jahre
Nationalfeiertag: 3. Juli
DIE MENSCHEN
Einwohner (Ew.): 10 274 000 (1999)

Bevölkerungsdichte: 49 Ew./km²
Stadtbevölkerung: 74 %
Bevölkerung unter 15 Jahren: 19,7 %
Analphabetenquote: 2 %
Sprache: Weißrussisch, Russisch
Religion: Überwiegend russisch-orthodoxe Christen
DIE WIRTSCHAFT
Währung: Belarus-Rubel
Bruttosozialprodukt (BSP): 22 513 Mio. US-$ (1998)
BSP je Einwohner: 2 200 US-$
Inflationsrate: 450 % (1990–98)

Die Volkstanzgruppe »Polesye« tanzt unter blühenden Obstbäumen in traditionellen Trachten einen weißrussischen Volkstanz *(links)*. Die Weißrussen gehören zu den ostslawischen Völkern. Bis zur Oktoberrevolution 1917 blieb den Weißrussen die kulturelle und sprachliche Autonomie verwehrt.

Weißrussischer Bauer *(oben)*. Die relativ unfruchtbaren Böden eignen sich am besten zur Viehwirtschaft.

weißrussischen Adel, der weitgehend polonisiert wurde und zum Katholizismus übertrat. Durch die polnischen Teilungen im 18. Jahrhundert kam Weißrußland zum Russischen Reich. Im 19. Jahrhundert betrieb die zaristische Regierung eine Russifizierung; so wurde der schriftliche Gebrauch der weißrussischen Sprache verboten. Gleichzeitig entwickelte sich eine Nationalbewegung, die für die kulturelle Eigenständigkeit Weißrußlands eintrat.

Nach der Oktoberrevolution 1917 kam es zunächst zur Gründung einer bürgerlichen Weißrussischen Republik, die 1919 von der Weißrussischen Sozialistischen Sowjetrepublik abgelöst wurde und ab 1922 Bestandteil der UdSSR wurde. Diese verlor nach dem russisch-polnischen Krieg im Frieden von Riga 1921 ihren westlichen Teil an Polen. Die anfänglich maßvolle sowjetische Nationalitätenpolitik, die der national-kulturellen Eigenentwicklung einen gewissen Spielraum bot, wich unter Stalin einer harten Linie mit Unterdrückung aller nationaler Bestrebungen. Im Zweiten Weltkrieg erlitt Weißrußland schwere Menschenverluste und große Zerstörungen. Nach 1945 wurden die 1921 an Polen verlorenen Gebiete der Republik wieder angegliedert. Weißrußland erhielt 1945 einen der drei UNO-Sitze.

Die sowjetische Reformpolitik der 1980er Jahre gab der nationalen Bewegung auch in Weißrußland neuen Auftrieb. 1989 wurde eine »Volksfront« nach dem Vorbild der baltischen Republiken gegründet. 1990 erklärte sich Weißrußland für souverän, 1991 für unabhängig. Als im Dezember 1991 die Gemeinschaft Unabhängiger Staaten (GUS) gegründet wurde, gehörte Weißrußland zu den Gründungsmitgliedern.

Wirtschaftsreformen wurden mit der Wahl Alexander Lukaschenkas zum Präsidenten 1994 rückgängig gemacht. 1996 schaltete Lukaschenka in einem »kalten« Staatsstreich das Parlament aus und ließ seine Amtszeit in einem umstrittenen Referendum bis 2001 verlängern. Sein diktatorisches, international isoliertes Regime ging außenpolitisch eine enge Verbindung mit Rußland ein (Unionsverträge 1997 und 1999).

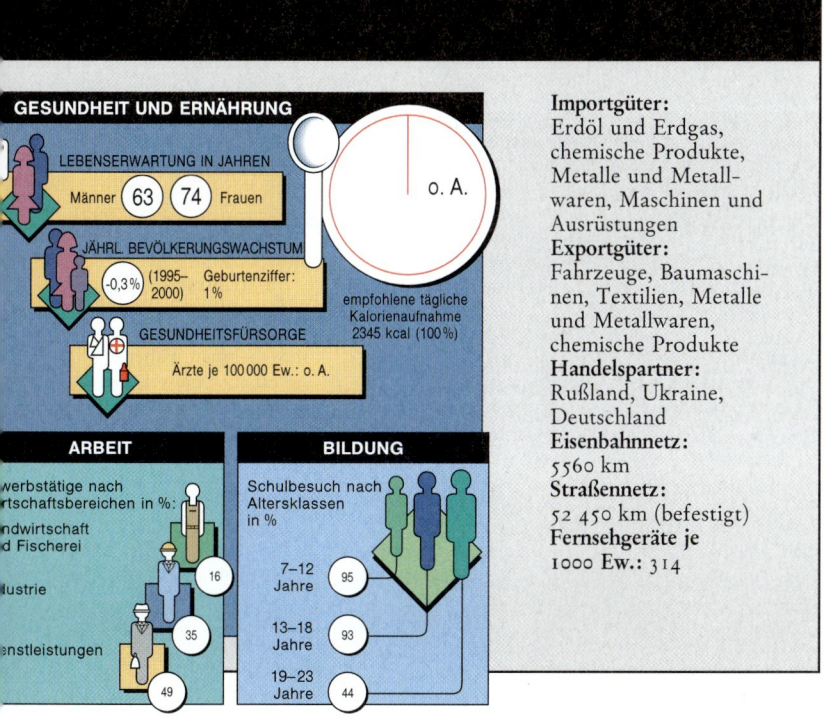

ZENTRALAFRIKANISCHE REPUBLIK

Die Zentralafrikanische Republik, der Binnenstaat im Herzen des afrikanischen Kontinents, zählt zu den unbekannteren Ländern dieser Erde, das erst durch die Schreckensherrschaft des selbsternannten Kaisers Jean-Bédel Bokassa (1921–1996) Mitte der 70er Jahre weltweite Aufmerksamkeit erregte. Dabei war diese Zeit für das Land, das trotz seiner natürlichen Reichtümer heute zu den ärmsten Staaten der Welt gehört, lediglich ein weiteres dunkles Kapitel in seiner qualvollen Geschichte.

Die sich über Jahrhunderte entwickelten Gesellschaftsstrukturen hatten gegenüber dem im 16. Jahrhundert beginnenden zweiseitigen Sklavenhandel, dem arabischen vom Norden und dem europäischen von der Atlantikküste her, keine Überlebenschance. Auf die Entvölkerung durch den Sklavenhandel folgte Ende des 19. Jahrhunderts die Inbesitznahme durch Frankreich, die das Gebiet an Konzessionsgesellschaften vergab und damit den Grundstein für eine ausbeuterische Kolonisation legte. Die Einführung der Monokulturen, Zwangsarbeit, Zwangsumsiedlungen, Hungersnöte und Epidemien bewirkten bis in die 20er Jahre eine weitreichende Dezimierung der Bevölkerung. Jeglicher Widerstand gegen dieses System wurde brutal niedergeschlagen und löste gewaltsame Repressionen aus.

Erst die von Priester Barthélémy Boganda (1910–1959) Ende der 40er Jahre gegründete »Mouvement d'Evolution Sociale de l'Afrique Noire« (MESAN) erwies sich als wirkungsvolles Instrument im Kampf gegen die Kolonialherrschaft. Frankreich wurde auf internationalen Druck hin gezwungen, das ehemalige Kolonialgebiet »Ubangi-Chari« 1960 als Zentralafrikanische Republik in die Unabhängigkeit zu entlassen. David Dacko (* 1932) übernahm die Funktion des Staatspräsidenten, doch führten wirtschaftliche und soziale Schwierigkeiten nach nur sechsjähriger Amtszeit zum Militärputsch unter Führung von Jean-Bédel Bokassa. Mit französischer Unterstützung etablierte Bokassa eine Herrschaft des Terrors und der Willkür. Die Schutzmacht Frankreich finanzierte 1977 sogar seine Krönung zum Kaiser. Doch als zwei Jahre später ein Massaker an Schulkindern bekannt wurde, leitete Frankreich 1979 einen Machtwechsel ein. Ein zweijähriger Versuch, unter Dacko das politische Leben wieder zu demokratisieren, mißlang, und mit französischer Zustimmung wurde 1981 die Präsidentschaft an General André Kolingba (* 1935) übergeben. Er stützte seine Macht und das Überleben des bankrotten Staates auf die Subventionen und personellen Hilfen aus Frankreich, Südafrika und Israel, doch kam es immer wieder zu Aufständen einer bereits verarmten und hungernden Bevölkerung, vor allem in der Hauptstadt Bangui. Deshalb leitete der Diktator 1991 demokratische Reformen ein. Die Parlaments- und Präsidentschaftswahlen 1992 wurden nach blutigen Unruhen annulliert. Nach neuerlichen Wahlen 1993 übernahm der 1999 wiedergewählte Ange-Felix Patassé (* 1937) das Präsidentenamt. Putschversuche meuternder Soldaten scheiterten 1996/97 durch französische Interventionen.

Bevölkerung und Wirtschaft

Die Bevölkerung besteht aus vielen ethnischen Gruppen, die im Norden und Westen zu den Sudanvölkern und im Süden zu den Bantu gerechnet werden, die im östlichen Teil des Landes auch nilotische Einflüsse aufweisen. Die einstigen Ureinwohner, die Pygmäen, leben nur

Daten und Fakten

DAS LAND
Offizieller Name: Zentralafrikanische Republik
Hauptstadt: Bangui
Fläche: 622 984 km²
Landesnatur: Im Zentrum Asandeschwelle, trennt Tschad- u. Kongobecken
Klima: Tropisches, wechselfeuchtes Klima
Hauptflüsse: Ubangi, Bomu, Kotto, Sangha, Bahr Aouk
Höchster Punkt: Kayagangiri 1420 m
DER STAAT
Regierungsform: Präsidiale Republik
Staatsoberhaupt: Staatspräsident

Regierungschef: Ministerpräsident
Verwaltung: 16 Präfekturen
Parlament: Nationalversammlung mit 85 für 5 Jahre gewählten Mitgliedern
Nationalfeiertag: 1. Dezember
DIE MENSCHEN
Einwohner (Ew.): 3 550 000 (1999)
Bevölkerungsdichte: 6 Ew./km²
Stadtbevölkerung: 41 %
Bevölkerung unter 15 Jahren: 43 %
Analphabetenquote: 40 %
Sprache: Sangho, Französisch
Religion: Christen 35 %, Moslems 8 %

DIE WIRTSCHAFT
Währung: CFA-Franc
Bruttosozialprodukt (BSP): 1044 Mio. US-$ (1998)
BSP je Einwohner: 300 US-$
Inflationsrate: 5,4 % (1990-98)
Importgüter: Maschinen, Fahrzeuge, Nahrungsmittel, Textilien, chem. Produkte
Exportgüter: Diamanten, Gold, Kaffee, Holz, Baumwolle
Handelspartner: Frankreich u. andere EU-Länder, USA, Japan
Straßennetz: 429 km (befestigt)
Fernsehgeräte je 1000 Ew.: 5

noch in kleiner Zahl in den Wäldern des Südwestens. Während auch heute noch der größte Teil der Bevölkerung von der Landwirtschaft lebt, unterliegen die Bereiche Handel und Bergbau hauptsächlich der Kontrolle einer französischen Minderheit.

Das Land besteht im wesentlichen aus dem hügeligen und felsigen Plateau der Nordäquatorial- oder Asandeschwelle zwischen Kongo- und Tschadbecken, das im Mittel 600 m über dem Meeresspiegel liegt. Nur im äußersten Nordosten und -westen erreichen einige Inselberge Höhen bis 1400 m. Während der größte Teil des Landes von Feuchtsavanne bedeckt ist, breitet sich im tropisch-feuchten Südwesten des Landes dichter Regenwald aus, der nur noch etwa weniger als 50 % der Gesamtfläche einnimmt. Da es keine Eisenbahn und kaum Allwetterstraßen gibt, ist der ganzjährig wasserführende Ubangi-Fluß der wichtigste Verkehrsweg des Landes.

Die im Land geförderten Diamanten wie auch das Gold werden weiterhin in erheblichen Mengen illegal über die Grenzen geschmuggelt, und selbst der Export von Edelhölzern wird kaum von der Regierung kontrolliert. Die erforderlichen Nahrungsmittelimporte können daher von der Staatskasse nicht finanziert werden, und so lebt das Land im wesentlichen von Zuwendungen Frankreichs – nicht ganz uneigennützig, denn Frankreich unterhält zwei Militärbasen in der Zentralafrikanischen Republik.

Die Zentralafrikanische Republik (oben) besteht großenteils aus einem Plateau, das von vielen Flüssen zertalt wird.

Pygmäen (oben links) leben im Regenwald von der Jagd auf wilde Tiere und dem Sammeln von pflanzlicher Nahrung.

Der Ubangi-Fluß (unten), hier nahe Bangui, bildet im Süden die Grenze des Landes zur Demokratischen Republik Kongo.

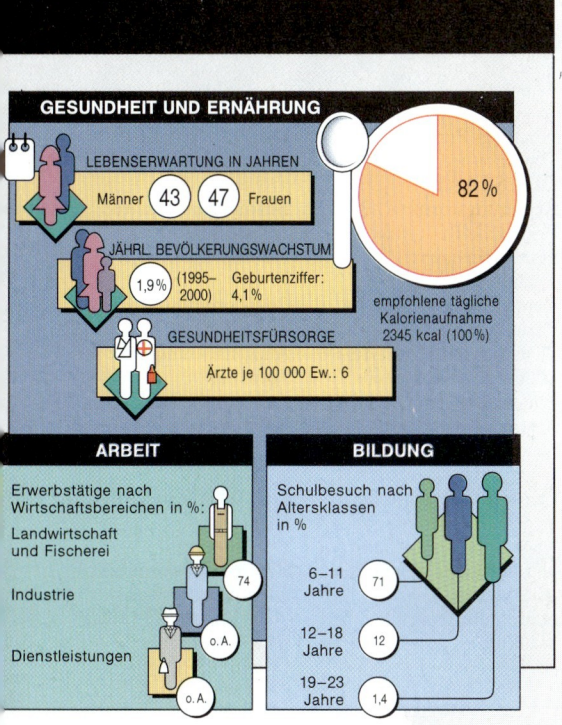

1575

ZYPERN

Zypern, das sich noch heute gern die »Insel der Aphrodite« nennt, ist ein kleiner Inselstaat im östlichen Mittelmeer. Schon lange übt Zypern mit seinem mediterranen Klima, seinen landschaftlichen Schönheiten und kulturhistorischen Sehenswürdigkeiten auf den Besucher große Anziehungskraft aus. Doch rückt Zypern auch durch den griechisch-türkischen Konflikt und die damit verbundene Teilung der Insel immer wieder ins Interesse der Weltöffentlichkeit. Zudem zieht der Nahostkonflikt die Republik gelegentlich in Mitleidenschaft, denn Zypern liegt nahe am Krisenherd Palästina.

Geschichte

Zypern gehört zu den ältesten Kulturstätten der Erde, wo eine mindestens achttausendjährige, wechselvolle Geschichte ihre Spuren hinterlassen hat. Die Rundbauten von Khirokitia vom Anfang des 6. Jahrtausends v. Chr. lassen Rückschlüsse auf steinzeitliche Lebensformen im östlichen Mittelmeerraum zu. Während der Erimi-Kultur zwischen 3000 und 2300 v. Chr. wurde auf der Insel Kupfer entdeckt, wodurch sich Zypern zu einem wichtigen Handelsplatz im östlichen Mittelmeer entwickelte. Etwa ab 1500 v. Chr. beherrschten die Ägypter die Insel, bis mit den mykenischen Achäern im 13. Jahrhundert v. Chr. zum ersten Mal Griechen den Boden Zyperns betraten. 333 v. Chr. schloß sich die Insel dem Reich Alexanders des Großen (356–323 v. Chr.) an. Nach seinem Tod wurde Zypern 295 v. Chr. ptolemäische Provinz, bis die Römer 58 v. Chr. die Insel erobern konnten. 395 wurde Zypern dann bis 1184 Byzanz unterstellt. Eine kurze Phase der Unabhängigkeit endete 1191 mit der Eroberung durch die Kreuzfahrertruppen unter Richard I. Löwenherz (1157–1199). Er verkaufte die Insel an die französische Dynastie Lusignan. Während ihrer rund dreihundert Jahre dauernden Herrschaftszeit geriet Zypern unter starken abendländischen Einfluß. Durch Heirat fiel die Insel 1489 an die Seegroßmacht Venedig.

Die Wurzeln des bis heute andauernden griechisch-türkischen Konflikts reichen bis in die Zeit der ersten türkischen Invasion im Jahre 1570 zurück. In den dreihundert Jahren türkischer Herrschaft lebten die griechischen Einwohner zwar in relativer Eigenständigkeit, doch waren die türkischen Beamten wegen der Zwangsansiedlung anatolischer Bauern verhaßt. 1878 gelangte Zypern unter britisches Protektorat. Zu Beginn des Ersten Weltkrieges annektierte Großbritannien die Insel und ernannte sie 1925 zur britischen Kronkolonie. Der schon seit dem 19. Jahrhundert von der Mehrheit der Zyprioten unter Führung der orthodoxen Kirche geforderte Anschluß (Enosis) an Griechenland, der sich zunächst gegen das Osmanische Reich richtete, wendete sich später gegen die britische Kolonialmacht. In den 50er Jahren lebte die Enosis-Bewegung unter Erzbischof Makarios (1913–1977), dem Haupt der griechisch-orthodoxen Kirche auf Zypern, verstärkt auf und wurde seit 1955 durch Georgios Grivas (1898–1974) und die Widerstandsbewegung EOKA fortgesetzt. Der Interessenkonflikt zwischen Großbritannien, Griechenland und der Türkei konnte erst 1959 durch das Londoner Abkommen beigelegt werden, in dem Zypern die Unabhängigkeit zugesichert wurde, die 1960 in Kraft trat.

Die Sitze im Parlament wurden entsprechend dem Anteil an der Bevölkerung zwischen türkischen und griechischen Zyprioten aufgeteilt.

Daten und Fakten

DAS LAND
Offizieller Name: Republik Zypern
Hauptstadt: Levkosia (früher Nicosia)
Fläche: 9251 km²
Landesnatur: Im N küstenparalleles Kyreniagebirge, südlich davon von W nach O verlaufend zentrale Schwemmlandebene Messaria, im S vulkanisches Troodos-Massiv, anschließend weiter nach S u. W ebenes Küstenland
Klima: Mediterranes Klima
Hauptflüsse: Pedieos, Serakhis, Ezouza, Dhiarrizos
Höchster Punkt: Olympos 1952 m

DER STAAT
Regierungsform: Präsidiale Republik
Staatsoberhaupt: Präsident
Verwaltung: 6 Distrikte
Parlament: Parlament mit 780 Mitgliedern, davon 56 für griechische Zyprioten, 24 für türkische Zyprer (vakant); Wahl alle 5 Jahre; türk.-zypriot. Landesteil (Türkische Republik Nordzypern): Abgeordnetenhaus mit 50 für 5 Jahre gewählten Mitgliedern
Nationalfeiertag: 1. Oktober, 15. November

DIE MENSCHEN
Einwohner (Ew.): 778 000 (1999)
Bevölkerungsdichte: 84 Ew./km²
Stadtbevölkerung: 57 %
Bevölkerung unter 15 Jahren: 24 %
Analphabetenquote: 5 %
Sprache: Griechisch, Türkisch
Religion: Orthodoxe Christen 80 %, Moslems 19 %

DIE WIRTSCHAFT
Währung: Zypern-Pfund
Bruttosozialprodukt (BSP): 8983 Mio. US-$ (1998)
BSP je Einwohner: 11 920 US-$

Als das Staatsoberhaupt Erzbischof Makarios 1963 eine Verfassungsänderung zugunsten der griechischen Bevölkerung anstrebte, kam es nach vorangegangenen Straßenschlachten zur Teilung der Hauptstadt Nicosia in den türkischen Norden und den griechischen Süden.

1974 veranlaßte der Putsch griechischer Offiziere gegen Erzbischof Makarios die zweite türkische Invasion in der Geschichte Zyperns, die einen Anschluß der Insel an Griechenland verhindern sollte. Der Nordteil Zyperns, knapp 40 % der Gesamtfläche, wurde besetzt. In Folge der kriegerischen Auseinandersetzungen kam es durch Flucht, Vertreibung und Zwangsumsiedlungen zu großen Bevölkerungsbewegungen auf der Insel. Anfang 1975 wurde im Norden ein türkisch-zypriotischer Teilstaat errichtet und Rauf Denktaş (* 1924) zum Präsidenten ernannt, der seinerseits 1983 die allein von Ankara anerkannte »Türkische Republik Nordzypern« ausrief. Der seit Ende 1974 wieder eingesetzte Staatspräsident Makarios wurde wie seine Nachfolger Spyros Kyprianou (* 1932), Georgios Vassiliou (* 1931) und der 1993 und 1998 gewählte Glafkos Klerides (* 1919) nur vom griechischen Südteil Zyperns anerkannt. Trotz Bemühungen der UNO ist eine Lösung des Konflikts nicht in Sicht. Zypern strebt die baldige Aufnahme in die Europäische Union an.

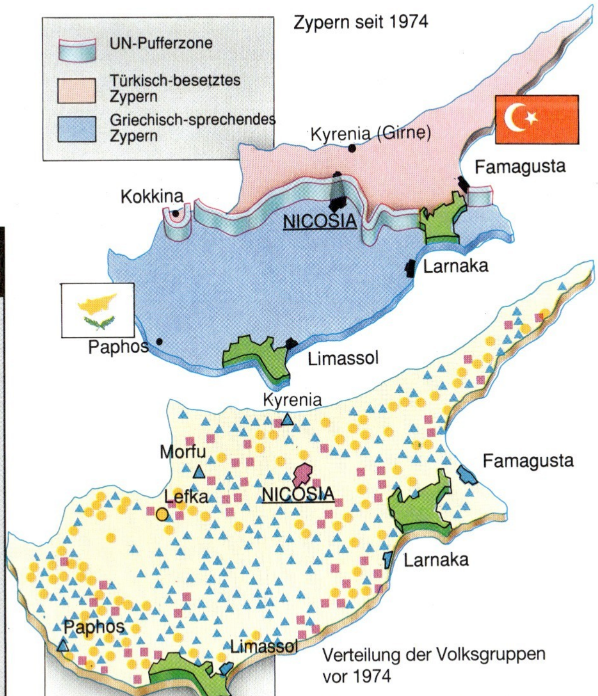

Eine Militärsperre *(oben)* trennt das griechische vom türkisch besetzten Zypern. Dies ist seit 1974 ein unveränderter Zustand.

Zypern *(links)* liegt südlich von der Türkei und westlich von Syrien. Zwei Gebirgszüge und eine fruchtbare Ebene prägen die Insel.

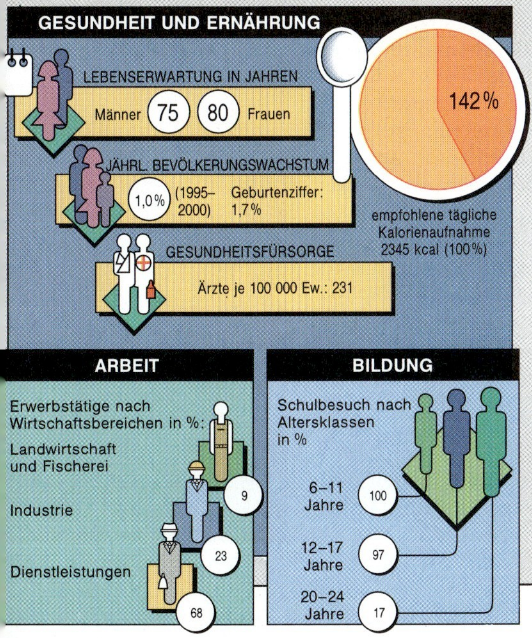

Zypern *(ganz oben)* ist seit der türkischen Invasion von 1974 politisch geteilt. – **Die Verteilung der Siedlungen** vor dem Jahre 1974 *(oben)* zeigt, daß Griechen und Türken in enger Nachbarschaft lebten.

Inflationsrate: 3,7 % (1990-98)

Importgüter: Erdöl u. -produkte, elektronische Maschinen und Geräte, Garne, Gewebe, chemische Produkte

Exportgüter: Industrielle Fertigwaren, Agrarprodukte, v. a. Kartoffeln, Zitrusfrüchte, Wein, Kupfer- u. Eisenkies, Asbest

Handelspartner: Großbritannien, Deutschland, Griechenland u. a. EU-Länder, USA, Türkei

Straßennetz: 13 013 km

Fernsehgeräte je 1000 Ew.: 367

ZYPERN: DAS LAND

Zypern ist mit 9251 km² Fläche nach Sizilien und Sardinien die drittgrößte Mittelmeerinsel. Sie erstreckt sich über eine Länge von 225 km und eine Breite von bis zu 95 km. Landschaftlich ähnelt die Insel im östlichen Mittelmeer dem benachbarten mediterranen Kleinasien. Das Klima weist den gleichen Wechsel zwischen trockenheißen Sommern und feuchtmilden Wintern auf.

Im Norden der Insel erstreckt sich die Kette des Kyreniagebirges, das bis zu 1000 m ansteigt und nach Nordosten in einer schmalen Halbinsel ausläuft. Im südlichen Zentrum Zyperns liegt das Gebirgsmassiv des Troodos mit dem Olympos als höchster Erhebung (1952 m). Vor allem wiederaufgeforstete Pinienwälder überziehen dieses Mittelgebirge, das nahezu die Hälfte der gesamten Inselfläche einnimmt. Im Paphoswald gibt es in einem Tal noch rund 40 000 Zedern. Zwischen den beiden Höhenzügen liegt die fruchtbare Ebene von Messaria, in deren Zentrum die Hauptstadt Nicosia liegt. Die Gesamtlänge der Küste beträgt 620 km, wobei Sand- und Kieselstrände vorherrschen. Eine landschaftliche Besonderheit sind die beiden Salzseen bei Limassol und Larnaka.

Bevölkerung und Wirtschaft

Zypern ist ein Zweivölkerstaat. Bei den Angaben über die Bevölkerungszahl ist man auf Schätzungen angewiesen, da es bis heute unklar ist, wieviele Einwohner mittlerweile im türkisch besetzten Norden der Insel leben. Die überwiegende Mehrheit der Zyprioten sind orthodoxe Griechen, weniger als 12 % sind islamische Türken. Rund 3900 Soldaten der britischen Streitkräfte sind auf Zypern stationiert, deren Familienangehörige zum Teil gleichfalls auf der Insel leben, und auch die auf knapp 1200 Mann reduzierten UNO-Friedenstruppen sind längst Teil der Einwohnerschaft Zyperns geworden. Hinzu kommen einige tausend Armenier und Maroniten sowie andere Minderheiten, die ebenfalls auf der Insel leben.

Es gibt verschiedene Schätzungen, wieviele türkische Soldaten sich ständig im Norden Zyperns aufhalten, rund 30 000 scheint nicht übertrieben zu sein. Auch die Zahl der Umsiedler aus den verarmten Regionen Ostanatoliens geht in die Zehntausende. Mit dieser Politik versucht Ankara, dem Status quo auf der besetzten Insel Endgültigkeit zu verleihen, auch wenn soziale Spannungen zwischen den alteingesessenen türkischen Zyprioten und den neuen Landsleuten unvermeidlich sind.

Der wichtigste Erwerbszweig der Menschen auf Zypern ist die Landwirtschaft. Die moderne Industrie entwickelt sich in Form von Verarbeitungsbetrieben landwirtschaftlicher Produkte und Textilbetrieben günstig. Durch die türkische Besetzung des Nordteils der Insel wurde die Wirtschaft jedoch stark geschädigt. Das gilt besonders für den Tourismus, der bis zur Teilung an Bedeutung gewonnen hatte. Heute wird das Reisen durch die politische Lage erschwert, denn man kann nur für Tagesbesuche vom griechischen Süden aus in den türkisch besetzten Norden der Insel reisen.

Die Insel der Aphrodite und ihre Sehenswürdigkeiten

Für den kulturbeflissenen Urlauber ist Zypern ein geradezu ideales Reiseland, beherbergt die Insel doch auf kleinstem Raum landschaftliche und kulturelle Sehenswürdigkeiten erster Güte. Im Nordosten liegt nur wenige Kilometer von der alten Hafenstadt Famagusta entfernt die antike Ruinenstadt Salamis. Besonders eindrucksvoll ist das römische Theater, das 20 000 Besuchern Platz bietet.

Ebenfalls im türkisch besetzten Teil Zyperns liegen die Kreuzritterfestungen St. Hilarion, Buffavento und Kantara, die zusammen ein nördliches Verteidigungssystem auf dem Kyre-

niagebirge bildeten, das bis zu 1000 m schroff aus dem Meer aufsteigt. Die ehemalige Abtei Bellapais bei Kyrenia, das die Türken Girne nennen, ist ein weiterer Anziehungspunkt für die Besucher Nordzyperns. Das rein gotische Bauwerk ist schon seit 1570 teilweise zerstört und präsentiert sich seit dieser Zeit als malerische Ruine.

Noch zahlreicher und beeindruckender sind die Sehenswürdigkeiten im griechischen Süden der Insel. Im »Haus des Dionysos« bei Paphos kann man großflächige römische Bodenmosaiken besichtigen, die im 4. Jahrhundert durch ein Erdbeben verschüttet und auf diese Weise für die Nachwelt konserviert wurden. Nur wenige hundert Meter davon entfernt liegen die sogenannten »Königsgräber«, die zur Zeit der Ägypter als unterirdische Grabkammern dienten und später von den Römern als palastartige Katakomben umgebaut wurden.

ZYPERN

Immergrüne Buschwälder der Macchie *(ganz links)* und Pinienwälder bedecken die zerklüfteten Hänge des Troodosgebirges im Südwesten der Insel, dort, wo der Olympos, der höchste Berg Zyperns, sich zu 1952 m Höhe erhebt.

Kyrenia *(links)*, malerisch an einer Hafenbucht am Fuße der Kyrenia-Berge gelegen, ist ein beliebter Badeort an der nördlichen Küste Zyperns. Außer günstigen Ankerplätzen für Jachten bietet der Ort auch zahlreiche kleine Bars zur Einkehr.

Soldaten *(unten)* bewachen das Grab von Zyperns erstem Präsidenten, dem Erzbischof Makarios (1913–1977). Das Oberhaupt der orthodoxen Kirche von Zypern führte seit den 50er Jahren die griechisch-zypriotische Bewegung.

Die untergehende Sonne *(links)* taucht die Bucht von Petra tou Romiou nahe Paphos in goldenes Licht. Einer griechischen Sage nach entstieg hier Aphrodite, die Göttin der Liebe und Schönheit, den schaumgekrönten Wellen des Mittelmeeres.

Fischer *(oben)* im Hafen von Limassol an der Südküste bereiten frisch gefangene Tintenfische für den Markt zu. Limassol zählt neben Larnaka zu Zyperns wichtigsten Häfen, und es ist ebenso ein geschäftiges Industrie- und Handelszentrum.

Neben einem römischen Theater, Bädern und einem Aquädukt sind in letzter Zeit im Ruinenbezirk Kourion, westlich von Limassol, auch Skelette gefunden worden, die den Schluß nahelegen, daß die Stadt einem Erdbeben zum Opfer fiel.

Nur wenige Kilometer von Kourion entfernt liegt die trutzige Kreuzritterburg Kolossi. Der mächtige Turm wurde von den Johannitern erbaut und bietet heute einen weiten Blick über die fruchtbare Ebene zwischen Limassol und dem Massiv des Troodos sowie auf den Salzsee der Halbinsel Akrotiri.

Keine Sehenswürdigkeit im herkömmlichen Sinn ist der aus der Mythologie überlieferte Geburtsort der Aphrodite, Petra tou Romiou. An diesem Felsen soll die Liebesgöttin dem Schaum des Meeres entstiegen sein. Über Jahrhunderte hinweg frönten die Zyprioten daher dem Aphroditekult, der im Volksglauben in den Marienkult überging, nachdem die Insel zum Christentum bekehrt worden war.

Das größte und reichste Kloster Zyperns, Kykko, wurde im 11. Jahrhundert mitten in das abgelegene Bergland des Troodos gebaut. Zu seiner Glanzzeit hatte das Kloster sogar Besitzungen in Kleinasien und auf der Krim. Heute ist das Kloster der beliebteste Wallfahrtsort der Insel, zumal sich auch die Grabstätte von Erzbischof Makarios, der noch immer Volksidol ist, ganz in der Nähe von Kykko befindet.

Register

Kursiv gesetzte Ziffern verweisen auf Abbildungen bzw. auf Erwähnungen in den Bildtexten

A

Aachen 354, *355*
Aalsmeer 1027
Aalto, Alvar 402, *403*
Aarau 1271
Aargau 1086, 1262
Abacha, Sani 1049
Abaco Islands 157
Abadan *640*, 641
Abaing *807*
Abay *128*, 384
Abbas I., Schah *634*, 636, 637
Abbasiden 617, 620, 636, 637, 1372
Abchasen 458
ABC-Inseln 1040
Abd Al-Kader 32, 33, 917
Abd Al-Krim 917
Abdallah Ibn Hussain 739
Abderemane, Ahmed Abdallah 818
Abdoulkarim, Mohamed Taki 818
Abd ül-Aziz, Sultan 1442
Abdul Hamid 1373
Abd ül-Medschid, Sultan 1442, 1444
Abendland 469, 474, 962
Abendländische Kultur 674
Abeokuta 1047
Aberdeen 516, *517*
–, Hongkong 280, 284
»Abessinien« *124*, 125
Abessinisches Hochland 1057
Abidjan *303*, 304, *304*, 305, 908
»Abomey« 186
Aborigines 131, *135*, *138*, 144, 146-147, *146*, *147*
Abraham 657, 665, 1242, 1372
Abruzzen 671, 679
Absalon, Bischof 308
Absolutismus 410
Abu Bakr 1242, 1243
Abu Dhabi 1500, 1502, 1503
Abu Hafs 'Umar 1430
Abu Simbel 26, *26*
Acadia National Park 1511
Acapulco 948, 954, *954*
»Accademia dei Georgofili« 686
»Acción Democrática«, Venezuela 1494
»Acción Popular«, Peru 1136
Accra *461*, 463
Achaia 475
Achämeniden 634, *634*, 636
Achämenidenreich 2
Acholi 1463
»Achter Koalition«, Afghanistan 5
Aconcagua 94, *94-95*, 101, 239
Acre 191, 203
»Act of Union« 777
Ada 462
Adamaoua, Hochland von 762
Adam's Peak 1326
Adana 1453
Adapazari 1454

»Adat« 608
Adda 42
Ad Dakhlah 928, 929
Addams, Jane 1257
Ad Dar Al Bayda 923
Ad Dawhah 794
Adelaide 137, *148*, 149
Aden 368, 730, 732, 733
Aden, Golf von 732, 1080, *1297*
Adenauer, Konrad 352, *353*
Admiralitäts-Inseln 1126
Adolf von Nassau-Oranien 879
Adrar des Iforas *1216*
Adriatisches Meer 678, 692, 746, 962, 1232, *1295*
Adscharen 458
»Adventure« 74
Aelia Capitolina 664
Ærø 311
Aepyornis 886, *886*
Aëta 1152, 1154
A Famosa, Fort 898
Afar 127, *129*, 368, 369
Afartiefland 129, 1080
Afar- und Issaküste 368
Afghanistan 2-11, 792, 1112
–, Bevölkerung 6-7, *6*, *7*
–, Bürgerkrieg 4-5, 9, 10, *11*
–, Flüchtlinge *4*, *5*, 10, *11*, 1112
–, Geschichte 2-3
–, Islam 2, 4, 5, 6, 7, *7*
–, Kaschmir 792
–, Khaibarpaß 10-11, *11*
–, Klima 8
–, Landschaft *5*, 8
–, Parteien 4, 5
–, Regierung 4, 5
–, Religion 6, 7
–, statistische Übersicht 4-5
–, Teppichknüpferei 9, *9*
–, Vegetation 8
–, Wirtschaft 9
Aflaq, Michel 1376
»African National Congress« (ANC) 1226, 1338
Afrika 140, 1054-1055, 1284-1285, 1344
–, Kunst 1054-1055, *1054*, *1055*
–, Reiche 1284-1285, *1285*
–, Tierwelt 1344
»Afrikaans« 1336, *1337*, 1339
Afrika-Konferenz, Berliner 62, 90, 456, 760, 821, 908, 978, 1047, 1416
Afrikaner, Brasilien 212, 213
»Afrikanische Partei für Unabhängigkeit der Kapverden« 787
Afrikanische Tafel 128, 368, 1342
Afro-Amerikaner 1532, 1537, 1542-1543
Afyon 1448
Agadèz 1212
Agadir 922, 925, 926, 927, 929
Ägäis 469, 471, 480, 482, 484-485, *484*, *485*, 962
Ägäische Inseln 475, 482, *964*

Ägäisches Meer 1444, 1448
Agalega-Inseln *937*
Agaña 1558
Agatti 595
Aglipayaner 1152
Agni 304
Agora, Athen 472
Agra 565, 572, 582
–, Taj Mahal 565, 582
Agrigento 680
Aguinaldo, Emilio 1148, *1148*
Ägypten 12-17, 661, 740, 868, 871, 873, 920, 921, 1056, 1057, 1346, 1347, 1417
–, Al-Azhar-Universität 20-21, *20*, *21*
–, Altertum 13, 26, 27
–, Araber 24
–, arabische Eroberung 16
–, arabisch-israelischer Krieg 15, *15*
–, Baumwolle 22
–, Berber 920
–, Bevölkerung 13, 18, 24-25, *24*, *25*
–, Bewässerung 22, *22*, 23, *23*
–, Geschichte 16-17, 26, 27
–, Gesellschaft 25
–, Islam 13, 14, 15, 24, 25
–, Israel 661
–, Kairo 18, *18*, 19
–, Kopten 24
–, Landreform 22, *22*
–, Landschaft *15*, 18
–, Landwirtschaft 22-23, *22*, *23*
–, Lebensstandard 22
–, Nahostkonflikt 15
–, neue Siedlungen 18
–, Nil 13, 18, 22
–, Nomaden 24, *24*
–, Pharaonen 16
–, Protektorat 17
–, Pyramiden 13, 26, *26*
–, Recht 24
–, Regierung 14
–, Religion 24
–, römische Provinz 16
–, statistische Übersicht 14-15
–, Tourismus 26-27
–, Wirtschaft 14
–, Wüsten 18
Ägyptisches Museum, Kairo 26
Ahaggar 36, *36*, 1210, *1216*
Ahidjo, Ahmadou 761
Ahmed Schah 2
Ahtisaari, Martti 400
Ahvenanmaa 400
Aikido 708
Ain Leuh 924
Ainu 716, *716*
Airbus A 320 510
Aïr-Gebirge *1043*, 1044, 1210, *1216*
Airik 976
Ajanta *572*, 582
–, Höhlentempel *572*
Ajaokuta 1051
Ajman 1500, 1503
Ajmer 582
Akan-Völker *304*, 463, 464

Akbar, Mogulherrscher *568*, 569
Akdamar *1449*
Akihito, Kaiser von Japan *703*
Akira Kurosawa *706*, 718
Akkader 620
Akmola 790
Akosombo *462*
AKP-Staaten *390*, 391
Akron 1514
Akropolis, Athen 472, *473*, 477
Akrotiri 1579
Aksai-Chin 552
Aksum, Reich 126
Akyab 983
Al Aaiún *928*, 929
Alabama 1516
Alacalufes 240
Aladja 1051
Alai *1378*, 1486
Al Akhdar Jabal *93*, 870
Ålandinseln 400, *404*
Alanya 1451, *1453*
Al Aqabah 739, 740, 742, 743
Alarcón Rivera, Fabian 372
Alarich I. 675
Alaska 54, 110, 112, 114, *115*, 119, 1505, 1508, 1524-1525, *1525*
Alaska, Golf von 1524, *1525*
Alaska-Highway 774
Alaska-Pipeline 1524, 1525, *1525*
Alaungpaya, birmanischer König 986
Alawiten 1370, 1376, 1377
Alawitengebirge 1376
Al Ayn 1502
Al Azhar-Universität, Kairo 20-21, *20*, *21*
Al Aziz 20
Alba Julia 1190
Albaner *29*, 30, 478, 749
Albaner See 1490
Albanien 28-31
–, Bevölkerung 30, *31*
–, Geschichte 28, 29, *29*, 30
–, Klima 30, *31*
–, Landschaft *29*, 30
–, Politik 29
–, Regierung 28, 29
–, Religion 30
–, Sozialismus 28
–, statistische Übersicht 28-29
–, Wirtschaft 30-31
Albany 1513
Al Batinah 1076, *1077*
Albert I., Fürst von Monaco 969
Albert II., belgischer König 174
Alberta 767, 770, *771*, 773, 777, 779, 781
Albertville 431
Albigenserkriege 413
Albrecht der Bär, Markgraf 344
Albrecht II. von Habsburg, Kaiser 1086
Albuquerque, Alfonso de 569, 584
Alchi 601

Aldebra 1277
Alderney 520
Al-Dschufra-Oasen 870
Alemán Lacayo, Arnoldo 1023, 1025
Alemannen 42, 322
Alemannisch 1094
Alentejo 1178, *1181*, 1183
Aleppo 1368, 1369, *1371*, 1374, *1375*, 1376, *1377*
Alessandri, Arturo 235
Ålesund 1065
Aletschgletscher 40
Alexander der Große 2, 7, 10, 16, 26, *474*, 475, 477, 568, 616, 634, 636, *636*, 664, 858, 1104, 1372, 1450
Alexander I., jugoslawischer König 746
Alexander III., russischer Zar 399
Alexandria 16, 26, 478
Alfârâbi 631
Alfaro, Eloy 371
Alföld *1470*, 1472, *1473*
Alfons Heinrich, portugiesischer König 1176
Alfonsín, Raúl 96, 97, *97*, 99, 107
Alfons XIII. spanischer König 1300
Al Fujayrah 1500, 1503
Algarve 1178, 1180, 1181, *1182*, 1183
Algeciras, Bucht von 522
Algenschwemme 965
Algerien 32-39, 868, 916, 917, 920, 921, 922, 927, 928, 929, 1213, 1216, 1216, 1433
–, »Agrarrevolution« 38
–, Araber 32
–, Berber 32, 34, 36, 37, 920, 921
–, Bevölkerung 36, 37, *37*
–, Bodenschätze 38
–, Erdöl 38, 39
–, Frankreich 34, 35
–, französische Kolonisierung 33
–, Geschichte 32-33
–, Gesellschaftsstruktur 34
–, Industrie 38, 39
–, internationale Politik 34
–, Juden 36
–, Kultur *35*
–, Landschaft *35*, 36, *36*
–, Landwirtschaft 38
–, Oasen 36, *39*
–, Regierung 34-35
–, Religion 36, *37*
–, Sozialpolitik 34, 35
–, Sprache 37
–, statistische Übersicht 34-35
–, Tourismus 39
–, Unabhängigkeit 33, 34, 35
–, Verfassung 34
–, Wirtschaft 38-39, *38*, *39*
Algerienfranzosen 33
Alghero 680
Algier 32, 36, 38, 39
Algonkin 774, 782
Algonkin Park 772

1581

Al-Guliah 36
Al Hajar *1077*
Al Hajjar 36
Al Hakim 864
Al Halil 742
Alhambra, Granada *1302, 1306*, 1317
Al-Haruj al-Aswad 870
Al-Hasa 1238
Al-Hijaz 92, 1237
Al Hudaydah 730
Ali *7, 20*, 1242
»Alianza Popular Revolutionaria Americana«, Peru 1136
Alice Springs 135, *138*, 153
Aliden 916
Al Iskandariyah 26
Al Jaza'ir 32, 36
Al Jizah 26
Al Khalifa 158
Alkmaar 1027, *1036*
Al Kut 622
Allah 1242
Allahabad 588
»Allee der Vulkane« *374*
Allende, Salvador 236, 242
Allerseelenfest, Mexiko 950, *955*
Allgäu 1094
Allgäuer Alpen 321
Allgemeines Zoll- und Handelsabkommen (GATT) 1264
»Allianz der afghanischen Mudschahedin« 4
Alligator 1497
Alliierter Kontrollrat 352
»All People's Congress« (APC) Sierra Leone 1279
Alma-Ata 791
Al Madinah 1236, 1237, 1238, 1242, 1244
Al Mafraq 742
Al Manamah 159, *159*
Almohaden 916, 1430
Al-Monastir 1434
Almoraviden 916, 932
Al Muizz, Kalif 20
Al Mukalla 730
Al Mukha 730
Almwirtschaft 42, *42*, 43
Alonissos 484
Alpaka 55, 57
Alpen 40-45, *40, 41, 42, 43, 45*, 320, 321, *321*, 324, *324, 327, 411*, 418, *418, 419*, 431, 669, *671, 678, 678, 687*, 962, *1085*, 1092, 1094, 1259, *1261, 1268, 1269*
–, Besiedlung 42
–, Entstehung 40
–, Forstwirtschaft 42
–, Fremdenverkehr 42
–, Industrie 42, *43*
–, Lage 40, *41*
–, Landwirtschaft 42, *42*, 43
–, Tierwelt 40, *40*
–, Umweltprobleme 45
–, Vegetation 40, *40*
–, Vergletscherung 40
–, Wasserkraft 42, *42*
–, Wintersport 44-45, *45*
Alpenländer (→ Liechtenstein, Österreich, Schweiz, Slowenien) *41*, 1086
Alpenlilie *40*
Alpenschneehuhn *61*
Alpenvorland 40, 321, 324, *1085*, 1092
Alpes Maritimes *969*
Alphorn *1267*
»Al Qahirah« *18*, 20
Al Qayrawan *1436*
Al Q'nitrah 923
Alster 336, 337
Altai *255*, 790, 1198
–, Mongolischer 974, *974*

Altare, Paß von 40
Alta Verapaz *531*
Altes Reich, Ägypten 16
Althing 650
Altindonesier 1152
Altin Tagh 255
Altiplano 55, *57, 59, 193*, 194, *195*, 196, 1136, 1140
Alton *1515*
Altstadt (Staré Město), Prag *1426, 1427*
Altun Ha *184*
Altvatergebirge 1424
Alvarado, Pedro de 380, 562, 1139
Al Uqsur 26
Alur 1463
Alzette 880, 881, *881*
Amado, Jorge 211
Amalienborg, Schloß *307*, 308
Amalienburg 326
Amambayplateau 1132
Amaterasu 712
Amazonas 46-47, 50, *50*, 52, *55*, 100, 191, 370, 374, 812, 814, 816, 1140
–, Einzugsgebiet 50
–, Wasserhaushalt 47, 50
Amazonas, brasilianischer Bundesstaat 213
Amazonas, Territorio (Venezuela) 1494, 1496
Amazonien 46-51, *46, 205, 206*, 208, 209, 212, *221*, 808
–, Brasilien 46-51, *46*
–, Ecuador 374
–, Erforschung 50
–, Kolumbien 812, 814, 815
–, Landschaft 46-47
–, Ökosystem 51, *51*
–, Peru 1137, 1140, *1141*
–, Tierwelt 48-49, *48*
–, Transamazonica 53
–, Vegetation 48, 49
–, wirtschaftliche Nutzung 49, 50-51, 52-53, *52, 53*
Amboise 434, *435*
Amboseli-Nationalpark, Kenia 797
Amdabad 581
Ameisenbär, Großer *1497*
»American Colonization Society« 866
»American Way of Life« 1544-1545
Amerika 1299, 1304, 1492
Amerikanisch-Samoa 1231, 1560-1561
–, Bevölkerung 1560-1561, *1560, 1561*
–, Geschichte 1231, 1560
–, Landschaft 1560
–, Wirtschaft *1560*, 1561
»Amerikano-Liberianer« 866
Amharen 124, 127, 128, 129
Ami *1383, 1385*
Amiens 432
Amin, Hafizullah 4
Amin Dada, Idi *1460*, 1461
Amindiven 594
Amman 742, 743
Ammon 738
Amritsar, Goldener Tempel *572*
Amrum 334
Amselfeld 747, 938
–, Schlacht auf dem 747, 938
Amstel 1031
Amsterdam 1027, 1031, 1036, *1037*, 1038-1039, *1039*
–, Grachten 1038, *1039*
–, Sehenswürdigkeiten 1038
–, Stadtplan *1039*
Amsterdam-Rhein-Kanal 1036

Amtrak *1546*
Amudarja 8, 1456, *1457*, 1486
Amundsen Roald 67, 74, *74, 75*, 112, *113*
Amundsen-Scott-Station *75*
Amur 254
Amurhecht *773*
Anagagebirge 1323
Anaimalai 586
Anak Krakatoa *611*
Anakonda 48, *1497*
Anamur 1451
Anamur Kalesi 1451
Anatolien 1439, 1440, *1441*, 1448, 1449, *1449*, 1450, 1452
Anawratha, birmanischer König 986
Anchorage 1525
Andalusien *1302, 1306*, 1314, *1314, 1315*, 1316, 1317, *1317*
Andalusier 1312
Andamanen 594, *594*, 595, *595*
Andamanensee 982, 1398
Andechs 324
Anden 46, 54-57, *193, 195*, 208, 234, 370, 371, *373, 374, 375*, 808, *811*, 812, 814, *814*, 815, *815*, 816, *1141*, 1496, *1496*, 1498
–, Argentinien 94, 100, 101
–, Bevölkerung 56, 58, *58, 59*
–, Bodenschätze 58-59
–, Bolivien 194
–, Chile 238, 239
–, Ecuador 374
–, Entstehung 54, 56, *57*
–, Klima 54, 55, *55*, 56, 57
–, Naturraum 54-55, *54, 55*
–, Tierwelt 55, 56-57, *57*
–, Tourismus 59
–, Vegetation 55, *56*, 57
–, Verkehr 59, 1142-1143
–, Vulkanismus 54-55, *54, 55, 57*
Andenländer (→ Bolivien, Chile, Ecuador, Kolumbien, Peru) 59
Andersen, Hans Christian 308, *308*
Andino, T. Carías 560, 562
Andorra 60-61, *60, 61*, 1316
–, Geschichte 60
–, statistische Übersicht 60-61
–, Wirtschaft 61
Andorra la Vella 60
Andrić, Ivo 199, *746*
Andros 484
Andros Island 157
Andrzejewski, Jerzy 1161
Anegada 526, 1556
Angeln 492, 494
Angelsachsen 494
Angkor 752, 753, 758, *758, 759*
»Angkor-Periode« 752
Angkor Vat 758-759, *758, 759*
Anglesey 514
Anglikanische Kirche 513
Anglo-afghanischer Krieg 3
Anglo-birmanische Kriege 986
Anglo-Irischer Vertrag 647
Anglokanadier 778
»Anglo Persian Oil Company« 641
Angola 62-65, 200, 1174
–, Bevölkerung *64*, 65
–, Bürgerkrieg 62, *63*, 65
–, Geschichte 62-63
–, Klima 64
–, Landschaft *63*, 64
–, statistische Übersicht 62-63
–, Wirtschaft 64-65, *64*

Angola-Konflikt 63, 827
Anguilla 84, 1218, 1219, *1219*
Animismus, Birma 988, 990, 991
–, Thailand 1407
Anjou 434, 680
Anjouan 819
Ankara *1441*, 1454
Ankole 1460
Annaba 32, 36
An Nafud *92*, 1240
Annam 752, 846, 1562
Annamitische Kordillere 756, 846, 850, 1568
Annapurna 556, *557*
Annobón 90
Anojia 486
Ansgar, Heiliger 1247
Antakya 1450, 1451
Antalya 1450, 1451, 1454
–, Bucht von 1450
Antananarivo *882*, 884
Antarktika 70
Antarktis 66-529, 234
–, Bodenschätze 76, *77*
–, Erforschung 74, *74*, 75
–, Forschungsstationen 78-79
–, Inseln 68-69, *69*, 70
–, Klima 67
–, Landschaft 70
–, Lebensbedingungen 78-79
–, Meteoriten 75
–, Tierwelt *68, 69*, 72-73, *72, 73*
–, Trockentäler 70, *71*, 79
–, Vegetation 72, *72*
–, Vereisung 70, *71*
Antarktische Halbinsel 68, 72, 74, 76
Antarktische Konvergenz 68, 528
Antarktische Ozeane 68
Antarktis-Vertrag 76, *77*
Antiatlas 922, 925
»Anti-Fascist People's Freedom League« (AFPEL), Birma 984, 987
Antigua, Insel 80, *80*
Antigua, Stadt 530
Antigua und Barbuda 80-81, *80, 81*, 1218
–, Bevölkerung 80
–, Landschaft 80
–, statistische Übersicht 80-81
Antilibanon 859
Antillen (→ Große Antillen, Kleine Antillen, Niederländische Antillen) 82-89
Antilopenmasken 913
Antiochos I., Seleukidenherrscher 1445
Antiochos IV. 664
Antofagasta 191, 235
Antonius 26
Antrim 518
Antrim Plateau 518
Antwerpen 176, 177, *177*, 178, 179, *179*, 183
Anuradhapura 1326, 1328, 1330, *1331*
Anvers-Insel 76
Aoi Matsuri *712*
Aosta-Tal 670, 678, 682
Aoun, Michel 861
Aouzou-Streifen 869, 1419
Apachen 1520
Apartheid 201, 302, 993, 1334, 1335, *1335*, 1337, *1337, 1339*, 1340
Apayao 1155
Apennin 669, 674, 675, 678, *678*, 679, 1232, *1233*
Apenninhalbinsel (→ Italien) 678
Apfelbucht 526

Aphrodite 1578, 1579, *1579*
Apia 1231
Apo, Mount 1150
Apollonia, Albanien *29*, 30
Apollonia, Libyen 870
Appalachen 770, *771*, 1508, 1512, 1547
Appalachian National Scenic Trail 1547
Appenzell 1271, *1271*
Appenzell-Außerrhoden 1262
Appenzell-Innerrhoden 1261, 1262
Apscheron, Halbinsel 122
Aptidon, Hassan Gouled 369
Apuanische Alpen 679
Apulien 671, 678, *678*, 679
Aquakultur 727
Äquator 374
Äquatorialguinea 90-91, *90, 91*
–, Bevölkerung 90, *90*
–, Geschichte 90
–, Landschaft 91, *91*
–, statistische Übersicht 90-91
–, Wirtschaft 91
Aquino, Benigno 1149
–, Corazon 1146, *1148*, 1149, *1153*
Aquitanisches Becken 418
Arab-American Oil Company 1241
Araber 24, 32, 657, 658, 660, 666-667, *666, 667*, 734, 738, 742, 868, 872, 916, 1078-1079, *1078, 1079*, 1212, 1238, 1430, 1436
–, Ägypten 24
–, Algerien 32
–, Balearen 1318
–, Herkunft 734
–, Irak 617, 624
–, Iran 634, 635
–, Israel 657, 658, 660, 666-667, *666, 667*
–, Italien 680, 682
–, Jordanien 738, 742
–, Kanarische Inseln 1322, *1323*
–, Kenia *798*, 799
–, Komoren 818, 819, *819*
–, Libyen 868, 872
–, Malta 914
–, Marokko 916
–, Mesopotamien 620
–, Mosambik 978
–, Sahara 1212
–, Saudi-Arabien 1238
–, Seefahrer 1078-1079, *1078, 1079*
–, Spanien, *1302*, 1303, 1313
–, Syrien 1376
–, Tansania 1387, 1389, 1390
–, Tunesien 1436
»Arabia felix« 734
»Arabia Petraea« 743
Arabien 368
Arabisch 819, *819*, 1112, 1243, 1313
Arabische Einheit, Politik der 869
Arabische Gipfelkonferenz 667
Arabische Halbinsel 92-93, *92*, 93, 742, 1080, *1081*
–, Bahrain 158-159
–, Erdöl 92, 93
–, Jemen 730-735
–, Katar 794-795
–, Kuwait 840-843
–, Landschaft 92, *92, 93*
–, Oman 1076-1077
–, Saudi-Arabien 1236-1245
–, Vereinigte Arabische Emirate 1500-1503
–, Wüsten 92, *92, 93*

»Arabische Legion«, Ägypten 739
Arabische Liga 15, 158, 1433
»Arabischer Kooperationsrat« 740
»Arabischer Sozialismus« 14
Arabisches Meer 586, 594, 1078, 1108
»Arabische Sozialistische Union« 868
Arabische Wüste 18, 1374
Arabisch-israelischer Krieg 15, 24, 863, 1373
Aracataca 815
Arafat, Jasir 1257
Aragón, Königreich 680, 1303, 1304, 1318
Aragonien 1317
Arakan 983
Arakangebirge 594
Arakan Yoma 983
Aralsee 1486, *1487*
Aramäisch 1376, *1377*
Araninseln *647*
Ararat 1448, *1449*
»Araten« 973, 975
Araujo, Arturo 380
Araukaner, Chile 234, 235, 239, 240
Aravalligebirge 583
Arawak 170, 1492, 1493, 1556
Arawaken 362
Arawale 797
ARBED-Konzern 880
»Arbeiterpartei« (DNA), Norwegen 1066
Arbeiter- und Soldatenrat (Sowjet) 1204
Arcachon 421
Arcadi 487
Arcadiane, Ephesos 1445, *1445*
Arc de Triomphe, Paris 416, *416*
Archangelsk *1197*
Arctic National Wildlife Refuge 1525
Ardennen 173, 175, *175*, 177, 182, *411*, 418, 878, *879*
Areälv *1252*
Arecibo 1554
ARENA-Partei, El Salvador 381
Arequipa 1135, *1137*
Arévalo, Juan José 532
-, Vinicio Cerezo 533
Argala-Marabu *903*
Argentière 44
Argentinien 54, 58, 59, 94-99, 203, *209*, *1129*, 1131, 1132, *1481*, 1482, 1483
-, Antarktis 76
-, Bevölkerung 94, 103, 108-109
-, Buenos Aires 104-105, *104*, *105*
-, Falklandinseln 529, *529*
-, Falklandkrieg 94, 99
-, Gauchos 94, 108-109, *108*, *109*
-, Geschichte 98-99, *98*, *99*, 108
-, Gesellschaft 102
-, Industrie 106, *106*, *107*
-, Landschaft 94, 100-101, *100*, *101*
-, Landwirtschaft 106, *107*
-, Lebensart *103*, 109
-, Politik 96-97
-, Regierung 94, *95*
-, Religion 102, 103
-, Städte 102-105
-, statistische Übersicht 96-97
-, Tierwelt 101
-, Unabhängigkeit 98, *99*
-, Wirtschaftspolitik 106-107

Argentino, Lago 100, 101
Argolis 474
Argos 474
Argusfasan 902
»Ariana« 2
»Ariane-Rakete« 442
»Arias-Friedensplan« 381, 563
Arias Sánchez Oscar 296
Arier 568, 571, 572
Aripo, Mount 1415
Aristoteles 476, 477
Arizona *1510*, 1520, 1540
Arkansas 1516
»Arktika« 112, *112*
Arktis 70, 110-119, 775, 781
-, Abgrenzung 110
-, Bevölkerung 114, 115, *115*
-, Bodenschätze 111
-, Erforschung 112-113, *112*, *113*
-, Grönland 314-315
-, Jan Mayen 1075
-, Kanada 770, 771
-, Klima 111
-, Lebensformen 114
-, Meere 110
-, Mitternachtssonne 118-119, *118*, *119*
-, Spitzbergen 1074-1075
-, Tierwelt 116-117, *116*, *117*
-, Vegetation 116-117, *116*, *117*
-, Vereisung 110-111
Arktische Inseln 771
»Arktischer Kulturraum« 774
Arktos 74
Arlberg 1094
Armada 495, 1305
Armagh 518
Ärmelkanal 418
Armenien 120-121, *121*, 626, 1448
-, Aserbaidschan 121
-, Bevölkerung 120
-, Geschichte 120-121
-, Kultur 120, 121
-, Landschaft 120
-, statistische Übersicht 120-121
-, Wirtschaft 120
Armenier 120, 122, 123, 458, 639, 1376, 1457
Armenische Katholiken 864
Armenische Kirche 639
Armenisches Hochland 120
Armenisch-Orthodoxe 864
Armorikanisches Massiv 418
Armstrong, Louis 1548
Arnarson, Ingólfur 650
Arnhem-Land 135
Aron ha-kodesch 664
Árpád 1469, 1476
Ar Raqqah 1374
Ar Rashidiyah 925
Arrayanes-Wald 101
Arrowroot 1223
Arsakiden 634
Artibonite-Tal 548
Artigas, José Gervasio 1480, 1482, 1483
Aruak-Indianer *697*, 836
Aruba 84, 1040, 1041, *1041*
Arusha, Deklaration von 1389
Asados 109
Asakusa-Schrein, Tokyo 704, *704*
Asandeschwelle 1575
»Asantihene« 464
Aschchabad *1457*
Aschkenasim 666
Aschoka, indischer Herrscher 569, 998
Ascot 506, *507*
ASEAN *390*, 391, 894, 1565

Aserbaidschan 122-123, *123*, 626, 638, 640
-, Berg-Karabach-Konflikt 123, *123*
-, Bevölkerung 122
-, Geschichte 122-123
-, Landschaft 122
-, statistische Übersicht 122-123
-, Wirtschaft 122, *123*
Aserbaidschan, Hochland von 640
Aserbaidschaner 120, 122, 458
Aseri 120, 122, 458
Asfi 922
Ashanti 463, 464, *465*
Ashantihochland 461, 462
»Ashanti-Konföderation« 464
»Ashanti-Kriege« 464
Ashikaga-Shogun 711
Ashoka 1404
Ash Shariqah 1500, *1501*, 1502, 1503
Asien 610, 1444
-, Einwanderung in USA 1536, 1537
Asir *93*, 1238, 1240
Asmera 384, 385, *385*
Asni 924
Aso *723*
Aspendos 1450, 1451
Assab 368
Assad, Hafez Al 661, 1370, *1370*, 1374, 1376
Assalsee 368, *369*
Assam 578, 586, 591, 983
Assamhimalaya 586
As Sawirah *922*
As-Sidr 870
As-Siq 743
Assuan 26, *27*
Assuan-Staudamm 22, 1057, *1057*
Assur 616
As-Suwaitina 870
Assyrer 616, 620, 858, 1372, 1376
Assyrien 1442
Assyrisch-Orthodoxe 864
Asturien 1303, *1313*, *1316*, 1317
-, Königreich 1303
Asunción 104, 1128, *1129*, 1133, *1133*
Atacama 238, *239*, 243
Atahualpa, Inka-König 235, 1134, 1138
Ataouatmassiv 1568
Atatürk, Kemal 635, 1244, 1440, *1441*, 1442, *1442*, 1443, 1452
Atatürk-Staudamm *1455*
Athapasken 774
Athen 472-473, *473*, 474, 476, *477*, 479, *479*
Äthiopien 124-129, 368, 369, 384, 1080
-, Bevölkerung 126, 127, 128, *129*, 129
-, Bürgerkrieg 127, *129*
-, Dürrekatastrophen 126, *126*, 128, 129, *129*
-, Eritrea 126, 127
-, Geschichte 124-125, 126, 127
-, Kaffee 129
-, Klima 128, 129
-, Landschaft *127*, 128-129
-, Religion 124, 125, 128, 129
-, Somalia 1296, 1297
-, statistische Übersicht 126-127
-, Umsiedlungen 127
-, Wirtschaft 128, 129

»Äthiopische Arbeiterpartei« 126
Äthiopische Region 1570
Äthiopisches Hochland *126*, 128, 1080
Athlone 649
Athos 488-489, *488*, *489*
Atlanta 1516, *1517*, 1528, 1542
Atlantis 1320
Atlantische Küstenebene 1508
Atlantischer Ozean 46, 84, 110, 208, *217*, 306, 418, *418*, 419, 430, 431, *527*, 542, 544, 962, *963*, 964, 1098, 1101, *1178*, *1182*, 1183, 1184-1185, *1184*, *1185*, 1316, 1317, 1320-1323, 1364, 1484, 1492, 1496
-, amerikanische Küste 1505, 1508, 1512
-, Angola 64
-, Azoren 1184-1185, *1184*, *1185*
-, französische Küste 418, 419, 430, 431
-, Kanarische Inseln 1320-1323, *1320*, *1321*, *1322*, *1323*
-, Kap Verde 786
-, Madeira 1185, *1185*
-, Namib 994, *994*
-, Panamakanal 1118, 1122-1123
-, portugiesische Küste *1178*, *1182*, 1183
-, Sklavenhandel 765
-, spanische Küste 1317
-, westafrikanische Küste 1278
Atlasgebirge 36, 918, 920, 922, 924, *925*, 962, *1433*, 1434, 1435
Atlasländer (→ Marokko, Algerien, Tunesien) 916
Ätna 680, 962, *962*
Ätolien 482
Atolle 1101, *1101*
At-Ta'if 1238
Attas, Haidar Abu Bakr Al 732
Attersee 1092
Attika 476, 482
Atwood, Margaret 776
Auckland 1007, 1012, *1012*, 1013
Augsburg 324
Augsburger Religionsfriede 351
August der Starke 338, 340
August III. 340
Augustus, römischer Kaiser 475, 675, 746
Aung San Sun Kyi 1257, *1257*
Aunuu 1560
Aurangabad 582
Aurangseb, Mogulherrscher 569
Aurelian, römischer Kaiser 746
Aurès-Massiv 36
Auslegerkanu 451, *996*, *1225*
Äußere Mongolei 971
Australasiatische Region 1570
Australian and New Zealand Army Corps 137, *137*
Australien 131-143, 610, 1100, 1101, 1102, *1102*, 1125
-, Aborigines 131, *135*, 138, *144*, 146-147, *146*, *147*
-, Antarktis 76
-, Bergbau 150-151, *151*
-, Bevölkerung 131, 133, *133*, 144-145, *144*, 145, 146-147, *146*, *147*, 152, 153
-, Bildung 132-133, 152
-, Bundesstaaten 134-135
-, Buschland 139, 152-153

-, Entdeckung 136
-, Erforschung 137, *137*
-, Fischerei 149
-, Forstwirtschaft 149
-, Geschichte 136-137, *136*, *137*
-, Großes Barriereriff 131, 134, 138, 142-143, *142*, *143*, 446
-, Industrie 151
-, Klima 131, 139, *139*
-, Kultur 145
-, Landschaft 131, 138-139, *138*
-, Landwirtschaft 148-149, *148*, *149*, 152, *152*
-, Lebensstil 144-145
-, Melbourne 154-155, *155*
-, Naturschutz 141, 142, 143
-, Neuguinea 1125
-, Regierung 132
-, Religion 133
-, Sport 144, *144*, *145*, 155
-, Sprache 133
-, statistische Übersicht 132-133
-, Sydney 154-155, *155*
-, Tierwelt 140-141, *140*
-, Tourismus 152, 153
-, Vegetation 141
-, Verfassung 132
-, Wirtschaft 131, 134-135
Australische Alpen 145
Australische Platte 1412
Australopithecinen 802, 803, 1336
Auvergne 431
Auyuittuq National Park, Kanada 773
Ava 986
Avalokiteshvara 294
Averroës *1302*
Avicenna 631
Avignon 432, *432*
Avoriaz *430*
Avril, Prosper 546
Awami-Liga 162
Awaren 970
Awaschtal 124, 129
Awolowo, Obafemi 1047, 1048
Axim 463
Aya, japanischer Prinz 707
Ayacucho 1136
Ayacucho, Schlacht von 1136
Ayers Rock 131, 135, *135*, 138, 139, 144, 146, 147
»Ayllus« 197
Aylwin, Patricio 237
Aymará 58, 59, 195, 196, *196*, 197, 240, 1136
-, Sprache 190
Aymará-Reich 190
Ayn Salih 36
Ayub Khan, Mohammed 1106
Ayutthaya 1404, *1404*, 1405, *1405*
Azad Kaschmir 792, 793
»Azania« 1296
Azay-le-Rideau 434, *434*
Azcona Hoyo, José 563
Azem-Palast, Damaskus 1373
Azeri 638
Azikiwe, Nnamdi 1047, 1048
Aznar López, José María 1300, 1306
Azoren 1175, *1175*, 1181, 1184-1185, *1184*, *1185*
-, Geschichte 1184, 1185
-, Landschaft 1184, *1185*
-, Wirtschaft 1184
»Azorenhoch« 1184
Azorenschwelle 1185
Azru 924
Azteken 946, 948, 950, 952, 954, 808
Az Zarqa 742

1583

B

Baalbek 859
Baardheere 1296
Baath-Partei, Irak 617, 618, 619, 624, 629
–, Syrien 1370, 1376
Bab al Mandab 732
Babangida, Ibrahim 1049
Babelthuap 1116
Babenberger 1086
Babia Gora 1168
Bab Mansur, Meknès 926
»Baby Doc« 546, *546*
Babylon 616, 620, 634
Babylonier 158, 616, 664
Babylonische Gefangenschaft 634
Bach, Johann Sebastian 354, 358
Bachtiaren *639, 641*
Badaling 263, *263*
Baden 1092
Baden-Württemberg 318, 324-325, *324*
Badgastein 1095
Badhan 734
Badjao 1154, *1154*
Badlands 773, 779
Badr, Mohammed Al 735
Baffinland 112
Baganda 1463
Baganuur 973
Bagdad 616, 617, 618, *619*, 620, 622, 624, *628*, 635, 636, 1372
–, Kalifat von 635
Bagisu 1463
Bagratiden 458
Baguio 1159, *1159*
Baguirmi Reich 1416
Baha'i 639
Bahamas 156-157, *157*
–, statistische Übersicht 156-157
Baharu 898
»Bahasa Malaysia« 897
Bahia *209*, 210, *213*
Bahía Blanca 106
Bähr, George 340
Bahrain 92, 158-159, 859
–, Erdöl 158, *159*
–, Geschichte 158
–, Landschaft 158, *159*
–, statistische Übersicht 158-159
–, Wirtschaft 158-159
Baid, Ali Salem 732
Baikalsee 1200, *1201*
Bajau 896
Bajuwaren 42
Baker-Inseln 1507
Bakiga 1463
Bakoko 764
Bakongo 62, 826, 827
Bakonygebirge 1472
Baku 122, 123, *123*
Bakunin, Michail A. 1268
Ba'labakk 859
Balchaschsee 790
Balearen *1301*, 1316, 1318-1319, *1318, 1319*
–, Bevölkerung 1318, 1319
–, Geschichte 1318
–, Klima 1318
–, Landschaft 1319, *1319*
»Balfour-Deklaration« 660, 666, 738
Bali 603, 604, 606, 608, 609, 610, 612, 614, 1570
–, Kultur 608-609
–, Tierwelt 1570
Balkan 224, *224*, 226, 640, 1083
Balkanhalbinsel 30, 482

Balkankriege 224, 475, 751, 1188
Ballesteros, Ramon Matta 563
Balmoral, Schloß *499*
Balten 1195
Baltimore 1513
Baltische Republiken → Estland, Lettland, Litauen
Baltischer Landrücken 1168
Baltischer Schild 404, 1250
Baltistan 793
Bambara 456, 908, 910, 912, 913, 934
Bamberg 324
Bambusbär *261*
Bamileke 764
Bamiyan-Tal *9*
Bamoko 911
Bamum 764
Banaba 806, 807, *807*
Bananenanbau, Honduras 560-561
Banat 1188, 1190, *1191*, 1476
Banater Bergland 1192
»Banater Schwaben« 1190
Banawe *1154*, 1155
Banda, Hastings Kamuzu 888, 889, *889*
Bandaranaike, Sirimavo 1330
–, Solomon 1330
Bandar Seri Begawan *222*, 223
»Bandas« 217
Bänderlinsang *903*
Bandiagara 910
Bandung 607, 615
–, Konferenz von 605
Banff-Jasper Highway *770*
Banff National Park 773
Bangarem 595
Banghazi 870, 872
Bangkok 1395, 1399, 1401, 1402-1403, *1402, 1403*, 1405
–, Handel 1402
–, Stadtplan *1403*
–, Verkehr 1402
Bangladesch 160-165, *163, 169*, 555, *590*, 595, 793, 1106
–, Bevölkerung 166-167, *166, 167*, 168, *169*
–, Bevölkerungswachstum 166
–, Flüsse 168, *169*
–, Geschichte 162-163
–, Klima 160
–, Landschaft 160, *163*
–, Lebensbedingungen 166, 167, 168
–, Nahrungsmittelversorgung 164-165, 166, 167
–, Naturkatastrophen 164-165
–, Politik 163
–, Regierung 163
–, Reisanbau 160, 161
–, Religion 162, *163*, 166, *166*
–, Rohstoffe 161
–, statistische Übersicht 162-163
–, Überschwemmungen 160, *160*, 164, 165, *165*, 168, *169*, 555
–, Wirbelstürme 164, 165, *165*
–, Wirtschaft 161, 168, *169*
Bangui 1575
Banihal-Paß *599*
Bani-Malik-Stämme 620
Banjankore 1463
Banjul 456, 457, *457*
Bankja 226
Bann 518
Banteng 902
Bantu, Angola *64*, 65
–, Äquatorialguinea 90
–, Botsuana 200
–, Gabun 454
–, Kamerun 764
–, Kenia 798, 799, 800

–, Kongo 827
–, Malawi 888
–, Mosambik 981, *981*
–, Somalia 1296
–, Südafrika 1336, 1338, 1339
–, Swasiland 1366
–, Tansania 1390
–, Uganda 1461, 1463
Banyoro 1463
Baotou 278
Bär, Sternbild 74
Baracoa 834
Barakzai 3
»Barangays« 1148
Baratang 595
Barbados 84, 170-171, *170, 171*, 1218, 1221
–, Geschichte 170
–, Landschaft 170, *171*
–, statistische Übersicht 170-171
Barbuda 81, *81*, 84
Barcelona 1307, 1309, 1312, 1317
Barchane *93*
Barco, Virgilio 810
Bäreninsel 1074, 1075, *1075*
Barents, Willem 118, 1074
Barentsburg *1074*, 1075
Barents-Insel *1075*
Barentssee 110, *1197*
Bariba *186*, 187
Bariloche 59
Barim 733
»Barisa National«, Malaysia 893
Barlovento 1498, 1499
Barock, italienischer 691
Barossa Valley 134, 148, *148*, 149
Barotseland 1226
Barquisimeto 1497
»Barrage du Nil« 22
»Barrancos« 1320
Barranquilla 814, 815
Barre, Mohammed Siyad 1297
»Barriadas« 372
Barrientos Ortuño, René 192
»Barrios« 815, 1495, 1498, *1499*
Barrow 119
Bartgeier *40*
Bartholomé *377*
Barzani, Mustafa Al 627
Baschkiren 1196
Basel 1262, 1266, 1267, 1268, 1270, *1270*, 1271
Basel-Landschaft 1262
Basel-Stadt 1262
Bashir, Omar Hassan Ahmad 1349
Basilian-Insel 1154
Basilicata 671, 679
Basken 60, 426, *1307*, 1312, 1313
Baskenland 1307, 1317
Baskisch 426, 1307, 1313
Basler Fasnacht *1266*
Basoga 1463
Basrah 620, 622, *628*
Bassa 764, 867
Bassac *754*, 756
Basseterre 1218
Basse-Terre 438, *439*
Basse-Terre, Stadt 438
Bass-Straße 134, *135*, 151, 154
Bastei *339*
Bastidas, Rodrigo Galván de 1118
Bastos, Augusto Roa 1130
Bastrock *1018*
Basutoland 855, *855*
Bataan, Halbinsel 1159
Batabanó 834

Batéké 826
Batékéhochland 827
»Baterias« 216
Bathurst 456, *457*
Batista, Fulgenico 832, 834
Batlle Ibáñez, Jorge 1480
Batlle y Ordóñez, José 1480, 1483
Batmunch, Jambyn 973
Baton Rouge 1518
Batoro 1463
Battambang 756
Batu Caves *899, 901*
Batu Chan 970
Bau 396
Bauchiplateau 1050
Baudouin I., belgischer König *174, 174*
Baule 302, 304
Baumgrenze, subpolare 110
Baumkänguruh *1571*
Baumwolle, Indien 579
–, Pakistan *1110*
–, Sudan *1348*, 1350, 1351
–, Usbekistan *1486*
»Baumwollgürtel« 1530
Bautzen 357
Bayerische Alpen 321
Bayerischer Wald 320, 324
Bayern 318, 324, *324*, 1086
–, Volksstamm 322
Bay of Plenty *1016*
Bayon, Angkor *759*
Bayt, Lahm 742
Bayt Miri, Beirut 862
Bayreuth 324, 358, *358*
Beas 1108
Beauvoir, Comte de 262
Beckett, Samuel 643, 648
Bédié, Henri Konan 303
Beduinen 24, *24, 25*, 738, 740, 741, *741*, 742, *742*, 1236, 1237, 1240, *1241*
–, Irak 622, 623
–, Jordanien 740, 741, *741*, 742, *742*
–, Saudi-Arabien 1236, 1237, 1240, *1241*
–, Syrien 1376
Beef Island 526, *527*
Beerenberg 1075
Beethoven, Ludwig van 1090
»Befreiungsarmee der Völker des Sudan« 1347
Begin, Menachem 1257
Behaim, Martin 354
Behan, Brendan 643
Beira, Mosambik 980, 981
–, Portugal 1182
Beirut 858, 862-863, *861, 862, 863*, 865
Bekasi 607
Belafonte, Harry 698, *698*
Belalcázar, Sebastian de 809, 1139
Belarus → Weißrußland
Belau → Palau
Belfast 519
Belgien 172-177, 330, 389
–, Bevölkerung 182, *182*
–, Brüssel 180-181, *180, 181*
–, Burundi 233
–, Diamantenhandel 177
–, Flandern 178, *178*, 179
–, Geschichte 174
–, Klima 175
–, Kongo 821
–, Kultur 173
–, Landschaft 173, 175, *175*
–, Parteien 175
–, Regierung 174
–, Sprachgrenze 173, 182, *183*
–, Staatsreform 174-175, 182
–, statistische Übersicht 174-175

–, Wirtschaft 173, 176-177, *177*, 182, *183*
»Belgisch-Kongo« 821, 826, 1226
Belgrad 366, 747, *748*
Belize 184-185
–, Geschichte 185
–, Landschaft 184
–, Regierung 185
–, Stadt *184*
–, statistische Übersicht 184-185
–, Wirtschaft 185
Bellapais 1578
Bellingshausen, Fabian Gottlieb 74
Bellini, Giovanni 692
–, Vincenzo 691
Bell-Laboratorien *1529*
»Bell-Trade-Act« 1149
Belmint Bay 526
Belo Horizonte *215*
»Bel Paese« 685
Belutschen 6, 638, 639, 1112, 1457
Belutschistan 639, 1104, 1105, *1107*, 1108, *1108*, 1109, *1111*, 1112
Belzysteppe 966
Bemba 1227, 1228
Bena 1390
Ben Ali, Zine el-Abidine 1432
Benares 572, 574-575, *574, 575*, 582, 588, *588*
Ben Bella, Ahmed 33, 34
Bencoolen 898
Benedetto, Bernardo 1166
Benelux-Staaten (→ Belgien, Luxemburg, Niederlande) 173, 418, 878
Beneš, Edvard 1420
Bengalen 160, 162, 164, *555*, 588, 589, 594, 595, 983, 1104, 1105
–, Volk 166
Bengalen, Golf von 164, *555*, 586, 588, 589, 594, 595, 752
Bengali 166
Benghasi 870, 872
Benguela 62
Benguela-Bahn *64*
Benguelastrom 64, *64*, 994, *994*, 995
Benguet 1155
Beni 194
Benidorm *964*
Beni Isguen *37*
Benin 186-187, *186*, 1044
–, Bevölkerung *186*, 187
–, Geschichte 186
–, statistische Übersicht 186-187
–, Wirtschaft *186*, 187
Benin-Reich 1046, 1054
Benito, Río 91
Ben Nevis 516
Ben Shaaban 872
Benue 762, 1050
Beqa 395, 397, *397*
Beqaa 859, *861*, 865
Berat *1295*
Berber, Ägypten 920
–, Algerien 32, 34, 36, 37, 920, 921
–, Gesellschaft 920
–, Libyen 872
–, Marokko 916, 918, 920-921, *920, 921*, 924, *925*
–, Schrift 920
–, Sprache 920
–, Tunesien 920, 921, 1436
Berberaffe *522*
Berchtesgaden 321
Berchtesgadener Alpen 321
Berchtesgadener Land 42
Berg, Alban 1090

Bergamo 679
Bergen 1070, *1070*
Bergisches Land 330
Berg-Karabach 122, 123, *123*
Bergkiefer *61*
Bergstraße 325
»Bergtürken« 626
Bering, Vitus Jonassen 112
Beringmeer 1525
Beringstraße 112, 114
Berlage, Hendrik Petrus 1038
Berlin 317, 318, 338, 342-343, *342, 343*, 344-345, *345*, 352, *353*, 358, *359*
–, Festspiele 358, *359*
–, Geschichte 344, *345*
–, Hauptstadt der DDR 344
–, Wiedervereinigung 344
Berliner Kongreß 747
Berliner Mauer 345, *352*
Berliner Reichstag 345, *345*
Bermuda 524-525, *524, 525*
Bermuda-Dreieck 525
Bermúdez, Juan de 524
Bern *1260*, 1262, *1262*
–, Kanton *1260*, 1262, *1263*, 1268
Bernadotte, Folke 1256
–, Jean-Baptiste 1247
Berner Alpen *40*
Berner Oberland *1267*
Bernhard von Clairvaux 413
Bernina, Piz 40
Bernini, Gianlorenzo *690*, 691, 1491
Beskiden 1168, 1292
Bessarabien 966, 967, *967*, 1188, 1190
Bete 304
Béthancourt, Jean de 1322
Bethania, Maria 211
Bethlehem 742
Bet-She'an-Tal 658
Beutelkatze 140
Beutelltiere 140
Beutelwolf 140, *141*
»Bewegung der Islamischen Revolution«, Afghanistan 5
Bhabar-Zone 1000
Bhagirathi 588
Bhatgaon 998, 1000, 1003
»Bhatti« 556
Bhotiyas 189, 597, 1002
Bhubaneswar 582
Bhutan 188-189, *188, 189*, 552, *553, 596*
–, Landschaft 188
–, statistische Übersicht 188-189
Bhutto, Benazir 1107, *1107*
–, Zulfikar Ali 1106, *1107*
Biafra 1048
Biafra-Krieg 1048
Biarritz 431
Bibel 657
Biber *773*
»Bible Belt« 1516
Bicaz-Stausee 1192
Bicol 1153
»Bidonvilles« 549, 823, 926
Bienenfresser *1001*
»Big Hole« *1341*
Bihar 580, 998
Biharis 166
Bijagosinseln *541*
Bikini 930
Bilbao 1309
Bill of Rights 498
Bilma *1044*
Bilqis 734
Bimbisaras, König von Magaltha 568
Bimini Islands 157
Binga, Mount *1283*
Bingen 332, 333
Bingham, Hiram 1134

Bini 1054
Binturong 902, *903*
Binzart 1434
Bío-Bío, Río 235, *239*
Bioko 90, 91, 866
Bird Island 1277
Birdsville-Track 152
Birendra Bir Bikram Schah, König von Nepal 999, *999*
Birka 1254
Birma (→ Myanmar) 752, 982, 984, 986-987, *987*, 1404
Birmanen 986, 988, 989
Birmingham 513
Bisayas 1152
Biscaya, Golf von 418, 1316
Biscayne National Park, Florida 1511
Bischkek *805*
Biscol 1152
Bishop, Maurice 466
Bismarck, Otto von *350*, 351, *351*
Bismarck-Archipel 1101, 1126
Bismarckgebirge 1126
Bistra-Gebirge 938
Bitterfeld 339, 349
Biya, Paul 761
Bizerte 1434
–, Lagune von 1434
Björnson, Björnstjerne 1072
Bkerke 864
Blackpool *513*
Blaize, Herbert 466
»Blancos« (Weiße), Uruguay 1480, 1483
»Blaue Berge« 103
Blauer Nil *126*, 128, 1057, 1350, *1351*
Blaxland, Gregory 136
Bligh, William; Kapitän 392, 1222
Blockfreie Staaten 34
Blois 434, 435
Bluefields 1020
Blue Mountains 134, 136, 154
Blue Rigde Parkway 1547
Boa 48
»Boat people« 284, *1567*
Boa Vista 786
Boaz 524
Bob Marley and The Wailers 699
Bobo *231*
Boca Chica 365
»Bocage« 420
Bocas del Toro 1120
Bodenerosion 555
Bodensee 40, 324, 1084, 1094, *1261*
Bodrum *1450*, 1451
Bofors 1252
Boganda, Barthélémy 1574
Bogdo-Gegen 971
Boggy Peak 80
Bogor 607
Bogotá 808, 809, 810, *811*, 812, 814, 815, 816, *817*, 1493
Böhmen 344, 1086, 1164, 1420, 1421, 1422, 1424, 1426, *1427*
Böhmerwald 320, 1092, *1093*, 1424
Bohol 1150
Bohrinsel *1063*
Bohus *1250*
»Boiling Lake« 360
Boiro 537
Bokassa, Jean-Bédel 1574
Bokmal 1067
Bokolanfini 913
Bolanpaß *1108*
»Bolas« 109
Bolesław der Tapfere, polnischer König 1164

Bolívar, Simón 191, 371, 809, 814-815, 1040, 1136, 1493
Bolívar (Staat), Venezuela 1496
Bolivien 54, 58, 190-195, 196, 235, 815, *1129*, 1130
–, Bergbau 192, 193
–, Bevölkerung 190, 194-195, *194*
–, Geschichte 190-191
–, Gesellschaft 192
–, Kriege 191
–, Landschaft 190, 194
–, Landwirtschaft 193
–, Politik 192
–, Religion 190
–, statistische Übersicht 192-193
Bolkiah, Sir Muda Hassanal, Sultan von Brunei 223
Bologna 679, 684, 685, 688
Bolovenplateau 850
Bolschewiki 791, 1195, 1204, *1205*, 1487
Boma 824
Bombay 572, *576, 577, 580*, 581, 583, *590*
Bomi Hills 867
Bon, Cap 1434
Bonaire 1040, 1041, *1041*
Bondi Beach 155, *155*
Bonifacio 437
Bonifacio, Straße von 680
Bonin-Inseln 724, *724, 725*
Bonkei 715
Bonn 318, 330, 332, 358
Bonny 1055
Bon-Religion 292, 294
Bonsai-Bäume 715
Bontok 1152, 1155
»Book of Kells« 643
Böotien 482
Bophuthatswana 1334, 1337
Bora-Bora *448*, 449
Borchgrevink, Carsten E. 74
Bordaberry, Juan María 1480
Bordeaux 420, 422, *427*, *427*
Borealer Nadelwald 771
Borges, Jorge Luis 94, *98*, 109
Borja Cevallos, Rodrigo 372
Borkou 1416
Borneo 222, *223*, 606, *607*, 610, 891, *892*, 900, *901*, 1570
Bornholm 310
Bornu 1047, 1050
Bornu, Großreich 1416
Bornu-Dynastie 1042
Börse, Istanbul *1455*
–, Kopenhagen *308*
–, Luxemburg 881
–, Tokyo *729*
Bosnien 198, 747, 1476
Bosnien-Herzegowina 198-199, *198*, *199*, 744, 745, 748, 749, 829
–, Geschichte 198-199
–, Politik 199
–, statistische Übersicht 198-199
–, Unabhängigkeit 199
–, Wirtschaft 199
Bosporus 1444, 1446, *1447*
Bosporusbrücke 1446
Bossa Nova 216
Boston *1508*, 1513, 1514, 1533
Bostoner Philharmonie 1548
»Boston Tea Party« 1550
Bosveld 1342
Botafogo-Bucht 216
Botany Bay 136, 154
Botelleros *364, 365*
Botero, Fernando 815

Botha, Pieter Willem 1335
Botocoundo *206*
Botsuana 200-201, *200, 201*, 1338, 1339, *1343*
–, Bevölkerung 200, *200*
–, Geschichte 201
–, Landschaft 200, *201*
–, statistische Übersicht 200-201
–, Wirtschaft 200-201
Botticelli, Sandro 691, *691*
Bottnische Küstenebene 404
Bottnischer Meerbusen 400, 405, 1098, 1250
Boucher, François 433
Bougainville 1126, 1127
Bougainville, Antoine de 448, 528
Boulder Valley *1521*
Boules-Spiel 409
Boumedienne, Houari 33
»Bounty« 449, 1102
Bourbonen 1305
Bourem 910
Bourges 432
Bourguiba, Habib 1431, 1432, *1433*, 1437
Boyacá 809
Boyne, Schlacht am 647
Bozen 688
Bradford 513
Bradman, Sir Donald *136*
Braga 1178
Brahe, Tycho 1426
Brahmanen 572, 575, 1002
Brahmaputra 160, *163*, 168, 550, 555, 586, *587*, 588
–, Delta 160
Brahms, Johannes 1090
Brahui 6, 1112
Branco, Rio 544
Brandenburg 318, 338
Brandt, Willy *352*, 1257, *1257*
Brasília 209, 214, *215*
Brasilianischer Schild 1484
Brasilianisches Bergland 100, 208, 1484
Brasilianisches Modell 218
Brasilien 94, 202-221, 542, *543*, 544, 812, *1129*, 1131, 1132, 1482, 1483, 1496
–, Agrarreform 221
–, Amazonien 46-51
–, Auslandsverschuldung 107, 219
–, Bevölkerung 204-205, *205*, 210, 211, 212-213, *212, 213*, 214, *214, 215*, *215*, 216, 217
–, Bildung 204, 205
–, Bodenschätze 218, *218*
–, Einwanderung 212
–, Geschichte 206-207, *206*
–, Gesellschaft 204-205
–, Indios 212, 213
–, Industrie 218
–, Kaffee 220
–, Klima 209
–, Kultur 205, 211, 216, 217
–, Landschaft 208, *209*
–, Landwirtschaft 220-221, *220, 221*
–, Nordosten 210-211, *210, 211*
–, Regenwald 49, 203, 205, 209, *209*
–, Regierung 204
–, Religion 213, *213*
–, Rio de Janeiro 216-217, *216, 217*
–, Sport 216
–, Städte 214-215, 216-217
–, statistische Übersicht 204-205
–, Transamazonica 53
–, Vegetation 209

–, Verfassung 204
–, Wirtschaft 204, 210, 214, 215, *218*, 220-219, *219, 220, 221*
–, Wirtschaftspolitik 218-219
Brașov 1189
Bratislava 1092, *1292*, 1293, *1293*
Braunbär *773*
Braunkohle *349*
Brazza, Pierre Savorgnan de 826
Brazzaville 452, 826, 827, *827*
Breg 366
Bregenz 1083, 1091
Bregenzer Wald 1094
Bremen 318, 337, *337*, 356
Bremerhaven 336, 337
»Bremer Stadtmusikanten« *337*
Brentano, Clemens 333
Breschnew, Leonid 1205
Brèscia 679
Bresse 421
Brest-Litowsk, Frieden von 1467
Bretagne 418, 419, 420, 421, 426, 431, *431*
Bretonen 426
Briand, Aristide 1257
Bridgeport 1513
Bridgetown, Barbados *170*, 171
Brig 40
Brigach 366
Brigham City 1520
Brillat-Savarin, Anthelme 428
Brindisi 675
Brioni 198
Bristol 513
Bristol-Kanal 514
Britannia, römische Provinz 494
Briten 491
Britische Inseln (→ Großbritannien, Irland) *493*, 1062
Britisches Empire 491, 510, 647
Britisch-Guyana 542
Britisch-Honduras → Belize
Britisch-Indien 162, 166, 986, 1104, 1105
Britisch-Neuguinea 1125
Britisch-Somaliland 1296
British Columbia 767, 771, 777, 779
»British North America Act« *777*, 777
»British South Africa Company« 888, 1226, 1280
Brive *427*
Broadway 1534, *1535*, *1549*
Brocken 320
Brod, Max 1427
Broken Hill 134, 150
Broken Hill Proprietary 150
Brooke, Sir James 222
»Brotrevolte« 1432
Brückenechse 1016
Bruckner, Anton 1091
Brueghel, Malerfamilie 181
Brügge 178, *179*
Brügge-Seekanal 178
Brulé, Etienne *777*
Brüllaffe, Roter *1497*
Brundisium 675
Brunei 222-223, *222, 223*
–, Bevölkerung *222*, 223
–, Erdöl 223
–, Geschichte 222-223
–, Politik 223
–, Regierung 223
–, Religion *222*, 223
–, statistische Übersicht 222-223

–, Wirtschaft 223, *223*
Brunei-Fluß *222*, 223
Brunelleschi, Filippo 691
Brünn 1424, 1425
Brüssel 173, 174, 175, *175*, 176, 180-181, *180*, *181*, 182, 389, 881
–, Altstadt 180, *180*, 181
–, Europäische Union 180, *181*
–, Geschichte 180
–, Kultur 181
–, Stadtplan *181*
Brüsseler Pakt 878
Bube 90
Bucaram, Abdala 372
Buchara 1379, 1457, 1486
Bucharin, Nikolaj Iwanowitsch 1204
Buch der Könige (»Schahname«) 631, 636, *636*
Bu Craa *928*
Buda 1474, 1475, *1475*
Budapest 366, 1468, *1470*, 1472, 1473, 1474-1475, *1474*, *1475*
–, Geschichte 1474-1475
–, Stadtplan *1475*
–, Thermalbäder *1474*, 1475
Buddha 294, 568, 574, 988, 998, 990, 1000, 1326, *1329*
Buddhismus, Afghanistan 2
–, Bhutan 189, *189*
–, China 247, 250, *250*, 264
–, Himalaya 552
–, Hinayana 852
–, Hongkong 281, 284, 285
–, Indien 568, 569, *572*, 574, 582
–, Indonesien 603
–, Japan 701, 706, 708, 712-713, *712*, *713*
–, Jodo-Shinsu 713
–, Ladakh 600-601, *600*
–, Lamaismus 189, *189*, 597, *597*, 600-601, *600*
–, Laos 852, *852*
–, Mahayana 1562
–, Malaysia 897
–, Mönchsgemeinde 1407
–, Myanmar 982, 984-985, *985*, 986, *987*, 988, 990, 991, *991*
–, Nara-Schule 712
–, Nepal 998, 1002, *1003*
–, Nichiren 713
–, Sikkim 597, *597*
–, Sri Lanka 1326, 1328, *1329*
–, Südkorea 1359, 1362, *1363*
–, Taiwan 1382
–, Thailand 1395, 1399, *1404*, 1405, *1405*, 1406-1407, *1406*, *1407*
–, Theravada 753, 852, 1406
–, Tibet 292, 294-295
–, Zen 712, 713
Budweis 1424
Buenos-Aires 94, *97*, 98, 102, *102*, 104-105, *104*, *105*, 106, 1132, 1484
–, Boca *104*, 105
–, Geschichte 104
–, Provinz 102, 106
–, Stadtplan *105*
Buffavento 1578
Büffel *1569*
Bug 1168, 1171
Buganda 1460, 1461, 1462
Buhari, Mohammed 1049
Buin, Piz 1094
Buka 1126
Bukarest *1189*
Bukidnon *1155*
Bükkgebirge 1472
Bukowina 1188, 1190
Bulatović, Momir 751
Bulgaren 30, 478, 746

Bulgarien 224-227, *367*, 1188
–, Bevölkerung 224, 225
–, Geschichte 224-225, *224*
–, Industrie 228
–, Landschaft *224*, 226-227, *226*
–, Landwirtschaft 228-229, *229*
–, Minderheiten 225
–, politische Wende 225
–, statistische Übersicht 224-225
–, Tourismus 228, 229, *226*
–, Wirtschaft 228-229, *228*, *229*
Bulgarisches Mittelgebirge 226, *226*
»Bulgarische Sozialistische Partei« 225
»Bullroarer« 147
Bumerang 146, *147*
Bumiputra 892, 893, 896
»Bund«, Shanghai 271, *271*
Bundeslade 664
Bundesrepublik Deutschland → Deutschland
Bundesstaaten, USA 1507
Bündnis 90 / Die Grünen 318
Buñuel, Luis 1311
Bunyoro 1460
Burakumin 720, *720*
Buren 855, 1334, 1336, 1337, *1337*, 1338, 1339
Burenkrieg *1336*, 1367
Burgas 227
Burgenland 1085, 1092, 1096, *1097*
Bürgerkrieg, Nicaragua *1024*
Bürgerrechtsbewegung, USA 1542-1543
Burghern 1328
Burgund 420, 1086
Burgundische Pforte 418
Burjaten 974
Burke, Robert O'Hara 137
Burkina Faso 230-231, *231*, 304
–, Bevölkerung 230, *231*
–, Geschichte 230, *231*
–, Landschaft 230
–, statistische Übersicht 230-231
Burley-Griffin, Walter 134
Burma (→ Myanmar)
»Burmese Days« 987
Burnham, Forbes 542, 543
Bursa 1444, 1454
–, Ulu Cami (Große Moschee) 1444
–, Yeşil Cami (Grüne Moschee) 1444
Burundi 232-233, *233*, 1187
–, Bevölkerung 232, 233, *233*
–, Geschichte 232-233
–, Landschaft 232, *233*
–, Politik 233
–, statistische Übersicht 232-233
–, Wirtschaft 232
Busch, australischer 139, 152-153, *152*
Buschmänner 200, 1336, 1338
»Buschneger« 442, *1364*
Bush, George *1513*
Bushi 706, 708
Bushido-Kodex 708
Busoga 1460
Butare 1187
Butrint 30
»Buzkashi« 6
Byblos 858
Byk *967*
Byrd, Richard E. 70, 74, *74*, 112
Byron, Lord 669

Byzantiner 32, 436, 680, 872, 914, 916
Byzantinisches Reich 475, 477, 482, 675, 746, 938, 1372, 1430, 1442, 1444, 1446, *1447*
Byzanz 676, 677, 1444, 1446
Bzura 1168

C

Caatinga 209, 210
Cabinda 64, 1174
Caboclos, Brasilien 213, *213*
Cabo de la Vela 1492
Cabo Delgado 980
Cabora Bassa 981
Cabot, John 772, 776, *777*
»Cabo tormentoso« 1333
Cabral, Amilcar 540
Cabral, Luis 540
Cabral, Pedro Alvarez 206, *206*, 218, 1177
Cádiz 1314
Cafusos, Brasilien 213, *213*
Cagnas 1554
Cagsawa 1150
Caicos-Inseln 82, 83, *83*
Cairns 134
Cairo 1518
Cajamarca 1134, 1135, 1138
Cakchiquel 534
Cakebau, Fidschi-Häuptling 396
Calabar 1047
Calais 497
Calcutta 572, 580, 583
Caldera, Rodriguez Rafael 1494
Calderón 1305
Calderón Sol, Armando 381
Calgary 785
Cali 812, *814*, 815
Calicut 222
California 952, 1522, 1523, 1528, 1531, 1533, 1537, 1540, *1541*
Callampas 241
Callao 235, 1142, 1143
Callas, Maria 104
Calvin, Johannes 1264
Calvo-Sotelo, Leopoldo 1300
Calypso 88, 89, 1414
Camagüey 834
Camargue *419*, 430
Ca Mau, Halbinsel 1568
Cambell, Sir Colin *516*
Cambio 1482
Cambrai 424
Cambrian Mountains 514
Campagna 679
Camp David, Vereinbarung von 661
Campesinos 193, 813, 945, *949*, 1495
Campine 175
Campo Cerrado 209, 220
Canadian Pacific Railway 777, 785
Canale Grande, Venedig *685*, 692, *692*, *693*
Canaletto 1166
Canberra 132, 134
Cancale 421
Cancún 955, *955*
Candomblé 213
Cannes *430*
Canton 270, 276, *278*, 287
Cape Breton 772, 773
Cape Breton Highland Park 772
Cape Coast *461*, 463
Capelinhos 1184

Cape Royds 75
Cap Estate 1221
Capet, Hugo 413
Capibaribe 215
Capitol, Rom *674*
Capri 679
Capricorn *142*
Carabobo, Schlacht bei 1493
Caracas 1492, 1493, 1495, 1497, 1498, *1499*
Cárdenas, Bucht von 838
Cárdenas, Lázaro 944, 953, *957*
Cardiff 508, 514
Cardoso, Fernando Henrique 204
Cargados-Inseln *937*
»Cariboo Goldrush« 780
Cariocas 216, *217*
Carlos Castillo Armas 533
Carlsbad Caverns National Park 1511, *1511*
Carlsson, Ingvar 1248
Carmen 1150
Carnac *431*
Carolina-Malve *1519*
Carpentariagolf 137
Carrara 679, 688, *688*
Carrera, Rafael 532
Carreatera Interamericana (Panamerikastraße) 301
Carriacou 466
Cartagena 1302
–, Kolumbien 808, 809
Cartago 300
Cartier, Jacques 776, *777*, 782
Caruso, Enrico 104
Casablanca 923, 926
Casamance *1273*, *1274*, 1275
Cäsar, Gaius Julius 26, 412, *413*, *674*, 675, 672, 1430
Casa Rosada, Buenos Aires 96, 104
Cassius Clay *1543*
Castel Gandolfo 1490
Castellorizo 1451
Castlecool 519
Castle Geysir *1511*
Castries 1220, 1221
Castro, Fidel 695, 832, 834, *835*, 839
Catània 680
Catània, Golf von *681*
Cataratas del Iguazú 100
Cathkin Peak *1342*
Cat Island 156
Cauca, Río 54, 812, *812*, 814
»Caudillo« 810
Causeway Bay 284
Cavaco Silva, Anibal 1174
Cavour, Camillo 677
Cayenne *443*
Cayman-Inseln 82, *83*
Cays 156, 184
Ceará *210*
Ceauşescu, Nicolae 967, 1188, 1191
Cebu 1150, 1159
Cebuano 1153
Cefalù 680
Celebes *606*, 607, 1570, 1571
–, Tierwelt 1571
Celle 356
Central Lowlands 516
Central Park, New York *1535*
Central Valley, California 1522, 1523
Centre Pompidou, Paris *417*
Centro Reina Sofia, Madrid 1307
Ceram *607*
CERN 1264
Cerro Bolívar 1497
Cerro de Pasco 1137, 1143
Cerro de Potosí 58
Cerro de Tocopuri 194

Cervantes Saavedra, Miguel de 1305, 1310
Cetewayo, Zulukönig *1336*
Cetinje 750, *750*
Ceuta 916, 917, *1301*, 1316
Ceylon → Sri Lanka
Chaco *1129*
Chaco Boreal 1132
Chaco-Krieg 191, 1130
Chadli, Bendjedid 34, 39
Chahar Bagh, Isfahan 637
Chakri, thailändischer General 1405
Chaldäische Katholiken 864
Chaled, König 1239, 1245
Cham 752
Chambeshi 824
Chambi, Djebel 1434
Chambord 434, *434*, 435
Chamonix 44
Chamorro, Violeta Barrios de 1023
Chamorros 1558
Chamoun, Camille 860
Champagne 420
Champassak 846
Champlain, Samuel de 776, *777*
Champs-Élysées, Paris 416, *416*
Cham-Reich 1562
Chanab 1108, 1110
Chanchán 1135
Chandni Chowk, Delhi *577*
Chanel *429*
Chang'an *250*, 270
Changgai-Kentai 974
Changgo 1363, *1363*
Chang Jiang 254, 257, 258-259, *258*, *259*, 267, 271, *271*, 275, 278, 290, *290*
–, Überschwemmungen 259
–, Verkehr 259
Chania 486, 487
Channel Islands 520-521, *520*
Chanten 115, *1201*
Chaouia 36, 920
Chaparros 1496
Chari *1417*, 1418
Charleroi 176
Charles, Prinz; britischer Thronfolger 498, 499, *499*, *511*, 515
Charlotte Amalie *1556*, *1557*
Charrua 1482
»Charta 399« 1423, 1428, 1429
Chartres 432, *432*
Chatami, Zayed Mohammed 633
Chatichai Choonhavan 1397
Chaumont 434, 435
Chavín 1135
Chavín-Kultur 1135
»Chedi« *1407*
Chemnitz 338
Chenla 758
Chenonceaux 434, 435
Cheops 16
Chephren 16
Cher 435
Cherry Tree Hills 170
Chevalier, Maurice 416
Cheverny 434
Chewa 888
Chiang Ching-kuo 1385
Chiang Kai-shek 252, 270, *1380*, 1384, *1384*, 1385
Chiang Mai 1399, *1405*
Chi'ap 1363
Chiapas 944, 948, *956*
Chiapas, Bergland von 956
Chiaveri, Gaetano 340
Chibcha 59, 298, 816, *816*, 1120
Chicago 1514, *1515*, 1533, *1533*, *1537*, 1542

Chichén Itzá 955
Chichicastenango *535*
Chihuahua *957*
Chi'im 1363
Chile 54, *54*, 55, *55*, 56, 58, 94, 98, 191, 234-243, 244, 245
–, Antarktis 76
–, Bergbau 242, *243*
–, Bevölkerung 240-241
–, Bodenschätze 239
–, Fischerei *241*, 243
–, Geschichte 234-235
–, Landschaft 234, 238-239, *238*, *239*
–, Landwirtschaft 243, *243*
–, Osterinsel 244, 245
–, Politik 236-237
–, Santiago de Chile 240-241
–, Sprache 240
–, statistische Übersicht 236-237
–, Wirtschaft 234, 242-243, *242*, *243*
–, Wirtschaftspolitik 242, 243
Chilenische Schweiz 239, *239*
Chilenisches Längstal *238*, 239
Chiloé, Chile 238
Chilterns 512
Chiluba, Frederick 1227
Chilwasee *888*
Chimanimani-Nationalpark *1283*
Chimborazo *374*
Chimoio-Gebirgsland 980
Chimú-Reich 1135
China 28, 29, 246-295, 288, 289, 568, *598*, 600, 601, 753, 755, 792, 793, 971, 972, 1362, *1380*, 1384, 1385
–, Agrarpolitik 274-275
–, Agrarproduktion *275*
–, Architektur 265, *265*
–, Außenpolitik 248
–, Bevölkerung 266-269, *267*, *268*, *269*
–, Bevölkerungswachstum 247, 248, 266, *266*
–, Bodenreform 274
–, Bodenschätze 279
–, Bürgerkrieg *1385*
–, Chang Jiang 258-259, *258*, *259*
–, Drei-Schluchten-Damm 258
–, Geschichte 247, 250-253, *250*, *251*, *252*, *253*, 262
–, Gesellschaft 266, 267
–, Grenzen 254
–, Große Mauer *250*, 262-263, *263*
–, Han-Chinesen 266-267
–, Hongkong 280-287
–, Industrie 278-279
–, Kaiserreich 250-251
–, Kambodscha 753, 755
–, Kaschmir 792, 793
–, Kommunisten 248-249, 252-253, *1380*, 1384, *1385*
–, Korea 1362
–, Küche 276-277, *276*, *277*
–, Kultur 247, 264-265
–, Kulturrevolution 253, *253*
–, Kunst 264-265, *264*, *265*
–, Ladakh 600, 601
–, Landschaft 247, 254-257, *255*, *256*, *257*
–, Landwirtschaft 274-275, *274*, *275*
–, Langer Marsch 252, *252*
–, Macao 288
–, Minderheiten 266, 268-269, *268*, *269*
–, Mongolei 971, 972
–, Mongolenherrschaft 251
–, Musik 265
–, »Nationale Gebietsautonomie« 269
–, Naturschutzgebiete 261, *261*
–, Opiumkrieg 286
–, Peking 272-273, *272*, *273*
–, Porzellan 264, *264*
–, Reformpolitik 248
–, Religion 264, 269
–, Sprache 266
–, Städte 270-271, *270*, *271*
–, statistische Übersicht 248-249
–, Studentenproteste 248, 249, *252*, 273
–, Taiwan 1384, 1385
–, Tibet 290-295
–, Tierwelt 260-261, *261*
–, Umweltverschmutzung 279
–, Wirtschaft 274-279, *274*, *275*, *278*, *279*
China, Republik → Taiwan
China-Alligator 260
China-Nashorn 260
Chinatown, New York *1537*
Chinesen, Französisch-Guyana 442
–, Hongkong 284
–, Malaysia 891, 892, 893, *893*, 895, *895*, 896, 897, *897*
–, Philippinen 1152
–, Singapur 1288, *1288*, 1289, *1289*
–, Südkorea 1358
–, Suriname 1365
–, Tahiti 451
–, Thailand 1399
–, Vietnam 1562
Chinesisch 853
Chinesische Mauer → Große Mauer
Chinesischer Tiger 260
Chinesisches Meer 284, 1398
Chinesisch-Japanischer Krieg 707, 1384
Chios 484
Chirac, Jacques 410
Chiriquí 1120
–, Provinz 1120, *1121*
Chirrió Grande 298
Chişinău 966, *967*
Chitral 1109
Chittagong 167
Chittagong-Berge 160
Chittagong Hill Tracts 166
Chiu Chow 284
Chiwa 1457, 1486
Chobe-Nationalpark *201*
Chocó 814, 815, *1120*
Chocolate Hills 1150
Cholos 195
Cholutega 1020
Chomeini, Ruholla Musawi 617, 624, 631, 632, *634*, 635, *864*, 1239, 1245
Chongqing 258
Chonos 240
Chontal 1020
Chopin, Frédéric *1164*, 1167, 1319
»Chorasan« 2
Choresm 1457
Chorotega 562, 1020
Chosica 1142
»Chosoren« *720*
Chosroes II., Sassanidenherrscher *634*
Chota Nagpur 580
Chouai 925
Chouf 861, *865*
Chövsgöl-See *974*
Christchurch *75*, 1012, *1012*
Christelijke Volkspartij 175
Christen, Jordanien 742
–, Libanon 858, 859, 860, 861, 864-865

Christensen, Helena *428*
Christentum 432, 488-489, 657, 665, 675, 734, 1303
–, Äquatorialguinea 90
–, Äthiopien 124, 127, *128*, *129*
–, Athos 488-489
–, Australien 133
–, Fidschi 395
–, Goa 584, 585
–, Indien 572, 574
–, Indonesien 603
–, Iran 639
–, Jemen 734
–, Jerusalem 657, 665, *665*
–, Kamerun 765
–, Kenia 800
–, Madagaskar 883
–, Malaysia 897
–, Nigeria 1048, 1053
–, orthodoxes 1376
–, Papua-Neuguinea 1127
–, Philippinen 1145, 1152-1153, *1152*
–, Ruanda 1186
–, Sambia 1228
–, Sri Lanka 1328
–, Südkorea 1359, 1362
–, Syrien 1368, 1376, 1377
–, Tansania 1390
–, Tonga 1410, 1412, 1413
–, Uganda 1460
Christiania, Freistadt 308
Christian IV., dänischer König 308
Christianstedt, Jungferninseln (USA) 1556, 1557
Christlich-Demokratische Partei, Chile 236
Christlich Demokratische Partei (PDC), El Salvador 381
»Christlich demokratischer Appell« (CDA), Niederlande 1029
Christlich-Demokratische Union (CDU) 318
Christlichdemokratische Volkspartei (CVP), Schweiz 1261
Christliche Volkspartei, Norwegen 1066
Christlich-Soziale Union (CSU) 318
Christlich-Soziale Volkspartei, Luxemburg 878
Christmas Island 807, 1102
Chruschtschow, Nikita 1205
Chubut *100*
Chucuito 196
Chukyo-Region 726
Chun Doo Hwan 1356
Chungyang Shanmo 1382
Chuquicamata 242, *243*
Churchill, Winston *496*, 523, 739, *1205*
Church of England 492
Church of Scotland 492
Churiaketten 1000
Chuuk 960, *960*
Cidre 427
Cincinnati (Ohio) 1514
Cinecittà, Rom 672
Cinto, Monte 436
Cintra, Pedro de 1278
Circus Maximus, Rom 672
Ciskei 1334, 1337, 1338
Cisplatina, Provinz 1483
Cîteaux 413
Citlaltépetl 956, 958
Ciudad de Guatemala 531
Ciudad del Carmen *944*
Ciudad de Panama 1120
Ciudadela *1318*
Ciudad Guayana 1497, 1498
»Civil Rights Movement« 1542

Claudius, römischer Kaiser 494
Cleveland 1514
Cloister Museum, New York 1548
Clownfisch *907*
Cluj-Napoca 1190
Cluny 413
Coatzacoalcos 944
Cochabamba, Tal von 194, 195
Cochin 594, 595
Cochinchina 752, 1562, 1568
Coco de mer *1276*
»CODELCO« 242
Coimbra 1178
Colbert, Jean-Baptiste 414
Colchester 494
Cölln 344, *345*
Colmar 424
Coloane 288
Colombo *1327*, 1328-1329, 1330
Colonia Tovar 1492
»Colono-System« 380
Colorado 1520, 1540
Colorado-Partei, Paraguay 1128, 1131
Colorado Plateau 1520
Colorado River *1510*, *1527*
»Colorados«, Uruguay 1480, 1483
Coloradowüste 1522
Color de Mello, Fernando 204
Coloureds 1339
Columbia Plateau 1520
Columbus 1514
Comarca de San Blas 1120
Comayagua 562
COMECON 832, 973
Comer See 40
Comino 914
»Comisión Indigenista Nacional«, Venezuela 1498
»Comité de Organización Política Electoral Independiente« 1494
Commonwealth 80, 156, 170, 184, 466, 491, 492, 500, *501*, 510, 566, 696, 777, 1222, 1326, 1337, 1414
–, Australien 132
–, Fidschi 392
–, Nauru 1007
–, Neuseeland 1007, *1009*
–, Salomonen 1225
–, Tonga 1411
–, Tuvalu 1459
Commonwealth-Spiele 1013, *1015*
»Communauté Française« 302, 537
Como 452
Comodoro Rivadavia 106, *106*
»Compagnie des Indes« 444, 936
Compaoré, Blaise 231
Conakry *538*
Concepción 235, 239
Confederation, Kanada 777
»Confederation Act« 768
Connacht 649
Connecticut 1512
Connemara 649
Conrad, Joseph 824
Conservative Party, Großbritannien 510
Consolación del Sur 837
Constantine 38
Constantinescu, Emil 1189
Conté, Lansana 537
»Contras« 1021, 1023, *1023*, 1024, 1025
»Convention People's Party« (CPP), Ghana 464, 465
Conwy, Burg *514*

Coober Pedy 150, *150*
Cook, Frederick 112, *113*
–, James 74, *74*, 136, 154, 155, 446, 448, 1014, *1016*, 1018, 1100, *1102*, 1103, 1410, 1488
Cook-Inseln 1007, 1018-1019, *1018*, *1019*
Cooper 138
»Co-Operative Commonwealth Federation« 768
Cooper's Creek 138
Copacabana 203, 216, *216*, *217*, 217
Copán 562, *563*
Copiapó 239
»Copperbelt« 1226, 1228, *1229*, *1229*
Copper Mine Point 527
Corantijn 542
Corbett National Park 592, *593*
Corcovado 208, 216, *217*
Cordillera Blanca 1140
Cordillera Central, Costa Rica 298
–, Dominikanische Republik 362
–, Kolumbien 812
–, Philippinen 1155
–, Puerto Rico *1554*, 1555
Cordillera de Guanacaste 298
Cordillera de Mérida 1492, 1496
Cordillera de Talamanca 298, 1120
Cordillera Huayhuash 55
Cordillera Isabella 1020
Cordillera Occidental, Bolivien 194
–, Kolumbien 812, *812*
Cordillera Oriental, Kolumbien 812
Cordillera Patagonia 101
Cordillera real 197
Córdoba, Argentinien 96, 103, 106
–, Spanien *1302*, 1303, 1317
Cork 645
Corn Belt 1530, *1531*
Corn-Insel 1020
Coro 1492, 1493
Coro-Coro 1496
Coromandelküste 586, 594
Corrèze *427*
Corroboree-Fest 147, *147*
Cortés, Hernando 946, 562
Costa, Ecuador 373, *373*, 374, 375
–, Peru 1140
Costa, Lúcio 214
Costa Brava 1317, *1317*
Costa Gomes, Francisco 1174
Costa Rica 296-301
–, Bevölkerung 296, 298, *299*
–, Bürgerkrieg *297*
–, Geschichte 296, 297
–, Klima 299
–, Landschaft *297*, 298-299, 300-301
–, Nationalparks 299, 300-301
–, Regierung 296
–, statistische Übersicht 296-297
–, Tourismus 300-301
–, Wirtschaft 297, *298*
Costa Smeralda *680*, 681
Costa Verde 1181
Costeños 814
Costilla, Miguel Hidalgo y 952, *953*
Côte d'Azur 430, *430*, *431*
Côte de Grace 431
Côte d'Ivoire 230, 302-305, 463, 536, 1044

–, Bevölkerung 304, *304, 305*
–, Geschichte 302-303
–, Landschaft *303,* 304
–, Politik 303
–, statistische Übersicht 302-303
–, Wirtschaft 304-305, *304, 305*
Côte d'Or 422
Côte Fleurie 431
Côtes-de-Provence 420
Cotonou 187
Cotopaxi 374
Cotswolds 512
Cottbus 338
»Cotton Belt« 1530
Country-Musik 647, 1548
Cousin Island 1277
Cowboys 94, 1521, 1530
Coyoacán 946
Cozumel 955
Cranach d. Ä., Lucas 354
Crawford, Cindy *428*
Cree-Indianer 767
Cremona 679
Criollos 195
Cristiani, Alfredo 381
Cristóbal Colón, Pico 812
»Crocodile Dundee« 145
Cromwell, Oliver *494,* 495, 647
Cross, Kap 995, *995*
Crossroads *1339*
Crozet-Inseln 68
Cruzeiro do Sul 53, 203
Cuanza 64
Cuatro 1498
Cubango 200
Cuchilla de Haedo 1484
Cuchilla Grande 1484
Cuenca *373,* 1139
Cuernavaca 942
Cuevas, Río de las 101
Cuica 217
Cuito 200
Çukurova 1453, 1454
Culebra 1554, 1555
Cumae, Schlacht von 674
Cumaná 1493
Cumbrian Mountains 512
Cuna 1120, 1121
Cunene 64
Cunha, Euclides da 211
Curaçao 84, 89, 1040, *1040, 1041, 1041*
Curzon-Linie 1165
Cuscatlán 380
Cuxhaven 334
Cuyamel Fruit Company 560
Cuzco 58, 1134, 1135, 1138, *1138, 1139, 1141,* 1142
Cypress Hills Park 773
Cyrenaica 868, 870
Cyrene 870

D

»Dach der Welt« 254, 290
Dachstein 1092, *1097*
Dacko, David 1574
Daddah, Moktar Ould 932
Dadis 924, *925*
Dagestaner 1196
Dagoba 1326
Dagomba *462*
–, Reich 464
Dahar 1434, 1436, *1437*
Dahomey → Benin
Dai 269
»Daidairi«, Kyoto 710
Daimler-Benz 349, 1529
Daimyo 708
Daisen-in-Garten, Kyoto 715

Dai-Viet 1562
Dajak 607, 896, *896,* 897
Dakar 908, *1273,* 1275
Daker 1190
Dakotas 1520
Dalai-Lama 292, *292,* 293, *294, 294*
Dalarna *1251*
Dalfinger, Ambrosius 1493
Dalí, Salvatore 1311
Dalian 261
Dallas 1528
Dalmatia 746
Dalmatien 747, *747, 829,* 830, 1476
Dal-See 598, *598, 793*
Dama-Fest 912, *912, 913*
Daman 566, 585, 1174
Damaskus 620, 636, 742, 1368, 1369, 1372-1373, *1373,* 1376, *1377*
Damongo-Schutzgebiet 462
Dampier, William 1100
Danakiltiefland *128,* 129
Dandenoy Ranges 154
Dänemark 306-309, 334, 335, 389, 1098, 1246
–, Färöer 306, *307,* 312-313, *312, 313*
–, Geschichte 306
–, Grönland 306, *307,* 314-315, *314, 315*
–, Island 651
–, Klima 310
–, Kopenhagen *307,* 308-309, *308, 309,* 310, *311*
–, Landschaft 310, *311*
–, Norwegen 306, 1064, 1065
–, Politik 307
–, Schweden 306, 1246, 1247
–, statistische Übersicht 306-307
–, Wirtschaft 310, *311*
Danewerk 306
Dangrek-Gebirge 756
Danquah, Joseph B. 464
Dante, Alighieri 690
Danzig *1098,* 1099, 1165, 1168
Dao 264
Daoismus 264, 1358, 1362
–, China 247
–, Hongkong 284, 281
–, Japan 712
Dáphni 488
Daqing-Ölfeld 278
Darchan 975
Dardanellen 962
Dareios I., König von Persien 631, 634, *636*
Dar es Salaam 1229, 1386, 1387, 1391
Darfur, Sultanat von 1346
Darién *1122*
–, Provinz 1120
Darius 1446
Darjeeling *578,* 583, 998
Darling 138, 134
Darling Downs 148
Darmstadt 325
Darna 870
Dartmoor 512
Darwin, Australien 135, 137
Darwin, Charles 376, 377, 802, 1571
Darwinfinken 376, 377
Daschnaki 121
Datong 263
Dattelpalmen *39,* 1214, 1215
Datumsgrenze 806
Daud Khan, Mohammed 3
Dauerfrost 110
Dauerfrostboden 771
David, Jacques Louis 433
David, König 657, 664
Davidshirsch *261*

Davis, John 528
Davos 44, *1267*
Dayton 1514
–, Friedensabkommen 199, 745
DDR 317, *319,* 344, 346, 347, 352, *352,* 353
–, Bodenreform 347
–, Planwirtschaft 346
Dead Chest 526
Deadman's Cay *157*
Death Valley 1510, 1521, 1522
Deauville 431
De Beers, Diamantenkonzern 201
Debi, Idrisse 1417
Debre Berhan Selassie, Gondar 125
Decapolis *742*
De Chirico, Giorgio 691
Defoe, Daniel 234, 1415
Deganya 662
De Gaulle, Charles 353, 410, *414,* 425
Deichbau *1031*
Dekan, Hochland von 578, 586, *586, 587*
»Del« 976
Delacroix, Eugène 433
Delaware 1512, 1516
Delft 1036, 1037, *1037*
Delhi 569, 572, 577, 582
–, Sultanat von 569
Delos 484
Delphi 475
Delta Amacuro 1494
Deltaprojekt *1030,* 1031
Demerara 545
»Democrazia Cristiana«, Italien 670
Demokratie 469, 476
»Demokratische Arabische Republik Sahara« 928
Demokratische Fortschrittspartei, Irland 644
Demokratische Volkspartei, Portugal 1174
Demokratische Volkspartei Afghanistans (DVPA) 4
Denali National Park 1525
Denard, Bob 818
Denbigh-Volk 114
Deng Xiaoping 249, *252,* 253
Den Haag *1036*
Denktaš, Rauf 1577
Denver 1530, *1530*
D'Entrecasteaux-Inseln 1126
»Derebeyliks« 1442
Derg 126
Desaguadero, Río *197*
»Destour« 1431, 1432
Detroit 1542
Detroit (Michigan) 1514
Dettifoss 652
Deutsch-Dänischer Krieg 335
Deutsche, Kasachstan 791
–, Polen 1165
–, Rumänien 1190, 1191, *1191*
–, Tschechische Republik 1424
–, Tschechoslowakei 1421
Deutsche Demokratische Republik → DDR, Deutschland
Deutsche Genossenschaftsbank *881*
Deutsche Nationalversammlung 328
Deutscher Bund 336, 351, *351, 879,* 1087
Deutscher Krieg 351
Deutscher Orden 386, 856, 876, 1164
Deutsches Reich 336, 344, 350, *351*
Deutsch-französischer Krieg 33, 351, 415
Deutsch-Ostafrika 233

Deutschland *41,* 316-359, 388, 389, 1098
–, Agrarwirtschaft 347, *347*
–, Arbeitsmarkt 349
–, Baden-Württemberg 324-325, *324*
–, Bayern 324, *324*
–, Berlin 342-345
–, Besatzungszonen 352, *353*
–, Bevölkerung 317
–, Brandenburg 338
–, Brauchtum 322, *322, 323*
–, Bremen 337, *337*
–, Bundesländer 318, 324-325, 330-331, 334-335, 338-339
–, Bundesrat 318
–, Bundestag 318
–, Bundesverfassungsgericht 318
–, Burundi 233
–, DDR 352-353
–, Dresden 340-341, *340, 341*
–, »Drittes Reich« *350,* 351
–, Energieversorgung 348
–, Erster Weltkrieg 351
–, Frankfurt am Main 328, *328, 329*
–, Geschichte *319,* 350-353, *351, 352, 353,* 354-355
–, Grundgesetz 318
–, Hamburg 336-337, *336*
–, Hessen 325
–, historische Städte 317, 356, *356, 357*
–, historische Stätten 354-355, *354, 355*
–, Industrie 348-349, *349*
–, Kamerun 760
–, Landschaft 317, 320-321, *320, 321*
–, Lebensstandard 317
–, Marianen 1558
–, Marshall-Inseln 930
–, Mecklenburg-Vorpommern *334,* 335
–, Mikronesien 960
–, Mittelalter 350
–, München 326-327, *326, 327*
–, Nauru 997
–, Niedersachsen 334
–, Nordrhein-Westfalen 330, *331*
–, Parteien 318
–, Planwirtschaft 346
–, Polen 1160, 1161, 1164, 1165
–, Reformation 350-351
–, Regierung 318
–, Rhein 332-333, *332, 333*
–, Rheinland-Pfalz 330, *331*
–, Ruanda 233
–, Saarland 330
–, Sachsen 338, *339*
–, Sachsen-Anhalt 339, *339*
–, Salomonen 1225
–, Samoa 1231
–, Schleswig-Holstein 334-335, *335*
–, soziale Marktwirtschaft 346
–, Sprache 322
–, Stämme 322
–, statistische Übersicht 318-319
–, Tansania 1389
–, Teilung 317, 351, 352, *353*
–, Thüringen 339, *339*
–, Togo 1408
–, Umweltbelastung 348, 349
–, Volksstämme 322-323
–, Wein 330, *331, 332,* 333
–, Wiedervereinigung 353, *353*
–, Wirtschaft 346-347, *347,* 348-349, *349*
–, Zweiter Weltkrieg *350,* 351, 352
Deutsch-Ostafrika 233

Dewan Negara 893
Dewan Ra'ayat 893
Dhaka 167, *590*
Dharan Bazar 1005
Dhauen 159, 840, 1078, *1078, 1079,* 1502
Dhau-Handel 1078, 1079
Dhu Nuwas 734
Diablotin 360
Diama 934, 1275
Diamanten, Botsuana 201
–, Südafrika 1340, *1341*
Diamantina 138
Dianatempel, Ephesos 1445
Diana von Poitiers 435
Diaz, Adolfo 1023
–, Bartolomëu; portugiesischer Seefahrer 1177, 1333, 1336
Díaz, Porfirio 945, 953
»Didgeridoo« 147
Diekirch 878, 880
Diem, Ngo Dinh 1563
Dien Bien Phu, Schlacht 1563, 1566
Diktys 486
Dimashq 742
Dimitrovgrad 226
Dimitrow, Filip 225
Dinard 431
Dinariden 482, 962, 1472
Dingel *1519*
Dingo 141
Dinka 1352, 1353, *1353*
Dinkelsbühl 356
Dinosaurier 1016
Dinosaur National Park 773
Diokletian, römischer Kaiser 746, *747,* 1232
Diola 456, *677,* 1274
Diori, Hamani 1042
Diouf, Abdou 1272, 1274
Diprotodon 140
Dir 1109
Dir'iyya 1244
Disappointment-Inseln 1102
Discépolo, Enrique Santos 105
Disney, Walt 1549
Disneyland 1549
Disneyworld 1516, 1547, *1549*
»District of Columbia« 1507
Diu 566, 585, 1174
Divi-Divi-Bäume 1218
Diyarbakir 626
Djemila 32
Djenné 909, *909, 910,* 912
Djerba 1090, 1435, 1436
Djerma 1044
Djibuti 734
Djoser 16
Djouf 734
Djukanović, Milo 751
Djumblat, Kamal 860
Dnjepr 1165, 1199, 1246, *1467*
Dnjepropetrowsk *1467*
Dnjestr-Republik 967
»Doam« 575, *575*
Dobrudscha 226, 1188, *1189,* 1190, 1192
Dodekanes 484, 486
Dodoma 1387
Doe, Samuel 867
Dofar 734, 1076, *1077*
Dogenpalast, Venedig 693
Dogon 910, 912, *912, 913, 1213*
Doha 794, *795*
Doi Inthanon 1398
Dojran-See 938
»Dolce far niente« 673
Dolgorukij Jurij *1207*
Dollfuß-Putsch 1087
Dolomiten 678
Dombes 421
Dominica 360-361, *360, 361,* 1218, 1221
–, Landschaft 360

-, statistische Übersicht 360-361
Dominikanische Republik 82, 362-365
-, Bevölkerung 363, 364
-, Geschichte 362-363
-, Klima 362
-, Landschaft 362
-, statistische Übersicht 362-363
-, Wirtschaft 364-365, *365*
Donau 224, 226, *229*, 320, *321*, 324, 366-367, *366*, *367*, 1083, 1085, 1088, *1089*, 1092, *1093*, 1192, 1292, *1293*, 1472, 1474, *1475*
Donaudelta 366, *366*, *1191*, *1193*
Donaueschingen 358, 366
Donauhügelland 226
Donauländer (→ Bulgarien, Rumänien, Slowakei, Ungarn) 367, 1086
Donaumonarchie 1083, 1095
Donautiefland 1192
Donau-Vertrag 367
Don Quijote 1299, 1310
Dordogne 420, *431*
Dordrecht 1033
Dorer 472
Dornbuschsavanne 1386
Dornoch Firth *517*
Dorpat, Frieden von 399
Dorkasgazelle *1210*
»Dorsale« 1434
»Dorset-Kultur« 314, 775
Douala 765
Douro 1176, *1179*, 1180, *1181*, 1182, *1183*
Dover 497
-, Straße von *493*, 1062
Dowé, afrikanischer König 452
Down 518, *519*
»Downtown« 1532
Drachenfels 332
Dracula 1192, *1192*
Drake, Sir Francis 495
Drakensberge 854, 1342, *1342*
Drau 366, 748
Draviden 568, 571, *571*, 572
Dravidische Sprache 571
Dreifingerfaultier *1497*
»Drei Reiche« 250
Drei-Schluchten-Damm 258
Dreißigjähriger Krieg 207, 351, 1086, 1420, 1426
-, Brasilien 207
Drepung, Kloster 294, *294*
Dresden 317, 338, 340-341, *340*, *341*, 356, 358
-, Bauwerke *340*, *341*
-, Festspiele 358
-, Geschichte 340
-, Kultur 340
-, Stadtplan *341*
-, Zweiter Weltkrieg 340, *340*, 341
»Drittes Reich« 351
»Dritte Universale Theorie« 868
Dritte Welt 34, 927
Drottningholm, Schloß *1254*
»Druk-Yul« 188, *189*
Drumlins 404
Drusen 658, 666, 858, 860, 861, 864, *865*, 1376
Drygalski, Erich von 74
Dschajavarman VII., König der Khmer 758
Dschelal Ad Din Rumi 631, 1445
Dschibuti 368-369, 1080, 1297
-, Bevölkerung 369

-, Geschichte 368
-, Landschaft 368, *369*
-, Politik 369
-, statistische Übersicht 368-369
-, Wirtschaft 368, 369, *369*
Dschugaschwili, Jossif (Stalin) 1196
Dsongha 189
Dsungarei 255
Duala 760, 764
Duarte, Napoleón 381
Duarzone 188
Dubai 1079, 1500, 1502, *1503*
Dubček, Alexander 1422, 1423, 1429, *1429*
Dublin 514, 644, *644*, 645, 648
Dubois, Pierre 388
Dubrovnik 747, *828-829*, 831
Duero 1316
Duluth 782, 783
Duma 1203, 1204
Dümmer 334
Dumont d'Urville, Jules 74
Dunant, Henri 1257, 1264, 1265
Dundee 516
Dunedin 1012
Dünen 93, *93*
»Dungas« 598
Dunkelsteiner Wald *1093*
Dünkirchen 425
Durán Balléu, Sixto 372
Durandlinie 3
Durban 1339, 1340, *1340*
Dürer, Albrecht 354
Durga *573*
Durgapur 580
Durg-Bhilainagar 580
Durrani, Ahmed Schah 2
Durrani, Timur Schah 2
Durrani-Dynastie 2
Dürrekatastrophen 910, 933, 934, 935, 1043, *1044*, 1274, 1350, 1418
Durrës 30
Duschanbe 1268
Dussehra-Fest *573*
Düsseldorf 331, *331*
Dutra, Eurico 207
Duvalier, François 546
-, Jean-Claude 546
Dvaravati-Periode 1404
Dyck, Anthonis van 177
Dyrrhachion 30

E

Eanes, Antonio Ramalho 1174
Eastern Highlands 1282
»East India Company« 569, *569*
»Ebene der Tonkrüge« 850, *850*
»Ebene der vier Arme« 756
Ebro 962, 1304, 1316
Echnaton 16
Echternach 880
Ecu 390
Ecuador 54, 59, 370-377, 809, 812, 815, 816, 1493
-, Bevölkerung 370, 371, 372, *373*, *374*, *375*, *375*
-, Erdöl 375
-, Galápagos-Inseln 376-377, *376*, *377*
-, Geschichte 371, 1138, 1139
-, Gesundheitsfürsorge 372, 373
-, Inka 1138-1139
-, Klima 374

-, Kultur 370
-, Landschaft 371, *373*, 374, *374*, *375*
-, Regierung 372
-, soziale Verhältnisse 372
-, statistische Übersicht 372-373
-, Vegetation 374
-, Wirtschaft 371, 372, *374*, *375*, *375*
Edam 1036
»Edda« 650, 654
Edéa *762*
Edelweiß 40
Edge-Insel *1075*
Edinburgh 516, *517*
Edmonton 785
Edo, Japan 704, *706*, 721
Edo, Volk 1054
Edom 738
Eduard I., englischer König 495, *515*
Edward, Prinz 499
»Eelam«, Tamilenstaat 1327, 1328
Efik 1047
Eforie 1193
EFTA → Europäische Freihandelszone
EG → Europäische Gemeinschaft
Egbert von Wessex 498
Egede, Hans 314
Eger 1472
EGKS → Europäische Gemeinschaft für Kohle und Stahl
Egmond 1027
Eichendorff, Joseph von 333
Eidgenossenschaft 1260, 1262
Eider 334
Eiderente *116*
Eifel 320, 330
Eiffel, Gustave 416
Eiffelturm, Paris 416, *417*
Eiger 40
Eisai, Tendai 712, 713
Eisbär *116*, *1074*
Eisberge 68, *71*
Eisenach 355, 356
Eisenburg 1092
Eisenholzbaum 983
Eisenstadt 1092
»Eiserner Vorhang« 1468, 1471
Eisernes Tor 366, 1192
Ejidos 945
Ekofisk 1069
Elat 659, 661
El Balao 59
Elbe *321*, 334, 336, 337, 338, *339*, 340, 341, 1426
Elbsandsteingebirge 338, *339*
Elburzgebirge *633*, 640
El Cerrejón 813
Elch *773*
El Chinchónal 958, *959*
El Cid *1302*
El Dorado 50, 808, 809, 816-817, *816*, *1493*
Elefanten *1001*, 1401, *1401*
Elefantenberge 756
Elefanten-Insel 72
Elephanta 582
Elephantine 27
Eleusis, Bucht von 480
Eleuthera Island 157
Elfenbein 1392, 1393
Elfenbeinküste → Côte d'Ivoire
Elgin, Lord T. 472
El Goléa 36
El Greco 486, 1305, *1305*
Elisabeth I., englische Königin *494*, 495, 647

Elisabeth II., britische Königin 132, 393, 498, 499, *499*, *503*, 778, 1225, 1459
Ellice Islands 807, 1458, 1459, *1459*
Ellora 582
Ellsworth, Lincoln 112, *1605*
El Morro, Festung *1555*
El Niño 1140
El Oued 1215
El Pao 1497
El Rocío 1315, *1315*
El Salvador 378-381, 561
-, Bevölkerung *381*, 382-383
-, Bürgerkrieg 381, *381*, 382, 383
-, Geschichte 380-381
-, Klima 378
-, Landschaft 378
-, Regierung 381
-, Revolution 380
-, statistische Übersicht 378-379
-, Verfassung 380, 381
-, Wirtschaft 378-379, 381, 382
Elsaß 415, 420, 423, 426, *426*
»El Silbo« 1322
Elstergebirge 338
Eltville 333
Emden 334
Emi Koussi 1418
Emilia-Romagna 671, 679, 684, 686
Emine, Kap 226
Empirekanalroute 1122
Empire State Building *1534*, 1535
»Empresa Nacional de Ferrocarriles« 1142
»Empresas« 1235
Ems *321*
Emsland 334
Emu *141*
Encarnación 1133
Encomienda-System 952
»Endeavour« 136
Endgain 1268
Engel, Johann Carl Ludwig 402
England 412, 413, 491, 492, 494, 496, 512-513, *513*, 1305
-, Bevölkerung 513
-, Klima 512
-, Kolonien 1512, 1550
-, Landschaft 512
-, Wirtschaft 513
Engländer 491
Englisch 491
Eniwetok 930
Enköping 1254
Ennedi 1416, 1418
Enns 1092, *1093*
Enosis 1576
Enriquillo-Senke 362
Ensor, James 173
»Entliehene Landschaft« 714, 715
Enzian 40
Ephesos 1445, *1445*
Epiphyten 48
Epirus 482
EPLF (»Eritreische Befreiungsfront«) 384
EPRDF (»Volksdemokratische Revolutionsfront«) 129
Epsom 506
»Equal Rights Legislation« 1542
Erasmus von Rotterdam 177
Erdbeben, Mexiko 958, 959, *959*
-, Nicaragua 1020

Erdenet 973, 975
Erdnußanbau, Senegal 1272, 1274
Erdöl 38, 39, 92, 93, 158, *159*, 737, 840, 842, *842*, *843*, 871, *871*, 1077, 1213, 1435, *1435*, 1502, 1503
-, Algerien 38, 39
-, Angola 65
-, Arabische Halbinsel 92, 93
-, Bahrain 158, *159*
-, Irak 616, 1174, *1174*
-, Iran 635, *640*, 641
-, Jemen 737
-, Katar 794, *795*
-, Kuwait 840, 842, *842*, *843*
-, Libyen 871, *871*
-, Nigeria 1046, *1050*
-, Nordsee 1062-1063
-, Norwegen 1069
-, Oman 1077
-, Sahara 1213
-, Saudi-Arabien 1240, *1240*
-, Tunesien 1435, *1435*
-, Vereinigte Arabische Emirate 1502, *1503*
»Erebus« 74
Erebus, Mount 70
Erfurt 339, 356
Erich der Rote 112, 314
Eriekanal 783
Erikson, Leif *654*
Erimi-Kultur 1576
Eritrea 384-385, *385*
-, Äthiopien 384, 385, *385*
-, Bevölkerung 384, 385
-, Geschichte 384
-, Landschaft 384
-, statistische Übersicht 384-385
-, Wirtschaft 384, 385, *385*
Eriwan 120, *121*, 639
Erlander, Tage 1248
Ernz 880
Ershad, Hussain Mohammed 163
Erster Katarakt, Nil 26
Erster Weltkrieg 30, 62, 230, 233, 415, 677, 748, 760, 1389, 1408, *1477*, 1536, 1553, 1576
-, Albanien 30
-, Australien 137, *137*
-, Deutschland 351
-, Frankreich 415
-, Großbritannien 497
-, Gurkhas 1004
-, Italien 677
-, Litauen 876
-, Marshall-Inseln 930
-, Nauru 997
-, Norwegen 1065
-, Österreich 1087, 1095
-, Ozeanien 1101
-, Papua-Neuguinea 1125
-, Polen 1165
-, Rußland 1203
-, Tschechoslowakei 1420, 1421
-, Ungarn 1477
-, Zypern 486
Erzberg 1093, *1093*, 1097
Erzgebirge 321, 322, 338, 1424
Erzurum 1445
Esbjerg *311*
Escalade, Genf 1271
Escorial 1310
Eskilstuna 1254
Eskimo 114, *114*, *115*, 314, 774, 1525
Eskisehir 1448
Eskuara 426
Esquivel, Adolfo Péres 97
Essequibo 544, 1496
Essex 494

»Estado Libre de la Provincia Oriental« 1482
»Estanciero« 106, 108, 109
Esten 386, *386,* 1469
Estland 386-387, 876, 1195, 1246
-, Bevölkerung 386, *386,* 387
-, Geschichte 386, 387
-, Hitler-Stalin-Pakt 386
-, Landschaft 386, *387*
-, Russifizierungspolitik 387
-, statistische Übersicht 386-387
-, Wirtschaft 386, *386*
Estrada Cabrera, Manuel 532
Estremadura 1182
ETA 1313
Etorofu 724
Etoschapfanne 992
Etrusker 436, 674, 686
Etsch 42
EU → Europäische Union
Eua 1412
Euböa 482
Eugen, Prinz 747, 1087
Eukalyptus *140,* 141, 149, 1016
Euphrat 16, 616, *619,* 620, *621, 622, 623,* 629, 1374, *1375, 1455*
Eurasien 110
Eurasier 1328
EURATOM *388,* 389
Euro 390
Europa 29, 388-391
Europa, Einwanderung in USA 1536
Europäische Freihandelszone (EFTA) 391, 1065
Europäische Gemeinschaft (EG) 61, 388, 389, 422, 480, 670, 1065, 1175, 1181, 1300, 1307, 1308, 1309, *1454*
Europäische Gemeinschaft für Kohle und Stahl (EGKS) 388, *388,* 389, *389*
Europäische Kommission 390, *390,* 391
Europäische Organisation für Kernforschung (CERN) 1264
Europäischer Gerichtshof 390, *879*
Europäisches Parlament *389,* 390, *879*
Europäische Union (EU) 388-391, 491, 645
-, Außenbeziehungen 390-391, *390, 391*
-, Binnenhandel 389
-, Geschichte 388-389, *388, 389*
-, Mitgliedstaaten 388, *388,* 389
-, Währung 390
Europaparlament, Straßburg *389*
Europarat 878, 1084
Europoort, Rotterdam *1034,* 1035
Euryapteryx *1017*
Evans, Sir Arthur 487
Everest, Mount 550, *551,* 556, 1000
Everest, Sir George *551*
Everglades 1505, 1511
Evian, Abkommen von 33
Evolutionstheorie 376, 377
Evzonen *470,* 473
Ewe 186, 463, 1408, 1409
EWG 1235
Exa 346, 785
Existentialismus 433
Exmoor 512
Expo *346,* 785
Extremadura 1317
Exuma Islands 157

Exxon Valdez 1524
Eyadema, Etienne 1408
Eyck, Hubert und Jan van 178, 181
Eyre-Halbinsel *138*
Eyre-See 134, 138, 139, *139*

F

»Façon« *108*
Fahd, König von Saudi-Arabien 1237, *1238,* 1239, 1245, *1245*
Faial 1184
Faisal I., König von Irak 738, 739, 1372
Faisal II., König von Irak 617
Faisal II., König von Saudi-Arabien 1245
»Fakatonga« 1413
Falème 536
Falken 795
Falkland, Viscount 528
Falklandinseln 94, 99, 528-529, *528, 529*
Falklandkrieg 94, 99, 1004
Famagusta 1578
Family Islands 157
Fang 90, 452, 454, 764
Fa Ngum, Thai-Prinz 846
Fan Si Pan 1568
Fanti 463, 464
Farallon de Pajaros 1558
Färinger 312, 313
Färöer 306, *307,* 312-313, *312, 313*
Fars 634
Farsen 638
Faruk, ägyptischer König 17
Fas 922
Fasan *1001*
Faschismus, Italien 670, 677
Fatehpur Sikri 582
Fátima 1173, 1178, *1179*
Fatimiden 20
Fatra, Große 1292
-, Kleine 1292
Faultier 48, *48,* 1496
»Favelas« 203, 214, *214*
Fawkes, Guy 506
Faya-Largeau *1418*
Fayyum, Oase 22
Fearn, John 997
Febres Corderos, León 372
Federal Interstate Highway System 1546
Federmann, Nikolaus 1493
Fehmarnbelt *307,* 335
Feldberg 320
Fellachen 24, *25*
Felsbilder 870, 872, 1211, *1212*
Felsdom, Jerusalem 657, *664, 665, 665*
Fenech Adami, Edward 915
Fenland 512
Ferdinand II. von Aragón 1304
Ferganatal 1486
Fermanagh 518, *519*
Ferner Osten *1157,* 1199, 1399
Feros 1235
Fès 922, 926, *927*
Fethiye 1451, *1451*
-, Golf von 1451
Fettschwalm *1497*
Feuchtsavanne 232, 1186, 1386
Feuerland 54, 101, 102, *102,* 106, *238,* 239
»Feuerlauf« 397, *397,* 1328

Fezzan 870
Fiatwerk, Turin 689
Fichtelgebirge 321
Fidschi 392-397, 448, 806, 1014, 1102, *1561*
-, Bevölkerung 392, *393,* 394-395, *397*
-, Brauchtum 397, *397*
-, Geschichte 392, 396
-, Kannibalismus 396
-, Klima 394, *397*
-, Kultur 395, 396-397
-, Landschaft 394, *394*
-, Landwirtschaft 393
-, Religion 395
-, statistische Übersicht 392-393
-, Tourismus 397
-, Wirtschaft 393, *393, 394, 397*
Fijij 925
Filchner, Wilhelm 74
Filchner-Schelfeis 68
Filipinos 1152
Fine Gael 644
Fingertier 887, *887*
Finna Fáil 644
Finnen 1469
Finnischer Meerbusen *1209*
Finnische Seenplatte 404
Finnisch-Sowjetischer Winterkrieg 399
Finnisch-ugrische Sprache 398, 1469
Finnland 115, 391, 398-407, 1098, 1246
-, Ålandinseln 400, *404*
-, Bevölkerung 400, 401
-, Bodenschätze 407
-, Eiszeiten 404, 405
-, Energie 407
-, Geologie 404
-, Geschichte 398-399
-, Helsinki 402-403, *402, 403*
-, Industrie 406-407, *406*
-, Klima 405
-, Landschaft 404-405, *404*
-, Landwirtschaft 406, *406*
-, Politik 400
-, Rußland 398, 399
-, Schweden 1246
-, Sowjetunion 398, 399
-, Sozialstaat 401
-, Sprache 398
-, statistische Übersicht 400-401
-, Unabhängigkeit 399
-, Wirtschaft 406-407, *406*
-, Zweiter Weltkrieg 399
Finnmark 1066, 1072
»Finnschweden« 401
Finspång 1252
Firdausi 631, 636, *636*
»Firestone Company« 867
Fischerbastei, Budapest 1470
Fischer von Erlach, Johann Bernhard 1088
Fischotter *1519*
Fjell 312, 1073
Fjorde 111, 312, 1064, 1072, *1072, 1073*
Flamen 174, 182, *182,* 344, 426
Flamenco 1314, *1314*
Flamingos 1080
Flanders Range 134, *138*
Flandern 174, 175, 176, 177, *177,* 182, 183
Flensburg 335
Flinders Range 134, *138*
FLN, Algerien 33, 34, 35
Florenz 676, *677,* 684, *684,* 691, *691*
Flores, Azoreninsel 1184
Flores, Carlos Roberto 563
Florida 1508, 1516, *1517,* 1533, 1537, 1540, 1547
Flugdrachen 902, *902*

Flußbarsch *773*
Flußpferd *1345*
Fly 1126
Föderierte Staaten von Mikronesien → Mikronesien
Foggara 1215, *1215*
Fogo *787*
Föhr 334
Foix, Grafen von 60
Folketing 307
Fon 186, 187
Fonseca, Golf von 558
Fontainebleau 432
Ford, Henry 50
-, Richard 1306, 1314
Forlì 1232
Forman, Miloš *1428,* 1429
Formentera 1318, *1318,* 1319, *1319*
Formosa *1381,* 1382, 1384
Formosastraße 1382
Fortaleza 210, *210*
Fort Amsterdam 86, 1040
Fort Cataraqui 783
Fort de France 440
Fort Dimanche *549*
Fort Dufferin 986
Forties-Feld *1063*
Fort McMurray 780
Fort Ouidah 186
Fort San Lorenzo 1121
Fort Sumter *1550*
»Fortschrittspartei«, Niger 1042
Forum des Halles, Paris *433*
Forum Romanum, Rom 672, *674*
Fos 425
Fossilien *72*
Foum Tatahouine 1436
»Fourah Bay College« 1278
Fouta Djalon 536, 538, 910
Foz do Iguaçú 203
FPÖ 1084
Fragonard, Jean Honoré 433
Francia, José Gaspar Rodríguez 1130, 1131
Franco Bahamonde, Francisco 917, 1300, *1304,* 1305, 1306, 1307, *1307,* 1308, 1311, 1312, 1313
Frank, Anne 1038
Franken 324
Franken, Volksstamm 322
Frankfurt am Main 317, 325, 328, *328, 329*
-, Geschichte 328
-, Stadtplan *329*
-, Wirtschaft 328, *329*
Frankfurt/Oder 338
Fränkische Alb 324
Fränkisches Reich 350
Franklin, John 112, *777*
Franko-Kanadier *777,* 778
Franko-Provençalen 42
Frankreich 41, 60, 61, 324, 330, 351, 352, 388, 408-437, 520, 677, *1316*
-, Absolutismus 414
-, Andorra 60, 61
-, Antarktis 76
-, Architektur 432, *432*
-, Benin 186
-, Bevölkerung 426-427, *426, 427*
-, Bildung 411
-, Burkina Faso 230, *231*
-, Côte d'Ivoire 230, 302, 303
-, Dschibuti 368
-, Energieversorgung 424
-, Gabun 452-453
-, Geologie 418
-, Geschichte 409, 412-413, *412, 413,* 414-415, *414, 415, 434,* 435

-, Guadeloupe 438-439, *438, 439*
-, Guinea 536-537
-, Hugenotten 414
-, Hundertjähriger Krieg 413
-, Industrie 424-425, *425*
-, Kambodscha 753
-, Kamerun 760
-, Kapetinger *412,* 413
-, Kleine Antillen 86, 87, 88, *89,* 360, 1220, *1221*
-, Klima *418,* 419
-, Kolonien 546, 547, 776, 1512, 1550
-, Kolonien in Nordafrika 33, 917, 920, 1216, 1217, 1431
-, Kolonien in Westafrika 908, 932, 1042, 1272
-, Kolonien in Zentralafrika 1416, 1417
-, Komoren 818, *819*
-, Kongo 826
-, Korsika 436-437, *437*
-, Kultur 409, 428, 429, 432-433
-, Landschaft *411,* 418-419, *418*
-, Landwirtschaft 420-421, *420, 421*
-, Laos 846-847
-, Lebensart 409, 428-429, *428, 429*
-, Loire-Schlösser 434-435, *434, 435*
-, Madagaskar *882,* 883
-, Malerei 432, 433, *433*
-, Marokkaner 923
-, Martinique 440-441, *440, 441*
-, Mauritius 936
-, Melanesien 446, 447, *447,* 1488, 1489
-, Monaco 969
-, Paris 409, 416-417, *416, 417*
-, Parteien 410, 411
-, Réunion 444, *445*
-, Regierung 410
-, Renaissance 434, *434,* 435, *435*
-, Revolution 414, *414,* 415
-, Seychellen 1276
-, statistische Übersicht 410-411
-, Südamerika 442, 542
-, Togo 1408
-, Tourismus 419, 430-431, *430, 431*
-, Überseegebiete 410
-, Vegetation 419
-, Verkehr 424, 425
-, Vietnam 1562-1563, 1566
-, Weinbau 420, 422-423, *422, 423, 427*
-, Wirtschaft 420-425, 430, 431
-, Zentralafrikanische Republik 1574
Franz I., französischer König 414, 432, 434, *434,* 435, *435*
Franz II., französischer König 435
Franz II., österreichischer Kaiser 1087
Franz von Lothringen, Kaiser 1087
Franzensbad 1424
Franz Ferdinand, österreichischer Thronfolger 1087
Franz Joseph I., österreichischer Kaiser *1086,* 1087, 1477
Französisch, Sprache 444, 538, 821, *882*
»Französisch-Äquatorialafrika« 452, 826

1590

Französische Alpen 418, *418*, 431
Französische Revolution 351, 409, 410, 414, *414*, 415, 416, 969, 1136
Französisch-Guinea 536
Französisch-Guyana 208, 410, 442-443, *443*, 1364
–, Bevölkerung 442
–, Klima 443
–, Landschaft 442
–, Wirtschaft 442, *443*
Französisch-Indochina 753, 846
»Französisch-Kongo« 826
Französisch-Patois 1414
Französisch-Polynesien 410, 448-451, 1013
–, Bevölkerung 448, 449, *449*
–, Geschichte 448
–, Gesellschaftsinseln 448-449, *448*
–, Kernwaffentests 448, *449*
–, Klima 448-449
–, Tahiti 448, 449, 450-451
»Französisch-Somaliland« 368
Französisch-Sudan 908
Französisch-Westafrika 536, 908, 1042, 1274
Französisch-Zentralafrika 1042
Fraserburgh *517*
Fraser Plateau 770
Fraser-Tal 780
Frauenkirche, München *326*
Frederiksborg, Schloß *309*
Frederikstedt 1556, *1557*
Freeport-Lucaya 157
Freetown 1278
Frei, Eduardo 236, *237*
Freie Demokratische Partei (F.D.P.) 318
»Freightliner« *1529*
»Freiheitliche Partei Österreichs« 1084
Freisinnig-Demokratische Partei (FDP), Schweiz 1261
»Freistaat Kongo« 821
Fremantle *135*
»Frente Amplio« (Breite Front), Uruguay 1480
»Frente de Acción Popular«, Chile 236
»Frente Libertação de Moçambique« (FRELIMO) 978
»Frente National de Libertação de Angola« (FNLA) 62
Freskomalerei 748
Friaul 678
Friauler 42
Friaul-Julisch Venetien 671, 682
Fribourg, Kanton 1263
Frick, Henry Clay 1548
Friedrich der Weise, Kurfürst von Sachsen 355
Friedrich I., König von Preußen 344
Friedrich I. Barbarossa, Kaiser 336, *351*, 354
Friedrich II., der Große, König von Preußen 350, *355*
Friedrich II., Stauferkönig 676
Friedrich III., Kurfürst 344
Friesen 322, 1032
Friesland 1027, 1032
»Friguia Companie Fria« 539
Frisch, Max 1259
Frische Nehrung 1168
Frobenius, Leo 1054
Frobisher, Martin 112, 314
FROLINAT 1417

»Front de la Libération Kanake Socialiste« 446
Frontenac, Graf 783
»Frontera«, Chile 239
»Front zur Nationalen Errettung«, Rumänien 1189
Frostmusterböden *314*
Frostverwitterung 111
»Fruchtbarer Halbmond« 742, *1375*
Frühlingsfest, Japan *715*
Fuchs, Vivian 74
Fuchskusu , 1017
Fudschiyama, *703*, 722
Fuerteventura 1320, *1320*, 1321, 1322, *1323*
Fugu, *727*
Fujian 276, 278
Fujimori, Alberto 1136
Fujiwara-Familie 706
Fukuoka *705*
Fulani → Fulbe
Fulbe 187, 230, 304, 456, 536, 538, 765, 910, 934, 1044, 1047, 1052, 1053, *1053*, 1274, 1409
Fulbe-Reich 302
Funafuti 1458, 1459
Funan 752, 758
Funanesen 752
Funchal 1185, *1185*
Fundamentalismus, islamischer 1446
Fundsch 1346
»Fünf Dynastien« 250
»Fünf Grundwahrheiten« 990
»Furious fifties« 68
»Fußball-Krieg« *382*, 561
Fustat 20
Futuna 448

G

Ga-Adanbge 463
Gabès 1435
Gabriel, Erzengel 657, 1242
Gabun 452-455, 826
–, Bevölkerung 454
–, Geschichte 452, *452*
–, Landschaft 454
–, Politik 453
–, statistische Übersicht 452-453
–, Wirtschaft 454-455, *454*, *455*
Gaeltacht *644*, 645
Gafsa 1432
Gagausen 966, 967
Gagausien 967
Gaillard Cut *1123*
Gairy, Eric 466
Gaitán, Jorge Eliécer 809
»Gaitas« 1499
Galahpapagei *141*
Galán, Luis Carlos 810
Galápagosfinken → Darwinfinken
Galápagos-Inseln 374, 375, 376-377, *376*, *377*
–, Reptilien 376-377
–, Vögel 376
Galápagos-Pinguin 376, *377*
Galata, Istanbul *1447*
Galați 1193
Galera 1143, *1143*
Galicien 1182, 1316
Galiläa 658, *659*
Galilei, Galileo 677
Gälisch 492, 516, *644*, 646, 649
Galizien 1165
Gallien 412
Gallipoli, Schlacht von 137

Gällivare 1252
Gallspach 1092
Gálvez, J. M. 562
Galway 644
Gama, Vasco da 569, 978, 1177
Gambia 456-457, 1272, 1273, *1273*
–, Bevölkerung 456
–, Geschichte 456
–, Landschaft 456, *457*
–, Regierung 456
–, statistische Übersicht 456-457
–, Wirtschaft 456-457
Gambia (Fluß) 456, *457*
Gambier-Inseln 448, *448*, 449
Gamboa *1122*
Gamelanorchester *608*, 609
»Gamines« 815
Gamsachurdia, Swiad 459
Ganden, Kloster 291, 294, *294*
Gandhi, Indira 566, *568*
Gandhi, Mohandas (Mahatma) 565, *568*, 569
Gandhi, Rajiv *568*
Ganesha *573*, *1329*
»Ganga Mai« 588
Ganges 160, *163*, 168, 555, 572, 574, *574*, 582, 586, *587*, 588-589, *588*, *589*
–, Bangladesch 160, 168
–, Delta 160, *163*, 588, 589
–, Nutzung 588
–, religiöse Bedeutung 572, 588
–, Überschwemmungen 555
–, Verschmutzung 588
Gangesreh *1001*
Gangestiefland 578, 998, 1000
Gangotri-Gletscher 588, *588*
Gangtok 596, *597*
Gangtschhendsönga 586, 596, *597*
Gänsegeier *61*
Gansu 260, 262
Ganvié 187
Garamanten 920
García, R. L. 533
García Lorca, Federico 1311
García Márquez, Gabriel 808, 815
García Pérez, Alán 1136
Gardasee 678
Gardel, Carlos (Carlitos) *105*
Garibaldi, Giuseppe *676*, *677*
Garmisch-Partenkirchen *324*
Garoe 1321
Garonne 418, 420
Garoua 765
Gartenkunst, Japan 714-715, *715*
Garúa 339
Garvey, Marcus 699
Gary 1542
Gary (Indiana) 1514
Gasteiner Tal 1095
Gates, Bill *1529*
Gates of the Arctic National Park 1525
GATT, 1264
Gattinara 686
Gatun, Schleusen von *1122*
Gatunsee *1122*
Gaucho 94, 98, *107*, 108-109, *108*, *109*, 1482, 1485, *1485*
Gauguin, Paul 449, 451
Gaulle, Charles de 33, *353*, 414, 537
Gaullisten 411
Gauten 1246
Gauteng 1340
Gayoom, Maumoon Abdul 905
Gazankulu 1337
Gazastreifen *660*, 661, 666

Gdingen 1165, 1168
»Gecekondu«-Viertel 1454
Gegenreformation 1086, 1304
Geier *1345*
Gelber Fluß 256, *256*, *257*, 275
Gelbes Meer 256, *263*, 1060
Gelbmützen 292, 294, *294*
»Gelugpa« 292
Gemayel, Amin 861
Gemeine Kiefer *61*
Gemeinschaft Unabhängiger Staaten (GUS) 1195
–, Armenien 120-121
–, Aserbaidschan 122-123
–, Georgien 458-459, 1195
–, Kasachstan 788-791
–, Kirgisistan 804-805
–, Moldawien 966-967
–, Rußland 1194-1209
–, Tadschikistan 1378-1379
–, Turkmenistan 1456-1457
–, Ukraine 1464-1467
–, Usbekistan 1486-1487
–, Weißrußland 1572-1573
General Electric 1528
General Motors 1528
»Generalstaaten« 1268
Genesis 1372
Genezareth, See 658, 662, *667*
Genf 1084, 1264, 1265, 1267, 1268, 1271
–, Kanton 1263, 1265
Genfer Konferenz 753
Genfer See 40, *1261*
Gent 176, 178, *178*
Gent-Terneuzen-Kanal 178
Genua 969, 676, 688
–, Stadtstaat 969
Genua, Golf von 40, *41*
Genueser 436, 968
Georg I., griechischer König 475
Georg III., britischer König 82
Georg V., britischer König 509
Georg VI., britischer König 509
Georgetown *543*, *544*, 545
George Town 895
Georgia 1516, *1517*, 1528
Georgien 458-459, *459*, 1195
–, Bevölkerung 458
–, Geschichte 458-459
–, Landschaft 458
–, statistische Übersicht 458-459
–, Wirtschaft 458
Georgier 458
Georg Tupou I., König von Tonga 1410
Geothermische Energie 1011, *1011*
Gera 339
Gerasa 743
Gerlache, Adrian de 74
Gerlsdorfer Spitze 1292
Germanen 412, 675, 680, 746, 1302
Gerö, Ernö 1477
Geröllwüsten 1210, *1211*
Gesellius, Herman 402
Gesellschaftsinseln 448, *448*, 1100
Gesira *1348*, *1350*, *1351*
Gesira-Projekt 1057
Geßler, Landvogt 1260
Geten 1190
Gethsemane 665
Getty Center, Los Angeles 1548
Gewürzinseln 1100, 1145
Gezhouba-Damm 258, *258*
Ghadafi, Muammar Al 868, 869, *869*, 872, 1044
Ghafiri 1076
Ghana 302, 304, 460-463, 536

–, Bevölkerung *461*, *462*, 463, *464*, 465
–, Geschichte 460, *461*, 464-465
–, Landschaft *461*, 462
–, Politik 460-461
–, Reich 464
–, statistische Übersicht 460-461
–, Tierwelt 462
–, Togo 1408
–, Unabhängigkeit 465
–, Vegetation 462
–, Völker 463
–, Wirtschaft 460, 461, *462*
Ghana, Großreich von 932, 1272
Gharbiya 1076
Ghardaïa 36
Ghasni 2
Ghat 870, 1212
»Ghats« *574*, 575, 586
Ghibellinen 676, 969
Giant's Causeway 518
Gibbon 902, *902*
Gibraltar 522-523, *522*, *523*, 964, 1305, 1316
Gibraltar, Straße von 522, 916, 926, 962, *963*, 964
Gibsonwüste 135, 139
Gießen 325
Gigou-Tal 924
Gil, Gilberto 211
Gila-Wüste 1520
Gilbert, Thomas 807
Gilbertinseln (→ Kiribati) 806, 807, *807*, 1458, 1459
Gilgit 793
Giluwe, Mount 1126
»Ginza«, Tokyo 704, *705*
Gion-Fest *711*
Giorgione 692
Giotto 690
Giraffe *1392*
Girne 1578
Giron, Andrés 533, 535
Giverny *433*
Gizeh 18, 20, 26, *26*
»Gjöä« 112
Glacier Bay National Park *1524*, 1525
Glacier National Park 773
Glarus 1262
–, Kanton 1263
Glasgow 516
Glaziale Erosion 111
Glen-Canyon-Damm *1527*
Glengarry 782
Glen More 516
Gligorov, Kiro 939
Globale Zirkulation 590
Glubb, John Bagot 739
Glyndebourne 506
Gnesen 1164
Goa 566, 569, 572, 584-585, *584*, *585*, 1174
Gobi 255, 291, *973*, 974, *974*, 976
Godafoss 652
Godesberg 332
Godfred, Wikingerkönig 306
Godthåb 315
Goethe, Johann Wolfgang von 328, *329*, 355
Gohar 20
Goiás 214
Goisern, Bad 1092
Gola 867
Golanhöhen *660*, 661
Gold, Südafrika 1340, *1341*
Goldene Aue 339
»Goldene Bulle« 350
Goldene Horde 1202, 1486
Goldener Pavillon, Kyoto *711*, *711*

Goldener Tempel, Amritsar 572
»Goldenes Dreieck« 850, 1401
Goldenes Horn 1446
Goldenes Zeitalter, Griechenland 476
Golden Gate Bridge, San Francisco *1523*
»Golden Rock« 87
Goldküste *461, 462,* 464, 465
Goldrausch, Australien 150, 154
–, Nordamerika 780, 1523, 1552
»Goldstrand«, Bulgarien 227
Goldstumpfnase *261*
Golem 1426
Golf-Kooperationsrat 93, 159
Golfkrieg 92, 616, 617, 619, *619, 623,* 624, 625, 628, *628,* 632, 633, 740, 1079, 1502, 1503
Golfküste, USA 1508, 1516
Golfstaaten 5, 92, 93, 159, 619, 842, 1241, *1503*
–, Bahrain 93
–, Katar 794-795
–, Kuwait 840-843
–, Oman 1076-1077
–, Saudi-Arabien 1236-1245
–, Vereinigte Arabische Emirate 1500-1503
Golfstrom 156, 312, 314, 405, 524, 643, 653, 1072
Golf von Alaska 1524, 1525
Golf von Mexiko 956, 958, 1518, 1533
Golgatha 657, 664, 665
Gomera 1321, 1322
Gómez, Estéban 528
–, Juan Vicente 1493
Gondar 125, 128
Gondwana 76, *77,* 140, 291, 586, 1016
González, Felipe 1300, 1306, 1308
Gorbatschow, Michail 224, 249, 353, 876, 967, 972, 1205, 1257
Gordon, Charles 1347
Gorée 1272
Göreme 1449
Gorey *520*
Gorgas, William 1122
Gorgonia-Koralle *906*
Gorilla *825*
Gorm der Alte, dänischer König 306
Gorongosa-Berge 980
Gosau *1097*
Goslar 356
Götaland 1251
Göteborg 1252, 1254
Gotik 413, *413,* 432, *432*
Gotland 1246, 1250, *1250*
Gottwald, Klement 1421
Gouda 1036
Goulart, João Belchior Marques 207
Gove 150
Gowon, Yakubu 1048
Gozo 914
Gračanica *748*
Graciosa 1320
Gradać *748*
»Graecia« 474
Graeco-baktrisches Reich 2
Graham, Martha 1548
Grampiangebirge 516
Gran, Ahmad 125
Granada, Nicaragua *1021,* 1022
–, Spanien *1302, 1303, 1306,* 1317
Gran Canal de Desagüe 946

Gran Canaria 1320, 1321, 1322, *1323*
Gran Chaco 100, *101,* 192, 194, 1132
Grand Anse Beach 467
Grand Bahama *157*
Grand Bassin 936
Grand Canyon 1505, *1510,* 1511, 1520, *1520,* 1521, 1547
Grande Comore 819
Grande Terre, Guadeloupe 438
–, Neukaledonien 446, *446*
Grand' Place, Brüssel *180*
Gran Paradiso, Nationalpark 40
Gran Sabana 1492
Gran sasso d'Itàlia 679
Grasmücke *1519*
»Grass Roots Democracy« 1507
Graubünden 1263, 1268
Grauhörnchen *773*
Graz *1085,* 1093
Grazer Bucht 1096
Great Barrier Reef Marine Park 142
Great Dividing Range 134, 138, *138,* 139, 149
»Great Dyke« 1282
Great Escarpment 1342
Great Glen 516
»Great Plains« 1508, 1520
Great Smoky Mountains National Park 1511
Gredos-Berge 1316
Greeley, Horace 1546
Greenpeace *779*
Greenwich 502
Greer, Germaine 145
Gregorianer 864
Greifswald 356
Grenada 84, 466-467, *466, 467,* 1218
–, Geschichte 466
–, Landschaft 467, *467*
–, statistische Übersicht 466-467
–, Wirtschaft 467, *467*
Grenadinen, nördliche 1222, *1223*
–, südliche 466
Grenoble 425, 431
Grey, Lord 497
Greyhound 1547
Griechen 674, 680, 1302, 1318, 1578
Griechenland 389, 468-489, 747, 1442
–, Ägäis 484-485, *484, 485*
–, Athen 472-473, *473,* 474, 475, 476, *477,* 479, *479*
–, Athos 488-489, *488, 489*
–, Auswanderung 478
–, Bevölkerung 469, 478-479
–, Bürgerkrieg 470, 475, 478
–, Fischerei 480
–, Geologie 482
–, Geschichte 469, 470, 472, 474-475, *474, 475,* 476-477, *476,* 482, 483, 486, 487
–, Gesellschaft 478-479, *478*
–, Goldenes Zeitalter 476
–, Hellenismus 476-477
–, Industrie 480
–, Klima 482, *483*
–, Kolonisation 475, 476
–, Kreta 471, 474, 479, 481, *483,* 486-487, *486, 487*
–, Landschaft 471, 482
–, Landwirtschaft 480, *481*
–, mykenische Kultur 474, 475, 476
–, Regierung 470, 471
–, Religion 478, *478*

–, Rhodos 484, *486, 487*
–, Stadtstaaten 474, 476
–, statistische Übersicht 470-471
–, Tourismus 469, 480, 484, 485
–, türkische Herrschaft 475
–, Unabhängigkeit 475
–, Vegetation 482-483
–, Verstädterung 479
–, Wirtschaft 480-481, *480, 481,* 484, 485
–, Zypern 1576-1577
Griechischer Unabhängigkeitskrieg 1188
Griechisch-Katholiken 865
Griechisch-Orthodoxe 864, 865
Griechisch-türkischer Krieg 475
Grieg, Edvard 1065, 1070
Grieskirchen 1092
Griffith, D. W. 1549
Grimaldi, Francesco 969
Grimaldi-Dynastie 969, *969*
Grimselpaß *42*
Grivas, Georgios 1576
Groningen 1032
Grönland 110, 111, 112, 306, *307,* 314-315, *314, 315*
–, Bevölkerung 314
–, Geschichte 314-315
–, Klima 314
–, Natur 314
–, Wirtschaft 314, 315
Gros Islet 1221
Gros Morne National Park 772
Großbritannien 352, 389, 486, 490-529, *493,* 914, 1062, 1316
–, Afghanistan 3
–, Antarktis 76, 528
–, Antigua 80
–, Äquatorialguinea 90
–, Arbeitslose 511, *511,* 513
–, Argentinien 94, 99, 102
–, Australien 136, 137, *137*
–, Bahamas 156, *157*
–, Barbados 170, 171
–, Bevölkerung 491, 492, *493,* 500-501, *500, 501,* 513, 514, 516, 518
–, Birma 986-987
–, Botsuana 201
–, Brunei 222
–, Bruttosozialprodukt 491
–, Commonwealth 491, 492, 500, *501*
–, Einwanderung 500
–, England 512-513, *513*
–, Falklandinseln 528-529
–, Festivals 506-507, *507*
–, Fidschi 392, 393, 396
–, Geschichte 494-497, *494, 496*
–, Gesellschaft 500-501, *500, 501*
–, Ghana 464, 465
–, Gibraltar 522-523, *522, 523*
–, Grenada 466
–, Guyana 542
–, Hongkong 283, 286-287
–, Indien 566, 569, *569,* 792, 1104, 1105
–, Irland 647
–, Jungferninseln 526-527, *526, 527,* 1556
–, Kamerun 760
–, Kaschmir 792
–, Kenia 798-799
–, Kiribati 806, 807
–, Kleine Antillen 86, 87, 88, 89, 360, 440, 1218, *1219*
–, Kolonien 776-777, 917, 1347

–, königliche Familie 498-499, *499*
–, Landschaft 512, 514, 516, *516,* 518
–, Landsitze 504-505, *504, 505*
–, Lesotho 855
–, London 502-503, *502, 503*
–, Malawi 899
–, Malaysia 899
–, Malta 914
–, Mauritius 936
–, Naher Osten 158, 794, 840, 1076, 1500
–, Nepal 998
–, Neuseeland 1011
–, Nigeria 1047
–, Nordirland 518-519, *519*
–, Normannen 494, 495
–, Pakistan 1104, 1105
–, Palästinamandat 660, 666, 738-739
–, Papua-Neuguinea 1125
–, Philippinen 1156
–, Réunion 444
–, Rassenkonflikte 500
–, Reformation 495
–, Regierung 492
–, Religion 492
–, Saint Lucia 1220, *1221*
–, Saint Vincent 1222
–, Salomonen 1225
–, Sambia 1226
–, Schottland 516-517, *516, 517*
–, Sierra Leone 1278
–, Simbabwe 1280, 1281
–, Singapur 1286
–, Somalia 1296
–, Sport 508-509, *508, 509*
–, Sprache 492
–, Sri Lanka 1326
–, Staatsform 492, 498, 499
–, statistische Übersicht 492-493
–, Südafrika 1336-1337
–, Suriname 1365
–, Swasiland 1367
–, Tansania 1389
–, Togo 1408
–, Trinidad und Tobago 1414
–, Uganda 1460
–, Vanuatu 1488, *1489*
–, Verwaltungsgliederung 492
–, Wales 514-515, *515*
–, Weltkriege 497
–, Weltreich 497
–, Wirtschaft 491, 510-511, *510, 511,* 513, 514, 516, *517*
–, Zypern 1576
»Großdeutsches Reich« 1087
Große Antillen 82-83, 86, *527*
–, Dominikanische Republik 362-365
–, Haiti 546-549
–, Jamaika 694-699
–, Klima 82
–, Kuba 832-839
–, Landschaft 82
–, Puerto Rico 1554-1555
Große Australische Bucht 139
Große Ebene, China 256
Große Ebenen, Nordamerika 770, 1520, 1530
Große Fatra 1292
Große Mauer 251, 262-263, *263*
Große Moschee, Damaskus 1372, 1373, *1373*
Große Randstufe 994, 1342, *1342*
»Großer Arabischer Maghreb« 1433
Großer Ameisenbär *1497*
Großer Arber 320
Großer Belt 1098, 1099
Großer Haarigel *903*

»Großer Kanal« 259
Großer Khingan 256
»Großer Norden«, Chile 238
Großer Panda 260, *260,* 261, *261, 272*
»Großer Sprung nach vorn« 253, 274
»Großer Süden«, Chile 238, 239
»Großer Treck« 1336, *1337*
Große Sandwüste 135, 139
Großer Wieselmaki *886*
Großes Artesisches Becken 138, 148
Großes Barriereriff 131, 134, 138, 142-143, *142, 143,* 446
Großes Becken 1520
Große Seen 780, 1505, 1530
»Großes Fahrzeug«, Buddhismus 988
Großes Ungarisches Tiefland 1192
Große Victoriawüste 134, 135, 139
Großglockner 1083, 1094
Großkolumbien 371, 809, 815, 1118, 1493
Großmährisches Reich 1420
Großserbisches Reich 747, 938
Groß-Simbabwe 1284-1285, *1285*
Groß-Syrien 739
»Group Area Act« 1337
Grouse Mountain 785
Grubenotter 1497
»Gründerväter« 1506
»Grüne Hölle« 203
»Grüne Mauer« 38
Grüne Moschee, Bursa 1444
»Grüne Revolution« 565, 579
»Grüner Marsch« 928
»Grünes Buch« 868
Grunitzky, Nicolas 1408
Gruyère 420
Grytviken 69, *69*
Grzimek, Bernhard 1387
Gstaad 44, *1267*
Guacharo 1496
Guadalajara 942, 948
Guadalcanal 1224, *1225*
Guadalquivir 1316
Guadarrama-Berge 1316
Guadeloupe 89, 410, 438-439, *438, 439,* 440
Guadiana 1316
Guajira, Halbinsel 812, 813, 814, 815, 1492
Guam 1100, 1101, 1102, 1507, 1558-1559, *1558, 1559*
Guanabara-Bucht 216, *217*
»Guanacos« 382
Guanako 55, 101
Guanchen 1322
Guangdong 269, 278
Guangxi *257,* 269
Guangzhou → Canton
Guaraní 1130, *1131*
–, Sprache 1133
Guareschi, Giovannino 683
Guatavitasee 809, 816, 817, *817*
Guatemala 380, 530-535
–, Bevölkerung 534-535
–, Geschichte 532-533
–, Klima 530
–, Landschaft 530
–, statistische Übersicht 530-531
–, Wirtschaft 531
Guayaquil 371, 372, 374, 1138, 1139
Guaymi 1120
Guéckédou-Kankan 538
Guelfen 676, 969
Guernsey 520, *520,* 521
Guevara, Ernesto (»Ché«) 192, *835,* 838

Guge, tibetisches Königreich 292
Guiba 1296
Guilin 257, *257*
Guinea 302, 304, 536-539, 867, 910, *1045*
–, Bevölkerung 536, 538, *538, 539*
–, Geschichte 536-537, *537*
–, Klima 538
–, Landschaft 538
–, Politik 537
–, statistische Übersicht 536-537
–, Wirtschaft *538*, 539
Guinea, Golf von 303, 304, *461*, 462, *1050*, 1234
Guinea-Bissau 540-541, 1174
–, Bevölkerung 540
–, Geschichte 540
–, Landschaft 541, *541*
–, statistische Übersicht 540-541
–, Wirtschaft 540-541
Guineahochland 304, 538
Guineainseln 460
Guineaküste 187, 1408
Guizhou, Hochland von 257
Gujarat 572, 578, 608
»Gulaschkommunismus« 1470
Gulbenkian, Calouste Sarkis 1173
»Gulf Cooperation Council« 93, 159
Gulimin 925
Gullfoss 652
Gumpoldskirchen 1092
Gunung Tahan 900
»Guomindang« (GMD) 252, 268, 272, 274, *1380*, 1384, 1385, *1385*
Gupta-Zeit 569, 986
Guri-Wasserkraftwerk 1497
Gurkha-Dynastie 998
Gurkha-Krieg 998
Gurkhas 1004-1005, *1004*
Gurué-Bergland 980
Gurung *1004*, 1005
GUS → Gemeinschaft Unabhängiger Staaten
Gustav I., schwedischer König 1247
Gustav II. Adolf, schwedischer König 1247, 1256
Gustav III., schwedischer König 1254
Gustavia 87
Guterres, Antonio Manuel de Oliveira 1174
Guti (Gutäer) 626
Gutland *879*, 880
Guyana 208, 442, 542-545, 1364, 1496
–, Bauxit 544, 545
–, Bevölkerung *544*, 545
–, Geschichte 542
–, Landschaft 543, 544-545, *545*
–, Politik 542-543
–, Religion *543*, 545
–, statistische Übersicht 542-543
–, Wirtschaft 543
Guyana, Bergland von 208, 442, 544, 1492, 1496, 1497, 1498
Guyana-Länder (→ Guyana, Suriname, Französisch-Guyana) 442, 542
Guzmán, J. Arbenz 532
Gyantsu, Kloster *294*
Györ 1473

H

Haakon VII., norwegischer König 1065, 1066
Ha'apai 1410, *1411*
Haarigel, Großer 902, *903*
Haarlem 1036
Haarspecht *773*
Habibie, Barach Jusuf 615
Habicht *261*
Habomai 724
Habré, Hissein 1417, 1419
Habsburger 350, 351, 367, 879, 1088, *1090*, 1093, 1094, 1164, 1260, 1262, 1304, 1305, 1420, 1426, 1476-1477
Habyarimana, Juvénal 1187
Haddsch 1236, 1242, *1242*, 1243, 1244, *1244*, 1245, *1245*
Hadera 662
»Hadith« 20, 1242
Hadramaut 730, 736, 1079
Hadrian, römischer Kaiser 26, 494, *494*, 664, *674*, 1302
Hadrianswall 494, *494*
Hadrumetum 1434
Hafsiden 1430
Hager Qim 914
Haifabucht 658
Haile Mariam, Mengistu 126
Haile Selassie, Kaiser von Äthiopien 124, 125, 126, 699
Hainan 254
Hainaut 176
Hainleite 339
Haiti 82, 363, 546-549
–, Bevölkerung 547, 548
–, Geschichte 546
–, Klima 547
–, Landschaft 547, *547*
–, Regierung 547
–, statistische Übersicht 546-547
–, Wirtschaft 548-549
Hakka 280
Halicarnassos *1450*, 1451
Hall, Bad 1092
Halle 339
Halligen 334
Hallstattkultur 1092
Halmstad 1252
Hal Safleui 914
Halsring-Zwergohreule *261*
Haltiatunturi 404
Hama 1369, 1377, *1377*
Hamadan 639
Hamarikyu-Park, Tokyo 714
Hamburg 317, 318, 336-337, *336*
–, Geschichte 336-337
–, Hafen 336
–, Wirtschaft 336
Hameln 323
Hamersley Ranges 150
Hamilton, Bermuda *525*
–, Kanada 780
–, Neuseeland 1012
Hamiten 920
Hammada 1210
Hammamet 1435
–, Golf von 1434
Hammarskjöld, Dag 1256, *1256*, 1257
Hampstead 502
Hamsun, Knut 1065
Han-Chinesen 266-267, 269, 293
–, Tibet 293
Han-Dynastie 250, *250*, 262, 264
Hanga Roa 245
»Hängende Gärten« 616

Hangul 1358, 1363
Hangzhou 272
Hani *269*
Hanko 404
Hannibal, karthagischer Feldherr 1302
Hannover 317, 334, *347*
Hanoi 1564
Hanse 308, 350, *387, 856, 1098*, 1254
Hansen, Theophil Edvard *1085*
Hanshin-Region 726
Han Shui 259
Hansson, Per Albin 1247
Hanyak 1362, 1363
Harakiri 708
Harald, norwegischer König 1066
Harald II., englischer König 494
Harald »Blauzahn«, dänischer König 306
Harald Schönhaar 312, 1064
Harappa 568, 1104, 1114, 1115
Harare *1281*, 1284
Haratin 918, 924, 1216, 1217
Hardwar 572, 588, *588*
Hargraves, Edward 150
Hariri, Rafik 861
Harlem, New York *1535*
Harmattan 538
Harpyie 48
Harrer, Heinrich 1124
Hartford 1513
Harun al-Rashid, Abbasidenkalif 617
Harvey-Inseln 1018
Harz *320, 320*, 334, 339
Harzvorland 334
Hasa 1244
Haschemiten 739, 740
Hašek, Jaroslav 1428
Haskovo 229
Hasliburg *1270*
Hassan II., König von Marokko 917, 918, *919*, 928, 929, 932
Hastings, Schlacht bei 494, 520
Hatay 1454
Hauptmann, Gerhart 344
Hauran 1374, 1376
Hausa 912, 1042, 1044, 1046, 1053, 1409, 1418
Hausa-Emirate 1042
Hausaland 1044
»Haute Route« 44
Haute-Savoie 420, *430*
Haut-Senegal-Niger 230
Havanna 834, 836, 838, *838, 839, 839*
Havanna-Tabake 837
Havel 338, *345*
Havel, Václav 1422, 1423, 1428, 1429, *1429*
Havelseen 338
Havragil 655
Hawaii 930, 1101, *1102*, 1508, *1508, 1522*, 1523, 1531, 1537
Haya 1390
Haydn, Joseph 1090
Hazara 6
Hazar Jerib, Isfahan 637
Heard- und Macdonald-Inseln 69
Hearne, Samuel *777*
Hebet 1390
Hebron 660, 666, 742
Hedjas 92, 739, 1217, 1237, 1238, 1242, 1244, 1245
Hedjasbahn 742
Hedschra 1242
Hedwig (Jadwiga), polnische Königin 876, 1164

Hegel, Friedrich 634
Heian 706
Heian-Schrein, Kyoto *709*
Heian-Zeit 710
Heijo 710
Heilbronn 325
Heilige Anna von Beaupré, Basilika der 782
Heilige Drei Könige 731
»Heilige Kühe« 572, 573, *573*
»Heiliger Krieg« 1369
–, Guinea 536
–, Nigeria 1046, 1053
Heiliges Land 657
Heiliges Römisches Reich Deutscher Nation 350, 366, 1086, 1420
Heilong Jiang 254, 261, 278
Heimaey 653, *653*
Heine, Heinrich 333
Heinrich der Löwe 326
Heinrich der Seefahrer 1173, *1176*, 1177, *1185*
Heinrich der Vogler 354
Heinrich I., König 350, 354, 356
Heinrich II., englischer König 495
Heinrich II., französischer König 435
Heinrich IV., französischer König 414
Heinrich VI., Kaiser 968
Heinrich VII., englischer König 495
Heinrich VIII., englischer König 495, 509
Heinrich von Burgund 1176
Hekla 654
Hela, Halbinsel 1168, *1169*
Heleakale, Hawaii 1523
Helfritz, Hans 736
Helgoland 320, 334
Hellenismus 473, 476-477, 481, 674, 675
Helmand 8
Helpmann, Sir Robert 145
Helsingfors 402
Helsingør 309
Helsinki 398, 402-403, *402, 403*
–, Geschichte 402
–, Stadtplan *403*
Helsinki-Kommission 1099
Hemingway, Ernest 797, 801, 838, 839, 1311, 1314
Hendray, Anthony *777*
Hengduan Shan 254
Heng Samrin 755
Henley *507*
Hennegau 176
Herakleion 487
Heraklios 1372
Herat *7*, 10
Herend 1473
Herero 993
Herm 520
Hermannstadt 1190
Hermelin *116*
Hermon 859
Hernández, Jose 94, 109
Herodes Atticus 473
Herodes der Große 664
Herodot 13, 634
Herrera, Omar Torrijos 1119
Herrera Campins, Luis 1494
Herreras Luis Alberto 1480
Hersfeld, Bad 322
Herzegowina 198-199, 747
Herzl, Theodor 660
Herzlija 662
Hessen 318, 325
Hessisches Bergland 321
Hethiter 1372, 1439, 1442
Hevea brasiliensis 50, 52

Heveller 344
Heyerdahl, Thor 196, 244, 1103
Hiddensee 335
Hideyoshi, Toyotomi 707
Hierro 1320, 1321, 1322
Highlands 516, *516*
Highveld, Simbabwe 1282
–, Südafrika *1342*
–, Swasiland 1366
Hiligayon 1153
Hill End Distrikt *150*
Hillary, Edmund 550
Hilversum 1033
Himachal Pradesh *587*
Himalaya 188, 290, *290*, 291, 550-557, 586, *586, 587*, 588, *588*, 590, 596-597, 598, 600-601, *600*, 792, 983, 1000-1005, 1108
–, Bevölkerung 552
–, Bhutan 188-189
–, Kaschmir 598-793
–, Klima 551, 554
–, Ladakh 600-601
–, Landschaft 550
–, Nepal 1000-1005
–, Religion 552
–, Sikkim 596-597
–, Tierwelt 551
–, Tourismus 555, *555*
–, Trekking 556-557
–, Umweltprobleme 554-555, *554, 555*
–, Vegetation 551
–, Wirtschaft 552-553
Himjaren 734
Hinawi 1076
Hinayana-Buddhismus 852
Hindi 571
Hinds, Samuel 543
Hinduismus 2, 166, 189, 552, 565, 568, 569, *570*, 572-573, *573*, 574-575, 582-583, 584, 588, 598, 998, 1002, *1003*, 1104, 1105, 1115, 1328, *1329*
–, Afghanistan 2
–, Bangladesch 166
–, Bhutan 189
–, Fidschi 395
–, Goa 584
–, Himalaya 552
–, Indien 565, 568, 569, *570*, 572-573, *573*, 574-575, 582-583
–, Indonesien 603, 608
–, Kaschmir 598
–, Malaysia 897, 899, *899*
–, Nepal 998, 1002, *1003*
–, Sri Lanka (Ceylon) 1328, *1329*
Hindukusch 2, 5, 8, 1104, 1108
Hindustani 1364
Hinterindien (→ Kambodscha, Laos, Myanmar, Thailand, Vietnam)
Hiroshige, Ando 714
Hiroshima 707, 1558
Hispanics 1540-1541
Hispaniola 80, 82, 362, *363*, 547, *547, 549*, 1492
Hispano-Amerikaner 1532, 1536, 1537, 1540-1541, *1541*
Hitler, Adolf *350*, 351, 522, 666, 1087, 1421
Hitler-Stalin-Pakt 386, 857, 876, 967, 1165, 1205
Hitzacker 358
Hiva 244
Hoangho → Huang He
Hoatzin *545*
Hobart 135
Hochelaga 782

Ho Chi Minh 753, *1564,* 1566, *1566*
»Ho-Chi-Minh-Pfad« 753, 847, 1566
Ho-Chi-Minh-Stadt 1564, *1564,* 1567
»Hochland-Chenla« 752
Hochperu 191
Hofer, Andreas 1094
Hofgastein 1095
Hogan, Paul 145
Hoggar 36, *36,* 1210, *1216*
Hohe Beskiden 1168
Hohensalzburg, Feste *1094-1095,* 1095
Hohenzollern, Adelsgeschlecht 354
Hohe Pforte 1188
Hoher Atlas 918, 922, 924, *925*
Hoher Balkan 226
Hoher Himalaya 550, 551, 586, 598, 1000
Hohes Gesenke 1424
Hohe Tatra 1168, 1169, *1169,* 1292, *1292*
Hohe Tauern, Nationalpark 40
Hohhot 268
Hokkaido *703,* 716, *716, 717,* 722, 724, 726
Hoklo 280
Holland 1027
Holländer 344
Holländisch-Ostindische-Kompanie → Niederländisch-Ostindische-Kompanie
Holländisch-Papiamento 1414
Höllental 1092
Hollywood 1549
Holmenkollen, Skigelände 1070
Holstein 334
-, Herzogtum 306
Holsteinische Schweiz 320, 335
Holyhead 514
Holy Island 514
Holzverarbeitung 406
Homelands 1334, 1337, 1338, 1339, 1339, 1340
Homer 474, 476, 1450
Hominiden 126, 798, 802, 803
Homo habilis 802, *803*
Homs 1369, 1376
Honduras 558-563, 1222
-, Bevölkerung 559
-, Geschichte 562-563
-, Klima 558
-, Landreform 560
-, Landschaft 558
-, statistische Übersicht 558-559
-, Wirtschaft 560-561
Honduras, Golf von 184, 558
Honecker, Erich *352,* 353
Hongkong 280-287, 288, 289
-, Bevölkerung 284-285, *284, 285, 286,* 287
-, Einwanderung 287
-, Geschichte 286-287
-, Handel 283, *283*
-, Klima 285
-, Kultur 284, 285, 286
-, Kunsthandwerk 280
-, Landschaft 284
-, Opiumhandel 286
-, Regierung 287
-, Religion 281
-, Satellitenstädte 280
-, Sonderverwaltungsgebiet 283, 287
-, soziale Probleme 282, 287
-, Stadtplan *281*

-, Überbevölkerung 280, 282
-, Übergabe an China 282, 287
-, Wirtschaft 282, 283, *283*
Hongkong Island 283, 284, *285,* 286
Honiara *1225*
Honigbären 900
Honolulu 1102, 1523
Honshu 710, 722, 726
Hooverdamm 1520
Hopen 1074
Hopetown 1340
Hopi 1520, 1538
Horai 715
Hormus, Straße von 1076, 1503
Horn, Gyula 1468, 1471
Hörnum *335*
Hornviper *1210*
»Horn von Afrika« 1296
Horse Shoe Reef 526
Horthy, Miklós 1477
Hortobágy 1472, *1472*
Hoskuldsstadir 655
Hoss, Salim al- 861
»Hot spots« 1080
Hottentotten 1336, 1338
Hotu Matua 244
Houphouët-Boigny, Félix 302, 303, 304
»House of Commons«, Kanada 768
Howland-Insel 1507
Hoxha, Enver 28, 31
Höyre-Partei, Norwegen 1066
Hoyte, Hugh Desmond 542
Hrabal, Bohumil 1428, 1429
Hradschin, Prag 1426, *1427*
Hualien *1383, 1385*
Huang He 254, 255, 256, *256, 257, 267,* 275, 278
Huang Pu Jiang 271, *271*
Huascar, Inka-König 1138
Huascarán 1140
Huatulco 954
Huayna Capac, Inka-König 1138
Huckleberry Finn 1518
Hudson, Henry 776, *777,* 1075
Hudsonbai 770, 776
»Hudson's Bay Company« 776, 777
Hudson-Straße 112
Hufeisenfall *771*
Hugenotten 344, 414
Hugli 572
Huhaiman ibn Saif al-Otaibi 1245
Hui 269, *269*
»Hukbalahap« 1149
Hülägü, Mongolenfürst 635, 1372
Hulatal 658
Hulock 260
Humanismus 477, 677
Humboldt, Alexander von 808, 958
Humboldt-Gletscher 314
Humboldtstrom 238, 374, 1137, 1140
Humphries, Barry 145
Hundertjähriger Krieg 413, 434, *435,* 494
Hundertwasser, Friedensreich 1089
Hundeschlittenrennen *1524*
Hunnen 247, 970
Hun Sen 755
Hunsrück 320
Hunter River 149
Huntsville *1527*
Hunza-Tal *555,* 1109
Huronen 772
Hurrikane 82, 164, 558, 958, 1020, 1022, *1497*

-, »Fifi« 558
-, »Gilbert« 82, 958
-, »Joan« 1020, 1022
-, »Mitch« 558, 1020
Hurtigroute 1073
Hus, Jan 1427
Husky *1524*
Hussain, König von Hedjas 1372
Hussain I., Ibn Ali 738
Hussain II., König von Jordanien 661, 667, 738, 739, 740
Hussain, Saddam 618
Hussain Ben Ali 1430
Hussaini, Mohammed Amin Al 666
Hussainiden 1430
Hussitenkriege 1420
Hutu 232, 233, *233,* 1186, 1187, *1187*
Huxley, Thomas Henry 1571
Hu Yaobang 248, 249, 279
Hwange-Nationalpark, Simbabwe 1282
Hwanghae 1060
Hyänen *1345*
Hyderabad 572
Hyksos 16
Hyundai *1360*

I

Ibadan 1053
Ibaditentum 872
Iban 896, *896*
Iberische Halbinsel (→ Portugal, Spanien) 418, 1302, 1303, 1316, *1316*
Ibiza 1318, 1319
IBM 1528
Ibn Mustafa, Ahmad 1431
Ibn Saud, Abd Al Aziz III. 1237, 1244, 1245
Ibn Saud, Mohammed 1237, 1244
Ibn Saqir, Zaid 741
Ibo 1047, 1048, 1053
Ibsen, Henrik 1065
ICE *347*
Ichu 57
ICRC 1264
Ida 476
Idaho 1520
Idris I., König von Libyen 868
Idrisiden 916, 926
Ieyasu, Tokugawa 704, *706, 707,* 708
Ife 1046, 1053, 1054
Ifrane 924
»Ifriqiya«, Provinz 1430
Ifugao 1152, *1154,* 1155
Igbo-Ukwu 1046
Ignatius von Loyola 1304
Igorot 1152, 1155
Iguaçu *209*
Iguaçufälle 100, 203, *209*
Iguaçu-Nationalpark *209*
IJsselmeer 1027, 1031, *1032*
IJsselmeerprojekt 1031
Ikebana 701
Il-Chanat 970
Ilchane 635, 636
Ile de Bourbon 445
Ile de France 427
»Ile du Diable« 368
Iles du Salut 442
Iles Loyauté 446
Ilhas Desertas 1185
»Ilias« 480
Iliescu, Ion 1189
Illinois *1509,* 1514, *1515,* 1518
Illyrer *29,* 30, 674, 746
ILO 1264

Iloco 1152
Ilongo 1153
Imam 21, 632
Imam Hussain 624, *625*
»Imazighen« 920, *920*
Imi N Tanaout 924
Impressionisten 433
Inarajan 1559
Inchon 1354
Inder, Guyana 542, 543, 545
-, Malaysia 896, 897
-, Seychellen 1276
-, Singapur 1288, 1289
-, Südafrika 1334, 1339
-, Tansania 1390
-, Trinidad 1414
Indiana *1508,* 1514
»Indian Act« 775
Indianer (→ Indios) 1537
-, Mexiko 948
-, USA 1520, 1538-1539
-, Zentralamerika 298, 534, 535, 1020, 1021, 1120, *1120, 1121*
Indianerkriege 1538, 1552
Indianerreservationen USA 1538-1539, *1539*
»Indian National Congress Party« 566, 1104
Indian-Pacific-Route 153
Indien 140, 162, 555, 556, 564-601, 983, 1112, 1115
-, Benares 574-575, *574, 575*
-, Bevölkerung 565, 570-571, 576-577
-, Bevölkerungsexplosion 570
-, Bildung 570, *577*
-, britisches Kolonialreich 569, *569*
-, Buddhismus 568, 569, *572,* 574, 582
-, Elendsviertel 577
-, Energieversorgung 580, *581*
-, Ganges *574,* 588-589, *588, 589*
-, Geschichte 566, 568-569, *568, 569,* 584, 585
-, Goa 569, 584-585, *584, 585*
-, Hinduismus 565, 568, 569, *570,* 572-573, *573,* 574-575, 582-583, 588
-, Industrie 580-581, *581*
-, Inseln 594-595, *594, 595*
-, Islam 568, *570,* 572
-, Jammu und Kaschmir 598-599, *598, 599,* 600, *600,* 792
-, Kastenwesen 572, 575, *575,* 576, 577, 581
-, Klima 586, *587,* 590-591
-, Kultur 572, 573
-, Ladakh 600-601, *600, 601*
-, Landschaft *567,* 586, *586, 587*
-, Landwirtschaft 578-579, 591
-, Monsun 590-591
-, »Projekt Tiger« 592-593, *592, 593*
-, Regierung 566
-, Religion 565, 568, 569, *570,* 572-573, *572, 573,* 574-575, *574, 575,* 588, 1115
-, Siedlung 576-577, *577*
-, Sikkim 596-597, *596, 597*
-, Sprachen 571
-, statistische Übersicht 566-567
-, Tierwelt 592, 593
-, Tourismus 582-583, 584, 585
-, Überschwemmungen 555
-, Vegetation 586
-, Völker 570, 571
-, Wirtschaft 578-581
Indios, Amazonien 52, *52, 53*

-, Anden 56, *56,* 58, *58, 59*
-, Argentinien 98, 102, 104
-, Bolivien 191, 194-195, *194*
-, Brasilien 212, 213
-, Chile 240
-, Ecuador 370, 371, *374,* 375
-, Französisch-Guyana 442
-, Guyana 545
-, Kolumbien 808, 814, *814,* 816, 817, *817*
-, Paraguay 1130, *1130,* 1133
-, Peru 1140, *1140,* 1141, *1141, 1142,* 1143
-, Suriname 1365
-, Titicacasee 196-197
-, Uruguay 1482, 1484
-, Venezuela 1492, 1495, 1498, *1498*
»Indios voladores« 950, *951*
Indisch-Ceylonesisches Abkommen 1330
Indischer Ozean 129, 139, 368, *567,* 590, *605,* 904, 1234, *1297*
-, Kenia 796
-, Komoren 818-819, *818, 819*
-, Madagaskar 882-887
-, Mauritius 936-937, *937*
-, Mosambik 978, 980, *980*
-, Réunion 444-445, *444, 445*
-, Seychellen 1276-1277, *1276, 1277*
-, Tansania 1387
Indischer Subkontinent (→ Bangladesch, Indien, Pakistan) 8, 10, 160, *554,* 555, *555,* 566, 567, *567,* 586, *586,* 590, 1104, 1105, 1106, 1114-1115
-, Induskultur 1114-1115
-, Religion 566, 1115
-, Überschwemmungskatastrophen *554,* 555, *555*
Indoarische Sprache 571
Indochina (→ Kambodscha, Laos, Vietnam) 1397, 1399
Indochinakonferenz, Genfer 847, 1563
Indochinakrieg (→ Vietnamkrieg) 753, 848, 1566, *1567*
-, Zweiter 753, 1563, 1564
Indochinesische Union 753, 1562
Indoeuropäer 638
Indogermanische Sprachfamilie 426
Indonesien 602-613, 1100, 1101, 1570
-, Bevölkerung 603, *605,* 606-607, *606, 607*
-, Bodenschätze 615
-, Erdöl 615
-, Forstwirtschaft 612, *613,* 614-615, *615*
-, Geschichte 603, 604-605
-, Industrie 615
-, Klima 610
-, Kultur 603, 607, 608-609, *608, 609*
-, Landschaft 610
-, Landwirtschaft *610,* 614, *614, 615*
-, Plantagen 611, 614
-, Politik 605
-, Regenwald 612-613, *612, 613*
-, Religion 603, 606, *606, 607,* 608
-, statistische Übersicht 604-605
-, Tierwelt 611, 1570
-, Umsiedlungspolitik 606
-, Vegetation 610, 611
-, Verstädterung 606
-, Vulkane 610, *610, 611*
-, Wirtschaft 614-615

Indonesier, Französisch-
 Guyana 442
–, Suriname 1365
Indo-sikkimsches Abkommen
 596
Indri 887, *887*
Indus 290, *290*, 550, 555, 600,
 1104, *1107*, 1108, 1110
–, Delta 1108
Indusbecken 8
Induskultur 571, 1114-1115
Industiefland 586, 1108, *1108*,
 1111, 1112
Industrielle Revolution 176,
 510, 1532
Industriepark 549
Industrieroboter *348*
Indvaditya, König von Thai-
 land 1404
»Information Act«, Neusee-
 land 1008
Ingolstadt 324
Inhambane 980
Inka 55, 58, 59, 103, 190, 191,
 195, 196, 197, 234, 235, 371,
 808, 1134, 1138-1139, *1138*,
 1139, *1141*
Inkathabewegung *1338*
Inlandeis 70
Inlandsee-Region, Japan 726
Inline-Skating *1535*
Inn 1092, 1094
Innere Ebene, Australien 138
Innere Ebenen 1508
Innere Mongolei 255, 260,
 268, 278, 974, *974*
Innsbruck 1091, 1094, *1095*
Inquisition 1177, 1304
In Salah 36
Inseln über dem Winde 84,
 84, 86-87, *86*, *87*, 1040
Inseln unter dem Winde 84,
 84, 86, *467*, *1557*
Internationale Antarktis-Kon-
 ferenz 76
Internationale Arbeitsorgani-
 sation (ILO) 1264
Internationaler Währungs-
 fonds 65, 883, 889, 1051,
 1391
Internationales Geophysika-
 lisches Jahr 74, *75*
Intifada 661, 667
Intramuros, Manila 1156,
 1157
Inuit 114, 314, 774, 775
Investiturstreit 676
Inyangani 1282
Ionische Inseln 484
Ionisches Meer 482, 678, 962
Ios 484
Iowa 1514, 1537
Ipanema 216, *217*
Iqbal, Muhammad 1104
Iquitos 46
IRA 518, 645, 647
Irak 616-629, 620, 626, 627,
 739, 740, 842, 1079
–, Bevölkerung 618, 624-625,
 625
–, Bewässerung 629
–, Bildung 618
–, Erdöl 616, 627, 628, *628*
–, Geschichte 616-617
–, Gesellschaft 618
–, Golfkrieg 616, 617, 619,
 623, *624*, 625, 627, 628, *628*
–, Industrie 628
–, Klima 622-623
–, Kurden 623, 624, 625, *625*,
 626, 627
–, Landschaft *619*, 622-623
–, Landwirtschaft 622, 629,
 629
–, Politik 618, 619
–, Regierung 618

–, Religion 624, 625
–, statistische Übersicht 618-
 619
–, Tourismus 617, 623, 629
–, Verkehr 629
–, Wirtschaft 616, 628-629,
 628, *629*
Iran 8, 617, 619, 624, 625,
 626, 630-641, 842, 1079
–, Architektur 636-637
–, Bevölkerung 638-639, *638*,
 639
–, Erdöl 635, *640*, 641
–, Geschichte 631, 634-635,
 636
–, Golfkrieg 632, 633
–, Islamisierung 632, 634, 635
–, Klima 640
–, Kultur 631
–, Kunst 636-637
–, Kurden 626, 639
–, Landschaft *633*, 640
–, Landwirtschaft 640
–, Regierung 639
–, Religion 635, 639
–, statistische Übersicht 632-
 633
–, Teppichknüpferei *636*, *640*,
 641
–, Vegetation 640
–, Wirtschaft 640-641
Iran, Hochland von 8, 640
Irangebirge, Ostmalaysia 900
Irazú 298, 300, 301
Irazú-Nationalpark 301
Irbid 742
Iren 643, 646, 648
Irian Jaya 604, 607, 610, 612,
 1125
Irigoyen, Alvaro Arzú 533
Iringaplateau 1386
Irisch 645
»Irische Renaissance« 648
Irisch Republikanische Armee
 518, 645, 647
Irland 389, 495, 518, 642-649,
–, Bevölkerung 643, 645, 648
–, Geschichte 646-647, *646*,
 647
–, Insel 643
–, Klima 643
–, Kultur 643, 647, 648, *649*
–, Landschaft 643
–, politisches System 644
–, Religion 643, 645, 646-647
–, Sport 648, *648*
–, Sprache *644*, 645
–, statistische Übersicht 644-
 645
–, Verwaltung 644
–, Wesensart 648
–, Wirtschaft 645
Irokesen 774, 782, 1538, *1539*
Ironsi, Umurakwe 1048
Irrawaddy 982, 984, *988*, *989*
Irrawaddy-Becken 982, 983,
 989
Isaak 657, *665*
Isaaq 1297
Isabella I. von Kastilien 1304,
 1304
Isar *327*
Ischia 679
Ischl, Bad 1092
Ise 712
Ise-Bucht 726
Isfahan 635, 636, 637, 639,
 639, 640
–, Chadar Bagh 637
–, Hazar Jerib 637
–, Lutfullah-Moschee 637
–, Schah-Moschee *634*, 637
Isis-Kult 1346
Iskår 226
Iskenderun 1454
Isla de la Juventud 836

Isla del Coco 300, 301
Islam 2, 7, *7*, 162, *163*, 166,
 166, 570, 582, 598, 624, 625,
 631, 632, 634, 635, 639,
 1104, 1112, *1113*, 1242-
 1245, 1368, 1369, 1376,
 1377
–, Afghanistan 2, 4, 5, 6, 7, *7*
–, Ägypten 13, 14, 15, 24, 25
–, Al-Azhar-Universität 20-21
–, Algerien 36, 37
–, Äthiopien 124, 125, 127,
 129, *129*
–, Ausbreitung 1243, *1243*
–, Bangladesch 162, *163*, 166,
 166
–, Bosnien-Herzegowina 198
–, Brunei 222, 223
–, China 269
–, Grundsätze 1242, 1243
–, Heilige Stätten 1244-1245
–, Indien 569, *570*, 572
–, Indonesien 603, 605, 606,
 606, 608
–, Irak 619, 624, 625
–, Iran 631, 632, 633, 634, 635,
 639
–, Israel 657
–, Jemen 733, 734, 736
–, Jerusalem 657, 665, *665*
–, Jordanien 742
–, Kamerun *764*, 765
–, Kaschmir 598
–, Katar 795
–, Kenia 798, 800
–, Komoren 818
–, Kurden 626
–, Libanon 858, 859, 861, 864,
 865
–, Libyen 868, 872, *873*
–, Malaysia 893, *893*, *896*, 897,
 898, 899
–, Marokko 918
–, Niger 1042
–, Nigeria 1046, 1047, 1048,
 1053, *1053*
–, Pakistan 1104, 1105, 1106,
 1112, *1113*
–, Philippinen 1148, *1149*,
 1152, 1153, 1154
–, Saudi-Arabien 1236, 1237,
 1242-1243, 1244-1245, *1244*
–, Schiiten 6, 7, 624, 632, 638,
 639, 1376
–, Senegal 1272, 1273, 1274
–, Somalia 1296
–, Spanien 1303, 1304
–, Sudan 1346, 1347, 1348-
 1349, *1351*, 1352, *1353*
–, Sunniten 6, 7, 624, 639,
 1376, 1377
–, Syrien 1368, 1369, 1372,
 1376
–, Tansania 1390
–, Tunesien 1432, *1436*
–, Türkei 1440
–, Ursprung 1242
–, Westafrika 912
Islamabad 1106
»Islamische Einheit für die
 Freiheit Afghanistans« 5
»Islamische Front«, Afghani-
 stan 5
»Islamische Partei«, Afghani-
 stan 5
Islamische Revolution 626,
 631, 632, 635, 640, 1243
Islamisches Museum, Kairo 13
Islamisch-orientalischer Kul-
 turkreis 1439
Isla Mujeres, La 955
Island 112, 306, 650-655
–, Bevölkerung 651
–, Geschichte 650-651, 654,
 655
–, Klima 652-653

–, Landschaft *651*, 652-653
–, Literatur 650, 654-655
–, Sprache 650
–, statistische Übersicht 650-
 651
–, Tierwelt 653
–, Vulkanismus 652, *653*
–, Wirtschaft 651, *652*, 653,
 654
Islas de la Bahía 559, *560*
Islas Malvinas (→ Falklandin-
 seln) 94, 99
Islek 880
Islenska 650
Ismail Mulay 916, 924, 926
Ismailiten 864
–, Syrien 1376, 1377
Ismoil Somoni 1378
Israel 656-667, 860, 869, 734,
 739, 1370, 1371, 1417
–, Ägypten 660, 661
–, arabisch-israelische Kriege
 660, 661
–, Bevölkerung 658, 662, *664*,
 666-667
–, Einwanderung 660
–, Geschichte 660-661, 664,
 665
–, Jerusalem 657, 664-665
–, Kibbuz 662-663, *663*
–, Landschaft 658, *659*
–, Landwirtschaft 658, 659
–, Libanon 661
–, Palästina 661, 666
–, Palästinenser 667
–, PLO 661, 666, 667
–, Religion 657, 664
–, Staatsgründung 660, 734
–, statistische Übersicht 658-
 659
–, Unabhängigkeit 860
–, Unabhängigkeitskrieg 739,
 740
–, Wirtschaft 658-659, *659*,
 662, *663*
Israeliten 664
Issa 369
Issyk-Kul 804
Istanbul 1439, *1443*, 1444,
 1445, 1446-1447, *1446*,
 1447, 1454
–, Blaue Moschee 1444, 1447,
 1447
–, Dolmabahce-Palast *1447*
–, Dolmabahce Sarayi 1444
–, Galata *1447*
–, Hagia Sophia 1444, 1445,
 1446, *1447*
–, Süleiman-Moschee *1447*
–, Sultan-Ahmed-Moschee
 1444, 1447, *1447*
–, Topkapi-Palast 1444, 1447,
 1447
–, Yerebatan Sarayi 1446
»Istiklal« 917, 918
Istrien 830, 1295, *1295*
Itaipú *218*, *219*, 1132
Italien 41, 389, 418, 668-693,
 968, 969, 1094, 1318
–, Äthiopien 127
–, Barock 691
–, Bevölkerung 682-683, *682*,
 683
–, Eritrea 384, 385, *385*
–, Etrusker 674
–, Geschichte 670, 674-677,
 674, *675*, 676, *677*
–, Gesellschaft 671
–, Industrie 688, *689*
–, Klima 678, *678*
–, Küche 684-685, *684*, *685*,
 687
–, Kunst 690-691
–, Landschaft 669, *671*, 678-
 679, *678*
–, Landwirtschaft 686-687

–, Lebensart 669, 683
–, Monaco 968, 969
–, Musik 691
–, Regierung 670
–, Religion *682*, 683
–, Renaissance 690, 691, *691*
–, Rom 672-673, *672*, *673*
–, Römisches Reich 674-675
–, San Marino 1232, 1233
–, Sardinien 680-681
–, Sizilien 680, *681*
–, Somalia 1296
–, Stadtstaaten 676, 677
–, statistische Übersicht 670-
 671
–, Vatikanstadt 1490-1491,
 1491
–, Vegetation 678-679
–, Venedig 692-693, *692*, *693*
–, Wirtschaft 686-689, *686*,
 687, *688*, *689*
Italienisch-Somaliland 1296
Ithaka 483, 484
Iwan IV., der Schreckliche;
 russischer Zar 1202, *1202*
Ixtapa 954
Izanagi 712
Izanami 712
Izetbegović, Alija 199
Izmir 1444, 1445, 1454
Izmit 1454
»Izquierda Democrática«,
 Ecuador 372
Iztaccíhuatl 956, 958
Izu-Inseln 724, *725*
Izumo 712

J

Jabal al-Qsur 1434, *1437*
Jabal al Tariq 522
Jabal Nur *1244*
Jabel Ali, Freihandelszone
 1502
Jabinshweti, birmanischer
 König 1439
JABOTABEK 607
Jackson, Jesse 1543
Jacksonville 1516
Jadwiga 1164
Jaffna 1330
Jagan, Cheddi Berrett 542
Jagan, Janet 543
Jagiello, Großfürst 876, 1164
Jagiellonen 1164
Jagonda *220*
Jaguar 100, *301*, 1496, *1497*
Jahja, Ibn Mohammed 734, 736
Jahja Khan, Aga Mohammed
 1106
Jaipur 582
Jajce 199
Jakarta 606, 607, *613*
Jakob 657
Jakob I., englischer König 495
Jakob II., englischer König
 496, 519, 647
Jakob VI., schottischer König
 495
Jakob I. von Aragón 1318
Jakobiten 864
Jakobus, Apostel 432
Jakuten 114
Jallud, Abd as-Salam 872
Jalta-Konferenz *1205*
»Jamahiriya« 869
Jamaika 82, 694-699
–, Bauxitbergbau 696
–, Bevölkerung 695, 696
–, Geschichte 694
–, Klima 696
–, Landschaft 696
–, Reggaemusik 698-699

–, Regierung 694, 695
–, statistische Übersicht 694-695
–, Wirtschaft 694, 695, *695*, 696, *697*
–, Zuckerwirtschaft 696
James, Henry 1548
James-Bay-Projekt 779
Jammu und Kaschmir 598-599, *598*, *599*, 600, *600*, *792*, 793, 1105
Jamuna 160
»Janata Vimukhti Permuna«, Sri Lanka 1330
Jangtsekiang → Chang Jiang
Janitscharen 872
Jan Mayen 1072, *1074*, 1075, *1075*
Janošík, Juraj 1292
Japan 700-729
–, Aquakultur 727, *727*
–, Arbeitswelt 716, *716*
–, Architektur 701
–, ausländische Kultureinflüsse 718, *719*
–, Bevölkerung 716-717, *716*, *717*, 720-721, *721*, 723, *723*
–, Bildungssystem 716
–, Birma 987
–, Bürgerkriege 706
–, China 707
–, Dienstleistungen 729
–, Erdbeben *703*, 722, *723*
–, ethnische Merkmale 716
–, Expansion in Südostasien 707, *707*
–, Familie 717
–, Film 718
–, Finanzen 729
–, Fischerei *726*, 727, *727*
–, Forschung 729
–, frühe Besiedlung 706, 716
–, Gartenkunst 714-715, *715*
–, Geologie 722
–, Geschichte 704, 706-707, *706*, *707*, 708-709, 710
–, Gesellschaft 701, 720-721, *720*
–, Heian-Zeit 710
–, Industrie 726, 727, 728
–, Industriepolitik 729
–, Industriezonen 726
–, Inseln 724-725, *724*, *725*
–, Isolationspolitik 707, *707*
–, Klima 722
–, Korea 1362
–, Kultur 701, 710, 718-719
–, Kulturaustausch mit China 706
–, Kurilen 724
–, Kyoto 710-711, *710*, *711*
–, Landschaft *703*, 722-723, *723*, 724-725, *724*
–, Landwirtschaft 726, *726*
–, Laos 847
–, Marianen 1558, 1559
–, Marshall-Inseln 930
–, Meiji-Restauration 707
–, Mikronesien 960
–, Myanmar 987
–, Mythologie 712
–, nationale Minderheiten 720-721
–, Nationalparks 723, 724, *724*
–, Nauru 997, *997*
–, Okinawa 724-725, *724*
–, Palau 1116
–, Parteien 703
–, Philippinen 1149, 1157
–, Politik 703
–, Popmusik 718-719
–, Regierung 703
–, Religion 710, 712-713, *712*, *713*
–, Ryukyu-Inseln 724-725, *725*
–, Samurai 708-709, *709*

–, Schrift 710
–, Shintoismus 712, *712*, *713*
–, Shogunherrschaft 706-707
–, soziale Randgruppen 720-721, *720*
–, Sport 718, *719*
–, statistische Übersicht 702-703
–, Stellung der Frau 717, *717*
–, Stellung des Kaisers 703, 706, *712*, *716*
–, Taiwan 707, 1380, 1384
–, Thailand 1397
–, Tokyo 704-705, *704*, *705*
–, Tourismus 723
–, Ureinwohner 716, *716*
–, Verfassung 703
–, Vulkanismus *703*, 722
–, Wirtschaft 726-729, *726*, *728*
–, Wirtschaftsexpansion 728-729
–, Yakuza *720*, 721
–, Yamato-Epoche 706
–, Zen-Buddhismus 708, 712, 713
–, Zweiter Weltkrieg 707, *707*, 709, 725
Japan-Ibis 260
Japanische Alpen 722, *723*
Japanisches Meer 726, 1060, 1358
Japanisch-russischer Krieg 1203
Jarash *742*, 743
Jaroslav, Großfürst von Kiew 1202
Jaroslawl 1197
Jarvis-Inseln 1507
Jasna, Góra *1163*
Jasper National Park 773
Java 604, 606, 607, *607*, 608, 609, 610, 611, 612, 614, 615, 1365, 1570, *1570*
–, Kultur 608-609
Javaneraffe *903*
Javanisch 1365
Jawahar-Tunnel *599*
Jawara, Sir Dawda Kairaba 456
Jayawardene, Junius 1330
Jazirat Jarbah 920, 1435
Jazz 1548
Jeanne d'Arc 413, 434
Jebusiter 664
Jeffara-Ebene 870
Jefferson, Thomas 1550
Jelzin, Boris 1196, *1204*, 1205
Jemen 92, 730-737, 1240, *1242*
–, Bevölkerung 733, 736, *736*, *737*
–, Bürgerkrieg 736, 735
–, Erdöl 737
–, Geschichte 732, 734-735, 736
–, Islam 733, 734, 736
–, Landschaft 730-731, 733, 736
–, Landwirtschaft 730, 731
–, Regierung 733
–, Siedlung 730, 731
–, statistische Übersicht 732-733
–, Wirtschaft 737
Jemenitische Republik 1236
Jemenkrieg 1238
Jena 339
Jeréz de la Frontera 1309
Jersey 520, *520*, 521
Jerusalem 657, 659, 661, 664-665, *664*, *665*, 666, 739, 740
–, Christentum 664, 665
–, El-Aqsa-Moschee 657
–, Felsendom 657, *664*, 665, *665*

–, Geschichte 664-665
–, Grabeskirche 657, *664*, 665
–, Islam 665
–, Klagemauer 664, *664*, 665
–, Königreich 665
Jesreeltal 658, 662
Jesuiten, Paraguay 1130, *1131*
–, Südamerika 103, 1482
Jesuitenorden 1304
»Jesuitenstaat« 1130
Jesus 657, *1242*
Jethou 520
Jhelum 598, 1108, 1110
Jiang Qing 253
Jiangxi 252
Jiang Zemin 249
Jiayuguan-Paß 262
Jicaques 562
Jiddah 1236, 1238
Jilin 261
Jinismus 572
Jinnah, Mohammed Ali 1106
Jivaro 1141
João Pessoa 53
Jochenstein-Kraftwerk 1092
Jocho Yamamoto 708
Jodo 708
Jodo-Shinsu 713
Johann, englischer König 494, 498
Johann I., portugiesischer König 1177
Johann III., portugiesischer König 206
Johann III. Sobieski, polnischer König 1167
Johann VI., portugiesischer König 207
Johanna die Wahnsinnige 1086
Johannesburg 1336, 1339, 1340, *1341*
Johannes Paul II., Papst 1161, *1490*, 1491
Johannisburger Heide 1168
Johanniterorden 486, *487*, 1579
Johansen, Hjalmar 112
John Cabot 1550
John Colter 1510
John F. Kennedy International Airport, New York 1528
Johnson, Linton Kwesi 699
Johor 898, 1154
–, Straße von 1288
Jokhang-Tempel, Lhasa 294
Jolo 1154
Jolplateau 730, 731
Jom-Kippur-Krieg 92, 661, 1241
Jomolungma → Mount Everest
Jonathan, Leabua 855
Jonestown 542
Jonglei-Kanal 1351, 1353
Jordan 658, 661, 738
Jordangraben 658, *659*, 738, 741, 742, *742*
Jordanien 622, 658, 666, 738-743
–, Bevölkerung 740, 741, 742, *742*, *743*
–, Geschichte 738-739
–, Industrie 742
–, Israel 739
–, Landschaft 738, 741, 742
–, Landwirtschaft 742, *742*
–, Politik 740, 741
–, Regierung 740-741
–, Religion 742
–, statistische Übersicht 740-741
–, Tourismus 743
–, Unabhängigkeit 739
Jordantal 128, 385
Jorullo 958

Josplateau 1050, 1051
Joũniyé 864
Joyce, James 643, 648
Juan Carlos I., spanischer König 1300, *1304*, 1306
Juan-Fernández-Inseln 234, 1415
Juárez, Benito 953
Jubayl 858
Juda, Löwe von 124
Judäa 658, 666, *742*
Juden 177, 344, 494
–, Algerien 36
–, Belgien 177
–, Diaspora 664
–, Einwanderung in USA 1536
–, Israel 657, *657*, 660, *664*, 666, *667*
–, Jemen 734
–, Jordanien 738, 739
–, Libyen 872
–, Marokko 919
–, Polen 1165
–, Prag 1165
–, Syrien 1376
Judentum 657
Judenverfolgung 660
Jüdisches Museum, Berlin *342*
Jufrah-Oasen 870
Jugoslawien 744-751, 829
–, Autonomiebestrebungen 744-745
–, Bürgerkrieg 199, 744, 745
–, Geschichte 744, 745, 746-747, 746, 747, 748-749
–, Montenegro 750-751
–, Politik 744-745
–, römische Herrschaft 746, *747*
–, Serbien 748-749
–, slawische Reiche 746, 747
–, Staatsgründung 747
–, statistische Übersicht 744-745
–, Türkenherrschaft 747, *747*
–, Wirtschaftskrise 744-745
Jugurtha, Numider-König 1430
Julianatop 1364
Julische Alpen *1295*
Julius II., Papst 691
Juneau 1525
Jung Bahadur 998
»Junge Revolutionäre«, Komoren 818
»Junge Tunesier« 1431
Jungferninseln 84, 1507
–, Bevölkerung 526, 1556, 1557
–, Britische 526-527, *526*, *527*
–, Geschichte 526, 1556
–, Natur 1556
–, US-amerikanische 526, *527*, 1556-1557, *1557*
Jungfrau *40*
Jungindonesier 1152
Juniyah 864
Jura *411*, 418
–, Kanton 1262, 1268
Jurjurah-Massiv 36
Júrmala 856, *857*
Jurte 975, 976, 977, *977*
Justinian I., byzantinischer Kaiser 676, 1444, *1445*, 1446
Jute, Bangladesch 161
–, Indien 579
Jüten 494
Jütland 306, *307*, 310

K

K2 550, 1108
Kaaba 1242, 1244, *1244*

»Kabaka« 1460
Kabalegafälle 1462, *1463*
Kabalo 824
Kabbah, Ahmad 1279
Kabila, Laurent-Désiré 821
Kabre 1408, 1409
Kabuki-Theater 718, 719
Kabul 3, 8
Kabul-Fluß 8
Kabus Ibn Said, Sultan 1076, 1077
Kabylei 36, 920
Kabylen 36, 920, *921*
Kachin 983, 984, 989
Kádár, Janos 1470, 1471
Kadscharen 635
Kadschuken 626
Kafaristan 7
Kaffa 129
Kaffee, Äthiopien 129
–, Brasilien 220
–, Burundi 232
–, Costa Rica 299
–, Côte d'Ivoire *304*, 305
–, El Salvador 379, *379*
–, Kenia 800
–, Kolumbien 812, *813*
–, Ruanda 1187, *1187*
–, Tansania 1390
–, Togo 1409
Kaffernadler *1392*
Kafka, Franz 1427
Kafue 1228
Kafue-Park 1228
Kahnschnabel *1497*
Kaieteurfall 544
Kaifeng 272
Kailas 295, 552
Kaiman 1496, *1497*
Kairo 13, *14*, 16, 18, *18*, 19, *19*, 20-21, *20*, *21*, 26, 926
–, Ägyptisches Museum 26
–, Al-Azhar-Universität 20-21, *20*, *21*
–, Ibn-Tulun-Moschee *16*
–, Islamisches Museum 13
–, Koptisches Museum 13, 26
–, Stadtplan 19
Kairouan 920, *1436*
Kaiserkanal (→ Großer Kanal) 270
Kaiserpinguin 68, *73*
Kaiserslautern 330
Kaiser-Wilhelm-Land 1125
Kakaki 912
Kakadu *141*
Kakao, Côte d'Ivoire *304*, 305
–, Ghana 460
–, São Tomé und Príncipe 1235
–, Togo 1409
Kakhetia 459
Kakwa 1461
Kalabrien 671, 678, 679, 682, *683*, *687*, 688
Kalabscha 26
Kalahari 200, 992, *1343*
Kalaharibecken 64, 200, 994, 1282, 1342
Kalash 1113
Kaledonische Faltung 1250
Kalenjin 799, 800
Kalgoorlie 135, 150
Kalifornien 1508, *1530*, 1551
–, Golf von 956
Kalima 822
Kalimantan 222, *223*, 606, 607, 610, 611, 612, 891, 900
Kalinga *1154*, 1155
Kalmarer Union 306, 1064, 1065, 1247
Kalmücken 974
Kältepol 111
Kalunga, Festung 1004
Kalypso 914
Kamakura 706, *713*

Kamaran-Inselgruppe 733
Kambalda 135, 150
Kambodscha 752-759, 849, *1397*, 1404, 1562, 1568
–, Angkor Vat 758-759, *758, 759*
–, Bevölkerung 756, *756*
–, Bewässerung 756, *756, 757*
–, Bürgerkrieg 753, 754
–, Geschichte 752-753, *755*, 758
–, Landschaft 756-757
–, Pol-Pot-Regime 754-755
–, statistische Übersicht 754-755
–, Vietnam 755
–, Wirtschaft 756, *756, 757*
Kambra 800
Kambrisches Gebirge 514
Kamčija 227
Kamenew, Lew 1204
Kamerun 452, 760-765, 1419
–, Bevölkerung 762, 764-765, *764, 765*
–, Erdöl 763
–, Geschichte 760
–, Landschaft *761, 762, 762*
–, Politik 761
–, Religion 764, *764, 765*
–, Städte 765
–, statistische Übersicht 760-761
–, Vulkanismus 762, *762*
–, Wirtschaft 762-763, *762*
Kamerunberg 762
Kamerunlinie 91, *762, 762*, 1234
Kami 712
Kamikaze 709
Kaminaljuyú 532
Kamloops, Becken von 770, 771
Kammu, Kaiser von Japan 710
Kamo 710, 711
Kamorta 595
Kampala 1460, *1460*, 1462
Kampanien 671
»Kampong« 891, 1288, 1289
»Kampuchea Krom« 753
Kamtschatka 112
Kana 710
Kanaanäer 664
Kanada 110, *115*, 766-785
–, Bergbau 770, 780, 781
–, Bevölkerung 774-775, 778, 784-785
–, Bildungswesen 768, 769
–, Erschließung 776, *777*
–, Gerichtswesen 768
–, Geschichte 776-777
–, Indianer 774, 775
–, Klima 770-771
–, Kultur 778
–, Landschaft 770-771, 772-773, 780
–, Nationalparks 772-773
–, Parteien 768
–, politische Gliederung 767, 768, *769*
–, Regierung 768-769
–, Sankt-Lorenz-Strom 782-783
–, Städte 784-785
–, statistische Übersicht 768-769
–, Vegetation *770*, 771
–, Verfassung 768, *777*
–, Wildnis 772-773
–, Wirtschaft 767, 770, 771, 778, 779, 780-781
Kanadagans 773
Kanadischer Archipel 111, 112
Kanadischer Schild 314, *770*, 771
Kanaken 446, 447, *447*

Kanalinseln 520-521, *520*
Kanalküste 431
Kanaltunnel 496, 497
»Kanalwasserstreit« 1110
Kanarische Inseln *1301*, 1316, 1320-1323, *1320, 1321, 1322, 1323*
–, Bevölkerung 1322, *1323*
–, Geologie 1320
–, Geschichte 1322, *1323*
–, Klima 1320, *1320, 1321, 1323*
–, Tourismus *1322*, 1323
–, Vegetation 1321
–, Vulkanismus 1320, *1321*
–, Wirtschaft 1323
Kandazan 896
Kandy *1329*
Kanem, Großreich 1046, *1052*, 1416
Kanem-Bornu 1046
Kangra, Tal von 583
Känguruh 140, *140, 141*
Kangwane 1337
Kang-won-do 1061
Kangxi, chinesischer Kaiser 251
Kankan Mussa 908
Kansas 1514, 1530, *1531*
Kansas City 1528
Kantabrien 1317
Kantabrisches Gebirge 1316, *1316*
Kantara 1578
Kantone, Schweiz 1260, 1262-1263
Kanuri 1044, *1052*, 1053, 1418
Kaokoveld 995
Kap der Guten Hoffnung 1234, 1333, 1336, *1337*
Kapelle 867
Kapetinger *412*, 413
Kapfenberg 1097
Kap Hoorn 234, 239
Kapitanate 206
Kapitol, Washington D. C. 1513
Kapketten 1342
Kap-Kolonie 1280, *1337*
Kapland 993, *1341*
Kapmalaien 1339
Kapprovinz 1336, 1337, *1340*, 1341, 1343
Kapruner Tal 1095
Kapstadt 1336, 1339, *1339*, 1340, 1342
Kapuasgebirge 900
Kapuzineraffe *1497*
Kap Verde 540, 786-787, *786, 787*
–, Geschichte 786-787
–, Landschaft 786, *787*
–, Politik 787
–, statistische Übersicht 786-787
–, Wirtschaft 787
Kapverdische Inseln 1174
Kapwepwe, Simon 1227
Kap York 136, 138, *139*
Kap-York-Halbinsel 150
Kara-Bogas-Gol 1456
Kara-Burun-Hügel 1444
Karak 743
Karakalpaken 1486
Karakorum, Gebirge 254, *255*, 290, 550, *555*, 792, 1108
Karakorum, Stadt 970, 974
Karakorum Highway, Pakistan 1109
Karakum-Kanal 1456, *1457*
Karakum-Wüste 1456, *1457*
Karamanlis, Konstantin 470
Karamodjong *1462*, 1463
Karaoke 719
Karasee 110

Karatschi 1106, 1113
Karawanenstraßen *873*, 1216
Karbala 624, *625*
Kardamomberge 756
Kardinalvogel *773*
Karelien 1246
Karen 984, *986*
Kare sansui 714
Kariba-Stausee 1229, 1283
Kariben 84-85, 360, 361, 466, 526, 1218, 1220, 1222, 1492, 1493, 1556
Karibische Inseln → Große Antillen, Kleine Antillen
Karibisches Meer 84, *84*, 440, 808, 812, *812*, 954, *1218, 1219*, 1492, 1495, 1496
–, Große Antillen 82
–, zentralamerikanische Küste *297*, 301, 558, 1020, *1119*
Karifs 184
Karimow, Islam A. 1487
Karisimbi 1186
Karl I., der Große, Kaiser 60, 322, 350, 354, *355*, 413, 676, 1476
Karl I., englischer König 495
Karl I., spanischer König 1304
Karl II., englischer König 496
Karl II., spanischer König 960, 1305
Karl III., Fürst von Monaco 969
Karl III., spanischer König 1310
Karl IV., Kaiser 350, 878, 1420, 1426, *1427*
Karl V., Kaiser 104, 178, *434*, 435, 914, 1086, 1299, 1304, 1493
Karl VI., Kaiser 875, 1087
Karl VII., französischer König 413
Karl VIII., französischer König 686
Karl XVI. Gustav, schwedischer König 1248
»Karlisten« 1305
Karl-Marx-Stadt 338
Karlsbad 1424, *1424*
Karlsbrücke, Prag 1420-1421, 1426
Karlsburg 1190
Karlsruhe 325
Karlstad 1253
Karlsuniversität, Prag 1426
Karmal, Babrak 4
Karmel 658
Karmelküste 658
Karnak 26, *27*
Karneval 88, 89
Kärnten 1095, *1095*
Karolinen 960, 1100, 1116
Karolinger 350
Karoo 1342, 1343
Karpaten 1168, *1169, 1189*, 1192, 1292, 1472
Karpatenvorland 1085
Karpato-Ukraine 1421, 1469
Kars 1445
Kartala 819
Karthago 32, 1302, 1430, 1434, *1434*
Karume, Abeid Amani 1389
Karwendelgebirge 1094
Karyaí 488
Kas 1451
Kasachen 268, 269, 791, 974, 1457, 1486
Kasachische Schwelle 790
Kasachstan 788-791
–, Bevölkerung 791, *791*
–, Geschichte 788-789

–, Landschaft 790
–, statistische Übersicht 788-789
–, Wirtschaft 790, 791, *791*
Kasai 821
Kasbah 924, *925, 927*
Kasbek 459
Kaschau 1293
Kaschmir 566, 598-599, *598, 599*, 600, *600*, 792-793, *792, 793*, 998, 1104, 1105, 1107
–, Bevölkerung 598, *792, 793*
–, Geschichte 792-793
–, Landschaft 598
–, Religion 598, *793*
–, Tourismus 599
–, Wirtschaft 598, 599
Kaschmirhimalaya 586
Kaschmiri *792*
Kaschmir-Konflikt 552, 566, *792, 793, 793*
Kasimir IV., polnischer König 1164
Kaskadengebirge 1520, 1522
Kaspische Senke 790
Kaspisches Meer 122, 638, 640, *641*
Kassala 1350
Kassel 325, 358
Kastelli 487
Kastenwesen, Indien 565, 572, 581
–, Nepal 1002
–, Sri Lanka 1328, 1330
Kastilien 1086, 1176, 1304, *1311*, 1316
Kastilisches Scheidegebirge 1182
Katalanen 426, 1312, 1318
Katalonien 1303, 1307, 1314, *1315*, 1316, 1317
Katamaran *397*, 1102
Katana 708
Katanga 64, 821
Katar 82, 794-795
–, Bevölkerung 794, 795
–, Erdöl 794, *795*
–, Geschichte 794
–, Landschaft 794, *795*
–, statistische Übersicht 794-795
–, Wirtschaft 794, 795
Katchall 595
Katharina II., die Große, russische Zarin 856, *1202*, 1203
Katmai National Park 1525
Katmandu 10, 553, 556, 998, 1000, *1001*, 1002, 1003, *1003, 1004*
–, Tal von 556, 998, 1000, 1002
Katsura 710
Katsura Rikyu, Kyoto 715
Katta *886*, 887
Kattegat *307*
Kattowitz 1170
Katzenmaki *886*, *886*
–, Gabelstreifer *887*
–, Mittlerer *887*
Kaub 333
Kaukasien, Armenien 120-121
–, Aserbaidschan 122-123
–, Georgien 458-459
Kaukasier, Hongkong 284
Kaukasus 120, 122, 458, *459*, 1198
Kaunda, Kenneth D. 1226, 1227
Kautschuk 894
Kautschukboom 50, 53
»Kautschukkrieg« 191
Kavaratti 595
Kawahla *1352*
Kawm Umbu 24
Kayagum 1363
Kazantzakis, Nikos 486

–, Landschaft 790
–, statistische Übersicht 788-789
–, Wirtschaft 790, 791, *791*
Kefallinia 484
Keiankyo 710
Keihin-Region 726
Keita, Modibó 908
Keitschou, Hochland von 257
Kékes 1472
Kekkonen, Urho Kaleva 400
Kelang 893
Kelten 412, 492, 494, 646, 674, 1302
Keltiberer 60, 1302
Kel Ulli 1217
»Kemalismus« 1440, 1443
Kempenland 175, 177
Keneally, Thomas 145
Kenia 796-801, 802, 803, 1081, *1081*, 1297, 1386, 1387
–, Bevölkerung 798, *798*, 799, *799, 800*, 801
–, Geschichte 798-799
–, Industrie 800
–, Klima 797
–, Landschaft 796
–, Landwirtschaft 800, *800*
–, Naturparks 797
–, Politik 799
–, Religion 798, 800
–, statistische Übersicht 798-799
–, Tierwelt 797
–, Tourismus 796, 797, 800
–, Tribalismus 800
–, Viehzucht 800, *800*, 801
Kenitra 923
Kennedy, John F. 1544
Kennedy Space Center 1516
Kentucky 1516
Kenya, Mount 796, 800, 1081
»Kenya African National Union« (KANU) 799
Kenyatta, Jomo 799
Kepler, Johannes 1426
Kerala 572
Kerbtal *1073*
Kérékou, Mathieu 186, 187
Kerenskij, Alexander F. 1208
Kerguelen 68, *68*, 69
Kergulen 970
Kerinci 610
Kermadec-Inseln 1007, *1019*
Kermanshah 626
Kerouac, Jack 1548
Kerry 643
Ketchua 56, *56, 59*, 195, 196, 240, 1136, *1138*
–, Sprache 190, 1134, 1138
Khabour 1374
Khaibarpaß 10-11, *11*, 1109
Khajuraho 582
Khalcha 1073
Khalij al-Hammamat 1434
Khalij as-Sirt 870
Khalq 4
Khanif 924
»Kharif« 579
Khartoum 1210, 1347, 1350, 1351
Khirokitia 1576
Khmer 752, 1404, *1404*, 1405, 1568
Khmer-Reich 752, *756*, 758, 1404, 1562
Khoi-Khoin 1336, 1338, 1339
Khon-Pantomime 1405
Khoratplateau 756, 1398, *1399*
Khulna 167
Khumbu *1000*
Khuribgah 923
Khusestan 640
Kibbuz, Israel 662-663, *663*
Kiefer, Gemeine *61*
Kiel 335, *335*

1597

Kieler Förde 335
Kieslowski, Krzysztof 1161
Kiew 1202, *1465*, 1466, *1467*
»Kiewer Rus« 1202, 1206, 1466, 1573
Kigali 1187
Kiko Kashima *707*
Kikuyu 799, 800
Kilimandscharo 797, 1081, 1386, *1389*
Kimberley 1336
Kim Dae Jung 1059, 1356
Kim Il Sung 1058, 1061, 1362
Kim Jong Il 1058
Kim Young Sam 1356
Kinabalu, Mount 891, 900, 902
King, Martin Luther 1257, 1542, *1542*
Kingman Reef 1507
»King's African Rifles« 1461
Kingston 695, *698, 699*, 783, 784
»Kingston Industrial Estate« 695
Kingstown 1222, *1222*
Kinkakuji-Tempel, Kyoto *711*
Kinshasa 821, 823, 824
Kiore 1016
»Kiptschak«, Chanat der 970
Kirchberg, Luxemburg *879*
Kirchenstaat 677, 1490
Kirgisen 805, 1486
Kirgisien → Kirgisistan
Kirgisistan 6, *7*, 366, 804-805, *805*
–, Bevölkerung 805, *805*
–, Geschichte 805
–, Landschaft 804
–, statistische Übersicht 804-805
–, Wirtschaft 804, 805, *805*
Kiribati 806-807, *807*, 1101, 1459
–, Geschichte 806-807
–, Klima 806
–, Landschaft 806, *807*
–, statistische Übersicht 806-807
–, Wirtschaft 806
Kirkjubøur 313
Kirkuk 626, *628*
Kirman 639
Kirow, Sergej M. 1209
Kirtipur *1001*
Kiruna 1252, *1252*
Kisalföld 1472, *1473*
Kisangani 824, *824*
Kissi 538, 867
Kissinger, Henry 661
Kiszczak, General 1163
Kitajgorod 1206
Kitega 232
Kitwe 1229
Kitzbühel 44
Kiwi 1016, 1017, *1017*
Kizkalesi 1451
Kjöl 1250
Klagenfurter Becken 1095, 1096
Klaipeda 1099, *1099*
Klammeraffe *301*
–, Schwarzer *1497*
Klappmütze *116*
Klarälv *1253*
Klassizismus 433
Klaus, Václav 1425
Klausenburg 1190
Kleinasien (→ Türkei) 475, 482, 634, *1441*, 1448, 1579
Kleine Antillen 84-87, *84, 85*, 1494
–, Antigua und Barbuda 80-81
–, Barbados 170-171
–, Bevölkerung 84-85, 88

–, Britische Jungferninseln 526-527
–, Dominica 360-361
–, Geschichte 84
–, Grenada 466-467
–, Guadeloupe 438-439
–, Inseln über dem Winde 86-87
–, Kultur 88-89
–, Martinique 440-441
–, Natur 84, *84*
–, Niederländische Antillen 1040-1041
–, Saint Kitts-Nevis 1218-1219
–, Saint Lucia 1220-1221
–, Saint Vincent und die Grenadinen 1222-1223
–, Trinidad und Tobago 1414-1415
–, statistische Übersicht 810-811
–, Tierwelt 812
–, US-amerikanische Jungferninseln 1556-1557
Kleine Fatra 1292
»Kleine Meerjungfrau« *308, 308*
»Kleiner Norden«, Chile 238, 239
Kleiner Panda *261*
»Kleiner Süden«, Chile 238, 239, *240*
»Kleines Fahrzeug«, Buddhismus 988
Kleine Ungarische Tiefebene 1085
Kleinpolnische Hochfläche 1168
Kleinseite (Malá Strana), Prag 1426
Kleist, Heinrich von 332
Kleopatra VII. 16, 26
Klerides, Glafkos 1577
Klerk, Frederick Willem de 1335
–, Michel de 1038
Klisura 229
Klondyke 780
Klong 1402, *1402*
Klopeiner See 1095
Klosterneuburg 1092
Knarre *654*
Knobelsdorff, Georg Wenzeslaus von 354
Knoblauch *421*
Knock 646
Knokke 182
Knossos *486*, 487
Knox, John 495
Koala 140, *140*
Kobe 720, 726
Koblenz 330, 332
Kodiak 1524
Koestler, Arthur 701
Kohat 1109
Kohl, Helmut 352, 353
Kokain 193
Kokand 805, 1486
Kokosnuß 1459, *1459*
Kokos-Platte *958*
Kokris 482
Koksu *1378*
Kokuryo 1362
Kolchis-Tiefland 458
Kolingba, André 1574
Köln 317, 322, 330, *331*, 332, 333, 356
Kölner Bucht 320
Kologhli 872
Kolonia 960
Kolosseum, Rom 672, *672*
Kolossi 1579
Kolugo 902, *902*
Kolumbien 54, *54*, 58, 59, 808-817, 1492, 1493, 1494, 1495, 1496
–, Bevölkerung 808, 810, 811, *811*, 814-815, *814, 815*, 816

–, Bildung 810, 811
–, Bodenschätze 813
–, Bürgerkriege 809
–, Drogenhandel 810, *811*, 813
–, Geschichte 808-809, 816, *816*, 817, *817*
–, Gold 816-817
–, Industrie 813
–, Klima 812
–, Kultur 814-815
–, Landschaft 808, 812
–, Landwirtschaft 812-813
–, Parteien 810
–, Regierung 810
–, Religion 811
–, Sport 814
–, statistische Übersicht 810-811
–, Tierwelt 812
–, Wirtschaft 810, 812-813, *812, 813*
Kolumbus, Christoph 82, 84, 86, 88, 156, 296, 362, 438, 440, 442, 466, 526, 694, 776, 809, 834, 1022, 1218, 1220, 1222, 1304, 1414, 1492, 1540, 1550, 1556
Komatsu 726
Kommunisten, China 248-249, 252-253, *1380*, 1384, *1385*
–, Indochina 753, 1562
–, Jugoslawien 747
–, Kambodscha 753, 754-755
–, Laos 847
–, Mongolei 971, *971*, 972, 973
–, Nordkorea 1058
–, Philippinen 1147
–, Vietnam 1564, *1564*, 1565, *1565*
Kommunistische Partei, Albanien 28
–, China 248
–, Frankreich 411
–, Griechenland 470
–, Kuba 832
–, Vietnam 1564
»Kommunistische Streitkräfte Kolumbiens« 810
Komodo 611
Komodowaran *1570*
Kom Ombo 24
Komoren 818-819, *818, 819*
–, Bevölkerung 818, 819, *819*
–, Geschichte 818
–, Landschaft 818, 819
–, statistische Übersicht 818-819
–, Wirtschaft 818
Konaré, Alpha Oumar 909
Kondor 55, 56
»Konferenz der Blockfreien Staaten« 1059
»Konföderierte Staaten von Amerika« 1551
Konfuzianismus, China 247, 250, 264
–, Hongkong 281, 284
–, Japan 701, 712
–, Südkorea 1359, 1362, *1363*
Kongo, Demokratische Republik *64*, 232, 820-823, 825, 826, 827, 1226, 1353
–, Bevölkerung 821, 822, *822*, 823, *823*
–, Geschichte *820*, 821
–, Klima 822
–, Landschaft 822
–, Politik 821
–, Regenwald 822, *822*, 824
–, statistische Übersicht 820-821
–, Wirtschaft 822-823
Kongo, Republik 452, 821, 826-827, *826*, 827
–, Bevölkerung 827

–, Geschichte 826
–, Landschaft 827
–, Politik 827
–, statistische Übersicht 826-827
–, Wirtschaft 827, *827*
Kongobecken 64, 822, 824, *824*, 827, 1575
»Kongo-Brazzaville« 826
Kongo (Fluß) 232, 824-825, *824*, 826, 827, *827*, 1043
»Kongolesische Arbeiterpartei« (PCT) 827
»Kongreßpolen« 1165
»Königreich der Serben, Kroaten und Slowenen« 198, 747, *747*, 748, 750
Königsbuch 631, 636, *636*
Königsee 321
Königskobra 902
Königskordillere, Bolivien 194
Konstantin I., der Große, römischer Kaiser 664, 665, *674*, 746, 1490
Konstantinische Schenkung 1490
Konstantinopel 477, 1444, 1446
»Konstitutionelle Demokratische Sammlungsbewegung«, Tunesien 1432
Kontinentalverschiebung *77*
Konvergierende Evolution 48
Konya 1445, *1453*
Konya-Becken 1448
Kopenhagen 307, 308-309, *308, 309*, 310, *311*
–, Geschichte 308-309
–, Stadtplan *309*
Koppeh Dagh 1456
Kopra *393*, 930, *961*, 1231, 1411
Kopten 24
Korallen 142, 906, *906*, 907, *907*
Korallenatolle 907, 931
Koran 657, 1242, 1243, 1244
Kordilleren 780
–, Kanada 770, 774
–, Nordamerika 956
–, Zentralamerikanische 298, 378, 530, 558, 1020
Korea (→ Nordkorea, Südkorea)
–, Japan 706
–, Mongolei 970
Korea-Becken 61
Koreakrieg 1061, *1357*, 1357, 1397, 1553
–, Australien 137
Koreaner 720-721, 1358, 1362, 1363
–, Japan 720-721
Koreakrieg 1061, 1358
Koreanische Halbinsel 1058, 1060, *1357*, 1358, 1362
Koreanische Schrift 1358
Korfu *478*, 483, 484
Korinth 474, *481*
–, Golf von *481*
–, Isthmus von *481*
–, Kanal von *481*
Korkeiche 1180, *1180*
Koroma, Jonny 1279
Koror 1116, 1117
Korsika 426, 436-437, *437*, 680
Koryo-Dynastie, Korea 1363
Kosaken 1466
Kosciusko, Mount 138
Kościuszko, Tadeusz *1164*
Kosice *1293*
Kosovo 745, 748, 749
Kosovo-Albaner *749*
Kosrae 960, 960
Kossuth, Lajos 1477
Kostow, Iwan 225

Kotor 750
Kountché, Seyni 1043, 1044, 1045
Kourion 1579
Kourou 442
Kovać, Michal 1293
Kowé, afrikanischer König 452
Kowloon 280, *283*, 284, 286, 287
Koxinga, chinesischer General 1384
KPdSU 1205
Kra, Isthmus von *1397*
Krabbenfresser-Robben *73*
Krajina 830
Krakatau 610, *611*
Krakau 1160, *1165*, 1166, *1166*
Kran 867
Kranich *1273*
Kranjska Gora 199
Kreml, Moskau 1206, *1207*
Krems 1092, *1093*
Kreolen 184, 1278, 1492, 1493
–, Bolivien 194
–, Chile 240
–, Ecuador 375
–, Französisch-Guyana 442
–, Kolumbien 809, 814
–, Suriname 1365
–, Venezuela 1492, 1498
Kreta 471, 474, 475, *479*, 481, 482, *483*, 484, 485, 486-487, *486, 487*
Kreuz des Südens 131
Kreuzfahrer 16
Kreuzritterreich 1451
Kreuzzüge 665, 1369
Kricket 88, 89
»Krieg der 1000 Tage« 809
Krill 72, *69*, *73*
Krim 1466, 1579
Krimkrieg 1188
Krishna *573*
Kroaten 198, 199, 746, 748, 830
Kroatien 745, 747, 748, 749, 828-831, *830*, 831
–, Bevölkerung 830
–, Bürgerkrieg 831, *831*
–, Geschichte 830
–, statistische Übersicht 830-831
Krokodil 141, *903*
Krokus 61
Kronstadt 1189, 1190
Kronstädter Aufstand 1208, 1209
Kru 304, 867
Kruger, Paulus *1336*
Krüger-Nationalpark 1343, 1344-1345, *1344*, *1345*
Kruschwitz 1164
Krusenstern, Adam Johann 1018, 1100
KSZE 398
Kuah *901*
Kuala Lumpur 891, *893*, 899, *901*, *901*
Kuah 63, 82, 466, 832-839, 1305
–, Angola 63
–, Äthiopien 126
–, Bevölkerung 832, 833, 836, 838, 839
–, Bindung an UdSSR 832, 835
–, Einwanderung in USA 1540, *1541*
–, Geschichte 834-835, 838, 839
–, Havanna 838-839
–, Klima 836
–, Kultur 838, 839
–, Landschaft *833*, 836
–, Regierung 832

–, Revolution 834-835
–, statistische Übersicht 832-833
–, Verfassung 832
–, Wirtschaft 832, 834, 835, 836-837
Kubaner 1536
Kubanische Revolution 834-835
»Kubanisches Modell« 833
Kubismus 433
Kubitschek, Juscelino 207
Kublai Khan 250, *251, 272*, 970, 971
Kubrick, Stanley 1549
Kučan, Milo 1295
Kudu *1345*
Kuei-lin 257
Kufrah 870, 1210, 1212
Kuge 706
»Kukri« 1005
»Kulams« 1325
Kulha Gangri 188
Kulturrevolution 253, *253*, 266, 274, 289, 294
Kulu, Tal von 583
Kumamoto, Suizenji-Park 714
Kumaratunga, Chandrika Bandaranaike 1327
Kumasi 464
Kumaunhimalaya 586
Kumbrisches Bergland 512
Kummerower See 335
Kumyß 976
Kun, Bela 1477
Kunashiri 724
Kungsholmen 1254
Kunlun 254, 255, 256, 290, 291
Kunming 257
»Kupfergürtel« 1226, 1228, 1229, *1229*
Kura 122, 458
Kura-Aras-Niederung 122
Kurchirindenbaum 983
Kurden 120, 623, 624, 625, *625*, 626-627, 638, 742, 1376, 1377
–, Geschichte 626-627
–, Irak 623, 624, 625, *625*, 626, 627
–, Iran 626, 638
–, Lebensweise 626
–, Syrien 1376
–, Türkei 626
–, Unabhängigkeitsbewegung 626-627
Kurdische Arbeiterpartei 1443
Kurdistan *623*, 626, *627*, 638, 1376, 1448
Kurdukai (Kadschuken) 626
Kurfürsten 350
Kuria-Muria-Inseln 1076
Kurilen 716, 724, *725*
Kurisches Haff *1099*
Kurland 856
Kuron, Jacek 1162
Kurosawa, Akira *706*, 718
Kursk 1197
Kusch 1346
Kuschiten, Kenia 800
Kushan-Dynastie 2
Kuskus 1571
Kusnezk 1196
Küstenkette (Coastal Ranges) 1522
–, Chile 238, 239
–, Ecuador 374
–, El Salvador 378
–, Venezuela 84, 1496
Küstenseeschwalbe *116*
Kut al Amara (Al Kut) 622
Kutch 1108
Kutschma, Leonid D. *1197*, 1465

Kuwait 92, 622, 840-843, 1079, 1244
–, Bevölkerung 840, 841
–, Erdöl 840, 842, *842, 843*
–, Geschichte 840
–, Golfkrieg 842
–, Irak 841
–, Landschaft *841*
–, Regierung 840, 841
–, statistische Übersicht 840-841
–, Wirtschaft 840, 842
Kuwait City 840
»Kuwait Oil Company« 842
Kwa 867
Kwajalein 930, 931
KwaNdebele 1337
Kwänen 1067
Kwangju 1356
Kwasniewski, Aleksander 1163
KwaZulu 1337, 1338
Kwele 454
Kyffhäuser 339, 354, 355
Kykko 1579
Kykladen 484, *484*
Kyme, Schlacht von 674
Kymrisch 492, 514
Kyogasee 1462
Kyoto 704, 706, *709*, 710-711, *710, 711, 712*, 720
–, Geschichte 710, *710, 711*
–, Stadtplan *710*
–, Zen-Gärten 715, *715*
Kyprianou, Spyros 1577
Kyrenia 1578, *1579*
Kyreniagebirge 1578
Kyrgyzstan → Kirgisistan
Kyrillische Schrift 747, 829
Kyros II., König von Persien 631, 634, 636
Kysylkum 1486
Kyushu 722, 726

L

La Baule 431
Labour Party, Großbritannien 497, 510
–, Irland 644
–, Neuseeland 1009
Labrador 783
Lacalle, Luis Alberto 1480
Lacandones-Indianer 956
Lachine-Kanal 782
Lachine-Stromschnellen 782
Lachlan 138, 148
La Condamine 968
»La Cumbia« 814
Ladakh 552, 600-601, *600, 601, 793*
La Désirade 438
La Digue 1277, *1277*
Ladiner 42
»Ladinos« 534
Ladogakanal 1099
Ladysmith *1336*
La Fontaine 417
Lagerfeld, Karl *428*
Lago de Atitlán 530
Lago de Enriquillo 362
Lago de Ilopango 378
Lagos 1047, *1050*, 1051, 1053, 1055
La Goulette 1434
Lagting 313
Laguna de Bay 1156
Lahn 325, 332
Lahneck *333*
Laíno, Domingo 1128, 1129
La Isla Mujeres *955*
Lake Clark National Park 1525

Lake District *513*
Lake Ithaka 1518
Lake Mead 1520
Lakkadiven 594, *594*
Lakon-Tanz 1405
Lakshadweep 594, *594*, 595
La Laguna 1322
Lalibela 124, *128*
Lama 55, 57, *57*
Lamaismus 189, *189*, 292, 294-295, 552, 597, 600, 601, 1002
–, Mongolei 971, 972
La Mancha 1299
La Marsa 1434
Lamayuri 601
Lambaréné 453, *454*, 455
Lambertgletscher 70
Lämmergeier *40*
»Lancaster-House-Konferenz« 1281
»Lancaster-Verfassung« 1281, 1283
Lan Chang 846
Landsgemeinde 1261
Landshut, Fürstenhochzeit 322
»Land Wars« 1015
Landwirtschaftliche Produktionsgenossenschaften (LPGs) 347
»La Negrita« 300
»Langer Marsch« 252, *252*, 1385
Langkawi-Inselgruppe 901
Lango 1463
Langobarden 322, 676, 1490
Languedoc 413, 426
Languedoc-Roussillon 420, 423
Lantao 281, 284
Lanzarote 1320, 1321, 1322, *1322, 1323*
Lao 846, 852
»La Occidental«, Paraguay 1132
»Lao Issara« 847
»La Oriental«, Paraguay 1132
La Oroya 1143
Laos 752, 758, 846-853, *1397*, 1401, 1562
–, Bevölkerung 852-853, *852, 853*
–, Bürgerkrieg 847, 853
–, Geschichte 846-847
–, Klima *849*, 850
–, Kolonialherrschaft 846-847
–, Kultur 852-853
–, Landschaft *849, 850, 853*
–, Regierung 848
–, Religion 852, *852*
–, Sozialismus 848-849
–, Sprache 853
–, Städte 852
–, statistische Übersicht 848-849
–, Unabhängigkeit 847
–, Wirtschaft 850, *851*
»Laotische Revolutionäre Volkspartei« (LRVP) 847
La Palma 1320, *1320*, 1321, 1322, *1323*
La Paz 190, 192, 194, 195
La Pérouse, Jean-François 1100
La Plata 102
–, Rio de 98, 104, 191, 1132, *1481*, 1482, 1484
La-Plata-Länder → Argentinien, Paraguay, Uruguay
Lappen 114, 115, 1066, 1248-1249, *1251*
Lappland 115, 405
»La Prensa« 1025
Laptevsee 110

La Rioja 96, 103
Larnaka 1578, *1579*
»La Rural« 106
Larvensifaka, Coquerels *887*
–, Verreaux's *886*
La Salle, Sieur de 1518
Lascaux 412
La Soufrière, Guadeloupe 438, *439*
–, Saint Vincent 1222
Las Palmas de Gran Canaria 1322
La Spezia *688*
Las Piedras 1482
Las Vegas 1520, 1521, *1521*, 1547
Latakia 1374, *1377*
Lateiki 1412
Latein 1302
Lateinamerika 94, 98, 103, 542, 1130
Lateinische Schrift 746, 829
Lateranverträge 1490
Laterna Magica 1429
Latifundien 375
Latiner 674
Latium 671, 679
Latrobe Valley 134, 151
Laura 930
Laurasia 77
Lausanne 1268
Lausitz 338
Lausitzer Bergland 321
Lausitzer Neiße 338
Lavalleja, Juan Antonio 1483
Lavaux *1269*
Lavendel *421*
La Vérendrye *777*
Lawrence, T. E. (Lawrence von Arabien) 1372
Lawson, William 136
Laxness, Halldór 650
Lazen 1443
Leakey, Louis 802, *802*
Leakey, Richard 803
Lebomboberge 1342, 1366
Lebowa 1337
Lechfeld, Schlacht auf dem 1476
Lederschildkröte 902, *903*
Leeds 513
Lee Kuan Yew 1287
Leeward Islands 84, 1218
Legalismus 264
Legaspi, Miguel López de 1156, 1157
Legong-Tanz 609
Leh 600, *600*
Lehar, Franz 199
Leichhardt, Ludwig 137
Leiden 1036
Leinegraben 321
Leipzig 317, 338, 358
Leipziger Bucht 320
Lekhanya, Justin 855
Lem, Stanislaw 1161
Lemuren 884, 886, 887
Lenca 382, 562
Lenin, Wladimir Iljitsch 1204, *1204*, 1207, 1208, 1209, 1268
Leningrad → Sankt Petersburg
Lenin-Werft, Danzig 1162, 1164, 1171
Lenkoran, Tiefland von 122
Leo III., Papst 676
Leo IV., Papst 1491
León, Nicaragua *1021*, 1022
–, Spanien 1176
Leonardo da Vinci 416, 432, 434, 435, *676*, 691, 1446
León-Kastilien, Königreich 1303
Leopard *1001*, 1344
Leopold I., belgischer König 174

Leopold II., belgischer König 821
Lepanto, Seeschlacht von 1305
Lepchas 596, 597
Lepenski Vir 746
Leptis Magna 870
Lérida, Friedensvertrag von 60
Les Arcs 45
Lesbos 484
Lesotho 854-855, *855*, 1339, 1343
–, Bevölkerung 854, 855, *855*
–, Geschichte 854-855
–, Landschaft 854, 855
–, Politik 855
–, statistische Übersicht 854-855
–, Wirtschaft 854
Les Saintes 438
Leticia 812
Letten 857
Lettgallen 856
Lettland 386, 856-857, *856, 857*, 876, 1195
–, Bevölkerung 856
–, Geschichte 856-857, *857*
–, Landschaft 856
–, statistische Übersicht 856-857
–, Wirtschaft 856, *856*
Letzeburg 878
»Leuchtender Pfad«, Peru 1136, *1137*, 1142
Leunawerke 314
Levantisches Becken 962
Levkas 484
Levkosia 1577, 1578
Lewanika 1489
Léyé, Jean Marie 1489
Lhasa 292, 293, 294, 295, 596
Liakat Ali Khan 1106
Liaodong-Halbinsel 256
Liaoning 261
Libanesen, Côte d'Ivoire 304
–, Französisch-Guyana 442
Libanon 858-865, 1371, 1375, 1377
–, Beirut 858, 859, 862-863, *863*
–, Bevölkerung 858, 859, 860, 861, *861*, 864-865, *864, 865*
–, Bürgerkrieg 858, 859, 860-861, *861*, 862, 863
–, Geschichte 858, 859
–, Israel 661, 864
–, Landschaft 858, 859
–, »Nationalpakt« 858-859, 865
–, Parlament 865
–, Religion 860, 861, *861*, 864-865, *864, 865*
–, statistische Übersicht 860-861
–, Wirtschaft 859
Libanongebirge 858, 859, 865
Libanonkrieg 661
»Liberal-Demokratische Partei« (LDP), Japan 703
»Liberale Allianz«, Chile 235
»Liberals«, Kanada 768
Liberia 866-867, *867*
–, Bevölkerung 867, *867*
–, Geschichte 866-867, *867*
–, Landschaft 867
–, statistische Übersicht 866-867
–, Wirtschaft 867
Liberianisches Schiefergebirge 538
»Libia«, Kolonie 868
Libreville 452, *453*, 455
Libussa 1426
Libyen 34, 868-873, 916, 920, 1044, 1213, 1216, 1416, 1417, 1419, 1433

-, Bevölkerung 870, 871, 872-873, *873*
-, Bewässerung 870
-, Erdöl 868, 870, *871*
-, Geschichte 868, 869, 872
-, Gesellschaft 869
-, Islam 872, *873*
-, Juden 872
-, Landschaft *869*, 870, *871*
-, Oasen 870
-, Politik 868, 869
-, Religion 872, *873*
-, statistische Übersicht 868-869
-, Tourismus 870, 871
-, Unabhängigkeit 868
-, Wirtschaft 870-871, *871*
Libysche Wüste 18, 1210
Licchavi 998
Lido, Venedig 692
Li-Dynastie 1562
Liebenstein 333
Liechtenstein *41*, 874-875, *874*, 1094
-, Geschichte 875
-, Klima 874
-, Landschaft 874, *874*
-, Österreich 875
-, politisches System 875
-, Schweiz 875
-, statistische Übersicht 874-875
-, Wirtschaft 874-875
Ligor 1404
Ligurer 436
Ligurien 671, 679
Ligurisches Meer 678
Lille 424, *425*
Lima 1135, 1140, 1141, *1141*, 1142, 1143, *1143*
Limassol, Zypern 1578, 1579, *1579*
Limbo 88, 1414
Limbu *1004*, 1005
Limerick 644
Limfjord 310
Limnos 484, *484*
Limón 300
Limonbucht *1122*
Limpopo 981, 1342
Lin Biao 253
Lincoln, Abraham *1507*, 1551
Linden 545
Lindesnes, Kap 1064
Line-Islands 806, 807, *807*
Lini, Walter 1488, 1489
Linz 1091, 1092
Lipponen, Paavo 400
Lisbôa, Antônio Francisco 215
Lissabon 1173, *1175*, 1177, 1178-1179, *1178*, *1179*, 1180, 1181
Lissouba, Pascal 827
Lisu 1398
Liszt, Franz *1476*, 1478
Litauen 386, 876-877, *876*, *877*, 1099, 1195
-, Bevölkerung 876
-, Geschichte 876
-, Großfürstentum 1573
-, Landschaft *877*
-, statistische Übersicht 876-877
-, Wirtschaft 876
Litauer 876, *877*, 1165
Little Big Horn, Schlacht 1552
Liverpool 508, 513
Livingstone 1228
Livingstone, David 888, 1226
Livingstonefälle 824
Livland 856, *857*, 1246
Ljubljana *1295*
Llaima-Vulkan *238*
Llanberis-Paß *515*
Llaneros 808, *813*

Llanos 808, 812, *813*, 814, 815, 1492, 1493, 1496, *1496*, 1499
Llanos Estacados 1520
Lobi 230
Loch Awe *516*
Loch Ness 516
Löffelente *773*
Lofoten *118*, 1072
Logan, Mount 770
Logone *762*, 1418
Lohjanselkä 404
Loire 418, 420, 431, 434, 435, *435*
Loire-Schlösser 434-435
»Lok Sabha« 566
Lombardei 670, 678, 679, 686
Lombardischer Städtebund 676
Lombok 610, 1570
Lomé 1408, *1409*
Lomé-Abkommen *390*, 391, 979
Lomonossowrücken 110
London 496, 502-503, *502*, *503*, 511, 513, *513*
-, Docklands 513
-, Geschichte 502, *502*
-, Sehenswürdigkeiten 502
-, Stadtplan *503*
Londonderry 518
Londoner Abkommen 1576
Longleat House 504
Longyearbyen 1074, *1074*
Longyears Arktische Kohlengesellschaft 1075
Lon Nol 753
López Arellano, Osvaldo 562
Loreley 333
Los Angeles 1528, 1533, 1542, 1547
Los Cabos 954
Los Glaciares, Nationalpark *100*
Lößbergland, China 256
Lothringen 415, 424
Lothringer Schichtstufenland *879*
Lötzen 1168
Lough Erne *519*
Lough Neagh 518
Louisiade-Archipel 1126
Louisiana 1516, 1518, 1533, 1550
Lourdes *431*
Lourenço Marques 979
Louvre, Paris 416
Lovćen 750, *750*
Love Parade, Berlin 343
Löw, Rabbi 1426
»Lower Canada« 777
Löwe von Juda 124
Lowveld, Südafrika *1342*
-, Swasiland 1366
Loyalitätsinseln 446, 1102
Lozi 1228
LPG 347, *347*
Lualaba 824, *824*
Luanda 62
Luang Prabang 846, 850, *850*, 852, 1404
Luapula 824
Lübeck 335, 356
Lubombo-Plateau 1366
Lucknow 572
»Lucy« 124, *803*
Ludwig der Bayer, König 333
Ludwig der Deutsche, König 350
Ludwig der Springer, Landgraf 355
Ludwig I., König von Bayern 326, *327*
Ludwig II., König von Bayern 317

Ludwig IX., französischer König 416, 858
Ludwig XIV., französischer König 409, 414, 416, 432, *432*, 504, 879
Ludwig XVI., französischer König 87, *414*
Ludwigshafen 330
Luhya 800
Lukaschenko, Alexander G. *1197*, 1573
Luleå 1252
Lumbini 998
Lumumba, Patrice 821
Lunda 1228
Lunda-Quioco 65
Lundaschwelle 64, 1228
Lüneburg 356
Lüneburger Heide 334
Luo 798, 800, 1463
Luoyang 272
Lusaka-Abkommen 978
Lusinchi, Jaime 1494
Lusitanier 1173
Lustenau 1094
Luther, Martin 322, *339*, 350, *350*, 354
Luthuli, John 1257
Lutosławski, Witold 1161
Lütteburg 878
Lüttich 176, 182
Luvali 1228
Luvironza 1056
Luvua 824
Luxemburg 330, 389, 878-881
-, Bevölkerung 880
-, Geschichte 878-879
-, Landschaft 878, *879*, 880
-, Sprache 880, *881*
-, Staatsform 878
-, statistische Übersicht 878-879
-, Wirtschaft 880
Luxemburg, Stadt *879*, 880-881, *881*
Luxemburgische Schweiz 878, 880
Luxor *17*, 26
Luzern 1262, 1271
-, Kanton 1262
Luzon *1147*, 1150, *1150*, *1152*, 1153, 1154, 1155, *1155*, 1159
Lyautey, Louis Hubert G. 917, 926
Lyck *1169*
Lyon 421, 424, 425, *425*

M

Maare 330
Maas *1029*
Maas-Sambre-Tal 176
Macao 286, 288-289, *288*, *289*, 1175, *1175*
-, Bevölkerung 288, *289*
-, China 289
-, Geschichte 288, 289
Macará 370
MacArthur, Douglas *1148*
Macau → Macao
Macdonald-Inseln 69
Macdonnel Ranges 139
Machiya 711
Machu Picchu 1134
Mackay, Charles 388
Mackenzie, Alexander *777*
Macquarie-Inseln 68, 69
Mactan 1145, 1159
Macumba 213, *213*, 217
Madaba 743
Madagaskar 882-887
-, Bevölkerung 882-883, *883*

-, Geschichte 882-883, *882*
-, Kultur *882*, *883*, 884
-, Landschaft 884, *885*
-, Ökologie 887
-, Politik 883
-, Religion 884
-, statistische Übersicht 882-883
-, Tierwelt 886-887, *886*, *887*
-, Wirtschaft *883*, 884, *885*
Madeira 1175, *1175*, 1181, 1185, *1185*
Madrid 1300, *1301*, 1306, 1307, 1309, 1310-1311, *1310*, *1311*, 1312, 1316
Madura 606, *607*
Mafia 670, 680
Magalhães, Fernão de 222, 239, 448, 1100, *1102*, 1145, 1148, *1148*, 1177, 1558
Magar *1004*, 1005
Magdalena, Río 54, 809, 812, *812*, 814
Magdeburg 339
Magdeburger Börde 339
Magellan → Magalhães
Magellanstraße 528
Magens Bay 1556
Maggi, Julius 1266
Maghreb 32, 868, 920-921, 926, 935, 1430
Maghreb-Länder → Algerien, Marokko, Tunesien
-, Gipfeltreffen 34
Magna Charta 494, 498
Magyaren 1190, 1469, 1476
Mahabharata 573, 584
Mahabharatketten 1000
Maharashtra 572
Mahathir, Dato Seri 893
Mahaweli-Projekt 1325
Mahayana-Buddhismus 1562
Mahdi (Mohammed Ahmed) *1347*, *1351*
Mahdiyah 20
Mahé 1276, 1277, *1277*
Mahmud II. 1244
Mahmud von Ghasni 2
Mahón *1318*
Mahoré 410
Mähren 1086, 1420, 1421, 1424
Mährisches Gesenke 1424
Mailand 676, 679, 689
Maïnassara, Ibrahim Baré 1043
Maine 420
Mainz 322, 330, 332, 333, 354
Maio 786
»Maisgürtel« 1530
Maizière, Lothar de 353
Majapahit 604
Majradah, Wad 1434, *1435*
Majuro 930, *931*
Maka 764
Makarakomburu, Mount 1224
Makarikaripfanne 200
Makarios, Erzbischof 1576, 1577, 1579, 1579, 1430
Makasar-Straße 1570
Makedonien (→ Mazedonien) 746, 747, 829
Makedonier 225, 478
Makerere 1462
Makonde 1390
Makua 981
Malabarküste 569, 586, 594
Maladetagruppe, Pyrenäen 1316
Mala-Dynastie 998
»Malagasy« 882
Malaien 736, 1328, 1339
-, Malaysia 891, 892, 893, 895, 896, 897

Malaiische Halbinsel *892*, 900, *901*, 902, 1287, 1288, 1570
Malajalam 594
Malakka 891, 896, 898
-, Straße von 898
Malakkahalbinsel (→ Malaiische Halbinsel) 982, 1398, 1399
Malamocco 692
Mälaren 1250, 1254
Malawi 888-889, *888*, *889*, 1226, 1339
-, Bevölkerung 888
-, Geschichte 888, *889*
-, Landschaft 888
-, statistische Übersicht 888-889
-, Volk 981
-, Wirtschaft *888*, 889
Malawisee 888, *888*, 980
Malaya 898
Malaya Gaur 902
Malay-Polynesier 1382, 1384
Malaysia 890-903, *1397*
-, Bevölkerung 891, 892-893, 896-897, *896*, *897*
-, Geschichte 892, 898
-, Klima 900, *900*
-, Kultur 891, *893*, 898, *898*, 899, *899*
-, Landschaft 900-901, *900*, *901*
-, Nationalparks 901, 902
-, Plantagen 894, 900
-, Politik 892, 893
-, Rassenproblem 892, 893
-, Regenwald 900-901, *901*
-, Regierung 893
-, Religion 896, 897, *897*, 898, *898*, 899, *899*
-, statistische Übersicht 892-893
-, Tierwelt 900, 901, 902, *902*, *903*
-, Wirtschaft 891, 892, 893, 894-895, *894*, *895*
»Malaysian Chinese Association« (MCA) 893
Malcesine 678
Male 904, *905*
Malediven 594, 904-907, *905*, *906*
-, Bevölkerung 904, 905
-, Geschichte 905
-, Landschaft 904, *905*
-, statistische Übersicht 904-905
-, Unterwasserwelt 906-907, *906*, *907*
-, Wirtschaft 904, 905, *905*
Mali *35*, 536, 538, 908-911, 932, 934, 1213, *1213*, 1216
-, Bevölkerung 910, *911*
-, Geschichte 908
-, Kultur 912-913
-, Landschaft *909*, 910, *910*
-, Regierung 909
-, statistische Übersicht 908-909
-, Unabhängigkeit 908
-, Wirtschaft 910-911
Mali-Föderation 908, 1272
Malindi 796, 798
Malinke 304, 456, 538, *540*, 796, 798, 910, 912, 1274
Malinowski, Ernesto 1142
Mali-Reich 456, 908, 1042, 1272
Mallaig *517*
Mallorca 1318, *1318*, 1319, *1319*
Malmö 309, 1254
Maloja *45*
Malta 914-915, *914*, *915*
-, Bevölkerung 914, *915*

–, Geschichte 914
–, statistische Übersicht 914-915
–, Wirtschaft 915
Malteserorden 914
Ma'lúla 1376, *1377*
Malvinas (→ Falklandinseln) 94, 99
Malwinen → Falklandinseln
Mamaia 1193
Mambos 1284
Mam-Indianer *534*
Mamluken 17, 1243, 1369, 1372
Mammoth Cave National Park 1511
Mamprussi, Reich 464
Man, Insel 521, *521*
Managua 1020, *1021*, 1022, *1022, 1025*
Managuasee 1020, *1021*
Mana-Insel *394*
Manantali 910, 934, 1275
Manas, Nationalpark 592
Manasarower-See 552
Manaus 46, 50, *50*, 51, 203, *206*
Manchester 508, 513
Mandalay 982, 984, 985, *986*, 988
Mandang 1127
Mandaragebirge 762
Mandarinat 250
Mande 536, 867, 912
Mandela, Nelson 1335, 1338, *1338*
Mandingo 456, 538, 867
Mandschu 247, 971, 1384
Mandschu-Dynastie 251
Mandschurei 254, 256, 278, *279*
Mandschurenkranich 260
Mangalia 1193
Mangroven *1127*
Manhattan *1513*
Manhattan-Brücke, New York *1535*
Mani 631
Manigat Leslie 546
Manikarnika 575
Manikweni 1284
Manila 1147, 1153, 1156-1157, *1156, 1157,* 1158, 1159
–, Stadtplan *1157*
Manilabucht 1147, *1151,* 1156
»Manila Galeonen« 1156
Manipur, Hochland von 983
Manitoba 767, 777
Manley, Michael 695
Manly-Strand *155*
Mannerheim, Carl Gustav von 399, *401*
Mannheim 325
Manoa 816
Mansa Musa 908
Man-Stämme 853
Mantua 679
Manua-Inseln 1560
»Manufacturing Belt« 1528
Manzanares *1311*
Manzanillo 954
Maori 449, 1007, 1008, 1012, 1014-1015, *1014, 1015,* 1016, *1016, 1018,* 1019
–, Herkunft 1014
–, Kultur 1014, *1014,* 1015, *1015*
–, moderne Gesellschaft 1015
–, Sozialordnung 1014
Mao Zedong 252, 253, *253,* 1380, *1380,* 1384, *1385*
»Maple Leaf« 771
Mapocho, Río 235
Mapuche 240, *240*
Maputo *979,* 981

»Maquiladoras« 944
Marabutismus 37
»Marabuts« 1272, 1273
Maracaibo 1495, 1497, 1498
Maracaibosee 1492, 1496, 1497, 1498
Maracas 1498
Maramba 1228
Maranoa 1154
Marañón, Río 46
Marathon, Schlacht von 634
Marawi City 1154
Marble Bar 139
Marburg 325
Marchfeld, Schlacht auf dem 1086
Marcos, Ferdinand E. 1146, 1149
Mardai 973
Mar del Plata 102
Mardin 626
Maremmen 679
Margai, Albert 1279
Margai, Sir Milton 1278, 1279
Margarete I., norwegisch-dänische Königin 306, 1064, 1247
Margarete II., dänische Königin 307
Margarete von Österreich *178*
Margarita, Isla 1492, 1496, 1499
Margheritaspitze 822, 1462
Margritte, René 173
Maria Anna, spanische Königin 1558, *1558*
Mariachikapellen 950
Marianen 960, 1100, 1558-1559, *1558, 1559*
–, Bevölkerung 1558, *1559*
–, Geschichte 1558
–, Landschaft 1558
Marianengraben *1559*
Maria Theresia, österreichische Kaiserin 1086, 1087, 1088, 1190, 1478, 1479
Maria von Burgund 879, 1086
Marib-Damm 734, *734*
Marie Galante 438
Marienbad *1422,* 1424
Marignano, Niederlage bei 1262
Marigot 86, 360
Marigot Bay 1221
Marimbamusik 950, *950*
Marinetti, Filippo 691
Maritza 229
Maritzabecken 226
Mariveles 1159
Marken, Italien 671, 679
–, Niederlande *1032*
Markiewicz, Gräfin 648
Märkische Schweiz 338
Marksburg 333
Mark Twain 1518
Markusplatz, Venedig 692, *693*
Marlborough, Herzog von 504
Marley, Bob 699, *699*
–, Norval 699
Marley Museum, Kingston 698
Marmarameer 963, 1444, 1446
Marmaris 1450
Marokko 33, 34, 36, 868, 873, 916-927, *919,* 932, 964, 1313, 1316, 1346, 1433
–, Berber 916, 918, 920-921, *920, 921,* 924, *925*
–, Bevölkerung 919, 922, 923, 926
–, Bodenschätze 922, 923, *923*
–, Geschichte 916-917, 926
–, Industrie 923

–, Juden 919
–, Klima 925
–, Landschaft *919,* 922, 924, 925
–, Landwirtschaft 922, *922*
–, Protektorat 916, 917, 926
–, Regierung 918
–, Sozialprobleme 918
–, Städte 926-927, *926, 927*
–, statistische Übersicht 918-919
–, Tourismus 923, 924, 925
–, Unabhängigkeit 917
–, Verfassung *919*
–, Westsahara 917, 928-929
–, Wirtschaft 919, 922-923, *922, 923,* 926
Marokkokrise 917
Maroniten 858, 864, 865, *865,* 1369, 1377, 1578
Marons 442, 1365
Maroua 765
Marquesas-Inseln 244, 448, *448,* 449
Marrah, Jabal 1350
Marrahgebirge 1346, 1350
Marrakesch 34, 922, 924, *925, 926, 926, 927,* 929
Marsá al-Burayqah 870
Marsala 680
»Marsch nach Norden« 252
Marseille 412, 424, *425*
Marshall, George C. 1257
–, John 930
Marshall-Inseln 930-931, *930, 931,* 960, 997
–, Geschichte 930
–, Landschaft 930
–, statistische Übersicht 930-931
Martaban, Golf von 983
Martí, José *835,* 838
»Martín Fierro« 94, 109
Martinique 410, 440-441, *440, 441,* 1221
Maryland 1512, 1516, 1550
Masaccio 691
Masaryk, Tomáš Garrigue 1420, 1428
Mascara 38
Mascarenhas, Pedro de 444, 936
Maseru 854
Mashonaland *1281*
Masire, Ketumile 201
Masjed Soleyman *640*
Maskarenen 444, 936
Maskat 1076, 1077
Maskat und Oman, Protektorat 1076
Mason, Charles 1516
Mason and Dixon Line 1516
Masowien 1168
Massachusetts 1512
Massai 801, 1081, 1390
Massai-Mara-Reservat 797, 1392
Massamba-Debat, Alphonse 826
Massaua 384
Massif de la Selle *547*
Massilia 412
Masuren 1168, *1169*
»Masurisches Meer« 1168
Masvingo 1284
Matabeleland 1281, 1283
Matavanu 1230
Mate 109, *1130, 1482*
Matmatah *1434,* 1436
Mato Grosso 208, *208,* 209, 213, 220
Matouba 438
Mátrasgebirge 1472
Matsu 1382
Matsuzaka 726
Matterhorn 1259

Matthias I. Corvinus, ungarischer König 1476, 1478
Matucana 1143
Maui *1523*
Maule, Río 234
Mau-Mau-Aufstand 799
Mauren 60, 436, 522, 916, 924, 933, 934, 1212, *1302,* 1303, 1310, 1313, 1317, 1318
Mauretanien 34, 910, 916, 932-935, 1212, 1213, 1433
–, Arabisierung 934
–, Bevölkerung 933, 934-935
–, Geschichte 932-933
–, Landschaft 932, *933*
–, Religion 934
–, statistische Übersicht 932-933
–, Unabhängigkeit 932
–, Westsaharakonflikt 928, 932, 933
–, Wirtschaft 934, 935
»Mauretanische Apartheid« 933, 934
Mauritius 936-937, *937*
–, Bevölkerung 936
–, Geschichte 936
–, Landschaft 936
–, statistische Übersicht 936-937
–, Wirtschaft 937
»Mauritius-Orkane« 936
Maurya-Dynastie 569
Mausmaki 887
Mawson, Douglas 74
Maximilian, Kaiser von Mexiko 953
Maximilian I., Kaiser 879, 1086, 1094
Maximilian II., Kaiser 1088
May, Jan Jocobzoon 1075
Maya 184, 185, 382, 532, 534, 535, 562, *563,* 808, 948, *949,* 950, 954, *954*
Mayagüez 1554
Maya Mountains 184
Maya-Quiché-Sprachgruppe 534
Mayflower 495
Mayflower-Vertrag 1550
Mayo 646
Mayon, Mount 1150
Mayotte 410, 818, *819*
Mazarin, Kardinal 414
Mazar-i-Sarif *7*
Mazedonien 744, 748, 749, 938-939, *938, 939*
–, Geschichte 938-939
–, Landschaft 938
–, Parteien 939
–, Politik 939
–, statistische Übersicht 938-939
–, Wirtschaft 939, *939*
Mazedonier 744
Mazowiecki, Tadeusz 1163
M'Ba, Léon 452
Mbasogo, Obiang Nguema 90
Mbini 90, 91, *91*
Mbundu 65
McMurdo-Sund *75,* 77
Mead, Margaret 1230
Meath 646
Mechelen *178, 178*
Mečiar, Vladimir 1293
Mecklenburg 317, 335
Mecklenburgische Seenplatte 320, 335
Mecklenburg-Schwerin 335
Mecklenburg-Strelitz 335
Mecklenburg-Vorpommern 318, *334,* 335
Mecsekgebirge 1472
Medan 607
Medellín 812, 815

Medianlinie 722
Medici 677, 691
–, Lorenzo I. de *676*
Medina 1236, 1237, 1238, 1242, 1244, 1245
Medina (Altstadt) 926, *926, 1437*
Mediterranes Klima → Mittelmeerklima
Medjerda, Oued 1434
Medjugorje 199
Meeraugen 1169, 1292
Meerwasserentsalzung *1503*
Megaliesberge 1342
Megalithkultur 412, 436
»Megalopolis« 1513, 1530, 1533
Megève *430*
Meghna 160, 168
Mehmed II., Sultan 1442, 1444
Meidan, Isfahan 637
Meiggs, Henry 1142, *1143*
Meiji-Restauration 707
Meiji-Tenno 704, *706,* 707
Meiji-Zeit 704, 728
Meißen 340, *341,* 356
Mekka 625, 739, 1236, 1237, 1238, 1242, 1242, 1243, 1244, *1244,* 1245, *1245,* 1368
Meknès 922, 926, *926*
Mekong 290, 752, 756, 757, 846, 850, 852, 1568
Mekongbecken 752, 756
Mekongdelta 752, 753, 756, 1568, *1569*
Melanesien (→ Fidschi, Neukaledonien, Salomonen, Vanuatu) 608, 1100, 1101, 1102, *1102*
Melanesier 1127
Melba, Dame Nellie *136*
Melbourne 134, 144, *145,* 154-155, *155*
Melbourne Cup 155
Melilla 917, *1301,* 1316
Melkiten 864
Meltemi-Winde 468, *469*
Melville 360
Melk 1093
Memling, Hans 181
Memphis 1518
Menai Strait 514
Menam 1398, 1402, *1403*
Mendaña de Neyra, Alvaro 1100, 1225, 1459
Mende 1279
Mendesantilope *1210*
Mendoza 94, 103, 106
Mendoza, Pedro de 104
Menelik I., äthiopischer Fürst 124
Menelik II., Kaiser von Äthiopien 125
Menem, Carlos Saúl 96, 97, *97, 99,* 107
Menéndez, Francisco 380
Menes 16
Mennoniten *779*
Menorca 1318, *1318,* 1319
Menschewiki 458
Menschheit, Ursprung 802-803, *802, 803*
Mentawai-Inseln 607
Menton 969
Menzel, Jiří *1428,* 1429
Menzel Bourguiba 1434
Meo *852,* 853, 1568
Mercator, Gerhard 177
Mercouri, Melina 469
Merengue-Rhythmen 1499
Merina 882, 883
Merizo 1559
Meroë 1346
Merseburg 339
Mersin 1451

Mersing 901
Meru, Mount 1390
Mesa Central 956
Mesa Verde, Nationalpark 1511, *1521*
Mescheten 1487
Meseta 1182, 1183, *1301*, 1316, *1316*
Meseta Central, Costa Rica 298, 299
Mesopotamien 568, 616, 617, 620-621, *621*, 622, 636, 1374, *1375*
–, Argentinien *106*
Messaria, Ebene von 1578
Messina, Straße von 680
Mesta *229*
Mestizen 298, 382, 948, *948*, 1020
–, Anden 58
–, Argentinien 102, 108
–, Bolivien 194
–, Brasilien 212
–, Chile 240
–, Ecuador 375, *375*
–, Guyana 545
–, Kolumbien 814
–, Paraguay 1130, *1130*, 1133
–, Venezuela 1492, 1498, *1498*
Métis 774
Metro-Manila *1156*, 1157, *1157*
»Metropolitan Regions« 1533
Metternich, Klemens Fürst von *1086*, 1087
Mettersburg 1092
México, Estado de 946
Mexico-Stadt 942, 948, 958, *958*
Mexikaner 1536
Mexikanischer Krieg 1540
Mexiko 532, 562, 808, 940-959
–, Bergbau 944
–, Bevölkerung 941, 942, 946, 948-949
–, Bodenreform 945
–, Einwanderung in USA 1536, 1540
–, Erdbeben 958
–, Eroberung 1304
–, Geschichte 952-953
–, Kaiserreich 380
–, Klima 956, 958
–, Landschaft 954, 956, 957
–, Landwirtschaft 944, 945
–, Regierung 942
–, Revolution 953
–, statistische Übersicht 942-943
–, Tourismus 954-955
–, Vegetation 956, 957
–, Volkskultur 950-951, *955*
–, Vulkanismus 956, 958
–, Wirtschaft 942, 943, 944-945
Mexiko, Golf von 956, 958, 1518, 1533
Mezzogiorno 688
Miami 1516, *1517*, 1528, *1541*
Miami Beach *1517*
Miao 853
Michelangelo 691, *691*, 1446, *1490*, 1491
Michelstadt 356, *357*
Michigan 1514
Michigansee *1515*
Microsoft 1529
Middleveld, Südafrika *1342*
–, Swasiland 1366, *1367*
Midelt 924
Midi 422
Midlands 513
Midway-Inseln 1507

Mikladur *312*
Miknas 922
Mikomoto Kokichi 717
Mikronesien (→ Guam, Marianen, Marshall-Inseln, Kiribati, Nauru, Palau) 960-961, *960*, *961*, 1101, 1102, *1102*
Mikronesien, Föderierte Staaten von 960-961
–, Geschichte 960
–, statistische Übersicht 960-961
Mikronesier 1127
Miles, John Campbell 150
Milford Sound *1006-1007*, 1007
Miller, Henry 1548
Millstätter See 1095
Milos 484
Milošević, Slobodan 745, 749
Miłosz, Czesław 1161
Miltenberg 356
Milwaukee 1514, *1515*, 1533
Minäer 734
Minamoto Yoritomo *709*
Minas Gerais 220
Minatitlán 944
»Mindan« 720
Mindanao 1150, 1153, 1154, *1155*, 1570
Mindelo 787
Ming-Dynastie 251, 262, *263*, *264*, *264*, 270, 272, *272*, 1384
Mingetschaur 122
Mingo Junction *1526*
Minho 1182
Minikoy 594, *594*
Minneapolis 1518
Minnesota 1514, 1537
Minoische Kultur 485, 487, *487*
Minos, König 487
Minsk 1573
Minzu 268
Miraflores *1123*
Miranda, Francisco de 1493
Mirnyj-Basis 78
Mirpur 793
Misiones, Bergland von 100
Miskito 1021
Miskito-Indianer 558, *563*
Mississippi *1515*, 1516, *1517*, 1518-1519, *1518*, *1519*
Mississippibecken *1508*
Mississippidelta 1518, *1519*
Missouri 1514, 1518
Mistral, Gabriela 234
Mitchell, Keith 466
Mitsotakis, Konstantin 470
Mitsubishi 728
Mitsui-Konzern 705, 728
Mittelamerika 1492
Mittelatlantischer Rücken 1184, *1185*
Mittelatlantische Schwelle 1075
Mittelchile 238, 239
Mitteleuropa 344, 419, 748, 1083, *1085*, 1168, 1190, 1420
Mittelland *1261*, 1268
Mittelländisches Meer → Mittelmeer
Mittelmeer 418, *418*, 431, 469, 522-523, *522*, *523*, 671, 678, 679, 962-965, *962*, *963*, *964*, *965*, 1317, 1318-1319, *1318*, *1319*, 1534
–, Ägäis 484-485, *484*, *485*
–, Balearen 1318-1319, *1318*, *1319*
–, Gibraltar 522-523, *522*, *523*
–, griechische Kolonisation 476

–, Korsika 436-437, *437*
–, Malta 914-915, *914*, *915*
–, Sardinien 680-681, *680*, *681*
–, Sizilien 680, *681*
–, Tourismus 964, *964*, *965*
–, Umweltverschmutzung 962, 964, *965*
–, Vegetation 962-963
–, Vulkanismus 962, *962*, *963*
Mittelmeerklima 30, 482, 963, 1318
Mittelpolnisches Tiefland 1168
Mittelsaharische Schwelle 1210
Mittelsibirisches Bergland 1196, 1198
Mittelveld, Simbabwe 1282
Mittelwesten, USA *1509*, 1514-1515, *1515*, 1530
Mitternachtssonne 118-119, 312, 1072
Mitterrand, François 410, 425
Mittlerer Atlas 922, 924, *925*
Mittlerer Osten (→ Irak, Iran, Mesopotamien, Naher Osten, Syrien) 620
Mittlerer Westen 1538
Mittleres Reich, Ägypten 16, *17*
Mitumbaberge 824
Mixteken 950, 952
Mkapa, Benjamin William 1389
Mlapa III., König von Togo 1408
Moa 1016
Moab 738
Moai 244, *245*
Moatize 981
Moawija I., Omajjaden-Kalif 1372
»mobile homes« *1544*, 1547
Mobutu Sese-Seko 821
Moçambique → Mosambik
Moçambique, Straße von 886
Moche-Kultur 1135
Moctezuma 946
Mòdena 679
Mödling 1092
Mogadischo 1296, *1297*
Mogaung 983
Mogok 983
Mogulreich 2, 162, 565, 569, *572*, 582, 598, 599, 792, 1104
Mohács, Schlacht 1476
Mohammed, Prophet 7, *7*, 25, 634, 635, 657, 665, *665*, 1236, 1242, 1243, 1244
Mohammed V., König von Marokko 917, *919*
Mohammed Abdullah Hassan, Sayid 1296
Mohammed Ali, ägyptischer Vizekönig 17, 21, 1244, 1346
Mohammed Ibn Abd 1244
Mohammed, Murtala 1048
Mohammed Riza Pahlewi, Schah von Persien 634, 635
Mohammed Zahir Schah, König von Afghanistan 3
Mohawk-Indianer *1539*
Mohenjo Daro 568, 1104, *1114*, 1115, *1115*
Mohikaner 1538
Mohismus, China 247
Moi, Daniel Arap 799
Moiplateau 756
Mojavewüste 1522
Mokka 730
Moldau, Fluß 1192, *1193*, *1425*, 1425, 1426, *1427*

Moldau, Fürstentum 966, 1188
Moldauer 966
Moldawien 966-967, *967*
–, Bevölkerung 966, *967*
–, Geschichte 967
–, Landschaft 966
–, Nationalitätenprobleme 967
–, Rumänien 967
–, Russifizierung 967
–, statistische Übersicht 966-967
–, Unabhängigkeit 967
–, Wirtschaft 966-967
Mole-Dagbane 463
Molière 417
Molina, Arturo Armando 380
Molise 671
Molukken 604, 1100, 1571
Mombasa 798, 1079
Momoh, Joseph Saidu 1279
Møn 310, *311*
Mon 514, 984, 986, *987*, 988, 1404, 1405
Mona 1554, 1555
Monaco 968-969, *968*, *969*
–, Geschichte 968, 969
–, Stadtplan 969
–, statistische Übersicht 968-969
–, Wirtschaft 969
Monastir 1434, 1435
Mönchsberg 1095
»Mönchsinsel« 1071
Mönchskranich 260
»Monddynastie« 752
Mondrian, Piet 1036
Mondsee 1092
Monet, Claude *433*
Mongolei 255, 260, 268, 278, 970-977
–, Bevölkerung 974-975, *974*, *975*, 976-977
–, Geschichte 970, 971, 972, 973
–, Klima 974
–, Kultur 976-977, *977*
–, Landschaft *973*, 974, *974*
–, Nomaden 976-977
–, Pferdezucht 976
–, Politik 972-973, *972*
–, Regierung 973
–, statistische Übersicht 972-973
–, Unabhängigkeit 971
–, Vegetation 974
–, Wirtschaft 973
Mongolei, Äußere 971
–, Innere 255, 260, 268, 278, 974, *974*
Mongolen 2, 10, 16, 617, 620, 635, 636, 970, 1202, 1369, 1372, 1442, 1466
–, China 247, 251, 262, *268*, 269, 274, 751
–, Expansion 970
–, Geschichte 970-971
–, Lebensweise 976-977, *977*
–, Myanmar 986
–, Rußland 974
–, Tibet 292
Mongolensturm 1476
Mongolide Rasse 974
Mongolischer Altai 974, *974*
»Mongolische Revolutionäre Volkspartei« (MRVP) 971, 972, *972*
»Mongolische Volkspartei« (MVP) 971
Mongolische Volksrepublik 971, 972
Mongozmaki *887*
Mon-Khmer-Sprachen 853
Mon-Khmer-Völker 989
Monnet, Jean 388

Monomotapa-Reich 978, 1284, *1285*
Monroe, James 866, 1552
»Monroe-Doktrin« 1552
Monrovia 866
Mons 176
Møns Klint *311*
Monsun 8, 160, 586, *587*, 983, 1001, 1109, 1398
Montagne Pelée 440, *440*
Montana 1520
Montaña, Peru 1140
Mont Blanc 40, *419*
Monte Carlo 968, 969, *969*
Monte Gargano 679
Monte Llaima 55
Montenegro 745, 747, 748, 749, 750-751, *750*
–, Bevölkerung 751
–, Geschichte 750-751
–, Politik 751
–, Wirtschaft *750*, 751
Monterrey 942, 948
Monte Titano 1232, 1233, *1233*
Monteverde 301
Monteverde-Cloud-Waldschutzgebiet 301
Monteverdi 691
Montevideo 1482, *1483*, 1484, 1485
Montfort, Grafen von 1094
–, Simon de 494
Montparnasse, Paris 417
Montreal 770, 777, 782, 784
Montserrat 86, 87
Montt, Ríos 535
Monument Valley *1505*
Moorea 449, *449*
Mopti 908
Morazán, Francisco 562
»MORENA«, Gabun 452
Moreno-Gletscher 101
Moriscos 1304
Moritz von Nassau 936
Mormonen 1520
Morne Trois Pitons 360
Morochuco 59
Moro-Kriege 1154
Moroni 819, *819*
»Moros« *1152*, 1154
Morrisburg 782
Mosambik 978-981, 1080, 1174, 1339
–, Bevölkerung 981, *981*
–, Bürgerkrieg 978-979, *979*
–, Geschichte 978-979, *979*
–, Industrie 981
–, Landschaft 980-981
–, Landwirtschaft *980*, 981, *981*
–, Rohstoffe 980
–, statistische Übersicht 978-979
–, Transportwesen 981
–, Unabhängigkeit 978
–, Wirtschaft 979
Moschusochse 116
Moschustier 261
Mosel 330, *331*, 332, 880
Moselfranken 880
Moses 1242
Moshi 1386
Moshoeshoe, Sotho-Häuptling 854
Moshoeshoe II., König von Lesotho 855
Moskau 1196, 1199, 1206-1207, *1206*, *1207*, 1208, 1466
–, Großfürstentum 1195
–, Kreml 1206, *1207*
–, Stadtplan *1207*
Moskauer Frieden 399
Moskauer Reich 1202

Moskaukanal 1206
Moskwa 1206, *1207*
Moslem-Brüder 1377
Moslembruderschaften 1346, 1349
Moslem-Liga 1104, 1105
»Mosquitia« 558
Mosquitoküste 1020, 1021, 1022
Mossadegh, Mohammed 635
Mossi 230, *462*, 464
Mossi-Plateau 230
Mostar 198
Mosul 622, 625, 626
Motaguatal 530, 531
Moto-nui 244
Moulmein 988
Mount Abu 583
Mountbatten, Lord Louis 1004
Mount Bromo *611*
Mount Cook *1016*
Mount Everest 550, *551*, 556, 1000
Mount Isa 134, 150
Mount Katahdin 1547
Mount Logan 770
Mount Olga *135*, 139
Mount Thulier 595
Mount Tremblant 772
Mount Tremblant Park 772
Mouriden 1274
Mournegebirge 518, *519*
»Mouvement d'Evolution Sociale de l'Afrique Noire« (MESAN) 1574
»Mouvement National Congolais« (MNC) 821
»Movimento de Libertação de São Tomé e Príncipe« (MLSTP) 1235
»Movimento Popular de Libertação de Angola« (MPLA) 62, 63
Mozabiten 920
Mozart, Wolfgang Amadeus 1090, 1094, 1095, 1426
Mozarteum 1091, *1091*
Mrozek, Sławomir 1161
Mswati, König von Swasiland 1366
Mswati III., König von Swasiland 1367
Mt. McKinley National Park 1525
Muajdra 914
Mubarak Hosni 14
Mückensee 652
Mudschahedin 3, 4, 5, *5*, 11
Mudschib ur-Rahman 162, 163
Mueda, Massaker von 978
Mufulira 1229
Mugabe, Robert 1281
Muhammed Ali *1543*
Mühlviertel 1085, *1085*
Muisca 809, 816
Mukran 1099
Mulatten 108, 212, 213, *213*, 375, 545, 695, 808, 814, 1492, 1498, *1498*
-, Argentinien 108
-, Brasilien 212, 213, *213*
-, Ecuador 375
-, Guyana 545
-, Kolumbien 808, 814
-, Venezuela 1492, 1498, *1498*
Mulhacén 1316, *1317, 1321*
»Mullah« 11
Multatuli 603
Muluzi, Bakili 889
Munch, Edvard 1065
München 317, 322, 324, 326-327, *326, 327*, 358
-, Geschichte 326, *326*
-, Oktoberfest 322, *326*
-, Stadtplan *327*

Münchner Abkommen 1429
Munda 571
Münsterländer Bucht 320, 330
Muntassir 872
Müntzer, Thomas 355
Muong 1568
Mur 1093
Murano-Glas *688*
Murcia 1317
Murdoch, Rupert 145
Murgab 1456
Müritz 335
Murmansk *1197*, 1199
Murray 134, 138, 148
Murrumbidgee 138
Mururoa 1013, 1488
Mürz 1093
Murzuq 870
Musala 226
Musandam 1076
Musayid 794
Museveni, Yoweri 1460, 1461
Musgrave Ranges 139
Musicals 1548
Mussawat-Partei 123
Mussolini, Benito 672, 677
Mutota, Shonakönig 1284
Mutsamudu 819
Mutsuhito, Kaiser von Japan 704, *706*
Mutter Teresa 1257, *1257*
Muzaffarabad 793
Mwami 232
Mwinyi, Ali Hasan 1389, 1391
Myanmar (→ Birma) 752, 850, 982-991, *1397*, 1398, 1401, 1404
-, Bevölkerung 988-989, *988, 989*
-, Bodenschätze 983
-, Buddhismus 982, 984-985, *985*, 986, *987*, 988, 990, 991, *991*
-, Feste 990-991, *991*
-, Geschichte 984, 986-987, *987*
-, Klima 983
-, Kolonialzeit 986-987
-, Kultur 982, 988, 989, 990-991, *991*
-, Landschaft 982-983
-, Minderheiten 989, *989*
-, Mongolen 986
-, Politik 984
-, Reiche 986
-, Sprache 982
-, statistische Übersicht 984-985
-, Tierwelt 983
-, Vegetation 983
-, Wirtschaft 983, 984, *985*
Myenes 452
Mykene 475
Mykenische Kultur 474, *475*, 476
Mykerinos 16
Mykonos 484, *485*, 964
Myrdal, Alva 1256, 1257
Myrrhestraße 731
Mystra *482*

N

Nabatäer 743
Nabayatom *1080*
Nabeul 1435
Nabisco 1528
Nablus 742
Nabul 1435
Nabulus 742
Nacala 981
Nachitschewan 122

»Nachtclub des armen Mannes«, Hongkong 280, 281, 284
Nachtigal, Gustav 760, 1408
Nachtreiher *1519*
Nadam-Fest 976
Nadschibullah, Mohammed 4
NAFTA (Nordamerikanische Freihandelszone) 945, 953
Nafusah, Jabal 870, 872
Nagaoka 710
Nagasaki 707
Nagazidja 819
Naginata 708
Nago 724
Nagoya 726
»Nagriamel-Bewegung« 1489
Nagy, Imre 1471, *1476*, 1477
Nahalal 662
Nahariya 659
Naher Osten (→ Afghanistan, Irak, Iran, Syrien, Türkei) 24, 1351
-, Ägypten 12-17
-, Arabische Halbinsel 92-93
-, Bahrain 158-159
-, Israel 656-663
-, Jemen 730-735
-, Jordanien 738-743
-, Katar 794-795
-, Kuwait 840-843
-, Libanon 858-863
-, Oman 1076-1077
-, Saudi-Arabien 1236-1245
-, Vereinigte Arabische Emirate 1500-1503
Nahostkonflikt 15, 24, 739, 863, 1576
Nahrungskette, antarktische 73
Nahua 948, 950
Nahuel Huapí, Lago 101
Nairobi 797, *798*
Najaf 624
Najd 1237, 1238, 1240, 1244, *1244*
Najran 1238, 1241, 1244
Nakadake *723*
Nakayama, Miho 719
Naktong 1358
Nama 993, 1338
Namatjira, Albert 145
Nambikuara 52
Namib 64, 992, *993*, 994-995, *994, 995*
Namibia 63, 200, 992-995, 1334, 1338, 1343, *1343*
-, Bevölkerung 992, 993
-, Geschichte 993, *993*
-, Landschaft 992, *993*
-, statistische Übersicht 992-993
-, Wirtschaft 992
Namphy, Henry 546
Nampula 980
Namri Songtsen 292
Nan-chao 846, 986
Nandus 101
Nanga Parbat 598
Nanjing 259, 270, *271*, 272, 273, 707
-, Massaker von 707
-, Vertrag von 286
Nan Madol 960
Nano, Fatos 29
Nantes 434
Napier *528*
Napo, Rio 370, 816
Napoleon I., französischer Kaiser 17, 21, 98, 207, 415, 416, *416*, 433, 436, 441, 522, 677, 692, 914, 1088, 1165, 1232, 1247, 1305

Napoleon III., französischer Kaiser 431, 1562
Napoleonische Kriege 351, 398, 1087, 1256
Nara 710, *710*
Nara-Klöster 710
Narajan Schah, Prithivi 998
Nara-Schule, Buddhismus 712
Naricanda 577
Narvik 1064
NASA *1527*
Nasarbajew, Nursultan 788, 789
Nashorn *1001*
Nashornvogel 900, 902, *903*
Nasir, Ibrahim 905
Nassau 156, 157
Nasser, Gamal Abd An 14, 21, 22, 25, 661, 735, 740, 860
Nasser-See 22, 24, *24*, 1057, *1057*
Natal 1334, *1336*, 1337, *1337*, 1338, 1341, 1343
»National Alliance for Reconstruction«, Trinidad und Tobago 1414
Nationalchina → Taiwan
»National Council of Nigerian Citizens« (NCNC) 1047
»Nationaldemokratische Front«, Philippinen 1147
»Nationale Befreiungsfront«, Afghanistan 5
»Nationale Einheitsfront von Kampuchea« (FUNK) 753
Nationale Front, Frankreich 411
»Nationale Front Kolumbien« 809
»Nationale Liga für Demokratie« (NLD), Myanmar 984
Nationale Versöhnungspartei, El Salvador 381
»National Joint Action Committee«, Trinidad und Tobago 1414
»Nationalkomitee für Solidarität« (Solidarność) 1162
»Nationalpakt« 865
Nationalparks, Costa Rica 299, 300-301
-, Kanada 772-773
-, USA 1510-1511
»National Party«, Neuseeland 1009
»National Resistance Army« (NRA), Uganda 1461
Nationalsozialisten *350*, 351
NATO 352, 471, 670, 878, 1065, 1175, 1300
»Nats« 988, 989, 990, *991*
Naturparks, Botsuana 200, *201*
-, Kenia 797
-, Krüger-Nationalpark 1343, 1344-1345, *1344, 1345*
-, Sambia 1228
-, Serengeti 1392-1393, *1392, 1393*
-, Simbabwe 1282
-, Tansania 1387
Nauru 996-997, *997*, 1458
-, Bevölkerung 997
-, Geschichte 997
-, Landschaft 996
-, statistische Übersicht 996-997
-, Wirtschaft 996, 997
Nauta 46
Navaho 1520, 1538, *1539*
Navarra 1303, 1304, 1317
Navas de Tolosa 1303
Naxos 484
Nazareth 658, 659
Nazca-Kultur 1135
Nazca-Platte 54, 56, *57*, 196

Nazca-Scharrbilder 1135
Ndebele 1281, 1283, *1283*, 1338, *1338*
N'Djamena 1417, 1419
Ndola 1226, 1229
Ndongo-Reich 62
Neapel 674, 684, 689
Neapel, Golf von 679
Nearktische Region 1570
Nebelparder 902
Nebraska 1514, *1515*, 1530
Neckar 324
Necochea 102
Neembucüssümpfe 1132
Negev 658, *659*
Neglinnaja 1206
Negrais, Kap 983
Negritos 896, 1127, 1152, 1154, 1155
»Négritude« 1272
Négritude-Bewegung 913
Negro, Río 46, *50*
Negros 1158
Nehru, Jawaharlal 566, *568*
»Nelkenrevolution« 787, 978, 1174, *1177*
Nelson, Lord 502
Nemrut Daği 1445
»Néo-Destour-Partei« 1431
Neotropische Region 1570
Nepal 9, *551*, 552, *553*, 555, 556, 586, *596*, 998-1005
-, Bevölkerung 1002-1003, *1003*
-, Geschichte 998-999
-, Gurkhas 1004-1005, *1004*
-, Landschaft *999*, 1000-1001
-, Regierung 999
-, Religion 1002, *1003*
-, statistische Übersicht 998-999
-, Tourismus 1003
-, Vegetation 1001
-, Wirtschaft 1000, 1001
Nepalesen 1002
Nepali 1002
Nero, römischer Kaiser 1302
Neruda, Pablo 234
Nervis, G. A. 691
Nesebâr *226*, 227
Nestlé AG 1266
Nestorianer 864
Netanjahu, Benjamin 667
Netanya 659, 662
Netze 1168
Netzpython 902, *903*
Neuchâtel, Kanton 1263
Neu-Delhi 583
»Neue Demokratie«, Griechenland 470
Neue Hebriden (→ Vanuatu) 1101, *1102*, 1488
»Neue Nationalpartei«, Grenada 466
Neuengland *1508*, 1512, 1547
»Neue ökonomische Politik« (NEP) 1204
Neues Reich, Ägypten 16
»Neue Volksarmee«, Philippinen 1147
Neufundland → Newfoundland
Neugranada 1118
-, Vizekönigreich 371, 809, 1493
Neuguinea 140, 604, *607*, 1101, 1102, *1125*, 1126, 1571, *1571*
Neukaledonien 410, 446-447, *446, 447*, 448, 1100
Neukastilien 1183
Neumecklenburg 1101
Neunkirchen 330
Neupommern 1101
Neuseeland 1006-1017, 1100, 1101, 1102

-, Antarktis 76
-, Bevölkerung 1007, 1012-1013, *1012*, *1013*, 1014, 1015
-, Cook-Inseln 1018-1019, *1018*, *1019*
-, geothermische Energie *1011*
-, Geschichte 1007, *1009*, 1014, 1015
-, Landschaft 1007, *1009*, *1016*, *1017*
-, Lebensstil 1012
-, Maori 1007, 1012, 1014-1015, *1014*, *1015*, 1016
-, Parteien 1009
-, Recht 1009
-, Regierung 1008
-, Samoa 1231
-, Sozialpolitik 1008
-, Sport 1012, *1012*
-, Tierwelt 1016-1017, *1017*
-, Tourismus 1013
-, Umweltschutz 1012-1013
-, Vegetation 1016
-, Wirtschaft 1007, 1010-1011, *1010*
Neuseeländische Alpen *1016*
Neusiedl am See 1092
Neusiedler See 1084, 1092
Neustadt (Nové město), Prag 1426, *1427*
Neusüdwales 132, 134, 136, 138, 148, *148*, 149, *149*, 150, *150*, 151
Nevada 1520, 1540
Nevado de Colima 958
Nevado del Ruíz 55, 808
»Nevados« 812
Nevis 1218, *1218*, 1219
Nevis Peak 1218, *1218*
Newa 1208, *1209*
Newar 998, 1002
Newark 1513
New Brunswick 767, 777, *777*
New Caledonia 777
Newcastle, Australien 134, 151
-, Großbritannien 513
»New Deal« 1553
»New Democratic Party« 768
Newfoundland 767, 772, 776, 777, 779, 781
Newgrange 646
New Hampshire 1512
New Haven 1513
Ne Win, General 984
New Island 528, *529*
New Jersey 1512
Newman, Mount 150
Newmark 1542
New Mexico 1520, *1521*, 1540, 1551
New Orleans *1517*, 1518, 1528, 1542
Newport 514
Newport News 1513
New Providence Island 156
New Territories 280, 284, 285, 286
Newtontoppen 1074
New York *1508*, 1512, 1513, 1514, *1528*, 1532, 1534-1535, *1537*, 1546, 1548
Ngoni 888
Ngouabi, Marien 826
Nguema, Macías 90
Ngum-Kraftwerk 850
Nguni 855, 1366
Nguyen-Dynastie 1562
Nguyen Van Linh 1565
»Ngwazi« 888
Niagara-Fälle *771*, 783, 1505, 1547
Nicaragua 1020-1025
-, Bevölkerung 1020-1021, 1024, 1025

-, Bürgerkrieg 1022, 1023, 1024-1025, *1024*
-, Erdbeben 1020
-, Geschichte 1022-1023
-, Regierung 1022
-, statistische Übersicht 1020-1021
-, USA 1022, 1023
-, Wirtschaft 1022, *1022*, 1024, 1025
Nicaraguakanal 1022, 1023
Nicaraguasee 1020, *1021*
Nicaraguasenke 1020
Nicarao 1020, 1022
»Nicas« 1020
Nichiren 713
Nicosia 1577, 1578
Nicoya, Halbinsel 299
Nidelv *1071*
Nidwalden 1263
Niedere Beskiden 1168, 1169
Niederes Veld 1342
Niedere Tatra 1292
Niederfranken 1032
Niederguineaschwelle 827
Niederkalifornien (Baja California) 956
Niederlande 330, 334, 389, 1026-1039, 1086
-, Amsterdam *1037*, 1038-1039, *1039*
-, Australien 136
-, Bevölkerung 1032-1033, *1032*, *1033*
-, Brasilien 207, 212
-, Den Haag *1029*, 1036, *1036*
-, Geschichte 1028, *1032*
-, Guyana 542
-, Indonesien 603
-, Jungferninseln 1556
-, Kleine Antillen 86, 87, 440, 1040, 1041
-, Klima *1033*
-, Landgewinnung 1030-1031, *1030*, *1031*, *1032*
-, Landschaft 1027, *1029*
-, Minderheiten 1033, *1033*
-, Philippinen 1156
-, Politik 1028-1029
-, »Randstad Holland« 1027, 1033
-, Religion 1032, 1033
-, Sprache 1032
-, Städte 1036-1037, *1036*, *1037*
-, statistische Übersicht 1028-1029
-, Südafrika 1336, *1337*
-, Suriname 1364-1365
-, Wirtschaft 1034-1035, *1034*, *1035*
Niederländische Antillen 84, 87, 1040-1041, *1040*, *1041*
Niederländisch-Indien 603, 1033, 1339
Niederländisch-Neuguinea 1125
Niederländisch-Ostindische-Kompanie 936, 1336
Niederländisch Reformierte Kirche 1032
Niedermesopotamien 620, 621
Niederösterreich 875, 1092, *1093*, 1096
Niederrheinische Bucht 320
Niedersachsen 318, 334
Niemeyer, Oscar 214
Niger 35, 230, 910, 1042-1045, *1212*, 1213, *1213*, 1216, *1216*, 1419
-, Bevölkerung 1042, 1043, 1044, 1045
-, Geschichte 1042
-, Islam 1042
-, Landschaft *1043*, 1044

-, Regierung 1042, 1043
-, statistische Übersicht 1042-1043
-, Tuareg 1042, 1043
-, Unabhängigkeit 1042
-, Wirtschaft 1044, 1045
Niger (Fluß) 187, 230, 908, 910, *1043*, 1044, *1045*, 1050
Nigerdelta 1050, 1051, *1051*
Nigeria 90, 186, 187, 463, 1042, 1044, 1046-1055
-, Alt-Nigeria 1046
-, Benin 1054-1055, *1054*, *1055*
-, Bevölkerung 1052-1053
-, Biafra-Krieg 1048
-, Erdöl 1051, *1051*
-, Geschichte 1046-1047, 1048-1049
-, Ife 1054, *1055*
-, Kamerun 760
-, Kunst 1054-1055, *1054*, *1055*
-, Landschaft 1050
-, Nok 1054
-, Politik 1048-1049
-, statistische Übersicht 1048-1049
-, Wirtschaft *1049*, 1050-1051, *1050*, *1051*
Niigata 726
Nijasow, Sepamurad 1457
Nikko *706*, 723
Nikobaren 594, 595, *595*
Nikolaus II., russischer Zar 399, *1203*, 1204
Nil 13, 18, 22, 26, 232, 233, 962, *1043*, 1056-1057, *1056*, *1057*, 1346, 1350, *1351*, 1462, *1463*
-, Ägypten 13, 22, 18, 1056, 1057
-, Assuan-Staudamm 22, 23, 1057, *1057*
-, Bewässerungsprojekte 1057
-, Delta *22*, 1056
-, Hochwasser 1056, 1057, *1057*
-, Sudan 1057, 1346, 1350, *1351*
Nilgiri 583, 586, *587*
Nilgiri-Berge *570*
Niloten, Kenia 798, 800
-, Tansania 1390
Nimba, Mount 304, 538, 539, 867
Nîmes *412*, *413*, 429
»Nimrod«-Expedition 74
Nimrud 616
Ningxia 269
Ninive 616
Ninja 708
Niossee *762*, 762
Nirwana 988
Niterói *217*
Niue 1007, 1019
Nixon, Richard 1563
Nizza 430
Njassa-Bahn 980
Njassaland 888, *889*, 980, 1226
Njassasee → Malawisee
Nkomo, Joshua 1281
Nkrumah, Kwame 464, 465, *465*
Nkumbula, Harry 1226
No 718
Noatak National Preserve 1525
Nobel, Alfred *1256*, 1257
Nobile, Umberto 112
Nobunaga 706
Nok-Kultur 1046, 1054
Nolan, Sidney 145

Nomaden 24, *24*, 37, *871*, 873, *921*, 1214, 1216, 1217, 1418, *1418*, 1436
-, Ägypten 24, *24*
-, Kenia 798, 800, *801*
-, Libyen *871*, 873
-, Mongolei 976-977, *977*
-, Somalia 1296
-, Tschad 1418, *1418*
-, Tuareg 1216, 1217
-, Tunesien 1436
Noordwijk 1027
Nordalbanische Alpen *29*
Nordamerika (→ Vereinigte Staaten von Amerika, Kanada, Mexiko) 140, 774, 776, 956
Nordamerikanische Freihandelszone (NAFTA) 945, 953
Nordamerikanische Kordilleren *1508*
Nordäquatorialschwelle 1575
Norddeutsches Tiefland 320, 321, *321*, 338
Norddeutsche Tiefebene 418
NORDEL 1068
Nordenskiöld, Adolf Erik 112
-, Otto 74
Norderney 320
Nordestinos 210, *211*
Nordfriesische Inseln 334
Nordguinea-Plateau 1050
Nordguineaschwelle 1278
Nordholland 1027
Nordindische Ebene 550, 586, *586*, *587*, 588, *588*
Nordinsel 1007, *1011*, 1016, *1017*
Nordiren 491
Nordirland 491, 492, 513, 518-519, *519*, 643, *644*, 645, 647
Nordischer Krieg 386, 1202, 1247
Nordischer Rat 1065
Nordkap 306, 1064, 1072
Nord-Kap, südafrikanische Provinz 1341
Nordkorea 1058-1061, 1358, 1362, 1363
-, Bevölkerung 1060, 1061
-, Geschichte 1058
-, Gesellschaft 1061
-, Landschaft *1059*, 1060-1061, *1060*
-, Politik 1058, 1059
-, statistische Übersicht 1058-1059
-, Wirtschaft 1058-1059, 1060, 1061, *1061*
Nördliche Kalkalpen 321, *321*, 1084
Nördliche Marianen 960, 1507, 1558
Nördlicher Landrücken 335
Nördlicher Polarkreis 110, *117*, *118*, 119, *401*, *405*, *1067*
Nordmeer, europäisches 1062
Nord-Nigeria, Protektorat 1047
Nordostböhmische Kreidetafel 1424
Nordostland *1075*
Nordostpassage 112, *112*
Nord-Ostsee-Kanal 334, 335, *335*, 1099
Nordpol 110, 112, *113*, *117*
-, geographischer 110
Nordpolargebiet → Arktis
Nordpolarmeer 110, 111, 112
Nord-Provinz 1341
Nordrhein-Westfalen 318, 330
Nord-Rhodesien 1226, *1227*

Nordschleswig 306
Nordsee 306, 310, 320, 334, *334*, 336, 1062-1063, *1062*, *1063*, 1098, 1426
-, Erdgas 1062, *1062*
-, Erdöl 1062, *1062*, *1063*
-, Fischreichtum 1062
-, Verschmutzung 1062, *1062*
Nordterritorium 132, 135, *135*, *138*, 148, 150
Nordtirol 1094
Nordvietnam 1563, *1564*, 1566
Nordwestpassage 112, *112*, 314, 776
Norfolk (Virginia) 1513
Noriega, Manuel Antonio 1119
Norilsk 1199
Norman Island 526
Normandie 420, 520
Normannen 413, 426, 494, 520, 647, 676, 680, 682, 1064, 1322
Nørrebro 309
Norrland 1251
Norrmalm 1254
Norrström 1254
North Carolina 1512, 1516, 1528
North Dakota 1514, 1530
»Northern People's Congress« (NPC), Nigeria 1048
»Northern Rhodesian Congress« 1226
North West Frontier Province, Pakistan 1104, 1105, 1112
Northwest Highlands 516
Northwest Territories 767, 768, 777, 778
North York Moors 512
Norwegen 76, 115, 312, 313, *313*, 389, 391, 650, 1062, 1064-1073, 1074-1075, *1075*, 1246, 1247
-, Antarktis 76
-, Bergen 1070, *1070*
-, Bevölkerung 1066, *1072*
-, Erdöl *1068*, 1069, 1070
-, Erster Weltkrieg 1065
-, Färöer 312, 313, *313*
-, Geschichte 1064-1065
-, Industrie 1068, *1068*
-, Island 650
-, Jan Mayen 1075, *1075*
-, Klima *1072*
-, Kultur 1065
-, Landschaft 1064, *1067*, 1072-1073, *1072*, *1073*
-, Landwirtschaft 1068, *1069*
-, Oslo 1064, 1070, *1070*
-, Politik 1066
-, Schweden 1247
-, Spitzbergen 1074-1075, *1074*, *1075*
-, Sprache 1067
-, Städte 1070-1071, *1070*, *1071*
-, statistische Übersicht 1066-1067
-, Tourismus 1073
-, Verfassung 1065
-, Wirtschaft 1068-1069, *1068*, *1069*, 1070, 1071
-, Zweiter Weltkrieg 1065, 1066
Nosy Bé 884
Nouadhibou *934*
Nouakchott 928, *933*, *934*, 935, 1210
Nouméa 446, *447*
Nova Scotia 767, 777, *777*, 781
Novotný, Antonin 1422
Nowa Huta 1170
Nowgorod 398, 1202

NSDAP 350
Nubaberge 1352
Nubien 1346
Nubier 24, *24*
Nubisch-islamische Kultur 1346, 1348
Nuer 1352, 1353
Nujoma, Sam 993
Nuku'alofa 1410
Nullarborebene 134, 135, 139, 153
Numeiri, Dschafar Mohammed An 1347, 1349
Nunavut 767, 768
Nung 1568
Nuño Tristão 540
Nupe 1046, 1053
Nuragen 680
Nurek *1379*
Nuristan 7, 8
Nuristani 6, 7
Nürnberg 324, 354, 356, 358
Nusayriyah-Gebirge *1374*
Nutria *1519*
Nuuk 315
Nyambala 912
Nyamwezi 1390
Nyangani 1282
Nyanja 1228
Nyatri Tsanpo 292
Nybrovik-Bucht *1254*
Nyerere, Julius K. 1386, 1389
Nynorks 1067
Nzabi 454
Nzwani 819

O

Oahu 1523
OAPEC 1241
OAS 33
Oasen 36, *39*, 870, *871*, 925, 1212, 1214-1215, *1214*, *1215*
–, Algerien 36, *39*
–, Lebensformen 1214, 1215
–, Libyen 870
–, Sahara 1212
–, Wasserversorgung 1214, *1214*, 1215
OAU 928
Oaxaca *949*, 954
Oaxaca, Bergland von 956
Oba 1055
Oban Hills 1050
Obasanjo, Olusegun 1048
Oberägeri 1271
Oberammergau 358, *359*
Oberguineaschwelle 187, 538, 867
Oberitalienische Seen 678
Oberkanada 777, 783
Oberösterreich 1092, 1097
Oberpfälzer Wald 320
Oberrheingraben 418
Oberrheinische Tiefebene 320, 324
Oberschlesien *1171*
Oberungarisches Tiefland 1092
Obervolta → Burkina Faso
Obock 368
Obote, Milton 1461
Obwalden 1263
O'Casey, Sean 643, 648
Ocean-Island 806, *807*
Ocho Ríos 696
Ochotskisches Meer 722
O'Connell, Daniel *646*
Odae-san-Nationalpark *1363*
Oda Nobunaga 706
Ödenburg 1092
Odenwald 325, *357*

Oder *321*, 338, 1168, 1171, 1426
Oder-Neiße-Linie 338, 353, 1165
Odessa 478, *1467*
Odoaker 675
Odudawa 1054
»Odyssee« 476
Odysseus 476, *483*, 484, 914, 1178
OECD 645
Offshore 1063
Ögädäi 970
Ogaden 126, 1297
Ogasawara-Inseln 724
Ogden 1520
Ogooué 454
O'Hare International Airport, Chicago 1528
O'Higgins, Bernardo 98, 235, 240
Ohio *1508*, 1514, 1518
Ohrid 938, *938*
Ohrid-See 938
Ojeda, Alonso de 1492
Ojos del Salado 101
Ojukwu, Odumegwu 1048
Okanagan-Tal 770
Okavango 200, *200*
Okinawa 724, *724*, 725, *725*
Oklahoma 1520, 1530
Oktoberfest, München 322, *326*
»Oktoberkrieg« 15, 661
Oktoberrevolution 399, *1204*, 1208, *1209*
Olafssohn, Kjartan 655
Öland 1246, 1250, 1251
Olav V., norwegischer König 1066
Ölberg 657
Olduvai-Schlucht 802, *802*
Old State House 1512, 1513
Olifants 1344
Oligarchie 476
»Ollas Populares« 102
Olmeken 952
Olongapo *1159*
Olu Deniz 1451
Olympic Mountains *1523*
Olympio, Sylvanus 1408
Olympos 1578, *1579*
Omagua 816
Omajjaden-Dynastie 636, 1368, 1372
Oman 92, 734, 1076-1077, 1389
–, Bevölkerung 1076, *1077*
–, Geschichte 1076
–, Landschaft *1077*
–, statistische Übersicht 1076-1077
–, Wirtschaft 1076, *1077*
Omar 1242
Omar I. Kalif 634
Omdurman 1347, *1351*
Omiene 452
Onas 240
Oni 1054
Onogurenreich 1469
Onon 970
Ontario 767, 772, 777, *777*
Ontariosee 782, 783
Oosterschelde *1030*
Opale 151
OPEC (Organisation erdölexportierender Länder) 92, 628, 842, *1241*, 1375, 1497
Opium, Hongkong 286
–, Laos 850
–, Myanmar 983
–, Thailand 1401
Opiumkrieg 251, 280, 286
Opossum, australisches 1017
–, nordamerikanisches 140

Oran 32, 36, 38
Orang Asli 896
Orange Society *519*
Orange Walk 185
Orang Laut 898
Orang-Utan 900, 902, *902*, *1570*
Oranje 994, 1337, 1343
Oranjefreistaat 854, 1336, *1337*
Oranjestad 87
Orchon 974
Ordosplateau 255
Ord River 149
Oregon *1508*, 1520, 1522
Orellana, Francisco de 816
Örestad 309
Öresund 308, 309, *309*, 1098, 1099
Organisation arabischer erdölexportierender Länder 1241
Organisation erdölexportierender Länder → OPEC
Organisation für Afrikanische Einheit (OAU) 453, 537, 827, 928
Organisation zur Befreiung Palästinas 661, 740
Orient 1369, 1439
Orientalische Region 1570
Oriente, Ecuador *46*, 370, 371, 373, 374, 375
Orinoco 1415, 1492, 1496, 1497
Orissa 580
Orlando 1516
Orléans 413
Orohéna, Mount 450
Oromo 125, 127, 1296
Orongo 244
Orontes *1374*, *1375*
Ortega, Daniel 1023
Orthodoxe Kirche 30, 224, 478, *478*, 488-489, 746, 1196, 1202, 1576
–, Albanien 30
–, Athos 488-489
–, Griechenland 478, *478*
–, Jugoslawien 746
–, Rußland 1196, 1202
Ortiz de Retez, Inigo 1124
Oruro 195
Orwell, George 987
Osa, Halbinsel 299
Osaka 706, 720
Ösbek 1486
Oser 404, 1250
Ösling 878, *879*, 880
Oslo 1064, 1070, *1070*
Oslofjord 1070, *1070*
Osmanen 1439
Osmanisches Reich (→ Türkei) 17, 32, 224, 366, 617, 738, 747, 794, 829, 840, 914, 1203, 1243, 1244, 1369, *1371*, 1372, 1376, 1430, 1442, *1442*, 1444, 1446, 1447, *1447*
–, Ägypten 17
–, Irak 617
»Osservatore Romano« 1490
Osseten 458
Ossiacher See 1095
Ostafrika 369, 802, 803, 1080, 1081, 1228, 1386, 1387, 1462
Ostafrikanischer Graben 796, 1080-1081, *1080*, *1081*, 1386
Ostafrikanische Seen 1350
Ostafrikanisches Grabenbruchsystem 128, 888, 1080, 1081, *1081*
Ostalpen 40, 42, 44, 1083, 1084, 1094

Ostblock 317, 388
Ostchinesisches Meer 258, *258*, 722
Ostende *178*
Osterinsel 234, 244-245, *245*, 1109
Östermalm *1254*
Österreich 41, 324, 351, 366, *388*, 389, 390, 415, 747, 1082-1097
–, Bergbau 1097
–, Burgenland 1092
–, Fremdenverkehr 1096, *1097*
–, Geschichte 1086-1087, *1086*, *1087*
–, Habsburger 1086-1087
–, Industrie 1096, *1096*, 1097
–, Kärnten 1095
–, Klima 1085
–, Kultur 1083
–, Landschaft 1083, 1084-1085, *1085*
–, Landwirtschaft 1096, *1097*
–, Musikleben 1090-1091, *1090*, *1091*
–, Niederösterreich 1092
–, Oberösterreich 1092
–, Politik 1084
–, Preußen 1087
–, Salzburg 1094-1095
–, statistische Übersicht 1084-1085
–, Steiermark 1093
–, Tirol 1094
–, Vorarlberg 1094
–, Wien 1083, 1088-1089, *1088*, *1089*, 1092
–, Wirtschaft 1096-1097
Österreichischer Erbfolgekrieg 1087
»Österreichische Volkspartei« 1084
Österreich-Ungarn 366, 1083, 1087, *1477*
Östersund 1250
Osteuropa 317, 1196, 1478
Osteuropäisches Tiefland 1196, 1198, *1198*
Ost-Falkland 528, *528*
Ostfriesische Inseln 334
Ostghats 586, *587*
Ostindienkompanie (→ East India Company) 898, 1004, 1286
Ostjaken 115, 1469
Ostkap, Neuseeland *1017*
Ost-Kap, Südafrika 1341
Ostkolonisation, deutsche 350
Ostkordillere, Bolivien 194
–, Ecuador 374
Ostküste, USA 1533
Ostküstenstaaten, USA 1512-1513
Ostmalaysia 891, 892, 896, 900
Ostmark 1086
Ostpakistan (→ Bangladesch) 162, 566, 595, 793, 1105, 1106
Ostpreußen 344
Ostrau 1424, *1425*
Oströmisches Reich (→ Byzantinisches Reich) 475, 477, 482, 675, 746, 1444, 1446
Ostrumelien 226
Ostsee 306, 310, 320, 334, 401, 405, 1098-1099, *1098*, *1099*, 1168, 1169, 1246, 1250, 1254
–, Anrainerstaaten 1098
–, Entstehung 1098
–, Verkehr 1099
–, Verschmutzung 1098, *1098*, 1099

Ostsibirische See 110
Ostsibirisches Gebirgsland 1196
Osttibetische Randketten 257
Ost-Timor 604
Osttirol 1094
Ostturkestan 970
»Ostturkestanische Republik« 268
OSZE 1089
Otavalo 370, *374*
Othman 1242
Oti 1408
Ottawa 777, 784, *784*
Ottawa-Fluß 784
Otto I., Kaiser 350, 676, 1476
Otto I., griechischer König 475
Ottokar II. Přemysl, böhmischer König 1086, 1426
Ötztal 1094
Ouadaï, Reich 1416
Ouagadougou 230
Ouargla 1214
Oued Saoura 36
Oujda 926, 927
Oum er Rbia 924
Ouranoupolis 488
Ouro Preto *206*, 215
Ousmane, Mahamane 1043
Out Islands 157
Outlying Islands, Hongkong 284
Outokumpu 407
Ouzoud-Fälle 924
Ovambo 993
Ovimbundu 65
ÖVP 1084
Owen Stanley Range 1126
Owendo 455
Oxelösund 1252
Oxford *494*
Oyo 1047, 1053
Özal, Turgut 470
Ozeanien 1100-1103
–, Amerikanisch-Samoa 1560-1561
–, Bevölkerung 1101, 1102, *1102*, 1103
–, Cook-Inseln 1018-1019
–, Fidschi 392-397
–, Französisch-Polynesien 448-449
–, Geschichte 1102-1103, *1102*
–, Guam 1558
–, Kiribati 806-807
–, Klima 1100
–, Marianen 1558
–, Marshall-Inseln 930-931
–, Melanesien 1100, 1102
–, Mikronesien 960-961, 1100, 1102
–, Natur 1100
–, Nauru 996-997
–, Neukaledonien 446-447
–, Osterinsel 244-245
–, Palau 1116-1117
–, Polynesien 1100, 1102
–, Salomonen 1224-1225
–, Samoa 1230-1231
–, Tahiti 450-451
–, Tonga 1410-1413
–, Tuvalu 1458-1459
–, Vanuatu 1488-1489
Ozelot *1497*
Ozonloch 76, *77*

P

Paasikivi, Kusti Juho 400
Pachacutec Yupanqui, Inka-König 1138

Pachinko 718
Packeis 68, 70, *71*, 110
Padang 607
Padhola 1463
Padma 160, 168
Padmasambhava *189*
Padua 679
Paekche 1362
Paestum *678*
Páez, José Antonio 1493
Pagalu 90
Pagan 982, 986, *987*
Pagan-Dynastie 986
Paget, Mount 69
»Pagodes« 216
Pago Pago 1101, 1560, *1560, 1561, 1561*
Pago Pago Bay 1560
Pahlewi-Dynastie, Iran 635
Painted Desert *1520*
Pakaraima-Berge 544
Pakistan 10, *11*, 162, 555, *555*, 556, 566, 569, *598*, 792-793, *793*, 1104-1115
–, Bevölkerung 1112-1113
–, Geschichte 162, 1104-1105, 1106
–, Induskultur 1114-1115, *1114, 1115*
–, Industrie 1111
–, Islam 1104, 1105, 1106, 1112, *1113*
–, Kaschmir 792-793, *793*
–, Klima 1109
–, Landschaft 1108-1109, *1111*
–, Landwirtschaft 1110-1111
–, Religion 1112
–, statistische Übersicht 1106-1107
–, Überschwemmungen 555
–, Vegetation 1109
–, Wirtschaft 1110-1111, *1111*
Pakistani, Großbritannien 500
»Pakistan People's Party« 1107
»Pakistan Resolution« 1105
Pakse 852
Paktiya 8
Paläarktische Region 1570
Palästina 15, 657, 660, *660*, 662, 665, 666, 667, 738, 739
–, jüdische Besiedlung 662, 666, 667
Palästina-Krieg 15
Palästinenser, Israel 657, 661, 666-667, *666, 667*
–, Jordanien 666, 740-741, *741, 743*
–, Libanon 860-861, 863
–, Syrien 1376
Palästinenseraufstand 661, 667
Palatin, Rom *674*
Palau 1116-1117, *1117*
–, Geschichte 1116
–, Landschaft 1116, *1117*
–, statistische Übersicht 1116-1117
Palawan 1150, *1155*
Palenque *954*
Palermo 680
Pali 982, 1406
Palisadoes-Landzunge 695
Palma de Mallorca 1318, *1318*, 1319
Palme, Olof 1248, 1256
Palmer, Nathaniel B. 74
Palmettopalme *1519*
Palmyra 1507
Palmyra (Tadmor) 1368
Palóczen-Kultur 1472
Pamir 8, 254, 255, 1198, 1378
Pampa 94, 100, 101, *101*, 102, 104, 106, 108, *108, 109*, 1482, 1484
Pampa-Hase 101

Pampine Sierren 100, 101
Panafrikanismus 465
Panama 809, 812, 815, 1118-1123, 1493
–, Bevölkerung 1120, *1120, 1121*
–, Geschichte 1118, 1119
–, Klima 1120
–, Landschaft 1120
–, Regierung 1119
–, Stadt 1120
–, statistische Übersicht 1118-1119
–, Wirtschaft 1120-1121
Panamakanal 1118, *1118*, 1122-1123
Panamakanalzone 1118, 1119, 1120, 1122, 1123, *1122-1123*
Panamericana 370
Panamerikastraße 301
»Pancasila« 604, 605
»Panchayat« 1005
Panda, Großer 260, *260*, 261, *261, 272*
–, Kleiner *261*
Pandang 607
Panday Baseo 1414
Pandit Ravi Shankar 574
Pandschab → Punjab
»Paneuropabewegung« 388
Pangäa *77*
Pangeboche *553*
Pangwe 90, 452, 454, 764
»Panhellenische Sozialistische Bewegung«, Griechenland 470
Panjim 585
Pannonia 746
Pannonien 1476
Pannonisches Becken 1292, 1472
Pantanal 208
Pantschen-Lama 294
Paoli, Pasquale 436
Papadopoulos, Georgios 470
Papageitaucher *116*
Papandreou, Andreas 470, 486
–, Georgios 470
Papeari 451
Papeete 448, 449, 450, *450*
Paphos 1578, *1579*
Papierherstellung *1253*
Papua 1127
Papua-Neuguinea 608, 1124-1127, *1125*, 1224
–, Bevölkerung 1124, *1125*, *1126*, 1127
–, Geschichte 1124-1125
–, Klima 1124
–, Landschaft *1125*, 1126, *1126, 1127*
–, Regierung 1125
–, statistische Übersicht 1124-1125
–, Tierwelt 1126
–, Vegetation 1126, *1126, 1127*
–, Wirtschaft 1126-1127
Pará 218
Paracas-Kultur 1135
Paradiesschnäpper *261*
Paradiesvogel *1571*
Paradise Island 157
Paraguay 98, 104, 108, 191, 192, 203, *218*, 1128-1133, 1482, 1483
–, Bevölkerung *1130*, 1133, *1133*
–, Geschichte 1130-1131, *1130, 1131*
–, Kultur 1130
–, Landschaft 1132
–, Politik 1128-1129
–, Religion 1130, *1131*
–, statistische Übersicht 1128-1129

–, Wirtschaft *1130*, 1132-1133, *1133*
Paraguay, Rio 100, 208, 212, *1129*, 1130, 1132, *1133*
Paramaribo 1364
Paramesvara, Prinz 898
Páramo-Steppe 812, 1496
Páramovegetation 55
Paraná, Bundesstaat 208, 212, 220
Paraná, Rio 100, *101*, 208, 212, *219*, 1130, 1484
Parcham 4
Pardo Leal 810
»Paréage« 60
»Pareo« 449, 450
Parias 572
Parícutin 956, 958
Paris 409, 413, *414*, 416-417, *416, 417*, 424, 425, *425*, 427, 429, 431
–, Frieden von 776
–, Vertrag von 90
Pariser Becken 418, *418*, 419, 420, 424
»Pariser Kommune« 415
Pariser Verträge 1075, 1429
Pariser Vietnam-Abkommen 1563
Park Chung Hee 1356, 1360
Parler, Peter 1426
Parma 679, 687
PARMEHUTU, Ruanda 1187
»Parmigiano« 685
Paros 484
Parramatta River *155*
Parry, William Edward 112
Parsismus 572
»Partei der Arbeit Koreas« (PAK) 1058
»Partei des birmanesischen Weges zum Sozialismus« (BSPP) 984
Partei des demokratischen Sozialismus (PDS) 318
Parthenon, Athen 472, *473*
Parther 617, 636
Partherreich 634
»Parti Démocratique de Côte d'Ivoire« (PDCI) 302
»Parti Démocratique de Gabonais« (PDG) 452
»Parti Démocratique de Guiné« (PDG) 536
»Partido Africano da Independência de Guiné e Cabo Verde« (PAIGC) 540, 787
»Partido Justicialista«, Argentinien 96, 99
»Partido Liberal Radical Autentico«, Paraguay 1129, 1131
»Partido Popular Cristiano«, Peru 1136
»Partido Revolucionario Institucional« (PRI), Mexiko 953
»Parti du peuple Mauretanien« 932
»Parti Progressiste Nigérien« 1042
»Parti Social Chrétien«, Belgien 175
Pascal-Trouillot, Eartha 546
Paschtu 6
Paschtunen 6, 10, 11, *11*
Pascuaner 245
Pasig, Manila 1156, *1156, 1157*
Passos, John Dos 1548
Pasta 685, *685*
Patagonien 100, *100*, 101, *101*, 102, 106, *106*, 239
Patan 998, 1000, 1003
Paterson, »Banjo« 152

Pathanen 1109
»Pathet Lao« 847, 848, 852, 853
Patkaigebirge 983
Patoralisten 536
Patrick, Heiliger 643, 646, 647
Patterson, Perceval J. 695
»Patronage« 918
Paulus, Apostel 472, 914, 1372, 1376
»Pavement Dwellers« 577
Pavia 679
Paxos 484
Paxton, Joseph *496*
Paya 562
Paz Estenssoro, Victor 192
Pazifikküste, USA 1522-1523
Pazifische Inseln → Ozeanien
Pazifische Platte 1412
Pazifischer Ozean 153, 374, 603, *605*, 722, *723*, 808, 812, 1007, 1100, 1101, 1102, 1142, 1382
–, amerikanische Küste 1505, 1508, 1522-1523
–, kanadische Küste 767
–, Panamakanal 1122
–, Tsunamis 722, *723*
–, zentralamerikanische Küste 297, 301, 378, 1020, 1119
Paz Zamora, Jaime 192
Pearl Harbor 1101, 1523, 1553
Pearson, Lester B. 1257
Peary, Robert Edwin 112, *112, 113*
»Pecorino« 685
Pechstein, Max 1117
Pedro I., Kaiser von Brasilien 207
Pedro II., Kaiser von Brasilien 207
Pedro Miguel, Schleusen von 1123
Pegu 986, 988, 1404
Peking 251, *251*, 271, 272-273, *272, 273*, 277, *278*
–, Geschichte 272
–, Stadtplan *273*
–, »Verbotene Stadt« *251*, 272, 273
Peking-Ente *276*, 277
Pekingoper 265
Pelagonija *939*
Pelagonisches Massiv 482
Pelé (Edson Arantes do Nascimento) 206
Peleponnes 474, *475*, 482, *482, 747*
Peleponnesischer Krieg 474, 476
Pelsmann, Albert 1033
Pemba 1387, 1390
Penang 894, *895*, 898, 899, 903
Penderecki, Krzysztof 1161
Penn, William 388
Penninen 512
Pennsylvania 1512
Peones 1485
»People's Action Party«, Singapur 1287
»People's National Congress«, Guyana 542
»People's National Movement«, Trinidad und Tobago 1414
»People's Progressive Party«, Guyana 542
Perakkette 900
Perast 964
Peres, Shimon 1257
Perestrojka 876, 1205
Perez, Juan 536
Pérez, Carlos Andrés 1494

Pérez Balladares, Ernesto 1119
Pérez Jiménez, Marcos 1493, 1494
Pergamon 1444, 1445
Perge 1450, 1451
Perikles 469, 472
Perim 733
Perito Moreno *100*
Perlfluß 270, *283*, 284, 286, 288
Pernambuco 203, 220
Perón, Eva (»Evita«) Duarte de 99
Perón, Isabel 99
Perón, Juan Domingo 96, *98*, 99, 102
Peronisten 99
»Peronistischer Frühling« 96
Perpignan 60
Perrault, Charles 434
Persepolis 636, *636*
Perser 10, 620, 858, 1372
Perserkriege 474, 476
Perserreich 158, 631, 634, 635
Perserteppich *636*
Persis 634
Persischer Golf 92, *92*, 158, *159*, 619, 623, *640*, 842, 1238
Persische Sprache 638
Perth 135, *135*, 148, 153
Peru 54, *54*, 55, *55*, 56, 57, 58, 59, 196, 235, 808, 812, *814*, 815, 1134-1143, 1304, 1492, 1494
–, Bevölkerung 1136, *1137*, 1140, *1140*, 1141, *1141*
–, Eisenbahn 1142-1143, *1142, 1143*
–, Geschichte 1134-1135, 1136, 1138, 1139
–, Inka 1134, 1138-1139
–, Landschaft 1140, *1141*
–, Politik 1138, 1139
–, statistische Übersicht 1136-1137
–, Vizekönigreich 98, 235, 371, 809, 1130, 1135
–, Wirtschaft 1136, 1137, *1137*, 1140
Perùgia 676
Pesaro-Urbino 1232
Peshawar 4, 1109, *1113*
Pessac 425
Pest 1474, 1475, *1475*
Petah Tiqwa 662
Petar II. Petrovic Njegoš, montenegrinischer Dichter 750
Petén 530
Peter I., der Große, russischer Zar 386, 856, 1202, *1202*, 1206, 1208, *1208, 1209*
Peter IV. von Aragón 1318
Petersdom, Rom 672, 1490, 1491, *1491*
Petersplatz, Rom 1490, 1491, *1491*
Petit Martinique 466
Petra 743
Petrarca 690, 1426
Petra tou Romiou 1579, *1579*
Petrified Forest National Park 1511
Petrodworjez (Peterhof) *1208*
Petrograd → Sankt Petersburg
Petronas Towers 899
Petrus, Apostel 1376, 1490
Petrusse 880, *881*
»Pettah« 1329
Peyster, Arent de 1459
Pfahlhäuser *448, 1154*
Pforzheim 325
Pham Van Dong 1565

Phanariotenherrschaft 1188
Philadelphia, Jordanien 742
–, USA 1513, 1514, 1532, 1542
Philae 26
Philipp, Arthur 136
Philipp I., der Schöne, König von Kastilien 1086
Philipp II., spanischer König 1145, 1156, 1304, *1304*, 1310
Philipp II. August, französischer König 413
Philipp II. von Makedonien 477
Philipp der Großmütige, Landgraf von Hessen 325
Philippinen 1100, 1101, 1144-1159, 1305, 1570
–, Bevölkerung 1145, *1147*, 1152-1153, *1153*, 1154-1155, *1154*, *1155*
–, Bodenschätze 1158, *1159*
–, Geschichte 1148-1149, *1148*, *1154*
–, Industrie 1158-1159
–, Klima 1150, 1151
–, Kultur 1154-1155
–, Landschaft 1150-1151, *1150*, *1151*
–, Landwirtschaft 1158, *1158*, *1159*
–, Manila 1156-1157
–, Minderheiten 1152, 1153, *1153*, 1154-1155, *1154*, *1155*
–, Parteien 1146-1147
–, Politik 1146-1147
–, Regenwald 1158
–, Regierung 1146
–, Religion 1145, 1152, *1152*, 1153
–, Sprachen 1153
–, statistische Übersicht 1146-1147
–, Tierwelt 1151
–, Vegetation 1151
–, Vulkanismus 1150, *1150*
–, Wirtschaft 1158-1159, *1158*, *1159*
–, Zweiter Weltkrieg 1149, 1157
Philipsburg 86
»Phnom« 756
Phnom Penh 753, *754*, 755, 756, *756*, 757
Phoenix 1530
Phoenix-Inseln 806, 807, *807*
Phokis 482
Phomvihane, Kaysone 847, 848, 849
Phönizier 32, 436, 522, 858, *873*, 914, *915*, 916, 920, 968, 1302, 1318, 1430, 1434
Phosphat 919, 922, 923, 928, 929, 1213, 1435, *1435*
–, Nauru 996, 997
–, Sahara 929, 1213
–, Tunesien 1435, *1435*
–, Westsahara 928, 929
Phou Bia 850
Phoumsavanh, Nouhak 849
Phryger 1442
Phuket 1399
Phumiphol, König von Thailand *1396*
Phyongyang 1060, 1061, 1357
Piacenza 679
Piasten 1164
Piazza Armerina 680
Piazza Navona, Rom *672*
Pichincha 370
Pico Bolívar 1492, 1496
Pico da Neblina 208
Pico de Aneto 1316
Pico de Cano 786
Pico de Europa *1313*

Pico de Fogo 786
Pico de Orizaba 956
Pico de Teide 1320, *1321*
Pico Duarte 362, *363*
Pico Turquino 836
Pidgin-Englisch 1414
Piedmontplateau 1512, 1528
Piedras Negras 535
Piemont 670, 678, 684, 686
Pietro da Cortona 691
Pigeon 438
Pik Kommunisma → Ismoil Somoni
Pik Pobedy 804
Pikten 494
Pilbara 135, 150
»Pilgerväter« 495, 1550
Pilsen 1424
Pinar del Río 836
Pindosgebirge 482
Pinguine 68, *73*, *73*, 101
Pinnacle Rock *377*
Pinnacles *138*
Pinochet, Augusto 234, 236, 237, *23*, 242
Pinto da Costa, Manuel 1235
Pippin, Karolingerkönig 676, 1490
»Pippinische Schenkung« 676
Piran 1295
»Piratenküste« 1500
Pirckheimer, Willibald 354
Pirin-Gebirge 226
Pir-Panjal-Gebirge 598
Pirú, Goldland 1134
Pitcairn 1100
Piton des Neiges 445
Pittsburgh 1514
»Pityusen« 1318
Pizarro, Francisco 235, 371, 1134, 1138
–, Gonzalo 816
Plaid Cymru 514
Plaka, Athen 473
Plantagenwirtschaft 1516
Planwirtschaft 346, 1170
»Plateau-Indianer« *774*
Platon *474*, 1320
Plattensee 1468, 1472, *1472*
Plattentektonik 54, 56, *57*, 958, *958*, 1080, 1081, 1412
Plauer See 335
Plazentalier 140
Pleven *227*
Plinius der Jüngere 673
PLO 661, 666, 667, 740, 741, 861, 1433
Plovdiv 226, 228
Plymouth 87
Po 962
Poás 299
Podgorica 751
Podiebrad, Georg von, König von Böhmen 388
Poebene 678, *678*, 679, 686, *686*, *686*
Pohnpei 930, 960, *960*, 961
Poiana Brașov 1192
Pointe-à-Pitre 438
Pointe de la Grande Vigie 438
Pointe des Châteaux 438
Pointe-Noire 827
Poitou 1
–, Schwelle von 418
Pokerman 382
Pokhara *557*, 1005
Polanski, Roman 1161
Polargebiete 70
Polarkreis, nördlicher 110, *117*, *118*, 119, *401*, 405, 771, *1067*
–, südlicher 74
Polarmeer 68, 116, *117*
Polarnacht 118, 119, 1072
Polarrötelmaus *116*

Polartag 119
Polarwolf *116*
Polder 1027, 1030, 1031
Poldersystem 1364
Polen 338, 1098, 1160-1171
–, Geschichte 1160, 1161, 1164-1171
–, Katholizismus 1160, 1161, 1164
–, Klima 1169
–, Kultur 1161
–, Landschaft 1168-1169, *1169*
–, Litauen 876
–, Planwirtschaft 1170
–, Politik 1162-1163, *1163*
–, Solidarność 1162, 1163
–, statistische Übersicht 1162-1163
–, Teilungen 1165
–, Umweltverschmutzung 1170-1171
–, Warschau 1166-1167, *1166*, *1167*, 1169
–, Wirtschaft 1163, *1163*, 1170-1171, *1170*, *1171*
Polisario 34, 917, 928, *928*, 929, 932
Pollock, Jackson 1548
Polnische Teilungen 857, 876, 1160, 1165, *1165*, 1166, 1203, 1573
»Polnische Vereinigte Arbeiterpartei« (PVAP) 1162
Polo, Marco 971
Polonnaruwa 1326, 1328
Polospiel *1112*
Pol Pot 754, 755
Poltawa, Niederlage bei 1256
Polynesien (→ Amerikanisch-Samoa, Cook-Inseln, Französisch-Polynesien, Neuseeland, Osterinsel, Samoa, Tonga, Tuvalu) 1014, *1014*, 1016, 1100, 1102, *1102*
Polynesier 1127
Pombal, Marquês von *1176*, 1177, 1178
Pommerellen 1168
Pommern 335, 1164, 1168, 1246
Pompeius 1372
Pompeji *675*
Pomponius Mela 74
Ponape → Pohnpei
Ponce 1554
Poncho *108*, 109
Pondicherry 566
Pont du Gard 412, *413*
Ponte-Nuovo, Schlacht bei 436
Pontikonisi *483*
Pontisches Gebirge 626, 640, 962, *1441*, 1445, 1448, 1449
Póo, Fernando 760
Poopósee *197*
»Poor Man's Nightclub«, Hongkong *280*, 281, 284
Popayán 808, 814
Popocatépetl 956, 958
Pöppelmann, Daniel 340, *340*
Poprad 1292
Poreč 198
Port Augusta 134
Port-au-Prince 548, 549, *549*
Port Blair 595
Port Elisabeth 1340
Port Hedland 150
Port Jackson 154
Port Louis 936, *937*
Port Moresby 1125, *1125*
Porto 1178, 1180, *1181*, 1183
Porto-Novo 187
Porto Santo 1185
Port of Spain 1415
Port-Philipp-Bay 154

Port Pirie 134
Port Rashid 1502, *1503*
Port Royal 776
Portrush 518
Portugal 1172-1185, 1304, 1305, 1316, 1317
–, Angola 62-63, 64
–, Äquatorialguinea 90
–, Äthiopien 125
–, Azoren 1184-1185, *1184*, *1185*
–, Bevölkerung 1178-1179, *1178*, *1179*
–, Brasilien 206, 207, 212
–, Gabun 452
–, Geschichte 1173, 1174, 1175, 1176-1177
–, Goa 569, 584-585
–, Guinea-Bissau 540
–, Kap Verde 786, 787
–, Kenia 798
–, Klima *1182*, 1183
–, Kultur 1173, 1176
–, Landschaft 1182-1183, *1182*
–, Landwirtschaft 1180
–, Macao 288-289, *288*, *289*
–, Madeira 1185, *1185*
–, Malaysia 898, *899*
–, Mosambik 978, *979*
–, Réunion 444
–, Regierung 1174
–, São Tomé und Príncipe 1234-1235
–, Seefahrer 569, 1177
–, Sri Lanka 1326
–, Städte 1178-1179, *1178*, *1179*
–, statistische Übersicht 1174-1175
–, Südamerika 206
–, Taiwan 1384
–, Tansania 1389
–, Tourismus 1180-1181
–, Uruguay 1482, 1483
–, Wirtschaft 1175, 1180-1181
Portugiesen 916
–, Guyana 545
Portugiesisch-Indien 1174
Port Vila 1488, *1489*
Posen 1165
Potala-Palast, Lhasa *292*, 294
Potaro 544
Potosí 191, 195, *195*
Pototau I. 1015
Potsdam 338, 354, *355*, 356
Potsdamer Konferenz 1165
Poussin, Nicolas 432
Powwow *1539*
Poza Rica 944
Pozzo, Ignazio 691
»Prä-Dorset-Kultur« 775
Prag 1420, *1420*, 1424, 1425, 1426-1427, *1426*, *1427*
–, Stadtplan *1427*
»Prager Frühling« 1421, 1422, 1427, 1429, *1429*
»Pragmatische Sanktion«, Frankreich 414
–, Österreich 1087
Prahoc 757
»Prärie-Indianer« 774, 775
Prärien 770, *770*, 771, 773, 780, 1520, 1538
Praslin 1277, *1277*
»Prayags« 588
Predeal 1192
Premadasa, Ranasinghe 1331
Přemysliden 1426
Presley, Elvis 1548
Prespa-See 1231
Preßburg → Bratislava
Preußen 351, 415
Préval, Prosper 546
Prince-Charles-Gebirge 76
Prince Edward Island 767, 777

Prince William Sound 1524
Príncipe 452, 1175, 1234, *1235*
Prinz-Edward-Inseln 68
Prinz-Karl-Vorland *1075*
Pripjatsümpfe 1466
Priština 1098
Procopius 1078
»Progressive Conservatives«, Kanada 768
»Projekt Tiger«, Indien 592-593, *592*, *593*
»Protektorat Böhmen und Mähren« 1421
Provençalen 426
Provence 413, *418*, *421*, 423
–, Grafen der 968
Providence 1513
»Province of Canada« 777, 784
»Provinz Africa« 1430
»Provisorischer Nationaler Verteidigungsrat« (PNDC), Ghana 460
Provo 1520
Prudhoe Bay 1524, *1525*, *1525*
Pruth 1192
Przewalski, Nikolai 976
Przewalski-Pferd 976
Przypiorski 1161
Psiloritis 486
Ptolemäer 16
Ptolemaios 16
Ptolemäus, Claudius 74
Puccini, Giacomo 691
Pučnik, Joze 1295
Puebla 942
Pueblo-Indianer 1520, *1521*
»Pueblos jóvenes«, Peru 1141, *1141*
Puente del Inca 101
»Puerto de Nuestra Señora Santa María del Buen Aire« 104
Puerto Escondido 954
Puerto Golfito *297*
Puerto Plata 365
Puerto Príncipe 834
Puertoricaner 1536, 1540, 1554
»Puertoricanisches Modell« 82
Puerto Rico 82, *84*, 1305, 1507, 1508, 1540, 1554-1555, 1556
Puerto-Rico-Graben 362
Puerto Vallarta 954
Pula 829
Pulilan 1152
Pulog Mount 1150
Puma 1496, *1497*
Puna 100, 101
Punavegetation 55
Punch 793
Punische Kriege 1302
Punjab 550, 572, 578, 586, 1104, 1105, 1108, 1110, 1112
Punjabi 1112
Punjnad 1108
Puno 1135
Punt 1296
Punta Arenas 240
Punta del Este *1481*, 1484
Punu 454
Puri 582
Puritaner 1550
Purpurberge *270*
Pusan *1360*
Puszcza Kampinoska 1168
Putamayo *814*
Putin, Wladimir W. 1197, *1197*
Puya 57
»Pwe« 989, 990

Pygmäen 454, 536, 764, 765, 824, 827, 1574, *1575*
–, Gabun 454
–, Kamerun 764, 765
–, Kongo 824, 827
–, Zentralafrikanische Republik 1574, *1575*
Pyramiden 13, 18, 26, *26*
Pyrenäen 60, *60*, *411*, 418, *418*, 430, 431, *431*, 1302, 1304, 1316, *1316*, 1317
Pyrenäendesman *61*
Pyrenäenlilie *61*
Pyrenäenskilla *61*
Pyu 986

Q

Qabis 1435
Qafsah 1432
Qanate 9, 640, *1109*
»Qasab« 620, *621*
Qat 737
Qianglong, Kaiser von China 251
»Qibla« 20
Qin-Dynastie 250, *250*
Qing-Dynastie *250*, 251, 270, 272, 971
Qinghai 255, 258
Qinghai-Tibet-Plateau 254
Qing-Porzellan *250*
Qin Ling 256, 260
Qin Shi Huangdi, Kaiser von China 247, *250*, 262, 264
Qishon 658
Qizilbasch 6
Qozzone 1350
»Quadras« 104
Quäker 301
Quastenflosser 819
Quebec 767, 776, *777*, 778, 779, 780, 782, 784
Quebec-Akte 776, 778
Quebec-Konflikt 777, 778
Quechua → Ketschua
Quedlinburg 354, 356, *356*
»Queen Mum« *499*
Queensland 132, 134, *135*, 137, 138, *142*, 148, *149*, 150
Quemoy 1382
Querdünen *93*
Quesada, Gonzalo Jiménez de 809, 816
Questia 60
Quetta *1108*
Quetzal *301*
Quiché 534
Quintilian 1302
Quiriguá 535
Quirinal, Rom *674*
Quirra Cerda, Pedro 235
Quito 370, 371, 372, *373*, 809, 816, 1138, 1139
Qurna *621*
Qwaqwa 1337

R

Raab 1092
Raahe 407
Rabat 667, *919*, 926
Rabbani, Burhanuddi 4
Rabeh Zobeir 1416
»Rabi« *579*
Rabi-Insel 806
Rabin, Izhak 1257
»Race Relation Act« 1015
Rachmanow, Imomali 1379
Radek, Karl B. 1204

»Radikale Bürgerunion«, Argentinien 96
Radom 1165
Radschid, Familie 1237
»Ra«-Expedition 196
Raffael 691, 1491
Raffles, Stamford 1286, *1288*
Ragaz, Bad 1271
Ragusa 680, 747
Rai *1004*, 1005
Rainbow Warrior 1013
Rajasthan *571*, 572, 578, 583, 586, 591
»Rajya Sabha« 566
Rákosi, Mátyás 1470, 1477
Raleigh, Sir Walter 495
Ralik-Inseln 930, *930*
Rama 1021
Rama I., König von Thailand 1405
Rama Kampheng, König von Thailand 1404
Rama Thibodi I., König von Thailand 1404
Ramayana *553*, 1405
Ramos, Fidel 1147
Rana-Familie 998
»Randstad Holland« 1027, 1033
Rangun 982, 985, 988, *988*
Rann von Kutch 1108
Rano Kao 244, *245*
Rano Raraku 244
Ranshofen 1092
Rarotonga 1018, 1019, *1019*
Ras al-Anuf 870
Ra's al Khaymah 1500, 1503
Ra's at Tannurah *1240*
Ras Daschan 128
»Rassemblement Démocratique Africain« (RDA) 302
»Rassemblement Démocratique du Peuple Camerounais« (RDPC) 761
»Rassemblement du Peuple Togolais« (RPT) 1408
»Rassemblement pour la Calédonie dans la République« 446
Rastafarianglaube *698*, 699
Ratak-Inseln 930, *930*
Rat für gegenseitige Wirtschaftshilfe (RGW) 979, 1170, 1188
Rathen *339*
Rätikon 874, *874*
Rätoromanen 42
Rätoromanisch 1268
Rattenmaki *887*
Rauschenberg, Robert 1548
Ravenna 676, 679
Ravi 1104, 1108
Rawalpindi, Vertrag von 3
Rawlings, Jerry 460, 461
Realismus 433
»Realunion« 1164
Recife 53, 214, 215, 203
Reconquista, Portugal 1176
–, Spanien 1303, 1304
Redonda *81*
Reduktionen 1130
Redwood National Park 1511
Reformation 350, 1086, 1304
Reg 1210
Regenbogenforelle *773*
Regensburg 324, 356
Regenwald *54*, 55, 194, *452*, 454, *454*, 455, 612-613, *612*, *613*, 822, *822*, 824, 900, 901
–, Amazonien 47, 48-49
–, Argentinien 100
–, Brasilien 49, 203, *205*, 209, *209*
–, Französisch-Guyana 442, *443*
–, Gabun *452*, 454, *454*, 455

–, Guyana 544, *545*
–, Indonesien 612-613
–, Kolumbien 808, 812
–, Kongo 822, *822*, 824
–, Myanmar 983
–, Ökosystem 47
–, Stockwerkbau *47*
–, Thailand 1395, 1398
–, tropischer 612-613, *612*, *613*, 900, 901
–, Venezuela 1496
Reggaemusik *697*, 698-699
Rehovot 662
»Reichsitalien« 676
Reims 432
Reisanbau, Bangladesch 161
–, China 257, 275
–, Indien *578*, 579
–, Japan 726, *726*
–, Kambodscha *756*, 757
–, Laos 850, *851*
–, Myanmar 982, *989*
–, Südkorea *1360*, 1361
–, Thailand *1400*, 1401
–, Vietnam 1568, 1569, *1569*
Rembrandt 1036, 1038
Remus 672, 674
Renaissance, europäische 477
–, französische 434, 435, *435*
–, italienische 432, 677, 691
Rennell 1224
Reno 1520
Rentier *116*, *773*
Rentierflechte *116*
Residencia de Estudiantes 1311
»Resistencia National Moçambicana« (RENAMO) 978, 981
»Resolution« 74
Rethymnon 487
Réunion 410, 444-445, *444*, *445*, 936
Reykjavík 651, *651*, 654
Reymont, Władisław Stanisław 1161
RGW → Rat für gegenseitige Wirtschaftshilfe
Rhein 42, 320, *321*, 324, 330, 332-333, *332*, *333*, *1029*
Rheinfelden 1271
Rheingau 325, 333
Rheinisches Schiefergebirge 333, 418
Rheinland 321
Rheinland-Pfalz 318, 330, *331*
Rhein-Main-Donau-Kanal 366
Rhein-Main-Ebene 325
Rhein-Main-Flughafen 328
Rhinozerosvogel 902
Rhode Island 1512, 1550
Rhodes, Cecil John 1226, 1280
Rhodesien 1226, 1280, 1281
Rhodesien und Njassaland, Föderation von *1227*, 1281
Rhodopen *224*, 226, *227*, 229, 482
Rhodos 484, 486, *487*, 914
Rhön 321
Rhône 40, 42, *419*, 423, 424, 962
Rhône-Alpes 425
Rhônetalgraben 418
Riachuelo 104
Riad *92*, 1236, 1237, 1238, 1244, *1245*
Ribatejo 1183
Richelieu, Kardinal 414
Richmond 1513
Richterwil 1271
Rideau-Kanal 784
Riding Mountain National Park 773, 779
Riesengebirge 1168, 1424
Riesenmoa 1016, *1017*

Riesenotter *545*
Riesensalamander *261*
Riesenschildkröten 376, *376*, 377
Rifgebirge 522, 917, 918, 920, 922
Rift Valley (→ Ostafrikanischer Graben) *127*, 128, 1080
Riga 857
–, Frieden von 1573
Rijeka 830
Rijswijk, Frieden von 363, *549*
Rila-Gebirge 226, 229
Rila-Kloster 226, *227*
Rimac 1140, 1142
Rimini 1232
Ringelgans *116*
Rinjani 610
Rinzai-Glaubensgemeinschaft 713
Riobamba 371
Río Chagres *1122*
Rio de Janeiro 203, 208, 210, *215*, 216-217, *216*, *217*
–, Bundesstaat 220
Rio de la Plata, Vereinigte Provinzen des 98
–, Vizekönigreich 98, 104, 1130, 1482
Rio de la Plata (Fluß) 98, 104, 1132, *1481*, 1482, 1484
Río de Oro 928
»Rio dos Camaroes« 760
Rio Grande, nordamerikanischer Fluß 1520
Rio Grande, Bundesstaaten in Brasilien 203
Rio Grande do Sul 208, 212, 220
Rioja *1309*, 1317
Río Muni 90
Rioni 458
Risan 750
Rishekesh *588*
Ri'shon Leziyon 662
»Risorgimento« 677
Rista-Fälle *1252*
Rita 930
Ritsuryo-Verwaltungssystem 710
Riverina 134, 138, 148, 149
Riviera, albanische 30, *30*
–, französische 968
–, italienische 679
–, türkische 1450-1451
Rivière Salée 438
»Riwaq« 20, *21*
Riza Abbasi 636
Rizal, José 1145, 1148
Riza Pahlewi 635
Roadtown 526
Roanoke 1513
Robben 101
Robben Island 1338
Robbins, Jerome 1548
Robespierre, Maximilien de 415
»Robinson Crusoe« 234, 1415
Roboter *348*, *729*, 729
Roca, Julio 98
»Roças« 1235
»Rock English« 523
Rockhampton 134, 148
Rock Islands 1116
Rock-Musik 1548
Rocky Mountain National Park 1521
Rocky Mountains 770, *770*, 780, 1505, 1508, 1520, 1522, *1552*
Rocky-Mountain-Staaten, USA 1520-1521, *1520*

Rocquebrune 969
Rodin, Auguste 104
Rodrigues, Amália 1178
Rodríguez, Andrés 1128, 1129
Rogaland *1068*
Roger II., König 676
Roggeveen, Jacob 245, 1560
Rohmer, Eric 429
Roh Tae Woo 1356
Rom 669, 670, 672-673, *672*, *673*, 674, *674*, 676, 677, 679, *683*, 689, *690*, 691, *691*
–, Vatikanstadt 1490-1491, *1491*
Roma 225, 1293, 1424, 1469, 1478-1479, *1478*, *1479*
–, Bulgarien 225
–, Herkunft 1478
–, Musik 1478-1479, *1479*
–, Rumänien 1478
–, Slowakei 1293
–, Spanien 1478
–, Tschechische Republik 1424
–, Ungarn 1469, 1478
Romagna 1232
Romanik 432
Romantik 433
Römer 412, *413*, 426, 492, 494, 686
Romero, Carlos H. 380
–, Oscar 382
Römisches Reich 16, 32, 412, 436, 475, 477, 669, 672, 674-677, *674*, 675, 676, 677, 690, 746, 914, 916, 968, 1302, 1368, 1372, 1430, 1444, 1445
Römisch-Katholische Kirche, Albanien 30
–, Frankreich 414, *426*, 432
–, Italien 669, 671, *682*, 683
–, Jugoslawien 746
–, Libanon 864
–, Malta 914
–, Polen 1160, 1161, 1164
–, Portugal 1173, 1178, *1179*
–, Spanien 1301, 1304, 1314, 1315
–, Vatikanstadt 1490-1491, *1490*, *1491*
Romulus 672, 674
Romulus Augustulus, römischer Kaiser 675
Rondônia 52, *53*, 213
Ronin 708
Ronne-Schelfeis 68
Roosevelt, Franklin D. *1205*, 1553
–, Theodore 1257
Ropotano 227
Roraima 213, 544
Roraima-Bergland 544
Roseau 360
Rosenborg, Schloß 309
Rosenkriege, Großbritannien 494, 495
Roskilde 308, 309
Ross, James Clark 74
Rossini, Gioacchino Antonio 691
Ross Island *75*
Rossmeer 74
Ross-Schelfeis 68
Rostock 335, 356
Rostow-am-Don *1197*
Rote Armee 1477, *1477*
»Rote Garden« 399
Rote Khmer 753, 754, 755, 757
Roter Brüllaffe *1497*
Roter Fluß 850, 1562, 1568, *1569*
Roter Halbmond 1265
Roter Platz, Moskau 1206, 1207
Roter Sichler *1497*

Rotes Becken 257, 258
»Rotes Fort«, Delhi 582
»Rotes Herz«, Australien 131, 138, 153
Rotes Kreuz 1264, 1265
Rotes Meer 35, 92, 127, 368, 385, 732, 739, *963*, 1080, 1238
Rote Thai 853
Rothenburg ob der Tauber 317, 356, *356*
Rothschild 87
Rotorua *1015*
Rotterdam 337, 1033, *1034*, 1035, 1036
Rotuma 395
Roubaix 424
Rouen *413*, 424
Round Hill *1010*
Rourkela 580
Rousseau, Jean-Jacques 414, 1264
Rovaniemi 399
»Royal Flying Doctor Service« 152
»Royal Niger Company« 1047
Ruanda 232, 233, 1186-1187, *1187*
–, Bevölkerung 1186-1187, *1187*
–, Geschichte 1187, *1187*
–, Landschaft 1186
–, statistische Übersicht 1186-1187
–, Wirtschaft 1187, *1187*
Ruanda-Urundi 1187
Rub al Khali *92*, 730, 731, *733*, *1077*, 1240
Rubens, Peter Paul 177, 181, 433
Rubruk, Wilhelm 970
Rüdesheim *332*, 333
Rudolf II., Kaiser 1426
Rudolf von Habsburg, König 350, 1086
Rugby 508, *508*, 514, 516
Rügen 320, 335, 1099
Ruhrgebiet 317, 730
Rumänen 966, 1476
Rumänien 1188-1193, 1478
–, Bevölkerung 1190-1191, *1191*
–, Geschichte 1188, 1190
–, Klima 1192
–, Landschaft *1189*, 1192-1193, *1192*, *1193*
–, Minderheiten 1190-1191, *1191*
–, politischer Umsturz 1189
–, statistische Übersicht 1188-1189
Rumba 839
Rum Cay *157*
Ruminahui, Inka-General 1138, 1139
Rundhöcker 405, 1250
»Rupert's Land« 776, 777
Rupununi-Savanne 544
Ruse 226
Russen 120, 122, 458, 791, 805, 966, 1196, 1379, 1457, 1466, 1486, 1487, 1572
Russischer Bürgerkrieg 971
Russische Revolution 1165, 1466, 1573
–, erste 857, 1203
Russisches Reich 970, 971
Russisch-Japanischer Krieg 709
Russisch-Türkischer Krieg 747
Rußland 110, 115, 386, 398, 1074, 1075, 1098, 1194-1209, *1205*, 1464
–, Finnland 398, 399

–, Geschichte 1195, 1196-1197, 1202-1203, *1202*, *1203*, 1204-1205, *1204*, *1205*, 1208, *1209*
–, Großmacht 1202-1203
–, Japan 724
–, Kiewer Rus 1202, 1206, 1466, 1573
–, Landschaft 1198-1199, *1199*
–, Moskau 1206-1207, *1206*, *1207*
–, Moskauer Reich 1206
–, Nationalismus 1196
–, Polen 1161
–, Politik 1196-1197
–, Revolution 1203
–, Sankt Petersburg 1196, 1199, 1203, *1203*, *1205*, 1206, 1208-1209, *1208*, *1209*
–, Sibirien 1200-1201
–, statistische Übersicht 1196-1197
–, territoriale Entwicklung 1203
–, Wirtschaft 1196, 1197
Rust 1092, *1097*
Rutland 595
Rütlischwur 1259, 1260, 1262
Ruwenzori 822, 1462
Ruwenzori-Nationalpark 1462
Ruzizi 232
Rwanda → Ruanda
Rykow, Alexej I. 1204
Rysy 1169
Ryukyu-Inseln *703*, 724-725, *725*, 1382

S

Saalach 1095
Saale 339
Saaleeiszeit 310
Saar 330
Saarbrücken 330
Saarinen, Eliel 402
Saarland 318, 330
Saba, Antilleninsel 86, 87, *87*, 1040, 1041
Saba, arabisches Reich 124, *734*
Saba, Königin von 92, 124, 734, 1284
Sabäer 734
Sabah 891, 892, *892*, *895*, 896, 898, 900, 902
Sabah-Familie 840, 841, *841*
Sábato, Ernesto 94, 97
Säbelantilope *1210*
Sabha 870
Sabina 1321
Sabratha 870, *873*
Sacharow, Andrej D. 1257
Sachs, Hans 354
Sachsen 318, 338, *339*
Sachsen, Volksstamm 322, 334, 492, 494, 1032
Sachsen-Anhalt 318, 339, *339*
Sächsische Schweiz *339*, 340
Sacsayhuaman 1138
Sadat, Anwar As 14, 21, 25, 661, 1257
Sadd Al Ali 22
Saddle Peak 595
Sado 701
Safaqis 1435
Safawiden 2, 635, 636, 637, 1243
Safed Koh 8
Safi 916, 922, 923
Sagarmatha-Nationalpark *551*

Sage, Mount 526
Saghru' Jabal 924
Sagorsk → Sergijew Possad
Sagrosgebirge 626, *633*, 638, *639*, 641
Saguenay 782
Saguia el-Hamra 928
Saguier, Rubén Bareiro 1130
Sahara 34, *35*, 36, *36*, 38, *39*, 868, 870, *871*, 919, 922, 924, *925*, 1042, *1043*, 1210-1213, *1210*, *1211*, *1212*, *1213*, 1214, *1275*, 1416, *1418*, 1433, *1434*
–, Algerien *35*, 36
–, Berber 920
–, Besiedlung 1212
–, Bodenschätze 929, 1213
–, Erschließung 1213
–, Karawanen 910, *911*, *1044*, 1217, *1418*
–, Klima 1210
–, Lebensraum 1212-1213
–, Libyen 870, 871
–, Mali 910
–, Marokko 922, 924-925
–, Mauretanien 932
–, Naturraum 1210-1211
–, Niger 1044, *1044*
–, Nomaden 1212, 1213
–, Oasen 1212, 1214-1215, *1214*, *1215*
–, Tourismus 1213
–, Tuareg 1216-1217
–, Vegetation 1211
–, Westsahara 928-929
Saharaatlas *35*, 36, 38
Sahel 187, 230, 304, 463, 762, 786, 1050, 1052, 1408
–, Tunesien 1434, 1435
Sahelzone 456, *909*, 910, 933, 934, 1042, 1044, *1044*, 1210, 1212, 1213, *1216*, 1217, 1274, 1350, 1416, 1418
Sahraoui 928, *928*
Sahyadri-Berge 584
Said-Dynastie 1076
Saifuddin, Sir Muda Omar Ali 223
Saiga-Antilope 260
Saigon (→ Ho-Chi-Minh-Stadt) 1563, 1564, *1564*, 1566
Saimaa 406
Saint-Denis 445, *445*
Sainte Anne 440
Sainte-Anne-de Beaupré 782
Sainte-Chapelle, Paris 416
Saint-Étienne 424, 425, *425*
Saint George's 467
Saint John, New Brunswick 780
Saint John River 780
Saint Kitts 80, 87, 1218, 1219, *1219*
Saint Kitts-Nevis 1218-1219
–, Geschichte 1218-1219
–, Landschaft 1218
–, statistische Übersicht 1218-1219
Saint-Laurent, Yves 429
Saint Louis *1518*
Saint-Louis, Senegal 1274
Saint Lucia 84, 1218, 1220-1221, *1220*, *1221*
–, statistische Übersicht 1220-1221
Saint-Pierre-et-Miquelon 410
Saint Vincent 1218, 1222, *1223*
Saint Vincent und die Grenadinen 1222-1223, *1222*, *1223*
–, statistische Übersicht 1222-1223

Sajanen 1198
»Sajudis« 876
Sakarya 1448
Sakkara 26
Saklikent 1450
Sakuddei 607
Sal 786
Saladin, Sultan 627, 665, 1372
Salamander *61*, *1497*
Salamis *476*, 1578
Salamíyah 1376
Salangane 902
Salar de Uyuni 194
Salare 1161
Salazar, Antonio de Oliveira 1177
Saleh, Ali Abdallah 732, 733
Salerno, Golf von *678*
Salisbury 1226, *1281*
Salische Dynastie 350
Salish 774
Sallal, Abdallah As 735
Salomon, König 124, 664, 734, 1284
Salomonen 1101, 1126, 1224-1225, *1225*
–, Bevölkerung 1224, *1225*
–, Geschichte 1225
–, Landschaft 1224
–, statistische Übersicht 1224-1225
Salomonische Dynastie 124
Salote Tupou III., Königin von Tonga 1410
Salpausselkä 404
Salpeter 234, 235, 239
»Salpeterkrieg« 191, 235
Salsa 808, *837*, 839
Salt Lake City 1520
Salto Angel 1492, *1496*
Saltsjö 1254
Saluen 290
Salvador → El Salvador, San Salvador
Salvador da Bahia 210, *210*, 211, *214*, 215
Salzach 1094, 1095
Salzburg 1083, 1090, *1091*, 1094-1095, *1095*
Salzgewinnung *1400*
Salzkammergut 42, 1092, 1093
Salzstraße 321
Samal 1154
Samaná, Bucht von 362
Samaria 658, 666, 742
Samaria-Schlucht 486
Samarkand *1487*
Samarnon 1153
Samarra *629*, 636
Samba 216
Sambarhirsch *1001*
Sambesi 64, 128, 888, 978, *980*, 981, 1080, 1226, 1228, 1282
Sambia 1226-1229
–, Bergbau 1229, *1229*
–, Bevölkerung 1228, *1228*
–, Geschichte 1226-1227, *1227*
–, Industrie 1229
–, Klima 1228
–, Landschaft 1228, *1229*
–, Landwirtschaft 1228-1229, *1228*
–, Naturparks 1228
–, statistische Übersicht 1226-1227
Samboin-Tempel 714
Samen 114, 115
»Sammlung der russischen Erde« 1195, 1202
Samoa 448, 1101, 1230-1231, *1230*, *1231*, 1560, 1561
–, Bevölkerung 1230, *1230*
–, Geschichte 1231
–, Landschaft 1230, *1231*

–, statistische Übersicht 1230-1231
–, Wirtschaft 1230, 1231, *1231*
Samoa-Inseln (→ Amerikanisch-Samoa, Samoa) 1507
Samoaner 449, 1019
Samojeden 114
Samos 484
Samosir 610
Samothraki 484
Sampaio, Jorge 1174
Samper, Ernesto 810
Sam Sene Thai, König von Lan Chang 846
»Samtene Revolution« 1422, *1428*, 1429
Samurai 706, 707, 708-709, *709*, 713, 718
San 888, 1336, 1338, 1339
San'a 731, 732, 734, 736
Sanaga 762
San Agustin 59, 808
San Angel 946
Sanchez de Lozado, Gonzalo 192
Sancho Pansa 1299
»Sancocho« 815
San Cristóbal 1497
Sancti Spíritus 834
Sand, George 1319
San Diego 1533
Sandhuhn *1211*
Sandinisten 1021, 1023, 1024, 1025
Sandinistische Nationale Befreiungsfront (FLSN) 1022, 1023
Sandino, Augusto César 1023, *1023*
Sandskink *1211*
Sandwich-Inseln 1102
Sandwüste 1210, *1211*
San Fernando 1414, 1415, *1415*
San Francisco 1523, *1523*, 1533, *1533*, 1546, 1547
San Francisco de Yare 1499
Sängerkrieg 355
San Gimignano *677*
Sanguinetti, Julio 1480
San José 298, 300, *300*
San Juan, Argentinien 103
–, Kuba 837
–, Puerto Rico 1554, *1555*
Sankara, Thomas 230, 231
Sankt Gallen 1094
–, Kanton 1262
Sankt-Lorenz-Golf 782
Sankt-Lorenz-Seeweg 782, 783, 785, 1528
Sankt-Lorenz-Strom 770, 771, 774, 776, *777*, 782-783, *782*, 784
Sankt-Lorenz-Tiefland 770, 771, 780, 782
Sankt Petersburg 1196, 1199, 1203, *1203*, *1204*, *1205*, 1206, 1208-1209, *1208*, *1209*
–, Geschichte 1208, 1209
–, Kultur 1208
–, Stadtplan *1209*
San Luis 837
San Marino 1232-1233, *1233*
–, Bevölkerung 1233
–, Geschichte 1232
–, statistische Übersicht 1232-1233
–, Wirtschaft 1233
San Martín, José de 98, *98*, 1136
Sannar, Reich von 1346
San Pedro Sula 559
San Remo, Abkommen von 738
San Salvador 156, 157, 378, 382

Sansibar 1387, *1388*, 1390, *1390*
Sanskrit 188, 573, 982
Sanssouci, Potsdam 354, 355
Santa Ana 378
Santa Catarina 212
Santa Cruz 1322
Santa Cruz de Tenerife 1322
Santa Fe 106
Santa Fé Trail *1521*
Santa Marta 809
Santarém 1173
Santiago de Chile 239, 240-241, *240*, *241*
Santiago de Compostela 432, 1303
Santiago de Cuba 834, 839
Santiago de la Nueva Extremadura 235
Santiago de la Vega 694
Säntis 42
Santo Antão *787*
Santo Domingo 362, 363, 364, *365*
Santorin *483*, 484, *485*, 962
Santo Tomás, Universität von 1156, *1157*
São João Baptista de Ajuda 1174
São Miguel *1184*
São Paulo *205*, 210, 214, *215*, 218, 1132, 1492
–, Bundesstaat 220
São Tomé 452, *676*, 677, 1174, 1175, 1234
–, König von 969
São Tomé und Príncipe 1234-1235, *1235*
–, Bevölkerung 1234-1235
–, Geschichte 1234-1235
–, Landschaft 1234
–, statistische Übersicht 1234-1235
–, Wirtschaft 1235, *1235*
São Vicente 787
Sapporo *717*
Saqqarah 26
Sara 1418
»Saradoi« 4
Sarajevo 198, *198*, 199
Sarakolle 456, 910
Sarawak 222, *223*, 891, 892, *892*, 896, 897, 898, 900, 902
Sardinien 671, 680-681
Sar-Gebirge 938
Sarhro 924
Sark 520, 521
Sarmiento, Domingo Faustino 98
Sarnath 574
Sarney, José 204
Saronischer Golf *481*
Sarqaq-Kultur 314
»Sashimi« 727
Saskatchewan 767, 777
Sassaniden 617, *634*, *634*, 636
Sassou-Nguesso, Denis 827
Satis 575
Satori 708, 713
Sattelrobbe 116
Saud-Dynastie 1236, 1237, 1238, *1238*, 1239
Saudi-Arabien 92, *92*, 622, 733, 735, 740, 842, 1236-1241, 1368
–, Bevölkerung 1236, 1237, 1238
–, Erdöl 1236, *1240*, 1241, *1241*
–, Geschichte 1237, 1239, 1244-1245
–, Gesellschaft 1238
–, Islam 1236, 1237, 1242-1245, *1244*
–, Klima 1240

–, Landschaft 1236, *1239*, 1240
–, Politik 1238
–, statistische Übersicht 1238-1239
–, Tourismus 1240
–, Wirtschaft 1240-1241
Sauer 880
Sauerland 330
»Säulen des Herkules« 522, 1316
Saumur 434
Sauna 405
»Saur-Revolution« 4
Savadiva 906
Savage, Charles 396
Savai'i 1230, *1231*
Savak 635
»Savane des Pétrifications« 440
Savang Katthana, König von Laos 848
Savannakhet 852
Savanne 1228, 1282, 1343
Save, Donauzufluß 366
–, Fluß in Mosambik 978, 980
Sawau 397, *397*
Sayda 858, 861
Say'un 736
Sayyid Said, Sultan 1389
Scafell Pike 512
Schabrackentapir *902*
Schachbrettblume 61
Schadoof 1214, *1214*, 1215
Schador 1214
Schaffhausen, Kanton 1262
»Schafsinseln« 312
Schah-Dynastie 998
»Schahname« (Königsbuch) 631, 636, *636*
Schallerbach, Bad 1092
Schamanismus, Korea 1362
Schan 984, 986
Schan-Hochland 982, 983
Schantung, Bergland von 256
Schären 1250
»Scharia« 20, 24, 632, 1348
Schäßburg 1190
Schattenspiel 608, *608*
»Schatzinsel« 526
Schelde 177, *1029*
Schelew, Schelju 225
Schelfeis 68
Schellenberg, Herrschaft 875
Scheveningen *1027*, *1036*
Schewardnadse, Eduard 459, *459*
Schia 1242
Schiffer, Claudia *429*
Schiiten 7, 20, 624, 639, 734, 742, 858, 864, *864*, 865, *865*, 1242, 1376
Schildhornvogel *902*
Schildkröten *903*
Schildkröteninsel 446
Schilluk *1352*
Schiwkow, Todor 224
Schlangeninsel 261
Schlesien 1086, 1164
Schlesier 344
Schlesische Kriege 351, 1087
Schleswig 334
Schleswig-Holstein 318, 334-335, *335*
Schleswig-Holstein-Musikfestival 358
Schliemann, Heinrich 476
»Schlucht des Tigersprungs« 258
Schmuckschildkröte *1519*
Schnabeltier 131
Schnappbarsch *907*
Schnee-Eule *773*
Schneefest, Sapporo *717*
Schneefink *61*
Schneegans *116*, *1519*

Schneehase *116*
Schneekoppe 1168, 1424
Schneeleopard 260, *261*
Schönberg, Arnold 1083, 1090
Schönbrunn 1083
Schott Djerid 1434
Schotten 491, 492
Schottland 491, 492, 496, 509, 513, 516-517, *516*, *517*
Schotts, Hochland der 36
Schouten, Gebrüder 1100
»Schrein des ewigen Frühlings«, Taiwan 1382, *1383*
Schubert, Franz 1090
Schumann, Robert 388, *389*
Schuster, Rudolf *1291*
Schütz, Heinrich 340
Schwäbisch-Fränkische Alb 320
Schwäbisch-Fränkisches Stufenland 320
Schwämme *906*
Schwarzafrika 1296
Schwarze 1228, 1282, 1343
Schwarze 375, 545, 808, 1492, 1495, 1498, 1513, 1532, 1537, 1542-1543, *1542*, *1543*
–, Ecuador 375
–, Guyana 545
–, Kolumbien 808
–, Tobago 1414
–, USA 1542-1543, *1542*, *1543*
–, Venezuela 1492, 1495, 1498
Schwarze Madonna, Tschenstochau 1161, *1163*, *1165*
Schwarzer Fluß 1568
Schwarzer Klammeraffe *1497*
Schwarzer Nazarener 1157
Schwarzes Meer *224*, 226, 227, *228*, 366, 458, 962, *963*, 1099, *1189*, 1192, 1193, *1193*, 1426, 1445, 1446
Schwarze Thai 853
Schwarzhalskranich 260, *261*
Schwarzhorn 874
Schwarzwald 320, *320*, 321, *324*, *324*
Schwechat 1092
Schweden 115, 335, 351, 389, 398, 1098, 1246-1255
–, Bevölkerung 1248-1249
–, Dänemark 306, 1246, 1247
–, Eiszeiten 1251
–, Finnland 398, 1246
–, Geologie 1250
–, Geschichte 1246-1247, 1256
–, Kalmarer Union 1247
–, Klima 1250-1251
–, Landschaft 1250, *1250*, *1251*
–, Landwirtschaft 1251
–, Neutralität 1248, 1256
–, Nobelpreise 1256-1257
–, Norwegen 1247
–, Politik 1249
–, Sozialreformen 1247, 1257
–, statistische Übersicht 1248-1249
–, Stockholm 1249, 1252, 1254-1255, *1254*, *1255*
–, Vegetation 1251
–, Wirtschaft 1252-1253, *1252*, *1253*
–, Zweiter Weltkrieg 1256
»Schwedischer Sozialismus« 1248
Schweitzer, Albert *453*, 455, *1256*, 1257
Schweiz 41, 42, 324, *388*, 1094, 1258-1271
–, Ausländer 1268
–, Bankwesen 1265, *1267*
–, Bevölkerung 1259, 1268, *1268*, 1269
–, Genf 1264-1265, *1264*
–, Geschichte 1260, 1262
–, Kantone 1262-1263
–, Kultur 1259

–, Landschaft *1261*
–, Neutralität 1264
–, Politik 1259, 1260-1261
–, Religion 1268
–, Sprachen 1268, *1268*, 1269
–, statistische Übersicht 1260-1261
–, Tourismus 1267, *1267*
–, Volksfeste 1270-1271, *1270*, *1271*
–, Wirtschaft 1259, 1266-1267, *1266*, *1267*
Schweizergarde *1490*
Schweizerische Volkspartei (SVP) 1261
Schweizer Jura *1261*, 1267, 1268
Schweizer Nationalpark 40
Schweizer Riviera *1269*
Schwejk *1428*
Schwerin *334*
Schweriner See *334*, 335
»Schwimmende Gärten«, Mexiko *946*
–, Palau 1116
Schwimmender Markt, Bangkok 1395, 1402, *1402*
Schwyz 1260, 1262
–, Kanton 1263
»Schwyzerdütsch« 1268
Scilly-Inseln 513
Scott, Robert Falcon 67, 74, *74*, *75*
Seaga, Edward 695
»Sea Venture« 524
Seaworld, Florida 1516
Sebastian, portugiesischer König 1176
Sebulonebene 658
»Sechstagekrieg« 15, 24, 661, 665, 739, 740, 860
Securitate 1188, 1189
SED 353
Seddon, Dick 1010
Seealpen, französische 968
Seeanemone *907*
See-Elefanten 69, *101*
Seehund *1062*
Seeland 309
Seelilie *906*
See-Löwen *101*
Seestern *907*
Segeberg, Bad; Karl-May-Festspiele 358
Segesta 680
Ségou 910
Seidenstraße 250, 255, 265, 1445
Seine 416, *417*, 418
Seistan (Sistan) 8, 639
Sekondi-Takoradi 463
Seladang *902*
Seldschuken 636, 1442, 1445, 1450, 1451
Selenga 974
Seleukiden 634
Seleukos 634
Selim I., osmanischer Sultan 1372
Selinunt 680
Selkirk, Alexander 234
Selous-Wildreservat 1387
Selva, Peru 1140
Selvagens 1185
»Semana santa« 1499
Sembésia 980
Semgallen 856
Semi-Bantu 764
Semmerinpaß 1092
Semnonen 344
Semper, Gottfried 340
Semperoper, Dresden *340*, *341*
Senat, Kanada 768
»Sendero Luminoso«, Peru 1136, 1142
Seneca d. J. 1302

Senegal 456, 457, *457*, 908, 910, 932, 933, 934, 935, 1272-1275
–, Bevölkerung 1274, *1274*, 1275
–, Erdnußanbau 1272, 1274
–, Geschichte 1272
–, Islam 1272, 1273, 1274
–, Regierung 1273
–, Religion 1272, 1273, 1274, *1274*
–, Sklavenhandel 1272
–, statistische Übersicht 1272-1273
–, Unabhängigkeit 1272
–, Wirtschaft 1272, 1274-1275
Senegal, Fluß 910, 932, 934, 935, 1274
Senegambien, Konföderation 456, 1273
Senghor, Léopold Sédar 908, 1272, 1274
Senkaku-Inseln 725
Sennar, Reich von 1346, 1347
Senne, Fluß 180
Senoi 896
Senufo 230, 304, 910
Senussi 872
Senussi-Bruderschaft 868
Seo de Urgel 60
Seoul 1354, 1357, *1357*, 1358, *1359*
Sepik 1126
Sepilok 902
Sequoia National Park, California *1523*
Sera Kloster 294, *294*
Serahulis 456
Serawschan 1486
Serben 30, 198, 746, 748, 830
Serbien 224, 829, 745, 747, 748-749
–, Bürgerkrieg 749
–, Geschichte 748
–, Politik 748, 749
Serengeti 1081, 1387, 1392-1393, *1392*, *1393*
Serer 1274
Sereth 1192
Sergijew Possad, Dreifaltigkeits-Sergius-Kloster *1202*
Serifos 484
Serir 1210
Serra Acaraí *543*
Serra da Estrela 1182
Serra Imeri 208
Sertão 209, 210, *210*, 211, *211*
Sevilla 1303, 1314, *1314*, 1317
Sèvres, Frieden von 626, 738
Sewansee 120, *121*
Severn 512, 514
Seybou, Ali 1043, 1045
Seychellen 1276-1277, *1276*, *1277*
–, Bevölkerung 1276, *1277*
–, Geschichte 1276
–, Landschaft 1276-1277, *1276*
–, statistische Übersicht 1276-1277
–, Wirtschaft *1276*, 1277
Sezessionskrieg *1507*, 1516, *1516*, 1518, 1532, 1542, *1550*, 1551, 1552
Sfax 1435
Shaanxi 252, *252*, 260, 278
Shaba *64*, 821, 823
Shabelle 1296
Shabwah 736
Shackleton, Ernest 74, *75*
Shagari, Shehu 1048
Shahada 1242
Shahambi, Jabal 1434
Shakespeare, William 494, 495
Shakkeizukuri-Technik 714, 715
Shammar-Bergzüge 1240

Shandong, Bergland von 256
Shang-Dynastie 250
Shanghai 259, 270, 271, *271, 278, 278, 279*
Shanhaiguan 262
»Shanty Towns« 695
Sharif, Nawaz 1107
Sharjah 1500, *1501*
Shatin, Hongkong 280
Shatt Al Arab 620, 622, 623, *623, 628*
Shatt al-Jarid 1434
Shaw, George Bernard 643, 648
Sheffield 513
Sheridan, Richard Brinsley 643
Sherpa 550, 556, *557*, 1002
Shetlandinseln 506, *507*
Shibam 736
Shigatse 295
Shikoku 722, 726, *726*
Shikotan 724
Shimba Hills 797
Shimizu 726
Shimonoseki, Frieden von 1384
Shinkansen *705, 729*
Shinto 712
Shintoismus, Japan 712
Shipley, Jenny 1009
Shiraz *636*, 639, 640
Shire 888
Shiri ya Mwari 1285
Shiroyama, Schlacht von 709
Shitamachi (»Unterstadt«), Tokyo 704
Shitufi 662
Shiva 572, 588, 1115
Shkodër 30
Shkumbifluß *31*
Shona 981, 1281, 1283, *1283*, 1284
»Shopping Centres« 1533
Shotoku 706
Shudras 572
Shugakuin-Gärten, Kyoto *715*
Shwedagon-Pagode, Rangun 985, *985*
Siam (→ Thailand) 1395, 1397
Siamang *613*
Siauliai 877
Sibelius, Jean 402
Sibirien 111, 114, 790, 1196, *1198*, 1199, *1199*, 1200-1201, 1204
Sibiu 1190
Sichler, Roter *1497*
Sichuan 271, 276
Sichuan, Becken von 255, 257, 258
Siddhartha Gautama 294
Side 1451
Sidi Ifni 925
Sidon 858, 861
Siebenbürgen 1188, 1190, *1191*, 1192, 1476
Siebenbürger Sachsen 1190
Siebengebirge 332
Siebenjähriger Krieg 496, 1518, 1550
Sieben Weltwunder 486
Siecha-See 816
Siegerland 330
Siena *677*
Sienkiewicz, Henryk 1161, 1167
Sierra 56
-, Ecuador 374, 375
-, Peru 1140
Sierra de Baracoa 836
Sierra de Guadarrama 1310
Sierra de los Cuchumatanes 530, 531
Sierra de los Órganos 836

Sierra de Monchique *1183*
Sierra de Sancti Spíritus 836
Sierra des Escambray 836
Sierra de Trinidad 836
Sierra de Urbión *1183*
Sierra Guaniguanico 836
Sierra Leone 866, 1278-1279, *1278, 1279*
-, Bevölkerung 1278, *1278*, 1279
-, Geschichte 1278-1279, *1279*
-, Landschaft 1278
-, statistische Übersicht 1278-1279
-, Wirtschaft 1279, *1279*
Sierra-Leone-Gesellschaft 1278
Sierra Leone People's Party (SLPP) 1278
Sierra Madre 530, 531, *957*
Sierra Madre del Sur 956
Sierra Madre Occidental 945, 956
Sierra Madre Oriental 956
Sierra Maestra 836
Sierra Neovolcánica 956
Sierra Nevada, Spanien 522, 1316, *1317*
-, USA 1520, 1522
Sierra Nevada de Santa Marta 809, 812
Sifaka 886, *886, 887, 887*
Sigfusson, Samundr 654
Sigirija *1329*
Sigismund III., polnischer König 1166, *1166*
»Signares« 1274
Sigruna 1254
Sihanouk, Prinz Norodom 753, 755
Sikhs 10, 571, 572, *572*, 792, 1105
Sikkim 552, 566, 596-597, *596, 597,* 998
Silberdistel *41*
Silberreiher *1001*
Silberwurz *41*
Silcher, Friedrich 333
Silhouette, Insel *1277*
Silicon Valley 1523
Silifke *1450*
Siljan *1251*
Silla 1362, 1363
Silvester II., Papst *1476*
Silvretta 1094
Simbabwe 1226, *1227*, 1280-1285
-, Bevölkerung 1283, *1283*
-, Geschichte 1280-1281, *1281*, 1284-1285, *1285*
-, Klima 1282
-, Landschaft 1282, *1283*
-, Regierung 1281
-, Ruinenstätte »Groß-Simbabwe« 1284-1285, *1285*
-, statistische Übersicht 1280-1281
-, Wirtschaft *1282*, 1283, *1283*
Simenon, George 173
Simeon, Säulenheiliger 1368
Simitis, Konstantinos 471
Sinai, Katharinenkloster 26
Sinaia 1190
Sinai-Halbinsel 15, *15*, 18, 26, 660
Sinaikrieg 661
Sinaloa 945
Sinan 1444
Sindh 1104, 1105, *1108*, 1112
Singapur 898, 1126, 1127, 1286-1289
-, Bevölkerung 1288-1289
-, Geschichte 1286, *1287*
-, Kultur 1288
-, Landschaft 1288

-, statistische Übersicht 1286-1287
-, Wirtschaft 1286-1287, *1287*, 1288
Singhalesen 1326, 1327, 1328, *1329*, 1330
Singhalesisch 1330
Sinkiang → Xinjiang
Sinn-Féin-Partei 647
Sino-tibetische Sprachen 571, 853
Sinowjew, Grigorij Jewsejewitsch 1204
Sint Christoffelberg 1040
Sint Eustatius 86, 87, 1040, 1041
Sint Maarten 1040, 1041
Sinti 1293, 1424, 1479
Sioux 1520, 1521
Siphandone, Khamtay 849
»Sirmoor-Bataillon«, Nepal 1004
Sisak 749
Sisulu, Walter 1338
Sittang 983
Sivas 1448
Siwah 920
Siwalikhimalaya 586
Siwalikketten 188, 550, 1000
Sixtinische Kapelle 691, 1491, *1491*
Sizilien 669, 671, 674, 678, 680, *681*, 682, 688, 914
Skagerrak 1098
Skanden 1250
Skandinavien (→ Finnland, Norwegen, Schweden) 114, 306, 335, 404, 1246
Skansen, Freilichtmuseum 1255
Skiathos 484
Skipetaren 30
Sklaven, afrikanische 363, 546
-, Brasilien 206, 207, 212, 213, 215
-, Guyana 542
-, Kleine Antillen 88
-, Suriname 1365
Sklavenhandel 62, 90, 444, 452, 464, 540, *765*, 786, 818, 821, 882, 888, 936, 1234, 1272, 1278, 1336, 1416, 1574
-, Angola 62
-, Äquatorialguinea 90
-, Benin 186
-, Gabun 452
-, Ghana *464*
-, Guinea-Bissau 540
-, Kap Verde 786
-, Komoren 818
-, Kongo 821
-, Madagaskar 882
-, Malawi 888
-, Mauritius 936
-, Nigeria 1046, 1052
-, Réunion 444
-, São Tomé 1234
-, Senegal 1272
-, Sierra Leone 1278
-, Südafrika 1336
-, Zentralafrikanische Republik 1574
Sklavenküste 1408, *1409*
Skoda 1425, *1425*
Skógafoss 652
Skopelos 484
Skopje 938
Skoten 494
Skunk *1497*
Sky Field *1010*
Skyros 484
Slawen 42, 224, 1190
Slawonien 830
Slieve Donard 518

Slowakei 1290-1293, *1292, 1293*, 1420, 1421, 1422, 1423
-, Bevölkerung 1292-1293, *1293*
-, Bodenschätze 1292
-, Geschichte 1290, 1420, 1421
-, Landschaft 1292, *1292*
-, Landwirtschaft 1292, 1293
-, Minderheiten 1292, 1293
-, Politik 1290-1291
-, statistische Übersicht 1290-1291
-, Volkskultur 1292, 1293, *1293*
-, Wirtschaft 1292, 1293, *1293*
Slowaken 1292, 1420, 1421, 1424, 1476
Slowakisches Erzgebirge 1292
Slowakische Tiefebene 1292
Slowenen 746
Slowenien 745, 747, 829, 1294-1295, *1294, 1295*
-, Autonomiebestrebungen 1295
-, Bevölkerung 1294, *1295*
-, Geschichte 1295
-, statistische Übersicht 1294-1295
-, Wirtschaft 1294, 1295
Smaragd-Buddha, Bangkok *1403*, 1404
Smetana, Bedřich 1426
Smith, Ian Douglas 1281
Smolnyj-Kathedrale *1209*
Smuts, Jan Christiaan 1336
Smyrna → Izmir
Snofru 16
Snowdon 514, *515*
Snowdonia-Nationalpark *515*
Snowy Mountains 138
Snowy River 149
Soares, Mário A. 1174, *1176*
Sobhuza II., König von Swasiland 1367
»Social Credits« 768
»Société des Bains de Mer« 969
Socotra 733
Sofala 978
Södermalm 1254
Sofia *224*, 226
Soglo, Nicéphore 187
Sokoto 1053
Sokotoebene 1050
Sokrates 472
Solidarność 1162, *1163, 1164*
Solimões, Río 46
Solís, Juan Díaz de 98, 1482
Sologne 421
Solothurn, Kanton 1262
Solway Firth *494*
Somal 798
Somali 127, 369, 1296, 1297
Somalia 368, 1296-1297
-, Bevölkerung 1296, 1297, *1297*
-, Geschichte 1296
-, Landschaft 1296, *1297*
-, Landwirtschaft 1296
-, Politik 1297
-, statistische Übersicht 1296-1297
Sombrero 1218
Somerset 524
Somoza, Anastasio 1022, 1023
SONATRACH, Algerien 38
Song-Dynastie 250, 267, 270
Songhai 910, 1044
Songhai-Reich 908, 1042
Songtsen Gampo 292
Soninke 934
Sonne-Mond-See 1382
»Sonnendynastie« 752
»Sonnenstrand«, Bulgarien 227
Sonora 945

Son Sann 755
Sons Brancion *418*
Sonsonate 382, *383*
Sony-Center, Berlin 343
Sophia, spanische Königin *1304*
Sophienkathedrale, Kiew *1465*
Sorak-san-Nationalpark *1359*
Sorben 323
Soroche 56, 1143
Sotho 854, 855, 1338, 1366
Soto, Marco Aurelio 562
Soto-Glaubensgemeinschaft, Zen-Buddhismus 713
Souf 36
Soufrière, La; Guadeloupe 438, *439*
-, Saint Vincent 1221, 1222
Souk 926, 1214
Soul → Seoul
Souligna Vongsa, König von Lan Chang 846
Sounion *476*
Souphanouvong, Prinz von Laos 847, 848
Sousse 1434, 1435, *1435, 1437*
South Carolina 1512, 1516, 1528
South Dakota 1514, 1530
Southern Uplands 516
Soweto *1337*, 1339, 1340
Sowjetunion 28, 90, 91, 110, 115, 732, 827, 967, 1074-1075, 1098, 1195, 1196, 1204-1205, *1204, 1205*, 1206, 1208-1209, 1464, 1573
-, Afghanistan 3
-, Äthiopien 126
-, Bulgarien 224
-, Bürgerkrieg 1204
-, Deutschland 351, 352, 353
-, Estland 386
-, Finnland 398, 399
-, Geschichte 1195, 1202-1203, 1204-1205, *1204, 1205*, 1208-1209
-, Grenada 466
-, Japan 732
-, Lettland 856, 857
-, Litauen 876
-, Moldawien 967
-, Mongolei 971, 972
-, Nordkorea 1058, 1059
-, Oktoberrevolution 1204, *1204*
-, Perestrojka 1205
-, Polen 1160
-, Rumänien 1188
-, Spitzbergen *1074*, 1075
-, Stalin-Diktatur 1204, 1205
-, Tschechoslowakei 1420, 1421
-, Ungarn 1470, 1477
-, Zusammenbruch 1195, 1205
-, Zweiter Weltkrieg *1204*, 1205
Soyinka, Wole 1053
Sozialdemokratische Partei Deutschlands (SPD) 318
Sozialdemokratische Partei (SPS), Schweiz 1261
Soziale Marktwirtschaft 346
Sozialismus, Albanien 28
-, arabischer 868
-, chilenischer 236
-, melanesischer 1488
Sozialisten, Japan 703
Sozialistische Arbeiterpartei, Chile 235
Sozialistische Länder 34
Sozialistische Marktwirtschaft 249

Sozialistische Partei Österreichs 1084
Sozialistische Räterepublik Litauen und Weißrußland 876
»Sozialistische Somalische Revolutionspartei« 1297
Space Shuttle *1552*
Spanien 60, 61, 389, 1298-1319
–, Andorra 60, 61
–, Äquatorialguinea 90
–, Argentinien 98, 102
–, Balearen 1318-1319, *1318, 1319*
–, Bevölkerung 1312-1313, *1313*
–, Bolivien 191
–, Brasilien 207
–, Brauchtum 1314-1315
–, Bürgerkrieg 1300, 1305, 1311
–, Chile 235
–, Ecuador 370, 371
–, Fischerei 1309, *1309*
–, Geschichte 1300, 1302-1305, 1306-1307
–, Gesellschaft 1307
–, Gibraltar 522, 523
–, Guyana 542
–, Industrie 1308, 1309
–, Inka 1134, 1135, 1138-1139
–, Jungferninseln 1556
–, Kanarische Inseln 1320-1323, *1320, 1321, 1322, 1323*
–, Kleine Antillen 1040
–, Klima 1316, 1317
–, Kolonien in Nordafrika 917
–, Kolumbien 808, 809
–, Kultur 1307
–, Landschaft 1316-1317, *1316, 1317*
–, Landwirtschaft 1309, *1309*
–, Madrid 1310-1311, *1310, 1311*
–, Marianen 1558
–, maurische Herrschaft 1302, 1303
–, Mikronesien 960
–, Paraguay 1130
–, Peru 1134, 1135, 1136
–, Philippinen 1145, 1148, *1149*, 1152, 1154, 1156
–, Reconquista 1303, 1304
–, Regierung 1300, 1301
–, römische Herrschaft 1302
–, sozialer Wandel 1301
–, Sprache 1313
–, statistische Übersicht 1300-1301
–, Stierkampf 1314
–, Südamerika 58, 59
–, Tourismus 1308, 1309, *1313, 1318, 1318,* 1323
–, Uruguay 1482
–, Venezuela 1493
–, Volksgruppen 1312-1313
–, Weltreich 1304, 1305, *1305*
–, westindische Kolonien 694, 836, 1554
–, Wirtschaft 1299, 1308-1309, *1309*
–, zentralamerikanische Kolonien 380, 532, 562, 952, 1118
Spanier 680, 872, 916
Spanisch-Amerikanischer Krieg 1101, 1305, 1552-1553, 1558
Spanische Mark 60
Spanisch-Englischer Krieg 1414
Spanische Niederlande 1305
Spanischer Bürgerkrieg 1300, 1305, 1311

Spanischer Erbfolgekrieg 1305
Spanische Treppe, Rom 673, *673*
»Spanisch-Guinea« 90
Spanisch-Sahara 928, 929, 932
Spanish Town, Britische Jungferninseln 527
–, Jamaika 694
Sparta 474, 476
Spencergolf *134, 138*
Sperringebirge 518
Spielberg, Steven 1549
Spinks, Leon *1543*
Spínola, António de 1174
Spirdingsee 1168
Spitzbergen 1072, 1074-1075, *1074, 1075*
Spitzmaus *261*
Split 747
Splügen 40
SPÖ 1084
Sporaden 484
Spree 344, *345*
Spree-Urstromtal 344
Spreewald 338
Sprewanen 344
Springer Mountain 1547
»Squatters« 282, 284, 285, 287
Sredna Gora 226
Sri Lanka 1324-1331
–, Bevölkerung 1328-1329
–, Buddhismus 1326
–, Bürgerkrieg 1330-1331, *1330, 1331*
–, Geschichte 1327, 1330-1331
–, Kastenwesen 1328, 1330
–, Klima 1324
–, Landschaft 1324
–, Religion 1328, *1329*
–, Singhalesen 1326, 1327, 1328, *1329*, 1330
–, statistische Übersicht 1326-1327
–, Tamilen 1326, 1327, 1328, *1329*, 1330-1331
–, Tierwelt 1324-1325
–, Vegetation 1324
–, Wirtschaft 1325
»Sri Lanka Freedom Party« 1326, 1330
Srinagar 598, *598, 599, 793*
Srivijaya 604, 752
Stabkirchen 1064, 1065, *1073*
Stadacona 782
Stadsholmen 1254
Stadtstaaten, italienische 677, *677*
Stalin, Jossif W. 459, 1195, 1196, 1204, *1204*, 1205, *1205,* 1209, 1477
Stalingrad *1204,* 1205
Standard Fruit Company 560
»Standard Oil« 1241
Ständekämpfe 675
St. Andrews 509, *509*
Stanley 528, *528, 529*
Stanleyville 824
Stara Planina 226
»Stars and Stripes« *1545*
Statistische Übersicht,
–, Afghanistan 4-5
–, Ägypten 14-15
–, Albanien 28-29
–, Algerien 34-35
–, Andorra 60-61
–, Angola 62-63
–, Antigua und Barbuda 80-81
–, Äquatorialguinea 90-91
–, Argentinien 96-97
–, Armenien 120-121
–, Aserbaidschan 122-123
–, Äthiopien 126-127
–, Australien 132-133
–, Bahamas 156-157
–, Bahrain 158-159

–, Bangladesch 162-163
–, Barbados 170-171
–, Belgien 174-175
–, Belize 184-185
–, Benin 186-187
–, Bhutan 188-189
–, Bolivien 192-193
–, Bosnien-Herzegowina 198-199
–, Botsuana 200-201
–, Brasilien 204-205
–, Brunei 222-223
–, Bulgarien 224-225
–, Burkina Faso 230-231
–, Burundi 232-233
–, Chile 236-237
–, China 248-249
–, Costa Rica 296-297
–, Côte d'Ivoire 302-303
–, Dänemark 306-307
–, Deutschland 318-319
–, Dominica 360-361
–, Dominikanische Republik 362-363
–, Dschibuti 368-369
–, Ecuador 372-373
–, El Salvador 378-379
–, Eritrea 384-385
–, Estland 386-387
–, Fidschi 392-393
–, Finnland 400-401
–, Frankreich 410-411
–, Gabun 452-453
–, Gambia 456-457
–, Georgien 458-459
–, Ghana 460-461
–, Grenada 466-467
–, Griechenland 470-471
–, Großbritannien 492-493
–, Guatemala 530-531
–, Guinea 536-537
–, Guinea-Bissau 540-541
–, Guyana 542-543
–, Haiti 546-547
–, Honduras 558-559
–, Indien 566-567
–, Indonesien 604-605
–, Irak 618-619
–, Iran 632-633
–, Irland 644-645
–, Island 650-651
–, Israel 658-659
–, Italien 670-671
–, Jamaika 694-695
–, Japan 702-703
–, Jemen 732-733
–, Jordanien 740-741
–, Jugoslawien 744-745
–, Kambodscha 754-755
–, Kamerun 760-761
–, Kanada 768-769
–, Kap Verde 786-787
–, Kasachstan 788-789
–, Katar 794-795
–, Kenia 798-799
–, Kirgisistan 804-805
–, Kiribati 806-807
–, Kolumbien 810-811
–, Komoren 818-819
–, Kongo, Demokratische Republik 820-821
–, Kongo, Republik 826-827
–, Kroatien 830-831
–, Kuba 832-833
–, Kuwait 840-841
–, Laos 848-849
–, Lesotho 854-855
–, Lettland 856-857
–, Libanon 860-861
–, Liberia 866-867
–, Libyen 868-869
–, Liechtenstein 874-875
–, Litauen 876-877
–, Luxemburg 878-879
–, Madagaskar 882-883
–, Malawi 888-889

–, Malaysia 892-893
–, Malediven 904-905
–, Mali 908-909
–, Malta 914-915
–, Marokko 918-919
–, Marshall-Inseln 930-931
–, Mauretanien 932-933
–, Mauritius 936-937
–, Mazedonien 938-939
–, Mexiko 942-943
–, Mikronesien 960-961
–, Moldawien 966-967
–, Monaco 968-969
–, Mongolei 972-973
–, Mosambik 978-979
–, Myanmar 984-985
–, Namibia 992-993
–, Nauru 996-997
–, Nepal 998-999
–, Neuseeland 1008-1009
–, Nicaragua 1020-1021
–, Niederlande 1028-1029
–, Niger 1042-1043
–, Nigeria 1048-1049
–, Nordkorea 1058-1059
–, Norwegen 1066-1067
–, Oman 1076-1077
–, Österreich 1084-1085
–, Pakistan 1106-1107
–, Palau 1116-1117
–, Panama 1118-1119
–, Papua-Neuguinea 1124-1125
–, Paraguay 1128-1129
–, Peru 1136-1137
–, Philippinen 1146-1147
–, Polen 1162-1163
–, Portugal 1174-1175
–, Ruanda 1186-1187
–, Rumänien 1188-1189
–, Rußland 1196-1197
–, Saint Kitts-Nevis 1218-1219
–, Saint Lucia 1220-1221
–, Saint Vincent und die Grenadinen 1222-1223
–, Salomonen 1224-1225
–, Sambia 1226-1227
–, Samoa 1230-1231
–, San Marino 1232-1233
–, São Tomé und Príncipe 1234-1235
–, Saudi-Arabien 1238-1239
–, Schweden 1248-1249
–, Schweiz 1260-1261
–, Senegal 1272-1273
–, Seychellen 1276-1277
–, Sierra Leone 1278-1279
–, Simbabwe 1280-1281
–, Singapur 1286-1287
–, Slowakei 1290-1291
–, Slowenien 1294-1295
–, Somalia 1296-1297
–, Spanien 1300-1301
–, Sri Lanka 1326-1327
–, Südafrika 1334-1335
–, Sudan 1348-1349
–, Südkorea 1356-1357
–, Suriname 1364-1365
–, Swasiland 1366-1367
–, Syrien 1370-1371
–, Tadschikistan 1378-1379
–, Taiwan 1380-1381
–, Tansania 1388-1389
–, Thailand 1396-1397
–, Togo 1408-1409
–, Tonga 1410-1411
–, Trinidad und Tobago 1414-1415
–, Tschad 1416-1417
–, Tschechische Republik 1422-1423
–, Tunesien 1432-1433
–, Türkei 1440-1441
–, Turkmenistan 1456-1457
–, Tuvalu 1458-1459
–, Uganda 1460-1461

–, Ukraine 1464-1465
–, Ungarn 1470-1471
–, Uruguay 1480-1481
–, Usbekistan 1486-1487
–, Vanuatu 1488-1489
–, Vatikanstadt 1490
–, Venezuela 1494-1495
–, Vereinigte Arabische Emirate 1500-1501
–, Vereinigte Staaten von Amerika 1506-1507
–, Vietnam 1564-1565
–, Weißrußland 1572-1573
–, Zentralafrikanische Republik 1574-1575
–, Zypern 1576-1577
Staufer 680
Staufer-Dynastie 350
Stavanger *1068,* 1070, *1071*
St. Barthélemy 86, 87, 438
St. Croix 1556, *1557*
St. Davis 524
Steelband-Musik 88, 89, *89*
Steen, Jan 1037
Steiermark 42, 1086, 1093, *1093,* 1096, 1097
Steinbeck, John 1548
Steinbrech 116
Steinhuder Meer 334
Steinkohlebergbau 1170, *1171*
Steinzeit 412
Steirische Erzberg *1097*
St.-Elias-Kette 770
Stephan I., der Heilige 1476, *1476*
Stephan II., Papst 676
Stephan IV., Dušan 747
Stephanskrone *1476*
Sternenbanner 1505
Sterrenberg 333
Stettin 335, 1168
Stevens, Jimmy 1489
–, Siaka 1279
Stevenson, Robert Louis 526
Steyr 1092
Steyr-Daimler-Puch-Werke 1092
St. George's 524
St. Goarshausen 333
St. Helier *520*
St. Hilarion 1578
Stierkampf 1314
Stigfoss-Wasserfall *1073*
St. John 1556, *1557*
St. John's 80, *80*
St. Kitts 80, 87, 1218, 1219, *1219*
St. Kitts-Nevis → Saint Kitts-Nevis
St. Louis 1518, 1528
St. Louis-River 782
St. Lucia → Saint Lucia
St. Maria Wörth *1095*
St. Marie 884
St. Martin 86, *86,* 438
St. Moritz 44, *1267*
Stockholm *1249,* 1252, 1254-1255, *1254, 1255*
–, Stadtplan *1255*
»Stockholmer Blutbad« 1247
Stojanow, Petar 225
Stoker, Bram *1192*
Stolzenfels 333
Stonehenge 494
»Storting« 1066, *1067*
Stoß, Veit 354
Stourhead 504
St. Pierre 440, *440*
St. Pölten 1092
Strabo *27*
Stralsund 335, 356
Strasberg, Lee 1548
Straßburg 389, *389,* 881
Straße von Johor 1288
Stratford-upon-Avon 495
Strauß, Johann *1086,* 1090

Strauss, Richard 1090
Stremoy *313*
Stresemann, Gustav 1257
Stroessner, Alfredo 1128, 1129, 1130, 1131, 1132
Stromboli 962
Strukturalismus 433
Struma *229*
St. Simeons-Kloster 1368
St. Thomas 1556, *1557*
St. Tropez *426*
Stuart, John MacDouall 137
Stubachtal 1095
Stupa, Ladakh *600*
–, Myanmar *985*
Sturluson, Snorri 654
Stuttgart 317, 324, 325
St. Vincent 1218, 1222, *1223*
St. Vincent und die Grenadinen → Saint Vincent und die Grenadinen
Suaheli 1387, 1390
–, Sprache 819, *819*, 1389, 1390
Suárez, Adolfo 1300
Suazo Córdova, Roberto 563
Subandine Sierren 101
»Subarktisches Waldland« 774
Subic Bay *1159*
Subpuna 194
Subtropische Konvergenz 68
Sucre 190
Sucre, Antonio José de 370, 371
Südafrika 63, 200, 201, 302, 818, 854, 855, 888, 979, 993, 1332-1345, 1366
–, Apartheid 1334-1335, 1337, 1338, 1339, 1340
–, Bergbau 1340, *1341*
–, Bevölkerung 1334, 1335, 1338-1339, *1338*, *1339*
–, Botsuana 201
–, Burenkrieg 1336, *1336*
–, Geschichte 1333, 1336-1337
–, Homelands 1334, 1337, 1338, 1339, *1339*, 1340
–, Klima 1342, 1343, *1343*
–, Krüger-Nationalpark 1343, 1344-1345, *1344*, *1345*
–, Landschaft 1342, *1342*, *1343*
–, Lesotho 854, 855
–, Malawi 888
–, Politik 1335
–, Sprache 1339
–, statistische Übersicht 1334-1335
–, Vegetation *1342*, 1343, *1343*
–, Wirtschaft 1333, 1340-1341, *1340*, *1341*
SUDAM, Amazonien 51
Sudan 32, 462, 536, 1057, 1346-1353, 1417
–, Baumwolle *1348*, 1350, 1351
–, Bevölkerung *1349*, 1352-1353, *1352*, *1353*
–, Bürgerkrieg 1347, 1348, *1349*, 1351, 1353
–, Dürren 1350, 1353
–, Geschichte 1346-1347
–, Islam 1346, 1347, 1348-1349, 1351, 1352, *1353*
–, Kolonialzeit 1347
–, Kultur 1346
–, Landschaft 1350
–, Landwirtschaft 1350
–, Nil 1350, *1351*
–, Politik 1349
–, Recht 1348, 1349
–, Regierung 1349
–, Religion 1349
–, statistische Übersicht 1348-1349
–, Viehzucht 1352, *1353*
–, Wirtschaft 1350-1351, 1352, 1353

Südantillen 94
Sudanvölker 1418, 1574
Südaustralien 132, 134, 137, 138, *139*, 148, *148*, 150, *150*
Sudbury 780
Südchinesisches Bergland 257
Südchinesisches Meer 284, 603, 752, 900
Sudd 1057, 1350, 1351, 1352, 1353
Süddeutschland 320, *321*, 324
Sudeten 1168, 1424
Sudetendeutsche 1421
Südfinnische Küstenebene 404
Südgeorgien 68, 69, *69*, 70, 74, 528
Südholland 1027, 1037
Südinsel 1007, *1010*
Südkorea 1354-1363
–, Bevölkerung 1358, *1358*, *1359*
–, Geschichte 1362, *1363*
–, Gesellschaft 1354-1355
–, Industrie 1360, *1360*, *1361*
–, Klima 1358
–, Kultur 1358
–, Landschaft 1358, *1359*
–, Landwirtschaft *1360*, 1361
–, Politik 1356-1357
–, Religion 1358-1359, 1362, *1363*
–, Schrift 1363
–, soziale Schichten 1354-1355
–, Sprache 1358
–, statistische Übersicht 1356-1357
–, Verfassung 1356
–, Wirtschaft 1360-1361, *1360*, *1361*
Südliche Kalkalpen 1084
Süd-Nigeria, Protektorat 1047
Südorkney-Inseln 70, 528
Südostchinesisches Bergland 257
Südosteuropa 320, *321*
Südpol 67, 70, *71*, *72*, 74, *74*, *75*, 76, 78
–, magnetischer 78
Südpolargebiet → Antarktis
Südpolarmeer 74
Süd-Rhodesien 1226, 1280, 1281
Südsandwich-Inseln 70, 528
Südsee → Ozeanien
Südshetland-Inseln 70, 528
Südslawen 1476
Südstaaten, USA *1509*, 1516-1517, *1516*, 1530, 1542, 1551
Südtirol 678, 682, 1094
Südvietnam 1563, *1564*, 1566, 1567
Südwestafrika (→ Namibia) 993, *993*
Südweststaaten, USA 1520-1521, *1520*
Sueben 1303
Suez-Kanal 17, *17*, 368, 661, 962, *963*
Suez-Krise 15
Sufi *570*
Sufismus 1243
Suharto 605, 606
Suhl 339
Sui-Dynastie 250, 262
Suizenji-Park, Kumamoto 714
Sukarno, Achmed 604, 605
Sukhothai 1404, *1404*
Sukuma 1390
Sülaiman II. (Suleiman), der Prächtige, osmanischer Sultan 665, 1442, *1442*
Sülaimanketten 1109
Sülaiman-Moschee, Istanbul *1447*

Sulawesi 607, 1570
Sultan-Ahmed-Moschee, Istanbul 1444, 1447, *1447*
Sultan-Alonto-See 1154
Sulu 1154
Sulu-Archipel 1150, *1152*, 1154
Sulusee 1154, *1154*
Sumatra 604, 606, 607, *607*, 610, 611, 614, 1154, 1570
Sumerer 158, 616, 620, *620*, *621*, *1375*
Sumgait 123
Sumida-Fluß 704
Sumitomo 728
Sumo 1021
Sumo-Ringkampf 718, *719*
Sumpffaraber *621*
Sumpfhirsch *1001*
»Sun Belt«, USA 1516
Sun City 1521
Sundainseln 900, 1570
Sundarbans 589, 592
Sunda-Straße 610
Sunna 7, 20, 1242
Sunniten 6, 7, 20, 24, 624, 639, 734, 742, 858, 865, *865*, 1376, 1377
Sunraysia 148
Sun Yatsen *250*, 252, 270, 274, 1384
Suomalainen, Timo 402
–, Tuomo 402
Superbowl 1544
Suppenschildkröte *301*
Suqutra 733
Sur 858
Surabaya 607
Sûre 880
Suriname 208, 442, 542, *543*, 1364-1365
–, Bevölkerung 1364-1365
–, Geschichte 1365
–, Landschaft 1364, *1365*
–, Religion 1365
–, statistische Übersicht 1364-1365
–, Wirtschaft 1365, *1365*
Surinamer, Niederlande 1033
Suriqui 196
Surjavarman II., König der Khmer 758
Surrealismus 433
Surtsey 652
Susah 1434
Susdal 1466
Sussu 538
Sutherland, Joan 145
Sutlej 1108
Suzhou 270, *270*
Svalbard 1074
Svartsengi 653
Svayambhunath-Tempel, Katmandu *1003*
Sveland 1251
Svear 1246
Svea Rike 1246
Swains *1560*, *1561*
Swakopmund 995
Swansea 514
SWAPO (South West Africa People's Organization) 993
»Swartberge« 1342
Swasi 1338, 1366
Swasiland 1339, 1366-1367, *1367*
–, Bevölkerung 1366-1367, *1367*
–, Geschichte 1367
–, Landschaft 1366, *1367*
–, statistische Übersicht 1366-1367
–, Wirtschaft 1366
Swat 1109, *1109*
Swatch-Uhr *1275*
Swift, Jonathan 646

Sychem 742
Sydney 134, 136, 144, 153, 154-155, *155*
–, Stadtplan *155*
Sydney Cove 136, 154
Sykes-Picot-Abkommen 1369
Sylhet-Distrikt 1105
Sylt 320, 334, *335*
Symbolismus 433
»Syndicat Agricole Africain« 302
Synge, John Millington 643, 648
Syrakus 680
Syrdarja 1486
Syrer, Französisch-Guyana 442
Syrien 622, 626, 860, 861, 1080, 1368-1377
–, Bevölkerung 1376-1377, *1376*, *1377*
–, Damaskus 1372-1373, *1372*, *1373*
–, Geschichte 1368-1369, 1370-1371, *1372*
–, Gesellschaft 1370
–, Islam 1368, 1369, 1372, 1376
–, Landschaft *1371*, 1374
–, Politik 1370-1371
–, Regierung 1370, 1371
–, Religion 1376-1377
–, statistische Übersicht 1370-1371
–, Tourismus 1373
–, Wirtschaft 1371, 1374-1375, *1374*, *1375*
Syrische Katholiken 864
Syrischer Nationalkongreß 739
Syrisch-Orthodoxe 864
Syrische Wüste *623*
Syrtebucht 870
Székler 1190
Szeryng, Henryk 1161
Szetschuan → Sichuan
Sze Yap 284
Szlachta 1164
Szymborska, Wislawa 1161

T

Taal 1150, *1150*
Taalsee *1150*
»Tablett-Gärten« 715
Taboche *1000*
Tabone, Vincent 915
Tabriz 638
Tacaná 530
Tachelhait 924
Tademaït, Plateau von 36
Tadjoura 368
–, Golf von 368
Tadmor 1368
Tadran Electronics 659
Tadschikasee 6, 1379, *1379*, 1486
Tadschikistan 1378-1379, *1378*, *1379*
–, Bevölkerung 1379, *1379*
–, Geschichte 1379
–, Landschaft 1378
–, statistische Übersicht 1378-1379
–, Wirtschaft 1378, *1378*, *1379*
Taebaekgebirge 1358
Taedong 1061
Tafelberg 1342
Tafilalt 924
Tagalen 1152
Tagalog 1153
Tahert 920

Tahiti 450-451, *450*, *451*, 1102
Tahitianer 1019
Tahoua *1212*
Tai Dam 853
Tai Deng 853
Taifun 164, *1151*
Taiga 1199
Taihu-See 270
Tai Khao 853
Tai Koo, Hongkong 285
Tai Mo Shan 284
Tain *517*
Tainos 836
Taipa 288
Taipeh *1380*, *1383*, 1384, *1384*, *1385*
Taiping-Revolution 251
Taira-Periode *713*
Tairona 809
Taitosenke 1382
Taiwan 1380-1385
–, Bevölkerung 1382, *1383*, 1384, *1385*, *1385*
–, Geschichte 1384-1385, *1385*
–, Industrie 1380, 1381, *1383*
–, Klima 1382
–, Kultur 1384, *1385*
–, Landschaft 1381, 1382, *1382*
–, Landwirtschaft 1381, 1382
–, Politik 1384-1385
–, statistische Übersicht 1380-1381
–, Volksrepublik China 1384, 1385
–, Wirtschaft 1380-1381, *1382*
Ta'izz 731, 733
Taj Mahal, Agra 564-565, *565*, 582
Tajo 1316
Tajumulco 530
Takahe *1017*
Takamori Saigo 709
Takin 260, 983
»Taki-Taki« 1365
Takktsang-Kloster, Bhutan *189*
Takla Makan 255, *255*
Talal 739
Talayots 1318
Tal der Könige 16, 26
»Tal der Rosen« 229
Taliban 5
Tallinn 386, *386*, 387, *387*
Talofofo-Wasserfall *1559*
Talyschgebirge 122
Tamandua *1497*
Tamang *1004*, 1005
Tamara 458
Tambomachay *1138*
»Taman Negara« 901, 902
Tamil Eelam« 1330, 1331
Tamilen 571, 1326, 1327, 1328, 1329, 1330-1331
Tamilen-Tiger 1330, *1330*
Tamil Nadu *570*, 572
Tampa-St.Petersburg 1516
Tanasee 125, *126*, 128, 1057
Tanezrouft, Ebene von 36
Tanga 1391
Tanganjikasee 232, 1386
Tanganyika *1388*, 1389
»Tanganyika African National Union« (TANU) 1389
Tang-Dynastie 250, 264, *264*, 268, 270
Tanger 916, 917, *922*, 926
Tangerang 607
Tanggulaberge 258
Tango 94, *104*, 105
Tanjah 926
Tanjong Rhu 901
Tanka 280
Tansania 802, 1079, 1081, 1386-1393
–, Bevölkerung 1390, *1391*
–, Geschichte 1389

1613

–, Landschaft 1386-1387
–, Naturparks 1387
–, Religion 1390
–, Serengeti-Nationalpark 1392-1393, *1392, 1393*
–, statistische Übersicht 1388-1389
–, Tierwelt 1387
–, Tourismus 1386, 1387
–, Ujamaa-Sozialismus 1389, 1390, 1391
–, Wirtschaft 1390-1391, *1390, 1391*
Tanzama-Pipeline 1229
»Tanz des Kondors« 1139
»Tanzende Derwische« 1445
Tanzimat 1442
Taoiseach 644
Taoismus → Daoismus
Taormina 680, *681*
Taos 1539
Taoudenni 910, 1210
»Tapa« 1413
Tapir 49, 902, *902*, 1496
Ta Prohm-Tempel, Angkor Vat 758
Tarabulus Al-Gharb 868
Tarabulus Ash-Sham 858
Tarai 999, 1000, *1001*
Taraki, Nur Mohammed 3, 4
Tarantel *301*
Tarasken 950
Tarent 674
–, Golf von 675
Tarik ibn Ziyad 522
Tarim 736
Tarimbecken 255
Taroko-Schlucht 1382, *1383*
Tartus 1369
Tarudant 924, 925
Tarxien 914
Tasaday 1154
Taschkent *1487*
Tasman, Abel 135, 136, 392, 1014, 1100, 1410
Tasmanien 132, 135, *135*, 137, 138, 148
–, Geschichte 137
–, Wirtschaft 135, 148
Tassili 36, 1211, *1212*
Tatami 701, 711, *711*
Tataren 791, 805, 1196, 1206, 1379, 1457, 1466, 1486
Tatra, Hohe 1168, 1169, *1169*, 1292, *1292*
–, Niedere 1292
Tauernkraftwerke 1095
Taufa'ahau Tupou IV., König von Tonga 1410
Taunus 320, 325
Taurus 626, 640, 1368, *1441*, 1448, 1449, 1450, 1451, *1451*
»Tausend Inseln« 782
Tausug 1154
Taxco *944*
Tay 1568
Taya, Mawiya Ould Sid' Ahmed 933
Taylor, Charles 867
Tazurbu 870
T'boli 1155
Teakholz, Myanmar 983, 984, *988*
Teatro Colón, Buenos Aires *102*, 104
Tedschen 1456
Tee, Burundi 232
–, Indien *578*, 579
–, Japan 714, 719, *719, 727*
–, Kenia 800, *800*
–, Ruanda 1187, *1187*
–, Sri Lanka *1324*-*1325*, 1325
–, Tansania 1390
Teegärten, Japan 714, *727*
Teezeremonie 719, *719*

Tef 129
Tegucigalpa 558
Teguise 1322
Teheran 638, 639, 640
Tehuantepec, Isthmus von 956
Tejo *1175*, 1178, 1180, 1183
Téké 827
Tel Aviv 658
Tell, Wilhelm 1259, 1260, 1262
Tellatlas 33, *35*, 36, 38
Tema 463
Te Manga 1018
Temeschburg 1189, *1191*
Temeşvar 1189, *1191*
Temminck-Satyrhuhn *261*
Temne 1279
Tempel des Zahns, Kandy *1329*
Temuco 240
Temudschin, Mongolenfürst 970
Tenasserim, Bergland von 983
Teneguia 1320
Ténéré 1210
Teneriffa 1320, 1321, *1321*, 1322, *1323*
Tennessee 1516
Tennis 509
Tenno 703, 706
Tenochtitlán 946, 952
Tenzing Norgay, Bhotia 550
Tenzin Gyatso, Dalai-Lama 294, *294*
Tephra 652
Tepuyes 1492, 1496
Teresa, Mutter 1257, *1257*
Termessos 1450
Terra australis incognita 74, 136
»Terre de barre« 1408
»Terror« 74
Teso 1463
Tessin 1263, 1268
Tethys 40, 291, 962
Teufelsinsel, Dschibuti 368
–, Französisch-Guyana 442, 443
Teutoburger Wald 330
Texas 952, *1508*, 1520, 1531, 1533, 1540
Texcocosee 946
TGV 424, *424*, 425
Thaba Bosigo 854
Thagyamin 990, *991*
Thai 752, 753, 846, 853, 986, 988, 1395, 1399, 1404, 1405, 1568
–, Laos 853
Thai-Chinesen 989
Thailand 752, 758, 850, 983, 1394-1407
–, Bangkok 1402-1403, *1402, 1403*
–, Bevölkerung *1398*, 1399, *1399*
–, Bodenschätze *1400*, 1401
–, Buddhismus 1395, 1399, *1404*, 1405, *1405*, 1406-1407, *1406, 1407*
–, Geschichte 1396, 1397, 1404-1405, *1404, 1405*
–, Industrie 1401
–, Klima 1398
–, Kultur 1395, 1399, 1405
–, Landschaft 1398, *1399*
–, Landwirtschaft 1400-1401, *1400*
–, Laos 849
–, Politik 1397
–, Regierung 1396, *1396*
–, Religion *1398*, 1399, 1406-1407

–, statistische Übersicht 1396-1397
–, Tourismus 1399, 1401, *1401*
–, Wirtschaft 1400-1401, *1400, 1401*
–, »Wirtschaftswunder« 1400
Thailand, Golf von 1398, *1401*
Thaipusam-Fest 899, *899, 901*
Thaisprachen 853
Thai-Völker 846
Thamserku *1000*
Thani, Hamad bin Khalifa 795
»Thanksgiving Day« 1538
Thar 586, 1108
Thasos 484
Thatcher, Margaret 497
Theben 16, *17*, 474
»The Bottom« 87
Theiß 366
»The Maytals« 698
Themse 512
»The Narrows« *1219*
Theoderich der Große 676
Theodosius I., römischer Kaiser 675
Theotokopoulos, Dominikos 486
Theravada-Buddhismus 753, 852, 1406
Theroux, Paul 258
Thesiger, Wilfred 620
Thessalien 482
Thessaloniki 479
Thimbu 553
Thingvellir 650, 651, 655
»Thingyan« 990, *991*
Thjorsardalur 654
Thomson 314
Thonburi 1402, *1403*
Thorgilson, Ari 654
Thorleikson, Bolli 655
Thraker 224
Thrakien 482, 1440, *1441*
Thrakisches Tiefland 226
Thule *314*
»Thule-Kultur« *314*, 775
Thunder Bay 783
Thunfisch *726*
Thura, Laurids de 309
Thurgau 1262
Thüringen 318, 321, 322, 339, *339*, 358
Thüringen 322
Thüringer Becken 339
Thüringer Wald 321, 339, *355*
Thyssen 331, *331*
Tiahuanaco 190, 196, 1135
Tiahuanaco-Kultur 190, 1135
Tiananmen, Peking 272, *272*
Tiananmen-Massaker 248
Tian Shan 255, 790, 804, 1198, 1486
Tibbu 1044, 1212, 1417, 1418, *1418*
Tiber 962
Tibesti 1210, 1212, 1416, 1418, *1418*
Tibet 188, 189, 254, *255*, 260, 268, 269, 290-295, 550, 552, 597, 600, 601, 970, 983, 986, 998, 1002
–, Bevölkerung 292, 293, *293*
–, Bhutan 188, 189
–, Bon-Religion 292
–, Buddhismus 292
–, chinesische Machtergreifung 293, 294, *294*
–, Geologie 291
–, Geschichte 292-293, *292*
–, Klima 290
–, Klöster 294, *294*
–, Kultur 291, 292, *292*, 293
–, Ladakh 600
–, Lamaismus 292, 294-295, *294, 295*
–, Landschaft 290, *290, 291*

–, Religionsausübung 294, *294*, 295
–, Sikkim 596, 597
–, Unabhängigkeit 293
Tibet, Hochland von 258, *258*, 290, 291, 550, 850
Tibeto-Birmanen 989
Tibissah, Jabal *1433*, 1434, *1435*
Tiepolo, Giovanni Battista 691
Tiergeographische Regionen 1570
Tierra caliente 55, 812, 956, 1496
Tierra del Fuego *102*, 238
Tierradentro 808
Tierra fria 55, 812, 956, 1496
Tierra helada 55, 812, 1496
Tierra templada 956, 1496, 812, 55
Tiflis 458, *459*
Tiger 261, 592, *593, 903, 1001*
»Tiger«, Tamilen 1330, *1330*
»Tiger-Staaten« 1380
Tigre 124, 127, *129*
Tigris 616, *619*, 620, *621*, 622, 629, *629*, 1375
Tihamah 730, 731, 736
Tijuana 948, 954
Tijuca-Nationalpark *217*
Tikal 535
Tikse 601
Timah Hill 1288
Timbuktu 908, 910, *910*, 925, *1043*, 1210
Timgad 32
Timimoun 1214
Timişoara 1189, *1191*
Timor 604, 610, 1175, 1571
Timur Leng, mongolischer Herrscher 1369
Tindari 680
Tindouf 929
Tin-Hau-Fest 280
Tinian 1558
Tintoretto *693*
Tipasa 32
Tipperary 644
Tiquina, Straße von 196
Tirana 28, *30*
Tirol 42, 1094, *1095*
Tissisat 128
Tistatal 596
Titicacasee 190, 194, 196-197, *196, 197*, 1135
Tito, Josip Broz 28, 744, *746*, 747, 748, 750
Titograd 751
Titus, römischer Kaiser 664
Tiv 1053
Tivat 750
Tivoli *308, 309*
Tizian 690, 691, 692
Tizi N Test 924
Tizi N Tichka 924
Tiznit 925
Tlalpan 946
Tlemcen 38, 920
Toba *717*
Tobago 1414, *1414*, 1415
Tobasee 610, *610*
Toberna-Island *396*
Toda 717
Todd-River-Bootsrennen 153
Togo 186, 230, 1408-1409, *1409*
–, Bevölkerung 1409
–, Geschichte 1408, *1409*
–, Landschaft 1408
–, statistische Übersicht 1408-1409
–, Wirtschaft 1409
Togo-Atakora-Gebirge 1408
Togoville 1408
Tokajer 1472
Tokelau-Inseln 1007, 1019

Tokonama 715
Tokugawa-Familie 707
Tokugawa Ieyasu 704, *706*, 707, 708
Tokugawa-Shogunat *706*, 708, *712*
Tokyo 704, *705, 706*, 710, *719, 729*
–, Kaiserpalast 704, *704*, 705
–, Stadtplan 705
–, Universitäten 705, 716
–, Verkehrssystem 704, 705
Tokyo, Bucht von *705*, 714, 726
Toledo 1303, *1305*
–, Sierra von 1316
Tolimán 530
Tolteken 950, 952
Toluca 942
Tomanivi, Mount 394
Tomar *1179*
Tombalbaye, François 1417
Tombua 64
Tomebamba 1139
Tom Price, Mount 150
Tomskij, Michail Pawlowitsch 1204
Tonga 1014, 1410-1413, *1561*
–, Bevölkerung 1412-1413, *1413*
–, Geschichte 1410-1411
–, Klima 1412
–, Kultur *1412*, 1413
–, Landschaft 1412
–, Regierung 1410
–, statistische Übersicht 1410-1411
–, Vulkanismus 1412
–, Wirtschaft 1411, *1412*
Tonga, afrikanisches Volk 888, 1228
Tongagraben 1412
Tongatapu 1410, *1411*, 1412
Tonkin 1562, 1568
–, Golf von 257
Tonkin-Zwischenfall 1566
Tonlé-Sap 754, 756, *756*, 1568
»Tontons Macoutes« 546
Tooele 1520
Tooro 1460
Topa, Inka-König 1138
Topkapi Palast, Istanbul 1444, *1447, 1447*
Toraja 606
»Tor des Himmlischen Friedens«, Peking 272, 273
Tordesillas, Vertrag von 206
Tories 496, 497
Torii *713*
Tornados 1508
Toronto 770, 782, 784, 785, *785*
»Toros coleados« 1499
Torreón 942
Torres, Camilo 811
Tórshavn 313, *313*
Tortola 526
Tortuguero 300
Tortuguero-Nationalpark 300
Törzburg *1192*
Tosh, Peter 699
Toskana 669, 671, *677, 678*, 679, *686*, 686
Totenkopfäffchen *301*
Totes Meer 658, *659*, 742
Totonac-Indianer 951
Totonaken 950, 952
Totoraschilf 196
Touba 1274
Touggourt *39*
Toulouse 413, 425, *425*
Touraine 434
Tourcoing 434
Touré, Samori 302, 536
–, Sékou 536, 537, *539*

Tours 435
Townsville 134
Toynbee, Arnold 1141
Toyotomi Hideyoshi 707
Trabzon 1445
Trafalgar, Schlacht bei *502*
Trailway 1547
Trajan, römischer Kaiser *675*, 1302
Trajansforum, Rom 672
Tran-Ninh-Plateau 850, *850*
Transamazonica 53
»Trans-Antarctic-Expedition« 74
Transantarktisches Gebirge 70, *70, 71, 76, 79*
Trans-Canada-Highway 767
Transdanubien 1470, 1472, *1473*
Trans-Gabun-Eisenbahn *454*, 455
Transhimalaya 290, 550, 586, 600
Transjordanien 738, 739, *741*
Transkaukasien 1195
Transkaukasische Föderative SSR 121, 123, 459
Transkei 1334, 1337, 1338
Transsaharahandel 868, 910, 1416
Transsibirische Eisenbahn 1200, *1201*
Transsilvanien *1189*, 1192
Transvaal 1336, 1337, *1337*, 1338
Traoré, Moussa 909
Tràpani 680
Trás-os-Montes 1178
Trás-os-Montes e Alto Douro 1182
»Traumzeit« 146, 147
Traunsee 1092
Travemünde 1099
Trekking-Tourismus, Himalaya 555, 556-557, *557*
Trent 512
Trentino-Südtirol 670
Trenton 1513
Tres Marías 958
Trevibrunnen, Rom 673
Trianon, Vertrag von 1429, 1469, 1477
Tribalismus 800, 1053
»Tribal Trust Lands« 1280
Trient 678
Trier 330, 356
Triest 688, 689
Triglav *1295*
Trinh 1562
Trinidad, Insel 84, 88, *88*, 1414, 1415, *1415*
–, kubanische Stadt 839
Trinidad und Tobago 1414-1415, *1414, 1415*
–, Bevölkerung 1414
–, Geschichte 1414
–, Landschaft 1415
–, statistische Übersicht 1414-1415
–, Wirtschaft 1414-1415, *1414, 1415*
Tripelallianzkrieg 1131, 1483
Tripolis 858, 868, 870, 872, *873*
Tripolitanien 868, 870
Trockenfisch *1068*
Trockengärten, Japan 714-715
Trockensavanne 992, 1186, 1386
Trockentäler, antarktische 70, *71*
Trockenwald 1386
Trois Rivières 438
Troja 474, 476, *1445*
Trombay 581
Tromsø 1065, *1071*

Trondheim 1064, 1065, 1071, *1071*
Troodos 1578, 1579, *1579*
Trotzkij, Lew Dawidowitsch 1204, 1208, 1209
Trou aux Cerfs 936
Troubadoure 432
Trouville-sur-Mer 431
Trudeau, Pierre 776, *777*
»True-Whig-Party«, Liberia 866
Trujillo 1135
Truk → Chuuk
Trunk Bay 1556
Truong Chinh 1565
Trypití 484
Tsampa 277
Tsangpo 290, 550
Tsavo-Nationalpark 797
Tschad 1042, 1044, 1216, 1416-1419
–, Bevölkerung 1418
–, Geschichte 1416-1417
–, Landschaft *1417*, 1418
–, Politik 1417
–, Religion 1418, 1419
–, statistische Übersicht 1416-1417
–, Wirtschaft 1418, 1419, *1419*
Tschadbecken 762, *762*, 1418, 1575
Tschadsee 1044, 1050, *1417*, 1418, 1419, *1419*
Tschagatai-Chanat 970
Tschaka, Zulu-Häuptling 854
Tschar-imaq 6
Tschechen 1293, 1420, 1421, 1424
Tschechien 1428
Tschechische Republik 1420-1429, *1420-1421, 1422, 1423, 1424, 1425*
–, Bevölkerung 1424
–, Bodenschätze 1425
–, Geschichte 1420-1421
–, Landschaft 1424, *1425*
–, Minderheiten 1424
–, Politik 1423
–, Prag 1420-1421, 1424, 1425, 1426-1427, *1426, 1427*
–, statistische Übersicht 1422-1423
–, Wirtschaft 1424-1425, *1425*
Tschechoslowakei 1290, 1291
–, Auflösung des Staates 1290, 1421, 1422
–, Film 1428, 1429
–, Geschichte 1420, 1421, 1422-1423, *1428, 1429*
–, Kultur 1428-1429, *1428, 1429*
–, Literatur 1428-1429
–, »Prager Frühling« 1421, 1422, 1427, 1429, *1429*
–, »Samtene Revolution« 1422, *1428*, 1429
Tschechoslowakische Republik 1421
Tschenstochau, Schwarze Madonna 1161, *1163*, 1165
Tscherkessen 741, 742, 1376, 1443
Tschernobyl 1465, *1465*
Tschin 989
Tschingis Chan, mongolischer Herrscher 2, 635, 970, 976
Tschirtschik *1487*
Tschoibalsan, mongolischer Marschall 972
Tschuktschen 114
Tschuwaschen 1196
Tsin Ling 255, 256, 257
Tsonga 981, 1338
Tsuen Wan, Hongkong 280
Tsukuji, Tokyo 704
Tsunamis 722, *723*

Tswana 200, *200,* 1338
Tuamotu-Archipel 448, *448*, 449
Tuareg 32, 33, 36, 37, *871, 872,* 908, 910, 920, *921,* 1042, 1043, 1044, 1212, 1216-1217, *1216, 1217*
Tuatara 1016
Tubman, William 866
Tubqal, Jabal 924
Tubqal-Nationalpark 924
Tubuai-Inseln 448, *448,* 449
Tucheler Heide 1168
Tucumán, San Miguel de 103
Tucurui 218
Tudghà 924
Tudjman, Franjo 831
Tudors 495
Tuen Mun, Hongkong 280
Tuk-Lagune *961*
Tuk-Musik 89
Tukulor 934
Tulcán 370
Tulum 955
Tumbuku 888
Tumen 1060
Tundra 110, 116, 117, 314, *314,* 771, 1075, 1198-1199, *1198,* 1200
Tunesien 33, 868, 871, 916, 920, 921, 1430-1437
–, Berber 920, 921, 1436
–, Bevölkerung 1433, 1436-1437
–, Geschichte 1430-1431
–, Kultur 1436, 1437
–, Landschaft *1433,* 1434
–, Politik 1431, 1433
–, Regierung 1432
–, Sprache 1436, 1437
–, statistische Übersicht 1432-1433
–, Wirtschaft 1432, 1433, 1434-1435
Tungide Rasse 974
Tunis 1430, 1433, 1434, 1436, *1437*
Tupamaros 1480, 1482
Turan, Tiefland von 790, 1198
Turanische Senke 1457
Turcos 1492
Turin 679, 685, 688, *688,* 689
Turkanasee 800, *801,* 802, 803, *1080*
Türkei 470, 471, 626, 871, 1438-1455, 1576-1577
–, Bevölkerung 1439, 1440, 1441, 1443, 1446, 1452-1453, 1454
–, Bodenschätze 1448
–, Gastarbeiter 1453, 1454
–, Geschichte 1440, 1441, 1442-1443, 1444, 1445, 1450, 1451
–, historische Stätten 1444-1445, 1450, 1451
–, Industrie 1454
–, Istanbul 1446-1447
–, Klima 1449
–, Kurden 626
–, Landflucht 1453, 1454
–, Landschaft 1448-1449
–, Landwirtschaft 1448, 1449, 1452-1453, *1452, 1453*
–, Minderheiten 1443
–, Mittelmeerküste 1448, 1449, 1450, 1451
–, Reformen 1440-1441, 1442, 1443
–, Regierung 1440, 1441
–, statistische Übersicht 1440-1441
–, Tourismus 1439, *1449,* 1450-1451, 1454
–, Vegetation 1449

–, Wirtschaft 1439, 1452, 1453, 1454-1455, *1454, 1455*
–, Zypern 1576-1577
Türken 30, 225, 475, 478, 487, 742, 747, 1190, 1476, 1578
–, Bulgarien 225
–, Ungarn 1476
Turkestan 805, 1456, 1486
Turkestanische ASSR 805, 1457
»Türkische Republik Nordzypern« 1577
Türkische Riviera 1450-1451, *1450, 1451*
»Türkisküste«, Türkei 1451, *1451*
Turkmenen 6, 638, 1376, 1457
Turkmenistan 1456-1457, 1457
–, Bevölkerung 1457
–, Geschichte 1457
–, Landschaft 1456, *1457*
–, statistische Übersicht 1456-1457
–, Wirtschaft 1456-1457, *1457*
Turks-Inseln 82, 83
Turku 402, *406*, 407
Turkvölker *1441*, 1442
Turner's Hall 170
Turpan, Depression von 255
Turrialba 298
Tutsi *232*, *233*, 1186, 1187, *1187*
Tutuila 1560, *1561*
Tuvalu 807, 1458-1459, *1459*
–, Bevölkerung 1459, *1459*
–, Geschichte 1459
–, Landschaft 1458
–, statistische Übersicht 1458-1459
Tuxtla-Vulkane 958
Twa 1186
Twickenham 508
Tyne *494*, *513*
Tyrone 518
Tyros 858
Tyrrhenisches Meer 678, 680

U

Ubangi 827, *827*, 1575, *1575*
»Ubanguí-Chari« 1574
Überschwemmungen, Bangladesch 160, *160*, 164, 165, *165*, 168, *169*, 555
–, indischer Subkontinent 554, 555, *555*
Ubico, Jorge 532
Ucayali, Río 46
Udaipur 582
Udi Hills 1050
UdSSR → Rußland, Sowjetunion
Uele 821
Uffizien, Florenz *691*
Uganda 1390, 1460-1463
–, Bevölkerung 1460, 1461, *1462*, 1463
–, Bürgerkrieg 1461, 1462
–, Geschichte 1460-1461
–, Landschaft 1461, 1462, *1463*
–, statistische Übersicht 1460-1461
–, Tierwelt 1462
–, Wirtschaft *1462*, 1463
»Uganda People's Congress« (UPC) 1461
Ugarit 1368
Uhuru-Eisenbahn 1229
Uiguren 269, *269*, 791, 970
Ui-te-Rangiora 74
»Ujamaa-Sozialismus« 1389, 1390, 1391

Ujdah 926
Ukraine 1195, 1203, *1204*, 1464-1467, *1464*, *1467*
–, Bevölkerung 1466
–, Geschichte 1464, 1465
–, Landschaft 1466
–, Rußland 1464, 1465
–, statistische Übersicht 1464-1465
–, Wirtschaft 1466, *1467*
Ukrainer 966, 1165, 1196, 1293, 1421, 1457, 1466, 1487, 1572
Ukrainisch 746
Ulan Bator 971, *972*, 974, 975
Ulbricht, Walter 352
Ulema 21
Ulm 325
Ulster 518
Uluru → Ayers Rock
Umanak *314*
Umbrien 671, 679
Umm al Qaywayn 1500, 1503
Umm Sa'id 794, *795*
Unabhängigkeitserklärung, USA 1506, 1512
Unabhängigkeitskrieg, amerikanischer 497, 1551
UNCTAD 1264
UN-Friedenstruppen 861, *861*
Ungarisch 746
Ungarischer Aufstand 1468, 1470, 1471, 1477, *1477*
Ungarisches Mittelgebirge 1472, *1473*
Ungarische Sozialistische Arbeiterpartei (USAP) 1471
Ungarische Tiefebene 40, 1472
Ungarn 366, *367*, 1086, 1092, 1164, 1293, 1420, 1468-1477, 1478, 1479
–, Bevölkerung 1468-1469
–, Budapest 366, 1468, *1470*, 1472, 1473, 1474-1475, *1474, 1475*
–, Geschichte 1476-1477, *1476, 1477*
–, »Gulaschkommunismus« 1470, 1471
–, Habsburger 1476-1477
–, Klima *1473*
–, Landschaft *1470*, 1472, *1472, 1473*
–, Reformen 1471
–, Roma 1478-1479, *1478, 1479*
–, Slowakei 1293, 1420
–, Sozialismus 1477
–, Sprache 1468-1469
–, Staatsform 1471
–, statistische Übersicht 1470-1471
–, Wirtschaft *1472*, 1473, *1473*
–, Zigeunermusik 1478-1479, *1479*
Ungarn (Volk) 1190, 1191, 1292, 1293, 1421, 1424, 1468-1469
–, Jugoslawien 1469
–, Rumänien 1190, 1191, 1469
–, Slowakei 1292, 1293
–, Sowjetunion 1469
–, Tschechische Republik 1424
Ungern-Sternberg, Baron von 971
»Ungleiche Verträge« 287
Unimarca 196
»Unión Cívica Radical«, Argentinien 96
»Union de Izquierda Revolucionaria«, Peru 1136
»Union der Demokratischen Kräfte«, Bulgarien 225
»Union des Populations du Cameroun« (UPC) 760
»Union Indochinoise« 753

»Union nacional Opositora« (Uno), Nicaragua 1023
»Union Patriótica«, Kolumbien 810
UNITA (»União Naçional para a Independençia de Angola«) 63, 453
Unitarier 98
United Fruit Company 560, 561, 562
»United Gold Coast Convention« (UGCC), Ghana 464
»United Malay's National Organisation« (UMNO) 892, 893
»United National Independence Party« (UNIP) 1226
»United National Party«, Sri Lanka 1327
»United Progressive Party« (UPP) 1227
UNO-City 1084, 1089
Unstrut 339
Unterkanada 777, 783
Unterwalden 1260, 1262, 1263
U Nu 984
Upernavik 314
Upolu 1230, 1231, 1560
»Upper Canada« 777
Upper Canada Village 782
Uppsala 1246, 1247, 1254
Ur 620
Ural 1196, 1198, 1202, 1469
Ural-altaische Sprachfamilie 1469
Urartäer 1442
Urban VIII., Papst 690, 1232
Urbino, Grafen von 1232
–, Herzogpalast 690
Urdu 162, 1112
Uremagraben 980
Urga 971
Uri 1260, 1262, 1263
Urkantone 1260, 1262
Urner See 1260, 1262
Urpazifik 208
Ursus 1165
Uruguay 94, 98, 102, 108, 1480-1485
–, Agrarreform 1482
–, Bevölkerung 1482, 1482, 1483, 1484
–, Geschichte 1482-1483
–, Landschaft 1484
–, Montevideo 1484
–, Politik 1480-1481
–, statistische Übersicht 1480-1481
–, Wirtschaft 1481, 1482, 1482, 1483, 1483, 1484-1485, 1485
Uruguay, Río 94, 100, 101, 1484
Urus 196, 196
USA → Vereinigte Staaten von Amerika
Usbeken 6, 791, 805, 1379, 1457, 1486
Usbekistan 1486-1487, 1487
–, Bevölkerung 1486, 1487
–, Geschichte 1486-1487
–, Landschaft 1486
–, statistische Übersicht 1486
–, Wirtschaft 1486
Ushuaia 102, 102, 106
Usman dan Fodio 1046
Ussé 434
Ussuri-Gefechte 248
Ustjurt-Plateau 1486
Utah 1520, 1526, 1540
U-Tal 1073
Utrecht 1033, 1036-1037
Uttar Pradesh 588
Uvs-See 974

V

Vaduz 874, 875
Vai 867
Vaishyas 572
Valdés, Halbinsel 101
Valdez 1524
Val d'Hérens 43
Val d'Isère 430
Valdivia, Pedro de 235
Valdiviakultur 371
Valencia 1309, 1314, 1317
Valenciennes 424
Valira 60
Valira del Nord 60
Valira d'Orient 60
Valle de Viñates 836
Valle Longitudinal Chile 239
Vallenar 239
Valletta 914, 914, 915
Valparaiso 239
Valpolicella 686
Van 626
Vanbrugh, Sir John 504, 505
Vancouver 779, 785
Vandalen (→ Wandalen) 436, 1303, 1318
Vänersee 1246, 1252
Vansee 1448, 1449
»Vanua'aku Pati« 1489
Vanua Levu 392, 394
Vanuatu 1101, 1488-1489, 1488, 1489
–, Bevölkerung 1489
–, Geschichte 1488-1489
–, Landschaft 1488, 1489
–, Politik 1488
–, Wirtschaft 1489
Varadero 839
Varanasi → Benares
Vardar 749
Vargas, Getúlio 206, 207
Vargas Llosa, Mario 1136
Vari 887, 887
Värmland 1253
Varna 226, 227, 228
»Varsinais Suomi« 404
Varthema, Lodovico de 222
Vassiliou, Georgios 1577
Västerås 1254
»Vat« 758, 1402, 1407
Vatikanische Gärten 1490, 1491
Vatikanische Museen 1490, 1491
Vatikanstadt 1490-1491, 1491
–, Bauwerke 1490, 1491, 1491
–, Geschichte 1490
–, statistische Übersicht 1490
Vatnajökull 652
Vat Phra Keo, Bangkok 1403, 1404, 1405
Vat Phra Singh, Chiang Mai 1405
Vaud 1263
Vava'u 1410, 1411
Vázquez, Tabaré 1480
Veden 568, 573, 588
Vega, Lope Félix de 1305
Veitsdom, Prag 1427
Velazquez, Diego de 834
Velázquez, Diego Rodriguez de Silva 1305, 1310, 1310
Veld 1342, 1343
Velde, Henry van de 173
Velha Goa 585
Veloso, Caetano 211
Venda 1334, 1337, 1338
Vendée 420
Venedig 676, 679, 684, 685, 688, 690, 691, 692-693, 692, 693
–, Stadtplan 693
–, Tourismus 693
Venetianer 30
Venetien 671, 678, 679, 686
Venezuela 58, 208, 371, 542, 543, 544, 809, 812, 815, 1040, 1414, 1492-1499
–, Bergbau 1497
–, Bevölkerung 1492, 1495, 1495, 1498-1499, 1498, 1499
–, Brauchtum 1499
–, Erdöl 1494, 1495, 1497
–, Geschichte 1492-1493
–, Industrie 1497
–, Klima 1496
–, Landschaft 1492, 1496, 1496
–, Landwirtschaft 1496-1497, 1496
–, Politik 1494
–, Religion 1498
–, statistische Übersicht 1494-1495
–, Tierwelt 1496, 1497
–, Vegetation 1496
–, Wirtschaft 1494, 1495
Venizelos, Eleutherios 474, 486
Venus von Milo 416
»Verbotene Stadt«, Peking 251, 272, 273
Verdi, Giuseppe 691
Verdun, Vertrag von 350, 413
Vereeniging 1340
Vereinigte Arabische Emirate 92, 842, 1500-1503, 1501
–, Bevölkerung 1500, 1501
–, Erdöl 1502, 1503, 1503
–, Geschichte 1500
–, Landschaft 1501
–, Politik 1500
–, statistische Übersicht 1500-1501
–, Wirtschaft 1502-1503, 1503
Vereinigte Ostindische Kompanie 604
»Vereinigter Arabischer Maghreb« 34
Vereinigtes Königreich → Großbritannien
Vereinigte Staaten von Amerika 352, 740, 809, 1305, 1417, 1504-1553
–, Alaska 1524-1525
–, Amerikanisch-Samoa 1560-1561
–, Außengebiete 1507
–, Außenhandel 1527
–, Bergbau 1525, 1526, 1527, 1528
–, Besiedlung 1512, 1550, 1552
–, Bevölkerung 1509, 1514, 1516, 1538-1533
–, Bildungswesen 1507
–, Bundesstaaten 1507
–, Bürgerrechtsbewegung 1542-1543
–, Einwanderung 1536
–, Energie 1526, 1527, 1527
–, Erster Weltkrieg 1553
–, Geschichte 1506, 1550-1553
–, Grenada 466
–, Guam 1558-1559
–, Haiti 546
–, Hawaii 1522-1523
–, Hispano-Amerikaner 1540-1541
–, Honduras 560, 561, 562, 563
–, Indianer 1520, 1521, 1538-1539
–, Industrie 1514, 1528-1529
–, Japan 725
–, Jungferninseln 1556-1557, 1557
–, Klima 1508
–, Kambodscha 753, 757
–, Kongreß 1506-1507
–, Koreakrieg 1553
–, Kuba 834, 835
–, Kultur 1548-1549, 1549
–, Kunst 1548-1549, 1549
–, Landschaft 1508, 1509
–, Landwirtschaft 768, 1515, 1523, 1527, 1530-1531, 1530
–, Laos 847
–, Marshall-Inseln 930, 930
–, Mexiko 952
–, Mikronesien 960, 960
–, Minderheiten 1538
–, Mississippi 1518-1519, 1518, 1519
–, Mittelwesten 1509
–, Nationalparks 1510-1511
–, New York 1534-1535
–, Nicaragua 1022, 1023
–, Ozeanien 1101
–, Palau 1116-1117
–, Panamakanal 1118, 1118, 1119
–, Pazifikküste 1522-1523
–, Philippinen 1145, 1146, 1148, 1148, 1149, 1154, 1159
–, Plantagenwirtschaft 1516
–, Puerto Rico 1554-1555
–, Rassenproblem 1542-1543
–, Raumforschung 1527, 1552
–, Regierung 1506-1507
–, Rocky-Mountain-Staaten 1520-1521, 1520
–, Schwarze 1513, 1532, 1537, 1542-1543
–, Sklaven 1516, 1542, 1551
–, Staaten der Ostküste 1512-1513
–, Staaten des Mittelwestens 1514-1515, 1515, 1530
–, Städte 1532-1533
–, statistische Übersicht 1506-1507
–, Südstaaten 1509, 1516-1517, 1516
–, Südweststaaten 1520-1521, 1520
–, Taiwan 1384
–, Thailand 1397, 1400
–, Tourismus 1546-1547
–, Unabhängigkeitskrieg 1550, 1551
–, Verfassung 1506-1507, 1551
–, Verkehr 1528, 1546-1547
–, Viehwirtschaft 1530, 1530
–, Vietnamkrieg 1536, 1552, 1553, 1563, 1566-1567, 1566, 1567
–, Wirtschaft 1516, 1523, 1526-1531
–, Zweiter Weltkrieg 1553
Vereinigte Staaten von Mikronesien (→ Mikronesien) 960, 960
Vereinte Nationen 660, 665, 740, 755, 1084, 1089, 1264, 1384
Vergil 1320
Vermeer, Jan 1037
Vermont 1513
Verona 678, 679
Versailles 414, 432, 432
Versailles, Friedensvertrag von 330, 415, 1218, 1551
Vértesgebirge 1472
Vertragsküste 1503
»Vertragsstaaten« 1500
Vespasian, römischer Kaiser 829
Vespucci, Amerigo 1492
Vesterbro 309
Vestmannæyjar 653
Vesuv 675, 679, 962
Vevey 1271
Via Appia 675
»Via Egnatia« 29
Vicenza 679

»Vichy-Regierung« 415
Victoria (australischer Bundesstaat) 132, 134, 137, 138, 148, 148, 151
Victoria, Mount 1126
Victoria (Stadt), Hongkong 283, 284
–, Seychellen 1276, 1277
Victoriafälle 1227, 1228, 1282
Victorialand 70, 71, 74
Victoria Peak 184
Victoria-Rivers-Downs-Farm 148
Victoriasee 797, 1056, 1057, 1080, 1386, 1392, 1393, 1462
Victoriawüste, Große 134, 135, 139
Vidda 1073
Videla, Jorge Rafael 97, 99
Vieira, João Bernardo 540, 541
Vieng Chang 846
Vienne 425
Vientiane 846, 848, 849, 850, 850, 852, 1404
Vieques 1554, 1555
»Viererbande« 253
Viet-Cong 1563, 1566, 1567
Viet-Minh 847, 1562, 1563, 1564, 1566
Vietnam 752, 849, 1562-1569
–, Bevölkerung 1562, 1563, 1568
–, französische Herrschaft 1562, 1566, 1567
–, Geschichte 1562-1563, 1566-1567
–, Kambodscha 753, 755, 757, 1564
–, Landschaft 1568
–, Politik 1564-1565
–, statistische Übersicht 1564-1565
–, Wirtschaft 1569, 1569
Vietnam-Abkommen, Pariser 1563
Vietnamkrieg 137, 1149, 1563, 1566-1567, 1566, 1567, 1569
Vieux Fort 1221
Viktor Emanuel II., italienischer König 672
Viktoria, britische Königin 137, 431, 496, 497, 569, 784
Vikunja 55, 57
Vila-Velha-Park 208
Villa, Francisco (Pancho) 953
Villach 1095
Villa Clara 837
Villa de Leyva 808
»Villancicos« 814
Villandry 434, 434
»Villas miserias« 102
Ville 330
Villeda Morales, Ramón 562
Ville-Marie 776
Vilnius → Wilna
»Violencia« 809
Viracocha 190, 196
Virgin Gorda 527
Virginia 1512, 1516, 1550, 1551
Virunga-Vulkane 1186
Visayas 1150, 1153, 1155
Vischer, Peter 354
Vishnu 572, 758, 759, 999
Viti Levu 392, 394, 396, 397
Vitoša-Gebirge 226, 229
Vlad Țepeș 1192
Vogel, Julius 1010
Vogelfluglinie 335
Vogelsberg 321
Vogesen 411, 418
Vogtland 322
Vohor, Serge 1489
Vojvodina 745, 748

Völkerbund 1264
Völkerwanderung 746
Volks-Chural, Großer 973
–, Kleiner 973
Volkseigene Güter 347
Volkspartei, Spanien 1300
»Volkspartei«, Thailand 1396
Volta 230, 462, *462*, 463
Voltaire 414
Volta-Stausee *462*
Vo Nguyen Giap 1566
Vorarlberg 1094
Vorderer Himalaya 550, 551, 586, 1000
Vordergrauspitz 874
Vorderrheintal 1268
Vorpommern 335
Vöslau 1092
Vostok, Forschungszentrum 67
Vukovar 831
Vulkan-Inseln 725
Vyšehrad 1426

W

Waadt 1263
Wachau *367*, 1092, *1093*
Wachsch *1379*
Wadi Arava 658
Wadi as Sawrah 36
Wadi Hadramaut *93*, 731, 733, 736
Wadi Rum *741*
Wadis 870, *871*
Wadi Sarqa 742
Wagner, Richard 340, 355
Wahhab, Mohammed Ibn Abd Al 1237, 1244
Wahhabismus 795, 1237, 1238, 1239
–, Katar 795
–, Saudi-Arabien 1237, 1238, 1239, 1244
Wahran 32, 36, 38
Wailer, Bunny 699
Wairakei *1011*
Wairarapa-Region *1017*
Waitangi-Vertrag *1014*, 1015
Wajda, Andrzej 1161
Wajed, Sheikh Hasina 163
Wake 1507
Wakisashi 708
Walachei 1188, 1192, *1193*
Waldemar, dänischer König 308, 310
Waldkarpaten 1466
»Waldstätte« 1262
Waldviertel 1085, *1085*
Wale 72, 73
Wales 491, 492, 512, 513, 514-515, *515*
Wałęsa, Lech 1162, 1163, *1164*, 1257
Walfischbucht 1334
Walid, Khalid Ibn al 1372
Waliser 491, 492
Walisisch 514
Walker, William 300, 1022
Wallaby 1017
Wallace, Alfred Russell 1570
»Wallacea« 1570
Wallace-Linie 1570-1571
Wallenberg, Raoul 1256
Wallis 42, *43*, 44, 1263
Wallis, Samuel 448
Walliser *1269*
Wallis und Futuna 410, 448
Wallonen 174, 181, 182, *182*
Wallonien 174, 175, 176, 182
Wall Street *1528*
Walroß 116

Wandalen (→ Vandalen) 32, 872, 916
Wanderfalke *116*
Wanderweidewirtschaft *43*
Wando *1363*
Wankie-Nationalpark 1282
Waräger 1202, 1246
Wargla 1214
Warhol, Andy 1548
Warndt 330
Warner, Thomas 1218
Warschau 1166-1167, *1167*, *1169*
–, Altstadt 1166, *1166*, *1167*
–, Stadtplan *1167*
Warschau, Herzogtum 1165
Warschauer Aufstand 1166
Warschauer Getto 1166
Warschauer Nike 1167
Warschauer Pakt 1188, 1477, *1477*
Wartburg 355, *355*
Warthe 1168
Wasa, Gustav Eriksson 1247
Wasatch Range 1520
Waschbär *773*, *1519*
Wash 512
Washington 1509, 1522-1523
Washington D. C. 1506, 1507, 1512, 1513, *1513*, 1533, *1546*, *1552*
Washington, George 1551
Wasmosy, Juan Carlos 1129
»Wasser-Chenla« 752
Wassergärten, Japan 714
Wasserhyazinthe 1519
Wasserschwein 1496
Wasserspinne *1519*
Waterford 644
Watford 524
Watteau, Jean-Antoine 433
Watzmann 321
Waw al Kabir 870
Waw an Namus 870
Weber, Carl Maria von 340
Weddas 1328
Weddell, James 74
Weddellmeer 74
Weddellrobbe *72*
Weddeye, Goukouni 1417
Weichsel 1168, 1171
Weichseleiszeit 310
Weihnachtsinsel 807, 1102
Weihrauchland 734, *735*
Weihrauchstraße 731, *734*
Weimar 339, 354, 356, 358
Weimarer Republik 351
Wein-Château *423*
Weinviertel 1085
Weipa 150
Weißbart-Seeschwalbe *1001*
Weiße Berge 486
»Weiße Garden« 399
Weiße Karpaten 1427
»Weiße Nächte« 118
Weißer Nil 1057, *1350*, *1351*, 1352, 1353
»Weißes Haus« *1512*
Weißes Meer 1098, 1099
Weiße Thai 853
Weißrussen 791, 1165, 1466, 1572, *1573*
Weißrussischer Landrücken 1572, *1573*
Weißrußland 1195, *1204*, 1572-1573, *1573*
–, Bevölkerung 1572
–, Geschichte 1573
–, Industrie 1573
–, Landschaft 1572, *1573*
–, Landwirtschaft 1572-1573, *1573*
–, statistische Übersicht 1572-1573
Weißwangengans *116*
Weißwasserfluß 46

Weißwedelhirsch *1519*
Wellandkanal 783
Wellington 76, 1007, *1010*, 1012, *1012*
–, Herzog von *496*
Welser 1493
Weltausstellung, Hannover 346
–, Paris 416, *417*
Weltbank 889, 979, 1279, 1391
Weltgesundheitsorganisation (WHO) 1264
Welthandelskonferenz (UNCTAD) 1264
Welthandelstreffen *1481*
Weltwirtschaftskrise 207, 1553
Welwitschia 994, *994*
Wembley 508, *509*
Wengen *1267*
Wentworth, William 136
Wenzel I., der Heilige, böhmischer Herzog 1420
Wenzelsplatz, Prag *1422*, 1426
Werfel, Franz 1427
Wernigerode 356
Weser *321*, 337
Weserbergland *321*, 334
Westalpen 40, 42, 44, 1083
Westantarktis 70, *71*
Westaustralien 132, 135, *135*, 137, *138*, 139, 141, 148, 149, *149*, 150, 150, *150*
West Bank → Westjordanland
Westbirmanisches Randgebirge 982, *983*
»West-Edmonton-Mall« 785
Western Province, Sambia 1226
Westerwald 320
Westeuropa 317, *411*, 426, 428, 1302
Westfälischer Frieden 351, 1040
West-Falkland 528
Westfränkisches Reich 413
Westghats, Indien 584, 586, *587*
Westgoten 60, 675, 1303, 1318
Westgrönland 112
West India Company 1556
Westindien, Antigua und Barbuda 80-81
–, Bahamas 156-157
–, Barbados 170-171
–, Dominica 360-361
–, Dominikanische Republik 362-365
–, Grenada 466-467
–, Guadeloupe 438-439
–, Haiti 546-549
–, Jamaika 694-699
–, Jungferninseln 526-527, 1556-1557
–, Kleine Antillen 84-89, 1494
–, Kuba 832-839
–, Martinique 440-441
–, Niederländische Antillen 1040-1041
–, Puerto Rico 1554-1555
–, Saints Kitts-Nevis 1218-1219
–, Saint Lucia 1220-1221
–, Saint Vincent und die Grenadinen 1222-1223
–, Trinidad und Tobago 1414-1415
Westindische Assoziierte Staaten 80, 1218
West-Irian 604
Westjordanland 660, 739, 742
West-Kap 1341

Westkordillere, Bolivien 194
–, Ecuador 374
Westküsten-Indianer 774
Westlicher Großer Erg 36
Westmalaysia 891, 892, 900, 901
Westmeath 649
Westpakistan 162, 566, 1105, 1106
Westpoint Island 528
Westpreußen 1165
Weströmisches Reich 412, 413, 675
Westsahara 34, 917, 918, 919, 922, 928-929, 932
Westsahara-Konflikt 928, 929
Westsaharakrieg 923
Westsamoa → Samoa
Westsibirisches Tiefland 1196, 1198
Westturkestan 970
West Virginia 1516
West Yorkshire 513
Wetzlar 325
»Wewas« *1325*
»Wheat Belt« 1530
Whigs 496, 497
Whistler, J. McNeill 1548
White, Patrick 145
Whitlam, Gough 132
Whitman, Walt 1548
WHO 1264
Whyalla 134
Wien 366, 1083, 1084, *1085*, 1088-1089, *1089*, 1090, 1092, 1476
–, Stadtplan *1089*
Wiener Becken 1085, 1092, 1096
Wiener Kongreß 444, 879, 969, 1087, 1088, 1165, 1232, 1262
Wiener Neustadt 1092
Wiener Sängerknaben *1090*
Wienerwald 40, 1088, *1089*
Wiesbaden 325
Wiesel, Elie 1257
Wieselburg 1092
Wieselmaki 887
–, Großer 886
Wight, Insel 512
Wikinger 306, 312, 313, 494, 507, 647, 654, *654*, 655, 776, 1064, 1074, *1250*, 1256
Wilanów, Schloß *1166*, 1167
»Wilayat« 34
Wilde, Oscar 643, 648
Wilderei 1186, 1392, 1393
Wildkirchlihöhle 42
»Wildlife Society of Zambia« 1228
Wilhelm, Mount 1126
Wilhelm I., deutscher Kaiser *351*
Wilhelm II., deutscher Kaiser 351, 917
Wilhelm IV., englischer König 509
Wilhelm I. von Oranien 498, 647, 1028, !037
Wilhelm III. von Oranien *519*, 879
Wilhelm der Eroberer 494, 520
Wilhelmshaven 334
Wilhering-Abtei *1093*
Wilkes, Charles 74
Willemstad *84*, 1040, *1040*, *1041*
Williams, Jody 1257
Wills, William John 137
Wilna 876
Wilpattu-Nationalpark 1325
Wilson, Thomas Woodrow 1257

Wimbledon 509, *509*
Wimmera 134, 148
Wind Cave National Park 1511
Windermere 512
Windmühle *1030*
Windsor, Ontario 767
Windsor-Vertrag 1177
Windward Islands 84
Winneba 463
Wirbelstürme 1150, *1151*
Wisconsin 1514, 1537
Wismar 335, 356
Wittelsbacher 324, 326
Wittenberg *339*, 354, 356
Wittingau 1426
Witwatersrand 854, 1340, *1341*
Wladimir 1466
Władysław, polnischer König 1164
Wodu-Kult 217, 363, 546
Wojtyla, Karol 1161
Wok 276
Wolfe, James 777
Wolfen 339
Wolfgangsee 1092
Wolfsburg 334
Wolga 367, 1202, 1206, 1246, 1469
Wolgograd *1205*
Wollongong 134
Wolof 934, 456
Wombat 140
Wood Buffalo National Park 1511
Workuta 1199
Worms 330
Wormser Konkordat 350
Wörther See 1095, *1095*
Wrangell-St. Elias National Park 1525
Wrexham Maelor 514
Wright, Frank Lloyd *1549*
Wuhan 258, 259
Wular-See 598
Wuri-Fluß 760
Würzburg 324, 358
Wüstenfuchs *1211*
Wüstenheuschrecke *1210*
Wüstenigel *1211*
Wüstenspringmaus *1210*
Wüstentourismus 929, 1213
Wüste Thar 586, 1108
Wye 514
Wyoming 1510, 1520, 1540
Wyschehrad, Festung 1426
Wyszyński, Kardinal 1161

X

Xenobia 1368
Xenophon 626
Xhosa 1338
Xi'an *250*, 264, *264*, 270, 272
Xiang Gang 280
Xigaze 295
Xi Jiang 280
Xingu-Nationalpark 208
Xinjiang 260, *268*, 269, *269*
Xishuangbanna 260
Xochimilco 946, *946*
Xuanzong, Kaiser von China *264*

Y

»Yacimientos Petrolíferos Fiscales«, Argentinien 107
Yacyretá 1132
Yak 261

Yakan 1154
Yakuza 720, 721
Yala-Nationalpark 1325
Yalu Jiang 254, 1060
Yamamoto, Jocho 708
Yamanote (»Oberstadt«), Tokyo 704
Yamato 706
Yaméogo, Maurice 230
Yam Hammelah 658
Yamoussoukro 303
Yams 1412, 1412
Yan'an 252, 256
»Yanan-Fraktion« 1058
Yanbu al Bahr 1240
Yang 264, 1363
»Yankees« 1512
Yanomami 1492
Yao, Afrika 888, 981
–, China 853, 1399
Yaoundé 761, 765
Yap 960, 960, 961, 961
Yarmuk 742
Yarra River 154
Yasaka-Schrein, Kyoto 711
Yassa 970
Yasuda 728
Yaxchilán 535
Yding Skovhoj 310
Yeats, Jack 648
Yeats, William Butler 643, 646, 648
Yellowstone 1521
Yellowstone National Park 1505, 1510, 1511, 1511
Yerebatan Sarayi, Istanbul 1446
Yerushalayim 657, 664
Yeşil Cami, Bursa 1444
»Yeti« 556
Yeziden 625
Yichang 258
Yi-Dynastie, Korea 1363
Yin 264, 1363
Yogyakarta 607
Yokohama 726, 729
Yoritomo, Minamoto 709
York, Kap 138
Yoruba 187, 1046, 1047, 1048, 1053
Yorubaplateau 1050

Yosemite National Park 1511, 1547
Youlou, Fulbert 826
Ypacarai-See 1133
Yuan-Dynastie 251, 262, 270, 272, 272, 970
Yuan Shikai 252, 252
Yucatán 945, 948, 955, 956, 957
»Yüeh« 1562
Yüe-tschi 2
Yukon-Charley National Preserve 1525
Yukon Flats National Wildlife Refuge 1525
Yukon Territory 767, 768, 770, 777, 778
Yungas 194, 195
Yunnan 260, 261, 269, 269
Yunnan-Plateau 257
Yupanqui, Pachacutec 234
Yussufiyah 923

Z

Zacatecas 944
Zadar 830
Zaghurah 924, 925
Zagreb 830, 831
Zagwe, Dynastie 124
Zahir Schah, König von Afghanistan 3
Zaiditen, 733, 734, 736
Zaire (Fluß) → Kongo (Fluß)
Zaire (Staat) → Kongo, Demokratische Republik
Zakat 1243
Zakopane 1169
Zakynthos 484
Zamboanga 1154
Zambos 375, 559, 814
Zande 1352, 1352, 1353
Zandvoort 1027
Zanussi, Krzysztof 1161
Zapata, Emiliano 953
Zapoteken 950, 952, 954
Zarathustra 2, 625, 631, 634, 636
Zawilah 870
Zedenbal, Jumschagin 973

Zeebrugge 176, 178
Zelaya, José Santos 1023
Zell am See 1095
Zemplener Gebirge 1472
Zenawi, Meles 129
Zen-Buddhismus, Japan 708, 712, 713
Zen-Gärten, Kyoto 715, 715
Zentralafrika 187, 1228
Zentralafrikanische Föderation 1226
Zentralafrikanische Republik 827, 1574-1575, 1575
–, Bevölkerung 1574, 1575
–, Geschichte 1574
–, Landschaft 1575, 1575
–, statistische Übersicht 1574-1575
–, Wirtschaft 1575
Zentralafrikanischer Graben 232, 822, 1386, 1462
Zentralalpen 1084
Zentralamerika 184-185, 378-381, 532, 558-563, 956, 1020-1025, 1118-1123
–, »Vereinigte Provinzen von« 297, 380, 532, 562, 1022
»Zentralamerikanischer Gemeinsamer Markt« 382, 561
Zentralasien 263, 586, 792, 986
Zentralgebirge 1126
–, Taiwan 1382
Zentralmassiv 411, 418, 418, 420, 431
»Zentralzone«, Chile 238, 239
Zentrum-Partei, Norwegen 1066
Zephaniah, Benjamin 699
Zermatt 1259
Zéroual, Liamine 34
Zhao Ziyang 248, 279
Zheng Chenggong 1384
Zhenjiang 275
Zhou-Dynastie 250, 264
Zhou Enlai 252, 253
Zhuang 269
Zhujiang 270, 278, 283, 289
Zia, Beghum Khaleda 163
Zia ul-Haq, Mohammed 1107

Zia ur-Rahman 163
Ziegen 42
Zigeuner → Roma, Sinti
Zigeunermusik 1478-1479
Zihuatanejo 954
Zikkurat 620
Zille, Heinrich 344
Zillertal 1094
»Zimbabwe African National Union« (ZANU) 1281
»Zimbabwe African People's Union« (ZAPU) 1281
Zinos Hill 87, 87
Zinos Peak 87
Zion 664, 664
Zionismus 660
Zionistenkongreß 660
Zipser Burg 1291
Zisterzienser 432
Zittauer Gebirge 338
Zogu I., albanischer König 28
Zonzamas 1322
Zouirât 932, 934
Zuckerhut, Brasilien 203, 208, 216, 217
Zuckerrohr 1223
Zuckerrohrverarbeitung 439
Zuckerwirtschaft, Dominikanische Republik 364
–, Fidschi 393, 393, 395
–, Jamaika 694, 695, 695
–, Kuba 834, 836-837
–, Réunion 445
Zug 1262
–, Kanton 1262
Zugspitze 321, 321, 324
Zuidersee 1031
Zulia 1498
Zulu 855, 1338, 1338
Zulusprache 1366
Zuoz 45
Zürich 1262, 1265, 1268, 1271
–, Kanton 1262
Zwei fingerfaultier 48
Zweistromland (→ Mesopotamien) 616, 617
»Zweite Grüne Revolution« Pakistan 1111
Zweiter Indochinakrieg 753
Zweiter Weltkrieg
–, Albanien 28, 30

–, Australien 137, 137
–, Bulgarien 224
–, Deutschland 350, 351
–, Estland 386
–, Finnland 399
–, Frankreich 414, 415
–, Gibraltar 522, 523
–, Griechenland 475
–, Großbritannien 497
–, Gurkhas 1004
–, Italien 670, 677
–, Japan 707, 707, 709, 725
–, Jugoslawien 747
–, Kiribati 806, 807
–, Malta 914
–, Marshall-Inseln 930
–, Myanmar 987
–, Nauru 997
–, Neuseeland 1011
–, Norwegen 1065, 1066
–, Österreich 1087
–, Ozeanien 1101, 1102
–, Palau 1116
–, Papua-Neuguinea 1125
–, Philippinen 1149
–, Polen 1160, 1161, 1165
–, Salomonen 1225
–, Schweden 1256
–, Sowjetunion 1204, 1205
–, Syrien 1369
–, Tschechoslowakei 1421
–, Ungarn 1477
–, USA 1536, 1553
–, Vietnam 1566
Zwergameisenbär 301
Zwergbeutelratte 301
Zwickau 358
Zwin 178
Zwinger, Dresden 340
Zwischenstromland 100, 101, 106
Zypern 1576-1579
–, Bevölkerung 1578
–, Geschichte 1576-1577
–, Landschaft 1577, 1578
–, statistische Übersicht 1576-1577
–, Wirtschaft 1578
Zypernkonflikt 470, 471, 1576, 1577
Zypressen 678
Zyprioten 1578

Autoren und Mitarbeiter

Autoren
Henning Aubel
Dr. Heinz-Jürgen Axt
Thomas Baden
Dr. Friedemann Bartu
Professor Dr. Günter C. Behrmann
May Bevan
Nick Bevan
Julia Blackburn
Ursula Blombach-Schäfer
Caroline Blunden
Jane Blunden
Rosemarie Bollinger
Dr. Patrick Brauns
Dr. Caroline Bugler
John Burton
Arthur Butterfield
Ines Cavill
Vivianne Croot
Professor Dr. Manfred Domrös
Dr. Ian Duncan
Klaus Ellerbrock
Annabel Else
Dr. Heinz-Joachim Fischer
Chris Foulkes
Wolfgang Freihen
Peter Gerisch
Dr. Henry Ginsburg
Professor Dr. Erdmann Gormsen
Wolf-E. Gudemann
Professor Dr. Hans-Dieter Haas
Alan Hamilton
Antonia Hansmeier
Irena Hendrichs
Ingrid Herden
Albrecht Hofheinz
Dr. Volker Höhfeld
Professor Dr. Lutz Holzner
Dr. Michael Jacobs
Peter Jason
Dr. Jan Kaestner
Professor Dr. Adolf Karger
Ute Kleinelümern
Hans Dieter Kley
Kurt Klinger
Inge Klostermeier
Winfried Kurrath
Alfred LeMaitre
Professor Dr. Hans Lemberg
Brigitte Lotz
Rita Ludewig
Werner Ludewig
Keith Lye
Dr. Rüdiger Machetzki

Gisela Maler-Sieber
Dr. Hanspeter Mattes
Gerd Meuer
Dr. Reinhold Meyer
Hans-Georg Michel
Professor Dr. Franz-Dieter Miotke
Dr. Trevor Mostyn
Professor Dr. Franz Nuscheler
Peter Oliver
Amanda O'Neill
Richard O'Neill
Professor Dr. Heinrich Pleticha
Professor Dr. Alfred Pletsch
Dr. Manfred Pohl
Jens Reuter
Karl Römer
Walter Saller
Peter Schäfer
Peter Schröder
Beate Seel
Rüdiger Siebert
Günter Siemers
Dr. Peter Simons
Bette Spektorov
Andi Spicer
Dr. Rudolf Stamm
Andreas Stork
Dr. Ahmad Taheri
Ulrich Tilgner
Dr. Colin Tudge
Monika Unger
Dr. Oskar Weggel
Siggi Weidemann
Inge Weißgerber
Dr. Bernd Wiese
Günter Wirnhier
Lena Young

Übersetzer
Annemarie Bohnemeyer
Andrzej Bukowski
Ulrich K. Dreikandt
Verena Kaatze
Dr. Sabine Krome
Saskia Steinborn
Klaus Wenz

Redaktionelle Mitarbeiter
Christian Adams
Thomas Baden
Ulrike Becker-Buchner
Julia Blackburn

Arthur Butterfield
Elke Christoph
Mike Darton
Sue Dyson
Ursula Franz
Sabine Günther
Ute Kleinelümern
Antje Kleinelümern-Depping
Keith Lye
Richard O'Neill
Peter Schäfer
Linda Sonntag
Madeleine St. John
Ilka Sundermann
Nicholas Tanburn
Kunigunde Wannow
Daniela Wuttke

Karten
Euromap Ltd, Pangbourne
Kartographisches Institut
Bertelsmann, Gütersloh/RV Reise-
und Verkehrsverlag GmbH,
München, Stuttgart
Swanston Graphics Ltd, Derby

Layout
Hans Roßdeutscher
Terry Sego
Malcolm Smythe
Georg Stiller

Graphikentwürfe
Eugene Fleury
Jean Jottrand
Ted McCausland

Graphik
John Davies
Bill Donahoe
Anke Eickholt
John Francis
Michael Gillah
Dr. Matthias Herkt
R. Lewis
Tom McArthur
Mick Saunders
Leslie D. Smith
Ed Stuart
George Thompson

Abbildungsnachweis

AGE FotoStock: 122-123 o, 761 o; **Agence Belga:** 183 o; **aisa:** 10-11 o, 81 o, 94-95, 103 ur, 155 o, 160-161, 192-193 o, 202-203, 262-263 u, 278-279 o, 308 or, 308 ul, 308 ol, 331 o, 366 o, 373 or, 402-403 u, 403 o, 416, 511 o, 512-513 o, 513 u, 514-515 o, 619 r, 719 u, 729 or, 757 u, 766-767, 788-789 o, 838 u, 876 u, 946-947 o, 954, 984-985 o, 1006-1007, 1070, 1094-1095 o, 1095 u, 1104-1105, 1117 ur, 1147 ol, 1200-1201 o, 1236-1237, 1254, 1291 o, 1295 u, 1341 u, 1357 o, 1390-1391 o, 1420-1421, 1426, 1426-1427 u, 1446-1447 o, 1472 u, 1486 l, 1504-1505, 1534-1535 o, **Apa Photo Agency:** 2-3 Hunter, 7, 128-129 o Müller, 129 Müller, 130-283 Steel, 140 Heaton, 141 o Heaton, 142 u Gottschalk; 144-145 u Little, 146 u Heaton, 148 u, 148-149 o, 148-149 u Steel, 149 u Steel, 150-151 o, 150-151 u, 151 o Steel, 151 M, 151 u Steel, 152-153 o Little, 153 ol, 155 o Kugler, 270 Wheeler, 277 o, 280-281 o Gottschalk, 282-283 o Gottschalk, 284-285 u Kugler, 285 o Evrard, 288-289 o Tovy, 288-289 u RCA Nichols, 290-291 o, 291, 292 Brooke, 292-293 o Kugler, 293 o, 418-419 u Knight, 420-421 o Braud, 425 Bartel, 427 ur Joyce, 429 o Wassmann, 430-431 u Knight, 468-469 Heaton, 468 Heaton, 478-479 Reichelt, 481 u Reichelt, 482-483 Strang, 484-485 u Knight, 496 ul, 507 Mr Little, 555 u Osborne, 557 u, 564-565 Lawson, 572 Lawson, 572-573 o Invernizzi, 574 l Lovell, 576-577 o Hughes, 578, 580-581 o Lawson, 580-581 u Debnicki, 594-595 u, 596-597 Lawson, 597 l Lawson, 597 r Lawson, 648-649 u Jerunladen, 649 Reichelt, 696-697 o Hofer, 704-705 u Tovy, 715 o Kugler, 724 o Martorano, 771 o Heaton, 779 l Wilkins, 828-829 Heaton, 848-849 Dugast, 850-851 o Dugast, 851 o Dugast, 852-853 u Seitz, 853 Dugast, 949 o Müller, 952-953 o Müller, 953 u Muller/Woodfin Camp + Associate, 954-955 u Müller, 956-957 u Müller, 965 u Heaton, 969, 982-983 Lynch, 986 Martorano, 988 o Müller, 988 u Evrard, 1005, 1033 o Van Philips, 1036 Heaton, 1039 o Van Philips, 1080 o Tackett, 1108-1109 o Osborne, 1108-1109 u Osborne, 1110 Osborne, 1110-1111 o Osborne, 1111 l Everard, 1111 r Osborne, 1113 o Lawson, 1179 ul Wassmann, 1182-1183 u Krugler, 1269 ol Aebi, 1312-1313 o Nakayama, 1312-1313 u Wassmann, 1316-1317 u Krugler, 1317 u, 1320-1321 o, 1320-1321 u, 1362, 1396-1397 Evrard, 1400 o Kessler, 1400-1401 u, 1402-1403 o, 1403 o Tory, 1404-1405 o Heaton, 1406-1407 u Evrard, 1450-1451 u Heaton, 1452-1453 u Nowitz, 1460 Muller, 1462-1463 o Muller, 1462-1463 u Muller, 1511 u Kernberger, 1513 Mr Wassmann, 1538-1539 o Erdos, 1542-1543 u Lundberg, 1564-1565 Dugast; **Archiv für Kunst und Geschichte:** 355 or; **Ardea:** 887 Bomford, 1344-1345 o Haagner, 1344-1345 u Steyn, 1345 o Haagner; **Associated Press GmbH:** 342 ul Kaestner, 776 ul Proepper, 788 l, 1170 o Kaestner, 1265, 1535 o; **Australian Overseas Information Service:** 136 o, 136 ul, 136 ur, 137 o; **B & U International Pictures:** 36, 141 M Kuipers, 146-147 LK, 148 o, 208, 240 r, 416-417 o Pemberton, 420-421 u, 424 u HS, 440-441 Kuipers, 482-483, 650-651, 730-731 Magra, 736, 736-737 u, 737 o, 858-859, 915 l, 919, 922 u, 965 o, 968-969, 1071 u, 1074-1075 u, 1134-1135, 1167 u, 1178-1179, 1180-1181 o HL, 1211, 1222-1223 Kuipers, 1320 MRE, 1321 MRE, 1323, 1429 o, 1436, 1491 o; **Bavaria Bildagentur:** 339 or Schnürer, 367 o Leimer, 857 M Scholz, 1167 o Keute, 1201 o Hubert, 1208-1209 u Kanus, 1427 Kucera; **Bayer AG:** 349 or Halberstad; **Bertelsmann Lexikon Verlag:** 347 ol, 1465 o; **Bildarchiv Preußischer Kulturbesitz:** 351 o Friedrichsruh/Bismarck Museum, 345; **Isabel Birg:** 1000-1001 o; **Black Star/Colorific:** 118-119 u Emil Schulthess; **Bord Failte:** 644 Brian Lynch; **Bridgeman Art Library:** 496 ur Oscar and Peter Johnson Ltd., 690 M Galleria degli Uffizi, Florenz, 690 ul Santa Maria della Victoria Rom, 691 Vatican Museums & Galleries Rom; 1551 u Cadogan Gallery, 1552-1553 o American Museum/Bath; **Britain on View:** 490-491 Boyd, 492 Henson, 494-495 u; 502-503 u Hicks, 503 u, 505 ur Barry Hicks, 512, 512-513 o, 512-513 u, 515 ul, 515 ur, 520 ur Hicks; **British Film Institute:** 1428-1429 o; **Bundesarchiv:** 351 M; **Camera Press:** 515 o; **Canada House Film and Video Library:** 778 ur; **Canadian High Commission:** 778 o R. Vroom, 778 ul; **Caro Fotoagentur GmbH/Bastian:** 1170 u, 1170-1171 o, 1170-1171 u, 1171, 1264 u, 1266 l, 1539 u; **Channel Tunnel Group Ltd.:** 496 o; **Christoph & Friends:** 271 ur Lansner, 271 or Sasse, 334-335 u Tack, 719 or Tack, 724-725 o Moore, 754-755 o Cristofori, 862-863 o Sasse, 862 M, 862 u Sasse, 863 u Sasse, 1059 r Sasse, 1060-1061 o Eisermann, 1061 u Stark, 1066-1067 o Vollmer, 1200 Tack, 1361 u Sasse, 1539 o Tack, 1541 u Müller, Gebr. Claas: 346 ul; **Cleveland Museum of Art:** 636-637; **CNES:** 390; **Bruce Coleman:** 1294-1295 o Kronawetter; **Colorsport:** 508-509 (5 Bilder), 45, 103, 213 u Taillade, 214-215 Giuliano Colliva, 216-217 u J. L. Taillade, 426-427 o Billon, 718-719 o ASL, 968 De Nombel Sipa Sport, 1012-1013, 1015 u, 1275 Tavernier, 1544-1545 o Sutton; **Corbis UK Ltd.:** 483 u Widstrand, 796-797 Conway, 1200-1201 o Conger, 1523 o Gulin; **Corbis-Bettmann:** 414 M UPI, 428 u Reuters, 499 o UPI, 499 ul Reuters, 728-729 o, 728-729 u AFP, 842-843 u AFP, 1290 Reuters, 1422 Reuters, 1465 u, 1543 or UPI, 1566-1567 M UPI, 1566-1567 u UPI, 1567 u UPI; **DaimlerChrysler Communications:** 1529 u; **Das Photo:** 365 u, 441 u, 621 Simson, 778-779 o, 944-945 u, 1371 Simson, 1374-1375 u Simson, 1376-1377 u Simson, 1441 Simson, 1548; **DIZ München GmbH:** 1129 ol; **Docklands Development Corporation:** 513; **dpa:** 45 u Jansen, 121 u Backhaus, 121 u,177 u Mossay, 237 o, 241 u Ehlers, 303 o, 330-331 o Roessler, 331 ur, 343 ur Link, 344-345 o Kalaene, 346-347 u Förster, 403 u, 459 u TASS, 498-499 o Stillwell, 499 ur, 510 u, 511 u Kendall, 514 u, 524, 525 u, 545 ru Hilgers, 628-629 o Sahib, 729 ol Tsuno, 774 o, 789 r Fishman, 830 European Press, 880-881 u Fellens, 931 ru Johnson, 939 Likovski, 966-967 TASS, 967 TASS, 978-979 o Fischer, 1164-1165 o Kalaene, 1166 Interpress, 1167 Mo Schulte, 1196-1197 o, 1197 DPA-TASS, 1201 M, 1256 ol Collsioo, 1257 u Ceneta, 1257 Mo Berg, 1264 o, 1291 u Kisbenedek, 1294-1295 u Camera Press, 1379 o Kragh, 1422-1423 o Thieme, 1425 u Ballon, 1455 Hackenberg, 1456, 1466-1467 o TASS, 1466-1467 u Weihs, 1473 u Fotoreport Audi, 1486 r Malyshev, 1524 M Merkel, 1535 u Jensen; **DR:** 209; **Egyptian Tourist Board:** 16 ur; **ET Archive:** 264-265 o Freer Gallery of Art, 706-707 o; **European Parliament:** 388-389 o; **Mary Evans Picture Library:** 113 o, 206 ol, 207 o, 952 ul, 1148 ul, 1234-1235, 1428 o, 1474-113 o; **Fiat:** 688-689 u; **Charles Foale:** 599 o, 793 u, 1000-1001 o, 1002-1003 o; **Focus:** 123 u Abbas-Magnum, 459 o Pinkhassov-Magnum, 791 u Karen Sherlock-Dupe Picture Group, 1379 u Ivleva; **Michael Fogden:** 1343; **Mecky Fögeling:** 54-55 u, 97, 100-101 o, 104-105 u, 108, 192, 992, 1194-1195, 1342-1343 u; **Werner Forman Archive:** 1055 o; **E. W. W. Fowler:** 1256 u; **Frank Spooner:** 21 Osborne/Mepha, 24 u Hutt/Mepha, 24-25 u Brown, 91 o Stücke, 92-93 u Salabier/Liaison, 92-93 u Sparrow, 93 o Chappel, 128-129 u Photonews, 442 Stücke, 443 Stücke, 444-883 u Stücke, 498-499 o Colton, 538 o Stücke, 540 Stücke, 543 Stücke, 612-613 u Stücke, 622-623 o Osborne, 623 u Osborne, 624-625 o Brown, 624-625 u Shehadeh, 625 o Osborne, 625 u Osborne, 627 Osborne, 629 o Osborne, 629 u Brown, 637 Hutt, 686-687 u Stücke, 687 o Stücke, 734-735 u Ryan, 737 u Ryan, 763 u Stücke, 786 Stücke, 786-787 Stücke, 795 l Brown/Mepha, 795 r Brown/Mepha, 852-853 u Stücke, 864-865 o Brown, 865 Osborne/Mepha, 873 u Mepha, 915 r Stücke, 1218 Stücke, 1218-1219 Stücke, 1221 Stücke, 1240-1241 u Ryan, 1284-1285 u Stücke, 1342 Stücke, 1350-1351 o Osborne/Mepha, 1351 Osborne/Mepha, 1372-1373 u Kester, 1374-1375 o Kester, 1382-1383 u Moyer, 1436-1437 u Brown, 1446-1447 u Stücke, 1453 Kester/Mepha, 1454 Brown,

1577 Brown, 1579 o Brown; **Wolfgang Freihen:** 906-907 o, 906-907 u, 907 o, 907 M, 907 u; **R. Friedrich:** 359 u; **Futile Press Archive:** 494 ul; **Galleria dell'Accademia Venedig:** 690-691 o; **Gamma Frank Spooner:** 5 Bouvet, 8-9 Stücke, 58-59 u Pighetti, 98-99 u Wollman, 107 Wollman, 108-109 Russell/Liaison, 136-137 Seitz, 164 Bartholomew/Liaison, 222 Tucci, 222-223 o Coyne, 222-223 u Tucci/Liaison, 244-245 o Adamini, 245 o Folco, 245 u Folco, 252 ur Xinhua, 252-253 Bouvet, 260, 294 Navaro, 298 ul Merment, 298 ur Merment, 299 Merment, 300 Merment, 300-301 u Merment, 380-381 o Rocos, 380-381 u Hoagland/Liaison, 381 Bigwood/Liaison, 382-383 o Bigwood, 383 u Kiernan, 393 o Lochon, 396-397 o Lochon, 439 M Nicolas Sainte Luce, 444 o Skinnet-Vernon/Fig. Mag, 447 o Sorgues, 454-455 o Francois/Figaro, 519 M Bradley, 538 M Francolon, 538 u Francolon, 538-539 o Revelon, 538-539 u Revelon, 541 Boudin, 558-559 Adams, 563 Issot-Sergent, 568 ur Adams/Liaison, 590-591 Arnal, 634 ul Vassal, 634 ur Radesslami, 660 ur, 666-667 o Binovic, 666-667 u Binovic, 698 u Kurita, 698-699 u Job, 703 Morimoto, 707 Kurita-Wada, 717 ol Edelhajt, 720-721 u Ambe, 779 r Greenpeace/Baptist, 782-783 Pondpresse, 819 Al Venter, 829 Jasmin, 841 Eigeland, 842-843 o Eigeland, 843 Eigeland, 869 Noel/Figaro, 875 M Hires, 957 u Dorates, 962-963 Bassignac, 963 Salber-Liaison, 972-973 Krachi, 999 Bartholomew/Liaison, 1062 Dubbelmann, 1107 Chip Hires, 1116 Bryant/Liaison, 1116-1117 u Bryant/Liaison, 1117 Bryant/Liaison, 1125 r Reis, 1126 Reis, 1131 o Noel/Figaro, 1131 u Aventurier, 1132-1133 u Eric Sander, 1142 Hyserbergh, 1142-1143 u Hyserbergh, 1176 ur Lochon, 1244-1245 o Lounes, 1245 o Lounes, 1305 Vioujard, 1330 Naythons/Liaison, 1330-1331 Wirtz/Liaison, 1331 l Naythons/Liaison, 1331 r Tucci/Liaison, 1337 Knost, 1338-1339 u De Keerle/UK Press, 1338 M Magubane/Liaison, 1338-1339 o Hobbs, 1339 u Bouvet, 1370 Chip Hires, 1383 u Duclos, 1433 Vioujard, 1482 o Gerard, 1482 ul Gerard, 1482 ur Gerard, 1482-1483 Gerard, 1483 Gerard, 1484-1485 Gerard, 1485 o Gerard, 1485 u Gerard, 1489 u Metois, 1490 l Francolon/Hires/Magnam, 1513 u Markel/Liaison, 1527 o Guis-Figaro-Magaz, 1536-1537 o Schartz, 1566 Demulber, 1568-1569 u Labbe; **Geoscience Features:** 1511 o Nicol, 1532-1533 o Macey, 114, 114-115 Higgs, 116-117 Higgs, 314-315 u Higgs, 315 Higgs; **Dr. H. Ginsburg:** 759, 1407; **Globe Photos:** 640-641; **E. Gormsen:** 950 M, 950-951 o, 950-951 u, 951 o, 951 u; **John Griffith:** 835 u, 1024, 1025 ol; **Susan Griggs:** 6-7 u Ives, 9 Englebert, 20-21 o Friend, 27 u Woolfitt, 32-33 Woolfitt, 35 Woolfitt, 36-37 u Englebert, 38-39 o Calder, 42 Munzig, 42-43 u Val dÕHerens, 44-45 u Woolfitt, 58-59 o Englebert, 59 o Englebert, 60-61 Eigeland, 84-85 o Spiegel, 84-85 M Strode, 86 u Benn, 86-87 o Strode, 88-89 u Woolfitt, 100-101 u Andrews, 101 Andrews, 102 Frerck, 104 Reflejo, 106 Reflejo, 126 Colton, 126-127 Bulmer, 128 o Bulmer, 128 M Englebert, 134-135 u Woldendorp, 138 u Scott, 139 u Austen, 144 Scott, 152-153 u Woldendorp, 153 u Woldendorp, 163 Gazdar, 165 Cohen, 166 Cohen, 167 Gazdar, 168 Cohen, 168-169 u Gazdar, 170 Reflejo, 171 Spiegel, 174-175 Friend, 176-177 Friend, 181 M Friend, 186 Englebert, 186-187 Englebert, 194-195 o Englebert, 195 o Englebert, 196 o Andrews, 196 u Englebert, 200 Cousins, 201 Cousins, 211 o Englebert, 216-217 o Reflejo, 226-227 u Woolfitt, 228-229 Woolfitt, 229 u Woolfitt, 234-235 Andrews, 238 Andrews, 238-239 o Andrews, 238-239 u Norwegian Archipelago E-pedition, 239 Cousins, 240-241 Englebert, 256 Andrews, 268 u Schadeberg, 280 o Evrard, 280-281 u MacGregor, 281 Eigeland, 283 MacGregor, 284-285 o MacGregor, 289 ur Nieman, 290-291 o Schadeberg, 312 o Woolfitt, 312 u Woolfitt, 314-313 u Scott, 322-323 Munzig, 324-325 u Munzig, 352 or Schadeberg, 355 Mr Woolfitt, 360-361 Woolfitt, 363 Rogers, 364-365 u Rogers, 368-369 Englebert, 370-371 Englebert, 373 M Andrews, 374 u Englebert, 374-375 o Englebert, 374-375 u Englebert, 376-377 o Shenaia, 379 Reflejo, 382-383 u Reflejo, 404 St. Maur Sheil, 405 u St. Maur Sheil, 413 r Englebert, 424 o Woolfitt, 428 Woolfitt, 430 Howarth, 430-431 o Englebert, 432 o Woolfitt, 432-433 o Woolfitt, 434 Woolfitt, 434-435 Woolfitt, 435 Allison, 438-439 o Woolfitt, 438-439 u Laird, 441 o Andrews, 442-443 Bulmer, 450-451 o Rowan, 451 Rowan, 457 r Laurance, 460-461 Englebert, 462-463 o Englebert, 463 St. Maur Sheil, 464-465 u Bulmer, 466 Allsopp, 466-467 Cotton Coulson, 476-477 Woolfitt, 478 St. Maur Sheil, 479 ul Beatty, 480 Beatty, 482 Beatty, 483 St. Maur Sheil, 484-485 o Woolfitt, 485 Beatty, 488-489 u Marmaras, 489 o Marmaras, 489 u Marmaras, 494-495 o Woolfitt, 500-501 o Woolfitt, 500-501 u Woolfitt, 503 ol Woolfitt, 503 or Woolfitt, 505 ul Woolfitt, 506-507 Woolfitt, 507 o Woolfitt, 507 Ml Stewart-Smith, 516 St. Maur Sheil, 517 o Nieman, 517 ul Woolfitt, 520 ul Jacot, 522 Benn, 522-523 o Frerck, 522-523 u Frerck, 525 ol Wheeler, 530-531 Reflejo, 534 o Frerck, 544-545 u Bulmer, 545 Bulmer, 548-549 u Rowan, 276-277 u Woolfitt 274-275 u Woolfitt, 560 Reflejo, 560-561 o Reflejo, 575 Gazdar, 578-579 o Woolfitt, 581 o Woolfitt, 581 u Gazdar, 583 u Beatty, 584-585 o Gazdar, 588 Beatty, 588-589 Gazdar, 589 Beatty, 591 Gazdar, 598 Schadeberg, 599 u Schadeberg, 601 o Holmes, 601 u Frerck, 606-607 o Lloyd, 609 Englebert, 610 Woldendorp, 614 u Englebert, 638-639 Howarth, 641 M Woolfitt, 641 u Howarth, 642-643 Woolfitt, 646-647 o St. Maur Sheil, 648 Woolfitt, 648-649 o Woolfitt, 653 r Munzig, 654-655 Munzig, 662-663 u Benn, 663 Benn, 667 Spiegel/Rapho Guillumette, 672-673 o Venturi/KEA, 672-673 u Spiegel, 674-675 u Woolfitt, 677 Lawrence, 680 Heseltine, 682 o Woolfitt, 682 u Bassewitz, 682-683 Ross, 683 o Woolfitt, 685 ul Woolfitt, 685 ur Bulmer, 688 ol Heseltine, 692 Heseltine, 692-693 u Woolfitt, 696-697 u Marmaras, 708-709 u Evrard, 713 o Resource Foto, 717 or Laurance, 719 o Bulmer, 734-735 o Friend, 741 o Hardy, 741 u Woolfitt, 742-743 o Woolfitt, 752-753 Schadeberg, 756 Schadeberg, 756-757 o Bulmer, 758 Bulmer, 758-759 Bulmer, 762 Englebert, 764 o Englebert, 778-779 u Holmes, 785 Spiegel, 793 o Schadeberg, 800-801 u Englebert, 802-803 Friend, 808-809 Woolfitt, 812-813 Dickerson, 813 ul Englebert, 814 o Englebert, 814 u Englebert, 815 Englebert, 817 o Woolfitt, 824-825 Beatty, 838 Bulmer, 855 o Cohen, 855 u Cohen, 864 Bulmer, 864-865 u Bulmer, 866-867 o Bulmer, 871 St. Maur Sheil, 872-873 o Friend, 872-873 u St. Maur Sheil, 873 u St. Maur Sheil, 875 o Woolfitt, 894 u Evrard, 895 Evrard, 896 Harvey, 897 u Evrard, 898-899 u Harvey, 900 Devlin, 900-901 o Englebert, 900-901 u Evrard, 901 u Lloyd, 903 Schadeberg, 904-905 Woolfitt, 910-911 o Munzig, 911 Munzig, 912-913 u Munzig, 914 Woolfitt, 921 o Englebert, 921 ul Englebert, 922-923 o Eigeland, 924-925 o Woolfitt, 924-925 u Clader, 926 Woolfitt, 926-927 o Schadeberg, 926-927 u Schadeberg, 944 u Eigeland, 955 ur Dickerson, 956 Munzig, 957 o Muller, 992-993 Cousins, 1010 Woolfitt, 1010-1011 M Woolfitt, 1012 o Woolfitt, 1012 u Woolfitt, 1015 o Woolfitt, 1016-1017 o Warman, 1016-1017 u Lloyd, 1018 Muller, 1018-1019 o Muller, 1018-1019 u Muller, 1032 Woolfitt, 1032-1033 o Woolfitt, 1035 ol Eigeland, 1037 or Woolfitt, 1038-1039 u Woolfitt, 1043 Englebert, 1045 o Englebert, 1052-1053 o Watriss, 1069 Eigeland, 1070-1071 u Eigeland, 1070-1237 Azzi, 1072 Kegan, 1076-1077 Hafit, 1077 Azzi, 1080-1081 o Howarth, 1088 Woolfitt, 1089 u Woolfitt, 1091 ul Woolfitt, 1112-1113 o Schadeberg, 1115 Gazdar, 1120 Woolfitt, 1120-1121 o Woolfitt, 1121 o Woolfitt, 1121 u Frerck, 1123 Frerck, 1131 M Bulmer, 1132-1133 o Cousins, 1133 l Reflejo, 1136-1137 Englebert, 1138-1139 u Frerck, 1140 o Englebert, 1140 u Andrews, 1140-1141 Englebert, 1142-1143 u Frerck, 1152 o Spiegel, 1152 M Spiegel, 1152-1153 o Evrard, 1154-1155 o Evrard, 1155 Evrard, 1156 u Best, 1159 u Spiegel, 1172 Frerck, 1172-1173 Frerck, 1175 Friend, 1176-1093 Woolfitt, 1178 Reflejo, 1179 o Yeomans, 1181 o Frerck, 1181 u Eigeland/Blackstar, 1182 Frerck, 1183 Howarth, 1189 Woolfitt, 1190 o Woolfitt, 1190-1191 u Woolfitt, 1191 Woolfitt, 1192-1193 u Woolfitt, 1193 o Woolfitt, 1193 u Friend, 1206-1207 u Wheeler, 1212-1213 o Munzig, 1214 o Englebert, 1214 u Osborne, 1216-1217 Englebert, 1217 u Clader, 1223 Bradshaw, 1227 Bernheim, 1228 o Bernheim, 1228 u Bernheim, 1240-1241 o Howarth, 1241 u Eigeland, 1242-1243 u Azzi, 1262-1263 Munzig, 1267 u Jacot, 1268-1269 Jacot, 1269 u Munzig, 1271 u Munzig, 1274 Bulmer, 1280-1281 Murphy, 1282 ul Murphy, 1282 ur Murphy, 1287 o Eigeland, 1302-1303 Woolfitt, 1306-1307 o Woolfitt, 1306-1307 u Frerck, 1308-1309 o Frerck, 1310-1311 u Frerck, 1313 Woolfitt, 1315 ur Eigeland, 1316-1317 o Cousins, 1317 o Frerck, 1322-1323 u Frerck, 1324-1325 Beatty, 1327 Everard, 1328-1329 o Woolfitt, 1328-1329 u Friend, 1329 o Beatty, 1329 u Woolfitt, 1354-1355 Evrard, 1358-1359 u Evrard, 1359 o Benn, 1359 u Evrard, 1360 o Evrard, 1360 u Benn, 1362-1363 Evrard, 1364 Woolfitt, 1364-1365 Woolfitt, 1368-1369 Woolfitt, 1372-1373 o Scarfiotti, 1373 Scarfiotti, 1385 o Evrard, 1385 u Evrard, 1394-1395 Scott, 1398 Chusak, 1399 Evrard, 1404 u Polunin, 1404-1405 u Schadeberg, 1414 Woolfitt, 1414-1415 Woolfitt,

1415 Woolfitt, 1416-1417 Watriss, 1418-1419 o Watriss, 1418-1419 u Watriss, 1434-1435 u Bulmer, 1436-1437 o Bulmer, 1444-1445 Woolfitt, 1448-1449 o Bulmer, 1463 ol St. Maur Sheil, 1463 or St. Maur Sheil, 1472 o Munzig, 1477 Woolfitt, 1479 o Woolfitt, 1479 u Munzig, 1488 Muller, 1490 r Woolfitt, 1491 u Spiegel, 1498-1499 Englebert, 1499 o Bulmer, 1506-1507 Woolfitt, 1510-1511 Woolfitt, 1515 M Benn, 1516-1517 Benn, 1518 o Benn, 1518 u Woolfitt, 1519 Reflejo, 1520 o Rowan, 1520-1521 o Reflejo, 1522-1523 u Di-, 1523 u RowanÖs Coll., 1524 o Di-, 1524-1525 Hirsch, 1527-1527 u Rogers, 1528 Woolfitt, 1528-1529 o Seitz, 1528-1529 u Laird, 1530-1531 o Woolfitt, 1530-1531 u Spiegel, 1531 o Eagen, 1533 o Woolfitt, 1539 M Woolfitt, 1541 o Marmaras, 1546-1547 o Seitz, 1547 o Woolfitt, 1569 o Schadeberg, 1574 o Englebert, 1575 o Englebert, 1575 u Englebert; **Albano Guatti:** 24-25 u; **W. E. Gudemann:** 436-437 u; **Gulbenkian Collection Durham:** 264; **Sabine Günther:** 154-155 o; **Kulturgeschichtliches Bildarchiv Hansmann:** 646 Mr; **Robert Harding Library:** 465 u Tom Smith; **Heeresgeschichtliches Museum Wien:** 1086-1087 o; **Kai Horstmann:** 342 o; **Huber Bildarchiv:** 1169 u Mehlig, 1517 or; **Hulton Getty Picture Library:** 389 o, 350 ur, 352 ul, 496-497 o, 1086 ol, 1086 ul, 1086 ur; **Robert Hunt Library:** 250 ur, 252 ul, 328-329 u, 415 u, 568-569, 646-647 u, 746 u, 1148-1149 o, 1204 ol, 1205 M, 1205 u, 1257 o, 1304 or, 1384, 1476-1477; **Hutchison Library:** 6 Disappearing World, 6-7 u, 10 Singer, 10-11 u Hatt, 14-15, 17 ul Friend, 18 u, 24 o Taylor, 24 M Errington, 27 o, 27 M Francis, 36-37 o Errington, 37 o, 37 u, 38-39 u, 48 u Puttkamer, 48-49 Parker, 49 M Puttkamer, 51 o Puttkamer/Camerapi-, 51, 52 o Puttkamer, 52-53 o Puttkamer, 52-53 u Puttkamer, 54-55 o Pern, 62-63, 64, 64-65 o, 64-65 u, 65 o, 65 M, 86 o Wollmuth, 88 u Wollmuth, 94-95 Pern, 102-103 u Durrell McKenna, 109 o Pern, 109 u Pern, 113 Mr, 139 o Job, 145 Pemberton, 164-165 o Angants, 166-167 o, 166-167 u Errington, 168-169 o Errington, 181 o, 188 Errington, 188-189 Errington, 189 Errington, 190-191 Moser, 194-195 u Moser, 206 ul, 207 u MacIntyre, 208-209 o, 208-209 u Puttkamer, 211 M House, 211 u McIntyre, 214 o, 218-219 u Puttkamer, 219 o Smith, 219 M Freire, 220 Smith, 221 Errington, 231 Johnson, 233 ol, 233 or, 233 u Smith, 241 o Moser, 242 Moser, 242-243 Goycolea, 254-255 u Errington, 255 Brinicombe, 256-257 u Dodwell, 259, 266-267 o, 266-267 u MacIntyre, 267 o, 268 o Friend, 268-269 Errington, 270-271 o Friend, 270-271 u, 272 o Greene, 274-275 o, 275, 276-277 o, 278 u, 280 u Taylor, 286-287 Lloyd, 288, 292-293 u. Greene, 293 u Greene, 294-295 Collomb, 295 o, 295 M Friend, 295 u Friend, 360 Regent, 364-365 u Regent, 365 o Regent, 383 o, 394 Harvey, 397 o Harvey, 397 u MacIntyre, 405 u Gerard, 406 Regent, 406-407, 407 o, 407 u Regent, 413 l Horner, 417 o Motion, 420 Regent, 422-423, 431, 444 u, 444-883 o Regent, 446-447 o MacIntyre, 450-451 u Regent, 452 Regent, 454 o Regent, 454-455 u, 455 Regent, 457 l, 462 Tully, 462-463 u Tully, 465 o, 467 Page, 472 Collomb, 475 Regent, 481 o Regent, 484 Egan, 496-1503 u, 501 M Taylor, 501 u Taylor, 517 ur Gerard, 532 u, 534-535 o Fuller, 546 Hatt, 548 u Errington, 548-549 u Errington, 549 Errington, 552-553 u Errington, 555 o Errington, 570 Pemberton, 570-571 u Singer, 571 o Harvey, 571 u Saunders, 572-573 u Freire, 573 u MacIntyre, 574 r, 577 o Pate, 584 Pern, 592-593 u Smith, 602-603 Francis, 606 M Lloyd, 607 o McIntyre, 610-611 o Francis, 614-615 o MacIntyre, 614-615 u Fuller, 620-621 Southwell, 623 Southwell, 626-627 o BM, 626-627 u Aberman, 634-635, 638 r Constable, 653 l Francis, 654 o Francis, 659 Regent, 662 Durrell McKenna, 664-665 u, 681 o Egan, 684-685 u, 688-689 o Parker, 698-699 o Beddow, 699 u Hatt, 704 Fuller, 709 MacIntyre, 710-711 u MacIntyre, 746-747 Highet-Briman, 762-763 Regent, 763 u Wilkinson, 764 u, 764-1574 Regent, 780-781 o Regent, 792-793 Pemberton, 800-801 o Beddow, 803 u Taylor, 813 o Moser, 813 ur, 814-815 o Moser, 820-821 MacIntyre, 822 Hill, 822-823 o, 823 u Hill, 824, 835 o Moser, 836 Green, 836-837 o Moser, 836-837 u Moser, 839 Pemberton, 850-851 u Giudicelli, 851 u Moser, 852, 870-871 o Regent, 870-871 u, 882-883 Beddows, 883 Regent, 884 Beddows, 884-885 o Beddows, 884-885 u Beddows, 885 o Dodwell, 885 u Beddow, 886-887 Beddow, 887 Errington, 889 Moser, 894 o James, 896-897 o Lloyd, 897 o Hatt, 901 o Eames, 901 M, 909 Csaky, 910 Beddow, 910-911 u, 912-913 o Csaky, 913 u Haslam, 913 u Regent, 916-917 Durrell, 921 ur Brinicombe, 922-923 u Tordai, 925 u Hatt, 928, 928-929 o, 928-929 u,

932-933 Regent, 934 Wright, 934-935 o, 934-935 u Errington, 935 Errington, 944 o Taylor, 944-945 o Taylor, 945 Taylor, 948 Taylor, 960-961 o, 961 M MacIntyre, 970-971 Moser/Granada TVB, 974 Moser, 974-975 u Moser, 975, 976 Moser, 976-977 o Moser, 976-977 u, 977 Moser, 986-987 u, 987 Giles, 988-989 o, 990, 990-991 o MacIntyre, 990-991 u MacIntyre, 991 o, 991 u Taylor, 1001 Friend, 1002 Klatchko, 1003 o Horner, 1003 u Csaky, 1004-1005 u, 1010-1011 u Hall, 1022, 1022-1023, 1023, 1025 or, 1044 Brinicombe, 1044-1045 Brinicombc, 1045 u, 1046-1047, 1050 o, 1050-1051 o Tully, 1052, 1053, 1054 ol, 1054 or, 1055 u, 1056 Tordai, 1080 M Pern, 1108 Fleming, 1112-1113 u, 1113 u Singer, 1116-1117 o, 1120-1121 u Fuller, 1125 l MacIntyre, 1126-1127 o MacIntyre, 1126-1127 M MacIntyre, 1126-1127 u Nairn/Disappearing World, 1133 r Friend, 1138-1139 o Dörig, 1148 ur MacIntyre, 1153 MacIntyre, 1156-1157 o Harvey, 1158 Harvey, 1158-1159 u MacIntyre, 1179 ur Redditt, 1186-1187 Gerard, 1187, 1202-1203 u Brinicombe, 1206 Woodhead, 1207 Juleva, 1208 Francis, 1212 Errington, 1212-1213 u, 1213, 1214-1215, 1217 o, 1224-1225 Woodhead, 1225 o MacIntyre, 1225 u MacIntyre, 1226-1227, 1230 MacIntyre, 1231 o, 1231 u MacIntyre, 1235, 1241 o Gerard, 1242 Lister, 1244-1245 u, 1245 u, 1274-1275 o Regent, 1278 Clilverd, 1278-1279 Tully, 1282-1283 o Johnson, 1282-1283 u Aberman, 1284 Stücke, 1284-1285 o, 1288 u Lloyd, 1288-1289 u Lloyd, 1297 o Beddow, 1297 u, 1308-1309 u Downman, 1309 Goycolea, 1314, 1340 Aberman, 1340-1341 u Stücke, 1341, 1342-1343 o Lloyd, 1345 u Harvey, 1348-1349 Gezira, 1350, 1350-1351 u, 1352-1353 Errington, 1353 l Ryle, 1353 M Singer, 1353 r Errington, 1358, 1358-1359 o Reditt, 1360-1361 o MacIntyre, 1375 Smith, 1377 o Smith, 1383 o Lloyd, 1391 ur Beddow, 1392 o, 1398-1399 u Errington, 1400-1401 o Eames, 1403 M Lloyd, 1403 u MacIntyre, 1404 o Taylor, 1411 MacIntyre, 1412 o, 1412-1413 u MacIntyre, 1413 r MacIntyre, 1419 o Johnson, 1419 u, 1434-1435 o Regent, 1452-1453 o Beddow, 1463 u Brinicombe, 1496-1497 o, 1502-1503 o, 1503, 1512-1513 o Downman, 1522-1523 o Regent, 1527 M Francis, 1530 o, 1533 u Downman, 1537 o Woodhead, 1540-1541 o Allen, 1542 Taylor, 1544-1545 u Egan, 1549 o Downman, 1552 or Egan, 1558-1559 o Fuller, 1558 M Fuller, 1559 o, 1559 M MacIntyre, 1560 o MacIntyre, 1560-1561 u MacIntyre, 1566-1567 o, 1569 u; **IFA:** 178 l Kohlhas, 326-327 o Graf, 338-339 o Lecom, 385 o Aberham, 385 ur Aberham, 576 u Haigh, 751 Everts, 898-899 o, 965 u Rübcke, 1095 o Comnet, 1292 u Fiedler, 1293 u Datafoto, 1572 Afi; **Interfoto:** 776 uM; **Isle of Man Tourism:** 521; **Jürgens Ost u. Europa Photo:** 115 ol, 224-225, 226-227 o, 227, 228 o, 323 ur, 336, 338-339 u, 339 u, 340-341 o, 341, 348-349 u, 352-353, 354-355, 357 o, 357 ul, 386-387 o, 790, 790-791, 804-805, 857 u, 1099 r, 1163, 1164-1165 o, 1165, 1168-1169 o, 1168-1169 u, 1190 u, 1192, 1192-1193 o, 1196 ol, 1204 ul, 1204-1205 o, 1206-1207 o, 1428 u, 1428-1429 u, 1467 o, 1472-1473 o, 1474 o, 1474 u, 1479 M, 1487 o, 1572-1573, 1573 ur; **Kalmar County Museum:** 1099 l Einarsson; **Joachim Kinkelin:** 1295 Schneiders; **Klammet:** 748 o, 748 u, 938-939; **B. Klingwall:** 124-125; **Kobal Collection:** 1429 M; **Helga Lade:** 328-329 o Joke, 332 ur, 342-343 u, 427 or , 938 Postl, 1457, 1521 u; **Laenderpress:** 334-335 o Voigt, 726-727 u Vogel, 1096-1097 u GP,1534-1535 u; **Library of Congress:** 1552 ol, 1552 ul; **Löbl-Schreyer:** 938-939; **Mansell Collection:** 9 u, 98 o, 250 ol, 252 ol, 350 o, 350 ul, 412 ol, 412 ul, 412 ur, 414 ol, 414 ul, 414-415 o, 474 ol, 474 ul, 476, 494 o, 494 ur, 496 M, 496-497 o, 568 o, 594, 646 o, 646 ul, 646 ur, 674 ol, 674 ul, 674 ur, 676 ol, 676 ul, 676 ur, 706 ol, 706 ul, 776 o, 807 o, 952 ol, 1086-1087 u, 1101, 1148 ol, 1164 ol, 1164 ul, 1176 ol, 1176 ul, 1202 ol, 1202 ul, 1202 ur, 1202-1203 o, 1302 ol, 1302 ul, 1302 ur, 1304 ol, 1304 ul, 1336 ol, 1336 ul, 1336 ur, 1336-1337 o, 1336-1337 u, 1442, 1476 o, 1476 ul, 1550 o, 1550 ul, 1550 ur, 1550-1551 o; **Mauritius:** 18-19 o AGE, 104-105 o Kord,1 59 o TWP, 179 or Troisfontaines, 180-181 u AGE, 180 o Noble, 228 u Witzgall, 321 or Rossenbach, 340-342 u Rossenbach, 346-347 u Woitschikowski, 395 u Vidler, 426-427 o Vidler, 436-437 o Schmied, 437 Pokorski, 453 ro Torino, 585 or Schmied, 714-715 u AGE, 723 o Vidler, 723 ul Keyphotos International, 756-757 u Beck, 811 or AGE, 818-819 o Ricatto, 832-833 M AGE, 838-839 o AGE, 860-861 o Torino, 864-865 u World Pictures, 1050 u Halin, 1068-1069 u Mayen, 1090-1091 u, 1098 o Curtis, 1219 or Pearce, 1260-1261 Kord, 1293 ol Kosek, 1409 o Schwarz, 1424-1425 u Hubatka, 1425 o Kramarz, 1567 M Vidler; **Metropolitan**

Museum of Art New York: 1304-1305, 634 o; **Prof. Dr. Franz-Dieter Miotke:** 652, 72 o, 74, 74-75, 75 o, 75 u, 76, 76-77, 78-79 u, 79 o; **Mitchell Beazley:** 16 ul; **Robin Morrison:** 140-141 u, 1009, 1013 o; **Werner H. Müller:** 349 u; **NASA:** 1526 ul, 1553 u; **National Gallery of Art Washington:** 636; **Neil Beer:** 729 o; **Nestlé SA:** 1266-1267 u; **Werner Neumeister:** 1292 o; **Northern Ireland Tourist Board:** 518-519, 519 o; **Antonin Novy:** 1293 or, 1424-1425 o; **Nowosti:** 966; **O'Gorman:** 507 u Nigel; **Okapia:** 1100 Faulkner; **Paul C. Pet:** 16 o, 16-17, 17 ur, 18 o, 22 l, 26-27, 84, 117 o, 118-119 o, 176, 178-179 o, 183 ul, 310-311 o, 310-311 u, 311 o, 311 M, 311 u, 428-429 o, 429 u, 433, 472-473 o, 479 ur, 480-481, 486, 486-487, 532 o, 532-533 o, 533, 534 u, 534-535 u, 568 ul, 574-575, 577 u, 578-579 u, 582-583, 583 o, 586, 586-587, 587, 594-595 o, 608-609 o, 608-609 u, 610-611 u, 654 u, 668-669, 676-677, 678-679 u, 692-693 u, 706-707 u, 712 o, 712 u, 714-715 o, 716-717 u, 726 o, 732-733, 735, 736-737 o, 927, 946-947 u, 948-949 u, 953, 1030 ur, 1034, 1034-1035, 1039 u, 1040, 1040-1041 o, 1041, 1057, 1064-1065, 1066, 1068-1069 o, 1070-1071 o, 1072-1073, 1073 l, 1073 r, 1180-1181 u, 1184-1185, 1242-1243 o, 1246-1247, 1249, 1250 o, 1250-1251, 1251 o, 1252, 1252-1253 o, 1253, 1318, 1319, 1392-1393 o, 1400 u, 1405, 1406, 1434, 1578-1579 o, 1578-1579 u; **Philips BV:** 1035 o; **Photo Press Bildagentur GmbH:** 179 ur, 263 or Köck, 846-847 JBE, 1472-1473 u; **Picture Press Hamburg:** 831 Moldvay; **Planet Earth Pictures:** 142 o Roessler, 143 o Roessler, 143 u Kerstitch, 961 o Voigtmann, 807 u Atkinson; **Popperfoto:** 98 ul Magnum, 98 ur, 98-99 o International News Photos, 113 Ml, 353, 474 ur, 746 ol, 746 ur, 952 ur, 1256 or, 1256 Mr, 1476 ur; **Public Address Presseagentur:** 1204 ur; **Rex Features:** 68-69 o, 82-83 Friedel, 91 u Boccon/Sipa, 184-185 Montgomery, 185 Montgomery, 253 Sipahioglu/Sipa, 282 Rasmussen/Sipa, 285 u Rasmussen/Sipa, 289 u Sipa, 393 u, 396 Zuber, 415 M Segnetao, 447 u Witt/Sipa, 506, 528 u Drinkwater, 529 Drinkwater, 561 Fisher, 562-563 o Fisher, 562-563 u Haesler/Sipa, 686, 688 or Matteini/Sipa, 706 ur Tracy, 716-717 M Nomachi, 721 o Simmons/Sipa, 721 u, 886 Reardon, 886-887 o Aarhus/Sipa, 886-887 u Reardon, 898 u Pougeoise/Sipa, 996 Friedel, 996-997 Frilet/Sipa, 997 Frilet, 1004, 1004-1005 o, 1010-1011 o, 1014 M, 1014-1015 o, 1060 Frilet/Sipa, 1118-1119, 1154 Frilet/Sipa, 1176-1177 Ginies/Sipa, 1307 u Boccon/Sipa, 1392-1393 u, 1542-1543 o Vizo, 1548-1549 o Jorgensen, 1552 ur, 1578 o Gasson; **Rijksmuseum Amsterdam:** 1032-1033 u; **Royal Netherlands Embassy:** 1030 ul Scheermeijr; **Science Photo Library:** 22 r NASA, 46-47 Read, 52 u Earth Survival Angliatellite Corp., 77 Laboratory for Atmospheres/NASA Goddard Space Center, 994-995 NASA; **Short Brothers plc:** 519 u; **Silvestris:** 308 ur Lochstampfer, 327 u r Janicek, 332 Stadler, 408-409 Stadler, 680-681 o Stadler, 1068 Diemer, 1096 u Geiersperger, 1190-1191 o TH Foto-Werbung, 1426-1427 o Janicek, 1470-1471 Stadler; **Sipa Press:** 120-121 u Arminch, 122-123 u Yildirium, 122 l Hernandez, 149 l Frilet, 182 Nordfoto, 199 r, 199 l Damir, 206 ur Colorsport, 316-317 Adenis, 340 Ml Moatti, 342-343 o Adenis, 348-349 o, 385 ul Papstein, 386 Novosti, 749 u Boulat, 791 u Nowosti, 805 u Igor, 876 Laski, 910 u, 1201 u Boutin, 1264-1265 Sichov, 1360-1361 u Young-Ho, 1454-1455, 1457 ur Nowosti, 1529 u Schneider, 1573 ul Malanca; **South American Pictures:** 298-299 o Riley, 300-301 o Riley, 947 Morrison, 1024-1025 Willis; **Spectrum Colour Library:** 29, 30-31 o, 30-31 u, 178-179 u, 358-359 Bavaria, 394-395, 396-397 u Heaton, 397 M, 432-433 u, 672, 710-711 o, 711 o, 715 u, 717 u Ball, 724 u, 1184 o Richardson, 1232-1233, 1233, 1306, 1314-1315, 1412 u, 1413 l, 1560-1561 u, 1560 u, 1579 u Thompson; **Andi Spicer:** 1496; **Georg Stiller:** 1029 r; **Studio X:** 510-511 Gamma/Halary; **Survival Anglia:** 40 Kogler, 48 o Gordon, 49 o Morrison, 66-67 Price, 68-69 u Burton & Annie Price, 69 u Price, 70-71 Price, 71 r Price, 72 u Price, 72-73 Price, 73 o Mickleburgh, 79 u Price, 106-107 o Morrison, 106-107 u Morrison, 140-141 o Bartlett, 141 u Bartlett, 210-211 o Morrison, 110-111 Bennett 117 u Bennett, 376 o Root, 376 M Plage, 528-529 o Price, 528-529 u Burton & Annie Price, 544-545 o Gordon, 551 Gruisen, 556-557 u Plage, 557 Plage, 592-593 u Grant, 593 l Plage, 593 r Plage, 612-613 o Westwood, 613 u Plage, 816 Morrison, 816-817 Morrison, 817 o Morrison, 823 u Davidson, 825 Lyon, 902-903 Plage, 995 Borland, 1011 Price, 1016 Price, 1074 Lentfer, 1080-1081 u Huggins, 1228-1229 Campbell, 1386-1387 Davidson, 1392 u Root, 1393 Purdy, 1570 Plage; **Sven Simon:** 459 ru; **Swatch/Louis Newmark plc:** 1267 o; **Swiss National Tourist Office:** 1271 o Giegel; **Swissair Photo Vermessungen AG:** 42-43 o; **The Image Bank:** 39 Isy-Schwartz, 43 Cralle, 56-57 u Weckler, 104-105 o Hallinan/Stockphotos, 135 o Henrie, 135 u Rossi, 138 o Satterwhite, 138-139 o Rossi, 146 o Turner, 146-147 u Turner, 194 o Wheater, 206-207 Wodder, 212 Anders/C&J Images, 212-213 Jorge, 213 o Barbosa, 216 Barbosa, 220-221 u Isy-Schwart, 220-221 u Frey, 246-247 Klumpp, 256-257 o Sund, 263 u Rossi, 267 u Janeart Ltd., 269 Klumpp, 272 ul Sund, 272-273 Bryson, 276 Bryson, 278 o Zalon, 278-279 u Slaughter, 290 Nevada Wier, 296-297 Carmichael Jr., 304 Nicholson, 304-305 o Rentmeester, 304-305 u Nicholson, 305 M Rentmeester, 421 Stage, 426-427 u Newman, 427 ul Molyneux, 448 Rossi, 450 Mangold, 516-517 Wood/Stockphotos, 517 uM Bowater, 525 or Gordon, 547 Wheater, 548 o Freis, 559 o Madere, 570-571 o Dennis, 584-585 u Froomer, 606 u Rossi, 608 Gordon, 614 o King, 616-617 Roiter, 630-631 Coyne Productions, 638 l Coyne, 662-663 o Newman, 666 Block, 681 u Schmitt, 683 u Santi Visalli, 684-685 o Dennis, 687 u Bullaty, 688 u Wolf, 693 Gladstone, 696 Hamilton, 697 Nicholson, 698 o Carmichael Jr., 738-739 Champlong, 742 Chernush, 771 M Cralle, 771 u Roberge, 777 Rossi, 781 o Di Giacomo, 781 M DC Productions, 781 u Faint, 783 Rossi, 784 Romanelli, 792 Newman, 870 Bryson, 881 o Doherty/Stockphotos, 890-891 Chan, 892-893 Bowater, 894-895 Wheater, 898 o Salas, 920-921 o Klumpp, 925 o Kelly, 937 o Berwin, 940-941 Hiser, 946 Schmitt, 948-949 u Froomer, 954-955 o Satterwhite, 955 M Froomer, 956-957 o Gori, 958-959 Valladares, 961 u Hiser, 1040-1041 u Weckler, 1079 Berwin, 1091 ur Stage, 1127 Coyne, 1139 M Moore, 1150 Madison, 1150-1151 Ioos Jr., 1150-1151 u Friedel, 1152-1153 u Schmitt, 1154-1155 u Madison, 1156 u Zilly, 1156-1157 u Madison, 1158-1159 o Sund, 1159 u Ioos Jr., 1229 Obremski, 1238 Stage, 1269 or Kuh, 1273 Dennis, 1274-1275 o Lozouet, 1276 Friede/G & J Images, 1286-447 u Gordon, 1287 u St. Gil, 1288 o Banagan, 1288-1289 o Bowater, 1289 Chua, 1315 ul Castaneda, 1340-1341 o Hughes, 1346-1347 Wheater, 1363 Rokeach, 1367 u Slaughter, 1376 Lucas, 1380-1381 Hunter, 1382-1383 o Weckler, 1388-1389 Lomeo, 1390 Lomeo, 1391 ul Lomeo, 1398-1399 o Rossi, 1401 Rossi, 1402-1403 u Rossi, 1406-1407 o Stage, 1430-1431 Roiter, 1437 Mahaud, 1438-1439 Froomer, 1443 Stage, 1446-1447 o Steinmetz, 1448 Burkard, 1451 Froomer, 1489 o Gordon, 1513 or Miller, 1514-1515 o Sund, 1515 o Maenza, 1515 u Salas, 1517 ur Rossi, 1517 ul Whitney, 1521 or Boccaccio, 1526-1527 o Darazien, 1536-1537 M Hamilton, 1544 Block, 1545 Miller, 1548-1549 u Hunter, 1549 u Maenza, 1554 o Friedel, 1554 u Lucas, 1554-1555 o Valladares, 1555 Roiter, 1562-1563 Rossi, 1568-1569 o Rossi; **The Wiener Library:** 660 o, 660 ul, 660-661 Sharon & Massada Publishing; **Transglobe:** 120 o Koene, 123 o Johannes, 214 u, 395 or Richard Rowan's Collection, 600-601 o Starke, 750-751 Ziegler, 804 Koene, 805 u Werner, 837 ur Winter, 879 ol, 930 Trost, 1208-1209 o Layda, 1294 Janicek, 1383 r Simmons, 1468-1469 Janicek, 1481 Ehlers, 1492-1493; **Jörg Tröller:** 81 u; **United Nations:** 1256 Ml; **US Department of the Interior:** 71 l; **Mireille Vautier:** 56-57, 57, 58, 59, 196-197, 240, 242-243, 374, 375, 1138, 1139, 1141, 1141, 1494-1495, 1496-1497, 1499; **Hans Verkroost:** 41, 250-251, 262-263 o, 263 ol, 264-265 u, 265, 272 ur, 282-283 u, 284, 716, 1266-1267 o; **Victoria & Albert Museum, London:** 708-709 o Michael Holford; **Wiener Sängerknaben:** 1090; **Irena Windholz:** 1169 or; **Worldwide Photographic Travel Library:** 88 o James Davis; **ZEFA:** 8 Schlenker, 12-13, 19 Hutt/Mepha, 20 Damm, 20-21 u Pasieka, 30 Foto, 31 Foto, 69 o Rekos, 78-79 o Bennet/Allstock, 83 Stockmarket, 86-87 Brown, 88-89 o Müller-Seeberg, 89 Müller-Seeberg, 93 u, 102-103 o Goebel, 115 or, 115 u Scholz, 134-135 o, 142-143 APL, 144-145 o, 146-147 o Smith, 153 m Baglin, 154-155 u, 156 Damm, 172-173 Streichan, 182-183, 210-211 ur Halin, 218-219 o Embraer, 244-245 u Sirena, 254-255 o Thiele, 258-259 Scholz, 277 u Damm, 307 Saller, 312-313 o Zeidl, 314 Ferchland, 314-315 o Ferchland, 320 o Damm, 320 u Damm, 321 u Helbing, 323 o Schneiders, 323 ul Bahnsen, 324 o Goebel, 324 u Brieg, 324-325 o Thonig, 326-327 o Damm, 328 Kolhas, 330-331 u Rossenbach, 332 Adam, 335 Damm, 336-337 o Waldkirch, 336-337 u Rhise, 337 Damm, 344-345 u Lehnartz, 355 Ml Calais, 356-357 Hackenberg, 357 ur Shuji Kotoh, 359 o Thonig, 398-399 Kotoh, 401 Sirena, 404-405 o Kotoh, 404-405 u Mosler, 416-417 u, 418-419 o Kerth, 419 u Bordis, 432 u Oster, 448-

1623

449 Christian, 449 o, 449 u Christian, 464-465 o Scholz, 472-473 u Key Color, 474-475 Kerth, 487, 488-489 o Helbig, 502, 502-503 o, 526 Brown, 526-527 o, 526-527 u Brown, 528 o Goebel, 536-537, 550-551 Presho, 552-553 o Bitsch, 553 Presho, 555 M Presho, 556-557 o Sunak, 573 o Zittenzieher, 598-599 o Starfoto, 600 Thiele, 613 M Starfoto, 641 o Maroon, 652-653 o Behnke, 656-657, 664, 664-665 o, 674-675 o Braennhage, 675 Scholz, 678 Starfoto, 678-679 o Benser, 680-681 u Benser, 686-687 o Kerth, 694-695 Carp, 700-701 Orion Press, 704-705 o, 711 u, 712-713, 713 u, 716-717 o Stockmarket, 720-721 o Schmidt, 722-723 o Orion Press, 726-727 Orion Press/Kuroda, 727 u Orion-Press, 742-743 u, 747 Tosovic, 748-749 Boutin, 750 Rossenbach, 770, 780-781 u Hunter, 784-785 o Kümmels, 784-785 u Damm, 798-799 Damm, 801 Hoffman-Burchard, 826-827, 830-831 Eugen, 834-835 o Damm, 840-841 Croxford, 866-867 o Zahn, 874-875 Kerth, 884-885 Wentzel, 937 u Damm, 974-975 o Xinhua-News, 986-987 o, 989 u Schmied, 1014 u Starfoto, 1020-1021 Enrico, 1026-1027 Shuji Kotoh, 1036-1037 o Puck-Kornetzki, 1037 ol Schneiders, 1038-1039 o Streichan, 1050-1051 u, 1074-1075 u Gröndal, 1082-1083 Scholz, 1085 Damm, 1088-1089 Damm, 1090-1091 o Berssenbrugge, 1114-1115 o Raza, 1130-1131 Sunak, 1144-1145 Streichan, 1160-1161 Meier, 1182-1183 o Kerth, 1184 u Sunak, 1220, 1250 u Mohn, 1251 u Mosler, 1252-1253 u Schumacher, 1254-1255 o Teuffen, 1258-1259 Phillips, 1270-1271 o Benjamin, 1270-1271 u Linthom, 1276-1277 Damm, 1298-1299 Rossenbach, 1308 Croxford, 1310 Damm, 1310-1311 o Damm, 1318-1319 o Kerth, 1318-1319 u Mueller, 1322-1323 o Keresztes, 1332-1333 Harlicek, 1339 o, 1366-1367 o, 1374 Fetzer, 1376-1377 o Heil, 1384-1385 Croxford, 1435 Partner, 1449 Maroon, 1450-1451 o Benser, 1458 Ricatto, 1467 ul Sunak, 1467 ur Havlicek, 1470-1471 Kramarz, 1487 u Kramarz, 1501 Croxford, 1547 u, 1556-1557 o Damm, 1556-1557 u Brown, 1571 Horus.